고전산문의 모든것

모든 것

시리즈의 교재 개발에 도움을 주신 모든 선생님들께 깊이 감사드립니다.

서울

강경한 영신여고
강명구 홍익대사대부고
강호영 성남고
강호준 보인고
고정재 배문고
공원기 대신고
곽동훈 세화고
김경완 휘경여고
김동진 건국대사대부고
김선호 배재고
김영희 휘문고
김은형 인헌고
김정관 경신고
김채현 중앙고
김호영 대진여고
남미선 혜성여고
박거성 상문고
박정준 오산고
박철한 신광여고
박한나 대원외고
박현주 상암고
박현주 동덕여고
박형석 중산고
서정의 진선여고
서진숙 배화여고
송원석 서울여고
송제훈 동성고
신 원 예일디자인고
신홍규 한양대사대부고
오재혁 혜화여고
윤나경 영동일고
윤지형 숭문고
이경호 중동고
이석준 용문고
이승필 송곡여고
이진희 서초고
이호형 서라벌고
임현도 동국대사대부고
임현아 배재고
정용준 개포고
정형욱 대진고
조성혁 장충고
차화자 당곡고
최진평 경희여고
최현일 대원여고
한명국 경성고
한선희 서문여고
한창석 대원고
현 홍 명지고
황보성 동국대사대부여고

경기·인천

강신구 숙지고
강희란 수원여고
강희수 송림고
김나영 평택여고
김문성 진위고
김옥순 계양고
김용기 신천고
김지은 일산대진고
김학성 비전고
김한성 태광고
김호식 영복여고
김황곤 영생고
남성일 영복여고
문준영 은혜고
민수연 은행고
박명희 모락고
박성순 평택고
박완호 풍생고
박윤희 영복여고
박진주 영생고
박혜정 안양공고
배준식 태원고
변경수 청북고
손병욱 현화고
손흥국 송림고
송미영 시흥고
안규상 신한고
엄내리 돌마고
엄정선 한광여고
오복섭 낙생고
윤숙현 정왕고
윤정현 안성고
이경숙 군포e비즈니스고
이광은 안산동산고
이동주 성문고
이수진 분당고
이원재 분당영덕여고
이재현 야탑고
이지은 수성고
이지현 수일고
이태훈 성일고
이혜영 영복여고
이혜영 인천예일고
임광택 동광고
임윤정 인천산곡고
장재진 명신여고
전원선 효명고
정남식 한광고
정대영 라온고
정유정 수성고
정지윤 세원고
정해철 창조고
정현숙 안성여고
조석제 백영고
조성임 평촌고
조소정 인천외고
한진숙 수원여고
홍민영 작전고
황지은 계산여고

광주·전라

강성일 성심여고
강영준 상산고
구미향 광주동신고
김경숙 근영여고
김대강 송원고
김민영 우석고
김민재 빛고을고
김병호 신흥고
김상영 해성고
김수진 수완고
김영우 서강고
김용국 정광고

김윤정 장덕고
김희석 동암고
백지열 영생고
양근승 광주동성고
원태성 제일고
유환백 순천매산여고
이성용 문성고
이정송 중앙여고
정은주 광주숭일고
조영식 대성여고
최　진 광주인성고
김정열 보문고
민경호 설월여고
손영란 양현고
양학식 순천매산고
유기영 전북여고
이미화 전남대사대부고
이성환 숭덕고
임은주 완산고
정준호 창평고
조현수 기전여고
홍지혜 솔내고
김중빈 동아여고
박규남 살레시오여고
송혜진 전주대사대부고
오금식 순천매산여고
유옥우 광주대동고
이상준 전일고
이영미 전주고
전영철 제일고
정태성 조선대부고
차재형 광주석산고
김학문 능주고
박영우 광주서석고
안성섭 전북대사대부고
옹기현 전일고
유재주 전주한일고
이성연 순천매산고
이인경 전주여고
정복진 호남제일고
조영선 전라고
최영주 광주동신여고

대구·경북

강정민 달성고
권창범 송현여고
김병학 동지고
김현수 포항고
박세원 영일고
박춘수 포산고
서민정 영송여고
신혜영 대곡고
윤정옥 수성고
이진혁 상주공업고
이혜민 영신고
정석진 칠성고
지상훈 정화여고
최은정 세화고
허남수 원화여고
홍지훈 성산고
공진익 정동고
권형중 경북고
김성진 대동고
남영동 영남고
박영순 운암고
박현진 강동고
서보경 신명고
윤동희 남산고
이미숙 와룡고
이창호 대진고
임정욱 우석여고
정수길 효성여고
최가은 유성여고
최정자 포항중앙여고
허정동 중앙고
권석영 도원고
김균홍 포항중앙고
김언동 다사고
노재규 경명여고
박재범 청구고
박호현 현풍고
성재영 상산전자고
윤수환 영진고
이수진 포항동성고
이향주 경원고
장정화 대구여고
조남선 성광고
최대영 포항영신고
최지웅 성화여고
홍성만 경북대사대부고
권오직 상인고
김대현 오천고
김해진 대건고
류지은 상원고
박창동 심인고
백승재 경화여고
송준은 매천고
윤원경 포항여고
이연호 경신고
이헌욱 대구고
정기웅 강북고
조정래 경북여고
최원오 동부고
편동현 능인고
홍은아 서부고

대전·충청·강원

강수경 청주여고
김동욱 청석고
김병빈 관저고
김우진 대전외고
김한주 대덕고
문철호 청란여고
박윤숙 청주중앙여고
박진현 유성여고
변경환 강원고
양선모 성모여고
유혜선 상당고
윤홍식 충주대원고
강은영 천안중앙고
김동철 성수여고
김빛나 둔원고
김유진 충주여고
노영희 일신고
박광순 이문고
박윤지 천안여고
박충배 대전고
서아람 봉명고
양종순 대전외고
윤정실 산남고
이문섭 충북고
곽지연 둔산여고
김록한 양청고
김성률 한빛고
김은숙 반석고
류권섭 남대전고
박민정 도안고
박종희 청원고
박현정 송촌고
서용의 보문고
오현주 세광고
윤종준 만년고
이선옥 청주고
구교민 신탄진고
김　미 반석고
김용길 천안청수고
김은지 천안여고
명세현 춘천고
박영선 청주신흥고
박주희 한밭고
방승호 우송고
양다미 봉의고
오홍주 서일여고
윤태호 청주신흥고
이수정 둔원고

이승희 둔산여고 이옥경 한밭고 이웅룡 동산고 이윤희 지족고
이은재 대덕고 이재신 대전여고 이지원 괴정고 이철진 중일고
이학근 유봉여고 임미자 청주고 임수빈 노은고 장광현 성수고
전소라 춘천여고 정규선 서원고 정몽주 서일고 정복기 서대전고
정선혜 청주중앙여고 정재훈 천안여고 주미정 강원대사대부고 진광연 서대전여고
최기풍 중산고 최연화 유성고 최재웅 우송중 허종필 운호고
홍영은 오송고 황연호 충남고 김경식 김한춘김경식학원 정유진 정유진학원
오지혜 관저수학원

부산·울산·경남

고인숙 부산일과학고 권주빈 남목고 권태윤 경혜여고 김건수 진주제일여고
김덕곤 성일여고 김동현 가야고 김병훈 대아고 김봉식 테레사여고
김상환 방어진고 김새밝 삼현고 김성훈 경해여고 김원재 범서고
김 인 신정고 김정희 다대고 김준우 명호고 김지윤 창원봉림고
김창덕 경상고 김현경 부산자동차고 김형천 동성고 김혜진 창원신월고
나영선 부산진여고 류재현 창원경일여고 민병관 금성고 박서윤 삼성여고
박수진 남창고 박영이 건국고 박인규 성광여고 박재홍 동천고
박정자 제일고 박지민 문현고 박춘남 성도고 박태진 창원성민여고
박혜민 화암고 방기주 창원경일고 배준형 언양고 서석명 제일고
서필란 창원대암고 서 헌 삼진고 서호진 대동고 선민주 온산고
손규상 천상고 송경선 창원중앙여고 신희범 삼일여고 안성철 화봉고
안세영 삼산고 유승기 양산제일고 이규민 부산진고 이동환 우신고
이병직 덕문여고 이성환 성모여고 이승주 웅상고 이승호 진해세화여고
이정림 진해세화여고 이진아 마산중앙고 이진형 부산여고 이태조 개성고
이태식 창원고 이호영 대덕여고 장영수 부산대저고 정문화 다운고
정상민 창원남고 정영수 양산고 정재영 창원대암고 정지훈 동아고
정철원 진해세화여고 조영민 부일외고 주이회 경남외고 진대호 학성고
진동일 대연고 차광진 동명고 채미란 문수고 최경덕 무거고
최선길 광명고 최호성 부산동고 하순희 경남고 허수진 마산무학여고
허정아 개성고 황은미 중앙고

고전산문의 모든 것

구성과 특징

구성

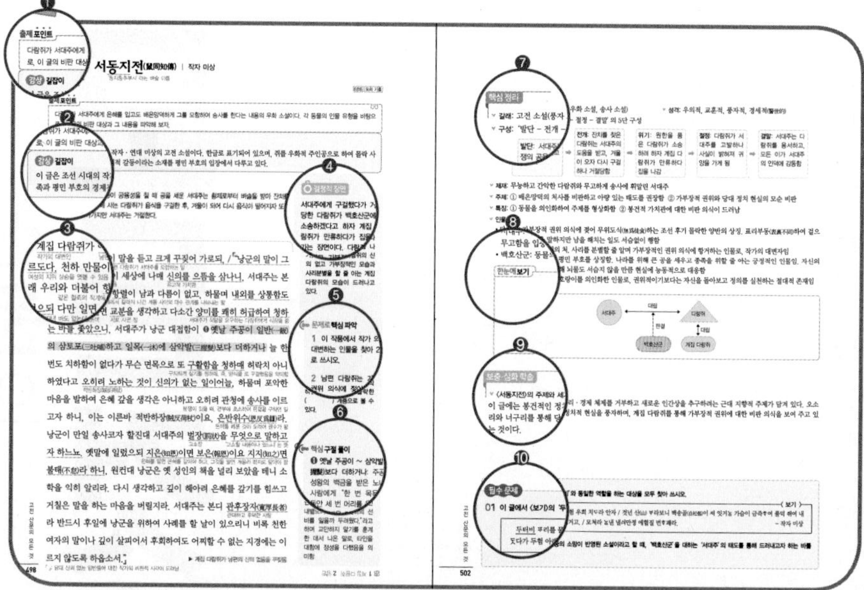

❶ 출제 포인트
내신과 수능에 출제될 만한 핵심 포인트를 정리하여 학습의 방향을 잡도록 하였습니다.

❷ 감상 길잡이
작품 분석에 앞서, 해제를 간략하게 제시하여 효율적인 학습이 이루어질 수 있도록 구성하였습니다.

❸ 작품 분석
작품을 이해하는 데 있어 꼭 필요한 내용과 어휘의 뜻을 행간주로 정리하였습니다.

❹ 결정적 장면
작품을 이해하는 데 가장 중요하거나 시험에 자주 출제되는 장면을 정리해 두었습니다.

❺ 문제로 핵심 파악
작품 이해에 도움을 줄 수 있는 기출문제나 작품의 특징적인 내용과 관련된 간단한 문제들을 제시하였습니다.

❻ 핵심 구절 풀이
제시된 장면에서 꼭 이해해야 하는 핵심적인 구절은 별도로 정리해 두었습니다.

❼ 핵심 정리
갈래, 주제, 특징, 인물 분석 등 작품의 핵심 사항을 쉽고 빠르게 정리할 수 있도록 구성하였습니다.

❽ 한눈에 보기
작품의 내용을 간단하게 도식화하여 쉽고 빠르게 작품을 이해할 수 있도록 하였습니다.

❾ 보충 · 심화 학습
작품에 대한 보충 설명 및 배경지식이 될 만한 내용들로 구성하였습니다.

❿ 필수 문제
작품의 핵심 내용을 문제화한 필수 문제를 배치하여 작품에 대한 이해를 확인해 볼 수 있도록 하였습니다.

특징

★ 교과서 및 수능 대비 필수 **작품 총망라**

문학 교과서와 국어 교과서에 수록된 작품, EBS 연계 교재에 수록된 주요 작품, 기출 작품, 그 밖에 내신 및 수능에 나올 만한 필수 작품을 모두 모아 수록하였습니다.

★ **꼼꼼한** 분석과 **압축**적인 정리

짧은 시간 안에 작품의 모든 내용을 완벽하게 숙지할 수 있도록 작품을 꼼꼼하게 분석하여 제시하고 핵심적인 사항을 압축적으로 정리하였습니다.

★ **작품 이해**를 돕는 필수 문제 배치

학습 활동에서 다룬 내용, 내신 및 수능에 출제될 가능성이 높은 내용을 문제화함으로써 작품에 대해 이해한 것을 확인하고 적용해 볼 수 있도록 구성하였습니다.

★ **기출문제** 등의 배치로 학습 효과 극대화

수능, 수능 모의평가, 학력평가 등에 출제되었던 작품의 경우에는 기출문제를 엄선해 배치하였고 기출문제가 없는 경우는 작품의 핵심적인 내용과 관련된 문제를 출제하여 학습한 내용을 실제 시험에 적용해 볼 수 있도록 구성하였습니다.

일러두기

♥ 작품의 제시

[교과서] : 문학 교과서, 국어 교과서의 본문 및 학습 활동에 수록된 작품

[EBS] : 최근 3년 간의 EBS 연계 교재에 수록된 작품　[수능 기출] : 평가원에서 실시하는 수능에 출제된 작품

[모의 기출] : 평가원에서 실시하는 수능 모의평가 및 교육청에서 실시하는 학력평가에 출제된 작품

[필수] : 내신과 수능 대비에 필요한 중요 작품

♥ 문제로 핵심 파악에 제시된 문제

- [기출]이라고 표기되어 있는 것은 평가원에서 실시하는 수능 및 수능 모의평가, 교육청에서 실시하는 학력평가에 출제되었던 기출문제입니다.
- [기출 변형]이라고 표기되어 있는 것은 일부 내용을 변형한 것입니다.
- 그 외의 문제는 새롭게 출제한 문제입니다.

♥ 주의 사항

- 작품의 내용에 대한 해석은 선생님이나 독자에 따라 다를 수 있습니다.
- 내신 대비를 할 때는 반드시 해당 학교의 선생님께서 어떻게 해석하고 있는지 확인해 주세요.

고전 산문 공부법

감상 이전

1단계 고전 산문의 필수 개념을 익혀 둔다.

- 사건 전개가 전기적이고 우연적이다.
- 우화 기법을 활용하여 당대의 현실을 비판하고 있다.
- 만남과 이별을 모티프로 하여 사건이 전개되고 있다.
- 역순행적 구성으로 사건 전개의 긴박감을 더하고 있다.
- 인물들의 다양한 체험을 삽화 형식으로 나열하고 있다.
- 서술자가 작중 상황에 개입하여 주관적인 견해를 드러내고 있다.

⋯▸ 실제 수능에서 출제되었던 문제의 선택지들이다. 고전 산문에서 언급되는 개념들을 이해하고 있지 않으면 제대로 작품을 감상하거나 문제를 풀 수 없다. 전기적, 우화 기법, 모티프, 역순행적 구성, 삽화 형식, 서술자의 개입 등 고전 산문의 필수 개념들을 미리 학습하고, 이러한 개념이 문제에 어떻게 활용되는지 익혀 둔다.

감상 과정

2단계 모르는 어휘는 일단 문맥을 통해 뜻을 유추하고 이후에 정확한 의미를 확인한다.

⋯▸ 고전 산문의 경우 모르는 어휘가 많아 어렵게 느껴지는 경우가 많다. 어휘의 의미 파악은 작품 감상의 가장 기본적인 단계이다. 따라서 처음 작품을 감상할 때는 일단 앞뒤의 내용(문맥)을 통해 모르는 어휘의 의미를 대략적으로 유추하더라도 제대로 감상하기 위해서는 모르는 단어의 정확한 의미를 찾아 이해해야 한다.

3단계 인물에 주목해 호칭이나 관직명 등을 제대로 파악해야 한다.

황제께서 장원 급제한 화진을 올라오라 하여 만나 보시고, 크게 기뻐하시면서 여러 신하들에게 말씀하셨다. 〈중략〉 그러고는 앞에서 술을 내려 마시게 하셨다. 사흘 후에 장원은 학림학사에 제수되었고 성준과 유성양은 각각 병부 원외랑이 되었다. 그러나 성 원외와 유 원외는 이부 상서 오봉을 찾아가서 말했다. 〈중략〉 한림이 성준, 유성양 두 태수와 함께 소흥으로 돌아오자, 성 부인이 아들과 조카 두 사람의 등을 어루만지면서 눈물을 흘렸다.

– 조성기, 〈창선감의록〉

⋯▸ 이 글에서 '장원'과 '학림학사', '한림'은 장원 급제한 화진을 가리키며, '성 원외'는 성준, '유 원외'는 유성양을 가리킨다. 이처럼 고전 소설에서는 인물을 관직으로 부를 때가 많고 관직이 수시로 바뀌어 한 인물을 여러 관직으로 부를 때도 많다. 또한 자신을 가리키는 말도 말하는 사람의 신분이나 듣는 사람과의 관계에 따라 '소신, 소자, 소녀, 소생, 소인, 소비' 등 다르게 표현해야 한다. 그리고 '공, 공자, 선친, 선노야, 모부인' 등 호칭어 · 지칭어도 다양하므로 인물의 이름뿐만 아니라 호칭어나 지칭어, 관직명 등을 제대로 이해해야 정확하게 인물을 파악할 수 있다.

4단계 인물의 성격과 인물 간의 관계를 정확히 파악해 도식화해야 한다.

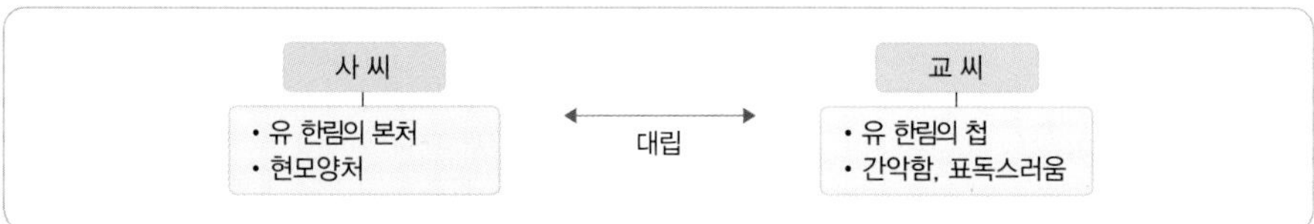

⋯› 3단계에서 살펴봤듯이 동일 인물도 가리키는 말이 다양하므로 인물을 가리키는 표현을 정리해 도식화해 두는 것이 좋다. 또한 인물이 긍정적인 인물인지 부정적인 인물인지, 어떤 성격의 인물인지를 정리해 두면서 인물 간의 관계도 같이 도식화해 두는 것이 좋다. 이렇게 정리를 해 두면 헷갈리지 않는다는 장점이 있으며 사건의 전개 양상이나 갈등의 원인 등도 파악하기 쉬워진다.

5단계 작품의 내용을 이해해야 한다.

- 이 글에 대한 설명으로 적절한 것은?
- 이 글에 대한 이해로 적절하지 않은 것은?
- 이 글의 인물에 대한 설명으로 적절한 것은?
- 궁궐의 담에 대한 설명으로 가장 적절한 것은?
- 최척과 옥영의 재회에 대한 이해로 가장 적절한 것은?
- 이 글의 내용을 통해서 알 수 있는 사실이 아닌 것은?

⋯› 실제 수능과 학력평가에서 출제되었던 문제의 발문이다. 이처럼 작품의 내용을 이해했는지를 묻는 문제가 항상 출제되므로 작품의 내용을 제대로 이해해야 한다. 작품의 내용은 인물과 관련된 것, 사건이나 소재와 관련된 것, 전반적인 흐름이나 사건의 해결 과정 등에 대한 것 등 다양한 형태로 출제되므로 작품을 감상할 때 이에 주의하여 작품을 이해할 수 있도록 해야 한다.

감상 이후

6단계 핵심 내용을 정리하고 줄거리를 파악해 둔다.

⋯› 자신이 알고 있는 작품이 시험에 출제된다면 굳이 본문을 읽을 필요가 없이 바로 문제를 풀 수 있어 시간을 절약할 수 있다. 따라서 작품의 본문 학습을 한 후에는 작품의 갈래와 특징이나 의의, 줄거리, 주제 등을 학습해 두는 것이 좋다.

7단계 문제를 풀면서 학습한 내용을 적용해 본다.

⋯› 작품의 내용을 이해했다고 해서 바로 문제를 쉽게 해결할 수 있는 것은 아니다. 교재에 작품과 함께 제시된 '문제로 핵심 파악'과 '필수 문제' 등을 풀면서 자신이 이해한 내용을 문제에 적용할 수 있는지 확인해야 한다.

차례

상고 시대 (원시 ~ 통일 신라)

설화

수필

고려 시대

가전

수필

조선 전기

금오신화

여걸 소설

풍자 · 도덕 소설

설화

무가

작품 찾아보기

ㅈ

ㅊ

01 단군 신화(壇君神話) | 작자 미상

교과서

출제 포인트

우리 민족 최초의 고대 국가인 고조선의 건국 신화로, 건국 시조인 단군의 영웅성과 신성성 등에 주목하여 건국 신화로서의 특징을 파악해 보자.

감상 길잡이

이 글은 우리 민족의 시조인 단군의 탄생 배경과 즉위 및 후일담에 관한 신화이다. 천제(天帝)의 아들인 환웅이 태백산 신단수 밑에 내려와 홍익인간(弘益人間)의 이념을 바탕으로 인간 세계를 다스리다 곰에서 인간이 된 웅녀와 결혼하여 단군을 낳았고, 그 단군이 고조선을 세웠다는 내용이다. 우리 민족이 천손의 혈통이라는 민족적 자긍심을 높이고, 당시가 농경 사회이면서 제정일치 사회였음을 보여 주는 중요한 자료이다.

단군왕검

① 옛 기록 ② 《단군 고기》: 단군의 사적을 기록한 최고(最古)의 문헌. 현재는 전해지지 않음

고기(古記)에 이렇게 전한다.

출전 제시 → 사실성 획득

첫째 아들이 아닌 둘째 이하의 아들

「"옛날 환인(桓因) — 제석(帝釋)을 이른다. — 의 서자(庶子) 환웅(桓雄)

무당이 모시는 신의 하나. 여기서는 '하느님'의 의미로 사용됨

이 있었는데 자주 천하에 뜻을 두어 인간 세상을 탐내어 얻기 원했다.

통치에 대한 포부

아버지가 아들의 뜻을 알고, 삼위태백(三危太伯)을 내려다보니, 인간

① 삼위산과 태백산 ② 세 곳의 높은 산 가운데 하나인 태백산

세상을 널리 이롭게 할 만하였다. 그래서 환인은 천부인(天符印) 세 개

우리 민족의 건국 이념인 홍익인간(弘益人間) 사상. 인간 중심적 사고

하늘의 위력과 영험함을 표상하는 신물. 방울, 칼, 거울로 추정됨

를 환웅에게 주어 인간 세계를 다스리게 했다.」

「 」: 지배자가 하늘에서 왔음 – 하늘 숭배 사상

환웅은 그 무리 삼천 명을 거느리고 태백산 꼭대기 — 태백산은 지금의 묘향산(妙香山)이다. —

규모로 보아 부족 국가 시대였을 것으로 짐작됨

고대 사회에서 신성하게 여긴 도시. 여기서는 환웅이 세운 도시를 의미

에 있는 신단수(神檀樹) 아래 내려와 이곳을 신시(神市)라 했으니, 이분이 바로 환웅 천왕(桓雄天王)

신에게 제사를 올리기 위해 만든 제단(신단)에 있는 나무 – 지상과 하늘을 잇는 매개 역할

이다. 그는 풍백(風伯) · 우사(雨師) · 운사(雲師)를 거느리고, 곡식 · 인명 · 질병 · 형벌 · 선악 등 인

바람, 비, 구름을 주관하는 존재 – 당시가 농경 중심의 사회였음을 보여 줌

간 세상의 삼백예순 가지 일을 맡아서 인간 세계를 다스리고 교화(敎化)하였다.

재세이화(在世理化)

▶ 환웅의 강림과 인간 세계의 교화(기)

이때 곰 한 마리와 범 한 마리가 같은 동굴에 살면서, 항상 환웅에게 사람이 되기를 빌었다. 그

곰 숭배(토템 신앙) 부족 / 호랑이 숭배 부족 / 통과 제의, 재생을 위한 제의적 공간

러자 환웅이 신령스러운 쑥 한 다발과 마늘 스무 개를 주면서 말하였다.

주술적 의미를 지니는 소재

"너희들이 이것을 먹고 백 일 동안 햇빛을 보지 않으면 곧 사람이 될 것이다."

뜻한 바를 이루기 위해 반드시 거쳐야 하는 고통과 시련의 과정인 통과 의례를 제시

「곰은 그것을 먹고 삼칠일(21일) 만에 여자가 되었으나, 범은 이를 참지 못해 사람이 되지 못했

민속적 금기를 나타냄

「 」: 부족 간 세력 다툼에서 곰을 숭배하는 부족이 승리함

다.」 사람이 된 웅녀(熊女)는 더불어 혼인할 사람이 없으므로 늘 신단수 밑에서 아이를 잉태하게 해

부족 내 혼인이 금지였음을 짐작할 수 있음

달라고 빌었다. 「환웅이 잠시 몸을 변하여 웅녀와 혼인해 아들을 낳으니,」 이름을 '단군왕검(檀君王

「 」: ① 신과 인간의 결합 ② 천상과 지상의 결합 ③ 이주족과 토착 부족의 결합

儉)' 이라고 하였다.

▶ 단군 탄생의 배경(승)

'단군' 은 제사장, '왕검' 은 정치적 군장을 의미함 → 제정일치 사회였음을 알 수 있음

「단군은 요(堯)임금이 즉위한 지 오십 년이 되던 경인년(庚寅年) – 요임금이 즉위하던 원년은 무진

상고 시대의 대표적인 성군(聖君)으로 꼽히는 중국의 신화 속 임금

년(戊辰年)이므로, 요임금 오십 년은 정사년(丁巳年)이지 경인년이 아니다. 아마도 잘못된 부분이

있는 듯하다. – 에 평양성(平壤城) – 지금의 서경(西京)이다. – 에 도읍하고, 비로소 조선(朝鮮)이라

'조선(朝鮮)'의 본뜻으로 추정. '아침 해가 비치는 곳'이라는 뜻

일컬었다.」 또 백악산 아사달(阿斯達)로 도읍을 옮겼는데 그곳을 궁홀산(弓忽山) - '궁'(弓) 자를

「 」: 나라 이름, 건국 연도, 도읍지 등이 제시되는 건국 신화의 특징이 드러남. 중국의 역사와 비교함으로써 고조선 건국이 역사적 사실일 것이라는 믿음을 줌

'방'(方) 자라고 한 곳도 있다. - 또는 금미달(今彌達)이라고도 한다. 단군은 여기서 천오백 년 동안 나라를 다스렸다.

비현실적 – 신성성 강조

▶ 단군의 고조선 건국(전)

주(周)나라의 무왕(武王)이 즉위하던 기묘년(己卯年)에 기자(箕子)를 조선에 봉하자, 단군은 장당경(藏唐京)으로 옮겼다.「뒤에 단군은 아사달로 돌아와 은거하다가 산신이 되었는데, 그때 나이는 일천 구백 팔 세였다.」

중국 은나라 때의 현자 삼인 중 한 사람. 기자 조선을 열었다는 설이 있음

황해도 구월산 밑에 있던 지명

「 」: 신화의 전형적인 종결 방식. 단군의 신성성을 더해 주는 요소 – 건국 시조의 신성화를 통해 민족적 자부심을 획득하기 위함

▶ 단군의 산신화(결)

핵심 정리

- 갈래: 설화(건국 신화)
- 성격: 신화적, 서사적, 설화적, 민족적
- 구성: '기 – 승 – 전 – 결'의 4단 구성, 일대기적 구성, 설화적 구성

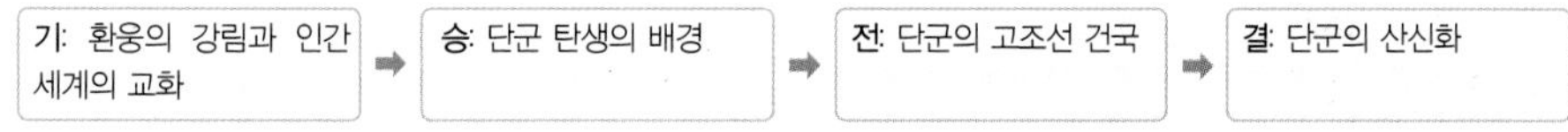

- 제재: 단군의 탄생과 고조선의 건국
- 주제: 고조선 건국 경위 및 건국 이념의 신성성
- 특징: ① 출전을 밝힘으로써 사실성을 증명함
  ② '환인–환웅–단군'의 삼대기 구조이면서도 투쟁과 갈등이 거의 드러나지 않음
- 의의: ① 홍익인간(弘益人間)의 건국 이념이 제시됨
  ② 우리 민족이 천손의 혈통임을 밝혀 민족적 긍지를 높임
  ③ 당시가 농경 사회와 제정일치 사회였음을 보여 줌
  ④ 삼대기 구조를 지닌 우리 서사 문학의 원형이 됨
  ⑤ 후대의 각종 마을 굿의 원형으로서 민족 신앙의 지배적 이념 구실을 함

한눈에 **보기**

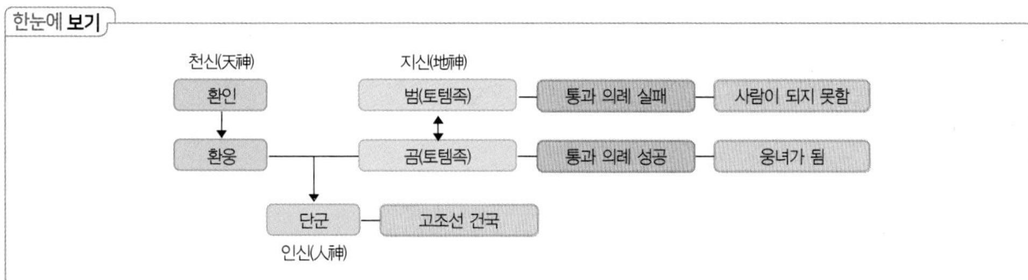

보충·심화 학습

- 〈단군 신화〉에 담긴 인간 중심적 사고

환웅이 인간 세상을 탐내어 얻기를 원했고, 널리 인간 세상을 이롭게 하려 했다는 것에서 우리의 인간 중심적 사고가 반영되었음을 알 수 있다.

필수 문제

01 **이 글의 통과 제의적 요소를 쓰시오.**

02 [서술형] **토템 신앙의 측면에서 볼 때, '곰'과 '범'이 상징하는 의미(①)와, '곰'이 인간이 되어 환웅과 결혼한 것의 의미(②)를 서술하시오.**

02 주몽 신화(朱蒙神話) | 작자 미상

교과서 EBS

출제 포인트

고구려를 건국한 주몽의 생애를 다룬 건국 신화로, 다양한 신화적 화소 및 영웅의 일대기에 주목하여 살펴보자.

감상 길잡이

이 글은 천신의 아들인 해모수와 수신의 딸인 유화의 결합으로 태어난 주몽이 고구려를 건국하는 과정을 담고 있다. 〈단군 신화〉와 마찬가지로 건국의 시조가 천손이라는 혈통을 강조함으로써 민족적 자부심을 높이고 있으나 〈단군 신화〉와는 달리 비범한 능력으로 고난과 시련을 극복하는 영웅의 일대기를 그리고 있다. 천손 강림, 난생(卵生), 동물 숭배, 동물 양육, 기아(棄兒) 등 여러 가지 신화소(神話素)를 풍부하게 내포하고 있는 신화이다.

고구려는 곧 졸본 부여이다.(고구려는 부여의 일족이 졸본에 세운 나라라는 의미) 지금의 화주(和州), 또는 성주(成州)라고도 하나 이는 모두 잘못이다. 졸본주(卒本州)는 요동(중국 요하의 동쪽 지방) 방면에 있다.

《국사(國史)》(신라 진흥왕 때 거칠부가 왕명에 의해 편찬한 역사책. 오늘날은 전하지 않음) '고려본기(高麗本記)' 에는 다음과 같이 기록되어 있다.

시조 동명성왕(東明聖王)의 성은 고씨(高氏)이고, 이름은 주몽(朱蒙)이다.(중심 인물인 고구려의 시조 고주몽에 대한 소개) ▶ 고구려의 정의와 고주몽의 소개

「이에 앞서 북부여의 왕 해부루(동부여의 시조)가 늙도록 아들이 없자 산천에 제사를 지내며 후사(대를 잇는 자식)를 구하였다.」(「 」: 부여 신화의 개입 – 주몽의 영웅적 성격을 부각시키기 위한 장치) 「그가 탄 말이 곤연('큰 물고기 못'이라는 뜻으로 지명임)에 이르러 큰 돌을 보고 눈물을 흘렸다.」(「 」: 신화적 요소) 왕이 이상하게 생각하여 사람을 시켜 그 돌을 굴려 보니, 웬 어린아이가 금빛 개구리 모양('금와'라는 이름을 짓게 된 이유)을 하고 있었다. 왕이 기뻐하며 말하기를 "이야말로 하늘이 내게 주신 아들이로구나!" 하고서, 곧 거두어 기르고는 이름을 금와(金蛙)('금빛 개구리'라는 뜻)라고 하였다. 금와가 장성하자 태자로 삼았다(왕의 자리를 잇도록 함). ▶ 금와의 신이한 탄생

그 뒤에 재상 아란불이 말하기를 「"천제(하느님)께서 제게 내려와 이르시기를 '장차 나의 자손(해모수)으로 하여금 여기에 나라를 세우고자 하므로 너희는 이곳을 피해 가라. 동쪽 바닷가에 가섭원이라고 하는 곳이 있는데 토양이 기름져서 오곡을 기르기에 적당하니 나라를 세우기에 알맞은 곳이다.' 라고 하였습니다.(해부루)"」(「 」: 고구려 건국의 정당성 – 천제의 결정) 하고는, 왕에게 권해 그곳(가섭원)으로 도읍을 옮기고, 국호를 '동부여'라고 정하였다. 그 옛 도읍지(북부여)에는 어디에서 왔는지를 알 수 없는 사람이 「스스로를 천제의 아들 해모수(解慕漱)(주몽의 아버지 – 주몽이 고귀한 혈통임을 드러냄)라고 하면서 그곳에 와 나라를 세웠다.」(「 」: 천손 강림형 신화 – 하늘의 자손이 인간 세상에 내려와 나라를 세움) ▶ 부여 천도와 해모수의 건국

해부루가 세상을 떠나자 금와가 왕위를 이었다. 이때 금와가 태백산(백두산) 남쪽 우발수(優渤水)에서 한 여자를 만나 그녀에게 누구인가 물으니 여자가 답하기를, 「"저는 하백(河伯)(물을 다스린다는 신)의 딸로 이름은 유화(柳花)(주몽의 어머니)입니다. 여러 아우들과 노닐고 있을 때에 한 남자가 나타나 자기가 천제의 아들 해모수라고 하면서 저를 웅신산(熊神山)(백두산으로 추측됨) 아래 압록강 가에 있는 집으로 유인해 남몰래 정을 통해 놓고 가서는 돌아오지 않았습니다.」(「 」: 수신(水神)과 천신(天神)의 결합 – 주몽의 고귀한 혈통과 신성성 강조) 그래서 우리 부모는 제가 중매도 없이 다른 남자를 따라간 것을 꾸짖어 마침내 이곳(우발수)으로 귀양을 보냈습니다."라고 하였다. ▶ 금와와 유화의 만남

금와는 이를 이상하게 여겨 그 여인을 방 안에 가두었는데 햇빛이 그녀를 비추었다. 그녀가 몸
주몽과 하늘과의 연관성
을 피하자 햇빛이 따라와 또 비추었다. 이로 인해 임신하여 알 하나를 낳았는데, 크기가 다섯 되
주몽이 천제와 관계가 있으며, 하늘의 보호와 정기를 받고 있음을 암시함 / 난생 설화 – 주몽의 신성성 부각
쯤되었다.『왕이 그것을 개와 돼지에게 던져 주었으나, 모두 먹지를 않았다. 그래서 길 가운데에
기아 모티프 ① / 기아 모티프 ②
버렸더니, 소와 말이 모두 그 알을 피해서 지나갔다. 또 들판에 내다 버리니, 새가 날개로 덮어 주
기아 모티프 ③
었다.』이에 왕이 알을 깨뜨리려고 했으나 깨뜨릴 수가 없어 유화에게 돌려주었다. 유화가 알을 천
『 』: 기아 모티프. 온갖 짐승이 주몽의 탄생을 돕는 것을 통해 주몽의 신성성을 부각시킴 / 동물의 체형을 이루고 몸을 지탱하는 뼈
으로 싸서 따뜻한 곳에 두었더니 한 아이가 껍질을 깨고 나왔는데, 골격과 외양이 영특하고 기이
새로운 세계의 도래 상징. 주몽이 새로운 국가를 건설할 것임을 상징 / 기묘하고 이상함
하였다.『겨우 일곱 살에 기골이 준수하니 보통 아이와 달랐다. 스스로 활과 화살을 만들어 쏘는
데, 백 번 쏘면 백 번 다 맞추었다.』그 나라의 풍속에 활 잘 쏘는 사람을 주몽이라 하였는데, 이런
『 』: 주몽의 비범한 모습과 탁월한 능력 / '주몽'이라는 이름의 유래
이유로 해서 그를 주몽(朱蒙)이라 이름하였다.

▶ 주몽의 신이한 탄생과 비범한 능력

금와에게는 아들이 일곱 있었는데, 언제나 주몽과 함께 놀았다. 그러나 그 재능이 주몽을 따르
주몽의 능력이 뛰어남. 금와의 아들들이 주몽을 미워한 이유
지 못하자 맏아들 대소(帶素)가 왕께 아뢰기를『"주몽은 사람이 낳은 자식이 아니니 일찍이 없애지
주몽에게 시련을 가하는 존재 / 『 』: 대소가 주몽을 시기함 – 이후 주몽이 겪을 고난과 시련을 암시
않으면 후환이 있을 것입니다."』라고 하였다. 그러나 왕은 듣지 않고 주몽에게 말을 기르게 하였
어떤 일로 말미암아 뒷날에 생기는 걱정과 근심
다.『주몽은 준마를 알아보고, 날랜 말은 일부러 먹이를 적게 주어 마르게 하고, 둔한 말은 먹이를
빠르게 잘 달리는 말
많이 주어 살찌게 하였다. 왕은 살찐 말은 자기가 타고 주몽에게 마른 말을 주었다.』
『 』: 주몽의 지혜 – 좋은 말을 얻기 위한 주몽의 계책(영웅으로서의 능력과 자질)

▶ 대소의 시기와 주몽의 지혜

그 뒤 사냥을 나갔는데, 주몽은 활을 잘 쏜다 하여 화살을 적게 주었는데도, 주몽이 잡은 짐승
주몽의 비범한 능력
이 많았다. 왕의 아들들과 여러 신하들이 함께 주몽을 해치려고 하자, 이 사실을 미리 알아차린
반복되는 시련
주몽의 어머니가 주몽에게 이르기를 "이 나라 사람들이 곧 너를 해치려고 하는데, 너의 재주와 지
략이라면 어디를 간들 살지 못하겠느냐? 그러니 빨리 여기를 떠나거라."라고 하였다.

그리하여 주몽은 오이 · 마리 · 협보 등 세 사람과 벗을 삼아 함께 도망하였는데, 엄수(淹水: 지
조력자
금의 어디인지는 자세하지 않다.)에 이르러 물을 건너려 했으나 다리가 없었다. 주몽이 물을 향해
위기와 시련
말하기를,『"나는 천제의 아들이자 하백의 외손자이다.』오늘 도망쳐 가는데, 뒤쫓는 자들이 가까
실제로는 손자에 해당함 / 『 』: 고귀한 혈통. 삼대기적 특성 – 부계로는 천제 – 해모수 – 주몽, 모계로는 하백 – 유화 – 주몽
이 오고 있으니 이를 어찌하면 좋겠는가."라고 하였다. 그러자『물고기와 자라가 다리를 만들어
위기와 시련을 극복할 수 있게 도움을 주는 조력자
주어 그들을 건너게 한 다음 흩어졌다. 이에 뒤쫓아 오던 기병은 건너지를 못했다.』
『 』: 어별성교(魚鼈成橋) 화소. 천우신조 – 주술적, 전기적 요소(하백의 혈통으로서의 신성한 존재임이 부각됨)

▶ 주몽의 시련과 위기 극복

주몽이 모둔곡에 이르러 세 사람을 만났다. 그중 한 사람은 삼베 옷을 입었고, 한 사람은 승려
또 다른 조력자 / 평민의 의복
의 옷을 입었으며, 한 사람은 마름의 옷을 입고 있었다. 주몽이 그들에게 묻기를, "너희는 어떤 사
지주의 위임을 받아 소작지와 소작인을 관리하던 사람
람들이며 성은 무엇이고 이름은 무엇인가."라고 하였다.

『삼베 옷을 입은 이는 "재사(再思)입니다."라고 하였고, 승려의 옷을 입은 이는 "무골(武骨)입니
다."라고 하였으며, 마름의 옷을 입은 이는 "묵거(默居)입니다."라고 하였다.』주몽은 재사에게는
『 』: 성씨가 없음

극씨(克氏)를 무골에게는 중실씨(仲室氏)를, 묵거에게는 소실씨(少室氏)를 성으로 내려 주었다. 이어 여러 사람에게 말하기를, 「"내가 하늘의 명을 받아 나라를 세우고자 하는데, 마침 이 세 어진 이들을 만났으니 어찌 하늘이 내려 주신 것이 아니겠는가."」라고 하였다.

성씨를 주어 지배력을 강화함
국가의 기틀을 마련하는 데 도움을 준 사람들
「 」: 하늘의 명임을 내세워 건국의 정당성을 주장함

주몽은 세 사람들의 재능을 각각 헤아려서 일을 맡기고 함께 졸본주(현도군의 지경)에 이르러 마침내 도읍을 정하였다. 그러나 미처 궁실을 짓지 못하고 비류수(沸流水) 가에 집을 지어 거처하면서 국호를 고구려라 하였다. 이로 인하여 고(高)를 성으로 삼았다. — 본성은 해(解)였으나, 천제의 아들로 햇빛을 받고 낳았다 하여 스스로 고(高)를 성으로 삼았다. — 이때의 나이가 12세였는데, 한나라 효원제(孝元帝) 건소(建昭) 2년 갑신(甲申)에 즉위하여 왕이라 일컬었다. 고구려가 제일 융성하던 때는 21만 5백 8호나 되었다.

궁
고구려 영토에 있던 강. 만주 훈장 강 상류로 추측됨
건국 신화임이 드러나는 부분
성을 고치기 이전에 본디 가졌던 성

▶ 고구려의 건국

핵심 정리

- 갈래: 설화(건국 신화, 난생 설화)
- 성격: 신화적, 서사적, 영웅적
- 구성: '기 – 승 – 전 – 결'의 4단 구성, 일대기적 구성, 신화적 구성

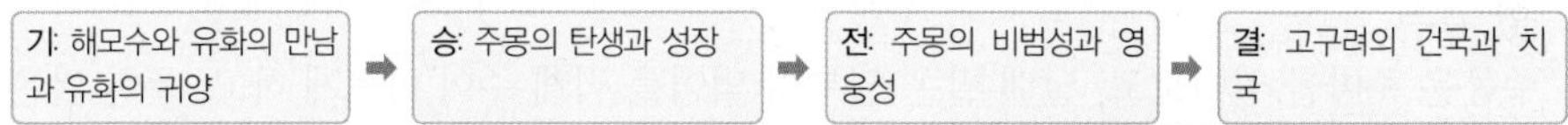

- 제재: 주몽의 탄생과 고구려의 건국 경위
- 주제: 주몽의 영웅적인 고구려 건국 과정
- 의의: ① 난생 설화 중 현존하는 유일한 인생란(人生卵) 설화임
  ② 후대 영웅 서사 문학의 구조에 영향을 줌 ③ 우리나라 문헌 설화 중 가장 문학성이 높음

한눈에 보기

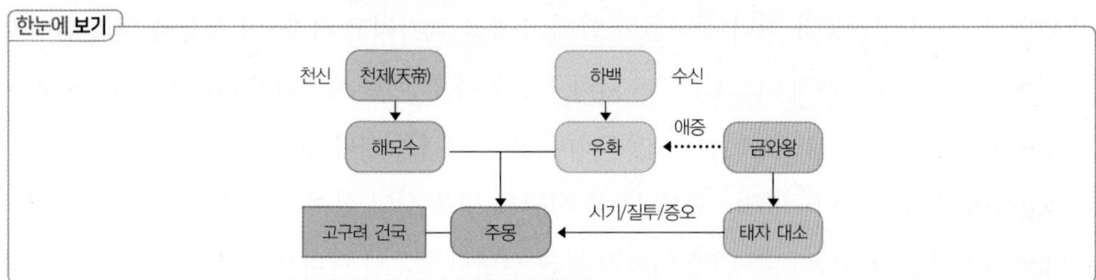

필수 문제

01 〈보기〉의 ⓐ, ⓑ, ⓒ, ⓓ에 대응하는 인물을 이 글에서 각각 찾아 쓰시오.

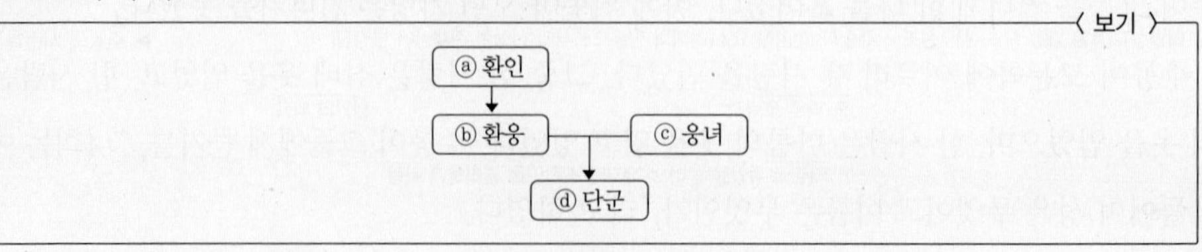

02 이 글이 주몽이라는 영웅의 일대기라고 할 때, 인물의 탁월한 능력에 해당하는 것은 무엇인지 쓰시오.

03 가락국 신화(駕洛國神話) | 작자 미상

교과서 EBS

출제 포인트

가락국의 시조 김수로의 탄생과 건국 내력을 다룬 신화로, 건국 신화로서의 특징 및 소재의 상징성, 삽입된 가요인 〈구지가〉의 기능에 주목하여 살펴보자.

감상 길잡이

이 글은 금관가야의 시조이자 김해 김씨의 시조인 수로왕의 탄생 배경과 즉위 등을 다룬 영신(迎神) 신화이자 가야국이 건국되는 과정을 다룬 건국(建國) 신화이다. 건국의 시조가 천손의 혈통임을 강조함으로써 국가와 왕에게 신성성을 부여하며 민족적 자부심을 높이고 있다. 설화 속에 고대 가요가 삽입된 것은 서사 문학과 시가가 완전히 분리되지 않은 원시 종합 예술의 형태를 띤 것이다. 이 작품은 천손 강림 모티프와 난생(卵生) 모티프가 차용된 건국 신화이자, 주술성을 지닌 집단 서사 무가가 삽입된 설화로서 고대인들의 세계관을 반영하고 있다는 점에서 문학사적 의의가 높다.

천지가 개벽한 뒤 이 땅에 아직 나라의 칭호가 없었고, 임금과 신하의 칭호도 없었다. 다만 아도간(我刀干), 여도간(汝刀干), 피도간(彼刀干), 오도간(五刀干), 유수간(留水干), 유천간(留天干), 신천간(神天干), 오천간(五天干), 신귀간(神鬼干) 등 구간(九干)이 있었는데 그들이 추장이 되어 백성들을 통솔하였으며, 호수는 무릇 100호에 7만 5000인이었다. 모두가 저마다 산과 들에 모여 살면서 우물을 파서 마시고 밭을 갈아서 먹었다.

> 세상 / 천지가 처음 생긴 뒤 / 처음으로 생겨 열림 / 국가 형성 이전의 원시 촌락 사회의 모습 ①: 국가 명칭의 부재 / 원시 촌락 사회의 모습 ②: 군신의 명칭 부재 / 원시 촌락 사회의 모습 ③: 왕의 부재 – 아홉 명의 추장이 함께 통치하는 연합 사회의 면모를 보임 / 원시 촌락 사회의 모습 ④: 집단 정착 생활 / 원시 촌락 사회의 모습 ⑤: 자급자족의 농경 사회
>
> ▶ 구간이 지배하는 원시 촌락 형태의 농경 사회가 존재함(기)

후한(後漢)의 세조(世祖) 광무제(光武帝) 건무(建武) 18년 임인년(A.D. 42년) 3월 계욕일(禊浴日)에 그들이 살고 있는 북쪽 구지(龜旨) — 이는 산봉우리의 이름이다.「마치 십붕(十朋)이 엎드려 있는 형상과 같아 이렇게 부른다.」— 에서 무엇을 부르는 수상한 소리가 났다. 그래서 200~300명의 무리가 그곳으로 모여들었다. 사람의 소리 같았지만 형체는 감추고 소리만 내어 말하기를,

> 음력 삼월 들어 처음 오는 뱀날(초사흗날)에 물가에 모여 목욕을 하며 더러움(액)을 없애는 날(씨를 뿌리는 파종기에 속하는 날로 풍요를 기원하는 행사가 있음) → 〈구지가〉를 풍요를 기원하는 제천 의식에서 불렀던 의식요로 보는 근거
>
> 가락국의 건국 시기. 중국 연대를 기준으로 함 / 구(龜): 거북이 / 지(旨): 지척, 땅의 등성이, 산봉우리 / 거북 / 「」: 구지봉 이름의 유래에 대한 부연 설명 / 초월적이고 신성한 존재의 소리임을 부각하기 위한 비현실적(전기적, 환상적)인 장면 설정

"거기 누구 있느냐?" 하였다. 구간 등이 대답하기를,

"우리들이 있습니다." 하니 또 말하기를,

"내가 있는 곳이 어디인가?" 하여 구간이 다시

"구지(龜旨)외다." 하고 대답했다. 또 말하기를,

「"하늘에서 내게 명령하기를 '이곳에 내려가 나라를 새롭게 하고 임금이 되라.' 고 하셨다. 그리하여 내가 여기에 내려온 것이다.」너희들은 모름지기 봉우리 꼭대기의 흙 한 줌씩을 파내면서 이렇게 노래하라.

> 「」: 대왕의 출현을 예고함. 천손 강림(천손 하강)형 화소(하늘의 자손이 하늘의 명을 받고 내려와 임금이 됨) – 대왕이 될 인물의 신성성 부각 / 〈구지가〉를 노동을 하며 부르는 노래인 노동요로 보는 근거

龜何龜何 (구하구하) 거북아, 거북아, ▶ 신령스러운 존재(호명)
首其現也 (수기현야) 네 머리를 내밀어라. ▶ 왕의 출현 기원(명령)
若不現也 (약불현야) 만약 내밀지 않으면 ▶ 명령 불이행(부정형의 가정)

> 기원의 대상(절대적 존재, 신령한 존재) / 머리 = 우두머리(임금, 생명)
>
> ※〈구지가〉
> • 4구체의 한역 시가
> • 현전 최고(最古)의 집단 무요이자 주술성을 지닌 노동요

'불'의 사용을 전제한 위협임(불 = 인간의 문명 + 파괴와 위협의 도구)
→ 초월적 존재에게 소망 실현을 강하게 요구하는 인간의 의지가 투영된 소재

燔灼而喫也 (번작이끽야) 구워 먹겠다.

▶ 위협(소망 성취의 강한 의지, 소망 실현의 갈망)

「 」: 고대인들의 세계관이 나타남
① 스스로 삶의 문제를 해결할 수 없음을 자각하여 초월적 존재에 의존함
② 언어가 현실을 이끄는 힘을 지녔다고 믿음

『이같이 노래를 부르고 춤을 추면, 곧 대왕을 맞이하여 기뻐 뛰게 될 것이다."

〈구지가〉를 임금을 맞이하기 위한 주술적인 성격의 주술요이자 임금을 맞이하며 부르는 영신 군가로 보는 근거

하였다. 구간 등은 그 말대로 모두 즐겨 노래를 부르고 춤을 추었다.』 얼마 안 되어 하늘을 우러러

〈구지가〉를 집단요, 집단 무가라고 보는 근거 / 〈구지가〉를 원시 종합 예술로 보는 근거

보니 다만 자줏빛 줄이 하늘로부터 드리워 땅에 닿아 있었고 줄 끝을 찾아보니 붉은색 보자기로

천상과 지상을 연결하는 매개체(전기성을 부여하는 소재) / □: 천상과 지상을 매개함으로써 인물의 고귀함과 신성성을 부각함

싼 금합(金盒)이 있었다. 그것을 열어 보니 둥글기가 해 같은 황금 알 여섯 개가 있었다. 사람들이

금으로 만든 합(입이 홀쭉한 그릇) – 고귀한 신분을 드러내는 상징 / 임금이 될 존재가 6명임을 암시 → 가락국을 구성하는 여섯 개의 국가(6가야)를 의미함

모두 놀라고 기뻐서 함께 수없이 절을 하다가 조금 뒤에 다시 금합을 싸안고 아도간의 집으로 가

사람들이 황금 알을 신성한 존재로 인식함을 암시함 / 구간 중의 한 명

져와 탑(榻) 위에 두고 제각기 흩어졌다.

(임금의) 의자

▶ 하늘에서 대왕의 출현을 예고하며 여섯 개의 황금 알이 내려옴(승)

12일이 지나고 이튿날 새벽에 무리들이 다시 모여 금합을 열어 보니 여섯 개의 알은 어린아이로 변해 있었는데, 얼굴들이 매우 빼어났다. 그들을 평상에 앉히고 무리들이 절하며 축하한 뒤 지극

① 어린아이들이 모두 천손(하늘의 자손)임 ② 난생 신화 중 천강란(하늘에서 알이 내려옴) 설화의 면모를 보임 – 신성성, 전기성 부여

히 공경했다.『그들은 나날이 장성하여 10여 주야를 지났다. 키가 9척이나 되어 마치 은(殷)나라의

밤낮(하루) = 일 / 270cm (1척 = 약 30cm)

천을(天乙)이라 할 수 있었고, 얼굴은 용과 같아 한(漢)나라의 고조(高祖)라 할 수 있었고, 눈썹이 여

은나라 탕왕(湯王)의 다른 이름

덟 가지 빛깔이매 당나라 요(堯)임금과 같았으며, 눈동자가 겹으로 되었으매 우(虞)나라 순(舜)임금과 같았다.』

「 」: ① 비현실적 외양 묘사 → 인물의 비범함 부각
② 비정상적인 빠른 성장 → 인물의 신성성 부각
③ 중국의 전설적 인물(영웅)들에 빗댐 → 중국 중심의 세계관(중화사상)이 반영됨

그달 보름에 즉위했는데 세상에 처음으로 나타났다고 하여 이름을 수로(首露) 혹은 수릉(首陵) —

임금의 자리에 오름 / 알 여섯 개 중에서 가장 먼저 깨고 나왔음을 의미함 / '가장 높은 사람'이라는 뜻

수릉은 왕이 붕어한 뒤의 시호이다. — 이라고 하고, 나라를 대가락(大駕洛) 또는 가야국(伽倻國)이라

임금이 세상을 떠남 / 수로왕이 가야국(본가야)을 건국함 – 건국 신화로서의 면모를 보이는 구절

부르니, 즉 여섯 가야 가운데 하나이다. 나머지 다섯 사람도 각기 돌아가 다섯 가야의 왕이 되었다.

다섯 개의 가야국이 건국됨

나라의 경계는 동쪽이 황산강이요, 서남쪽이 창해요, 서북쪽이 지리산이요, 동북쪽이 가야산이

현재의 낙동강 하류 지방에 위치함(서남쪽이 바다에 접해 있어 해상 활동 및 중국, 일본과의 교류가 활발했을 것으로 추정함)

요, 남쪽은 나라의 끝이 되었다. 왕이 임시로 궁궐을 짓게 하고 들어가 다스렸는데, 다만 질박하고 검소하여 지붕의 이엉을 자르지 않았고, 흙으로 쌓은 계단은 석 자를 넘지 않았다.

궁궐의 외양과 규모가 화려하거나 크지 않도록 건설함. 수로왕의 수수하고 검소한 성품을 알 수 있음

▶ 황금 알에서 태어난 천손들이 여섯 가야를 건국함(전)

즉위 2년 계묘년(A.D. 43년) 봄 정월에 왕이 이렇게 말했다. / "내가 도읍을 정하고자 한다."

수로왕

이에 임시로 지은 궁궐 남쪽 신답평(新畓坪) — 이곳은 옛날부터 한전(閑田)이었는데 새로 경작한

새로 갈아 젖힌 묵은 밭(오늘날의 경상남도 김해시) / 농사를 짓지 아니하고 놀리는 땅

다고 하여 붙인 이름이다. 답(畓)이란 글자는 속자(俗子)이다. — 에 행차하여 사방의 산악을 바라보다가 주위 사람들을 돌아보고는 말했다.

불교적 색채의 반영. 이미 생사를 초월하여 더 이상 배울 만한 법도가 없게 된 경지의 부처를 이름

"이곳은 마치『여뀌 잎처럼 좁고 작지만, 빼어나게 아름다워 열여섯 나한(羅漢)이 머물 만한 곳이

신답평 / 물가에서 자라나는 한해살이 풀

다. 더군다나 하나에서 셋이 생기고 셋에서 일곱이 생기는 원리가 있는지라 일곱 성(七聖)이 머

풍수지리설의 음양오행론[물(一)이 나무(三)를 낳고 나무가 불(七)을 낳는다는 원리]이 반영됨

물 만하여, 정말로 아름다운 곳이다.』그러니 이곳에 의탁하여 강토를 개척하면 참으로 좋지 않겠는가?"

「 」: 땅은 좁지만 16명의 부처님(석가의 16제자)과 7명의 성인들(불도를 깨우친 존재들)이 머물 만큼 아름다운 곳이라 도읍으로 삼기에 적격이라고 판단함

불교적 색채의 반영. 인간의 수명과 길흉화복을 관장하는 신

그래서 1500보 둘레의 외성(外城)과 궁궐, 전당(殿堂) 및 여러 관청의 청사와 무기 창고, 곡식 창고 지을 곳을 두루 정하고 궁궐로 돌아왔다.「국내의 장정과 공장(工匠)을 두루 불러 모아 그달 20일(즉위 2년 봄 정월)에 튼튼한 성곽을 쌓기 시작하여 3월 10일에 역사(役事)를 마쳤다. 궁궐과 옥사(屋舍)는 농한기를 기다려」그해 10월 안에 짓기 시작하여 갑진년(A.D. 44년) 2월에 이르러 완성하였다. 좋은 날을 가려 왕이 새 궁궐로 옮겨 가서 모든 정치의 큰 기틀을 살피고 여러 가지 일을 신속히 처리했다.

가야의 수도 신답평이 성곽, 궁궐, 가옥, 관청, 무기고, 창고 등을 완비한 신도시였음을 암시함

전국의 장정과 기술자들이 총동원될 정도로 대규모의 공사였음을 암시함

토목이나 건축 따위의 공사

'집'을 달리 이르는 말

농사일이 바쁘지 아니하여 겨를이 많은 때. 대개 추수 후부터 다음 모내기까지의 기간임

신궁으로 옮겨 정무를 봄

▶ 도읍을 정하여 신궁을 건설한 수로왕이 정무를 시작함(결)

「 」: 공사에 동원된 장정들이 농민들이기 때문에 그들이 추수할 수 있도록 배려함
→ ① 수로왕의 성품(백성을 위하는 마음이 크고 넓음)을 암시함
② 가락국이 농경 중심의 사회였음을 암시함
③ 가락국에 부역 제도(국가나 공공 단체가 특정한 공익 사업을 위하여 보수 없이 국민에게 의무적으로 책임을 지우는 노역)가 있었음을 암시함

핵심 정리

- 갈래: 설화(건국 신화)
- 성격: 신화적, 서사적, 상징적, 신이적, 집단적
- 구성: '기 – 승 – 전 – 결'의 4단 구성, 일대기적 구성, 설화적 구성

기: 구간이 지배하는 원시 촌락 형태의 농경 사회가 존재함	➡	승: 하늘의 명령에 따라 노래를 부르자 황금 알이 내려옴	➡	전: 황금 알에서 태어난 천손들이 가야국을 건국함	➡	결: 도읍을 정하여 신궁을 건설한 수로왕이 정무를 시작함

- 제재: 수로왕의 탄생과 가락국의 건국
- 주제: 수로왕의 신이한 탄생과 가락국의 건국 내력
- 특징: ① 신라 박혁거세 신화와 유사함(천손 혈통의 난생 설화이며 건국 과정에서 고난 과정이 배제됨)
  ② 당시 중국의 연대기와 중국의 전설적 인물들을 언급함으로써 사실성과 역사성을 부여함
  ③ 고려 시대 문헌인 일연의 《삼국유사》에 기록된 고대 국가(가락국)의 건국 신화임
- 의의: ① 현전 최고(最古)의 집단 무요이자 주술성을 지닌 노동요가 삽입됨
  ② 원시 촌락 사회에서 국가가 탄생하는 과정의 변화 양상(추장 → 왕)을 보여 줌
  ③ 천손 하강과 난생(천강란) 설화소를 지닌 신화임

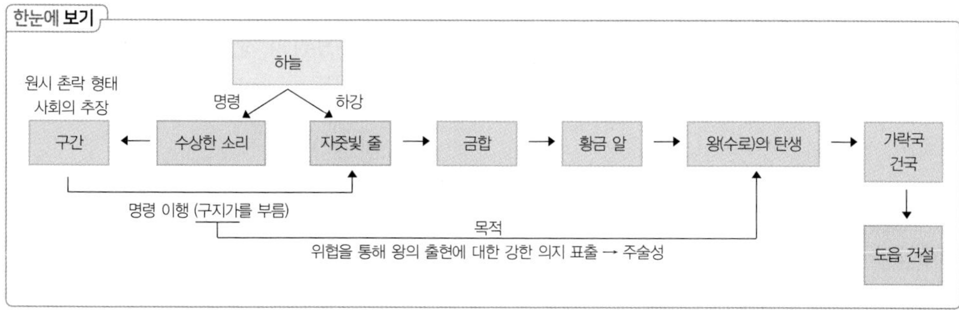

필수 문제

01 이 글에 삽입된 노래에서 '거북'과 '거북의 머리'가 상징하는 것은 무엇인지 쓰시오.

02 [서술형] 이 글에 삽입된 노래에서 '위협'의 말하기 방식에 반영된 내면 심리를 서술하고, 이를 바탕으로 해당 노래의 성격을 추론해 서술하시오.

04 박혁거세 신화(朴赫居世神話) | 작자 미상

필수

출제 포인트

신라의 시조인 혁거세의 탄생과 사후의 기이한 행적을 다룬 건국 신화로, 소재의 상징적 의미에 주목하여 살펴보자.

감상 길잡이

이 글은 남방계 난생 신화의 대표적인 작품으로, 신라 시조 '혁거세'와 왕후 '알영'의 신이한 탄생과 개국 및 후일담을 다루고 있다. 혁거세와 알영이 같은 날 신비롭게 태어나 배필이 된 것은, 후대 별신굿의 원류가 상고대(上古代) 신화임을 생각할 때, 별신굿에서 남녀 신령이 내려와 짝을 짓는 것과 같다고 볼 수 있다. 그리고 알영의 입술이 닭 부리처럼 뾰족했다가 목욕 후 떨어지는 모티프는 '여성의 통과 제의'를 상징하는 것으로 보기도 한다.

「전한(前漢) 지절(地節) 원년(元年) 임자(壬子)」3월 초하루에 육부의 조상들이 각각 젊은이들을 거느리고 알천 언덕 위에 모여서 의논하기를, "우리들에게는 위로 뭇 백성들을 다스리는 임금이 없으므로 백성이 모두 방종하여 제멋대로 행동하니 덕이 있는 분을 찾아내 임금으로 삼아서 나라도 세우고 도읍을 차려야 할 것이 아니냐?"라고 하였다.

지절: 선제(宣帝)의 연호 / 「 」: B.C. 69년 / 육부의 조상들이 각각 젊은이들을 거느리고: 신라가 여섯 부족의 연합체로 시작하여 탄생하였음을 알 수 있음 / 방종하여 제멋대로 행동하니: 거리낌 없이 제멋대로 행동하니

▶ 육부의 조상들이 임금을 모실 것을 의논함(처음)

이에 그들은 높은 곳에 올라가서 남쪽을 바라보니 양산(楊山) 아래 나정(蘿井) 옆에「번갯빛 같은 이상한 기운이 땅으로 드리웠는데, 흰 말 한 마리가 꿇어앉아서 절하는 형상을 하고 있었다.」곧 뒤져 보니 자줏빛 나는 알 한 개가 있고 말은 사람을 보자 길게 소리를 뽑아 울면서 하늘로 올라갔다. 그 알을 쪼개 보니 사내아이가 있는데, 모습이 단정하고 아름다웠다. 놀랍고 이상해서「동천(東泉)에서 목욕을 시키었더니, 몸에서 광채가 나고 새와 짐승들이 모두 춤을 추며 천지가 진동하고 해와 달이 청명하였다.」

나정: 우물 – 농경 사회임을 알 수 있음 / 흰 말: ① 신성성을 가지는 존재 → 제왕의 출현 암시 ② 강우를 조절하는 존재(당시 신라인의 믿음) → 농경 사회임을 알 수 있음 / 「 」: 전기적 요소 ① / 자줏빛 나는 알: 하늘에서 내려온 것임 → 태양신의 후손임 / 말은 사람을 보자 ~ 올라갔다: 전기적 요소 ② / 그 알을 쪼개 보니 사내아이가 있는데: 난생 설화, 남방계 신화 / 몸에서 광채가 나고: 광명 사상 / 「 」: 전기적 요소 ③ – 사람들의 기쁨을 자연물을 통해 표현함

- 남방계 신화: 신이 바다 건너 먼 나라에서 오거나 땅속에서 솟아나든가 알에서 태어남
- 북방계 신화: 신이 하늘로부터 강림하거나 동물로부터 변신함 예 〈단군 신화〉

그리하여 그 아이를 혁거세왕(赫居世王)이라고 이름을 짓고 직위의 칭호로는 거슬감(居瑟邯)이라고 했다. 그 당시의 사람들이 다투어 가면서 치하하기를 "이제 천자(天子)가 내려오셨으니 곧 마땅히 덕이 있는 황후를 찾아내어 배필을 정해야 하겠다."고 하였다.

혁거세왕: 광명하게 세상을 다스린다는 뜻 / 거슬감: 왕. '거서간(居西干)'이라고도 함 / 천자: 천제의 아들, 즉 하늘의 뜻을 받아 하늘을 대신하여 천하를 다스리는 사람이라는 뜻으로, 군주 국가의 최고 통치자를 이르는 말. 왕. 임금

이날 사량리 알영 우물에서 계룡(鷄龍)이 나타나더니 왼쪽 옆구리로 계집아이를 낳았다. 얼굴이 아주 고우나「입술이 마치 닭의 주둥이와 같았는데, 월성(月城) 뒷냇물에 데리고 가서 목욕을 시켰더니 그 주둥이가 뽑혀져서 떨어졌다.」그래서 그 내를 발천(撥川)이라고 부른다.

계룡: 머리와 발이 닭의 모양과 같은 용 / 알영 우물: '아리영(娥利英) 우물'이라고도 함 / 계룡이 나타나더니: 토테미즘(동물 숭배) / 왼쪽 옆구리로 계집아이를 낳았다: 전기적 요소 ④ – 비정상적 출생 / 「 」: 통과 제의

남산 서쪽 기슭에 궁실(宮室)을 짓고 거룩한 두 아이를 받들어 길렀다.「사내는 알로 나왔으니 알은 박(瓠瓜)과 같았는데 우리나라 사람들이 박을 '朴(박)'이라고 하기 때문에 성을 박씨라고 하였으며,」여자는 자기가 난 우물 이름으로 이름을 지었다. 두 성인의 나이 13세에 이르러 오봉(五鳳) 원년(元年) 갑자(甲子)에 사내가 임금이 되면서 여자를 왕후로 삼았다.「나라 이름을 서라벌(徐羅伐) 또는 서벌(徐伐)이라고 하고 혹은 사라(斯羅) 또는 사로(斯盧)라고도 이른다. 또, 맨 처음 왕이 계정

남산 서쪽 기슭: 지금의 창림사(昌林寺) / 궁실: 궁전 안에 있는 방 / 거룩한 두 아이: 혁거세와 알영 / 사내: 혁거세 / 「 」: 박씨 성을 갖게 된 이유 / 우물 이름: 알영 / 오봉: 한나라 선제의 연호 / 사내가 임금이 되면서 여자를 왕후로 삼았다: 신성혼(神聖婚) – 신들의 혼인 / 서라벌: 신라의 초기 국호

에서 난 까닭에 계림국(鷄林國)이라고도 하니 계룡이 상서를 나타내기 때문이다. 달리 말하기를 탈해왕 때 김알지를 얻었는데, 그때 닭이 숲 속에서 울었다 해서 나라 이름을 계림이라고 고치었다가 후세에 와서 드디어 신라란 칭호로 정하였다고 한다.」

상서: 복되고 길한 일이 일어날 징조 / 김알지: 경주 김씨의 시조 / 「 」: 나라 이름의 변천

▶ 혁거세와 알영의 출생 및 성장 과정(중간)

「나라를 다스린 지 61년 만에 왕이 하늘로 올라가더니 이레 후에야 유해가 흩어져서 땅 위로 떨어졌다.」 왕후 역시 왕을 따라 작고하였다. 나라 사람들이 합해서 장사를 지내려고 하였더니, 큰 뱀이 쫓아다니며 이를 방해하므로 다섯 부분을 다 각각 장사 지내어 다섯 능으로 만들었다. 이를 사릉(蛇陵)이라고 부르니 담엄사 뒤의 왕릉이 바로 그것이다. 태자 남해왕이 왕위를 계승하였다.

「 」: 전기적 요소 ⑤ – 죽음과 부활을 파종과 재생에 비유 → 농경 사회임을 알 수 있음 / 작고하였다: 죽었다 / 나라 사람들이 ~ 방해하므로: 전기적 요소 ⑥ / 능: 무덤

▶ 혁거세 사후의 기이한 행적(끝)

핵심 정리

- 갈래: 설화(건국 신화)
- 성격: 신화적, 서사적, 상징적, 신이적
- 구성: '처음 – 중간 – 끝' 의 3단 구성, 신화적 구성, 일대기적 구성

처음: 육부 조상들이 임금을 모실 것을 의논함	➡	중간: 혁거세와 알영의 출생 및 성장 과정	➡	끝: 혁거세 사후의 기이한 행적

- 제재: 혁거세와 알영의 탄생
- 주제: 혁거세와 알영의 탄생과 신라의 건국 내력
- 특징: ① 혈통이 하늘에 있음은 드러나나 부모의 존재는 분명하게 나타나지 않음
  ② 〈단군 신화〉나 〈주몽 신화〉가 가족사를 다룬 것과 달리 영웅의 일대기에 집중함

한눈에 보기

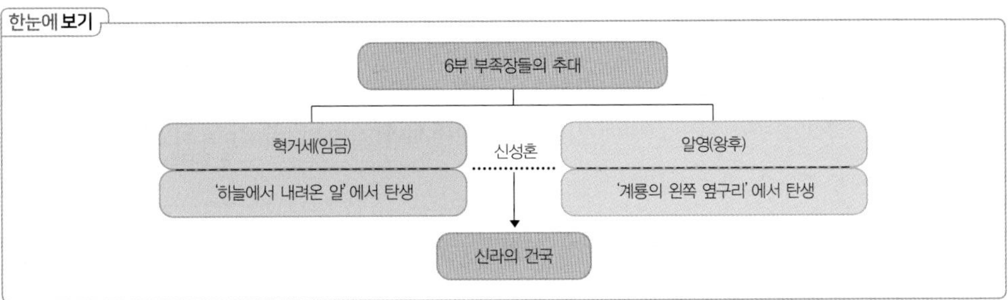

보충·심화 학습

- 큰 뱀이 혁거세의 유해(遺骸) 합체(合體)를 막은 이유

혁거세의 유해가 흩어져 땅 위로 떨어진 것은 농경 사회의 '파종' 과 연관 지어 이해할 수 있다. 그리고 신화에서 풍요와 다산(多産)을 상징하는 큰 뱀이 혁거세의 유해를 합해서 장사 지내는 것을 막은 것은, 여러 곳에 흩뿌림으로써 풍요로운 수확을 얻고자 하는 당대인들의 의식이 반영된 것이다. 또한, 혁거세의 유해를 다섯 부분으로 나누어 장사 지낸 것은 모든 곡물을 상징하는 오곡(五穀) 관념의 소산으로 이해할 수 있다.

필수 문제

01 이 글에서 당시가 농경 사회였음을 알게 해 주는 소재를 두 가지만 찾아 쓰시오.

02 이 글에서 '여성의 통과 제의' 를 상징하는 것으로 볼 수 있는 구절을 찾아 쓰시오.

03 [서술형] 주인공의 탄생과 관련하여 이 글이 지니는 설화로서의 특징을 〈주몽 신화〉와 비교하여 서술하시오.

05 구토 설화(龜兎說話) | 작자 미상

거북 구 토끼 토

필수

출제 포인트

죽을 위기에 처한 토끼가 지혜로 살아 돌아온다는 내용의 설화로, 각 동물이 의미하는 인간상과 이 글의 다양한 주제에 주목하여 살펴보자.

감상 길잡이

이 글은 인도의 《본생경》의 〈용원 설화〉에서 영향을 받은 것으로, 후에 〈수궁가〉, 〈토끼전(별주부전)〉 등의 근원이 된 설화이다. 동물을 의인화하여 주제 의식을 드러내고 있는 것이 특징인데, 토끼와 거북을 의인화하여 분수에 넘치는 행위의 경계, 위기 극복의 지혜, 경솔한 언행의 경계, 속고 속이는 세태의 풍자 등을 주제로 삼고 있다. 토끼와 거북이라는 동물을 통해 인간으로서 지녀야 할 삶의 자세와 지혜에 대해 암시하고 있는 것이다.

옛날에 동해 용왕의 딸이 병이 들어 앓고 있었다. 의원의 말이 토끼의 간을 얻어서 약을 지어 먹으면 능히 나을 것이라고 하였다. 그러나 바닷속에는 토끼가 없으므로 어떻게 할 도리가 없었다.
(인도의 〈용원 설화〉의 영향을 받음)

※〈용원 설화〉의 내용
용왕의 왕비가 잉태하여 원숭이의 염통을 먹고 싶다고 하자 용왕이 원숭이를 속여 업고 오다가 사실을 말함. 이에 원숭이가 염통을 두고 왔다고 용왕을 속여 육지로 돌아감

이때 한 거북이 용왕에게 아뢰기를,

"제가 능히 토끼의 간을 얻어 올 것입니다."
(거북의 충성심이 드러남)

하고, 드디어 육지로 올라가서 토끼를 만나 말하기를, ▶ 토끼의 간을 얻으러 육지로 간 거북(발단)

「"바닷속에 한 섬이 있는데, 샘물이 맑아 돌도 깨끗하고, 숲이 우거져 좋은 과일도 많이 열리고, 춥지도 덥지도 않고, 매나 독수리와 같은 것들도 감히 침범할 수 없는 곳이다. 만약, 그곳으로 갈 것 같으면 아무런 근심도 없을 것이다."」
(토끼의 천적 / 평화롭고 안전한 곳임 / 그곳: 바닷속 섬)
「 」: 거북의 감언이설(甘言利說) – 당시 민중들의 소망이 드러남

하고 꾀어서는, 드디어 토끼를 등 위에 업고 바다에 떠서 한 이삼 리쯤 가게 되었다.
(토끼가 욕심으로 인해 거북의 꾐에 빠짐)
▶ 거북의 감언이설에 빠진 토끼(전개)

이때 거북은 토끼를 돌아보며 말하기를,

「"지금 용왕의 따님이 병이 들어 앓고 있는데, 꼭 토끼의 간을 약으로 써야만 낫겠다고 하는 까닭으로 내가 수고스러움을 무릅쓰고 너를 업고 가는 것이다."」 ▶ 거북의 실토(위기)
「 」: 거북의 이실직고(以實直告)

하니, 토끼는 이 말을 듣고 말하기를,

「"아아 그런가, 나는 신명(神明)의 후예로서 능히 오장(五臟)을 꺼내어 깨끗이 씻어 가지고 이를 다시 넣을 수 있다. 그런데 요사이 마침 마음에 근심스러운 일이 생겨서 간을 꺼내어 깨끗하게 씻어서 잠시 동안 바윗돌 밑에 두었는데, 너의 좋다는 말만 듣고 오느라고 그만 간을 그대로 두고 왔다. 내 간은 아직 그곳에 있는데, 다시 돌아가서 간을 가지고 돌아오지 않으면, 어찌 네가 구하려는 간을 가지고 갈 수 있겠는가. 나는 비록 간이 없어도 살 수가 있으니, 그러면 어찌 둘이 다 좋은 일이 아니겠는가."」
(신명의 후예로서: 자신의 거짓말을 거북이 믿게 하기 위해 자신의 신성성을 부각시킴 / 오장: 간장, 심장, 비장, 폐장, 신장 / 바윗돌 밑에 두었는데: 〈용원 설화〉와 유사 / 어찌 둘이 다 좋은 일이 아니겠는가: 일석이조(一石二鳥))
「 」: 위기 극복을 위한 토끼의 지혜(임기응변)

하니, 거북이는 이 말을 그대로 믿고 도로 육지로 올라왔다. ▶ 지혜로써 위기를 극복하는 토끼(절정)
(거북의 우직한 성격이 드러남)

토끼는 풀숲으로 뛰어 들어가면서 거북에게 말하기를,
(구사일생(九死一生) / 비웃음)

"거북아, 너는 참으로 어리석구나. 어찌 간이 없이 사는 놈이 있겠느냐?"

하니, 거북이는 멋쩍어서 아무 말도 못하고 돌아갔다. ▶ 목적을 이루지 못하고 돌아가는 거북(결말)

망연자실(茫然自失)

핵심 정리

- 갈래: 설화(민담), 동물담(우화)
- 성격: 설화적, 우의적, 교훈적, 풍자적
- 구성: '발단 – 전개 – 위기 – 절정 – 결말'의 5단 구성, 설화적 구성, 순차적 구성

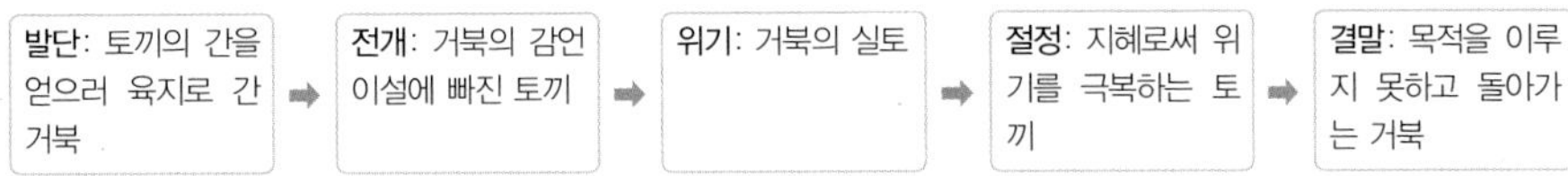

- 제재: 토끼의 간
- 주제: ① 위기 극복의 지혜(토끼의 입장) ② 분수에 넘치는 행위의 경계(토끼의 입장) ③ 경솔한 언행의 경계(거북의 입장) ④ 속고 속이는 세태 풍자
- 특징: ① 교훈과 풍자를 담고 있는 동물 우화 설화임 ② 소설 구성에 가까운 서사 구조를 지니고 있음
- 의의: 인도 〈용원 설화〉의 영향을 받았으며, 〈토끼전〉, 〈별주부전〉 등의 근원 설화가 됨

한눈에 보기

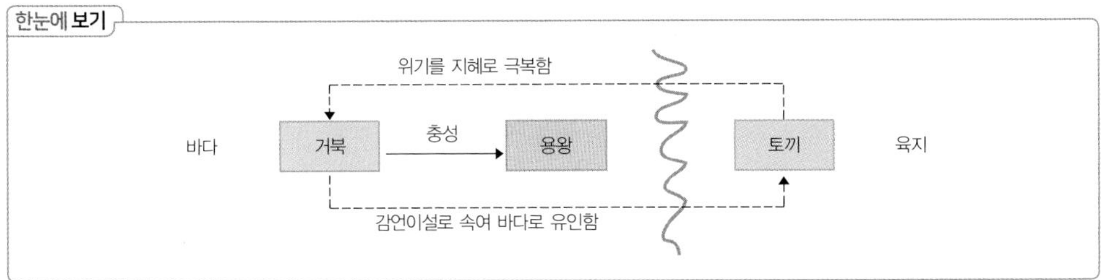

보충·심화 학습

- 〈구토 설화〉의 유래와 발전 과정

이 글은 고구려 보장왕 때의 설화이다. 신라 선덕 여왕 11년, 김춘추의 사위인 품석이 백제군에 죽임을 당하자 이를 보복하기 위해 고구려로 군대 지원을 요청하러 떠난 김춘추가 엉뚱하게도 첩자로 오인되어 투옥되었다. 이 설화는 김춘추가 위기를 벗어나기 위해 자신이 가지고 온 청포 삼백 보를 고구려 장수 선도해에게 뇌물로 주자, 선도해가 탈출의 암시로 들려준 것이다. 그러나 이와 같은 이야기가 불경이나 외국 설화에도 있는 것으로 보아, 고구려 고유의 설화라고 보기는 어렵다.

인도 《본생경》의 〈용원 설화〉 →	설화 →	판소리 →	고전 소설 →	신소설
	〈구토 설화〉	〈수궁가(토끼 타령, 토별가)〉	〈토끼전(별주부전)〉	〈토의 간〉

필수 문제

01 **이 글을 근원으로 하는 문학 작품의 계보를 쓰시오.**

02 **이 글의 '거북'과 '토끼'가 각각 표현하고 있는 인간상을 쓰시오.**

① 거북:　　　　② 토끼:

03 [서술형] **이 글은 기존 설화와 다른 구성상의 특징을 지닌다. 어떠한 차이점을 지니는지 서술하시오.**

06 견우(牽牛)와 직녀(織女) | 작자 미상

'소를 끈다'는 뜻 / '베 짜는 여자'라는 뜻

필수

출제 포인트

칠월 칠석에 관한 유래를 담은 설화로, 견우와 직녀가 겪는 시련과 그 극복 과정에 주목하여 살펴보자.

감상 길잡이

이 글은 일 년에 한 번 칠월 칠석(七月七夕)에 견우와 직녀가 만나게 되는 유래를 담은 설화이다. 칠월 칠석이 가까워 오면 낮은 곳에 있던 알타이르(Altair: 견우성)가 높은 곳으로 자리를 옮기고 초여름부터 떠 있어 청초하게 빛나던 베가(Vega: 직녀성)와 함께 아름답게 빛나는데, 이러한 별의 움직임을 보고 지어진 이야기라고 할 수 있다. 중국 후한 때 만든 효당산 석실의 '삼족오도'에 직녀성과 견우성이 보이므로, 이 설화의 발생은 전한 이전으로 짐작할 수 있다. 이 설화는 예로부터 동양권에서 수많은 문인들의 시문의 주제로 사용되어 왔는데, 우리나라의 경우, 〈춘향전〉을 비롯한 여러 고전 소설, 〈규원가〉·〈농가월령가〉·〈사미인곡〉과 같은 가사, 또는 시조·민요들에도 〈견우와 직녀〉 설화를 소재로 한 것이 많다. 평양 덕흥리 고구려 고분 벽화에 견우·직녀가 그려져 있으며, 민간에서 칠월 칠석의 이튿날 아침에 오는 비는 견우와 직녀가 이별의 눈물을 흘린 것이라고 하여 칠석날에 '칠석요'를 부르곤 한다.

직녀(織女)는 천제(天帝)의 손녀라고도 전해지며, 서왕모(西王母)의 외손녀라고도 전해진다. 직녀는 은하(銀河)의 동쪽에 살면서 베틀 앞에 앉아 신기한 실로 층층이 아름다운 구름을 수놓은 아름다운 베를 짰다. 그것은 신기하게도 시간과 계절이 바뀜에 따라 색깔이 달라져 '천의(天衣)'라고 하는데, 이는 하늘을 위해 만든 의상이었다. 하늘도 인간처럼 옷을 입어야 하는데, 비록 씻은 듯이 깨끗한 푸른 하늘이라지만 그 나름대로 아름다운 의상을 걸치고 있었다. 직녀 이외에도 다른 여섯 명의 젊은 선녀들이 이러한 일들을 맡아 하고 있었다. 이 여섯 선녀들은 모두 직녀의 자매들로, 하늘나라에서 뛰어난 길쌈 솜씨를 지니고 있었지만, 직녀가 그중에서도 가장 부지런하였다.

> 천제(天帝): 하느님. 옥황상제
> 서왕모(西王母): 중국 신화에 나오는 신녀(神女)로, 불사약을 가진 선녀
> 천의(天衣): 하늘의 옷
> 하늘을 위해 만든 의상: 천의(天衣)
> 길쌈: 실을 내어 옷감을 짜는 모든 일

티 없이 맑고 야트막한 은하(銀河)를 사이에 두고 인간 세계가 있었다. 그곳에는 견우(牽牛)라는 목동이 살고 있었다. 그는 어려서 일찍이 부모를 여의고 형수의 모진 학대를 받으며 자라게 되었다. 나중에 그는 형수에게 쫓겨나다시피 하여 분가(分家)를 하였는데, 받은 것이라곤 고작 늙은 소 한 마리뿐이었다.

> 은하(銀河): 천구(天球) 위에 구름 띠 모양으로 길게 분포되어 있는 수많은 천체의 무리. 은하수. 미리내
> 분가(分家): 살림을 차려 따로 나감

견우는 늙은 소 한 마리를 의지하여 가시밭 황무지를 일구어 농사를 짓고 집을 짓기 시작했다. 한두 해가 지나자 조그만 집도 마련되고 그럭저럭 생활을 꾸려 나갈 수 있게 되었다. 그러나 식구라고 해야 말할 줄 모르는 늙은 소를 제외하면 냉랭한 기운이 감도는 집에 자기 자신뿐이었다. 그래서 하루하루 지내기가 여간 외롭고 쓸쓸하지 않았다.

▶ 견우와 직녀에 대한 인물 소개

> 늙은 소: 새로운 세계를 만나게 해 주는 조력자
> 외롭고 쓸쓸하지 않았다: 견우의 외로운 처지

그러던 어느 날이었다. 늙은 소가 갑자기 말문이 트여 사람처럼 말하는 것이 아닌가. 소는, 『직녀와 다른 선녀들이 은하에 목욕하러 올 터이니 목욕하는 틈을 노려 직녀의 옷을 감춰 두면 아내로 맞이할 수 있을 것이라고 일러 주는 것이었다.』 견우는 늙은 소가 말하는 것을 보고 소스라치게 놀랐지만, 소가 일러 준 대로 따르기로 작정하였다. 그는 은밀히 은하로 다가가 갈대가 우거진 숲

> 늙은 소가 갑자기 말문이 트여 사람처럼 말하는 것이 아닌가: 비현실적, 전기적 요소
> 『 』: 〈선녀와 나무꾼〉 설화와 유사함

속에 숨어 직녀와 다른 선녀들이 목욕하러 나타나기를 기다렸다.

얼마 지나지 않아 과연 직녀와 다른 선녀들이 목욕하기 위해 은하에 모습을 나타냈다. 선녀들은 구름처럼 가벼운 옷을 훌훌 벗어 던지고는 이내 맑은 은하의 강물 속으로 뛰어드는 것이었다. 그 순간 파란 수면은 하얀 연꽃들이 만발한 듯 아름다웠다. 이때 견우는 갈대숲에서 뛰쳐나와 파란 풀로 뒤덮여 있는 강가에 벗어 놓은 옷더미 중에서 직녀의 옷을 몰래 집어 왔다. 그 바람에 놀란 선녀들은 황망히 자신들의 옷을 추스려 입고는 하늘을 나는 새들처럼 산산이 흩어져 버렸다.
마음이 몹시 급하여 당황하고 허둥지둥하며
이제 은하에는 옷이 없어 달아날 수 없는 직녀만이 오도카니 남아 있었다. 이때 견우가 그녀에게
넋이 나간 듯이 가만히
다가가 말했다.

"내 아내가 되어 준다고 약조하면 옷을 돌려주겠소."
조건을 붙여 약속하면

직녀는 부끄러워 실오라기 하나 걸치지 않은 자신의 가슴을 기다란 머리카락으로 가리며 고개를 떨군 채 머리를 끄덕였다.

『비록 무모하고 거칠게 나오긴 했지만 매우 용감하게 구애를 한 이 젊은이에게 마음이 끌려 함빡 반하고 만 것이리라.』그리하여 직녀는 늙은 소를 의지하여 살아가는 견우의 아내가 되었다.
「 」: 서술자의 개입(편집자적 논평)

둘은 결혼을 하여 어엿한 부부가 되었다.『남편은 들에 나가 일을 하고 아내는 집 안에서 열심히 베를 짜며 더할 나위 없이 행복한 생활을 하게 되었다.』얼마 후 두 부부는 사랑스럽고 귀여운 아
「 」: 전형적 농촌 사회의 모습
들 하나와 딸 하나를 두게 되었다. 그들 부부는 검은 머리가 파뿌리가 될 때까지 백년해로하리라
부부가 되어 한평생을 사이좋게 지내고 즐겁게 함께 늙는 것
고 생각했다.

▶ 견우와 직녀의 만남과 결혼(기)

그러나 그 누가 알았으랴. 뜻하지 않게 지상의 견우가 하늘나라의 직녀와 함께 부부가 되어 산
서술자의 개입 – 시련 암시 천계의 법을 어기는 행위
다는 소식은 천제(天帝)와 서왕모(西王母)의 귀에까지 들어가게 된 것이다. 천제와 서왕모는 몹시
하늘에 있다는 신 또는 하늘의 신령
진노하였다. 즉시 천신(天神)을 보내 죄를 추궁하기 위해 직녀를 하늘나라로 잡아들이도록 엄명을
성을 내며 노여워함 엄하게 따져서 밝힘 엄한 명령
내렸다. 서왕모는 혹시나 천신(天神)이 일을 제대로 수행하지 못할까 두려운 나머지 그녀 자신이 직접 내려와 동정을 낱낱이 살폈다.
일이나 현상이 벌어지고 있는 낌새

▶ 천제와 서왕모의 진노(승)

직녀는 사랑하는 남편과 아이들을 지상에 남겨 두고 찢어지는 듯한 아픔을 이기지 못한 채 천신에게 이끌려 하늘나라로 붙잡혀 가야만 했다.『견우는 또 어떠한가. 사랑하는 아내와 느닷없이 생이별을 해야 하는 비통함을 그 어디에다 비길 수 있을까.』그는 즉시 두 어린 아들과 딸을 바구
몹시 슬퍼서 마음이 아픔 「 」: 서술자의 개입
니에 담고 밤새도록 아내가 사라진 쪽을 향해 달렸다. 이제 그의 앞에는 그지없이 맑고 야트막한 은하가 있을 뿐이었다. 이 은하를 건너기만 하면 사랑하는 직녀가 끌려간 하늘나라에 당도할 것
사랑의 장애물
이었다. 그런데 이건 또 어찌된 일인가. 지상과 하늘나라 사이에 가로놓여 있던 은하가 눈 깜짝할
서술자의 개입

사이에 자취도 없이 사라져 버린 것이다. 고개를 들어 올려다보니 은하는 어느새 파란 창공(蒼空) 맑고 푸른 하늘 에 높이 걸려 있는 것이 아닌가. 이제 은하는 인간으로서는 도저히 접근할 수 없는 곳으로 옮겨지고 말았다. 설상가상(雪上加霜), 엎친 데 덮친 격 정황을 일의 사정과 상황 살피고 있던 서왕모가 신통력을 써서 인간 세계와 하늘나라 사이에 놓여 있는, 그지없이 맑고 야트막하여 누구든지 자유로이 오갈 수 있는 이 은하를 하늘 높이 걷어 올려 버렸던 것이다.

▶ 견우의 시련 ① – 창공의 은하

견우는 하는 수 없이 아이들을 데리고 집으로 무거운 발길을 돌렸다. 북받쳐 오르는 슬픔을 이기지 못하여 발을 동동 구르고 가슴을 쳤다. 어린 두 아이와 견우, 셋은 목놓아 슬피 울었다. 그때 외양간에 매여 있던 늙은 소 조력자 가 다시 말문을 열고 말을 하였다.

「"견우, 견우! 나는 이제 곧 죽게 될 거예요. 내가 죽거든 가죽을 벗겨 그것을 걸치십시오. 그러면 하늘나라(天堂)에 갈 수 있을 거예요."」 「 」: 문제 해결 방안 제시

늙은 소는 말을 마치자 이내 쓰러져 숨을 거두었다. 견우는 늙은 소의 말대로 가죽을 벗겨 몸에 걸친 후 두 아들 딸을 멜대에 메고 하늘나라로 떠났다. 멜대의 양쪽 끝에는 바구니에 담겨 있는 두 아이들의 무게의 균형을 맞추기 위해 거름을 펴내는 바가지 두 번째 시련 극복을 위한 소재 를 넣었다.

견우는 하늘로 올라 영롱하게 빛나는 뭇 별들 사이를 마치 바람처럼 누비고 다녔다. 은하가 저 멀리 바라보였다. 은하 저 건너편에 있는 직녀가 금세라도 눈앞에 보일 것만 같았다. 견우는 기쁨에 들떠 있었고, 어린 아이들도 고사리 같은 작은 손을 흔들며 기뻐 연방 외쳤다.

"엄마, 엄마!"

▶ 견우의 시련 극복 ① – 소 가죽

견우가 은하에 다다라 은하를 막 건너려고 하는 순간 갑자기 높은 하늘 위에서 여인의 커다란 손이 불쑥 내려왔다. 그것은 다름 아닌 서왕모의 손이었다. 그녀 서왕모 는 다급하여 머리에 꽂은 비녀를 얼른 뽑아 은하를 따라 금을 홱 그었다. 그러자 맑고 야트막하던 은하는 거센 물결이 넘실대는 깊은 강인 천하(天河) 은하수 가 되고 말았다.

▶ 견우의 시련 ② – 거센 물결의 천하(天河)

견우와 아이들은 이렇게 깊은 강을 대하게 되니 비오듯 눈물을 흘릴 뿐 어찌할 방도가 없었다. 속수무책, 망연자실

"아빠, 거름을 퍼내는 이 바가지로 은하(天河)의 물을 모두 퍼내 버려요."

천진스런 어린 딸이 눈물을 훔치며 작은 눈을 동그랗게 뜨고는 이렇게 말했다.

"그래, 은하(天河)의 강물을 모두 퍼내자." 강물을 퍼내는 것은 불가능한 일임 – 인간적인 노력과 애정을 보여 줌

분노와 슬픔으로 가득 찬 견우는 조금도 주저하거나 망설이지 않고 이렇게 대답했다. 바가지를 들고 은하(天河)의 물을 퍼내기 시작했다. 견우가 퍼내다 지치면 어린 아들과 딸이 고사리 같은 손으로 아버지를 도왔다.

▶ 견우의 시련 극복 ② – 바가지(전)

이렇게「끈질기고 깊은 애정은 마침내 위엄으로 가득 찬 천제(天帝)와 서왕모(西王母)의 얼음장처럼 차가운 마음을 녹이게 되었다.」그래서 매년 음력 7월 7일 칠석날에 한 차례씩 둘이 상봉(相逢)하는 것을 허락하게 되었다. 견우와 직녀가 상봉할 때에는 수많은 까치들이 날아와 깊은 강물 위에 다리를 놓아 주었다. 이들 부부는 까치들이 놓은 다리〔烏鵲橋〕 위에서 만나 서로의 애틋한 정을 나누게 되었다. 직녀는 견우를 보는 순간 와락 울음을 터뜨렸다. 이때 대지 위에는 가랑비가 내리곤 하였다. 그러면 부녀자들은 '직녀 아가씨가 또 재회의 눈물을 흘리는 게로구먼.' 하고 입을 모아 동정하였다.

위엄: 존경할 만한 위세가 있어 점잖고 엄숙함. 또는 그런 태도나 기세
「 」: 지성감천(至誠感天)
상봉: 서로 만남
수많은 까치들: 조력자 – 다른 곳에서는 '까마귀와 까치'로 나옴
가랑비, 재회의 눈물: 칠석물: 칠석날에 오는 비. 칠석날에 견우와 직녀가 흘리는 눈물

▶ 견우와 직녀의 상봉(결)

핵심 정리

- 갈래: 설화(민담)
- 성격: 서사적, 염정적(艷情的)
- 구성: '기 – 승 – 전 – 결'의 4단 구성, 설화적 구성

- 제재: 견우성과 직녀성에 얽힌 이야기
- 주제: 견우와 직녀의 애틋한 사랑
- 특징: 칠월 칠석에 관한 유래 설화로, 주인공의 시련 극복 과정이 잘 드러나 있음
- 의의: 한국과 중국에 널리 전승되는 설화로, 농경 생활을 잘 반영하고 있음

한눈에 보기

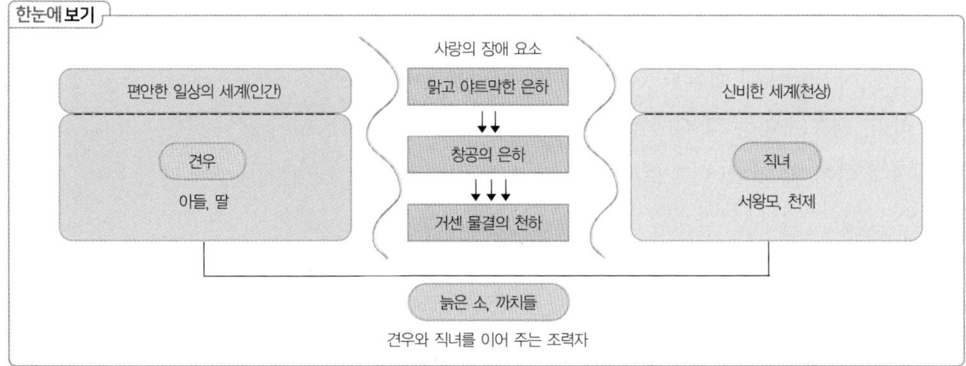

필수 문제

01 이 글에서 견우가 직녀를 만나는 데 조력자 역할을 하는 소재를 두 가지 찾아 쓰시오.

02 [서술형] 이 글에서 천제(天帝)와 서왕모(西王母)가 견우와 직녀의 사랑을 방해한 이유와, 상봉을 다시 허락한 이유에 대해 서술하시오.

07 사복불언(蛇福不言) | 작자 미상

사복이 말하지 않다

수능 기출

출제 포인트

삶과 죽음의 이치에 대한 깨달음을 전하는 불교적 설화로, 이 글에 드러난 사상적 특징에 주목하여 살펴보자.

감상 길잡이

이 글의 제목 '사복불언'은 '사복이 말하지 않다.'라는 뜻으로, 불교 설화이다. '사복'의 출생은 전생에 원효와 함께 경을 싣고 다니던 암소였던 자신의 어미를 연화장 세계로 데려가기 위한 것이며, '원효' 역시 사복과 같은 인연이 있어 사복의 어미를 장사 지내야 하는 것이다. 결국 전생의 인연이 현생에까지 이어지며, 인간 세상의 아주 가까운 곳에 연화장이라는 초월적 세계가 존재하고 있음을 함축적으로 제시하고 있는 것이다. 또한 하층민인 사복이 원효보다 먼저 극락왕생(極樂往生)하는 모습을 통해 득도(得道)나 도력(道力)에서의 하층민의 우월성을 드러내고 있다.

서울 만선북리(萬善北里)에 있는 과부가 남편도 없이 태기가 있어 아이를 낳았는데 나이 십이 세가 되어도 말도 못 하고 일어나지도 못 하므로 사동(蛇童)〔혹 사복(蛇卜)이라고도 하고, 또 사파(蛇巴)·사복(蛇伏)이라고도 하지만, 모두 사동(蛇童)을 말한다.〕이라고 불렸다. 어느 날 그의 어머니가 죽었다. 그때 원효(元曉)가 고선사(高仙寺)에 있었다.「원효(元曉)는 그를 보고 맞아 예를 했으나 사복(蛇福)은 답례도 하지 않고 말했다.」

(임신한 기미 / 전기적 성격 ① – 신이한 탄생 / 어머니의 장례가 사복의 출생 목적이었으므로 다른 것은 필요가 없음 / 뱀 아이 / □: 무상(無常)을 깨달은 이 → 사복의 어머니 / 경주에 있던 절 / 「 」: 사복이 범상치 않은 인물임을 보여 줌 – 원효와 비교하여 사복의 정신적 우월성 강조)

▶ 사복의 신이한 탄생과 행적(기)

「"그대와 내가 옛날에 경(經)을 싣고 다니던 암소가 이제 죽었으니」 나와 함께 장사 지내는 것이 어떻겠는가." / 원효(元曉)는, / "좋다."

('전생'의 의미 / 불경 / 사복의 어머니 / 「 」: 윤회 사상. 사복의 환생 이유가 드러남)

하고 함께 사복(蛇福)의 집으로 갔다. 여기에서 사복(蛇福)은 원효(元曉)에게 포살(布薩)시켜 계(戒)를 주게 하니, 원효(元曉)는 그 시체 앞에서 빌었다.

(부처가 정해 준 여덟 가지 계율을 알기 쉽게 설명하고 해설하여 가르침을 주게 하니)

「"세상에 나지 말 것이니 그 죽는 것이 괴로우니라. 죽지 말 것이니 세상에 나는 것이 괴로우니라."」

(득도하여 해탈하라는 의미 / 「 」: 윤회 사상(생명이 있는 것은 생사를 거듭함) – 삶과 죽음 어느 한쪽에 집착하지 말라는 경계)

사복(蛇福)이 사(詞)가 너무 번거롭다고 하여 원효(元曉)는 고쳐서 말했다.

(말이 복잡하면 진리에서 멀어짐 → '사복'이 '원효'보다 높은 경지에 있음을 암시함)

"죽는 것도 사는 것도 모두 괴로우니라."

▶ 사복과 원효의 대화와 가르침(승)

이에 두 사람은 상여를 메고 활리산(活里山) 동쪽 기슭으로 갔다. 원효(元曉)가 말했다.

(사람의 시체를 실어서 묘지까지 나르는 도구)

"지혜 있는 범을 지혜의 숲 속에 장사 지내는 것이 또한 마땅하지 않겠는가."

(연화장 세계, 극락, 미타찰, 서방정토)

사복(蛇福)은 이에 계(偈)를 지어 말했다.

(부처의 공덕을 찬양하는 글귀)

「옛날 석가모니 부처께서는, / 사라수 사이에서 열반(涅槃)하셨네.」

(「 」: 석가모니의 열반이 인간 세상에서 이루어졌음 / 상록수의 일종 / 입적, 불생불멸의 높은 경지)

지금 또한 그 같은 이가 있어, / 연화장(蓮花藏) 세계로 들어가려 하네.

말을 마치고 띠풀의 줄기를 뽑았으니, 그 밑에 명랑하고 청허(淸虛)한 세계가 있는데, 칠보(七寶)로 장식한 난간에 누각(樓閣)이 장엄하여 인간의 세계는 아닌 것 같다. 사복(蛇福)이 시체를 업고 속에 들어가니 갑자기 그 땅이 합쳐 버린다. 이것을 보고 원효(元曉)는 그대로 돌아왔다.

(마음이 맑고 깨끗한 / 일곱 가지 주요 보배 / 전기적 성격 ② – 사복이 어머니의 시체와 함께 연화장 세계로 들어감)

▶ 사복의 게와 입적(전)

후세 사람들이 그를 위해서 금강산(金剛山) 동남쪽에 절을 세우고 절 이름을 도장사(道場寺)라 하여, 해마다 삼월 십사일이면 점찰회(占察會)를 여는 것을 상례(常例)로 삼았다. 사복(蛇福)이 세상에 영검을 나타낸 것은 오직 이것뿐이다.『그런데 민간에서는 황당한 얘기를 덧붙였으니 가소로운 일이다.』

점찰회: 점찰경에 의한 집회 / 상례: 보통 있는 일 / 영검: 사람의 기원대로 되는 신기한 효험 / 이것: 사복이 시체를 업고 땅속으로 들어간 것 / 『 』: 편집자적 논평 – 사복에 대한 지나친 숭배(후세 사람들의 허황되고 과장된 우상 숭배)에 대한 비판

찬(讚)해 말한다.

찬: 사람의 공덕이나 불덕 등을 찬양하는 노래

잠자코 자는 용이 어찌 등한하리, / 세상 떠나면서 읊은 한 곡조 간단도 해라.

잠자코 자는 용: 사복 / 등한하리: 대수롭지 않게 보아 넘기리 / 읊은 한 곡조: 옛날 석가모니 ~ 들어가려 하네

고통스런 생사가 본래 고통이 아니어니, / 연화장 세계는 넓기도 하여라.

고통스런 생사가 본래 고통이 아니어니: 삶을 가치 있게 살면 생사는 고통스럽지 않음 / 연화장 세계는 넓기도 하여라: 누구나 들어갈 수 있음

▶ 사복에 대한 민간의 평과 편찬자의 찬(결)

핵심 정리

- 갈래: 설화(불교 설화, 전설)
- 성격: 불교적, 서사적, 전기적, 관념적, 교훈적, 초월적
- 구성: '기 – 승 – 전 – 결' 의 4단 구성

기: 사복의 신이한 탄생과 행적	➡	승: 사복과 원효의 대화와 가르침	➡	전: 사복의 게와 입적	➡	결: 사복에 대한 민간의 평과 편찬자의 찬

- 제재: 사복 어머니의 죽음과 사복의 게
- 주제: 진리는 누구에게나, 어디에든 있다는 깨달음
- 특징: ① 불교의 윤회 사상이 드러남 ② 초월적 세계의 모습이 제시됨 ③ 문학적 형상화를 통해 불교의 이치를 드러냄

한눈에 보기

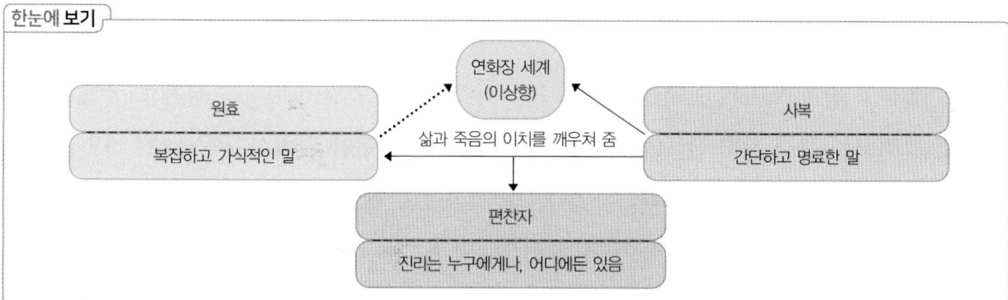

보충·심화 학습

- 〈사복불언〉에서 '게(偈)' 와 '찬(讚)' 의 기능

사복의 '게' 에서는 석가모니의 열반이 인간 세상에서 이루어졌으며 지금 그와 같은 사람이 있어 연화장 세계로 들어가려 한다고 함으로써 불법에 정진하여 열반하는 것이 현실과 동떨어진 것이 아님을 말하고 있다. 편찬자의 '찬' 에서는 현실의 삶을 가치 있게 살아갈 때 연화장 세계와 같은 궁극적 가치를 깨닫게 된다고 하는 진리를 드러내고 있다. 결국 이 설화에 삽입된 '게' 와 '찬' 은 모두 이 설화를 통해 속세의 중생들에게 궁극적으로 깨우쳐 주고자 하는 바를 집약하여 제시하는 기능을 지닌다고 할 수 있다.

필수 문제

01 이 글에서 게(偈)와 찬(讚)의 기능은 무엇인지 쓰시오.

02 이 글에서 편집자의 논평이 직접적으로 드러난 문장을 찾고(①), 그 내용이 의미하는 바(②)가 무엇인지 쓰시오.

08 도미의 처(妻) | 작자 미상

교과서

출제 포인트

도미 처의 정절을 이야기하는 설화로, 관탈 민녀형 설화의 구조에 주목하여 살펴보자.

감상 길잡이

이 글은 백제 사람 '도미'와 그의 아름다운 아내, 그리고 그 아내를 탐하는 '개루왕' 사이의 이야기를 기록한 설화이다. 힘없는 서민인 도미의 아내를 빼앗기 위하여 도미의 두 눈알을 빼고 도미의 아내를 겁탈하려는 권력층(개루왕)의 횡포에 맞서, 기지로써 위기를 넘기고 정절을 지켜 도미와 함께하는 아내, 그리고 끝까지 아내의 정절을 믿은 도미의 행동은 당시 민중의 건강한 삶의 윤리와 권력에 대한 저항 의지를 드러내는 것이라고 볼 수 있다. 이 글은 후대 열녀(烈女) 이야기의 근원이 되었으며, 현대에 와서 1937년 박종화의 단편 소설 〈아랑의 정조〉의 모티프로 활용되기도 하였다.

도미(都彌)는 백제 사람이다. 그는 비록 신분이 낮은 백성이었으나, 자못 의리를 아는 사람이었다. 그의 아내 역시 아름답고 절개가 있어 사람들의 칭찬을 받았다.

(도미: 힘없는 서민 / 자못 의리를 아는 사람이었다: 인물에 대한 직접적 설명 / 절개: 신념, 신의 따위를 굽히지 아니하고 굳게 지키는 꿋꿋한 태도 → 주제)

하루는 개루왕(蓋婁王)이 도미를 불러 말하기를,

(개루왕: 백제의 제4대 왕(재위 128~166) – 도미 처의 정절을 파괴하고자 하는 권력자)

「"비록 부인의 덕은 정결이 제일이지만, 만일 사람이 없는 어두운 곳에서 달콤한 말로 유혹한다면 마음이 움직이지 않는 자는 적을 것이다."」하였다. 도미는

(「 」: 여성에 대한 불신 → 인간을 불신하는 태도)

「"사람의 마음은 헤아리기 어려우나 제 아내만은 죽는다고 해도 다른 마음은 먹지 않을 것입니다."」라고 대답하였다.

▶ 개루왕의 흉악한 음심(처음)

(「 」: 아내에 대한 신뢰 → 인간을 신뢰하는 태도)

그 말을 듣고 왕은 도미의 아내를 시험해 보고자, 도미를 할 일이 있다는 핑계로 궁에 머무르게 하였다. 그러고는 측근 신하 한 사람을 왕처럼 꾸며 왕의 의복을 입혀서 말을 태워 하인을 거느리게 하고 밤중에 도미의 집으로 가게 하였다. 그 신하는 밤에 도미의 집에 도착하여 하인을 시켜 왕이 왔다고 거짓을 알리게 하고 들어가 그녀에게 말하기를

(도미의 아내: 정절을 끝까지 지킴)

「"그대가 아름답다는 말을 듣고 도미와 내기를 하여 내가 그대를 얻게 되었으니 내일부터는 궁궐에 들어와 궁인이 되라. 이제부터는 너는 내 소유이다."」

(「 」: 여성을 대상으로 내기를 하고, 소유하겠다고 하는 것으로 보아, 당시 여성을 '도구'로 생각했음을 알 수 있음 / 이제부터는 너는 내 소유이다: 개루왕의 횡포 ①)

하였다. 이에 도미의 아내는

"국왕께서는 농담이 없는 분인 줄로 아는데 제가 감히 따르지 않겠습니까? 왕께서 먼저 방으로 들어가 계시면, 옷을 갈아입고 들어가겠습니다."

(왕께서 먼저 ~ 들어가겠습니다: 도미 처의 지혜 ①)

라고 하며 물러 나와, 여종을 단장시켜 들여보냈다.

▶ 개루왕의 횡포와 도미 처의 지혜 ①

(여종을 단장시켜 들여보냈다: 비현실성 – 신분이 낮은 백성인데 종이 있음)

개루왕이 후에 속은 것을 알고 크게 노하여「도미를 죄에 얽어 두 눈동자를 빼어 버리고 끌어내어 작은 배에 태워 강에 띄웠다. 그리고 부인을 끌어와 강제로 겁탈하려 하는데,」부인이

(죄에 얽어: 없는 죄를 있는 것으로 꾸며 / 「 」: 개루왕의 횡포 ②)

"지금 남편을 잃어버렸으니 혼자 몸으로는 살아갈 수 없고 하물며 왕을 모시게 되었으니 어찌 감히 어김이 있겠습니까? 그러나 지금은 달거리로 온몸이 더러우니 다른 날 깨끗이 목욕하고

(지금은 달거리로 ~ 목욕하고: 도미 처의 지혜 ②)

※이 글을 통해 알 수 있는 당대 현실
① 절대 권력의 횡포가 심했음 ② 부정한 권력에 저항하려는 민중 의식이 성장했음 ③ 유교적 윤리관(의리, 정절)이 하층민에게까지 확산되어 있었음 ④ 고구려와 백제가 우호적 관계에 있었음

오겠습니다."

하니, 왕이 믿고 허락하였다. ▶ 개루왕의 횡포와 도미 처의 지혜 ②(중간)

도미의 아내는 도망하여 천성도(泉城島)에 이르러 아직 살아 있던 남편 도미를 만났다.
한강 하류에 있는 섬
▶ 도미 부부의 탈출과 재회(끝)

뒷부분 줄거리 | 도미와 그의 아내는 풀뿌리를 파서 먹으며 굶주림을 면하였다. 그들은 함께 배를 타고 고구려의 산산(蒜山) 밑에 이르렀다. 고구려 사람들이 그들을 불쌍히 여겨 옷과 밥을 주어 거기서 일생을 마쳤다.
이 글의 출전이 《삼국사기》인 점으로 미루어 볼 때, 《삼국사기》를 펴낸 김부식의 의도가 언급된 부분이라 할 수 있음. 즉, 백제보다는 고구려에 우호적인 태도가 엿보임

핵심 정리

- 갈래: 설화(관탈 민녀 설화, 열녀 설화)
- 성격: 교훈적, 서사적
- 구성: '처음 – 중간 – 끝' 의 3단 구성, 설화적 구성

처음: 개루왕의 흉악한 음심 ➡ 중간: 개루왕의 횡포와 도미 처의 지혜 ➡ 끝: 도미 부부의 탈출과 재회

- 제재: 정절
- 주제: ① 도미 처의 정절 ② 지배층의 횡포 폭로
- 특징: ① 민중의 건강한 삶의 윤리와 권력에 대한 저항 의지를 보여 줌
  ② 유교적 윤리관이 작품 전개에 큰 축을 이루고 있음
- 의의: ① 관탈 민녀 설화의 대표적 예임 ② 〈춘향전〉 등 후대 열녀 이야기의 근원이 됨

한눈에 **보기**

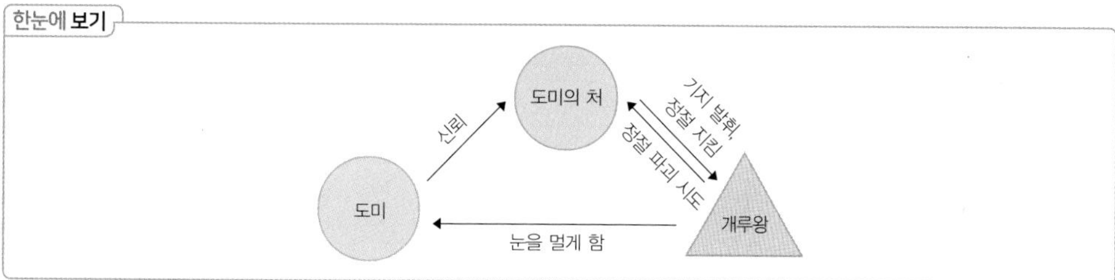

보충·심화 학습

- 관탈 민녀형 설화

'관탈 민녀형 설화' 는 지배 권력을 가진 벼슬아치가 민간의 여인을 탐내어 정절을 빼앗으려 하지만 여인이 끝까지 정절을 지킨다는 내용이다. 〈도미의 처〉를 관탈 민녀 설화로 분류하는 것은 주동 인물인 도미와 그의 처는 지위가 낮은 백성이고, 반동 인물인 개루왕은 권력이 높은 지배층이라는 점에 초점을 둔 것이다. 즉, 백제 왕으로 대표되는 관(官)과, 도미 부부로 대표되는 민(民)의 대립상을 이 설화의 핵심적 구조로 볼 수 있는 것이다. 〈우렁 각시 설화〉, 〈지리산녀 설화〉 등이 이에 속한다.

필수 문제

01 이 글과 같이 벼슬아치가 민간의 여인을 탐내지만 여인이 끝까지 정조를 지킨다는 내용의 설화를 무엇이라 하는지 쓰시오.

02 이 글에서 도미의 처를 통해 강조하고 있는 덕목을 아는 대로 쓰시오.

09 연오랑 세오녀(延烏郎細烏女) | 작자 미상

필수

출제 포인트

해와 달을 상징하는 연오와 세오의 이야기로, 이 글의 신화적 요소와 전설적 요소 등에 주목하여 살펴보자.

감상 길잡이

이 글은 바닷가에 살던 '연오'와 '세오' 부부가 일본으로 건너간 후 우리나라의 해와 달이 빛을 잃어버렸으나, 세오가 짠 비단으로 제사를 지내자 다시 빛을 되찾았다는 내용의 일월(日月) 설화이다. 본래는 박인량의 《수이전》에 실려 있었던 것이나, 《삼국유사》에 옮겨 실린 후 지금까지 전해 오고 있다. 해와 달에 대한 이야기는 다양하게 구비 전승되고 있지만, 우리나라 문헌에 전하는 것으로는 이 설화가 유일하다고 할 수 있다. 특히 이 설화는 구체적인 지명과 시간적 배경을 제시하여 전설적인 요소를 보이며, 내용상 고대 한일 관계의 연구에 많은 시사점을 준다는 것이 특징적이다. 연오와 세오가 일본에 가서 각각 왕과 왕비가 되었다는 것은 일본에 대한 우리 민족의 우월 의식으로 볼 수도 있고 해와 달의 정기를 일본에 빼앗겼다는 경계심으로 볼 수도 있다.

제8대(第八代) 아달라왕(阿達羅王) 즉위 4년 정유(丁酉)에 동해 바닷가에 연오랑과 세오녀 부부가 살고 있었다. 어느 날 연오가 바다에 나가 해조(海藻)를 따고 있는데, 「갑자기 바위 하나가 나타나더니 연오를 싣고 일본으로 가 버렸다.」

(전설적 요소 ① – 구체적인 시간 배경이 제시됨 / 바위: 신화의 주인공을 이동시키는 소재. '도래 신화'의 핵심적 장치 / 「 」: 전기적 요소 ①)

이것을 본 그 나라 사람들은,

"이는 범상한 사람이 아니다."

(범상한 사람: 범인(凡人))

하고는 연오를 세워 왕으로 삼았다. ▶ 연오랑이 일본으로 넘어가 왕이 됨(기)

(왕으로 삼았다: 일본에서 신라인을 왕으로 삼았다는 기록이 없으므로 지방의 우두머리로 추정됨 – 우리 민족의 왜에 대한 우월 의식을 엿볼 수 있음)

세오는 남편이 돌아오지 않자 이상히 여겨 바닷가에 나가 찾다가 남편이 벗어 놓은 신을 발견하였다. 세오가 그 바위 위에 올라갔더니, 바위는 또한 전처럼 세오를 싣고 일본으로 갔다. 그 나라 사람들은 놀라 왕에게 사실을 아뢰었다. 마침내 부부가 서로 만나게 되어 그녀를 귀비(貴妃)로 삼았다. ▶ 세오녀도 일본으로 넘어가 왕비가 됨(승)

(바위는 ~ 갔다: 전기적 요소 ② / 그녀: 세오 / 귀비: 왕비)

이때, 신라에서는 해와 달이 광채를 잃었다. 일관(日官)이 왕께 아뢰길,

(신라에서는 ~ 잃었다: '세오녀'가 태양신임을 알 수 있는 근거 ① / 해와 달이 광채를 잃었다: 전기적 요소 ③ / 일관: 천체의 변이(變異)로써 길흉을 가리는 일을 맡아보던 관리)

"해와 달의 정기(精氣)가 우리나라에 내려와 있었는데, 이제 일본으로 가서 이런 괴변이 생겼습니다."

(정기: 만물 생성의 기운 / 괴변: 예상하지 못한 괴상한 재난이나 사고)

라고 하였다. ▶ 신라가 광명을 잃어버림(전)

왕이 사자(使者)를 보내서 두 사람을 찾으니 연오가 말하길,

(사자: 명령이나 부탁을 받고 심부름하는 사람)

"내가 이 나라에 온 것은 하늘이 시킨 일인데 어찌 돌아갈 수가 있겠소. 그러나 나의 비(妃)가 짠 고운 비단이 있으

(나의 비: 세오녀 / 비단: 부활과 회복을 상징함)

니 이것으로 하늘에 제사를 드리면 될 것이오."

하고는 사자에게 비단을 주니, 사자가 돌아와서 사실대로 고하였다. 그의 말대로 하늘에 제사를 드렸더니, 해와 달의 정기가 전과 같이 되었다. 이에 그 비단을 어고(御庫)에 간수하고 국보로 삼았다. 그 창고를 귀비고(貴妃庫)라 하고, 하늘에 제사 지낸 곳을 영일현(迎日縣) 또는 도기야(都祈野)라 하였다.

'세오녀'가 태양신임을 알 수 있는 근거 ②

대궐 안에서 임금이 사사로이 쓰던 곳간

해맞이 마을 – 전설적 요소 ② – 구체적인 장소가 드러남

해돋이 들판(향찰식 표기)

▶ 세오녀가 짠 비단으로 제를 올려 광명을 되찾음(결)

핵심 정리

- 갈래: 설화(일월 신화, 전설)
- 성격: 신화적, 전설적
- 구성: '기 – 승 – 전 – 결'의 4단 구성, 설화적 구성

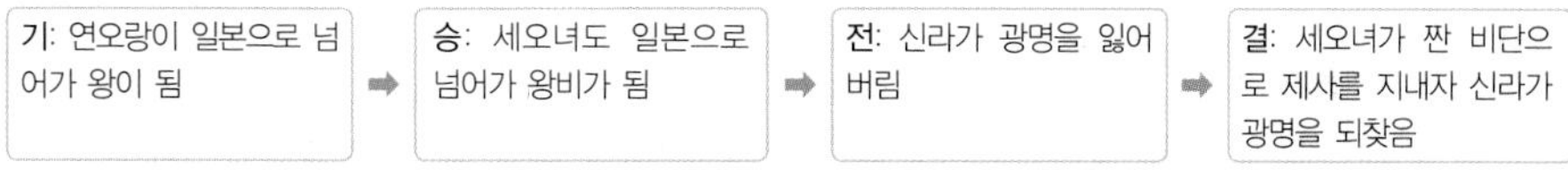

- 제재: 연오랑과 세오녀의 도일(渡日)
- 주제: ① 광명의 상실과 회복 ② 새로운 세계의 개척(일월신의 건국)
- 특징: ① 신화적 요소와 전설적 요소가 함께 드러남 ② 여성이 태양신으로 설정되어 있음
- 의의: ① 우리나라에 전하는 유일한 문헌 일월 신화임 ② 고대 한일 관계의 연구에 많은 시사점을 줌

한눈에 **보기**

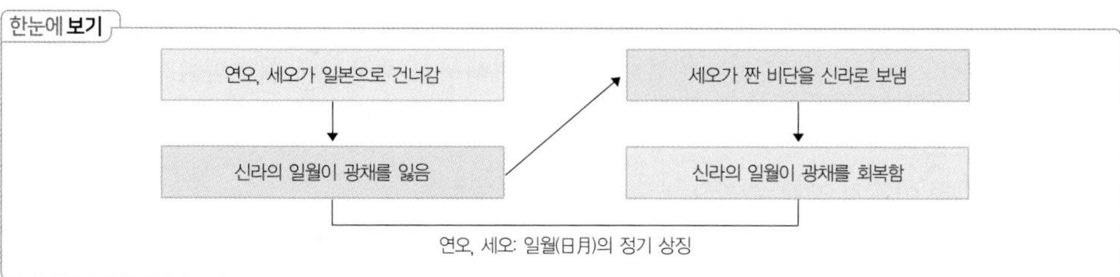

보충·심화 학습

- 〈해와 달이 된 오누이〉

이 글은 문헌에 전하는 일월 신화인 데 반해, 〈해와 달이 된 오누이〉는 구전되는 일월 설화이다. 범에게 쫓긴 아이들이 나무 위에 올라가서 하늘에서 내려온 줄을 잡고 하늘에 올라가 각각 해와 달이 되었다는 이야기이다. 범이 다른 동물로 바뀌고 동아줄이 쇠사슬로 바뀌었지만, 이와 서사 구조가 거의 같은 이야기가 일본에도 전한다.

- '까마귀'의 상징적 의미

까마귀는 '태양'을 상징하는 것으로, '烏(까마귀 오)'는 이 글의 주인공인 '연오(延烏)'와 '세오(細烏)'의 이름에 공통적으로 들어 있는 글자이다.

필수 문제

01 이 글에 나타난 전설적 요소 두 가지를 찾아 쓰시오.

02 [서술형] 이 글을 통해 알 수 있는 우리 선조들의 해와 달에 대한 인식을 간략히 서술하시오.

10 망부석 설화(望夫石說話) | 작자 미상

필수

출제 포인트

아내가 남편을 기다리다 돌이 되었다는 내용의 설화로, 이 글의 망부석 화소에 주목하여 살펴보자.

감상 길잡이

이 글은 절개 굳은 아내가 집을 떠나 멀리 있는 남편을 고개나 산마루에서 기다리다 죽어 돌이 되었다는 내용의 설화로, 전국적으로 분포되어 있는 '망부석 설화' 중 가장 중심이 되는 것이라고 할 수 있다. 이 설화는 후대의 많은 작품에도 영향을 주었는데, 특히 역사적 사건을 소재로 삼았지만 실제 사실과 다른 점이 있는 것으로 보아 기존의 이야기를 재구성하여 꾸며 낸 것으로 보인다. 《삼국사기》의 기록과 대조해 보면 등장인물의 이름에 차이가 있고, 왕제(임금의 아우)의 부하 이름이 《삼국유사》에는 보이지만 《삼국사기》에는 보이지 않기 때문이다.

「신라 초기 내물왕이 즉위한 지 36년 경인(庚寅, 390년)에 일본이 사신을 보내어 말하기를, 앞으로 침략하지 않는다는 표로 왕자 한 사람을 보내어 달라고 하므로, 셋째 아들 미해(美海)를 보냈더니 돌려보내지 않았다. 또 눌지왕(訥祗王) 때에 고구려가 화친한다는 이름 아래 왕자 보해(寶海)를 보내 달라고 하므로 부득이하여 눈물을 머금고 보냈더니, 역시 돌려보내지 않았다.」 이에 눌지왕은 아우 둘을 남의 나라에 두고 눈물이 마를 날이 없었다. 이를 안 박제상(朴堤上)은 고구려로 가서 보해를 구해 냈다. 이들이 본국으로 돌아오니 왕이 기뻐하고 제상에게 위로하여 말하기를,

> 「"마치 한 몸에 팔과 얼굴과 눈이 하나만 있는 것과 같아서 비록 하나는 얻었더라도 하나를 잃었다면 어찌 감히 아프지 않겠는가?"」

하였다.

(주석: 즉위한 – 임금이 될 사람이 예식을 치른 뒤 임금의 자리에 오른 지 / 내물왕 – 신라의 제17대 왕(356~402년 재위) / 사신 – 왕의 권한을 대행하여 국외에 파견되는 외교 사절 / 표로 – 볼모로 / 눌지왕 – 신라의 제19대 왕(417~458년 재위) / 화친 – 나라와 나라 사이에 다툼 없이 가까이 지냄 / 「 」: 신라가 주변국들과의 관계에서 열악한 입장에 처해 있었음을 알 수 있음 / 남의 나라에 두고 – 박제상과 보해 / 박제상은 고구려로 가서 보해를 구해 냈다 – 임금에 대한 충성심 / 본국 – 신라 / 「 」: 두 왕자 '보해'와 '미해' 중 보해를 박제상이 구해 왔으나, 미해가 아직 볼모로 붙잡혀 있어 가슴이 아프다는 말 → 일본의 미해도 박제상이 구해 왔으면 좋겠다는 의미)

▶ 박제상이 고구려에 볼모로 끌려간 보해를 구해 옴(기)

「이에 다시 일본으로 왕의 동생 미사흔(未斯欣)을 데리러 간 박제상은 왕자를 구출했지만 자신은 돌아오지 못했다.」 왜왕에게 환심을 산 후 미해를 신라로 귀국시킨 박제상은 붙잡혀 고문을 당하게 되었다. 이때 왜왕이 미해를 빼돌린 이유를 묻자 제상은 자신은 「신라의 신하지 왜왕의 신하가 아니라고 하였다.」 그러자 왜왕은 왜국의 신하라 한다면 상을 주겠다고 하자 제상은 차라리 신라의 개나 돼지가 될지언정 왜국의 벼슬과 녹은 받지 않겠다고 거절한다. 제상은 왜왕에게 다리 가죽을 벗기고 갈대 위를 걷는 형벌, 뜨거운 쇠 위에 세워 놓은 형벌 등을 받고, 결국은 목도(木島)에서 불태워 죽임을 당하였다.

(주석: 왕 – 눌지왕 / 미사흔 – 미해(美海) / 왕자 – 미해(美海) / 「 」: 임금에 대한 충성심 / 왜왕에게 환심을 산 후 – 박제상의 지략과 외교술을 엿볼 수 있음 / 고문 – 강압적으로 육체적 고통을 주며 신문함 / 「 」: 충성과 절개 / 개나 돼지 – 미천한 자(=김구 〈나의 소원〉의 '문지기') / 녹 – 벼슬아치에게 나누어 주던 금품 / 차라리 신라의 개나 돼지가 될지언정 왜국의 벼슬과 녹은 받지 않겠다 – 보잘것없는 삶을 살지라도 일본의 신하가 되지 않고 신라의 신하로 살겠다는 충절 / 목도 – 울산시 울주군에 있는 작은 섬 / 불태워 죽임을 당하였다 – 순국)

▶ 박제상이 일본으로 건너가 미해를 구하고 죽임을 당함(승)

미해는 바다를 건너 돌아와서 강구려(康仇麗)를 시켜 먼저 나라 안에 사실을 알렸다. 왕은 놀라고 기뻐하여 백관에게 명하여 그를 맞게 했다. 그리고 왕은 친히 아우 보해와 함께 그를 맞아 대궐로 들어와 잔치를 베풀고, 나라 안에 대사령(大赦令)을 내리고 제상의 아내로 국대부인(國大夫人)을 삼고, 그 딸은 미해의 부인으로 삼았다.

(주석: 강구려 – 미사흔을 탈출시키기 위하여 박제상이 일본에서 구한 신라인 동지 / 백관 – 모든 벼슬아치 / 그 – 미해 / 대사령 – 대사(일반 사면)를 베풀게 하는 국가 원수의 명령 / 국대부인 – 남편이나 아들이 높은 관직에 오른 여인들의 칭호)

▶ 박제상의 처를 국대부인에 봉하고, 미해와 박제상의 딸을 혼인시킴(전)

이때 박제상의 아내는 자녀를 데리고 치술령(鵄述嶺)에 올라가 일본을 바라보며 박제상을 기다리다가 돌이 되었다. 뒤에 사람들은 그녀를 치술령의 신모(神母)로 모셨고, 이를 소재로 지은 노래가 〈치술령곡(鵄述嶺曲)〉이다.

명예나 지위보다 남편의 사랑을 소중히 여김 / 경상북도 경주시 외동읍에 있는 산봉우리 / 망부석 화소(話素). 전설적 특징 ① – 증거물 / 신라의 수호신. 호국의 신 / 전설적 특징 ② – 증거물 / 내용의 주체가 박제상에서 그의 아내로 달라짐

▶ 박제상의 처가 남편을 기다리다 망부석이 됨(결)

핵심 정리

- 갈래: 설화(전설)
- 성격: 교훈적
- 구성: '기 – 승 – 전 – 결'의 4단 구성, 설화적 구성

기: 박제상이 고구려에 볼모로 끌려간 보해를 구해 옴 ➡ 승: 박제상이 일본으로 건너가 미해를 구하고 죽임을 당함 ➡ 전: 박제상의 처를 국대부인에 봉하고, 미해와 박제상의 딸을 혼인시킴 ➡ 결: 박제상의 처가 남편을 기다리다 망부석이 됨

- 제재: 망부석 설화
- 주제: 박제상의 충절과 박제상 처의 비원(悲願)
- 특징: ① '화석(化石) 모티프'를 보여 줌 ② 역사적 사건을 소재로 삼은 설화임
- 의의: 전국적으로 분포되어 있는 '망부석 설화' 중 가장 중심이 되는 작품임

한눈에 **보기**

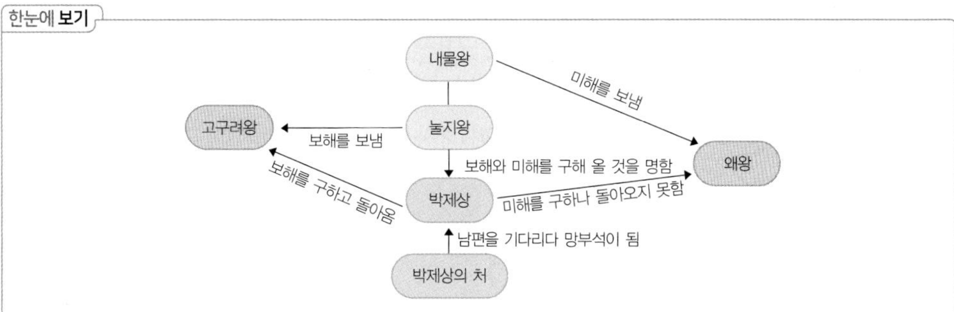

보충·심화 학습

- 화석(化石) 모티프

'망부석 설화'는 전국적으로 분포되어 있는데, 죽은 남편을 기다리던 아내가 굳어서 돌이 되었다는 내용이다. 이처럼 사람이 돌로 변한다는 '화석(化石) 모티프'는 현실적으로 일어날 수 없는 것이다. 하지만 세월이 흘러도 변하지 않는 돌을 기념물로 삼으면 이것을 대할 때마다 이와 관련된 사실을 기억하고 기릴 수 있다. 이 설화는 이러한 화석 모티프를 바탕으로 역사적인 사건을 한 여인의 정절을 통해 승화시키고, 기리고 있는 것이다.

필수 문제

01 이 글의 전설적 특징을 드러내 주는 소재 두 가지를 찾아 쓰시오.

02 이 글과 〈보기〉의 배경 설화의 공통점을 이야기 화소(話素) 측면에서 쓰시오.

〈 보기 〉

돌하 노피곰 도드샤 / 어긔야 머리곰 비취오시라. / 어긔야 어강됴리. / 아으 다롱디리.
져재 녀러신고요. / 어긔야 즌 디롤 드디욜셰라. / 어긔야 어강됴리. / 어느이다 노코시라.
어긔야 내 가논 디 졈그롤셰라. / 어긔야 어강됴리. / 아으 다롱디리.

– 작자 미상, 〈정읍사〉

11 온달전(溫達傳) | 작자 미상

한문 문체의 하나. 어떤 사람의 독특한 행적을 기록하고, 여기에 교훈적인 내용이나 비판을 덧붙인 글

EBS

출제 포인트

바보 온달이 평강 공주와 만나 입신양명을 이루는 과정을 보여 주는 설화이다. 온달의 행적 및 평강 공주의 삶의 태도에 주목하여 살펴보자.

감상 길잡이

이 글은 평강 공주와 온달의 결연을 소재로 하여 구전되던 설화를 인물 중심의 전기 형식으로 그려 낸 작품이다. 따라서 내용상 설화이면서 형식상 전기(傳記)가 된다. 이 글은 가난하고 미천한 온달이 평강 공주를 만나 신분 상승과 입신출세를 이루는 과정을 보여 주고 있다. 특히 고구려 사회 질서의 변화를 반영하고 있는 작품이라고 할 수 있는데, 평강 공주가 부왕의 명을 거역하고 스스로 미천한 신분의 온달을 찾아가 혼인하는 것에서 여성의 주체 의식 상승을, 온달이 부마가 되어 급격한 신분 상승을 이루는 것에서 신분 질서의 변동을 확인해 볼 수 있다.

온달은 고구려 평강왕(平岡王)(고구려 제25대 왕) 때 사람이다. 「용모는 쭈그러져 우습게 생겼지만 마음은 밝았다.(인물의 성격에 대한 직접적 제시) 집이 매우 가난하여 항상 밥을 빌어다 어머니를 봉양하면서(받들어 모시면서) 떨어진 옷과 해진 신으로 거리를 돌아다녔다. 사람들이 그를 '바보 온달'이라 하였다.」 ▶ 바보 온달 소개

「 」: 바보로 불린 이유가 정신적 결함이 아닌 외적 요인에 의한 것임 – 영웅이 될 수 있는 개연성 부여

평강왕의 어린 딸이 잘 울었으므로 왕이 희롱하여(말이나 행동으로 실없이 놀려서), "네가 늘 울어서 귀를 시끄럽게 하니 커서 사대부의 아내가 될 수 없겠다. 바보 온달에게나 시집보내야겠다."라고 매양(번번이) 말하였다. 공주가 16세 되매, 상부(上部)(귀족) 고씨(高氏)에게 시집보내려 하자 공주가 대답하기를, "대왕께서 항상 '너는 반드시 온달의 아내가 될 것이다.'라고 말씀하셨는데, 이제 무슨 까닭으로 예전의 말씀을 고치시나이까? 필부(匹夫)(신분이 낮고 보잘것없는 사내)도 식언(食言)하지 않으려 하거늘(약속한 말대로 지키려 하는데) 하물며 지존(至尊)('임금'을 높이는 말)이겠습니까? 왕자(王者)(임금)는 희언(戱言)(웃음거리로 하는 실없는 말)이 없다고 합니다. 지금 대왕의 명령이 잘못되었사오니 소녀는 받들지 못하겠습니다.(평강 공주의 강직한 성품과 주체적인 면모)" 하였다. 왕이 노하여 이르기를, "네가 나의 가르침을 따르지 않으니, 내 딸이 될 수 없다. 어찌 함께 있겠느냐? 네 갈 데로 가거라."라고 하였다. ▶ 평강 공주의 온달과의 혼인 결심

공주는 보물 팔찌 수십 개를 팔에 매고(앞날을 대비하는 자세) 궁궐을 나왔다.(평강 공주의 주체적인 면모) 혼자 길을 가다가 어떤 사람을 만나 온달의 집을 물었다. 그 집에 이르러 맹인(盲人) 노모(老母)가 있음을 보고, 다가가서 절하고 그 아들이 있는 곳을 물었다. 노모가 대답하기를, "우리 아들은 가난하고 추하여 귀인(貴人)(사회적 지위가 높고 귀한 사람. 공주의 신분을 알아봄)이 가까이할 인물이 못 됩니다. 지금 그대에게서 이상한 향내가 나고, 손을 만지니 솜같이 부드러우니, 반드시 천하의 귀인일 것이오. 누구의 꾐에 빠져 여기에 오게 되었소? 내 자식은 굶주림을 참지 못하여 산으로 느릅나무 껍질을 벗기러 간 지 오래인데, 아직 돌아오지 않았소." 하였다. 공주가 집을 나와 걸어서 산 밑에 이르렀다. 온달이 느릅나무 껍질을 지고 오는 것을 보고, 공주가 자신의 소회(所懷)(마음에 품고 있는 생각)를 말하자 온달이 성을 내며, "이는 어린 여자의 행실이 아니니, 반드시 사람이 아니라 여우나 귀신이다. 내 곁으로 다가오지 말라." 하며 돌아보지도 않고 갔다. 공주는 혼자 돌아와 사립문(평강 공주의 적극적인 의지)

아래서 하룻밤을 묵었다.

이튿날, 다시 들어가서 모자(母子)에게 자세히 말하였다. 그래도 온달은 우물쭈물하며 결정을 내리지 못하였다. 노모가 말하기를, 「"내 자식은 지극히 누추하여 귀인의 배필이 될 수 없고, 내 집은 지극히 가난하여 귀인의 거처할 곳이 못 되오."」 하였다. 공주가 대답하기를, 「"옛사람의 말에 한 말 곡식도 방아 찧을 수 있고, 한 자 베도 꿰맬 수 있다고 하였습니다. 마음만 같다면 어찌 반드시 부귀한 후에야 함께 지낼 수 있겠습니까?"」 하였다. 이에 금팔찌를 팔아 전지(田地), 주택, 노비, 우마(牛馬)와 기물(器物) 등을 사니 용품이 다 갖추어졌다.

평강 공주

「」: 노모가 자신의 처지를 직시하고 남을 배려할 줄 아는 어진 인물임을 보여 줌

사마천의 《사기》에 나오는 말

「」: 가난해도 마음이 맞으면 함께 살 수 있다는 뜻 – 평강 공주의 적극적이고 주체적인 면모, 물질보다 정신을 중시함

논밭

살림살이에 쓰는 그릇이나 물건

애초에 말을 살 때에 공주가 온달에게 말했다. "시정(市井)의 말을 사지 말고, 꼭 국마(國馬)를 택하되 병들고 파리해서 내다 파는 것을 사 오십시오." 온달이 그 말대로 하였다. 공주가 말을 부지런히 먹이니, 말이 날마다 살찌고 또 건장해졌다.

인가가 모인 곳

나라에서 기르던 말

공주의 선견지명. 앞으로의 가능성을 보고 말을 선택함

▶ 온달과 평강 공주의 혼인

「고구려에서는 항상 봄철 3월 3일이면 낙랑(樂浪) 언덕에 모여 사냥을 하고 그날 잡은 산돼지, 사슴으로 하늘과 산천(山川)의 신에게 제사를 지내는데, 그날이 되면 왕이 나가 사냥하고 여러 신하들과 오부(五部)의 병사들이 모두 따라 나섰다.」 이에 온달도 기른 말을 타고 따라갔는데, 그 달리는 품이 언제나 맨 앞에 서고 포획하는 짐승도 많아서, 다른 사람은 따르지 못하였다. 왕이 불러 그 성명을 물어보고는 놀라며 또 이상히 여겼다.

다섯 부족

「」: 중앙군인 오부병들의 군사 훈련을 겸해 열렸던 고구려의 수렵 행사

재주가 뛰어남

이때 후주(後周)의 무제(武帝)가 군사를 보내어 요동(遼東)을 치니, 왕이 군사를 거느리고 나가 배산(拜山) 들에서 맞아 싸웠다. 「온달이 선봉장이 되어 날쌔게 싸워 수십여 명을 베니 여러 군사가 승기(勝機)를 타고 분발하여 쳐서 크게 이겼다.」 공을 의논할 때에 온달로 제일을 삼지 않는 이가 없었다. 왕이 가상히 여기고 감탄하면서 "이 사람은 나의 사위니라." 하고, 예를 갖추어 맞이하여 작위를 주어 대형(大兄)을 삼았다. 이로 해서 은총과 영화가 더욱 두텁고 위엄과 권세가 날로 성하였다.

제일 앞에 진을 친 부대를 지휘하는 장수

이길 수 있는 기회

「」: 온달의 뛰어난 능력

온달을 사위로 인정함 → 평강 공주의 복귀

벼슬과 지위

국가의 기밀, 법 개정, 병사의 징발, 관작(官爵)의 수여 따위의 일을 맡아보던 관리

▶ 온달의 입신출세

영양왕(嬰陽王)이 즉위하자 온달이 아뢰기를,

고구려 제26대 왕. 평강왕의 장자

"신라가 우리의 한강 이북 땅을 빼앗아 군현(郡縣)으로 삼았으니 백성들이 심히 한탄하여 일찍이 부모의 나라를 잊은 적이 없습니다. 원컨대 대왕께서는 어리석은 이 신하를 불초하다 하지 마시고 군사를 주신다면 한번 가서 반드시 우리 땅을 도로 찾아오겠습니다."

조국 – 고구려

못나고 어리석다

하니, 왕이 허락하였다. 떠날 때 맹세하기를 "계립현(鷄立峴)과 죽령(竹嶺) 서쪽의 땅을 우리에게 귀속시키지 않으면 돌아오지 않겠다." 하였다. / 드디어 출전하였는데, 온달은 신라 군사와 아단성(阿旦城) 아래에서 싸우다가 흐르는 화살에 맞아 넘어져서 죽었다. 장사를 지내려 하였으나 상여가 움

문경 새재 동북쪽의 고개

서울 동쪽의 아차산성(阿且山城). 서울의 광진구 일대에 있는 성

온달의 조국애와 강인한 신념 때문에 – 비현실적, 전기성

직이지 않았다. 공주가 와서 관을 어루만지며 말하기를,

『"죽고 사는 것이 이미 결정되었으니, 아, 돌아가소서!" 하였다. 드디어 상여를 들어서 장사 지냈다.』 대왕이 듣고 몹시 슬퍼하였다. ▶ 온달의 전사와 후일담

「」: ① 온달과 공주의 사랑이 깊음을 알 수 있음 ② 삶과 죽음에 대한 당대인의 의식을 엿볼 수 있음

핵심 정리

- 갈래: 설화(전설), 전(傳)
- 성격: 역사적, 사실적, 영웅적
- 구성: '기 – 승 – 전 – 결'의 4단 구성, 일대기적 구성, 설화적 구성

- 제재: 평강 공주와 온달의 삶
- 주제: 온달의 입신출세와 평강 공주의 주체적 삶의 태도
- 특징: ① 설화를 인물 중심의 전기 형식으로 그려 냄
  ② 여성의 주체 의식과, 신분 상승 욕구라는 민중 의식이 두드러지게 나타나 있음
- 의의: 역사적 사실의 문학적 형상화가 이루어지는 과정을 보여 줌

한눈에 **보기**

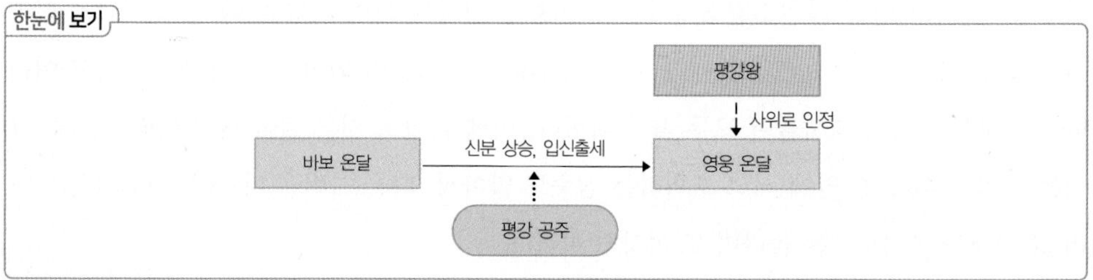

보충·심화 학습

- '팔찌 수십 개'의 상징적 의미

팔찌 수십 개는 재능이 있었으나 가난 때문에 능력을 살릴 기회가 없었던 온달이 이러한 조건을 극복하고 능력을 발휘할 수 있게 하는 계기가 된다.

필수 문제

01 **이 글에서 삶과 죽음에 대한 당대인의 의식을 엿볼 수 있는 구절을 찾아 쓰시오.**

02 [서술형] **이 글의 평강 공주와 〈보기〉의 선화 공주의 공통점을 서술하시오.**

〈 보기 〉

서동은 금이 어려서부터 마를 파던 곳에 흙과 같이 쌓여 있다고 하였다. 선화 공주가 듣고 크게 놀라 그것은 천하의 지보(至寶)니 지금 소재를 알거든 그 보물을 가져다 부모님 궁전에 보내는 것이 어떠하냐고 하였다. 서동이 좋다 하여 금을 모아 구릉(丘陵)과 같이 쌓아 놓았다. 그리고 용화산 사자사(獅子寺)의 지명 법사에게 가서 금을 옮겨 줄 것을 부탁하였다. 선화 공주가 왕에게 편지를 쓴 다음, 편지와 함께 금을 지명 법사에게 맡겼다. 법사는 신력으로 금과 공주의 편지를 하룻밤 사이에 신라 궁중에 갖다 두었다. 진평왕이 그 신비한 변화를 이상히 여겨 항상 편지를 보내어 안부를 물었다. 서동은 이에 인심을 얻었고 결국 왕위에 올랐다.

03 [서술형] **이 글에서 드러나는 평강 공주의 주체성과 관련하여 그 한계를 서술하시오.**

12 김현감호(金現感虎) | 작자 미상

김현이 호랑이에게 감동하다

교과서 | 모의 기출

출제 포인트

살신성인을 실천한 호랑이 처녀의 사랑 이야기로, 사원 연기 설화이기도 한 전설이다. 전설로서의 특징과 이 글에 담긴 사상적 특징에 주목하여 살펴보자.

감상 길잡이

이 글은 신라 때의 설화(說話)로, '김현이 호랑이에게 감동하다.' 라는 뜻의 제목에서 짐작할 수 있는 바와 같이, '김현' 이라는 청년과, 살신성인(殺身成仁)을 실천한 호랑이 처녀의 사랑 이야기이다. 호랑이 처녀가 스스로 목숨을 버린 것은 자신은 호랑이이고 김현은 사람이기 때문에 사랑이 이루어질 수 없다는 것을 깨달았기 때문이다. 호랑이 처녀가 자신을 희생함으로써 상대를 출세시키는 데 주저하지 않은 것은 불가능한 조건을 무릅쓰고라도 사랑을 지키려는 의지를 드러낸 것이라고 할 수 있다. 이 글은 또한 자비로운 마음가짐으로 부처를 섬기고 이웃을 사랑하라는 불교적인 가르침을 역설하고 있으며, '호원사' 라는 절이 지어진 이유를 담은 사원 연기 설화이기도 하다. 《수이전》에 〈호원〉이라는 제목으로 간략하게 실려 있다.

신라 풍속에 음력 2월 초파일에서 보름까지 청춘 남녀가 흥륜사의 탑을 돌면서 복을 비는 습관이 있었다. 「원성왕 때 김현이라는 청년이 밤늦게 탑을 돌다가 거기서 한 처녀를 만나 사랑하게 되어 부부가 될 것을 약속했다.

(음력 2월 초파일: 이월 초파일(初八日), 음력 2월 8일)
(탑을 돌면서 복을 비는 습관: 탑돌이 – 소원과 복을 비는 발원(發願) 의식)

▶ 김현이 탑돌이를 하다 처녀를 만나 사랑을 함(기)

처녀가 돌아가려 하자 김현이 따라가니 처녀는 사양하고 거절했으나 김현은 억지로 따라갔다.」 처녀는 서산 기슭에 있는 한 초가집으로 들어갔다. 거기에 한 늙은 할미가 처녀에게 물었다.

"함께 온 이가 누구냐?"

처녀는 밖에서 있었던 사정을 다 얘기했다. 처녀의 얘기를 들은 늙은 할미가 말하기를,

(밖에서 있었던 사정: 「 」 부분의 내용)

"비록 좋은 일이긴 하나 없는 것만 못하다. 그러나 이미 저질러진 일이므로 나무랄 수도 없다. 네 형제들이 나쁜 짓을 할까 두려우니 은밀한 곳에 숨겨 두어라."

(이미 저질러진 일: 쏘아 놓은 살, 엎질러진 물)
(네 형제들이 나쁜 짓을 할까 두려우니: 처녀가 김현이 자기 집에 따라오지 못하도록 막은 이유)

잠시 후에 호랑이 세 마리가 으르렁거리며 들어오더니 사람과 같이 말을 했다.

(호랑이 세 마리가: ① 처녀의 형제들이 호랑이이므로 처녀도 호랑이라는 것을 짐작하게 함 ② 반동적 인물들임)

"집에서 비린내가 나는구나. 요깃거리가 있으니 어찌 다행이 아닐꼬?"

(요깃거리: 먹어서 시장기를 면할 만한 간단한 음식 → 김현)

늙은 할미와 처녀는 꾸짖었다.

"너희 코가 잘못됐지, 무슨 미친 소리냐?"

이때 하늘의 울림이 들려왔다.

(하늘: 악(惡)을 벌하고 운명을 결정하는 절대자, 초월적 존재)

"너희들이 즐겨 생명을 해함이 너무도 많으니 마땅히 한 놈을 죽여 악을 징계하겠노라."

(너희들: 처녀의 세 형제)
(마땅히 한 놈을 죽여 악을 징계하겠노라: ① 일벌백계(一罰百戒) – 한 사람을 벌하여 백 사람을 경계한다는 의도 ② 살신성인(殺身成仁)의 결말을 이끌어 내기 위한 인과적 장치)

세 호랑이들은 이 하늘의 울림을 듣고는 풀이 죽어 근심하는 기색이었다.

"세 분 오빠들이 멀리 피해 가셔서 스스로를 징계하신다면 제가 그 벌을 대신 받겠습니다."

(제가 그 벌을 대신 받겠습니다: 살신성인(殺身成仁)의 자세를 통한 사랑의 승화)

하고 처녀가 말하자, 모두 기뻐하며 고개를 숙이고 꼬리를 치며 달아나 버렸다. 처녀가 김현에게 돌아와 말했다.

"처음엔 낭군이 저희 집에 오시는 것이 부끄러워 짐짓 사양하고 거절했으나 이제는 숨김없이
김현 자신의 정체가 드러날 것이므로
감히 진실을 말씀 드리겠습니다. 이 몸이 낭군과 비록 유(類)는 다르지만 하루 저녁을 함께했으
처녀가 사실은 호랑이라는 것 진실 ① – 자신이 호랑이임
니 중한 부부의 의를 맺은 것입니다. 세 오빠의 악은 이제 하늘이 미워하시니 저희 집안의 재앙
진실 ② – 세 오빠들이 받을 벌을 대신 받아야 함
을 제가 당하려 하옵니다. 그러나 보통 사람의 손에 죽는 것이 어찌 낭군의 칼날에 죽어 은덕을
은혜와 덕, 또는 은혜로운 덕
갚는 것과 같겠습니까?『제가 내일 시가(市街)에 들어가 사람을 심히 해하면 나라 사람들로서는
인가(人家)나 상가가 많이 늘어선 거리
저를 어찌할 수 없으므로 반드시 임금께서 높은 벼슬로써 사람을 모집하여 저를 잡게 할 것입
호랑이를 죽이는 사람에게 높은 벼슬을 주겠다고 하는 것
니다. 그때 낭군은 겁내지 말고 저를 쫓아 성의 북쪽 숲 속까지 오시면 제가 낭군을 기다리고
있겠습니다.』 「 」: 호랑이인 자신과 부부의 연을 맺은 김현에게 보답하기 위해 생각해 낸 계책
→ 살신성인의 자세

김현이 말했다.

"사람이 사람과 관계함은 인륜의 도리이지만, 다른 유와 사귐은 대개 떳떳한 일이 아닙니다. 그
김현과 처녀가 부부의 연을 맺은 것 인간과 호랑이가 혼인한 것
러나 이미 잘 지냈으니 진실로 하늘이 준 다행함인데 어찌 차마 배필의 죽음을 팔아 한 세상의
호랑이 처녀
벼슬을 바랄 수 있겠소."

처녀가 또 말했다.

"낭군은 그런 말 마시어요.『이제 제가 일찍 죽게 됨은 하늘의 명령이며 또한 제 소원입니다. 낭
설득의 근거 ① 설득의 근거 ②
군께는 경사요, 우리 일족의 복이며, 나라 사람들의 기쁨입니다. 한 번 죽어 다섯 가지의 이로움
설득의 근거 ③ 설득의 근거 ④ 설득의 근거 ⑤
이 오는데 어찌 그것을 어기겠습니까? 다만 저를 위하여 절을 짓고 불경을 강(講)하여 좋은 업보
불교의 경전 불교에서 경전을 외우고 논의하는 것
를 빌어 주시면 낭군의 은혜는 이보다 더 큰 것이 없겠습니다.』 ▶ 밝혀진 처녀의 정체와 계획(승)
「 」: 논리적인 근거를 조목조목 대며 김현을 설득하는 호랑이 처녀

그들은 마침내 서로 울면서 작별했다. 다음 날 과연 사나운 호랑이가 성안에 들어와 사람을 해함이 너무 심하니 감히 당해 내지 못했다. 원성왕이 이 소식을 듣고 포고령을 내렸다.
어떤 내용을 포고하는 명령이나 법령

"호랑이를 잡는 사람에게는 2급의 벼슬을 주겠다."
호환이 매우 심각한 상황임

이에 김현이 대궐로 나가 아뢰었다. / "소신이 호랑이를 잡겠습니다."

왕은 벼슬부터 먼저 주고 그를 격려하였다. 김현이 칼을 쥐고 숲 속으로 들어가자 호랑이는 낭자로 변하여 반가이 웃으면서 말했다.
변신 모티프

"어젯밤 낭군이 저와 마음 깊이 정을 맺던 일을 잊지 마십시오. 오늘 내 발톱에 상처 입은 사람들
전설임을 보여 주는 증거물
은 전부 흥륜사의 장을 찍어 바르게 하고 그 절의 나팔 소리를 들려주면 상처가 나을 것입니다."
종교적(불교적) 신성성에 바탕을 둔 일종의 민간요법

말을 마치고 이어 김현이 차고 있던 칼을 뽑아 스스로 목을 찔러 넘어지니 곧 호랑이었다. 김현이 숲에서 나와 말했다. / "방금 내가 쉽사리 호랑이를 잡았다."

그리고 그 사유는 숨긴 채 말하지 않았다. 다만 호랑이가 시킨 대로 상처를 치료했더니 다 나았다.

지금도 민가에서는 호랑이에게 입은 상처는 그 방법을 쓴다. ▶ 호랑이 처녀를 잡아 벼슬에 오른 김현(전)

김현은 등용한 뒤에 서천가에다 절을 짓고 호원사(虎願寺)라 이름하였다. 항상 법망경을 강하여 호랑이의 저승길을 인도하고, 동시에 호랑이가 제 몸을 죽여 자기를 성공하게 한 은혜에 보답했다. 『김현이 죽을 때 지나간 일의 기이함에 깊이 감동하여 이것을 붓으로 적어 전하였으므로 세상에서는 이 일을 비로소 알게 되었다. 그래서 그 글 이름을 논호림(論虎林)이라 했는데, 지금도 그렇게 칭한다.』

호원사(虎願寺): 경상북도 경주에 있던 절 – ① 전설임을 보여 주는 증거물 ② '사원 연기(寺院緣起) 설화'임을 알게 함

『 』: 이 글을 쓰게 된 동기

▶ 김현이 절(호원사)을 지어 죽은 호랑이 처녀의 은혜에 보답함(결)

핵심 정리

- 갈래: 설화(사원 연기 설화)
- 성격: 불교적, 전기적(傳奇的)
- 구성: '기 – 승 – 전 – 결'의 4단 구성, 설화적 구성

기: 김현이 탑돌이 도중 처녀를 만나 부부가 될 것을 약속함	➡	승: 밝혀진 처녀의 정체와 계획	➡	전: 김현이 호랑이 처녀를 잡아 벼슬에 오름	➡	결: 김현이 절을 지어 죽은 호랑이 처녀의 은혜에 보답함

- 주제: 살신성인(殺身成仁)을 실천한 호랑이 처녀의 사랑
- 특징: ① 호랑이를 의인화하여 내용을 전개 ② 변신형 설화 모티프를 사용함
- 의의: ① 원시 신앙(애니미즘)과 불교의 문학적 접목이 나타남
  ② 민간 치료의 유래담이면서 사원 연기(寺院緣起) 설화에 해당함
  ③ 정제된 구성과 필연적 인과 관계를 바탕으로 현대 서사 문학에 가까운 짜임새를 갖춤

한눈에 **보기**

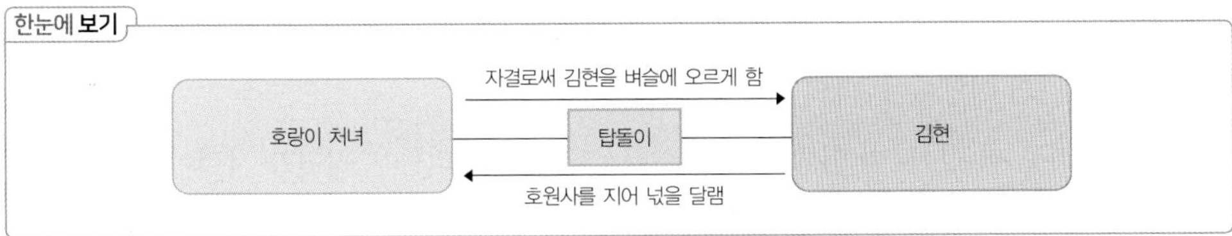

보충·심화 학습

- '호랑이'의 상징적 의미

호랑이는 우리 민족의 애니미즘(animism)에 바탕을 둔 소재로, 이 글에서는 호환(虎患)을 막기 위해 절을 세운 후 절의 유래를 설명하기 위해 호랑이를 인격화하여 등장시켰을 가능성이 있다.

필수 문제

01 이 글에서 호랑이 처녀가 오빠들을 살리고, 나라의 어지러움을 없애며, 김현을 출세시키기 위해 선택한 방법을 2음절의 단어로 쓰시오.

02 이 글에서 '호랑이 처녀'의 행동에 어울리는 한자 성어를 쓰시오.

03 [서술형] 이 글을 설화 중에서도 전설로 분류하는 이유에 대해 간단히 서술하시오.

13 지귀 설화(志鬼說話) | 작자 미상

교과서

출제 포인트

선덕 여왕을 사랑한 지귀가 불귀신(火神)이 된 연유를 파악하고 소재의 상징적 의미 및 이 글의 전기적 · 주술적 요소에 대해 알아보자.

감상 길잡이

이 글은 선덕 여왕이 주문(呪文)을 지어 불귀신(火神)의 한을 달래어 물리치게 된 연유를 담은 풀이 기능의 설화이다. 특히 선덕 여왕이 지어 준 주문(呪文)을 써서 대문에 붙였더니 화재를 면할 수 있었다는 내용은 벽사(辟邪)에 해당한다. 벽사는 '요사스러운 귀신을 물리치는 기능' 을 뜻하는 것으로, 향가인 〈혜성가〉와 〈처용가〉 등에서 찾아볼 수 있다.

신라 선덕 여왕(신라의 27대 임금) 때에 지귀(志鬼)라는 젊은이가 있었다. 지귀는 활리역(活里驛)(신라의 지명) 사람인데, 하루는 서라벌에 나왔다가 지나가는 선덕 여왕을 보았다. 그런데 여왕이 어찌나 아름다웠던지(단순호치(丹脣皓齒): 붉은 입술과 하얀 치아라는 뜻으로, 아름다운 여자를 이르는 말) 그는 단번에 여왕을 사모하게 되었다. 「선덕 여왕은 진평왕의 맏딸로, 그 성품이 인자하고 지혜로울 뿐만 아니라 용모가 아름다워서 모든 백성들로부터 칭송(稱頌)(칭찬하여 일컬음)과 찬사(칭찬하거나 찬양하는 말)를 받았다.」(「 」: 인물의 용모와 성품을 직접적으로 제시함) 그래서 여왕이 한번 행차(行次)(웃어른이 길을 감)를 하면 모든 사람들이 여왕을 보려고 거리를 온통 메웠다. 지귀도 그러한 사람들 틈에서 여왕을 한 번 본 뒤에는 여왕이 너무 아름다워서 혼자 여왕을 사모(思慕)(애틋하게 생각하고 그리워함)하게 되었던 것이다. 그뿐만 아니라「그는 잠도 자지 않고 밥도 먹지 않으며(식음 전폐) 정신이 나간 사람처럼 선덕 여왕을 부르다가, 그만 미쳐 버리고 말았다.」(「 」: 현실적 신분 한계에 부딪혀 미쳐 버림)

"아름다운 나의 여왕이여. 나의 사랑하는 선덕 여왕이여."

지귀는 거리로 뛰어다니며 이렇게 외쳐 댔다. 이를 본 관리들은 지귀가 지껄이는 소리를 여왕이 들을까 봐 걱정이었다.(신분을 중시함 / 천한 신분에 여왕을 사모한다는 불경한 말을 하므로) 그래서 관리들은 지귀를 붙잡아다가 매질을 하며 야단을 쳤지만 아무 소용이 없었다.(지귀의 열정적 사랑)

▶ 선덕 여왕을 사모하는 지귀(발단)

어느 날, 여왕이 행차를 하게 되었다. 그때 어느 골목에서 지귀가 선덕 여왕을 부르면서 나오다가 사람들에게 붙들렸다. 그래서 사람들은 웅성거리기 시작했고 떠들썩했다. 이를 본 여왕은 뒤에 있는 관리에게 물었다.

"대체 무슨 일이냐?"

"미친 사람이 여왕님 앞으로 뛰어나오다가 다른 사람들에게 붙들려서 그럽니다."

"나한테 온다는데 왜 붙잡았느냐?"

"아뢰옵기 황송합니다만, 저 사람은 지귀라고 하는 미친 사람인데, 여왕님을 사모하고 있다고 합

지귀가 선덕 여왕을 기다리다 잠들었던 영묘사

니다.”

관리는 큰 죄나 진 사람처럼 머리를 숙이며 말했다.

“고마운 일이로구나!”
선덕 여왕의 덕성

여왕은 혼잣말처럼 이렇게 말하고는, 지귀에게 자기를 따라오도록 관리에게 말한 다음, 절을 향하여 발걸음을 떼어 놓았다.
포용과 이해 – 선덕 여왕의 왕으로서의 면모 및 덕성을 드러냄 / 영묘사

▶ 선덕 여왕의 포용과 이해(전개)

중략 부분 줄거리 | 선덕 여왕은 지귀를 영묘사 탑 아래로 부르고 기다리게 하였는데, 지귀는 기다림에 지쳐 잠들고 만다.

여왕은 기도를 마치고 나오다가 탑 아래에 잠들어 있는 지귀를 보았다. 여왕은 그가 가엾다는 듯이 물끄러미 바라보고는 팔목에 감았던 금팔찌를 뽑아서 지귀의 가슴 위에 놓은 다음 발길을 옮기었다.
지귀가 선덕 여왕을 만나지 못하게 되는 장애 요인
지귀의 사랑을 이해하고 포용하는 선덕 여왕의 신물(信物). 신분적 한계를 넘어 정(情)이 오고가는 모습을 상징함

「여왕이 지나간 뒤에 비로소 잠이 깬 지귀는 가슴 위에 놓인 여왕의 금팔찌를 보고는 놀랐다. 그는 여왕의 금팔찌를 가슴에 꼭 껴안고 기뻐서 어찌할 줄을 몰랐다.〈그러자 그 기쁨은 다시 불씨가 되어 가슴속에서 활활 타오르고 있었다. 그러다가 온몸이 불덩어리가 되는가 싶더니, 이내 숨이 막히는 것 같았다.

가슴속에 있는 불길은 몸 밖으로 터져 나와 지귀를 어느새 새빨간 불덩어리로 만들고 말았다.〉 처음에는 가슴이 타더니 다음에는 머리와 팔다리로 옮아져서 마치 기름이 묻은 솜뭉치처럼 활활 타올랐다. 지귀는 있는 힘을 다하여 탑을 잡고 일어서는데, 불길은 탑으로 옮겨져서 이내 탑도 불기둥에 휩싸였다. 지귀는 꺼져 가는 숨을 내쉬며 멀리 사라지고 있는 여왕을 따라가려고 허우적허우적 걸어가는데, 지귀 몸에 있는 불기운은 거리에까지 퍼져서 온 거리가 불바다를 이루었다.」
〈 〉: 여왕을 기다리지 못하고 잠든 것에 대한 후회 + 여왕의 배려에 대한 감사 + 깊은 사랑 → 불귀신이 됨(전기적 성격) → 맹목적인 사랑의 위험성
역사적 사실인 '영묘사 화재 사건'과 연관
「 」: 점층적 전개(사랑과 기쁨 → 지귀를 불태움 → 탑을 불태움 → 온 거리를 불태움)

「이런 일이 있은 뒤부터 지귀는 불귀신으로 변하여 온 세상을 떠돌아다니게 되었다. 사람들은 불귀신을 두려워하게 되었는데, 이때 선덕 여왕은 불귀신을 쫓는 주문(呪文)을 지어 백성들에게 내놓았다.」 「 」: 화재 예방 풍속의 내력을 나타냄

▶ 불귀신이 된 지귀(절정)

지귀는 마음에서 불이 일어 (志鬼心中火 지귀심중화)
몸을 태우고 화신이 되었네. (燒身變火神 소신변화신)
불귀신
푸른 바다 밖 멀리 흘러갔으니, (流移滄海外 유이창해외)
먼 곳
보지도 말고 친하지도 말지어다. (不見不相親 불견불상친)
주술적 성격

백성들은 선덕 여왕이 지어 준 주문을 써서 대문에 붙이었다. 그랬더니 비로소 화재를 면할 수
귀신을 쫓는 기능 → 민간 신앙
여왕이 신이한 능력을 가졌다는 것을 보여 줌

있었다. 이런 일이 있은 뒤부터 사람들은 불귀신을 물리치는 주문을 쓰게 되었는데, 이는 불귀신 이 된 지귀가 선덕 여왕의 뜻만 좇기 때문이라고 한다.

화재를 막아 보려는 의식이 반영된 주술적 설화임을 알게 함

불귀신이 되어서도 선덕 여왕만을 좇는 지귀의 맹목적 사랑

▶ 선덕 여왕의 주문(呪文)을 이용한 화재 예방(결말)

핵심 정리

- 갈래: 설화(민담)
- 성격: 전기적(傳奇的), 주술적, 순애적, 해원적(解冤的)
- 구성: '발단 – 전개 – 절정 – 결말' 의 4단 구성, 설화적 구성

발단: 선덕 여왕을 사모하는 지귀 ➡ **전개**: 선덕 여왕의 포용과 이해 ➡ **절정**: 불귀신이 된 지귀 ➡ **결말**: 선덕 여왕의 주문(呪文)을 이용한 화재 예방

- 제재: 선덕 여왕에 대한 지귀의 사랑
- 주제: ① 지귀의 열정적 사랑과 선덕 여왕의 포용과 이해 ② 화신(火神)의 내력
- 특징: ① 화신(火神)의 내력과 그에 관련된 풍속이 제시됨
  ② 생(生)과 사(死), 여왕과 평민, 여자와 남자, 물과 불의 대립 관계가 제시됨
  ③ 한(恨)을 소재로 하여 '맺힘' 과 '풀림' 이 제시됨
  ④ 신라 남성들의 자유분방한 애정 표현을 엿볼 수 있음
- 의의: ① 귀신지괴(鬼神志怪) 설화의 효시임
  ② 불전 설화인 〈술파가 설화(術波伽說話)〉의 영향을 받음

한눈에 **보기**

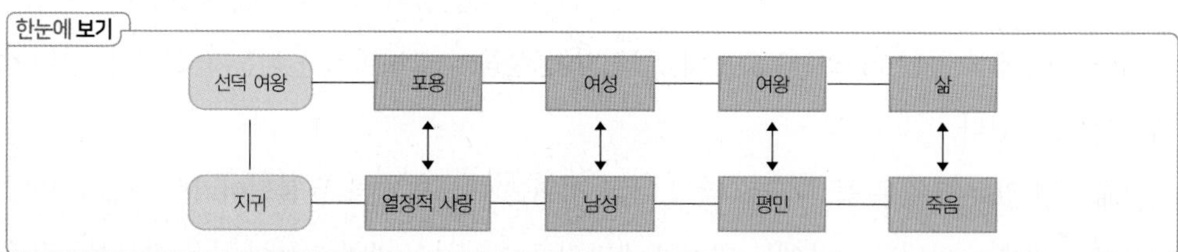

보충·심화 학습

- '잠' 의 상징적 의미

지귀가 선덕 여왕을 만나지 못하게 되는 장애 요인으로, 지귀의 지순한 사랑은 인정하지만 신분적 질서를 중시하는 사람들의 의식이 반영된 소재이다.

- '불' 의 상징적 의미

지귀의 열정적 사랑을 의미하며, 인간의 고귀한 가치인 사랑이 부정적인 것으로 변하여 자신은 물론 타인까지 파괴할 수 있음을 보여 준다.

필수 문제

01 〈보기〉의 ( ) 안에 들어갈 수 있는 소재를 이 글에서 찾아 쓰시오.

〈 보기 〉

( )은/는 지귀의 여왕에 대한 깊은 사랑과 여왕의 배려에 대한 감사, 그리고 여왕을 기다리다가 잠든 것에 대한 후회가 복합되어 나타난 것으로, 맹목적 사랑의 위험성을 보여 주는 것으로 보기도 한다. 그러나 이를 다스릴 수 있는 사람 역시 선덕 여왕이라는 점에 비추어 볼 때 죽어서도 선덕 여왕만을 사모하는 지귀의 사랑을 상징적으로 드러내고 있다고 할 수 있다.

02 이 글에서 지귀의 사랑을 이해하고 포용하는 선덕 여왕의 신물(信物)을 상징하는 소재를 찾아 쓰시오.

14 진성 여대왕 거타지(眞聖女大王居陀知) | 작자 미상

설화의 시대적 배경을 드러낸 것으로, 설화의 내용과는 직접적 연관이 없음

필수

출제 포인트

궁수인 거타지가 요물인 여우를 퇴치한 내용을 담은 설화로, 이 글에 담긴 모티프에 주목하여 살펴보자.

감상 길잡이

이 글은 진성 여왕 때 '거타지'라는 궁수가 서해 용왕의 부탁으로 요물인 여우를 쏘아 죽이고 용왕의 딸과 혼인하여 살았다는 내용의 설화이다. 용왕의 구출을 모티프로 한다는 점에서, 《고려사》 '세계(世系)'에 보이는 〈작제건 설화〉와 같은 계통으로 볼 수 있다. 또한 거타지가 요괴의 제물이 될 뻔한 용녀를 구하여 결혼한다는 점에서 '인신 공희 설화'로 볼 수 있고, 요괴를 퇴치한다는 점에서 '괴물 퇴치 설화'로도 볼 수 있다.

진성 여왕 때의 아찬(신라 때의 십칠 관등 가운데 여섯째 등급)인 양패(良貝)는 왕의 막내아들이다. 그는 당나라 때 사신으로 떠나면서 후백제의 해적들이 진도에서 뱃길을 가로막고 있다는 정보를 듣고 활 잘 쏘는 사람 50명을 뽑아서 자신을 따르게 했다. 양패 일행이 탄 배가 곡도(지금의 백령도)라는 섬에 이르렀을 때, 갑자기 풍랑이 거세게 일어났다(해신의 계략으로 인한 것임. 백제와의 좋지 않은 감정이 폭발한 것으로 해석하기도 함). 그래서 열흘 동안 그곳에서 묵게 되었다.

▶ 거센 풍랑을 만난 양패 일행(기)

양패는 걱정이 되어 사람을 시켜 점(재앙의 해결책)을 쳐 보게 하니

"이 곡도에 신령스러운 못이 있는데, 거기에 제사를 드리는 것이 좋겠습니다."

라는 것이었다.

그래서 그 못에다 제사를 드리니 못물이 한 길(길이의 단위)이 넘도록 용솟음쳐 올랐다. 그리고 그날 밤 한 노인(용왕이 변신하여 나타난 모습)이 양패의 꿈에 나타나 말하기를

"활 잘 쏘는 군사 한 사람(거타지)을 이곳에 남겨 두고 가면 순풍을 만나리라."

▶ 양패의 꿈에 나타난 노인이 풍랑을 잠재우기 위한 방법을 제시함(승)

양패는 꿈에서 깨어나 부하들에게 그 꿈을 이야기해 주고 누구를 머무르게 하는 것이 좋겠느냐는 의견을 물어 보았다. 부하들은 제의했다.

"50개의 나무 조각에 각기 이름을 적어 물에 넣어 보고, 그 이름이 물에 잠기는 사람이 남아 있기로 하고 제비뽑기를 합시다."

양패는 부하들의 제의(의견)대로 했다. 그들 50명의 궁수(활 쏘는 일을 맡아 하는 군사) 가운데 거타지(居陀知)란 자의 이름이 물속에 잠겨 들었다. 결국 거타지를 그 섬에 남겨 두고 양패 일행은 떠나기로 했다. 그때 순풍이 불어와 출항이 순조로웠다(재앙의 해결).

▶ 거타지를 섬에 남겨 두니 풍랑이 잠잠해짐

홀로 남은 거타지는 시름에 잠긴 채 서 있었는데 홀연히 한 노인이 바로 제사를 드렸던 그 못에서 나왔다.

"나는 서해의 해신(서쪽 바다의 신 → 늙은 용)이다. 매일 한 중이 해 뜰 무렵이면 하늘에서 내려와 다라니(주문)를 외면서 이 못을 세 바퀴 돈다. 그러면 우리 부부와 자손들은 물 위에 뜨게 된다. 이렇게 해 두고 그 중

은 내 자손들의 간장을 빼 먹어 왔다. 이제 내 자손들의 간장을 다 빼 먹고 우리 부부와 딸 하나
백성의 핍박과 어려움
만 남겨 두고 있는데, 내일 아침에도 그 중이 올 것이다. 부탁하건대 그 중을 활로 쏘아 다오."
백성을 핍박하는 존재 → 늙은 여우

거타지는 말하기를,

"활 쏘는 일이라면 본래 나의 특기입니다. 말씀대로 하지요."

그 노인은 거타지에게 감사하다고 말하고는 다시 못 속으로 들어갔다. ▶ 서해의 해신이 중의 퇴치를 부탁함

거타지는 그 못 주변에 잠복해 기다리고 있었다. 이튿날, 동쪽에서 해가 떠오르자 과연 중이 내
드러나지 않게 숨음
려왔다. 그 중은 전과 마찬가지로 주문을 외고 그 늙은 용의 간을 빼내려 했다. 그때 거타지는 활을 쏘았다. 화살은 명중되었다. 그 중은 늙은 여우로 변해 땅에 떨어져 죽었다.
중이 요물이었음을 암시

그러자 노인은 못에서 나와 거타지에게 감사하며 말했다.

"그대의 은덕을 입어 나의 생명을 보전하게 되었다. 내 딸을 그대의 아내로 데려가 주게."
은혜와 덕 / 은혜에 대한 보답

거타지는 이에,

"주시는 것을 마다하겠습니까? 진실로 제가 바라던 바입니다."

노인은 그의 딸을 한 송이 꽃으로 변하게 하여 거타지의 품속에다 넣어 주었다. 그리고 두 마리의 용에게 명하여 거타지를 받들어 앞서 간 양패 일행의 배를 따라잡게 하고, 또 그 배를 호송하
목적지까지 보호하여 운반함
여 무사히 당나라 땅에 들어가도록 해 주었다. ▶ 거타지의 중 퇴치와, 용왕의 은혜 보답(전)

『당나라 사람들은 신라의 선박이 두 마리의 용에게 업혀 오는 것을 보고 그 일을 황제에게 아뢰었다. 당나라 황제는 / "신라의 사자는 틀림없이 비상한 사람일 것이다."』 「 」: 신라인의 우월 의식 반영
평범하지 않고 뛰어난
하고 연회를 베풀 때 뭇 신하들의 윗자리에 앉히는 한편, 금과 비단을 하사했다. ▶ 당나라 황제의 환대

고국에 돌아오자 거타지는 품속에서 꽃을 꺼내어 여자로 변하게 했다. 그리고 그녀와 더불어 살았다.

▶ 고국에 돌아와 용왕의 딸과 살게 된 거타지(결)

핵심 정리

- 갈래: 설화(인신 공희 설화, 괴물 퇴치 설화, 민담)
- 성격: 영웅적, 전기적(傳奇的)
- 구성: '기 – 승 – 전 – 결'의 4단 구성, 설화적 구성

- 제재: 거타지의 요괴 퇴치
- 주제: 거타지의 요괴 퇴치와 혼인 성취
- 특징: 신라 말기의 불교를 앞세운 귀족 세력과 사원의 횡포에 대한 반감이 드러남
- 의의: ① 훗날 〈심청전〉의 근원 설화가 됨
  ② 인신 공희와 요괴 퇴치 모티프를 차용한 후대 설화와 소설에 영향을 줌

한눈에 **보기**

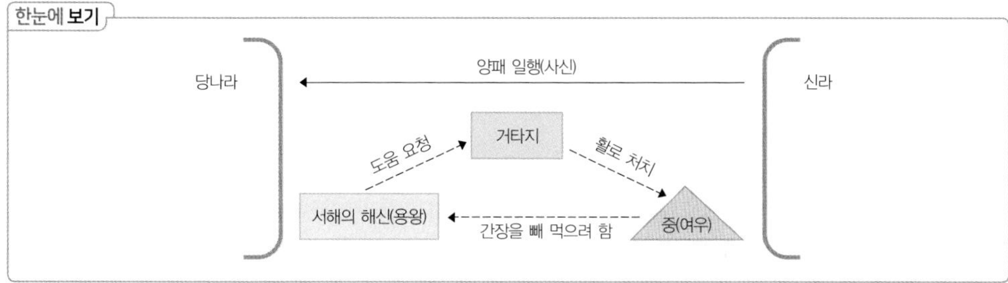

보충·심화 학습

- 〈작제건 설화〉

'작제건'은 고려 태조 왕건(王建)의 할아버지이다. 작제건이 아버지를 찾아 신물(信物)인 신궁(神弓)을 가지고 당나라 상선을 탔는데, 해상에서 풍랑을 만나 점을 치니 고려인을 섬에 내려놓으라고 하였다. 작제건이 섬에 남자, 한 노인이 나타나 자신은 서해 용왕인데 늙은 여우가 나타나 경을 외우면 두통을 일으키니 여우를 쏘아 죽여 달라고 부탁하였다. 작제건이 늙은 여우를 쏘아 죽이니 용왕은 작제건을 용궁으로 초청하여 용녀를 아내로 주고 칠보와 양장(楊杖) 및 돼지를 주어 돌려보냈다는 이야기이다. 이 설화는 계통이 약한 고려 왕계의 우수성을 드러내기 위해 고대 설화를 이용하여 작제건을 신성화하였다는 데 의미가 있다.

필수 문제

01 이 글의 모티프가 된 두 가지 설화 유형을 쓰시오.

02 〈보기〉는 〈작제건 설화〉의 내용이다. Ⓐ와 Ⓑ에 대응하는 인물을 이 글에서 각각 찾아 쓰시오.

〈 보기 〉

Ⓐ작제건이 모친 진의에게 아버지를 찾아가겠다고 하고는 당나라 상선을 타고 떠났다. 그런데 배가 풍랑을 만나 더 나아가지 못했다. 점을 쳐 보니 고려 사람을 내리게 해야 한다고 하였다. 이에 작제건이 물에 뛰어들어 마침 바위에 올라서게 되었는데, 그때 서해 용왕이 나타나 매일 자신을 괴롭히는 Ⓑ늙은 여우를 퇴치시켜 달라고 하였다. 원래 활을 잘 쏘는 작제건은 늙은 여우를 쏘아 맞추었고, 이에 용왕이 딸을 주어 작제건은 그녀와 함께 돌아왔다.

15 화왕계(花王戒) | 설총

교과서 EBS

출제 포인트

꽃을 의인화하여 군주가 지녀야 할 마음가짐에 대한 당부의 내용을 담은 우화로, 각 인물이 상징하는 바와 경계의 내용을 파악해 보자.

감상 길잡이

이 글은 신라 때 설총이 지은 우화적인 단편 산문으로, 바른 도리로써 정치를 하고, 부귀에 안주하지 말며, 요망한 무리들을 가까이하지 말 것을 완곡하게 당부하는 내용을 담고 있다. 꽃을 의인화하여 인간 세계를 빗대어 놓은 이 글은 문학적 표현 방식의 새로운 영역을 보여 줌으로써 고려 중기에 나타나는 가전체 문학의 발전을 가져왔으며, 조선 중기에 나타난 〈화사〉와 같은 작품의 선구적 형태로 작용하기도 하였다. 《동문선》에는 〈풍왕서〉라는 제목으로 기록되어 있다.

화왕(花王)께서 처음 이 세상에 나왔을 때, 향기로운 동산에 심고, 푸른 휘장으로 둘러싸 보호하였는데, 삼춘가절(三春佳節)을 맞아 예쁜 꽃을 피우니, 온갖 꽃보다 빼어나게 아름다웠다. 멀고 가까운 곳에서 여러 꽃들이 다투어 화왕을 뵈러 왔다. 깊고 그윽한 골짜기의 맑은 정기를 타고 난 탐스러운 꽃들이 다투어 모여 왔다.

화왕(花王): 꽃의 왕 – 모란
휘장: 피륙을 이어서 빙 둘러치는 장막
삼춘가절(三春佳節): 봄철 석 달의 좋은 시절

▶ 화왕의 빼어난 미모(도입)

문득 한 가인(佳人)이 앞으로 나왔다.「붉은 얼굴에 옥 같은 이와 신선하고 탐스러운 감색 나들이옷을 입고 아장거리는 무희(舞姬)처럼 얌전하게 화왕에게 아뢰었다.」

가인(佳人): 절세가인. 미인 – 장미
무희(舞姬): 춤을 잘 추거나 춤추는 것을 직업으로 하는 여자
「 」: 아름다운 장미의 자태(묘사)

「"이 몸은 백설의 모래 사장을 밟고, 거울같이 맑은 바다를 바라보며 자라났습니다. 봄비가 내릴 때는 목욕하여 몸의 먼지를 씻었고, 상쾌하고 맑은 바람 속에 유유자적하면서 지냈습니다. 이름은 장미라 합니다. 임금님의 높으신 덕을 듣고, 꽃다운 침소에 그윽한 향기를 더하여 모시고자 찾아왔습니다.」임금님께서 이 몸을 받아 주실는지요?"

유유자적: 속세를 떠나 아무 속박 없이 조용하고 편안하게 삶
침소: 사람이 잠을 자는 곳
「 」: 장미의 아첨하는 말과 알랑거리는 태도[교언영색(巧言令色)] – '백두옹'과 대비되는 장미의 속성

이때「베옷을 입고, 허리에는 가죽띠를 두르고, 손에는 지팡이, 머리는 흰 백발을 한 장부 하나가 둔중한 걸음으로 나와 공손히 허리를 굽히며 말했다.」

베옷을 입고: 꾸미지 않은 검소한 옷
흰 백발을 한 장부: 백두옹 – 할미꽃
「 」: 검소한 옷차림에 연륜과 인품을 지닌 백두옹의 모습(묘사)

"이 몸은 서울 밖 한길 옆에 사는 백두옹(白頭翁)입니다. 아래로는 창망한 들판을 내려다보고, 위로는 우뚝 솟은 산 경치에 의지하고 있습니다. 가만히 보옵건대, 좌우에서 보살피는 신하는 고량(膏粱)과 향기로운 차와 술로 수라상을 받들어 임금님의 식성을 흡족하게 하고, 정신을 맑게 해 드리고 있사옵니다. 또 고리짝에 저장해 둔 양약(良藥)으로 임금님의 기운을 돕고, 금석(金石)의 극약(劇藥)으로써 임금님의 몸에 있는 독을 제거해 줄 것입니다. 그래서 이르기를「비록 사마(絲麻)가 있어도 군자 된 자는 관괴(菅蒯)라고 해서 버리는 일이 없고, 부족에 대비하지 않음이 없다.」고 하였습니다. 임금님께서도 이러한 뜻을 가지고 계신지 모르겠습니다."

백두옹(白頭翁): 흰 머리의 노인 – 할미꽃
창망한: 넓고 멀어서 아득한
우뚝 솟은 산 경치에 의지하고 있습니다: 고결한 품성
수라상: 임금에게 올리는 밥상
고량(膏粱): 기름진 고기와 좋은 곡식으로 만든 맛있는 음식. 고량진미(膏粱珍味)
양약(良藥): 매우 효험이 있는 약
금석(金石)의 극약(劇藥): 잘못 사용하면 위험이 있는 독약이지만 적절히 사용하면 병을 다스릴 수 있는 약 – 왕의 잘못을 시정할 신하의 충언
부족에 대비하지 않음이 없다: 미리 준비하는 자세. 유비무환(有備無患)
사마(絲麻): 명주실과 삼실 – '최선의 것'을 의미
관괴(菅蒯): 골풀 관, 황모 괴. '관'은 도롱이와 삿갓을 괴는 돗자리를 짜는 원료임 – '차선의 것(대비책)'을 의미
「 」: 왕의 위세가 다할 때를 대비하라는 뜻 → 잘못을 간하는 어진 신하도 필요하다는 의미
듣기 좋은 말만 하는 신하보다는 임금의 잘못을 진언하는 신하가 필요하다는 생각

▶ 장미와 백두옹의 청원(전개)

한 신하가 화왕께 아뢰었다.

"두 사람이 왔는데, 임금님께서는 누구를 취하고 누구를 버리시겠습니까?"

두 사람: 장미와 백두옹
누구를 취하고 누구를 버리시겠습니까: 취사선택(取捨選擇)

화왕께서는 이렇게 대답하였다.

"장부의 말도 도리가 있기는 하나, 그러나 가인을 얻기 어려우니 이를 어찌할꼬?"
대장부 → 백두옹(할미꽃) / 장미 ▶ 화왕의 갈등(절정)

그러자 장부가 앞으로 나와 말하였다.

"제가 온 것은 임금님의 총명이 모든 사리를 잘 판단한다고 들었기 때문입니다. 그러나 지금 뵈오니 그렇지 않으십니다. ㉠무릇 임금 된 자로서 간사하고 아첨하는 자를 가까이 하지 않고, 정직한 자를 멀리 하지 않는 이는 드뭅니다. 그래서「맹자(孟子)는 불우한 가운데 일생을 마쳤고, 풍당(馮唐)은 낭관(郎官)으로 파묻혀 머리가 백발이 되었습니다.」예로부터 이러하오니 저인들 어찌하겠습니까?"

낮은 직급의 벼슬아치

풍당: 중국 한나라의 어진 인재

「 」: 왕이 뛰어난 인재들을 알아보지 못했기 때문에 뛰어난 인재들이 쓰이지 못하고 일생을 마쳤다는 뜻 – 인재 등용의 불합리성 비판

이러하오니: 맹자와 풍당의 불우한 인생

화왕은 마침내 다음의 말을 되풀이하였다.

"내가 잘못했다. 잘못했다." ▶ 자신의 잘못을 뉘우치는 화왕(결말)

화왕의 깨달음 – 외양에 눈이 어두워 본질을 보지 못한 잘못(옳은 말을 하는 충신을 몰라 본 잘못)에 대한 깨달음

핵심 정리

- 갈래: 설화(창작 설화), 우화
- 성격: 풍자적, 교훈적, 우의적
- 구성: '도입 – 전개 – 절정 – 결말'의 4단 구성

- 제재: 꽃(모란, 장미, 할미꽃)
- 주제: 군주의 마음가짐에 대한 충언(경계)
- 특징: 꽃을 의인화하여 삶의 이치를 우회적으로 드러냄
- 의의: ① 우리나라 최초의 창작 설화 ② 의인체 설화의 효시이며, 고려 시대 가전체 문학의 원류

한눈에 보기

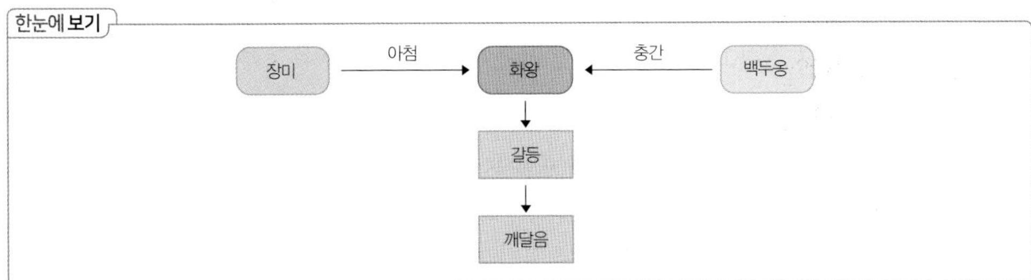

필수 문제

01 사물을 의인화하여 인간 세계를 빗대어 놓은 이 글의 표현 방식에 영향을 받아 생겨난, 고려 중기의 문학 갈래를 쓰시오.

02 이 글에서 '장미'와 '백두옹'이 상징하는 바를 쓰시오.

03 ㉠의 표현을 활용하여 글쓴이가 이 글에서 말하고자 하는 바를 쓰시오.

16 경문 대왕(景文大王)의 귀 | 작자 미상

필수

출제 포인트

경문 대왕의 일화를 담은 설화로, 소재의 상징적 의미와 이 설화의 보편성에 주목하여 살펴보자.

감상 길잡이

이 글은 신라의 경문 대왕과 관련한 네 가지 이야기로 이루어져 있다. 첫 번째는 헌안왕의 맏공주를 택함으로써 왕위와 둘째 공주를 모두 얻게 된 이야기, 두 번째는 경문 대왕이 잠잘 때마다 뱀들이 모여들어 왕의 가슴을 덮어 주었다는 이야기, 세 번째는 경문 대왕의 귀가 당나귀와 같이 생겼다는 데서 나온 '임금님 귀는 당나귀 귀' 이야기, 그리고 네 번째는 화랑들이 경문 대왕을 위하여 노래를 지어 바쳤다는 이야기이다. 이러한 네 가지 화소는 우리나라에만 전해지는 것이 아니라 그리스 신화인 〈미다스 왕의 이야기〉에도 등장하고 있다는 점에서 세계적인 보편성을 띠고 있다고 할 수 있다.

대왕의 휘(諱)는 응렴(膺廉)이며, 나이 18살 때 화랑의 국선(國仙)이 되었다. 약관(弱冠)에 이르렀을 때, 헌안 대왕(憲安大王)이 낭을 궁중으로 불러 잔치를 베풀면서 물었다.

(휘: 죽은 어른의 생전 이름 / 18살 때: 15살이라고 전하기도 함 / 국선: 화랑의 지도자 / 약관: 남자 나이 스무 살 / 낭: 젊은 남자를 이름 → 화랑 응렴)

"그대는 국선이 되어 사방을 두루 돌아다니면서 어떤 일들을 보았는가?"

"소인은 행실이 아름다운 세 사람을 보았습니다."

(아름다운 세 사람: 겸손, 검소, 자제)

"그래? 그 이야기를 좀 들어 보자."

"남의 위에 있을 만한데도 사람이 겸손해서 남의 아랫자리에 앉은 이가 있었는데 이것이 첫째입니다. 또 큰 부자이면서도 검소한 옷차림을 하는 사람을 보았는데 이것이 둘째입니다. 마지막으로 존귀하고 세력이 있으면서도 위세를 부리지 않는 사람이 있었는데 이것이 셋째였습니다."

(위세를 부리지 않는: 자제)

대왕은 이 말을 듣고 낭의 어짊을 알고 모르는 새에 눈물을 흘렸다.

"내게 두 딸이 있으니 그대의 아내로 맞아 주면 좋겠구나."

낭이 자리를 피하여 절하고 황공스럽게 물러나 부모에게 고하였다. 부모는 이 소식을 듣고 놀랍고도 기뻐서 그의 자제들을 모아 놓고 의논하였다.

(황공스럽게: 보기에 위엄이나 지위 따위에 눌리어 두려운 데가 있게)

「"대왕의 맏공주는 아주 못생겼으며 둘째 공주는 매우 아름다우니 둘째 공주에게 장가드는 게 좋겠다."」

(맏공주: 영화 부인(寧花夫人) 김씨 / 「 」: 외면적인 가치(아름다운 외양)를 중시함)

그런데 응렴이 이끄는 화랑들 중의 우두머리인 범교사가 이 소식을 듣고 낭의 집에 이르러 낭에게 물었다.

(범교사: 응렴이 바른 선택을 하도록 이끎. 미래를 보는 혜안(선견지명)이 있음)

"대왕께서 공주를 공의 아내로 삼으라 하셨다는데 사실입니까?"

(공: 응렴)

"그렇습니다." / "어떤 공주에게 장가들려고 합니까?"

"부모님께서는 아우 되시는 분이 좋겠다고 하십니다."

(부모님께서는: 아름다운 외양을 중시함)

"공께서 아우에게 장가든다면 저는 공이 보는 앞에서 죽을 것이요, 만약 맏공주에게 장가드신다면 반드시 세 가지 좋은 일이 있을 것이니 명심하십시오."

(세 가지 좋은 일: ① 왕위에 오름 ② 둘째 공주도 얻게 됨 ③ 첫째를 취하였기 때문에 왕과 부인이 기뻐함)

"그 말씀대로 하겠습니다."
범교사의 뜻을 따르는 응렴

그 뒤에 대왕이 날을 가려 낭에게 사람을 보내어

"두 딸을 공의 의향대로 하겠다."

하였다. 그 사자(使者)가 돌아와서 맏공주를 맞겠다는 낭의 뜻을 아뢰었다. 그런 지 석 달이 지난
명령이나 부탁을 받고 심부름하는 사람
후 대왕은 병이 대단하여 군신을 불러 놓고

『"내게는 아들도 손자도 없이 딸뿐이니, 내가 죽은 뒤에는 맏딸의 남편 응렴에게 왕위를 잇게 하시오."』 「 」: 범교사가 응렴에게 맏딸을 선택하게 했던 이유

하였다. 이튿날 마침내 헌안왕은 세상을 떴다. 그리하여 유언에 따라 응렴이 왕위에 올랐다. 이에 범교사가 왕을 뵈옵고 말했다.
《삼국사기》에는 흥륜사승(興輪寺僧)이라고 되어 있음

"이제 제가 말한 세 가지 좋은 일이 다 이루어졌습니다. 첫째로 맏공주를 맞으셔서 왕위에 오르셨고, 둘째로 아름다운 둘째 공주도 쉽사리 얻을 수 있게 되었습니다. 또 언니를 맞으셨기 때문에 왕과 부인이 무척 기뻐하셨으니 그것이 세 번째 좋은 일입니다."

대왕은 그 말을 고맙게 여겨 범교사에게 대덕(大德)이라는 벼슬과 함께 황금 130냥을 하사하였
임금이 신하에게, 또는 윗사람이 아랫사람에게 물건을 줌
다. 대왕이 돌아가자 시호를 경문(景文)이라 하였다. ▶ 경문 대왕에 대한 일화 ① – 경문 대왕의 어진 성품
죽은 뒤에 공덕을 칭송하여 붙인 이름

일찍이 대왕의 침전(寢殿)에는 저녁마다 무수한 뱀이 모여들었는데 궁인(宮人)이 놀라고 무서워
임금의 침방(寢房)이 있는 전각
하여 쫓아내려 하니 대왕이
친위 세력을 상징함. 화랑 세력 또는 육두품

"내가 만일 뱀이 없으면 편안히 자지 못하니 금하지 마라."
친위 세력의 보호 아래 정치를 함

하였다. 매양 잘 때에는 뱀이 혀를 내밀고 대왕의 가슴을 덮어 주었다.
▶ 경문 대왕에 대한 일화 ② – 경문 대왕의 신이성

경문왕은 대왕이 된 뒤부터 귀가 갑자기 길어져서 당나귀의 귀처럼 되었다. 이 사실은 왕비와
신이한 요소
궁인이 모두 알지 못하는 비밀이었으나 다만 대왕의 복두장 한 사람만이 이 비밀을 알고 있었다.
모자를 만드는 사람

복두장이는 평생토록 남에게 그 사실을 말하지 않다가, 죽을 때에 이르러 도림사(경북 월성군 내동면 구황리에 있던 절)의 대나무 숲 사람이 없는 곳에 들어가 대를 향해 외쳤다.

"우리 임금님 귀는 당나귀 귀와 같다."
귀족 세력에 의한 유언비어(流言蜚語)로 보는 설이 있음

그 뒤 바람만 불면 도림사 대나무 숲에서 / "우리 임금님 귀는 당나귀 귀와 같다."

하는 소리가 들려왔다. 대왕이 이 소리를 싫어하여 그 대나무들을 모두 베고 대신 산수유를 심게
만병통치약으로 쓰임. 궁핍한 시대에 국민을 구휼하는 데 쓰였음
했다. 그 후에는 바람이 불면 다만 다음과 같은 소리가 들렸다.

"우리 임금님 귀는 길기도 하다." ▶ 경문 대왕에 대한 일화 ③ – 경문 대왕의 신비한 면모
아무리 감추려 해도 진실은 결국 드러남을 의미함

국선(國仙) 요원랑(邀元郎)·예흔랑(譽昕郎)·계원(桂元)·숙종랑(叔宗郎) 등이 금란(金蘭)을 유람할
경문 대왕의 정치를 도왔던 화랑(친위 세력) 강원도 통천의 신라 때의 이름

때, 은근히 임금을 위하여 나라를 다스리려는 뜻이 있어 노래 세 수(首)를 짓고 다시 심필(心弼) 사지(舍知)를 시켜 침권(針卷)을 주어 대구화상(大矩和尙)에게 보내어 노래 세 수를 짓게 하니 첫째는 현금포곡(玄琴抱曲)이고, 둘째는 대도곡(大道曲)이며, 셋째는 문군곡(問群曲)이었다. 대궐에 들어가 대왕께 아뢰니, 대왕이 크게 기뻐하여 칭찬하고 상을 주었다. 노래는 미상(未詳)이다.

사지: 신라 때의 벼슬 이름
침권: 종이 20장을 실로 꿰어 묶은 것
노래 세 수: 나라를 다스리는 방법을 노래한 작품들로, 가사는 전하지 않고 《삼국유사》에 유래만 전함
미상: 확실하거나 분명하지 않음

▶ 경문 대왕에 대한 일화 ④ – 경문 대왕의 선정

핵심 정리

- 갈래: 설화(민담)
- 성격: 보편적, 역사적
- 구성: 순차적 구성, 네 가지 일화의 병렬식 구성, 설화적 구성

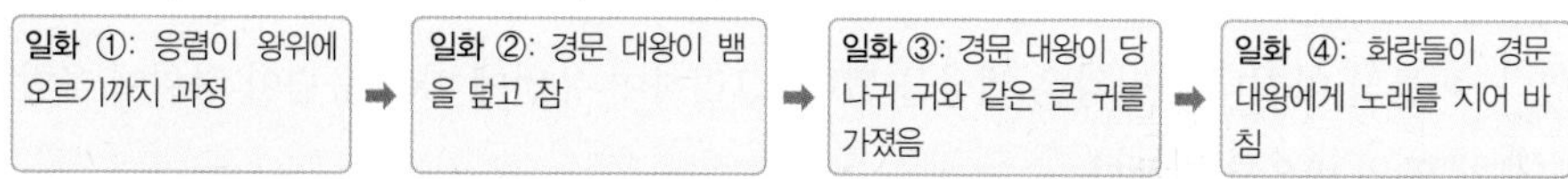

- 제재: 경문 대왕에 대한 일화
- 주제: 경문 대왕의 인물됨과 혼란한 사회상
- 특징: ① 역사적 사실과 전래 설화가 결합됨 ② 범세계적으로 분포하는 설화 유형임
- 의의: 어수선했던 신라 말기의 사회 상황을 반영하고 있음

한눈에 보기

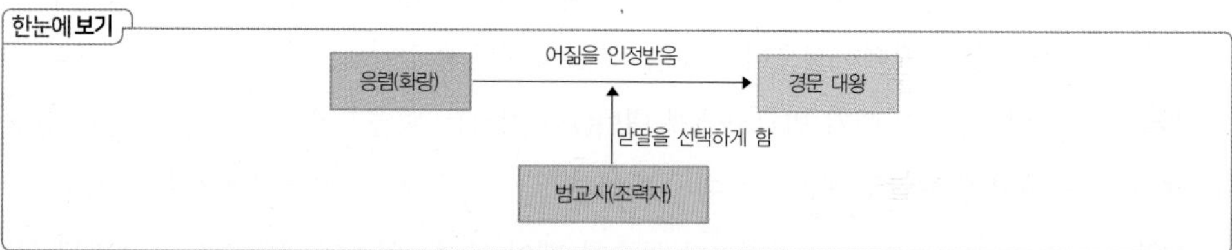

보충·심화 학습

경문 대왕 재임 시의 시대 상황

경문 대왕은 어린 나이에 국선이 될 만큼 능력이 출중하였으나, 정치적 기반을 마련하지 못해 귀족들의 불만을 많이 샀다. 그리하여 귀족 세력을 견제하기 위해 화랑이나 육두품의 지식인(친위 세력)을 궁궐에 들였다. 일종의 그림자 정부를 구성하여 그들의 신변 보호 아래에서 정치를 한 것이다. 또한, 나름대로 열의를 가지고 귀족 세력과의 화합을 위해 노력했지만, 오랜 분쟁은 일시에 바로잡을 수 없었다. 경문 대왕이 산 뱀을 가슴에 덮고 자는 습성이 있다는 이야기와, 당나귀 귀와 같은 큰 귀를 가졌다는 이야기는 당시의 혼란한 사회상 속에서 만들어졌을 것으로 짐작된다.

'뱀'의 상징적 의미

경문 대왕이 잠을 편히 잘 수 있도록 지켜 주는 존재이다. 혼란스러웠던 당시 상황을 고려할 때, 왕의 신변을 보호해 주는 친위 세력, 즉 화랑의 무리나 육두품의 지식인으로 이해할 수 있다.

필수 문제

01 이 글에서 경문 대왕이 18세 때 사방을 두루 돌아다니며 본 아름다운 세 사람의 자질을 쓰시오.

02 이 글에서 당시의 시대상을 고려할 때 '뱀'이 의미하는 바를 쓰시오.

03 [서술형] 이 글의 범교사를 통해 얻을 수 있는 삶의 지혜를 서술하시오.

구복 여행(求福旅行) | 작자 미상

필수

출제 포인트

복을 구하기 위해 여행을 떠나는 도중 만난 이들의 부탁을 해결해 주고 자신도 복을 받는다는 내용의 설화이다. 이 글에 담긴 당시 민중들의 '복'에 대한 인식에 주목하여 살펴보자.

감상 길잡이

이 글은 '복 타러 가는 이야기' 또는 '석숭이 복 빌러 가는 이야기' 등으로도 불리는 신이담(神異譚)으로, 가난한 총각이 신에게 자신의 복을 빌러 가는 중에 만난 여러 사람의 난제(難題)를 해결해 줌으로써 자신도 복을 얻었다는 내용의 설화이다. 복에 대한 우리 선인들의 인식이 잘 드러나 있으며, 이와 유사한 이야기가 우리나라를 비롯한 세계 곳곳에 구전되고 있다.

구어체로 기술됨 – 생생함과 현장감을 느낄 수 있음 / 특정하지 않은 시간적 배경 – 설화 문학의 일반적 표현

그래 이야기가 어찌 되는가 하면, 그전에 사부자(四父子)가 있었는데, 농사를 많이 지으면 오히려 농사 안 지은 때보다도 더 간고(艱苦)하게 산단 말이지. 짚신을 삼고 살면 땟거리는 되는데. 그중 끝에 아들이 한 날은 아버지에게 말하기를,

① 가난하고 고생스럽게 ② 처지나 상태가 어렵고 힘들게 / 주인공의 가난한 처지(결핍) – 구복 여행을 떠나게 되는 계기 / 끼니를 때울 만한 먹을 것

막내아들. 구복 여행을 가는 주인공 / 사정을 하소연함

"난 하늘에 올라가서 옥황상제한테 왜 우린 복이 없느냐고 원정(原情)을 가겠소."

막내아들이 하늘에 가려는 이유 – 옥황상제(운명을 주관하는 천상 세계의 절대자)에게 복을 부탁하기 위함

했거든. 그러니까,

"에이 미친놈! 네가 하늘을 어찌 가?"

하고 야단치니,

"전 그래도 갑니다."

복을 구하기 위한 적극적 태도

하고는 하루는 쇠지팡이를 맞춰서,

"하늘을 가리라."

하고,

"어딘지 쇠지팡이가 닳도록 가면 하늘가가 있겠지." / 했어. ▶ 복을 구하기 위해 하늘로 떠난 막내아들

그래 죽 간다고 간 것이 바다에 나섰어. 그래 간다고 가니까 배는 고픈데, 기와집이 있는데, 거기서 자야겠다 하고 주인을 찾으니, 밥해 먹는 여자가 나온단 말야.

복을 구하기 위한 여행 도중 직면한 일시적 시련

"나 여기서 자고 가야겠다."

남의 집에 고용되어 주로 부엌일을 맡아 하는 여자

하고 대문간 방을 얻어 들어가서 저녁을 먹고 있으니, 주인이란 젊은 여자인데, 식모하고만 살고 있었어. 저녁 후 서로 만나서 이야기를 하는데,

일시적 시련의 해소 – 밥을 얻어먹고 잠잘 곳을 얻음 / 과부

"어디 사는 도령인데 어디를 가오?"

남에게 빌어먹고

"난 아무 데 사는데, 난 그 집의 막내요. 농사를 지으면 얻어먹고, 짚신을 삼으면 사니 그 이유를 알고자 원정 가고 등장(等狀)가는 길이요."

여행의 목적 / 여러 사람이 이름을 잇대어 써서 관청에 올려 하소연함. 또는 그 일

"그럼 기왕 가시는 길이면 내 원정을 좀 들어다 주시오."

"뭐요?"

"이 앞들이 다 내 것인데 남편을 얻기만 하면 죽어서 만날 과부가 되니 내 원정을 얻어다 주시오."

첫 번째 부탁 – 과부가 막내아들에게 자신의 원정을 전해 달라고 함

"그러시오."

▶ 남편이 계속 죽는 한 과부의 원정을 부탁받음

하고 밥을 먹고 갔지. 그래 바다에 다다르니 갈 길이 없어 방황을 하다 보니까 조그만 배가 있어서 타니까 갑자기 회오리바람이 불어 무변대해(無邊大海)로 가니 복판에 한 뾰족한 산이 있는데 거기다 대거든. 그 산 날망에 무엇이 맷방석만치 번들번들한 것이 있어 보니까 용 못 된 이무기야. 그래 그때에는 뱀도 말했던지 뚜르르 일어서며,

끝없이 넓은 바다

매통이나 맷돌을 쓸 때 밑에 까는, 짚으로 만든 방석. 멍석보다 작고 둥긂

'마루'의 방언. 등성이를 이루는 지붕이나 산 따위의 꼭대기

주인공의 조력자. 주인공이 옥황상제를 만날 수 있는 하늘로 갈 수 있도록 도움

"웬 사람이 여길 오느냐?"

그래,

"내가 옥황상제께 원정을 하러 하늘을 가는 길이오."

"그럼 내가 하늘을 가도록 해 줄 테니까, 나는 득천(得天) 기회가 넘었는데도 왜 올라가지 못하는지 그 원정을 들어다 달라."

승천(昇天). 하늘에 오름

두 번째 부탁 – 이무기가 막내아들에게 자신의 원정을 전해 달라고 함

고 해서,

"그러마." / 고 했다.

▶ 득천하지 못하는 이무기의 원정을 부탁받음

그래서 입으로 안개를 뿜어 무지개다리로 하늘을 올라가니 옥황상제가 있던 곳을 갔어.

비현실적 내용. 막내아들이 옥황상제를 만남

"제가 원정을 왔습니다."

"어찌 왔느냐?"

"그래 저희 사부자는 복을 어찌 마련하셨습니까? 농사지으면 밥 못 먹고, 짚신을 삼아야 겨우 살아가니 어찌 된 일입니까?"

"너희는 그밖에 복을 마련할 길이 없어. 편하면 일찍 죽으니 그런다."

사람의 행복과 불행은 하늘에 의해 이미 정해져 있음

'과댁(寡宅)'의 방언. 남편을 잃고 혼자 사는 여자

"저희 복은 그렇다 하고도 그러면 아무 데 사는 과택 여자는 어찌 그럽니까?"

과부의 원정을 옥황상제에게 전함

"그 여자는 아무 때라도 여의주를 얻은 남편을 얻어야 해로(偕老)하고 살지, 여의주가 없는 남편은 죽는다."

과부의 문제 해결 방법

"그 아무 데 사는 이무기는 왜 승천을 못합니까?"

이무기의 원정을 옥황상제에게 전함

"그놈은 욕심이 많아서 여의주를 하나면 득천할 것을 두 개를 가져서 못 올라간다."

이무기의 문제 해결 방법 – 복을 얻기 위해서는 욕심을 버려야 함

▶ 옥황상제를 만나 원정을 함

이래서 제 것은 못 알고 남의 원정만 듣고 도로 나와서 무지개다리로 와서 그것을 타고 내려오니 이무기가,

자신의 문제에 대한 해결책은 듣지 못하고 과부와 이무기의 문제에 대한 해결책만 듣고 지상으로 내려옴

"그래 뭐라더냐?"

"용님은 욕심이 많아서, 여의주가 두 개라면서요. 나를 하나 주시오. 그러면 간단해요."

「"그럼 그래라."

하고 한 개를 주니 이내 득천이야.」그 배에 앉아서 바람으로 딱 가서 그 여자한테로 가니 여자가 물으니,

정보 전달에 대한 보상

「 」: 주인공의 도움으로 이무기의 문제가 해결됨

「"아무 때라도 여의주를 얻은 남편을 얻어야 백년해로한다니 내가 가졌으니 나하고 살자."」

「 」: 과부의 문제 해결

① 예물로 가져가거나 들어오는 좋은 음식 ② 맛있게 잘 차린 음식

이래서 여자 얻고 의복을 차반하고 자기 집으로 와서 제 부형(父兄)을 보니 놀라더래. 그래 잘 살았소.

주인공 결핍의 해소 – 다른 사람을 도와주면 자신도 복을 얻을 수 있다는 주제 제시

▶ 남의 원정을 대신 해 주고 여의주와 부인을 얻음

핵심 정리

- 갈래: 설화
- 성격: 교훈적, 구술적, 비현실적
- 구성: '발단 – 전개 – 절정 – 결말' 의 4단 구성

발단	➡	전개	➡	절정	➡	결말
사부자(四父子) 중 막내아들이 복이 없는 이유를 묻기 위해 하늘로 원정을 감	➡	여행 도중 만난 과부와 이무기가 막내아들에게 그들의 원정을 부탁함	➡	막내아들이 자신과 과부, 이무기가 처한 어려움의 이유를 옥황상제께 여쭙고 해결책을 얻음	➡	과부와 이무기의 문제를 해결해 준 막내아들이 복을 받음

- 제재: 구복 여행
- 주제: ① 욕심을 버리고 함께 나누는 삶
  ② 자신의 삶을 적극적으로 개척하는 능동적인 자세
- 특징: ① 전 세계적으로 분포된 설화 유형임
  ② 구어체로 기술되어 생생한 현장감이 느껴짐
  ③ 행복한 삶을 더불어 나누고자 하는 옛 민중의 소망이 반영됨

한눈에 보기

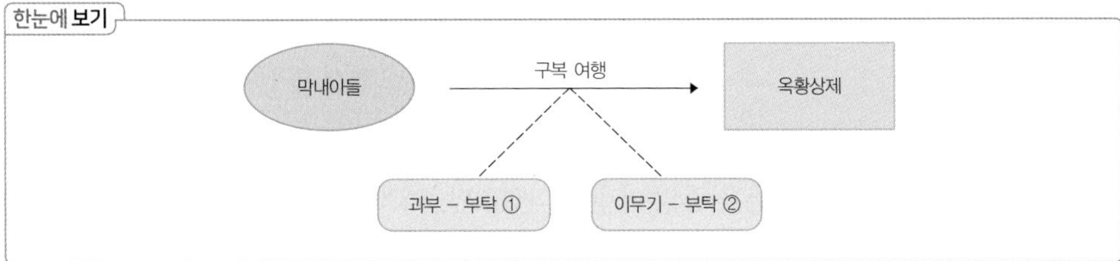

필수 문제

01 이 글의 막내아들은 아무리 노력을 하여도 (　　　　)한 처지에서 벗어날 수 없어서 운명을 주관하는 천상 세계의 (　　　　)에게 이를 하소연하고 복을 구하기 위해 하늘로 떠난다.

02 [서술형] 이 글의 결말과 관련지어 '복'에 대한 당대 민중들의 인식을 간략히 서술하시오.

18 조신(調信)의 꿈 | 작자 미상

교과서

출제 포인트

'조신'이 꿈을 통해 세속적 욕망의 덧없음을 깨닫는다는 내용의 설화로, 이 글의 구성상의 특징 및 인물의 깨달음에 주목하여 살펴보자.

감상 길잡이

이 글은 '세달사'의 장원을 관리하는 중 '조신'이 태수 김흔의 딸과의 결합을 남몰래 소원하다가 꿈속의 체험을 통해 세속적 욕망은 덧없으며 고통의 근원이라는 깨달음을 얻고 '정토사'를 세웠다는 내용의 사원 연기 설화(寺院緣起說話)이다. 따라서 세달사와 정토사는 이 이야기가 전설이며, 사원 연기 설화임을 보여 주는 근거가 된다. 이 글은 '꿈꾸기 전 – 꿈 – 꿈꾼 후'의 3단계로 구성되며, 내용의 대부분을 '꿈'이 차지하는 액자 형태를 띠고 있는 것이 특징이다. 그리고 이러한 구조를 통해 세속적 욕망은 덧없으니 고통의 근원에 대한 집착을 버려야 한다는 불교적 가르침을 드러내고 있다.

옛날 신라(新羅)[서라벌(경주)] 시대 때 세달사(世達寺)[전설의 구체적 증거물 ①] — 지금의 흥교사(興敎寺)다 — 의 장원(莊園)[절이 소유한 토지]이 명주(溟洲)[강릉] 날리군(捺李郡)[구체적 지명 제시]에 있었다. —《지리지(地理志)》를 살펴보면, 명주에 날리군은 없고 다만 날성군(捺城郡)이 있는데, 본래 날생군(捺生郡)으로 지금의 영월(寧越)이다. 또 우수주(牛首州) 영현(領縣)에 날령군(捺靈郡)이 있는데, 본래는 날이군(捺已郡)으로 지금의 강주(剛州)다. 우수주(牛首州)는 지금의 춘주(春州)[춘천]다. 그러므로 여기에 말한 날리군(捺李郡)이 어느 것인지 알 수 없다. — 본사(本寺)[한 종파의 근원이 되는 절]에서 승려 조신(調信)을 보내 장원(莊園)을 맡아 관리하게 했다.

▶ 이야기의 배경과 인물 소개

조신은 장원에 이르러 태수 김흔(金昕)의 딸을 깊이 연모하게 되었다. 여러 번 낙산사(落山寺)의 관음보살(觀音菩薩)[세상의 소리를 들어 알 수 있어 중생을 구제해 준다는 보살] 앞에 나가 남몰래 인연을 맺게 해 달라고 빌었으나[세속적 욕망과 집착] 몇 년 뒤 그 여자에게 배필[부부로서의 짝]이 생겼다. 조신은 다시 관음 앞에 나아가서, 관음보살이 자기의 뜻을 이루어 주지 않았다고 원망하며 날이 저물도록 슬피 울었다. 그렇게 그리워하다 지쳐 얼마 뒤 잠시 선잠이 들었다[입몽(入夢)]. 꿈[욕망이 성취되는 공간]에 갑자기 김 씨의 딸[김흔의 딸]이 기쁜 모습으로 문으로 들어오더니 활짝 웃으면서 말했다.

"저는 일찍이 스님의 얼굴을 본 뒤로 사모하게 되어 한순간도 잊은 적이 없었습니다. 부모의 명령을 어기지 못해 억지로 다른 사람의 아내가 되었지만, 이제 같은 무덤에 묻힐 벗[부부]이 되고 싶어서 왔습니다."

▶ 김흔의 딸에게 반한 조신이 꿈속에서 소망을 이룸

조신은 기뻐서 어쩔 줄을 모르며 함께 고향으로 돌아가 사십여 년을 살면서 자식 다섯을 두었다[세속적 욕망의 성취]. 그러나『집이라곤 네 벽뿐이요, 콩잎이나 명아주국 같은 끼니도 댈 수 없어 마침내 실의에 찬 나머지 가족들을 이끌고 사방으로 다니면서 입에 풀칠을 하게 되었다[풍찬노숙(風餐露宿), 남부여대(男負女戴), 유리걸식(流離乞食)]. 이렇게 십 년 동안 초야(草野)[궁벽한 시골]를 떠돌아다니다 보니 옷은 메추라기가 매달린 것처럼 너덜너덜해지고 백 번이나 기워 입어 몸도 가리지 못할 정도였다. 강릉 해현령(蟹縣嶺)을 지날 때 열다섯 살 된 큰아들이 굶주려 그만 죽고 말았다. 조신은 통곡하며 길가에 묻고, 남은 네 자식을 데리고 우곡현(羽曲縣) — 지금의 우현(羽縣) —

에 도착하여 길가에 띠풀로 엮은 집을 짓고 살았다. 부부가 늙고 병들고 굶주려 일어날 수 없게 되
초라한 집 / 설상가상(雪上加霜), 엎친 데 덮친 격
자, 열 살 난 딸아이가 돌아다니며 구걸을 했다. 그러다가 마을의 개에게 물려 부모 앞에서 아프다
고 울며 드러눕자 부모는 탄식하며 하염없이 눈물을 흘렸다.」부인은 눈물을 씻더니 갑자기 말했다.
「 」: 가난한 삶 – 이별의 직접적 계기 / ▶ 소망을 이루었으나 고통이 따름(꿈속의 체험)

"내가 처음 당신을 만났을 때는 얼굴도 아름답고 꽃다운 나이에 옷차림도 깨끗했습니다. 한 가
설빈화안(雪鬢花顔: 고운 머리채와 젊고 아름다운 얼굴)
지 맛있는 음식이라도 당신과 나누어 먹었고, 몇 자 되는 따뜻한 옷감이 있으면 당신과 함께 해
입었습니다. 집을 나와 함께 산 오십 년 동안 정(情)은 가까워졌고 은혜와 사랑은 깊었으니 두
깊은 부부의 정과 인연
터운 인연이라고 할 수 있겠습니다. 그러나 몇 년 이래로 쇠약해져 병이 날로 더욱 심해지고 굶
주림과 추위도 날로 더해 오는데, 곁방살이에 하찮은 음식조차 먹지 못하여, 이 집 저 집에서
남의 집 곁방을 빌려서 생활함 / 가난으로 인한 비참한 현실
구걸하며 다니는 부끄러움은 산과 같이 무겁습니다. 아이들이 추위에 떨고 굶주려도 돌봐 줄
수가 없는데, 어느 겨를에 사랑의 싹을 틔워 부부의 정을 즐기겠습니까? ❶ 젊은 날의 고왔던 얼굴
인생무상(人生無常) – 대구법, 은유법
과 아름다운 웃음도 풀잎 위의 이슬이 되었고, 지초(芝草)와 난초 같은 약속도 회오리 바람에 날
리는 버들솜이 되었습니다.「당신은 내가 있어서 근심만 쌓이고 나는 당신 때문에 근심거리만
「 」: 세속적 욕망의 추구는 헛된 근심만을 낳게 한다는 불교적 깨달음 → 주제
많아지니,」곰곰이 생각해 보면 옛날의 기쁨이 바로 근심의 시작이었던 것입니다. 당신이나 나
인생은 고통임 – 불교관
나 어찌해서 이 지경이 되었는지요.「여러 마리의 새가 함께 굶주리는 것보다는 짝 잃은 난새가
생존의 고통 / 중국 전설에 나오는 상상의 새
거울을 보면서 짝을 그리워하는 것이 낫지 않습니까? 힘들면 버리고 편안하면 친해지는 것은
연정의 고통
인정상 차마 할 수 없는 일입니다만 가고 멈추는 것 역시 사람의 마음대로 되는 것이 아니고,
모든 것은 정해진 운수가 있다 – 운명론적 사고
헤어지고 만나는 데도 운명이 있는 것입니다. 이 말에 따라 이만 헤어지기로 합시다."」
「 」: 남편과 헤어지려는 아내의 비장한 결심

조신이 이 말을 듣고 기뻐하여 각각 아이를 둘씩 나누어 데리고 떠나려 하는데 아내가 말했다.
세속적 욕망이 보잘것없다는 것을 방증함

"저는 고향으로 향할 것이니 당신은 남쪽으로 가십시오."

그리하여 조신은 이별을 하고 길을 가다가 꿈에서 깨어났는데 ❷ 희미한 등불이 어른거리고 밤이
각몽(覺夢) / 일장춘몽(一場春夢)
깊어만 가고 있었다.
▶ 부인과 이별하며 잠에서 깸(꿈속의 체험)

아침이 되자「수염과 머리카락이 모두 하얗게 세어 있었다. 조신은 망연자실하여 세상일에 전
꿈속에서의 고통과 번민이 컸음 / 아무 생각이 없이 멍하여
혀 뜻이 없어졌다. 고달프게 사는 것도 이미 싫어졌고 마치 백 년 동안의 괴로움을 맛본 것 같아
세속을 탐하는 마음도 얼음 녹듯 사라졌다.」그는 부끄러운 마음으로 부처님의 얼굴을 바라보며
「 」: 세속적 욕망의 덧없음을 깨달음
깊이 참회하는 마음이 끝이 없었다. 돌아오는 길에 해현으로 가서 아이를 묻었던 곳을 파 보았더
니 돌미륵(石彌勒)이 나왔다. 물로 깨끗이 씻어서 가까운 절에 모시고 서울로 돌아와 장원을 관리
꿈과 현실의 매개체 – 조신의 꿈속 고난이 부처의 의도였음을 보여 줌
하는 직책을 사임하고 개인 재산을 털어 정토사(淨土寺)를 짓고서 수행했다. 그 후에 아무도 조신
사원 연기 설화로 보는 근거 – 전설의 구체적 증거물 ② / 열린 결말
의 종적을 알지 못했다.
▶ 조신의 깨달음과 정토사 건립(꿈꾼 후)

◉ 핵심 **구절 풀이**

❶ **젊은 날의 고왔던 얼굴과 ~ 날리는 버들솜이 되었습니다.**: 젊음과 아름다움은 곧 사라지는 것이고, 아름다운 약속도 바뀌기 마련이라는 뜻으로, 인생이 부질없음을 말한 것이다.

❷ **희미한 등불이 어른거리고 밤이 깊어만 가고 있었다.**: 김흔의 딸과 50년간 동고동락한 것이 하룻밤의 꿈이었음을 보여 주는 표현으로, 인생의 덧없음을 드러낸다.

핵심 정리

- 갈래: 설화(사원 연기 설화, 환몽 설화, 전설)
- 성격: 환몽적, 교훈적, 불교적
- 구성: '현실 - 꿈 - 현실'의 환몽 구조, 액자식 구성

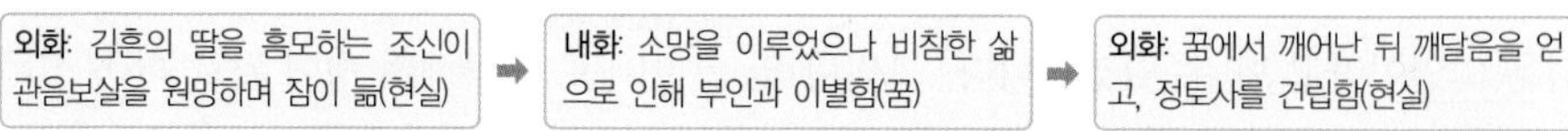

- 제재: 조신의 꿈
- 주제: 세속적 욕망은 덧없으며 고통의 근원임
- 특징: ① '현실-꿈-현실'의 환몽 구조이며, '꿈'이 내화가 되고 '현실'이 외화가 되는 액자식 구성임
  ② 구체적 지역과 증거물과 같은 전설로서의 특징이 나타남
- 의의: 몽자류 소설의 근원이 됨

한눈에 **보기**

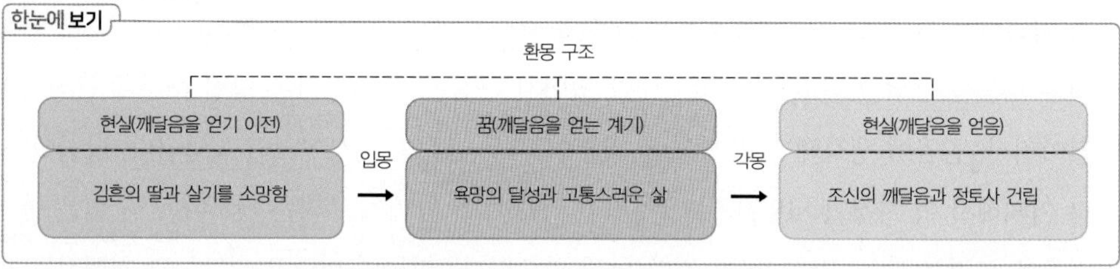

보충·심화 학습

- 문학 작품에 나타난 '꿈'의 기능

꿈은 문학 작품에서 여러 가지 양상으로 제시된다. 우선 이광수의 〈꿈〉이나 김만중의 〈구운몽〉에서는 꿈이 욕망을 성취하고 깨달음을 주는 기능을 한다. 이는 인생무상, 허무의 극복에 대한 주제를 구현하는 장치라고 볼 수 있다. 정철의 〈관동별곡〉에서는 꿈이 신선을 만나 술을 주고받으며 목민관의 소임을 떠올리면서 갈등을 극복하는 매개체로 사용된다. 마지막으로 꿈은 풍자의 기능을 하기도 하는데, 예를 들면 안국선의 〈금수회의록〉에서는 꿈을 통해 타락한 인간 사회를 풍자하고 있다.

- '돌미륵'의 상징적 의미

조신의 꿈과 현실을 연결시키는 매개체이며, 조신의 꿈속 고난이 부처의 의도였음을 보여 주는 소재이다.

필수 문제

01 이 글이 전설임을 알게 해 주는 구체적 증거물 두 가지를 찾아 쓰시오.

02 이 글이 사원 연기 설화임을 알게 해 주는 문장을 찾아 처음과 끝의 2어절씩을 쓰시오.

03 '세속적 욕망의 추구는 헛된 근심만을 낳게 한다.'라는 불교적 깨달음을 제시한 것으로, 이 글의 주제를 암시하는 문장을 찾아 쓰시오.

19 왕오천축국전(往五天竺國傳) | 혜초

다섯 천축국을 다녀온 기록 / 인도의 옛 이름

필수

출제 포인트

승려인 혜초가 인도의 다섯 천축국을 다녀와 쓴 기행문으로, 이 다섯 천축국의 생활과 풍속을 살펴보고 이 글의 문학사적 의의에 대해 알아보자.

감상 길잡이

이 글은 신라 시대 승려인 혜초의 기행 수필이다. '천축'은 인도의 중국식 옛 이름이므로, 〈왕오천축국전〉은 '다섯 천축국을 다녀온 기록'으로 해석할 수 있다. 이처럼 혜초는 이 글에 인도를 포함한 중앙아시아의 여러 나라를 돌아다니며 보고 들은 이야기를 남겼는데, 당시 인도 및 서역 각국의 종교 · 풍속 · 문화 등에 관한 사회상을 사실적으로 고증하면서도 풍물과 여정을 시문(詩文) 형태로 표현하고 있는 것이 특징이다. 그러나 발견 당시 앞뒤가 잘려 나간 상태였고 희미한 글자나 지금은 쓰지 않는 글자도 많아 여전히 제대로 된 역주서가 없는 형편이다.

이 녹야원(鹿野苑)과 구시나(拘尸那)와 사성(舍城)과 마하보리(摩訶菩提)의 영탑(靈塔)이 모두 마가다국 경계 안에 있다. 이 파라나시국에는 대승 불교와 소승 불교가 같이 시행되고 있다. 마하보리사를 예방하는 것은 나의 평소부터의 숙원이었기 때문에 무척 기쁘다. 이 기쁨을 감출 길 없어 미숙하나마 이 뜻을 시로 읊어 보았다.

- 녹야원: 석가가 최초로 설법한 곳. 사슴이 많아 붙은 이름임
- 구시나: 지금의 카시아. 석가가 열반한 곳
- 사성: 불교 사상 최초로 정사(精舍)가 세워진 곳
- 마하보리: '대각(大覺)'이라는 뜻의 사찰 이름
- 영탑: 신령한 탑
- 마가다국: 인도의 고대 왕국. 지금의 비하르
- 대승 불교: 중생 제도(濟度)를 이상으로 삼는 불교
- 소승 불교: 수행을 통한 개인의 해탈을 이상으로 삼는 불교
- 예방: 예를 갖추는 의미로 인사차 방문함
- 숙원: 오래 전부터 바라던 소원

「보리사가 멀다고 근심할 것 없었는데 / 녹야원이 먼들 어찌하리요.

다만 멀고 험한 길이 근심이 되나 / 불어닥치는 악업(惡業)의 바람은 두렵지 않네.

여덟 개의 탑을 보기 어려움은 / 여러 차례의 큰 불에 타 버렸음이라.

어찌해서 사람들의 소원을 들어줄거나. / 오늘 아침부터 이 눈으로 똑똑히 보오리.」

- 악업: 전세의 나쁜 행위
- 여러 차례의 큰 불에 타 버렸음이라: 인도가 분열되어 불교 유적이 초토화됨
- 「 」: 승려로서 불교 성지를 순례하게 된 것에 대한 종교적인 감동과 느낌을 절제된 언어(시)로 표현함

▶ 마하보리사 방문의 기쁨과 감격

이 파라나시국에서 반 달을 걸어서 중천축의 국왕이 살고 있는 성에 도착하였다. 그 이름은 갈나급자(葛那及自)이다. 이 중천축국의 영토는 무척 넓고 백성이 많이 산다. 왕은 코끼리 백 마리를 가지고 있고, 그 밖에 큰 수령이 다 각기 3백 또는 2백 마리의 코끼리를 가지고 있다. 그 왕은 언제나 스스로 병마를 거느리고 싸움을 잘 하는데, 항상 주변에 있는 네 천축의 나라와 싸움을 하면 이 중천축의 국왕이 이겼다. 싸움에 진 나라는 코끼리도 적고 병력도 적어서 이기지 못할 것을 알고 곧 강화(講和)하기를 청하여 해마다 공물(貢物)을 바치기로 약속하고 휴전한다. 그리고 서로 진을 치고 대치하고 있다.

- 이 파라나시국에서 ~ 도착하였다: 기행 수필의 특징인 여정이 드러남
- 갈나급자: 현재의 카나우지. 당나라 현장(玄奘)의 《대당서역기(大唐西域記)》에서는 '곡녀성(曲女城)'이라고 했음
- 천축: 중국에서 부르던 인도의 옛 이름
- 강화: 싸우던 두 편이 싸움을 그치고 평화로운 상태가 됨
- 공물: 종주국에 바치던 특산물

▶ 중천축국의 세력과 주변국 정세

의복과 언어, 풍속, 그리고 법은 다섯 천축국이 서로 비슷하다. 오직 남천축의 시골에 가면 백성들의 언어가 다른 곳과 차이가 있으나 벼슬아치들의 언어와 생활은 중천축국과 다른 데가 없다. 이 다섯 천축국의 법에는 죄수의 목에 칼을 씌우거나, 형벌로서 몽둥이로 때리거나 또는 가두는 감옥 같은 것은 없다.「오직 죄인에게는 그 죄의 경중에 따라 벌금을 물릴 뿐 사형도 없다. 위로

- 다섯 천축국: 중천축국을 중심으로 동서남북의 네 천축국이 주위에 있음

국왕에서부터 아래로 서민에 이르기까지 사냥한다고 매를 날리거나 엽견(獵犬)을 사용하는 일은
사냥하는 개
하지 않는다. 길에는 도적이 많기는 하나 물건만 빼앗고는 즉시 풀어 보내고 그 자리에서 죽이거나 해를 끼치지는 아니한다.」 그러나 즉시 물건 주기를 꺼려 하면 몸에 해를 끼치기도 한다.
「 」: 불교 국가인 만큼 생명을 함부로 죽이지 않음을 알 수 있음
▶ 다섯 천축국의 사회상과 풍속

이 땅은 기후가 아주 따뜻하여 온갖 풀이 항상 푸르고 서리나 눈은 볼 수 없다. 먹는 것은 오직 쌀 양식과 떡, 보릿가루, 우유 등이며 간장은 없고 소금을 상용(常用)한다. 흙으로 구워 만든 냄비
일상적으로 씀
에 밥을 익혀 먹지 무쇠로 만든 가마솥은 없다. 백성에게는 별로 받아들이는 세나 용(庸)은 없고,
중국 당나라 때 부역 대신 물품을 바치던 세금 제도
다만 토지에서 나오는 곡식에서 다섯 섬만 왕에게 바치면 왕이 직접 사람을 보내서 그 곡식을 운반해 가고, 토지 주인은 곡식을 바치기 위해 운반하는 수고가 필요 없다. 그 나라 땅에 사는 백성은 빈자(貧者)가 많고 부자는 적은 편이다.「왕이나 벼슬아치, 그리고 부자 백성은 전포(氈布)로 만든
가난한 사람
짐승의 털로 짠 모직물의 한 가지
옷 한 벌을 입고, 스스로 지어 입은 사람(중류 계급)은 한 가지만 입고, 가난한 사람은 반 조각만 몸에 걸친다. 여자도 역시 그렇다.」
▶ 다섯 천축국 사람들의 생활 모습
「 」: 천축국의 왕, 관리, 백성들의 의복

이 나라의 왕은 마냥 정아(政衙)에 앉아 있으면 수령과 백성들이 모두 와서 왕을 둘러싸고 그 주위
정사를 보는 관청
에 둘러앉는다. 각기 어떤 일에 대하여 도리를 내세워서 논쟁이 일어나고 소송이 분분하여 비상히
예사롭지 아니하게
요란하게 입씨름이 벌어져도 왕은 못 들은 척하고서 듣고도 꾸짖지 아니하다가 거의 끝날 무렵이 되면 왕이 천천히 판결을 내리는데, / "너는 옳고, 너는 옳지 못하다."
「 」: 천축국 백성들이 왕의 권위에 잘 복종함
고 한다.「그러면 왕이 내리는 한 마디로써 결정을 삼고 비록 불평이 있는 자도 다시는 말을 하지 않는다.」
▶ 다섯 천축국의 정치 형태

이 나라의「왕과 수령 등은 삼보(三寶)에 대하여 심히 공경하고 믿는다. 왕과 수령 등이 만약 스승
부처, 불법, 승려
되는 중을 대하게 되면 땅바닥에 그대로 앉고, 평상(平牀)에 앉기를 즐겨하지 않는다. 왕과 수령이
나무로 만든 침상(寢牀)의 한 가지
자기 집을 떠나서 다른 곳에 갔다가 올 때에는, 그 가는 곳까지 스스로 자기가 앉았던 상자(牀子)를
평상
가지고 자기 몸을 따라오게 하여 그곳에서도 자기가 전용하는 평상에 앉지, 다른 평상에는 앉지 않는다.」 절이나 왕의 궁전은 모두 3층으로 지었다. 제일 밑의 층은 창고로 쓰고, 위에 있는 두 층
「 」: 불교 국가로서의 면모가 잘 드러남
은 사람이 거처하는데, 큰 수령들의 집도 이와 마찬가지다. 집은 모두 지붕이 평평하며 벽돌과 목재로 지어져 있다. 그러나 그 밖의 백성들의 집들은 초가집이다. 중국의 한옥(漢屋)과 같아서 빗물이 아래로 내려오도록 지었고, 또 단층들이다.
▶ 다섯 천축국의 삼보(三寶)에 대한 존경과, 주거 형태

모직물과 천
이 땅의 물산은 오직 전포(氈布)와 코끼리 · 말들이 있고, 이 땅에 없는 금과 은은 모두 외국에서
그 지방에서 생산되는 물품
수입한다. 또 낙타 · 노새 · 당나귀 · 돼지 등의 가축도 기르지 않는다. 이곳의 소는 모두 흰 것뿐인데, 만 수 중(萬首中)의 한 마리 정도가 털이 검은 것이나 붉은 것이 있을 뿐이다. 양과 말은 대단히
만 마리 가운데
귀하여 그 나라의 왕이 이삼백 수의 양과 육칠십 필의 말을 가지고 있을 뿐이라 한다. 이 밖에 수

령과 백성들은 전부 가축을 기르지 않는다. 다만 소를 기르고 있음은 우유와 버터를 먹기 때문이다.『이 땅에 사는 사람은 마음이 착하여 살생하는 것을 좋아하지 않는다. 그래서 시장에서나 가게에서 짐승을 잡아 죽이거나 고기를 파는 곳은 볼 수가 없다.』 ▶ 다섯 천축국의 물산(物産)

「 」: 천축국 백성들의 천성이 순박하고 착함

뒷부분 줄거리 | 남천축국으로 들어가 불교가 널리 전파되었음을 확인하고, 실크로드를 따라 여행하다가 동서양 교통의 중심지였던 토하라에 들러 파사국 · 대식국 등의 나라에 대해 들은 바를 기록한다. 그리고 파미르 고원을 넘어 당(唐)의 안서도호부가 있는 큐차에 도착하면서 여행기는 끝이 난다.

핵심 정리

- 갈래: 고전 수필(한문 수필, 기행 수필, 성지 순례기)
- 성격: 묘사적, 사실적, 주관적
- 구성: 병렬식 구성, 추보식 구성
- 제재: 다섯 천축국에서의 견문
- 주제: 다섯 천축국의 정세, 지리, 언어, 풍속, 정치, 주거 형태, 물산 소개
- 특징: ① 풍물과 여정을 시문(詩文) 형태로 표현함 ② 현지의 다양한 모습을 병렬적으로 나열함
- 의의: ① 우리 문학 사상 최초의 외국 기행문 ② 우리 문학 사상 최초의 불교 유적 순례기

한눈에 **보기**

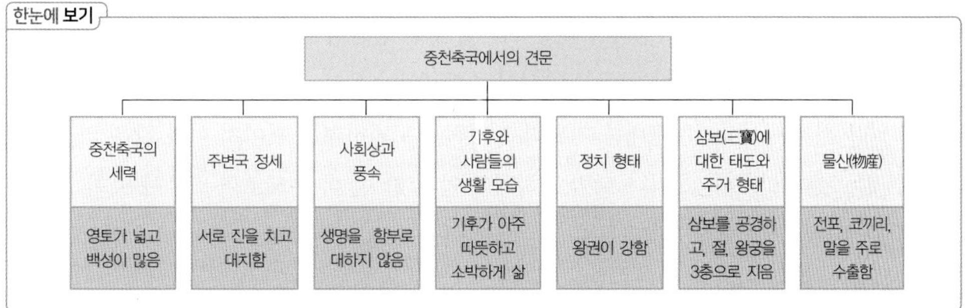

보충·심화 학습

- 〈왕오천축국전〉의 기록 문학으로서의 가치

이 글은 글쓴이인 혜초가 불교 성지를 순례하면서 경험하고 본 것들에 대한 여정과 견문의 기록이라는 점에서 문학 갈래상 '기행문'으로 볼 수 있다. 그러나 다른 기행문의 경우 실제 체험의 기록으로서 여정과 견문을 사실적으로 기록하는 것에 치중하는 데 반해, 이 글은 당시 사회상을 주변국 정세, 지리, 언어, 풍속, 정치, 주거 형태, 물산에 걸쳐 사실적으로 고증하면서도 풍물과 여정을 시문(詩文), 즉 오언율시 형태로 표현하고 있다는 점에서 문학적인 상상력이 적절하게 가미된 기행문이라는 점이 특징적이다. 또한, 승려 신분으로서 불교 성지를 둘러보고 있으므로 파라나시국의 마하보리사를 방문하고 시를 읊은 것이나 중천축국의 풍물 중에서 삼보(三寶)를 공경하고 있는 부분에 관심을 보인 것 등 특별히 불교적인 내용이 많이 언급되고 있다는 점에서도 다른 기행문과 차이가 있다.

필수 문제

01 이 글에서 중국에서 부르던 인도의 옛 이름을 찾아 쓰시오.

02 '이 나라의 왕과 수령 등은 삼보(三寶)에 대하여 심히 공경하고 믿는다.'에 나타나 있는 '삼보(三寶)'가 구체적으로 무엇을 말하는 것인지 쓰시오.

03 [서술형] 이 글에서 글쓴이가 삽입 시를 통해 표현하고자 한 바를 서술하시오.

20 격황소서(檄黃巢書) | 최치원

토황소격문, 황소를 토벌하기 위해 알리는 글

필수

출제 포인트

신라 사람인 최치원이 당나라 관원으로 지내던 시절 반란을 일으킨 황소에게 항복할 것을 권유하기 위해 한문으로 쓴 격문이다. 이 글에 사용된 말하기 방식 및 글쓴이가 궁극적으로 주장하는 바에 대해 알아보자.

감상 길잡이

이 글은 당에 유학 중이던 최치원이 역모를 일으킨 황소의 잘못을 꾸짖기 위해 쓴 격문(檄文)이다. 정도(正道)로서 황소의 잘못을 꾸짖으면서도 '회유'와 '위협'을 적절하게 사용함으로써 주장의 설득력을 높이고 있다.

광명(廣明)(당나라 희종의 연호) 2년(881년, 신라 헌강왕 7년) 7월 8일, 제도도통검교태위(諸道都統檢校太尉)(벼슬 이름) 아무〔某〕는 황소(黃巢)에게 알리는 바이다.

대개 옳고 바른 길을 정도(正道)(위태로움을 슬기롭게 이겨 나갈 수 있는 것)라 하고, 위험한 때를 당하여 임기응변(그때그때의 형편에 따라 알맞게 일을 처리함)으로 모면하는 것을 권도(權道)라 한다. 슬기로운 자는 정도에 입각하여 이치에 순응하므로 성공하고, 어리석은 자는 권도를 함부로 행하다가 이치를 거슬러서 패망하는 것이다. 인간이 한평생을 사는 동안 살고 죽는 것은 예측할 수 없지만, 모든 일에 있어서 양심이 주관하여야 옳고 그름을 올바르게 판단할 수 있다.

▶ 제도도통검교태위는 황소에게 고함(서두)

지금 나는(최치원) 황제가 내려 준 군대를 거느리고 역적(자기 나라나 민족, 통치자를 반역한 사람)을 토벌(반란자 등 적이 되어 맞서는 무리를 무력으로 쳐 없앰)하려는 것이지 너(황소)와 같은 역적을 상대로 싸우려는 것이 아니다. 그러나 토벌을 하기에 앞서 한 번 더 은혜로써 회유하여 회개할 수 있는 기회를 주려는 것인데(〈격황소서〉를 쓴 목적), 그래도 듣지 않는다면 어쩔 수 없이 무력으로써 너희가 침탈한 경도(京都)를 수복할(당나라 서울 장안을 되찾을) 수밖에 없다.

지금 내가 너를 회유하려는 것이 바로 정도인 것으로서 네가 살 수 있는 유일한 방법이니 진지한 태도로 들어주기 바란다. 돌이켜 생각해 보면 너는 본래 먼 시골에서 살던 하찮은 백성이었다('황소'의 신분을 알 수 있는 부분). 무모하게도 갑자기 작당하여(무리를 지어) 강도가 되고 또 그 기세를 몰아 인간이 지켜야 할 도리를 어지럽히고 말았다. 언감생심('어찌 감히 그런 마음을 먹을 수 있으랴'는 뜻으로 쓰이는 말)에 깊숙이 갈무리해 두었던 흉포한(흉악하고 포악한) 마음을 함부로 드러내어 하늘이 정해 준 황제의 지위를 넘보는 데까지 이르렀다. 황제가 계신 도성과 궁궐을 무참히 짓밟았으니 그 죄를 하늘은 결코 용서하지 않을 것이다.

▶ 정도(正道)로서 황소의 잘못을 꾸짖음

「고대의 당·우(唐·虞: 요순으로 대표되는 상고 시대)로부터 헤아려 보건대 성인인 순(舜)임금을 배반한 묘(苗)·호(扈)와 같이 양심과 체면, 의리와 충성을 팽개쳐 버린 무리가 어느 때이고 없지는 않았었다. 멀리는 진(晉)의 왕실을 엿보아 반란을 일으킨 유요〔劉曜: 전조(前趙)의 임금〕와 왕돈(王敦) 등이 있고, 가까이는 당(唐)의 황실을 배반한 안록산〔安祿山: 양 귀비와 내통하여 연(燕)을 세움〕과 주자〔朱泚: 대진국(大秦國)을 세움〕 등이 있다. 이들은 모두 수하(手下)(자신의 지휘 아래)에 많은 군대를 거느리거나, 또는 높은 벼슬을 차지하고 있어서 한번 큰 소리로 호령하면 수많은 사람이 벼락을 피하여 도망가듯 사라지고, 은근한 소리로 속삭이면 권력에 아부하는 무리가 마치 연기가 바람을 따라 몰려오듯 온통 그의 주위를 감싸며 몰려들었다. 그리하여 잠시나마 그들의 역모는 성공을 거두는 듯했지만 마침내는 모두 무참히 섬멸당하고 말지 않았느냐?」 밝은 해가 온 세상을 비추고 있는데 어찌 도깨비 같은 요기가 횡행할 수 있으며, 황제의 군대가 칼을 뽑아 들었는데 역적이 어찌 목을 온전히 부지할 수 있겠느냐?

반역을 모의함

모조리 무찔러 멸망시킴

「 」: 역사적 사례를 들어 정도(正道)에서 벗어난 역모는 모두 실패하고 말았다는 점을 역설함

요사스러운 기운

▶ 역모에 실패한 역사적 사례들의 언급

다시 말하거니와 너 같은 역적은 시골 구석에서 태어난 하찮은 농민 출신으로서 관청을 불 지르고 양민을 학살하는 것으로 능사를 삼으니, 그야말로 천인공노할 악질적인 죄인이 아니고 무엇이냐? 이 세상 사람 중에 너의 고기를 맛보려고 하지 않는 자가 없을 정도로 원한이 가득 차 있다는 것을 너는 알아야 한다. 너 때문에 불행히 죽어 땅속에 묻힌 원귀는 하루속히 네가 목 없는 귀신이 되어 들어오기를 기다리고 있을 것이다.

자기에게 가장 알맞아 잘 감당해 낼 수 있는 일

'하늘과 사람이 함께 노한다'는 뜻으로, 누구나 분노할 만큼 증오스럽거나 도저히 용납할 수 없음

너를 죽이려고

대개 사람은 스스로 자신의 잘못을 깨닫는 것이 보통이다. 지난번 우리 조정에서는 부끄러움을 무릅쓰고 너를 달래기 위하여 지방의 요직에 임명한 일이 있었다. 그런데도 너는 만족할 줄 모르고 오히려 못된 독기를 발산하여 가는 곳마다 사람을 죽이고 군주를 욕되게 하여, 결국 황제의 덕화(德化)를 배신하고 말았다. 곧「너는 과분하게도 중서성(中書省)의 병권(兵權)을 장악하자 공후(公侯)들을 멀리 귀양 보냈고, 마침내는 황제까지 먼 지방으로 파천하도록 하였다.」결국 너는 은혜를 원수로 갚아 백 번 죽어 마땅한 대역죄를 저지른 것이다. 그러고도 네 어찌 하늘을 두려워하지 않는단 말이냐? 네가 도대체 무엇을 어떻게 하려는 것인지 나는 알지 못하겠다.

황소에 대한 조정의 은혜, 황제의 덕화(德化)

덕으로 교화함

'공작과 후작'을 아울러 이르는 말. 귀족

「 」: 황소의 반역 내용, 대역죄에 해당

임금이 도성을 떠나 난을 피함

배은망덕(背恩忘德)

의문문의 형식을 통한 강조 → 천벌을 받을 것이다

▶ 황소의 죄상 고발

《도덕경(道德經)》에 이르기를 "갑자기 부는 회오리바람은 한나절을 지탱하지 못하고, 쏟아지는 폭우는 하루를 계속하지 못한다." 하였다.

노자(老子)가 지은 중국의 고대 철학서. 도가 사상을 담고 있음

'황소의 난'을 비유한 표현

「천지에 있어서도 갑작스럽게 일어난 변화는 이와 같이 오래가지 못하는 법인데 하물며 사람의 일이겠는가?」

「 」: 설의법 – 유추의 방법을 통한 논지의 강조

사람이 일으킨 반란도 오래가지 못함

▶ 황소가 패망할 수밖에 없는 이유

《춘추전(春秋傳)》에는 이르기를, "하늘이 착하지 못한 자를 돕는 것은 좋은 조짐이 아니라 그 흉악함을 기르게 하여 더 큰 벌을 내리려고 하는 것이다." 하였다.

불선자(不善者) – 선조들은 '악(惡)'이라는 단어를 직접 사용하지 않았음. 선조들의 인간관을 짐작할 수 있음

중국의 역사서. 노나라의 연대기임

지금 너의 흉포함이 쌓이고 쌓여 온 천지에 가득 찼다. 그러나 이러한 위험 속에서 스스로 안주하고 반성할 줄 모르니, 이는 마치 제비가 초막 위에 집을 지어 놓고도 만족해하는 것과 같고, 물고기가 솥 안에서도 즐거워하며 헤엄치는 것과 같은 것이다. 눈앞에 닥친 삶겨 죽을 운명을 생각지 못하고 말이다.

황소

△: '황소'의 비유

물고기가 솥 안에서 삶겨 죽을 운명 = 황소의 운명

▶ 황소의 어리석음을 꾸짖음

나는 지금 현명하고 신기로운 계획으로 온 나라의 군대를 규합하니 용맹스런 장수가 구름처럼

세력이나 사람을 모음

모여들고, 죽음을 가벼이 여기는 용사들이 소나기처럼 몰려온다. 진격하는 깃대를 높이 세워 남쪽 초(楚)나라에서 불어오는 바람을 잠재우고, 전함(戰艦)과 누선(樓船)을 띄워 오(吳)나라 강(江)의 풍랑을 막으려고 한다.

다락이 있는 배. 배 안에 이 층으로 집을 지은 배로, 주로 해전이나 뱃놀이에 쓰였음

▶ 토벌군의 막강한 위력을 알림

도 태위〔陶太尉: 진(晉)의 장군 도간(陶侃)〕 같은 장군은 적군을 무찌르는 데 용맹하고, 양 사공〔楊司空: 수나라 장군 양웅(楊雄)〕 같은 이는 귀신도 두려워할 만한 위엄을 가졌다.『온 세상을 널리 살펴보고 만 리 길을 거침없이 횡행함에 너와 같은 좀도둑은 마치 활활 타는 용광로 속에 기러기 털을 넣는 것과 같고, 높이 솟은 태산 밑에 참새 알이 깔린 것과 같아 형체도 없이 사라지고 말 것이다.』

직유법

「 」: 황소를 위협함

때는 마침 가을이다. 물의 귀신이 우리의 수군(水軍)을 맞이하며 가을바람은 생물을 죽음의 시련으로 몰아넣으려고 한다. 새벽이슬은 어둡고 미련스러운 기운을 씻어 버린다. 파도가 진정되고 도로가 뚫리면, 석두성(石頭城)에서 닻을 올려 최후로 남은 손권(孫權)의 군대에게서 항복을 받던 두예(杜預)와 같이, 나는 경도(京都)를 순식간에 수복할 것이다. 그 기간은 한 달도 걸리지 않을 것이다.

진나라의 통일을 이끈 장수

되찾음

▶ 황소에 대한 위협 ①

다만 사람 죽이기를 싫어하는 우리 황제의 인자한 뜻을 받들어 엄한 법을 적용하지 않고 덕으로써 포용하려고 하는 것뿐이다. 황제께서는 조정에 영을 내려, "역적을 토벌하는 자는 개인적인 감정을 버리고, 무지하여 방향을 잃은 자를 깨우치는 데 힘써야 한다." 하셨다.

황소에 대한 증오심, 분노

원관념: 황소

나는 이 격문을 보내 너의 눈앞에 닥친 위급한 상황을 한 번 더 알려 주는 것이니, 너는 고집을 버리고 이 마지막 기회를 놓치지 말기 바란다. 그리하여 허물을 알고 그것을 고치면, 나는 황제에게 주달하여『너에게 나라의 땅을 나누어 주어 대대로 부(富)를 누리도록 하겠다. 그러면 머리와 몸뚱이가 따로 떨어져 나가는 횡액을 면할 뿐 아니라 나라로부터 공명(功名)을 얻어 영원히 우뚝하게 빛날 수 있지 않겠느냐?』

항복한다면

아뢰어

뜻밖에 닥쳐오는 재액(災厄)

공을 세워 널리 알려진 이름

「 」: 항복했을 때 주어질 보상 제시 – 회유(懷柔)

덧붙여 말하건대 얼굴로만 알게 된 벗들에게 신의를 생각지 말 것이며, 영화(榮華)를 후세 자손에게 내릴 수 있도록 하라. 이는 하찮은 아녀자들의 말이 아니라 진실로 대장부끼리의 약속이다. 너는 너의 생각을 일찍이 결정하여 나에게 알려 주고 쓸데없이 의심하거나 주저하지 말기를 바란다.

진정으로 마음이 통하는 사이가 아니라 필요에 의해 만난 사람들

몸이 귀하게 되어 이름이 세상에 빛남

나는 황제의 명령을 받았다. 나의 신의는 저 맑고 깨끗한 물과 같은 마음에 바탕을 두었다. 나의 말은 틀림없이 하늘이 살펴볼 것이다. 은혜를 베푼다고 해 놓고 개인적인 원망을 내세우지는 않을 것이다.

신뢰할 수 있는 말임을 강조

개인적인 원한을 앞세워 약속을 어기지는

▶ 황소에 대한 회유 ①

그러나 만일 네가 헛된 욕망에 이끌려 함부로 날뛰고 깊은 잠에서 깨어나지 못한다면, 이는 마치 지네가 수레바퀴에 저항하는 형상이고, 세상의 변화를 모른 채 옛것만 고집하는 수주대토(守株待兎)의 우(愚)를 범하는 것이다. 마침내 곰을 잡고 표범을 쫓는 우리 군대가 몰아친다면 큰소리만

반란이 성공할 것이라는 잘못된 생각

당랑거철(螳螂拒轍): 제 분수도 모르고 강한 적에 반항하여 덤벼듦), 계란으로 바위 치기

그루터기를 지켜 토끼를 기다린다는 뜻으로, 달리 변통할 줄 모르고 어리석게 한 가지만을 내내 고집함을 비유하여 이름

용맹한 토벌군

허장성세(虛張聲勢)

치던 너의 오합지졸(烏合之卒)들은 사방으로 흩어져서 도망칠 것이요, 너의 몸은 도끼에 묻은 기름이 될 것이며, 너의 뼈는 전차에 치여 부서진 가루가 될 것이다. 게다가 처자식도 무참히 처형을 당할 것이며, 종족들 또한 죽음을 면할 수 없을 것이다. ▶ 황소에 대한 위협 ②

(까마귀 떼처럼) 아무 규율도 통일도 없이 몰려 있는 무리

이러한 때를 당한 뒤에는 후회해도 소용이 없을 터이니, 너는 지금 너의 진퇴를 깊이 헤아려 결정하라. 내가 너를 위하여 너의 앞날을 점쳐 보건대 네가 나라를 배반하여 멸망하게 되는 것보다야 나라의 명령에 순종하여 영화로운 장래를 보장받는 것이 낫지 않겠느냐?

나아가고 물러남

내가 다만 바라는 바는 장사다운 기개로 과단성 있게 태도를 바꾸는 것이니, 어리석은 자의 집념에 얽매여 우물쭈물 의심만 하지 말기를 간곡히 바란다. ▶ 황소에 대한 회유 ②(본문)

일을 딱 잘라서 결정하는 성질

아무〔某〕는 알린다. ▶ 제도도통검교태위는 황소에게 고함(결말)

핵심 정리

- 갈래: 격문(檄文)
- 성격: 설득적, 위협적, 회유적
- 구성: '서두 – 본문 – 결말' 의 3단 구성

서두: 제도도통검교태위는 황소에게 고함	➡	본문: 황소의 죄상 폭로와 항복에의 권유	➡	결말: 제도도통검교태위는 황소에게 고함

- 제재: 황소의 반란
- 주제: 황소의 죄상을 폭로하고 항복을 회유함
- 특징: 협박과 회유의 방법을 사용하여 상대를 효과적으로 설득함
- 의의: 중국 문학과 한국 문학의 교섭 관계를 파악할 수 있는 좋은 자료임

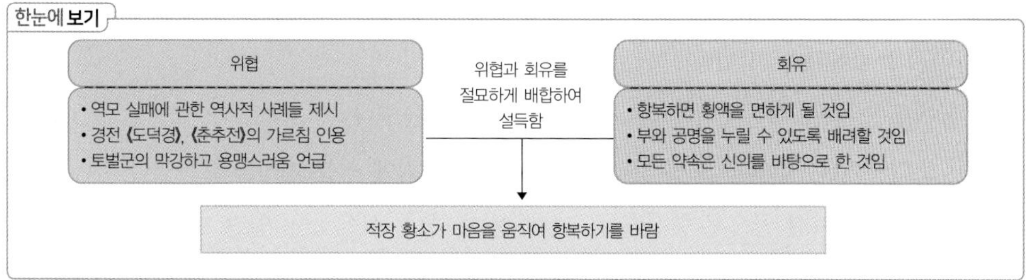

보충·심화 학습

- 격문(檄文)

널리 세상 사람들을 선동하거나 의분을 고취시키려고 쓴 글로, 격서(檄書) 또는 격(檄)이라고도 한다. 주로 여러 사람에게 급하게 알려야 할 내용이 있거나, 특별한 일로 군병을 모집해야 할 경우, 적군을 타이르거나 꾸짖기 위한 상황에서 발표하는 글이다. 을지문덕 장군의 〈적장 우중문(于仲文)에게 보내는 시〉도 격문의 일종이다.

필수 문제

01 이 글에서 글쓴이가 대상을 설득하기 위해 사용한 말하기 방식 두 가지를 쓰시오.

02 이 글에서 글쓴이가 황소에게 궁극적으로 말하고자 하는 바가 무엇인지 쓰시오.

21

누룩 국

국순전(麴醇傳) | 임춘

전국술(군물을 타지 아니한 진국의 술) 순

교과서 | 모의 기출

출제 포인트

술을 의인화하여 인간의 부정적 면모를 풍자하고 교훈을 주고 있는 가전체 문학으로, 이 글에서 '술'이라는 소재가 상징하는 바와 이 글을 지은 글쓴이의 의도를 파악해 보자.

감상 길잡이

이 글은 이규보의 저서 《동문선》에 실려 있는 가전체 소설로, 술(누룩)을 의인화하여 간사하고 타락한 벼슬아치를 풍자하고 있다. 도량과 인품을 갖춘 국순이 방탕한 군주에게 등용되었다가 세상을 어지럽히고는 은퇴해서 곧 죽었다는 내용으로, 술을 의인화하여 정사를 돌보지 않는 군주와 아부하는 신하를 비판하면서 술로 인한 폐해를 드러내고 있다. 이를 통해 당시의 어지러운 사회 정치를 풍자하고, 혼란스러운 시대에 군자가 취해야 할 올바른 처신을 강조한 것이다.

'술'을 의인화한 말로, 술의 재료인 누룩(麴)을 성으로 하고 술(醇)을 이름으로 함 / 진·한 시대 군(郡) 이름 / '보리'의 의인화

『국순(麴醇)의 자(字)는 자후(子厚)이니, 그 조상은 농서(隴西) 사람이다.』 90대조(代祖)인 모(牟)가 후직(后稷)을 도와 뭇 백성들을 먹인 공이 있었으니, 《시경(詩經)》에 이른바,

「 」: 전기(傳記)적 요소 / 본이름 외에 부르는 이름. 예전에 이름을 소중히 여겨 함부로 부르지 않았던 풍습이 있어서 흔히 장가든 뒤에 본이름 대신으로 불렀음 / 농사를 잘 다스린 주나라의 선조

"내게 밀 보리를 주다."

한 것이 그것이다. 모가 처음 숨어 살며 벼슬하지 않고 말하기를,

"나는 반드시 밭을 갈아 먹으리라."

벼슬을 하지 않고 밭을 갈면서 야인(野人)으로 살겠다는 의지의 표현

하며, 시골에서 살았다. 임금이 그 자손(子孫)이 있단 말을 듣고 조서(詔書)를 내려 안거(安車)로 부르며, 각 고을에 명하여 후한 예물을 보내라 하고, 아래 신하를 시켜 친히 그 집에 나아가, 드디어 절친한 교분(交分)을 맺고 빛에 화(和)하며 티끌과 같이 친하게 되니, 훈훈하게 찌는 기운이 점점 스며들어서 온자(醞藉)한 맛이 있으므로 기뻐서 말하기를,

임금의 명령을 일반에게 알릴 목적으로 적은 문서 / 앉아서 타는 수레 / 서로 사귄 정 / 발효하는 모습을 나타냄 / 마음이 너그럽고 따스한

"나를 이루어 주는 자는 벗이라 하더니, 과연 그 말이 옳구나."

하였다. 드디어 맑은 덕(德)으로써 알려지니, 위에서 그 집에 정문(旌門)을 표하였다. 임금을 따라가 원구(圓丘)에 제사한 공으로 중산후(中山侯)에 봉(封)하니, 식읍(食邑) 일만 호(一萬戶), 식실봉(食實封)은 오천 호(五千戶)요, 성(姓)을 국씨(麴氏)라 하였다. 5세손이 성왕(成王)을 도와 사직을 제 책임으로 삼아 얼큰한 태평성대(太平盛代)를 이루었고, 강왕(康王)이 위에 오르자 점차 박대를 받아 금고(禁錮)에 처하여져 고령(誥令)에 나타나게 되었다. 그러므로 후세에 나타난 자가 없고, 모두 민간에 숨어 살게 되었다.

천자가 동짓날에 하늘에 제사 지내던 곳 / 임금 / 충신·효자·열녀를 기리기 위해 나라에서 세워 주던 붉은 문 / 제주(祭酒: 제사에 쓰는 술)로 쓰였음 / 나라에서 공신에게 내려, 조세를 개인이 맡아 쓰게 한 영지(領地) / 식읍과 실봉. 실봉은 봉읍에서 바치는 조세를 실제로 받을 수 있는 식봉 / 나라 또는 조정을 이르는 말 / 당시에 음주가 성행했음을 의미함 / 금주령이 내려져 술을 못 마시게 됨 / 공식적 명령(포고령) / 금주령으로 인한 밀주 출현

▶ 국순의 선조와 집안 내력

위(魏)나라 초기에 이르러 순(醇)의 아비 주(酎)가 세상에 이름이 알려져, 상서랑(尙書郞) 서막(徐邈)과 더불어 서로 친하여 그를 조정에 끌어들여 말할 때마다 주에 대한 말이 입에서 떠나지 않자, 마침 어떤 사람이 위에 아뢰기를,

'진한 술'의 의인화 / 위나라의 지독한 애주가 / 진한 술을 조정에 가지고 들어가 늘 마셨다는 뜻 / 임금

"서막이 주와 함께 사사로이 사귀어 점점 난리의 계제(階梯)를 만들고 있습니다."

난리가 일어날 형편이나 기회

하므로, 위에서 노하여 막을 불러 힐문(詰問)하니, 막이 머리를 조아리며 사죄하기를,
트집을 잡아 따져 물음

"신이 주를 따르는 것은 그가 성인(聖人)의 덕이 있삽기에 수시로 그 덕을 마시었습니다."

하니, 위에서 그를 책망하였다. 그 후에 진(晋)이 선양(禪讓)을 받게 되자, 세상이 어지러울 줄을 알고 다시 벼슬할 뜻이 없어 유영(劉伶)·완적(阮籍)의 무리와 더불어 대숲에서 놀며 일생을 마쳤다.
임금의 자리를 물려받음
중국 진나라 때의 '죽림칠현(竹林七賢)' 들을 이름

▶ 국순의 아버지 주(酎)의 행적(도입)

『순은 기국과 도량(度量)이 크고 깊어,〈출렁대고 넘실거림이 만경(萬頃)의 물결과 같아 맑혀도 맑아지지 않고 뒤흔들어도 흐려지지 않으며,〉자못 기운을 사람에게 더해 주었다. 일찍이 섭법사(葉法師)에게 나아가 온종일 담론하였는데, 자리에 있던 사람 모두가 절도(絕倒)하게 되어, 드디어 유명해져 호(號)를 국 처사(麴處士)라 하였는데, 공경(公卿)·대부(大夫)·신선(神仙)·방사(方士) 들로부터 머슴·목동·오랑캐·외국 사람에 이르기까지 그 향기로운 이름을 맛보는 자는 모두 그를 흠모(欽慕)하였으며, 성대한 모임이 있을 때마다 순이 오지 아니하면 모두 다 서글퍼져, 말하기를,
사람의 재능과 도량
〈 〉: 술잔에 담긴 술의 모습 묘사
매우 맑은 상태
술기운
《태평광기》의 〈섭법선 설화〉에 나오는 인물
매우 취하여 몸을 가누지 못함
조용히 은거하여 사는 선비
높은 벼슬아치
신선의 술법을 닦는 사람
세상 사람들이 모두 술을 즐겨 마셨음

"국 처사가 없으면 즐겁지 않다."
화기애애한 분위기를 만들기 때문

하니, 그가 세상에서 사랑받음이 이와 같았다.』
「 」: 술의 속성과 작용에 대해 언급한 부분으로, 술이 사람들의 흥을 돋우고 분위기를 화기애애하게 만든다는 의미로 볼 수 있음

▶ 국순의 성품과 행적

태위(太尉) 산도(山濤)가 감식(鑒識)이 있었는데, 일찍이 그를 말하기를,
어떤 사물의 가치나 진위를 알아내는 식견
중국 진(晉)나라의 학자·정치가. 죽림칠현(竹林七賢)의 한 사람

"어떤 늙은 할미가 이런 갸륵한 아이를 낳았는고. 그러나 천하 백성들을 그르칠 자는 이 놈일 것이다."
반어법
국순이 간신이 될 것을 암시 – 술의 폐해를 말함

하였다. 공부(公府)에서 불러 청주 종사(靑州從事)를 삼았으나, 마땅한 벼슬자리가 아니므로 고쳐 평원 독우(平原督郵)를 시켰다. 얼마 뒤에 탄식하기를,
배꼽 밑까지 시원하게 넘어가는 좋은 술을 의미함
명치 위에 머물러 숨이 막히는 좋지 않은 술을 의미함

『"내가 쌀 닷 말 때문에 허리를 굽혀 향리(鄕里) 소아(小兒)에게 절하지 않으리니, 마땅히 술 단지와 도마 사이에 서서 담론할 뿐이로다."』
이야기를 주고받으며 논의함
「 」: 중국 동진의 시인인 도연명이 팽택 현령으로 있을 때 사찰 나온 상관에게 절할 수 없다면서 〈귀거래사〉를 짓고 사직(辭職)한 일을 인용한 것임

하였다. 그때 관상을 잘 보는 자가 있었는데 그에게 말하기를,
국순

"그대 얼굴이 자줏빛을 띠어, 뒤에 반드시 귀하게 되어 높은 벼슬을 누리게 될 것이니 마땅히 좋은 자리를 기다려 벼슬에 나아가라."

▶ 국순의 정계 진출에 대한 예언(전개 ①)

하였다. 진 후주(陳候主) 때에 양가(良家)의 아들로서 주객 원외랑(主客員外郞)을 받았는데, 위에서 그 기국을 보고 남달리 여겨 장차 크게 쓸 뜻이 있어, ❶ 금구(金甌)로 덮어 뽑아서 당장에 벼슬을 올려 광록 대부 예빈경(光祿大夫禮賓卿)으로 삼고, 벼슬을 올려 공(公)으로 하였다. 그리고 군신(君臣)의 회의에는 반드시 순을 시켜 짐작(斟酌)하게 하였는데, 그 진퇴(進退)와 수작(酬酌)이 조용히 뜻에 맞는지라, 위에서 깊이 받아들이고 이르기를,
지체가 좋은 집안
쇠나 금으로 만든 사발 또는 단지
임금
재상으로 임명하여
술을 따르게
술잔을 서로 주고받음

"경(卿)이야말로 이른바 곧음 그것이요, 맑음 그대로여서 내 마음을 열어 주고 내 마음을 질펀하

게 하는 자로다.” ▶ 국순의 정계 진출

하였다. 순이 권세를 얻고 일을 맡게 되자, 어진 이와 사귀고 손님을 대접함이며, 늙은이를 봉양하여 술 · 고기를 줌이며, 귀신에게 고사하고 종묘(宗廟)에 제사함을 모두 순이 주장하였다. 위에서 일찍이 밤에 잔치할 때도 오직 그와 궁인(宮人)만이 모실 수 있었고, 아무리 근신(近臣)이라도 참예하지 못하였다.『이로부터 위에서 곤드레만드레 취하여 정사를 폐하는데도, 순은 입에 자갈을 물린 듯 말을 하지 못하므로 예법(禮法)의 선비들은 그를 미워함이 원수 같았으나, 위에서 매양 그를 보호하였다.』순은 또 돈을 거둬들여 재산 모으기를 좋아하니, 시론(時論)이 그를 더럽게 여겼다. 위에서 묻기를,

액운은 없어지고 풍요와 행운이 오도록 집안에서 섬기는 신(神)에게 음식을 차려 놓고 비는 제사

제사를 지낼 때 제주(祭酒)로 쓰였음

임금을 가까이에서 모시던 신하

나아가 뵙지

잘못을 고치도록 간언하지 않음

「 」: 여기서 순(醇), 즉 술은 간신배들을 상징. 임금이 술을 가까이 하여 나랏일에는 신경 쓰지 않고 잔치만 벌이는 것을 의미함

여론

“경(卿)은 무슨 버릇이 있느냐.”

하니, 대답하기를,

“옛날에 두예(杜預)는 《좌전(左傳)》을 좋아하는 벽(癖)이 있었고, 왕제(王濟)는 말〔馬〕을 좋아하는 벽이 있었으며, 신(臣)은 돈을 좋아하는 벽이 있나이다.” ▶ 국순에 대한 왕의 총애와 국순의 전횡(전개 ②)

진대(晉代)의 학자. 정치가

버릇

춘추좌씨전. 공자의 《춘추》를 노나라 좌구명이 해설한 책

서진 때 학자

국순의 재물욕

하니, 위에서 크게 웃고 사랑함이 더욱 깊었다. 일찍이 임금님 앞에서 주대(奏對)할 때,『순이 본래 입에 냄새가 나므로 임금이 싫어하여 말하기를,

군주로서의 분별력을 잃음

임금의 물음에 대답하여 아룀

“경이 나이 늙고 기운이 없어 내 조정의 벼슬을 감당치 못하는가.”

하였다. 순이 드디어 관(冠)을 벗고 사죄하기를,』「 」: 물러날 시기를 몰라 벼슬을 오래 붙잡고 있다가 쫓겨나게 된 것을 풍자함

벼슬을 사퇴하고

“신이 벼슬을 받고 사양하지 않으면 마침내 망신할 염려가 있사오니, 제발 집으로 돌려보내 주시면, 족히 그 분수를 알겠나이다.”

하였다. 위에서 신하들에게 명하여 부축하여 나왔더니, 집에 돌아와 갑자기 병들어 하루 저녁에 죽었다. 아들은 없고, 족제(族弟) 청(淸)이, 뒤에 당(唐)나라에 벼슬하여 벼슬이 내공봉(內供奉)에 이르렀고, 자손이 다시 중국에서 번성하였다. ▶ 국순의 사직과 죽음(전개 ③)

친척 동생

임금을 호위하고 따르는 승관(僧官)의 직책

사신(史臣)은 이렇게 말하였다.

가전체의 전형적인 마무리 방식 – 글쓴이가 대상에 대해 논평을 함

『“국씨의 조상이 백성에게 공로가 있었고, 청백을 자손에게 물려주어 울창주(鬱鬯酒)가 주(周)나라에 있는 것과 같아 향기로운 덕(德)이 하느님에까지 이르렀으니, 가히 제 할아버지의 기풍이 있다 하겠다. 순이 하찮은 들병의 지혜(挈甁之智)로 항아리 창을 낸 가난한 집안에서 일어나 일찍 나라의 선발을 입어 조정에 서서 담론하면서도 가부(可否)를 아뢰지 아니하고, 왕실이 어지러워져도 붙들지 못하여 마침내 천하의 웃음거리가 되었으니, 산도(山濤)의 말이 족히 믿을 것이 있도다.”』「 」: 술에 빠져 국정에 소홀한 당대 문사들과 임금의 총애를 받으면서 분수를 지키지 못해 나라를 혼란스럽게 만든 간신배들을 풍자하고 있음

▶ 국순에 대한 사신(史臣)의 평가(논평)

모(牟)

튤립을 넣어서 빚은 향기 나는 술. 제사의 강신(降神)에 씀

술동이

백성을 먹여 살렸던 국순의 90대조인 모(牟)

작은 병에 들어갈 만한 정도의 작은 지혜

깨진 항아리의 입을 창으로 낼 정도로 가난한

옳고 그름

왕실을 올바로 보필해야 하는 신하의 도리를 다하지 못하여

국순이 간신이 될 것임을 말한 학자의 이름

핵심 구절 풀이

❶ 금구(金甌)로 덮어 뽑아서: '재상으로 임명하여'의 뜻이다. 당나라 현종이 재상을 선정한 뒤 그 이름을 책상 위에 써 놓고 금구(쇠나 금으로 만든 사발 또는 단지)로 가려 신하에게 맞히게 한 고사에서 유래한 것이다.

핵심 정리

- 갈래: 가전
- 성격: 풍자적, 교훈적, 우의적, 전기적(傳記的)
- 구성: '도입 – 전개 – 논평'의 3단 구성, 일대기적 구성, 순차적 구성, 전기적(傳記的) 구성

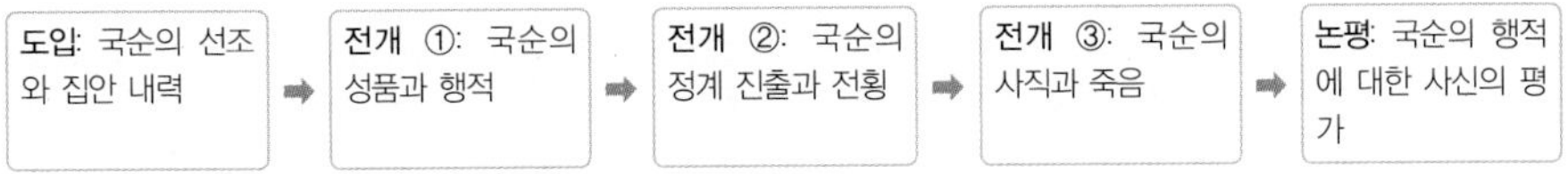

- 제재: 술
- 주제: ① 음주로 인한 타락과 패망 풍자 ② 간사하고 타락한 벼슬아치에 대한 풍자
- 특징: ① 술을 의인화하여 국사를 돌보지 않던 고려 의종과 그 주위의 간신들을 비판 · 풍자함
  ② 이규보의 〈국선생전〉에 영향을 줌
- 의의: 〈공방전〉과 함께 현전하는 가전체 문학의 효시(嚆矢)임
- 인물 분석
- 국순: 술(누룩). 사람됨의 그릇이 크고 깊어 임금에게 신임을 얻고 국가 중대사에도 참여하였으나, 뒷날 왕의 마음을 혼탁하게 하고 돈을 거둬 재산 모으기를 좋아하여 지탄을 받는 부정적인 인물

한눈에 **보기**

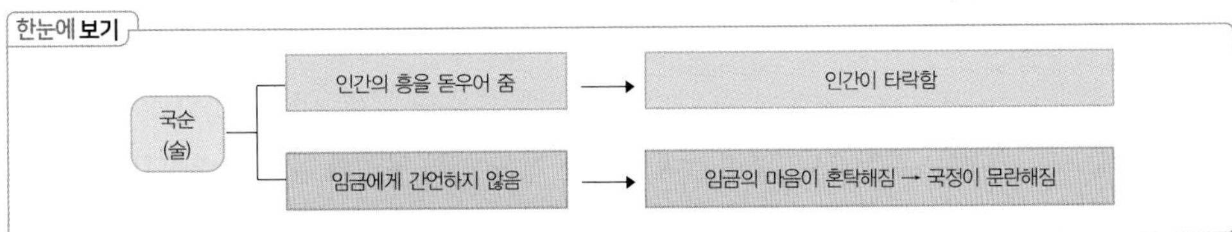

보충·심화 학습

- 〈국순전〉과 〈국선생전〉의 비교

이 글은 이규보의 〈국선생전〉에 영향을 주었는데, 두 작품 모두 '술'을 의인화하고 있다는 점이 공통점이다. 또한, 관련 인물과 지명, 서술 방식 등에서 유사성이 발견된다. 그러나 사건 구조와 인물형에 있어서는 상당한 차이점이 있다. 〈국순전〉에서 술은 인간을 타락시키고, 임금의 마음을 혼탁하게 하여 국정을 문란하게 하는 부정적인 인물로 그려지고 있으나, 〈국선생전〉에서는 도량이 매우 크고 아량이 있어 임금의 마음을 위로하고 나아가고 물러갈 때를 알아 처신하는 긍정적인 인물로 그려지고 있다.

필수 문제

01 이 글에서 가전체의 전형적인 마무리 방식으로, 대상에 대한 평이 시작되는 부분의 첫 문장을 찾아 쓰시오.

02 이 글에서 국순은 '술'을 의인화한 것이다. 글쓴이가 인간과 술의 관계에 대응하여 보여 주고자 한 바가 무엇인지 쓰시오.('~와/과 ~의 관계'의 형식으로 쓸 것)

03 [서술형] 이 글의 글쓴이가 '술'이라는 제재를 통해 드러내고자 한 바는 무엇인지 서술하시오.

22 공방전(孔方傳) | 임춘

교과서 EBS

출제 포인트

돈을 의인화하여 재물을 욕심내는 세태와 돈의 폐단을 지적하고 있는 가전으로, 가전 문학으로서의 특징과 이 글을 지은 글쓴이의 의도에 주목하여 살펴보자.

감상 길잡이

이 글은 〈국순전〉과 함께 우리나라 문헌상 최초의 가전체로 평가되는 작품으로, 고려 무신 집권기에 임춘이 돈(엽전)을 의인화하여 인간 세태를 풍자한 의인체 문학, 풍자 문학의 원류이다. 이 글은 난세를 만나 참담한 가난 속에서 일찍 죽고 만 임춘의 돈에 대한 비판적 인식을 보여 주는 가전으로, 돈 때문에 생긴 인간의 타락성을 역사적으로 살피고, 돈(공방)의 존재가 삶의 문제를 그릇되게 하므로 후환을 막으려면 그를 없애야 한다고 이야기하고 있다.

공방(孔方)[밖은 둥글고 안에는 네모난 구멍이 있는 엽전]의 자(字)는 관지(貫之)['꿰미: 물건을 꿰는 데 쓰는 끈이나 꼬챙이 따위'를 뜻함]이니, 그 조상이 일찍이 수양산(首陽山)에 숨어 굴속에서 살았기에 세상에 쓰인 적이 없었다. 처음 황제(黃帝)[헌원씨 – 중국 전설상의 제왕] 시절에 조금 쓰이기도 했으나 성질이 굳세어 세상 일에 그리 잘 적응하지 못하였었다[돈이 널리 사용되지 않았음]. 임금이 쇠붙이를 맡은 사람을 불러 보이니, 그가 한참 동안 들여다보고 말하기를,

"산과 들처럼 거센 성질이라 쓸 만하지는 못하오나, 만일 폐하가 「만물을 조화하는 풀무와 망치 사이에 놀게 하여 때를 긁고 빛을 갈면 그 자질이 마땅히 점점 드러나리이다.」[「 」: 돈의 제조 과정] 「임금 된 이는 무엇이나 쓸모가 있게 하는 분이오니, 바라건대 폐하는 저 단단한 구리와 함께 내버리지 마옵소서."」[「 」: 돈을 유통시키면 유용함이 있을 것임]

하였다. 이로 말미암아 세상에 그의 이름이 나타났다[세상에 돈이 유통되기 시작함]. 뒤에 난리를 피하여 강가의 숯화로 거리로 이사하여 거기서 눌러살게 되었다.

▶ 공방의 출현 배경

그의 아버지 천(泉)[중국 신나라 때의 엽전]은 주(周)나라의 재상으로 나라의 세금 매기는 일을 맡았었다. 「방의 위인이 밖은 둥글고 안은 모나며, 때에 따라 그에 맞게 변하기를 잘하여」[「 」: ① 돈의 모양 ② 돈의 이중성(긍정적, 부정적 측면)] 한(漢)나라에서 벼슬하여 홍로경(鴻臚卿)[외국 손님을 접대하는 벼슬명]이 되었다. 그때에 오(吳)나라 왕 비(濞)가 교만하고 주제넘어 권세를 부렸는데, 방이 그에게 붙어 많은 이익을 얻었다.

무제(武帝) 때에 천하의 경제가 궁핍하여 나라의 창고가 텅 비었으므로 위[임금]에서 걱정하여 방에게 부민후(富民侯)[백성을 풍요롭게 하는 벼슬]라는 벼슬을 주어 그의 무리인 염철승(鹽鐵丞)[국가가 전매하는 소금과 철을 담당하는 벼슬] 근(僅)과 함께 조정에 있었는데, 근이 매양 공방을 형님이라 하고 이름을 부르지 않았다[공방을 존경했기 때문에].

▶ 공방의 생김새와 정계 진출

방은 성질이 욕심 많고 더러워 염치가 없었는데[돈에 욕심을 부리는 사람에 대해 우의적으로 비판함], 이제 재물과 씀씀이를 도맡게 되니 본전과 이자의 경중을 저울질하기 좋아하였다[이재에 능함]. 나라를 편안하게 하는 것이 반드시 질그릇이나 쇠그릇을 만드는 생산의 기술에만 있는 것이 아니라고 하면서 「백성과 더불어 사소한 이익조차도 다투었다. 그런가 하면 물건값을 낮추어 곡식을 천하게 만드는 대신 돈을 중하게 만들어 백성으로 하여

금 근본인 농사를 버리고 끄트머리인 장사를 좇게 하여 농사를 방해했다.」 임금께 아뢰는 사람들이 많이 상소하여 논했으나 위에서 듣지 않았다.

농업 / 상업 / 「」: 돈으로 인한 폐해(생산을 방해) – 돈에 대한 글쓴이의 부정적인 인식(유학자의 입장) / 임금

▶ 공방의 품성과 폐해

「방은 또 재치 있게 권세와 부귀를 잘 섬겨 그쪽에 드나들며 권세를 부리는가 하면, 벼슬을 팔아서 올리고 내침이 그 손바닥에 있으므로 많은 벼슬아치들이 절개를 굽혀 섬겼다. 그리하여 곡식을 쌓고 뇌물을 거둔 문서와 증서가 산 같아 이루 셀 수가 없었다.」

호가호위(狐假虎威) / 매관매직(賣官賣職) / 「」: 돈과 권력이 합쳐져 사회가 문란해졌음을 풍자

「그는 사람을 접하고 인물을 대함에도 어질고 어리석음을 묻지 않고, 비록 저잣거리 사람이라도 재물만 많이 가진 자면 다 함께 사귀고 통하였다. 때로는 혹 거리의 못된 젊은이들과 어울려 바둑과 투전을 일삼고 뒤섞이기 좋아하므로」 그때 사람들이 말하기를,

이해관계에 따라 사람을 사귐 / 돈치기 / 돈이 널리 유통됨을 의미함 / 「」: 공방의 속물적 근성이 드러남 – 인품보다는 돈이 가치 평가의 기준이 된 세태 풍자

"공방의 말 한마디면 무게가 황금 백 근만 하다."

공방의 위세나 권세가 매우 높게 되었음 – 무소불위(無所不爲)의 권력

하였다.

▶ 공방의 권세와 축재

원제(元帝)가 왕위에 오르자 공우(貢禹)가 상서(上書)하여 아뢰기를,

중국 전한의 황제 / 한나라 때 청렴 · 정직했던 벼슬아치 / 신하가 임금에게 글을 올리던 일. 또는 그 글

「"방이 오랫동안 힘든 일을 맡아보면서 농사의 근본을 알지 못하고 한갓 장사치의 이익만을 일으켜 나라를 좀먹고 백성을 해하여 공사가 다 곤궁하오며, 더구나 뇌물과 청탁이 낭자하고 버젓이 행해지니, 무릇 짊어지고 타게 되면 도둑이 된다고 한 것은 옛날의 분명한 경계이니, 청컨대 그를 면직하여 욕심 많고 더러운 자를 징계하옵소서."」

《주역》의 내용 / 재물과 벼슬을 얻게 되면 / 옳지 않은 일이나 잘못된 일들을 하지 않도록 타일러서 주의하게 함 / 「」: 재물욕으로 농사를 등한시하고 뇌물과 매관매직을 일삼던 세태 비판 – 돈의 유통을 막아야 함

하였다.

그때에 집정자 중에는 경제 문제를 잘 아는 이가 있었다. 「그는 변방을 막는 정책을 세우려 했는데 군비가 부족하였다. 이에 방이 한 일을 미워하는 자들이 그를 위해 말을 거들었다.」 위에서 그 사뢰을 들어 방이 드디어 쫓겨나게 되었다.

정권을 잡고 있는 사람 / 중심지에서 멀리 떨어진 가장자리 지역 / 「」: 군비 부족의 원인이 공방이 백성들을 장사에 정신을 팔게 해 농사를 짓지 않게 했기 때문이라고 봄

방이 아랫사람들에게 하는 말이,

"내가 얼마 전에 임금님을 뵙고 혼자 천하의 정치를 도맡아 보아 장차 나라의 경제와 백성의 재물을 넉넉하게 하고자 하였더니, 이제 하찮은 죄로 내버림을 당하게 되었지만, 나아가 쓰이거나 쫓겨나 버림을 받거나 나로서는 더하고 손해날 것이 없다. 다행히 나의 남은 목숨이 실오라기처럼 끊어지지 않고, 진실로 주머니 속에 감추어 말없이 내 몸을 성하게 지녔다. 가서 뜬 마름과 같은 자취로 곧장 「강가로 돌아가 낚싯줄을 드리워 고기나 낚아 술을 사며, 뱃길로 돈을 번 사람들과 더불어 술 실은 배에 둥실 떠 마시면서 한평생을 마치면 그만이다.」 비록 천종(千鍾)의 녹(祿)과 오정(五鼎)의 밥인들 내 어찌 그것을 부러워하여 이와 바꾸랴. 그러나 나의 술(術)이 아무래도 오래면 다시 일어나리로다."

자신의 죄를 사소하게 여김. 몰염치한 성격 / 공방이 쫓겨남 / 마름과 한해살이풀 / 「」: 유유자적하며 살겠음 / 많은 봉급과 다섯 솥의 밥 = 매우 부유함 / 계책 / 돈이 다시 쓰이게 될 가능성이 있음을 암시

▶ 공방의 퇴출

하였다.

중략 부분 줄거리 | 당나라가 일어나 국가의 재정이 부족해지자 공방을 다시 쓰려 하였으나 공방은 이미 죽은 뒤였다. 그리하여 그의 제자들이 기용되지만 송나라 때 다시 공방의 무리들은 세력을 잃고, 공방의 아들 윤은 불법으로 물건을 얻은 죄가 드러나 사형된다.

「사신(史臣)이 말하기를,」 「 」: 가전의 특징 – 사신의 평이 붙어 있음

사신(史臣): 글쓴이의 목소리를 대변하는 인물

「"남의 신하가 되어 두 마음을 품고 큰 이익을 좇는 자를 어찌 충성스러운 사람이라 이르겠는가. 방이 올바른 법과 좋은 주인을 만나 정신을 모으고 마음을 도사려 정녕(丁寧)한 약속을 손에 잡아 그다지 적지 않은 사랑을 받았으니, 마땅히 이익을 일으키고 해를 덜어 그 은우(恩遇)를 갚을 것이거늘, 비(濞)를 도와 권세를 부리고 이에 사사로운 당(黨)을 세웠으니, 충신은 경외(境外)의 사귐이 없다는 것에 어그러진 자이다."」

정녕(丁寧)한: 대하는 태도가 친절한. 충고하거나 알리는 태도가 간곡한

은우(恩遇): 은혜로 대우함. 또는 그런 대우

경외(境外): 일정한 경계의 밖

▶ 공방에 대한 사신의 평가

「 」: 돈에 대한 글쓴이의 부정적인 인식 – 돈의 폐해를 지적하면서 돈을 없애야 한다고 주장함

하였다.

핵심 정리

- 갈래: 가전
- 성격: 풍자적, 교훈적, 비판적, 우의적
- 구성: '도입 – 전개 – 논평'의 3단 구성, 일대기적 구성, 순차적 구성, 전기적 구성

도입: 공방의 내력과 가계 ➡ **전개**: 공방의 행적과 몰락 ➡ **논평**: 공방의 행적에 대한 비판

- 제재: 돈
- 주제: 돈이 우선시되는 세태에 대한 비판과 재물욕에 대한 경계
- 특징: ① 돈을 의인화하여 그 일생을 전기(傳記) 형식으로 서술함 ② 돈의 폐해에 대한 글쓴이의 비판적 인식이 드러남
- 의의: ① 〈국순전〉과 함께 우리나라 문헌상의 최초의 가전 작품임
  ② 돈의 문제를 본격적으로 다룬 우리나라 최초의 문학 작품임

한눈에 **보기**

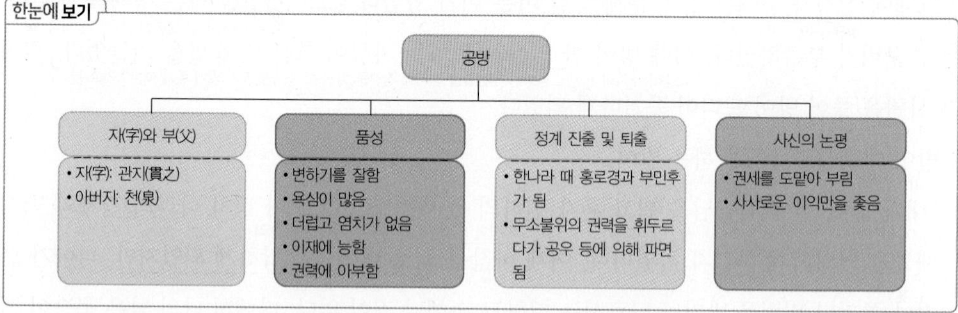

필수 문제

01 이 글에서 공방의 성격이 이중적임을 드러내는 부분을 찾아 쓰시오.

02 이 글에서 글쓴이를 대변하는 인물의 목소리가 직접적으로 드러난 부분을 찾아 앞부분의 2어절을 쓰시오.

23 죽부인전(竹夫人傳) | 이곡

대오리로 길고 둥글게 얼기설기 엮어 만든 기구. 여름밤에 서늘한 기운이 돌게 하기 위하여 끼고 잠

필수

출제 포인트

죽부인을 절개 굳은 부인으로 나타내 이상적 여인상을 제시한 가전으로, 인물의 특징에 주목하여 살펴보자.

감상 길잡이

이 글은 '죽부인(대나무)'을 현숙한 여인의 모습으로 제시하면서 여성의 정절에 대해 서술한 교훈적 가전체 작품이다. 지조의 상징인 죽부인을 이상적인 여인상으로 내세워 음란하고 타락한 당시의 세태에 경종을 울리려는 목적에서 지어진 것으로, 유교적 가치관인 '열(烈)'을 주제로 한 작품의 원류라 할 수 있다. 죽부인의 가계(家系)를 들어 조상의 훌륭함과 후손의 뛰어남에 대해 말하고 있는 부분은 고대 소설에서 출생의 미화(美化)와 같은 성격으로 이해할 수 있다. 이 글은 당시의 문란한 사회상을 우회적인 수법으로 풍자 · 비판하고, 대상이 되는 사물에 얽힌 고사를 여럿 도입하여 현학적 분위기를 연출한 것이 특징이다.

고려 시대

부인의 성은 죽(竹)이요, 이름은 빙(憑)이다. 위빈(渭濱) 사람 운(篔)의 딸이다. 그의 가계는 창랑씨(蒼筤氏)로부터 시작한다. 조상이 음률을 잘 해득하였으므로, 황제(黃帝)가 그를 뽑아서 음악의 일을 맡아 다스리게 했다. 우(虞)나라 때의 소(簫) 역시 그 후손이다.

(빙: 기댈 빙 / 위빈 사람: '대'가 유명한 지방 / 운: 대나무 중에서 가장 큰 것. 왕대 / 창랑씨: 작은 대나무 / 음률: 소리와 음악의 가락 / 해득: 뜻을 깨쳐 앎 / 소: 퉁소)

▶ 도입: 죽부인의 성명(姓名)과 가계(家系)

처음 창랑은 곤륜산(崑崙山) 남으로부터 동으로 옮겨 와서, 복희씨(伏犧氏) 때에 위씨(韋氏)와 함께 문적(文籍)에 관한 일을 보아 큰 공을 세웠다. 그래서 자손 대대로 모두 사관(史官)의 자리를 맡아 왔다. 진(秦)나라는 포악한 정사를 하였다. 이사(李斯)의 계략을 받아들여『모든 책들을 불사르며 선비들을 묻어 죽였다.』이렇게 되자 창랑의 자손들은 점점 한미(寒微)해졌다. 한(漢)나라 때는 채륜(蔡倫)의 문객 저생(楮生)이 글을 배워, 붓을 가지고 때때로 죽씨와 함께 놀았다. 그러나 그 위인이 경박해서 남 헐뜯기를 좋아했다. 죽씨의 그 강직한 모습을 싫어하여 몰래 헐뜯다가 마침내 죽씨의 소임까지 빼앗아 갔다.

(곤륜산: 중국 전설 속의 높은 산 / 복희씨: 중국 고대 전설상의 제왕 / 위씨: 책을 맨 가죽끈 / 문적: 책(冊) / 자손 대대로 모두 사관의 자리를 맡아 왔다: 종이를 쓰기 이전에는 '대'의 조각을 가죽으로 엮어서 사용하던 죽간(竹簡)이 사용되었음을 뜻함 / 이사: 진나라의 정치가 / 한미: 가난하고 지체가 변변하지 못해졌다 / 『 』: 분서갱유(焚書坑儒) / 창랑의 자손들은 점점 한미해졌다: 글을 기록하는 데에 대나무가 점점 쓰이지 않게 되었음을 의미함 / 채륜: 후한 때 사람으로, 최초로 종이를 발명함 / 저생: 종이 / 죽씨의 소임: 종이가 발명되기 전의 죽간(竹簡)의 구실 / 소임까지 빼앗아 갔다: 종이의 발명으로 더 이상 대나무에 역사를 기록하지 않게 되었음을 의미함)

▶ '죽'의 성쇠

주(周)나라 때는 간(竿)이 있었으니, 또한 역시 죽씨의 후손이다. 태공망(강태공)과 더불어 위수가에서 낚시질을 하고 있는데 태공이 갈퀴를 만들었다. 간(竿)이,

"내가 들으니 훌륭한 낚시꾼은 갈퀴를 만들지 않는다고 합니다. 낚시꾼의 크고 작음은 곡직(曲直)에 있으니, 곧은 것은 나라를 낚을 것이요, 굽은 것은 고기를 얻는 데 불과할 것입니다."

라고 했다. 태공이 그의 말을 좇아 뒤에 과연 문왕의 스승이 되어 제(齊)에 봉해졌고, 간의 어짊을 천거하여 위수가에 식읍을 마련해 주니 이것이 죽씨가 위수가에 살게 된 유래이다.

(간: 대의 줄기. 낚싯대 / 갈퀴: 대나 철사를 부챗살 모양으로 엮어 만든 기구 / 식읍: 공신에게 내리던 토지 / 문왕: 주나라 무왕의 아버지 / 간의 어짊을 천거하여 위수가에: 위수가에서 대나무를 이용하여 낚시를 하게 되었음을 의미함)

▶ 죽씨의 후손 간(竿)과 태공망의 예화

중략 부분 줄거리 | 지금도 죽씨의 자손은 수없이 많다. 이를테면 임, 어, 군, 정이 그것이다. 그 자손 중에서 양주(楊州)로 옮겨간 자들이 있다. 이들을 조, 탕이라 하며 또 오랑캐 땅으로 들어간 자는 봉이라 한다.

죽씨의 자손에 당이란 사람이 있었다. 그는 형과 함께 욕심 없이 살았다. 특히 왕자유(王子猷)와 친하게 지냈다. 어느 날 자유는 다음과 같이 말하였다.

(당: 운(篔)과 같은 왕대(운=당) / 왕자유: 진나라 서예가 왕희지의 다섯째 아들)

"하루도 그대 없이는 살 수 없소."
하루라도 붓글씨를 쓰지 않고는 살 수 없음을 의미함

이로부터 그의 호를 차군(此君)이라 부르기 시작했다. 자유는 단정한 사람으로서 벗을 사귀는데도 반드시 단정한 사람과 사귀었다. 그러므로 그(당)의 사람됨을 알 만하다.

▶ 죽씨의 후손 '당'과 '왕자유'의 예화

당이 익모(益母)(익모초)의 딸과 결혼하여 딸 하나 낳으니 곧 죽부인(竹夫人)이다. 죽부인이 처녀 때에는 정숙한 자태가 있었다. 이웃에 의남(宜男)이란 자가 있었는데 음탕한 노래를 지어 떠보니 부인이 노하여,

구성상 모순되는 부분임

"남녀가 비록 다르나 그 절개는 한가지인데, 한 사람에게 꺾였다면 어찌 다시 세상에서 있겠는가?"

라고 하자 의생은 부끄러워 달아났다. 그러니 어찌 초동(땔나무를 하는 아이 – 속된 무리를 의미함)이 넘볼 수 있었으랴?

▶ 전개: 죽부인의 품행 ① – 절개

다 성장하자 송(松)대부(소나무)가 예로써 청혼하니, 부모가

"송공은 군자이다. 평소의 지조가 우리 집과 서로 짝을 이룬다(절개를 상징하는 '송죽(松竹)'에서 연유)고 할 수 있다."

라고 하며 마침내 시집보냈다.

부인의 성질이 날로 곧고 두터워지니, 혹시 어떤 일에 당하여 분별할 때는 빠름이 마치 칼날로 쪼개는 것(대쪽)과 같으며, 비록 매선(梅仙)(매화)의 믿음이나 이씨(李氏)(오얏(자두))의 말없음도 일찍이 한 번도 돌아보지 않았으니, 하물며 귤로(橘老)(늙은 귤)나 행자(杏子)(살구)에 있어서랴. 혹 안개 낀 아침이나 달 밝은 저녁이 되어 바람을 읊고 비를 노래할 때(풍류를 즐김)에는 그 말쑥한 자태(고상함)를 무엇으로 형용하기 어려워 호사가(好事家)(일을 벌이기를 좋아하는 사람)들이 슬그머니 그 얼굴을 그려 전하면서 보배로 삼으니, 문여가(文與可)(문동)나 소자첨(蘇子瞻)(소식, 소동파 – 북송 때 시인) 같은 이들이 더욱 그것을 좋아했다.

▶ 죽부인의 품행 ② – 명철, 신의, 고상함

송공은 부인보다 나이가 18세 위인데, ❶ 늦게 신선의 학술을 배워 곡성산에 노닐다가 돌로 변하여 돌아오지 못했다.(죽부인이 남편과 사별하게 됨) 부인이 홀로 살면서 이따금 위풍(《시경》에 실린 시가 형식. 사랑 이야기임)으로 노래하였는데 그 마음이 절로 흔들려 지탱할 수 없었다. 그러나 ❷ 성품이 술 마시기를 좋아하여, 역사에 전하지 않지만 오월 열사흗날 청분산(분죽(盆竹)을 의미)으로 집을 옮겼다. 술에 고갈병(목이 마르는 병)을 얻어 드디어 고치지 못하게 되었다. 병을 얻은 뒤로는 사람을 의지하여 살았고, 나이가 들면서 절개가 더욱 굳어져(만절(晚節)) 마을에서 칭찬이 자자했다. 삼방의 절도사 유균(화살대. 전죽(箭竹))이 부인과 동성(同姓)(같은 성(姓))이라 하여 행장(죽은 사람이 평생 살아온 일을 적은 글)을 남겨 그것이 상(임금)에게 알려져 절부(節婦)(절개가 굳은 부인)의 칭호를 내렸다.

▶ 죽부인의 품행 ③ – 음주, 절부(節婦)

사씨(史氏) 왈
가전의 특징 – 글쓴이의 논평

"죽씨의 조상이 크게 윗대에서 공이 있었고, 그 후예들은 다 재능이 있었고, 절개로 세상에 맞서 세상 사람들이 칭송하였으니, 부인이 어진 것은 마땅한 일이다. 아아, 이미 군자(소나무)를 짝하여

그 사람에게 위탁하고서도 마침내 후사(後嗣)가 없었으니 천도(天道)가 무지하다 함이 어찌 헛말이라 하겠는가?"

후사: 대를 잇는 자식 / 천도: 하늘이 낸 도리나 법

▶ 논평: 죽부인에 대한 사씨(史氏)의 평

핵심 구절 풀이

❶ **늦게 신선의 ~ 돌아오지 못했다.**: 장양(장자방)이 유방을 위해 모책(謀策)을 내놓아 한(漢)제국 통일과 건설에 큰 역할을 한 후, 황석공에게서 태공망(太公望)의 병서(兵書)를 얻어 도가(道家)의 선술을 익히기 위해 은거했다는 고사를 인용한 것이다.

❷ **성품이 술 마시기를 ~ 집을 옮겼다.**: 5월 13일은 '죽취일(竹醉日)'이라 하여 이날 '대'를 옮겨 심으면 '대'가 잘 된다고 하는 고사에서 유래한 것이다.

핵심 정리

- 갈래: 가전
- 성격: 우의적, 풍자적, 교훈적, 유교적
- 구성: '도입 – 전개 – 논평'의 3단 구성, 일대기적 구성, 순차적 구성, 전기적(傳記的) 구성

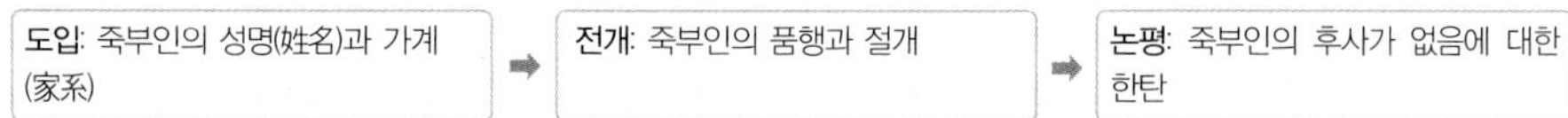

- 제재: 대나무
- 주제: 열녀의 표상으로서의 죽부인의 절개
- 특징: ① 문란한 당시의 사회상을 우회적인 수법으로 풍자, 비판함
  ② 대에 얽힌 고사를 많이 도입하여 현학적인 분위기를 드러냄
- 의의: ① 죽부인의 가계(家系)가 훌륭함을 서술한 것은 후대 고전 소설에서 주인공의 출생을 미화하는 수법과 유사함
  ② 유교적 가치관인 '열(烈)'을 주제로 한 작품의 원류임
- 인물 분석
- 죽부인: 대나무. 훌륭한 가계의 혈통을 이어받아 품행이 바르고 지조와 절개가 있음. 당시 유교 사회의 이상적인 여성상임

한눈에 보기

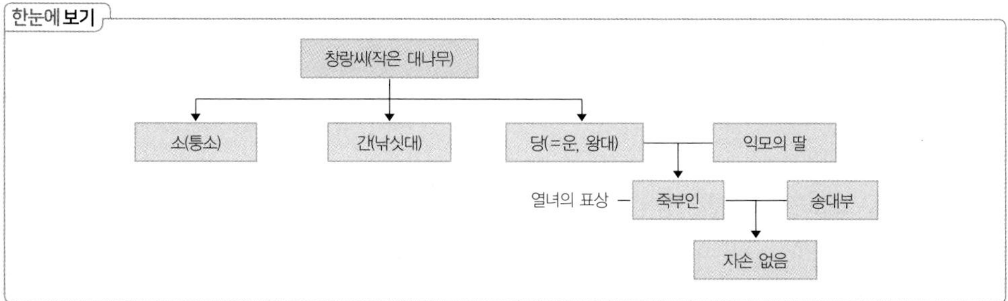

보충·심화 학습

- 가전 문학의 성격

가전(假傳)은 사물을 의인화하여 그 가계(家系)와 성품, 생애 등을 전기(傳記) 형식으로 서술하며 계세징인(戒世懲人: 세상 사람들에게 경계심을 일깨우고 악한 사람들을 징벌함)을 목적으로 하므로, 교훈성 · 서사성 · 우의성(寓意性)을 띤다.

필수 문제

01 이 글에 제시된 죽부인의 선조들을 모두 찾아 쓰시오.

02 글쓴이가 죽부인을 통해 제시하고자 하는 인물형은 무엇인지 이 글에서 찾아 2음절로 쓰시오.

24 저생전(楮生傳) | 이첨

필수

출제 포인트

종이를 의인화하여 임금을 가까이서 모시는 신하와 정치인의 올바른 태도에 대해 이야기하고 있는 가전으로, 글쓴이가 궁극적으로 나타내고자 한 바람직한 선비상에 대해 파악해 보자.

감상 길잡이

이 글은 고려 말과 조선 초의 문장가인 이첨이 종이(저생)를 의인화하여 지은 가전체 작품이다. 이 글에 드러난 저생의 생애는 작가 이첨의 실제 생활과 유사한데, 이는 이첨이 교묘하게 자신의 이야기를 저생의 일생에 빗대어 이야기하고 있는 것이라고 볼 수 있다. 이 글에는 임금을 가까이 모시는 신하와 정치하는 사람들을 풍간하며 위정자들에게 올바른 정치를 권유하는 교훈이 담겨 있어 당시의 부패한 선비에게 경종을 울리기도 했다.

「생(生)의 성은 저(楮)인데, 저란 닥나무로 종이의 원료이다. 그의 이름은 백(白)이며, 희다는 뜻이다. 자는 무점(無點)으로 아무런 티가 없어 깨끗하다는 말이다. 그는 회계(會稽) 사람으로 한(漢)나라 채륜(蔡倫)의 후손이다.」 「 」: 저생의 내력

(생: '젊은 사람'의 뜻을 더하는 접미사 / 楮: 닥나무 저 / 종이: 한지 / 회계: 최초 종이의 생산지 / 채륜: 종이의 발명자)

생은 태어날 때 난초탕에 목욕을 하고, 흰 구슬을 희롱하고 흰 띠로 꾸렸기 때문에 그 모양이 깨끗하고 희었다. 그의 아우는 모두 19명이나 된다. 이들은 저생과 같은 어머니에게서 태어났다. 이들은 서로 화목하고 사이가 좋아서 잠시도 서로 떨어지는 법이 없었다. ▶ 저생의 가계 소개

(난초탕에 ~ 꾸렸기 때문에: 종이를 만드는 과정 / 그의 아우는 모두 19명이나 된다: 20장이 한지 1권이기 때문에 / 같은 어머니: 같은 재료 / 서로 화목하고 ~ 없었다: 묶어서 판매하기 때문에)

이들은 원래 성질이 정결하고 무인(武人)을 좋아하지 않아, 언제나 문사(文士)들만 사귀어 놀았다. 그중에서도 중산(中山) 모 학사(毛學士)가 가까운 친구인데, 모 학사란 곧 붓을 가리킨다. 저생과 모 학사는 마냥 친하게 놀아서 혹시 모 학사가 저생의 얼굴에 먹칠을 하고 더럽혀도 씻지 않고 그대로 있었다.

(사귀어 놀았다: 주로 사용하였다 / 중산: 좋은 품질의 붓이 생산되는 중국 지명 / 얼굴에 먹칠을 하고 더럽혀도: 종이 위에 글이나 그림을 그리는 것을 비유함)

저생은 학문으로 말하면 천지음양(天地陰陽)의 이치를 널리 통하고, 성현(聖賢)과 명수(命數)에 대한 학문의 근원까지도 모르는 것이 없었다. 심지어 제자백가(諸子百家)의 글과 이단(異端)의 불교에 이르기까지 모조리 써서 보고 연구하였다.

(성현: 성인(聖人)과 현인(賢人) / 명수: 운명과 재수 / 제자백가: 춘추 전국 시대의 여러 학파. 유가(儒家)인 공자 · 맹자 · 순자, 도가(道家)인 노자 · 장자 등 / 이단: 전통이나 권위에 반항하는 주장이나 이론)

한(漢)나라에서 선비를 뽑는데 책(策)을 지어 재주를 시험했다. 이때 저생은 방정과(方正科)에 응시하여 임금께 말하였다.

(책: 과거 시험 과목의 한 가지. 정치에 대한 계책을 묻는 시험 / 방정과: 한나라의 과거 종류)

「"옛날이나 지금의 글은 대개 댓조각을 엮어서 쓰기도 하고, 흰 비단에 쓰기도 합니다. 그러나 이것은 모두 다 불편하기 짝이 없습니다. 신은 비록 두텁지는 못하오나 진심으로 댓조각이나 비단을 대신하려 하옵니다. 저를 써 보시다가 만일 효력이 없으시거든 신의 몸에 먹칠을 하시옵소서."

(댓조각, 흰 비단: 종이를 대신한 사물)

이 말을 듣고 화제(和帝)는 사람을 시켜 시험해 보라 했다. 시험해 보니 그의 말대로 과연 편리

(화제: 후한의 4대 황제)

하여 전혀 댓조각이나 비단을 쓸 필요가 없었다. 이에 저생을 포상하여 저국공(楮國公) 백주 자사(白州刺史)의 벼슬에 임명하였다. 그리고 만자군을 통솔케 하고 봉읍으로 그의 씨(氏)를 삼았다.』

「 」: 기록 문서를 댓조각이나 흰 비단에서 종이로 전환하게 되었음
종이가 본격적으로 사용됨 / 종이 위에 많은 글씨가 있음을 군대에 비유함 / 제후로 봉하여 준 땅

저생은 마침내 오래 사는 술법을 배워, 비나 바람이 그 몸에 침입하지 못하고 좀이 먹어 들어가지 못하게 했다. 항상 7일이면 양기(陽氣)를 빨아들이고 먼지를 털며, 입을 옷을 볕에 쬐면서 조용히 거처하고 있었다.

종이를 오래 보관하는 방법

그 뒤에 진(晋)나라 좌태충(左太沖)이 〈성도부(城都賦)〉를 지은 일이 있었다. 그런데 저생이 그 글을 한 번 보더니 이내 외워 버리는 것이었다. 사람들은 그가 외우는 대로 다투어 베껴 썼으나, 그것은 풍류를 아는 선비나 알 수 있는 글이었다.

중국 진나라 때 시인

뒤에 와서는 왕우군(王右軍)의 필적을 본받아서 해자(楷子)로 쓴 글씨가 천하에서 제일 묘했다. 그는 다시 양(梁)나라 태자 통(統)을 섬겨 함께 《고문선(古文選)》을 편찬하여 세상에 전했다. 또 임금의 명령을 받고 위수(魏收)와 함께 국사를 편찬하기도 했다. 하지만 위수가 칭찬하고 깎아 내리는 것을 공정하게 하지 못한 까닭에 후세 사람들은 이 역사서를 예사(穢史)라고 했다. 이에 저생은 자진하여 사직하고 소작(蘇綽)과 함께 장부나 기록하겠다고 청했다. 임금이 이를 허락하자 지출은 붉은 글씨로 쓰고, 수입은 먹으로 써서 분명하게 장부를 꾸몄다. 이것을 보고 세상 사람들은 그의 재능을 칭찬했다.

왕희지. 중국 진나라의 서예가 / 해서(楷書)로 쓴 글자 / 남북조 때 학자 / 《위서》 / 자신의 주관대로 역사서를 집필함 / 더러운 역사책 / 자신의 행동에 책임을 짐 / 금전출납부를 씀 – 종이가 문서 작성 도구로 확대되어 쓰임

그런 뒤로 진(陳)나라 후주(後主)의 사랑을 받게 되었다. 후주는 그의 행신(幸臣) 안 학사의 무리들과 함께 항상 임춘각(臨春閣)에서 시를 지었다. 이때 수(隋)나라 군사가 경구(京口)를 지나자, 진나라 장수가 이를 비밀리에 임금에게 급히 알렸다. 그러나 저생은 이것을 숨기고 봉한 것을 열어 보이지 않았다. 이 때문에 진나라는 수나라에 패하고 말았다.

진나라의 마지막 황제 / 임금의 총애를 받는 신하

대업(大業) 연간의 일이다. 저생은 왕주(王胄), 설도형(薛道衡)과 함께 양제(煬帝, 569~618)를 섬겨, 그들과 정초(庭草), 연니(燕泥)의 글귀를 읊었다. 그러나 양제는 딴 사람이 자기보다 나은 것을 싫어해서 저생을 돌보지 않았다. 저생은 마침내 소박을 당해 대궐을 나오고 말았다.

수나라 제2대 황제인 양제의 연호 / 어느 왕이 재위한 동안 / 수나라 때 문인

당(唐)나라 때였다. 홍문관이란 기구를 설치하게 되었다. 이에 저생은 저수량(褚遂良, 596~658)과 구양순(歐陽詢, 557~641) 등과 함께 옛날 역사를 강론하고 모든 나랏일을 상고하여 처리했다. 이리하여 세상에서 말하는 '정관(貞觀)의 좋은 정치'를 이룩했다.

관리를 교육시키고 조정의 제도 · 의례에 관해 논의하는 기구 / 당나라의 유명한 서예가 / 중국 당나라 태종 때의 연호 / 당나라 태종이 나라를 잘 다스렸음을 기리는 말

사마온공(1019~1086)은 《자치통감》을 편찬할 때 박식하고 아담하다 해서 저생을 늘 옆에 두고 물어서 썼다. 그때 마침 왕안석(1021~1068)이 권세를 부려 《춘추(春秋)》의 학문을 좋아하지 않았다. 왕안석은 《춘추》를 가리켜 다 찢어진 신문이라고 평했다. 저생은 이를 옳지 못한 평론이라고

북송 때의 정치가, 사마광 / 중국 전국 시대부터 오대까지를 다룬 역사서 / 부국강병을 위해 파격적인 개혁을 단행한 정치가 / 왕안석의 평 / 직간하는 자세 – 선비

했다. 이리하여 마침내 배척당하고(저생은) 쓰이지 못했다.
(배척: 따돌리거나 거부하여 밀어 내침)

원(元)나라 초년이 되었다. 저생은 본업에 힘쓰지 않고 오직 장사만을 좋아했다. 몸에 돈 꾸러미를 두르고(남송 말년부터 종이돈이 사용됨) 찻집이나 술집을 드나들면서 한 푼 한 리의 이익만을 도모했다. 세상 사람들은 간혹 이를 비루하게(추하게) 여겼다.

▶ 종이의 다양한 용도와 내력

원나라가 망하자 저생은 다시 명(明)나라에서 벼슬을 하여 비로소 사랑을 받게 되었다. 이로부터 자손이 번성하여 「대대로 역사를 맡아 쓰는 사씨(史氏)(역사를 기록하는 사람)가 되기도 하고, 시가(詩家)(시를 짓는 사람)의 일가를 이루기도 했다. 발탁되어 관직에 있는 자는 돈과 곡식의 수효를 알게 되었고, 군사에 관한 사무에 종사하는 자는 군대의 공로를 기록했다.」(「」: 종이의 다양한 사용 분야) 그들이 맡은 직업에는 비록 귀천이 있기는 했지만 모두 직무에 태만하다는 비난은 받지 않았다. 대부(大夫)(벼슬 품계에 붙이던 칭호)가 된 뒤부터 그들은 거의 다 흰 띠를 두르기 시작했다.

▶ 자손의 번성과 벼슬(용도)

뒷부분 줄거리 | 뒷부분은 '평결부'로, 저생의 종말을 설명하고, 후손들이 천하에 가득하다고 기술하였다.

핵심 정리

- 갈래: 가전
- 성격: 경세적, 교훈적, 풍자적, 우의적
- 구성: '도입 – 전개 – 논평'의 3단 구성, 일대기적 구성, 순차적 구성, 전기적(傳記的) 구성

도입: 저생의 가계 소개	➡	전개: 종이의 다양한 용도와 내력	➡	논평: 저생의 종말과, 후손 번영에 대한 서술

- 제재: 종이
- 주제: 선비로서의 올바른 삶 권유
- 특징: ① 작가의 자전적 삶의 내용이 함축적으로 반영되어 있음
  ② 일반적인 가전의 형식과 달리, 평결부에서 주인공에 대한 논평을 가하지 않고 주인공의 가계를 설명함
- 의의: 가전의 형식적 변화를 엿볼 수 있는 작품임

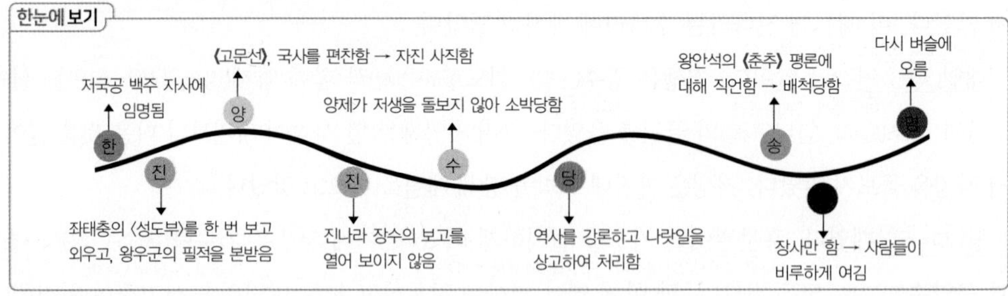

필수 문제

01 이 글에 등장하는 인물들을 저생을 대하는 태도에 따라 두 부류로 나누어 쓰시오.

02 이 글의 글쓴이가 저생을 통해 궁극적으로 나타내고자 하는 바람직한 선비의 모습을 쓰시오.

25 정시자전(丁侍者傳) | 석식영암

귀한 사람을 모시는 사람

필수

출제 포인트

지팡이를 의인화한 가전이다. 지팡이인 정시자가 지닌 덕을 살펴보고 이 글을 통해 글쓴이가 비판하고자 한 것이 무엇인지 파악해 보자.

감상 길잡이

이 글은 고려 때의 승려 식영암이 지팡이를 의인화하여 지은 가전체 작품이다. 여기서 '정'은 지팡이를 가리키는 말이고, '시자'는 귀한 사람을 모시는 사람을 뜻한다. 주인공인 '정시자(지팡이)'는 허식적인 권위를 상징하는, 장생불사하고 벽곡노찬(곡식은 안 먹고, 솔잎 · 대추 · 밤 따위를 조금씩 먹고 살거나 길 가면서 조금씩 요기하는 것)하는 신선술을 상징하는 청려장류와는 거리가 있는 지팡이다. 선문답(禪問答) 같은 내용을 지닌 파격적인 작품으로, 수많은 수련을 하고 천하를 편력하는 정시자의 특징이 수도승의 이미지와 연결되어 성인을 추구하는 도를 보여 준다.

입동(立冬)날 새벽, 식영암은 암자 안에서 벽에 기대 앉은 채 졸고 있었다. 이때, 밖에서 누군가가 뜰에 대고 절을 하면서 말하였다.

구체적 배경 제시 – 사건의 사실성 강조 / 겸손한 자세와 태도

"새로 온 정시자(丁侍者)가 문안 여쭙니다."

식영암은 이상히 여기고 밖을 내다보았다. 거기에는 사람 하나가 서 있는데, 몸은 몹시 가늘고 키는 크며 색이 검고 빛났다.「붉은 뿔은 우뚝하고 뾰쪽하여 마치 싸우는 소의 뿔과도 같았다. 새까만 눈망울은 툭 튀어나와서 마치 부릅뜬 눈과 같았다.」이 사람은 기우뚱거리며 걸어 들어오더니 식영암 앞에 우뚝 섰다.

지팡이의 모습을 인간처럼 묘사함(가전체의 특징) / 「 」: 정시자의 외양의 특징 – 진취적이며 용맹스러움

식영암은 처음엔 놀랐으나 천천히 그를 불러 말하였다.

식영암의 성격 – 대범함(갑작스러운 상황에도 당황하지 않고 침착함)

"이리 가까이 오게. 자네에게 우선 물어볼 것이 있네. 왜 자네의 성은 정(丁)인가? 또 어디서 왔으며 무엇 하러 왔는가? 더구나 나는 평소의 자네 얼굴도 모르는데, 시자(侍子)라고 하니 그건 또 어찌 된 연유인가?"

시자: 귀한 사람을 모시는 사람

▶ 정시자가 식영암을 찾아옴

말이 채 끝나기도 전에 정시자는 깡충깡충 뛰어 더 앞으로 나오더니 공손한 태도로 차분하게 대답했다.

「"옛날 성인에 소의 머리를 한 분이 있어 포희씨라 했는데, 그분이 바로 제 아버지이십니다. 또 여와는 뱀의 몸을 하고 있었는데 그분이 제 어머니이십니다.〈어머니는 저를 낳아서 숲 속에 버리고 기르지 않았습니다. 저는 서리를 맞고 우박을 맞으며 얼고 말라서 거의 죽는 듯했습니다. 그러나 따스한 바람과 비를 만나 다시 살아나서 자라게 되었습니다. 저는 이렇게 추위와 더위를 천백 번 겪고 난 뒤에야 비로소 자라나 인재가 되었습니다.〉여러 대를 지나서 진나라 세상에 이르러 저는 범씨의 가신이 되었습니다. 이때 비로소 ❶ 몸에 옻칠을 하는 방법을 배웠습니다. 당나라 시대에 와서는 조로의 문인이 되었고, 또 철취라는 호를 받았습니다.」그 뒤에 저는 정도

소의 머리: 용맹함의 상징 / 뱀: 지혜의 상징 / 포희씨: 복희. 중국 고대의 전설상의 제왕(帝王) / 여와: 중국 천지 창조 신화에 나오는 여신. 복희씨의 누이동생 또는 아내라는 설이 있음 / 〈 〉: 나무가 지팡이가 되는 과정. 시련의 극복 / 추위와 더위를 천백 번 겪고 난 뒤에야: 수많은 시련의 극복(경륜의 체득) → 인재 탄생의 과정(편안함 속에서 자라 관리가 된 양반들 – 음서제 – 에 대한 풍자) / 가신: 높은 벼슬아치의 사적인 일을 맡아보던 사람 / 철취: '철로 된 입부리'라는 뜻으로, 화술이 능한 사람을 이름 / 조로: 당나라 때의 유명한 승려 조주를 말함. 말을 잘 하여 쇠주둥이라 불림 / 「 」: 천하를 편력하며 성인이 된 과정

땅에서 놀았습니다.『이때 정삼랑을 길에서 만났지요. 그는 저를 한참 보더니 이렇게 말했습니다. '자네 생김새를 보니 위로는 가로 그어졌고, 아래로는 내리 그어졌으니 내 성 정(丁)자와 똑같이 생겼네. 내 성을 자네에게 주겠네.' 저는 이 말을 듣고 그의 말이 좋아서 성을 정으로 하고 고치지 않으려 합니다.』저의 직책은 사람들의 옆에서 붙들어 도와주는 데 있습니다. 자연 모든 사람들이 저를 부리기만 해서 제 몸은 항상 천하고 고달프기만 합니다. 하지만 제가 나쁘다고 생각하는 사람은 감히 저를 부리지 못합니다. 때문에 제가 진심으로 붙들어 모시는 분은 몇 되지 않습니다. 이렇게 되고 보니, 제가 원하는 사람을 만나지 못해서, 이제 저는 돌아가 의지할 곳이 없게 되었습니다. 나라 안을 두루 돌아다니면서 ❷ 토우인(土偶人)에게 비웃음을 당한 지 이미 오래 되었습니다. 하온데 어제 하느님이 저의 기구한 운명을 불쌍히 여겼던지 저에게 명하셨습니다. '너를 화산(花山)의 시자로 삼을 것이니, 이제 그곳에 가서 직책을 받들고 스승을 삼가서 섬길지어다.' 이에 저는 하느님의 명을 받들고 기뻐서 외다리로 뛰어서 여기에 온 것입니다. 바라옵건대 장로께서는 용납해 주십시오."

「 」: 성이 '정(丁)'이 된 연유, 불도에 입문하여 법명을 받는 과정으로 볼 수 있음

사람들의 옆에서 붙들어 도와주는 데: 사람을 돕는 '시자'는 불가의 '승려'를 상징적으로 표현한 것임

제가 나쁘다고 생각하는: 절개를 가짐

때문에 제가 진심으로 붙들어 모시는 분은 몇 되지 않습니다: 당시 사회상에 대한 비판 – 나쁘지 않은 사람이 적음

토우인(土偶人): 흙으로 만든 사람

장로: 나이가 지긋하고 덕이 많은 사람

▶ 정시자가 식영암을 찾아온 경위를 말함(도입)

이 말을 듣고 식영암이 말했다.

"아! 후덕스러운 일이로구나. 정 상좌는 옛 성인이 남겨 준 사람이로다. 몸의 뿔이 허물어지지 않은 것은 씩씩함이요, 눈이 없어지지 않은 것은 용맹스러움이로다. 몸에 옻칠을 하고 은혜와 원수를 생각한 것은 믿음과 의리가 있는 것이로다. 쇠주둥이를 가지고 재치 있게 묻고 대답하는 것은 지혜가 있는 것이요, 변론을 잘 하는 것이로다. 사람을 붙들어 모시는 것을 직책으로 삼는 것은 어진 것이요, 예의가 있는 것이며, 돌아가서 의지할 곳을 택하는 것은 바름이요, 밝은 것이로다. 이러한 여러 가지 아름다운 덕을 보아서 길이 오래 살고, 조금도 늙거나 또 죽지도 않으니, 이것은 성인이 아니면 신이로다. 그중에 나는 하나도 가진 것이 없다. 그러니 너의 친구가 될 수 없는데 하물며 너의 스승이 될 수 있겠느냐? 화도에 화라는 산이 하나 있다. 이 산 속에 각암이라는 늙은 화상이 지금 2년 동안 머물고 있다. 산 이름은 비록 같지만 사람의 덕은 같지 않으니, 하늘이 그대에게 명하여 가라고 한 곳은 여기가 아니고 바로 그곳일 것이다. 그대는 그곳으로 가도록 하라."

후덕스러운 일이로구나: 정시자에 대한 감탄

상좌: 절의 주지, 강사, 선사, 원로들이 앉는 자리. 여기서는 덕이 많은 '정시자'를 높여 부른 말 → 겸허한 식영암의 태도

씩씩함: 정시자의 덕 ① – 장(壯)

용맹스러움: 정시자의 덕 ② – 용(勇)

믿음과 의리가 있는 것: 정시자의 덕 ③ – 신의(信義)

지혜가 있는 것: 정시자의 덕 ④ – 지(智)

변론을 잘 하는 것: 시비(是非)를 분별(分別)하여 논란(論難)함: 정시자의 덕 ⑤ – 변(辯)

어진 것: 정시자의 덕 ⑥ – 인(仁)

예의가 있는 것: 정시자의 덕 ⑦ – 예(禮)

바름이요, 밝은 것: 정시자의 덕 ⑧ – 정명(正明)

덕을 보아서: 덕으로 인해

길이 오래 살고, 조금도 늙거나 또 죽지도 않으니: 갖춘 덕으로 인한 속성 – 수(壽), 불로(不老)

너의 친구가 될 수 없는데 하물며 너의 스승이 될 수 있겠느냐?: 식영암의 겸손한 태도, 설의적 표현

산: 탈속적 세계

화상: 수행을 많이 한 승려

그곳: 각암이 있는 화산

▶ 식영암이 정시자의 덕을 예찬함

말을 마치고 식영암은 노래를 부르면서 그를 보냈다. 그 노래는 다음과 같다.

"정(丁)이여! 어서 빨리 각암이 있는 곳으로 가도록 하라. 나는 여기서 박과 외처럼 매여 사는 몸이니, 그대만 못한가 하노라."

노래를 부르면서: 인재를 만난 즐거움

각암이 있는 곳: 이상적 공간

외: 오이

박과 외: 성인의 경지에 이르지 못한 평범한 인물(필부필부, 초동급부, 갑남을녀)

▶ 식영암이 인재를 만난 즐거움을 노래로 표현함(전개)

핵심 구절 풀이

❶ **몸에 옻칠을 하는 방법을 배웠습니다.**: 전국 시대 진나라 지백의 신하 예양이, 자기 주인이 조양자에게 망한 것을 보고 그 원수를 갚으려고 몸에 옻칠을 하여 문둥이 행세를 한 고사를 말한 것이다.

❷ **토우인(土偶人)에게 비웃음을 당한 지 이미 오래 되었습니다.**: 전국 시대 웅변가 소대가 한 말로, 목우(나무로 만든 인형)가 토우에게 말하기를 "비가 오면 너는 풀어져서 없어질 것이다." 하니, 토우가 말하기를 "나는 본래 흙으로 된 것이라 풀어져야 고향인 흙으로 돌아가지만, 비가 와서 물이 많이 나면 너는 물에 떠서 어디로 갈지를 모를 것이다."라고 목우를 비웃었다고 한 것을 인용한 것이다. 토우까지도 섬기는 임금이나 상전이 있는데, 자신(정시자)은 쓰임을 받지 못하고 있다는 자조적 태도가 드러난다.

핵심 정리

- 갈래: 가전
- 성격: 교훈적, 우의적, 풍자적, 불교적
- 구성: '도입 – 전개'의 2단 구성〔평론부(논평) 없음〕

  도입: 정시자의 신분과 부모, 성품과 행적 고백 ➡ **전개**: 정시자의 고백에 대한 식영암의 대답

- 제재: 지팡이
- 주제: ① 자신을 알고 도를 지킬 것 경계
  ② 인재를 알아볼 줄 모르는 세태 풍자
  ③ 덕 있는 사람에 대한 예찬
- 특징: ① 가전의 일반 구성(도입–전개–평설)과 달리 평설부가 없음
  ② 글이 대화체로 전개됨
  ③ 주인공의 일대기를 쓴 것이 아니라, 어느 날 하루에 일어난 상황을 그리고 있음
  ④ 고려 말 불교의 전횡과 인재를 알아보지 못하는 세태를 풍자하여 지도층 승려들을 깨우치려는 의도가 깔려 있음
- 인물 분석
  - 정시자: 지팡이. '정'은 지팡이를, '시자'는 귀한 사람을 모시는 인물을 뜻함. 어려움을 극복하고 성인의 덕을 이루어 낸 인물임
  - 식영암: 정시자의 삶을 이해하고 겸허의 덕을 갖춘 인물. 작품 속 인물이면서 동시에 작가임

한눈에 **보기**

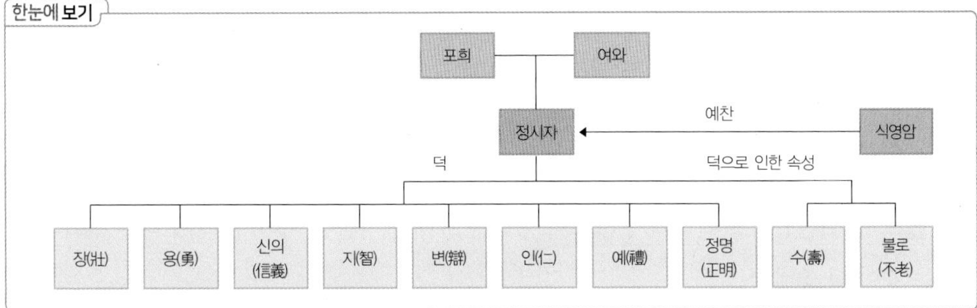

필수 문제

01 이 글에서 식영암이 판단한 정시자의 여덟 가지 덕을 쓰시오.

02 글쓴이 식영암이 작품 속 식영암을 통해 제시하고자 하는 인물의 유형은 무엇인지 쓰시오.

03 [서술형] 이 글에서 정시자는 어떤 직업이나 지위를 상징하고 있다고 볼 수 있는지 '시자'에 담긴 의미와 글쓴이의 신분을 고려하여 서술하시오.

26 국선생전(麴先生傳) | 이규보

누룩 국 예우, 존경의 표시

EBS

출제 포인트

술을 의인화한 '국성'의 일대기를 다루고 있는 가전으로, 국성의 성격과 삶의 모습을 토대로 글쓴이가 전달하고자 하는 교훈이 무엇인지 파악해 보자.

감상 길잡이

이 글은 고려 무신 정권 때의 문인인 이규보가 술을 의인화하여 지은 가전체 작품으로, 이규보의 문집 《동국이상국집》에 수록되어 있고, 《동문선》에도 실려 있다. 이규보는 이 글을 통해 인간과 술(국성)의 관계를 임금과 신하 간의 관계로 옮겨 놓고, 그 성패를 비유적으로 다루고 있다. 이는 유생의 삶이란 근본적으로 신하로서 군왕을 보필하여 치국의 이상을 바르게 실현하는 데 있음을 드러내기 위한 의도라고 할 수 있다. 신하는 군왕의 총애를 받게 되면 자칫 방자하여 신하의 도리를 잃게 되어, 유능한 존재였다가도 국가나 민생에 해를 끼치는 존재로 전락하기 쉽고, 마침내 자신의 몰락까지 자초하고 마는 경우가 허다하다. 따라서 신하는 신하의 도리를 굳게 지켜 나갈 때 어진 신하가 될 수 있음을 보여 주면서, 동시에 때를 보아 물러날 줄도 알아야 함을 제시하고 있는 것이다.

국성(麴聖)의 자(字)는 중지(中之)이니, 주천(酒泉) 고을 사람이다. 어려서 서막(徐邈)에게 사랑을 받아, 막(邈)이 이름과 자를 지어 주었다. 그의 먼 조상은 온(溫)이라는 고장의 사람으로 항상 힘써 농사를 지어 자급(自給)하면서 살고 있었는데, 정(鄭)나라가 주(周)나라를 칠 때에 잡아 데려왔으므로, 그 자손의 일파가 정나라에서 살게 되었다. 그의 증조(曾祖)는 역사에 이름이 나타나지 않았고, 조부 모(牟)는 살림을 주천으로 옮겨, 이때부터 주천에서 살게 되었다. 아버지 차(醝)에 이르러서 비로소 벼슬하여 평원독우(平原督郵)의 직을 역임하였고, 「사농경(司農卿) 곡(穀) 씨의 딸과 결혼하여 성(聖)을 낳았다.」

(국성: 맑은 술. 술을 의인화한 호칭 / 중지: 곤드레만드레 / 주천: 주나라의 땅으로, 이곳의 물로 술을 빚으면 술맛이 좋다고 함 / 서막: 위나라의 지독한 애주가 / 막: 실존 인물을 등장시켜 사실감을 줌 – 가전체 문학의 특징 / 온: 따뜻한 온도에서 발효되는 누룩의 특징이 드러나는 마을의 이름 / 증조: 아버지의 할아버지 / 모: 보리 / 차: 흰 술 / 평원독우: 질이 좋지 않은 술 ↔ 청주종사 / 평원독우의 직을 역임하였고: 낮은 관직에 있었음 / 곡: 곡식을 의인화함 / 「 」: 누룩과 곡식으로 술을 빚었음을 의미함)

▶ 국성의 출생과 가계(도입)

「성은 어렸을 때부터 도량이 넓고 침착하여, 아버지의 손님이 그 아비를 보러 왔다가도 성을 유심히 보고 그를 사랑하였다.」 손님들은 말했다.

(도량이 넓고 침착하여: 성격의 직접적 제시 / 「 」: 술에 대한 긍정적 태도가 드러남)

"이 아이의 「도량이 출렁출렁 넘실넘실 만경(萬頃)의 물결과 같아서, 가라앉히더라도 더 맑아지지 않으며, 뒤흔들어도 탁해지지 않으니」 우리는 그대와 더불어 이야기하기보다는 성과 함께 즐기는 것이 더 좋네."

(만경: 많은 이랑. 성의 도량이 크고 넓음을 비유한 말 / 가라앉히더라도 ~ 않으니: 쉽게 흔들리거나 변하지 않는 성품 – 좋은 술의 속성 / 「 」: 이상적 마음가짐)

성이 자라서 중산(中山)에 사는 유영(劉伶), 심양(潯陽)에 사는 도잠(陶潛)과 벗이 되었다. 이 두 사람은 말했다.

(유영: 죽림칠현의 한 사람 / 도잠: 도연명 / 속세의 명리에 집착하지 않고 시와 술을 즐기며 살아간 현자. 실존 인물을 등장시켜 사실감을 줌)

"하루라도 이 친구를 만나지 못하면 비루함과 인색함이 싹튼다."

(이 친구를 만나지 못하면: 술을 마시지 않으면 / 비루함과 인색함: 몸을 얽매는 세상의 온갖 괴로운 일)

▶ 국성의 도량과 교유(交遊) 관계

이들은 서로 만나기만 하면 며칠 동안 모든 일들을 잊고 마음으로 취하고서야 헤어졌다.

국가에서 성에게 조구연(糟丘椽)을 시켰으나, 미처 나아가지 못하였다. 또 청주종사(靑州從事)로 삼았다. 공경(公卿)들이 계속하여 그를 천거했다. 이에 임금이 공거(公車)를 보내서 불러서 보고 눈짓하며 말했다.

(조구연: 술지게미를 쌓은 더미. 여기서는 아전(하급 관리) 직책을 뜻함 / 미처 나아가지 못하였다: 직책을 맡지 못함 / 청주종사: 질 좋은 술 ↔ 평원독우 / 공경: 높은 벼슬아치 / 천거: 어떤 자리에 사람을 소개하거나 내세움 / 공거: 관청의 수레)

"저 군이 주천의 국생(麴生)인가? 짐이 그대의 향기로운 이름을 들은 지 오래였노라."

이보다 앞서 태사(太史)가 「주기성(酒旗星)이 크게 빛을 낸다고 아뢰었는데, 얼마 안 되어 성이 이른지라 임금이 더욱 기특히 여겼다.」 임금은 즉시 성을 주객 낭중(主客郎中)에 임명하고, 이윽고 국자제주(國子祭酒)로 올려 예의사(禮儀使)를 겸하게 했다.

천문과 역사를 맡은 직책 / 「」: 주기성의 빛남이 국성이 훌륭한 인물임을 나타낸다고 여김 / 예의범절을 맡아 보는 관리 / 손님을 맞이하는 벼슬 / 나라의 제사를 올리는 술. 여기서는 벼슬 이름임

이로부터 조회(朝會)의 잔치와 종묘(宗廟)의 모든 제사의 작헌(酌獻)하는 예(禮)를 맡아 임금의 뜻에 맞지 않음이 없었다. 이에 「임금이 그의 그릇이 쓸 만하다 하여 승진시켜 후설(喉舌)의 직에 두고, 후한 예로 대접하여 매양 들어와 뵐 적에 교자(轎子)를 탄 채로 전(殿)에 오르라 명하며, 이름을 부르지 않고 국 선생(麴先生)이라 일컬었다.」 임금의 마음에 불쾌함이 있어도 성이 들어와 뵈면 비로소 크게 웃으니, 성이 사랑받음이 대체로 이와 같았다.

신하들이 모여 임금에게 문안을 드리던 일 / 제사에서, 술을 부어 신위(神位) 앞에 드림 / 임금이 매우 만족해함 / 중책을 맡은 재상. 목구멍과 혀를 뜻함 / 벼슬아치들이 타던 가마. 술상을 비유 / 「」: 국성을 총애하는 임금의 모습 / 임금이 술을 마시고 기분이 좋아짐

성은 성품이 온순하므로 날이 갈수록 사람들과 친근해졌고 특히 임금과는 조금도 스스럼없이 가까워졌다. 자연 임금의 사랑을 받아 항상 따라다니면서 잔치 자리에서 함께 놀았다.

많은 사람들이 술을 즐기게 됨 / 술이 늘 임금의 연회에 오름

▶ 국성이 정계에 진출하여 임금의 사랑을 받음

성에게는 세 아들이 있었다. 혹(酷)·폭(醲)·역(醳)이다. 이들이 아비의 총애를 받고 자못 방자하니, 중서령(中書令) 모영(毛穎)이 임금에게 상소하여 탄핵했다.

텁텁한 술 / 진한 술 / 쓴 술 / 무례하고 건방지니 / '붓'을 의인화한 말 / 어떤 잘못의 실상을 논하여 책망함

그 글은 이러했다.

"행신(倖臣)이 폐하의 총애를 독차지하고 있는 것을 천하 사람들은 모두 병통으로 알고 있습니다. 국성이 보잘것없는 존재로서 요행히 벼슬에 올라 계급이 3품이 되었고, 「마음이 사나워 사람을 중상(中傷)하기를 좋아하므로」 만인이 분하게 여겨 소리치고 반대하며 골머리를 앓고 마음 아파합니다. 이는 나라의 병을 고치는 충신(忠臣)이 아니요, 실은 백성에게 독을 끼치는 도둑입니다. 더구나 「성의 세 아들이 제 아비가 폐하께 총애받는 것을 믿고, 제멋대로 하며 방자하게 굴어서 모든 사람들이 다 괴로워하고 있습니다.」 청컨대 폐하께서는 이들에게 모두 사형을 내리셔서 모든 사람의 입을 막으소서."

간사한 신하 = 국성 / 병으로 인한 아픔 / 뜻밖으로 운수가 좋아 / 「」: 국성의 성격 – 술의 폐해 / 근거 없는 말로 남을 헐뜯음 / 술이 사람들에게 부정적 영향을 끼침 / 「」: 국성의 아들들의 행동을 문제 삼음

이에 성의 아들 셋은 그날로 독이 든 술을 마시고 자살하였고, 성은 폐해져 서인(庶人)이 되었다. 치이자(鴟夷子)도 역시 일찍이 성과 친하게 지냈다 하여 수레에서 떨어져 자살했다.

벼슬이 없는 일반 백성 / 술 항아리. 술을 넣는 주머니

▶ 국성 아들들의 횡포와 그 결과

일찍이 치이자는 우스갯소리를 잘해서 임금의 사랑을 받았다. 자연 국성과 친하게 되어, 임금이 출입할 때마다 항상 수레에 실려 다녔다. 어느 날 치이자가 몸이 곤하여 누워 있었는데, 성이 희롱하여 말했다.

임금의 수레에 항상 술 항아리가 실려 있음

"자네 배가 비록 크나 속은 텅 비었으니, 무엇이 있는고?" / 치이자가 대답했다.

술 항아리의 생김새를 표현함

"자네들 따위 수백은 담을 수 있네."

술 항아리에 많은 술을 담을 수 있음

이들은 이렇게 항상 서로 우스갯소리를 하며 지냈다. ▶ 치이자에 얽힌 일화

「성이 파면되자, 제〔齊 제(臍)〕 고을과 격〔鬲 격(膈)〕 고을 사이에서 도둑이 떼 지어 일어났다.」이에
술을 마시지 못하게 되자 마음을 뜻함 「 」: 술을 금하자 사람들 사이에 근심과 분란이 생김
임금은 이들을 토벌하라는 명을 내렸다. 하지만「적당한 사람이 없어 다시 성을 발탁하여 원수(元
군사를 통솔하는 장수
帥)로 삼았다.」성은 군사를 엄하게 통솔했고, 또 모든 고생을 군사들과 같이했다. 수성(愁城)에 물
「 」: 명예 회복의 기회 – 사람들의 근심을 해결하기 위해서는 술이 필요하므로 술로 사람들의 근심을 해결함
을 대어 한 번 싸움에 이를 함락하고 나서 거기에 장락판(長樂阪)을 쌓고 돌아왔다. 임금이 공으로
오래도록 즐거워함
성을 상동후(湘東侯)에 봉했다. ▶ 다시 발탁되어 도둑 떼를 물리치는 국성

성은 1년 뒤에 상소하여 물러가기를 빌었다.

「"신(臣)은 본래 가난한 집 자식이옵니다. 어려서는 가난하고 천한 몸이라 이곳저곳으로 팔려 다니는 신세였습니다. 그러다가 우연히 폐하를 뵙게 되고, 폐하께서는 마음을 놓으시고 신을 받아들이셔서 물에 빠져 잠긴 몸을 건져 주시고, 하해(河海)와 같은 넓은 도량으로 포용해 주셨습
큰 강과 바다
니다. 하오나 신은 일을 크게 하시는 데 누(累)만 끼치고, 국가의 체면을 조금도 더 빛나게 하지
남의 잘못으로 인해 받는 괴로움 「 」: 자신의 지난 일과 임금의 은혜를 말함
못했습니다.」앞서 몸을 삼가지 못한 탓으로 향리(鄕里)에 물러가 편안히 있었사온데, 비록 엷은
탄핵을 받아 서인으로 낙향했던 일
이슬은 거의 말랐사오나 그래도 요행히 남은 이슬방울이 있어, 감히 해와 달이 밝은 것을 기뻐
능력 임금에 대한 충성 임금, 임금의 총애
하면서 다시금 찌꺼기와 티를 열어젖힐 수가 있었나이다. 또한「물이 그릇에 차면 엎어진다는
도둑 떼(근심)를 물리침 어떤 것이라도 번성하면 쇠할 때가 있음
것은 모든 물건의 올바른 이치옵니다. 이제 신은 몸이 마르고 소변이 통하지 않는 병으로 목숨이 경각에 달려 있사옵니다. 바라옵건대 폐하께서는 명령을 내리셔서 신으로 하여금 물러가 여
아주 짧은 시간 치사귀향(致仕歸鄕: 나이가 들어 벼슬을 사양하고 고향으로 돌아감)의 소망을 피력함
생을 보내게 해 주옵소서."」 「 」: 건강상의 이유로 관직에서 물러나기를 청함

그러나「임금은 이를 승낙하지 않고, 중사(中使)를 보내어 송계(松桂)·창포(菖蒲) 등의 약을 가지
왕명을 전하는 신하
고 그 집에 가서 병을 치료하게 하였다.」
「 」: 국성에 대한 임금의 신망이 두터움을 알 수 있음

성이 여러 번 글을 올려 사직(辭職)하니, 임금이 부득이 윤허하였다. 그는 마침내 고향에 돌아가
임금이 신하의 청을 수락함
살다가 천수(天壽)를 다하고 세상을 떠났다. ▶ 관직에서 물러나 고향에서 천수를 다하고 국성이 죽음
타고난 수명

그의 아우는 현(賢)이다. 현은 즉 탁주다. 그는 벼슬이 2000석(石)에 올랐다. 아들이 넷인데 익(醷), 두(酘), 앙(醠), 남(醂)이다. 익은 색주(色酒), 두는 중양주(重釀酒), 앙은 막걸리, 남은 과주(果酒)
두 번 빚은 술
다. 이들은 도화즙을 마셔 신선이 되는 법을 배웠다. 또 성의 조카들에 주(酎), 만(醂), 염(醶)이 있었다. 이들은 모두 적(籍)을 평씨(萍氏)에게 소속시켰다. ▶ 국성의 아우 및 조카들에 대한 소개(전개)
부평초 평

「사신(史臣)은 이렇게 평한다.」 「 」: 가전체의 일반적 특징 – 인물에 대한 글쓴이의 논평
역사적 사실을 기록하던 관리

"국씨는 대대로 농가 태생이다.「성은 유독 넉넉한 덕과 맑은 재주가 있어서 임금의 심복이 되어
술의 원료가 곡식이므로 마음 놓고 부리거나 일을 맡길 수 있는 사람
국정(國政)을 돕고, 임금의 마음을 흐뭇하게 하여 거의 태평을 이루었으니, 그 공이 성대하도다.」
「 」: 성(술)의 긍정적인 점 – 신하의 도리를 굳게 지키면 어진 신하가 될 수 있다는 작가 의식이 드러남

「그러나 임금의 총애가 극도에 달하자 나라의 기강을 어지럽혔으니, 그 화가 비록 자손에 미쳤더라도 유감될 것이 없다 하겠다.」「그러나 만년에 분수에 족함을 알고 스스로 물러가 능히 천명으로 세상을 마쳤다. 《주역(周易)》에 이르기를 '기미를 보아서 일을 해 나간다.' 라고 한 말이 있는데 성이야말로 거의 여기에 가깝다 하겠다.」 ▶ 국성의 처신에 대한 사신의 긍정적 평가(논평)

「 」: 성(술)의 부정적인 점 / 유감될 것: 정당한 일임 / 분수에 족함: 자신의 분수를 앎 / 기미를 보아서 일을 해 나간다: 순리를 알고 처신한다는 뜻임 / 「 」: 성(술)에 대한 긍정적 평가

핵심 정리

- 갈래: 가전
- 성격: 교훈적, 서사적, 우의적, 일대기적
- 구성: '도입 – 전개 – 논평' 의 3단 구성, 일대기적 구성, 전기적(傳記的) 구성

도입: 국성의 출생과 가계 ➡ **전개**: 국성의 인품과 행적 ➡ **논평**: 국성의 처신에 대한 칭찬

- 제재: 술(누룩)
- 주제: ① 위국충절(爲國忠節)의 교훈 ② 계세징인(戒世懲人)
- 특징: ① 술을 의인화하여 인간의 삶을 풍자함 ② 가전 작품에서는 보기 드물게 인과 관계가 치밀함
- 의의: 임춘의 〈국순전(麴醇傳)〉의 영향을 받음
- 인물 분석
  - 국선생: 맑은 술. 미천한 몸으로 정계에 진출하여 임금의 사랑을 받고, 일시적으로 시련을 겪지만 나아가고 물러갈 때를 알아 천수를 다함

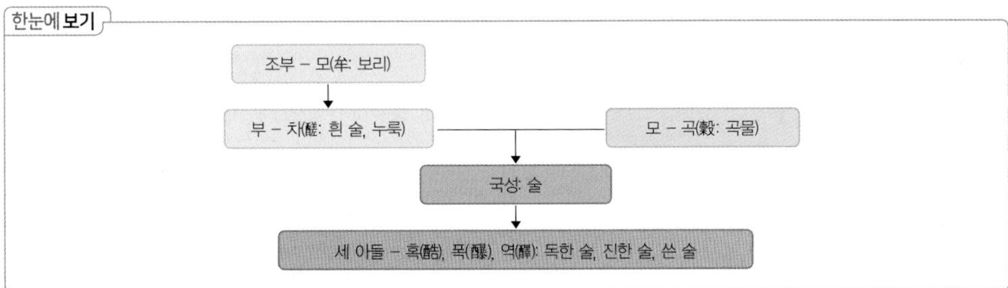

보충·심화 학습

- 고려 시대 가전(假傳)의 기틀을 잡은 '이규보'

이 글은 임춘의 〈국순전〉보다 더 나은 작품을 짓겠다는 야심에서 이루어졌다고 할 만큼 이규보는 임춘과는 다른 시각에서 '술' 에 접근하고 있다. 즉, 임춘과는 달리 술을 긍정적으로 바라보고 있는데, 이는 그의 긍정적인 삶의 태도를 반영한 것이라고 볼 수 있다. 이러한 자세는 〈청강사자현부전〉에서도 드러나는데, 그는 거북을 통해 아무리 조심해도 어쩔 수 없이 당할 수밖에 없는 숙명과도 같은 삶을 동정하면서 인생의 깊이를 더듬어 보고자 하였다. 특히, 이규보의 〈청강사자현부전〉이 동물 가전의 길을 열어 이윤보의 〈무장공자전〉에 영향을 주었다고 할 때, 이규보의 가전 작품들이 이후 여러 가전의 기틀이 되고 영향을 주었을 것으로 추측할 수 있다. 이처럼 고려 시대의 가전은 이규보에 의해 새로운 문학 갈래로 자리를 잡았다고 할 수 있다.

필수 문제

01 이 글에서 '질이 좋은 술' 과 '질이 좋지 않은 술' 을 비유한 말을 각각 찾아 쓰시오.

02 이 글에서 술의 긍정적인 면과 부정적인 면을 글쓴이가 직접적으로 언급한 부분을 찾아 각각 처음과 끝의 2어절씩을 쓰시오.

27 청강사자현부전(淸江使者玄夫傳) | 이규보

벼슬 이름 거북의 이름

EBS

출제 포인트

거북을 의인화한 이규보의 가전 작품으로, 이 글의 주제 및 삽입 시의 효과에 주목하여 살펴보자.

감상 길잡이

이 글은 고려 때 문인인 이규보가 지은 가전 작품으로, 《동국이상국집》을 비롯해 《동문선》에도 실려 있다. 이 글은 거북을 의인화하여 지었는데, 국문학사상 동물을 의인화한 첫 가전체 소설이라고 할 수 있다. 이 글의 제목인 〈청강사자현부전〉에서 '청강사자'는 벼슬 이름이고, '현부'는 주인공인 거북의 이름이다. 이 글은 이전의 작품과는 달리 고사의 나열을 줄이고, 시를 삽입하여 문학적 효과를 극대화하여 주제를 뚜렷하게 부각시킨 것이 특징이다. 이 글의 중간에 시(詩)가 삽입된 것은 조선 전기 《금오신화》에 계승되어 나타난다.

현부(玄夫)는 어떠한 사람인지 알 수 없다. 어떤 이는 말하기를,

거북의 별명 – 검은 옷을 입은 사내

"그 선조는 신인(神人)이었다. 형제가 15명인데 모두 체구가 크고 굉장한 힘이 있었다. 천제(天帝)께서 명(命)하여 바다 가운데 있는 다섯 산을 붙잡게 했던 자가 바로 이들이었다."

신인: 신과 같이 신령하고 숭고한 사람 / 다섯 산: 중국의 다섯 명산 – 화산(華山), 수산(首山), 태실(太室), 대산(垈山), 동래(東萊)

한다. 자손에게 이르러서는 모양이 차츰 작아지고 또한 소문이 날 정도로 힘이 센 자도 없었으며, 오직 점치는 것을 직업으로 삼았다. 터가 좋고 나쁨을 보아서 일정한 장소에 살지 않았기 때문에 그의 향리(鄕里)나 세계(世系)를 자세히 알 수 없다.

점치는 것: 귀점, 귀패(거북이 등을 불에 태운 후 그 갈라짐을 보고 점을 치는 것) / 향리: 고향(故鄕) / 세계: 조상으로부터 대대로 내려오는 계통

먼 조상은 문갑(文甲)인데 요의 시대에 낙수(洛水) 가에 숨어서 살았다. 임금이 그가 어질다는 소문을 듣고 흰 옥을 가지고 그를 초빙하였다. 문갑은 기이한 그림을 지고 와서 바치므로 임금이 그를 가상히 여기어 낙수후에 봉하였다. 증조는 상제의 사자라고만 말할 뿐, 이름은 밝히지 않았는데, 바로 홍범구주(洪範九疇)를 지고 와서 백우(伯禹)에게 주던 자이다. 할아버지는 백약(白若)으로 하후 시대에 곤오에서 솥을 주조하였는데 옹난을과 함께 힘을 다하여 공을 세웠고, 아버지는 중광(重光)인데 나면서부터 왼쪽 옆구리에 '달의 아들 중광인데 나를 얻는 사람은, 서민은 제후가 될 것이고 제후는 제왕이 될 것이다.' 라는 글이 있었으므로 그 글에 따라서 중광이라 이름한 것이다.

낙수: 황하의 지류 / 상제: 하느님 / 사자: 명령이나 부탁을 받고 심부름하는 사람 / 홍범구주: 《서경》의 홍범에 기록되어 있는, 천하를 다스리는 아홉 가지 원칙 / 백우: 우(禹)임금 / 백약: 거북 / 하후: 하나라 / 곤오: 하나라의 곤오국

▶ 현부의 가문 소개(도입)

현부는 더욱 침착하고 국량이 깊었다. 「그의 어머니가 요광성(瑤光星)이 품에 들어오는 꿈을 꾸고 아기를 뱄다.」 막 낳았을 때 관상쟁이가 보고 말하기를,

국량: 남의 잘못을 이해하고 감싸 주며 일을 처리하는 힘 / 요광성: 북두칠성 가운데 일곱째 별

「 」: 훌륭한 인물이 탄생할 것에 대한 예고

"등은 산과 같고 무늬는 벌여 놓은 성좌를 이루었으니 반드시 신성할 상이다."

성좌: 별자리 / 거북의 등껍질 모양

▶ 현부의 출생과 신성한 모습

하였다. 장성하자 역상(曆象)을 깊이 연구하여 천지(天地), 일월(日月), 음양(陰陽), 한서(寒暑), 풍우(風雨), 회명(晦明), 재상(災祥), 화복(禍福)의 변화에 대한 것을 미리 다 알아내었다. 또 신선으로부터 대기를 운행하고 공기를 호흡하여 죽지 않는 방법을 배웠다. 천성이 무(武)를 숭상하므로 언제나 갑옷을 입고 다녔다. 임금이 그의 명성을 듣고 사신을 시켜 초빙하였으나 현부는 거만스럽게 돌아보

역상: 책력을 통해 천체 현상을 헤아리는 것 / 회명: 어둠과 밝음 / 재상: 재앙과 상서로움 / 죽지 않는 방법을 배웠다: 거북의 장수를 나타냄 / 갑옷: 거북의 딱딱한 등껍질

지도 않고 곧 노래를 부르기를,

자연 친화
『"진흙 속에 노니는 / 그 재미가 무궁한데
자연 / 벼슬의 거부
높은 벼슬 받는 총영(寵榮) / 내가 어찌 바랄쏘냐?"』 「 」: 《장자》 외편 17장 〈추수〉 인용 – 도가 사상
세속적 부귀영화 / 임금의 총애를 입어 번영함

하고 웃으며 대답도 하지 않았다. ▶ 현부의 비범한 능력과 임금의 제의 거절

이로 말미암아 그를 불러들이지 못했는데, 그 뒤 송 원왕 때 예저가 그를 강제로 협박하여 임금에게 바치려 하였다. 그런데 그가 아직 왕을 뵙기 전에, 왕의 꿈에 어떤 사람이 검은 옷차림으로 수레를 타고 와서 아뢰기를, / "나는 청강사자인데 왕을 뵈려 합니다."
(송나라의 어부)

하였는데, 이튿날 과연 예저가 현부를 데리고 와서 뵈었다. 왕은 크게 기뻐하여 그에게 벼슬을 주려 하니 현부는 아뢰기를,

"신이 예저에게 강압을 당하였고, 또한 왕께서 덕이 있다는 말을 들었으므로 와서 뵙게 되었을 뿐이요, 벼슬은 나의 본의가 아닙니다. 왕께서는 어찌 나를 머물러 두고 보내지 않으려 하십니까?"

하였다. 왕이 그를 놓아 보내려 하다가 위평(송 원왕의 신하)의 밀간(비밀스럽게 간하는 말)으로 인하여 곧 중지하고 그를 수형승(물이 흐르는 맞은편을 담당하는 관직)에 임명하였다. 또 옮겨 도수 사자(산과 늪의 일을 담당하는 관직)를 제수(옛 관직을 없애고 새 관직을 내림)하였다가 곧 발탁하여 대사령(일관, 천관, 천문을 담당하는 관직)을 삼고, 나라의 시설하는 일, 인사 문제, 그리고 기거동작(일상생활에서 몸의 움직임), 흥망에 대하여 일의 대소를 막론하고 모두 그에게 물어본 뒤에 행하였다.
▶ 예저의 술책에 빠져 벼슬길에 나아간 현부

왕이 어느 날 농담하기를,

"그대는 신명의 후손(천지(天地) 신령의 후손 – 고귀한 혈통)이며 더구나 길흉에도 밝은 자인데(비범한 능력(점치는 일)을 지녔음), 왜 일찍이 몸을 보호하지 못하고 예저의 술책에 빠져서 과인의 얻은 바(벼슬살이)가 되었는가?" 하니 현부가 아뢰기를,

"밝은 눈에도 보이지 않는 것이 있고, 지혜도 미치지 못하는 곳이 있기 때문입니다."
(자만하지 말고, 항상 경계하며 조심해야 함을 강조)

라고 아뢰니, 왕이 크게 웃었다. 그 후 그의 종말을 아는 사람이 없다. 지금도 진신(搢紳)(벼슬아치)들 사이에는 그의 덕을 사모하여 황금으로 그의 모양을 주조(녹인 쇠붙이를 거푸집에 부어 물건을 만듦)해서 차는 사람이 있다. ▶ 현부의 종말

그의 맏아들 원서는 사람에게 삶긴 바 되어 죽음에 임하여 탄식하기를,

"택일을 하지 않고 다니다가 오늘날 삶김을 당하는구나. 그러나 남산에 있는 나무를 다 태워도 나를 문드러지게는 못할 것이다."

하였으니, 그는 이처럼 강개(의롭지 못한 것을 보고 의기가 북받쳐 원통하고 슬픔)하였다. 둘째 아들은 원저라 하는데, 오·월의 사이를 방랑하면서 자호를 통현 선생(오묘한 경지에 훤히 통한 선생)이라 하였다. 그 다음 아들은 역사책에 그 이름이 전하지 않는다. 모양이 극히 작으므로 점은 치지 못하고 오직 나무에나 올라가서 매미를 잡고는 하더니, 또한 사람에게 삶긴 바

되었다. 그의 족속에는 혹 도를 얻어서 천년에 이르도록 죽지 않는 자가 있는데, 그가 있는 곳에는 푸른 구름이 덮여 있었다. 혹은 관리 속에 묻혀 살기도 하는데, 세상에서는 그를 현의독우라 칭했다.

현의독우: '거북이'의 다른 명칭

▶ 현부의 아들들과 족속들의 삶(전개)

사신은 이렇게 평한다.

사신은 이렇게 평한다: 가전 문학의 특징 – 글쓴이의 논평

「"지극히 은미한 상태에서 미리 살피며, 징조가 나타나기 이전에 예방하는 것은 성인이라도 어그러짐이 있는 법이다. 현부 같은 지혜로도 능히 예저의 술책을 막지 못하고 또 두 아들이 삶아 먹힘을 구제하지 못하였는데, 하물며 다른 이들이야 더 말할 것이 있겠는가! 옛적에 공자는 광(匡) 땅에서 고난을 겪었고 또 제자인 자로가 죽어서 젓으로 담겨짐을 면하지 못하게 하였으니, 아, 삼가지 않을 수 있겠는가?"」

은미한: 희미하여 나타나지 않은

현부 같은 지혜: 점복에 능한 사람의 지혜

다른 이들: 평범한 이들

제자인 자로가 죽어서 젓으로 담겨짐: 공자가 아끼던 제자 자로가 위나라의 신하로 있다가 왕위 다툼에 휘말려 살해되고, 그 고기가 젓갈로 만들어졌다는 고사가 있음

▶ 사신의 현부에 대한 평(논평)

「 」: 자만하지 않고 조심하며 항상 삼가야 함 → 자만자족(自慢自足)의 경계(주제)

핵심 정리

- 갈래: 가전
- 성격: 우의적, 풍자적, 교훈적
- 구성: '도입 – 전개 – 논평'의 3단 구성, 일대기적 구성, 순차적 구성, 전기적(傳記的) 구성

도입: 현부의 가문 소개	➡	전개: 현부의 능력 및 행적	➡	논평: 자만하지 말고 항상 삼갈 것을 강조함

- 제재: 거북
- 주제: 자신의 능력을 과신하지 말고 언행을 신중히 해야 함
- 특징: ① 거북을 의인화하여 표현함 ② 시를 삽입하여 문학적 효과를 극대화함
- 인물 분석
  - 현부: 거북. 고귀한 혈통의 가문에서 태어났으며 태어날 때부터 비범한 관상과 능력을 갖춘 인물. 예저의 술책에 넘어가 벼슬길로 나아가게 됨

한눈에 보기

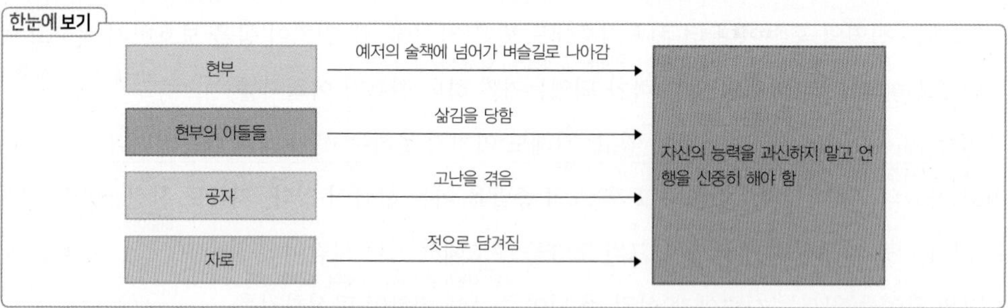

필수 문제

01 이 글이 가전 문학임을 알 수 있는 표현으로, 글쓴이의 논평이 시작되는 문장을 찾아 쓰시오.

02 이 글에서 '자만하지 말고, 항상 경계하며 조심해야 함'을 강조하는 이유가 상징적으로 제시된 문장을 찾아 쓰시오.

28 이상한 관상쟁이(異相者對) | 이규보

(異: 다를 이 / 相: 볼 상 / 者: 사람 자 / 對: 대답할 대)

교과서

출제 포인트

일반적인 관상쟁이와 다른 관상을 보는 이상한 관상쟁이에 대한 수필로, 이 글에 쓰인 다양한 수사법과 교훈적인 내용에 주목하여 살펴보자.

감상 길잡이

이 글은 눈에 보이는 것과 반대로 말하는 이상한 관상쟁이의 에피소드를 통해 겉으로 드러나 보이는 것과는 다른, 사물의 이면에 숨겨진 속뜻을 헤아리는 철학적 자세를 보여 주고 있다. 예를 들면, '이상한 관상쟁이'는 빈천하여 몸이 파리한 사람의 관상을 보고 용모가 비대하여 귀하겠다고 말하는데, 이는 빈천하면 뜻을 굽히고 자신을 낮추어 근심하고 두려워하며 닦고 반성하게 되므로 막힌 운수가 트여 장차 만 석의 녹과 부귀를 누리게 될 것임을 예측한 것이다. '관상'이란 얼굴을 보고 미래의 운명을 예측하는 것이다. 그런데 이 글의 '이상한 관상쟁이'는 현재의 모습이 아닌, 미래를 보고 운수를 점친다. 글쓴이는 이 글을 통해 운수란 노력 여하에 따라서 얼마든지 바꿀 수 있음을 이야기하고 있는 것이다.

어디서 왔는지 알 수 없는 어떤 관상쟁이가 있었다. ▶ 이상한 관상쟁이의 출현(기)
(신비성의 강조)

그는 관상 보는 책을 읽거나, 관상 보는 법을 따르지 않고 이상한 관상술로 관상을 보았다. 그리하여 사람들은 이상한 관상쟁이라 하였다. 점잖은 사람, 높은 벼슬아치, 남자, 여자, 늙은이, 젊은이를 가릴 것 없이 모두가 앞을 다투어 모셔 오기도 하고 찾아도 가서 관상을 보았다. 그의 관상은 이러했다. /『부귀하여 몸이 살찌고 기름진 사람의 관상을 보고는,
(외적 속성과 대조되는 내적 의미의 관찰 – 현재는 알 수 없는 미래를 중심으로 평가함 / 관습적 방식의 탈피 / 타인의 평가 / 일반적 인식 – 선입견)

"당신 용모가 매우 여위었으니 당신만큼 천한 이가 없겠소."
(부유함 → 교만과 능멸의 마음이 생김 → 가난해짐 → 여위어짐 → 천하게 여겨짐)

하고 빈천하여 몸이 파리한 사람의 관상을 보고는,
(일반적 인식 – 선입견)

"당신 용모가 비대하니 당신처럼 귀한 이가 드물겠소." / 하고, 장님의 관상을 보고는,
(가난함 → 겸손과 성찰 → 부유해짐 → 비대해짐 → 귀하게 여겨짐 / 일반적 인식 – 선입견)

"눈이 밝겠소."
(마음이 깨끗하고 욕심이 없으며 욕됨을 멀리하기 때문)

하고, 얼굴이 아름다운 부인의 관상을 보고는,
(일반적 인식 – 선입견)

"아름답기도 하고 추하기도 한 관상이오."
(음란한 자가 보면 아름답고 순박한 자가 보면 추함 – 역설법)

하고, 세상에서 관대하고 인자하다고 일컫는 사람의 관상을 보고는,
(일반적 인식 – 선입견)

"모든 사람을 상심하게 할 관상입니다."
(죽은 후에 많은 사람들이 상심함)

하고, 시속에서 매우 잔혹하다고 일컫는 사람의 관상을 보고는,
(그 시대의 풍속 / 일반적 인식 – 선입견)

"모든 사람을 기쁘게 할 관상입니다." 「 」: 사례의 객관적 열거(이유를 설명하지 않고 결과만 제시하여 호기심을 자극함)
(죽은 후에 많은 사람들이 기뻐함)

하였다.』 그의 관상은 대개 이런 식이었다. 비단 길흉화복(吉凶禍福)의 분간도 잘 말할 줄 모를 뿐 아니라, 상대방의 동정을 살피는 데도 모두 반대로 보았다. 그리하여 사람들이 그를 사기꾼이라고 떠들어 대며 잡아다가 그 거짓을 심문하려 하였다. ▶ 이상한 관상술로 관상을 보는 관상쟁이(승)
(일반적 인식과 반대됨 / 관상을 보는 이유 ① / 관상을 보는 이유 ② / 선입견에 얽매인 사람들 / 부정적 평가)

나는 홀로 그것을 만류하면서 말하기를,
(선입견에 얽매이지 않은 자)

"무릇 말에는 앞에서는 어긋나게 하다가 뒤에서는 순탄하게 하는 말도 있고, 겉으로 듣기에는
(설명하는 대상과 관련된 수사법: 억양법)

퍽 친근하나 이면에는 멀리할 뜻을 내포하고 있는 말도 있는 것이오. 그 사람도 역시 눈이 있는
표리부동, 면종복배, 구밀복검
사람인데, 어찌 뚱뚱한 사람, 여윈 사람, 눈먼 사람임을 분간하지 못하고서 비대한 사람을 수척하다 하고 수척한 사람을 비대하다 하며, 장님을 눈 밝은 사람이라 하였겠는가. 이 사람은 반드시 기이한 관상쟁이임이 틀림없다."
글쓴이의 평가 – 긍정적

하고, 이에 목욕재계하고 단정한 차림으로 그 관상쟁이가 살고 있는 곳에 찾아갔다.
예의를 갖추고
▶ '나'가 관상쟁이를 찾아감

그는 좌우에 있던 사람들을 모두 물리치고서 말하기를,
좌우에 있던 사람들에게 자신의 관상술의 비밀을 폭로하기 싫어서

"나는 여러 사람의 관상을 보았습니다." 하기에,

"여러 사람이란 어떤 사람들이오."

하고 물으니, 그는 이렇게 대답하였다.

「"부귀하면 교만하고 능멸하는 마음이 자랍니다. 죄가 충만하면 하늘은 반드시 뒤엎어 버릴 것
선악의 판단자, 절대적 존재
이니, 장차 알곡은커녕 쭉정이도 넉넉지 못할 시기가 닥칠 것이므로 '수척하다'고 한 것이고, 장차 몰락하여 보잘것없는 평범한 사람으로 비천하게 될 것이므로 '당신은 천하게 될 것이다'
관련 고사: 흥진비래(興盡悲來)
유비무환의 교훈을 전해 주기 위해서
고 한 것입니다.

빈천하면 뜻을 굽히고 자신을 낮추어 근심하고 두려워하며 닦고 반성하게 됩니다. 막힌 운수가
희망을 잃지 않게 하기 위해서
다하면 트이고, 장차 만 석의 녹과 부귀를 누릴 것이므로 '귀하게 될 것이다'고 한 것입니다.」
관련 고사: 고진감래(苦盡甘來)
「 」: 관련 고사 – 새옹지마(塞翁之馬)

요염한 여색이 있으면 쳐다보고 싶고 진기한 보배를 보면 가지려 하여, 사람을 미혹시키고
남성의 눈에 비치는 여성의 아름다운 자태
견물생심(見物生心)
무엇에 홀려 정신을 차리지 못함
사곡(邪曲)되게 하는 것이 눈인데, 이로 말미암아 헤아리지 못할 치욕을 받기까지 하니 이는 바
요사스럽고 마음이 바르지 못하게
욕망 수용의 매개체
로 어두운 것이 아니겠습니까.

오직 눈먼 사람만은 마음이 깨끗하여 아무런 욕심이 없고, 몸을 보전하고 욕됨을 멀리하는 것이 현명한 사람이나 깨달은 자보다 훨씬 낫습니다. 그래서 '밝은 자'라고 한 것입니다.

날래면 용맹을 숭상하고 용맹스러우면 대중을 능멸하며, 마침내는 자객(刺客)이 되기도 하고
연쇄법
사람을 몰래 암살하는 일을 전문으로 하는 사람
간당(奸黨)의 우두머리가 되기도 합니다. 관리가 이를 가두고 옥졸(獄卒)이 이를 지키며 형틀이
간사한 무리
발에 채워지고 목에 걸려지면 비록 달음질하여 도망치려 하나 그럴 수 있겠습니까. 그래서 '절름발이여서 걸을 수 없는 자'라 한 것입니다. → 관상쟁이의 말의 오류: 성급한 일반화의 오류

여색
무릇 색(色)이란 음란한 자가 보면 구슬처럼 아름답고, 어질고 순박한 자가 보면 진흙덩이와
'색'은 상대적 가치임을 강조
같을 뿐이므로 '아름답기도 하고 추하기도 하다'고 한 것입니다.

이른바 인자한 사람이 죽을 때에는 사람들이 사모하여 마치 어린애가 어미를 잃은 것처럼 울고불고 할 것입니다. 그래서 '만인을 상심하게 할 자'라고 한 것입니다.

또 잔혹한 사람이 죽으면 도로와 거리에서 기뻐 노래 부르고 양고기와 술로서 서로 축하하며 크게 웃는 사람도 있고, 손이 터지도록 손뼉 치는 사람도 있습니다. 그래서 '만인을 기쁘게 할 것이다' 고 한 것입니다." ▶ 관상쟁이의 관상 판단 이유(전)

나는 놀라(깨달음) 일어서며 말하기를,

"과연 내 말대로이다. 이것이야말로 기이한 관상이구나. 그의 말은 새겨 둘 만한 규범(몸을 삼가는 규범)으로 삼을 수 있는 것이다. 어찌 그가 겉으로 드러나는 모습에 따라 귀한 상을 말할 때는 '거북 무늬에 무소뿔'('좋은 인상'의 의미)이라 하고, 나쁜 상을 말할 때는 '벌의 눈에 승냥이 소리'('나쁜 인상'의 의미)라 하여(일반적인 관상쟁이들이 쓰는 모호한 표현), 나쁜 것은 숨기고 상례(常例)(보통 있는 예. 항례(恒例))를 그대로 따르면서, 스스로를 성스럽고 신령스럽다 하는(자화자찬(自畵自讚)) 바로 그런 부류(일반적인 관상술로 관상을 보는 사람 – 모호하게 뜻을 흐리나 사실은 보이는 대로 말함)이겠는가?"

하고 물러 나와서 그의 대답한 말을 적는다. ▶ '나'가 관상쟁이의 말에 감탄함(결)

핵심 정리

- 갈래: 고전 수필(한문 수필)
- 성격: 교훈적
- 구성: '기 – 승 – 전 – 결'의 4단 구성

기: 이상한 관상쟁이의 출현 ➡ 승: 이상한 관상술로 관상을 보는 관상쟁이 ➡ 전: 관상쟁이를 찾아가 관상 판단의 이유를 들음 ➡ 결: 관상쟁이의 말에 감탄함

- 제재: 이상한 관상쟁이
- 주제: ① 선입견에 대한 경계 ② 삶의 길흉화복의 가변성 ③ 노력하는 삶의 중요성
- 특징: ① 역설법, 연쇄법 등 다양한 수사법을 사용함
  ② 상례(常例)에 얽매이지 않는 조상들의 철학적 사고와 고상한 인생관을 접할 수 있음

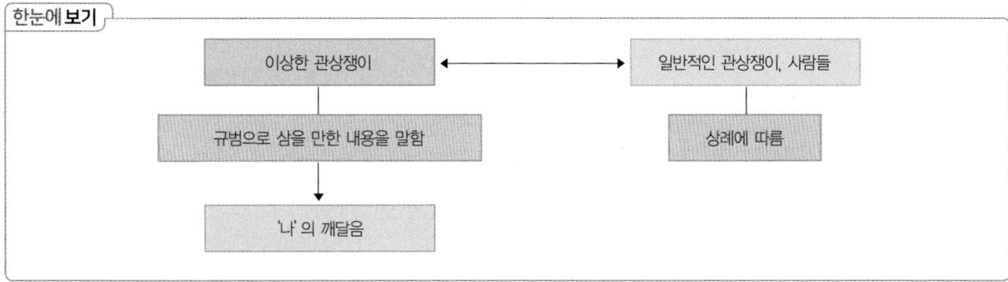

필수 문제

01 이 글에서 많은 사람들이 '이상한 관상쟁이'를 앞을 다투어 모셔 오기도 하고 찾아도 가서 관상을 본 이유가 무엇일지 쓰시오.

02 이 글의 '이상한 관상쟁이'가 말한 '아름답기도 하고 추하기도 한 관상이오.'에 사용된 수사법을 쓰시오.

03 이 글에서 '이상한 관상쟁이'에 대한 부정적 평가(①)와 긍정적 평가(②)를 드러내는 표현을 각각 찾아 쓰시오.

04 이 글에서 일반적인 관상쟁이가 각각 귀한 인상과 나쁜 인상을 말할 때 사용하는 모호한 표현 두 가지를 찾아 쓰시오.

29 방선부(放蟬賦) | 이규보

매미를 놓아 줌 사물이나 그에 대한 감상을, 비유를 쓰지 아니하고 직접 서술하는 작법

필수

출제 포인트

매미를 놓아 준 일과 관련된 행위를 통해 인간 세태를 비판하고 있는 한문 수필로, 이 글에 쓰인 소재가 상징하는 인물 유형 및 주제 의식에 주목하여 살펴보자.

감상 길잡이

이 글은 글쓴이가 거미줄에 걸린 매미를 놓아 준(放蟬) 행위를 비판하는 어떤 사람에 대해 반박하며 자신의 견해를 밝힌 수필이다. 이 글에서 글쓴이는 매미를 놓아 준 것이 거미에게 해가 될 수도 있지만, 탐욕적인 거미에게서 욕심 없는 매미를 놓아 주는 것은 옳은 일이라고 말한다. 또한, 향기 나는 것을 찾아다니는 나비나 비린내 나는 것을 찾아다니는 쉬파리가 거미줄에 걸린 것은 탐욕스러운 욕심에 의해 생긴 일이므로 불쌍하게 생각되지 않는다고 말한다. 이 글은 단순히 매미와 거미의 이야기를 하는 것이 아니라 이를 통해 인간 세계의 모습을 비판하고 경계하고 있는 것이다. 매미로 상징되는 '깨끗한 사람'은 깨끗한 곳을 찾되, 거취를 조심스럽게 결정해야 살아가는 데 어려움이 없다고 역설하고 있는 것이다. 아울러 깨끗한 사람이 사회를 살아가는 것이 얼마나 어려운가를 비유적으로 나타내었다고도 볼 수 있다.

저 교활한 거미(蛛)는 그 종류가 너무 많다. 누가 그에게 저 교활한 재주를 길러 주어 거미줄로 둥근 배를 채우게 했는가.

글쓴이의 부정적 태도가 직접적으로 드러남 / 탐욕스런 존재 / 가는 실로 그물을 만들어(남의 눈을 속여) 먹이를 잡음

▶ 탐욕스런 거미의 교활한 재주에 대한 반감

△ ↔ ○: 대조 – 글쓴이의 입장

어떤 매미 한 마리가 거미줄에 걸려 처량한 소리를 지르길래 내가 듣다 못하여 매미를 날아가도록 풀어 주었다. 그때 옆에 있는 어떤 사람이 나를 나무라면서,

청렴결백한 존재

「"거미나 매미는 다 같이 하찮은 미물(微物)들이다.」 거미가 그대에게 무슨 해를 끼쳤으며, 매미는 또 그대에게 어떤 이익을 주었기에 매미를 살려 주어 거미를 굶겨 죽이려 드는가? 살아 간 매미는 자네를 고맙게 여길지라도 먹이를 빼앗긴 거미는 억울하게 생각할 것이다. 이렇다면 매미를 놓아 보낸 일을 두고 누가 자네를 어질다고 여기겠는가?" / 하였다.

동등함 / 보잘것없는 것 / 「 」: 거미와 매미는 동등하므로 한쪽에 치우칠 필요가 없음 / '나'의 부당한 행동 비판

▶ '나'의 방선(放蟬)과 그에 대한 타인의 반박(기)

나는 이 말을 듣고 처음에는 얼굴을 찡그리며 대답조차 하지 않았다. 그러나 얼마 후 그의 이러한 의심을 풀어 주기 위하여,

「"거미란 놈의 성질은 본래부터 욕심이 많고, 매미란 놈은 욕심이 적고 자질이 깨끗하다.」 항상 배가 부르기만을 바라는 거미의 욕구는 만족하기 어렵다. 그러나 이슬만 마시고도 만족해하는 저 매미를 두고 욕심이 있다 할 수 있을까? 저 탐욕스런 거미가 이러한 매미를 위협하는 것을 나는 차마 볼 수 없기 때문에 매미를 구해 주었다." / 하였다.

「 」: '나'의 기본 전제 – 거미 ↔ 매미 / 탐욕적임 / 청렴하고 성품이 맑음

▶ 타인의 반박에 대한 '나'의 해명(승)

가늘디가는 실로 그물을 만들어 놓으면 아무리 이루(離婁) 같은 밝은 눈을 가진 이도 알아보기 어려운데, 하물며 이 어리석은 매미가 어떻게 그것을 살필 수 있겠는가? 어디로 날아가려던 참에 그만 거미줄에 걸려 날개를 움직일수록 매미는 더욱더 얽혀지기만 하였다.

이루(離婁): 황제(黃帝) 때 눈이 밝기로 유명했다는 사람. 백 보 밖에서 짐승의 털끝도 보았다고 함

제 이익에 급급한 저 쉬파리 같은 무리들은 온갖 냄새를 따라다니면서 비린내 나는 음식만 찾으려 한다. 나비 역시 향기 나는 것을 구하려고 바람을 따라 바쁘게 오르내리고 있다. 그러다가

쉬파리: 번잡한 존재 – 소인(小人)을 비유함 / 나비: 경망스러운 존재

그물에 걸린들 누구를 원망하랴. 탐욕스런 욕심 때문에 일어난 일인데.
수원수구(誰怨誰咎) 쉬파리와 나비가 불쌍하지 않은 이유

이와 달리 저 매미는 원래 남과 잘 다투는 일이 없었는데도 이런 악독한 거미줄에 걸렸다.
▶ 매미를 구해 준 이유(전)

나는 매미 몸에 뒤얽힌 거미줄을 풀어 주면서 다음과 같이 간곡하게 당부하였다.

"우선 울창한 숲을 찾아서 가거라. 그리고 깨끗한 곳을 골라 자리를 잡되 자주 나다니지 말아라. 탐욕스런 거미들이 너를 호시탐탐 엿보고 있다. 그렇다고 같은 곳에서만 너무 오래 있지는 말아야 한다. 버마재비란 놈이 뒤에서 너를 노리고 있으니 말이다. 너의 거취를 조심한 다음이라야 어려움 없이 살아갈 수 있다."
크고 넓은 세계 / 매미를 위협하는 존재 / 남의 것을 빼앗기 위하여 형세를 살피며 가만히 기회를 엿보는 모양 / 사마귀 / 깨끗한 곳에서 탐욕스런 존재들을 항상 경계해야 함
▶ 매미에 대한 '나'의 당부(결)

핵심 정리

- 갈래: 고전 수필〔한문 수필, 부(賦)〕
- 성격: 우의적, 교훈적, 비판적, 경세적
- 구성: '기 – 승 – 전 – 결'의 4단 구성

기: '나'의 방선(放蟬)과 그에 대한 타인의 반박(새로운 관점 제시)	➡	승: 타인의 반박에 대한 '나'의 해명(자신의 논지 강화)	➡	전: 매미를 구해 준 이유	➡	결: 매미에 대한 '나'의 당부

- 제재: 매미와 거미
- 주제: 탐욕스러운 인간 세태를 비판하고 경계함
- 특징: ① 일상적 소재를 비유적으로 표현함
  ② 비교와 대조를 통해 주제를 부각함

한눈에 보기

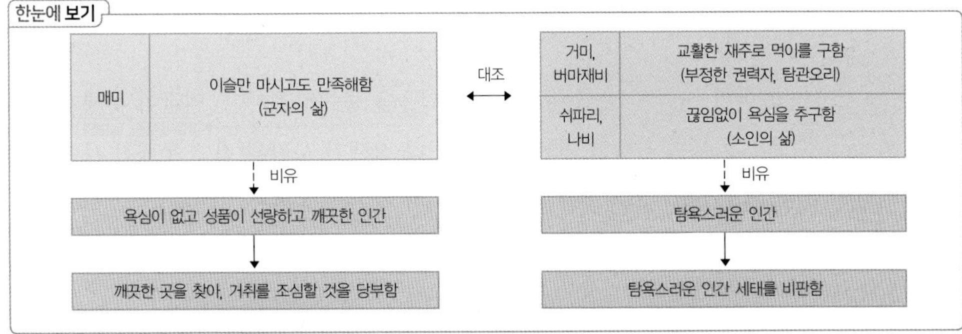

필수 문제

01 이 글에는 대조적인 의미로 사용되고 있는 소재들이 있다. ㉠과 ㉡에 들어갈 소재를 모두 찾아 쓰시오.

욕심이 없고 성품이 선량하고 깨끗한 인간	끊임없이 욕심을 추구하는 탐욕적인 인간
㉠	㉡

02 [서술형] 이 글에서 글쓴이가 '매미, 거미, 버마재비, 쉬파리, 나비'와 같은 소재를 사용하여 궁극적으로 말하고자 하는 것이 무엇인지 서술하시오.

30 경설(鏡說) | 이규보

교과서

출제 포인트

거울에 대한 나그네와 거사의 문답을 통해 바람직한 삶의 자세와 처세에 대한 교훈을 주는 고전 수필로, 거사의 새로운 시각과 철학에 주목하여 살펴보자.

감상 길잡이

이 글은 '경(鏡)', 곧 거울을 제재로 하여 삶과 처세에 관한 시각을 상징적으로 제시하고 있는 한문 수필이다. 맑은 것을 취하기보다는 오히려 흐린 것을 취해야 한다는 거사의 생각은 언뜻 엉뚱해 보인다. 그러나 못난 사람이 많은 세상에서 못난 모습을 그대로 드러내는 맑은 거울이 오히려 용납되지 못함을 예로 들면서, 세상에 대해 보다 유연한 시각이 필요함을 깨닫게 해 준다. 이처럼 이 글은 삶의 심층을 철학적으로 새롭게 해석하여, 세상에서 사물과 인간이 어떻게 받아들여지고 배척되는가를 말하며 글쓴이 나름의 처세훈을 교훈적으로 제시하고 있다.

거사가 거울 하나를 갖고 있었는데 먼지가 끼어서 흐릿한 것이 마치 구름에 가리운 달빛 같았다. 그러나 그 거사는 아침저녁으로 이 거울을 들여다보며 얼굴을 가다듬곤 하였다. 한 나그네가 거사를 보고 이렇게 물었다.

(거사: 숨어 살며 벼슬을 하지 않는 선비 – 글쓴이의 허구적 대변인. 대상을 새로운 관점으로 재해석함 / 거울: 교훈 전달의 매개체. 바람직한 삶의 자세와 처세 방법을 간접적으로 일깨워 주는 소재. 인물의 내면을 비춰 주는 도구임 / 먼지: ① 사람의 결점 ② 세속의 탁함 / 나그네: 고정관념에 사로잡힌 인물)

「"거울이란 얼굴을 비추어 보는 물건이든지, 아니면 군자가 거울을 보고 그 맑은 것을 취하는 것으로 알고 있는데,」 지금 거사의 거울은 안개가 낀 것처럼 흐리고 때가 묻어 있습니다. 그럼에도 당신은 항상 그 거울에 얼굴을 비춰 보고 있으니 그것은 무슨 뜻입니까?"

(얼굴을 비추어 보는 물건: 실용적 가치 / 군자가 거울을 보고 그 맑은 것을 취하는 것: 윤리적 가치 – 인격 수양 / 「 」: 나그네의 고정관념 / 거사의 거울: 흐린 거울 – 남의 결점 포용)

▶ 사물을 고정된 시각으로 보는 나그네의 물음

거사는 이렇게 대답했다.

「"얼굴이 잘생기고 예쁜 사람은 맑고 아른아른한 거울을 좋아하겠지만, 얼굴이 못생겨서 추한 사람은 오히려 맑은 거울을 싫어할 것입니다.」 그러나 잘생긴 사람은 적고 못생긴 사람은 많기 때문에 맑은 거울 속에 비친 추한 얼굴을 보기 싫어할 것인즉, 흐려진 그대로 두는 것이 나을 것

(얼굴이 잘생기고 예쁜 사람: 성인 · 군자와 같은 도덕적인 소수의 사람들 ↔ 얼굴이 못생겨서 추한 사람: 결점이 있는 다수의 사람들 / 「 」: 장점은 드러내고 단점은 감추고자 하는 인간의 보편적인 심리 / 만일 한 번 보면 반드시 깨뜨리고야 말 것이니 / 흐려진 그대로 두는 것: 결점이 있어도 그것을 이해하며 유연하게 사는 태도)

입니다. 그래서 차라리 깨쳐 버릴 바에야 먼지에 흐려진 그대로 두는 것이 나을 것입니다. 먼지로 흐리게 된 것은 겉뿐이지 거울의 맑은 바탕은 속에 그냥 남아 있는 것입니다. 만일, 잘생기고 예쁜 사람을 만난 뒤에 닦고 갈아도 늦지 않습니다. 아! 옛날에 거울을 보는 사람들은 그 맑은 것을 취하기 위함이었지만, 내가 거울을 보는 것은 오히려 흐린 것을 취하는 것인데, 그대는 어찌 이를 이상스럽게 생각합니까?"

(① 인간 관계의 실패 ② 남에게 미움을 받음 / 현실주의적 태도 / 본질은 변하지 않음 – 인간의 본성이 선하다는 관점 / 필요한 때를 기다릴 줄 아는 지혜의 필요성 / 인간에 대한 포용적이고 유연한 태도)

하니, 나그네는 아무 대답이 없었다.

묵묵부답(默默不答) – 거사의 논리를 수용함

▶ 세상과 인간을 유연하게 보는 거사의 대답

핵심 정리

- 갈래: 고전 수필[한문 수필, 설(說)]
- 성격: 교훈적, 철학적, 상징적, 관조적
- 구성: '질문 – 대답' 의 2단 구성

  질문: 사물을 고정된 시각으로 보는 나그네의 물음 ➡ 대답: 세상과 인간을 유연하게 보는 거사의 대답

- 제재: 거울
- 주제: ① 사물의 본질을 이해하는 통찰력과, 결점에 대한 포용적이고 유연한 태도
  ② 삶에 대한 관조적 자세
  ③ 처세훈적(處世訓的) 의식과 현실에 대한 풍자
- 특징: ① 구체적 경험에서 일반적 삶의 지혜를 끌어냄
  ② 문답법을 통해 주제를 드러내고 내용의 신뢰성과 객관성을 확보함

한눈에 보기

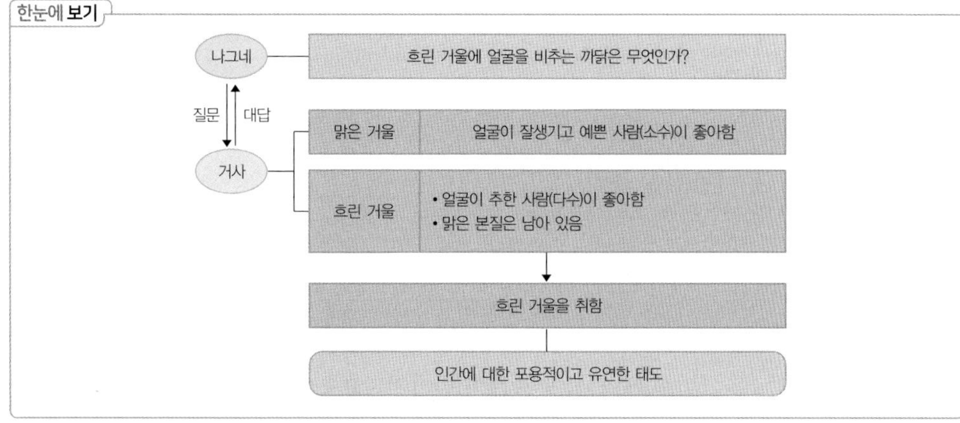

필수 문제

01 이 글의 구조를 크게 둘로 나누어 쓰시오.

02 [서술형] 이 글에서 '거울'이 상징하는 바와 그 기능에 대해 서술하시오.

31 슬견설(蝨犬說) | 이규보

이와 개

교과서

출제 포인트

두 사람의 대화 형식으로 생명이 있는 것의 소중함과 사물의 본질을 봐야 한다는 내용을 다루고 있는 설이다. 글쓴이의 독특한 논리와 주제를 드러내기 위한 논리 전개 방식에 주목하여 살펴보자.

감상 길잡이

이 글은 '이'나 '개'의 죽음을 어떻게 볼 것인가를 놓고 '손'과 '나'가 논쟁을 벌인 이야기를 기록한 것이다. '손'과 '나' 사이에 견해 차이가 생기는 것은 사고의 기본 전제가 다르기 때문이다. '손'은 '큰 동물의 죽음만이 불쌍하다.'고 보고 있지만, '나'는 '작은 동물이라 할지라도 생명을 가진 것이면 그 죽음은 불쌍하다.'고 생각한다. 전제가 다르기 때문에 그에 따른 결론도 다른 것이다. 이러한 이야기를 통해 글쓴이가 주는 교훈은 만물은 크기에 관계없이 근본적 속성이 동일하므로, 선입견을 버리고 사물의 본질을 올바로 보는 안목을 갖추라는 것이다.

어떤 손님이 내게 말했다.
사물의 가치를 외형의 크기로 판단하는 사람

「"어제저녁에 보니 웬 불량한 남자가 돌아다니는 개를 큰 몽둥이로 때려 죽이더군요. 그 형세가
△ : 대물 / 몽둥이로 개를 때려 죽이는 모습

얼마나 애처롭던지 마음이 아프지 않을 수 없었지요. 그래서 다시는 개·돼지고기를 먹지 않기
인지상정(人之常情), 측은지심(惻隱之心)

로 맹세했답니다."」 ▶ 손님의 일반적인 생각 – 개의 참혹한 죽음에 마음이 아픔(기)
「 」: 커다란 짐승의 죽음에 대한 손님의 연민의 감정

내가 대답했다.
외형의 크기와 상관없이 모든 생명이 소중하다고 보는 사람

「"어제저녁에 어떤 사람이 이글대는 화로를 끼고 앉아서는 거기에다 이를 잡아서 태워 죽이더군
○: 미물

요.」 나는 마음이 아프지 않을 수 없었지요. 그래서 다시는 이를 잡지 않기로 맹세했지요."
「 」: 선입견이나 편견으로 사물의 본질을 잘못 판단하는 것을 설명하기 위해 극단적 상황을 제시함 ▶ '나'의 생각 – 이의 죽음에 마음이 아픔(승)

손님이 낙심하여 말했다.
손님이 '나'의 말을 제대로 이해하지 못함

「"이는 미물입니다. 나는 그럴듯하게 큰 것이 죽는 것을 불쌍히 여겨 말했는데, 선생께서는 이런
인간에 비하여 보잘것없는 '동물'을 이르는 말

걸로 대꾸하시다니, 어찌 나를 놀리시오?"」 ▶ 손님의 반박 – 개는 대물이고 이는 미물임(전)
「 」: 작은 생명체를 경시하는 태도, 외형의 크기에 따라 가치를 평가하는 편견

내가 말했다.

「"무릇 혈기가 있는 것은 사람으로부터 소나 말·돼지·양·벌레·개미에 이르기까지 살고 싶
생명이 있는 것 / 열거법, 점강법

어 하고 죽기 싫어하는 마음이야 같지 않은 게 없다오.」 어찌 큰 것만이 죽기를 싫어하고 작은
「 」: 크기에 상관없이 모든 생명은 소중하다는 생각이 드러남

것은 그렇지 않겠소? 그런즉 개나 이의 죽음이 한가지지요. 그래서 예를 들어 적절한 대(對)를
생명은 본질적으로 모두 소중한 것임

삼은 것이라오. 어찌 기롱(欺弄)한 것이겠소? 만일 그대
남을 속이거나 비웃으며 놀림

가 이를 믿지 못하겠거든 왜 그대의 열 손가락을 깨물어 보지 않소. 엄지손가락만 아프고 나머지는 그렇지 않은가요? 한 몸에 있는 것이라면 큰 부분이든 작은 부분이든 똑같이 피가 있고 살이 있지요. 그래서 아프기로 말하자면 같은 것이라오. 하물며 각각 기운과 숨을
모든 생명은 본질적으로 같음 / 생명체

따로 받은 것들이야 어떻겠소? 어찌 저것은 죽기를 싫어하고 이것은 좋아하겠느냔 말이오? 그러니 물러가서 눈을 감고 조용히 생각해 보시오.「달팽이 뿔을 쇠뿔과 똑같이 보고, 메추리를 대붕(大鵬)과 같게 보시오.」그런 뒤에라야 내 그대와 더불어 도(道)를 말하겠소."

(저것: 개 / 이것: 이 / 눈을 감고 조용히 생각해: 편견 배제, 객관적으로 생각함 / 대붕: 하루에 구만 리를 날아간다는, 매우 큰 상상의 새 / 「 」: 구체적인 예시를 들어 글쓴이의 의도를 드러냄 / 도: 세상의 올바른 이치와 원리) ▶ 나의 충고 – 모든 생명은 본질적으로 같음(결)

핵심 정리

- 갈래: 고전 수필〔한문 수필, 설(說)〕
- 성격: 교훈적, 풍자적, 우의적, 설득적, 사변적(思辨的), 관념적
- 구성: '기 – 승 – 전 – 결'의 4단 구성

- 제재: 개와 이의 죽음
- 주제: 선입견을 버리고 사물의 본질을 보아야 함
- 특징: ① 사소하고 평범한 사물을 통해 교훈적 의미를 깨우침 ② 비유와 우의적인 표현을 사용함 ③ 변증법적 대화를 통해 글을 전개함 ④ 비교와 대조를 통해 주제를 부각시킴

한눈에 **보기**

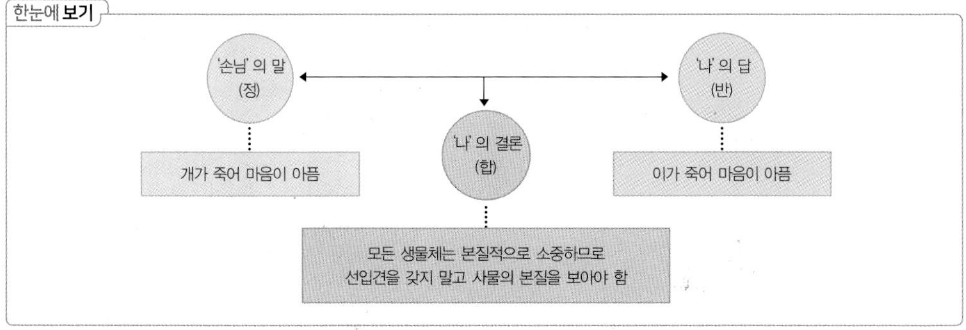

보충·심화 학습

- 변증법(辨證法)

변증법이란, 헤겔 철학에서 인식이나 사물은 정(正) · 반(反) · 합(合) 삼 단계를 거쳐 전개된다고 하는 논리를 말한다. 정(正)의 단계란 그 자체에 모순을 포함하고 있음에도 불구하고 그 모순을 알아채지 못하는 단계이며, 반(反)의 단계란 그 모순이 자각되어 밖으로 드러나는 단계이다. 이와 같이 모순에 부딪힘으로써 제3의 합(合)의 단계로 전개되어 나가는데, 이 합의 단계는 정과 반이 종합 · 통일된 단계로, 정과 반의 두 규정이 함께 부정되면서 또한 함께 살아나서 통일된다.

필수 문제

01 이 글에서 '손님'이 중요한 것과 중요하지 않은 것을 구분하는 기준으로 삼은 것이 무엇인지 쓰시오.

02 이 글에서 글쓴이가 주제를 이끌어 내기 위해 사용한 논리 전개 방식을 쓰시오.

03 이 글에서 '나'가 '손님'을 통해 경계하고자 하는 인물 유형은 무엇인지, 〈보기〉의 ( ) 안에 들어갈 알맞은 말을 쓰시오.

〈 보기 〉

(   )을/를 가진 사람

04 [서술형] 이 글에서 생명을 대하는 태도에 있어서 '손님'과 '나'의 차이점을 서술하시오.

32 이옥설(理屋說) | 이규보

교과서

출제 포인트

집을 수리한 경험을 통해 삶의 이치를 깨닫는다는 내용의 수필로, 글쓴이가 깨달은 내용과 이 글의 내용 전개 방식에 주목하여 살펴보자.

감상 길잡이

이 글은 실생활의 체험을 예로 들어 인간의 삶의 이치와 나라를 다스리는 경륜을 깨우쳐 주는 수필이다. 집수리와 같은 평범한 예를 통해 사람이 살아가는 올바른 자세와 방법을 제시하고, 나아가 나라를 바로잡고 백성의 안정된 삶을 위한 시의적절한 정치 개혁의 필요성을 역설하고 있다. 길이가 짧은 수필이지만 작은 잘못이라도 그것을 알고 미리 고치지 않으면 더 큰 문제가 생기게 되고, 그것으로 인하여 더 큰 낭패를 볼 수 있다는 교훈을 주는 글이다.

집에 오래 지탱할 수 없이 퇴락한(낡아서 무너지고 떨어진) 행랑채(대문간 곁에 있는 집채. 문간채) 세 칸이 있어서 나는 부득이 그것을 모두 수리하게 되었다. 이때 앞서 그중 두 칸은 비가 샌 지 오래 되었는데, 나는 그것을 알고도 어물어물하다가 미처 수리하지 못하였고(제때 적절한 조치를 취하지 않음), 다른 한 칸은 한 번밖에 비를 맞지 않았기 때문에 급히 기와를 갈게 하였다(알맞은 조치를 제때 취함).

그런데 수리하고 보니, 「비가 샌 지 오래된 것은 서까래, 추녀, 기둥, 들보(칸과 칸 사이의 두 기둥을 건너지르는 나무)가 모두 썩어서 못 쓰게 되었으므로 경비가 많이 들었고, 한 번밖에 비를 맞지 않은 것은 재목들이 모두 완전하여 다시 쓸 수 있었기 때문에 경비가 적게 들었다.」 ▶ 퇴락한 행랑채의 수리 경험(대조, 예시)

「 」: 잘못된 것을 알고도 고치지 않으면 더 큰 문제가 생기게 된다는 경계의 의미가 담겨 있음

나는 여기에서 이렇게 생각한다(글쓴이의 깨달음으로, 작품의 주제와 상통함). 「사람의 몸(삶, 인생사)에 있어서도 마찬가지이다.」(「 」: 유추적 적용 ①) 잘못을 알고서도 곧 고치지 않으면 몸의 패망(싸움에 져서 망함)하는 것이 나무가 썩어서 못 쓰게 되는 이상으로 될 것이고, 잘못이 있더라

도 고치기를 꺼려하지 않으면 다시 좋은 사람이 되는 것이 집 재목이 다시 쓰일 수 있는 이상으로 될 것이다.

▶ 삶의 이치를 깨달음(유추)

이뿐만 아니라, 「나라의 정사도 이와 마찬가지다.」 모든 일에 있어서, 「백성에게 심한 해가 될 것을 머뭇거리고 개혁하지 않다가, 백성이 못살게 되고 나라가 위태하게 된 뒤에 갑자기 변경하려 하면, 곧 붙잡아 일으키기가 어렵다.」 삼가지 않을 수 있겠는가?

(정사: 정치 또는 행정상의 일 / 이와 마찬가지다: 준비와 개선이 필요하다 / 「 」: 유추적 적용 ② / 백성이 못살게 되고 ~ 변경하려 하면: 소 잃고 외양간 고친다. 사후약방문(死後藥方文) / 「 」: 때를 놓치지 않는 개혁과 결단의 필요성 / 삼가지 않을 수 있겠는가?: 자신과 타인에 대한 경계의 태도, 설의법(교훈적))

▶ 나라의 정치에 적용(확대 적용) – 시의적절한 정치 개혁의 필요성

핵심 정리

- 갈래: 고전 수필[한문 수필, 설(說)]
- 성격: 예시적, 경험적, 교훈적, 유추적
- 구성: '사실(경험) – 의견(깨달음) – 의견(깨달음의 확장)'의 3단 구성

체험: 퇴락한 행랑채의 수리 경험 ➡ **깨달음**: 삶의 이치를 깨달음 ➡ **깨달음의 확장**: 나라의 정사에 적용

- 제재: 퇴락한 행랑채의 수리
- 주제: 잘못을 미리 알고 고쳐 나가는 자세의 중요성
- 특징: 구체적 경험으로 깨달은 바를 인간사 일반으로 확대 적용하여 이치를 밝힘

한눈에 **보기**

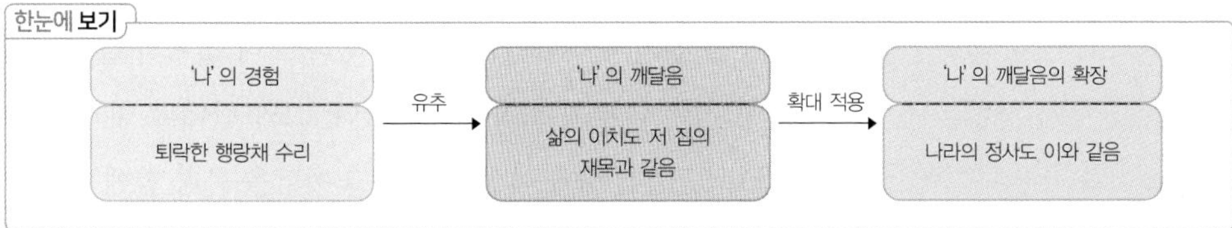

보충·심화 학습

- 유추(類推)

유추란, 서로 다른 범주의 두 대상을 놓고 한쪽의 성질에 빗대어 다른 한쪽의 성질을 미루어 짐작하는 추론 방식으로, '유비 추리(類比推理)'의 준말이다. 이러한 유추는 글에서 논지 전개 방식으로 사용되기도 하는데, 글의 논지 전개 방식에서의 유추란, 하나의 사건이나 사물로부터 그와 비슷한 속성을 지닌 다른 사건이나 사물로 논의를 확장해 나가는 방식을 말한다.

행랑채 수리 경험	비가 샌 지 오래된 행랑채의 재목들 – 썩어 못 쓰게 됨
↓ 유추	
삶의 이치를 깨달음	사람의 몸과 마음 – 잘못된 습관을 바로 고쳐야 함

이규보

필수 문제

01 이 글에서 글쓴이가 주제를 드러내기 위하여 사용한 글의 전개 방식을 쓰시오.

02 이 글에서 뒤늦게 행랑채를 고친 글쓴이의 행동을 비판하기에 적절한 속담을 쓰시오.

03 이 글의 주제를 한 문장으로 쓰시오.

33 주뢰설(舟賂說) | 이규보

배에서 주는 뇌물 이야기

필수

출제 포인트

글쓴이가 뇌물을 주고받는 여부에 따라 배의 도착 시간이 달라짐을 경험하고, 이를 통해 뇌물이 일상화된 세태를 비판하고 있는 수필이다. 이 글의 내용 전개 방식 및 글쓴이의 집필 의도에 주목하여 살펴보자.

감상 길잡이

이 글은 배를 타고 강물을 건너는 사소한 경험을 바탕으로 당시에 만연해 있던 뿌리 깊은 부패상을 비판하고 있는 수필이다. 강을 건너는 사소한 일에서조차 드러나던 당대의 뇌물 풍조는 글쓴이 자신이 왜 지금까지 관직을 얻지 못했는가를 깨닫게 하며, 이를 통해 관직 사회에 대한 날카로운 비판 의식을 드러낸다. 하지만 글쓴이는 단순히 시대상에 대한 비판에 머물지 않고, 지금까지 제대로 된 관직 하나를 얻을 수 없었던 자신의 비극적 처지를 긍정하는 자부심으로 연결하고 있다. 구구절절한 표현보다는 압축적 사건 제시와 간결한 표현으로 깨달음의 충격을 극대화시키고 있다.

어느 날 남쪽 지방을 여행하였는데 도중에 큰 강물(큰 시련)을 만났다. 그리하여 강나루에서 뱃삯(정상적인 방식의 노력)을 주고 강물을 건너게 되었는데, 때마침 강물을 건너는 사람이 많아서 두 척의 배에 나누어 타고 동시에 출발하였다. 그 두 척의 배는 크기도 똑같고, 노 젓는 사람의 수도 똑같고, 태운 사람의 수도 똑같았다.(동일한 조건에서 출발함)

두 척의 배가 마침내 닻줄을 풀고 노를 젓기 시작하였는데 조금 있다 보니 곁에서 같이 출발했던 배는 날듯이 강물을 건너가서 이미 저쪽 나루(목적지)에 도착하고 있었다. 그와 반대로 내가 탄 배는 아직도 이쪽 나루 근처에서 머뭇거리고 있었다. 내가 이상히 여겨 그 까닭을 묻자 함께 배를 탔던 사람들이 이르기를,

「"저 배를 탄 사람들은 술(뇌물)을 싣고 가다가 그 술로 노 젓는 사람을 먹이니 뱃사공이 힘을 다하여 노를 저었기 때문이오."」 「 」: 뇌물로 인해 다른 결과를 얻게 됨

하였다.

▶ 같은 조건에서 출발했으나 다른 결과를 얻은 두 척의 배(사실)

나는 겸연쩍은 얼굴로 한탄하였다.

「"아하! 이 조그마한 강물을 건너는 데도 뇌물을 먹이고 안 먹이는 데 따라 빠르게 건너고 느리게 건너는 차이가 있는데, 하물며 바다같이 험한 벼슬길을 다투어 건너는 데야 더 말할 나위가 있겠는가? 생각해 보면 내 주변에는 나를 돌보아 주는 사람도 없고 뇌물을 줄 만한 사람도 없는 까닭에 지금까지 조그만 벼슬자리 하나도 제대로 차지하지 못하였구나."」

강물 = 벼슬길 / 술 = 뇌물 (유추적 발상): '설'의 일반적 특징

「 」: 뇌물이나 인맥에 의해 좌지우지되는 정치 현실의 비판

나는 뒷날 나의 과거를 돌이켜 보는 계기를 삼기 위하여 이렇게 써 두기로 하였다.

감정을 절제하는 종결 – 자신이 뇌물을 받을 수 있는 위치에 오르더라도 뇌물에 의해 흔들리지 않겠다는 다짐

▶ 뇌물이 일상화된 세태에 대한 한탄(의견)

핵심 정리

- 갈래: 고전 수필〔한문 수필, 설(說)〕
- 성격: 비판적, 통찰적, 유추적
- 구성: '사실(경험) – 의견(깨달음)'의 2단 구성

사실: 동일 조건의 배가 뇌물에 따라 도착 시간이 달라짐을 경험함 ➡ **의견**: 뇌물이 일상화된 세태를 비판함

- 제재: 뇌물, 배
- 주제: 뇌물이 횡행하는 세태에 대한 비판
- 특징: ① 간결한 표현으로 글쓴이의 생각을 드러냄
  ② 자신의 경험을 통해 깨달은 바를 바탕으로 사회 현실을 비판함

한눈에 **보기**

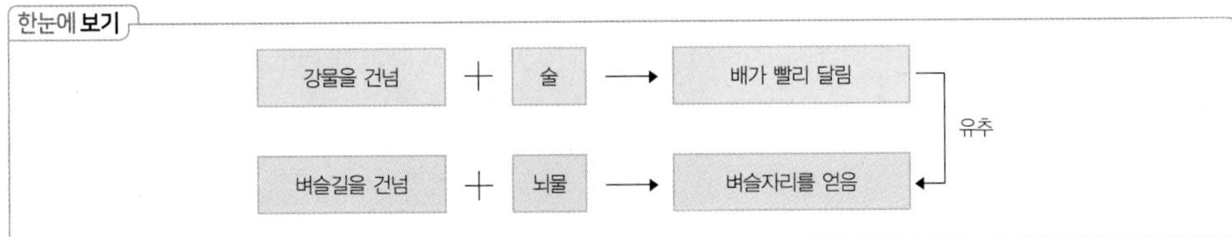

필수 문제

01 이 글에 사용된 유추의 방식을 다음과 같이 구조화할 때, A, B에 해당하는 소재를 각각 찾아 쓰시오.

큰 강물	뱃사공	글쓴이	빨리 가는 배를 탄 사람들	술
벼슬길	A	뇌물을 주지 않은 사람	뇌물을 준 사람	B

02 이 글을 '사실–의견'의 2단 구성이라고 할 때, '의견'에 해당하는 문단이 시작되는 부분의 첫 2어절을 쓰시오.

03 이 글에서 글쓴이의 경험에서 교훈을 이끌어 내기 위해 사용한 내용 전개 방식을 쓰시오.

34 괴토실설(壞土室說) | 이규보

무너질 괴, 흙 토, 집 실, 말씀 설
토실을 허문 데에 대한 설

필수

출제 포인트

토실에 대한 부정적 견해를 밝히고 있는 한문 수필로, 이 글에 쓰인 소재 '토실'의 상징적 의미와 이에 대한 이자와 종들의 견해 차이, 글쓴이의 가치관 및 주장에 주목하여 살펴보자.

감상 길잡이

이 글은 자연의 순리에 따르지 않고 거역하려는 인간의 태도를 꾸짖고 있는 교훈적인 수필이다. 이 글은 글쓴이의 일상적 경험을 토대로 하여 쓰여졌으므로, 하인들을 꾸짖는 '이자'는 글쓴이인 이규보이다. 이 글에서 글쓴이는 종들이 마당에 토실을 짓는 것을 꾸짖는데, 그 이유는 인간의 편의를 위하여 자연의 순리에 거역하는 것은 하늘의 명을 거역하는 것이라고 생각하기 때문이다.

10월 초하루(날씨가 추워짐을 나타내기 위함)에 이자(李子)(이씨 성을 가진 사람 – 이규보 자신을 가리킴. 비판의 주체)가 밖에서 돌아오니, 종들(비판의 대상)이 흙을 파서 집을 만들었는데, 그 모양이 무덤(토실에 대한 부정적인 인식이 드러남)과 같았다. 이자는 어리석은 체하며(토실을 지은 이유를 모르는 체하며) 말하기를,

"무엇 때문에 집 안에다 무덤을(토실에 대한 글쓴이의 부정적인 관점이 드러남) 만들었느냐?"

하니, 종들이 말하기를,

"이것은 무덤이 아니라 토실(흙만 쌓아 만든 집. 오늘날의 '온실'에 해당함 → 인간의 이기적 심성 상징. 인간의 편의를 위해 자연의 섭리를 역행하는 것)입니다."

하기에,

"어찌 이런 것을 만들었느냐?(만든 목적이 무엇이냐?)"

하였더니,

「"겨울에 화초나 과일을 저장하기에 좋고(토실을 만든 이유 ①), 또 길쌈(실을 내어 옷감을 짜는 모든 일을 통틀어 이르는 말)하는 부인들에게 편리하니(토실을 만든 이유 ②), 아무리 추울 때라도 온화한 봄 날씨와 같아서 손이 얼어 터지지 않으므로(토실을 만든 이유 ③) 참 좋습니다."」 ▶ 종들이 토실을 만든 이유(사실)

「 」: 실용성, 효용성, 편리성 강조 – 반환경적 태도

하였다. 이자는 더욱 화를 내며 말하기를,

「"여름은 덥고 겨울이 추운 것은 사시(四時)(자연의 이치, 섭리, 순리)의 정상적인 이치이니, 만일 이와 반대가 된다면(자연의 순리를 거스른다면) 곧 괴이한(비정상적인, 이치에 맞지 않는) 것이다.」 옛적 성인이, 겨울에는 털옷을 입고 여름에는 베옷을 입도록 마련하였으니, 그만한 준비가 있으면 족할 것인데, 다시 토실을 만들어서 추위를 더위로 바꿔 놓는다면(자연의 섭리를 거스른다면) 이는 하늘의 명령을 거역하는 것이다. 사람은 뱀이나 두꺼비(굴속에서 겨울을 나는 동물)가 아닌데, 겨울에 굴속에 엎드려 있는 것

「 」: 이유 ③의 반박

은 너무 상서롭지 못한 일이다. 길쌈이란 할 시기가 있는 것인데, 하필 겨울에 할 것이냐? 또 『봄에 꽃이 피었다가 겨울에 시드는 것은 초목의 정상적인 성질인데, 만일 이와 반대가 된다면 이것은 괴이한 물건이다.』『괴이한 물건을 길러서 때 아닌 구경거리를 삼는다는 것은 하늘의 권한을 빼앗는 것이니, 이것은 모두 내가 하고 싶은 뜻이 아니다.』 빨리 헐어 버리지 않는다면 너희를 용서하지 않겠다."

복되고 길한 일이 일어날 조짐이 없는 일 / 이유 ②의 반박 / 「 」: 이유 ①의 반박 / 자연의 이치 / 하늘의 권리를 빼앗는 것 / 「 」: 인간의 편의를 위해 하늘의 권리를 빼앗지 말라는 뜻 – 토실을 만드는 것은 인간의 이기심에서 비롯된 것이라고 생각함

하였더니, 종들이 두려워하여 재빨리 그것을 철거하여 그 재목으로 땔나무를 마련했다. 그러고 나니 나의 마음이 비로소 편안하였다.

이치, 순리, 섭리를 따르는 것이기 때문

▶ 종들을 꾸짖는 이자(의견)

핵심 정리

- 갈래: 고전 수필〔한문 수필, 설(說)〕
- 성격: 교훈적, 철학적, 체험적, 우의적, 자연 친화적
- 구성: '사실 – 의견'의 2단 구성

사실: 종들이 토실을 만든 이유 ➡ 의견: 토실에 대한 '나'의 생각

- 제재: 토실
- 주제: 자연의 순리에 순응하는 삶
- 특징: ① 대화 형식을 통해 삶의 이치를 알기 쉽게 전달함
  ② 글쓴이의 자연 친화적인 태도가 드러남
  ③ 글쓴이의 주장이 직접적으로 드러남

한눈에 보기

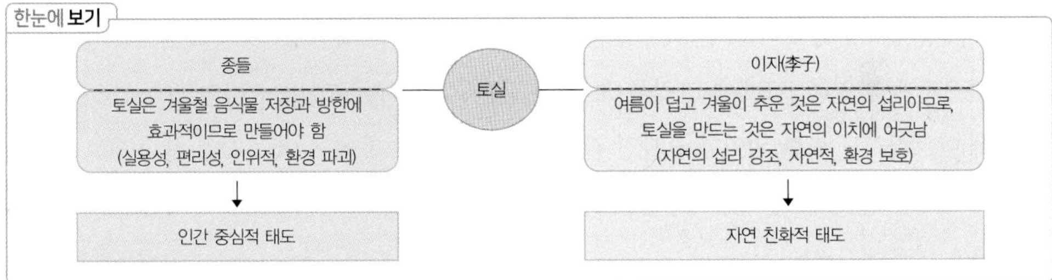

보충·심화 학습

- '설(說)'의 양식상의 특성

설(說)은 구체적인 사물이나 사건의 이치를 밝히고 자신의 의견을 서술하는 갈래이다. 특히 이치에 따라 사물을 해석하고〔解〕, 시비를 밝히면서 자기 의견을 설명하는〔述〕 형식의 한문체라 할 수 있는데, 국문학상의 갈래로는 교훈적인 수필에 가깝다. 설은 일반적으로 '사실(예화) + 의견(주제)'의 구성을 취하며, 온갖 말을 사용하여 자세히 논술하는 것이 특징이다. 비유(比喩)나 우의적(寓意的) 표현 방법을 주로 사용한다.

필수 문제

01 이 글에서 '토실'을 비유한 말로, '토실'에 대한 글쓴이의 부정적 견해가 드러난 단어를 찾아 쓰시오.

02 [서술형] 오늘날의 환경 문제와 관련하여, '토실'이 뜻하는 바를 서술하시오.

35 접과기(接菓記) | 이규보

과일 나무를 접붙임

필수

출제 포인트

배나무를 접붙여 좋은 열매를 얻은 경험을 통해 개과천선의 교훈을 얻었음을 이야기하고 있는 한문 수필이다. 글쓴이의 생각의 변화와 교훈에 주목하여 살펴보자.

감상 길잡이

이 글은 접붙인 배나무를 통해 개과천선하도록 경계했던 아버지의 깊은 뜻을 깨닫는 과정을 기(記)의 형식으로 쓴 글이다. 글쓴이는 나쁜 배나무를 접붙이는 일이 망탄 환괴한 일이라고 여겼는데, 아홉 해가 지난 지금까지 좋은 열매를 맺는 그 배나무를 보고 아버지가 남겨 주신 교훈을 깨닫는다. 여기에서 '배나무'는 글쓴이에게 아버지를 떠올리게 하는 소재이자 '개과천선'이라는 아버지의 가르침을 전달하는 매개체로 볼 수 있다. 글쓴이는 아버지의 깊은 뜻에 대한 깨달음과 함께, 돌아가신 아버지에 대한 애틋한 그리움을 진솔하게 표출하고 있다.

일 중에 처음에는 망탄(妄誕)[허망하고 터무니없음] 환괴(幻怪)[덧없고 괴이함]한 듯하다가 나중에는 진실한 것이 있으니, 그는 바로 과목(菓木)을 접(接)[나무의 품종 개량 또는 번식을 위하여 한 나무에 다른 나무의 가지나 눈을 따다 붙이는 일]하는 것을 이르는 것이다. 나의 선군(先君)[남에게 돌아가신 자기 아버지를 이르는 말] 때에 키다리 전 씨(田氏)라 불리는 이가 과수의 접목을 잘하였으므로 선군이 시험 삼아 시켜 하게 하였다.

▶ 아버지가 과수를 접목시켰던 추억 회상

동산에 나쁜 배나무 두 그루가 있었는데, 「전 씨는 모두 톱으로 자르고 세상에서 유명하다고 한 배나무를 구하여 몇 개의 가지를 깎아서 자른 나무에 꽂고 기름진 진흙으로 봉하였다.」[「」: 나무를 접붙이는 과정] 그때에 그것을 보니, 허탄한[거짓되고 미덥지 아니한] 것만 같았고, 비록 싹이 뾰족이 나오고 잎이 필 때에 이르러서도 또한 괴이한 요술만 같았다[여전히 믿기지 않음]. 그러다가 「여름에 지엽(枝葉)[식물의 가지와 잎]이 무성하고 가을에 열매가 주렁주렁 달리게 된 다음에야 마침내 진실이라는 것을 믿어서, 망탄 환괴하다고 여긴 의심이 비로소 마음에서 없어졌다.」[「」: 접목에 대한 생각이 바뀜]

▶ 나쁜 배나무가 접목을 통해 좋은 열매를 맺음

선군이 별세하신[윗사람이 세상을 떠남] 지가 무릇 아홉 해라 나무를 보고 열매를 먹으니, 그 엄하시던 얼굴을 생각하지 않은 적이 없고[배나무를 보며 아버지를 떠올림], 혹은 나무를 부여잡고 목이 메어서 차마 떠나지 못한 적도 있다.

▶ 아버지에 대한 사무치는 그리움

또 옛사람은 ❶ 소백(召伯)과 한선자(韓宣子)의 일 때문에 감당(甘棠)[팥배나무]을 꺾지 않고[소백의 고사와 호응됨] 아름다운 나무를 잘 북돋아 가꾸는[한선자의 고사와 호응됨] 일이 있었는데, 하물며 아버지가 일찍이 보유하고 계시다가 자식에게 물려주신 이것[접붙인 배나무]이야 그 공경하는 마음이 어찌 꺾지 않고 북돋아 심은 그 정도일 뿐이랴?[글쓴이가 아버지를 공경하는 마음이 옛사람이 소백과 한선자를 공경하는 것보다 크다는 의미] 그 열매도 또한 꿇어앉아서 먹어야 할 것이다.[아버지가 남긴 배나무에 대한 공경하는 마음의 표현]

▶ 아버지가 남긴 배나무에 대한 공경

아마도 생각하건대[접붙인 배나무를 통해 아버지의 속뜻을 헤아림], 「선군이 이것을 나에게 물려주신 까닭은, 나로 하여금 개과천선(改過遷善)[지난날의 잘못이나 허물을 고쳐 올바르고 착하게 됨]을 마땅히 이 나무처럼 하도록 하신 것이리라.」[「」: 선군의 가르침에 대한 깨달음 + 선군에 대한 그리움] 이에 기록하여 경계하는 바이다.[이 글을 지은 이유]

▶ 아버지의 가르침에 대한 깨달음

핵심 **구절 풀이**

❶ **소백(召伯)과 한선자(韓宣子)의 일:** 소백과 한선자의 고사를 인용하고 있다.

- 소백의 고사: 중국 주(周)나라 때 소백이 정치를 아주 잘하였는데, 그가 남국에 가서 문왕의 정사를 펼 적에 간혹 팥배나무 아래에서 쉰 일이 있었다. 뒤에 그 지방 사람들이 소백의 덕을 사모하여 그 나무를 아끼며 나무를 휘지도, 자르지도 못하게 하였다.
- 한선자의 고사: 중국 진(晉)나라의 한선자가 노(魯)나라에 사신으로 가서 계무자의 집에 초대 받아 간 일이 있었다. 그 집의 나무가 아름다워 한선자가 나무를 칭찬하자, 계무자가 "내가 이 나무를 잘 북돋아 가꾸어 당신의 은혜를 잊지 않겠소."라고 하였다.

핵심 정리

- 갈래: 고전 수필〔한문 수필, 기(記)〕
- 성격: 교훈적, 체험적
- 구성: '기 – 승 – 전 – 결' 의 4단 구성

기: 아버지가 전 씨로 하여금 과수를 접목시키게 함	➡	승: 나쁜 배나무가 접목을 통해 좋은 열매를 맺는 것을 눈으로 보고 나서야 믿게 됨	➡	전: 아버지가 세상을 떠나고 그 배나무의 열매를 먹으며 돌아가신 아버지를 그리워함	➡	결: 아버지의 가르침에 대한 깨달음과 그리움

- 제재: 접붙인 배나무
- 주제: 접붙인 배나무를 통해 깨달은 아버지의 가르침과 아버지에 대한 그리움
- 특징: ① 체험을 통해 얻은 깨달음을 드러냄
  ② 고사를 인용하여 의도를 효과적으로 드러냄

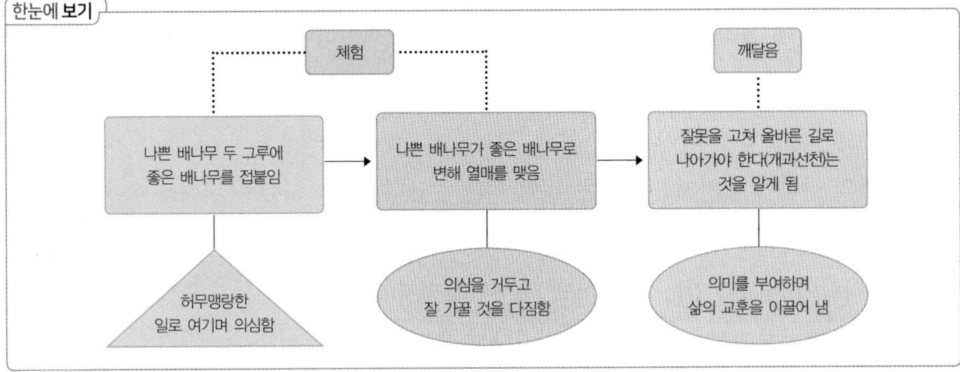

필수 문제

01 이 글의 글쓴이는 아버지가 물려주신 접붙인 배나무를 통해 (   )의 교훈을 깨닫고 있다.

02 이 글에서 '접과'를 대하는 글쓴이의 마음이 어떻게 변하고 있는지 쓰시오.

36 차마설(借馬說) | 이곡

말을 빌림

교과서 EBS 모의 기출

출제 포인트

말을 빌려 탄 경험을 통해 소유에 대한 깨달음을 이끌어 내고 있는 고전 수필로, 글의 전개 방식과 글쓴이의 집필 의도에 주목하여 살펴보자.

감상 길잡이

이 글은 말을 빌려 탄(借馬) 경험을 바탕으로 소유에 구애받지 않는 삶의 자세를 제시한 수필이다. 글쓴이는 가난하여 여러 종류의 말을 빌려 탔는데, 말이 지나가는 길의 상황이나 말의 상태에 따라 마음이 수시로 변하는 것을 느끼고, 항상심(恒常心)을 갖지 못함을 한탄한다. 이어, 이 세상 모든 것이 자기 소유가 아니라 빌린 것에 불과하다는 것을 깨닫는다. 빌린 지가 오래 되어 마치 자기의 소유인 것으로 착각하고 있을 뿐이라는 것이다. 따라서 글쓴이는 사람이 가지고 있는 어떤 것도 본래부터 자기 것이 아니므로, 외물에 따라 심리가 변화하는 것은 허망한 일이라고 지적한다. 이처럼 이 글은 외물에 따라 인간 심리가 변화하고 외물이 본래 자신의 것이 아님을 인지하지 못하며 자신의 소유로 착각하는 풍토를 비판하고 있는 것이다.

내가 집이 가난해서 말이 없으므로 혹 빌려서 타는데, 「여위고 둔하여 걸음이 느린 말이면, 비록 급한 일이 있어도 감히 채찍질을 가하지 못하고 조심조심하여 곧 넘어질 것같이 여기다가, 개울이나 구렁을 만나면 내려 걸어가므로 후회하는 일이 적었다. 발이 높고 귀가 날카로운 준마로서 잘 달리는 말에 올라타면 의기양양하게 마음대로 채찍질하여 고삐를 놓으면 언덕과 골짜기가 평지처럼 보이니 심히 장쾌하였다. 그러나 어떤 때에는 위태로워서 떨어지는 근심을 면치 못하였다.」

(말을 빌려 타게 된 계기 / 둔마(鈍馬) / 떨어질 염려가 없어 마음이 편함 / 말에서 떨어져 다칠 위험이 있기 때문 / 말의 재갈에 매어, 몰거나 부릴 때 손에 잡고 끄는 줄 / 썩 잘 달리는 좋은 말 / 뜻을 이루어 기쁜 표정이 얼굴에 나타난 모양 / 말이 언덕과 골짜기를 마치 평지처럼 쉽게 달리니 / 힘차고 상쾌하였다)

「 」: 차마(借馬)의 대조적 체험 제시

▶ 말을 빌려 탈 때의 마음

아! 사람의 마음이 옮겨지고 바뀌는 것이 이와 같을까? 「남의 물건을 빌려서 하루아침 소용에 대비하는 것도 이와 같거든, 하물며 참으로 자기가 가지고 있는 것이랴.」

(개인적 경험이 보편적 깨달음으로 변화하는 과정)

「 」: 유추적 사고 – 자기의 소유일 경우에는 심리 변화가 더욱 심할 것임

▶ 자신의 소유물일 때의 마음

그러나 사람이 가지고 있는 것이 어느 것이나 빌리지 아니한 것이 없다. 「임금은 백성으로부터 힘을 빌려서 높고 부귀한 자리를 가졌고, 신하는 임금으로부터 권세를 빌려 은총과 귀함을 누리며, 아들은 아비로부터, 지어미는 지아비로부터, 비복(婢僕)은 상전으로부터 힘과 권세를 빌려서

(사람의 모든 소유물은 남으로부터 빌린 일시적인 것임 → 소유의 본질에 대한 깨달음(주제문) / 계집종과 사내종 / 종에 상대하여 그 주인을 이르던 말)

가지고 있다.」 「 」: 앞 문장의 상세화. 사례 열거

「그 빌린 바가 또한 깊고 많아서 대개는 자기 소유로 하고 끝내 반성할 줄 모르고 있으니, 어찌 미혹(迷惑)한 일이 아니겠는가?

(그 빌린 바가 또한 깊고 많아서: 잘못된 소유 관념을 갖게 된 원인 / 반성할: 진정한 자기 소유는 없다는 사실을 아는 것 / 미혹(迷惑): 마음이 흐려서 무엇에 홀림)

그러다가도 혹 잠깐 사이에 그 빌린 것이 도로 돌아가게 되면, 만방(萬邦)의 임금도 외톨이가 되고, 백승(百乘)을 가졌던 집도 외로운 신하가 되니, 하물며 그보다 더 미천한 자야 말할 것이 있겠는가?」 「 」: 그릇된 소유 관념에 대한 비판

(만방(萬邦): 세계의 모든 나라 / 백승(百乘): 백 대의 수레 – 높은 지위, 재산과 권력의 비유 / 그보다 더 미천한 자야 말할 것이 있겠는가: 소유의 허망함을 깨달을 것이다(설의법))

맹자가 일컫기를 「"남의 것을 오랫동안 빌려 쓰고 있으면서 돌려주지 아니하면, 어찌 그것이 자기의 소유가 아닌 줄 알겠는가?"」 하였다. ▶ 소유와 관계된 인간 세상의 본질

「 」: 글쓴이와 유사한 견해의 인용 – 주장의 타당성 획득

내가 여기에 ㉠느낀 바가 있어서 차마설을 지어 그 뜻을 넓히노라. ▶ 글을 쓴 목적 – 겸허한 자세를 가질 것을 당부함

(느낀 바: 무소유에 대한 자각 / 그 뜻을 넓히노라: 다른 사람에게도 그 뜻을 널리 알리고 싶다)

핵심 정리

- 갈래: 고전 수필〔한문 수필, 설(說)〕
- 성격: 교훈적, 철학적, 체험적, 우의적
- 구성: '경험(사실) – 경험의 일반화(의견)' 의 2단 구성

경험(사실): 말을 빌려 탈 때의 마음 + 자신의 소유물일 때의 마음	➡	경험의 일반화(의견): 소유와 관계된 인간 세상의 본질 + 소유에 대한 집착을 버릴 것을 당부함

- 제재: 말을 빌려 탄 경험
- 주제: 소유에 대한 성찰과 깨달음(소유에 구애받지 않는 삶의 자세)
- 특징: ① 예를 들어 진술을 뒷받침하고, 인용을 통해 강조함
  ② 유추의 방식을 통해 개인적 체험을 보편적인 것으로 일반화함

한눈에 보기

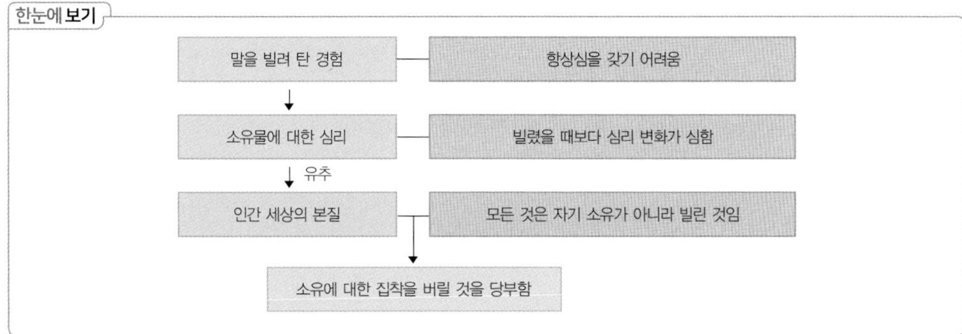

필수 문제

01 이 글에서 글쓴이가 외물에 따른 심리 변화를 드러내기 위하여 예로 든 대조적인 소재 두 가지를 찾아 쓰시오.

02 이 글에서 소유의 본질에 대한 글쓴이의 깨달음이 직접적으로 제시된 문장을 찾아 쓰시오.

03 이 글에서 글쓴이가 주장의 타당성을 뒷받침하기 위해 사용한 내용 전개 방식을 쓰시오.

04 ㉠의 구체적인 내용을 쓰시오.

37 정지상(鄭知常)의 고민 | 이인로

필수

출제 포인트

시 창작에 대한 두 가지 일화를 통해 창작의 어려움과 시 작법에 대한 견해를 이야기하고 있는 수필로, 글쓴이의 견해에 주목하여 살펴보자.

감상 길잡이

이 글은 시 창작에 대한 두 가지 일화를 나열한 것이다. 첫 번째 일화는 정지상의 '천마산'을 제재로 한 시 창작의 고통과 이를 극복한 즐거움을 표현한 것이고, 두 번째 일화는 강일용 선생이 '백로'를 제재로 미완의 시를 남긴 것을 '나'가 연구(聯句)를 맞추어 보충한 것에 대한 일화이다. 글쓴이는 훌륭한 문학 작품의 창작을 위해 날을 새기도 하고, 매일 비를 맞으며 자연을 관찰하는 등의 행위를 드러냄으로써 창작의 어려움을 효과적으로 전달하고 있다. 아울러 한시는 연구(聯句)를 맞추어야 하며 명확한 주제 의식을 바탕으로 하여야 한다는 것을 제시하고 있다.

❶ 영양(滎陽) 보궐(補闕) 정지상(鄭知常)이 천마산(天磨山)에 있는 중이 거처하는 팔척방(八尺房)에서 쉬게 되어 밤새도록 시를 지으려고 고민하였으나 도저히 떠오르지 않아 쓸 수가 없었다.

보궐: 고려 시대에 둔, 중서문하성의 정육품 벼슬
팔척방: 좁은 방(고려 시대 1척은 32.21cm, 현재는 약 30.3cm)

다음 날 아침이 되어 떠날 때 천천히 말고삐를 잡고 걸으며 웅얼거리다가 문득 서울에 도착하고 나서야 연구(聯句)가 떠올랐으니,

연구: 한 사람이 각각 한 구씩을 지어 이를 합하여 만든 시

'바위 위에 있는 늙은 소나무에는 한 조각 달이 걸치었는데, 「하늘의 낮은 구름엔 천점(千點)의 산봉우리가 솟아 있구나.」

천점: 많은 점
「 」: 산이 거의 하늘에 닿을 듯이 느껴질 만큼 높음

라고 읊었다. 이 시를 쓸 때 노마(駑馬)를 몰아 돌아와서 원중(院中)으로 직행하여 급히 붓을 놀려 벽에다 써 놓고 갔다.

노마: 느리고 둔한 말
원중: 원(院)의 안. '원(院)'은 역(驛)과 역 사이에 두어, 공무를 보는 벼슬아치가 묵던 공공 여관
급히 붓을 놀려 벽에다 써 놓고 갔다: 시를 잊지 않기 위해
▶ 시구 하나를 쓰기 위한 정지상의 노력과 창작의 고통

강일용(康日用) 선생은 백로(白鷺)에 대한 시를 지어 보려고 비를 무릅쓰고 매일 천수사(天壽寺) 남쪽 개천에 와서 두루 사방을 살펴보다가 문득 생각나는 것이 있어,

강일용: 고려 시대 유명한 시인
비를 무릅쓰고: 시 창작의 고통을 함축적으로 제시
천수사: 개경 동쪽에 있던 절

❷ '푸른 산허리를 끊고 날아갔도다〔비할벽산요(飛割碧山腰)〕.'

해 놓고 어떤 사람에게 이야기하기를,

"비로소 오늘 옛사람이 도달하지 못한 곳에 닿았으니 다음에 기재(奇才)가 나타나서 이 시를 계속할 것이 틀림없소이다."

옛사람이 도달하지 못한 곳: 백로에 대한 시의 창작
기재: 매우 뛰어난 재주. 또는, 그런 재주를 가진 사람

라고 말하였다. 나는 이 시를 전배(前輩)들보다 탁월한 것이 없다고 생각되는데, 이것은 고생하여 지었을 뿐으로써 내가 그 시를 다음과 같이 보충하였다.

전배: 같은 분야에서 지위, 나이, 경험 등이 자기보다 앞선 사람

❸ '교목(喬木) 꼭대기에 앉아 집을 짓고, 푸른 산허리를 끊고 날아갔도다.〔점소교목정 비할벽산요(占巢喬木頂 飛割碧山腰)〕.'

이와 같이 「시 한 구절을 전편 중간에 넣은 이유는 그 다음은 대강 채워 나가면 되기 때문이다.」 이것은 꼭 주초(珠草)가 마르지 않고, 옥천(玉川)은 스스로 아름다운 것과 같은 이치이다.

「 」: 드러내고자 하는 바(주제)가 형상화되었으므로 나머지는 채우기 쉬움. 시 작법에 대한 글쓴이의 견해
주초: 아름다운 풀 — 잘 만들어진 시
옥천: 맑은 강
스스로 아름다운 것: 스스로 생명력을 가짐
▶ 강일용 선생의 시를 완성하며 시의 작법에 대해 논함

핵심 구절 풀이

❶ **영양(滎陽) 보궐(補闕) ~ 수가 없었다.**: '영양 보궐'은 고려 시대 정육품의 높은 벼슬이다. 이에 반하여, '팔척방'은 당시 매우 좁은 방을 뜻한다. 높은 벼슬아치가 비좁은 방에서 창작을 해야 하는, 환경의 변화로 인한 창작의 고통을 엿볼 수 있는 부분이다.

❷ **'푸른 산허리를 끊고 날아갔도다〔비할벽산요(飛割碧山腰)〕.'**: 시각적 심상이 두드러지는 시구이나, 한시의 특징인 대구를 이루지 못해 주제 의식이 제대로 드러나지 못한 상태이다.

❸ **'교목(喬木) 꼭대기에 앉아 집을 짓고, 푸른 산허리를 끊고 날아갔도다.〔점소교목정 비할벽산요(占巢喬木頂 飛割碧山腰)〕.'**: 대구를 이루어 한시의 특징을 제대로 살리고 있는 표현으로, 백로를 통해 산을 능가하는 진취적 기상을 형상화하고 있다.

핵심 정리

- 갈래: 고전 수필(한문 수필), 시화(詩話), 평론
- 성격: 비평적, 일화적
- 구성: 두 가지 일화의 병렬식 구성

일화 ①: 정지상의 시 창작의 고통과 이를 극복한 즐거움	➡	일화 ②: 강일용 선생의 시 창작의 고통과 시 작법에 대한 '나'의 견해

- 제재: 창작의 고통과 관련한 일화
- 주제: 창작의 어려움과 그 극복 과정
- 특징: ① 시와 관련한 두 가지 일화를 소개함 ② 시에 대한 비평이 깃들여 있음

한눈에 보기

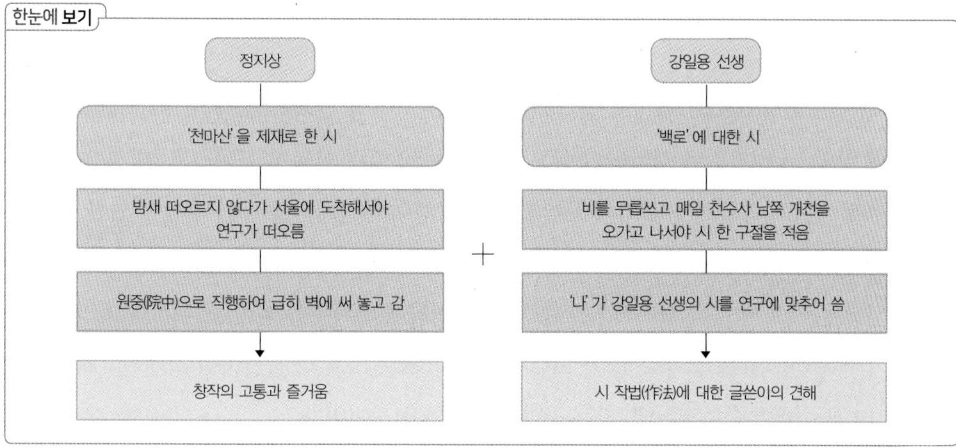

보충·심화 학습

- 《파한집》

고려 명종(明宗) 때의 문신 이인로(李仁老, 1152~1220)가 지은, 우리나라 최초의 시화집(詩話集)이다. '한가로움을 깨기 위한 책'이라는 제목과 같이 문인들의 파한적(破閑的)인 문담(文談)으로, 시화(詩話) · 기사(記事) · 자작시(自作詩) 및 신라의 옛 풍속 및 서경(西京)과 개경(開京)의 풍물(風物) · 궁궐 · 사찰 등을 재치 있게 소개하고 있다. 패관 문학(稗官文學)으로서 귀중한 자료이면서 한국 최초의 비평 문학서로서도 가치가 있는 책이다.

필수 문제

01 이 글에 제시된 두 한시에서 공통적으로 강조되고 있는 심상을 쓰시오.

02 이 글에서 '스스로 생명력을 가질 수 있을 만큼 훌륭한 작품'을 비유적으로 표현한 단어 두 가지를 찾아 쓰시오.

38 청학동(靑鶴洞) | 이인로

필수

출제 포인트

이상적 세계인 청학동을 찾아 나선 경험을 담은 고전 수필로, 청학동의 상징적 의미와 청학동을 찾고 싶은 글쓴이의 심리에 주목하여 살펴보자.

감상 길잡이

이 글은 지리산 청학동을 찾아간 여행 체험을 담은 수필이다. 글쓴이는 '청학동'을 〈도화원기〉의 무릉도원과 같은 이상향으로 생각하고, 이 속된 세상을 떠나고자 '청학동'을 찾아 떠난다. 그러나 청학동을 찾지 못하고 바윗돌에 시만 남기고 돌아온다. 청학동을 '길이 좁아서 사람이 겨우 다닐 수 있을 정도며, 사방이 비옥한 땅이고 속세를 피해 간 사람들이 농사를 짓고 넉넉한 생활을 영위하던 땅'이라고 표현한 데서 태평성대를 염원하는 글쓴이의 바람을 읽을 수 있다.

지리산은 두류산(頭留山)이라고도 한다. 「북쪽 백두산으로부터 일어나서 꽃봉오리처럼 그 봉우리와 골짜기가 이어져 대방군(帶方郡)에 이르러서야 수천 리를 서리고 얽혀서 그 테두리는 무려 십여 고을에 뻗치었기에 달포를 돌아다녀야 대강 살필 수 있다.」 옛 노인들의 전하는 바로는 "그 속에 청학동(靑鶴洞)이 있는데 길이 매우 협착(狹窄)하여 겨우 사람이 다닐 수 있고, 몸을 구부리고 수십 리를 가서야 허광(虛曠)한 경지가 전개된다. 거기엔 모두 양전(良田) 옥토(沃土)가 널려 있어 곡식을 심기에 알맞으나, 거기엔 청학만이 살고 있기 때문에 이런 이름이 붙여졌고, 대개 여기엔 옛날 세상을 피해 사는 사람들이 살았기에 무너진 담과 구덩이가 가시덤불에 싸여 남아 있다."고 한다.

> 두류산(頭留山): = 방장산(方丈山), 불복산(不伏山)
> 대방군(帶方郡): 남원의 옛 이름
> 달포: 한 달이 조금 넘는 기간
> 「 」: 지리산의 웅대한 규모와 수려한 봉우리의 자태
> 청학동(靑鶴洞): 이상적 세계
> 협착(狹窄): 자리가 좁아
> 허광(虛曠)한: 탁 트여 넓게 펼쳐진
> 양전(良田) 옥토(沃土): 기름지고 비옥한 땅
> 거기엔 청학만이 살고 있기 때문에 이런 이름이 붙여졌고: '청학동'이라는 명칭의 유래

▶ 청학동에 대한 소개(기)

연전에 나는 당형(堂兄) 최상국(崔相國)과 같이 옷깃을 떨치고 이 속된 세상과는 등지고 싶은 마음이 있어 우리는 서로 이곳을 찾아가기로 했다. 대고리짝에 소지품을 넣어 소 두서너 마리에다 싣고 들어가 이 세속과는 담을 쌓기로 했다. 드디어 화엄사(華嚴寺)로부터 출발하여 화개현(花開縣)에 이르러 신흥사(新興寺)에 투숙하였는데, 가는 곳마다 모두가 선경이었다.

> 연전: 몇 해 전
> 당형(堂兄): 사촌 형
> 최상국(崔相國): 고려 때의 문신 최담
> 이곳: 청학동
> 신흥사(新興寺): 임실에 위치한 사찰
> 선경: 경치가 신비스럽고 그윽한 곳

▶ 당형과 함께 청학동으로 향함(승)

「천암(千巖)은 경수(競秀)하고 만학(萬壑)이 쟁류(爭流)하며 대울타리에 초가들이 복숭아꽃 살구꽃 핀 사이로 은은하게 비치니 거의 인간 세상이 아닌 듯하나」 찾고자 하는 청학동은 마침내 찾지 못하고 말았다. 하는 수 없이 시만 바윗돌에 남기고 돌아왔다.

> 천암(千巖): 수많은 봉우리
> 경수(競秀): 빼어남을 다투고
> 만학(萬壑): 깊고 큰 골짜기
> 쟁류(爭流)하며: 다투어 흐르며
> 「 」: 경치가 뛰어남을 묘사함
> 청학동: 신선이 타고 다닌다는 청학(靑鶴)이 사는 곳. 예로부터 지리산 자락 어딘가에 있다고 생각하였으나 실재하지 않는 공간임. 이상적인 세계로서, 도연명의 '무릉도원'이나 토마스 모어의 '유토피아'와 맥을 같이한다고 할 수 있음

「두류산은 드높이 구름 위에 솟고
만학 천암(萬壑千巖) 둘러보니 회계(會稽)와 방불하네
지팡이에 의지하여 청학동 찾으려 했으나
속절없는 원숭이 울음소리만 숲 속에서 들리네
누대(樓臺)는 표묘(縹緲)한데 삼산(三山)은 안 보이고
써 있는 넉 자가 이끼 끼어 희미하네

> 만학 천암(萬壑千巖): 첩첩 겹쳐진 깊고 큰 산골짜기와 천 개의 바위 / 사람 발길이 드문 험한 곳임
> 회계(會稽): 중국 절강성에 위치한 명산
> 방불하네: 거의 비슷하네
> 속절없는 원숭이 울음소리만 숲 속에서 들리네: 청학동을 찾지 못한 화자의 안타까운 심리가 투영됨
> 누대(樓臺): 누각이나 정자와 같이 높은 건물
> 표묘(縹緲)한데: 어렴풋하여 뚜렷하지 않은데
> 삼산(三山): 신선이 산다는 세 산. 봉래산, 방장산, 영주산 → 여기서는 이상적 공간인 '청학동'을 의미함
> 삼산(三山)은 안 보이고: 청학동을 찾을 수 없음
> □: 이상적 공간을 의미

묻노니 선원(仙源)은 어데인가
신선의 세계. 이상향 → 청학동
낙화유수(落花流水)만이 가물가물」
아름다운 경치

「 」: 여행 중 본 선경의 아름다움과, 청학동을 찾지 못한 아쉬움을 압축적으로 표현함

▶ 청학동에 이르지 못하고 빼어난 선경에 대한 감상을 시(詩)로 남김(전)

어제 서루(書樓)에서 우연히 《오류 선생집(五柳先生集)》을 훑어보다가 〈도원기(桃源記)〉가 있기에 이것을 거듭 읽어 보았다. 대개「진(秦)나라 때 어떤 이가 난리를 피해 처자를 거느리고 그윽하고 깊어 궁벽진 곳을 찾아 산이 둘렸고 시내가 거듭 흘러 초동(樵童)도 갈 수 없는 험한 이곳에 살았는데, 진(晋)의 태원(太元) 연간에 어떤 어부가 다행히 한 번 그곳을 찾았으나 그 다음엔 길을 잃어 그곳을 다시 찾지 못했다」는 내용이었다.

(서재 / 도연명의 호 / 도연명의 문집 / 〈도화원기〉의 준말 / 땔나무를 하는 아이 / 효무제(孝武帝) / 임금의 재임 기간 / 「 」: 〈도화원기〉의 내용)

▶ 도원기의 내용

후세에 이것을 그림으로 그리고 노래와 시로 전하여 도원(桃源)으로써 선계(仙界)라고 하고 장생불사(長生不死)하는 신선이 모여 사는 곳이라고 하였으나 아마도 그 기록을 잘못 읽었기 때문일 것이니 사실은 저 청학동과 다름이 없을 것이다. 어떻게 유자기(劉子驥)와 같은 고상한 선비를 만나서 나도 그곳을 한 번 찾아가 볼 것인가.

(무릉도원, 이상향 / 오랫동안 살아 죽지 아니하는 / 〈도화원기〉의 내용을 잘못 해석하였음을 암시 / 이상적 세계 = 무릉도원 = 유토피아 / 진(晋)나라 사람으로, 세속을 떠나 자연을 즐기며 은일한 생활을 함 / 속세를 떠나 산수를 즐기며 살고 싶은 염원 + 결국 그곳에 갈 수 없을 것이라는 체념)

▶ 청학동에 찾아가 보고 싶은 마음(결)

핵심 정리

- 갈래: 고전 수필(한문 수필, 기행 수필)
- 성격: 서정적, 체험적
- 구성: '기 - 승 - 전 - 결'의 4단 구성, 추보식 구성

기: 청학동의 지형과 유래 ➡ 승: 청학동을 찾아 나섬 ➡ 전: 청학동에 이르지 못하고 시만 남기고 돌아옴 ➡ 결: 청학동을 찾아가 보고 싶은 염원

- 제재: 지리산 청학동
- 주제: 속세를 떠나 이상적 세계에서 살고 싶은 마음
- 특징: ① 자신의 체험을 서술함으로써 사실감을 부여함
  ② 한시와 중국의 고사를 인용함으로써 주제를 강조함

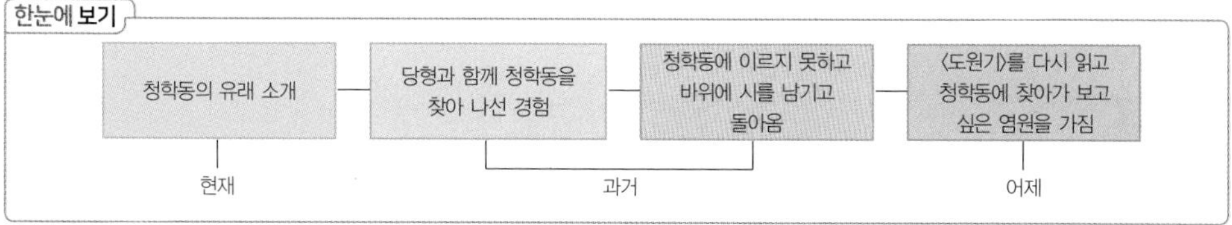

필수 문제

01 이 글에서 글쓴이가 '청학동'에 가게 된 계기는 무엇인지 쓰시오.

02 이 글의 삽입 시에서 '청학동'과 같은 의미로 쓰인 단어를 모두 찾아 쓰시오.

03 이 글에서 글쓴이가 '청학동'을 찾아가 보고 싶은 마음과, 그곳을 갈 수 없을 것이라는 체념이 함께 드러나 있는 문장을 찾아 첫 어절과 끝 어절을 쓰시오.

39 보한집(補閑集) | 최자

필수

출제 포인트

〈보한집〉의 서문으로, 좋은 시와 문장의 요건을 제시하며 후진들의 시 작법에 대해 비판하고 있는 글이다. 글쓴이가 비판하고 있는 내용이 무엇인지에 주목하여 살펴보자.

감상 길잡이

이 글은 고려 고종 때의 문신인 최자가 편찬한 《보한집》의 서문이다. 글쓴이는 이 서문에서 문학의 본질을 규정한다. 그는 문학적 표현이 미묘한 뜻을 드러내어 바른 도리로 나아가게 하는 데 본뜻이 있는 것이므로 단지 수식을 위한 수식, 남을 모방하여 꾸미는 것은 올바르지 않다고 주장하고 있다.

문(文)[글월 문]이라는 것은 정도(正道)[바른 도리]를 밟아 나가는 문(門)[문 문]이기에 법도에 맞지 않는 말은 쓰지 않는다. 그러나 기운을 돋우고 말을 생동하게[살아 움직이는 듯이 힘이 있게] 해서 듣는 사람을 감동시키고자 혹 험괴(險怪)한[험하고 괴상한] 것도 말하게 된다. 하물며 시를 짓는 데 있어서랴. 시는 비(比)[비슷한 것을 견주어 표현하는 비유법], 흥(興)[어떠한 것을 먼저 서술한 다음 거기에서 연상하여 본론을 서술하는 은유법]과 풍유(諷諭)[본뜻은 숨기고 비유하는 말로 표현하는 방법]를 근본으로 한다. 그러므로 반드시 기궤(奇詭)[기이하고 이상함]에 우탁(寓託)한[함께할 것을 부탁한] 뒤에야 그 기운이 씩씩하고 그 뜻이 깊으며 그 말이 뚜렷하여 사람의 마음을 감동시켜 깨닫게 하고 깊고 미묘한 뜻을 드러내어 마침내는 올바른 데로 돌아가게 할 수 있다. 남의 것을 표절(剽竊)하든가 모방하여 지나치게 떠벌리는 것[과장하는 것]은 선비는 진실로 하지 않는 것이다.

▶ 좋은 시와 문장의 요건

「 」: 구절을 다듬고 뜻을 표현하는 것의 중요함 강조

「비록 시인들에게는 탁련사격(琢鍊四格)[글을 다듬는 네 가지 방식인 '탁구(琢句), 연의(鍊意), 탁자(琢字), 연대(鍊對)'를 일컬음]이 있으나 그중에서 취하는 것은 탁구(琢句)와 연의(鍊意)뿐이다.」「지금의 후진들은 성률(聲律)[음악의 가락]과 장구(章句)[시조의 구절]만 숭상하여 글자를 다듬을〔琢字(탁자)〕 때는 반드시 새롭게 하고자 하기 때문에 그 말이 생소(生疎)해지고, 대구(對句)를 다듬는〔鍊對(연대)〕 데는 반드시 유사한 말로써 하려고 하기 때문에 그 뜻이 졸렬(拙劣)해져서[치사하고 용렬해져서] 웅걸(雄傑)[웅대하고 훌륭함]하고 노성(老成)한[글이나 솜씨 따위가 착실하고 세련된] 기풍(氣風)이 이로 말미암아 상실되는 것이다.」

▶ 형식적인 시 작법에 대한 비판

「 」: 문학의 형식적인 것만을 중시하는 현재의 문학가들에 대한 비판 → 글쓴이는 형식보다 내용을 중시하고 있음을 알 수 있음

핵심 정리

- 갈래: 고전 수필
- 성격: 비평적, 교훈적
- 구성: 2단 구성

  좋은 시와 문장의 요건 ➡ 형식적인 시 작법에 대한 비판

- 제재: 좋은 글
- 주제: 좋은 시와 문장이 지녀야 할 요건
- 특징: 문(文)을 문(門)에 비유하여 주제를 효과적으로 제시함

필수 문제

01 이 글에 제시된 탁련사격(琢鍊四格), 즉 글을 다듬는 네 가지 방식을 쓰시오.

02 [서술형] 이 글의 글쓴이는 후진들의 어떠한 점을 비판하고 있는지 서술하시오.

40 만복사저포기(萬福寺樗蒲記) | 김시습

만복사에서 저포 놀이를 한 이야기

수능 기출 | 모의 기출

출제 포인트

사람과 귀신 간의 기이한 사랑 이야기를 다룬 한문 소설로, 이 글에 나타난 작가의 세계관과 전기(傳奇) 소설로서의 특징을 알아보고, 삽입 시의 효과와 소재의 상징적 의미, 역할 등을 파악해 보자.

감상 길잡이

이 글은 김시습이 쓴 우리나라 최초의 한문 소설집인 《금오신화(金鰲新話)》에 수록된 다섯 편의 소설 중 하나이다. 제목인 '만복사저포기'는 남원에 사는 양생이 천생 배필을 만나고자 만복사(萬福寺)에서 부처와 저포 놀이를 한 이야기라는 뜻으로, 부처의 뜻보다는 자신의 욕망을 중시한 양생이 아름다운 여인과 사랑을 나누는 과정에서 인생의 고통을 깨닫고 탈속한다는 내용이다. 이 글이 인간과 귀신 간의 사랑 이야기를 다루고 있다는 점에서 중국 《전등 신화(前燈神話)》를 본뜬 것이라는 설도 있으나, 이 글에 이르러 우리나라의 소설 문학이 비로소 그 형태를 완전히 갖추게 되었으므로 단순한 모방이라고만 볼 수는 없다.

남원(南原)에 양생이란 사람이 있었다. 그는 일찍 부모를 여읜 뒤 장가도 들지 못하고 만복사(萬福寺) 동쪽 방에서 혼자 살고 있었다. 방 밖에는 배나무 한 그루가 서 있었는데 바야흐로 봄을 맞이하여 꽃이 무성히 피어서 마치 구슬나무에 은이 매달린 것 같았다. 양생은 달밤이면 늘 그 배나무 아래를 서성이며 낭랑하게 시를 읊조렸다.

(남원: 구체적 지명을 통한 사실성의 확보. 우리나라 배경 → 주체성 / 양생: 인물 제시 – 양씨 성을 가진 선비 / 일찍 부모를 여읜: 조실부모(早失父母) / 그는 ~ 장가도 들지 못하고: 외로운 처지임 – 사건의 전개 방향 암시 / 동쪽 방에서 혼자 살고 있었다: 독수공방(獨守空房) – 외로움 / 배나무 한 그루: 양생의 외로운 처지를 형상화한 소재 / 봄: 계절적 배경 / 꽃이 ~ 같았다: 낭만적 배경 묘사 – '배꽃'을 '은덩이'에 비유하여 배꽃이 흐드러지게 핀 모습을 표현함 / 시: ① 글의 단조로움 탈피 ② 주인공의 심리 부각)

※삽입 시의 기능
등장인물의 내면 심리를 드러내며 낭만적이고 서정적인 분위기를 조성함. 또한 글의 단조로움을 피할 수 있음

「쓸쓸히 한 그루 배꽃나무를 마음 벗해 / 달 밝은 밤을 외로이 보내다니 가련하도다.
청춘의 나이에 홀로 호젓한 창가에 누우니 / 어디선가 어여쁜 이가 피리를 부는구나.

(배꽃나무: 화자의 객관적 상관물 ① / 외로이: 시의 주된 정서 / 어여쁜 이: 사랑하는 임의 가능성 / 피리를 부는구나: 외로움을 심화하는 소재)

외로운 비취새는 짝 없이 날고 / 짝 잃은 원앙새는 맑은 강물에 몸을 씻네.
어느 집에 내 인연 있을까 바둑돌 맞춰 보고 / 밤 등불로 점치고는 시름 겨워 창에 기대네.」

(비취새: 물총새 – 화자의 객관적 상관물 ② / 원앙새: 화자의 객관적 상관물 ③ / 밤 등불로 점치고는: 등불의 밝음과 어두움으로 일의 길흉을 점침 / 시름: 불길한 점괘로 인한 상심 / 집: 혼인은 가족 간의 만남이므로 '집'으로 표현 / 바둑돌 ~ 점치고는: 우연을 중시하는 양생의 인생관이 드러남 / 「 」: 양생의 처지와 그리움을 드러낸 시. 배필을 소망하는 양생의 간절함이 드러남)

시를 읊고 나자, 홀연히 공중에서 말소리가 들려왔다.
"그대가 좋은 배필을 얻으려 할진대, 어찌 이루어지지 않는다고 걱정하리오?"
양생은 이 말을 듣고 속으로 기뻐하였다.

(홀연히 ~ 들려왔다: 비현실적 내용 – 고전 소설의 전기성 / 양생은 ~ 기뻐하였다: 양생의 심리 변화: 외로움 → 걱정(시름) → 기대감)

▶ 양생이 외롭게 지내다가 공중에서 응답을 들음

이튿날은 곧 3월 24일이었다. 이날 만복사에서 연등회(燃燈會)를 열어 복을 비는 것이 이 고을의 풍속이었다. 총각 처녀들이 몰려들어 저마다의 소원을 비는 것이었다. 해가 저물어 불공을 마치니 사람들이 모두 돌아갔다. 그러자 「양생은 소매에서 저포(樗蒲)를 꺼내 불상 앞에 던지며 이렇게 말했다.」

(만복사: 남원 기린산에 있던 절 / 연등회: 석탄일에 등불을 켜고 복을 비는 행사. 양생과 여인이 만나게 되는 배경 / 해가 저물어: 시간의 경과 / 저포: 주사위 같은 것을 나무로 만들어 던져서 그 끗수로 승부를 겨루는 것으로, 윷놀이와 비슷함 / 「 」: 이 글의 제목과 관련된 부분)

결정적 장면

「"제가 오늘 부처님과 저포 놀이로 내기를 하려고 합니다. 만약 제가 진다면 법회(法會)를 베풀어 부처님께 공양을 올리도록 하겠습니다. 만약 부처님께서 진다면 아름다운 여인을 점지해 주시어 제 소원을 이루도록 해 주십시오."」 「 」: 내기의 내용

신속의 세계를 인세와 다른 세계로 보기보다는 동일 이치를 따르는 세계로 인식하는 작가의 세계관이 드러남
설법하는 모임 / 불·법·승의 삼보나 죽은 이의 영혼에게 음식, 꽃 따위를 바치는 일. 또는 그 음식 / 좋은 배필을 얻는 것

기도를 마치고 나서는 저포 놀이를 시작하였다. 결과는 양생의 승리였다. 그러자 양생은 곧 불상 앞에 무릎을 꿇고 이렇게 말했다.

사건의 전개 방향 암시

"승부는 이미 정해졌으니, 절대로 약속을 어기시면 안 됩니다."

그러고는 불상 앞에 놓인 탁자 밑에 숨어 그 약속을 기다렸다.

자신이 원하는 일이 일어날 것이라는 기대감

▶ 양생이 부처님과 저포 놀이 내기를 하여 이김

얼마 후, 한 아름다운 여인이 들어왔다. ❶ 나이는 열다섯이나 열여섯쯤 되어 보였다. 머리는 곱게 땋아 내렸고 화장을 엷게 했는데, 용모와 자태가 아름다워서 마치 하늘의 선녀나 바다의 여신과도 같아 바라보고 있자니 위엄이 느껴졌다. 여인은 기름이 든 병을 들고 들어와 등잔에 기름을 붓고 향로에 향을 꽂은 다음, 부처님 앞에 세 번 절하고 무릎을 꿇고는 한숨을 쉬며 이렇게 말했다.

고전 소설의 전형적 주인공 – 재자가인(才子佳人)

"인생의 박명(薄命)함이 어찌 이렇듯 할까?"

복이 없고 팔자가 사나움

그러더니 품속에서 뭔가 글이 적힌 종이를 꺼내어 탁자 앞에 바쳤다. 그 내용은 다음과 같았다.

① 과거 삶의 내력 제시(정보 제공의 기능) ② 양생과의 인연 생성의 매개

▶ 신비로운 여인이 나타남

아무 고을 아무 땅에 사는 아무개가 삼가 올립니다.

❷ 지난날 변방이 무너져 왜구(倭寇)가 침략하였습니다. 창과 칼이 눈앞에 가득하고 위급을 알리는 봉화가 한 해 내내 이어졌습니다. 집들은 불타고 백성들을 잡아가니 사방팔방으로 달아나고 도망쳐서 친척과 하인들도 모두 흩어졌습니다. 저는 버들처럼 연약한 여자인지라 멀리 달아나지 못하고 깊은 규방에 들어가 끝내 그윽한 정절을 지키고 도리에 어긋나는 일은 하지 않은 채 뜻밖에 재앙을 피했습니다.

'전쟁'의 대유법. 나라에 병란이나 사변이 있을 때 신호로 올리던 불
처음 죽은 곳. 부녀자가 거처하는 방 / 정절을 지키다 죽게 되었음을 짐작할 수 있음

부모님은 여자가 절개를 지키는 일을 옳게 여기셔서 외진 땅 외딴 곳의 풀밭에 임시 거처할 곳을 마련해 주셨는데, 제가 그곳에 머문 지도 이미 삼 년이 지났습니다. 그러나 달 밝은 가을과 꽃 피는 봄을 보며 헛되이 세월을 보내는 것을 가슴 아파하고, 떠가는 구름처럼 흐르

여인의 무덤이 들판에 있음을 암시함
여인이 가매장 된 지 3년이 지났음을 알 수 있음
흐르는 것 = 세월

결정적 장면

부처님과의 저포 놀이에서 이긴 양생이 자신의 소원대로 여인을 만나 이야기를 나누는 장면이다. 사람과 귀신의 사랑 이야기라는 기이한 내용과 낭만적이고 환상적인 분위기가 잘 어우러져 드러나고 있다.

문제로 핵심 파악

1 [기출] 이 글에 대한 설명으로 적절하지 않은 것은?

① 시간의 흐름에 따라 서술하고 있다.
② 생사를 초월한 남녀 간의 사랑을 다루고 있다.
③ 만남과 헤어짐을 기본적인 서사 구조로 삼고 있다.
④ 가치관이 대립적인 인물 간의 갈등이 나타나고 있다.
⑤ 비현실적이고 환상적인 분위기가 드러나는 부분이 있다.

핵심 구절 풀이

❶ 나이는 열다섯이나 ~ 위엄이 느껴졌다.: 양생이 불상 앞에서 만난 여인의 외양을 묘사하는 부분으로 여인에게서 이인적(異人的) 풍모가 드러나며 전기적 요소가 두드러짐

❷ 지난날 변방이 ~ 모두 흩어졌습니다.: 여인이 겪은 일을 적은 것으로 왜구의 침입이 잦았던 당시의 시대상이 드러남

는 시냇물처럼 무료한 하루하루를 보낼 따름입니다. 텅 빈 골짜기 깊숙한 곳에 숨어 지내며 기구
심심하고 지루함
한 제 운명에 한숨짓고, 좋은 밤을 홀로 보내면서 오색 빛깔의 난새가 홀로 추는 춤에 상심하였습
중국 전설에 나오는 상상의 새. 모양은 닭과 비슷하나 깃은 붉은빛에 다섯 가지 색채가 섞여 있으며, 소리는 오음(五音)과 같다고 함
니다. 세월이 흘러 제 혼백이 사라지고 여름날 겨울밤마다 가슴이 찢어집니다. 이러한 저를 부처
여인이 죽은 영혼임을 알 수 있음
님께서 불쌍히 여겨 주시기를 간곡히 바라옵니다. 「사람의 생애는 미리 정해져 있고 업보(業報)는
동정에 호소 선악의 행업으로 말미암은 과보(果報)
피할 수 없습니다. 저의 기구한 운명에도 인연은 있을 것이니, 하루빨리 배필을 얻어서 기쁨을 즐
세상살이가 순탄하지 못하고 방해하는 것이 많은 여인이 바친 '글'의 주제(기도의 내용) → 양생의 소원과 일치함
기도록 해 주십시오. 이토록 지극히 간절한 기도를 저버리지 말아 주소서.」
「 」: 여인의 운명론적 인생관이 드러남. 여인의 처지와 심정이 양생과 비슷함

▶ 배필을 얻기를 기원하는 여인의 글

여인은 소원이 담긴 종이를 던지고 여러 번 소리 내어 슬피 울었다. 양생이 좁은 틈 사이로 여
소원의 간절함
인의 자태를 보고는 「정을 진정하지 못하고 뛰쳐나가 이렇게 말했다.」 「 」: 양생의 심리 변화: 기대감 → 기쁨
첫눈에 반함

"조금 전에 부처님께 글을 바친 것은 무슨 일 때문인가요?"

여인이 바친 글을 읽어 보고 나자 양생의 얼굴에 기쁨이 흘러넘쳤다.
기다리던 배필을 만나 기쁨

"그대는 어떤 사람이기에 혼자서 이곳에 오셨나요?"

그러자 여인이 대답했다.

"저 또한 사람입니다. 어찌 의심하실 것이 있는지요? 그대는 아름다운 배필을 얻으면 그만이니,
대화의 양상: 고의적 회피. 도둑이 제 발 저리다 양생의 소망을 여인이 알고 있음
이렇게까지 다급하게 제 이름을 물으실 필요는 없겠지요."
여인이 이승의 사람이 아님을 암시함

당시 만복사는 쇠락한 상태여서 이곳의 승려들은 한쪽 구석진 골방으로 옮겨 가 있었다. 대웅
세력이 약해져 말라서 떨어짐
전(大雄殿) 앞에는 행랑만이 쓸쓸히 남아 있었고, 행랑 맨 끝에 나무판자를 붙여 만든 좁은 방이 하
양생과 여인이 인연을 맺는 공간
나 있었다. 양생이 여인을 부추겨 함께 그 방으로 들어가자고 하자 여인도 그다지 어려운 기색이 아니었다. 정답게 이야기를 나누다 보니 영락없는 사람의 모습이었다.

▶ 양생과 여인이 연을 맺음

한밤중이 되자 달이 동산에 떠오르며 창으로 그림자가 들이치는데 홀연 창밖으로부터 발소리가 들렸다. 여인이 말했다.

"누구냐? 몸종 아이가 왔느냐?"

시중드는 여종이 말했다.

"예. 지금껏 아가씨께서는 중문(中門) 밖을 나선 적이 없으셨고 걸어야 몇 걸음을 가지 않으셨는
가운데뜰로 들어가는 대문. 대문 안에 또 세운 문
데, 어젯밤 문득 나가시더니 어쩌다가 이 지경에 이르셨습니까?"

여인이 말했다.

"오늘 일은 결코 우연이 아니란다. 하늘이 돕고 부처님이 도우셔서 이처럼 좋은 임을 만나 백년
여인은 양생과의 인연을 운명으로 생각함 양생
해로의 가약을 맺게 되었구나. 「부모님께 말씀드리지 않고 혼인하는 건 비록 예에 어긋나는 일
부부가 되어 평생 사이좋게 지내고 함께 늙음 유교적 가치관
이지만, 훌륭한 분과 꽃다운 인연을 맺게 된 것은 평생토록 일어나기 어려운 기이한 일 아니겠느냐.」 의아하게 생각지 말고 빨리 집에 가서 자리를 가져오고, 술상을 봐 오너라."
「 」: 양생과의 만남을 합리화하고 있음

▶ 여인이 몸종에게 술상을 차려 오게 함

시중드는 여종이 여인의 명에 따라 갔다 와서는 뜰에 자리를 깔았다. 밤은 벌써 사경 가까운 시각이었다. 펴 놓은 술상은 수수하니 그릇에는 아무런 무늬 장식도 없었으나, 술에서 나는 향기는 진정 인간 세계의 것이 아닌 듯하였다.「양생은 비록 의심스러운 마음이 없지 않았지만 여인의 담소하는 맑고 고운 모습이며 여유로운 태도를 보고는, '필시 귀한 댁 아가씨가 담장을 넘어 나온 것이리라.' 생각하며 더 이상 의심하지 않게 되었다.」

새벽 1시~3시

여인이 살아 있는 사람이 아니라는 것을 나타냄

「 」: 여인을 귀신으로 의심했다가 믿기로 마음먹음

웃고 즐기면서 하는 이야기

▶ 술상을 보고 여인을 의심하다가 믿기로 한 양생

여인이 양생에게 술잔을 건네더니 시중드는 여종더러 노래를 한 곡 불러 보라 하고는 양생에게 이렇게 말했다.

"이 아이가 옛날 곡조를 잘 부른답니다. 제가 노랫말을 하나 지어 부르게 해도 괜찮을까요?"

양생이 흔쾌히 허락하자 여인은 노래 한 곡조를 지어 여종에게 노래하게 하였다. 그 노래는 다음과 같다.

서러워라 쌀쌀한 봄날 / 얇은 비단옷 입고 몇 번이나 애간장 끊어졌나.
향로(香爐)는 차갑고 저문 산은 검푸른 빛 / 해 질 녘 구름은 우산을 펼친 듯.

비단 장막과 원앙 이불 함께할 사람 없어 / 비녀를 반쯤 기울인 채 피리를 부네.
애달파라 쏜살 같은 세월이여 / 내 맘속에 원망만 가득.

불 꺼진 등잔 / 야트막한 은 병풍.
공연히 눈물 훔치나니 / 사랑할 사람 누구런가.
기뻐라 오늘 밤 봄기운 돌아 / 따뜻함이 찾아왔으니
내 무덤에 맺힌 천고의 원한 풀어 주오.
'금루곡(金縷曲)' 부르며 은 술잔 기울이네.
지난날 아쉬워 한을 품은 여인이 / 외로운 집에 잠들었다네.

양생을 만난 것을 의미함

여인의 처지를 나타냄

민간 가곡에서 발달한 중국 운문의 한 형식인 '사(詞)'의 하나

여인의 죽음을 의미함

노래가 끝나자 여인이 슬픈 얼굴로 말했다.

"옛날 봉래도(蓬萊島)에서 이루지 못한 만남을 오늘 소상강(瀟湘江)에서 이루게 되었으니, 천행(天幸)이 아니겠습니까? 낭군께서 저를 버리지 않으신다면 죽도록 곁에서 모시겠어요. 하지만 제 소원을 들어주지 못하시겠다면 영영 이별입니다."

신선이 산다는 봉래산을 의미함

중국 후난성에 있는 강 이름인 소수와 상수. '임이 계신 곳'이라는 의미로 쓰임

하늘이 준 큰 행운

양생은 이 말을 듣고 감동하는 한편 놀라워하며 말했다.

“내 어찌 당신의 말을 따르지 않겠소?” ▶ 여인과 백년가약을 맺는 양생

양생이 여인을 의심함

그러나 여인의 태도가 범상치 않아 보이는 까닭에 양생은 여인의 행동을 자세히 살폈다.

서쪽에 있는 산

이때 달이 서산에 걸리며 인적 드문 마을에 닭 울음소리가 들렸다. 절에서 새벽 종소리가 울리기 시작하며 날이 밝아 왔다. 여인이 이렇게 말했다.

시간이 흐름 / 귀신인 여인이 돌아가야 할 때를 알림

“얘야, 자리를 거둬 돌아가려무나.”

여종이 “예.” 하고 대답하자마자 자취 없이 사라졌다. 여인이 말했다.

“꽃다운 인연을 이미 이루었으니 제 손을 잡고 함께 가시지요.”

장소의 이동

양생이 쾌히 승낙하고 여인의 손을 잡고 마을을 지나갔다. 울타리에서 개들이 짖어 댔고, 길에는 사람들이 다니고 있었다. 그런데 지나가던 이들은 양생이 여인과 함께 가는 것을 알지 못한 채 다만 이렇게만 묻는 것이었다.

여인이 사람이 아님을 암시 – 고전 소설의 전기성

“이렇게 일찍 혼자서 어딜 가시나?”

여인이 죽은 사람이라 다른 사람들 눈에 보이지 않음

양생은 이렇게 대답했다.

“예, 어젯밤에 술에 취해 만복사에 누워 있다가 친구 집에 가는 길입니다.”

▶ 양생이 여인과 함께 길을 가나 사람들은 여인을 보지 못함

아침이 되었다. 여인이 이끄는 대로 풀숲에까지 따라와 보니, 이슬이 흥건한 것이 사람들 다니는 길이 아니었다. 양생이 이렇게 물었다.

여인의 집이 사람들이 다니지 않는 곳임 – 여인이 죽은 사람임을 암시

“어찌 이런 곳에 사시오?”

여인은 “혼자 사는 여자가 사는 곳이 본래 이렇답니다.”라며, 또 이렇게 우스갯소리를 건넸다.

양생의 의심 해소

이슬 젖은 길
아침저녁으로 다니고 싶건만
옷자락 적실까 나설 수 없네.

양생 역시 농담조로 다음과 같이 읊조리며 놀려 대는 듯한 웃음을 지어 보였다.

「여우가 짝을 찾아 어슬렁어슬렁 걸어가니
저 기수(淇水)의 돌다리에 짝이 있도다.」
노(魯)나라 길 평탄하여 / 문강(文姜)이 날 듯이 달려가네.

「 」: 〈시경(詩經)〉을 인용한 것으로, 혼기 지난 남녀가 짝을 찾는 마음을 표현한 구절

〈시경(詩經)〉을 인용한 것으로, 노환공의 아내 문강이 제양공을 몰래 만나던 일을 표현한 구절

두 사람이 마침내 개녕동(開寧洞)에 도착했다. 쑥이 들판을 뒤덮었고, 가시나무가 하늘에 닿을 듯 높이 솟아 있었다. 그 속에 집이 한 채가 있는데, 크기는 작지만 매우 화려했다.

신비로운 분위기

여인이 양생을 이끌어 함께 집 안으로 들어갔다. 어젯밤 펼쳤던 것과 같은 자리와 장막이 깔끔하게 정돈되어 있었다.

양생은 이곳에서 사흘을 머물렀는데, 그 즐거움은 여느 사람이 누리는 것과 다르지 않았다. 시중드는 여종은 아름답되 영악하지 않았고, 여러 기물(器物)(살림살이에 쓰는 그릇)은 깨끗하되 화려한 무늬 장식이 없었다. 인간 세계가 아니라는 생각이 들다가도(여인이 죽은 사람이라는 생각이 들다가도) 여인의 정답고 정성스러운 모습에 더 이상 의심을 갖지 않게 되었다.

▶ 양생이 여인의 집에서 사흘 동안 머무름

뒷부분 줄거리 | 양생은 여인에게 신표로 은그릇(이승의 부모와 저승의 여인을 이어 주는 매개체)을 받고 보련사로 가는 길목에서 다시 만날 것을 기약한다. 약속대로 양생은 은그릇을 들고 보련사 길목에 서 있다가 죽은 딸의 대상(大祥)을 치르러 가던 여인의 부모를 만나게 된다. 여인의 부모에게서 여인이 왜구의 난리 때 죽었다는 사실을 알게 된 양생은 여인의 부모가 차려 놓은 음식을 여인과 함께 먹고 난 뒤 이별을 한다. 이후 양생은 여인을 잊지 못해 재산을 모두 팔고 여인을 위한 재를 지낸다. 그러던 어느 날 밤 여인의 혼령이 나타나 자신은 다른 나라에서 남자로 태어났으니 양생도 불도를 닦아 윤회를 벗어나라고 한다. 그 뒤 양생은 여인을 그리워하며 다시 장가들지 않고 지리산에 들어가 버린다.(비극적 결말 – 인간의 운명에 대한 작가의 비극적 인식)

핵심 정리

- 갈래: 고전 소설(한문 소설, 단편 소설, 전기 소설, 명혼 소설, 염정 소설)
- 성격: 전기적(傳奇的), 낭만적, 환상적, 비극적
- 구성: '발단 – 전개 – 위기 – 절정 – 결말' 의 5단 구성

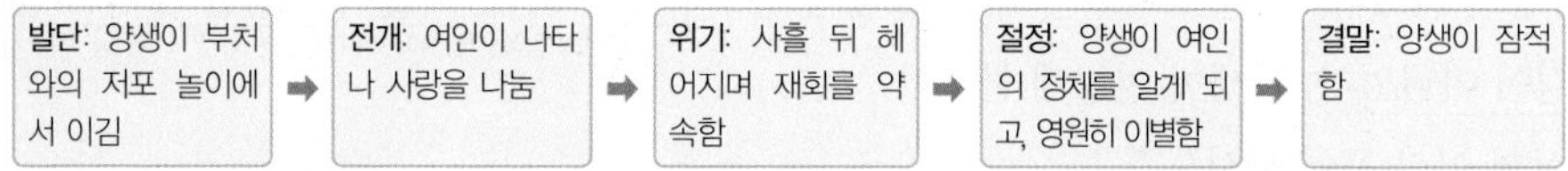

- 제재: 남녀 간의 사랑
- 주제: 생사를 초월한 남녀 간의 사랑
- 특징: ① 불교의 윤회 사상이 드러남
  ② 삽입 시를 통해 인물의 심리를 효과적으로 전달함
  ③ 우리나라를 배경으로 하여 자주적인 성격을 보여 줌
  ④ 산 남자와 죽은 여자의 사랑을 통해 강렬한 삶의 의지를 표현함
- 의의: 설화가 소설로 발전하게 되는 과정을 보여 줌

한눈에 보기

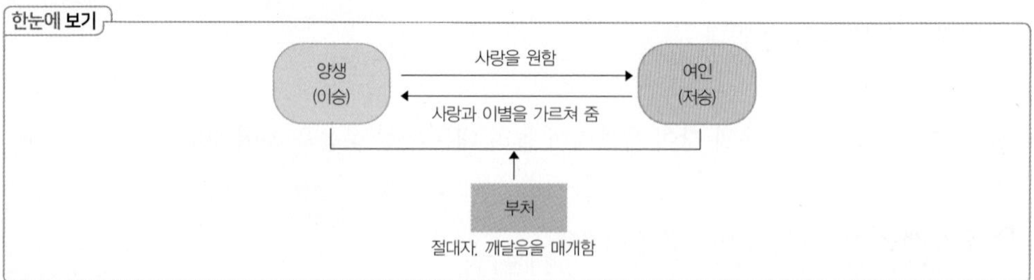

필수 문제

01 이 글에서 양생이 부처님과 저포 놀이를 한 이유는 무엇인지 쓰시오.

02 양생이 읊은 시에서 화자의 객관적 상관물을 모두 찾아 쓰시오.

03 여인이 부처에게 바친 글에서 주제가 되는 구절을 찾아 쓰시오.

41 이생규장전(李生窺墻傳) | 김시습

교과서 모의 기출

출제 포인트

삶과 죽음의 경계를 뛰어넘는 남녀 간의 비극적 사랑을 다룬 염정 소설이다. 이 글의 사상적 배경과 전기성(傳奇性)에 주목하여 살펴보자.

감상 길잡이

이 글은 김시습의 《금오신화》에 실린 작품으로 제목은 '이생이 담장 안을 엿보다.'라는 뜻이다. 이 글은 '이생과 최 여인의 결혼'을 주제로 한 현실 이야기와, 홍건적의 난 이후 '영혼과의 사랑'을 주제로 한 비현실적 이야기로 구성되어 있는데, 현실적 이야기를 이끌어 가는 주체가 최 여인이라는 점이 다른 고전 소설과는 차별되는 부분이다. 최 여인은 부모의 강권이나 사회적 관습이 아닌 스스로의 의지로 사랑을 선택한다. 이러한 태도는 당시의 시대적 배경과 연관 지어 볼 때 상당히 파격적이라고 할 수 있는데, 이러한 파격성은 최 여인이 죽음도 불사하고 이생에 대한 정절을 지킨다는 측면에 이르면 절개를 중시하는 유교 의식으로 회귀되며, 시대적 가치에 부합하게 된다.

장면 1

송도에 이생(李生)이라는 사람이 낙타교(옛날 개경(지금의 개성)의 동남쪽에 있던 다리의 이름) 옆에 살았다. 나이는 열여덟, 풍모가 맑고도 말쑥하였으며, 타고난 재주가 대단히 뛰어났다.(이생에 대한 인물 소개 – 재자가인(才子佳人)형 인물) 그는 국학(고려 시대의 국립 교육 기관)에 다니면서, 길가에서 시를 읽고는 하였다.
(송도에 이생(李生)이라는 사람이: 중국을 배경으로 하는 일반적인 고전 소설과 달리 고려의 수도였던 '개경(開京)'을 공간적 배경으로 함)

그때 선죽리의 명문가에 최씨(崔氏) 처자가 있었는데, 나이는 15, 6세쯤 되었다. 그녀는 자태가 아리따웠고, 자수를 잘하였다.(최 씨에 대한 인물 소개 – 재자가인(才子佳人)형 인물) 게다가 시문에도 뛰어났다. 그래서 세상 사람들은 그 두 사람을 두고 다음과 같이 칭찬하였다.

風流李氏子　　풍류 재자(재주가 뛰어난 젊은 남자) 이 도령
窈窕崔家娘　　요조숙녀(마음씨가 얌전하고 자태(姿態)가 아름다운 여자) 최 낭자
才色若可餐　　그 재주 그 모습, 듣기만 해도
可以療飢腸　　주린 창자를 배불리지요.
(이생과 최 씨에 대한 세상의 긍정적인 평가)

▶ 사람들로부터 칭송을 듣는 이생과 최 씨

이생은 책을 옆에 끼고 학교에 갈 때 항상 최 씨의 집을 지나쳐 다녔다. 북쪽 담(이생에게는 최 씨를 만나기 위해 넘어야 하는 장애물이자 사회적 지위 차이로 인한 장벽) 밖에는 버드나무 수십 그루가 빙 둘러 줄지어 있어, 수양버들의 가지가 간드러지게 흔들거리고 있었다. 이생은 그 나무 아래서 쉬고는 하였다.

어느 날 이생은 담장 안을 들여다보았다.(제목에 나타난 '이생규장'의 의미임) 「거기에는 이름난 꽃들이 만발하였고 벌과 새들이 다투어 재잘거리고 있었다. 담장 곁에는 작은 누각이 꽃떨기 사이로 은은히 비치는데, 주렴(구슬 따위를 꿰어 만든 발)이 반쯤 내려져 있고 비단 휘장은 낮게 드리워져 있었다.」(「 」: 공간에 대한 묘사 → 사랑의 분위기를 조성함) 거기에 한 미인(최 씨)이 있었다. 그녀는 자수를 하다가 조금 지쳐서 바늘을 잠시 멈추고 있는 참이었다. 미인은 턱을 괴고서 시를 읊었다.

▶ 이생이 담장 안의 최 씨를 엿봄

중략 부분 줄거리 | 이생은 이성 간의 만남에 대한 기대와 설렘을 노래하는 최 씨의 시를 듣고 최 씨에게 구애의 뜻을 전하는 내용의

시를 담장 안으로 던진다. 이를 받아 본 최 씨는 해 질 무렵에 만날 것을 약속하는 답시로 화답한다. 이생은 담을 넘어 최 씨와 인연을 맺고 그곳에서 며칠을 지낸다.
이생과 최 씨의 1차 만남(자유연애)

어느 날 이생이 최 씨에게 말했다.

「"옛 성인의 말씀에 '어버이가 계시면 나가 놀더라도 반드시 가는 곳을 고해야 한다.' 고 했소. 그런데 지금 나는 부모님께 아침저녁 인사를 드리지 못한 채 벌써 사흘이나 보냈구려. 분명 부모님께서는 문간에 기대어 나를 기다리실 것이니 이 어찌 자식된 도리라 하겠소."」
「 」: 부모에게 알리지 않고 여러 날 집에 들어가지 않은 것을 염려함 – 효 사상이 드러남
의려지망(倚閭之望)

최 씨는 서운해하면서도 고개를 끄덕였다. 그러고는 이생이 담을 넘어 돌아가게 해 주었다.

이생은 그 뒤부터 밤마다 최 씨를 찾아가지 않는 날이 없었다. ▶ 이생이 부모의 허락 없이 최 씨와 사랑을 나눔

어느 날 저녁에 이생의 아버지가 아들에게 물었다.
가문과 법도를 중시하며 엄격하고 단호한 성격임

「"네가 아침에 집을 나갔다가 저녁에 돌아오는 것은 옛 성인이 남기신 인의의 가르침을 배우려는 것이다. 그런데 요즘은 황혼 녘에 나갔다가 새벽에야 돌아오니 이게 어찌된 일이냐? 분명 경박한 놈들의 행실을 배워 남의 집 담장을 넘어가서 누구네 집 규수와 정을 통하고 다니는 것일 테지. 이 일이 탄로 나면 남들은 모두 내가 자식을 엄하게 가르치지 못한 탓이라고 책망할 것이다. 또 만일 그 규수가 지체 높은 집안의 딸이라면 필시 네 미친 짓 때문에 가문을 더럽히고 남의 집에 누를 끼치게 될 것이야. 이 일은 작은 일이 아니로다. 너는 지금 당장 영남으로 가서 종들을 거느리고 농사나 감독하여라. 그리고 다시 돌아오지 말아라."」
사람으로서 마땅히 지켜야 할 도리
밤마다 외출하는 이생의 행동을 남의 집 처녀를 엿보고 다니는 것으로 추측하고 질책함
이생을 울주로 보내려는 이유 ①
이생을 울주로 보내려는 이유 ②
이생의 처신을 못마땅하게 여겨 강경책을 씀
「 」: 혼례를 올리지 않은 남녀가 사사로이 만나는 것에 대한 당대의 부정적 인식이 드러남
→ 유교적인 관습에 얽매인 이생 아버지의 반대로 이생과 최 씨가 1차 이별을 겪음

이생은 그 이튿날 울주로 보내졌다. ▶ 이생의 아버지에 의한 이생과 최 씨의 첫 번째 이별
현재 울산광역시 울주군

최 씨는 매일 저녁 화원에서 이생을 기다렸다. 그러나 몇 달이 지나도록 그는 돌아오지 않았다. 최 씨는 이생이 병에 걸렸나 보다고 생각하여 향아를 시켜 이생의 이웃들에게 몰래 물어보게 하였다. 이웃집 사람은 이렇게 말하였다.
이생을 오매불망(寤寐不忘) 그리워함
최 씨의 시녀
이생에 대한 정보 제공자

"이 도령이 그 부친에게 죄를 지어 영남으로 내려간 지 이미 여러 달이 되었다오."

최 씨는 그 말을 전해 듣고 병이 나서 자리에 눕게 되었다. 몸만 이리 뒤척 저리 뒤척 할 뿐 일어나지도 못하고, 물조차도 삼키기 어려운 지경에 이르렀다. 말도 두서가 없어지고, 얼굴도 초췌해졌다.
이생을 만날 수 없게 된 사실에 상심하고 이생에 대한 그리움으로 상사병에 걸림
일의 차례나 갈피
병, 근심, 고생 따위로 얼굴이나 몸이 여위고 파리해짐

최 씨의 부모가 이상히 여겨 병의 증상을 물어보아도 최 씨는 입을 다물고 아무 말도 하지 않았다. 그러던 중 최 씨의 부모가 딸의 글 상자를 들추어 보다가 전에 이생이 최 씨에게 화답한 시를 발견하게 되었다. 그들은 그제야 깜짝 놀라며 말하였다.
이생과의 만남이 당대의 사회 규범을 어긴 것이므로
이생과 최 씨의 관계를 알게 되는 소재

"하마터면 우리 딸을 잃을 뻔했구나."

그러고는 딸에게 물었다.

"이생이 누구냐?"

결정적 장면

일이 이렇게 되자 최 씨도 더 이상 숨길 수가 없었다. 그녀는 목구멍에서 겨우 나오는 작은 목소리로 부모님께 사실을 아뢰었다.
그 동안의 이야기와 사랑을 이루겠다는 결연한 의지를 밝힘 → 부모가 혼사에 적극적으로 나서는 계기가 됨

"아버님, 어머님. 길러 주신 은혜가 깊으니 감히 숨기질 못하겠습니다. 혼자 가만히 생각해 보니 남녀가 서로 사랑을 느끼는 것은 인간의 정리로서 지극히 중요한 일이옵니다. 그러므로「매실이 떨어지는 것을 보고 혼기를 놓치지 말라고 《시경》의 '주남' 편에서 노래하였고, 여자가 정조를 지키지 못하면 흉하다는 말을 《주역》에서 경계하였습니다.」

정리: 정하여져 있는 이치
《시경》: 유학 오경(五經)의 하나. 중국 최고(最古)의 시집으로, 공자가 편찬하였다고 함
《주역》: 유학 오경의 하나. 만상(萬象)을 음양 이원으로써 설명함
「 」: 최 씨가 학식을 갖춘 여성임을 알 수 있음

저는 버들처럼 가녀린 몸으로 뽕나무 잎이 시들기 전에 시집가야 한다는 말을 유념치 못하고 길가 이슬에 옷을 적셔 주위 사람들의 비웃음을 받게 되었습니다. 덩굴이 다른 나무에 의지해서 살듯 벌써 위당 처녀의 행실을 하고 말았으니 죄가 이미 넘쳐 가문에 누를 끼치게 되었습니다.

길가 이슬에 옷을 적셔 주위 사람들의 비웃음을 받게 되었습니다: 부모의 허락 없이 외간 남자와 사사로이 만나는 것은 당대의 규율에 어긋나는 일이므로
위당 처녀: 중국 원(元)나라 때 금릉(金陵) 사람 왕(王) 서생이 위당에 가서 한 처녀와 부부가 되었다는 고사 속 처녀

그러나 저 신의 없는 도련님이 한번 ❶ 가씨 집안의 향을 훔친 뒤로 원망이 천 갈래로 생겨났습니다. 여리디여린 몸으로 서러운 고독을 견디다 보니 그리운 정은 나날이 깊어 가고 큰 병은 나날이 더해 가서 거의 죽을 지경에 이르렀습니다. 장차 한 맺힌 귀신이 될 듯합니다.

여리디여린 ~ 이르렀습니다: 이생에 대한 최 씨의 간절한 사랑과 그리움

「부모님께서 저의 소원을 들어주신다면 제 남은 목숨을 보존하게 될 것이고, 만약 간곡한 청을 거절하신다면 그저 죽음만이 있을 뿐입니다. 이생과 저승에서 함께 노닐지언정 맹세코 다른 가문으로 시집가지는 않겠습니다.」"

▶ 최 씨가 이생과의 관계를 부모님께 고백함

「 」: 이생과 인연을 맺을 수 있도록 도와주기를 부탁함 → 최 씨의 의지적 태도

이에 최 씨의 부모도 그녀의 뜻을 알게 되었으므로 다시 병의 증세를 묻지 않았다. 그저 한편으로는 경계하고 한편으로는 달래 가면서 딸의 마음을 누그러뜨리려고 노력하였다. 그러고는 중매의 예를 갖추어 이생의 집에 혼인 의사를 물었다.

최 씨: 적극적이고 자기표현이 확실한 인물로 당대의 질서나 운명에 순응하지 않고 당당히 맞섬
중매의 예를 갖추어 이생의 집에 혼인 의사를 물었다: 딸의 사랑을 지켜 주려는 최 씨 부모의 노력 – 1차 청혼

이생의 아버지는 최씨 가문의 문벌이 어떤지를 물은 후 말하였다.

문벌: 대대로 내려오는 그 집안의 사회적 신분이나 지위

결정적 장면

최 씨가 부모에게 이생과의 관계를 밝히고 이생과의 사랑을 지키겠다는 의지를 드러내자 최 씨의 부모가 이생과의 혼인을 위해 적극적으로 나서는 장면이다. 여성 인물의 적극적인 성격과 의지적인 태도가 명확하게 드러나는 부분이다.

문제로 핵심 파악

1 이 글의 최 씨에 대한 이해로 적절하지 않은 것은?

① 남녀 간의 사랑에 대한 사회적 제약을 극복하려 하고 있다.
② 자신의 애정 성취를 위해 적극적인 면모를 드러내고 있다.
③ 자신의 부정한 행실로 집안에 누를 끼친 것을 후회하고 있다.
④ 당대의 부녀자들이 지켜야 할 기본적인 도리를 인식하고 있다.
⑤ 자신의 심정을 솔직하게 말하여 부모의 적극적인 행동을 유도하고 있다.

핵심 구절 풀이

❶ **가씨 집안의 향을 훔친 뒤**: 남자와 여자가 서로 정을 통하였음을 비유한 말. 중국 진나라 가충의 딸이 아버지가 간직하던 서역의 귀한 향을 애인 한수를 위해 훔쳐서 주었다는 고사에서 유래함

"우리 집 아이가 비록 나이가 어려 잠시 바람이 나긴 했지만「학문에 정통하고 풍모도 남부끄럽
아들과 최 씨의 사랑을 한때의 바람으로 여김
지 않으니 바라는 바는 앞으로 장원 급제 하여 훗날 세상에 이름을 떨치는 것이오.」서둘러 혼처
「 」: 아들의 입신양명을 확신함 → 최 씨 집안의 1차 청혼을 거절한 이유
를 구하고 싶지 않소."

중매쟁이가 돌아와 최 씨 부친에게 이 말을 아뢰니 최씨 집안에서 다시 이씨 집안에 이러한 말
딸의 의견을 존중하며 상대방을 배려하는 넉넉한 인품을 지님
을 전했다.

「"한 시대의 벗들이 모두 그 댁 아드님의 재주가 뛰어나다고 칭찬들을 하더이다. 지금은 웅크리
보잘것없는 집안에 청혼을 하여 거절당했음에도 상대방을 치켜세움 → 최 씨 아버지의 인품과 딸에 대한 사랑이 드러남
고 있지만 어찌 끝내 연못 속에만 머물러 있겠습니까? 속히 좋은 날을 정해 두 가문의 즐거움
을 합하는 것이 좋을 듯합니다."」
「 」: 최 씨 부모의 2차 청혼

중매쟁이가 또 가서 그 말을 이생의 부친에게 고하니 그 부친이 말하였다.

"나 역시 젊어서부터 책을 잡고 경전을 공부했지만 늙도록 성공하지 못했소. 노비들은 도망가 흩어지고, 친척들의 도움도 적어 생활이 어렵고 살림도 궁색하다오. 그러니「문벌 좋고 번성한 집에서 어찌 한갓 한미한 선비를 사위로 삼으려 하신단 말이오? 이는 반드시 일 만들기 좋아하
가난하고 지체가 변변하지 못한
는 사람들이 우리 집안을 과도하게 칭찬해서 귀댁을 속인 것일 겁니다."」
「 」: 최 씨의 집안을 높이고 자신의 가문을 겸손히 말하여 최 씨 집안의 2차 청혼을 거절함

중매쟁이가 다시 최씨 가문에 고하자 최 씨 부친이 말하였다.

「"납채의 예와 의복에 관한 일은 제가 모두 알아서 하겠습니다. 좋은 날을 가려서 화촉을 밝힐
신랑 집에서 신부 집에 혼인을 구하는 예 / 최 씨 부모의 3차 청혼
날짜만 정해 주시면 좋겠습니다."」
「 」: 이생 집안의 경제 사정을 배려하여 모든 혼인 준비를 자신이 처리하겠다며 3차 청혼을 함 → 딸의 소원을 들어주려는 마음에서 나온 제안임

중매쟁이가 또 돌아가서 고하였다.
▶ 최 씨의 부모가 딸의 소원을 이루어 주기 위해 이생 집안에 청혼함

뒷부분 줄거리 | 이생과 최 씨는 마침내 혼인하여 사랑을 성취하지만 홍건적의 침입 때 피란길에서 최 씨는 정절을 지키려다 홍건적에게 죽임을 당하게 된다. 이후 다하지 못한 인연을 이어 가고자 환신한 최 씨가 이생을 찾아와 3년을 함께 보내다 명부의 법칙을 어기지 못해 영원히 이별하게 되고 이생 또한 최 씨의 장례를 치러 주고 죽게 된다.

필수 문제

01 이 글에서 최 씨는 당대의 여인들과는 달리 사회적 질서와 이념에 (   )하지 않고 애정 성취에 강한 의지를 보이며 자신의 욕망을 (   )(으)로 실현하고자 하였다.

02 이 글에서 이생과 최 씨의 혼인을 가로막는 장애 요인을 쓰시오.

03 [서술형] 이 글에서 이생과 최 씨의 '만남'의 과정에서 '담(墻)'이 가지는 의미를 표면적 의미와 이면적 의미로 나누어 쓰시오.
표면적 의미:
이면적 의미:

장면 2

앞부분 줄거리 | 개성에 사는 이생(李生)은 선죽교 근처를 지나면서 귀족 집안의 최랑을 보고 글을 써서 담 너머로 던진 뒤 사랑을 이룬다. 하지만 이생의 아버지가 이생을 시골로 쫓아 버려 두 사람은 헤어지게 된다. 최랑은 이로 인해 상사병을 앓고 이 사실을 알게 된 최랑의 부모는 이생의 집에 두 사람의 혼례를 청한다.

이씨 집안에서는 마침내 뜻을 돌려서 곧 사람을 보내어 이생을 불러와서 그의 의사를 물었다. 그는 기쁨을 이기지 못해서 시를 지어 읊었다.

깨진 거울 합쳐지니 이것 또한 인연이네.
헤어져 있던 이생과 최랑을 의미함
은하(銀河)의 오작(烏鵲)들도 이 가약을 돕겠네.
까막까치 / 부부가 되자는 약속
이제부터 월로(月老)는 붉은 실 맺어 주니,
월하노인. 부부의 인연을 맺어 준다는 전설상의 노인
봄바람 부는 저녁 두견새 원망 마오.

최랑은 이생이 이 같은 시를 지었다는 소식을 듣고는 병이 차차 나아져 그녀도 시를 지어 읊었다.
이생의 사랑이 변치 않았음을 드러내는 내용의 시 / 이생과 헤어져 상사병에 걸렸음

아아, 나쁜 인연이 좋은 인연 되었으니, / 그 옛날 굳은 맹세 마침내 이루어졌네.
이별 후에 재회함을 나타냄 / 부부가 되자는 맹세
어느 때 임과 함께 작은 수레 끌고 갈꼬. / 아이야, 날 일으켜라 꽃비녀를 매만지리.
이생과의 혼인을 고대함 / 이생을 맞이할 준비를 하겠다는 의미

이에 길일을 택해서 혼례를 이루니 끊어졌던 사랑이 다시 이어졌다. 그들은 부부가 된 이후에는
운이 좋거나 상서로운 날 / 두 번째 만남 / 부부유별
서로 사랑하면서도 공경하여 손님과 같이 대하니, 「옛날의 양홍(梁鴻) · 맹광(孟光)과 포선(鮑宣) · 환
거안제미(擧案齊眉)의 고사로 유명함
소군(桓少君)의 부부일지라도 그들의 절개와 의리를 따를 수 없었다.」 이생이 이듬해 대과에 합격하
전한 때의 금실이 좋았던 부부. 서로 공경하며 가정을 이룸 / 「 」: 고사를 인용해 이생과 최랑의 사랑이 지극함을 강조함
여 높은 벼슬에 오르니 그의 명성이 조정에 알려졌다. ▶ 이생과 최랑의 혼인
이생의 입신양명 / 홍건적의 난 – 이전과 다른 사건의 발생을 유도함 / 지금의 안동

이윽고 신축년에 홍건적(紅巾賊)이 서울을 점령하니 임금은 복주(福州)로 피난을 갔다. 도적들은
고려 말 공민왕 10년에 홍건적이 침범한 사건. 구체적인 역사적 사건의 제시 – 《금오신화》의 다른 작품들에 비해 사실적임
집을 불태우고 사람과 가축을 죽이고 잡아먹으니, 백성들은 부부끼리도 혹은 친척끼리도 서로를
홍건적의 잔인성
보호하지 못하고 동서로 달아나 숨어서 제각기 살기를 꾀했다.
풍비박산(風飛雹散)

「이생은 가족을 데리고 궁벽한 산골에 숨어 있었는데 한 도적이 칼을 빼어들고 쫓아왔다. 이생
후미지고 으슥한 / 위기일발
은 겨우 달아났는데」 최랑은 도적에 사로잡힌 몸이 되었다. 도적이 최랑의 정조를 빼앗으려 하자,
「 」: 현실에 소극적으로 대응하는 이생
최랑이 크게 꾸짖었다.

「"이 호랑이 창귀 같은 놈아! 나를 죽여 씹어 먹어라. 내 차라리 죽어서 이리와 승냥이의 밥이 될
먹을 것이 있는 곳으로 범을 인도한다는 나쁜 귀신 / 죽음
지언정 어찌 개 · 돼지의 배필이 되겠느냐?"」 「 」: 정절을 지키고자 하는 최랑의 강한 의지와 홍건적 무리에 대한 저항 의식. 최랑의 대범한 성격
인물의 유교적 가치관
도적은 노하여 최랑을 죽이고 살을 도려내었다. ▶ 홍건적의 난으로 인한 최랑의 죽음
최랑의 죽음(두 번째 이별) – 비극의 초래

한편 이생은 황폐한 들에 숨어서 목숨을 보전하다가 도적의 무리가 떠났다는 소식을 듣고 부모님이 살던 옛집을 찾아갔다. 「그러나 집은 병화(兵火)에 타 버리고 없었다. 다시 최랑의 집에 가 보니 행랑채는 쓸쓸하고 집 안에는 쥐들이 우글거리고 새들만 지저귈 뿐이었다.」 그는 슬픔을 견디지 못해 작은 누각(樓閣)에 올라가서 눈물을 거두고 길게 한숨을 쉬며 날이 저물도록 앉아서 지난날의 즐겁던 일들을 생각해 보니, 완연히 한바탕 꿈만 같았다. 밤중이 거의 되자 희미한 달빛이 들보를 비춰 주는데 낭하(廊下)에서 발자국 소리가 들려왔다. 그 소리는 먼 데서 차차 가까이 다가왔다. 살펴보니 사랑하는 최랑이 거기 있었다. 이생은 그녀가 이미 이승에 없는 사람임을 알고 있었으나 너무나 사모하는 마음에 반가움이 앞서 의심도 하지 않고 말했다.

(병화: 전쟁으로 인한 화재 / 「 」: 폐허가 된 집의 모습 – 이생의 쓸쓸하고 암담한 심정을 간접적으로 드러냄 / 완연히 한바탕 꿈만 같았다: 인생무상, 일장춘몽 → 허무함을 느낌 / 밤중: 이승과 저승이 연결되는 시간적 조건 / 낭하: 행랑 – 비현실적 사건으로 이동하기 위한 공간적 배경 / 발자국 소리: 호기심을 높임 / 살펴보니 사랑하는 최랑이 거기 있었다: 전기성 / 이생은 ~ 말했다: 아내가 죽었음을 알면서도 이를 인정하지 않으려는 이생의 심리 – 이성적 판단을 뛰어넘는 사랑의 감정)

"부인은 어디로 피난하여 목숨을 보전하였소."

여인은 이생의 손을 잡고 한바탕 통곡하더니 곧 사정을 이야기했다.

「"저는 본디 양가의 딸로서 어릴 때부터 가정의 교훈을 받아 자수와 바느질에 힘썼고, 시서와 예법을 배웠으므로 규중의 법도만 알았을 뿐 어찌 집 밖의 일을 알았겠습니까?」 그러나 「낭군께서 붉은 살구꽃이 피어 있는 담 안을 엿보게 되자 저는 스스로 몸을 바쳤으며, 꽃 앞에서 한번 웃고 난 후 평생의 가약을 맺었고, 휘장 속에서 거듭 만났을 때는 정이 백 년을 넘쳤습니다.」 사세가 이렇게 되자 슬픔과 부끄러움을 차마 견딜 수 없었습니다. 장차 백 년을 함께하려 했는데 어찌 횡액을 만나 구렁에 넘어질 줄 알았겠습니까? 끝내 이리 같은 놈들에게 정조를 잃지는 않았습니다만, 몸뚱이는 진흙탕에서 찢김을 당하고 말았습니다. 진실로 천성이 그렇게 만든 것입니다만, 인정으로는 차마 할 수 없는 일이었습니다. 저는 낭군과 궁벽한 산골에서 헤어진 후론 짝 잃은 새가 되고 말았던 것입니다. 집도 없어지고 부모님도 잃었으니, 피곤한 혼백의 의지할 곳 없음이 한스러웠습니다. 「의리(義理)는 중하고 목숨은 가벼우므로 쇠잔한 몸뚱이로서 치욕을 면한 것만은 다행이었습니다만, 누가 산산조각난 제 마음을 불쌍히 여겨 주겠습니까? 다만 애끊는 썩은 창자에만 맺혀 있을 뿐입니다.」 해골은 들판에 던져졌고, 몸뚱이는 땅에 버려지고 말았으니, 생각하면 그 옛날의 즐거움은 오늘의 이 비운을 위하여 마련된 것이 아니었던가 싶습니다. 그러나 이제 봄바람이 깊은 골짜기에 불어와서 제 환신(幻身)이 이승에 되돌아왔습니다. 낭군과 저와는 삼세(三世)의 깊은 인연이 맺어져 있는 몸, 오랫동안 뵙지 못한 정을 이제 되살려서 결코 옛날의 맹세를 저버리지 않겠습니다. 낭군께서 지금도 삼세의 인연을 알아주신다면 끝내 고이 모실까 합니다. 낭군께서는 허락해 주시겠습니까?"

(양가: 지체가 있는 좋은 집안 / 「 」: 최랑이 규방에서 곱게 자란 여인임을 알 수 있음 / 시서: 시와 글씨 / 규중의 법도: 정절을 목숨과 같이 소중하게 여기는 것 / 낭군께서 ~ 되자: '이생규장'이라는 제목과 관련된 부분 / 스스로 몸을 바쳤으며: 능동적인 사랑의 선택 / 「 」: 두 사람이 처음 만나 혼인하기까지의 과정 / 평생: 한평생 / 사세: 일이 되어 가는 형세 / 백 년을 함께하려: 백년해로 / 횡액: '횡래지액(橫來之厄)'의 준말. 갑자기 닥쳐오는 불행 – 홍건적의 난 / 이리 같은 놈들: 홍건적 무리 / 진흙탕에서 찢김을 당하고 말았습니다: 잔인하게 살해됨 – 처참하고 원통한 죽음 / 천성: 운명 / 인정으로는 ~ 일이었습니다: 사람이라면 할 수 없는 비극적 사건이었음 – 사랑을 이루지 못한 아쉬움 / 짝 잃은 새: 홀로 남은 최랑을 비유함 / 의리는 중하고 목숨은 가벼우므로: 정절은 목숨보다 귀함 – 유교적 도덕관념 / 산산조각난 제 마음: 사랑을 잃은 마음 / 「 」: 옳은 행위였으나 이생과의 사랑을 잇지 못함을 한스러워함 / 옛날의 즐거움은 ~ 마련된: 흥진비래(興盡悲來)≠고진감래(苦盡甘來) / 환신: 실재가 아니라 환각이나 신비로운 조화에 의해 이루어진 몸 – 고전 소설의 전기성 / 삼세: 전세·현세·내세 / 삼세의 깊은 인연: 불교의 윤회 사상 / 옛날의 맹세: 부부가 되어 영원히 함께하겠다는 맹세 / 낭군께서 ~ 합니다: 최랑의 제안)

이생은 기쁘고 또 고마워서,

"그것은 본디 나의 소원이오."
불감청(不敢請), 고소원(固所願) – 감히 청하지 못할 뿐 마음으로 간절히 바람

하고는 서로 즐겁게 심정을 털어놓았다. 이윽고 이야기가 가산(家産)에 미치자 최랑은 말했다.
집안의 재산

"조금도 잃지 않고 어떤 산골짜기에 묻어 두었습니다."

"우리 두 집 부모의 해골은 어디에 있소?"
효(孝) 사상

"하는 수 없이 어떤 곳에 그냥 버려두었습니다."

생사를 초월한 사랑의 회복

서로 쌓였던 이야기가 끝나고 잠자리를 같이하니 지극한 즐거움은 옛날과 같았다.
운우지정 ▶ 난이 진정된 후 환신이 되어 나타난 최랑과 이생의 사랑 회복

이튿날 여인은 이생과 함께 가서 매장한 곳을 찾으니 거기에는 금 · 은 몇 덩어리와 재물 약간이 있었다. 「그들은 두 집 부모님의 유골을 거두고 금 · 은과 재물을 팔아서 각각 오관산(五冠山) 기슭에 합장(合葬)하고는 나무를 세우고 제사를 지내 모든 예절을 다 마쳤다.」
묘표
여러 사람의 시체를 한 무덤에 묻음 「 」: 개인의 사랑을 이루기 전에 부모를 생각하는 효 사상(유교적 가치관)

그 후 이생은 벼슬을 구하지 않고 최랑과 함께 살게 되니, 피난 갔던 노복(奴僕)들도 또한 찾아들었다. 「이생은 이로부터 인간의 모든 일을 다 잊어버리고서 친척과 손님의 길흉사(吉凶事)에도 문을 닫고 나가지 않았으며,」 늘 최랑과 함께 시를 지어 주고받으며 즐거이 세월을 보냈다.
절대적인 사랑의 강조(사랑이 부나 명예보다 소중함) 노복들의 죽은 혼령
「 」: 두문불출(杜門不出) 아내 최랑을 보호하기 위한 행위
▶ 이생과 최랑이 집안 재산을 되찾고 늘 함께 지냄

어느덧 몇 해가 지난 어떤 날 저녁에 여인은 이생에게 말했다.
헤어져야 하는 날 – 시간의 경과, 새로운 사건 전개를 위한 장면 전환

"세 번째나 가약을 맺었습니다만, 세상일이 뜻대로 되지 않았으므로 즐거움도 다하기 전에 슬픈 이별이 갑자기 닥쳐왔습니다."
① 처음 만남과 언약 ② 혼인 ③ 전쟁 후 생사를 초월한 가약 호사다마(好事多魔)

하고는 마침내 목메어 울었다. 이생은 깜짝 놀라면서 물었다.
전개될 사건의 암시

"그 무슨 까닭으로 그런 말씀을 하시오?"

여인은 대답했다.

결정적 장면

① 관용적 판단자 ② 절대적 법칙의 수호자

「"저승길은 피할 수가 없습니다. 하느님께서 저와 낭군의 연분이 끊어지지 않았고 또 전생에 아무런 죄악도 없었으므로, 이 몸을 환신(幻身)시켜 잠시 낭군을 뵈어 시름을 풀게 했던 것입니다. 그러나 오랫동안 인간 세상에 머물러 있으면서 산 사람을 미혹할 수는 없습니다."」
개인과 운명 간의 갈등 최랑 환신의 근거 – ① 연분이 남음 ② 전생의 선함 → 필연적
무엇에 홀려 정신을 차리지 못함
생과 사의 분명한 차별성 제시 「 」: 생사가 연결되어 있으면서도 동시에 분명하게 나뉘어 있음을 의미함

하더니 시비(侍婢)에게 명하여 술을 올리게 하고는 옥루춘곡(玉樓春曲)에 맞추어 노래를 지어 부르면서 이생에게 술을 권했다.
곁에서 시중을 드는 계집종 노래 부를 수 있도록 짓는 악곡의 이름
이별주

도적떼 밀려와서 처참한 싸움터에
홍건적(비극의 매개)
떼죽음을 당하니 원앙도 짝을 잃고
객관적 상관물 → 이생과 최랑
「여기저기 흩어진 해골 그 누가 묻어 주리.
피투성이 떠도는 혼은 하소연도 할 곳 없네.」
「 」: 전쟁으로 죽은 원혼에 대한 위로의 표현 – 시대상에 대한 작가 의식

슬프다 이 내 몸은 ❶ 무산(巫山) 선녀 될 수 없고
깨진 인연
다시 만날 수 없는 아쉬움
깨진 거울 다시 갈라지니 마음만 쓰려
이별
이로부터 작별하면 둘 모두 아득하네.

천상과 인간 세상 소식도 막히리라.
이승과 저승의 단절감 강조 → 슬픔의 극대화

노래 한 곡 부를 때마다 눈물에 목이 메여 거의 곡조를 이루지 못했다. 이생도 또한 슬픔을 걷잡지 못했다.

저승

"나도 차라리 부인과 함께 황천(黃泉)으로 갔으면 하오. 어찌 무료히
수동적이던 이생의 능동적 태도 변화 – 따라 죽겠다는 뜻
홀로 여생을 보내겠소. 지난번 난리를 겪고 난 후에 친척과 노복들
앞으로 남은 인생
이 각각 서로 흩어지고, 돌아가신 부모님의 유골이 들판에 버려져 있을 때, 당신이 아니었더라면 누가 능히 장사를 지내 주었겠소. 옛 사람의 말씀에 부모님이 살아 계실 때에는 예절로써 섬기고 돌아가
〈논어〉의 구절. 부모에 대한 자식의 도리를 강조함
신 후에도 예절로써 장사 지내야 한다 했는데, 이런 일을 모두 당신
효성이 지극하고
이 실천했소. 그것은 당신이 천성(天性)이 순효(純孝)하고 인정이 두터
살아 있는 사람보다 귀신의 인정이 더 순후함을 통해 현실을 비판하려는 의도가 드러남
운 때문이니 감격해 마지않았으며, 스스로 부끄러움을 이기지 못하
홍건적의 난 때, 살기 위해 자신만 도망쳤던 일
였소. 당신은 이승에서 함께 오래 살다가 백 년 후에 같이 세상을 떠
이생의 인간적 욕망 표출. 운명을 거부하는 의지적 태도
나는 것이 어떻겠소?"

여인은 대답했다.

「"낭군의 수명(壽命)은 아직 남아 있으나, 저는 이미 저승의 명부(名簿)
죽은 사람이니
에 이름이 실려 있으니 오래 머물러 있을 수가 없습니다. 만약 군이 인간 세상을 그리워해서 미련을 가진다면, 저승의 법에 위반됩니다. 그렇게 되면 죄가 저에게만 미치는 것이 아니라 낭군에게까지 그 허
「 」: 함께하지 못하는 근거
지나친 욕망은 화를 부름(과유불급)
물이 미칠 것입니다.」 다만 저의 유골이 아직 그곳에 흩어져 있으니, 만약 은혜를 베풀어 주시겠다면 유골을 거두어 비바람을 맞지 않게
장사를 지내 줄 것을 요청함
해 주십시오."

두 사람은 서로 바라보며 눈물을 흘렸다. 잠시 후에 여인은 말했다.

"낭군님, 부디 안녕히 계십시오."
이별을 앞둔 마지막 인사 – 애절함
말을 마치자 점점 사라져서 마침내 종적을 감추었다. 이생은 최랑이

결정적 장면

환신하여 이생과 함께 지내던 최랑이 저승의 법을 어길 수 없어 이생에게 영원한 이별을 고하고 떠나자 이생 역시 세상을 떠나는 장면이다. 삽입된 시를 통해 인물의 심리가 부각되는 한편, 작품의 주제 의식이 구체적으로 드러나는 부분이다.

문제로 핵심 파악

1 [기출] 이 글에 대한 설명으로 적절한 것은?

① 삽입된 시를 통해 인물의 심리를 드러내고 있다.
② 배경 묘사를 통해 인물 간 갈등 상황을 암시하고 있다.
③ 잦은 장면 전환을 통해 긴박한 분위기를 조성하고 있다.
④ 서술자의 직접 개입을 통해 반전된 상황을 제시하고 있다.
⑤ 과거와 현재의 교차를 통해 사건의 입체감을 부여하고 있다.

핵심 구절 풀이

❶ 무산(巫山) 선녀 될 수 없고: 초나라의 양왕이 꿈에서 무산의 선녀를 만나 즐거움을 누린 후 다시 만날 것을 간청하자 무산 선녀가 '큰 산이 막혀 직접 올 수 없으니 아침에는 구름이 되고 저녁에는 비가 되어 가깝게 모시겠다.'라고 한 고사를 인용한 표현임

① ㅣ 팀

말한 대로 그녀의 유골을 거두어 부모의 무덤 곁에 장사를 지내 주었다. ▶ 최랑이 운명에 따라 저승으로 떠남

그 후 이생은 최랑을 지극히 생각한 나머지 병이 나서 두서너 달 만에 세상을 떠났다.
지고지순한 사랑의 완성

「이 사실을 들은 사람들은 모두 슬퍼하고 탄식하면서, 그들의 절개를 사모하지 않는 이가 없었다.」

「 」: 주제 의식이 구체화된 부분(절개 강조)

▶ 죽음을 초월한 이생의 사랑

핵심 정리

- 갈래: 고전 소설(한문 소설, 전기 소설, 염정 소설, 명혼 소설)
- 성격: 낭만적, 전기적, 비극적, 환상적
- 구성: '발단 – 전개 – 위기 – 절정 – 결말'의 5단 구성

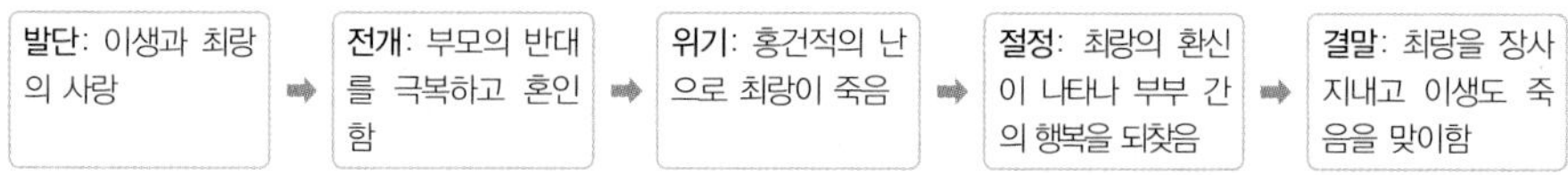

- 제재: 남녀 간의 사랑
- 주제: 죽음을 초월한 남녀 간의 사랑
- 특징: ① 비현실적이고 신비로운 내용을 다룸
  ② 한문 문어체로 사물을 미화하여 표현함
  ③ 시를 삽입하여 등장인물의 심리를 효과적으로 전달함
  ④ 최랑이 죽기 전의 이야기와 죽은 후의 이야기로 이루어진 이중 구조임
- 의의: 최초의 한문 소설집인 《금오신화》에 수록된 작품임

한눈에 **보기**

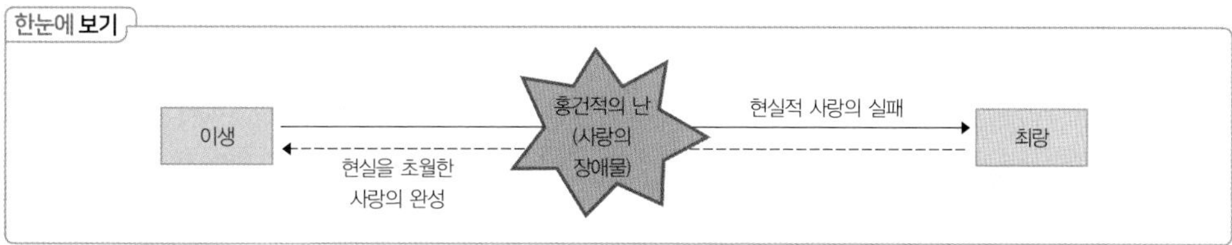

보충·심화 학습

- 〈이생규장전〉의 현실성

〈이생규장전〉은 《금오신화》의 다른 작품들에 비해 현실적이라고 볼 수 있는데 이는 다른 작품들의 귀신들이 본래부터 귀신이었던 데 비해 이 글은 최랑이 귀신이 될 수밖에 없었던 현실적 조건들을 제시하고 있다는 점에서 그러하다. 이 글은 귀신과 사람 사이의 사랑보다는 세계의 횡포에 맞서는 인간의 강한 의지에 초점을 맞추고 있다고 볼 수 있으며, 바로 이러한 점에서 이 글의 주제를 단순한 사랑으로만 단정할 수 없는 것이다.

필수 문제

01 이 글에서 이생과 최랑의 비극적인 이별을 가져오는 사건을 쓰시오.

02 [서술형] 〈보기〉의 화자와 이 글의 최랑의 공통점을 간략히 서술하시오.

〈 보기 〉

여히므론 아즐가 여히므론 질삼뵈 ᄇᆞ리시고
괴시란ᄃᆡ 아즐가 괴시란ᄃᆡ 우러곰 좃니노이다

– 작자 미상, 〈서경별곡〉

용궁부연록(龍宮赴宴錄) | 김시습

용궁의 잔치에 초대받아 다녀온 이야기

필수

출제 포인트

김시습의 《금오신화》에 수록된 몽유 소설이다. '한생'이 용궁으로 초대되어 겪은 일을 작가의 삶과 관련지어 생각해 보고, 이 글에 나타난 작가의 가치관과 사상에 대해 알아보자.

감상 길잡이

이 글은 김시습의 《금오신화》에 실린 작품으로 '용궁의 잔치에 초대받아 다녀온 이야기'라는 뜻의 제목을 가지고 있다. 현실에서는 조정에까지 알려질 정도의 문장력이 있으면서도 조정에 나아가지 못한 한생이 용궁에서는 그 능력을 인정받아 선물까지 받고 돌아온다는 설정은, 현실과 용궁의 대조를 통해 인재를 알아주지 않는 현실의 부당함을 폭로하려는 김시습의 의도가 담긴 장치로 이해할 수 있다. 또한 결말에서 한생이 자취를 감추는 것으로 마무리됨으로써 현실과 이상 사이의 괴리를 해결할 길이 없는 김시습 자신의 삶을 투영시키고 있다.

「개성에 천마산이 있는데, 그 산이 공중에 높이 솟아 가파르므로 '천마산'이라 불리게 되었다. 그 산 가운데 용추(龍湫)가 있으니 그 이름을 박연(朴淵)이라 하였다. 그 못은 좁으면서도 깊어서 몇 길이나 되는지 알 수가 없었다. 물이 넘쳐서 폭포가 되었는데, 그 높이가 백여 길은 되어 보였다. 경치가 맑고도 아름다워서 놀러 다니는 스님이나 나그네들이 반드시 이곳을 구경하였다.」

(개성: 우리나라를 배경으로 설정함 – 작가의 주체성이 드러남 / 용추: 용소. 폭포수가 떨어지는 바로 밑에 있는 깊은 웅덩이 / 길: 약 2.4미터 또는 3미터 / 「 」: 공간적 배경을 소개함)

옛날부터 이곳에 용신이 살고 있다는 전설이 전기에 실려 있어서, 나라에서 세시(歲時)가 되면 커다란 소를 잡아 제사 지내게 하였다.

(옛날부터 이곳에 용신이 살고 있다는 전설: 용왕의 존재를 암시 / 세시: 한 해의 절기나 달, 계절에 따른 때)

▶ 공간적 배경의 제시

고려 때에 한생(韓生)이 살고 있었는데, 젊어서부터 글을 잘 지어 조정에까지 알려지고 문사(文士)로 평판이 있었다. 하루는 한생이 거실에서 해가 저물 무렵에 편안히 앉아 있었는데, 홀연히 푸른 저고리를 입고 복두(幞頭)를 쓴 낭관(郎官) 두 사람이 공중으로부터 내려왔다. 그들이 뜨락에 엎드려 말하였다. / "박연에 계신 용왕님께서 모셔오라고 하셨습니다." / 한생이 깜짝 놀라 얼굴빛이 변해지면서 말하였다. / "신과 인간 사이에는 길이 막혀 있는데, 어찌 서로 통할 수 있겠소? 더군다나 수부(水府)는 길이 아득하고 물결이 사나우니, 어찌 갈 수가 있겠소?"

(한생: 능력은 뛰어나지만 벼슬을 얻지 못한 채 선비로 지내고 있음 / 젊어서부터 ~ 평판이 있었다: 조정에까지 알려질 정도로 재능이 있으나 등용은 되지 못하는 현실 / 거실: 거처하는 방 / 해가 저물 무렵: 꿈이 시작됨 / 복두: 머리에 쓰는 관의 일종 / 낭관: 관에서 실무 책임을 맡은 관리 / 공중으로부터 내려왔다: 전기적 요소 ① / 뜨락에 엎드려 말하였다: 한생에 대한 예우 / 용왕님께서 모셔오라고: 전기적 요소 ② / 수부: 전설에서, 물을 맡아 다스린다는 신의 궁전)

▶ 용궁으로부터 초대를 받은 한생

중략 부분 줄거리 | 한생은 용궁으로 향한다. 용궁에 도착한 한생은 용왕과 세 명의 신을 만나 담소를 나눈다.

다들 자리에 앉아 찻잔을 한차례 돌린 뒤에 용왕이 한생에게 말하였다.

"과인은 오직 딸 하나를 두었을 뿐인데, 이미 시집 보낼 나이가 되었습니다. 장차 알맞은 사람과 혼례를 치르려고 하지만, 우리가 사는 집이 누추하여 사위를 맞이할 집도 없고, 화촉을 밝힐 만한 방도 없습니다. 그래서 따로 별당 한 채를 지어 가회각(佳會閣)이라 이름 붙일까 합니다. 공장도 이미 모았고, 목재와 석재도 다 갖추었습니다. 아직 없는 것이라고는 상량문(上樑文)뿐입니다. 「소문에 들으니 선생의 이름이 삼한(三韓)에 널리 알려졌으며 글솜씨가 백가에 으뜸이라고 하므로, 특별히 멀리서 모셔온 것입니다.」 과인을 위하여 상량문을 지어 주시면 다행이겠습니다."

(화촉을 밝힐: 혼례를 올릴 / 공장: 수공업에 종사하던 장인 / 상량문: 집을 지을 때 기둥을 세우고 마룻대를 올리는 의식에서 읽는 축하 글 / 「 」: 용왕이 한생의 능력을 인정하고, 그 재주를 발휘할 수 있도록 기회를 주고 있음. 한생이 살고 있는 현실과는 대조되는 부분 / 과인을 위하여 ~ 다행이겠습니다: 용왕이 한생을 초대하게 된 이유)

▶ 한생에게 상량문을 부탁하는 용왕

중략 부분 줄거리 | 한생은 뛰어난 솜씨로 상량문을 지어 낸다. 용왕에게서 융숭한 대접을 받은 한생은 현실로 돌아오려고 한다.

한생이 두 번 절하고 작별하였다. 그랬더니 용왕이 산호 쟁반에다 진주 두 알과 흰 비단 두 필
한생의 재주에 대한 대가 – 용궁에서 보낸 시간이 단순한 환상이 아님을 증명하는 증거물
을 담아서 노잣돈으로 주고, 문밖에 나와서 절하며 헤어졌다. 세 신도 함께 절하고 하직하였다. 세 신은 수레를 타고 곧바로 돌아갔다. 용왕은 다시 두 사자에게 명하여 산을 뚫고 물을 헤치는 무소뿔을 가지고 한생을 인도하게 했다. 한 사람이 한생에게 말했다. / “제 등에 올라타고 잠깐만
서각. 물속을 환히 비춰 준다고 함
눈을 감고 계십시오.” / 한생이 그 말대로 했다. 한 사람이 서각을 휘두르면서 앞에서 인도하는데, 마치 공중으로 날아가는 것 같았다. 오직 바람 소리와 물소리만 들렸는데, 잠시라도 끊어지지 않았다. 이윽고 그 소리가 그쳐서 눈을 떠 보았더니 자기 몸이 거실에 드러누워 있었다. 한생이
꿈에서 깨어나 현실로 돌아옴 – 환몽 구조
문밖에 나와서 보았더니 커다란 별이 드문드문 보였다. 동방이 밝아 오고 닭이 세 홰나 쳤으니,
새벽 3시~5시 사이
밤이 오경쯤 되었다. 재빨리 품속을 더듬어 보았더니 진주와 비단이 있었다. 한생은 이 물건들을
시간의 경과 / 꿈에서 일어난 일이 실제 있었던 일임을 증명함
비단 상자에 잘 간직하였다. 귀한 보배로 여기면서, 남에게 보여 주지도 않았다. 그 뒤에 한생은 세상의 명예와 이익을 생각하지 않고 명산으로 들어갔다. 어찌 되었는지는 알 수가 없다.
용궁에서 누린 즐거움에 비추어 볼 때 현실 세계에서의 명예나 이익이 허망하게 느껴짐. 도교 사상이 반영됨

▶ 꿈에서 깨어 세상을 등지고 살아간 한생

핵심 정리

- 갈래: 고전 소설(한문 소설, 전기 소설, 몽유록계 소설)
- 성격: 환상적, 전기적
- 구성: '발단 – 전개 – 위기 – 절정 – 결말'의 5단 구성

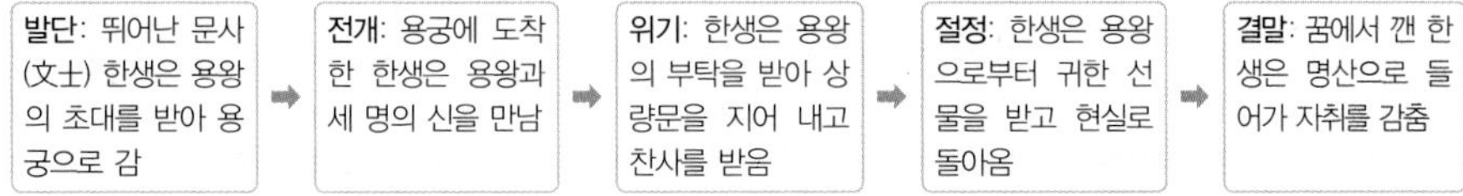

- 제재: 용궁에 초대된 이야기
- 주제: 용궁에서의 기이한 경험과 인간 세상의 무상감
- 특징: '현실 – 꿈 – 현실'의 환몽 구조를 보임

한눈에 **보기**

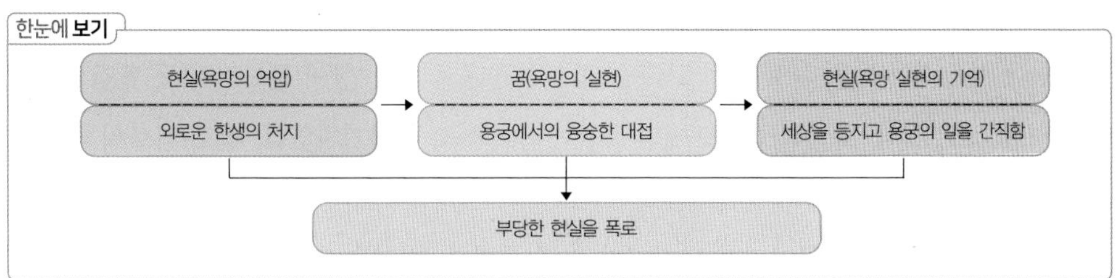

필수 문제

01 이 글은 '현실 – (　　　　) – 현실'로 배경이 변화하는데 이러한 구조를 (　　　　　　)(이)라고 한다.

02 이 글에서 한생이 용궁에서 보낸 시간이 단순한 환상이 아님을 보여 주는 소재 둘을 찾아 쓰시오.

남염부주지(南炎浮洲志) | 김시습

남쪽 염부주(염라대왕이 다스리는 곳)의 이야기

필수

출제 포인트

김시습의 《금오신화》에 수록된 다섯 편 중 한 작품으로, '박생'과 '남염부주 왕'의 문답을 통해 드러나는 작가의 이념과 사상에 주목하여 살펴보자.

감상 길잡이

이 글은 주인공 박생이 남쪽의 염부주라는 지옥에 가서 염부주의 왕과 대화를 나눈 이야기로, 작가 김시습의 사상과 철학, 이념, 종교관이 비교적 직설적으로 드러난 작품이다. 박생이 꿈에 염부주의 왕과 만나 군주의 도리를 언급하고 폭력의 부당성을 주장하며 백성을 옹호하는 정치적인 발언을 하고 있는데, 이는 정도(正道)를 추구하는 작가의 가치관이 드러난 것이자, 세조의 단종 폐위 사건을 비판하기 위한 것이라고 할 수 있다. '현실 → 꿈 → 현실'로 이어지는 환몽 구조와 인물들의 문답식 토론을 통해 이야기가 전개되는 구조로 되어 있다.

앞부분 줄거리 | 경주에 사는 박생은 유학을 공부하며 높은 뜻과 훌륭한 인품으로 주위의 평판은 좋으나, 과거에 급제하지 못하여 좌절한다. 그는 귀신, 무당, 불교 등의 이단에 빠지지 않기 위해 세상의 이치는 하나라는 뜻의 〈일리론〉을 쓰며 유교 경전을 열심히 읽는다.

(현실에서 소외됨 → 인재가 등용되지 못하는 부조리한 현실 암시)

※ 박생의 사상적 기반
유교 ← 지지 — 박생 — 비판 → 불교
유교 ↓ 현세적, 현실적 가치관 / 불교 ↓ 내세적 가치관

하루는 박생이 거실에서 등불을 켜고 《주역》을 읽다가 베개를 괴고 얼핏 잠이 들었는데, 홀연히 한 나라에 이르고 보니 바로 바닷속에 있는 한 섬이었다.

(유교의 경전을 읽는 주인공 '박생'의 모습 → 유교적 이념을 지향하는 작가의 가치관이 반영됨)
(입몽(내화))
(꿈 – ① 박생이 남염부주 왕에게 능력을 인정받는 공간 ② 현실에서 느끼던 욕망과 갈등을 해소하는 공간)
(제목에 언급된 '남염부주'라는 지옥. 비현실적 공간)

「그 땅에는 본디 풀이나 나무가 없고, 모래나 자갈도 없었다. 발에 밟히는 것이라고는 모두 구리가 아니면 쇠였다. 낮에는 사나운 불길이 하늘까지 뻗쳐 땅덩이가 녹아내리는 듯하였고, 밤에는 싸늘한 바람이 서쪽에서 불어와 사람의 살과 뼈를 에는 듯하니, 장애를 견딜 수가 없었다.」

(「 」: '남염부주'의 모습 묘사 = 지옥)

바닷가에는 쇠로 된 벼랑이 성처럼 둘러싸여 있었는데, 굳게 잠긴 성문 하나가 덩그렇게 서 있었다. 문지기는 물어뜯을 것 같은 영악한 자세로 창과 쇠몽둥이를 쥐고, 바깥에서 오는 자들을 막고 서 있었다.

(영악한: 매우 모질고 사나운)

그 안에 사는 백성들은 쇠로 지은 집에 살고 있었는데, 낮에는 살이 문드러질 듯 뜨겁고 밤에는 얼어 터질 듯 추워서, 오직 아침저녁에만 꿈틀거리며 웃고 이야기하였다. 별로 괴로워하는 것 같지는 않았다.

(그 안: 폐쇄적이고 억압적인 공간)

박생이 몹시 놀라서 머뭇거리자 문지기가 그를 불렀다. 박생은 당황하였지만 명을 어길 수 없어 공손하게 다가갔다. 문지기가 창을 곧추세우고 물었다.

"그대는 어떤 사람이오?"

박생이 두려워 떨면서 대답하였다.

"저는 아무 나라에 사는 아무개인데, 세상 물정을 모르는 선비입니다. 감히 신령하신 나리를 모

(신령하신 나리: 문지기)

독하였으니 죄를 받는 것이 마땅하겠지만, 너그러이 용서하여 주십시오."

박생이 엎드려 두세 번 절하며 당돌하게 찾아온 것을 사죄하자, 문지기가 말하였다.

"'선비는 위협을 당하여도 굽히지 않는다.' 고 하던데, 그대는 어찌 이처럼 비굴하게 구시오?
선비의 지조(절개)를 중시함 = 유교의 선비 사상
「우리가 이치를 잘 아는 군자를 만나려 한 지가 오래되었소. 우리 왕께서 그대와 같은 군자를 한
'박생'에 대한 우호적 평가
번 만나서 동방 사람들에게 한 말씀을 전하려 하신다오. 잠깐만 앉아 계시면 내가 곧 우리 왕께 아뢰겠소."

말을 마치자 문지기는 빠른 걸음으로 성안에 들어갔다. 얼마 뒤에 그가 나와서 말하였다.

임금이 평상시에 거처하는 궁전
"왕께서 그대를 편전(便殿)에서 만나시겠다니, 아무쪼록 정직한 말로 대답하시오. 위엄이 두렵
올바른 길에 대한 중요한 내용
다고 숨기면 안 되오. 우리나라 백성이 대도(大道)의 요지를 알게 하여 주시오."」
「 」: '박생'이 '대도의 요지를 알려 줄 훌륭한 군자'라는 인식이 전제된 제안 – 저승에서 인정받는 박생
▶ 박생이 꿈에서 남염부주에 도착하여 문지기에게 인도됨

중략 부분 줄거리 | 박생은 착한 사람의 명부에 적혀 있는 까닭에 남염부주의 왕에게 극진한 예로 초대받는다. 남염부주의 왕은 박생에게 '남염부주'라는 염라국에 대해 설명하고, '석가'와 비교하여 '주공, 공자'의 경지를 칭송하고 불교의 생사관에 대해 비판한다. 박생이 혼란스러운 인간 세상에 대해 구체적으로 설명하자, 둘은 탄식한다.

박생이 말하였다.

남염부주(저승)
"왕께서는 무슨 인연으로 이 이국의 왕이 되셨습니까?"

- 일반적인 견해(통념)에 위배되는 관점을 지님
- 망자의 개과천선을 유도하는 남염부주를 만듦
- 백성을 강압적으로 통치하는 임금의 횡포를 비판함
- 인간 세상에서 인정받지 못하는 박생을 긍정적으로 평가함

왕이 말하였다.

「"나는 인간 세상에 있을 때에 왕에게 충성을 다하며 힘내어 도적을 토벌하였습니다. 그러고는
남염부주의 왕이 이승에 있을 때에 충신이었음을 알 수 있음
스스로 맹세하기를 '죽은 뒤에도 마땅히 사나운 귀신이 되어 도적을 죽이리라.' 고 하였습니다.
그런데 아직 그 소원이 다 이루어지지 않았고 충성심이 사라지지 않았기 때문에, 이 흉악한 곳
도적을 모두 토벌하지 못함
에 와서 왕이 된 것이지요.」 「 」: 남염부주의 왕이 된 이유 – 유교적 사상(충)과 불교적 사상(윤회 사상)이 반영됨

지금 이 땅에 살면서 나를 우러러보는 자들은 모두 전생에 부모나 임금을 죽인 간사하고 흉악한
불충과 불효가 만연한 당대의 혼란한 사회상을 암시
무리들입니다. 이들은 이곳에 의지해 살면서 나에게 통제를 받아 그릇된 마음을 고치려 하고 있습
남염부주의 공간적 의미 – 망자의 개과천선을 유도하는 공간
니다. 그러나 정직하고 사심이 없는 사람이 아니면 이곳에서 하루도 왕 노릇을 할 수가 없습니다.
군주의 자질, 남염부주의 왕이 될 수 있는 조건

내가 들으니 「그대는 정직하고도 뜻이 굳어서 인간 세계에 있으면서 지조를 굽히지 않았다고 하
「 」: 박생에 대한 세상 사람들의 평가 박생과 같은 인재를 세상이 알아주지 않음 – 인재 등용이 제대로 이루어지지 못하는 현실 비판
니,」 참으로 달인(達人)입니다. 그런데도 그 뜻을 세상에 한 번도 펴 보지 못하였으니, 마치 형산의
널리 사물의 이치에 통달한 사람 중국의 산 이름. 옥으로 유명함
옥덩이가 티끌 덮인 벌판에 내버려지고 명월주가 깊은 못에 잠긴 것과도 같습니다. 뛰어난 장인
밤에 광채를 발하는 구슬 남염부주의 왕 자신
을 만나지 못하면 누가 지극한 보물을 알아보겠습니까? 이 어찌 안타깝지 않겠습니까?
박생 박생에 대한 심정을 집약적으로 드러냄

나는 시운이 다하여 장차 이 자리를 떠나야 합니다. 그대 또한 운명이 다하여 곧 쑥 덤불 사이
시대나 그때의 운수 박생에게 남염부주의 왕 자리를 넘기는 이유 박생의 죽음이 가까워 옴
에 묻힐 것입니다. 그러니 이 나라를 맡아 다스릴 분이 그대가 아니면 누구겠습니까?
남염부주의 왕이 남염부주를 박생에게 맡기고자 함

※ 공간 대조

이승 — 인정받지 못함 → 박생 ← 인정함 — 저승

인재 등용이 제대로 이루어지지 않는 공간 인재 등용이 제대로 이루어지는 이상적 공간

그러고는 잔치를 열어 극진히 즐겁게 하여 주었다. ▶ 남염부주의 왕이 된 내력과 박생의 재능 인정

왕이 박생에게 삼한(三韓)이 흥하고 망한 자취를 물었더니, 박생이 하나하나 이야기하였다. 고려가 창업한 이야기에 이르자, 왕이 두세 번이나 탄식하며 서글퍼하더니 말하였다.

삼한(三韓): 삼국 시대 이전에 있던 나라 – 마한, 진한, 변한

「"나라를 다스리는 이가 폭력으로 백성을 위협하여서는 안 됩니다. 백성들이 두려워 따르는 것 같지만, 마음속으로는 반역할 뜻을 품고 있습니다. 날이 가고 달이 가면 커다란 재앙이 일어나게 됩니다. 덕이 있는 사람은 힘을 가지고 임금 자리에 나아가지 않습니다. 하늘이 비록 임금이 되라고 간곡하게 말하는 것은 아니지만, 그가 올바르게 일하는 모습을 백성에게 보여 줌으로써 백성의 뜻에 의하여 임금이 되게 하니 상제(上帝)의 명은 참으로 엄합니다. 나라는 백성의 나라이고, 명령은 하늘의 명령입니다. 그런데 천명이 떠나가고 민심이 떠나간다면, 임금이 비록 제 몸을 보전하려고 하더라도 어찌 되겠습니까?"」

- 나라를 다스리는 이: 군주
- 폭력: 작가의 가치관: 정치적 지도자가 경계해야 할 것 = 폭력적 정치 (덕과 대조)
- 덕: 작가의 가치관: 정치적 지도자의 자질 ① = 유교적 덕치주의
- 올바르게 일하는 모습: 작가의 가치관: 정치적 지도자의 자질 ② = 근면, 합리
- 상제(上帝): 하느님
- 나라는 백성의 나라: 작가의 가치관: 정치적 지도자의 이념 = 민본주의(백성이 근본임)
- 천명, 민심: 국가와 왕위 유지의 요건
- 「 」: 백성을 폭력으로 다스리지 말 것과 민심을 중요하게 여길 것을 강조 – 세조의 왕위 찬탈에 대한 비판

박생이 또 역대의 제왕들이 불교를 숭상하다가 재앙 입은 이야기를 하자, 왕이 문득 이맛살을 찌푸리며 말하였다.

역대의 제왕들이 불교를 숭상하다가 재앙 입은 이야기: 불교를 사도(邪道)로 보고 유교만을 정도(正道)로 인정하는 작가의 사상을 대변함

"백성이 임금의 덕을 노래하는데도 큰물과 가뭄이 닥치는 것은 하늘이 임금으로 하여금 근신하라고 경고하는 것입니다. 백성이 임금을 원망하고 탄식하는데도 상서로운 일이 나타나는 것은 요괴가 임금에게 아첨하여 더욱 교만 방자하게 만드는 것입니다. 제왕들에게 상서로운 일이 나타났다고 해서 백성이 편안해질 수 있겠습니까? 원통하다고 말할 수 있겠습니까?"

- 큰물: 홍수
- 근신: 말이나 행동을 삼가고 조심함
- 상서로운: 복되고 길한 일이 일어날 조짐이 있는
- 제왕들에게 ~ 있겠습니까?: 길한 징조를 선정의 결과라고 오해하는 왕들의 태도에 대한 경계(비판)

박생이 말하였다.

「"간신이 벌 떼처럼 일어나 큰 난리가 자주 생기는데도 임금이 백성을 위협하고 위엄 부리는 것을 잘한 일로 여겨 명예를 구하려 한다면, 그 나라가 어찌 평안할 수 있겠습니까?"」

- 간신이 벌 떼처럼 일어나: 관리들에 대한 비판적 인식, 현실 비판적 태도
- 「 」: 임금이 간신들을 제압하지 않고 오히려 백성들을 억압하는 상황에 대한 비판 – 세조가 왕위를 찬탈한 당대의 정치적 상황을 비판함

왕이 한참 있다가 탄식하며 말하였다.

"그대의 말씀이 옳습니다." ▶ 왕도 정치의 이상에 대해 대화함

"그대의 말씀이 옳습니다.": 남염부주의 왕과 박생의 의견이 일치함

뒷부분 줄거리 | 남염부주의 왕은 박생과의 문답이 끝난 후 잔치를 베풀면서 박생에게 왕위를 맡아 달라고 선위문(禪位文)을 내리고 박생이 이를 받아들인다. 박생이 고국을 잠깐 방문하기 위해 수레에 탄 순간, 수레가 넘어지면서 박생은 깜짝 놀라 꿈에서 깬다. 몇 달 후 박생이 죽고, 이웃의 꿈에 신인(神人)이 나타나 박생이 염라대왕이 될 것이라고 한다.

- 선위문(禪位文): 임금의 자리를 물려줌을 공표하는 글
- 박생은 깜짝 놀라 꿈에서 깬다: 꿈에서 현실로 바뀜 – 각몽
- 박생이 염라대왕이 될 것이라고 한다: 꿈의 내용이 실현된 결말을 통한 사실성 부여

핵심 정리

- 갈래: 고전 소설(한문 소설, 전기 소설)
- 성격: 환상적, 전기적(傳奇的)
- 구성: '현실 – 꿈 – 현실'의 환몽 구조, 액자식 구성

현실: 유학을 열심히 공부하지만 과거에 계속 낙방하는 박생	➡	꿈: 꿈속에서 남염부주 왕을 만나 종교와 왕도에 대해 대화를 나누고, 남염부주 왕이 박생에게 왕위를 물려주겠다고 함	➡	현실: 꿈에서 깬 박생이 죽은 후 남염부주의 왕이 됨

- 제재: 박생과 남염부주 왕의 대화
- 주제: 선비들이 지녀야 할 바른 자세와 당대 현실에 대한 비판
- 특징: ① '현실–꿈–현실'의 환몽 구조로 이루어짐
  ② 등장인물들의 대화를 통해 작가의 사상이 드러남
  ③ 남염부주라는 비현실적인 세계를 다룸
- 의의: ① 작가 김시습의 정치관, 종교관 등의 사상이 집약적으로 드러남
  ② 현실에 대한 작가의 비판적 태도를 비현실적인 세계에서 다룸으로써 현실에서 야기할 문제를 완화하는 데 기여함

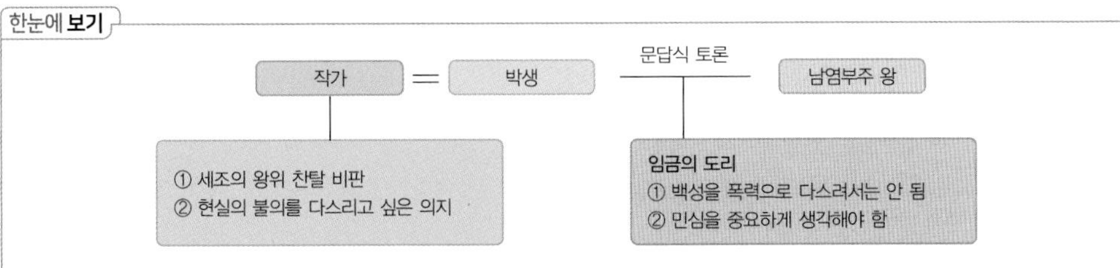

보충·심화 학습

- 김시습의 생애

김시습은 조선 시대의 생육신(生六臣)의 한 사람으로, 어릴 때부터 시와 경서에 능통하여 천재로 불렸으나, 단종 폐위 이후 세상을 비관하고 승려가 되어 전국을 유랑하며 불우한 일생을 보냈다. 그가 지은 《금오신화》는 우리나라 최초의 한문 소설집으로 평가받고 있으며, 이에 이르러 소설이라는 문학 양식이 비로소 확립되었고, 이는 후대 소설 문학 발흥의 획기적 계기가 되었다.

- 《금오신화》의 소설적 특징과 의의

《금오신화》는 조선 세조 때에 김시습이 지은 우리나라 최초의 소설로, 〈남염부주지〉, 〈만복사저포기〉, 〈이생규장전〉, 〈용궁부연록〉, 〈취유부벽정기〉의 5편을 말한다. 《금오신화》의 소설적인 특성은 첫째, 주인공들이 한결같이 재자가인적(才子佳人的) 인물인 점, 둘째, 문장 표현이 한문 문언문(文言文)으로 사물을 극히 미화시켜 표현한 점, 셋째, 일상적인 것과 거리가 먼 신비로운 내용을 그린 점 등인데, 이는 전기 소설(傳奇小說)의 일반적인 성격이며, 이런 점에서 중국 소설 《전등 신화(剪燈新話)》의 영향이 있었음을 보게 된다. 나아가서 이들 작품 세계는 인간성을 긍정하고 현실 속에서 제도(制度) 및 인간의 운명 등과 강력히 대결하려는 인간의 의지를 표현하고 있다는 점에서 높이 평가할 수 있다.

필수 문제

01 **이 글을 통해 알 수 있는 작가의 이상적인 통치관을 쓰시오.**

02 [서술형] **당시가 세조가 단종의 왕위를 찬탈한 시점임을 고려할 때, 현실 비판적인 내용의 이 글이 박생의 꿈속에서 겪은 염라국 이야기로 전개된 이유를 서술하시오.**

44 취유부벽정기(醉遊浮碧亭記) | 김시습

'부벽정'에서 취하여 논 이야기

모의 기출

출제 포인트

부호가의 아들 '홍생'과 죽어서 선녀가 된 '기씨녀'의 정신적 사랑을 다루고 있는 한문 소설이다. '홍생'과 '기씨녀'가 만나서 읊은 '시'의 기능에 대해 알아보고 이 글의 사상적 배경 및 주제를 파악해 보자.

감상 길잡이

이 글의 제목인 〈취유부벽정기〉는 '부벽정에서 취하여 논 이야기'라는 뜻이다. 남녀 간의 사랑을 제재로 하고 있지만, 김시습의 다른 작품인 〈만복사저포기〉나 〈이생규장전〉과 달리 정신적인 사랑을 다루었다는 점에서 차별된다. 또한, 죽은 여자의 혼령이 산 사람처럼 나타나 주인공과 함께 어울렸다는 점에서 명혼(冥婚) 소설이라 할 수 있지만, 동시에 이들의 만남이 밤중에 일어났다는 점과 배경 묘사의 변화 등을 감안할 때 몽유(夢遊) 소설로도 볼 수 있다.

정축년(丁丑年)에 개성에 사는 부호가의 아들 홍생(洪生)이 있었는데, 얼굴이 아름답고 비록 나이는 어리나 글을 잘하였다.(고전 소설의 일반적 특징 – 재자가인형의 주인공) 홍생은 팔월 한가윗날을 맞아 면사(綿絲)(무명실)를 사려고 친구들과 함께 평양(옛 기자 조선의 서울 – 만남의 필연성 부여)장에 포백(布帛)(베와 비단)을 싣고 와서 강가에 배를 대었다. 성중(城中)에서 구경 나온 기생들이 홍생을 보고 모두 눈짓을 하였다.(홍생의 준수함 때문에)

때마침 성중에 사는 홍생의 친구 이생(李生)이 잔치를 벌여 홍생을 환영하였다. 술에 취한 뒤 배로 돌아갔으나 밤은 서늘하고 졸음도 오지 않았다. 문득 옛날 당(唐)나라의 시인 장계(張繼)가 지은 〈풍교야박(楓橋夜泊)〉(나그넷길에 배에서 자는 것 / 중국 강소성 소주 교외에 있는 다리)의 시를 연상하며 맑은 흥취(취흥)를 진정하지 못하여 작은 배를 불러 달빛을 가득 싣고 노를 저으면서 강물을 따라 올라가 곧 부벽정 밑에 이르렀다.

홍생은 뱃줄을 갈에 매어 두고는 사닥다리를 밟고 올라가 난간에 비겨(기대어) 시를 낭랑히 읊었다. 때마침 「달빛은 환하고 물결은 흰 비단 같아(낭만적이며 신비한 분위기 조성의 매개) 청학과 기러기의 울음소리를 듣자 마치 하늘 위 옥황님이 계신 곳인 듯싶었다.」(「 」: 사랑의 감정을 자연스럽게 유발시키는 낭만적 배경) 한편 옛 서울(평양)을 돌아보니 내 낀(안개) 외로운 성(만남의 매개 / 애상감을 자극하는 소재)에 물결만 철썩거릴 뿐이었다.(적막과 외로운 분위기 조성의 매개) 그는 고국(故國)의 흥망을 탄식하며(맥수지탄(麥秀之嘆)) 여섯 수의 시(홍생과 여인을 연결하는 매개)를 잇달아 읊었다.(인물의 비범성 제시) ▶ 평양장에 간 홍생이 맥수지탄의 시를 읊음

중략 부분 줄거리 | 홍생이 시를 읊자 거기에 감동한 한 여인이 홀연히 나타나 둘은 서로 시를 주고받는다. 그러다 홍생이 여인에게 정체를 묻자 여인은 자신이 은나라 임금의 후손이며 기씨 조선을 세운 기씨의 딸이라고 밝힌 뒤(과거 역사적 인물 – 시공을 초월한 사랑을 위한 설정), 하늘에 올라가 선녀가 되었는데(도교적 사상) 오랑캐(위만)에게 망해 버린 고국이 생각나서 내려왔다고 말한다.('평양'이라는 배경을 통해 만남의 필연성을 제시함)

「고운 임(기자와 단군)은 어디 가고 궁궐조차 절이 됐노.(절은 산속에 있으므로, 궁궐 자리에 숲이 우거졌음을 '절'로 표현한 것)
깊은 숲 속 가린 휘장(밤의 어두움 – 밤이 깊었음) 반딧불만 번득인다.(애상감의 자극 – 옛 궁궐터(숲)에는 반딧불만 보임)
옛적 일(고국의 패망)도 슬프건만 오늘 근심(홍생과의 이별) 어이하리.
목멱산(木覓山)(평양 동쪽에 있는 산)은 단군터요 기자 여기 오셨던가.(왕위를 찬탈한 세조를 비판하기 위한 설정 – 생육신인 작가가 정통성을 들어 세조를 비판함)
굴속에 무엇 있나 기린 자국(동명왕의 자취. '기린'은 동명왕이 탔다는 기린마를 가리킴) 완연하이.
들판에서 주운 물건 숙신(肅愼)(퉁구스 족. 그들이 만든 화살이 유명했다고 함)의 화살이라.

홍생
선녀는 용을 타고 문사 또한 붓을 멈춰
홍생과 기씨녀가 이별을 준비함
난초라 매운 향내 푸른 공중에 풍기누나.
난초의 향기(선녀)가 푸른 공중으로 감 – 떠날 때가 됨
곡조를 마친 뒤에 하직이란 웬 말인가.
이별에 대한 아쉬움
바람은 고요한데 놋소리만 처량하구나.」
이별 후의 공허감

「 」: '강정추야완월(江亭秋夜玩月: 가을밤 강 위 정자에서 달을 감상하다)' 이라는 제목으로 지은 40운의 한시 중 일부임

여인은 다 쓰고 나서 붓을 던져 버리고는 공중에 높이 솟아 간 곳이 없고, 다만 시녀를 시켜서 홍생에게 말을 전하였을 뿐이다.

갑작스러운 이별 – 새로운 사건 전개의 매개(전기성)

"옥황님의 명령이 엄하셔서 나는 곧 흰 난조를 타고 돌아갑니다. 다만 청아한 이야기를 다 끝내지 못하여 몹시 섭섭합니다."

난조: 중국 전설에 나오는 상상의 새. 모양은 닭과 비슷하나 깃은 붉은빛에 다섯 가지 색채가 섞여 있으며, 소리는 오음(五音)과 같다고 함

몹시 섭섭합니다: 재회에 대한 소망

▶ 홍생과 시를 주고받은 뒤 승천한 선녀(기씨녀)

그 후 얼마 되지 않아 갑자기 회오리바람이 불어 홍생이 앉은 자리를 걷어 가고 그 시를 날려 버렸다. 대체로 이런 일을 인간 속세에 알리지 않기 위해서였다. 홍생은 정신이 나간 사람처럼 한참 동안 서서 곰곰이 생각해 보니, 꿈도 아니고 생시도 아닌지라 난간에 홀로 기대 서서 정신을 차리고 그녀가 한 말들을 기록하고, 또 좋은 인연을 얻어서 흉중에 쌓인 이야기를 다 못 했음을 한탄하며 시 한 수를 읊었다.

회오리바람: 이중 구성의 매개 – 사건을 현실 속의 일로도 해석할 수 있고 꿈속 일로도 해석할 수 있게 함
대체로 이런 일을 인간 속세에 알리지 않기 위해서였다: 서술자의 개입
꿈도 아니고 생시도 아닌지라: 비몽사몽 → 사건의 복합성
흉중: 가슴속
한탄하며 시 한 수를 읊었다: 아쉬움과 그리움의 정서

비 갰더니 구름이야 하염없이 한 꿈이라 / 가신 임은 언제나 퉁소 불며 돌아올꼬
대동강 푸른 물결 무정하다 마소서 / 임 여읜 저곳으로 슬피 울며 나는구나.

비 갰더니 구름이야: 만남과 이별
하염없이 한 꿈이라: 믿기지 않음
가신 임은 언제나 퉁소 불며 돌아올꼬: 기약 없는 이별
나는구나: 주체: 기씨녀가 타고 간 흰 난조

다 읊고 나자 산사에서 종이 울리고 물가 마을에서 닭이 노래를 부르는데 달은 서천에 걸려 있고 샛별만 반짝이며, 뜰 아래의 쥐와 상 밑의 벌레 소리가 들려올 뿐이었다.

산사: 산속에 있는 절
산사에서 종이 울리고 물가 마을에서 닭이 노래를 부르는데: 날이 밝음 – 기씨녀가 성급하게 떠난 이유
달은 서천에 걸려 있고 샛별만 반짝이며, 뜰 아래의 쥐와 상 밑의 벌레 소리가 들려올 뿐이었다: 낭만적 배경이 아닌 현실적 배경 묘사 – 사건이 현실로 전환되었음

홍생은 초연히 슬프기도 하고, 한편으론 온몸이 수긋하여 다시금 유(留)할 수 없으므로 서둘러 돌아와 배에 올라타고 옛 물가에 닿았다. 그가 돌아온 것을 안 친구들은 서로 앞을 다투어 물었다.

초연히: 얼굴에 근심스러운 빛이 있게
수긋하여: 흥분(감정)이 꽤 가라앉은 듯하여
유(留)할: 머물러 묵을

"도대체 어젯밤엔 어디서 자고 오는가?"

홍생은 속여서 말했다.

"사실은 어제 낚싯대를 메고는 달빛을 따라 장경문(長慶門) 밖 조천석까지 가서 고기를 낚으려 하였으나, 밤이 서늘하여 물결이 찬 탓으로 붕어 한 마리도 낚지를 못했네그려!"

친구들도 그의 말을 의심하지 않았다.

그 후 홍생은 그 여인을 잊지 못해 병을 얻어 집으로 돌아갔으나, 정신이 멍하고 말의 앞뒤가 맞지 않았다.

그 여인을 잊지 못해 병을 얻어: 상사병에 걸림

그는 오랜 기간 병사에 누워 있었으나 조금도 차도가 없었다.

차도: 병이 조금씩 나아가는 정도

▶ 선녀(기씨녀)를 못 잊어 상사병에 걸린 홍생

그러던 어느 날 밤 꿈속에 소복한 여인이 나타나 홍생에게 말했다.

소복한 여인: 선녀의 시녀

"우리 아가씨께서는 당신의 재주를 몹시 사랑하시어 견우성 막하(幕下)의 종사(從事) 벼슬을 명령하셨사오니 하루 속히 부임하시는 것이 어떻겠습니까?"

선녀(기씨녀) / 시재(詩才) / 하늘의 벼슬 → 죽음을 의미

홍생이 깜짝 놀라 깨어 깨끗하게 목욕을 한 뒤에 향을 태우며 자리를 정리하고 잠깐 누웠다가 문득 세상을 떠나게 되니, 바로 9월 보름이었다.

죽을 준비를 함 / 선녀를 만난 한 달 뒤

그의 시신을 빈소에 안치한 지 여러 날이 되어도 얼굴빛이 전혀 변하지 않았다. 이를 두고 세상에서는 다음과 같이 추측할 뿐이었다.

잘 모셔 둠 / 상여가 나갈 때까지 관을 놓아 두는 방

"홍생은 아마 신선을 만나서 시신이 선화(仙化)한 것 같다."

신선이 된

▶ 선녀의 시녀를 꿈에서 만난 후 세상을 떠난 홍생

핵심 정리

- 갈래: 고전 소설(한문 소설, 명혼 소설, 전기 소설, 애정 소설)
- 성격: 도교적, 전기적(傳奇的), 낭만적, 비극적, 환상적
- 구성: '기 – 승 – 전 – 결'의 4단 구성

기: 홍생이 평양에 갔다가 부벽정에서 시를 읊음	➡	승: 홍생이 자신의 시를 듣고 온 기씨녀와 시를 주고받음	➡	전: 선녀는 홍생과 하룻밤을 지낸 후 승천하고, 홍생은 상사병에 걸림	➡	결: 선녀의 시녀를 꿈에서 만난 후, 홍생이 세상을 떠남

- 제재: 남녀 간의 사랑
- 주제: 시대를 초월한 아름다운 사랑
- 특징: ① 한시가 내용의 상당량을 차지함
  ② 도가적(道家的)인 취향과 주체적인 사관(史觀)을 승화시킴
- 인물 분석
  - 홍생: 개성에 사는 부호가의 아들. 정축년 팔월 한가윗날 평양장에서 시를 읊다가 기씨의 딸이었다는 선녀를 만나고 상사병에 걸림. 선녀의 시녀를 꿈에서 만난 뒤 세상을 떠남
  - 기씨녀: 기씨 조선을 세운 기씨의 딸. 죽은 뒤 선녀가 되어 고국의 서울이었던 평양에 왔다가 홍생을 만남. 홍생과 시를 주고받다가 하늘로 올라간 뒤 홍생을 하늘로 불러들임

한눈에 **보기**

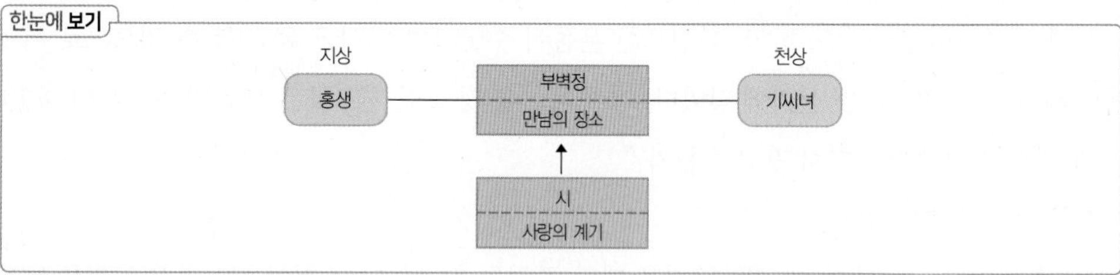

필수 문제

01 이 글에 제시된 기씨녀가 지은 시의 주제를 한자 성어로 쓰시오.

02 이 글을 환몽 구조로 볼 수 있게 하는 소재를 찾아 쓰시오.

03 [서술형] 이 글의 주인공인 홍생은 개성 부호가의 아들로 설정되어 있다. 글의 결말과 연관시켜 볼 때, 이러한 설정이 의미하는 것이 무엇인지 서술하시오.

45 하생기우전(何生奇遇傳) | 신광한

하생의 기이한 만남에 관한 이야기

EBS 모의 기출

출제 포인트

'하생'과 죽은 여인 간의 사랑을 다룬 명혼 소설로, 이 두 사람의 사랑이 이루어지는 과정에서 드러나는 인물들의 갈등 관계 및 이 글에 반영된 당대의 사회 현실에 주목하여 살펴보자.

감상 길잡이

이 글은 신숙주의 손자인 기재 신광한의 전기 소설집인 《기재기이》에 실린 작품으로, '하생'이라는 선비와 죽은 여인의 사랑을 다룬 고전 소설이다. 산 사람과 죽은 사람이 이승과 저승이라는, 만나기 어려운 공간적 장벽을 뛰어넘어 사랑을 나누고, 이 사랑으로 죽은 여인을 살려 내며, 신분과 빈부의 차이로 혼인을 반대하는 부모를 설득하여, 끝내 사랑을 이룬다는 이야기이다. 《금오신화》에 비하여 철학적 · 사상적 깊이가 낮은 것으로 평가되기도 하나, 흥미로운 서사적 설정 및 삶에 대한 낙관적이고 긍정적인 태도 등이 독특하다.

앞부분 줄거리 | 고려 평원 땅의 하생은 어려서 부모를 여의고 가난하게 살아가는 선비이다. 고을 원님의 추천으로 태학에 들어가지만 정치가 썩어 입신하지 못하고 세월만 허송하다 자신의 운명을 알기 위해 점쟁이를 찾아가기로 한다.

(태학: 고려 시대에, 국자감에서 고급 벼슬아치의 자제들에게 《역경》, 《시경》, 《서경》, 《논어》 따위를 가르치던 분과)
(입신하지: 세상에서 떳떳한 자리를 차지하고 지위를 확고하게 세움)
(정치가 썩어: 시대적 배경 – 현실 비판적 태도)

집으로 돌아온 하생은 궤짝 속을 뒤져 보물처럼 숨겨 두었던 금전(金錢) 몇 닢을 찾아 내어 그것을 가지고 점쟁이를 찾아갔다. 점쟁이가 말하기를,

(점: 유교적 질서를 포기하고 초월적 힘에 의지함 – 현실 극복의 의지)
(점쟁이: 인간으로 설정되어 있으나 천상적 질서와 관련된 인물(신과 인간의 매개자))

"그대는 부귀하게 될 운명을 본디부터 타고났소. 다만, 오늘은 매우 불길하고, 명이(明夷)가 가인(家人)으로 가는 점괘가 나왔소. 명이는 밝음이 땅속으로 들어가는 상이고 가인은 정숙한 유인(幽人)을 만나는 것이 이로운 상이오. 도성의 남문(南門)을 나가서 달려 멀리 떠나되 해가 저물기 전에는 집으로 돌아와서는 안 되오.「그렇게 하면 액땜을 할 수 있을 뿐만 아니라 또한 좋은 배필을 얻게 될 것이오."」

(그대는 ~ 타고났소: 복선 – 앞으로 전개될 사건 암시)
(명이: 육십사괘의 하나)
(가인: 가인괘. 바람이 불에서 남을 상징함)
(명이는 ~ 상이고: 사건의 암시(하생이 만날 여인의 죽음과 환생을 통한 결합 상징))
(유인: 어지러운 세상을 피하여 조용한 곳에 숨어 사는 사람)
(도성의 남문: 현실의 공간)
(해가 ~ 안 되오: 귀신을 만나기 위한 조건)
(액땜: 앞으로 닥쳐올 액을 다른 가벼운 곤란으로 미리 겪음으로써 무사히 넘김)
(「 」: 사건의 결말)

▶ 하생이 점쟁이를 찾아감

하였다. 하생은 그 말이 그럴듯하게 느껴졌다. 두려운 마음으로 일어나 작별을 하고 도성 남문을 따라가다가 해가 지고 어둠이 깔리는 줄도 몰랐다. 사방을 둘러보니, 고요히 아무도 없는 산속이었다. 어디 하룻밤 묵어갈 곳도 없었다. 지치고 배고픈 몸으로 길에서 서성거렸다. 때는 중추(仲秋) 열여드레, 달은 아직 솟지 않았고 멀리 나무숲 사이에서 등불이 하나 별처럼 깜빡거리고 있었다. 사람 사는 집이 있겠거니 생각하고 길을 더듬어 앞으로 나아갔다. 길게 자란 들풀에 싸늘한 안개가 어리고 이슬이 흠뻑 내려 촉촉이 젖어 있었다. 그곳에 이르니, 달도 환히 솟아올랐다. 보니, 아담하고 아름다운 집 한 채가 있었는데, 그림으로 꾸며진 마루가 높다랗게 담장 위로 보였다. 고운 비단 창 안에는 촛불 그림자가 비쳤다. 바깥문은 반쯤 열려 있고 인적은 조금도 없었다. 하생이 이상히 여기며 몰래 들어가 방 안을 엿보니, 나이 이팔청춘의 아름다운 여인이 각침(角枕)에 기대어 비단 이불을 반쯤 내리덮고 있었는데, 수심에 젖은 아름다운 모습이 눈으로 바로 보지 못할 정도였다.

(고요히 아무도 없는 산속이었다: 인계를 벗어난 귀계(비현실적 세계로 장소가 바뀜))
(중추 열여드레: 음력 8월 18일)
(등불이 ~ 있었다: 등불이 먼 거리에 있음)
(길게 자란 ~ 이슬: 신비감 조성을 위한 소재)
(달도 환히 솟아올랐다: 시간의 경과 – 거리감(도성에서 멀리 떨어진 곳임))
(아담하고 아름다운 집 한 채: 실제로는 '무덤'임)
(인적: 사람의 발자취. 또는 사람의 왕래)
(이팔청춘: 16세 무렵의 꽃다운 청춘)
(각침: 침향나무로 만든 베개)
(아름다운 ~ 정도였다: '재자가인'의 전형성)

▶ 점쟁이의 말대로 떠난 하생이 산속에서 여인을 만남

중략 부분 줄거리 | 하룻밤 묵어가기를 청하는 하생을 시비가 거절하나 여인의 호의로 묵게 된다. 그날 밤, 하생과 여인은 시를 지어 서로 화답하다 운우지정(雲雨之情)을 나누고 다음날이 된다.
남녀 사이에 육체적으로 관계하는 정

여인이 말하기를, / "이곳은 사실 인간 세상이 아닙니다. 첩은 시중 아무개의 딸이온데, 죽어 이곳에 묻힌 지 사흘이 지났습니다. 우리 아버지께서 오래 요직을 차지하고 계시면서 사소한 원한까지도 복수를 하여 사람을 매우 많이 해쳤습니다. 때문에 애초에 아들 다섯과 딸 하나를 두셨는데『다섯 오빠들은 아버지보다 먼저 요절하였고 제가 홀로 곁에서 모시고 있다가 지금 또 이렇게 되었습니다.』어제 옥황상제께서 저를 부르시어 명하시기를, '네 애비가 큰 옥사를 심리하여 죄 없는 사람 수십 명을 살려 주었으니, 지난날 남을 중상하여 해쳤던 죄를 용서받을 수 있게 되었다. 다섯 아들은 죽은 지가 이미 오래 되어 어찌할 수 없고 너를 다시 인간 세상으로 돌려보내야 되겠다.' 하였습니다. 저는 절을 하고 물러나 왔습니다. 기한이 오늘까지인데, 이 기한을 넘기면 다시 살아날 가망이 없습니다. 오늘 낭군을 만나게 된 것도 역시 운명인가 봅니다. 영원히 좋은 사이가 되어 평생 낭군을 모시며 뒷바라지하고자 하는데, 낭군께서는 허락해 주시겠습니까?"
하고 말하였다.

죽어 이곳에 묻힌 지: 명혼 소설의 특성 – 죽은 이의 환신
요직: 중요한 직책이나 지위
우리 아버지께서 오래 요직을 차지하고: 비판의 대상(고위 관리) – 하생의 '가난함'과 대립됨
「 」: 인과응보(因果應報) 사상
요절: 젊은 나이에 죽음
이렇게 되었습니다: 죽었습니다
심리하여: 사실을 자세히 조사하여 처리함
죄 없는 사람 수십 명을 살려 주었으니: 고위 관리가 갖추어야 할 덕목의 간접 제시 – 덕치(德治)
중상하여: 근거 없는 말로 남을 헐뜯어 명예나 지위를 손상시켜
기한이 오늘까지인데, 이 기한을 넘기면 다시 살아날 가망이 없습니다: 금기의 모티프 – '전설'에서는 비극의 매개가 되나 이 글에서는 위기감 고조의 역할만 함
운명: 천생연분
영원히 좋은 사이가 되어 평생 낭군을 모시며 뒷바라지하고자: 백년해로(百年偕老: 부부가 되어 한평생을 사이좋게 지내고 즐겁게 함께 늙음)

▶ 여인과 사랑을 나눈 하생이 여인의 사연을 들음

하생도 울먹이며 말하기를, / "그 말이 사실이라면 응당 목숨을 걸고 그렇게 하겠습니다."
하였다. 여인이 이에 베갯머리에서 금척(金尺) 하나를 꺼내 주며 말하기를,

"낭군께서 이것을 가지고 가서 국도(國道)의 저잣거리 큰 절 앞에 있는 하마석(下馬石) 위에다 올려놓으십시오. 반드시 알아보는 자가 있을 것입니다.

하생도 울먹이며 말하기를: 하생의 성품 ① – 인정이 많음
응당 목숨을 걸고 그렇게 하겠습니다: 하생의 성품 ② – 정의감이 강함
금척(金尺): 금으로 만든 자 – ① 하생의 시련의 매개 ② 여인이 집에 보내는 메시지 ③ 환생의 매개 ④ 신분의 상징
저잣거리: 가게가 죽 늘어서 있는 거리
하마석(下馬石): 말에 탈 때에 발돋움하기 위해 대문 앞에 놓은 큰 돌

▶ 여인의 환생을 위해 금척을 받은 하생

중략 부분 줄거리 | 하생이 금척으로 인해 곤욕을 치르더라도 놀라지 말라는 여인의 말을 듣고 길을 나서자 여인의 집은 무덤으로 바뀐다. 큰길에서 하마석에 금척을 올려놓자 소복 입은 세 여인이 보고 간 뒤 건장한 노복을 데려와 하생을 포박한다.
무덤으로 바뀐다: 현실적 공간으로 변환
노복: 사내종
포박한다: 잡아서 묶는다

그 아래에는 시녀들이 수십 명 둘러 모여 서로 보려고 밀치면서 말하기를,

"생긴 것은 유자(儒者)처럼 생겼는데 행실은 도적이구먼."
하였다. 시중이 금척을 가져다가 알아보고는 눈물을 흘리면서 말하기를,

"과연 내 딸의 무덤에 순장했던 금척이다." / 하였다. 주렴 안에서 흑흑 울음소리가 들렸고 시녀들도 모두 얼굴을 가리고 울었다. 시중이 손을 저어 그치게 하고 하생에게 묻기를,

"너는 무엇 하는 사람이며 이 물건은 어디서 났느냐?" / 하였다. 하생이 답하기를,

"저는 태학생이고 이것은 무덤 안에서 얻었습니다." / 하였다. 시중이 말하기를,

"네가 입으로는 시(詩)와 예(禮)를 말하면서 행실이 무덤이나 파는 도적과 같으니 될 말인가?"
하니, 하생이 웃으며 말하기를,

"생긴 것은 유자(儒者)처럼 생겼는데 행실은 도적이구먼.": 금척은 시중의 딸과 함께 순장한 물건이므로 종들이 하생을 묘 도둑으로 생각함 – 통과 의례
시중: 여인의 아버지
눈물을 흘리면서: 안타까움의 눈물 – 딸에 대한 사랑의 깊이를 짐작할 수 있음
순장했던: 함께 묻었던
주렴 안에서 흑흑 울음소리가 들렸고: 주렴 안에는 시중의 아내(여인의 어머니)가 있음
"너는 무엇 하는 사람이며 이 물건은 어디서 났느냐?": 시중의 성격 – 신중함
"저는 태학생이고 이것은 무덤 안에서 얻었습니다.": 중의적 해석이 가능한 대답 – 하생은 '얻다'를 통해 자신이 능동적으로 파낸 것이 아님을 말하고 있으나, 시중은 '무덤 안'의 의미에만 집중하고 있음
입으로는 시(詩)와 예(禮)를 말하면서 행실이 무덤이나 파는 도적과 같으니: 표리부동(表裏不同)

문어체에서, '남'을 높여 이르는 말 – 시중

"제 결박을 풀고 가까이 가게 해 주십시오. 좋은 소식을 전해 드리겠습니다. 대인께서는 은혜 갚을 것을 생각하셔야지 도리어 화를 내시면 되겠습니까?" / 하였다.

몸이나 손 따위를 움직이지 못하도록 동이어 묶음 / 딸을 되살릴 수 있음

하생의 성품 ③ – 상황에 위축되지 않는 대범함

▶ 시중에게 잡힌 하생이 자초지종을 설명하려 함

뒷부분 줄거리 | 하생은 여인의 부모에게 자초지종을 설명하고 여인의 부모가 무덤으로 가서 무덤을 파헤치니 여인이 소생한다. 하지만 하생의 기대와 달리 여인의 부모는 가난한 하생과의 결혼을 반대한다. 그러나 여인이 식음을 폐하고 부모를 설득하여 결국 결혼을 허락받는다. 혼인을 정한 날에 하생이 점쟁이를 찾아가나 그 흔적을 찾지 못한다. 이후 하생 부부는 서로 공경하며 사십여 년을 함께 산다. 하생은 벼슬이 상서령에까지 이르고 슬하에 두 아들을 두었는데, 두 아들 모두 세상에 이름을 드러낸다.

고려 시대에, 정무를 맡은 육부를 통할하던 관아의 으뜸 벼슬. 종일품이었음

핵심 정리

- 갈래: 고전 소설(한문 소설, 염정 소설, 명혼 소설)
- 성격: 염정적, 전기적(傳奇的), 유교적
- 구성: '기 – 승 – 전 – 결'의 4단 구성

기		승		전		결
기: 하생의 불우한 시절과 점쟁이의 점괘	➡	승: 죽은 여인과 만나 부부가 될 것을 약속함	➡	전: 여인이 소생하나, 시중이 하생과 여인의 결혼을 반대함	➡	결: 여인의 설득으로 여인과 하생이 혼인하게 됨

- 제재: 인간과 귀신 간의 사랑
- 주제: 혼사 장애의 극복을 통한 애정의 성취 과정과, 입신의 욕망 성취 과정
- 특징: ① 능력이 있으나 사회 모순, 비리 때문에 발휘를 못하는 주인공을 등장시켜 당대 사회를 비판함
  ② 산 사람과 죽은 사람, 신분 및 빈부의 차이라는 난관을 극복하고 결혼에 이르는 서사적 설정이 흥미로움
  ③ 삶에 대한 작가의 낙관적이고 긍정적인 태도가 드러남
- 의의: 전기(傳奇) 소설의 전통을 계승하고 전형(典型)을 마련함(짜임새 있는 플롯, 구어체 문체, 결연 장면에서의 시 삽입 등)
- 인물 분석
  - 하생: 가난하지만 재주가 뛰어난 선비. 공정하지 못한 인재 선발 제도 때문에 뜻을 이루지 못함. 점쟁이의 도움으로 사랑과 세속적 성취를 이룸
  - 여인: 아버지의 죗값으로 죽지만, 하생의 도움으로 환생함. 하생과의 신분 차를 이유로 부모가 혼인을 반대하자 부모를 설득하고 사랑을 쟁취함
  - 점쟁이: 초월적 능력을 가지고 천상계의 질서에 의해 정해지는 인간의 운명을 하생과 죽은 여인에게 예견하는 인물
  - 시중: 여인의 아버지. 한때 포악한 정치로 자식을 모두 잃었지만 다시 선정을 베풀어 딸이 살아나게 됨. 하지만 신분의 차이를 인정하지 못해 하생을 거부하다가 딸의 설득으로 딸과 하생의 혼인을 허락함

한눈에 **보기**

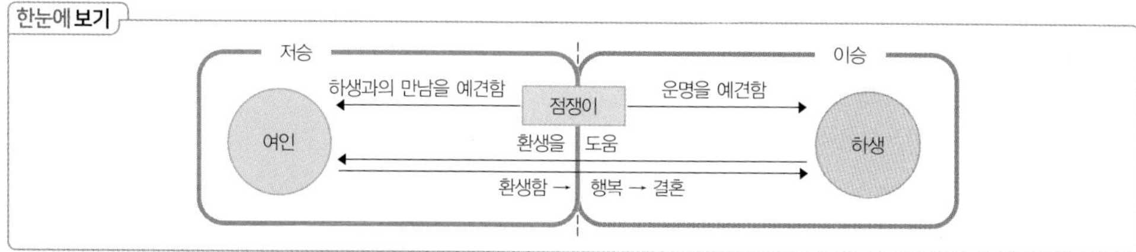

필수 문제

01 이 글에서 여인과 하생 사이의 신분적 차이를 알게 하는 소재를 찾아 쓰시오.

02 [서술형] 이 글의 여인은 아버지의 포악한 정치 때문에 천상계의 판단에 의해 삶과 죽음이 결정된다. 이러한 여인의 삶을 통해 작가가 의도하는 바를 서술하시오.

46 설공찬전(薛公瓚傳) | 채수

필수

출제 포인트

이 글이 다른 전기 소설과 어떤 차이를 보이는지 살펴보고, 이 글의 국문학적 의의에 대해 알아보자.

감상 길잡이

이 글은 중종대의 학자 채수가 지은 고전 소설이다. 이 글의 내용은 대부분 주인공 공찬의 혼령이 산 사람의 몸에 빙의하여 전하는 저승 소식인데, 채수는 저승 이야기에 등장하는 간신·충신·반역자·여성 등을 통해, 반정(反正)으로 왕위에 오른 국왕(중종)과 반정 공신들을 은근히 비판하면서 당대의 정치, 사회 체제 및 유교 이념의 한계를 비판하고 있다.

「예전에 순창(淳昌)에 살던 설충란(薛忠蘭)이는 지극한 가문의 사람이었다. 매우 부유하더니 한 딸이 있어 서방을 맞이하였지만 자식이 없는 상태에서 일찍 죽었다. 아들이 있었는데 이름은 공찬(公瓚)이고 아이 때 이름은 숙동이었다.〈어릴 때부터 글공부하기를 즐겨 한문과 문장 작법을 매우 즐겨 읽고 글쓰기를 아주 잘하였다. 갑자년(甲子年)에 나이 스물인데도 장가를 들지 않고 있더니 병들어 죽었다.〉」/ 공찬의 아버지가 불쌍히 여겨 신주(神主)를 만들어 두고 조석으로 매일 울면서 제사 지내었다. 병인년(丙寅年)에 삼년상이 마치자 아버지 설충란이 조카딸더러 이르되, "죽은 아들이 장가도 들이지 않아서 죽으니 그 신주에게 (제삿밥) 먹일 사람이 없으니 어쩔 수 없이 묻어야겠다." 하고 하루는 (신주를) 멀리 싸서 져다가 그 무덤 곁에 묻고 많이 서러워 이레 동안 밥을 먹지 않고 서러워하였다.

(순창: 실제 지명을 공간적 배경으로 삼음 / 지극한: 훌륭한 / 〈 〉: 재주는 뛰어나나 빛을 보지 못하고 죽음 / 「 」: 인물에 대한 요약적 소개 / 신주: 죽은 사람의 위패 / 조석으로: 밤낮으로 / 이레: 일곱 날)

▶ 공찬과 그의 누이가 젊은 나이에 죽음(인물에 대한 요약적 소개 및 사건의 실마리 제시)

설충란 동생의 이름은 설충수(薛忠壽)였다. 그 아들의 이름은 공침(公琛)이고 아이 때 이름은 업종이었는데 서울에서 업 살고 있었다. 그 동생의 이름은 업동이니 순창에서 살았다. 공침이는 젊었을 때부터 글을 힘써 배우되 동생의 반만도 못하고 글쓰기도 그만 못하였다. / 정덕(正德) 무신년 7월 20일에 (공침이) 충수의 집에 올 때였다. 그 집에 있던 아이가 행금가지 잎을 끌더니 고운 계집이 공중에서 내려와 춤을 추는 것이었다. 그 아이가 매우 놀라 제 집에 겨우 들어가니 이윽고 충수의 집에서 지껄이는 소리가 들렸다. 물어보니, "공침이 뒷간에 갔다가 병을 얻어 땅에 엎드려 있다 한참 만에야 정신을 차렸으나 기운이 미쳐 버리고 다른 사람과 다르더라."고 하였다.

(업 살고: 양자 등이 되어 남의 집에 들어가 살고 / 동생: 업동 / 행금가지: 살구나무 / 고운 계집: 설충란의 딸. 설공찬의 죽은 누이의 혼)

▶ 공침의 몸에 공찬 누이의 혼이 들어옴

설충수는 그때 마침 시골에 가 있었는데 종이 즉시 이 사실을 아뢰자 충수가 울고 올라와 보니, 공침의 병이 더욱 깊어 한없이 서러워하였다. / "어쩌다가 이렇게 되었느냐?" 하고 공침이더러 물으니, 잠잠하고 누워서 대답하지 않았다. 제 아버지가 슬퍼 더 울고 의심하기를, 요사스런 귀신에게 빌미 될까 하여 도로 김석산이를 청하였는데, 석산이는 귀신 쫓는 사람이었다. 김석산이 와서 복숭아 나무채로 가리키고 방법 하여 부적 하니 그 귀신이 이르기를 "나는 계집이므로 이기지 못하지만 내 오라비 공찬이를 데려오겠다." 하고는 갔다. 이윽고 공찬이가 오니 그 계집은 없어졌다.

(제 아버지: 설충수 / 요사스런 귀신: 공침의 몸에 들어와 있는 귀신 – 공찬의 누이 / 복숭아 나무채: 무속에서 귀신을 쫓는 구실을 한다고 알려짐)

▶ 공침의 몸에서 공찬 누이의 혼이 나가고 대신 공찬이 들어옴

공찬이 와서 제 사촌 아우 공침이를 붙들어 그 입을 빌어 이르기를 "아주버님이 백방으로 양재(禳災)하시려 하시지만 오직 아주버님의 아들을 상하게 할 뿐입니다. 나는 늘 하늘가로 다니기 때문에 내 몸이야 상할 줄이 있겠습니까?" 하였다. 또 이르기를 "왼새끼를 꼬아 집 문 밖으로 두르면 내가 어찌 들어올 수 있겠습니까?" 하거늘, 충수가 그 말을 곧이듣고 그렇게 하자 공찬이 웃고 이르기를, "아주버님이 하도 남의 말을 곧이 들으시므로 이렇게 속여 보았더니 과연 내 술수에 빠졌습니다." 하고 그로부터는 오며 가며 하기를 무상히 하였다.

(아주버님: 숙부님 / 백방: 온갖 수단과 방도 / 양재하시려: 신령이나 귀신에게 빌어서 재앙을 물리치시려 / 아주버님의 아들: 공침 / 왼새끼: 왼쪽으로 꼰 새끼 / 그로부터는: 공침의 몸에 / 무상히: 일정한 때가 없이 마음대로)

▶ 공찬이 공침의 몸을 마음대로 드나들게 됨

뒷부분 줄거리 | 공찬은 공침을 괴롭혀 설충수에게서 다시는 김석산을 부르지 않겠다는 약속을 받아 낸다. 이후 공찬이 마음대로 공침의 몸에 드나들며 사촌 동생 설원과 윤자신을 불러 만나는 자리에서 공침의 입을 빌려 저승에 대한 이야기를 해 준다. 저승은 순창 앞바다에서 40리 떨어진 바닷가에 있는데 국명(國名)은 단월국이고, 임금은 비사문천왕이라고 소개하면서 저승의 심판 모습을 일러 준다.

핵심 정리

- 갈래: 고전 소설〔전기(傳奇) 소설, 번역체 한글 소설〕
- 성격: 비판적, 풍자적, 전기적(傳奇的)
- 구성: '발단 – 전개 – 위기 – 절정 – 결말'의 5단 구성

발단		전개		위기		절정		결말
공찬과 그의 누이가 젊은 나이에 죽음	➡	공침의 몸에 공찬 누이 및 공찬의 혼이 들어옴	➡	마음대로 드나드는 공찬 때문에 거의 죽게 된 공침	➡	김석산의 방책과, 설충수와 공찬의 타협	➡	설공찬이 들려주는 저승 이야기

- 제재: 빙의, 저승 이야기
- 주제: 저승 이야기를 빌려 현실 정치와 사회를 비판함
- 특징: 주인공의 영혼이 남의 몸을 빌려 지상에 나온다는 점에서 다른 전기(傳奇) 소설과 차별화됨
- 의의: 최초의 국문 번역 소설로, 이후 본격적인 한글 소설의 출현에 기여함
- 인물 분석
  - 설공찬: 설충란의 외아들. 스무 살에 죽은 뒤 사촌 동생 공침의 몸에 빙의되어 저승 이야기를 전함
  - 설공침: 설충수의 맏아들. 사촌 형 공찬의 영혼에 의해 육체가 침해받고 병듦
  - 설충수: 공침의 아버지. 김석산을 시켜 아들의 몸에 들어온 공찬의 혼을 내쫓고자 하나 실패함

한눈에 보기

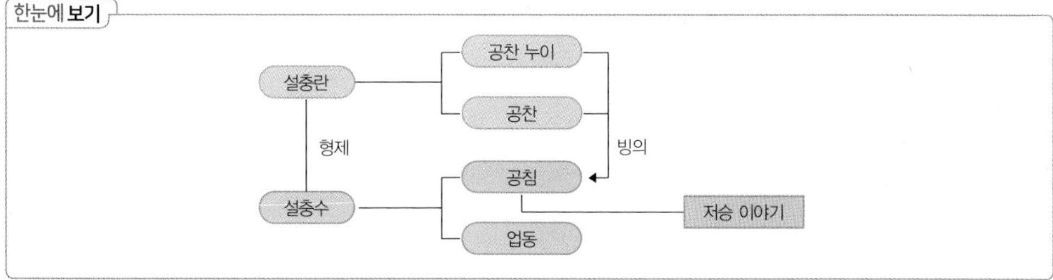

필수 문제

01 이 글에서 공찬이 설충수에게 부린 술수를 쓰시오.

02 이 글이 다른 전기(傳奇) 소설과 차별화되는 점을 쓰시오.

47 원생몽유록(元生夢遊錄) | 임제

원생(원자허)이 꿈에서 논 이야기

모의 기출

출제 포인트

세조의 왕위 찬탈 사건을 소재로 한 몽유록계 소설이다. '원자허'와 단종, 사육신과의 만남에 삽입된 유응부의 시와 이 글의 주제 의식에 주목하여 살펴보자.

감상 길잡이

이 글은 생육신의 한 사람인 원호(元昊)를 주인공으로 하여 사육신과 단종의 사후 생활을 그리고 있다. 원호가 어느 날 꿈을 꾸는데, 장강(長江) 연안에서 왕(단종)을 모시고 다섯 신하(박팽년 · 하위지 · 성삼문 · 이개 · 유성원)가 모여 앉아 이승에서 지키지 못한 절개를 안타까워하는데, 이때 한 무인(유응부)이 뛰어들어 썩은 선비들과 대사(大事)를 도모한 것을 탄식하며 검무(劍舞)와 함께 비가(悲歌)를 부른다. 사육신에게 호통하며 등장하는 유응부는 실제로 사육신의 행위를 비난한다기보다는 일반적으로 생각할 수 있는 절개보다 더 높고 위대한 경지의 절개를 요구하는 극단적 유교의 충절 사상으로 해석하는 것이 적절하다.

생육신의 하나인 원호 – 올바른 역사를 판단할 수 있는 정의로운 인물이며, 작가의 대변인

입몽 → 환몽 구조

앞부분 줄거리 | 원자허는 가난하지만 정의로운 선비이다. 어느 날 책을 읽다가 잠이 들었는데, 꿈속에서 자신이 마치 신선이 된 듯 어떤 강변에 다다라 시 한 수를 읊고 있었다. 그때 복건을 쓴, 얼굴이 준수하며 행동이 단아한 한 선비가 나타나 그에게 인사를 한다.

최덕지(崔德之)로 보는 견해도 있으나, 많은 문헌에서 생육신의 한 사람인 남효온으로 인정하고 있음

"어찌 이렇게 늦게 오셨습니까? 전하께서 당신을 기다리고 계십니다."

단종 – 작가의 역사의식을 드러내기 위한 장치

자허는 그가 산귀신이나 물귀신이 아닌가 하고는 한참을 멍하니 서 있었다. 그러나 「그의 얼굴이 준수하고 행동이 단아한 것을 보고는, 자허는 자기도 모르는 사이에 마음속으로 그를 칭찬하였다.」

「 」: 외모를 통한 인물의 인품 제시 – 긍정적

'고마'란 말 앞에서 머리를 조아린다는 뜻으로 주나라 무왕이 은나라 주왕을 치러 갈 때 백이숙제가 말고삐를 잡고 막았다는 고사에서 나온 말이고, '도해'란 바다에 몸을 던진다는 뜻으로 춘추 시대 노중련이라는 의로운 선비가 신원연이 '진나라를 제국으로 높이겠다.'고 한 말을 듣고 바다에 몸을 던져 죽으려고 했다는 고사에서 유래한 말임. 즉, 목숨을 건 의리를 의미함

자허는 그의 뒤를 따라 걸어갔다. 그곳에는 정자 한 채가 우뚝 솟아 강을 굽어보고 있었다. 「그 위에 임금이 난간에 의지하여 앉아 있고 그 곁에는 벼슬아치의 옷을 입은 다섯 사람이 임금을 모시고 있었다.」

단종 / 단종과 함께 죽은 사육신 중 다섯 사람 – 성삼문, 박팽년, 유성원, 하위지, 이개

「 」: 사육신이 죽은 후에도 단종을 섬긴다는 설정으로, '불사이군(不事二君)'의 유교 사상 강조

그들은 이 세상의 호걸로 용모가 당당하고 풍채가 늠름하였다. 또한 가슴에는 고마 도해(叩馬蹈海)의 의리와, 경천 봉일(擎天捧日)의 충성을 간직하고 있어, 참으로 육 척의 고아(孤兒)도 부탁할 만한 사람이었다. / 그들은 자허가 오는 것을 보고 일제히 마중을 나왔다. 자허는 먼저 왕에게 나아가 문안을 여쭙고 되돌아와서 각자 자리에 앉기를 기다렸다가 맨 끝에 앉았다. 자허는 어떻게 된 까닭인지 알 수 없어서 마음속으로 몹시 불안해하고 있었다. 그때 임금이 말하였다.

'하늘을 높이 받들고, 해를 받듦'의 뜻. 여기서는 임금을 높이 받듦의 의미 / 십사오 세의 고아를 가리키는 말. 여기서는 '단종'

사육신의 죽음을 생육신의 의리보다 높게 평가하는 작가의 의도

사육신과 같이 목숨을 버리지 못한 것에 대한 두려움

"내 항상 경의 꽃다운 지조를 그리워하였소. 오늘 이 아름다운 밤에 우연히 만났으니 조금도 이상하게 생각 마오."

왕이 자허의 지조를 오해하고 있지 않음을 밝힘

자허는 그제야 의심을 거두고 일어서서 은혜에 감사하였다. / 그 후 자리가 정해지자 그들은 고금(古今) 국가의 흥망을 흥미진진하게 논하였다. 복건 쓴 이는 탄식하면서,

예전과 지금을 아울러 이르는 말 / 남효온

▶ 원자허가 꿈속에서 임금과 다섯 신하(단종과 사육신)를 만남

「"옛날 요 · 순 · 우 · 탕은 만고의 죄인입니다. 그들 때문에 뒷세상에 여우처럼 아양 부려 임금의

중국 고대의 임금들로, 왕위를 자식에게 물리지 않고 동시대의 가장 뛰어난 자에게 물려주었음

자리를 뺏은 자가, 선위(禪位)를 빙자하여 신하로서 임금을 치고서도 정의를 외쳤습니다. 그러니
임금이 살아 있는 동안 다음 임금에 왕위를 물려줌 / 자기 합리화를 함

이 네 임금이야말로 도둑의 시초가 아니고 무엇이겠습니까?」 / 하고 말했다.
「 」: 확대 해석의 오류 – 아들에게 왕위를 물려주지 않은 임금에게 오히려 반역의 책임을 전가하고 있음

그러자 말이 채 끝나기도 전에 왕은 얼굴빛을 바로잡고,
정색하며

"아니오. 경은 이게 대체 무슨 말이오? 네 임금이 무슨 허물이 있겠소? 다만 그들을 빙자하는 놈
네 임금을 자기 합리화를 위해 사용하는 자 – 수양 대군

들이 도적이 아니겠소?" / 하고 말했다. 그러자 복건 쓴 이는 머리를 조아리고 절하며,

"마음속에 불평이 쌓여서 저도 모르는 사이에 지나치게 분개했습니다." / 하며 사과했다.

그러자 임금은, / "그렇게 미안해할 필요는 없소. 오늘 귀한 손님이 이 자리에 오셨는데 다른 이야기가 무슨 필요 있겠소. 다만 달은 밝고 바람이 맑으니, 이렇게 아름다운 밤을 어찌 그냥 보내겠소."
분위기 전환을 위한 배려

하고 마을에 사람을 보내 술을 사 오게 했다. 술이 몇 잔 돌자 왕은 흐느껴 울며 말했다.
감상과 애상의 정서를 고조시킴

"경들은 각기 자기의 뜻을 말하여 남몰래 품은 원한을 풀어 봄이 어떠할꼬?"
단종 자신이 말하지 못한 원한이 있음을 암시함

▶ 함께 정치에 대해 의견을 나눔

얼마 되지 않아서 어떤 기이한 사내 하나가 뛰어들었는데, 그는 씩씩한 무인(武人)이었다.『키가
유응부 – 사육신의 한 사람. 세조 살해의 소임을 맡았으나 실패함 / 「 」: 인물의 외양 묘사(보여 주기)를 통한 성격 제시

크고, 용맹이 뛰어났으며, 얼굴은 포갠 대추와 같고, 눈은 샛별처럼 번쩍였다.』그는 옛날 문천상
송나라 문인. 송이 망하자 직접 전쟁에 뛰어들어 대항했으나 끝내 실패함

의 정의와 진중자의 맑음을 모두 가지고 있어, 그 늠름한 모습은 사람들에게 공경심을 일으키게
더러운 임금의 조정에는 들어가지 않고 난세의 음식은 먹지 않다가 마침내 굶어 죽었다는 인물

했다. 그는 왕 앞에 나아가 인사를 드린 뒤 다섯 사람들을 돌아보며,

무인의 기개 상징

"애닯다. 썩은 선비들아. 그대들과 무슨 대사(大事)를 꾸몄단 말인가?" / 하고, 곧 칼을 뽑아 일어
지조를 외치나 실천력이 없는 문인들에 대한 비판(사육신 중 유응부를 제외한 다섯은 문인이었음) – 성삼문은 유응부의 세조 암살 계획을 말렸음

서서 춤을 추며 슬피 노래를 부르는데 그 마음은 강개하고, 그 소리는 큰 종을 울리는 듯싶었다.
이루지 못한 칼(무력)의 정의를 노래로 대신함 / 의로운 기운이 일어나 원통해하고 / ① 우렁참(무인의 기개) ② 깨달음을 느끼게 함 ③ 안타까움의 정서(감정 이입)

바람이 쓸쓸하여 / 잎 지고 물결 찬데 / 칼 잡고 휘파람 길게 부니 /『북두성은 기울었구나.』
운명 / 하강의 이미지 / 시대상의 인식 / └ 무인의 기개 ┘ / 단종 / 「 」: 이미 어찌할 수 없게 됨

살아서 충성하고 / 죽어서는 의로운 혼백 되기를 마음에 품으니
살아서 단종 복위를 위해 노력함 / 사육신의 대열에 참여함(목숨을 버려 충성함)

어찌 강에 비친 한 조각 둥근 달과 같겠는가. / 아, 처음 생각이 잘못이라.
처세에 익숙한 선비 / 후회 – 실천력 없는 문인들과 일을 도모하다 세조 암살에 실패한 것

썩은 선비를 누가 책망하리오.
절개로 유명한 '사육신'을 썩은 선비로 표현하여 유응부 자신의 충성심을 강조함

▶ 씩씩한 무인(유응부)이 뛰어들어 다섯 신하를 꾸짖음

노래가 끝나기 전에 달은 검고 구름은 슬픈 듯, 비바람은 트림하듯 큰 소리로 우는데, 갑자기
감정 이입의 대상

벼락 치는 소리가 크게 나 그들은 모두 깜짝 놀라 흩어졌다. 자허도 역시 놀라 깨어 보니 모두 한
장면 전환의 기법 / 각몽

바탕 꿈이었다. / 자허의 벗 해월 거사는 이 꿈 이야기를 듣고 원통하고 분해하며,
본명은 황여일. 임제와 같은 시기의 문인임 – 현실에 대한 회의적 시각을 대신 전하는 작가의 분신 혹은 대변자

"예로부터 임금과 신하가 모두 어둡고 흐려 끝내 나라를 엎은 일이 많았네. 그런데 임금도 현명하고 여섯 신하도 또한 모두 충성스러운 선비였구려. 어찌 이처럼 임금이 나올 수 있으며, 이처
다섯 신하를 '썩은 선비'로 표현했으나 이는 유응부의 충성심을 강조하는 것일 뿐, 다섯 신하를 비하하는 것은 아님

럼 충성스러운 신하들이 있을 수 있겠는가? 그런데도 멸망의 화가 닥쳤으니 정말로 참혹할 뿐이네. 아아, 슬프고 슬프니, 이것이 정말 하늘의 뜻이란 말인가? 하늘의 뜻이라면 착한 이에게
절대자에 대한 의심 – 비극성 강화

복을 주며, 악한 놈에게 재앙을 주어야 하는 게 아닌가? 그러나 만일 이것이 하늘의 뜻이라면 어둡고 막연하여 그 이치를 자세히 알기 어려울 것일세. 그러니 이 세상에는 한갓 지사(志士)의 한(恨)만 더할 뿐이구려." / 하고 말하였다.

권선징악(勸善懲惡)

나라와 민족을 위하여 제 몸을 바쳐 일하려는 뜻을 가진 사람

지나간 역사에 대한 애상적 정서 강화

▶ 꿈을 깬 자허가 해월 거사와 함께 여섯 신하의 충절을 아쉬워함

핵심 정리

- 갈래: 고전 소설(한문 소설, 몽유록계 소설)
- 성격: 애상적, 저항적
- 구성: '입몽 – 몽유 – 각몽'의 3단 구성

입몽: 강직한 선비 원자허가 책을 읽다 잠이 듦 ➡ **몽유**: 단종과 사육신을 만나 정을 나눔 ➡ **각몽**: 잠에서 깬 후 해월 거사에게 이야기를 들려줌

- 제재: 단종 및 사육신과의 만남
- 주제: ① 인간사의 부조리에 대한 회의 ② 모순된 정치 권력의 비판
- 의의: ① 본격적으로 역사적·사회적 의식을 담은 소설의 시초가 됨 ② 몽유록 양식의 전형적인 틀을 마련함
- 인물 분석
  - 원자허: 생육신 중 한 사람. 가난하지만 불의를 보면 참지 못하는 정의로운 선비로, 작가의 대변인임. 꿈에서 복건을 쓴 선비와 사육신을 만난 뒤 해월 거사에게 꿈 이야기를 들려줌
  - 해월 거사: 현실에 대한 회의적 시각을 대신 전하는 작가의 분신 혹은 대변자. 원자허에게서 꿈 이야기를 듣고 지나간 역사를 아쉬워함

한눈에 **보기**

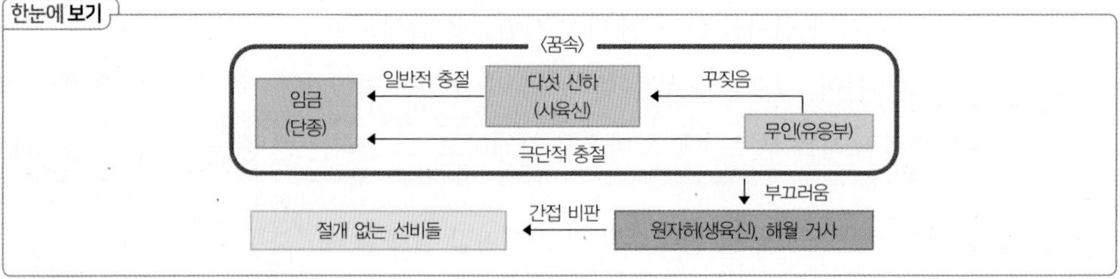

보충·심화 학습

- 몽유록과 몽자류 소설의 차이

꿈을 모티프로 한 소설 양식으로 몽유록과 몽자류 소설이 있다. 몽유록과 몽자류 소설은 모두 내용을 전개할 때 꿈속에서 겪은 일을 중심 소재로 삼고, '현실 – 입몽 – 꿈 – 각몽 – 현실'이라는 현실과 꿈의 이중 구조로 되어 있다는 점에서 공통적이다. 하지만 몽자류 소설에서는 꿈과 현실의 등장인물이 다르며 현실 자체를 꿈과 같이 무상한 것으로 인식하는 데 반해, 몽유록계 소설에서는 꿈과 현실을 별개의 세계로 인식하며 꿈을 통해 현실 비판적 의식을 드러낸다는 점에서 차이가 있다. 즉 몽유록계 소설에서의 꿈은 현실의 불만을 해소하거나 만족을 얻는 공간이고, 몽자류 소설에서의 꿈은 현실에서 추구하는 욕망이나 삶 자체가 무상하다는 것을 깨닫게 하는 공간인 것이다.

필수 문제

01 이 글의 역사적 배경이 되는 사건을 쓰시오.

02 이 글에서 마지막에 뛰어든 무인의 삽입 시에서 '썩은 선비'가 의미하는 바를 쓰시오.

48 만물을 사랑하는 길 | 김시습

필수

출제 포인트

인간과 자연물에 대한 글쓴이의 태도가 잘 드러난 한문 수필로, 글쓴이가 자신의 주장을 뒷받침하기 위해 사용한 글쓰기 방식과 표현에 주목하여 살펴보자.

감상 길잡이

원제는 '애물의(愛物義)'로, '세상 만물을 사랑하는 올바른 방법'을 뜻한다. 이 글은 만물의 생명을 존중해야 한다는 생명 존중 사상을 바탕으로 하되, 인간을 중심으로 한 자연과의 조화를 주장하는 김시습의 생각을 담고 있는 수필이다. 글쓴이는 백성을 구하기 위한 자연물의 이용에 정당성을 부여하고 있는데, 이러한 주장을 뒷받침하기 위해 다양한 유교 경전의 구절들과 성인(聖人)들의 말씀을 인용함으로써 주장의 신뢰성을 확보함과 동시에 자신의 유교적 가치관을 드러내고 있다.

「어떤 이가 내게 물었다.

> 「 」: 문답법 사용
> ① 글쓴이의 사상, 말하려는 바가 분명하게 드러남
> ② 화제를 선명하게 제시하여 독자의 이해를 도움

"세상 만물을 사랑하는 방법은 무엇입니까?"

> 만물: 세상에 있는 모든 것
> 질문의 형식으로 화제를 제시함 → 독자의 흥미 유발, 주제의 명확한 제시

나는 이렇게 대답했다.

"저마다 자기 본성대로 살도록 하는 겁니다. 《주역》에 이르기를, '하늘과 땅의 큰 덕을 생(生)이라 한다.'라고 했습니다. 만물을 끊임없이 낳고 또 낳는 것은 하늘과 땅의 큰 덕이요, 살고자 하는 것은 만물의 본성입니다. 그러므로 만물의 살고자 하는 본성을 따르고 만물을 끊임없이 낳고 또 낳는 하늘과 땅의 큰 덕을 본받아, 세상 만물이 저마다 자기 본성대로 살며, 깊은 사랑과 두터운 은택 속에서 자라도록 할 따름입니다."」

> 저마다 자기 본성대로 살도록 하는 겁니다: 만물을 사랑하는 방법 – 만물의 본성을 존중함
> 주역: 《역경(易經)》이라고도 함. 유교의 경전으로, 모든 존재의 삶과 작용에 대한 원리를 설명한 책
> 《주역》에 ~ 했습니다: 권위적인 문헌을 인용하여 자신의 주장을 뒷받침함(신뢰성 획득)
> 만물의 살고자 하는 본성: 만물의 타고난 본성의 실체 – 생명에 대한 욕구(생존 본능)

▶ 만물을 사랑하는 방법에 관한 문답

좀 더 자세히 설명해 달라고 하기에 이야기를 계속했다.

"사람과 자연물은 하늘과 땅 사이에 함께 살고 있으니 '백성은 내 동포요, 자연물은 나와 더불어 있다.'라는 말이 좋습니다. 이 말대로 사람이 세상의 으뜸이며 자연물은 그 다음이지요.

> 사람과 자연물은 ~ 살고 있으니: 인간과 자연물이 공존하는 지상
> 백성은 ~ 있다: 인간과 인간, 인간과 생물이 긴밀하게 연결되어 생태계를 구성한다는 인식
> 사람이 ~ 다음이지요: 자연과 인간의 가치 비교 → 인간의 생명이 더 중요함. 인본주의

군자(君子)가 「사람을 대해서는 사랑하되 어질게 대하지 않으며, ❶ 자연물에 대해서는 어질게 대하되 사랑하지는 않습니다.」

> 군자: 유교에서 '도덕적 인격이 완성된 존재', '덕과 학문 수준이 높은 사람'을 이름
> 「 」: 인간과 자연을 대하는 태도가 다름 – 인간: 애(愛) / 자연물: 인(仁)

「먼저 '자연물을 어질게 대한다'는 말의 의미를 알아봅시다. '물고기를 잡을 때 촘촘한 그물을 쓰지 않는다.', '나무를 벨 때 적당히 자란 것에만 도끼를 댄다.', '길이가 한 자가 되지 않는 물고기는 시장에서 팔 수 없다.', '사냥하되 새끼나 알은 취하지 않는다.', '그물을 쳐 놓고 새가 잡혀 들지 않기를 빈다.', '낚시질은 하되 그물질은 하지 않는다.', '활을 쏘되 잠든 새는 쏘지 않는다.'라는 말이 모두 그런 뜻입니다.」 《시경》에 있는 이 노래도 같은 뜻이지요.

> 「 」: ① 자연에 대한 '인(仁)'의 태도를 취한 사례들을 열거함
> ② 사례들의 공통점 – 어린 자연물은 잡거나 베지 않고 남획(濫獲)을 금지하는 등 도리를 지킴 → 자연물의 본성을 존중해 줌. 생태계의 유지를 도모하여 인간의 삶이 유지될 수 있도록 함
> 시경: 중국 최고(最古)의 시집(詩集). 유교 경전으로 고대 중국의 시가(詩歌)를 모아 엮은 오경의 하나임
> 《시경》에 ~ 뜻이지요: 권위적인 문헌을 인용하여 자신의 주장을 뒷받침함

「저기 무성한 갈대밭에

조선 전기

수필·평론

한 번 쏘아 돼지 다섯을 잡으니

어허! 어진 분이시도다.」 「 」: 화살을 한 번 쏘아 돼지 다섯 마리를 잡을 수 있을 정도로 자연에 동물들이 넘쳐나는 상황이므로 이토록 생명을 잘 기르고 보살핀 왕의 어짊을 칭송함

「'자연물을 사랑하지 않는다'는 말은 무슨 뜻일까요. '순(舜)임금이, 백성들이 다치지 않도록 백익(伯益)으로 하여금 산과 연못에 불을 지르게 하여 호랑이며, 표범이며 무소며 코끼리와 같은 사나운 짐승들을 내몰아 쫓아 버렸다.', '봄 · 여름 · 가을 · 겨울에 철마다 사냥을 했다.', '닭이며 돼지며 개를 기를 때에 그 시기를 잃지 않으면 나이 일흔 된 노인이 고기를 먹을 수 있다.', 《주역》에서 '그물을 만들어 사냥하고 물고기도 잡는다.' 라고 한 말이 모두 그런 뜻입니다.」

순(舜): 태평성대를 상징하는 고대 중국의 전설적인 왕
백익(伯益): 중국 순임금과 우임금 때의 신하. 새들의 말을 알아듣는 능력이 있었음
《주역》: 권위적인 문헌을 인용하여 자신의 주장을 뒷받침함
「 」: 자연물에 대한 '애(愛)'의 태도를 취하지 않은 사례들의 나열

이 때문에 군자가 동물을 기르는 것은 늙고 병든 백성을 구제하기 위해서이고, 물고기 잡고 사냥하는 것은 잔치와 제사에 쓰기 위해서입니다. 다만, 그 적당한 정도를 짐작해서 일을 하는 것이며, 어질게 대한다고 해서 살생하지 않는 것도 아니요, 살생하더라도 모조리 잡아들이는 것을 좋게 여기지도 않습니다.

자연물의 이용 목적 ① – 가난한 백성들의 민생 구제 → 민본 사상의 반영
자연물의 이용 목적 ② – 인간의 전통적인 일상 의례 중시
자연물의 올바른 이용 기준 – ① 적정한 정도의 이용(제한적 이용) ② 인간의 삶을 위한 살생 ③ 남획 금지(도의 실천)

❷ '백 일 동안이나 돌아오지 않았다.' 라는 《서경》의 기록은 태강(太康)이 방탕하게 사냥을 즐겼던 일을 원망한 것이요, '불이 타오르니 일제히 일어나네.' 라는 《시경》의 노래는 공숙단(共叔段)이 숲에 불을 질러 짐승을 한쪽으로 몬 뒤 사냥했던 일을 비난한 것입니다. 그러니 이처럼 잔인하고 포악하게 살상할 필요가 무엇 있겠습니까? 오직 백성의 어려움을 덜고 백성이 잘 살게 하려고 할 따름입니다.

태강(太康): 하나라의 왕. 사냥에만 몰두하다 왕위에서 쫓겨남
《서경》: 권위적인 문헌을 인용하여 자신의 주장을 뒷받침함
공숙단(共叔段): 춘추 시대 정나라 군주였던 무공의 아들
《시경》: 권위적인 문헌을 인용하여 자신의 주장을 뒷받침함
자연물의 살생을 허용하는 기준: 인간의 생명과 삶의 유지

「그러므로 그 중요함으로 말하자면 마을에 불이 났을 때 공자(孔子)께서 '사람이 다치지 않았느냐?' 라고만 묻고 마구간의 말이 상했는지는 묻지 않으셨다는 일을 들 수 있습니다.」 이것이 바로 군자가 만물을 사랑하는 뜻이지요."

「 」: 공자도 동물보다 인간을 더 중시함. 권위자의 견해를 인용하여 자신의 주장을 뒷받침하고 신뢰성을 획득함

▶ 만물을 사랑하는 구체적인 방법에 대한 답변

또 이렇게 물었다.

"불서에는 살생하지 않는 것을 계율로 삼았는데, 이것이 참으로 선한 게 아니겠습니까?"

불서: 불교의 책
계율: 불교 신자들이 지켜야 할 규범
불서 ↔ 나: 대조

나는 이렇게 대답했다.

「"새와 짐승을 죽이는 것은 백성의 어려움을 덜어 주고, 그 고기를 먹여 백성을 잘 살도록 하기 위해서입니다.」 ❸ 먹을 것이 없어 서로 물고 죽여 인육(人肉)을 먹기에 이른 참혹하기 그지없는 상황에서 그저 '살생하지 않는다.' 라고 하는 말이 무슨 의미가 있겠습니까?"

「 」: 자연물의 살생을 허용하는 이유 – 민생 안정(인간의 생명 유지)의 추구
살생 금지의 무의미함, 살생의 제한적 허용을 강조(설의법)

▶ 살생을 금하는 불교 계율에 대한 비판

핵심 구절 풀이

❶ **자연물에 대해서는 어질게 대하되 사랑하지는 않습니다.**: 자연물의 본성을 존중하여 소중히 대하되(어질게 대함), 사람을 보호하거나 삶의 유지를 위해서는 이용할 수 있음(사랑하지 않음)을 의미한다.

❷ '백 일 동안이나 ~ 비난한 것입니다.': 태강과 공숙단은 모두 백성을 살리기 위해 살생한 것이 아니라 개인의 쾌락을 위해서, 또 필요 이상으로 살생을 한 것이기 때문에 글쓴이의 입장에서 비판의 대상이다.

❸ 먹을 것이 없어 ~ 무슨 의미가 있겠습니까?: 가난한 현실에서 인간이 서로를 살생하는 상황을 통해 자연에 대한 살생을 금하는 것이 무의미함을 주장하고 있는 구절이다. 당시 시대에 대한 부정적 현실, 가난한 백성에 대한 연민(민본주의), 생명의 가치를 기준으로 인간을 중시하는 글쓴이의 인본주의적 사고 방식이 집약적으로 드러나고 있다.

핵심 정리

- 갈래: 고전 수필
- 성격: 관념적, 교훈적, 대화적, 철학적
- 구성: '처음 – 중간 – 끝'의 3단 구성, 문답식 구성

처음		중간		끝
처음: 세상 만물을 사랑하는 방법에 대한 문답 – 만물의 본성(생명욕)을 존중함	➡	**중간**: 만물을 사랑하는 구체적인 방법에 대한 답변 – 인간과 자연에 대한 태도 대비[애(愛)와 인(仁)]	➡	**끝**: 살생을 금하는 불교 계율에 대한 비판

- 제재: 세상 만물을 사랑하는 방법
- 주제: 만물의 생명을 존중하되, 인간을 중심으로 한 자연과의 조화를 추구
- 특징: ① 공적이고 보편적인 교훈을 전달하는데 주력함
  ② 권위 있는 경전과 권위자들의 견해를 인용하여 주장의 근거로 삼음
  ③ 문답법을 사용하여 글쓴이의 주장을 명료하게 드러냄
- 의의: ① 오늘날의 인본주의와 생태주의의 적절한 균형에 해당하는 만물관(萬物觀)이 제시됨
  ② 백성의 민생 안정을 추구하고 빈민에 대한 연민과 애정을 드러내는 등 민본 사상이 반영됨
  ③ 당대의 글쓰기 관습(유교 경전의 인용, 권위자의 견해 인용, 교훈 제시 등)을 확인할 수 있음

한눈에 보기

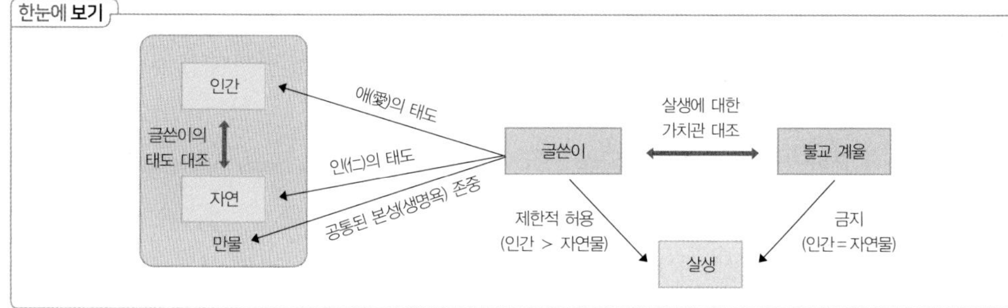

필수 문제

01 이 글의 글쓴이가 인간과 자연물을 대하는 태도를 간략하게 쓰시오.

02 이 글의 글쓴이가 순(舜)임금과 공숙단(共叔段)에 대해 상반된 태도를 보이는 이유를 쓰시오.

03 이 글에서 글쓴이의 마지막 답변에 반영된 사상을 쓰시오.

49 주옹설(舟翁說) | 권근

필수

출제 포인트

'손'과 '주옹'의 문답을 통해 삶에 대한 두 인물의 관점 차이를 파악하고, 글쓴이의 허구적 대리인인 '주옹'이 주장하는 참된 삶의 자세 및 통념을 뒤집는 그의 역설적 인식에 주목하여 살펴보자.

감상 길잡이

이 글은 손(客)과 주옹(舟翁)의 문답을 통해 참되게 세상을 살아가는 방법을 제시한 수필이다. 주옹은 우선 인간의 고정된 선입견을 경계한다. 즉, 아무런 노력 없이 살아가는 평안이야말로 위태로움이라고 하면서 안일한 삶을 추구하는 세태를 비판한다. 또 하나는 안일한 삶이란 중용과 무관한 한쪽으로 치우친 삶이라는 것이다. 안일한 삶을 살다 보면 현실에 만족하고 자신의 욕망만을 추구하며 변화에 대한 주의를 상실하기 쉽다. 이러한 삶이야말로 중용의 도에서 멀어진 삶이다. 이는 '어떻게 살아야 하는가'의 비유적 표현으로, 편안함과 과욕을 추구하는 세태에 대해 교훈적 깨달음을 제시한다.

손(客)이 주옹(舟翁)에게 묻기를,

(손: 일반적 인식자. 글쓴이의 변형된 모습으로, 주옹의 발언을 유도하는 역할 / 주옹: 뱃사람. 글쓴이의 생각을 전달하는 허구적 대리인)

「 」: 손(客)이 뱃사람(주옹(舟翁))의 생활 모습을 관찰하고 나름의 느낌을 표현한 부분. 고기를 잡는 것도 아니고, 장사를 하는 것도 아니고, 진리 노릇을 하는 것도 아닌 뱃사람의 생활을 이해하기 어렵다는 뜻

「"그대가 배에서 사는데, 고기를 잡는다 하자니 낚시가 없고, 장사를 한다 하자니 재화(財貨)가 없고, 진리(津吏) 노릇을 한다 하자니 물 가운데만 있어 왕래(往來)가 없구려.」 변화불측(變化不測)한 물에 조각배 하나를 띄워 가없는 만경(萬頃)을 헤매다가, 바람 미치고 물결 놀라 돛대는 기울고 노까지 부러지면, 정신과 혼백(魂魄)이 흩어지고 두려움에 싸여 명(命)이 지척(咫尺)에 있게 될 것이로다. 이는 지극히 험한 데서 위태로움을 무릅쓰는 일이거늘, 그대는 도리어 이를 즐겨 오래오래 물에 떠 가기만 하고 돌아오지 않으니 무슨 재미인가?"

(진리: 나루터를 관리하는 벼슬아치 / 변화불측: 끊임없이 달라져서 이루 다 헤아릴 수가 없음 / 물: 위태로운 외적 조건 / 가없는: 끝없는 / 만경: 아주 많은 이랑이라는 뜻으로, 지면이나 수면이 아주 넓음을 이름 / 지척: 아주 가까운 거리 / 정신과 혼백이 ~ 있게 될 것이로다: 몸과 마음이 흐트러져 결국 물에 빠져 목숨이 위태롭게 될 것이다 – 누란지위, 백척간두, 풍전등화 / 지극히 험한 데서 위태로움을 무릅쓰는 일: 배에서 살아가는 것에 대한 일반적 생각)

▶ 손의 질문 – 주옹이 배에서 사는 위태로운 삶을 선택한 이유를 물음

하니, / 주옹이 말하기를,

「 」: 주옹의 생활 태도가 드러난 부분 – 느긋함을 즐기다가 위태롭게 되기보다는 늘 위태로운 배에 사는 것처럼 조심스럽게 긴장하며 살겠다는 뜻 → 안일한 생활만을 추구하는 세태에 대한 비판적 태도

"아아, 손은 생각하지 못하는가? 대개 사람의 마음이란 다잡기와 느슨해짐이 무상(無常)하니, 「평탄한 땅을 디디면 태연하여 느긋해지고, 험한 지경에 처하면 두려워 서두르는 법이다.」 두려워 서두르면 조심하여 든든하게 살지만, 태연하여 느긋하면 반드시 흐트러져 위태로이 죽나니, 「내 차라리 위험을 딛고서 항상 조심할지언정, 편안한 데 살아 스스로 쓸모없게 되지 않으려 한다.」

(다잡기: 긴장 / 느슨해짐: 이완 / 무상: 일정하지 않고 늘 변하니 / 땅: 평안함의 외적 조건 / 험한 지경: 위태로움의 외적 조건 – 변화불측한 '물' / 「 」: 보통 사람이 세상을 사는 모습 / 조심하여 든든하게 살지만: 유비무환(有備無患) / 「 」: 역설적 발상 – 위태로움은 느긋한 마음 자세에서 오는 것임 / 내 차라리 ~ 항상 조심할지언정: 역설적 발상)

▶ 주옹의 대답 ① – 경계하고 조심하는 삶을 살고자 함

하물며 내 배는 정해진 꼴이 없이 떠도는 것이니, 혹시 무게가 한쪽에 치우치면 그 모습이 반드시 기울어지게 된다. 좌우(左右) 어느 쪽으로도 기울지 않고, 무겁지도 가볍지도 않게 내가 배 한가운데서 평형을 잡아야만 기울어지지도 뒤집히지도 않아 내 배의 평온을 지키게 되니, 비록 풍랑이 거세게 인다 한들 편안한 내 마음을 어찌 흔들 수 있겠는가?

(내 배: 주옹의 객관적 상관물. 주옹의 동일시 대상 / 정해진 꼴이 없이 떠도는: 얽매임 없는 자유로운 삶 / 좌우 어느 쪽으로도 ~ 평형을 잡아야만: 중용(中庸)의 덕 – 마음의 평정을 잃지 않는 자세 / 비록 풍랑이 ~ 있겠는가?: 중용의 덕이 외부적 조건에 의해 흔들리지 않음 – 설의적 표현)

▶ 주옹의 대답 ② – 중심을 지키는 삶을 살고자 함

또, 무릇 인간 세상이란 한 거대한 물결이요, 인심이란 한바탕 큰 바람이니, 하잘것없는 내 한 몸이 아득한 그 가운데 떴다 잠겼다 하는 것보다는, 오히려「한 잎 조각배로 만 리의 부슬비 속에 떠 있는 것이 낫지 않은가?」 내가 배에서 사는 것으로 한 세상 사는 것을 보건대,「안전할 때는 후환(後患)을 생각지 못하고, 욕심을 부리느라 나중을 돌보지 못하다가, 마침내는 빠지고 뒤

(인간 세상: 배 → 인간 세상: 의미의 확장 / 「 」: 물 위에서는 배의 중심만 잘 잡으면 되지만 인간 세계는 자신만이 중심을 잡는다고 되지 않으므로 배 위에서 살아가는 것이 더 안전함 / 아득한 그 가운데 떴다 잠겼다 하는 것: 속세에 휩쓸려 사는 것. 인심을 얻기 위해 노력하는 것(부화뇌동) / 내가 배에서 사는 것으로 한 세상 사는 것을 보건대: 속세를 떠난 자로서 인간 세상을 평가함 / 후환을 생각지 못하고, 욕심을 부리느라 나중을 돌보지 못하다가: 중용의 덕을 잃음)

인간 세상이란 ~ 큰 바람이니: 인간들이 살아가는 세상이란 큰 물결과 같이 흔들림이 많으며, 이 가운데 사는 사람의 마음이란 바람처럼 변화무쌍한 것이니 → 유추적 사고(인간 세상도 안정되지 않고 위험하기는 마찬가지임)

집혀 죽는 자가 많다.」 손은 어찌 이로써 두려움을 삼지 않고 도리어 나를 위태하다 하는가?"

「 」: 중심을 잃고, 편함만 추구하고 욕심을 부리는 삶의 태도를 경계함

하고, 주옹은 뱃전을 두들기며 노래하기를,

▶ 주옹의 대답 ③ – 세상살이가 배 위에서의 삶보다 위태로움

「아득한 강 바다여, 유유하여라. / 빈 배를 띄웠네, 물 한가운데,
밝은 달 실어라, 홀로 떠가리. / 한가로이 지내다 세월 마치리.」

(아득한 강 바다: 인간이 한평생 살아가는 삶 / 유유하여라: 움직임이 한가하고 여유가 있고 느리다 / 빈 배를 띄웠네, 물 한가운데: 배 위에서 살아가는 주옹의 삶 / 밝은 달: 자연, 욕심 없는 마음 / 한가로이 지내다 세월 마치리: 주제 의식(달관적 삶의 자세) – 자기 삶에 대한 자부심)

「 」: ① 자연 속에서 유유자적하고자 하는 주옹의 삶의 태도를 집약적으로 드러냄 ② 여운을 남기며 글을 마무리함(관련 한자 성어 – 유유자적, 안분지족, 안빈낙도, 물심일여)

하고는 손과 작별하고 떠나간 뒤, 더는 말이 없었다.

▶ 주옹의 노래

핵심 정리

- 갈래: 고전 수필〔한문 수필, 설(說)〕
- 성격: 비유적, 교훈적, 계몽적, 관조적
- 구성: '질문 – 대답'의 2단 구성

손의 질문	➡	주옹의 대답
손의 질문: 주옹이 배 위에서 사는 까닭을 물음	➡	주옹의 대답: ① 늘 경계하고 조심해야 하기 때문 ② 험난한 세상을 살아가기 위해서는 스스로 중심을 잡아야 하기 때문 ③ 세상살이가 배 위에서의 삶보다 위태롭기 때문

- 제재: 뱃사람의 삶
- 주제: 조심하고 경계하며 사는 태도의 중요성
- 특징: ① 질문을 던지고 이에 답하는 형식으로 참다운 삶의 자세를 드러냄
  ② 역설적인 발상을 통해 안일한 삶의 태도를 풍자, 비판함

한눈에 **보기**

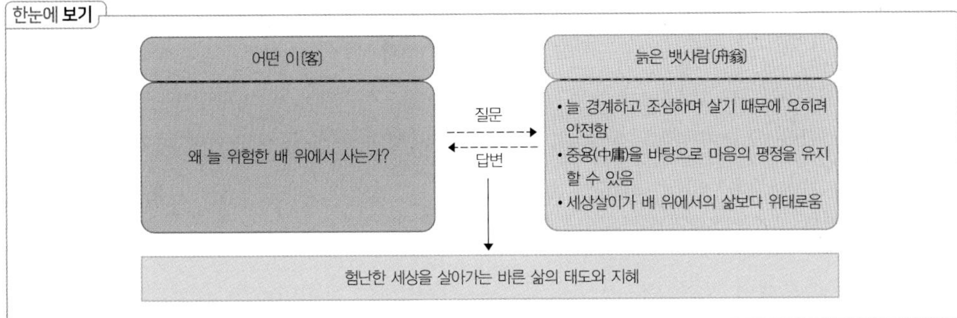

보충·심화 학습

- 〈주옹설〉에 나타난 역설적 발상

글쓴이는 늙은 뱃사람을 허구적 대리인으로 내세워 삶에 대한 자신의 생각을 전달하고 있는데, 요컨대 '어떻게 살아야 하는가'라는 어떤 이의 물음에 대해 늘 경계하고 조심하는 생활 태도, 어느 쪽으로도 휩쓸리지 않는 중용의 자세로 마음의 평정을 잃지 말아야 한다고 말한다. 일반적으로 '배 위에서의 삶'이란 '지극히 위태로운 삶'이지만 그런 가운데 오히려 조심하게 된다는 논리를 내세우고 있으므로 상식과 통념을 뒤집는 역설적 발상이라고 할 수 있다.

필수 문제

01 이 글에서 '주옹'과 '손'의 인식의 차이를 가장 극명하게 보여 주는 두 가지 소재를 찾아 쓰시오.

02 이 글에서 '주옹'의 노래에 담긴 주제를 드러낼 수 있는 한자 성어를 아는 대로 쓰시오.

50 도자설(盜子說) | 강희맹

필수

출제 포인트

글쓴이가 아들을 훈계하기 위해 쓴 〈훈자오설(訓子五說)〉 중 하나로, 도둑 부자(父子)의 이야기를 통해 아들에게 전해 주고자 한 선비의 학문하는 자세에 대해 알아보자.

감상 길잡이

이 글은 부자(父子) 도둑의 이야기를 통해 선비의 학문하는 자세에 대해 당부하고 있는 고전 수필이다. 아들 도둑이 자신의 재주만 믿고 행동하려 하니까 아비 도둑이 일부러 그를 곤경에 빠뜨려 자기 스스로 지혜를 터득해 곤경을 극복하게 한다는 이야기를 통해 스스로 깨닫는 지혜의 중요성을 강조한 것으로, 학문의 자세 또한 이와 같음을 이야기하고 있는 것이다.

백성 중에 도둑질을 직업으로 삼은 자가 있어 그 자식에게 그 술법을 다 가르쳐 주니 그자가 또한 그 재간을 자부하여 자신이 아비보다 훨씬 낫다고 여겼다. 「언제나 도둑질을 할 적에는 그 자식이 반드시 먼저 들어가고 나중에 나오며, 경한 것은 버리고 중한 것을 취하며, 귀로는 능히 먼 데 것을 듣고 눈으로는 능히 어둔 속을 살피어,」 도둑들의 칭찬을 받으므로 제 아비에게 자랑삼아 말하기를, "내가 아버지의 술법과 조금도 틀림이 없고 강장한 힘은 오히려 나으니, 이것을 가지고 가면 무엇을 못하오리까." 하니, 아비도 역시 말하기를, "아직 멀었다. 지혜란 배워서 되는 것이 아니요, 자득이 있어야 되는데 너는 아직 멀었다." 하였다.

(도둑질을 직업으로: 세상에서 가장 보잘것없는 직업 – 학문과 비교하기 위한 전제 / 술법: 기술 / 재간: 어떤 일을 할 수 있는 재주와 솜씨 / 「 」: 아들 도둑의 재주 – 자만심의 근거 / 강장한: 몸이 건강하고 혈기가 왕성한 / 이것: 기술 + 힘 / 지혜: 아비 도둑이 추구하는 경지 / 자득: 스스로 깨달아 얻음)

▶ 아들 도둑의 자만

자식이 말하기를, 「"도적의 도는 재물을 많이 얻는 것으로 공을 삼는 법인데, 나는 아버지에 비해 공이 항상 배나 많고 또 내 나이 아직 젊으니, 아버지의 연령에 도달하면 마땅히 특별한 수단이 생기게 될 것입니다."」 하니, 아비 도적이 말하기를, "멀었다. 내 술법을 그대로 행한다면 겹겹의 성도 들어갈 수 있고, 비장(祕藏)한 것도 찾아낼 수 있다. 그러나 한 번 차질이 생기면 화가 따르기 마련이다. 이를테면 형적이 드러나지 않고 임기응변하여 막힘이 없는 것은, 자득(自得)의 묘가 없으면 못하는 것이다. 너는 아직 멀었다." 하였다.

(재물을 많이 얻는 것: 일의 결과를 중시하는 태도 / 아버지의 연령에 도달하면: 나이가 들면 / 「 」: 비상한 재주를 세월이 가면 노력하지 않아도 저절로 얻어지는 것으로 여기는 아들의 안이한 태도 / 비장(祕藏)한: 남이 모르게 감추어 두거나 소중히 간직한 / 형적: 사물의 형상과 자취 / 자득(自得)의 묘: 아비 도둑이 강조하는 덕목)

▶ 아비 도둑의 충고

자식은 그 말을 듣고도 들은 척도 아니하니, 아비 도적이 다음 날 밤에 그 자식과 더불어 한 부잣집에 가서 자식을 시켜 보장(寶藏) 속에 들어가게 하여 자식이 한참 탐을 내어 보물을 챙기고 있는데, 아비 도적이 밖에서 문을 닫고 자물쇠를 걸고 일부러 소리를 내어 주인으로 하여금 듣게 하였다. 주인이 집에 도적이 든 줄 알고 쫓아 나와 자물쇠를 본즉, 전과 같으므로 주인은 안으로 들어가 버리니, 자식 도적은 보장 속에 들어서 빠져나올 길이 없었다. 그래서 일부러 손톱으로 박박 긁는 소리를 내니, 주인 말이, "쥐가 보장 속에 들어 물건을 절단내니 쫓아 버려야겠다." 하고는, 등불을 켜고 자물쇠를 끄르니 자식 도적이 빠져 달아났다. 주인집 식구가 모두 나와 쫓으니 자식 도적이 사뭇 다급하여 벗어나지 못할 것을 알고, 못가를 돌아 달아나면서 돌을 집어 물에 던졌다.

(자식은 그 말을 듣고도 들은 척도 아니하니: 아들 도둑의 거만함(마이동풍) / 보장(寶藏): 보배 창고 / 밖에서 문을 닫고 ~ 듣게 하였다: 자득의 묘를 익히게 하기 위해 / 빠져나올 길이 없었다: 독 안에 든 쥐, 진퇴양난(進退兩難) / 일부러 손톱으로 박박 긁는 소리를 내니: 자득의 묘 ① – 문을 열게 하려는 의도 / 돌을 집어 물에 던졌다: 자득의 묘 ② – 추적을 따돌리려는 의도)

쫓던 자가, "도적이 물속으로 뛰어들어 갔다." 하고, 모두 막아서서 찾으니, 자식 도적이 이 틈에 빠져나와 제 아비를 원망하며 하는 말이, 「"날짐승도 오히려 제 새끼를 보호할 줄 아는데, 자식이 무엇을 잘못해서 이렇게도 욕을 보입니까."」 하니, 아비 도적이 말하기를, "이제는 네가 마땅히 천하를 독보할 것이다. 무릇 사람의 기술이란 남에게 배운 것은 한도가 있고 제 마음에서 얻은 것은 응용이 무궁하다. 하물며 곤궁하고 답답한 것이란 능히 사람의 심지를 견고하게 만들고, 사람의 기술을 익숙하게 만드는 것이 아니냐. 내가 너를 곤궁하게 만든 것은 바로 너를 편안하게 하자는 것이요, 내가 너를 위험에 빠트린 것은 바로 너를 건져 주기 위한 것이다. 네가 만약 보장에 갇히고 사뭇 쫓기던 환란을 당하지 않았더라면 어찌 쥐 긁는 시늉과 돌을 던지는 희한한 꾀를 냈단 말이냐. 네가 곤경에 부닥쳐 지혜를 짜내 기변에 다다라 엉뚱한 수를 썼으니 지혜가 한 번 열리기 시작하면 다시 현혹되지 않는 법이다. 네가 마땅히 천하를 독보할 것이다." 하였다. 그 뒤에는 과연 천하에 적수가 없는 도적이 되었다.

인지상정(人之常情) / 「」: 아비 도둑의 배려에 대한 자식 도둑의 오해 / 남이 감히 따를 수 없을 만큼 혼자 앞서 갈 / □: '지혜'의 의미 / 시련의 의미 – ① 굳은 심지 ② 기술 습득 / 대구법, 역설법 – 물고기를 주기보다는 물고기 잡는 법을 알려 준 것임 / 근심과 재앙, 시련 / 뜻밖의 난리 / 지혜의 무한성

도둑 이야기

▶ 위기에 처한 아들 도둑의 자득(사실)

글쓴이의 당부

「무릇 도둑질이란 지극히 천하고 악한 기술이지만 그것도 반드시 자득(自得)이 있은 연후에야 비로소 천하에 적수가 없는 법이다. 하물며 사군자(士君子)가 도덕 공명(道德功名)을 뜻함에 있어서랴.」 대대로 벼슬하여 국록을 누리던 후손들은 인의가 아름답고 학문이 유익함을 모르고서 제 몸이 이미 현달하면 능히 전열(前烈)에 항거하여 옛 업을 무시하니, 이는 바로 자식 도적이 아비 도적에게 자랑하던 시절이다. 만약「능히 높은 것을 사양하고 낮은 데 거하며, 호방한 것을 버리고 담박한 것을 사랑하며 몸을 굽혀 학문에 뜻하고 성리(性理)에 잠심하여 습속에 휩쓸리지 아니하면,」 족히 남들과 제등할 수도 있고 공명을 취할 수도 있으며 써 주면 행하고 버리면 들어앉아서 어디고 정당하지 않은 것 없으리니, 이는 바로 자식 도적이 곤경에 부닥치자 지혜를 짜내서 마침

'아들 도둑'에 해당됨 – 비판의 대상 / 「」: '도둑질 → 학문'의 유추에 의한 내용 전개 / 맞서서 반항하여 / 기술의 습득 / 전대(前代)의 사람이 세운 공적과 업적 / 자만에 빠짐 / 「」: 스스로 곤궁함에 처하여 자득을 얻으면 → 국록을 누리던 자손인 아들에게 주는 교훈 / 어떤 일에 마음을 두어 깊이 생각함 / 습관이 된 풍속 / 여러 개가 같음 / 공을 세워서 자기의 이름을 널리 드러냄. 또는 그 이름 / 무엇이든 원하는 대로 할 수 있음

조선 전기

내 천하를 독보하는 것과 같다. ㉡너도 또한 이와 근사하니(거의 같으니) 도적이 보장에 갇히고 사뭇 쫓기는 것과 같은 환란을 꺼리지 말고, 마음에 자득이 있을 것을 생각해야 한다. 경홀히 말라.

실제 교훈의 대상 – 글쓴이의 아들

주제문 – 스스로 터득해야 공명도, 정당성도 생기는 것이다

가볍게 여기지 말라(당부) – 주제의 강조

▶ 도둑 이야기를 통한 학문의 자세 당부(의견)

핵심 정리

- 갈래: 고전 수필〔한문 수필, 설(說)〕
- 성격: 교훈적, 훈계적, 우의적
- 구성: '사실 – 의견' 의 2단 구성

전반부(사실): 도둑 이야기(내부 이야기) ➡ **후반부(의견)**: 글쓴이의 당부(외부 이야기)

- 제재: 도둑 부자(父子)의 이야기
- 주제: 스스로 학문의 지혜를 터득하도록 힘써야 함
- 특징: ① 도둑의 예화를 통해 독자(아들)에게 하고 싶은 이야기를 우회적으로 전달함
  ② 내부 이야기(도둑 이야기)와 외부 이야기(아들에게 당부하는 내용)로 이루어져 있음

한눈에 **보기**

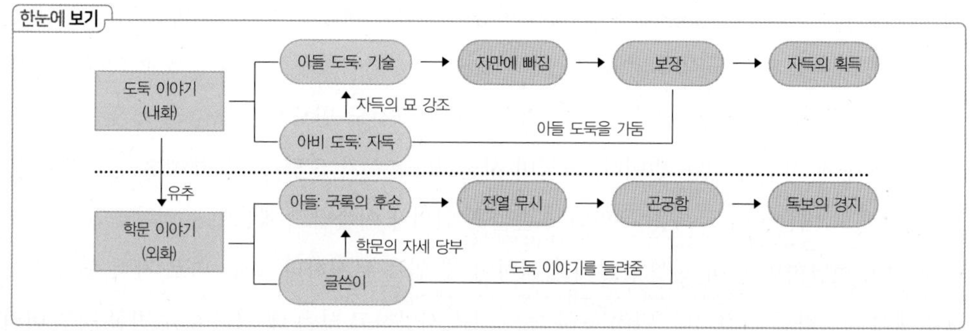

보충·심화 학습

- 〈훈자오설〉

강희맹의 시문집인 《사숙재집》에 실려 있는 〈훈자오설(訓子五說)〉은 제목에서 볼 수 있듯이 글쓴이가 자식을 훈계하기 위해 지은 다섯 가지 이야기를 '설(說)' 의 형식으로 적은 것이다. 글쓴이가 정묘년(1447년)에 과거에 급제하여 남 정승〔남지(南智) 충간공=세종 대왕 때 좌정승〕 댁을 찾아가 들은 교훈을 평생의 경계로 삼았다가 자신의 아들을 위하여 '〈도자설(盜子說: 도둑 아들 이야기)〉, 〈담사설(啗巳說: 뱀을 잡아먹은 이야기)〉, 〈등산설(登山說: 높은 산에 오른 이야기)〉, 〈삼치설(三雉說: 꿩을 잡는 이야기)〉, 〈요통설(溺桶說: 오줌통의 이야기)〉' 의 다섯 가지 이야기로 구성한 것이다. 이 다섯 가지 이야기는 '자득의 학문에 힘쓸 것' 과 '탐욕과 방탕에 물들지 않는 삶의 자세', '포기하지 않는 학문의 노력', '친구 사귐의 교훈', '말과 행동에 주의하는 삶의 자세' 를 각각의 주제로 삼고 있다.

필수 문제

01 이 글에서 '아들 도둑' 이 부잣집에서 빠져나오기 위해 사용한 지혜 두 가지를 쓰시오.

02 이 글에서 글쓴이가 도둑 이야기를 통해 아들에게 주고자 하는 교훈이 직접 드러난 문장을 찾아 쓰시오.

03 이 글이 당대의 현실을 비판하고 있다고 할 때, 그 비판의 대상을 나타내는 말을 찾아 5어절로 쓰시오.

51 승목설(升木說) | 강희맹

나무에 오르는 것에 관한 이야기

필수

출제 포인트

나무꾼 '갑'과 '을'의 삶의 태도를 비교해 보고, 이 일화를 통해 글쓴이가 제시하고자 한 바람직한 삶의 자세에 대해 알아보자.

감상 길잡이

이 글은 일반적인 '설(說)'의 구조와 마찬가지로 인물 간의 대화 형식으로 구성되어 있다. '갑'과 '을'은 처음에는 대립적 관계로 설정되어 있지만 곧 '을'이 '갑'의 사상을 받아들이는 형식을 바탕으로 '갑'이라는, 글쓴이의 대변인이 마음껏 사상을 전개하며 대화를 주도적으로 이끌어 가고 있다. 표면상으로는 나무꾼의 이야기로 시작해서 나무꾼의 이야기로 끝나고 있지만, 그 이면에는 벼슬에 나아가는 아들에게 아버지가 벼슬 생활을 하며 얻은 깨달음과 교훈을 암시적으로 제시하려는 뜻이 내포되어 있다. 높은 지위만을 추구하고 삶의 욕망을 조절하지 못하여 큰 낭패를 보기보다는 스스로 낮은 곳에 처하며, 안분지족(安分知足)할 줄 아는 삶의 지혜를 강조하고 있는 글이다.

두 사람의 나무꾼이 산에 나무를 하러 갔다. 그중에「을이라는 나무꾼은 매우 민첩하여 마치 원숭이와 같이 나무를 잘 탔는데, 나무를 베는 솜씨도 역시 훌륭하여 그가 한 짐은 늘 많았다. 그러나 갑이라는 나무꾼은 겁이 많아 나무에 잘 못 올라갔다. 그래서 겨우 마른 건초들이나 조금 베어 와 그의 나뭇짐은 늘 부실하였다.」그리하여 을이 갑에게 충고하였다.

(산: ① 벼슬 생활 ② 인생'의 상징 / 짐: 나뭇짐 / 나무를 잘 탔는데, 나무를 베는 솜씨도 역시 훌륭하여: 기술이 훌륭하여 좋은 결과를 냄 / 을이 갑에게 충고하였다: 일반적 인식에서 '을'이 우월적 위치에 있으므로 '갑'에게 충고함 / 「 」: '갑'과 '을'의 대조)

▶ '갑'과 '을'의 대조적 제시(기)

"자네는 땔나무 하는 방법을 모르는가? 좋은 땔나무는 평지에서는 구할 수 없는 법일세. 나도 처음에는 온종일 노력하였으나 한 아름도 구하지 못하였다네. 힘은 많이 들어도 결과는 시원찮았지. 그래서 나는 나무에 오르는 기술을 익히기로 결심하고 처음으로 나무에 올라갔더니, 몸은 떨리고 다리에서는 땀이 날 뿐 아니라 나무 아래를 내려다보면 마치 무엇이 밑에서 나를 잡아당기는 듯이 땅으로 떨어지려고 하더군. 그러다가 점점 마음이 진정되어 한 달쯤 지나니까 높은 데 올라가도 평지를 밟는 것처럼 두려움이 없어졌네. 이렇게 나무를 베다 보니, 사람들의 손이 닿지 않는 곳에서 나무를 더 많이 구할 수 있다는 것도 알았네. 그리고 또 그냥 평범한 데 안주하는 사람은 남보다 갑절이나 되는 공을 이룰 수 없다는 것도 알았네."

(좋은 땔나무는 평지에서는 구할 수 없는 법일세: 관련 속담: 산에 가야 범을 잡는다 / 아름: 두 팔을 둥글게 모아서 만든 둘레 / 나는 나무에 오르는 기술을 익히기로 결심하고: 더 나은 단계에 이르기 위한 노력 / 땅으로 떨어지려고 하더군: 높은 곳이 가지고 있는 위태로움 / 평지를 밟는 것처럼 두려움이 없어졌네: 높은 곳에 익숙해짐(노력의 결과) / 더 많이 구할 수 있다는 것도 알았네: 높은 곳이 가지고 있는 장점(효율성 증가) / 그냥 평범한 데 안주하는 사람은 남보다 갑절이나 되는 공을 이룰 수 없다: '을'의 충고의 주제)

▶ '을'의 충고 – 평범함에 안주해서는 공을 이룰 수 없음

갑은 이 말을 듣자 오히려 웃으며 말하였다.

('갑'의 의외의 반응 – 글쓴이의 주관적 인식을 제시하기 위함)

❶ "내가 땅에 있을 때에 자네가 나무에 올라가 있으면 그 높이가 그저 한 길이나 열 자쯤 되지만, 내가 볼 때에는 높이 올라간 사람이 왜 낮게 내려올 줄 모르는가 하고 의아해하며, 또 자네는 왜 저 사람은 높이 올라올 수 없는가 할 것일세. 낮고 높은 것은 사실 나나 자네가 정한 것이 아니라네. 그러나 한 가지 분명한 것은「이익을 한꺼번에 많이 얻으려고 하면 화근이 깊어지고, 결과를 빨리 보려고 하면 도리어 실패가 빠르다는 사실일세.」그러니 나는 자네를 따르지 않겠네."

(내가 땅에 있을 때에: 사물의 이치 판단에 대한 이견 / 길: 약 2.4 또는 3m / 자: 약 30.3cm / 높이 올라간 사람이 왜 낮게 내려올 줄 모르는가: 높이 올라간 사람은 내려오려 하지 않음 – '갑'의 의문 / 왜 저 사람은 높이 올라올 수 없는가: '을'의 의문 / 낮고 높은 것은 사실 나나 자네가 정한 것이 아니라네: 높고 낮음의 상대성 / 그러니 나는 자네를 따르지 않겠네: 높은 곳을 추구하지 않음 / 「 」: 과유불급(過猶不及) – 세속적 욕망에 대한 경계(반박/비판))

▶ '갑'의 말 – 많은 이익의 추구는 화근을 깊게 함(승)

그러자 을은 할 말을 잊어버렸다. 그로부터 한 달쯤 뒤에 을이 높은 절벽 위에 있는 높은 나무에 올라가 나무를 찍다가 떨어져 까무러쳤다. 그리하여 그의 아버지가 그를 업고 집으로 돌아와

(을은 할 말을 잊어버렸다: '갑'의 논리를 인정함 / 나무를 찍다가 떨어져 까무러쳤다: 화근이 닥침)

오줌을 받아 그의 입에 부었더니 한참 뒤에 숨이 터져 나오고 두어 달이 지난 뒤에야 비로소 물을 목구멍으로 넘겼으나, 양다리는 부러지고 두 눈은 멀어서 마치 산송장같이 되었다. 그러자 그는 아버지에게 갑에게 가서 갑이 전에 들려주었던 높고 낮은 데 대한 설명을 다시 들려 달라고 부탁해 주십사 하였다. 그리하여 을의 아버지가 갑에게 찾아가서 을의 부탁을 전하자 그 말을 들은 갑이 천천히 이야기했다.

목숨은 구함 / 높은 곳을 좋아한 대가 / 깨달음을 얻고자 함

▶ '을'이 변을 당함(전)

"아래와 위는 정해진 위치가 없고, 높고 낮은 것은 정해진 명칭이 없습니다. 아래가 있으면 반드시 위가 있는 법인데, 낮은 곳이 없다면 어찌 높은 곳이 있겠습니까? ❷ 누구나 아래에서부터 올라가는 법이지만 높은 데 올라가면 스스로 낮다고 생각한답니다. 결국 높다는 것은 낮은 것이 쌓여서 된 것이므로 아래는 위의 한 단계가 되는 것입니다. 늘 높은 것을 추구하면 그 높은 위치도 낮게 보이기 쉽고, 올라가기를 좋아하는 자는 아무리 올라가도 낮아 보입니다. 그러므로 높은 것을 추구하는 자는 언젠가는 그 높은 지위를 잃어버리고 결국은 낮은 곳에 나아가 편안함을 구하려 하나 편안할 수가 없습니다. 마찬가지로 아래에서 올라가던 자가 올라가기를 중지하고 어느 한 지점에 머무르려고 하나 역시 그것도 이룰 수가 없습니다. 이것으로 볼 때 낮은 것이 높은 것보다 낫고 아래에 있는 것이 위에 있는 것보다 낫지 않겠습니까? 그런데 을은 나무를 벨 때에 위에 있는 것을 좋아하고 아래에 있는 것을 싫어했으며, 높이 있는 것을 탐내고 낮게 있는 것을 싫어했습니다. 그러니 어찌 생명을 온전히 할 수 있겠습니까?

일반적 인식을 부정하기 위한 전제 – 높고 낮음에 대한 상대성 / 높음과 낮음의 상보성 / 자꾸 욕심이 생기므로 / 천 리 길도 한 걸음부터, 등고자비(登高自卑: 높은 곳에 오르려면 낮은 곳에서부터 오른다는 뜻으로, 일을 순서대로 하여야 함을 이름) / 끊임없이 높은 곳을 추구하는 인간의 욕망 때문 / 안분지족의 자세를 상실함. 초심을 잃어버림 / 인간 욕망의 무한성 / 욕망에 물들지 않은 삶

「사람이 되어 좋은 나무를 베고 싶은 마음은 누구나 가지고 있는 본성이고, 또한 그 좋은 나무는 높은 나뭇가지 끝에 많이 있는 것도 사실인데, 그것을 베려고 하면 거기에는 반드시 위험한 장애물이 있는 것입니다. 결국 목전의 이익만 탐내다 보면 그 위험을 무릅써야 하고, 그 위험을 무릅쓰고 한 발자국씩 더 높은 곳에 올라가다 보면 결국에는 끔찍한 일을 당하고야 마는 것입니다.」 「 」: 자기 말에 대한 요약(과정)

자업자득(自業自得) / 욕망을 추구하는 인간 본성 / 효율성 획득의 조건 / 욕망 실현의 전제 / 눈앞 / 비극적 결말의 필연성 ↔ '갑'의 사고를 반박할 속담: 구더기 무서워 장 못 담그랴

곧, 땅으로부터 멀리 올라가면 몸은 오히려 낮다고 생각하며 그러한 자신의 처지를 자랑스럽게 생각한다면 더욱 어리석은 행동이 아니겠습니까?"

더욱 높은 것을 추구함 – 안분지족의 상실 / '을'의 문제점

▶ '갑'의 충고 – 안분지족하는 삶의 의미(결)

핵심 구절 풀이

❶ "내가 땅에 ~ 할 것일세.: 높은 자리에 오른 사람은 자신의 위치가 꽤 높다고 생각하지만, 높은 자리를 추구하지 않는 사람들은 그렇게 높은 자리에 오르려고 하는 이유를 이해하기 어렵고, 반면 높은 자리에 오른 사람은 그렇게 하지 않는 사람의 마음을 납득하기 어렵다는 뜻이다.

❷ 누구나 아래에서부터 올라가는 법이지만 높은 데 올라가면 스스로 낮다고 생각한답니다.: 낮은 자리에 있을 때는 높은 자리를 높다고 생각하지만, 일단 높은 자리에 오르면 자꾸 욕심이 생겨 높다고 생각하지 않게 된다는 뜻으로, 인간의 만족할 줄 모르는 욕망을 꼬집고 있는 부분이다.

핵심 정리

- 갈래: 고전 수필〔설(說)〕
- 성격: 교훈적, 예화적, 대화적
- 구성: '기 - 승 - 전 - 결'의 4단 구성, 대화식 구성

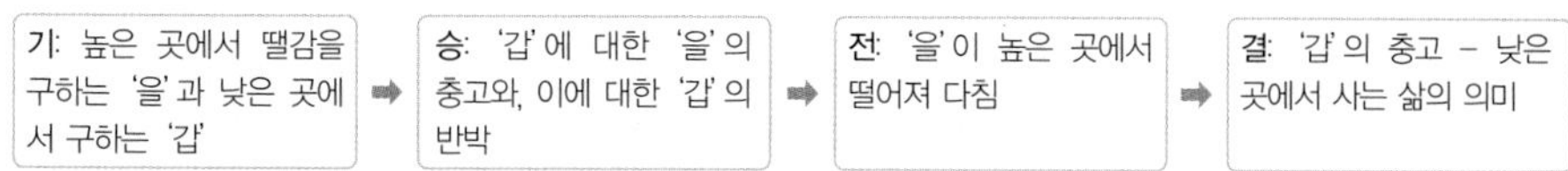

- 제재: 나무꾼 '을'과 '갑'의 이야기
- 주제: 욕심을 부리지 않는 삶의 지혜(인간의 욕망을 버리고 안분지족하는 삶)
- 특징: ① 비유와 유추를 통해 주제를 드러냄
  ② 삶에 대한 진지한 통찰과 이를 통해 터득한 삶의 지혜가 잘 드러남
- 인물 분석
  - 을: 높은 곳을 추구하는 전형적인 권력 지향형 인물. 무한한 욕망을 추구하다 결국 불구의 몸이 됨
  - 갑: 욕망을 버리고 스스로 낮은 곳에 처하는 안분지족형 인물. 글쓴이의 대변인으로, 욕망을 버리고 스스로 낮은 곳에 처하는 삶의 현명함을 일깨워 줌

한눈에 보기

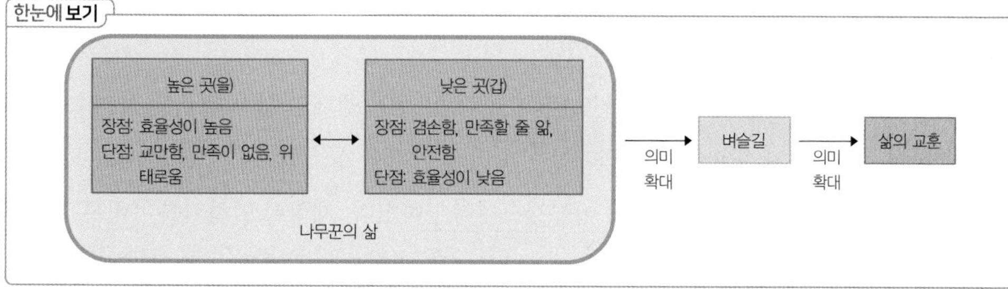

필수 문제

01 이 글의 배경이 되고 있는 '산'을 나무꾼의 입장이 아니라 글쓴이인 강희맹과 그 아들의 입장에서 받아들일 때, 그 상징하는 바를 쓰시오.

02 이 글에 등장하는 '을'의 상황에 어울리는 속담을 쓰시오.

52 박연(朴堧)의 피리 | 성현

필수

출제 포인트

청빈한 지사로서의 '박연'의 삶의 모습과 태도에 대해 살펴보고, 이와 관련하여 글쓴이가 암시적으로 비판하고자 한 시대상에 대해 알아보자.

감상 길잡이

이 글은 성현(成俔)의 《용재총화》 제8권에 실려 있는 수필이다. 원래는 제목이 없었는데 편의상 〈박연의 피리〉라고 붙인 것이다. 신분에 상관없이 광대에게 피리를 배우는 박연의 태도는 예술가로서의 높은 경지라는 결과에 못지않게 배움의 과정에 대한 열정과 성실성을 드러내고 있다. 이러한 노력을 통해 도달한, 음의 찌꺼기까지 구분해 내는 솜씨나, 단 세 음만으로 좌중을 감동시킨 이야기는 그의 음악적 경지를 짐작하게 한다. 또한, 계유정난을 계기로 벼슬을 그만두는 모습이나, 오랜 벼슬 생활에도 불구하고 말 한 필과 피리 한 자루를 들고 떠나는 그의 마지막 모습은 예술인으로서의 삶뿐 아니라 청빈한 지사의 삶을 관조적으로 드러내고 있다.

대제학(大提學) 박연(朴堧)은 영동(永同)의 유생이다. 젊었을 때에 향교(鄕校)에서 학업을 닦고 있었는데 이웃에 피리 부는 사람이 있었다. 제학은 독서하는 여가에 겸하여 피리도 배웠다. 온 고을이 그를 피리의 명수(名手)로 추중(推重)하였다.

(선비 / 조선 시대 홍문관·예문관의 정2품 벼슬 / 인물 소개 / 지방에 있던 문묘(文廟)와 그 에 속한 관립(官立) 학교 / 기능이나 기술 따위에서 소질과 솜씨가 뛰어난 사람 / 박연 – 박연이 예문관 대제학을 지냈기 때문에 이렇게 불렀음 / 우러러보고 존중하였다)

▶ 박연이 피리를 배움

제학이 서울에 과거 보러 왔다가 「이원(梨園)의 피리 잘 부는 광대를 보고 피리를 불어 그 교정(校正)을 청하니,」 광대가 크게 웃으며 말하기를, 「"소리와 가락이 상스럽고 절주(節奏)에도 맞지 않으며, 옛 버릇이 이미 굳어져서 고치기가 어렵겠습니다."」 하였다. 제학이 말하기를, "비록 그러하더라도 가르침을 받고자 합니다." 하고, 날마다 다니기를 게을리하지 않았다. 수일 후에 듣고는 말하기를, "규범(規範, 법도)이 이미 이루어졌으니 장차 대성할 수 있겠습니다." 하였다. 또 수일 후에는 광대가 자기도 모르는 사이에 무릎을 꿇고 말하기를, "제가 따라갈 수 없습니다." 하였다.

(조선 때의 장악원(掌樂院)의 별칭 / 리듬 / 바르게 고침 / 「 」: 배움에 대한 열정이 신분을 초월하게 함 / 「 」: 박연을 대하는 광대의 모습 – 신분에 연연하지 않는 예인의 면모 과시 / 고착되어 / 많은 노력을 해야 하는 취약한 조건 / 박연의 겸허하고 성실한 성품 / 광대가 / 득음의 경지에 오름. 청출어람(靑出於藍) / 제학의 실력에 탄복함)

▶ 배움에 대한 박연의 성실한 태도

그 뒤에 과거에 급제하였으며, 또 거문고·비파 등 여러 악기를 익혀서 정묘(精妙)하지 않은 것이 없었다. 세종(世宗)에게 지우(知遇)를 얻어 드디어 발탁 등용(拔擢登用)되었다. 관습도감제조(慣習都監提調)가 되어서 음악에 관계되는 일을 전담(專擔)하였다.

(세종 대왕에게 인정을 받아 / 뽑히어 관직에 천거함 / 정밀하고 오묘하지 / 남이 자신의 인격이나 재능을 알고 잘 대우함 / '관습도감'은 향악과 당악을 가르치는 일을 맡은 관아이고, '제조'는 그 관아의 일을 다스리던 사람을 이름 / 도맡아 하였다)

세종이 일찍이 석경(石磬)을 만들고 제학을 불러 교정하게 하였더니, 제학이 말하기를, "어느 음률(音律)이 일분(一分) 높고, 어느 음률이 일분 낮습니다."라고 하였다. 다시 보니 음률이 높다고 한 곳에는 찌꺼기가 붙어 있었다. 세종이 찌꺼기의 일분을 떼어 내라고 명령하였다. 또 음률이 낮다고 한 곳에는 다시 찌꺼기 일분을 붙였다. 제학이 아뢰기를, "이제 음률이 바르게 되었습니다."라고 하였다. 사람들이 다 그의 신묘(神妙)함에 탄복하였다.

(아악기의 한 가지. 돌로 된 타악기 / 음률의 미세한 차이를 만든 원인 – 박연의 음악적 경지를 드러내기 위한 매개 / 신통하고 묘함)

▶ 음악에 대한 박연의 뛰어난 감수성과 감식력

그의 아들이 계유의 난(亂)에 관여하여 제학도 또한 이 때문에 파면되어 시골로 돌아가게 되었다. 친한 벗들이 한강 위에서 전별하였는데 제학은 필마(匹馬)에 하인 한 사람을 거느린 쓸쓸한 행장

(계유정난(조선 단종 계유년(1453)에 수양 대군이 정권을 잡은 난) / 길을 떠나는 차림 / 잔치를 베풀어 작별하였는데 / 평범한 말 → 벼슬길에서 물러남 암시 / 청빈한 삶)

이었다. (제학과 친한 벗들이) 함께 배 안에 앉아서 술잔을 주고받다가 소매를 잡고 장차 이별하려 할 즈음에 제학이 전대에서 ❶ 피리를 꺼내어 세 번 불었다. 그리고 떠났다. 듣는 이가 모두 쓸쓸한 느낌에 눈물을 흘리지 않은 이가 없었다.

세 개의 음으로 자신의 감정을 드러냄 – 득음의 경지 제시

▶ 피리와 함께 떠나는 박연의 청빈한 모습

핵심 구절 풀이

❶ **피리를 꺼내어 세 번 불었다.**: 피리를 분 것은 이별을 슬퍼하여 마중 나온 이들에 대한 화답으로, 단 세 음으로 자신의 감정을 드러내고 사람들을 감동케 하는 박연의 높은 예술적 기량과 인품을 드러내고 있다.

핵심 정리

- 갈래: 고전 수필(경수필, 서정적 수필)
- 성격: 관조적, 교훈적, 서정적, 사실적
- 구성: 추보식 구성, 3개의 삽화식 구성

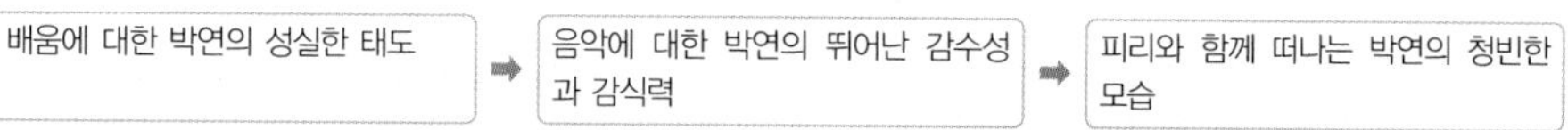

- 제재: 박연의 피리
- 주제: 박연의 맑고 고매한 삶
- 특징: 서술자가 주관적 해석을 가하지 않고 관조적 입장에서 간결하고 사실적으로 서술함

한눈에 **보기**

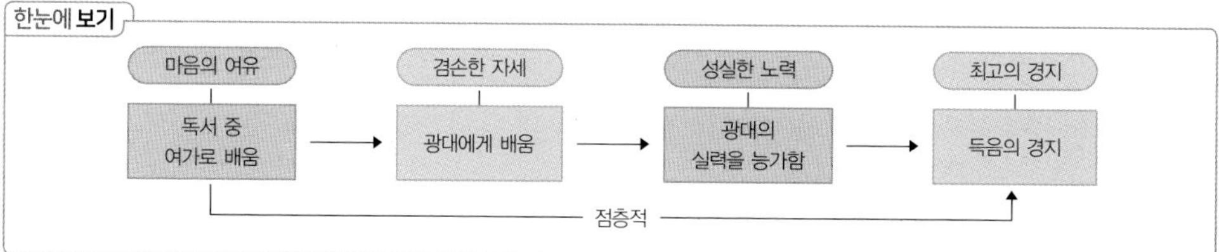

보충·심화 학습

- 〈박연의 피리〉에 나타난 박연의 삶

박연은 조선 전기의 문신으로 1405년(태종 5) 문과에 급제하여 집현전 교리(校理)를 거쳐 지평(持平)·문학(文學)을 역임하다가 세종이 즉위한 후 악학별좌(樂學別坐)에 임명되어 악사(樂事)를 맡아보았다. 1433년에 유언비어 유포 혐의로 파직되었다가 용서받고 아악에 종사, 공조참의·중추원첨지사·중추원동지사·인수부윤·중추원부사·문관 대제학 등을 지냈다. 1453년 계유정난 때 아들 계우(季愚)가 처형되었으나 박연은 그 경력이 인정되어 파직된 후 낙향하였다. 이 글은 이러한 박연의 삶을 바탕으로 그가 가지고 있었던 예능인으로서의 능력과 성취에 대해 쓴 수필이다. 간단하면서도 청아(淸雅)한 음색을 가진 악기인 피리를 그의 대표적인 악기로 설정한 것은 박연의 맑고 고매(高邁)한 삶을 피리를 통해 암시함으로써 소재와 주제의 조화로움을 느끼게 한다.

필수 문제

01 이 글에서 박연의 스승이었던 광대가 박연에게 자신이 따라갈 수 없다고 말한 부분과 관련 있는 한자 성어를 쓰시오.

02 이 글이 박연의 예술적 재능뿐만 아니라 지사적 절개를 예찬하고 있다고 할 때, 암시적으로 비판하고 있는 시대상이 무엇인지 쓰시오.

53 한 삼태기의 흙 | 성현

필수

출제 포인트

체험을 바탕으로 하여 학문하는 바람직한 자세에 대해 교훈을 주는 고전 수필로, 이 글의 전개 방식 및 글쓴이가 전달하고자 하는 교훈에 주목하여 살펴보자.

감상 길잡이

이 글은 성현의 《허백당집(虛白堂集)》에 실려 있는 한문 수필로, 원제는 '타농설(惰農說)'이다. 글쓴이는 자신의 경험을 바탕으로, 유추의 방법을 통해 학문에 대한 교훈을 전달하고 있다. 글쓴이는 심한 가뭄이 들어 도저히 농사를 지을 수 없는 상황에서 이러한 현실에 좌절하지 않고 열심히 농사를 지어 풍성한 수확을 올린 부지런한 농부와 지레 농사짓기를 포기해 버린 탓에 수확을 거두지 못한 게으른 농부의 일화를 활용하여 학문을 하는 것이 당장에 큰 이익을 줄 수 없고 고생스럽더라도 학문의 가치와 중요성을 깨달아 끝까지 포기해서는 안 된다는 교훈을 전달하고 있다.

지난 경인년(1470)에 큰 가뭄이 들었다. 정월부터 비가 오지 않더니, 가을 7월까지 가뭄이 계속되었다. 이 때문에 땅이 메말라서 봄에는 쟁기질을 하지 못했고 여름이 되어서도 김맬 것이 없었다. 온 들판의 풀들은 누렇게 말랐고 논밭의 곡식들도 하나같이 모두 시들었다.

「이때 부지런한 농부는

"곡식들이 김을 매 주어도 죽을 것이고 김을 매 주지 않아도 역시 죽을 것이다. 그러나 그냥 팔짱 끼고 앉아서 죽어 가는 것을 쳐다만 보고 있기보다는 그래도 있는 힘을 다해 살리려고 애를 써 보는 것이 나을 것이다. 그러다가〈만에 하나라도 비가 오면 전혀 보람 없는 일이 되지는 않으리라."〉

하고, 쩍쩍 갈라진 논바닥에서 김매기를 멈추지 않고 다 마르고 시들어 빠진 곡식 싹들을 쉬지 않고 돌보았다. 일 년 내내 잠시도 게으름을 부리지 않고 열심히 일을 하여, 곡식이 완전히 말라 죽기 전까지는 농사일을 멈추지 않을 작정이었다.」

「한편 게으른 농부는

"곡식들이 김을 매 주어도 죽을 것이고, 김을 매 주지 않아도 역시 죽을 것이다. 그러니 부질없이 분주히 뛰어다니며 고생을 하기보다는 차라리 내버려 두고 편히 지내는 것이 나을 것이다. 만약〈비가 전혀 오지 않으면 모두가 헛고생이 될 테니까."〉

하였다. 그래서 일하는 농부나 들밥을 내가는 아낙들을 끊임없이 비웃어 대며, 그해가 다 가도록 농사일을 팽개치고 들어앉아 하늘만 쳐다보고 있었다.」

가을걷이를 할 무렵에 내가 파주(坡州) 들녘에 나가 논밭을 보니,「한쪽은 잡초만 무성하고 드문드문 있는 곡식들도 모두가 쭉정이뿐이었고, 다른 한쪽은 농사가 제대로 되어 잘 익은 이삭들이 논밭 가득 고개를 숙이고 있었다.」 그렇게 된 이유를 마을 노인에게 물었더니, 농사를 망친 곳은 쓸데없는 짓이라고 하며 농사일을 하지 않은 농부의 것이었고, 곡식이 잘 영근 곳은 한 가닥 희망을 버리지 않고 농사일에 애쓴 농부의 것이었다.

과일이나 곡식 따위가 알이 들어 딴딴하게 잘 익은

▶ 상반된 가을걷이의 결과가 나온 이유를 노인에게 들음

한때의 편안함을 찾다가 일 년 내내 굶주리게 되었고, 한때의 고통을 참아 내어 한 해를 배불리 지낼 수 있게 되었다.「아! 열심히 일을 하면 뜻한 바를 이루고, 편안하게 놀기만 하면 아무 일도 이루지 못하는 것은 농사만 그러한 것이 아니다.」

게으른 농부의 경우 / 부지런한 농부의 경우

「 」: 글쓴이가 깨달음을 통해 화제의 전환을 유도함(농사일 → 학문에 임하는 바람직한 자세)

▶ 열심히 일하면 뜻한 바를 이룰 수 있다는 '나'의 깨달음

「오늘날 시서(詩書)를 공부하여 벼슬길에 나아가려 하는 사람들도 어찌 이것과 다르겠는가.」선비들이 젊었을 적에는 학문에 뜻을 두고 밤이나 낮이나 열심히 책을 읽고 쉬지 않고 글을 짓는다. 그렇게 닦은 재주를 가지고 과거 시험에 응시하여 솜씨를 겨루는데, 시험에 한 번 떨어지면 실망을 하고 두 번 떨어지면 번민하고 세 번 떨어지면 망연자실해하면서 이렇게 말한다.

유학 경전인 《시경》과 《서경》을 아울러 이르는 말

농부들의 일화를 통해 글쓴이가 깨달음을 주고자 하는 대상

「 」: 학문하는 태도를 농사짓는 태도에 빗댐(유추)

절차탁마(切磋琢磨: 옥이나 돌 등을 갈고 닦아서 빛을 낸다는 뜻으로, 부지런히 학문에 매진함을 의미함)

마음이 번거롭고 답답하여 괴로워함 / 멍하니 정신을 잃음 / 문제 상황

「"❶ 공명(功名)을 이루는 것은 분수가 있는 것이어서 학문을 한다고 이룰 수 있는 게 아니며, 부귀를 누리는 것도 천명이 있는 것이어서 학문을 해서 이룰 수 있는 것이 아니다."」

공을 세워 자신의 이름을 널리 드러냄

타고난 운명

「 」: 문제 상황에 대한 부정적 인식. 운명론적 태도

그러고는, 자신이 하던 학문을 팽개쳐 버리고 지금까지 해 놓았던 공부도 모두 포기한다. 어떤 사람은 절반쯤 학문이 이루어졌는데도 내던져 버리고 어떤 사람은 성공의 문턱까지 갔다가 주저앉아 버린다. 마치 아홉 길 높은 산을 쌓는데, 한 삼태기의 흙이 모자라 산을 완성하지 못하는 것과 같다. 그렇다면 게으름을 피우며 농사일을 제쳐 놓은 농부와 같은 무리가 아니겠는가.

문제에 대한 결론. 학문에 부정적이고 체념적인 태도 ≒ 게으른 농부의 태도

학문

짚이나 새끼 등을 엮어서 흙, 거름 등을 담아 나르는 기구

길이의 단위. 한 길은 약 3m 정도

학문을 완성하기 위한 끝마무리, 마지막 노력

▶ 학문을 중도에서 포기하는 선비들을 게으른 농부에 빗댐

학문을 하는 고생은 일 년 내내 농사를 짓는 고생에 비하면 고생도 아니다. 그러나 학문을 해서 얻는 이익을 어찌 농사를 지어 얻은 이익에 비교할 수 있으랴. 농사를 짓는 일은 겨우 배나 채울 수 있을 뿐이니 그 이익이 아주 하찮은 것이지만, 학문을 하면 명성을 얻게 되니 그 이익이 엄청난 것이다. 이익이 적고 고생스럽기만 한 농사일도 노력하지 않으면 제대로 안 되는데, 더구나 조금만 고생하면 큰 이익을 얻는 학문을 함에 있어서 말해 무엇하겠는가.

학문에 매진하는 정신적 고통보다 쉬지 않고 농사를 지어야 하는 육체적 고통이 더 크다는 것을 의미함

학문을 통해 얻는 이익의 중요성 강조(설의법)

사농공상의 위계질서를 중시하는 유학자로서의 글쓴이의 생각이 드러남

유방백세(流芳百世: 향기로운 이름을 후세에 널리 전함)

학문을 완성하면 큰 명성과 이익을 얻을 수 있으니 중도에 포기하지 말라는 글쓴이의 생각을 강조함(설의법)

「편안히 공부만 하는 사람들은 땀 흘려 일하는 농부들의 고생을 모른다. 그러므로 이 이야기를 지어 그들을 깨우치고자 한다.」

▶ 학문을 중도에 포기하지 않고 끝까지 추구해야 함(의견)

「 」: 체험에서 깨달은 바를 바탕으로 교훈을 전달하려는 설(說) 양식의 전형적인 특성이 드러남

핵심 구절 풀이

❶ **공명(功名)을 이루는 ~ 모두 포기한다.**: '학문을 한다고 해서 누구나 부귀공명을 이룰 수 있는 것은 아니며, 부귀를 누리는 것도 천명이 있는 것이어서 학문을 한다고 해서 이룰 수 있는 것이 아니다.'라는 학문하는 상황에 대한 부정적 인식을 통해, '자신이 하던 학문을 팽개쳐 버리고 지금까지 해 놓았던 공부도 모두 포기'하는 결론에 이르게 된다.

핵심 정리

- 갈래: 한문 수필〔설(說)〕
- 성격: 체험적, 교훈적, 경세적
- 구성: '사실(경험) – 의견(깨달음)'의 2단 구성

사실: 가뭄에 대처한 두 농부의 대조적인 태도와 이로 인한 수확의 결과를 노인에게 들음 ➡ **의견**: 명성과 이익을 얻기 위해 끝까지 학문을 포기하지 않는 노력의 필요성

- 제재: 농사짓기와 학문의 자세
- 주제: 포기하지 않고 꾸준히 학문에 임하는 자세의 필요성
- 특징: ① 경험과 깨달음의 2단 구성 방식을 취함
  ② 유추의 방법으로 글쓴이의 의견을 제시함
  ③ 글쓴이의 직접적 고백 방식으로 서술됨
- 의의: 가뭄이 든 들녘에서 본 체험을 학문의 자세에 유추함

한눈에 보기

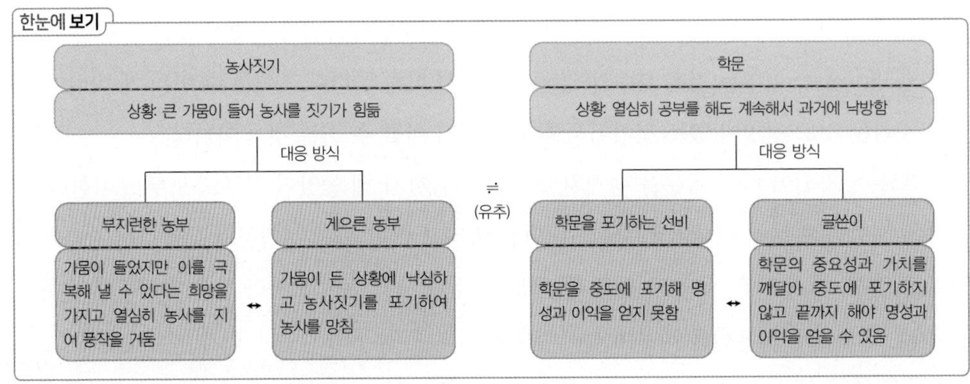

필수 문제

01 이 글에서 '학문을 이루어 이익과 명성을 이룬 경지'를 비유하는 구절을 찾아 4어절로 쓰시오.

02 〈보기〉와 이 글에서 공통적으로 사용되는 글의 전개 방식을 쓰시오.

〈 보기 〉

행랑채가 퇴락하여 지탱할 수 없게끔 된 것이 세 칸이었다. 이번에 수리하려고 본즉 비가 샌 지 오래된 것은 수리비가 엄청나게 들었고, 한 번밖에 비를 맞지 않았던 재목들은 완전하여 다시 쓸 수 있었던 까닭으로 그 비용이 많이 들지 않았다. 나는 이에 느낀 것이 있었다. 사람의 몸에 있어서도 마찬가지라는 사실을. 잘못을 알고서도 바로 고치지 않으면 곧 그 자신이 나쁘게 되는 것이 마치 나무가 썩어서 못 쓰게 되는 것과 같으며, 잘못을 알고 고치기를 꺼리지 않으면 해를 받지 않고 다시 착한 사람이 될 수 있으니, 저 집의 재목처럼 말끔하게 다시 쓸 수 있는 것이다.

– 이규보, 〈이옥설〉

03 이 글을 통해 글쓴이가 궁극적으로 깨달음을 주고자 하는 인물 유형을 4어절로 쓰시오.

54 의로운 거위 이야기 | 주세붕

의아기(義鵝記)

모의 기출

출제 포인트

거위를 기르며 깨달은 내용을 기록한 한문 수필이다. 글쓴이의 개성적인 생각과 표현에 주목하여 살펴보고, 글쓴이가 이 글을 통해 전달하고자 하는 바에 대해 파악해 보자.

감상 길잡이

이 글은 주세붕이 누이가 죽은 이후 의로운 모습을 보였다는 거위를 직접 기르면서 깨달은 내용을 '기(記)'의 형식으로 쓴 작품이다. 전반부는 글쓴이가 들은 거위에 대한 소문과 거위를 직접 키워 본 경험을 서술하였고, 후반부는 그 경험을 바탕으로 깨달은 내용을 전개하였다. 전체적으로 신의와 충 등 유교적 가치관을 바탕으로 하면서도 인간 중심적 사고에서 벗어나 동물에게서도 배울 것은 배워야 한다는 글쓴이의 개성적 생각이 드러나 있다.

「 」: 주인의 죽음을 슬퍼하며 충성스런 태도를 보인 거위와 관련된 일화 – 간접 경험, 글쓴이가 거위를 사랑하는 이유 ①

경인년(1530년) 2월에 큰누님께서 가락리 집에서 돌아가셨다.(글쓴이가 거위를 기르게 된 계기 ①) 「누님 집에는(누님이 거처했던 방) 한 쌍의 흰 거위가 있었는데, 그 거위들은 누님이 돌아가시자 안마당으로 들어와서는 안방을 바라보며 슬피 울었다.(주인의 죽음을 알아챔 – 총명함) 이처럼 애처롭게 울기를 몇 달을 계속하니(거위가 주인(누님)에 대한 신의를 지키는 행동) 온 집안 식구들이 그 때문에 더욱 가슴 아파하였다.(신의를 지키는 거위의 행동에 감동함)」

▶ 거위와 관련된 일화 ① – 기르던 거위가 누님의 죽음을 슬퍼함

나는 당시 감사의 부관(글쓴이의 신분이 드러남(관리))이 되어 멀리 있었으므로 그런 소문만 들었을 뿐 직접 보지는 못했다.(거위와 관련된 간접 경험) 이듬해 봄에 무릉촌(武陵村)(경남 함안군 칠서면에 있는 무릉리) 집이 완성되었기에 그 한 쌍의 거위를 데려다 놓았다. 그런데 두 마리가 다 수컷이었다. 나는 그 당시 쓸쓸하고 심심하게 지내고 있던 터라(글쓴이가 거위를 기르게 된 계기 ②) 그놈들을 데려온 것이다.

눈처럼 깨끗한 깃털은 티끌 하나 묻지 않았고,(깨끗한 외양을 통해 거위들의 품성을 간접적으로 드러냄) 「이놈이 울면 저놈이 따라서 우는 것이 마치 서로 이야기를 나누는 듯하고, 물을 마시고 모이를 쪼는 것도 반드시 함께 하였다. 또 그놈들이 마당을 빙빙 돌며 춤추듯 뛰어다니는 모양이 마치 서로를 위로해 주는 듯했다.」 나는 모이와 물을 주며 정성을 다해 돌보았고, 그들은 늘 내 주위를 맴돌면서 나를 매우 따랐는데 뜻밖에도 그 해 시월 열나흗날 밤에 그중 한 마리가 죽어 버렸다.

「 」: 서로를 위하는 태도를 보이는 거위와 관련된 일화 – 직접 경험, 글쓴이가 거위를 사랑하는 이유 ②

▶ 거위와 관련된 일화 ② – 거위가 서로를 위함

아침에 일어나서 거위 우리를 살펴보니 살아 있는 거위가 죽은 놈을 품고서 날개를 치며 애처롭게 울고 있었다.(신의의 태도를 보이는 거위와 관련된 일화 – 직접 경험, 글쓴이가 거위를 사랑하는 이유 ③) 그 울음소리가 온 집안으로 퍼져 하늘까지 사무치니(과장법. 벗의 죽음을 매우 슬퍼함) 보는 사람마다 안타까워했다. 마을 아이들이 죽은 놈을 가져가자, 산 놈은 바로 일어나 이리저리 배회하기 시작했다. 원망 어린 소리로 울어대며(죽은 벗에게 신의를 보이는 행동) 지난날 저희들이 놀고 모이를 쪼아 먹던 곳을 따라 사방으로 왔다 갔다 하는 것이 마치 죽은 놈을 찾는 것 같았다.(글쓴이의 추측) 그 후 열흘이 지나자 결국 목이 쉬어 소리조차 제대로 내지 못했다.(벗을 잃은 지극한 슬픔이 드러남)

▶ 거위와 관련된 일화 ③ – 거위의 신의 있는 행동을 직접 목격함

(경험 ↔ 깨달음)

나는 이 거위를 보며 생각했다. 「저 거위는 하찮은 미물인데도 주인에게 그렇게 충성스러웠고, 친구에게도 저렇게 의로우니 이 얼마나 아름다운가.(주인에게 충성하고 친구의 죽음을 슬퍼하는 거위의 의로운 품성에 대한 글쓴이의 예찬, 설의법) (대조) 내가 보기에 세상에는 자신의 이익을 위해 친구를 팔기도 하고 자신까지도 팔아넘기는 사람들이 열에 다섯은 더 되는데, 하물며 나라에 충성하는 이는 몇이나 될 것인가?(쉽게 신의를 저버리며, 나라에 충성하지 않는 인간의 행위 비판, 설의법)」

「 」: 거위와 인간의 대조적 모습을 통해 인간의 이기적 세태를 비판함

천지 사이의 많은 무리 가운데 오직 인간이 가장 존귀한 존재이다. 그런데 저 꽉 막힌 미물인 거위는 군자의 지조를 지녔고, 신령스럽다는 인간은 도리어 미물만도 못하니, 그렇다면 사람의 옷을 입고도 말이나 소처럼 행동하는 자를 사람이라고 하는 것이 과연 옳은 일일까? 반대로 깃털로 몸을 감쌌지만 어질고 의로운 마음을 가진 짐승을 그냥 미물이라고 천하게 여기는 것이 과연 옳은 일일까?

인간은 만물의 영장임 / 지조 있는 거위 ↔ 미물보다 못한 인간 / 거위 / 미물만도 못하게 행동하는 인간에 대한 비판, 설의법 / 거위의 성품에 대한 예찬

▶ 거위에 대한 예찬과 인간 세태에 대한 비판

거위야, 거위야, 나는 너를 사랑한다. 내가 사람들의 나쁜 마음을 돌려서 너와 같은 성실한 마음을 지니도록 하고자 하나, 그렇게 되지를 않는구나. 그러니 앞으로 이 일을 어찌하면 좋겠느냐? 답답한 노릇이로구나.

이익을 위해 신의를 저버리고 나라에 충성하지 않음(인간) ↔ 신의를 지키고 충성을 다함(거위) / 충성스럽고 의로운 행동을 보인 거위에 대한 글쓴이의 심정이 직접적으로 드러남 / 쉽게 변하지 않는 인간의 이기심에 대한 안타까움 / 이기적이고 비도덕적인 세태에 대한 안타까움과 비판

이런 까닭으로 의로운 거위의 이야기를 적어서 오래 기억하고자 한다.

이 글을 짓게 된 동기

▶ 글을 쓰게 된 의도와 목적

핵심 정리

- 갈래: 고전 수필〔기(記)〕
- 성격: 체험적, 예찬적, 비판적, 교훈적
- 구성: '처음 – 중간 – 끝'의 3단 구성

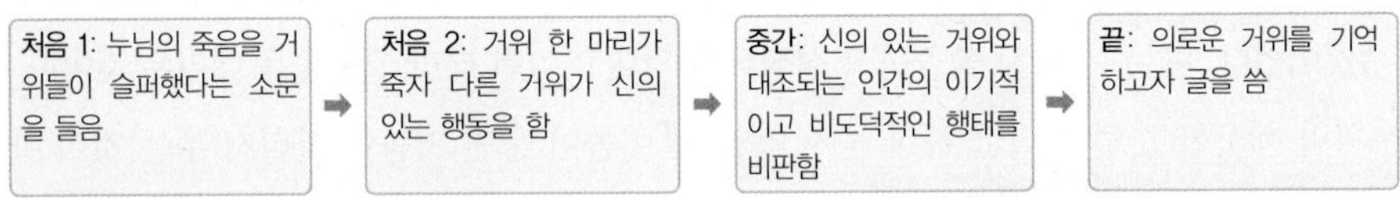

- 제재: 거위를 기른 경험
- 주제: ① 신의 있는 거위의 행동에 대한 예찬
  ② 이기적이고 비도덕적인 인간 세태에 대한 한탄과 비판
- 특징: ① 체험을 바탕으로 인간에게 필요한 덕목(교훈)을 이끌어 냄
  ② 동물과 인간의 대조적 태도를 비교하며 부정적인 인간 세태를 비판함
  ③ 인간 중심적 사고에서 벗어나 동물에게서도 배울 것은 배워야 한다는 글쓴이의 개성적 측면이 두드러짐

한눈에 보기

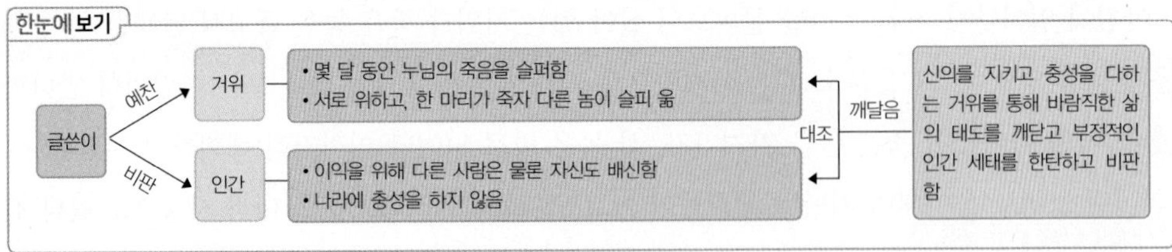

필수 문제

01 이 글의 글쓴이는 거위를 어떤 동물이라고 생각하는지 쓰시오.

02 [서술형] 이 글에 드러난 글쓴이의 개성적 태도를 동물에 대한 생각을 바탕으로 하여 서술하시오.

55 도산십이곡 발(陶山十二曲跋) | 이황

필수

출제 포인트

퇴계 이황이 〈도산십이곡〉을 우리말로 짓게 된 구체적 이유를 알아보고, 이 글에 나타난 글쓴이의 문학관에 대해 살펴보자.

감상 길잡이

이 글은 퇴계 이황이 〈도산십이곡〉을 지은 이유를 밝히며, 성리학자의 입장에서 우리 시가(詩歌)와 문학에 관해 평한 글이다. 내용 면에서는 도(道)를 우리 문학이 추구해야 할 가치로 제시한 반면 방탕함을 거부해야 할 것으로 보았으며, 표현상에서는 우리 민족의 정서를 잘 표현할 수 있는 우리말 문학이 한문 문학보다 더 의의가 있음을 드러내고 있다. 이는 문학을 학문과 별개의 것으로 취급하지 않는 유학자들의 가치관이 그대로 드러난 것이라고 할 수 있다.

이황의 초상화

이 〈도산십이곡〉은 도산 노인(陶山老人)이 지은 것이다. 노인이 이
이황이 자신을 객관화시킨 표현
시조를 지은 까닭은 무엇 때문인가. 우리 동방의 가곡은 대체로 음와(淫哇)하여 족히 말할 수 없게 되었다. 저 〈한림별곡(翰林別曲)〉과 같
음란하여 – 당대 문학에 대한 평가
은 류는 문인의 구기(口氣)에서 나왔지만 긍호(矜豪)와 방탕에다 설만
말씨 / 교만과 허세 / 행동이 무례하고 거침
(褻慢)과 희압(戲狎)을 겸하여 더욱이 군자로서 숭상할 바 못 되고, 다
희롱하고 업신여김 / 학문하는 군자가 추구할 노래가 아님
만 근세에 이별(李鼈)이 지은 *〈육가(六歌)〉란 것이 있어서 세상에 많
이제현(李齊賢)의 후손이자 박팽년(朴彭年)의 외손
이들 전한다. 오히려 저것(육가)이 이것(한림별곡)보다 나을 듯하나, 역시 그중에는 완세 불공(玩世不恭)의 뜻이 있고 온유돈후(溫柔敦厚)의 실(實)이 적은 것이 애석한 일이다.
세상을 희롱하고 공손하지 못함 / 마음에 어긋남이 없는 경지 – 좋은 글의 조건 ①

▶ 〈도산십이곡〉을 지은 이유 – 온유돈후의 글을 읽고 싶음(기)

노인이 본디 음률을 잘 모르기는 하나, 오히려 세속적인 음악을 듣기에는 싫어하였으므로, 한
오음과 육률 / 음와하고 완세 불공한 음악
가한 곳에서 병을 수양하는 나머지에 무릇 느낀 바 있으면 문득 시로써 표현을 하였다. 그러나 오늘의 시는 옛날의 시와는 달라서 읊을 수는 있겠으나, 노래하기에는 어렵게 되어 있다. 이제 만일
한문으로 창작한 시 – 당대 한시 창작이 유행이었음 / 우리나라의 습속 – '국어'를 가리킴
에 노래를 부른다면 반드시 이속(俚俗)의 말로써 지어야 할 것이니, 이는 대체로 우리 국속(國俗)의
국어, '상스럽고 속된 말'이란 뜻으로 우리를 중국에 비해 낮추어 보는 태도
음절이 그렇지 않을 수 없기 때문이다.
좋은 글의 조건 ②

▶ 〈도산십이곡〉을 국문으로 지은 이유 – 노래할 수 있음(승)

그러기에 내가 일찍이 이별의 노래를 대략 모방하여 〈도산 육곡〉을 지은 것이 둘이니, 기 일(其
〈육가〉 / ← 내용 | 가치 → / 첫 번째(전 6곡)
一)에는 '지(志)'를 말하였고, 기 이(其二)에는 '학(學)'을 말하였다. 아이들로 하여금 조석(朝夕)으로
자연을 추구하는 자세 / 두 번째(후 6곡) / 학문의 즐거움과 자세
이를 연습하여 노래를 부르게 하고는 궤(几)를 비겨 듣기도 하려니와, 또한 아이들로 하여금 스스
책상에 기대어
로 노래를 부르게 하는 한편 스스로 무도(舞蹈)를 한다면 거의 비린(鄙吝)을 씻고 감발(感發)하고 융
춤을 춤 / 비루하고 인색함 / 감동하여 분발하고
통(融通)할 바 있어서, 가자(歌者)와 청자(聽者)가 서로 자익(資益)이 없지 않을 것이다.
노래하는 자와 듣는 자 / 서로 이익이 될 것이다(일거양득) – 문학에 대한 가치관(교훈적)

▶ 〈도산십이곡〉의 내용과 가치(전)

돌이켜 생각건대, 나의 종적이 약간 이 세속과 맞지 않는 점이 있으므로 만일 이러한 한사(閑事)
쓸데없는 일 – 시를 지은 일
로 인하여 요단(鬧端)을 일으킬는지도 알 수 없거니와, 또 이것이 능히 강조(腔調)와 음절에 알맞을
시끄러운 일 / 음악의 곡조

는지도 모르겠다. 아직 일건(一件)을 써서 서협(書篋) 속에 간직하였다가, 때때로 내어 완상(玩賞)하여 스스로 반성하고, 또 다른 날 이를 읽는 자의 거취(去取)의 여하(如何)를 기다리기로 한다.

(일건: 한 벌. 또는 한 가지 / 서협: 글을 간직하는 상자 / 완상하여: 즐겨 구경하여 / 거취: 버림과 취함 / 또 다른 날 ~ 한다: 다른 날에 〈도산십이곡〉을 읽는 사람의 반응이 어떤지를 기다리기로 한다)

가정(嘉靖) 44년(1565) 을축년 3월 16일 도산 노인은 쓴다.

(가정: 중국 명나라의 연호)

▶ 〈도산십이곡〉 창작의 감회(결)

❖ 육가(六歌): 본래 6수로 된 시조로, 어려운 시대 상황에서 세상을 떠나 은거(隱居)하는 선비의 입장에서 세상의 모순과 부조리를 질타하는 풍자적 내용임

핵심 정리

- 갈래: 비평, 발문
- 성격: 비평적, 객관적
- 구성: '기 – 승 – 전 – 결' 의 4단 구성

기: 〈도산십이곡〉을 지은 이유 ➡ 승: 〈도산십이곡〉을 국문으로 지은 이유 ➡ 전: 〈도산십이곡〉의 내용과 가치 ➡ 결: 〈도산십이곡〉 창작의 감회

- 제재: 〈도산십이곡〉
- 주제: 〈도산십이곡〉을 지은 이유와 감회
- 특징: ① 문학을 효용론적 관점에서 접근함
  ② 유교적 가치관을 문학에 접목하여 작품의 가치를 평가함
  ③ 우리말 문학 창작에 대한 필요성을 역설하여 우리말에 대한 의식을 드러냄

한눈에 **보기**

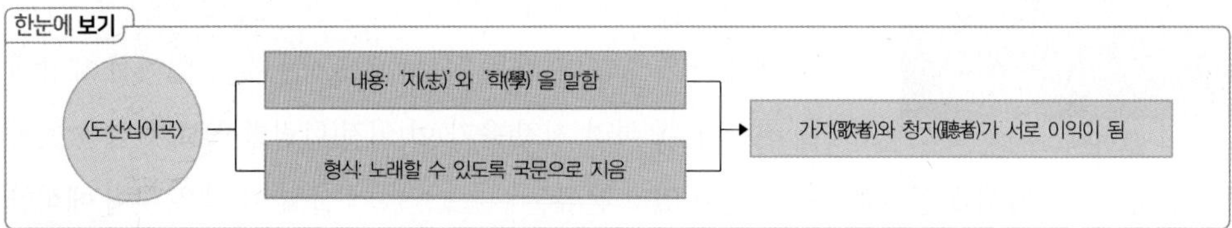

보충·심화 학습

- 〈도산십이곡 발〉의 의의

'발(跋)' 이란 어떤 글의 본문 끝에 내용과 관련하여 자신의 견해를 밝혀 놓은 글을 말한다. 글의 앞에 쓰는 '서(序)' 와 함께 한문의 문장 양식의 하나이다. 이 글은 이러한 '발' 의 형식을 빌어 문학에 대한 구체적인 비평을 시도하고 있는 글로서, 현대적 의미에서의 비평론이 체계화되기 이전이었음에도 불구하고 문학을 효용론적 관점에서 접근하고 비평하고 있다는 점에서 그 의의를 찾아볼 수 있다. 특히 문학 비평을 단순한 관념적 대상으로만 치부한 것이 아니라 구체적 예시를 점층적으로 제시하여 우리 문학이 추구해야 할 가치를 구체화하고 있는 부분은 매우 뛰어난 점이라 할 수 있다.

필수 문제

01 **[서술형] 〈보기〉의 문제점을 이 글의 관점에서 비판하되 본문의 어려운 표현을 피해 현대적 일상어를 사용하여 서술하시오.**

〈 보기 〉

당당당(唐唐唐) 당츄ᄌᆞ(唐楸子) 조협(早莢) 남긔 / 홍(紅)실로 홍(紅)글위 ᄆᆡ요이다. / 혀고시라 밀오시라 뎡소년(鄭少年)하. / 위 내 가논ᄃᆡ 놈 갈셰라. / 엽(葉) 샥옥셤셤(削玉纖纖) 솽슈(雙手)ㅅ 길헤 샥옥셤셤(削玉纖纖) 솽슈(雙手)ㅅ 길헤 / 위 휴슈동유(携手同遊)ㅅ 경(景) 긔 엇더ᄒᆞ니잇고.

– 한림 제유, 〈한림별곡〉

02 **[서술형] 이 글의 글쓴이가 지은 〈도산십이곡〉이 갖는 장점을 형식적 측면과 내용적 측면으로 나누어 서술하시오.**

어떤 관직에 정식으로 임명되기 전에 실제로 그 일에 종사하여 익히는 직책

남 시보에 답함 | 이황

서경덕의 제자인 '남언경'을 말함

필수

출제 포인트

'이(理)'와 '기(氣)'를 일원적 요소로 보아 '이(理)'의 실체를 인정하지 않는 '남 시보'의 주장을 퇴계 이황이 반박하는 글이다. 글쓴이가 바라보는 '이(理)'의 속성에 대해 파악해 보자.

감상 길잡이

이 글은 이황이, 우주의 본질과 현상을 기(氣)로써 설명하며 기(氣)의 영원성을 주장하는 남언경이 기(氣)는 유한하고 이(理)는 무한하다는 자신(이황)의 주장을 반박하자, 다시 이에 대해 반박하기 위해 쓴 편지글이다. 여기서 '이(理)'는 우주의 근본 원리를 말하고, '기(氣)'는 만물 또는 우주를 구성하는 기본 요소로서 물질의 근원 및 본질이 되는 것을 말한다. 글의 내용이 문학적 논쟁을 위한 것임에도 불구하고 일방적으로 자기 주장만을 내세우기보다는 일단 떨어져 있는 사람에게 안부를 묻고 자신의 근황을 알린 후 사연을 기술하고 있다는 점이 특징이다. 이는 상대에 대한 일방적 거부와 부정보다는 정서적 유대감을 공고히 하는 인간적 신뢰와 믿음을 바탕으로 논쟁을 전개하였던 우리 조상들의 높은 정신적 수양을 엿볼 수 있게 한다. 유학자들의 문학 논쟁은 단순한 자기 과시의 수단이 아니라 학자로서의 인품과 인격 수양의 한 일환이었음을 알 수 있다.

학문은 오로지 벗 사이에서 갈고닦는 힘에 의지하는 것인데, 우리 마을의 선비로서 뜻있는 사람들은 대개가 다른 일 때문에 이 일에 전심(專心)하지 못하여, 경계되고 유익됨이 자못 적습니다. 산중에 홀로 앉아 있으려니까 날로 무디어지고 침체되는 것 같아 걱정입니다. 전날 서울에서 함께 만나 즐기던 즐거움을 매양 생각하지만, 또다시 바른 사람을 만나지 못함은, 나의 경우 역시 주신 편지에 말한 것과 같습니다.

(학문의 사회성(토론의 중요성) – 선의의 경쟁이 학문을 키우는 힘임 / 이 일: 학문에 힘쓰는 것 / 전심: 마음을 한곳에만 기울이지 / 경계되고: 귀감이 되고 / 벗 사이에서 학문을 갈고닦지 못하므로(토론 대상이 없음) / 즐거움: 학문에 대한 토론 / 바른 사람: 글쓴이와 학문에 대해 토론할 사람)

▶ 학문을 함께할 벗을 찾지 못한 고민(기)

특히 ❶ 이제까지 강학(講學)한 것은 거의가 망연(茫然)하고 한만(汗漫)한 지경에 떨어지는 것이었습니다. 요즈음 *회암(晦菴)의 글을 읽으며 친절한 뜻을 엿보고서야, 비로소 전날의 그것이 잘못이었음을 알게 되었습니다.

(강학: 학문을 닦고 연구한 / 망연하고 한만한: 멀고 아득하고 나태하고 한가한 / 글: 주자학)

▶ 전날의 강학에 대한 반성과 깨달음(서)

대체로 이(理)는 일상생활 속 어디에나 있는 것입니다. 동작 중에도, 쉬는 중에도 있고, 말하거나 묵묵히 있거나, 이륜(彛倫)에 따라 응접(應接)하는 경우에도 있습니다. 평범하고 실제적이며, 명백하게 있습니다.「세미(細微)한 곡절(曲折)의 경우에도, 어느 때 어느 곳에서나, 그렇지 않은 게 없습니다.」 눈앞에 드러나 있으면서, 또한 아무 조짐(兆朕)도 없는 데로 묘하게 들어갑니다. ❷ 처음 배우는 사람들은 이것을 버리고 성급히 고원(高遠) 심대(深大)한 것을 일삼아, 지름길에서 재빨리 손쉽게 얻으려 하지만, 이는 *자공(子貢)도 하지 못한 것인데 우리가 할 수 있겠습니까? 그러므로 한갓 수고로움만 있을 뿐 실행하는 데 있어서는 망연히 의거할 실속이 없습니다. *연평(延平)이 ❸ "이 도리는 순전히 일상생활 속에 있다."고 하였는데, 뜻깊은 말입니다.

(이(理): ① 사물 현상이 존재하는 불변의 법칙 ② 중국 철학에서 우주의 본체. 만물을 형성하는 정신적 시원. '기(氣)'의 상대 개념 / 이륜: 사람이 마땅히 지켜야 할 도리 / 응접하는: 어떤 사물에 접촉하는 / 세미한 곡절: 아주 사소한 사연이나 까닭 / 「 」: '이(理)'의 일상성 / 조짐: 어떤 일이 일어날 기미가 보이는 현상 / 이것: '이(理)'의 일상성 / 고원 심대한: 넓고 멀며 깊고 위대한 것(높은 경지) / 지름길에서 재빨리 손쉽게 얻으려: 쉽게 진리를 얻으려는 당시 학자들에 대한 비판 / 망연히: 넓고 멀어서 아득하게. 아무 생각 없이 멍하게 / 실속이 없습니다: 일상과 동떨어진 학문에 대한 평가 / 이 도리는 순전히 일상생활 속에 있다: '이(理)'의 일상성 – '이'를 추구하는 것이 학문의 길임)

▶ '이'의 일상성에 대한 확신(결)

❖ 회암(晦菴): 송나라 '주희'의 호. 주희는 중국 송나라 때 철학을 집대성한 유학자임
❖ 자공(子貢): 춘추 전국 시대 위(衛)나라의 유가(儒家). 성은 단목(檀木). 이름은 사(賜). 공자의 제자로서 십철(十哲)의 한 사람
❖ 연평(延平): 중국 송(宋)의 이동(李洞)의 호. 주희의 선생

핵심 구절 풀이

❶ **이제까지 강학(講學)한 ~ 떨어지는 것이었습니다.**: 이제까지 글쓴이(이황)가 공부한 것이 학문의 본질에 다가가지 못한 것이었음을 고백하고 있다.

❷ **처음 배우는 ~ 수 있겠습니까?**: 학문을 하는 자세 중 가장 경계해야 할 사항이 무엇인가를 드러내고 있다.

❸ **"이 도리는 순전히 일상생활 속에 있다."**: 일상생활에서 명백하게 드러나는 이(理)를 추구하는 것이 학문의 길임을 드러내고 있다.

핵심 정리

- 갈래: 고전 수필(편지글)
- 성격: 설명적, 분석적, 설득적
- 구성: '기 – 서 – 결'의 3단 구성

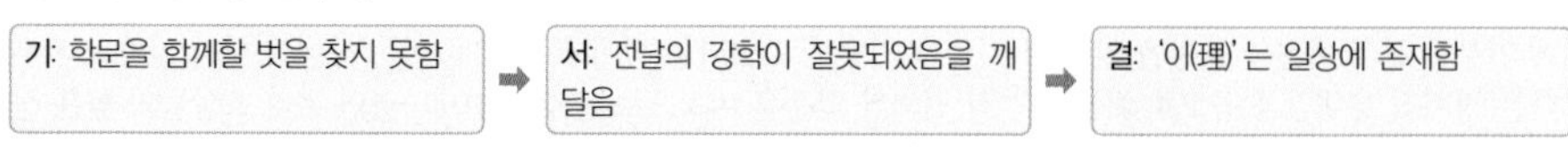

- 제재: 학문
- 주제: 학문에 임하는 퇴계의 자세
- 특징: ① 인간에 대한 유대감을 바탕으로 학문적 토론을 시도하고 있음
  ② 작은 것부터 이뤄 가는 학자의 성실한 삶의 자세가 잘 드러나 있음

한눈에 **보기**

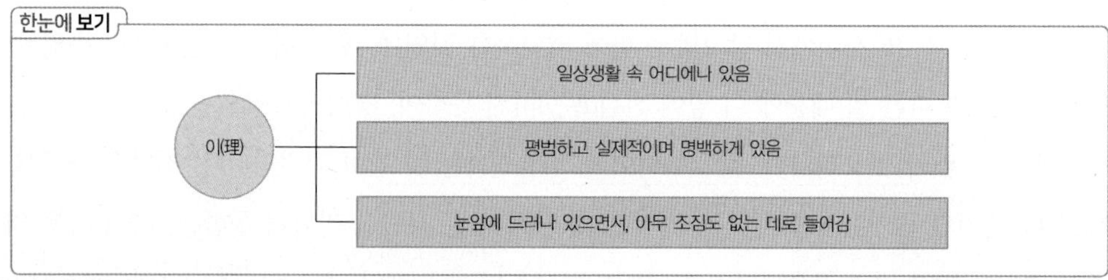

필수 문제

01 **이 글의 독자인 '남 시보'는 '이기일원론(理氣一元論: 우주나 인성의 본체로서의 '이'와 '기'를 일원적 요소로 보는 학설)'을 주장하는 학자로, '이(理)'의 실체를 인정하지 않았다. 이러한 '남 시보'의 사상을 전제로 할 때, 이 글의 글쓴이가 주장하는 바를 '주어 + 서술어'의 형태로 쓰시오.**

02 **이 글의 글쓴이가 〈보기〉의 밑줄 친 '그'에게 '이(理)란 무엇인가'에 대해 충고한다고 할 때, 적절한 말을 이 글에서 찾아 쓰시오.**

〈 보기 〉

내가 모른 체하고 있으니까 그는 화로 곁에서 일어서더니, 두루마기 자락을 뒤로 젖히고 저고리 섶을 위로 치들고 손을 넣어 무엇을 꺼내는 시늉을 하였다. 〈중략〉

"거 무슨 책이유?" / 내가 이렇게 물은즉, / "아, 주역책이지그랴."

하고 된소리를 질렀다. 과연 그 이지러진 네 귀마다 넓적넓적한 괘가 그려져 있는 것으로 보아 주역책임에 틀림은 없는 모양이었다. 그런데 주역책은 왜 하필 전대에 넣어서 두르고 다니느냐고 물은즉,

"아, 공자님께서도 역은 삼천독을 하셨다는데그랴."

하고, 된소리를 질러 놓고 나서, 다시 조용히 음성을 낮추어,

"아, 여북해 지략의 조종이요 조화의 근본 아니오." / 하였다.

– 김동리, 〈화랑의 후예〉

격몽요결(擊蒙要訣) | 이이

필수

출제 포인트

이이가 《격몽요결》을 집필한 의도를 파악하고, 처음 학문을 시작하는 사람(초학자)이 학문에 임할 때 지녀야 할 올바른 자세로 제시한 것들에 대해 알아보자.

감상 길잡이

이 글은 조선 시대 유학자인 율곡 이이의 《격몽요결》의 서문이다. 《격몽요결》은 처음 학문을 시작하는 사람이 배우고 깨우쳐야 할 10가지 덕목을 제시한 책이다. 이이는 이 글에서 학문이란 일상생활의 기본적인 것이며 사람의 성품은 본래 착한 것이므로 누구나 성인이 될 수 있으며, 성인이 되기 위해 노력하고 실천하는 것이 중요하다고 주장하고 있다. 그리고 성인이 되기 위한 노력과 실천의 길이 바로 학문임을 역설하고 있다. 조선 시대는 효(孝)가 사회 질서의 근본 이념을 이루고, 향촌 지주로서의 경제적 기반을 삼고 있던 사족(士族)들이 사회를 주도하던 시기였다. 이이는 이러한 시대에 요구되던 학문을 연구하여 현실적인 문제를 해결하려고 했던 것이다.

내가 해산(海山)의 양지에 살 때, 한두 학도(학생)가 상종(相從)(서로 따르며 친하게 지내어)하여 배움을 묻는데, 내가 스승이 될 수 없는 것이 부끄럽게 생각되었으나, 처음으로 배우는 사람이 방향을 모르고 또 굳은 뜻이 없이 그저 배우기만 바라면, 피차(이쪽과 저쪽의 양쪽)에 도움이 없고 도리어 남의 비방만 살 것을 염려하여, 간략히 한 책자를 써서 마음을 세우고, 몸을 바르게 하고, 부모를 봉양하며, 남을 접대하는 방법을 대략 서술하고(《격몽요결》의 내용), 《격몽요결(擊蒙要訣)》이라 이름 지었다. 「학도가 이것을 보고 마음을 깨끗이 하고 기초를 세워 즉시 공부에 착수하게 하며,」(「 」: 《격몽요결》의 집필 의도 ① – 학도들에게 학문의 방향을 일러 주기 위해) 「나도 오래도록 구태(舊態)(뒤떨어진 예전 그대로의 모습)에 얽매였던 것을 걱정해 왔기에 이것으로 스스로 경계하고 반성하려 한다.」(「 」: 《격몽요결》의 집필 의도 ② – 글쓴이 스스로 경계하고 반성하기 위해)

▶ 《격몽요결》의 집필 의도

초학자(初學者)(처음 학문을 시작하는 사람 – 글쓴이의 예상 독자)는 먼저 모름지기 뜻을 세우고(①), 성인(聖人)이 되기를 자기의 목표로 하여야 하며(②), 한 터럭만큼도 스스로 적게 여겨 물러서고 미루려는 생각을 가져서는 안 된다(③). (①~③: 초학자가 해야 할 일) 「대개 뭇사람도 성인과 그 본성은 같으니 비록 기질에는 맑고 흐림과 순수하고 조잡한 차이가 있을 수 있으나, 꼭 참되게 알고 실천하여 그 낡은 습속(習俗)(습관이 된 풍속)을 버리고 그 본성을 되찾을 수 있다면, 털끝만큼도 보태지 않고서도 온갖 선(善)에 족할 터인데 뭇사람이 어찌 성인(聖人) 되기를 스스로 목표로 삼지 못하랴?」(「 」: 누구나 성인이 될 수 있는 본성이 있으므로, 성인 되기를 목표로 삼아야 함) (학문의 궁극적 목적) (설의법 – 뭇사람과 성인은 종이 한 장 차이이다.) / 이런 까닭에 맹자(孟子)는 사람의 성품은 본래 착한 것이라고 설명할 때는 언제나 요순(堯舜)(고대 중국의 요임금과 순임금)을 들어서 비유하였다.(성선설(性善說) – 사람의 본성은 선천적으로 착하나 나쁜 환경이나 물욕(物慾)으로 인해 악하게 된다는 학설) 「맹자의 말에 "사람들은 누구나 요순이 될 수 있는 본성을 가지고 있다."(인용을 통한 글쓴이의 주장 강화)라고 하였는데 어찌 이 말이 허황된 말이겠는가? 늘 스스로 분발하여 말하기를 "사람의 품성은 본디 착한 것이어서, 옛날과 지금, 지혜로움과 어리석음의 구별이 없는데, 성인은 왜 특별히 성인이 되고 나는 왜 특별히 보통 사람인가? 참으로 뜻이 서지 않고 아는 것이 밝지 않고 행실이 도탑지 않은 까닭이다. 뜻이 서고 아는 것이 밝고 행실을 도탑게 하는 것은 다 나에게 있으니, 어찌 다른 데서 구하랴."라고 하였다.」(「 」: 실천하지 않는 삶을 비판함) 그리고 안연(顔淵)(중국 춘추 시대의 유학자. 공자의 수제자로 학덕이 뛰어났음)이 말하기를 "순(舜)은 누구이고 나는 누구인가? 모든 일을 성실하게 행하면 누구든지 순처럼 될 수 있을 것이다."(인용 – 성실한 실천을 강조) 하였으니, 나도 또한 안연이 순과 같

이 되기를 바라던 것을 본받으려 한다. ▶ 초학자의 올바른 자세 – 성인(聖人)을 목표로 노력해야 함

『사람의 얼굴은 추한 것을 곱게 바꿀 수 없으며, 힘은 약한 것을 세게 바꿀 수 없으며, 키는 작은 것을 크게 바꿀 수 없으니, 이것은 이미 정해진 분수이므로 고칠 수 없다.』 그러나 오직『심지(心志)는 어리석은 것을 지혜롭게, 어두운 것을 어질게 바꿀 수 있으니, 이것은 마음이란 것이 매우 심령스러워서 타고난 것에만 얽매이지 않기 때문이다.』 대체로 지혜로움보다 훌륭한 것이 없고 어짊보다 귀한 것이 없는데 무엇이 괴로워서 어질고 지혜롭게 되지 못하고 하늘이 내려 준 본성을 손상하랴? 사람이 이 뜻을 유지하고 굳게 물러서지 않으면 어진 이가 될 수 있다.

「 」: 겉모습의 변화를 추구하는 것은 어리석음 / 대조 / 바꿀 수 있음 / '심지'를 바꿀 수 있는 이유 / 「 」: 마음은 수양으로 바꿀 수 있음 / 누구나 지혜롭고 어진 성인이 될 수 있는 본성

▶ 누구나 성인이 될 수 있음

『무릇 사람들이 스스로 뜻을 세웠다고 하면서도 곧 노력하지 않고 머뭇거리며 기다리는 것은 명목상으로는 뜻을 세웠다 하나 실은 배움을 향하는 성의가 없기 때문이다. 진실로 내 뜻을 학문에 두었다면, 인(仁)함이 나에게 있으므로 하려고 하면 될 것인데, 왜 남에게 구하며 왜 뒷날로 미루랴?』 뜻을 세움이 귀하다는 것은 곧 공부를 시작하여 생각이 물러서지 않는 까닭인데, 만일 뜻이 정성스럽지 못하여 하는 것 없이 날만 보낸다면 종신토록 어찌 성취하는 것이 있으랴?

「 」: 마음만 앞섬을 비판 – 노력과 실천의 중요성을 강조 / 목숨을 다하기까지 / 봄에 씨를 뿌려야 가을에 거둘 것이 있다는 의미

▶ 성인이 되기 위한 노력과 실천의 중요성

핵심 정리

- 갈래: 고전 수필
- 성격: 설득적, 비판적, 성찰적
- 구성: 2단 구성

《격몽요결》의 집필 동기 ➡ 학문에 임하는 자세

- 제재: 학문의 길
- 주제: 《격몽요결》의 집필 의도 소개와 학문에 임하는 올바른 자세 제시
- 특징: ① 대조를 통해 글쓴이의 주장을 강화함
  ② 권위 있는 사람의 말을 인용하여 글쓴이의 주장을 강화함

한눈에 보기

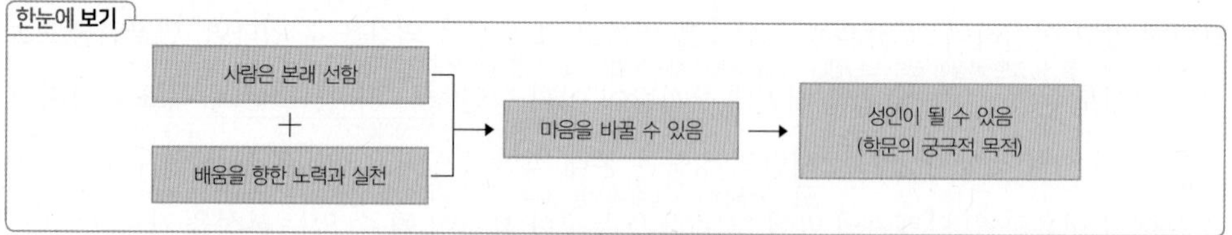

필수 문제

01 이 글에 나타난 《격몽요결》의 집필 의도 두 가지를 쓰시오.

02 다음은 이 글에 나타난 '초학자(初學者)'가 해야 할 일을 정리한 것이다. ㉠에 들어갈 내용을 쓰시오.

㉠ → 성인 되기를 목표로 함 → 뒷날로 미루려는 생각을 버림

촉견폐일설(蜀犬吠日說) | 홍성민

촉나라의 개는 해를 보면 짖는다

필수

출제 포인트

유추의 방법을 통해 조선의 정치 현실을 비판한 우언이다. 글쓴이의 집필 의도를 고려하여, 이 글의 비판 대상 및 글쓴이가 궁극적으로 주장하는 바에 대해 파악해 보자.

감상 길잡이

이 글은 '촉견폐일'이라는 고사(故事)를 들어, 바른 말을 하는 사람을 배척하는 부정적인 현실을 비판하는 내용을 설(說)의 형식으로 쓴 글이다. 글쓴이는 촉나라의 개가 해를 보고 짖는 것과 당대 바른 말을 하는 사람을 배척하는 간신들의 행태를 비교하며 유추의 방식을 사용하고 있다. 이를 통해 간신들이 군왕의 마음을 어지럽히지 않기를 바라는 글쓴이의 창작 의도를 드러내고 있다.

세상에 전하기를, 평소에 촉(蜀)나라[중국 '쓰촨성(四川省)'의 옛 이름]의 남쪽은 항상 비가 많이 오는데, 그 나라 개는 해를 보면 짖는다고 하였다. 개는 해를 보고 짖는 것이 아니라 그것이 일상과 다름을 보고 짖는 것이다[촉나라는 항상 비가 내려 평소 해를 보지 못했기 때문에]. 이 개는 촉나라에서 태어나고 촉나라에서 자라서 다만 촉나라의 하늘만 보았을 뿐이고, 촉나라 이외의 하늘은 보지 못해서 오직 촉나라의 하늘에는 항상 비가 있다는 것만 알고, 촉나라 밖에는 늘 해가 있다는 것은 모른다. 그러니 (촉나라의 개에게는) 비가 오는 것이 일상적이고 해가 떠 있는 것은 일상적인 것이 아닌 것이다[촉나라 개에게는 늘 비가 오는 것이 일상적임]. 일상적인 것[비가 오는 것]이 아니면 곧 이상한 것[해가 떠 있는 것]이니, 이상한 것이면 그것을 짖는 것은 마땅한 것이다[낯선 것에 반응하는 개의 본성]. 왜냐하면, 하늘을 우러러보면 비가 오는 것이 일상스러운 것이고, 어두컴컴함이 일상스러운 것이다. 일상스러운 것은 눈에 익숙하고, 눈에 익숙해지니 마음이 스스로 편해지는 것이다[일상적인 것에 반응을 하지 않는 이유]. 「그 그늘이 점차 열리고 해가 넓게 구르면서 눈앞에 지나감이 더욱 드물게 되고,」[「 」: 일상적이지 않은 상황은 모르게 됨] 차례로 익힌 것이 아니니, 마음에 스스로 놀라게 되고, 놀래니 어찌 짖지 않겠는가[늘 비가 오는 환경에 익숙한 개가 해를 보고 짖는 것은 당연함]. ▶ 촉나라의 개는 해를 보면 짖음

중략 부분 줄거리 | 촉나라의 개처럼 세상 사람들 역시 사악함에 익숙해져서 오히려 올바름을 보고 짖는다.

심하도다[글쓴이의 감정 직접 제시]. 이 인간에게 있어서 습속[습관이 된 풍속]의 그릇됨이여. 촉나라의 개가 해에 짖음은 다만 그 스스로 짖을 뿐이며 해에게는 병이 되지는 않으나[개가 짖는다고 하여 해에게 영향을 미치지는 못함], 사람이 올바름을 보고 짖는 것[나무라고 배격하는 것]은 다만 짖는 것에 그치는 것이 아니고, 반드시 그 사람에게 병이 됨에 이르니[올바른 사람에게 해가 될 수 있음], 가장 영적인 사람이 도리어 치우치고 막힘이 있으니[속되고 악한 것에 익숙해지게 되니] 거듭 탄식[한탄하여 한숨을 쉼]하는 것이다. 「비록 그렇더라도 개나 사람이나 더럽혀져 그 이상한 것을 스스로 짖게 되더라도 그것이 흰 태양의 밝음과 바른 사람의 도는 오히려 태연자약[마음에 어떠한 충동을 받아도 움직임이 없이 천연스러움]하니 어찌 상하겠는가[상할 리 없다는 말임]?」[「 」: 개가 짖는다고 태양의 밝음이 달라지지 않듯이, 사람이 올바름을 배격하더라도 바른 사람의 도는 달라지지 않음을 의미함] ▶ 악을 일상으로 여기는 사람들은 올바름을 보면 배격함

슬프도다. 하늘은 도리어 일상스러운 것이 이상한 것이 되고[하늘에 해가 뜨는 것이 일상인데, 촉나라 개에게는 일상스럽지 않게 여겨짐], 사람은 도리어 일상스러운 것이 악이 된다[사람들이 악을 행함을 일상으로 여김]. 올바른 것은 일상이고, 올바르지 않은 것이 일상이 아니니, 촉나라의 기후가 항상 비가 오는 것은 일상이 아니나 촉나라 개에게는 일상이다[하늘에 해가 떠 있는 것이 일상이나 촉나라 개에게는 일상이 아님]. 세상 사람들이 악을 행하는 것은 일상이

아니나 세상 사람들은 일상으로 여기니, 일상스러움의 반대는 도리어 항상 비가 오는 것이니, 일상스러움의 반대는 상서롭지 못한 것이다. 일상스러움의 반대가 되는 일상스러움은 악이 되고, 그 반대는 역시 상서롭지 못한 것이다. 촉나라의 기후가 항상 비를 내리지 않게 하였다면 곧 개는 해에 짖지 않았을 것이고, 도리어 비에 짖었을 것이다.『세상 사람들로 하여금 악을 행하는 것이 일상이 아니었다면 곧 사람들은 선을 짖지 않았을 것이고, 도리어 악을 짖었을 것이다』신하가 크게 걱정하는 것은 비가 항상 오는 것이고 악을 항상 행하는 것뿐이다.

세상 사람들이 악을 행함에 익숙해져 있음

복되고 길한 일이 일어날 조짐이 있지

「 」: 사람들로 하여금 선을 행함을 일상으로 여기게 해야, 올바름에 대해 배격하지 않게 됨

▶ 세상에 선을 행함이 일상으로 여겨지게 해야 함

평소에 촉나라의 하늘에서 구름이 끼고 흙비 내리는 날씨를 다소 뜸하게 하고 비가 늘 내리지 않게 하며, 한 세대의 날씨를 파악하여 괴이하고 어두운 기운을 크게 쓸어버리고, 악이 일상스럽지 않게 한다면, 곧 해를 보고 짖고 올바름을 보고 짖어 대는 걱정이 함께 끊어질 것이다.

늘 비가 오는 날씨가 일상이 아니게 하며

선을 행함이 일상이게 한다면

▶ 하늘을 맑게 하면 해를 보고 짖는 일이 없어질 것임

오호라, 해를 보고 짖는 개는 촉나라의 날씨에 있고 사람의 힘이 미칠 바가 아니나, 올바름을 보고 짖는 습성은 군왕이 한번 마음을 바꾸고 옮기는 사이에 있는 것이다.『신하가 이 글을 짓는 것은 하늘 가운데 해가 어두운 흙비에 상하지 않게 하고자 함이고, 올바름을 보고 짖는 개들의(간신들의) 소리가 이 세상에서 영원히 끊어지게 하고자 함이다』

올바름을 배격하는 간신에게는 군왕의 결정이 큰 영향을 미칠 수 있음

해: 군왕 / 어두운 흙비: 간신

「 」: 이 글을 쓴 목적

▶ 간신들의 소리를 없애야 함

핵심 정리

- 갈래: 고전 수필(한문 수필)
- 성격: 비판적, 교훈적
- 구성: '기 – 승 – 전 – 결'의 4단 구성

기: 촉나라의 개는 해를 보고 이상하다고 여겨 짖음	➡	승: 촉나라의 개는 비가 오는 것을 바른 것으로, 해가 뜨는 것을 바르지 못한 것으로 인식함	➡	전: 사람들 역시 사악한 마음을 품고 올바름을 배격하고 바르지 못하다고 인식함	➡	결: 임금의 덕을 가로막는 간신들의 소리를 없애야 함

- 제재: 촉나라의 개는 해를 보면 짖는다는 고사(故事)
- 주제: 바른말을 하는 사람을 배척하는 부정적인 현실 비판
- 특징: ① 익숙한 고사를 통해 설득력을 높임 ② 유추의 서술 방식을 사용함

한눈에 보기

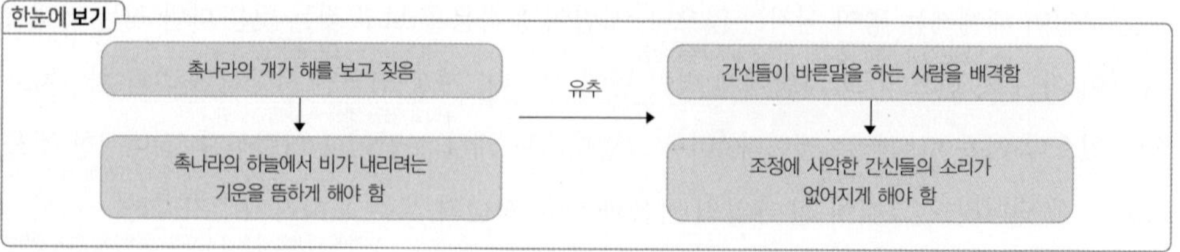

필수 문제

01 촉나라의 개에게는 (　　　　)이/가 오는 것이 일상적인 것이고 (　　　　)이/가 떠 있는 것은 일상적인 것이 아니다.

02 이 글에서 글쓴이는 올바름을 보고 짖는 (　　　　)을/를 교화하여 바로잡기 위해 임금이 노력해야 함을 강조하고 있다.

59 육우당기(六友堂記) | 임제

여섯 벗이 있는 집

필수

출제 포인트

글쓴이가 사촌 형에게 '육우(六友)'라는 당명(堂名)을 권유한 까닭을 알아보고, '육우(六友)'의 속성과 이를 통해 글쓴이가 비판하고자 한 바를 파악해 보자.

감상 길잡이

이 글은 글쓴이가 벼슬을 버리고 은거하는 송계신보에게 은사의 자세는 '한가로움'에 있는 것이 아니라 '지조'와 '초연함'에 있음을 '당명'이라는 소재를 통해 제시한 글이다. 세상의 신의 없는 교우 관계와, 지조와 절개를 지닌 자연물인 '육우(六友)'를 대조시켜 자신을 둘러싸고 있는 세계가 갖추어야 할 조건을 제시한 이 글은, 벼슬을 버린 글쓴이의 마음가짐을 추측해 볼 수 있다는 점에서 그 의의를 찾을 수 있다.

한산(寒山) 어른 송계신보(宋季愼甫)가 나와는 내외종(內外從)이 된다. 내가 일찍이 그 집에 가 보니, 뒤로는 감악산(紺嶽山)을 등지고 앞으로는 큰 들을 임하여 초막집을 한 채 얽어 한가히 휴식하는 곳으로 삼았었다. 그 당명(堂名)이 무어냐고 물었더니, 주인이 말하기를, "내가 '취한(就閑)'이라 이름하려고 하는데, 미처 써 붙이지 못했다."고 하였다.

(내외종: 내종 사촌과 외종 사촌을 아울러 이르는 말 / 감악산: 경기도 파주에 있는 산 / 당명: 집의 이름. 당호(堂號) / 취한: 한가로움을 취함)

▶ '나'가 사촌 형의 집을 방문함(기)

내가 말하기를,

"한(閑)은 본디 이 당(堂)이 소유한 것이거니와, 우리 형은 나이 70세가 넘어 하얀 수염에 붉은 얼굴로 여기에서 즐기며 바깥 세상에 바랄 것이 없으니, 어찌 아무 도와주는 것 없이 충분히 그 운치를 누릴 수가 있겠습니까. 내가 보건대, 당 한편에 애완(愛玩)하여 심어 놓은 것들이 있으니, 바로「대(竹)와 국화(菊)와 진송(秦松)과 노송(魯松)과 동백(冬柏)이요, 게다가 빙 둘러 사방의 산에는 또 창송(蒼松)」이 만여 그루나 있으니, 이 여섯 가지는 세한(歲寒)의 절개가 있어 한서(寒暑)에 따라 지조를 변치 않는 것들입니다. 우리 형께서는 늙을수록 건장하여 신기(神氣)가 쇠하지 않았는데도, 사방에 다니는 것을 싫어하고 이곳에 은거하여, 여기에서 노래하고 여기에서 춤추고 여기에서 마시고 취하고 자고 먹고 하니, 이 여섯 가지를 얻어서 벗으로 삼는다면 그 취미나 기상이 서로 가깝지 않겠습니까.

('한(閑)'은 너무 명백하여 이름으로서의 함축성이 약함 – '취한'이 적절하지 않은 이유 / 70세: 고희(古稀) / 하얀 수염에 붉은 얼굴: 건강한 모습 / 어찌 아무 도와주는 것 없이 충분히 그 운치를 누릴 수가 있겠습니까: '육우'의 역할 – 운취를 누리도록 도와줌 / 애완: 동물이나 물품 따위를 좋아하여 가까이 두고 귀여워하거나 즐김 / 「 」: 육우(六友) 제시 / 세한: 설 전후의 추위라는 뜻으로, 매우 심한 한겨울의 추위를 이르는 말 / 세한의 절개가 있어 한서에 따라 지조를 변치 않는 것들: 육우의 공통점 – 변치 않는 지조를 지님 / 신기: 정신과 기운을 아울러 이르는 말)

▶ 취미와 기상의 가까움을 들어 '육우(六友)'라는 당명을 권유함

('육우'라는 당명을 권유하는 이유 ① – 탈속성, 지조, 풍류의 면에서 주인의 취미나 기상과 가까움)

우리 형께서는 또 세상 변천과 세상 물정을 많이 겪고 보았습니다. 그런데 가만히 보면, 세상의 교우(交友) 관계가 처음에는 견고했다가 나중에는 틈이 생기어,「득세한 자에게는 열렬히 붙좇고 실세(失勢)한 자에게는 그지없이 냉담하며, 떵떵거리는 자리에는 서로 나가고 적막한 자리는 서로 기피하는 것이 세태의 풍조입니다.」그런데「이 여섯 가지는 이런 가운데 생장하면서도 능히 풍상(風霜)을 겪고 우로(雨露)를 머금어 이제까지 울울창창하여서 앉고 눕고 기거하고 근심하고 즐거워하는 것을 처음부터 끝까지 항상 주인과 함께하고 있으니,」차라리 ㉠ 저것을 버리고 ㉡ 이것을 취하여 세상의 걱정을 피해서 나의 천진(天眞)을 온전히 지키는 것이 낫지 않겠습

(우리 형께서는 또 세상 변천과 세상 물정을 많이 겪고 보았습니다: 현실 비판을 위한 전제 / 세상의 교우 관계: 비판의 대상 / 득세한 자: 세력을 얻은 자 / 실세한 자: 세력을 잃은 자 / 「 」: 세태의 풍조를 구체적으로 열거함. 염량세태(炎涼世態) / 풍상: 바람과 서리 / 우로: 비와 이슬 / 「 」: 육우의 지조 / ㉠ 저것: 세상의 교우 관계 / ㉡ 이것: 육우(六友) / 천진: 꾸밈이나 거짓이 없이 자연 그대로 깨끗하고 순진함)

니까.」이 당에는 실로 이 여섯 가지가 있고, 옹(翁)께서 그 가운데에 처하시니, 어찌 '육우(六友)'라 이름하는 것이 좋지 않겠습니까. 그 한(閑)은 바로 여기에 있는 것입니다."

송계신보

「 」: '육우' 라는 당명을 권유하는 이유 ② – 육우의 지조를 취하여 천진을 지키기를 바람

당명을 '육우' 로 정할 것을 권유함

한가로움

▶ '육우' 의 지조를 취하기를 바라는 뜻에서 '육우' 라는 당명을 권유함(서)

하니, 주인이 그렇게 하겠다고 승낙하고 인하여 나에게 그 기문(記文)을 써 달라고 부탁하였다.

이 글을 쓰게 된 이유

▶ 글을 쓰게 된 이유(결)

핵심 정리

- 갈래: 고전 수필[한문 수필, 기(記)]
- 성격: 교훈적, 비판적
- 구성: '기 – 서 – 결' 의 3단 구성

기: 사촌 형의 집에 방문하여 당명을 '취한(就閑)' 으로 지으려 한다는 말을 들음	➡	서: '육우(六友)' 의 지조를 예찬하고 신의 없는 세태를 비판하며 당명을 '육우' 로 지을 것을 권유함	➡	결: 당명을 '육우(六友)' 로 짓기로 하여 〈육우당기〉를 씀

- 제재: '육우당' 이라는 당명(堂名)
- 주제: '육우(六友)' 를 통해 제시한, 은사가 갖추어야 할 덕목
- 특징: 당명을 소재로 지조와 신의 없는 세태를 비판함

한눈에 보기

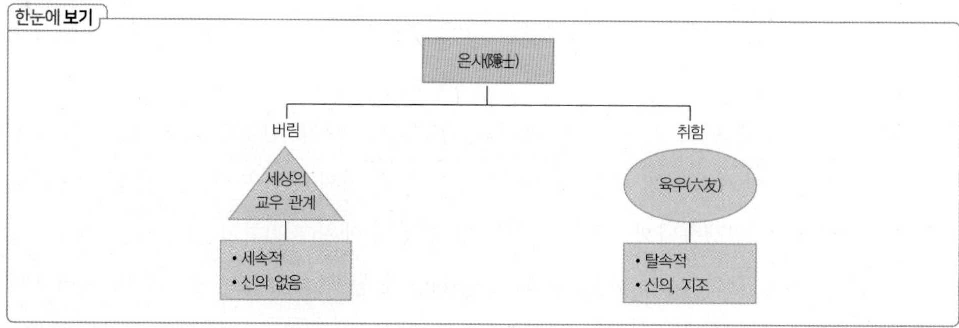

보충·심화 학습

- '육우(六友)' 의 상징적 의미

육우(六友)는 선비의 탈속과 안분지족의 자세, 신의를 저버리지 않는 지조를 상징한다.

필수 문제

01 이 글에서 비판하고 있는 세상의 교우 관계를 표현하기에 적절한 한자 성어를 쓰시오.

02 ㉠과 ㉡이 의미하는 바를 각각 쓰시오.

㉠:

㉡:

60 나무 접붙이기 | 한백겸

필수

출제 포인트

접목의 경험을 바탕으로 얻은 깨달음을 인간의 삶에 유추하여 올바른 삶의 자세에 대한 교훈을 주고 있는 작품이다. 글쓴이의 깨달음과 이 글의 글쓰기 방식에 주목하여 살펴보자.

감상 길잡이

이 글은 집 동산의 보잘것없는 복숭아나무에 홍도를 접붙여 아름다운 나무로 변화시킨 접목의 경험을 바탕으로 삶의 자세에 대한 깨달음을 전달하고 있는 고전 수필이다. 글쓴이는 사람도 악한 생각을 버리고 선한 생각을 하면 삶이 달라질 수 있으며 나이가 들어서도 욕심을 갖고 부지런히 움직여야 한다는 깨달음을 전달하고 있다. 즉, 글쓴이는 일상적인 경험을 통해 깨달은 것을 인간의 삶에 유추적으로 적용시켜 올바른 삶의 자세에 대한 교훈을 주고 있는 것이다.

우리 집 동산에 복숭아나무가 있는데, 「꽃빛은 보잘것없고 열매는 맛이 없고 가지도 부스럼이 나서 썩거나 잔가지가 한꺼번에 뻗어 나와서 볼 것이 없었다.」 지난봄에 이웃에 사는 박씨 성을 가진 사람의 손을 빌어서 홍도(紅桃) 가지를 접붙였다. 그런데 그 꽃이 아름답고 열매도 아주 굵었다.

부스럼: 피부에 나는 종기를 통틀어 이르는 말로, 여기서는 나무껍질에 입은 병해를 뜻함
「 」: 꽃빛, 열매, 가지로 나누어 복숭아나무의 모습이 보잘것없었음을 구체적으로 제시. 접목의 계기
홍도(紅桃): 짙은 붉은색 꽃이 피는 복숭아나무의 하나
그 꽃이 아름답고 열매도 아주 굵었다: 접목의 놀라운 결과
▶ 복숭아나무에 홍도 가지를 접붙임

「나는 처음 한창 자라나고 있는 나무를 베어 내 버리고 작은 가지 하나에다 접목하는 것을 보고서 이것은 이치에 어긋나는 일이라고 생각하였다. 그러나 그 뒤로 매일 밤마다 싹이 나고 비와 이슬에 자라서 눈이 트고 가지가 쭉쭉 뻗어 나갔다. 얼마 되지 않아서 울창하게 그늘을 이룰 만큼 자라나게 되었다. 금년 봄에 꽃과 잎이 많이 피고 붉고 파란 비단처럼 휘황찬란한 빛이 참으로 보기 드문 아름다운 경치였다.」

접목하는: 나무를 접붙임
이치에 어긋나는 일: 자연의 순리를 거스르는 것
접목에 대한 인식의 변화: 부정적 → 긍정적
붉고 파란 비단처럼: 복숭아나무의 꽃과 잎을 비단에 비유함
휘황찬란한: 광채가 나서 눈부시게 번쩍이는
「 」: 글쓴이의 체험을 바탕으로 하여 글의 진실성을 높임. '접목'에 대한 글쓴이의 생각의 변화를 드러냄
참으로 보기 드문 아름다운 경치였다: 접목의 결과로 볼품없던 복숭아나무가 멋진 나무로 변화됨
▶ 접목의 결과로 아름다운 경치를 이룬 복숭아나무

아, 「하나의 복숭아나무로서 땅에서 흙을 바꾸지도 않고 뿌리를 파서 고쳐 심지도 않았다. 다만 접목으로 얻은 한 가닥 기운으로 줄기가 되고 가지가 되고 꽃다운 꽃이 밖으로 피어나서 얼굴빛이 전혀 딴 것으로 변하여 보는 사람으로 하여금 눈을 닦고 다시 보게 하고 지나가는 자가 많아서 새로 길이 나게 되었다.」 이런 기술을 가진 자는 그 조화의 기묘한 것을 아는 이라고 하겠다. 기이하고 기이하구나.

아: 접목의 결과에 대한 글쓴이의 감탄
땅에서 흙을 바꾸지도 않고 뿌리를 파서 고쳐 심지도 않았다: 나무의 생장 여건이나 근본적인 것에 변화를 주지 않음
접목으로 얻은 한 가닥 기운: 변화의 원동력
얼굴빛: 꽃의 빛깔
보는 사람으로 하여금 눈을 닦고 다시 보게 하고: 괄목상대(刮目相對)
「 」: 접목을 통한 깨달음 – 근본의 변화 없이 놀라운 변화를 이룸
그 조화의 기묘한 것: 근본 변화 없이 한 가닥 기운으로 놀라운 변화를 이루는 것
기이하고 기이하구나: 접목의 놀라운 결과에 대한 감탄을 반복을 통해 강조함
▶ 접목의 결과에 대한 감탄과 깨달음 ①: 근본의 변화 없이 놀라운 변화를 이룸

나는 이에 느낀 바가 또 있다. 「그것은 사물이 변하고 옮겨지고 개혁되는 공이 유독 초목에서만 그렇게 되는 것이 아니라는 사실이다. 그 의미를 나에게만 비추어 보더라도 금세 알 수 있는 일이다.

나는 이에 느낀 바가 또 있다: 사고의 확장(복숭아나무 접목 → 인간)
그것은 ~ 사실이다: 접목을 통한 깨달음 – 사물의 변화와 같은 변화는 인간에게도 일어날 수 있음
▶ 접목을 통한 깨달음 ②: 접목을 통한 변화는 인간에게도 일어날 수 있음(유추)

악한 생각을 꼬집어 내어 버리기를 나무의 옛 가지를 잘라 버리듯 하고, 착한 실마리가 싹이 터져 나오도록 새 가지로 접붙이듯 할 필요가 있다. 그리하여 그 뿌리를 북돋아 잘 기르고 타고난 이치를 잘 살펴 지엽적인 부분에까지 어진 것이 퍼지게 한다면, 이것이 보통 시골 사람으로부터 성인에 이르기까지 나무 접붙이는 것과 또 무엇이 다를 바가 있겠는가.」

악한 생각을 ~ 할 필요가 있다: 악한 생각을 잘라 버리고 착한 생각을 접붙이듯 하여 어진 것이 퍼져 변하고 개혁되도록 해야 함
지엽적인: 본질적이거나 중요하지 아니하고 부차적인
보통 시골 사람으로부터 성인에 이르기까지: 모든 사람
또 무엇이 다를 바가 있겠는가: 설의법을 사용하여 교훈으로 삼아야 함을 강조함
「 」: 접목을 통한 깨달음을 인간에 유추

《주역(周易)》에 이르기를, "땅속에서 나무가 나는 것은 *승괘(升卦)이다. 군자가 이로써 덕을 순하게 하여 작은 것을 쌓아서 높고 크게 한다." 하였다. 이것을 보고서 어찌 스스로 힘쓰지 아니하

《주역(周易)》에 이르기를: 성인이나 현인의 말이 담긴 경전의 권위에 의존하여 글을 쓰는 과거의 관습적인 글쓰기 방식이 드러남
덕을 순하게 하여: 마음을 어질게 하여
어찌 스스로 힘쓰지 아니하: 설의법을 사용하여 교훈으로 삼아야 함을 강조함

겠는가. ▶ 악한 생각을 제거하고 착한 실마리를 싹틔워 어진 것이 퍼지도록 해야 함

또 한 가지 느낀 것이 있다.『이제 지난봄을 돌아다보면 겨우 추위와 더위를 한 번씩 넘겨 보냈을 뿐이다. 그 사이에 손으로 싸매서 접한 한 치쯤 되던 가지가 커서 집 위로 쑥 올라 뻗고 벌써 그 꽃을 보게 되었으며 또한 그 열매까지 먹게 되었다.』 만약 앞으로 내가 몇 해만 더 살게 된다면 이 나무로 인하여 얼마나 더 꽃을 보고 열매를 먹을 수 있을 것인가.

(접목을 통한 깨달음 / 치: 길이의 단위. 한 치는 한 자의 10분의 1. 약 3.03cm에 해당함 / 「 」: 일 년이라는 짧은 시간의 경과에도 접목으로 놀라운 결과를 이룸 / 상황의 가정 / 설의법(의문형 문장)을 사용하여 접목의 긍정적 결과가 적지 않음을 강조함)

『어떤 사람은 나이가 많아지면 스스로 그 늙음을 자랑하면서 사지를 게으르게 하여 아무런 마음을 쓰지 않는 자가 많은데, 이런 것을 보면 역시 마음으로 욕기(欲氣)가 나기를 돕고 흥기(興起)하기를 권하는 것은 바람직하다.』『무릇 이런 것도 다 주인옹(主人翁)에게는 경계로 삼을 만하여 이렇게 엮어서 쓴다.』

(「 」: 접목을 통해 깨달은 바람직한 삶의 자세 – 나이가 많은 사람도 욕심을 가지고 부지런하고 활기차게 움직여야 함 / 욕기: 욕심 / 흥기: 떨치고 일어남 / 무릇: 대체로 헤아려 생각하건대 / 주인옹: 나(글쓴이 자신) / 「 」: 글을 짓게 된 동기를 밝힘. 나무 접붙이기를 통해 깨달은 바를 글쓴이가 스스로 경계로 삼기 위해 글을 지음)

▶ 접목을 통한 깨달음 ③: 나이가 들어서도 의욕을 갖고 부지런하고 활기차게 움직여야 함

❖ 승괘(升卦): 육십사괘의 하나. 곤괘(坤卦)와 손괘(巽卦)가 거듭된 것으로 땅에 나무가 남을 상징함

핵심 정리

- 갈래: 한문 수필, 경수필
- 성격: 체험적, 교훈적, 반성적, 사색적
- 구성: '사실(체험) – 의견(깨달음)'의 2단 구성

사실(체험)		의견(깨달음)
사실(체험): 보잘것없는 복숭아나무에 홍도 가지를 접붙여, 놀라운 변화를 이룸	➡	의견(깨달음): ① 근본 변화 없이도 놀라운 변화를 이룰 수 있음 ② 사물의 변화와 같은 변화는 인간에게도 일어날 수 있으므로, 악한 생각을 버리고 착한 실마리가 싹틀 수 있도록 해야 함 ③ 부지런하다면 접붙인 복숭아나무처럼 좋은 결실을 맺을 수 있으므로, 나이가 들어서도 욕심을 가지고 부지런히 움직여야 함

- 제재: 접붙인 복숭아나무
- 주제: 접붙인 복숭아나무에서 깨달은 바람직한 삶의 자세
- 특징: ① 구체적인 체험을 바탕으로 교훈을 전달함
  ② 정전(正傳)을 인용하여 신뢰성을 부여하고 글쓴이의 의도를 효과적으로 드러냄
  ③ 평범한 소재에서 얻은 깨달음을 인간사에 유추하여 삶의 이치를 밝힘

한눈에 보기

자신의 체험		체험으로부터의 깨달음
보잘것없는 복숭아나무에 홍도 가지를 접목 → 아름다운 경치를 이룸	유추 ➡	• 근본의 변화 없이 놀라운 변화가 가능함 • 접목의 변화와 같은 변화는 인간에게도 일어날 수 있음(악한 생각을 버리고 착한 실마리가 싹틀 수 있도록 해야 함) • 접붙인 복숭아나무처럼 인간도 나이가 들어서도 욕심을 갖고 부지런하고 활기차게 움직여야 함

필수 문제

01 글쓴이가 접목의 경험에서 얻은 깨달음을 표현하기 위해 이 글에서 활용한 글쓰기 방법은 무엇인지 쓰시오.

02 이 글에서 글쓴이가 접목의 경험을 통해 깨달은 바람직한 삶의 자세를 두 가지로 정리해 쓰시오.

61 이응태 묘 출토 언간 | 이응태의 부인

'언문 편지'라는 뜻으로, 한글로 쓴 편지를 낮잡아 이르는 말

교과서

출제 포인트

이응태의 부인이 죽은 남편에게 쓴 편지글이다. 남편과 사별한 글쓴이가 남편과의 극진했던 사랑을 떠올리면서 보이는 정서 및 태도에 주목하여 감상해 보자.

감상 길잡이

이 글은 1586년 유월 초하룻날 안동에 살던 이응태라는 양반이 숨을 거두자, 그의 아내가 죽은 남편을 그리워하며 쓴 한글 편지로, 16세기 후반 국어의 모습을 보여 주는 중요한 자료이다. 임신 중이었던 아내는 차마 남편을 먼저 떠나보내기가 서러워 남편의 무덤에 한 장의 한글 편지를 넣었다. 글쓴이는 남편에 대한 절절한 그리움으로 할 말을 다 마치지 못하고 종이가 다하자 모서리를 돌려 써 가며 편지를 완성하였다. 이 편지는 1998년 안동시의 택지 개발 지구 현장에서 무덤을 이장하는 작업을 하는 과정에서 발견되었는데, 무덤 속에서는 아내의 편지 이외에도 남편이 다시 일어나 신기를 염원하며 넣은 미투리 한 켤레와 아버지와 형이 이응태에게 보내는 편지도 같이 발견되었다.

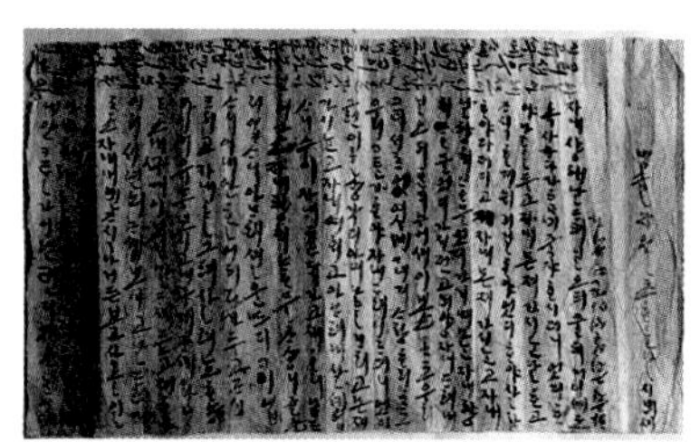

무덤 속에서 발견된 편지

원이 아버지께.

당신 언제나 나에게 말하기를 "둘이 머리 희어지도록 살다가 함께 죽자."고 하셨지요. 그런데 어찌 나를 두고 당신 먼저 가십니까? 나와 어린아이는 누구의 말을 듣고 어떻게 살라고 다 버리고 당신 먼저 가십니까? 「당신 나에게 어떻게 마음을 가져왔고, 나는 당신에게 어떻게 마음을 가져왔었나요?」

(당신: 이 편지의 수신인 – 남편 / 둘이 머리 희어지도록 살다가 함께 죽자: 백년해로(百年偕老). 글쓴이에 대한 남편의 사랑이 지극했음 / 어찌 나를 두고 당신 먼저 가십니까: 먼저 세상을 떠난 남편에 대한 원망 / 「 」: 서로에 대한 마음을 확인함. '나'와 당신이 진심으로 사랑했음)

「함께 누우면 언제나 나는 당신에게 말하곤 했지요.

"여보, 다른 사람들도 우리처럼 서로 어여삐 여기고 사랑할까요? 남들도 정말 우리 같을까요?"」

(「 」: 남편 살아생전의 추억을 회상함 / "여보, ~ 같을까요?": 남편이 죽기 전 글쓴이와의 사랑이 깊었음을 알 수 있음)

어찌 그런 일들 생각하지도 않고 나를 버리고 먼저 가시는가요. 「당신을 여의고는 아무리 해도 나는 살 수 없어요. 빨리 당신에게 가고 싶어요. 나를 데려가 주세요. 당신을 향한 마음을 이승에서 잊을 수 없고, 서러운 뜻 한이 없습니다.」

(「 」: 남편에 대한 한없는 사랑과 갑작스런 사별로 인한 서러움)

▶ 남편과의 생전 기억 회상과 사별에 대한 안타까움

내 마음 어디에 두고 자식 데리고 당신을 그리워하며 살 수 있을까 생각합니다. 이내 편지 보시고 내 꿈에 와서 자세히 말해 주세요. 당신 말을 자세히 듣고 싶어서 이렇게 글을 써서 넣어 드립니다. 자세히 보시고 나에게 말해 주세요.

(내 마음 ~ 생각합니다: 남편에 대한 그리움이 너무 커 살기 어려움 / 꿈: 죽은 남편과의 재회의 공간 / 당신 말을 ~ 넣어 드립니다: 죽은 남편에 대한 그리움과 안타까움을 편지에 담아 남편의 관 속에 넣음)

당신 내 배 속의 자식 낳으면 보고 말할 것 있다 하고 그렇게 가시니, 배 속의 자식 낳으면 누구를 아버지라 하라시는 거지요. 「아무리 한들 내 마음 같겠습니까? 이런 슬픈 일이 또 있겠습니까? 당신은 한갓 그곳에 가 계실 뿐이지만, 아무리 한들 내 마음같이 서럽겠습니까? 한도 없고 끝도 없어 다 못 쓰고 대강만 적습니다.」

(당신 내 배 속의 ~ 하고: 글쓴이가 임신 중이었음을 알 수 있음 / 배 속의 자식: 유복자 / 그곳: 저승 / 「 」: 남편과 사별한 후의 안타까움을 털어놓음)

▶ 혼자 남은 것에 대한 서러움과 안타까움

이 편지 자세히 보시고 내 꿈에 와서 당신 모습 자세히 보여 주시고 또 말해 주세요. 나는 꿈에는 당신을 볼 수 있다고 믿고 있습니다. 몰래 와서 보여 주세요.

재회에 대한 소망

하고 싶은 말, 끝이 없어 이만 적습니다.

▶ 재회에 대한 소망

병술 유월 초하룻날 집에서

1586년

핵심 정리

- 갈래: 고전 수필(편지글)
- 성격: 애상적, 회고적, 사실적, 비탄적, 여성적
- 구성: '기 – 승 – 전 – 결' 의 4단 구성

기: 남편이 죽은 것에 대한 슬픔과 안타까움 ➡ 승: 남편을 여읜 서러움과 그리움 ➡ 전: 꿈속에서라도 답장을 받기를 소망함 ➡ 결: 재회에 대한 소망

- 제재: 남편 이응태의 죽음
- 주제: 남편과의 사별로 인한 슬픔
- 특징: 남편을 떠나보낸 후의 애상적 정서를 편지글의 형식을 통해 드러냄
- 의의: 16세기 후반 국어의 모습을 보여 줌

한눈에 **보기**

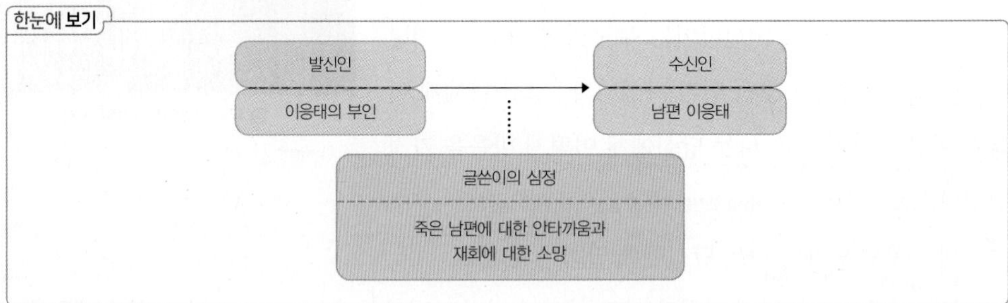

보충·심화 학습

- 무덤에서 출토된 한글 편지 〈현풍 곽씨 언간〉

〈현풍 곽씨 언간〉은 경상도땅 달성군 현풍에 살았던 곽주(郭澍, 1569~1617)가 쓴 편지이다. 1989년에 하씨 부인의 무덤을 이장하던 중 방부 처리된 관에서 다수의 의복과 함께 170매의 편지가 발견되었다. 곽주는 홍의장군으로 유명한 망우당 곽재우 장군의 조카뻘되는 사람이다. 〈현풍 곽씨 언간〉은 지금까지 알려진 많은 언간들 중 가장 다채로운 내용을 담고 있어서, 17세기 초기의 국어는 물론, 당시의 생활 문화를 이해하는 데 매우 요긴한 자료로 평가받고 있다. 자식의 한글 공부를 챙기고 집안을 걱정하는 가장의 모습과 당대 사람들의 풍속에 대한 모습들이 상세하게 묘사되어 있다.

필수 문제

01 이 글은 사랑하는 이와 사별한 슬픔이 잘 표현되어 독자의 공감을 이끌어 내고 있는 (   )글이다.

02 이 글은 남편이 죽은 후 장례를 치르기 전의 짧은 시간 동안 쓴 글로 남편이 (   )에라도 찾아와 다시 만나기를 바란다는 내용이다.

62 태평한화골계전(太平閑話滑稽傳) | 서거정

태평스러운 시대의 한가롭고 재미있는 이야기

교과서

출제 포인트

설화집 《태평한화골계전》에 수록된 세 일화 각각의 주제 의식을 파악하고, 또 각 이야기에서 두드러지게 나타나는 표현 방식 및 그 효과에 대해 알아보자.

감상 길잡이

이 글은 《태평한화골계전》에 실린 세 편의 이야기이다. 《태평한화골계전》은 제목에서 보듯이 '태평스러운 시대의 한가롭고 재미있는 이야기' 라는 뜻의 설화집으로, 고려 말에서 조선 초 항간에 떠돌던 해학적이고 풍자적인 이야기를 수록한 것이다. 본문에는 세 편의 이야기가 실려 있다.

1. 발이 없어도 옮겨 가는 비단(無足布物): 속죄물에 대하여 억울한 명령을 받은 백성이 자신의 억울함과 수령의 탐욕을 풍자하기 위해 '비단' 을 의인화하여 표현함으로써 수령의 반성을 이끌어 내고 위기를 모면할 수 있었다는, 골계미의 힘을 깨닫게 하는 글이다.
2. 돼지가 삼킨 폭포(猪喫暴布): 중이 수령의 가렴주구를 피하려다 발생한 골계적 상황과, 양반들의 풍류에 희생되어 가는 서민들의 풍자적 한탄을 결합한 글이다. 가혹한 수령을 '돼지' 보다 못한 존재로 묘사한 풍자의 이중성과, '경치' 라는 추상적 대상을 '폭포' 와 '한송정' 으로 구체화하여 골계미를 극대화한 수법이 특징적이다.
3. 닭을 타고 가겠네(借鷄歸還): 손님을 맞이했으나 진심을 다해 대접하지 않는 친구의 행위를 풍자한 글이다. 술상의 빈약함과 마당 위의 풍부함(뭇 닭들)이 어울려 아이러니한 상황을 만들어 낸다. 이러한 상황 속에서 쉽게 분노하지 않으면서 또 다른 아이러니를 만들어 앞의 아이러니를 극복해 내는 우리 민족의 해학 정신을 효과적으로 드러내고 있다.

1. 발이 없어도 옮겨 가는 비단(無足布物)

무족포물

남쪽 어느 고을 원이 재물을 몹시 탐내어 공금을 집에다 갖다 놓고 탕진하는 것이었다. 하루는 고을 백성이 죄를 지어 속죄를 하게 되었는데 아전이 송아지를 받아 오는 것을 본 원은 "송아지는 돌려주고 대신 비단을 받아 오너라." 하고 꾸짖었다. 백성은 분히 여겨 동원 뜰에 나가 원에게 송사했다.

탐관오리(비판의 대상) / 재물에 대한 욕심이 많음 – 교훈성을 드러내기 위한 전제 / 당시 재물을 받고 속죄해 주던 풍속이 있었음 / 당대에 송아지는 비단보다 화폐 가치가 떨어지는 데다, 송아지는 개인적으로 보관하기가 어렵고 비단은 간편하기 때문에 / 송사: 백성끼리 분쟁이 있을 때, 관부에 호소하여 판결을 구하던 일

"원하건대 한 말씀만 드리고 죽겠소이다." / "어디 한번 마음대로 말해 보렴."

목숨을 걸고 말을 함

「"비단은 비록 다리가 없어도 능히 원님의 집 안에 들어갔는데 어찌 송아지는 네 발이 있는데도 들어가지 못하오리까?"」 / 이 백성의 말을 듣고 원은 크게 부끄러워했다고 한다.

「 」: 비단을 의인화하여 속죄물이 공적으로 사용되지 않고 개인적으로 사용됨을 해학적으로 돌려 말함 → 원님의 위선 조소 / 원래의 골계적 의도뿐 아니라 교훈적 의미를 함께 드러내는 결말

2. 돼지가 삼킨 폭포(猪喫暴布)

저끽폭포

한 조관(朝官)이 일찍이 진양(晉陽) 고을의 수령이 되었다. 그는 가렴주구(苛斂誅求)가 심하여 비록 산골의 과일과 채소까지라도 그대로 남겨 두지를 않았다. 그리하여 절간의 중들도 그의 폐해를 입었다. / 하루는 중 하나가 수령을 찾아가 뵈었더니, 수령이 말하기를, "너의 절의 폭포가 좋다더구나."라고 하였다. 폭포가 무슨 물건인지 모르는 중은 그것도 또 세금으로 거두려고 하는가 두려워하여 대답하기를 "저의 절의 폭포는 금년 여름에 돼지가 다 먹어 버렸습니다."라고 하였다. ▶ 이야기 ①

조관: 벼슬아치 / 수령: = 원 / 가렴주구: 세금을 가혹하게 거두어들이고, 무리하게 재물을 빼앗음 – 골계미의 배경 – 웃음을 통한 서민들의 저항 / 아주 사소한 것들(대유법) / 세속적 상황을 모름 – 해학 발생의 원인 / 인격도 갖추지 못한 채 풍류를 논하는 지배층의 이중성 / 해학의 이중성 – 돼지(무엇이든 먹어 치우는 존재) = 수령(무엇이든 세금을 매기는 존재)

강원도 한송정(寒松亭)의 산수 경치가 관동 지방에서 으뜸이었으므로 구경꾼이 끊이지 않고 말

강릉 경포대에 있는 정자. 관동팔경의 하나임 / 서민의 삶을 돌보지 않고 경치나 즐기는 인물 – 이야기 ①의 '수령' 과 동격

과 수레가 사방에서 모여들었다. 고을 사람들은 그 접대하는 비용이 적지 않았으므로 항상 푸념하기를 "저 한송정은 어느 때나 호랑이가 물어 갈까."라고 하였다. ▶ 이야기 ②

경치(추상적 대상)를 구체화하여 해학성을 살림

어떤 시인이 다음과 같이 두 구(句)의 시를 지었다.

'가렴주구'의 역사적 상황에 대한 비판, 풍자

『폭포는 옛날에 돼지가 먹어 버렸네만,』 瀑布當年猪喫盡

「 」: 과거의 상황

『한송정은 어느 때에 호랑이가 물어갈꼬.』 寒松何日虎將歸

「 」: 현재의 상황 / 문제를 해결해 줄 해결자

두 이야기의 공통점 – 추상적 대상의 구체화

▶ 두 이야기를 풍자한 시

차계귀환

3. 닭을 타고 가겠네(借鷄騎還)

웃고 즐기면서 이야기함. 또는 그런 이야기

한 김 선생이 담소를 잘했다. 일찍이 친구 집을 방문했더니, 주인이 술상을 마련하였는데, 단지 채소만 곁들여 놓고는 먼저 사과하여 말하였다.

글의 성격을 드러내는 소재 / 보잘것없는 안주

"집이 가난하고 시장도 멀어 여러 가지 좋은 음식이 전혀 없으니 오직 담박하기만 한 것을 부끄러워할 뿐일세."

채소 안주 / 뒤에 이어질 내용으로 판단하자면, 진심이라기보다는 변명으로 보아야 함

마침 뭇 닭들이 뜰에서 어지러이 (모이를) 쪼고 있거늘, 김 선생이 말하였다.

상황의 아이러니 – 음식으로 쓸 것이 없다는 말과 함께 닭들이 등장함

"대장부는 천금을 아끼지 않으니, 마땅히 내 말을 잡아 술안주로 삼게나."

친구를 비판하는 기준 / 자신은 친구를 위해 말이라도 잡을 수 있음

"한 마리뿐인 말을 잡으면, 어떤 물건을 타고 돌아갈 것인가?"

친구의 심리 – 놀람

"닭을 빌려 타고 돌아가지."

아이러니를 통한 아이러니의 극복 → 해학성의 극대화

주인이 크게 웃으며 닭을 잡아서 대접하였다.

주인의 깨달음 – 손님을 지성으로 대접해야 한다는 교훈성 제시

핵심 정리

- 갈래: 설화, 패관 문학
- 성격: 풍자적, 해학적
- 제재: 1. 원님의 횡포 / 2. 폭포와 한송정 / 3. 닭
- 주제: 1. 탐욕적인 원님에 대한 풍자 / 2. 지배층의 가렴주구 풍자 / 3. 손님을 대하는 도리
- 특징: 말하고자 하는 바를 돌려 말하거나 빗대어 말함으로써 풍자를 구현함
- 의의: 조선 시대의 대표적 문헌 설화 자료집임

필수 문제

01 세 편의 이야기에 공통적으로 드러나는 미의식을 쓰시오.

02 첫 번째 이야기와 두 번째 이야기가 공통적으로 비판하고 있는 바를 한자 성어로 쓰시오.

03 두 번째 이야기는 두 개의 일화로 이루어져 있다. 두 일화에서 드러나는 공통된 표현 방식을 쓰시오.

04 세 번째 이야기에서 아이러니를 통해 아이러니를 극복하면서 '주인'의 반성을 이끌어 내는 문장을 찾아 쓰시오.

63 매화전(梅花傳) | 작자 미상

모의 기출

출제 포인트

남녀 주인공의 혼사 실현 모티프를 기본으로 여러 가지 설화적 모티프가 결합된 애정 소설이다. 이 글에 나타나는 다양한 설화적 모티프 및 각 인물의 성격과 태도에 주목하여 살펴보자.

감상 길잡이

이 글은 한글 필사본 소설로, 〈매화 양유전〉, 〈유화양매록〉이라고도 한다. 이 글의 창작 시기는 구체적으로 표기되어 있지 않으나, 임진왜란이 소재로 등장하고 있으므로 조선 후기의 작품으로 추측된다. 이 글에는 남녀 주인공들의 혼사 실현(애정 모티프)을 주요 내용으로 하면서 부모로부터의 버림받음(기아 모티프), 계모의 모함(고난 모티프), 도술을 통한 권선징악(영웅 모티프) 등 여러 모티프가 제시되고 있다. 아울러 판소리 사설 문체가 곳곳에 드러나 있는데, 이를 통해 판소리계 소설 문체의 영향을 받은 작품임을 알 수 있다. 매화의 아버지인 김 주부에 의한 사건 해결과, 이후 김 주부가 신선이 되는 부분은 〈박씨전〉과 유사하다.

앞부분 줄거리 | 경기도 장단의 선비 김 주부는 조정의 간신배들이 자신을 해치려 하자 무남독녀 매화를 남장(男裝)시켜 길에 버리고 구월산으로 몸을 피한다. 조 병사의 집에서 그의 아들 양유와 동문수학하던 매화는 양유와 백년가약을 맺는다. 양유의 계모는 매화를 상처(喪妻)한 동생과 혼인시키기 위해 사람을 매수하여 김 주부를 악인이라고 소문낸다.
백년가약: 부부가 되어 평생을 같이 지낼 것을 굳게 다짐하는 아름다운 언약
상처(喪妻)한: 아내의 죽음을 당한

주모가 가로되, / "수년 전에 도망하였삽더니 듣사오니 제 딸 매화 남복을 입히고 황해도 연안 지경에 있단 말을 들었나이다."
주모: 최씨 부인에게 돈으로 매수된 인물

병사 이 말을 들으니 다시는 의혹이 없는지라. 그날 밤을 겨우 지내어 말을 몰아 집에 돌아와 부인께 대답하여 가로되, / "만일 부인의 말씀을 듣지 아니하고 혼사를 하였던들 사대부 집안에 대단 우세할 뻔하였도다. 매화는 천인 자식이라, 내쫓으라." / 한대, 부인이 가로되,
병사: 조 병사. 양유의 아버지
부인: 양유의 계모. 최 씨
우세할: 남에게서 비웃음을 당할
매화는 천인 자식이라: 계모 최 씨가 자신의 남동생과 매화를 엮어 주기 위해 꾸민 거짓 소문임

"매화 아무리 천인의 자식이라도 혼사 아니 하면 무슨 허물 있으리까?"

병사 또 학당에 가 양유를 불러 가로되
학당: 글방

"매화로 더불어 공부하던 일이 분하도다. 앞으로는 매화를 대면치 말라."

하시거늘 양유 이 말을 듣고 정신이 아득하여 엎어지며 가로되,

"매화로 백년가약을 맺었더니 천인이란 말이냐?" / 주야로 애통하여 눈물로 세월 보내더라.
천인이란 말이냐?: 신분 질서가 강하게 작용한 시대였음을 알 수 있음
▶ 최씨 부인의 계략으로 천인으로 몰린 매화

각설이라. 매화 이 말을 듣고 분함을 이기지 못하여 눈물을 흘리며 가로되,
각설: 화제를 다른 쪽으로 돌림
각설이라.: 작가의 개입. 판소리계 소설 문체의 영향을 받았음을 보여 주는 부분

"내 팔자야 무슨 일로 부모를 이별하고 남의 집에 의탁하매 천인이라 구박 자심하니 이내 몸이 여자라 어디 가서 의탁하리요." / 눈물 금치 못하니 옥란이도 비감하여 매화를 위로하여 가로되,
비감하여: 슬퍼하며
자심하니: 못 견디게 괴롭히는 것이 점점 더 심하니
옥란: 조 병사 댁 시비

「"마오 마오, 우지 마오, 낭자의 우는 거동 차마 못 보겠소. 아무리 자탄한들 낭자의 근본 뉘 알리요. 제발 덕분에 우지 마오."」 「 」: 판소리 사설체

이렇듯이 위로할 제, 매화 울음을 그치고 필연을 내어 놓고 편지를 써서 옥란이를 주며 가로되,
필연: 붓과 벼루

"이 편지를 학당에 전하라."
학당: 양유가 있는 곳

옥란이 편지를 가지고 학당에 나가 도련님 전에 올리니, 양유 그 글을 받아 보니 하였으되,

양유 앞

"백옥(白玉)이 진토(塵土) 중에 묻혀 있고 명월(明月)이 흑운(黑雲)에 가리었으니 안목이 어찌 알리요. 설리한매(雪裏寒梅)가 어찌 높은 자제(子弟) 더우잡아 인연 맺으리오. 분하도다 분하도다. 거문고 칠 줄 아지 못하고 도리어 오동 복판을 나무라는도다." □: 매화를 비유함

티끌과 흙 / 진실이 가려져 있음을 의미함 / 눈 오는 중에 피는 매화 – 매화 자신을 일컬음 / 거문고 등에서 소리가 울리는 부분 / 본질(진실)을 바라보지 못함. 관련 속담 – 선무당이 장구 탓한다

하였거늘 양유 그 필적에 크게 놀라 가로되,

"매화는 사부(士夫)의 후예라 어찌 천인이라 하리요. 부친이 노망하여 길흉을 모르시니 어찌 원통치 아니하리요." / 하고 답장을 써 보내니라. 매화 답서를 받고 보니 하였으되,

사대부

'백옥(白玉)이 진토(塵土) 중에 빠져도 서로 닦으면 빛이 나고, 명월(明月)이 흑운(黑雲)에 가려도 밝을 때가 있나니, 설중의 매화 서러워 마라. 탐화봉접(探花蜂蝶)이 연분이 되면 꾀꼬리 인연 삼아 백년해로하리로다.' / 하였더라.

진실이 밝혀질 때가 있을 것임 / '꽃을 찾아다니는 벌과 나비'라는 뜻으로, 사랑하는 여자를 그리워하여 찾아가는 남자를 비유적으로 이름

▶ 매화의 분함과 양유의 위로

매화 보기를 다하며 양유와 부부가 될까 하여 마음이 간절하더니,

하루는 최씨 부인이 매화더러 /「"병사가 너를 쫓아내라 하시니 저러한 여자가 어디 가리요."

거짓 눈물을 흘리며 가로되,

(계략을 위해)

"불쌍하다 매화야. 너로 하여금 정을 붙여 세월 보내더니 어찌 이별하리요."

만단(萬端) 위로하여 가로되, / "나의 동생 상처(喪妻)하고 아직 혼사를 정치 못하였으니 너와 부부되어 백년해로하면 어떠하리요."」 「 」: 최 씨의 계략대로 일이 진행되고 있음

여러 가지 말로 / 최 씨의 본색 – 매화와 자신의 남동생을 결혼시키고자 함

매화 변색되어 대답하여 가로되, / "아무리 천인의 자식이라고 부모의 명령 없이 어찌 출가하리요. 가다가 죽을지라도 부모 찾아가올지라."

얼굴빛이 변하여

하고 의복을 차려 입고 계하(階下)에 내리니 최 씨가 크게 놀라 실색하여 매화를 이끌며 가로되,

섬돌이나 층계의 아래 / 놀라서 얼굴빛이 달라져

"벌써 혼사 범백을 다스렸으니 어디로 가리요. 임자 없는 계집아이 아무라도 먼저 살면 임자라. 방으로 들어가자." / 하거늘, 매화 손을 뿌리치며,

갖가지의 모든 것

「"마오 마오. 부모 없는 아이라고 그다지 괄세 마오. 흥진비래 고진감래는 옛말에 일렀으니 인연이라 하는 것이 하늘 정한 바라 인력으로 못 하나이다. 마오 마오. 그리 마오. 제발 덕분에 나를 놓아 주오. 부모 찾아가리로다."」

세상일은 순환되는 것임 / 운명론적 가치관

▶ 매화를 상처한 동생과 혼인시키려는 최씨 부인과, 이를 거부하는 매화

「 」: 판소리 사설체

한창 이리 씨름할 제 병사 내당에 들어와 부인을 크게 책하여 가로되,

안방

"어찌 매화로 말미암아 내 집안을 요란케 하느뇨?"

부인이 손을 떨치며 매화를 불러 가로되, / "너는 천인의 자식이라. 어디로든 가거라."

「천방지방 나아갈 제 한숨 쉬어 바람 되고 눈물 흘려 비가 되네. 허한 걸음으로 대문 밖에 썩 나

너무 급하여 허둥지둥 함부로 날뜀

서니 천지가 아득하고 일월이 무광이라. 백면 홍안 찡그리며 신세를 생각하니 옥 같은 두 귀 밑에 눈물 비 오듯 하는지라.」 「 」: 판소리 사설체

▶ 집을 떠나는 매화

뒷부분 줄거리 | 집을 나온 매화는 최 씨가 시킨 사람에 의해 납치될 위기에 처하자 강물에 몸을 던지나 아버지 김 주부의 도술로 구출된다. 양유는 다른 사람과의 혼인 전날 호랑이에 물려 구월산에 가서 혼례를 치르게 되는데 신부가 바로 매화였다. 김 주부는 도사로 변하여 조 병사를 구월산으로 불러 아들을 만나게 한다. 이들은 그곳에서 임진왜란을 피하게 된다. 그 뒤 김 주부는 신선이 되고 나머지 사람들은 고향에 돌아가 행복하게 살게 된다.

핵심 정리

- 갈래: 고전 소설(한글 소설, 애정 소설, 판소리계 소설, 도술 소설, 가정 소설)
- 성격: 애정적, 전기적(傳奇的), 판소리적
- 구성: '발단 – 전개 – 절정 – 결말'의 4단 구성

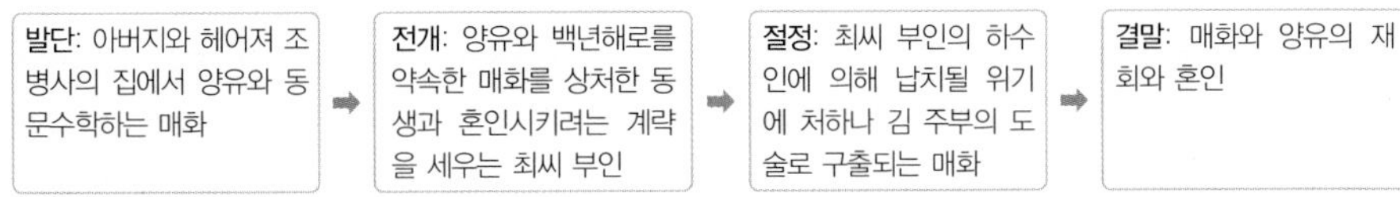

- 제재: 매화의 위기와 극복
- 주제: 남녀의 애틋한 이별과 아름다운 결합
- 특징: ① 여러 가지 설화적 모티프가 복합되어 있음
  ② 판소리계 소설 문체의 영향을 받아 부분적으로 판소리 사설의 문체가 보임
  ③ 악인형인 계모에 대한 징계가 없는, 권선적(勸善的) 경향의 작품임
- 인물 분석
  - 김매화: 김 주부의 딸. 최씨 부인의 모함으로 고난을 당하나 아버지 김 주부의 도움으로 양유와 혼례를 치름
  - 조양유: 조 병사의 아들. 다른 혼처를 정하고도 매화에 대한 그리움에 괴로워할 만큼 매화를 지극히 사랑함
  - 김 주부: 매화의 아버지. 매화가 위기에 처했을 때 술법으로 도와주고, 양유와 매화를 혼례시킴
  - 조 병사: 양유의 아버지. 매화를 거두어 아들 양유와 함께 공부하게 하나, 매화가 천인의 자식이라는 최씨 부인의 모함을 믿고 매화를 박대함. 후에 김 주부의 말대로 구월산으로 가 임진왜란을 피함
  - 최씨 부인: 조 병사의 처이며 양유의 계모. 상처(喪妻)한 자신의 남동생을 위해 매화와 김 주부를 모함함

한눈에 **보기**

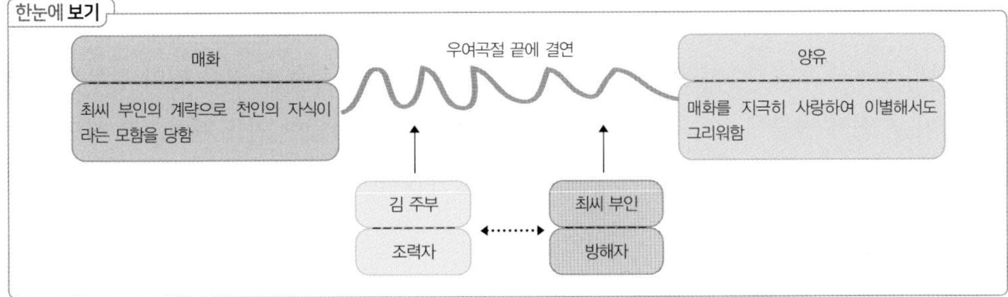

필수 문제

01 이 글에서 '최씨 부인'이 '매화'를 상처(喪妻)한 동생과 혼인시키기 위해 세운 계략을 쓰시오.

02 이 글의 시대적 배경이 신분적 질서가 강하게 작용하는 시대였음을 알 수 있게 하는 단어를 찾아 쓰시오.

64 숙영낭자전(淑英娘子傳) | 작자 미상

모의 기출

출제 포인트

숙영과 선군의 현실을 초월한 사랑을 그린 애정 소설이다. '숙영 낭자'와 '선군', '백상군'의 가치관 · 도덕관을 비교해 보고, 이를 바탕으로 봉건적 · 전통적 가치관에서 근대적 가치관으로 변모해 가는 조선 후기의 사회상을 살펴보자.

감상 길잡이

이 글은 도선(道仙) 사상을 바탕으로 한 애정 소설로, 숙영과 선군의 사랑을 통해 애정 지상주의적 가치관을 강하게 드러내고 있다. 사랑하는 아내를 잠시도 떠나고 싶지 않아 과거에 나아갈 생각도 하지 않는 선군의 모습은, 입신양명으로 가문을 빛내고 효행을 중시하던 중세적 · 유교적 가치관에서 벗어나 본능적 욕구를 긍정하는 새로운 가치관을 제시하며, 가부장적 권위가 약화되던 사회 변동상을 암시한다. 전체적으로 '만남–시련(누명과 죽음)–재생과 재회'의 구성을 취하고 있으며, 순조 때 전해종이라는 사람이 판소리 열두 마당의 하나로 〈숙영 낭자 타령〉을 잘 불렀다는 문헌의 기록에 근거하여 판소리계 소설로 추정하고 있다.

장면 1

앞부분 줄거리 | 선비 백상군과 부인 정 씨는 명산대찰에 빌어 아들 선군을 얻고 장성하자 혼처를 구하는데, 마침 옥련동에 귀양 와 있던 선녀 숙영이 선군의 꿈에 나타나 연분됨을 알리고 기한이 3년 남았으니 그때까지만 기다리라고 한다. 그러나 선군은 상사병에 시달리고, 결국 숙영과 혼인하여 남매를 낳고 금슬의 낙을 누린다.

「」: 가문의 번영을 앞세우는 백상군의 집단적, 봉건적 가치관과 애정 지상주의적인 선군의 개인적, 근대적 가치관의 대립

「"이번에 알성과(謁聖科) 보인다 하니 너도 올라가 과거를 보아 요행 참방(參榜)하면 네 부모 영화롭고 조상을 빛냄이 아니 되랴?"

(알성과: 조선 시대 임금이 문묘에 참배한 뒤 실시하던 비정규적인 과거 시험 / 참방하면: 과거에 급제하여 이름이 방목(榜目)에 오르면)

하며 길을 재촉하니 선군이 말하기를,

"우리 집에 논밭이 수천 석지기요, 노비 천여 명이라. 십리지소택(十里之沼澤)과 이목지소호(耳目之所好)를 임의대로 할 처지어늘 무슨 부족함이 있어 또 급제를 바라리잇가. 만일 집을 떠나온즉 낭자로 더불어 여러 달 이별이 되겠사오니 사정이 절박하여이다."」

(수천 석지기: 수천 석의 곡식을 얻을 수 있는 논밭의 넓이를 나타내는 말 / 십리지소택: 10리나 되는 넓은 연못 / 이목지소호: 귀와 눈이 좋아하는 바. 아름다운 음악과 여색)

▶ 선군이 숙영과의 이별을 꺼리어 과거를 보라는 백상군의 말을 거절함

하고 동별당에 이르러 낭자에게 부친과 문답하던 말을 전하니, 낭자 염용(斂容)하여 말하기를,

(낭자: 숙영 / 염용하여: 자숙하여 몸가짐을 조심하고 용모를 단정히 하여)

"낭군의 말이 그르도다. 세상에 나매 입신양명(立身揚名)하여 부모께 영화 뵘이 장부의 떳떳한 바이거늘, 이제 낭군이 규중 처자를 전면(纏綿)하여 남아의 당당한 일을 폐하고자 하면 부모에게 불효될 뿐더러 타인의 꾸지람이 종시 첩에게 돌아올지니 바라건대 낭군은 재삼 생각하여 과행(科行)을 바삐 차려 남의 웃음을 취하지 마소서."

(전면하여: 남녀의 정에 얽매여 / 종시: 끝내 / 과행: 과거를 보러 감)

하고 반전(盤纏)을 준비하여 주며 말하기를,

(반전: 노자(路資). 먼 길을 떠날 때 드는 비용)

"낭군이 금번 과거를 못 하고 돌아오면 첩이 살지 못하리니, 낭군은 조금도 괘념(掛念) 말고 발행(發行)하소서."

(금번: 이번. 곧 돌아오는 차례 / 괘념: 마음에 두고 잊지 않음 / 발행하소서: 길을 떠나소서)

하거늘, 선군이 그 말을 들음에 말마다 합당한지라.

▶ 선군이 숙영의 충고에 따라 과거를 보러 가기로 함

중략 부분 줄거리 | 과거를 보러 간 선군은 몰래 숙영을 만나고 간다. 백상군은 숙영의 방에 있던 선군을 외간 남자로 오인하여 매월에

(오인하여: 잘못 보거나 잘못 생각하여)

게 숙영을 지키게 한다. 매월은 숙영이 훼절했다는 누명을 씌우고, 숙영은 분함을 못 이겨 자결한다. 이에 백상군은 선군을 임 낭자와 약혼해 둔다. 과거에 급제하여 돌아온 선군은 숙영의 죽음을 확인한다.

훼절했다는: 절개나 지조를 깨뜨림

결정적 장면

선군이 능히 참지 못하여 일장 통곡하다가, 급히 정당(正當)에 와서 그 곡절을 물으니 백공이 오열하여 이르되,

"너 간 지 오륙 일 된 후, 일일은 낭자의 형영(形影)이 없기로 우리 부처(夫妻) 고이 여겨 제 방에 가 본즉 저 모양으로 누웠음에 불승(不勝)대경(大驚)하여 그 곡절을 알 길 없어 있어, 헤아리매 이 필연 어느 놈이 선군이 없는 줄 알고 들어가 겁탈하려다가 칼로 낭자를 찔러 죽였는가 하여 칼을 빼려 하였으나, 중인(衆人)도 능히 빼지 못하고 시체를 움직일 길 없어 염습하지 못하고 그저 두어 너를 기다렸고, 네게 알게 아니함은 네 듣고 놀라 병이 날까 염려함이요, 임녀와 성혼코자 함은 네가 낭자의 죽음을 알지라도 마음을 위로할까 생각하여 그러함이니, 너는 모름지기 상(傷)치 말고 염습할 도리를 생각하라."

▶ 백상군이 선군의 상심이 두려워 숙영의 죽음에 대한 내막을 은폐하고자 함

선군이 그 말을 듣고 의사(意思) 막연하여 어찌할 줄 모르고 침음(沈吟)하다가 빈소에 들어가 대성통곡하다가 홀연 분기 대발(憤氣大發)하여 이에 모든 노비를 일시에 결박하여 앉히니 매월이도 그중에 든지라.

일장 통곡하다가: 한바탕 통곡하다가 / 정당(正當): 몸채의 대청 / 곡절: 까닭, 사연 / 일일은: 하루는 / 형영(形影): 형체와 그림자, 자취 / 부처(夫妻): 부부, 백상군과 정 부인 / 불승(不勝)대경(大驚)하여: 큰 놀라움을 이기지 못하여 / 중인(衆人): 뭇사람 / 중인(衆人)도 능히 빼지 못하고 시체를 움직일 길 없어: 비현실적 · 전기적 요소 / 염습: 죽은 사람의 몸을 씻기고 옷을 입혀 염포로 묶는 일 / 상(傷)치: 슬퍼하지 / 의사(意思): 무엇을 하고자 하는 생각 / 막연하여: 뚜렷하지 못하고 어렴풋하여 / 침음(沈吟)하다가: 속으로 깊이 생각하다가, 근심에 잠겨 신음하다가 / 분기 대발(憤氣大發)하여: 크게 노여워하여

❶ 선군이 소매를 걷고 빈소에 들어가 이불을 헤치고 본즉 낭자의 용모와 일신이 산 사람 같아서 조금도 변함이 없는지라. 선군이 부축하여 말하기를,

"백선군이 이르렀으니 이 칼이 빠지면 원수를 갚아 원혼을 위로하리라."

하고 칼을 빼니 그 칼이 문득 빠지며, 그 구멍에서 청조(靑鳥) 하나 나오며,

청조(靑鳥): 푸른 새 – 범인을 알려 주는 매개

"매월일레. 매월일레. 매월일레."

세 번 울고 날아가더니 또 청조 하나 나오며,

"매월일레. 매월일레. 매월일레."

▶ 선군이 숙영의 가슴에 꽂힌 칼을 빼니 청조가 나타나 범인을 지목함

결정적 장면

숙영의 죽음을 알게 된 선군이 푸른 새를 통해 간계를 꾸민 범인이 매월임을 눈치채고 숙영의 원수를 갚는 장면이다. 이 작품의 비현실적이고 전기적인 특성이 잘 드러나며 인물들의 말을 통해 당시의 가치관을 엿볼 수 있다.

문제로 핵심 파악

1 [기출] 이 글의 '매월'에 대한 이해로 적절하지 않은 것은?

① 매월이 죄를 자백한 것은 선군의 회유 때문이다.
② 매월에 대한 신문은 비현실적 사건에서 비롯되었다.
③ 매월은 숙영 낭자가 누명을 쓰게 되는 간계를 꾸몄다.
④ 매월이 간계를 꾸미게 된 배경에는 자신의 원통함이 자리잡고 있다.
⑤ 매월이 돌이를 사주하여 꾸민 일은 상공의 집안에 갈등을 초래하였다.

핵심 구절 풀이

❶ **선군이 소매를 걷고 ~ 세 번 울고 날아가거늘**: 선군이 숙영 낭자의 시신에서 칼을 빼내자 청조가 나오며 숙영 낭자를 죽음에 이르게 한 범인이 매월임이 밝혀지는 부분으로, 고전 소설의 전기적 요소가 두드러지게 나타남

하고 세 번 울고 날아가거늘, 그제야 선군이 매월의 소행인 줄 알고, 불승 분노하여(분노를 이기지 못하여) 급히 와 당에 나와 형구(刑具)(형벌을 가하거나 고문하는 데 쓰는 기구)를 갖추어 모든 노복을 차례로 장문하나(곤장을 치며 심문하나) 간악한 년(인물(매월)에 대한 서술자의 부정적 시선이 드러남)이 빨리 자백하지 않다가 일백 장(곤장 따위를 세는 단위)에 이르러는 철석 같은 혈육인들 어찌 견디리오. 그 살이 터지고 유혈이 낭자한지라, 저도 하릴없이 낱낱이 승복하여(죄를 고백하여), 우는 말이,

"상공(백상군)이 여차여차(如此如此)(백상군이 숙영의 정절을 의심하여 매월에게 감시하도록 한 일)하시기로 소비(小婢) 마침 원통한 마음이 있던 차(매월은 숙영이 시집오기 전까지 선군의 첩이었다가 숙영이 시집온 후 선군의 사랑을 잃음), 때를 타 감히 간계를 행함이나 동모(同謀)하던(일을 함께 꾀하던) 놈은 돌이로소이다."

하거늘 선군이 노기충천(怒氣衝天)하여(노한 기운이 하늘에 닿아) 돌이를 또 장문하니 돌이 매월의 돈을 받고 그 지휘대로 행한 죄밖에 다른 죄가 없노라 승복하거늘, 선군이 이에 칼을 들고 나아가 매월의 목을 베인 후 배를 가르고 간을 내어 낭자의 시체 옆에 놓고 두어 줄 제문을 읽으니, 제문에 가로되,

"성인(聖人)도 세유(世遊)하고, 숙녀(淑女)도 봉참(逢讒)함은(성인도 세상을 떠돌고 숙녀도 참람됨(욕됨)을 맞는 일은) 고왕금래(古往今來)(예부터 지금까지)의 비비유지(比比有之)(없지 않음)라 하니, 낭자 같은 지원 극통한(지극히 원통한) 일이 어디 다시 있으리오. 오호(嗚呼)(슬픔을 뜻하는 감탄사)라, 도무지 선군의 탓이니 수원수구(誰怨誰咎)리오(누구를 원망하며 누구를 탓하리오). 오늘날 매월의 원수는 갚았거니와 낭자의 화용월태(花容月態)(아름다운 모습)를 어디 가 다시 보리오, 다만 선군이 죽어 지하에 가 낭자를 따를 것이니 부모에게 불효 되나, 나의 처지 불구(不久)하리로다(오래 가지 않으리로다)."

하고 읽기를 마치매 시체를 어루만지며 한바탕 통곡한 후 돌이를 본읍에 보내어 절도(絕島)(외딴 섬)에 정배(定配)(죄인을 외딴 곳에 보내 감시를 받으며 생활하게 함)하니라.

▶ 선군이 매월을 죽여 숙영의 원수를 갚고 돌이를 절도에 정배함

뒷부분 줄거리 | 숙영은 며칠 뒤 옥황상제의 은덕(恩德)(은혜와 덕. 또는 은혜로운 덕)으로 다시 살아나 선군과의 다하지 못한 연분을 잇게 된다. 선군은 숙영의 권유로 자신과의 약혼 때문에 정절을 지키고 있는 임 낭자를 제2부인으로 맞는다. 이들 세 사람은 부귀영화를 누리다가 같은 날 함께 상천(上天)한다.

필수 문제

01 이 글에서 개인적 행복을 우선시하는 선군과 가문의 명예를 우선시하는 백상군의 갈등이 드러나는 소재를 쓰시오.

02 이 글에서 사건을 해결해 주는 열쇠이자, 작품의 비현실성 · 전기성을 나타내는 소재를 쓰시오.

장면 2

앞부분 줄거리 | 과거를 보러 갔던 선군은 숙영이 보고 싶어 도중에 몰래 집으로 돌아온다. 이 사실을 모르는 백상군은 숙영이 집안사람들 몰래 외간 남자를 끌어들인 것으로 의심하고, 숙영은 결백을 주장하며 자살한다. 백상군은 선군이 숙영의 자살을 알게 될 것이 두려워 장원 급제하여 귀향하는 선군에게 임씨 가문의 여자와 혼약을 맺게 하나, 선군은 이를 거부하고 돌아와 사건의 진실을 밝히고, 숙영을 모함했던 매월과 공모자 돌이를 처단한다. 그 후 숙영은 옥황상제의 은덕으로 다시 살아난다.

이때 선군과 정혼한 임 진사 집에서는 숙영 낭자가 회생하였다는 소문을 듣고 납폐를 돌려보내고 다른 곳에 구혼하려고 하자, 임 낭자가 그 기색을 알고 부모에게 말씀드리기를,

(납폐: 혼인할 때 사주단자의 교환이 끝난 후 정혼 성립의 증거로 신랑 집에서 신부 집으로 보낸 예물)

"여자로서 한 번 혼사를 정하고 예물을 받은 이상 그 집 사람이 분명하옵니다. 백선군 도령이 상처한 줄 알고 부모님께서 그와의 정혼을 허락하셨었는데, 이제 숙영 낭자가 다시 살아났으니 국법에도 양처(兩妻)를 두지 못하게 되어 있으므로 결혼할 의사는 두지 않습니다. 저의 정리로는 맹세코 다른 가문으로는 시집을 가지 않을 것이니 더 이상 혼담은 꺼내지도 마십시오."

(유교적 정절 관념에 충실한 임 낭자의 성격을 드러냄 / 상처한: 아내의 죽음을 당한 / 양처: 두 아내 / 당시 조선의 혼인 제도 – 일부일처제가 시행됨 / 정리: 인정과 도리)

하였다. 임 진사 부부가 딸의 이런 말을 듣고 어이가 없어 딸의 말을 무시하고 다른 가문에서 신랑감을 널리 구하려고 하였다. 그러자 임 낭자가 다시 부모에게,

"전에도 말씀 드렸지만, 소녀의 혼사로 이렇게 걱정을 시켜 드리게 된 것은 소녀의 팔자가 기박한 탓이오니, 비록 여자라도 말은 천금같이 중하매 이미 금석같이 마음을 먹은대로 평생토록 시집가지 않고 부모님 슬하에서 부모님을 모시고 일생을 편안히 지내는 것이 원이옵니다. 그러니 또 더 이상 혼사를 의논하시지 말기를 바라는 것이 비록 불효가 될지라도 차라리 한 지아비를 좇아서 죽은 이비(二妃)의 자취를 따르고자 하오니 부모님은 이제 저의 혼사일은 단념하시고 소녀를 그냥 내버려 두십시오." / 하고 굳은 의지를 밝혔다. 임 진사 부부가 이 말을 듣고 도저히 그 뜻을 돌릴 수 없을 것 같아 비록 더 이상 의논은 하지 않았으나 여전히 근심이 아닐 수 없었다.

(기박한: 팔자나 운수 따위가 사납고 복 없는 / 이비: 요임금의 두 딸인 아황과 여영. 함께 순임금에게 시집가고 순임금이 죽은 뒤 상강에 빠져 죽음)

▶ 숙영이 살아나 선군과의 혼인이 취소된 임 낭자가 다른 가문에는 시집가지 않겠다고 함

임 진사가 하루는 백 공을 찾아보고 며느리 숙영 낭자가 다시 살아났음을 축하해 주고 오겠다고 하고서 백 공을 찾아갔다. 백 공이 임 진사를 반갑게 맞아 서로 마주 앉았다. 임 진사가 백 공에게,

(백 공: 백상군)

"예로부터 한 번 죽은 사람은 다시는 태어날 수 없다고 했는데, 백형의 며느리가 다시 살아난 것은 예나 지금이나 정말로 희한한 일입니다. 백형의 복 받음을 축하드립니다. 그런데 저는 산 자식을 죽이게 생겼으니 똑같은 사람끼리 화복(禍福)이 어찌 이렇게 불평등하단 말입니까?"

(화복: 재화와 복록)

하고 처연하게 말했다. 백 공이 깜짝 놀라서 그 연고를 물으니 임 진사가 자기 여식의 그간 사정을 하나하나 말했다. 그러자 말을 다 들은 백 공이 칭찬하면서, / "과연 아름다운 마음씨로군요. 그 규수의 절개가 그렇게도 굳거늘, 그런 숙녀의 일생을 우리 선군 때문에 망친대서야 되겠습니까. 우리 음덕에 허물됨이 적지 않을 것이니 이 일을 어찌하면 좋을까요?"

(연고: 사유 / 처연하게: 애달프고 구슬프게 / 자기 여식의 그간 사정: 임 낭자가 선군과 파혼한 후 다른 가문에 시집가지 않겠다고 고집 부리는 일 / 절개를 높이 평가하는 조선 사회의 분위기를 잘 보여 줌 / 음덕: 조상의 덕)

하고 말했다. 이때에 아버지를 곁에서 모시고 있던 선군이 다 듣고 있다가 임 진사에게,

"귀 소저의 금옥 같은 말씀을 듣자오니 고인(古人)이 부끄럽지 않으나, 사정인즉 난처하옵니다.
임 낭자 / 옛날 사람. 옛 성현

국법에 아내가 있고 취처함을 다스리는 율이 있으니 의논할 것이 안 되고, 거사가 양처를 두는
장가를 들어 아내를 얻는 것

법이 있으나, 귀 소저가 어찌 남의 부실(副室)이 되시겠습니까? 형세가 이렇고 보니 이 모두 우
첩

리 탓이라 죄스럽고 송구스러울 따름입니다." / 하고 공손히 말했다. / 임 진사가 탄식하면서,

"법에 양처를 두어도 무방하다고 할진대 설사 부실이 된들 어찌 사양하겠소마는, 이미 없는 일을 더 이상 의논하여 무엇하겠는가." / 하고 다른 얘기를 하다가 돌아갔다.

▶ 임 진사가 백상군의 집에 찾아와 임 낭자의 사연을 전하고 돌아감

차설, 선군이 숙영 낭자의 침소에 들어가서 임 낭자의 사정을 전하고 낭자의 뜻을 넌즈시 물어
화제를 돌려 다른 이야기를 꺼낼 때, 앞서 이야기하던 내용을 그만둔다는 뜻으로 다음 이야기의 첫머리에 쓰는 말

보았더니, 숙영 낭자가 임 낭자를 가상하게 여기고,

「"임 규수의 일념이 그러하여 세상을 등질 지경까지 가게 한다면, 우리는 그 낭자에게 크나큰 죄
한결같은 마음

를 짓게 되는 것입니다. 생각하기에 쉬운 방법이 있을 듯합니다. 낭군은 제 생각만 하지 말고 그 같은 여자의 불행을 구해 주셔야 합니다."」 「 」: 타인에 대한 배려심이 있고 덕성스러운 숙영의 성품이 드러남
선군이 임 낭자와 혼례를 올려야 한다는 의미

하고 말했다. 그러자 선군이 속으로 기뻐서, / "그게 무슨 일이요?" / 하였다. 숙영 낭자가,

"옥황상제께서도 삼인이 승천하리라 하셨으니, 이것도 필연 임 낭자와의 인연입니다. 이미 천
하늘에 오르리라

정연분이니 어찌 피할 수 있겠습니까. 낭군은 모름지기 우리 집의 전후 사정과 임 낭자의 모든
하늘이 정하여 준 연분

사정을 자세히 주상께 상소하십시오. 그러면 주상께서 반드시 가상히 여기셔서 특별히 사혼(賜
임금 / 임금에게 글을 올림 / 혼인을 허락하실

婚)하실 것입니다. 이는 이른바 성인이 권도로 행하신 것이 됩니다. 그렇게 되면 이것은 도리어
마땅히 좇아야 할 법도

한 나라의 정절을 포장(褒奬)하는 일이 될 것이요, 또 한 가지 작게는 임 낭자의 원한을 풀어 주
칭찬하여 장려하는

는 것이 되는 것이니 이 어찌 아름다운 일이 아니겠습니까?"

▶ 숙영이 임 낭자의 이야기를 듣고 선군과의 혼인을 주선함

하고 말했다. 선군이 깨달아 응낙하고 행차를 준비하여 상경하였다. 상경한 뒤에 옥궐에 문안하
궁궐

고 수 일을 쉰 후에 숙영 낭자와 임 낭자에 대한 얘기를 일일이 적어서 주상께 상소하였다. 주상이 선군의 상소문을 보시고 칭찬하여,

임명장

"숙영 낭자의 일은 천고에 드문 일이니 정렬부인의 직첩을 내리라."
조선 시대에 정조와 지조를 굳게 지킨 부인에게 내리던 칭호

하시고, / "임 낭자의 절개 또한 아름다우니, 특별히 백선군과 결혼케 하라."

하고 숙렬부인의 직첩을 내리셨다. ▶ 임금이 숙영에게 정렬부인의 직첩을 내리고 임 낭자와 선군의 혼인을 허락함

「백선군은 사은(謝恩)하고 다시 휴가를 얻어 바삐 집으로 돌아와서 이 사연을 임 진사 댁에 알렸
받은 은혜를 감사히 여기고

다. 임 진사 댁에서 생각 밖의 일이라 기뻐하고 감격하여 택일 성례하니 신부의 화용월태가 가히
운수가 좋은 날을 고름 / 아름다운 여인의 얼굴과 맵시

숙녀 가인이었다. 신부 임 낭자는 선군을 따라 시댁으로 들어와 시부모님을 효로써 모시고 낭군
교양과 예의와 품격을 갖춘 미인

을 공손하게 받들면서 숙영 낭자와 더불어 서로 친구처럼 한시도 떨어지지 않고 지내게 되었다.」

「 」: 사건을 요약적으로 제시하여 이야기가 빠르게 진행됨. 고전 소설에서 일반적인 행복한 결말 구조

▶ 임 낭자와 선군이 혼인하고 집안의 화평함이 유지됨

뒷부분 줄거리 | 선군, 숙영, 임 낭자 세 사람은 행복하게 지내다가 모두 같은 날 승천한다.

핵심 정리

- 갈래: 고전 소설(국문 소설, 판소리계 소설, 염정 소설, 가정 소설)
- 성격: 전기적(傳奇的), 도교적, 애정 지상주의적
- 구성: '발단 – 전개 – 위기 – 절정 – 결말'의 5단 구성

발단: 선군이 꿈에서 선녀 숙영과 만나 둘의 인연에 대해 전해듣고 상사병에 걸림	➡	전개: 선군이 옥련동에서 숙영을 만나 집으로 데리고 옴	➡	위기: 선군이 과거를 보러 떠난 사이에 숙영은 음란하다는 모함에 휩싸여 자결함	➡	절정: 백상군은 선군과 임 낭자의 혼인을 추진하나, 선군이 돌아온 후 한이 풀리면서 숙영이 다시 살아남	➡	결말: 선군은 숙영, 임 낭자와 더불어 여생을 행복하게 살다가 승천함

- 제재: 숙영과 선군의 사랑
- 주제: 현실을 초월한 남녀 간의 사랑
- 특징: ① 인간과 선녀의 결혼, 죽은 사람의 재생, 하늘나라로의 승천 등 신선 사상에 바탕을 둔 비현실적 애정담임
  ② 주인공이 신선계에서 하강한 고귀한 인물로 설정됨(적강 모티프)
  ③ 부모와 자식 사이의 가치관의 대립을 중심으로 사건이 전개됨
- 의의: 애정 지상주의, 가부장적 권위 약화 등 조선 후기 사회의 가치관의 변모를 보여 줌
- 인물 분석
  - 숙영: 선군의 부인. 적강한 선녀로, 덕성이 높고 지혜로우며 절개가 곧음
  - 선군: 숙영의 남편. 가문의 명예 같은 집단적 가치보다 개인적 가치를 우선으로 여김
  - 백상군: 선군의 아버지. 완고하고 보수적이며 가문의 명예를 중시하는 전통적 인물로, 숙영을 의심하여 죽음에 이르게 함
  - 임 낭자: 선군의 제2부인. 주관이 분명하며 유교적 가치관인 정절을 중요하게 여김

한눈에 **보기**

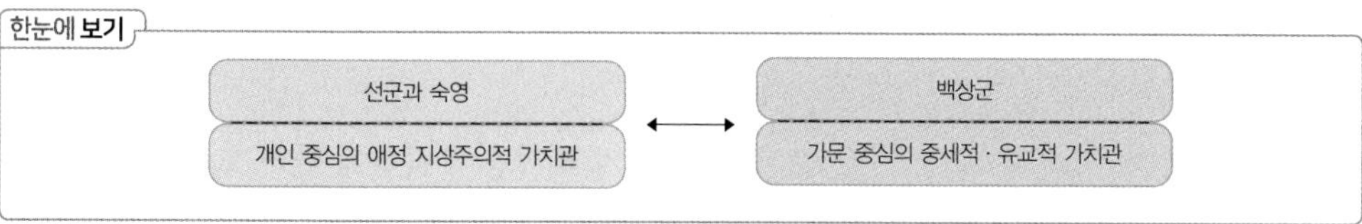

보충·심화 학습

- 〈숙영낭자전〉의 근원 설화

내용	바탕이 된 근원 설화
선군이 적강 선녀인 숙영과 혼인함	〈선녀와 나무꾼 이야기〉
천명(天命)을 어긴 숙영이 죽음을 맞이함	〈우렁이 색시〉
선군이 숙영의 원한을 풀어 줌	〈아랑 전설〉

필수 문제

01 [서술형] **〈보기〉의 내용을 고려할 때, 이 글에서 숙영의 죽음과 재생이 어떠한 의미를 지니는지 서술하시오.**

〈 보기 〉

숙영은 본래 옥련동의 적강(謫降) 선녀로, 옥황상제가 정한 천정 기한 3년을 어기고 선군과 결혼한다.

02 [서술형] **이 글이 표현 면에서 다른 판소리계 소설들과 어떠한 차이가 있는지 서술하시오.**

65 남윤전(南胤傳) | 작자 미상

모의 기출

출제 포인트

임진왜란의 경험에 효 사상과 도선 사상이 더해진 애정 소설이다. 주인공 '남윤'의 고행담을 중심으로 이 글의 사건 전개 양상을 파악해 보자.

감상 길잡이

이 글은 임진왜란의 경험에 도선 사상이 더해진 역사 소설로, 다른 고전 소설에서는 찾아보기 어려운 독특한 특징이 나타나고 있다. 즉, 주인공이 포로가 되어 왜국·중국·만주를 거쳐 조선으로 돌아오는 것이나, 적국에 포로로 끌려간 주인공이 적국 공주와 혼인한다는 내용이다. 내용의 전개가 다소 비약적이지만, 당시의 작품으로는 독창적이라고 평가할 수 있다.

앞부분 줄거리 | 선조 때 안변 부사 남두성의 아들로 태어난 남윤은 관비인 옥경선을 좋아하여 장래를 약속하지만, 부모가 정한 혼처를 마다할 수 없어 단천 부사 이경희의 딸인 이석랑과 혼인하고자 한다. (관비: 예전에, 관가에 속하여 있던 계집종)

남윤이 전안일(奠雁日)(혼례 때, 신랑이 기러기를 가지고 신부 집에 가서 상 위에 놓고 절하는 날. 곧 혼인날)을 당하여 경성으로 올라갈 새 피차(남윤과 옥경선) 마음에 비감함을 느끼는 가운데 ㉠공자(남윤)가 더욱 참담하여 모친 앞에 나아가 각별히 슬퍼하였다. 부인(남윤의 어머니)이 눈물을 흘리며 말하기를,

"너는 아름다운 배필을 맞으러 가거늘 무슨 까닭으로 이렇게 슬퍼하느냐? 심회(마음속에 품고 있는 생각이나 느낌)를 숨기지 말고 자세히 이르라. 어찌 네 뜻을 조금이나 어기랴?"

공자가 대답하기를

"소자가 추호나(조금이라도) 무슨 다른 뜻이 있으리오마는 소자의 마음이 슬하에 다시 모시지 못하올 듯하와 자연 서러워지나이다."(겉으로는 효를 나타내는 듯하지만, 이면에는 옥경선의 낮은 신분 때문에 자유 결혼을 하지 못하는 아픔이 깔려 있음)

안찰사(남윤의 아버지, 남두성)가 말하기를,

"네가 일찍이 우리의 슬하에서 떠나기 어려워하여 그렇거늘 어찌 망령된 말을 하여 심회를 허비하느냐?" / 하고 위로하여 보냈다.

▶ 남윤이 자신의 슬픔을 부모에게 토로함

이때에 단천 부사 이경희가 경성에 올라가 친척과 옛 친구들을 모아 전안례(혼례 때, 신랑이 기러기를 가지고 신부 집에 가서 상 위에 놓고 절하는 예)를 행할 제, 신랑 신부가 교배석(전통 혼례식에서, 신랑과 신부가 서로 절하는 자리)에 나가 예를 행하려 하는데 문득 일진광풍(비바람이 몰아치는 사나운 바람)이 일어나 신부의 화관(칠보로 꾸민 족두리)과 신랑의 사모(전통 혼례에서 신랑이 쓰는 모자)를 벗겨 공중에 올라가 남북으로 흩어뜨렸다. 그러나 화관은 내려오고 사모는 남쪽을 향하여 정처 없이 갔다. 모든 손님들이 그 변고(결혼 생활이 순탄하지 않을 것임을 암시)를 보고 서로 추연(처량하고 슬퍼) 탄식하고 흩어지니, 이경희(남윤의 장인)가 가장 기쁘지 아니하여 마음을 진정하지 못하였다. 이날 밤에 화촉지례(華燭之禮)(혼례)를 이루고 바야흐로 잠이 드니, 문득 새벽 닭 우는 소리가 들리며 불빛이 하늘을 찌를 듯하고 사별(死別)하는(죽어서 이별하는) 소리가 진동하였다. 이경희가 크게 놀라 옷을 입고 황망히 나가 보니 불길이 크게 일어나서 도성 사람의 우는 소리가 천지를 진동하며 피난하는 사람이 길을 메웠거늘,(임진왜란이 일어났기 때문) 이경희가 어찌할 줄을 모르고 한편으로 노복(사내종)으로 하여금 부인과 사위를 모시고 강화도로 피난하라 하였다. 남윤이 대성통곡하며 말하기를,

『"나는 부모의 독자로서 내 몸만 살아나고 차마 부모의 생사를 몰라서야 되겠습니까? 차라리 부모님이 계신 곳에 가서 부모와 함께 죽는 것이 인자(人子)의 도리입니다."』 「」: 효(孝) 사상

사람의 아들

하고 인하여 하직하고 떠나매, 신부가 소리 내어 울고 눈물을 흘리며 말하기를,

"가군과 더불어 하룻밤 부부의 예는 있었사오니 이제 죽사와도 여한이 없삽거니와, 한 번 이별

남편 – 남윤

한 후 세상에서 다시 뵈올 길이 없사오니 죽어 황천에 가서 다시 만날지라도 피차 모습이 의아할 것이니 어찌 알아보겠습니까? 슬프다. 한 번 이별하매 가군(家君)과 영원히 헤어지고 갈 곳이 없는지라. 영원히 이별하게 되었으니 생전에 가군을 위하여 수고라고 해 볼 길이 없사오니 첩의 손으로 따르는 이별주나 한 잔 잡수시옵소서."

슬픈 소리에 눈물이 비 오듯 나삼을 적셨다. ▶ 심상치 않은 혼례와, 임진왜란의 발발

얇고 가벼운 비단으로 만든 적삼

중략 부분 줄거리 | 남윤은 부모를 만나러 가다 왜병에게 잡혀 포로가 된다.

왜병이 남윤을 생포하고 죽이고자 하거늘, 남윤이 슬피 울며 애걸하기를,

"나는 본디 죄가 없는 사람이라. 그대들은 많은 병사를 거느리고 재물과 땅을 위해 침략했거늘 남의 자식을 무단히 살해하고자 함은 어인 일이냐? 무죄한 나를 죽일진대 어찌 하늘의 재앙이

인과응보(因果應報)

없으리오."

하며 하늘을 우러러 통곡하였다. 후군장 왕굴충이 관상을 잘 보았는데, 남윤의 형용과 기상을 보고 범상한 사람이 아닌 줄을 알았다. 왕굴충이 좌우를 물리치고 말하기를,

"어찌 충효를 겸비한 사람을 죽이리오. 이 사람을 본국으로 데려가면 치국안민(治國安民)하고 반

나라를 잘 다스리고 백성을 평안하게 하고

드시 중용되리니 또한 우리도 공이 있으리라."

중요한 자리에 임용될 것이니

하고 사로잡아 가니, 남윤이 하릴없이 도망하고자 하나 묘책이 없으므로 다만 하늘을 우러러 통곡하며 잡혀갈 따름이었다. ▶ 왜병이 남윤의 범상치 않음을 보고 포로로 잡아감

각설. 선조 대왕이 도적을 피하여 함경도로 가시고자 하거늘, 여러 신하가 다 말하기를,

말이나 글 따위에서, 이제까지 다루던 내용을 그만두고 화제를 다른 쪽으로 돌림

"함경도는 막힌 땅이오니 만일 도적이 따르면 갈 곳이 없사옵니다. 평안도로 급히 가시어 본도의 군병으로 막으며 대국에 구원병을 청하여 도적을 쳐서 물리치는 것이 옳을까 하나이다."

당나라

상이 옳게 여겨 여러 신하를 거느리고 돌아갈새 시골의 여관에 유숙하고 바로 의주로 들어가셨

묵고

다. 왜적이 이 기미를 알고 삼군을 분발하여 일군은 서쪽으로 치고, 일군은 북쪽으로 들어가 주야

따로따로 나누어 떠나게 하여

로 노략하다가 사냥하는 오랑캐에게 멸망당하고, 일군은 의주로 향하다가 평양까지 와서 부산을

떼를 지어 돌아다니며 사람을 해치거나 재물을 강제로 빼앗다가 / 군사를 돌이켜

넘지 못하고 선봉장이 김응서에게 죽고 당나라 장수 이여송에게 패하여 회군하여 돌아갔다.

▶ 왜군이 조선군에게 패하여 회군함

이때 남윤은 넓고 푸른 바다에 떠 있는 흰 구름처럼 갈 곳이 없었다. 부모와 처자를 다시 볼 길이 전혀 없고 도적의 땅에 점점 가까워 오니 슬프고 처량한 마음이 날로 심하고, 고향 생각을 하면 타는 이 간장이요 흐르는 이 눈물이었다. 이러구러 행한 지 여섯 달 만에 왜국의 땅에 이르니 온갖 물품이 풍등(豐登)하여 비할 데 없었다. 「다만 풍속이 고이하고 예법이 없어 골육지친을 분간하지 못하였다.」 또한 조선에서 들어간 계집이 하나 있으니, 그 계집이 서방을 10명도 두고 20여 명도 두며 30명 이하로도 두니 더욱 무쌍하였다. 남윤이 그런 정경을 보지 못하다가 극히 흉참하여 스스로 죽고자 하나 틈을 얻지 못하여 스스로 간장만 사를 따름이었다.

- 도적의 땅: 일본
- 고향 생각: 수구초심(首丘初心)
- 간장: 간과 창자. '애', '마음'
- 이러구러: 이럭저럭 일이 진행되는 모양
- 풍등(豐登)하여: 풍족하여
- 고이하고: 괴이하고
- 골육지친: 부자, 형제 등의 육친(肉親)
- 「 」: 일본 풍속에 대한 비판적 인식
- 또한 조선에서 ~ 무쌍하였다: 일처다부의 풍습. 패륜적인 여자를 조선 여인으로 서술하고 있음에 주목할 만함
- 흉참하여: 흉악하고 참혹하여

▶ 왜국으로 잡혀간 남윤

뒷부분 줄거리 | 왜국으로 끌려간 남윤은 왜국 공주 월중선의 도움으로 죽을 뻔한 고비를 넘긴다. 남윤은 월중선과 부부의 인연을 맺고 함께 배를 타고 왜국을 탈출하는데, 도중에 월중선이 갑자기 바다에 투신을 한다. 고된 항해 끝에 중국을 거쳐 고국에 돌아온 남윤은 부인 이석랑이 낳은 아들인 고행을 극적으로 만난다. 남윤은 고행에게 이석랑과 옥경선을 데려오게 하여 두 부인에게서 두 아들을 낳고 부귀영화를 누리며 행복하게 산다.

핵심 정리

- 갈래: 고전 소설(애정 소설, 역사 소설)
- 성격: 역사적, 애정적
- 구성: '발단 – 전개 – 위기 – 절정 – 결말'의 5단 구성

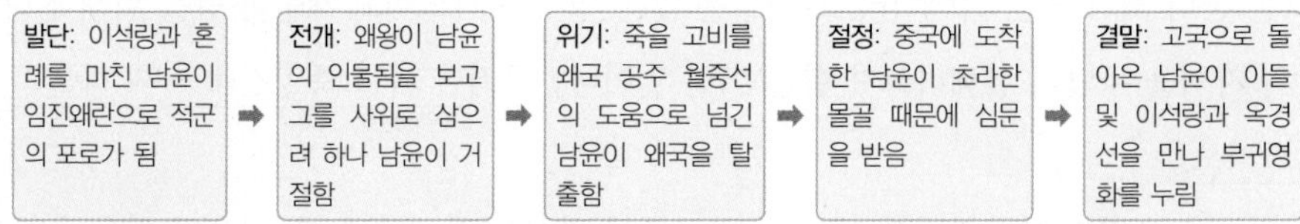

- 제재: 남윤의 고난과 극복
- 주제: 고난 극복의 의지와 조국애
- 특징: ① 임진왜란의 경험에 효 사상과 도선 사상이 더해져 있음
  ② 일본에 대한 적대감보다는 전쟁을 통해 느낀 조국애, 해외에 대한 관심이 강하게 나타남

한눈에 보기

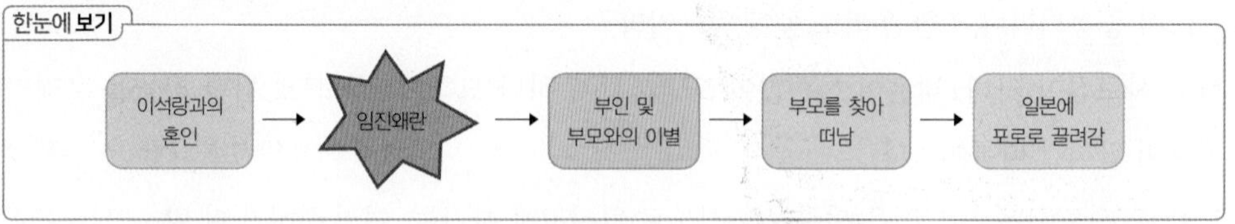

필수 문제

01 이 글에서 남윤이 관비인 옥경선과 혼인하지 않고, 부모가 정한 혼처인 이석랑과 혼인하는 것은 어떤 시대상을 반영하는 것인지 쓰시오.

02 [서술형] 이 글에서 남윤은 일본을 어떻게 인식하고 있는지 서술하시오.

03 [서술형] ㉠의 표면적 이유(①)와 이면적 이유(②)를 각각 서술하시오.

66 영영전(英英傳) | 작자 미상

모의 기출

출제 포인트

지체 높은 선비가 한 궁녀를 열렬히 사모한 끝에 사랑을 이룬다는 내용의 애정 소설이다. 이 글이 다른 고전 소설과 어떤 차이를 보이는지 알아보고, 〈운영전〉과 비교하여 내용상 · 구성상의 공통점과 차이점을 파악해 보자.

감상 길잡이

작자 · 연대 미상의 한문 소설로, 〈상사동기(相思洞記)〉, 〈상사동전객기(相思洞餞客記)〉, 또는 〈회산군전(檜山君傳)〉이라고도 한다. 지체 높은 귀공자가 궁녀를 열렬하게 사랑한 사연을 담은 애정 소설이다. 궁녀들의 폐쇄된 생활상이 드러나 있고, 삽입한 시와 사실적인 표현, 생동적인 비유를 통해 절절한 애정을 표현하고 있는 것이 특징이다. 이 글은 다른 고전 소설과는 달리 전기성(傳奇性), 사건 전개의 우연성 등이 나타나지 않는다. 두 주인공은 현실의 공간에서 사랑을 이루며, 우연이 아닌 필연에 의해서만 만나고 헤어지도록 구성되어 있다. 당시의 작품으로서는 뛰어난 구성력과 현실감을 보여 주는 작품이라 하겠다.

앞부분 줄거리 | 소년 선비 김생은 회산군의 궁녀인 영영을 우연히 보고 저도 모르게 사랑에 빠진다. 우여곡절 끝에 김생은 막동과 노파의 도움으로 영영을 만나게 되고, 영영이 있는 궁에서 다시 만나기로 약속한다. 이윽고 몰래 궁으로 들어간 김생이 영영을 만나 사랑을 확인하지만, 이후 회산군이 죽고 노파도 세상을 뜨고 나자 서로 연락할 길이 끊어진다. 3년 후 김생은 과거에 장원 급제하여 삼일유가(三日遊街)를 하게 된다.

(삼일유가: 과거에 급제한 사람이 사흘 동안 시험관과 선배 급제자와 친척을 방문하던 일)

김생은 머리에 계수나무꽃을 꽂고(장원 급제함) 손에는 상아로 된 홀(조선 시대 때 벼슬아치가 손에 쥐던 물건)을 잡았다. 앞에서는 두 개의 일산(볕을 가리는 물건)이 인도하고 뒤에서는 동자들이 옹위(擁衛)하였으며(부축하여 호위하였으며), 좌우에서는 비단옷을 입은 광대들이 재주를 부리고 악공들은 온갖 소리를 함께 연주하니, 길거리를 가득 메운 구경꾼들이 김생을 마치 천상의 신선인 양 바라보았다.

▶ 장원 급제한 김생의 행렬

김생은 얼큰하게 술에 취한지라, 의기(意氣)(기세가 좋은 적극적인 마음)가 호탕해져 채찍을 잡고 말 위에 걸터앉아 수많은 집들을 한 번 둘러보았다. 갑자기 길가의 한 집이 눈에 띄었는데「높고 긴 담장이 백 걸음 정도 빙빙 둘러 있었으며, 푸른 기와와 붉은 난간이 사면에서 빛났다. 섬돌과 뜰은 온갖 꽃과 초목들로 향기로운 숲을 이루고, 희롱하는 나비와 미친 벌들이 그 사이를 어지러이 날아다녔다.」김생이 누구의 집이냐고 물으니, 곧 회산군 댁이라고 하였다. 김생은 문득 옛날 일이 생각나 마음속으로 은근히 기뻐하며, 짐짓 취한 듯 말에서 떨어져 땅에 눕고는 일어나지 않았다. 궁인(宮人)들이 무슨 일인가 하고 몰려 나오자, 구경꾼들이 저자처럼 모여들었다(시장처럼 많이 몰려들었다).

(「 」: 회산군의 신분이 매우 높고, 집 안의 모습이 웅장하고 화려함을 알 수 있는 대목)

▶ 김생이 회산군의 집을 발견하고 일부러 취한 척함

이때 회산군은 죽은 지 이미 3년이나 되었으며, 궁인들은 이제 막 상복(喪服)을 벗은 상태였다(삼년상이 끝난 상태임). 그동안 부인들은 마음 붙일 곳 없이 홀로 적적하게 살아온 터라, 광대들의 재주가 보고 싶었다. 그래서 시녀들에게 김생을 부축해서 서쪽 가옥으로 모시고, 죽부인을 베개 삼아 비단 무늬 자리에 누이게 하였다.

▶ 김생이 회산군의 집에 들어가게 됨

이윽고 광대와 악공들이 뜰 가운데 나열하여 일제히 음악을 연주하면서 온갖 놀이를 다 펼쳐 보였다. 궁중 시녀들은 고운 얼굴에 분을 바르고 구름처럼 아름다운 머릿결을 드리우고 있었는

데, 주렴을 걷고 보는 자가 수십 명이나 되었다. 그러나 영영이라고 하는 시녀는 그 가운데 없었

구슬을 실에 꿰어 만든 발

다. 자세히 살펴보니, 한 낭자가 나오다가 김생을 보고는 다시 들어가서 눈물을 훔치고, 안팎을

문맥을 고려해 볼 때 '영영'임을 알 수 있음 / 사랑하던 김생을 보자 어찌해야 할지 몰라 마음의 안정을 찾지 못함

들락거리며 어찌할 줄 모르고 있었다. 이는 바로 영영이 김생을 보고서 흐르는 눈물을 참지 못하고, 차마 남이 알아챌까 봐 두려워한 것이었다.

▶ 김생을 알아보고 눈물을 흘리는 영영

이러한 영영을 바라보고 있는 김생의 마음은 처량하기 그지없었다. 그러나 날은 이미 어두워지려고 하였다. 김생은 이곳에 더 이상 오래 머물러 있을 수 없다는 것을 알고 기지개를 켜면서 일어나 주위를 돌아보고는 놀라서 말했다.

"이곳이 어디입니까?"

몰라서 물어보고 있는 것이 아니라 자신이 있는 곳이 회산군의 집인지를 몰랐다는 것을 보이기 위함

궁중의 늙은 노비인 장획(藏獲)이라는 자가 달려와 아뢰었다.

"회산군 댁입니다."

김생은 더욱 놀라며 말했다.

"내가 어떻게 해서 이곳에 왔습니까?"

장획이 사실대로 대답하자, 김생은 곧 자리에서 일어나서 나가려고 하였다. 이때 부인이 술로 인한 김생의 갈증을 염려하여 영영에게 차를 가져오라고 명령하였다. 이로 인해 두 사람은 서로 가까이 하게 되었으나, 말 한 마디도 못하고 단지 눈길만 주고받을 뿐이었다. 영영은 차를 다 올

궁녀는 궁 밖의 남자와는 결혼할 수도 없고, 사랑하는 사이가 되어서도 안 되는 것이 당시 관습이었기 때문에

리고 일어나 안으로 들어가면서 품속에서 편지 한 통을 떨어뜨렸다. 이에 김생은 얼른 편지를 주워서 소매 속에 숨기고 나왔다. 말을 타고 집으로 돌아와 뜯어 보니, 그 글에 일렀다.

▶ 김생이 영영과 재회하여 영영의 편지를 받게 됨

"박명한 첩 영영은 재배하고 낭군께 사룁니다. 저는 살아서 낭군을 따를 수 없고, 또 그렇다고

기구한

죽을 수도 없었습니다. 그래서 잔해만이 남은 숨을 헐떡이며 아직까지 살아 있습니다. 어찌 제

썩거나 타다 남은 뼈

가 성의가 없어서 낭군을 그리워하지 않았겠습니까? 하늘은 얼마나 아득하고, 땅은 얼마나 막

참되고 정성스러운 마음 / 김생과 만날 수 없는 외로움과 그리움을 비유적으로 표현

막하던지! 복숭아와 자두나무에 부는 봄바람은 첩을 깊은 궁중에 가두고, 오동에 내리는 밤비

사실은 영영이 봄바람이 불어도 궁중 밖을 나가지 못했으며, 밤비가 내릴 때에도 빈 방에 홀로 있었음을 말함 – '주객전도(主客顚倒)' 식 표현

는 저를 빈 방에 묶어 놓았습니다. 『오래도록 거문고를 타지 않으니 거문고 갑(匣)에는 거미줄이 생기고, 화장 거울을 공연히 간직하고 있으니 경대(鏡臺)에는 먼지만 가득합니다. 지는 해와 저녁 하늘은 저의 한을 돋우는데, 새벽 별과 이지러진 달인들 제 마음을 염려하겠습니까? 누각에 올라 먼 곳을 바라보면 구름이 제 눈을 가리고, 창가에 기

상자 / 화장대 / 한쪽이 차지 않은 달

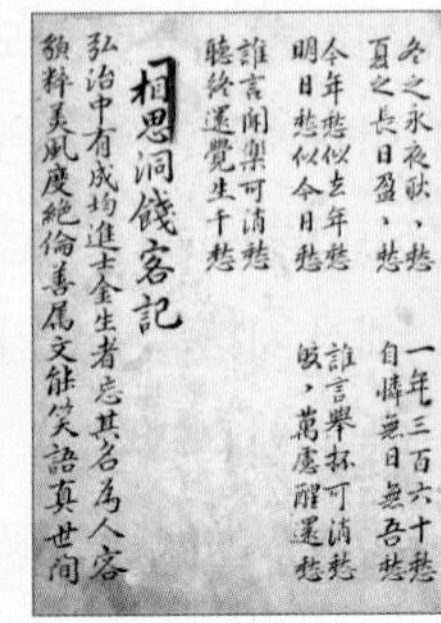

이 글이 수록된 《삼방록》과 《고담주옥》

「 」: 임이 곁에 있지 않아서 쓸쓸하고 외롭게 지내 왔음을 비유를 통해 표현함

대어 생각에 잠기면 수심이 제 꿈을 깨웠습니다.」"

수심: 근심과 걱정

▶ 김생에 대한 그리움이 담긴 영영의 편지

뒷부분 줄거리 | 영영이 남긴 편지 한 통을 읽은 김생은 이후 상사병으로 거의 죽게 된다. 그러다가 회산군 부인의 조카인 친구 이정우의 노력으로 영영은 결국 김생에게 돌아오게 되고 김생과 영영은 행복하게 여생을 보내게 된다.

핵심 정리

- 갈래: 고전 소설(한문 소설, 애정 소설)
- 성격: 낭만적, 현실적
- 구성: '발단 – 전개 – 위기 – 절정 – 결말' 의 5단 구성

발단		전개		위기		절정		결말
발단: 김생이 취중에 영영을 만나 사모하게 됨	➡	전개: 영영이 회산군의 시녀임을 알게 된 김생이 노파(老婆)의 주선으로, 회산군의 집에 몰래 들어가 영영을 만남	➡	위기: 김생은 영영을 더 이상 만날 길이 없어 자결하려다가 과거에 장원 급제하고 삼일유가를 나와 영영의 편지를 받음	➡	절정: 김생이 영영에 대한 그리움으로 앓아눕자 이정우가 사연을 말하여 영영을 보냄	➡	결말: 김생이 영영과 해후하여 함께 여생을 보냄

- 제재: 김생과 궁녀 영영의 사랑
- 주제: 고난을 뛰어넘는 사랑의 실현
- 특징: ① 청춘 남녀의 사랑을 매우 현실적이면서도 낭만적으로 그림
  ② 한시의 삽입, 사실적인 표현과 생동감 있는 비유를 사용함
  ③ 개화기 때 이해조가 신소설 〈잠상태(岑上苔)〉로 개작하기도 함
- 인물 분석
  - 김생: 명나라 선비. 신분의 차이를 넘어서는 순수한 사랑을 끝내 이루어 내는 낭만적 정신의 소유자임
  - 영영: 회산군의 궁녀. 김생에 대한 그리움과 지조를 끝까지 지켜 냄
  - 이정우: 김생의 친구. 김생과 영영의 순수한 사랑을 알고 이를 중개해 줌

한눈에 **보기**

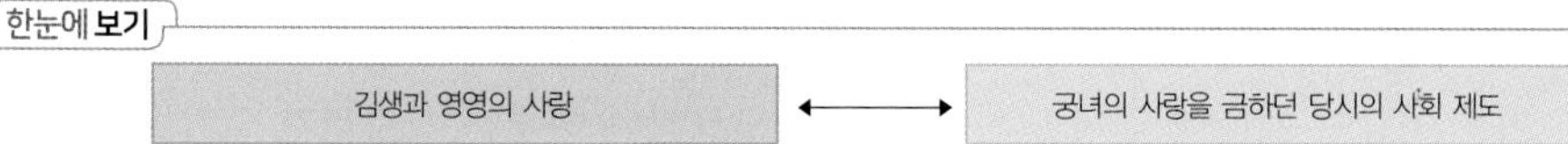

보충·심화 학습

- 〈영영전〉과 〈운영전〉의 공통점과 차이점

구분	〈영영전〉	〈운영전〉
공통점	• 궁녀와 선비의 사랑을 소재로 함 • 노파가 조력자로 등장함	• 남주인공이 여주인공이 있는 궁궐로 몰래 들어감 • 한시를 삽입하여 등장인물의 심리를 표현함
차이점	• 두 주인공의 사랑이 이루어지는 행복한 결말 • 추보식 구성을 취함	• 두 주인공이 모두 죽는 불행한 결말 • 액자식 구성을 취함

필수 문제

01 이 글에서 김생에 대한 영영의 마음을 드러내는 소재는 무엇인지 쓰시오.

02 [서술형] 이 글과 〈운영전〉의 내용상 · 구성상의 차이점을 간략히 서술하시오.

67 숙향전(淑香傳) | 작자 미상

수능 기출 | 모의 기출

출제 포인트

천상(天上)에서 죄를 얻은 두 남녀가 각각 지상계로 내려와 온갖 시련을 극복한 후 다시 사랑을 성취하는 영웅 소설적 구조의 애정 소설이다. 이 작품이 일반적인 영웅 소설과 어떤 차이를 보이는지 알아보자.

감상 길잡이

작자 · 연대 미상의 고전 소설로, 1754년(영조 30년)에 발표된 〈만화본 춘향가(晩華本春香歌)〉에 이 글이 언급된 점으로 보아 그 이전에 창작되어서 당시에 이미 널리 알려져 있었음을 알 수 있다. 여자 주인공 숙향이 고귀한 혈통으로 태어나 어려서 고아가 되고 구출자를 만나 양육되었다가, 다시 찾아온 위기를 극복하고 마침내 행복한 삶을 누리게 되는 과정은 여성 영웅 소설이 갖는 특징이다. 다만, 숙향의 경우 자신의 능력이 아닌 초월적 힘을 통해 위기를 극복한다는 점에서 전형적인 영웅상과의 차이를 드러낸다. 또, 천상의 월궁 선녀와 태을성이 서로 희롱하는 죄를 짓고 각각 숙향과 이선으로 인간 세상에 내려와 갖은 고난을 겪은 끝에, 마침내 사랑을 성취하고 행복을 누리다가 다시 천상으로 되돌아간다는 설정은 적강 소설로서의 면모를 보여 준다.

앞부분 줄거리 | 김전과 장 씨 사이에서 뒤늦게 태어난 숙향은 전쟁으로 부모와 헤어져 장 승상 댁 양녀로 성장하게 된다. 그러나 숙향은 종 사향의 흉계로 쫓겨나게 되고, 자살하려 하나 그때마다 구출되어 마고할미와 살게 된다. 어느 날 숙향은 천상 선녀로 놀던 전세의 꿈을 꾸고, 그 광경을 수놓는다. 숙향의 수를 본 이선은 그림이 자신의 꿈과 같은 데 놀라, 마고할미의 집에 찾아가 숙향과 가연을 맺는다. 이를 안 이선의 아버지 이 상서는 낙양 태수 김전에게 숙향을 하옥케 하나, 김전은 부인 장 씨의 꿈으로 숙향이 자신의 딸임을 알게 된다. 마고할미가 죽자, 숙향은 할미가 기르던 청삽사리만을 데리고 지낸다.

세월이 여류(如流)하여「추칠월(秋七月) 망간(望間)이 됨에 양풍(凉風)은 소슬하고 밝은 보름달은 조용한지라,」낭자가 종이를 펴 놓고 글을 지어 읊다가 책상을 의지하여 잠시 졸다가 깨어 일어나 보니 삽사리 온데간데가 없어 놀라서 삽사리를 찾았으나 종적이 없는지라 더욱 망연하여 신세를 한탄하였다. 이때 이랑이 태학에 있어 낭자의 소식을 모르더니「하루는 삽사리가 오거늘 반갑고 놀라 데려다가 어루만질새 그 개가 문득 한 봉서를 토하니 이는 곧 낭자의 필적이었다.」급히 떼어 본즉 그 글에, "숙향의 팔자 지험(至險)하여 나이 다섯에 부모를 잃고 동서 유리하다 천정연분으로 이랑을 만났으나 원앙금이 완전치 못하여 이별이 웬말인가? 간장은 그치고 서로 만날 때가 기약이 없구나. 이제 할미마저 죽었으니 누구를 의지하여야 할지 알지 못하겠구나. 나의 궁박함을 누가 알리겠는가?" 하였거늘 이랑이 글을 보고 더욱 슬퍼하였다. 음식을 내어 개를 먹이며 편지를 써 개 목에 걸어 주며 경계하여 말하기를, "할미가 죽었으니 너는 낭자를 잘 보호하라." 하니 그 개 머리를 조아려 응하고 가는 것이었다.

> 여류: 물 흐르듯 빨리 지나서 / 망간: 보름께 / 양풍: 서늘한 바람 / 소슬하고: 으스스하고 쓸쓸하고
> 「 」: 인물의 외로운 심리를 고조시키는 배경 제시
> 삽사리 온데간데가 없어: 삽사리는 숙향의 글을 이선에게 전하려 갔음 – 숙향과 이선의 관계를 이어 주는 매개 역할
> 망연하여: 아무 생각 없이 멍해져
> 이랑: 이선 / 태학: 성균관
> 「 」: 고전 소설의 우연성
> 지험: 매우 험하여 / 봉서: 겉봉을 봉한 편지 / 천정연분: 하늘이 맺어 준 연분
> 원앙금: 원앙새를 수놓은 이불. 부부가 함께 덮는 이불 / 유리하다: 이곳저곳 떠돌다가
> 원앙금이 완전치 못하여 이별이 웬말인가?: 이선 부모의 반대로 결혼 생활이 순탄하지 못했던 사실을 말함
> 간장은 그치고: 간과 장이 끊어지도록 슬프고
> 궁박함: 몹시 곤궁함. 매우 어려움

화설.「낭자는 개마저 잃고 홀로 있어 사면이 적료(寂寥)함에 슬픔을 금치 못하여 자결하고자 하여 비단 수건을 손에 쥐고 창천을 의지하여 부모를 부르짖어 통곡하다가 문득 들으니 무슨 짐승이 소리를 크게 지르며 점점 가까이 다가왔다. 마음속으로 놀라 창을 닫고 동정을 살피고 있노라니 이윽고 그 짐승이 들어와 문을 후비기에 자세히 들으니 이는 곧 삽사리였다.」그제야 반겨 급히 문을 열고 나가 개 등을 어루만지며 말하기를, "네 나를 버리고 어디로 갔었느냐?" 하고 슬피 우

> 화설: 장면을 전환할 때 관습적으로 쓰는 말 / 적료: 적적하고 고요함
> 창천: 푸른 하늘 / 동정: 일이나 현상이 벌어지고 있는 낌새
> 「 」: 고전 소설의 우연성

니 그 개가 목을 늘이어 낭자의 팔 위에 얹거늘 이상히 여겨서 보니, 목에 한 봉서가 매여 있었다. 바삐 끌러 보니 이는 곧 이랑의 필적이었다. 그 글에, "백년가랑 이선은 글월을 숙 낭자에게 부치노니 낭자의 이렇듯한 괴로움이 모두 나로 말미암은 것이오.『내 한번 이리로 옴에 높은 산이 첩첩히 가리고 소식이 끊어졌는데 생각지도 못하던 낭자의 친필을 받고 보니 서로 대한 듯 반가웠소.』 그러나 할미가 죽었다는 소식은 나로 하여금 심신을 혼미하게 하였소."

백년가랑: 오랜 세월 동안 변하지 않을 사랑하는 낭군

낭자의 이렇듯한 괴로움이 모두 나로 말미암은 것이오: 부모의 허락을 받지도 않고 숙향과 결혼하고 이별하게 된 책임이 자신에게 있다고 말함

「 」: 이별한 아내 숙향을 그리워하는 이선의 마음을 알 수 있음

▶ 숙향과 이선이 편지를 주고받음

뒷부분 줄거리 | 숙향은 이후 이선의 부모를 만나 과거에 급제한 이선과의 혼인을 허락받는다. 이선은 황태후의 병환 치료에 쓸 영약을 구하러 험난한 길을 떠나 약을 구해 오고, 그 후 숙향과 부귀를 누리다가 선계로 돌아간다.

핵심 정리

- 갈래: 고전 소설(애정 소설, 적강 소설, 영웅 소설)
- 성격: 전기적, 신비적, 낭만적, 도교적, 초현실적
- 구성: '발단 – 전개 – 위기 – 절정 – 결말' 의 5단 구성

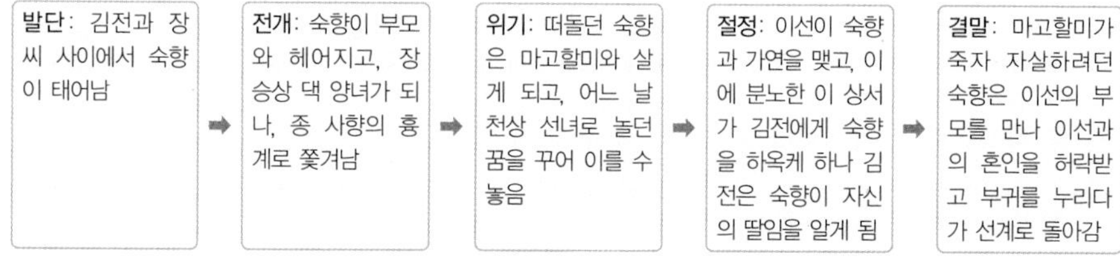

- 제재: 이선과 숙향의 사랑
- 주제: 시공을 초월한 남녀의 사랑
- 특징: 영웅의 일대기 구조에 따라 여성의 수난을 그리면서도 남녀 사이의 사랑을 다룸
- 인물 분석
  - 숙향: 김전의 외딸. 어려서 부모를 잃고, 갖은 고난과 위기에 처하지만 구출자의 도움으로 이를 극복하고 마침내 행복한 삶을 누리게 됨
  - 이선: 숙향의 남편. 역경 끝에 사랑을 성취하고 행복을 누리다가 다시 천상으로 되돌아감

한눈에 보기

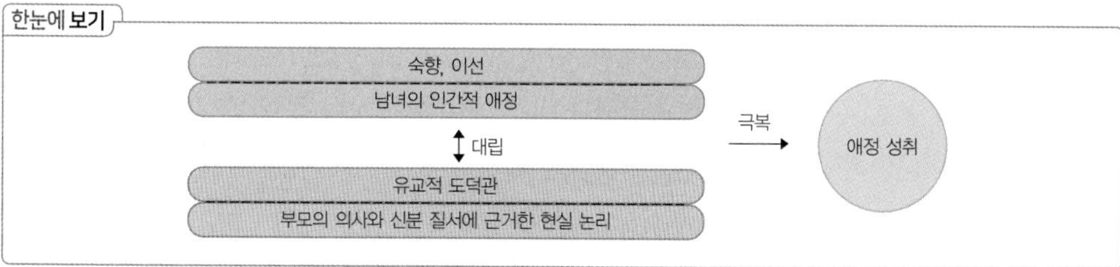

필수 문제

01 이 글에서 숙향과 이선을 이어 주는 매개로서의 역할을 하고 있는 대상을 찾아 3음절로 쓰시오.

02 [서술형] 이 글의 주인공을 전형적인 영웅으로 보기 어려운 이유를 서술하시오.

68 운영전(雲英傳) | 작자 미상

교과서 EBS 수능 기출 모의 기출

출제 포인트

이 글은 궁녀 운영과 선비 김 진사의 비극적인 사랑을 다룬 애정 소설이다. 이 글의 구성상(액자식 구성)의 특징과 그 효과에 대해 알아보고, 비극적 결말에 담긴 작가의 의도를 파악해 보자.

감상 길잡이

이 글은 궁궐을 배경으로 운영과 김 진사의 사랑이 비극적 운명 앞에 좌절하는 내용의 몽유록계 소설이다. 〈수성궁 몽유록(壽聖宮夢遊錄)〉 또는 〈유영전(柳永傳)〉이라고도 한다. 한문본이 원작이며, 1925년 영창서관(永昌書館)에서 간행한 한글 번역본 등이 있다. 고전 소설의 전형적인 행복한 결말에서 벗어나 비극적인 결말을 맺는 소설이며, 조선 시대의 소설 중에서도 남녀 간의 애정을 미화한 대표적인 작품이다.

장면 1

앞부분 줄거리 | 수성궁 옛터에서 놀다가 술에 취해 잠이 든 유영은 꿈속에서 운영과 김 진사를 만나 그들의 안타까운 사랑 이야기를 듣게 된다. 13세의 어린 나이에 입궁한 운영은 안평 대군을 찾아온 김 진사에게 호감을 느끼고 사랑에 빠진다. 김 진사 역시 운영에게 사랑의 마음을 품게 되고, 운영이 김 진사에게 편지를 써서 마음을 전하자, 김 진사도 무녀를 통해 운영에게 편지를 보낸다.

제가(운영) 방으로 돌아와 편지(김 진사가 무녀(巫女)를 통해 운영에게 몰래 전한 편지)를 뜯어 보니, 그 편지에 일렀습니다.

"그대를 한 번 본 이후로 날아갈 듯 기뻐 마음을 안정시킬 수가 없었습니다. 그래서 매번 궁성(宮城)의 서쪽을 바라볼 때마다 애가 끊는 듯(몹시 슬퍼서 창자가 끊어지는 듯)했습니다. 지난번 벽 틈으로 전해 준 편지로 잊을 수 없는 그대의 고운 글을 경건하게 받들긴 했으나, 다 펼치기도 전에 숨이 막히고 절반도 채 못 읽어 눈물이 글자를 적시었습니다. 이때부터 저는 잠자리에 들어도 잠을 이룰 수가 없고(오매불망(寤寐不忘)), 밥을 먹어도 음식이 넘어가지 않았습니다. 병이(상사병) 고황(膏肓)(명치. 여기서는 침이나 약으로도 고치지 못하는 곳을 뜻함)에 들어 온갖 약이 무효한지라, 다만 저승에서나마 뜻밖에 만나 서로 따를 수 있기를 바랍니다(불교적 사고방식, 윤회 사상). 푸른 하늘은 굽어 불쌍하게 여기시고 귀신은 묵묵히 도와주소서. 만약 생전에 이 한(두 사람이 사랑을 이루지 못하고 있는 한)을 한 번 풀어 주신다면, 마땅히 몸을 빻고 뼈를 갈아서(분골쇄신(粉骨碎身)) 천지의 모든 신령께 제사를 올리겠나이다. 종이를 대하니 목이 멥니다. 다시 무슨 말을 할 수 있겠습니까? 예의를 갖추지 못한 채 삼가 올립니다."

▶ 이룰 수 없는 사랑이라는 것을 알면서도 사랑을 고백하는 김 진사의 편지

이 글 아래에 다시 칠운시(七韻詩)(칠언율시(七言律詩). 한 구가 7자이며, 모두 8구로 이루어짐) 한 수를 써서 일렀다.

깊고 깊은 누각(수성궁－사랑의 장애물)에 저녁 사립문은 닫혔고,
나무 그늘과 구름 그림자는 온통 흐릿하기만 하네.
흐르는 물에 떨어진 꽃은 도랑 따라 흘러나오고,
어린 제비는 흙을 물고 난간으로 돌아가네.
— 굳게 닫혀 저물어 가는 수성궁의 정경

베갯머리에 누워도 호접몽(胡蝶夢)(꿈에서 나비가 되어 궁 안으로 들어가고 싶어 하는 김 진사의 마음) 이루지 못하고,
공연히 눈을 돌려 오지 않을 소식 기다리네.
— 운영을 그리워하는 김 진사의 마음

구슬 같은 얼굴 눈앞에 있는데 어찌 말이 없는가?

푸른 숲에서 우는 꾀꼬리 소리에 눈물로 옷깃 적시네.

객관적 상관물

▶ 사랑을 고백하는 김 진사의 시(詩)

저는 이 글을 다 읽고 난 뒤에 소리가 끊기고 기가 막혀서, 입으로는 말을 할 수가 없었고 눈에서는 눈물이 다하여 피가 흘렀습니다. 그러나 몸을 병풍 뒤에 숨기고 오로지 남이 알까 두려워했을 뿐입니다.

▶ 김 진사의 편지를 받고 그의 마음을 확인하는 운영

이때부터 저는 단 한순간도 낭군을 잊지 못하여 바보나 미치광이가 된 것 같았습니다. 이러한 제 마음이 말과 얼굴에 나타나니, 주군(主君)이 의심하고 남들이 이상하게 여겼던 것은 실로 헛된 것이 아니었습니다. 자란 역시 원한이 맺힌 여자인지라, 이 말을 듣고 눈물을 머금으며 말했습니다.

주군(主君): 안평 대군

원한이 맺힌 여자: 대군의 명으로 외부와의 출입이 차단된 채로 갇혀 사는 존재임

"시는 성정(性情)에서 나오는 것이니 속일 수가 없구나."

성정(性情): 성질과 심성

하루는 대군이 비취를 불러 말했습니다.

"너희들 열 사람이 한 곳에 같이 있어서 학업에 전일(專一)하지 못하니, 마땅히 다섯 사람을 나누어 서궁(西宮)에 거처케 하라."

전일(專一): 마음과 힘을 모아 오직 한 곳에만 씀

이에 첩과 자란 · 은섬 · 옥녀 · 비취가 그날 곧바로 서궁으로 옮겨 가게 되었습니다.

▶ 운영의 마음을 알아차린 자란과, 궁녀들을 나누어 서궁으로 이주시키는 안평 대군

중략 부분 줄거리 | 운영과 김 진사의 관계를 의심한 안평 대군은 궁녀를 나누어 서궁으로 이주시키고 운영을 힐문하지만 운영은 죽을 각오로 사실을 부인하고 자백하지 않는다. 이런 일이 있은 뒤 중추절에 궁녀들이 개울로 빨래를 하러 나갈 기회를 얻자, 운영은 곧장 무녀의 집으로 달려가 연락하여 다시 김 진사를 만나 더욱 뜨거운 사랑을 나누고 궁중에서 다시 만날 것을 약속한다. 그 뒤로 김 진사는 노비 특의 도움으로 궁궐의 담장을 넘어가서 운영을 만나 사랑을 나눈다.

『하루는 대군이 서궁의 수헌에 앉아 계시다가 왜철쭉이 활짝 핀 것을 보고, 시녀들에게 각기 오언절구(五言絶句)를 지어서 바치라고 명령했습니다.』 시녀들이 시를 지어서 올리자 대군이 크게 칭찬하여 말했습니다.

수헌: 비단으로 수놓은 아름다운 집

서궁: 안평 대군의 명으로 운영이 자란, 은섬, 옥녀, 비취와 머물던 곳

오언절구(五言絶句): 한 구가 다섯 글자로 된 절구. 중국 당나라 때에 성행함

「 」: 아름다운 꽃이 핀 모습을 보고 시를 짓게 하는 안평 대군 – 풍류를 즐기는 성격

"너희들의 글이 날마다 점점 나아지고 있어서 매우 기쁘다. 다만 운영의 시에는 임을 그리워하는 마음이 나타나 있다. 지난번에 쓴 시에도 그러한 마음이 희미하게 엿보였는데 지금 또 이러하니, 네가 따르고자 하는 사람이 어떤 사람이냐? 김 진사의 상량문에도 의심할 만한 대목이 있었는데, 너는 김 진사를 생각하고 있지 않느냐?"

너희들의 글이 날마다 점점 나아지고 있어서: 일취월장(日就月將: 학식이나 실력이 나날이 다달이 자라거나 발전함)

임을 그리워하는 마음: 운영이 지은 시의 주제

따르고자 하는: 그리워하는

상량문: 상량식을 할 때 상량을 축복하는 글. 상량은 집을 지을 때 기둥에 보를 얹고 그 위에 마룻대를 올려놓는 일

▶ 운영의 시를 보고 김 진사와의 관계를 의심하는 안평 대군

이에 저는 즉시 뜰에 내려 머리를 조아리고 울면서 말했습니다.

저는: 운영을 가리킴. 현재 사건은 유영이라는 인물이 꿈속에서 운영과 김 진사의 사연을 듣는 내화에 해당함

저는 즉시 뜰에 내려 머리를 조아리고 울면서: 대군 외에 다른 남자와 정을 통해서는 안 된다는 금기를 어겼기 때문에

"대군께 한 번 의심을 보이고는 바로 곧 스스로 죽고자 했으나 나이가 아직 20 미만이고, 또 부모님도 보지 못하고 죽으면 구천지하(九泉地下)에 죽어서도 유감이 있는 까닭으로 살기를 도적질하여 여기까지 이르렀다가 이제 다시 의심을 받게 되었사오니 한 번 죽기를 어찌 애석히 여기리까. 천지의 귀신들이 죽 늘어서 밝게 비추고 시녀 다섯 사람이 한순간도 떨어지지 않고 함

구천지하(九泉地下): 땅속 깊은 밑바닥이란 뜻으로, 죽은 뒤에 넋이 돌아가는 곳을 이르는 말

나이가 아직 20 미만이고, 또 부모님도 보지 못하고 죽으면 구천지하(九泉地下)에 죽어서도 유감이 있는 까닭으로: 운영이 첫 번째 의심을 받았을 때 자결하지 못한 이유. 당시 궁녀들의 억압적인 생활상과 한(恨)이 나타남

천지의 귀신들이 죽 늘어서 밝게 비추고 시녀 다섯 사람이 한순간도 떨어지지 않고 함: 천지신명이 지켜보고, 서궁에 거처하는 다섯 궁녀들이 늘 같이 있었음을 들어 자신의 결백을 주장함

께 있었는데, 더러운 이름이 유독 저에게만 돌아오니 사는 것이 죽는 것보다 못합니다. 제가 이제야 죽을 곳을 얻었습니다."

오명(汚名)

▶ 대군의 의심을 받아 죽기를 결심하는 운영

저는 바로 비단 수건으로 스스로 난간에다 목을 매었더니, 이때 자란이 말했습니다.

운영을 가리킴

「"주군께서 이처럼 영명(英明)하시면서 죄 없는 시녀로 하여금 스스로 사지(死地)로 나가게 하시니, 지금부터 저희들은 맹세코 붓을 들어 글을 쓰지 않겠습니다."」

뛰어나게 지혜롭고 총명하시면서 / 죽게 하시니 / 절필을 선언함

「 」: 단호한 어조로 운영의 결백을 호소하는 자란

대군은 비록 크게 노하였으나, 마음속으로는 정말로 저를 죽이고 싶지 않은 고로, 자란으로 하여금 저를 구하여 죽지 못하게 하였습니다. 그런 뒤 대군은 흰 비단 다섯 단(端)을 내어서 다섯 사람에게 나누어 주면서 말했습니다.

안평 대군이 마음속으로 운영을 매우 아끼고 있음을 알 수 있음

"너희가 지은 시들이 가장 아름답기에 이것을 상으로 주노라."

궁녀들을 억압하면서도 칭찬하며 상을 줌 – 안평 대군의 양면성, 이중적 태도

▶ 운영을 용서하고 궁녀들에게 상을 내리는 안평 대군

이때부터 진사는 다시는 궁궐을 출입하지 못하고 집에 틀어박힌 채 병들어 눕게 되었습니다. 눈물이 이불과 베개에 흩뿌려졌으며, 목숨은 한 가닥 실낱 같았습니다. 특이 와서 보고는 말했습니다.

① 운영과 김 진사의 사랑을 가로막는 장애물 ② 자유로운 삶을 억압하는 사회적 제약, 폐쇄적 공간

운영을 만날 수 없는 김 진사의 비참한 처지를 강조하는 표현 / 김 진사의 종

"대장부가 죽으면 죽는 것이지, 어떻게 차마 임을 그리워하다 원한이 맺혀 좀스런 여자들처럼 상심하고, 또 천금 같은 귀중한 몸을 스스로 던져 버리려 하십니까? 이제 마땅히 꾀를 쓰시면 그 여자를 얻는 것은 어렵지 않을 것입니다. 한적하고 깊은 밤에 담을 넘어 들어가서 솜으로 입을 막고 업어서 나오면 누가 감히 우리를 쫓아올 수 있겠습니까?" / 진사가 말했습니다.

운영을 보쌈해 오자고 제안함 – 특의 음흉한 성격이 드러남

"그 계획 역시 위험하여 성심으로 호소하는 것만 못할 것이다."

정성스러운 마음

▶ 운영을 보지 못하는 김 진사의 근심과 특의 제안

진사가 그날 밤 들어오셨으나, 저는 병이 들어 일어나지 못하고, 자란으로 하여금 맞이해 들여 술 석 잔을 권하고는 봉서를 주면서 제가 말했습니다.

겉봉을 봉한 편지, 운영이 김 진사에게 이별을 알리는 편지

백년가약(百年佳約: 젊은 남녀가 부부가 되어 평생을 같이 지낼 것을 굳게 다짐하는 아름다운 언약)을 가리킴

"이후로는 다시 볼 수 없을 것이니, 삼생(三生)의 인연과 백 년의 가약이 오늘 밤으로 다한 것 같습니다. 혹 하늘이 정해 준 인연이 끊어지지 않았으면 마땅히 구천지하(九泉地下)에서 서로 찾게 되겠지요."

불교에서 전생, 현생, 내생인 과거세, 현재세, 미래세를 통틀어 이르는 말로 윤회 사상이 드러남

운영과 김 진사의 사랑이 이승이 아닌 저승(천상계)에서나 맺어질 것을 암시함

진사는 편지를 받고 우두커니 서서 묵묵히 바라보다가 가슴을 치고 눈물을 흘리면서 나갔습니다. 자란은 저희들이 처량하여 차마 볼 수 없어 몸을 숨기고 눈물을 흘리면서 서 있었습니다. 진사가 집으로 돌아와 봉서를 뜯어보니,

목불인견(目不忍見)

'박명한 첩 운영은 낭군께 두 번 절하고 엎드려 사룁니다. 제가 비박한 자질로서 불행하게도 낭군님께서 유념하여 주시어 서로 생각하기를 몇 날이며, 서로 바라보기를 몇 번이나 하다가 다행히 하룻밤의 즐거움을 나누었을 뿐, 바다같이 크고 넓은 정은 다하지 못하였나이다. 인간사 좋은 일에는 조물주(造物主)의 시기함이 많사와, 궁인이 알고 대군이 의심하시어 조석으로 화가

복이 없고 팔자가 사나운 / 말씀을 올립니다 / 변변치 못한 / 잊지 않고 마음속에 깊이 생각해 / 신분이라는 현실적 제약 때문 / 호사다마(好事多魔) / 썩 가까운 앞날. 또는 어떤 일이 곧 결판날 상황

다가왔으매, 죽은 뒤에나 이 재앙이 그칠 것입니다.『낭군께서는 저와 작별한 후에 저를 가슴에
「 」: 이별의 상황에서도 자신의 안위보다 김 진사의 출세를 염려하는 운영의 지극한 마음이 드러남
품어 두시고 상심하지 마시고, 힘써 공부하시어 과거에 급제하여 벼슬길에 오르고 후세에 이름
유교적 출세주의가 드러남. 입신양명(立身揚名)
을 날리시어 부모님을 기쁘게 하여 주시옵소서.』제 의복과 보화는 모두 팔아서 부처께 바치시
보물
어『여러 가지로 기도하시고 정성을 다하여 소원을 내어 삼생의 미진한 연분을 후세에 다시 잇
다하지 못한
게 하여 주시옵소서!』그렇게만 해 주신다면 더없이 좋겠나이다! 좋겠나이다!'
「 」: 후생에서도 김 진사와 인연을 이어 가고 싶어 함 ▶ 김 진사에게 편지로 이별을 통보하는 운영

진사는 편지를 다 보지를 못하고 기절하여 땅에 넘어지니 집안사람들이 뛰어나와 구하여 다시
운영에 대한 간절한 그리움 때문. 김 진사의 여리고 섬세한 성격이 드러남
깨어났습니다. 이때 특이, ▶ 운영의 이별 편지를 읽고 기절하는 김 진사

"궁인이 무슨 말로 대답을 하였기에 이렇게 죽으려 하시나이까?"

하고 물으니, 진사는 다른 말은 하지 않고, 오로지 일렀습니다.

"재보는 네가 잘 지키고 있느냐? 내가 장차 그것을 다 팔아서 부처님께 지성으로 발원하여
김 진사와 운영이 함께 도망치기로 계획했을 때 미리 옮겨 놓은 운영의 재물
숙약을 실천하리라." ▶ 운영과의 약속을 지키려는 김 진사
오래전에 한 약속

특이 집에 돌아와 혼잣말로 이르기를,

"궁녀가 나오지 않으니, 그 재보는 하늘이 내게 준 것이겠지."
운영의 재물을 가로채려 함. 특의 사악하고 탐욕스러운 성격이 드러남
하며 벽을 향해 남몰래 웃었으나, 다른 사람들은 그것을 알 리가 없었지요.
특이 진사를 속이고 배신할 것임을 암시함

하루는 특이 스스로 자기 옷을 찢고 코를 쳐서 흐르는 피를 온몸에 흠뻑 바르고 머리를 흩트린
운영의 재물을 가로채기 위해 강도에게 습격당한 척하며 김 진사를 속이려는 특의 의도적 행동
채 맨발로 달려 들어와 뜰에 엎드려 울면서 말했습니다.

"제가 강도의 습격을 받았나이다." / 하고 기절한 척했습니다. 진사님은 특이 죽으면 재물을 묻
운영의 재물을 가로채기 위한 거짓말
은 곳을 알 수 없게 될까 염려되어, 친히 약물(藥物)을 입에 흘려 넣는 등 온갖 방법을 다 써서 특을 살려 내고, 술과 고기를 마련해서 먹이었습니다. 그러자 특이 10여 일 만에 일어나 말했습니다.

『"혈혈단신(孑孑單身) 혼자 몸으로 산속에서 지키고 있다가 도적들의 습격을 받아 목숨을 걸고 도망쳐 왔나이다. 만일 그 보화가 아니었다면 제게 어찌 이와 같은 위험이 있으리이까? 타고난 운명이 이처럼 험악한데 어찌 빨리 죽지 않는고!"

하고 주먹으로 가슴을 치면서 통곡하므로 진사님은 따뜻한 말로 위로하여 주셨습니다.』
「 」: 재물을 가로채기 위해 거짓말을 하는 특의 간사한 모습과 특을 위로하는 김 진사의 인간적인 면모가 대비를 이룸

얼마 후 진사님은 특의 소행을 알고 노복 십여 명을 거느리고 가서 불시에 그 집을 수색하여 보니 단지 금비녀 한 쌍과 운남 거울 하나가 있었을 뿐이었습니다. 이 물건을 장물(贓物)로 삼아 관
불법으로 가진 타인 소유의 재물
가에 고발하여 나머지 물건들도 찾고 싶었으나, 일이 누설될까 두려워 고발하지 못했습니다.『진사는 이 재물이 없으면 불공을 드릴 수가 없었기 때문에 마음속으로는 특을 죽이고 싶었으나, 힘으로 제어할 수가 없어 애써 침묵을 지키고 있었습니다.』 ▶ 특의 계략으로 운영이 준 재물을 빼앗기는 김 진사
「 」: 특에 대한 분한 마음을 품고서도, 적극적으로 사태를 해결하지 못하는 김 진사의 소극적인 성격이 드러남

특은 자기 죄를 알고 궁궐 담장 아래에 사는 맹인(盲人)에게 가서 물었습니다.

「"내가 며칠 전 새벽에 이 궁궐 담장 밖을 지나가고 있는데, 어떤 사람이 궁궐 안에서 서쪽 담을 넘어 나왔소. 그가 도적인 것을 알고 소리를 지르며 쫓아갔는데, 그 사람은 가졌던 물건을 버리고 달아났소. 나는 그 물건을 가지고 집으로 돌아와 보관하고 있으면서 물건 주인이 와서 찾아가기를 기다렸소. 그런데 우리 주인은 본래 염치가 없어서 내가 물건을 얻었다는 소문을 듣고 몸소 내 집에 와서 그 물건들을 찾았소. 내가 다른 보물은 없고 단지 비녀와 거울 두 가지만 있다고 대답하자, 주인은 몸소 수색을 해서 과연 그 두 물건을 찾아냈소. 주인은 그것도 부족해서 바야흐로 나를 죽이려고 하오. 그래서 내가 달아나려고 하는데, 달아나면 길(吉)하겠소?"」

이후 안평 대군이 서궁을 뒤지게 한 이유에 해당하는 말

김 진사를 가리킴

적반하장(賊反荷杖)

「 」: 거짓말로 유언비어를 퍼뜨리려는 특의 간사한 성격과 재물을 가로채고도 오히려 김 진사를 모함하는 염치없는 태도가 드러남

운이 좋거나 일이 상서롭겠소

맹인이 말했습니다.

"길하다." / 그때 맹인의 이웃이 옆에 있다가 그 이야기를 다 듣고는 특에게 말했습니다.

"너의 주인은 어떠한 사람인데, 이처럼 노비에게 포악하게 구느냐?" / 특이 말했습니다.

사납고 악하게

진실을 정확히 파악하지 못한 채 특의 말만 믿고 김 진사를 비판하고 있음

"우리 주인은 나이는 어리나 문장에 능해서 조만간 틀림없이 급제할 사람입니다. 그런데 씀씀이가 이처럼 탐욕스러우니, 훗날 벼슬길에 올라 조정(朝廷)에 섰을 때 그의 마음 씀씀이가 어떠할지 알 수 있을 것입니다."

임금이 나라의 정치를 신하들과 의논하거나 집행하는 곳. 또는 그런 기구

▶ 주변 사람들에게 김 진사를 모함하는 말을 퍼뜨리는 특

이 말이 전파되어 궁인이 대군께 고하니, 대군이 대노하여 남궁인으로 하여금 서궁을 수색하게 한즉 저의 의복과 보화가 전부 없어졌으므로, 대군이 서궁 궁녀 다섯 사람을 뜰에 불러놓고, 형장(刑杖)을 엄하게 차려놓고 영을 내리기를,

말씀드리니

남궁에 거처하는 궁녀들

예전에, 죄인을 신문할 때 쓰던 몽둥이

결정적 장면

"이 다섯 사람을 죽여서 다른 사람들을 경계하라."

궁녀와 외간 남자 간의 사랑을 철저하게 금지하려는 안평 대군의 의도가 드러남. 일벌백계(一罰百戒)

하시고는 집장 한 사람에게, / "곤장 수를 헤아리지 말고 죽을 때까지 쳐라."

곤장을 잡은 사람

안평 대군의 잔인한 성격이 드러남

이에 우리 다섯 사람이 호소하였습니다. / "바라건대 한 번 말이나 하고 죽겠나이다."

대군이 말했습니다. / "무슨 말이든지 그간의 사정을 다 털어놓도록 해라."

▶ 서궁의 궁녀들을 문초하는 안평 대군

은섬이 초사(招辭)를 올리니,

조선 시대에 죄인이 범죄 사실을 진술하던 일

「"남녀의 정욕은 음양의 이치에서 나온 것으로, 귀하고 천한 것의 구별이 없이 사람이라면 모두 다 갖고 있는 것입니다.」 그런데 저희는 한번 깊은 궁궐에 갇힌 이후 그림자를 벗하며 외롭게 지내 왔습니다. 그래서 꽃을 보면 눈물이 앞을 가리고, 달을 대하면 넋이 사라지는 듯하였습니다.

우주 만물의 서로 반대되는 두 가지 기운으로서 이원적 대립 관계를 나타내는 것. 달과 해, 겨울과 여름, 북과 남, 여자와 남자 등은 모두 음과 양으로 구분됨

「 」: 남녀 사이의 정은 자연스러운 감정임

궁녀들은 음양의 이치를 따르지 못하고 외부와 단절된 생활을 한다는 의미

「저희들이 매화 열매를 꾀꼬리에게 던져 쌍쌍이 날지 못하게 하고, 주렴으로 막을 쳐서 제비 두 마리가 같은 둥지에 깃들지 못하게 하는 것도 다름이 아닙니다. 저희 스스로 쌍쌍이 노니는 꾀

□: 궁녀들의 처지와 대비되는 소재. 선망과 질투의 대상

꼬리와 제비를 부러워하고 질투하는 마음을 견딜 수 없었기 때문입

「 」: 남녀 간의 정욕을 억제하며 살아가야 하는 신세에 대한 울분이 드러남

니다.」한번 궁궐의 담을 넘으면 인간 세상의 즐거움을 알 수 있습니

남녀 간의 애정 및 세상에서 누릴 수 있는 즐거움

다. 그럼에도 저희가 궁궐의 담을 넘지 않는 것은 어찌 힘이 부족하며 마음이 차마 하지 못해서 그러하겠습니까? 저희들이 이 궁중에서 꾀할 수 있는 일은 오로지 주군의 위엄이 두려워 이 마음을 굳게 지

외간 남자와 정을 통하지 않고 안평 대군에 대한 지조와 절개를 지키는 것

키다가 말라 죽는 길뿐입니다. 그런데도 주군께서는 이제 죄 없는

남녀가 사랑의 감정을 갖는 것은 음양의 이치이므로 죄가 아니라고 생각함

저희들을 사지(死地)로 보내려 하시니, 저희들은 황천(黃泉) 아래서 죽

저승

더라도 눈을 감지 못할 것입니다."

▶ 자연스러운 인간의 본성과 성정을 억압하는 궁궐 제도를 간접적으로 비판하는 은섬

비취가 초사를 올려 말했습니다.

"주군께서 보살펴 주신 은혜는 산보다 높고 바다보다도 깊습니다.

과장법

저희들은 감격스러움과 두려움에 오로지 글짓기와 거문고 연주만을

궁녀들을 대하는 안평 대군의 이중적 태도로 인한 반응

일삼고 있을 따름입니다. 이제 씻지 못할 악명이 두루 서궁에까지

서궁의 궁녀들이 외부인과 만났다는 소문

이르렀으니, 사는 것이 죽는 것보다 못하게 되었습니다. 오로지 엎

악명을 썼으니 차라리 죽는 것이 낫다는 의미

드려 바라건대, 사지에서 빨리 나가고 싶을 뿐입니다."

▶ 억울한 누명을 썼으니 차라리 죽는 것이 낫다는 비취의 초사

자란이 초사를 올려 말했습니다.

"오늘의 일은 죄가 헤아릴 수 없을 정도로 크니, 마음속에 품은 생각을 어떻게 차마 속이겠습니까? 저희들은 모두 항간(巷間)의 천한 여

보통 사람 – 갑남을녀(甲男乙女)

자로 아버지가 대순도 아니며, 어머니는 이비도 아닙니다. 그러니

순임금을 높여 이르는 말 / 순임금의 두 아내. 아황(娥皇)과 여영(女英)

남녀의 정욕이 어찌 유독 저희들에게만 없겠습니까? ❶ 천자인 목왕도 매번 요대의 즐거움을 생각했고, ❷ 영웅인 항우도 휘장 속에서

훌륭한 궁전

눈물을 금하지 못했는데, 주군께서는 어찌 운영만이 유독 운우지정

구름 또는 비와 나누는 정이라는 뜻으로, 남녀 간의 정교(情交)를 이르는 말

(雲雨之情)이 없다 하십니까? 김생은 곧 우리 세대에서 가장 단아한 선비입니다. 그를『내당(內堂)으로 끌어들인 것은 주군의 일이었으며,

안방 – 문맥상 궁녀들이 거처하는 곳

운영에게 벼루를 받들라 한 것은 주군의 명이었습니다.』운영은 오래

「 」: 안평 대군의 자업자득(自業自得)이라는 것

도록 깊은 궁궐에 갇히어 가을 달과 봄꽃에 매번 성정(性情)을 잃었고, 오동잎에 떨어지는 밤비에는 애가 끊는 듯 고통스러워했습니다. 그러다가 호남(豪男)을 한 번 보고서 심성(心性)을 잃어버렸으며, 마침

지혜와 용기가 뛰어나고 기개와 풍모가 있는 남자. 김 진사

내 병이 골수에 사무쳐 비록 불사약이나 월인의 재주라 할지라도 효

중국 춘추 시대의 명인인 편작의 의술

험을 보기 어렵게 되었습니다. 운영이 하룻저녁에 아침 이슬처럼 스

결정적 장면

서궁의 재물이 없어진 것을 안 안평 대군이 서궁의 궁녀들을 불러 문초하고, 이에 궁녀들이 운영을 변호하는 장면이다. 궁녀들의 이야기를 통해 인간의 본성을 억압하는 당시의 사회상과 유교적 이념 등이 드러나고 있다.

문제로 핵심 파악

1 [기출] '궁궐의 담'에 대한 설명으로 가장 적절한 것은?

① 담은 위선과 진실을 구별하는 경계이다.
② 담 안은 물질적 욕망이 지배하는 공간이다.
③ 담 안의 궁녀들은 담 밖의 세상에 관심이 없다.
④ 담을 넘는 것은 '대군'의 권위에 도전하는 것이다.
⑤ 담 밖은 담 안과 달리 신분적 위계가 없는 공간이다.

핵심 구절 풀이

❶ **천자인 목왕도 매번 요대의 즐거움을 생각했고:** 주(周)나라 목왕(穆王)이 요대(瑤臺)에서 서왕모(西王母)를 만나 함께 노니느라고 돌아오기를 잊었다는 고사에서 나온 말로, 남녀 간의 애정과 그로 인한 즐거움은 누구에게나 있다는 말임

❷ **영웅인 항우도 휘장 속에서 눈물을 금하지 못했는데:** 항우(項羽)가 한(漢)나라 군사에게 포위되었을 때, 해하가(垓下歌)를 지어 우미인(虞美人)과 함께 노래를 부르면서 눈물을 흘렸던 일을 말함

러진다면, 주군께서 비록 측은한 마음을 두시더라도 돌이켜보건대 어떤 이익이 있겠습니까? 저의 어리석은 생각으로는, 김생으로 하여금 운영을 만나게 하여 두 사람에게 맺힌 원한을 풀어 주신다면, 주군의 적선(積善)이 이보다 큰 것이 없을 것입니다. 지난날 운영이 훼절(毁節)한 것은 죄가 저에게 있지 운영에게 있지 않습니다. 저의 이 한마디 말은 위로는 주군을 속이지 않고 아래로는 동료를 저버리지 않았으니, 오늘의 제 죽음 또한 영광스러울 것입니다. 엎드려 바라건대, 주군께서는 제 몸으로써 운영의 목숨을 잇게 해 주십시오."

선행을 쌓음 / 절개나 지조를 깨뜨림 / 운영을 대신하여 죽고자 함

▶ 운영을 변호하는 자란의 초사

옥녀가 초사를 올려 말했습니다.

"서궁의 영광을 제가 이미 함께했는데, 서궁의 재난을 저만 홀로 면하겠습니까? 곤강에 불이 나서 옥석구분(玉石俱焚)하였으니, 오늘의 죽음은 제가 마땅히 죽을 곳을 얻은 것입니다."

옥이나 돌이 모두 다 불에 탄다는 뜻으로, 옳은 사람이나 그른 사람이 구별 없이 모두 재앙을 받음을 이르는 말

▶ 서궁의 궁녀들은 운명 공동체이므로 죽음을 같이하겠다는 옥녀의 초사

제가 초사를 올려 말했습니다.

"주군의 은혜는 산과 같고 바다와 같습니다. 그런데도 능히 정절을 고수(固守)하지 못한 것이 저의 첫 번째 죄입니다. 지난날 제가 지은 시가 주군께 의심을 받게 되었는데도 끝내 사실대로 아뢰지 못한 것이 저의 두 번째 죄입니다. 죄 없는 서궁 사람들이 저 때문에 함께 죄를 입게 된 것이 저의 세 번째 죄입니다. 이처럼 세 가지 큰 죄를 짓고서 무슨 면목으로 살겠습니까? 만약 죽음을 늦춰 주실지라도 저는 마땅히 자결할 것입니다. 처분만 기다립니다."

차지한 물건이나 형세 따위를 굳게 지킴 / 직유법, 과장법 / 운영의 죄 ① / 운영의 죄 ② / 운영의 죄 ③ / 운영의 의지적 태도

▶ 자신의 죄를 받아들이고 자결하려는 운영

대군은 우리들의 초사를 다 보고 나서, 또다시 자란의 초사를 펼쳐 놓고 보더니 점차 노기(怒氣)가 풀리었습니다. / 이때 소옥이 무릎을 꿇고 울면서 아뢰었습니다.

대순과 이비, 목왕과 항우의 고사를 인용해 '운우지정(雲雨之情)'은 인간의 보편적 성정이라는 자란의 설득에 화가 누그러짐

"지난날 완사를 성내(城內)에서 하지 말자고 한 것은 제 의견이었습니다. 자란이 밤에 남궁에 와서 매우 간절하게 요청하기에, 제가 그 마음을 불쌍히 여겨 여러 사람의 의견을 배척하고 따랐던 것입니다. 그러니 운영의 훼절은 죄가 제 몸에 있지 운영에게 있지 않습니다. 엎드려 바라건대, 주군께서는 제 몸으로써 운영의 목숨을 이어 주십시오."

마전이나 빨래를 함. 마전은 생피륙을 삶거나 빨아 볕에 바래는 일을 말함 / 다른 궁녀들이 궁궐 안에서 빨래를 하자고 한 것 / 운영이 김 진사와 사랑을 나눈 것을 의미함

▶ 운영이 훼절한 책임은 자신에게 있으니 자신이 운영 대신 죽겠다고 주장하는 소옥

이에 대군의 노여움이 좀 풀어져서 저를 별당에다 가두고 다른 궁녀들은 다 돌려보냈는데, 그날 밤 저는 비단 수건으로 목매어 죽었습니다.

비극적 결말 – 현실의 지배 질서를 인정할 수밖에 없다는 작가의 인식이 반영됨

▶ 운영의 자결

필수 문제

01 이 글에서 학문과 시를 즐기는 도덕군자임과 동시에 궁녀들의 삶을 구속하는 전근대적인 인물을 쓰시오.

02 이 글을 이끌어 가는 가장 중요한 매개로, 인물의 뛰어남을 드러내기도 하고, 진심을 전달하는 수단이 되기도 하며, 두 주인공을 비극으로 몰아가는 역할도 하는 소재를 쓰시오.

장면 2

앞부분 줄거리 | 안평 대군의 궁녀였던 운영은 수성궁에 시를 지으러 온 김 진사와 사랑에 빠지고, 무녀의 도움으로 사랑을 키워 가지만 안평 대군이 이들 사이를 의심하자 김 진사와 도망치려 한다. 하지만 안평 대군에게 발각되어 다른 궁녀들까지 고난에 처하자 운영은 자결하고, 이 소식을 들은 김 진사도 식음을 전폐하다가 세상을 떠난다. 수성궁을 찾은 선비 유영은 꿈속에서 김 진사와 운영을 만나 그들의 비극적인 사랑 이야기를 듣게 된다.

쓰기를 마치자 붓을 던지고 두 사람은 마주 보고 슬피 울면서 능히 스스로를 그칠 줄을 몰랐다.
김 진사와 운영의 사랑 이야기를 기록함 / 김 진사와 운영이 자신들의 추억이 깃든 곳이 황폐해진 것에 인생무상을 느끼며 슬퍼함

유영은 위로의 말을 해 주었다.
질문을 통해 김 진사와 운영이 자신들의 사연을 말하도록 유도하는 역할을 함

"두 사람이 다시 만났으니 소원이 없겠소. 원수인 종도 이미 없어졌고 통분함도 사라졌을 것인데, 어찌 슬퍼하여 마지않는가. 다시 인간에 나오기를 얻지 못하여 한함인가."
김 진사가 부처에게 빈 소원이 이루어짐

김생은 눈물을 흘리면서 사례하고 말하는 것이었다.
사례: 고마운 뜻을 나타냄

"우리 두 사람은 다 같이 원한을 품고 죽었기로 염라대왕이 그 죄 없음을 불쌍히 여겨 다시 인간에 태어나도록 하고자 하였습니다. 그러나 지하의 낙이 인간보다 못하지 않은데, 하물며 천상의 낙은 어떠하겠습니까. 이럼으로써 인간에 나아가기를 원하지 않습니다. 다만 오늘 저녁 슬퍼한 것은, 대군이 한번 돌아가시자 고궁(故宮)에 주인이 없고 까마귀와 새들이 슬피 울고 사람의 자취가 이르지 아니하기로 그랬을 뿐입니다. 「게다가 새로 병화를 겪은 후로 빛나던 집이 재가 되고, 옥 같은 섬돌, 분 같은 담이 모두 무너지고 오직 섬돌 위에 피어 있는 꽃만이 향기롭고, 뜰에는 풀만이 깔리어 불빛을 자랑할 뿐이니,」 그 옛날의 모습이 바뀌어지지 아니하였다고는 하지만, 인사(人事)의 변화가 쉬움이 이와 같거늘 다시 와 옛일을 생각하니 어찌 슬프지 아니하겠습니까."
김 진사와 운영이 사랑을 이루지 못하고 비극적으로 죽었으므로 / 인간으로 환생시켜 김 진사와 운영의 억울함을 풀어 주려는 염라대왕의 배려 / 천상에서 누리는 즐거움이 더 커 인간 세상에 환생하기를 거절함 / 대군이 죽은 후 인적이 끊긴 고궁의 쓸쓸한 모습 / 병화: 전쟁으로 인한 화재 / 「 」: 폐허가 된 수성궁의 모습 묘사 / 예전 모습 그대로인 자연과 변화한 인간사를 대조하여 인생무상의 정서를 드러냄
▶ 김 진사가 죽은 뒤에 운영과 함께 다시 온 수성궁에서 지난날을 추억하며 슬퍼함

"그러면 그대들은 천상의 사람인가."

「"우리 두 사람은 본래 천상의 선인(仙人)으로서 오래도록 옥황상제를 모시고 있었더니, 하루는 상제께서 태청궁(太淸宮)에 앉아 저에게 옥동산의 과실을 따 오라 하기로, 제가 반도(蟠桃)를 많이 따 가지고 와서 운영과 같이 먹다가 발각되어 진세에 적하(謫下)되어 인간의 괴로움을 골고루 겪다가, 이제 옥황상제께서 전의 허물을 용서하자 삼청궁(三淸宮)으로 올라가서 다시 옥황상제의 향안(香案) 앞에서 상제를 모시게 하였삽기로,」 틈을 타서 바람의 수레를 타고 다시 진세의 옛날 놀던 곳을 찾아와 보았을 뿐입니다."
「 」: 김 진사가 운영과의 사연을 요약적으로 제시함 / 반도: 삼천 년마다 한 번씩 열매가 열린다는 선경에 있는 복숭아 / 태청궁: 도교에서 옥황상제가 산다고 하는 궁궐의 이름 / 진세: 티끌세상. 속세 / 김 진사의 죄목 / 적강 모티프 / 삼청궁: 도교에서 신선이 산다고 하는 하늘에 있는 세 궁궐인 옥청(玉淸), 상청(上淸), 태청(太淸)을 말함 / 향안: 향로나 향합(香盒)을 올려놓는 상 / 진세의 옛날 놀던 곳: 수성궁

김생이 말을 마치고는 눈물을 뿌리면서 운영의 손을 잡고 또 말하였다.

결정적 장면

「"바다가 마르고 돌이 불에 타 버린들 우리들의 정은 사라지지 않을 것이요, 또 땅이 늙고 하늘이 거칠어진들 우리들의 원한은 지우기 어려울 것입니다.」 오늘 저녁에 존군(尊君)과 서로 만나
「 」: 불가능한 상황을 설정해 이루지 못한 사랑에 대한 아쉬움을 드러냄 / 존군: 유영

[A] 이와 같이 따뜻한 정을 나누었으니, 속세의 인연이 없으면 어찌 얻을 수 있겠습니까. 엎드려 바라건대, 존군께서는 이 원고를 거두어 가지고 돌아가시와 영원히 전해 주시옵고, 경솔한 사람들의 입에 전하여 웃음거리가 되지 않도록 하여 주시면 매우 다행으로 생각하겠습니다."

김 진사와 운영이 자신들의 사랑을 기록한 글

김 진사가 유영에게 바라는 것

자신과 운영의 사랑이 아름답게 남겨지길 바람

그리고는 김생은 취하여 운영의 몸에 기대어 시 한 수를 읊었다.

▶ 김 진사가 운영과의 사랑을 쓴 글이 후세에 전해지도록 유영에게 부탁함

花落宮中燕雀飛 (화락궁중연작비) 꽃 떨어진 궁중에 제비와 참새 날고,
수성궁 / 계절감을 드러냄(봄)
春光依舊主人非 (춘광의구주인비) 봄빛은 예와 같건만 주인은 간곳없구나.
자연은 변함이 없는데 안평 대군은 죽고 없음(인생무상)
中宵月色涼如許 (중소월색량여허) 중천에 솟은 달은 차기만 한데,
碧露未沾翠羽衣 (벽로미첨취우의) 아직 푸른 이슬은 우의를 적시지 않았네.
선녀나 신선이 입는다는 새의 깃으로 만든 옷

삽입 시의 기능
① 산문 속에 운문을 삽입하여 표현의 단조로움을 벗어남
② 인물의 정서를 효과적으로 드러냄
③ 작품의 낭만적 분위기를 형성함
④ 사건 전개를 지연시킴
⑤ 독자에게 인물의 심리와 상황에 대한 정서적 여운을 줌

운영이 받아서 읊었다.
김 진사의 시에 화답할 정도로 운영이 지적 소양을 갖춤

故宮柳花帶新春 (고궁류화대신춘) 고궁의 고운 꽃은 봄빛을 새로 띠고,
이승에서의 김 진사와의 사랑을 잊지 못함
千載豪華入夢頻 (천재호화입몽빈) 천년만년 우리 사랑 꿈마다 찾아오네.
今夕來遊尋舊跡 (금석래류심구적) 오늘 저녁 예 와 놀며 옛 자취 찾아보니,
수성궁
不禁哀淚自沾巾 (불금애루자첨건) 막을 수 없는 슬픈 눈물은 수건을 적시네.
김 진사와의 이승에서의 사랑을 추억하며 슬퍼함

▶ 김 진사와 운영이 자신들의 심정을 시로 읊음

이때 유영도 취하여 잠깐 누워 있다가 산새 소리에 깨어났다. 구름과 연기는 땅에 가득하고 새벽빛은 창망한데, 사방을 살펴보아도 사람은 보이지 않고, 다만 김생이 기록한 책자만이 있었다. 유영은 쓸쓸한 마음 금할 수 없어 신책(神冊)을 거두어 가지고 돌아왔다. 장속에 감추어 두고 때때로 내어 보고는 망연자실(茫然自失)하여 침식을 전폐하였다. ❶ 후에 명산을 두루 찾아다니더니, 그 마친 바를 알 수 없다고 한다.

꿈에서 현실로 돌아옴(각몽)

유영이 꿈속에서 김 진사와 운영을 만난 것이 사실임을 알려 주는 소재

김 진사와 운영의 이승에서의 비극적인 사랑을 기록한 책

멍하니 정신을 잃음

▶ 잠에서 깬 유영이 김 진사와 운영이 남긴 책을 들고 집에 왔지만 그 뒤 생사를 알 수 없음

결정적 장면

죽은 김 진사와 운영이 옛 영화가 사라져 버린 수성궁을 보며 현실에 대해 무상감과 슬픔을 드러내고 있는 장면이다. 이후 유영은 그들의 비극적인 사랑 이야기가 적힌 책을 가져와 때때로 살폈으나 그의 생사는 알 수 없게 되었다. 고전 소설 속에 삽입된 시가 어떤 기능을 하는지 살펴볼 수 있는 부분이다.

문제로 핵심 파악

1 [기출] [A]에 대한 설명으로 적절하지 않은 것은?

① 불가능한 상황을 가정하여 각오를 밝히고 있다.
② 보답을 암시하며 행동의 변화를 촉구하고 있다.
③ 설의적 표현을 사용하여 만남의 의미를 강조하고 있다.
④ 상대방이 해야 할 일을 제시하며 협조를 당부하고 있다.
⑤ 우려되는 상황을 거론하며 막아 줄 것을 부탁하고 있다.

핵심 구절 풀이

❶ **후에 명산을 두루 찾아다니더니, 그 마친 바를 알 수 없다고 한다.**: 유영의 생사를 알 수 없었다는 내용으로, 전형적인 고전 소설의 마무리와 달리 설화적 열린 결말의 형태임

답 1 ②

핵심 정리

- 갈래: 고전 소설(염정 소설, 몽유 소설, 액자 소설)
- 성격: 비극적, 염정적
- 구성: '외화 – 내화 – 외화'의 액자식 구성

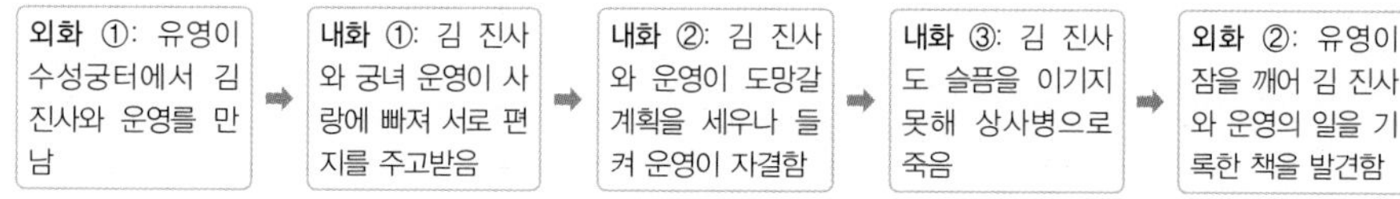

- 제재: 운영과 김 진사의 사랑
- 주제: 김 진사와 궁녀 운영의 신분을 초월한 비극적 사랑
- 특징: ① 액자식 구성으로 되어 있음
  ② 시(詩)를 작품을 전개하는 주요 수단으로 사용함
  ③ 고전 소설의 보편적 주제인 '권선징악(勸善懲惡)'에서 벗어나 자유연애 사상을 보여 줌
- 인물 분석
  - 운영: 안평 대군의 궁녀. 순결하고 뜨거운 정열과 지성을 지닌 여인으로, 자신의 운명을 극복하고 참된 사랑을 이루려 하나 비극적 운명 앞에 좌절하여 자결함
  - 김 진사: 안평 대군의 시객(詩客). 운영과 뜨거운 사랑에 빠지나, 운영의 죽음에 상심하여 식음을 전폐하고 세상을 떠남
  - 안평 대군: 학문과 시를 즐기는 도덕군자. 궁녀들의 삶을 구속하는 전근대적인 인물임

한눈에 **보기**

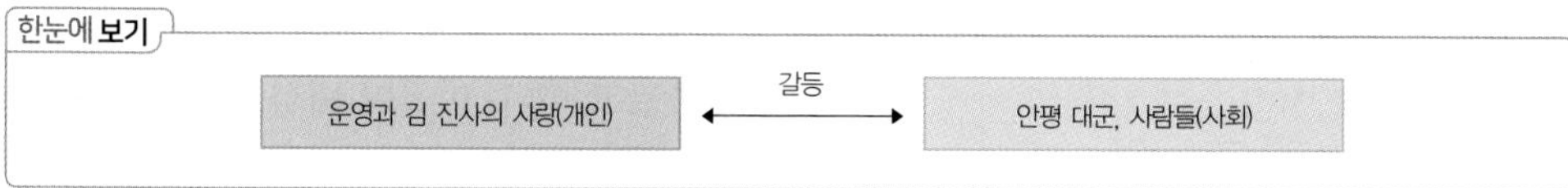

보충·심화 학습

- 〈운영전〉의 구성상 특징

이 글은 일반적인 몽유록이나 귀신담과는 다른 독특한 구성을 보인다. 유영이 술에 취해 잠들었다가 깨어나서 김 진사와 운영을 만나 두 사람의 비극적 연애담을 듣고, 다시 잠들었다가 깨어나는 액자식 구성을 취하여 유영이 운영과 김 진사를 만난 것이 꿈이 아닌 현실에서 이루어진 것으로 처리한 것이다. 이처럼 교묘하게 만들어진 이중적 구조는 작품에 현실감을 부여하려는 몽유록의 발전된 형식이라 할 수 있다. 하지만 이 글은 두 주인공이 현실의 사람이 아닌, 죽은 사람의 환신(幻身)이라는 점에서 꿈의 몽환성에서 완전히 벗어나지는 못하고 있다.

필수 문제

01 [서술형] 이 글의 삽입 시에 드러나 있는 김 진사와 운영의 정서를 서술하시오.

02 [서술형] 이 글에서 김 진사와 운영이 자신들의 비극적인 사랑을 유영에게 직접 이야기하는 방식의 효과를 서술하시오.

69 윤지경전(尹知敬傳) | 작자 미상

EBS 모의 기출

출제 포인트

작가가 중종 14년(1519년)에 일어난 기묘사화(己卯士禍)라는 실제 역사적 사건을 이 글의 배경으로 삼은 이유를 알아보고, 이 글이 다른 고전 소설과 어떤 차이를 지니는지 파악해 보자.

감상 길잡이

작자 · 연대 미상의 고전 소설로, 국문 필사본 〈윤디경젼〉, 〈지경젼〉과 한문 필사본 〈윤인경전(尹仁鏡傳)〉이 전한다. 〈윤지경전〉은 중종 대의 실존 인물에서 김기동 교수가 따온 표제이다. 이 글은 조선 중종 때의 정치적 격동기를 배경으로 하여 실화와 허구를 적절히 조화시킨 작품이다. 표면적으로는 남자 주인공 윤지경이 연화라는 여성과 사랑을 하고 몇 차례의 위기를 넘기다가 결국에는 행복한 결말에 이른다는 상투적인 애정 이야기이지만, 역사적 사실에 상상력을 보태 허구화한 점이나 남성의 적극적인 애정 행위와 정절을 그린 점에서 여타의 고전 소설과는 뚜렷이 구별된다. 또한, 이 글은 '기묘사화(己卯士禍)' 라는 역사적 사건을 적절히 허구화함으로써 단순한 애정 문제를 다루는 차원을 넘어 당대 사회의 정치 행태를 비판하는 성격을 가지고 있는 것이 특징이다.

앞부분 줄거리 | 재상 윤현의 아들 지경은 참판 최홍일의 딸 연화와 혼약한 사이이다. 그러던 차에 입궐하라는 명을 받아 경빈 박씨의 딸 연성 옹주의 부마(임금의 사위)로 간택(조선 시대에 임금 · 왕자 · 왕녀의 배우자를 선택함)된다. 지경이 이미 혼약한 몸임을 이유로 부당함을 강변하나 지엄한 왕명을 거역할 수 없어 옹주와 혼인을 한다. 그러나 지경은 옹주를 멀리하고 밤마다 몰래 담을 넘어 연화와 만난다. 이에 최 참판의 맏아들이 지경을 도둑으로 몰아 밧줄로 묶고 혼을 낸다.

최 공(최홍일)이 나와 친히 뜰에 내려 부마(윤지경)를 묶은 밧줄을 끄르고, 손수 이끌어 내실에 들어가 물어 가로되,

"네 언제 이르렀느뇨?"(언제부터 밤에 몰래 담을 넘어 연화와 만났는가)

생(윤지경)이 가로되,

"빙부(장인, 최홍일)가 종시 허치 아니하시니(끝내 연화와 만나는 것을 허락지 아니하시니), 아내 그리워 견디지 못하와 8월부터 월장할(담을 넘을) 계교(요리조리 헤아려 생각해 낸 꾀)를 내어, 날마다 다녀 스스로 금치 못하다가 오늘 이 욕을 보오니 빙부의 고집 탓이오이다."

공이 애련하여(측은하고 불쌍하여) 등을 쓰다듬어 가로되,

"네 어찌 그리 미혹한가(어리석은가). 옹주가 중대하여 자녀를 낳고 살며 옹주를 개유(開諭)하면(잘 알아듣도록 타이르면), 네 부친과 내 주상께 이런 절박한 사연(옹주와 결혼하기 전에 연화와 혼약한 일)을 고할 것인즉, 주상(임금)은 인군(仁君)(어진 군주)이시라 허하시리니(연화와의 만남을 허락하실 것이니), 그때 빛나게 해로하기(부부가 평생 같이 살며 늙는 일)는 생각지 아니하고, 갈수록 옹주를 박대하며(푸대접하며) 귀인(경빈 박씨(옹주와 복성군의 어머니))의 험담을 이르고 복성군을 미워하며, 밤을 타 도망하여 날마다 내 집에 오니, 옹주가 알면 화가 적지 아니하리니 끝을 어이할꼬."

부마가 가로되,

"낸들 어찌 모르리이까마는 옹주는 천하 괴물 박색(薄色)(매우 못생김)이고, 귀인은 간악이 무비(無比)하고(경빈 박씨의 간악함은 비교할 사람이 없을 정도이고), 복성군은 남 헐기(험담) 심한데, 홍명화 · 홍상(경빈 박씨의 무리)이 박 빈(경빈 박씨)을 체결(締結)하여(결탁하여) 필연 그윽한 흉계를 지을지라, 옹주를 후대하고(아주 잘 대접하고) 그 당에 들었다가 멸문지환(滅門之患)(가문이 모두 화를 당함)을 면치 못하리니, 아내('연화'를 가리킴)를 애중하고(사랑하고 소중히 여기고) 옹주를 박대하면 빙부와 부친의 죄가 큰즉 정배(定配)(귀양)요, 작은즉 삭직(削職)(벼슬을 박탈당함)이요, 소저(연화)는 귀양밖에 더

가리이까. 싫은 것을 강인하고 그른 것을 어이 견디리이까?"
애써 참고

공이 말이 없다가,

"어찌하든 밤이 깊었으니 들어가 자라." ▶ 최홍일이 연화를 만나는 윤지경을 꾸짖자 지경이 항변함

생이 사례하고 이후로는 주야 오니, 공과 소저가 민망하여 아무리 간하여도 듣지 아니하더니, 윤 공이 이를 알고 지경을 불러 대책하고 옹주 궁을 떠나지 못하게 하나, 산 사람을 동여 두지 못하고, 날마다 최 씨에게 가니 옹주 어찌 모르리오. 부마 내당에 들어간 때 옹주 가로되,

밤낮으로 오니 / 옳지 못하거나 잘못된 일을 고치도록 말하여도 / 윤현. 윤지경의 아버지 / 몹시 꾸짖고 / 묶어 / 연화 / 안방

"내 비록 용렬하나 임금의 딸이요, 빙례로 부마의 아내가 되었거늘 업수이 여겨 천대하기 심하도다. 최 씨를 얻어 고혹(蠱惑)하였으되 태부(太夫)는 두 아내 두는 법이 없거늘 부마 어찌 두 아내 있으리오. 최홍일은 어떠한 사람이기에 부마에게 재취를 주어 주상과 첩을 업수이 여김이 심하뇨."

어리석으나 / 혼례 / 아름다움이나 매력에 끌려 정신을 못 차렸으되 / 첩 / 옹주

지경이 정색하여 가로되,
얼굴빛을 엄정히 하며

"내 할 말을 옹주 하시는도다. 일국에 도령이 가득하거늘, 이미 얻은 사람을 내 어찌 조강지처를 버리고 부귀를 탐하여 옹주와 화락하리오. 옹주 만일 최 씨를 청하여 한 집에서 화목하기를 황영(皇英)을 본받을진대, 최 씨와 같이 공경하고 화락하려니와, 투기하여 나를 원망한즉 평생 박명(薄命)을 면치 못하리로다."

'연화'를 가리킴 / 즐겁게 지낼 수 있겠는가 / 중국 순임금의 두 왕비인 아황과 여영 / 질투하여 / 기구한 운명

옹주 웃으며 가로되,

"당초에 조강지처 있는지 없는지 내 심궁 처녀로 어찌 알리오. 상명(上命)으로 부마의 아내가 되어 나온 지 거년이나, 천대가 태심하여 행로(行路) 보듯 하니, 어찌 통한치 아니하리오."

깊은 대궐 안 / 어명 / 한 해가 지났으나 / 너무 심하여 / 길 / 몹시 원통하지

지경이 웃으며 가로되,

「"여염 사람이 부부간에 하사하되 옹주 너무 지극 공경하여 구실 삼아 하루에 두어 번 들어가 앉기로 편치 못하고 꿇어앉으니, 이 밖에 더 공경하리오. 주상이 현명하시니 나를 그르다 아니하실지라. 본대 간악한 후궁은 두려워 아니하나니, 아내 사랑하는 묘리를 배워다가 가르치소서."」

백성의 살림집이 많이 모여 있는 곳 / 윤지경이 스스로를 낮추어 칭하는 말 / 반어법 / 핑계 / 이보다 더 공경할 수 있겠는가 / 「 」: 윤지경이 옹주의 불평에 비아냥으로 대응함 / 경빈 박씨 / 묘한 이치 / ▶ 지경과 옹주의 다툼

하고 크게 웃고 소매를 떨치고 나오니, 옹주 종일토록 울더니, 그 후 입궐하여 박 씨더러 일일이 고하며 설워하니, 박 씨 대로하여 상(上)께 이대로 주하여,

임금 / 경빈 박씨 / 크게 화가 나서 / 말씀을 올려

"최 씨를 없이 하고 부마를 죄주어 주오이다." ▶ 경빈 박씨가 옹주의 하소연에 분노하여 임금에게 고함

청하니, 상이 윤지경을 불러 책망하여 가로되,

"네 아낸즉 옹주요, 정처(正妻)란 것이 중하고, 또 여염 필부와 달라 금지옥엽(金枝玉葉)이거늘, 네 최 씨를 퇴채(退采)하였거늘, 퇴혼 취하라 한 명을 거역하고 감히 교통하여 좇기를 위법하는가. 네 또 빙모를 간악한 유로 훼방한다 하니, 네 무슨 일로 보았는가. 네 또한 빙자지의 있고

부인 / 평민 부녀자 / 매우 귀한 자손 / 채단(혼수품)을 물리었거늘 / 언약한 혼인을 물림 / 서로 만나 / 장모. 경빈 박씨 / 조롱. 놀림 / 장인과의 의리

처부모라 하였으니 어버이를 훼방하는 자식이 어디 있으리오."
처의 부모도 부모임 / 장인 · 장모의 길을 방해하는

지경이 머리를 땅에 닿아 사죄하여 가로되,

"하교 이러하시니 황공하여이다. 신이 외람하오나 소회를 세세히 전하리이다. 참판 최홍일과
임금의 명령 / 윤지경 / 마음속에 품은 생각

신의 아비가 서로 언약하여 피차 소신은 최가 사위 될 줄 알고, 최 씨도 소신의 아내 될 줄 아옵더니 전년 춘에 혼인날을 정하와 신이 최가에 가 전안하옵고 배례를 겨우 하온 후, 명패를 급히
지난해 봄 / 혼례를 치르던 중

받아 신이 합친을 못하고 들어오니, 부마위를 주시고 연성 옹주를 맡기시니, 신이 과연 옹주의
신랑과 신부가 서로 술잔을 주고받으며 부부의 언약을 하는 것 / 임금의 딸인 옹주의 사위가 되는 것. 부마의 자리

탓이 아닌 줄 아오되, 최 씨는 어려서부터 서로 보아 사랑하옵던 마음이 깊었삽고, 옹주로 하와 이제까지 참았사오니 부귀 빈천이 다르오나, 원망하옴은 비상지원(飛霜之怨)이 없지 아니하오리
뼈에 사무치는 원한

이까. 옹주를 대접하고 최 씨를 다른 데 출가하라 하신들 언약이 깊고 빙채와 교배 합환을 하였
다른 남자에게 시집보내라 / 부부의 언약

으니 어찌 다른 데로 신의를 버리고 갈 생각을 하리이까마는, 엄교는 두려워 홍일이 신을 거절
임금의 엄한 명령

하여 오지 못하게 하오나, 홍일을 속이고 가만히 가서 만나온 일이 있사오나, 옹주 신에게 온
자신(윤지경)의 마음을 모르며 / 심하게 책망하다가

지 겨우 거년에 신정의 뜻을 모르며, 투기하여 신을 준책하옵다가 또 전하께 고하니 이도 여자
작년. 여기서는 '얼마 되지 않아'의 의미

의 부덕이라 하시리이까?"
남편의 마음도 몰라주고 다른 여자를 질투하고 남편을 심하게 책망하는 것, 그리고 임금인 아버지께 일러바치는 것이 여자의 덕 있는 행실이라고 말할 수 있겠습니까

상이 탄식하여 가로되,

생각하는 바가 깊어

"네 나이 어리되 소견이 높아 급암(汲黯)의 직간을 가졌도다. 그러나 옹주는 내 딸이라, 생심도
중국 전한 무제 때 직간을 잘하던 신하 / 어떤 일을 하려고 마음을 먹음

박대치 말라."

하시더라.

▶ 임금의 꾸짖음과 윤지경의 항변

뒷부분 줄거리 | 최홍일과 윤 공은 윤지경과 연화를 갈라놓기 위하여 거짓 장례도 치르나 결국 둘은 또 만나게 된다. 이에 왕은 옹주를 박대한 죄를 물어 두 사람을 유배 보낸다. 이후 간신들에 의한 반란이 일어나게 되어 경빈 박씨는 처형되고, 복성군과 옹주 등은 유배를 당한다. 그러나 윤지경은 옹주를 풀어 달라고 청한 후 옹주, 연화와 함께 화목한 가정을 이룬다.

핵심 정리

- 갈래: 고전 소설(염정 소설)
- 성격: 낭만적, 사실적
- 구성: '발단 – 전개 – 위기 – 절정 – 결말'의 5단 구성

발단: 윤지경과 연화가 혼인하려 하나 임금이 지경을 연성 옹주와 혼인시킴	➡	**전개**: 윤지경이 연화를 계속 만나자 최홍일과 윤 공이 연화의 거짓 장례를 함	➡	**위기**: 윤지경이 연화를 다시 만나자 임금이 둘을 유배 보냄	➡	**절정**: 기묘사화가 일어나 경빈 박씨가 처형되고 복성군과 연성 옹주가 귀양을 감	➡	**결말**: 윤지경이 임금에게 옹주를 풀어 달라고 청하여 세 사람이 행복하게 삶

- 제재: 윤지경의 사랑과 삶
- 주제: 역경을 극복하고 이루어 낸 사랑
- 특징: ① 실존 역사에서 제재를 취하여 사실과 허구를 적절히 배합함
  ② 남녀의 사랑을 소재로 하여 당시의 정치 상황을 비판함
  ③ 우연성이나 전기적(傳奇的) 요소가 거의 없는 사실적 표현을 사용함
- 의의: ① 중국 소설에 대한 모방성을 탈피하고, 우리나라의 역사적 상황을 작품의 배경으로 함
  ② 연애 소설의 소재 영역을 넓히고, 전기적인 서사 구조를 개연성 있는 허구로 바꾸는 데 기여함
- 인물 분석
  - 윤지경: 재상 윤현의 아들. 부당한 권력에 맞서 연화와의 신의와 정절을 지키고자 함
  - 최연화: 참판 최홍일의 딸. 윤지경의 약혼녀로, 용모가 곱고 성정이 유순함
  - 연성 옹주: 경빈 박씨의 딸. 성격이 사납고 어질지 못함. 경빈 박씨의 몰락 후 지난날을 반성하고, 연화가 자신에 대해 예의를 지키는 것에 감복하여 마음을 고쳐먹음
  - 임금: 중종. 권위주의적이며 간신에게 휘둘리는 무능한 인물임
  - 경빈 박씨: 임금의 후궁. 연성 옹주의 어머니로, 임금의 총애를 등에 업고 지경의 지조와 절개를 권력으로 빼앗고자 함
  - 희안군: 중종의 동생. 윤지경에게 구혼하였으나 거절당하자, 임금에게 윤지경을 연성 옹주의 부마로 간택하도록 청함

한눈에 **보기**

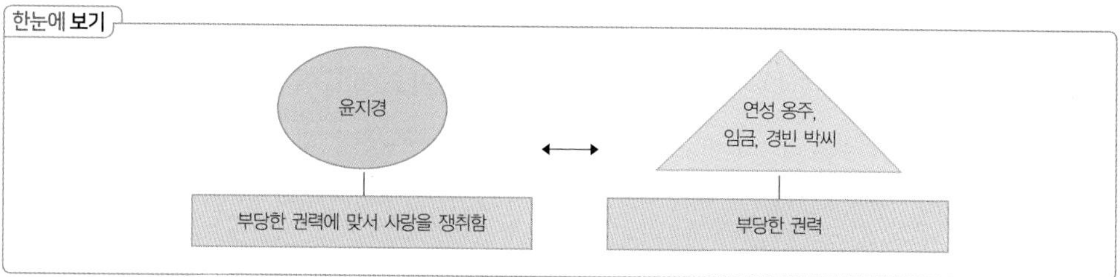

보충·심화 학습

- 〈윤지경전〉의 역사적 배경

• 기묘사화(己卯士禍): 조선 11대 중종 14년(1519년)에 일어난 사화(士禍)로, 훈구 재상(勳舊宰相)들이 이상 정치를 주장하던 조광조, 김식 등 젊은 신진 사류를 몰아낸 사건이다. 왕의 신임을 받던 조광조가 신진 사류를 대거 등용하고, 76명의 공신을 박탈하자 훈구파에서 조광조가 반역을 꾀한다고 무고(誣告)하여, 그를 귀양 보내 사사(賜死)하고, 70여 명에 달하는 신진 사류들이 참화를 입었다.

• 작서지변(灼鼠之變), 가작인두지변(假作人頭之變): 중종 때, 쥐의 시체와 가작인두(假作人頭: 가짜 사람 머리)를 동궁 빈청(東宮賓廳)에 걸어 두어 동궁(후의 인종)을 저주한 사건이다. 경빈 박씨와 아들 복성군이 배후로 지목되어 사사(賜死)되었으나, 후에 김안로가 권세를 만회하기 위해 부마였던 아들 연성군(延城君) 희(禧)를 시켜 저지른 일임이 밝혀졌다.

필수 문제

01 이 글은 기존의 다른 고전 소설들과는 달리 (   )(이)나 (   ) 요소가 거의 드러나지 않고, 사실적인 표현을 사용하고 있다.

02 [서술형] 이 글의 배경이 되는 역사적 사건을 쓰고, 이와 같은 사실이 작품에 미친 영향을 서술하시오.

70 주생전(周生傳) | 권필

EBS

출제 포인트

두 여인과 한 남자의 삼각연애를 중심으로 한 애정 소설이다. 이 글에 삽입된 한시의 의미와 역할에 대해 알아보고, 인물의 처지와 관계를 바탕으로 이 글에 반영된 시대상의 변화를 살펴보자.

감상 길잡이

권필이 지은 한문 전기(傳奇) 소설로, 고전 소설에서 흔히 볼 수 있는 비현실적인 요소가 나타나지 않는다. 삼각연애를 중심으로 남성의 탐욕과 이기적인 사유, 여성의 선천적인 애욕과 질투심을 그리고 있다. 이 글의 서술자는 남성 중심의 서술 태도를 취하여, 배도의 비극적 삶보다는 선화와 혼사를 이루지 못한 주생의 비극적 운명에 초점을 맞추고 있다. 주요 인물들의 심정을 표현하는 서정시가 많이 삽입되어 있는 것이 특징이다.

앞부분 줄거리 | 주생은 어려서부터 총명하여 시를 잘 지었는데, 번번이 과거에 낙방하였다. 이에 뜻을 접고 배 한 척을 사서 강호를 왕래하던 차에 고향에 들러, 어렸을 때 함께 놀며 자라던 배도와 해후한다.

이렇듯 단란하게 이야기하는 가운데 날은 이미 저물어 있었다. 배도는 어린 계집종을 시켜 주생을 별실로 모시고 가서 편안히 쉬게 하였다. 주생이 방 안으로 들어가니, 벽 사이에 절구(한시(漢詩)의 한 형식. '기승전결'의 네 구로 이루어짐) 한 수가 걸려 있는 것이 보였는데, 사의(詞意)(시의 뜻)가 매우 새로웠다. 주생이 계집종에게 물으니, 계집종이 대답했다.

"우리 낭자가 지은 것입니다." / 그 시는 이러했다.

琵琶莫奏相思曲	「비파여, 상사곡(임을 그리워하는 노래)을 연주하지 마라.
曲到高時更斷魂	곡조가 높을수록 애만 더욱 끊는구나.
花影滿簾人寂寂	꽃 그림자 주렴(구슬 따위를 꿰어 만든 발)에 가득 어리어도 임 없어 쓸쓸한지라,
春來消却幾黃昏	봄마다 황혼을 바라보며 얼마나 마음을 삭혔던고?」

「 」: 배도의 처지와 심정을 암시함

주생은 이미 배도의 외모를 사랑하게 된 터에 또 그녀가 지은 시를 보자, 마음이 미혹되어(홀려 정신을 차리지 못해) 온갖 상념이 다 일었다. 내심 차운(남이 지은 시의 운자를 따서 시를 지음)을 해서 배도의 뜻을 시험하고 싶었다. 그래서 오래도록 시구(詩句)를 생각하며 괴롭게 읊조려 보았으나(배도의 마음을 얻기 위하여 혼자 고뇌하는 주생의 모습), 끝내 시를 완성하지 못한 채 밤만 깊어 버리고 말았다.

▶ 주생이 배도의 시에 차운을 하려다가 완성하지 못함

이때 달빛은 땅을 환하게 비추고, 꽃 그림자가 사방에 어리어 있었다. 주생이 이리저리 배회하고 있는데(마음이 심란함), 갑자기 문밖에서 사람 소리와 말 울음소리가 들리더니 한참 후에야 그쳤다. 주생은 자못 의심스러웠으나 무슨 일인지 알 수가 없었다. 배도가 거처하는 방을 바라보니 그리 멀지 않았으며, 사창(紗窓)(명주실로 거칠게 짠 비단을 바른 창. 여인이 머무는 방을 미화해서 표현한 것) 안에서는 붉은 촛불이 환하게 빛나고 있었다. 몰래 가서 엿보니, 배도가 혼자 앉아서 오색 종이를 펼쳐 놓고 접련화의 가사(歌詞)를 쓰고 있었다. 그러나 단지 전첩만 썼을 뿐 후첩은 아직 시작도 못하고 있었다. 이에 주생은 창문을 열고 말했다.

"주인의 글 뒤를 이 나그네가 덧보태도 좋으리이까?"

『배도가 짐짓 놀란 척하는 것 같았다. 이쪽에서 사창을 젖히고 문을 걸어 들어가는 것을 모를 리 없었기 때문이다.』 「」: 주생에게 자신의 속마음을 숨긴 채 거짓 표정을 짓는 배도. 배도도 주생이 마음에 들었기 때문에 유혹하는 것으로 볼 수 있음

"이게 무슨 망령이시오? 이 깊은 밤에 손이 들어올 데가 못되거늘, 어서 정해 드린 방으로 들어가사이다." / "가기는 물론 가오마는, 죄는 나비(주생 자신을 가리킴)에 있는 것이 아니오라 꽃(배도를 가리킴)에 있는가 보오이다. 아름다운 꽃을 보고 날아드는 나비를 누가 죄라 할 사람이 있으리이까."

배도는 비로소 미소를 지으며 주생에게 그 글을 완성하라고 했다. 그래서 주생은 시를 지었다.

小院深深意鬧	작은 뜰은 깊고도 깊으며 마음은 어지러운데,
月在花枝	달은 꽃나무 가지에 걸려 있고,
寶鴨香烟	좋은 향로에선 연기가 하늘하늘 피어오르네.
窓裏玉人愁欲老	창 안의 고운 임(□: 배도를 가리키는 비유적 표현)은 늙을까 근심스러워,
遙遙斷夢迷花草	아득히 꿈에서 깨어 풀꽃 사이를 방황하네.
誤入蓬萊十二島	봉래산 열두 섬을 잘못 들어가,
誰識樊川却得尋芳草	번천(두목의 호. 중국 당나라 말기의 시인)이 갑자기 방초(향기롭고 꽃다운 풀)를 찾게 될 줄 누가 알았으리오?
睡覺忽聞枝上鳥	홀연히 나뭇가지 위에서 우는 새소리를 듣고 잠에서 깨어나니,
綠簾無影朱欄曉	푸른 주렴에 그림자는 사라지고 붉은 난간엔 새벽빛만 어리었네.

▶ 주생이 배도의 시를 이어 지음

주생이 글을 다 짓자, 배도는 자리에서 일어나 약옥선(술잔)에 서하주를 따라서 주생에게 권했다. 주생은 술을 마실 마음이 없어서 이내 사양하고 마시지 않았다. 배도는 주생의 마음을 알고 슬픈 표정을 지으며 말했다.

"제 조상은 본래는 명문대가였삽더니, 천주시박사(중국 당대의 관직명) 벼슬에 있사옵던 조부가 죄를 지어 서인(庶人)으로 폐출되었습니다(양반에서 평범한 서민이 되는 것). 이때부터 저의 집안은 가난하게 되어 능히 떨치고 일어날 수가 없었으며, 저는 조실부모하고(일찍 부모를 여의고) 남의 손에 길러져 지금에 이르렀습니다. 비록 깨끗하게 순결을 지키고자 했으나, 이름이 이미 기적(妓籍)(기생의 이름을 올려놓은 장부)에 올라 부득이 사람들을 상대할 수밖에 없었습니다. 그러나 저는 매번 혼자 한가롭게 있을 때마다 꽃을 보면 눈물을 흘리고, 달을 대하면 넋을 잃지 않은 적이 없었습니다(순수하고 아름다운 마음을 지켜 옴). 이제 낭군을 뵈니, 풍채와 거동이 빼어나고 활달하며 재주와 생각이 뛰어나십니다. 제가 비록 비천한 몸이지만 영원히 건즐(巾櫛)(수건과 빗. 여기서는 아내나 첩이 되기를 겸손하게 이르는 말)을 받들고자 합니다. 바라건대, 『낭군께서는 훗날 입신(立身)하여(과거에 급제하여) 일찍 요로(중요한 자리)에 오르십시오. 그래서 제 이름을 기적에서 빼내어 조상의 이

름을 더럽히지 않게만 해 주신다면, 저는 더 이상 소원이 없겠습니다.」 그런 뒤에 비록 저를 버리고 끝내 보지 않으시더라도 낭군의 은혜에 감사할 겨를도 없는데, 제가 어떻게 감히 낭군을 원망하겠습니까?"

「 」: 신분 상승의 욕구가 드러남

배도는 말을 마치더니 눈물을 비 오듯 흘렸다. 주생의 욕망은 연민의 감정으로 변하였다. 그 여자가 말하는 동안 그의 입에서는 몇 번인가 긴 한숨이 새어 나왔다. 말이 끝나자 주생은 그 말에 크게 감동하여 배도의 허리를 끌어안고 소매로 눈물을 닦아 주며 말했다.

배도를 안타깝고도 불쌍히 여기는 마음이 앞섬

"이것은 남자가 마땅히 맡아서 할 일이오. 설령 그대가 말을 하지 않더라도 내가 어찌 무정한 사람이겠소?" / 배도는 눈물을 훔치고 정색을 하며 말했다.

정색: 얼굴에 엄정한 빛을 나타냄

"시경에 '아낙네 잘못 없는데, 사내는 달리 대하네.' 라고 이르지 않았습니까? 낭군은 이익과 곽소옥의 사연을 알지 않습니까? 낭군이 만약 저를 멀리 버리시지 않을 것이라면, 원컨대 글을 하나 써 주십시오."

'아낙네 잘못 없는데, 사내는 달리 대하네.': 남자의 마음이 쉽게 변함을 의미하는 시구 – 앞으로 전개될 사건에 대한 암시

이익과 곽소옥의 사연: 이익이 배신하자 곽소옥이 상심하여 죽어 버렸다는 이야기

이어서 배도가 노나라에서 나는 고운 명주 한 폭 꺼내어 주자, 주생은 즉시 붓을 휘갈겨 말했다.

「푸른 산은 늙지 않고 푸른 물은 내내 흐르네.

그대가 내 말을 믿지 않는다면, 밝은 달이 하늘에 떠 있으리라.」

푸른 산은 늙지 않고 푸른 물은 내내 흐르네: 변함없는 자연

그대가 내 말을 믿지 않는다면, 밝은 달이 하늘에 떠 있으리라: 변함없는 자연과 같이 자신의 배도에 대한 사랑의 마음에 변함이 없을 것이라는 다짐

「 」: 주생이 글을 지어 자신의 언약을 보여 줌

주생이 다 쓴 뒤에, 배도는 마음과 피로 봉하듯이 그 글을 정성껏 봉해서 허리춤 속에 넣었다. 이날 밤 고당부를 읊으며 두 사람이 사랑을 나누니, 비록 김생과 취취나 위랑과 빙빙의 사랑이라도 여기에 미치지 못할 정도였다.

고당부: 초나라의 시인 송옥이 지은 부(賦)

비록 김생과 취취나 위랑과 빙빙의 사랑이라도 여기에 미치지 못할 정도였다: 서술자의 작중 상황 개입 – 주생과 배도의 사랑을 작품 밖의 외적 준거에 비하여 평가함

▶ 배도의 사정을 알게 된 주생이 그녀와 사랑을 나눔

뒷부분 줄거리 | 주생은 배도가 드나드는 노 승상 댁에 갔다가 선화를 보고 반하게 되고, 선화의 동생인 국영을 가르치며 밤을 틈타 선화를 남몰래 만난다. 그러나 그 사실을 알게 된 배도의 질투로 선화와 헤어져, 서로를 간절히 그리워하게 된다. 배도가 병으로 죽고, 주생은 친척의 도움으로 선화와 혼약을 하게 되나 왜적의 침입으로 곧 종군하게 된다. 선화에 대한 그리움으로 병이 들게 된 주생은 서술자를 만나 그간의 사정을 이야기한다. 이에 서술자는 이 이야기를 기록한다.

핵심 정리

- 갈래: 고전 소설(한문 소설, 애정 소설)
- 성격: 비극적, 사실적
- 구성: '발단 – 전개 – 위기 – 절정 – 결말'의 5단 구성, 액자식 구성

발단: 주생이 과거에 실패하여 상인이 됨	➡	전개: 주생이 배도와 선화를 만나 사랑하게 됨	➡	위기: 배도의 죽음과 선화와의 이별로 주생의 사랑이 비극으로 끝남	➡	절정: 친척의 도움으로 주생과 선화가 혼약함	➡	결말: 임진왜란으로 주생이 조선에 파병되고, 선화와의 소식이 두절됨

- 제재: 주생, 배도, 선화의 사랑
- 주제: 인간 본연의 사랑과 비극적인 운명
- 특징: ① 남성 중심의 서술 태도를 취함
  ② 등장인물들이 초기 소설의 성격을 이어받으면서도 후대 소설의 면모를 보임
- 의의: ① 초기 소설과 후대 소설의 교량적 성격을 지님
  ② 배경의 사실성을 처음으로 획득함
- 인물 분석
  - 주생: 과거에 실패하여 상인이 된 인물. 현실 세계의 모순을 박차고 새로운 삶의 가치를 찾으려고 함. 능동적이고 적극적으로 사랑의 감정을 표현함
  - 배도: 집안의 몰락으로 기생이 된 인물. 주생과의 애정과 신분 상승의 욕구로 인해 현실과 갈등을 일으킴
  - 선화: 노 승상의 딸. 주생과의 애정에 적극적이며, 헤어진 다음에도 주생을 잊지 못하는 순정파임

한눈에 **보기**

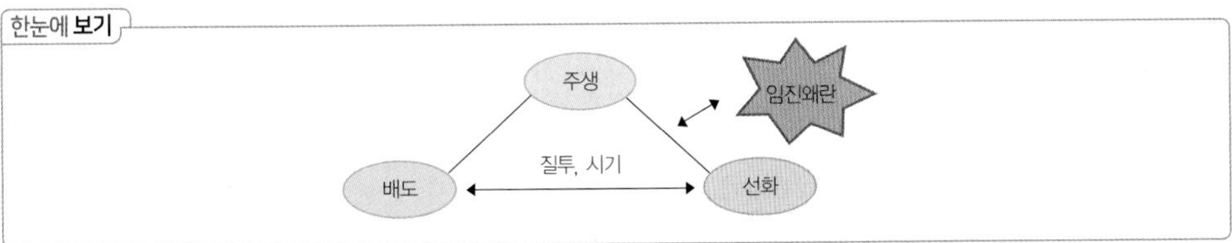

보충·심화 학습

- 자유를 추구한 문인, 권필

권필(權韠, 1569 ~ 1612)은 조선 중기의 시인이자 정철의 문인으로, 성격이 자유분방하고 구속받기 싫어하여 벼슬하지 않은 채 야인으로 일생을 마쳤다. 술로 낙을 삼았으며, 동료 문인들의 추천으로 관직에 임명되었으나 끝내 나아가지 않았으며, 강화에서 많은 유생을 가르쳤다. 임진왜란 때에는 구용과 함께 강경한 주전론을 주장했다. 광해군 때 해남으로 귀양 가다가 동대문 밖에서 행인들이 동정으로 주는 술을 폭음하고는 이튿날 44세로 죽었다. 이러한 작가의 생애가 이 글의 주인공의 낭만적인 생애로 재생되었다고 평가하기도 한다.

필수 문제

01 **이 글에 삽입되어 있는 한시의 역할 두 가지를 쓰시오.**

02 [서술형] **〈보기〉의 내용을 참고하여 이 글에 반영된 시대상의 변화를 서술하시오.**

〈 보기 〉

- 배도는 명문가의 후손이었지만 자신의 의지와는 상관없이 기생이 되었다. 그녀는 신분 회복을 위해 주생을 애정 상대로 선택한다.
- 주생은 배도와의 약속을 저버리고 자신보다 부와 신분이 높은 노 승상의 딸 선화를 선택한다.

71 백학선전(白鶴扇傳) | 작자 미상

모의 기출

출제 포인트

온갖 고초와 역경 끝에 주인공 남녀가 행복해진다는 영웅 소설이자 애정 소설로, 소재인 '백학선'의 의미와 기능에 주목하여 살펴보자.

감상 길잡이

이 글은 천상 세계의 선관과 선녀가 인간 세계에서 만나 시련 끝에 사랑을 성취하고 공을 세운 후 부귀영화를 누리다가 다시 천상으로 돌아간다는 내용이다. 남자 주인공인 유백로가 여자 주인공인 조은하에게 정표로 준 '백학선'은 인물을 고난에 빠지게도 하지만 두 사람을 다시 만나게도 하는 역할을 한다. 인물들이 천상 세계에서 내려온 적강 구조를 드러내며, 이야기의 처음부터 끝까지 백로와 은하의 사랑이 주된 사건 전개의 바탕이 된다는 점에서 애정 소설의 특징이 강하게 나타난다고 볼 수 있다. 한편 은하가 혼인에 관한 자신의 의사를 밝히며 전쟁에 나가 백로를 구하고 오랑캐를 물리치는 모습에서 여성 영웅 소설의 면모가 드러나기도 한다. 또한 두 남녀가 사랑을 이루기까지 넘어야 할 장애물이 많이 등장하는 것에서 '혼사 장애담' 모티프가 나타난다고 볼 수 있다.

장면 1

앞부분 줄거리 | 천상의 선관과 선녀가 죄를 지어 인간계로 쫓겨나 명나라에서 유백로와 조은하로 태어난다. 열세 살의 백로는 길에서 열 살의 은하를 만나 백학선에 백년가약의 글귀를 적어 주고 훗날을 기약한다.

남저운을 찾아가 수학한(학문을 배움) 지 삼 년에 백로의 문장이(천상의 선관이 인간계로 내려온 인물) 거룩한지라. 백로가 부모를 그리워하는 마음이 간절하여 선생에게 하직을 하고 돌아와 부모를 뵈온대, 부모도 크게 반겨 손을 잡고 정회를 이르며 학업이 크게 발전함을 칭찬하여 더욱 귀중함을 이기지 못하더니, 하루는 백로에게 백학선(白鶴扇)(흰 학이 그려진 부채)을 가져오라 하거늘 백로가 말하기를,

"우연히 길에서 잃어버려 감히 드리지 못하나이다."(실제로는 은하에게 정표로 주었으나 이 사실을 숨김)

하자 상서가(유백로의 아버지) 크게 노하여

「"대대로 전해 내려오는 물건을(백학선) 너에게 이르러서 잃었으니 어찌 불초자(不肖子)(아들이 부모를 상대하여 자기를 낮추어 이르는 말로, 불효자의 의미로 쓰임)를 면하겠느냐?"」(「 」: 백학선이 가문의 귀한 보물임을 알 수 있음)

하고 한숨지어 탄식하기를 마지아니하더라. ▶ 백로가 상서에게 백학선을 잃어버렸다고 둘러댐

이때 병부 상서 평진이 유 상서를 보러 왔다가 생의(유백로) 사람됨을 보고 가장 아름답게 여겨 사위 삼기를 청하거늘 상서가 초봄에 혼인을 허락하고자 하는데 생이 간하기를,

「"소자의 마음에 작정하기를 뒷날 입신양명하온(출세하여 이름을 세상에 떨침) 후에 혼인을 정하고자 하오니, 바라건대 부친은 소자의 진정한 뜻을 이루게 하소서."」(「 」: 은하와의 약속을 지키기 위해 혼인을 거절함)

상서가 이 말을 듣고 기특하게 여겨 혼인을 허락하지 아니하니라. ▶ 병부 상서의 청혼을 백로가 거절함

차시(此時)(이때) 유생이 나이가 십칠 세라 문장이 뛰어나고 풍채가 좋고 당당하매 보는 사람이 모두 칭찬하니라. 「이때에 천자가 별과(別科)(임시로 시행된 과거)를 실시하여 생이 이 소식을 듣고 장중(場中)(과거를 보던 과장의 안)에 들어가 시지(試紙)(과거 시험에 쓰던 종이)를 펼쳐 붓을 한번 두르매 문불가점(文不加點)(글에 점 하나 더할 것이 없다는 뜻으로, 글이 아주 잘 되어서 흠잡을 곳이 없음을 이르는 말)이라. 전상에 바치고 기다리더니 이윽고 이번 장원은 전임 이부 상서 유태종의 아들 백로라 부르거늘,」(「 」: 백로가 과거에서 장원 급제함) 생이 크게 기뻐 사람을 헤치고 천자 앞

섬돌로 나아가니 천자가 보시고 어주(御酒)를 하사하시며 말하기를,
임금이 신하에게 내리는 술

"네 조상부터 국가에 공이 많은 신하이니 너도 국가의 주석지신(柱石之臣)이 되리니 어찌 기쁘지 않겠느냐?"
나라에 중요한 구실을 하는 신하

하시고 즉시 유백로로 한림학사를 제수하시고 유태종으로 귀주 자사를 임명하사 바삐 부르시니, 이때 유태종이 집에 있다가 이 소식을 듣고 기뻐하여 즉시 상경하여 한림을 보고 못내 기뻐하고 대궐 안에 들어가 인사한 후 귀주로 도임하니라. 한림이 또한 표를 올려 선산에 제사 드린 후 모친을 뵈옵고 돌아와 대궐 안에 들어가 인사를 올리니 상이 보시고,
임금이 벼슬을 내림 / 지방의 관리가 근무지에 도착함 / 임금

"경으로 남방 순무어사(南方巡撫御使)를 맡기니 백성들의 고통과 수령의 선악을 살펴 짐이 믿는 바를 저버리지 말라."
남쪽 지방을 두루 돌며 사건을 진정하던 특사

하시니 어사가 즉시 하직하고 물러나와 생각하되, '이제 남방 순무어사가 되었으니 전일 소상 죽림(瀟湘竹林)에서 백학선을 준 여자를 찾아 평생소원을 이루리라.' 하더라.
유백로 / 은하 / 은하와 백년해로하는 것

▶ 장원 급제한 백로가 어사가 되어 은하를 찾으려 함

결정적 장면

이때 조 낭자의 나이가 열다섯이라, 부드러운 태도와 기이한 기질이 진실로 절대가인(絕代佳人)이라. ❶ 전에 소상 죽림에서 한 소년을 만나 우연히 유자를 주고 백학선을 받아 돌아왔더니, 점점 자라 백학선을 내어 본즉 '요조숙녀(窈窕淑女) 군자호구(君子好逑)'라 쓰고 그 아래 사주(四柱)를 기록하였거늘, 심중이 놀라나 이 또한 천생연분이라. 어찌 할 길이 없어 마음에 기록하고 말을 내지 아니하더라.
은하 / 뛰어나게 아름다운 미인 / 백로 / 행실과 품행이 고운 여인은 군자의 좋은 배필이 된다는 말 / 사람이 태어난 연월일시의 네 간지

▶ 백학선에 기록된 글로 청혼의 뜻을 알고 조 낭자(은하)가 놀람

이때 남방 남촌에서 상서 벼슬하는 최국냥은 당시 임금의 총애가 으뜸이요 서자 하나가 있으니 인물과 재학이 뛰어나, 명사 재상의 딸 둔 자가 구혼하고자 하나 마침내 허락하지 아니하고, 조성로의 딸이 천하 경국지색이란 말을 듣고 중매를 놓아 구혼하니 조 공이 즉시 허락한지라. 낭자가 이 말을 듣고 크게 놀라 이 날부터 식음을 전폐하고 자리에 누워 일어나지 못하니 명재경각(命在頃刻)이라. 부모가 크게 놀라 여아의 침소에 나아가 조용히 묻기를,
권세가 많은 인물 / 재주와 학식 / 뛰어나게 아름다운 여인 / 조은하의 아버지 / 최국냥의 청혼을 받아들이기로 했다는 말 / 거의 죽게 되어 곧 숨이 끊어질 지경에 이름

"우리가 늦게 너를 얻어 기쁜 마음이 측량없더니, 주야로 기다리는

문제로 핵심 파악

1 [기출] 이 글에 대한 설명으로 적절한 것은?

① 배경 묘사를 통해 인물의 심리를 드러내고 있다.
② 만남과 이별을 모티프로 하여 사건이 전개되고 있다.
③ 역순행적 구성으로 사건 전개의 긴박감을 더하고 있다.
④ 인물들의 다양한 체험을 삽화 형식으로 나열하고 있다.
⑤ 인물 간의 새로운 대립을 통해 긴장감을 고조시키고 있다.

결정적 장면

백학선에 적힌 글로 백로의 청혼의 뜻을 알게 된 조 낭자가 부모에게 백로에 대한 절개를 지킬 것임을 밝히고 최국냥의 청혼을 거절해 최국냥이 앙심을 품는 장면이다. 소재인 '백학선'을 통해 인물의 의도와 생각을 살펴볼 수 있다.

핵심 구절 풀이

❶ 전에 소상 죽림에서 ~ 이 또한 천생연분이라.: 백로와 은하가 우연히 길에서 만나 인연을 맺은 것이 천생연분이었음을 드러냄. 백학선을 통해 백로가 조 낭자를 반려자로 맞이하겠다는 것을 알 수 있음

바는 어진 배필을 얻어 원앙이 짝을 이루는 재미를 볼까 하였더니 이제 무슨 연고로 식음을 전폐하고 죽기를 자처하느냐? 그 곡절을 듣고자 하노라."

순조롭지 아니하게 얽힌 이런저런 복잡한 사정이나 까닭

낭자가 주저하다가 눈물을 흘려 말하기를,

"소녀 같은 인생이 세상에 살아 무익한 고로 죽음으로 고하고자 하옵나니, 바라건대 부모는 살피소서. 「소녀가 열 살에 외가에 갔다가 오는 길에 유자를 얻어 가지고 오다가 소상 죽림에서 잠깐 쉬었더니 그때 한 소년 선비가 지나가다가 유자를 구하기로 두어 개를 주었더니 받아먹은 후에 답으로 백학선(白鶴扇)을 주어 어린 마음에 아름답게 여겨 받아 두었삽더니, 요사이 펴 본즉 그 부채의 글이 백년가약을 뜻한지라, 그때에 무심히 받은 것을 뉘우치나 이 또한 천생연분이 분명하옵고 또한 그 선비를 보온즉 범상한 사람이 아니오라, 소녀가 이미 그 사람의 신물(信物)을 받았으니 마땅히 그 집 사람이라. 어찌 다른 가문에 마음을 두리이까? 만일 생전에 백학선 임자를 만나지 못하오면 죽기로써 백학선을 지키올지라."」 / 하고 인하여 부채를 내어 다시 말하기를,

「 」: 백로와의 인연 및 백로에 대한 절개를 지킬 것임을 부모에게 이야기함

백학선(白鶴扇): 사랑의 정표

부채의 글: 요조숙녀(窈窕淑女) 군자호구(君子好逑)

신물(信物): 뒷날에 보고 증거가 되게 하기 위하여 서로 주고받는 물건

어찌 다른 가문에 마음을 두리이까?: 다른 가문과 혼사를 진행할 수 없음

만일 생전에 백학선 임자를 만나지 못하오면 죽기로써 백학선을 지키올지라: 절개를 지키겠다는 뜻

「"만일 그 사람을 만나지 못하면 소녀는 죽어 혼백이라도 유가에 들어가 백학선을 전하고자 하옵나니, 원하건대 부모는 소녀의 박명(薄命)을 가련하게 여기시고 죽은 후라도 만일 유생이 소녀를 찾아오거든 소녀의 조그만 정성을 갖추어 전하여 소녀로 하여금 소상강 밤비 중에 외로운 혼이 되지 아니하게 하소서."」 / 말을 마치니 눈물이 비 오듯 하고 조 공 부부 또한 흐느끼며,

「 」: 은하의 굳은 절개가 드러남

"네가 이 같은 사정이 있으면 어찌 진작에 이르지 않았느냐? 너는 일단 그 신물을 지키어 죽기로 정하거니와 저의 뜻을 어찌 알며 일시 길가에서 우연히 만나 주고 간 부채를 찾으러 오기 쉽겠느냐? 그러하나 네 뜻이 이미 이러한데 내 그 선비를 찾고자 하나 다만 거주와 성만 가지고 천리원정에 어디를 향하여 찾으리오? 일이 너무 맹랑하니 난처하도다." / 낭자가 답하기를,

"충신은 불사이군(不事二君)이요, 열녀는 불경이부(不更二夫)라 하오니 소녀는 결단코 다른 가문을 섬기지 아니할 것이오. 하물며 그 사람은 잠깐 보아도 신의를 가진 군자였으니 믿음을 저버리지 아니할 것이요, 또한 백학선은 세상에서 귀한 보배라 무단히 남을 주지 아니할까 하나이다."

충신은 불사이군(不事二君)이요, 열녀는 불경이부(不更二夫): 충신은 두 임금을 섬기지 않으며, 열녀는 두 남편을 섬기지 않음

그 사람은 잠깐 보아도 신의를 가진 군자였으니 믿음을 저버리지 아니할 것이요: 백로에 대한 믿음

백학선은 세상에서 귀한 보배라 무단히 남을 주지 아니할까 하나이다: 백학선처럼 귀한 것을 준 것으로 보아 은하에 대한 마음이 가볍지 않음을 짐작할 수 있음

하거늘 조 공이 들으니 그 철석 같은 마음을 억제하지 못할 줄 알고 할 수 없어 이 뜻을 최국낭에게 전한데, 최국낭이 분함을 이기지 못하여 장차 해할 뜻을 두더라.

최국낭이 분함을 이기지 못하여 장차 해할 뜻을 두더라: 보복으로 인해 은하가 고통을 겪을 것을 짐작하게 함

▶ 조 낭자가 부모에게 백로에 대한 절개를 지킬 것임을 밝힘

필수 문제

01 유백로와 조은하가 천상의 선관과 선녀였다가 인간 세계로 온 것을 통해 알 수 있는 이 글의 갈래를 쓰시오.

02 유백로가 '백학선'에 쓴 글의 의미를 한 문장으로 쓰시오.

장면 2

앞부분 줄거리 | 어사가 된 백로는 은하를 찾아 나서고, 은하 역시 남복을 하고 집을 나서 유백로를 찾던 중 백학선 때문에 옥에 갇히게 된다.

유 자사는 백학선을 찾으려고 남자로 변복한 조 소년을(남장을 한 은하) 오래 옥중에 가두고 추궁하였으나, 그의 철석간장을(굳센 의지나 지조가 있는 마음) 굽히지 못하여 주야로 근심하다가, 하루는 홀연히 깨닫고,

"소년을 너무 고생시키는 것도 잔인하다.(소년이 남장한 은하라는 것을 눈치채지 못함) 백학선을 잃은 것도 또한 하늘이 주신 운수니 할 수 없다."

하고, 조 소년을 옥에서 석방하였으나, 은하 낭자는 옥중에서 수척한 심신이 일시에 긴장이 풀리는 통에 새로운 충격으로 기절하더라. 시비 춘낭이 정성껏 간호한 공으로 낭자가 소생하여 꿈에 본 천상의 사변을 생각하고 심중으로 신기하게 여기면서,(은하가 천상으로부터 적강한 인물임을 엿볼 수 있음) 사모하는 천정배필인(천생배필) 유 한림과(백로) 만날 희망을 품게 되더라.

▶ 백학선 때문에 옥에 갇혔던 은하가 풀려남

출옥한 은하 낭자는 유 한림을 찾으려고 곧 청주로 향하여 출발하였으며, 수십 일 만에 수백 리를 갔으나 기력이 더욱 좋아져서 조금도 피로를 느끼지 않았으므로(백로를 만날 수 있다는 희망이 피로를 모르게 함) 계속 길을 달려가니, 하루는 도중에서 홀연히 어떤 사람을 만났는데, 그는 다행히도 시비 춘낭이가 아는 형주 사람이니라. 춘낭이 반가워하면서 순무어사의(백로) 소식을 물으니,

"그 유 어사께서는 신병으로 황제께 표를 올리고, 지금 고향으로 가서 휴양하신다더라."(백로와 길이 엇갈림)

춘낭이 낙망하고(희망을 잃음) 은하 낭자에게 그 사실을 전하자 낭자가 깜짝 놀라며,

"네가 잘못 들은지 모르니 다시 자세히 물어 보라."

하고 반신반의로 근심하였으니, 춘낭이 다시 아는 사람에게 묻기를,

"순무어사께서 병환으로 고향에 돌아가셨다는 것이 정말인가요?"

"거짓말이 어디 있느냐? 우리는 지금 군관으로서 직접 호송해 드리고 돌아오는 길이다."(백로가 고향으로 갔음이 확실해짐)

그 말을 다시 춘낭에게 전해들은 은하 낭자는 하는 수 없이 길을 돌이켜서 남경으로 향하더라.

▶ 백로를 만나러 나선 은하는 백로와 어긋나 만나지 못함

한편 유 어사는 백학선을 선사한 옛날의 여자를 사방으로 염탐하였으나 종시 만나지 못한 탓으로 심화병을(상사병) 얻고 증세가 날로 위독해 갔으므로, 하는 수 없이 황송한 사연으로 표를(마음에 품은 생각을 적어서 임금에게 올리는 글) 지어서 병 치료의 휴양을 황제께 청하였더니 황제가 보시고 병세가 위중함을 아시고 근심한 끝에, 어사를 대사도로 승진시키고, 그의 부친 형주 자사를 예부 상서로 삼아서 즉시 서울로 올라오라는 분부를 내리셨으므로 위세가 더욱 융성하고, 부귀 또한 혁혁하더라.(공로나 업적 따위가 뚜렷하다)

대사도가 병중의 행차를 강행하여 궐하에(대궐 아래. 즉 임금의 앞을 이르는 말) 명령을 받드니, 황제가 반갑게 맞아 위로하시고, 어서 물러가서 병을 조리하라고 분부하시니, 은혜에 감사하면서 부중으로 돌아와서 휴양하였으나, 「가슴에 품은 근심은 더욱 간절하기만 해서,(오매불망(寤寐不忘). 은하를 만나고 싶은 마음이 점점 커짐) 부귀공명도 헛된 꿈만 같고, 사모하는 여자의 생각만

인생의 보람 같아서 믿을 수 없더라.」뒤 이어 상경한 부친이 아들 사도의 병세가 심상치 않음을
「 」: 은하와의 만남이 인생의 전부인 것처럼 여겨짐. 백로의 간절한 마음
근심하고 천하의 명의를 청하여 약을 쓰는 한편 병의 원인이 여자를 사모하는 점에 있음을 짐작하고, 좋은 규수에게 구혼하려고 널리 간택하였으나 마땅한 곳이 없어서 부친은 근심 끝에 멀리 하향현의 현령 전홍로를 청하여 상의하기를,

"내 아들의 성질이 특이하여 공명을 이룬 후에 숙녀를 구하겠다 하므로, 그 뜻에 맡겨서 지금껏 성혼하지 않았더니, 이제는 공명이 족하게 되었으니 더 기다릴 것이 없어서, 널리 구혼코자 하나 마땅한 곳이 없어서 근심 중이니, 형은 나를 위하여 마땅한 숙녀를 천거해 주시오."
전에 평진의 사위가 되어 달라는 청을 거절한 일
과거에 급제해 백로가 결혼을 할 수 있는 상황이 됨

하고, 신신 부탁하였다.

"사도의 혼사는 염려 마십시오." / 전 현령은 뜻밖에 침착한 태도로 대답하거늘,

"그게 무슨 말이요?" / 유 상서가 놀라서 다시 묻기를,

"소제가 벼슬살이를 할 때 이러이러한 일이 있었는데, 그 조 소저가 무죄 애매함을 가련히 여겨서 이리이리하여 피하라고 일러서 놓아 보냈사옵니다. 그 후에 백로의 말을 들은즉, 그 여자가 분명히 백로가 심중에 맹약한 여자로 믿으니 어찌 애달프지 않겠습니까?"
은하
마음속으로 굳게 맹세한 여자 – 은하
은하와 백로가 만나지 못했음을 안타까워함

하고, 전후 사연을 자세히 말하니, 유 상서가 다시 놀라면서 그런 사실이 있으면, 그 애가 왜 나를 지금까지 속이고 병이 되도록 있느냐고 탄식하기를,

「"그러니 생각나는 일이 있소. 내가 기주에 자사로 있을 때 어떤 관속이 보고하기를 어떤 선비가 백학선을 가졌더라고 하기에, 내가 곧 잡아다가 옥에 가두고 위세로 백학선을 바치라고 위협하였으나 끝끝내 죽기로 거절하기로 옥중에 가두어 두었으나, 해가 지나도 마음을 돌리지 않으므로 인력으로는 어쩔 수 없다고, 석방한 일이 있었소. 그런데 그 선비의 음성이 옥소리 같아서 여자가 아닌가 하고 의심하고 몸을 검사하려다가, 아직 소년이라 음성이 그러려니 다시 생각하고 그냥 석방하였는데, 지금 현령의 말을 듣고 보니, 여자가 위급한 경우에 남복을 하고 난을 피하려 하였던 모양이구료.」 / 하고, 아들 사도를 돌아보고 은근히,
「 」: 유 상서가 옥중에 가뒀던 소년이 은하임을 알게 됨

"부자지간에 이런 사연을 왜 오래 속이고 있었느냐. 네가 그 여자의 생각으로 병까지 났지만, 그 여자인들 어찌 참혹하지 않으랴. 그 여자 역시 필경 너를 찾아다니며 천신만고 할 테니 어찌 가엾지 않으랴. 그 여자가 필경 남경으로 갔을 것인데, 공교롭게도 지금 오랑캐 가달이 남경을 점령하고 있으니, 혹은 그 여자가 도적의 화를 입고 죽었을지도 모르니 이 일을 어찌하랴. 옛말에 일녀함원(一女含怨)하면 오월비상(五月飛霜)이라 하니, 어찌 너에겐들 앙화가 없겠느냐?"
은하의 상황을 헤아림
은하와 백로의 만남이 순탄하게 이루어지지 않음
여자가 한을 품으면 오월에도 서리가 내린다

"부친의 말씀을 들으니, 가슴이 막혀서 말씀을 드리지 못하겠습니다."
은하가 자신을 찾기 위해 고생함을 알고 안타까워함

하고, 유 사도는 망연히 앉아 있었고 사도의 외숙인 현령이 위로하며,

"조카는 부질없이 너무 염려 말고 마음을 진정하고 몸을 회복하라. 하늘이 이런 숙녀를 내심이니, 어찌 조카의 정열이 헛되리오. 반드시 하늘이 도울 것이니, 머지않아 만나게 될 거다."

백로에 대한 은하의 극진한 마음에 감탄함

「"아아, 그 여자가 저를 위하여 온갖 고생을 다 겪고, 지금은 생사를 알 수 없으니 제 마음이 어찌 편하겠습니까? 마땅히 죽기를 결심하고 남경으로 가서 그 여자를 찾아서 사무치는 원한이 없도록 하겠습니다."」

▶ 은하를 찾지 못한 백로는 병을 얻고 아버지에게 그간의 사정을 이야기함

「 」: 목숨을 걸고 은하를 찾으러 가겠다는 것으로, 은하에 대한 백로의 지극한 마음을 알 수 있음

뒷부분 줄거리 | 이때 가달이 서울을 침략하려 하자 백로는 대원수가 되어 막으려 하지만 최국낭의 계략으로 가달에 잡혀가게 된다. 은하는 백로가 위험함을 알게 되자 임금에게 자원하고 가달을 물리친 후 백로를 구한다. 이후 최국낭은 벌을 받고, 백로와 은하는 연왕, 연왕비가 되어 팔순까지 행복하게 살다가 승천한다.

핵심 정리

- 갈래: 고전 소설(애정 소설, 여성 영웅 소설)
- 성격: 낭만적, 전기적, 영웅적
- 구성: '발단 – 전개 – 위기 – 절정 – 결말' 의 5단 구성

발단		전개		위기		절정		결말
발단: 천상계의 선관과 선녀가 죄를 지어 인간계로 쫓겨나 각각 유백로와 조은하로 태어남	➡	**전개**: 백로는 길에서 은하를 만나 백학선에 백년가약을 뜻하는 글귀를 적어 정표로 줌	➡	**위기**: 백로와 은하는 훗날 혼약하기로 한 약속을 굳게 지키고, 서로를 찾으려 노력함	➡	**절정**: 오랑캐 가달이 침략하자 백로는 대원수가 되어 막으려 하나 포로가 되고, 은하는 가달을 물리치고 백로를 구함	➡	**결말**: 백로와 은하는 연왕과 연왕비가 되어 행복하게 살다가 승천함

- 제재: 남녀 간의 애정 및 여성의 영웅적 활약
- 주제: 남녀 간의 신의 있는 사랑과 우국충정
- 특징: ① '백학선' 이라는 소재를 둘러싸고 인물 간의 사건이 전개됨
  ② 충효와 같은 유교적 윤리보다는 애정을 더 중시하는 가치관이 드러나 있음
- 의의: 연애 소설의 소재 영역을 넓히고, 전기적인 서사 구조를 개연성 있는 허구로 바꾸는 데 기여함
- 인물 분석
  - 유백로: 조은하에게 백학선을 정표를 준 인물로, 은하로 인해 상사병에 걸리고 은하를 찾기 위해 백방으로 노력함
  - 조은하: 백학선을 가지고 있는 인물로, 백로와 백년가약을 맺기 위해 노력하며 포로가 된 백로를 직접 구출하기도 함

한눈에 보기

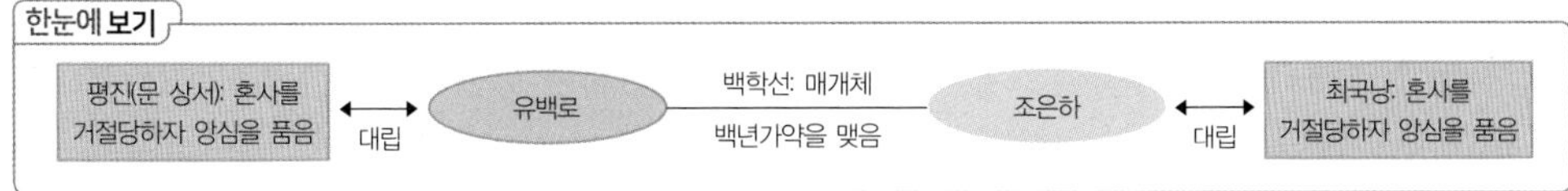

필수 문제

01 유백로와 조은하가 우연히 만난 이후 재회하기까지 고난을 겪는 모습을 통해 알 수 있는 이 글의 갈래를 쓰시오.

02 [서술형] 이 글에서 유백로와 조은하에게 '백학선' 이 어떤 의미인지 서술하시오.

72 옥단춘전(玉丹春傳) | 작자 미상

모의 기출

출제 포인트

이 글과 유사한 사건 전개를 보이는 〈춘향전〉과의 공통점을 파악해 보고 '이혈룡'과 '김진희'가 대립하게 된 원인과 이들의 관계를 통해 강조하고자 한 오륜의 덕목에 대해 알아보자.

감상 길잡이

이 글은 평양 기생 옥단춘의 순정과 절의, 그리고 이혈룡과 김진희라는 친구 사이의 그릇된 우정 문제를 다룬, 작자 · 연대 미상의 고전 소설이다. 주인공이 고난을 극복하고 행복을 누리게 되며, 우정을 저버린 친구가 천벌을 받는 등 조선 시대 소설의 일반적인 구성과 주제를 취하고 있으나, 신선이나 도사 같은 초월적 존재의 개입은 거의 나타나지 않는다. 창(唱)으로 구연(口演)되지는 않았지만, 이야기 전개상 〈춘향전〉과 유사성이 많고 판소리 사설과 유사한 문체를 가지고 있다.

앞부분 줄거리 | 이혈룡, 김진희는 함께 공부하면서 훗날 어려운 처지에 놓이면 서로 돕기로 약속한다. 가세가 기운 혈룡은 유리걸식(정처 없이 떠돌아다니며 빌어먹음)하다가, 먼저 등과하여 평양 감사가 된 진희를 찾는다. 그러나 진희는 오히려 혈룡을 대동강에 던져 죽이려고 한다. 이때 기생 옥단춘이 혈룡의 비범함을 알아보고 그를 구한다. 옥단춘의 도움으로 암행어사가 된 혈룡은 걸인 행색으로 평양에 간다.

이튿날 옥단춘은 혈룡에게 뜻밖의 말을 하였다.

"오늘은 평양 감사가 봄놀이로 연광정에서 잔치를 한다는 영이 내렸습니다. 내 아직 기생의 몸으로서 감사의 영을 거역하고 안 나갈 수 없으니 서방님은 잠시 용서하시고 집에 계시면 속히 돌아오겠습니다."

말을 하고 난 후에 옥단춘은 연광정으로 나갔다. 그 뒤에 이혈룡도 집을 나와서 비밀 수배(어떤 일을 갈라 맡아서 하게 함)한 역졸을 단속(주의를 기울여 다잡거나 보살핌)하고 연광정의 광경을 보려고 내려갔다. 이때 평양 감사 김진희는 도내 각 읍의 수령을 모두 청하여 큰 잔치를 벌였는데, 그 기구(예법에 필요한 것이 골고루 갖추어져 있는 형세)가 호화찬란하고 진수성찬의 배반(杯盤)(술상에 차려 놓은 그릇. 또는 거기에 담긴 음식)이 낭자하였다(여기저기 흩어져 어지러웠다). 이때는 춘삼월 호시절(좋은 때)이었다. 좌우 산천을 둘러보니 꽃이 피어 온통 꽃산이 되었고 나뭇잎은 피어서 온통 청산으로 변해 있었다. 「맑은 강가의 버들가지엔 황금 같은 꾀꼬리가 날아들고 두견새, 접동새, 온갖 새들은 쌍쌍이 모여드는데, 말 잘하는 앵무새, 춤 잘 추는 학두루미, 요지 연못(중국 곤륜산에 있다는 못)에 소식 전하던 청조새(파랑새), 만첩청산(겹겹이 둘러싸인 푸른 산)에 홀로 앉아서 슬피 우는 두견새는 청천명월 깊은 밤에 이리 가며 뻐꾹, 저리 가며 뻐꾹뻐꾹 우는 그 소리가 몹시도 처량했다.」 그 소리에 어사또는 심란하였다. 구경하는 사람들도 녹의홍상(녹색 저고리와 붉은 치마. 즉 화려하게 차려입은 복장)으로 곱게 입고 오락가락 다니면서 춘흥(봄철에 절로 일어나는 흥과 운치)을 못 이겨 춤도 추고 노래도 따라 하며 놀았다.

어릴 때 동문수학했던 친구를 벌할 수밖에 없는 상황에 대한 착잡함이 드러나 있음

「 」: 앞부분은 낮, 뒷부분은 밤을 묘사하고 있어 모순됨 – 장면 극대화의 영향

▶ 평양 감사의 잔치에 간 옥단춘과 심란함을 느끼는 이혈룡

이리 저리 구경을 다한 어사또는 남루한 의관(남자가 정식으로 갖추어 입는 옷차림)과는 달리 의기는 양양하였다(뜻한 바를 이룬 만족한 빛이 얼굴과 행동에 나타났다). 역졸들과 약속한 시각이 다가오자 이혈룡은 그 남루한 행색으로 성큼성큼 연광정 대상(臺上)(흙이나 돌 따위로 높이 쌓아 올려 사방을 바라볼 수 있게 만든 곳의 위)으로 올라가려 하였다. 그러자 당황한 나졸들이 와르르 달려와서 덜미를 잡아 끌어내며,

"야 미친놈아, 이 자리가 어느 안전(존귀한 사람이 앉아 있는 자리의 앞)이라고 함부로 올라가려 하느냐!"

하고 호통을 치며 혹심하게 구박했다. 그러니 어사또는 헌 파립 헌 의복이 모두 떨어져서 알몸이
매우 심하게 / 해지거나 찢어져 못 쓰게 된 갓
보이게 되었다. 이에 화가 치민 이혈룡은 김 감사의 이름을 부르며 큰 소리로,

"네 이놈 김진희야, 나 이혈룡을 모른단 말이냐?"

하고 호통을 쳤다. 이 소리에 옥단춘이 깜짝 놀라 살펴보니 음성은 혈룡 서방의 음성이나 의복이 달랐다. 이혈룡의 말을 김 감사가 듣고 크게 노하여 이혈룡을 잡아들이라는 소리가 천지를 진동할 듯하였다. 김 감사의 영을 받은 나졸들이 와르르 달려들어 이혈룡의 풀어진 상투를 휘휘 칭칭 감아쥐고 뺨도 때리고 등도 밀치고 재빠르게 잡아들여 층계 아래에 엎쳐 놓았다.

▶ 남루한 차림으로 연광정 잔치에서 분탕을 치는 이혈룡

김 감사가 호령하기를,

"오냐, 이혈룡아, 네 이놈 죽지 않고 또 살아왔구나. 이번에는 어디 좀 견디어 보아라. 일이 있으리라." / 하였다. 그러자 어사또가 대답하기를,

"내 신세가 비록 이러하나 나도 양반의 자식이다. 글쎄 이놈 김진희야 한번 들어 보아라. 내가 지난번에 너를 친구라고 찾아왔다가 통자(通刺)도 못하고 근근이 지내다가, 이 연광정에서 네가 놀고
예전에, 이름을 대놓고 면회를 청하던 일
있는 것을 보고 반가워하였으나, 너는 나를 미친놈이라고 대동강 사공을 불러서 배에 태워 강물에 넣어 죽이지 않았느냐. 내 물귀신 된 원혼이 너를 오늘 또 다시 보려고 왔다." / 하였다.

▶ 호통치는 평양 감사 김진희에게 대드는 어사 이혈룡

중략 부분 줄거리 | 김진희는 이혈룡과 옥단춘을 죽이라고 명령한다. 둘은 배에 실려 대동강에 빠질 위기에 처한다.

옥단춘은 단념하고 하는 수 없어 두 눈을 꼭 감고 치마를 걷어 올려서 머리에 쓰고 이를 박박 갈고 벌벌 떨면서,

"애고머니, 나 죽는다!" / 한 마디 지르고는 풍덩 뛰어들려고 하는 순간이었다. 이혈룡이 깜짝 놀라서 옥단춘의 손을 부여잡고 하는 말이, / "죽어도 같이 죽고 살아도 같이 살자."

하고 잡아서 옆에 앉히고 저쪽 연광정을 건너다보면서,

「"애들, 서리 역졸들아! 어디 갔느냐?"

하고 소리치는데 그 소리 천지를 진동할 듯하였다. 그러자 난데없는 역졸들이 벌 떼처럼 내달으며 달과 같은 마패를 일월(日月)같이 치켜들고 우레와 같은 큰 소리를 벽력같이 지르면서,

"암행어사 출두요! 암행어사 출두요!"

하고 두세 번 외치는 소리가 연광정과 대동강을 뒤엎을 듯하였다.」

▶ 어사출두를 알리는 이혈룡

「 」: 〈춘향전〉의 암행어사 출두 장면과 유사함

뒷부분 줄거리 | 이혈룡이 김진희의 죄를 벌하려 하나 김진희는 벼락을 맞아 죽게 된다. 이혈룡은 죽은 김진희의 가족을 위로하고 인정을 베풀어 백성들의 칭송을 받는다. 이혈룡은 좌의정이 되고 본처 김 씨는 정렬부인에, 옥단춘은 정덕 부인에 봉해지니 위의와 존명이 천하에 빛났다.

핵심 정리

- 갈래: 고전 소설(판소리계 소설, 애정 소설)
- 성격: 응징적, 교훈적
- 구성: '발단 – 전개 – 위기 – 절정 – 결말'의 5단 구성

발단		전개		위기		절정		결말
발단: 김진희와 이혈룡은 출세하면 서로 돕기로 맹세함	➡	**전개**: 곤궁해진 이혈룡이 평양 감사 김진희를 찾으나 김진희가 이혈룡을 죽이려 함	➡	**위기**: 옥단춘이 이혈룡을 구해 헌신적으로 뒷바라지함	➡	**절정**: 이혈룡이 어사가 되어 김진희를 벌함	➡	**결말**: 옥단춘을 제2부인으로 삼은 이혈룡이 부귀영화를 누림

- 제재: 이혈룡과 김진희의 우정과 배신, 옥단춘의 신의
- 주제: 배신에 대한 징벌과, 사랑과 신의의 승리
- 특징: ① 신비 체험이나 초월적 존재의 개입이 거의 드러나지 않음
  ② 주인공의 일대기적인 서사 방식을 지양함
- 인물 분석
  - 이혈룡: 김진희의 친구. 옥단춘의 도움으로 과거에 급제하여 우정을 배신한 김진희를 벌함
  - 옥단춘: 평양 기생. 이혈룡의 비범함을 알아보고 그를 도와줌
  - 김진희: 이혈룡의 친구. 혈룡과의 우정을 배신하고, 개인의 안위만을 돌보다가 벌을 받게 됨

한눈에 보기

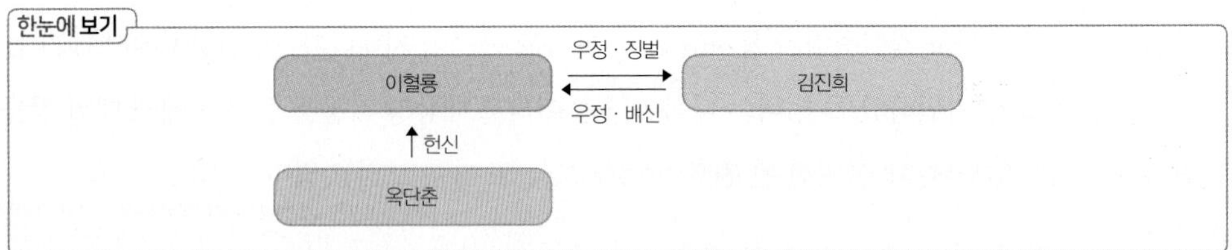

보충·심화 학습

- 〈옥단춘전〉과 〈춘향전〉의 관련성

이 글은 여러 가지 면에서 〈춘향전〉과 유사한 면을 보인다. 가령 주인공들의 이름이 〈춘향전〉의 주인공 '이몽룡, 성춘향'에 대하여 이 글에서 '이혈룡, 옥단춘'으로 되어 있는 것이나, 〈춘향전〉의 신분 관계와 이 글에 나오는 주인공들의 신분 관계가 같은 점이 그러하다. 또한, 어사출두나 봉고파직 등 결말 부분의 줄거리도 같으며, 두 작품 모두가 율문체인 점 등 유사한 점이 많기 때문에, 이 글은 〈춘향전〉을 모방한 작품으로 추정되기도 하지만, 모방 여부를 쉽게 단정하기는 어렵다. 다만 당대 소설에서 나타나는 몰락한 사대부에 대한 기생의 헌신적인 사랑이나, 입신을 통한 불우한 처지 극복, 암행어사 모티프 등은 조선 후기 몰락 양반들의 보상 심리를 반영하는 보편적인 화소로 추정되므로, 이러한 화소들이 결합되어 〈춘향전〉이나 〈옥단춘전〉과 같은 작품이 이루어진 것이라고 보는 편이 더 타당할 것이다.

필수 문제

01 이 글과 〈춘향전〉의 공통점을 두 가지 이상 쓰시오.

02 [서술형] 이 글이 일반적인 고전 소설 작품들과 구성 면에서 어떠한 차이점을 지니는지 서술하시오.

73 심생전(沈生傳) | 이옥

EBS

출제 포인트

신분이 다른 두 남녀의 비극적인 사랑을 다룬 애정 소설로, 자유로운 사랑에 대한 인물들의 욕구와 조선 후기의 신분 제도 및 사회상에 주목하여 살펴보자.

감상 길잡이

이 글은 양반가의 자제인 심생과 중인 계층의 처녀가 부단한 노력 끝에 사랑을 이루고 인연을 맺었지만 결국에는 신분의 차이를 극복하지 못해 비극적 결말을 맞는 내용이다. 인물들의 비극적인 사랑 이야기를 통해 작가는 조선 시대의 신분 제도에 대한 비판 의식을 드러내고 있다. 또한 마지막에 심생과 처녀의 사랑에 대한 매화외사(이옥)의 평을 배치하여 의지를 가지고 노력하면 목표한 바를 이룰 수 있다는 교훈을 제시하고 있다. 이 글은 자유연애 사상과 여성 의식의 성장은 물론 신분 질서가 동요하고 중인 계층이 성장한 조선 후기의 사회상을 엿볼 수 있는 작품이다.

심생(沈生)[중심인물]은 서울의 양반이다. 「그는 약관(弱冠)[스무 살을 달리 이르는 말]에 용모가 매우 준수하고 풍정(風情)[정서와 회포를 자아내는 풍치나 경치]이 넘치는 청년이었다.」[「 」: 재자가인(才子佳人)형 인물]

어느 날 그가 운종가(雲從街)[지금의 종로. 당시 서울의 중심가]에서 임금의 거둥[임금의 나들이]을 구경하고 돌아오던 길에 어떤 건장한 계집종이 자줏빛 명주 보자기로 한 여자를 덮어씌워 업고 가는 것[심생의 호기심을 불러일으킴]을 보았다. 한 계집애가 붉은 비단신을 들고 그 뒤를 따라가고 있었다. 심생은 겉으로 그 몸뚱이를 겨냥해 보고 어린애가 아닌 줄 짐작한 것이다. 그는 바짝 따라붙었다. 그 뒤꽁무니를 밟다가 더러 소매로 스치고 지나가 보기도 하면서 계속 눈을 보자기에서 떼놓지 않았다.[적극적이고 호기심 많은 심생의 성격이 드러남] 소광통교(小廣通橋)[서울 을지로 1가와 3가 사이에 있던 다리]에 이르렀을 때, 갑자기 돌개바람이 앞에서 일어나 자주 보자기가 반쯤 걷히었다.[심생과 처녀가 눈이 마주치게 되는 계기] 보니 과연 한 처녀라. 봉숭앗빛 뺨에 버들잎 눈썹, 초록 저고리에 다홍치마, 연지와 분으로 가장 곱게 화장을 하였다.[처녀의 외양 묘사 – 재자가인(才子佳人)형 인물] 얼핏 보아서도 절대가인임을 알 수 있었다. 「처녀 역시 보자기 안에서 어렴풋이 미소년이 쪽빛 옷에 초립을 쓰고[주로 어린 나이에 관례를 한 사람이 쓰던 갓] 왼편이나 오른편에 붙어서 따라오는 것을 보았던 것이다. 마침 추파(秋波)[미인의 맑고 아름다운 눈길]를 들어 보자기 사이로 주시하던 참이었다.」[「 」: 처녀 역시 심생을 지켜보고 있었음] 보자기가 걷히는 순간에 버들 눈[처녀], 별 눈동자[심생]의 네 눈이 서로 부딪쳤다. 놀랍고 또 부끄러웠다. 처녀는 보자기를 걷잡아 다시 덮어쓰고 가 버렸다.[남녀가 유별한 당시의 사회상을 엿볼 수 있음] 심생은 어찌 이를 놓칠 것인가.[편집자적 논평] 바로 뒤쫓아서 소공주동(小公主洞)[지금의 소공동] 홍살문 안에 당도하자 처녀는 한 중문 안으로 들어가 버리는 것이었다. 그는 멍하니 무언가 잃어버린 것처럼 한참을 방황했다.[처녀에게 반함] 그러다가 어떤 이웃 할멈[처녀에 대한 정보를 알려 주는 인물]을 붙들고 자세히 물어보았다. 「호조에서 계사[회계 실무를 맡아보던 종팔품 벼슬]로 있다가 은퇴한 집이고, 다만 딸 하나를 두었는데, 나이는 16, 7세였다.」[「 」: 처녀의 나이와 중인 신분이 드러남] 아직 혼사를 정하지 못했다는 것이었다. 그 딸이 거처하는 곳을 물었더니 할멈은 손으로 가리키며 말했다.

"이 조그만 네거리를 돌아서면 회칠한 담장이 나오고, 담장 안의 한 골방에 바로 그 처자가 거처하고 있지요."

▶ 심생이 한눈에 반한 처녀를 따라가 신상을 알아냄

그는 이 말을 듣고 도저히 잊을 수가 없어 저녁에 집안 식구에게 거짓말을 꾸며 대었다.

"동창 아무개가 저와 밤을 같이 지내자고 하는군요. 오늘 저녁에 가 볼까 합니다."

처녀의 집에 가기 위해 거짓말을 함

그는 행인이 끊어지기를 기다려 그 집 담을 넘어 들어갔다. 그때 초승달이 으스름한데 창밖으로 꽃나무가 썩 아담하게 가꾸어졌고, 등불이 창호지에 비치어 아주 환했다. 심생은 처마 밑 바깥벽에 기대앉아서 숨을 죽이고 기다렸다. 이 방 안에 두 매향(梅香)과 함께 그 처녀가 있었다. 그녀는 나지막한 소리로 언문 소설을 읽는데 꾀꼬리 새끼 울음같이 낭랑한 목청이었다. 삼경쯤에, 계집애는 벌써 깊이 잠들었고, 그녀는 그제야 등불을 끄고 취침하였다. 그러나 오래도록 잠을 이루지 못하고 뒤척뒤척 무언가 고민하는 모양이었다. 심생은 잠이 올 리가 없거니와 또한 바스락 소리도 내지 못하였다. 그대로 새벽종이 울릴 때까지 있다가 도로 담을 넘어 나왔다.

심생의 대담한 성격을 알 수 있음 / 몸종을 가리키는 말 / 밤 11시에서 새벽 1시 사이 / 전전반측(輾轉反側) – 처녀가 갈등을 하고 있음

결정적 장면

「그 뒤로는 이것이 일과가 되었다. 저물어서 갔다가 새벽이면 돌아오는 것이었다. 이렇게 20일 동안 계속하였으나, 그래도 그는 게을리 아니하였다.」 그녀는 초저녁에 소설책을 읽기도 하고, 바느질을 하기도 하다가 밤중에 이르러 불이 꺼지는데, 이내 잠이 들기도 하고 더러 번민으로 잠을 못 이루기도 하는 것이었다. 6, 7일이 지나자 문득 '몸이 편치 못하다' 고 겨우 초경(初更)부터 베개에 엎드려 자주 손으로 벽을 두드리며 긴 한숨 짧은 탄식을 내쉬어 숨결이 창밖까지 들리었다. 하루 저녁 하루 저녁 갈수록 더해만 갔다.

「 」: 사랑에 대한 심생의 적극적 태도가 드러남 / 심생이 밖에 와 있음을 눈치챈 처녀가 고민하고 있음 / 저녁 7시에서 9시 사이 / 고민이 깊어짐

▶ 심생은 매일 밤 처녀를 보러 담을 넘고 처녀는 쉽게 잠들지 못함

스무날 째 되는 밤이었다. 그녀가 갑자기 마루로부터 내려와 바깥벽을 돌아 심생이 앉아 있는 처소에 당도하였다. 심생은 깜깜한 어둠 속에서 불끈 일어서 그녀를 붙잡았다. 그녀는 조금도 놀라는 기색이 없이 낮은 소리로 말했다.

처녀가 심생이 처녀를 지켜보며 있던 곳을 알고 있었음 / 심생이 매일 찾아오는 것을 이미 알고 있었으므로 놀라지 않음

❶ "도련님은 소광통교 변에서 만난 분이 아니세요? 저는 이미 스무날 전부터 도련님이 다니시는 줄 알았답니다. 저를 붙들지 마세요. 한번 소리를 내면 다시는 여기서 못 나갑니다. 절 놓아주시면 제가

문제로 핵심 파악

1 이 글의 인물에 대한 설명으로 적절하지 않은 것은?

① 심생은 담을 넘을 정도로 사랑에 적극적이다.
② 처녀는 잠을 이루지 못할 정도로 고민하고 있었다.
③ 처녀는 심생이 매일 밤 찾아오는 것을 알고 있었다.
④ 처녀는 심생을 단념시키기 위해 문에 자물쇠를 걸었다.
⑤ 심생은 자신의 진심을 처녀에게 보여 주기 위해 다양한 시도를 하였다.

결정적 장면

처녀에게 반한 심생이 매일 밤 처녀를 찾아오고 이를 알고 있던 처녀가 심생을 단념시키려다가 심생의 진심을 알고 받아들이기로 하는 장면이다. 부모를 설득하는 처녀의 모습에서 자신의 의견을 당당히 밝히며 사랑을 성취하는 여성의 모습을 볼 수 있다.

핵심 구절 풀이

❶ "도련님은 소광통교 ~ 얼른 놓으셔요.": 처녀가 심생의 존재에 대해 알고 있었으며 심생을 정식으로 받아들이겠다고 말함. 그러나 이후의 내용으로 보아 이 말은 거짓임

뒷문을 열고 방으로 드시게 할게요. 얼른 놓으셔요."

심생은 곧이듣고 물러서서 기다렸다. 그녀는 홱 돌아서 들어가 버렸다. 방에 들어가서는 계집애를 부르더니, / 「"너 엄마한테 가서 큰 주석 자물쇠를 주시라고 하여 갖고 오너라. 밤이 깜깜해서 사람을 겁나게 하는구나."

실제로는 심생을 단념시키기 위해 자물쇠가 필요했던 것임

계집애가 웃방 마루로 건너가서 금방 자물쇠를 들고 왔다. 그녀는 열어 주기로 약속한 뒷문에다 아귀진 쇠꼬챙이를 분명히 꽂고 다시 손으로 자물쇠를 채웠다.」 일부러 쇠를 채우는 소리를 찰카닥 내었다. 그리고 곧 등불을 끄고 고요히 잠이 깊이 든 듯하였으나 실은 잠을 이루지 못하였다.

「 」: 심생에게 뒷문을 열어 주겠다고 한 것이 거짓임을 알 수 있음

심생과의 사랑이 이루어질 수 없음을 알고 심생을 단념하게 하기 위해 일부러 자물쇠 소리를 크게 냄

계속 고민하는 모습이 드러남

심생은 속임을 당하여 분통이 났다. 한편 생각하면 그나마 만나 본 것만도 다행이다 싶었다. 여전히 쇠를 채운 방문 밖에서 밤을 새우고 새벽에 돌아가는 것이었다.

심생의 긍정적인 성격

▶ 심생을 단념시키기 위해 처녀가 문에 자물쇠를 채움

「그는 다음 날에 또 가고, 다음 날에도 갔다. 방에 쇠가 채워져 있어도 조금도 해이해짐이 없이, 비가 오면 유삼(油衫)을 둘러쓰고 가서 옷이 젖어도 관계하지 않았다.」 이렇게 다시 열흘이 지났다. 밤중에 온 집안이 모두 쿨쿨 잠들었고, 그녀 역시 등불을 끄고 한참이나 있다가 문득 발딱 일어나서 계집애를 불러 얼른 등에 불을 붙이라고 재촉하더니,

「 」: 처녀의 거절에도 포기하지 않고 사랑을 이루기 위해 정성을 들여 노력함

기름에 결은 옷. 비, 눈 따위를 막기 위해 옷 위에 껴입는 옷

"얘, 너희들 오늘 밤엔 윗방으로 가서 자라."

두 매향이 방문을 나가자, 그녀는 벽에 걸린 쇳대를 가지고 자물쇠를 따고 뒷문을 활짝 열었다. 심생을 부른다. / "도련님, 들어오세요."

심생의 사랑을 받아들이기로 함

심생은 얼떨떨하여 자기도 모르게 몸이 벌써 방에 들어와 있었다. 그녀는 다시 그 문에 쇠를 채우고 심생에게 말했다. / "도련님, 잠깐 앉아 계셔요." / 안방으로 가서 자기 부모를 모시고 나왔다. 그 부모는 보고 어리둥절하였다. 그녀는 말을 꺼내었다.

아녀자의 방에 낯선 남자가 있으므로

"놀라지 마시고 제 말을 들어 보셔요. 「제 나이 열일곱으로 발걸음이 일찍이 문 밖을 나가지 못하옵다가, 월전에 우연히 임금님의 거둥을 구경하고 돌아오던 길에 소광통교에서 덮어쓴 보자기가 바람에 날려 걷히었습니다. 마침 그때 한 초립 도령과 얼굴이 마주쳤어요. 그날 밤부터 도련님이 안 오시는 날이 없이 이 방문 밑에 숨어 기다린 지 이제 이미 삼십 일이 지났답니다. 비가 와도 오시고, 추워도 오시고, 문에 쇠를 채워 거절해도 역시 오시었어요.」 저는 곰곰이 생각해 보았습니다. 「만일 소문이 밖으로 퍼져서 동네 사람들이 알게 되면 밤에 들어왔다가는 새벽이면 나가는데 자기 홀로 창벽 밖에서 있은 줄을 누가 믿겠습니까. 사실과 다르게 누명을 뒤집어쓰지요. 제가 틀림없이 개에게 물린 꿩이 되는 셈이에요.」 그리고 「저 분은 양반댁 도령으로 나이가 바야흐로 청춘이라 혈기가 아직 정치 못하여 다만 나비와 벌이 꽃을 탐낼 줄만 알고 바람

달포(한 달이 조금 넘는 기간) 전 / 초립 도령: 심생

「 」: 심생과 처녀 사이에 있었던 일을 요약적으로 제시함

처녀에 대한 심생의 한결같은 마음

누명: 정절을 의심받는 오해

「 」: 처녀가 부모를 설득하는 근거 ① – 사람들의 오해를 사게 될까 두려움

나비와 벌: 심생 / 꽃: 처녀

과 이슬에 맞음을 돌보지 않으니 며칠 못 가서 병이 나지 않겠습니까? 병들면 필시 일어나지
매일 밤 와서 새벽까지 있다 가므로 몸이 상할 것임
못하리니, 그렇게 되면 제가 죽이지 않았어도 제가 죽인 셈입니다. 비록 남이 모르더라도 반드
「 」: 처녀가 부모를 설득하는 근거 ② – 심생의 몸이 상하면 처녀의 탓이 될 것임
시 저에게 화가 미치게 될 것입니다.」 또 「제 몸은 한낱 중인(中人)집 딸에 불과합니다. 제가 무슨
심생과 처녀의 신분 차이가 드러남
절세의 경성지색(傾城之色)으로 물고기가 숨고 꽃이 부끄러워할 만한 용모를 지닌 것도 아닌데,
경국지색 / 침어낙안(沈魚落雁), 폐월수화(閉月羞花) – 지극히 아름다운 여인
도련님께서 솔개를 보고 매로 여기시어 제게 지성을 바치되 이토록 부지런히 하오십니다. 제가
심생이 처녀를 귀하게 여겨 줌 – 비유적 표현
만일 도련님을 따르지 않으면 하늘이 반드시 싫어하시어 복을 제게 주시지 않을 거예요.」 제 마
「 」: 처녀가 부모를 설득하는 근거 ③ – 처녀에 대한 심생의 사랑이 매우 지극함
음을 정하였습니다. 부모님께서는 근심하지 마옵소서. 「아! 저는 부모님께서 연로하시고 동기간
처녀의 굳은 결심 – 주체적 태도
이 없으니 시집가서 데릴사위를 맞아 살아 계실 때에 봉양을 다하다가 돌아가신 뒤에 제사를 모시면 제 소망에 족하다고 생각하였습니다. 이제 일이 뜻밖에 이렇게 되었으니, 이 역시 하늘의 뜻입니다. 더 말해 무엇하겠습니까?"」

▶ 처녀가 심생과의 인연을 허락해 달라고 부모를 설득함

「 」: 처녀가 부모를 설득하는 근거 ④ – 사위를 맞아 부모를 봉양할 것임

그녀의 부모는 어안이 벙벙했으나 달리 할 말이 없었고, 심생은 더욱 아무 말도 못 했다. 「그래서 그날부터 심생은 밤마다 여인을 만났다. 애타게 사모하던 끝에 그 기쁨이야 오죽하였으리오. 그날 밤 이후로 심생은 저물녘에 집에서 나갔다가 새벽에 돌아왔다.」
「 」: 처녀와 심생이 인연을 맺음

「그녀의 집은 본래 부유했다. 그로부터 심생을 위하여 산뜻한 의복을 정성껏 마련해 주었으나, 그는 집에서 이상하게 여길까 보아서 감히 입지 못하였다.」 그러나 심생이 아무리 조심을 하여도
「 」: 심생은 처녀와의 인연을 비밀로 함 / 집안의 반대를 걱정하는 심생의 소극적인 모습
집에서는 그가 바깥에서 자고 오래 돌아오지 않는데 의심하지 않을 수 없었다. 그리하여 절에 가서 글을 읽으라는 명이 내리었다. 「심생은 마음에 몹시 불만이었으나, 부모의 압력을 받고 또 친구
처녀와 이별하게 됨
들에게 이끌리어 책을 싸들고 북한산성으로 올라갔다.」

▶ 처녀와 인연을 맺은 심생이 처녀와 이별하게 됨

「 」: 적극적으로 대응하지 못하는 심생의 모습 – 심생과 처녀의 비극적 결말의 원인이 됨

선방(禪房)에 머문 지 근 한 달 가까이 되었다. 심생에게 그녀의 한글 편지를 전해 주는 사람이
절에 있는 참선하는 방
있었다. 편지를 펴 보니 유서로 영영 이별하는 내용이 아닌가. 그녀는 이미 죽은 것이다. 〈중략〉
비극적 결말을 암시함

▶ 처녀가 유서를 남기고 세상을 떠남

심생은 이 편지를 받고 자기도 모르게 울음과 눈물을 쏟았다. 이제 비록 슬프게 울어 보나 무엇하겠는가. 그 뒤에 심생은 붓을 던지고 무변이 되어 벼슬이 금오랑에 이르렀으나 역시 일찍 죽고
문과 급제를 포기함 / 조선 시대에, 의금부에 속한 도사를 이르던 말
말았다.
사랑을 이루지 못한 괴로움이 드러남

▶ 처녀의 죽음을 알고 슬퍼하다가 심생이 일찍 죽음

매화외사(梅花外史) 가로되, 내가 열두 살 때에 시골 서당에서 글을 읽는데 매일 동접(同接)들과
작가인 이옥의 호 – 작가 자신을 드러냄으로써 이야기의 사실성을 강화함 / 같은 곳에서 함께 공부하는 사람
더불어 이야기 듣기를 좋아하였다. 어느 날 선생이 심생의 일을 자세히 이야기해 주시고, "심생은 나의 소년시 동창이다. 그가 절에서 편지를 받고 통곡할 때에 나도 보았더니라. 그래서 이 이야기를 듣고 지금까지 잊지 않았구나." 이어서 말씀하시었다. 「"내가 너희들에게 이 풍류 소년(風流少年)을 본받으라는 것이 아니다. 사람이 일에 당해서 진실로 꼭 이루겠다는 뜻을 세우면 규방

여인의 마음도 얻을 수 있거늘, 하물며 문장이나 과거야 왜 안 되겠느냐."」

「 」: 서당 선생이 심생의 이야기를 통해 의지를 갖고 계속해서 노력하면 결국 목표를 이룰 수 있다는 교훈을 전함

우리들은 그 당시 듣고 매우 새로운 이야기로 여겼는데, 훗날 《정사(情史)》를 읽어 보니 이와 비슷한 이야기가 많았다. 이에 이것을 《정사(情史)》의 이야기 중 하나로 추가하려 한다.

명나라 때의 문인 풍몽룡이 남녀 애정과 관련된 중국 역대의 이야기를 모아 엮은 책

이 글을 쓴 목적

▶ 이옥은 심생의 이야기를 적어 《정사》에 빠진 것을 보충함

핵심 정리

- 갈래: 한문 소설, 애정 소설
- 성격: 비극적, 애정적
- 구성: '발단 – 전개 – 위기 – 절정 – 결말'의 5단 구성

발단		전개		위기		절정		결말
심생이 임금의 행차를 구경하러 갔다가 보자기에 싸여 업혀 가는 처녀를 보고 따라감	➡	심생이 매일 밤 처녀의 집 담장을 넘어 처녀를 지켜보지만 처녀는 심생을 단념시키려 함	➡	심생이 한결같이 처녀를 기다린 지 30일째 되는 날 처녀 부모님의 허락을 받고 인연을 맺음	➡	부모의 의심으로 심생은 산사로 가고 처녀가 심생을 그리워하다가 죽자 심생도 요절함	➡	매화외사는 심생의 이야기를 적어 《정사(情史)》에 빠진 것을 보충함

- 제재: 양반인 심생과 중인인 처녀의 사랑
- 주제: 신분의 차이로 인한 남녀의 비극적 사랑
- 특징: ① 비극적 결말을 통해 신분 제도에 대한 비판 의식을 나타냄
  ② 후반부에 이야기에 대한 작가의 견해를 밝힘으로써 교훈을 제시함
- 의의: 자신의 삶에 적극적이며 강한 의지를 보이는 여성이 등장하며 〈이생규장전〉과 〈춘향전〉을 연결해 주는 문학사적 의의를 가짐
- 인물 분석
  - 심생: 양반가의 자제로 용모가 준수하고 대담하고 적극적인 성격을 가짐. 꾸준한 노력으로 중인 처녀와의 사랑을 이루지만 신분의 벽을 넘지 못하고 사랑에 좌절을 겪은 뒤 요절함
  - 처녀: 부유한 중인 계층의 처녀로 아름다운 용모와 주체적인 성격을 가짐. 심생의 한결같은 구애를 받아들이지만 신분의 차이를 넘지 못해 병으로 죽음

한눈에 보기

심생과 처녀의 사랑 이야기		매화외사의 평
양반과 중인이라는 신분의 차이를 극복하지 못한 심생과 처녀의 비극적인 사랑	+	심생이 꾸준한 노력으로 처녀와의 사랑을 성취했듯 어떤 일이든 의지를 갖고 열심히 노력하면 목표한 바를 이룰 수 있음

보충·심화 학습

- 조선 후기 사회상의 반영

이 글에는 조선 후기의 사회상이 반영되어 있다. 먼저 심생과 처녀가 부모님이 정해 준 사람과 결혼하는 것이 아니라 스스로의 의지에 따라 사랑을 이루었다는 점에서 당시 자유연애 사상이 싹트고 있었음을 알 수 있다. 또한 처녀가 언문 소설을 읽는 모습이나 심생과 부모에게 자신의 의사를 분명하게 밝히는 당당한 모습에서 여성 의식의 성장을 엿볼 수 있다. 더불어 양반인 심생과 중인인 처녀가 신분이 다름에도 사랑을 한다는 점에서 당시 신분 질서가 동요되고 있었음을 짐작할 수 있으며, 중인 계층인 처녀의 집이 부유한 것으로 보아 중인층이 경제적으로 성장하고 있었음을 알 수 있다.

필수 문제

01 이 글에서 심생과 처녀의 사랑이 비극적으로 끝났음을 알려 주는 소재를 쓰시오.

02 [서술형] 이 글의 후반부에 덧붙인 스승의 평에 드러난 교훈을 한 문장으로 서술하시오.

74 채봉감별곡(彩鳳感別曲) | 작자 미상

교과서 EBS 모의 기출

출제 포인트

채봉이 부모의 출세욕으로 인해 온갖 고난을 겪은 끝에 사랑을 성취한다는 이야기이다. 근대적 여성의 면모를 보이는 채봉과 이 글에 반영된 부정부패가 만연했던 조선 후기의 시대적 상황에 대해 살펴보자.

감상 길잡이

작자 미상의 고전 소설로, 진취적인 한 여성이 부모의 명령을 거역하면서까지 사랑을 성취한다는 내용을 그리고 있다. 사실적인 묘사를 통해 매관매직이 성행하고 자신의 딸까지 팔아 영달을 추구하려 하던 조선 후기의 부패한 관리들의 추악한 이면을 폭로하고 있으며, 평양 감사가 손수 기생을 사서 관원으로 채용하는 것을 통해서는 이전 시대와는 다른 진보성을 엿볼 수 있다.

장면 1

「만산 낙엽은 쓸쓸한 가을바람을 따라 이리저리 흩어지고 공산명월은 적막한데 서릿바람에 놀란 기러기는 공중에 높이 떠 구슬피 울며 긴 소리로 짝을 부르며 평양 을밀대 앞 이 감사 집 후원 별당 위로 남쪽을 향해 날아가더라.」

(만산: 온 산에 가득한 / 공산명월: 사람 없는 빈산에 외로이 비치는 밝은 달 / 을밀대: 평양 금수산 마루 위에 있는 대와 그 위에 있는 정자 / 「 」: 배경 묘사와 계절적 배경 제시 – 가을의 쓸쓸한 풍경을 통해 분위기 고조)

별당 건넛방에 팔짱을 끼고 책상머리에 앉아 있던 열여덟가량 되는 아름다운 처녀가 지붕 위로 날아가며 우는 기러기 소리 듣고 고개 들어 남창을 바라보니 쓸쓸한 가을바람과 함께 두둥실 높이 떠 있는 달님과도 같이 어떤 애수에 서린 양, 소저(小姐)는 몸을 일으켜 안방에서 들리지 않도록 소리 안 나게 미닫이문을 열더라. 그와 함께 창틈으로 스며들기만 하던 달빛이 서늘한 가을바람과 함께 고운 소저의 얼굴을 뚜렷이 비춰 주니 열여덟의 고운 아가씨는 두둥실 높이 뜬 달을 쳐다보며

(열여덟가량 되는 아름다운 처녀: 여자 주인공 채봉. 주관이 뚜렷하며 사리 판단이 바르고 지혜로움 / 기러기 소리: 쓸쓸하고 애상적인 분위기를 만드는 소재 ① / 남창: 남쪽으로 난 창 / 가을바람: 쓸쓸하고 애상적인 분위기를 만드는 소재 ② / 달님: 쓸쓸하고 애상적인 분위기를 만드는 소재 ③ / 소저(小姐): '아가씨'를 한문 투로 이르는 말. 채봉을 가리킴)

"휘이……." / 긴 한숨을 내쉬며, 말하되,

"문 닫은 창 앞의 달이라더니 나는 가위 열어 놓은 문으로 들어온 달을 창가에서 바라보누나!"

(가위: 한마디로 이르자면, 또는 그런 뜻에서 참으로)

하며 사방의 가을 경치를 살피더니,

"오늘이 적당한 때라 하겠노라." / 하고 마음에 있는 말을 글로 적어 볼까 하노라.

벼루를 내어 먹을 갈고 그 먹에 붓을 찍어 백농화지를 펼쳐 책상 위에 놓고는 섬섬옥수(纖纖玉手)로 붓대를 법도 있게 잡고는 추풍감별곡을 짓더라.

(섬섬옥수: 여인의 아름다운 손 / 추풍감별곡: 훗날 두 주인공을 다시 만나게 하는 계기가 됨)

이 고운 아가씨는 누구인가 하면 이 처녀는 평양부중에 사는 김 진사의 딸로서 이름은 채봉이라 하더라.

(등장인물(주인공)의 소개 – 주인공의 출생 내력부터 설명하는 일반적인 고전 소설과 달리, 주인공의 현재 상태를 제시한 후 출생 내력을 설명함 – 고전 소설 구성상의 전형성 탈피)

▶ 김 진사의 딸 채봉이 가을에 추풍감별곡을 지음

중략 부분 줄거리 | 김 진사 내외는 오래도록 자식이 없어 적적하게 지내다가, 뒤늦게 채봉을 얻게 되고 금지옥엽으로 기른다. 채봉이 자라 시집갈 나이가 되지만 평양에 적당한 배필이 없자 김 진사는 채봉의 배필을 찾아 서울로 올라간다.

김 진사 내외는 채봉을 보배로 기르며 좋은 짝을 맞춰 주고자 사방으로 두루 사윗감을 구했으나 마땅한 곳이 없어 채봉의 나이 어느덧 열여섯이 되니, 추향을 데리고 동산으로 올라가 봄빛을 즐겼다. / 그때 서편에서 사람의 기척이 있기로 깜짝 놀란 두 처녀가 그쪽을 쳐다보았다. 그 얼굴은 백옥과 같고 풍채는 두목지 같은 십팔 세 가량의 소년이 이쪽을 쳐다보고 있었다.

채봉의 몸종

중국 당나라 말기의 시인 두목

남자 주인공 장필성 – 상투적 · 관습적 묘사

채봉은 그 소년을 보자 반가운 마음이 들었으나 얼굴이 붉어지며 어찌할 바를 모르다가 급한 걸음으로 초당으로 들어가 동산으로 나 있는 문을 닫는다.

채봉이 필성을 보고 한눈에 마음에 들어함

소년이 터진 담으로 들어와서 땅바닥에 떨어져 있는 수건을 주워 들고 펼쳐 보니 채봉이라는 두 글자가 수놓아 있다. / 소년이 담 터진 곳으로 나와서 담 안의 동정을 살피는데 조금 전 앞장서 들어가 문을 걸던 처녀가 나와서 땅바닥을 두루 살핀다.

채봉과 장필성의 만남을 이어 주는 매개체

일이나 현상이 벌어지고 있는 낌새

채봉의 시비 추향

"이상하다. 지금 떨어뜨린 수건이 어디로 갔담."

"내 손에 들어온 수건인데 찾을 수 있나?" / 추향이 귓결에 말을 들었다.

"서방님, 수건을 얻은 듯하니 내어 주시면 감사만만이겠습니다." / "수건은 누구의 것이냐?"

너무나 감사하여 이루 말할 수 없겠습니다

"우리 댁 소저의 것입니다." / "너희 댁 소저의 이름은 무엇이라 부르느냐?"

"채봉이라 합니다. 이제 수건을 주시지요."

"수건을 주기로 주겠다만은 너 여기서 잠깐 기다려라. 내가 다녀올 데가 있다."

채봉에게 보낼 시를 쓰기 위함

소년은 아랫집으로 들어가 수건에 절구를 써 가지고 나와 추향에게 건네주며 말한다.

4줄로 된 한시

"나는 동대문에 사는 장필성인데, 홀어머니 시하에서 지금껏 장가를 들지 못해 근심하는 사람이라고 소저께 말씀 드려라. 이 수건을 보시면 반드시 답장이 있을 것이니 회답을 전해 다오. 내 여기서 기다리고 있겠노라."

장필성의 불우한 처지가 드러남 – 채봉과 필성의 사랑이 순탄치 못하게 되는 원인으로 작용함

▶ 우연히 채봉을 만난 필성이 채봉이 떨어뜨린 수건에 시를 지어 전하도록 함

뒷부분 줄거리 | 필성이 보낸 시에 채봉이 화답시를 보내면서 둘은 약혼에까지 이른다. 그러나 벼슬이 탐난 김 진사는, 딸을 허 판서의 첩으로 보내려고 채봉을 데리고 서울로 상경하던 도중 도적을 만나 재물을 모두 잃게 되고, 채봉은 이 틈을 타 평양으로 도망 온다. 이 사실을 안 허 판서는 노여워하며 김 진사를 옥에 가두고, 채봉은 아버지를 구하고자 몸을 팔아 기생이 된다. 채봉은 필성으로부터 받은 한시를 풀이하는 사람에게 몸을 허락하겠다며 절개를 지키던 끝에 필성과 다시 만나게 되지만, 평양 감사 이보국이 채봉의 재주를 탐내어 데려가자 필성은 자진하여 이방이 된다. 필성을 그리며 '추풍감별곡'을 읊는 채봉의 사연을 알게 된 이보국이 둘의 사랑에 감복하여 결국 둘을 혼인시킨다.

필수 문제

01 이 글에서 채봉과 필성을 연결시키는 매개체가 되는 소재를 찾아 쓰시오.

02 이 글은 주로 인물 간의 (　　　　)와/과 인물에 대한 (　　　　)을/를 통해 서술되어, 기존 고전 소설의 전기적(傳奇的) 서술 방식에서 벗어나 있다.

장면 2

앞부분 줄거리 | 김 진사의 외동딸 채봉은 어려서부터 총명하여 부모의 귀여움을 받고 자란다. 김 진사가 딸의 배필을 찾아 서울로 간 동안, 열여섯 살 채봉은 봄을 맞아 시비 추향과 뒷동산에 올라간다. 그곳에서 채봉은 열여덟의 소년 장필성을 우연히 만나고 급히 집으로 돌아오다가 수건을 떨어뜨린다. 필성은 수건을 주워 두 사람이 만난 연분을 시로 써서 전해 주고 이것이 계기가 되어 채봉은 필성과 다시 만나게 된다.

이때 채봉의 모친 이 씨가 월색이 명랑함(달빛이 맑고 깨끗함)을 보고 산보 삼아 초당(집의 몸채에서 떨어진 곳에 지은 조그마한 집채)으로 나오니 채봉과 추향이 없어 괴이히 여겨 후원(집 뒤에 있는 작은 정원)으로 찾아오는데 바람을 따라 남자의 음성(필성의 목소리)이 들리는지라 대경하여(크게 놀라) 몸을 감추고 엿보니 채봉이가 추향을 데리고 필성과 수작하는(서로 말을 주고받는) 말이 귀에 역력히 들리는지라.

어찌 된 일인지 몰라 나가지는 아니하고 눈을 부비며 필성을 보니 백옥 같은 풍채 월하(달 아래)에 채봉과 같이 서 있는 형상이 가위(한마디의 말로 이르자면) 원앙의 쌍이라, 수작하는 이야기만 듣다가 추향이 필성과 작별하고 초당으로 채봉과 같이 옴을 보고 급히 초당 마루로 앞서서 올라가 앉으니 채봉과 추향이가 오거늘 이 부인이 모른 체하고 묻는다.

▶ 채봉의 어머니가 채봉과 필성이 만나는 장면을 목격함

"아가, 어디를 갔다 이렇게 늦게 오느냐?"

채봉은 자연 마음에 부끄러운 태도가 있어(어머니 모르게 남자를 만났기 때문에) 미처 대답을 못 하고 추향이 대답한다.

"달이 하도 밝기에 후원에서 놀다가 인제야 옵니다."

"어린아이들이 무섭지도 아니하냐? 근일(과거로부터 오늘까지의 여러 날 동안) 들은즉 후원 터진 데 사람의 발자취가 있더라고 하던데 다시는 밤중에 들어가지 말라. 그러나 지금 들은즉 남자의 소리가 들리니 누가 들어왔더냐?"

채봉은 천만뜻밖에(전혀 생각지 아니한 상태에) 이 말을 듣고 감히 고개를 들지 못하고 추향은 창황하여(놀라거나 다급하여 어찌할 바를 몰라) 즉시 대답을 못 한다. / 이 부인이 이 거동을 보고 노기(성난 얼굴빛)를 띠고 재차 다시 묻는다.

"왜 대답이 없느냐? 나는 남자와 같이 말하는 것을 보고 어떤 남자가 들어온 것을 책하여(책망하여) 내보내는 줄 알았더니 지금 너희의 동정을 보니 무슨 사정이 있구나. 이 일을 진사(채봉의 아버지 김 진사) 아시기 전에 진작 실토하면 내가 먼저 조처를 하고 진사께 말씀하려니와, 만일 기망(남을 속여 넘김)을 하면 진사께 말씀하여 살풍경(살기를 띤 광경)이 일 것이니 이실직고하여(사실 그대로 고하여) 기망 말라. 추향아, 너는 사정을 자세히 알지? 만약 네가 기망하면 너부터 치죄하리라(허물을 가려 벌을 주리라)."

▶ 채봉의 어머니가 필성과 채봉의 관계를 추궁함

채봉은 더욱 망지소조(罔知所措)(너무 당황하거나 급하여 어찌할 줄을 모르고 갈팡질팡함)하여 어찌할 줄 모르고 추향은 속으로 생각하되, '바로 말씀 드려 일이 없도록 하는 것이 좋겠다.' 싶어 이 부인 앞에 가 앉으며,

"마님께서 이같이 하문(윗사람이 아랫사람에게 물음)이시니 어찌 기망하오리까? 이는 다 소비의 죄이오니 만사무석(萬死無惜)(만 번 죽어도 아까울 것이 없음)이올시다."

"그래. 네가 주선한 것이면 사정이 어찌 되었단 말이냐?"

추향이「처음에 채봉과 후원에 꽃구경 갔더니 담 밖에서 남자의 음성이 들리기로 급히 초당으로

「 」: 필성과 채봉이 처음 만나게 된 사연의 요약적 제시

왔다가 수건을 잃어 찾으러 나갔더니 수건이 천만의외에 장필성에게 간 말이며 글귀로 화답한 말이며』일장설화를 다하고 필성을 입에 침 없이 칭찬한다.

한바탕의 이야기 / 침이 마르게

"장 상공을 뵌즉 가위 여옥기인(如玉其人)이라. 소저의 배우 되기 부끄럽지 아니하더이다."

장필성 / 사람됨이 뛰어나 옥(玉)과 같음 / 채봉 / 배우자

이 부인이 이 말을 다 듣고 한참 앉아서 무슨 생각을 하더니

"이 일을 진사께서 아시면 큰일 나겠다. 어떻게 처치를 해야 무사히 된단 말이냐?"

"무사히 처치하려면 어려울 것 없지요." / "어떻게 하면 좋겠느냐?"

추향이 부인 귀에 입을 대고 한참을 소곤소곤하더니

추향이 필성과 채봉의 혼인을 권유함

"그렇게 하면 이런 사정을 누가 알며 일은 좀 잘 되겠습니까?"

"네 말도 그럴듯하다마는 장 씨의 문벌이 어떠하다더냐?"

대대로 내려오는 그 집안의 사회적 신분이나 지위

"청해서 물으시면 아시려니와 장 선천 자제이고 외가댁은 앞집 김 첨사 댁이라고 하시니 댁과 상당치 아니하십니까?"

선천 부사. '선천'은 지명 / 첨절제사. 조선 시대에, 각 진영에 둔 종삼품 무관 벼슬 / 어느 정도 가깝거나 알맞지

"혼인이라 하는 것은 인력으로 못 하는 것이라.『약비기연(若非其緣)이면 비록 일실지내(一室之內)에 있어도 초월지간(楚越之間)과 같고 필유기연(必有其緣)이면 수만 리 밖에 각각 있어도 자연 모되나니』어찌 인력으로 억제하리오. 일이 이에 이르렀으니 네 말과 같이 주선하려니와 대관절 장 씨의 글씨가 어디 있느냐?"

『 』: 만약 그와 같은 인연이 아니면 같은 방에 있어도 초나라와 월나라처럼 멀리 떨어져 있는 것과 같고, 반드시 될 인연이면 멀리 떨어져 있어도 맺어진다는 말

추향이 의장을 열고 수건을 내놓으니 이 부인도 문한(文翰)이 유여(有餘)한지라 필성의 글씨를 보더니 절절 칭찬하며 채봉을 돌아보고,

옷장 / 문필에 관한 일을 알아보는 여유가 있는지라(글을 보는 눈이 있는지라)

"아가, 네 마음을 내가 인제야 짐작하였으니 다시 더 말할 것 없거니와 한 가지 염려되는 것이 있다. 네 부친께서 혼사로 인연하여 서울로 올라가셨는데, 만일 혼인을 정하고 내려오시면 어찌한단 말이냐?" / 추향이가 깔깔 웃으며

복선. 채봉과 필성의 사랑이 순조롭지 못할 것을 암시함

"별 걱정을 다 하십니다. 아무리 정하고 내려오실지라도 예단을 받으셨습니까? 파의하기가 무엇이 어려워서 염려를 하십니까?"

예물로 보내는 비단 / 하려고 마음먹었던 뜻을 버리기가

"이제 와서 어찌하겠느냐? 비록 채단을 받았어도 파의를 할 수밖에 없지."

혼인 때에, 신랑 집에서 신부 집으로 미리 보내는 푸른색과 붉은색의 비단

하며 밤이 이슥하도록 이야기를 하고 안으로 들어간다.

▶ 추향이 채봉과 필성의 사연을 채봉 어머니에게 고하고 둘을 혼인시킬 것을 권유함

한편, 필성은 채봉과 은근히 백 년을 살자 맹세하고 집으로 돌아와 모친 최 씨를 뵙고

"어머님, 옛글에 국난(國難)에 사충신(思忠臣)이요, 가빈(家貧)에 사현처(思賢妻)라 하는 말이 있지 아니합니까? 지금 소자의 나이 열여덟을 당해서도 모친을 봉양할 처속이 없고 가세는 점점 탕패하니 어찌 민망치 않겠습니까? 들은즉 김 진사 집 규수가 현숙하다 하니 매파를 보내시어

나라가 어려울 때는 충신을 생각하고, 집이 가난하면 현명한 처를 생각함 / 열여덟에 이르러서도 / 아내 / 재물 따위를 다 써서 없앰 / 어질고 정숙하다 / 혼인을 중매하는 할멈

통혼을 하여 보시옵소서."
혼인할 뜻을 전함

"네 나이 지금 십팔 세라 그런 생각이 없겠냐만은, 김 진사 집과 우리 문벌은 상당하지마는 빈부가 판이하니 즐겨 우리와 결친코자 하겠느냐?"
아주 다르니 / 사돈 관계를 맺고자

"모사(謀事)는 재인(在人)이요 성사(成事)는 재천(在天)이라. 통혼이야 못 할 것 있습니까?"
계략을 꾸미는 것은 사람이지만, 그 일이 이루어지는 것은 하늘에 달려 있음

"통혼은 해 보겠다만은 들을지 몰라서 하는 말이다."

하고 매파를 김 진사 집으로 보내 통혼을 하니, 이때 이 부인이 혼자 앉아서 혼사로 궁리를 무수히 하는데 밖에서 매파가 들어오며 인사를 한다. ▶ 필성이 어머니를 통해 채봉의 집에 혼담을 넣도록 함

"마님, 안녕하십니까?"

"어, 중매 할멈 오는가. 근일에 볼 수 없더니 아마 재미가 많은 게지?"
과거로부터 오늘까지의 여러 날 동안 / 일이 바쁘고 잘 되느냐는 뜻

"재미가 다 무엇입니까? 요새 같아서는 목구멍에 거미줄 치기가 알맞습니다."

"그러해서 쓰겠나. 하도 아니 오기에 나는 재미를 보느라 그렇게 아니 오나 하였지. 오늘은 무슨 바람이 불어서 왔는가?"

"참한 신랑이 하나 있어서 왔습니다."

"어떠한 신랑이란 말인가?"

"대동문 밖 장 선천 아드님인데 인물은 반악 같고 풍채는 두목지 같고 문장은 이태백 같고 필법은 왕우군 같사오니 가위 댁 소저의 배필이라 중매로 수삼 년을 돌아다니되 평생에 처음 보는 짝이기에 말씀 드리니, 진진지호(秦晉之好)를 맺으시면 두 댁이 중매의 생각이 날 듯합니다."
중국 서진 때의 시인 겸 문인 / 중국 당나라 말기의 시인 / 이백. 중국 당나라의 시인 / 왕희지. 중국 진나라의 서예가 / 혼인을 맺은 두 집 사이의 가까운 정

"나도 일찍이 신랑이 출중하단 말을 들었거니와 내가 한번 친히 보고자 하니 어느 하루 내 집으로 데리고 오게."

"그리하십시오. 내일 신랑을 모시고 오겠습니다." ▶ 필성과 채봉의 혼담이 진행됨

뒷부분 줄거리 | 서울에 올라갔던 김 진사는 벼슬이 탐나 채봉을 허 판서의 첩으로 보내기로 한다. 그러나 서울로 가는 길에 채봉은 몰래 평양으로 도망 오고, 김 진사 내외는 도적을 만나 재물을 모두 잃는다. 허 판서는 노하여 김 진사를 옥에 가두고, 채봉은 기생이 되어 아버지를 구하고자 한다. 채봉은 필성이 자신에게 주었던 한시를 풀이하는 사람에게 몸을 허락하겠다며 절개를 지키던 끝에 둘은 다시 만나게 되지만, 평양 감사 이보국이 채봉을 데려가자 필성은 자진하여 이방이 된다. 채봉이 '추풍감별곡'을 읊으며 필성을 그리자, 이 사연을 들은 이보국이 결국 둘을 혼인시킨다.

필수 문제

01 이 글에서 필성과 채봉의 만남과 혼약에 가장 결정적인 역할을 하는 인물을 쓰시오.

02 이 글에서 필성의 어머니가 채봉의 집에 매파 넣기를 망설이는 가장 큰 이유를 쓰시오.

장면 3

앞부분 줄거리 | 채봉은 평양성 밖 김 진사의 딸로, 꽃구경에 나섰다가 장필성을 만나 연정을 품게 된다. 이 사실을 안 채봉의 어머니 이 씨는 채봉을 질책하면서도 필성이 마음에 들어 김 진사가 서울에 가고 없는 동안에 둘을 약혼시킨다. 한편 서울에 간 김 진사는 세도가(정치상의 권세를 휘두르는 사람. 또는 그런 집안) 허 판서의 힘으로 벼슬을 얻어 보고자 한다.

잠시 후 미소년이 연적(벼루에 먹을 갈 때 쓰는, 물을 담아 두는 그릇)을 갖다 놓고 돌아가거늘, 김 진사 넋을 잃고 미소년 가는 데를 바라본다.(뛰어난 인물의 미소년을 보고 채봉의 신랑감으로 생각함) 이 미소년은 허 판서(조선 시대에 둔, 육조의 으뜸 벼슬)의 시중을 드는 아이인데, 허 판서는 세상 남녀 간에 이 미소년만 한 인물이 없다고 늘 칭찬하는 터이다. 그런데 허 판서는 김 진사의 말을 듣고 별안간 딴 욕심이 생기니, 오백여 리 밖에 있는 채봉의 앞날에 무수한 고난이 이로부터 비롯된다.(편집자적 논평. 앞으로 전개될 내용을 미리 제시함)

▶ 허 판서 집의 미소년을 바라보는 김 진사

김양주(허 판서의 문객. 허 판서에게 김 진사의 딸(채봉)을 첩으로 들이라고 권유하는 인물)가 먹을 다 갈고 김 진사를 탁 치며,

"무엇을 그렇게 정신없이 보고 있소. 어서 어음(돈을 주기로 약속한 표 쪽)이나 써서 드리고 갑시다."

"예, 쓰지요. 그런데 오천 냥은 지금 있고, 오천 냥은 평양으로 기별을 해서 가져오든지, 그렇지 않으면 내가 내려가야 할 터인데 어찌하면 좋겠습니까?"

허 판서는 벼슬 팔기에 수단이 있는 양반일 뿐 아니라, 김 진사 집의 실정을 다 아는 터라(김 진사의 재력에 오천 냥 정도는 마련할 수 있음), 이 말을 듣고 선뜻 허락을 한다.

"그러면 오천 냥 가진 표는 나를 주고, 오천 냥은 어음만 써 놓았다가 나중에 들여놓게그려."

김 진사는 오천 냥 어음을 써 놓고, 또 오천 냥은 돈표(현금으로 바꿀 수 있는 표)를 써 놓으니, 허 판서가 받아 문갑 서랍에 넣고 웃는 낯으로 김 진사를 쳐다본다.

"내일이면 과천 현감(조선 시대에 둔, 작은 현(縣)의 수령)을 할 터이니, 이제는 김 과천이라 하지. 김 과천, 허허!"

"황송합니다." / "내일이면 할 터인데 무슨 관계가 있나. 그런데 아까 우리 집 심부름하는 아이를 보고 무어라고 했나?" / "위인(사람의 됨됨이)이 하도 얌전하기에 칭찬하였습니다."

"글쎄, 칭찬한 줄은 아네. 그런데 사위 삼았으면 좋겠다고 그러지 않았나?"

허 판서는 음흉한 생각이 있어서 묻는 말이지만 김 진사가 어찌 그런 속을 알겠는가.(편집자적 논평) 조금도 의심하지 않을 뿐 아니라 도리어 황공하여 대답한다.

"네, 그러했습니다. 소인에게 미천한 딸(채봉. 작품의 중심인물)이 하나 있사온데, 과히 모자라지는 아니하므로 그에 걸맞은 사람으로 짝을 지어 주려고 열여섯이 되도록 시집을 못 보냈습니다. 댁 상노(밥상을 나르거나 잔심부름을 하는 어린아이)를 보니 그 모양이 비슷하기에 무심코 속으로 말한다는 것이 대감 귀에까지 들리게 되었습니다."

▶ 만 냥으로 벼슬을 사기로 한 김 진사

중략 부분 줄거리 | 허 판서는 김 진사의 딸 채봉을 자신의 첩으로 삼고 싶은 마음에 김 진사에게 청할 말이 있다고 한다.

"다른 청이 아니라, 내가 자네 사위가 되면 어떻겠는가?"

"천만의 말씀이시올시다." / "천만의 말이 아니라 내 말을 들어 보게. 김양주가 이 자리에 앉아 있어서 하는 말이네만 김양주는 내 속을 다 아네. 내가 작년에 첩을 잃고, 마땅한 사람이 없어서 지금까지 그저 있네. 자네 딸을 내게 줄 것 같으면, 자네 딸도 호강을 할 것이요, 자네도 작

은 고을 수령으로만 다니겠나. 감사, 아니 참판, 판서는 못 할라구."

애초에 김 진사가 서울에 왔을 때에는 천금 같은 딸을 위해 좋은 사위를 얻어 낙을 보려는 마음이 먼저였다. 그런데 ❶ 평안도 사람이 벼슬하기가 하늘에 오르는 것처럼 어려운 이 시절에, 천만뜻밖으로 줄을 잘 잡아 벼슬자리를 얻고, 또 이같이 허 판서의 농간에 놀아나다 보니 헛된 영예에 불 같은 욕심이 나는지라. 혼자 생각하길,

서울 양반이 아니면 벼슬하기가 어려웠던 당시의 시대상을 드러냄

욕심이 많은 김 진사의 인물됨을 직접적으로 제시함

'채봉의 됨됨이가 녹록치 아니하여 팔자가 세니 재상의 첩이나 시켜 호강하게 하고, 나는 부원군 부럽지 않게 벼슬이나 실컷 얻으리라.'

하고 기쁘게 허락한다.

▶ 딸을 허 판서에게 첩으로 보내기로 약속한 김 진사

중략 부분 줄거리 | 김 진사는 허 판서에게 하직하고 평양으로 내려간다. 김 진사는 부인에게서 채봉과 장필성이 정혼하였다는 이야기를 듣는다.

결정적 장면

"아니, 장 선천 부사 아들과 정혼했어? 그 거지 다 된 것하고? 흥, 내 참 기가 막혀서……. 서울에서 기막힌 사위를 정하고 내려왔으니, 채봉이를 데리고 우리 서울로 올라가서 삽시다."

장필성 / 허 판서를 말함

부인이 이 소리를 듣고 눈이 휘둥그레져서,

채봉의 모(母)

"기막힌 사위라니 어떤 사람이란 말이오?"

하고 물으니, 김 진사 혀를 휘휘 내두르며 허풍을 떤다.

"누군지 알면 뒤로 자빠질 것이오. 누구인고 하니, 사직골 허 판서 댁이오. 세도가 이 나라에서 제일이지." / 부인이 이 말을 듣고 한편으론 끔찍하고 한편으로는 기가 막혀서 다시 묻는다.

정치상의 권세

"허 판서면 첫째 부인이요, 둘째 부인이요?"

"첫째 부인도, 둘째 부인도 아니오. 첩이라오."

여러 명의 첩을 거느릴 수 있었던 당시 양반들의 결혼 문화가 드러남

"나는 못 하겠소. 허 판서 아니라 허 정승이라도……." / "왜 못 해!"

"서울 가시더니 정신이 돌아 버렸구려. 예전에는 얌전한 신랑을 택해 슬하에 두고 걱정 근심 없이 재미있게 살자고 늘 말씀하시더니 오늘은 이게 무슨 날벼락이오. 그래, 채봉이 그것을 금이야 옥이야 길러서 남의 첩으로 준단 말이오."

딸을 첩으로 보내는 것에 강한 거부감을 드러냄

"허허, 아무리 남의 첩이 되더라도 호강하고 몸 편하면 됐지."

김 진사의 물질주의적 가치관이 드러남

"첩이란 것이 남의 눈에 가시 되는 것이 아니오? 언제 무슨 해를 당할

문제로 핵심 파악

1 [기출] 이 글에 대한 설명으로 적절한 것은?

① 구어체로 서민의 삶을 진솔하게 드러내고 있다.
② 등장인물의 대화를 통해 사건을 전개해 나가고 있다.
③ 역순행적인 구성으로 독자의 흥미를 유발시키고 있다.
④ 구체적 배경을 제시하여 작품의 사실감을 더해 주고 있다.
⑤ 인물이 처한 상황을 과장하여 작품의 비극성을 강조하고 있다.

결정적 장면

채봉의 아버지 김 진사가 채봉을 허 판서의 첩으로 보내기로 하자, 처음에 반대하던 이 부인도 김 진사에게 설득당하는 장면이다. 반면 채봉은 장필성과의 약속을 지키고자 하는 모습을 보여 일반적인 고전 소설에서 보이는 인자한 부모와 순종적인 딸과는 확연히 다른 모습을 보이고 있다.

핵심 구절 풀이

❶ 평안도 사람이 벼슬하기가 ~ 불 같은 욕심이 나는지라: 채봉을 첩으로 얻으려는 허 판서의 말에 놀아난 김 진사가 채봉을 이용하여 벼슬자리를 얻으려 하는 부분으로, 김 진사의 욕심 많은 성격이 드러남

② | 답

는지 모르니 비단 방석에 앉아도 바늘방석 같을 텐데, 호강만 하면 제일이란 말이오. 나는 죽어도 그런 호강 아니 시키겠소."

김 진사 이 말을 듣고 열이 나서 무릎을 탁 치며 큰소리를 친다.

"그래, 그런 자리가 싫어? 저런 복 찰 사람을 보았나. 딴소리 말고 내 말 좀 들어 보오, 우선 춤 출 일이 있으니……." / "무엇이 그리 좋은 일이 있어 춤을 춘단 말이오?"

「"벼슬 없이 늙던 내가 허 판서의 주선으로 벼슬길에 나서게 됐지, 또 내일모레면 과천 현감을 하지, 이제 채봉이가 그리 들어가 살면 평생 호강하거니와, 내가 감사(각 도의 으뜸 벼슬)도 되고 참판(육조에 둔 종이품 벼슬)도 되고 판서도 될 것인즉, 부인이야 정경부인(정일품 · 종일품 문무관의 아내에게 주던 봉작)은 따 놓은 당상이니 이런 경사가 어디 있소. 두말 말고 데리고 올라갑시다."」

「 」: 김 진사가 채봉을 허 판서의 첩으로 보내려는 이유 – ① 과천 현감 자리를 얻기 위해서 ② 채봉이 부귀영화를 누릴 것이라고 생각해서

첩이란 말에 펄펄 뛰던 이 부인도 그 말에 솔깃하여(정경부인이 될 수도 있다는 말에 설득됨),

"영감이 기어코 하려 드시면 난들 어찌하겠소마는, 채봉이가 말을 들을지 모르겠소."

▶ 부인에게 채봉을 첩으로 보낼 것을 설득하는 김 진사

중략 부분 줄거리 | 김 진사는 채봉에게 허 판서의 첩이 되기를 강요한다. 채봉은 장필성과의 약속을 생각하며 자신의 신세를 한탄한다.

"아가씨 아가씨, 우지 마세요. 어동어서(於東於西)(이렇든 저렇든) 간에 좋은 경사인데 왜 우십니까?"

이 말을 들은 채봉은 소리쳐 꾸짖는다.

"발칙한 년, 네가 어찌 내 귀에 그런 말을 한단 말이냐? 이게 어동어서 간의 경사냐? 아무리 무식하기로니 내 말을 들어 봐라. 옛 성현의 말씀이 '인무신이불입(人無信而不入)'('사람을 믿지 아니한다면 들이지 말라.' 라는 뜻) 이라 하였으니 사람이 신의가 없으면 무엇에다 쓴단 말이냐? 하물며 여자의 몸으로 누구에게든 한번 허락한 다음에야 다시 딴마음을 먹을 수 있단 말이냐? 너도 생각해 봐라. 전날 후원에서의 일은(장필성과 서로 편지를 주고받으며 사랑을 확인했던 일을 말함) 네가 다 소개한 일인데 내가 어찌 다른 마음을 먹는단 말이냐?"

"아가씨의 뜻은 그러하오나 부모가 하시는 일, 자손 된 도리에 어찌 거역을 한단 말씀이옵니까?"(부모의 말이라면 무조건 따라야 한다는 당시의 유교적인 인식을 반영함)

"여자의 마음이란 것은 한번 정한 일이 있으면 비록 천자(天子)의 위력으로도 빼앗을 수 없는데 부모님께서 어찌하신단 말이냐?"

▶ 부모의 뜻을 거역하고 자신의 마음을 지키려는 채봉

뒷부분 줄거리 | 김 진사 내외는 서울로 가는 길에 도적을 만나 전 재산을 빼앗기고, 채봉은 추향의 집으로 도망한다. 이 사실을 안 허 판서는 김 진사를 옥에 가두고, 채봉은 아버지를 구하고자 기생이 된다. 채봉은 절개를 지키던 끝에 결국 필성과 다시 만나게 되지만, 평양 감사 이보국이 채봉을 데려가자 필성은 이방이 되어 채봉 곁을 맴돈다. 어느 가을밤 채봉이 '추풍감별곡'을 읊으며 필성을 그리자, 이보국은 이에 감동하여 결국 둘을 혼인시킨다.

필수 문제

01 이 글에서 김 진사의 물질주의적 가치관이 가장 잘 드러나고 있는 문장을 찾아 쓰시오.

02 이 글에서 김 진사가 채봉을 허 판서의 첩으로 보내고자 하는 이유 두 가지를 쓰시오.

장면 4

앞부분 줄거리 | 평양 김 진사의 딸 채봉은 우연히 장필성을 만나 시를 통해 사랑을 나누다 혼약을 맺게 된다. 하지만 채봉의 배필을 구하러 서울에 갔던 김 진사는 오천 냥을 바치고 딸 채봉을 허 판서의 별실(첩)로 보내어 과천 현감 자리를 얻기로 약조하고 돌아온다. 서울로 가던 도중 채봉은 도망을 쳐 다시 평양으로 돌아오고, 김 진사 내외는 도적의 습격으로 전 재산을 빼앗긴다.

매관매직이 횡행하던 사회상 반영

결정적 장면

허 판서는 김 진사를 보고 크게 반겨하며,

(탐욕스럽고 부패한 인물)

"아, 김 현감 오시나? 그래, 올라오시느라 노독(路毒)이나 나지 않았는가? 자, 우선 급한 대로 과천 현감 칙지를 구경하려나?"

(먼 길에 지치고 시달려서 생긴 피로나 병)
(채봉의 아버지. 허 판서는 채봉의 아버지에게 과천 현감 자리를 매매하기로 했음)
(채봉과 김 진사의 갈등의 매개)

하더니, 문갑에서 칙지를 꺼내 준다.

(임금이 내린 명령이 쓰인 문서)

김 진사는 칙지를 보고 가슴이 무너지며 혼 빠진 사람처럼 앉아서 눈물만 흘리고 감히 받지를 못한다.

허 판서는 이 모양을 보고 껄껄 웃으며,

"왜 그래, 응? 너무 반가워서 그러나?"

김 진사는 일어나 절하고 칙지를 받아 앞에 놓고,

"대감 혜택으로 천은을 입었습니다만 소인은 운수가 불길해서 올라오다가 죽을 풍파를 겪고 올라왔으나 대감 뵈올 낯이 없사옵니다."

(임금의 은혜)
(도둑들의 습격을 받아 재산을 모두 날리고, 채봉이 부모 몰래 도망친 일을 이름)

허 판서가 깜짝 놀라며, / "그게 무슨 소린가? 풍파를 겪다니?"

김 진사가 전후 사실을 다 이야기하니, ❶ 허 판서는 별안간 눈이 샐쭉해지며 조금도 가엾이 여기는 기색이 없이,

'허어, 이런 맹랑한 놈 보게. 제가 어쨌든 현감은 할 테니까 내려갈 때는 허락을 다 하고 지금은 다른 소리를 하는구나.'

하며 일부러 더욱 놀라는 체하며,

「"대단히 놀라운 말일세그려. 그러면 재물은 도둑이 가져갔거니와 딸도 못 찾아 가지고 왔단 말인가?"」 「 」: 김 진사의 말을 의심하고 사건의 결과에 대해 확인함. 관심의 초점이 재물과 채봉에 있음을 알 수 있음

"아무리 찾았지만 찾을 수가 있어야지요. 대감 위력이나 빌어 찾아볼까 하고 이렇게 올라왔사옵니다."

(무능하고 의존적인 김 진사의 성격을 짐작할 수 있음)

이 말을 들은 허 판서는 별안간 얼굴빛이 변하며,

"이놈, 소위 부모가 되어서 난중에 자식을 잃고 자식을 찾을 생각을 안 하고 뉘 위력을 빌려 찾으려고 내버리고 왔다고! 맹랑한 놈."

(난리통에)

▶ 채봉과 재산을 잃은 김 진사가 허 판서를 찾아가지만 박대당함

결정적 장면

허 판서가 채봉을 데려오지 않은 김 진사를 옥에 가두고 채봉은 김 진사를 구하기 위해 기생이 되는 장면이다. 인물들의 대화를 통해 당시의 사회상과 함께 각 인물의 성격을 짐작할 수 있다.

문제로 핵심 파악

1 [기출 변형] 이 글에 대한 이해로 적절한 것은?

① 이 부인은 재물을 잃은 것이 채봉의 탓이라고 생각했다.
② 김 진사는 허 판서에게 채봉을 찾아 데려오겠다고 약속했다.
③ 채봉은 자식된 도리를 다하지 못하게 된 것을 안타까워하고 있다.
④ 김 진사는 허 판서와의 약속을 지키지 못했기 때문에 칙지를 받는 것을 끝까지 거부했다.
⑤ 김 진사와 허 판서가 돈으로 벼슬을 사고파는 행위를 통해 당시 신분제의 균열을 보여 주고 있다.

핵심 구절 풀이

❶ 허 판서는 별안간 눈이 ~ 가엾이 여기는 기색이 없이: 김 진사의 이야기를 다 듣고 나서 보이는 허 판서의 모습을 통해 몰인정하고 이해관계에만 밝은 허 판서의 성격을 짐작할 수 있음

정답 1 ⑤

중략 부분 줄거리 | 허 판서는 김 진사를 옥에 가두고, 이씨 부인은 잔금 오천 냥을 가지고 오든지 채봉을 데리고 오든지 하라는 허 판서의 말을 듣고 평양으로 다시 돌아온다. 추향의 집에서 딸을 만난 이씨 부인은 모든 사실을 채봉에게 이야기하고 허 판서의 첩으로 가자고 한다. 그러나 채봉은 아버지를 구하기 위하여 첩이 되는 대신 기생으로 몸을 팔기로 작정한다.

"어서 오시오, 봉선 어머니. 추향 어미를 보낸 것은 내가 기생이 되려고 함인데 어떠시오?"

기생 어미 / 첩이 되느니 기생이 되어서라도 필성에 대한 절개를 지키고자 함

"좋기는 하지만 정말인지 알 수가 있어야지요?"

양반가의 규수가 기생이 되고자 하는 것을 의아해함

"대강은 들었는데 돈은 얼마나 쓰려고?"

(채봉의 사연을)

채봉은 속으로 생각하다가, / "육천 냥만 주시오."

"그러면 오늘로 줄까?" / "오늘 주시오."

봉선 어미는 혼자 껄껄 웃으며,

"봉선이가 가고 채봉이가 오니, 봉하고는 대단한 인연이 있는 모양이로군."

언어유희 – 봉선 어미가 봉선을 팔고 나서 기생을 하나 사지 못하여 아쉬워하다가 채봉을 만났기에 하는 말

하며, 집으로 돌아가 육천 냥을 가지고 와서 이씨 부인의 표를 받아 간다.

「이씨 부인은 하도 어이가 없어 속으로,

「 」: 허 판서의 첩이 되지 않고 기생이 되려 하는 채봉을 괘씸하게 여기고 있음

'저런 복처리년이 어디 있나. 난 모르겠다. 나중에 개를 베고 죽든지.'」

채봉을 의미함. '복처리'란 복을 타고나지 못하여 만사에 실패하는 사람을 뜻함

하면서도 모녀의 정이라 채봉의 손을 잡고,

"아가, 네가 정말 이렇게 마음을 먹느냐? 「평양 장 씨를 지키겠다 하더니 오늘 너를 보니 어디 장 씨를 지키는 것 같으냐?」

장필성 / 「 」: 채봉이 첩 자리를 마다하고 기생이 되기로 한 것을 괘씸하게 생각하여 조롱 어린 말을 함

"어머니는 제 생각 마시고 서울 가셔서 아버님이나 나오시게 하십시오. 저는 만리교에서 불에 타 죽었다고 하십시오."

하면서, 돈 오천오백 냥을 부인에게 주면서,

"오천 냥은 아버님 나오시게 하고, 오백 냥은 아버님 나오시면 노자해 가지고 오시도록 하십시오. 오백 냥은 제가 써야겠나이다."

먼 길을 가는 데 필요한 돈

▶ 채봉이 김 진사를 구하기 위해 몸을 팔아 기생이 됨

이씨 부인은 일이 이쯤 되었으므로 우선 김 진사나 구해 내고 차차 조처하리라 마음먹고 눈물을 흘리면서 서울로 올라와 오천 냥을 들여놓고 김 진사를 내줍소서 했다.

일을 잘 정돈하여 처리하리라

「허 판서는 오천 냥을 받으며 과천 현감은 파격을 시키고 또 트집을 잡기는 무단히 양반을 속였으니 딸마저 데려오지 않으면 내놓지 않겠다고 했다.」

주기로 했던 현감 자리를 취소함 / 사전에 허락이 없이, 또는 아무 사유가 없이 / 「 」: 허 판서의 횡포 – 당대 지배층의 횡포를 반영함

이씨 부인은 기가 막혀 속으로 생각하기를 평양으로 내려가 채봉에게 이런 말을 해야 아무 소용이 없을 것이니 죽으나 사나 여기서 끝장을 보리라 하고 남의 집 방을 얻어 놓고 바느질품을 팔아서 김 진사의 옥중 뒷바라지를 했다.

▶ 채봉을 데려오지 않았다는 이유로 김 진사는 석방되지 못하고 이씨 부인은 옥바라지를 함

뒷부분 줄거리 | 기생이 된 채봉은 필성이 수건에 써 준 한시를 풀이하는 사람에게 몸을 허락하겠다고 하며 필성에 대한 절개를 지킨다. 그 소문이 필성에게까지 들어가 채봉은 필성을 다시 만나게 된다. 이때 신임 평양 감사 이보국이 채봉의 글재주를 보고 데려와 서신과 문서를 처리하는 일을 맡긴다. 장필성도 이방으로 들어가 서로 가까이 소식을 들으며 지내나 만나지는 못한다. 어느 가을밤, 채봉이 '추풍감별곡'을 쓰고 울다 잠이 드니, 이보국이 이를 보고 사연을 알게 되어 장필성을 만나게 해 주며, 허 판서가 역적죄로 파멸되었다고 알려 준다. 김 진사가 부인과 돌아오고, 채봉과 장필성은 혼인한다.

핵심 정리

- 갈래: 고전 소설(애정 소설, 세태 소설)
- 성격: 사실적, 비판적, 진취적
- 구성: '발단 – 전개 – 위기 – 절정 – 결말'의 5단 구성

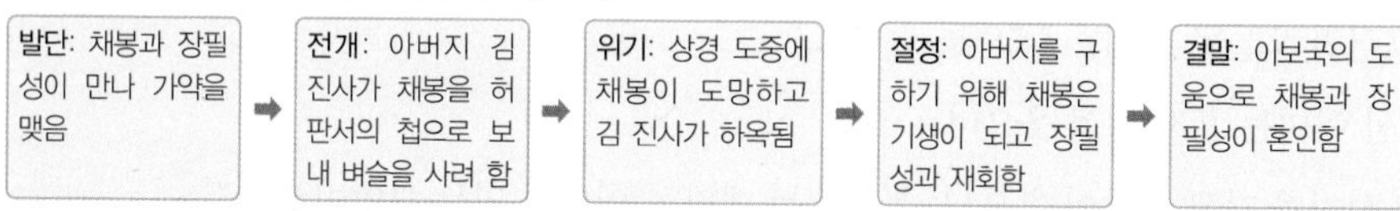

- 제재: 채봉과 필성의 사랑
- 주제: 권세에 굴하지 않는 순결하고 진실한 사랑
- 특징: ① 적극적이고 주체적인 의지에 따라 행동하는 근대적인 여인상을 창조함
  ② 우연성과 비현실성을 탈피하고 사실적이고 현실적인 사건을 전개함
  ③ 매관매직이 성행하던 조선 말엽의 세태를 반영함
- 의의: 고전 소설의 특징인 우연성과 비현실성이 거의 사라진 형태의 독창적인 작품임
- 인물 분석
  - 김채봉: 김 진사의 외딸. 사리가 분명하고 주체적인 여인임
  - 장필성: 채봉의 약혼자. 전(前) 선천 부사의 자제로, 재주가 뛰어나고 적극적이며 순정적임
  - 김 진사: 채봉의 아버지. 물질주의적 가치관을 지닌 인물로서, 어리석고 욕심이 많음
  - 이씨 부인: 채봉의 어머니. 단순하고 생각이 좁으며 변덕스러움
  - 허 판서: 장안 제일의 세도가. 매관매직을 하고 첩을 밝히는 등 탐욕스러운 인물임

한눈에 보기

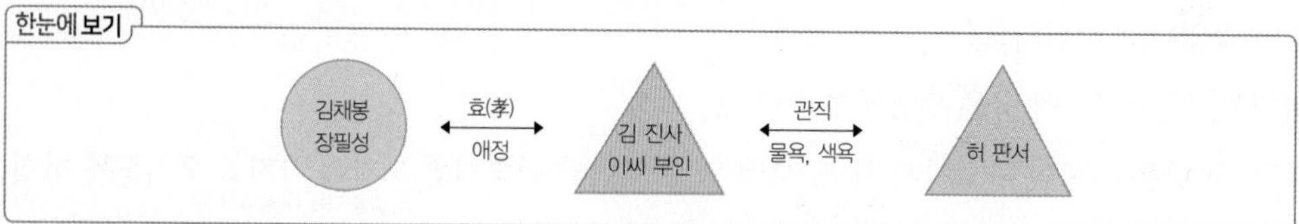

보충·심화 학습

- '추풍감별곡(秋風感別曲)'에 대하여

이 글의 또다른 제목이자 채봉이 지어 부르는 '추풍감별곡'은 동명(同名)의 서도창(西道唱: 황해도와 평안도 지역의 민요와 잡가)이 따로 존재하는 가사체(歌辭體)의 작품이다. 〈채봉감별곡〉에는 이처럼 가사 작품이 삽입되어 있는데, 이를 통해 조선 후기에 가사를 소설 속에 삽입하는 경향이 나타났음을 알 수 있다.

필수 문제

01 이 글은 주인공 채봉이 부모의 뜻이 아니라 자신의 (   ) 의지에 따라 행동한다는 점에서 (   ) 여성관에 근접하고 있다.

02 이 글에서 나타나는 채봉과 부모의 갈등에서, 갈등의 축으로 작용하며 서로 충돌하고 있는 두 가지 요소를 쓰시오.

75 김원전(金圓傳) | 작자 미상

모의 기출

출제 포인트

지하 세계의 아귀를 퇴치하고 공주를 구한 김원의 일화를 그린 영웅 소설이다. 김원의 비범한 능력 및 그가 벌이는 활약상에 대해 살펴보고, 이 글에 나타난 공간적 배경의 의미, 전기적 요소 등을 파악해 보자.

감상 길잡이

이 글은 작가와 연대가 미상인 조선 시대의 영웅 전기 소설이다. 괴상한 모습으로 태어난 김원이 10년 만에 탈을 벗고(탈각 설화) 갖가지 고행과 기행을 거쳐 마침내 용녀와 결혼하고(용궁 설화), 인간 세상으로 나왔다가 죽게 되지만 용왕이 김원을 회생시켜(재생 설화) 부귀와 영화를 누리고 신선이 된다는 이야기이다. 영웅의 일대기를 충실히 그리면서 '김원'이라는 인물의 영웅성을 부각하고 있고, 전 세계적으로 분포하고 있는 '지하국 대적 퇴치 설화'를 기본 내용으로 하고 있다.

앞부분 줄거리 | 수박 형상을 하고 김규의 아들로 태어난 김원은 열 살이 되도록 허물을 벗지 못하고 살아간다. (수박 형상을 하고 김규의 아들로 태어난: 비현실적)

차설(且說)(사건을 전환할 때 상투적으로 쓰이는 말), 이때 원의 나이가 열 살이었다. 원이 마음속에 생각하되,

'내가 무슨 죄악으로 10세가 되도록 허물(수박 형태의 괴물 탈)을 벗지 못하고, 어느 시절에 세상을 구경하리오.'

하고 차탄하기를(한숨지어 탄식하기를) 마지 아니하였다. / 이윽고 방문이 저절로 열리며 붉은 도포를 입은 선관(仙官)(신선 – 도교적 요소)이 들어와 옥으로 만든 채찍으로 원을 세 번 치며 말하기를,

"남두성(南斗星)(김원을 가리킴)아, 네 죄악이 다하였으매 옥황상제께서 나를 보내시어 네가 쓰고 있는 보자기(수박 형태의 탈, 허물)를 벗기고 오라 하시매 내가 이곳에 와서 보자기를 벗기고 가노라. 이 보자기를 가져가고 싶으나 두고 가는 것은 너의 부모께서 이런 줄을 자세히 모를 것이니, 이 보자기를 두었다가 이 말씀을 아뢰어라. 60년 후면 자연 다시 만나리라. 할 말이 무궁하나 하늘의 뜻을 누설하지 못하나니 백 세가 되도록 무양(無恙)(몸에 탈이 없이 지내거라)하라."

하고 갑자기 간 데 없이 사라졌다. 원이 보자기를 벗고 보니 방 안에 아무것도 없고 다만 천서(天書)(하늘의 이치를 기록한 책) 세 권이 놓여 있었다. 책을 끌러 보니 마음이 넓어져서 청천(晴天)(맑게 갠 하늘)에 올라 사해(온 세상)를 굽어보는 듯, 소견이 저절로 열려 백만 가지 일에 모를 것이 없었다. (출중한 지혜의 획득)

▶ 허물을 벗은 김원

중략 부분 줄거리 | 김원은 부모님께 그동안 허물을 쓰고 있었음을 자세히 고하고, 뛰어난 능력으로 도원수가 되어 지하국에 들어가 아귀를 처치하고자 한다.

원수(김원)가 마음속으로 생각하되, / '이놈을 세상에 머물러 두면 천하에 근심이 되리라.'

백계(百計)(여러 가지의 꾀. 또는 온갖 계교)를 생각하다가, 갑자기 깨달아 공주(아귀에게 인질로 잡혀 지하국에서 생활하는 인물)께 아뢰기를,

"독한 술을 많이 빚어 좋은 안주를 장만하여야 계교(요리조리 헤아려 보고 생각해 낸 꾀)를 베풀리이다."

세 공주가 여러 여자를 데리고 약속을 정한 후에, 십여 일이 지나매 원수가 여러 여자를 청하여 여차여차하게 계교를 갖추고 기다리라고 하였다.

이때 아귀가 칼에 상한 대골이 거의 다 나으니, 모든 시녀를 불러 말하기를,
'대가리'의 옛말

"내 병이 조금 나았으니 4, 5일 후 세상에 나가 남두성을 잡아 죽여 내 분함을 풀리라. 너희는 나를 위하여 마음을 위로하라."

여자들이 이 말을 듣고 크게 기뻐하여 각각 호주(胡酒)와 성찬(盛饌)을 가지고 권하기를,
중국 술(고량주) 풍성하게 잘 차린 음식

「"대왕이 상처가 나으시면 첩 등의 복인가 하나이다. 수이 차도를 얻사오면 남두성 잡기야 어찌 근심하리오? 주찬을 대령하였사오니 다 드셔서 첩 등의 우러르는 마음을 즐겁게 하소서."」
병이 조금씩 나아가는 정도
술과 안주
「 」: 구밀복검(口蜜腹劍), 겉 다르고 속 다르다

아귀가 이 말을 듣고 술을 가져오라 하거늘, 여러 여자가 일시에 한 그릇씩 드리니, 아홉 입으로 권하는 대로 먹으니 그 수를 알 수 없었다. 술이 반쯤 취하매 여러 여자가 거짓으로 위로하여 말하기를, / "장군은 잠깐 잠을 청하여 아픔을 잊으소서."

아귀가 여자들이 하는 말을 듣고 잠을 자려 하였다.

막내 공주가 아귀 곁에 앉아 말하기를, / "보검을 놓고 잠을 자소서. 취중에 보검을 한번 휘둘러서 치면 잔명이 죄 없이 상할까 하나이다." / 아귀가 말하기를,
공주의 계략. 무기를 빼앗음으로써 아귀를 무력화함
얼마 남지 아니한 쇠잔한 목숨

"장수가 잠을 자나 칼을 어찌 손에서 놓으리오마는 혹 실수함이 있을까 하노니, 그 말이 고이하지 않으니 받아 머리맡에 세워 두라." / 하고 칼을 주었다.
이상하지

공주가 칼을 놓고 아귀가 잠들기를 기다렸다. 아귀가 깊이 잠들었거늘, 비수를 가지고 협실로 나와 원수에게 잠들었음을 이르고 함께 후원에 이르러 큰 기둥을 가리키고 말하기를,
날이 예리하고 짧은 칼 곁방

"원수의 칼로 저 기둥을 쳐 보소서."

원수가 즉시 비수를 들어 기둥을 치니 기둥이 반쯤 부러졌다. 공주가 크게 놀라서 말하기를,

"만일 그 칼을 썼더라면 성사도 못하고 도리어 큰 화가 미칠 뻔하였습니다."
원수의 비수로는 아귀의 목을 베기 어렵다는 판단을 함

아귀가 쓰던 비수로 기둥을 치니 썩은 풀이 베이지는 듯하였다. 마음속으로 크게 기뻐하며 공주와 함께 아귀가 자는 방에 이르러 문을 가만히 열고 들어가 공주에게 말하기를,
아귀를 죽일 수 있게 되었으므로

"매운 재를 준비하였다가 아귀의 아홉 머리를 다 베어 내치거든 즉시 재를 온몸에 뿌리소서."

약속을 정하고 비수를 메고, / "아귀야!"

하고 큰 소리로 불렀다. 아귀가 잠을 미처 깨지 못하여 기지개 켤 때 자세히 보니 온몸에 비늘이 돋혀 있었다. 아귀가 잠을 깨지 못함을 보고 칼을 들어 아홉 머리를 치니 아귀의 아홉 머리가 일시에 떨어졌다. 여러 여자가 일시에 재를 끼치니 아귀인들 어찌하리오? 머리 없는 등신이 일어나며 대들보를 받으니 대들보가 부러졌다. 아귀가 한 식경이나 난동을 부리다가 거꾸러지거늘, 공주 등이 아귀가 죽었음을 보고 분분하게 치하하였다.
편집자적 논평
밥을 먹을 동안이라는 뜻으로, 잠깐 동안을 이르는 말

▶ 공주와 협력하여 아귀를 퇴치한 김원

뒷부분 줄거리 | 아귀를 퇴치한 김원은 부하의 시기로 지하에 홀로 갇히게 된다. 김원은 동굴 속에서 용왕의 아들을 구하고 용왕의 딸과 결혼하여 인간 세상으로 나왔다가 도적을 만나 죽게 된다. 용녀가 이 사실을 용왕에게 고하자 용왕이 김원을 회생시킨다. 용녀를 데리고 고국으로 돌아온 김원이 천자께 자신이 겪은 일을 말하자 천자는 김원을 배신한 부하를 베어 죽이고 김원을 부마(임금의 사위)로 삼는다. 김원은 그 뒤 신선이 되어 승천한다.

핵심 정리

- 갈래: 고전 소설(전기 소설, 영웅 소설, 괴담 소설)
- 성격: 전기적(傳奇的)
- 구성: '발단 – 전개 – 위기 – 절정 – 결말' 의 5단 구성

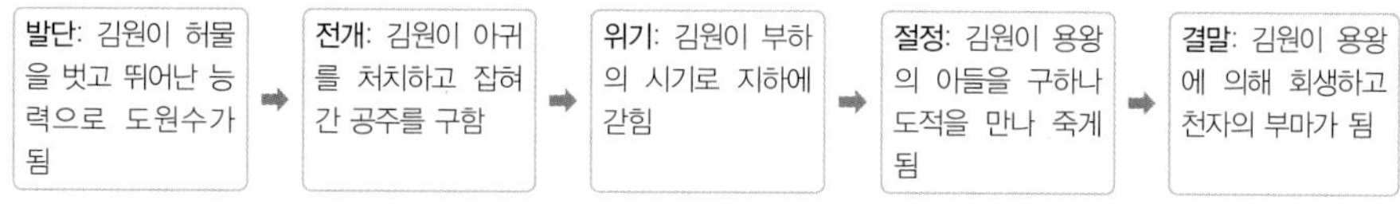

- 제재: 김원의 위기 극복
- 주제: 아귀를 퇴치하고 공주를 구한 김원의 활약상
- 특징: ① '지하국 대적 퇴치 설화' 를 기본으로 하여 다양한 설화(탈각 설화, 용궁 설화, 재생 설화 등)가 혼재되어 있음
  ② 주인공의 행보에 따라 공간이 다양하게 전개됨
- 인물 분석
  - 김원: 수박 형상을 하고 김규의 아들로 태어난 인물. 정의로움을 신봉하며 범인(凡人)과는 다른 능력을 지니고 있음. 열 살이 되어 허물을 벗고 아귀를 퇴치하여 잡혀간 공주를 구함
  - 막내 공주: 아귀에게 인질로 잡혀 지하국에서 생활하는 공주. 주도면밀한 성격으로, 김원이 아귀의 칼을 쓰도록 하여 아귀를 퇴치하는 데 큰 도움을 줌
  - 아귀: 돌, 풀, 곤충과 짐승들만이 존재하는 지하국에서 공주들을 인질로 삼아 시녀로 부리고 있는, 머리 아홉 달린 괴물

한눈에 보기

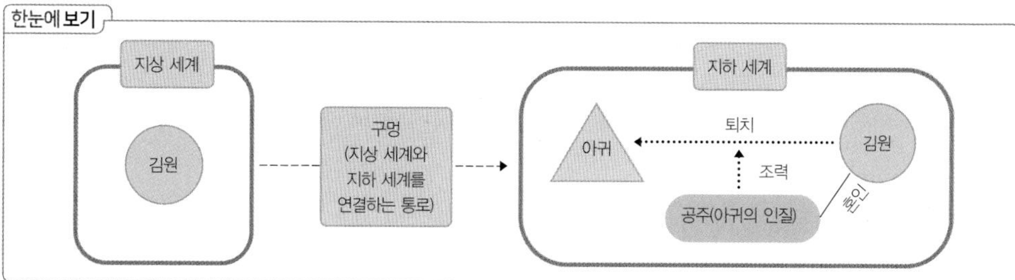

보충·심화 학습

- 〈김원전〉의 공간적 배경

이 글에는 지하와 바다 밑(용궁)이라는 신비로운 장소가 설정되어 있다. 그 공간은 근본적으로 인간 세계와는 분리되어 있지만, 인간 세계와 완전히 독립된 공간이 아니라 언제든지 서로 넘나들 수 있는 공간이다. 또한, 주인공인 김원은 이 두 공간에서 배필을 만나게 된다. 즉, 이 두 공간은 김원이 배우자를 찾는 공간이면서, 자신에게 닥친 위기를 극복하는 공간으로 설정되어 있는 것이다.

필수 문제

01 이 글에서 막내 공주가 아귀로 하여금 보검을 놓고 자게 한 이유를 쓰시오.

02 이 글의 기본이 되는 근원 설화를 쓰시오.

76 소대성전(蘇大成傳) | 작자 미상

교과서 수능 기출

출제 포인트

소대성의 활약상을 그린 영웅 군담 소설이다. 이 글에 나타난 영웅 소설적 특징을 알아보고 소대성의 영웅으로서의 모습과 성장 과정 등을 〈홍길동전〉과 비교하여 살펴보자.

감상 길잡이

작자 · 연대 미상의 고전 소설로, 속편이라고 할 수 있는 〈용문전(龍文傳)〉이 함께 전한다. 출간 횟수로 볼 때, 널리 읽힌 인기 있는 작품이었던 것으로 보인다. 주인공 대성이 초년에 걸식하다가, 이 승상의 집에 의탁하는 대목에는 겉보기로는 보잘것없는 사람이라도 마음속에 큰 뜻을 품었을 수 있으니, 지체나 처지에 따라서 사람을 평가하지 말아야 한다는 주장이 나타나 있다. 또한 이 승상의 부인과 아들들이 보낸 자객을 죽이고 집을 나서는 소대성의 모습은 홍길동의 전례를 되풀이하여 보여 주고 있다. 이러한 전개는 이 글이 〈홍길동전〉과 깊은 관계에 있음을 확인시켜 준다. 그러나 스승을 만나 도술과 병법을 익히는 것은 〈홍길동전〉과 다른 점이라고 할 수 있다.

앞부분 줄거리 | 명나라 때 병부 상서를 지낸 소양은 노년에 외아들 대성을 얻는다. 원래 동해 용왕의 아들이었으나 비를 잘못 내린 죄로 적강(謫降)한 대성은 어려서 부모를 잃고 유리걸식한다. 한편 소양의 옛 친구인 이 승상은 기이한 꿈을 꾸게 되고 월영산에서 대성을 만나 집으로 데려온다. 이 승상은 소대성의 비범함을 알아보고, 대성을 둘째 딸 채봉과 혼인시키고자 한다. 그러나 이 승상의 부인 왕씨는 초라한 소대성의 모습을 보고 혼인을 반대한다.

이로부터 승상이 택일(擇日)하여 혼례를 치르고자 하더니, 불과 대여섯 달 만에 승상이 우연히 병을 얻어 어떤 약도 효험이 없으니, 끝내 병석에서 일어나지 못할 것을 알고 부인을 청하여 손을 잡고 말했다.

(승상: 이 승상. 소대성의 조력자 / 택일: 어떤 일을 치르거나 길을 떠나거나 할 때 운수가 좋은 날을 가려서 고름. 또는 그날 / 부인: 왕 부인)

「"내 병이 회복하기 어려운지라. 이제 나이 칠순이니 죽어도 한이 없으나, 다만 여아의 혼사를 이루지 못하매 한이 깊도다. 이후로는 집안의 모든 일을 부인이 맡으실 것이니, 여아의 혼사를 그대로 치러서 황천(黃泉)에 가는 사람의 한이 없게 하옵소서."」

(여아: 둘째 딸 이채봉 / 여아의 혼사: 채봉과 대성의 혼사 / 황천: 저승 / 「 」: 대성과의 혼례를 반대하던 부인에게 대성과 딸 채봉의 혼사를 부탁함)

또 소저를 불러 말하길

(소저: 채봉)

"내 너의 혼사를 이루지 못하고 구천(九泉)에 돌아가니, 원한이 가슴에 맺혔도다. 그러나 삼 년 후에 중헌에서 지은 글을 잊지 말라. 너의 천성을 아나니 달리 부탁할 말이 없노라."

(구천: 땅속 깊은 밑바닥이라는 뜻으로, 죽은 뒤에 넋이 돌아가는 곳을 이름 / 중헌에서 지은 글: 대성과 혼인을 약속한 글 / 너의 천성을 아나니: 채봉의 천성이 곧아 대성을 배반하지 않을 것이라고 믿음)

하시니, 이는「왕 부인이 소생(蘇生)에게 뜻이 적음을 보시고」소저에게 당부하심이요. 또 소생을 불러 말했다.

(소생: 대성 / 「 」: 왕 부인이 대성을 딸의 배필로 마음에 들어 하지 않음을 앎)

"사람의 목숨이 하늘에 달렸으니 이를 거역할 수 없도다. 그대를 만나 정회를 다 펴지 못하고 황천을 향하노라. 여아의 일생이 군자에게 달렸으니, 혹 부족한 일이 있어도 이 늙은이를 생각하여 버리지 말며, 세 아들이 혹 못난 일을 하더라도 개의치 말며 백 년을 편히 지내라."

(사람의 목숨이 하늘에 달렸으니: 인명재천(人命在天) / 정회: 생각하는 마음. 정과 회포 / 군자: 대성 / 세 아들이 혹 못난 일을 하더라도: 이후 세 아들이 대성을 죽이려는 일을 암시)

「이윽고 세상을 떠나시니 온 집안이 망극하여 곡소리가 진동하더라. 소생이 장례를 극진히 지내니 칭찬하지 않는 이 없더라.」

(망극: 어버이나 임금에게 상서롭지 못한 일이 생기게 되어 지극히 슬픔 / 「 」: 서술자의 개입)

▶ 소대성에게 딸 채봉을 부탁하고 숨을 거두는 이 승상

이때 이 승상의 세 아들이 승상의 부고(訃告)를 듣고 밤낮으로 내려와 승상 영위(靈位)에 통곡할
사람의 죽음을 알림. 또는 그런 글 / 길을 멈추지 않고 달려와 / 상가(喪家)에서 모시는 혼백이나 신위
새, 소생이 조문을 전하니 이생 등이 알지 못하매 왕 부인께 묻자온대, 부인이 소생의 전후 이야기를 다한대 생 등이 들을 따름이라.
남의 죽음에 대하여 슬퍼하는 뜻을 드러내어 상주(喪主)를 위문함
왕 부인이 대성이 집에 오게 된 연유와 채봉과의 약혼 등 전후 사정을 아들들에게 이야기함

며칠 후 서당에 나와 위문할새, 소생이「이생 등을 보니 하나도 그 부친과 같은 명감(明鑑)이 없는지라.」소생이 생각하되 / '승상이 세상을 버리시니, 뉘 대성을 알리오?'
뛰어난 안목과 식견
「 」: 승상의 아들들은 이 승상과 달리 대성의 비범함을 알아보지 못함
이 승상이 죽은 후 자신의 됨됨이를 알아줄 사람이 없음을 안타까워함
하고, 이로부터「서책을 전폐(全廢)하고 의관을 폐하고 잠자기만 일삼더니,」승상의 장례일이 되니 마지못하여 의관을 정제(整齊)하고 함께 장사를 극진히 지내고 돌아와 서당에 눕고는 일어나지 아니하니, 왕 부인이 일가에 자주 의논하며 말하기를
아주 그만둠 / 「 」: 자신을 알아주던 승상이 죽자 대성이 실의에 빠짐. 왕 부인과의 갈등이 심화되는 계기
격식에 맞게 옷을 차려 입음

"소생의 거동이 지나치도다. 학업을 전폐하고 밤낮으로 잠자기만 숭상하니, 이러고서 어찌 공명을 바라리오? 여아의 혼사를 거절하고자 하나니, 너희들의 소견은 어떠하뇨?"
관련 속담: 소대성이 모양으로 잠만 자나
실의에 빠진 소대성의 행동을 빌미 삼아, 왕 부인이 대성과 채봉의 혼사를 막으려 함

아들들이 여쭈었다.

"이제 아버님이 아니 계셔 집안의 모든 일은 모친이 맡으실 것이니, 소자들에게 하문(下問)하실 바가 아니로소이다. 또「소생을 잠깐 보니 단정한 선비가 아니라 소저에게 욕될까 하나이다."」
윗사람이 아랫사람에게 물음
「 」: 이 승상의 아들들은 대성의 비범함을 알아보지 못함 / 채봉

부인이

「"본래 빌어먹는 걸인을 승상이 취중(醉中)에 망령되이 허하신 바라.」너희들은 소생을 내칠 꾀를 빨리 행하라."
대성 / 「 」: 걸인 신분이었던 대성의 출신이 마음에 들지 않아 채봉과의 혼인을 반대함
▶ 소대성을 쫓아내려 하는 왕 부인

하셨다.「이생이 서당에 나가니 소생이 잠을 깊이 들었거늘, 이생이 흔들어 깨워 마주 앉은 후에 이생 등이 말했다. / "선비가 학업을 전폐하고 잠자기를 숭상하니, 어찌 공명을 바라리오?"」
「 」: 게으르고 보잘것없는 대성의 모습 – 일반적인 영웅과는 다름

소생이 대답하였다.

"공명은 호화로운 사람의 일이라. 선대인(先大人)의 은혜를 입사와 존문(尊門)에 의탁(依託)하였으나, 숨은 근심이 있기로 자연 공명에 뜻이 없나이다."
이 승상
사람의 능력을 보지 않고 출신만 따지는 이생 등에 대해 자신의 출신이 미흡함을 언급 / 남의 집 가문을 높여 이르는 말
자신의 능력을 알아주는 사람이 없으므로 공명에 뜻이 없다는 의미임

이생 등이 말하기를 / "장부의 행사가 아니로다. 어찌 근심으로 학업을 폐하리오?"
할 일

소생이 미소를 지으며 답하지 않거늘, 이생 등이 이어 말했다.

「"이제 아버님이 아니 계시고, 우리가 경성에 돌아가면 소형(蘇兄)을 대접할 주인이 없사오니, 객의 마음이 무료할까 하나이다."」 「 」: 대성이 떠나 주기를 바라는 마음을 은근히 드러냄
대성

「소생은 생각이 창해(滄海)를 헤아리는지라, 어찌 진심을 모르리요.」그러나 공손히 대답하여 말하기를
넓고 큰 바다 / 「 」: 대성이 탁월한 능력을 가졌기 때문에 이생 등의 의도를 간파함

「"의지할 데 없는 사람이 일이 년 의탁함도 감사하옵거니와, 선대인께옵서 하신 금석 같은 언약
채봉과의 혼약

이 있사옵기에 지금까지 있사옵거니와, 여러 형들의 인후하심을 바라나이다.」

어질고 후덕함

「 」: 이생 등의 의도를 간파했지만 이 승상과의 언약을 들어 대성이 채봉과의 혼약을 부탁함

이생 등이 말했다.

"비록 언약이 있사오나 삼 년은 아득하오니, 소형이 객으로 지냄이 무료할까 함이로소이다."

이 승상의 상을 마치기 위해 필요한 시간. 부모의 삼년상을 치러야 결혼을 할 수 있었음

한참 동안 말을 주고받다가 내당에 들어와 부인께 소생이 하던 말을 여쭈니 부인이 크게 노하여 말하기를 / 「"흉악한 놈이 혼사를 칭탁하다 우리를 욕함이라."」

안방. 안주인이 거처하는 방

사정이 어떠하다고 핑계를 댐

「 」: 대성이 채봉과의 혼인을 부탁하는 것에 대해 왕 부인이 화를 내고 있음

하거늘, 장자인 태경이 말하기를

"제 스스로 온 바 아니요, 돌아가신 아버님께서 데려다가 지중(至重)한 언약을 맺어 소생이 신의를 지키고 있거늘 무단히 내치면 남의 시비가 있을까 하나니, 일이 난처하오니 비밀한 계책이 아니면 도모하기 어려울까 하나이다."

자객을 보내 대성을 죽이려는 계획

돌아가신 아버지의 뜻에 반하는 행동을 하면 다른 사람들이 부정적으로 볼 수 있음을 의미함

이생 등이 말하기를 / "큰형이 지모(智謀)가 뛰어나니, 계책을 도모할까 하나이다."

슬기로운 꾀. 지혜와 계책

사위인 정생이 말하기를

사람을 몰래 죽이는 일을 전문으로 하는 사람

"이제 천금으로 자객의 손을 얻을진대 남이 모르게 처치할 수 있으리라."

자객을 끌어들여 소대성을 해치려 하는 정생

하니, 부인이 말하기를 / "이 방법이 가장 비밀하다."

자객을 이용해 대성을 죽이는 것

대성

하고, 즉시 조영이란 자객을 불러 천금을 주고 소생의 수말(首末)을 이르니, 조영이 말하기를

머리부터 발끝까지의 모든 것. 여기서는 소대성에 대한 모든 정보를 의미함

"이는 어렵지 않은 일이라. 오늘 밤에 결단하리이다." / 하고 밤을 기다리더라.

▶ 이생 등이 자객을 보내 대성을 암살할 계책을 세움

결정적 장면

이때 소생이 이생 등을 보내고 탄식하여 말했다.

대성

"주인이 객을 싫어하니, 장차 어디로 향하리요?"

왕 부인과 세 아들

마음이 불안하여 책을 놓고 보더니, ❶ 홀연 광풍(狂風)이 창틈으로 들어와 생이 쓴 관을 벗겨 공중에 솟았다가 방 가운데 떨어뜨리니, 생이 그 관을 태우고 주역(周易)을 내어 점괘를 보니 괴이한 일이 눈앞에 보이는지라. 마음에 냉소(冷笑)하고 촛불을 돋우고 밤새기를 기다리더니, 삼경(三更)이 지난 후에 방 안에 음산한 바람이 일어나거늘, 둔갑술을 베풀어 몸을 감추고 그 거동을 살폈다. 「자객이 비수를 들고 음산한 바람이 되어 문틈으로 들어와 두루 살피더니,」 인적이 없음을 보고 도로 밖으로 향하고자 하거늘, 생이 동쪽 벽의 촛불 아래에서 언연히 불러 물었다.

미친 듯이 사납게 휘몰아치는 거센 바람

쌀쌀한 태도로 비웃음

밤 11시에서 새벽 1시 사이

대성의 비범한 능력. 전기적 요소

「 」: 전기적 요소

거드름을 피우며 거만하게

"너는 어떠한 사람이건대, 이 깊은 밤에 칼을 들고 누구를 해치고자 하느냐?"

조영이 그제야 소생인 줄 알고 칼춤을 추며 나가고자 하더니, 소생이 문득 간데없이 사라진지라. 조영이 의혹(疑惑)할 차에 생이 또한 서쪽 벽 촛불 아래에서 언연히 크게 꾸짖어 말했다.

자객

대성의 비범한 능력 – 도술. 전기적 요소

의심하여 수상하게 여김

「"무지한 필부(匹夫)야. 금은을 받고 몸을 돌아보지 아니하니, 어찌 가
신분이 낮고 보잘것없는 사내. 보통의 사내
련치 아니하리오?"」「 」: 조영이 매수당하여 자신을 암살하려 한다는 사실을 대성이 이미 알고 있음

조영이 대답지 아니하고 생을 향하여 칼을 던지니, 촛불 아래에서 검광(劍光)이 빛나더니 소생이 또한 간데없는지라. 조영이 촛불 그림자를 의지하며 주저하더니, 남쪽 벽 촛불 아래에 한 소년이 칠현금(七絃琴)을 무릎 위에 놓고 줄을 희롱하며 ❷ 노래하였다.

검광: 칼날의 빛 / 한 소년: 대성 / 칠현금: 일곱 줄로 된 고대 현악기의 하나

바람에 날리는 티끌. 세상에서 일어나는 어지러운 일이나 시련
전국(戰國)적 시절인가 풍진(風塵)도 요란하며,
전국 시대. 여러 제후국이 패권을 다투던 동란의 시기
초한(楚漢)적 천지런가 살기도 무궁하다.
초나라와 한나라가 전쟁하던 시기 남을 죽이려는 기운
홍문연 잔치런가 칼춤은 무슨 일고.
초왕 항우가 한나라 유방을 홍문으로 초청하여 죽이고자 잔치를 연 것을 의미함
「패택(沛澤)에 잠긴 용이 구름을 얻었으며
한나라의 고조 유방. '패택'은 유방이 군사를 일으킨 곳임
초산의 모진 범이 바람을 일으켰도다.」「 」: 패택에서 일어난 유방과 초나라에서 일어난 항우가 천하를 다툰 일을 의미함
초나라 항우
범증이 깨뜨린 구슬은 백설(白雪)이 되었도다.
항우의 모사 범증이 홍문연 잔치에서 유방을 죽이라고 하였으나 항우가 이를 듣지 않음
항장의 날랜 칼이 쓸 곳이 전혀 없다.
홍문연에서 유방을 죽이려 했던 장수
장량의 통소 소리 월하(月下)에 일어나니
유방의 모사인 장량이 통소를 불자 항우의 군사들이 고향 생각에 달아나 흩어졌다고 함
장막 안에 잠든 패왕 혼백이 놀랐도다.
초나라 항우
음릉(陰陵) 좁은 길에 월색(月色)이 희미하니
항우의 군대가 패해 길을 잃은 곳
오강(烏江) 너른 물에 수운(愁雲)이 적막하다.
항우가 싸움에 패한 후 자결한 곳 근심스러운 기색
역발산기개세(力拔山氣蓋世)도 강동을 못 가거든
항우가 자신의 힘과 기세를 과시한 구절. 힘은 산을 뽑을 만하고 기운은 세상을 덮을 만하다는 뜻
필부 형경이야 역수를 건널소냐.
유명한 자객 형가 자객으로 떠나는 형가가 출발한 곳
「거문고 한 곡조에 살별이 섞였으니
가련타 저 장사야, 갈 길이 어디매요.
조영
멀고 먼 황천길에 조심하여 가거라.」
「 」: 조영이 죽을 수 있음을 의미함
가다가 깨치거든 오묘한 도(道)를 닦으라.

조영이 그 노래를 듣고 자세히 보니 이는 곧 소생이라. 조영이 마음에 헤아리되
생각하되
「"내 재주가 십 년을 공부한 것이니, 사람은 물론이거니와 귀신도 헤

결정적 장면

왕 부인과 이생 등이 대성을 없애기 위해 보낸 자객을 대성이 죽이고 집을 떠나는 장면이다. 고전 소설의 특징이 드러나면서 〈홍길동전〉과의 유사점도 발견되는 부분이다.

문제로 핵심 파악

1 소대성이 조영을 물리치는 부분에서 드러나는 고전 소설의 특징을 쓰시오.

2 소대성이 부른 노래에서 '저 장사'는 ( )을/를 의미한다.

핵심 구절 풀이

❶ 홀연 광풍(狂風)이 창틈으로 ~ 일이 눈앞에 보이는지라.: 소대성이 자신에게 괴이한 일이 닥칠 것을 예감하는 부분으로, 고전 소설의 전기성과 대성의 비범한 능력이 드러남

❷ 소대성이 부른 노래의 내용: 중국 전국 시대의 유방과 항우가 천하를 다툰 고사를 통해 자객이 자신을 죽이러 온 살기를 표현하고, 자객에게 도리어 자신에게 죽임을 당할 수 있으니 돌아갈 것을 권유함

아리지 못하더니, 오늘 칼을 두 번 허비(虛費)하여도 소생을 죽이지 못하고 또한 노래로 나를 조
「 」: 조영도 도술을 부리는 비범한 인물로, 대성에게 죽임을 당하여 대성의 영웅성을 부각하는 역할을 함
롱하도다. 제 비록 장량이 퉁소로 팔천 명 장사를 흩어 버리던 비상한 계교를 행하여 나로 하여
장량이 항우와의 싸움에서 퉁소를 불자 항우의 군사들이 고향 생각에 싸워 보지도 않고 항복함
금 돌아가게 하고자 하거니와, 내 어찌 제 간사한 계교에 넘어가리오?"」
대성의 의도를 파악함 / 대성의 노래를 듣고도 살해 의도를 버리지 못하는 조영
하고 다시 칼을 들어서 던지니 칼 소리 울리되 소생은 간데없거늘, 조영이 칼을 찾더니 소생이 비수를 들고 촛불 아래 나서며 꾸짖어 말했다.
날이 예리하고 짧은 칼

"처음에 너를 타일러 돌아가게 하고자 하였거늘, 네가 끝내 금은만 생각하고 몸은 돌아보지 아
노래로 조영에게 돌아갈 것을 경고함 / 이생 등에게 대성을 죽이는 대가로 돈을 받기로 했으므로
니하니, 진실로 어린 강아지 맹호(猛虎)를 모르는도다." / 하고 말을 마침에 칼을 들어 조영을 치
관련 속담: 하룻강아지 범 무서운 줄 모른다
니 조영의 머리가 떨어지는지라. 소생이 분한 마음을 이기지 못하여 칼을 들고 바로 내당에 들어
이 승상의 아들과 왕 부인이 자객 조영을 자신에게 보낸 사실을 알고 있는 소대성
가 이생 등을 모두 죽이고자 하다가, 돌이켜 생각하고 탄식하여 말했다.
▶ 자신의 충고를 듣지 않은 조영을 죽이는 소대성

「"제 비록 무도(無道)하여 원수가 되었으나, '차라리 남이 나를 배반하게 할지언정 내가 남을 배
말이나 행동이 인간으로서 지켜야 할 도리에 어긋나서 막됨 / 관용적인 태도
반하지 않는다' 고 하니, 이제 저들을 베어 분한 마음을 풀고자 하나 그렇게 한즉 ㉠어진 사람
의 후사를 끊어지게 할지라. 아직은 피하리라."」 「 」: 이생 등을 죽이려 하다가 자신을 돌보아 준 이 승상의 은혜를 생각해 관용을 베풂

하고 붓을 잡아 떠나가는 이별시를 벽 위에 붙였다.
이 승상에 대한 감사와 이생 등에 대한 비판의 내용

※〈홍길동전〉과의 유사성
자신을 죽이러 온 자객을 오히려 도술로 죽이고 이러한 계책을 꾸민 자도 처단하려다 마음을 돌이키고 집을 나서는 내용이 유사함

「주인의 은혜 무거움이여, 태산(泰山)이 가볍도다.
이 승상 / 태산이 가볍다고 느껴질 만큼 은혜가 무겁다는 의미
객의 정이 깊음이여, 하해(河海)가 얕도다.」 「 」: 각골난망(刻骨難忘), 대구법
대성의 이 승상에 대한 정 / 큰 강과 바다를 아울러 이르는 말
사람이 지음(知音)을 잃음이여, 의탁이 장구(長久)치 못하리로다.
마음이 서로 통하는 친한 벗을 비유적으로 이르는 말 / 몸과 마음을 영원히 의지하고 맡기지는
「후손의 불초(不肖)함이여, 원수를 맺었도다.」 「 」: 이생 등이 자신을 죽이려 한 것을 비판함
아버지를 닮지 않았다는 뜻으로 못나고 어리석은 사람을 이르는 말
자객의 보검이 촛불 아래 빛남이여, 목숨을 보전하여 천 리를 향하는도다.
물리적 거리 + 심리적 거리
아름다운 인연이 뜬구름 되었으니,
채봉과의 인연이 덧없이 되었으니
모르겠노라, 어느 날에 대성의 그림자가 이 집에 다시 이르리오.
후반부 내용에 대한 복선

소대성의 심리를 드러내고, 후반부 내용을 암시함

쓰기를 다하매 붓을 던지고 짐을 메고 서당을 떠나니, 깊은 밤에 서천을 향하니라.
▶ 이별시를 쓰고 이 승상의 집을 떠나는 소대성

이때 이생 등이 자객을 서당에 보내고 마음이 초조하여, 밤이 지난 후에 서당에 나가 문틈으로
계획대로 조영이 대성을 죽였는지 궁금한 이 승상의 세 아들
엿보니 한 주검이 방 가운데 거꾸러졌거늘, 처음에는 소생인가 하여 기뻐하더니 자세히 본즉 이는 곧 조영이라. 이생 등이 놀라 주저하다가 문득 벽 위를 보니 예전에 없던 글이 있거늘, 본즉 소
이생이 집을 나서기 전에 쓴 이별시
생의 필적이라. 아주 나간다고 말하였으되「은근히 이생 등을 후일에 찾아올 뜻을 일렀으니, 도리어 뉘우침을 측량치 못하더라. 이생 등이 낙담하여 말했다. 「 」: 대성이 자신들에게 복수하러 올 것이라 생각해 걱정하며 후회함
생각하여 헤아림

"소생은 보통 사람이 아니라, 반드시 후환(後患)이 되리로다." / 정생이 말했다.
소생의 비범함을 깨달음 / 어떤 일로 말미암아 뒷날 생기는 걱정과 근심

「"그만이로다. 하릴없도다. 말을 내되 '소생이 주인의 은혜를 잊고서 하직도 아니하고 무단히 나갔다' 고 하면, 남이 우리를 불행히 알 것이요, 소저인들 부모의 은혜도 모르는 사람을 어찌 마음에 두리오?"」 「 」: 잘못을 뉘우치지 않고 대성을 모함하는 교활함이 드러남

(하릴없도다: 달리 어떻게 할 도리가 없도다 / 말을 내되: 소문을 내되 / 소저: 채봉 / 부모의 은혜도 모르는 사람: 대성)

이생 등이 옳게 여겨 조영의 시신을 치우고 내당에 들어가, 소생이 조영을 죽이고 사라진 사연을 부인께 고하니, 부인이 또한 두려우나 소생이 나간 것만은 기뻐하더라.

▶ 소대성이 집을 떠난 사실을 알고 기뻐하는 왕 부인

뒷부분 줄거리 | 대성은 청룡사에 몸을 의탁하고 노승에게 병법과 무술을 배운다. 5년 후 호국이 쳐들어왔을 때 대성은 적장을 죽이고 천자를 구해 그 공을 인정받아 대원수가 된다. 이후 노국 왕이 된 대성은 청주로 가서 채봉을 맞아들여 인연을 성취하게 된다.

핵심 정리

- 갈래: 고전 소설(한글 소설, 영웅 소설, 군담 소설)
- 성격: 전기적, 일대기적
- 구성: '발단 – 전개 – 위기 – 절정 – 결말' 의 5단 구성

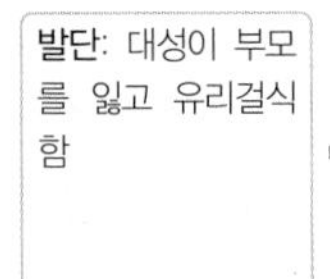

발단: 대성이 부모를 잃고 유리걸식함 ➡ **전개**: 이 승상이 대성을 집으로 데려와 채봉과 혼인시키려 함 ➡ **위기**: 승상이 죽은 후 가족들의 위협에 집을 나온 대성은 병법을 익혀 호국의 침입 때 출정함 ➡ **절정**: 대성은 호국을 물리치고 노국 왕에 봉해짐 ➡ **결말**: 대성은 채봉과 재회하여 인연을 맺고, 부귀를 누리며 선정을 베풂

- 제재: 소대성의 영웅적 일대기
- 주제: 고난을 극복하고 지위를 회복한 영웅의 활약상
- 특징: 영웅 · 군담 소설의 모티프를 수용하여 부분적으로 변용함
- 의의: 〈홍길동전〉과 〈유충렬전〉을 잇는 교량 역할을 함
- 인물 분석
  - 소대성: 소양의 아들. 어려서 부모를 잃고, 위기를 극복하여 성공하는 영웅의 전형적 인물임
  - 왕 부인: 이 승상의 처. 대성을 암살하려는 음모를 꾸밈
  - 이 승상: 대성의 조력자로, 대성의 비범함을 알아보고 사위로 삼으려 함

한눈에 보기

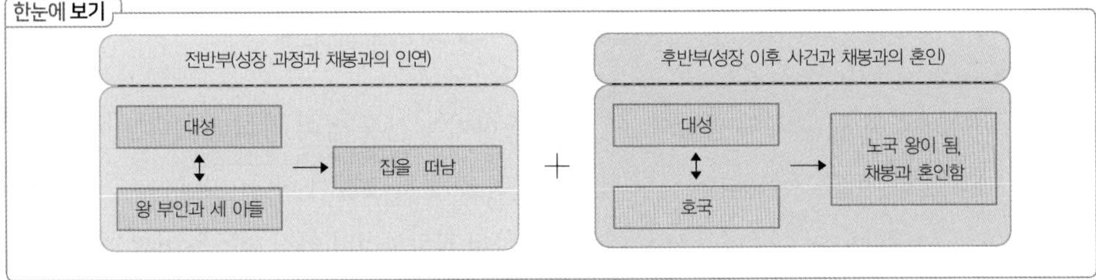

필수 문제

01 ㉠이 가리키는 대상을 쓰시오.

02 이 글에서 왕 부인이 대성을 바라보는 시각과 대하는 태도를 간략하게 쓰시오.

77 장풍운전(張豐雲傳) | 작자 미상

EBS 모의 기출

출제 포인트

장풍운의 영웅적 일생을 다룬 군담 소설이다. 주인공이 위업을 성취하는 과정, 처 계모와의 갈등 · 처처 간 갈등의 양상과 그 해결 과정을 통해 드러나는 인물의 성격, 태도 등에 주목해 살펴보자.

감상 길잡이

이 글은 전쟁으로 인해 어렸을 때 가족과 이별한 장풍운이 고난을 겪다가 조력자의 도움으로 이를 극복하고 부귀영화를 누리게 되는 과정을 그린 영웅 소설이다. 이 글에서 세 번의 전쟁은 장풍운에게 가족과의 이별과 같은 시련을 주기도 하지만 입신양명의 기회로 작용하고 가정의 불화를 해소할 수 있는 계기도 되는 중요한 서사적 장치이다. 특히 이 글은 주인공의 영웅적 활약이 강조되는 일반적인 영웅 군담 소설과 달리 군담 부분이 크게 약화되고 '처 계모와의 갈등'이나 '처처 간의 갈등'과 같은 가정 소설적인 요소들이 크게 부각되는 특징을 보이고 있다.

장면 1

앞부분 줄거리 | 중국 송나라 때, 전임 이부 시랑 장희와 아내 양 씨는 자식이 없어 슬퍼하며 지내다가 옥황상제가 자식을 점지해 주는 꿈을 꾸고 나서 아들 장풍운을 낳는다. 풍운이 어렸을 때 가달이 침략해 오자 장 시랑은 출전하고, 양 부인은 때마침 일어난 도적을 피하다 풍운을 도적에게 빼앗기고 단원사(丹圓寺)에 들어가 여승이 된다. 승전하고 돌아온 장 시랑은 부남 태수에 임명되지만 가족을 만날 수 없어 슬퍼한다. 한편, 통판 이운경은 도적들이 패하여 도망갈 때 버린 장 시랑의 아들 풍운을 발견하고 집으로 데려온다.

이 노인은 전 통판 '이운경'이니 나이 들어 고향에 돌아와 세월을 보낼새 마침 자기 고을 수령을 보고 돌아오다가 장풍운의 비범함을 보고 기특히 여겨 데려온 것이라.

(이운경: 인재를 알아보는 안목이 있는 인물로 장풍운의 조력자, 양육자 역할을 함)
(장풍운: 고난을 극복하고 입신양명하여 3처 2첩의 가정을 이루는 영웅형 인물)

「통판의 전 부인 최 씨 일자일녀를 낳고 일찍 죽었으니, 여아는 경패요 남아는 경운이라. 그 뒤 호 씨를 재취하여 자녀를 두었는데 호 씨 천성이 사나워 경패 남매를 시기하고 구박함이 자심(滋甚)하매 통판이 매양 통한하여 하더니」 차일 풍운을 만나 가장 기뻐하며 호 씨더러 왈,

(「 」: 이운경의 집안에서 발생했던 일들을 요약적으로 제시하여 독자의 이해를 도움)
(호 씨: 이운경의 후처)
(호 씨 천성이 사나워: 호 씨의 성격 직접 제시)
(통한: 몹시 분하거나 억울하여 한스럽게 여김)
(차일: 바로 이날)

"길에서 기특한 아이를 만나 데려왔으니 부인은 사랑하여 기르소서. 「이 아이 나이 차면 부귀쌍전(富貴雙全)하리니 경패의 배우자를 삼아 우리 가문을 빛나게 하리라.」"

(기특한 아이: 장풍운에 대한 긍정적 인식)
(부귀쌍전: 재물과 인격을 아울러 갖춤)
(「 」: 근본도 모르는 장풍운이 앞으로 출세할 것을 확신하며 장차 사위로 삼으려고 함)

하고 풍운을 불러 뵌대 호 씨 변색 왈,

(변색: 못마땅한 표정으로 얼굴색을 바꿈)

"상공은 나라에 큰 공을 세워 명망이 조정에 진동하거늘 근본 없이 거리로 다니는 아이를 천금여아(千金女兒)의 배필을 삼으려 하시니 남의 비웃음을 면치 못할까 하나이다."

(근본 없이 거리로 다니는 아이: 장풍운을 부정적으로 보고 있음)
(천금여아: 많은 돈이나 비싼 값과 같은 아주 귀한 딸)

통판이 소 왈, / "이 아이 나중에 반드시 이름이 천하에 진동하리니 아직 떠돎을 어찌 혐의하리오."

(혐의: 꺼리고 미워함)

하니 호 씨가 풍운을 자세히 보니 「은은한 골격과 열렬한 정신이 훌륭하여 가만히 생각하길, 경패의 배우자를 삼으면 제 자식이 보잘것없어질까 하여」 해칠 뜻을 두더라.

(경패: 이운경의 딸. 어질고 현명한 여인으로 고난을 스스로 극복하는 인물)
(「 」: 호 씨가 장풍운을 구박하고 괴롭히는 이유)

이후로 통판이 풍운을 가르치매 문일지십하는 재주 있는지라 공은 애중히 여기나 호 씨는 시기하여, '먼저 경패를 없애리라.' 하고 독약을 죽에 넣어 주니 경패가 받다가 놓치거늘 호 씨 크게 꾸짖고 계교 이루지 못함을 한탄하였다.

(애중: 사랑하고 소중하게 여김)
(문일지십: 하나를 듣고 열 가지를 미루어 안다는 뜻으로, 지극히 총명함을 이르는 말)
(독약을 죽에 넣어 주니 경패가 받다가 놓치거늘: 경패가 우연에 의해 목숨을 보전함(천우신조))

▶ 이운경이 장풍운의 비범함을 알아보고 집으로 데려옴

세월이 흘러 풍운의 나이 십오 세요 경패는 십육 세라.「공이 택일 성혼할새 경패의 작약(綽約)한 자색(姿色)과 장생의 화려한 풍채 짐짓 백년가우(百年佳偶)라.」

(드러나 보이는 사람의 겉모양 / 몸매가 가냘프고 아리따움 / 여자의 고운 얼굴이나 모습 / 평생을 같이 지내는 아름다운 배필 / 「 」: 경패의 빼어난 아름다움과 풍운의 대장부다운 기품에 대한 서술자의 평가)

결정적 장면

그러나 호 씨 기뻐하지 않거늘 공이 생각하되,

'호 씨의 불측함이 여차하니 내 죽은 후면 부부가 해를 만나리로다.'
(생각이나 행동 따위가 괘씸하고 엉큼함)

하며 근심하더니 홀연 공이 득병하여 백약이 무효하매 회복 못 할 줄 알고 풍운의 손을 잡고 왈, /「"후취 호 씨 어질지 못하여 경패의 남매를 해하려 하되 내 있기로 아직 마음먹지 못하더니, 내 세상을 버리면 너희들 반드시 화를 만날 것이니 가장 슬프도다!"」
(병에 걸림 / 두 번째 아내 / 「 」: 이운경이 호 씨의 악행을 이미 알고 자신이 죽은 후 장풍운과 전처 자식들이 겪게 될 일을 걱정함)

풍운이 대 왈, / "인명이 재천하오니 설마 어찌하리잇고?"
(장풍운의 운명론적 인식)

공이 슬퍼하며 왈, / "자네는 오륙 년 후면 몸이 크게 귀해지리니 나의 자녀를 잊지 아니하면 혼백이라도 즐거우리로다."
(장풍운의 입신양명을 예견하며 전처 자식들을 부탁함)

하고 유서를 주어 왈, / "호 씨 박대 참혹하거든 이를 보라!"
(장풍운이 겪게 될 일을 예견하고 방책을 세워 둠)

하고 또 일봉서(一封書)를 소저에게 주어 왈, / "나 돌아간 후 서랑(壻郎)을 각별 경대하되 만일 계모의 간계(奸計) 급하거든 이를 보라!"
(봉투에 넣어서 봉한 한 통의 편지 → 경패에게 닥칠 위험을 예견하고 해결책을 마련해 둠 / 남의 사위를 높여 이르는 말. 장풍운을 가리킴 / 공경하여 대접함 / 간사한 꾀)

하고 호 씨와 자녀 등을 불러 앉히고 장탄 왈, / "내 불행하여 황천객이 되니 부인은 슬퍼 말고 여러 자녀를 거느려 보중하라."
(긴 한숨을 지으며 깊이 탄식함 / 저승으로 간 나그네라는 뜻으로, 죽은 사람을 이르는 말 / 몸의 관리를 잘하여 건강하게 유지함)

하고 인하여 별세하니 소저의 애통함과 풍운의 슬퍼함은 측량치 못할러라. 세월을 당하매 녹림원 선산에 안장하니, 이후로 호 씨의 행악이 무쌍하매 장생이 차마 견디지 못하여 통판 유서를 보니,
(윗사람이 세상을 떠남 / 서술자의 개입 / 조상의 무덤이 있는 산 / 서로 견줄 만한 것이 없을 정도로 뛰어나거나 심함)

'노부가 노중에서 그대를 만나 칠 년 동거하니 정이 깊도다. 용렬한 여아로 군의 조강을 삼으니 외람함이 많도다. 노부가 세상을 이별하니 한때 빌기 어렵도다. 차후 그대 영귀할 때 지난 일을 잊지 아니하면 황천에 가도 보은하리로다. 호 씨 강악함이 있거든 ❶ 소소한 여자를 생각지 말고 경운을 데리고 집을 떠나 소흥 연경사로 가면 자연 구할 사람이 있을 것이니 그대는 거취를 임의로 하라.'
(늙은 남자. 이운경을 가리킴 / 사람이 변변하지 못하고 졸렬함 / 조강지처 / 하는 행동이나 생각이 분수에 지나침 / 미안한 마음을 전하기도 힘들 것이다 / 지금부터 이후 / 지체가 높고 귀함 / 결초보은(結草報恩) / 억세고 모짐 / 앞길을 마음에 따라 편히 선택하라)

결정적 장면

이운경이 자신의 사후 풍운과 경패 남매가 겪을 화를 걱정하다가 죽고 나서 호 씨의 악행이 날로 심해지자 장풍운이 경패와 이별하고 처가에서 떠나려 하는 장면이다. 주인공에게 앞으로 일어날 일에 대한 복선이 드러나는 부분이다.

문제로 핵심 파악

1 이 글에 대한 이해로 가장 적절한 것은?

① 통판은 후처의 악행을 예견하고 풍운과 경패의 거처를 마련해 두었다.
② 풍운은 처의 만류에도 유서 내용대로 부부의 이별을 기정사실화하고 있다.
③ 호 씨는 전처 자식들의 앞날을 염려해 풍운의 가출을 만류하지 않고 있다.
④ 경운은 가권을 이어야 하기 때문에 통판뿐만 아니라 경패에게도 염려의 대상이 되고 있다.
⑤ 경패는 앞날의 생사조차 장담할 수 없는 상황임에도 신표를 주며 풍운과의 재회를 확신하고 있다.

핵심 구절 풀이

❶ 소소한 여자를 ~ 있을 것이니: 통판이 가권을 이을 경운을 염려하여 풍운에게 경패 대신 경운을 데리고 떠나기를 부탁함. 경운이 머무를 곳을 마련해 두었음을 알 수 있음

하였거늘 보기를 마치고 침소에 들어가 장생이 소저더러 왈,

「"부모를 이별하고 도로(道路)의 걸식하는 잔명(殘命)을 대인이 거두어 보살피사, 사위를 허하시니 은덕을 난망이라. 길이 백 세를 뫼실까 하였더니 생의 팔자 기구하여 대인이 세상을 버리시고 호 씨 구박이 날로 심하니」 더 이상 오래 머물지 못할 것이오, 하물며 대인 유서에 '그대를 생각지 말고 경운을 데리고 소흥으로 가라.' 하시니, 이별이 망극하도다." 〈중략〉

걸식: 음식 따위를 빌어먹음. 또는 먹을 것을 빎 / 잔명: 얼마 남지 아니한 쇠잔한 목숨 / 난망: 잊기 어려움. 각골난망(刻骨難忘) / 기구하여: 세상살이가 순탄하지 못하고 가탈이 많음 / 「 」: 어린 시절부터 지금까지의 삶을 요약적으로 제시 / 하물며 ~ 가라.': 이운경의 유서를 보고 경패와의 이별을 받아들이고 처가를 떠나기로 결심함

▶ 이운경이 죽고 난 후 호 씨의 구박으로 장풍운이 집을 떠날 것을 결심함

장생이 받아 놓고 내당에 들어가 호 씨를 보고 하직 왈,

내당: 안주인이 거처하는 방. 안방 / 하직: 먼 길을 떠날 때 웃어른께 작별을 고하는 것

"생이 이제 슬하를 떠나 사해(四海)를 돌아다니며 자취를 세상에 부치고자 하나이다."

슬하: 무릎의 아래라는 뜻으로, 어버이나 조부모의 보살핌 아래. 주로 부모의 보호를 받는 테두리 안을 이름

호 씨 흔연 왈, / "나의 자녀가 장성하매 두루 구혼하되, 장랑(張郎)의 근본 없음을 빈정거리며 저마다 거절하니 심히 불안한지라. 「장랑이 이미 나가려 하니 창연하나 만류치 못하리로다.」"

흔연: 기쁘거나 반가워 기분이 좋음 / 창연하나: 몹시 서운하고 섭섭함 / 「 」: 장풍운의 가출을 막을 생각이 없음. 호 씨의 가식적인 성격이 드러남

하고 조금도 권연한 빛이 없거늘 장생이 침소에 돌아오니 소저가 호 씨의 거동을 묻거늘 장생이 그 사연을 전하고 왈, / "우리 양인(兩人)을 생각지 말고 육칠 년만 기다리라."

권연한: 사모하여 뒤돌아보는 / 소저가 ~ 묻거늘: 장풍운의 하직 인사를 받은 호 씨의 반응이 어떠했는지를 물음 / 양인: 장풍운과 경패의 동생인 경운 / 육칠 년만 기다리라: 장풍운이 돌아와 경패를 구해 사건이 해결될 것임을 예고함

소저 유체(流涕) 왈,

유체: 눈물을 흘림

"금일 상별하니 만나기 묘연하고 「첩의 사생을 모르나니 첩은 죽어도 불관하거니와 경운의 일신이 고단하니 군자는 애휼하소서.」"

상별: 서로 갈리어 떨어짐 / 묘연: 소식이나 행방 따위를 알 길이 없음 / 불관: 관계하지 아니함 / 애휼: 불쌍히 여기어 은혜를 베풂 / 「 」: 경운을 데리고 떠나려는 풍운의 뜻에 순순히 따름(여필종부의 순종적인 여인상)

하고 진주투심(眞珠套心) 반편을 주어 왈,

진주투심: 여자들의 새앙머리에 꽂는, 진주로 만든 장식물 / □: 서로에 대한 애틋한 마음을 드러내고 훗날 재회를 예고하는 소재

"만일 첩이 보존하여 다시 만날진대 이것으로 신표를 삼으소서."

신표: 뒷날에 보고 증거가 되게 하기 위하여 서로 주고받는 물건

장생이 또한 헌 옷 하나를 소저에게 전하여 왈,

헌 옷: 모친의 물건으로 장풍운의 분신과 같은 의미의 물건임 → 훗날 단원사에서 장풍운의 모친이 경패가 며느리임을 알아보게 되는 매개체

"이것이 비록 헌 옷이나 모친의 수품이니 날 보는 것처럼 하라."

"이것이 ~ 하라.": 모친의 물건으로 경패에 대한 장풍운의 애틋함 마음을 드러냄

하며 보중함을 재삼 당부하고 경운이 소저에게 하직할새 서로 누수(淚水)가 만면하여 그 형상이 참담하더라.

누수: 눈물 / 만면하여: 얼굴에 가득하게 드러나 있어 / 참담: 몹시 슬프고 괴로움

▶ 장풍운과 이경패가 정표를 나누며 이별함

뒷부분 줄거리 | 풍운이 경운을 데리고 집을 떠난 뒤, 경패는 호 씨가 개가를 권유하자 남장하고 집을 나와 떠돌다 꿈에 나온 아버지의 말을 듣고 단원사로 가서 풍운의 모친인 양 씨와 만나게 된다. 풍운은 경운을 연경사에 맡기고 떠돌다 왕공렬의 사환이 되고, 심부름으로 원철의 집에 머물다가 과거에 장원으로 급제한 후 왕부용, 원황해와 결혼한다. 서번과 서달의 침략을 물리친 풍운은 회군하던 중 헤어졌던 가족들과 재회하고, 천자의 권유로 명현왕의 딸 유 씨와 혼인한다. 토번의 침략으로 풍운이 출정한 사이 유 씨가 모함하여 이 부인(경패)이 처형될 위기를 맞지만 소식을 듣고 달려온 풍운이 유 씨를 처형하고 이 부인을 위험에서 구한다.

필수 문제

01 처가를 떠나는 장풍운과 부인인 경패가 훗날 재회할 것임을 암시하는 소재 두 가지를 쓰시오.

02 [서술형] 통판 이운경의 죽음이 이 글의 사건 전개에 미치는 영향을 서술하시오.

장면 2

앞부분 줄거리 | 전쟁으로 어려서 부모와 이별하고 고난을 겪던 장풍운은 조력자 이운경의 도움과 양육을 받고 운경의 딸 경패(이 부인)와 혼인하지만 장인이 죽은 후 처 계모 호 씨의 핍박이 심해지자 처와 이별하고 가출한다. 이후 왕공렬의 사환이 되어 원철에게 심부름을 가 머물다가 과거에 급제하여 처 왕 부인과 첩 원황해를 얻는다. 장풍운은 서번 · 서달의 침입을 물리치고 회군하던 중 꿈에 나타난 노승의 계시로 단원사에 가서 모친과 경패를 만난다. 이후 부남 태수인 부친과 신표를 확인하고 상봉한다. 천자로부터 첩 장윤옥을 하사받고 천자의 아우인 명현왕의 딸(유 씨)을 부인으로 맞이한 장풍운은 토번이 침입하자 이를 진압하기 위하여 출정한다.

유 씨가 좌승상 장풍운이 대원수가 되어 출정한 틈을 타 이 부인을 모해하려 하여 한 계교를 생각해 내고 시비 난향을 불러 조용히 물었다.
(유 씨: 장풍운의 세 번째 부인. 명현왕의 딸로 이경패를 투기하여 모해하는 악인형 인물 / 이 부인: 경패 / 시비 난향: 유 씨의 조력자. 악인)

"너는 나의 수족과 같으니, 나의 계교를 맡아서 해내려느냐?"
(나의 계교: 이 부인이 외간 남자와 정을 통하고 있다고 모함하려는 것)

"소비가 어찌 부인의 명을 불속인들 피하리까?"
(소비: 계집종이 상전을 상대하여 자기를 낮추어 이르던 일인칭 대명사)

유 씨가 매우 기뻐하며 물었다. / "바깥문 출입 단속을 누가 책임지고 맡아 하느냐?"

"수문장은 강공철인데, 운향의 지아비이나이다."
(운향: 이 부인의 시비 / 강공철: 유 씨와 난향의 계략에 빠져 의도치 않게 이 부인을 함정에 빠뜨리는 인물)

유 씨가 계교를 이르고 당부했다. / "이리이리하되 삼가 누설치 말라!"
(이리이리하되: 유 씨의 말을 생략하여 독자의 궁금증을 유발함(고전 소설의 상투적인 표현))

난향이 웃고 이날부터 금은을 나누어 주며 운향과 더불어 사귐이 심히 은근하니, 오래지 아니하여 두 사람의 정이 동기간 같았고, 행동거지와 목소리까지 서로 방불하여 구별하기가 어려웠다. 유 씨가 기뻐하여 계교 행하기를 재촉하니, 난향이 응낙하고 운향의 침소에 가서 담소하다가 물었다. / "요사이 강 무사는 어디 갔는가?"
(이날부터 ~ 은근하니: 유 씨의 계교에 따라 수문장인 강공철을 이용하기 위해 그의 아내에게 의도적으로 접근함 / 행동거지와 ~ 어려웠다: 공철이 난향을 아내인 운향으로 착각해서 난향이 시키는 대로 이 부인의 처소에 들어가게 되는 이유 / 담소: 웃고 즐기면서 이야기함. 또는 그런 이야기 / 강 무사: 수문장인 강공철)

"응당 해야 할 일이 많기로 오지 못하더니, 오늘은 마침 틈을 내어 올 것이네."

난향이 이 말에 대답하지 않고 다른 말만 하다가 돌아와서 그 사실을 유 씨에게 알렸다. 유 씨가 난향에게 다시금 당부하여 '이리이리하라' 하고, 날이 저물기를 기다려 이 부인께 전갈했다.
(난향이 ~ 하다가: 자신이 물어보는 이유가 들통날까 봐 / '이리이리하라': 내용의 중복을 피하기 위한 상투적 표현)

"승상이 출정하신 후 궁중이 쓸쓸하고 고요하니, 시비 운향을 보내 주시면 아름다운 말씀도 듣고 노닐며 경치를 구경하고자 하나이다."
(시비 운향을 ~ 하나이다: 운향을 자신의 침소에 잡아 두어 이 부인이 혼자 있는 상황을 만들려는 의도)
▶ 난향이 운향에게 접근해 이 부인을 모함하기 위한 계략을 진행함

이 부인은 정숙하고 기품 있는 여자인지라 유 씨의 간계를 모르고 즉시 운향을 보내 주었다. 유 씨는 흔쾌히 정성껏 운향을 대접하고 머무르게 하고는 돌려보내지 아니하니, 운향은 공철이 온다고 했으므로 민망했다. 유 씨는 짐짓 운향을 아니 보내고 난향에게 눈짓을 하니, 난향이 즉시 운향 침소에 가서 살림 도구 및 이부자리와 베개 등을 다 옮기고 불을 끄고 앉아 있었다. 밤이 깊어지자 공철이 오는데, 난향이 운향인 체하고 더디 옴을 원망하며 물었다.
(이 부인은 ~ 여자인지라: 인물의 성품을 직접 제시 / 간계: 간사한 꾀 / 운향은 ~ 민망했다: 남편이 온다고 했는데 가지 못하는 상황이어서 답답하고 안타까워함 / 짐짓: 일부러 / 난향이 ~ 있었다: 난향이 운향의 행세를 하며 공철을 속여 이 부인 처소로 유인하려는 의도)

"위왕 어르신께서 몸이 불편하시므로 부인과 두 낭자가 다 내당에 머무시나이다. 그래서 정당이 비었는지라 나는 정당에 거처하겠으니, 당신도 나를 따라 정당에 가서 머묾이 어떠하겠소?"
(위왕: 장풍운의 부친 / 부인: 이 부인 / 두 낭자: 황해(원철의 딸), 부용(왕공렬의 딸) / 정당: 한 구획 내에 지은 여러 채의 집 가운데 가장 주된 집채)

공철이 응낙하지 않고 도리어 물었다. / "비록 그러하나, 어찌 내당에 들어간단 말이오?"
(어찌 ~ 말이오?: 남녀가 내외하던 시대상을 반영함)

"밤이 깊고 사람이 없으니 의심 마소서."

공철의 소매를 이끌어 바로 이 부인 침소에 들어갔다. 이때 밤이 깊었으니, 시비가 다 자고 정당이 고요했다. 공철이 의심하지 않고 난향의 음성이 운향과 서로 비슷하므로 속은 바가 되어 매우 위험한 지경에 처하니, 어찌 비참하고 끔찍하지 아니하랴.

공철을 이용하여 이 부인을 모함하려는 의도를 실행함 / 공철이 난향에게 속은 이유 / 편집자적 논평

「난향이 공철을 인도하여 안방에 딸린 작은 방에 앉히고 말했다.

"여기 누워 있으면 내 불을 켜오리다."」

▶ 유 씨의 모략대로 난향이 공철을 이 부인의 침소로 유인함

「 」: 난향이 공철을 유인하여 이 부인이 외간 남자와 정을 통한 것처럼 보이도록 꾸밈

난향이 이러하고는 곧장 유씨 부인 침소로 돌아와 운향을 위로하며 말했다.

운향의 남편인 공철을 죽음에 처할 상황에 몰아넣고 아무 일도 없었다는 듯이 운향을 대함

"부인을 모시고 평안히 지냈는가?"

장풍운의 세 번째 부인인 유 씨

유 씨가 이어서 말했다. / "밤이 깊고 이 부인께서 외로이 계시니, 내 몸소 가서 위로하리라."

이 부인의 방으로 가서 자신의 계략을 마무리 짓기 위해 핑계를 댐

그러고는 등촉을 밝히고 정당에 이르렀다. 공철이 불빛을 보고 놀라 몸을 피하여 따로 곁붙은 방에 숨었다. 유 씨가 방문을 열고 침실에 두른 휘장을 걷어 올리며 말했다.

"부인은 잠을 들어 계시나이까?"

곁방. 안방에 딸린 작은 방

그리하며 유 씨가 협방 문을 밀치니, 공철이 놀라 내닫다가 유 씨와 마주쳤으나 밀치고 달아났다. 이에 유 씨가 거짓으로 얼굴빛을 달리하며 물러섰다. 이 부인은 아무것도 모르고 잠결에 몸을 일으키며 말했다. / "어찌 이리 떠들썩한가?"

공철이 있다는 것을 알고 한 행동

유 씨가 버럭 성을 내며 꾸짖었다.

"이 음탕하고 방탕한 계집아! 너는 좌승상의 정실부인이요, 직첩이 정렬에 있거늘, 어찌 이런 음란한 짓을 한단 말이냐?" / 시비를 시켜 서둘러 이 부인을 결박 짓게 했다.

정렬부인. 정조와 지조를 굳게 지킨 부인에게 내리던 칭호 / 조정에서 내리는 벼슬아치의 임명장 / 외간 남자를 불러들이는 일 / 곁에서 시중을 드는 계집종

이 부인이 미처 깨닫지도 못하는 사이 이 지경에 처하니 놀랍고 분함을 이기지 못하나, 일이 되어 가는 형세가 어찌 된 것인지 알지 못하여 심신을 가다듬지 못했다.

잠을 자다가 갑자기 모함을 당하여 당황함 → 이 부인의 심성이 약함을 드러냄

이즈음에 공철이 도망하여 중문으로 나왔다. 그러나 문을 지키는 군사가 이왕 난향과 약속이 있었는지라 칼을 들어서 공철을 베니, 어찌 가련치 아니하랴.

이 부인의 결백을 밝혀 줄 공철을 죽임. 유 씨의 주도면밀함 / 서술자의 개입. 편집자적 논평

▶ 유 씨의 모함으로 누명을 쓴 이 부인

뒷부분 줄거리 | 유 씨는 이 부인이 불륜을 저질렀다고 모함하여 천자에게 알리고, 천자는 임신한 이 부인이 아이를 낳은 후에 처형할 것을 명한다. 토번을 물리친 후 금산사 부처님의 꿈속 계시와 왕 부인의 편지를 받고 급히 돌아온 장풍운은 천자의 허락을 받아 유 씨의 잘못을 밝혀 처형하고 이 부인을 위험에서 구한다.

필수 문제

01 강공철이 난향을 운향으로 오해할 수밖에 없었던 이유를 쓰시오.

02 [서술형] 이 부분에 드러난 갈등의 양상을 구체적으로 서술하시오.

장면 3

앞부분 줄거리 | 어려서 부모와 이별하고 고난을 겪던 장풍운은 이운경의 양육을 받고 그의 딸 경패와 혼인하지만 처 계모의 박해로 처와 이별하고 떠돌다가 왕공렬과 원철의 도움으로 과거에 급제하고 왕 부인과 첩 황해를 얻는다. 장풍운은 서번 · 서달을 격퇴하고 가족과 재회한 후 천자로부터 첩 윤옥을 하사받고 천자의 아우인 명현왕의 딸(유 씨)과 결혼하지만 장풍운이 토번을 물리치러 떠난 사이 유 씨가 이 부인(경패)을 모함하여 이 부인이 옥에 갇히고 죽을 위기에 처한다.

여러 달이 지나매, 왕 부인은(장풍운의 두 번째 부인) 간장이 녹는 듯하여 봉한 편지와 아이의 옷을(이 부인에 대한 왕 부인의 신뢰와 애정을 드러내는 소재) 지어 시비 옥섬을 불러서 주며 말했다. / "옥중의 이 부인께 드리되, 아무도 모르게 하여라."(왕 부인이 시비 옥섬을 통해 모해 사건의 피해자인 이 부인을 도움)

옥섬이 받아 가지고 옥졸에게 인정(人情)을 쓰고(물질적인 것으로 선심을 쓰고), 이 부인을 뵙기를 청하여 편지와 옷 보자기를 자란에게 주고 왕 부인 말씀을 전했다. 이 부인이 정신을 차려 서간을 떼어 보니, 다음과 같이 씌어 있었다. / "소첩 왕씨는 두어 자를 올리나이다. 조물주가 시기하고 귀신이 돕지를 않아 변란이 규문(閨門)에 미쳐(이 부인에 대한 믿음과 이 부인이 처한 상황에 대한 안타까움을 드러냄) 부인의 빙옥 같은 절개에 천고에도 없을 누명을 씌우니, 이는 부인의 액운일 뿐 아니라 또 첩의 일이기도 한지라(이 부인이 처한 상황은 모함에 의한 것이므로 자신이 처했을 수도 있는 일이라 여김) 어찌 매우 끔찍한 일이 아니겠사옵니까? 천도(天道)(하늘이 낸 도리나 법)가 비록 높으시나 살피심이 대수롭지 아니하시니(하늘이 이 부인이 처한 상황을 돕지 않는다고 원망함), 승상이 곧 오시면 옳고 그름이 분간될 것이옵니다. 하니 바라건대 귀한 몸을 소중히 여기소서."(장풍운이 돌아와 억울함을 풀어 줄 때까지 건강에 유의할 것을 당부함)

이 부인이 다 읽고 난 후 눈물이 물 흐르듯 하여 능히 말을 이루지 못하다가 심회(마음속에 품고 있는 생각이나 느낌)를 진정하여 답서를 써서 보내었는데 그 편지(이 부인이 자신의 지나온 삶에 대한 회한, 현재의 상황에 대한 억울함, 동생에 대한 부탁 등의 사연을 담음)에 다음과 같이 씌어 있었다.

"죄인 이씨는 삼가 답서를 올리나이다. 〈중략〉『이 한 몸 고향을 떠나 정처 없이 떠돌다가 단원사 승당에서 천행으로 시어머니를 만나 서로 의지했고, 또 승상과 부인(장풍운의 두 번째 부인인 왕 부인)을 만나매 다시는 환란이 없을까 했사옵니다.』(『 』: 이 부인이 자신의 지난 삶의 역정을 요약하여 말함) 한데 지금 생각지도 못했던 변고(갑작스러운 재앙이나 사고)를 겪으니 천지일월(天地日月)만이 증명하실 바이지, 잘못이 없음을 다시 밝힐 길이 없어 대강 기록하나이다.(자신의 결백을 밝힐 방법이 없어 안타까워함) 바라건대 부인은 첩을 생각지 말고, 다만 제 동생을 거두어 은혜를 베풀어 주시면 지하에 가도 눈을 감을까 하나이다."(자신의 안위보다 가문의 대를 이을 동생 경운의 안위를 걱정함)

▶ 왕 부인과 편지를 주고받은 이 부인

왕 부인이 다 읽은 후에 눈물을 주룩주룩 흘리다가 문득 한 계책(밤낮을 가리지 않고 가서 승상(장풍운)을 모셔 오는 것)을 생각하고 경운을 불러 말했다.

"이제 공자의 누님이 겪어야 할 환난이 목전에 있는지라(풍전등화(風前燈火)), 승상께서 빨리 오시면 옳고 그름이 가려질 것이오. 생각건대 승상이 타시던 준마(빠른 시간 안에 승상(풍운)이 있는 곳에 이르게 할 수 있는 서사적 장치)가 있으니 밤낮을 가리지 아니하고 가서 승상을 모셔 오면, 화가 변하여 복이 되리라.(전화위복(轉禍爲福))" / 경운이 이 말을 듣고 울며 물었다.

"부인의 말씀이 감사하오나, 그 사이 누님이 아이를 낳게 되면 죽을 것이니 어찌해야 하리이까?"(자신이 장풍운에게 간 사이 경패가 아이를 낳아 처형되는 상황이 발생할까 봐 걱정함)

"그 일은 내가 감당할 것이니(이 부인의 처형을 지연시킬 방도가 있음을 암시함), 공자는 채비를 차려서 떠나되 더디 오지 마시오!"

경운이 하직 인사를 드리고 길을 떠났다.

결정적 장면

차설(관습적 표현을 사용하여 같은 시간대 다른 공간에서의 이야기로 전환함). 좌승상이 행군한 지 여러 날 만에 하북(河北)에 이르러 한 번 북을 쳐 도적을 물리치고(장풍운의 영웅적인 면모) 황성으로 향하고자 했다. 이날 밤 꿈(앞으로 일어날 일을 암시하는 역할)에 금산사 부처가 장막에 와서 좌승상에게 말했다.

❶ "부인의 생사가 급하니 빨리 구하라!" / 이렇게 말하고는 온데간데 없었다. 좌승상이 마음속으로 놀라 근심에 잠겼다.

문득 군사가 "경운 공자가 왔다." 알리자, 좌승상이 크게 놀라서 바삐 불러들이라 했다. 경운이 들어와 아무 말도 못하고 기절하는지라 붙들어 구호하며 까닭을 물으니, 경운이 서간을 드리며 그간의 사정을 알렸다. 좌승상이 유 씨의 소행으로 짐작하고 부원수에게 "뒤를 따르라." 명하고, 밤낮을 가리지 않고 바삐 경성으로 향하여 갔다.

집에 있어야 할 처남이 전쟁터에 있는 자신을 찾아왔으므로
병자나 부상자를 간호하거나 치료함
이 부인이 죽을 위기에 처하게 된 일
경운의 말과 서간을 통해 유 씨가 이 부인을 모함했음을 짐작함

차설. 이 부인이 옥동자를 낳으니, 왕 부인이 기뻐하여 금은을 옥졸에게 주어 아이 낳은 사실이 외부에 알려지지 못하도록 했다. 그런데도 유 씨가 이를 알고 부왕에게 남을 시켜 천자께 아뢰게 하니, 천자가 이 부인을 처형하도록 윤허하셨다. 왕 부인이 소식을 듣고 이 부인과 함께 죽고자 했다. 법관이 삼로(三路)에서 이 부인을 수레에 올리니, 왕 부인은 통곡했다. 이 부인이 자란에게 아이를 맡기고 까무러치니, 옥졸이 차마 죽이지 못했다.

관습적 표현을 통해 공간의 변화를 드러냄
이 부인의 처형을 지연시키려는 의도
임금이 신하의 청을 허락함
동로(東路) · 중로(中路) · 서로(西路)의 세 길. 여기서는 '삼거리'의 의미

▶ 출산이 밝혀져 처형당하게 된 이 부인

「이때 좌승상이 밤낮을 가리지 않고 달려와 경성에 이르니, 꼭 오시(午時)였다. 멀리 바라보니, 삼로(三路)에서 옥졸이 수레를 옹위하고 가는데, 명패(名牌)에는 다음과 같이 씌어 있었다.」

오전 11시부터 오후 1시 사이
「 」: 사건 전개의 우연성(고전 소설의 일반적인 특징)

「"당일 오시에 음부(淫婦) 이경패를 참하라."」

「 」: 명패에 쓴 글귀를 통해 사건의 위기감을 고조시킴
성격이나 행동이 음란하고 방탕한 여자

좌승상이 말을 달려 수많은 사람의 무리를 헤치고 형을 집행하는 관리에게 가서 전후사연을 이르며 "참하는 시각을 늦추라." 하고는, 바로 입궐하여 벌줄 것을 청했다. 천자가 크게 놀라셨지만 먼저 먼 길 갔다 온 것을 위로하시고, 다음으로 옥사(獄事)를 말씀하셨다. 좌승상이 싸움에 나가 이겨 공을 세운 경위를 아뢰고는, 옥사에 관한 자신의 의견을 개진했다. / "금일 옥사는 저의 집안의 사사로운 일이오니 스스로 맡아서 처리하게 해 주소서."

장풍운
자신의 집안일을 직접 처리하기 위해 형 집행을 지연시킴
장풍운이 이 부인을 처형하라는 천자의 명을 지연시켰으므로
토번을 격퇴하고 돌아온 것
이 부인의 죄와 관련된 일
장풍운의 영웅적인 면모. 천자가 장풍운의 부탁을 들어주는 이유
자기 부인의 부정한 행위에 관한 일
가정 내 문제는 가장이 직접 다스리던 당대 현실을 반영함

천자가 이를 윤허하셨다. 좌승상이 본가(本家)로 돌아와 양 부인을 뵌 후, 형구(形具)를 차려놓고 모든 시비를 죄주려 하니, 엄한 형벌 아래서 쥐 같은 무리들이 어찌 죄를 감출 수가 있으랴. 불하일장(不下一杖), 곧 한 대도 때리기 전에 이미 난향 등이 잘못을 낱낱이 순순히 자백했다.

형벌을 가하거나 고문을 하는 데에 쓰는 여러 가지 기구
서술자의 개입
죄를 순순히 자백하므로 매를 한 대도 때리지 아니함

결정적 장면

꿈과 경운을 통해 이 부인이 위험에 처한 것을 알게 된 장풍운이 이 부인을 구하고 유 씨를 벌하는 장면이다. 선한 인물인 이 부인이 처형될 위험에 처한 가장 긴박한 상황이자 악인이 벌을 받아 통쾌한 부분이다.

문제로 핵심 파악

1 [기출] 이 글에 대한 설명으로 적절하지 않은 것은?
① 인물의 심리를 직접적으로 제시하고 있다.
② 대화와 행동을 중심으로 서사가 전개되고 있다.
③ 서술자가 개입하여 상황에 대해 평가하고 있다.
④ 인물의 외양 묘사를 통해 인물 간의 갈등을 형상화하고 있다.
⑤ 요약적 진술을 통해 사건의 결말을 압축적으로 전달하고 있다.

핵심 구절 풀이

❶ "부인의 생사가 급하니 빨리 구하라!": 금산사 부처의 꿈속 계시라는 비현실적인 요소를 통해 이 부인(경패)이 죽게 될 위급한 상황임을 장풍운에게 암시하여 가정의 문제를 스스로 해결할 수 있는 계기를 제공함. 전기성이 두드러짐

답 1 ④

「좌승상이 글을 올려 옥사를 뒤집고, 유 씨를 그 수레에서 사형에 처하고, 난향 등을 능지처참한 후, 이 부인을 구호했다.」 천자가 몹시 노하여 명현왕의 녹봉을 거두셨다.

옥사를 뒤집고: 이 부인의 억울함을 밝힘
능지처참: 죄인을 죽인 뒤 시신의 머리, 몸, 팔, 다리를 토막 쳐서 각지에 돌려 보이는 형벌
「 」: 권선징악적 결말. 사필귀정(事必歸正)

▶ 장풍운이 모해 사건의 진상을 밝히고 이 부인을 구함

핵심 정리

- 갈래: 고전 소설(영웅 소설, 가정 소설, 군담 소설)
- 성격: 영웅적, 가정적
- 구성: '발단 – 전개 – 위기 – 절정 – 결말'의 5단 구성

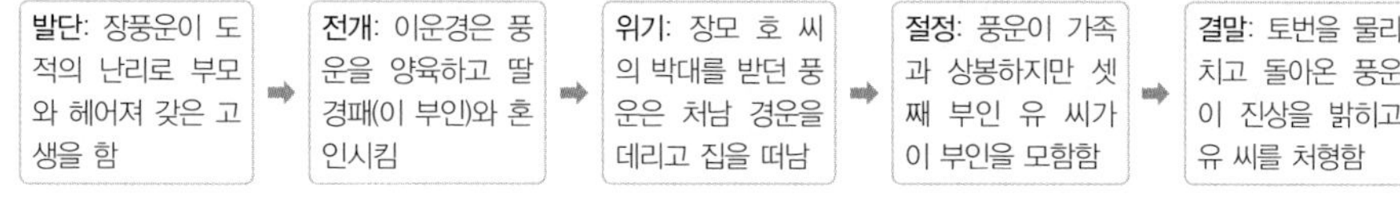

- 제재: 전처 자식과 계모 사이의 갈등, 부인들 사이의 갈등
- 주제: 장풍운의 일생과 고난 극복, 권선징악
- 특징: ① 신분의 상승과 회복을 주된 관심사로 삼음 ② 장면의 전환을 활용하여 사건을 긴박하게 전개함
  ③ 문제를 꿈이나 부처 등의 비현실적 요소를 통해 해결하는 한계를 보임
- 의의: 군담형 영웅 소설에 계모와의 갈등 화소와 처처 간의 갈등 화소가 가미된 작품임
- 인물 분석
  - 장풍운: 어려서 부모를 잃고 고난을 겪지만 입신양명하여 가족과 재회하고 3처 2첩의 가족을 이루는 영웅형 인물
  - 이 부인: 풍운의 첫째 부인. 계모의 박해로 남편과 이별했다가 풍운의 입신양명으로 재회한 현모양처형 인물
  - 유 씨: 풍운의 셋째 부인. 명현왕의 딸로 교만하고 교양이 없어 이 부인을 모함하다 풍운에게 처형되는 악인형 인물

한눈에 보기

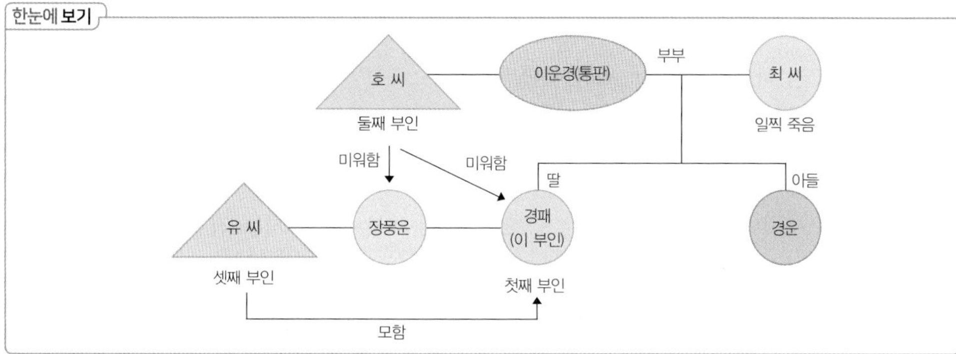

보충·심화 학습

- '꿈'의 서사적 긴밀성

이 글에 나타나는 꿈의 양상과 서사적 기능은 첫째 '가족의 재회'이다. 꿈에 나타난 노승이 부모, 처자와 곧 만날 것이라고 하며 만날 방도를 알려 주어 가족과의 재회를 돕는다. 둘째 '위기의 극복'이다. 이 부인이 처형될 위기에 처한 것을 꿈을 통해 금산사 부처가 장풍운에게 알려 줌으로써 위급한 상황을 해결할 수 있는 실마리를 제공하고 있다.

필수 문제

01 장풍운이 가정 내 갈등을 해결할 수 있는 계기가 된 비현실적인 요소를 쓰시오.

02 장풍운이 경운의 말과 왕 부인의 서간을 통해 알게 된 일을 쓰시오.

78 신유복전(申遺腹傳) | 작자 미상

필수

출제 포인트

비교적 현실적인 영웅이라 할 수 있는 신유복의 일대기를 담은 영웅 소설이다. 이 글이 다른 영웅 소설들과 어떤 차이를 지니는지에 주목하여 살펴보자.

감상 길잡이

작자 · 연대 미상의 고전 소설로, 고아인 신유복이 병조 판서와 위국공이 되기까지의 일대기를 그린 영웅 소설이다. 이 글은 고전 소설 〈낙성비룡(落城飛龍)〉과 비슷한 내용으로, 무대가 중국 명나라에서 우리나라 조선 시대로 바뀐 점이 달라 〈낙성비룡〉의 개작본으로 추측된다. 이 글처럼 아내가 희생적인 사랑으로 남편을 출세시키는 내용은 기존 고전 소설에서 흔히 찾아볼 수 없는 독특한 점이다. 또, 주인공 신유복이 청병 원수가 되어 명나라를 구한다는 내용은 우리나라의 국력을 중국에 과시하려는 민족적인 긍지와 자주독립 정신을 표현한 것이라 할 수 있다. 후반의 영웅담을 제외하면 대체적으로 모든 사건이 현실적으로 표현되어 있으며, 전기성(傳奇性)이나 우연성을 찾아볼 수 없다는 점이 독특하다.

「해동 조선국 명종 대왕 시절, 전라도 무주 남면 고비촌에 한 명사(유명한 선비)가 있는데 성은 신이요, 이름은 영으로 장절공 팔 세손이요, 사대 진사(사대 째 모두 진사를 한) 신담의 아들이다. 어려서부터 뛰어나게 총명한 데다 학업에 힘써 학력이 출중하였다. 작문에 항상 참례하다가(학문에 정진하여) 경과 초시(첫 번째 시험)로 회시(초시를 합격한 사람이 보는 2차 시험) 장원하여 진사에 뽑히니 왕께옵서 기특히 여기시어 신뢰하시었다. 신영이 은혜에 감사하고 물러나와서 고향에 돌아와 선산에 성묘(조상의 무덤)를 하고 풍악을 잡히며 그 영예(영광스러운 명예)를 고하였다. 그 후 부인 최 씨와 함께 농사를 힘써 가산(한 집안의 재산)은 풍부하였다. 다만 슬하에 혈육이 없어서 늘 슬퍼하였다.」

「 」: 고전 소설 도입부의 일반적인 전개 방식 – 시간적 · 공간적 배경 제시, 등장인물에 대한 개괄적 소개

하루는 진사 부인과 동무 삼아 우울한 심사를 풀고자 하여 뒷동산에 올라가 한편 풍경도 감상할 겸 이리저리 산책을 하면서 인간의 삼생일(인간 세상에서의 전세, 현세, 내세의 일)을 주고받았다. 때가 삼월 보름이라. 「사방에 백화(온갖 꽃)는 만발하여 울긋불긋하며 저쪽에 있는 별당 버드나무는 무성하며 파릇파릇 산천을 파랗게 물들였다. 꽃 사이에서 춤추는 나비는 눈가루 같고 버드나무 사이에서 나는 꾀꼬리는 금 조각 같다. 나는 새와 기는 짐승은 춘정(① 남녀 간의 정욕 ② 봄의 정취)을 못 이기어 쌍쌍이 오고 간다.」

「 」: 봄날의 아름다운 경치를 상투적으로 묘사함

「무르익은 봄빛은 즐거운 사람에게 즐거운 것뿐이라 흥취를 더욱 돋우게 되고, 슬픈 사람에게는 근심스럽고 걱정되어 슬픈 마음은 한층 더하게 한다.」

「 」: 봄날의 아름다운 경치가 오히려 자식이 없어 상심한 두 부부의 슬픔을 더욱 고조시킴 – 자연과의 대비를 통해 인물의 정서를 고조시킴

마침 해는 서산에 떨어지고, 달이 동녘 하늘에 떠올라, 명랑한(흐린 데 없고 밝고 환한) 달빛을 받고 돌아오다가 진사는 부인더러 한탄하여 말했다.

"우리는 현인(학식과 인품이 뛰어난 사람)의 자손으로 내게 이르기까지 공명이 부족한 것은 없으나(입신출세하였음) 다만 혈육이 없어 길이 누리던 영화(지체 높은 가문의 영광)가 끊어지게 되었으니, 누구를 원망하리오(수원수구(誰怨誰咎)). 죽은 뒤 백골이라도 조상에게 큰 죄인 됨을 면치 못할 것이요."

하니까 부인이 눈물을 글썽이면서 말했다.

"우리 문중(성과 본이 같은 가까운 집안)에 자식이 없는 것은 다 저의 죄라. 다섯 가지 형벌 중에서 자식 없는 죄는 적지 않을 것이니, 그 죄는 만 번 죽어 마땅하나 도리어 군자(신영을 가리킴)의 넓으신 덕을 입어 귀한 가문에 의지하여 영화로이 지내니 그 은혜는 백골이라도 잊지 못할 것입니다(백골난망(白骨難忘))."

뒷부분 줄거리 | 이후 신유복은 신영의 유복자로 태어난다. 5세에 어머니마저 잃고 사방으로 유랑, 걸식하다가 경상도 상주에서 우연히 상주 목사를 만난다. 그의 비범함을 알아본 목사는 호방 이섬을 불러 그를 사위로 삼게 한다. 이섬은 마지못해 유복을 데려오나, 온 식구가 그를 내쫓으라고 한다. 그러나 셋째 딸 경패가 유복과 혼인하겠다고 나서고, 두 사람은 쫓겨난다. 경패의 적극적 노력으로 유복은 장원 급제하고 수원 부사가 되어 선정을 베푼다. 조정에서는 신유복의 선정을 듣고 병조 판서를 제수한다. 이때 명나라에 오랑캐가 침공하자 유복은 명군과 아군을 연합한 대원수가 되어 호군을 격파하고 우리의 위력을 중원에 과시한다. 그리고 명나라 황제로부터 위국공의 책봉을 받고 회군하여 부귀영화를 누린다.

〈신유복전〉의 딱지본 표지

핵심 정리

- 갈래: 고전 소설(영웅 소설, 애정 소설)
- 성격: 현실적
- 구성: '발단 – 전개 – 위기 – 절정 – 결말' 의 5단 구성

발단: 부모를 잃은 유복이 유랑, 걸식하는 신세가 됨 ➡ **전개**: 상주 목사에 의해 이섬의 집 사위로 들어간 유복을 가족들이 내쫓으려 함 ➡ **위기**: 유복이 자신과 혼인을 원하는 경패와 함께 내쫓겨 걸식하며 수학함 ➡ **절정**: 유복이 과거에 장원 급제함 ➡ **결말**: 수원 부사가 된 유복이 명나라에서 오랑캐를 물리치고 회군하여 부귀영화를 누림

- 제재: 신유복의 생애
- 주제: 신유복의 영웅적인 삶
- 의의: ① 희생적인 사랑으로 남성을 영웅으로 만드는 적극적 여인상을 구현함
  ② 현실적인 영웅이 등장함 – 전기성이나 우연성을 거의 찾아볼 수 없음
- 인물 분석
  - 신유복: 신영의 아들. 유복자로 태어나 어린 나이에 어머니를 여의고 처의 가족들로부터 괄시와 외면을 받지만, 과거에 급제하고 명나라를 구해 위국공에 봉해지는 입지전적(立志傳的)인 영웅임
  - 이경패: 유복의 처. 유복의 능력을 일찍이 간파하고 가족의 반대에도 불구하고 유복과 결혼한 후, 남편을 과거에 급제시키기 위해 적극적으로 노력하는 헌신적이고 진취적인 여인임

한눈에 **보기**

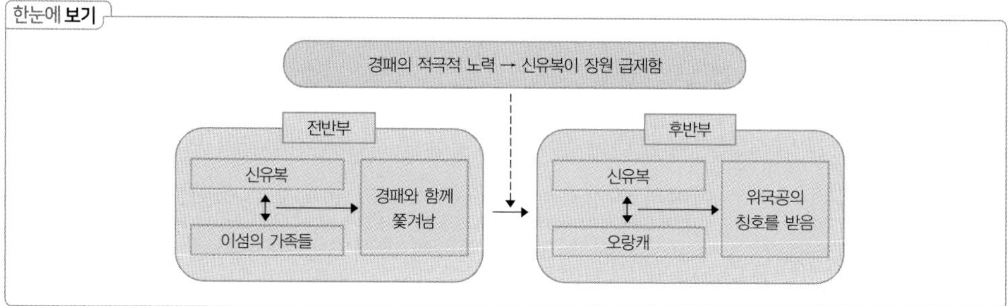

필수 문제

01 이 글 전체로 볼 때, 이 글이 다른 영웅 소설들과 어떠한 차이점을 지니는지 쓰시오.

02 [서술형] 이 글에 나타난 표현상의 특징에 대해 서술하시오.

79 사각전(謝角傳) | 작자 미상

필수

출제 포인트

이 글은 천상(天上)의 각성(사각)이 지상 세계에 내려와 큰 공을 세운 후 다시 천상계로 복귀한다는 내용의 적강 모티프가 반영된 영웅 소설이다. 각성의 비범성 및 이 글의 영웅 소설로서의 특징에 주목하여 살펴보자.

감상 길잡이

이 글은 19세기 말 도입된 근대적인 인쇄 기술인 납 활자를 사용하여 찍어 낸 작자 · 연대 미상의 딱지본 소설이다. 일명 〈사객전(史客傳)〉이라고도 한다. 이 글은 주인공의 신비한 출생, 도사를 통한 술법의 학습, 도사의 지시와 협조로 맺게 된 천생배필과의 혼약 및 외적의 격퇴 등의 내용으로 짜여진 전형적인 전기 · 군담 소설이다. 고전 소설에서 흔히 보이는 비현실성이 뚜렷하며 유교적인 충효 사상과 일부다처제의 애정관이 다분히 내포되어 있다.

옛적 원나라 시절에 형남 땅에 한 사람 있으니, 성은 사(史)요 명은 휘라. 대대 충신의 자손으로 일찍 소년등과하여(어린 나이에 과거에 급제하여) 명망이 일국에 진동하더니(그 이름을 나라 안에서 모르는 사람이 없더니), 「조정에 소인이 권세를 잡아 인군의 총명(임금의 총명함)을 가리움에 승상이 벼슬을 하직하고 고향에 돌아와 맑은 물에 고기를 낚으며 구름 속에 밭을 갈아 한가한 세월을 보내며 세상일을 잊고 지내더라.」 ▶ 사휘가 벼슬에서 물러나 자연 속에서 한가하게 지냄

「 」: 정치적인 난세(亂世)에 속세를 떠나 전원에 묻혀 사는 사휘

일일은(하루는) 부인 양 씨로 더불어 탄식 왈

"우리가 연장 사십에 일점 혈육이 없으니 조상 향화(조상에게 제사 드리는 일)를 뉘게 전하리오. 이전 숙량흘은 미구산에 빌어 공자를 낳으시니 우리도 명산대천에 기도하여 보사이다."

공자의 아버지가 공자를 낳기 위해 산신령께 기원 드린 일 – 유사한 전례를 들어 인물이 지닌 소망을 드러냄

부인이 옳이 여겨 즉시 목욕재계할세 전조 단발하고(머리를 짧게 자르고) 구리산에 들어가니 「청송녹죽이 사면에 울울하고(푸른 소나무와 대나무가 사방에 울창하고) 기화요초(아름다운 꽃과 풀)가 좌우에 만발한 곳」에 비취 공작이 속객(속세에서 온 손님)의 마음을 쇄락케(상쾌하고 깨끗하게) 하더라. 인하여 산천 신령과 일월성신(해와 달과 별)께 지성으로 발원하고(소원을 빌고) 명산을 두루 구경하더니 홀연 몸이 곤함으로 암석을 의지하여 잠깐 졸더니 비몽사몽간에 일위 선관(선경(仙境)에서 벼슬살이하는 신선)이 황룡을 타고 부인 앞에 나와 이르되,

「 」: 인간 세계와 구별되는 공간 특성

"소자는 천상 이십팔수(천구를 스물여덟으로 등분한 구획. 또는 그 구획의 별자리) 중에 제일 각성(角星)(이십팔수의 첫째 별자리에 있는 별들)이옵더니 월궁(달나라) 선녀로 더불어 희롱한 죄로 인간(인간 세상)에 내치심에 갈 바를 알지 못하니 구리산 신령과 이대산 부처님이 지시하여 보내시기로 부인을 찾아왔사오니 복원(엎드려 공손히 원함) 부인은 어여삐 여기소서." / 하며 부인의 품속으로 들어오거늘 부인이 놀라 깨달으니 남가일몽이라. 몽사(꿈에 나타난 일)를 생각하고 크게 기뻐하여 즉시 승상(사휘)께 고하고 서로 기뻐하더니 과연 그날부터 태기 있어 「십 삭(朔)(십 개월) 만에 옥동(맑고 깨끗한 용모를 가진 사내아이)을 탄생하니 꿈에 보던 선관과 방불한지라(유사하더라). ㉠ 이윽고 하늘에서 한 쌍의 선녀가 내려와 옥함에 향수를 기울여 아이를 씻겨 눕히고」 문득 이르되

일반적인 영웅 소설의 구조 – 나이가 들어도 자식이 없어 기원을 드리고, 하늘에서 쫓겨난 선인이 인간 세상으로 환생한다는 강림(降臨) 구조를 취함

전기적 · 환상적인 요소

「 」: 사각의 비범성을 드러내는 장치

"첩 등은 광한전(달에 있다는 궁전) 시비(시녀)옵더니 상제(옥황상제)의 명을 받자와 부인의 해산(아이를 낳음)을 구원하였거니와 이 애기는 천상 각성으로 인간에 적강하였사오니(인간 세상에 내려왔사오니) 부인은 귀하게 길러 천리(하늘의 뜻)를 어기지 마옵소서."

하고 두어 걸음에 가는 곳을 알지 못하겠더라. 승상이 부인의 해산함을 보고 대희 왈(크게 기뻐하며 말하길),

"이 아이도 성현의 탄생(공자의 탄생)을 본받았으니 필경 범인(凡人)(보통 사람)이 아니라."

하고 몽사를 응하여 이름을 각(角)이라 하고 자는 동현이라 하다. 세월이 여류하여 각의 나이「칠
꿈속에서의 일을 받아 천상 각성이므로 물과 같이 빠르게 흘러
세에 이르니 선풍옥골이 천하에 뻗치니라.」「 」: 관습적인 표현을 빌려 등장인물을 묘사함 ▶ 사각의 비범한 출생
남과 다른 빼어난 외모와 기품

이때에 천윤산에 한 도사 있으되 천문 지리를 무불통지(無不通知)러니 일일은 천문을 안찰하니
이 세상의 이치를 모두 알고 있으니 하늘을 관찰하니
천상 각성이 형남 땅에 떨어져 있고 이십팔성이 옹위하였거늘 도사 괴이 여겨 즉시 각성을 찾아
좌우에서 지키고 보호하였거늘 이상하게
가니 일만 팔천 리러라. 차시에 승상이 남편을 바라보니 일점 편운이 떠오며 기이한 향내가 쏘이
이때에 푸른 명아주로 만든 지팡이 한 조각 구름
더니 문득 한 노인이「백학선을 부치며 청려장을 이끌고 당상에 오르는지라.」승상이 맞아 예필(禮畢)
흰 부채 「 」: 도사의 등장 – 사건이 새로운 국면에 접어듦 예를 갖추어 인사한 후 자리에 앉음
좌정 후에 문왈, / "존공은 어디 계시며 존호는 뉘시인가?"
상대방을 높여 부르는 말 어디에서 왔으며 상대방의 이름을 높여 부르는 말

도사 대왈, / "이 몸은 자취 없는 사람으로 부운종적이오니 어찌 거취를 정하여 이르오리잇가?"
대답하여 말하길 떠도는 구름과 같아 종적을 알 수 없으니

승상이 다시 문왈 / "선생은 어찌 루대에 왕림하시니잇가?" / 도사 대왈,
누추한 곳에 왔습니까

"내 일즉 천윤산에 있어 도를 닦더니 ㉡ 육칠 년 전에 천문(天文)을 보온즉 천상 형남 땅에 떨어지
일찍 사각의 비범성을 드러냄
고 일월정기가 비치기로 이 땅에 일위 명현이 난 줄 알았삽더니 지금 찾아와 봄에 상공 댁에 있
한 사람 밝고 현명한 사람
노라. 원컨대 상공은 공자를 이 사람에게 허하시면 상공의 문호도 빛내옵고 이 사람도 또한 천
지체 높은 집안의 어린 아들 나에게 맡기시면
의를 순종함이오니 상공의 의향은 어떠하시니잇가?" / 승상이 대왈,

"존공의 말씀이 지극 황공하오나 슬하에 다만 이 아이뿐이오니 일각인들 어찌 떠나리잇가? 이
부모의 보살핌 아래 잠시
는 차마 못하로소이다." / 도사 대왈,

"천지만물이 대의를 좇삽나니 자고로 인지성쇠와 국지흥망이 하늘에 달렸사오니 상공은 대의
사람으로서 마땅히 지키고 행하여야 할 큰 도리 사람이 잘 되고 못 되는 것과 나라의 흥함과 망함이
를 아실지라. 어찌 천의를 거역하시니잇가? 빈도(貧道)가 공자를 찾는 것도 천의요, 공자가 빈도
하늘의 뜻 덕이 적다는 뜻으로, 도사가 자기 자신을 낮춰 부르는 말
를 만나는 것도 천의오니 어찌 천의를 어기려 하시니잇가?"

가을같이 맑고 투명하며
하며 노기가 등등하거늘 이 도사를 자세히 살펴보니「기상이 상설 같고 정신이 추수 같으며 양미
화가 난 기세가 크므로 서릿발 눈썹 사이
간에 강산 정기 가득한지라.」감히 다시 우러러보지 못하고 황공 대왈,
「 」: 비범한 도사의 외양을 묘사 – 전형적이고 유형적인 관습적 묘사

"선생의 말씀을 어찌 내내 거역하오릿가."

하고 즉시 공자를 부르니 각이 부명을 좇아 외당으로 나오니 도사가 각을 보고 소왈,
아버지의 명령 사랑

"천상 각성이 곧 사각이라. 귀곡 선생이 어진 제자를 만남 같고, 백락이 아니면 어찌 천리마를
백락일고(伯樂一顧): 백락이 훌륭한 말을 잘 알아보았는데, 그가 한 번 돌아본 말은 모두 준마였다는 데에서 온 말. 즉, 훌륭한 사람(도사)이 뛰어난 인물(사각)을 알아본다는 말
알리요."

중략 부분 줄거리 | 승상은 술을 가져와 도사를 위로하고 각은 어머니 양 씨에게 이별을 고한다.

승상이 슬픔을 머금고 일러 왈,

「"남아(男兒)가 세상에 나와서 입신양명하여 국가에 공을 이루어 밖에 나감에 충신이 되고 집에
듦에 효자가 됨이 어찌 아름답지 아니하리오."」 / 하고 인하여 각을 이별하며 선생을 전송하니라.
「 」: 유교적 충효 사상이 드러남 ▶ 사각이 천윤산 도사를 따라 집을 떠남

뒷부분 줄거리 | 사각은 도사로부터 병서를 공부하며 능력을 일취월장으로 키워 나간다. 이후 갑주, 보검, 책 3권을 얻어서 허 처사의 딸과 혼인하고 장원 급제하여 변방의 적들을 물리친다. 회군하여 황제로부터 초왕의 작록을 받은 사각은 허 소저와 유 소저를 부인으로 맞아 부귀한 삶을 살다가 70세에 두 부인과 함께 승천한다. 사각의 아들 여덟은 모두 문과와 무과에 장원 급제하고, 딸 셋은 모두 왕비가 된다.

핵심 정리

- 갈래: 고전 소설(군담 소설, 영웅 소설, 전기(傳奇) 소설)
- 성격: 일대기적, 통과 의례적, 도술적, 전기적(傳奇的)
- 구성: '발단 – 전개 – 위기 – 절정 – 결말'의 5단 구성

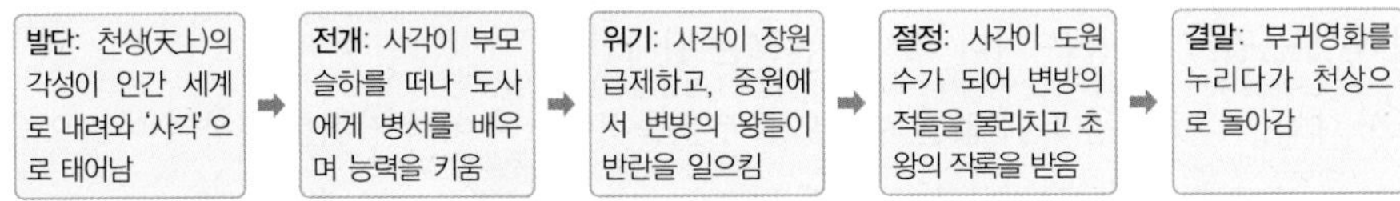

- 제재: 사각의 영웅적 일대기
- 주제: 사각의 성취담과 활약상
- 특징: ① 영웅의 일대기를 통과 의례적으로 보여 줌
  ② 관습적인 표현을 사용하여 등장인물을 묘사함
- 인물 분석
  - 사각: 적강한 천상 각성. 인간 세상에 강림하여 큰 공을 세운 후 다시 천상계로 복귀하는 영웅의 전형임
  - 사휘: 사각의 아버지. 정치적 난세에 벼슬에서 물러나 자연 속에 묻혀 살다가 명산대천에 기도하여 사각을 얻음
  - 도사: 천윤사의 도사. 사각의 비범성을 알아보고 그를 데려가 병서를 익히게 하는 조력자임

한눈에 **보기**

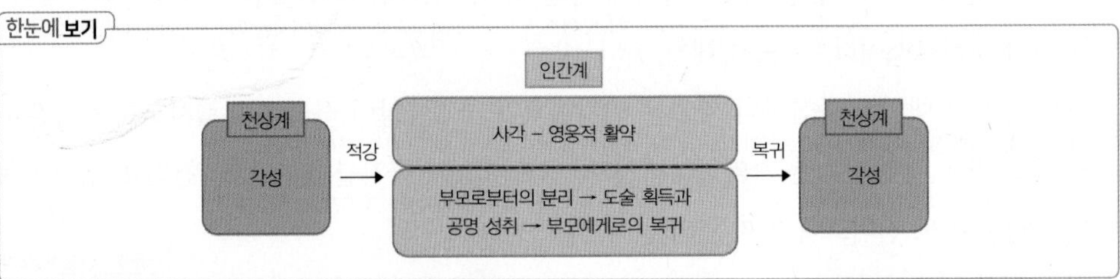

보충·심화 학습

- 〈사각전〉이 지닌 한계

이 글에는 주인공의 영웅적 행적만이 과장되어 나타나 있을 뿐, 인물 간의 갈등이 잘 드러나지 않고 있다. 사각의 적대 인물로 설정된 호왕과 서번 왕 등은 외적이라는 점에서 사각 개인의 적대 인물이라기보다는 국가의 적일 뿐이다. 결연 과정에서도 하늘이 맺어 준 연분이라는 이유로 혼약이 성립되어, 혼약 당사자들의 필연적 결합 이유나 연정이 나타나 있지 않아 흥미 있는 플롯을 구성시키지 못한다. 또한, 도사의 기능이 다른 어느 군담 소설보다 두드러지고, 전투 장면에서도 주문 · 도술 등을 많이 사용하여 박력 있는 전투 과정의 묘미를 느끼기 어렵다.

필수 문제

01 ㉠, ㉡과 같은 설정을 통해 부각하고자 하는 바를 쓰시오.

02 이 글에서 사건이 새로운 국면에 접어드는 계기를 마련하는 인물을 찾아 쓰시오.

80 임경업전(林慶業傳) | 작자 미상

교과서 | 모의 기출

출제 포인트

민중적 영웅으로서의 임경업의 일생을 다룬 영웅 소설이다. 임경업의 영웅적 면모와 한계를 살펴보고, 이 글에 반영된 당대 민중들의 심리를 파악해 보자.

감상 길잡이

작자 · 연대 미상의 고전 소설로, 조선 인조 때의 명장 임경업의 일생을 작품화한 한글 소설이다. 정조의 명령에 따라 임경업에 관한 실기(實記)를 모아 1791년에 간행된《임충민공실기(林忠愍公實記)》를 참고하고, 민간에서 구전되는 설화를 토대로 하여 창작된 것으로 보이며, 내용은 실제 사실과 많은 차이가 있다. 병자호란에서 패한 것은 정해진 국가의 운수로서 결코 우리 민족의 힘이 부족해서가 아니라는 의식과, 김자점과 같은 간신이 있어서 임경업과 같은 유능한 인물이 제대로 활약하지 못한 탓에 호란과 같은 국치를 당하였다는 집권층에 대한 비판 의식을 아울러 반영하고 있다. 즉, 이 글은 호국에 대한 강한 적개심과, 나라가 위기에 처했는데도 개인의 사리사욕만을 채우던 간신에 대한 분노를 민족적 · 민중적 차원에서 소설로 승화한 작품이라고 할 수 있다.

장면 1

앞부분 줄거리 | 임경업은 비범한 인물로, 25세 때 무과에 급제한다. 가달의 침입을 받은 호국이 명에 구원병을 청하자 임경업이 명군을 이끌고 출전하여 호국을 구하고 귀국한다. 이후 호국이 힘을 길러 조선을 침략하려 하자, 조정에서는 임경업을 의주 부윤으로 보내 대비하게 한다.

경업이 의주에 도임한(지방의 관리가 근무지에 도착함) 후로 매일 사졸(군사) 연습하더니(임경업의 유비무환(有備無患) 정신 ①), 도적(청나라(호국))이 다시 와서 부윤(임경업)의 허실(허함과 실함)을 알려 하고 압록강에 이르러 의주를 엿보더라. 경업이 이미 그들의 행위를 알고 군사를 명하여, 그 도적을 잡으라 하니, 군사가 명을 받고 내달아 두어 명의 도적을 잡아 오니, 부윤이 높이 앉아 큰 곤장으로 각별히 엄치(엄격하게 처벌함)하며 꾸짖기를 / "너희 임금(청 임금(호왕))은 금수(짐승)에 비하리로다. 전일에 명나라 천자께서 너희 생명을 구하였거늘, 도리어 은혜(임경업이 호국을 가달의 침입에서 구했던 일을 가리킴)를 배반하고 남경을 범하며, 또 우리 조선을 침노코자(남의 나라를 불법으로 쳐들어가거나 쳐들어옴) 하니 그 무슨 도리이며, 너희가 어찌 나를 당코져(당해 내고자) 하느냐. 너희를 죽일 것이로되 너희 왕에게 나의 말을 이르라."

▶ 임경업이 호국의 군사를 꾸짖음

하고 방면(붙잡아 두었던 사람을 놓아줌)하여 주더라. 모든 도적들이 감히 우러러보지도 못하고 쥐 숨듯 도망하여 돌아가 호왕에게 수말(首末)(일의 처음과 끝)을 자세히 고하니, 호왕이 머리를 숙이고 침묵하기를 얼마 후에 이렇게 말하더라.

"임경업은 당세(지금 세상)의 영웅이라서 가벼이 범하지 못할 것이니, 각별히 다른 묘책(매우 교묘한 꾀)을 얻어 처치하리라." / 하니라.

▶ 호왕이 임경업을 이길 묘책을 궁리함

『부윤은 도적이 다시 올 줄 알고 염초, 화전, 도창(화약, 불화살, 칼과 창) 등을 많이 준비하여 활 쏘기와 창 쓰기를 익히니, 군사들이 무예 모르는 자 없고 또한 전선(전투용 배)을 많이 준비하여 수전(해상에서 싸우는 것)을 익히더라.』

「 」: 임경업의 유비무환(有備無患) 정신 ②

이때 호왕이 영아대(청나라의 장수) 등의 팔장(八將)(여덟 장수)을 가리어 정병(정예 병사) 삼만을 거느리고 다시 조선을 치라 하니, 팔장이 명을 듣고 즉시 군사를 거느리고 압록강에 이르러 물을 건너려 하므로, 부윤이 이 소식을 듣고 즉시 군사를 거느리고 배를 저어 나아가니, 그 빠른 양이 화살과 같았으니, 적진에 다달아 달아나는 배를 급히 쫓으며 화전과 화포를 일시에 놓으니, 적군이 맞아 죽는 자가 태반이더라. 적진이 크게 어지럽거늘, 부윤이 급히 배에 내려 손에 장창을 들고 나는 듯이 적진 중에 들어가 좌충우돌하여 적장의 머리를 베어 내리치니, 적병이 스스로 사산분주(四散奔走)하여 버리더라. 부윤이 일진을 대살하고 군사를 거두니 수급이 오천이고 제장과 군졸이 항복치 아니하는 자 없더라.

장창: 긴 자루에 날을 붙인 칼 / 사산분주(四散奔走): 사방으로 흩어져 재빨리 달아남 / 대살: 크게 무찌르고 / 일진: 군사들의 한 무리 / 수급: 전쟁에서 베어 얻은 적군의 머리 / 제장: 여러 장수

이때 부윤이 관중에 돌아와 승전한 연유를 조정에 장계(狀啓)하니, 상께서 의주 부윤의 장계를 보시고 북방 근심이 없어 침식이 안한하시매, 만조백관이 태평시를 읊어 마음을 적이 놓았더라.

관중: 국경 지대 관문 / 장계(狀啓)하니: 왕에게 보고하니 / 상: 임금. 인조 / 북방 근심이 없어 침식이 안한하시매: 북쪽 변방 쪽으로는 걱정 근심이 없어 잠과 식사를 편안하게 하고 / 만조백관: 모든 신하 / 태평시: 나라가 태평함을 읊는 시

▶ 임경업이 대승을 거둬 나라가 태평해짐

중략 부분 줄거리 | 호병들이 임경업을 피해 동해로 돌아 경성으로 쳐들어와서는 백성들을 죽이고 부녀를 겁탈하고 재물을 노략질한다.

도원수 김자점이 어디 가서 무슨 계교를 베푸는지 알 수 없으며, 적장 용골대는 군사를 두 길로 나누어 일지군은 어가를 추격하여 남한산성으로 가고 일지군은 세자와 대군 비빈들의 뒤를 추격하여 강화로 가니,『강화 유수 김영진은 좋은 군기를 고중에 넣어 두고 술만 먹고 누웠느니』도적이 무슨 근심이 있으리오. 왕대비와 세자 대군 등을 잡아다가 송파벌에 유진하고 크게 외치기를,

계교: 요리조리 헤아려 보고 생각해 낸 꾀 / 도원수: 총사령관 / 김자점: 조선 중기 문신. 효종 즉위 후 파직당하자 앙심을 품고 청나라에 조선의 북벌을 밀고하여 역모죄로 처형됨 / 일지군: 한 무리의 병사 / 어가: 임금이 타는 수레 / 고중: 창고 안 / 강화 유수: 강화 지역을 책임지는 직책 / 군기: 전쟁에 쓰이는 도구나 기구 / 「 」: 해야 할 일은 하지 않고 술만 마심 – 무능함 / 유진하고: 군사들을 머물러 있게 하고

"속히 항복치 아니하면 왕대비와 세자 대군이 무사치 못하리라."

하는 소리가 남한산성을 진동하더라.

▶ 호군이 왕대비와 세자를 인질로 잡고 진을 침

이때 상께서는 모든 대신과 군사를 거느려 외로운 성안에 겹겹이 싸여 있어 원한과 통분에 눈물이 비 오듯 하시더라. 그러나『도원수 김자점은 도적을 물리칠 계교가 없어 태연 부동하는 차에 도적의 북소리에 놀라 혼을 잃고 군사를 무수히 죽이고 산성 밖에 결진하니, 군량을 탕진하여』성안의 군민이 동요되던 차에 도적이 외치기를,

통분: 원통하고 분함 / 눈물이 비 오듯 하시더라: 과장된 표현 / 「 」: 변화된 상황에 적절한 대응을 하지 못함 / 결진하니: 진을 치니 / 군량: 군대의 양식 / 동요되던: 군량미를 탕진하여 성안에 먹을 것이 없어졌으므로

"끝내, 항복치 아니하면 우리가 여기서 과동(過冬)하면서 농사지어 먹고, 천천히 항복 받고 떠나가려니와 너희는 무엇을 먹고 살려고 하느냐? 수이 나와 항복을 하라."

과동(過冬)하면서: 겨울을 지내면서 – 시간적 배경

하고 한(汗)이 봉에 올라 산성을 굽어보며, 외치는 소리 진동하니, 상께서 들으시고 앙천(仰天) 통곡하시며 말씀하시기를, / "안으로는 양식이 없고 밖에는 강적이 에워쌌으니, 외로운 산성을 어찌 보전하며, 또한 양초가 다하였으니, 이는 하늘이 과인을 망하게 하심이로다."

한(汗): 호국의 우두머리. 군주 / 앙천(仰天): 하늘을 우러러 봄 / 양초: 군사가 먹을 양식과 말을 먹일 꼴을 통틀어 이르는 말

▶ 인조가 남한산성에 갇히고 식량마저 떨어짐

뒷부분 줄거리 | 호군은 인조의 항복을 받고 회군한다. 임경업은 회군하는 적을 섬멸하고자 하나 인질로 잡혀가는 왕자들 때문에 포기하고 만다. 명과 내통한 죄로 임경업은 호국으로 압송되지만, 그의 충성심에 감복한 호왕은 임경업과 대군을 돌려보낸다. 그러나 임경업은 간신 김자점에 의해 억울하게 죽임을 당한다. 이후 인조는 김자점을 죽이고 임경업의 충절을 기린다.

필수 문제

01 이 글의 역사적 배경이 되는 사건을 쓰시오.

02 [서술형] 이 글 전체에서 나타나는 임경업의 영웅으로서의 한계를 서술하시오.

장면 2

앞부분 줄거리 | 25세의 나이로 무과에 급제한 임경업은 사신 이시백을 따라 명나라에 갔다가, 가달의 침략을 받고 명나라에 구원을 요청한 호국을 도와 승리를 거두고 귀국한다. 이후 호국은 조선을 침략하는데, 임경업의 용맹함을 두려워한 호국은 임경업이 지키고 있는 의주를 피해 함경도로 돌아 들어와 인조의 항복을 받고 회군한다. 이때 임경업은 회군하는 호국 군사들을 공격하지만, 인질로 잡혀가던 세자와 대군 때문에 어쩔 수 없이 길을 열어 준다. 이후 호왕이 명나라를 치려 할 때 호왕은 조선에 임경업을 파견해 줄 것을 요청하고, 임경업은 명나라와 내통하여 호국에게 거짓 항서를 올리게 하고 귀국한다. 그리고 임경업은 명나라와 합세하여 호국을 정벌하려 하지만, 오히려 호국에 붙잡힌다.

호왕이 크게 노하여 이르기를,

"네 목숨이 내게 달렸거늘 종시 굴하지 아니하느냐? 네가 항복하면 왕을 봉하리라."
호왕이 임경업에게 자신의 권위를 내세우며, 임경업을 회유하고 있음

경업이 가로되,

「"병자년에 우리 주상이 종사(宗社)를 위하여 네게 항복하셨거니와 내 어찌 몸을 위하여 네게 항복하리요."」
(주상: 인조 / 종사: 종묘와 사직 / 병자년: 육십갑자 중에 13번째 해. 여기서는 1636년을 가리킴)
「 」: 호왕의 위협에 굴하지 않는 임경업의 절개가 드러남

하니 호왕이 분통이 터져 군사에게 명하여,

"내어 베어라."

하니 경업이 대꾸하여,

「"내 명은 하늘에 있거니와 네 머리는 십보지하에 있느니라."
(십보지하: 열 걸음 아래)

하고 안색도 변하지 않고 무사를 보며, 바삐 죽이라 하니, 호왕이 경업의 강직함을 보고 탄복(歎服)하여, 묶은 것을 풀고 손으로 이끌어 올려 앉히고 말하기를,」
(탄복: 깊이 감탄하여 마음으로 따름)
「 」: 임경업의 당당한 태도가 드러나며, 그러한 임경업에 호왕이 감탄함

"장군이 나에게는 역신(逆臣)이나 조선에는 충신(忠臣)이라. 내 어찌 충절을 해하리요. 장군의 원대로 하리라." / 하며,
(역신: 임금을 반역한 신하 / 장군의 원대로 하리라: 조선의 세자와 대군을 풀어 달라는 부탁)

"세자와 대군은 놓아 보내라." / 하더라.
임경업의 강직함에 탄복한 호왕이 조선의 세자와 대군을 풀어 줌

▶ 호왕이 임경업에 감동하여 조선의 세자와 대군을 풀어 줌

이때 세자와 대군이 별궁에 계시면서 임 장군을 주야로 기다리는데, 문득 문 지키는 관원이 들어와 고하되 임 장군이 천자께 청하여 세자와 대군을 놓아 보낸다 하거늘, 세자와 대군이 기뻐하여 궁문 밖으로 나와 기다리다 경업이 와서 울며 절하되, 세자와 대군이 경업의 손을 잡고 함께 들어가 호왕을 뵈오니 호왕이 이르기를,
(별궁: 인질로 잡혀 있던 세자와 대군이 기거하던 곳 / 천자: 호왕)

"경 등을 임경업이 생사 불구하고 구하여 돌아가려 하기로 내 경업의 충절에 감동하여 경 등을 보내노니 각각 소원을 말하면 내 정을 표하리라."
호왕이 임경업의 충성심과 절개에 감동하여 세자와 대군을 풀어 줌

하거늘「세자는 금은(金銀)을 청하고 대군은 조선에서 잡혀 온 사람을 청하며 쉬이 돌아가기를 원하니 호왕이 각각 원대로 하라 하고 대군을 기특히 여기더라.」경업이 세자와 대군을 뫼시고 나와 하직하거니, 세자와 대군이 울며 말하기를,
「 」: 세자가 재물을 원한 것과 달리 대군은 조선의 백성을 위하는 생각을 드러내자 호왕이 대군을 기특히 여김

"장군의 덕택으로 고국에 돌아가거니와 장군을 두고 가니 마음이 어두운지라 어찌 슬프지 아니

하리요, 바라건대 장군도 쉬이 돌아오기를 바라노라."

하니 경업이 대답하기를,

"하늘이 도와 세자와 대군이 고국에 돌아가시니 불승(어떤 감정이나 느낌을 억눌러 참아 내지 못함) 만행(아주 다행함)이오나, 모시고 가지 못하오니 가슴 아픔을 어찌 측량하오리까."

하니 세자가 가로되,

"장군과 동행하지 못하니 결연함(모자라서 서운하거나 불만족스러움)이 비할 데 없는지라, 중로(오가는 길의 중간)에서 기다릴 것이니 속히 돌아옴을 주선하라."

하니 경업이 탄식하며, / "바라건대 지체하지 마시고 바삐 가시면 신도 머지않아 갈 것이니 염려하지 마소서."

하거늘 세자와 대군이 경업과 이별하고 출발하여 백두산 아래 이르러 조선을 바라보고 눈물을 흘리며 한탄하기를,

"임 장군이 아니었던들 우리를 위하여 만리타국(조국이나 고향에서 멀리 떨어져 있는 다른 나라)에 죽기를 돌보지 아니하고 구하는 자 뉘 있으며 우리를 보내고 장군은 돌아오지 못하니 어찌 슬프지 아니하리요. 명천(明天)(모든 것을 똑똑히 살피는 하느님)이 도와 쉬이 돌아오게 하소서."

하더라. 〈중략〉

▶ 임경업 덕분에 세자와 대군이 조선으로 돌아옴

결정적 장면

이때에 김자점의 위세가 조정에 진동한지라. 경업이 돌아온다는 소문이 있거늘 자점이 헤아리되 경업이 돌아오면 내게 이로움이 없으리라 생각하고(역모를 일으켜 왕위를 찬탈할 계획인 자점에게 경업은 방해가 됨) 상께 주상(임금에게 아룀)하기를,

"경업은 반신(임금을 반역하거나 모반을 꾀한 신하)이라 황명을 거역하고 도망하여 남경(명나라의 수도)에 들어가 우리 조선을 치고자 하다가 하늘이 무심하지 아니하사 북경(청나라의 수도)에 잡힌 바 되어 제 계교(교묘한 꾀)를 이루지 못하매 할 수 없이 세자와 대군을 청하여 보내고 이제 쫓아 나오니 어찌 이런 대역(大逆)(국가와 사회의 질서를 어지럽히는 큰 죄)을 그저 두리이까."

❶ "무슨 연고로 만고(아주 오랜 세월 동안)에 충신을 해하려 하느냐. 경업이 비록 과인을 해롭게 하여도 아무도 해하지 못하리라."

하시고 자점을 엄히 꾸짖어 나가라 하시니, 자점이 나와 동료와 의논하기를,

▶ 김자점이 조선으로 돌아오는 임경업을 모함함

"경업이 의주에 오거든 역적으로 잡아 오너라."

문제로 핵심 파악

1 [기출] 이 글에 대한 설명으로 적절한 것은?

① 특정 소재를 활용하여 사건 전개를 암시하고 있다.
② 율문투를 사용하여 비극적 심리를 고조시키고 있다.
③ 서술자가 개입하여 인물의 성격을 직접 논평하고 있다.
④ 배경을 치밀하게 묘사하여 작품의 주제를 부각하고 있다.
⑤ 인물의 대화를 중심으로 사건을 사실감 있게 전개하고 있다.

결정적 장면

임경업이 김자점의 모함을 받아 억울하게 잡혀가는 장면이다. 주인공이 악인에 의해 고통을 받는 내용이며, 임경업이 잡혀가자 백성들이 눈물을 흘리는 장면을 통해 임경업에 대한 백성들의 신뢰를 알 수 있는 부분이다.

핵심 구절 풀이

❶ "무슨 연고로 ~ 나가라 하시니: 임경업이 대역죄를 지었다고 모함을 하는 김자점의 말을 임금이 믿지 않음. 임경업에 대한 임금의 높은 평가와 신뢰를 알 수 있음

⑤ ❘ 目

하더라. 이때에 경업이 데리고 갔던 격군과 호국 사신을 데리고 의주에 이르니 사자가 와서 이르되,
노 젓는 수부(水夫) 심부름을 하는 사람

"장군이 반(反)한다 하여 역죄로 잡아 오라 하신다."
임금에 대한 반역

하고 칼을 씌워 재촉하니 의주 백성들이 울며 이르기를,
임경업이 평소 백성들로부터 신망이 두터웠음을 알 수 있음

"우리 장군이 만리타국에서 이제야 돌아오거늘 무슨 연고로 잡혀가는고." 하거늘 경업이 말하되,

"모든 백성은 나의 형상을 보고 조금도 놀라지 말라. 나는 무죄히 잡혀가노라."
자신의 안위보다 백성들을 먼저 걱정함

하니 남녀노소 없이 아무 연고를 모르고 슬퍼만 하더라. 경업이 세별영에 다다라 전일을 생각하고 격군들을 불러,
서술자가 작품에 개입하여 임경업에 대한 백성들의 반응을 드러냄 따로 설치한 군영

「"너희들이 부모처자를 이별하고 만리타국에 갔다가 무사히 돌아오매 너희 은혜를 만분의 일이라도 갚을까 하였더니 시운이 불행하여 죽게 되매 다시 보기 어려우니 여등(汝等)은 각각 돌아가 잘 있거라."」
시대나 그때의 운수 '너희'를 문어적으로 이르는 말

「 」: 군사들을 진정으로 걱정하는 임경업의 성품이 드러남

하니 격군 등이 울며 말하기를,

"아무런 연유를 모르거니와 장군의 충성이 하늘에 사무쳤으니 설마 어떠하리오. 과히 슬퍼 마소서."
임경업의 충성심을 알고 있는 군사들이 임경업의 무사를 기원하고 있음

하며 차마 떠나지 못하더라. 경업이 삼각산을 우러러보고 슬퍼하며,
임금에 대한 충성심에서 비롯된 행동

"장부가 세상에 태어나서, 평생 지기를 이루지 못하고 애매하게 죽게 되니 뉘라서 신원(伸冤)하여 주리요." / 하고 통곡하니, 산천초목도 따라서 슬퍼하더라. ▶ 임경업이 김자점의 모함을 받아 억울하게 잡혀감
어떤 일을 이루고자 하는 의기 가슴에 맺힌 원한을 풀어 버림
서술자가 작품에 개입하여 임경업의 원통함을 드러냄

경업이 온다는 소문이 나라에 전하여지니, 상이 기뻐하사 승지로 하여금 위로하여 말하기를,
조선 시대에, 왕명의 출납을 맡아보던 승정원의 벼슬

"경이 무사히 돌아오매 기쁘고 다행하여 즉시 보고 싶으나, 먼 길을 왔으니 잘 쉬고 명일 입시(入侍)하라."
대궐에 들어가서 임금을 뵙던 일

하시니 승지가 자점이 두려워서 하교를 전하지 못한지라. 경업이 생각하되 나라에 친임하시면 죽어도 한이 없을 것이요, 세자와 대군이 내 일을 알고 계신지 모르고 계신지 하여 주야로 번민하여 목이 말라 물을 구하나 옥졸이 물을 주지 아니하니 이는 자점의 흉계로 옥졸들에게 분부한 때문이리라. 경업이 이러한 형편을 보고 탄식하여 이르기를,
김자점의 위세가 대단함을 알 수 있음 임금이 직접 맡음
김자점이 임경업을 해하기 위해 옥졸들에게 미리 손을 써 놓음

"옥졸들까지도 나를 미워하니, 이는 필시 하늘이 나를 죽게 하심이니 누구를 원망하리오."
임경업은 김자점이 옥졸들에게 분부한 사실을 모르고 있음

하더니 다음 날 상이 정좌하시고, 승전 내시 한 사람을 보내어 경업을 부르시니 그 사람 또한 자점의 동치라 자칫 죽을 줄 알고 주저하니라. 이때 마침 전옥(典獄) 관원이 경업이 애매함을 불쌍히 여겨 경업에게 일러 가로되,
죄를 지은 사람을 가두던 옥

"장군을 역적으로 잡아 전옥에 가둔 것은 모두 자점의 모계(謀計)이니, 그대는 잘 주선하여 누명
계교를 꾸밈 일이 잘 되도록 두루 힘씀

을 벗게 하시오."

하니 경업이 그제야 자점의 흉계인 줄 알고, 불승통한(不勝痛恨)하여 바로 몸을 날려 입궐하여 주상께 뵈옵고 관을 벗고 청죄(請罪)하오되, 상이 경업을 보시고 반가와 친히 붙들려고 하시와 문득 청죄함을 보고 깜짝 놀라시어 가로되,

어떤 감정이나 느낌을 억눌러 참아 내지 못하고, 몹시 분하고 한스럽게 여김

저지른 죄에 대해 벌을 줄 것을 청함

▶ 김자점의 흉계를 알게 된 임경업이 입궐하여 임금을 만남

"경이 만리타국에 갔다가 이제 돌아옴에 반가운 마음 금하지 못하나 원로에 고생이 많아서 이제야 보게 되니 안타까웁거늘, 하물며 청죄라니 그게 무슨 말이냐? 자세히 말하라."

호국

하시므로 경업이 돈수(頓首) 사죄(謝罪)하여 말씀 여쭙기를,

구배(九拜)의 하나. 머리가 땅에 닿도록 하는 절

"소신이 무인년에 북경에 잡혀가옵다가 중로에서 도망하였는바 그 죄는 만사무석(萬死無惜)이오나, 대명과 합심하여 호국을 쳐서 호왕의 머리를 베어 병자년 원수를 갚고, 세자와 대군을 모셔오고자 하였더니 간악 무리에게 속아 북경에 잡혀갔삽다가, 천행으로 돌아오더니 의주서부터 잡아 올리라 하고 목에 칼을 씌워 끌려 올라오니 아무 까닭을 몰라 망극하옴을 이기지 못하고 전옥에 갇혀 있다가 이제 다시 천안(天顔)을 뵈오니, 비록 죽사와도 한이 없습니다."

만 번 죽어도 아까울 것이 없음

임경업이 호국으로 잡혀가다가 도망간 이유가 드러남

김자점으로 인해 임경업이 어려움에 처함

임금의 얼굴을 높여 이르는 말

하는지라. 상이 들으시고 매우 놀라시어 조신(朝臣)에게 알아 올리도록 명하니, 자점이 하릴없이 도망치지 못하고 들어와 상께 아뢰기를,

임금은 임경업이 김자점 때문에 옥에 갇혔던 사실을 모르고 있었음

"경업이 역신이옵기로 잡아 가두고 품달(稟達)하고자 하였나이다."

웃어른이나 상사에게 여쭘

하거늘, 경업이 큰 소리로 대척하여 이르기를,

마주 응하거나 맞섬

▶ 김자점의 흉계가 드러남

「"이 몹쓸 역적 놈아, 네 벼슬이 높고 국록(國祿)이 족하거늘 무엇이 더 부족하여 찬역(簒逆)할 마음을 두어 나를 죽이려 하느뇨?"」

나라에서 주는 녹봉

임금의 자리를 빼앗으려고 반역함

「 」: 임경업과 김자점의 갈등이 최고조에 이름

자점이 묵묵무언이어늘, 상이 진노하여 꾸짖기를,

입을 다문 채 말이 없음

존엄한 존재가 크게 노함

"경업은 삼국에 유명한 장수요 또한 천고 충신이라 너희 놈이 무슨 뜻으로 죽이려 하느냐? 이는 반드시 부동(符同)을 꾀함이라."

김자점과 하수인들

그른 일에 어울려 한통속이 됨

하시고, 자점과 그의 하수인들을 모조리 금부에 가두도록 하고 경업은 나가라고 하시어 자점이 경업과 함께 나오다가, 무사에게 분부하여 경업을 치라 하니 무사들이 달려들어 경업을 무사히 난타질하니 거의 죽게 되며 전옥에 가두고 자점은 금부로 가더라.

조선 시대에, 임금의 명령을 받들어 중죄인을 신문하던 관아

김자점이 자신의 흉계가 드러나자 무사를 시켜 임경업을 해함

▶ 자신의 흉계가 드러나자 임경업을 해치려는 김자점

뒷부분 줄거리 | 난타질을 당하고 옥에 갇힌 임경업은 결국 46세의 나이로 옥중에서 숨을 거두고, 김자점은 임경업이 자결을 한 것으로 꾸민다. 대군과 백성들이 임경업의 죽음에 안타까움의 눈물을 흘리고, 우의정 이시백이 자점의 소행임을 밝혀 임금에게 고한다. 또한 임금의 꿈에 임경업이 나타나 자신의 억울함을 고하고 이에 임금은 김자점을 잡아 처형하고 임경업의 충의를 포상한다.

핵심 정리

- 갈래: 고전 소설(한글 소설, 영웅 소설, 역사 소설)
- 성격: 영웅적, 비극적
- 구성: '발단 – 전개 – 위기 – 절정 – 결말' 의 5단 구성

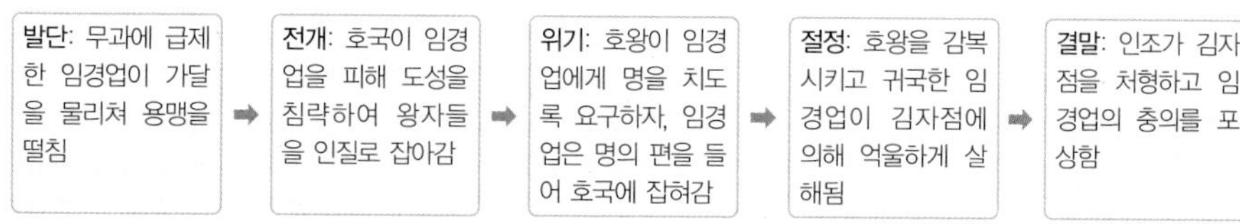

- 제재: 임경업의 생애
- 주제: ① 민중적 영웅 임경업의 비극적 일생
  ② 병자호란에 대한 보상 심리(호국에 대한 정신적 승리감)
- 특징: 민중적 영웅으로서의 주인공의 모습을 부각함
- 의의: 위축된 민족의 사기를 진작함
- 인물 분석
  - 임경업: 조선의 장수. 지조와 절개를 지키는 충신의 전형임. 실존 인물로, 작가에 의해 민족의 영웅으로 형상화됨
  - 김자점: 자신의 사리사욕만을 채우는 간신. 충신인 임경업을 죽게 하는 간사한 인물임

한눈에 **보기**

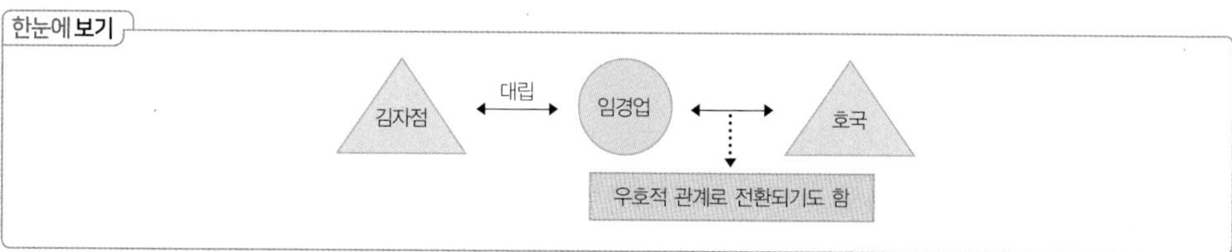

보충·심화 학습

- 민중적 영웅으로서의 임경업

이 글에서 임경업은 다른 영웅 소설에서처럼 귀족적 영웅이 아닌, 민중적 영웅으로 형상화되고 있다. 보잘것없는 집안에서 태어나 목민관으로서 백성들과 동고동락(同苦同樂)하는 모습을 강조하여 민중적 존경을 받도록 허구화한 것이다. 그리하여 〈아기장수 전설〉에서처럼 미천한 출신으로 뛰어난 능력을 지니고 태어나지만 그 뜻을 이루지 못하고 원통하게 죽는다는 '민중적 영웅의 공식' 이 그대로 적용되고 있다. 이렇게 민중의 열망을 해결할 수 있는 자질을 갖추었음에도 그 뜻을 제대로 펴 보지 못한 채 죽는다는 설정은 민중들의 소망이 좌절된 현실을 반영한 결과라고 볼 수 있다.

필수 문제

01 이 글은 실존 인물인 임경업이 등장하고, 실제 사건인 (   )을/를 배경으로 한 (   ) 소설이다.

02 호왕이 조선의 세자와 대군을 풀어 준 이유를 쓰시오.

03 임경업이 백성들로부터 신뢰가 두터웠음을 보여 주는 상황을 쓰시오.

81 유충렬전(劉忠烈傳) | 작자 미상

교과서 수능 기출 모의 기출

출제 포인트

천상에서 지상으로 적강한 주인공 유충렬이 고난을 극복하고 위기에 처한 가문과 국가를 구하는 과정을 그린 영웅 군담 소설로, 영웅의 일대기적 구조와 인물 간의 갈등에 주목하여 살펴보자.

감상 길잡이

이 글은 천상계에서 죄를 짓고 지상으로 하강한 주인공 유충렬이 간신의 모해와 반역으로 처한 위기 상황을 신이한 능력을 발휘하여 극복하는 과정을 다룬 조선 후기의 대표적인 영웅 군담 소설이다. 이 글의 배경에는 병자호란의 경험이 바탕이 되었다는 견해가 일반적이다. 유충렬이 단신으로 호국을 정벌하고, 통쾌한 설욕을 한 것은 병자호란 때 당한 고통과 패배 의식을 허구의 세계인 소설을 통해 극복하고자 한 것이라 할 수 있으며 이런 점에서 〈임경업전〉이나 〈박씨전〉과 그 맥을 같이한다고 할 수 있다.

장면 1

앞부분 줄거리 | 명나라 영종 연간에 정언 주부의 벼슬을 하고 있던 유심은 늦도록 자식이 없어 한탄하다가 남악 형산에 치성을 드리고 신이한 태몽을 꾼 뒤 아들 충렬을 얻는다. 한편 유심은 오랑캐 정벌을 반대하다가 조정의 신하들 중 역심을 품은 정한담, 최일귀 등의 모함을 받아 역적으로 몰려 귀양을 가게 된다.

각설(却說)이라. 「이때에 정한담, 최일귀가 유 주부를 참소(讒訴)하여 적소(謫所)로 보낸 후에 마음이 교만하여 별당으로 들어가 옥관 도사를 보고 천자를 도모할 묘책을 물은대,」 도사 문밖에 나와 천기를 자세히 보고 들어와 하는 말이,

(각설: 이야기의 전환. 차설(且說). 한편 / 정한담, 최일귀: 천상계의 익성과 이걸. 백옥루 잔치에서 죄를 지어 적강한 인물들로 악을 상징 / 적소: 귀양지 / 「 」: 정한담과 최일귀가 역모를 꾀함. 간신을 대표하는 전형적 인물군 / 묘책: 매우 교묘한 꾀 / 천기: 하늘에 나타난 조짐)

"요사이 밤마다 살피온즉 두려운 일이 황성에 있나이다."

한대, 한담이 문 왈,

"두려운 일이라 하오니 무슨 일이 있나이까?"

도사 왈,

「"천상의 삼태성(三台星)이 황성에 비췄으되 그중에 유심의 집에 비췄으니, 유심은 비록 연경에 갔으나 신기한 영웅이 황성 내에 살았으니 그대 도모할 일이 어려울 듯하노라."」

(삼태성: 큰곰자리에 있는 자미성을 지키는 별. 자미성은 황제의 별 / 신기한 영웅: 유심의 아들 유충렬을 가리킴 / 「 」: 천기를 통해 사건을 예측함 – 도술적 요소, 전기성(傳奇性))

한담이 이 말을 듣고 외당에 나와 도사 하던 말을 일귀더러 하니 일귀 대 왈,

(외당: 사랑. 바깥주인이 거처하며 손님을 접대하는 곳)

"도사의 신기함은 천신에게 지나나니, 신기한 영웅이 황성 내에 있다 하니 진실로 마음이 황공하여이다."

(도사의 신기함은 천신에게 지나나니: 옥관 도사의 신이한 능력을 강조함 / 신기한 영웅이 ~ 황공하여이다: 영웅 출현에 대한 최일귀의 불안함이 드러남)

한담이 왈,

"내 생각하니 유심이 연만(年晚)하되 자식이 없는 고로 수년 전에 형산에 산제(山祭)하여 자식을 얻었다 하더니, 도사의 말씀이 황성에 있다 하니 의심하건대 유심의 아들인가 하노라."

(연만: 나이가 아주 많되 / 산제: 산신제. 산신령에게 드리는 제사)

「일귀 왈,

"적실히 그러하면 유심의 집을 함몰하여 후환이 없게 함이 옳을까 하노라."

틀림이 없이 확실하게 / 무너뜨리고 없애어 / 어떤 일로 말미암아 뒷날 생기는 걱정과 근심

한담이 옳다 하고 그날 삼경에 가만히 승상부에 나와 나졸 십여 명을 차출하여 유심의 집을 둘러싸고 화약 염초를 갖추어 그 집 사방에 묻어 놓고 화심에 불붙여 일시에 불을 놓으라고 약속을 정하니라.」

밤 11시에서 새벽 1시 사이 / 하급 병졸

▶ 유심의 집을 불태워 후환을 없애려는 정한담과 최일귀

「 」: 정적인 유심의 집을 불태워 후환을 없애려는 정한담과 최일귀의 간악함이 드러남

이때에 장 부인이 유 주부를 이별하고 충렬을 데리고 한숨으로 세월을 보내더니, 이날 밤 삼경에 홀연히 곤하여 침석에 졸더니「어떠한 한 노인이 홍선 일병을 가지고 와서 부인을 주며 왈,

유충렬의 어머니 / 잠자리 / 붉은 부채 한 자루 – 화를 피하는 소재. 전기성(傳奇性). 꿈에서 몽조(夢兆)를 믿는 개연성 부여

"이날 밤 삼경에 대변(大變)이 있을 것이니 이 부채를 가졌다가 화광(火光)이 일어나거든 부채를 흔들면서 후원 담장 밑에 은신하였다가 충렬만 데리고 인적이 그친 후에 남천을 바라보고 가없이 도망하라. 만일 그렇지 아니하면 옥황께서 주신 아들이 화광 중에 고혼(孤魂)이 되리라."

중대하고 큰 변고 / 불빛 / 남쪽 하늘 / 끝없이 / 유충렬 – 영웅의 고귀한 혈통 / 의지할 곳 없이 떠돌아다니는 외로운 넋

「 」: 초월적 존재(노인)가 장 부인과 충렬에게 일어날 재화(災禍)를 꿈으로 예시함

하고 문득 간데없거늘」놀라 깨어 보니 남가일몽(南柯一夢)이라. 충렬이 잠이 깊이 들어 있고 과연 홍선 한 자루 금침 위에 놓였거늘 부채를 손에 들고 충렬을 깨워 앉히고 경경불매(耿耿不寐)하던 차에,「삼경이 당하매 일진광풍(一陣狂風)이 일어나며 난데없는 천불이 사면으로 일어나니 웅장한 고루거각(高樓巨閣)이 홍로점설(紅爐點雪) 되어 있고 전후에 쌓인 세간 추풍낙엽 되었도다.」

꿈과 같이 헛된 한때의 부귀영화를 이르는 말이나, 여기서는 단순한 꿈을 의미 / 이부자리와 베개 / 한바탕 부는 사나운 바람 / 큰불 / 염려되고 잊히지 않아 잠을 이루지 못함 / 집안 살림에 쓰는 온갖 물건 / 높고 크게 지은 집 / 화로 위의 눈처럼 흔적 없이 사라짐 / 어떤 형세나 세력이 갑자기 기울어지거나 헤어져 흩어지는 모양

「 」: 가문의 몰락을 건물들과 재화의 소멸로 표현. 허무함

부인이 창황 중에 충렬의 손을 잡고 홍선을 흔들면서 담장 밑에 은신하니 화광이 충천하고 회신만지(灰燼滿地)하니 구산(丘山)같이 쌓인 기물 화광에 소멸하였으니 어찌 아니 망극하랴.

미처 어찌할 새도 없이 매우 급작스러움 / 불에 타고 남은 재가 땅에 가득함 / 물건이 많이 쌓인 모양을 비유적으로 이르는 말 / 서술자의 개입

사경이 당하매 인적이 고요하고 다만 중문 밖에 두 군사가 지키거늘 문으로 못 가고 담장 밑에 배회하더니, 창난한 달빛 속으로 두루 살펴보니 중중한 담장 안에 나갈 길이 없었다. 다만 물 가는 수챗구멍이 보이거늘 충렬의 옷을 잡고 그 구멍에 머리를 넣고 복지(伏地)하여 나올 제, 겹겹이 쌓인 담장 수채로 다 지나 중문 밖에 나서니 충렬이며 부인의 몸이 모진 돌에 긁히어서 백옥 같은 몸에 유혈이 낭자하고 월색같이 고운 얼굴 진흙빛이 되었으니, 불쌍하고 가련함은 천지도 슬퍼하고 강산도 비감한다.

새벽 1시에서 3시 사이 / 대문 안에 또 세운 문 / 창연히 빛나는 / 겹겹으로 겹쳐진 / 수채의 허드렛물이 빠져나가는 구멍 / 땅에 엎드림 / 비유적, 대조적 표현 / 서술자 개입 – 자연물을 통한 인물에 대한 심리 제시

충렬을 앞에 안고 사잇길로 나오며 남천을 바라보고 가없이 도망할새, 한곳에 다다르니 옆에 큰 뫼가 있으되 높기는 만장이나 하고 봉우리에 오색구름이 사면에 어리었거늘 자세히 보니 이 뫼는 천제하던 남악 형산이라. 전일 보던 얼굴이 부인을 보고 반기는 듯, 뚜렷한 천제당이 완연히 뵈이거늘, 부인이 비회(悲懷)를 금치 못하여 충렬을 붙들고 방성통곡(放聲痛哭)하는 말이,

천신에게 지내는 제사 / 마음속에 서린 슬픈 시름이나 회포 / 대성통곡. 큰 소리로 몹시 슬프게 곡을 함

"너 이 뫼를 아느냐? 칠 년 전에 이 산에 와서 산제하고 너를 낳았더니 이 지경이 되었으니 너의 부친은 어데 가고 이런 변을 모르는고. 이 산을 보니 네 부친 본 듯하다. 통곡하고 싶은 마음 어찌 다 측량하리."

유충렬의 출생 내력

충렬이 그 말 듣고 부인의 손을 잡고 울며 왈,

"이 산에 산제하고 나를 낳았단 말인가? 적실히 그러하면 산신은 이러한 연유를 알련마는 산신도 무정하네."

부인이 이 말을 듣고 목이 메여 말을 못 하거늘 충렬이 위로한다. 이윽고 진정하여 충렬을 앞세우고 변양수를 건너 회숫가(중국 화중 지방을 흐르는 강가)에 다다르니 날이 이미 서산에 걸려 있고(시간의 경과) 원촌(遠村)에 저녁 내 나고(먼 마을에 저녁밥을 짓는 냄새가 나고) 청강에 놀던 물새는 양유(좋은 풀과 나쁜 풀) 속에 날아들고 청천(맑은 하늘)에 뜬 까마귀는 운간(雲間)(구름 사이)에 울어 든다. 해상을 바라보니 원포(멀리 있는 항구)에 가는 돛대 저문 안개 끼어 있고 강촌에 어적(漁笛)(어부가 부는 피리) 소리 세우(細雨)(가랑비) 중에 흩날렸다. 슬픈 마음 진정하고 충렬의 손을 잡고 물가에 배회하되 건너갈 배 전혀 없어 하늘을 우러러 탄식을 마지아니하더라.

▶ 꿈속 노인의 도움으로 죽음의 위기를 모면한 충렬 모자

중략 부분 줄거리 | 도망 중에 도적을 만나 장 부인은 도적에게 잡혀가고 충렬은 물에 던져진다. 천우신조(天佑神助)로 살아난 충렬은 많은 고난을 겪다가 은퇴한 재상 강희주를 만나 그의 사위가 된다. 강희주는 유심을 구하려고 상소를 올렸으나 정한담의 공격을 받아 오히려 귀양을 가게 되고, 강희주의 가족은 난을 피하여 모두 흩어진다. 충렬은 강 소저와 이별하고 백룡사의 노승을 만나 무예를 배우며 때를 기다린다. 이때 남적과 북적이 반기를 들고 명나라를 쳐들어오자 정한담은 자원 출전하였다가 남적에게 항복하고, 남적의 선봉장이 되어 천자를 공격한다. 정한담에게 여러 번 패한 천자는 항복을 결심한다.

결정적 장면

각설(장면 전환). 이때 유충렬이 금산성하에서 망기(望氣)(나타나 있는 기운을 보아서 일의 조짐을 알아냄)하다가 형세가 급함을 보고 일광주(유충렬의 투구) 용린갑(龍鱗甲)(용의 비늘 모양으로 미늘을 달아 만든 갑옷)에 장성검을 높이 들고 천사마(천상에서 내려온 비룡)를 채질하여 바삐 중군소(中軍所)(전군(全軍)의 한가운데에 자리 잡고 있던 중심 부대가 있는 곳)에 들어가 조정만을 보고 성명을 올려 싸우기를 청한대, 중군이 바삐 나와 손을 잡고 울며 왈,

「"그대 충성은 지극하나 지금 황상이 항복하려 하시고 또한 적진 형세 저러하니 그대 청춘이 전장 백골(戰場白骨)이 될 것이니 원통하고 망극하다."」

「 」: 유충렬의 비범한 능력을 모르므로 충렬이 싸우면 죽게 될 것이라고 생각함

충렬이 불승분기(不勝憤氣)(분한 생각이나 기운을 참아내지 못함)하여 진문(陣門) 밖에 나서면서 벽력(벼락)같이 소리 하여 적장(敵將)을 불러 왈,

"이봐, 역적 정한담아! 남경 동문 내에 사는 유충렬을 아느냐 모르느냐. 바삐 나와 목을 들이라."

하는 소리에 양진이 뒤흔들리며 천지 강산이 진동한다(서술자의 개입, 과장된 표현). 문걸이 대경(大驚)(크게 놀람)하여 돌아보니 일광 투구에 안채(안광, 눈의 정기) 쏘이고 용린갑은 혼신(온몸)을 감추고 천사마는 비룡이 되어 운무(구름과 안개를 아울러 이르는 말) 중에 싸여, 공중에 소리만 나고 제 눈에는 보이지 아니한다. 창검만 높이 들고 주저주저하던 차에 벽력같은 소리 끝에 장성검이 번듯하며 정문걸의 머리 공중에 베어 들고 중군으로 달려드니, 조정만이 엎어지며 문밖에 급히 나와 손을 잡고 들어가더라. 이때 천자는 옥새를 목에 걸고 항서를 손에 들고 진문 밖에 나오다가(항복을 하려고) 뜻밖에 호통 소리 나며 일원 대장(유충렬)이 문걸의 머리를 베어 들고 중군으로 들어가거늘, 대경

대희하여 중군을 급히 불러 왈,
크게 놀라고 크게 기뻐함

대궐에 들어가서 임금을 뵙던 일

"적장 베던 장수 성명이 뉘냐? 바삐 입시(入侍)하라."

▶ 적군의 선봉장 정문걸을 물리치는 유충렬

충렬이 말에서 내려 천자 전에 복지(伏地)하니, 천자 급히 문 왈,
땅에 엎드림

"그대는 뉘신지 죽을 사람을 살리는가?"

충렬이 저의 부친과 강희주 죽음을 절분(切忿)히 여겨 통곡하며 여쭈되,
몹시 원통하고 분하게

❶ "소장은 동성문 내 거(居)하던 정언 주부 유심의 아들 충렬이옵니다. 주류개걸(周流丐乞)하여 만 리 밖에 있삽다가 아비 원수 갚으려고 여기 잠깐 왔삽거니와, 폐하 정한담에게 곤핍하심은 몽중(夢中)이로소이다. 전일에 정한담을 충신이라 하시더니 충신도 역적이 되나이까? 그놈의 말을 듣고 충신을 원찬(遠竄)하여 죽이고 이런 환을 만나시니 천지 아득하고 일월이 무광하옵니다."

살던 / 두루 돌아다니며 빌어서 먹음 / 고단함을 겪는 것은 꿈에도 생각하지 못함 / 유심과 강희주 / 먼 곳으로 귀양을 보냄 / 환난(患難) / 해와 달이 빛을 잃음 – 비유적 표현을 통해 참담한 심정을 드러냄

슬피 통곡하여 머리를 땅에 두드리니 「산천초목(山川草木)도 슬퍼하며 만진중(滿陣中)에 낙루 아니할 이 없더라.」 천자가 이 말을 들으시고 후회막급 할 말 없어 우두커니 앉았더라. 태자 적진에 잡혀갔다가 본진에서 문걸 베임을 보고 탈신도주(脫身逃走) 급히 와서 황상 곁에 앉았다가 충렬의 말을 듣고 버선발로 내려와서 충렬의 손을 붙들고 왈,

「 」: 서술자의 개입 – 편집자적 논평 / 모든 진(陣) 안 / 눈물을 흘림 / 위험한 곳에서 벗어나 도망함

「"경이 이게 웬 말인가? 옛날 주 성왕도 관채(管蔡)의 말을 듣고 주공을 의심터니 회과자책(悔過自責)하여 성군(聖君)이 되었으니 충신이 다 죽기는 막비천운(莫非天運)이라. 그런 말을 하지 말고 진충갈력(盡忠竭力)하여 황상을 도우시면 태산 같은 그 공로는 천하를 반분(半分)하고 하해(河海) 같은 그 은혜는 풀을 맺어 갚으리라."」

주 왕조를 세운 문왕(文王)의 아들이며 무왕(武王)의 동생 / 주나라 무왕(武王)의 아들 / 주공의 동생인 관중과 채숙 / 잘못을 뉘우쳐 스스로 꾸짖음 / 하늘이 정한 운수 아닌 것이 없음 / 충성을 다하고 있는 힘을 다 바침 / 결초보은(結草報恩)

「 」: 고사를 들어 천자의 잘못을 시인하고 유충렬을 회유하려는 태자의 말 – 충렬의 심경을 변화시키는 계기

충렬이 울음을 그치고 태자 상(相)을 보니 천자 기상(氣象) 적실하고 일대 성군될 듯하여 투구 벗어 땅에 놓고 천자 전에 사죄 왈,

얼굴이나 체격의 됨됨이 / 틀림이 없이 확실하고

「"소장이 아비 죽음을 한탄(恨歎)하여 분심이 있는 고로 격절한 말씀을 폐하 전에 아뢰었으니 죄사무석(罪死無惜)이라. 소장이 죽사온들 폐하를 돕지 아니하오리까?"」

분, 억울하고 원통한 마음 / 말이나 글 따위가 격렬하고 절실한 / 죄가 무거워서 죽어도 안타깝지 아니함

「 」: 천자와 나라를 위해 목숨을 바치려는 충렬의 충성심

천자 충렬의 말을 듣고 친히 계하(階下)에 내려와서 투구를 씌우면서 손을 잡고 하는 말이,
계단 아래

결정적 장면

유충렬이 정한담에게 항복할 위기에 처한 천자를 구하고 천자에게 충성을 다짐하는 장면이다. 유충렬의 영웅적인 활약상과 천자와 나라를 위해 목숨을 바치려는 충신으로서의 면모가 드러나고 있다.

문제로 핵심 파악

1 이 글에 대한 설명으로 적절하지 않은 것은?

① 인물의 신이한 능력이 드러나 있다.
② 사건 전개에 전기적인 요소가 있다.
③ 전쟁을 통해 영웅의 활약상을 그리고 있다.
④ 인물의 내면적인 갈등에 초점을 맞추고 있다.
⑤ 서술자의 개입과 인물의 발화를 통해 인물의 심리를 드러내고 있다.

핵심 구절 풀이

❶ "소장은 동성문 ~ 일월이 무광하옵니다.": 유충렬이 천자에게 정한담 일파를 신뢰한 결과와 자신의 아버지 유심과 장인 강희주의 억울한 유배를 호소하며 천자의 잘못을 일깨우고 있음

"과인(寡人)은 보지 말고 그대 선조 창건하던 일을 생각하여 나라를 도와주면 태자가 하던 말대로 그대 공을 갚으리라."

덕이 적은 사람이라는 뜻으로, 임금이 자기를 낮추어 이르던 일인칭 대명사

▶ 천자가 지난날을 사죄하고 충성을 부탁함

충렬이 청명(聽命)하고 물러 나와 장대(將臺)에 높이 앉아 군사를 총독하니 피병장졸(疲病將卒)이 불과 일이백 명이라.『천자 삼 층 단에 높이 앉아 하늘께 제사하고 인검(引劍)을 끌러 내어 충렬을 주신 후에 대장 사명기(司命旗)에 친필로 쓰시기를 '대명국(大明國) 대사마(大司馬) 도원수(都元帥) 유충렬'이라 뚜렷이 써 내주니』원수 사은(謝恩)하고 진법(陣法)을 시험할 제, 장사일자진(長蛇一字陣)을 쳐 두미(頭尾)를 상합하게 하고 군중에 호령하되,

청령(聽令). 명령을 주의 깊게 들음 / 장수가 올라서서 명령 · 지휘하던 대 / 총 지휘하니 / 피로하고 병든 장수와 군졸 / 임금이 병마를 통솔하는 장수에게 주던 검 / 군대를 지휘하는 데에 쓰던 군기(軍旗) / 유충렬의 관직명 / 「 」: 충렬이 고귀한 지위에 오름 – 영웅의 일대기 구조 / 전투를 수행하기 위하여 진(陣)을 치는 방법 / 뱀처럼 길게 한 줄로 치는 진을 쳐 처음 부분과 끝 부분이 서로 만날 수 있도록 하고

『"남북 적병이 비록 억만 병이라도 나 혼자 감당하려니와 너희 등은 항오(行伍)를 잃지 마라."』

「 」: 충렬의 영웅적인 면모가 드러남 / 군대를 편성한 대오

약속할 제, 이적의 적진 중에서 문걸 죽음을 보고 일진(一陣)이 진동하여 서로 나와 싸우려 할새 삼군 대장(三軍大將) 최일귀 분기를 이기지 못하여 녹포운갑(綠袍雲甲)에 백금(白金) 투구를 쓰고 장창 대검을 좌우에 갈라 들고 적제마를 채질하여 나는 듯이 달려들며 외어 왈,

이 시점에 / 군사들의 한 무리 / 푸른 도포와 구름 같은 갑옷 / 긴 창과 큰 칼 / 외치며 말하기를

"적장 유충렬아! 네 아직 미거(未擧)하여 남북 강병 억만 군을 능멸히 생각하니 바삐 나와 죽어 보라."

철이 없고 사리에 어두워 / 업신여겨 깔보며

원수 장대에 있다가 최일귀란 말을 듣고 바삐 나와 응성하되,

소리에 응하여 반응을 보임

『"정한담은 어디 가고 너만 어찌 나왔느냐. 너희 두 놈의 간을 내어 우리 부모 영위전(靈位前)에 재배(再拜)하고 드리리라."』

상가(喪家)에서 모시는 혼백이나 가주(假主)의 신위 앞 / 두 번 절함 / 「 」: 정한담과 최일귀에 대한 적개심. 죽은 부모를 위하는 '효'가 드러남

함성하고 달려들어 장성검이 번듯하며 일귀 가진 장창 대검이 편편파쇄(片片破碎) 부서진다. 최일귀 대경하여 철퇴(鐵槌)로 치자 한들 원수의 일신이 보이지 아니하니 어이하리. 적진 중에서 옥관 도사 싸움을 구경하다가 대경하여 급히 쟁을 쳐 거두니, 일귀 겨우 본진에 돌아와 정신을 잃었는지라.

조각조각 깨뜨려 부숨 / 크게 놀람 / 유충렬의 신이한 능력. 전기성(傳奇性) / 최일귀가 충렬을 당해 내지 못할 것이라 판단했기 때문

▶ 유충렬과 싸우다 도망치는 최일귀

뒷부분 줄거리 | 유충렬은 단신으로 반란군을 쳐부수고 남적의 선봉장이 된 정한담을 사로잡는다. 그리고 호왕(胡王)에게 잡혀간 황후, 태후, 태자를 구출하며, 유배지에서 고생하던 아버지 유심과 장인 강희주를 구한다. 또한 이별하였던 어머니와 아내를 찾고, 정한담 일파를 물리친 뒤 높은 벼슬에 올라서 부귀영화를 누린다.

필수 문제

01 이 글은 전쟁을 중심으로 내용이 전개되는데, 이처럼 전쟁 장면이 두드러지게 묘사된 고전 소설을 (   ) 소설이라고 한다.

02 이 글에서 장 부인이 꿈에서의 예언을 믿게 하는 증거로 사용되는 소재를 찾아 2음절로 쓰시오.

장면 2

앞부분 줄거리 | 명나라 개국 공신의 자손인 유심은 늦도록 자식이 없다가 부인 장 씨와 남악 형산에 들어가서 산천에 기도를 드리고 신이한 꿈을 꾼 뒤 마침내 아들 충렬을 얻는다. 유충렬은 원래 천상계의 신선이었는데, 정한담으로 환생한 익성의 모함을 받아 지상계로 내려온다. 유심은 간신 정한담을 규탄하다가 오히려 귀양을 가게 되고, 유충렬 역시 정한담의 계략에 빠져 죽을 고비에 처하나, 전직 고관인 강희주의 도움으로 목숨을 건지고 그의 사위가 된다. 그러나 강희주도 유심을 구하기 위해 천자께 간언을 하다 정한담의 공격을 받아 유배되고, 충렬은 백룡사의 노승을 만나 때를 기다리며 도술을 배운다. 이때 정한담이 호국(胡國)과 내통하여 반란을 일으킨다.

이때 정한담이 호산대에서 도사와 함께 의논할새, 도사 한 꾀를 생각하고 왈,

(정한담: 간신이자 역적. 주인공 유충렬과 대립하는 인물 / 도사: 옥관 도사. 정한담의 측근)

"이제는 백계무책이라. 여간 남은 군사로 표문을 지어 남만과 서번과 호국에 보내어 패전한 사실을 알리고 구원병을 청해 다시 한 번 싸운 후에 사불여의하면 목숨만 도망해 후일을 보는 것이 어떻겠소?"

(백계무책: 어려운 상황에 처하여 온갖 계교를 다 써도 해결책을 찾지 못함 / 표문: 외교 문서 / 사불여의: 일이 뜻대로 되지 않음)

하니, 한담이 대희해 표문을 지어 급히 오국(五國)에 보내더라. ▶ 정한담이 오국에 군사를 요청함

(대희: 크게 기뻐함 / 오국: 연합해 명나라를 침략한 오랑캐 나라들)

이때 오국 군왕(郡王)이 각각 장수를 보내어 승전하기를 주야로 기다리고 있었는데 뜻밖에도 패군한 소식이 왔는지라. 각각 분노해 서천 삼십육도 군장(軍長)과 가달왕, 토번왕과 호국 대왕이 정병 팔십만과 용장 천여 원을 거느리고 왔다. 오국 군왕이 남경에 이르러 신기한 도사를 좌우에 앉히고 진세를 살피더니, 각각 군왕 등은 중군이 되고 천하 명장을 간택해 선봉을 정했다. 그런 다음 행군을 재촉해 달려드니 그 거동 웅장함은 일구난설이다.

(군장: 군사를 지휘하는 우두머리 / 남경: 명나라의 수도 / 진세: 군진의 세력 / 중군: 전체 군대의 한가운데에 있는 중심 부대 / 간택: 가려 뽑음 / 선봉: 부대의 맨 앞에서 작전을 수행하는 군대 / 일구난설: 내용이 복잡하거나 길어서 한 마디로 설명하기 어려움)

이때 정한담이 청병이 오는 것을 보고 기운이 펄쩍해 성명을 바삐 지어 군중에 통지하고 도사와 함께 호왕에게 현신한 후, 전후수말을 낱낱이 아뢰었다. 「호왕 등이 정문걸이며 마룡이 죽었다는 말을 듣고 간담이 서늘해 접전할 마음이 없었으나, 한갓 분심을 이기지 못해 정한담과 함께 호산대에 진을 치고 격서를 남경으로 보내더라.」

(청병: 정한담이 호왕에게 요청하여 온 군대 / 성명: 임금이 신하의 신상(身上)에 관해 결정적으로 내리는 명령 / 현신: 아랫사람이 윗사람에게 예를 갖추어 자신을 보임 / 전후수말: 처음부터 끝까지의 과정 / 정문걸이며 마룡: 오랑캐 장수들 / 「 」: 정문걸, 마룡 등을 죽인 유충렬에게 두려움을 느끼지만 호왕이 전쟁을 하기로 함 / 격서: 군병을 모집하거나 적군을 달래거나 꾸짖기 위한 글)

이때 원수는 도성에 있고 조정만은 금산성 아래에 유진하고 있었는데 뜻밖에 조정만이 장계를 올렸거늘, 급히 개탁해 보니 했으되,

(유진: 군사들을 머물게 함 / 원수: 유충렬 / 조정만: 명나라의 장수 / 장계: 왕명을 받고 지방에 나가 있는 신하가 자기 관하의 중요한 일을 왕에게 보고하던 문서 / 개탁: 봉한 서류를 뜯음)

"오국 군왕들이 패군했다는 말을 듣고 각각 중군이 되어 오는 중에 정한담과 옥관 도사도 합력해 격서를 보내었으니, 원수는 급히 와서 방적하소서."

(합력: 힘을 모음 / 옥관 도사: 정한담을 돕는 간악한 도사 / 방적: 침입하거나 공격하는 적을 막음)

했는지라. 원수 듣고 크게 웃어 왈,

「"정문걸과 마룡은 천하 명장이라도 내 칼끝에 죽었거든, 하물며 오국의 호병쯤이야! 제 비록 승천입지(昇天入地)하는 놈이 선봉이 되었으나 한갓 장성검에 피만 묻힐 따름이라. 황상은 염려 마옵시고 소장의 칼끝에 적장의 머리 떨어지는 구경이나 하옵소서."」

(오국의 호병: 오국의 오랑캐 병사 / 승천입지: 하늘로 오르고 땅속으로 들어감. 여기서는 무예가 뛰어난 인물이라는 뜻 / 황상: 황제 / 「 」: 두려움 없이 당당한 유충렬의 자신감 있는 태도가 드러남)

하고 즉시 갑주를 갖추어 본진으로 돌아와 군사를 신칙해 항오(行伍)를 각별히 단속하고, 적진에 글을 보내 싸움을 돋우었다. ▶ 호왕과 손잡고 명나라를 침략하는 정한담

(갑주: 갑옷과 투구 / 신칙: 단단히 타일러 경계함)

이때 정한담이 오국 군왕 전에 한 꾀를 드려 왈,

「"소장이 옥관 도사에게 십 년을 공부해 변화무궁하고 구 척 장검 칼머리에 강산이 무너지고 하해도 뒤집혔나이다. 그런데 명진 도원수 유충렬은 사람이 아니라 천신입니다. 이제 비록 대왕이 억만 병사를 거느리고 왔으나 충렬 잡기는커녕 접전할 장수도 없사오니, 만일 무작정 싸운다면 우리 군사 씨가 없고 대왕의 중한 목숨마저도 응당 보존하기 어려울 것이옵니다. 그러니 오늘 밤 삼경에 군사들을 둘로 나누어 일군이 먼저 금산성을 치게 되면 충렬이 응당 구하러 올 것이옵니다. 그때를 틈타 소장이 도성에 들어가 천자에게 항복 받고 옥새를 앗아 버리면 충렬이 비록 천신이라고 한들 제 인군이 죽었는데 무슨 면목으로 싸우리까. 소장의 꾀가 마땅할 듯하온데, 대왕의 생각은 어떠하시나이까?"」

변화무궁: 변화가 끝이 없음 / 구 척 장검: 긴 칼 / 하해: 큰 바다 / 천신: 하늘의 신령 / 삼경: 하룻밤을 오경(五更)으로 나눈 셋째 부분. 밤 11시에서 새벽 1시 사이 / 옥새: 옥으로 만든 임금의 도장. 국권의 상징으로, 국가적 문서에 사용함 / 인군: 임금. 여기서는 천자

「 」: 정한담의 간계 – 유충렬과 싸워 이기기 어려우니 유충렬을 속여 유인한 후 천자에게 항복을 받겠다는 계략

하니, 호왕이 대희해 한담으로 대장을 삼고 천극한으로 선봉을 삼아 약속을 정하고 군중(軍中)에 기치를 둘러 도성으로 갈 듯이 하니, 원수 산하(山下)에 있다가 적세를 탐지하고 도성으로 들어오더라.

대희: 크게 기뻐함 / 천극한: 오랑캐 장수 / 기치: 예전에, 군대에서 쓰던 깃발

▶ 유충렬을 금산성으로 유인하려는 정한담의 계략

이날 밤 삼경에 한담이 선봉장 극한을 불러 군사 십만 명을 주어 금산성을 치라 하니, 극한이 청명하고 금산성으로 달려 들어갔다. 극한이 금산성 아래에 십만 병사를 나열한 후 호통을 지르며 명진으로 달려가 좌우를 충돌하며 명군을 휘저으니, 불의에 환을 만난 명군들이 황황급급하더라.

극한: 유충렬을 유인하는 역할을 맡음 / 청명: 명령을 주의 깊게 들음 / 환: 근심과 재난 / 황황급급: 갈팡질팡 어쩔 줄 몰라 몹시 급함

이때 원수는 도성에서 적세를 탐지하고 있었는데, 한 군사 달려와 아뢰되,

"지금 도적이 금산성으로 쳐들어와 군사를 다 죽이고 중군장을 찾아 횡행하니, 원수께서는 급히 와 구원하소서."

중군장: 명나라 장수 조정만 / 횡행: 거리낌 없이 제멋대로 행동함

하니, 원수 대경해 금산성 십 리 뜰로 나는 듯이 달려가 벽력같은 소리를 지르며 적진을 헤치고 중군장 조정만을 구원해 장대에 앉힌 후, 필마단창으로 성화같이 적진을 향해 달려갔다. 「원수의 장성검이 지나는 곳에 천극한의 머리 떨어지고 천사마 닿는 곳에 십만 군병이 팔공산 초목이 구시월 만나듯이 순식간에 없어졌다.」 「원수 본진으로 돌아와 칼끝을 보니 정한담은 간데없고 전후가 모두 지금껏 보지 못했던 되놈들이었다.」

장대: 장군의 지휘대 / 필마단창: 한 필의 말과 한 자루의 칼. 혼자 간단한 무장을 하고 한 필의 말을 타고 감 / 천사마: 충렬이 타는 준마 / 「 」: 유충렬의 뛰어난 무술 / 되놈: 오랑캐놈들 / 「 」: 유충렬이 정한담의 계략에 넘어감

▶ 금산성을 구한 유충렬이 정한담의 계략에 빠짐

이때 한담이 원수를 속이고 정병만을 가리어 급히 도성으로 들어가니, 「성중에는 지키는 군사가 전혀 없었으며, 천자 또한 원수의 힘만 믿고 잠이 깊이 들어 있었다.」 이에 한담이 천병만마를 이끌고 와 순식간에 성문을 깨치고 궐내로 들어가 함성해 이르기를,

정병: 우수하고 강한 군사만 모인 정예병 / 군사가 전혀 없었으며: 군사들이 모두 금산성에 가 있음 / 「 」: 정한담의 계략이 적중한 것을 나타내는 상황 / 천병만마: 천군만마

"이봐, 명제야! 이제 네가 어디로 달아날 수 있겠느냐? 팔랑개비라 비상천하며 두더지라 땅으로 들어가랴. 네놈의 옥새 빼앗으려고 왔는데, 네 이제는 어디로 달아나려느냐. 바삐 나와 항복하라."

명제: 명나라 황제. 천자 / 팔랑개비라 ~ 들어가랴: 바람개비처럼 날아서 하늘로 도망갈 수 없고, 두더지처럼 땅속으로 도망칠 수도 없다 → 더 이상 도망갈 곳이 없음을 알리고 항복을 종용함

하는 소리에 궁궐이 무너지고 혼백이 상천(上天)하는지라. 「한담의 고함 소리에 명제도 넋을 잃고
넋을 잃고 정신을 못 차리는지라
용상에서 떨어졌으나, 다급히 옥새를 품에 품고 말 한 필을 잡아타고 엎어지며 자빠지며 북문으
임금이 정무를 볼 때 앉던 평상
로 빠져나와 변수 가로 도망했다.」 한담이 궐내에 달려들어 천자를 찾았으나 천자는 간데없고, 「태
「 」: 허둥지둥 도망가는 명제의 모습에서 병자호란 당시 강화도로 피란을 간 당대 임금(인조)에 대한 비판적 인식이 엿보임
자가 황후와 태후를 모시고 도망하기 위해 나오는지라. 한담이 호령하며 달려들어 태자 일행을 잡아 호왕(胡王)에게 맡긴 후,」 북문으로 나와 보니 천자가 변수 가로 달아나고 있었다. 한담이 대
「 」: 병자호란 당시 대군과 궁중 비빈이 청나라의 포로가 된 것과 유사함
희해 천둥 같은 소리를 지르고 순식간에 달려들어 구 척 장검을 휘두르니 천자가 탄 말이 백사장에 거꾸러지거늘, 천자를 잡아내어 마하(馬下)에 엎어뜨리고 서리 같은 칼로 통천관(通天冠)을 깨어
말 아래 / 황제가 정무를 보거나 조칙을 내릴 때 쓰던 관
던지며 호통하기를,

"이봐, 명제야! 내 말을 들어 보아라. 하늘이 나 같은 영웅을 내실 때는 남경의 천자가 되게 하
자신이 황제가 되려는 반역의 속셈을 확실히 드러냄
심이라. 네 어찌 계속 천자이기를 바랄쏘냐. 내가 네 한 놈을 잡으려고 십 년을 공부해 변화무궁인데, 네 어찌 순종하지 않고 조그마한 충렬을 얻어 내 군사를 침노하느냐. 네 죄를 논지컨대 이제 바삐 죽일 것이로되, 나에게 옥새를 바치고 항서를 써서 올리면 죽이지 아니하리라. 그러
항복을 인정하는 문서
나 만약 그렇지 아니하면 네놈은 물론 네놈의 노모와 처자를 한 칼에 죽이리라."
태후와 황후와 태자

하니, 천자 어쩔 수 없이 하는 말이,

"항서를 쓰자 한들 지필(紙筆)이 없다." / 하시니, 한담이 분노해 창검을 번득이며 왈,
종이와 붓을 아울러 이르는 말

"곤룡포를 찢어 떼고 손가락을 깨물어서 항서를 쓰지 못할까."
임금이 입는 정복

하는지라. 천자 곤룡포를 찢어 떼고 손가락을 깨물었으나 차마 항서를 쓰지는 못하고 있었으니, 어찌 황천(皇天)인들 무심하리오.
서술자의 직접 개입 – 편집자적 논평

▶ 도성에 침입한 정한담이 천자에게 항복을 요구함

결정적 장면

이때 원수 금산성에서 적군 십만 명을 한칼에 무찌른 후, 곧바로 호산대에 진을 치고 있는 적의
유충렬의 비범한 능력
청병을 씨 없이 함몰하려고 달려갔다. 그런데 뜻밖에 월색이 희미해지더니 난데없는 빗방울이 원
모조리 다 죽임 / 우연성, 불길한 징조
수 면상에 떨어졌다. 원수 괴이해 말을 잠깐 멈추고 천기를 살펴보니, 도성에 살기 가득하고 천자
유충렬의 비범한 능력 / 하늘에 나타난 조짐
의 자미성이 떨어져 변수 가에 비쳐 있었다. 원수 대경해 발을 구르며 왈,
큰곰자리 부근에 있는 자미원의 별 이름. 북두칠성의 동북쪽에 있는 열다섯 개의 별 가운데 하나로, 중국 천자의 운명과 관련된다고 함

"이게 웬 변이냐." / 하고 산호편을 높이 들어 채찍질을 하면서 천사마에게 정색을 하고 이르기를,
산호로 꾸민 채찍

"천사마야, 네 용맹 두었다가 이런 때에 아니 쓰고 어디 쓰리오. 지금 천자께서 도적에게 잡혀 명재경각이라. 순식간에 득달해 천자를 구원하라."
거의 죽게 되어 곧 숨이 끊어질 지경에 이름

하니, 천사마는 본래 천상에서 내려온 비룡이라. 「채찍질을 아니 하고 제 가는 대로 두어도 비룡의
하늘을 나는 용
조화를 부려 순식간에 몇 천 리를 갈 줄 모르는데, 하물며 제 임자가 정색을 하고 말하고 또 산호

채로 채찍질하니 어찌 아니 급히 갈까. 눈 한 번 꿈쩍하는 사이에 황성 밖을 얼른 지나 변수 가에 다다랐다.」

서술자의 직접 개입 / 나라의 수도. 여기서는 중국의 남경(南京)

▶ 위기에 처한 천자를 구하려는 유충렬

「 」: 고전 소설의 전기적(傳奇的) 요소

이때 천자는 백사장에 엎어져 있고 한담이 칼을 들고 천자를 치려 했다. 원수가 이때를 당해 평생의 기력을 다해 호통을 지르니, 천사마도 평생의 용맹을 다 부리고 변화 좋은 장성검도 삼십삼천(三十三天)에 어린 조화를 다 부리었다. 원수 닿는 곳에 강산도 무너지고 하해도 뒤엎어지는 듯하니, 귀신인들 아니 울며 혼백인들 아니 울리오. 원수의 혼신이 불빛 되어 벽력같은 소리를 지르며 왈,

무능력한 왕실에 대한 인식 반영 / 불교에서 말하는 삼십삼 개의 하늘 / 과장법 / 서술자의 직접 개입 / 벽력: 벼락

"이놈 정한담아, 우리 천자 해치지 말고 나의 칼을 받아라!"

「하는 소리에 나는 짐승도 떨어지고 강신 하백도 넋을 잃어버릴 지경이거든」 정한담의 혼백과 간담인들 성할쏘냐. 「원수의 호통 소리에 한담의 두 눈이 캄캄하고 두 귀가 멍멍해 탔던 말을 돌려 타고 도망가려다가 형산마가 거꾸러지면서 한담도 백사장에 떨어졌다.」 ❶ 한담이 창검을 갈라 들고 원수를 겨누는 순간 구만장천(九萬長天) 구름 속에 번개 칼이 번쩍하면서 한담의 장창대검이 부서졌다. 원수 달려들어 한담의 목을 산 채로 잡아들고 말에 내려 천자 앞에 복지했다.

「 」: 과장된 표현 / 하백: 물을 맡아 다스린다는 신 / 서술자의 직접 개입 / 「 」: 혼비백산한 정한담의 모습 / 구만장천: 아득히 높고 먼 하늘 / 정한담을 생포함 / 복지: 땅에 엎드림

이때 천자는 백사장에 엎드린 채 반생반사(半生半死) 기절해 누웠거늘, 원수 천자를 붙들어 앉히고 정신을 진정시킨 후에 복지 주 왈,

반생반사: 거의 죽게 되어 죽을지 살지 모를 지경의 상태 / 복지 주 왈: 땅에 엎드려 아뢰어 말하기를

"소장이 도적을 함몰하고 한담을 사로잡아 말에 달고 왔나이다."

도적: 오랑캐

하니, 천자 황망 중에 원수란 말을 듣고 벌떡 일어나서 보니 원수 복지했는지라. 달려들어 목을 안고 왈,

황망: 마음이 몹시 급하여 당황하고 허둥지둥하는 면이 있음

"네가 일정 충렬이냐? 정한담은 어디 가고 네가 어찌 여기에 왔느냐? 내가 거의 죽게 되었더니, 네가 와서 살렸구나!"

하시었다. 원수 전후수말을 아뢴 후에 한담의 머리를 풀어 손에 감아 들고 천자와 함께 도성으로 돌아왔다.

정한담과의 대결에서 승리하여 천자를 구한 영웅적 면모가 돋보임

▶ 정한담과의 대결에서 승리하고 천자를 구한 유충렬

뒷부분 줄거리 | 유충렬은 나라를 구하고 태후와 황후, 태자 등도 무사히 구한다. 그리고 아버지 유심과 장인 강희주도 구출한 후 이별하였던 어머니를 찾고, 부인인 강 소저와 다시 만나게 된다. 유충렬은 남아 있던 정한담 일파를 물리치고, 나라로부터 대사마 겸 대장군 승상이란 최고의 벼슬을 받게 되어 강 소저와 함께 부귀공명을 누린다.

결정적 장면

유충렬이 절체절명의 위기에 처한 천자를 구출하는 장면으로 유충렬의 영웅적인 면모가 돋보이는 부분이다.

문제로 핵심 파악

1 정한담의 계략으로 인해 궁지에 몰린 천자의 처지를 나타내는 사자성어를 본문에서 찾아 쓰시오.

2 유충렬은 정한담과의 대결에서 (승리, 패배)하였다.

핵심 구절 풀이

❶ 한담이 창검을 ~ 기절해 누웠거늘: 유충렬의 영웅적 면모를 드러내면서 이와 대조되는 천자의 초라한 모습을 그려 유충렬의 영웅성을 더욱 강조함

핵심 정리

- 갈래: 고전 소설(국문 소설, 군담 소설, 영웅 소설, 적강 소설)
- 성격: 전기적(傳奇的), 비현실적, 우연적, 영웅적
- 구성: '발단 – 전개 – 위기 – 절정 – 결말'의 5단 구성, 영웅 서사 구조

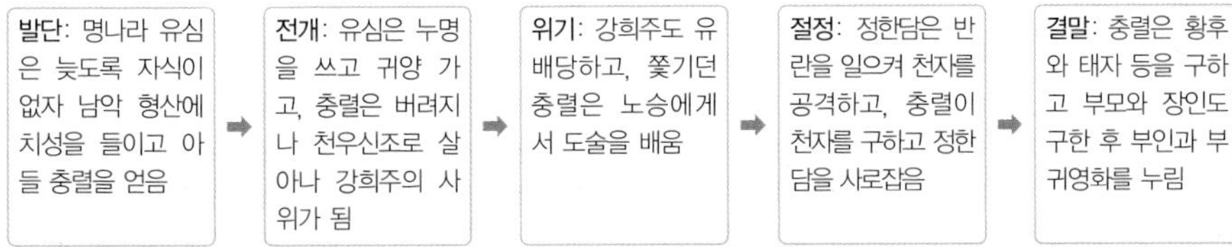

- 제재: 유충렬의 영웅적 일대기
- 주제: 유충렬의 고난과 영웅적인 행위
- 특징: ① 영웅 소설의 전형적 요소를 두루 갖춤 ② 천상계와 지상계라는 이원적 공간이 나타남
- 의의: 영웅의 일대기 구조를 가장 충실하게 드러내는 대표적인 작품임
- 인물 분석
  - 유충렬: 명나라 정언 주부 유심의 아들. 천상에서 적강한 신적 능력의 소유자로, 정의를 위하여 악과 싸우는 전형적인 영웅임
  - 정한담: 명나라의 신하. 천상에서 적강한 신적 능력의 소유자로, 적과 내통하여 천자에게 반기를 들었다가 유충렬에게 퇴치됨
  - 강 승상(강희주): 충직한 성격의 인물. 유충렬을 구출 · 양육한 후 유충렬을 사위로 삼음
  - 최일귀: 정한담과 함께 천자에게 반기를 들었다가 퇴치되는 인물

한눈에 보기

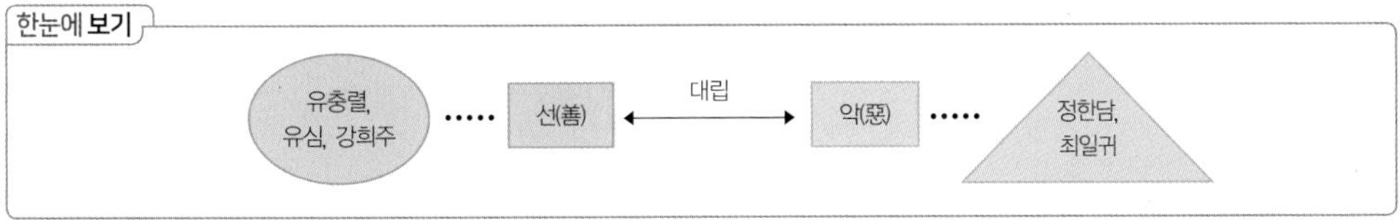

보충·심화 학습

- 〈유충렬전〉의 배경

이 글의 시 · 공간적 배경은 명나라 영종 연간의 중국 대륙이다. 다른 고전 소설처럼 현실감이 없는 과거의 시간과 익숙하지 않은 곳을 배경으로 삼은 것은 소설적 상상력과 사건 구성이 자유롭기 때문이다. 사상적 배경은 유충렬의 출생과 구출, 그리고 무예의 연마 과정에서 볼 수 있는 바와 같이 불교 사상이 짙게 나타나며, 국가와 군주를 위하여 전쟁에 나가 싸워 입신양명하고 부귀영화를 누리는 내용에서 유교 사상도 엿볼 수 있다.

필수 문제

01 유충렬이 호국(胡國)을 통쾌하게 항복시키고 잡혀간 왕족을 구출한다는 내용은 ( )의 치욕에 대한 당대 민중의 보상 심리를 반영한 것이라 할 수 있다.

02 영웅의 유형을 '귀족적 영웅'과 '민중적 영웅'으로 구분할 때, 유충렬은 어느 유형에 속하는 영웅이라고 할 수 있는지 쓰시오.

03 〈보기〉의 설명을 바탕으로 할 때, 장면 ❷는 영웅 소설의 구조에서 어느 단계에 해당하는지 쓰시오.

〈 보기 〉

영웅 소설의 구조는 일반적으로 '고귀한 혈통 → 기이한 출생 → 비범한 능력 → 고난과 시련 → 구출과 양육 → 성장 후 위기 → 극복과 승리'로 이루어진다. 이 글은 외적의 침입과 정한담의 반역으로 국가적 위기를 맞았을 때 유충렬이 천자를 구하는 부분이다.

82 임진록(壬辰錄) | 작자 미상

교과서 EBS 모의 기출

출제 포인트

임진왜란을 배경으로 한 군담 소설이다. 이 글에 역사적 실존 인물들이 대거 등장함에도, 사건은 역사적 사실과 다르게 서술된 이유에 대해 알아보자.

감상 길잡이

이 글은 작자 · 연대 미상의 소설로 목판본, 한글본, 필사본 등 여러 가지 다른 형태의 작품이 전한다. 성격상 역사 소설에 해당하는 이 글은 임진왜란이 사실상 참담한 패배로 끝난 것이지만 당시 전란을 체험했던 민중들이나 그 의식을 계승한 후손들이 민족의 사기를 진작하고 패전으로 인한 수모를 정신적으로 보상 받기 위해 지은 것으로 보인다. 특히 우리 민중은 이 글을 통하여 민족적 영웅의 출현을 갈망하였는데, 이순신, 곽재우, 김덕령, 정문부, 조헌, 영규, 김응서, 논개, 계월향 등의 부각과 숭앙(崇仰: 공경하여 우러러 봄)은 이를 입증하고 있다.

장면 1

앞부분 줄거리 | 하루는 선조가 꿈을 꿨는데, 이를 해몽하게 했더니 최일경은 왜가 침입할 징후라고 말한다. 이 때문에 최일경은 선조의 노여움을 사 유배를 가게 되는데, 삼 년 후 결국 왜군이 침입한다. 바다에서는 이순신이 출정하였으나 전사하고, 강홍립, 정충남 등의 영웅들이 나라를 구하기 위해 왜적과 맞서 싸운다.

도적이 가까이 왔단 말을 듣고 모친 모르게 상복을 벗어 상문(喪門)에 걸고 집을 떠나 순식간에 왜진에 들어가니, 청정이 김덕령을 보고 놀래어 수문장을 불러 호령하였다.

(모친 모르게: 모친이 이제 기댈 곳은 아들(김덕령)밖에 없음을 들어 반대할 것이기 때문에 / 청정: 임진왜란 때 일본군 장수 / 수문장: 각 궁궐이나 성의 문을 지키던 무관 벼슬)

"왜 진문(陣門)을 허수이 하여 조선 사람을 들어오게 하느뇨?"

(진문: 진영(陣營)으로 드나드는 문)

군중에 하령 왈,

(하령: 명령을 내림)

"활과 총으로 쏘아 잡으라."

하니, 활과 총이 비 오듯 하거늘 김덕령이 몸을 피하였다가 총과 화살이 그친 후에 다시 진중에 들어가 청정을 보고 불러 왈,

(김덕령: 부친상 중에 도술로 청정을 희롱하는 인물 / 진중: 군대나 부대의 안)

"나는 평안도 평강 땅에 사는 김덕령이다. 네가 천운을 모르고 외람된 뜻을 가져 의기양양하기로 내가 왔으니, 내 재주를 보라. 내일 오시(午時)에 네 수만 명 군사 머리에 백지 한 장씩을 붙일 것이니 그리 알라."

(천운: 하늘이 정한 운명 / 외람된 뜻: 분수에 지나친 조선을 정복하고자 하는 뜻 / 오시: 오전 11시에서 오후 1시 사이)

하고, 문득 간 데 없었다.

(문득 간 데 없었다: 비현실성, 전기성(傳奇性))

『청정이 괴히 여겨 제장에게 분부 왈,

(제장: 여러 장수)

"내일 총과 활을 많이 준비하였다가 사시(巳時) 말, 오시 초 되거든 일시에 짐승이라도 쏘아 죽이라."』 『 』: 청정이 김덕령의 경고에 대비를 함

(사시: 오전 9시에서 11시 사이)

하더니, 그 이튿날 사시 말 오시 초녁이 되어『사면에서 채색 구름이 일어나며 지척(咫尺)을 분별 못 하고 눈을 뜨지 못하더니, 이윽고 하늘이 청명하며 덕령이 들어와 청정을 불러 꾸짖어 왈,

(지척: 아주 가까운 거리 / 청명: 맑고 밝음)

"나의 재주를 보라."

하고, 백지를 던지니, 억만 군사 머리에 올라 감기거늘 억만 군사가 백화(百花)밭이 되는 것이었다.」청정이 그 재주를 보고 크게 질색하여 왈,

군사들의 머리에 흰 종이가 붙은 광경을 비유적으로 표현함

「 」: 비현실적인 요소, 전기성 – 인물의 비범함 부각

"내 재주 팔 년을 공부하였으되, 저러한 재주를 배우지 못하였으니 어찌 하리오. 아마 저 사람을 유인하여 선봉을 삼으면 염려 없이 대사를 이루리라."

김덕령의 재주가 자신보다 뛰어남을 인정함 / 선봉: 부대의 맨 앞에 선 장수 / 대사: 조선을 정복하는 일을 말함

하고 자탄(自歎)하는데, 덕령이 머리에 달린 백지를 일시에 걷어치우고 청정을 불러 왈,

자탄: 자기의 일에 대하여 탄식함

"나도 운수 불길하기로 재주만 뵈었으니 빨리 돌아가라. 만일 듣지 아니하면 부친 상옷을 상문에 사르고 너희를 한 칼로 무찌를 것이니, 부디 잔명(殘命)을 보전하여 급히 돌아가라."

사르고: 불사르고 / 잔명: 얼마 남지 않은 목숨

하고, 간 데 없거늘, 청정이 의심하여 급히 성중으로 돌아가니라.

간 데 없거늘: 비현실성, 전기성

▶ 김덕령이 상중에 왜진에 들어가 도술로 적장을 놀라게 함

현세: 현세의 몸으로 돌아옴

중략 부분 줄거리 | 최일경이 돌아와 왕의 잘못을 뉘우치게 하고, 명에 구원병을 청하게 한다. 관운장이 현신하여 도성을 점령한 왜적을 물리치고, 김응서가 월천과 공모하여 왜장 소서를 살해한다. 한편, 명에 구원병을 요청하러 간 유성룡은 결국 이여송을 얻어 귀국하는 데 성공한다.

평안도 평강 땅에 사는 김응서(金應西)와 전라도 전주 사는 강홍립(姜弘立), 황해도 사는 김승태(金勝台)와 함경도 사는 문두황(文頭黃) 등 여러 사람들이 모두 범 같은 장수라. 각각 갑주를 갖추고 이여송에 뵈오니 보시고 칭찬 왈,

김응서: 비범한 인물로 왜국 정벌에 나서나 강홍립의 배신으로 죽음 / 범 같은 장수: 용맹하고 뛰어난 장수 / 갑주: 갑옷과 투구 / 이여송: 명나라에서 온 구원병의 대장

"조선 같은 편소지국(偏小之國)에 저러한 영웅호걸이 많거늘 어찌 요란치 아니 하리오."

편소지국: 구석에 치우친 조그만 나라

하고 그중에 재조를 보려 하고 높은 깃대 끝에 황금 일만 량을 달고 왈,

재조: 재주 / 량: 냥. 한 냥은 한 돈의 열 배

"제장 중에 저기 달린 황금을 떼어 오는 자 있으면 선봉을 삼으리라."

하니, 제장이 영을 듣고 한 장수 내달아 춤추며 몸을 날려 소소와 황금을 철추로 치니, 황금이 떨어지는지라. 또 한 장수 내달아 몸을 소소와 남은 황금을 떼어 가지고 돌아왔거늘, 이여송이 장수에게 물었다.

영: 명령 / 소소와: 솟구쳐 / 철추: 쇠몽둥이

"그대는 성명이 뉘라 하느뇨?"

장졸이 대 왈,

대: 대답하여 말하길

"먼저 장수는 김응서요, 두 번째 뗀 장수는 강홍립이로소이다."

하니, 응서를 선봉을 삼고, 홍립으로 후 선봉을 삼고 유후수로 좌익장을 삼고 백철남으로 우익장을 삼고 김일관으로 군량장을 삼고 그 남은 제장은 다 후 군장을 삼을새, 제장이 군사를 몰아 강원도 왜장 청정의 진으로 행하니라. 이때 왕께서 유성룡을 불러 가라사대,

좌익장: 군의 왼쪽에 있는 부대의 장수 / 우익장: 군의 오른쪽에 있는 부대의 장수 / 군량장: 군량을 담당하는 장수

"조선 군사와 대국 군사의 군량장을 맡아 수운하라." 하시더라.

수운: 사람을 태워 나르거나 물건을 실어 나름

▶ 이여송이 선봉장을 정하기 위해 조선의 장수들을 시험함

각설 이때 이여송이 왈,

각설: 말이나 글 따위에서, 이제까지 다루던 내용을 그만두고 화제를 다른 쪽으로 돌림

"좋은 술 천 독만 내일 식전에 대령하라."

조선군의 기를 꺾기 위한 무리한 요구 ①

하니, 응서 대답하고 나와 군중에 전령하되, 땅 밑을 깊이 파고 술 천 독을 하여 묻고 그 우에 백탄 숯을 피워 밤새 그렇게 하고 그 이튿날 술 천 독을 대령하니, 이여송이 보고 칭찬 왈,

명령을 전달하되 / 흰 숯

"조선도 명인이 있도다." 하고, 또 분부하여 왈,

어떤 분야에서 기예가 매우 뛰어난 사람

"내일 조시(朝時)에 용탕(龍湯)을 대령하라."

조선군의 기를 꺾기 위한 무리한 요구 ②

하니, 응서 능히 대답하고 나와「서천(西天)을 바라보고 슬피 우니, 어떠한 용이 시냇가에서 죽었거늘,」즉시 용탕을 지어 올리니, 이여송이 또 가로되,

「 」: 비현실적인 요소. 전기성 – 인물의 비범함 부각

소상강 주변에서 나는 얼룩무늬 대나무

"소상 반죽 젓갈을 들이라."

조선군의 기를 꺾기 위한 무리한 요구 ③

하니, 응서 능히 대답하고 나와 전하께 상달하니 상이 가라사대,

(윗사람에게 말이나 글로) 여쭈어 알려 드리니 / 임금. 선조

"그 전 선조 시에 신하 어떠한 양반이 일후에 써 먹을 일이 있다 하고 전하여 온 것이 있으니 급히 가져가라."

바로 전대의 왕조 / 뒷날

하시되, 응서 반겨 듣고 젓갈을 갖다 올리니, 이여송이 칭찬 왈,

"천재로다, 천재로다. 이런 사람은 세상에 없도다."

하고, 또 분부 왈,

이여송의 요구 ①~④: 이여송이 자신의 세(勢)를 과시하고, 조선군을 궁지에 몰기 위해 무리한 물품을 요구함. 하지만 김응서는 자신의 기지와 조력자의 도움으로 이를 모두 해결함

"내일 조시(朝時) 초에 백마(白馬) 백 필을 대령하라."

조선군의 기를 꺾기 위한 무리한 요구 ④

하니, 응서 능히 대답하고 군중에 전령하되,

"분칠도 하고 흰 가루 칠도 하여 백마 백 필을 대령하라."

하니「이여송이 대소(大笑) 왈,

크게 웃음

"임시 체면이라도 저렇듯 하니, 어찌 그대의 재주 없으리오."」

「 」: 무리한 요구에 재치로 해결한 김응서를 칭찬함

하고 인하여 유성룡으로 군량장을 삼으며 군량을 수운하게 하고 청정의 진으로 향하더라.

▶ 이여송의 무리한 요구를 김응서가 재치 있게 해결함

뒷부분 줄거리 | 이여송이 조선 장수들과 함께 왜진을 물리치나, 김덕령은 이옥의 모함으로 역적으로 몰려 원통하게 죽는다. 이여송은 조선 산천의 혈맥을 끊으려다가 신령에게 봉변을 당하고, 강홍립과 김응서가 왜국 정벌에 나서 승리하지만 강홍립의 배신으로 둘 다 죽고 만다. 후에 사명당이 일본으로 건너가 도술로 왜왕의 항복을 받은 뒤 귀국한다.

필수 문제

01 이 글의 배경이 되는 역사적 사건을 쓰시오.

02 [서술형] 이 글에서 왜적 퇴치에 공헌한 인물들은 주로 초야(草野)에 있던 이들이다. 이러한 설정이 의미하는 바를 당대 민중 의식과 연결하여 서술하시오.

장면 2

앞부분 줄거리 | 선조는 한 계집이 기장을 자루에 넣어 머리에 이고 들어와 내려놓자 화광이 충천하는 꿈을 꾸는데, 영의정 최일경은 이를 왜놈들이 쳐들어올 징조로 해몽한다. 이에 선조는 태평한 시대에 요망한 말로 민심을 소란케 한다며 최일경을 동래로 귀양을 보내는데, 그곳에서 최일경은 왜구가 쳐들어오는 것을 목격하고 동래 부사에게 알린다. 하지만 동래 부사가 왜구를 막지 못하고 거북선을 만들어 대비했던 이순신도 전사하고 만다. 결국 선조는 명에 구원병을 청하는 사신을 보내고 이여송이 조선에 당도하여 청정의 목을 벤다. 이후, 선조는 김응서와 강홍립을 왜국에 보내 왜왕의 항서를 받아오게 하지만 실패하자 육도삼략에 통달하고 둔갑장신술에 능통한 사명당을 왜국에 보내어 조선을 침범치 못하게 하라는 서산 대사의 청을 받아들여 사명당을 왜국으로 보낸다.

사명당이 용궁 서간을 가지고 즉시 단을 무으고(쌓고) 단상에 올라 사해를 향하여 무수히 합장 배례하고 인하여 대사께 하직한대, 대사 왈,

"부디 조심하려니와 왜왕이 필연 취맥코저(남의 동정을 더듬어 살핌) 하여 다섯 가지로 청하리니(대사의 비범한 예지력 → 사명당에게 시련이 닥칠 것을 암시) 그중 어려운 일이 있거든 향산(香山)을 향하여 사배(네 번 절함)하면 자연 도움이 있으리라."

사명당이 스승의 교령(敎令)(가르침과 명령)을 듣고 길을 떠날새 만조백관(조정의 모든 벼슬아치)이 십리허(十里許)에 나와 전송하더라. 각 읍에 선문(先文)(중앙의 벼슬아치가 지방에 출장할 때, 그곳에 도착 날짜를 미리 알리던 공문)을 놓고 발행할새 이때 동래 부사 송정이 노문(路文)(조선 시대에, 공무로 지방에 가는 벼슬아치의 도착 예정일을 미리 그곳 관아에 알리던 공문)을 보고 웃으며 왈,

"조정에 사람이 무수하거늘 어찌 구태여 중을 보내리오, 이는 더욱 패망할 징조라."(척불숭유 정책으로 불교와 승려를 무시하던 조선의 사회상 반영)

하더니 하인이 보하되(기별하거나 알리되),

"사명당 행차 온다 하오니 어찌 접대하리이까?"(신분적 우월감으로 봉명 사신인 사명당을 무시하는 인물)

송정이 분부 왈, "상례(常例)(보통 있는 일)로 대접하라. 제 비록 부처라 한들 어찌 곧이들으리요?"(고정 관념으로 사명당의 능력을 불신하여 홀대함)

하고 심상히(대수롭지 않고 예사롭게) 여기거늘, 하리(서리. 관아에 속하여 말단 행정 실무에 종사하던 구실아치) 분부를 듣고 나와 부사의 말을 이르고 왈,

「"지방관의 도리에 봉명 사신(奉命使臣)(임금의 명령을 받들고 딴 나라로 가는 사신)을 가벼이 여기거니와 반드시 환을 면치 못하리로다."」

「 」: 사신의 신분이 승려라는 이유로 사신을 접대하는 지방관으로서의 임무를 소홀히 한 동래 부사 송정이 화를 입을 것이라고 함(복선). 부사에 대한 하리의 부정적 발언을 통해 어리석은 지배층에 대한 당시 민중들의 비판적 인식을 엿볼 수 있음

하더니 자연 삼 일 만에 이르렀는지라. 대접하는 도리와 수응하는 일이 가장 만홀(漫忽)(되는대로 내버려 두고 등한시하며 소홀하거늘)하거늘 사명당이 대로하여(크게 화를 냄) 객사(客舍)에 좌기(坐起)(관아의 으뜸 벼슬에 있던 이가 출근하여 일을 시작함)하고 무사를 명하여 송정을 잡아 계하(섬돌이나 층계의 아래)에 꿇게 하고 이르되,

「"네 벼슬이 비록 옥당(玉堂)(높은 신분)이나 지방관이요, 내 비록 중(비천한 신분)이나 일국 대사마 대장군(大司馬大將軍)이요 봉명 사신이어늘, 네 한갓 벼슬만 믿고 국명을 심상히 여겨 방자함(어려워하거나 조심스러워하는 태도가 없이 무례하고 건방짐)이 태심(너무 심함)하니 내여 버혀 국법을 엄히 하라."」

「 」: 옳고 그름을 따져 일처리를 분명히 하는 사명당의 곧은 성격이 드러남

하고 즉시 나라에 장문(狀聞)(장계(狀啓)를 올려 임금에게 아뢰. 또는 그 글)하여 선참후계(先斬後啓)(군율을 어긴 자를 먼저 처형하고 뒤에 임금에게 아뢰던 일)하고 인하여 길을 떠날 새 순풍을 만나 행선(行船)(배가 감)하니라.

▶ 왕명으로 일본으로 가는 도중 사신의 위엄을 보이는 사명당

각설(장면을 전환할 때 고전 소설에서 사용하는 상투적인 표현). 왜왕이 원수를 갚고자 하여 매일 군마를 연습하며 조선을 칠 모책(어떤 일을 처리하거나 모면할 꾀)을 의논하더니 문득 보하되 '패문(사신을 파견할 때 사신의 파견 목적과 일정 등 사신과 관련된 제반 사항을 기록하여 사전에 보내던 통지문)이 왔다.' 하거늘 즉시 떼어 보니 '생불 사신(生佛使臣)(살아 있는 부처라는 뜻으로, 덕행이 높은 승려를 이르는 말)이 간다.' 하였거늘 왜왕이 남파(覽罷)(다 본 뒤에)에 대로 왈,

「"우습고 기괴하도다. 어찌 조선 조그만 나라에 생불이 있으리오. 이는 반드시 우리를 업신여겨 의혹게(의심하여 수상히 여김. 또는 그런 마음) 함이라."」

「 」: 말로는 사명당을 무시하지만 모든 신하를 모아 대책을 세울 정도로 두려워하며 경계함

하고 이에 제신(諸臣)을 모아 의논 왈,」
여러 신하

"조선이 부처를 보내노라 함은 저의 계교 궁진(窮盡)하여 우리를 의혹게 함이로다."
다하여 없어짐

제신이 주 왈, /「"이제 생불이 온다 하오니 글을 지어 병풍을 만들어 좌우에 세우고 그 위에 자리를 치고 문을 닫았다가 오거든 말을 몰아 병풍 안에 들거든 닫는 말을 갈아 태워 급히 지나게 하면 자연 취맥하기 쉬우리이다."」 「 」: 사명당이 생불임을 시험하기 위한 계책 – 사명당에게 가해지는 시련 ①

사명당이 무엇이 있는지 알지 못하게 하려는 의도 / 사명당이 병풍의 내용을 보지 못하게 하려는 의도

왜왕이 옳이 여겨 그대로 하니라. 이때 사명당이 길을 재촉하여 조정에 다다르니 날이 이미 황혼이라. 문득 방포 소리 나며 말을 갈아 태우고 등촉이 명랑하며 말을 급히 몰아가더니 이윽고 조정에 들어가는지라.

사명당이 병풍 앞을 지나갈 때 소리를 내어 정신없게 하고, 불을 밝혀 눈부시게 하고, 말을 태워 빠르게 지나가게 하여 병풍의 내용을 보지 못하게 함

병풍에 써 있는 글

왜왕이 문 왈, "그대 부처라 하니 오다가 길 좌우의 병풍서(屛風書)를 보니이까?"
사명당의 능력을 시험하려는 의도적 질문

사명당이 대 왈, "어찌 그만한 것을 모르리이까?"
왜의 의도를 알아채고 당당하고 의연한 태도를 보임

왜왕 왈, "그대 능히 그 병풍서를 외울쏘냐?"

사명당이 그 말을 듣고 일체 생각하는 바 없이 음성을 밝게 하여 읊는지라. 일만 오천 칸 병풍서를 낱낱이 외우되 한 글을 불독하는지라.
주저함 없이 병풍서를 읊는 사명당의 모습 – 영웅적 면모 / 읽지 않음, 즉 읊지 않음

왜왕이 발연변색 왈, "그대 어찌 한 칸 글을 이르지 아니하느뇨?"
왈칵 성을 내어 얼굴빛이 달라짐

사명당 왈, "그는 보지 못하였으니 어찌 이르리오?"

왜왕이 꾸짖어 왈, "한 가지로 세웠거늘 어찌 보지 못하리오?"
보지 못했다는 사명당의 말을 핑계로 간주하여 의심함

하고 사람을 보내어 적간(摘奸)하니 과연 바람에 덮여 못 봄이 적실하더라. 돌아와 이대로 고하니 왜왕이 이 말을 듣고 실색하더라.
죄상이 있는지 없는지를 밝히기 위하여 캐어 살핌 / 틀림없이 확실함 / 사명당의 비범함을 직접 확인하였기 때문에

▶ 왜왕의 시험과 사명당의 시련 극복 ① – 병풍의 글 암송

사명당이 관역에 돌아오니 왜왕이 제신을 모아 의논 왈,

"이제 사명당의 거동을 보니 듣는 말과 같아 법력(法力)이 심상치 아니한지라, 장차 어찌하리오?"
왜왕이 사명당의 비범함을 보고 두려워함

제신이 주 왈, /「"그리 마옵고 이 앞에 승당이란 못이 있으니 깊기 삼십 길이나 되는지라, 사명당으로 하여금 방석을 주어 물 위에 띄우고 그 못에 놀게 하소서. 만일 부처가 명백하오면 물에 가라앉지 아니하리이다."」
「 」: 사명당이 생불임을 시험하기 위한 계책 – 사명당에게 가해지는 시련 ② / 의심할 바 없이 아주 뚜렷함

왜왕이 그 말을 옳이 여겨 그대로 한 후 사명당을 청하여 좌정 후 왕이 가로되,
자리 잡아 앉음

「"이 앞에 승당이라는 못이 있으되 경개 절승하여 한번 구경함 직하니 저 방석을 타고 물 위에서 완경(玩景)함이 어떠하뇨?"」 「 」: 사명당의 능력을 시험하고자 하는 의도로 경치를 구경하기를 권유함
풍경 따위를 즐김

「사명당이 사양치 아니하고 조선을 향하여 사배하고 그 방석을 못에 띄우고 그 위에 올라앉는지
「 」: 사명당의 시련 극복 ② – 사명당이 도술을 부림. 사명당의 비범한 능력과 영웅성이 부각됨. 고전 소설의 전기성

라. 그제야 모든 사람이 긴 막대로 방석을 밀치되 가라앉지 아니하고 바람을 좇아 임의로 떠서 다니거늘,」 사명당을 청하여 위로하며 별당(別堂)에 들이고 문무를 모아 의논 왈,

몸채의 곁이나 뒤에 따로 지은 집이나 방 ▶ 왜왕의 시험과 사명당의 시련 극복 ② - 물 위에서 방석을 탐

「"오늘 밤 사명당 침방에 화철을 깔고 큰 풀무를 놓은 후 사명당을 청하여 들게 하고 사면에서 풀무를 일시에 불면 가히 부처 법력을 알리라."」

불을 피울 때에 바람을 일으키는 기구

「 」: 사명당이 생불임을 시험하기 위한 계책 - 사명당에게 가해지는 시련 ③

하더라.

이날 사명당이 기와 한 장을 가지고 방에 들어가 쉬려 하더니 왜놈이 문을 봉하고 사면으로 풀무를 부니 그 방에 든 자 어디로 가리오. 「사명당이 화열(火熱)이 급함을 보고 조선을 향하고 사배한 후 팔만대장경(八萬大藏經)을 외우니 문득 지하에서 화기 스스로 스러지고 냉기(冷氣) 올라 방중에 서리 가득하더라.」

사명당이 밖으로 나가지 못하게 하려는 의도

「 」: 사명당의 시련 극복 ③ - 사명당의 비범한 능력과 영웅성이 드러남, 전기적 요소

부처의 힘으로 외적을 물리치기 위하여 고려 고종 23년(1236)부터 38년(1251)에 걸쳐 완성한, 불경을 집대성한 경전

이튿날 왜왕의 사자가 명을 받아 문안하니 사명당이 문을 열치고 크게 꾸짖어 왈,

「"네 돌아가 네 국왕에게 자세히 전하라. 내 조선서 들으니 일본이 심히 덥다 하더니 이제 와 보니 더운 곳이 아니라, 방이 냉하여 잠을 편히 못 잤으니 쉬 더운 곳으로 하처(下處)를 옮기라."」

왜왕 / 사처. 손님이 길을 가다 묵음. 또는 묵고 있는 그 집

「 」: 풀무질을 해 방을 덥게 만들었으나 사명당이 살아나 오히려 왜왕의 사자를 꾸짖음

사자 이 말을 듣고 혼불부체(魂不附體)하여 돌아가 왕을 보고 수말을 자세히 고하니 왜왕이 청파에 놀라 마지아니하여 군신을 모아 의논 왈,

혼비백산. 몹시 놀라 넋을 잃음을 이르는 말 / 수미. 일의 시작과 끝 / 듣기를 다 마침. 또는 그런 때

▶ 왜왕의 시험과 사명당의 시련 극복 ③ - 뜨거운 방에서 살아남

"이제 조선 사신이 생불일시 적실하니 어찌하리요?"

예부 상서 한자경이 주 왈,

사명당의 비범한 능력을 알아보는 인물

"전하, 신의 말을 듣지 아니하옵다가 이리되었사오니 후회한들 어찌 미치리요. 조선 사자 깊은 못에 들어도 빠지지 아니하고 화철방을 빙고(氷庫)같이 지내오니 이는 범인이 아니라, 반드시 큰 화를 면치 못할까 하나이다."

사명당이 이미 생불임이 확실히 입증되었으니 / 평범한 사람

왜왕이 대경 왈, / "그러면 장차 어찌하리요?"

비범한 사명당을 상대할 방책이 없음을 걱정함

하더니 문득 삼도 태수 주 왈, / "왕사는 이르옵거니와 다시 취맥할 일이 있나이다."

하고 오색 방석을 만들어 놓고 취맥할새 즉시 대연(大宴)을 배설(排設)하고 사명당을 청하니 사명당이 들어와 보니 오색 방석을 놓았거늘 사명당이 비단 방석에는 신을 벗지 아니하고 백목(白木) 방석에 신을 벗고 들어가 앉으니 왜왕이 문 왈,

사명당의 성품을 알아보기 위한 수단 / 큰 규모로 벌인 잔치 / 연회나 의식(儀式)에 쓰는 물건을 차려 놓음 / 화려하지만 천한 것 / 소박하지만 깨끗한 것

결정적 장면

"비단 방석에 아니 앉고 백목 방석에 앉느뇨?"

사명당이 주 왈,

※ 왜인들이 방석으로 사명당의 성품을 떠보는 일을 왜왕의 시험과 사명당의 시련 극복 과정으로 보는 경우도 있습니다.

「"비단 방석은 잡충(雜蟲)의 소출이요. 백목은 꽂이라 더럽지 아니하
누에고치에서 뽑은 실로 짠 것 / 목화솜에서 뽑은 실로 짠 것
니이다."」「 」: 깨끗한 것을 좋아하는 사명당의 성품이 드러남

왜왕이 묵연부답(默然不答)일러라. 종일토록 연락(宴樂)하고 황혼이 되매 파연하니 사명당이 하처로 돌아오니라. ▶ 왜인들이 방석으로 사명당의 성품을 떠봄
말없이 대답하지 아니함 / 잔치를 벌여 즐김 / 잔치를 끝냄

백관이 주 왈, / 「"오늘 연석에 조선 사신을 보니 주식(酒食)을 좋아하오니 부처는 아니라 무슨 법술을 배워 사람을 미혹게 하오니 만일 이 사람을 살려 돌려보내면 반드시 후환이 되리이다."」
불교에서는 술을 마시는 것을 금지하고 있으므로 술을 좋아하는 사명당은 부처가 아니라고 생각함
「 」: 사명당의 비범함을 보고 후환을 두려워함

왜왕 왈,

"그러면 어찌하여야 죽이리요? 경등(卿等)의 소견을 듣고자 하노라."
임금이 신하들을 가리키던 이인칭 대명사 / 어떤 일이나 사물을 살펴보고 가지게 되는 생각이나 의견

채만홍이 주 왈, / 「"신의 소견은 철마(鐵馬)를 만들어 불같이 달구고 사명당을 태우면 비록 부처라도 능히 살지 못하리이다."」
쇠로 만든 말
「 」: 사명당이 생불임을 시험하기 위한 계책 – 사명당에게 가해지는 시련 ④

왜왕이 그 말을 옳이 여겨 즉시 풀무를 놓고 철마를 지어 만든 후 백탄을 뫼같이 쌓고 철마를 그 위에 놓아 불같이 달군 후에 사명당을 청하여 가로되, / "그대 저 말을 능히 타면 부처 법력을 가히 알리라."
빛깔은 맑지 못하고 흰 듯하며 화력이 매우 센 참숯

❶ 사명당이 심중에 망극하여 납관을 쓰고 조선 향산(香山)을 향하여 사배하더니 문득 서녘에서 오색구름이 일어나며 천지가 희미하거늘 사명당이 마지못하여 정히 철마를 타려 하더니 홀연 벽력 소리 진동하며 천지 뒤눕는 듯하고 태풍이 진작하여 모래 날리고 돌이 달음질하고 뫼 밖으로 담아 붓듯이 와 사람이 지척을 분변치 못하는지라, 경각(頃刻) 사이에 성중에 물이 창일(漲溢)하여 바다가 되고 성외의 백성들이 물에 빠져 죽는 자 수를 아지 못하되 사명당 있는 곳은 비 한 방울이 아니 젖는지라. 왜왕이 경황실색하여 이르되,
등장인물의 심리를 서술자가 제시
뜻하지 아니하게 갑자기
떨쳐 일어남. 또는 떨쳐 일으킴
사물을 구별함 / 눈 깜빡할 사이. 또는 아주 짧은 시간
물이 불어서 넘침
문어체를 사용함 / 놀라고 두려워 얼굴색이 달라짐

"어찌하여 천위(天威)를 안정하리요?
▶ 왜왕의 시험과 사명당의 시련 극복 ④ – 숯불에 달군 철마를 타게 함

예부 상서 한자경이 주 왈,

"처음에 신의 말씀을 들었사오면 어찌 오늘날 환이 있으리이까? 방금 사세를 생각하옵건대 조선에 항복하여 백성을 평안히 함만 같지 못하니이다."
일이 되어 가는 형세

왜왕이 자경의 말을 듣고 마지못하여 항서(降書)를 써 보내니 사명당
왜왕의 굴욕적인 모습을 통해 임진왜란의 치욕을 심리적으로 보상 받으려는 민중 의식이 반영됨

결정적 장면

왜왕이 사명당을 경계하며 사명당을 무리한 상황에 빠뜨려 시험하고자 하나 비범한 능력으로 사명당이 모든 위기에서 빠져나오며 조선의 우월성을 보이고 결국 왜왕의 항서를 받아 내는 장면이다. 사명당의 영웅적 활약이 가장 두드러지는 부분이다.

문제로 핵심 파악

1 [기출] 이 글에 대한 설명으로 적절하지 않은 것은?

① 힘의 우위를 바탕으로 갈등이 해결되고 있다.
② 인물의 외양을 묘사하여 성격을 제시하고 있다.
③ 과장된 비유를 활용하여 상황의 급박함을 드러내고 있다.
④ 전기적(傳奇的) 요소를 활용하여 비현실적 장면을 부각하고 있다.
⑤ 공간이 국내에서 국외로 바뀌면서 서사적 긴장감이 고조되고 있다.

핵심 구절 풀이

❶ 사명당이 심중에 망극하여 ~ 방울이 아니 젖는지라.: 사명당이 자신에게 주어진 시련을 극복하는 부분으로, 사명당의 비범한 능력과 영웅성을 부각하며 도술로 기상 이변을 일으켜 조선의 우월성을 보이고 왜가 항복하는 계기를 마련함

답 1 ②

이 높이 좌하고 삼해 용왕을 호령하더니 문득 보하되,

"왜왕이 사자를 보내어 항서를 올리나이다."

▶ 모든 시련을 극복한 사명당에게 왜왕이 항서를 바침

뒷부분 줄거리 | 왜왕의 항서와 조공물을 받은 왕은 기뻐하며 사명당을 칭찬하고, 왜왕은 인피 3백 장과 구리쇠, 주석쇠, 통쇠, 시무쇠 등을 해마다 조공으로 바친다. 사명당은 묘향산으로 들어가 불도에 정진하고 세상은 태평해진다.

핵심 정리

- 갈래: 고전 소설(국문 소설, 군담 소설, 역사 소설)
- 성격: 전기적(傳奇的), 설화적, 역사적
- 구성: '도입 – 전개 – 전환 – 절정 – 결말'의 5단 구성, 여러 인물들의 일화적 구성

도입: 왜가 침입할 것이라는 최일경의 해몽과, 선조의 진노로 인한 최일경의 유배 ➡ **전개**: 왜군 침입에 따른 이순신, 강홍립, 김덕령 등의 활약과 정충남의 전사 ➡ **전환**: 왕의 피난과 최일경의 복귀, 관운장, 김응서의 활약 ➡ **절정**: 명에서 온 이여송의 활약과 봉변, 김덕령의 원통한 죽음 ➡ **결말**: 강홍립, 김응서의 일본 원정 승리와 사명 대사의 활약

- 제재: 임진왜란 때의 영웅들의 활약상
- 주제: 패전에 대한 정신적 보상과 승리
- 특징: ① 임진왜란을 전후하여 전해지는 전쟁 설화들을 문자로 정착시킴
  ② 임진왜란 중에 활약한 인물들의 영웅적 활약상을 나열하는 방식으로 전개됨
- 의의: 민족적 자부심과 민족적 응전(應戰: 상대편의 공격에 맞서 싸움) 의지를 고취하는 대표적인 영웅 군담 소설임
- 인물 분석
  - 김응서: 평안도 장수. 기생 월천과 공모하여 왜장을 살해하고, 일본 원정에 나서 승리함
  - 이여송: 명나라 장수. 구원병으로 조선에 와서 왜적을 물리침
  - 사명 대사: 서산 대사의 제자. 뛰어나고 신이한 능력으로 왜구의 침입을 막아 내고 항복을 받아 냄

한눈에 **보기**

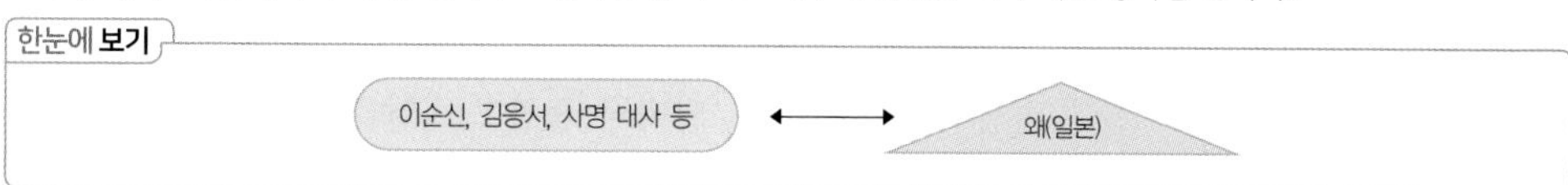

보충·심화 학습

- 민족의 영웅, 사명 대사의 삶

경남 밀양 출생으로 법명은 유정이다. 어려서 조부 밑에서 공부를 하고 1556년(명종 11년) 13세 때 황여헌에게 《맹자(孟子)》를 배우다가 황악산 직지사의 신묵을 찾아 승려가 되었다. 1561년 승과(僧科)에 급제하고, 묘향산 휴정(休靜)의 법을 이어받았다. 1592년(선조 25년) 임진왜란 때 승병을 모집, 휴정의 휘하로 들어갔다. 이듬해 승군 도총섭(僧軍都摠攝)이 되어 명나라 군사와 협력, 평양을 수복하고 도원수 권율과 의령에서 왜군을 격파, 전공을 세우고 당상관(堂上官)의 위계를 받았다. 1594년(선조 27년) 왜장 가토 기요마사(加藤清正)의 진중을 3차례 방문, 화의 담판을 하면서 적의 정황을 살폈다. 정유재란(丁酉再亂) 때 명나라 장수 마귀와 함께 울산의 도산과 순천 예교에서 전공을 세우고 1602년 중추부동지사(中樞府同知使)가 되었다. 1604년 국왕의 친서를 가지고 일본에 건너가 도쿠가와 이에야스(德川家康)를 만나 강화를 맺고 조선인 포로 3,500명을 인솔하여 귀국했다. 선조가 죽은 뒤 해인사에 머물다가 그곳에서 죽었다.

필수 문제

01 이 글 전체에서 나타나는 구성상의 특징을 쓰시오.

02 [서술형] 이 글과 같은 소설이 당대의 사람들이 전란으로 인해 받은 상처를 치유하는 데 어떤 기능을 했는지 간략하게 서술하시오.

83 장국진전(張國振傳) | 작자 미상

모의 기출

출제 포인트

남성 영웅 장국진과 그의 아내이자 여성 영웅인 계양의 행적을 그린 작품이다. 장국진의 활약상 및 계양의 역할에 주목하여 살펴보자.

감상 길잡이

이 글은 명나라를 배경으로 하여 장국진의 영웅적 일생을 그린 창작 영웅 소설이다. 일반적인 군담 소설과 마찬가지로, 주인공인 장국진은 달마국이 쳐들어온 위기의 상황에서 나라와 천자를 지키고 부귀공명을 얻는다. 다만 이 글에서는 장국진의 아내인 계양의 역할에 주목할 필요가 있다. 장국진이 전장에서 병에 들어 위기에 처하자, 계양은 남장을 하고 남편을 구하는데, 이는 이 글이 남성 중심의 영웅 소설과 여성 영웅 소설의 중간 단계에 놓여 있음을 보여 준다.

앞부분 줄거리 | 명나라 때, 7세의 장국진은 달마국의 침입으로 부모를 잃고 고생을 한다. 이때 달마국의 백원 도사가 장국진의 영웅성을 알고 강물에 던져 죽이려고 한다. 그러나 국진은 청의 동자에 의해 구출되어 여학 도사의 제자로 들어가 경서와 도술을 익힌다. 그 후 국진은 과거에 장원 급제하여 천자의 주선으로 계양과 혼인하고 병부 상서 유봉의 딸과도 혼인한다. 천자가 승하하여 태자가 즉위하자 장국진은 이참의 참소로 유배를 가다 달마국에 잡힌다. 달마 왕이 재차 침입하나, 국진이 탈출하여 이를 막는다. 이때 국진이 병이 들어 위기에 처한다.

며칠이 지나도 국진의 신병(몸에 생긴 병)은 조금도 차도(병환이 나아지는 것)가 없으니, 이 위급함을 무엇으로 해결하여야 한단 말인가.

이때 어려서부터 닦아 온 천문 지리가 누구보다 능통한(계양의 비범성) 이 부인(계양)이 천기를 보고 있던 터라, 남편의 이런 사실을 깨닫고는 놀라움을 금치 못하더라. 더욱이 옆에 있던 유 부인 역시 남편의 위험에 애통해하니, 장 승상이나 왕 씨도 이 소식을 듣고 달려와 울 따름이더라. 육도삼략(중국의 오래된 병서)과 손오(중국 춘추 전국 시대의 병법가인 손무와 오기) 병법에도 능통한 이 부인은 생각 끝에 결연히 일어서더니, 달마국 전장으로 달려가 병을 앓는 남편을 구하고 이 싸움을 결단 지으리라 결심하더라.

▶ 계양이 국진을 구하고 달마국과의 전쟁을 끝내리라 결심함

이 부인은 즉시 ❶ 남장을 하고 머리에 용인 투구를 쓰고, 몸에 청사 전포(장수가 입던 긴 웃옷)를 입고, 왼손에 비린도, 오른손에 홀기(벼슬아치가 임금을 만날 때에 손에 쥐던 물건)를 들고는, 시부모와 유 부인과 주위 사람들에게 이별을 고하고 필마단기로(혼자 한 필의 말을 타고) 달마국을 향하여 집을 떠나더라. 유 부인은 멀리 전송(예를 갖추어 떠나보냄)을 나와 이 부인의 전도(앞으로 나아갈 길. 장래)를 근심하며, 봉서(겉봉을 봉한 편지) 한 통과 바늘 한 쌍을 이 부인에게 내어 주더라.

그리고 이 부인에게 말하되,

"이것을 가지고 동정호 물 건널 제 물에 던지면 용왕 부인이 청할 것이니, 들어가 보옵소서. 동정호 용왕은 첩의 전생 부모이니 부모가 보오면 반가워할 터요, 이제 가장 좋은 선약(仙藥)(신선이 만든다는 약. 효험이 좋은 약)을 얻어 가야 승상(장국진)의 목숨을 구할 것이오. 다음은 선녀 한 쌍을 얻어 가야 천원 왕과 달마 왕을 잡으리다." / 하니, 이 부인은 그것을 받아 가지고 질풍처럼 달리더라.

▶ 계양이 유 부인의 봉서를 받고 장국진을 구하러 떠남

『동정호에 왔을 때 이 부인은 유 부인이 시킨 대로 하여 용궁에 인도되어 들어가자, 용왕 내외가 반가워하며 만년주(萬年酒)를 권하더라. 그러고는 유 부인의 말대로 선약과 선녀 한 쌍을 이 부인

에게 내리시며,

"천원 왕과 달마 왕은 욕이나 뵈옵되 죽이지는 마옵소서. 두 사람은 천상 선관으로 인간에 적거(謫居)하였으니, 만일 죽이면 일후에 원(怨)이 되리라." / 하고 교시하더라. / 또한 용왕 부인은 선녀들에게 분부하여 이 부인을 잘 모시고 가서 공을 이루라고 특별히 당부하더라.」

선경(仙境)에서 벼슬살이를 하는 신선 / 귀양살이를 하고 있으니 / 뒷날 / 원한 / 가르쳐서 보이더라 / 「 」: 비현실적 요소 – 초월적 존재의 개입

이렇게 하여 이 부인은 용궁에서 나와 전장으로 질풍같이 달려가니, 마음이 든든하기만 하더라.

전쟁터 / ▶ 계양이 용궁에서 선약과 선녀를 얻음

이때 명나라 진영은 적병들에 의해 완전히 포위되고 있었으며, 진문은 열지 않고 굳게 닫혀 있었으니, 적병은 이것을 깨칠 속셈으로 그 준비에 분주하더라. 명나라 군의 운명은 경각에 있음이더라.

군대의 진영으로 드나드는 문 / 아주 짧은 시간에 좌우될 만큼 매우 위험한 상황임 – 풍전등화, 백척간두, 일촉즉발, 누란지위, 위기일발

이를 본 이 부인은 잠시도 지체할 여유가 없으니, 투구를 고쳐 쓰고, 비린도를 높이 들어 만리청총마의 고삐를 바싹 쥐어 잡고, 좌우에 따라온 선녀들은 앞에 서서 길을 인도하라고 분부하고 즉시 급하게 채찍질을 하니, 만리청총마는 화살처럼 적의 포위를 일직선으로 밟아 넘어서며 명나라 진문으로 향하여 달리더라.

만 리를 달리는, 갈기와 꼬리가 파르스름한 흰말 / 신이한 분위기를 고조시킴

적병들은 이 돌발적인 사태를 만나 몹시 어리둥절할 뿐이더라. 난데없이 천지에 소나기가 퍼붓고 번갯불과 천둥이 무섭게 진동하니「어느 누구든 공포 속에서 정신을 잃는 것은 당연한 일이라, 적병들이라고 해서 무섭지 않으랴.」그들은 이 사태를 운명에 맡길 뿐이더라. 아무리 비린도가 머리 위에서 번쩍번쩍하여도 그들은 다만 그것을 바라보며 쓰러질 따름이더라. 만리청총마는 그들을 갈대밭을 헤치듯 신속하게 통과하더라.

전기적(傳奇的)인 부분 / 「 」: 편집자적 논평

적장들은 이 하늘에서 떨어진 무서운 천신이 명나라 군의 진문으로 향하여 달리는 것을 그대로 바라볼 뿐이더라.

적진은 삽시간에 시체가 산을 이루니, 이어 번갯불과 천둥에 놀라 얼굴을 숨긴 이들이 얼굴을 들었을 때는 하늘은 아무 일도 없었다는 듯이 조용하기만 하더라.

과장적인 표현 / ▶ 계양이 적군을 헤치고 나아감

이 부인은 의병장 이 모(李某)라고 자기를 밝히며 명나라 진영으로 인도되니, 선봉장은 진문을 열어 주며 대원수의 격분을 사지나 않을까 겁을 내기도 하였으나, 결국은 국진 역시 의병장을 서둘러 맞아들이라고 분부하더라.

제일 앞에 진을 친 부대를 지휘하는 장수 / 장국진

그의 병세는 몹시 위중하더라. 그는 누운 채 손짓으로 명령할 뿐이더라.「이 부인은 그곳으로 달려가되, 눈물을 참느라고 어금니를 깨물어야 할 정도더라. 더구나 자신을 감추고 이 모(李某)라고 알리는 데에는 눈물 못지않은 인내가 필요하더라.」

장국진 / 남편의 병환이 매우 위중했기 때문 / 「 」: 아파서 사경을 헤매고 있는 남편(장국진)을 만난 계양의 안타까운 마음이 묘사된 부분 / ▶ 계양이 장국진의 병세를 보고 슬퍼함 / 남편에게마저 자신의 신분을 감추어야 하는 고통

뒷부분 줄거리 | 이후 계양은 도술로 남편의 병을 고치고 적군과도 싸워 승리를 거둔다. 개선한 국진은 초왕에 봉해지고, 두 부인은 왕비로 봉해져 행복한 삶을 살게 된다.

핵심 구절 풀이

❶ **남장을 하고**: 남장은 여성으로서는 외부적 활동을 할 수 없는 가부장적 사회 제도를 한시적으로 극복하기 위한 방편으로 볼 수 있다. 또한, 이는 여성의 사회 진출을 제약하고 있는 현실과 당대 여성들이 지닌 사회 진출 욕구를 동시에 파악할 수 있는 부분이기도 하다.

핵심 정리

- 갈래: 고전 소설(군담 소설, 영웅 소설)
- 성격: 전기적(傳奇的), 비현실적, 영웅적
- 구성: '발단 – 전개 – 위기 – 절정 – 결말' 의 5단 구성

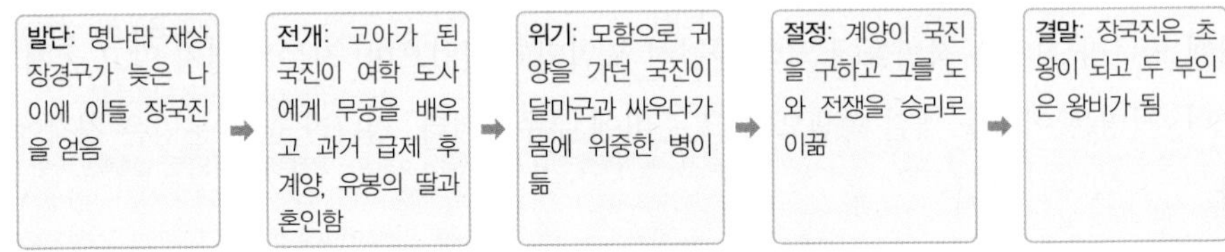

- 제재: 장국진과 계양의 영웅적 행적
- 주제: 국가를 위기에서 구해 내는 장국진의 영웅적 무용담
- 특징: ① 남성 영웅과 여성 영웅이 함께 등장함
  ② 일반적인 영웅 소설과는 달리 결말 부분에서 주인공의 죽음과 자식들의 번성이 다루어지지 않음
- 인물 분석
  - 장국진: 명나라의 장수. 천상의 벼락성이 인간 세상에 강림한 존재로, 위기의 나라를 지키고 부귀공명을 얻음
  - 이계양(이 부인): 장국진의 아내. 국진의 과거 급제를 위해 물심양면(物心兩面)의 노력을 아끼지 않으며, 남장을 하여 적군을 물리치고 남편의 병도 고치는 등 적극적인 성격을 지님

한눈에 보기

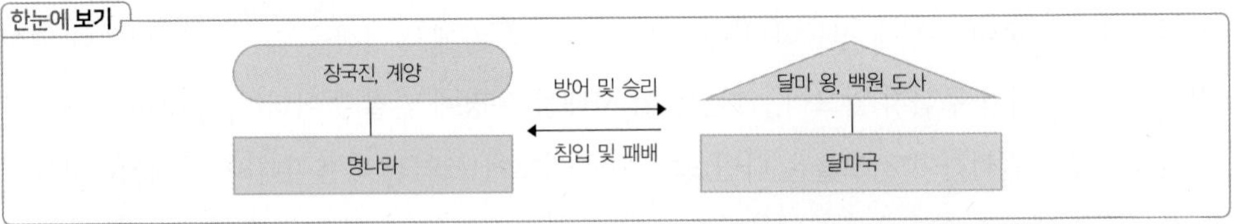

보충·심화 학습

- 〈장국진전〉과 다른 작품과의 연관성

이 글의 여주인공인 '계양'이 전장에 나가서 도술로 남편을 돕고 싸움을 승리로 이끄는 내용은 〈박씨전〉의 '박 씨'의 역할과 흡사한데, 전장에 남장으로 나가 직접 투쟁한다는 면에서는 박 씨보다도 더 적극적이다. 이런 점에서 이 글은 여성 영웅 소설과 일정한 관계를 맺고 있음을 알 수 있다. 또한, 남주인공인 '장국진'은 〈유충렬전〉의 '유충렬'과 퍽 유사하다. 장국진이 본시 별(천상 벼락성)의 하강이라는 점, 등에 28수(宿)를 응하는 흑점이 있는 점, 칠성을 타고난 만고의 충신이라는 점, 도사의 보호를 받고 있으며, 그의 상대역 역시 후원받는 도사가 있는 점 등이 유충렬과 같은 점이다. 그러나 장국진이 과거에 응시하여 장원 급제를 하고, 그를 위하여 지원을 아끼지 않는 계양이 곁에 있다고 하는 점에서는 유충렬과 구분된다.

필수 문제

01 이 글에서 계양(이 부인)이 장국진이 위기에 처한 것을 알게 된 계기는 무엇인지 쓰시오.

02 [서술형] 이 글에서 계양의 남장(男裝)이 지닌 상징적 의미를 서술하시오.

84 전우치전(田禹治傳) | 작자 미상

모의 기출

출제 포인트

실존 인물이었던 전우치의 생애를 허구화하여 쓴 영웅 소설이다. 초인적 능력을 지닌 전우치가 천상 선관으로 가장하여 임금에게 황금 들보를 바치도록 한 행위의 의미와 관련하여 이 글의 주제 의식을 파악해 보자.

감상 길잡이

조선 시대에 실재(實在)하였던 전우치라는 인물의 생애를 소재로 하여 쓴 작자 미상의 작품이다. 이본에 따라 주제 의식에 상당한 차이가 있는데, 본문은 '신문관본'으로, 5종의 이본 중 전우치의 도술 행각에 사회적 의미를 가장 강하게 부여한 것이다. 실재하였던 인물을 주인공으로 하였다지만 그 도술 행각을 그린 내용이 대단히 비현실적이며 초인적이고 황당무계하다. 그러나 당시의 부패한 정치와 당쟁을 풍자하기 위해서는 흥미 본위의 표현 형식을 취할 필요가 있었을 것으로 생각된다. 글의 중반 이후에 전우치가 임금의 관직 임명을 받아들인 부분이라든지 친한 벗을 위하여 절부를 훼절시키려 한 것은 작품의 일관성을 해치는 부분이기 때문에 이 글의 한계로 지적된다.

조선 초에 송경(松京) 숭인문(崇仁門) 안에 한 선비가 있었으니 성은 전(田)이요, 이름은 우치(禹治)라 했다. / 일찍이 높은 스승을 좇아 신선의 도를 배우되, 본래 재질이 표일(飄逸)하고 겸하여 정성이 지극하므로 마침내 오묘한 이치를 통하고 신기한 재주를 얻었으나, 소리를 숨기고 자취를 감추어 지내므로 비록 가까이 노는 이도 알 리 없었다. ▶ 전우치에 대한 소개

(송경: 지금의 개성. 송악산 밑에 있던 서울이라는 뜻 / 표일하고: 성격이 몹시 훌륭하고 / 알: (전우치의 재주를))

이때 남쪽 해안 여러 고을이 여러 해 해적들의 노략을 입은 나머지에 엎친 데 덮쳐 무서운 흉년을 만나니, 그곳 백성의 참혹한 형상은 이루 붓으로 그리지 못했다. / 그러나 조정에 벼슬하는 이들은 권세를 다투기에만 눈이 붉고 가슴이 탈 뿐이요, 백성의 질고(疾苦)는 모르는 듯 내버려 두니 뜻있는 이는 팔을 뽑아내어 통분함이 이를 길 없더니, 우치 또한 참다 못하여 그윽이 뜻을 결단하고 집을 버리며 세간을 헤치고 천하를 집을 삼고 백성으로 하여금 몸을 삼으려 하였다. ▶ 백성의 고통에 전우치가 나서고자 함

(노략: 떼를 지어 재물을 빼앗아 감 / 엎친 데 덮쳐: 설상가상(雪上加霜) / 그곳 백성의 ~ 못했다: 서술자의 개입 / 눈이 붉고: 혈안이 되고 / 질고: 고통 / 뜻있는 ~ 없더니: 비분강개(悲憤慷慨) / 세간: 집안 살림에 쓰는 온갖 물건)

하루는 몸을 변하여 선관(仙官)이 되어, 머리에 쌍봉 금관(雙鳳金冠)을 쓰고 몸에 홍포(紅袍)를 입고 허리에 백옥대(白玉帶)를 띠고 손에 옥홀(玉笏)을 쥐고 청의 동자(靑衣童子) 한 쌍을 데리고 구름을 타고 안개를 멍에하여 바로 대궐 위에 이르러 공중에 머물러 섰으니, 이때가 춘정월 초이틀이었다.

(선관: 하늘나라의 관리. 선경(仙境)에서 벼슬살이를 하는 신선 / 쌍봉 금관: 두 마리의 봉황을 새겨 넣은 금관 / 홍포: 공복(公服)으로 입던 홍색의 겉옷 / 백옥대: 임금이나 관리의 공복(公服)에 두르던 옥으로 장식한 띠 / 옥홀: 옥으로 만든 홀(벼슬아치가 임금을 만날 때 손에 쥐는 물건) / 청의 동자: 푸른 옷을 입은 어린이들 / 멍에하여: (탈 것을) 타고)

상(上)이 문무백관(文武百官)의 진하(進賀)를 받으시니, 문득 오색(五色) 채운(彩雲)이 만천(滿天)하고 향풍(香風)이 촉비(觸鼻)하더니 공중에서 말하여 가로되,

(상: 임금 / 문무백관: 모든 신하 / 진하: 축하 인사 / 오색 채운: 여러 빛깔로 아롱진 고운 구름 / 촉비하더니: 코를 찌르더니 / 문득 ~ 가로되: 선관으로 가장한 전우치가 대궐 위에 등장할 때의 신비한 분위기를 묘사한 부분 – 전기적(傳奇的) 요소)

"국왕은 옥황의 칙지(勅旨)를 받으라."

(옥황: 옥황상제 / 칙지: 황제의 명령)

하거늘, 상이 놀라서 급히 백관을 거느리시고 전(殿)에 내리사 분향첨망(焚香瞻望)하니, 선관이 오운 속에서 이르되,

(분향첨망하니: 향을 피우고 쳐다보니 / 선관: 전우치 / 오운: 오색 구름)

"이제 옥제(玉帝) 천하에 구차한 중 죽은 영혼을 위로하실 양으로 태화궁을 창건하실새 인간 각

나라에 황금 들보 하나씩을 만들어 올리되, 길이가 오 척이요, 너비는 칠 척이니 춘삼월 망일(望日)
칸과 칸 사이의 두 기둥을 가로지르는 나무 　　　　음력 보름날
에 올라가게 하라." 　　▶ 전우치가 선관으로 변하여 임금에게 황금 들보를 바치라고 함

하고 말을 마치매 하늘로 올라가거늘, 상이 신기히 여기시며 전에 오르사 문무를 모아 의논하실 새 간의 태위(諫議太尉)가 여쭈옵길,
임금에게 간하여 정치를 의논하던 벼슬아치

"이제 팔도에 반포하여 금을 모아 천명(天命)을 받듦이 옳으니이다."

상이 옳게 여기사 팔도에 금을 모아 바치라 하고, 공인(工人)을 불러 길이와 너비의 치수를 맞추
벼슬아치의 집안 　　장인
어 지어 내니, 왕공 경사의 집안에 있는 것은 말도 말고 팔도에 금이 진하고 심지어 비녀에 올린
전국의 모든 금을 징발함 　　앉을 자리를 마련하고
금까지 벗겨 올리니, 상이 기뻐사 3일 재계(齋戒)하시고 그날을 기다려 포진(鋪陳)하고 등대(等待)하
몸과 마음을 깨끗이 하고 부정한 일을 멀리하는 일 　　미리 준비하고 기다림
더니 진시(辰時)쯤 하여「상운(祥雲)이 대궐 안에 자욱하고 향내가 코를 찌르며 오운 속에 선관이 청
오전 7～9시 　　상서로운 구름
의 동자를 좌우에 세우고 구름에 싸였으니 그 형용이 극히 황홀하더라.」
「 」: 비현실적 분위기 – 전기적 요소 　　서술자의 개입(편집자적 논평)

상이 백관을 거느리시고 부복(俯伏)하시니, 그 선관이 전지를 내려 가로되,
임금이 모든 신하를 거느리고 땅에 엎드려 절을 하니 　　옥황상제의 명을 전함

"고려 왕이 힘을 다하여 천명을 순종하니 정성이 지극하지라. 고려국이 우순풍조(雨順風調)하고
우리나라를 가리키는 말로 쓰임 　　하늘 　　비 오고 바람 부는 것이 때와 분량에 알맞음
국태민안(國泰民安)하여 복조(福祚)가 무량하리니 상천을 공경하여 덕을 닦고 지내라."
나라가 태평하고 인민이 살기가 편함 　행복, 행운 　　헤아릴 수 없이 많으니

말을 마치며, 우편으로 쌍동 제학을 타고 내려와 요구에 황금 들보를 걸어 올려 채운에 싸여 남
갈고리
쪽 땅으로 행하니, 무지개가 하늘에 뻗치고 비바람 소리가 진동하며 오색 채운이 각각 동서로 흩어지거늘, 상과 제신이 무수히 사례하고, 육궁 비빈이 땅에 엎디어 감히 우러러보지 못하였다. 상이
왕후의 궁전과 부인 이하의 다섯 궁실 　　베풀어
어전에 오르시어 백관을 조회 받으실새 만세를 부른 후에 큰 잔치를 배설(排設)하여 즐기시더라.
▶ 전우치가 다시 선관으로 변하여 임금에게서 황금 들보를 받아 감

이때 우치는 그 들보를 가져다가 이 나라 안에서는 처치하기가 어려운지라. 그 길로 구름을 멍에하여 서공 지방으로 향하여, 먼저 들보 절반을 베어 헤쳐 팔아 쌀 십만 석을 사고 다시 배를 마
가난한 백성의 집
련하여 나눠 싣고 순풍을 타고 가져가 십만 빈호(貧戶)에 알맞게 갈라 주고 당장 굶어 죽는 어려움
농사짓는 동안에 먹을 양식 　　빈민 구제
을 건지고 이듬해의 농량(農糧)과 종자로 쓰게 하니, 백성들은 너무나 기쁜 나머지 다만 손을 마주
잡고 여천대덕(如天大德)을 칭사할 뿐이요, 관장들도 또한 기가 막히고 어리둥절하여 어찌된 곡절
하늘과 같이 큰 덕 　　칭찬하여 말할 　　고을의 원 　　까닭
인지를 몰라 하였다. 　　▶ 전우치가 황금 들보를 곡식으로 바꾸어 백성들에게 나눠 줌

우치는 이러한 뒤에 한 장의 방을 써서 동구에 붙였는데 그 글에다,

"이번에 곡식을 나누어 줌으로써 혹 나를 칭송하지만 이는 마땅치 아니한지라. 대개 나라는 백성을 뿌리 삼고 부자는 빈민이 만들어 줌이어늘 이제 너희들 양순한 백성과 충실한 임금으로 이렇
듯 참혹한 지경에 이르렀건마는 벼슬한 이가 길을 트지 아니하고, 가멸한 이가 힘을 내고자 아니
가난으로 인한 굶주림 　　벼슬아치들이 빈민 구제를 하지 않고 　　부자인
함이 과연 천리에 어그러져 신인이 공분하는 바이기로 내 하늘을 대신하여 이러저러한 방법으로
하늘의 뜻 　　신과 사람 　　다 같이 분노를 느끼는

이리저리 하였으니, 너희들은 모름지기 이 뜻을 깨달아 잠시 남에게 맡겼던 것이 돌아온 줄로만 알고 나의 힘을 입는 줄로는 알지 말지어다. 더욱이 자청하여 심부름한 내가 무슨 공이 있다 하리요. 이렇게 말하는 나는 처사 전우치로다." / 하였었다.

▶ 전우치가 방을 붙여 백성들에게 자신의 뜻을 알림

처사: 벼슬하지 않고 초야에 묻혀 살던 선비

뒷부분 줄거리 | 이후 나라에서 전우치를 잡아갔으나 쉽게 탈출하여, 사방으로 돌아다니면서 횡포한 무리를 징벌하고 가난한 사람들을 도와준다. 자수를 하고 무관 말직을 얻은 전우치는 역적의 혐의를 받자 다시 도망친다. 도술로 세상을 희롱하며 다니던 끝에 친한 벗을 위해 절부(節婦)를 훼절시키려다가 강림 도령에게 제지를 당하고, 서화담에게 굴복해 그와 함께 산중에 들어가 도를 닦게 된다.

절부: 절개를 지키는 부인 훼절: 절개나 지조를 깨뜨림

핵심 정리

- 갈래: 고전 소설(영웅 소설, 도술 소설, 사회 소설)
- 성격: 전기적(傳奇的), 도술적, 영웅적
- 구성: '발단 – 전개 – 절정 – 결말'의 4단 구성, 삽화식 구성

발단		전개		절정		결말
발단: 전우치가 스승을 만나 신선의 도를 익힘	➡	전개: 도술로써 약탈을 일삼는 관리, 교만한 사람을 벌하고, 가난하고 억울한 사람들을 도움	➡	절정: 벼슬을 얻어 도둑의 반란을 평정하나 역적으로 몰려 옥에 갇혀 다시 도망함	➡	결말: 수절 과부를 훼절시키려다가 강림 도령에게 굴복하고, 서화담에게 패해 함께 입산(入山)함

- 제재: 전우치의 도술 행각
- 주제: ① 빈민 구제와 당시 정치 비판 ② 전우치의 의로운 행동
- 특징: ① 실제 인물의 내력이 전설을 거쳐 소설화됨 ② 모순된 사회 현실을 반영함
  ③ 다른 전기체 소설과는 달리 주인공의 가계나 출생, 자손에 대한 서술이 드러나지 않음
- 인물 분석
  - 전우치: 송경의 선비. 신선의 도를 익혀 부정한 관리나 약자를 괴롭히는 무리를 징벌하고, 힘없는 자를 도와줌

한눈에 보기

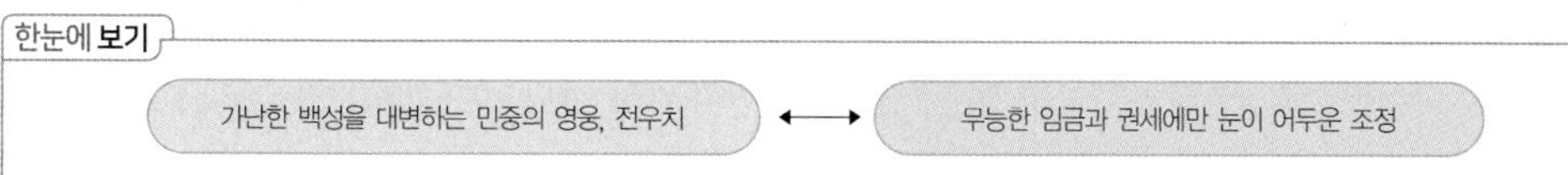

보충·심화 학습

- 백성들의 꿈, 〈전우치 설화〉

전우치는 조선 중기의 기인 · 환술가(幻術家)이다. 《청장관전서(青莊館全書)》에는 가정 연간(嘉靖年間, 1522 ~ 1566)에 역질을 도술로 예방하였다고 하며, 《지봉유설(芝峯類說)》에는 본래 서울 출신의 선비로 환술과 기예에 능하고 귀신을 잘 부렸다고 한다. 《오산설림(五山說林)》에는 죽은 전우치가 산 사람에게 《두공부 시집(杜工部詩集)》을 빌려 갔고, 《어우야담(於于野談)》에는 사술(邪術)로 백성을 현혹시켰다고 하여 신천옥(信川獄)에 갇혔는데, 옥사하자 태수가 가매장시켰고, 이를 뒤에 친척들이 이장하려고 무덤을 파니 시체는 없고 빈 관만 남아 있었다고 한다. 또, 밥을 내뿜어 흰나비를 만들고 천도(天桃)를 따기 위하여 새끼줄을 타고 갔다는 설화도 존재한다. 이러한 설화들은 전우치의 생애를 허구화하여 전승한 것으로, 이를 통해 백성들이 현실에서는 이룰 수 없었던 꿈을 대리 만족시켜 주었던 것으로 추측된다.

필수 문제

01 이 글에서 전우치가 임금에게 황금 들보를 바치게 한 이유를 쓰시오.

02 전우치는 실존 인물이지만 작품 속에서는 신이한 능력을 지닌 인물로 등장한다. 이는 전우치의 실제 생애를 (　　　　)한 것으로, 이를 통해 백성들을 (　　　　)시키는 역할을 했을 것으로 추측된다.

85 조웅전(趙雄傳) | 작자 미상

교과서 EBS 모의 기출

출제 포인트

조웅이라는 영웅의 일생을 다룬 영웅 소설이자 군담 소설이다. 이 글에 나타난 영웅 소설의 특징을 알아보고 조웅을 중심으로 등장인물들의 관계 및 역할 등을 파악해 보자.

감상 길잡이

이 글은 충성을 다해 나라의 은혜를 갚는다는 뜻의 진충보국(盡忠報國)과 자유연애를 주제로 하는 영웅 · 군담 소설이다. 중국 송나라를 배경으로 조웅이 부친의 원수이자 역적인 이두병을 처단하고 태자를 복위시켜 나라를 구하는 활약상을 영웅의 일대기 구조로 그린 작품이다. 특히 전반부는 조웅의 고행담과 애정담으로, 후반부는 조웅의 영웅적 무용담으로 구성되어 있으며 실제 역사가 아닌 가공된 전쟁 이야기라는 점에서 창작 군담 소설이라 할 수 있다.

앞부분 줄거리 | 중국 송나라의 승상 조정인은 이두병의 참소를 받아 음독자살한다. 천자는 조 승상의 죽음을 안타까워하며 그의 아들과 태자를 함께 있게 하였는데, 태자와 조웅은 형제처럼 우애 있게 지낸다. 조웅의 부친을 죽게 한 두병은 후환이 두려워 천자의 사랑을 받고 있는 조웅을 죽이려고 한다. 어느 날 조웅의 어머니는 두병이 조웅을 죽이려 한다는 꿈을 꾼 후, 아들을 데리고 피신을 한다.

"우리 모자가 다니다가 또 무슨 화를 볼지 모르오니 절을 찾아 의지함이 어떠하니이꼬?"
조웅과 모친은 이두병의 위협을 피해 다니고 있음

부인이 웅의 말을 옳게 여겨 사찰을 찾아갈새, 이때 웅의 나이 십이 세라. 종일 걸어 다니다가 나무 그늘에 앉아 쉬는데, 한 도승이 지나거늘 웅이 합장 배례(合掌拜禮)하고 말했다.
두 손바닥을 마주 대고 절함

"소승(小僧)은 사부(師父)를 모시고 정처 없이 다니는 걸승(乞僧)이라 바라건대 대사는 구하소서."
조웅과 모친은 사람들의 눈을 피하기 위해 승려의 차림새로 다니고 있었음

대사가 황망히 답례하고 말했다.
마음이 몹시 급하여 당황하고 허둥지둥하는 면이 있음

"빈승(貧僧)이 별호는 월정이라 하옵거니와, 공자가 두병의 난을 피한 줄 알았으나 멀리 맞지 못하였나니이다." / 웅이 크게 놀라 말했다. / "어찌 자세히 아나니이꼬?"
도학(道學)이 깊지 못한 승려. 월정 자신을 겸손하게 이르는 표현 / 조웅 / 이두병

도사가 / "우리 연분이 있으매 어찌 모르리오?" 하고 공자와 부인을 모셔 본사(本寺)로 돌아가니, 여러 승려가 다 배례하였다.
조웅의 모친이 절을 수리하는 데 천금을 희사한 적이 있음 / 절하는 예(禮). 또는 절을 하여 예를 나타냄

부인이 / "인간 유락(流落)한 사람이 선경을 구경하니 외람하도다." / 하니, 승려가 고마워하며
고향을 떠나 타향에 삶 / 생각이나 행동이 분수에 지나치다

"십 년 전에 부인께옵서 천금을 주셔 이 절을 수리하였으니 어찌 큰 공이 아니리이꼬?" / 하더라.

▶ 조웅과 모친이 이두병을 피해 돌아다니다가 대사 월정을 만남

「월정이 공자를 데리고 글과 술법을 가르쳤는데, 이때 웅의 나이 십사 세라. 술법을 배움에 무불통지(無不通知)라.」하루는 웅이 생각하되, / '내 이제 기탄(忌憚)이 없으니 산문(山門)에 나가 황성 소식을 알아보리라.' / 하고 모친께 고하니, 모친이 말했다.
「 」: 조웅이 글과 술법에 뛰어난 능력을 보임 / 무슨 일이든지 다 통하여 모르는 것이 없음 / 어렵게 여기어 꺼림 / 절의 바깥문

"너를 보내고 내 어찌 홀로 있으리오. 네 스승께 고하고 경솔히 굴지 말라."
아들 조웅이 떠나는 것을 안타까워하면서도, 신중히 행동하라는 충고를 하며 보냄

웅이 물러와 대사께 사연을 고하니, 대사가 크게 기뻐하며 말했다.

"네 술법(術法)이 족히 염려 없으니 수이 돌아와 모친을 모시라."

▶ 조웅이 월정에게 글과 술법을 배운 후 절 밖으로 떠남

결정적 장면

웅이 사례하고 모친께 하직하고 이어서 절 문밖으로 나서니 거리낄 바가 없는지라. 강호 땅에
먼 길을 떠날 때 웃어른께 작별을 고하는 것

이르러 물정(物情)을 구경하더니, 한 노인이 삼척장검(三尺長劍)을 팔에
세상의 형편이나 인심 / 하늘이 내려 준 신성한 삼척장검을 조웅에게 전달하는 역할을 함
걸고 앉았거늘, 웅이 그 칼을 보고 가지고 싶으나 푼돈이 없는 고로 칼만 보고 앉았더니, 날이 저물매 노인이 칼을 넣고 가거늘, 이튿날 또 저자에 가니 노인이 또 앉았더라. 웅이 자세히 보기만 하고 저물면 주막에 돌아와 잠을 이루지 못하더니, 하루는

'월정에게 이 말을 하여 값을 취하리라.'

하고 또 나가 보았다. 노인이 칼을 걸고 앉았거늘, 가까이 가 자세히
고전 소설의 우연성과 전기성이 드러남
보니 칼 겉에 조웅검(趙雄劍)이라 하였더라. 웅이 여취여성(如醉如醒)하
술에 취한 듯, 술이 깬 듯도 함. 꿈인지 생시인지
여 노인께 절하고 칼값을 물으니, 노인이 얼마간 보다가 웅의 손을 잡고 말하길 / "그대 조웅이 아니냐?" 하니, 웅이 답하여 말했다.

"어찌 아시나이꼬?" / 노인이

"하늘이 보검을 주시매 임자를 찾으러 두루 다니더니, 수월 전에 장성(張星)이 강호에 비치거늘, 이곳에 와 기다리되 끝내 만나지 못하매
조웅검의 주인이 나타날 것이라는 하늘의 계시를 상징함
괴이히 여겨 다시 천문(天文)을 보니 장성을 떠나지 아니하나 행색이
천체에서 일어나는 온갖 현상
곤핍(困乏)하기로 개걸(丐乞)하는 줄 짐작하였으나 어찌 늦게 오뇨?"
몹시 지쳐 고단함 / 동냥질을 함
하고 칼을 주거늘, 웅이 재배하고 말했다.

"이런 보배를 주시되 값이 없으니 어찌하리이꼬?" / 노인이 웃으며
마음과 힘을 있는 대로 다함
"어찌 값을 의논하리오?" / 하고 / "그대는 진심갈력(盡心竭力)하여 광
조웅검의 진짜 주인을 찾았기 때문에, 검의 값을 치를 필요가 없다고 말함
산 도사를 찾아 술법을 배우라." 하고 당부하고 가더라.

▶ 노인이 조웅에게 하늘의 보검을 건넴

웅이 배별(拜別)하고 여러 날 만에 광산에 들어가 도사를 찾아 배례하
절하고 작별한다는 뜻으로, 존경하는 사람과의 작별을 높이어 이르는 말
니, 도사가 말하길, / "그대 이 험한 길에 나를 찾으니 그 정성은 알거니와 무엇을 배우고자 하느뇨?" / 하니, 웅이 재배하며 말했다.

"배운 바가 없삽기로 의사(意思)를 열고자 하나니이다."
무엇을 하고자 하는 생각
도사 웃고 / "그대는 장부인데 어찌 모르리오?" 하고 천문 · 지리와
광산 도사가 조웅의 능력을 높게 평가하고 있음
육도삼략(六韜三略)을 가르쳤더니 수년 내에 재주가 능통한지라.
중국의 오래된 병서

▶ 광산 도사가 조웅에게 술법을 가르침

❶ 하루는 벽력같은 소리가 들리거늘, 웅이 놀라

"이 무슨 소리니까?" / 하니, 도사가 말했다.

"수년 전에 망아지 하나를 얻으니 심히 사나워 근심하노라."
하늘이 내려 준 명마(名馬)

결정적 장면

조웅이 노인으로부터 조웅검을 얻고, 광산 도사로부터 하늘의 용총을 얻는 장면이다. 영웅이 조력자의 도움을 받는 부분으로, 작품 후반부에서 조웅이 역적 이두병을 무찌르는 것에 개연성을 높여 주는 장치라 할 수 있다.

문제로 핵심 파악

1 이 글에 대한 설명으로 적절하지 않은 것은?

① 조웅은 광산 도사로부터 술법을 배우게 된다.
② 노인은 삼척장검의 임자를 찾아다니고 있었다.
③ 조웅은 푼돈도 없는 상태로 모친과 작별을 하였다.
④ 광산 도사는 조웅의 능력을 탐탁지 않게 여기고 있다.
⑤ 노인은 조웅에게 아무런 대가 없이 삼척장검을 주고 있다.

핵심 구절 풀이

❶ 하루는 벽력같은 소리가 들리거늘: 조웅이 광산 도사로부터 술법을 배우는 것에서 하늘의 용총에 관한 것으로 갑자기 전환되는 장면으로, 고전 소설의 우연성을 확인할 수 있음

웅이 곧 가 보니 과연 말의 털 빛깔이 가을 물결 같은지라. 고삐를 이끄니 그 말이 웅을 오래 보다가 고개를 숙이거늘, 웅이 반겨 말값을 묻거늘, 도사가 말했다.

말의 주인이 조웅이라는 것을 알 수 있음

"하늘이 용총(龍驄)을 내시매 자연 임자를 주나니 어찌 값을 말하리오?"

매우 잘 달리는 훌륭한 말

웅이 사례하고 다시 고했다.

▶ 광산 도사가 하늘이 내려 준 말을 조웅에게 줌

언행이나 물품으로 상대에게 고마운 뜻을 나타냄

"소승 모친 슬하를 떠난 지 벌써 수년이라, 다녀옴이 어떠하니이꼬?"

무릎의 아래라는 뜻으로, 부모의 곁

도사가 허락하거늘, 웅이 말을 타고 산에서 내려 순식간에 칠백 리를 행하여 강호 땅에 한 집을 얻어 밤을 지낼새, 그 집은 장 진사 집이었다. 진사는 일찍 죽고 그 부인 위 씨가 딸 하나에게 의지하여 세월을 보내니, 소저의 용모는 가을 하늘의 명월이요, 문장은 이두(李杜)를 압두(壓頭)하니, 그 모친이 사윗감을 고르기를 가장 널리 하더라. 이날 조웅이 외당(外堂)에서 밤이 깊도록 잠을 이루지 못하더니, 문득 내당(內堂)으로부터 거문고와 노랫소리가 나거늘, 자세히 들으니 그 노래가 이와 같았다.

상대편을 누르고 첫째 자리를 차지함

소저의 모습을 비유적으로 표현함

이백(李白)과 두보(杜甫)를 아울러 이르는 말

안방. 주로 여성이 기거하는 방

장 소저와 조웅의 만남에 대한 개연성을 높여 줌

『초산의 나무를 베어 객실(客室)을 지은 뜻은 영웅을 보려 했더니,

영웅은 간데없고 걸객(乞客)이 오시도다.

조웅

석상의 오동을 베어 거문고를 만든 뜻은 원앙을 보려 했더니

돌 틈에서 자란 오동나무. 거문고를 만드는 데 최고의 재료임

금실이 좋은 부부를 비유적으로 이르는 말

원앙은 아니 오고 까막까치 지저귄다.

아희야, 잔 잡고 술을 부어라. 먼 데서 온 길손 수회(愁懷)를 하리로다.』

「 」: 조웅에 대한 관심을 드러냄

근심하는 회포

공자가 그 노래를 들으매 범인(凡人)이 아닌 줄 알고 행장에서 단소(短簫)를 내어 불며 노래하였다.

평범한 사람

전설에서, 달 속에 있다는 궁전

『십 년 경영(經營)하여 천문을 배운 뜻은, 월궁(月宮)에 올라 항아(姮娥)를 보려 했더니,

기초를 닦고 계획을 세워 어떤 일을 해 나감

달 속에 있다는 전설 속의 선녀

은하(銀河)에 작교(鵲橋) 없어 오르기 어렵도다.

오작교. 까마귀와 까치가 은하수에 놓는다는 다리

소상(瀟湘)의 대(竹)를 베어 통소를 만든 뜻은 옥섬(玉蟾)을 보려 하여

중국에 있는 강 이름

'달'을 달리 이르는 말

월하(月下)에 슬피 분들 뉘 능히 지음(知音)하랴.

음악의 곡조를 앎

두어라, 알 이 없으니 수회(愁懷)를 풀리로다.』

「 」: 장 소저의 노래에 대해 화답을 함

마음속에 깊이 새겨진 근심

부인과 소저가 듣기를 다하매 공자의 조상을 묻고자 하나 예절에 거리끼어 각각 침소로 가니라. 소저가 꿈을 꾸니 외당에 청룡이 일어나 달려들거늘, 놀라 깨어 잠을 이루지 못하고 촉(燭)을 밝히고 글을 읊으니, 낭랑한 소리가 별당까지 나는지라.

밤중에 외간 남자와 대화를 나누는 것은 예절에 어긋나므로

장 소저가 조웅에 대한 꿈을 꿈. 고전 소설의 전기성

▶ 조웅이 모친께 가는 길에 장 진사의 집에서 장 소저를 만남

맑고 또랑또랑한

중략 부분 줄거리 | 조웅과 장 소저는 남몰래 백년가약을 맺는다. 조웅이 집을 떠나자 장 소저는 병이 드는데, 조웅이 약을 구해 와 장 소저를 구해 낸다. 조웅은 서번이 침략하자 전쟁에 출전하는데, 황 장군의 영혼으로부터 갑주와 보검을 얻게 되고 결국 서번의 군대를 격파하고 위국 왕을 구해 낸다. 이후 조웅은 태자를 구출하기 위해 남해 절도로 가고, 장 소저는 강제로 자신을 처로 삼으려는 강호 자사를 피해 도망하여 강선암으로 가 조웅의 모친과 함께 있는다. 이에 조웅은 강호 자사를 쫓아내고, 태자도 무사히 구출해 내니 위국 왕은 자신의 딸과 조웅을 혼인하도록 한다. 이후 조웅은 원수가 되어 전쟁에 출전하는데 강백이 찾아와 합류하기를 청한다.

서주 자사(刺史)가 군사를 거느려 싸움을 돋우니, 원수가 강백을 보내어 접전(接戰)할새 교봉(交鋒) 십여 합에 승부를 가리지 못하더라. 원수가 내달아 단칼에 자사 우길을 베고 돌아오니, 또 한 장수가 칼을 들고 내달으니 이는 자사의 아들 우은이라. 강백이 맞아 싸워 이십여 합에 우은을 베고 좌충우돌하니, 원수가 그 용맹을 칭찬하고 성에 들어가 백성을 위로하고 대군을 지휘하여 황성(皇城)으로 향하였다. 광산에 다다르니 장덕이 대군을 거느리고 진을 쳤거늘, 원수가 상대의 진을 살펴보고는 산을 등져 진을 치더라. 문득 적장이 크게 불러

(자사(刺史): 지방을 관리하기 위해 파견된 관직 / 접전(接戰): 서로 힘이 비슷하여 승부가 쉽게 나지 아니하는 싸움 / 교봉(交鋒): 서로 싸움. 서로 병력을 가지고 전쟁을 함(= 교전) / 원수가 내달아 ~ 돌아오니: 조웅의 용맹함이 드러남)

"우리 황명을 받아 조웅을 잡으러 왔나니 바삐 나오라." / 하니, 원수가 크게 꾸짖으며 말했다.

(황명: 이두병)

"너 같은 반적(叛賊)을 소멸(掃滅)코자 하거늘 도리어 나를 역적이라 하느냐?"

(반적: 자기 나라를 배반한 역적)

부장(副將) 최일이 또 내달아 재촉하니 강백이 분노하여 달려들어 싸워 십여 합에 최일을 베어 들고 적진을 마구 치고 돌아오니, 일진(一陳) 장졸이 다 칭찬하더라. 또 한 장수가

(일진(一陳): 군사들의 한 무리)

"나는 천조(天朝) 대도독(大都督) 장덕이라. 반적 조웅은 나를 당할쏘냐?" / 하고 풍우(風雨)같이 달려들거늘, 강백이 맞아 싸우는데 승부를 가리지 못하더라. 원수가 바라보매, 강백이 상대할 적수 아니라. 즉시 말에 올라 바로 장덕을 취하여 단칼에 베고 대군을 몰아 승승장구할새, 장덕의 패군이 돌아가 병패장망(兵敗將亡)함을 고하니, 두병이 크게 놀라 조정 대신들을 모아 의논하였다.

(천조(天朝): 천자의 조정(朝廷)을 제후의 나라에서 일컫던 말 / 반적 조웅은 나를 당할쏘냐?: 장덕과 조웅은 서로를 반적으로 여기고 있음 / 병패장망(兵敗將亡): 싸움에서 지고 장수를 잃음)

▶ 조웅이 이두병의 군사를 계속하여 무찌름

"조웅 반적이 이렇듯 강성하니 어찌하리오?"

사마도위(司馬都尉) 주번이 여러 신하 중 혼자 나아가 / "신이 비록 재주가 없사오나 조웅을 베어 올리리이다." / 하고 아뢰니, 두병이 크게 기뻐하며 승상 최식으로 대도독을 삼고 주번으로 부원수를 삼아, 군사 팔 만을 모아 바로 그날 길을 떠나게 하였다.

(사마도위(司馬都尉): 무관의 일을 맡아 보는 사마(司馬)에 지방의 군사를 맡아 보는 벼슬인 도위(徒尉)를 더하여 적은 명칭)

이때 조 원수가 군사를 재촉하여 황성으로 향할새 지나가는 여러 읍이 기세를 바라보고는 스스로 복종하니 뉘 아니 즐기리오? 동관에 다다르니 선두에서 알려오기를 '승상 최식과 주번이 팔 만 대군을 거느려 길을 막는다.' 하니, 원수가 살펴보니 군대의 사기가 엄숙하여 전일 장덕과는 다르더라. 산을 의지하여 진을 치고 싸움을 돋우니, 적진에서 포 소리가 한 번 나더니 한 장수가 달려 나오며

(이때 조 원수가 ~ 즐기리오?: 조웅이 황성으로 가는 장면에 대한 편집자적 논평 / 원수가 살펴보니 ~ 다르더라: 주번은 조웅에 대한 대비를 장덕보다 철저하게 하였음)

"반적 조웅은 바삐 내 칼을 받으라." / 하니, 『원수가 크게 노하여 짓쳐 들어가니 주번이 당하지 못하여 달아나더라. 원수가 뒤를 쫓아 주번을 두 조각을 내고 일진을 마구 치니, 최식이 병패장망

(짓쳐: 함부로 마구 쳐)

조선 후기

영웅 소설

함을 보고 투항하거늘, 원수 크게 노하여

「 」: 조웅의 영웅적 활약이 드러남

「"저 간교한 놈을 어찌 살려 두리오?" / 하고 목을 베어 영문(營門)에 달아 호령하니라.」

간교한: 간사하고 교활함

▶ 조웅이 이두병의 군사를 격파하고 황성으로 향함

뒷부분 줄거리 | 조웅은 위왕과 힘을 합쳐 수십만 대군으로 황성을 쳐서 이두병을 물리친다. 그리고 위왕의 장녀를 태자비로 삼고, 차녀를 자신의 부인으로 삼은 뒤 강선암으로 가서 모친, 장 소저와 재회한다. 이후 태자가 황제로 등극하고 황실이 회복하니, 조웅의 명성이 세상에 널리 알려지고 황제는 조웅을 제후에 봉한다.

핵심 정리

- 갈래: 고전 소설(영웅 소설, 군담 소설)
- 성격: 영웅적, 낭만적
- 구성: '발단 – 전개 – 위기 – 절정 – 결말'의 5단 구성

발단		전개		위기		절정		결말
이두병의 참소로 아버지 조정인이 자살하자, 조웅이 모해를 피해 도망함	➡	이두병은 제위에 오르고, 조웅은 도승을 만나 무술을 익히고 장 소저와 혼인함	➡	조웅은 위국을 침공한 서번을 격파하고 태자를 구출함	➡	조웅이 이두병의 군대를 물리침	➡	조웅이 태자를 복위시키고 제후에 오름

- 제재: 조웅의 영웅적 행적
- 주제: 진충보국(盡忠報國)과 자유연애
- 특징: ① 구성이 비교적 복잡하면서도 통일을 이루고 있음
  ② 한시(漢詩)가 빈번하게 사용됨
- 인물 분석
  - 조웅: 좌승상 조정인의 아들. 온갖 어려움을 이겨 내고 태자를 복위시키는 영웅이자 충신의 전형. 또한, 장 소저와의 사랑을 통해 진보적인 자유연애를 하는 낭만적 인물이기도 함
  - 이두병: 송나라의 우승상. 간신의 전형으로, 충신인 조웅의 아버지 조정인을 참소하여 음독자살하게 하고, 황제인 문제가 죽은 뒤에는 태자를 몰아내고 제위에 오름

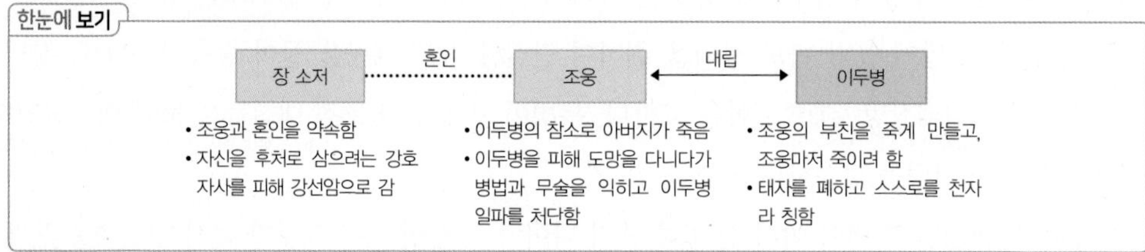

보충·심화 학습

- 〈조웅전〉과 다른 영웅 소설, 애정 소설의 차이점

이 글은 다른 영웅 · 군담 소설과 비교할 때 몇 가지 독특한 점을 지니고 있다. 이 글에는 대체로 명산대천(名山大川)에 기도를 드림으로써 아들을 얻게 되는 기자(祈子) 치성 이야기가 없고, 주인공이 특별한 인연으로 지상에 하강한다는 식의 천상인(天上人) 적강(謫降) 화소가 나타나지 않는다. 또, 주인공 조웅이 장 소저와 혼전에 동침을 한다는 애정담 역시 이색적이다. 이는 이 글이 대중들의 기호에 맞게 통속화되는 과정에서 생겨난 것으로 보인다.

필수 문제

01 이 글에서 조웅과 대립하는 인물을 쓰시오.

02 이 글이 영웅의 일대기 구조에 따른다고 할 때, '조력자의 도움'에 해당하는 내용을 쓰시오.

최고운전(崔孤雲傳) | 작자 미상

교과서 EBS

출제 포인트

역사적 실존 인물인 최치원의 일생을 허구화한 작품이다. 이 글에 나타난 작가의 현실 인식과 주인공 최치원이 주어진 문제를 해결하는 과정에서 드러나는 그의 영웅적 면모에 주목하여 살펴보자.

감상 길잡이

이 글은 설화화된 최치원의 일생을 허구적 구성을 통하여 형상화한 전기적 소설로, 역사적 사실과는 상당한 거리가 있다. 이른바 '영웅의 일생'이라고 하는 영웅 소설적 줄거리를 지니며, 민담과 전설, 신화적인 요소가 다수 수용되어 있다. 이 글은 당나라에 대한 최치원의 저항 · 공격 · 승리를 통하여 우리 민족의 우월성을 드러내고, 북방 민족에게 당했던 설움을 정신적으로 극복 · 보상하고자 하는 민중들의 심리가 반영된 작품이라 하겠다.

앞부분 줄거리 | 금돼지의 아들이라 하여 외딴 섬에 버려진(영웅 소설의 특징 ① – 기이한 출생과 시련) 최치원은 하늘에서 내려온 선비들에게 글을 배운다(영웅 소설의 특징 ② – 조력자의 도움). 최치원이 12세가 되었을 때, 중국 황제가 신라를 공격할 구실을 찾기 위해 함에 달걀을 넣고 봉한 다음, 그 안에 무엇이 들어 있는지 알아내어 시를 지어 올리라 한다. 최치원이 시를 지어 올리자(영웅 소설의 특징 ③ – 비범한 능력), 중국 황제는 최치원이 장차 중국에 위협이 될 것을 우려하여 그를 죽이려고 신라 왕에게 조서를 보내 중국으로 부른다(영웅 소설의 특징 ④ – 위기와 시련). 최치원은 50자나 되는 기다란 모자(최치원의 지략, 장애물 해결 수단)를 마련하여 중국으로 떠난다.

낙양 성문(공간 ①)에 들어서니, 어떤 학사가 치원에게 묻기를,

"해와 달은 하늘에 매달려 있는데, 하늘은 어느 곳에 매달려 있는가?"(장애물 ① – 수수께끼)

하니, 치원이 말했다.

"산과 내는 땅에 실려 있는데, 땅은 어느 곳에 실려 있는가?(해결 수단 ① – 또 다른 수수께끼) 당신이 땅이 실린 곳을 말하면 내가 하늘이 매달린 곳을 말하겠소."

이에 학사가 대답하지 못했다.(장애물 극복 ①)

이때 황제가 최 문장(최치원)이 도착했다는 말을 듣고 그를 속이고자「삼문(三門) 안에 몇 길이나 되는 깊은 구덩이를 판 후, 악공들을 그 안에 매복(몰래 숨음)시키고 경계하여 말했다.

"만약 최 문장이 들어오면 일제히 음악을 연주하여 그의 마음을 어지럽히도록 하여라."

또 사문(四門) 안에는 장막을 설치하여 코끼리와 사람을 장막 안에 매복」시킨 다음 치원을 불렀다.(「 」: 최치원을 해치기 위한 장애물 설치)

치원이 느린 걸음으로 궐문(공간 ②, 장애물 ②)에 들어서니 쓰고 있던 모자(해결 수단 ② – 50자나 되는 긴 모자)가 문 꼭대기에 닿았다. 치원이 탄식하며 말하기를,

"비록 우리 소국의 궐문이라도 내 모자가 닿지 않았건만 하물며 대국의 궐문에 내 모자가 닿는단 말인가?"(중국을 '대국'이라 칭하면서 높이는 듯하지만, 궐문의 높이가 신라의 것보다 낮음을 지적하며 조롱함)

하고, 오래도록 들어가지 않았다.

황제가 그 말을 듣고 몹시 부끄러워하며 즉시 궐문을 부수게 한 연후에 치원을 다시 불렀다.(장애물 극복 ②)「치원이 궐문을 지나(공간 ③) 얼마쯤 걸어 들어가니 지하에서 음악 소리가 들렸다.(장애물 ③) 치원이 즉시 청색 부적을(해결 수단 ③) 던지자 그 소리가 그쳤다.(장애물 극복 ③) 삼문(공간 ④)에 들어서니 또 음악 소리가 들려(장애물 ④) 흰색 부적을(해결 수단 ④) 던지자 그 소리가(장애물 극복 ④)

곧 그쳤다. 사문에 들어서니 흰 코끼리가 장막 안에 숨어 있는 것이 보였다. 치원이 황색 부적을 던지자 그 부적이 변해 누런 벌이 되어 코끼리 입을 둘러싸니, 코끼리가 감히 입을 열지 못했다. 그래서 무사히 들어갈 수 있었다.」

공간 ⑤ / 장애물 ⑤ / 해결 수단 ⑤ / 장애물 극복 ⑤ / 「」: 고전 소설의 전기성(傳奇性)이 나타난 부분

이때 황제는 치원이 여러 문을 아무런 탈이 없이 태연하게 들어왔다는 말을 듣고 크게 놀라 말했다.

황제가 만들어 놓은 여러 장애물을 무사 통과함 – 최치원의 비범함

"이는 진실로 천지(天地)가 알고 있는 사람이다."

최치원의 비범함에 감탄한 황제

치원이 오문(五門)에 들어서니 학사들이 좌우로 쭉 늘어서서 서로 경쟁하듯 질문을 던졌다. 치원이 전혀 응답하지 않고 오직 시를 지어 주었는데, 순식간에 많은 시를 지었는지라 학사들이 그 시들을 다 기억할 수가 없었다. 이에 학사들이 감히 다시 말을 하지 못했다.

공간 ⑥ / 장애물 ⑥ / 해결 수단 ⑥ / 장애물 극복 ⑥ / ▶ 황제가 만든 장애물을 치원이 모두 통과함

치원이 어전에 이르니 황제가 용상에서 내려와 그를 맞이하였다. 이내 인사말을 마치고 황제가 물었다.

어전: 임금의 앞 / 용상: 용평상. 임금이 정무를 볼 때 앉던 평상

"경이 함 안에 있는 물건을 알아내어 시를 지었소?"

황제가 보냈던 달걀 / 시의 내용: 둥글고 둥근 함 속의 물건은 / 반은 희고 반은 황금인데 밤마다 때를 알아 울려고 하건만 / 뜻만 머금을 뿐 소리를 토하지 못하는도다.

치원이 대답하기를

"그렇습니다." / 하니, 황제가 물었다.

"어떻게 알고 시를 지었소?"

대답하기를,

"신이 듣자오니 무릇 현자는 비록 천상에 있는 물건이라도 통달하여 안다고 합니다. 신이 비록 불민하지만 어찌 함 안에 있는 물건을 알아내어 시 짓는 것쯤 못하겠습니까?"

현자: 어질고 총명하여 성인에 다음가는 사람 / 불민하지만: 어리석고 둔하여 빠르지 못하지만 / 자신을 낮추는 겸손함 / 자신의 능력에 대한 자부심과 당당함

하니, 황제가 마음속으로 기이하게 여기고 또 물었다.

"경이 삼문 안으로 들어올 때 음악 소리를 듣지 못했소?"

치원이 대답하길,

"듣지 못했습니다."

하였다. 이에 황제가 삼문 안에 매복해 있던 악공들을 불러들여 꾸짖으니, 악공들이 모두 아뢰었다.

"우리들이 함께 음악을 연주할 때 청의와 백의를 입은 자들 수천 명이 와서 우리를 묶으며, '대빈(大賓)께서 오시니 음악을 연주하지 말라.' 라고 하면서 몽둥이로 때리기에 감히 연주할 수가 없었습니다."

청색 부적과 흰색 부적이 변해서 된 것 / 대빈: 높이 공경하고 존중하여 받들어야 할 손님. 최치원을 이름

황제가 크게 놀라 사람을 시켜 가 보게 하니 구덩이 안에는 큰 구렁이들이 가득 차 있었다. 황제가 감탄하여 말하길,

고전 소설의 전기성 – 최치원의 비범함

"이는 보통 사람이 아니니 소홀히 할 수 없다."
최치원의 비범함을 인정함

하고, 장막을 쳐 황제가 먹는 음식을 올리게 하고 시중드는 관리들을 배치하는 등 모두 황제의 거처와 같게 하였다.
비범한 최치원을 예우함

▶ 비범한 치원을 황제가 인정하고 예우함

뒷부분 줄거리 | 때마침 황소(黃巢)의 난(亂)이 일어나, 최치원이 〈토황소격문(討黃巢檄文)〉을 지어 적장의 항복을 받으니 황제는 더욱 감탄한다. 그러나 이를 시기한 중국 신하들의 모함으로 치원은 유배되어 몇 차례의 위기를 맞는다. 치원은 도술로 그것들을 모두 모면한 뒤 무사히 신라로 돌아와 가야산의 신선이 된다.

핵심 정리

- 갈래: 고전 소설(영웅 소설, 설화 소설)
- 성격: 영웅적, 도술적, 설화적, 전기적(傳奇的)
- 구성: '발단 – 전개 – 위기 – 절정 – 결말' 의 5단 구성

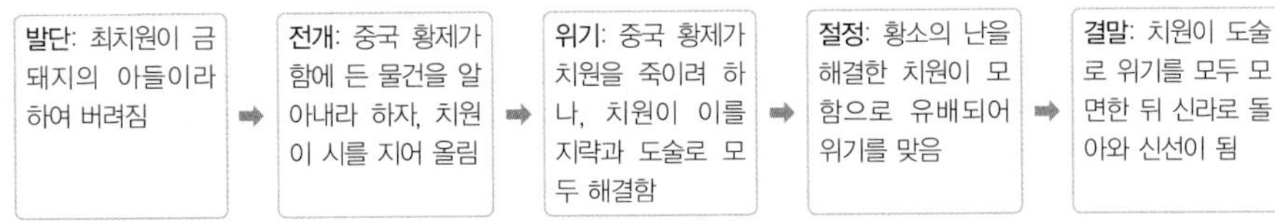

- 제재: 최치원의 영웅적 행적
- 주제: 최치원의 영웅적 면모와 민족의 자긍심 고취
- 특징: ① 역사적 실존 인물을 주인공으로 함
  ② 전쟁을 소재로 한 대다수의 영웅 소설과 달리, 민족의 뛰어난 문재(文才)를 과시하고자 함
- 인물 분석
  - 최치원: 신라 말기의 역사적 실존 인물. 이 글에서는 뛰어난 능력으로 당나라의 위협을 제압하는 영웅적 인물로 그려짐

한눈에 보기

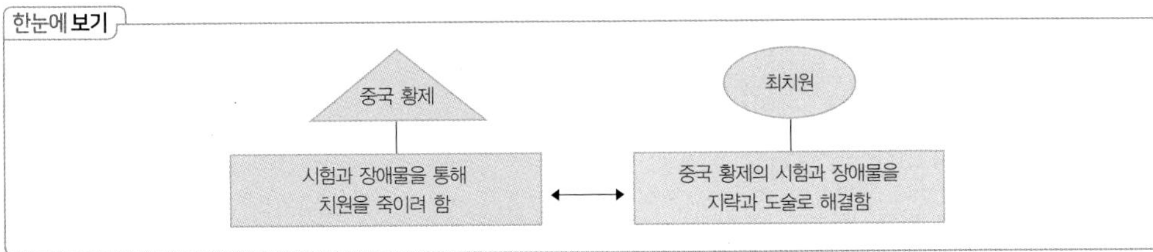

보충·심화 학습

- 〈최고운전〉의 현실 인식

이 글에서는 강대한 것과 약소한 것의 형식적 관계와 내용적 관계가 서로 반대로 되어 있는 당시의 실상을 보여 주고 있다. 즉, 명분 · 체면 · 나이 · 권위 · 신분 등의 형식상의 관계와는 달리, 임금보다는 신하가, 관리보다는 백성이, 주인보다는 종이, 아버지보다는 어머니가, 아버지보다는 그 아들이나 딸이, 남자보다는 여자가, 그리고 중국의 선비보다는 신라의 선비가 더 우월한 존재로 그려져 있는 것이다. 이렇듯, 이 글은 등장인물을 억압하는 세계의 부당한 횡포를 비판하고 고발함으로써 당대 중세적 질서가 갖고 있는 위기를 문제 삼고 있다.

필수 문제

01 이 글의 '앞부분 줄거리'에 나타난 영웅 소설적 특징을 모두 쓰시오.

02 이 글에서 '삼문(三門)'에서의 위기를 극복하는 데 사용된 해결 수단을 찾아 쓰시오.

87 해동 명장 김유신 실기 | 작자 미상

우리나라의 훌륭한 장수 / 사실을 있는 그대로 적은 기록

필수

출제 포인트

실존 인물인 김유신의 일대기를 다룬 영웅 소설이다. 공간 이동에 따른 주인공의 행적 변화 양상과 인물의 영웅적 면모에 주목하여 살펴보자.

감상 길잡이

이 글은 주인공 김유신의 영웅적 면모가 두드러지는 군담 소설이자 영웅의 일대기 소설이다. 작중 상황과 창작 당시의 시대적 배경이 각각 '신라'와 '조선'이라는 점에서 상당한 시대적 격차가 있다. 그러나 유교적 이념을 공유하는 두 시대의 분위기를 고려해 보면, 김유신의 유교적 충효 사상과 영웅적 면모가 크게 부각된 이유를 짐작할 수 있다. 또한 우리나라 역사의 실존 인물을 영웅화한 점에서 작가의 주체적 성격이 두드러진 작품이라 할 수 있다. 형식적인 측면에서는 정사(正史)를 다룬 《삼국사기》 열전 김유신 편을 기초로 하되, 여러 설화와 전설을 바탕으로 허구와 전기성을 가미한 소설이며 중국 소설인 《삼국지연의》의 영향을 받았다고 평가받는다.

앞부분 줄거리 | 김유신의 아버지인 만노군 태수 서현은 가야국 김수로왕의 10대손으로, 서현 부부는 태몽을 꾼 후 20개월 만에 아들 유신을 낳는다. 어릴 때부터 뛰어난 능력을 보인 유신은 집을 떠나 무예를 연마하며 비결 한 권과 두 장수를 얻는다. 이때, 서현이 고구려와의 전쟁에서 위기에 처한다.

「이때에 진평왕이 서현(김유신의 아버지)을 양주(梁洲)(지금의 경상남도 양산시) 총관(摠管)(군대를 통솔하던 벼슬)으로 임명하고 군사 2천 명을 주어 고구려의 낭비성(娘臂城)을 치게 했다. 〈고구려 장수 고복(高福)(서현과의 갈등 관계(적장))이 나와 맞아 싸우는데, 김 양주(양주 총관이 된 김서현)가 그 선봉(부대의 맨 앞에 나서서 작전을 수행하는 군대)을 크게 쳐부수자 고복이 군사를 거두어 요새로 물러갔다.〉(〈 〉: 양주 총관 김서현이 비범한 능력의 장수로 묘사됨) 그리고 몰래 정병(精兵) 5백 명으로 산을 넘어 남쪽으로 가서 신라의 보급로를 끊자(고복의 꾀: 신라군의 양식 보급로 차단), 양주의 군사가 양식이 떨어져 크게 곤란하였다. 이에 고복이 성문을 열고 나와 싸우니 신라 군사가 크게 패하여 죽는 자가 매우 많았다(양식 부족으로 인한 사기 저하로 전투에서 불리한 신라군). 고구려 군사가 서현을 여러 겹으로 포위하자(풍전등화, 초미지급, 일촉즉발, 명재경각, 누란지세), 서현이 하늘을 우러러 군사들에게 맹세하면서 죽기로 싸울 것을 기약하였다. 고복이 사면으로 군사를 독촉하니 서현의 군대가 거의 괴멸 직전이었다.」(「 」: 요약적 진술)

▶ 신라의 양주 총관 서현이 고구려와의 전쟁에서 위기에 처함

이때 유신은 산음현의 수정궁(김유신의 증조부이자 가락국의 마지막 왕인 '구형왕'이 나라를 신라에 넘겨 준 뒤에 머물던 곳)에 있었는데, 어느 날 저녁에 구형왕(김유신의 증조부)이 또 꿈(① 전기적 요소. 김유신이 아버지를 위기에서 구출하러 가는 계기로 작용함 ② 김유신의 용맹이 발휘되는 계기로 작용함)에 나타나 청하여 말하길,

「"너의 아비가 지금 낭비성(고구려의 성)에 있는데, 고구려 군사에게 포위되어 오래지 않아 위태로울 것이다. 너는 어찌 가서 구하지 않느냐?"」(「 」: 구형왕이 서현의 위기 상황을 김유신에게 알려 줌)

하였다. 꿈에서 깨자 유신이 곧 두 장수(원일원, 지경개 – 김유신의 협조자 ①)를 불러 꿈 이야기를 하고 말하길,

"내 곧 고구려에 가서 대인(유신의 아버지(서현)를 가리킴)의 위급함을 구할 것인데, 그대들은 나를 따를 것인가?"

하니 모두 말하길,

"저희들이 여기까지 따라왔는데, 비록 물과 불(시련, 위기, 위험) 속인들 잠시라도 명공(듣는 이를 높여 이르던 이인칭 대명사)을 떠나겠습니까?"(설의적 표현, 비유적 표현 → 심각한 위기 상황에서도 김유신을 따를 것임을 드러냄. 두 장수의 충직함과 용맹함이 드러남)

하고는 드디어 출발하였다.

▶ 꿈을 통해 유신이 아버지의 위기를 알게 됨

유신이 갑옷을 입고 말에 오르니, 휘하(麾下)(장군의 지휘 아래)에 좇는 기병(말을 타고 싸우는 병사)이 30명이었다. 설윤태(薛允泰), 변석(邊釋)(김유신의 협조자 ②) 등을 불러 나머지 군사를 거느리고 뒤를 따르라 하고 30기(騎)로 밤새 적진으로 향하였다. 5백여

(시간의 경과: 밤 → 아침. 아버지를 구하기 위한 김유신의 의지와 효심이 부각됨)

리를 가니 동방이 비로소 밝았는데, 멀리 바라보니 한 떼의 군사가 가는 길을 막았다. 유신이 말
방해물. 고구려 군사
을 달리며 크게 고함을 지르니, 고구려 장수가 황급히 나와 맞았다.「유신이 천룡검을 휘둘러 한 장수를 죽이고 군사 수십 인을 베니 고구려 장수 기숙(箕叔)이 크게 놀라 군사를 거두어 달아났다.」
적장 「 」: 김유신의 용맹함과 비범함이 부각됨 → 영웅적 면모
유신이 30기로 하여금 추격하게 하고 멀리 한 곳을 보니 병마가 여러 겹으로 둘러 서 있었다. 유신
위급한 상황
이 대인이 포위된 줄 알고, 크게 분함을 이기지 못하여 말을 채찍질하여 가며 크게 소리쳐 말하길,

"신라 장군 김유신이 여기 왔다!"

부대의 우두머리
하고 말을 마치기도 전에 칼을 뽑아 기장(旗將) 네 사람을 죽였다.「그리고 원일원으로 하여금 동쪽
김유신의 비범한 능력 → 영웅적 면모
으로 쳐들어오게 하고, 지경개로 하여금 서쪽으로 쳐들어오게 하여 좌우로 충돌하니, 고구려 군사가 크게 어지러워 죽는 자가 무수하였다.」고복이 크게 놀라 말하길,
「 」: 김유신의 고도의 전략 전술이 돋보임 → 영웅적 면모

"어찌 이리 신라에 명장이 많으냐."
적장이 인정할 정도로 김유신이 비범한 인물임이 부각됨

하며 포위를 풀고 물러갔다. / 유신이 중영(中營)에 들어가 대인을 뵙고 말하길,
전군(全軍)의 한가운데에 자리잡고 있던 중심 부대의 진영

「"불초자 유신이 집을 떠난 지 7년 만에 대인의 위급함을 듣고 감히 와서 구하였습니다."」
아들이 부모를 상대하여 자기를 낮추어 이르는 말 「 」: 서현 부자가 7년 만에 재회했음을 알 수 있음

하니, 서현이 한편으로는 슬퍼하고 한편으로는 기뻐하며, 손을 잡고 말하길,

"네가 어떻게 하여 이곳에 왔느냐?" / 하였다. 유신이「산음현에서 능을 모시던 일에서부터 무
① 조상 숭배를 실천한 공간(김유신의 효심이 발휘된 공간)
예를 익히던 일」을 모두 고하니 서현이 크게 기뻐하며 말하길, ② 무예 수련의 공간(김유신의 영웅성이 준비되는 공간)
「 」: 요약적 진술. 영웅 서사적 구조의 '고난과 시련'에 해당함

"우리 집이 가락국 왕실(王室)의 기운으로 대대로 명장이 나는구나."
김유신이 가락국의 왕손이며 훌륭한 장수인 아버지 서현에게도 인정받을 정도로 비범한 인물임이 드러남

하였다. 유신이 두 장수를 불러 양주에게 절하게 하였다. 양주가 말하길,
원일원, 지경개

"참으로 용맹한 장수로다." / 하고, 곧 유신을 호군(護軍)으로 삼고, 그날 두 장수를 불러 좌우참
정사품 무관(武官)의 벼슬 장군 옆에서 군사 업무와 관련하여 참모하던 군사
군(左右參軍)으로 삼았다. 다음 날 설, 변 두 장수가 군사를 거느려 오고 보급로가 또한 통하니 군
김유신의 활약으로 신라의 위기(보급로 차단)가 해결됨 → 전세가 신라에 유리해짐
의 위세가 다시 떨쳤다. 대인이 이 승세를 타고 돌아가고자 하니, 유신이 나아가 아뢰길,

「"제가 평생 충효로써 스스로 다짐하였는데, 이제 전장에 임하여 용맹을 다하지 않을 수가 없습
유교적 충효 사상이 중시되던 당대의 사회상이 드러남
니다. 원컨대 대인은 근심하지 마십시오."」「 」: 아버지의 근심보다 나라의 전쟁을 더 중시하는 김유신의 모습
→ '가족 윤리인 효'보다 '국민 윤리인 충'이 더 중시됨

하고는 드디어「말을 종횡으로 몰며 칼을 뽑아 들고서 깊은 구덩이를 뛰어넘어 고구려 진으로 돌
① 가로세로를 아울러 이르는 말 ② 거침없이 마구 오가거나 이리저리 다님
입하여 고복을 베고 돌아오니 고구려 군사가 당해 내지 못하였다.」양주가 보고 큰 기를 휘두르며,
「 」: 고구려 진영에서 종횡무진하며 활약하는 유신의 영웅적 면모
성 아래에까지 바짝 나아가서 승세를 타서 5천여 급을 베고 천여 명을 생포하니 성안의 군사들이 두려워하여 문을 열고 나와 항복하였다. ▶ 소규모 병력을 이끈 유신이 고구려의 낭비성을 함락함
고구려와의 전쟁에서 신라가 승리함

김 양주가 드디어 환군하여 서울에 이르니 왕이 크게 기뻐하며 궁궐 밖에서 맞이하였다. 대인
신라의 수도 경주 김서현 군대가 환대를 받음
이 유신의 공을 아뢰고자 하니 유신이 그만두기를 간하여 말하길,
웃어른이나 임금에게 옳지 못하거나 잘못된 일을 고치도록 말함

「"소자(小子)에게 싸워서 이긴 공이 있다 하시면 대인께서는 군사를 잃은 죄가 있지 않겠습니까? 또한 유신이 비록 보잘것없고 못났지만 스스로를 파는 것이 부끄러움은 잘 알고 있습니다. 어찌 한 번 싸워 이긴 공으로 출세의 구실을 삼겠습니까?"」 「 」: 김유신이 공로를 숨긴 이유 - ① 아버지의 과오(패배)가 드러나는 것에 대한 염려 ② 자신의 공로가 인정받을 가치가 없다는 인식 → 김유신의 지극한 효심과 겸손함에서 비롯됨

하니, 대인이 옳게 여겼다. 이리하여 조정에서는 그 사실을 알지 못하였다.(김유신의 활약상과 전공이 공식적으로 인정받지 못함) 드디어 군사를 해산하고 고향으로 돌아왔다.

▶ 유신이 자신의 공로를 숨기고 귀향함

뒷부분 줄거리 | 김유신은 온갖 역경을 극복하고 신라가 삼국을 통일하는 데 큰 공을 세운다.

핵심 정리

- 갈래: 고전 소설(군담 소설, 영웅 소설, 역사 소설)
- 성격: 영웅적, 유교적, 사실적, 전기적
- 구성: '기 - 승 - 전 - 결'의 4단 구성, 시간의 흐름에 따른 구성

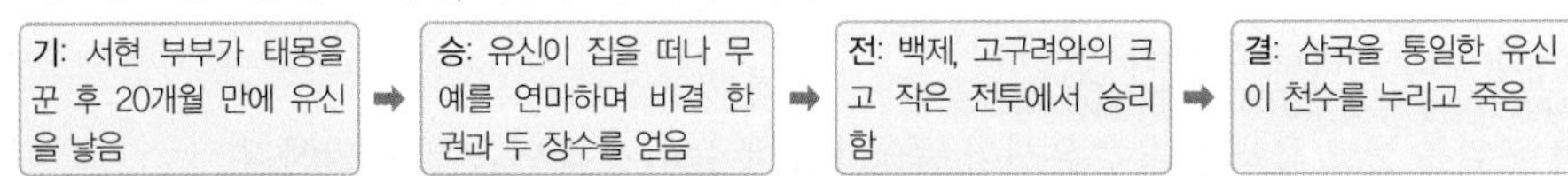

- 제재: 김유신의 영웅적 행적
- 주제: 김유신의 영웅적 일대기
- 특징: ① 사실과 허구의 조화 - 《삼국사기》에 실린 사실을 바탕으로 하되 여러 설화와 전설을 가미함
  ② 김유신의 영웅적 면모와 인품이 부각됨
  ③ 군담이 진행되는 장면이나 '꿈'에서의 예언 등 전기적 성격이 드러남
- 의의: ① 중국 문학인 《삼국지연의》의 영향을 받아 실제 역사적 사실을 소설식으로 창작함
  ② 우리나라의 역사적 실존 인물을 영웅으로 승화시켰다는 점에서 작가의 민족적 주체 의식이 드러남

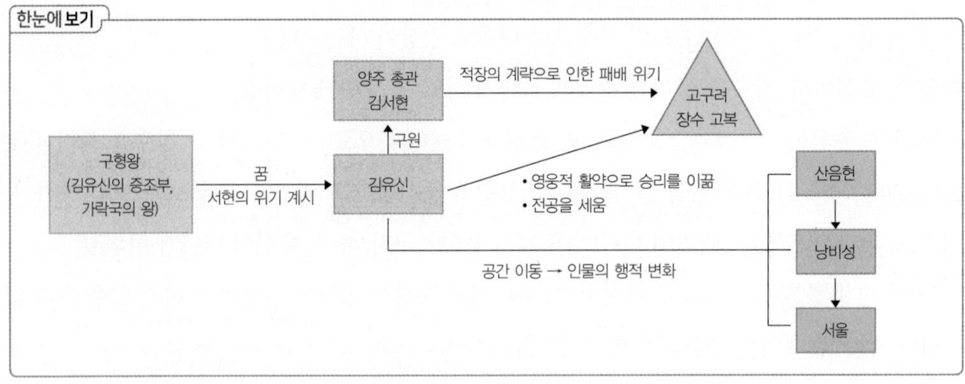

필수 문제

01 이 글에서 김유신이 꾼 '꿈'의 두 가지 기능을 쓰시오.

02 이 글에 드러난 김유신의 이동 경로를 쓰고, 각 공간에 따른 인물의 행적을 간략하게 쓰시오.

88 장생전(裝生傳) | 허균

필수

출제 포인트

장생의 기이한 행적을 다룬 이야기이다. 장생의 행적을 통해 이 글의 주제 의식을 파악해 보고, 이 글에 나타난 당대의 사회상 및 작가인 허균의 현실 비판 의식에 주목하여 살펴보자.

감상 길잡이

이 글은 〈홍길동전〉의 작가인 허균(許筠)이 지은 한문 소설이다. 이 글에서 비렁뱅이로 제시되고 있는 '장생'은 결국 뛰어난 능력을 지닌 기인(奇人)임이 드러난다. 그리고 이 소설의 마지막 부분에서 그는 현실에서 이루지 못한 꿈을 펼치기 위해 이상향을 찾아가는 것으로 마무리된다. 이와 같은 장생의 행적을 통해 이 글의 주제가 〈홍길동전〉과 같은 이상향 건설에 있음을 짐작할 수 있다. 〈장생전〉에서 드러나는 허균의 현실 비판 의식과 이상향 추구 정신은 조선 후기 박지원(朴趾源)의 한문 단편 소설에까지 계승된다.

장생(蔣生)이란 사람은 어떠한 내력을 지닌 사람인 줄을 알 수가 없었다. 기축년(선조 22년, 1589년) 무렵에 서울에 왕래하며 걸식하면서 살아갔다. 그의 이름을 물으면 자기 역시 알지 못한다 하였고, 그의 아버지나 할아버지가 거주했던 곳을 물으면,

「"아버지는 밀양(密陽)의 좌수(座首)였는데 내가 태어난 후 세 살이 되어 어머니가 돌아가시자 아버지께서 비첩(婢妾)의 속임수에 빠져 나를 농장(農莊) 종의 집으로 쫓아냈소. 15세에 종이 상민(常民)의 딸에게 장가들게 해 주어 몇 해를 살다가 아내가 죽자 떠돌아다니며 호남(湖南)과 호서(湖西)의 수십 고을에 이르렀고 이제 서울까지 왔소."」 / 하였다.

좌수(座首): 향청의 우두머리 / 비첩(婢妾): 여자 종으로서 첩이 된 사람 / 상민(常民): 양반이 아닌 일반 백성 / 호남(湖南): 전라도 / 호서(湖西): 충청도

「 」: 장생의 말 – 인용

▶ 장생의 내력

중략 부분 줄거리 | 장생은 노래와 이야기에 능하고, 용모가 수려하며, 동물이나 사람의 행동과 소리를 그대로 흉내 낼 수 있는 재주가 있다. 이러한 재주와 행동으로 사람들의 이목(耳目)을 끈다.

전에 (장생이) 악공(樂工) 이한(李漢)이라는 사람 집에서 더부살이한 적이 있었다. 머리를 쌍갈래로 땋은 계집이 호금(胡琴)을 배우느라 조석으로 만나므로 서로 친숙하였다. 하루는 구슬로 이어진 자줏빛 봉미(鳳尾)를 잃어버리고 있는 곳을 모른다고 하였다. 연유를 들어 보니, 아침에 길 위에서 오다가 준수한 소년이 있기에 웃으며 농을 붙이고 몸이 닿고 스치더니 이내 봉미가 보이지 않더라는 것이다. 그러면서 애처롭게 울기를 그치지 않더란다. 그래서 장생은,

호금(胡琴): 비파 / 조석: 아침저녁 / 봉미(鳳尾): 머리에 꽂는 노리개

"우습구나. 어린것들이 감히 그런 짓을 하다니. 아가씨야 울지 마라. 저녁이면 반드시 내 소매 속에 넣어 오겠다." / 하고는, 훌쩍 나가 버렸다.

저녁이 되자 계집아이를 불러내어 따라오게 하고서는,「서쪽 거리 곁 경복궁(景福宮) 서쪽 담장을 따라 신호문(神虎文)의 모퉁이에 이르렀다. 계집의 허리를 큰 띠로 묶어 왼쪽 어깨에 들쳐메고 풀쩍 뛰어, 몇 겹으로 겹친 문으로 날아서 들어갔다. 한창 어두울 때여서 길도 분간할 수 없었지만 급히 경회루(慶會樓) 위로 올라가니 두 소년이 있었다. 촛불을 들고 마중 나와 서로 보며 껄껄 웃어

경회루(慶會樓): 경복궁 서북쪽 연못 안에 있는 누각. 나라에 경사가 있거나 사신이 왔을 때 연회를 베풀던 곳

대었다. 그러더니 상량 위의 뚫어진 구멍에서 금구슬 · 비단 · 명주가 무척 많이 나왔다. 계집이
마룻대 / 귀족이나 상류층의 물건임
잃어버린 봉미 또한 있었다.」 「 」: 궁 안에 도둑 소굴이 있음 – 당대 사회의 기강 해이를 드러냄

소년들이 그걸 돌려주자 장생(蔣生)은,
계집의 봉미를 훔쳐 간 도둑들
"두 아우는 행동거지를 삼가서 세상 사람들이 우리들의 종적을 보지 못하도록 하게나."
장생이 도둑의 우두머리임을 알 수 있는 부분
하였다. 그런 뒤에 끌고 다시 날라서 북쪽 성(成)으로 나와 그의 집으로 돌려보냈다.

계집은 다음 날 밝기 전에 이 씨(李氏)의 집으로 가서 감사의 말을 하려 했더니 술이 취해 누워 있으며 코를 쿨쿨 골고 있었고, 사람들 또한 밤에 외출했던 일을 알지 못하고 있었다.
장생이 자신의 이인성(異人性)을 사람들에게 감추고 있음
▶ 장생이 계집의 봉미를 찾아 주면서 도둑의 우두머리임이 드러남

임진년(선조 25년, 1592년) 4월 초하룻날 값을 뒤에 주기로 하고 술 몇 말(斗)을 사 와, 아주 취해서는 길을 가로막으며 춤을 추고 노래 부르기를 그치지 않다가는 거의 밤이 되어 수표교(水標橋) 위에서 넘어졌다.「다음 날 해 뜬 지 늦어서야 사람들이 그를 발견했는데, 죽은 지가 이미 오래 되었었다. 시체가 부패하여 벌레가 되더니 모두 날개가 돋아 전부 날아가 버려 하룻밤에 다 없어지고 오직 옷과 버선만이 남아 있었다.」
임진왜란이 일어난 해 – 시대적 배경이 드러남
조선 세종 때에, 서울의 청계천에 놓은 다리
「 」: 전기성(傳奇性)이 드러나는 부분
▶ 장생의 죽음

무인(武人) 홍세희(洪世熹)라는 사람은 연화방(蓮花坊)에서 살았으니, 장생(蔣生)과 친하게 지냈었다. 4월에 이일(李鎰)을 따라 왜적을 방어했었다. 조령(鳥嶺)에 이르렀을 때 장생을 만났다. 그는 짚신을 신고 지팡이를 끌면서 손을 붙잡고는 무척 기뻐하면서,
죽은 장생을 다시 만남 – 전기성

"나는 사실 죽지 않았소. ㉠ 바다 동쪽으로 향하여 한 나라를 찾아 떠나 버렸소."
이상향을 찾아 떠났다는 의미
하더란다. 그러면서,

「"그대는 지금 죽을 나이가 아니오. 병화(兵禍)가 있으면 높은 곳의 숲으로 향해 가고, 물에는 들어가지 마시오. 정유년에는 삼가고 남쪽으로는 오지 마시오. 혹 공사(公事)의 주관한 일이 있더라도 산성(山城)으로 오르진 마시오."」 「 」: 장생이 미래를 내다봄 – 장생의 예지력
전쟁
몸과 마음을 주의하고
나랏일을 맡은 것이 있더라도

하고는 말을 끝마치자 날아서 가 버리니 잠깐 사이에 있는 곳을 알 수 없더란다.
전기성

「홍세희는 과연 탄금대(彈琴臺)의 전투에서 그가 해 준 말을 기억해 내서 산 위로 달아나 죽음을 면할 수 있었다. 정유년(선조 30년, 1597년) 7월에 금군(禁軍)으로 숙직을 할 때, 오리(梧里) 정승에게 임금의 교지(敎旨)를 전해 주느라 그가 경계해 준 것을 모두 잊었었다. 돌아오면서 성주(星州)에 이르러 적군의 추격을 당하자, 황석성(黃石城)이 전쟁 준비가 잘 되어 있다 함을 듣고는 급히 달려갔는데, 성(成)이 함락되자 함께 죽고 말았다.」
충청북도 충주시 대문산에 있는 명승지
장생의 초인간적이고 신비한 능력을 알 수 있는 부분
궁중을 지키고 임금을 호위하던 친위병
당시 우의정이던 이원익의 호
왕의 명령이 적힌 글
장생의 충고를 듣지 않아 목숨을 잃음 – 장생의 신이한 능력이 드러남
▶ 장생의 충고를 어긴 홍세희의 죽음
「 」: 역사적 사실과 일치하는 내용과 실존 인물을 거론하여 사실성을 부여함

내가 젊은 시절에 협사(俠士)들과 친하게 지냈고, 그와도 해학(諧謔)을 걸 정도로 아주 친하게 지냈던 탓으로 그의 잡기놀이를 모두 구경하였다.
허구적 인물(작가가 아님)
호방하고 의협심이 있는 사람. 협객
익살스럽고 품위가 있는 말이나 행동

검술에 뛰어난 사람

슬프다. 그는 신(神)이었거나 아니면 옛날에 말하던 검선(劍仙)과 같은 부류가 아니랴!

작가의 인물에 대한 논평. 인물의 일대기를 중심 이야기로 삼는 전(傳)에서 흔히 나타나며, 작품 전체를 완결 짓는 역할을 함

▶ 장생에 대한 작가의 논평

핵심 정리

- 갈래: 고전 소설〔한문 소설, 전(傳)〕
- 성격: 현실 비판적, 전기적(傳奇的)
- 구성: '도입 – 전개 – 논평'의 3단 구성

도입: 장생에 대한 소개 – 출생 내력과 외모, 재주	➡	전개: 장생의 행적 – 도둑의 우두머리이며, 앞일을 예언하는 능력을 지님. 죽어 벌레가 되어 날아감	➡	논평: 장생에 대한 작가의 논평

- 제재: 장생의 기이한 행적
- 주제: 장생의 기이한 행적과 이상향 건설에 대한 바람
- 특징: ① 장생에 관한 여러 이야기를 병렬적으로 나열함
  ② 당대 사회상에 대한 비판 의식을 드러냄
- 인물 분석
  - 장생: 도둑의 우두머리. 미래를 내다볼 줄 아는 등 다양한 능력을 지니고 있는 기인(奇人)임

한눈에 **보기**

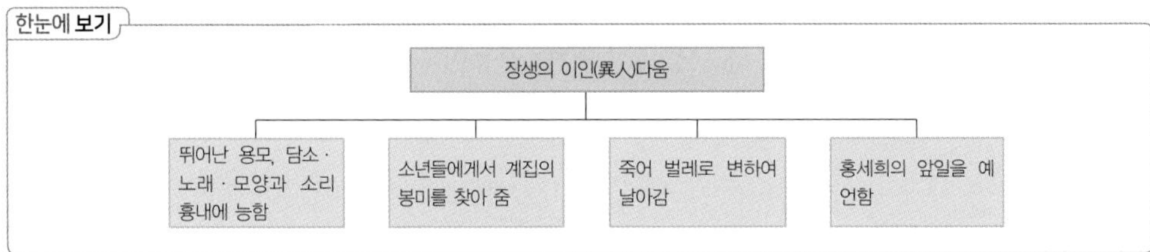

보충·심화 학습

- 〈장생전〉에 나타난 사회상과 '장생'이 가진 한계

이 글에 의하면 당시에는 거지도 많았고, 도둑도 많았다. 이는 그만큼 사회의 질서가 안정적이지 못했음을 보여 준다. 더구나 임금이 사는 경복궁의 경회루 지붕 꼭대기에 도둑들이 자리를 잡고 훔쳐 온 물건들을 숨겨 두는 대목은 당대 사회의 기강 해이의 정도를 단적으로 보여 준다. 그러나 이 글에서 장생은 단지 이인(異人)다운 행적만을 보일 뿐, 당대 사회의 구조적 문제를 해결하기 위한 구체적인 행동은 보여 주고 있지 않다. 이 점에서 장생은 신이한 능력을 지닌 개인에 그치고 마는 한계를 드러낸다.

필수 문제

01 ㉠에서 드러나는 이 글의 주제를 쓰시오.

02 이 글에서 〈보기〉의 설명에 해당하는 부분을 찾아 첫 어절과 끝 어절을 쓰시오.

〈 보기 〉

- 작가가 직접 인물에 대해 논평함
- 인물의 일대기를 그린 '전(傳)'에 흔히 나타남

89 홍길동전(洪吉童傳) | 허균

교과서 EBS 모의 기출

출제 포인트

우리나라 최초의 한글 소설로, 홍길동의 영웅적 면모와 적서 차별 및 부패한 정치에 대한 글쓴이의 비판적 시각에 주목하여 살펴보자.

감상 길잡이

이 글은 조선 중기에 허균이 지은 국문 소설이다. 중국 소설 〈수호전〉의 영향을 받아 임진왜란 후의 사회 제도의 결함, 특히 적서 차별을 타파하고 부패한 정치를 개혁하려는 작가의 혁명 사상을 작품화한 것이다. 이 글은 영웅적 소설 구조와 전기성을 바탕으로 한 사건 전개 등 고전 소설의 전형적인 모습을 보여 주고 있으나, 우리나라를 배경으로 하고 한글로 표기하여 독자층을 서민층으로까지 확대시킨 점에서 진정한 한글 소설의 효시(嚆矢)로 평가되고 있다.

장면 1

앞부분 줄거리 | 홍 판서는 청룡이 달려드는 꿈을 꾸고 시비 춘섬과 하룻밤을 지낸다. 그달로부터 춘섬에게 태기가 있어 열 달 만에 길동을 낳으니, 영웅호걸의 풍모였다.

길동이 점점 자라 여덟 살이 되자, 총명하기가 보통이 넘어 하나를 들으면 백 가지를 알 정도였다. 그래서 공은 더욱 귀여워하면서도「출생이 천해, 길동이 늘 아버지니 형이니 하고 부르면, 즉시 꾸짖어 그렇게 부르지 못하게 하였다. 길동이 열 살이 넘도록 감히 부형(父兄)을 부르지 못하고, 종들로부터 천대받는 것을 뼈에 사무치게 한탄하면서 마음 둘 바를 몰랐다.」

(하나를 들으면 백 가지를 알 정도였다: 영웅 소설의 전형성(비범한 능력) – 관련 한자 성어: 문일지십(聞一知十) / 출생이 천해: 갈등의 원인 / 아버지니 형이니 하고 부르면: 호부호형(呼父呼兄) / 꾸짖어 그렇게 부르지 못하게 하였다: 적서 차별 – 이 글에서 비판하고자 하는 대상 / 부형: 아버지와 형 / 「 」: 개인과 사회의 갈등)

「"대장부가 세상에 나서 ㉠공맹(孔孟)을 본받지 못할 바에야, 차라리 병법이라도 익혀 대장인(大將印)을 허리춤에 비스듬히 차고 동정서벌(東征西伐)하여 나라에 큰 공을 세우고 이름을 만대에 빛내는 것이 장부의 통쾌한 일이 아니겠는가.」「나는 어찌하여 일신이 적막하고, 부형이 있는데도 아버지를 아버지라 부르지 못하고 형을 형이라 부르지 못하니 심장이 터질지라, 이 어찌 통탄할 일이 아니겠는가!"」/ 하고, 말을 마치며 뜰에 내려와 검술을 익히고 있었다.

(공맹을 본받지 못할 바에야: 문관으로 출세하지 못한다면 / 대장인: 장수가 가지던 도장 / 동정서벌: 동쪽을 정복하고 서쪽을 친다는 뜻으로, 이리저리로 여러 나라를 정벌함을 이르는 말 / 이름을 만대에 빛내는 것: 유방백세(流芳百世) / 「 」: 입신양명(立身揚名)의 유교적 가치관 반영 / 일신이 적막하고: 내 한 몸의 미래도 암담하고 / 「 」: 길동의 내적 갈등. 서얼이 능력을 펼칠 수 없는 제도적 모순 제시)

▶ 길동이 자신의 처지를 한탄함

결정적 장면

그때 마침 공(公)이 또한 달빛을 구경하다가, 길동이 서성거리는 것을 보고 즉시 불러 물었다.

(그때 마침 공이 또한 달빛을 구경하다가: 고전 소설의 우연성)

"너는 무슨 흥이 있어서 밤이 깊도록 잠을 자지 않느냐?"

길동은 공경하는 자세로 대답했다.

"소인은 마침 달빛을 즐기는 중입니다. 그런데, 만물이 생겨날 때부터 오직 사람이 귀한 존재인 줄 아옵니다만, 소인에게는 귀함이 없사오니, 어찌 사람이라 하겠습니까?"

(소인: 아랫사람이 상전 앞에서 자기를 낮춰 부르는 말. 길동의 신분(서자)을 드러냄 / 만물이 생겨날 때부터 ~ 줄 아옵니다만: 적서 차별에 반대하는 천부 인권 사상이 엿보이는 부분)

공은 그 말의 뜻을 짐작은 했지만, 일부러 책망하는 체하며,

(그 말의 뜻: 호부호형에 대한 열망 / 일부러 책망하는 체하며: 관습을 중시하는 홍 판서의 태도)

"네 무슨 말이냐?" / 했다. 길동이 절하고 말씀드리기를,

❶ "소인이 평생 설워하는 바는, 소인이 대감 정기를 받아 당당한 남자로 태어났고, 또 낳아 길

(대감 정기를 받아: 길동의 신분을 드러내는 말)

러 주신 부모님의 은혜를 입었음에도 불구하고, 아버지를 아버지라 못 하옵고, 형을 형이라 못 하오니, 어찌 사람이라 하겠습니까?"

부생모육지은(父生母育之恩) – 유교의 효(孝) 사상

하고, 눈물을 흘리며 적삼을 적셨다. 공이 듣고 나자 비록 불쌍하다는 생각은 들었으나, 그 마음을 위로하면 마음이 방자해질까 염려되어, 크게 꾸짖어 말했다.

홍 판서는 길동의 상황에 대해서는 공감하고 있음 / 무례하고 건방져질까 / 홍 판서의 권위적 태도 – 체통을 중시하며 체제에 순응함

"재상 집안에 천한 종의 몸에서 태어난 자식이 너뿐이 아닌데, 네가 어찌 이다지 방자하냐? 앞으로 다시 이런 말을 하면 내 눈앞에 서지도 못하게 하겠다."

당시에 축첩 제도가 있었음을 알 수 있음

이렇게 꾸짖으니 길동은 감히 한 마디도 더 하지 못하고, 다만 마당에 엎드려 눈물을 흘릴 뿐이었다. 공이 물러가라 하자, 그제서야 길동은 침소로 돌아와 슬퍼해 마지않았다. 길동이 본래 재주가 뛰어나고 도량이 활달한지라 마음을 가라앉히지 못해 밤이면 잠을 이루지 못하곤 했다.

사람이 잠을 자는 곳 / 마음과 생각이 넓고 큰지라

▶ 길동이 호부호형의 소원을 말하고 홍 판서에게 꾸짖음을 당함

하루는 길동이 어미 침소에 가 울면서 아뢰었다.

길동의 한의 깊이를 드러내기 위한 일화

"소자가 모친과 더불어 전생 연분이 중하여, 금세(今世)에 모자가 되었으니, 그 은혜가 지극하옵니다. 그러나 소자의 팔자가 기박하여 천한 몸이 되었으니 품은 한이 깊사옵니다. 장부가 세상에 살면서 남의 천대를 받음이 불가한지라, 소자는 자연히 설움을 억제하지 못하여 모친 슬하를 떠나려 하오니, 엎드려 바라건대 모친께서는 소자를 염려하지 마시고 귀체를 잘 돌보십시오."

불교적 인연(因緣) 사상이 드러남 / 팔자, 운수 따위가 사납고 복이 없어 / 길동의 출가 이유 ① – 적서 차별 / 귀한 몸

그 어미가 듣고 나서 크게 놀라 말했다. / "재상가의 천생이 너뿐이 아닌데, 어찌 마음을 좁게 먹어 어미 간장을 태우느냐?"

천첩에게서 난 자손. 천한 출신 / 어머니의 성격 – 관습에 순응함 / 마음을 아프게 하느냐

길동이 대답했다.

"옛날, 장충의 아들 길산은 천생이지만 열세 살에 그 어미와 이별하고 운봉산에 들어가 도를 닦아 아름다운 이름을 후세에 전하였습니다. 소자도 그를 본받아 세상을 벗어나려 하오니, 모친은 안심하고 후일을 기다리십시오. 근간에 곡산댁의 눈치를 보니 상공의 사랑을 잃을까 하여 우리 모자를 원수같이 알고 있습니다. 큰 화를 입을까 하오니 모친께서는 소자가 나감을 염려하지 마십시오."

개작의 흔적. 장길산은 길동보다 후대 인물임 / 길동의 출가 이유 ② – 입신양명(立身揚名) / 복선 – 후에 모친을 모시러 옴 / 홍 판서의 첩. 초란 / 길동의 출가 이유 ③ – 화를 피하기 위함

결정적 장면

길동이 서자라는 자신의 처지를 한탄하다가 홍 판서의 꾸지람을 듣고 곡산댁(초란)의 화를 피하기 위해 집을 떠나겠다고 어머니에게 고하는 장면이다. 이 작품의 주요 갈등이 무엇인지 확연히 드러나는 부분이다.

문제로 핵심 파악

1 이 작품은 우리나라 최초의 (   )이다.

2 길동이 서자라는 신분 때문에 아버지를 아버지라 부르지 못하고 형을 형이라 부르지 못하는 것에서 개인과 (   )의 갈등이 드러난다.

핵심 구절 풀이

❶ "소인이 평생 설워하는 ~ 어찌 사람이라 하겠습니까?"
: 길동이 홍 판서에게 호부호형(呼父呼兄)을 하지 못하는 자신의 처지를 한탄하는 부분으로, 길동의 신분과 조선 시대의 제도적 모순이 드러남

하니, 그 어머니 또한 슬퍼하더라. ▶ 길동이 출가 결심을 모친에게 고함

중략 부분 줄거리 | 곡산댁 초란은 무녀와 함께 길동을 해칠 계략을 세우고, 초란의 사주를 받은 관상녀는 길동의 비범함이 집안의 화가 된다며 상공을 속인다.

그 후로는 공이 길동을 산에 있는 정자에 머물게 하고 행동 하나하나를 엄격하게 감시했다(관상녀의 말을 듣고 홍 판서가 길동을 의심하게 됨). 길동은 이런 일을 당하자 설움이 더욱 북받쳤지만 어쩔 수가 없어 육도삼략(중국의 오래된 병서(兵書)인 《육도》와 《삼략》을 아울러 이르는 말)이라는 병법과 천문 지리를 공부하고 있었다(전기적 능력을 드러내기 위한 준비). 공이 이 사실을 알고는 크게 근심하여 말했다.

"이놈이 본래 재주가 있으니, 만일 과분한 마음을 품게 되면 관상녀의 말(길동의 비범함이 집안의 화가 된다는 말)과 같을 것이니, 이를 장차 어찌하랴?" / 이때 초란이 무녀 및 관상녀와 내통하여 공을 놀라게 하고는 길동을 없애고자 거금을 들여 자객을 매수했는데(길동을 죽이기 위한 대비), 그 이름은 특재(① 길동의 시련 ② 길동이 출가를 결심하게 하는 인물 ③ 길동의 뛰어난 재주를 드러나게 하는 인물)였다. 초란은 특재에게 전후 내막을 자세히 일러 주고는 공에게 가서 아뢰었다.

"며칠 전 관상녀가 아는 일이 귀신 같으니(관상녀의 신이성을 강조(근거) → 홍 판서의 불안감 자극), 길동의 앞일을 어떻게 처리하려 하십니까? 저도 놀랍고 두려우니 일찍 길동을 없애 버리는 것이 나을 듯하옵니다(숨겨진 의도 제시)."

공은 이 말을 듣고 눈썹을 찡그리면서(인물의 행위를 통한 심리 제시 – 길동에 대한 애정이 있으므로),

"이 일은 내 손바닥 안에 있으니(내(홍 판서)가 처리할 수 있으니), 너는 번거롭게 굴지 말라."

하고 물리치기는 했으나, 마음이 자연 산란하여(길동의 일로 인한 홍 판서의 내적 갈등; 관련 한자 성어: 노심초사(勞心焦思)) 밤이면 잠을 이루지 못해 병이 나고 말았다. 부인과 좌랑 인형(정실의 아들로, 길동의 형. '좌랑'은 벼슬명)이 크게 근심이 되어 어쩔 줄을 모르고 있는데, 초란이 곁에서 모시고 있다가 아뢰었다.

"상공의 병환이 위중하심은 길동으로 인한 것입니다. 저의 좁은 소견으로는 길동을 죽여 없애면 상공의 병환도 완쾌되실 뿐 아니라, 가문도 보존할 것이온데(길동의 죽음이 가져오는 이로움을 나열함), 어찌 이 점을 생각하지 않으시는지요?" / 부인이 이르기를, / "아무리 그렇다 한들 천륜(부모 자식 간에 하늘의 인연으로 정해져 있는 혈연적 관계)이 지중한데(더할 수 없이 귀중함) 차마 어찌 그런 짓을 하겠나(인간 존중 사상)." / 고 하자, 초란이 말했다.

"듣자오니 특재라는 자객이 있는데, 사람 죽이기를 주머니 속의 물건 잡듯이 한답니다(관련 한자 성어: 낭중취물(囊中取物 – 아주 쉬운 일을 이름)). 그에게 거금을 주고 밤에 들어가 해치게 하면, 상공이 아셔도 어쩔 수 없을 것이오니(상공 모르게, 상공을 위해 결단하자는 의미), 부인은 재삼 생각하십시오." / 부인과 좌랑이 눈물을 흘리면서 말했다.

"이는 차마 못할 바이로되, 「첫째는 나라를 위함(나라에 해가 된다는 관상녀의 말)이요, 둘째는 상공을 위함(상공의 병을 낫게 하기 위함)이며, 셋째는 홍씨 가문을 보존하기 위함(집안의 화를 막기 위함)이니,」 너의 생각대로 하려무나." ▶ 홍 판서의 병을 핑계로 초란이 부인과 인형을 부추김

「 」: 어쩔 수 없는 선택임을 강조함

그러자 초란이 크게 기뻐하면서, 다시 특재를 불러 사정을 자세히 이야기하고, 오늘 밤에 급히 행하라 하니, 특재가 그렇게 하겠다 하고 밤들기(밤이 되기)를 기다렸다.

한편, 길동은 그 원통한 일(홀로 떨어져 산에 머물게 됨)을 생각하니 잠시를 머물지 못할 바이지만, 상공의 엄령이 지중하므로(유교적 효(孝) 사상)

어쩔 수가 없어 밤마다 잠을 설치고 있었다. 그런데 그날 밤, 촛불을 밝혀 놓고 주역을 골똘히 읽고 있는데, 까마귀가 세 번 울고 갔다. 길동은 이상한 예감이 들어 혼잣말로,

유학 오경의 하나. 64괘로 정치 · 윤리 · 철학의 해석을 덧붙였음

불길함의 암시 – 비현실성

"저 짐승은 본래 밤을 꺼리거늘, 이제 울고 가니 심히 불길하도다."

하면서 잠시 주역의 팔괘로 점을 쳐 보고는, 크게 놀라 책상을 밀치고 둔갑법으로 몸을 숨긴 채 동정을 살피고 있었다. 사경쯤 되자 한 사람이 비수를 들고 천천히 방문으로 들어오는지라,「길동이 급히 몸을 감추고 주문을 외니, 홀연 한 줄기의 음산한 바람이 일어나면서, 집은 간 데 없고 첩첩산중에 풍경이 굉장하였다. 크게 놀란 특재는 길동의 조화가 무궁한 줄 알고 비수를 감추며 피하고자 했으나, 갑자기 길이 끊어지면서 층암절벽이 가로막자, 오도 가도 못 하는 처지가 되었다. 사방으로 방황하다가 피리 소리를 듣고서야 정신을 차리고 살펴보니, 한 소년이 나귀를 타고 오며 피리 불기를 그치고 꾸짖었다.

길동의 비범한 능력 – 전기성 / 새벽 1시에서 3시 사이 / 특재 / 날이 날카로운 단도 / 끝이 없음 / 몹시 험한 바위가 겹겹으로 쌓인 낭떠러지 / 길동 / 여유 있는 모습

"너는 무엇 때문에 나를 죽이려 하는가? 무죄한 사람을 해치면 어찌 천벌이 없으랴?"

인과응보(因果應報) 사상

하고 주문을 외니, 홀연히 검은 구름이 일어나며 큰 비가 물을 퍼붓듯이 쏟아지고 모래와 자갈이 날리었다.」특재가 정신을 가다듬고 살펴보니 길동이었다. 재주가 대단하다고는 여기면서도 '어찌 나를 대적하리오.' 하고 달려들면서 소리쳤다.

「 」: 고전 소설의 전기성과 길동의 비범함이 드러남

"너는 죽어도 나를 원망하지 말라. 초란이 무녀와 관상녀로 하여금 상공과 의논하게 하고, 너를 죽이려 한 것이니, 어찌 나를 원망하랴." / 칼을 들고 달려드는 특재를 보자, 길동은 분함을 참지 못해 요술로 특재의 칼을 빼앗아 들고 호통을 쳤다.

책임을 회피함 / 상공의 뜻임을 강조하여 길동의 절망감을 자극하려는 의도 / 전기성

"네가 재물을 탐내어 사람 죽이기를 좋아하니, 너같이 무도한 놈은 죽여서 후환을 없애겠다."

도의심이 없는

하고 칼을 드니, 특재의 머리가 방 가운데 떨어졌다. 길동은 분노를 이기지 못해 그날 밤에 바로 관상녀를 잡아 와 특재가 죽어 있는 방에 들이쳐 박고 꾸짖기를, / "네가 나와 무슨 원수 졌다고 초란과 짜고 나를 죽이려 했나?" / 하고 칼로 치니, 처참하기 그지없었다. ▶ 길동이 특재와 관상녀를 죽임

편집자적 논평

지방에서 세력을 떨치던 호족

뒷부분 줄거리 | 길동은 집을 뛰쳐나와 활빈당(活貧黨)을 조직하여 각 지방의 탐관오리들과 토호(土豪)들의 부정한 재물을 빼앗아 가난한 양민들에게 나누어 주다가, 조정의 회유로 병조 판서가 된다. 그러나 마침내는 고국을 하직하고 율도국(硉島國)에 정착해 이상적 왕국을 건설한다.

필수 문제

01 ㉠의 문맥적 의미를 쓰시오.

02 [서술형] 이 글의 문학사적 의의를 서술하시오.

장면 2

앞부분 줄거리 | 홍 판서의 서자로(갈등의 원인) 태어나 천대를 받으며 자란 길동은 홍 판서의 첩 초란이 자신을 죽이려고 하자 집을 떠나 활빈당(活貧黨)의 우두머리가 된다. 이어 각 도(道)를 돌아다니며 관리들이 부정하게 착취한 재물을 빼앗아 빈민을 구제한다. 신출귀몰(神出鬼沒)한 길동을 아무도 잡지 못하자, 임금이 길동의 형 인형에게 길동을 잡을 것을 명령하고, 길동은 형을 위해 스스로 잡혀 서울로 올라간다.

여러 날 만에 서울에 다다르니, 『궐문(闕門)(대궐 문)에 이르러는 길동이 한 번 몸을 요동(搖動)(흔들어 움직이니)하매 철삭(鐵索)(철사를 꼬아서 만든 줄)이 끊어지고 함거(죄인을 실어 나르던 수레) 깨어져 마치 매미가 허물 벗듯(직유법(매미 = 길동, 허물 = 철삭과 함거)) 공중으로 오르매, 표연히(나타나거나 떠나는 모양이 거침없이) 운무(雲霧)(구름과 안개)에 묻혀 가니,』(「 」: 고전 소설의 전기성(傳奇性)) 장교와 제군(諸軍)이 어이없어 공중만 바라보고 다만 넋을 잃을 따름이라(망연자실(茫然自失)). 할 수 없어 이 연유(緣由)로 상달(上達)(윗사람에게 말이나 글로 여쭈어 알려 드림)하온대, 상(임금)이 들으시고 왈,

"천고(千古)(아주 오랜 세월 동안)에 이런 일이 어디 있으리오."

하시고 크게 근심하시니, 제신(여러 신하) 중 한 사람이 아뢰기를,

> 길동의 두 가지 소원
> ① 호부호형(呼父呼兄): 서자에 대한 가정 내 차별 철폐
> ② 병조 판서에 임명: 서자에 대한 국가적 차별 철폐

"그 길동의 원이 병조 판서를 한 번 지내면 조선을 떠나리라(길동은 조선에서는 자신의 진보적 생각이 이루어질 수 없음을 앎) 하오니, 한 번 제 원을 풀면 제 스스로 사은(謝恩)(받은 은혜에 대해 감사히 여겨 사례함)하오리니 이때를 타 잡음이 좋을까 하나이다(잘못된 관습을 고치기보다는 길동을 잡아 상황을 수습하기에 급급함)."

상이 옳게 여기사 즉시 홍길동으로 병조 판서를 제수(임금이 직접 벼슬을 내림)하시고, 사문(四門)에 방을 붙이니라. 이때 길동이 이 말을 듣고 즉시 『사모관대(紗帽冠帶)(사모와 관대. 벼슬아치들의 복장)에 서대(犀帶)(일품의 벼슬아치가 허리에 두르던 띠)를 띠고 높은 초헌(軺軒)(조선 시대에, 종이품 이상의 벼슬아치가 타던 수레)을 한가롭게 높이 타고 대로상에 완연히 들어오며 이르되, 이제 홍 판서 사은하러 온다 하니,』(「 」: 서자가 벼슬길에 오름 – 제도를 깨뜨린 상징적 사건) 병조 하속(下屬)(하인)이 맞아 호위하여 궐내(闕內)에 들어갈새 백관(모든 벼슬아치)이 의논하되,

"길동이 오늘 사은하고 나올 것이니, 도부수(큰 칼과 큰 도끼로 무장한 군사)를 매복(埋伏)하였다가 나오거든 일시에 쳐 죽이라."

하고 약속을 정하였더니, 길동이 궐내에 들어가서 숙배(肅拜)(임금에게 하는 절)하고,

"소신(小臣)이 죄악이 지중하옵거늘(매우 무겁거늘), 도리어 천은(임금의 은덕)을 입사와 평생 한을 푸옵고 돌아가오나(한의 일시적 해소), 영결전하(永訣殿下)(임금과 영원히 헤어짐)하오니, 복망(伏望)(엎드려 바람) 성상(임금)은 만수무강 하소서."

하고 말을 마치며 몸을 공중에 솟아 구름에 싸이어 가니(전기성(傳奇性)), 그 가는 바를 알지 못할러라. 상이 보시고 도리어 차탄(嗟歎)(탄식하고 한탄함 – 길동의 뛰어난 재주에 대한 한탄)하기를,

"길동의 신기한 재주는 고금에 희한하도다(매우 드문 일이도다). 제 지금 조선을 떠나노라 하였으니 다시는 작폐(作弊)(폐단을 일으킴) 할 길 없을 것이요. 비록 수상하나 일단 장부의 쾌한(시원한) 마음이 있는지라 염려 없으렷다."

하시고 팔도에 사문(赦文)(임금이 내리는 죄수 사면의 글)을 내리사 길동 잡는 공사(公事)를 거두시니라(갈등의 해소).

▶ 병조 판서에 제수된 길동이 나라를 떠나기로 약조함

각설(却說)(고전 소설에서 장면의 전환을 나타내는 말. 차설(且說)), 길동이 제 곳(도적의 소굴)에 돌아와 도적들에게 분부하되,

"내 다녀올 곳(율도국(硉島國))이 있으니, 너희들은 아무 데 출입 말고 내 돌아오기를 기다리라."

하고 즉시 몸을 솟아 남경(南京)(중국 난징)으로 향하여 가다가 한 곳에 다다르니, 이는 소위 율도국(硉島國)(이상향 – 해외 진출 사상)이라. 사면을 살펴보니 산천이 청수하고(풍수지리 사상) 인물이 번성하여 가히 안신(安身)(몸을 편안히 함)할 곳이라 하고 남경에 들

어가 구경하고 인심도 살피며 다니더니, 오봉산(梧鳳山)에 이르러는 짐짓 제일 강산(第一江山)이라. (경치가 좋기로 첫째갈 만한 곳) 주회(周回) (둘레) 칠백 리요, 옥야답(沃野畓) (기름진 들판)이 가득하여 살기에 정히 의합(宜合)한지라 (적합한지라), 내심(內心)에 헤아리되, '내 이미 조선을 하직하였으니 이곳에 와 아직 은거하였다가 대사(大事) (율도국 정벌)를 도모하리라.' 하고, 표연히 본 곳에 돌아와 제인(諸人)에게 일러 가로되,

"그대 아무 날 양천(陽川) 강변에 가 배 (율도국 정벌을 위한 도구)를 많이 만들어 모일에 경성(京城) 한강(漢江)에 대령하라. 내 임금께 청하여 정조(精租) (벼. 곡식) 일천 석을 구득(求得)하여 (구하여 얻어) 올 것이니, 기약을 어기지 말라." 하더라.

▶ 길동이 율도국을 정탐하고 돌아옴

각설, 홍 공 (길동의 아버지)이 길동 작난 (난리를 일으킴) 없으므로 신병이 쾌차하고 상이 또한 근심 없이 지내더니, 차시 추구월(秋九月) (음력 9월 가을) 망간(望間) (음력 보름께)에 상이 월색을 띠어 후원(後園)에 배회하실새, 문득 일진 청풍(一陣淸風) (한바탕 부는 맑고 시원한 바람)이 일어나며 공중에 옥적(玉笛) (대금 비슷한 관악기. 옥피리) 소리 청아(淸雅)한 가운데 한 소년 (길동)이 내려와 상께 복지(伏地) (땅에 엎드림)하거늘, 상이 경문(驚問) (놀라 물음) 왈,

"선동(仙童) (신선의 시중을 드는 아이)이 어찌 인간 (속세)에 강굴(降屈) (낮은 데 내려와 몸을 굽힘)하여 무슨 일을 이르고자 하느뇨?"

소년이 복지주 (땅에 엎드려 아룀) 왈,

"신은 전임 병조 판서 홍길동이로소이다." (신하로서의 자신의 신분을 밝힘)

상이 경문 왈,

"네 어찌 심야(深夜)에 왔느뇨?"

길동이 대 왈,

"신이 전하를 받들어 만세 (오랜 세월)를 뫼오실까 하오나, 천비 소생이라 문(文)으로 옥당(玉堂)에 막히옵고 (홍문관이나 예문관 벼슬길이 막혀 있고) 무(武)로 선전(宣傳)에 막힐지라 (선전관 벼슬길이 막혀 있습니다). 이러므로 사방(四方)에 오유(遨遊) (즐기고 놂)하와 관부(官府)와 작폐하고 (관청과 조정에 폐를 끼치고), 조정의 득죄(得罪)하옴은 전하가 알으시게 하옴이러니 (적서 차별이라는 제도의 모순을 알림 – 이 글의 창작 의도와 통함), 신의 소원을 풀어 주옵시니 (병조 판서의 벼슬을 줌) 전하를 하직하고 조선을 떠나가오니, 복망(伏望) (엎드려 바람) 전하는 만수무강하소서."

하고 공중에 올라 표연히 날거늘, 상이 그 재주를 못내 칭찬하시더라.

이후로는 길동의 폐단이 없으매, 사방이 태평하더라.

▶ 길동이 임금을 찾아와 작별 인사를 고함

뒷부분 줄거리 | 길동은 벼 천 석을 배에 싣고 섬나라 율도국으로 들어가 그곳을 정벌하고 왕이 된다.

필수 문제

01 이 글에서 서자에 대한 사회적 차별의 철폐를 주장하기 위해 작가가 제시하고 있는 사건을 쓰시오.

02 이 글에서 자신의 사상이 조선에서는 실현되기 어려워 길동이 선택한 방법은 무엇인지 쓰시오.

장면 3

앞부분 줄거리 | 길동은 홍 판서와 시비 춘섬 사이에서 태어나 서자라는 신분 때문에 천대를 받으며 자란다. 홍 판서의 첩인 초란의 음모로 길동은 죽을 위기에 처하나, 도술로 위기를 벗어난 후 집을 나온다. 길동은 도적들과 함께 활빈당(活貧黨)을 조직하여 불의의 재물을 탈취한 후 가난한 사람들에게 나누어 준다. 나라에서 길동을 잡으려 하자 길동은 병조 판서의 벼슬과 벼 천 석을 요구한 후 조선을 떠나 율도국(硉島國)에 들어간다.

이때에 율도 왕이 불의에(갑자기) 이름없는 도적(홍길동 일당)이 칠십여 주를 항복받으매, 향하는 곳마다 당적치 못하고(적을 당해 내지 못하고), 도성을 범하매(침범하므로) 비록 지혜 있는 신하라도 위하여 꾀하지 못하더니, 문득 격서(적군을 달래거나 꾸짖기 위한 글 – 율도 왕에게 항복하라는 내용)를 들이매 만조 제신(조정의 모든 신하)이 아무러할 줄 모르고 장안이 진동하는지라. 제신이 의논 왈,

"이제 도적의 대세를 당치 못할지라. 「싸우지 말고 도성을 굳게 지키고, 기병(말을 타고 싸우는 군사)을 보내어 그 치중군량(말이나 수레에 실은 군량) 수운(강이나 바다를 이용하여 배로 실어 나름)하는 길을 막으면 적병이 나아와 싸움을 어찌 못하고, 또 물러갈 길이 없사오면(관련 한자 성어: 사면초가(四面楚歌)), 수월(몇 달)이 못 되어 적장의 머리를 성문에 달리이다.」"

「 」: 보급로를 차단하여 전쟁에서 이기고자 함(방어를 통한 승리) – 두려움의 간접적 표현

의논이 분분(이러니저러니 말이 많음)하더니, 수문장(문을 지키는 장수)이 급고(급히 고하여 말하기를) 왈,

"적병이 벌써 도성 십 리 밖에 진을 쳤나이다."(관련 한자 성어: 파죽지세(破竹之勢))

율도 왕이 대분(크게 분노함)하여 정병 십만을 조발(징발)하여 친히 대장이 되어 삼군(군 전체)을 재촉하여 호수를 막아 진을 치니라(배수지진(背水之陣)).

▶ 율도 왕이 방어책을 논의함

결정적 장면

이때에 길동이 형지를 수탐한 후에(땅의 형태를 자세히 관찰한 후에) 제장과 의논 왈,

"명일 오시(내일 오전 열한 시에서 오후 한 시 사이 – 시간까지 예측하는 길동의 이인성(異人性))면 율도 왕을 사로잡을 것이니 군령을 어기지 말라."

하고 제장을 분발할새(따로따로 나누어 떠나게 하니), 삼 호걸을 불러 왈,

❶ "그대는 군사 오천을 거느려 양관 남편에 복병하였다가 호령을 기다려 이리이리 하라(퇴로를 차단하라)."

하고, 후군장(뒤에 있는 군대를 거느린 장수) 김인수를 불러 왈,

"그대는 군사 이만을 거느려 이리이리 하라(서술자가 임의로 대화 내용을 생략하여 독자의 호기심을 자극함)."

하고, 또 좌선봉(왼쪽 부대의 맨 앞에 나서 작전을 수행하는 장수) 맹춘을 불러 왈,

"그대는 철기(철갑을 입은 기병) 오천을 거느려 율왕과 싸우다가 거짓 패하여(율도 왕을 잡기 위한 함정) 왕을 인도하여(유인하여 이끌어) 양관으로 달아나다가 추병(추적하는 병사(율도국의 병사))이 양관 어귀에 들거든 이리이리 하라."

▶ 길동이 공격할 계획을 세움

하고, ㉠ 대장 기치와 백모 황월을 주니라(전투에서 대장임을 알리는 기와 무기를 줌 – 맹춘이 대장인 것처럼 꾸밈).

문제로 핵심 파악

1 길동이 율도국으로 가는 것은 자신의 사상이 조선에서는 실현되기 어렵다고 판단했기 때문이다. (○ , ×)

2 율도 왕이 길동의 계책에 빠진 것으로 보아 경솔한 성격임을 알 수 있다.(○ , ×)

결정적 장면

조선을 떠난 길동이 이상국을 세우기 위해 율도국을 공격하는 장면이다. 길동의 영웅적 활약과 고전 소설의 전기성이 두드러지는 부분이다.

핵심 구절 풀이

❶ "그대는 군사 오천을 ~ 이리이리 하라.": 길동이 군사 작전을 펼치는 것으로, 길동이 단순히 도술만 부리는 것이 아니라 군사를 지휘할 만한 역량을 갖춘 인물임을 드러냄

답 1 ○ 2 ○

이튿날 평명(해가 뜨는 시각)에 맹춘이 진문(진영을 드나드는 문)을 크게 열고 대장 기치를 진전(진 앞. 부대의 앞)에 세우고 외쳐 왈,

"무도한 율도 왕이 감히 천명을 항거하니 나를 당적할 재주 있거든 빨리 나와 자웅을 결단하라(승부를 겨루라)."

하며 진문에 치돌하며(매우 세차게 달려들어 부딪힘) 재주를 비양하니(얄미운 태도로 빈정거리니), 적진 선봉 한석이 응성 출마(대답하여 말을 타고 나감) 왈,

"너희는 어떠한 도적으로 천위(하늘이 내린 자리 – 천명 사상(天命思想))를 모르고 태평 시절을 분란케 하느냐? 오늘날 너희를 사로잡아 민심을 안돈하리라(안정되게 하겠다)."

하고, 언필에 상장이 합전하여 싸우더니(말이 끝나자 두 장수가 함께 싸우더니), 수합이 못 되어(몇 번 맞붙어 싸우지 못하고) 맹춘의 칼이 빛나며 한석의 머리를 베어 들고 좌충우돌(이리저리 마구 찌르고 부딪침)하여 왈,

"율왕은 무죄한 장졸을 상치 말고 쉬이 나와 항복하여 잔명(얼마 남지 않은 목숨)을 보전하라."

하니, 율왕이 선봉 패함을 보고 분기를 이기지 못하여(방어적 전쟁을 치르자는 전략을 어기고 전쟁에 나섬 – 율도 왕의 충동적 성격) 녹포운갑에 자금 투구(검붉은 투구)를 쓰고, 좌수(왼손)에 방천극(언월도나 창 모양의 무기)을 들고, 천리대완마(천 리를 달리는 명마)를 재촉하여 진전에 나서며 왈,

"적장은 잔말 말고 나의 창을 받으라." / 하고, 급히 맹춘을 취하여 싸우니, 십여 합에 맹춘이 패하여 말머리를 돌려 양관으로 향하니(길동의 계략에 의한 것임) 율도 왕이 꾸짖어 왈,

"적장은 달아나지 말고 말에서 내려 항복하라."

말을 재촉하여 맹춘을 따라 양관으로 가더니, 적장(맹춘을 가리킴. 율도 왕의 당황스러움을 강조하기 위해 율도 왕의 관점에서 서술함)이 골 어귀에 들며 군기를 버리고 산곡(산골짜기)으로 달아나는지라. 율도 왕이 무슨 간계 있는가 의심하다가 왈,

"네 비록 간사한 꾀가 있으나 내 어찌 겁하리요."(율도 왕의 경솔함)

하고, 군사를 호령하여 급히 따르더니, 이때에(서술의 관점이 바뀜(율도 왕 → 길동)) 길동이 장대에서 보다가 율도 왕이 양관 어귀에 듦을 알고, 신병 오천을 호령하여 대군과 합세하여 양관 어귀에 팔진(중군(中軍)을 가운데에 두고 전후좌우에 각각 여덟 가지 모양으로 진을 친 진법(陣法))을 쳐 돌아갈 길을 막으니라. ▶ 율도 왕을 유인함

율도 왕이 적장(맹춘)을 쫓아 골에 들매 방포 소리(군중(軍中)의 호령으로 포나 총을 쏘는 소리) 나며 사면 복병(적을 기습하기 위해 숨긴 군사)이 합세하여 그 세(기세) 풍우 같은지라. 율도 왕 꾀에 빠진 줄 알고 세 궁하여(어렵거나 곤란하여) 군사를 돌려 나오더니, 양관 어귀에 미치니 길동의 대병이 길을 막아 진을 치고 항복하라 하는 소리 천지 진동하는지라. 율도 왕이 힘을 다하여 진문을 헤치고 들어가니, 『문득 풍우 대작하고(바람과 비가 크게 일어나고), 뇌성벽력(천둥소리와 벼락)이 진동하며 지척(아주 가까운 거리)을 분별치 못하여 군사 크게 어지러워 갈 바를 모르더니, 길동이 신병을 호령하여 적장과 군졸을 일시에 결박하였는지라.』(『 』: 전기성(傳奇性)이 드러나는 부분) 율도 왕이 아무러 할(어찌할) 줄 모르고 크게 놀래어 급히 헤친들 팔진을 어떻게 벗어나리오?(편집자적 논평) 필마단창(혼자 간단한 무장을 하고 한 필의 말을 타고 감)으로 동서를 모르고 횡행하더니, 길동이 제장을 호령하여 결박하라 하는 소리 추상 같은지라. 율도 왕이 사면을 살피니 군사 하나도 따르는 자가 없으매, 스스로 벗어나지 못할 줄 알고 분기를 이기지 못하여 자결하는지라. 길동이 삼군을 거느려 승전고를 울리며 본진으로 돌아와 군사를 호궤(먹을 것을 주어 위로함) 후에 율도 왕을 왕례로 장사하고, 삼군을 재촉하여 도성을 에워싸니, 율도 왕의 장자(맏아들) 흉변(사람이 죽는 일 따위의 좋지 못한 사고)을 듣고 하늘을 우

러러 탄식하며 인하여 자결하니, 제 신이 하릴없어(어찌할 도리가 없어) 율도국 어새(임금의 옥새)를 받들어 항복하는지라. 길동이 대군을 몰아 도성에 들어가 백성을 진무하고(어루만져 달래고), 율도 왕의 아들을 또한 왕례로 장사하고, 각 읍에 대사하고(죄를 특별히 용서하여 줌), 죄인을 다 방송(죄인을 감옥에서 나가도록 풀어 주던 일)하며, 창고를 열어 백성을 진휼(곤궁한 백성을 구원함)하니, 일국이 그 덕을 치하 아니 할 이 없더라.

날을 가리어 왕위에 직하고, 승상(길동의 아버지인 홍 판서)을 추존(왕위에 오르지 못하고 죽은 이에게 왕의 칭호를 줌)하여 태조 대왕이라 하고, 능호를 현덕능이라 하며, 그 모친을 왕대비로 봉하고, 백용으로 부원군을 봉하고, 백 씨로 중전 왕비로 봉하고, 정통 양인으로 정숙비를 봉하고, 삼호걸로 대사마 대장군(조선 시대에, 왕비의 친아버지와 정일품 공신에게 주던 직호)을 봉하며 병마를 총독케 하고, 김인수로 청주절도사를 하이시고, 맹춘으로 부원수를 하이시고, 그 남은 제장은 차례로 상사하니(칭찬하여 상으로 물품을 내려 주니) 한 사람도 칭원할(원통함을 들어 말할) 이 없더라. 「신왕이 등극 후에 시화연풍하고(나라 안이 태평하고, 풍년이 듦), 국태민안하여(나라가 태평하고 백성이 편안함) 사방에 일이 없고, 덕화대행하여 도불습유(나라가 잘 다스려지고 풍속이 아름다워서 길에 떨어진 물건도 주워 가지 않음)하더라.」 「 」: 나라가 태평하고 백성이 평안하게 됨

▶ 길동이 율도 왕을 쳐서 멸하고, 율도국의 왕이 됨

뒷부분 줄거리 | 길동은 율도국에서 선정을 베풀다가 신선이 되어 사라진다.

핵심 정리

- 갈래: 고전 소설(국문 소설, 장편 소설, 사회 소설, 영웅 소설)
- 성격: 현실 비판적, 전기적(傳奇的), 영웅적
- 구성: '발단 – 전개 – 위기 – 절정 – 결말' 의 5단 구성

발단: 길동이 홍 판서의 서자(庶子)로 태어나 천대를 받다가 집을 떠남	➡	**전개**: 길동이 활빈당(活貧黨)의 괴수가 되어 빈민을 구제함	➡	**위기**: 조정에서 길동을 잡으려고 함	➡	**절정**: 길동이 조선을 떠나 율도국을 정벌하고 그곳의 왕이 됨	➡	**결말**: 율도국에서 이상적인 정치를 펼치다 신선이 됨

- 제재: 적서 차별
- 주제: ① 적서 차별 철폐와 인간 평등 역설(力說)
  ② 탐관오리의 응징과 빈민 구제
  ③ 해외 진출 사상과 이상국 건설에 대한 염원
- 특징: ① 현실의 모순을 실천적 의지를 통해 극복하고자 함
  ② 인물의 표현에 있어 완전한 성격 묘사에 이르지 못함
  ③ 영웅 소설의 전형적 인물이 등장하며, 전기적(傳奇的) 요소가 강하게 나타남
- 의의: ① 최초의 한글(국문) 소설로 영웅 서사의 전통이 최초로 소설화된 작품임
  ② 이전 소설들에서 대세를 이루었던 가전(假傳) · 전기(傳奇)류에서 어느 정도 탈피하여 근대 소설의 틀을 갖춤
  ③ 사회 제도의 불합리성과 현실의 문제점을 적나라하게 파헤친 사회 소설의 선구적 작품임
  ④ 율도국의 설정을 통해 우리 문학에서는 거의 찾아볼 수 없는 해외 진출 사상을 담아냄
- 인물 분석
  - 홍길동: 홍 판서의 서자. 신분적 한계에 부딪혀 방황하지만 비범한 능력을 바탕으로 모든 소망을 이루고 율도국의 왕이 됨. 작가의 소망을 대리 만족시키는 인물임
  - 홍 판서: 길동의 아버지. 길동의 재주와 인덕을 사랑하지만 적서 차별이라는 당시의 사회 제도를 거스르지 못하는 보수적 인물임
  - 춘섬: 홍 판서의 시비이자 길동의 어머니. 당시 사회의 모순을 알면서도 그 체제에 순응함

한눈에 보기

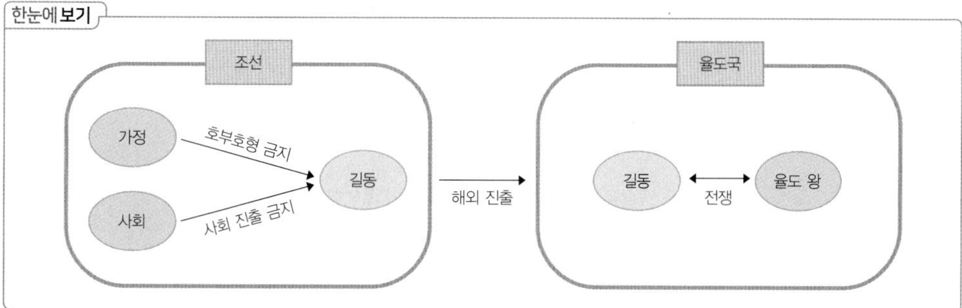

보충·심화 학습

▼ 〈홍길동전〉의 영웅 소설적 구조

고귀한 혈통	홍 판서의 아들로 태어남
비정상적인 잉태 혹은 출생	시비 춘섬의 소생으로 서자(庶子)임
비범한 능력과 지혜	총명하고 도술에 능함
어려서 버림을 받고 시련을 당함	초란이 자객을 보내어 죽이려 하자 집을 떠남
구출자를 만나 위기를 벗어남	도술로 자객을 죽이고 위기를 벗어남
다시 위기에 부딪힘	조정에서 활빈당을 반역죄로 다스리려 함
투쟁으로 위기를 극복하고 승리자가 됨	국가 권력과의 투쟁에서 승리하여 병조 판서를 제수 받은 뒤 조선을 떠나 마침내 율도국의 왕이 됨

▼ 〈홍길동전〉과 일반적인 영웅 소설의 차이

① 서자라는 불리한 신분으로 태어남
② 구출자의 도움을 받지 않고 스스로 영웅이 됨
→ 영웅 신화와 조선 후기 영웅 소설을 연결하는 중간 단계의 특징을 지님

▼ 〈홍길동전〉의 창작 배경

임진왜란 이후 조선 사회는 극도로 문란해지고 양반 토호(土豪)들의 횡포가 극에 이르렀다. 이러한 사회적 배경과 맞물려 서류(庶類) 출신에 대한 천대가 심해졌고, 인재 등용의 문은 더욱 좁아졌다. 이에 따라 이를 개혁하고자 하는 사회적 여론이 자연스럽게 형성되었고, 작가는 이 작품을 통해 적서 차별이라는 사회 제도의 모순을 개혁할 것을 주장하고 있는 것이다.

필수 문제

01 ㉠을 바탕으로 볼 때, 길동이 율도 왕을 이기기 위해 사용한 계략이 무엇인지 쓰시오.

02 이 글에서 율도국 정벌을 통해 작가가 드러내고 있는 사상을 쓰시오.

03 이 글의 〈보기〉 부분에서 드러나는 고전 소설의 특징을 쓰시오.

〈 보기 〉

율도 왕이 힘을 다하여 진문을 헤치고 들어가니, 문득 풍우 대작하고, 뇌성벽력이 진동하며 지척을 분별치 못하여 군사 크게 어지러워 갈 바를 모르더니, 길동이 신병을 호령하여 적장과 군졸을 일시에 결박하였는지라. 율도 왕이 아무러 할 줄 모르고 크게 놀래어 급히 헤친들 팔진을 어떻게 벗어나리오?

90 옥루몽(玉樓夢) | 남영로

천상에 있는 누각

교과서 EBS 모의 기출

출제 포인트

주인공 양창곡의 영웅적 일생을 다룬 이야기이다. 이 글 전체에 반영된 다양한 사상과 양창곡과 강남홍 등 등장인물의 영웅적 행적에 주목하여 살펴보자.

감상 길잡이

주인공 양창곡의 일대기를 다룬 영웅 소설로서 내용이 호방하고 구성이 치밀할 뿐만 아니라, 영웅화 과정이 구체적으로 형상되어 있다. 주인공 양창곡이 외침을 격퇴하고 내란을 평정하는데 관한 구성과 표현이 보기 드물게 길고 구체적이다. 유교 · 불교 · 도교 등의 사상이 반영되어 있고, 특히 유교 사상이 많이 반영되었다. 봉건 사회에서 현실적이며 공리적인 유교 사상을 배경으로 현실 세계 인간의 이상을 구현한 작품이라 할 수 있다.

앞부분 줄거리 | 천상의 신선 문창성은 다섯 선녀와 술을 마시며 희롱하다가 인간 세계로 쫓겨난다. 문창성은 양창곡으로 태어나 기생 강남홍을 첩으로 삼고 윤 소저를 부인으로 맞는다. 양창곡이 전쟁터로 나간 뒤 강남홍은 위기에 놓여 강물에 투신하고, 윤 소저가 손삼랑을 시켜 강남홍을 구하지만, 둘을 태운 배는 남만으로 향한다. 양창곡은 명나라의 대원수가 되어 남만과 대적한다.

「이때 양창곡은 소년의 날카로운 기상으로, 강남홍의 무예가 절륜한 것을 알고 한번 대항해 보고 싶어서 소유경의 간언을 듣지 않고 말을 달려 출전했다. 강남홍은 원수가 나오는 것을 보고 말을 돌려 칼을 휘두르며 그를 맞아 싸웠다.」 그러나 일 합을 맞붙기 전에 강남홍의 총명으로 어찌 양창곡의 모습을 몰라보겠는가. 너무 기뻐 눈물이 먼저 흐르며 정신이 황홀하여 어찌할 바를 몰랐다. 그러나 「지기지심(知己知心)을 가진 양창곡이라도 한밤중 황천으로 영원히 떠난 강남홍이 지금 만리절역(萬里絕域)에서 자기와 싸우는 오랑캐 장수가 되었으리라고 어찌 생각이나 했겠는가.」 양창곡이 창을 들어 강남홍을 찌르니, 그녀는 머리를 숙여 피하면서 쌍검을 던지고 땅에 떨어지며 낭랑하게 외쳤다. / "소장이 실수로 칼을 놓쳤습니다. 원수는 잠시 창을 멈추고 칼을 줍도록 해 주시오." / 양창곡은 그 목소리가 귀에 익어서 창을 거두고 그 모습을 살폈다. 강남홍은 칼을 거두어 말에 오르더니 양창곡을 돌아보며 말했다.

- 간언: 웃어른이나 임금에게 옳지 못하거나 잘못된 일을 고치도록 하는 말
- 절륜한: 두드러지게 뛰어난
- 소유경: 명나라의 신하. 양창곡에게 홀로 나서지 말라고 조언함
- 원수: 양창곡
- 「 」: 양창곡과 강남홍은 서로의 존재를 알지 못한 채로 참전함
- 어찌 양창곡의 모습을 몰라보겠는가: 편집자적 논평
- 지기지심: 서로 마음이 통하여 지극하고 참되게 알아주는 마음
- 어찌 생각이나 했겠는가: 편집자적 논평
- 만리절역: 멀리 떨어져 있는 다른 지역
- 「 」: 양창곡은 강남홍이 죽은 줄로만 알고 있음
- 그녀는 머리를 숙여 피하면서 쌍검을 던지고 땅에 떨어지며: 양창곡에게 자신을 알리기 위한 의도적인 실수
- 소장: 강남홍

"천첩 강남홍을 어찌 잊으실 수 있습니까? 첩은 당연히 상공을 따라야 하나, 제 수하의 노졸이 오랑캐의 진영에 있사오니, 오늘 밤 삼경에 군중에서 만나뵙기를 기약하겠습니다."

말을 마치고 채찍질을 하여 오랑캐의 본진을 향하여 훌쩍 돌아갔다.

- 천첩: 부인이 자신을 낮추어 이르는 1인칭 대명사
- 첩: 강남홍
- 상공: 양창곡
- 노졸: 경험 많은 노련한 병사. 손삼랑을 가리킴
- 삼경: 밤 11시에서 새벽 1시 사이

▶ 오랑캐 장수가 된 강남홍이 전장에서 양창곡을 알아봄

중략 부분 줄거리 | 강남홍은 신하 손삼랑과 함께 짐을 챙기고 삼경이 되기만을 기다린다.

양창곡은 본진으로 돌아가서 군막 안에 누워 생각하였다. / 「'오늘 싸움터에서 만난 사람이 진짜 강남홍이라면 끊어진 인연을 다시 이을 수 있을 뿐만 아니라 나라를 위하여 남쪽 오랑캐 지역을 평정하는 것 역시 쉬우리라. 이 어찌 다행이 아니겠는가. 그러나 우리 홍랑이 세상에 살아 있어 여기서 만난 것은 꿈에서도 예기치 못한 일이라. 이는 필시 홍랑의 원혼이 흩어지지 못한 것이리라.

- 군막: 군대에서 쓰는 장막
- 평정: 반란이나 소요를 누르고 평온하게 진정함
- 홍랑: 강남홍

남방에는 예부터 물에 빠져 죽은 충신 열녀가 많은 곳이라. 초강(楚江)의 백마(白馬)와 소상강(瀟湘江) 반죽(斑竹)에 외로운 혼이 여전히 있어서 오가며 서성거리다가, 내가 이곳에 온 걸 알고 평생의 원한을 하소연이나 해 보고 싶어서 그런 게 아닐까? 오늘 밤 우리 진영 안에서 만나기로 약속을 했으니 그 시간을 기다려 보면 알게 되겠지.」/ 그는 촛불을 돋우며 책상에 기대어 시간을 알리는 북소리를 헤아리며 앉아 있었다. 얼마 후 삼경 일점(三更一點)이 되자 주변 사람들을 모두 물러가게 하고 군막에 쳐 두었던 장막을 걷어 올린 뒤 기다렸다. 갑자기 차가운 바람이 촛불에 불어오자 한 줄기 푸른 기운이 장막 안에서 일어났다. / 양창곡이 정신을 집중하여 자세히 살피니, 한 소년 장군이 쌍검을 짚고 표연히 들어와서 촛불 아래에 섰다. 놀라서 살펴보니 분명히 아득한 저승으로 생사의 길 이별하고 오롯한 마음으로 ㉠ 자나깨나 잊지 못하던 강남홍이었다. 양창곡이 묵묵히 한참을 바라보다가 말했다. / "홍랑아, 네 죽어서 영혼이 왔느냐, 살아서 진짜 얼굴로 왔느냐? 나는 네가 죽었다고 알 뿐 살아 있다는 것을 믿지 못하겠구나."

중국 초나라의 굴원이 모함을 입고 초강에 투신하자, 그의 죽음을 슬퍼하던 말

순임금이 죽자 아내인 아황과 여영이 소상강 가에서 슬피 울었는데, 그 눈물이 강가의 대나무에 뿌려져 흑색의 아롱진 무늬로 남아 있음

살아 있는 강남홍이 아니라 죽은 강남홍의 혼을 만났던 것은 아닌지 의심하고 있음

「 」: 양창곡의 심정 – 초조함, 기대감, 의구심

밤 11시에서 새벽 1시 사이를 다섯으로 나눈 것 중 첫 번째 시각

강남홍의 변장

홀쩍 나타나거나 떠나는 모양이 거침없이

오매불망(寤寐不忘)

강남홍을 다시 만난 것이 믿기지 않음

▶ 양창곡과 강남홍의 재회

뒷부분 줄거리 | 이후 강남홍은 명나라로 도망하여 부원수가 되고 양창곡과 함께한다. 적국 축융국의 공주 일지련이 양창곡의 첩이 되고, 양창곡은 두 부인(윤 소저, 황 소저), 세 첩(강남홍, 벽성선, 일지련)과 함께 부귀영화를 누리다가 다시 천상계로 돌아가 선관이 된다.

핵심 정리

- 갈래: 고전 소설(군담 소설, 염정 소설, 영웅 소설, 환몽 소설)
- 성격: 근대적, 유교적, 전기적
- 구성: '발단 – 전개 – 위기 – 절정 – 결말' 의 5단 구성

발단		전개		위기		절정		결말
천상의 신선인 문창성은 다섯 선녀와 술을 마시며 희롱하다가 인간 세계로 쫓겨남	➡	문창성은 양창곡으로 태어나 강남홍을 첩으로, 윤 소저를 첫 번째 부인으로 맞이함	➡	벽성선을 첩으로, 천자의 명에 따라 황 소저를 두 번째 부인으로 맞이함	➡	남만이 침공하자 대원수로 참전하고, 남만의 장수가 된 강남홍과 재회함	➡	두 부인, 세 첩과 부귀영화를 누리다가 다시 천상계로 돌아가 선관이 됨

- 제재: 양창곡의 영웅적 일생
- 주제: 양창곡의 다섯 여인과의 결연과 영웅적 행동
- 특징: ① 여성들의 적극적이고 주체적인 성격에 의한 근대적 애정관이 드러남
  ② 현실 세계의 부귀영화와 유교적 이상을 긍정적으로 평가함
- 인물 분석
  - 양창곡(문창성): 천상계에서 쫓겨남. 인간 세계에서 부귀영화를 누림
  - 강남홍: 항주의 명기. 양창곡을 도와 남만 정벌 등에서 큰 공을 세움. 남장을 했을 때는 홍혼탈로 행세함

한눈에 **보기**

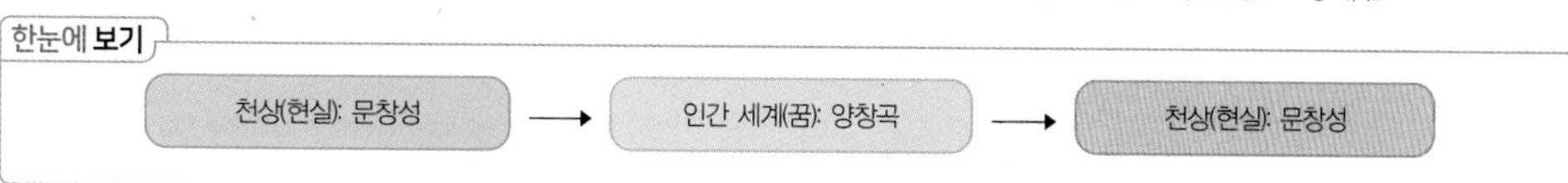

필수 문제

01 이 글은 영웅적 주인공 양창곡의 일대기를 중심으로 군담이 곁들여지고 있는 (　　　) 소설, (　　　) 소설에 해당한다.

02 ㉠을 나타내기에 적절한 한자 성어를 쓰시오.

91 육미당기(六美堂記) | 서유영

EBS 모의 기출

출제 포인트

선한 주인공이 시련을 극복하고 승리하는 과정을 그린 한문 소설이다. 우연성과 전기성, 재자가인형 인물의 등장, 권선징악 등 고전 소설의 특징으로 볼 수 있는 요소들을 파악하고 중요 소재의 기능에 주목하자.

감상 길잡이

이 글은 전형적인 선인 김소선과 전형적인 악인 김세징으로 대변되는 선과 악의 대립 구도를 바탕으로, 부모에 대한 효성과 형제간의 우애라는 주제를 담고 있다. 신라의 태자 소선은 나라를 차지하려는 이복형 세징의 모략으로 인해 두 눈을 잃고 죽음 직전까지 이르지만, 여러 조력자의 도움으로 시력을 회복하고 중국 황제의 부마가 되어 신라로 돌아온다. '고귀한 혈통 – 비범한 능력 – 어린 시절의 시련 – 조력자의 도움 – 위기 – 위기 극복 – 소원 성취'라는 영웅 소설의 일반적인 구조를 따르면서도 소선과 백 소저 간에 '만남 – 이별 – 재회'가 이루어지는 애정 소설의 요소도 지니고 있다. 이외에도 백 소저를 통해 뛰어난 능력을 지닌 여성의 활약이 나타나는 등 조선 후기 소설의 특성으로 볼 수 있는 요소를 두루 갖추고 있다.

앞부분 줄거리 | 신라 소성왕의 아들이자 선인(仙人) 왕자진의 환생인 김소선은 아버지의 병을 고치기 위해 험한 바다를 건너 남해 보타산까지 가, 그곳에 사는 도인의 도움을 얻어 겨우 죽순을 구한다. (구약(救藥) 모티프)

이윽고 일제히 배에 올라 닻을 걷고 돛을 달아 본국(신라)으로 향하여 돌아올 제, 바다 가운데에 이르러 거듭 역풍(배가 가는 반대쪽으로 부는 바람)을 만나 배를 부리기 어려워, 조그마한 섬에 정박해 정히 순풍(배가 가는 쪽으로 부는 바람)을 기다리더니, 멀리 큰 배 하나가 바람을 타 돛을 달고 오되 빠르기가 나는 듯한지라(상투적 표현), 점점 기슭에 가까이 오매 한 소년 동자(세징)가 금관을 쓰고 비단 도포를 입은 채(고귀한 신분임을 알 수 있음) 뱃머리에 나와서 묻기를,

"배 안의 여러 사람들은 신라국 태자의 일행인가?"

배 안의 여러 사람들이 본국 배의 모양인 것을 보고 크게 기뻐 일제히 뱃머리에 나와,

"그러하다." 대답하니, 그 소년이 또 묻기를, / "그러면 태자는 어디 있는고?"

(소선의 이복형. 전형적 악인. 아우인 소선이 태자가 되어 왕의 총애를 받는 것을 질시하여 공을 가로채고 죽이려 함. 소선의 선함을 부각하는 역할)

태자 김소선이 부두 쪽에 있다가 왕자 세징의 음성 듣고 놀라움과 기쁨을 이기지 못하여(죽순을 빼앗고 소선을 죽이려는 세징의 음모를 전혀 알지 못함) 황망히 나와 두 배를 가까이 닿게 한 후 김세징의 손을 잡고 묻기를,

"형께서는 어찌 바다를 건너 이곳에 이르렀으며, 부왕의 병환은 과연 어떠하시니까? 모후의 귀체도 안녕하시니까?"(효심이 깊은 소선의 성격(유교적 가치관))

세징이 손을 뿌리치고 뒤로 물러나 서서 화를 내며 안색을 바꾸어(소선의 반가움과 대조되는 세징의 반응 → 긴장감 고조) 가로되,

「"아직 부왕의 병환은 묻지 말고, 자죽순(자주색 죽순)은 과연 얻어 왔는가?"」 (「」: 소선이 구해 온 자죽순을 빼앗으려는 의도)

소선이 졸지에 세징의 기색이 다름을 보고 어찌 일컫을 바를 알지 못하여(자신과 달리 냉정한 태도를 보이는 세징에게 당황함), 급히 배 안으로 들어가 자죽순(갈등의 원인)을 내어 두 손으로 세징에게 받들어 올리거늘(형에 대한 공경), 세징이 소매 속에 거두어 놓고(소선의 공을 가로챔) 크게 꾸짖어 가로되, /「"부왕께서 네가 영약(영묘한 효험이 있는 신령스러운 약)을 구한다 가탁(거짓 핑계를 댐)하고 외국으로 나와 참람되이(분수에 넘쳐 너무 지나치게) 모반을 도모함으로 인하여 우려하심이 날로 깊고 병환이 날로 더하실새, 나를 명하여 중도에서 맞아 죽이라 하시(왕명을 사칭 → 소선과 그 부하들이 저항하지 못한 이유)

니, 네 이제 어찌 죄를 피하리오?"」 「 」: 왕명을 사칭하여 역적 누명을 씌워 소선을 죽이려 함

소선은 천성이 본래 효심과 우애가 모두 깊은지라, 평일에 세징의 흉악함이 이 같은 줄을 몰랐더니, 갑자기 이 말을 들으니 벼락이 머리 위에 떨어지는 듯하고, 칼날이 가슴을 에어 내듯 한지라, 당황스럽기 그지없어 능히 대답지 못하고 뱃머리에 엎드려 통곡할 뿐이라.

성격의 직접 제시 / 청천벽력(靑天霹靂)

세징이 노복을 시켜 죽이기를 재촉하니, 소선이 울며 고하여 가로되,

사내종

"이미 부왕께서 죽으라 하시니 감히 모면해 살기 어려울지라. 병환의 어떠하심을 알지 못하고 죽사오니, 이것이 원통함이로소이다."

부왕의 명령을 거부하지 않음 / 자신의 목숨보다 부모의 병을 더 걱정하는 효성

세징이 대답지 않고 거듭 죽이길 재촉하니, 소선이 애걸하여 가로되,

"죽기는 일반이라. 원컨대 시체나 온전히 하여 주심을 바라나이다."

세징이 이를 허락하여 그 행중에서 독약을 내어 소선의 두 눈에 바르고, 노복으로 하여금 잡아서 바다 가운데 던지더라.

함께 길을 가는 모든 사람 / 세징의 무리가 지니고 있던 독약을 사용하여 소선을 실명하게 함

「태자의 일행이 당초에는 왕자 세징이 좋은 뜻으로 와서 영접하는 줄 알았더니, 갑자기 이러한 변을 당하여 서로 돌아보며 실색하여 태자의 무고히 해 입음을 슬퍼하고, 세징의 잔인함을 분히 여겨 모두 통한하여, 마음으로는 세징을 죽여 태자의 원수를 갚고자 하나, 다만 세징이 이미 왕명이라 칭하고 또 수하에 장정을 많이 거느렸으므로 감히 손을 놀리지 못하고 일시에 소리 내어 통곡하니, 세징이 크게 노하여 노복을 호령하여 각각 칼과 창을 들어 여러 사람을 어지러이 살육하니, 여러 사람이 다 손에 아무 무기도 없어 저항 못하고 나란히 죽임을 당해 한 사람도 살아난 자 없더라.」

손님을 맞아서 대접하는 일. 마중 / 놀라서 얼굴빛이 달라짐 / 저항하지 못한 이유 ① / 저항하지 못한 이유 ② / 저항하지 못한 이유 ③

▶ 세징이 소선의 공을 가로채고는 소선의 두 눈을 멀게 함

「 」: 요약적 진술로 사건 전개 속도를 빠르게 함

중략 부분 줄거리 | 물에 빠진 소선은 예전에 자신이 살려 주었던 거북의 도움을 받아 무인도에 오른다. 소선이 섬에서 홀로 탄식하며 지내는 중, 중국 황제의 명을 마치고 돌아오던 백문현이 무인도에서 들리는 퉁소 소리를 듣고 소선을 구해 자신의 집으로 데리고 간다. 소선의 신분과 뛰어난 재주를 안 백문현은 그의 딸 백 소저와의 약혼을 주선한다.

결정적 장면

이윽고 백 소부가 백 소저에게 명하여 가로되,

죽을 위기에 처한 소선을 구해 준 조력자. 곧고 강직한 성품을 지닌 인물

"오늘 너를 위해 좋은 배필을 얻었으니 지극한 소원을 이루었도다. 아비의 명을 사양치 말고 이 시에 화답하여 맹약을 정하라."

딸인 백 소저가 좋은 배필을 만나게 해 주는 것 / 백 소저를 화제로 하여 소선이 지은 시

하니, 백 소저가 얼굴에 수줍은 빛을 띠고 오래 주저하다가 화선지 한 폭에 오언 절구 두 수를 쓰더라.

소선에 대한 절개를 지키는 여성. 뛰어난 능력으로 위기에 빠진 소선을 구함 / 서화(書畵)에 사용하는 종이의 하나

봉황새가 단산(丹山)에서 나왔거늘 / 깃들인 곳 벽오동 아니로다.

백 소저 / 일편단심(一片丹心) 상징 / 편안하게 지낼 수 없는 상황

날개가 꺾어짐을 탄식지 말지니 / 마침내 하늘에 오름을 보리라.
시련과 고통 / 소선과 행복하게 삶

『무성함은 고송(高松)의 자질이요 / 푸르름은 고죽(孤竹)의 마음이라.
늙은 소나무 / 홀로 서 있는 대나무
사랑스럽다, 세한(歲寒)의 절조여! / 바람과 서리에도 굴하지 않네.』
세한고절(歲寒孤節) / 시련과 고통 / 「 」: 어떤 경우에라도 소선에 대한 절조를 지키겠다는 의지

백 소부가 여러 번 낭독하다 감탄하여 가로되,

"시의 격이 빼어나고 아름다우니 가히 소선의 시와 더불어 서로 백중(伯仲)이 될 만하다. 만일 남자였다면 마땅히 장원 급제하리로다. 그러나 ❶ 시의 뜻이 스스로 송죽의 절조에 비함은 어찌된 일이뇨? 후에 시참(詩讖)이 되지 않을까 두렵노라."
(백중: 재주나 실력, 기술 따위가 서로 비슷하여 낫고 못함이 없음 / 남자였다면 ~: 훗날 백 소저는 남장을 한 채 실제로 장원 급제를 함 / 시참: 우연히 지은 시(詩)가 뒷일과 꼭 맞는 일)

이때 김소선은 대면한 백 소저의 용모를 보지는 못하나, 시구를 듣고는 그 청아함을 사랑하고 품은 뜻에 감복하여 크게 감탄하더라. 백 소부가 김소선의 시를 화선지에 베껴 백 소저에게 주며 가로되,
(세징에 의해 두 눈이 먼 상태 → 나중에 남장을 한 백 소저를 만나지만 알아보지 못함 / 시를 통해 백 소저의 마음을 알고 감복함)

"반드시 이 시를 깊이 간직하였다가 후에 신물(信物)을 삼으라."
(신물: 뒷날에 보고 증거가 되게 하기 위하여 서로 주고받는 물건)

하고, 또 소저의 쓴 시를 김소선에게 전하여 가로되,
(헤어졌던 소선과 백 소저가 다시 만나게 되는 증표가 됨)

"그대 또한 이 시를 간직하였다가 부귀하게 되면 이 자리의 맹약을 잊지 마시게." → 약속을 잊지 않음
(나중에 다시 눈을 뜬 소선이 남자로 위장한 백 소저를 만나 교우를 맺을 때 이 시를 보여 줌)

하니, 소선과 소저가 절하고 명을 받더라. ▶ 소선과 백 소저가 혼인을 약속함

중략 부분 줄거리 | 세력가인 배연령의 아들 배득량은 백 소저의 정혼 사실을 알면서도 백 소저와 혼인하고자 한다. 배득량은 백 소저의 외삼촌 석 시랑을 통해 그 뜻을 전하나 백 소부는 단호히 거절한다.

석 시랑이 감히 입을 열지 못하고 물러나와, 배득량에게 가 백 소부의 말을 자세히 전하니 득량이 낙담하더라. 이윽고 배연령에게 간청하여 세력으로 억지로 혼인하고자 하더라. 배연령이 평소 득량을 가장 사랑한 고로 말만 하면 들어주지 아니하는 것이 없더니, 이에 석 시랑을 불러 가로되,
(배득량: 욕망을 충족하기 위해 수단, 방법을 가리지 않음 / 배연령: 권력을 부당하게 이용하는 인물 / 과도한 자식 사랑 → 권력의 부당한 이용)

"우리 집이 그대의 제부와 벼슬을 함께 하는 우의가 있고 문벌도 서로 걸맞으니, 혼인을 맺어 가문의 친밀함을 더한다면 어찌 아름다운 일이 아니리오? 그대는 나를 위해 백 소부에게 말하여 혼약을 이루
(그대의 제부: 백 소부 / 문벌: 대대로 내려오는 그 집안의 사회적 신분이나 지위 / 자기 아들과의 혼인 허락을 받아오기를 은연중에 강요함)

결정적 장면

백 소저가 앞을 볼 수 없는 김소선과 시를 주고받으며 약혼하는 과정과 백 소저와 혼인하고자 하는 세력가의 모함으로 백 소부가 귀양을 가는 장면이다. 작품에 삽입된 시로 인물들이 처하게 될 시련이 암시되면서 실제로 주인공의 또 다른 시련이 시작되는 부분이다.

문제로 핵심 파악

1 [기출] 이 글을 통해 알 수 있는 내용으로 적절한 것은?

① 부모의 개입 없이 배우자 선택이 이루어지고 있다.
② 개인의 혼사 문제가 가문의 성쇠와 관련되고 있다.
③ 재물의 많고 적음에 따라 인물의 운명이 결정되고 있다.
④ 대신들 간의 다툼으로 천자의 지위가 위태로워지고 있다.
⑤ 간신들이 오랑캐와 결탁하여 나라를 위기로 몰아가고 있다.

핵심 구절 풀이

❶ 시의 뜻이 ~ 않을까 두렵노라.: 앞으로 백 소저와 김소선의 결연을 방해하는 시련이 일어날 것이며, 그 과정에서 백 소저가 김소선에 대한 절조(節操)를 지킬 것임을 암시함

② **1** 目

고 속히 좋은 결과를 전할지어다."

시랑이 이튿날 다시 백 소부의 집에 가 배연령의 말을 전하여 가로되,

"누이 말을 들은즉 생질녀와 정한 배필은 눈먼 폐인이라 하더이다. 아름답고 어진 생질녀를 두고 반드시 이런 폐인을 사위로 삼고자 하니 어찌 사려 깊지 못한 것이 아니리오?「이는 아름다운 옥을 구덩이에 버리고 상서로운 난새를 까막까치의 짝으로 삼음과 같으니, 깊이 애석하도다.」지금 배 승상은 가장 천자의 총애를 입어 위세와 복록을 이루어 그 권세가 두려울 만하거늘, 생질녀의 어짊을 듣고 그 아들 득량을 위하여 반드시 혼약을 맺고자 하니 그 호의를 저버려서는 안 될지라. 바라건대 다시 깊이 헤아려 뒷날 크게 후회하지 않게 하소서."

(김소선 / 백 소부의 아내 / 인물의 성품이나 능력을 보지 못하고 외적인 요소로만 판단함 / 누이의 딸을 이르는 말 / 백 소저 / 김소선 / 백 소저 / 김소선 / 「 」: 비유적 표현으로 적절하지 못한 혼약임을 강조함 / 배연령 / 타고난 복과 벼슬아치의 녹봉이라는 뜻으로, 복되고 영화로운 삶을 이르는 말 / 권력자의 위세를 두려워하며 그에 편승하는 태도로, 요구를 거부할 경우 닥칠 수 있는 어려움을 암시하며 설득함)

소부가 듣자마자 크게 노하여 가로되,

"어찌 식견 없는 말을 내는고? 배연령이 아무리 하늘을 태울 기세가 있고, 바다를 기울일 수완이 있더라도 나는 두려워 아니하노라. 더구나 딸아이는 이미 다른 사람에게 허락하였은즉, 폐인이며 폐인이 아님을 논할 것 없이 자네가 간여할 바가 아니로다."

(매우 큰 권력 / 강직한 성품 / 김소선 / 약혼을 함)

▶ 백 소부가 권세가 배연령의 혼사 요구를 거절함

시랑이 크게 부끄러워 감히 말 한마디 못하고 돌아가 배연령을 뵈어 가로되,

"백 소부의 뜻이 이미 굳건하니, 온갖 구실로 설득할지라도 돌이키지 못할 것입니다."

하거늘 연령이 노하여 꾸짖어 가로되,

"백문현이 어떤 존재이기에 감히 내 말을 거역하는가?"

(왜곡된 권위 의식 → 후에 백 소부를 모함함)

드디어 공부 좌시랑 황보박을 부추겨서, 평장사 백문현이 비밀히 변방의 오랑캐와 결탁하여 사직을 위태롭게 꾀한다고 무고(誣告)하게 하니, 천자가 크게 노하여 백 소부를 형리에게 부쳐 장차 죽이고자 하더라. 여러 대신이 교대로 상소를 올려 지극히 간하니 천자의 노여움이 누그러져서 소부의 작위를 거두고 애주 참군으로 강등시켜 당일로 압송케 하니라. 조명(詔命)이 한번 내리매 만조백관이 두려워하여 감히 다시 간하지 못하고, 백 소부의 집은 상하가 다 통곡함을 마지아니하더라.

(벼슬 이름 / 나라 또는 조정을 이르는 말 / 사실이 아닌 일을 거짓으로 꾸미어 해당 기관에 고소하거나 고발하는 일 / 백 소부의 인망이 높음을 알 수 있음 / 벼슬과 지위를 통틀어 이르는 말 / 임금의 명령을 일반에게 알릴 목적으로 적은 문서 / 조정의 모든 벼슬아치)

▶ 배연령의 모함으로 인해 백 소부가 귀양을 감

중략 부분 줄거리 | 백 소부는 귀양을 가게 되고, 소선은 자신을 못마땅하게 여기던 백 소부 아내의 구박을 견디지 못하고 집을 나와 떠돈다. 백 소저 또한 배득량의 겁탈을 피해서 남장을 한 채 도망친다. 거리를 떠돌던 소선은 통소 솜씨 덕택에 궁에 들어가 황제의 총애를 받으며 옥성 공주와 가깝게 지낸다. 어느 날 옥성 공주와 만나고 있는 중에 갑자기 어머니의 편지를 지닌 붉은 기러기가 나타나고, 공주가 편지를 읽어 주자 그 기쁨에 시력을 회복한 소선은 황제와 공주에게 자신의 신분을 밝히고 어머니에게 답장을 보낸다.

왕비가 보기를 다하고 소리 내어 크게 우니 궁중이 떠들썩한지라. 왕이 왕비의 곡성을 듣고 급히 내전에 들어와 태자의 수찰을 보고 또한 통곡하여 마지아니하니, 궁중 내외에 서로 말을 전하여 하루 동안에 나라 안에 가득한지라. 태자가 죽지 않고 중국에 있단 말을 듣고 경탄치 않은 자

(소선이 보낸 편지를 다 보고 / 크게 소리 내며 우는 소리 / 왕비가 거처하던 궁전 / 손수 쓴 글이나 편지 / 편지의 핵심 내용)

가 없으며, 기뻐하는 소리가 우레 같더라.
소선이 여러 사람들에게 널리 추앙받고 있었음을 짐작할 수 있음

왕비가 울며 왕께 고하여 가로되,

"소선이 어린 나이로서 태어나서부터 당의 섬돌을 내려가지 않았거늘, 이미 위험을 무릅쓰고 바다를 건너다가 폭풍을 만나 물에 빠졌으니 비록 천신의 보호함을 입어 고기 뱃속에 장사 지내지는 않았으나, 천신만고를 다 지내 도로에 유리하며 중국에 들어갔으니, 이것이 어찌 사람의 견딜 바이리오? 생각이 이에 이르면 은연중 간장을 베어 내는 듯하온지라, 원컨대 대왕은 빨리 사신을 보내어 천자께 아뢰어 소선이 일찍 돌아옴을 얻도록 청하여 여러 해 쌓인 그리운 마음을 위로케 하옵소서."

당의 섬돌을 내려가지 않았거늘: 집 밖을 나가지 않을 정도로 보호받으며 자람
폭풍을 만나 물에 빠졌으니: 편지에 세징이 저지른 일을 언급하지 않았음. 소선의 착한 성품이 드러남
고기 뱃속에 장사 지내지는 않았으나: 물에 빠져 죽지는 않았으나
유리하며: 일정한 집과 직업이 없이 이곳저곳으로 떠돌아다니며
간장을 베어 내는 듯하온지라: 마음이 지극히 고통스럽고 괴로움
소선이 일찍 돌아옴을 얻도록 청하여: 소선은 천자에게 신라로 돌아갈 뜻을 밝혔으나 그를 총애하는 천자가 허락하지 않음

왕이 곧 외전(外殿)으로 나와 중국에 사신 보내기를 의논할새, 여러 신하가 다 표를 올려 칭하하더라.

외전: 임금이 거처하는 전각을 내전에 상대하여 이르는 말
표: 마음에 품은 생각을 적어서 임금에게 올리는 글
칭하: 칭송하고 축하함

▶ 두 눈의 시력을 회복한 소선이 신라의 부모에게 편지를 보냄

이때에 왕자 세징이 자신이 건넨 자죽순을 먹고 왕이 무사히 살아났고, 또 태자가 이미 바다에서 죽은 줄 알고 조금도 개의치 아니하였더니, 천만 뜻밖에 붉은 기러기가 왕래하며 편지를 전함으로 인해 태자가 죽지 아니하고 오래지 않아 나라에 돌아온다는 말을 듣고 크게 놀라 얼굴빛을 잃어, 비록 요행 태자의 편지 가운데 자기가 죽이려 한 말을 쓰지 아니하였을지라도 혹 태자가 환국한 후에는 본래의 자취가 탄로날까 염려되어 그 돌아오기를 기다려 또한 중로에서 자객을 보내어 태자를 해하여 입을 막고자 하더라.

자신이 건넨 자죽순을 먹고 왕이 무사히 살아났고: 소선이 구한 약을 자신의 공으로 가로챔
태자: 소선
바다에서 죽은 줄 알고: 두 눈을 멀게 하여 바다에 던졌으므로
붉은 기러기: 소선과 그의 어머니를 이어 주는 매개체
요행: 뜻밖에 얻는 행운
환국: 귀국
본래의 자취: 소선이 구한 자죽순을 탈취하고 그의 두 눈을 멀게 한 뒤 그 일행을 모두 죽인 일
중로: 오가는 길의 중간
자객을 보내어 태자를 해하여 입을 막고자 하더라: 자신의 행위에 대한 뉘우침이 없음

▶ 죄가 탄로날 것을 두려워한 세징이 소선을 죽이려 함

뒷부분 줄거리 | 한편 백 소저는 남장을 하고 장원 급제하여 한림학사가 된다. 그 사이 황제의 부마가 된 소선은 토번의 침략을 막기 위해 사신으로 갔다가 그곳에 감금당하지만 백 소저의 능력으로 구출된다. 이후 백 소저의 신분과 정체를 알게 된 황제는 그를 금성 공주로 책봉하여 소선의 둘째 부인이 되게 한다. 두 부인과 지내던 소선은 경치가 좋은 곳을 여행하다가 남장을 하고 있던 설서란을 우연히 만나 친구가 된다. 그리고 함께 집으로 돌아온 뒤, 그가 여자임을 알고는 황제의 조서를 받아 설서란을 셋째 부인으로 맞아들이고, 각 부인의 시녀인 추향, 춘앵, 설향을 첩으로 맞이한다. 천자가 죽은 뒤, 소선이 부인들을 데리고 신라에 돌아오자 세징의 악행이 밝혀지고, 부왕이 그에게 극형을 내리지만 소선의 간청으로 세징의 형벌은 감해진다. 이후 소선은 금성 공주와 함께 왜국의 침략을 물리치고 왜왕의 항복을 받아 낸다. 소선은 부왕의 뒤를 이어 왕위에 올라 선정을 베푼 후 부인들과 함께 보타산에 가서 승천한다.

부마: 임금의 사위
소선은 금성 공주와 함께 왜국의 침략을 물리치고 왜왕의 항복을 받아 낸다: 일본에 대한 적대감이 소설에 반영됨

핵심 정리

- 갈래: 고전 소설(한문 소설, 장편 소설, 영웅 소설, 애정 소설)
- 성격: 유교적, 영웅적, 전기적, 교훈적
- 구성: '발단 – 전개 – 위기 – 절정 – 결말'의 5단 구성

발단	➡	전개	➡	위기	➡	절정	➡	결말
발단: 신라 태자 김소선이 부모의 약을 구해 오다가 형인 세징에게 공격당함	➡	**전개**: 백 소부의 도움으로 살아난 김소선이 중국에서 여러 여인과 인연을 맺음	➡	**위기**: 황제의 부마가 된 김소선이 토번의 침략을 막기 위해 사신으로 갔다가 감금당함	➡	**절정**: 나라에 큰 공을 세운 김소선은 황제가 죽자 3처 3첩과 함께 신라로 돌아옴	➡	**결말**: 왜국을 정벌한 김소선이 신라의 왕이 되어 다스리다가 부인들과 함께 신선이 되어 승천함

- 제재: 형제인 소선과 세징의 갈등
- 주제: 김소선의 영웅적 일생 / 부모에 대한 효성과 형제간의 우애
- 특징: ① 선인과 악인의 대립이 뚜렷하게 나타남
  ② 일반적인 영웅 소설 구조를 지님
  ③ 고전 소설 〈적성의전〉과 서사 구조가 매우 유사함
  ④ 실존 인물(김소선: 신라 소성왕의 아들 애장왕)을 등장시켜 사실성을 높임

한눈에 **보기**

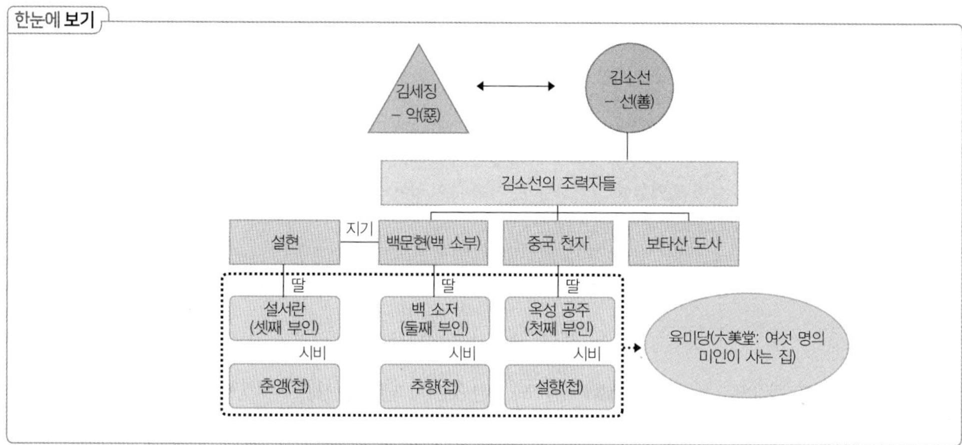

보충·심화 학습

- 〈육미당기〉와 〈적성의전〉의 비교

작품	공통점	차이점
〈육미당기〉	• 구약 모티프 • 왕자 형제간의 갈등 • 충효 등 유교적 가치관 반영 • 영웅 소설의 서사 구조 • 애정 소설의 서사 구조	• 왕(주인공의 아버지)이 병듦 • 악인('세징')이 개과천선함 • 공간적 배경이 우리나라(신라)임
〈적성의전〉		• 왕비(주인공의 어머니)가 병듦 • 악인('항의')이 죽음 • 공간적 배경이 중국임

- 구약 여행 모티프

이 글은 구약(救藥) 여행 모티프[화소(話素)]를 바탕으로 하여 사건이 전개된다. 구약 여행 화소는 약을 구하기 위해 길을 떠남과 동시에 갈등이 시작되며, 약을 얻으면 갈등이 해소되는 구조를 지닌다. 서사 무가인 〈바리공주〉가 구약 여행 모티프가 나타나는 대표적인 작품이다. 〈육미당기〉에는 이 외에 혼사 장애 모티프도 나타난다.

필수 문제

01 소선과 세징 형제 간의 갈등을 불러일으킨 소재를 3음절로 쓰시오.

02 중국에 있는 소선과 신라에 있는 왕비를 이어 주는 매개체를 찾아 쓰시오.

92 금방울전 | 작자 미상

EBS 수능 기출 모의 기출

출제 포인트

전생에 부부였던 금방울과 장해룡이 다시 태어나 부귀영화를 누리고 선계(仙界)로 돌아간다는 내용의 이야기이다. 이 글에 드러난 다양한 사상 및 여성 영웅으로서 금방울이 지닌 의의와 한계를 알아보자.

감상 길잡이

이 글은 금방울의 모습으로 태어난 남해 용왕의 딸이 동해 용왕의 아들이며 장래 남편이 될 장해룡을 위기에서 구해 내어 부귀영화를 누리고 승천한다는 내용의 고전 소설이다. 중국을 무대로 하고 있으며, 영웅 소설의 형식에 여러 가지 모티프가 결합되어 낭만적이고 흥미 있는 내용을 이루고 있다. 이 글은 여러 배경 사상을 포함하고 있는데, 전생에 부부였던 용녀와 용자가 이승에서 금방울과 장해룡으로 태어나 다시 부부의 연을 맺고 선계(仙界)로 돌아간다는 구조는 불교의 윤회 사상을 담고 있으며, 막 씨가 지극한 효행으로 인하여 금방울을 점지받는다는 것은 유교의 효 사상이고, 옥황상제·학발 노옹 등 선계의 인물들이 등장하는 부분은 도교적인 요소라고 할 수 있다. 금방울이 독자적인 영웅이 아니라 남성 영웅인 장해룡을 돕는 보조적 역할에 그친다는 것이 아쉬운 점이기는 하나, '여성 영웅의 출현'이라는 점에서 의의를 찾을 수 있는 소설이다. 〈금령전〉이라고도 한다.

장면 1

앞부분 줄거리 | 명나라 초엽에 장원이 아들을 낳아 해룡(동해 용왕의 아들임을 암시)이라 이름 짓는다. 피란길에 장원 부부가 해룡을 버리자, 장삼이 해룡을 업고 강남고군으로 달아난다. 김삼랑의 처 막 씨는 효성이 지극하여 꿈에 옥황상제로부터 아이를 점지받아, 죽은 남편의 혼과 동침하여 금방울을 낳는다. 금방울은 신출귀몰하는 재주로 어머니를 도와 온갖 어려운 일을 해낸다. 어느 날 태조 고황제의 황후와 공주가 시비와 함께 달구경을 하다가 요귀에게 납치당한다. 한편, 장삼이 데려간 해룡은 장삼의 아내 변 씨로부터 학대를 당하는데, 해룡이 열세 살이 된 어느 날 장삼이 병을 얻는다.

장삼이 마침내 일어나지 못할 줄 알고(죽을 줄을 알고) 해룡의 손을 잡고 눈물지으며,

「"내 명은 오늘뿐이라. 어찌 천륜지정(부모 자식 사이의 정)을 속이리오, 내 너를 난중에서 얻음에(친아들이 아님을 알 수 있음) 기골(기백과 골격)이 비상하거늘(평범하지 않고 뛰어나거늘) 업고 도망하여 문호를 빛낼까 하였더니(해룡을 난리 중에 데려온 목적) 불행히 죽게 되니 어찌 눈을 감으며 너를 잊으리오. 변 씨는 어질지 못함에 나 죽은 후에 반드시 너를 해코저 하리니(불행한 장래를 암시), 보신지책(保身之策)(자신의 몸을 보전하는 계책)은 네게 있나니 삼가 조심하라. 또한 장복 사소한 혐의를 두지 아니하나니 소룡(변 씨의 아들)이 비록 불초(不肖)하나 나의 기출(己出)(내가 낳은 자식)이니 바라건대 거두어 주면 내 지하에 돌아갈지라도 여한이 없으리라."」

「 」: 장삼의 유언

하고, 또 변 씨 모자를 불러 앉히고,

"내 명은 오늘뿐이라, 죽은 후에라도 해룡을 각별 애무하여(해룡에 대한 장삼의 애정이 드러남) 소룡과 다름없이 대하라."

하고, 또 해룡을 가리켜,

"너는 후일 반드시 귀히 되어 길이 영화를 보리니(해룡이 불행을 극복하고 크게 될 인물임을 예언함), 오늘의 내 마음을 저버리지 말고 나의 뜻을 기억하라."

하고, 말을 마치며 죽으니, 해룡의 애통함은 차마 보지 못할 지경이더라. 장례를 갖추어 선산(조상의 무덤이 있는 산)에 안장하고 돌아오니 일신을 의지할 곳 없는지라(그동안 장삼을 의지했음을 알 수 있음) 주야로 애통해 마지 않더니 이때 변 씨는 해룡을 박대함이 나날이 더하여 의복과 음식을 제때에 주지 아니하고 낮이면 밭 갈기와 논 매기며 소도 먹

이며 김도 매며 나무도 베어 잠시도 놀리지 아니하고 주야로 볶으매 한때도 편안한 날이 없더라. ▶ 장삼의 죽음과 변 씨의 해룡 학대

결정적 장면

그러나 해룡은 더욱 공근(恭勤)하여 조금도 해태(懈怠)함이 없으매 자연히 용모가 초췌하고 주림과 추위를 이기지 못하더라. 「이때가 한참을 추운 엄동설한이라 변 씨는 소룡과 더불어 더운 방에서 자고 해룡은 방아질만 하라 하니, 해룡이 할 수 없어 밤이 새도록 방아질 하니 홑것만 입은 아이가 어찌 기한(飢寒)을 견디리오. 추움을 견디지 못하여 자기 방에 들어가 쉬려 하였으나 설한풍(雪寒風)은 들이치고 덮을 것은 없는지라.」 몸을 웅송그려 엎디었더니, ❶ 홀연히 방 속이 밝기가 대낮과 같은지라 여름과 같이 더워 온몸에 땀이 나거늘, 해룡이 한편 놀라고 한편 괴이히 여겨 즉시 일어나 자세히 살펴보니 오히려 동녘이 아직 채 트이지 않았는데 백설이 뜰에 가득하더라. 방앗간에 나아가 보니 밤에 못다 찧은 것이 다 찧어 그릇에 담겨 있거늘, 크게 의심하고 괴이히 여기어 방으로 돌아오니 전과 같이 밝고 더운지라, 아무리 생각하여도 의심이 없지 못하여 두루 살피니 침상에 이전에 없던 북만 한 방울 같은 것이 놓였으매, 해룡이 잡으려 한즉 이리 미끈 달아나고 저리 미끈 달아나니, 요리 굴고 저리 굴러 잡히지 아니하는지라, 또한 놀라고 신통히 여겨 자세히 보니 금빛이 방 안에 가득하고 움직일 때마다 향취가 나는지라, 해룡이 생각하매 이것이 반드시 무심치 아니할지라 내 두고 보리라 하여 잠을 좀 늦도록 자매, 이때 변 씨 모자가 추워 잠을 잘 수 없어 떨며 앉았다가, 날이 밝으매 나아가 보니 적설(積雪)이 집을 두루 덮었는데 한풍(寒風)은 얼굴을 깎는 듯하여 사람의 몸을 움직이기가 어려운지라 변 씨는 생각하되, ▶ 금방울이 해룡을 도움

'해룡이 얼어 죽었으리라.'

생각하고 해룡을 부르니 대답이 없더라. 아마도 죽었나 보다 하고 눈(雪)을 헤치고 나와 문틈으로 내다보니 해룡이 벌거벗고 누워 잠들어 깨이지 않았거늘 놀라 깨우려 하다가 자세히 보니 천상천하(天上天下)에

공근(恭勤)하여: 공손하고 근면하여
해태(懈怠): 게으름
「 」: 변 씨가 해룡을 학대함
엄동설한: 눈이 오고 몹시 추운 겨울
홑것: 한 겹으로 지은 옷
기한(飢寒): 굶주리고 헐벗어 배고프고 추움
설한풍(雪寒風): 차가운 눈바람
웅송그려: 움츠려
동녘이 아직 채 트이지 않았는데: 한밤중임
북만 한 방울: 금방울
향취: 향내
이것: 금방울
적설(積雪): 쌓여 있는 눈
해룡이 얼어 죽었으리라: 변 씨의 목적

결정적 장면

금방울이 변 씨의 박해를 받는 해룡을 도와주는 장면이다. 남성 영웅인 해룡이 고난을 겪고 조력자인 금방울의 도움을 받는 것은 영웅 소설에서 흔히 보이는 영웅의 고난과 극복 과정으로 볼 수 있으며, 여성 영웅인 금방울의 활약상으로 볼 수도 있다.

문제로 핵심 파악

1 이 글에 대한 설명으로 적절한 것은?

① 해룡은 자신의 능력으로 어려움을 극복하고 있다.
② 변 씨는 해룡이 요술을 부린다고 생각하고 있다.
③ 해룡은 고난의 원인이 금방울인 것을 알고 금방울을 잡으려고 하였다.
④ 변 씨는 해룡을 장가보내기 위해 해룡에게 구호동으로 가라고 하였다.
⑤ 해룡은 변 씨의 학대를 견디다 못해 결국 집을 떠나기로 결심하였다.

핵심 구절 풀이

❶ **홀연히 방 속이 ~ 같이 밝고 더운지라**: 추운 겨울밤에도 해룡의 방은 밝고 따뜻하며, 해룡이 못다 찧은 방아도 다 찧어 있다는 것은 금방울이 해룡을 도운 것으로 전기적 요소가 두드러지게 나타남

흰 눈이 가득하되 오직 해룡의 방 위에는 일점(一點)의 눈이 없고 검은 기운이 연기같이 일어나니 이 어찌된 일이냐? 이때 변 씨가 크게 놀라 소룡에게 말하기를,

전기적 요소

"참 내 하도 이상하기에 거동을 보자."

하고, 나왔노라 하더니, 해룡이 들어와 변 씨에게 문후(問候)한 후에 비를 들고 눈을 쓸려 함에「홀연히 일진광풍(一陣狂風)이 일어나며 반 시간이 못 되어 눈을 쓸어 버리고 광풍이 그치는 것이었으니,」 해룡은 이미 짐작하되 변 씨는 더욱 신통히 여기어 마음에 생각하되 해룡이 분명 요술을 부리어 사람을 속이는도다. 만약 그대로 두었다가는 큰 화를 입으리라 하고 아무쪼록 죽여 없앨 의사를 내어 틈을 얻어 해할 묘책을 생각다가 한 계교를 얻고 해룡을 불러 이르기를,

문후(問候): 웃어른의 안부를 물은 / 일진광풍(一陣狂風): 한바탕 몰아치는 사나운 바람 / 「 」: 전기적 요소가 드러남 / 요술을 부리어 사람을 속이는도다: 해룡을 부정적으로 생각함 / 큰 화를 입으리라: 해룡을 불신함 / 의사: 생각 / 계교: 묘책

「"집안 어른이 돌아가시매, 가산이 점점 탕진하여 형편이 없음을 너도 보아 아는 바라, 우리 집의 전장이 구호동에 있더니 요즘에는 호환(虎患)이 자주 있어 사람을 상하기로, 폐농(廢農)된 지가 아마 수십 년이 된지라, 이제 그 땅을 다 일구면 너를 장가도 들이고 우리도 또한 네 덕에 좋이 잘 살면 어찌 아니 기쁘리오마는 너를 위지(危地)에 보내면 행여 후회 있을까 저어하노라."」

집안 어른이 돌아가시매: 장삼의 죽음 / 탕진하여: 재물 따위를 다 써서 없애어 / 전장: 소유하는 논밭 / 호환(虎患): 호랑이로 말미암은 피해 / 저어하노라: 두려워하노라 / 위지(危地): 위험한 곳. 구호동 / 「 」: 구밀복검(口蜜腹劍), 표리부동(表裏不同)

해룡이 흔연히 허락하고 이에 장기를 거두어 가지고 가려 하거늘, 변 씨가 짐짓 말리는 체하니 해룡이 웃고 말하기를,

"인명(人命)은 재천(在天)이니 어찌 짐승에게 해를 보리오."

짐승: 호랑이 / 인명(人命)은 재천(在天): 목숨이 길고 짧은 것은 사람의 힘으로 어쩔 수 없음 – 운명론적 사고

하고, 표연히 떠나가니 변 씨가 밖에 나와 말하기를,

"속히 잘 다녀오라."

하고, 당부하더라.

▶ 해룡을 해치기 위한 변 씨의 계책

뒷부분 줄거리 | 금방울과 함께 집을 나온 해룡은 금방울의 도움으로 요괴를 죽이고 금선 공주를 구하여 그녀와 결혼하게 된다. 또한, 해룡이 북방의 흉노족과 싸우다가 위기에 처하자 금방울이 신통력을 발휘하여 함께 적을 물리친다. 이후 금방울은 탈을 벗고 예쁜 처녀 금령으로 변신하여 해룡의 부모를 찾아 준다. 해룡은 금령과 결혼하여 금선 공주와 함께 부귀영화를 누리다가 승천한다.

필수 문제

01 〈보기〉의 설명을 참고하여, 이 글에 드러난 전기적 요소 두 가지를 쓰시오.

〈 보기 〉

'전기'라는 말은 '전하여 오는 기이한 일을 기록함'이라는 뜻이다. 따라서 전기 소설에는 현실적으로 믿기 어려운 괴기하고 신기한 내용들이 나타나며, 현실적인 인간 세계를 벗어나 천상과 명부, 용궁 등에서 전개되는 사건들, 초인적 능력을 발휘하는 인간이나 자연물 등이 그 내용의 중심을 이룬다.

02 이 글에서 해룡을 구호동으로 보내려는 변 씨의 태도를 표현하기에 적절한 한자 성어를 쓰시오.

장면 2

앞부분 줄거리 | 동해 용왕의 아들인 장해룡(張海龍)은 장원의 아들로 태어나지만, 피란길에 버려져 장삼에 의해 길러진다. 한편 용녀는 과부 막 씨의 몸을 빌려 금방울로 태어난다. 장삼이 죽자 해룡은 계모 변 씨의 학대로 힘든 일을 겪는데, 그때마다 금방울이 나타나 그를 도와준다. 그러나 해룡은 결국 변 씨의 계략으로 집을 나오게 된다.

해룡이 홀홀이 집을 떠나가는데 앞에 큰 뫼가 막혔으며(고난, 장애), 어디로 향할 줄을 몰라 주저할 즈음에 금령(금방울)이 굴러갈 길을 인도하더라(금방울의 신이함 – 구원자 역할). 점점 따라 여러 고개를 넘어갈 때에 층암(層巖) 절벽(絕壁)(몹시 험한 바위가 겹겹으로 쌓인 낭떠러지) 사이에 푸른 잔디와 암석이 내를 격하여 바라보이매, 생(해룡)이 바위 위에 앉아 잠깐 쉬더라. 이때 문득 벽력(벼락) 같은 소리가 진동하며 한곳에 황 같은 터럭(사람이나 길짐승의 몸에 난 길고 굵은 털)이 돋힌 짐승(요괴)이 주홍 같은 입을 벌리고 달려들어 자기를 해하려고 하므로, 생이 급히 피하고자 하더니 금령이 굴러 내달아 막으니(금방울이 해룡을 보호함), 그 짐승이 몸을 흔들며 변하여 아홉 머리를 가진 악귀가 되어 금령을 집어삼키고 들어가는 것이었으니, 생이 이 거동을 보고 대경하여(크게 놀라) 낙담하며 말하기를 / "이번에는 반드시 금령이 죽었도다."(예전에도 많은 도움을 받고 고비가 있었음을 알 수 있음)

하고, 탄식하며 어찌할 줄을 모르더니 홀연히 광풍이 일어나며 공중에서 크게 부르짖기를,

"금령을 구하지 않고 이리 방황하느뇨? 급히 구하라." / 하고, 문득 간 데 없으매, 생이 생각하되,

"하늘이 가르치니, 부득이 구하려니와 그러나 빈손뿐이요. 몸에는 쇳조각(무기) 하나 없으니 어이 대적하리오."

하고, 또 금령이 없으면 내 어찌하여 살아났으리오, 하고 정속을 단단히 하고 한번 뛰어 들어가니, 지척(咫尺)(아주 가까운 거리)을 분별치 못할 지경이더라. 수삼 리를 안으로 들어가니 그래도 아무 종적이 없더라.

▶ 금방울이 요괴에게 잡아먹힘

그리하여 힘을 다하여 기어이 들어가니 홀연히 천지가 밝아지고 해와 달이 고요한데 두루 살펴보니 청석돌 비(점판암 비석)에 금자로 새겼으되, '남천산 봉래동'이라 하였고, 구름 같은 석교 위에 만장 폭포가 흐르는 소리 세사(세상에서 일어나는 온갖 일)를 잃어버릴 만하였고, 그곳을 지나 점점 들어가니 아문을 크게 열고 동중에 주궁패궐(진주나 조개 따위의 보물로 호화찬란하게 꾸민 대궐)이 하늘과 땅에 닿아 삼광요내성 외곽이 은은히 뵈이거늘, 자세히 본즉 문 위에 금자로 썼으되 금선수부라 하니라. / 원래 금제는 천지개벽(천지가 처음으로 열림) 후에 일월 정기로 생겨나서 득도하여 신통이 거룩하고 재주가 무쌍한지라. 생이 문밖에서 주저하여 감히 들어가지 못하더니, 이윽고 안으로부터 여러 계집들(요괴의 시녀, 인질)이 나오는데 색태가 아름답고 시골에 묻힌 계집과 판이하거늘(아주 다르거늘) 생이 급히 피할 때, 몸을 풀포기에 숨기고 동정을 살피니, 이윽고 사오 명의 계집이 피 묻은 옷을 광주리에 담아 이고 서로 손을 이끌고 나와 시냇가에 이르러 옷을 물에 빨며 근심이 가득하여 서로 말하기를,

"우리 대왕(요괴)이 전일에는 용력(씩씩한 힘)이 절인하고(남보다 아주 뛰어나고) 신통이 거룩하여 당해 낼 자 없더니 오늘은 나가시더니 홀연 속을 앓고 돌아와 피를 무수히 토하고 기절하니(금방울이 요괴 안에서 계속 배를 찌르고 있기 때문), 그런 신통으로도 이런 병을 얻었으니 곧 나으면 좋으려니와 만일 오래 신고하여(어려운 일을 당하여 몹시 고생하여) 낫지 못하면 우리들의 괴로움을 어디에다 비하리오."

하니, 그중에 한 여자가 말하기를,

"우리 공주 낭랑이 간밤에 한 꿈을(암시 기능) 얻으니, 하늘에서 한 선관이 내려와 이르시되 '내일 다섯 시에 일위수재(一位秀才)(한 명의 재주가 뛰어난 사람 – 해룡)가 이곳에 와서 이 악귀를 잡아 없이하고 공주 낭랑을 구하여 돌아갈 터이니 염려 말라 하시고 또 이 사람은 다른 수재가 아니라 동해 용왕의 아들(해룡)로서 그대와 속세 연분이 있음에 그대가 이렇게 됨이 또한 천수(天數)(하늘의 명령)라 인력으로 못 하나니 천명을 부디 어기지 말고 순순이 따르라.' 당부하고 이른 말을 누설치 말라 하시더라. 그러더니 오늘 다섯 시가 되도록 소식이 없으니 그런 꿈도 허사(거짓말)가 아닌가 하노라."

하고, 서로 크게 말을 하며 슬피 탄식하고 눈물을 흘리며 말하기를,

"우리도 언제나 이곳을 벗어나 고국에 돌아가 부모님을 만나 뵈옵고, 우리도 팔자가 기박하여(사납고 복 없어) 이처럼 공주 낭랑과 같이 하니 이도 또한 팔자에 매인 천수(天數)인가."

▶ 해룡이 요괴의 시녀들의 대화를 엿들음

하거늘, 생이 이 말을 모두 듣고 즉시 풀 포대를 헤치고 부지불식간(不知不識間)(생각하지도 못하고 알지도 못하는 사이에)에 내다르니, 그 계집들이 놀라 달아나려 하니 생이 나아가 인유하며(꾀어내며),

"그대들은 놀라지 마라. 내 여기 들어옴이 다른 일이 아니라 악귀를 없애고자 들어왔으니 아무 의심을 두지 말고 그 악귀 있는 곳을 자세히 가리키라."

하니, 그 계집들은 이 말을 듣고 공주 낭랑의 몽사(夢事)(악귀를 잡아 없애고 공주 낭랑을 구하는 것)를 생각하매, 신기하기 그지없는지라 여러 계집들이 나아가 울며 말하기를, / "그대 덕분에 우리들을 살려 내어 공주 낭랑과 모두 살아나서 각각 고향으로 돌아가게 되면 어찌 이런 덕택이 있겠습니까?"

하고, 생을 인도하여 들어가니 중문은 첩첩하고 전각은 의의하여(웅장하여) 반공(땅으로부터 그리 높지 아니한 허공)에 솟았는데, 몸을 숨기어 가만히 들어가니 한곳에 흉악하게 신음하고 앓는 소리에 전각이 움직일 듯하니라. 생이 뛰어 올라가 보니 그 짐승이 전각에 누워 앓다가 문득 사람을 보고 일어나려 하다가 도로 자빠지며 배를 움키고 온몸을 뒤틀어 움직이지 못하고 입으로 피를 무수히 토하고 거꾸러지더라.

생이 이 형상을 보고 사후코자 하나 빈손으로 몸에 촌철(寸鐵)(작고 날카로운 쇠붙이나 무기)이 없어 할 수 없이 방황하는데, 그때 한 미인(금선 공주)이 칠보홍군(여러 가지 패물로 꾸민 다홍 치마)으로 몸도 가볍게 걸어오며, 벽상에 걸린 보검(寶劍)(보배로운 칼)을 가져다가 급히 생에게 주는 것이매, 생이 즉시 그 보검(寶劍)을 받아 들고 달려들어 그 요귀의 가슴을 무수히 찌르고 보니, 금 터럭 돋힌 염(수염)이 부르돋고(우뚝하고 굳세게 돋고) 그 짐승은 여러 천년을 산중에 있어 득도(得道)하였기로 사람의 형용을 쓰고 변화무쌍한 조화(비할 데 없이 변화가 심한 신통한 일)를 부리던 터이라, 이에 가슴을 헤치고 본즉 문득 금령이 굴러 나오니, 생이 보고 크게 반기며 소리를 질러 말하기를,

"너희 수십 명이 필경 다 요귀로 변하여 사람을 속임이 아니냐?"

하니, 모든 여자가 일시에 꿇어앉아

"우리들은 하나도 요괴가 아니오. 우리 팔자가 기구하여 그릇 이놈의 요괴에게 잡히어 와서 험악한 욕을 보고 수하에 있어 사환이 되어 이처럼 부지하여 죽도 살도 못하고 어느 때를 만나야 다시 세상을 볼까 하여, 이곳에 어찌할 수 없어 억류되어 있는 급한 목숨들이로소이다. 아까 공자께 보검을 드리던 분이 곧 천자의 외따님이며, 금선 공주 낭랑이로소이다."

사환: 잔심부름을 시키기 위해 고용한 사람

이 말이 채 끝나기도 전에 한 사람의 미인이 나와 채의 홍상을 끌고 옥 같은 얼굴을 가리우고 외면하여 섰으니, 이는 다름 아니요 금선 공주더라.

채의 홍상: 여러 가지 빛깔과 무늬가 있는 다홍치마

▶ 해룡이 괴수를 퇴치하고 금선 공주와 만남

뒷부분 줄거리 | 해룡은 금선 공주와 혼인하여 국왕의 사위가 되고, 금방울의 도움으로 흉노족을 물리친다. 허물을 벗고 절세미인이 된 금방울은 해룡의 부모를 찾게 해 준다. 해룡은 금령(금방울)과 결혼하여 금선 공주와 함께 부귀공명을 누리다가 하늘로 올라가 신선이 된다.

핵심 정리

- 갈래: 고전 고설(영웅 소설, 전기 소설, 도술 소설)
- 성격: 전기적(傳奇的), 도술적
- 구성: '발단 – 전개 – 위기 – 절정 – 결말'의 5단 구성

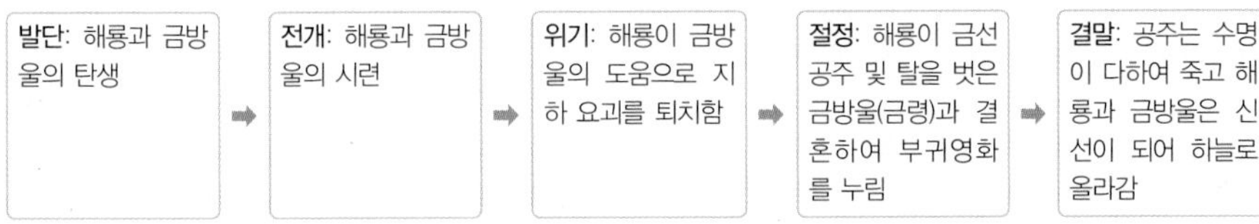

- 제재: 금방울과 해룡의 고난 극복 과정
- 주제: 금방울이 고난을 극복하고 사랑을 이루는 과정
- 특징: ① 다양한 설화(난생 설화, 지하국 대적 퇴치 설화, 변신 모티프 등)가 융합되어 있음
  ② 두 등장인물(해룡+금방울)의 성격과 역할이 상호 보완적임
- 의의: 남성 영웅(해룡)을 돕는 보조적 영웅이기는 하나, 여성 영웅이 등장함
- 인물 분석
  - 금방울(금령): 남해의 용녀. 막 씨에게서 태어나 신이한 능력을 가지고 해룡이 고난에 처할 때마다 도와줌. 후에 액운이 다하여 절세미인이 됨
  - 장해룡: 동해 용왕의 아들. 계모인 변 씨에게 기아와 학대를 당하나, 금방울의 도움을 받아 영웅으로 성장함

한눈에 **보기**

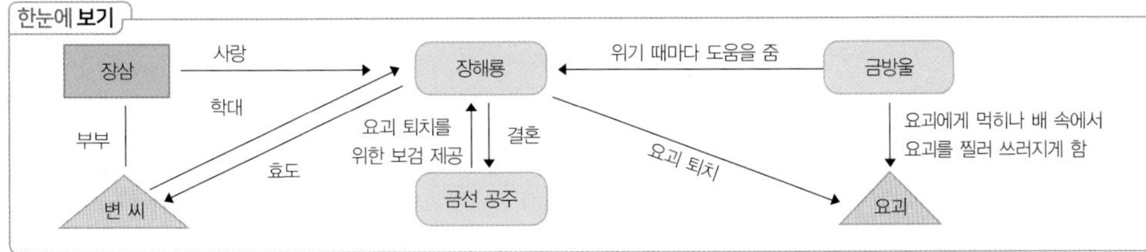

필수 문제

01 **이 글에서 금선 공주가 해룡을 의심하지 않고 돕도록 설정된 소설적 장치를 쓰시오.**

02 [서술형] **금방울이 여성 영웅으로서 지닌 의의와 한계에 대해 서술하시오.**

93 박씨전(朴氏傳) | 작자 미상

교과서 EBS 수능 기출 모의 기출

출제 포인트

병자호란의 패배감을 여성 영웅의 활약상을 통해 보상받으려는 의도로 창작된 역사 군담 소설이다. 여성 영웅 박 씨의 행적에 주목하여 살펴보자.

감상 길잡이

이 글은 〈임진록〉, 〈임경업전〉 등과 함께 역사 군담 소설에 속하는 작품이다. 이 글의 '박 씨'는 다른 고전 소설의 일반적인 여주인공과는 달리 매우 진취적인 사고를 가지고 자신과 나라의 운명을 개척해 나가는 인물로 표현된다. 개성 있는 인물을 창조했다는 측면과, 소설의 소재를 역사에서 찾되 사실과 허구를 적절히 조화하는 가운데서 주제 의식을 드러냈다는 데에서 그 의의를 찾을 수 있는 작품이다.

장면 1

앞부분 줄거리 | 조선 인조 때, 재상 이득춘은 총명하고 문무에 고루 뛰어난 아들 이시백(병자호란 때 병조 판서로 남한산성을 지킨 실존 인물)을 두었다. 어느 날 금강산에 사는 박 처사가 찾아와 자신의 딸과 이시백의 혼인을 청하자 상공이 허락하여 두 사람은 혼인을 한다. 그러나 이시백은 박색인 신부의 모습에 실망하여 부인 박 씨의 처소에 가는 것을 꺼린다.(박 씨의 추한 외모로 인한 가정 내 갈등(인물 간의 외적 갈등: 박 씨 ↔ 이시백)) 독수공방하게 된 박 씨는(〈박씨전〉의 영웅 서사적 구조 – 어려서 버려지거나 위기에 처함) 이 상공에게 후원에 피화당을 지어 달라고 부탁하여 그곳에서 머문다. 여러 신이한 능력을 보이던 박 씨는 나라에서 인재를 등용하는 과거가 있자 이시백에게 신비로운 연적을 주어 장원 급제시킨다.(박 씨의 영웅적 면모(인물의 비범성))

시백이 어사화(御賜花)(조선 시대에, 문무과에 급제한 사람에게 임금이 하사하던 종이꽃)를 꽂고 청홍개(靑紅蓋)(수레 위에 받쳐 햇빛을 막는, 청색과 홍색의 비단으로 만든 양산)를 앞세우고, 화동(花童)을 쌍쌍이 세우고, 갖은 풍류(風流)로 장안(수도. 한양) 대로에 언연(偃然)(거드름을 피우며 거만하게)히 나오니, 이때는 삼춘호시절(三春好時節)(봄 석 달 동안의 좋은 때)이라. 온갖 만물이 자라 경치가 빼어난데, 소년 급제(少年及第)(어린 나이에 과거에 급제함) 얼굴이 옥 같아서 하늘의 신선 같은지라 뉘 아니 칭찬하며, 장안 인민이 다투어 구경하며 치하가 분분하더라.(문어체적 특징)

▶ 과거에 장원 급제한 이시백

슬프다, 박 씨는 피화당 깊은 곳에 홀로 앉아 수심으로 지내는지라.(자신의 도움으로 장원 급제하고도 남편 이시백이 찾지 않아 독수공방의 처지로 지내는 박 씨 – 편집자적 논평) 시비(곁에서 시중을 드는 계집종) 계화가 그 거동을 보고 슬퍼하며 위로하니, 박 씨가

"사람의 팔자는 길흉화복이 다 하늘이 정하는 것이라.(박 씨의 운명론적 사고) 이러므로 「탕(湯) 임금(덕이 높아 뭇 제후들의 추종을 받아 하나라를 멸망시키고 은나라를 세운 탕왕)이 하걸(夏傑)(폭정을 일삼은 하나라의 걸왕)에게 갇힘을 당하고, 문왕(文王)도 유리옥에 갇혔으며, 공자(孔子) 같은 성인도 진채에서 욕을 보셨으니, 하물며 나 같은 사람이 무슨 한이 있겠느냐."」 「 」: 고사를 들어 현실 순응적 태도를 보임

계화가 그 말을 듣고 내심에 혹 좋은 일이 있을까 저으기 바라더라.(박 씨가 곧 흉한 허물을 벗게 될 것임을 암시함)

▶ 자신의 처지를 운명으로 받아들이는 박 씨

일일은 박 씨가 상공께 여쭈되,

"미부(미천한 며느리. 며느리가 시부모 앞에서 자신을 낮추어 이르는 말) 출가(처녀가 시집을 감)하온 지 3년이나 친가(친정. 결혼한 여자의 부모 형제 등이 살고 있는 집) 소식을 듣지 못하였사오니, 잠깐 다녀옴을 청하나이다."

상공이

"네 말이 당연(當然)하나, 금강산(박 씨의 친정이 있는 곳) 길이 머니 여자 행색이 첩첩 험로(위험한 길)에 극히 어렵겠다."(먼 길을 다녀와야 하는 며느리에 대한 염려. 이 상공의 자상한 성격이 드러남)

박 씨가

「"행장 차릴 것도 없삽고, 이틀 말미만 주옵시면 다녀오리이다."」「 」: 박 씨의 비범한 능력 암시

여행할 때 쓰는 물건과 차림 / 일정한 직업이나 일 따위에 매인 사람이 다른 일로 말미암아 얻는 겨를

상공이 고이히 여기나, 그 신기한 일을 사람이 본받기 어려운지라 허락하며, 부디 수이 다녀옴을 당부하더라.

괴상하게, 이상하게 / 이미 며느리 박 씨의 신비한 능력을 여러 번 경험하였기 때문

닭이 욺. 또는 그런 울음 → 날이 밝음 / 박 씨의 비범한 능력이 드러남. 전기성

박 씨 이튿날 계명 후 상공 전에 하직하고, 문밖에 나서 두어 걸음에 간 곳을 모를러라.

먼 길을 떠날 때 웃어른께 작별을 고하는 것 / ▶ 출가한 지 3년이 되어 친정에 다니러 가는 박 씨

과연 이튿날 박 씨가 은연히 들어와 다녀온 말씀을 고하니, 상공이 집안 안부와 처사의 하는 일을 묻더라. 박 씨가,

은은히. 겉으로 뚜렷하게 드러나지 아니하고 어슴푸레하며 흐릿하게

"집안은 무사하옵고, 친정아버님은 아무 날에 오마 하더이다."

상공이 기뻐하며 주찬(酒饌)을 많이 장만하고 기다리더라.

술과 안주를 아울러 이르는 말 / 사랑. 집의 안채와 떨어져 있는, 바깥주인이 거처하며 손님을 접대하는 곳

그날이 당하매, 상공이 의관을 정제하고 외당을 소쇄(掃灑)하여 기다리더니, 홀연 옥저 소리 차차 가까와오며 상서로운 구름이 영롱하더니, 처사가 백학을 타고 공중으로부터 내려와 당에 오르는지라. 상공이 반기어 맞아 예하며, 여러 해 그리던 회포를 말씀하다가, 상공이

비로 먼지를 쓸고 물을 뿌림 / 박 처사의 비범한 능력(전기성, 비현실성) – 신선과 같은 풍모 / 마음속에 품은 생각이나 정

모든 것이 덧없어서

「"내 팔자 무상하와 한낱 자식을 두었더니 덕 있는 며느리에게 일생 슬픔을 끼치니, 이는 다 나의 불민한 탓이라. 사장(查丈)을 대하여 죄 많사와 부끄럼을 어찌 형언하오리까."」

이 상공의 운명론적 인생관이 드러남 / 용모를 이유로 이시백이 박 씨 부인을 꺼리는 것 / 혼인한 두 집안의 부모들 사이에서 그 집안의 위 항렬이 되는 상대편을 이르는 말 / 「 」: 자신의 아들이 며느리를 구박하는 것에 대하여 사죄함

처사가,

거칠고 더럽고 낮음

「"자식의 인물이 추비(麤鄙)하고 또한 팔자라. 이렇듯 험한 인생이 사장의 덕택으로 이때껏 기탁하였사오니 은혜 감격하옵니다. 내 도리어 부끄러움을 이기지 못하나이다."」

박 처사의 운명론적 인생관이 드러남 / 어떤 일을 부탁하여 맡겨 둠 / 「 」: 추한 외모를 지닌 자신의 딸을 며느리로 인정하고 내치지 않은 것에 대해 사례함

주찬을 내어 서로 권하며, 바둑과 옥저를 대하여 즐기더라.

일일은 처사가 그 딸을 불러,

모질고 사나운 일을 당할 운수

"네 이제는 액운이 다하였으니 허물을 고치라."

박 씨가 추한 외모에서 벗어날 것임을 암시 – 구출 및 조력자의 도움

하니, 박 씨가 대답하고 피화당으로 들어가니, 시아버지도 그 말을 알지 못하고 고이히 여기더라.

처사 닷새를 머문 후에 하직을 고하니, 상공이 간곡히 만류하되, 처사가 듣지 아니하는지라. 상공이

"이제 가시면 어느 때 다시 뵈오리까?"

구름이 낀 먼 산 / 신선이 살았다는 중국 서쪽의 전설 속의 강

"운산(雲山)이 첩첩하고 약수(弱水)가 묘연하니 다시 보기 어렵도다. 인간회환(人間回還)이 정한 수가 있느니 어찌합니까? 부디 백세무양(百歲無恙)하시옵소서."

재회를 기약하기 어려움. 속세에 머물지 않는 신령스런 사람이었던 처사가 이제는 속세를 완전히 떠날 것임을 암시 / 사람이 갔다가 다시 돌아옴 / 백세까지 몸에 병이나 탈이 없음

하니, 상공이 슬픔을 이기지 못하여 이별하는 정이 자못 결연하되, 며느리는 그 부친을 하직하며 조금도 서러워함이 없더라.

박 처사와 이별하는 이 상공의 섭섭한 마음 ↔ 며느리 박 씨의 담담한 태도

「이윽고 공중에서 구름이 영롱하며, 처사가 당에서 내려 솟아 공중으로 향하더니, 다만 옥저 소

리만 들리고 간 곳을 알지 못하겠더라.」 ▶ 이 상공에게 작별을 고하고 떠나는 박 처사
「 」: 박 처사의 선인다운 면모가 드러남(전기성)

이날 밤에 박 씨가 목욕하고 뜰에 내려서 하늘을 향하여 축수(祝手)하고 방에 들어가 자더라. 이튿날 일어나 계화를 불러,
몸가짐을 가다듬음 / 두 손바닥을 마주 대고 빎
「 」: 자신의 외모가 변한 것을 집안 식구들이 믿지 못할 것을 경계하여 증거물로 보여 주기 위해서

「"내 간밤에 허물을 벗었으니, 대감께 여쭈어 옥함을 짜 주옵소서 하라."」

할 제, 계화가 보니 추비한 아씨가 허물을 벗고 옥 같은 얼굴이며 달 같은 태도가 사람을 놀래며 향기가 방 안에 가득한지라. 계화가 도리어 정신을 진정하여, 보고 또다시 보니 그 아름답고 고운 태도는 옛날 서시(西施)와 양 귀비(楊貴妃)라도 미치지 못하겠더라. ▶ 박 씨가 추한 허물을 벗고 미인이 됨
화용월태(花容月態)
변신 모티프, 사건 전개의 전환점, 이시백과의 갈등 해소의 계기, 가족의 일원으로 인정받는 통과 의례, 공적 영역에서의 능력 발휘의 계기
중국 춘추 시대 월나라의 미인 / 중국 당나라 현종의 비(妃)

중략 부분 줄거리 | 박 씨 부인의 외모가 미인으로 바뀌자 이시백은 그동안 박대했던 것을 사과하고 박 씨와 화목하게 지낸다. 박 씨는 비범한 능력으로 호국에서 온 자객 기홍대를 제압하고, 우의정에 오른 이시백을 통하여 조정에 청나라의 침입에 대비할 것을 청한다. 하지만 간신 김자점의 방해로 뜻을 이루지 못하고, 청나라 군대의 침입으로 병자호란이 일어난다. 강화로의 피난이 여의치 않자 왕은 남한산성으로 피하였으나 청군에 포위되고 청나라 장수 용울대는 재물과 여자를 약탈하다가 박 씨의 시녀 계화에게 죽임을 당한다.
가정 내에서의 갈등 해소의 계기, 사건 전환의 계기(가정담 → 사회담)
박 씨 부인의 활동 영역이 사회적, 국가적 측면으로 변화됨
영웅 서사적 구조 – 성장 후 다시 위기에 처함

각설. 「국운이 불행하여, 호적이 강성하여 왕대비(王大妃)와 세자 · 대군을 사로잡고, 국가 위태함은 다 김자점이 도적을 인도함이니 어찌 절통치 않으리오. 슬프다, 여러 날 도적에게 에운 바 되어, 세궁역진(勢窮力盡)하여 상이 도적에게 강화(講和)하니라.」 ▶ 청나라와의 강화
오랑캐
병자호란의 패배 원인을 운명론적으로 인식함. 서술자의 운명론적 태도가 드러남 / 소현 세자 / 봉림 대군
실존 인물 / 서술자의 개입 / 싸우던 두 편이 싸움을 그치고 평화로운 상태가 됨
기세가 꺾이고 힘이 다 빠져 꼼짝할 수 없게 됨 / 「 」: 병자호란의 경과를 요약적으로 제시함. 문어체 사용

용골대가 강화를 받은 후 장안으로 들어오다, 문득 제 아우 울대의 죽음을 듣고 방성통곡하며 이르기를,
10만 대군을 거느리고 쳐들어 와 병자호란을 일으킨 청나라 장수. 실존 인물 – 판본에 따라 용울대로 표기되기도 함 / 큰 소리로 몹시 슬프게 곡을 함

"이미 화친 언약(和親言約)을 받았으니 뉘라서 내 아우를 해하리오. 오늘은 원수를 갚으리라."
나라와 나라 사이에 다툼 없이 가깝이 지내기로 말로 약속함. 또는 그런 약속

하고, 군사를 몰아 장안에 들어가 피화당에 다다르니, 과연 울대의 머리를 문밖에 달았더라. 용골대가 분기를 이기지 못하여, 칼을 높이 들고 말을 채쳐 달려들고자 하거늘, 도원수 김자점이 나무를 보고 용골대를 만류하기를,
병자호란의 패배를 가공의 적장의 죽음으로 보상받게 하려는 문학적 장치
분기탱천(憤氣撐天) / 전쟁이 났을 때 군무를 통괄하던 임시 무관 벼슬
중국 삼국 시대 촉한의 정치가 겸 군사 전략가. 명성이 높아 와룡 선생(臥龍先生)이라 일컬어졌음

"그대는 분한 마음을 잠깐 참으라. 저 나무를 보니 옛날 제갈공명의 팔진도법(八陣圖法)이니, 가벼이 여기지 말라."
제갈량이 역대 병가(兵家)들의 진법(陣法)을 계승 발전시켜 연구해 낸 독특한 진법

하니 용골대 더욱 분기대발(憤氣大發)하여 칼을 들고 크게 소리치며,
분한 생각이나 기운이 크게 일어남

"그러면 동생의 원수를 어찌하오리까?"

도원수가 가로되,

"아무리 분한들 지금 저기에 들어갔다가는, 원수 갚기는 고사하고 형제가 다 죽을 것이니, 아직 진정하라."
군사력만 가지고는 이길 수 없음 → 박 씨 부인의 능력을 인정

하니, 용골대가 옳게 여겨, 군사를 호령하여,

"그 나무를 다 베어 버려라."

▶ 용골대가 피화당을 공격함

하니,『문득 미친 바람이 일어나며 운무가 자욱하더라. 나무마다 무성하여 무수한 장졸(將卒)이 되고, 금고함성(金鼓喊聲)은 천지진동하며, 용과 범이며 검은 새와 흰 뱀이 수미를 상접(相接)하며 풍운을 토하고, 기치창검(旗幟槍劍)이 별 같으며, 난데없는 신장(神將)이 갑주(甲冑)를 입고 삼척검(三尺劍)을 들어 호병을 죽이니, 뇌성벽력이 강산이 무너지는 듯하며, 호진(胡陣) 장졸들이 천지를 분별치 못하고, 주검이 언덕과 산 같더라. 용골대 겁이 나서 급히 쟁을 쳐서 군사를 거두니 이윽고 천지가 밝고 환한지라. 용골대가 더욱 분기대발하여 칼을 들고 달려든즉, 명랑한 천지가 도로 자욱하며 무수한 신병(神兵)이 도로 엄살하니, 호진 장졸이 감히 손을 용납지 못하더라.』문득 나무 속으로부터 한 여인이 나와 크게 꾸짖기를,

장수와 병졸 / 징과 북, 그리고 사람이 외치는 소리 / 서로 한데 닿거나 붙음 / 군대에서 쓰던 깃발, 창, 칼 따위를 통틀어 이르던 말 / 신의 장수 / 갑옷과 투구 / 길이가 석 자 정도 되는 긴 칼 / 눈앞에서 믿을 수 없는 일이 일어나자 혼비백산함 / 별안간 습격하여 죽임

「 」: 도술로 청나라 군사를 무찌르는 모습을 생생하게 묘사(전기성, 비현실성) → 긴박한 분위기 형성, 청나라는 속수무책의 상황임

시비 계화, 박 씨 부인이 비범한 능력을 지녔음을 알 수 있게 해 주는 매개자

"무지한 용골대야, 네 아우가 내 손에 죽었거늘, 너조차 죽기를 재촉하느냐?"

용골대를 업신여기며 조롱하여 자극함 – 동생 용울대는 용골대의 명에 따라 한양의 재물을 약탈하면서 피화당을 침범하려다가 계화의 칼에 죽임을 당함

골대가 크게 노하여 꾸짖기를,

"너는 어떠한 계집인데 장부의 마음을 돋우느냐? 내 아우가 불행하여 네 손에 죽었거니와 네 나라의 화친 언약을 받았으니 이제는 너희도 다 우리나라의 신첩(臣妾)이라. 잔말 말고 바삐 내 칼을 받아라."

남존여비의 남성 우월적 사고가 드러남 / 호국 / 병자호란에서의 승리를 강조, 역사적 사실 반영 / 여자가 임금을 상대하여 자기를 낮추어 이르던 일인칭 대명사. 여기서는 신하의 뜻임

하니 계화가 들은 체 아니하고 크게 꾸짖기를,

"네 동생이 내 칼에 죽었거니와, 너 또한 명이 내 손에 달렸으니, 어찌 가소롭지 않으리오."

용울대

용골대가 더욱 분기등등(憤氣騰騰)하여 군중에 호령하되,

분한 마음이 몹시 치밀어 오름

"일시에 활을 당겨 쏘라!"

하니, 살이 무수하되 감히 한 개도 범치 못하는지라. 용골대가 아무리 분한들 어찌 하리오. 마음에 탄복하고, 조선 도원수 김자점을 불러,

피화당의 진면목이 드러남(비현실성, 전기성) / 서술자의 개입 / 조선의 북벌 정책을 청에 밀고한 인물

"너희, 이제는 내 나라의 신하라. 내 명령을 어찌 어기리오."

병자호란 때 남한산성에 포위되었던 인조가 청에 항복한 사실을 반영한 표현

김자점이 황공하여,

"분부대로 거행하오리다."

"네 군사를 몰아 박 부인과 계화를 사로잡아 들이라."

하는지라.『김자점이 황겁하여 방포일성(放砲一聲)에 군사를 몰아 피화당을 에워싸니,』문득 팔문(八門)이 변하여 백여 길 함정이 되는지라. 용골대가 그 변을 보고 쳐부수지 못한 줄 알고 한 꾀를 생각하여,『군사로 하여금 피화당 사방 십 리를 깊이 파서 화약·염초를 많이 붓고, 군사로 하여금 각각 불을 지르게 하고,』

겁이 나서 얼떨떨함 / 포나 총을 한 번 쏘는 소리 / 「 」: 김자점에 대한 서술자의 비판적 시각이 드러남 / 비현실적, 전기적 요소 / 충격이나 열, 전기 따위의 자극으로 화학 반응을 일으켜 가스와 열을 발생시키면서 폭발하는 물질 / 「 」: 화약으로 피화당을 폭파하고 불사르려는 계책

결정적 장면

"너희 무리 아무리 천변만화지술(千變萬化之術)이 있은들 어찌하리오."
(천변만화지술: 끊임없이 변화하는 술책)

하고, 군사를 호령하여 일시에 불을 놓는지라. 그 불이 화약 · 염초를 범하매, 벽력같은 소리가 나며 장안 삼십 리에 화광(火光)이 하늘 높이 솟아올라 죽는 자가 무수하더라.

▶ 계화에게 당한 용골대가 화약으로 피화당을 폭파하려 함

❶ 박 씨가 옥렴을 드리우고, 왼손에 옥화선을 쥐고 불을 부치니, 화강이 호진을 충돌하여, 호진 장졸이 대열을 잃고 타 죽고 밟혀 죽으며, 남은 군사는 살기를 도모하고 다 도망하는지라. 용골대가 할 길 없어,
(옥렴: 옥으로 장식한 발)

"이미 화친을 받았으니 대공을 세웠거늘, 부질없이 조그만 계집을 시험하다가 공연히 장졸만 다 죽였으니 어찌 분한(憤恨)치 않으리오."
(부질없이 ~ 죽였으니: 소탐대실(小貪大失) / 분한: 분하고 한스러움)

하고 회군(回軍)하여 길을 떠날새, 왕대비와 세자 · 대군이며 장안 미색(長安美色)을 데리고 가는지라.
(회군: 군사를 돌이켜 돌아가거나 돌아옴 / 장안 미색: 한양의 미녀들)

박 씨가 계화를 시켜 외치기를,

"무지한 오랑캐야, 너희 왕 놈이 무식하여 은혜지국(恩惠之國)을 침범하였거니와, 「우리 왕대비는 데려가지 못하리라. 만일 그런 뜻을 두면 너희들은 본국에 돌아가지 못하리라.」"
(무지한 오랑캐야: 청나라에 대한 반감의 표현 / 은혜지국: 임경업과 이시백이 명나라에 사신으로 갔다가 가달국의 침입을 받은 청나라를 구해 준 은혜 / 「 」: 부패한 남성의 세계는 패배하나 여성의 세계는 손댈 수 없음을 의미함)

하니, 호장들이 가소롭게 여겨

"우리 이미 화친 언약을 받고, 또한 인물이 나의 손에 매였으니, 그런 생각은 하지도 말라."
(우리 이미 화친 언약을 받고: 역사적 사실을 작품에 반영 / 인물: 왕대비)

하며, 혹 질욕(叱辱)하며 듣지 아니하거늘, 박 씨가 또 계화를 시켜 외치기를,
(질욕: 꾸짖으며 욕함 / 박 씨가 또 계화를 시켜 외치기를: 양반가 여성의 외부 활동이 제한되어 있던 시대상이 반영됨)

"너희 그대로 그러하려거든 내 재주를 구경하라."

하더니, 이윽고 「공중으로 두 줄기 무지개 일어나며, 모진 비 천지 뒤덮게 오며, 음풍(陰風)이 일어나며, 백설(白雪)이 날리며, 얼음이 얼어 호군의 말 발이 땅에 붙어 걸음을 옮기지 못하는지라.」 그제야 호장들이 황겁하여 아무리 생각하여도 모두 죽을 지경이라. 「마지못하여 호장들이
(음풍: 흐린 날씨에 음산하고 싸늘하게 부는 바람 / 「 」: 박 씨의 비범한 능력(비현실성) / 모두 죽을 지경이라: 빈사지경(瀕死地境))

결정적 장면

동생 용울대의 복수를 위해 피화당을 공격하던 용골대가 오히려 박 씨의 비범한 능력으로 인해 군사를 잃고 굴복하는 장면이다. 역사적 현실에서의 패배를 허구적 승리로 바꾸었으며 전기성이 두드러지는 부분이다.

문제로 핵심 파악

1 박 씨의 신통력을 드러내는 매개자이자 소설의 전기성을 이끌어 가는 인물은 누구인지 쓰시오.

2 [기출 변형] 용골대를 꾸짖는 계화와 박 씨가 등장하는 것에는 병자호란 때에 있었으면 좋았을 인물에 대한 백성들의 소망이 반영된 것이다. (○ , ×)

핵심 구절 풀이

❶ 박 씨가 옥렴을 드리우고 ~ 도모하고 다 도망하는지라.: 박 씨가 청군을 물리치는 부분으로, 박 씨의 비범한 능력이 드러나며 역사적 사실과는 달리 청군이 패배하는 설정을 통해 역사적 치욕을 보상받으려는 당대 민중들의 욕구가 반영된 것을 알 수 있음

(답 1 계화 2 ○ — 거꾸로 인쇄됨)

투구를 벗고 창을 버려, 피화당 앞에 나아가 꿇어 애걸하기를,

「 」: 인조가 삼전도에서 항복하였던 굴욕에 대해 같은 방식으로 굴복시킴으로써 문학적 상상으로나마 정신적인 보상을 받으려는 의도

"오늘날 이미 화친을 받았으니, 왕대비는 아니 모셔 갈 것이니, 박 부인 덕택에 살려 주옵소서."

목숨을 구걸함

하고 만단애걸(萬端哀乞)하거늘,」 박 씨 주렴(珠簾) 안에서 꾸짖기를,

여러 가지로 사정을 말하여 애걸함

「"너희들을 씨 없이 죽일 것이로되, 천시(天時)를 생각하고 십분 용서하거니와, 너희 놈이 본디 간사하여 큰 죄를 지었으나, 이번은 아는 일이 있어 살려 보내나니 조심하여 들어가며, 우리 세자 · 대군을 부디 태평히 모셔 가라. 만일 그렇지 아니하면 내 오랑캐를 씨도 없이 멸하리라."」

운명론적 사고관 / 충분히

세자와 대군의 안위를 걱정함. 병자호란 후 소현 세자와 봉림 대군이 볼모로 잡혀간 역사적 사실을 반영함

「 」: 상대를 협박하며 자신의 요구를 따를 것을 요구함

하더라. 호장들이 백배사례하고, 용골대 아뢰되,

거듭 절을 하며 고맙다는 뜻을 나타냄

"황공하오나 소장의 아우 머리를 주옵시면, 덕택이 태산 같을까 바라나이다."

박 씨의 비범한 능력에 굴복하여 스스로를 낮춤

박 씨가 웃으며 일변 꾸짖기를

중국 조(趙)나라의 제후 – 지백에게 패해 퇴각하였다가 이후 지백의 군대를 쳐서 승리함

"그리는 못하리로다. 옛날 조양자는 지백(知伯)의 머리를 칠하여 술잔을 만들어 진양성의 분함을 씻어 천추만세(千秋萬歲)에 유전하였으니, 이제 우리는 너의 아우 머리를 칠하여 강화성의 분함을 씻으리라."

중국 춘추 시대 진나라의 대부(大夫) / 천만년의 긴 세월 / 물려받아 내려옴, 또는 그렇게 전해짐 / 용골대의 청을 거절하는 이유 – 남한산성에서 패한 분을 풀기 위해서

▶ 박 씨 부인의 영웅적 활약상과 용골대의 굴복

뒷부분 줄거리 | 박 씨 부인은 용골대가 임경업 장군에게 다시 한 번 곤욕을 치르고 가게 하기 위해 의주로 가라고 이르고, 용골대는 조선 왕의 항복하는 문서를 받은 것에 만족하여 박 씨의 말대로 의주로 갔다가 임경업에게 대패한다. 호군이 청나라로 돌아간 뒤 왕은 박 씨 부인의 계책을 듣지 않은 것을 사과하고 부인의 공을 치하하며 절충 부인에 봉한다.

필수 문제

01 이 글의 사건 전개 과정에서 박 씨의 외모가 변화된 사건의 기능을 가정적 측면과 사회적 측면으로 나누어 쓰시오.

02 이 글이 역사적 사건인 병자호란을 배경으로 하면서 '여성' 영웅의 활약상을 그린 이유를 당대 사회상을 반영하여 쓰시오.

03 [서술형] 이 글에서 실존 인물인 용골대가 허구적 인물인 박 씨에게 패하여 굴복하도록 설정한 의도를 당대의 시대상을 반영하여 서술하시오.

장면 2

앞부분 줄거리 | 조선 인조 때 박 처사는 자신의 둘째 딸의 배필이 자신이 주객으로 지내던 병조 판서 이득춘의 아들 이시백임을 알고 둘을 혼인시킨다. 하지만 이시백은 부인이 박색임을 알고 대면조차 하지 않았는데, 박 씨는 후원에 피화당을 짓고 시비 계화와 지내며 남편을 과거에 장원 급제시키는 등 신이한 기적을 보이다가 3년 만에 액운을 벗고 절대가인이 된다. 이때 호국이 조선을 침략할 계획을 꾸며 기홍대를 변복시켜 이시백과 임경업을 살해하려 하는 것을 박 씨가 알고 막아 내자, 다시 용골대 형제에게 조선을 침략하게 한다. 천기를 보고 이를 안 박 씨는 시백을 통하여 이러한 상황과 이를 막아 낼 계책을 조정에 알리나 간신 김자점의 반대로 받아들여지지 않는다. 마침내 호병이 침공하고, 남한산성으로 파천하였던 왕은 결국 항복한다. 한편 적장 용울대가 피화당에 침입하자 박 씨는 그를 죽이고, 이에 분노한 용골대가 피화당을 공격하려 하지만 실패한다.

제십일회(第十一回)

『용골대 대군(大君)과 함께 모든 부인을
판본에 따라 용울대로 표기되기도 함
노략(擄掠)하여 본국으로 가다』
「 」: 각 회의 소제목 – ① 해당 회의 결말 제시 ② 호기심 자극

차시, 박 부인이 계화로 하여금 적진을 대하여 크게 외쳐 왈,
이때

"무지한 오랑캐 놈아, 내 말을 들으라. 너의 왕은 우리를 모르고 너 같은 구상유취(口尙乳臭)를 보내어 조선을 침노하니, ㉠ 국운이 불행하여 패망(敗亡)을 당하였거니와 무슨 연고로 아국 인물을 거두어 가려 하느냐. 『만일 왕비를 모셔 갈 뜻을 두면 너희 등을 함몰(陷沒)할 것이니 신명을 돌아보라."』
입에서 아직 젖내가 난다는 뜻으로, 말이나 행동이 유치함을 이름. 애송이 / 운명론적 태도 / 우리나라. 조선 / 결딴을 내서 없앰 / 몸과 목숨 / 「 」: 부패한 남성 세계는 패배하나, 여성의 세계(왕비)는 손댈 수 없음

하거늘, 호장(胡將)이 차언(此言)을 듣고 소왈(笑曰),
용골대 / 함몰한다는 말 / 비웃어 말하기를

"너의 말이 가장 녹록(碌碌)하도다. 우리 이미 조선 왕의 항서(降書)를 받았으니 데려가기와 아니 데려가기는 우리 장중(掌中)에 달렸으니 그런 말은 구차(苟且)히 말라."
만만하고 호락호락하구나 – 가소로움 / 항복 문서 / 역사적 사실(전쟁에 패함) 제시 / 손바닥 안에 있으니

하며 능욕(凌辱)이 무수하거늘 계화가 다시 일러 왈, ▶ 용골대가 박 씨의 경고를 무시함
남을 업신여겨 욕보임

"너희 등이 일향(一向) 마음을 고치지 아니하나 나의 재주를 구경하라."
한번 정한 마음

하고, 언파(言罷)에 무슨 진언(眞言)을 외더니, 『문득 공중으로 두 줄 무지개 일어나며 우박이 담아 붓듯이 오며 순식간에 급한 비와 설풍(雪風)이 내리고 얼음이 얼어 호진 장졸(胡陣將卒)이며 말굽이 얼음에 붙어 떨어지지 아니하여 촌보(寸步)를 운동치 못할지라.』
말을 끝내고 / 주문 / 아주 가까운 거리 / 「 」: 박 씨가 도술을 부리는 장면 – 고전 소설의 전기성(傳奇性)

결정적 장면

호장이 그제야 깨달아 가로되,

"당초에 귀비 분부하시되 '조선에 신인(神人)이 있을 것이니 부디 우의정 이시백의 후원을 범치 말라.' 하시거늘, 우리 일찍 깨닫지 못하고 또한 일시지분(一時之憤)을 생각하여 귀비의 부탁을 잊고 이곳에 와서 도리어 앙화(殃禍)를 받아 십만 대병을 다 죽일 뿐이라. 울대도 무죄히 죽고 무슨 명목으로 귀비를 뵈오리오. 우리 여차(如此)한 일을 당하였으니 부인에게 비느니만 같지 못하다."
박 씨의 정체 – 민족적 우월감 / 잠깐 동안의 분노 – 용울대의 죽음으로 인한 분노 / 재앙. 지은 죄로 받은 벌 / 판본에 따라 동생을 골대로 표기하기도 함 / 이러한 – 동생이 죽고 자신도 위기에 처한

하고, 「호장 등이 갑주(甲胄)를 벗어 안장에 걸고 손을 묶어 팔문진(八門陣) 앞에 나아가 복지청죄(伏地請罪)하여 가로되,

갑옷과 투구 / 박 씨가 쳐 놓은 결계 / 땅에 엎드려 죄를 고백함

"소장(小將)이 천하에 횡행(橫行)하고 조선까지 나왔으되 무릎을 한 번 꿇은 바가 없더니, 부인 장하(帳下)에 무릎을 꿇어 비나이다."

거리낌없이 행함 / 치마 아래

하며 머리 조아려 애걸(哀乞)하고 또 빌어 가로되,

"왕비는 아니 뫼셔 가리이다. 소장 등으로 길을 열어 돌아가게 하옵소서."

하고 무수히 애걸하거늘,」

「 」: 실제 인조가 삼전도에서 받았던 굴욕에 대해 같은 방식(용골대가 박 씨 앞에 굴복함)으로 정신적 보상과 승리를 표현함

부인이 그제야 주렴(珠簾)을 걷고 나오며 대질(大叱) 왈,

구슬 따위를 꿰어 만든 발 / 크게 꾸짖음 / 판본에 따라 박 씨가 직접 나서지 않고 계속 계화를 전면에 내세우기도 함

"너희 등을 씨도 없이 함몰하자 하였더니, 내 인명을 살해함을 좋아 아니하기로 십분 용서하나니 네 말대로 왕비는 뫼셔 가지 말며, 너희 등이 부득이 세자 · 대군을 뫼셔 간다 하니 그도 또한 ㉡ 천의(天意)를 따라 거역(拒逆)지 못하거니와 부디 조심하여 모셔 가라. 「나는 앉아서 아는 일이 있으니, 불연즉 내 신장(神將)과 갑병(甲兵)을 모아 너희 등을 다 죽이고 나도 북경(北京)에 들어가 국왕을 사로잡아 설분(雪憤)하고 무죄한 백성을 남기지 아니리니 내 말을 거역지 말고 명심하라."」

발본색원(拔本塞源) / 생명 존중 사상 / 소현 세자 / 봉림 대군 / 역사적 사실성을 드러냄 – 운명론적 태도 / 그렇게 하지 않으면 / 신과 같은 장수 / 갑옷을 입은 병사(훈련된 병사) / 호왕 / 분한 마음을 풂

「 」: 박 씨의 위협

한대,

▶ 박 씨가 용골대의 목숨을 살려 줌

골대가 울며 다시 애걸 왈,

"소장의 아우의 머리를 내어 주시면 부인 덕택으로 고국에 돌아가겠나이다."

용울대

부인이 대소 왈,

"❶ 옛날 조양자(趙襄子)는 지백(知伯)의 머리를 옻칠하여 술잔을 만들어 이전 원수를 갚았으니, 나도 옛날 일을 생각하여 울대 머리에 옻칠하여 남한산성에 패한 분(憤)을 만분지 일이나 풀리라. 너의 정성은 지극하나 각기 그 임금 섬기기는 일반이라. 아무리 애걸하여도 그는 못 하리라."

춘추 전국 시대 조양자가 원수였던 지백을 죽여 그 머리로 술잔을 삼았다 함. 혹, 요강을 삼았다고 전하기도 함 / 용울대의 머리를 돌려줄 수는 없음

▶ 박 씨가 아우의 머리를 달라는 용골대의 부탁을 거절함

골대 차언을 듣고 분심(忿心)이 충천하나 울대의 머리만 보고 대곡(大哭)할 따름이요, 하릴없어 하직하고 행군하려 하니 부인이 다시 일러 왈,

분한 마음 / 용울대의 머리를 줄 수 없다는 말 / 큰소리로 곡함 / 어쩔 수 없어

결정적 장면

박 씨에게 패한 용골대가 패배를 인정했지만 세자, 대군과 조선의 인질들을 데리고 호국으로 돌아가는 장면이다. 현실에서의 패배를 허구적 승리로 바꾸었으나 세자와 대군 등이 청나라의 인질로 잡혀간 역사적 현실은 어쩔 수 없이 그대로 다룬 부분이다.

문제로 핵심 파악

1 [기출 변형] 이 작품은 실재했던 전쟁을 다루면서도 이를 있는 그대로 받아들이지 않으려는 욕망에 따라 허구화가 이루어졌다. (○, ×)

2 [기출 변형] 이 작품은 박 씨 등의 여성 인물과 용골대 등의 가해 세력 간의 대립 구도를 통해 전쟁을 조명하고 있다. (○, ×)

핵심 구절 풀이

❶ 옛날 조양자(趙襄子)는 ~ 원수를 갚았으니: 조양자는 중국 춘추 시대 조(趙)나라의 제후로, 진나라의 대부(大夫) 지백이 한씨 · 위씨와 연합해 조양자를 치자 진양성까지 퇴각함. 이후 조양자는 한씨 · 위씨를 설득해 거꾸로 지백의 군대를 쳐서 승리하고, 지백을 죽여 그 머리에 옻칠을 하고 술잔을 삼았다고 함.

답 1 ○ 2 ○

"행군하되 의주(義州)로 행하여 임 장군을 보고 가라."
임경업에 의한 정신적 보상

골대 그 비계(秘計)를 모르고 내념(內念)에 혜오되,
비밀스러운 계획 / 마음속으로 생각하되

"우리가 조선 임금의 항서를 받았으니 서로 만남이 좋다."

하고, 다시 하직하고 세자 · 대군과 장안 물색(長安物色)을 데리고 의주로 갈 때, 잡혀가는 부인들이 하늘을 우러러 통곡하여 왈,
장안에서 수급한 물건과 여자

"박 부인은 무슨 복으로 화를 면하고 고국에 안한(安閑)이 있고, 우리는 무슨 죄로 만리 타국에 잡혀가는고. 이제 가면 하일 하시(何日何時)에 고국산천(故國山川)을 다시 볼꼬."
언제 어느 때에 / 편안히 쉬고 있고 / 조국을 떠나는 안타까움

하며, 통곡유체(痛哭流涕)하는 자가 무수(無數)하더라. 부인이 계화로 하여금 외쳐 가로되,
눈물을 흘리며 소리 높여 슬피 욺

"인간 고락은 사람의 상사(常事)라. 너무 슬퍼 말고 들어가면『삼 년지간에 세자 · 대군과 모든 부인을 모셔 올 사람이 있으니 부디 안심하여 무사득달(無事得達)하라.』"
늘 있는 일 / 조심하여 도착하라

「 」: 실제 있었던 비극적 사실에 새로운 의미를 부여하여 정신적 보상을 받으려는 의도

위로하더라.

▶ 용골대가 조선의 인질들을 데리고 호국으로 돌아감

이 아래를 분석(分析)하라.
글의 마무리 및 새 사건 전개의 기대감

제십이회(第十二回)

임 장군이 노중(路中)에서 분을 풀고 승상 부부 팔십 향수(享壽)하고 승천하다
길의 가운데 / 오래 사는 복을 누림

차설, 호군이 나올 때 복병(伏兵)하였던 천병(天兵) 군사가 중로(中路)에 있어 장안과 의주를 통로(通路)치 못하게 하니, 슬프다. 이 같은 변(變)을 만나 의주에 봉서(封書)를 내리시어 임경업(林慶業)을 명초(命招)하셨으나 중간에서 스러지고, 경업은 국가 패망(國家敗亡)은 전혀 모르고 있다가 늦게야 소식을 듣고 주야배도(晝夜倍道)하여 올라오더니, 전면에 일지군마(一枝軍馬)가 길을 막았거늘, 경업이 바라보니 이 곧 호병(胡兵)이라. 분기대발(憤氣大發)하여 칼을 들고 적진을 취(取)하여 일 합(一合)이 못 되어 다 무찌르고, 분기를 참지 못하여 필마단기(匹馬單騎)로 의주를 떠나 바로 장안을 향하여 행(行)하니라.
화제를 돌릴 때 쓰는 말 / 군사를 숨김 / 오가는 길의 중간 – 장안과 의주 사이 / 소식을 전하지 / 서술자의 개입 / 장안의 함락 / 편지 / 명령하여 부르셨으나 / 없어지고 / 자존심의 표현 – 무능 때문이 아니라 알지 못해서 진 것임 / 밤낮을 가리지 않고 보통 사람 갑절의 길을 걸음 / 한 무리의 군사와 말 / 크게 분노함 / 한 번 칼을 휘두름 / 혼자서 한 필의 말을 타고 – 적을 두려워하지 않는 임경업의 용맹성 강조

▶ 임경업이 뒤늦게 전쟁의 상황을 알고 장안으로 향함

차시, 골대 의기양양(意氣揚揚)하여 나오거늘,『경업이 분기대발(憤氣大發)하여 앞에 나오는 선봉장(先鋒將)의 머리를 일 합에 베어 들고 좌충우돌하여 무인지경(無人之境)같이 왕래치빙(往來馳騁)하니, 군사의 머리 추풍낙엽(秋風落葉) 같더라.』호병이 감히 접응(接應)치 못하고 죽는 자가 무수한지라. 한유와 용골대 앙천 통곡(痛哭)하며 박 부인의 비계(秘計)에 빠짐을 깨달아 가장 후회하고, 즉시 글월을 닦아 경성(京城)으로 올리니, 상이 보시고 즉시 경업에게 조서(詔書)를 내리시어 호군이 나아가게 하시니라.
이때 / 말을 타고 마음대로 달림 / 「 」: 박 씨에 의한 도술적 승리에 이어 임경업의 무력에 의한 승리 제시 / 어떤 사물에 접촉함 / 실제 인물 / 하늘을 우러러 통곡함 / 편지를 써서 / 임금(인조) / 임금의 명령을 일반에게 알릴 목적으로 적은 문서 – 판본에 따라 박 씨가 직접 편지를 써서 용골대에게 주기도 함

▶ 임경업이 돌아가는 용골대의 군대를 공격함

차시, 경업이 일 합에 적진 장졸(將卒)을 무수히 죽이고 바로 용골대를 취하려 하는데, 마침 경성에서 내려오는 사자(使者)가 조서를 드리거늘, 경업이 북향 사배(北向四拜)하고 조서를 떼어 보니
북쪽(임금이 있는 곳)을 향해 네 번 절함 – 충(忠) 사상의 표현
그 조서에 대강 하였으되,

"국운이 불행하여「모월 모일에 호적이 북으로 돌아 동대문을 깨치고 장안을 엄살하기에 짐이
「 」: 병자호란의 요약적 제시 / 별안간 습격하여 죽임
남한산성으로 피난하였더니, 십만 적병이 산으로 좇아 여러 날 에워 있어 치기를 급히 하니, 경
임경업
(卿)도 천 리 밖에 있고 수하(手下)에 양장(良將)이 없어 능히 당치 못하매 부득이 강화(講和)하였으니」
훌륭한 장수 / 싸움을 그침
어찌 슬프지 않으리오. 도시천수(都是天壽)라, 분한하나 어찌 하리오. 경의 충성이 도리어 유공무익
도무지 천명이라 – 패배를 운명으로 돌림 / 공로가 있으나 무의미함
(有功無益)이라. 호진 장졸이 내려가거든 항거치 말고 넘겨 보내라."

하였더라. ▶ 임경업이 항거하지 말라는 임금의 조서를 받음

임경업이 보기를 다하고 칼을 땅에 던지고 대성통곡(大聲痛哭) 왈,

"슬프다, 조정(朝廷)에 만고(萬古) 소인이 있어 나라를 이같이 망하게 하였으니, 명천(明天)이 이같
전쟁 패배의 실제적 원인 – 김자점
이 무심하시리오."

하며 통곡하기를 마지아니하다가, 분함을 이기지 못하여 다시 칼을 들고 적진에 몰입하여 적장(敵將)을 잡아 엎지르고 꾸짖어 왈,

"네 나라가 지금까지 지탱함은 도시(都是) 나의 힘인 줄 모르고, 무지한 오랑캐 놈들이 이같이
가달의 침입을 받은 호국을 위해 출병하여 가달을 무찌른 일
역천지심(逆天之心)을 두어 아국에 들어와 이같이 하니 너희 일행을 씨도 없이 할 것이로되,
하늘을 거스르는 마음
㉢ 아국(我國) 운수가 여차 불행한지라, 왕명을 거역지 못하는고로 너희 놈들을 살려 보내나니,
병자호란 패배의 근본적 원인을 운명으로 돌림
세자 · 대군을 평안히 모시고 들어가라."

하고, 일장통곡(一場痛哭)한 후에 보내니라. ▶ 임경업이 용골대의 군사를 놓아 줌
한바탕의 통곡

각설, 상(上)이 박 씨의 말을 처음 듣지 아니하심을 회과(悔過)하시며 못내 후회하시니, 모든 신
고전 소설에서 화제를 전환할 때 사용하는 말 / 잘못을 뉘우침
하가 탄식 주왈,

"박 씨의 말대로 하왔던들 어찌 이런 변이 있사오리이까."

상이 개탄불이(慨歎不已)하시고 가라사대,
탄식을 그치지 아니함

"박 씨 만일 장부로 났던들 어찌 호적을 두려워하리오. 그러나 규중(閨中) 여자가 적수단신(赤手
박 씨가 여성이라는 사실에 대한 안타까움 – 여성에 대한 당대 인식의 한계 / 아무것도 없이 혼자서
單身)으로 무수한 호적의 예기(銳氣)를 꺾어 조선의 위엄을 빛냈으니 이는 고금에 없는 일이라."
날카롭고 굳세며 적극적인 기세

하시고, 충렬 부인의 정렬을 더 봉하시고 일품록(一品祿)에 만금상(萬金賞)을 주시고, 또 궁녀로 하여
가장 높은 품계의 녹봉
금 조서를 내리시니, 충렬 부인이 북향 사배하고 뜯어 보니 그 조서에 대강 하였으되,

"짐이 밝지 못하여 충렬의 선견지명과 위국지언(爲國之言)을 쓰지 아니한 탓으로 국가가 망극(罔
현명하지 못하여 / 나라를 걱정하는 말 – 임경업을 동쪽에 배치하라는 말
極)하여 이 지경이 되었으니, 정렬에게 조서함이 오히려 무료(無聊)하도다. 정렬의 덕행, 충효는
상서롭지 못한 일이 생겨 / 조서를 내림 / 부끄럽고 열없구나

이미 아는 바라, 규중에 있으면서 나라의 위엄을 빛내고 왕비의 위태함을 구하였으니 다시 정렬의 충성을 일컬을 바 다 없거니와, 오직 나라로 더불어 영화고락(榮華苦樂) 같이 함을 그윽이 바라노라."

다시는 충성을 시비하지 않겠다는 의미 – 여성의 승리(여성의 존재 가치 인정)

슬픔과 기쁨을 함께함

하였더라.

▶ 왕이 박 씨의 전과를 인정해 정렬 부인에 봉함

박 정렬(朴貞烈)이 보기를 다하고 천은(天恩)이 망극함을 못내 사례(謝禮)하더라.

박 씨의 신분 상승(호칭 변화)

임금의 은혜가 끝없음

「당초 박 씨 출가할 때에 추비(醜鄙)하게 함은 탐색지인(貪色之人)이 침혹(沈惑)할까 저허함이요, 변형(變形)하여 본색을 나타냄은 부부 간 화합코자 함이요, 피화당에 있어 팔문진을 침은 나중 순행(巡行)하는 호적을 방비함이요, 왕비를 못 모시고 가게 함은 오랑캐의 불측(不測)한 변을 만날까 저허함이요, 세자 · 대군을 모셔가게 함은 천의를 순수함이요, 호장으로 하여금 의주로 가게 함은 임 장군을 만나 영웅의 분심을 풀게 함이라.」 차후로부터 박 씨 부인이 충성으로 나라에 무슨 일이 있으면 극진히 하고 비복(婢僕)을 의리로 다스리고 친척을 화목하게 하여 덕행이 일국에 훤자(喧藉)하고 이름이 후세에 유전(遺傳)하더라.

두려워함이요 / 거칠고 더럽고 낮게 / 색을 탐하는 자 / 무엇을 몹시 좋아하여 정신을 잃고 거기에 빠짐 / 순찰하며 돌아다니는 / 괘씸하고 엉큼한 / 도리를 따라 지킴이요 / 「 」: 교훈, 박 씨의 행적에 담긴 의미 정리 / 계집종과 사내종 / 뭇 사람의 입으로 퍼짐

▶ 박 씨의 덕행이 후세에 전해짐

후일담

이 승상 부부가 이후로 자손이 만당(滿堂)하고 태평재상(太平宰相)이 되어 팔십여 세 향수(享壽)하고 부귀영화 극진하니, 만조와 일국이 추앙하는 바라. 흥진비래(興盡悲來)는 자고상사(自古常事)라, 박 씨와 승상이 연하여 우연(偶然) 득병(得病)하여 백약(百藥)이 무효(無效)한지라. 부부가 자손을 불러 후사를 당부하고 가로되,

집에 가득함 / 즐거운 일이 다하면 슬픔이 옴 / 예로부터 흔한 일 / 잇따라 / 우연성

"옛 성인 운(云)하시되 '세상에 살아 있는 것은 붙어 있는 것이요, 죽는 것은 돌아감이라.' 하셨으니, 우리 부부의 복록(福祿)은 무한하다 하리로다. 인생의 사생(死生)이 응당 여차하니, 우리 돌아간 후 자손 등은 과애(過哀)치 말라."

삶은 순간이며 죽음은 영원으로 회귀하는 것으로 여기는 생사관이 드러남 / 지나치게 슬퍼하지

하고 인하여 시를 연하여 운절(殞絕)하시니, 일가(一家) 상하(上下)가 발상(發喪)하고 예를 극진히 하여 선산(先山)에 안장(安葬)하니, 상이 들으시고 비감(悲感)하사 부의(賻儀)로 목포금은(木布金銀)을 내리시어 장사에 보태게 하시니다. 이후 자손이 대대로 관록(官祿)이 그치지 아니하고 문호(門戶)가 연하여 혁혁(奕奕)하더라.

때를 잇달아 숨이 끊어지니 / 상제가 머리를 풀고 슬피 울어 초상난 것을 알림 / 상가(喪家)에 부조로 보내는 돈이나 물품 / 베와 금과 은 / 관원에게 주는 봉급. 즉, 벼슬을 뜻함 / 문벌 / 매우 크고 아름다워 성(盛)하더라 – 행복한 결말

▶ 박 씨와 이시백의 후일담

핵심 정리

- 갈래: 고전 소설(역사 소설, 영웅 군담 소설, 여성 소설)
- 성격: 역사적, 비현실적, 전기적(傳奇的)
- 구성: '발단 – 전개 – 위기 – 절정 – 결말'의 5단 구성

발단: 이시백과 혼인한 박 씨가 박색이라는 이유로 대접을 받지 못함	➡	전개: 박 씨가 액운이 다하여 허물을 벗고 미인이 됨	➡	위기: 호국이 기홍대를 보내 이시백과 임경업을 죽이려 하지만 박 씨가 이를 저지함	➡	절정: 조선을 침범한 용골대 형제가 박 씨에게 혼이 나고, 임경업에게 대패함	➡	결말: 임금이 박 씨의 공을 치하하고, 박 씨는 이시백과 백년해로함

- 제재: 병자호란
- 주제: ① 청나라에 대한 적개심과 복수심 ② 박 씨의 영웅적 기상과 재주
- 특징: 여성 주인공의 입장에서 병자호란을 재구성하여, 남성 중심의 세계관을 비판함
- 의의: 역사적 패배의 사실을 허구적 승리로 바꾸어 민족의 자긍심을 고취함
- 인물 분석
  - 박 씨: 박 처사의 둘째 딸. 박색이었으나 때가 되어 천하일색으로 변신함. 병자호란이 일어나자 용골대 형제를 굴복시키는 등 많은 활약을 함
  - 이시백: 박 씨의 남편. 여자의 현숙한 덕보다는 미색을 추구하는 평범한 인물임
  - 계화: 박 씨의 시비. 병자호란이 일어나자 박 씨를 대신해 전면에 나서 용골대 형제를 굴복시킴
  - 임경업: 조선의 장수. 임금과 연락이 끊겨 나라를 지켜 내지 못하고 퇴각하는 적에게 울분을 토함

한눈에 **보기**

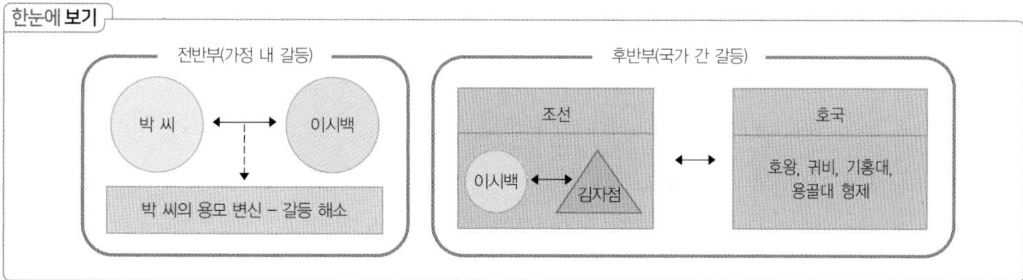

보충·심화 학습

- 〈박씨전〉의 이본(異本)에 따른 인물 명칭

이 글은 〈춘향전〉, 〈구운몽〉 다음으로 가장 많은 이본(異本)을 가지고 있다. 1915년 한성서관(漢城書館)에서 나온 한글 신활판본 〈박씨전〉과 1917년 대창서원(大昌書院)에서 간행된 〈박씨 부인전〉 등이 대표적이다. 이본에 따라 '용골대 형제'가 '용울대 – 용골대', '용골대 – 용홀대' 등으로 다르게 표기되어 있으며, '기홍대' 또한 '기룡대'로 표기되어 있기도 하다. 이본들의 큰 줄거리는 비교적 동일하나, 세부 내용 묘사에서 약간의 차이가 나타난다.

필수 문제

01 ㉠, ㉡, ㉢에서 공통적으로 나타나는 배경 사상을 쓰시오.

02 이 글이 〈보기〉의 사실에 대한 보상 심리를 표현하고 있다고 할 때, 이에 해당하는 내용을 쓰시오.

〈 보기 〉

인조는 여러 왕자와 비빈 및 그 밖의 가족들을 급히 강화도로 피신시켰으나, 왕 자신은 강화도로 가는 길이 막혀 할 수 없이 남한산성으로 몸을 피하였다. 그러나 40여 일만인 이듬해 정월 30일에 왕은 친히 삼전도에 나아가 청 태종 앞에 무릎을 꿇고 항복하여, 우리 역사상 치욕스러운 사건 중의 하나를 만들게 되었다.

03 [서술형] 이 글이 역사 소설이면서도 역사의 주된 내용보다는 역사에 기록되지 않은 여백을 이용하여 새로운 사건을 만들어 내는 데 주력한 의도가 무엇인지 30자 내외로 서술하시오.

94 홍계월전(洪桂月傳) | 작자 미상

교과서

출제 포인트

홍계월이라는 여성 영웅의 수난과 극복을 다룬 고전 소설이다. 여성 영웅 홍계월의 활약상 및 당대의 사회적 상황, 여성에 대한 인식에 주목하여 살펴보자.

감상 길잡이

이 글은 중국 명나라를 배경으로 하여 주인공인 여장군 홍계월의 고행(苦行)과 무용담을 엮어 나간 고전 소설이다. 〈옥루몽〉이나 〈황운전〉 같은 소설도 남성보다 우위에 있는 여성을 등장시키고는 있으나, 이 작품처럼 남편이 아내의 지배를 받거나 군법을 위반하였다고 해서 엄벌을 받는 내용은 나타나지 않는다. 주인공이 여자임이 밝혀지고 혼인한 뒤에도 벼슬을 거두지 않고 그대로 두는 점 또한 이 작품의 특이한 점이라 하겠다.

장면 1

앞부분 줄거리 | 중국 명나라의 홍 시랑과 부인 양 씨 사이에서 태어난 계월은 어렸을 적 북방 절도사 장사랑의 난으로 인해 아버지와 헤어지게 된다. 도망치던 계월은 수적에 의해 물에 던져지나 여공의 도움으로 살아나 그의 아들 보국과 함께 수학하며 평국이라는 양아들로 길러진다. 이후 과거 시험에서 계월은 장원 급제하고, 보국은 부장원으로 급제한 뒤 북방의 오랑캐가 침략하자 계월은 대원수로, 보국은 부원수로 출정하는데 이 전쟁터에서 우연히 친부모를 만나게 된다.

평국이 전쟁에 다녀온 후로 자연 몸이 곤하여 병이 매우 깊어지니 집안사람들이 놀라 밤낮으로 약으로 치료했다. 천자께서 이 일을 들으시고 매우 놀라 명의를 급히 보내며,

(평국: 계월이 남장했을 때의 이름. 진취적이고 적극적이며 여성 영웅의 면모를 보이는 인물)

"병세를 자세히 보고 오라. 만일 위중하면 짐이 친히 가 볼 것이다."

(만일 위중하면 짐이 친히 가 볼 것이다: 천자가 평국을 매우 총애하고 있음을 알 수 있음)

하시고, 어의를 명해 평국에게 보내셨다. 어의가 천자의 명령을 받들어 평국의 침소에 가 병세를 보고자 맥을 짚었는데, 병세가 위중하지 않으므로 속히 약을 가르쳐 주어 쓰라 하고 돌아와 천자께 아뢰었다.

(침소: 사람이 잠을 자는 곳)

"병세를 보니 위중하지 아니하기에 빨리 듣는 약을 가르쳐 주어 쓰라 하고 왔사오나 또한 괴이한 일이 있으니 수상하옵니다."

(괴이한 일: 평국이 여자라는 사실)

천자께서 놀라 물으셨다.

"무슨 연고가 있는고?"

(연고: 일의 까닭)

어의가 엎드려 아뢰었다.

"평국의 맥을 짚어 보오니 남자의 맥이 아니오니 이상한 일이옵니다."

천자께서 그 말을 들으시고 말씀하셨다.

"평국이 여자라면 어찌 전장에 나아가 적병 십만 군을 소멸하고 왔겠는가? 평국의 얼굴이 복숭아꽃 빛이요 몸이 약하므로 혹 미심쩍은 점이 있거니와 아직은 누설치 말라."

(평국이 여자라면 어찌 전장에 나아가 적병 십만 군을 소멸하고 왔겠는가?: 전장에 나가 적병을 소멸하는 일이 여자로서 하기 어려운 일이므로)

(누설: 비밀이 새어 나감. 또는 그렇게 함)

그러시고는 내시로 하여금 자주 문병하도록 하셨다.

(내시로 하여금 자주 문병하도록 하셨다: 평국이 여자인지 확인하기 위함)

이때 평국은 병세가 차차 나으매 생각하기를,

'어의가 나의 맥을 짚었으니 나의 본색이 탄로날 것이다. 이제는 할 수 없이 여자 옷으로 바꿔 입고 규중에 몸을 숨겨 세월을 보내는 것이 옳겠다.'

여자라는 사실

부녀자가 거처하는 곳

하고, 즉시 남자 옷을 벗고는 여자 옷으로 갈아입고서 부모를 뵈었다. 그리고 흐느끼니 두 뺨에 두 줄기 눈물이 줄줄 흘렀다. 이에 부모도 눈물을 흘리며 위로했다.「계월이 슬픔에 잠겨 우는 모습은 추구월 연꽃이 가랑비를 머금은 듯, 초승달이 구름에 잠긴 듯했으며 아름다우며 침착한 태도는 당대의 제일이었다.」「」: 계월의 우는 모습을 비유적 표현을 사용하여 주관적으로 표현함

여성의 모습으로는 사회생활에 제약이 있었음을 보여 줌 → 당대 여성의 사회적 제약을 알 수 있음

여성임이 밝혀져 앞으로는 나랏일을 할 수 없기 때문에

음력 9월의 가을철

계월이 천자께 상소를 올리자, 임금께서 보셨는데 상소의 내용은 다음과 같았다.

「'한림학사 겸 대원수 좌승상 청주후 평국은 머리를 조아려 백 번 절하고 아뢰옵나이다. 신첩이 다섯 살이 되기 전에 장사랑의 난에 부모를 잃었사옵니다. 그리고 도적 맹길의 환을 만나 물속의 외로운 넋이 될 뻔한 것을 여공의 덕으로 살아났사옵니다. 오직 한 가지 생각을 했으니, 곧 여자의 행실을 해서는 규중에서 늙어 부모의 해골을 찾지 못할 것이라는 것입니다. 그래서 여자의 행실을 버리고 남자의 옷을 입어 황상을 속이옵고 조정에 들었사오니」신첩의 죄는 만 번을 죽어도 아깝지 않습니다. 이에 감히 아뢰어 죄를 기다리옵고 내려 주셨던 유지(諭旨)와 인수(印綬)를 올리옵나이다. 임금을 속인 죄를 물어 신첩을 속히 처참하옵소서.'

계월이 맡고 있는 벼슬들. 계월이 중책을 맡고 있었음을 알 수 있음

여자가 임금에게 자신을 낮추어 이르는 말

물에 빠져 죽을 뻔함

보국의 아버지

계월이 남장을 한 이유

남자인 것처럼 꾸며

「」: 계월이 그동안 자신이 겪었던 일을 자세히 설명함

임금이 신하에게 내리던 글

병권을 지닌 무관이 발병부(發兵符) 주머니를 매어 차던, 길고 넓적한 녹비 끈

목을 베어 죽이는 형벌에 처함

천자께서 글을 보시고 용상(龍床)을 치며 좌우를 둘러보며 말씀하셨다.

임금이 정무를 볼 때 앉던 평상

「"평국을 누가 여자로 보았으리오? 고금에 없는 일이로다. 천하가 비록 넓으나 문무(文武)를 다 갖추어 갈충보국(竭忠報國)하고, 충성과 효도를 다하며 조정 밖으로 나가서는 장수가 되고 들어와서는 재상이 될 만한 재주를 가진 이는 남자 중에도 없을 것이로다. 평국이 비록 여자지만 그 벼슬을 어찌 거두겠는가?"」「」: 천자는 여성이 남성보다 뛰어난 능력을 지닐 수 있음을 인정하고 있음

충성을 다해 나라의 은혜를 갚음

내시를 명해 유지와 인수를 도로 보내시고 비답을 주셨다. 계월이 황공하고 감사해 비답을 받아 보니, 다음과 같은 내용이었다.

신하가 임금에게 아뢰는 글의 말미에 임금이 적는 가부(可否)의 대답

평국이 여자지만 그 능력을 인정하여 기존의 지위를 유지해 주겠다는 내용

'경의 상소를 보니 놀랍고도 장하도다. 충과 효를 다 갖추어 반란군을 소멸하고 사직을 평안히 보존한 것은 다 경의 바다와 같은 덕 때문이니 짐이 어찌 경이 여자임을 허물로 삼겠는가? 유지와 인수를 도로 보내니 추호도 염려하지 말고 경은 갈충보국하여 짐을 도우라.'

나라와 조정

매우 적거나 조금인 것을 비유적으로 이르는 말

이에「계월이 사양을 못해 여자 옷을 입고 그 위에 조복(朝服)을 입고 자신이 부리던 장수 백여 명과 군사 천여 명에게 갑옷과 투구를 갖추어 입고 승상부 문밖에 진을 치고 있게 하니 그 대열이 엄숙했다.」「」: 계월이 여성임을 당당히 드러내면서 자신의 직책을 이용해 위엄을 나타냄

관원이 조정에 나아가 하례할 때에 입던 예복

▶ 계월이 여자인 것이 탄로났으나 천자에게 능력을 인정받음

하루는 천자께서 위국공을 입시하게 해 말씀하셨다.

계월의 아버지

대궐에 들어가서 임금을 뵙던 일

"짐이 원수의 상소를 본 뒤로 사념이 많도다. 「평국이 규중에서 홀로 늙으면 홍무의 혼백이 의지할 곳이 없을 것이니 어찌 슬프지 않겠는가? 또한 평국이 규중에서 늙는 것이 불쌍하니」 평국의 혼인을 짐이 중매해 성사시키고자 하니 경의 뜻이 어떠한고?"

계월 / 생각 / 홍무의 제사를 챙겨 줄 사람이 없을 것이니

「」: 천자가 계월을 중매하려는 이유 – ① 평범한 여자가 아닌 계월이 중매가 아니면 혼인하기 어렵기 때문 ② 딸만 있는 홍무의 제사를 챙길 사위를 구해 주기 위해

천자가 평국의 혼인에 중매자로서의 역할을 자청함

위국공이 땅에 엎드려 아뢰었다.

"신의 뜻도 그러하옵니다. 소신이 평국에게 나아가 말하겠지만, 평국의 배필을 누구로 정하려 하나이까?" / 천자께서 말씀하셨다.

"평국과 함께 공부하던 보국과 혼인시키려 하니 경의 마음이 어떠한고?" / 위국공이 아뢰었다.

가부장적 관념에 젖어 있어 있는 인물

「"하교가 마땅하옵니다. 평국이 죽을 목숨을 여공의 덕으로 살아났삽고 여공이 평국을 친자식같이 길러 영화를 누리게 하고 이별했던 부모를 만나게 했사옵니다. 또한 평국은 보국과 함께 공부하여 같은 과거에서 급제하여 폐하의 크신 덕으로 작록(爵祿)을 받아 머나먼 전장에서 보국과 사생고락을 함께하였사옵니다. 두 사람이 돌아와서는 한 집에 거처하고 있사오니 천정연분인가 하나이다."」

임금의 명령을 내림. 또는 그 명령 / 보국의 아버지 / 관직과 작위, 녹봉 / 죽음과 삶, 괴로움과 즐거움 / 하늘에서 정해 준 연분

「」: 계월과 보국의 인연을 근거로 천자의 제안을 받아들이는 위국공

이렇게 아뢰고 물러 나와 계월을 불러 앉히고 천자께서 하교하시던 말씀을 낱낱이 전하니 계월이 아뢰었다.

무릎의 아래라는 뜻으로, 어버이나 조부모의 보살핌 아래. 주로 부모의 보호를 받는 테두리 안을 이름

"소녀의 마음은 평생을 홀로 늙으면서 부모 슬하에 있다가 죽은 후에 다시 남자가 되어 공자와 맹자의 행실을 배우고자 하는 것입니다. 그런데 근본이 탄로나 천자의 하교가 이러하십니다. 부모님도 슬하에 다른 자식이 없어 슬픈 마음을 품으시고 조상의 제사를 전하실 곳이 없었사옵니다. 자식이 되어 부모의 명을 어찌 거역하며 천자의 하교를 어찌 배반하겠나이까? 하교대로 보국을 섬겨 여공의 은혜를 만분의 일이나 갚을까 하오니 부친은 이 사연을 천자께 아뢰옵소서."

여자로 태어난 것에 대한 불만 → 남존여비의 의식이 담겨 있음

부모와 천자의 뜻에 따라 혼인 제안을 받아들임

이렇게 말하며 눈물을 흘리고 자신이 남자 못 된 것을 한스러워했다.

계월이 마지못해 결혼을 승낙하였음을 알 수 있음 → 남존여비의 의식이 담겨 있음

이때 위공이 즉시 대궐에 들어가 계월이 하던 말을 아뢰니 천자께서 기뻐하시고 즉시 여공을 불러 하교하셨다.

보국과 혼인하겠다는 말

"평국과 보국을 부부로 정하고자 하니 경의 뜻은 어떠한고?" / 여공이 엎드려 아뢰었다.

"폐하의 덕택으로 어진 며느리 얻게 되었으니 감사하여 아뢸 말씀이 없나이다."

이렇게 아뢰고 물러 나와 보국을 불러 천자의 하교를 전하니 보국이 엎드려 사례했다. 또한 부인이며 집안의 모든 사람들이 다 기뻐했다.

계월과 달리 보국은 혼인을 무조건적으로 받아들임

이때 천자께서 태사관(太史官)을 불러 택일하니 혼인 날짜는 삼월 보름께였다. 택일단자(擇日單子)와 예단 수천 필을 봉해 위공의 집으로 보내셨다.

천문, 역법 등을 관장하던 관리 / 좋은 날을 가려서 고름 / 혼인 날짜를 정하여 상대편에게 적어 보내는 쪽지

▶ 천자가 계월과 보국을 중매하고 계월이 마지못해 이를 받아들임

위공이 택일단자를 가지고 계월의 침소에 들어가 전하니 계월이 아뢰었다.

"보국은 전날에 중군장으로서 소녀가 부리던 사람이었습니다. 그런데 제가 그 사람의 아내가
계월과 보국의 관계 변화로 인한 갈등 암시
될 줄을 어찌 알았겠습니까? 다시는 군례(軍禮)를 못할까 하오니 이제 마지막 군례를 차리고자
부부가 되면 보국을 부하로 다루기 어려워지므로 마지막으로 군례를 하겠다는 계월의 의도가 나타남
합니다. 이 뜻을 폐하께 아뢰어 주옵소서."

위공이 그 말을 듣고 즉시 천자께 아뢰니 천자께서 바로 군사 오천 명과 장수 백여 명에게 갑옷과 투구를 갖추고 깃발과 창검을 갖추게 하여 원수에게 보내셨다. 계월이 여자 옷을 벗고 갑옷과 투구를 갖춘 후 용봉황월(龍鳳黃鉞)과 수기(手旗)를 잡아 행군해 별궁에 자리를 잡았다. 그리고 군
용과 봉황이 새겨지고 황금으로 장식한 도끼 / 행진할 때에 장수가 손에 들어 직책을 표시하던 깃발
사를 시켜 보국에게 명령을 전하니 보국이 전해진 명령을 보고 화가 머리끝까지 났다. 그러나 보
남성 중심적 사고에서 벗어나지 못한 보국
국은 예전에 평국의 위엄을 보았으므로 명령을 거역하지 못해 갑옷과 투구를 갖추고 군문에 대령
존경할 만한 위세가 있어 점잖고 엄숙함. 또는 그런 태도나 기세 / 군대를 비유적으로 이르는 말
하였다.

이때 원수가 좌우를 돌아보며 말했다.

"중군장이 어찌 이다지도 거만한가? 어서 예를 갖추어 보이라."
보국

호령이 추상과 같으니 군졸의 대답 소리로 장안이 울릴 정도였다. 중군장이 그 위엄을 보고 겁
계월의 호령에 날이 섬 / 과장된 표현
을 내어 갑옷과 투구를 끌고 몸을 굽히고 들어가니 얼굴에서 땀이 줄줄 흘러내렸다. 급히 나아가 장대 앞에 엎드리니 원수가 정색을 하고 꾸짖었다.
장수가 올라서서 명령 및 지휘를 하는 대

「"군법은 더할 수 없이 무거운 것이다. 그대가 중군장이라면 즉시 대령했다가 명령이 내려지기를 기다려야 할 것이어늘 장수의 명령을 중하게 여기지 않고 태만한 마음을 두어 군령을 소홀
열심히 하려는 마음이 없고 게으름
히 아니 중군장의 죄는 참으로 무엄하도다. 즉시 군법을 시행할 것이되 용서하겠다. 그러나 그저 두지는 못하겠도다."」 「 」: 혼인 후에는 보국을 부하로 다룰 수 없다고 여기고 마지막으로 군기를 잡음

군사들을 호령해 중군장을 빨리 잡아 내라고 하는 소리가 추상과 같았다. 무사들이 일시에 고함을
동시에
지르고 달려들어 중군장을 장대 앞에 꿇리니 중군장이 정신을 잃었다가 겨우 진정하고 아뢰었다.
남성이 여성 앞에 무릎 꿇는 모습을 통해 여성 독자에게 대리 만족을 느끼게 하는 장면

「"소장이 몸에 병이 있어 치료하다가 미처 제 시간에 당도하지 못했으니 태만한 죄는 만 번 죽어도 아깝지 않사옵니다. 그러나 병든 몸이 중장(重杖)을 당하면 목숨을 보전하지 못할 것입니다.
곤장으로 몹시 쳐서 엄중히 다스리던 형벌
만일 죽는다면 부모에게 불효가 막심할 것이니 엎드려 바라건대 원수는 하해와 같은 은덕을 베
큰 강과 바다를 아울러 이르는 말
푸시고 전날의 정을 생각하셔서 저를 살려 주시면 불효를 면할까 하나이다."」
「 」: 자신의 개인적인 처지와 유교적 도리를 근거로 용서를 구하는 보국

이렇게 말하며 보국이 무수히 애걸하니 원수가 속으로는 웃었으나 겉으로는 호령하며 말했다.
보국을 처벌하는 계월의 심리 – 보국이 우습지만 군기를 잡기 위해 호령함

"중군장이 몸에 병이 있다면 어찌 영춘각의 애첩 영춘과 함께 밤낮없이 풍류를 즐겼는고? 사정
계월이 보국을 비꼼
이 없지 않으므로 용서하거니와 이후에는 그러지 마라."

▶ 계월이 혼인을 앞두고 보국을 조롱함

이렇게 분부하니 보국이 수없이 절해 사례하고 물러났다. 원수가 이렇듯 종일토록 즐기다가 군사들을 물리치고 본궁으로 돌아갔다. 보국이 하직하고 돌아와 원수에게 모욕을 당한 사연을 부모에게 낱낱이 고하니 여공이 그 말을 듣고 크게 웃으며 계월을 칭찬했다.

계월에 대한 불만을 표출하는 보국

계월에 대한 여공의 긍정적인 태도를 보여 줌

"내 며느리는 천고에 없는, 여자 중의 군자로구나." / 그러고서 보국에게 일렀다.

계월

"계월이 너를 욕보인 것은 다름이 아니다. 어명으로 너를 배필로 정했으나 계월이 전날 너를 중군장으로 부렸던 연고 때문이다. 마음에 다시는 너를 못 부릴까 하여 희롱한 것이니 너는 추호도 혐의를 두지 마라."

계월의 의도를 간파함

꺼리고 미워함

천자께서 계월이 보국을 욕보였단 말을 듣고 크게 웃으시고는 계월에게 상을 많이 주셨다.

▶ 여공이 군례로 보국을 희롱하는 계월의 의도를 간파하고 보국을 타이름

드디어 길일이 되어 혼례를 행하게 되었다.「계월이 푸른 윗옷에 붉은 치마로 단장을 하고 시비 등이 좌우에서 도와 나오는 거동이 엄숙하고, 계월의 아름다운 태도와 침착한 모습은 당대의 제일이었다.」또한 장막 밖에는 장수와 군졸들이 갑옷과 투구를 갖추고 깃발과 창을 좌우에 갈라 세우고 지키고 있었는데 그 대열의 엄숙함은 이루 헤아릴 수 없었다.

「 」: 갑옷을 벗고 여성의 신분으로 혼례를 올리는 계월의 모습

서술자의 주관적 평가가 개입된 서술

보국 또한 행색을 갖추고 금으로 된 안장이 마련된 준마 위에 또렷이 앉아「봉미선(鳳尾扇)으로 얼굴을 가리고 계월의 궁에 들어갔다.」보국이 계월과 교배(交拜)하는 모습은 신선이 옥황상제에게 반도(蟠桃)를 바치는 장면과도 같았다. 교배를 마치고 그날 밤에 동침을 하니 원앙과 비취의 즐거움이 지극했다.

봉황의 꼬리 모양으로 만든 부채

「 」: 계월에 비해 보국에 대한 서술은 객관적임

전통 혼례에서 신랑과 신부가 서로 절을 주고받는 예

삼천 년에 한 번 열매 맺는 선경의 복숭아

▶ 계월과 보국이 혼례를 치름

이튿날 새벽에 두 사람이 위공과 정렬부인을 뵈니 위공 부부가 기쁨을 이기지 못했다. 또 기주후와 공렬 부인을 뵈니 기주후가 매우 기뻐하며 말했다.

계월의 부모

보국의 부모

"세상일은 참으로 헤아릴 수가 없구나. 너를 내 며느리로 삼을 줄을 생각이나 했겠느냐?"

계월이 다시 절하고 아뢰었다.

「"소부(小婦)의 죽을 목숨을 구하신 은혜가 있고 십삼 년을 길러 주셨으되, 근본을 아뢰지 않은 죄는 만 번 죽어도 아깝지 않사옵니다.」하늘이 도우셔서 시부모님으로 섬기게 하시니 이는 저의 원이옵니다." / 이처럼 종일 이야기하다가 하직했다.

며느리가 자신을 낮추어 부르는 말

「 」: 난리 중에 여공이 계월을 돌봐 주었는데도 여자임을 밝히지 못한 것에 대해 사죄함

▶ 혼례를 치르고 양가 부모님께 인사를 드림

금덩을 타고 본궁으로 향해 가니 시녀들이 모셨다. 중문(中門)으로 나올 적에 눈을 들어 영춘각을 바라보니 보국의 애첩 영춘이 난간에 걸터앉아 계월의 행차를 구경하고 있었다. 계월을 보고도 몸을 움직이지 않으므로 계월이 크게 성을 내어 덩을 머무르게 하고 무사를 호령해 영춘을 잡아 내어 덩 앞에 꿇게 했다. 그리고 호령을 하며 말했다.

황금으로 호화롭게 장식한 가마

가운데뜰로 들어가는 대문

영춘의 방자한 태도. 이후 계월에게 죽임을 당하는 원인이 됨

「"네가 중군장의 권세를 믿고 교만해 나의 행차를 보고도 감히 난간에 높이 걸터앉아 요동하지

보국

않는구나. 네가 중군장의 힘만 믿고 이와 같이 교만하니 너 같은 요망한 년을 어찌 살려 두겠느냐? 군법을 세우리라."」

가정의 일로 군졸이 아닌 영춘에게 군법을 내세우는 것은 억지임

「 」: ① 부부 갈등의 문제를 계월 스스로의 힘으로 해결(의의)
② 자신의 신분을 이용해 남편의 애첩인 영춘을 군법으로 다스림(한계)

그러고서 무사를 호령해 영춘을 베라고 했다. 무사들이 명령을 듣고 달려들어 영춘을 잡아 내 목을 베니 군졸과 시비 등이 겁을 내어 바로 보지 못했다.

▶ 계월이 보국의 애첩인 영춘을 죽임

이때 보국은 계월이 영춘을 죽였다는 말을 듣고 분함을 이기지 못해 부모에게 아뢰었다.

"계월이 전날은 대원수 되어 소자를 중군장으로 부렸으니 군대에 있을 때에는 소자가 계월을 업신여기지 못했사옵니다. 하지만「지금은 계월이 소자의 아내이오니 어찌 소자의 사랑하는 영춘을 죽여 제 마음을 편안하지 않게 할 수가 있단 말이옵니까?"」

「 」: 남편의 권위를 내세우는 보국의 태도 – 남성 중심적, 권위주의적 태도

여공이 이 말을 듣고 만류했다.

「"계월이 비록 네 아내는 되었으나 벼슬을 놓지 않았고 기개가 당당하니 족히 너를 부릴 만한 사람이다. 그러나 예로써 너를 섬기고 있으니 어찌 마음씀을 그르다고 하겠느냐? 영춘은 네 첩이다. 자기가 거만하다가 죽임을 당했으니 누구를 한하겠느냐? 또한 계월이 잘못해 궁노(宮奴)나 궁비(宮婢)를 죽인다 해도 누가 계월을 그르다고 책망할 수 있겠느냐? 너는 조금도 염려하지 말고 마음을 변치 마라. 만일 계월이 영춘을 죽였다고 하고 계월을 꺼린다면 부부 사이의 의리도 변할 것이다. 또한 계월은 천자께서 중매하신 여자라 계월을 싫어한다면 네게 해로움이 있을 것이니 부디 조심하라."」

여공이 보국을 만류하는 이유 ① – 계월의 지위가 높음
② – 영춘이 잘못된 행동을 함
③ – 부부 사이가 나빠짐
④ – 천자가 중매했으므로 후환이 생길 수 있음
궁노(宮奴): 궁방에 딸려 있던 사내종
궁비(宮婢): 궁중의 계집종
책망: 잘못을 꾸짖거나 나무라며 못마땅하게 여김

「 」: 계월의 지위와 상황 등을 이유로 보국의 불평을 달램

"장부가 되어 계집에게 괄시를 당할 수 있겠나이까?"

보국의 남존여비 의식이 드러남

보국이 이렇게 말하고 그 후부터는 계월의 방에 들지 않았다. 이에 계월이,

'영춘이 때문에 나를 꺼려해 오지 않는구나.'

라고 생각했다.

"누가 보국을 남자라 하겠는가? 여자에게도 비할 수 없구나."

보국의 옹졸함을 비난함

이렇게 말하며 자신이 남자가 되지 못한 것이 분해 눈물을 흘리며 세월을 보냈다.

▶ 영춘의 일로 계월과 보국이 갈등함

뒷부분 줄거리 | 오왕과 초왕이 반란을 일으키자 계월은 다시 전장에 나서게 되고, 위기의 순간에 보국을 구한 후 반란을 물리친다. 모든 면에서 계월이 월등함을 확인한 보국은 계월을 인정하게 되고 두 사람은 행복하게 살게 된다.

필수 문제

01 이 글에서 보국이 계월에게 품고 있는 불만의 근본적인 이유가 드러난 문장을 찾아 쓰시오.

02 이 글에 나타나는 주된 갈등 요인을 쓰시오.

장면 2

이때에 남관장(南關長)이 장계를 올리거늘, 천자가 급히 뜯어 보았다.
신하가 왕에게 보고하던 일, 또는 그런 문서 · 황제

「'오왕과 초왕이 반역하여 지금 황성을 침범하려고 합니다. 오왕은 구덕지로 대원수를 삼고 초왕은 장맹길로 선봉을 삼아, 장수 천여 명과 군사 십만을 거느리고 쳐들어왔습니다. 호주 북쪽 지방의 십여 성으로부터 항복을 받고, 형주자사 이왕태를 베고, 마구 쳐들어오고 있습니다. 소장의 힘으로는 방비할 길이 없어서 소식을 올립니다. 원컨대 황상은 어진 명장을 보내셔서 적을 막아 주십시오.'」 「」: 남관장이 보낸 장계의 내용 – 반란군을 막을 힘이 없음

황제가 있는 나라의 서울 / 적의 침입이나 피해를 막기 위해 미리 지키고 대비함 / 천자. 황제

천자가 깜짝 놀라 조정의 모든 신하들과 의논했다. 우승상 정영태가 말했다.

"이 도적은 좌승상 평국을 보내 막아야 합니다. 급히 평국을 부르십시오."
계월 / 계월의 비범한 능력을 인정하고 있음 – 권위를 내세우지 않는 남성들의 모습

천자가 듣고 지긋이 생각하다가 말했다.

「"평국이 전일에는 세상에 나왔기에 불렀지만, 지금은 규중에 머물러 있는 여자인지라 차마 불러낼 수 없도다. 어찌 전쟁터로 보내리오?"」
사회생활을 했기에 / 부녀자가 거처하는 곳
「」: 여성인 계월을 임금도 쉽게 불러내기 어려움 – 당시 여성의 사회 활동이 거의 불가능했음을 알 수 있음

모든 신하가 말했다.

"평국이 지금 규중에 있으나, 이름이 조야에 있고 또한 작록을 거두지 않았으니, 어찌 규중에 있다 하여 거리끼겠습니까?"
조정과 민간 / 벼슬과 녹봉 / 계월은 거리끼지 않고 전쟁터에 나갈 것이라고 생각함

천자가 마지못해 급히 평국을 불러냈다. 이때 평국이 규중에서 홀로 지내면서 날마다 시녀들과 함께 장기와 바둑으로 세월을 보내고 있었다. 사관(辭官)이 와서 천자가 부르는 명령을 전하자, 평국이 깜짝 놀라, 급히 여자 옷을 벗고 조복으로 갈아입은 후에 사관을 따라 들어가 천자 앞에 엎드렸다. 천자가 매우 기뻐하며 말했다.
보국의 애첩인 영춘을 죽인 일로 보국과는 사이가 좋지 않음 / 관원이 조정에 나아가 하례할 때에 입던 예복

「"내가 규중에 머문 후로는 오래 보지 못하여 밤낮으로 보고 싶더니, 이제 경을 보니 매우 기쁘도다. 내가 덕이 없어 지금 오나라와 초나라 양국이 반역하여, 호주 북쪽 지방을 쳐서 항복을 받고 남관을 헤치고 황성을 침범한다고 하니, 경은 나아와 나라와 조정을 편안하게 지키도록 하라."」 「」: 여자인 계월에게 반란을 진압하도록 함 – 계월의 영웅적 능력이 돋보임
임금이 이품 이상의 신하를 가리키는 이인칭 대명사

▶ 오초의 반란 진압에 계월을 보내기로 결정함

평국이 엎드려 아뢰었다.

"신첩이 외람되게 폐하를 속이고 높은 공후(公侯) 작록(爵祿)을 받아 영화롭게 지내기가 황공합니다. 신첩의 죄를 용서하시고 이처럼 사랑하시니, 신첩이 비록 어리석으나 힘을 다해 성은을 만분의 일이나 갚고자 합니다. 폐하는 근심치 마소서."
여자임을 숨기고 / 행동이나 생각이 분수에 지나치게

천자가 매우 기뻐하며 즉시 천병만마(千兵萬馬)를 뽑아 모으도록 했다. ▶ 계월이 반란을 진압하기 위해 출병함
천 명의 군사와 만 마리의 말이란 뜻으로, 매우 많은 군사와 말을 의미함

결정적 장면

삼남원에 진을 치고 원수가 친히 붓을 잡아 보국에게 전령하기를, '지금 적병이 급하니 중군(계월)은 급히 대령하여 군령을 어기지 말라.' 하였거늘, 보국이 전령을 보고 분함을 이기지 못하여(아내가 남편인 자신에게 명령을 내려서 화가 남) 부모께 여쭈었다.

"계월이 또 소자(보국)를 중군으로 부리려고 하오니, 이런 일이 어디 있습니까?"(아내의 지시를 받게 된 것에 화가 남. 여성인 계월이 자신보다 뛰어나다는 사실을 인정하지 못함) → 가부장적 사고, 남성 우월주의적 사고를 가진 보국

여공이 말했다.

「"내 전일에 너에게 무엇이라 이르더냐? 계월을 괄시하다가 이런 일을 당하니, 어찌 그르다 하리오? 국사가 매우 중하니, 어떻게 해 볼 수가 없다."」

「 」: 계월의 행위를 두둔하는 여공

여공이 보국에게 바삐 가라고 재촉했다.

▶ 계월의 지시에 따라야 하는 상황에 분노하는 보국

보국이 할 수 없어 갑주(갑옷과 투구)를 갖추고 진중(군대나 부대의 안)에 나아가 원수 앞에 엎드리니, 홍 원수(홍계월)가 분부했다.

"만일 명령을 거역하는 자가 있으면, 군법을 시행할 것이다.(사형에 처하겠다)"

보국이 두려워하며 중군 처소로 돌아와 명령이 내리기를 기다렸다. 「홍 원수가 장수들에게 각각의 임무를 정하고 추구월(음력 9월의 가을철) 갑자 일에 행군하여 십일월 초일 일에 남관에 당도하여 삼일 동안 군사를 머물게 하고, 즉시 떠나 오일에 천촉산을 지나 영경루에 다다랐다.」 적병이 평원 광야에 진을 쳤는데, 군세기가 철통 같았다.

「 」: 구체적인 일정을 제시함으로써 소설의 개연성을 강조하고 있음

❶ 원수가 적진을 대하여 진을 치고 명령했다.

"장령(군대를 거느린 장수의 명령)을 어기는 자가 있으면, 세워 두고 벨 것이다."

호령이 서릿발 같았다. 모든 장수들과 군졸들이 두려워하며 어찌할 줄을 몰라 했다. 보국 또한 매우 조심했다. ▶ 평국이 보국을 소환하여 전쟁에 나아감

이튿날 원수가 중군(보국)에게 분부했다.

"오늘은 중군이 나가 싸우도록 하라."

중군이 명령에 순종하여 말에 올라 삼척장검(길이가 석 자 정도 되는 긴 칼)을 들고, 적진을 가리키며 외쳤다.

"나는 명나라 중군대장 보국이다. 대원수(홍계월)의 명을 받아 너희 머리를

결정적 장면

보국은 원수가 된 계월의 명령을 따라야 한다는 사실에 분노하지만 전장에서 위기에 처하자 오히려 계월이 보국을 구해주는 장면이다. 여성 영웅이 남성을 구원하는 모습을 통해 여성 영웅의 비범한 능력이 더욱 돋보이는 부분이다.

문제로 핵심 파악

1 이 글의 인물에 대한 설명으로 적절하지 않은 것은?

① 천자는 계월이 여자라는 사실을 알고도 원수로 임명했다.
② 신하들은 계월이 여자라는 이유를 들어 벼슬을 거두어야 한다고 주장했다.
③ 보국은 계월의 지시에 따라야 하는 상황에 분노하고 있다.
④ 여공은 불평하는 보국을 꾸짖고 계월을 두둔하고 있다.
⑤ 보국을 위기에서 구한 계월은 보국을 조롱하고 있다.

핵심 구절 풀이

❶ **원수가 적진을 대하여 ~ 또한 매우 조심했다.**: 원수가 된 계월이 위엄을 갖추고 군대를 거느리는 모습으로, 남성보다 우월한 여성의 모습이 제시되고 있음

베려 하니, 너희는 바삐 나와 내 칼을 받으라."

「적장 운평(적장)이 이 소리를 듣고 대로하여(크게 노하여) 말을 몰고 나와 싸웠다. 세 번을 채 겨루지도 못해서 보국의 칼이 빛나더니, 그 순간 운평의 머리가 말 아래로 떨어졌다. 적장 운경(적장)이 운평의 죽음을 보고, 분을 내며 말을 몰아 달려들었다. 보국이 승리의 기세가 등등하여 창검을 높이 들고 싸웠다. 두어 차례 겨루기도 전에 보국이 칼을 날려 칼을 들고 있는 운경의 팔을 치니, 운경이 미처 손을 놀리지 못하고 칼을 든 채 말 아래로 떨어졌다. 보국이 운경의 머리를 베어 들고 본진으로 돌아오고 있었다.」 그때 적장 구덕지(적장)가 크게 노하여 장검을 높이 들고 말을 몰아 고함치며 달려들었고, 또 난데없는 적병들이 사방에서 달려들었다.

「 」: 적장을 물리친 보국의 활약상

보국이 매우 다급하여 피하고자 했으나, 한순간에 적들이 함성을 지르며 보국을 천여 겹 에워쌌다.(보국이 위기에 처함) 사세(일의 형세)가 위급하매 보국이 하늘을 우러러 탄식했다. 이때 원수가 장대(장수가 올라서서 명령하고 지휘하는 대)에서 북을 치다가 보국의 위급함을 보고, 「급히 말을 몰아 장검을 높이 들고 좌충우돌(이리저리 마구 찌르고 부딪힘)하여 적진을 헤치고 들어가 구덕지의 머리를 베어 들고 보국을 구해 낸 후, 몸을 날려 적진 속을 헤집고 다녔다. 동에 번쩍하더니 어느 새 서쪽에 있는 적장을 베고, 남쪽으로 가는 듯하더니 어느 새 북쪽에 있는 장수를 베고, 좌충우돌하여 적장 오십여 명과 군사 천여 명을 한 칼로 쓸어버리고 본진으로 돌아왔다.」

「 」: 계월의 비범한 능력 → 영웅적 면모. 계월이 위험에 빠진 보국을 구해 주는 장면으로, 남성의 권위 실추를 통해 여성 영웅의 우월성을 확고히 드러냄

보국이 원수 보기를 부끄러워하니, 원수가 보국을 꾸짖으며 조롱했다.

"저러하고도 평일에 남자라 칭하리요? 나를 업신여기더니 이제도 그러할까?"

남성 중심 사회에 대한 비판 의식이 담겨 있음

원수가 장대에 앉아 구덕지의 머리를 함에 넣어 황성으로 보냈다. ▶ 위기에 처한 보국을 구한 계월

뒷부분 줄거리 | 두 차례에 걸친 국가의 위기를 구한 계월은 대사마 대장군의 작위를 받게 된다. 이후 홍계월의 아버지는 초왕이 되고 여공은 오왕이 되며, 보국은 승상이 되어 계월과 더불어 행복한 삶을 살게 된다.

필수 문제

01 〈보기〉를 참고로 할 때, 이 글의 보국이 계월에게 불만을 가지는 까닭을 한 문장으로 쓰시오.

〈 보기 〉

삼남원에 진을 치고 원수가 친히 붓을 잡아 보국에게 전령하기를, '지금 적병이 급하니 중군은 급히 대령하여 군령을 어기지 말라.' 하였거늘, 보국이 전령을 보고 분함을 이기지 못하여 부모께 여쭈었다.

"계월이 또 소자를 중군으로 부리려고 하오니, 이런 일이 어디 있습니까?"

02 계월이 보국을 구하는 장면을 통해 드러나는 이 글의 여성 영웅 소설로서의 특징을 쓰시오.

장면 3

결정적 장면

이때 원수 진중에 있어 적진 파할 모책을 생각하더니 자연 마음이 산란하여「장막 밖에 나서 천기를 살펴보니 자미성이 신지를 떠나고 모든 별이 살기등등하며 한수에 비치거늘,」 원수 놀라 중군장(中軍將)을 불러 이르기를,

어떤 일을 처리하거나 모면하기 위하여 계책을 꾸밈. 또는 그 꾀나 계책(計策) / 계월(평국) / 고전 소설의 우연성 / 하늘의 기밀 / 천자의 운명과 관련된다는 별 / 미리 정해 놓은 위치 / 큰 강 / 보국 / 「 」: 천기를 읽어 황제의 위험함을 아는 계월의 신이한 능력. 고전 소설의 특징 – 비현실성, 전기성

❶ "내 천기를 보니 천자의 위태함이 경각에 있는지라, 내 필마로 가려 하니 장군은 제장 군졸을 거느려 진문(陣門)을 굳게 닫고 내가 돌아오기를 기다리라."

명재경각(命在頃刻) / 한 필의 말 / 여러 장수 / 진영으로 드나드는 문

▶ 평국이 천자의 위태로움을 알고 황성으로 떠남

하고 필마 단검(單劍)으로 황성을 향할새, 동방이 밝아 오거늘, 바라보니, 장안(長安)이 비었고 궁궐이 소화(燒火)하여 빈터만 남았는지라. 원수 통곡하며 두루 다니되 한 사람도 보지 못하여 천자가 가신 곳을 알지 못하고 망극하여 하더니 문득 수채 궁기에서 한 노인이 나오다가 원수를 보고 놀라 급히 들어가거늘, 원수 바삐 쫓아가며,

부하들을 거느리지 않고 혼자 / 하룻밤 만에 황성에 다다른 평국(뛰어난 능력) / 불에 탐 / 수챗구멍. 집 안에서 쓴 허드렛물을 집 밖으로 흘려 나가게 한 시설 / 여공. 계월의 시아버지이자 보국의 아버지 / 원수를 도적의 무리라고 생각함

"나는 도적이 아니라 대국 대원수 평국이니 놀라지 말고 나와 천자 거처를 일러라."

하니 그 노인이 그제야 도로 나와 대성통곡하거늘 원수 자세히 보니 이는 기주후 여공이라. 원수 급히 말에서 내려 땅에 엎드려 통곡하며 말하기를,

목놓아 욺 / 갑작스러운 여공과 평국의 만남(고전 소설의 우연성)

"시부님은 무슨 연고로 이 수채 궁기에 몸을 감추고 있사오며 소부(小婦)의 부모와 시모님은 어디로 피란하였는지 아시나이까?"

시아버지 / 며느리가 자신을 낮추어 일컫는 말 / 시어머니

여공이 원수 손을 잡고 울며 말하기를,

"이곳에 도적이 들어와 대궐을 불 지르고 노략하매 장안 만인이 도망하여 가니 나는 갈 길을 몰라 이 궁기에 들어와 피란하였으니 혼장님 양위(兩位)와 네 시모 간 곳을 알지 못하노라."

떼를 지어 다니며 사람을 마구 해치거나 재물을 빼앗아 감 / 사돈 내외. 계월의 부모를 가리킴

하고 통곡하거늘, 원수 위로하여 말하기를,

"설마 만나 뵐 날이 없겠습니까?" / 하고 또 묻기를,

"황상은 어디에 계십니까?" / 하니 여공이 대답하기를,

천자

"내 여기 숨어 있다 보니 한 신하가 천자를 업고 북문으로 도망쳐 천

결정적 장면

계월이 위험에 처한 천자를 구하고 천자를 해치려던 맹길을 물리치는 장면이다. 계월의 신이한 능력이 발휘되면서 이 작품의 비현실성, 전기성과 함께 여성 영웅의 비범한 능력이 드러나 보이는 부분이다.

문제로 핵심 파악

1 여공은 평국이 남장을 한 계월이라는 사실을 모르고 있다. (○, ×)

2 계월이 맹길을 물리치는 부분에서는 (　　　)된 표현으로 계월의 뛰어난 능력을 강조하였다.

핵심 구절 풀이

❶ "내 천기를 보니 ~ 내가 돌아오기를 기다리라.": 계월이 하늘의 별과 기운을 읽어 천자의 위험함을 알고 보국에게 군대를 맡기고 황성으로 떠나는 부분으로, 계월의 신이한 능력이 드러나면서 이 작품의 비현실성과 전기성이 나타남

태령을 넘어가더니, 그 뒤에 도적이 따라갔으며 필연 위급할지라."

반드시

하거늘, 원수 크게 놀라 말하기를,

"천자를 구하러 가오니 소부 돌아오기를 기다리소서." ▶ 평국이 숨어 있는 여공을 발견함

하고 말에 올라 천태령을 넘어갈새, 순식간에 한수 북편에 다다라 보니「십 리 사장(沙場)에 적병이 가득하고 항복하라 하는 소리 곳곳에 진동하거늘,」「원수 이 소리를 듣고 투구를 다시 쓰고 우레같이 소리치며 말을 채찍질하여 달려가며 외치기를,」

고전 소설의 비현실성 / 강가의 큰 모래벌판 / 「 」: 국가적 위기 상황. 긴박한 분위기로 긴장감을 조성함 / 천둥 / 「 」: 계월의 충성심과 용맹함

"적장은 나의 황상을 해치지 마라. 평국이 여기에 왔노라."

겁을 먹고 얼떨떨하여

하니, 맹길이 황겁하여 말을 돌려 도망하거늘, 원수 다시 소리치거늘,

과거 어린 홍계월을 위기에 빠뜨린 적장

"네가 가면 어디로 가리오? 도망치지 말고 내 칼을 받아라."

원수 철통같이 달려갈새, 원수의 준총마(駿驄馬)가 시뻘건 주둥이를 벌리고 순식간에 맹길의 말 꼬리를 물고 늘어지거늘, 맹길이 놀라 몸을 돌이켜 장창을 높이 들고 원수를 범하고자 하니, 원수 크게 노하여 칼을 들어 맹길을 치니 두 팔이 내려지는지라. 또「좌충우돌하여 적졸을 진멸(殄滅)하니 피 흘러 성천(成川)하고 주검이 구산 같더라.」

준마(빠르게 잘 달리는 말)와 총마(갈기와 꼬리가 푸르스름한 말)를 합친 말 / 긴 자루에 날을 붙여 무기로 쓰던 칼 / 해치고자 / 냇물을 만듦 / 시체 / 언덕과 산 / 모조리 무찔러 없앰 / 「 」: 과장된 표현을 통해 계월의 뛰어난 능력을 드러냄

▶ 천자를 해치려는 맹길을 물리치는 평국

이때 천자와 제신이 넋을 잃고 어찌할 줄 모르고 천자는 손가락을 입에 물고 깨물려 하거늘, 원수 급히 말에서 내려 땅에 엎드려 통곡하며 여쭙기를,

여러 신하 / 절망적인 상황에 자결을 시도하는 천자의 모습

편안히 보전함

"폐하는 옥체를 안보하옵소서. 평국이 왔나이다."

임금의 몸을 높여 이르는 말

천자 혼비(魂飛) 중에 평국이란 말을 듣고 일변 반기며 일변 비감하사, 원수의 손을 잡고 눈물을 흘리시며 말을 하지 못하시거늘, 원수 옥체를 보호하니 이윽고 정신을 진정하여 원수에게 치사하기를,

경황이 없음. 혼비백산(魂飛魄散) / 슬픈 느낌. 또는 그런 느낌이 있음

"짐이 고혼(孤魂)이 될 것을 원수의 덕으로 사직을 안보하게 되었으니, 원수의 은혜를 무엇으로 갚으리오." / 하시며,

외로운 원혼이 될 것. 즉 죽을 것 / 나라 또는 조정을 이르는 말

"원수는 만리 변방에 있었을 텐데 어찌 알고 와서 짐을 구하였느뇨?"

하니, 원수 땅에 엎드려 아뢰기를,「천기를 보옵고 군사를 중군에게 부탁하옵고 즉시 황성에 득달하온즉, 장안이 비었사오며 폐하 거처를 모르고 주저하옵더니 시부 여공이 수채 궁기로 나오거늘, 묻잡고 급히 와서 적장 맹길을 사로잡은 말씀을 대강 아뢰고 나와,」적진 여졸(餘卒)을 낱낱이 결박하여 앞세워 황성으로 행할새, 원수의 말에는 천자를 모시고 맹길이 탔던 말은 원수가 타고 행군 북을 맹길의 등에 지우고 시신으로 북을 울리며 환궁(還宮)하실새, 천자는 마상에서 용포 소매를 들어 춤을 너울너울 추며 즐거워하시니 제신과 원수도 일시에 팔을 들어 춤을 추며 즐겨 천

「 」: 사건의 요약적 제시 / 남은 병사들 / 전투에서 승리했다는 것을 드러내는 행위 / 궁으로 돌아옴 / 말 위 / 왕이 입는 옷

태령을 넘어오니 장안이 매우 쓸쓸하고 대궐이 터만 남았으니 어찌 한심치 아니하리오. 천자 좌
편집자적 논평 – 도적의 침입으로 인적이 없는 장안과 대궐의 상황에 대한 안타까움
우를 돌아보고 이르기를,

환란 중 의지할 곳 없이 떠돌아다니는 외로운 넋
"짐이 덕이 없어 무죄한 백성과 황후, 태자가 환중 고혼이 되었으니 무슨 면목으로 천위를 차지
황후와 태자가 죽었다고 생각함 천자의 자리
하리오." / 하시며 통곡하시니, 원수 여쭈오되,

"폐하는 너무 염려하지 마옵소서.『저 무도한 도적으로 하여금 곤액을 당하게 한 것이나 은신을
「 」: 운명론적 세계관 재앙이 겹친 불운 본인(계월)을 의미함
내어 환(患)을 평정하게 한 것 모두가 하늘이 성상(聖上)을 내실 때 하늘이 정하신 바라 어찌 천
천자를 높여 이르는 말 천명. 타고난 수명
수(天壽)를 면하리까.』슬픔을 참으시고 천위를 정하신 후에 황후와 태자 거처를 탐지하사이다."
찾아 알아냄

하니 천자 이르기를, / "대궐이 없었으니 어디가 안정하리오"

하시더니, 이때 여공이 수채 궁기로 나와 땅에 엎드려 통곡하여 말하기를,

목을 베어 죽임
"소신이 살기만 도모하여 폐하를 모시지 못하였사오니, 소신을 속히 처참하와 후인을 중히 가
임금을 지키는 충의 도리를 지키지 못한 것에 대한 사죄(유교적 가치관) 일벌백계(一罰百戒)
르치옵소서."

하니 천자 이르기를,

"짐이 경으로 하여금 변을 당함이 아니니 어찌 경의 죄라 하리오. 추호도 괘념치 말라."
조금도 걱정하지 마라

하니 여공이 또 아뢰되,

"폐하, 아직 안정하실 곳이 없사오니 원수 있던 집으로 가사이다."
계월의 집

천자 즉시 종남산 밑으로 와서 보시니 사람은 없고 외로운 집만 남았는지라. 위공이 있던 황화
계월의 아버지
정에 전좌하시더라.
▶ 평국이 천자를 구하여 돌아옴
임금이 정사를 보거나 조하를 받으려고 정전이나 편전에 나와 앉던 일

이튿날, 평명에 원수 아뢰되,
해가 뜨는 시각. 또는 해가 돋아 밝아질 때

"이 도적은 소신이 나가 베려 하오니 폐하는 보옵소서."
맹길의 무리

하고 도적을 차례로 앉히고 원수 삼척장검을 들어 적졸을 다 벤 후에 맹길을 빗겨 들고 천자 전에
길고 큰 칼
말하기를, / "저 도적은 소신의 원수라, 그 죄목(罪目)을 밝힐 테니 폐하는 보옵소서."
계월이 어렸을 적 맹길에게 죽임을 당할 뻔한 일에 대해 복수를 꿈꾸고 있음

하고 원수 맹길을 가까이 꿇리고 대질하여 말하기를,
직접 심문함

"너는 본래 초 땅에 있다 하니 그 지명을 자세히 이르라."

하니 맹길이 아뢰되, / "소신이 아옵기는 소상강 근처에 있나이다."

하더라. 이에 원수 말하기를,

강의 위
"네가 수적이 되어 강상으로 다니며 장삿배를 탈취하여 먹었느냐?"
바다나 큰 강에서 남의 재물을 강제로 빼앗아 가는 도둑

하니 맹길이,

"흉년을 당하와 기갈을 견디지 못하여 적당을 데리고 수적이 되어 사람을 살해하였나이다."
배고픔과 목마름 도둑의 무리

원수 또 묻기를,

「"아무 연분에 엄자릉 조대에서 홍 시랑 부인을 비단으로 동여매고 그 품에 안은 아이를 자리로
낚시터 / 계월의 어머니 / 어린 계월

싸서 강물에 넣은 일이 있느냐? 바로 알리라."」

「 」: 맹길이 과거 자신에게 한 일을 추궁함

맹길이 그 말을 듣고 꿇어앉으며,

"이제는 죽게 되었사오니 어찌 기만하오리까. 과연 그러하였나이다."
남을 그럴듯하게 속임

하니 원수, / "그때 네가 자리에 싸여 물에 넣은 아이가 바로 나, 홍계월이로다."

하니 맹길이 그 말을 들으니 정신이 아득한지라. 원수 친히 내려 맹길의 상투를 잡고 모가지를 동
죽음을 면할 수 없음을 깨달음

여 배나무에 매어 달고, / "너 같은 놈은 점점이 깎아 죽이리라."
점을 찍은 듯이 여기저기 흩어지는 모습으로

하고 칼을 들어 점점이 오려 놓고 배를 갈라 간을 내어 하늘께 표백하고 천자께 아뢰되,
생각이나 태도 따위를 드러내어 밝힘

"폐하의 넓으신 덕택으로 평생소원을 다 풀었사옵니다. 이제 신은 죽어도 한이 없나이다."
어렸을 적 자신을 위기에 빠뜨린 맹길에 대한 복수

하니 천자 칭찬하시기를,

"이는 경의 충효를 하늘이 감동하심이라." / 하고 즐겨하시더라. ▶ 맹길에게 복수하여 원수를 갚은 평국
고전 소설의 특징 – 권선징악(勸善懲惡)

이때 천자 보국의 소식 몰라 염려하시거늘 원수 아뢰기를,

"신이 보국을 데려오겠나이다."

하고 이날 떠나려 하더니 문득 중군이 장계를 올렸다 하기에 보니,
신하가 자기 관하의 중요한 일을 왕에게 보고하는 문서

「'원수 황성을 구하려 간 사이에 소신이 한 번 북 쳐 오초 양 왕(兩王)의 항복을 받았나이다.'」
「 」: 보국이 올린 장계의 내용 / 오 왕과 초 왕

천자 원수를 보시고 이르기를,

"이제는 오초 양 왕을 사로잡았다 하니 이런 기별을 듣고 어찌 앉아서 맞으리오."

하시고 천자 제신을 거느리고 거동하사「평국은 선봉이 되고 천자는 스스로 중군이 되어 좌우에
무리의 앞자리. 또는 그 자리에 선 사람 / 대장 밑에서 군대를 통솔하는 장수

옹위하여 보국의 진으로 갈새,」선봉장 평국이 갑주를 갖추고 백총마(白驄馬)를 타고 수기(手旗)를
「 」: 평국을 앞에 내세움으로써 평국의 공과 권위를 인정하는 모습 / 갑옷과 투구 / 행진할 때에 장수가 들어 직책을 표시하던 깃발

잡아 앞에 나가니라. ▶ 보국을 맞으러 나가는 천자와 평국

이때 보국이 오초 양 왕을 앞에 세우고 황성을 향해 올새, 바라보니 한 장수가 사장에 들어오거
평국

늘, 살펴보니 수기와 칼 빛은 원수의 칼과 수기로되 말은 준총마가 아니거늘, 보국이 의심하여 일
적을 기습하기 위하여 적이 지날 만한 길목에 군사를 숨김. 또는 그 군사

변 진을 치며 생각하되 '적장 맹길이 복병하고 원수의 모양을 본받아 나를 유인함이라.' 하고 크
맹길이 평국으로 위장하여 자신을 속인다고 판단함

게 의심하거늘, 천자 그 거동을 보시고 평국을 불러 이르기를,

"보국이 원수를 보고 적장으로 의심하는 듯하니 원수는 적장인 체하고 중군을 속여 오늘 재주
여성인 계월이 남성인 보국을 놀리는 장면을 의도적으로 삽입하여 남성 우월주의에 대한 비판적 시각을 드러냄

를 시험하여 짐을 구경시켜라."

하시니 원수 아뢰기를, / "폐하 하교 신의 뜻과 같사오니 그리하사이다."
보국을 시험하는 것에 동의하는 평국. 남성보다 우월한 능력을 지닌 여성이 자신의 능력을 거리낌 없이 보임으로써 남성 우월주의에 대한 비판적 시각을 드러냄

하고 갑옷 위에 검은 군복을 입고 사장에 나가 수기를 높이 들고 보국의 진으로 향하니 보국이 적
평국이 적장의 모습으로 꾸밈
장인 줄 알고 달려들거늘 평국이 곽 도사에게 배운 술법을 부리니, 경각에 태풍이 일어나며 흑운
고전 소설의 특징 – 전기성, 비현실성
(黑雲) 안개 자욱하며 지척(咫尺)을 분별하지 못할러라. 「보국이 어찌할 줄 모르고 황겁해하더니 평국이 고함을 치며 달려들어 보국의 창검을 빼앗아 손에 들고 멱살을 잡아 공중에 들고 천자 계신 곳으로 갈새,」 이때 「보국이 평국의 손에 달려오며 소리를 크게 하여 원수를 불러 말하기를,

「 」: 평국의 비범한 능력을 보국과 비교하여 강조함

"평국은 어디 가서 보국이 죽는 줄을 모르는고?"

「 」: 남성인 보국이 여성인 계월에게 도움을 요청하는 모습을 통해 보국을 희화화하고 평국의 영웅성을 부각함 – 가부장적 사회에 대한 비판적 의식의 형상화

하며 우는 소리 진중에 요란하니,」 원수가 이 말을 듣고 웃으며 말하기를,

"네 어찌 평국에게 달려오며 평국은 무슨 일로 부르느뇨?"
보국에게 자신이 평국임을 밝힘

하며 박장대소(拍掌大笑)하니, 보국이 그 말을 듣고 정신을 차려 보니 과연 평국이거늘 슬픔은 간
손뼉을 치며 크게 웃음
데없고 도리어 부끄러워 눈물을 거두더라.

천자 크게 웃으시고 보국의 손을 잡으시고 말씀하시기를,

"중군은 원수에게 욕봄을 추호도 괘념치 마라. 원수 자의로 한 것이 아니라 짐이 경 등의 재주
보국이 평국을 원망할까 봐 자초지종을 설명하는 천자
를 보고자 시킨 바라. 지금은 전장에서 그대를 놀렸으나 평정 후 돌아가면 예로써 장군을 섬길
전쟁이 끝나면 아내인 평국이 남편인 보국을 섬겨야 함 – 가부장적 사회의 한계
것이니 불쌍한지라."

※〈홍계월전〉의 한계 – 남성 우월주의를 비판함으로써 변화된 인식을 보여 주지만 가부장적 사회의 한계를 완전히 극복하지는 못함

하시고 재주를 칭찬하시고 보국을 위로하시니 보국이 그제야 웃어 여쭈오되,

"하교 지당하여이다."
이치에 맞고 지극히 당연합니다

▶ 천자의 명으로 도술을 부려 보국을 놀리는 평국

하고 행군하여 황성으로 향할새, 오초 양 왕에게 행군북을 지우고 무사로 하여금 북을 울리며 평원 광야에 덮여 별사곡을 지나 황성에 다다라 종남산 밑에 들어가, 천자 황화정에 전좌하시고 무사를 대령하여 오초 양 왕을 결박하여 계하(階下)에 꿇리고 꾸짖기를,
섬돌 아래

"너희들이 반심을 두어 황성을 침범하니 하늘도 무심하지 아니하사 너희를 잡았으니 너희를 다
배반하려는 마음
죽여 일국(一國)에 빛내리라."

하시고 무사를 명하여 문밖에 내어 회시하고 처참하니라.
죄인을 끌고 다니며 뭇사람에게 보이던 일

천자 인하여 황후와 태자를 위하여 제문을 지어 제사를 지내시고 군사를 호군한 후에 제장을
황후와 태자가 죽었다고 생각하고 제사를 지냄 / 군사들에게 음식을 주어 위로함
차례로 공을 쓰시고 새로 국호를 고쳐 즉위하시고, 조서를 내려 만관을 뵈여 조정위(朝廷位)를 정
신하들의 직위를 정하시고
하시고, 보국으로 좌승상을 봉하시고, 평국으로 대사마 대도독 위왕 직첩을 주시고 못내 기꺼워
조정에서 내리는 벼슬아치의 임명서
하시더라.

▶ 오초 양 왕을 처참하고 평국과 보국에게 직위를 내리는 천자

이에 평국이 주청하기를,
임금에게 아뢰어 청하는 것

「"신첩이 외람되지만 폐하의 넓으신 덕택으로 봉작(封爵)을 입삽고 천하를 평정하였음에는 폐하의
전쟁이 끝나자 여성의 신분으로 돌아왔음을 드러냄 / 관직을 얻음

하해(河海) 같은 덕이옵거늘 어찌 신첩의 공이라 하오리까. 하물며 친부모와 시모를 잃었사오니 신첩이 팔자 기박하와 이러하오니 이제는 여자의 도리를 차려 부모 영위를 지키고자 하옵나이다."

큰 강과 바다를 아울러 이르는 말 / 상가에서 모시는 위패. 부모가 죽었다고 생각함

하고 「병부 열둘과 원수의 인신이며 수기를 바치고」 체읍하거늘, 천자도 비감하여 이르기를,

관인(官印)의 총칭 / 「 」: 평국이 반란을 평정한 후 벼슬을 내놓고 여인의 삶을 살겠다고 말함 / 군대를 동원하는 표지로 쓰던 나무패 / 「 」: 벼슬을 내어놓는 평국 / 눈물을 흘리며 슬피 욺

"이는 다 짐의 박덕(薄德)한 탓이니 경을 보기 부끄럽도다. 그러나 위공 부부며 공렬 부인이 어느 곳에 피란하였는지 소식이 있을 것이니 경은 안심하라."

덕이 적음 / 계월의 부모 / 계월의 시어머니

하시고 또 가로되,

"경이 규중(閨中)에 처하기를 청하고, 병부 인신을 다 바치니 다시는 물리지 못할지로다. 그러나 군신지의(君臣之義)를 잊지 말고 일삭에 한 번씩 조회하여 짐의 심사를 덜라."

관직을 내려놓으니 / 부녀자가 거처하는 곳 / 모든 벼슬아치가 함께 정전에 모여 임금에게 문안드리고 정사를 아뢰던 일 / 임금과 신하 사이의 의리 / 한 달

하시고 인신과 병부를 도로 내어 주시니 평국이 돈수 복지하여 여러 번 사양하다가 마지못하여 인신을 가지고 보국과 한가지로 나오니 뉘 아니 칭찬하리오.

머리가 땅에 닿도록 하는 절 / 여성의 신분임에도 벼슬을 유지시킴 / 땅에 엎드림 / 편집자적 논평

평국이 돌아와 여복을 입고 그 위에 조복을 입고 여공께 뵈오니 여공이 크게 기뻐하여 일어나 대좌하니 원수 마음에 미안하기만 하더라.

부녀자의 신분으로 돌아왔음 / 관원이 조정에 나아가 하례할 때에 입던 예복 / 여자임에도 불구하고 관직을 계속 유지하고 있기 때문

평국이 여공을 모시고 제신을 다 정한 후에 부모 양위와 시모 신위를 배설하고 승상 보국과 더불어 통곡하니 보는 사람이 뉘 아니 낙루하리오. 그 이후부터는 평국이 부녀자의 예로써 승상을 섬기니 승상이 일변 기쁘고 일변 두려워하더라.

연회나 의식에 쓰는 물건들을 차려 놓음 / 부모와 시어머니가 죽은 줄 알고 있음 / 편집자적 논평 / 보국 / 계월이 자신보다 뛰어난 능력을 가지고 있다는 것을 알고 있기 때문

▶ 벼슬을 내려놓지 못하고 집으로 돌아온 계월

뒷부분 줄거리 | 평국의 아버지 홍무는 자신의 아내와 여공의 아내를 인도하여 피란하던 중 우연히 황후와 태자를 만나게 된다. 황후와 태자가 살아 돌아오자 천자는 크게 기뻐하며 황후와 태자를 데려온 홍무를 초왕으로, 여공은 오왕으로 봉한다. 이에 평국의 첫째 아들은 오국의 태자가 되고, 둘째 아들은 초국의 태자가 되었으며, 그 자손은 대대로 복을 받게 된다.

고전 소설의 특징 – 행복한 결말

핵심 정리

- **갈래:** 고전 소설(여성 영웅 소설, 군담 소설, 국문 소설)
- **성격:** 일대기적, 영웅적, 전기적
- **구성:** 7회의 회장체(回章體) 구성, 영웅의 일대기적 구성

출생: 천상 선녀였던 계월이 홍 시랑 부부의 딸로 태어남	➡	**시련 ①:** 반란으로 인해 부모와 이별함	➡	**구출:** 여공에 의해 목숨을 건지고 양육됨	➡	**능력:** 무예와 학문이 보국보다 뛰어나 장군이 됨	➡	**시련 ②:** 보국과 혼인하나 갈등을 겪음	➡	**성취:** 외적을 정벌하고 보국과의 갈등이 해소됨

- **제재:** 홍계월의 영웅성
- **주제:** 여성인 홍계월의 영웅적 활약상
- **특징:** ① 남성보다 우월한 여성이 영웅으로 등장함
  ② 남성 인물들이 통념적인 남성상을 벗어나 권위적이지 않으며 나약한 모습으로 그려짐
- **의의:** 여성에게 우월성을 부여함으로써 기존 여성 소설이 벗어나지 못한 한계를 과감히 탈피함
- **인물 분석**
  - 홍계월(평국): 명나라의 여장군. 현실적인 제약을 극복하고 결단력 있게 행동하여 자신의 정체성을 찾고자 하는 주체적이고 능동적인 인물. 지략이 뛰어나고 자존심도 강해 남편에게 물러서지 않는 직선적인 성격임

• 여보국: 계월의 남편. 가부장적 사회 제도에 길들여져 계월과 갈등을 일으키지만, 생각을 고치고 계월을 인정함

한눈에 보기

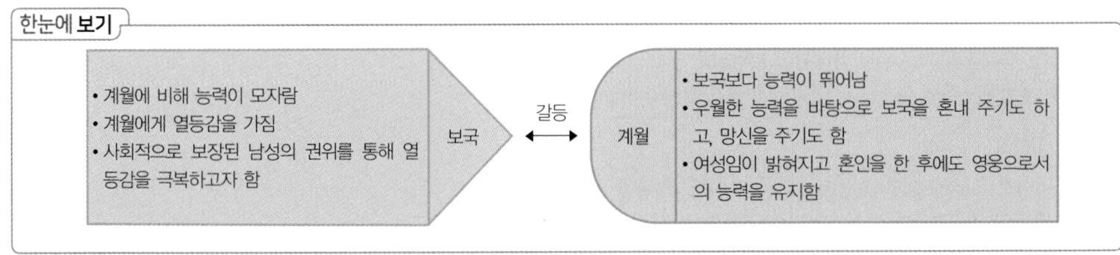

보충·심화 학습

▾ 여성 영웅 소설

대다수의 영웅 소설은 남성으로 설정된 주인공의 일대기를 '영웅의 일생'이라는 틀 속에서 다루고 있다. 그러나 이와는 달리 여성 인물의 영웅적 활약이 중심이 되어 사건이 진행되는 작품들이 있는데, 이것을 여성 영웅 소설이라 부른다. 대표적으로 〈홍계월전〉을 비롯하여 〈박씨전〉, 〈방한림전〉, 〈금방울전〉 등이 있다.

▾ 〈홍계월전〉 속 여성 영웅의 일대기 구조

① 고귀한 혈통 – 전임 이부 시랑 홍무의 딸로 태어남
② 비정상적 출생 – 홍무의 부인이 신비한 꿈을 꾸고 낳음
③ 위기와 시련 – 전쟁으로 온 가족이 흩어져 고아가 됨
④ 조력자의 도움 – 여공의 도움으로 양육됨
⑤ 비범한 능력 – 장원 급제하여 나라를 구함
⑥ 성장 후 위기 – 남장 사실이 발각되었으며, 보국과 갈등을 겪음, 외적이 침입함
⑦ 시련의 극복 – 계월의 능력으로 갈등을 해소하고 대장군의 작위를 받음, 보국과 부귀영화를 누림

▾ 〈홍계월전〉에서 드러난 당대 여성에 대한 의식

① 계월이 남편인 보국과의 갈등을 능력의 우월함으로 해결하는 것 → 남성의 권위에서 벗어나지 못하던 기존 여성 영웅 소설의 한계를 과감히 탈피함
② 계월이 국가에 충성하는 신하이자 국난을 극복하는 영웅으로 사회적 자아를 실현하는 것 → 여성도 삶의 주체로 사회적 자아를 실현할 수 있는 당당한 존재임을 보여 주었고, 여성의 사회 진출을 막고 있던 당대 남성 중심의 사회적 현실과 제도에 대한 비판을 담음

필수 문제

01 〈보기〉의 설명을 바탕으로 할 때, 이 글의 홍계월과 〈금방울전〉의 금령(금방울)의 차이점을 쓰시오.

〈 보기 〉

여성 주인공의 역할에 따른 조선 후기 영웅 군담 소설의 분류는 다음과 같다. 첫째, 남성 주인공이 전쟁에서 주체로 활약하는 유형으로 이 유형에서는 여성 주인공의 역할은 두드러지지 않는다. 둘째, 남성 주인공이 전쟁에서 주체로 활약하면서 공을 세우고 여성 주인공은 보조적 역할을 하는 경우이다. 셋째, 여성 주인공이 남성 주인공과 대등하거나 남성 주인공을 압도하며 공을 세우는 유형이다.

〈금방울전〉의 경우 과부의 몸에서 방울의 모습으로 태어난 금령(금방울)이 해룡이 위기에 처할 때마다 그를 구해 준다. 해룡은 신이한 능력을 가진 금령의 도움으로 지하국 괴물에게 납치된 공주를 구하였고 전장에 나가 큰 공을 세우기도 한다. 해룡이 개선하기 전 사라진 금령은 허물을 벗고 미인으로 변한 후 해룡과 해후하여 행복하게 살아간다는 내용이다.

02 여성인 평국이 남성인 보국을 희롱하는 장면에서 작가가 비판하려 했던 당대의 사회의식을 쓰시오.

95 이대봉전(李大鳳傳) | 작자 미상

필수

출제 포인트

남성 영웅 이대봉과 여성 영웅 장애황의 활약상을 담고 있는 군담 소설이다. 이 두 영웅적 인물의 활약상을 살펴보고, 이 글에서 여자인 애황의 활동이 훨씬 더 두드러지는 데에 담긴 작가의 의도를 파악해 보자.

감상 길잡이

작자 · 연대 미상의 고전 소설로, 조선 후기에 유행한 창작 군담 소설의 대표적 작품이다. 이 글에서는 이대봉보다 정혼자인 애황의 활동이 더욱 두드러진다. 애황은 정식으로 과거에 급제하여 벼슬길에 진출하였고, 외적이 난을 일으켰을 때, 대원수로 출전하여 공을 세운다. 이러한 활약은 여성의 사회 활동을 부정하였던 조선조 사회에서는 상상하기 어려운 일이다. 이는 당시 남성 중심의 사회를 비판하고 여성도 남성과 대등한 능력이 있음을 보여 주려 하였던 작가 의식의 발로라고 볼 수 있다.

앞부분 줄거리 | 이익의 아들 대봉과 장 한림의 딸 애황은 서로 혼약하지만, 간신의 흉계로 두 집안 사람들이 모두 이별한다. 애황은 겁탈의 위험에서 도망하여 남장하고 열심히 공부하여 과거에 급제한다. 때마침 남 선우(남쪽의 오랑캐)가 침략하고 애황은 전쟁에 참여하여 공을 세운다(여성 영웅의 활약). 애황이 전투에 나가 있는 동안 북 흉노(북쪽의 오랑캐)가 침략하고 이에 황제는 궁을 버리고 도망한다. 산에서 병법을 익히던 대봉은 위기에 처한 황제를 구하고, 돌아오는 길에 아버지와도 재회한다. 돌아온 애황은 자신이 여자임을 밝히고 대봉과 결혼한다. 그 후 남 선우와 북 흉노가 다시 쳐들어온다.

이때 애황이 잉태한(임신한) 지 칠 삭이라(일곱 달이 된지라). 각각 말을 타고 대봉이 애황의 손을 잡고 말하기를,

"그대가 잉태한 지 칠삭이라. 복중의(배 속의) 태아가 안전하기를 어찌 바라리오. 부디 몸을 안보하여(안전하게 보호하여) 무사히 돌아와 다시 상면함을(서로 얼굴을 바라봄) 천만 바라노라."

하며 연연한(이어지는) 정을 이기지 못하더라. 또 애황이 말하기를,

"원수는(이대봉) 첩을 생각지 말으시고 대군을 거느려 한 번 북을 쳐 도적을 파하고(무찌르고) 수이(쉬이) 돌아와 황상의(황제) 근심을 덜고 태상 태후의 근심을 덜게 하소서."

마상에서(말 위) 서로 분수상별(分袖相別)(소맷자락을 떼고 서로 이별한다는 뜻으로, 작별을 이르는 말)하고 대봉은 북으로 향하고 애황은 남으로 향하여 행군하더라. ▶ 대봉과 애황이 각기 북 흉노와 남 선우를 치러 헤어짐

각설(화제를 다른 데로 돌릴 때 쓰는 말), 이때 남 선우 대병을 거느려 진남관에 웅거하여(일정한 지역을 차지하고 굳게 막아 지켜) 황성 대군을(황제의 군대. 즉 애황이 이끄는 부대) 기다리더니 장 원수(애황) 수십 일 만에 진남에 득달하니(목적한 곳에 도착하니) 진남관 수문장이 고왈,

"적병이 엄장(嚴壯)하니(태도가 엄하고 장하니) 원수는 경적(輕敵)지(적을 가벼이 여기지) 마옵소서."

하거늘 원수 진남관 오 리 밖에 진을 치고 격서를 보내어 싸움을 돋우더라. 선우 선봉장(제일 앞에 진을 친 부대를 지휘하는 장수) 골통을 명하여 원수를 대적하라 하니 골통이 청령(聽令)하고(명령을 주의 깊게 듣고) 접응할새 원수가 전일의 출전 제장을(여러 장수) 거느리고 갔으므로 그대로 군호를 삼고 전투에 임할 때, 백금 투구에 흑운포를 입고 칠 척 참사검을 높이 들고 준총을(매우 빠른 말) 비껴 타고 적진에 달려들며 남주작 북현무와 청룡 백호를(각각 남, 북, 동, 서를 상징하는 동물. 즉 동서남북을 의미함) 호령하여 적진 후군을 엄살하고(별안간 습격하여 죽이고) 원수는 골통을 맞아 싸워 반 합이(칼과 창이 서로 마주치는 횟수를 세는 단위) 못되어 원수의 칼이 공중에 빛나며 골통의 머리를 베어 들고 좌충우돌하니 전일의 용맹을 오늘날과 비교하니 오늘날 용맹이 배승(倍勝)이라(배로 뛰어남이라). 삼십여 합의 대전 끝에

팔십 만 대병을 몰아치고 선우 또한 당하지 못할 줄을 알고 군사를 거느려 도망치거늘 적군을 무른 풀 치듯 하니 군사 주검이 묘 같고 피 흘러 내가 되니 뉘 아니 겁을 내리오? 적진 장졸이 원수의 용맹을 보고 물결 흩어지듯 하더라. 선우 죽기로써 내닫더니 원수 일고성(一高聲)에 검광이 번듯하더니 선우 칼에 맞고 낙마하거늘 선우의 목을 함에 봉하여 남만 오국에 보내고 남은 적진 장졸은 제장을 호령하여 씨 없이 다 죽이고 백성을 진무(鎭撫)하더라. / 이때 오국 왕이 선우의 목을 보고 금은과 채단을 수레에 싣고 항서를 올리며 죽기로써 사죄하더라.

애황의 전적에 대한 과장된 묘사 / 서술자의 개입. 편집자적 논평 / 한 번의 높은 고함 / 말에서 떨어지거늘 / 남쪽 오랑캐의 나라 / 평정하고 달래더라 / 온갖 비단 / 항복 문서

▶ 애황이 남 선우를 물리치고 오국 왕의 사죄를 받음

중략 부분 줄거리 | 오국 왕의 사죄와 금은, 채단을 받은 애황은 환궁 길에 오른다.

환궁하던 중 하양에 도착하여 원수 몸이 곤핍(困乏)하여 말을 세우고 쉬던 차에 원수 복통이 심하더니 혼미 중에 자식을 낳으니 활달한 기남자라. 삼일 조리하고 말을 못 타매 수레를 타고 행군하더라.

황제를 뵙기 위해 궁궐에 돌아오던 / 애황 / 매우 피곤하여 / 기력이 쇠진하여 의식이 몽롱한 상태 / 재주가 매우 뛰어난 남자

▶ 애황이 환궁 길에 아들을 낳음

각설, 이때에 대봉이 행군 팔십 일 만에 북지를 득달하나 흉노 대병이 태산을 등져 진을 쳤거늘 원수 백이 평사에 진을 치고 필마단검으로 호진에 달려들어 우레 같은 소리를 천둥같이 지르며「동에 번듯 서장을 베고 남에 번듯 북장을 베고 서로 가는 듯 동장을 베고 동으로 가는 듯 서장을 베고 선진에 번듯 중장을 베고 좌충우돌 횡행하니」군사와 장수 넋을 잃어 분주할 제 서로 밟혀 죽는 자가 태반이 넘고 오추마 닫는 앞에 청룡도 번듯하며 순식간에 무찌르고 이름 없는 장수 팔십여 명을 베고 초국 대병을 몰아 엄살하니 원수의 용맹은 천신 같고 닫는 말은 비룡이라. 흉노 백만 대병이 일시에 흩어지니 흉노 당하지 못하야 군사를 거느려 달아나고자 하더니 좌우 복병이 밀려와 갈 곳이 없는지라. 황황급급하던 차에 일성 호통과 함께 청룡도 번듯하며 흉노의 머리를 베어 들고 적군을 호령하니 망풍귀순(望風歸順)하여 일시에 항복하는지라. 장수는 곤장 삼십 대에 이마 위에다 패군장이라 새겨 방출하고 군사는 낱낱이 곤장 삼십 대씩 몰아치고 돌려보내니 원수의 은덕을 축수하며 살아 돌아감을 사례하더라.

이대봉 / 서쪽의 장수 / 한 필의 말과 칼 한 자루 / 「 」: 대봉의 신출귀몰함 / 북쪽의 장수 / 동쪽의 장수 / 서쪽의 장수 / 앞쪽 진 / 중앙의 장수 / 아무 거리낌없이 제멋대로 행동하니 / 검은 털에 흰 털이 섞인 말 / 별안간 습격하여 죽이니 / 하늘에 있다는 신령 / 매우 황급하던 / 높은 명망과 좋은 풍채를 보고 우러러 생각하여 반항심을 버리고 스스로 복종하여 / 전쟁에서 패한 장군이라 / 두 손을 마주 대고 빌며 / 감사히 여기더라

▶ 이대봉이 북 흉노를 섬멸함

원수 흉노의 목을 토번 가달국으로 보내어 말하기를, / "너희가 천시를 모르고 천위를 범하였으니 만일 항복지 아니하면 이같이 죽여 천하를 평정할 것이니 빨리 회보(回報)하라."

하고 격서와 동봉하여 보내거늘 토번 가달이 원수의 용맹을 포문(飽聞)하고 황겁하여 일시에 항복하고 항서와 예단을 갖추고 사신을 보내어 사죄하거늘 진상품과 예단을 수레에 싣고 항서를 받으며 사신을 나입하여 수죄 후에,

"만일 다시 범죄하면 토번 가달 인종을 멸할 것이니 연연 조공을 동지 사신으로 바치라. 만일

오늘날의 티베트 / 하늘의 뜻이 있는 시기 / 천자(황제)의 자리 / 요구에 대하여 대답을 하라 / 적군을 꾸짖는 글 / 익히 듣고 / 겁이 나서 얼떨떨하여 / 잡아들여 / 범죄 행위를 들추어 세어 낸 후에 / 침략하면 / 해마다 / 매년 동지를 전후하여 가던 사신

태만하면 죄를 면치 못하리라." ▶ 토번 가달국이 이대봉에게 항복함

하고 방출하니 청령하고 돌아가더라. 창곡을 흩어 백성을 구휼하고(창고에 있는 곡식을 가난한 백성들에게 나눠 주고) 돌아오더니 원수 마음이 심란하여 제장을 불러 말하기를, / "군사를 거느려 오라. 나는 급히 가 왕후의 존망(생존과 사망)을 알리라." 하며 말을 재촉하여 주야로 달려 황성으로 향하더라.

팔십 일에 갔던 길을 사오 일에 득달하여(전기적(傳奇的) 요소를 통해 영웅성을 강조함) 황상께 뵈온대 상이 대경희사하사(크게 놀라고 기뻐하사), "원수 독행(獨行)(혼자 옴)이 무삼 연고뇨?"

하니, 대봉이 복지 주(奏) 왈(땅에 엎드려 아뢰어 말하기를) 전후 사정을 주달하고(임금께 아뢰고) 즉시 발행하여 남으로 행하더니 수일 만에 남주 땅에 이르니 장 원수 군을 거느려 회군하거늘 두 원수 서로 공을 치하하고 못내 반기며 아기를 살펴보니 영웅준걸지상(영웅과 준걸(재주와 슬기가 매우 뛰어난 사람)의 모습)이라. ▶ 대봉이 황제를 뵙고 남으로 행하여 애황과 아들을 만남

뒷부분 줄거리 | 전란을 평정한 대봉과 애황은 부귀영화를 누리다가 일생을 마친다.

핵심 정리

- 갈래: 고전 소설(군담 소설, 영웅 소설)
- 성격: 전기적(傳奇的), 비현실적
- 구성: '발단 – 전개 – 위기 – 절정 – 결말'의 5단 구성

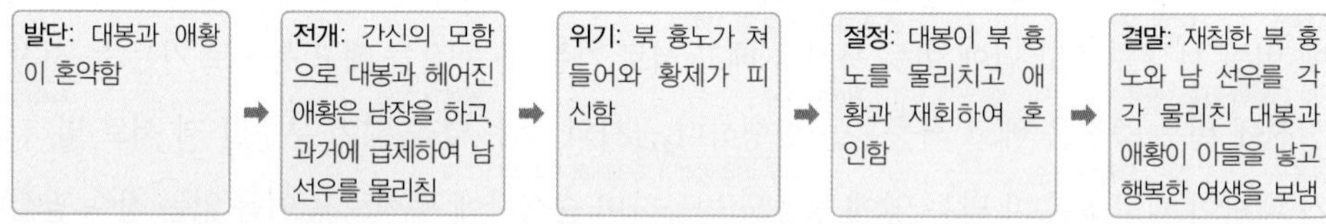

발단		전개		위기		절정		결말
발단: 대봉과 애황이 혼약함	➡	전개: 간신의 모함으로 대봉과 헤어진 애황은 남장을 하고, 과거에 급제하여 남 선우를 물리침	➡	위기: 북 흉노가 쳐들어와 황제가 피신함	➡	절정: 대봉이 북 흉노를 물리치고 애황과 재회하여 혼인함	➡	결말: 재침한 북 흉노와 남 선우를 각각 물리친 대봉과 애황이 아들을 낳고 행복한 여생을 보냄

- 제재: 이대봉과 장애황의 영웅적 행적
- 주제: 나라를 위기에서 구하고 사랑을 이루는 남녀 주인공의 활약상
- 특징: ① 남장한 여주인공이 여성임이 밝혀진 뒤에도 다시 전쟁에 참여함
  ② 작품의 전개가 한 남녀의 '혼인 약속 – 헤어짐 – 시련 – 재결합'으로 구성됨
- 인물 분석
  - 이대봉, 장애황: 남성 영웅과 여성 영웅의 전형. 뜨거운 부부애를 보여 주며 부모의 원수를 갚는 의지적인 인물임

한눈에 보기

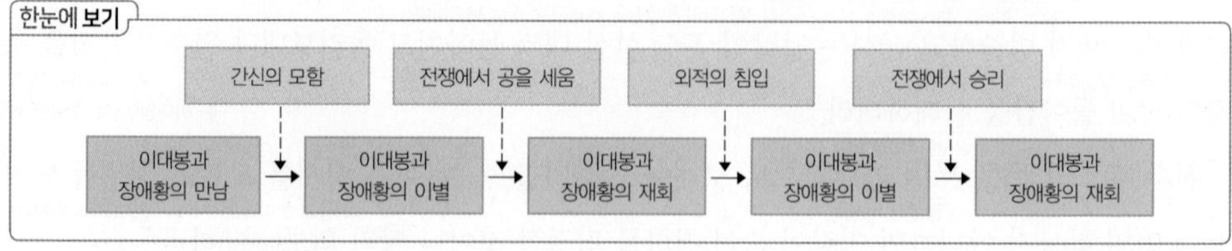

필수 문제

01 이 글과 〈박씨전〉의 공통점과 차이점을 각각 쓰시오.

02 이 글의 구성은 이대봉과 장애황의 (　　　　　)와/과 (　　　　　)의 반복으로 이루어진다.

96 마장전(馬駔傳) | 박지원

필수

출제 포인트

송욱, 조탑타, 장덕홍 세 사람이 군자의 사귐에 대해 어떻게 생각하는지 알아보고, 이 글의 표현상의 특징을 파악해 보자.

감상 길잡이

이 글은 《방경각외전》에 수록된 구전(九傳) 가운데 첫 작품이다. 〈양반전〉을 제외한 연암 박지원의 다른 소설이 긍정적 인물을 주인공으로 내세워 그의 삶을 보여 주는 형식인 데 비해, 〈마장전〉은 세 걸인이 서로 벗이 되어 세상을 떠돌아다니면서 권세, 명예, 이익만 추구하는 양반들의 신의 없는 사귐을 비판하고 풍자하는 형식을 취하고 있다. 이 글은 서두에서 말 거간꾼의 가식적인 신의와 교활한 행위를 제시함으로써 군자의 사귐이 이러한 말 거간꾼의 술수와 같다는 것을 대조적으로 보여 주면서 '신의(信義)'의 문제를 드러낸다. 양반 계층의 부정적 형태에 대한 신랄한 풍자를 효과적으로 나타내기 위해 세 인물이 역할을 분담하여 직설과 반어를 적절히 구사하고 있는 점이 특징이다.

「"말 거간꾼과 집 거간꾼 따위들이 손바닥을 치면서 옛날 관중, 소진을 흉내 내어 닭·개·말·소 등의 피를 마시며 맹세한다."더니 과연 그렇다.」

(거간꾼: 사고파는 사람 사이에 들어 흥정을 붙이는 일이 직업인 사람 / 관중: 중국 제나라의 재상. 포숙아와의 우정으로 유명함 / 소진: 중국 전국 시대의 유세가 / 닭·개·말·소 등의 피를 마시며: 고대 중국에서 맹세를 할 때 행하던 풍습 → 가식적으로 신의가 있음을 보여 주는 모습 / 「 」: 군자의 사귐이 말 거간꾼 등의 술수와 같다는 것을 풍자하기 위해 제시한 부분)

「"이별이 다가온다."라는 말을 듣자마자 가락지를 팽개치고 수건을 찢어 버리며, 등불을 등진 채 바람벽을 향하여 머리를 숙이고 슬픈 목소리를 머금는 여인이야말로 믿음직스러운 첩이었다.」 또한 간을 도할 듯이 쓸개를 녹일 듯이, 손을 마주 잡고 마음을 내보이는 자야말로 믿음직스러운 벗이었다.

(믿음직스러운 첩: 반어 / 「 」: 교활한 첩의 모습 / 간을 도할 듯이 ~ 내보이는: 상대방이 자신을 믿게 하기 위한 행동 / 믿음직스러운: 반어)

그러나 콧마루에 부채를 세운 채 양쪽 눈을 깜박거리는 것이 거간꾼의 요술이다. 위험한 말로 움직여 보기도 하거니와 아름다운 말로 핥아 주기도 하고, 그가 꺼리는 것을 꼬집어 내기도 하며, 강한 놈에게는 위협으로, 약한 놈에게는 억압으로, 같은 것들끼리는 흩어지게 하고, 헤어져 있는 것들은 합치게 해 주는 솜씨는 패자(覇者)나 변사(辯士)들이 마음대로 열고 닫는 임기응변이기도 하다. 〈중략〉

(패자: 무력이나 권력, 권모술수로 천하를 다스리는 사람 / 변사: 말솜씨가 아주 능란한 사람)

▶ 거짓 신의와 권모술수의 사회상

송욱, 조탑타, 장덕홍 세 사람이 광통교 위에서 벗 사귀는 방법(方法)을 서로 논하였다. 탑타가 이렇게 말하였다.

(송욱, 조탑타, 장덕홍: 걸인들. 세속적인 사교 방법을 버리고 참된 우정을 추구하는 인물들 / 광통교: 한양에 있던 다리)

"내가 아침나절에 바가지를 두드리면서 밥을 빌러 가다가 어떤 가겟집에 들렀거든. 때마침 가게 이층에 올라가서 옷감을 흥정하는 자가 있었는데, 그는 옷감을 골라서 혀로 핥아 보고는, 공중을 쳐다보며 햇빛에다 비추어서 그 두터운 정도를 따져 보더군. 그 옷감의 값은 그들의 입에 달렸는데, 서로 먼저 부르라고 사양하더라구. 얼마 지나자 두 사람 다 옷감에 대한 일은 잊어버렸어. 옷감 가게 주인은 갑자기 먼 산을 바라보며 노래를 부르는데, 그 소리가 구름 위로 치솟더군. 그 사람도 뒷짐을 지고 어정거리며 벽 위에 걸린 그림을 보더라구."

(두 사람, 그들: 옷감 가게 주인과 손님 / 먼 산을 바라보며 노래를 부르는데: 무심한 체하는 모양)

송욱이 / "네가 벗 사귀는 도리는 그럴 듯하지만, 참된 도리는 그게 아냐."

조선 후기

풍자 · 도덕 소설

하자, 덕홍도

"꼭두각시에 휘장을 드리운 것은, 그것을 당기는 노끈이 있기 때문이지." / 송욱이 말하였다.

(휘장: 장막)

"너하고는 벗에 대하여 논할 수 있겠구나. 내가 아까 그 가운데 하나를 가르쳤더니, 너는 벌써 둘을 아는구나.『온 천하 사람들이 쫓아가는 것은 오로지 세(勢)요, 서로 다투어 얻으려 하는 것은 명(名)과 이(利)야. 그러니까 술잔이 처음부터 입과 더불어 꾀한 것은 아니었지만, 팔이 저절로 굽어든 까닭은 자연스러운 세(勢)이기 때문이지. 저 학이 서로 소리를 맞추어 우는 것도 명(名)을 위해서가 아니겠는가. 아름다운 벼슬이라는 것도 이(利)를 말하는 거야. 그러나 쫓아오는 자가 많아지면 세(勢)가 나누어지고, 얻으려는 자가 많아지면 명(名)과 이(利)도 공(功)이 없는 법이지.』그래서 군자가 이 세 가지에 대하여 말하기를 싫어한 지가 오래 되었단다. 내가 일부러 은어(隱語)를 써서 네게 가르쳤는데, 너는 알아들었구나."

(너: 덕홍 / 세(勢): 권세 / 명(名): 명예 / 이(利): 이익)

(「 」: 양반들의 사교는 겉으로는 고결하고 군자스러운 것 같지만, 실제로는 권세와 명예와 이익을 추구하는 것임)

(은어(隱語): 다른 사람들이 알아듣지 못하도록 자기네 구성원들끼리만 빈번하게 사용하는 말)

중략 부분 줄거리 | 송욱은 남과 사귈 때에 오직 앞서 잘한 것들만 칭찬하고, 그가 미처 생각하지 못한 점도 깨우쳐 주지 말고, 여러 사람이 모인 곳에서 어떤 사람을 제일이라고 추어올리지 않는 게 좋다고 주장한다.

"그러므로 벗을 사귀는 데 다섯 가지 방법이 있으니,『장차 그를 칭찬하려고 한다면 먼저 잘못을 드러내어서 꾸짖을 것이며, 장차 기쁨을 보여 주려면 먼저 노여움으로 밝혀야 하네. 장차 친하게 지내려고 한다면 먼저 내 뜻을 꼿꼿이 세우고 몸가짐은 수줍은 듯이 가져야 하네. 남들로 하여금 나를 믿게 하려면, 짐짓 의심스러운 듯이 기다려야 하네.』대개 열사(烈士)는 슬픔이 많고, 미인은 눈물이 많은데, 영웅이 잘 우는 까닭은 남의 마음을 움직이려고 하기 때문이야. 이 다섯 가지 방법이 군자(君子)의 비밀 계획인 동시에 처세(處世)하는 데 쓰는 아름다운 방법이지."

(내 뜻을 꼿꼿이 세우고: 자존심 / 열사(烈士): 나라를 위하여 절의를 굳게 지키며 충성을 다하여 싸운 사람)

(「 」: 벗을 사귀는 다섯 가지 방법 – 벗을 사귀는 데 작위적인 술수를 동원함)

(처세(處世)하는: 사람들과 사귀며 살아가는 / 아름다운 방법: 풍자, 반어)

탑타가 그 말을 듣고서 덕홍에게 물었다.

"송 군의 말은 너무 어렵고 은어라서, 나는 알아듣지 못하겠네."

"에이, 더럽구나. 너는 그것을 말이라고 하느냐? 내 말을 들어 봐라.『대체로 가난한 사람은 바라는 것이 많기 때문에 정의를 한없이 그리워해서, 저 하늘을 쳐다봐야 가물가물하건만 오히려 곡식이라도 쏟아질 것이라고 생각한단다. 남의 기침 소리만 들어도 목을 석 자나 뽑곤 하지. 그러나 재산을 모으는 자는 인색하다는 이름쯤은 부끄러워하지도 않으니, 남이 나에게 무엇을 바라는 생각조차 못하게 하는 거야.

또 천한 사람은 아낄 것이 없으므로 그의 충성심은 어떤 어려운 일이라도 사양하지 않는 법이지. 왜 그런가 하면, 물을 건널 때에 옷을 걷지 않는 까닭은 다 떨어진 홑바지를 입었기 때문이고, 수레를 타는 사람이 가죽신 위에다 덧버선을 신는 까닭은 진흙이 스며들까 봐 걱정하기 때문이거든. 가죽신 밑창까지도 아끼는 사람이 제 몸뚱이야 오죽하겠느냐? 그러기에 충(忠)이니 의(義)니 하고 부르짖는 것은 가난하고 천한 자들의 상투적인 구호일 뿐이고, 부귀를 누리는 자들에게는 논할 거리도 안 되는 거야.」 「 」: '충'과 '의'에 대한 명분만 내세우고 실천하지 않는 군자 비판

탑타가 추연히 얼굴빛을 붉히면서 말하였다.

"내가 한평생 벗을 하나도 사귀지 못할지언정, 너희들 말처럼 '군자의 사귐'은 안 하겠다." 진정한 군자의 사귐이 행해지지 않는 현실을 역설적으로 풍자

그래서 세 사람이 서로 갓과 옷을 찢어 버리고, 때묻은 얼굴과 흐트러진 머리에다 새끼줄을 띠 삼아 졸라매고는 시장 바닥에서 노래 불렀다. 풍자 효과의 극대화

▶ 교우(交友)에 대한 송욱, 탑타, 덕홍의 논의

뒷부분 줄거리 | 세 사람의 이야기를 들은 골계(滑稽) 선생은 인간 관계에 개재해 있는 틈(間)과 아첨에 대해 개진한다.

핵심 정리

- 갈래: 고전 소설(한문 소설, 풍자 소설)
- 성격: 비판적, 풍자적
- 구성: '도입 – 전개 – 평결'의 3단 구성

도입: 거짓 신의와 권모술수의 사회상과, 신의(信義)에 대한 서술자의 견해 ➡ **전개**: 교우(交友)에 대한 송욱, 장덕홍, 조탑타의 논의 ➡ **평결**: 골계 선생의 우정론

- 제재: 군자들의 사귐
- 주제: 군자(선비)들의 위선적이고 신의 없는 사귐에 대한 풍자·비판
- 특징: ① 문장 표현이 함축성을 담고 있음 – 반어법
  ② 등장인물의 문답식 대화를 통해 작가의 의도를 드러냄
- 인물 분석
  - 송욱: 지식과 이론이 뛰어난 인물로, 세속적인 사교 방법을 버리고 참된 우정을 추구함
  - 장덕홍: 송욱의 은어를 빨리 해득하고 시문을 인용하는 인물로, 송욱과 같이 참된 우정을 추구함
  - 조탑타: 순진무구한 개성을 가진 인물로, 다소 어리숙하나 끝까지 송욱, 장덕홍과 함께함

한눈에 **보기**

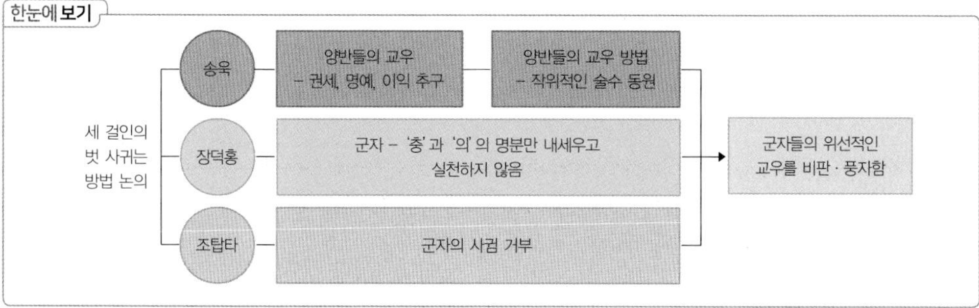

필수 문제

01 이 글에서 '군자의 속성'이 직접적으로 드러난 부분을 찾아 쓰시오.

02 [서술형] 이 글이 세 사람의 대화로만 진행되는 것이 소설 주제 구현에 어떠한 효과를 주는지 서술하시오.

97 양반전(兩班傳) | 박지원

교과서 EBS 모의 기출

출제 포인트

양반의 신분을 사고파는 과정에서 드러나는 각 인물의 성격과 태도를 파악해 보고, 양반 매매 증서의 내용을 바탕으로 이 글의 주된 풍자 내용 및 비판 대상에 대해 알아보자.

감상 길잡이

이 글은 조선 후기 양반들의 경제적 무능과 허식적인 생활 태도를 폭로하고 비판한 한문 소설이다. 작가는 신분 질서가 문란해진 조선 후기를 바탕으로 하여, 양반이 양반답지 못한 현실을 개탄하고 있다. 첫 번째 양반 문건에 규정된 엄격한 준수 조항은 형식과 가식에 얽매여 꼼짝도 할 수 없게 된 양반 사류(士類)의 모습을 희화화하고, 2차로 작성된 문건은 양반들의 작폐를 보여 줌으로써 양반 사회의 비행을 비판하고 있다.

양반(兩班)이란, 사족(士族)들을 높여서 부르는 말이다.
(사족: 선비나 무인(武人)의 집안이나 그 자손)

정선군(旌善郡)에 한 양반이 살았다. 「이 양반은 어질고 글 읽기를 좋아하여 매양 군수가 새로 부임하면 으레 몸소 그 집을 찾아와서 인사를 드렸다. 그런데 이 양반은 집이 가난하여 해마다 고을의 환자(還子)를 타다 먹은 것이 쌓여서 천 석에 이르렀다.」
(정선군: 공간적 배경 / 매양: 언제나, 번번이 / 그: 양반 / 환자: 각 고을에서 백성에게 곡식을 꾸어 주던 제도. 또는 그 곡식 / 「 」: 모순된 사회 상황 제시(인품이 어질고 학문이 깊어 존경을 받음 ↔ 경제적으로 무능함) – 양반 매매의 원인 제공)

강원도 감사(監司)가 군읍(郡邑)을 순시하다가 정선에 들러 환곡(還穀)의 장부를 열람하고 대노해서
(감사: 조선 시대에 둔, 각 도의 으뜸 벼슬 / 순시하다가: 돌아다니며 보살피다가 / 대노해서: 크게 화가 나서)

"어떤 놈의 양반이 이처럼 군량(軍糧)을 축냈단 말이냐?"
(군량: 환곡은 원래 국가 비상시를 대비한 군량이었음)

하고, 곧 명해서 그 양반을 잡아 가두게 했다. 군수는 그 양반이 가난해서 갚을 힘이 없는 것을 딱하게 여기고 차마 가두지 못했지만 무슨 도리도 없었다.
(같은 양반을 동정하는 군수)

양반 역시 밤낮 울기만 하고 해결할 방도를 찾지 못했다. 그 부인이 역정을 냈다.
(현실에 적응하지 못하는 무능한 양반의 실상 비판 / 부인: 작가 의식의 대변자 / 역정: 몹시 언짢거나 못마땅해 하며 내는 성)

"당신은 평생 글 읽기만 좋아하더니 고을의 환곡을 갚는 데는 아무런 도움이 안 되는군요. 쯧쯧 양반, 양반이란 한 푼어치도 안 되는걸."
(양반의 비생산성 비판)

▶ 양반이 환곡을 갚지 못해 곤란에 처함(발단)

그 마을에 사는 한 부자가 가족들과 의논하기를 / "양반은 아무리 가난해도 늘 존귀하게 대접받고 나는 아무리 부자라도 항상 비천(卑賤)하지 않느냐. 「말도 못하고, 양반만 보면 굽신굽신 두려워해야 하고, 엉금엉금 가서 정하배(庭下拜)를 하는데 코를 땅에 대고 무릎으로 기는 등 우리는 노상 이런 수모를 받는단 말이다.」 이제 동네 양반이 가난해서 타먹은 환자를 갚지 못하고 아주 난처한 판이니 그 형편이 도저히 양반을 지키지 못할 것이다. 내가 장차 그의 양반을 사서 가져 보겠다." / 부자는 곧 양반을 찾아가 보고 자기가 대신 환자를 갚아 주겠다고 청했다. 양반은 크게 기뻐하며 승낙했다. 부자는 즉시 곡식을 관가에 실어가서 양반의 환자를 갚았다.
(정하배: 뜰 아래에서 절을 함 / 「 」: 양반들로부터 당한 수모를 열거함 – 양반 신분을 사는 중요한 동기가 됨 / 양반은 크게 기뻐하며 승낙했다: 대가를 받고 신분을 파는 양반답지 못한 모습 – 몰락한 양반의 실상)

▶ 마을의 한 부자가 양반의 환자를 갚아 주고 양반 신분을 사기로 함

군수는 양반이 환곡을 모두 갚은 것을 놀랍게 생각했다. 군수가 몸소 찾아가서 양반을 위로하고 또 환자를 갚게 된 사정을 물어보려고 했다. 「그런데 뜻밖에 양반이 벙거지를 쓰고 짧은 잠방이를 입고 길에 엎드려 '소인'이라고 자칭하며 감히 쳐다보지도 못하고 있지 않는가.」 군수가 깜짝
(벙거지: 주로 병졸이나 하인이 쓰던, 검고 두껍게 만든 모자 / 잠방이: 가랑이가 무릎까지 내려오는 짧은 남자용 홑바지 / 「 」: 부자에게 양반의 신분을 팔았으므로 평민이 벼슬아치를 대하듯 하고 있음 – 양반을 희화화함)

놀라 내려가서 부축하고 / "귀하는 어찌 이다지 스스로 낮추어 욕되게 하시는가요?"
신임 군수들이 몸소 찾아가 인사를 드릴 정도로 덕망이 높은 사람이 갑자기 평민의 옷차림을 하고 엎드려 있는 까닭에 의아하고 당혹스러워 묻는 말

하고 말했다. 양반은 더욱 황공해서 머리를 땅에 조아리고 엎드려 아뢰었다.

"황송하오이다. 소인이 감히 욕됨을 자청하는 것이 아니오라, 이미 제 양반을 팔아서 환곡을 갚았습지요. 동리의 부자 사람이 양반이올습니다. 소인이 이제 다시 어떻게 전의 양반을 모칭(冒稱)해서 양반 행세를 하겠습니까?"
성명을 거짓으로 꾸며 대어
▶ 양반이 자신의 신분을 팔고 평민을 자처함

군수는 감탄해서 말했다. /「"군자로구나 부자여! 양반이로구나 부자여! 부자이면서도 인색하지 않으니 의로운 일이요, 남의 어려움을 도와주니 어진 일이요, 비천한 것을 싫어하고 존귀한 것을 사모하니 지혜로운 일이다. 이야말로 진짜 양반이로구나.」그러나「사사로 팔고 사고서 증서를 해 두지 않으면 송사의 꼬투리가 될 수 있다. 내가 너와 약속을 해서 군민(郡民)으로 증인을 삼고 증서를 만들어 미덥게 하되 본관이 마땅히 거기에 서명할 것이다."」
계급 사회에서는 특권이 많은 높은 신분을 사모하는 것이 당연하므로 지혜롭다는 의미
「 」: 부자의 덕을 칭찬하는 군수
송사: 백성들끼리의 분쟁을 관청에 호소하여 그 판결을 구하는 일
너: 양반
「 」: ① 신분 매매가 용인되었던 시대상이 나타남 ② 뒤의 증서의 내용으로 보아 양반 되기를 포기하도록 유도하는 행위임 – 군수의 기지가 엿보임
미덥게: 믿음성 있게
▶ 군수가 양반 매매 증서를 작성할 것을 제의함

그리고 군수는 관부(官府)로 돌아가서 고을 안의 사족(士族) 및 농공상(農工商)들을 모두 불러 관정(官庭)에 모았다.「부자는 향소(鄕所)의 오른쪽에 서고 양반은 공형(公兄)의 아래에 섰다.」
공형: 서리(胥吏) 중의 중요한 직임을 맡은 사람들
관정: 관가의 뜰
향소: 향청의 좌수와 별감
「 」: 당시 사회의 전형적인 계층 구조를 보여 줌

그리고 증서를 만들었다.
▶ 군수가 양반 매매 증서를 작성함(전개)

건륭(乾隆) 10년 9월 ◯일 / 위에 명문(明文)은 양반을 팔아서 환곡을 갚은 것으로 그 값은 천 석이다. / 오직 이 양반은 여러 가지로 일컬어지나니 글을 읽으면 가리켜 사(士)라 하고 정치에 나아가면 대부(大夫)가 되고, 덕이 있으면 군자(君子)이다. 무반(武班)은 서쪽에 늘어서고 문반(文班)은 동쪽에 늘어서는데 이것이 '양반'이니 너 좋을 대로 따를 것이다.
건륭 10년: 1745년(영조 21년). 건륭은 청나라 고종의 연호
명문: 증서
대부: 벼슬의 품계에 붙이는 칭호. 조선 시대에는 정일품에서 종사품까지의 벼슬에 붙임

야비한 일을 딱 끊고 옛을 본받고 뜻을 고상하게 할 것이며,「늘 오경(五更)만 되면 일어나 황(硫)에다 불을 당겨 등잔을 켜고서 눈은 가만히 코끝을 보고 발꿈치를 궁둥이에 모으고 앉아《동래박의(東萊博義)》를 얼음 위에 박 밀듯 왼다. 주림을 참고 추위를 견뎌 입으로 설궁(說窮)을 하지 아니하되 고치·탄뇌(叩齒彈腦)를 하며 입 안에서 침을 가늘게 내뿜어 연진(嚥津)을 한다. 소맷자락으로 모자를 쓸어서 먼지를 털어 물결 무늬가 생겨나게 하고, 세수할 때 주먹을 비비지 말고, 양치질해서 입내를 내지 말고, 소리를 길게 뽑아서 여종을 부르며, 걸음을 느릿느릿 옮겨 신발을 땅에 끈다. 그리고《고문진보(古文眞寶)》,《당시품휘(唐詩品彙)》를 깨알같이 베껴 쓰되 한 줄에 백 자를 쓰며, 손에 돈을 만지지 말고, 쌀값을 묻지 말고, 더워도 버선을 벗지 말고, 밥을 먹을 때 맨상투로 밥상에 앉지 말고, 국을 먼저 훌쩍 떠 먹지 말고, 무엇을 후루루 마시지 말고, 젓가락으로 방아를 찧지 말고, 생파를 먹지 말고, 막걸리를 들이켠 다음 수염을 쭈욱 빨지 말고, 담배를 피울 때 볼에 우물이 파
오경: 새벽 3시에서 5시 사이
황: 초
동래박의: 송나라 여조겸이 지은《춘추좌씨전》에 대한 사평(史評)
얼음 위에 박 밀듯: 멈춤 없이 유창하게
설궁: 구차한 형편을 남에게 말함
고치·탄뇌: 도가의 양생법으로, 이를 마주치고 머리를 두드림
연진: 도가의 양생법으로, 새벽에 침을 입 안에서 여러 번 뿜었다가 나누어서 가늘게 삼킴
고문진보: 중국 역대 명시문을 모은 책
당시품휘: 당나라 시대 시선집

이게 하지 말고, 화난다고 처를 두들기지 말고, 성내서 그릇을 내던지지 말고, 아이들에게 주먹질을 말고, 노복(奴僕)들을 야단쳐 죽이지 말고, 마소를 꾸짖되 그 판 주인까지 욕하지 말고, 아파도 무당을 부르지 말고, 제사 지낼 때 중을 청해다 재(齋)를 드리지 말고, 추워도 화로에 불을 쬐지 말고, 말할 때 이 사이로 침을 흘리지 말고, 소 잡는 일을 말고, 돈을 가지고 놀음을 말 것이다.」이와 같은 모든 품행이 양반에 어긋남이 있으면 이 증서를 가지고 관(官)에 나와서 변정할 것이다.

사내종 / 말과 소를 아울러 이르는 말 / 성대한 불공이나 죽은 이를 천도하는 법회

「 」: 공허한 관념과 겉치레만을 중시하는 양반들의 생활 태도를 풍자 · 폭로함

옳고 그름을 가리어 바로잡음. 여기에서는 양반의 규범을 어길 경우 양반의 신분을 빼앗을 수도 있다는 의미

성주(城主) 정선 군수(旌善郡守) 화압(花押). 좌수(座首) 별감(別監) 증서(證書).

손으로 서명함

「이에 통인(通引)이 탁탁 인(印)을 찍어 그 소리가 엄고(嚴鼓) 소리와 마주치매 북두성(北斗星)이 종으로, 삼성(參星)이 횡으로 찍혀졌다.」

시간을 알리는 북 / 조선 시대에 경기 · 영동 지역에서 수령(守令)의 잔심부름을 하던 사람 / 오리온 성좌 가운데 나란히 있는 세 개의 별

「 」: 양반 신분을 산 부자에게 위압감을 주는 동시에, 상황의 심각성과 엄숙함을 표현

▶ 1차 양반 매매 증서를 작성함 – 양반의 의무 사항

부자는 호장(戶長)이 증서를 읽는 것을 쭉 듣고 한참 멍하니 있다가 말했다. /「"양반이라는 게 이것뿐입니까? 나는 양반이 신선 같다고 들었는데 정말 이렇다면 너무 재미가 없는 걸요. 원하옵건대 무어 이익이 있도록 문서를 바꾸어 주옵소서."」 그래서 다시 문서를 작성했다.

지방 아전 가운데 으뜸 위치

「 」: 부자의 불만 토로, 실망

양반 신분을 사서 이익을 챙기고자 하는 부자의 의도가 드러남 – 양반과 부자가 동시에 비판과 풍자의 대상이 되는 부분

「"하늘이 민(民)을 낳을 때 민을 넷으로 구분했다. 사민(四民) 가운데 가장 높은 것이 사(士)이니 이것이 곧 양반이다.」양반의 이익은 막대하니 농사도 안 짓고 장사도 않고 약간 문사(文史)를 섭렵해 가지고 크게는 문과(文科) 급제요, 작게는 진사(進士)가 되는 것이다.「문과의 홍패(紅牌)는 길이 2자 남짓한 것이지만 백물이 구비되어 있어 그야말로 돈 자루인 것이다.」진사가 나이 서른에 처음 관직에 나가더라도 오히려 이름 있는 음관(蔭官)이 되고, 잘 되면 남행(南行)으로 큰 고을을 맡게 되어, 귀밑이 일산(日傘)의 바람에 희어지고, 배가 요령 소리에 커지며, 방에는 기생이 귀고리로 치장하고, 뜰에 곡식으로 학(鶴)을 기른다. 궁한 양반이 시골에 묻혀 있어도 무단(武斷)을 하여「이웃의 소를 끌어다 먼저 자기 땅을 갈고 마을의 일꾼을 잡아다 자기 논의 김을 맨들 누가 감히 나를 괄시하랴. 너희들 코에 잿물을 들이붓고 머리 끄덩을 회회 돌리고 수염을 낚아채더라도 누구 감히 원망하지 못할 것이다."」

사, 농, 공, 상

「 」: 당시 사회의 신분 제도가 하늘의 뜻임을 표현함 – 봉건적 신분 질서 유지 이유

온갖 물건 / 문과 과거의 합격증

「 」: 당시 벼슬아치들이 수단과 방법을 가리지 않고 재물을 모으는 것을 풍자

문벌에 따라 벼슬을 내리는 것 / 과거에 의하지 않고 조상의 공덕으로 벼슬길에 나아가는 것

귀밑머리가 양산 밑으로 희게 날리고, 하인들이 대답하는 소리를 들으면 배가 부르다는 의미로, 권위적인 양반의 모습을 엿볼 수 있음

힘을 믿고 강제로 행하여

▶ 2차 양반 매매 증서를 작성함 – 양반의 특권

「 」: 양반 신분의 비도덕적 행위를 고발하는 문장으로 양반의 이중적 속성을 스스로 폭로하고 있음

부자는 증서를 중지시키고 혀를 내두르며

"그만두시오, 그만두어. 맹랑하구먼. 장차 나를 도둑놈으로 만들 작정인가."

양반의 실상을 파악한 부자의 현실 인식 / 양반에 대한 신랄한 풍자

하고 머리를 흔들고 가 버렸다.

부자는 평생 다시 양반 말을 입에 올리지 않았다 한다.

▶ 부자가 양반 되기를 포기함(결말)

부자 자신이 추구했던 존귀라는 가치는 결코 돈으로 살 수 없음을 깨달음 – 양반의 무능함과 무위도식, 부정부패에 대한 비판

핵심 정리

- 갈래: 고전 소설(한문 소설, 단편 소설, 풍자 소설)
- 성격: 풍자적, 고발적, 비판적
- 구성: '발단 – 전개 – 결말'의 3단 구성

발단: 정선의 군수가 환곡을 갚을 능력이 없는 양반을 딱하게 여김	➡	전개: 마을 부자가 양반의 신분을 사고 환곡을 갚아 주겠다고 하자, 군수가 계약 증서를 써 줌	➡	결말: 계약서에 쓰인 양반의 횡포를 알고 부자가 양반 되기를 포기함

- 제재: 양반 신분의 매매
- 주제: ① 양반의 무능력과 위선에 대한 풍자
  ② 선비의 도를 상실한 양반의 타락 비판
  ③ 양반 신분을 돈으로 사려고 하는 부자의 어리석음 풍자
- 특징: ① 몰락하는 양반들의 위선적인 생활 모습을 비판 · 풍자함
  ② 당시 시대상을 반영하여, 평민 부자로 대표되는 새로운 인간형을 제시함
- 의의: ① 독특한 풍자와 해학으로 근대 의식을 보여 줌
  ② 실사구시(實事求是)의 실학사상이 드러남
- 인물 분석
  - 양반: 봉건 사회에 기생하여 살다가 양반의 신분을 팔게 되는 무능력한 인물. 비판의 대상
  - 부자: 조선 후기 사회의 신흥 세력. 돈으로 양반권을 사려 했지만 양반의 모순된 점을 알고 이를 포기함. 비판의 대상
  - 군수: 양반과 부자 간의 양반 매매를 원만히 처리하는 척하면서 부자의 양반 취득을 방해하는 인물
  - 양반의 처: 환곡을 갚지 못하여 훌쩍거리고 있는 남편의 무기력함을 원망하고, 양반의 권위를 부정하는 인물

한눈에 보기

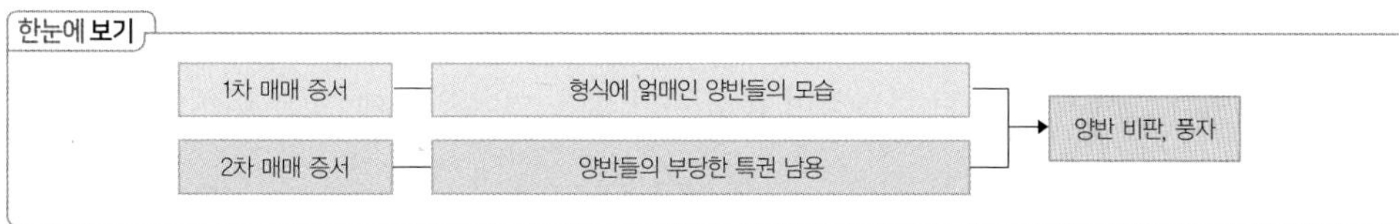

보충·심화 학습

- 〈양반전〉의 풍자 대상

박지원이 이 글을 통해 풍자하고자 한 양반의 모습은 크게 두 가지이다. 첫 번째 문서에서는 양반이 무위도식하며 공허한 관념과 겉치레에만 얽매인 비생산적 계층으로 드러나 있으며, 두 번째 문서에서는 개인적 이익만을 취하며 부당한 특권을 남용하는 집단으로 드러나 있다. 이 중 좀 더 강한 비판이 가해진 것은 두 번째 유형의 특권적 행동이다. 이와 같은 풍자적 비판을 통해 작가는 양반층의 공허한 관념, 비생산성과 부당한 특권 남용이 당시 사회의 커다란 병이요 문제라는 것을 말하고자 한 것이다.

필수 문제

01 [서술형] 이 글에 나타난 신분 매매 양상으로 알 수 있는 당시의 사회상을 서술하시오.

02 [서술형] 작가가 이 글에서 비판하고자 하는 양반의 모습을 구체적으로 서술하시오.

03 이 글에서 양반에 대한 신랄한 풍자를 단적으로 드러낸 단어를 찾아 3음절로 쓰시오.

98 광문자전(廣文者傳) | 박지원

교과서 EBS

출제 포인트

이 글에 제시된 여러 일화를 바탕으로 주인공 '광문' 및 그 주변 사람들의 인물됨을 살펴보고, 작가가 광문을 주인공으로 내세워 제시하고자 한 당대 사회의 새로운 인간형 및 이 글의 주제 의식을 파악해 보자.

감상 길잡이

이 글은 '광문'이라는 이름을 가진 한 비렁뱅이의 성품과 삶의 태도를 그린 연암 박지원의 소설이다. 연암 소설의 특징으로는 현실 비판, 새로운 가치관 제시, 새로운 인물형 제시, 사실적 표현을 들 수 있는데, 이 글은 고전 소설의 전형적인 재자가인(才子佳人) 유형의 인물이 아니라 못생긴 거지인 '광문'을 주인공으로 삼아 새로운 가치관을 제시하고 있다. 연암은 기존의 가치관과 현실을 비판하기 위해서 새로운 가치관을 제시하고, 이 새로운 가치관을 표현하기에 적절한 인물형을 창조해 낸 것이며, 새로운 인물은 평범한 인물이므로 그들을 서술하기 위해서 당시의 시대상을 사실적으로 표현한 것이다. 여기서 새로운 가치란, 기존의 가문과 계층, 재자가인적 능력 중시가 아닌 개인의 인품 중시, 남존여비 사상이 아닌 남녀평등 사상과 만민 평등사상을 일컫는다.

광문(廣文)이라는 자는 거지였다. 일찍이 종루(鐘樓)의 저잣거리에서 빌어먹고 다녔는데, 「거지 아이들이 광문을 추대하여 패거리의 우두머리로 삼고, 소굴을 지키게 한 적이 있었다.」

(광문(廣文): 고전 소설의 전형적인 주인공(재자가인)과는 다른 인물 / 종루(鐘樓): 오늘날 종로 네거리에 있는 종각 / 저잣거리: 가게가 죽 늘어서 있는 거리 / 「 」: 아이들이 광문에게 소굴을 지키게 함. 뒤에 일어나는 사건의 복선)

▶ 거지 아이들의 우두머리가 된 광문

하루는 날이 몹시 차고 눈이 내리는데, 거지 아이들이 다 함께 밥을 얻으러 나가고 그중 한 아이만이 병이 들어 따라가지 못했다. 조금 뒤 그 아이가 추위에 떨며 거듭 흐느끼는데 그 소리가 몹시 처량하였다. 광문이 너무도 불쌍하여 몸소 나가 밥을 빌어 왔는데, 병든 아이를 먹이려고 보니 아이는 벌써 죽어 있었다. 거지 아이들이 돌아와서는 광문이 그 애를 죽였다고 의심하여 다 함께 광문을 두들겨 쫓아내니, 광문이 밤에 엉금엉금 기어서 마을의 어느 집으로 들어가다가 그 집 개를 놀라게 하였다. 집주인이 광문을 잡아다 꽁꽁 묶으니, 광문이 외치며 하는 말이,

(하루는 날이 몹시 차고 눈이 내리는데: 병든 아이가 죽게 되는 사건과 관련된 배경 / 광문이 너무도 불쌍하여 몸소 나가 밥을 빌어 왔는데: 광문의 따뜻한 마음씨, 인간애가 드러남 / 광문이 그 애를 죽였다고: 광문이 뒤집어쓴 누명)

"나는 원수를 피해 온 것이지 감히 도적질을 하러 온 것이 아닙니다. 영감님이 믿지 못하신다면 내일 아침에 저자에 나가 알아보십시오."

(원수: 거지 아이들 / 저자: 시장(市場))

하는데, 말이 몹시 순박하므로 집주인이 내심 광문이 도적이 아닌 줄을 알고서 새벽녘에 풀어 주었다. 광문이 고맙다는 인사를 하고는, 떨어진 거적을 달라 하여 가지고 떠났다. 집주인이 끝내 몹시 이상히 여겨 그 뒤를 밟아 멀찍이서 바라보니, 「거지 아이들이 시체 하나를 끌고 수표교(水標橋)에 와서 그 시체를 다리 밑으로 던져 버리는데,」 「광문이 숨어 있다가 떨어진 거적으로 그 시체를 싸서 가만히 짊어지고 가, 서쪽 교외 공동묘지에다 묻고서 울다가 중얼거리다가 하는 것이었다.」

(말이 몹시 순박하므로: 순진무구한 광문의 성격. 집주인이 광문을 풀어 준 이유 / 떨어진 거적을 달라 하여 가지고 떠났다: 병든 아이의 시체를 묻어 주기 위함 / 수표교(水標橋): 조선 세종 때에 서울 청계천에 놓은 다리 / 「 」: 거지 아이들의 몰인정한 행동 / 「 」: 거지 아이들의 행동과 대조되는 광문의 의로운 행동 – 집주인이 광문을 우대하게 된 계기)

이에 집주인이 광문을 붙들고 사유를 물었다. 광문이 그제야 그전에 한 일과 어제 그렇게 된 상황을 낱낱이 고하였다. 집주인이 내심 광문을 의롭게 여겨, 데리고 집에 돌아와 의복을 주며 후히 대우하였다. 그리고 마침내 광문을 약국을 운영하는 어느 부자에게 천거하여 고용인으로 삼게 하였다.

(집주인이 내심 광문을 의롭게 여겨, 데리고 집에 돌아와 의복을 주며 후히 대우하였다: 신분보다는 사람의 됨됨이를 중요시하는 집주인 / 천거: 어떤 일을 맡아 할 수 있는 사람을 그 자리에 쓰도록 소개하거나 추천함)

▶ 집주인이 광문을 의롭게 여겨 약국 부자에게 천거함(발단)

「오랜 후 어느 날 그 부자가 문을 나서다 말고 자주자주 뒤를 돌아보다, 도로 다시 방으로 들어
「 」: 광문이 의심받는 사건으로, 광문의 인품이 드러나고 널리 알려지는 계기가 되는 사건
가서 자물쇠가 걸렸나 안 걸렸나를 살펴본 다음 문을 나서는데, 마음이 몹시 미심쩍은 눈치였다.
약국 부자가 광문을 의심함
얼마 후 돌아와 깜짝 놀라며, 광문을 물끄러미 살펴보면서 무슨 말을 하고자 하다가, 안색이 달라
돈이 없어진 것을 발견함 광문이 돈을 훔쳐 갔을 것이라고 의심하지만 확신이 서지 않아 말을 꺼내지 않음 – 신중한 성격
지면서 그만두었다.」 광문은 실로 무슨 영문인지 몰라서 날마다 아무 말도 못하고 지냈으며, 그렇다고 그만두겠다고 말할 수도 없었다.

「그 후 며칠이 지나, 부자의 처조카가 돈을 가지고 와 부자에게 돌려주며,

"얼마 전 제가 아저씨께 돈을 빌리러 왔다가, 마침 아저씨가 계시지 않아서 제멋대로 방에 들어가 가져갔는데, 아마도 아저씨는 모르셨을 것입니다."」

「 」: 광문에 대한 부자의 의심이 풀리는 계기
하는 것이었다. 이에 부자는 광문에게 너무도 부끄러워서 그에게,
도량이 좁고 간사한 사람 ↔ 군자, 대인 정직한 광문을 의심했기 때문에
"나는 소인이다. 장자(長者)의 마음에 상처를 주었으니 나는 앞으로 너를 볼 낯이 없다."
광문을 높여 이르는 말
하고 사죄하였다. 그러고는 알고 지내는 여러 사람들과 다른 부자와 큰 장사치들에게 광문을 의
높은 벼슬아치
로운 사람이라고 두루 칭찬을 하고, 또 여러 종실(宗室)의 빈객들과 공경(公卿) 문하(門下)의 측근들
임금의 친족 귀한 손님 문객이 드나드는 권세가 있는 집
에게도 지나치리만큼 칭찬을 해 대니, 공경 문하의 측근들과 종실의 빈객들이 모두 이야깃거리를 만들어 자기네가 섬기는 분들이 잠을 청할 적에 들려주었다. 그래서 두어 달이 지나는 사이에 사대부들까지도 모두 광문이 옛날의 훌륭한 사람들과 같다는 이야기를 듣게 되었다. 그 당시에 서울 안에서는 모두, 전날 광문을 후하게 대우한 집주인이 현명하여 사람을 알아본 것을 칭송함과
광문의 인간성을 알아본 것
아울러, 약국의 부자를 장자(長者)라고 더욱 칭찬하였다.
자신의 잘못을 인정하고 적극적으로 반성했기 때문 ▶ 약국 부자에 의해 광문의 신의 있는 행동이 널리 알려짐(전개)

「이때 돈놀이하는 자들이 대체로 머리꽂이, 옥과 비취, 의복, 가재도구 및 가옥 · 전장(田莊) · 노복
사채업자 밭과 그 근처에 농사짓는 데 편리하도록 간단하게 지은 집 사내종
등의 문서를 저당 잡고서 본값의 십분의 삼이나 십분의 오를 쳐서 돈을 내주게 마련이었다.」 그러
「 」: 조선 후기의 경제적 생활상을 보여 줌
나 광문이 빚보증을 서 주는 경우는 담보를 따지지 아니하고 천 냥이라도 당장에 내주곤 하였다.
광문의 신의 있는 태도 때문 ▶ 사람들의 깊은 신뢰를 얻은 광문

광문은 사람됨이 외모는 극히 추악하고, 말솜씨도 남을 감동시킬 만하지 못하며, 입은 커서 두 주먹이 들락날락하고, 만석희(曼碩戱)를 잘하고 철괴무(鐵拐舞)를 잘 추었다. 우리나라 아이들이 서
개성 지방에서 연희되던 무언 인형극 중국 전설상의 팔선(八仙) 중의 하나인 '이철괴'의 모습을 흉내 내어 추는 춤
로 욕을 할 때면, "네 형은 달문(達文)이다."라고 놀려 댔는데, 달문은 광문의 또 다른 이름이었다.
광문의 못생긴 외모에 빗대어 남을 놀리는 말 ▶ 광문의 외모와 재주

광문이 길을 가다가 싸우는 사람을 만나면 그도 역시「옷을 훌훌 벗고 싸움판에 뛰어들어, 뭐라고 시부렁대면서 땅에 금을 그어 마치 누가 바르고 누가 틀리다는 것을 판정이라도 하는 듯한 시늉을 하니, 온 저자 사람들이 다 웃어 대고 싸우던 자도 웃음이 터져, 어느새 싸움을 풀고 가 버렸다.」 「 」: 광문의 기지와 재치 – 사람들을 웃겨 싸움을 말림 ▶ 사람들의 싸움을 재치 있게 해결하는 광문

광문은 나이 마흔이 넘어서도 머리를 땋고 다녔다. 남들이 장가를 가라고 권하면, 하는 말이,
결혼하지 않음

「"잘생긴 얼굴은 누구나 좋아하는 법이다. 그러나 사내만 그런 것이 아니라 비록 여자라도 역시 마찬가지다. 그러기에 나는 본래 못생겨서 아예 용모를 꾸밀 생각을 하지 않는다."」

상대방의 입장에서 생각할 줄 아는 역지사지의 태도. 남녀평등의 의식 – 근대적 가치관

하였다. 남들이 집을 가지라고 권하면,

「 」: 자신의 처지에 대한 냉철한 인식과 남녀가 한 인간으로 대등한 권리를 가진다는 사실에 대한 광문의 인식 → 작가의 선각자적 인식

「"나는 부모도 형제도 처자도 없는데 집을 가져 무엇하리. 더구나 나는 아침이면 소리 높여 노래를 부르며 저자에 들어갔다가, 저물면 부귀한 집 문간에서 자는 게 보통인데, 서울 안에 집 호수가 자그마치 팔만 호다. 내가 날마다 자리를 바꾼다 해도 내 평생에는 다 못 자게 된다."」

혈혈단신(孑孑單身) – 의지할 곳이 없는 외로운 홀몸

「 」: 일정한 거처 없이 떠돌아다님 – 현실의 조건에 얽매이지 않고 자유로운 삶을 추구하는 태도

고 사양하였다.

▶ 자신에 대한 냉철한 인식과 욕심 없고 자유로운 의식을 지닌 광문

「서울 안에 명기(名妓)들이 아무리 곱고 아름다워도, 광문이 성원해 주지 않으면 그 값이 한 푼어치도 못 나갔다.」

이름난 기생

「 」: 아무리 예쁜 기생이라도 광문이 칭찬하지 않으면 그 가치를 인정받지 못함 – 사람을 보는 안목을 갖춘 광문

예전에 궁중의 우림아(羽林兒), 여러 궁전의 별감(別監), 부마도위(駙馬都尉)가 종을 거느리고 옷소매를 늘어뜨리며 운심(雲心)의 집을 찾아간 적이 있다. 운심은 유명한 기생이었다. 대청에서 술자리를 벌이고 가야금을 타면서 운심더러 춤을 추라고 재촉해도, 운심은 일부러 늑장을 부리며 선뜻 추지를 않았다. 광문이 밤에 그 집으로 가서 대청 아래에서 어슬렁거리다가, 마침내 자리에 들어가 스스로 상좌(上座)에 앉았다. 광문이 비록 해진 옷을 입었으나 행동에는 조금의 거리낌도 없이 의기가 양양하였다. 눈가는 짓무르고 눈곱이 끼었으며 취한 척 게욱질을 해 대고, 헝클어진 머리로 북상투를 튼 채였다. 온 좌상이 실색하여 광문에게 눈짓을 하며 쫓아내려고 하였다. 광문이 더욱 앞으로 나아가 무릎을 치며 곡조에 맞춰 높으락낮으락 콧노래를 부르자, 운심이 곧바로 일어나 옷을 바꿔 입고 광문을 위하여 칼춤을 한바탕 추었다. 그리하여 온 좌상이 모두 즐겁게 놀았을 뿐 아니라, 또한 광문과 벗을 맺고 헤어졌다.

궁궐 호위의 임무를 맡은 근위병 / 임금이나 세자 행차 시 호위를 맡아보던 사람 / 임금의 사위 / 운심의 도도한 태도 / 윗사람이 앉는 자리 / '구역질'의 방언 / 아무렇게나 막 끌어 올려 짠 상투 / 광문의 거리낌 없고 당당한 태도. 가식 없는 모습 / 놀라서 얼굴빛이 달라짐 / 광문의 가식 없는 행동에 감동하여 응답함 / 광문이 계층에 상관없이 귀감이 되는 인물임

▶ 도도한 운심의 마음을 누그러뜨린 광문(결말)

핵심 정리

- 갈래: 고전 소설(한문 소설, 단편 소설, 풍자 소설)
- 성격: 풍자적, 비판적, 사실적
- 구성: '발단 – 전개 – 결말'의 3단 구성

발단: 비렁뱅이 아이의 죽음과, 주인 영감과의 만남 ➡ **전개**: 약방 도난 사건과, 광문의 신의 있는 행동 ➡ **결말**: 모든 사람들에게 칭송받고 그들의 친구가 된 광문

- 제재: 광문의 성품과 삶의 태도
- 주제: ① 새로운 시대의 새로운 인간형 제시
  ② 신의 있는 생활 자세와 허욕을 부리지 않는 삶의 태도 칭송
  ③ 신의 없고 허욕만 부리는 양반 사회 비판

▾ 특징: ① 당시 사회의 모습을 사실적으로 묘사함
② 주인공의 인물형이 일반적인 고전 소설의 주인공(재자가인)과 다름
③ 인물에 대한 일화를 삽화식으로 나열하여 인물의 성품 및 삶의 자세를 드러냄
④ 거지인 주인공의 사람됨을 예찬함으로써 당시의 양반 사회를 간접적으로 비판함

▾ 의의: 남녀 관계나 신분 관계에 대한 작가의 선각자적 인식이 돋보이는 작품임

▾ 인물 분석

- 광문: 못생긴 거지 우두머리. 착하고 신의가 있으며, 재물에 대한 욕심이 없고, 남녀평등에 대한 인식을 가지고 있음. 분수를 지키며 자유롭게 살기를 바라 모든 사람의 친구가 됨
- 집주인: 광문의 사람됨을 알아보고 그를 약국 부자에게 소개한 인물. 남을 돕기를 좋아하는 성격으로, 주위 사람들에게 신뢰를 받음
- 약국 부자: 사려 깊고 신중한 성격의 소유자. 자신의 잘못을 인정할 줄 알고 정직하며 남을 아낄 줄 앎
- 운심: 장안의 유명한 기생. 권문세가들에게는 콧대가 높지만, 광문의 순수함을 알아보고 광문을 위해 춤을 춤

한눈에 보기

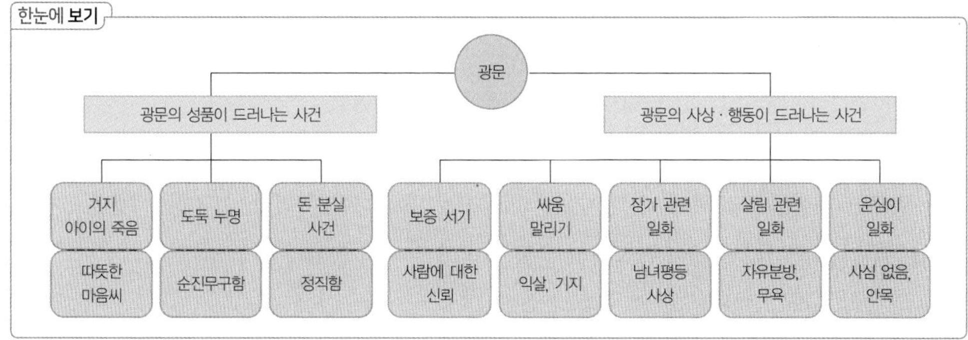

필수 문제

01 〈보기〉의 ( )에 들어갈 적절한 말을 쓰시오.

〈 보기 〉

일반적으로 고전 소설의 주인공은 ( )형 인물로 유형화되어 있다. 그러나 〈광문자전〉의 주인공인 '광문'은 미천한 신분에 못생긴 인물로, 일반적인 고전 소설의 주인공과는 거리가 먼 인물형이다.

02 이 글의 작가가 광문을 통해 제시하고자 하는 인간형은 어떤 것인지 쓰시오.

99 민옹전(閔翁傳) | 박지원

'노인'의 뜻을 더하는 접미사

필수

출제 포인트

실존 인물인 '민유신'을 대상으로 한 한문 소설이다. 민옹의 주된 말하기 방식에 대해 알아보고, 민옹의 일화를 통해 작가가 전달하고자 하는 주제 의식을 파악해 보자.

감상 길잡이

이 글은 《연암집》에 실린 연암 박지원의 작품으로, 실존 인물인 '민유신'을 모델로 하여 조선 말기 사회의 부조리한 면면을 풍자적으로 드러낸 고전 소설이다. 이 글은 민 영감의 인물됨을 잘 보여 주는 몇 개의 일화들('나'의 질환을 적절하게 처방하거나 손님의 질문에 재치 있게 답변하는 등)을 바탕으로 그의 일생을 시간적 순서로 서술하는 구성을 취하고 있다. 당시 무위도식으로 일관하던 유생에 대한 날카로운 풍자를 담고 있으며, 사회적 문제로 여겨지던 미신의 타파에 대해서도 에피소드 형식을 통해 재치 있게 역설하고 있다.

「민옹(閔翁)은 남양(南陽) 사람이다. 무신년(戊申年) 군인으로서 반란의 토벌에 참여, 공을 세워 첨사(僉使)의 벼슬이 내려졌지만 반란이 끝난 후 집에 돌아와 벼슬을 받지 않았다.」 「 」: 민옹의 출신과 전적

(민옹: 민 영감 / 무신년: 조선 영조 4년(1728년) / 반란: 이인좌의 난 / 첨사: 조선 시대에 절도사(節度使)의 관할에 속한 진(陣)의 군직 이름)

「민옹은 어려서 깨달음이 빠르고 총명했으며 말주변이 좋았다. 특히 그는 옛사람의 기이한 절개나 위대한 자취를 흠모하여, 강개(慷慨)한 마음으로 흥분하곤 하였다. 그리하여 매번 그들의 전기(傳記)를 읽을 때마다 일찍이 탄식하고 눈물짓지 않은 적이 없었다.」 「 」: 민옹의 성품

(강개: 의롭지 못한 것을 보고 의기가 북받쳐 원통하고 슬픈)

나이 일곱 살에, / "항탁(項橐)은 스승이 되었다."

(《전국책(戰國策)》 '진책(秦策)' 중 '무릇 항탁은 나이 일곱에 공자의 스승이 되었다.'라는 구절의 인용)

라고 벽에 크게 썼다. 열두 살에는,

(《사기(史記)》 '저리자감무열전' 중 감라가 열두 살에 장수가 되어 조(趙)나라로 출정했다고 하는 구절의 인용)

"감라(甘羅)는 장수가 되었다."라고 썼으며, 열세 살에는,

"외황(外黃)의 소년은 유세했다."

(《사기(史記)》 '항우본기' 중 항우가 외황이라는 고을을 공격해서 항복을 받은 후 15세 이상의 사내를 모두 죽이려 할 때, 그 고을 아전의 아들이 항우를 설득하여 그 살육을 막은 일이 있는데, 그때 그 아이의 나이가 열셋이었다고 하는 구절의 인용)

라고 썼으며, 열여덟 살에는 덧붙이기를, "거병(去病)은 기련(祈連)에 출정했다."

(《사기(史記)》 '위장군표기열전' 중 '대장군의 조카인 곽거병은 나이 열여덟에~거연을 넘어 기련산에 이르러서 많은 포로들을 잡았다.'라는 구절의 인용)

고 했고, 스물네 살에는, / "항적(項籍)이 강을 건넜다."

(《사기(史記)》 '항우본기' 중 '항적(項籍)은 스물네 살 때 숙부인 항량과 함께 장강을 건너 진나라를 치기 위한 서정(西征)을 시작했다는 구절의 인용)

라고 썼다.

나이 사십에 이르러서도 그는 아무런 명성을 얻지 못했으나 또 크게 쓰기를,

(사십: 불혹(不惑))

"맹자는 부동심을 얻었다."

(《맹자(孟子)》 '공손추편' 중 '맹자가 말하기를~나는 사십이 된 이후부터 마음이 흔들리지 않았다.'라는 구절의 인용)

라고 했다. 이렇게 해마다 쓰기를 게을리하지 않으니 그의 벽은 온통 먹으로 뒤덮였다.

나이 칠십이 되자 부인이 조롱하며 말하기를, / "영감, 금년에는 까마귀를 그리겠구려."

(벽이 온통 먹으로 뒤덮여 검은 것을 조롱하는 말)

라고 하니 민옹이 웃으며 말하였다. / "당신은 먹이나 갈아 주구려."

하고는 더욱 크게 쓰기를, / "범증(范增)은 기이한 계책이 뛰어났다."

(《사기》 '항우본기' 중 '거소(居鄛) 사람 범증은 나이 칠십이 되도록 벼슬을 하지 않았지만 기이한 계교가 뛰어난 사람이다.'라는 구절의 인용)

라고 했다. 부인이 화가 나서 소리치기를,

"계책이 비록 기이하더라도 당신은 어느 때 사용하려 하시오?"

그러나 민옹은 웃으며,

"옛날 여상(呂尙)은 나이 팔십에 매처럼 들날렸지. 지금 내 나이는 여상에 비하면 어린 동생에 불과할 뿐이라오." / 라고 말했다.

태공망(太公望)

《시경(詩經)》 '대아'의 '대명장' 중 '태사(太師)이신 여상 선생 / 매처럼 떨치셨네.' 라는 구절의 인용

▶ 민옹의 출신과 성품 및 관련 일화

지난 계유년(1753), 갑술년(1754)에 내 나이는 열일곱, 열여덟이었다. 「병으로 오랫동안 시달리면서 노래, 글씨, 그림, 옛 칼, 거문고, 골동품 등의 여러 잡물들을 제법 좋아하였다. 게다가 지나는 손님들을 모아 놓고 익살스럽거나 우스운 옛날이야기를 들으며 마음을 달래었지만, 깊숙이 스며든 우울증을 어쩔 수가 없었다.」 그러자 어떤 사람이 이렇게 말하였다.

영조 29년 / 영조 30년

「 」: 무위도식하는 유생의 모습

「"민 영감은 기이한 사람이지요. 노래도 잘 부르지만, 말도 잘한답니다. 그의 이야기는 신나고도 괴이하고, 능청스럽고도 걸쭉하지요. 그의 이야기를 듣는 사람치고 마음이 상쾌하게 열리지 않는 이가 없답니다."」 「 」: 민 영감(민옹)에 대한 직접적 평가

나는 그 말을 듣고 몹시 기뻐서 그에게 함께 놀러 오라고 부탁했다.

▶ 민 영감과 '나'의 만남의 계기

중략 부분 줄거리 | 민 영감은 자신의 이름이 '유신'이고, 올해 일흔셋이라고 소개한다. 민 영감의 재치 있는 처방으로 '나'는 예전처럼 맛있게 먹고 잠을 잘 수 있게 된다.

하루는 밤늦도록 민 영감과 이야기하였다. 민 영감이 같이 앉은 손님들에게 농담도 하고 꾸짖기도 했는데, 민 영감을 막아 내는 자가 아무도 없었다. 한 손님이 민 영감을 궁색하게 하려고 물었다.

"영감님은 귀신을 보았소?" / "보았지." / "귀신은 어디에 있소?"

민 영감이 눈을 부릅뜨고 뚫어지게 바라보았다. 한 손님이 등잔 뒤에 앉아 있었는데, 그를 향하여 소리쳤다. / "귀신이 저기 있다."

그 손님이 성내면서 민 영감에게 따졌다. 민 영감이 말하였다.

"밝으면 사람이 되고, 어두우면 귀신이 되는 법이라오. 지금 당신은 어두운 곳에 있으면서 밝은 곳을 살피고, 얼굴을 숨긴 채로 사람을 엿보았으니, 어찌 귀신이 아니겠소?"

▶ 민 영감의 재치 있는 답변 ①

자리에 있던 사람들이 모두 웃었다. 손님이 또 물었다.

"영감님은 신선도 보았소?" / "보았지." / "신선은 어디에 있소?"

민 영감(민옹)을 시험하는 질문들

"집이 가난한 자가 바로 신선이라오. 부자들은 늘 속세를 그리워하는데, 가난한 자는 언제나 속세를 싫어하니, 속세를 싫어하는 게 신선이 아니고 무엇이겠소?" 〈중략〉

▶ 민 영감의 재치 있는 답변 ②

"좋소. 그러나 불사약은 영감님도 결코 못 보았겠죠?" / 민 영감이 웃으면서 말하였다.

먹으면 죽지 아니하고 오래 살 수 있다는 약

아무리 어려운 질문에도 빠르고 명쾌하게 대답함

"이거야말로 내가 아침저녁으로 늘 먹는 것인데, 어찌 모르겠소? 큰 골짜기 굽은 소나무에 달

콤한 이슬이 떨어져 땅속으로 스며든 지 천 년 만에 복령(茯笭)이 되지. 인삼 가운데는 신라의
소나무 뿌리에 생기는 버섯의 한 가지. 약재로 사용됨
토산품이 으뜸인데, 단정한 모양 붉은 빛에 사지가 갖추어진데다, 쌍갈래로 땋은 머리는 아이
인삼의 생김새를 비유
처럼 생겼지. 구기자가 천 년 되면 사람을 보고 짖는다우. 내가 일찍이 이 세 가지 약을 먹고는 백 일이나 음식을 먹지 못하다가, 숨결이 가빠져서 죽을 지경에 이르렀지. 이웃집 할미가 와서 보고는 이렇게 탄식합디다. '자네 병은 굶주렸기 때문에 생겼지. 옛날에 신농씨(神農氏)가 온갖
중국 전설 속 제왕. 일찍이 독초와 약초를 구분하기 위해 스스로 백 가지 약초를 먹었다고 함
풀을 다 맛보고 비로소 오곡(五穀)을 뿌렸으니, 병을 다스리려면 약을 쓰고 굶주림을 고치려면
쌀, 보리, 콩, 조, 기장 / 병과 굶주림을 다스리는 평범한 진리
밥을 먹어야 한다네. 이 병은 오곡이 아니면 고치기 어렵겠네.' 나는 그제야 쌀로 밥을 지어 먹
밥이 곧 불사약이라는 평범한 진리를 역설
고는 죽기를 면했다우. 불사약치고 밥보다 나은 게 없는 셈이지. 그래서 나는 아침에 한 그릇, 저녁에 또 한 그릇 먹고, 이제 벌써 일흔이 넘었다우."

▶ 민 영감의 재치 있는 답변 ③

민 영감은 언제나 말을 지루하게 늘어놓았지만, 끝에 가서는 모두 이치에 맞았다. 게다가 속속
서술자의 평가
들이 풍자를 머금었으니, 변사(辯士)라고 할 만하였다. 그 손님도 물을 말이 막혀서 다시금 따지지
입담이 좋아서 말을 잘하는 사람 / 민 영감에게 어려운 질문을 던져 민 영감의 재치 있는 답변을 이끌어 내기 위한 보조적 인물
못하게 되자, 벌컥 화를 내면서

"그럼 영감님도 역시 두려운 게 있소?"
민 영감의 재치에 대한 손님의 최후의 대응
하고 물었다. 민 영감이 잠자코 있다가 별안간 목소리를 높여서 말하였다.

「"나 자신보다 더 두려운 건 없다우. 내 오른쪽 눈은 용이고, 왼쪽 눈은 범이거든. 혀 밑에는 도
나 자신이 나를 해칠 수도 있다는 말
끼를 간직했고, 굽은 팔은 활처럼 생겼지요. 내 마음을 잘 가지면 어린아이처럼 착해지지만, 까딱 잘못하면 오랑캐도 될 수 있다우. 삼가지 못하면 장차 제 스스로 물고 뜯고, 끊고 망칠 수도 있는 거지요. 그래서 옛 성인의 말씀 가운데도 '자신의 사욕을 극복하여 예법으로 돌아간다.'
극기복례(克己復禮) – 《논어》에 있는 말을 인용
고 하였고, '사심을 막고 참된 마음을 지닌다.' 하였지요. 성인께서도 스스로를 두려워하신 거
《주역》에 있는 말 인용
라우."」 「」: 스스로 말과 행동을 조심할 것을 강조함

▶ 민 영감의 재치 있는 답변 ④

민 영감은 한꺼번에 여러 가지 질문을 받았지만, 그의 대답은 언제나 메아리처럼 빨랐다. 끝내 아무도 그를 골탕 먹이지 못했다. 그는 자기 자신을 자랑하기도 하고, 기리기도 했으며, 곁에 앉은 사람을 놀리기도 하였다. 사람들이 모두 허리를 잡고 웃어도, 민 영감은 얼굴빛 하나 변하지 않았다. 어떤 사람이

"해서 지방에 황충(蝗蟲)이 생겨서, 관청에서 백성들더러 잡으라고 감독한답디다."
메뚜깃과에 속하는 곤충. 떼를 지어 날아다니며 농작물을 갉아먹음
하고 말하자, 민 영감이 물었다.

"황충을 잡아서 무엇한다우?"

"이 벌레는 누에보다도 작은데, 알록달록한 빛에 털이 돋쳤지요. 이놈이 날면 명(螟)이 되고, 붙
식물의 줄기 속을 파먹는 해충

으면 모(蟊)가 되어서 우리 곡식을 해치는데 거의 전멸시키지요. 그래서 잡아다가 땅속에 묻는답니다." / 민 영감이 말했다.

곡식의 뿌리를 잘라먹는 해충

폐단의 근본 원인을 없앤다는 의미

「"이 따위 조그만 벌레를 가지고 걱정할 게 무어람. 내 보기엔 종로 네거리에 한길 가득히 오가는 것들이 모두 황충일 뿐입니다. 키는 모두 일곱 자가 넘고, 머리는 검은 데다 눈은 빛나지요. 입은 주먹이 드나들 만큼 큰 데다 무슨 소린지 지껄여 대고, 구부정한 허리에 발굽이 서로 닿고 궁둥이가 잇달아 있습니다. 이놈들보다 더 농사를 해치고 곡식을 짓밟는 놈들이 없다우. 내가 그놈들을 잡고 싶은데, 큰 바가지가 없는 게 한스럽구려."」

인간의 비유

백성을 억압하고 착취하는 지배층의 비유

「 」: 벌레보다 무서운 것이 사람임 → 인간에 대한 비판적 인식이 드러난 부분(민 영감의 말을 빌어 세상을 비판하고자 하는 작가 의식이 담긴 말)

마치 이런 벌레가 참으로 있는 것처럼 생각하고, 그 자리에 있던 사람들이 모두 크게 두려워했다.

▶ 인간에 대한 민 영감의 비판

뒷부분 줄거리 | 어느 날 민 영감이 찾아오자 '나'는 파자(破字) 놀이로 그를 놀린다. 그러나 민 영감은 놀리는 말을 칭찬하는 말로 바꾸어 버린다. 그 다음 해에 민 영감이 세상을 떠나자 세상 사람들은 그가 기이하고 오만했지만 성품은 곧은 이라고 말한다. 이에 '나'는 정축년(영조 33년)에 이 글을 남기고, 그를 애도하는 시 한 수를 붙인다.

핵심 정리

- 갈래: 고전 소설(한문 소설, 단편 소설, 풍자 소설)
- 성격: 비판적, 풍자적
- 구성: 3단 구성

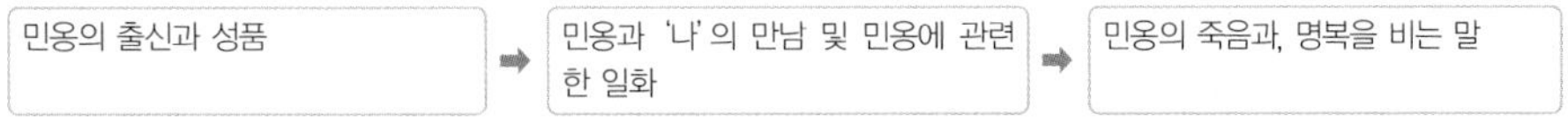

- 제재: 민 영감의 재치
- 주제: 시정 세태에 대한 비판과 풍자
- 특징: ① 민옹의 일대기를 몇 가지 사건들을 나열함으로써 서술함
  ② 실존 인물인 '민유신'을 모델로 하여 조선 말기 사회를 풍자적으로 드러냄
- 인물 분석
  - 민 영감(민옹): 유능한 재주와 포부를 가지고 있으면서도 그것을 펴지 못한 조선 말기의 무반(武班). 세상일을 꿰뚫어 보는 안목으로 상대방의 집요한 질문들을 재치 있고 여유롭게 넘김
  - 손님: 민 영감에게 어려운 질문을 던져 그를 시험하고자 하는 인물. 작가의 의도대로 민옹의 재치 있는 답변을 이끌어 내기 위해 설정된 보조적 인물임

한눈에 보기

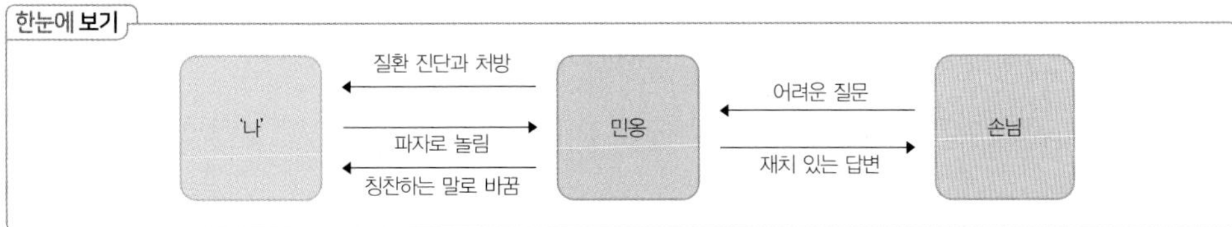

필수 문제

01 민 영감의 재치 있는 대답과 관련 깊은 한자 성어를 쓰시오.

02 [서술형] 이 글에서 민 영감이 사용하고 있는 주된 말하기 방식에 대해 서술하시오.

100 김신선전(金神仙傳) | 박지원

모의 기출

출제 포인트

자신의 우울증을 치료하기 위해 '김 신선'을 찾고자 백방으로 노력하였으나 결국엔 찾을 수 없었다는 내용의 한문 소설이다. 이 글의 결말에서 알 수 있는 연암 박지원의 사상과 주제에 주목하여 살펴보자.

감상 길잡이

이 글은 '나'가 자신의 우울증을 치료하는 데 김 신선의 방기(方技, 기이한 술수)가 도움이 될 것이라는 소문을 듣고, 그를 끈질기게 추적하는 과정을 그리고 있다. 소문에만 등장하던 신선을 끝까지 직접 찾아다니며 신선의 신비로움을 벗겨 가는 중에 '신선'이 허구적 존재라는 결론에 도달하게 된다는 결말을 보여 줌으로써 작가의 실학사상을 은연중에 드러내고 있다.

앞부분 줄거리 | 김 신선은 곡식을 먹지 않고 면벽(面壁)(벽을 마주 대하고 고요히 앉아 참선함) 수양한 결과 몸이 가벼워져 국내 명산(名山)을 두루 찾아다닌다는 소문 속의 특이한 인물이다. '나'는 우울증을 치료하기 위해 그를 만나려고 애쓰고 있다.

「그 이듬해 가을에 내가 동쪽 바닷가에서 놀다가, 저녁 무렵 단발령(강원도 김화군과 회양군 사이에 있는 고개)에 올라 금강산을 바라보았다.」 그 봉우리가 일만이천이라고 하는데, 그 산빛이 희었다. 산에 들어가니 단풍나무가 가장 많아서, 바야흐로 붉어 가고 있었다. 싸리, 느릅(느릅나뭇과의 낙엽 활엽 교목. 나무는 기구재나 땔감으로 쓰며, 나무껍질은 약용 또는 식용함), 예장나무 따위가 모두 서리를 맞아 노랗게 되었고, 삼나무와 노송나무는 더욱 푸르렀다. 그 밖에 사철나무가 많았는데, 산속의 기이한 나뭇잎들이 모두 누렇고 붉었다. 둘러보면서 즐기다가 가마를 멘 스님에게 물었다.

「 」: 작가인 연암이 금강산을 유람한 것은 을유년(1765, 영조 41년) 가을임

"이 산속에 혹시 도술을 통달한(막힘없이 환히 통한. 사물의 이치나 지식, 기술 따위를 훤히 알거나 아주 능란하게 하는) 이상한 스님이 있는가요? 더불어 노닐고 싶소."

"그런 스님은 없고, '선암(내금강 표훈사에 딸린 암자)에 벽곡(辟穀)하는((곡식 대신에) 솔잎, 대추, 밤 따위를 날 것으로 조금씩 먹고 사는) 사람이 있다.'고 들었습니다. 영남에서 온 선비라고 하는데, 알 수 없습니다. 선암에 이르는 길이 험해서, 그곳까지 가 본 사람이 없답니다."

▶ 금강산에 가 선암에 벽곡하는 사람이 있다는 소문을 들음

밤중에 장안사에 앉아서 여러 스님들에게 물었지만, 모두 같은 대답을 하였다. 또

"벽곡하는 사람이 백 일을 채우면 떠난다고 하는데, 이제 거의 구십 일은 되었습니다."

하였다. 나는 '그이가 아마도 신선이겠지.' 싶어서, 매우 기뻤다.

밤중에라도 곧 찾아가고 싶었다. 이튿날 아침 진주담(금강산 입구 만폭동의 팔담 중 가장 장대한 명승지) 밑에 앉아서 같이 놀러 온 친구들을 기다렸다. 오랫동안 사방을 둘러보았지만, 모두들 약속을 어기고 오지 않았다. 마침 관찰사가 여러 고을을 순행하는(여행이나 공부를 하기 위하여 여러 곳으로 돌아다님) 길에 금강산까지 들어와, 여러 절간에 묵으며 노닐고 있었다. 수령들이 모두 찾아와 음식을 장만하고, 나가 놀 때마다 따르는 스님이 백여 명이나 되었다. 게다가 선암까지 이르는 길이 높고 험해서 나 혼자는 갈 수 없으므로, 늘 영원과 백탑(골짜기 이름) 사이에만 오가며 마음이 서운했다. 마침 비가 오래도록 내리므로 산속에서 엿새나 머물렀다. 그런 뒤에야 선암에 이르게 되었다.

▶ 장안사 승려들로부터 김 신선의 거처를 재차 확인하고 선암으로 찾아가려 하지만 여러 사정으로 일정이 지체됨

선암은 수미봉 아래에 있었다. 「내원통에서 이십여 리를 가면 천 길이나 되는 커다란 바위가 깎

은 듯이 서 있는데, 길이 끊어져서 쇠사슬을 잡고 공중에 매달려서 올라갔다. 그곳에 이르자 빈 뜨락에는 새 울음소리도 들리지 않았다.」 탑(榻) 위에는 조그만 구리 부처가 있고, 다만 신 한 켤레가 놓여 있을 뿐이었다. 나는 못내 섭섭해서 어정거리며 한참이나 바라보다가, 바위 벽에다 이름을 쓰고는 한숨을 내쉬며 떠났다. 그곳에는 언제나 구름 기운이 둘러 있었고, 바람조차 쓸쓸했다.

「 」: 세상과 완전히 격리된 곳임 / 탑(榻): 좁고 기다란 평상 / 신 한 켤레가 놓여 있을 뿐이었다: 신선이 득도하여 승천한 증거로 흔히 신발만 남기고 행방이 묘연해진 사실을 듦

▶ 끝내 신선을 만나지 못하고 돌아섬

뒷부분 줄거리 | '나'는 벽곡하는 사람이 꼭 신선이라고 할 수는 없으며, 아마도 그 뜻을 얻지 못해 울적하게 살다 간 사람일 것이라는 생각을 하게 된다.

핵심 정리

- 갈래: 고전 소설(한문 소설, 단편 소설, 풍자 소설)
- 성격: 풍자적, 실증적
- 구성: '기 – 승 – 전 – 결'의 4단 구성

기: 김 신선의 등장과 신비한 능력 ➡ 승: 김 신선의 외양과 인물됨 ➡ 전: 우울병에 걸린 '나'가 병을 치료하기 위해 김 신선을 탐문함 ➡ 결: 김 신선을 만나기 위해 선암으로 찾아가지만 결국 만나지 못함

- 제재: 신선을 찾는 과정과 깨달음
- 주제: ① 신선을 찾는 과정에서 나타나는 실증적 사고와 숨어 사는 선비에 대한 동정
  ② 신선 사상의 허무 풍자
- 특징: ① 소문의 진상을 파악하기 위해 김 신선을 직접 찾아가는 부분에서 실학에 바탕을 둔 실증적인 태도가 나타남
  ② 등장인물의 행보에 따른 다양한 공간 전개가 나타남
- 인물 분석
  - 김 신선: 글의 주인공. 원래 이름은 김홍기이며, 결혼하여 아들 하나를 낳고는 아내에게 다시 접근하지 않고 수년 만에 신선과 같은 행동을 하여 김 신선이란 별명을 얻음
  - '나': 자신이 앓고 있는 우울증에 김 신선의 방기(方技: 기이한 술수)가 도움이 될 것이라는 소문을 듣고 그를 찾아 나서는 인물. 끝내 그를 찾지 못하고, 신선의 존재에 대해 허무함과 동정의 감정을 느끼게 됨

연암 박지원

한눈에 보기

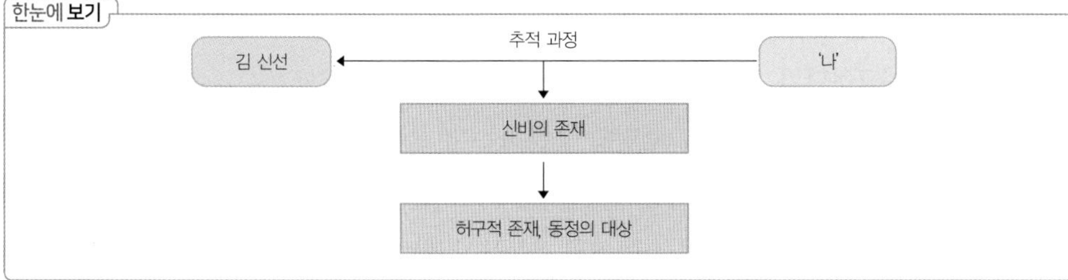

필수 문제

01 이 글에서 '나'가 도술을 통달한 스님을 찾고 있는 이유를 쓰시오.

02 이 글의 '결말'에서 알 수 있는 연암 박지원의 사상을 쓰시오.

101 열녀 함양 박씨전(烈女咸陽朴氏傳) | 박지원

필수

출제 포인트

작가가 벼슬한 두 아들을 둔 과부 이야기와 남편을 따라 죽은 함양 박씨의 이야기를 병렬적으로 구성하여 전달하고자 한 이 글의 주제 의식을 당대의 풍습 및 시대적 분위기를 고려하여 파악해 보자.

감상 길잡이

이 글은 박지원이 안의 현감(安義縣監)으로 재직하던 때인 1793년(정조 17) 이후에 쓴 것으로, 풍자성을 지닌 수필체의 한문 소설이다. 봉건 사회의 형식적인 도덕의 그릇됨을 폭로하고 과부의 위장된 절개를 비웃은 것으로, 당시의 사회적 인습을 비판하고 있다. 겉으로 보면 작가는 박 씨를 애통하게 여기며 그 절개를 칭송하고 있지만, 글의 처음 부분을 보면 작가가 이 글을 쓴 동기가 이러한 박 씨의 열(烈)을 세상에 드러내기 위함이 아님을 알 수 있다. 작가는 박 씨와, '어머니(동전을 굴리며 정욕을 참은 과부)'를 통해 인간의 본성을 억누르는 사회 제도의 불합리함을 은연중에 비판, 풍자하고 있는 것이다.

앞부분 줄거리 | 우리의 법률에는 개가한 여자의 자손에게는 벼슬을 주지 말라는 조항이 있는데, 이것은 지나친 것이다. 그러다 보니 과부에게 수절을 강요하게 되고 더 나아가 과부가 목숨을 끊는 일조차도 비일비재하다. 옛날 어떤 형제가 높은 벼슬에 있었고, 그 형제가 장차 어떤 사람의 벼슬길을 막으려 하자, 그 형제의 어머니가 그 이유를 묻는다. 그러자 형제는 그 사람의 어머니가 과부인데 행실이 부덕하다는 이유를 댄다.

어머니가 품속에서 동전 한 닢을 꺼내 보이면서 물었다.

"이 돈에 윤곽이 있느냐?"
(돈: 욕망을 절제하기 위한 수단이자, 지속적인 수절을 위한 자기 확인의 매개체)

"없습니다."

"그럼 글자는 있느냐?"

"글자도 없습니다."

어머니가 눈물을 흘리면서 말했다.

"이게 바로 네 어미가 죽음을 참게 한 부적이다. 내가 이 돈을 십 년 동안이나 문질러서 다 닳아 없어진 거다. 사람의 혈기는 음양에 뿌리를 두고, 정욕은(이성에 대한 욕망) 혈기에 심어졌으며, 사상은 고독에서 살며 슬픔도 지극하단다. 그런데 혈기는 때를 따라 왕성한즉 어찌 과부라고('어머니'가 과부임을 알 수 있음) 해서 정욕이 없겠느냐? 가물가물한 등잔불이 내 그림자를 조문하는(죽음을 애도하는) 것처럼 고독한 밤에는 새벽도 더디 오더구나.(고독으로 인한 외로움이 컸음을 알 수 있음) 처마 끝에 빗방울이 뚝뚝 떨어질 때나 창가에 비치는 달이 흰빛을 흘리는 밤 나뭇잎 하나가 뜰에 흩날릴 때나 외기러기가 먼 하늘에서 우는 밤, 멀리서 닭 우는 소리도 없고 어린 종년은 코를 깊이 고는 밤, 가물가물 졸음도 오지 않는 그런 깊은 밤(정욕을 참기 힘든 외로운 밤)에 내가 누구에게 고충을 하소연하겠느냐? 내가 그때마다 이 동전을 꺼내어 굴리기 시작했단다. 방 안을 두루 돌아다니며 둥근 놈이 잘 달리다가도, 모퉁이를 만나면 그만 멈추었지. 그러면 내가 이놈을 찾아서 다시 굴렸는데, 밤마다 대여섯 번씩 굴리고 나면 하늘이 밝아지곤 했단다. 십 년 지나는 동안에 그 동전을 굴리는 숫자가 줄어들었고 다시 십 년 뒤에는 닷새 밤을 걸러 한 번 굴리게 되었지. 혈기가 이미 쇠약해진 뒤부터야 이 동전을 다시 굴리지 않게 되었단다. 그런데도 이 동전을 열 겹이나 싸서 이십 년 되는 오늘까지 간직한 까닭은 그 공을 잊지 않으려고 하기 때문이야. 가끔은 이 동전을 보면서 스스로 깨우치기도 한단다."

외로움과 정욕을 인내했던 의지와 정신력을 잊지 않기 위함

▶ 동전을 굴리면서 정욕을 참은 과부의 이야기

이 말을 마치면서 어머니와 아들이 서로 껴안고 울었다. 군자들이 이 이야기를 듣고,

"이야말로 열녀라고 말할 수 있겠구나."

라고 하였다. ❶ 아아 슬프다. 이처럼 괴롭게 절개를 지킨 과부들이 그 당시에 드러나지 않고 그 이름조차 인멸되어 후세에 전해지지 않은 까닭은 어째서인가? 과부가 절개를 지키는 것은 온 나라 누구나가 하는 일이기 때문에 한 번 죽지 않고서는 과부의 집에서 뛰어난 절개가 드러나지 않게 되는 것이다.

자취도 없이 모두 없어져

▶ 지나치게 절개를 강요하는 현실에 대한 비판

내가 안의(安義) 고을을 다스리기 시작한 그 이듬해인 계축년 몇 월 며칠이었다.

정조 17년(1793년)

중략 부분 줄거리 | 새벽 무렵 관아 앞에서 몇 사람이 속삭이기도 하고 한숨 섞인 음성으로 슬피 말하는 소리가 있어 '나'는 그 연유를 물어본다.

"통인(通引) 박상효의 조카딸이 함양으로 시집가서 일찍 과부가 되었습니다. 오늘 지아비의 삼년상이 끝나자 바로 약을 먹고 죽으려고 했습니다. 그 집에서 급하게 연락이 와서 구해 달라고 하지만 상효가 오늘 숙직 당번이므로 황공해하면서 맘대로 가지 못하고 있었습니다."

관아의 관장(官長)에게 딸려서 잔심부름을 하던 구실아치

위엄이나 지위 따위에 눌리어 두려워하면서

나는 '빨리 가 보라' 고 명령하였다. 날이 저물 무렵에,

"함양 과부가 살아났느냐?"

고 옆에 있던 사람들에게 묻자,

"벌써 죽었답니다."

하고 대답하였다. 나는 서글프게 탄식하면서,

"아아 열렬하구나, 이 사람이여."

함양 박씨의 죽음을 애도하고 안타까워함

하고는 여러 아전들을 불러다 물었다.

"함양에 열녀가 났는데, 그가 본래는 안의 사람이라고 했지. 그 여자의 나이가 올해 몇 살이며 함양 누구의 집으로 시집을 갔었느냐? 어릴 때부터의 행실이 어떠했는지 너희들 가운데 잘 아는 사람이 있느냐?"

여러 아전들이 한숨을 쉬면서 말하였다.

"박 씨의 집안은 대대로 이 고을 아전이었는데 그 아비의 이름은 상일(相一)이었습니다. 그가 일찍이 죽은 뒤로는 이 외동딸만 남았는데 그 어미도 또한 일찍 죽었습니다. 그래서 어려서부터

조선 시대에 중앙과 지방의 관아에 속한 구실아치

할아비, 할미의 손에서 자라났는데 효도를 다했습니다. 그러다가 나이 열아홉이 되자 함양 임술증에게 시집와서 아내가 되었지요. 술증도 또한 대대로 함양의 아전이었는데 평소에 몸이 여위고 약했습니다. 그래서 그와 한 번 초례(醮禮)를 치르고 돌아간 지 반 년이 채 못 되어 죽었습니다. 박 씨는 그 남편의 초상을 치르면서 예법대로 다하고 시부모를 섬기는 데에도 며느리의 도리를 다하였습니다. 그래서 두 고을의 친척과 이웃들 가운데 그 어진 태도를 칭찬하지 않는 사람이 없었는데, 이제 정말 그 행실이 드러난 것입니다."

초례(醮禮): 혼례. 결혼식

한 늙은 아전이 감격하여 이렇게 말하였다.

"그 여자가 시집가기 몇 달 전에 어느 사람이 말하길 '술증의 병이 골수에 들어 살 길이 없는데 어찌 혼인날을 물리지 않느냐?' 고 했답니다. 그래서 그 할아비와 할미가 그 여자에게 가만히 알렸더니, 그 여자는 아무런 대답도 하지 않았답니다. 혼인날이 다가와 색시의 집에서 사람을 보내어 술증을 보니 술증이 비록 아름다운 모습이었지만 폐병으로 기침을 했습니다. 마치 버섯이 서 있고 그림자가 걸어 다니는 것 같았답니다. 색시집에서 매우 두려워하며 다른 중매쟁이를 부르려 했더니, 그 여자가 얼굴빛을 가다듬고 이렇게 말했답니다. '지난번에 바느질한 옷은 누구의 몸에 맞게 한 것이며 또 누구의 옷이라고 불렀지요? 저는 처음 바느질한 옷을 지키고 싶어요.' 그 집에서는 그의 뜻을 알아차리고 원래 잡았던 혼인날에 사위를 맞아들였습니다. 그녀는 비록 혼인을 했다지만 사실은 빈 옷을 지켰을 뿐이랍니다."

그 여자: 함양 박씨
지난번에 바느질한 옷: 결혼 예물로 만든 남편의 옷
저는 처음 바느질한 옷을 지키고 싶어요: 처음 혼약한 대로 지키겠다. 즉, 남편 될 사람이 병약하다고 해서 결혼 약속을 깨뜨리지는 않겠다는 뜻
빈 옷을 지켰을 뿐: 이미 남편인 술증이 병이 심했기 때문에 죽은 사람과 결혼한 꼴이라는 뜻

▶ 함양 박씨가 남편을 따라 목숨을 끊게 된 사연

얼마 뒤에 함양 군수 윤광석이 밤중에 기이한 꿈을 꾸고 감격하여 〈열부전〉을 지었다. 산청 현감 이면제도 또한 그를 위하여 전을 지어 주었다. 거창에 사는 신도항도 문장을 하는 선비였는데, 박 씨를 위하여 그 절의(節義)를 서술하였다. 그는 처음부터 끝까지 마음이 한결같았으니 어찌 스스로 '나처럼 나이 어린 과부가 세상에 오래 머문다면 길이길이 친척에게 동정이나 받을 것이다. 이웃 사람들의 망령된 생각을 면치 못할 테니, 빨리 이 몸이 없어지는 게 낫겠다.' 고 생각하지 않았으랴?

그: 함양 박씨
절의(節義): 절개와 의리
망령된 생각: 젊은 나이에 과부가 된 함양 박씨의 처지를 안타까워하는 마음

아아, 슬프다. 그가 처음 상복을 입고도 죽음을 참은 것은 장사를 지내야 했기 때문이었고 장사를 끝낸 뒤에도 죽음을 참은 것은 소상(小祥)이 있기 때문이었다. 소상을 끝낸 뒤에도 죽음을 참은 것은 대상(大祥)이 있기 때문이었다. 이제 대상도 다 끝나서 상기(喪期)를 마치자, ❷ 지아비가 죽은 것과 같은 날 같은 시각에 죽어 그 처음의 뜻을 이루었다. 어찌 열부가 아니랴? ▶ 함양 박씨의 순절에 대한 평가

소상(小祥): 사람이 죽은 지 일 년 만에 지내는 제사
대상(大祥): 죽은 지 두 해 만에 지내는 제사
상기(喪期): 죽은 이를 제사 지내는 기간

핵심 구절 풀이

❶ **아아 슬프다. ~ 되는 것이다.**: 서술자의 목소리 개입(편집자적 논평)이 나타나는 부분이다. 지나치게 절개를 강조하다 보니 과부가 절개를 지키는 것을 당연시하게 되고, 절개를 드러내기 위해 죽는 일까지 벌어지게 되었다는 것을 우회적으로 비판하고 있다. 즉, 지나치게 과부의 절개를 강조하는 현실을 비판, 풍자하고 있는 것이다.

❷ **지아비가 죽은 ~ 열부가 아니랴?**: 작가는 죽은 지아비를 위해 지조와 절개를 다하고 죽은 함양 박씨를 기리는 듯하지만, 결국은 지나칠 정도로 절개를 지키고자 한 박 씨를 비판하고 이러한 행동을 칭송하는 당대의 현실을 비판, 풍자하고 있는 것이다.

핵심 정리

- 갈래: 고전 소설(한문 소설, 단편 소설)
- 성격: 풍자적, 비판적
- 구성: 삽화식 구성, 병렬식 구성

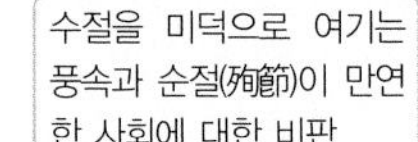

수절을 미덕으로 여기는 풍속과 순절(殉節)이 만연한 사회에 대한 비판 ➡ 동전을 굴리면서 정욕을 참은 과부의 이야기 ➡ 함양 박씨가 남편을 따라 목숨을 끊은 사연 ➡ 함양 과부의 순절에 대한 평가

- 제재: 동전을 굴린 과부의 이야기와 함양 박씨의 순절
- 주제: 개가(改嫁) 금지 풍습에 대한 비판
- 특징: 두 가지 사건을 나란히 제시하여 주제를 우회적으로 드러냄
- 인물 분석
  - 어머니, 함양 박씨: 지조와 절개를 다한 열녀
  - '나': 지나칠 정도로 절개를 지키는 현실을 개탄하고, 개가한 과부의 자식이 벼슬에 나아갈 수 없는 현실에 대해서 비판적인 시각을 가진 인물

한눈에 **보기**

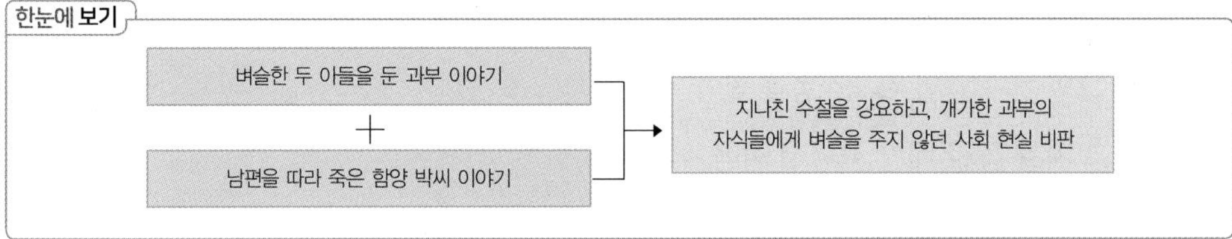

보충·심화 학습

- 〈열녀 함양 박씨전〉의 구성상의 특징

이 글은 두 가지의 사건이 나란히 전개되는 병렬 구조를 지닌다. 첫째는, 동전을 굴리며 정욕을 억누른 양반 댁 아녀자의 이야기이고, 둘째는 남편이 죽자 대상을 치르고 자결한 아전의 아내 함양 박씨의 이야기이다. 이 두 가지 이야기는 이면에 많은 뜻을 담고 있다. 즉, 첫 번째 이야기를 통해서는 인간이 지닌 본성을 억누르는 사회 현실을 비판하고, 두 번째 이야기를 통해서는 양반들에게만 적용되던 재가 금지법이 일반 서민들에게까지 적용되어 많은 폐해를 낳던 당대 사회를 풍자하는 것이다. 작가는 이러한 사건들의 이면적 의미를 간접적으로 보여 줌으로써 당대 여성들의 의식을 지배했던 불합리한 도덕률을 비판하고 있는 것이다.

필수 문제

01 이 글의 구성상의 특징을 쓰시오.

02 이 글에서 두 아들을 둔 '어머니'에게 욕망을 절제하기 위한 수단이자, 지속적인 수절을 위한 자기 확인의 매개체로 기능하고 있는 소재를 찾아 2음절로 쓰시오.

102 허생전(許生傳) | 박지원

교과서 EBS

출제 포인트

무능력한 양반층을 풍자 · 비판하고 있는 박지원의 한문 소설로, 인물 간의 갈등 양상과 이 글을 통해 알 수 있는 당시의 시대 상황에 주목하여 살펴보자.

감상 길잡이

이 글은 실학이 꽃을 피우던 조선 후기를 배경으로 '허생'이라는 선비를 통해 당시의 경제와 정치 현실 및 허위에 찬 양반 계층의 무능함을 비판한 소설이다. 이 글에서 허생은 '빈 섬'에 군도들을 이끌고 들어가 이상적인 공동체 건설을 시도하지만 현실적 한계 때문에 실패하는데, 여기서의 '빈 섬'은 〈홍길동전〉의 '율도국'과 같은 맥락에서 이해할 수 있다. 허생의 행위는 이용후생의 실학을 몸소 실천하고자 한 것으로 이해할 수 있는데, 이는 작가 박지원의 실학사상이 바탕이 된 것이다.

장면 1

결정적 장면

허생은 묵적골(墨積洞)에 살았다.『곧장 남산(南山) 밑에 닿으면, 우물 위
실제 지명을 사용하여 현실성을 부여함
에 오래된 은행나무가 서 있고, 은행나무를 향하여 사립문이 열렸는데,
「 」: ① 허생의 초라한 초가에 대한 묘사 ② 가난한 삶을 보여 줌
두어 칸 초가는 비바람을 막지 못할 정도였다.』그러나 허생은 글 읽기만
작가 의식을 대변하는 인물(현실적, 실용적) / 경제적으로 무능력한 선비의 모습. 백면서생
좋아하고, 그의 처가 남의 바느질품을 팔아서 입에 풀칠을 했다.
궁핍한 생활상. 삼순구식, 호구지책
▶ 배경과 인물 제시

하루는 그 처가 몹시 배가 고파서 울음 섞인 소리로 말했다.
□: '과거 → 장인바치 일 → 장사 → 도둑질'로 갈수록 아내의 반감이 점차 고조되며 허생과의 갈등도 고조됨

『"당신은 평생 과거(科擧)를 보지 않으니, 글을 읽어 무엇합니까?"
처가 생각하는 글 읽기의 목적: 입신양명의 수단 → 실용적 학문관

허생은 웃으며 대답했다.

"나는 아직 독서를 익숙히 하지 못하였소."
허생이 생각하는 글 읽기의 목적: 자기 수양의 수단 → 명분론적 학문관

"그럼 장인바치 일이라도 못 하시나요?"
손으로 물건을 만드는 일을 직업으로 하는 사람인 '장인'을 낮잡아 이르는 말

"장인바치 일은 본래 배우지 않은 걸 어떻게 하겠소?"

"그럼 장사는 못 하시나요?"

"장사는 밑천이 없는 걸 어떻게 하겠소?"

처는 왈칵 성을 내며 소리쳤다.

"밤낮으로 글을 읽더니 기껏 '어떻게 하겠소?' 소리만 배웠단 말씀이
실생활과 유리된 채 글공부만 하는 무능한 양반에 대한 비판
오? 장인바치 일도 못 한다, 장사도 못 한다면, 도둑질이라도 못 하
아내의 비판이 최고조에 이름
시나요?"』 「 」: 실용적 학문관을 가진 아내와 명분론적 학문관을 가진 허생의 갈등

허생은 읽던 책을 덮어 놓고 일어나면서,

결정적 장면

궁핍한 생활에 아내는 허생의 무능을 탓하고, 집을 나온 허생은 변 씨에게 만 냥을 빌려 과일과 말총을 매점매석하여 큰돈을 번 후 조선 경제의 허약성에 대해 한탄하는 장면이다. 양반 계층의 무능함과 허례허식, 조선 경제의 취약성이 동시에 드러나는 부분이다.

문제로 핵심 파악

1 허생에 대한 아내의 반감이 최고조에 이르렀음을 나타내는 말을 찾아 쓰시오.

2 허생은 ( )와/과 ( )을/를 매점매석하여 조선 경제 구조의 취약성을 시험하고 양반의 ( )을/를 비판하고 있다.

답 1 도둑질 2 과일, 말총, 허례허식

"아깝다. 내가 당초 글 읽기로 십 년을 기약했는데, 인제 칠 년인걸……."

글 읽기에 대한 허생의 관점 – 도를 이루기 위한 과정으로 여김(학문 수양)

하고 휙 문밖으로 나가 버렸다. ▶ 허생에 대한 아내의 질책과 허생의 가출

허생의 가출 → 새로운 사건 전개 암시

허생은 거리에 서로 알 만한 사람이 없었다. 바로 운종가로 나가서 시중의 사람을 붙들고 물었다.

칠 년 동안 바깥출입을 하지 않고 글만 읽었기 때문 / 지금 종로 네거리를 중심으로 한 곳

"누가 서울 성중에서 제일 부자요?"

변 씨(卞氏)를 말해 주는 이가 있어서, 허생이 곧 변 씨의 집을 찾아갔다. 「허생은 변 씨를 대하여

조선 후기의 신흥 상인 계층. 대범한 성격의 인물 – 허생의 이상 실현에 기여하는 보조적 인물

길게 읍하고 말했다.」 「 」: 신분에 얽매이지 않는 허생의 모습. 이인다운 면모

인사하는 예의 하나로, 두 손을 맞잡아 얼굴 앞으로 들어 올리고 허리를 앞으로 공손히 구부렸다가 몸을 펴면서 손을 내리는 것

"내가 집이 가난해서 무얼 좀 해 보려고 하니, 만 냥을 꿔어 주시기 바랍니다."

허생의 단도직입적 요구. 앞으로 전개될 사건의 매개가 됨

「변 씨는

"그러시오."

하고 당장 만 냥을 내주었다.」 허생은 감사하다는 인사도 없이 가 버렸다. 변 씨 집의 자제와 손들

「 」: 변 씨의 대상다운 면모 / 허생의 이인다운 면모

이 허생을 보니 거지였다. 실띠의 술이 빠져 너덜너덜하고, 갖신의 뒷굽이 자빠졌으며, 쭈그러진

실을 꼬아서 만든 띠 / 가죽으로 만든 신

갓에 허름한 도포를 걸치고, 코에서 맑은 콧물이 흘렀다. 허생이 나가자, 모두들 어리둥절해서 물

폐포파립(敝袍破笠)

었다. ▶ 허생이 변 씨에게 돈을 빌림

"저이를 아시나요?"

"모르지."

「"아니, 이제 하루아침에, 평생 누군지도 알지 못하는 사람에게 만 냥을 그냥 내던져 버리고 성

생면부지(生面不知)

명도 묻지 않으시다니, 대체 무슨 영문인가요?"」 「 」: 변 씨의 행동을 이해하지 못하는 자제와 손들의 물음

변 씨가 말하는 것이었다.

「"이건 너희들이 알 바 아니다. 대체로 남에게 무엇을 빌리러 오는 사람은 으레 자기 뜻을 대단

허장성세, 호언장담

히 선전하고, 신용을 자랑하면서도 비굴한 빛이 얼굴에 나타나고, 말을 중언부언하게 마련이

자화자찬 / 교언영색 / 이미 한 말을 자꾸 되풀이함

다. 그런데 저 객은 형색은 허술하지만, 말이 간단하고, 눈을 오만하게 뜨며, 얼굴에 부끄러운

겉모습은 초라하지만 당당한 태도를 보임

기색이 없는 것으로 보아, 재물이 없어도 스스로 만족할 수 있는 사람이다. 그 사람이 해 보겠

안분지족, 안빈낙도

다는 일이 작은 일이 아닐 것이매, 나 또한 그를 시험해 보려는 것이다. 안 주면 모르되, 이왕

만 냥을 주는 바에 성명은 물어 무엇을 하겠느냐?"」 ▶ 변 씨가 허생에게 돈을 빌려준 이유

「 」: 변 씨의 대상다운 대범함이 드러남

허생은 만 냥을 입수하자, 다시 자기 집에 들르지도 않고 바로 안성(安城)으로 내려갔다. 「안성은

만 냥이 사적인 목적으로 쓰이지 않을 것임을 암시

경기도, 충청도 사람들이 마주치는 곳이요, 삼남(三南)의 길목」이기 때문이다. 「거기서 대추, 밤, 감,

양반의 허례허식을 나타내는 소재 ① / 전라도, 경상도, 충청도 / 「 」: 안성의 지리적 특수성 – 상품의 집결지(관문)

배며 석류, 귤, 유자 등속의 과일을 모조리 두 배의 값으로 사들였다. 허생이 과일을 몽땅 쓸었기

나열한 사물과 같은 종류의 것들을 몰아서 이르는 말

때문에 온 나라가 잔치나 제사를 못 지낼 형편에 이르렀다. 얼마 안 가서, 허생에게 두 배의 값으

매점매석의 결과

로 과일을 팔았던 상인들이 도리어 열 배의 값을 주고 사 가게 되었다.」 허생은 길게 한숨을 내쉬었다.
상인들 – 눈앞의 작은 이익만 생각하다 오히려 손해를 봄. 소탐대실(小貪大失) 「 」: 허생의 상행위 – 매점매석 조선 경제의 허약성에 대한 한탄

「"만 냥으로 온갖 과일의 값을 좌우했으니, 우리나라의 형편을 알 만하구나."」
「 」: 조선 경제 구조의 취약성에 대한 안타까움

그는 다시 칼, 호미, 포목 따위를 가지고 제주도에 건너가서 말총을 죄다 사들이면서 말했다.
양반의 허례허식을 나타내는 소재 ②

「"몇 해 지나면 나라 안의 사람들이 머리를 싸매지 못할 것이다."
양반의 허례허식에 대한 조롱과 비판

허생이 이렇게 말하고 얼마 안 가서 과연 망건값이 열 배로 뛰어올랐다.」 ▶ 매점매석을 통해 돈을 번 허생
「 」: 매점매석의 폐해와 유통 구조의 취약성 매점매석의 결과

허생은 늙은 사공을 만나 말을 물었다.
① 정보 전달자의 역할 ② 허생을 돕는 보조적 인물

"바다 밖에 혹시 사람이 살 만한 빈 섬이 없던가?"
허생의 이상을 실험하는 공간

"있습지요. 언젠가 풍파를 만나 서쪽으로 줄곧 사흘 동안을 흘러가서 어떤 빈 섬에 닿았습지요. 아마 사문(沙門)과 장기(長崎)의 중간쯤 될 겁니다.「꽃과 나무는 제멋대로 무성하여 과일 열매가 절로 익어 있고, 짐승들이 떼 지어 놀며, 물고기들이 사람을 보고도 놀라지 않습니다."」
일본 나가사키 / 동남 아시아의 어느 곳으로 추정
「 」: 빈 섬에 대한 묘사 – ① 원시 자연의 풍요로움 ② 허생의 이상을 실험할 만한 여건

그는 대단히 기뻐하며,
자신의 이상을 실현할 수 있을 것이라는 기대감 때문에

"자네가 만약 나를 그곳에 데려다 준다면 함께 부귀를 누릴 걸세."
늙은 사공에게 한 허생의 제안

라고 말하니, 사공이 그러기로 승낙을 했다. ▶ 빈 섬을 물색하는 허생

드디어 바람을 타고 동남쪽으로 가서 그 섬에 이르렀다. 허생은 높은 곳에 올라가서 사방을 둘러보고 실망하여 말했다.
빈 섬이 자신의 이상을 실현하기에 부족한 곳이므로

「"땅이 천 리도 못 되니 무엇을 해 보겠는가? 토지가 비옥하고 물이 좋으니 단지 부가옹(富家翁)은 될 수 있겠구나."」 「 」: 빈 섬의 공간적 한계에 대한 인식 – 실망감과 안타까움
부잣집의 늙은 주인

"텅 빈 섬에 사람이라곤 하나도 없는데, 대체 누구와 더불어 사신단 말씀이오?"

사공의 말이었다.

"덕(德)이 있으면 사람이 절로 모인다네. 덕이 없을까 두렵지, 사람이 없는 것이야 근심할 것이 있겠나?" ▶ 빈 섬에 도착한 허생
빈 섬의 경영 이념. 덕치주의. 덕불고필유린(德不孤必有隣) → 《논어(論語)》 이인(里仁)편

이때, 변산(邊山)에「수천의 군도(群盜)들이 우글거리고 있었다.」「각 지방에서 군사를 징발하여 수색을 벌였으나 좀처럼 잡히지 않았고,」 군도들도 감히 나가 활동을 못 해서 배고프고 곤란한 판이었다. 허생이 군도의 산채를 찾아가서 우두머리를 달래었다.
전라북도 변산 반도 부근의 지명 / 장면, 화제 전환 / 떼를 지어 도둑질을 하는 무리 / 「 」: 당시의 시대상 / 「 」: 도둑을 토벌하지 못하는 집권층의 무능력함을 보여 줌 / 진퇴양난(進退兩難) / 산적들의 소굴

「"천 명이 천 냥을 빼앗아 와서 나누면 하나 앞에 얼마씩 돌아가지요?"

"일 인당 한 냥이지요."

"모두 아내가 있소?"

"없소."

"논밭은 있소?"

군도들이 어이없어 웃었다.
실소(失笑)

"땅이 있고 처자식이 있는 놈이 무엇 때문에 괴롭게 도둑이 된단 말이오?"
당시 양민들이 도둑이 될 수밖에 없는 비참한 현실을 알 수 있음

"정말 그렇다면, 왜 아내를 얻고, 집을 짓고, 소를 사서 논밭을 갈고 지내려 하지 않는가? 그럼 도둑놈 소리를 안 듣고 살면서, 집에는 부부의 낙(樂)이 있을 것이요, 돌아다녀도 잡힐까 걱정을 않고 길이 의식의 요족(饒足)을 누릴 텐데……."
양민으로 살아가기 위한 조건
살림이 넉넉함

"아니, 왜 바라지 않겠소? 다만 돈이 없어 못 할 뿐이지요."」 「 」: 대화를 통해 알 수 있는 허생의 의도 – 군도들로 하여금 문제를 스스로 파악하게 함
돈의 필요성 인식 – ① 중세에서 근대로의 이행기
② 상업 자본에 대한 근대적 자각(자본주의 사상 대두)

허생은 웃으며 말했다.

「"도둑질을 하면서 어찌 돈을 걱정할까? 내가 능히 당신들을 위해서 마련할 수 있소. 내일 바다에 나와 보오. 붉은 깃발을 단 것이 모두 돈을 실은 배이니, 마음대로 가져가구려."」
「 」: 군도에 대한 허생의 회유

허생이 군도와 언약하고 내려가자, 군도들은 모두 그를 미친놈이라고 비웃었다.
허생의 약속이 실현 불가능하다고 판단한 군도들의 비웃음(조소)
▶ 군도를 회유하는 허생

이튿날, 군도들이 바닷가에 나가 보았더니, 과연 허생이 삼십만 냥의 돈을 싣고 온 것이었다. 모두들 대경(大驚)해서 허생 앞에 줄지어 절했다.
크게 놀람
허생의 비범함에 놀라 존경을 표하는 모습

"오직 장군의 명령을 따르겠소이다."
허생에 대한 호칭의 변화 – 군도들의 놀라움과 존경심 반영

"너희들, 힘껏 짊어지고 가거라."

이에, 군도들이 다투어 돈을 짊어졌으나, 한 사람이 백 냥 이상을 지지 못했다.
인간의 탐욕과 어리석음에 대한 풍자

"너희들, 힘이 한껏 백 냥도 못 지면서 무슨 도둑질을 하겠느냐?「인제 너희들이 양민(良民)이 되려고 해도, 이름이 도둑의 장부에 올랐으니, 갈 곳이 없다.」내가 여기서 너희들을 기다릴 것이니, 한 사람이 백 냥씩 가지고 가서 여자 하나, 소 한 필을 거느리고 오너라."
선량한 백성
「 」: 궁지에 몰린 군도들에 대한 허생의 은근한 위협(당시 민중들의 비참한 생활상을 짐작할 수 있음)
양민으로 살아가기 위한 준비

허생의 말에 군도들은 모두 좋다고 흩어져 갔다.
군도들도 양민으로 살아가기를 희망하고 있음

「허생은 몸소 이천 명이 일 년 먹을 양식을 준비하고 기다렸다. 군도들이 빠짐없이 모두 돌아왔다. 드디어 다들 배에 싣고 그 빈 섬으로 들어갔다. 허생이 도둑을 몽땅 쓸어 가서 나라 안에 시끄러운 일이 없었다.」 「 」: 요약적 진술
군도 문제를 해결함 – 허생의 영웅적 면모 → 집권층의 무능 비판
▶ 군도들을 설득하여 빈 섬으로 가는 허생

그들은 나무를 베어 집을 짓고, 대(竹)를 엮어 울을 만들었다. 땅기운이 온전하기 때문에 백곡이 잘 자라서, 한 해나 세 해만큼 걸러 짓지 않아도 한 줄기에 아홉 이삭이 달렸다. 삼 년 동안의 양식을 비축해 두고, 나머지를 모두 배에 싣고 장기도(長崎島)로 가져가서 팔았다. 장기라는 곳은
울타리
허생의 시험 ① – 농업을 통한 자급자족
해외 무역 시도 → 무역의 중요성 강조

삼십만여 호나 되는 일본의 속주(屬州)이다. 그 지방이 한참 흉년이 들어서 구휼하고 은 백만 냥을 얻게 되었다.

집의 수효를 나타내는 단위 / 어느 나라에 속하여 있는 주 / 빈민이나 이재민에게 금품을 주어 구제하고 보살핌 / 해외 무역의 성공

▶ 허생이 빈 섬을 성공적으로 경영함

허생이 탄식하면서,

"이제 나의 조그만 시험이 끝났구나."

이상 사회 건설 시도

하고, 이에 남녀 이천 명을 모아 놓고 말했다.

『"내가 처음에 너희들과 이 섬에 들어올 때엔 먼저 부(富)하게 한 연후에 따로 문자를 만들고 의관을 새로 제정하려 하였더니라. 그런데 땅이 좁고 덕이 엷으니, 나는 이제 여기를 떠나련다. 다만, 아이들을 낳거들랑 오른손에 숟가락을 쥐고, 하루라도 먼저 난 사람이 먼저 먹도록 양보케 하여라."』

이용후생적 · 실용적 입장 / 새로운 문물, 제도 수립 / 완전한 이상국 건설의 실패 요인 / 기본적인 관습의 존중

「 」: 허생이 가르친 예절은 단순하면서도 근본적인 것으로, 소박한 실용성을 앞세운 것임 → 양반들의 허례허식 비판

다른 배들을 모조리 불사르면서,

"가지 않으면 오는 이도 없으렷다."

하고 돈 오십만 냥을 바다 가운데 던지며,

경제 규모가 취약하여 쓸모가 없으므로

"바다가 마르면 주워 갈 사람이 있겠지. 백만 냥은 우리나라에도 용납할 곳이 없거늘, 하물며 이런 작은 섬에서랴!"

우리나라 경제의 옹색함 – 당시 조선 경제의 취약함에 대한 비판

했다. 그리고『글을 아는 자들을 골라 모조리 함께 배에 태우면서,

"이 섬에 화근을 없애야 되지."』

원관념: 글을 아는 자

「 」: 식자우환(識字憂患). 식자층에 대한 불신감. 현실과 유리되어 공리공론만 일삼는 당시 사대부에 대한 비판

했다.

▶ 허생이 섬을 떠남

뒷부분 줄거리 | 허생은 본국으로 돌아와 변 씨에게 꾼 돈의 열 배를 주고, 가난한 사람들을 구제한다. 변 씨는 허생의 생계를 도우면서 허생의 가까운 벗이 된다. 어느 날 변 씨가 평소에 잘 알고 지내던 어영대장 이완에게 허생을 소개한다. 이완이 허생에게 국사를 도와달라는 청을 하자 허생이 세 가지 계책을 제시하지만, 이완은 사대부의 도리에 맞지 않는다고 이를 모두 거절한다. 이에 허생은 양반 사대부들의 허례허식을 비판하고 이완을 질타한다. 이완이 이튿날 다시 찾아가 보았더니 집은 텅 비어 있었고, 허생은 사라지고 없었다.

필수 문제

01 이 글에서 허생이 이상국 건설의 가능성을 시험한 장소를 찾아 쓰시오.

02 [서술형] 이 글에서 허생을 따라나선 군도들의 모습을 통해 알 수 있는 당대의 사회상을 간략히 서술하시오.

장면 2

허생은 나라 안을 두루 돌아다니며 가난하고 의지 없는 사람들을 구제했다. 그러고도 은이 십만 냥이 남았다.

허생의 빈민 구제. 구세제민(救世濟民), 이용후생(利用厚生)의 실학사상

"이건 변 씨에게 갚을 것이다."

변 씨에게 빌린 만 냥을 갚으려 함

허생이 가서 변 씨를 보고 / "나를 알아보시겠소?"

세월이 흘렀기 때문에

하고 묻자, 변 씨는 놀라 말했다.

"그대의 안색이 조금도 나아지지 않았으니, 혹시 만 냥을 실패 보지 않았소?"

허생의 외양을 통해 만 냥의 실패와 성공을 가늠함(변 씨의 물질에 대한 관심: 상인의 모습)

허생이 웃으며,

"재물에 의해서 얼굴에 기름이 도는 것은 당신들 일이오. 만 냥이 어찌 도(道)를 살찌게 하겠소?"

허생의 계급 의식의 한계 – 실학적 사상을 가진 허생도 선비로서의 우월 의식에서 완전히 벗어나지 못함

하고, 십만 냥을 변 씨에게 내놓았다.

「"내가 하루아침의 주림을 견디지 못하고 글 읽기를 중도에 폐하고 말았으니, 당신에게 만 냥을 빌렸던 것이 부끄럽소."」 「 」: 물질적 가치보다 정신적 가치를 추구하는 허생 – 선비로서의 계급적 우월 의식을 버리지 못함

크게 놀람

변 씨는 대경해서 일어나 절하여 사양하고, 십분의 일로 이자를 쳐서 받겠노라 했다. 허생이 잔뜩 역정을 내어,

허생이 보통 사람이 아님을 깨달음 / 변 씨의 합리적인 성품(양심적인 상인의 모습)

"당신은 나를 장사치로 보는가?"

허생의 계급 의식의 한계 – 경제의 중요성은 인정하나 상인 계층에 대한 부정적 태도가 드러남

하고는 소매를 뿌리치고 가 버렸다.

▶ 변 씨에게 빚을 갚는 허생

변 씨는 가만히 그의 뒤를 따라갔다. 허생이 남산 밑으로 가서 조그만 초가로 들어가는 것이 멀리서 보였다. 한 늙은 할미가 우물터에서 빨래하는 것을 보고 변 씨가 말을 걸었다.

① 정보 전달자의 역할('늙은 사공'과 동일한 역할) ② 허생의 내력을 요약적으로 제시하는 인물 ③ 서술의 객관성 확보

"저 조그만 초가가 누구의 집이오?"

"허 생원 댁입지요.「가난한 형편에 글공부만 좋아하더니, 하루아침에 집을 나가서 오 년이 지나도록 돌아오지 않으시고, 시방 부인이 혼자 사는데, 집을 나간 날로 제사를 지냅지요."」

「 」: 허생의 내력을 요약적으로 제시

지금 / 허생이 죽은 것으로 여김

변 씨는 비로소 그의 성이 허씨라는 것을 알고, 탄식하며 돌아갔다.

▶ 허생의 내력을 알아보는 변 씨

이튿날, 변 씨는 받은 돈을 모두 가지고 그 집을 찾아가서 돌려주려 했으나, 허생은 받지 않고 거절했다.

양심적인 변 씨의 모습 / 사적인 재물 소유에 대한 부정적 입장 ①

"내가 부자가 되고 싶었다면 백만 냥을 버리고 십만 냥을 받겠소? 이제부터는 당신의 도움으로 살아가겠소.「당신은 가끔 나를 와서 보고 양식이나 떨어지지 않고 옷이나 입도록 하여 주오. 일생을 그러면 족하지요.」왜 재물 때문에 정신을 괴롭힐 것이오?"

빈 섬에서 번 돈

「 」: 허생의 생활 자세 – 안빈낙도, 안분지족 / 생계에 필요한 최소한의 재물만 받으려 함

사적인 재물 소유에 대한 부정적인 입장 ②

변 씨가 허생을 여러 가지로 권유하였으나, 끝끝내 어찌할 도리가 없었다. 변 씨는 그때부터 허생의 집에 양식이나 옷이 떨어질 때쯤 되면 몸소 찾아가 도와주었다. 허생은 그것을 흔연히 받아

기꺼이, 기쁘게

들였으나, 혹 많이 가지고 가면 좋지 않은 기색으로,

"나에게 재앙을 갖다 맡기면 어찌하오?"

재물은 정신을 괴롭게 한다고 생각함. 사적인 재물 소유에 대한 부정적 입장 ③

하였고, 혹 술병을 들고 찾아가면 아주 반가워하며 서로 술잔을 기울여 취하도록 마셨다.

허생과 변 씨의 친분이 두터워짐

▶ 허생과 변 씨의 사귐

이렇게 몇 해를 지나는 동안에 두 사람 사이의 정의가 날로 두터워 갔다. 어느 날, 변 씨가 오년 동안에 어떻게 백만 냥이나 되는 돈을 벌었던가를 조용히 물어보았다. 허생이 대답하기를,

시간의 경과 / 서로 사귀어 친해진 정 / 재물에 대한 변 씨의 관심

"그야 가장 알기 쉬운 일이지요. 「조선이란 나라는 배가 외국에 통하질 않고, 수레가 나라 안에 다니질 못해서, 온갖 물화가 제자리에 나서 제자리에서 사라지지요.」「무릇, 천 냥은 적은 돈이라 한 가지 물종(物種)을 독점할 수 없지만, 그것을 열로 쪼개면 백 냥이 열이라, 또한 열 가지 물건을 살 수 있겠지요. 단위가 작으면 굴리기가 쉬운 까닭에, 한 물건에서 실패를 보더라도 다른 아홉 가지의 물건에서 재미를 볼 수 있으니, 이것은 보통 이(利)를 취하는 방법으로 조그만 장사치들이 하는 짓 아니오?」「대개 만 냥을 가지면 족히 한 가지 물종을 독점할 수 있기 때문에, 수레면 수레 전부, 배면 배를 전부, 한 고을이면 한 고을을 전부, 마치 촘촘한 그물로 훑어 내듯 할 수 있지요.」뭍에서 나는 만 가지 중에 한 가지를 슬그머니 독점하고, 물에서 나는 만 가지 중에 슬그머니 하나를 독점하고, 의원의 만 가지 약재 중에 슬그머니 하나를 독점하면,「한 가지 물종이 한곳에 묶여 있는 동안 모든 장사치들이 고갈될 것이매, 이는 백성을 해치는 길이 될 것입니다.」후세에 당국자들이 만약 나의 이 방법을 쓴다면 반드시 나라를 병들게 만들 것이오."

누워서 떡 먹기, 식은 죽 먹기, 땅 짚고 헤엄치기 / 「 」: 조선 경제의 문제점 – ① 해외 무역의 부재 ② 열악한 유통 구조 / 자급자족에 머무를 수밖에 없는 형편 / 물건의 종류 / 상행위에서 혼자 시장을 지배하는 것 / 「 」: 조그만 장사치의 상행위 – 여러 가지 물종을 장사함 / 들어선 모양이 빽빽한 / 「 」: 허생의 상행위 – 한 가지 물종을 독점함. 매점매석 / 매점매석 / 돈이나 물건 등이 다하여 없어짐 / 「 」: 매점매석 → 조선 경제에 악영향 → 민중들의 생활고 / 매점매석에 대한 경계

▶ 허생이 돈을 번 내력

"처음에 내가 선뜻 만 냥을 꿔어 줄 줄 알고 찾아와 청하였습니까?"

허생은 다음과 같이 대답했다.

"당신만이 내게 꼭 빌려줄 수 있었던 것은 아니고, 능히 만 냥을 지닌 사람치고는 누구나 다 주었을 것이오. 내 스스로 나의 재주가 족히 백만 냥을 모을 수 있다고 생각했으나, 운명은 하늘에 매인 것이니, 낸들 그것을 어찌 알겠소? 그러므로 능히 나의 말을 들어주는 사람은 복 있는 사람이라, 반드시 더욱더 큰 부자가 되게 하는 것은 하늘이 시키는 일일 텐데 어찌 주지 않았겠소? 이미 만 냥을 빌린 다음에는 그의 복력에 의지해서 일을 한 까닭으로, 하는 일마다 곧 성공했던 것이고, 만약 내가 사사로이 했었다면 성패는 알 수 없었겠지요."

변 씨와 같이 부를 축적할 수 있는 재주와 복력을 지닌 인물 / 운명론적 사고방식 / 돈을 빌려준 부자의 복 / 운명론적 사고방식 – 허생 자신이 변 씨에게서 돈을 빌려 큰돈을 벌 수 있었던 것은 하늘의 뜻임 / 하늘이 정한 운명+돈을 빌려준 부자의 복 / 운명론적 사고방식에 따른 믿음 / 하늘이 정한 운명에 의지하지 않고 개인적인 재주만 믿고 했었다면

▶ 허생의 운명관

변 씨가 이번에는 딴 이야기를 꺼냈다.

화제의 전환

"방금 사대부들이 남한산성(南漢山城)에서 오랑캐에게 당했던 치욕을 씻어 보고자 하니, 지금이야말로 지혜로운 선비가 팔뚝을 뽐내고 일어설 때가 아니겠소? 선생의 그 재주로 어찌 괴롭게 파묻혀 지내려 하십니까?"

병자호란 당시 인조가 오랑캐에 항전하다 삼전도에서 무릎을 꿇었던 사건으로, 세자 등이 인질로 잡혀가는 치욕을 겪음 / 북벌(北伐) / 오랑캐에 대한 분노의 주먹을 불끈 쥐고 지혜롭게 대안을 마련해 치욕을 씻을 때 / 허생에게 나라를 위해 일해 줄 것을 권유함

「"어허, 자고로 묻혀 지낸 사람이 한둘이었겠소? 우선, 졸수재(拙修齋) 조성기(趙聖期) 같은 분은 적국에 사신으로 보낼 만한 인물이었건만 베잠방이로 늙어 죽었고, 반계 거사(磻溪居士) 유형원(柳馨遠) 같은 분은 군량을 조달할 만한 재능이 있었건만 저 바닷가에서 소요하고 있지 않습니까? 지금의 집정자들은 가히 알 만한 것들이지요. 나는 장사를 잘하는 사람이라, 내가 번 돈이 족히 구왕(九王)의 머리를 살 만 하였으되 바닷속에 던져 버리고 돌아온 것은, 도대체 쓸 곳이 없기 때문이었지요."」

등용되지 않은 인재의 예 ① / 군사적, 외교적 지략이 뛰어난 / 포의지사(布衣之士) / 등용되지 않은 인재의 예 ② / 경제적 능력이 뛰어난 인물 / 자유롭게 이리저리 슬슬 거닐며 돌아다님 / 위정자들의 인재 등용의 불합리성 비판 / 모든 나라를 얻을 만큼 큰돈을 벌었으나 / 불합리한 사회 · 경제 구조에 대한 비판 / 「 」: 위정자의 인재 등용의 불합리성을 비판함

변 씨는 한숨만 내쉬고 돌아갔다.

허생의 현실 비판에 대한 공감과 안타까움 / ▶ 허생이 벼슬을 하지 않는 까닭

변 씨는 본래 이완(李浣)이 정승과 잘 아는 사이였다. 「이완이 당시 어영대장이 되어서 변 씨에게 위항(委巷)이나 여염(閭閻)에 혹시 쓸 만한 인재가 없는가를 물었다.」 변 씨가 허생의 이야기를 하였더니, 이 대장은 깜짝 놀라면서,

① 효종 때의 실존 인물 ② 사건 전개의 사실성 부여 ③ 북벌론의 허구성 비판 / 백성들이 모여 사는 곳 / 동량지재(棟梁之材) / 「 」: 북벌에 필요한 인재를 구하고자 노력하는 모습 (앞으로 허생과 대면하게 될 사건의 개연성 부여)

「"기이하다. 그게 정말인가? 그의 이름이 무엇이라 하던가?"」 / 하고 묻는 것이었다.

기묘하고 이상하다 / 「 」: 이완의 심리 – 호기심, 놀라움, 반가움

"소인이 그분과 상종해서 삼 년이 지나도록 여태껏 이름도 모르옵니다."

서로 따르며 친하게 지냄

"그인 이인(異人)이야. 자네와 같이 가 보세."

재주가 신통하고 비범한 사람 / ▶ 변 씨가 이완에게 허생을 소개함

밤에 이 대장은 구종들도 다 물리치고 변 씨만 데리고 걸어서 허생을 찾아갔다. 변 씨는 이 대장을 문밖에 서서 기다리게 하고 혼자 먼저 들어가서, 허생을 보고 이 대장이 몸소 찾아온 연유를 이야기했다. 허생은 못 들은 체하고,

벼슬아치를 모시고 따라다니던 하인 / 일의 까닭 / 무능한 집권층에 대한 반감

"당신 차고 온 술병이나 어서 이리 내놓으시오."

허생의 당당한 말과 호탕한 성품

했다. 그리하여 즐겁게 술을 들이켜는 것이었다. 「변 씨는 이 대장을 밖에 오래 서 있게 하는 것이 민망해서 자주 말하였으나, 허생은 대꾸도 않다가 야심(夜深)해서 비로소 손을 부르게 하는 것이었다.」

문전 박대(門前薄待) / 허생의 당당한 행동 / 밤이 깊음 / ▶ 허생과 이완의 대면 / 「 」: 허생의 위정자들에 대한 반감이 드러나는 부분

이 대장이 방에 들어와도 허생은 자리에서 일어서지도 않았다. 이 대장은 몸 둘 곳을 몰라 하며 나라에서 어진 인재를 구하는 뜻을 설명하자, 허생은 손을 저으며 막았다.

권력에 굴하지 않는 당당한 태도. 집권층에 대한 허생의 반감 / 허생의 태도에 당황함

결정적 장면

"밤은 짧은데 말이 길어서 듣기에 지루하다. 너는 지금 무슨 벼슬에 있느냐?"

사대부의 탁상공론 비판 / 어영대장인 이완에게 해라체를 사용하여 집권층에 대한 허생의 반감을 드러냄

"대장이오."

"그렇다면 너는 나라의 신임받는 신하로군. 「내가 와룡 선생 같은 이를 천거하겠으니, 네가 임금께 아뢰어서 삼고초려(三顧草廬)를 하게 할 수 있겠느냐?」

반어적 표현(조롱과 반감이 내포되어 있음) / 뛰어난 인재(대유법) / 인재를 어떤 자리에 추천함 / 인재를 맞아들이기 위하여 참을성 있게 노력함 / 「 」: 시사 삼책 중 제1책 – 인재 등용 / ▶ 시사 삼책 중 제1책을 말함

이 대장은 고개를 숙이고 한참 생각하더니,

"어렵습니다. 제이(第二)의 계책을 듣고자 하옵니다." / 했다.

위정자를 대변하는 이완 대장의 무능력한 모습

"나는 원래 '제이'라는 것은 모른다."

하고 허생은 외면하다가, 이 대장의 간청에 못 이겨 말을 이었다.

❶ "명(明)나라 장졸들이 조선은 옛 은혜가 있다고 하여, 그 자손들이 많이 우리나라로 망명해 와서 정처 없이 떠돌고 있으니, 너는 조정에 청하여 종실(宗室)의 딸들을 내어 모두 그들에게 시집보내고, 훈척(勳戚) 권귀(權貴)의 집을 빼앗아서 그들에게 나누어 주게 할 수 있겠느냐?"

임진왜란 때 명나라에서 조선에 파병한 일 / 임금의 친족 / 나라를 위하여 드러나게 세운 공로가 있는 임금의 친척 / 벼슬이 높고 권세가 있는 사람

이 대장은 또 머리를 숙이고 한참을 생각하더니,

"어렵습니다." / 했다.

▶ 시사 삼책 중 제2책을 말함 / 집권층이 자신들의 기득권을 포기하려 하지 않음

"이것도 어렵다, 저것도 어렵다 하면 도대체 무슨 일을 하겠느냐? 가장 쉬운 일이 있는데, 네가 능히 할 수 있겠느냐?"

제1, 2책을 받아들이지 못하는 집권층의 무능과 실천 의지의 부족함을 비판 / 시사 삼책 중 제3책

"말씀을 듣고자 하옵니다."

"무릇, 「천하에 대의(大義)를 외치려면」 먼저 천하의 호걸들과 접촉하여 결탁하지 않고는 안 되고, 남의 나라를 치려면 먼저 첩자를 보내지 않고는 성공할 수 없는 법이다. 지금 만주 정부가 갑자기 천하의 주인이 되어서 중국 민족과는 친근해지지 못하는 판에, 조선이 다른 나라보다 먼저 섬기게 되어 저들이 우리를 가장 믿는 터이다. 「진실로 당(唐)나라, 원(元)나라 때처럼 우리 자제들이 유학 가서 벼슬까지 하도록 허용해 줄 것과 상인의 출입을 금하지 말도록 할 것을 간청하면, 저들도 반드시 자기네에게 친근해지려 함을 보고 기뻐 승낙할 것이다.」 「국중의 자제들을 가려 뽑아 머리를 깎고 되놈의 옷을 입혀서, 그중 선비는 가서 빈공과에 응시하고, 또 서민은 멀리 강남(江南)

「 」: 북벌을 하려면 / 사람으로서 마땅히 지키고 행하여야 할 큰 도리 / 지혜와 용기가 뛰어나고 기개와 풍모가 있는 사람 / 지피지기(知彼知己)면 백전백승(百戰百勝) / 청나라 / 한족(漢族) / 정치적 교류 / 경제적 교류 / 「 」: 시사 삼책 중 제3책 – 청과의 전략적 교류의 필요성 / 변발(辮髮) / 호복(胡服) / 중국에서 외국인을 대상으로 실시하던 과거 제도

결정적 장면

국사를 논의하러 온 이완 대장에게 허생이 시사 삼책을 제시하지만 이완 대장은 계책 실행의 어려움을 토로하고, 이에 허생은 이완 대장을 꾸짖고 다음 날 어디론가 사라지는 장면이다. 허생의 말을 통해 당시 집권층에 대한 분노와 비판이 드러나는 부분이다.

문제로 핵심 파악

1 허생이 집으로 찾아온 이완 대장에게 제시한 제일의 계책은 (   )이다.

2 이완 대장은 허생이 제시한 시사 삼책 중 한 가지만을 받아들일 수 있다고 하였다. (○, ×)

핵심 구절 풀이

❶ "명(明)나라 장졸들이 ~ 할 수 있겠느냐?": 허생이 이완 대장에게 제시한 계책 중 두 번째 계책으로, 친명배청의 허구성을 폭로하고 훈척 권귀의 기득권을 척결해야 한다는 내용을 담고 있음

답 1 인재 등용 2 ×

에 건너가서 장사를 하면서, 저 나라의 실정을 정탐하는 한편, 저 땅의 호걸들과 결탁한다면」한 번 천하를 뒤집고 국치(國恥)를 씻을 수 있을 것이다. 그리고 만약 명나라 황족에서 구해도 사람을 얻지 못할 경우, 천하의 제후를 거느리고 적당한 사람을 하늘에 천거한다면, 잘되면 대국의 스승이 될 것이고, 못되어도 백구지국(伯舅之國)의 지위를 잃지 않을 것이다."

병자호란의 패배 / 「 」: 청과의 가능한 교류의 예(현실적인 노력) / 구체적인 방안과 실천이 있어야 집권층이 원하는 북벌이 가능할 것임 – 구체적 행동을 하지 못하는 집권층 비판의 의도 / 새 나라의 천자 / 중국 / 중국 봉건 시대 제후국 중에서 규모가 큰 나라. '백구'는 천자가 성(姓)이 다른 제후를 존중하여 부르던 말

이 대장은 힘없이 말했다.

허생의 계책이 실현되기 어렵다고 생각하기 때문에

"사대부들이 모두 조심스럽게 예법을 지키는데, 누가 변발(辮髮)을 하고 호복을 입으려 하겠습니까?"

명분 / 실리

▶ 시사 삼책 중 제3책을 말함

허생은 크게 꾸짖어 말했다.

"소위 사대부란 것들이 무엇이란 말이냐? 오랑캐 땅에서 태어나 자칭 사대부라 뽐내다니 이런 어리석을 데가 있느냐? 의복은 흰옷을 입으니 그것이야말로 상인(喪人)이나 입는 것이고, 머리털을 한데 묶어 송곳같이 만드는 것은 남쪽 오랑캐의 습속에 지나지 못한데, 대체 무엇을 가지고 예법이라 한단 말인가?「번오기(樊於期)는 원수를 갚기 위해서 자신의 머리를 아끼지 않았고, 무령왕(武靈王)은 나라를 강성하게 만들기 위해서 되놈의 옷을 부끄럽게 여기지 않았다.」이제 대명(大明)을 위해 원수를 갚겠다 하면서, 그까짓 머리털 하나를 아끼고, 또 장차 말을 달리고 칼을 쓰고 창을 던지며 활을 당기고 돌을 던져야 할 판국에 넓은 소매의 옷을 고쳐 입지 않고 딴에 예법이라고 한단 말이냐? 내가 세 가지를 들어 말하였는데, 너는 한 가지도 행하지 못한다면서 그래도 신임받는 신하라 하겠는가? 신임받는 신하라는 게 참으로 이렇단 말이냐? 너 같은 자는 칼로 목을 잘라야 할 것이다."

사대부에 대한 비판 의식이 드러남 / 조선 / 사대부들의 허세 / 상을 당한 사람 / 상투 / 중국 진나라의 장수 / 관습과 풍속 / 사대부들의 예법도 관점에 따라서는 오랑캐의 습속에 불과함– 명분보다는 실리를 추구해야 함을 강조 / 중국 조나라의 왕 / 「 」: '번오기'와 '무령왕'의 예를 들어 위정자들의 허구적인 대의명분 비판 / 집권층이 말하는 북벌론의 대의명분 / 대의명분(비실용), 헛된 명분에 주력함 / 비실용적인 것에 집착하는 현실(북벌론의 허구성 비판) / 시사 삼책: ① 인재 등용 ② 친명배청의 허구성 폭로와 훈척 권귀의 기득권 척결 ③ 청과의 전략적 교류 / 위정자(지배층, 사대부)에 대한 분노 / 구체적 실천에 소홀한 자

하고 좌우를 돌아보며 칼을 찾아서 찌르려 했다. 이 대장은 놀라서 일어나 급히 뒷문으로 뛰쳐나가 도망쳐서 돌아갔다.

집권층(위정자, 사대부)에 대한 분노가 행동으로 표출된 모습 / 집권층의 나약함 희화화

▶ 허생이 이완을 꾸짖음

이튿날, 다시 찾아가 보았더니, 집이 텅 비어 있고, 허생은 간 곳이 없었다.

▶ 허생이 종적을 감춤

설화적 · 미완적 · 암시적 결말
① 허생의 이인다운 풍모 부각
② 사건의 미해결에 따른 여운 유발
③ 허생이 제안한 정책이 현실에서 수용되기 어려움을 암시함

핵심 정리

- **갈래**: 고전 소설(한문 소설, 풍자 소설)
- **성격**: 풍자적, 비판적, 냉소적
- **구성**: '발단 – 전개 – 위기 – 절정 – 결말'의 5단 구성

발단: 허생이 아내의 핀잔에 집을 나감 ➡ **전개**: 허생이 변씨에게 빌린 만 냥을 열 배로 불린 뒤 갚음 ➡ **위기**: 이완은 관습에 얽매여 국사를 위한 허생의 계책을 거절함 ➡ **절정**: 허생이 양반 사대부들의 허례허식을 비판하고 이완을 질타함 ➡ **결말**: 이튿날 이완이 허생을 찾아가나 허생은 종적을 감춤

- 제재: 허생의 이인(異人)적 삶
- 주제: ① 양반 사대부의 무능과 허위의식 비판
  ② 새로운 삶의 각성 및 실천 촉구
- 특징: 실학사상을 바탕으로 당시 사회의 구조적 모순과 취약한 경제 구조를 냉소적으로 풍자 · 비판함
- 의의: 당시 사회의 모순을 풍자 · 비판하고, 근대 의식을 고취한 실학 문학임
- 인물 분석
  - 허생: 묵적골 선비. 사악한 사회에 물들지 않은 현실 관찰자로, 객관적 입장에서 허위에 찬 양반 사회의 구조적 모순을 비판하고 이용후생을 실천함
  - 허생의 처: 바느질을 하면서 글만 읽는 남편을 먹여 살리다 결국 남편의 무능을 원망하는 인물
  - 변 씨: 서울 제일의 부자. 성격이 대범하고, 허생의 비범한 재주를 꿰뚫어 보는 안목을 지닌 인물임
  - 이완: 과거 인습에 얽매여 변화를 거부하는, 당대의 무능한 사대부를 상징하는 인물. 허생의 비판의 대상이 됨

한눈에 보기

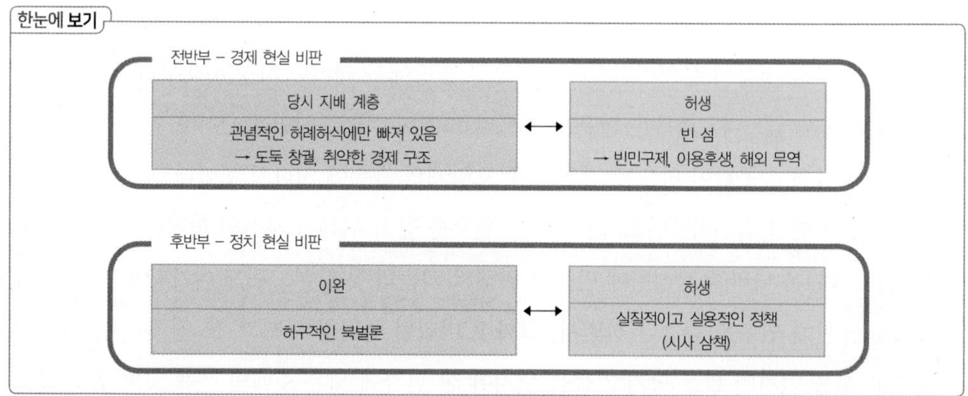

보충·심화 학습

- '빈 섬'의 상징적 의미

빈 섬은 허생이 구상한 낙원의 구체상으로, 가족을 바탕으로 하는 농경 사회로서의 이상향이라고 할 수 있다.

필수 문제

01 [서술형] **이 글에 나타난 허생의 재물관을 공적인 측면과 사적인 측면으로 나누어 서술하시오.**

02 **허생과 이완 대장이 갈등을 겪는 이유를 쓰시오.**

03 **허생이 이완 대장에게 제시한 시사 삼책의 내용을 정리해 쓰시오.**
- 제1책:
- 제2책:
- 제3책:

호질(虎叱) | 박지원

호랑이의 꾸짖음

교과서 EBS 수능 기출

출제 포인트

범이 허위의식을 지닌 인간을 꾸짖는다는 내용으로, 작품 속 범의 역할에 주목하여 작가가 풍자 · 비판하고자 하는 것을 알아보자.

감상 길잡이

이 글은 박지원(朴趾源)의 연행 일기인 《열하일기(熱河日記)》에 실려 있는 한문 소설로, 글 뒤에 붙인 논평을 통하여 만주족의 압제에 곡학아세(曲學阿世)하는 중국 인사들의 비열상을 풍자한 것이다. 원래는 중국의 어느 무명 작가의 글을 연암이 약간 고쳐 쓴 것이라 한다. 이 글은 전체적으로 조선 후기 사정에 비추어 볼 때 두 가지의 주제를 생각해 볼 수 있다. 하나는 북곽 선생으로 대표되는 유자(儒者)들의 위선을 비꼰 것이고, 다른 하나는 동리자로 대표되는 정절부인의 가식적 행위를 폭로한 것이다. 특히, 유자의 위선을 꾸짖는 범의 태도는 성리학적 이념만을 중시하는 사대부의 관념성과 부도덕성을 끊임없이 비판해 온 작가 박지원의 의식을 대변하고 있는 것이라고 할 수 있다.

장면 1

결정적 장면

정(鄭)나라의 어느 고을에 벼슬을 달갑게 여기지 않는 선비가 있었으니, 북곽 선생(北郭先生)이라고 하였다. 그는『나이 40에 손수 교정(校正)해 낸 책이 만 권이었고, 또 아홉 가지 유교 경전을 부연 설명하여 다시 저술한 책이 일만오천 권이었다. 천자(天子)가 그의 절의를 가상히 여기고 제후(諸侯)가 그 명망을 존경하고 있었다.』 ▶ 북곽 선생 소개

(벼슬을 달갑게 여기지 않는: 전체 문맥을 고려해 볼 때, '반어'에 해당함 / 교정: 잘못된 글자나 글귀를 바르게 고침 / 경전을 부연 설명하여: 옛 성현들의 사상과 교리를 써 놓은 책 / 절의: 절개와 의리 / 『 』: 북곽 선생의 이중성을 부각하기 위한 과장된 설정)

그 고장 동쪽에는 동리자(東里子)라는 미모의 과부가 있었다. 천자가 그 절개를 가상하게 여기고 제후가 그 현숙함을 사모하여, 그 마을의 둘레를 봉(封)해서 '동리과부지려(東里寡婦之閭)'라고 정표(旌表)해 주기도 했다.『이처럼 동리자가 수절을 잘 하는 부인이라 했는데, 실은 슬하의 다섯 아들이 저마다 성(姓)을 달리하고 있었다.』 ▶ 동리자 소개

(동리과부지려: 동리라는 과부가 사는 마을 / 정표: 착한 행실을 세상에 드러내어 널리 알림 / 『 』: 모순된 동리자의 행실을 통렬히 비판 / 다섯 아들이 저마다 성을 달리하고 있었다: 아버지가 모두 다름 – 실제로는 수절 잘 하는 과부가 아님)

하루는 다섯 아들이 서로 하는 말이, / "강 북쪽에선 닭이 울고 강 남쪽에선 샛별이 반짝이는데, 우리 집 방 안에서 무슨 소리가 나네. 어쩌면 그리 북곽 선생의 목소리를 닮았을까?"
하고는 형제들이 번갈아 방문 틈으로 방 안을 엿보았다. 동리자가 북곽 선생에게,

(강 북쪽에선 ~ 반짝이는데: 새벽이 가까워 오는 깊은 밤 / 방 안: 북곽 선생과 동리자의 욕망이 표출되는 공간)

『"오랫동안 선생님의 덕을 사모해 왔더니, 오늘 밤에는 선생님의 책 읽는 소리를 듣고 싶사옵니다." / 라고 간청한다. 북곽 선생은 옷깃을 여미고 점잖게 앉아서 시(詩)를 읊기를,』

(밤: 북곽 선생과 동리자의 본색이 드러나는 시간적 배경 / 『 』: 북곽 선생과 동리자가 밀회를 즐기며 고상한 척 시를 지음 – 이중적, 위선적인 모습)

결정적 장면

명망 높은 학자인 북곽 선생이 소문난 열녀인 동리자와 몰래 만나다가 들켜 도망을 치다가 똥구덩이에 빠지고 범을 만나는 장면이다. 북곽 선생과 동리자를 통해 위선적인 인간에 대한 비판을 드러내고 있는 부분이다.

문제로 핵심 파악

1 [기출] 이 글에 대한 설명으로 가장 적절한 것은?

① 섬세하고 치밀한 묘사를 통해 비장감을 자아내고 있다.
② 주인공의 내적 갈등을 통해 시대의 모순을 그리고 있다.
③ 인물을 우스꽝스럽게 표현하여 해학성을 드러내고 있다.
④ 환상적인 장면을 제시하여 탈속적 분위기를 조성하고 있다.
⑤ 인물의 심리 변화 양상을 제시하여 긴장감을 고조시키고 있다.

"원앙새는 병풍에 그려져 있고, / 반딧불은 반짝반짝 날아다니는데
남녀 간의 정 남녀 간의 정
크고 작은 저기 저 가마솥들은 / 무엇을 본떠서 만들었나?
각기 성이 다른 동리자의 다섯 아들을 비유
그러고 나서 / "이는 흥(興)이로다." / 하였다. ▶ 북곽 선생과 동리자의 위선적 만남
〈시경(詩經)〉에서 말하는 한시의 여섯 문체 가운데 하나. 비유적인 다른 사물의 표현으로 분위기를 돋운 후에 말하고자 하는 본뜻을 나타내면서 시를 짓는 방법
다섯 아들들이 서로 소곤대기를,

「"예법에 과부가 사는 대문에는 함부로 들어가지 않는다고 했거늘, 북곽 선생과 같은 점잖은 어른이 과부의 방에 들어올 리가 있겠는가."

"내 들으니 우리 고을의 성문이 무너진 데에 여우가 사는 굴이 있다더라."

"여우가 천년을 묵으면 요술을 부려 사람 모양으로 둔갑할 수 있다더라. 저건 틀림없이 그 여우란 놈이 북곽 선생으로 둔갑한 것이다."」 / 하고 함께 의논했다.
북곽 선생을 여우로 풍자함
「 」: 북곽 선생을 둔갑한 여우로 여기는 동리자의 다섯 아들 – 당대인의 어리석은 허위의식을 희극적으로 표현한 부분

「"들으니 여우의 갓을 얻으면 큰 부자가 될 수 있고, 여우의 신을 얻으면 대낮에 그림자를 감출 수 있고, 여우의 꼬리를 얻으면 애교를 잘 부려서 남에게 예쁘게 보일 수 있다더라. 우리 저놈의 여우를 때려 잡아서 나누어 갖도록 하자."」 ▶ 동리자의 다섯 아들이 북곽 선생을 둔갑한 여우로 여기고 잡고자 함
「 」: 동리자 아들들의 탐욕

다섯 아들들이 방을 둘러싸고 우루루 쳐들어갔다. 북곽 선생은 크게 당황하여 달아나는데, 사람들이 자기를 알아볼까 겁이 나서 다리를 목에 걸어 귀신처럼 춤추고 귀신처럼 웃더니, 문을 나가서 내닫다가 그만 들판의 구덩이 속에 빠져 버렸다. 그 구덩이에는 똥이 가득 차 있었다. 간신히 기어올라 머리를 내밀고 바라보니 범이 길을 막고 있었다. 범은 북곽 선생을 보고 오만상을 찌푸리고 구역질을 하며 코를 싸쥐고 외면을 했다.
북곽 선생이 자신의 부정이 들통날까 두려워하여 허둥지둥 달아나는 모습 – 도학자의 비굴한 모습 풍자. 인물의 희화화
북곽 선생의 허위와 위선을 풍자하기 위한 장치
작가 의식을 대변하는 존재
유학자

"어허, 유자(儒者)여! 더럽다." ▶ 북곽 선생이 달아나다 똥구덩이에 빠져 범을 만남
당시 유학자, 선비에 대한 비판

북곽 선생은 머리를 조아리고 엉금엉금 기어가서 세 번 절하고 꿇어앉아 우러러 아뢴다.
목숨을 구걸하는 모습. 북곽 선생의 실체가 드러남

「"범님의 덕은 지극하시지요. 대인(大人)은 그 변화를 본받고, 제왕(帝王)은 그 걸음을 배우며, 자식 된 자는 그 효성을 본받고, 장수는 그 위엄을 취하지요. 거룩하신 이름은 신령스런 용(龍)의 짝이 되는지라, 풍운이 조화를 부리시매 하계(下界)의 천신(賤臣)은 감히 아랫자리에 서옵나이다."」
말과 행실이 바르고 점잖으며 덕이 높은 사람
범이 사는 상토와 반대. 속세
「 」: 북곽 선생의 이중성. 범에게 목숨을 구걸하기 위해 아첨함
이 세상의 천한 신하 – 북곽 선생이 스스로를 비하하여 가리킨 말

범은 북곽 선생을 여지없이 꾸짖었다. ▶ 살아남기 위해 범에게 아첨하는 북곽 선생
동물인 범이 만물의 영장인 인간을 꾸짖는다는 설정 → 북곽 선생과 같은 표리부동한 유학자들에 대한 풍자를 더욱 극대화하는 효과를 줌

"가까이 오지 말아라. 내 듣건대 유(儒)는 유(諛)라 하더니 과연 그렇구나. 네가 평소에 천하의 악명을 함부로 나에게 덮어씌우더니, 이제 사정이 급해지자 면전에서 아첨을 하니 누가 곧이듣겠느냐?
'선비는 아첨'이라는 뜻. 동음이의어를 활용한 언어유희
범의 꾸짖음 ① – 북곽 선생(선비)의 교언영색(巧言令色)

천하의 원리는 하나뿐이다. 범의 본성(本性)이 악한 것이라면 인간의 본성도 악할 것이요, 인간의 본성이 선(善)한 것이라면 범의 본성도 선할 것이다. 네가 하는 수천 수만의 소리는 오륜(五倫)
만인 평등론으로 발전할 수 있는 주장으로, 당시 사회의 불평등에 대한 불만이 담겨 있음
유학에서 사람이 지켜야 할 다섯 가지 도리

에서 벗어난 것이 아니고, 경계하고 권면하는 말은 항상 사강(四綱)에 머물러 있다. 그런데 「도회
알아듣도록 권하고 격려하여 힘쓰게 함 / 예(禮) · 의(義) · 염(廉) · 치(恥)
지에 코 베이고, 발꿈치 짤리고, 얼굴에다 자자(刺字)질하고 다니는 것들은 다 오륜을 지키지 못
「 」: 현실 상황을 개선하지 못하는 유학의 한계를 지적한 표현 / 얼굴이나 팔뚝의 살을 따고 홈을 내어 먹물로 죄명을 찍어 넣던 형벌
한 자들이 아니냐?」「포승줄과 먹실, 도끼, 톱 같은 형구(刑具)를 매일 쓰기에 바빠 겨를이 나지 않
죄인을 잡아 묶는 줄 / 죄인을 심문할 때 쓰는 도구 / 「 」: 인간이 저지르는 죄악이 끝이 없음
는데도 죄악을 중지시키지 못하는구나.」 범의 세계에서는 원래 그런 형벌이 없으니 이로 보면 범
범의 꾸짖음 ② – 인간은 인륜 도덕을 세워서 권장하지만, 인간의 악행은 막지 못함
의 본성이 인간의 본성보다 어질지 않느냐?「범은 초목을 먹지 않고, 벌레나 물고기를 먹지 않고,
풀과 나무
술 같은 좋지 못한 음식을 좋아하지 않으며, 새끼를 배거나 알을 품은 하찮은 것들을 차마 잡아
풍기를 문란하게 하는 것
먹지 않는다. 산에 들어가면 노루나 사슴 따위를 사냥하고, 들로 나가면 말이나 소를 잡아먹되
먹기 위해 비굴해진다거나 음식 따위로 다투는 일이 없다.」 그러니 범의 도리가 어찌 광명정대(光
「 」: 범의 착한 본성에 대한 구체적 사례 열거 / 말이나 행실이 떳떳하고 정당함
明正大)하지 않은가. 범이 노루나 사슴을 잡아먹을 때는 사람들이 미워하지 않다가, 말이나 소를
잡아먹을 때는 사람들이 원수로 생각하는 것은 사람들에게 노루나 사슴은 은공이 없고 소나 말
은혜와 공로
은 유공(有功)하기 때문이 아니냐? 그런데 너희들은 소나 말들이 태워 주고 일해 주는 공로와 따
공로가 있음 / 소나 말들이 베푸는 은혜를 기억하지 않고
르고 충성하는 정성을 다 저버리고 날마다 푸줏간을 채워 뿔과 갈기도 남기지 않고, 다시 우리
의 노루와 사슴을 침노하여 우리들로 하여금 산에도 들에도 먹을 것이 없게 만든단 말이냐? 하
늘이 정사를 공평하게 한다면 너희가 죽어서 나의 밥이 되어야 하겠느냐, 그렇지 말아야 할 것
이겠느냐? 대체 제 것이 아닌데 취하는 것을 도(盜)라 하고, 생(生)을 빼앗고 물(物)을 해치는 것을
적(賊)이라 하나니, 너희가 밤낮으로 쏘다니며 팔을 걷어붙이고 눈을 부릅뜨고 노략질하면서 부
옛날에는 엽전을 의인화하여 '공방형'이라고 익살스럽게 일렀음 / 사람을 해치거나 재물을 빼앗으면서
끄러운 줄 모르고, 심한 놈은 돈을 불러 형님이라 부르고, 장수가 되기 위해서 제 아내를 살해하
옛날 중국의 오기란 사람은 장수가 되기 위해 자기의 아내를 죽였다고 함
였은즉 다시 윤리 도덕을 논할 수도 없다. 뿐 아니라 메뚜기에게서 먹이를 빼앗아 먹고, 누에에
벼
게서 옷을 빼앗아 입고, 벌을 막고 꿀을 따며, 심한 놈은 개미 새끼를 젓 담아서 조상에게 바치
비단
니 잔인 무도한 것이 무엇이 너희보다 더 하겠느냐?

이치. 성리학에서 이르는 사물의 본체 / 사람의 천성
너희가 이(理)를 말하고 성(性)을 논할 적에 걸핏하면 하늘을 들먹이지만, 하늘의 소명(所命)으
인간도 만물의 하나일 뿐이며, 만물은 평등하므로 어느 쪽도 상대방을 해칠 수 없다는 의미
로 보자면 범이나 사람이나 다 같이 만물 중의 하나이다. 천지가 만물을 낳은 인(仁)으로 논하자
면 범과 메뚜기 · 누에 · 벌 · 개미 및 사람이 다 같이 땅에서 길러지는 것으로 서로 해칠 수 없
는 것이다. 그 선악을 분별해 보자면 벌과 개미의 집을 공공연히 노략질하는 것은 홀로 천지간
의 거대한 도둑이 되지 않겠는가? 메뚜기와 누에의 밑천을 약탈하는 것은 홀로 인의(仁義)의 대
범의 꾸짖음 ③ – 인간의 끊임없는 탐욕과 이기심 / 매우 큰 잘못을 저지른 죄인
적(大賊)이 아니겠는가? 범이 일찍이 표범을 안 잡아먹는 것은 동류를 차마 그럴 수 없어서이다.
같은 종류나 부류
그런데 범이 노루와 사슴을 잡아먹은 것이 사람이 노루와 사슴을 잡아먹은 것만큼 많지 않고,
범이 마소를 잡아먹은 것이 사람이 마소를 잡아먹은 것만큼 많지 않으며, 범이 사람을 잡아먹

은 것이 사람이 서로 잡아먹은 것만큼 많지 않다.「지난 해 관중(關中)이 크게 가물자 백성들이 서로 잡아먹은 것이 수만이었고, 전해에는 산동(山東)에 홍수가 나자 백성들이 서로 잡아먹은 것이 수만이었다. 그러나 사람들이 서로 많이 잡아먹기로야 춘추(春秋) 시대 같은 때가 있었을까? 춘추 시대에 공덕을 세우기 위한 싸움이 열에 일곱이었고, 원수를 갚기 위한 싸움이 열에 셋이었는데, 그래서 흘린 피가 천 리에 물들었고, 버려진 시체가 백만이나 되었더니라.」범의 세계는 큰물과 가뭄의 걱정을 모르기 때문에 하늘을 원망하지 않고, 원수도 공덕도 다 잊어버리기 때문에 누구를 미워하지 않으며, 운명을 알아서 따르기 때문에 무(巫)와 의(醫)의 간사에 속지 않고, 타고난 그대로 천성을 다하기 때문에 세속의 이해에 병들지 않으니, 이것이 곧 범이 예성(睿聖)한 것이다. 우리 몸의 얼룩 무늬 한 점만 엿보더라도 족히 문채(文彩)를 천하에 자랑할 수 있으며, 한 자 한 치의 칼날도 빌리지 않고 다만 발톱과 이빨의 날카로움을 가지고 무용(武勇)을 천하에 떨치고 있다. 종이(宗彝)와 유준(蜼尊)은 효(孝)를 천하에 넓힌 것이며, 하루 한 번 사냥을 해서 까마귀나 솔개 · 청마구리 · 개미 따위에게까지 대궁을 남겨 주니 그 인(仁)한 것이 이루 말할 수 없고, 굶주린 자를 잡아먹지 않고, 병든 자를 잡아먹지 않고, 상복(喪服) 입은 자를 잡아먹지 않으니 그 의로운 것이 이루 말할 수 없다. 불인(不仁)하기 짝이 없다, 너희들의 먹이를 얻는 것이여!「덫이나 함정을 놓는 것만으로도 오히려 모자라서 새 그물 · 노루 망(網) · 큰 그물 · 고기 그물 · 수레 그물 · 삼태 그물 따위의 온갖 그물을 만들어 냈으니, 처음 그것을 만들어 낸 놈이 야말로 세상에 가장 재앙을 끼친 자이다. 그 위에 또 가지각색의 창이며 칼 등속에다 화포(火砲)란 것이 있어서, 이것을 한번 터뜨리면 소리는 산을 무너뜨리고 천지에 불꽃을 쏟아 벼락치는 것보다 무섭다.」그래도 아직 잔학(殘虐)을 부린 것이 부족하여, 이에 부드러운 털을 쪽 빨아서 아교에 붙여 붓이라는 뾰족한 물건을 만들어 냈으니, 그 모양은 대추씨 같고 길이는 한 치도 못 되는 것이다.「이것을 오징어의 시커먼 물에 적셔서 종횡으로 치고 찔러 대는데, 구불텅한 것은 세모창 같고, 예리한 것은 칼날 같고, 두 갈래 길이 진 것은 가시창 같고, 곧은 것은 화살 같고, 팽팽한 것은 활 같아서, 이 병기(兵器)를 한번 휘두르면 온갖 귀신이 밤에 곡(哭)을 한다.」서로 잔혹하게 잡아먹기를 너희들보다 심히 하는 것이 어디 있겠느냐?"

관중: 중국 옛 진나라 땅 / 산동: 중국 동부 연해의 지명 / 춘추: 중국의 약 360년간의 전란 시대 / 「 」: 범의 꾸짖음 ④ – 인간은 전쟁을 일으켜서 서로 죽이고 잡아먹음 / 큰물: 홍수 / 무: 무속 / 의: 의원 / 이해: 이익과 손해 / 예성: 덕이 훌륭하고 사리에 밝음 / 문채: 아름다운 광채 / 종이: 곤룡포에 그린 범의 그림 / 유준: 범의 형상을 그린, 제사 때 쓰는 그릇 / 불인: 어질지 못함 / 화포: 대포처럼 화약의 힘으로 탄환을 쏘는 무기 / 「 」: 범의 꾸짖음 ⑤ – 인간은 온갖 기구를 만들어 재앙을 끼침 / 잔학: 잔인하고 포악함 / 아교: 동물의 뼈 · 가죽 따위를 고아서 굳힌 접착제 / 오징어의 시커먼 물: 먹물 / 붓을 병기에 빗대어 유학자들의 붓놀림이 얼마나 세상에 해악이 되는가를 비판, 풍자함 / 「 」: 범의 꾸짖음 ⑥ – 인간은 글을 지어 남을 해침. 서로 글로써 다른 사람을 헐뜯고 공격하는 것을 비꼼

▶ 범이 인간의 광명정대하지 못한 행위와 불인(不仁)을 꾸짖음

북곽 선생은 자리를 옮겨 엎드리고 엉거주춤 절을 두 번 하고는 머리를 거듭 조아리고 아뢰었다.

「"맹자(孟子)에 일렀으되 '비록 악인(惡人)이라도 목욕재계(沐浴齋戒)하면 하느님도 섬길 수 있다.' 하였습니다. 하계의 천신은 감히 아랫자리에 서옵니다."」

목욕재계: 몸을 씻고 마음을 가다듬어 부정을 피하는 일 / 「 」: 《맹자》를 인용하여 범에게 아부하고 목숨을 구하려는 북곽 선생의 비굴한 모습

북곽 선생이 숨을 죽이고 명령을 기다렸으나 오랫동안 아무 명령이 없기에 황공해서 절하고 조

아리다가 머리를 들어 우러러보니, 날이 밝아 오는데 범은 간 곳이 없었다.『그때 아침에 밭 갈러 나온 농부가 있었다.

북곽 선생의 위선적 모습을 재확인하는 시간적 배경

북곽 선생의 위선을 부각하는 인물

"선생님은 어찌하여 이른 아침부터 들판에서 무슨 기도를 드리고 계십니까?"』

「 」: 아침 일찍부터 일하기 위해 밭에 나온 농부의 순수하고 가식 없는 모습과, 범에게 밤새도록 꾸짖음을 들은 북곽 선생의 위선이 대조됨

북곽 선생은 엄숙히 말했다.

『"성현(聖賢)의 말씀에 '하늘이 높다 해도 머리를 아니 굽힐 수 없고, 땅이 두텁다 해도 조심스럽게 딛지 않을 수 없다.' 하셨느니라."』

▶ 날이 새고 범이 사라지자 다시 위선을 부리는 북곽 선생

「 」: 북곽 선생이 자신의 비굴한 모습을 그럴듯하게 합리화함 – 양반의 허위에 찬 모습을 다시 한 번 알 수 있는 대목임

핵심 정리

- 갈래: 고전 소설(한문 소설, 단편 소설, 풍자 소설, 의인 소설)
- 성격: 풍자적, 비판적, 우의적
- 구성: '발단 – 전개 – 위기 – 절정 – 결말' 의 5단 구성

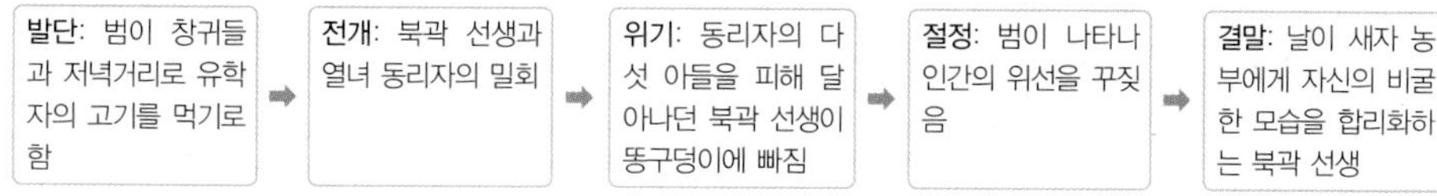

발단	전개	위기	절정	결말
발단: 범이 창귀들과 저녁거리로 유학자의 고기를 먹기로 함	전개: 북곽 선생과 열녀 동리자의 밀회	위기: 동리자의 다섯 아들을 피해 달아나던 북곽 선생이 똥구덩이에 빠짐	절정: 범이 나타나 인간의 위선을 꾸짖음	결말: 날이 새자 농부에게 자신의 비굴한 모습을 합리화하는 북곽 선생

- 제재: 양반의 허위의식
- 주제: 양반 계급의 허위와 이중적인 도덕관에 대한 통렬한 풍자
- 특징: ① 인간의 부정적 모습을 희화화함
  ② 우의적 수법을 사용하여 당시의 지배층을 비판함
- 인물 분석
  - 북곽 선생: 정나라 학자. 높은 학식과 고매한 인품을 가진 선비로 추앙받고 있으나 실상은 부도덕하며 위기 상황에서 비굴하게 아첨을 일삼는 이중적 인물임
  - 범: 작가의 의식을 대변하는 존재. 북곽 선생으로 대표되는 봉건 사회의 유학적 위선자들을 꾸짖는 역할을 함
  - 동리자: 소문난 열부이나, 성이 다른 다섯 아이를 두고 있는 이중적 인물임

한눈에 보기

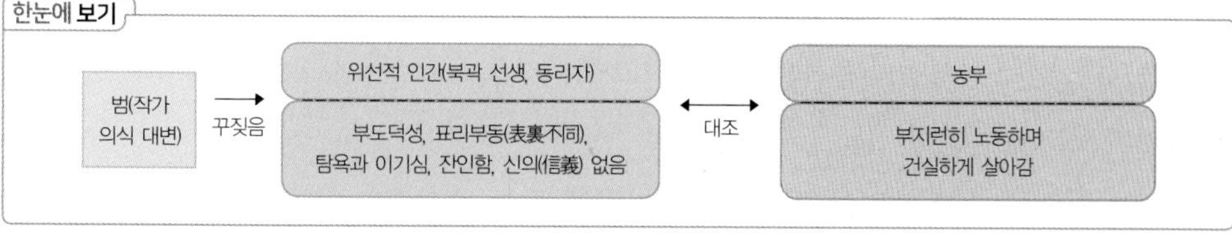

필수 문제

01 이 글에서 '범'이 비판하고 있는 인간의 모습을 모두 쓰시오.

02 [서술형] 이 글의 표현상의 특징과 주제를 서술하시오.

104 예덕선생전(穢德先生傳) | 박지원

교과서

출제 포인트

신분과 직업은 미천하지만 안분지족하는 삶을 사는 엄 행수의 모습을 통해 바람직한 인간상을 제시한 풍자 소설이다. '선귤자'의 말을 통해 작가가 제시한 참다운 인간상을 알아보고 '자목'과 '선귤자'의 대화를 통해 이 글의 풍자·비판의 대상을 파악해 보자.

감상 길잡이

이 글은 연암 박지원의 실학사상을 담고 있는 한문 단편 소설 중 하나로, 《연암집(燕巖集)》의 《방경각외전(放璚閣外傳)》에 수록되어 있다. 제목의 '예덕(穢德)'은 더럽다는 뜻인 '예(穢)'와 어질다는 뜻인 '덕(德)'을 합한 말로, 더러운 일을 하지만 덕이 있다고 칭송되는 엄 행수의 호를 가리킨다. 즉, 이 글은 자기의 분수를 알고 그 속에서 즐거움을 찾는 예덕 선생의 삶을 통하여 진정한 벗 사귐과 참다운 인간상을 제시한 작품이다. 작가는 이 글을 통해 당시 양반들의 허위의식과 위선을 비판·풍자하고, 청렴한 인격을 갖춘 엄 행수를 이상적 인간형으로 제시하고 있다.

선귤자(蟬橘子)에게 벗 한 분이 계시니 그는 예덕 선생이라고 하는 분이다. 종본탑(宗本塔) 동쪽에서 사는데 마을 안의 똥거름을 쳐내는 것으로써 생계를 삼고 있다. 온 마을에서 그를 모두 엄 행수(嚴行首)라고 부른다. 행수는 막일꾼 가운데 나이가 많은 사람에 대한 칭호요, 엄은 그의 성(姓)이다.

(선귤자: 당시 실학자인 이덕무의 별호(別號). 작가의 대변인 / 종본탑: 지금의 서울 종로 탑골 공원 안에 있는 원각사지 석탑 / 마을 안의 똥거름을 쳐내는 것: 예덕 선생의 직업 – 미천한 신분)

자목(子牧)이 선귤자에게 묻기를

(자목: 선귤자의 제자. 당대 양반 계층의 대변인)

"예전에 선생님이 내게 말씀하시기를 벗은 동거 생활을 하지 않는 아내요, 한 탯줄에서 나오지 않은 형제라고 했습니다. 벗이란 것이 이렇게 소중한 것입니다.『이 세상에 이름난 사대부들 중에서 선생님의 지도를 받고자 하는 이가 수두룩합니다. 선생님은 그런 분은 상대도 하지 않으셨습니다. 그런데 지금 엄 행수로 말한다면 마을 안의 천한 사람으로서 상일을 하는 하층의 처지요, 남들이 치욕으로 여기는 일을 하고 있는 사람입니다. 그런데 선생님이 그의 인격을 높이어 스승이라고 일컬으면서 장차 교분을 맺어서 벗이 되려고 하시니 저까지 부끄러워 견디지 못하겠습니다. 이제 선생님의 문하를 하직하려고 합니다."』 ▶ 예덕 선생에 대한 소개와 선귤자에 대한 자목의 비판

(벗은 동거 생활을 ~ 형제: 부부가 일심동체이고 형제가 한 피를 타고났듯이 벗은 한 몸처럼 가깝고 소중한 존재라는 의미 / 이 세상에 ~ 않으셨습니다: 선귤자가 양반 사회에 비판적인 시각을 가지고 있음을 짐작할 수 있음 / 지금 엄 행수로 ~ 사람입니다: 자목의 가치관 – 외적인 조건에 따라 사람을 평가함. 신분 차별적 태도 / 교분: 서로 사귀는 정 / 문하: 가르침을 받는 스승의 아래 / 『 』: 자목은 사람의 인격보다는 신분과 외양에만 구속되어 그 본질을 제대로 파악하지 못하는 당시 양반 사대부를 상징함)

선귤자가 웃으면서 말하기를,

"거기 앉게. 벗에 대한 것을 내 자네에게 이야기해 줌세. 속담에도 있거니와 의원이 제 병을 못 보고 무당이 제 굿을 못 한다고 하네. 자기 생각으로는 이거야말로 내 장처라고 믿고 있는 점도 남들이 몰라주면 어떤 사람이나 속이 답답해서 자기 결함을 지적해 달라는 편으로 말을 꺼내게 되네. 그럴 때 예찬만 하면 아첨에 가까워서 맛이 없어지고, 단처만 자꾸 지적하면 잘못을 파헤치는 것 같아서 인정이 아닐 것이네. 이에 그의 잘못을 띄워 놓고 말해 변죽만 울리고 꼭 찝어 지적하지 않으면 설사 책망이 좀 과하더라도 저편에서 골을 내지는 않을 것일세. 그러다가 숨겨 놓은 물건을 알아나 맞히는 듯이 슬그머니 그가 장처라고 믿고 있는 그 점을 언급한다면 마치 가려운 데나 긁어 준 듯이 속마음으로 감격해할 것일세. 가려운 데를 긁는 데도 방법이

(의원이 제 병을 ~ 하네: 자기 허물은 자기 스스로 고치기 어려움 – 자목이 잘못 생각하고 있는 교우의 도리를 자신이 가르쳐 주겠다는 의미 / 장처: 장점 / 그럴 때 ~ 아닐 것이네: 지나치게 칭찬하거나 단점만 지적했을 때의 문제점 / 책망: 잘못을 꾸짖거나 나무라며 못마땅하게 여김)

있으니, 등에 손을 댈 때에는 겨드랑이에 가까이 가지 말고 가슴을 어루만질 때에는 목을 건드리지 말아야 하네. 칭찬 같지 않게 하는 칭찬에 과연 왈칵 손목을 잡으면서 자기를 알아준다고 할 것일세. 그래, 이렇게 벗을 사귀면 좋겠는가?"

일정한 도나 선을 넘지 말아야 한다는 의미 – 세속적 사귐의 요령

올바른 교우의 도를 깨우쳐 주기 위한 질문

결정적 장면

자목이 한 손으로 귀를 가리고 한 손은 내저으면서 말하기를,

❶ "이건 선생님이 내게다가 장사치의 하는 일이나 하인 놈의 하는 버릇을 가르치고 계십니다."

▶ 세속적 사귐에 대한 선귤자의 말

선귤자가 말하기를,

"그렇다면 자네가 부끄럽게 여기는 것도 과연 저기 있지 않고 여기 있는 것일세그려. 무릇 시장에서는 이해(利害)로 사람을 사귀고 면전에서는 아첨으로 사람을 사귀네. 본래부터 아무리 친한 사이라도 세 번 달라고 해서 멀어지지 않을 사람이 없고 아무리 원수 치부하는 사이라도 세 번 주어서 친해지지 않을 사람이 없단 말일세. 그렇기 때문에 잇속으로 사귀어서는 지속되기 어렵고 아첨으로 사귀면 오래 가지 못하는 법일세. 만일 깊숙하게 사귀자면 체면 같은 것을 볼 것이 없고 진실하게 사귀자면 특별히 죽자 사자 할 것이 없네. 오직 마음으로 벗을 사귀며 인격으로 벗을 찾아야만 도덕과 의리의 벗으로 되네. 이렇게 사귀는 벗은 천 년 전의 옛사람도 아득히 떨어져 있는 것이 아니요, 만 리의 거리도 소격한 것이 아닐세.

▶ 올바른 교우의 도

'저기'란 천한 벗을 사귐을 뜻하고 '여기'란 잇속과 아첨으로 벗을 사귐을 뜻함

잇속이나 아첨에 의한 교우 관계 비판

선귤자가 생각하는 벗 사귐의 도리. 글의 주제 의식이 드러나는 부분

소격한: 사귀는 사이가 멀어져서 왕래가 막힘

저 엄 행수란 사람은 일찍이 나에게 알아 달라고 요구한 일이 없었으되 그저 내가 늘 그를 찬양하고 싶어서 견디지 못하네. 「그가 밥을 먹을 때에는 끼니마다 착실히 먹고, 길을 걸어 다닐 때에는 조심스레 걷고, 잠을 잘 때에는 쿨쿨 자고, 웃음을 웃을 때에는 껄껄 웃고, 가만히 앉아 있을 때에는 마치 바보같이 보이네. 흙으로 쌓고 짚으로 덮은 데다가 구멍을 뚫어 놓고서는 새우처럼 등을 구부리고 들어가서 개처럼 주둥이를 틀어박고 자지만 다시 아침나절에는 즐거이 일어나서 삼태기를 짊어지고 똥거름을 치러 마을 안으로 들어오네.」

엄 행수의 가식 없는 삶의 모습

묵묵히 자신의 일을 함 → 무위도식하던 당시 사대부의 모습과 대비됨

「 」: 예덕 선생의 가식 없고 평범한 삶의 모습

결정적 장면

자목이 스승인 선귤자가 마을의 똥거름을 치우는 일을 하는 엄 행수와 가까이 지내는 것을 못마땅해하자 선귤자가 올바른 교우에 대한 얘기와 엄 행수의 검소하고 금욕적인 생활에 대해 말하는 장면이다. 진정한 벗 사귐과 참다운 인간상에 대한 주제 의식이 드러나는 부분이다.

문제로 핵심 파악

1 '선귤자'의 말하기 방식으로 가장 적절한 것은?

① 권위를 내세워 허물을 감추고 있다.
② 상대에 대한 신뢰감을 보이며 설득하고 있다.
③ 남들의 판단을 근거로 자신을 이해시키고 있다.
④ 상대의 입장을 인정하면서 자신의 입장을 밝히고 있다.
⑤ 예화를 들어 상대의 잘못된 생각을 바로잡아 주고 있다.

핵심 구절 풀이

❶ "이건 선생님이 ~ 가르치고 계십니다.": 자목의 가치관이 드러나는 부분으로, 자목이 체면과 외양을 중시하며 양반과 상민을 구분하는 신분관을 가지고 있으며 자신보다 낮은 신분인 장사치와 하인을 멸시함을 알 수 있음

구월에 들어서면 서리가 내리고 시월로 잡아들면 살얼음이 얼 때쯤이면 그는 뒷간에서 사람의 똥, 마구간에서 말똥, 외양간에서 소똥, 집 안 구석구석에서 닭의 똥, 개똥, 거위똥, 돼지우리에서 돼지똥, 비둘기똥, 토끼똥, 참새똥 등 똥이란 똥을 귀한 주옥(구슬과 옥)처럼 모조리 걸레질해 가도 누가 염치 뻔뻔하다고 말할 사람은 없단 말일세. 혼자 이익을 남겨 먹어도 누가 의리를 모른다고 말할 사람이 없고 많이 긁어모아도 누가 양보성이 없다고 말할 사람이 없네. 손바닥에다가 침을 탁 뱉어서 삽을 들고는 허리를 구부리고 꺼불꺼불 일을 하는 것이 마치 날짐승이 무엇을 쪼아 먹고 있는 것과 흡사하거든. 「그는 아무리 화려한 미관이라도 마음에 끌리는 법이 없고 풍악을 잡히며 노는 것도 바라지 않지. 돈이 많아지고 지위가 높아지는 일을 누가 원하지 않을까만 원한다고 해서 얻어질 것이 아니기 때문에 애초부터 부러워하지 않는단 말일세.」 따라서 그를 예찬한다고 해서 더 영예로운 것도 없으며 헐뜯는다고 해서 더 욕될 것이 없네그려.

「 」: 허욕을 멀리하는 검소한 삶

▶ 가식이 없고 근면한 예덕 선생의 삶

왕십리(枉十里)의 배추, 살곶이(서울역 근처의 지명)의 무, 석교(石郊)의 가지, 외(오이), 참외, 호박, 연희궁(延禧宮)의 고추, 마늘, 부추, 파, 염교(백합과의 여러해살이 풀. 파처럼 재배하여 절여서 먹음), 청파의 미나리, 이태원의 토란 등을 아무리 상상등(上上等)(토질이 매우 좋은)의 밭에 심는다고 하더라도 「엄 씨의 똥거름을 가져다가 걸쭉하게 가꿔야만 땅이 비옥해지고 많은 수확을 올릴 수 있으며, 그 수입이 일 년에 600냥이나 되네.」 그런데 「그는 아침에 밥 한 그릇을 먹네. 그래도 의기양양하고 저녁에 이르러서는 또 밥 한 그릇을 비우네. 누가 고기를 좀 먹으라고 권하면 고기 반찬이나 나물 반찬이나 목구멍 아래로 내려가서 배부르기는 마찬가지인데 맛을 따져 먹어서는 무얼 하느냐고 하네.」 또, 누가 좋은 옷이나 좀 입으라고 권하면 소매 넓은 옷을 입으면 몸에 익숙지도 않고 새 옷을 입고서는 더러운 짐을 지고 다닐 수 없다고 대답하네.(실용성을 취하는 삶의 모습) 「해가 바뀌어 설이 되면, 이른 아침에 처음으로 갓 쓰고 웃옷 입고 띠를 띠고(두르고) 신도 새로 신고, 동리 이웃 간을 두루 돌아다니며 새해 인사를 하지.」 그러고 돌아와서는 헌 옷을 도로 꺼내 입고 삼태기를 메고 마을 안으로 들어서거든. 엄 행수와 같은 이야말로 더러움으로 자신의 높은 덕을 가리고서 세상에 크게 숨어 사는 분이 아닌가?

「 」: 엄 행수(예덕 선생)의 일에 가치를 부여함

「 」: 예덕 선생의 소박하고 검소한 생활 모습

「 」: 예의에 벗어나지 않는 최소한의 격식은 갖춤

▶ 예덕 선생의 검소하고 금욕적인 생활

《중용(中庸)》에 이르기를(문헌에 의거한 논지 강화 ①), 부귀를 타고나면 부귀하게 지내고 가난하고 미천하게 타고나면 그처럼 지낸다고 했네. 타고난 처지란 것은 이미 정해져 버린 것이야. 또 《시경(詩經)》에 이르기를(문헌에 의거한 논지 강화 ②) 아침저녁 공무(공적인 일)를 같이 보는데도 분복(타고난 복)이 저마다 다르다고 했네. 분복이란 것은 타고난 것이란 말이지. 하늘이 만물을 이 세상에 낳을 때 각기 정해진 분복이 있는 것이니 제 분복을 가지고 누구를 원망하겠는가? ㉠ 새우젓을 먹게 되니 달걀이 생각나고 갈포옷을 입고 나면 모시옷이 부럽게 되는 것일세.(인간의 욕망이 한이 없음을 비유적으로 표현, 관련 속담: 말 타면 경마 잡히고 싶다) 천하가 여기서부터(욕망을 품는 것으로부터) 어지러워지고 백성들이 와 하고 들고일어나서 논밭을 서로 빼앗으며 이에 밭이랑이 황폐해지네.

진승, 오광, 항적의 무리가 그 뜻이 어찌 농사일이나 하는 데만 만족할 수 있는 사람들이었는가? 《주역(周易)》에서 짐질 것도 있고 탈 것도 있어서 도적을 불러들인다고 한 것이 바로 이것을 두고 이른 말일세. 그렇기 때문에 「의로운 것이 아니면 만종(萬鍾)의 녹봉도 불결한 것이요, 정당한 노력 없이 재물을 모은 것이라면 그 이름에서 썩는 냄새가 나게 될 걸세.」

자신의 분수에 만족하지 않고 난을 일으킨 무리 / 문헌에 의거한 논지 강화 ③ / 생활이 넉넉하면 도둑들이 이를 노린다는 말 / 아주 많은 녹봉 / 「 」: 의로움과 정당한 노력이 필요함

본래 사람의 숨이 떨어지면 입안에 구슬을 넣어 주는 것도 깨끗이 가란 뜻일세그려. 저 엄 행수가 똥을 지고 거름을 져 날라서 그걸로 먹고사는 것이 지극히 불결하다 하겠으나 그 일의 내용을 보면 지극히 향기롭고, 그의 몸가짐은 지극히 더럽다고 하겠지만 의리를 지키는 점은 지극히 높다고 할 것이니 그 뜻을 미루어 생각건대 비록 만종(萬鍾)의 녹을 준다 해도 그가 어떻게 처신할지는 알 만하다네. 이로 본다면 깨끗한 가운데도 깨끗지 못한 것이 있고 더러운 가운데도 더럽지 않은 것이 있단 말일세. 내가 먹고 입는 데서 견디기 어려운 처지에 다다르면 항상 나만도 못한 처지의 사람을 생각하게 되는데, 엄 행수를 생각하면 견디기 어려운 처지란 것이 없네. 진심으로서 도적질할 마음이 없기로 말하면 엄 행수 같은 분이 없다고 생각하네. 이 마음을 더 키워 나간다면 성인(聖人)도 될 수 있을 것일세.

신분과 외양에 얽매이지 않는 인간관 / 더 어려운 사람을 생각하고 자신의 어려움을 견뎌 내려고 애를 씀

대체 선비가 좀 궁하다고 해서 얼굴에까지 그 티가 나도 수치스러운 노릇이요, 출세한 다음 온몸에 표가 나는 것도 수치스러운 노릇일세. 아마 엄 행수와 비교하여 부끄럽지 않을 사람이 거의 드물 것일세. 그렇기 때문에 나는 엄 행수를 선생으로 모시려고 하고 있단 말일세. 어떻게 감히 벗으로 사귀겠다고 할 것인가? 그렇기 때문에 나는 엄 행수를 감히 그 이름을 부르지 못하고 예덕 선생이라고 일컫는 것일세."

분수에 만족하지 못하고 깨끗하지 못한 당대 양반 사대부에 대한 비판

▶ 선귤자가 예덕 선생을 스승으로 모시는 까닭

핵심 정리

- 갈래: 고전 소설(한문 소설, 단편 소설, 풍자 소설)
- 성격: 교훈적, 예찬적, 설득적, 실천적
- 구성: '기 – 서 – 결'의 3단 구성

기: 선귤자의 벗인 예덕 선생 소개와 제자 자목의 문제 제기	➡	서: 벗 사귐에 대한 선귤자의 가르침	➡	결: 선귤자가 엄 행수를 예덕 선생으로 칭한 이유

- 제재: 엄 행수의 삶의 태도
- 주제: 바람직한 교우(交友)의 도(道)와 무실역행(務實力行: 참되고 실속 있도록 힘써 실행함)하는 인간상
- 특징: ① 일반적인 소설 구성에서 벗어나, 대화를 중심으로 이야기가 전개됨
  ② 가치관의 차이로 인한 인물 간의 갈등이 드러남
  ③ 특정 인물과 관련된 사례를 제시하며, 다른 인물들의 삶과 대비함
- 의의: ① 소외된 하층민의 삶에 대한 조명을 통해 새로운 인간상을 제시함
  ② 인간성의 긍정과 평등 사상이 담겨 있음
  ③ 새로운 계층의 등장을 제시하며, 직업 차별 타파 정신이 담겨 있음

▼ 인물 분석

- 선귤자: 당대의 학자. 예덕 선생을 존경하면서, 참다운 벗 사귐과 실질을 숭상하고, 당시 모순되고 가식적인 생활을 하는 위선자들을 풍자함
- 예덕 선생(엄 행수): 마을 안의 똥거름을 쳐내며 살아가는 미천한 신분의 인물. 자신의 분수에 맞는 진실된 삶을 삶
- 자목: 선귤자의 제자. 명분에 집착하고 체면과 외양을 중시하며, 선비라는 우월감에 젖어 있음

한눈에 **보기**

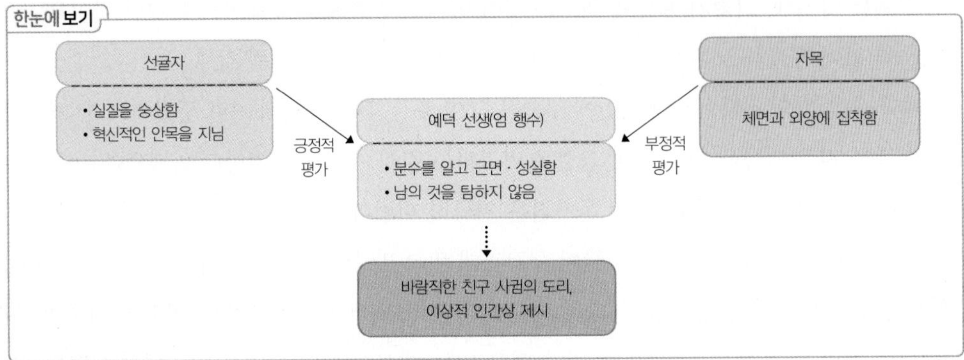

보충·심화 학습

▼ 〈예덕선생전〉에 나타난 새로운 인간상과 그 시대적 의미

이 글은 소외되기 쉬운 하층민을 주요 인물로 등장시켜 그의 삶을 조명함으로써, 그 당시의 새로운 인간상을 제시하고 있다. 엄 행수는 비록 천민 계층의 사람이지만, 자신의 분수를 지킬 줄 알고 욕심과 가식이 없는 청렴한 태도를 지녀 선귤자라는 학자로부터 예덕 선생이라 불리며 칭송된다. 벗을 사귐에 있어서 신분의 차이는 고려의 대상으로 삼지 않은 선귤자의 관점은, 사대부만을 대상으로 청렴결백을 논하던 당대의 시대상으로 볼 때 혁신적인 태도라 할 수 있다. 하지만 작가가 제시한 안분지족(安分知足), 근검절약 등의 가치관은 결국 유교의 본질적인 가치와 통하고 있어, 유교적 관념에서는 완전히 벗어나지 못했다는 한계를 드러낸다.

필수 문제

01 이 글에서 자목이 선귤자를 떠나고자 한 이유를 쓰시오.

02 ㉠과 관련 있는 속담을 쓰시오.

03 [서술형] 이 글에서 선귤자가 엄 행수를 높이 평가하는 이유는 무엇인지 서술하시오.

04 [서술형] 이 글에 나타난 선귤자의 말하기 방식에 대해 서술하시오.

유광억전(柳光億傳) | 이옥

EBS

출제 포인트

집이 가난하고 지위가 낮아 과거 시험지의 답안을 파는 것을 직업으로 삼아 살아가던 유광억의 이야기이다. 유광억의 일화를 통해 작가 비판하고자 한 바에 대해 알아보자.

감상 길잡이

이 글은 조선 후기의 문인 이옥(李鈺)이 지은 유광억의 약전(略傳)이다. 가난하고 지위가 낮아 시험지의 답안이나 팔아 살아갈 수밖에 없는 주인공 유광억의 처지를 그리면서 세상에 팔지 못할 물건이 없게 된 상황을 문제로 삼고 있다. 앞으로 소개될 내용을 서두에서 간단하게 소개한 다음, 유광억의 행적을 서술하고 자신의 별호인 매화외사(梅花外史)의 말로 논평을 다는 구성을 취한다. '법대로 따진다면 뇌물을 준 놈이나 받은 놈이나 죄가 같다.' 라고 하여 유광억을 '마음을 판 자' 라고 꾸짖으면서 과시를 파는 행위를 하도록 만든 사회를 비판하고 있다.

온 세상을 법석대며 오가는 사람들은 모두 이익을 위해서이다. 그리하여 이 세상에서 이익을 숭상한 지가 오래되었다. 그러나 이익으로써만 살고 있는 자는 반드시 이익으로써 죽는 법이다.
(이 글의 논지 제시 – 이익만을 추구하는 세태 비판)
그러므로 군자는 '이익' 이라는 말을 입에 걸지 않으나 소인들은 이익으로 해서 몸을 희생시키는
(소인들: 유광억으로 대표되는, 이익만을 추구하는 사람들)
것이다. / 서울은 온갖 장인(匠人)과 장사치들이 모여드는 곳인 만큼 대체로 물건을 살 수 있는 수
(장인: 손으로 물건을 만드는 일을 업으로 하는 사람)
많은 전방(廛房)이 별처럼 벌이어 있고, 바둑처럼 깔렸다. 어떤 이는 남에게 손으로 품을 팔아 먹
(전방: 가게 / 비유적 표현의 사용 – 전방이 매우 흔함 / 손으로 품을 팔아 먹는 자: 막일꾼)
는 자도 있으며, 혹은 어깨와 등을 파는 자도 있거니와, 뒷간을 치는 자, 칼을 갈아 소를 죽이는
(어깨와 등을 파는 자: 짐꾼 / 칼을 갈아 소를 죽이는 자: 백정)
자, 그의 얼굴을 화려하게 꾸며서 매음(賣淫)하는 자도 없지 않으니 천하의 사고팖이 이에 극도에
(그의 얼굴을 화려하게 꾸며서 매음하는 자: 기생, 창녀 / 천하의 사고팖이 이에 극도에 이르렀구료: 못 파는 것이나 돈을 주고 못 사는 것이 없으므로)
이르렀구료. 외사씨(外史氏)는 다음과 같이 말했다.
(외사씨: 작가 이옥의 별칭)

「"저 아득한 옛날 나양(裸壤)에선 실과 비단을 파는 저자가 없고, 산짐승을 잡아서 날고기로 먹을 때엔 질솥을 파는 이가 없었던 것이다. 이는 비록 만드는 이가 있다 하더라도 파는 이가 없었기
(질솥: 질흙으로 구워 만든 솥)
때문이다. 그러므로 큰 풀무집에 태어난 사람이라도 쇠망치나 칼을 갖고 남에게 자랑하지 않으
(풀무집: 대장간)
며, 농사에 힘쓰는 집에서는 쌀장수가 집 앞으로 지나갈 때도 '쌀 사시오.' 를 외치지 않는 법이
(「 」: 태초에는 사고팖이 없었음 – 일종의 소견 논거의 역할을 하는 부분)
니, 이는 제 집에 없는 뒤에라야 남에게 구하는 까닭이었다."」

▶ 이익만을 추구하는 세태 비판

(유광억에 관한 이야기 – 작가의 논지를 뒷받침하는 예화의 역할)

유광억(柳光億)은 영남(嶺南) 합천(陜川)에 살고 있는 사람이었다. 그는 시를 아주 잘하지는 못할 지라도 과거(科擧) 문체의 시를 잘하기로 남쪽에서 유명하였다. 그는 집이 몹시 가난하고 지체가
(과거 문체의 시: 과거 시험용 글짓기. 여기서는 과거 시험에 합격할 정도의 모범 답안을 잘 쓰는 것을 뜻함 / 그는 집이 몹시 가난하고 지체가 낮았다: 유광억이 과거를 보지 않는 이유)
낮았다. 그 당시 시골에서는 향시(鄕試)의 과시(科詩)를 팔아 살고 있는 이가 많았다. 광억(光億)도
(향시: 지방에서 실시하던 과거의 초시 / 과시: 과거를 볼 때 짓는 시)
역시 돈 때문에 과시를 팔지 않을 수 없었다.
(유광억이 돈을 벌기 위해 과거 시험용 글을 팔았다는 것. 즉, 예상 논제에 대한 글을 써 주었다는 뜻)

▶ 유광억에 대한 소개

그는 일찍이 영남 도시(道試)에 합격하여 서울 고시관(考試官)에게 시험을 치르러 갔었다. 그런데
(도시: 각 도의 감사에게 명하여 실시하던 특수한 과거 / 고시관: 과거 문제를 출제하고 감독하는 사람)
어떤 사람이 부인이 타는 가마 한 채를 갖고 길에서 그를 맞이했다. 그 집에 이른즉 붉은 대문이 몇 겹이요, 화려한 건물이 수십 채나 늘어섰다. 얼굴이 해말쑥하고 성긴 수염이 난 서사꾼 몇 사
(이른즉 붉은 대문이 몇 겹이요, 화려한 건물이 수십 채나 늘어섰다: 매우 지체가 높은 집임을 알 수 있음 / 서사꾼: 남 대신 붓글씨를 써 주는 일을 하는 사람)

조선 후기

풍자 · 도덕 소설

람이 바야흐로 종이를 펴고 팔 힘을 시험하며 진퇴(進退)의 명령이 내리기를 기다리는 중이었다.
'글을 써라, 글을 그쳐라.' 하는 명령을 기다림. 여기서는 유광억이 시를 쓰면 그것을 다시 옮겨 적는 일을 하는 것을 가리킴

그리고 광억에게는 깊숙한 방을 따로 차려 주고 날마다 아름다운 음식을 제공하고, 과거 시험지와 같은 종이에 시를 써 줄 것을 요구하였다. 주인 대감은 사나흘 만에 한 번씩 아침에 광억에게 들러 경의를 표하되 마치 아들이 어버이를 섬기는 것과 같이 했다. 드디어 과거를 치르고 본즉, 그 주인의 아들이 과연 광억이 대신 지은 글로써 진사에 올랐다. 그제야 행장을 차려 광억을 시골로 내려 보냈다. 광억은 영광스레 말 한 필, 종 한 사람을 거느리고 집으로 돌아왔다.『그 후 돈 이만 냥을 갖고 찾아온 자도 있었거니와, 그가 일찍이 빌려 먹은 고을의 환곡(還穀)을 감사(監司)가 벌써 다 청산해 버리기도 했다.』

과거 시험의 예상 답안을 쓰는 일

유광억이 써 준 글을 가지고 과거 시험장에 들어가서 자신의 답안과 바꿔 치기하여 급제함

관찰사

관아에서 빌려 먹던 곡식

「 」: 유광억이 과거 시험용 글을 써 주어 대감의 아들이 과거에 급제할 수 있었으므로, 많은 양반들이 그에게 금전적 보상을 해 주고 글을 샀음

▶ 유광억이 과거 글을 대신 써 주고 돈을 받음

광억의 글이 비록 수준은 높진 못했으나, 산뜻하고 날카로우며 재치와 임기응변에 능하였다. 그러나 그는 지체가 낮아 과거에 뜻을 두지 않았다. 그러나 날이 갈수록 광억의 이름은 나라에 유명해졌다. / 어느 날 서울 시험관이 경상 감사를 찾아가서

유광억의 글에 대한 서술자의 평가

유광억이 과거 시험 답안을 작성하는 사람으로 유명해짐

"영남에선 글재주로써 누가 으뜸이 됩니까?"라고 경상 감사에게 물었다.

"유광억이란 사람이 있습니다."라고 경상 감사가 말했다.

"내 이번 과거 시험에서 반드시 그를 장원으로 뽑겠소."라고 서울 시험관이 말했다.

"당신의 답안지 감식하는 눈이 그렇게 될는지요."라고 경상 감사가 말했다.

어떻게 유광억이 쓴 글인지를 알아낼 수 있겠느냐는 뜻

서울 시험관은 자신하듯, "되구말구."라고 말했다.

둘이 서로 논란을 하던 끝에 광억의 글을 알고 모름으로써 내기를 했다. ▶ 서울 시험관과 경상 감사의 내기

서울 시험관이 과장에 올라 '영남 시월 중구 놀이를 열었으니 남북의 기후가 같지 않음을 감탄한다.〔嶺南十月設重九會嘆南北之候不同〕'는 시제(詩題)를 내걸었다.

곧이어 시권(試券) 한 장이 날아들었다. 그 시 중 두 구는 다음과 같았다.

과거를 볼 때 글을 지어 올리던 종이

중구의 이 잔치도 시월에 열 수 있고〔重陽亦在重陰月〕

북국 손님이 이곳에 오셔 남국의 술을 마시는구나.〔北客强醉南烹酒〕

서울 시험관이 그 시를 읽고 '이것이 필시 광억의 시로군.' 하며 붉은 빛깔의 먹으로 비점(批點)을 마구 내리치고, 등급을 이하(二下)로 매기어 장원을 뽑았다. 또 시권 한 장이 제법 잘되었으므로 제2등으로 뽑고, 또 하나를 3등으로 뽑았다. 급기야 봉한 부분을 떼고 보니 광억의 이름은 하나도 없기에 남몰래 조사해 보니, 그 답안지들은 모두 광억이 남의 돈을 받고 시를 지어 주되 그 돈의 많고 적음에 따라서 글의 차이를 낸 것이었다.

시가나 문장 따위를 비평하여 아주 잘된 곳에 찍는 둥근 점

1등부터 3등까지의 글이 모두 유광억이 대신 써 준 글이며, 받은 대가에 따라 글의 수준에 차이를 두었다는 뜻임

▶ 서울 시험관이 유광억의 글을 모두 알아냄

서울 시험관은 비록 이 일을 혼자 알았긴 하나 경상 감사가 자기를 믿지 않을까 염려해서 광억의

유광억의 글을 알아냈다는 사실을 믿지 않을까

초사(招辭)를 받아 증거로 삼으려 했다. 그리하여 합천에 통첩을 내려 광억을 잡아 올리게 했으나 광억을 죄로 다스릴 생각은 없었다. 그리하여 광억은 군수의 명령에 의해 구속 송치되게 되었고, '나야말로 과적(科賊)이니 가더라도 죽을 것이니 차라리 가지 않는 게 낫겠다.' 고 생각하고는 밤에 친척을 모아 놓고 마음껏 술을 마시고 이내 남몰래 강물에 몸을 던져 죽었다. 서울 시험관은 이 이야기를 듣고 애석하게 여기고 남들도 모두 그의 재주를 안타깝게 여기었다. ▶ 유광억의 자결과 사람들의 안타까움

초사: 죄인이 범죄 사실을 진술하던 일
통첩: 문서
광억을 잡아 올리게 했으나 광억을 죄로 다스릴 생각은 없었다: 유광억을 벌주려고 한 것이 아니라, 초사를 받아 경상 감사에게 자신이 그의 글을 알아냈다는 것에 대한 증거로 삼기 위한 것이었음
과적: 과거 시험에 부정을 저지른 사람

뒷부분 줄거리 | 서술자는 유광억의 죽음은 그의 죄과로 인한 것인 만큼 정당하고, 뇌물을 주고받는 것을 마음을 파는 행위라고 하면서, 소인이나 군자 할 것 없이 뇌물을 주고받는 당시 세태를 개탄한다.

핵심 정리

- 갈래: 고전 소설(한문 소설, 전(傳), 단편 소설)
- 성격: 경세적(警世的), 현실 비판적
- 구성: '도입 – 전개 – 논평' 의 3단 구성

도입: 이익만을 좇는 세태에 대한 비판	➡	전개: 유광억이 돈을 받고 과거 시험지를 대신 써 주다가 서울 시험관이 잡아 올리려 하자 지레 겁먹고 자결함	➡	논평: 유광억과 사회에 대한 비판

- 제재: 유광억의 과거 시험 대필(代筆)
- 주제: ① 선비의 올바른 태도 ② 조선 후기 과거의 실상과 문제
- 특징: 부정적 대상을 통해 현실 문제를 강하게 비판함
- 인물 분석
  - 유광억: 영남 합천에 사는 인물. 가난하고 지체가 낮아 과거에 대한 뜻을 꺾고, 과거 시험용 답안을 대신 적어 팔아 살아감. 작가의 비판의 대상이 됨

한눈에 **보기**

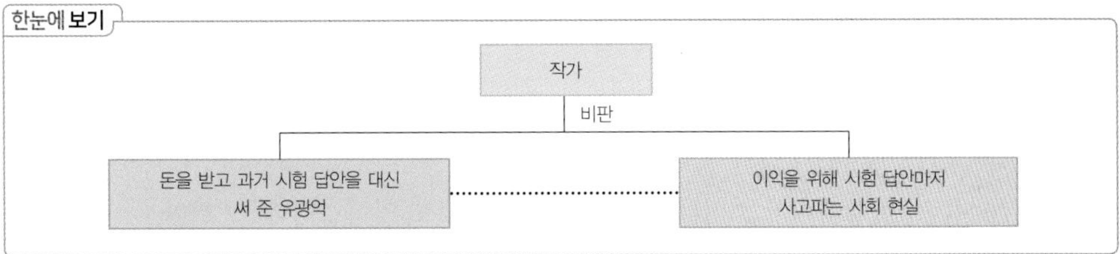

보충·심화 학습

- 〈유광억전〉의 작가, 이옥의 삶

이 글의 작가 이옥은 정조가 문체 반정(文體反正, 문체를 단속해 기강을 바로잡으려 했던 문화 정책)을 시행했을 때 과거 시험 답안지를 소설 문체로 작성했다는 이유로 정조에게 반성문을 쓰라는 수치스러운 벌을 받았다. 순정문을 지어 죄를 용서받았던 다른 이들과 달리 이옥은 자신의 생각을 그대로 글로 옮기는 자신만의 글쓰기 방식을 끝내 굽히지 않았다고 하며, 이러한 작가 자신의 처지로 볼 때, 이 글은 과거 시험의 문제점을 보다 명확하게 직시하고 있음을 알 수 있다.

필수 문제

01 이 글의 작가는 유광억을 어떠한 사람으로 보고 있는지 이 글에 제시된 2음절의 단어로 쓰시오.

02 이 글을 통해 작가가 비판하고자 하는 바를 쓰시오.

106 성진사전(成進士傳) | 이옥

필수

출제 포인트

밥을 얻어먹고는 의도적으로 싸움을 걸어와 자신의 계교를 이루려는 비렁뱅이 부부를 대하는 성희룡의 대처 방식과 세태에 대한 서술자의 태도를 통해 이 글의 주제 의식을 파악해 보자.

감상 길잡이

조선 후기의 문인인 이옥이 쓴 전(傳)의 성격을 지닌 고전 소설이다. 세태 인심의 교활함, 즉 염량세태(炎涼世態)의 인심을 폭로하면서, 이러한 현실에서 화를 당하지 않기 위하여 성희룡과 같이 삼갈 줄 아는 덕을 지녀야 함을 강조한 작품이다. 비렁뱅이의 행패가 반복적·점층적으로 전개됨으로써 긴장감이 고조되다가 성희룡의 원만한 처사로 사건이 반전되는 구성은 사실을 기록하는 것보다 서사적 흥미를 중시한 것이라 할 수 있다.

이 세상에 인류가 생긴 지도 벌써 오래 되었다. 간교로운(간사하고 교활한) 일이 날로 치열하고, 거짓의 행위가 날로 들끓음도 부인할 수 없는 사실이다.

이제 세상에는 이런 일이 생겼다. 굶어 죽은 시신을 짊어지고 밤 들어 남의 문밖에 서서 주인을 급히 불러 일부러 그의 노염(노여움)을 충동시켜 놓는다. 그리고 종말(맨 끝)에는 서로 붙잡고 격투를 시작했다. 그러고 나서 그는, / "주인 놈이 나의 둘도 없는 벗을 죽였네."(실제로 주인이 죽인 것이 아니지만, 주인이 죽였다고 우겨서 재물을 갈취하기 위한 계략) 하고 외치며 그 죽은 시신을 내놓고 장차 관가를 찾아 고발하려 했다(죽은 사람을 짊어지고 가서 주인에게 살인 혐의를 뒤집어씌우기 위해). 주인은 그 연유를 알지 못하고 중한 뇌물을 허비하고서야 일이 바야흐로 가라앉게 되었다. 그야말로 험악한 일이고녀.(서술자의 개입 - 세태 비판)

▶ 험악한 세태와 그에 대한 개탄

중략 부분 줄거리 | 감정을 절제할 줄 아는 성 씨의 아들을 소개하고자 한다.

도입 부분에서 서술자가 언급한 것에 대한 일종의 예화로 '성희룡'과 관련되는 삽화를 제시함

성희룡(成希龍)은 상주(尙州)에 살고 있는 사람으로 집이 애초부터 넉넉하였다. 흉년을 만나매 식객(食客)(밥을 빌어먹는 사람들)이 많이 모여 들었다. 여러 종이 금방 밥상을 들고 나온다(식객들에게 밥을 대접하기 위해). 한 종이 달음질치며,

"어떤 누덕을 진 비렁뱅이가 오더니 까마귀 병아리 차듯이 앗아갑니다(밥을 빼앗아 갑니다)." / 한다.

희룡은, "아마 주린 모양이니 주어 버리렴."(성희룡의 관대한 성품을 간접적으로 제시함) / 했다.

얼마 되지 않아서 한 종이 또 뛰어와서,

"그릇까지 망태에 넣고 가려는 것입니다."(관련 속담: 쪽박 빌려 주니 쌀 꾸어 달라 한다) / 한다. / 희룡은, / "옳아, 그만둬."

하고는 그 비렁뱅이를 앞에 불렀다. 그의 얼굴은 도리어 싸울 기색이었다(시비를 걸어 주인을 흥분시킨 후 협박하기 위함. 방귀 뀐 놈이 성낸다. 적반하장(賊反荷杖)). 희룡은,

"그릇을 팔아먹으려는 건가?" / 했다. 그는, / "그러구말구." / "그럼, 내게 팔어."

"일천오백 냥에서 조금이라두 떨어지면 팔지 않으우."(시비를 걸기 위해서 상식 이상의 돈을 부름)

희룡은 서슴지 않고 돈 일천오백 냥을 주었다(희룡의 관대한 성품을 과장하여 보여 줌 - 사건의 반전). 비렁뱅이는 한참 주인을 쳐다보고는 밖으로 나가더니 그의 아내를 불러들이며, / "이이는 사람이 아니고 부처님이시야."(희룡을 협박하기 위해서 찾아갔으나 오히려 그의 포용성에 감동함)

하고는 그 묶은 것을 풀어 죽은 아이(희룡을 협박하려고 했던 수단) 하나를 내놓고서,

"내가 불법(不法)으로써 남에게 덤비면 그는 반드시 나를 몰아칠 테니, 그가 만일 나를 몰아친다면 나는 곧 이 죽은 아이로써 그를 위협한다면 중한 뇌물을 얻을 수 있으리라 생각했더니, 이제 계교를 이룩하지 못하였군요. 이건 정말 당신이 몸을 삼가는 힘이 있는 까닭이니 모든 것을 사과하우." / 하고는 곧 돈과 그릇들을 던져 버리고 가 버렸다.

(남에게 덤비면: 시비를 걸면 / 계교를 이룩하지 못하였군요: 뜻한 바대로 재물을 얻지 못함)

그리하여 성 씨는 마침내 아무것도 잃어버린 것이 없었다.

(성 씨는 마침내 아무것도 잃어버린 것이 없었다: 관대한 성격으로 인해 화를 일으키지 않음. 인자무적(仁者無敵))

▶ 성희룡의 처세의 도에 관한 예화

뒷부분 줄거리 | 서술자는 성희룡을 평가하고 현실의 부조리함을 개탄한다.

핵심 정리

- 갈래: 고전 소설〔한문 소설, 전(傳)〕
- 성격: 교훈적, 경세적(警世的), 현실 비판적
- 구성: '도입 – 전개 – 논평'의 3단 구성

도입		전개		논평
도입: 교묘하게 시비를 잘 거는 세태(世態)	➡	**전개**: 비렁뱅이가 성희룡에게 시비를 걸었으나, 성희룡의 처세와 인품에 감동하여 물러남	➡	**논평**: 성희룡의 행동에 대한 평가

- 제재: 비렁뱅이의 농간과 이에 대한 성희룡의 대처
- 주제: 세태와 인심의 교활함을 고발하고 처세의 덕을 강조함
- 특징: ① '전(傳)'의 형식을 취하였으나 인과적 사건 전개와 긴장감의 형성 면에서 소설의 성격을 드러냄
  ② 인물의 행동이 반복적 · 점층적으로 전개되다가 사건이 반전되는 구성으로 서사적 흥미를 이끌어 냄
- 인물 분석
  - 성희룡: 관대하고 감정을 잘 절제하는 사람. 절제와 신중함 덕분에 간계에 넘어가지 않게 됨
  - 비렁뱅이: 상대방에게 시비를 걸어 재물을 갈취하는 인물. 간계를 써서 성희룡의 재물을 갈취하고자 하나 오히려 그의 관대함에 감동을 받게 됨

한눈에 보기

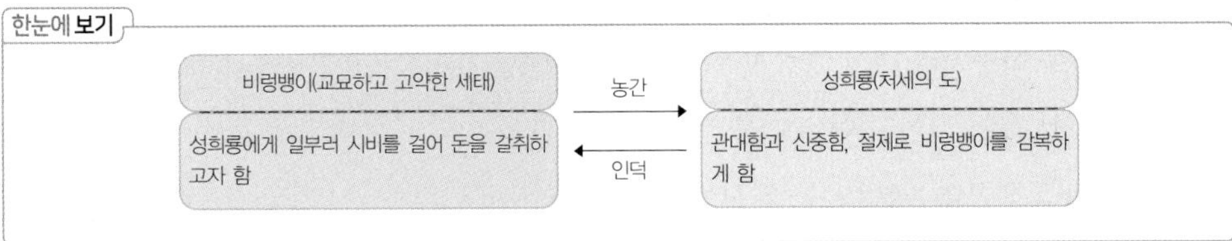

보충·심화 학습

- 〈성진사전〉의 장르적 성격

'전(傳)'이라는 고전적 장르는 대체로 시간의 순서에 따라 이야기를 기술하고, 그 인물의 성격과 인품 등을 그 행적의 필연적 동기로 서술함으로써 교훈적 의도를 뚜렷이 드러낸다. 그러나 이 글에서는 성 진사의 성격과 인품을 사건에 직접 개입시켜 인과적으로 사건을 전개하고 있다. 즉, 이 글은 있었던 일을 기록하는 데 중점을 두기보다 사건의 경과에 더 많은 관심을 보인다는 점에서 전(傳)의 성격보다는 소설적 성격을 더 강하게 드러낸다.

필수 문제

01 이 글에서 세태에 대한 서술자의 개탄이 직접 드러난 문장을 찾아 쓰시오.

02 이 글에서 사건의 반전이 일어나는 부분의 문장을 찾아 쓰시오.

107 김학공전(金鶴公傳) | 작자 미상

필수

출제 포인트

김학공으로 대표되는 주인과 그 노복 간의 갈등을 다룬 이야기이다. 이 글 전체에 반영된 노비 해방에 대한 시대적 흐름과 민중의 의식에 주목하여 살펴보자.

감상 길잡이

이 글은 신분제의 동요가 일어나던 조선 후기 사회를 배경으로, 노비 해방에 대한 시대적 흐름과 민중 의식이 반영되어 있는 작품이다. 노비와 주인 간의 대립 및 갈등과, 주인을 배반한 노복에 대한 복수를 주요 내용으로 하고 있으며, 이를 통해 권선징악을 구현하고 있다. 몇몇 학자들은 이 글이 영웅의 일대기로 어느 정도 골격을 이루고 있어 영웅 소설이라고 주장하기도 하지만, 학공에게 초월적 능력이 없고, 복수도 조력자가 없이 학공 자신의 집념과 계획에 의해 이루어지므로 본격적인 영웅 소설이라고 하기는 어렵다.

화설(고대 소설에서 이야기를 시작할 때 쓰는 말) 숙종 대왕 즉위 초에 강원도 홍전 부북면 서촌(西村)에 한 명사(名仕)(이름난 선비)가 있으되 성은 김이요 명은 태일이니, 세대(世代)로(대대로) 사환(仕宦)(벼슬살이 → 고귀한 혈통임)이 끊이지 아니하더니 태일에게 미쳐서는 일찍 청운(靑雲)(높은 지위나 벼슬)을 하직하고 고향에 돌아와 농업을 힘쓰더니(벼슬에 뜻이 없음을 나타냄), 일찍이 슬하에 일점 혈육이 없으므로 매양 슬퍼하고 항상 좋은 일만 하더니, 일일은(하루는) 김 낭청(郎廳)(김태일)이 일몽을 얻으니 백발 노인(예언자)이 청려장(명아줏대로 만든 지팡이)을 짚고 와서 이르되, 그대 평생에 한(恨)하는 바는 다만 자식 없는 것이 아니냐. 천상에 기도를 잘 하고 지성으로 발원(發願)하면(신이나 부처에게 소원을 빌면) 자연 좋은 일이 있을 것이라 하고 즉시 간 데 없거늘, 김 낭청이 생기복덕(生氣福德)(생기로운 날과 복과 덕이 있는 좋은 날)을 가려 칠 일 재계(종교적 의식 따위를 치르기 위하여 몸과 마음을 깨끗이 하고 부정한 일을 멀리함)하고 정미(正米)(현재 있는 쌀) 일만 석을 가지고 신령 뵈온 후에 명산에 올라 지성으로 축원하더니 과연 그 달부터 태기(胎氣) 있어 십 삭만에 일개 옥동(玉童)을 탄생하니(비현실적, 우연적 – 기이한 출생) 낭청이 크게 기뻐하여 아이 이름을 학공이라 하고 장중보옥(掌中寶玉)(손 안에 있는 보배로운 구슬. 보배롭게 여기는 존재. 금지옥엽)같이 길러 이삼 년이 지난 후에, 최씨 부인이 또 태기가 있어 십 삭이 되어 여아(女兒)를 탄생하니 이름을 미덕이라 하고 날로 사랑하더니 흥진비래(興盡悲來)와 고진감래(苦盡甘來)는 인지상사라(즐거운 일이 다하면 슬픈 일이 닥쳐오고, 고생 끝에 즐거움이 오는 것은 인간에게 늘 있는 일이라는 말). ▶ 지성으로 발원하여 학공과 미덕을 낳음

낭청이 홀연 득병하여 백약이 무효니(갑자기 병을 얻어 온갖 약이 쓸모없으니), 낭청이 더 살지 못할 줄 알고 부인 최 씨를 청하여 앞에 앉히고 학공의 손을 잡고 눈물을 흘리며 가로대, 내 병이 백약이 무효니 반드시 더 살지 못할지라. 내 나이 오십이 넘으니 단명치 아니 하려니와 그대를 두고 저 자녀들이 장성한(자라서 어른이 되는) 모습도 못 보고 돌아가는 인생이라 어찌 눈을 감으리오. ▶ 낭청의 득병과 죽음

「허다한 노비 문서와 전답(논밭) 문서를 주장할 사람이 없으니 노복(奴僕)이 다 슬퍼하며 초종범절(初終凡節)(초상을 치르는 것에 관한 모든 절차)을 극진히 하여 선산에 안장하고 부인이 자녀를 데리고 눈물로 세월을 보내더라.」(「 」: 태일이 평소에 선량했음을 알 수 있음) 삼년상을 지내니 학공 나이 오 세요, 미덕의 나이는 삼 세라. 이러하므로 어린 자녀를 데리고 한숨으로 세월을 보내더니, 이때 종 한 놈이 있으되 이름은 박명선이라. ▶ 어린 자녀를 데리고 한숨으로 세월을 보내는 최씨 부인

뒷부분 줄거리 | 박명선이 동류와 공모하여 학공 모자를 죽이고 그 재산을 탈취하려 하자, 학공의 어머니는 굴을 파서 노비 및 전답 문

서와 학공을 숨겨 놓은 뒤 피란길을 떠난다. 노복들은 학공의 집에 불을 지르고 재산만 탈취하여 '계도'라는 섬으로 건너가 살게 된다. 집을 떠난 학공은 15세가 되었을 때, 계도에 들어가 김 동지의 집에서 살면서 김 동지의 딸인 별선과 결혼한다. 어느 날 학공의 정체를 알게 된 노복들은 그를 죽이려 하고, 이를 미리 탐지한 그의 아내가 그를 대신하여 바다에 던져진다. 섬을 탈출한 학공은 과거에서 장원 급제를 하고 부임지인 강주로 가는 도중 헤어졌던 어머니와 누이를 만나 계도에 들어가 원수를 갚는다. 이후 전처인 별선의 원혼을 위해 제사를 드리자 별선이 살아 나온다. 학공은 후에 벼슬이 승상에 오르고, 자식을 낳고 부귀를 누린 뒤 선계(仙界)로 돌아간다.

핵심 정리

- 갈래: 고전 소설(도덕 소설)
- 성격: 영웅적, 도교적, 권선징악적
- 구성: '발단 – 전개 – 절정 – 결말'의 4단 구성, 순차적 구성, 일대기적 구성, 복수형 플롯

- 제재: 김학공의 고난과 그 극복(복수) 과정
- 주제: 노복과 주인 간의 갈등과, 주인을 배반한 노복에 대한 복수
- 특징: 노복과 주인 간의 갈등을 통해 권선징악을 드러냄
- 의의: 노비 해방에 대한 시대적 흐름과 민중 의식이 반영되어 있음
- 인물 분석
  - 김학공: 김태일의 아들. 자신의 집념과 계획으로 도망간 노복을 찾아 원수를 갚고 부귀를 누린 뒤 신선이 됨
  - 김별선: 김학공의 처. 노복들이 김학공을 죽이려는 것을 미리 알고 남편을 대신하여 죽는 열부(烈婦)형 인물
  - 박명선: 김태일의 노비. 김학공과 그의 모친을 죽이고자 하나 실패하고, 재산을 탈취하여 계도로 달아나는 부정적 인물

한눈에 **보기**

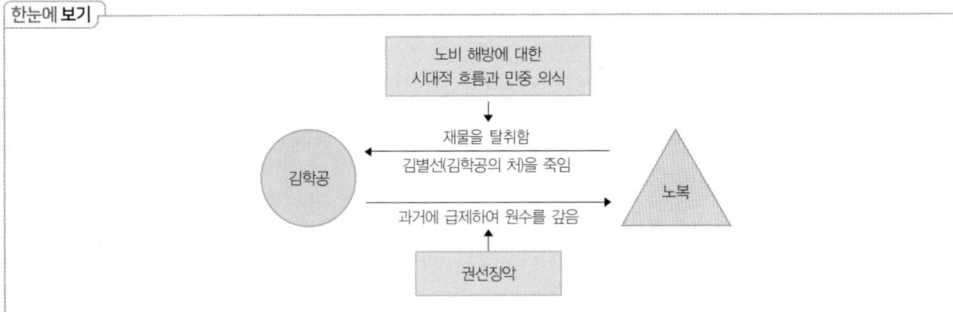

필수 문제

01 이 글에서 노복들이 노비 문서와 전답 문서를 노리는 것은 어떠한 시대상을 반영한 것인지 쓰시오.

02 다음은 이 글과 일반적인 영웅 소설을 비교한 것이다. ㉠~㉢에 들어갈 적절한 말을 쓰시오.

	〈김학공전〉	일반적인 영웅 소설
초월적 존재 및 무예의 유무	㉠	있음
주인공이 당하는 위기	개인적 차원	㉡
가해자에 대한 복수	㉢	초월적인 존재를 통해 얻은 능력이나 도구로 이룸

108 배비장전(裵裨將傳) | 작자 미상

필수

출제 포인트

피지배층의 입장에서 당시 지배 계층인 양반들의 위선을 폭로하고 그들의 행태를 풍자한 글이다. 이 글에 등장하는 '방자'의 역할을 〈봉산 탈춤〉의 '말뚝이'의 역할과 관련지어 이해해 보자.

감상 길잡이

판소리 〈배비장 타령〉을 소설화한 작품이다. 이 글에서 '배 비장'은 겉으로는 윤리 도덕을 외치면서 속으로는 본능적인 욕구 충족을 추구하는 위선적인 지배 계층으로, '방자'는 배 비장의 위선을 폭로하고 비판하는 인물로 그려져 있다. 피지배층인 토착민과 지배층인 외래인 간의 갈등에 근거하여, 피지배층의 입장에서 관료 사회의 착취상을 폭로·고발하고, 위선에 찬 지배층의 행태를 신랄하고도 해학적으로 풍자하고 있는 것이다.

장면 1

앞부분 줄거리 | 배 비장이 신임 제주 목사를 따라 부임하게 되는데, 이때 정 비장이 애랑과 이별하면서 온갖 재물과 이까지 빼앗기는 모습을 보게 된다.

(비장: 조선 시대에, 감사·유수·병사·수사·견외 사신을 따라다니며 일을 돕던 무관 벼슬 / 목사: 조선 시대에, 관찰사의 밑에서 지방의 목(牧)을 다스리던 정삼품 외직 문관 / 정 비장이 ~ 모습을 보게 된다: 후에 애랑과 배 비장 사이에서 벌어질 사건을 암시함)

이렇게 이들이 작별할 때였다. 신관 사또의 앞장을 섰던 예방의 배 비장이 이 거동을 잠깐 보고는 방자를 불러 물었다.

(이들: 정 비장과 애랑 / 신관: 새로 부임한 관리)

"저 건너편 노상에서 청춘 남녀가 서로 잡고 못 떠나고 있으니, 무슨 일이냐?"

(청춘 남녀: 정 비장과 애랑)

방자가 대답하였다.

"기생 애랑이와 구관 사또를 모시고 있던 정 비장이 작별하고 있습니다."

「배 비장은 그 말을 듣고 비방하였다.

(비방: 남을 비웃고 헐뜯어서 말함)

"허랑한 장부로구나. 부모 친척과 떨어져 천리 밖에 와서 아녀자에게 현혹하여 저러니 체면이 꼴이 아니다."」

(천리 밖: 제주도 / 현혹: 정신을 빼앗겨 하여야 할 바를 잊어버림)

▶ 배 비장이 애랑과 정 비장의 이별 장면을 보고 이를 비방함

「 」: 배 비장이 정 비장을 비웃음. 나중에 그가 보여 주는 호색적 행각과 대비되어 지배층의 위선과 허세를 부각함

방자 놈은 코웃음을 쳤다.

(배 비장을 비웃음 – 피지배층이 지배층의 허위성을 조롱함(판소리의 풍자성·해학성 계승))

「"남의 말씀 쉽게 하지 마십시오. 나으리도 애랑의 은근한 태도와 아름다운 얼굴을 보시면 오목요(凹) 자에 움을 묻어 게다가 살림을 차릴 것입니다."」 「 」: 양반의 위선과 허세에 대한 비웃음과 조롱

(오목요(凹) 자에 ~ 것입니다: 애랑의 치마폭에서 놀아날 것이라는 의미)

배 비장은 잔뜩 허세를 부리면서 방자를 꾸짖었다.

(허세: 실속이 없이 겉으로만 드러나 보이는 기세)

"이놈, 양반의 정취(情趣)를 어찌 알고 경솔히 말을 하느냐?" / 그러나 방자는 물러서지 않았다.

(정취: 깊은 정서를 자아내는 태도 / 방자는 물러서지 않았다: 〈봉산 탈춤〉의 '말뚝이'와 다른 점 – 양반의 권위에 위축되지 않고 계속 도전함)

"그러면 황송하오나 소인과 내기를 합시다." / "무슨 내기를 하자느냐?"

(내기: 사건의 전개 방향 암시)

「"나으리께서 올라가시기 전에 저 기생에게 눈을 팔지 않으시면 소인의 많은 식구가 댁에 가서 드난밥을 먹고, 만일 저 기생에게 반하시면 타시고 다니는 말을 소인에게 주시기 바랍니다."」

(눈을 팔지 않으시면: 유혹되지 않으시면 / 드난밥: 임시로 남의 집 행랑에 붙어 지내며 그 집의 일을 도우면서 얻어먹는 밥)

이에 배 비장은 대답하였다.

「 」: 불합리한 내기의 모습 – 방자는 자기 식구 모두를 걸고 있는 데 비해 배 비장에게는 말 한 필만을 요구함 → 방자의 자신감의 표현이자, 배 비장으로 하여금 내기에 선뜻 응하게 하려는 의도를 지님

"그래라. 말값이 천금이 된다 할지라도 내기하고서 너를 속이겠느냐?"

두 사람이 한참 이렇게 수작하고 있을 때, 신관 사또와 구관 사또는 인수인계를 마치고 새 사또
서로 말을 주고받음
가 도임하였다. 그리고 사또의 도임 절차가 끝나고 모두가 정해진 처소로 돌아갔을 때 해는 이미
지방의 관리가 근무지에 도착함
지고 동쪽에 달이 뜨면서 맑은 바람이 부니 태평한 기상이 완연하였다. ▶ 방자와 배 비장이 내기를 함

중략 부분 줄거리 | 방자와 애랑은 제주 목사의 지시를 받아 배 비장의 위선을 깨뜨리려는 계교를 부리게 되고, 결국 배 비장은 애랑을 만난 뒤 상사병에 걸리게 된다.

배 비장은 방자를 잡고서 애걸하다시피 하였다. / "애야! 될지 안 될지 편지를 써 줄 테니 전해 보아라. 일만 잘 되면 구전으로 삼백 냥을 주마! 방자야 어떠냐?"
소개해 주고 받는 수고료
▶ 배 비장이 방자더러 애랑에게 편지를 전해 줄 것을 부탁함

방자 놈은 구전을 많이 준다는 소리에 군침을 흘렸다.「그러나 관문(官門) 속에서 구렁이가 된 놈
관청 문 / 눈치가 빠르고 속물적인 놈
이므로 돈냥이나 얻어 볼 생각으로 은근히 잡아떼는 것이었다.」
「 」: 서술자의 개입 – 현실적인 이익을 추구하는 방자의 인물됨을 드러냄

"소인은 그 편지 가지고 가지 못하겠습니다."
배 비장의 애를 타게 만들어 돈의 액수를 올리기 위함

「"방자야! 그게 무슨 말이야? 내가 천 리 밖 이곳에 와서 통정(通情)하고 지내는 하인이 너밖에 더
서로 마음을 주고받음
있느냐? 네가 내 마음을 몰라주고 가지 않는다면 누가 간단 말이냐! 그러니 방자야, 잘 생각을 하고 내 이 안타까운 마음을 풀어 다오! 애, 방자야!"」
「 」: 방자에게 애걸복걸하는 배 비장 – 상하 관계가 거꾸로 됨

"나으리! 소인이 나리와의 정의를 생각하면 물불을 사양치 않고 뛰어들겠습니다. 그러나 그러지 못할 사정이 있습니다." / "무슨 사정이냐? 어서 말해 보아라."
돈을 더 타 내기 위함

「"소인은 세 살 때 아비가 죽어 늙은 어미 손에서 자라 열 살 때부터 방자 노릇을 해 왔는데 한 달에 관가에서 주는 것이라곤 돈 두 냥뿐입니다. 그러니 온갖 심부름을 하노라면 신발값이나 되겠습니까? 먹고사는 것은 어떠냐 하면, 각방 나으리님네가 잡수시다 버리는 밥이나 얻어서 어미와 그날그날 연명해 가는 형편입니다." / 방자는 말을 계속하였다.

"소인의 사정이 이러니 일이 뜻 같지 않아 소인이 병신 되어 나리도 모실 수 없고 늙은 어미는 먹일 수 없게 되면 소인의 신세는 어떻게 되겠습니까? 그러므로 그렇게 위태로운 곳엔 갈 수 없습니다. 나리께서 살펴 주십시오."」 「 」: 방자의 거절 이유 – 그럴듯한 핑계로 동정심을 자극하여 돈을 더 내놓게 하기 위함

"그런 일이라면 아무 염려 말아라. 만일 매를 맞을 경우라면 네 상처가 낫도록 해 줄 것이며, 네
애랑을 만나는 데 급급하여 물불을 가리지 않는 상황
어미는 내가 먹여 살리겠다. 그러니 아무 염려 말고 어서 이거나 갖다 주어라."

배 비장은 얼굴에 미소를 띠고 궤 문을 덜컥 열더니 돈 일백 냥을 내주는 것이었다.

"이게 약소하지만 우선 네 어미에게 갖다 주어 양식이나 팔아 먹도록 해라."
적고 변변치 못하지만 / 돈을 주고 곡식을 사

방자는 그제야 못 이기는 체 응락을 하였다. / "나으리께서 정 그러시다면 편지를 써 주십시오."
방자의 계략대로 일이 진행되고 있음

"일이 잘 되고 못 되는 것은 네 수단에 달렸으니 부디 눈치 있게 잘 해라."

▶ 방자가 수작을 부려 돈을 더 타 내고 편지를 전해 주기로 함

방자는 애랑에게 그 편지를 전하였다. / 편지 내용은 한 마디로 줄인다면 다음과 같다.

'낭자를 한 번 본 후 상사(相思)(생각하고 그리워함)의 괴로움으로 깊은 병이 들었기에 내가 살고 죽는 것은 낭자의 손에 매었으니 모쪼록 이 마음을 알아주십시오.'

애랑이 편지를 다 읽고 나자 방자는 애랑에게 말하였다.

"답장을 하되 허투로 하지 말고 애가 타게 해라.(방자의 계략)" ▶ 방자가 배 비장의 편지를 받은 애랑과 계교를 꾸밈

방자가 애랑의 답장을 받아 주니, 배 비장은 애랑의 편지를 두 손으로 받아 「대학지도(유교 경전의 하나인 《대학(大學)》의 핵심)나 읽는 듯이 읽어 내려가다가,」 「」: 중요한 듯이 꼼꼼하게 읽는 모습 – 애랑에게 깊이 빠져 있음

'미친 소리 말고 마음을 바로잡고 물러가라.(지배층을 비판하고자 하는 의도)' 한 대목에 이르자 깜짝 놀라고 말았다.

"애고 이 일을 어찌할꼬? 섬 속에 원통한 귀신 되었구나.(상사병으로 죽을 것임을 의미함)" / 곁에서 방자가 채근하였다.(독촉하였다)

"여보 나으리, 실심(근심 걱정으로 맥이 빠지고 마음이 산란하여짐) 마시고 그 아래를 더 읽어 보십시오. '연(然) 자'('그렇기는 하나'를 뜻함) 가 있소그려."

배 비장은 다시 보아 가다가,

"옳지, '연 자'의 뜻을 알았다." / 하고 무릎을 치면서 읽어 내려가는 것이었다.

'연이나(그렇긴 하나) 장부의 중한 몸으로 나로 인하여 병을 얻었다 하시니 어찌 가엾지 않겠습니까?「나는 규중 여자의 몸으로 출입을 마음대로 할 수 없어 만나기 어려우니 달이 진 깊은 밤에 벽헌당을 찾아와서 몰래 안으로 들어오신다면 한 베개를 베고 자려니와 만약 실수한다면 그 몸이 위태합니다. 만약 오시려거든 집 안이 번거롭고 닭과 개가 많으니 북창 쪽으로 살살 가볍게 걸어오십시오.(양반의 체면에 어울리지 않는 행동임)」' 「」: 복선. 애랑과 방자의 계략임을 알 수 있는 부분

배 비장의 눈은 휘둥그레졌다. 그렇게도 못 견디게 정신이 몽롱하고 온몸이 쑤시던 병도 감쪽같이 나았다.(애랑을 곧 만나게 될 것이므로)

▶ 배 비장이 애랑과 방자의 계략에 빠짐

뒷부분 줄거리 | 애랑의 초대를 받은 배 비장은 밤늦게 몰래 애랑의 집을 찾아간다. 그러나 애랑의 계교로 배 비장은 궤짝 속에 갇히어 사람들에게 망신을 당하게 된다.

필수 문제

01 **이 글의 '방자'와 〈보기〉의 '말뚝이'의 공통점을 쓰시오.**

〈 보기 〉

말뚝이: (가운데쯤에 나와서) 쉬이. (음악과 춤 멈춘다.) 양반 나오신다아! 양반이라고 하니까 노론(老論), 소론(少論), 호조(戶曹), 병조(兵曹), 옥당(玉堂)을 다 지내고 삼 정승(三政丞), 육 판서(六判書)를 다 지낸 퇴로 재상(退老宰相)으로 계신 양반인 줄 아지 마시오. 개잘량이라는 '양' 자에 개다리소반이라는 '반' 자 쓰는 양반이 나오신단 말이오. – 작자 미상, 〈봉산 탈춤〉

02 [서술형] **이 글에서 '배 비장'이 '정 비장'을 비웃는 행위는 작품 전체에서 어떠한 역할을 하는지 서술하시오.**

장면 2

앞부분 줄거리 | 애랑에게 놀아나는 정 비장을 비웃던 배 비장은 방자와 내기를 한다. 이에 제주 목사의 지시를 받아 방자와 애랑은 배 비장의 위선을 깨뜨리려는 계교를 부리게 되고, 결국 배 비장은 애랑을 본 뒤 상사병에 걸리게 되어 그녀를 만나러 간다. 이때 방자가 애랑의 남편 행세를 하며 애랑의 집에 들어온다.

"이곳으로 어서 들어가시오."

계집은 윗목에 놓인 피나무 궤를 열고 말하였다.
애랑

궤 속으로 들어간 배 비장은 몸을 옹송그리고 앉아서 생각하니 한심스러웠다.『그러나 그것이 모두 자기가 믿고 데리고 있는 방자의 계교라는 것을 어찌 알 것인가.
궁상맞게 몸을 옹그리고

계집이 궤 문을 닫고 쇠를 덜커덕 채우니 이제는 함정에 든 범이요, 독 안에 든 쥐였다.』배 비장은 숨이 가빠져 왔다.
「 」: 편집자적 논평
▶ 배 비장이 계교에 속아 궤에 숨음

『이때 나갔던 사내가 다시 들어오면서 말하는 소리가 들려왔다.
방자 – 애랑의 남편인 척함

"아까 눈이 저절로 감겨 잠깐 꿈을 꾸니 백발 노인이 나를 불러, 네 집에 거문고와 피나무 궤가 있느냐고 묻기에 그렇다고 대답했다. 그랬더니 액신이 붙어서 장난을 하므로 패가망신할 징조라 했다. 저 궤를 불태워 버려라. 어서 짚 한 단을 가지고 가서 불을 놓아라!"』
재앙을 가져온다는 악신(惡神)
집안의 재산을 다 써 없애고 몸을 망침
위협적 요소 ①
「 」: 피지배 계층의 지배 계층에 대한 위협과 조롱

배 비장은 탄식하였다.

"이젠 화장인가. 이 일을 어찌한단 말이냐. 뛰쳐나가지도 못하고."

이때 계집이 악을 썼다.
방자와 짠 애랑의 거짓 행동

"조상 적부터 전해 내려온 기물로 업귀신이 들어 있는 업궤인데 그것을 불사르라니 안 될 말이오."
한 집안의 살림을 보호하거나 보살펴 준다고 하는 귀신

"이년아, 나는 너하고 못 살겠다. 나는 업궤를 가지고 나가겠다."
거짓 언행

사내가 궤를 덜컥 어깨에 걸머지고 밖으로 나가려 하자 계집이 붙들고 늘어졌다.

"임자가 업궤를 가져가고 나는 망하란 말이오? 이 궤는 못 놓겠소."

"그렇다면 한 토막씩 나누어 갖자."
위협적 요소 ②

사내는 커다란 톱을 가지고 와서 궤짝 위에 올려놓고 말하였다.

"자, 어서 톱을 마주 잡고 당기자."

배 비장은 더 참지 못하고 겁결에 소리를 질렀다.
갑자기 겁이 나서 어쩔 줄 몰라 당황한 판. 또는 그런 기색

"여보소, 미련도 하오. 하룻밤을 자도 만리성을 쌓는다 하지 않소? 그 계집에게 궤를 다 주구려. 토막을 내면 못 쓰게 되고 말지 않소?"
궤짝에 갇혀 구차한 모습을 보이는 배 비장

그러자 사내는 톱을 내던지며 말하였다.

결정적 장면

"아뿔사! 이놈의 업귀신이 도생하여 인사가 되었으니 불침으로 찌르자."

살아 나가기를 꾀함 / 위협적 요소 ③

불에 단 송곳이 배 비장의 왼편 눈으로 내려왔다. 일이 이 지경에 이르고 보니 궤 속의 배 비장은 비장한 결심을 하고서 악이라도 한번 써 보지 않을 수 없었다.

"여보, 아무리 무식하기로서니 눈의 소중함을 모른단 말이오?"

"에그! 궤신이 저 상할 줄 미리 알고 애걸하니 정상이 가엾구나. 그 몸 상하지 않도록 궤를 져다가 물에다 던져 버려라."

위협적 요소 ④ / 정상: 딱하거나 가엾은 상태

▶ 방자가 애랑의 남편 행세를 하며 궤 속 배 비장을 위협함

사내는 질빵을 걸어 궤짝을 지고 밖으로 나가는 것이었다. 그리고 얼마쯤 가는데 어디서 한 사람이 앞으로 나서며 물었다.

질빵: 짐을 걸어서 매는 데 쓰는 줄

"그게 뭐냐?"

"업궤요."

업궤: 업귀신이 든 궤

"그 궤를 내게 팔아라."

"그러시오."

사내는 궤짝을 져다가 사또가 있는 동헌 마당에 놓고 물에 던지는 듯이 말하며 궤 틈으로 물을 붓고 흔들었다.

동헌: 수령이 공무를 수행하던 곳

"궤 속 귀신 너는 들어라! 이 파도에 띄울 테니 천리 길을 떠나거라."

배 비장은 생각하였다.

'어허 궤가 벌써 물에 떴나 보구나. 이젠 죽었구나.'

하면서 궤 중에서 탄식한다.

❶ "이 물속에서 죽다 한들 멱라수 아니어든 굴원(屈原)의 소절(素節)이며, 오강수(吳江水) 아니어든 자서(子胥)의 충절(忠節) 될까. 이름 없고 남 모르게 죽게 되니, 이런 때 배가 지나가면 목숨이나 살 수 있으련만."

멱라수: 초나라 굴원이 투신했다는 강의 이름 / 소절: 깨끗한 절개 / 자서: 춘추 전국 시대 오나라의 병법가

그런데 얼마 후에 들으니 어기어차! 어기어차! 하는 소리가 들려왔다. 물론 사령들이 지어서 하는 배 젓는 소리였다.

배 비장을 확실히 속이기 위한 계략 / 사령: 관아에서 심부름을 하던 사람

배 비장은 소리를 질렀다.

결정적 장면

애랑을 만나러 간 비장이 방자와 애랑의 계교에 빠져 궤에 갇히고 동헌에서 망신을 당하는 장면이다. 위선적인 배 비장이 웃음거리가 되는 모습을 통해 지배 계층에 대한 폭로와 풍자가 드러나는 부분이다.

문제로 핵심 파악

1 애랑은 배 비장이 위기에 빠질 것임을 몰래 알려 주었다. (○, ×)

2 배 비장은 바다에 빠져 죽을 뻔한 위기에서 사공의 도움으로 목숨을 건졌다. (○, ×)

핵심 구절 풀이

❶ "이 물속에서 ~ 살 수 있으련만.": 배 비장이 목숨이 위급한 상황에서도 중국의 고사를 인용하며 자신의 처지를 비유하는 부분으로, 허황되고 위선적인 지배층의 명예 의식을 풍자하여 드러냄

× 2 × 1 目

"거기 가는 배는 어디로 가는 배란 말이오?"

"제주 배요."

"어렵지만 이 궤를 실어다가 죽을 사람 살려 주오."

"궤 속에서 나는 그 소리가 이상하다. 우리 배에 부정 탈라! 상앗대로 떠밀자."

배를 띄울 때 쓰는 장대

"난 사람이니 부디 살려 주오."

"어디 사는 사람이냐?"

"제주 사오."

"제주라는 곳이 미색의 땅이라, 분명 유부녀 통간 갔다가 그 지경이 되었구나."

간통

"예, 옳소이다."

"우리 배엔 부정이 탈까 못 올리겠고 궤 문이나 열어 줄 테니 헤엄을 쳐서 가거라. 그런데 이 물은 짠물이니 눈에 들어가면 눈이 멀 테니 눈을 감고 가라."

▶ 방자에 의해 동헌에 옮겨진 배 비장의 우스꽝스러운 모습

사공이 쇠를 덜커덕 열어 놓자, 배 비장은 알몸으로 쑥 나와서 두 눈을 잔뜩 감고 이를 악물고 와락 두 손을 짚으면서 허우적거렸다.

한참을 이 모양으로 헤엄쳐 가다가 동헌 댓돌에다가 대가리를 부딪치니 배 비장은 두 눈에서 불이 번쩍 나서 두 눈을 번쩍 떴다. 자세히 살펴보니 동헌에 사또가 앉고 전후좌우에 관속들과 기생, 노비들이 늘어서서 웃음을 참느라고 두 손으로 입을 막고 있는 것이었다.

해학적 요소

사또가 웃으면서 물었다.

"자네, 그 꼴이 웬일인고?"

배 비장은 어이가 없어 고개를 푹 수그렸다.

▶ 망신을 당하는 배 비장

핵심 정리

- 갈래: 고전 소설(판소리계 소설, 풍자 소설)
- 성격: 세태 풍자적, 해학적
- 구성: '발단 – 전개 – 위기 – 절정 – 결말'의 5단 구성

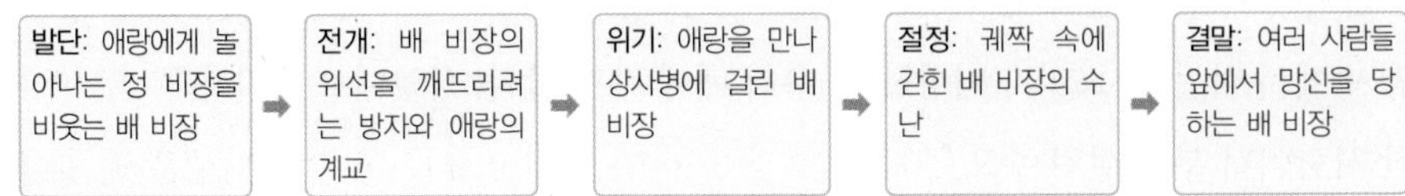

- 제재: 배 비장의 위선
- 주제: 지배 계층의 위선적인 행위에 대한 폭로와 풍자
- 특징: ① 판소리의 흔적이 남아 있음
  ② 근원 설화(〈발치 설화〉, 〈미궤 설화〉)를 가지고 있음
- 의의: 풍자와 해학이 주조를 이루는 골계 문학의 진수를 보여 줌
- 인물 분석
  - 배 비장: 신임 제주 목사의 비장. 위선적인 당시 지배층을 대표함
  - 방자: 제주 동헌 하인. 피지배 계층인 제주도의 토착민으로, 배 비장을 조롱하고 놀리는 일에 주도적인 역할을 함. 해학성을 풍부하게 해 주는 역할을 담당할 뿐 아니라, 작가의 목소리를 대변하는 인물임
  - 애랑: 제주 기생. 피지배 계층인 제주도의 토착민으로, 지혜가 남다르고 미모가 뛰어나 정 비장으로 하여금 이를 뽑게 하고, 다시 배 비장을 홀려 망신을 당하게 함

한눈에 보기

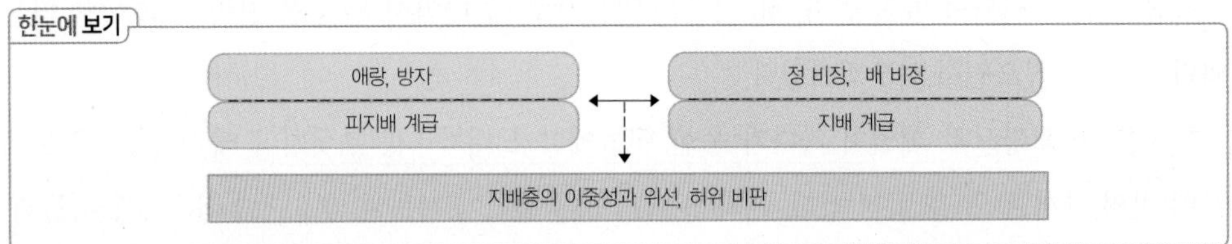

보충·심화 학습

- 〈배비장전〉에 나타난 등장인물들의 한계

이 글에서 긍정적 인물은 풍자의 시각을 형성하고 있는 애랑과 방자, 사공, 그리고 관청 주변의 인물들이다. 그런데 이들은 배 비장의 왜곡된 모습에 비해 정상적인 시각을 가진 인물 또는 민중적 인물이라는 대립적 시각에서 설정된 것이지, 자신의 삶을 드러내는 적극적인 인물은 아니다. 즉, 애랑은 민중적 풍자만을 위해 창출된 작위적 인물일 뿐이며, 사공 역시 배 비장의 희극적인 모습을 부각하기 위해 등장하는 인물일 뿐이다. 애랑과 방자의 능동적이고 적극적인 풍자 행위는 상대에 대한 공격적 힘을 갖지만, 자신의 삶에 대한 적극적 전망과는 무관하다.

필수 문제

01 이 글에서 '배 비장'에게 가해지는 위협의 요소를 모두 쓰시오.

02 [서술형] 이 글이 독자들에게 웃음을 유발하는 이유를 35자 내외로 서술하시오.

109 옹고집전(雍固執傳) | 작자 미상

EBS 모의 기출

출제 포인트

심술 사납고 인색한 옹고집이 가짜 옹고집으로 인해 집에서 쫓겨나고 잘못을 뉘우친다는 내용의 고전 소설이다. 이 글의 문체상의 특징, 사상적 배경 등을 파악하고, 옹고집이라는 부정적 인물이 개과천선하는 과정을 통해 드러나는 인과응보와 권선징악의 주제 의식에 주목하여 살펴보자.

감상 길잡이

이 글은 불교적인 설화가 판소리를 거쳐 소설로 정착된 작품으로, 부자이면서 인색하기만 한 옹고집이라는 인물이 중을 천대하다가 도술로 징벌을 받은 후 개과천선한다는 내용의 한글 소설이다. 옹고집은 조선 후기에 등장한 신흥 서민 부자 계층으로 볼 수 있으며, 이들 중 극단의 이기적인 행동과 사회 윤리를 무시하며 부도덕한 행위를 하던 사람들에 대한 일반 서민들의 반감을 풍자적 · 해학적으로 표현한 것이라 할 수 있다.

장면 1

옹정(雍井) 옹연(雍淵) 옹진(雍眞)골 옹당촌(雍堂村)에 한 사람이 있으되, 성(姓)은 옹(雍)이요, 명(名)은 고집(固執)이라.「성벽(性癖)이 고약하여 풍년을 좋아 아니하고, 심술이 맹랑하여 매사(每事)를 마음이 비뚤어진 고집으로 하더라.」〈중략〉

동일한 어두를 반복함 – 언어유희(판소리 사설의 특징) / 인물의 성격을 반영한 이름 / 성질과 버릇 / 「 」: 인물의 성격 직접 제시

며늘아기 명주 낳고 딸아기 수를 놓며 곰배팔이 삿 꾀이고 앉은뱅이 방아 찧고「팔십 당년(八十當年) 늙은 모친 병들어 누웠는데, 닭 한 마리 약 한 첩도 봉양(奉養)은 아니하고 조반석죽(朝飯夕粥) 대접하니, 냉돌방에 홀로 누워」섧게 울며 하는 말이,

명주실을 뽑고 / 한쪽 팔이 없거나 쓰지 못하는 사람 / 삿자리를 만들게 하고 / 그 해에 여든인 / 아침에는 밥, 저녁에는 죽. 즉, 보잘것없는 밥상 / 「 」: 옹고집의 인색한 성품과 불효함 – 처벌의 근거 ①

"너를 낳아 길러낼 제 애지중지(愛之重之) 나의 마음 보배같이 사랑하여 어루만져 하는 말이 '은자동아 금자동아 무하자태(無瑕姿態) 백옥동(白玉童)아. 천지 만물 일월동(日月童)아, 아국 사랑 간간동아. 하늘같이 어질거라. 땅같이 너르거라. 금을 준들 너를 사랴. 천상 인간 무가보(無價寶)는 너 하나뿐이로다.' 이같이 사랑하여 너 하나를 길렀더니 천지간에 이런 공을 모르느냐. 옛날 왕상(王祥)이는 얼음 속에 잉어 낚아 부모 봉양하였으니 그렇지는 못하여도 불효는 하지 마라."

흠이나 티가 없음 / 값으로 따질 수 없는 보배

불측한 고집이 놈이 대답하되,

생각이나 행동 따위가 괘씸하고 엉큼함

"진시황(秦始皇) 같은 이도 만리장성 쌓아 두고 아방궁 높이 지어 삼천 궁녀 시위(侍衛)하여 천 년이나 살잤더니, 이산(離山)에 일분총(一墳塚)을 못 면하여 죽어 있고 백전백승(百戰百勝) 초패왕(楚覇王)도 오강(烏江)에 죽어 있고 안연(顔淵) 같은 현학사(賢學士)도 삼십에 조사커늘 오래 살아 무엇하리. 옛글에 하였으되, '인간칠십고래희(人間七十古來稀)'라 하였으니, 팔십 당년 우리 모친 오래 살아 쓸데없네. 수즉다욕(壽則多辱) 우리 모친 뉘라서 단명하리. 도척(盜跖)이 같은 몹쓸 놈도 천추(千秋)에 유명커든 무슨 시비 말할 손가."

임금을 모시어 호위함 / 외딴 산 / 일개 무덤 / 초나라의 장수 항우 / 공자의 제자 / 어진 선비 / 일찍 죽었거늘 / 일흔까지 사는 사람은 예로부터 드묾 / 오래 살수록 그만큼 욕심이 많음 / 춘추 시대의 악인 / 오래고 긴 세월

▶ 인색하고 심술궂은 옹고집이 노모를 박대함

이놈의 심사 이러한 중에, 또한 「불도(佛道)를 능멸(凌蔑)하여 무죄한 중을 보면 결박하여 귀 뚫기와 어깨 타고 뜸질하기 유명하더라.」 이놈 욕심 이러하니, 옹가집 근처에는 동냥중이 갈 수 없다.

업신여기고 깔봄
「 」: 불도를 능멸하여 시주승을 학대함 – 처벌의 근거 ②

결정적 장면

이때에 월출봉 취암사에 한 도사(道師) 있으되, 높은 술법은 귀신도 감탄할 경지에 이르러 있었다. 하루는 도사가 학 대사를 불러 하는 말이,

❶ "옹당촌에 옹 좌수라 하는 놈이 불도를 능멸하고 중을 보면 원수 같이 군다 하니, 그놈의 집에 가서 책망하고 돌아오라."

▶ 옹고집이 불도를 능멸하고 시주승을 학대하여 도사가 학 대사를 보내 책망하게 함

학 대사 거동 보소. 헌 굴갓 · 마의장삼(麻衣長衫) · 백팔염주(百八念珠) 목에 걸고 육환장(六環杖)을 손에 들고 허위허위 내려오니, 계화(桂花)는 작작하고 산조(山鳥)는 슬피 울어 갈 길을 재촉한다. 화우석양에 옹가집 다다르니 어간대청 넓은 집에 네 귀에 풍경 달고 안팎 중문 솟을대문 좌우로 열렸는데, 목탁을 딱딱 치며 권선(勸善)을 피어 놓고 염불로 배례할 제,

삼베로 만든 길이가 길고 품과 소매가 넓은 승려의 웃옷
잘못을 꾸짖거나 나무라며 못마땅하게 여김
서술자의 개입 – 판소리 사설체
벼슬을 가진 승려가 쓰는 갓
승려가 짚는, 고리가 여섯 개 달린 지팡이
계수나무꽃
꽃이 핀 모양이 몹시 화려하고 찬란하고
노을 진 석양
방과 방 사이에 있는 큰 마루
신자들에게 보시를 청하는 것

"천수천안관자재보살(千手千眼觀自在菩薩) 주상 전하(主上殿下) 만만세, 왕비 전하(王妃殿下) 수만세(壽萬歲), 시주(施主) 많이 하옵소서. 극락세계로 가오리다. 아미타불(阿彌陀佛) 관세음보살(觀世音菩薩)."

손과 눈이 천 개 있는 관세음보살. 중생에게 복을 준다는 보살

이때에 종 할미 중문에 의지하여 하는 말이,

"노장노장(老長老長) 저 노장아, 소문도 못 들었나. 우리 댁 좌수님이 초당춘수족(草堂春睡足)한데 기침도 아니하였으니, 만일 잠을 깨거더면 동냥은 고사하고 귀 뚫리고 갈 것이니 어서 바삐 돌아가소."

초당에서 봄 낮잠을 달게 잠

저 노장 대답하되,

"고루거각(高樓巨閣)에 중의 대접 그러할까. 적악지가(積惡之家)에 필유여앙(必有餘殃)이요, 적선지가(積善之家)에 필유여경(必有餘慶)이라 하나이다. 노승이 영암(靈岩) 월출봉 취암사에 사옵더니, 법당(法堂)이 퇴락하여 불원천리(不遠千里)하고 귀댁에 왔사오니 황금 일천 냥만 시

높고 크게 지은 집
악을 베푸는 집에 반드시 재앙이 있고, 선을 베푸는 집에 반드시 경사가 있다는 뜻 – 글의 주제
천 리 길도 멀다고 여기지 않음

결정적 장면

도사가 옹고집을 벌주려고 학 대사를 옹고집에게 보내지만, 시주를 청하는 학 대사를 옹고집이 문전 박대하는 장면이다. 옹고집의 고약하고 인색한 성격을 알 수 있으며 옹고집이 벌을 받게 되는 이유가 드러나는 부분이다.

문제로 **핵심 파악**

1 **[기출]** 이 글의 옹 좌수의 태도를 설명하는 말로 가장 적절한 것은?

① 면종복배(面從腹背)
② 안하무인(眼下無人)
③ 역지사지(易地思之)
④ 자격지심(自激之心)
⑤ 표리부동(表裏不同)

핵심 **구절 풀이**

❶ "옹당촌에 옹 좌수라 ~ 가서 책망하고 돌아오라.": 도사가 학 대사에게 불도를 능멸한 옹고집을 책망하고 오라고 하는 부분으로, 옹고집에게 징벌이 내려질 것을 짐작할 수 있음

② | 目

주하옵소서."

합장 배례하며 목탁을 두드리니, 옹 좌수 거동 보소. 밀랑문을 열치면서,

"어찌 그리 소란하냐!"

종놈이 여쭈오되,

"문밖에 중이 와서 동냥을 달라 하나이다."

좌수 골을 발끈 내어 성난 눈깔 내두르며 악한 소리 지르면서,

"괘씸한 이 중놈아, 시주하면 어쩐다냐?"

학 대사는 이 말 듣고 육환장을 눈 위로 높이 들어 합장 배례로 대답하기를,

두 손바닥을 마주 대고 절함

"황금으로 일천 냥만 시주하옵시면, 소승이 절에 가서 수륙제를 올릴 적에, 아무면 아무촌 아무개라 외우면서 축원을 드릴 제 소원대로 되나이다."

희망하는 대로 이루어지기를 마음속으로 원함

"허허, 네놈 말이 가소롭다! 하늘이 만백성을 마련할 제, 부귀빈천, 자손유무, 복불복을 분별하여 내셨거늘, 네 말대로 한다면 가난할 이 뉘 있으며 무자(無子)할 이 뉘 있으리? 속세에서 일러오는 인정마른 중이렷다! 네놈 마음 고약하여 부모 은혜 배반하고, 머리 깎고 중이 되어 부처님의 제자인 양, 아미타불 거짓 공부하는 듯이 어른 보면 동냥 달라, 아이 보면 가자 하니, 불충불효 태심(太甚)하며, 불측한 네 행실을 내 이미 알았으니 동냥 주어 무엇하리?"

좋고 좋지 않음. 사람의 운수

너무 심함

▶ 학 대사를 문전 박대하는 옹고집

뒷부분 줄거리 | 학 대사는 옹고집의 하인들에게 매만 맞고 돌아오고, 도사는 옹고집을 징벌하기로 한다. 도사는 허수아비에 부적을 붙여 가짜 옹고집을 만들어 옹고집의 집에 가서 진짜와 가짜를 다투도록 하고, 옹고집의 아내와 자식은 누가 진짜인지 판별하지 못하여 관가에 송사를 한다. 재판 끝에 진짜 옹고집은 패소하여 곤장을 맞고 내쫓기고 가짜 옹고집은 집으로 들어가서 아내와 자식을 거느리고 산다. 진짜 옹고집은 걸식 끝에 지난날을 뉘우치고 도사에게 용서받아 개과천선한다.

필수 문제

01 '옹고집'은 병든 노모를 (　　　　)하고 (　　　　)을/를 능멸한 죄 때문에 도사로부터 징벌을 받는다.

02 이 글은 인물이나 사건의 상황에 대하여 서술자가 개입하는 (　　　　　　)이/가 나타나며, (　　　　　　) 어투를 사용하여 생동감이 느껴진다.

장면 2

앞부분 줄거리 | 옹진 고을에 사는 옹고집은 심술 사납고 인색하며 부모에게 효도할 줄 모르는 인간으로서, 거지나 중이 오면 때려서 쫓기 일쑤였다. 이에 도술이 능통한 도사가 학 대사(鶴大師)를 시켜 옹고집을 징계하고 오라 했으나 학 대사는 옹고집의 하인들에게 오히려 매만 맞고 돌아온다. 화가 난 도사는 허수아비에 부적을 붙여 가짜 옹고집을 만들어 옹고집의 집에 가서 진짜와 가짜를 다투게 하고, 두 옹고집은 진짜와 가짜를 가리고자 관가에 가 송사까지 하지만 진짜 옹고집이 도리어 송사에서 지게 되어 집에서 쫓겨날 위기에 처한다.

뜰 아래 꿇어앉은 실옹가를 불러 분부하되,

지푸라기 옹고집이 아닌 실제 옹고집

"네놈은 흉측한 인간으로서, 음흉한 뜻을 두고 남의 세간 탈취코자 하였으니, 죄상인즉 마땅히

집안 살림

의율정배(依律定配)할 것이로되, 가벼이 처벌하니 바삐 끌어내어 물리쳐라."

법에 의거하며 유배를 보낼

대곤 삼십 도를 매우 치고, 죄목을 엄히 문초하되,

조선 시대 죄인의 볼기를 치던 형구(刑具) / 죄나 잘못을 따져 묻거나 심문함

"네 이놈! 차후에도 옹가라 하겠느냐?"

지금부터 이후

실옹가는 곰곰이 생각건대, 만일 다시 옹가라 우길진대 필시 곤장 밑에 죽겠기에,

"예. 옹가가 아니오니, 처분대로 하옵소서."

아전이 호령하기를,

꺾거나 토막 내지 않은 긴 채

"장채 안동하여 저놈을 월경시키라."

가지고 가 / 국경이나 경계선을 넘는 일

하니, 군노사령 벌 떼같이 일시에 달려들어 옹가 놈의 상투를 움켜잡고 휘휘 둘러 내쫓으니, 실옹가는 할 수 없이 걸인 신세가 되고 말았다.

군아(軍衙)에 속한 사내종과 관청에 딸린 하졸(下卒)

▶ 진짜 옹고집을 가리는 송사에서 실옹가가 허옹가에게 져 고향에서 쫓겨남

고향 산천 멀리하고 남북으로 빌어먹을새, 가슴을 탕탕 치며 대성통곡(大聲痛哭)하며 하는 말이,

큰 목소리로 몹시 슬프게 곡을 함

"답답하다 내 신세야! 이 일이 꿈이냐 생시냐? 어찌하면 좋을는고? 이른바 낙미지액(落眉之厄)이로다."

눈앞에 닥친 재앙

무지하던 고집이 놈 어느덧 허물을 뉘우치고 애통하여 하는 소리가,

서술자의 개입(편집자적 논평) – 판소리 사설 어투

"나는 죽어 싼 놈이로되, 당상학발(堂上鶴髮) 우리 모친 다시 봉양하고 싶고, 어여쁜 아내 월하의 인연 맺어 일월로 다짐하고 천지로 맹세하여 백년종사(百年從事)하렸더니, 독수공방(獨守空房) 적막한데 임도 없이 홀로 누워 전전반측(輾轉反側) 잠 못 들어 수심으로 지내는가? 슬하(膝下)에 어린 새끼 금옥같이 사랑하여 어를 적에 '섬마둥둥 내 사랑아! 후두둑후두둑, 엄마 아빠 눈에 암만' 나 죽겠네, 나 죽겠어! 이 일이 생시는 아니로다. 아마도 꿈이니, 꿈이거든 어서 바삐 깨어나라!"

머리가 흰 늙은 부모님 / 월하노인이 맺어 준 남녀의 인연. 부부의 인연 / 한평생을 서로 따르고 섬기려 했더니 / 누워서 몸을 이리저리 뒤척이며 잠을 이루지 못함 / 어버이나 조부모의 보살핌 아래

▶ 고향에서 쫓겨난 실옹가가 뉘우치며 한탄함

「이럴 즈음 허옹가의 거동 보세. 송사에 이기고서 돌아올 때 의기양양(意氣揚揚)하는 거동, 진소위 제법이것다.」 얼씨구나 좋을시고! 이리저리 다니면서 조롱하여 하는 말이,

소송 / 정말 그야말로

「 」: 판소리 사설 어투. 서술자가 개입한 편집자적 논평

"허허 흉악한 놈 다 보것다! 하마터면 고운 우리 마누라를 빼앗길 뻔하였구나."

하고 집으로 들어서며 희색이 만면하니, 온 집안 식솔들이 송사에 이겼다는 말을 듣고 반가이 영

기쁜 빛이 가득하니 / 식구

접할새, 실옹가의 마누라가 왈칵 뛰쳐 내달으며 허옹가의 손을 잡고 다시금 묻는 말이,
맞아서 대접할새

"그래. 참말 송사에 이겼소이까?"

"허허 그리하였다네. 그 사이 편안히 있었는가? 세간은 고사하고 자칫하면 자네마저 놓칠 뻔하였다네! 원님이 명찰하여 주시기로, 자네 얼굴을 다시 보니 이런 경사 또 있는가? 불행 중 행이로세."
똑똑히 살펴

그럭저럭 날 저물매, 허옹가는 실옹가의 아내와 더불어, 긴긴 밤을 수작타가 원앙금침 펼쳐 놓고 한자리에 누웠으니, 양인 심사 깊은 정을 새삼 일러 무엇하랴!
두 사람의 마음 / 부부가 함께 덮는 이불과 베는 베개 / 서술자가 개입한 편집자적 논평 – 판소리 사설 어투
▶ 허옹가가 실옹가로 가족에게 인정받고 의기양양해 함

이같이 즐기다가 잠시 잠이 들어 실옹가의 아내가 한 꿈을 얻으매 하늘에서 허수아비가 무수히 떨어져 보이기에 문득 깨달으니 남가일몽(南柯一夢)이라. 허옹가한테 몽사(夢事)를 말하니, 허옹가 고개를 끄덕이며,
옹고집의 아내가 진짜라고 여긴 옹고집이 지푸라기로 만들어진 가짜임을 암시하는 꿈 / 꿈과 같이 헛된 한때의 부귀영화. 헛된 꿈 / 꿈속의 일

"그 일이 분명하면 아마도 태기가 있을 듯하나, 꿈과 같을진대 허수아비를 낳을 듯하네마는, 장차 내 두고 보리라."
아이를 밴 기미

이러구러 십 삭이 차매 실옹가의 아내 몸이 고단하여 자리에 누워 몸을 풀새 진양성중 가가조에 개구리 해산하듯, 돼지가 새끼 낳듯 무수히 퍼 낳는데 하나 둘 셋 넷 부지기수로다. 이렇듯이 해산하니 보던 바 처음이며 듣던 바 처음이다.
개월 / 진양성(진주성) 안에 집이 빽빽하게 들어서 있다는 뜻 / 수를 셀 수 없이 많음

실옹가의 마누라는 자식 많아 좋아라고 괴로움도 다 잊으며 주렁주렁 길러 내었다.
▶ 실옹가의 아내가 허옹가의 아이들을 낳고 허옹가와 해로함

이렇듯이 즐거이 지낼 무렵, 「실옹가는 할 수 없이 세간 처자 모조리 빼앗기고 팔자에 없는 곤장 맞고 쫓겨나니 세상에 살아본들 무엇하리?」 제 신세 담은 이런저런 노래를 읊조린다.
「 」: 서술자가 개입한 편집자적 논평

"애고 애고 내 팔자야. 죽장망혜(竹杖芒鞋) 단표자(單瓢子)로 만첩청산(萬疊靑山) 들어가니 산은 높아 천봉이요, 골은 깊어 만학이라. 인적은 고요하고 수목은 빽빽한데 때는 마침 봄철이라. 출림비조(出林飛鳥) 산새들은 쌍거쌍래(雙去雙來) 날아들새, 슬피 우는 두견새는 이내 설움 자아내어 꽃떨기에 눈물 뿌려 점점이 맺어 두고, 불여귀(不如歸)는 이로 삼으니, 슬프다, 이런 공산 속에서는 아무리 철석같은 간장이라도 아니 울지는 못하리라."
아주 간편한 차림새 / 단 한 개의 표주박 / 겹겹이 둘러싸인 푸른 산 / 첩첩이 겹쳐진 많은 골짜기 / 숲에서 나와 나는 새 / 쌍쌍이 오고 감 / 두견 / 굳센 지조나 의지가 있는 마음

자살을 결심하고 슬피 울새 한곳을 쳐다보니 층암절벽 벼랑 위에 백발도사 높이 앉아 청려장을 옆에 끼고 반송 가지를 휘어 잡고 노래 불러 하는 말이,
몹시 험한 바위가 겹겹으로 쌓인 낭떠러지 / 옹고집을 벌주었던 도승 / 명아줏대로 만든 지팡이 / 키가 작고 가지가 옆으로 퍼진 소나무

"뉘우쳐도 미치지 못하느니라. 하늘에서 주신 벌이거늘, 누구를 원망하며 누구를 탓하고자 하는가?"
수원수구(誰怨誰咎)

실옹가는 이 말을 다 들으매 어찌할 줄 모르는 듯, 도사 앞에 나아가 합장배례(合掌拜禮) 급히 하
두 손바닥을 마주 대고 절함

며 애원하되,

"이 몸의 죄 돌이켜 생각하면 천만 번 죽사와도 아깝지 아니하오나, 밝으신 도덕 하에 제발 덕분 살려 주사이다. 당상의 늙은 모친, 규중의 어린 처자, 다시 보게 하옵소서. 이 소원 풀고 나면 지하로 돌아가도 여한이 없을 줄로 아나이다. 제발 덕분 살려 주옵소서."

도덕: 도(道)와 덕(德)
당상: 부모가 거처하는 곳 또는 집의 일부분을 비유적으로 이르는 말
규중: 부녀자가 거처하는 곳
지하: 저승을 비유적으로 이르는 말

온갖 정성 다 기울여 애걸하니, 도사가 소리 높여 꾸짖기를,

"천지간에 몹쓸 놈아!「이제도 팔십 당년 병든 모친 구박하여 냉돌방에 두려는가? 불도를 업신여겨 못된 짓 하려는가?」너 같은 몹쓸 놈은 응당 죽여 마땅하되, 정상이 가긍하고 너의 처자 불쌍하기로 풀어 주겠으니 돌아가 개과천선(改過遷善)하여라."

「 」: 옹고집이 벌을 받은 구체적 이유 – ① 어머니를 박대함(불효) ② 불도를 능멸함
정상이 가긍하고: 사정이 불쌍하게 여길 만하고
개과천선: 지난날의 잘못이나 허물을 고쳐 올바르고 착하게 됨

도사는 부적 한 장을 써 주면서 일러두길,

"이 부적 간직하고 네 집에 돌아가면 괴이한 일이 있으리라."

괴이한 일: 허옹가와 그의 자식들이 허수아비로 변하는 일

하고 슬며시 사라지니, 도사는 간데온데없었다.

▶ 실옹가가 과거를 뉘우치고 도사의 용서를 받음

뒷부분 줄거리 | 옹고집이 집에 돌아가 그 부적을 던지니, 그동안 집을 차지하고 있던 허옹가는 허수아비로 변한다. 옹고집은 비로소 새 사람이 되어 착한 일을 하고 모친께 효도하며, 또한 불도를 열심히 믿게 된다.

핵심 정리

- 갈래: 고전 소설(판소리계 소설, 설화 소설, 풍자 소설, 송사 소설)
- 성격: 해학적, 풍자적
- 구성: '발단 – 전개 – 위기 – 절정 – 결말' 의 5단 구성

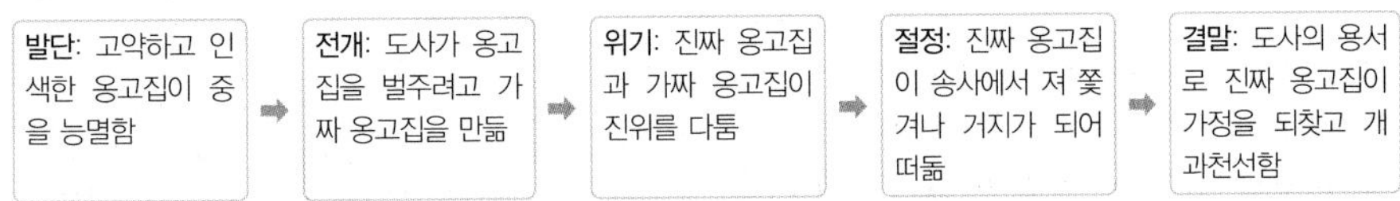

- 제재: 옹고집의 개과천선
- 주제: 권선징악(勸善懲惡)
- 특징: ① 설화를 적극 수용한 설화 소설로, 학승 설화와 진가쟁주(眞假爭主) 설화의 모티프를 차용함
  ② 불교의 인과응보(因果應報) 사상과 유교의 효(孝) 사상을 기본으로 함
- 의의: 금전적 이해 관계를 추구하는 사회의 변화 과정에서 새롭게 나타난 인간형을 등장시켜, 새로운 소설적 인물을 창조함
- 인물 분석
  - 옹고집: 옹진골의 부자. 부유하지만 인색하며, 부모에게 불효하고 불도를 능멸함
  - 도사: 월출봉 취암사의 중. 옹고집의 악행을 듣고 그를 징계하여 개과천선시킴

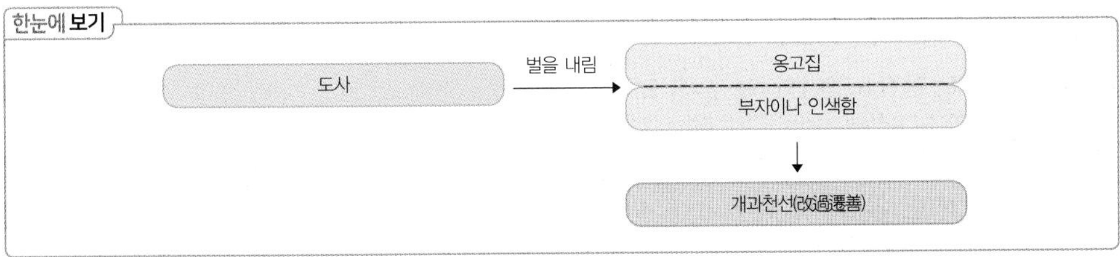

보충·심화 학습

- 〈옹고집전〉의 근원 설화

부자이지만 인색하던 한 인물이 탁발승을 천대하였다가 그의 도술로 징벌을 받는다는 이 글의 구성은 〈장자못 전설〉과 같은 '학승 설화' 와 상통한다. 또한, 진짜 가짜를 분별하기 위해 쟁의가 벌어지는 내용은 쥐에게 밥을 먹여서 길렀더니 그 쥐가 주인과 같은 모습으로 변하여 싸움 끝에 주인을 몰아낸다는 〈쥐를 기른 이야기〉와 같은 '진가쟁주(眞假爭主: 진짜와 가짜가 서로 다툼)' 유형의 설화가 수용된 결과이다.

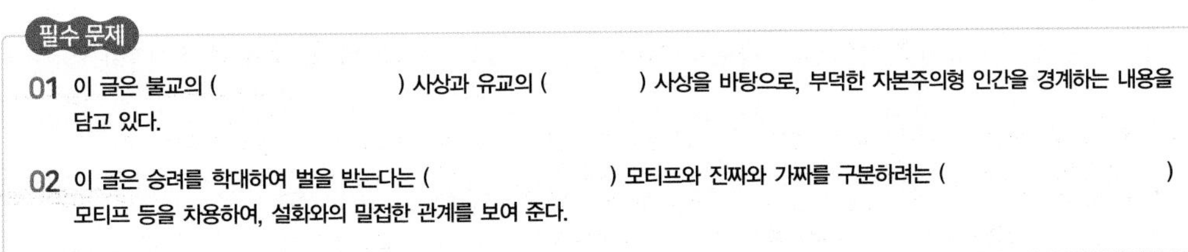

필수 문제

01 이 글은 불교의 (　　　　　　　　) 사상과 유교의 (　　　　　) 사상을 바탕으로, 부덕한 자본주의형 인간을 경계하는 내용을 담고 있다.

02 이 글은 승려를 학대하여 벌을 받는다는 (　　　　　　　　) 모티프와 진짜와 가짜를 구분하려는 (　　　　　　　　) 모티프 등을 차용하여, 설화와의 밀접한 관계를 보여 준다.

110 유우춘전(柳遇春傳) | 유득공

필수

출제 포인트

조선 후기 해금의 명인 유우춘의 일생을 전기화한 작품이다. 이 글에 드러난 유우춘의 행적과 가치관을 바탕으로 글의 주제 의식을 파악해 보자.

감상 길잡이

이 글은 유득공(柳得恭)이 지은 한문 단편 소설로, 악사 유우춘의 생애를 전기(傳記)화한 작품이다. 이 글은 그 당시 천시받던 기예(技藝) 가운데 해금으로 유명하던 유우춘의 갈등을 핵심 내용으로 다루고 있다. 서술자인 '나'의 질문에 유우춘이 대답을 하는 방식으로 서술되어 있으며, 예술가로서의 삶과 생활인으로서의 삶에 대한 유우춘의 내적 갈등을 제시함으로써 주제를 부각하고 있다.

앞부분 줄거리 | '나'는 음악과 손님을 좋아하는 서기공의 집에 놀러 갔다가 해금을 얻어 연주한다. 그러나 서기공은 '나'의 연주를 '비렁뱅이 해금' 솜씨라고 하며, 해금의 달인인 유우춘과 호궁기에게 가서 배우라 한다. 이에 '나'는 유우춘을 수소문하여 그의 집을 방문하게 되고, 그와 함께 술을 마신다.

나는 오랫동안 자루 속에 넣어 두었던 악기를 가지고 갔었다. 그것을 꺼내서 그에게 보이며 말했다.

(나는: 글의 서술자이자 관찰자 – 1인칭 관찰자 시점)

"이 해금이 어떤가? 옛날에 나는 자네가 솜씨를 자랑하는 예술을 배울까 해서 짐작대로 벌레나 새가 우는 소리를 흉내 낸 적이 있네. 그때 남들이 '비렁뱅이 해금'이라고 해서 내 딴에는 마음속으로 여간 섭섭하지 않았다네. 어떻게 하면 '비렁뱅이 해금'을 면할 수 있을까?"

(비렁뱅이 해금: 해금 솜씨가 뛰어나지 않다는 뜻으로, 밥이나 굶지 않을 정도의 솜씨라는 것)
(비렁뱅이 해금을 면할 수 있을까: 수준 높은 해금 연주 솜씨를 가질 수 있겠는가, 진정한 예술로 승화시킬 수 있겠는가)
▶ '나'가 유우춘에게 해금 배우기를 요청함

우춘은 손바닥을 두드리며 크게 웃고 이렇게 말했다.

(유우춘이 거침없는 성격을 지녔음을 알 수 있음(간접적 방법에 의한 성격 제시))

"괴이하도다, 자네의 말은. 생각해 보게나. 「저 모기가 앵앵거리는 소리나 파리가 윙윙대는 소리, 온갖 대장장이의 뚝딱거리는 소리, 글을 읽는 선비들이 개구리처럼 개골개골 글 읽는 소리 등, 세상 모든 소리 치고 밥을 빌어먹는 것과 다른 것이 있는가?」 그러니 내 해금이나 자네의 비렁뱅이 해금이나 무엇이 다를 바가 있겠나? 단지 나는 늙은 어머님이 계시니, 내가 해금을 배우면서 해금도 소리가 아름답지 못하고서 어찌 어머님을 섬길 수 있을까 하는 생각을 했네. 그러니 내 아름다운 해금 소리라고 해서 어찌 저 비렁뱅이 해금의 아름답지 못하면서도 순박한 그 아름다움을 따라가겠는가? 뿐만 아니라 내 해금과 자네의 그 비렁뱅이 해금은 재료가 다 같네. 말의 꼬리로써 활을 만들고 송진(松津)으로 칠을 했지. 이는 현악기라고도 할 수 없고 관악기라고도 할 수 없네. 뜯는 것 같기도 하고 부는 것 같기도 한 것이 아닌가. 처음 내가 해금을 배울 때, 비록 3년 만에 기초가 이루어졌으나, 다섯 손가락에 못이 박히고 「기술이 진보했다고는 하지만 진보할수록 보수가 나아지지 않을뿐더러, 소리를 알아듣지 못하는 사람도 갈수록 많아지는 것이야.」 이제 자네 비렁뱅이 해금은 깨어진 물건으로서, 그것을 얻어 이제 몇 달 동안

(괴이하도다: 기이하도다, 이상하도다)
(「 」: 세상의 모든 소리가 나름대로 가치를 지님)
(내 해금이나 자네의 비렁뱅이 해금이나 무엇이 다를 바가 있겠나?: 밥을 빌어먹는다는 것에 있어서는 모두 똑같다는 이야기)
(해금도 소리가 아름답지 못하고서 어찌 어머님을 섬길 수 있을까 하는 생각을 했네: 유우춘의 해금 솜씨는 어머니를 봉양하기 위해 노력한 결과임)
(어찌 저 비렁뱅이 해금의 아름답지 못하면서도 순박한 그 아름다움을 따라가겠는가?: '밥을 빌어먹는다'는 측면에서는 우열의 차이가 없이 동등함)
(송진(松津): 소나무 등에서 나오는 액체)
(「 」: 해금 연주 솜씨가 늘어났지만 오히려 그 솜씨를 알아주는 사람이 적으므로 솜씨가 느는 것이 아무런 소용이 없는 현실을 우회적으로 비판)

연습을 하면 듣는 사람이 벌써 어깨를 비벼대며 몰려들 거야. 그러나 그뿐인가. 한 곡조를 끝내고 돌아가는 길에는 그 뒤를 따르는 자가 몇십 명이요, 하루 동안 얻은 것을 헤아리면 곡식은 말이나 되고 돈은 한 움큼에 차곤 할 것일세. 이것은 곧 알아주는 자가 많은 까닭이야. 그런데 「지금 유우춘의 해금은 나라 안 사람으로 모르는 사람이 없을 정도지만, 그것은 유우춘의 이름

「 」: 해금 솜씨가 매우 뛰어난 것보다는 오히려 사람들이 알아들을 정도로만 적당히 기술을 연마하는 것이 유리함 – 현실을 우회적으로 비판함

을 듣고 아는 것일 뿐 해금 소리를 제대로 알아듣는 사람이 그 몇 명이나 되겠는가.」

▶ 알아주는 이가 없으니 해금 연주는 적당히 연마하기만 하면 됨

유우춘이 자신이 겪은 사건을 고백하는 부분

종실의 사람들이나 높은 대신들이 때로 악공을 부르는 일이 있지. 악공들은 부름에 응하여 저마다 익숙한 악기를 가지고 무릎을 질질 끌면서 입대하지. 마루에 오르면 등촉이 환하고, 시종들이 나와서 '잘 하면 상을 내리실 거야.' 하고 말하곤 하지. 악공들은 굽실거리면서 '예, 예' 얼빠진 대답을 하고는 연주를 시작하는 거야.「현악을 하는 자나 관악을 하는 자는 서로 상의하는 법도 없이 길고 짧고, 날카롭거나 느리거나, 소리를 하나로 조화시키지도 않고 멋대로 연주하다가 문득 소리가 동시에 약해지거나, 끊어지는 경우가 있지. 소리가 문밖으로 흘러나오지 않으면서 주인은 흘긋 돌아보고는 잠자코 의자 등에 몸을 기대고 조는 듯하다가는, 오래지 않아서 늘어지게 기지개를 한 번 켜고는 '그만두어!' 하지. 악공들은 '예이!' 대답을 하고는 엉금엉금 물러 나오는 거야.」 집에 돌아와 생각해 보면 제가 연주하고 제가 들은 격이야.

△: 유우춘의 음악을 제대로 감상할 줄 모르는 사람들

입대하지: 궁궐에 들어가지

「 」: 진정한 예술가도 없고, 그것을 이해할 수 있는 깊이 있는 감상자도 없는 현실을 개탄 · 비판함

잠자코 ~ 하지: 예술을 이해하지 못하는 종실 사람들에 대한 비판적 태도가 드러남

▶ 예화 ① – 진정한 연주를 하지 않는 악공들과 예술을 이해하지 못하는 종실 사람들

또 그뿐만인가. 왕공, 귀족의 자제들이나 내로라 뽐내는 명사들이 벌이는 청담을 평하고 혹은 과거에 오른 자기들의 문명을 비교하기도 하면서 술에 잔뜩 취하게 되는 거야. 그러면 지필을 내어 시를 짓는다 하는데, 뜻은 높지만 문장이 제대로 따르지 못하므로, 등불이 가물가물하는 가운데 종이에 붓이 닿자 뭉개 버리고 종이는 허공중에 날아가네. 그러다가 문득 나를 돌아다보면서, '너는 이 해금의 역사를 알고 있느냐.' 하고 묻는 거야. 나는 굽실거리면서 '모르옵니다.' 그러면, '옛날 죽림칠현의 한 사람이었던 혜강이 처음 만든 거야.' 하지. 나는 다시 굽실거리며 '그렇습죠.' 하네. 그러면 옆 사람이 껄껄 웃으면서 '해금이란 해 자는 해 부(部)에 있고 현악기란 뜻이지 혜강의 혜 자는 아닐세.' 하면서 좌중이 소란해지는 거야. 이러한 담론이 내 해금과 무슨 관계가 있는가?

청담: 명리(名利)를 떠난, 맑고 고상한 이야기

지필: 종이와 붓

죽림칠현: 진나라 초기에 무위 사상을 숭상하여 죽림에 모여 청담으로 세월을 보낸 일곱 명의 선비

▶ 예화 ② – 해금 연주와 관련 없는 담론을 하는 왕공, 귀족의 자제들이나 명사들

또 이런 경우도 있네. 봄바람이 건들건들 불고 수양버들에 물이 오르기 시작하면 궁중의 시종, 무사들이나 술집을 드나드는 젊은이들은 장안을 빠져나와 저 무계(武溪)의 냇가에 나가 놀이를 벌인다네. 그러면 바느질하는 기생들이나 약 달이는 아가씨들이 그 위에서 걸터앉은 모습으로 그치지 않고 몰려와서, 가곡에 맞추어 노래를 부르며 유희를 벌이지. 그러면 익살꾼들이 그 사이사이에 끼어들면서 왁자지껄 농을 붙이는 거야.「처음에는 요취곡을 연주하다가 나중

장안: 서울(수도)

농: 농담, 말장난

요취곡: 군악

에는 영산 관음 놀이로 변하는 거지.」 이때쯤 되면 악기를 연주하는
「 」: 군악이 유희나 풍류를 위한 곡으로 바뀌어 버림

손은 갑자기 바빠지고 굳었던 악상이 다시 풀리면서 목이 메었던 것
음악의 작곡상의 착상

이 다시 확 뚫리면, 저 다북머리와 검은 수염쟁이나 찌그러진 관이 나 찢어진 옷은 돌보지 않으면서 머리를 끄덕끄덕 눈을 끔뻑끔뻑, 제법 악곡을 안다는 듯이 '아아, 좋아, 좋아!' 해 가면서 흥을 돋우는 거야. 그들은 호방하고 유쾌하면 그것으로 만족일 뿐, 악곡이 신기
깊이 있는 예술을 이해하지도 감상하지도 못하는 현실을 개탄함

하지도 대단치도 않은 것 따위에는 관심조차 없네.

▶ 예화 ③ – 악기 연주를 단지 유흥 정도로만 이해하는 사람들

그러나 이 모든 사람은 다 그만두고 나의 친구 호궁기(扈宮基)만은
유우춘의 연주를 알아듣는 사람

그렇지가 않네. 한가한 날이면 서로 만나서 해금 주머니에서 악기를 꺼내 그것을 매만져 가면서, 눈은 저 하늘을 향하고, 손은 마음이 움직이는 바를 따라서 악기를 켜곤 하지. 조금이라도 음색이 틀린 데가 있으면 껄껄 웃고 돈을 실리는 거야. 그러나 많은 돈을 허비하는
연주하다 틀리면 서로 벌금을 내는 내기를 함

일은 없네. 그래서 나는 말하지. '나의 해금을 알아듣는 사람은 궁기
벌금으로 돈을 많이 내는 일은 없음 – 연주가 훌륭함을 의미함

밖에 없다.' 고. 그렇다고 해도 그가 아는 나의 해금은 내가 내 스스
'지음(知音)' 고사와 관련됨

로를 알고 있는 것보다는 못해. 그처럼 정묘하지 못한 것은 사실이
정밀하고 묘하지

야.

▶ 유우춘의 연주를 알아듣는 사람은 호궁기뿐임

이제 이야기는 끝났네. 자아, 그래도 자네는 공력을 적게 들이고
해금을 연마하는 데 드는 노력을 말함

남이 알아들을 수 있는 그런 솜씨를 버리고, 괴롭고도 긴 연마를 통해 굳이 알아듣지도 못하는 해금을 연주할 텐가? 이 또한 생각해 볼 일 아닌가?"

▶ 부단히 해금을 연마해 봤자 아무도 그 예술적 가치를 알아주지 않음

우춘의 ❶ 이와 같은 논평은 많은 은유를 시사해 주었다.

그 후, 우춘의 어머니는 돌아가셨고, ❷ 그 자신도 악기에서 손을 떼었다. 그리고 나를 방문하는 일도 없었다.

'기술이 더욱 발전할수록 사람들은 알지 못한다.' 그가 남긴 이 말은
진정한 가치를 알아보지 못하는 현실을 유우춘을 통해 우회적으로 말하고 있음

어찌 악기에 한해서만 진리가 되랴.

▶ 진정한 가치를 이해하지 못하는 현실에 대한 '나'의 개탄

문제로 핵심 파악

1 유우춘은 예술가로서의 삶과 생활인으로서의 삶 사이에서 (   )을/를 느끼고 있다.

2 유우춘은 해금 연주자는 기예 연마를 게을리해서는 안 된다고 말하고 있다. (○, ×)

핵심 구절 풀이

❶ 이와 같은 논평: 높은 예술적 수준을 성취해 봤자 이해하는 사람이 적으므로 굳이 어렵게 기예를 연마할 필요가 없다는 것임. 기예 연마를 중요시하지 않던 당시의 세태를 비판하고 있음

❷ 그 자신도 악기에서 손을 떼었다.: 유우춘은 어머니를 봉양하기 위해 악기 연주를 했는데, 어머니가 돌아가셨으니 돈을 벌지 않아도 되고, 세상이 자신의 예술을 알아주지도 않기 때문에 해금 연주를 그만둔 것이라고 볼 수 있음. 즉, 부정적 세태에 야합하지 않겠다는 뜻을 보인 것임

답 1 갈등 2 ×

핵심 정리

- 갈래: 고전 소설(한문 소설, 전(傳), 단편 소설)
- 성격: 의지적, 비판적
- 구성: '도입 – 전개 – 논평'의 3단 구성

도입: 서기공이 '나'의 해금 연주를 '비렁뱅이 해금'이라고 하며 유우춘과 호궁기에게 배우라고 함	➡	전개: '나'는 유우춘을 찾아가나, 유우춘은 아무도 예술적 가치를 알아보지 못하므로 노력할 필요가 없다고 함	➡	논평: 진정한 가치를 알아주지 않는 현실에 대한 비판

- 제재: 유우춘의 행적과 가치관
- 주제: 진정한 가치를 알아보지 못하는 현실에 대한 비판
- 특징: ① 전(傳)의 형식을 취하나, 인물의 일대기보다는 인물이 갖는 개성적인 면에 초점을 맞춤
  ② 서술자인 '나'와 주인공의 대담을 대화 형식으로 제시함
- 인물 분석
  - 유우춘: 해금을 다루는 악공. 어머니를 성심껏 봉양하는 효심 깊은 인물이며, 기예를 연마해도 알아주지 않는 세태를 안타까워함
  - '나': 글의 서술자이자 관찰자. 기예를 연마하기 위해 유우춘을 만나나, 진정한 가치를 알아보지 못하는 현실에 대해 깨달음을 얻게 됨

해금

한눈에 **보기**

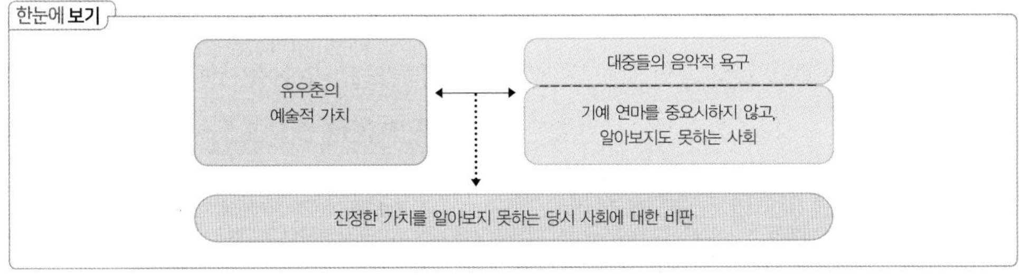

필수 문제

01 이 글은 유우춘의 행적과 가치관을 통해 ( )을/를 비판하고 있다.

02 [서술형] 이 글의 주된 서술상의 특징에 대해 서술하시오.

111 은애전(銀愛傳) | 이덕무

필수

출제 포인트

주인공 김은애가 한 할멈을 살인하게 된 사건의 전말을 다룬 송사 소설이다. 은애를 통해 정절에 대한 당시 여성들의 가치관을 살펴보고, 임금이 은애를 용서한 이유를 알아보자.

감상 길잡이

이 글은 조선 영 · 정조 연간의 실학자 이덕무(李德懋)가 지은 전(傳) 형식의 소설로, 그의 문집《아정유고(雅亭遺稿)》에 실려 있다. 전라도 강진에 살던 양반집 여인 김은애가 낭설을 퍼뜨려 자신을 모함한 마을의 노파를 살해한 사건을 둘러싼 실제 판결 이야기를 다룬 송사 소설이다. 남을 모함하는 것을 경계하고자 하는 뜻이 담겨 있으며, 역사적 사실을 바탕으로 지어진 것으로, 당시의 세태와 윤리 관념, 그리고 정조의 덕치(德治)를 엿볼 수 있는 작품이다.

「은애는 성이 김(金), 강진현 탑동리의 양갓집 딸이었다.

「 」: 인물 소개 – 은애가 양반집 출신임을 밝히고, 할멈이 구설이 많고 심술 사나운 인물임을 밝혀 앞으로 벌어질 사건의 이해를 돕고 타당성을 부여함

이 동리에는 안씨 성을 가진 성미 고약한 할멈이 살고 있었다. 할멈은 기생으로 늙은, 말하자면 퇴물 기생이었다. 험악한 마음씨와 되는대로 지껄이는 주둥이로 해서 구설(시비하거나 헐뜯는 말)도 많았다. 게다가 옴이 온몸에 퍼져 늘 가려워서 괴로워했다. 이런 형편이니 울화통이 터지거나 신세 한탄을 하게 되면 그 입에서 나오지 않는 말이 없었다.」/ 할멈은 평소에 은애의 집에 드나들면서 쌀이나 콩, 소금, 메주 같은 것을 자주 꾸어다 먹었다. 그러자니 때로는 은애의 어머니가 거절하는 때도 있었다.(할멈이 은애를 모함하게 되는 직접적인 계기) 이때마다 할멈은 앙큼한 마음에 불이 붙어, 자기 몸을 온통 못 살게 구는 질병에서 오는 화풀이가 더하여 기회만 있으면 앙갚음을 하려고 했다.

▶ 할멈이 은애의 어머니에게 앙심을 품고 앙갚음을 하려고 함

중략 부분 줄거리 | 은애를 모함할 기회를 엿보던 할멈은 같은 마을의 어린 총각 최정련을 사주하여 '나는 벌써부터 남몰래 은애를 사랑하고 있었다.'는 말을 떠들고 다니게 한다.

며칠이 지났다. 어느 날 할미는 늙은 영감이 밖에서 돌아오자 기다렸다는 듯이 이렇게 말했다.

「"글쎄, 은애가 정련이한테 반해서 나더러 중매를 부탁하지 않겠수? 내가 정련이 녀석을 생각해서 우리 집에서 만나도록 해 주었는데, 뜻밖에 정련이 할미에게 들켜서 은애는 그만 담을 넘어 달아났지요."」 / 영감은 이 말을 듣고 어림도 없는 소리라는 듯 할멈을 나무랐다.

「 」: 할멈의 거짓말 – 은애를 모함하여 혼삿길을 막기 위함

"정련이 집은 보잘것없고, 은애는 양반집 딸이 아닌가? 행여 그런 말을 입 밖에 내지도 마오."

그러나 소문이란 빨라서 순식간에 온 성중에 퍼져, 은애는 시집갈 길이 막혀 버렸다.(할멈의 모함으로 혼삿길이 막힘 – 은애가 할멈에게 원한을 품게 되는 최초의 계기) 할멈은 우선 앙갚음을 한 셈이었다.

은애는 전전긍긍하던(할멈의 모함에 대한 분노와 혼삿길이 막힐 것에 대한 두려움 때문) 끝에 마을 총각에게 시집을 갔다. 이와 같은 사정을(은애에 대한 나쁜 소문이 할멈의 모함이라는 사실) 잘 아는 김양준(金養俊)이란 젊은이였다. 일단 혼인을 하여 살림을 차렸지만 나쁜 소문은 잇단 모함으로 더욱더 번져 나가고, 나중에는 차마 들을 수 없는 별별 소문이 다 퍼졌다.

▶ 할멈의 모함으로 인해 은애는 어렵게 혼사를 하게 되지만, 소문은 그치지 않음

중략 부분 줄거리 | 혼인 후에도 할멈의 모함이 지속되자 은애는 부끄러움과 원한이 뼈에 사무쳐 차마 견딜 수 없는 지경까지 이른다.

『할멈이 새로운 소문을 떠벌리고 다닌 다음날, 은애는 마침내 할멈을 해칠 결심을 했다. 마침 가족이 모두 나가고, 이웃 안씨 할멈도 혼자서 집에 있는 형편이어서 기회가 좋았다. 은애는 초저녁이 되자 부엌칼을 집어 들고, 치맛자락을 허리춤에 꽂고는 나는 듯이 집을 나서서 곧장 할멈의 집 침방으로 달려 들어갔다. / 외로운 등불이 가물가물 타오르는 가운데, 노파는 이제 잠자리로 들어갈 차비를 하고 있었다. 웃옷을 다 벗어 버리고 치마만을 두른 채, 다 시들어 가는 젖가슴을 드러낸 채였다. 은애는 부엌칼을 비껴들고 할멈을 노려보았다. 눈썹이 모두 곤두섰다.

침실

당시 할멈의 상황에 대한 구체적 묘사

"어제 모함은 그전보다도 더욱 심하더구나. 내 네년에게 분을 풀어야겠으니 이 칼을 받아 봐라!"

할멈은 빤히 올려다보면서 '저렇게 약해 빠진 것이 무얼하겠다고.' 하고 생각하자 기세가 등등해졌다. / "흥, 찌르고 싶으면 찔러 봐라!" / 은애의 분노는 머리카락까지 곤두섰다.』

「 」: 살인의 과정에 대한 묘사가 객관적이고 사실적임

▶ 할멈의 모함이 계속되자 은애가 할멈을 죽이고자 함

중략 부분 줄거리 | 은애는 할멈을 살해한 후 정련을 죽이러 가다가 길에서 그의 어미를 만나 마음을 돌린다.

마을의 이장이 관가로 달려가 이 사건을 고발하였다. 현감 박재순(朴載淳)은 위의를 갖추고 마을로 와서 현장을 살피고 할멈의 시체도 검사했다. 한 사람의 소행이라고 믿기는 어려웠다. 은애는 관가에 잡혀 오고, 이어서 문초가 시작되었다.

현감: 조선 시대 행정 구역인 현(縣)의 으뜸 벼슬

위의: 예법에 맞는 몸가짐

문초: 죄나 잘못을 따져 묻거나 심문함

"너, 할멈은 왜 찔렀느냐? 게다가 할멈은 건강한 부인이요, 너는 약한 계집아이거늘 이제 칼질한 것을 보니 흉악하기 짝이 없다. 혼자서 저지른 일이라고 볼 수 없으니 네 숨김없이 바로 고하여라."

주위에는 사나운 기세의 나졸들이 둘러서고, 온갖 형틀이 즐비하였다. 옥사에 관계된 사람들은 제 얼굴이 아니었다. 은애는 목에 칼을 쓰고, 손에는 수갑, 다리에는 쇠고랑을 차고 있었다. 연약한 몸뚱이는 무거운 사슬에 얽혀 기운 없이 축 늘어져 몸을 제대로 가누지 못했다. 그러나 얼굴에는 두려운 빛이 없었고 말소리도 또렷했다.

형틀: 죄인을 신문할 때 앉히던 형구

옥사: 크고 중대한 범죄를 다스림. 또는 그 사건

즐비하였다: 줄지어 빽빽하게 늘어섰다

은애의 대범하고 의기 있는 성격이 암시됨

"아아, 원님께서는 저의 부모이십니다. 죄인의 말씀을 들어 주옵소서. 규방의 처녀가 무고를 입사오면, 비록 몸을 더럽히지 않았다 할지라도 더럽혀진 것이나 다름이 없습니다. 할멈은 본시 기생의 몸으로 규방의 처녀를 모함하였으니, 고금을 통하여 천하에 이럴 수가 있습니까? 죄인이 할미를 찌른 것은 어쩔 수 없는 일이었나이다. 이 몸이 비록 세상 물정에 어두운 계집아이이기는 하오나, 제가 살인을 했다는 소문이 나면 관가에서는 반드시 이 몸을 죽일 것이오니, 어제 할멈을 죽였으니 오늘은 이 몸이 죽을 것은 당연합니다. 원컨대 관가에서는 정련을 때려죽여

은애가 할멈을 죽이기로 마음먹은 직접적인 이유. 유교적 정절 의식이 반영된 것으로 은애가 무죄 석방되는 근거가 됨

고금: 예전과 지금

모함에 대한 복수이자 자신의 무고함을 알리기 위한 행위

주옵소서. 이 몸이 홀로 모함을 입어 원수를 갚은 일이니, 또 누가 이 몸을 도와 이런 흉사를 도모하겠습니까?"

▶ 은애가 할멈을 죽이고 관가에 끌려와 취조를 받음

뒷부분 줄거리 | 은애는 문초를 받고 옥에 갇히는데, 나라에 큰 경사가 나자 사형수의 사면을 위해 옥사(獄辭)를 검토하던 정조가 은애의 살인이 풍속과 교화에 의롭다 하여 죄를 사면한다.

옥사(獄辭): 법정에서 피고가 자백한 범죄 내용의 기록

핵심 정리

- 갈래: 고전 소설[전(傳), 송사 소설, 실기(實記) 소설]
- 성격: 교훈적, 경세적(警世的)
- 구성: '기 – 승 – 전 – 결'의 4단 구성

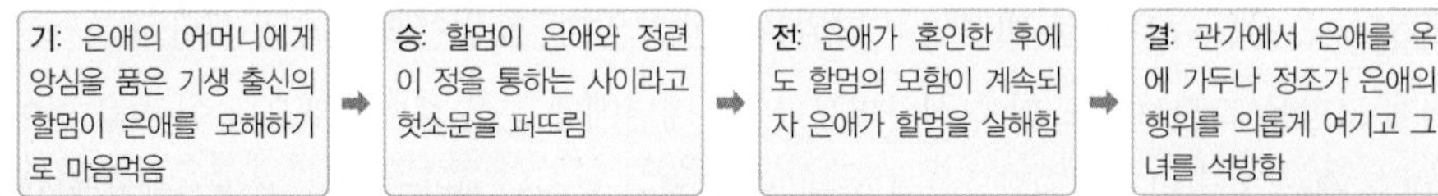

- 제재: 김은애의 노파 살해 사건
- 주제: 타인에 대한 무고(誣告) 경계와 정조의 덕치(德治)
- 특징: ① 1789년에 벌어진 김은애의 실제 살인 사건을 제재로 함
  ② 대화와 묘사를 중심으로 한 객관적 · 사실적 서술로, 우연성이나 전기성이 배제됨
- 의의: 당시 향촌 사회 서민들의 일상적 삶의 모습, 형사 사건의 심리와 현장 검증, 여성의 정조 관념, 지배층의 통치 이념과 윤리 의식 등이 구체적으로 표현됨
- 인물 분석
  - 김은애: 전라도 강진현에 사는 양반집의 딸. 정절을 중시하고 의기가 강함. 할멈에게 모함을 당하여 할멈을 살해함
  - 할멈: 기생 출신의 여인. 심술이 사납고 입이 가벼우며 음흉함. 은애의 어머니가 양식을 꾸어 주지 않자 은애를 모함함
  - 최정련: 평민 출신의 소년. 어리석고 단순하여 할멈의 꼬임에 빠져 은애에 대한 헛소문을 퍼뜨리게 됨

한눈에 보기

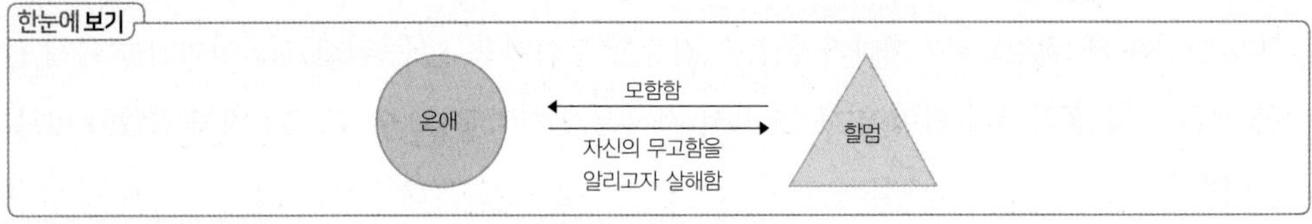

보충·심화 학습

- 〈은애전〉의 창작 동기

이 글의 마지막 부분에는 '신여척'이라는 사형수의 살인 범행에 얽힌 이야기도 실려 있다. 신여척의 이웃에 사는 김순창이라는 자가 밀 두 되가 모자란다고 그의 아우를 폭행하여 중상을 입힌 사건이 있었다. 이를 알게 된 여척은 순창의 우애 없음을 타이르다가 도리어 얻어맞고 분한 마음에 한 차례 발길질을 했는데 어이없이 상대가 넘어져 죽게 된다. 은애와 여척이 살인죄로 구속된 때는 1789년이었는데, 이듬해 정조는 '더러운 소문으로부터 절개를 지키는 풍속은 곧 나라를 지키는 충성심의 발로이며, 형제간의 우애를 지키는 일은 효성에서 비롯된다'는 판단으로 이들을 사면하고 이덕무로 하여금 그 기록을 남기도록 한다. 충효의 지배 이데올로기를 공고히 다지고자 하는 지배층의 의도가 잘 드러나는 부분이다.

필수 문제

01 이 글은 실제 살인 사건을 제재로 한 (   ) 소설이자 (   ) 소설이다.

02 사건의 전말이나 재판의 과정이 비교적 객관적으로 서술되어, 고전 소설의 (   )(이)나 (   )이/가 배제되어 있다.

이춘풍전(李春風傳) | 작자 미상

교과서 EBS 모의 기출

출제 포인트

주색잡기에 빠져 재물을 탕진한 이춘풍을 통해 조선 후기 물질 만능주의와 부패한 사회상 등을 풍자하고 있는 판소리계 소설이다. 무능하면서 허세에 가득 찬 이춘풍과 유능하고 적극적인 아내를 대조하며 감상해 보자.

감상 길잡이

영·정조 때 지은 것으로 짐작되는 작자 미상의 세태 소설로, 평양을 중심 무대로 하여 남성의 무능과 조선 후기의 부패한 사회상을 해학과 풍자를 섞어 다루고 있다. 이 글은 무능하고 방탕한 남편 때문에 몰락한 가정이 슬기롭고 유능한 아내의 활약으로 재건되는 이야기 전개를 통해, 허위에 찬 남성 중심의 사회를 비판하고 여성의 능력을 부각하려는 의식을 보여 준다. 또, 호조의 돈을 빌려 온 이춘풍을 갖은 수법으로 털어 내고는 돈이 떨어지자 사환으로 부려먹는 추월의 모습에서 신의와 인정이 메마른 각박한 당대 사회의 모습을 엿볼 수 있다.

앞부분 줄거리 | 이춘풍은 본래 부자였으나, 그의 부모가 죽은 후 주색잡기로 가산을 탕진한다. 그러나 이춘풍의 처가 갖은 고생을 하며 다시 집안을 일으킨다. 먹고사는 데 지장이 없어지자 다시 허황된 생각이 든 춘풍은 호조에서 돈을 빌려 장사를 하겠다며 평양으로 떠난다. 하지만 기생 추월에게 홀려 장사 밑천을 모두 탕진하고, 추월의 집에서 허드렛일을 하며 마치 걸인처럼 먹고 지낸다. 이 소식을 들은 춘풍의 처는, 뒷집 참판 댁의 자제가 평양 감사로 부임할 때, 회계 비장 자리를 얻어 남장을 한 채 평양으로 간다.

이때 회계 비장이 춘풍이 하는 일을 다른 사람에게 탐문했구나. 하루는 비장이 추월의 집을 찾아갈 제, 사또께 아뢰고 천천히 찾아가니 춘풍의 거동이 기구하고 볼만하다. 『봉두난발 덥수룩한 데 얼굴조차 안 씻어 더러운 때가 덕지덕지, 십 년이나 안 빤 옷을 도롱도롱 누비어서 그렁저렁 얽어 입었으니,』 그 추한 형상에 뉘가 아니 침을 뱉으리오. 춘풍은 제 아내인 줄 꿈에나 알랴마는 비장이야 모를쏜가.

분한 마음 감추고 추월의 방에 들어가니, 간사한 추월이는 회계 비장 호리려고 마음먹어 회계 비장 엿보면서 교태하여 수작타가 각별히 차담상을 차려 만반진수(滿盤珍羞) 들이거늘, 비장이 약간 먹고 사환하는 걸인 놈에게 상째로 내어 주며 하는 말이,

"불쌍하다, 저 걸인 놈아. 네가 본디 걸인이냐? 어이 그리 추물이냐?" / 춘풍이 엎드려 여쭈되,

"소인도 서울 사람으로서 그리되었으니 사정이야 어찌 다 말씀드리리까마는, 나리님 잡수시던 차담상을 소인 같은 천한 놈에게 상째로 물려주시니 태산 같은 높은 은덕 감사무지하여이다."

비장이 미소하고 처소로 돌아와서 수일 후에 분부하여, 춘풍이를 잡아들여 형틀 위에 올려 매고,

"이놈, 너 들어라. 네가 춘풍이냐? 너는 웬 놈으로 막중한 나랏돈 호조 돈을 빌려 쓰고 평양 장사 내려와서 사오 년이 지나가되 일 푼 상납 아니하기로, 호조에서 공문을 내려 '너를 잡아 죽이라.' 하였으니 너는 죽기를 사양치 말라." / 하고 사령에게 호령하여,

"각별히 매우 쳐라." / 하니, 사령이 매를 들고 십여 대를 중장하니, 춘풍의 약한 다리에서 유혈이 낭자한지라. 비장이 내려다보고 또 치려 하다가 혼잣말로 "차마 못 치겠다." 하고 사령을 불러,

(주석)
- 회계 비장: 조선 시대에, 감사와 사신 등 높은 벼슬아치를 따라다니며 일을 돕던 무관 벼슬
- 회계: 나가고 들어오는 돈을 따져서 셈을 함
- 기구하고 볼만하다: 편집자적 논평
- 봉두난발: 쑥대강이같이 헙수룩하게 마구 흐트러진 머리털
- 「 」: 외양 묘사를 통해 이춘풍의 힘겨운 처지를 드러냄
- □(덕지덕지, 도롱도롱, 그렁저렁): 음성 상징어를 사용하여 생동감과 현장감 강조(판소리의 흔적)
- 뉘가 아니 침을 뱉으리오: 편집자적 논평
- 춘풍: 가부장적 권위 의식과 허세, 위선적 태도를 지녀 풍자의 대상이 되는 인물
- 아내: 적극적 태도로 지혜롭게 문제 상황을 해결하는 긍정적 인물
- 비장이야 모를쏜가: 편집자적 논평
- 호리려고: 매력으로 남을 유혹하여 정신을 흐리게 하려고
- 차담상: 손님을 대접하기 위하여 내놓은 다과(茶菓) 따위를 차린 상
- 만반진수(滿盤珍羞): 상 위에 가득히 차린 귀하고 맛있는 음식
- 사환하는 걸인 놈: 이춘풍
- "불쌍하다, ~ 추물이냐?": 자신의 남편임을 알면서 일부러 놀리듯 물어봄(연민+분노)
- 감사무지: 고마운 마음을 이루 다 표현할 길이 없음
- 소인 같은 천한 놈: 권위 의식에 젖어 아내에게 큰소리를 치던 모습과 대조적인 태도
- ▶ 남장을 한 춘풍 처가 걸인처럼 지내는 춘풍을 만남
- "이놈, 너 들어라. 네가 춘풍이냐?": 여성 독자들에게 후련함을 줄 수 있는 장면
- 호조: 조선 시대에, 육조 가운데 호구, 공부, 전량, 식화에 관한 일을 맡아보던 관아
- 사령: 조선 시대에, 각 관아에서 심부름하던 사람
- "각별히 매우 쳐라.": 방탕한 남편에 대한 개인적 복수+비장으로서의 임무
- 중장: 곤장으로 몹시 쳐서 엄중하게 다스리던 형벌
- 혼잣말로 "차마 못 치겠다.": 아내로서 남편에 대한 안쓰러움

"너 매 잡아라. 춘풍아 너 들어라. 그 돈을 다 어찌하였느냐? 투전을 하였느냐? 돈 쓴 곳을 바로
곤장을 거두어라 / 노름
아뢰어라." / 춘풍이 형틀 위에서 울면서 여쭈되,

「"소인이 호조 돈을 내어 쓰고 평양에 내려와서 내 집 주인 추월이와 일 년을 함께 놀고 나니 한 푼도 없어지고 이 지경이 되었으니,」 나리님 분부대로 죽이거나 살리거나 하옵소서."
빌려 쓰고 / 추월의 집에서 사환 노릇을 하며 기거하므로 추월을 집 주인으로 지칭함
「 」: 춘풍의 방탕함, 어리석음 / 자포자기 / ▶ 남장한 춘풍 처가 나랏돈을 탕진한 춘풍에게 곤장을 때림

비장이 본래 추월이라 하면 원수같이 아는 중에, 이 말 듣고 이를 갈고 호령하여 사령하게 분부하되, / "네 가서 그년 잡아 오라. 바삐바삐 잡아 오되, 만일 지체하였다가는 네가 중죄를 당하리라." / 하니 사령이 덜미 집어 잡아 왔거늘,
춘풍이 추월에게 빠져 돈을 다 털렸다는 소문을 들었기 때문에 / 소문이 사실임을 확인하고 분노함 / 무거운 죄

「"형틀 위에 올려 매고 별태장 골라잡고 각별히 매우 쳐라. 사령, 네가 사정을 두었다가는 네 목숨이 죽으리라."」
특별히 따로 만든 태장(볼기를 치는 데 쓰던 형구)
「 」: 비장의 신분을 이용하여 추월에 대한 개인적 분노를 표출함

하나 치고 고찰하고, 둘을 치고 고찰한다. 매마다 표를 하며 십여 대를 중장하며,
죄인에게 매질을 할 때 형리를 감시하면서 낱낱이 살피어 몹시 치게 하던 일

"이년, 바삐 다짐하여라." / 호령을 서리같이 하는 말이, / "네 죄를 네가 아느냐?"

추월이 여쭈되, / "춘풍이 가져온 돈, 소녀가 어찌 아오리까?"
춘풍의 돈이 호조에서 빌린 것임을 몰랐으므로 자신은 죄가 없다는 말

비장이 이 말 듣고 성을 내어 분부하되,
너의 집 담이 아니었으면 내 소의 뿔이 부러졌겠느냐는 뜻으로, 남에게 책임을 지우려고 억지를 쓰는 말

"여담절각이라 하는 말을 네 아느냐? 불 같은 호조 돈을 영문(營門)이 물어 주랴, 본관(本官)에서 물어 주랴, 백성에게 수렴하랴? 네 이 지경에 무슨 잔말하랴?"
고을의 수령, 혹은 감사나 병사가 있는 곳의 목사, 판관, 부윤을 이르던 말
조선 시대에, 관찰사가 직무를 보던 관아
돈이나 물건 따위를 거두어들임 / 변명하지 말고 돈을 갚으라는 의미

군뢰 등이 두 눈을 부릅뜨고 형장(刑杖)을 높이 들어, 백일청천(白日青天)에 벼락 치듯 만첩청산(萬疊青山) 울리듯 금장(禁杖) 소리 호통치며 하는 말이,
조선 시대에, 군대에서 죄인을 다루는 일을 맡아보던 병졸 / 해가 비치고 맑게 갠 푸른 하늘 / 겹겹이 둘러싸인 푸른 산
죄인을 치거나 찌르는 데에 쓰던, 창처럼 생긴 형구

"네가 모두 발명치 못할까? 너를 우선 죽이리라."
죄나 잘못이 없음을 말하여 밝힘(문맥상 '실토하다'의 의미)

하고 주장(朱杖)으로 지르면서 오십 대 중장하고, / "바삐 다짐 못 할쏘냐?"
주릿대나 무기 따위로 쓰던 붉은 칠을 한 몽둥이 / 호조 돈을 갚겠다는 다짐

서리같이 호령하니, 추월이 기가 막혀 혼백이 달아난 듯 혼미 중에 겁내어 죽기를 면하려고 애걸하여 여쭈되, / "국법(國法)도 엄숙하고 관령(官令)도 지엄하고 나리님 분부도 엄하오니, 춘풍이 가져온 돈을 영문 분부대로 소녀가 바치리다."
의식이 흐려진 상태
열거, 대구 – 리듬감 형성
▶ 춘풍 처가 추월을 추궁하여 춘풍의 돈을 되찾게 됨

결정적 장면

비장이 하는 말이,

"호조에서 공문 놓아 너를 빨리 죽이라 하였으되, 네 죄를 네가 알고 돈을 모두 바치겠다 하니 너를 살려 주거니와, 호조 돈 이자는 자모지례(子母之例)로 오천 냥을 전부 궤봉하라."
1년간의 이자가 원금의 2할 이내가 되도록 정한 이자율 / 물건을 궤에 넣고 봉함

추월이 여쭈되, / "십 일 말미를 주옵시면 오천 냥을 바치리다."

하고 다짐을 써서 올리거늘, 그제야 비장이 춘풍이와 추월이를 형틀에서 내려놓고, 춘풍이를 다시 불러 가만히 약속하되,

「"열흘 안으로 전부 받아 가지고 서울로 올라오라. 내가 또한 유고(有故)하여 먼저 떠나 올라가니, 네가 서울로 올라오거든 댁 문하(門下)에 문안하라.」 / 춘풍이 감사하여 내려서서 여쭈되,

특별한 사정이나 사고가 있음

평양에 온 목적을 모두 이루었으므로 계속 머무를 이유가 없음

「 」: 춘풍이 돈을 받아서 바로 서울로 돌아오도록 미리 조치함

"나리님 덕택으로 호조 돈을 수쇄하옵니다."

흩어진 재산이나 물건을 거두어 정돈함 = 수습

비장이 사또 전에 춘풍과 추월을 처치한 말씀을 낱낱이 고하고 조용히 여쭈되, / "내일 하직하고 서울로 가려고 하오니, 사또님께서는 추월에게 분부하여 자모지례로 오천 냥을 모두 수쇄하여 춘풍에게 보내주시기를 천만 바라나이다."

춘풍 처가 비장이 되어 평양에 온 궁극적 목적

사또가 허락하자, 이튿날 하직하고 상급(賞給)한 돈 수만 냥을 환전(換錢)으로 부쳐 놓고 이어서 발행할새, 평양을 하직하고 서울로 올라와서 환전을 즉시 찾고 춘풍이 오기를 기다리더라.

상으로 줌 / 환표로 보내는 돈 / 길을 떠남

▶ 돈을 되찾아 준 춘풍 처가 먼저 서울로 올라옴

평양에서 사또 본관이 분부하되, 추월을 잡아들여 돈 바치라 성화하니, 십일이 다 못 되어 오천 냥을 다 바쳤것다.

사또가 비장(춘풍 처)의 부탁을 들어 줌

춘풍이가 돈을 싣고 서울로 올라갈 제, 이때 춘풍의 아내 문밖에 썩 나서서 춘풍의 손을 부여잡고,

"어이 그리 더디 온가? 장사에 이익 많아 평안히 오시니까?"

아무것도 모르는 척하며 춘풍을 맞이함

춘풍이 반기면서 / "그 사이에 잘 있었는가?"

하고 열두 바리 실은 돈을 장사에서 남긴 듯이 여기저기 들여놓고 의기양양하는구나. ❶ 춘풍 아내가 춘풍에게 차담상을 별나게 차려 들이거늘, 춘풍이 온 교태를 다할 적에 기구하고 볼만하다. 콧살도 찡그리며 입맛도 다셔 보고 젓가락도 휘저으며 하는 말이,

춘풍 처가 추월에게서 되찾아 준 돈

뜻한 바를 이루어 만족한 마음이 얼굴에 나타난 모양

편집자적 논평

음식이 마음에 들지 않는 척 교만한 태도를 보임

「"생치 다리도 덜 구워졌으며, 자반에도 기름이 적고, 황육조차 맛이 적다. 평양으로 갈까 보다. 호조 돈 아니었더라면 올라오지 아니했지.」 내일 호조 돈을 다 바치고 평양으로 내려갈 제, 너도 함께 따라가서 평양 감영 작은집의 그 음식 좀 먹어 보소."

익히거나 말리지 아니한 꿩고기 / 쇠고기

「 」: 평양에서의 태도와 달리 아내에게 허세를 부림. 개구리 올챙이 적 생각 못 한다.

추월의 집

▶ 서울로 돌아온 춘풍이 허세를 부리며 교만한 태도를 보임

온갖 교만 다할 적에, 춘풍 아내 춘풍을 속이려고 황혼을 기다려서 여자 의복 벗어 놓고 비장 의복 다시 입고 흐늘거리며 들어오니, 춘풍이 의아하여 방 안에서 주저주저하는지라. 비장이 호령하되,

어두워지면 얼굴을 알아보기 어려워서 속이기 쉽기 때문에

"평양에 왔던 일을 생각하라!「네 집에 왔다한들 그다지 거만하냐?」

돈을 탕진하고 거지꼴로 지내다가 곤장을 맞았던 일

「 」: 가정에서만 위세를 부리는 남성에 대한 비판 의식 내포

결정적 장면

남장을 하고 비장이 된 춘풍 처가 추월과 춘풍을 추궁해 호조 돈을 받기로 하고 집으로 돌아온 후 춘풍을 조롱하는 장면이다. 여성이 지닌 능력을 드러내는 동시에 허위에 찬 남성 중심 사회를 비판하려는 의도가 효과적으로 드러나는 부분이다.

문제로 핵심 파악

1 [기출] 이 글에 대한 설명으로 가장 적절한 것은?

① 우화 기법을 활용하여 당대의 현실을 비판하고 있다.
② 배경 묘사를 통해 인물의 내면 심리를 암시하고 있다.
③ 서술자의 회상을 통해 외화에서 내화로 이동하고 있다.
④ 상징적 소재를 사용하여 환상적인 분위기를 조성하고 있다.
⑤ 서술자가 작중 상황에 개입하여 주관적 견해를 드러내고 있다.

핵심 구절 풀이

❶ 춘풍 아내가 ~ 기구하고 볼만하다.: 뛰어난 능력을 지닌 춘풍 처는 아내로서의 역할을 다하는 반면, 무능한 춘풍은 평양에서의 생활을 잊은 채 교만한 태도를 보이고 있음. 이는 춘풍으로 상징되는 남성의 가부장적 허위의식이 쉽게 변하지 않음을 의미함

춘풍이 그제야 자세히 본즉, 과연 평양에서 돈 받아 주던 회계 비장이라. 깜짝 놀라면서 문밖에 뛰어내려 문안을 여쭈되, 회계 비장 하는 말이, / "평양에서 맞던 매가 얼마나 아프더냐?"
비장에 대한 예의를 극진히 차림 → 남편과 아내의 관계 역전

춘풍이 여쭈되, / "어찌 감히 아프다 하오리까? 소인에게는 상(賞)이로소이다."
매우 공손한 태도 ↔ 아내를 무시하던 권위적인 태도

회계 비장 하는 말이,

"평양에서 떠날 적에 너더러 이르기를, 돈을 싣고 서울로 올라오거든 댁에 문안하라 하였더니, 소식이 없기로 매일 기다리다가 아까 마침 남산 밑의 박승지 댁에 가 술을 먹고 대취하여 종일 놀다가, 홀연히 네가 왔단 말을 듣고 네 집에 왔으니 흰죽이나 쑤어 달라!"
술에 잔뜩 취함
음식 타박을 한 춘풍에게 음식을 하게 함으로써 복수함

하니, 춘풍이 제 지어미를 아무리 찾은들 있을쏜가. 제가 손수 죽을 쑤려고 죽쌀을 내어 들고 부엌으로 나가거늘, 비장이 호령하되, / "네 지어미는 어디 가고, 나에게 내외(內外)를 하느냐?"
편집자적 논평
남의 남녀 사이에 서로 얼굴을 마주 대하지 않고 피함
춘풍을 곤란하게 만들 목적으로 일부러 춘풍의 아내를 찾음

춘풍이 묵묵부답하고 혼잣말로 심중에 헤아리되,
잠자코 아무 대답도 하지 않음

'그립던 차에 가솔을 만났으니 우리 둘이 잠이나 잘 자 볼까 하였더니, 아내는 간데없고 비장은 이처럼 호령하니 진실로 민망하나 무가내하(無可奈何)라.'
한 집안에 딸린 구성원
설상가상
달리 어찌할 수 없음

회계 비장이 내다보니, 춘풍의 죽 쑤는 모양이 우습고도 볼만하다. 그제야 죽상을 들이거늘, 비장이 먹기 싫은 죽을 조금 먹는 체하다가 춘풍에게 상째로 주며 하는 말이,
아내에게 교만한 태도로 큰소리를 치던 춘풍의 권위 추락
비장이 평양 추월의 집을 방문했을 때와 유사한 상황 → 기억의 환기

「"네가 평양 감영 추월의 집에 사환으로 있을 때에 다 깨진 헌 사발에 누룽지에 국을 부어서 숟가락 없이 뜰아래 서서 되는대로 먹던 일을 생각하며 다 먹어라!"」 ▶ 비장 복색을 한 춘풍 처가 춘풍을 놀림
「」: 평양에서의 일을 일부러 언급하여, 과거를 떠올려 반성하게 하려는 의도

하니, 그제야 춘풍이 아내가 어디서 죽 먹는 양을 볼까 하여 여기저기 살펴보며 얼른얼른 먹는지라. 그제야 춘풍 아내 혼잣말로,
아내를 의식함 – 자신의 가정 내 권위와 체면이 무너질까 두려워함. 해학적

「'이런 거동 볼작시면, 누가 아니 웃고 볼까? 하는 행실 저러하니 어디 가서 사람으로 보일런가? 아무튼 속이기를 더 하자니 차마 우스워 못 하겠다. 이런 꼴을 볼작시면, 나 혼자 보기 아깝도다.'」
「」: 가부장적 권위 의식에 젖어 집안에서만 큰소리를 치는 남성에 대한 비판 의식이 드러남

이런 거동 저런 거동 다 본 연후에, 회계 비장 의복 벗어 놓고 여자 의복 다시 입고 웃으면서,

"이 멍청아!" / 하며 춘풍의 등을 밀치면서 하는 말이,
춘풍에 대한 직접적인 비난

"안목이 그다지 무도한가?" / 하니 춘풍이 어이없어 하는 말이,
말이나 행동이 인간으로서 지켜야 할 도리에 어긋나서 막됨(문맥상 '잘 파악하지 못한다'의 의미)

"이왕에 자네인 줄 알았으나, 의사(意思)를 보려고 그리 했지."
구차한 변명을 통한 자기 합리화와 허세 → 진정한 반성이 이루어지지 않음

하고, 그날 밤에 부부 둘이 원앙금침 펼쳐 덮고 누웠으니 아주 그만 제법이로구나.
원앙을 수놓은 이불과 베개
편집자적 논평

그렁저렁 자고 나서 그 이튿날 호조 돈을 다 바치고, 상급한 수만 냥 재산으로 노비 전답 다시 장만하니, 의식이 풍족하고 유자생녀하여 화목하게 평생 화락이 좋을시고. 그른 것 없이 지냈구나.
비장 역할을 잘해 상금으로 받은 돈
아들도 두고 딸도 낳음
▶ 모든 사실을 안 이춘풍이 아내와 화목하게 삶

※ 남장(男裝): 여성이 남장을 하는 것은 남성 중심적 사회 질서 속에서 여성이 사회적 참여를 하기 위한 장치이자 여성의 능력이 결코 남성에게 뒤떨어지지 않음을 보여 주는 장치

『대저 여자로서 손수 남복하고 회계 비장으로 내려가서, 추월도 다스리고 춘풍 같은 낭군도 데려오고 호조 돈도 수쇄하고 부부 둘이 종신토록 살았으니, 만고에 해로한 일인고로 대강 기록하여 후세 사람에게 전하노니, 만일 여자 되거든 이런 일 효칙(效則)하옵소서.』

남복: 여자가 남자의 옷을 입음
해로한: 부부가 한평생 같이 살며 함께 늙음
종신: 일생을 마침
만고: 아주 오랜 세월 동안
효칙(效則): 본받아 법으로 삼음

「 」: 서술자가 독자에게 작품의 주제 의식을 직접적으로 드러냄

▶ 여성들에게 이춘풍의 처를 본받기를 권유함

핵심 정리

- 갈래: 고전 소설(판소리계 소설, 풍자 소설, 세태 소설)
- 성격: 해학적, 교훈적, 풍자적
- 구성: '발단 – 전개 – 위기 – 절정 – 결말' 의 5단 구성

발단		전개		위기		절정		결말
이춘풍이 재산을 탕진하나, 처의 노력으로 가산을 회복함	➡	장사를 떠난 춘풍이 추월에게 돈을 털리자, 춘풍의 처가 비장이 되어 평양에 감	➡	춘풍의 처가 추월에게 빼앗긴 춘풍의 돈을 모두 되찾아 줌	➡	춘풍이 돌아와 의기양양해하자 그의 처가 비장 복장으로 나타나 춘풍을 비판함	➡	춘풍의 처가 정체를 밝히니, 춘풍이 부끄러워하며 지난날을 반성함

- 제재: 이춘풍의 방탕한 행적과 춘풍의 처의 활약
- 주제: 허위적인 남성 중심의 사회 비판과 진취적 여성상의 제시
- 특징: ① 두 인물(춘풍과 춘풍의 처)의 상반된 생활 태도와 갈등을 통해 주제를 드러냄
  ② 물질 중심적인 새 가치관이 형성되어 가던 시대상을 반영함
- 인물 분석
  - 이춘풍: 서울 거부의 아들. 위선과 허세에 가득 찬 가부장적 남성의 전형적 인물임
  - 춘풍의 처: 춘풍의 아내. 소극적이고 순종적인 여성의 모습에서 탈피하여 남편을 위기에서 구출하고, 그의 허위를 꾸짖는 적극적이고 진취적인 여인상임
  - 추월: 평양 기생. 돈이라면 수단과 방법을 가리지 않고 성취해 내려 하는 자본주의적 여인상임

한눈에 **보기**

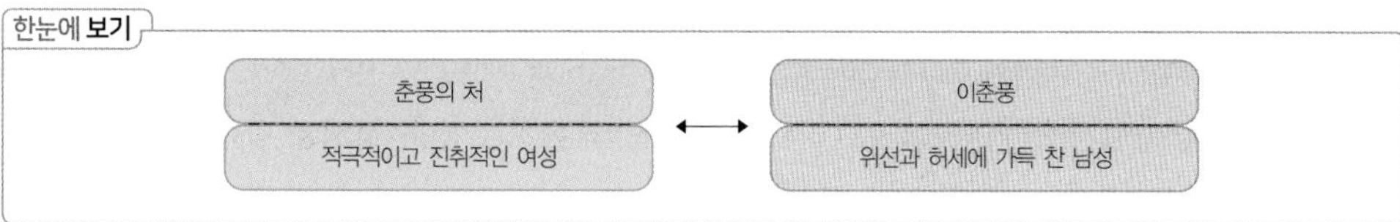

보충·심화 학습

- 고전 소설에서 '남장(男裝) 여인' 의 의미

'남장 여인' 은 남성 중심의 봉건 사회에서 여성이라는 이유만으로 관습적 · 제도적으로 억압을 받던 당시의 상황에 맞서 싸우기 위한 부득이한 선택이라고 볼 수 있다. 그러나 그 속에는 여성의 본질적 능력이 결코 남성에 뒤지지 않으며 오히려 남성을 뛰어넘는다는 사실을 은연중에 강조하고자 하는 의도가 담겨 있다.

필수 문제

01 이 글에서 풍자의 대상이 되는 인물을 찾고, 그 인물이 상징하는 인간상을 간략하게 쓰시오.

02 [서술형] 다음은 사건 전개에 따른 작중 공간의 변화와 그에 따른 인물 간의 관계를 정리한 것이다. ⓐ에서 인물의 관계가 어떻게 달라지는지 그 변화 과정을 서술하시오.

서울		평양		서울
춘풍 〉 춘풍 처	➡	춘풍 〈 춘풍 처	➡	ⓐ

113 적성의전(翟成義傳) | 작자 미상

EBS 모의 기출

출제 포인트

주인공 적성의가 우여곡절의 고난을 거친 끝에 결국 승리한다는 이야기를 통해, 효도와 우애의 중요성을 강조한 글이다. 이 글의 주제 의식 및 영웅 소설적 면모, 서사 구조 등에 주목하여 살펴보자.

감상 길잡이

작자 · 연대 미상의 고전 소설로, 효도와 우애 같은 유교적 가치관을 강조한 작품이다. 이 글을 도교적인 색채가 강한 작품이라고 보는 견해가 있는가 하면, 불교적인 소설로 보기도 한다. 적성의의 고난과 투쟁, 승리라는 측면에서 영웅 소설적 성격을 지니며, 채란 공주와의 애정담도 중심 내용이기 때문에 애정 소설적 성격도 지닌다. 환상적인 요소뿐만 아니라, 왕권을 둘러싼 암투, 형제간의 갈등과 같은 사실적인 요소도 포함되어 있다.

앞부분 줄거리 | 안평국의 둘째 왕자인 적성의는 형 항의에 비해 재덕을 겸비한 인물로, 어머니가 병이 들자 병을 낫게 한다는 일영주(日映珠)(왕비의 병을 낫게 하기 위한 것으로, 갈등의 구체적 원인이 되는 소재)를 구하러 서역으로 떠난다(구약(求藥) 여행 모티프가 드러남). 선관의 도움으로 서방 세계에 이른 성의는 천신만고 끝에 일영주를 얻지만, 형 항의에게 빼앗긴다. 맹인이 되어 표류하던 성의는 호 승상에게 우연히 구출되어 천자의 후원에 머물다 채란 공주와 사귀게 된다. 어머니가 기러기 발에 매어 보낸 편지를 받은 성의는 감격하여 두 눈을 뜨게 되고, 과거에 장원 급제하여 공주와 가약(부부가 되자는 약속)을 맺은 후 기러기 발에 편지를 매어 고향으로 되돌려 보낸다.

왕비가 보기를 다함에, 전하는 다 듣고 나서 눈물을 흘리고 슬퍼하시더라. 왕비가 기러기를 붙들고 통곡하여 슬퍼하시더니, 이때 세자 항의(반동 인물)가 왕비의 곡성(곡소리)을 듣고 크게 놀라 들어가 엎드려 여쭙기를, / "모후(임금의 어머니. 여기서는 왕비)는 무슨 까닭으로 이렇듯이 비창(悲愴)하십니까(마음이 몹시 상하고 슬프십니까)?"

왕비가 항의를 보고 잠잠하시거늘 항의가 일어나 사면(전후좌우 모든 방면)을 살펴보니 서안(예전에, 책을 얹던 책상)에 일봉 서찰이 놓였고 또 기러기를 어루만지시거늘 자세히 보니 이는 곧 성의의 필적이었다. 항의가 말하기를,

"서간(편지)을 보오니 성의가 중국에 들어가 입신양명하여 부마(임금의 사위)가 되었다 하니 이는 부왕의 성덕이거늘 어찌 심장을 상하십니까. 빨리 예단을 갖추어 마중 나가시옵소서."

하더라. 왕비가 그날로 중로(오가는 길의 중간)에 사신을 보내었다. 이때 상(왕)이 항의에게 칙교(勅敎)(임금이 단단히 일러서 다잡거나 경계하던 지시)하기를, "중전을 모시고 떠나지 말라." 하셨다.

▶ 왕과 왕비가 성의의 편지를 읽고 슬퍼함

차설(화제를 돌릴 때 쓰는 말), 항의가 마음속으로 헤아리되 '성의가 틀림없이 죽은 줄로 알았는데 어찌하여 살았으며 이다지 영귀하게(지체가 높고 귀하게) 되었는고. 만일 성의가 오면 나의 전후 행적(항의가 성의에게서 일영주를 빼앗고 그의 눈을 멀게 한 일)이 발각되겠구나.' 하고 매우 근심하다가 한 계교(요리조리 헤아려 생각해 낸 꾀)를 생각하고 노복(사내종)에게 분부하여 적부리를 부르니, 이 사람은 지혜와 용기가 매우 많았다. 적부리가 말하기를,

"내 남일국을 쳐 항복 받아 우리나라 지방을 넓히겠습니다." 하니 그 용맹이 매우 뛰어난 자인지라. 이날 항의가 적부리를 청하여 후히 대접하고 말하기를,

"그대가 나를 위하여 오백 군사를 거느리고 중로에 나가 매복하였다가(일정한 곳에 몰래 숨었다가) 성의 일행을 쳐서 함몰(모조리 다 죽이고)

시키고 돌아오면 천금의 상을 아끼지 않겠다. 그리고 내 장차 왕이 되는 날 무거운 소임을 맡길
맡은 바 직책이나 임무
것이니 그대는 힘을 다하여 성사케 하라." 하니 적부리가 크게 기뻐 말하기를,

"이 일은 소장의 손끝에 달렸으니 조금도 의심하지 마시고 동궁께서는 다만 후일을 준비하소
왕세자. 적항의
서." 하며 하직하니 항의가 크게 기뻐하며 잔을 잡아 술을 권하며 즐기다가 잔치를 마치고 비밀리에 의논하더니 적부리가 돌아와 군사를 거느리고 출발하더라.

▶ 항의가 적부리로 하여금 군사를 이끌고 나아가 성의를 죽이도록 함

각설, 이때 부마는 배를 재촉하여 청강에 다다르니 갑자기 중천에 기러기가 슬피 울며 떠오더
= 차설 적성의 성의가 어머니에게 편지를 전하기 위해 보냈던 기러기 – 정보 전달의 매개
니 뱃머리에 앉았다. 부마와 공주가 크게 반겨 몸을 어루만지며 말하기를,

"네 능히 서간을 전하였느냐?"

하니 기러기가 고개를 들어 답하니 일행이 모두 신기하게 여기며 칭찬하더라. 기러기가 문득 날
불행한 일이 닥칠 것임을 암시
아 강변으로 떠다니며 슬피 울거늘 부마와 공주 및 모든 사람이 의심하니 공주가 말하기를,

"이제 기러기가 비록 짐승이지만 신통함이 있으니 무슨 변이 있을 것입니다. 반드시 불길한 징
채란 공주의 성격 ① – 지혜롭고 선견지명(先見之明)이 있음
조이니 대비합시다."

하고 데려온 장수와 군사를 단속하고 또 행장을 끌러 갑주와 창검을 내어 공주가 친히 화복(華服)
갑옷과 투구 물을 들인 천으로 만든 옷
을 벗고 의갑(衣甲)을 갖추어 뱃머리에 서며, / "부마는 배 안으로 드십시오."
갑옷
하였다. 부마가 말하기를, / "약하디약한 공주가 무슨 지혜로 이렇듯 하십니까?"

공주가 말하기를,

"분명 앞으로 불의의 변이 있을 것입니다. 우리 일행을 보호하는 장수들로써 막지 못하면 첩이
채란 공주의 성격 ② – 대범하고 침착하며 용의주도함
반드시 대적하려 하오니 부마는 너무 우려하지 마십시오."

▶ 채란 공주가 성의에게 불행한 일이 닥칠 것을 예감하고 전투를 준비함

하고 곧바로 나아갔다. 강변에 다다름에 본국의 예관(禮官)이 후대하며 맞으니 위의가 거룩하였
안평국 아주 잘 대접하여 위엄이 있고 엄숙한 태도
다. 이때 한 줄기 대포 놓는 소리가 나며 한 떼의 군마가 내달아 길을 막으니 이 장수가 곧 적부리
쏘는
라. 머리에는 황금 투구를 쓰고 몸에는 보신갑을 입었으며, 손에는 긴 창을 들고 천리 준마 위에
갑옷 하루 사이에 천 리를 간다는 아주 훌륭한 말
높이 앉아,

"너희는 어떠한 도적이길래 무슨 뜻을 품고 감히 우리나라 땅을 범하느냐?"

하고 큰소리 치며 달려드니 본국 예관(禮官)이며 부마 일행이 놀라 당황하였다. 본국 사신이 꾸짖어 말하기를,

"내 왕명을 받아 부마와 공주를 모시러 왔는데 어찌 범람(氾濫)한 뜻을 품고 이같이 항거하느냐?"
제 분수에 넘치는 순종하지 않고 맞서서 반항하느냐
하니 들은 체도 아니 하고 큰 소리로 꾸짖어 말하기를,

"도적은 빨리 나와 죽기를 대령하라." / 하니 위엄이 범 같았다. 공주가 생각하기를, '이는 반드
적성의를 가리킴

시 부마 형공의 흉계로다.' 하고 수하에 데리고 온 장수에게 명하여 대적하라 하였다.
부마의 형. 적항의 흉악한 계략
▶ 적부리가 사신의 만류에도 불구하고 성의 일행을 공격하고, 채란 공주가 이에 대적함

중략 부분 줄거리 | 적부리가 채란 공주와의 싸움에서 패배한다.

이때 항의가 적부리 형제에게 약속하여 보내고 소식을 탐지하더니 적부리 형제가 공주의 칼 아래 죽었다는 소식을 듣고 분기를 참지 못하여 말하기를,
드러나지 않은 사실을 찾아 알아내더니 / 분한 생각

"내 적부리를 수족같이 여겼는데 부리 형제가 여자의 칼 끝에 영혼이 되었으니 장차 나의 일을 어찌 하겠는가. 반드시 성의를 죽여 후환을 덜리라."
▶ 적부리가 채란 공주 일행과의 전투에서 죽자 항의가 직접 성의를 죽이고자 함

하고 나오더라. 문득 뒤에서 한 사람이 칼을 들고 내달아 꾸짖어 말하기를,

「"나는 당시에 배를 타고 중로에 마중 나갔던 태연이다. 인륜을 모르는 항의는 들어라. 네가 전일 바다에서 어진 대군을 죽이려 하거늘 만류했더니, 칼로 대군의 두 눈을 찔러 모난 판자 쪽에 태워 바닷속에 밀쳤으니 이는 사람의 할 바가 아니다. 천도(天道)가 명감(明鑑)하여 상한 눈을 다시 뜨고, 영화롭고 귀하게 되어 고국에 돌아오니 기뻐하지 않는 자가 없는데, 네 홀로 포악하여 윤기를 모르고 골육을 해치고자 하니 무슨 원수로 그러느냐?"」 「 」: 천륜에 어긋난 행위를 하는 항의를 꾸짖음
태연이 신하임에도 항의를 응징할 수 있는 명분과 근거 / 지난날 / 적성의 / 하늘의 도리가 거울처럼 밝아서 / 윤리와 기강 / 형제

하며 말을 마치기도 전에 칼을 들어 항의의 목을 치니 머리가 땅에 뒹구는지라. 이때 보는 자 그 누가 상쾌하게 여기지 않으리오? 보고 듣는 사람이 모두 태연을 의로운 남자라고 칭찬하더라. 그러나 태연이 말하기를,
편집자적 논평 – 인물(항의)에 대한 서술자의 비판적 태도가 드러남

"내 이제 항의를 죽여 장부의 답답함을 덜었으나 왕자를 죽였으니 나도 죽는 것이 옳다."
높은 도덕률을 지니고 있으나 유교적 질서에 충실한 태연의 인물됨이 드러남

하고 자결하니 ❶ 이는 뒷사람을 경계함일러라.
▶ 무사 태연이 항의를 죽이고 자결함

이때 공주의 행차가 궐문에 이르러 황제의 군사는 별궁으로 들어가고 공주와 부마는 내궁으로 들어가 전하 내외분께 엎드려 배알하였다. 중전이 일희일비하여 공주와 대군의 손을 잡고 등을 어루만지시며 말씀하기를,
찾아가 뵈었다 / 한편으로는 기쁘고 한편으로는 슬퍼

"공주는 나의 자부로다."
며느리

하시며 대군의 전후 수말을 대강 들으시고 이번에 나오다가 변란 만난 사연을 문답하시고 탄식하시기를 마지아니 하시거늘 공주와 부마가 만단으로 위로하시더라.
성의가 항의에 의해 일영주를 빼앗기고 눈이 멀어 곤경에 빠졌던 일 / 성의 일행이 항의가 보낸 군사들로 인하여 고초를 겪은 일 / 온갖 방법으로
▶ 성의 일행이 항의를 무찌르고 귀향하여 왕 내외를 만남

뒷부분 줄거리 | 성의는 안평국 왕이 되어 요순(堯舜)과 같은 선정을 베푼다.

핵심 구절 풀이

❶ **이는 뒷사람을 경계함일러라.**: 불의한 왕자 항의를 죽인 무사 태연이 후세를 경계하기 위해 스스로 목숨을 끊었다는 말이다. 태연이 항의를 죽인 것은 천륜을 거스른 패륜아를 징벌하기 위한 것이었지만, 신하가 왕가의 자손을 해친 것이므로, 당시의 유교적 도덕률에 의거했을 때 태연은 왕권을 범한 대역죄를 저지른 것으로 볼 수 있다. 따라서 태연은 왕권을 해치고는 살아남을 수 없음을 몸소 보여 줌으로써 후세 사람들이 왕의 절대 권위에 도전하지 못하도록 스스로 목숨을 끊은 것이다.

핵심 정리

- 갈래: 고전 소설(윤리 소설, 가정 소설)
- 성격: 불교적, 유교적, 도교적, 교훈적, 전기적
- 구성: '발단 – 전개 – 위기 – 절정 – 결말'의 5단 구성

발단		전개		위기		절정		결말
발단: 안평국 왕비가 병이 들어 성의가 병을 치유할 일영주를 구하러 서역으로 떠남	➡	**전개**: 성의가 선관의 도움으로 서방 세계에 이르러 일영주를 구함	➡	**위기**: 항의가 성의가 구한 일영주를 탈취한 후 성의의 눈을 멀게 함	➡	**절정**: 항의가 천자의 사위가 되어 고향으로 돌아오는 성의를 죽이려 하다 오히려 죽임을 당함	➡	**결말**: 성의는 안평국의 왕이 되어 선정을 베풂

- 제재: 성의와 항의 형제의 갈등
- 주제: ① 고난 극복과 승리의 쟁취
  ② 부모에 대한 효성과 형제간의 우애
- 특징: ① 불교적인 인과응보(因果應報)와 부모에 대한 효성, 형제간의 우애 등을 강조함
  ② 탐색주지(집을 떠나서 모험과 고난 끝에 무엇을 찾고 돌아와 명예를 얻음)의 서사 구조를 지님
- 의의: 고전 소설 〈육미당기(六美堂記)〉와 〈김태자전(金太子傳)〉 등에 영향을 미침
- 인물 분석
  - 적성의: 안평국의 둘째 왕자. 재주와 덕성을 겸비한 인물로, 형 항의에 의한 역경을 딛고 왕이 됨
  - 적항의: 안평국의 첫째 왕자. 동생 성의를 시기하여 그 공을 가로채고 성의를 죽음으로 몰아넣으려 하다가 결국 자신이 죽음에 이르게 됨
  - 채란 공주: 중국의 공주이자 성의의 아내. 선견지명(先見之明)이 있으며 용의주도하고 대범함

한눈에 **보기**

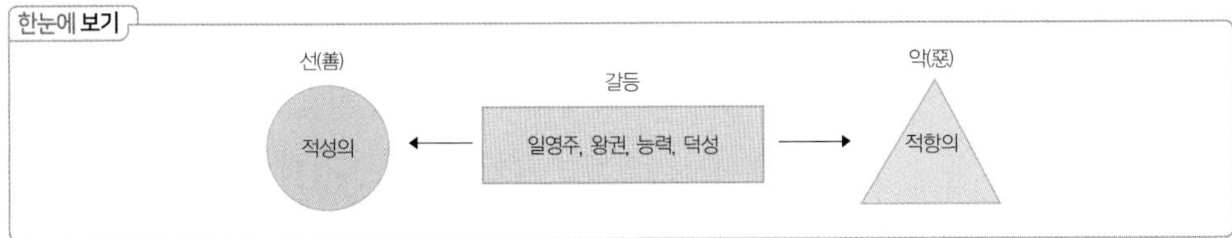

보충·심화 학습

- 〈적성의전〉의 모티프와 근원

이 글은 구약(救藥) 여행 모티프를 바탕으로 하여 이루어진다. 구약 여행 모티프란 약을 구하기 위하여 길을 떠남과 동시에 갈등이 시작되어, 약을 얻으며 갈등이 해소되는 탐색의 모티프를 뜻한다. 한편, 이 글의 근원에 대하여, 중생을 도덕적으로 교화하기 위해 만들어진 《현우경(賢愚經)》과 같은 불교의 위경(僞經: 정식 경전에 포함되지 않은 경전)의 영향을 받았다고 하는 견해가 있다.

필수 문제

01 이 글은 불교의 인과응보(因果應報) 사상을 바탕으로 하여, (　　　　　　)와/과 (　　　　　　) 등의 주제를 전달하고 있다.

02 이 글에 등장하는 (　　　　)은/는 성의와 어머니를 연결하는 매개로, 앞으로 벌어질 사건의 성격을 암시하는 역할을 하기도 한다.

114 사씨남정기(謝氏南征記) | 김만중

교과서 EBS 수능 기출 모의 기출

출제 포인트

처첩 간의 갈등을 소재로 한 가정 소설이다. 인물 간의 갈등 양상에 주목하여 살펴보고, 작가가 이 글을 집필한 의도 및 주제 의식을 파악해 보자.

감상 길잡이

조선 숙종 때, 서포 김만중이 한글로 지은 고전 소설이다. 숙종이 계비 인현 왕후(仁顯王后)를 폐위시키고 장 희빈(張嬉嬪)을 비로 맞아들이는 데 반대하다가 남해도(南海島)로 유배되었을 때, 인현 왕후 폐위 사건을 풍간(諷諫: 완곡한 표현으로 잘못을 고치도록 말함)하여 흐려진 임금의 마음을 참회시키고자 이 작품을 썼다. 제목의 '남정(南征)'은 '남쪽으로 쫓겨 간다'는 뜻으로, 사 씨가 가정에서 쫓겨나고, 유연수가 조정에서 쫓겨나는 과정을 의미한다. 이 글은 크게 유연수 가문 내에서 처첩 간의 갈등을 다룬 전반부와 조정에서의 정치적 사건이 해결되는 과정을 다룬 후반부로 구성되는데, 이 과정을 통해 선(善)은 승리하고 악(惡)은 망한다는 도덕 윤리를 제시하고 있다.

장면 1

앞부분 줄거리 | 중국 명나라 세종 때 금릉 순천부에 사는 유현이라는 명신(名臣)의 아들로 태어난 연수는 15세에 과거에 장원 급제하여 한림학사를 제수받는다.

유 소사(劉少師)가 생각기에, 사 급사(謝給事) 댁에는 남자가 없으니 의당 매파를 보내어 혼인을 의논해야 되겠다고 하여, 매파 주 씨를 보내 혼인할 뜻을 전했다. 부인이 불러 보니 매파는 먼저 유 소사의 집안이 대대로 부귀하며, 한림의 문채와 풍채가 빼어남을 일컫고는 또 이렇게 말했다.

(유 소사: 유연수의 부친. '소사'는 관직명 / 사 급사: 사 씨의 부친. '급사'는 관직명 / 의당: 사물의 이치에 따라 마땅히 / 매파: 혼인을 중매하는 할멈 / 부인: 사 씨의 어머니 / 한림: 유연수 / 집안이 대대로 부귀하며, 한림의 문채와 풍채가 빼어남: 가정 환경과 인물의 빼어남 소개)

「"어느 재상 댁인들 유 소사에게 청혼하지 않았겠습니까? 하오나 소사께서는 소저가 천자 국색(天姿國色)이며, 재덕(才德)이 출중하다는 소문을 들으시고는 이에 소인으로 하여금 중매를 서게 하였습니다. 소저께서 유씨 집안의 빙폐(聘幣)를 받으시면 그날로 명부(命婦)가 되시는 것이오니 부인의 뜻은 어떠하온지요?"」

(천자 국색: 타고난 용모와 맵시가 나라 안에서 으뜸가는 미인 / 재덕: 재주와 덕(내적 덕목) / 빙폐: 공경하는 뜻을 표하고자 주는 예물 / 명부: 벼슬아치의 아내로 나라로부터 품계를 받은 부인 / 「 」: 내면보다 외면을 중시하는 혼인관)

▶ 유 소사가 매파를 통해 사 급사 댁에 혼사의 뜻을 전함

부인은 매우 기뻤다. 허나 소저와 상의하고자 매파를 머물게 하고는 몸소 소저의 처소로 갔다. 매파 주 씨가 말한 대로 소저에게 이르고는 물었다.

(처소: 사람이 기거하는 곳)

"우리 아이는 어떻게 생각하느냐? 숨기지 말고 네 뜻을 말해 보아라."

(딸의 의사를 존중하는 너그러운 어머니의 모습)

소저 대답하여 아뢰었다.

결정적 장면

"소녀가 듣자오니 유 소사께서는 오늘날의 어진 재상이라고 합니다. 결혼이 불가할 까닭은 없습니다. 그러나 오직 매파 주 씨의 말로만 본다면 의심스러운 점이 없지 않습니다. 소녀가 듣자오니 군자는 덕(德)을 귀하게 여기고 색(色)은 천하게 여기며, 숙녀는 덕으로써 시집을 가고 색으로써 사람을 섬기지 않는다고 합니다. 이제 매파 주 씨가 먼저 색을 일컬으니 소녀는 그윽히 부끄

(유 소사께서는 오늘날의 어진 재상: 유 소사의 덕에 대한 소문 / 결혼이 불가할 까닭은 없습니다: 소문에 의한 판단 / 덕: 내면적 아름다움 / 색: 외면적 아름다움 / 숙녀는 덕으로써 시집을 가고 색으로써 사람을 섬기지 않는다: 이 글의 주제 암시(사 씨와 교 씨의 갈등을 통해 제시하고자 하는 덕목) / 먼저 색을 일컬으니: 혼인 거절의 이유 ① – 외적 가치를 중시함)

렵게 여깁니다. 더욱이 「유씨 집안의 부귀를 극히 자랑하면서도 우리
「 」: 혼인 거절의 이유 ② – 유씨 집안이 자신의 가문만 내세움
선 급사(先給事)의 성대한 덕은 일컫지 않았습니다.」 혹시 매파 주 씨가
사 씨의 부친, 사 급사
사람됨이 미천하여 유 소사의 뜻을 잘 전하지 못한 것은 아닌지요. 「그렇지 않다면 유 소사께서 어질다고 하는 말은 거의 헛소문일 것입니다.」 소녀는 그 집에 들어가기를 원하지 않사옵니다."
「 」: 혼인 성립의 가능성을 남김 – 혼인을 거절한 것이라기보다는 다시 예를 갖추어 청혼할 것을 바라는 것임

▶ 사 씨가 청혼을 거절함

부인은 평소 딸을 기특히 여기고 사랑하는지라 어찌 그 뜻을 어길 리가 있겠는가? 밖에 나와 매파 주 씨에게 답변했다.
편집자적 논평

❶ "소사께서 우리 딸의 재색(才色)에 대해 잘못 들으셨던 게야. 우리 딸은 가난한 집에서 자라나 제 손으로 방적(紡績)을 하면서 여공(女工)을 서투르게 익혔을 뿐이네. 어찌 부귀한 집안의 부인에 방불할 만한 화용성식(華容盛飾)이 있을 리가 있겠는가. 결혼한 후에 소문과 같지 못하다면 죄를 얻을까 두렵다네. 바라건대 이렇게 회보하여 주기 바라네."
재주와 아름다운 용모 / 예전에, 부녀자들이 하던 길쌈질 / 실을 뽑는 일, 길쌈 / 아름다운 용모와 화려한 옷차림 – 색을 강조하는 매파의 말을 이용하여 색과 무관함을 밝힘 / 대답하여 보고함

매파 주 씨는 이 말을 듣고는 매우 이상하게 여기고는 재삼 쾌히 승낙하기를 청했으나 부인의 말씀은 변함이 없었다. 매파는 돌아가 그대로 소사에게 아뢰었다. 소사는 자못 불쾌하였다. 한참 동안 말없이 생각하다가 매파 주 씨에게 물었다.
상대의 의도를 이해하지 못함 / 두세 번, 몇 번씩 / 부인의 성품 – 의기가 있음 / 유 소사의 신중한 성격 – 감정에 의해 함부로 일을 그르치지 않음

"애당초 네가 부인에게 무엇이라고 말씀을 드렸는가?"
상황의 점검

매파 주 씨는 자기가 한 말을 그대로 반복하여 아뢰었다. 소사는 그제야 깨닫고는 웃으며 말했다.

"내가 일에 소활하여 너를 잘 가르쳐 보내지 못한 탓이로다. 너는 잠시 물러가 있거라."
엉성하고 어설퍼서 / 유 소사의 성품 – 후덕함(잘못의 원인을 남에게 돌리지 않음)

▶ 유 소사가 사 씨의 청혼 거절을 전해 듣고 그 이유를 깨달음

이튿날 소사는 친히 신성(新城)으로 가 지현(知縣)을 보고는 사 씨 집안과의 통혼할 일을 말했다.
지방을 다스리는 수령 – 성의와 진심을 전달하기 위한 매개 / 일을 그르치지 않기 위한 신중함

"일찍이 매파를 보내어 혼인의 뜻을 전했습니다만 그 집안에서 답하기를 여차여차하니 이는 필시 매파가 실언한 때문입니다. 이제 수고스럽지만 선생께서 한번 사 급사 댁을 다녀와 주시기를 바랍니다."
내용을 서술자가 임의대로 전달 – 고전 소설의 특징 / 부탁의 이유

지현이 말하기를,

결정적 장면

유 소사가 사 씨의 집에 매파와 지현을 차례로 보내 혼사를 청하고, 사 소저가 거절하다가 결국 승낙하여 사 소저와 유 한림이 혼례를 올리는 장면이다. 사 씨와 사 씨의 어머니, 그리고 유 소사의 신중하고 어진 성품이 드러나는 부분이다.

문제로 핵심 파악

1 [기출] 이 글에 대한 설명으로 적절한 것은?

① 현재와 과거 장면의 교차가 빈번하다.
② 사건 전개가 전기적(傳奇的)이고 우연적이다.
③ 등장인물들 사이에 생겨났던 오해가 해소된다.
④ 선한 인물과 악한 인물의 대립이 잘 드러난다.
⑤ 환상적 장면 묘사를 통해 탈속적 분위기가 조성된다.

핵심 구절 풀이

❶ "소사께서 우리 딸의 ~ 회보하여 주기 바라네.": 사 씨의 어머니가 매파에게 청혼 거절의 의사를 전하는 부분으로, 외적 가치만 중시하고 자신의 가문만 내세우는 상대를 지적하지 않고 스스로의 약점을 제시하여 거절하는 것에서 인물의 후덕한 성품이 드러남

"노선생의 하교(下敎)를 어찌 따르지 않겠습니까? 다만 그 댁에 가서 어떻게 말해야 하는지요?"

소사 말하기를,

"다른 말씀은 하실 필요가 없습니다. 다만 「'선 급사(先給事)의 청명(淸名)을 흠모하고, 또 소저가 부덕(婦德)을 갖추었음을 들었다.' 라고만 하십시오.」 그러면 그 댁에서 의당 허락할 것입니다."

청명: 청렴결백하다는 명망 / 부덕: 여자가 지켜야 할 떳떳하고 옳은 도리 / 「 」: 매파의 실수를 정확히 알고 있음 → 실수의 수정(덕의 강조)

지현이 말하기를,

"삼가 가르치신 대로 하겠습니다."

드디어 지현은 사 씨 집에 아전을 보내어 지현 상공이 찾아올 것임을 말하게 했다. 부인은 혼사 때문임을 알고는 객당을 깨끗이 하고는 기다렸다.

아전: 조선 시대에, 중앙과 지방의 관아에 속한 구실아치 / 객당: 손님을 맞이하기 위해 마련한 거처

▶ 유 소사가 지현에게 통혼을 부탁함

이튿날 아침 지현이 도착하자, 소저의 유모가 소공자(小公子) 희랑(喜郞)을 안고 나아가 지현을 맞이했다. 당상(堂上)에 지현을 모시고는 유모가 여쭈었다.

소공자 희랑: 사 씨의 남동생 사희 – 어리지만 집안의 남자가 손님을 맞는 것이 예의임 / 당상: 대청 위

「"주인(主人)께서는 세상을 떠나시고 소주인(小主人)께서는 나이 어려 손님 대접하는 예를 모르십니다.」 노야(老爺)께서는 어인 일로 누지(陋地)에 욕림(辱臨)하셨습니까?"

주인: 사 급사 / 소주인: 소공자 희랑 / 욕림: 남이 자신을 찾아옴을 높여 이르는 말 / 「 」: 자신이 손님을 맞는 이유를 설명함 / 노야: 나이 많은 남자를 높여 부르는 명칭 / 누지: 자신이 사는 곳을 겸손히 이름

지현이 말했다.

"다른 일이 아니라네. 어제 유 소사께서 관아에 오셔서 나에게 이렇게 말씀하셨다네. '아이의 혼사로 처자(處子)의 집을 방문한 것이 적지 않으나 뜻에 맞는 집이 하나도 없었습니다. 가만히 듣건대 사 급사 댁의 처자는 유한 요조(幽閑窈窕)하여 여사(女士)의 풍모가 있다고 하니 이는 참으로 제가 구하는 사람입니다. 하물며 선 급사의 맑은 이름과 곧은 절개는 평소 흠앙하던 바입니다. 그리하여 일찍이 매파를 보내었으나 좋은 대답을 듣지 못했습니다. 아무래도 매파가 실언을 하여 그리 되었을 것입니다.' 라고. 이에 나로 하여금 중매하게 하시어 진진지호(秦晋之好)를 맺으려 하시니 이는 아름다운 일이라. 바라건대 이로써 노부인께 아뢰어 일언(一言)에 승낙하심을 얻고자 하네."

뜻: 혼사를 위한 조건 – 부덕과 선조의 덕 / 유한 요조: 인품이 조용하고 그윽하며 행실이 아리땁고 얌전함 – 덕에 대한 칭찬 / 여사: 학덕이 높고 어진 여자를 높여 부르던 말 / 흠앙: 공경하여 우러러 사모함 / 선 급사의 맑은 이름과 곧은 절개는 평소 흠앙하던 바입니다: 사 급사에 대한 칭찬 / 진진지호: 혼인을 맺은 두 집 사이의 가까운 정의(情誼)를 이르는 말. 중국의 진(秦)나라와 진(晉)나라의 왕실이 혼인을 맺고 지낸 데서 유래함

유모가 들어가더니 곧 나와서는 부인의 말씀을 아뢰었다.

"노야께서 소녀의 혼사를 위하여 누추한 집에까지 욕림하시니 실로 황공하기 그지없습니다. 말씀하신 유 소사 댁과의 혼사는 다만 감당하지 못할까 두려울 뿐입니다. 어찌 감히 명을 어기겠습니까?"

어찌 감히 명을 어기겠습니까: 혼인의 승락

지현은 기뻐하며 돌아가 소사에게 편지로 알리니, 소사는 크게 기뻐하여 길일을 택했다. 유 한림(劉翰林)이 육례(六禮)로 친영(親迎)하니, 사 소저의 위의가 성대하고 예도(禮度)가 아름다움을 두

유 한림: 유연수 / 육례: 혼인의 여섯 절차 / 친영: 육례의 하나. 신랑이 신부 집에 가 친히 신부를 맞이하는 일

고 진신(縉紳)들 사이에 흠모하고 부러워하지 않은 이가 없었다.
벼슬아치

▶ 사 급사 댁의 혼인 승낙과 혼인

유 한림이 사 소저와 혼인을 맺었다. 참으로 이른바 '요조숙녀(窈窕淑女) 군자호구(君子好逑)'의
《시경(詩經)》의 한 구절 – 행실과 품행이 고운 숙녀는 군자의 좋은 배필이 된다는 뜻
격이었다. 짝도 잘 맞고 정은 화락하니 분위기는 그윽하기 이를 데가 없었다. 이튿날 대추와 밤을 받들고 소사에게 예를 올렸다. 사흗날은 가묘(家廟)로 올라 조상에게 혼인을 고했다.
한 집안의 사당

그때에 마루에는 친척과 빈객들이 가득했다. 뭇사람들이 모두 소저를 응시하니, 단지 '향기로운 난초가 봄바람에 흔들리고 하얀 연꽃이 가을 물에 비치는 광경'을 볼 수 있을 뿐이었다. 진퇴하는 거동이 예법을 지켜 조금도 어긋나는 바가 없었다. 사람들은 모두 떠들썩하게 칭찬하며 소사에게 치하를 하였다.

예를 마치자 소사가 신부를 가까이 불러 물었다.

「"내가 일찍이 신부가 지은 관음찬을 보고는 그 재주와 뜻이 높다는 것을 알 수 있었지. 이제 생
관음보살을 찬양하여 부르는 노래 글귀. 사 씨의 재주가 뛰어남을 알리는 소재
각하니 풍월을 읊은 작품도 적지는 않을 듯한데, 어떤가?"」
「 」: 일전에 유 소사가 사 씨에게 관음찬을 짓게 하여 재덕을 시험한 적이 있었음

「"한묵(翰墨)을 희롱하는 일은 여자가 할 바가 아닙니다. 아울러 재질도 둔해 일찍이 지은 적이
글을 짓거나 시를 쓰는 것을 이르는 말
없습니다. 관음찬은 어머니의 명을 받고 마지못해 지었던 것입니다. 누추한 글이 존람(尊覽)에
남이 관람함
들어가리라고는 미처 생각지도 못하였습니다."」
「 」: 글을 짓는 것은 부녀자가 할 일이 아니라고 여김 – 수동적 · 소극적 여성관(남성 중심적 · 봉건적 사고방식)

"진실로 한묵이 여자가 할 일이 아니라고 한다면, 예로부터 현숙한 부인들이 독서하지 않은 사람이 없었던 것은 무슨 까닭인가?"

"그는 착한 일을 본받고 악한 일을 경계하기 위한 것일 뿐입니다."

"신부는 이제 우리 가문에 들어왔네. 앞으로 장부(丈夫)를 어떻게 섬기려 하는가?"
남편

"어린 시절 엄부(嚴父)를 여의고 편모(偏母)의 과애(過愛)를 받으며 성장하여 배운 것이 전혀 없습
남에게 자기 아버지를 높여 이르는 말 / 과분한 사랑 / 겸손한 태도
니다. 그러나 자모(慈母)께서 문에서 전송하면서 「'반드시 공경하고 반드시 경계하여 지아비의
어머니
뜻을 어기지 말라'라고 말씀하셨습니다. 그 말씀을 따른다면 아마도 대과(大過)는 면할 수 있을
큰 잘못
것입니다."」 「 」: 남편의 뜻을 공경하고 어기지 않음 – 사 씨의 가부장적 사고방식

"지아비를 어기지 않는 것이 부도(婦道)라 한다면, 지아비에게 허물이 있는 경우라 하더라도 또
여자가 마땅히 지켜야 할 도리
한 따라야 한다는 말인가?"

"그런 뜻에서 올린 말씀은 아닙니다. 고어(古語)에 이르기를 '부부의 도는 오륜(五倫)을 고루 겸
유학에서, 사람이 지켜야 할 다섯 가지 도리
한다'라고 하였습니다. 아비에게는 간언하는 아들이 있고, 임금에게는 간쟁하는 신하가 있습니다. 형제는 서로 정도(正道)로 권면하고, 붕우는 서로 선행을 권유합니다. 부부의 경우라 하여
부부의 경우에도 서로를 바른 길로 이끌어야 함

어찌 유독 그렇지 않겠습니까? 하지만 자고로 장부가 부인의 말을 들으면 이익은 적고 폐해가 많았습니다. 따라서「암탉이 새벽에 울고 철부(哲婦)가 나라를 기울게 하는 것은 경계하지 않을 수 없을 것입니다.」

어질고 사리에 밝은 여자

「 」: 여성의 자기표현 및 적극적 활동을 부정적으로 인식함 – 사 씨의 가부장적 사고방식

▶ 혼인 예식을 마친 유 소사와 사 씨의 문답

소사는 손님들을 돌아보았다.

"우리 며느리가 조대가 같은 사람입니다."

이어 한림을 돌아보았다.

"어진 아내를 얻은 것은 사소한 일이 아니란다. 네가 내조할 아내를 얻었구나. 내가 무엇을 더 염려하겠느냐?"

이윽고「소사가 시비에게 상자 속에 있던 보경(寶鏡) 한 면과 옥환(玉環) 한 쌍을 가져오게 하여 그것을 소저에게 주었다.」

보배롭고 귀중한 거울 – 신부의 명석함을 상징함

옥가락지 – 신부의 덕성을 상징함

「 」: 유 소사가 사 씨를 며느리로 인정함

"이것은 우리 집안에서 대대로 전하는 물건이니라. 신부의 명석함은 거울과 같고, 덕성은 옥에 비길 만하지. 오로지 정을 표하려는 것이야."

소저는 일어나 절을 하고 나서 받았다. 그날 소사와 사람들은 모두 크게 기뻐해 취하도록 술을 마시다가 자리를 파했다.

소저가 유씨 댁에 들어간 후, 시부모는 효성을 다해 섬기고, 비복은 은혜로운 마음으로 대했다. 제사는 정성을 기울여 받들고 가사는 법도에 맞게 다스렸다. 금슬이 조화를 이루고 패옥 소리가 쟁쟁했다. 규문은 물처럼 맑고 화기가 봄날처럼 가득했다.

가정이 화목함

▶ 사 씨가 가정의 화목을 이룸

뒷부분 줄거리 | 사 씨는 혼인한 지 9년이 넘도록 아이가 없자 후실을 얻도록 하여 유연수는 교 씨를 받아들인다. 사 씨와 교 씨 모두 아들을 얻게 되는데, 교 씨는 사 씨에게 누명을 씌워 사 씨를 축출하고 정실이 된다. 그리고 교 씨와 간통한 동청은 유연수를 모함하여 귀양 보낸다. 나중에 성은을 입어 풀려난 유연수는 모든 것이 교 씨의 짓임을 알게 되어 교 씨를 처형하고 사 씨와 합하여 부귀영화를 누린다.

필수 문제

01 이 글에서 매파가 사 급사 댁에 청혼의 뜻을 전하는 과정에서 범한 실수 두 가지를 쓰시오.

02 고전 소설의 서술자는 작품의 외부에서 인물을 관찰하고 그 행동과 심리를 독자에게 전달하지만, 동시에 작품 속에 개입하여 자신의 느낌이나 평가를 전달하기도 한다. 사 씨의 어머니가 매파에게 청혼을 거절하는 뜻을 밝히는 장면에서 이러한 특징이 가장 잘 나타난 문장을 찾아 쓰시오.

03 지현이 사 급사 댁을 방문한 장면에서 알 수 있는, 당시 양반들이 손님을 맞이하는 풍속의 특징을 쓰시오.

장면 2

앞부분 줄거리 | 명나라 순천부의 유현은 늦게 아들을 얻어 연수라 이름 짓는다. 15세에 한림학사에 제수된 유연수는 사 씨와 결혼하나 자식이 없어 교 씨를 첩으로 맞이한다.

때는 정히 모춘(늦봄)이라. 동산에 백화가 만발하야 그 아름다운 경치가 가히 구경함 직한지라. 한림(유연수를 가리키는 벼슬 이름)은 천자를 모시고 서원(西院)(중국 장안의 서쪽에 있었던 궁궐의 화원)에서 잔치를 배설(연회나 의식에 쓰는 물건을 차려 놓음)하야 아직 집에 돌아오지 아니하였다. 이때 사 부인이 홀로 서안(書案)(예전에, 책을 얹던 책상)에 의지하야 옛글을 보더니, 시녀 춘방(春芳)이 여쭈기를,

"화원 정자에 모란꽃이 만발하였으니 한번 구경함 직하온지라. 상공(재상을 높여 부르는 말. 유연수)이 아직 조당(朝堂)(조정. 임금이 나라의 정치를 신하들과 의논하거나 집행하는 곳)에서 돌아오시지 아니하고 계시니 한번 화원에 가셔서 꽃을 구경하소서."

사 부인이 기뻐하여 즉시 책을 덮고 의상을 떨치고 시녀 오륙 인을 데리고 연보(미인의 정숙하고 아름다운 걸음걸이를 비유적으로 이르는 말)를 옮겨 정자에 이르니, 버들 그늘이 난간을 가리우고 화향(꽃향기)은 연당(연못)에 젖었고 화원 안이 가장 고요하야 정히 구경함 직한지라. 사 부인이 시비를 명하야 차를 마시고 교 씨를 청하야 같이 춘색(봄을 느끼게 하는 경치)을 구경하려 하더니 문득 바람결에 거문고 타는 소리(교 씨가 타는 거문고 소리)가 은은히 들리거늘 이를 괴이히(이상하게) 여겨 귀를 기울여 자세히 들으니, 거문고의 소리가 요량(嘹喨)(소리가 맑고 낭랑함) 청결하야 진주 옥반에 구르는 듯(아름다운 거문고 소리를 진주가 옥쟁반에 구르는 소리에 비유함) 능히 사람의 마음을 감동케 하는지라. 부인이 좌우더러 물어 가로되, / "괴이하다, 이 거문고를 뉘 타는고."

시비 대답하여 가로되, / "거문고 소리가 교 낭자(교 씨)의 침소로부터 나는가 싶사외다."

사 부인이 믿지 아니하고 가로되,

"음률은 여자의 할 바 아니라 교 낭자 어찌 이러할 리 있으리오.(유교 사회에서의 부녀자의 도리를 중시하는 사 씨의 성격을 간접적으로 제시함. 사 씨가 유교 사회에서 요구하는 질서와 관념을 형상화하는 인물임을 드러냄) 듣는 것이 보는 것만 못하니, 너희는 모름지기 그 소리 나는 곳을 좇아가서 자세히 알고 오라."

시비 부인의 명을 듣고 소리 나는 곳을 좇아가니, 과연 백자당(교 씨가 거처하는 곳. '아들을 많이 낳는 집'이라는 뜻)으로부터 나는지라. 이에 가만히 문밖에서 엿보더니 교 낭자 상에 온갖 음식을 차려 놓고 섬섬옥수(가냘프고 고운 여자의 손을 이르는 말)로 거문고를 희롱하며 한 미인이 화려한 의복을 입고 앉아 노래를 부르거늘, 시비 자세히 보고 곧 돌아와 사 부인께 고하니, 부인이 크게 놀라 가로되,

"교 낭자 어느 사이에 거문고를 배웠으며 또 노래 부르는 미인은 어떠한 사람인고. 내 한번 자세히 물어 그 진위(眞僞)(참과 거짓)를 안 후에 가히 좋은 말로 경계하야 다시 그런 행사를 못 하게 하리라.(부녀자의 도리를 지키지 않은 교 씨에게 충고를 하려는 사 씨)"

하고 이에 시비를 명하야 교 낭자를 부르라 하니, 시비 나아가니라.

▶ 춘색을 구경하다 교 씨의 거문고 소리를 듣는 사 씨

이때 교 낭자 십랑(교 씨가 불러들인 점쟁이)의 공에 힘입어 한림의 사랑을 낚으려 하여 두루 방예(防豫)(무슨 일이 일어나기 전에 미리 예방함)를 하고, 이에 음률을 배워 한림을 농락코자(남을 교묘한 꾀로 휘잡아서 제 마음대로 놀리거나 이용함) 할새, 십랑이 교 낭자를 향하여 가로되,

"낭자 이제 한림의 사랑을 더 받고져 하면 거문고와 노래는 장부의 맘을 혹하게 하는 것이니,(덕이 아니라 음률로 한림의 사랑을 받으려 함) 이제 거문고 잘 타는 사람을 구하야 스승을 삼아 배움이 마땅할까 하나이다."

교 낭자 크게 기뻐하며 가로되,

"내 또한 그 마음이 있으되 스승을 만나지 못하야 한탄하노라."
한림의 사랑을 받기 위해 거문고를 배우려는 교 씨 – 유교 사회의 규범에 맞지 않는 여성상

십랑이 가로되,

"내 일찍 탄금(彈琴)에 익숙한 동무가 있으니 이름은 가랑(佳娘)이라. 탄금하기와 노래 부르기를 잘하니 가랑을 청하야 배움이 어떠하뇨."
거문고나 가야금을 탐

교 낭자 가장 좋이 여겨 바삐 불러오기를 청하니 십랑이 즉시 사람을 부려 가랑을 부르니, 원래 이 가랑은 하방(下房) 계집으로 온갖 노래와 탄금을 유명하게 잘하는지라. 이에 부름을 듣고 대희(크게 기뻐함)하야 비자(婢子)(여자 종)를 따라 교 낭자의 침소에 이르러 서로 사귀매 뜻이 자연 합하야 교 낭자 가랑으로 스승을 삼고 가곡을 배우매, 교 낭자는 본디 영리 총명한 계집이라 배우기를 시작하매 일취월장(日就月將)(나날이 자라거나 발전함)하야 고금 음률에 모를 것이 없는지라. 가랑을 협실(夾室)(안방에 딸린 작은 방)에 감추고 『한림이 조당에 들고 없는 때면 가랑을 청하야 가곡 음률을 배우고 한림이 집에 있으면 노래와 탄금으로 한림을 농락하더라.』 이에 한림이 교 씨 사랑함이 날로 더하고 사 부인의 침소는 날로 멀어지더라.

「 」: 교 씨가 가곡 음률을 배운 이유 – 첩인 자신의 신분이 불안하여 한림의 사랑을 독차지하기 위함

▶ 음률을 배워 한림의 사랑을 독차지하려는 교 씨

이때 교 낭자 한림이 입번(入番)(관아에 들어가 차례로 숙직함)하고 집에 없는 고로 이제 가랑을 청하야 주배(술잔)를 갖추어 놓고 술을 부어 잔을 들어 즐기며 거문고와 노래로 서로 화합하더니, 문득 시비 이르러 사 부인의 명(화원으로 오라는 사 씨의 말)을 전하고 가기를 재촉하더라. 교 낭자 바삐 술상을 치고 시비를 따라 화원에 이르니, 사 부인이 좋은 낯으로 좌(앉을 자리)를 주어 앉히고 그 미인(가랑)이 어떤 계집임을 물으니, 교 낭자 이에 대하여 가로되,

"그 여자는 저의 사촌 아우올시다." / 하니, 사 부인이 정색하야 가로되,
사 씨에게 거짓말을 하는 교 씨

『"여자의 행실은 출가하면 구고(舅姑)(시부모) 봉양과 군자 섬기는 여가(남는 시간)에 남녀 자식을 엄숙히 가르치고 비복(하인)을 은혜로 부리나니, 여자 음률을 행하고 노래로 소일하면 가도(家道)(집안에서 마땅히 지켜야 할 도덕적 규범)가 자연 어지러워지나니, 그대는 깊이 생각하야 두 번 그런 데 나아가지 말고 그 여자를 집으로 보내고, 또한 나의 말을 허물치 말라."』

「 」: 가부장제 사회에서의 아녀자의 규범을 매우 중시하는 태도를 보임. 유교 사회가 요구하는 질서를 지키려 노력함

▶ 교 씨를 타이르는 사 씨

뒷부분 줄거리 | 교 씨는 사 씨를 모략하여 내쫓고, 문객 동청과 계략을 꾸며 유연수를 유배 보낸다. 후에 혐의를 벗은 유연수는 유배지에서 나와 모든 것을 알게 되고 사 씨와 해후한다. 동청과 교 씨는 처형되고, 유연수는 사 씨와 함께 백년해로한다.

필수 문제

01 사 씨가 교 씨에게 거문고를 타지 말라고 한 이유를 쓰시오.

02 이 글은 가정 소설이지만 세태 반영 소설로도 볼 수 있다. 작품이 쓰인 연대를 고려할 때 이 글이 풍간하고 있는 역사적 사실은 무엇인지 쓰시오.

장면 3

사 부인이 교 씨에게 말했다. / 「"낭자가 재주가 많다는 것은 내가 본디 잘 알고 있었다오. 그러나 또한 그처럼 음률에까지 정통하리라고는 미처 생각하지 못했소. 지난번 거문고 소리는 족히 채문희(蔡文姬)의 그 독보적 명성과 비견할 만한 것이었소."」

낭자: 교 씨 / 채문희: 후한 때 채옹의 딸로 음률에 정통했다고 함 / 비견: 낫고 못할 것이 없이 정도가 서로 비슷함

「 」: 교 씨를 진심으로 칭찬함. 성품이 곱고 착한 사 씨의 성격을 간접적으로 드러냄

"천한 기예라 능하다 할 것은 없습니다. 부족하나마 스스로 즐길 따름입니다. 부인께서 들으시리라고는 참으로 생각하지 못했습니다."

기예: 갈고닦은 기술이나 재주 / 부인: 사 씨

"낭자의 거문고 소리는 실로 아름다웠소. 나와 낭자는 정리(情理)로는 형제와 같고 의리(義理)로는 벗과 같지요. 그래서 이제 낭자를 위해 한 가지 말씀을 드릴까 합니다만……."

정리: 인정과 도리 / 낭자를 위해 한 가지 말씀을 드릴까 합니다만: 교 씨에게 충고를 하려 함

"부인께서 가르쳐만 주신다면 천첩에게는 다행한 일입니다."

「"낭자가 타신 것은 당나라 때의 예상우의곡(霓裳羽衣曲)이지요. 그 곡조가 세상에서 숭상을 받고 있기는 하다오. 그러나 그 시대를 논한다면 명황(明皇)의 호화와 부귀가 극에 달했다가 끝내 안녹산(安祿山)의 난을 만나 황제가 만 리 밖으로 쫓겨 갔던 때였지요. 양태진(楊太眞)은 금강보(錦襁褓)라는 기롱을 면치 못하고 마침내 마외역(馬嵬驛)에서 죽임을 당하여 후대 사람들의 조롱거리가 되었지요. 그러한 망국(亡國)의 노래는 본디 취할 만한 것이 아니랍니다. 또한 낭자는 손놀림이 빠르고 가벼워 그 소리가 지나치게 슬프고 원망하는 듯하오. 따라서 사람의 마음을 움직이게 할 수는 있겠으나 사람의 기운을 화평하게 하기에는 조금 부족하다오. 당나라 때의 시 가운데에도 또한 노래할 만한 것이 많이 있는데 낭자는 어찌하여 그러한 곡조를 택한 것이었소?"」

예상우의곡: 신선들의 세계인 월궁(月宮)의 음악을 본떠 만들었다고 하는 곡조 / 명황: 당나라 제6대 황제 현종 / 양태진: 양 귀비. 당나라 현종의 비 / 안녹산: 당나라 현종 때의 무장으로 반란을 일으켰다 죽임을 당함 / 금강보: 비단 포대기. 양 귀비가 비단옷을 입고 있었음을 놀리는 말 / 기롱: 남을 속이거나 비웃으며 놀림 / 그러한 망국(亡國)의 노래는 본디 취할 만한 것이 아니랍니다: 사 씨가 교 씨의 연주를 경계한 이유 ① / 사람의 마음을 움직이게 할 수는 있겠으나 사람의 기운을 화평하게 하기에는 조금 부족하다오: 사 씨가 교 씨의 연주를 경계한 이유 ②

「 」: 가부장제 사회에서 아녀자의 규범을 매우 중시하는 태도를 보임. 사 씨가 유교 사회가 요구하는 질서를 따르는 인물임을 알 수 있음

교 씨는 크게 부끄러워 머뭇거리다 사죄하였다.

「"제가 무지하여 단지 사람들이 하는 바를 본받았을 뿐입니다. 그 선악은 저 자신도 모르고 있었습니다. 이제 부인께서 바른 도리로 가르쳐 주셨으니 첩은 응당 그 말씀을 뼈에 새겨 잊지 않도록 하겠습니다."」

「 」: 겉으로는 순종하는 척하나 사 씨가 신분적 우위를 내세워 자신을 가르치려 한다는 생각에 내심 못마땅해 함. 교 씨는 겉과 속이 다른 인물임 – 표리부동(表裏不同)

그러자 사 부인이 다시 교 씨를 위로했다. / "내가 낭자를 사랑하기에 이야기한 것이었소. 차후로 나에게도 과실이 있으면 낭자 또한 숨기지 말고 바로 말씀하여 주시기 바라오."

내가 낭자를 사랑하기에 이야기한 것이었소: 교 씨를 생각하여 충고한 것임

이윽고 한가하게 놀다가 날이 저물자 자리를 파했다.

▶ 사 씨가 교 씨의 거문고 연주에 대해 충고함

그날 저녁 한림은 서원(西苑)에서 집으로 돌아가 백자당(白子堂)으로 갔다. 하지만 술에 취하여 잠을 이룰 수 없어 난간을 의지하고 앉아 있었다. 마침 달빛은 대낮처럼 밝고 꽃 그림자가 창문에 가득하였다.

「한림이 교 씨에게 명하여 노래를 부르게 하였다. 교 씨는 감기가 들어 목이 아프다는 구실로 사양하였다. 한림이 다시 말했다. / "그렇다면 거문고를 대신 타게."

교 씨는 그 명도 역시 따르려 하지 않았다.」 한림이 재삼(거듭, 여러 번) 재촉하였다. 그러자 교 씨는 문득 앉은 자리가 젖을 정도로 눈물을 펑펑 흘렸다(유한림의 관심을 끌기 위해 갑자기 눈물을 흘림). 한림은 괴이한(이상한) 생각이 들었다.

「 」: 한림의 관심을 끈 후, 사 씨를 모함하기 위해 일부러 노래 부르는 것을 거절하는 교 씨 – 주도면밀하고 교활한 성격

"자네가 내 집에 들어온 이래 지금까지 불평하는 기색을 본 적이 없었네. 오늘은 무슨 일이 있었기에 그렇게 서러워하는가?"

교 씨는 대답도 하지 않고 더욱 구슬피 울었다(사 씨를 효과적으로 모함하기 위해 더욱 서러운 척함). 한림이 굳이 그 까닭을 물었다. 마침내 교 씨가 입을 열었다.

「"하문(下問)(윗사람이 아랫사람에게 물음)하시는데 대답하지 않는다면 상공에게 죄를 얻고, 대답을 한다면 부인(사 씨)에게 죄를 얻을 것입니다. 대답하기도 어렵고 대답을 하지 않기도 또한 어렵습니다."」

「 」: 이러지도 저러지도 못하는 상황이라고 말하고 있지만 실상은 한림에게 사 씨를 모함하려는 의도의 말. 한림이 사 씨에 대해 의혹을 품도록 함

"비록 매우 난처한 말을 한다 하더라도 내가 자네를 꾸짖지는 않을 것이야. 숨기지 말고 어서 말씀하게." / 교 씨는 그제야 눈물을 거두고 대답하였다.

「"첩의 촌스러운 노래와 거친 곡조는 본디 군자께서 들으실 만한 것이 아닙니다. 단지 명을 받들고 마지못하여 못난 재주를 드러냈던 것일 따름입니다. 또한 정성을 다 기울여 상공께 한번 웃음을 짓도록 하려는 것에 지나지 않았습니다. 무슨 다른 뜻이 있었겠습니까?(자신의 결백을 강조하는 설의적 표현)

그런데 오늘 아침 부인께서 첩을 불러 놓고 책망하셨습니다(잘못을 꾸짖거나 나무라며 못마땅하게 여김). '상공께서 너를 취하신 까닭은 단지 후사(대를 잇는 자식)를 위한 것일 따름이었다. 집안에 미색(아름다운 여자)이 부족한 때문이 아니었어. 그런데 너는 밤낮으로 얼굴이나 다독거렸지. 또한 듣자 하니 음란한 음악으로 장부의 심지를 고혹(아름다움에 홀려서 정신을 못 차림)하게 하여 선소사(先少師)의 가풍을 무너뜨리고 있다 하더구나. 이는 죽어 마땅한 죄이다. 내가 우선 경고부터 해 두겠다. 네가 만일 이후로도 행실을 고치지 않는다면, 내 비록 힘은 없으나 아직도 여 태후(呂太后)가 척 부인(戚夫人)의 손발을 자르던 칼과 벙어리로 만들던 약을 가지고 있느리라(한나라 고조 때 황후 여 태후가 고조가 아끼던 척 부인을 시기하여 손발을 자르고 벙어리로 만들었다는 고사를 인용함). 앞으로 각별히 삼가라!' 고 하셨습니다.」

「 」: 사 씨를 모함하는 교 씨 – 간악하고 표리부동(表裏不同)한 성격을 드러냄

첩은 본래 한미(가난하고 지체가 변변하지 못함)한 집안에서 자란 계집으로서 상공(재상(한림)을 높여 이르는 말)의 은혜를 받아 부귀영화가 극에 이르렀습니다. 지금 죽는다 하더라도 여한이 없습니다. 단지 두려운 바는 상공의 청덕(淸德)(청렴하고 고결한 덕행)이 소첩의 문제로 인하여 사람들에게 비난을 받게 되지나 않을까 하는 점입니다. 그러므로 감히 명령을 따를 수 없었던 것입니다."

▶ 한림에게 사 씨를 참소하는 교 씨

한림은 그 말을 듣고 깜짝 놀랐다. 의아한(의심스럽고 이상한) 생각이 들어 속으로 가만히 헤아려 보았다.

「'저 사람(사 씨)은 평소 투기하지 않는다고 스스로 자부하고 있었지. 교 씨를 매우 은혜롭게 대하고 있었어. 일찍이 교 씨의 단점을 말하는 소리도 들어 본 적이 없었어. 아마도 교 씨의 말이 실정(실제의 사정이나 정세)보다 지나친 것은 아닐까?'」

「 」: 교 씨의 말을 믿지 않는 한림

한림은 한동안 조용히 생각하다가 교 씨를 위로하였다.

"내가 자네를 취한 것은 본디 부인의 권고를 따른 일이었네. 또 부인이 일찍이 자네에게 해로운 소리를 한 적도 없었지. 이 일은 아마 비복들 가운데서 누군가가 참언을 하였기에 부인이 잠시 노하여 하신 말씀에 지나지 않을 것이네. 그러나 성품이 본시 유순하니 자네를 해치려 하지는 않을 것이야. 염려하지 말게. 하물며 내가 있질 않나? 자네를 어떻게 해칠 수 있겠는가?"」

사 씨 / 어떤 일을 하도록 권함 / 계집종과 사내종을 아울러 이르는 말 / 거짓으로 꾸며서 남을 헐뜯어 윗사람에게 고하여 바침. 또는 그런 말 / 부드럽고 순하니

「 」: 사 씨에 대한 한림의 신뢰 – 한림은 평소 사 씨의 됨됨이를 알고 있었기 때문에 자신을 협박했다는 교 씨의 말을 믿지 않음

교 씨는 끝내 마음을 풀지 않은 채 다만 한림에게 사례할 따름이었다.

자신의 말을 믿지 않는 한림 때문에 오히려 더 큰 질투심을 느끼게 됨

「아아! 옛말에 이르기를, '호랑이를 그리는 데는 뼈를 그리기 어렵고, 사람을 사귀는 데는 마음을 알기 어렵다' 고 하였다. 교 씨는 얼굴이 유순하고 말씨가 공손하였다. 따라서 사 부인은 단지 좋은 사람으로 여겼을 따름이었다. 경계한 말씀은 오직 음란한 노래가 장부를 오도할까 염려한 것이었다. 또한 교 씨를 바른 길로 인도하려는 것이었다. 본디 사랑하는 마음에서 한 말이었다. 추호도 시기하는 생각은 없었던 것이다. 그런데 교 씨는 문득 분한 마음을 품고 교묘한 말로 참소하여 마침내 큰 재앙의 뿌리를 양성하였다. 부부와 처첩의 사이는 진정 어려운 관계라 아니할 수 있겠는가?」

관련 속담: 열 길 물속은 알아도 한 길 사람 속은 모른다 / 실제 성격과는 다르게 순하고 공손함 – 표리부동(表裏不同) / 교 씨가 사 씨를 모함하는 계기가 됨 / 그릇된 길로 이끎 / 갈등이 본격화되어 비극적 사건이 일어날 것을 암시함 / 남을 헐뜯어서 죄가 있는 것처럼 꾸며 윗사람에게 고하여 바침 / 축첩 제도의 문제점을 제시. 축첩 제도는 갈등이 일어날 수밖에 없는 제도임을 드러냄

「 」: 편집자적 논평. 사 씨에 대한 긍정적인 시선과 교 씨에 대한 부정적인 시선이 직접적으로 드러남

한림은 교 씨의 간계를 깨닫지 못했다. 하지만 사 부인의 본의도 역시 의심하지는 않았다. 그러므로 교 씨는 다시 참소를 행할 수 없었다.

간사한 꾀

▶ 교 씨의 간계를 깨닫지 못하는 한림

어느 날 납매가 교 씨에게 고했다.

교 씨를 잘못된 길로 인도하고 사 씨와 교 씨의 관계를 이간질하는 인물

「"방금 추향에게 들으니 부인께서 회임(懷妊)을 하셨다 합니다."」 / 교 씨는 깜짝 놀랐다.

사 씨 / 임신 / 「 」: 교 씨의 위기감을 부추기는 사건

"십 년이나 지난 후에 비로소 잉태한다는 것은 세상에 드문 일이다. 혹시 월사(月事)가 불순한 것은 아니겠느냐?"

사 씨의 임신이 사실이 아니기를 바라는 마음이 드러남 / 월경

교 씨는 속으로 생각하였다.

'저 사람이 만일 아들을 낳기라도 한다면 나는 자연 무색할 뿐일 것인데……'

본부인인 사 씨의 아들이 가문을 이을 것이므로

하지만 계책 또한 마땅히 쓸 만한 것이 없었다.

한두 달이 지나면서 부인의 태기가 확실하게 나타났다. 온 집안의 사람들은 모두 기뻐하였다. 그러나 교 씨만은 홀로 앙앙불락하였다.「교 씨는 납매와 함께 은밀하게 음모를 꾸몄다. 마침내 낙태하게 만드는 약을 사서 부인이 복용하는 약 속에 몰래 섞어 놓았다.」그렇지만 부인은 그 약을 마시자마자 문득 구역질을 하며 그대로 토해 버렸다. 그 계책도 성공할 수 없었다.

아이를 가진 기미 / 매우 마음에 차지 아니하거나 야속하게 여겨 즐거워하지 아니함 / 「 」: 교 씨의 인물됨 – 욕망을 위해 수단과 방법을 가리지 않는 악한 인물

▶ 사 씨의 임신과 낙태를 시도하는 교 씨

사 부인은 달이 차자 과연 남아를 낳았다. 아이는 골격이 비상하고 신채(神彩)가 영매하였다. 한림은 크게 기뻐하여 아이의 이름을 인아(麟兒)라 하였다.

정신과 풍채 / 성질이 영리하고 비범하였다

교 씨는 비록 화심(禍心)을 품고 있었으나 그 뜻을 이룰 수 없었다.「마지못하여 부인에게 경하를 올리며 겉으로는 기쁜 듯한 표정을 지었다.」한림과 사 씨는 여전히 그것을 진정이라 여겼다.

화심: 남을 해치려는 마음 / 경하: 공경하여 축하함 / 「 」: 교 씨의 위선적인 모습 / 인물에 대한 판단력이 부족함

「인아가 점점 자라 장주와 같은 장소에서 함께 놀았다. 그런데 인아는 비록 어리기는 하였으나 기상(氣像)이 탁월하였다. 장주가 한갓 아름답기만 한 것과는 차이가 있었다.」

장주: 교 씨의 아들 / 기상: 사람이 타고난 기개나 마음씨 / 인아가 더 출중함. 인아를 긍정적으로 묘사한 표현 / 「 」: 요약적 제시를 통한 빠른 사건 전개

하루는 한림이 밖에서 집으로 들어와 상의(上衣)도 벗기 전에 인아를 안고 어루만졌다.

"이 아이는 이마의 골격이 기특하여 선인(先人)과 매우 닮았느니라. 훗날 반드시 우리 가문을 창성하게 할 것이야." / 그리고 다시 그 유모에게 이르는 것이었다.

선인: 유 한림의 아버지 유현

"각별히 잘 기르도록 하거라."

이에 장주 유모는 장주를 안고 교 씨에게 달려가 호소했다.

장주 유모: 납매와 동일한 역할

「"상공께서 유독 인아만을 어루만지며 장래를 촉망하셨습니다. 하지만 장주를 보더니 못 본 체하고 그대로 지나가셨습니다."」

「 」: 교 씨가 근심하게 된 계기

마침내 유모가 슬피 울었다. 교 씨는 더욱 근심하면서 속으로 생각했다.

'내가 저 사람과 비교할 때 용모의 아름다움은 전혀 나은 것이 없지. 그러나 적첩(嫡妾)의 분의(分義)에는 현격한 차이가 있어. 단지 나는 아들을 낳고 저 사람에게는 아들이 없었어. 그 때문에 내가 장부의 후대를 받을 수 있었던 것이야. 그런데 이제 저 사람이 아들을 낳았어.「저 아이가 장차 이 집의 주인이 될 것이야. 내 아이는 아무 쓸데가 없게 될 것이 아닌가?」저 사람이 겉으로는 어진 체하고 있지. 하지만 화원에서 나를 책망한 말은 분명히 시기를 부린 것이었어. 하루아침에 나를 한림에게 참소한다면, 한림이 평소 저를 믿고 있으니 내 신세를 염려하지 않을 수 있겠는가?'

저 사람: 사 씨 / 적첩: 본처와 첩 / 분의: 자기의 분수에 알맞은 정당한 도리 / 교 씨가 스스로 판단한 유연수의 사랑을 받은 유일한 이유 / 후대: 아주 잘 대접함. 또는 그런 대접 / 「 」: 정실 부인이 낳은 아들이 가문을 잇는다는 당대의 가치관 → 갈등의 원인 / 사 씨의 본성까지 의심함 / 교 씨의 거문고 연주에 대해 사 씨가 충고한 말

교 씨는 다시 이십낭을 불러 의논하였다. 십낭은 전에 이미 교 씨로부터 많은 금은을 받은 터였다. 마침내 서로 한마음이 되어 간악한 음모와 사특한 계교를 만들어 내지 않는 것이 없었다.「그렇지만 그 기미가 워낙 은밀하였다. 누구도 그것을 눈치채는 사람이 없었다.」

이십낭: 교 씨와 음모를 꾸미는 협의자 / 사특한: 요사스럽고 간특한 / 「 」: 쥐도 새도 모르게 은밀하게 음모를 꾸밈

▶ 인아에 대한 연수의 사랑과 이로 인한 교 씨의 불안

뒷부분 줄거리 | 교 씨는 아들 장주를 죽이고 이를 사 씨에게 뒤집어씌워 사 씨를 쫓아낸다. 그리고 동청과 계략을 꾸며 연수를 귀양 보내지만, 연수는 누명을 벗고 동청과 교 씨를 처형한다. 이후 사 씨와 해후하여 백년해로한다.

필수 문제

01 서술자가 개입하여 논평한 것으로, 이 글의 주제에 해당하는 문장을 찾아 쓰시오.

02 [서술형] 교 씨가 십낭과 함께 계교를 꾸민 이유를 당대의 사회적 상황과 관련지어 서술하시오.

장면 4

앞부분 줄거리 | 유연수와 사 씨는 혼인 후 오랫동안 자식이 없자 교 씨를 첩으로 들인다. 그러나 교 씨는 천성이 간악하여, 사 씨가 아들 인아를 낳자 자신의 자리가 위태로워질 것을 염려하여 사 씨를 모함할 계략을 세운다.

교 씨가 생각하다가 말했다.

"사 씨의 시비인 설매는 납매의 사촌이어서 유혹하기 쉬우니 불러서 물어보리라."

곁에서 시중을 드는 계집종

이렇게 말하고는 곧장 설매를 불러 뇌물을 후하게 주며 납매와 함께 사 씨의 물건을 훔칠 일을

사 씨를 섬기는 시비. 납매의 꼬임에 넘어가 교 씨의 악행을 돕게 됨

의논하였다. 설매가 재물을 받고는 기뻐하며 납매에게 말했다.

교 씨를 섬기는 시비. 설매를 꼬드겨 교 씨의 악행에 동참하게 함

"열쇠를 구할 수만 있다면 쉬운 일이지만 대관절 무엇에 쓰려 하느냐?"

납매가 말했다.

"용도는 묻지 말고 비밀로 해라. 만일 다른 사람이 알면 너와 나는 죽은 목숨이니라."

이 말을 교 씨에게 전하자 즉시 열쇠를 주면서 말했다.

"부인이 아끼고 한림이 평소에 자주 본 것을 구하고자 하노라."

설매가 응낙하고 가서는 옥가락지를 훔쳐 왔다. 교 씨가 기뻐서 다시 설매에게 재물을 주고는

교 씨가 사 씨를 모함하기 위한 소재. 이후 옥가락지가 다른 남자에게 있는 것을 본 한림이 사 씨의 행실을 의심하게 됨

동청과 함께 계교를 행하려 하였다.

유 한림의 집사. 교 씨와 정을 통하여, 사 씨를 쫓아내고 이후 유한림이 귀양을 가는 데 결정적인 역할을 하는 전형적인 악인

이때 사 씨의 친정 모친께서 돌아가시니 사 씨가 교 씨에게 말을 전했다.

사 씨가 집을 비우게 되는 계기

"친정 모친의 초상을 치르고 돌아갈 것이다. 상공께서도 아니 계시니 부디 집안일을 잘 살피라."

복선. 유한림과 사 씨가 없는 틈을 타 교 씨가 계략을 꾸밀 것이라는 것을 암시함

교 씨는 사 씨가 돌아올 날이 아직 많이 남았음을 기뻐했지만 놀라는 척하며 즉시 납매를 사 씨

계략을 꾸밀 시간을 벌었다는 것에 대한 기쁨

에게 보내 문안을 드렸다.

결정적 장면

한편 동청은 심복인 냉진이라는 사람을 불러 많은 재물을 주면서 말했다.

마음 놓고 부리거나 일을 맡길 수 있는 사람

"유 한림이 일을 마치고 돌아오는 길에 마주쳐서 이리이리하라."

성품이 막되어 예의와 염치를 모르며, 일정한 소속이나 직업이 없이 불량한 짓을 하며 돌아다니는 사람

냉진은 원래 이곳저곳을 떠도는 무뢰배인데 재물을 보면 목숨도 아끼지 않는 인물이라. 기쁨을

편집자적 논평. 부정적 인물인 냉진의 성격을 직접적으로 제시함

감추지 못해 허락하고는 지름길을 택해 산둥 지방으로 가서 유 한림을 만나려고 하였다.

중국의 지방 이름. 공간적 배경이 중국이라는 것을 드러냄

▶ 사 씨를 모함하려는 계략을 꾸미는 동청과 교 씨

유 한림 일행은 산둥에 도착하여 두루 다니면서 백성의 고충을 살폈다. 하루는 주막에서 술을

괴로운 심정이나 사정

먹는데 한 소년이 들어와 인사하고 앉았다. 풍채가 빼어나게 아름다운 장부였다. 한림이 먼저 이

냉진

름을 물으니 소년이 대답했다.

"저는 남쪽 지방 사람인 냉진이라 하옵니다. 감히 선생의 함자를 여쭙고자 하나이다."

남의 이름자를 높여 이르는 말

『한림이 신분을 감추고자 가짜 이름을 알려 주고는 민생(民生)에 대해 물어보니 냉진이 명쾌하고 유식하게 대답했다. 한림이 기특하게 여겨 역사에 대해 물어보자 역시 막힘이 없었다.』 함께 술을

「 」: 한림을 속이기 위해 미리 치밀한 준비를 한 냉진

마시며 하루 종일 담소를 나누다가 날이 저물자 한방에서 자게 되었다. 다음 날 일어나서 보니 이 소년의 옷고름에 옥가락지 한 쌍이 매달려 있었다. 그 옥가락지는 바로 대대로 물려 온 가보이자 선친께서 사 씨에게 준 것이었다. 의심이 솟구쳐 소년에게 물었다.

(담소: 웃고 즐기면서 이야기함. 또는 그런 이야기)
(옥가락지 한 쌍: 사 씨의 옥가락지. 한림이 사 씨를 오해하게 됨)
(그 옥가락지는 ~ 물었다: 한림이 사 씨가 혼인 후 다른 남자와 정을 통했다는 의심을 하는 이유가 됨)

「"내가 전에 서역 사람을 만나 옥을 분별하는 법을 배웠는데 형이 가진 옥가락지를 보니 분명 대단한 보배라. 한번 자세히 보고자 하노라."」 「 」: 냉진의 의도대로 한림이 옥가락지에 대해 의심을 하기 시작함

(서역: 중국의 서쪽에 있던 나라를 통틀어 이르는 말)

소년이 주저하는 척하다가 옥가락지를 풀어 주었다. 자세히 보니 모양과 빛깔이 분명 사 씨의 것과 똑같았고, 동심결 매듭도 영락없는 사 씨의 것이었다. 매우 이상하게 생각하고는 다시 물었다.

(주저하는 척하다가: 한림을 속이기 위한 행동)
(동심결: 두 고를 내고 맞죄어 매는 매듭. 혼인 예물에 쓰는 실 등이 그 예임. 남녀가 사랑의 정표로 나누는 물건이란 의미로도 사용됨)

"과연 보배로다. 그대는 이런 진기한 보물을 품에 품었고 동심결까지 맺었으니 분명 사랑하는 사람이 있도다."

소년은 한숨만 길게 쉬고 탄식하며 다른 말이 없었다. 다만 옥가락지를 돌려 달라고 하여 다시 옷고름에 찰 뿐이었다. 한림이 옥가락지에 얽힌 사연을 집요하게 묻자 소년이 마지못해 대답했다.

(소년은 ~ 뿐이었다: 마치 사연이 있는 것처럼 거짓으로 행동하여 한림의 관심을 끄는 냉진)

"제가 신성현에 있을 때 사랑하는 사람이 있었는데 그때 정표로 받은 것입니다." ▶ 냉진에게 옥가락지와 관련된 사연을 묻는 유한림

(신성현: 한림의 본가가 있는 곳)

한림이 속으로 생각했다.

❶ '저 옥가락지는 우리 집 가보가 분명하다. 신성현에서 얻었다 하니 혹시 하인들이 훔쳐서 팔았는가?'

갖가지 생각이 들자 한림은 옥가락지의 근원을 분명하게 알고 싶었다. 그래서 그 소년과 며칠을 동행하였는데 자연히 두 사람의 친분이 두터워졌다. 하루는 한림이 다시 물었다.

"그대가 옥가락지의 근본을 끝내 말하지 않고 숨기니 어찌 의리 있다고 하겠나?"

(옥가락지의 출처에 대해 의심하고 있으나 내색을 하지 않음)

소년이 탄식하며 말했다.

"형과의 친분이 두터워 근본을 밝혀도 좋겠지만 사랑하는 사람과 관계된 일이니 다시 묻지 마소서."

결정적 장면

교 씨와 동청의 계략에 따라 냉진이 유 한림에게 접근해 유 한림이 사 씨를 의심하도록 만드는 장면이다. 사악하고 치밀한 교 씨와 동청의 인물됨을 알 수 있으며 이후 사 씨가 고난에 빠지는 원인이 되는 사건이 벌어지는 부분이다.

문제로 핵심 파악

1 [기출] 이 글에 대한 설명으로 적절하지 않은 것은?

① 사건이 사실적으로 서술되고 있다.
② 인물의 심리가 세밀하게 묘사되고 있다.
③ 대화를 중심으로 이야기가 전개되고 있다.
④ 시간의 흐름에 따라 사건이 진행되고 있다.
⑤ 서술자가 직접 개입하여 생각을 드러내고 있다.

2 한림은 냉진이 옥가락지를 신성현에서 얻었다는 말을 듣고는 사 씨를 의심하게 된다. (○, ×)

핵심 구절 풀이

❶ '저 옥가락지는 ~ 알고 싶었다.: 가락지의 근본에 한림이 관심을 가짐을 알 수 있는데, 이는 한림이 사 씨를 의심하는 계기가 됨

답 1 ⑦ 2 ○

한림이 말했다.

"그대가 사랑하는 사람을 만난 것은 내 이미 들었네. 대체 어떤 사람을 만났는고?"

소년이 대답했다. / "묻지 마소서. 차마 말하지 못하겠나이다."
일부러 말을 하지 않음으로써 한림의 호기심을 더 부추김

한림이 말했다.

"그대가 이렇게 좋은 인연이 있다면 그것을 버리고 어찌 남쪽으로 가는가?"

소년이 탄식하며 말했다.

"호사다마라고 아름다운 인연이 이제는 이루어질 수 없게 되었습니다."
좋은 일에는 흔히 방해되는 일이 많음. 또는 그런 일이 많이 생김

하고 눈물을 흘리거늘 한림이 말했다. / "그대는 참으로 정이 많은 사람이로다."

이에 취하도록 술을 마시고 놀다가 다음 날 작별했다. 한림은 소년의 말을 들은 후로는 의심이 계속 솟구쳤다.

'옥가락지가 허다하니 어찌 같은 것이 없겠는가. 그러나 그것을 신성현에서 얻었다 하니 참으로 이상하다.'
옥가락지의 출처에 대해 의구심을 가짐

▶ 냉진과 작별한 후에도 옥가락지의 출처에 대해 의심하는 유 한림

이후 반년이 지나자 임무를 마친 유 한림이 집으로 돌아왔다. 사 씨 역시 모친의 초상을 치르고 돌아와 있었다. 한림이 사 씨를 만나 장모의 죽음을 슬퍼하는 한편 교 씨와 인아, 장주를 다 불러 모았다. 이윽고 사 씨에게 물었다.
시간의 흐름(새로운 사건의 암시)
사 씨의 어머니
사 씨의 아들
교 씨의 아들

"선친께서 살아 계실 때 부인에게 준 옥가락지는 지금 어디에 있소?"
사 씨에게 옥가락지의 행방을 묻는 한림

사 씨가 말했다. / "상자 속에 간수하였나이다."

한림이 말했다.

"의심스런 일이 있으니 지금 바로 보고자 하오."
냉진이 같은 옥가락지를 갖고 있었기 때문. 사 씨의 외도를 의심함

사 씨가 이상하게 여겨 상자를 열어 보니 다른 보물은 다 있지만 유독 옥가락지는 보이지 않았다. 매우 놀라며 사 씨가 말했다.

"옥가락지를 분명 상자 속에 간직해 두었거늘 어디로 가고 없는고?"

이에 한림이 말했다. / "이미 다른 사람에게 주고서는 어찌 모른다 하시오?"
사 씨가 냉진에게 옥가락지를 주었다고 확신함

사 씨가 한림의 비아냥거리는 말을 듣고는 부끄럽고 분해서 말을 못하고 잠잠히 앉아 있었다.
사 씨의 억울한 심정이 드러남

시비가 와서 말했다.

▶ 옥가락지의 행방을 물으며 사 씨를 추궁하는 유한림

"두 부인께서 오시나이다."
유 한림의 고모로 덕이 있는 인물. 사 씨에게 호의를 베풂

한림이 나아가 두 부인을 맞이하여 인사를 마친 후 고했다.

"집안에 큰 변이 있으니 알리고자 합니다."
사 씨의 외도

두 부인이 말했다. / "무슨 일인고?"

한림이 냉진을 만나 겪은 일과 옥가락지가 없어진 일을 자세히 고했다. 사 씨는 이 말을 듣자 넋이 달아난 듯 다만 눈물을 흘리며 말했다.

"첩이 행실을 조심하지 못하여 이런 지경에 빠졌으니 무슨 면목으로 사람을 대하리오. 그러나 옛말에 이르기를 총명한 군자는 비방하는 말을 믿지 않는다 하였으니 원컨대 상공은 깊이 살피소서."

옥가락지를 잃어버렸기 때문에

사 씨는 말수가 많지 않았지만 강개하고 표정에 변화가 없었다. 두 부인이 이 모습을 보고는 크게 화를 내면서 한림을 꾸짖어 말했다.

억울하지만 부끄러운 행동을 한 적이 없기에 침착한 태도를 유지함

"너의 총명함을 돌아가신 유 소사와 비교하면 어떠하냐?"

한림의 아버지

한림이 대답했다.

"저를 어찌 감히 선친께 비교할 수 있겠나이까?"

유 소사. 죽은 한림의 아버지 – 사 씨의 인물됨을 알고 매우 아꼈음

두 부인이 말했다.

"돌아가신 유 소사께서는 원래 사람을 보는 안목이 뛰어날 뿐 아니라 세상의 크고 작은 일에 모르는 것이 없었다. 항상 사 씨를 보고 누구도 따르지 못할 요조숙녀라고 했다. 임종 시에 나에게 당부하시기를 네 나이가 어리니 각별히 가르치라고 했지만 사 씨에 대해서는 별다른 말이 없었다. 이는 바로 유 소사께서 이미 사 씨의 어진 됨됨이를 알고 계셨던 까닭이라. 이제 간악한 행실을 사 씨에게 뒤집어씌우려 함은 집안에 간악한 사람이 있어 사 씨를 모함함이라. 네 어찌 그 실상을 파헤쳐 어진 사람을 구하고 간악한 사람을 다스리지 못하는가? 이런 어리석은 사람이 어찌 나라의 일을 하리오. 참으로 한심하도다."

말과 행동이 품위가 있으며 얌전하고 정숙한 여자

사 씨의 어진 됨됨이를 알고 있기 때문에

유 소사가 생전에 사 씨의 됨됨이를 알고 있었다는 것을 근거로 하여 누군가가 사 씨를 모함한다고 판단함

한림

한림이 땅에 엎드려 머리를 조아리며 말했다.

"고모님의 말씀이 이와 같으시니 저의 어리석은 죄는 죽어도 마땅하옵니다."

두 부인은 즉시 형벌 기구를 갖추고는 모든 시비를 엄히 문초하였다. 모진 형벌에 살점이 떨어지고 피가 난들 아무것도 모르는 사람들이 무슨 말을 하리오. 그중 설매도 있었지만 교 씨의 심복인 탓에 자백하지 않았다. 두 부인은 별 수 없어 일단 자기 집으로 돌아가고, 사 씨는 누명을 벗지 못하여 거적을 깔고 앉아 죄인으로 자처했다. 이후 한림이 교 씨만 찾으니 교 씨가 매우 기뻐 모든 일을 제 마음대로 처리했다.

죄나 잘못을 따져 묻거나 심문함

편집자적 논평 – 아무것도 모르는 사람들을 문초하는 것에 대한 안타까움을 드러냄

사 씨가 변명하거나 남을 탓하지 않는 성격으로, 유교적 가치관에 순종하는 인물임을 드러냄

한림이 두 부인에게 사 씨를 의심한 자신의 잘못을 인정했지만 사 씨에 대한 의심을 완전히 떨치지는 못하였음

안하무인(眼下無人)

▶ 두 부인이 사 씨의 외도를 의심하는 유 한림을 꾸짖음

뒷부분 줄거리 | 교 씨가 자신의 아들을 죽이고 사 씨에게 죄를 뒤집어씌우자 사 씨는 집에서 쫓겨나게 되고 교 씨가 정실이 된다. 이후 유 한림은 교 씨와 동청의 계략으로 유배되지만 곧 혐의가 풀리고 자신의 잘못을 뉘우친다. 동청과 교 씨는 죄가 밝혀져 처형되고 한림은 사 씨를 다시 정실로 맞이하고 임 씨를 후처로 맞이한다. 임 씨의 자손들은 높은 벼슬에 오른다.

고전 소설의 특징 – 권선징악(勸善懲惡)

고전 소설의 특징 – 행복한 결말

핵심 정리

- 갈래: 고전 소설(국문 소설, 가정 소설, 풍간(諷諫) 소설)
- 성격: 가정적, 교훈적, 풍간적
- 구성: '발단 – 전개 – 위기 – 절정 – 결말'의 5단 구성
- 제재: 처첩 간의 갈등

발단: 유연수가 15세에 과거에 장원 급제함 ➡ **전개**: 유연수가 사 씨와 혼인하고, 사 씨가 첩인 교 씨에 의해 쫓겨남 ➡ **위기**: 교 씨와 사통한 동청이 유연수를 무고하여 유배 가게 함 ➡ **절정**: 유연수의 혐의가 풀리고 동청이 처형됨 ➡ **결말**: 사 씨와 해후한 유연수가 교 씨를 찾아 처형함

- 주제: ① 처첩 간의 갈등과 사 씨의 고행
  ② 사 씨의 부덕(婦德)과 사필귀정(事必歸正), 권선징악(勸善懲惡)
- 특징: ① 숙종이 인현 왕후를 폐위한 사건을 풍간하기 위해 쓴 일종의 목적 소설임
  ② 전체적으로는 추보식 구성으로 되어 있으나 일부에서는 시간의 역행적 구성이 엿보임
- 의의: ① 일부다처제와 처첩 간의 갈등을 소재로 한 최초의 가정 소설로, 후대 가정 소설의 모범이 됨
  ② 조선조 장편 소설 창작의 밑거름이 됨
- 인물 분석
  - 사 씨(사정옥): 실질적 주인공. 부덕을 갖춘, 유교적 여성관의 전형적인 인물임
  - 교 씨(교채란): 유연수의 첩. 자신의 욕망을 위해서는 수단과 방법을 가리지 않는 부정적 인물의 전형임. 사 씨를 몰아내기 위해 자신의 아들을 죽이고 유연수를 유배 가게 하는 등 온갖 악행을 저지르다가 끝내 유연수에 의해 죽임을 당함
  - 유연수: 사 씨의 남편. 15세에 등과한 유능한 인물이지만, 판단력이 부족하여 교 씨의 흉계에 넘어가 귀양까지 가게 됨. 이후 자신의 잘못을 뉘우치고 사 씨를 다시 맞아들여 행복하게 삶
  - 동청: 교 씨의 정부(情夫). 간교한 계책으로 유연수를 유배 가게 하고 교 씨와 내통하나, 냉진과 교 씨에게 배신을 당하고 결국 죽음을 맞이함
  - 납매, 십낭: 교 씨의 종. 교 씨와 내통하면서 교 씨의 악행을 조장하고 유인함

한눈에 **보기**

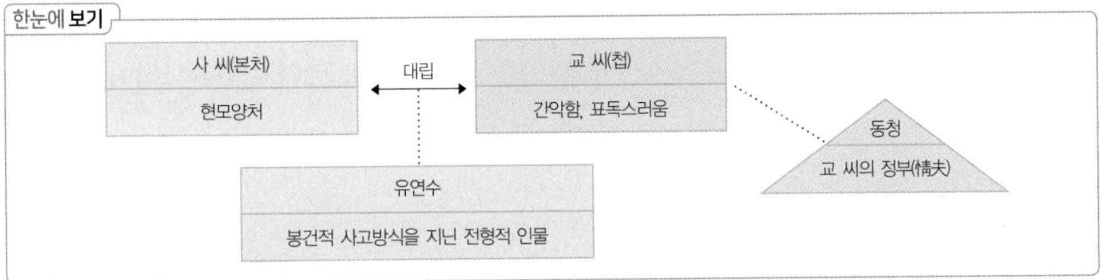

필수 문제

01 〈보기〉를 참고로 할 때, 이 글을 쓴 작가의 의도가 무엇인지 쓰시오.

〈 보기 〉

처첩 간의 갈등을 소재로 한 이 작품은 조선 숙종 때 창작된 고전 소설이다. 하지만 작품 속 유 한림이 교 씨의 간계로 사 씨를 쫓아낸 사건은 숙종이 장 희빈을 품고 중전이었던 인현 왕후를 폐출한 사건과 유사한 모습을 보여 준다.

02 [서술형] **〈보기〉를 참고로 할 때, 작가가 사 씨를 통해 여성 독자에게 전달하고자 한 것은 무엇인지 서술하시오.**

〈 보기 〉

〈사씨남정기〉는 가족 또는 가문의 중요성을 강조하고 가장이 바뀔 때, 그것도 새 가장이 어릴 때 가족이라는 집단에 닥칠 수 있는 위험을 경계하는 이야기이다. 그리고 그때 가족 구성원들, 특히 가장과 며느리인 여자가 지녀야 할 품성과 맡은 역할의 중요성을 일깨우는 이야기라고 말할 수 있다.

115 창선감의록(彰善感義錄) | 조성기

EBS 모의 기출

출제 포인트

중국 명나라를 배경으로 하여 일부다처제와 대가족 제도 아래에서 일어나는 화씨 가문의 풍파와 화해의 과정을 그린 소설이다. 작품에 나타나는 인물들의 성격과 갈등 관계에 주목해 감상해 보자.

감상 길잡이

이 글은 적장자의 자리를 둘러싸고 벌어지는 사대부 집안의 갈등과 모함을 다룬 가정 소설이다. 정실부인인 심 씨와 장자인 화춘, 그리고 차남인 화진의 갈등을 전면에 내세우면서도, 충효와 형제간 우애의 중요성을 드러내어 유교적 이념의 정립이라는 교훈적 성격을 강조하고 있다. 또한 사람의 성품은 본래 선하다는 작가의 관점이 반영되어 있으며 선(善)을 상징하는 주동 인물과 악(惡)을 상징하는 반동 인물의 대결에서 주동 인물이 반드시 승리한다는 고전 소설의 일반적 구성과는 달리, 반동 인물도 개과천선(改過遷善)하여 구제된다는 점에서 차별성을 드러내고 있다.

장면 1

앞부분 줄거리 | 명나라 상서 화욱에게는 심 씨, 요 씨, 정 씨의 세 부인이 있었는데, 요 씨는 딸 빙선을 낳고 일찍 죽는다. 화욱은 심 씨 소생의 장남 춘이 용렬하여 정 씨 소생의 아들 진과 요 씨 소생의 딸 빙선을 편애한다. 한편 간신 엄숭이 득세하자 화욱은 사직하고 낙향하는데, 이때 춘은 부덕(婦德)을 갖춘 임 소저와 혼인한다. 화욱은 진의 배필로 윤 소저와 남 소저를, 빙선의 신랑으로 유생을 정해 놓는데, 정 씨와 함께 갑자기 세상을 떠나게 된다. 이후 심 씨는 화진과 빙선을 모질게 구박한다.

어느 날 요 부인의 유모 취선(翠蟬)이 소저를 보고 울면서 한탄했다.
(소저: 아가씨를 한문투로 이르는 말. 여기서는 빙선을 가리킴)

"지극히 인자하시던 선노야(先老爺)와 선부인(先夫人)께서 소저와 공자를 생각하지 아니하고 돌아가셨습니다. 그리하여 문득 두 외로운 골육에게 쓰라린 고통을 안긴 나머지, 주옥 같은 목숨이 언제 끊어질지 모르는 처지로 떨어지고 말았습니다. 진실로 바라거니와 노신이 먼저 죽어 그 참혹한 광경을 보지 않으렵니다."
(선노야와 선부인: 죽은 화욱과 정 씨를 가리킴 / 소저와 공자: 빙선과 화진 / 골육: 부자, 형제 등의 육친. 빙선과 화진을 가리킴 / 주옥 같은 목숨이 ~ 말았습니다: 화욱과 정 씨의 죽음 이후 심 씨가 화진과 빙선을 심하게 학대함 / 노신: 유모 취선)

소저는 눈물만 삼킬 뿐 대꾸를 하지 않았다.

취선이 다시 울면서 말했다.

「"성 부인께서 한번 부중을 떠나신 뒤로 수선루(壽仙樓) 시녀들 중에는 혹독한 형벌을 받은 자가 무수히 많답니다. 그 밖의 사람들도 또한 숨을 죽인 채 오금을 펴지 못하니, 그 운명이 마치 그물에 걸린 토끼와 같습니다. 아아! 정 부인께서 언제 남에게 악한 일을 하신 적이 있었기에 지금 저희가 이러한 고통을 당하는 것입니까?"」
(성 부인: 화욱의 누나. 젊은 나이에 과부가 되어 화욱의 집에서 함께 지냄 / 부중: 문중. 집안 / 수선루: 죽은 정 씨의 거처 / 오금을 펴지 못하니: 마음을 놓고 여유 있게 지내지 못하니 / 마치 그물에 걸린 토끼와 같습니다: 매우 위태로운 상황의 비유적 표현)
(「 」: ① 심 씨가 정 씨의 시녀들을 학대하고 있음 – 심 씨의 포악한 성품이 드러남 ② 화진과 빙선이 심 씨의 노여움을 받는 계기가 됨)

그러나 소저는 이번에도 역시 아무 말도 하지 않았다. ▶ 빙선을 찾아가 신세 한탄을 하는 취선

그때 마침 난향이 창 밖에서 몰래 그 말을 엿듣고는 재빨리 뛰어가 심 씨에게 고했다.
(난향: 심 씨의 몸종. 반동 인물 / 고했다: 어떤 사실을 알리거나 말했다)

심 씨는 난향과 계향으로 하여금 소저를 끌어오게 한 뒤 발을 쾅쾅 구르며 꾸짖었다.
(발을 쾅쾅 구르며: 분노한 심 씨의 심리를 행동을 통해 묘사함)

「"천한 계집 빙선(娉仙)아! 흉악한 마음을 품고 천한 자식의 편에 서서 감히 적자(嫡子)의 지위를 빼앗고자 하여, 먼저 적모(嫡母)부터 없애버리려고 천한 종년 취선이와 함께 은밀하게 일을 꾸
(천한 자식: 화진을 가리킴 / 적자: 정실이 낳은 아들. 여기서는 화춘 / 적모: 서자가 아버지의 정실을 이르는 말. 여기서는 심 씨)

미느냐?"」「 」: 심 씨와 화진 · 빙선 사이의 갈등의 원인을 알 수 있음 – 심 씨가 화춘이 지닌 장자의 자리를 확고히 하려고 함

소저는 기가 막혀 아무 말도 하지 못하고 구슬 같은 눈물만 줄줄 흘렸다.
빙선의 억울한 심정이 드러남

심 씨는 다시 공자(화진)를 불러 마당에 무릎을 꿇게 했다. 그리고 쇠몽둥이로 난간을 쳐부수며 큰소리로 죄를 꾸짖었다.
행동 묘사를 통해 심 씨의 포악한 성격을 드러냄 – 간접 제시

「"천한 자식 진아! 성 부인의 세도(권세)를 믿고 선군(先君)(선친. 돌아가신 아버지)을 우롱해 적장자(정실이 낳은 맏아들)의 지위를 빼앗으려 했으나, 하늘이 악인을 도울 리 없어 대사(大事)가 실패로 돌아가자, 이제는 도리어 요망한 누이 흉악한 종년과 함께 짜고 흉측한 짓을 저지르려 하느냐?"」
화욱이 살아생전 화춘보다 화진을 더 사랑한 데서 생긴 질투심에서 나온 근거 없는 모함
「 」: 심 씨와 화진 · 빙선 사이의 갈등의 원인 – 심 씨가 화춘이 지닌 장자의 자리를 확고히 하려고 함

공자는 통곡하면서 심 씨를 바라보고 대답했다.

「"인생 천지에 오륜(五倫)(유학에서, 사람이 지켜야 할 다섯 가지 도리. 부자유친, 군신유의, 부부유별, 장유유서, 붕우유신을 이름)이 중하고 오륜 가운데서는 부자(父子)가 더욱 중합니다. 그런데 아버지와 어머니는 일체이십니다. 소자가 비록 무상하나(보잘것없고 변변치 못하나) 모친께서 어찌 차마 그런 말씀을 하실 수가 있습니까? 소자는 선군자의 혈속으로서 모부인(母夫人)(자당(남의 어머니를 높여 이르는 말). 여기서는 심 씨) 슬하에 있는 자입니다. 그런 말씀을 어떻게 소자에게 하실 수가 있다는 말입니까?」
「 」: ① 오륜의 부자 간의 도리를 근거로 들어 심 씨의 말을 오해라고 해명함
② 유교적 윤리관을 중시했던 당대 사회상이 드러남

매씨(妹氏)(자기의 손위 누이를 이르는 말. 여기서는 빙선)가 비록 취선이와 함께 수작(서로 말을 주고받음)한 바는 있었으나, 사사로운 정으로 주고받은 말은 본래 큰 죄가 될 수 없습니다. 그리고 원망에 찬 말을 했다 하더라도 그 죄는 취선에게 있을 것입니다. 매씨가 언제 참견이나 한 적이 있었습니까?「또한 규수의 몸은 남자와 다르니 오명(惡名)(더러워진 이름이나 명예)을 덮어씌우는 말씀은 더욱 삼가해야 할 것입니다. 천만 바라건대 조금 측은하게 여겨 주시기 바랍니다."」
「 」: 빙선이 여자라는 것을 근거로 선처를 바람 – 동정(연민)에 호소하는 말하기

소저도 마침내 강개(의롭지 못한 것을 보고 의기가 북받쳐 원통하고 슬픔)한 목소리로 입을 열었다.

「"형이나 동생이나 같은 골육입니다. 여기서 빼앗아 저기에 주다니, 그러한 의리가 어찌 있을 수 있겠습니까? 또한 두 어머니께서 모두 돌아가시고 한 어머니만이 단지 남으셨으니, 장수를 축원함(희망하는 대로 이루어지기를 마음속으로 원함)이 사람으로서의 당연한 도리입니다. 오늘 하교(윗사람이 아랫사람에게 가르침을 베풂)는 전혀 이치에 맞지 않는 말씀입니다."」
「 」: 형제간의 우애와 부모에 대한 효라는 유교적 윤리를 내세워 심 씨의 모함에 대한 억울함을 호소함

심 씨는 크게 노해 스스로 쇠채찍을 들고 급히 소저를 치려 했다. 그러자 공자는 목을 놓아 슬피 울부짖었고, 임 소저(화춘의 부인이자 심 씨의 며느리)도 심 씨의 손을 잡고 눈물을 흘리며 소저를 보호하려 했다.

결정적 장면

심 씨는 더욱 노해 비복(계집종과 사내종을 아울러 이르는 말)들로 하여금 공자를 끌어내게 한 뒤 임 소저를 꾸짖었다.

"너도 또한 악한 것들의 편을 들어 나를 없애려 하느냐?"

그때 비복들은 중문 밖에 모여 어찌할 줄을 모르며 눈물만 흘렸다. ▶ 심 씨에게 박해를 받는 화진과 빙선

그때 유생(柳生)(빙선의 정혼자)이 화부(화씨 집안)로 들어가다가 마침 쫓겨나고 있던 공자와 마주쳤다.「상복(喪服)(아버지 화욱과 어머니 정 씨의 상중이므로)은 온통 찢어지고 머리도 난발(헝클어진 머리털)한 형상을 하고 있었다.」유생이 깜짝 놀라 그 연고를 물어보았다. 그러나 공
「 」: 심 씨에게 괴롭힘을 당한 화진의 외양을 묘사함

자는 부끄러워 차마 대답을 할 수 없었다.

유생은 필시 무슨 변고가 있었으리라 짐작하면서 화춘에게 물어보려고 악차(堊次)로 그를 찾아갔다. 하지만 화춘은 보이지 않고 대신 동자가 고하기를, 『'큰공자께서는 지금 한송정(寒松亭)에서 낮잠을 자고 있습니다.' 하는 것이었다. 유생이 한송정으로 올라갔더니, 큰공자라는 사람은 과연 높은 창문에 다리를 걸친 채 코를 골며 깊은 잠에 빠져 있었다. 그리고 벗어 던진 두건(頭巾)과 요질(腰絰)로 좌우가 어지럽기 짝이 없었다.』 「 」: 맏상제로서의 본분을 다하지 못하고 어리석게 행동하는 화춘의 모습

변고: 갑작스러운 재앙이나 사고
악차: 상중에 상제가 시묘하면서 삼 년 동안 거처하는 무덤 옆의 뜸집
큰공자: 화춘
요질: 상복(喪服)을 입을 때에, 짚에 삼을 섞어서 굵은 동아줄처럼 만들어 허리에 띠는 띠
두건: 상중에 남자 상제나 어른이 된 복인이 머리에 쓰는 것

유생은 쯧쯧 혀를 차며 탄식했다.

"도척(盜跖) · 유하혜(柳下惠)와 같은 형제가 세상에 항상 있는 것은 아니지. ㉠요즈음 세상에서 그 같은 형제를 다시 만날 줄을 어찌 알았겠는가?"

도척·유하혜: 중국 춘추 시대의 유명한 도적과 그의 어진 형
㉠: 화춘과 화진을 각각 도척과 유하혜에 비유해 인물됨을 드러냄

마침내 유생은 화춘을 발로 차서 깨워 놓고 겁을 주었다.

"그대 집안에 큰 변란이 일어났으니 어서 달려가 살펴보시오."

변란: 사변이 일어나 세상이 어지러움. 또는 그런 소란

화춘이 놀라며 물었다.

"무슨 변란이 났습니까?"

"가 보시면 저절로 알게 될 것입니다." ▶ 집안의 변고를 화춘에게 알리는 유생

화춘이 황급하게 내당으로 들어가니, 마침 심 씨는 계향을 시켜 매로 소저를 때리고 있었다. 그리고 취선은 마당에 엎어져 있었다. 이미 매를 오륙십 대나 맞은 뒤라 숨소리마저 위급한 상태였다.

내당: 안주인이 거처하는 안방
목숨이 위태로운 상황 – 명재경각(命在頃刻). 심 씨의 잔악한 면모가 드러남

심 씨는 화춘이 들어오는 것을 발견하고는 손뼉을 쳐 가며 펄펄 뛰면서 진노해 마지않았다. 또한 취선이 소저에게 한 이야기를 꾸미고 부풀려 가면서 화춘을 격분하게 했다.

진노: 성을 내며 노여워함
격분: 격노(激怒). 몹시 분하고 노여운 감정이 북받쳐 오름

이윽고 화춘이 대답했다.

❶ "진이 남매가 그런 마음을 품고 있다는 것은 소자도 오래 전부터 알고 있었습니다. 그렇지만 저 두 사람이 성고모에게 붙어 있으니 형편상 갑자기 제거할 수 없을 것입니다. 그리고 방금 전에 보니 유생(柳生)이 이미 이 변고를 알고 있어 사색(辭色)이 곱지를 않았습니

그런: 장자의 자리를 뺏으려는 마음
집안에서 성고모의 위세가 대단함을 알 수 있음
사색: 말과 얼굴빛을 아울러 이르는 말

결정적 장면

심 씨가 화진과 빙선 남매를 모질게 학대하는 장면이다. 심 씨가 화춘의 장자로서의 입지를 확고히 하고자 화진과 빙선을 가혹하게 대하고 있는 부분으로, 인물 간 갈등의 원인이 드러나면서 인물의 성격을 짐작할 수 있다.

문제로 핵심 파악

1 [기출] 이 글에 그려진 갈등의 근본 원인은?
① 심 씨와 화춘이 화진과 빙선의 도덕성을 시험해 보고자 한다.
② 심 씨가 자기 가문의 일에 간섭하는 성 부인을 축출하고자 한다.
③ 심 씨가 가문 내에서 화춘이 지닌 장자로서의 권한을 확고히 하고자 한다.
④ 심 씨가 남편과 다른 두 부인이 죽은 후, 두 부인의 소생(所生)들을 배척한다.
⑤ 심 씨가 화진과 빙선이 자기를 친모(親母)로 대접하지 않는 데에 대해 보복하고자 한다.

핵심 구절 풀이

❶ "진이 남매가 ~ 옳을 것입니다.": 분노에 차 화진 남매를 내쫓으려는 심 씨를, 화춘이 성고모의 위세가 집안에서 대단하다는 상황과 유생의 태도를 염려하여 만류하고 있음

③ | 답

다. 또한 성고모께서 머지 않아 돌아오시면 반드시 큰 난리를 부릴 것입니다. 우선 분을 참고 그대로 두었다가 훗날을 기다리심이 옳을 것입니다."

심 씨는 손으로 가슴을 치면서 땅바닥을 뒹굴며 발악했다.

"성씨 집의 늙은 과부가 우리 집에 버티고 앉아 음흉한 뜻을 품고 있으니, 반드시 우리 모자를 죽이고야 말 것이다. 내가 비록 힘은 없으나 저 늙은 과부와 더불어 한번 사생을 결단할 것이니라. 또한 유생은 다른 집 자식이니 어떻게 우리 집안 내부의 일을 알 수가 있었겠느냐? 필시 진이 유생에게 고하여 나의 부덕을 누설했기 때문일 것이다. 이 분을 풀지 못한다면 네가 보는 앞에서 당장 스스로 목숨을 끊고야 말 것이니라."

화욱의 누나인 성 부인을 가리킴

건곤일척(乾坤一擲: 주사위를 던져 승패를 건다는 뜻으로, 운명을 걸고 단판걸이로 승부를 겨룸을 이르는 말)

자신의 잘못을 뉘우치기는커녕 죄 없는 화진을 나무라는 적반하장의 태도가 드러남

「화춘은 마지못해 공자를 잡아다가 매를 혹독하게 치게 했다.

공자는 그 어미와 형을 어떻게 할 수 없다는 것을 이미 잘 알고 있었으므로 변명 한 마디 하지 않고 이십여 대의 매를 맞고서는 정신을 잃고 말았다.」

「 」: 어리석은 형이 어진 동생을 학대하는 모습

▶ 심 씨를 진정시키고 화진을 학대하는 화춘

중략 부분 줄거리 | 진은 심 씨에 의해 집에서 쫓겨나지만 임 소저의 도움으로 몸을 추스른다. 집으로 돌아온 성 부인은 심 씨와 춘이 진과 빙선을 학대한 사실을 알고 이들을 크게 꾸짖는다. 진은 성 부인의 말을 따라 윤 시랑의 딸 윤 소저와 혼사를 치르기 위해 길을 떠나고, 남 어사(윤 시랑의 친구)의 딸 채봉(이후 진과 혼례를 치름)은 부모를 잃고 윤 시랑의 양녀가 된다.

그 이전에 진 공이 병부에서 벼슬을 살던 때였다.「엄숭의 가자(假子) 조문화는 진 소저가 아름답다는 말을 듣고 제 자식을 위해 진 공에게 혼인을 청한 적이 있었다. 그때 진 공이 엄한 말로 거절하자,」「조문화는 매우 노하여 엄숭에게 사주해 공을 노안부 제독으로 내쫓게 했다. 그 무렵에 다시 양석을 시켜 '진 공이 사사로이 태원의 돈 삼십만 냥을 훔쳤다.' 고 무고하게 했다. 그리고 금위옥에 가둔 뒤 온갖 방법으로 죄를 조작하게 했다.」조문화는 오 부인과 진 소저가 옛집으로 올라왔다는 말을 듣고는 부인의 종형 오 낭중이라는 자를 불러 놓고 말했다.

군사에 관한 일을 맡아보던 곳

진형수. 윤 시랑의 사돈

조정의 실권자

의붓자식

「 」: 조문화가 진 공을 탄압하는 원인

남을 부추겨 좋지 않은 일을 시킴

사실이 아닌 일을 거짓으로 꾸미어 해당 기관에 고소하거나 고발하는 일

「 」: 권력을 가진 신하가 정치를 좌우하는 현실의 문제점이 드러남

진 공의 부인

「"진형수는 죽어 마땅한 죄를 지었지. 그렇지만 내가 진실로 한번 입을 연다면 족히 목숨은 구할 수 있을 것이니라. 지난날에 형수가 나를 지나치게 무시하여 혼인을 박절하게 거절한 적이 있었다. 이제 와서 내가 그 원한을 묻어 둔 채로 덕을 베풀어 주지는 못하겠다. 들으니 그대는 형수와 인척이 된다 하더군. 만일 형수가 살아서 옥문을 나서게 하고 싶다면 시험 삼아 나를 위해 형수의 딸에게 내가 한 말을 전해 주어 보거라. 그녀가 만일 효녀라면 스스로 거취할 방도를 필시 깨우치게 될 것이니라."」

조문화가 무소불위(無所不爲)의 권력을 누리고 있음

인정이 없고 쌀쌀하게

개인적 감정으로 권력을 남용하는 권력자의 부정적 모습이 드러남

혼인에 의하여 맺어진 친척

어떤 사건이나 문제에 대하여 밝히는 태도

▶ 권세를 이용해 진 소저를 시험하려는 조문화

「 」: 조문화가 자신의 권세를 이용하여 진 소저와의 혼인을 성사시키려 함

오 낭중은 본시 권세를 두려워하여 예예 하고 대답만 할 줄 아는 위인이었다. 그는 공손하게 손을 모은 채 명을 받은 뒤 오 부인을 찾아가 조문화가 한 말을 그대로 전했다.

오 낭중의 인물됨을 직접적으로 제시 – 권세에 눈이 어두워 현실적 욕망을 지향하는 인물

오 부인은 크게 노했다.

"조가 도적놈이 감히 우리 딸에게 욕을 보이려 한다고?"

그러자 진 소저가 분연히 고했다.
떨쳐 일어서는 기운이 세차고 꿋꿋하게

「"옛날 효녀 중에는 스스로 관비가 되기를 청하여 제 아비의 죽음을 면하게 한 자가 있었으며,
관가에 속하여 있던 계집종
또한 자신을 팔아 제 부모의 장사를 치르게 한 자도 있었습니다.」「소녀의 신체발부는 모두 부모
「」: 자식이 자신을 희생하여 부모에게 효를 행한 사례를 제시해 주장의 근거를 마련함 몸과 머리털과 피부라는 뜻으로, 몸 전체를 이르는 말
님께서 주신 것입니다. 이제 부친께서 중죄를 받을 형편에 놓이신 마당에 자식된 자로서 어느
무거운 죄
겨를에 일신의 욕과 불욕을 논할 수 있겠습니까?"」 「」: 아버지의 죄를 면하게 하기 위해 조문화 가문과 혼인하려 함 – 유교적 가치관의 반영

오 부인은 평소 소저의 빙옥 상설 같은 지조를 잘 알고 있었다. 따라서 그 말을 듣고는 깜짝 놀
소저의 성격 직접 제시
라 말도 하지 못한 채 한동안 눈물만 흘리다가 마침내 탄성을 발했다.

"슬프다! 총계정에서 학을 읊은 시가 언참(言讖)이 되었으니 참으로 슬프구나. 내가 어찌 네 마
앞날을 예언하는 말
음을 의심할 리 있겠느냐? 그러나 딸을 죽여서 그 아비를 구한다면, 산 사람의 마음이 오죽이나 하겠느냐?「옛 사람이 이르기를, '황금을 걸어 놓고 도박을 벌이면 그 지혜가 더욱 어두워진
마음을 물건에 빼앗기면 분별력이 흐려진다는 의미
다.' 고 했지. 지금 내 마음은 황금을 건 것에 비할 바가 아니로구나. 네 스스로 잘 생각해서 현명하게 처신하거라."」 「」: 비교할 만한 상황을 제시하며 자신의 생각을 전달하는 오 부인

「진 소저는 추호도 망설이는 기색이 없이 친히 오 낭중을 향해 혼인을 허락했다.」오 낭중은 몹시
조금도 「」: 상황에 유연하게 대응하는 진 소저 – 이후의 내용으로 보아 계획을 세우고 있었음
기뻐하며 조문화에게 돌아가 그녀의 말을 전했다.「조문화는 미칠 듯이 기뻐하더니 그 이튿날 다시 엄숭을 사주해 진 공의 옥사를 천자에게 아뢰게 했다. 이윽고 천자는 진 공의 사형을 감하는 대신 운남으로 귀양을 보내게 했다.」 ▶ 진 소저의 혼인 승낙으로 옥에서 풀려나는 진 공
「」: 진 소저의 의도대로 사건이 진행되고 있음

중략 부분 줄거리 | 옥에서 풀려나온 진 공은 진 소저가 조문화의 자식과 혼약을 했다는 이야기를 듣고 격분하지만, 혼인을 수락하는 척하고 기회를 봐서 도망가려는 진 소저의 계획을 알게 된다. 진 공은 진 소저에게 오빠 창운과 숙부가 있는 회남으로 도망가라고 당부하며 진 소저와의 이별을 슬퍼한다.

마침내 진 공은 오 부인과 함께 길을 떠났다. 그 뒤 진 소저는 침실로 돌아가 자리에 누운 채 밤낮없이 엉엉 울고 있었다. 그때 조문화의 가인(家人)들이 속속 찾아와 진 소저에게 혼인을 재촉했
혼인을 서두르고 싶은 조문화의 뜻을 전달함
다. 진 소저는 유모로 하여금 말을 전하게 했다.

「"방금 부모님을 작별했으므로 정회가 망극하기 그지없습니다. 앞으로 수십 일 정도를 보내면
어버이나 임금에게 상서롭지 못한 일이 생기게 되어 지극히 슬프기
서 마음을 조금 진정시킨 연후에 성례하면 좋을 듯합니다."」
「」: 부모님과 이별한 슬픔을 근거로 들어 혼인을 미루려 함

조문화의 가인이 돌아가 진 소저의 말을 전했다. 그러나 조문화의 아들은 다급하게 서둘러 마
집안사람
지않았다. 조문화가 말했다.

"인정상 본디 그럴 것이니 그 말대로 따르도록 하거라. 또한 저 아이는 이미 주머니 속에 든 물
낭중취물(囊中取物: 주머니 속에서 물건을 꺼내듯이 아주 손쉽게 얻을 수 있음을 이르는 말)

건이나 다름이 없게 되었다. 서두르지 않는다고 달아날 곳이 있겠느냐?"

사오일 뒤 조문화는 시비로 하여금 진 소저를 찾아가 살펴보게 했다. 진 소저는 머리를 풀어 얼굴을 가린 채 이불을 덮고 신음하고 있다가 희미한 목소리로 유모를 불러 놓고 일렀다.

시비: 곁에서 시중을 드는 계집종

「"슬픔으로 심란하던 차에 다시 감기에 걸리고 말았네. 이제는 마음도 추스르고 병도 조섭하여 속히 쾌차한 후에 부모님을 살려주신 큰 은혜를 보답하려 하네. 그런데 지금 바깥 사람들이 자주 왔다 갔다 하니 내 마음이 편하질 않구려."」 「 」: 자신을 감시하려는 행동을 차단하려는 진 소저의 계책

조섭: 조리(調理). 건강이 회복되도록 몸을 보살피고 병을 다스림

쾌차: 병이 깨끗이 나음

그 사람이 돌아가 진 소저의 말을 조문화에게 그대로 전했다. 그러자 조문화는 몹시 기뻐했다.

「"진실로 뛰어난 효녀로서 은혜를 갚을 줄 아는 사람이로구나. 이제 그 뜻에 순종하여 화를 돋우게 하지 마라. 앞으로도 모름지기 매일 문밖에서 동정을 살피되 집 안에는 다시 함부로 들어가지 말거라."」 「 」: 진 소저의 계책에 속아 넘어가는 조문화

동정: 일이나 현상이 벌어지고 있는 낌새

「다시 10여 일이 지난 뒤 진 소저는 공의 행차가 이미 멀리까지 갔으리라 짐작하고 유모 및 시녀 운섬 등과 함께 야밤에 간단하게 행장을 꾸렸다. 그리고 모두 남장을 한 뒤 나귀 한 필을 끌고 회남을 향해 떠나갔다.」 「 」: 위기를 벗어나는 진 소저의 지혜롭고 적극적인 면모가 드러남

유모 및 시녀 운섬: 진 소저를 적극적으로 돕는 인물들

행장: 여행할 때 쓰는 물건과 차림

그 이튿날에도 조문화의 가인이 소저를 찾아갔더니 빈집만 황량할 뿐 다시는 인적을 찾아볼 수 없었다. 그 사람은 몹시 놀랍고도 의아하여 마을 사람에게 물어보았다.

인적: 사람의 발자취

의아하여: 의심스럽고 이상하여

「"저 집 소저가 어디로 갔습니까?"

마을 사람은 쌀쌀하게 대답했다.

"소저고 대저고 나는 모릅니다."

그 사람은 무안만 당하고 돌아가 조문화에게 고했다.」

「 」: 조문화의 가인이 원하는 답을 주지 않는 마을 사람들의 태도가 드러남

▶ 조문화의 감시를 피해 도망치는 진 소저 일행

뒷부분 줄거리 | 진 소저가 도망친 사실을 안 조문화는 분노하여 오 낭중을 위협하여 진 소저를 추격하게 한다. 성 부인은 진과 빙선을 각각 성례시키지만 심 씨는 진의 두 부인 윤 소저와 남 소저를 미워한다. 한편 진과 성 부인의 아들 성준, 빙선의 남편 유생은 모두 과거에 급제하여 벼슬을 하고 화춘은 간악한 조 씨를 첩으로 맞이하는데 이후 화춘은 더욱 방탕해져서 간사한 조 씨를 정실로 삼게 된다. 심 씨는 조 씨와 결탁하여 남 소저를 독살하려 하였으나 실패하고, 진의 출세를 시기하던 화춘은 불량배와 결탁해 진을 모함하여 귀양 보낸다. 춘의 아내 조 씨가 범한과 간통을 하자 춘은 장평과 짜고 그들을 없애고 윤 소저를 엄숭의 아들에게 보내려 한다. 진은 유배지에서 도사인 곽 공을 만나 도술을 배워 해적을 토벌하여 공을 세운다. 진이 남방을 평정하고 개선하자 천자는 그에게 진국공의 봉작을 내린다. 이후 심 씨와 화춘은 전날의 잘못을 뉘우치고 개과천선(改過遷善)하게 되고, 흩어졌던 가족들이 무사히 돌아와 가문이 화목을 이루게 된다.

필수 문제

01 ㉠에는 (　　　　)을/를 비판하고 (　　　　)을/를 긍정적으로 바라보는 유생의 심리가 드러나고 있다.

02 [서술형] 이 글에서 심 씨가 죽은 두 부인의 소생인 화진과 빙선을 학대하는 궁극적인 이유를 서술하시오.

장면 2

앞부분 줄거리 | 병부 상서 화욱이 정 씨의 아들 화진을 편애하자 심 씨와 그의 아들 화춘이 불만을 갖는다. 이후 화욱이 죽자 심 씨는 화춘과 함께 화진과 그의 아내들, 그리고 빙선을 핍박한다. 화진은 사촌인 성준, 빙선의 남편 유생과 과거에 급제한다.

황제께서 장원 급제한 화진을 올라오라 하여 만나 보시고, 크게 기뻐하시면서 여러 신하들에게
화욱의 차남. 긍정적 인물
말씀하셨다.

"여양후를 잃은 뒤로 짐은 항상 마음이 아팠소. 이제 여양후의 아들을 보니 기린의 자식, 봉황
화진의 아버지. 간신 엄숭이 정권을 장악하자 사직하고 낙향한 뒤 세상을 떠남 / 화진의 인물됨이 뛰어남을 상서로운 동물에 비유함
의 새끼처럼 범상치 않소."

그러고는 앞에서 술을 내려 마시게 하셨다. 사흘 후에 장원은 한림학사에 제수되었고 성준과
추천의 절차를 밟지 않고 임금이 직접 벼슬을 내리던 일 / 성 부인의 아들
유성양은 각각 병부(兵部) 원외랑(員外郞)이 되었다. 그러나 성 원외와 유 원외는 이부 상서 오붕을
화빙선의 남편 / 군사에 관한 일을 맡아보던 부서에서 일하는 관직
찾아가서 말했다.

「"저희들은 집이 절강이라서 집을 떠나 서울에 와서 벼슬을 하기가 어려운 데다가, 학문도 성글어 많이 부족합니다. 동남쪽의 한가한 고을의 태수가 되어 몇 년간 공부를 더 했으면 합니다."」
학문에 대한 조예가 깊지 않음을 의미함 / 「 」: 성준과 유성양의 겸손한 면모. 어머니를 모시려는 효심에서 우러난 말

오붕이 고개를 끄덕였다. 며칠 뒤에 성 원외는 복건 남정현의 현감이 되었고 유 원외는 귀양부
작은 현(縣)의 수령
의 통판이 되었다. 이때 함께 급제한 신진들은 모두 승상인 엄숭에게 인사를 했다. 그러나 화 장
조정의 신하 가운데 군(郡)에 나아가 정치를 감독하던 벼슬아치 / 권력의 실세. 간신의 전형
원만은 인사를 가지 않아 엄숭이 불쾌해했다. 한림이 상소를 올려 고향으로 돌아가 늙으신 어머
아버지 화욱이 생전에 엄숭을 좋지 않게 보았기 때문 / 심 씨에 대한 화진의 효심
니를 뵙겠다고 청하자, 황제께서 허락을 하시면서 어머니를 모시고 올라오라고 했다. 한림이 성준, 유성양 두 태수와 함께 소흥으로 돌아오자, 성 부인이 아들과 조카 두 사람의 등을 어루만지면서 눈물을 흘렸다.

"너희들이 모두 고아로 자라서 이렇게 출세했구나. 먼저 간 사람이 이를 안다면 아마도 땅속에
아버지 없이 자란 자식 / 입신양명(立身揚名), 금의환향(錦衣還鄕)
서나마 환히 웃을 게다."

그러자 두 사람이 흘리는 눈물이 자리를 적셨다. 이에 성 부인이 윤 부인과 남 부인에게 봉관,
금으로 봉황 장식을 한 관
화리와 함께 조정 대신의 어머니와 부인에게 내리는 명부의 직첩을 주었다. 그리고 집안에서 큰
화려한 무늬를 한 신발 / 조정에서 관리의 아내에게 내리는 임명장
잔치를 열어 유 태수 부자도 초대했다. 이날 소흥부의 지부도 풍물과 기녀들을 데리고 왔다. 새로
화빙선의 남편과 시아버지 / 관리
급제한 세 사람은 인삼, 계지를 들고 사당에 절하였는데, 한림이 슬프게 우는 소리가 밖에까지 들
기린을 수놓은 관복 / 급제를 상징하는 회나무 가지 / 죽은 아버지 화욱과 어머니 정 씨에 대한 그리움과 효심
렸다. 아! 효자는 슬픈 일이 있어도 부모를 그리워하고 기쁜 일이 있어도 부모를 그리워하니 그
서술자의 개입. 편집자적 논평
슬픔은 언제쯤이나 사라질까?

▶ 과거에 급제하여 고향으로 내려온 화진, 성준, 유성양

이때 심 씨 모자는 한림의 급제 소식에 배가 아파서 문을 닫고 나오지 않았다. 그러나 화춘의
심 씨와 화춘의 인품 제시
부인 임 씨는 허리에 앞치마를 두르고 손수 진수성찬을 마련하면서, 한편으로 슬프기도 했지만
시어머니(심 씨), 남편(화춘)과 다른 부덕을 갖춘 긍정적 인물 / 남편인 화춘이 출세하지 못한 데서 오는 슬픔
기쁜 표정으로 정성을 다했다. 성 부인이 이 모습을 보고 여러 번 그 사람됨을 칭찬했다. 성 태수
임 씨에 대한 성 부인의 긍정적 평가

가 행장을 꾸려 임소에 가려 할 때 성 부인이 아들에게 말했다.
부임지

결정적 장면

❶ "춘이와 그 어미가 성품이 포악하니 화진 부부는 내가 없으면 아마
인물의 성격 직접 제시
목숨을 부지할 수 없을 게야. 너는 요 씨만 데리고 혼자 가라. 이 늙은
성준의 아내
어미는 아들을 위해서 죽은 동생의 부탁을 저버릴 수가 없구나."
화욱

성 태수가 깜짝 놀라 울면서 애걸했다.
성 부인을 모시고 싶어 하는 성준의 간절함

「"어머니, 소자가 손에 못이 박이고 혀가 닳도록 어렵사리 공부해서 과거에 급제한 것은 모두 어머니 때문이었습니다. 이제 한 고을의 태수가 되었는데 하루도 봉양치 못한다면 소자의 마음이 어떻겠습니까?」 그리고 형옥도 이제 급제하여 벼슬을 하게 되어 며칠 안 있으
「 」: 어머니를 생각하는 성준의 지극한 효심이 드러남
면 두 제수씨를 데리고 떠날 텐데, 숙모님께서는 틀림없이 따라가지
윤 부인과 남 부인 / 심 씨
않으실 겁니다. 한번 서울과 시골에 떨어져 있게 되면 해를 입히려
성준이 성 부인을 안심시키는 근거 ①
해도 방법이 없을 것입니다. 설사 조금 분란이 있더라도 제수씨가
성준이 성 부인을 안심시키는 근거 ②
현명하고 지혜로우니 두루 살펴서 잘 보호할 것입니다. 어머님께서는 너무 걱정하지 마시고 소자의 마음을 조금만 헤아려 주십시오."

부인은 그래도 듣지 않았다. 한림이 눈치를 채고 성 부인에게 그냥
화진 부부를 보호하려는 마음이 강함
떠나시라고 정성스레 권하니 성 부인이 눈물을 흘리며 허락했다. 아, 이제부터 효자의 고난이 이루 말할 수 없겠구나! 조물주의 의도는 무
편집자적 논평. 화진의 앞날에 고난이 닥칠 것을 암시함
엇인가?

▶ 아들을 따라 화씨 집안을 떠나기로 결심하는 성 부인

두 태수가 떠나는 날, 요 씨와 화빙선은 윤 부인과 남 부인의 양손을
두 부인의 앞날에 대한 걱정에서 나온 행동
잡은 채 눈물을 흘리며 목이 메어 차마 말을 하지 못했다. 성 부인이 심 씨 모자에게 간절하게 타이르고 여러 번 반복하여 부탁을 하니 돌 같은 심장이라도 감동하고 귀신도 눈물을 흘릴 만했다. 성 부인 일행
서술자의 개입, 편집자적 논평
이 떠난 이후로 심 씨는 등에 있던 가시를 빼 버린 듯 후련하여 휘파람
성 부인의 타이름에도 변하지 않는 심 씨와 화춘의 잔악한 성격
을 불면서 그 아들과 모의했다.

「"예전에 정 씨는 어질고 아름다워 인심을 얻은 데다가 또 화진처럼
정 씨가 화욱에게 총애를 받은 이유
기특한 아들을 낳아서 그 권세가 날로 높아만 갔지. 나리께서는 화진을 장자로 세우려는 뜻마저 두어 집안 하인들까지 우리 모자를 업
심 씨와 화춘이 화진을 위해하려는 근본적인 이유 – 적장자의 자리를 둘러싼 가족 내의 갈등

결정적 장면

성 부인이 아들을 따라 떠난 후 심 씨와 화춘이 계속해서 화진 부부를 괴롭히는 장면이다. 화진 부부의 인자함과 심 씨의 포악함이 대비되어 나타나는 부분이다.

문제로 핵심 파악

1 이 글에 대한 감상으로 적절하지 않은 것은?

① 승상 엄숭은 한림이 인사 오지 않은 것을 불쾌해했다.
② 심 씨와 화춘은 화진이 과거에 급제한 것을 불만스러워했다.
③ 황제는 여양후의 아들이 장원 급제한 것에 대해 매우 기뻐했다.
④ 성준과 유성양은 조정에서 벼슬살이를 하는 것을 원하지 않았다.
⑤ 성 부인은 심 씨와 화춘이 자신 때문에 화진을 학대할 것이라고 생각했다.

핵심 구절 풀이

❶ "춘이와 그 어미가 ~ 저버릴 수가 없구나.": 성 부인이 아들 성준과 함께 떠나지 않으려는 이유가 제시됨. 죽은 동생(화욱)의 부탁을 소중하게 여기는 데서 애절한 혈육의 정이 드러남

신여겼다.」 그런데 「진이의 두 아내는 미모와 덕성이 정 씨보다 빼어난 데다가 또 진이가 높은 벼슬에 오르게 되었으니, 종족(宗族)들이 우러러보고 종놈들까지도 꼬여드는 모습이 예전보다 더 하구나.」 「저놈이 한번 서울로 가서 위로는 천자의 총애를 얻고 아래로는 친구들을 동원하여 세력을 얻는다면, 용이 구름을 타고 호랑이가 바람을 얻은 것 같아서 그 세력을 어찌하지 못할 게야. 그러니 이곳에 머물게 해 놓고 괴롭히면서 상춘정의 원한을 갚는 것이 좋지 않겠느냐?"」

「 」: 과거의 상황 제시 / 화진의 친인척들이 화진을 우러러보는 이유 / 성(姓)과 본(本)이 같은 겨레붙이들 / 「 」: 현재의 상황 제시 / 「 」: 미래의 상황을 예상하면서 화진을 관직에서 물러나게 하려는 심 씨의 계략 / 세력이 매우 강성해질 것을 비유적으로 표현함 / 화욱이 화춘, 화진, 성준을 데리고 상춘정에 올라 시를 짓게 하고 화춘의 시를 읽고 화진이 보는 앞에서 꾸짖은 일을 말함

"네, 어머니 말씀이 맞습니다."

▶ 화진 부부를 음해하려는 심 씨와 화춘

춘이 대답했다. 그리하여 하루는 화춘이 한림에게 말했다.

「"아버지께서 조정에 계실 때에 특별히 어려운 일이 없었는데도 너는 아버지께 벼슬에서 물러나시라고 권했다. 그런데 이제 나라의 정치가 나날이 어지러워져서 벼슬하는 것이 위태로운데도 너는 오히려 양양자득하여 출세하려고 하는구나. 참으로 말은 쉽고 행동은 어려운 게냐?"」

뜻을 이루어 뽐내며 꺼드럭거림 / 「 」: 지난날 화진이 아버지(화욱)에게 말했던 상황을 근거로 화진을 사직시키려는 화춘의 계략

한림이 공손하게 대답했다.

"형님이 그리 말씀하시는데 제가 어찌 명심하지 않겠습니까?"

형제우애의 유교적 덕목을 중시하는 화진의 인품이 드러남

한림은 즉시 고을 관아를 통해서 고향에 남아 어머니를 모시겠다고 청하는 사직서를 올렸다.

천자는 간곡한 청을 보고 불쌍히 여겨 일 년의 말미를 주었다. 한림은 이로부터 죽우당에 홀로 머물면서 책 읽는 것을 낙으로 삼았다. 「심 씨가 계향 등을 시켜 유언비어로 선동하여 온갖 욕을 해댔고, 사람이 차마 먹을 수 없는 쓴나물과 상한 밥을 주었지만, 한림은 태연하게 견뎠다. 심 씨는 또 두 부인에게 바느질과 베 짜기, 수놓기 등 온갖 힘든 일을 시켰는데, 두 부인이 타고난 재주로 심 씨의 분부대로 일을 척척 해내니」 아무리 포악한 심 씨라도 꼬투리를 잡기 힘들었다.

일정한 직업이나 일 따위에 매인 사람이 다른 일로 말미암아 얻는 겨를

「 」: 심 씨의 갖은 횡포를 묵묵히 참고 견디는 한림과 두 부인의 선량한 모습이 드러남

▶ 심 씨의 핍박을 견뎌내는 화진과 두 부인

뒷부분 줄거리 | 화춘은 정실인 임 씨를 내쫓고 간사한 첩 조 씨를 정실로 삼는다. 화진은 화춘의 모함으로 귀양을 가게 되고, 화진의 아내도 누명을 쓰고 내쫓긴다. 화진은 유배지에서 도사인 곽 공을 만나 병서를 배우는데, 해적이 노략질을 일삼자 백의종군하여 해적을 토벌한다. 이로 인해 조정에서는 화진의 능력을 인정하게 되고, 화진은 정남 대원수가 되어 남방을 모두 평정한다. 한편 심 씨와 화춘은 개과천선하고, 쫓겨났던 화진의 아내도 돌아와 화목한 가정을 이룬다.

필수 문제

01 이 글에서 화진의 앞날에 고난이 닥칠 것을 암시하는 문장을 찾아 쓰시오.

02 [서술형] 이 글에서 성 부인이 화씨 집안을 떠나는 사건의 의미를 화진에게 미칠 영향에 초점을 맞춰 서술하시오.

장면 3

앞부분 줄거리 | 병부 상서 화욱은 세 명의 부인을 두었다. 그중 요 씨는 딸 빙선을 낳고 일찍 죽고, 정 씨 또한 아들 진이 장성하기 전에 죽는다. 심 씨가 낳은 아들 춘은 성품이 바르지 못했는데, 화욱이 진을 편애하여 심 씨와 춘의 불만은 높아진다. 춘은 부덕(婦德)을 갖춘 임 소저와 혼인하고 정 씨와 화욱이 죽자 심 씨와 함께 화진과 빙선을 핍박한다. 한편 춘은 간악한 조 씨를 첩으로 맞아들인다.

「조씨 여자는 먼저 임 소저를 몰아내고자 하여 밤낮으로 춘에게 참소했다.」 춘이 말했다.
화춘의 첩 / 화춘의 정실 / 「 」: 처첩 간의 갈등이 발생함

"임 씨의 죄는 내가 짐작하지만 만일 내쫓는다면 형옥이 뭐라고 할 게 분명하오. 성품이 강렬하니 이상한 일이라도 벌일까 두렵소."
화진 / 성격의 직접적 제시

조 씨가 박장대소(拍掌大笑)하며 말하기를,
손뼉을 치며 크게 웃음

"상공께서는 형이시고, 한림은 아우가 아닙니까? 형이 그 아내를 내친다는데 아우가 어찌 감히 이상한 일을 벌인단 말입니까? 설령 임 씨가 자결한다 해도 상공께는 해로울 게 없지 않아요? 상공께서는 손바닥에서 일어나는 일도 처단하지 못하시니 가엾기 그지없습니다."
형제간의 위계질서를 근거로 화춘을 설득 / 쉽게 처리할 수 있는 일

춘은 오히려 주저했다.
화춘의 우유부단한 성격이 드러남

하루는 춘이 장평과 범한과 더불어 서로 의논하여 계략을 내기로 결단한 후에 죽우당에 이르러 당나라 역사책을 펼쳐 보는 척하다가 책을 덮고 진에게 물었다.
진이 머물러 책을 읽는 곳

"예전에 한나라 무제는 진 황후가 투기가 있음을 알고 쫓아낸 일이 있었지. 그 임금의 처신에 대해 어떻게 생각하느냐?"
역사적 사건에 대한 견해를 물어 아내 임 씨를 쫓아낼 근거를 마련하려는 의도

진은 형의 흉계를 알지 못한 채 자기 생각을 솔직히 말했다.
흉악한 계략

「"남자는 양덕이요 여자는 음덕이라고 했으니 양덕이 음덕보다 강해야 바르다고 하겠지요. 한나라 무제에게도 본래 여색을 밝히는 마음이 있었으니 황후만의 잘못은 아닙니다. 하지만 여자의 투기는 칠거지악 중에도 으뜸이니 내치지 않을 수 없었던 것입니다."」
질투 / 예전에, 아내를 내쫓을 수 있는 이유가 되었던 일곱 가지 허물 / 「 」: 가부장제의 정당성을 옹호하는 말하기 방식

춘은 매우 기뻐하며 어머니가 있는 방으로 뛰어 들어갔다.

「"임 씨가 패악하게 질투하고 시기하는 것을 근심하고 괴로워한 지가 오래되었습니다만 지금까지 참고서 내치지 않은 것은 고모님께서 지나치게 사랑하시고 형옥까지 그 여자 편이기 때문이었습니다. 하지만 이제 고모님도 안 계시고 형옥도 이렇게 말했으니 입이 열 개라도 다른 말을 못 하겠지요. 어서 지금 임 씨를 내치고 조 씨를 정실로 삼았으면 합니다."」
화춘이 임 씨를 내쫓으려는 근거 ① / 성 부인. 화욱의 누나 / 화춘이 임 씨를 내쫓으려는 근거 ② / 「 」: 화춘의 어리석음 – 가장의 역할이 중요하다는 것을 암시함

심 부인이 놀라서 말했다.

「"그 애의 죄는 남편의 풍정을 받아 주지 않는 것뿐인데 어찌 투기가 있다고 하느냐? 나도 이미 그 아이에게 정이 들었다. 그렇게 할 수는 없다."」
남편과의 잠자리를 거부한 것 / 「 」: 화춘의 제안을 거절하는 심 씨

춘이 여러 번 간청했으나 심 부인은 듣지 않았다.

▶ 임 씨를 내치려는 화춘과 이를 만류하는 심 씨

이때에 조 씨는 시비 난수를 시켜 범한과 통하게 하여 일을 꾸미도록 했다. 「난수는 계향을 비롯

한 여러 종과 합심하여 흉하고 끔찍한 물건들을 심 부인의 방에 묻었다. 그러고는 계향을 시켜 누군가를 저주하는 물건들을 파내게 하면서 "임 소저가 한 일이다." 하고 고하게 했다.」 노한 심 부인은 며느리를 크게 꾸짖고 집 밖으로 내쳤다. 임 소저를 모시던 하인들이 정신을 잃고 울었다. 윤 부인과 남 부인은 하늘을 우러러 한탄했다. 화진은 관을 벗고 맨발로 계단 아래에 엎드려 통곡했다. 심 부인이 크게 노하여 말했다.

상서롭지 못한 물건들. 제웅, 칼 등 민속에서 금기로 여기는 물건들

「 」: 임 씨를 내치려고 조 씨가 흉계를 꾸밈 – 조 씨의 간악한 성격이 드러남

조 씨의 모함으로 인해 죄 없는 임 씨가 쫓겨나게 됨 – 아녀자들의 투기가 불러올 수 있는 문제점이 드러남

"임녀의 투기가 질투로 유명했던 옛날의 진 황후보다 심하더구나. 「공연히 남편을 거절하여 잠자리에 들지도 못하게 하니 경옥이 모자라지 않고서야 어찌 분하지 않겠느냐?」 「조 씨가 들어온 후로는 임 씨의 투기가 날로 더해져 천고에 없는 요상하고 간악한 변고가 내 침실에까지 미쳤구나.」 이는 사람으로서 차마 할 수 없는 일이다. 「경옥이 스무 살인데 아직 자식 하나 없으니 장차 임씨 여인 때문에 화씨 가문의 대를 끊어지게 하려는 게냐?」 「네 뜻을 보니 형이 후사가 없게 하여 가문의 혈통이 너에게 돌아가게 하려는 게 아니냐?」"

화춘의 자(字)

「 」: 심 씨가 임 씨를 내치려는 근거 ①

보기에 이상한 데가 있고

「 」: 심 씨가 임 씨를 내치려는 근거 ②

「 」: 심 씨가 임 씨를 내치려는 근거 ③

아들을 낳아 가문을 이어야 한다는 전통적 가치관이 드러남

대(代)를 잇는 자식

「 」: 심 씨·화춘과 화진의 갈등의 근본 원인이 드러남

진이 울며 읍하고 간하느라 이마를 땅에 부딪치니 피가 흘러 얼굴에 가득했다. 심 부인이 꾸짖어 말했다.

임 씨를 내치는 일이 불가하다는 것을 행동을 통해 나타냄

"내 며느리를 내가 내치겠다는데 네가 무슨 상관이냐?"

자신의 결정대로 일을 처리하려는 심 씨의 고집스러운 태도

심 부인은 사내 종을 시켜 진을 문밖으로 내치게 했다. 진은 돌아가신 아버지가 거처하시던 백화헌에 가서 통곡했다. 조금 뒤에 범한이 백화헌에 갔다가 이것을 보고 놀라 꿇어 앉아 고했다.

"무슨 일이십니까?"

이 말을 들은 진은 분노가 일어나 건장한 사내 종을 시켜 범한을 붙들고 수십 바퀴를 휘두르게 했다.

"너같이 교활하고 흉악한 자가 어찌하여 재상가를 어지럽혀 일이 이 지경이 되도록 하였느냐?"

범한은 기운이 없어 입만 벙긋벙긋할 뿐 아무 말도 하지 못했다. 진은 다시 수십 번을 휘둘러 밖으로 끌어내게 했다.

이날 임 소저는 문밖으로 끌려 나와 돌아가신 시아버지의 사당을 향해 눈물을 흘리며 두 번 절하고 가마에 올랐다. 유모와 시비들이 울면서 따라가니 화부에 있는 사람들 중에서 심 씨 모자와 조 씨 여인 외에는 눈물을 흘리지 않는 자가 없었다.

쫓겨나면서도 사당에 절을 하는 임 씨의 예의범절

화부 사람들과 심 씨 모자의 태도를 대조적으로 제시 – 심 씨 모자의 간악함 강조

▶ 조 씨의 흉계로 집안에서 쫓겨나는 임 씨

뒷부분 줄거리 | 진은 화춘의 무고로 귀양을 가게 되고, 유배지에서 곽 공을 만나 도술과 병법을 배우고 해적의 반란을 평정한다. 진의 능력을 인정한 천자는 진에게 진국공의 봉작을 내린다. 심 씨와 춘은 개과천선하고, 진의 아내들도 돌아와 모두 함께 행복하게 산다.

핵심 정리

- 갈래: 고전 소설(가정 소설, 도덕 소설)
- 성격: 유교적, 교훈적
- 구성: '발단 – 전개 – 위기 – 절정 – 결말' 의 5단 구성

발단		전개		위기		절정		결말
발단: 화욱이 심 씨의 아들 화춘을 냉대하고 정 씨의 아들 화진과 요 씨의 딸 빙선을 편애함	➡	**전개**: 화욱이 화진과 빙선의 짝을 정해 놓고 정 씨와 죽자, 심 씨와 화춘은 화진과 빙선을 핍박함	➡	**위기**: 화춘이 화진을 모함하여 투옥시키고 엄숭의 아들에게 화진의 부인 윤 소저를 보내려 함	➡	**절정**: 유배되었던 화진은 선인을 만나 도술과 병법을 배우고 이를 통해 해적의 반란을 평정함	➡	**결말**: 심 씨와 화춘이 잘못을 뉘우치고 흩어졌던 가족들이 무사히 돌아와 가문이 화평하게 됨

- 제재: 화욱 가문의 갈등과 화해
- 주제: 충효 사상의 고취와 권선징악
- 특징: ① 교훈적 주제 의식이 드러남 ② 인물들의 개성을 부각하고 구성이 치밀하여 소설적 흥미가 풍부함
- 인물 분석
  - 화욱: 개국 공신 화운의 칠대손. 엄숭이 정권을 장악하고 언관을 탄압하자 사직하고 소흥으로 귀향하여 사망함
  - 성 부인: 화욱의 누나. 젊은 나이에 과부가 되어 화욱의 집에서 함께 삶
  - 심 씨: 화욱의 첫째 부인이며 화춘의 친모. 화춘의 장자 자리를 지키고자 온갖 악행을 저지르나 훗날 개과천선함
  - 화춘: 화욱의 맏아들. 어리석고 거친 성품의 소유자로 심 씨와 함께 악행을 저지르지만 훗날 개과천선함
  - 화진: 화욱의 둘째 아들. 총명하고 어진 성품의 소유자. 심 씨와 화춘으로부터 핍박을 받지만 이를 극복하고 집안의 화목을 이룸
  - 화빙선: 화욱의 딸. 화진과 함께 심 씨와 화춘에게 구박을 받음

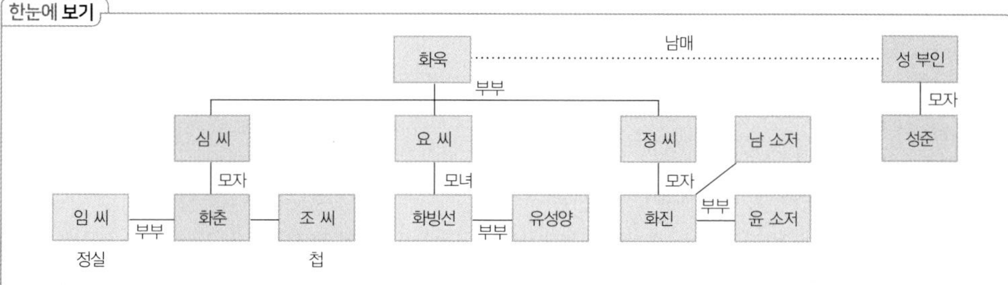

보충·심화 학습

- 〈창선감의록〉이라는 제목의 상징성

이 글의 제목은 '착한 행실을 세상에 알리고(창선) 의로운 일에 감동받는(감의) 이야기(록)' 라는 뜻으로, 사람의 성품은 본래 선하다는 작가의 관점이 반영되어 있다. 이 글에서 반동 인물에 해당하는 심 씨와 화춘은 한때 악행을 저지르지만 나중에는 잘못을 스스로 뉘우친다. 이는 권선징악(勸善懲惡)적인 고전 소설의 일반적 구성과는 차별성을 지닌다.

필수 문제

01 이 글은 화씨 가문에서 일어나는 갈등과 그 해결 과정을 통해 (　　　　　)와/과 형제간의 우애 등 유교적 덕목을 강조하고 있다.

02 [서술형] "한나라 무제에게도 본래 여색을 밝히는 마음이 있었으니 황후만의 잘못은 아닙니다. 하지만 여자의 투기는 칠거지악 중에도 으뜸이니 내치지 않을 수 없었던 것입니다."에 담겨 있는 당대 사대부들의 인식을 서술하시오.

116 화산중봉기(華山重逢記) | 작자 미상

EBS 모의 기출

출제 포인트

진짜 선옥을 찾아내기 위한 과정과 그 속에서 벌어지는 여러 인물의 갈등을 나타낸 송사 소설로, 영웅의 일대기 구조와 진가(眞假)를 구분하는 설화적 요소에 주목하여 살펴보자.

감상 길잡이

이 글은 전체적으로 영웅의 일대기 구조를 보이고 있으나 남녀 결연(結緣) 모티프, 송사(訟事) 모티프 등 다양한 모티프가 결합된 소설이다. 특히 그 중에서도 진짜 선옥과 가짜 선옥을 가리는 문제로 다투는 진가(眞假) 논쟁은 이 글의 가장 핵심적인 요소로, 부인 이 씨만이 진짜 선옥을 구별해 내고 끝까지 정절을 지킴으로써 선옥과 재회하게 된다. 개인의 감정보다 가문의 명예를 소중히 여기는 장면이나 절개를 지킨 이 씨를 칭송하고 열녀문(烈女門)을 세워 주는 장면 등을 통해 이 글에 반영된 당시의 가치관이나 사회·문화적 상황을 짐작할 수 있다.

앞부분 줄거리 | 고려 충숙왕 때 김 처사의 아들 선옥은 집안의 몰락으로 절에서 공부를 하고 있었는데, 어느 날 몰래 부인의 침소에 왔다가 창에 비치는 의관 그림자를 보고 실망하여 집을 나간다. 이에 부친 김 처사는 선옥을 찾는 자에게 가산의 절반을 준다고 하였고, 선옥의 8촌형 형옥이 가짜 선옥인 흥룡을 집에 데리고 온다. 집안사람들은 흥룡을 진짜 선옥이라 생각하지만, 부인 이 씨만이 진짜 선옥이 아니라는 것을 알아차린다. 이에 김 처사와 이 씨는 부사의 판단을 받아보기 위해 송정(訟庭)에 들어간다.

처사가 즉시 집에 기별하여 부인과 자부(며느리)로 하여금 송정(訟庭)(송사를 처리하던 법정)에 들게 하고, 부사가 관비(官婢)(관의 노비)로 하여금 장 부인(선옥의 어머니)에게 물어 말하였다.

"저기 섰는 자(가짜 선옥)가 분명 자식인가?" / 장 씨 고하였다.

"천륜이 지중하매 어찌 타인을 자식이라 하오며, 갓 나서부터 기른 자식을 어미가 되어 어찌 모르리까?"(형옥이 데려온 가짜 선옥을 자신의 진짜 아들로 생각하고 있음)

부사가 이 씨(선옥의 부인)에게 물어 말하기를,

"이제 너의 구고(시부모)가 다 분명한 자식이라 하거늘, 네 어찌 홀로 부군(남의 남편을 높여 이르는 말)이 아니라 하니, 비록 부부가 오륜에 들었으나 부자는 오륜의 으뜸이라.(부부간의 정이나 도리보다, 부자간의 정이나 도리가 더 중요하다고 생각함) 어찌 그 부모의 정리(인정과 도리)와 같으리오? 너는 모름지기 마음을 고치고 구고의 뜻을 거역지 말라."

라고 하였다. 이 씨가 고하였다.

"부부의 정리는 부모의 정리에 지나지 못하려니와, 외모에 나타난 얼굴이야 어찌 모르겠습니까?"(유학에서의 도리로는 부모의 정리가 더 크겠지만, 외모에 나타난 특징은 자신이 더 잘 알고 있다고 항변함) / 부사가 노하여 말하였다.

"그 부모는 어려서부터 기른 자식의 얼굴을 어찌 모르고 네 홀로 안다고 하니 이것은 과연 병자(병을 앓고 있는 사람)의 말이로다."

이 씨가 여쭈되,

"병자 같사오면 아무 정신이 없사올지라. 저놈의 욕됨을 면치 못하올 것이요, 침식(잠자는 일과 먹는 일)과 행동거지를 어찌 평상시와 같이 하오리까? 「분명 부군이 아님은 위에 있는 하늘이 굽어살피시오니, 바라

건대 공정한 판결을 내리는 은택을 입게 하시어 김 씨의 인륜을 찾게
「 」: 형옥이 데려온 사람이 가짜 선옥이라는 점과, 자신의 정절을 강조하고 있음
하오시고 여기에서 신(臣)의 정절을 밝히게 하소서.」
▶ 다른 식구들과 달리 부인 이 씨만 가짜 선옥을 구별해 냄

라고 하였다. 부사가 양편의 말을 듣고서 진가(眞假)를 분변치 못하고 판결하여 이르기를,
진가: 진짜와 가짜

❶ "이 송사는 진짜 선옥을 보기 전에는 귀신도 결단치 못할지라. 이 씨가 고한 바와 같을진댄 진짜 선옥이 아닌가 하며, 김 씨 부부가 고한 바를 취택(取擇)하면 분명한 선옥인가 하노니, 김 씨는 저 선옥을 다시 취처(娶妻)케 하여 가도(家道)를 안정시키고 이 씨는 본가에 가 있어 진정한 선옥이 돌아오는 때를 기다림이 의당 마땅한 일이로다."
취택: 가려서 뽑음. 선택
취처: 아내를 얻음. 장가를 듦
가도: 집안의 도덕이나 규율
의당: 마땅히. 으레

라고 하였다. 처사 부부가 칭사(稱謝)하고 이 씨도 또한 배사(拜謝)하며 즉시 모든 사람이 다 물러났다.
칭사: 고마움을 표현함
배사: 웃어른에게 삼가 사례함
▶ 부사가 가짜 선옥을 구별하지 못하고 판결을 함

중략 부분 줄거리 | 진짜 선옥을 찾는 송사가 조정에도 알려지면서 임금은 이 사건을 해결하기 위해 진 어사를 파견한다. 진 어사는 삼 년 만에 상원암에서 진짜 선옥을 찾은 후, 진짜 선옥을 송사 현장으로 데려온다. 그리고 부인 이 씨의 정절을 선옥에게 확인시키기 위해 그를 종인(從人)으로 변장시킨 후 함께 재판에 참여한다.

결정적 장면

「"옛 말씀에 하였으되, '만승지군(萬乘之君)은 빼앗기 쉬우나 필부필부(匹夫匹婦)의 뜻은 빼앗지 못한다.' 하였으니, 이제 왕명으로 죽이시면 진실로 달게 여기는 바이오나, 다만 부군을 만나지 못하고 죽사오면 미망인의 원혼은 구제할 것이 없을 것이요, 일후에 부군이 비록 돌아와도 진위를 분변할 자가 없사오니 지아비의 신세가 마침내 걸인을 면치 못할지라."」
만승지군: 만승지국의 임금이라는 뜻으로, 천자나 황제를 이르는 말
필부필부: 평범한 남녀
미망인: 남편이 죽고 홀로 남은 여자. 아직 따라 죽지 못한 사람이라는 뜻
일후: 뒷날
「 」: 이 씨는 왕명을 수행하는 어사의 판결을 받아들이고 있으며 끝까지 남편 선옥을 걱정함

라고 하고 죽기를 재촉하였다. 어사가 크게 노하여,

「"네 일개 요망한 여자가 심성이 교활하고 사악하여 아래로 김씨 문중의 천륜을 의심케 하고, 위로 천청(天聽)을 놀라게 하여 조정과 영읍이 분란케 되었으매, 벌써 거리에 머리를 달아 여러 백성을 징계할 것이로되, 성상의 호생지덕(好生之德)으로 나를 보내셔서 자세히 살피라 하시어, 내 열읍에서부터 너의 요사스럽고 교활한 심정을 이미 알았으나 성상의 너그럽고 어진 도를 본받아 형장(刑杖)을 쓰지 아니하고
요망: 요사스럽고 망령됨
천청: 임금의 귀, 곧 임금을 가리킴
영읍: 관아와 고을
성상: 살아 있는 자기 나라의 임금을 높여 이르는 말
호생지덕: 사형에 처할 죄인을 특사하여 살려 주는 제왕의 덕
열읍: 여러 고을
형장: 죄인을 심문할 때 쓰던 몽둥이

문제로 핵심 파악

1 부사는 선옥의 진가(眞假)를 정확히 판단하여 판결을 내리고 있다. (○, ×)

2 이 씨가 남편 선옥을 생각하는 태도에서 유교적 가치관을 확인할 수 있다. (○, ×)

결정적 장면

진 어사가 진짜 선옥을 종인(從人)으로 변장시킨 후 이 씨의 정절을 시험하고, 이 씨가 진짜 선옥을 알아보는 장면이다. 〈춘향전〉에서 이몽룡이 암행어사 출두를 하여 춘향 앞에 나타나 춘향의 절개를 시험하는 장면과 유사하여 흥미로운 부분이다.

핵심 구절 풀이

❶ "이 송사는 ~ 마땅한 일이로다.": 형옥이 데려온 사람이 진짜 선옥인지 가짜인지 구분하지 못한 부사가 진짜 선옥이라는 처사 부부와 가짜라는 이 씨의 입장을 절충해서 판결을 내리고 있는 것임. 제대로 된 판결이라고 볼 수 없음

좋은 말로 자식같이 알아듣도록 타일렀으니, 사람이 목석(木石)이 아니거늘 일향 고집하여 조정
언제나 한결같이
명관(朝廷命官)을 무단히 면박하며 어지럽고 사나운 말로 송정(訟庭)에 발악함이 가하겠는가?」
임금이 임명한 관리
「 」: 어사는 이 씨의 정절을 확인하기 위해 이 씨를 일부러 꾸짖고 있음
하고 종인(從人)을 꾸짖어,
남에게 종속되어 따라다니는 사람. 진 어사는 이 씨의 정절을 선옥에게 확인시키고자 선옥을 종인으로 변장시켰음

"이 씨를 형추(刑推) 거행하라." / 하였다.
죄인을 때리며 죄를 캐어 물음

선옥이 소리를 크게 하여 나졸을 불러, / "병인(病人) 이 씨를 형추하라."
▶ 어사가 이 씨의 정절을 시험하기 위해 일부러 문책함
하니, 나졸들이 미처 거행치 못하여, 문득 이 씨가 가마 속에서 크게 외쳐 이르기를,

"어사는 왕인(王人)이라, 이 곧 백성의 부모요, 상하 관속(官屬)은 모두 나의 집 하인이라."
지방 관아의 아전과 하인
하고 가마의 주렴을 떨치고 바로 청상(廳上)에 올라 어사의 종인을 붙들고,
구슬을 꿰어 만든 발 마루 위

"장부가 어디에 갔다가 이제야 왔나뇨?"
이 씨가 종인으로 변장한 선옥이 남편임을 알아봄
하며 인하여 혼절하니, 통판이 딸아이의 혼절함을 보고 대경실색하여 약을 갈아 입에 넣고 사지를
부인 이 씨의 아버지 몹시 놀라 얼굴빛이 하얗게 질림
만지며 부르짖었다. 낭자가 겨우 정신을 수습하여 눈을 들어 보니 부군이 또한 기절해 있었다. 부친으로 더불어 치료하니, 당상 당하에서 보는 자가 놀라 괴이하게 여기지 않는 자가 없었고 처사
대청 위아래
의 부부와 송정에 있던 자가 그 곡절을 알지 못하고 면면이 서로 보아 어떻게 할 바를 깨닫지 못하
저마다 따로따로
며, 가짜 선옥과 형옥은 낯이 흙빛이 되어 떨기를 마지 아니하였다. ▶ 이 씨가 선옥을 알아봄
좌불안석(坐不安席)

이때 어사가 광경을 보니 이 씨의 절개도 갸륵하거니와 그 선옥의 진위를 아는 지혜를 마음으로
어사가 이 씨를 수양딸로 삼은 이유
탄복하고 몸소 창밖에 나와 이 씨와 선옥을 데리고 들어와 즉시 이 씨로 수양딸을 정하였다. 이 씨가 부녀의 예로 뵈니 어사도 선옥과 이 씨를 가까이 앉히고 이 씨더러 물었다.

"여아는 어찌 가부(家夫)의 진가를 알았느뇨?"
이 씨 남편

이 씨가 대답하였다.

"가부의 앞니에는 참깨만 한 푸른 점이 있사오매 이로써 안 것이요, 다른 데는 저놈과 과연 추호
이 씨가 진짜 선옥의 진가(眞假) 여부를 판단할 수 있는 중요한 근거임
도 차이가 없도소이다."

어사가 그 영민함을 찬탄하고 선옥에게 일러, ▶ 이 씨가 선옥의 진가(眞假)를 판단할 수 있었던 근거를 이야기함
영특하고 민첩함

"너의 가처가 나의 여아가 되었으니 너는 곧 나의 사위라. 너희 둘이 이제 만났으니 각각 정회도
아내
펴려니와 우선 네가 절에서 떠난 연고를 자세히 하여 피차 의혹되는 마음이 없게 하라."
선옥은 절에서 공부를 하던 중 부인을 보러 집에 왔다가 부인의 방에 비치는 남자 그림자를 보고 가출을 하였음
라고 하니, 선옥이 주저하고 즉시 말을 못하였다. 낭자가 말하였다.

"장부가 할 말이면 반드시 실상으로 할 것이거늘 어찌 이같이 수삽(羞澁)하십니까?"
실제로 어찌해야 좋을지 모를 정도로 부끄럽고 수줍음

선옥이 그제야 낭자를 향하여 말하였다.

"내 모년 모월 모일 야(夜)에 중의 의관을 바꾸어 입고 내려와 그대의 처소에 이르러 보니「그대

어떤 의관한 남자와 더불어 희롱(戲弄)하는 그림자가 창밖에 비쳤으매,」 매우 분노하여 들어가 그
옷과 갓. 남자가 정식으로 갖추어 입는 옷차림 「」: 선옥이 오해를 하고 가출을 하게 된 원인

대와 그놈을 모두 죽이고자 하다가 도로 생각하니, '만일 그러하면 누명(陋名)이 나타나 나의 가
사실이 아닌 일로 이름을 더럽히는 억울한 평판

성(家聲)이 더러워질 것이라. 차라리 내 스스로 죽어 통한한 모양을 아니 보리라.' 하고「강변에
한 집안의 명성 이 씨에 대한 분노로 인해 자결을 하려고 마음먹음 「」: 물에 뛰어들어 죽으려고 하다가

나아가 굴원을 찾고자 하다가」차마 물에 들지 못하고 도로 절을 향하여 오다가 또 생각하니 '내
굴욕적인 생활을 하기 싫어 멱라강에 몸을 던진, 중국 전국 시대의 시인

만일 집으로 돌아가면 그 분한 심사를 항상 풀지 아니할지라. 이러할진댄 어찌 실가(室家)의 낙
부부의 즐거움. 가정을 이룬 즐거움

이 있으리오? 차라리 내 몸을 숨겨 세상을 하직하고 세월을 보내리라.' 하여 그길로 운산을 바라
구름이 낀 아득한 산

보고 창망히 내달려 우연히 함경도 단천 땅에 이르러 상원암이라 하는 절에 들어가 수운 대사의
절에서 스승의 대를 이을 여러 제자 가운데 가장 높은 사람

상좌(上佐)가 되었으나, 대인을 만나 종적을 숨기지 못하고 이제 이같이 만났으니 알지 못하겠도
선옥이 진 어사를 만남 – 선옥과 부인 이 씨가 재회할 수 있는 계기가 됨

다. 그때 그 사람이 어떠한 사람이더뇨?" ▶ 선옥이 집을 떠난 이유와 가출 후의 상황을 이야기함

낭자가 눈물을 흘려 의상을 적시며 이르기를,

"장부가 이렇게 나의 마음을 모르나뇨? 이같이 의심할진댄 어찌 그때 바로 들어와 한을 풀지 아
지조와 절개

니하였나뇨? 그때 그 사람은 지금 송정(訟庭)에 있으매 장부가 보고자 하나이까?"
선옥이 아내의 방 안에 있던 남자라고 착각한 대상

하고 시비 옥란을 부르니 청하(廳下)에 이르렀다. 낭자가 가리켜 말하기를,
대청의 아래

"이 곧 그때의 의관한 남자라." / 하니 선옥이 물었다.

"여자가 어찌 의관이 있으리오?" / 낭자가 대답하였다.
예전에 이 씨의 방에 있던 의관한 남자가 여비(女婢)라고 하자 의아해함

"첩에게 묻지 말고 옥란에게 물어보소서."

하니, 선옥이 옥란에게 물었다. / "네가 육 년 전 모월 모일 야(夜)에 어떤 의관을 입었더뇨?"

옥란이 반나절이나 생각하더니 고하였다.

「"소비(小婢)가 그때 아이 적이라, 낭자가 공자의 도복을 지으시매 앞뒤 수품과 길이 장단이 맞는
나이 어린 여자 종 지체가 높은 집안의 나이 어린 아들 솜씨

가 시험코자 하여 소비에게 입히시고 두루 보실 제, 소비가 어리고 지각이 없어 공자가 절에서 보낸 갓이 벽에 있거늘 장난으로 내려 쓰고 웃으며 낭자께 여쭈되, '소비가 공자와 어떠하나이까?' 하니, 낭자가 또한 웃으시고 꾸짖어 바삐 벗으라고 하기로 즉시 벗어 도로 걸었사오니 이 밖에는 의관을 입은 적이 없사옵니다."」 「」: 선옥이 부인 이 씨를 오해해 집을 떠났던 과거의 진실이 밝혀짐

라고 하였다. 선옥이 듣기를 다하고「자기의 지혜가 없음과, 빙설 같은 이 씨를 의혹하던 일과, 이
「」: 선옥이 자신의 성급한 판단을 후회하고 있음

씨의 중간 축출하던 일을 일일이 생각하니 후회막급이라.」 ▶ 선옥이 과거의 오해를 풀고 지난 행동을 후회함
쫓아내거나 몰아냄

뒷부분의 줄거리 | 인륜을 저버린 죄로 형옥과 흥룡은 능지처참을 당하고, 부인 이 씨는 끝까지 정절을 지킨 것에 대하여 열녀 정문을 받는다. 선옥은 과거에 급제한 후 정남 도원수로 전쟁터에 나가 왜적을 물리치고 나라에 큰 공을 세운다. 그리고 전쟁에서 돌아온 후에는 부인과 화목하게 살다가 80세가 되어서야 세상을 뜬다.

핵심 정리

- 갈래: 고전 소설(송사 소설, 가정 소설, 영웅 소설)
- 성격: 유교적, 교훈적
- 구성: '발단 – 전개 – 위기 – 절정 – 결말'의 5단 구성

발단		전개		위기		절정		결말
발단: 선옥의 조부가 간신의 모함을 받아 가족들이 안동으로 낙향함	➡	**전개**: 선옥이 부인의 침소 창에 비친 남자의 그림자를 보고 오해해 집을 떠나 중이 됨	➡	**위기**: 형옥이 가짜 선옥을 데려오고, 선옥이 가짜라고 주장한 부인 이 씨가 집에서 쫓겨남	➡	**절정**: 진 어사가 진짜 선옥을 찾아내 사건을 해결하고 형옥을 처벌함	➡	**결말**: 선옥은 과거에 급제한 후 나라에 공을 세우고 부인과 행복하게 지냄

- 제재: 진짜와 가짜 선옥의 구분과 부인 이 씨의 고난
- 주제: 진짜 남편을 찾기 위한 부인의 노력, 부인 이 씨의 절개와 권선징악
- 특징: ① 진가(眞假)를 구분하는 내용의 송사 소설적 특징을 보임
  ② 부인 이 씨의 고초와 송사 과정을 통해 이 씨의 절개를 부각하고 있음
- 인물 분석
  - 선옥: 부인 이 씨를 오해해 집을 떠났다가 이후 진 어사의 도움으로 오해를 풀고 이 씨의 정절을 의심했던 것을 반성함
  - 이 씨: 선옥의 부인으로, 지혜롭고 현명한 인물. 자신과 다른 생각을 하는 가문에 맞서 끝까지 자신의 생각을 굽히지 않고 정절을 지킨 지조 있는 인물임
  - 진 어사: 송사의 판관(判官)으로 선옥과 부인 이 씨를 만나게 하여 오해를 풀도록 함. 상황을 해결하기 위해 적극적으로 노력하고 현명하게 사건을 해결하는 인물임

한눈에 보기

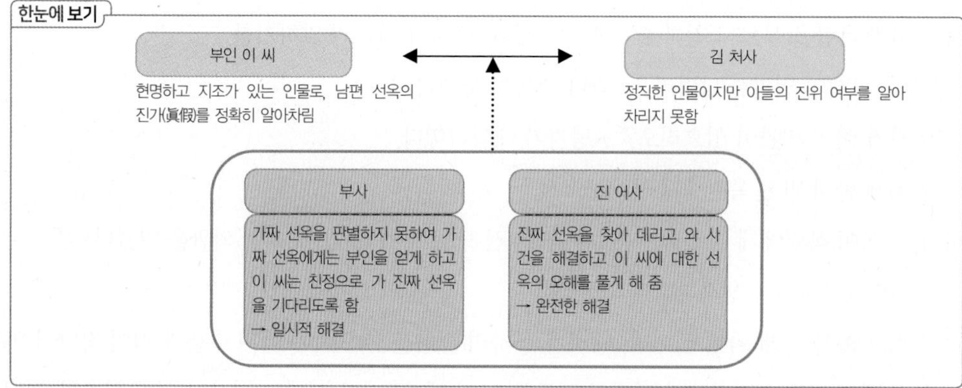

보충·심화 학습

- '앞니의 푸른 점'의 기능

부인 이 씨는 진짜 선옥의 앞니에 있는 참깨만 한 푸른 점을 보고 선옥의 진가(眞假)를 정확하게 판단하고 있다. 즉, '앞니의 푸른 점'을 통해 사건이 해결되며 부인 이 씨의 현명함이 드러나게 된다.

필수 문제

01 이 글은 진짜와 가짜를 판단하는 재판을 한다는 점에서 (   )(이)라고 할 수 있으며, 선옥이 겪는 일대기에 주목한다면 (   )(이)라고 할 수 있다.

02 이 글에서 부인 이 씨가 선옥의 진가(眞假) 여부를 판단할 수 있었던 근거를 쓰시오.

117 장화 홍련전(薔花紅蓮傳) | 작자 미상

EBS

출제 포인트

계모와 전처 자식 사이의 이야기를 다룬 전형적인 권선징악형 가정 소설이다. 등장인물의 성격과 태도를 파악하고, 이 작품 속 현실의 모순에 대한 작가의 비판 의식에 주목하여 살펴보자.

감상 길잡이

평안도 철산 지방에 전해 오던 설화를 소재로 한 작품으로, 대표적인 계모형 가정 소설이다. 계모와 전처 자식 사이의 윤리적 갈등, 그리고 무능하고 어리석은 가장으로 인해 파멸되는 가정의 비극적인 모습을 그리고 있다. 이 글은 계모 허 씨를 악인으로, 장화와 홍련을 선인으로 묘사하여, 선악의 대립에서 선이 승리하는 고전 소설의 전형적 주제 구현 방식을 보이는 한계를 지닌다. 한편으로는 후처제의 제도적인 모순과 함께 가장의 무능함, 무책임에 대한 비판 의식을 다루었다는 점에서 근대적 주제 의식을 드러내고 있다고 보기도 한다.

앞부분 줄거리 | 철산에 사는 좌수 배무룡은 나이가 든 후에 장화와 홍련 두 딸을 두게 되지만, 부인 장 씨가 그만 세상을 떠나게 된다.

이때 좌수 비록 망처의 유언(결혼하지 말고 두 딸을 잘 키우라는 장 씨의 유언)을 생각하나, 후사(後嗣)(대를 이을 자식(아들))를 아니 돌아볼 수 없는지라, 이에 혼처를 두루 구하되, 원하는 자 없음에 부득이하여 허 씨로 장가드니, 그 용모를 의논할진대 「두 볼은 한 자가 넘고 눈은 퉁방울 같고 코는 질병 같고, 입은 메기 같고, 머리털은 돼지털 같고, 키는 장승만 하고, 소리는 이리 같고, 허리는 두 아름이나 되는 것이, 게다가 곰배팔이요 얽기는 콩멍석 같으니(비유적이고 과장된 묘사를 통해 인물의 부정적인 면모를 효과적으로 드러냄), 그 형용은 차마 바로 보기 어려운 중에 그 심사(심성)가 더욱 불량하여 남의 못할 노릇을 골라가며 행하니, 집에 두기 일시(짧은 시간)가 난감하되,」 그래도 그것이 계집이라고 그 달부터 태기(아이를 밴 기미) 있어 연하여 아들 삼 형제를 낳으매, 좌수 그로 말미암아 적이 부지하나(어지간히 (결혼 생활을) 유지해 나가나), 「매양 여아(장화와 홍련)로 더불어 장 부인을 생각하며, 일시라도 두 딸을 못 보면 삼추(三秋)(긴 시간)같이 여기고,」 들어오면 먼저 딸의 침소(침실)로 들어가 손을 잡고 눈물을 흘리며 가로되,

「 」: 허 씨에 대한 서술자의 부정적 태도가 드러나는 부분

「 」: 허 씨가 아들을 낳은 뒤에도 두 딸에 대한 배무룡의 애정은 여전히 깊었음

"너의 형제 깊이 규중에 있어 어미 그리워함을 노부(아버지)도 매양 슬퍼하노라."

하며 애연히(슬피) 여기는지라, 허 씨 이러하므로 시기하는 마음이 대발하여(크게 일어나) 장화와 홍련을 모해하고자(꾀를 써서 해치고자) 꾀를 생각하더니, 좌수 허 씨의 시기함을 짐작하고 허 씨를 불러 크게 꾸짖어 가로되,

"우리 본디 빈곤히 지내더니, 전처의 재물이 많으므로 지금 풍부히 살매, 그대의 먹는 것이 다 전처의 재물이라. 그 은혜를 생각하면 크게 감동할 바이어늘, 저 여아들을 심히 괴롭게 하니 무슨 도리뇨. 다시 그리 말라." / 하고 조용히 개유(開諭)(알아듣도록 타이르나)하나, 시랑(승냥이와 이리) 같은 그 마음이 어찌 회과(잘못을 뉘우침)함이 있으리오.(서술자의 개입 - 편집자적 논평) 그 후로는 더욱 불측하여(생각이나 행동 따위가 괘씸하고 엉큼하여) 장화 형제 죽일 뜻을 주야로 생각하더라.

▶ 배무룡의 재혼과 계모 허 씨의 시기심

하루는 좌수 내당(안방. 여인들의 처소)으로 들어와 딸의 방에 앉으며, 두 딸을 살펴보니, 딸의 형제 손을 서로 잡고 슬픔을 머금고 눈물을 흘려 옷깃을 적시거늘, 좌수 이것을 보고 매우 자닝히(차마 보기 어려울 정도로 애처롭게) 여겨 탄식하여 가로되, / "이는 반드시 너희들 죽은 모친을 생각하고 슬퍼함이로다."

하고, 역시 눈물을 흘리며 위로하여 이르되, / "너희 이렇듯 장성하였으니, 너희 모친이 있었던들 오죽 기쁘랴마는 팔자 기구하여 허 씨를 만나 구박이 자심하니, 너희들의 슬퍼함을 짐작하리라. 이후에 이런 연고 또 있으면 내 처치하여 너희 마음을 편케 하리라."

더욱 심하니

▶ 배무룡이 장화 자매를 위로함

하고 나왔더니, 이때에 흉녀 창틈으로 이 광경을 엿보고 더욱 분노하여 흉계를 생각하다가 문득 깨닫고, 제 자식 장쇠를 시켜 큰 쥐를 한 마리 잡아 오라 하여, 가만히 튀하여 피를 바르고 낙태한 모양으로 만들어 장화 자는 방에 들어가 이불 밑에 넣고 나와 좌수 들어오기를 기다려 이것을 보이려 하더니, 마침 좌수가 외당에서 들어오거늘, 허 씨 좌수를 보고 정색하며 혀를 차는지라, 좌수 괴이하게 여겨 그 연고를 묻는데, 허 씨 가로되,

흉녀: 계모 허 씨 / 흉계: 흉악한 계략 / 큰 쥐: 인물 간의 갈등을 유발하게 되는 소재 / 튀하여: 끓는 물에 넣었다 꺼내 털을 뽑아 내어 / 외당: 사랑 / 연고: 사유, 사연

"가중에 불측한 변이 있으나, 낭군은 반드시 첩의 모해라 하실 듯하기로 처음에 감히 발설치 못하였거니와, 낭군은 친어버이라 나면 이르고 들면 반기는 정을 자식들은 전혀 모르고 부정한 일이 많으나, 내 또한 친어미 아닌고로 짐작만 하고 잠잠하더니, 오늘은 늦도록 기동치 아니하기로 몸이 불편한가 하여 들어가 본즉, 과연 낙태하고 누웠다가 첩을 보고 미처 수습치 못하여 황망하기로 첩의 마음에 놀라움이 크나, 저와 나만 알고 있거니와 우리는 대대 양반이라 이런 일이 누설되면 무슨 면목으로 세상에 서리오."

가중: 한 집안 / 발설치: 말을 내어 남이 알게 하지 / 기동치: 몸을 일으켜 움직이지

▶ 허 씨가 장화를 모해함

하고, 가장 분분한지라, 좌수 크게 놀라 이에 부인의 손을 이끌고 여아의 방으로 들어가 이불을 들치고 보니, 이때 장화 형제는 잠이 깊이 들었는지라. 허 씨 그 피 묻은 쥐를 가지고 여러 가지로 비양하거늘, 용렬한 좌수는 그 흉계를 모르고 가장 놀라며 이르되,

분분한지라: 분하고 원통하게 여기는지라 / 용렬한: 평범하고 모자란 / 비양하거늘: 얄미운 태도로 빈정거리거늘

"이 일을 장차 어찌하리오." / 하며 애를 쓰거늘, 이때 흉녀 가로되,

"이 일이 가장 중난하니, 이 일을 남이 모르게 죽여 흔적을 없이 하면 남은 이런 줄을 모르고 첩이 심하게 애매한 전실 자식을 모해하여 죽였다 할 것이요, 남이 이 일을 알면 부끄러움을 면치 못하리니, 차라리 첩이 먼저 죽어 모름이 나을까 하나이다." / 하고, 거짓 자결하는 체하니 저 미련한 좌수는 그 흉계를 모르고 곧이들어 급히 붙잡고 빌어 가로되,

중난하니: 중대하고 어려우니 / 전실 자식: 전 부인이 낳은 자식

"그대의 진중한 덕은 내 이미 아는 바이나, 빨리 방법을 가르치면 저를 처리하리라."

진중한: 점잖고 무게 있는 / 저: 장화

하며 울거늘, 흉녀 이 말을 듣고, / '이제는 원을 이룰 때가 왔다.'

원: 장화와 홍련을 없애는 것

하고, 마음에 기꺼하여 겉으로 탄식하여 가로되, / "내 죽어 모르고자 하였더니, 낭군이 이다지 과념하시매 부득이 참거니와, 저를 죽이지 아니하면 문호에 화를 면치 못하리니, 기세양난(其勢兩難)이니 빨리 처치하여 이 일이 탄로치 않게 하소서." / 한데, 좌수 망처의 유언을 생각하고 망극하나 일변 분노하여 처치할 묘책을 의논하니, 흉녀 기뻐하여 가로되,

기꺼하여: 기뻐하며 / 문호: 문벌. 대대로 내려오는 그 집안의 사회적 신분이나 지위 / 과념하시매: 지나치게 염려하시니 / 기세양난: 이러지도 저러지도 못하는 곤란한 처지이니 / 일변: 아주 달라짐 / 망처의 유언: 두 딸에 대한 전처 장 씨의 당부 / 처치할 묘책을 의논하니: 장화를 멸함으로써 가문에 닥칠지도 모르는 화를 면하기 위함

"장화를 불러 거짓말로 속여 저의 외삼촌 집에 다녀오라 하고, 장쇠를 시켜 같이 가다가 뒤 연못에 밀쳐 넣어 죽이는 것이 상책일까 하나이다." ▶ 배무룡이 허 씨의 모계에 속아 넘어감

뒷부분 줄거리 | 장화는 결국 장쇠의 강요에 의해 연못에 뛰어들어 죽고, 홍련도 장화의 뒤를 이어 연못에 투신한다. 귀신이 된 장화와 홍련은 새로 부임한 부사를 찾아가 억울한 사연을 말하게 되고, 부사는 허 씨를 처형한다. 그 후, 배 좌수는 다시 장가를 들어 두 딸의 현신인 쌍동녀를 낳아 행복한 삶을 누린다.

핵심 정리

- 갈래: 고전 소설(계모형 가정 소설)
- 성격: 전기적(傳奇的), 교훈적
- 구성: '기 – 승 – 전 – 결' 의 4단 구성

기: 장화와 홍련이 계모 허 씨의 박해를 받으며 자람	➡	승: 허 씨의 모해로 장화가 억울하게 죽고, 홍련도 자결함	➡	전: 원귀가 된 장화와 홍련이 부사에게 억울함을 호소하고, 부사는 내막을 밝혀 허 씨와 장쇠를 처형함	➡	결: 장화와 홍련은 배무룡의 쌍동녀로 다시 태어나 부귀영화를 누림

- 제재: 장화, 홍련과 계모 허 씨의 갈등
- 주제: 가족 간의 갈등으로 인한 비극과 권선징악(勸善懲惡)
- 특징: ① 계모가 다른 고전 소설들과는 달리 박색의 추한 여인으로 묘사됨
  ② 등장인물의 소극적 · 순종적 태도가 죽음 이후에 적극적 · 능동적 태도로 변화됨
- 의의: 후처제의 제도적 모순과 가장의 무책임을 함께 다루어 현실의 모순을 비판함
- 인물 분석
  - 장화, 홍련: 배무룡의 두 딸. 계모의 구박과 모해로 억울하게 죽음에 이르게 되나, 자신들의 죽음을 부사에게 적극적으로 알리고 환생하여 행복한 삶을 누리게 됨
  - 허 씨: 장화와 홍련의 계모. 남편이 장화와 홍련을 아끼는 것에 대한 시기심으로 장화와 홍련을 모해하여 죽임
  - 배무룡: 장화와 홍련의 아버지. 딸들을 아끼지만, 무능하고 어리석어 허 씨의 계략에 속아 두 딸을 죽음에 이르게 함

한눈에 보기

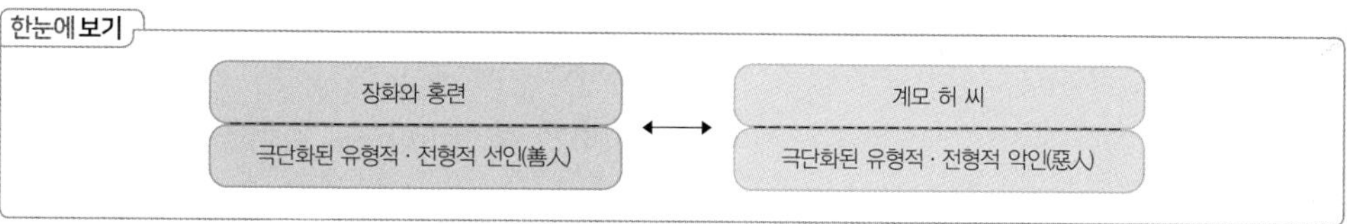

보충·심화 학습

- 〈장화 홍련전〉의 근원 설화

계모 설화	계모가 전실 자식을 학대하는 내용 예 〈콩쥐 팥쥐〉
신원 설화	원통한 일을 당한 사람이 그 원통함을 풀게 된다는 내용 예 〈아랑 설화〉
환생 설화	죽은 사람이 다시 태어난다는 내용

필수 문제

01 이 글의 앞부분에 나타난 허 씨의 외양 묘사가 갖는 표현상의 효과를 쓰시오.

02 이 글에서 인물 간의 갈등을 발생시키며, 허 씨가 장화를 모해하기 위한 수단으로 사용한 소재를 찾아 쓰시오.

콩쥐 팥쥐전 | 작자 미상

EBS

출제 포인트

권선징악(勸善懲惡)을 주제로, 계모와 전실 자식 간의 관계를 다룬 계모형 가정 소설이다. 콩쥐가 잃어버린 신발 등 작품 속 소재의 기능에 대해 파악하고, 이 작품과 〈신데렐라〉 설화를 비교하여 살펴보자.

감상 길잡이

작자 미상의 계모형 가정 소설로, 주인공 콩쥐가 계모의 학대를 극복하고 감사와 혼인하기까지의 과정을 그린 전반부와 팥쥐에 의하여 죽임을 당하나 다시 살아나 복수하는 내용을 그린 후반부로 이루어져 있다. 〈콩쥐 팥쥐 설화〉를 바탕으로 하나, 후반부에서는 설화에 없는 허구적인 내용을 가미하여 우리나라 사람들의 재생 관념과 권선징악(勸善懲惡)의 주제를 드러내고 있다.

앞부분 줄거리 | 전라도 전주 부근에 사는 퇴리(退吏)(퇴직한 관리) 최만춘은 아내 조 씨와 혼인한 지 10여 년 만에 콩쥐라는 딸을 얻는다. 그러나 콩쥐가 태어난 지 얼마 안 되어 조 씨가 세상을 떠나고, 최만춘은 과부 배 씨를 후처로 맞아들인다. 배 씨는 콩쥐를 미워하여 밑 빠진 독에 물 붓기, 산비탈의 돌밭 매기 등 도저히 불가능한 일들을 시키나 그때마다 검은 소, 두꺼비 등의 도움으로 콩쥐는 맡은 일을 모두 해결한다. 그러던 어느 날 외가에서 잔치를 벌이게 되는데, 배 씨는 콩쥐가 잔치에 오지 못하도록 콩쥐에게 베를 한 필 짜 놓고, 겉피(껍질을 벗기지 않은 피) 석 섬을 찧어 놓고 오라는 과제를 부여한다. 하지만 새 떼와 직녀의 도움으로 쉽게 일을 마친 콩쥐는 외가로 향하게 된다.

이때 뒤로부터 감사(관찰사. 각 도의 으뜸 벼슬)의 도임(지방의 관리가 근무지에 도착함)하는 행차가 위의(위엄이 있고 엄숙한 태도나 차림새)를 갖추어 오느라고 '에라 게 들어 섰거라!' 하는 벽제 소리(지위가 높은 사람이 행차할 때, 잡인의 통행을 금하던 소리)를 지르며 잡인(雜人)(일정한 장소나 일에 아무 관계가 없는 사람)을 치우는 바람에, 콩쥐는 허겁지겁 냇물을 뛰어 건너려다 그만 잘못되어 신 한 짝을 물속에 빠뜨리고야 마니라. 그러나 무섭고 다급할 즈음이라 콩쥐는 감히 건져 보려고도 하지 못하고서 아까운 생각만을 품은 채로, 외가로(친어머니 조 씨의 친정) 달려가더라. 뒤따르는 행차가 그 길을 지나칠새, 감사가 무심히 앞길을 바라보니 이상한 서기(瑞氣)(상서로운 기운)가 눈에 띄는지라, 하리(下吏)(낮은 벼슬아치)를 지휘하여 그 서기가 떠도는 언저리(둘레의 가 부분)를 찾아보게 하나, 별다른 것은 없고 다만 개울물 속에 아이 신 한 짝(콩쥐가 잃어버린 신 한 짝)이 있어 그러하다 하기에 감사는 심중에 매우 기이하게(기묘하고 이상하게) 여기어 하리로 하여금 그 신짝을 간수토록 일러두고, 도임한 후에 곧이어 감사는 신짝 잃어버린 사람을 찾아서 각처로(여러 곳으로) 사람을 보내더라.

▶ 감사가 도임하는 중에 콩쥐가 잃어버린 신 한 짝을 발견함

이럴 즈음 콩쥐는 외가에 가서 외삼촌과 외숙모께 절하고 뵈온즉 그때까지 못 오는 줄 알고 섭섭히 생각하고 있던 외삼촌 내외는 매우 기꺼워하며, 어머니가 별세하신 후로 고생살이가 많음을 진심으로 위로하여 좋은 음식을 갖춰 차려 주거늘, 홀로 계모인(의붓어머니) 배 씨의(악인의 전형. 팥쥐 어머니) 기색만이 좋지 아니하여 콩쥐를 보고 말하였다.

「"콩쥐야, 네 짜던 베는 다 짜고 왔느냐? 말리던 겉피도 다 슳어(찧어) 놓고 왔느냐? 또 집은 어찌 하려고 비워 두고 왔느냐? 그 비단옷은 어디서 웬 것을 훔쳐 입었느냐? 응, 어떤 놈이 내 대신하여 주더냐?"」 「」: 성질이 포악하고 못된 배 씨의 인물됨이 드러남

이렇듯이 계모는 콩쥐를 몰아치며(기를 펴지 못할 만큼 심하게 구박하거나 나무라며), 남 못 보는 틈틈이 꼬집어 뜯으면서 따져 묻는지라, 콩쥐는 기가 막히어 할 수 없이 그 사이에 겪은 바를(새 떼와 직녀의 도움으로 쉽게 일을 마친 일) 낱낱이 아뢰니라. 그리하여 콩쥐의 얘기를 듣던 계

모는 눈알이 다시 삼모은행처럼 변하여지고 얼굴이 청기와처럼 푸르러지니 그 흉악한 속마음이야 어찌 다 알 수 있으리오?

(성질이 악하고 모진) (푸른 빛깔의 기와) (서술자의 개입(편집자적 논평))

▶ 계모 배 씨가 외가에 온 콩쥐를 꾸짖음

뒷부분 줄거리 | 콩쥐는 직녀가 준 신발의 인연으로 감사와 혼인하지만, 팥쥐의 흉계에 넘어가 연못에 빠져 죽게 되고, 팥쥐가 대신 콩쥐 행세를 한다. 그 뒤 연꽃으로 피어난 콩쥐가 계속 팥쥐를 괴롭히다가 마침내 감사 앞에 나타나 자초지종을 고한다. 감사가 연못에서 콩쥐의 시신을 건져 내니 콩쥐는 다시 살아난다. 감사는 팥쥐를 처단하여 배 씨에게 보내고, 이를 받아 본 배 씨는 놀라서 즉사한다.

핵심 정리

- 갈래: 고전 소설(계모형 가정 소설, 애정 소설)
- 성격: 전기적(傳奇的), 교훈적, 설화적
- 구성: '발단 – 전개 – 위기 – 절정 – 결말'의 5단 구성

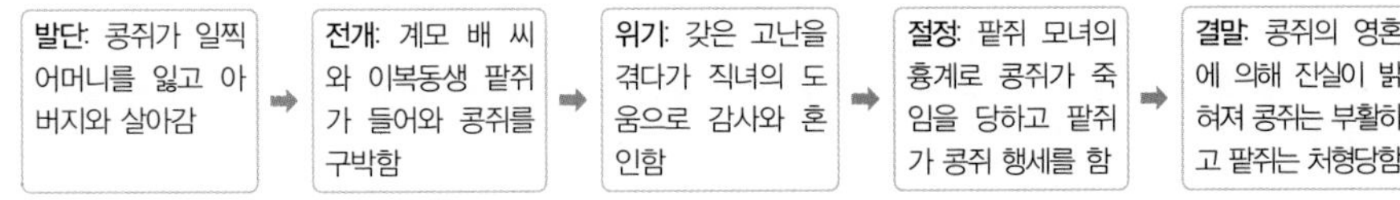

- 제재: 계모와 전처 소생의 갈등
- 주제: 권선징악(勸善懲惡)
- 특징: ① 세계적으로 널리 분포된 신데렐라형 설화와 같은 계열의 이야기를 기록하여 소설화함
  ② 후반부에 설화에는 없는 내용을 가미하여 우리나라 사람들의 재생 관념과 권선징악(勸善懲惡)의 주제를 드러냄
- 인물 분석
  - 콩쥐: 최만춘의 딸. 효성이 지극하고 인내심이 많은, 착한 인물의 전형임
  - 배 씨: 콩쥐의 계모. 천성이 간악하여 위선적이며, 착한 콩쥐를 구박함
  - 팥쥐: 배 씨의 친딸. 심술궂고 교활하며 욕심이 많음

한눈에 **보기**

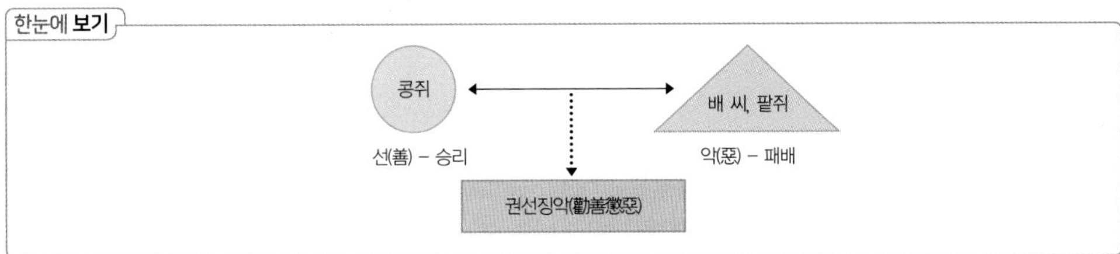

보충·심화 학습

- 〈콩쥐 팥쥐전〉의 근원 설화

이 글의 배경 설화인 〈콩쥐 팥쥐 설화〉는 서구에서는 〈신데렐라〉라는 이름으로 널리 알려진 설화인데, 중국의 옛 문헌에도 같은 계통의 이야기가 실려 있는 점으로 보아 이러한 이야기가 세계적으로 분포되어 있음을 알 수 있다. 〈콩쥐 팥쥐 설화〉는 그 구성상 중국 민간 전승의 신데렐라형 이야기와 상통하고 있어 양자 간의 관련성을 짐작하게 하지만, 제목부터가 그러하듯 지역적 배경과 가정의 사건 등에서 한국적인 정취를 잘 드러내고 있어 주목된다. 특히, 왕이나 왕자를 등장시킨 외국과는 달리, 감사(혹은 원님)를 내세운 것은 더욱 향토적인 매력을 느끼게 하는 부분이다.

필수 문제

01 이 글에서 편집자적 논평이 드러나는 부분을 찾아 처음과 끝의 2어절씩을 쓰시오.

02 이 글과 유사한 구조를 지닌 서구의 설화를 쓰시오.

119 어룡전(魚龍傳) | 작자 미상

EBS 모의 기출

출제 포인트

계모로 인해 전처 소생의 남매가 갖은 고초를 겪은 후에 다시 가정이 화합을 이룬다는 내용의 가정 소설로, 전처 자식과 계모 사이의 갈등 양상과 흩어졌던 가족이 재회하는 사건 전개 과정에 주목해 보자.

감상 길잡이

이 글은 자신의 아들로 가권을 계승하려는 계모 강 씨의 학대로 전처 자식들이 집에서 쫓겨나 겪는 고생담과 주인공 어룡이 북흉노를 물리치고 천자를 구출하여 출세한 후에 가족들과 재회하고 가권을 계승하여 영화를 누리는 행복담으로 이루어진 계모형 가정 소설이자 영웅 소설이다. 전반부는 전형적인 계모형 가정 소설의 성격을 보이지만, 후반부는 영웅 소설적 성격을 띠고 있어 독자의 흥미를 유발하고 있으며 계모가 자신의 죄를 뉘우치고 병으로 죽자 전처 자식들이 슬퍼하고 이복동생을 사랑으로 돌봄으로써 악에 대한 용서와 화목한 가정의 완성에 초점을 맞추고 있는 것이 특징이다.

앞부분 줄거리 | 송나라 때 어 학사는 부인 성 씨와 결혼하여 딸 월(月)과 아들 용(龍)을 두었지만, 부인 성 씨가 어린 월과 용을 남겨 두고 세상을 떠난다.

어 학사가 매양 월의 남매를 위로하며 세월을 보내더니, 이때에 학사의 원근 붕우들이 자주 권하여 왈,
(어 학사: 전처 자식을 모함하는 후처의 계략에 쉽게 넘어가지 않고 쫓겨난 자식을 직접 찾아 나서는 부성애를 보이는 인물 / 원근 붕우: 멀고 가까운 친구들(벗들))

「"학사가 평생을 어찌 홀로 지내며, 또한 가내 주장이 없으니 허다 만사를 누구에게 맡기며, 또한 죽은 사람을 생각하면 무엇하리오. 과도히 고집 말고 마음을 고쳐 생각하여 존문(尊門)의 어진 숙녀를 가리어 재취하오면 부인 없는 자녀도 성취할 것이요, 가도도 평순할 것이니, 각별히 깊이 헤아려 숙녀를 구하라."」
(가내: 집안 / 주장: 어떤 일을 책임지고 맡음. 또는 그런 사람 / 죽은 사람: 어 학사의 전처인 성 씨 / 존문: 남의 가문이나 집을 높여 이르는 말 / 부인 없는 ~ 평순할 것: 벗들이 어 학사에게 재취를 권하는 이유 / 「 」: 벗들이 집안일을 맡아서 처리할 사람이 없는 어 학사를 안타깝게 생각하며 재취할 것을 권유함)

권하니, 학사 대 왈,

「"제형의 권고하는 말씀은 내 어찌 마땅한 줄을 모르리오마는 자녀 남매를 두었으니, 이 또 사람을 취하여 어질면 그만이어니와 만일 불행하면 미거한 자녀들로 하여금 어찌 보게 하리오."」
(「 」: 어 학사가 재취하지 않는 이유 – 후처의 성품이 어질지 못할 경우 일어날 갈등 때문에 / 미거한: 철이 없고 사리에 어두운)

한대, 당상 제인이 대 왈,
(당상: 대청 위 / 제인: 모든 사람. 또는 여러 사람)

"남의 집 처자의 선악(善惡)을 자세히 말하리오마는 그런 염려는 마시고 속히 정혼하여 가내 주장을 삼게 하소서." / 학사 난처하여 허락지 못하니, 모두 이르되,

"형이 우리 강권하는 말씀을 끝내 옳게 여기지 아니하시니 극히 애달아하나이다."

학사가 묵묵부답하다가 마지못하여 허락하니, 모두 즐기는지라. ▶ 어 학사가 주변의 권유로 재혼을 결심함

「이때 호람 땅에 강 시랑이라 하는 사람이 있으되, 여식 하나를 두고 혼처를 구한단 말을 듣고 즉시 매파를 보내어 청혼한대, 강 시랑이 학사의 학행이 높음을 들었는 고로 마음에 즐겨 허락하니, 학사가 기뻐하여 택일하여 맞을새, 혼례를 지내고 집에 돌아와 자녀를 데리고 부인을 생각하며 못내 슬퍼하니, 월이 비감(悲感) 중이라도 부친을 위로하여 만류하니, 비록 여아라도 족히 어른을 당할래라.
(「 」: 서술자가 개입하여 강 씨를 재취로 맞아들여 아들을 낳기까지의 사건을 순차적으로 제시함(사건의 요약적 제시) / 비감: 슬픈 느낌. 또는 그런 느낌이 있음 / 월이 비감 중이라도 ~ 만류하니: 월의 어른스러운 면모가 드러남)

간교한 성격의 계모　몹시 우악스럽고 사나움

이러구러 여러 날 만에 강 씨를 데려오니, 얼굴은 비록 고우나 본성이 강포하여 평생을 해코자

이럭저럭 일이 진행되거나 시간이 흐르는 모양　서술자가 인물의 성격을 직접적으로 제시함

하는 사람이라. 학사가 매양 월의 남매를 불쌍히 여겨 슬퍼하며 사랑하는 양을 보고, 강 씨 속마

강 씨가 전처 자식들을 핍박하는 원인

음에 시기하여 은근히 해코져 하여 학사 보는 데는 월의 남매를 불쌍히 여겨 사랑하는 체하며 음

강 씨가 표리부동(表裏不同)한 인물임을 알 수 있음

식을 좋이 먹이며 각별 위로하니, 학사가 강 씨를 사랑하여 모든 일을 다 맡기는지라.

이러구러 강 씨는 잉태하여 십 삭 만에 아들을 낳으니 학사가 극진히 사랑하며 월의 남매 우애

요약적 제시 방법 → 사건 전개를 빠르게 함

극진하니, 강 씨 속마음에 교만하여 비복이라도 일절 엄하게 하니, 뉘 아니 두려워하리오.』

작중 상황에 대한 서술자의 생각을 드러냄(서술자의 개입)　▶ 강 씨가 어 학사의 후처가 되어 아들을 낳음

이때 월의 나이는 십사 세요, 용의 나이는 팔 세라. 강 씨 낳은 아들 이름은 재룡이니, 아직 강보에 있는지라. 강 씨 마음에 매양 월의 남매를 해코져 하나 틈을 얻지 못하여 하더니, 일일은 한

자신의 아들이 전처 자식들에 의해 해를 당할지도 모른다는 막연한 두려움과 자신의 아들로 가권을 계승하려는 욕구 때문

계교를 생각하고 바늘을 끼어 아이 업는 천의에다 찔러 놓고 월을 불러 재룡을 업히고 학사를 청

목적을 이루기 위해 자신의 친자식에게조차 고통을 줌(전형적인 악인형 인물)

하여 음식을 권하더니, 이때 밖에서 재룡의 울음소리가 들리는지라. 강 씨 거짓 놀래어 내달아 아이를 앗아 업고 들어오며 왈,

"네가 아이를 보면 항상 놀래어 이렇듯이 울린다."

처음 있는 일이 아닌 것처럼 말을 하여 어 학사와 월을 이간질하려고 함

하며, 젖을 물리고 학사 보는 데 천의를 벗기는 체하고 바늘을 감춘 후 아이를 안아 내니, 볼기 밑

여기저기 흩어져 어지럽거늘

에 유혈이 낭자하거늘, 강 씨 또한 놀라는 체하고 피 흘리는 데 살펴보니 바늘로 찔린 흔적이 완

피를 흘림. 또는 흘러나오는 피

연하거늘, 학사 놀라 연고를 모르더니, 강 씨 갑자기 얼굴빛이 달라지며 왈,

눈에 보이는 것처럼 아주 뚜렷하거늘

"이러한 흉측한 변고가 어디 있으리오." / 하고, 줄줄이 밀치고 왈,

"다만 오늘뿐이 아니라 이러한 일이 종종 있으나 매양 계모라 하여 허물이 첩에게 미칠까 하여

계모라는 이유로 자신이 비난받을 수 있어 그동안 말하지 않았다고 거짓말을 함

밝히지 아니하였삽더니, 이러한 줄이야 어찌 알았사오리까."

하고, 아이를 안고 침금을 덮고 누워 슬퍼하는 양을 보이거늘, 학사가 다시 생각하니 바늘에 찔린

이부자리(이불과 요를 통틀어 이르는 말)

자국은 확실하나 바늘은 없으니 고이하나, 월이 어찌 그런 악한 일을 자행하리오. 또한 전일에도

이상야릇하나

여차한 일을 보지 못하였으니, 고이하다 하고 부인을 개유하여 왈,

사리를 알아듣도록 잘 타이름

"이것이 다 자식이 어린 탓이니, 깊이 헤아려 두루 생각하면 전혀 허물이 없을 것이니 부디 안

강 씨를 달래려는 목적으로 자식이 어린 탓이라고 말함 → 전처 자식들을 두둔함

심하라." / 하고 나아오니, 월은 그런 사정을 어찌 알리오.

서술자의 개입

아이를 무단히 데려가매, 마음에 불안하여 용의 옷을 고쳐 입히며 처량히 앉았거늘, 학사가 그

월은 계모가 얼굴빛이 달라지며 자신에게서 아이를 갑자기 데려가 버리자 불안해함

거동을 보고 재취를 무수히 한탄하더라.　▶ 강 씨가 흉계를 꾸며 어 학사에게 월을 모함함(월과 계모의 1차 갈등)

재취를 후회하며 전처 자식에 대한 애처로운 마음을 드러냄　간장을 담그려고 소금을 탄 찬물

강 씨 또 한 꾀를 생각하고 이웃집 노파를 청하여 혹 장물도 주며 음식도 주어 치사한 후에 은

월을 모함하여 곤경에 빠뜨릴 계획　비석(砒石)에 열을 가하여 승화시켜 얻은 결정체. 거담제와 학질 치료제로 썼으나 독성 때문에 현재는 쓰지 않음

근히 이르되, / "내 집에 쥐가 많아 민망한지라. 비상을 조금 사다 주면 쥐를 처치하겠노라."

쥐 잡는 것을 핑계로 노파에게 비상을 구해 달라고 부탁함

하고, 그 노파에 값을 후히 주니, 노파가 크게 기뻐하여 즉시 사 왔거늘, 강 씨 받아 간수한 후, 하

루는 몸이 불편하다 하고 월이로 하여금 음식을 감검하라 하니, 월이 모친의 병을 위로하며 음식을 정성껏 장만하여 드리니, 강 씨 저 먹을 음식에다가 죽지 아니할 만치 비상을 타 두고 학사를 청하여 한가지로 먹기를 청한대, 학사가 들어와 상을 받은 후 강 씨를 자주 권하매, 마지못하여 일어나 두어 술이나 먹더니, 홀연 역취하여 사방으로 뒹굴며 먹은 음식을 토하고 기절하거늘, 학사가 황망하여 토한 것을 바라보고 음식한 시비를 잡아내어 엄하게 다스리며 신문하니, 시비 등도 천만 애매한지라, 죄를 면코자 하여 아뢰되,

잘 생각하고 검사함 / 계모에게 정성을 다하여 효를 행하는 월의 모습 / 자신이 탄 비상이 든 음식을 먹고 월에게 누명을 씌우려는 의도 / 마음이 몹시 급하여 당황하고 허둥지둥하는 면이 있음 / 월이 감검한 것이므로

"오늘 음식은 소비 등이 아니하옵고 소저가 친히 감검하였으니, 다시 발명하여 아뢰올 말씀 없나이다." / 한대, 학사가 괴히 여겨 대강 치죄하여 내치고 부인을 위로하니, 강 씨 왈,

죄나 잘못이 없음을 말하여 밝힘. 또는 그런 말 / 월의 평소의 성품으로 보아 납득할 수 없는 일이 벌어졌기 때문에

"첩이 이 집에 있다가는 원통히 죽을 뿐 아니라 무죄한 어린 것을 비명에 죽일 것이니, 상공은 당장 치행하여 친정으로 보내어 불쌍한 목숨을 살리시옵소서."

이후에 일어날 수 있는 일을 근거로 제시하여 어 학사를 설득하려고 함 / 길 떠날 여장을 준비함

하며, 일어나 약간 세간을 내어 짐을 매거늘, 이때 월이 들어와 울며 여쭈오되,

어 학사의 결단을 촉구하려는 의도로 짐짓 떠나려는 행동을 함

"음식을 잘 살피지 못하옵은 다 소녀의 죄로소이다. 어머님은 안심하옵소서."

하니, 강 씨 큰 소리로 대질 왈,

호되게 꾸짖음

"아무리 남의 자식인들 계모라 하고 우리 모자를 기어코 해코자 하는구나. 내 이 집에 있다가는 우리 모자가 비명에 죽을 것이니 어찌 잠시인들 있으리오."

전처 자식인 월이 자신과 재룡을 해하려 한다고 주장함 / 제명대로 다 살지 못하고 죽음

▶ 강 씨가 음식에 비상을 넣는 흉계를 꾸며 월을 모함함(월과 계모의 2차 갈등)

중략 부분 줄거리 | 강 씨는 어 학사가 이부 상서가 되어 서울로 떠나자 용과 월을 해치려고 음모를 꾸민다.

이때 강 씨 상서가 집에 없음을 기뻐하여 월을 불러 날로 구박하며 눈앞에 잠시도 섰지 못하게 하고, 음식을 먹이되 독약이 들지 아니하였으니 알고 먹으라 하며 박대가 자심한지라.

학사가 서울로 올라가 가부장의 권위가 약화된 때를 기회로 삼아 전처 자식들을 대놓고 구박함

강 씨 일일은 월의 없음을 괴히 여겨 후원에 가보니 차영을 데리고 서로 우는지라. 대로하여 고성 대책 왈,

월이 눈에 보이지 않음을 이상하게 여겨 / 여종으로 어 학사에게 부재중에 있었던 집안일과 강 씨의 악행에 대한 정보를 제공하는 인물 / 몹시 꾸짖음

『"너희 노주가 무슨 모함을 의논하느냐."

「 」: 월과 차영이 함께 울고 있는 모습을 공연히 트집 잡아 두 사람에게 체벌을 가함 / 노비와 주인

하고, 무수히 치며 두 발을 끌고 의복을 찢으며 형벌하고, 또 차영을 잡아내어 꾸짖어 왈,

트집을 잡아 월에게 폭행을 가함 → 강 씨의 포악한 성격을 드러냄

"네 나와 무슨 혐의 있어 노주 의논하고 흉계를 꾸미고자 하느냐. 너 같은 년은 죽이리라."

꺼리고 미워함

하고 형구 차려 형틀에 올려 매고 무수 난장하여 제정으로 끌어내어 협실에 가두고 분부하되,』

셀 수 없이 여러 사람이 한꺼번에 덤비어 매를 때려 / 곁방. 안방에 딸린 작은 방

"너희 다시 소저와 상대하는 자는 즉시 죽이리라."

하니, 차영이 또한 기절하여 아무 말도 못하더라.

▶ 강 씨가 트집을 잡아 월과 차영을 체벌함

결정적 장면

슬프다. 월이 차영을 보지 못하고 죽인들 뉘가 알며, 음식인들 뉘가 권하리오.

서술자가 개입하여 작중 상황의 비극성을 직접 드러냄

이때 용이 제 밥을 가지고 누이 앞에 놓고 간권하니, 소저가 어찌 먹고 살고져 하리오마는 어린 동생이 권하는 정을 생각하고, 또 부친의 얼굴도 보지 못하고 죽으면 원귀 되지 아니하며, 또한 부친으로 하여금 비희를 끼쳐 눈물을 지시게 하리오. 나의 사생은 어렵지 아니하거니와 용의 일신이 부모에게 중한 몸이라. 내 죽으면 여액이 다 용에게 미칠 것이니 어찌하리오. 또한 내 죽으면 불효막대할 것이니, 근근 보명하였다가 부친 오심을 기다림이 옳다 하고, 용이 가져온 음식을 서로 먹고 밤을 당하매, 불기 없는 빈방에 남매 서로 붙잡고 밤을 새우더니, 용은 어린 것이라 잠을 자나 소저는 만신이 아파 견디지 못하여 소리는 아니하고 앓고 누웠더니, 이때 강 씨 생각하되

용: 월의 동생 / 간권하니: 간절히 권하니 / 원귀가 되지 않고 부친에게 슬픔을 끼치지 않기 위해 용이 주는 밥을 먹음 / 여액: 이미 당한 재앙 외에 아직 남아 있는 재앙이나 액운 / 용은 가권 계승자인 장자이므로 지켜야 한다는 사명감을 느낌 / 위기의 상황에서도 소극적으로 대처하는 전통적 여성의 모습을 보임 / 강 씨가 전처소생을 핍박하고 있음을 보여 줌 / 철없이 잠든 용과 달리 아파 잠을 이루지 못하는 월의 모습을 통해 월의 비참한 상황을 부각함

"이때를 지내면 다시 설치할 기회를 얻기 어려우리라."

설치: 설욕. 부끄러움을 씻음 / 어 학사가 집을 비운 사이에 자신의 아들을 가권 계승자로 만들기 위해 월과 용을 제거하고자 함

하고 월의 자는 방에 들어가니, 소저가 홀로 엎어져 앓는 소리 나거늘 문을 열고 들어가 꾸짖어 왈,

"이 아이년아, 누구를 모함하려고 누웠느냐. 너 같은 자식은 보기 싫으니 바삐 나가고 눈앞에 보이지 말라."

말도 안 되는 이유로 월을 구박하여 내쫓으려 함 → 강 씨의 잔인한 성격

하는 소리 추상같은지라.

▶ 강 씨가 어 학사가 없는 틈에 월을 쫓아내려고 구박함

추상: 가을의 찬 서리로 호령 따위가 위엄이 있고 서슬이 푸르다는 의미임

중략 부분 줄거리 | 강 씨의 구박으로 어룡 남매는 집에서 쫓겨나 온갖 고초를 겪는다. 이후 어룡은 통천 도사의 도움으로 도술과 무예를 배워 나라에 큰 공을 세우고 월은 윤 시랑의 양녀가 되어 임선과 결혼한다. 한편, 어룡 남매를 보고 싶어 사직하고 집으로 돌아온 상서는 남매가 집에서 쫓겨난 사실을 알고 이들을 찾아 헤매다가 기이한 꿈을 꾼다.

이때 날이 이미 저물고 갈 길이 바이 없으매, 슬픔을 이기지 못하여 실혼한 사람같이 앉았더니, 또 비몽사몽간에 아까 보이던 도사가 다시 이르되,

어 학사가 전처 자식들을 찾을 방법이 없어 막막해 함 – 망연자실(茫然自失) / 비몽사몽간: 완전히 잠이 들지도 잠에서 깨어나지도 않은 어렴풋한 상태

❶ "죽림 도원 본집으로 가면 자연 반가운 소식이 있을 것이니 급히 황성으로 가라."

본집: 본래 살던 집. 잠시 따로 나와 사는 사람이, 가족들이 사는 중심이 되는 집을 가리키는 말

하고 간 데 없거늘, 상서가 깨어 공중을 향하여 무수 사례한 후, 그 밤을 지내고 이튿날 길을 떠나 여러 날 만에 죽림 도원 본집으로 가니, 「집은 여구하나 장원이 퇴락하고 후뜰에 초목이 무성하여 사람 자취 그친 지 오랜지라.」 슬픈 마음을 금치 못하여 눈물 내림을 깨닫지 못할레라.

상서: 어 학사 / 여구하나: 모양이나 상태가 옛날과 같음

「 」: 배경을 묘사하여 어 학사의 심리를 간접적으로 드러냄

결정적 장면

계모의 핍박으로 전처 자식들이 쫓겨나는 상황과 고난을 극복하고 가족들이 극적으로 재회하는 장면이다. 계모의 핍박에 대처하는 월의 태도와 축출된 자식들을 찾아다니는 어 학사의 부성애가 잘 나타나 있고, 어룡의 출세를 계기로 흩어진 가족이 재회하여 행복한 결말에 이르게 된다.

문제로 핵심 파악

1 [기출] 이 글에 대한 설명으로 적절하지 않은 것은?

① 서술자가 개입하여 주관적 감정을 드러내고 있다.
② 대화를 통해 인물의 행적을 요약하여 나타내고 있다.
③ 배경 묘사를 활용하여 인물의 심리를 부각하고 있다.
④ 비현실적 요소를 통해 문제 해결의 실마리를 제공하고 있다.
⑤ 상징적 소재를 활용하여 인물의 성격 변화를 암시하고 있다.

핵심 구절 풀이

❶ "죽림 도원 ~ 황성으로 가라.": 꿈속의 도사라는 비현실적 요소를 통해 앞으로의 행동을 알려 줌으로써 문제 해결의 실마리를 제공함

학사 마음을 진정하고 두루 살펴보니 노복 등도 다 사냥하고 다만「차영이 홀로 있다가 상서를 보고 반겨 복지 통곡 왈, / "노야 어디로 다니다가 이제 오시니까."

사내종(종살이를 하는 남자)

어 학사는 전처 자식들을 찾으러 나가고 후처 강 씨는 친정으로 간 상태에서 사내종들이 먹을 것을 구하러 모두 사냥하러 나감

땅에 엎드림 / 남을 높여 이르는 말

하며 못내 슬퍼하다가,」다시 여쭈오되, / "소저와 아기 용을 찾아 보아 계시니까."

「 」: 어 학사가 월과 용을 찾으러 나가 몇 년 동안 소식이 없다가 돌아왔으므로

하며 반김을 마지 아니하거늘, 상서가 차영의 손을 잡고 눈물을 흘리며 왈,

차영이 진심으로 어 학사를 반김

"차영아, 그간 몸 성히 잘 있었느냐. 난 여러 해 돌아다니되 월의 남매를 보지 못하고 왔노라."

다른 계모형 소설과 달리 가장이 문제를 해결하려는 적극성을 보임

하시니, 차영이 상서 말씀을 듣고 정신이 아득하여 이윽히 앉았다가 눈물을 흘리며 왈,

어 상서가 월과 용을 찾아 올 것이라는 기대가 좌절되고 월과 용의 생사조차 알 수 없어 안타까워함

"그러하오면 어디로 가 죽었는가 아닌가. 진적 유무를 알 수 없으니 이런 답답한 일이 어디 있사오리까. 노야 나가신 후에 나라에서 한림으로 패소하여 계시오니, 황성에나 올라가사 소저와 공자를 찾게 하옵소서."

월과 용이 남긴 자취가 어느 곳에 있는지를 알 수 없으니

임금이 신하를 급히 만나야 할 때 패를 써서 입궐하게 하는 것

어떤 일을 치르거나 길을 떠나거나 할 때 운수가 좋은 날을 가려서 고름. 또는 그날

하거늘, 상서가 내심에 현몽하시던 일을 생각하고 황명을 받자와 택일 발행할새, 여러 날 만에 황성에 득달하여 천자께 숙배하온대, 상이 보시고 크게 반기사 좌를 주시고 가로되,

비몽사몽간에 도사가 죽림 도원 본집으로 가면 자연 반가운 소식이 있을 것이라고 했던 일

목적한 곳에 도달함 / 백성들이 왕이나 왕족에게 절을 하던 일 / 앉을 자리나 지위

"경의 아들이 멀리 집을 떠난단 말을 들었더니 그간 만나 보았는가."

황제가 어 상서의 집안 사정에 대해 이미 알고 있음

하시거늘, 상서가 복지 주왈,

"소신의 불초한 자식이 있사옵더니, 나이 어려 우연 집을 떠나 나아가 우금 십여 년이 되옵되 종적을 알지 못하나이다." / 하며 슬픈 빛이 나타나거늘, 상이 보시고 측은히 여기시며 가라사대,

못나고 어리석은. 상대에게 자신의 자식을 낮추는 표현 / 지금에 이르기까지

역대 임금과 왕비의 위패를 모시던 왕실의 사당

「"금번 북흉노 병란에 경의 아들 곧 아니어던 종묘와 사직이 위태하고 짐의 몸이 마칠 것을 하늘이 도우사 경의 영자를 만나 북적을 소멸하고 천하를 평정하였으니, 그 공을 무엇으로 갚으리오."」

후반부의 주된 갈등 요인 / 나라 또는 조정을 이르는 말

뛰어난 아들 / 북쪽의 오랑캐. 여기서는 북흉노를 말함 / 「 」: 천자의 말을 통해 어룡의 영웅적 행적을 요약하여 제시함

하시고, 좌승상 어룡을 급히 명초하시니, 이때 승상이 부친 오신다는 말을 듣고 전지도지하여 나오더니, 나라에서 부르심을 듣고 급히 예궐 숙배하온대, 상이 인견하시고 가라사대,

임금의 명으로 신하를 부름 / 엎드러지고 곱드러지며 몹시 급히 달려가는 모양

대궐 안으로 들어감 / 윗사람이 아랫사람을 불러서 만나 보시고

"지금 경의 부친을 대하면 그 얼굴을 능히 기억할소냐."

승상이 대왈, / "어려서 아비를 이별하였사오나 지금도 그 형용이 주야 눈에 있나이다."

지금도 그 모습을 밤낮으로 잊지 못하고 있음

하고 설워함을 마지 아니하거늘, 상이 그 사친지정이 절로 골수에 맺힘을 불쌍이 여기시고, 상서와 대면케 하시니, 승상이 부친 앞에 나아가 엎어져 실성 통곡하며 말을 이루지 못하거늘, 한림이 혼미하여 꿈인지 생시인지 분별치 못하고 묵묵히 앉았다가, 이윽한 후 정신을 차려 용의 손을 잡고 가로되, / "네가 진정 나의 아들 용이냐 아니냐."

부모를 생각하는 마음이 뼈에 사무쳐 있음 / 어 학사

국난 극복을 통한 입신양명을 계기로 계모의 핍박으로 인해 헤어진 가족이 재회함

아들을 만난 것이 믿어지지 않음 / 잠시 시간이 흐른 후

하며 안고 서로 슬피 우니, 보는 사람은 고사하고 산천초목도 다 슬퍼할러라.

서술자가 작중 상황에 개입하여 주관적 감정을 드러내고 있음

▶ 어 상서가 도사의 계시로 집에 들러 황명을 받고 입궐하여 아들과 재회함

뒷부분 줄거리 | 강 씨는 자신의 잘못을 뉘우치고 병이 들어 죽고, 월과 용은 강 씨의 죽음을 슬퍼하며 어린 이복동생 재룡을 찾아 돌본다. 이후 용은 병부 상서 장경의 딸 정임과 혼인하여 3남 1녀를 두고 부귀영화를 누린다.

핵심 정리

- 갈래: 고전 소설(가정 소설, 영웅 소설)
- 성격: 교훈적, 가정적
- 구성: '발단 – 전개 – 위기 – 절정 – 결말'의 5단 구성

발단		전개		위기		절정		결말
발단: 송나라 때 어 학사는 부인 성 씨가 월과 용 남매만 남기고 죽자 강 씨를 후처로 들임	➡	**전개**: 강 씨는 아들 재룡을 낳자 월과 용을 핍박하고 어 학사가 황성으로 간 사이에 둘을 집에서 내쫓음	➡	**위기**: 집에서 쫓겨난 월은 윤 시랑의 양녀가 되고, 용은 통천 도사를 만나 무예를 배우고, 어 상서는 둘을 찾아 나섬	➡	**절정**: 용은 북흉노를 물리치고 좌승상이 되고, 자식들을 찾아 떠돌던 어 상서는 꿈속 도사의 계시로 본집으로 돌아옴	➡	**결말**: 강 씨는 죄를 뉘우치고 병으로 죽고 용, 월은 어 상서와 재회하고 이복동생 재룡을 찾아 돌보며 집안 대대로 영화를 누림

- 제재: 후처와 전처 자식 사이의 갈등
- 주제: 계모의 학대를 극복하고 이룬 가족의 재결합
- 특징: ① 계모와의 갈등으로 인한 가족의 해체와 주인공의 영웅적 활약을 통한 가족의 재결합이라는 두 개의 중심 내용을 바탕으로 사건이 전개됨
  ② 전처 자식과 후처 사이의 갈등을 해결하려는 가장의 적극적인 역할이 두드러짐
  ③ 악인형 인물의 뉘우침과 그에 대한 용서라는 결말 처리가 기존 고전 소설의 방식과 차별화됨
- 인물 분석
  - 용: 계모의 핍박으로 집에서 쫓겨난 후 통천 도사에게 무예를 익혀 나라를 위기에서 구하고 가족의 재결합을 이끄는 인물
  - 월: 어 학사가 집을 비운 사이 강 씨의 핍박으로 집에서 쫓겨난 후 윤 시랑의 양녀가 되어 임선과 결혼함
  - 어 학사: 후처 강 씨가 전처 자식들을 핍박하여 내쫓자 자식들을 찾아다니는 부성애가 강한 인물
  - 강 씨: 전처 자식들을 내쫓고 자신의 아들로 가권을 계승시키려는 악인형 인물이나 죄를 반성하는 입체적 인물

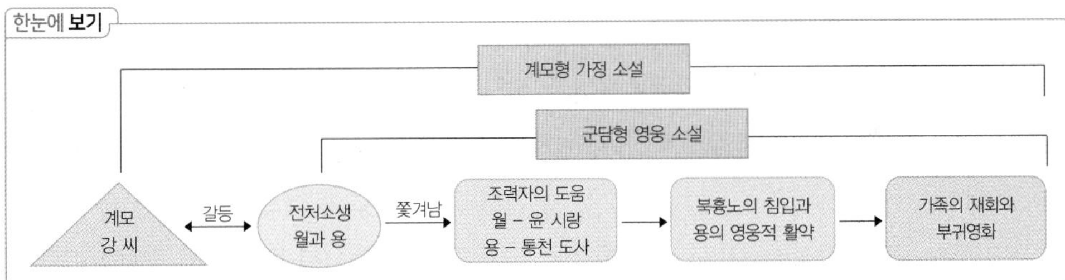

보충·심화 학습

- 〈어룡전〉과 일반적인 계모형 소설의 차이점

일반적인 계모형 소설에서는 가장의 역할이 미미하거나 무능력하게 서술되어 있지만 〈어룡전〉에서는 가장이 문제를 해결하기 위해 직접 쫓겨난 자식들을 찾아 나서는 적극성을 보인다. 죄를 벌하는 방법에 있어서도 후처와 그 자식을 함께 벌하지 않고 강 씨는 자신의 죄를 뉘우치고 병들어 죽지만 그의 소생인 재룡은 이복형인 용이 거두어 돌본다. 또한 구성적인 측면에서는 전반부는 계모형 가정 소설이지만 후반부는 군담형 영웅 소설로 구성되어 있어 다른 계모형 소설과 차이를 보인다.

필수 문제

01 계모 강 씨가 월과 용을 핍박하고 내쫓는 내용으로 보아 이 글의 갈래가 (　　　　　　　　)임을 알 수 있다.

02 이 글에서 헤어진 가족들이 재회할 수 있게 된 계기를 쓰시오.

120 까치전 | 작자 미상

EBS 모의 기출

출제 포인트

인간 사회의 문제를 동물 세계의 문제로 형상화하여 당시의 부정한 사회상을 비판 · 풍자한 우화 소설이다. 각 동물이 상징하는 인물상에 대해 알아보고, 이 글의 주제 의식을 파악해 보자.

감상 길잡이

이 글은 작자 · 연대 미상의 고전 소설로, 인간의 송사 문제를 동물에 빗대어 당시의 탐관오리와 토호(土豪)들이 결탁하여 선량한 백성들을 죽이고 착취하는 사회상을 그리고 있다. 대부분의 사람들이 비둘기를 평화의 상징이라고 생각하는 것과 달리, 이 글에서는 권력으로 힘없는 까치를 죽음으로 몰아넣고, 재물로 사건의 진실을 감추기까지 하는 신흥 부호층으로 그리고 있는 것이 특징이다.

앞부분 줄거리 | 까치가 봄을 맞아 좋은 집을 지은 후 온갖 동물을 초청하여 잔치를 베풀었으나 행실이 안 좋은 비둘기는 초청하지 않았더니 비둘기가 찾아와 행패를 부린다. 또한, 비둘기는 까치를 발로 차서 수십 길 나무 아래로 떨어져 죽게 한다. 남편을 잃은 암까치는 군수에게 남편의 억울한 죽음을 호소한다. 이를 들은 군수는 낙성연에 모였던 짐승들의 증언을 듣는다.
보라매 / 까치가 집을 지은 것을 축하하는 잔치

차시에 두민(頭民) 섬동지의 이름은 두꺼비요, 자는 불록이라. 일찍 육도삼략(六韜三略)과 손오병서(孫吳兵書)를 능통한지라 이전 쥐나라와 싸울 적에 다람쥐 도원수(都元帥) 되어 쥐나라를 파하니, 다람쥐 그 공으로 노직(老職) 동지(同知) 가자(加資)를 주시니, 그러므로 세상이 섬동지라 하니 동지의 의사가 창해(滄海) 같아 그른 일도 옳게 하고 옳은 일도 그르게 하더니, 마침 비둘기의 처자 동생이 심야에 찾아가 금백주옥(金帛珠玉)과 채단(采緞)을 많이 주며 이르되
이때에 / 동네에서 나이가 많고 식견이 높은 사람 / 본이름 외에 부르는 이름 / 중국의 오래된 병서 / 전쟁이 났을 때 군무를 통괄하던 임시 무관 벼슬 / 벼슬 이름 / 넓고 큰 바다 / 수완이 좋음을 의미함. 일을 꾸미는 것을 잘함 / 뇌물

"동지님의 창해 같사온 도량으로 이 일을 주선하와 아무쪼록 희살(戱殺)되게 하여 주옵소서."
장난을 하다가 잘못하여 죽인 것이 되게

동지 답왈,

"유전(有錢)이면 사귀신(使鬼神)이라 하였으니 염려 말라. 내 들으니 책방(冊房) 구진과 수청 기생 앵무가 일총(一寵)한다 하오니, 금은보배(金銀寶貝)를 드려 청촉한 후에 여차여차 하자."
돈이 있으면 귀신도 부릴 수 있다 - 황금만능주의 / 청을 들어주기를 부탁한 / 고을 원의 비서 일을 맡아보던 사람 / 사랑을 독차지한다 / 뇌물로 인한 비리가 많았음을 보여 줌

하고 약속을 정하고, / "각청 두목과 제반 관속에게 뇌물을 쓰고 이리저리하면 고독단신(孤獨單身) 암까치 어찌할 수 없으리니 그런즉 자연 희살(戱殺)이 되리라." ▶ 두꺼비가 뇌물을 받고 비둘기를 두둔하기로 함
지방 관아의 모든 아전과 하인 / 도와주는 사람 없이 외로운 처지에 있는 몸

비둘기 대희하여 그 말같이 하니라. 섬동지 두민으로 관령을 좇아 잡혀가니 연만 팔십이라. 숨이 차서 배때기를 불룩이며 눈을 껌벅거리고 입을 넓적이며 여쭈오되,
크게 기뻐하여 / 관청의 명령 / 나이가 아주 많음 / 한 가닥의 털이라는 뜻으로, 극히 작은 정도를 이름

"명정지하에 일호나 기망(欺罔)하리이까. 본 대로 아뢰리이다."
조금이라도 속이겠습니까

하되, 군수 대희하여 가까이 앉히고 문왈

"너를 보니 나이 많고 점잖은 백성이라. 추호도 은휘(隱諱)치 말고 이실직고하라."
조금도 꺼리어 감추거나 숨기지 말고 사실 그대로 고하라

섬동지 일어나 절하고 다시 여쭈오되

"이 늙은 것이 남의 지원한 일을 어찌 조금이나 기망하리이까? 신은 근본 주수(走獸)오나 나이
원한이 있는 / 거짓을 더하겠습니까 / 길짐승이오나

많은 연고로 두림(頭林)이리니, 까치 낙성연에 참예하여 본즉, 삼천 우족을 다 청하였으되, 오직
날짐승
비둘기를 청치 아니하였기로 괴이히 여겼삽더니, 원근 까치와 비둘기가 혐의 있삽던데 마침 비
까치가 비둘기를 좋아하지 않았다고 생각하게 하기 위함임
둘기 지나는 것을 까마귀가 청하여 말석에 참예하여 이르되, '금일은 봉황 대군의 국기일인데
좌석의 차례에서 맨 끝 자리 / 임금이나 왕후의 제삿날
풍악이 불가하다.' 하온즉, 까치 취중에 분하여 비둘기를 책하여 왈, '남의 잔치에 왔으면 음식
이나 주는 대로 먹고 갈 것이지, 청치 아니한 데 와서 묻지 아니한 말을 하는다.' 하되 모든 객
이 그 말이 옳다 하거늘, 비둘기 무료하여 왈 '저놈이 제 잔치에 왔다 하고 날더러 욕하는 것이
구태여 날만 하는 것이 아니라, 속담에 팽두이숙(烹頭耳熟)이라 하였으니, 제 객인들 어찌 부끄
한 가지 일이 잘되면 다른 일도 저절로 이루어짐
럽지 아니하리오. 국기일에 풍류연락(風流宴樂)이 만일 알염에 미치면 중죄를 당할 것이니 돌아
멋스럽고 풍치 있게 잔치를 벌여 즐김
감이 옳다.' 하온즉, 결곡한 까치 불승기분(不勝氣分)하여 비둘기에게 달려들어 걷어찰 적에 수
분노를 참지 못하여 / 평소 비둘기를 미워하던 까치 스스로 죽은 것임을 믿게 하려 함
만 장 높은 가지에 허전하여 떨어져 죽으니, 유아이사(由我而死)라 하고 비둘기가 정범(正犯)이
나로 말미암아 죽었구나 / 실제로 범죄를 저지른 사람
되었나이다."

▶ 거짓으로 증언하는 두꺼비

하되 군수 그 말을 듣고 동수를 돌려보낸 후, / "차사(此事)를 어찌할고."
예전에, 한 동네의 우두머리를 이르던 말 – 섬동지 / 이 일
하니, 책방 구진이 뇌물을 받았던 고로 이때에 아뢰되,

"나도 염탐하온즉, 비둘기 애매할시 분명하더이다. 성정이 조급한 까치 성급히 제 결에 질려 죽
뇌물을 받고 비둘기에게 유리한 증언을 함
고 못 깬 것을 애매한 비둘기로 정범을 삼으니 어찌 원억(冤抑)치 아니리오."
원통한 누명을 써서 억울하지

▶ 책방 구진의 거짓 증언

말할 적에 앵무새가 여쭈오되,

"비둘기의 처가 소녀의 사촌이오니, 복원(伏願) 사또님은 하량(下諒)하옵서."
엎드려서 원하옵기를 / 아랫사람의 심정을 살피어 알아주옵소서
하며 애걸하니, 군수 즉시 희살(戱殺) 보장 후 정범을 잡아들여 국문하니, 비둘기 울며 아뢰되,
보고 / 비둘기 / 국청에서 형장을 가하여 중죄인을 신문하던 일

"의신이 근본 충효를 본받고자 하여 사서삼경과 외가서(外家書)를 많이 보았더니, 족히 육십사
의로운 신하. 비둘기 자신을 가리킴 / 유학의 경서(經書)와 사기(史記) 이외의 모든 서적
괘(六十四卦)를 짐작하오며 충효를 효측하옵더니, 근년 정월분에 종급새 딸밤각시로 더불어
주역에서, 팔괘를 여덟 번 겹쳐 얻은 64가지의 괘 / 본받아 법으로 삼더니
행년(行年)을 본즉 근년 수가 불길하와 관재구설수(官災口舌數)가 있으니 연락하는 곳에는 가지
그해까지 먹은 나이, 또는 현재의 나이 / 요 몇 해 사이 / 관청에서 남에게 시비하거나 헐뜯는 말을 듣게 될 신수
말라 하는 것을 정녕 알지 못하옵기로 무심히 알았삽더니, 까치 낙성연에 우연히 지나옵다가
자신이 사건에 연루된 것을 나쁜 운 탓으로 돌리려 함
이 지경을 당하오니 오는 수는 면하기 어렵다는 말이 옳사오며, 일전에 어려운 줄을 알지 못한
단 말이 옳사외다. 저 암까치 사리도 알지 못하고 의신을 모함하였사오니, 의신의 사생은 명철
죽고 사는 것
하신 사또 처분에 있사오니 아뢰올 말씀 없나이다."

하거늘 군수 청파에, / "감영 보장 회하를 기다려 결처하리라."
듣기를 마치고 / 회신 / 결정하여 조처하겠다
하고 엄수(嚴囚)하였더니, 일일은 보장 회하였거늘 영제(永制)를 드디어 결처하되 절인간증은 특위
달아나지 못하도록 엄중하게 가두었더니 / 영구히 시행되는 법이나 제도 / 모든 증인들 / 특히
방송하고 정범은 엄형 삼차에 방출(放出)하거늘, 비둘기 대희하여 춤추며 하는 말이
풀어 주고 / 세 차례에

"큰 죄를 면키 어렵단 말은 허언(虛言)이요, 유전(有錢)이면 사귀신(使鬼神)이란 말이 옳도다."
하며 의기양양하여 돌아가는지라.

허언: 실속이 없는 빈말

▶ 풀려나 의기양양 돌아가는 비둘기

뒷부분 줄거리 | 까치의 장례를 치른 3년 뒤 할미새가 암행어사가 된 난춘에게 일을 바로잡아 달라고 한다. 난춘은 수사를 벌여 거짓 증언한 두꺼비는 귀양 보내고, 비둘기는 처형한다. 암까치는 그 뒤 남편의 혼령과 동침하여 많은 자손을 보고 행복하게 산다.

핵심 정리

- 갈래: 고전 소설(우화 소설, 송사 소설, 세태 풍자 소설)
- 성격: 풍자적, 우화적, 비판적
- 구성: '발단 - 전개 - 위기 - 절정 - 결말'의 5단 구성

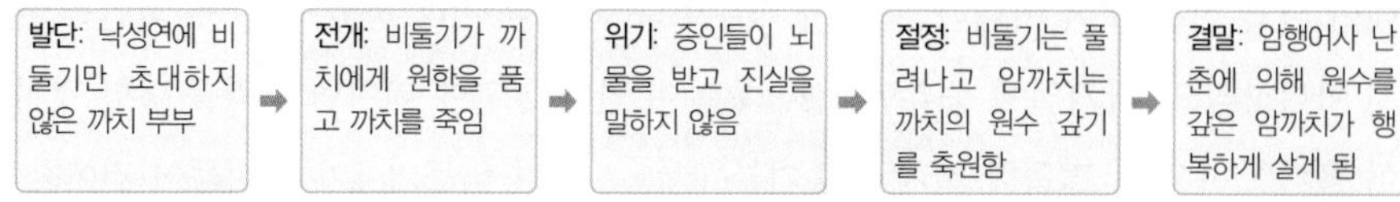

발단	전개	위기	절정	결말
낙성연에 비둘기만 초대하지 않은 까치 부부	비둘기가 까치에게 원한을 품고 까치를 죽임	증인들이 뇌물을 받고 진실을 말하지 않음	비둘기는 풀려나고 암까치는 까치의 원수 갚기를 축원함	암행어사 난춘에 의해 원수를 갚은 암까치가 행복하게 살게 됨

- 제재: 까치와 비둘기의 송사
- 주제: 탐관오리와 토호들이 손잡고 선량한 백성을 괴롭히는 사회상 풍자
- 특징: 인간의 송사 문제를 동물에 빗대어 표현하여 사회의 모순을 비판 · 풍자함
- 인물 분석
  - 비둘기: 까치를 죽인 범인. 재물로 사건의 진실을 감춤
  - 암까치: 죽은 까치의 처. 보라매에게 남편의 억울한 죽음을 호소하고 남편의 원수를 갚기 위해 끝까지 노력함
  - 두꺼비: 마을의 주민. 사건의 해결자인 양하면서 약삭빠르게 뇌물을 받으나 진실이 알려진 뒤 귀양을 가게 됨
  - 보라매: 군수. 재판의 최고 판결권자임에도 불구하고 시비를 분간하지 못함
  - 할미새: 암행어사가 된 난춘에게 일을 바로잡아 달라고 함
  - 난춘: 암행어사. 할미새의 부탁을 받고 사건의 진상을 올바르게 밝혀냄

한눈에 보기

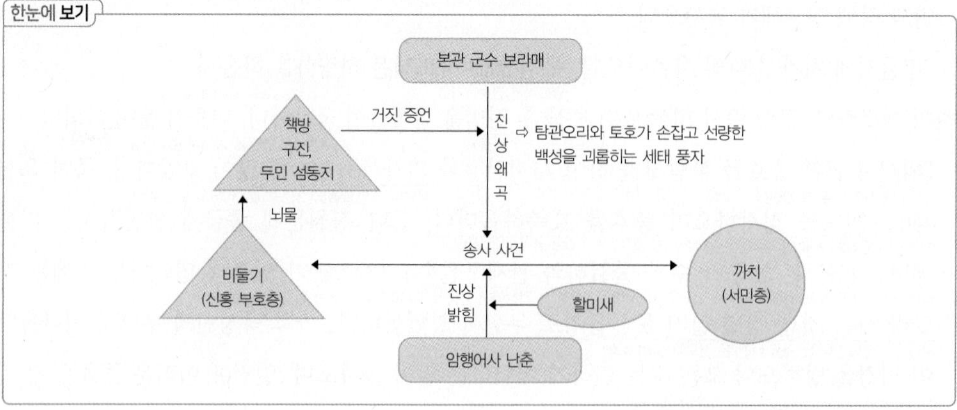

필수 문제

01 이 글에서 '섬동지(두꺼비)'의 성격과 인물됨이 직접 제시된 구절을 찾아 쓰시오.

02 이 글에서 당시 사회 모순을 비판 · 풍자하기 위해 사용한 방법을 쓰시오.

121 두껍전 | 작자 미상

필수

출제 포인트

상좌(上座)를 차지하기 위하여 서로 나이 많음을 주장하며 입씨름을 벌이는 여러 동물들의 이야기이다. 이를 조선 후기 향촌 사회의 계층 간의 갈등과 관련지어 이해하고, 각 동물이 상징하는 바를 파악해 보자.

감상 길잡이

이 글은 '두꺼비'가 다른 동물들과의 나이 자랑에서 자신이 가장 나이가 많음을 주장하여 상좌(上座)에 앉게 된다는 내용을 담은 동물 우화이다. 판소리 사설체의 서술과 대사가 나타나며, 등장인물의 '말'이 확장되면서 사건이 축소되는 구성상의 특성을 지닌다. 이본(異本)에 따라 결말은 조금씩 다르나, 가장 어리석어 보이는 두꺼비가 궤변으로 상좌를 차지하게 된다는 내용은 동일하다. 관점과 결말에 따라 두꺼비를 지략을 통해 신분을 상승시키는 인물(평민)로 평가하기도 하지만, 거짓말을 잘 꾸며 내는 희화화의 대상(몰락 양반)으로 보기도 한다.

앞부분 줄거리 | 장 선생이라는 노루가 황제로부터 숭록대부의 벼슬을 받아 이를 자축하는 잔치를 베풀었는데, 산짐승들의 왕인 호랑이를 제외한 모든 짐승들이 초대되었다. 그러자 모든 짐승이 서로 상좌에 앉으려고 다투기 시작한다.
(상좌: 윗자리)

토끼란 놈이 깡충 뛰어 눈을 깜빡이며 하는 말이,
(토끼: 중재자의 역할)

「"내 일찍 들으니 조정(朝廷)은 막여작(莫如爵)이요, 향당(鄕黨)은 막여치(莫如齒)라 했으니 다투지 말고 연치(年齒)를 따라 자리를 정하소서."」
(조정(朝廷)은 ~ 막여치(莫如齒)라: 조정에서는 벼슬만 한 것이 없고, 마을에서는 나이만 한 것이 없음. 《맹자》에 나오는 말)
(연치: 나이)
(「 」: 토끼가 좌석을 정하는 방법을 제시함)
▶ 토끼가 나이순으로 자리를 정하자고 건의함

노루가 허리를 수그리며 내달아,

「"내가 나이 많아 허리가 굽었노라. 상좌(上座)에 처함이 마땅하도다."

하니 여우란 놈이 턱을 쓰다듬으며 말하기를, / "내 나이 많아 수염이 세었노라."」
(「 」: 노루와 여우가 자신의 외양을 근거로 나이 많음을 주장함)
▶ 노루와 여우가 서로 나이 많음을 주장함

하고 둘이 상좌를 다투거늘 두꺼비 곁에 엎드렸다가 생각하되,

'저놈들이 서로 거짓말로 나이 많은 체하니 낸들 거짓말 못 하리오.'
(두꺼비의 속마음 – 연극에서 방백으로 처리할 수 있음)

하고 공연히 건넛산을 바라보고 슬피 눈물을 흘리거늘 여우가 꾸짖어 가로되,

"무슨 슬픔이 있기에 남의 잔치에 참여하여 상서롭지 못한 형상을 보이느냐."
(상서롭지: 복되고 길한 일이 일어날 조짐이 있지)

두꺼비 대답하기를, / "저 건너 고양나무를 보니 자연히 비창(悲愴)하여 그리하노라."
(비창하여: 마음이 몹시 상하여 슬퍼)

여우가 말하되,

"저 고양나무에서 네 고조할아버지라도 돌아가셨냐? 어찌 그리 슬퍼하느냐?"

두꺼비 정색하여 말하되,

"내 소년 때에 저 나무 세 그루 심었더니 한 그루는 맏아들이 별 박는 방망이로 쓰려고 베었고, 한 그루는 둘째 아들이 은하수 칠 때에 가루 막대기로 쓰려고 베었더니, 동티가 나서 다 죽고 다만 저 나무 한 그루와 내 목숨만 살았으니, 내 그때 죽고 싶으되 인명(人名)은 재천(在天)인 고로 이때까지 살아 있다가 오늘 저 나무를 다시 보니 자연 비감(悲感)하도다."
(동티: 재앙, 부정)
(인명은 재천: 사람의 운명은 하늘이 정함)
(비감하도다: 슬프도다)

토끼가 이 말을 듣고 여쭈되,

"그러하시면 두껍 존장(尊長)이 상좌에 앉으소서."
지위가 자기보다 높은 사람을 높여 이르는 말

두꺼비 사양하고 말하되,

"그렇지 않다. 나이 많은 이가 있으면 상좌를 할 것이니 좌중에 물어 보라."

좌객이 다 말하기를,

"우리는 하늘에 별을 박으며, 은하수 친단 말을 듣지도 못하였으니 다시 물을 바 없다."
좌객들이 두꺼비의 허풍에 속아 그의 나이 많음을 인정함

등급이나 직위 따위에서 맨 윗자리
하거늘, 이제야 두꺼비 펄쩍 뛰어 상좌에 앉고, 여우는 서편에 수좌(首座)하고 자기 차례를 정하였다.

▶ 두꺼비가 자신의 나이가 가장 많다 주장하여 상좌에 앉음

여우가 두껍에게 상좌를 빼앗기고 분한 기운이 치밀어 올라 두껍에게 기롱(譏弄)하여 말하기를,
남을 속이거나 비웃으며 놀려

"존장이 춘추(春秋)가 많을진대 구경을 많이 하였을 것이니 어디 어디 보았소이까?"
어른의 나이를 높여 이르는 말

두꺼비 왈,

"내가 구경한 바는 이루 헤아리지 못하거니와 너는 구경을 얼마나 하였나 먼저 아뢰라."
여우가 먼저 말을 하게 한 후, 이를 되받아쳐서 여우보다 더 넓고 깊은 지식을 드러내기 위한 전략

하니, 여우 비장한 어조로 대답하되,

"내가 구경한 바로는 천하 구주를 두루 다녀 동으로 태산이며 서로 화산이며 남으로 형산이며 북으로 향산이며 중앙으로 숭산이며 〈중략〉 사해 팔방을 역력히 다 본 후에 요동을 지나 조선을 건너와 관동 팔경을 구경하고 압록강을 건너오니, 이만하면 사해 팔방을 다 구경하였으매 내 구경은 이러하거니와 존장은 얼마나 구경하셨나이까?" / 두꺼비 눈을 끔쩍이며 대답하되
중국의 오악(五岳: 5대 명산)

"너는 구경은 무던히 하였다만은 풍경만 구경하고 돌아왔도다. 무릇 천하별건곤(天下別乾坤)과 산천 풍속이 다 근본 출처가 있느니라. 근본을 다 안 후에야 구경하는 데 무식지 않으리라. 내 구경한 바는 사해 안에만 이르지 않고 사해 밖으로 방장봉래(方丈蓬萊)며 영주(瀛州) 산천과 일월 돋는 부상(扶桑)과 일월이 지는 함지(咸池)를 보았으며, 〈중략〉 대저 세상 만물들이 다 근본 출처 있는데, 우습구나 네가 구경을 많이 한 체하니 진실로 두더지 수박 겉핥기 같고 하룻망아지 서울 다녀온 격이라." / 하였다.
천하에 특별히 경치가 좋거나 분위기가 좋은 곳
온 세상
인간 세상이 아닌 곳
신선이 산다고 하는 상상 속의 산
해가 뜨는 동쪽 바다
해가 진다고 하는 서쪽의 큰 못
일부만 보고 전부인 양 말한 것이다 – 식견이 좁음을 비판함

▶ 여우의 견문 자랑을 무시하며 비웃는 두꺼비

여우가 어이가 없어 물러앉으며 말하기를,

"그러면 존장은 하늘도 구경하였소이까?"

두꺼비 대답하기를 / "너는 하늘을 구경하였느냐?"

여우가 답하여 말하되,

"하늘을 구경한 지 오래지 않으니 삼년 삼일에 보았노라."

두꺼비 답 왈,

"그러시면 구경한 것을 낱낱이 아뢰어라."

▶ 여우가 두꺼비에게 다시 도전함

뒷부분 줄거리 | 두꺼비는 둔갑술 · 망국담 · 병법 · 관상법 등 여우보다 훨씬 넓고 깊은 지식으로 응수한다. 이에 여우는 어쩔 수 없이 두꺼비에게 상좌를 양보한다. 잔치가 끝나고, 두꺼비는 모든 동물을 대표하여 감사의 뜻을 전하고 헤어진다.

핵심 정리

- 갈래: 고전 소설(우화 소설, 세태 풍자 소설, 지략담)
- 성격: 우의적, 풍자적
- 구성: '발단 – 전개 – 절정 – 결말'의 4단 구성

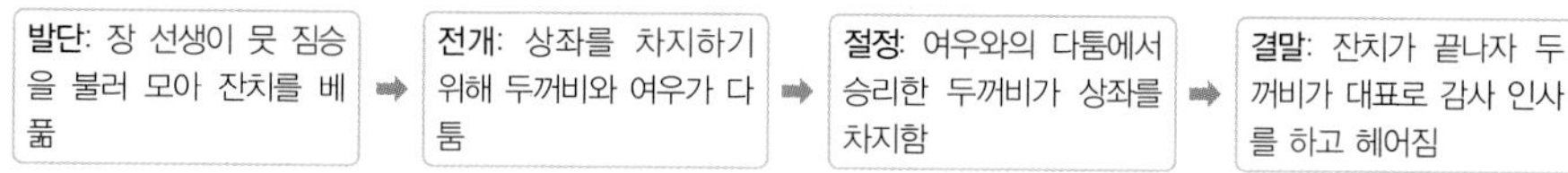

- 제재: 동물들의 자리 다툼
- 주제: ① 조선 후기 신분제의 동요 양상
  ② 지배층에 대한 풍자
- 특징: 조선 후기 사회 변화 속에서 발생했던 향촌 사회의 계층 간 갈등을 반영함
- 인물 분석
  - 두꺼비: 잔치 손님이자 글의 주인공. 궤변(詭辯)으로 나이 많음을 인정받아 결국 상좌를 차지함
  - 여우: 잔치 손님. 상좌를 차지하기 위해 두꺼비와 설전을 벌이나 결국 패하여 두꺼비에게 상좌를 양보함
  - 장 선생: 잔치의 주인. 황제로부터 벼슬을 받아 자축하는 잔치를 베풂

한눈에 보기

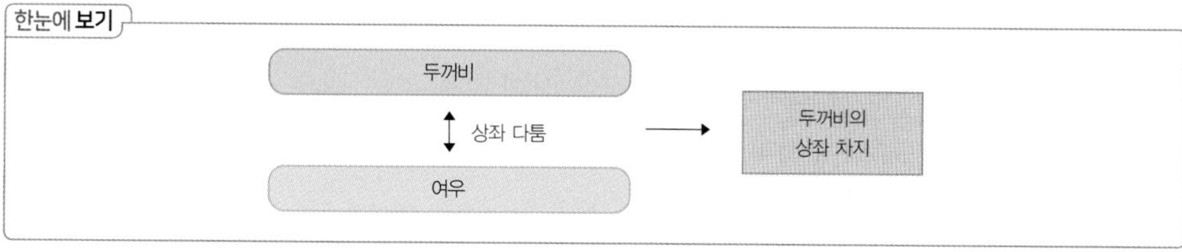

보충·심화 학습

- 쟁장(爭長) 모티프를 수용한 조선 후기 우화 소설의 사회적 배경

조선 사회에 있어서 '장유유서(長幼有序)'는 모든 구성원이 지향해야 할 기본적 덕목이었다. 하지만 이와 같은 당위적 덕목이 이 글에서는 동물들이 개인의 내력과 재주를 자랑하여 얻을 수 있는 것으로 인식된다. 이는 조선 후기 신분제의 동요라는 측면에서 이해할 수 있다. 이 글과 같이 쟁장(爭長: 나이 많음을 인정받기 위한 다툼) 모티프를 수용 · 발전시킨 대다수의 우화 소설은 조선 후기 향촌 사회의 변동, 특히 경제적 능력을 배경으로 한 부유한 평민층의 성장과 그 과정에서 그들이 향촌 사회 내 보수적 특권 세력(양반층)과 겪던 경쟁과 갈등의 양상을 우의적으로 반영한 것이다.

필수 문제

01 이 글에서 〈보기〉의 ⓐ와 ⓑ에 들어갈 인물을 각각 찾아 쓰시오.

〈 보기 〉

향촌 사회를 배경으로 한 이 글에서는, 봉건 사회의 해체와 근대로의 이행 요구가 집약적으로 표출되고 있다. 특히 동물들을 통해 조선 후기 현실의 계층 관계를 암시 · 풍자한다고 볼 때, 장 선생은 부(富)의 축적으로 새롭게 자신의 지위를 상승시켜 나가는 부민(富民)이라 할 수 있고, (ⓐ)와/과 다툼을 벌이는 (ⓑ)은/는 점차 주도권을 빼앗기며 몰락해 가면서도 자신들의 신분 유지와 회복에 급급했던 몰락한 사족(士族)으로 볼 수 있다.

02 [서술형] 이 글에서 상좌를 차지하기 위해 '두꺼비'가 어떠한 말하기 전략을 취하고 있는지 서술하시오.

122 장끼전 | 작자 미상

교과서 EBS

출제 포인트

까투리의 말을 무시하고 콩을 먹다가 죽은 장끼와, 그 후 곧바로 개가하는 까투리를 통해 남성 중심의 유교 윤리를 풍자한 우화 소설이다. 이 글의 주제 의식 및 장끼, 까투리의 말하기 방식에 주목하여 살펴보자.

감상 길잡이

작자 · 연대 미상의 작품으로, 장끼 · 까투리 등을 의인화한 우화 소설이다. 처음에는 판소리로 불려지다가 후에 소설화되었다. 이 글은 여자의 말이라고 까투리의 말을 무시하다가 죽은 장끼와, 장끼의 장례가 끝나자 곧바로 개가한 까투리를 통하여 서민의 입장에서 남존여비와 개가 금지라는 당시의 완고한 유교 도덕을 비판 · 풍자한, 조선 후기의 서민 의식을 반영하고 있는 작품이다.

앞부분 줄거리 | 장끼가 아내 까투리와 함께 아홉 아들, 열두 딸을 거느리고 엄동설한(嚴冬雪寒)에 먹을 것을 찾아 들판을 헤매다가 콩 한 알을 발견하고는 먹으려 한다.

까투리 하는 말이,

"계명시(鷄鳴時)에 꿈을 꾸니 색저고리 색치마를 이내 몸에 단장하고 청산녹수 노닐다가 난데없는 청삽사리 입살을 악물고 와락 뛰어 달려들어 발톱으로 허위치니 경황실색(驚惶失色) 갈 데 없이 삼밭으로 달아날 제, 잔 삼대 쓰러지고 굵은 삼대 춤을 추며, 짧은 허리 가는 몸에 휘휘친친 감겨 뵈니 이내 몸 과부되어 상복 입을 꿈이오니 제발 덕분 먹지 마소. 부디 그 콩 먹지 마소."

장끼란 놈 대노(大怒)하여 두 발로 이리 차고 저리 차며 하는 말이,

"화용월태(花容月態) 저년 기둥서방 마다하고 타인 남자 즐기다가 참바 올바 주황사(朱黃絲)로 뒤죽지 결박하여 이 거리 저 거리 북치며 조리돌리고 삼모장과 치도곤(治盜棍)으로 난장(亂杖) 맞을 꿈이로다. 그런 꿈 말 다시 마라. 앞 정갱이 꺾어 놀라." / 까투리 하는 말이,

『"기러기 북국에 울며 날 제 갈대를 물어 나름은 장부의 조심이요, 봉(鳳)이 천 길을 떠오르되 좁쌀은 찍어 먹지 아니함은 군자의 염치(廉恥)로다. 그대 비록 미물이나 군자의 본(本)을 받아 염치를 알 것이니 백이숙제(伯夷叔齊) 충열염치(忠烈廉恥) 주속(周粟)을 아니 먹고, 장자방(張子房)의 지혜 염치 사병벽곡(謝病辟穀)하였으니 그대도 이런 것을 본을 받아 조심을 하려 하면 부디 그 콩 먹지 마소."』 / 장끼란 놈 이른 말이,

"네 말이 무식하다. 예절을 모르거든 염치를 내 알쏘냐. 안자(顔子)님 도학(道學) 염치로도 삼십밖에 더 못 살고, 백이숙제의 충절 염치로도 수양산(首陽山)에 굶어 죽고, 장양(張良)의 사병벽곡으로 적송자(赤松子)를 따라갔으니 염치도 부질없고 먹는 것이 으뜸이라. 『호타하 보리밥을 문숙(文淑)이 달게 먹고 중흥 천자(中興天子)되어 있고, 표모(漂母)의 식은 밥을 한신(韓信)이 달게 먹고 한국 대장(漢國大將)되었으니 나도 이 콩 먹고 크게 될 줄 뉘 알쏘냐."』 / 까투리 하는 말이,

- 계명시: 이른 새벽 닭이 울 때
- 청산녹수: 산골짜기에 흐르는 맑은 물
- 입살을 악물고: 악다구니가 세거나 센 입심
- 청삽사리: 검고 긴 털이 곱슬곱슬하게 난 개
- 경황실색: 놀라고 두려워 얼굴색이 달라짐
- 갈 데 없이: 오직 그렇게밖에는 달리 될 수 없이
- 대노하여: 크게 노하여
- 두 발로 이리 차고 저리 차며: 가부장적 사회하에서의 여성에 대한 남성의 횡포가 드러남
- 참바: 삼이나 칡으로 굵다랗게 꼰 줄
- 화용월태: 아름다운 여인의 얼굴과 맵시
- 삼모장: 죄인을 때리는 데 쓰던 세모진 방망이
- 난장: 신체의 부위를 가리지 아니하고 마구 매로 치던 고문
- 뒤죽지: 등 쪽의 어깨쭉지
- 조리돌리고: 죄인을 벌하기 위하여 끌고 돌아다니면서 망신을 시키고
- 치도곤: 죄인의 볼기를 치는 데 쓰던 곤장
- 앞 정갱이 꺾어 놀라: 남성의 우월감으로 까투리를 업신여기고 위협함
- 염치: 체면을 차릴 줄 알며 부끄러움을 아는 마음
- 백이숙제: 백이와 숙제를 아울러 이르는 말
- 충열염치: 충성스러운 열사의 염치
- 주속: 주나라 곡식
- 장자방: 장양(張良). 한나라의 건국 공신
- 사병벽곡: 건강을 이유로 벼슬을 사양하고 곡식을 끊었으니
- 「 」: 까투리가 고사를 들어 군자의 염치를 지켜 콩을 먹지 말라고 장끼를 만류함
- 안자: 공자의 수제자인 안회(顔回)
- 도학: 유교 도덕에 관한 학문
- 염치도 부질없고 먹는 것이 으뜸이라: 장끼의 가치관이 단적으로 드러난 부분
- 문숙: 후한의 창시자 세조(世祖) 광무제
- 적송자: 비를 다스린 신선
- 호타하 보리밥: 풍이가 광무제에게 토끼 고기와 함께 바쳤던 보리밥
- 중흥 천자: 쇠퇴하다가 다시 일어난 군주
- 표모: 빨래하는 나이 든 여자
- 한신: 중국 전한의 무장
- 「 」: 장끼가 영웅들의 고사를 들어 자신의 행위를 합리화함

"그 콩 먹고 잘 된다 말은 내 먼저 말하오리다. 잔디 찰방수망(察訪首望)으로 황천부사(黃泉府使) 제수(除授)하여 청산을 영이별(永離別)하오리니 내 원망은 부디 마소. 고서(古書)를 볼량이면 고집불통 과하다가 패가망신 몇몇인고.『천고 진시황의 몹쓸 고집 부소(扶蘇)의 말 듣지 않고 민심소동(民心騷動) 사십 년에 이세(二世) 때에 실국(失國)하고 초패왕의 어린 고집 범증(范增)의 말 듣지 않다가 팔천 제자 다 죽이고 무면도강동(無面渡江東)하여 자문이사(自刎而死)하여 있고 굴삼려(屈三閭)의 옳은 말도 고집 불청하다가 진무관(秦武關)에 굳이 갇혀 가련 공산(可憐公山) 삼혼(三魂) 되어 강상에 우는 새 어복충혼(魚腹忠魂) 부끄럽다.』그대 고집 오신명(誤身命)하오리다."

잔디로 덮인 무덤을 맡아보는 사람 / 추천을 받지 않고 임금이 바로 벼슬을 주어 / 황천에 가는 사신이 된다는 것으로, 죽는다는 뜻 / 영원히 이별하오리니 / 진시황의 장자(長子) / 민심이 동요함 / 나라를 잃거나 빼앗기고 / 항우 / 초나라 항우의 모신(謀臣: 모사에 뛰어난 신하) / 일에 실패하여 고향에 돌아갈 형편이나 면목이 없어 / 스스로 자신의 목을 베어 죽어 / 초나라의 굴원 / 진나라의 지명 / 넋이 되어 / 강 위에 / 강에 빠져 물고기의 먹이가 된 굴원의 충혼 / 「 」: 고집을 부리다 패가망신한 역대 인물의 고사를 들어 장끼를 설득함 / 몸과 목숨을 그르치리라

장끼란 놈 하는 말이,

▶ 콩을 먹겠다고 고집하는 장끼와 만류하는 까투리

"콩 먹고 다 죽을까? ㉠ 고서를 볼작시면 콩 태(太) 자 든 이마다 오래 살고 귀히 되니라. 태고적 천황씨(天皇氏)는 일만 팔천 세를 같이 살아 있고, 태호복희씨(太昊伏羲氏)는 풍성이 상승하여 십오 대를 전해 있고, 한 태조(漢太祖), 당 태종(唐太宗)은 풍진세계 창업지주 되었으니 오곡 백곡 잡곡 중에 콩 태 자가 제일이라. 궁팔십(窮八十) 강태공(姜太公)은 달팔십(達八十) 살아 있고, 시중 천자(詩中天子) 이태백은 기경상천(騎鯨上天)하여 있고, 북방의 태을성(太乙星)은 별 중에 으뜸이라. 나도 이 콩 달게 먹고 태공같이 오래 살고, 태백같이 상천하여 태을선관(太乙仙官) 되오리라."

성급한 일반화의 오류 / 중국 태고 시대의 전설적인 인물. 삼황(三皇)의 으뜸 / 중국 고대 전설상의 제왕. 삼황오제의 우두머리 / 들리는 명성 / 서로 이어져 / 편안하지 못한 세상 / 나라를 세워 왕조를 연 임금 / 강태공이 80세가 되기까지는 궁핍한 삶을 살다가, 80세에 주문왕에 발탁되어 이름을 날림 / 이태백이 술 취하여 강물에 빠져 죽었는데, 후세 사람이 이를 미화하여 강물의 고래를 타고 하늘에 올라갔다고 함 / 작위를 가지고 있는 신선

▶ 까투리의 만류를 뿌리치는 장끼

까투리 홀로 경황없이 물러서니, 장끼란 놈 거동 보소. 콩 먹으러 들어갈 제 열두 장목 펼쳐 들고 꾸벅꾸벅 고개 조아 조츰조츰 들어가서 반달 같은 혀뿌리로 드립다 꽉 찍으니 두 고패 둥그레지며 머리 위에 치는 소리 박랑사중(博浪沙中)에 저격시황(狙擊始皇)하다가 버금 수레 마치는 듯 와지끈 뚝딱 푸드득 변통없이 치었구나. / 까투리 하는 말이,

몹시 괴롭거나 바쁘거나 하여 다른 일을 생각할 겨를 없이 / 꿩의 꽁지깃 / 망설이며 조금씩 자꾸 움직이는 모양 / 꿩 잡는 틀에 목을 조르게 되어 있는 쇠 / 장양이 한(韓)나라의 원수를 갚기 위하여 진시황을 저격했지만 진시황은 맞지 않고 그 다음 수레를 맞히어 실패함 / 어찌할 수 없이

"저런 광경 당할 줄 몰랐던가, 남자라고 여자의 말 잘 들어도 패가(敗家)하고, 계집의 말 안 들어도 망신(亡身)하네."

집안이 망하고

까투리 거동 볼작시면,『상하 평전 자갈밭에 자락머리 풀어 놓고 당굴당굴 뒹굴면서 가슴 치고 일어앉아 잔디풀을 쥐어 뜯어 애통하며 두 발로 땅땅 구르면서 붕성지통(崩城之痛) 극진하니,』아홉 아들 열두 딸과 친구 벗님네들도 불상타 의논하며 조문(弔問) 애곡(哀哭)하니 가련 공산 낙목천(落木天)에 울음소리뿐이로다.

평지 / 「 」: 덫에 걸린 장끼를 보며 애통해하는 까투리의 모습 묘사 – 까투리의 슬픔을 드러냄 / 성이 무너질 만큼 큰 슬픔이라는 뜻으로, 남편이 죽은 슬픔을 이르는 말 / 소리 내어 슬피 우니 / 나뭇잎 떨어진 빈 하늘

▶ 덫에 걸린 장끼와 슬퍼하는 까투리

까투리 슬픈 중에 하는 말이,

"공산 야월(空山夜月) 두견성(杜鵑聲)은 슬픈 회포 더욱 섧다. 《통감(痛鑑)》에 이르기를, 양약(良藥)이 고구(古口)나 이어병(利於病)이요, 충언(忠言)이 역이(逆耳)나 이어행(利於行)이라 하였으니 자네도 내 말 들었으면 저런 변 당할쏜가, 답답하고 불쌍하다. 우리 양주 좋은 금실 누구더러 말할

빈 산의 달 밝은 밤 / 두견새의 울음소리 / 중국 역대 군신의 사적을 엮은 책 / 좋은 약이 입에는 쓰나 몸에는 이롭고, 충언이 귀에는 거슬리나 행함에는 이로움 / 부부

쏘냐. 슬피 서서 통곡하니 눈물은 못이 되고 한숨은 폭우된다. 가슴에 불이 붙네. 이내 평생 어이 할꼬." / 장끼 거동 볼작시면 차위 밑에 엎드려서,

▶ 애통해하는 까투리

꿩 잡는 틀

"예라 이년 요란하다. 후환을 미리 알면 산에 갈 이 뉘 있으리. 선(先)미련 후실기(後失期)라. 죽은 놈이 탈없이 죽으랴. 사람도 죽기를 맥으로 안다 하니 나도 죽지 않겠나 맥이나 짚어 보소."

미련한 짓을 하면 나중에 좋은 때를 잃어버리고 만다는 뜻

까투리 대답하고 이른 말이,

「"비위맥(脾胃脈)은 끊어지고 간맥(肝脈)은 서늘하고, 태충맥(太沖脈)은 걷어가고 명맥(命脈)은 떨어지네.」 애고 이게 웬일이오. 원수로다, 원수로다, 고집불통 원수로다."

지라와 위 / 엄지발가락과 집게발가락 사이로부터 발등 위로 두 치 자리에 있는 혈(穴)의 하나

「 」: 장끼가 죽어 가고 있음을 사실적으로 나타냄

장끼란 놈 하는 말이, / "맥은 그러하나 눈청을 살펴보소. 동자(瞳子) 부처 온전한가."

'눈망울'의 방언 / 눈동자에 비쳐 나타난 사람의 형상

까투리 한숨 쉬고 살펴보며 하는 말이,

「"이제는 속절없네 저편 눈에 동자 부처 첫새벽에 떠나가고 이편 눈에 동자 부처 지금에 떠나려고 파랑보에 봇짐 싸고 곰방대 붙여 물고 길목버선 감발하네.」 애고 애고 이내 팔자 이다지 기박(奇薄)한가. 「상부(喪夫)도 자주 한다. 첫째 낭군 얻었다가 보라매에 채여 가고, 둘째 낭군 얻었다가 사냥개에 물려 가고, 셋째 낭군 얻었다가 살림도 채 못 하고 포수에게 맞아 죽고, 이번 낭군 얻어서는 금실도 좋거니와 아홉 아들 열두 딸을 낳아 놓고 남혼여가(男婚女嫁) 채 못 하여 구복(口腹)이 원수로 콩 하나 먹으려다 저 차위에 덜컥 치었으니」 속절없이 영 이별하겠고나. 도화살을 가졌는가, 이내 팔자 험악하다. 불쌍토다 우리 낭군, 나이 많아 죽었는가, 병이 들어 죽었는가, 망신살을 가졌던가, 고집살을 가졌던가, 어찌 하면 살려낼꼬. 앞뒤에 섰는 자녀 뉘라서 혼취(婚娶)하며, 복중(腹中)에 든 유복자는 해산구원(解産救援) 뉘라 할까. 운림 초당(雲林草堂) 너른 뜰에 백년초를 심어두고 백년해로 하쟀더니 삼 년이 못 지나서 영결종천(永訣終天) 이별초가 되었구나. 저렇듯이 좋은 풍신(風身) 언제 다시 만나 볼까. 명사십리 해당화야 꽃 진다 한(恨)을 마라. 너는 명년 봄이 되면 또 피려니와 우리 낭군 이번 가면 다시 오기 어려워라. 미망(未亡)일세, 미망일세, 이 몸이 미망일세."

「 」: 장끼가 죽어 가는 모습을 해학적으로 표현 – 판소리계 소설의 특징 / 발감개를 감네 / 남편의 죽음 / 먼 길을 갈 때 신는 허름한 버선 / 복이 없는가 / 「 」: 까투리가 이미 여러 번 결혼했음을 드러냄 / 먹고살기 위하여 음식물을 섭취하는 입과 배 / 자녀의 혼인 / 여자가 한 남자의 아내로 살지 못하고 사별하거나 뭇 남자와 상관하도록 지워진 살기 / 태어나기 전에 아버지를 여읜 자식 / 혼인하며 / 아이를 낳았을 때 도와줌 / 구름이 걸친 숲에 지은 초당 / 죽어서 영원히 이별함 / 드러나 보이는 겉모양 / 함경남도 원산시의 동남쪽에 있는 모래톱. 모래가 부드러운 해변과 해당화로 유명함 / 남편 죽고 혼자가 됨

▶ 까투리가 죽어 가는 장끼를 보며 신세를 한탄함

한참 통곡하니 장끼란 놈 반눈 뜨고,

"자네 너무 설워 마소. 상부 잦은 네 가문에 장가가기 내 실수라. 이 말 저 말 마라. 사자(死者)는 불가부생(不可復生)이라 다시 보기 어려우니 나를 굳이 보려거든 명일 조반 일찍 먹고 차위 임자 따라가면 김천(金泉) 장에 걸렸거나 그렇지 아니하면 감영도(監營道)나 병영도(兵營道)나 수령도(守令都)의 관청고에 걸렸든지 봉물짐에 얹혔든지 사또 밥상 오르든지 그렇지 아니하면 혼인집 폐백 건치(乾雉)되리로다. 내 얼굴 못 보아 설워 말고 자네 몸 수절하여 정렬부인(貞烈夫人) 되옵소서. 불쌍하

자신의 죽음을 까투리의 탓으로 돌림 / 죽은 자는 다시 살아날 수 없음 / 병마절도사의 영문이 있는 고을 / 감사 직무를 행하는 관아가 있는 곳 / 원이 직무를 행하는 관아가 있는 곳 / 수령의 음식물을 넣어 두던 광 / 시골에서 서울 벼슬아치에게 선사하던 물건을 꾸린 짐 / 말린 꿩고기 / 개가를 금지하고 수절을 강요하던 당시의 시대상을 드러냄

다 이내 신세 우지 마라 우지 마라, 내 까투리 우지 마라. 장부 간장 다 녹는다. 네 아무리 설워하나 죽는 나만 불쌍하다."

장끼란 놈 기를 쓴다. 아래 고패 벋디디고 위 고패 당기면서 버럭버럭 기를 쓰나 살 길이 전혀 없고 털만 쏙쏙 다 빠지네.

▶ 장끼가 죽으면서 까투리의 수절을 요구함

뒷부분 줄거리 | 까투리는 장끼의 장례를 치르고 문상 온 홀아비 장끼와 재혼하여 백년해로(百年偕老)하다가 자식들을 다 결혼시킨 후 물에 들어가 조개가 된다.

핵심 정리

- 갈래: 고전 소설(국문 소설, 우화 소설, 판소리계 소설)
- 성격: 우의적, 풍자적, 해학적, 현실 비판적
- 구성: '발단 – 전개 – 위기 – 절정 – 결말'의 5단 구성

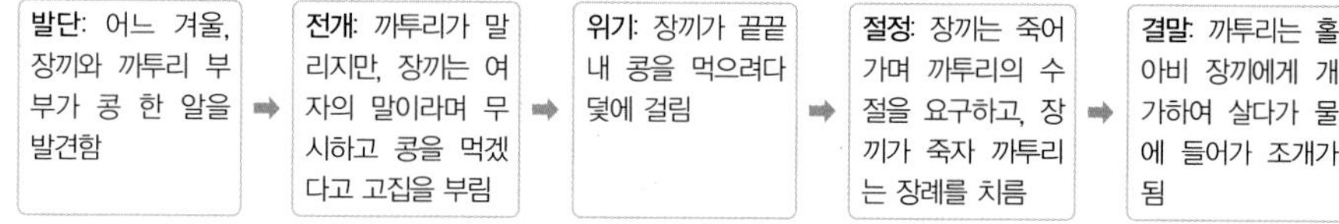

- 제재: 장끼와 까투리
- 주제: 남존여비(男尊女卑)와 개가 금지(改嫁禁止)에 대한 비판과 풍자
- 특징: ① 인격화된 동물이 이야기를 이끌어 감 ② 중국의 고사가 많이 인용됨
- 인물 분석
  - 장끼: 까투리의 남편. 남존여비(男尊女卑)와 여필종부(女必從夫)의 윤리를 강요하며 가부장적 권위를 지키려 함
  - 까투리: 장끼의 아내. 장끼가 죽은 후 수절을 강요하는 가부장적 사회 제도를 따르지 않고, 또다시 개가하여 자신의 행복을 당당하게 추구함

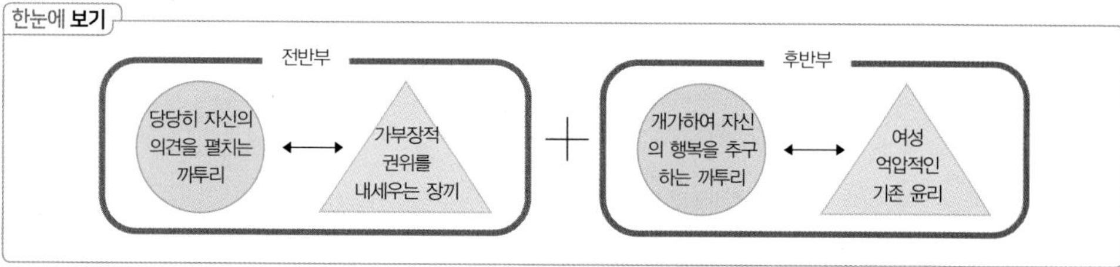

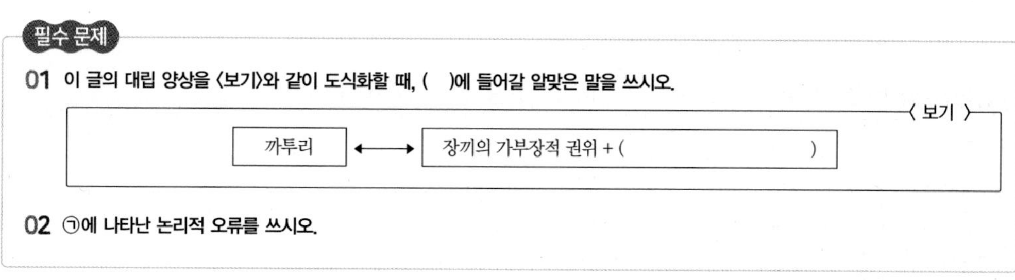

필수 문제

01 이 글의 대립 양상을 〈보기〉와 같이 도식화할 때, ( )에 들어갈 알맞은 말을 쓰시오.

〈 보기 〉

까투리 ⟷ 장끼의 가부장적 권위 + (   )

02 ㉠에 나타난 논리적 오류를 쓰시오.

123 서동지전(鼠同知傳) | 작자 미상

'동지중추부사'라는 벼슬 이름

EBS 모의 기출

출제 포인트

다람쥐가 서대주에게 은혜를 입고도 배은망덕하게 그를 모함하여 송사를 한다는 내용의 우화 소설이다. 각 동물의 인물 유형을 바탕으로, 이 글의 비판 대상과 그 내용을 파악해 보자.

감상 길잡이

이 글은 조선 시대의 작자 · 연대 미상의 고전 소설이다. 한글로 표기되어 있으며, 쥐를 우화적 주인공으로 하여 몰락 사족과 평민 부호의 경제적 갈등이라는 소재를 평민 부호의 입장에서 다루고 있다.

앞부분 줄거리 | 당 태종이 금융성을 칠 때 공을 세운 서대주는 황제로부터 벼슬을 받아 잔치를 베푼다. 이때, 하도산에 사는 다람쥐가 음식을 구걸한 후, 겨울이 되어 다시 음식이 떨어지자 또다시 서대주를 찾아가지만 서대주는 거절한다.

결정적 장면

계집 다람쥐가(작가의 대변인) 이 말을 듣고 크게 꾸짖어 가로되, /「"낭군의 말이 그르도다.(남편 다람쥐가 서대주를 모함하는 말 / 여성의 지위 상승을 엿볼 수 있음) 천하 만물이 세상에 나매 신의를 으뜸을 삼나니(유교적 가치관), 서대주는 본래 우리와 더불어 항렬(같은 혈족의 직계에서 갈라져 나간 계통 사이의 대수 관계를 나타내는 말)이 남과 다름이 없고, 하물며 내외를 상통함도 없으되(친하게 지낸 바도 없는데) 다만 일면 교분(서로 사귄 정)을 생각하고 다소간 양미를 쾌히 허급하여 청하는 바를 좇았으니(서대주가 식량을 요구하는 다람쥐에게 식량을 줌), 서대주가 낭군 대접함이 ❶ 옛날 주공이 일반(一飯)의 삼토포(三吐哺)하고 일목(一沐)에 삼악발(三握髮)보다 더하거나 늘 한 번도 치하함이 없다가 무슨 면목으로 또 구활함을 청하매(구차하게 살기를 청하매. 즉, 양식을 또 구걸했음을 의미함) 허락치 아니하였다고 오히려 노하는 것이 신의가 없는 일이어늘(적반하장(賊反荷杖)), 하물며 포악한 마음을 발하여 은혜 갚을 생각은 아니하고 오히려 관청에 송사(분쟁이 있을 때, 관부에 호소하여 판결을 구하던 일)를 이르고자 하니, 이는 이른바 적반하장(賊反荷杖)이요, 은반위수(恩反爲讎)(은혜를 베푼 것이 도리어 원수가 됨)라. 낭군이 만일 송사코자 할진대 서대주의 벌장(罰狀)(고소장)을 무엇으로 말하고자 하느뇨('고소할 내용이나 있느냐'는 뜻). 옛말에 일렀으되 지은(知恩)이면 보은(報恩)이요 지지(知之)면 불태(不怠)(은혜를 알면 은혜를 갚아야 하고, 그것을 알면 게을리 하지도 말아야 함)라 하니, 원컨대 낭군은 옛 성인의 책을 널리 보았을 테니 소학을 익히 알리라. 다시 생각하고 깊이 헤아려 은혜를 갚기를 힘쓰고 거칠은 말을 하는 마음을 버릴지라. 서대주는 본디 관후장자(寬厚長者)(관대하고 후덕한 사람)라 반드시 후일에 낭군을 위하여 사례를 할 날이 있으리니 비록 천한 여자의 말이나 깊이 살피어서 후회하여도 어찌할 수 없는 지경에는 이르지 않도록 하옵소서."」

▶ 계집 다람쥐가 남편의 신의 없음을 꾸짖음

「 」: 당대 신의 없는 양반들에 대한 작가의 비판적 시각이 드러남

결정적 장면

서대주에게 구걸했다가 거절당한 다람쥐가 백호산군에게 소송하겠다고 하자 계집 다람쥐가 만류하다가 집을 나가는 장면이다. 다람쥐의 신의 없고 가부장적인 모습과 사리분별을 할 줄 아는 계집 다람쥐의 모습이 드러나고 있다.

문제로 핵심 파악

1 이 작품에서 작가 의식을 대변하는 인물을 찾아 2어절로 쓰시오.

2 남편 다람쥐는 가부장적 권위 의식에 젖어 무위도식하는 조선 후기의 몰락한 ( ) 계층으로 볼 수 있다.

핵심 구절 풀이

❶ 옛날 주공이 ~ 삼악발(三握髮)보다 더하거나: 주공이 성왕의 백금을 받은 노나라 사람에게 "한 번 목욕하는 동안 세 번 머리를 움켜쥐고, 한 번 밥을 먹는 동안 세 번 내뱉으며 오히려 천하의 선비를 잃을까 두려웠다."라고 하며 교만하지 말기를 훈계한 데서 나온 말로, 타인을 대함에 정성을 다했음을 의미함

답 1 계집 다람쥐 2 양반

다람쥐 듣기를 마치고 크게 노하여 가로되,

「"이 같은 천한 계집이 호위인사(好爲人師)로 나를 가르치고자 하느냐. 계집은 마땅히 장부가 욕
자신의 학문의 깊이는 돌아보지 않고 조금 아는 것을 가지고 많이 아는 체하며 남을 가르치려고만 하는 경향
을 입음을 분히 여김이 옳거늘 오히려 서대주를 관후장자라 일컫고 날더러 포악하다 꾸짖으니 이 내 형세 곤궁함을 보고 배반할 마음을 두어 서대주를 얻고자 함이라. 예로부터 부창부수(夫唱婦隨)는 남녀의 정이고 여필종부(女必從夫)는 부부의 의이어늘 부귀를 따라 딴 마음을 둘진대, 갈려면 빨리 가고 머뭇거리지 말라."」

남편 다람쥐의 자격지심(自激之心). 논점 일탈의 오류 / 남편이 주장하고 아내가 이에 잘 따름 / 아내는 반드시 남편을 따라야 함

「 」: 가부장적 권위 의식이 드러남

서대주를 편드는 것은 그를 좋아하는 것이라는 억지 논리를 통해 아내의 발언을 반박함

▶ 다람쥐가 계집 다람쥐의 질책에 반발함

계집 다람쥐 발딱 화를 내어 눈을 부릅뜨며 귀를 발룩이고 꾸짖어 가로되,

억울함과 분노의 행위

"그대로 더불어 남녀 간의 연분을 맺어 아들 두고 딸을 낳으며 남취여가(男娶女嫁)하여 고초를 달게 알고 그대를 좇는 바는 부귀를 뜬구름같이 알고 빈천을 낙으로 알아「상강(湘江)의 이비(二妃)를 본받아 여상(呂尙)이 마씨(馬氏)를 꾸짖는 바이어늘, 더러운 말로써 나를 욕하니 이는 한때의 끼니를 아끼려고 처자를 내치고자 함이라. 고인이 일렀으되 조강지처(糟糠之妻)는 불하당(不下堂)이요, 빈천지교(貧賤之交)는 불가망(不可忘)이라 하였나니, 오늘날 가난하고 못살 때의 쓰고 단 것을 함께 한 것은 생각지 아니하고 나를 이같이 욕보이니, 두 귀를 씻고자 하나 영천수(潁川水)가 멀어 한이로다. 오늘 수양산을 찾아가서 백이숙제(伯夷叔齊) 채미(採薇)타가 굶어 죽은 일을 좇으리니 그대는 홀로 자위하라."」

무가치한 것으로 여기고 / 남자는 장가가고 여자는 시집가서. 즉, 혼인하여 / 순임금의 두 아내인 아황과 여영. 순임금이 죽자 함께 상강에 빠져 죽음 / 태공망이 젊은 시절 가난을 이기지 못해 가출한 아내 마씨에게 '엎질러진 물은 주워 담을 수 없다'고 꾸짖던 일 / 가난한 시절의 아내는 내칠 수 없고, 가난한 시절의 사귐은 잊을 수 없음 / 모욕감을 느낌 / 요임금이 왕위를 물려주려 하자 허유가 이를 더럽게 여기고 귀를 씻었다는 물 / 은나라가 멸망하자 주나라의 녹을 먹지 않겠다고 백이와 숙제가 수양산에 들어가 살다 굶어 죽은 일 – 절개를 지키려고 현실을 등짐

「 」: 고사를 이용하여 자신의 의견을 효과적으로 전달함

말을 마치며 짐을 꾸려서 훌쩍 문밖으로 나가더니 자취가 보이지 않는지라.

▶ 계집 다람쥐가 다람쥐를 질책하고 집을 나감

다람쥐 더욱 분노하여 가로되, / "소장지변(蕭墻之變)은 유아이사(由我而死)라. 도시 서대주로 말미암아 생긴 일이라 내 당당히 서대주를 설욕하고 말리라."

'소장지변'은 내부에서 일어난 변란, '유아이사'는 나로 말미암아 죽음을 뜻함. 즉, 자신(다람쥐)이 송사를 하면 자신으로 인해 서대주가 죽을 것이라는 의미 / 도무지 / 부끄러움을 씻음

인하여 일장 소지(訴紙)를 지어 가지고 바로 곤륜산 동중에 이르러 백호궁(白虎宮)의 형방을 찾아 들어가서 다람쥐 억울한 마음을 올림을 고하니, 이때 백호산군(白虎山君)이 태산오악(泰山五嶽)을 순행하다가 곤륜산으로 돌아와 각처 짐승의 선악을 문죄코자 하더니 홀연 형부 아전이 들어와 고하되, / "하도산(河圖山) 낙서동(落書洞) 등지에 거하는 다람쥐 억울함을 호소하려고 궁문 밖에서 기다리고 있습니다."

고소장 / 법률 재판을 맡아보던 관아 / 호랑이의 궁 – 동물의 왕인 호랑이의 궁을 찾아감 / 공정한 선악의 판단자(바람직한 관리상) / 태산에 있는 유명한 다섯 골짜기 / 그 밖의 곳들을 줄임을 나타내는 말 / 사는

하거늘 백호산군이 형부관에 명하여 다람쥐를 불러들이라 하는지라. 다람쥐 허리를 굽히고 머리를 숙이며 형졸을 따라 백호궁 앞뜰에 이르니, 전후좌우에 위엄이 범상치 않은지라. 감히 우러러 쳐다보지도 못하고 숨을 나직이 하여 복지대령(伏地待令)하였더니, 이윽고 전상(殿上)에서 형부 관헌이 나와 소지를 빨리 올리라 하니, 다람쥐 품속에서 일장 소지를 내어 받들어 올리는데 백호산

권력 앞에 움츠리는 비겁한 모습 – 양반의 비굴함을 비유 / 엎드려 명령을 기다렸더니 / 전각이나 궁전의 위

군이 그 소지를 받아 본즉 사연에 가로되,

"하도산 낙서동에 거하는 다람쥐는 다음의 일의 이모저모를 고하나이다. 신은 본디 낙서동에서
성격이 고지식하고 주변이 없는
나서 자라『천성이 어리석고 마음이 졸직(拙直)하온 바 항상 굴 문을 나오는 바 없고, 밖으로는 강
다람쥐의 습성과 생태를 나타냄 – 우물 안 개구리, 정저지와(井底之蛙)
건너 친척 없으며 오척에 동자 없고 척신이 고고하여 다만 미천한 계집과 약한 자식으로 더불어
외로운 삶을 '척'의 반복을 통한 언어유희를 통해 드러냄 – 사고무친(四顧無親)
낮이면 초산에서 나무를 베며 산야에서 밭을 갈고, 밤이면 탁군에 자리를 치며 패택에 신을 삼
숲이 우거져 들짐승이 숨어 사는 곳 – 욕심 없는 평범한 삶
고, 춘하에 사엽하며 추동에 독서하여 동서를 분간치 못하고, 만수 천산 깊은 곳에 꽃을 보면 봄
봄, 여름에는 고사리를 캐며
철을 짐작하고 잎을 보면 여름을 깨닫고 낙엽으로 가을을 양도하며 서리와 눈이 내리면 겨울임
총명하고 사리에 밝아 일을 잘 처리하여 자기 몸을 보존함
을 알아 문호에 명철보신(明哲保身)으로 일삼고 청운에 공명을 기약치 아니하여 부귀를 뜻하지 아
각양각색의 많은 나무들 / 높은 지위나 벼슬을 추구하지 않아
니하고』천수만목(千樹萬木)의 열매를 거두어 양식을 삼고 하루하루 재산을 계산하옵더니,『뜻밖에
「 」: 자신은 세속의 욕망을 초월한 깨끗한 인물임을 강조(안분지족, 빈이무원, 안빈낙도)
지난 달 보름밤에 구궁산 팔괘동에 거하는 서대주 놈이 노복 쥐 수십 명을 데리고 한밤중에 신의
집에 불문곡직(不問曲直)하고 돌입하여 천봉 만학에 흐르는 날밤과 높은 봉우리와 험준한 골짜기
옳고 그름을 따져 보지도 않고, 무턱대고
에 떨어진 잣을 천신만고하여 주우며 거두어, 비바람이 치고 눈 오는 추운 겨울날에 깊은 엄동을
주체: 다람쥐
보전코자 저축하온 양미 수십여 석을 탈취하여 가며 오히려 신을 무수히 난타하온즉,』신의 슬픈
주체: 서대주 / 「 」: 사실과 다르게 서대주를 모함하는 내용
정세는 땅 없는 외로운 망량(魍魎)이라. 막막한 세상에 호소할 곳 없는고로 극히 원통하와 한 조각
도깨비(삶이 무의미해진 존재를 비유)
원정을 지어 가지고 엎디어 백호산군 밝은 다스림 아래에 올리옵나니 신의 참상을 살피신 후에
사정을 하소연한 내용
능력을 발하사『이 같은 서대주 놈을 성화착래(星火捉來)하여 엄형으로 중히 다스려 잔약한 신의
급히 잡아들여 / 가냘프고 약한
약탈된 양미(糧米)를 찾아 주옵소서.』『혈혈단신으로 의지할 곳 없는 잔명이 한을 품고 억울하게 죽
「 」: 소지의 요지 / 보잘것없는 목숨
는 일이 없게 하옵심을 천만 빌어 산군주 처분만 바라나이다.』(무진 정월일에 고장을 올림)"
「 」: 자신의 청빈한 삶과 딱한 처지를 강조하여 서대주의 강한 처벌을 촉구함 ▶ 다람쥐가 백호산군을 찾아가 거짓 소지를 올림

하였거늘 백호산군이 읽기를 마치고 제사(題辭)를 불러 왈,
관부(官府)에서 백성이 제출한 공소장에 쓰는 판결이나 지령

『"대개 만물의 가볍고 무거움을 알고자 할진대 저울을 사용하는 것만 같음이 없고, 송사의 바르
공평과 정의의 상징물 / 소송
고 그릇됨을 아는 데는 양쪽의 말을 듣는 것만 같음이 없나니 한편의 말만 듣고 좋고 나쁨을 경
다람쥐를 일컬음 – 다람쥐의 말만 듣고는 잘못된 판단을 할 수 있음
솔하게 판결치 못하리라. 소진(蘇秦)의 말로써 진나라를 배반함이 어찌 옳다 하며 장의(張儀)의
어느 한쪽의 입장만 듣고 판단해서는 안 된다는 것을 비유함
말로써 진나라를 섬김이 어찌 그르다 하리오. 소장(訴狀) 양쪽의 말을 같이 들은 연후에야 종횡
을 쾌히 결단하리니, 다람쥐는 우선 옥으로 내리고 서대주를 즉각 잡아와서 상대한 연후에 가
히 밝게 분변하리라."』「 」: 백호산군의 신중한 성격이 드러남 ▶ 백호산군이 바른 송사를 위해 서대주를 잡아오게 함
분별하리라

한번 제사하매 오소리와 너구리 두 형졸로 하여금 서대주를 빨리 잡아 대령하라 분부하니 두
부패한 하급 관리를 상징함
짐승이 명을 듣고 나올새 오소리가 너구리더러 일러 왈,

『"내 들으니 서대주 재물이 많으므로 심히 교만하매 우리가 매양 괴악히 알아 벼르던 바였는데, 오
서대주에 대한 평가가 좋지 않음 / 이상야릇하고 흉악히

늘 우리에게 걸렸는지라. 이놈을 잡아 우리를 괄시하던 일을 설분하고 또 소송당한 놈이 피차 예물 바치는 전례는 위에서도 아는 바라. 수백 냥이 아니면 결단코 놓지 말자.」

분한 마음을 풂

「 」: 뇌물로 사리사욕을 채우려 함 – 당대 하급 관리들의 타락상을 보여 줌

▶ 너구리와 오소리가 서대주를 잡으러 감

중략 부분 줄거리 | 서대주는 자신을 잡으러 온 오소리와 너구리에게 뇌물을 준다. 백호궁에 들어온 서대주는 백호산군에게 '산군의 덕이 부족하여 소송이 일어나는지도 모른다. 이는 다람쥐의 청을 거절한 얼마 전 일로 비롯된 모함이다.' 라는 내용의 소지를 올린다.

백호산군이 서대주의 소지를 본 후 말이 없더니, 이윽고 제사를 부르매 그 제사에 가로되,

"예로부터 일렀으되 아랫것들은 입이 있어도 말이 없는 것이어늘,「당돌히 위를 범하여 나의 덕화 없음을 꾸짖으니 죄는 마땅히 만 번이라도 죽일 만하다.」그러나 임금이 어질어야 신하가 곧다 하였나니, 위(魏)나라 임좌는 그 임금 측천무후의 그름을 말하였고 하나라 신하 주운은 그 임금 한제의 그름을 말하였더니, 너는 이제 나의 덕이 없음을 말하니 너는 진실로 임좌와 주운이 되고 나는 진실로 무후와 한제 되리니,「너같이 곧은 자 어찌 다람쥐의 양식을 도적하리오.」어불성설(語不成說)이니 다람쥐는 엄형으로 다스려 귀양 보내고 서대주는 즉시 풀어 주어라."

재하자 유구무언(在下者有口無言) / 옳지 못한 사람들을 덕행으로 감화함 / 「 」: 자신의 권위를 무시한 소지의 발언에 대한 평가 / 윗물이 맑아야 아랫물이 맑다 / 중국의 여황제 / 곧은 신하 / 어진 임금 / 임금의 잘못을 지적할 만큼 의기가 바른 자 / 「 」: 판단의 근거 – 하나를 보면 열을 안다 / 말이 조금도 사리에 맞지 아니함

▶ 백호산군의 공정한 판결

제사 이미 내리니 서대주 일어나 다시 꿇어 가로되,

"산군의 밝으신 정사를 입어 풀어 주심을 입사오니 황송 무지하온지라 다시 무엇을 고하리요마는, 신의 미천한 마음을 감히 산군께 우러러 알리옵나니, 다람쥐의 죄상을 의논하올진대 간교하온 말로써 욕심을 내고 기군망상(欺君罔上)하온 일은 만 번 죽어도 애석하지 않으며 죽어도 죄가 남겠으나, 헤아리건대「다람쥐는 일개 작은 짐승으로 배고픔이 몸에 이르고 빈곤이 처자에 미치매, 살고자 하오나 살기를 구하지 못하고 죽고자 하나 또한 구하기 어려우매 진퇴유곡하던 항우(項羽)의 군사라, 다만 죽기를 달게 여기고 살기를 원하지 않는고로 방자히 산군께 위엄을 범하였나 보옵니다.」오히려 생각하올진대 가련한 바이어늘, 다람쥐로 하여금 중형으로 다스릴진대 이는 죽은 자를 다시 때리는 일이요, 오히려 노승발검(怒蠅拔劍)이오니, 엎드려 바라옵건대 산군은 위엄을 거두고「다람쥐로 하여금 쇠잔한 명을 살려주시고 은택을 내리는 덕을 끼치사 일체 풀어 주시면 호천지덕(昊天之德)을 지하에 돌아간들 어찌 잊으리까. 살피고 살피심을 바라옵고 바라나이다."」

황송하여 몸 둘 바를 모르겠으므로 / 임금을 속인 / 다람쥐가 죄를 지은 이유 / 이러지도 저러지도 못하고 꼼짝할 수 없는 궁지 / 「 」: 극한 가난으로 인해 죽기 살기로 저지른 일일 것임 / 파리에 화내어 칼을 빼다는 뜻으로, 사소한 일에 화를 내거나 작은 일에 어울리지 않게 커다란 대책을 세움을 이르는 말 / 힘이 빠져 거의 죽게 된 / 하늘과 같은 덕 / 「 」: 서대주의 후덕한 성품이 드러남

▶ 서대주가 다람쥐를 풀어 줄 것을 간청함

산군이 듣기를 다하매 길이 탄식하여 가로되, /「"기특하도다, 네 말이여. 다람쥐가 큰 부처님의 선함을 누르고자 하니 한갓 불로 하여금 달빛을 가리고자 함이라.」서대주의 선한 말을 좇아 다람쥐를 풀어 주니 돌아가 서대주의 착한 마음을 본받으라."

감탄함 / 서대주의 덕망 / 「 」: 서대주의 덕은 사소한 송사로 가릴 수 없는 지경임

하고 인하여 방송하니, 다람쥐 백 번 절하며 사은하고 만 번 치사한 후 물러가니라. 백호산군과 녹판관, 저판관이며 모든 하리 등이 서대주의 인후함을 못내 칭송하더라.

받은 은혜에 대하여 감사히 여겨 사례함 / 죄인을 풀어 주니 / 서대주의 의기와 대조되어 다람쥐(양반)의 비굴함이 비판적으로 제시됨 / 사슴과 원숭이의 의인화 / 서리. 관아에 속하여 말단 행정 실무에 종사하던 구실아치

▶ 모든 이들이 서대주의 인후함을 칭송함

핵심 정리

- 갈래: 고전 소설(풍자 소설, 우화 소설, 송사 소설)
- 성격: 우의적, 교훈적, 풍자적, 경세적(警世的)
- 구성: '발단 – 전개 – 위기 – 절정 – 결말'의 5단 구성

발단		전개		위기		절정		결말
발단: 서대주는 전쟁의 공을 세운 후 벼슬을 제수 받고 잔치를 엶	➡	**전개**: 잔치를 찾은 다람쥐는 서대주의 도움을 받고, 겨울이 오자 다시 구걸하나 거절당함	➡	**위기**: 원한을 품은 다람쥐가 소송하려 하자 계집 다람쥐가 만류하다 집을 나감	➡	**절정**: 다람쥐가 서대주를 고발하나 사실이 밝혀져 귀양을 가게 됨	➡	**결말**: 서대주는 다람쥐를 용서하고, 모든 이가 서대주의 인덕에 감동함

- 제재: 무능하고 간악한 다람쥐와 무고하게 송사에 휘말린 서대주
- 주제: ① 배은망덕의 처사를 비판하고 아량 있는 태도를 권장함 ② 가부장적 권위와 당대 정치 현실의 모순 비판
- 특징: ① 동물을 의인화하여 주제를 형상화함 ② 봉건적 가치관에 대한 비판 의식이 드러남
- 인물 분석
  - 다람쥐: 가부장적 권위 의식에 젖어 무위도식(無爲徒食)하는 조선 후기 몰락한 양반의 상징. 표리부동(表裏不同)하여 겉으로는 안분지족을 말하지만 남을 해치는 일도 서슴없이 행함
  - 계집 다람쥐: 다람쥐의 처. 사리를 분별할 줄 알며 가부장적인 권위 의식에 항거하는 인물로, 작가의 대변자임
  - 서대주: 부유한 쥐로 평민 부호를 상징함. 나라를 위해 큰 공을 세우고 종족을 위할 줄 아는 긍정적인 인물임. 자신의 무고함을 입증하기 위해 뇌물도 서슴지 않을 만큼 현실에 능동적으로 대응함
  - 백호산군: 동물의 왕. 호랑이를 의인화한 인물로, 권위적이기보다는 자신을 돌아보고 정의를 실천하는 절대적 존재임

한눈에 **보기**

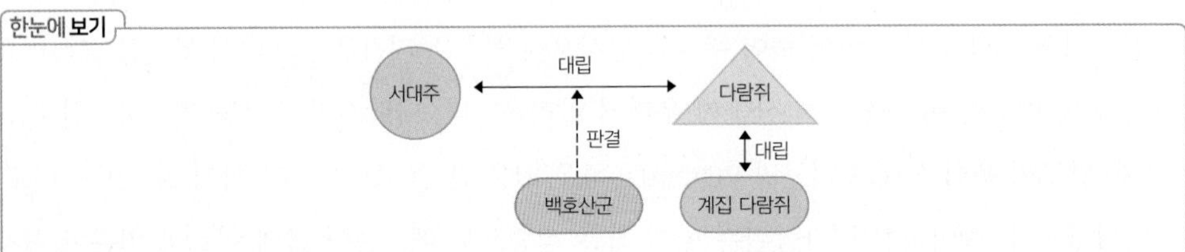

보충·심화 학습

- 〈서동지전〉의 주제와 세계관

이 글에는 봉건적인 정치 · 윤리 · 경제 체제를 거부하고 새로운 인간상을 추구하려는 근대 지향적 주제가 담겨 있다. 오소리와 너구리를 통해 당대의 정치적 현실을 풍자하며, 계집 다람쥐를 통해 가부장적 권위에 대한 비판 의식을 보여 주고 있는 것이다.

필수 문제

01 **이 글에서 〈보기〉의 '두터비'와 동일한 역할을 하는 대상을 모두 찾아 쓰시오.**

〈 보기 〉

<u>두터비</u> ᄑᆞ리를 물고 두험 우희 치ᄃᆞ라 안자 / 것넌 산(山) ᄇᆞ라보니 백송골(白松鶻)이 써 잇거ᄂᆞᆯ 가슴이 금즉ᄒᆞ여 풀덕 뛰여 내ᄃᆞᆺ다가 두험 아래 쟈빠지거고. / 모쳐라 ᄂᆞᆯ낸 낼싀만졍 에헐질 번ᄒᆞ괘라.

– 작자 미상

02 **이 글이 조선 후기 민중의 소망이 반영된 소설이라고 할 때, '백호산군'을 대하는 '서대주'의 태도를 통해 드러내고자 하는 바를 쓰시오.**

124 황새결송(決訟) | 작자 미상

백성들 사이에 일어난 소송 사건을 판결하여 처리함

EBS 모의 기출

출제 포인트

뇌물을 받고 잘못된 판결을 내린 관리로 인해 재산을 잃은 부자가 '황새 이야기'를 들어 비판 · 풍자하고자 한 바를 파악하고, 이 글의 구성상의 특징에 대해서도 알아보자.

감상 길잡이

이 글은 《삼설기(三說記)》와 《금수전(禽獸傳)》에 〈녹처사연회(鹿處士宴會)〉와 함께 수록된 우화 소설이다. 외화 속에 내화가 삽입된 액자식 구성으로, 조선 시대 지방 관원들의 부패상을 새들의 이야기를 들어서 풍자하고 있다.

앞부분 줄거리 | 어느 부자에게 먼 친척이 되는 악한(악독한 짓을 하는 사람)이 찾아와 재산의 절반을 내놓으라고 협박하고 부자는 그를 서울의 형조로 끌고 가서 처벌을 호소한다. 그러나 재판이 미루어지는 사이 악한은 당상관에게 뇌물로 청탁(청하여 남에게 부탁함)을 하였고, 당상관은 악한의 편을 들어준다.

부자 생각하매 이제 송사(소송)를 지니 가장 절통하고(뼈에 사무치도록 원통하고) 분함을 이기지 못하여 그놈의 청으로 정작 무도(도리에 어긋남)한 놈은 착한 곳으로 돌아가고 나같이 어진 사람을 부도(不道)로 보내니(사필귀정(事必歸正)이 이루어지지 않는 현실 비판) 그 가슴이 터질 듯하매 전후사를 고쳐 고하면 반드시 효험이 있을까 하여 다시 꿇어앉으며 고하려 한즉 호령이 서리 같아 등을 밀어 내치려 하거늘, 부자 생각하되,

'내 관전(官前)(벼슬아치를 높여 부르는 말)에서 크게 소리를 하여 전후사를 아뢰려 하면 필경(반드시) 관전 발악(發惡)(온갖 짓을 다 하며 마구 악을 씀)이라 하여 뒤얽어 잡고 조율(照律)(죄의 경중에 따라 법률을 적용함)을 할 양이면 청 듣고 송사도 지우는데(뇌물 받고 잘못된 판정도 내리는데), 무슨 일을 못하며 무지한 사령 놈들이 만일 함부로 두드리면(함부로 매를 때리면) 고향에 돌아가지도 못하고 종신(終身)(평생) 어혈(瘀血)(타박상 따위로 살 속에 피가 맺힘) 될 것이니 어찌할꼬.'

이리 생각 저리 생각 아무리 생각하여도 그저 송사를 지고 가기는 차마 분하고 애닯음이 가슴에 가득하여 송관(송사를 맡아 다스리던 벼슬아치)을 뚫어지게 치밀어 보다가 문득 생각하되,

'내 송사는 지고 가거니와 이야기 한마디를 꾸며 내어 조용히 할 것이니 만일 저놈들이 듣기 곳하면 무안이나 뵈리라(부끄럽게나 만들리라).' / 하고 다시 일어서 계하(섬돌이나 층계의 아래)에 가까이 앉으며 고하여 가로되,

"소인이 천 리에 올라와 송사는 지고 가옵거니와 들음 직한 이야기 한마디 있사오니 들으심을 원하노이다."(당상관을 간접적으로 비판하고 판결의 부당함을 드러내기 위한 의도)

▶ 송사에 진 부자가 이야기를 꾸며 당상관을 비판하고자 함

중략 부분 줄거리 | 당상관이 이 말을 듣고 우습게 여기나 평소에 이야기 듣기를 좋아하여 듣기로 결정한다.

[내화의 시작(날짐승들의 송사 이야기) – 액자식 구성]

옛적에 꾀꼬리와 뻐꾹새와 따오기 세 짐승이 서로 모여 앉아 우는 소리 좋음을 다투되('최고의 목소리'라는 자부심과 명예를 얻고자 하는 욕망에서 비롯됨) 여러 날이 되도록 결단치 못하였더니 일일은 꾀꼬리 이르되,

"우리 서로 싸우지 말고 송사하여 보자." / 하니, 그중 한 짐승이 이르되,

"내 들으니 황새(뇌물을 탐하여 따오기에게 상성(上聲)의 판결을 내리는 부패한 인물. 부패한 당상관 비유 – 풍자의 대상)가 날짐승 중 키 크고 부리 길고 몸집이 어방져워(넓고 커서) 통량이 있으며 범사를 곧게 한다 하기로 이르기를 황장군이라 하노니(실제 황새의 인물됨과 달리 세간의 평이 좋게 나 있음), 우리 그 황장군을 찾아 소리를 결단함이(소리의 순위를 판결함이) 어떠하뇨."

▶ 꾀꼬리, 뻐꾹새, 따오기가 황새를 통해 소리 좋음의 순위를 판결 받고자 함

조선 후기

우화 소설

세 짐승이 옳이 여겨 그리로 완정(完定)하매 그중 따오기란 짐승이 소리는 비록 참혹하나 소견은 밝은지라, 돌아와 생각하되,

그렇게 하기로 완전히 결정하매 / 목적을 이루기 위해서 수단과 방법을 가리지 않는, 처세술에 강한 인물. 악한 친척 비유 / 어떤 일이나 사물을 살피는 능력은 뛰어난지라

"내 비록 큰 말은 하였으나 세 소리 중 내 소리 아주 초라하니 날더러 물어도 나밖에 질 놈 없는지라. 옛사람이 이르되 모사(某事)는 재인(在人)이요, 성사(成事)는 재천이라 하였으니 아뭏커나 청촉(請囑)이나 하면 필연 좋으리로다."

큰소리는 쳤으나 / 일을 꾸미는 것은 사람이지만, 성사 여부는 하늘에 달려 있다는 뜻 / 청을 넣어 위촉함

하고 이에 슬기자존하여「밤이 새도록 시냇가와 논둑이며 웅덩이, 개천 발치 휘도록 다니면서 황새의 평생 즐기는 것을 주워 모으니 갖가지 음식이라. 개구리, 우렁이, 두꺼비, 올챙이, 거머리, 구렁이, 물배암, 찰머구리, 하늘밥도둑쥐며느리, 딱정벌레, 굼벵이, 지렁이, 꽁지벌레, 집게벌레, 구더기 등을 모아 가지고 맵시 있는 붉은 박에 보기 좋게 정히 담아 황새 집으로 가져갈새,」

자신의 슬기에 잘난 체하여 / 황새에게 줄 뇌물 – 열거법 / 「 」: 자신의 이익을 위해 비열한 수를 쓰는 따오기(약삭빠르게 처세할 줄 아는 인물)

중략 부분 줄거리 | 따오기가 새벽까지 문객들과 놀다가 겨우 잠이 든 황새를 깨워 뇌물을 바치자, 황새는 그것들을 보며 쓸모 있는 것들이 많다고 여긴다.

이것이 다 황새에게 긴요한 물건이라. 마음에 흐뭇하고 다행히 여겨 청지기로 하여금 잘 간수하여 두라 하고 그제야 소리를 길게 빼어 이르되, /「"네 목소리를 오래 듣지 못하였더니 어이 그리 허랑무정하냐. 그 사이 몸이나 성히 있으며 네 어미 잘 있느냐. 반갑고 반갑구나. 네 사생존망(死生存亡)을 모르매 궁금하기 측량없더니 금야에 상면하니 이는 죽었던 것 만나 봄 같도다. 그러나 저러나 네 무단히 댁을 절적(絕跡)하고 다니지 아니하니 그 무슨 일이며, 그런 무신한 도리 어디 있으리요. 네 이제 밤중에 왔으니 무슨 긴급한 일이 있느냐. 나더러 이르면 아무 일이라도 잘 어루만져 무사히 하여 제 마음에 상쾌하게 해 주리라."」

양반집에서 잡일을 맡아보거나 시중을 들던 사람 / 뇌물이 마음에 들어 마음이 움직이고 있음 / 살아서 존재하는 것과 죽어서 없어지는 것 / 끝이 없더니 / 오늘 밤 / 발길을 끊고 왕래하지 아니하고 / 신의 없는. 소식이 없는 / 뇌물을 받고 따오기에게 상황을 유리하게 판결해 줄 것을 암시 / 「 」: 뇌물을 받고 좋아하는 황새의 모습 – 당대 부패 관리의 전형을 보여 줌

따오기 처음에 제 문안드린 지 여러 해 되고 또 한밤중에 남의 단잠을 깨워 괴롭게 하였으니 만일 골딱지를 내면 그 긴 부리로 몹시 쪼일까 하였더니, 그렇지 아니하고 다정히 불러들여 반갑게 묻는 양을 보고 그제야 미닫이 앞에 가까이 나아가 아뢰되, /「"소인이 근간 사소한 우환(憂患)도 있삽고 생계에 골몰하와 주야로 분주하옵기로 오래 문안 못 드렸더니 이제 와 문안을 아뢰오니 황공 무지하와 아뢸 말씀 없삽거니와, 다만 급한 일이 있삽기로 죄를 무릅쓰고 언뜻 왔사오니 하정(下情)에 외람하옴을 이기지 못하리로소이다."」/ 황새놈이 덩싯 웃고 이르되,

화를 내면 / 어른에게 대하여 자기 심정이나 뜻을 겸손하게 이르는 말 / 자신과 꾀꼬리와 뻐꾹새가 소리 겨룸을 황새에게 판결 받기로 한 일 / 가볍게 / 「 」: 따오기의 말하기 방식 – 먼저 소원했던 자신의 무심함에 용서를 구한 후 찾아온 이유를 밝힘

"이런 급한 일이 있기에 나를 보러 왔지, 그렇지 아니하면 어찌 왔으리요. 그러나 네 무슨 일인지 네 소회를 자세히 아뢰어라." / 따오기 아뢰되,

마음에 품고 있는 회포

"다른 일이 아니오라 꾀꼬리와 뻐꾸기가 소인과 세 놈이 우는 소리 겨룸하였더니 자과(自誇)를 부지(不知)라. 그 고하를 정치 못하옵기로 결단치 못하왔삽더니 서로 의논하되 장군께옵서 심히

스스로 과시하고 자랑하여 알 수 없음 / 높고 낮음

명철처분하시므로(사리에 분명하게 처분하시므로) 명일(내일)에 댁에 모여 송사하려 하오니 그중 소인의 소리 세 놈 중 참혹하여 아주 껑짜치오니(열없고 어색하여 거북하오니) 틀림없이 송사에 이기지 못하올지라. 미련하온 소견에 남 먼저 장군께 이런 사연을 아뢰어 청이나 하옵고 그 두 놈을 이기고자 하오니, 장군 만일 소인의 전정(前情)(옛정)을 잊지 아니하옵시고 명일 송사에 아래 하(下) 자를 웃 상(上) 자로 도로 집어 주옵심을 바라옵나이다.”(자신이 불리하더라도 판결을 뒤집어 달라는 의미)

▶ 따오기가 뇌물을 가지고 가 황새에게 청탁함

뒷부분 줄거리 | 황새는 따오기의 청탁을 받아들여 꾀꼬리와 뻐꾹새, 따오기의 소리 겨룸에서 따오기의 소리가 상성(上聲)이라 판결해 준다. 이 이야기를 들은 관원들은 대답할 말이 없어 부끄러워한다.

핵심 정리

- 갈래: 고전 소설(국문 소설, 풍자 소설, 송사 소설, 우화 소설)
- 성격: 풍자적, 우의적, 비판적
- 구성: 액자식 구성

외화: 부자는 자신의 재산을 탈취하려는 악한 친척을 고발하지만 악한의 술수로 패소함	➡	내화: 뻐꾹새, 꾀꼬리, 따오기가 소리 내기를 하고, 따오기에게 뇌물을 받은 황새가 따오기가 으뜸이라고 판결함	➡	외화: 이야기를 들은 형조 관원들이 부끄러워함

- 제재: 날짐승의 송사 이야기
- 주제: 뇌물에 의해 송사가 좌우되는 현실과 부패한 지배층에 대한 비판과 풍자
- 특징: ① 조선 사회의 부패 양상을 사실적으로 그려 냄 ② 내화의 우화를 통해 작품의 풍자성을 강화함
- 인물 분석
  - 악한, 따오기: 악인. 뇌물을 주어 관리를 매수하는 약삭빠르고 간교한 인물임
  - 당상관, 황새: 부패한 권력자. 뇌물을 탐하여 사리사욕을 채우려는 속물적인 인물임
  - 부자, 꾀꼬리, 뻐꾹새: 부당한 송사의 억울한 피해자

한눈에 **보기**

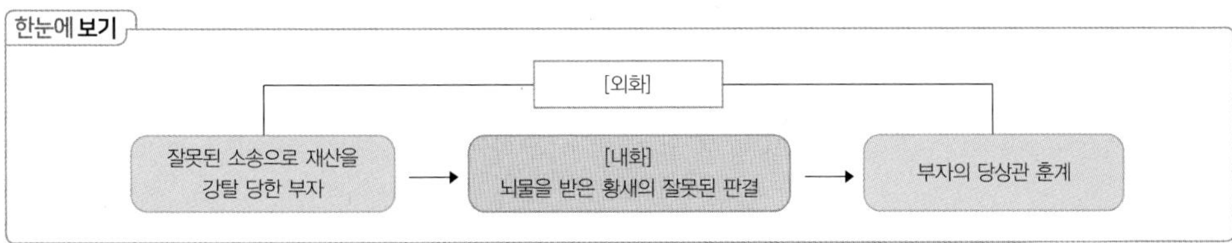

보충·심화 학습

- 〈황새결송〉과 〈서동지전〉 비교

〈황새결송〉은 억울한 일을 관청에 호소하여 해결하는 것을 주요 내용으로 하는 송사 소설이라는 점에서 〈서동지전〉과 유사하다. 그러나 〈서동지전〉이 현명하고 공정한 '백호산군'을 등장시켜 희극적 결말을 취하는 데 반해, 〈황새결송〉은 뇌물을 받고 잘못된 판정을 내린 부패한 관리 집단이 부자의 우화를 통해 훈계의 대상이 될 뿐 그릇된 판결이 바로잡히지는 않는다. 즉, 이 두 작품은 그 결말에 있어 상당한 차이를 보인다.

필수 문제

01 ㉠~㉢에 해당하는 우화 속 인물을 쓰시오.

㉠ 당상관: ㉡ 악한: ㉢ 부자:

02 이 글은 겉 이야기 속에 다른 이야기가 들어 있는 (   ) 구조를 취하며, 내화의 우화는 뇌물을 받고 잘못된 판결을 내린 당상관을 (   )하는 기능을 한다.

125 심청전(沈淸傳) | 작자 미상

교과서 EBS 모의 기출

출제 포인트

'효녀 지은 설화', '인신공희 설화' 등을 근원 설화로 하여, 유교적 덕목인 효행(孝行)을 강조한 판소리계 소설이다. 이 글의 사상적 배경과 심청이 인당수에 몸을 던진 사건이 의미하는 바를 알아보자.

감상 길잡이

이 글은 고대로부터 전승되어 오는 여러 전래 설화에 연원을 둔 대표적인 고전 소설이다. 심청이 앞 못 보는 아버지를 위해 희생한 것은 '효(孝)'라는 유교적 윤리관을 나타낸 것이고, 인당수에 던져졌으나 다시 환생하여 황후가 된 것은 불교의 '인과응보(因果應報)' 사상과 관련된다. 이는 가난하고 미천한 자도 덕을 쌓으면 고귀한 신분에까지 오를 수 있다는 민중들의 신분 상승 욕구가 반영된 것이라고 볼 수 있다.

장면 1

앞부분 줄거리 | 송나라 말년 황주 도화동이라는 곳에 심학규라는 봉사가 살고 있었다. 그의 부인 곽 씨는 딸 청을 낳고 죽고 만다. 마을 사람들의 도움으로 자란 심청은 길쌈과 삯바느질을 하며 아버지를 극진히 모신다. 어느 날 심 봉사는 일 나간 청을 마중 나갔다가 웅덩이에 빠지고, 그를 구해 준 몽운사 화주승의 공양미 삼백 석을 시주하면 눈을 뜰 수 있다는 말에 덜컥 시주 약속을 하게 된다. 이를 알게 된 심청은 남경 상인들에게 공양미 삼백 석을 받고 대신 인당수에 제물로 몸을 바치기로 한다.

언의더시(어느덧) 동방이 발거오니(동쪽이 밝아 오니. 해가 뜨니) 심청이 제의 부친 진지나 망종(마지막으로) 지여 드리리라(심청의 지극한 효성이 간접적으로 드러남) ᄒᆞ고 문을 열고 나셔더니, 발셔 션인(船人)(뱃사람) 드리 사립 박기셔(사립문 밖에서) ᄒᆞ는 마리,

「"오날리 힝션(行船)(배가 떠남. 출항) 놀이오니 슈이 가게 ᄒᆞᆸ소셔."」 「 」: 오늘이 출항할 날이니 아무런 일 없이 순탄하게 진행되었으면 한다는 뜻

하거늘, 심쳥이 이 말을 듯고 얼골리 빗치 업셔지고 사지(四肢)(팔과 다리)의 ᄆᆡᆨ이 업셔 목이 메고 졍신이 어질ᄒᆞ야 션인들을 제우(겨우) 불러,

"여보시요, 션인임ᄂᆡ, 나도 오날리 힝션 놀인 졸(지레) 이무(이미) 알어 ᄶᅥ니와 ᄂᆡ 몸 팔인 조를(내 몸이 (공양미 삼백 석에) 팔린 것을) 우리 부친이 아직 모르시오니, 만일 일르시게 되면((아무것도 모르는 우리 부친께) 알려지게 되면) 지러 야단이 날거시니 잠간 지체ᄒᆞᆸ소셔(기다려 주십시오). 부친 진지나 망종 지여 잡수신 연후의 말숨 엿잡고(여쭙고) ᄯᅥ나게 ᄒᆞ오리다." / 하니, 션인더리

"그러ᄒᆞᆸ소셔." ▶ 심청이 떠나기 전에 심 봉사에게 마지막으로 밥을 지어 드리고자 함

하거늘, 심쳥이 드러와 눈물노 밥을 지여 부친게 올이고 상머리예 마조 안져 아무ᄶᅩ록 진지 만이 잡수시게 ᄒᆞ노라고 좌반도 ᄯᅦ여(자반. 소금에 절여 만든 생선) 입의 너코, 짐쌈도 써셔 수져의 노의며(김쌈도 싸서 수저에 놓으며), / "진지를 만이 잡수시오."

심 봉사는 철도 모르고(사정도 모르고), / "야, 오늘은 반찬이 미우 조쿠나. 뉘 집 제사 지넌넌야(지냈느냐)."

그날 ᄭᅮᆷ을 ᄭᅱ니 이난 부자간 천륜(天倫)이라 몽조(夢兆)(꿈자리. 꿈에 나타나는 길흉의 징조)가 잇넌 거시엿다.(그날 밤 꿈을 꾸니, 이것은 자식과 아버지의 하늘이 맺어 준 인연이라 꿈을 꾸게 된 것이었다 – 편집자적 논평)

"아가, 아가, 이상ᄒᆞᆫ 일도 잇다.「간밤의 ᄭᅮᆷ을 ᄭᅱ니 ㉠네가 큰 수리를 타고 ᄒᆞᆫ업시 가뵈이니, 수리라 ᄒᆞᄂᆞᆫ 거시 귀ᄒᆞᆫ 사ᄅᆞᆷ이 타는이라.」우리 집의 무삼 조흔 일리 이쓸가부다. 그리치 안이ᄒᆞ면 장승상ᄃᆡᆨ의셔 가ᄆᆡ 티여 갈난가부다."

「 」: 심 봉사의 꿈 내용 – 비극성 고조, 결말의 방향 암시(복선)

결정적 장면

조상의 신주(神主)를 모셔 놓은 집 – 심청이 양반가의 딸임을 드러내는 단어

아버지를 안심시키려는 뜻에서 하는 말. 심청의 지극한 효심이 드러남

심청이는 저 죽을 ᄭᅮᆷ인 줄 짐작ᄒᆞ고 거짓, / "그 ᄭᅮᆷ 좃사이다."

하고, 진지상을 물여ᄂᆡ고 담ᄇᆡ 타려(태워) ᄃᆞ린 후의(심청의 지극한 효심) 그 진지상을 ᄃᆡᄒᆞ여 먹으려 ᄒᆞ니, 간장의 석난 눈물은 눈으로 소사나고(간장이 썩는 듯한 눈물을 흘리고. 즉, 몹시 안타깝고 슬픈 눈물을 흘리고) 부친 신셰 ᄉᆡᆼ각ᄒᆞ니 정신이 아득ᄒᆞ고, 몸이 ᄶᅧᆯ여 밥을 못 먹고 물인 후의(물린 뒤에), 심청이 사당(祠堂)의 ᄒᆞ직ᄒᆞᆯ 차로 드러갈 제, 다시 셰수ᄒᆞ고 사당 문 가만히 열고 ᄒᆞ직ᄒᆞ는 말리,

"불초 녀손(不肖女孫)(여성이 조부모나 조상에게 자신을 겸손하게 이르는 말) 심청이는 아비 눈 ᄯᅳ기를 위ᄒᆞ야 인당수(印塘水) 제숙(제수. 제사에 쓰이는 음식이나 제물)으로 몸을 팔여 가오ᄆᆡ ❶ **죠종힝화(祖宗香火)(조상의 제사) 일노조챠(이것으로 인해) ᄭᅳᆫ케(끊어지게) 되오니 불승영모(不勝永慕)(길이 사모하는 마음이 복받쳐 참지 못함. 제사 축문에 쓰는 말임)ᄒᆞᄋᆞᆸᄂᆡ다.**"

▶ 심청이 심 봉사에게 마지막 진지상을 올리고 사당에 가 사실을 고함

울며 ᄒᆞ직ᄒᆞ고(이별을 고하고) 사당 문 닷친(닫은) 후의 부친 압푸(앞에) 나어와 두 손을 부여잡고 긔식(氣塞)ᄒᆞ니(기절하니), 심 봉사 ᄭᅡᆷ작 놀ᄂᆡ,

"아가, 아가, 이게 웬일인야. 졍신을 차려 말ᄒᆞ여라."

심청이 엿자오ᄃᆡ,

"ᄂᆡ가 불초녀식(不肖女息)(자식이 어버이를 상대하여 자신을 낮추어 이르는 말)으로 아부지를 소겻소. 공양미(供養米)(부처님께 바치는 쌀) 삼ᄇᆡᆨ 셕을 ᄂᆡ라 나를 주것소. 남경(南京) 션인덜게 인당수 제숙으로 ᄂᆡ 몸을 팔여(〈인신 공희 설화〉의 영향이 드러나는 부분) 오날리 ᄯᅥ나는 날리오니 나를 망종 보ᄋᆞᆸ소셔."

▶ 심청이 심 봉사에게 사실을 이야기하고 이별을 고함

심 봉사 이 말을 듯고,

"참말인야, 참말인야, ᄋᆡ고 ᄋᆡ고 이게 웬말인고. 못 가리라, 못 가리라.(4 · 4조의 음수율과 4음보의 운율감이 드러나는 부분 – 판소리의 영향) 네 날다려(나에게) 뭇지도 안코 네 임의로 ᄒᆞᆫ단 말가. 네가 살고 ᄂᆡ가 눈ᄯᅳ면 그난 응당(마땅히) ᄒᆞ려이와 자식 죽기여 눈을 ᄯᅳᆫ들 그게 ᄎᆞᆷ아 ᄒᆞᆯ 일인야. 네의 모친 너를 늣게야 낫코 초칠 일(초이레. 첫 7일) 만의 죽은 후의 눈 어두온 늘근 거시 품안의 너를 안고 이 집 져 집 단이면서 구차ᄒᆞᆫ 말 ᄒᆞ여감셔(하여 가면서) 동영젓(동냥젖) 어더 먹여 키여 이만치 자라거든, ᄂᆡ 아모리 눈 어두나 너를 눈으로 알고 너의 모친 죽은 후의 차차 여젼터니(전과 같이 생활하더니), 이 말 무신 말인고. 마라, 마라, 못 ᄒᆞ리라. 안ᄒᆡ(아내) 죽고 자식 일코 ᄂᆡ 살아서 무엇ᄒᆞ리. 너ᄒᆞ고 나ᄒᆞ고 ᄒᆞᆷ기(함께) 죽자. 눈을 팔어 너를 살 ᄯᅴ(살 일에) 너를 팔어 눈을 ᄯᅳᆫ들 무어슬 보고 눈을 ᄯᅳ리. 엇던 놈의 팔자관ᄃᆡ 사궁지슈(四窮之首)(네 가지의 궁한 처지(늙은 홀아비, 늙은 홀어미, 부모 없는 아이, 자식 없는 늙은이) 중 첫째. 즉, 늙은 홀아비를 가리킴) 되단 말가. 네 이놈 상놈덜아, 장사도 조커니와 사ᄅᆞᆷ 사다 죽이여 졔ᄒᆞᄂᆞᆫᄃᆡ(제사를 지내는 데) 어ᄃᆡ셔 보

결정적 장면

심청이 심 봉사에게 자신이 공양미 삼백 석을 받고 인당수에 제물로 바쳐진다는 사실을 알리고 이별을 고하는 장면이다. 심청의 지극한 효심이 드러나며 독자의 눈물샘을 자극하는 부분이다.

문제로 **핵심 파악**

1 [기출] 이 글의 특징으로 가장 적절한 것은?

① 서술자의 개입을 통해 인물을 직접적으로 평가하고 있다.
② 대화를 위주로 서술하여 사건의 흐름을 드러내고 있다.
③ 현실과 환상을 교차하여 독자의 흥미를 유발하고 있다.
④ 대립적인 두 공간을 병치시켜 사건을 전개하고 있다.
⑤ 묘사를 통해 장면의 분위기를 부각하고 있다.

핵심 **구절 풀이**

❶ **죠종힝화(祖宗香火) 일노조챠 ~ 불승영모(不勝永慕)ᄒᆞᄋᆞᆸᄂᆡ다.**: 제사를 더 이상 지내지 못하게 되었음을 고하는 것으로, 유교적 덕목에서 볼 때 부모보다 먼저 죽는 것이나 대(代)가 끊겨 조상의 제사를 지내지 못하게 되는 것은 불효에 해당함

앗난야. 하날님의 어지심과 귀신의 발근 마음 앙화(殃禍)가 업건넌야. 눈먼 무남독녀(無男獨女) 철 모르난 어린 아히 날 모르게 유인ᄒᆞ여 갑슬 주고 산단 말고. 돈도 실코 쌀도 실타. 네 이놈 상놈더라, 옛글을 모로난야?「칠연ᄃᆡ한(七年大旱) 가물 적의 사ᄅᆞᆷ으로 빌나ᄒᆞ니 탕인군 어지신 말삼 'ᄂᆡ가 지금 비난 비난 ᄉᆞᄅᆞᆷ을 위ᄒᆞ미라. 사ᄅᆞᆷ 죽여 빌 양이면 ᄂᆡ 몸으로 ᄃᆡ신하리라.' 몸으로 해싱(犧牲)되야 신영빅모 젼조단발(身嬰白茅剪爪斷髮)ᄒᆞ고 상임(桑林)ᄯᅳᆯ의 비러ᄶᅥ니 ᄃᆡ우방수쳔리(大雨方數千里) 비라.」이런 일도 잇건이와 ᄂᆡ 몸으로 ᄃᆡ신 가미 엇더ᄒᆞᆫ야?"

앙화(殃禍)가 업건넌야: 재앙이 없겠느냐. 즉 벌을 받을 것이다 / 탕인군: 중국 은나라 탕임금 / 「 」: 심 봉사가 탕임금이 스스로 기우제의 제물이 되었다는 중국 고사를 인용하여 자신이 청 대신 제물이 되겠다고 함 / 비난 비난: 비는 바는 / 상임(桑林)ᄯᅳᆯ: 탕임금이 기우제를 지냈다는 들판 / 해싱(犧牲): 천지 묘사(廟社)에 제사 지낼 때 바치는 산 짐승 / 신영빅모 젼조단발: 몸에 흰 띠풀을 두르고 손톱을 자르고 머리를 깎음 / ᄃᆡ우방수쳔리: 큰 비가 사방 수천 리에 내림 / ᄂᆡ 몸으로 ᄃᆡ신 가미: 심 봉사가 심청 대신 감이

"여보시요 동ᄂᆡ 사ᄅᆞᆷ, 져런 놈덜을 그져 두고보오?" ▶ 심 봉사의 신세 타령과 넋두리

(사람들에게 남경 상인들의 윤리적 타락을 비난함)

심청이 부친을 붓들고 울여 위로ᄒᆞ되,

"아부지, ᄒᆞ릴업소. 나는 이무 죽거니와 아부지난 눈을 ᄯᅥ셔 ᄃᆡ명천지(大明天地) 보고, 착ᄒᆞᆫ 사ᄅᆞᆷ을 구ᄒᆞ여셔 아들 낫코 ᄯᆞᆯ을 나아 아부지 후사나 젼코 불초녀를 싱각지 마ᄋᆞᆸ시고 만세만셰 무량ᄒᆞᄋᆞᆸ소셔. 이도 ᄯᅩᄒᆞᆫ 천명이오니 후회ᄒᆞᆫ들 엇지 ᄒᆞ오리닛가."

ᄒᆞ릴업소: 어찌 할 도리가 없소 / ᄃᆡ명천지: 아주 밝은 세상 / 후사나 젼코: 뒤를 이을 자식을 낳고 / 만세만셰 무량ᄒᆞᄋᆞᆸ소셔: 오래오래 건강하시기 바랍니다 / 천명: 하늘의 명령. 운명. 숙명

션인드리 그 경상을 보고 영좌(領座)ㄱ 공논ᄒᆞ되,

경상: 광경 / 영좌(領座)ㄱ 공논ᄒᆞ되: 우두머리와 의논하기를

"심 소졔의 효셩과 심 봉사의 일싱 신셰를 싱각ᄒᆞ여 봉사 굼지 안코 벗지 안케 ᄒᆞᆫ 모게를 ᄭᅮᆷ여주면 엇더ᄒᆞ오?" / "그 말리 올타."

심 소졔: 심청 / 일싱 신셰: 장님으로 딸도 없이 고독하게 사는 것 / 굼지 안코 벗지 안케: 굶주리지 않고 헐벗지 않게 / 모게: 살림 / ᄭᅮᆷ여 주면: 꾸며 주면 / 그 말리 올타: 그 말이 옳다

ᄒᆞ며, 쌀 이ᄇᆡᆨ 석과 돈 삼ᄇᆡᆨ 양이며 ᄇᆡᆨ목 마포 각 ᄒᆞᆫ 동식 동즁의 드려노코 동인(洞人) 모와 구별ᄒᆞ되,

ᄇᆡᆨ목: 무명 / 마포: 삼베 / 동식: 동씩 / 동즁: 마을 안 / 드려노코: 실수 없이 온전하게 늘려 / 구별ᄒᆞ되: 봉양하되

"이ᄇᆡᆨ 석 쌀과 삼ᄇᆡᆨ 양 돈을 근실ᄒᆞᆫ 사ᄅᆞᆷ 주워 도지업시 셩ᄒᆞ하게 질너 심 봉사를 공궤ᄒᆞ되, 삼ᄇᆡᆨ 석 즁의 이십 석은 당연 양식 제지ᄒᆞ고 남적이는 년년이 흐터주워 장이(長利)로 취식(取息)ᄒᆞ면 양식이 넉넉ᄒᆞ고 ᄇᆡᆨ목 마포는 사절 의복 장만ᄒᆞ고, 이 ᄯᅳ시로 본관의 공문 ᄂᆡ여 동즁의 젼ᄒᆞ라."

당연 양식 제지ᄒᆞ고: 올해 양식으로 제하고 / 남적이는: 나머지는 / 년년이 흐터주워: 해마다 빚을 주어 / 장이(長利): 장리. 곡식을 꾸어 주고 한 해 이자로 그 곡식의 절반을 받는 변리 / 공문: 공문으로 보내어 / 취식(取息)ᄒᆞ면: 이자를 받으면 / 사절: 사계절 / 이 ᄯᅳ시로: 이 뜻을. 이 내용을

▶ 남경 상인들이 심 봉사가 먹고살 재물을 마련해 줌

뒷부분 줄거리 | 이후 인당수의 제물로 바쳐진 심청은 용궁에 가서 후한 대접을 받은 후 연꽃을 타고 다시 인간 세계로 돌아온다. 심청이 탄 연꽃을 남경 상인들이 천자에게 바치고 천자는 그 속에서 나온 심청을 황후로 맞이한다. 심청은 아버지를 찾기 위해 맹인 잔치를 벌이고, 심 봉사는 뺑덕 어미와 함께 길을 나선다. 뺑덕 어미의 농간으로 겨우 잔치에 참석한 심 봉사는 심청을 만나 눈을 뜨게 된다.

필수 문제

01 이 글의 전체 내용을 고려할 때, ㉠이 궁극적으로 암시하는 바를 쓰시오.

02 [서술형] 이 글에서 '인당수'가 지니는 이미지를 〈보기〉의 '물'과 비교하여 서술하시오.

〈 보기 〉

公無渡河	임이여, 물을 건너지 마오.
公竟渡河	임은 그예 물을 건너시네.
墮河而死	물에 휩쓸려 돌아가시니
當奈公何	가신 임을 어이할꼬.

– 작자 미상, 〈공무도하가(公無渡河歌)〉

장면 2

앞부분 줄거리 | 황해도 황주군 도화동에 사는 봉사 심현은 부인 곽 씨를 잃고 딸 청을 동냥젖을 얻어 먹이며 키운다. 성장한 심청은 길쌈과 삯바느질을 하며 아버지를 극진히 모신다. 어느 날 심 봉사는 공양미 삼백 석을 시주하면 눈을 뜰 수 있다는 몽운사 화주승의 말에 덜컥 시주 약속을 하게 된다. 이를 알게 된 심청은 남경 상인들에게 공양미 삼백 석을 받고 인당수에 제물로 몸을 던진다.

용왕이 빙그레 웃으며,

"너는 전생에 초간왕의 딸로서 요지(瑤池)의 서왕모 잔치에서 술을 맡아보게 했더니, 네가 노군성(老君星)과 사사로운 정이 있어 술을 많이 먹어서 잔치에 술이 부족하게 되었더란다.

(불사의 약을 가졌다는 중국의 여신 / 초간왕: 동해 용왕 / 요지: 중국 곤륜산에 있다는 못 / 술을 맡아보게 했더니: 술을 담당하게 하였더니 / 노군성: 심 봉사의 전생(천상계)에서의 이름)

그랬더니 도솔천이 옥황상제께 벌을 내리라고 청하게 되었고, 옥황상제께서 진노하시어 말씀하시기를,

(도솔천: 불교에서 말하는 육욕천의 넷째 하늘 / 진노하시어: 화가 크게 나시어)

'이는 도솔천의 죄가 아니라 술 맡아 보는 시녀의 죄이니 자세히 조사하여 중한 벌을 내리도록 하라.' / 하시고,

(술 맡아 보는 시녀: 규성(심청))

'노군성을 인간 세상에 내쳐 40년을 병 없이 지내다가 너와 부녀간이 되어 네 효성을 나타내라.' 하시었다. 그리하여 노군성은 심현이 되어 인간 세상에 귀양 보내지고, 그런 지 40년 만에 너를 내려 보내 그 딸이 되게 하였다. 하늘나라에서 술 훔쳐 먹은 죄로 노군성에게는 먹을 복을 점지하지 아니하여 13년을 빌어먹게 하고, 또 눈을 멀게 하며 규성이 빌어먹이는 것을 받아 먹어 하늘에서 지은 죄의 벌을 받게 정하여 주셨다. 전생의 죄과로 이승에서 고생하도록 정해 놓았지만 옥황상제께서는 그래도 노여움을 풀지 아니 하셨는데, 상제께서 천하 여러 신선과 사해 용왕이며 산신들과 여러 부처와 천신을 모아 조회를 받을 때 석가세존이 옥황상제께 아뢰었다.

(노군성을 인간 세상에 내쳐 ~ 부녀간이 되어: 천상계의 인물인 노군성이 인간 세상에 내려와서 심 봉사로 환생하게 되고, 이어 심청과 부녀지간이 된다는 뜻 / 심현: '심 봉사'는 판본에 따라 '심학규'와 '심현' 두 가지 이름으로 나타남 / 규성: 심청의 천상계에서의 이름 / 눈을 멀게 하며: 벼슬길도 나아갈 수 없는 무력함과 궁핍함으로 작용함 – 불행을 극대화하는 장치 / 석가세존: 석가모니를 높여 이르는 말)

'노군성이 인간 세상에서 고행을 심하게 하면서 지척을 분간치 못한 지 8, 9년이니 족히 죄를 기워 갚았을 것이요, 규성이 천명을 어긴 죄는 가볍지 않사오나, 인간 세상에 내려가 아기 적부터 고생을 하고 사방으로 다니며 빌어다가 노군성을 봉양하여 효성이 천지에 가득하여 전생의 죄를 모두 갚았을 듯합니다. 그런데다가 다시 제 몸을 죽을 곳에 팔아 아비를 위한 정성이 기특하기로, 제가 제자를 보내어 그 마음을 시험해 보니 그 부녀의 살아가는 모습이 지성스럽기 그지없으니, 한갓 전생 죄만 다스리고 이승의 효성을 돌아보지 아니함이 하늘나라의 공정한 처분이 아니고, 또한 그 형편이 참혹하오니, 폐하께서는 넓고 크신 은혜를 내리셔서 선악을 밝히 가려 주옵소서.'

(지척: 아주 가까운 거리 / 천명: 하늘의 명령 / 제 몸을 죽을 곳에 팔아: 아비의 눈을 뜨게 하기 위해 제물이 되어 인당수에 몸을 던진 것 / 전생의 죄: 천상계의 잔치에서 술을 맡아 보았던 규성(심청)이 노군성(심 봉사)에게 사사로운 정으로 술을 많이 주어서 잔치에 술이 모자라게 한 죄 / 그 마음을 시험해 보니: 통과 의례 / 지성스럽기: 보기에 지극히 정성스러운 데가 있기 / 폐하: 옥황상제)

옥황상제께서 그 말씀을 따라 즉시 남두성을 명하여 복록(福祿)을 점지하게 하고, 북두성으로 하여금 수명(壽命)과 자손을 점지하라 하시니, 남두성이 아뢰기를,

(복록을 점지하게 하고: 행복한 삶을 살 수 있도록 하고 / 수명과 자손을 점지하라: 오래 살고 자손을 많이 갖게 하라)

'규성이 본디 동해 용왕의 귀한 딸로서 인간 세상에 귀양 가서「효성이 지극하매 민가의 아낙 되기가 불가하니, 유리국 황후가 되어 평생 즐거움을 누리게 점지하겠습니다.」

(「 」: 인간 세상에서 선업을 쌓으면 내세에서 큰 복을 얻는다는 불교 사상과 밀접한 관련이 있음)

옥황상제께서 이를 허락하시니, 북두성이 또 아뢰었다.

'남두성이 규성에게 좋은 자리를 점지했으니, 저는 노군성으로 하여금 공후(公侯)가 되게 하여 유미낙하성을 만나 아들딸을 낳아 복록이 당대에 으뜸이 되게 하고, 수명은 75세에 다시 옛 벼슬로 돌아오게 하고, 규성은 세 아들과 두 딸을 두고 73세에 다시 동해로 돌아오게 점지하겠습니다.'

봉건 시대 때 군주가 내린 땅을 다스리던 사람

복되고 영화로운 삶

옥황상제께서 이를 허락하시기로, 내가 또 청하기를,

'규성의 죄를 용서하시니, 제가 또한 규성과 전생에 부녀간의 정이 있는데, 며칠 후면 규성이 인단소에서 명을 끊게 되어 그 위급함을 구하지 않을 수 없으니, 구해 내어 하룻밤을 머물게 했다가 인간 세상으로 보내도록 하겠습니다.' / 했더니,

초간왕인 동해 용왕이 심청의 전생의 아버지였으므로

심청이 인당수에 빠져 죽게 되어

옥황상제께서 허락하시기로 너를 데려왔으니, 오늘 밤에 머물러 부녀의 정을 즐기다가 내일 돌아가라."

청이 이 말을 듣고 나서야 전후 지낸 일이 다 정한 운명인 줄 알고, 더욱 슬퍼하여 땅에 엎드려 아뢰기를,

"말씀을 듣고 보니 저의 전생 죄악으로 말미암은 것이 분명한데 누구를 원망하며 누구를 탓하겠습니까마는, 지나간 고생과 지금 병든 아비가 굶주리고 슬퍼하여 죽게 될 일을 생각하니 간장이 미어지는 듯합니다."

심청이 천상 세계에서 죄를 지어 인간 세상에 태어나 심 봉사를 봉양하며 온갖 고생을 하였음

심청이 공양미 삼백 석에 팔려 결국 심 봉사 혼자 살아가게 된 것을 말함

하니, 용왕이 말하기를,

"이제는 너의 고생이 다 끝나고 이후에 무궁한 복을 누릴 것이니 슬퍼하지 말아라."

공간이나 시간 따위가 끝이 없음

▶ 용왕이 심청을 구한 이유와 심청의 운명에 대해 설명함

하고 시녀를 명하여 다과를 내와서 먹이라 하니, 얼마 후에 시녀가 붉은 소반에 차를 내오는데 백옥 잔에 안개 같은 차와 대추 같은 과일이었다. 청이 받아 먹으니 정신이 맑아져서 전생의 일이 분명히 기억났다. 부왕(父王)의 용안을 새롭게 알아보며, 좌우 시녀가 전생에 자기 앞에서 심부름하던 무리인 줄 아니 반갑기 그지 없었다. 자기가 본디 천일주를 맡아보다가 노군을 불쌍히 여겨 술을 훔쳐 먹이던 일이 어제 일처럼 생각나니, 슬픈 마음이 새로워 부인을 우러러 눈물을 흘리며,

차와 과실

음식을 놓고 먹는 작은 상

인간 세계의 심청을 천상계의 규성으로 각성시키는 소재

동해 용왕

임금의 얼굴을 높여 부르는 말

빚어 담근 지 천 일 만에 먹는 술

"제가 인간 세상에서 고초를 겪던 일을 생각하니 마음이 두렵습니다. 이제 여기 들어왔으니 도로 나가지 말고 여기 머물기를 원합니다."

부인이 말하기를,

"너는 슬퍼하지 말아라. 이제 다시 인간 세상에 나가면 전날의 고초는 일장춘몽이 될 것이니 어찌 천명을 어기겠느냐?"

한바탕의 봄꿈이라는 뜻으로, 헛된 영화나 덧없는 일을 비유적으로 이르는 말

하고, 시녀를 명하여, / "청을 후원 별당으로 인도하여 편히 쉬게 하라."

하였다. 청이 시녀를 따라 후원 별당에 이르니 집 안에 벌여 놓은 것들이 모두 전날에 보던 것이었다.
심청이 천상 세계에 살 때 보던 것들임

▶ 심청이 용궁에서 후한 대접을 받음

뒷부분 줄거리 | 심청은 연꽃을 타고 다시 인간 세계로 돌아온다. 심청이 탄 연꽃을 남경 상인들이 천자에게 바치고 천자는 그 속에서 나온 심청을 황후로 맞이한다. 심청은 아버지를 찾기 위해 맹인 잔치를 벌이고, 잔치 소문을 듣고 찾아온 심 봉사는 심청을 만나 눈을 뜨게 된다.

핵심 정리

- 갈래: 고전 소설(판소리계 소설, 윤리 소설)
- 성격: 우연적, 비현실적, 교훈적
- 구성: '발단 – 전개 – 위기 – 절정 – 결말'의 5단 구성

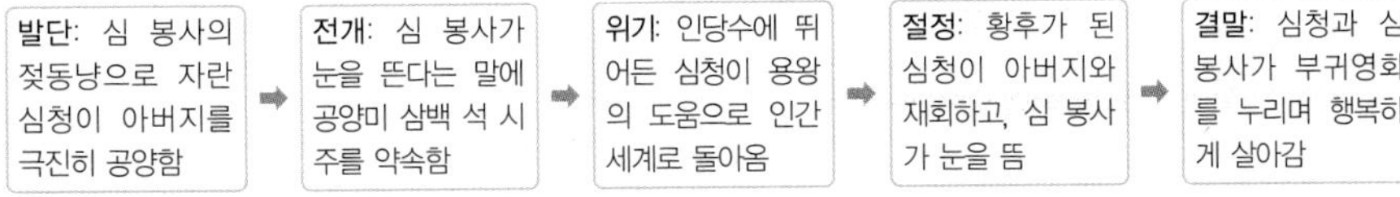

- 제재: 심청의 효(孝)
- 주제: 부모에 대한 심청의 지극한 효성
- 특징: ① '효(孝)'의 윤리관이 잘 나타남
  ② 여러 종교와 사상(유교, 불교, 도교 등)이 복합적으로 드러남
- 인물 분석
  - 심청: 심학규(심현)의 딸. 전생에 천명을 어긴 죄로 심 봉사의 딸로 태어나 아버지의 눈을 뜨게 하기 위해 공양미 삼백 석에 제물로 팔려 인당수에 몸을 던짐. 그 보답으로 후에 황후가 됨
  - 심학규(심현): 심청의 아버지. 전생에 천명을 어긴 죄로 눈이 멀고, 궁핍함과 무력함에 시달림. 후에 심청에 의해 눈을 뜨게 되고, 공후의 지위를 얻음

한눈에 **보기**

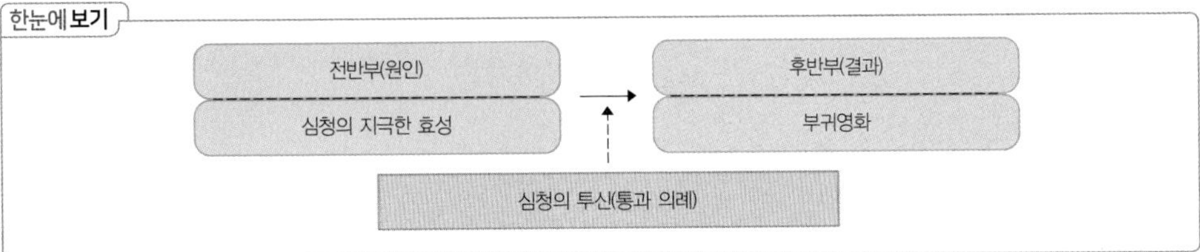

보충·심화 학습

- 심청의 '죽음'이 갖는 의미

심청의 '죽음'은 공양미 삼백 석으로 아버지의 눈을 뜨게 하기 위함이나, 간접적으로는 공양미를 불전에 시주하여 불사(佛事)를 돕고, 선인(船人)들의 안전한 항해를 보장하게 하기 위한 것이라 볼 수 있다. 이는 심청의 '죽음'이 제의적(祭儀的) 의미를 지닌다는 것을 뜻한다.

필수 문제

01 심청과 심 봉사의 고난은 모두 전생의 잘못에 의한 것으로, 이는 불교적 (   ) 사상을 드러낸다.

02 이 글은 현실적 · 세속적 공간을 배경으로 하는 전반부와 환상적 · 초월적 공간을 배경으로 하는 후반부로 구성된다. 전반부와 후반부 사이에 전환점이 되는 사건은 무엇인지 쓰시오.

126 토끼전 | 작자 미상

수능 기출

출제 포인트

우화적 기법을 통해 현실을 풍자한 판소리계 소설이다. '용궁'과 '육지'라는 대립적 세계를 당시의 사회상과 연관 지어 이해하고, 각 동물에게 부여된 인간상 및 이 글의 주제 의식을 알아보자.

감상 길잡이

〈구토지설(龜兎之說)〉을 근원 설화로 하는 이 글은 판소리 〈수궁가〉가 문자로 정착되면서 탄생한 판소리계 소설로, 서민 의식을 바탕으로 날카로운 풍자와 익살스러운 해학을 잘 나타난 작품이다. 이 글에 나타나는 세계는 용왕을 정점으로 한 별주부 및 용궁 대신들의 용궁 세계와, 토끼를 중심으로 한 여러 짐승들의 육지 세계로 나뉜다. 전자는 정치 지배 관료층의 세계를, 후자는 서민 피지배층의 세계를 각각 반영하고 있다. 즉, 주색에 빠져 병이 들고, 어리석게도 토끼에게 속아 넘어가는 용왕과, 어전에서 싸움만 하고 있는 용궁 대신들은 당시 부패하고 무능한 정치 사회의 모습을 반영한다. 이와 반대로, 토끼는 자연 속에서 소박하게 살아가고, 강자에게 위협을 받는 약자 · 서민의 입장을 취한다. 토끼가 용궁에서 호의호식(好衣好食)과 높은 벼슬을 할 수 있다는 별주부의 말에 속아 죽을 지경에 이르지만, 끝내 용왕을 속이고 용궁의 충신 별주부를 우롱하면서 최후의 승리를 얻는다는 작품의 귀결은 이 글의 주제가 서민 의식에 바탕을 둔 사회 풍자에 있음을 잘 드러내고 있다.

앞부분 줄거리 | 남해 용왕이 병을 얻어 온갖 약을 써 보았지만 효험이 없었다. 한 도사가 토끼의 간(갈등의 원인)을 먹어야 병을 고칠 수 있다고 해서 별주부가 토끼의 화상(얼굴을 그림으로 그린 형상)을 들고 육지로 올라와 토끼를 찾으러 돌아다닌다.

별주부(자라 – 맹목적 충성심의 소유자)가 경개(景槪)(경치)를 따라 올라가니, 갑자기 산중에서 한 짐승(토끼 – 허황된 욕심을 가진 인물)이 풀을 뜯어 먹으며 꽃을 희롱하며 자신 있고 만족한 듯 내려오고 있었다. 별주부가 몸을 감추고 토끼 화상을 내어 보니 바로 토끼였다. 별주부가 기뻐하며 스스로 생각하기를,

'저 토끼를 잡아다가 우리 대왕께 드려 병이 나으시면 내 마땅히 일등 공신이 될 것이다.'(별주부의 의도 – ① 용왕의 병을 낫게 하려는 충성심 ② 입신출세의 욕망)

하고 긴 목을 늘이어 토끼 앞에 나아가 예(禮)하고 말하기를,

"토 선생께 뵈나이다."(자라가 토끼를 꾀어 용궁으로 데려가기 위해 공손하게 대함)

하니 토끼가 자라를 보고 웃으며,

"그대 어찌 내 성명을 부르는가? 남생이(거북과 비슷하나 작으며 냇가나 연못에서 삶)의 아들인가 목이 길기도 하다."

했다. 자라 그 곁에 앉으며 전에 보지 못한 말을 하며 성명(姓名)을 통한 뒤(서로의 이름을 주고받은 뒤) 토끼에게 말하기를,

"그대는 몇 살이나 되었으며 청산 벽계(靑山碧溪)(푸른 산과 푸른 계곡)로 다니니 재미가 어떠한가?"

토끼 웃으며 대답하기를,

「"나는 삼백 년을 세세(世世)(대대로. 여러 대를 이어서 계속하여)로 두루 돌아다니며 만첩 산중(萬疊山中)(여러 겹으로 둘러싸인 깊은 산속)에 백화만발(百花滿發)(온갖 꽃이 흐드러지게 활짝 핌)하고 서운(瑞雲)(상서로운 구름)은 은은하여 푸른 솔은 축축 늘어져 있고 푸른 물은 잔잔한데 향기 무성한 곳으로 시름없이(가림이 없이, 걱정 없이) 다니면서 백초(百草)(온갖 풀)의 이슬을 싫도록 받아먹고 산림 화초 간(山林花草間)의 향기를 마음대로 내 몸에 쏘이며 무주공산(無主空山)(인가도 인기척도 없는 쓸쓸한 산)에 시비(是非)(옳고 그름을 따지는 말다툼) 없이 왕래하여 산과(山果)(산에서 나는 과실)를 마음대로 먹으며 분별 없이 천봉만학(千峰萬壑)(수많은 산봉우리와 산골짜기)에 때때로 기어올라 온 세상을 굽어보면 가슴속이 시원하니 그 재

미는 입으로 말하기 어렵다네.」 자네도 세상 흥미를 취하겠거든 나를 따라 노는 것이 어떻겠나?"
「 」: 자연 속에서 자유롭고 소박하게 살아가는 토끼의 삶
▶ 토끼가 자라에게 산에서의 생활을 자랑함

하니, 자라가 대답하기를,

"선생의 말이 좋아서 인간 세상의 경치를 그토록 자랑하지만, 나는 본래 인간 세상에 머물러 사는 바가 아니라 남해 용왕의 신하로 주부(主簿) 벼슬하는 자라로서, 수궁(水宮)에 벼슬을 하다가 마침 동해 용왕이 수연(壽宴) 잔치를 한다 하고 사신(使臣)을 우리 궁중에 보내어 왕을 청하였는데, 우리 대왕이 우연히 오줌소태를 하여 성하지 아니하시어 못 가게 되시자 왕의 태자(太子)께서 날 보고 인간 세상에 나가 해변가로 다니며 어부들이 어디로 낚시질하는가 탐지(探知)하여 오라 하시기에 세상에 와서 탐지하고 돌아가는 길에 이곳에 화초가 만발한 것을 보고 잠깐 구경할 즈음에 선생을 만났으니 마음에 기쁨을 헤아릴 수 없네그려. 선생이 인간 세상의 경치를 자랑하는데 나도 용궁의 승경(勝景)을 잠깐 자랑할 테니 자세히 들어 보게나."

주부: 조선 시대에, 각 관청의 문서를 주관하던 벼슬
수연: 장수(長壽)를 축하하는 잔치
오줌소태: 방광염이나 요도염으로 오줌이 자주 마려운 병
탐지: 드러나지 않은 사실이나 물건 따위를 더듬어 찾아 알아냄
승경: 뛰어난 경치
▶ 자라가 토끼를 꾀기 위해 용궁 자랑을 시작함

하고, 인하여 말하기를,

「"수궁이란 곳은 집을 짓되 호박(琥珀) 주춧돌에 산호(珊瑚) 기둥이며 밀화(蜜花) 들보에 청강석(靑剛石) 기와를 이었으며, 수정(水晶) 발을 드리우고 백옥 난간(白玉欄干)을 순금으로 꾸몄으며, 오색 구름으로 산도 만들며 물색(物色)을 희롱하고 각색 풍류로 밤낮으로 연이어 즐기고, 칠보단장한 시녀들이 유리잔에 호박대를 받쳐 천일주(千日酒)를 권할 적에 그 흥이 어떠하며, 아침에는 안개를 타고 저녁에는 구름을 잡아타고 온 세상을 잠깐 사이에 왕래하며 옥적(玉笛)을 비껴 불어 공중으로 마음대로 다니니 한 몸의 맑은 흥취를 어찌 다 헤아릴 수 있겠는가?」 선생이 요란한 세상의 녹녹한 풍경을 자랑하니 그 생각이 작네그려. 만일 풍운이 사면을 두르고 급한 소나기가 함지박으로 담아 붓듯이 오며 천둥 번개 진동할 때 그대 몸을 피하며 바위 틈에 의지하였다가 그 산이 무너지면 그대의 작은 몸이 가루가 될 것이네."

호박: 나무의 진 따위가 땅속에서 굳어진 광물
밀화: 밀랍 같은 누런빛이 나고 젖송이 같은 무늬가 있는 호박
청강석: 단단하고 빛깔이 푸른 옥돌
물색: 자연의 경치
칠보단장한: 여러 가지 사물로 몸을 치장한
천일주: 빚어 담근 지 천 일 만에 마시는 술
흥취: 흥과 취미
옥적: 옥피리
「 」: 산에서의 생활보다 물질적으로 풍요로운 용궁의 세계를 소개함으로써 토끼의 물욕을 자극함
풍운: 바람과 구름
함지박: 통나무 속을 파서 만든 바가지
▶ 자라가 호화로운 용궁 생활과 위험한 산중 생활을 비교하며 토끼를 유혹함

하니 토끼 그 말 듣고 놀라 말하기를,

"그런 요사한 말 두 번 마시오."

아직 자라의 유혹에 넘어가지 않은 토끼

한다. 자라 또 말하기를,

"삼동(三冬) 극한(極寒)에 백설이 건곤(乾坤)에 가득하여 두렁도 없을 때 그대 바위 틈에 겨우 의지하여 처자(妻子)를 어찌 구하며, 그댄들 기갈(飢渴)을 어찌 면하겠는가? 동삼삭(冬三朔)이 지난 후 음곡(陰谷)에 봄기운이 발양(發陽)할 때 돌구멍 찬 자리에 일어나서 시원한 데를 보려고 산 위로 바삐 갈 때 사냥 포수의 총이 머리 위로 넘어갈 때 일신 간장이 어떠하며, 평지로 내려가니 목동들은 새 낫을 어깨 위에 둘러메고 아우성 소리 지르며 에워싸고 들어올 때 그대 없는 꼬리 샅

삼동: 겨울의 석 달
극한: 몹시 심하여서 견디기 어려운 추위
건곤: 하늘과 땅. 천지(天地)
처자: 아내와 자식
기갈: 배고픔과 목마름
동삼삭: 겨울의 석 달
음곡: 그늘진 골짜기
발양: 양기가 음기를 누르고 움직여 일어남
샅: 다리의 사이

놀려(움직여)

에 끼고 작은 눈을 부릅뜨고 짧은 발을 자주자주 노려 천방지방 자빠지며 엎어지며 달아날 때 가슴에 불이 나고 정신이 아득할 적에 어느 겨를에 화초를 구경하며 어느 코로 향기를 맡겠는가?『그대는 생각하여 나를 따라 용궁에 들어가면 선경(仙境)도 구경하고 천도(天桃)라도 얻어먹고 천일주를 장취(長醉)하며 미인을 희롱하여 평생을 환락할 것이요, 또한 부귀를 모두 갖출 것이니 재삼 생각하게나."』

너무 급하여 허둥지둥 날뛰는 모양

토끼가 자랑했던 산중에서의 생활을 반박함

경치가 신비스럽고 그윽한 곳

하늘나라에서 난다고 하는 복숭아

늘 술에 취해 있으며

아주 즐거워함

▶ 자라가 산중 생활의 위험성을 다시 한 번 강조하며 용궁에 함께 가자고 토끼를 회유함

「 」: 감언이설(甘言利說)로 토끼를 유혹함

하니, 토끼 귀를 기울여 한참 동안 듣고 나서 말하기를,

토끼가 자라의 유혹에 넘어가기 시작함 – 용궁에서의 부귀영화에 대한 토끼의 헛된 욕심이 드러남

"별주부의 말을 들으니 두려운 마음이 들거니와 나도 이왕 팔자가 기박하여 중년(中年)에 아내를 잃고 외아들마저 잃은 후 혼자 살 수 없어 지난 해 섣달 새 아내를 맞았는데 그 용모가 뛰어나 서로 정이 쪽박으로 가득 함박으로 가득하여 한때도 떨어질 줄 모르고 살고 있다네. 그런데 내가 여기서 바로 용궁에 가게 되면 몹시 서운해할 것이네. 집에 가서 말하고 올 테니 여기 앉아 잠깐 기다리게나."

운수가 사납고 모질어

함지박

▶ 토끼가 자라의 꾐에 넘어가 용궁에 가기로 결심함

하니 별주부가 속으로 기뻐하여 생각하기를,

'제 집에 가면 틀림없이 아내가 말릴 테니 붙잡은 김에 잡아가리라.'

하고 말하기를,

"그대는 대장부라 어찌 여자에게 쥐여 판관사령(判官使令) 아들처럼 그만한 일을 가지고 허락을 받으려 하는가?"

감영이나 유수영의 판관에 딸린 사령이라는 뜻으로, 아내가 시키는 대로 잘 따르는 남자를 놀림조로 이르는 말

하니, 토끼 이 말을 듣고 마음이 거북하였으나 판관사령이란 말이 걸리어,

"그렇다면 그냥 갑시다마는 돌아올 날짜가 언제쯤이며 길이 다르니 어떻게 가겠는가?"

길이 육지와 다른 바닷속이니

하니, 별주부가 크게 기뻐하며,

"그대가 가려 한다면 물 걱정은 말게나."

했다. 이에 토끼가 별주부와 함께 물가에 내려와 그 등에 업히어 눈을 감으니 별주부 물에 떠 만경창파를 순식간에 들어가 용궁에 이르렀다.

한없이 넓고 넓은 바다

▶ 자라의 꾐에 빠져 용궁에 가게 된 토끼

뒷부분 줄거리 | 간을 내놓으라는 용왕 앞에서 속은 것을 안 토끼는 꾀를 내어 간을 육지에 두고 왔다고 둘러댄다. 이 말을 믿은 용왕은 토끼를 환대하면서 다시 육지에 가서 간을 가져오라고 한다. 별주부와 함께 육지에 이른 토끼는 어떻게 간을 내놓고 다니느냐고 별주부에게 욕을 퍼붓고 숲속으로 달아난다.

핵심 정리

- 갈래: 고전 소설(판소리계 소설, 우화 소설)
- 성격: 풍자적, 우의적, 해학적, 교훈적
- 구성: '발단 – 전개 – 절정 – 결말'의 4단 구성

발단: 용왕의 병 때문에 별주부가 토끼의 간을 구하러 육지로 나감	➡	전개: 별주부가 감언이설로 토끼를 유혹하여 용궁으로 데려감	➡	절정: 토끼가 간을 육지에 두고 왔다는 꾀를 내어 위기에서 벗어남	➡	결말: 육지에 다다른 토끼가 별주부를 조롱하고 달아남

- 제재: 용왕의 병과 토끼의 간
- 주제: ① 분수에 넘는 허욕에 대한 경계, 위기 극복의 지혜 → 토끼의 입장
  ② 맹목적 충성심에 대한 풍자, 임금에 대한 절대적 충성심 → 별주부의 입장
  ③ 권력의 횡포에 대한 비판, 어리석고 무능한 집권층에 대한 풍자와 비판 → 용왕의 입장
- 특징: ① 동물을 의인화한 우화적 수법으로 인간 사회를 풍자함
  ② 반복 구조(용궁 → 육지 → 용궁 → 육지)와 대립 구조(용궁/육지)를 통해 흥미를 유발하고 극적 효과를 증대함
  ③ 한자 성어와 속담, 한자어가 많이 쓰임
- 인물 분석
  - 토끼: 허욕이 강하나 말주변이 좋고 위기에 대처하는 능력이 뛰어남. 조선 후기 사회상과 연관 지어 볼 때, 지배자의 수탈과 횡포로부터 자신을 보호하려는 서민의 모습을 상징함
  - 별주부: 북해 용왕의 신하. 맹목적 충성심을 지니며, 사물의 이치를 살펴 판단하기보다 자기의 목적 달성에 급급한 인물임
  - 용왕: 북해를 다스리는 용왕. 자신의 병을 고치기 위해 남을 해치려는 이기적이고 폭력적인 인물로, 아둔하여 토끼의 꾀에 넘어감. 무능하고 부패한 지배층을 상징하는 인물임

한눈에 보기

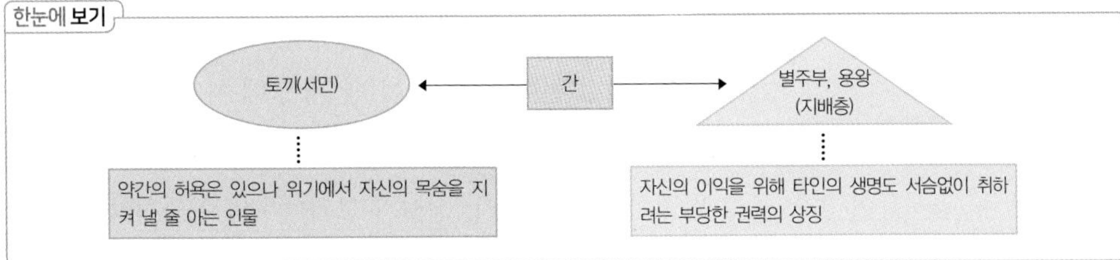

보충·심화 학습

- 〈토끼전〉에 반영된 당대의 사회상

이 글의 형성 시기로 추정되는 17, 18세기는 지배 관료 계층의 부패와 무능으로 서민들의 사회적 불만이 커 가던 때였다. 그러나 이러한 불만은 사회적 신분의 제약으로 달리 표출할 방도가 없었다. 우화적 이야기인 〈토끼전〉은 그러한 사회적 불만을 표출할 수 있는 좋은 수단이 되었던 것이다.

- '간'의 상징적 의미

권력의 폭력과 착취로부터 끝까지 지켜 내야 할 민중들의 삶을 상징한다.

필수 문제

01 이 글에서 '별주부'가 '토끼'를 용궁으로 데려가기 위해 '토끼'의 어떤 심리를 이용하고 있는지 3음절로 쓰시오.

02 이 글의 전체 내용을 고려할 때, '토끼'의 입장에서 얻을 수 있는 교훈 두 가지를 쓰시오.

03 [서술형] 이 글이 평민들이 즐겼던 문학임에도 불구하고 어려운 한자어가 많이 사용된 이유를 서술하시오.

127 흥보전(興甫傳) | 작자 미상

교과서 EBS 모의 기출

출제 포인트

형제간의 우애와 권선징악(勸善懲惡)을 주제로 한 판소리계 소설이다. 해학적 표현 및 서로 다른 유형의 인물인 흥보와 놀보의 태도, 그리고 이들의 모습을 통해 알 수 있는 조선 후기의 변화상을 살펴보자.

감상 길잡이

이 글은 판소리 〈흥보가〉가 문자로 정착한 판소리계 소설로, 단순히 형제간의 우애라는 도덕적 주제를 강조하고 있기보다는 조선 후기의 신분 변동에 따라 나타난 유랑 농민과 신흥 부농(富農)의 갈등상을 반영하고 있는 작품이다. 〈동물 보은 설화〉, 〈방이 설화〉, 〈박 타는 처녀 설화〉 등 전래의 다양한 설화에 뿌리를 두고 있는 이 작품은, 착하고 우애 많은 흥보와 심술 많은 악인인 놀보의 대조적인 모습을 희극적 과장의 수법을 통해 더욱 뚜렷하게 드러내며, 이와 같은 표현상의 특징은 골계미를 풍부하게 해 주고 있다.

장면 1

화설, 경상 · 전라 양 도 지경(地境)에서 사는 사람이 있었으니, 놀보는 형이요 흥보는 아우라. 놀보 심사 무거하여 부모 생전 분재 전답을 홀로 차지하고, 흥보 같은 어진 동생을 구박하여 건넛산 언덕 밑에 내떨고, 나가며 조롱하고 들어가며 비양하니 어찌 아니 무지하리.

(화설: 고전 소설에서 이야기를 시작할 때 쓰는 말 / 경상 · 전라 양 도 지경: 공간적 배경 / 분재: 가족이나 친척에게 재산을 나누어 줌 / 무거하여: 심보가 터무니없이 나빠서 – 놀보의 성격 직접 제시 / 전답: 논밭 / 흥보 같은 어진 동생: 흥보의 성격 직접 제시 / 비양하니: 얄미운 태도로 빈정거림 / 어찌 아니 무지하리: 편집자적 논평 – 놀보에 대한 서술자의 부정적 인식이 드러남)

「놀보 심사를 볼작시면, 초상난 데 춤추기, 불붙는 데 부채질하기, 해산한 데 개 닭 잡기, 장에 가면 억매(抑賣)흥정하기, 집에서 몹쓸 노릇 하기, 우는 아해 볼기 치기, 갓난아이 똥 먹이기, 무죄한 놈 뺨 치기, 빚값에 계집 빼앗기, 늙은 영감 덜미 잡기, 아이 밴 계집 배 차기, 우물 밑에 똥 누기, 오려논에 물 터놓기, 잦힌 밥에 돌 퍼붓기, 패는 곡식 이삭 자르기, 논두렁에 구멍 뚫기, 호박에 말뚝 박기, 곱사등이 엎어 놓고 발꿈치로 탕탕 치기, 심사가 모과나무의 아들이라.」 이놈의 심술은 이러하되, 집은 부자라 호의호식하는구나.

(「 」: 놀보가 심술을 부리는 모습을 구체적 사례를 들어 열거하고 희화화하여 제시함 – 장면의 극대화 / 해산한 데 개 닭 잡기: 아이 낳을 때 부정 타는 일을 금하는 민속적 금기를 깸 / 억매흥정: 부당한 가격에 억지로 물건을 팖 / 아해: 아이 / 무죄한: 죄 없는 / 빚값: 받아야 할 빚 대신에 / 오려논: 제철보다 일찍 여무는 벼를 심은 논 / 잦힌: 뜸 들인 / 패는: 이삭이 나오는 / 심사가 모과나무의 아들이라: 놀보의 심사가 모과나무처럼 못났다는 의미의 비유적 표현 / 이놈의 심술은 ~ 호의호식하는구나: 심성이 악한 사람이 호의호식하는 현실에 대한 서술자의 비판적 인식이 드러남)

▶ 놀보의 못된 심사

「흥보는 집도 없이, 집을 지으려고 집 재목을 내려 갈 양이면 만첩청산 들어가서 소부등 대부등을 와드렁 퉁탕 베어다가 안방 · 대청 · 행랑 · 몸채 · 내외 분합 · 물림퇴에 살미 살창 가로닫이 입 구(口) 자로 지은 것이 아니라, 이놈은 집 재목을 내려 하고 수수밭 틈으로 들어가서 수수깡 한 단을 베어다가 안방 · 대청 · 행랑 · 몸채 두루 짚어 말집을 꽉 짓고 돌아보니, 수숫대 반 단이 그저 남았구나.」

(만첩청산: 겹겹이 둘러싸인 푸른 산 / 소부등 대부등: 조그마한 둥근 나무와 큰 아름드리 나무 / 물림퇴: 본채의 앞뒤나 좌우에 딸린 반 칸 크기의 칸살 / 분합: 대청과 방 사이 또는 대청 앞쪽에 다는 네 쪽 문 / 살미 살창: 촛가지를 짜서 살을 박아 만든 창문 / 말집: 추녀를 사방으로 삥 둘러 지은 모말 모양의 집 / 수숫대 반 단이 그저 남았구나: 수숫대 반 단으로 매우 허술하게 집을 지음 / 「 」: 과장법. 흥보의 집을 일반적인 집과 대조하여 가난한 처지를 부각함)

방 안이 넓든지 말든지 양주(兩主) 드러누워 「기지개 켜면 발은 마당으로 가고, 대고리는 뒤꼍으로 맹자 아래 대문하고 엉덩이는 울타리 밖으로 나가니, 동리 사람이 출입하다가 "이 엉덩이 불러들이소." 하는 소리,」 흥보 듣고 깜짝 놀라 대성통곡 우는 소리,

(양주: 부부(夫婦) / 맹자 아래 대문하고: '맹자직문(盲者直門), 맹자정문(盲者正門)'을 풀어 쓴 것으로, 맹자(장님)가 어쩐 일로 정문을 바로 찾아 들어간다는 뜻. 여기서는 '곧바로'의 의미임 / 「 」: 흥보 내외가 매우 비좁은 오두막에서 사는 모습을 과장하여 묘사함. 비극적 상황을 해학적으로 표현함)

▶ 가난한 흥보의 집

「"애고 답답 설운지고. 어떤 사람 팔자 좋아 대광보국숭록대부 삼태육경 되어 나서 고대광실(高臺廣室) 좋은 집에 부귀공명 누리면서 호의호식 지내는고. 내 팔자 무슨 일로 말(斗)만 한 오막집

(애고 답답 설운지고: 가난에 대한 흥보의 답답한 심정 직접 제시 / 어떤 사람 팔자 좋아: 운명론적 세계관 / 대광보국숭록대부: 조선 시대 문무관 정일품의 품계 / 삼태육경: 삼 정승과 육조 판서 / 고대광실: 매우 크고 좋은 집 / 내 팔자 무슨 일로: 운명론적 세계관)

에 성소광어공정하니 지붕 아래 별이 뵈고, 청천한운세우시에 우대량이 방중이라. 문밖에 가랑
별이 빈 뜰에서 희미하게 빛나니 맑은 날에 찬 구름이 끼어 가랑비 올 때에 많은 비가 방으로 들어옴

비 오면 방 안에 큰비 오고, 폐석초갈 찬방 안에 헌 자리, 벼룩 · 빈대 등이 피를 빨아먹고, 앞문
나쁜 자리와 나쁜 옷

에는 살만 남고 뒷벽에는 외만 남아 동지섣달 한풍이 살 쏘듯 들어오고 어린 자식 젖 달라 하고
문살 흙벽을 바르기 위해 벽 속에 엮은 나뭇가지

자란 자식 밥 달라니 차마 설워 못 살겠네."」 「」: 가난을 운명의 탓으로 여김 ▶ 자신의 가난을 한탄하는 흥보

가난한 중 웬 자식은 해마다 낳아서 한 서른 남짓 되니, 입힐 길이 전혀 없어 한방에 몰아넣고 멍석으로 쓰이고 대강이만 내어놓으니, 한 녀석이 똥이 마려우면 뭇 녀석이 시배로 따라간다. 그 중에 값진 것을 다 찾는구나. 한 녀석이 나오면서,
따라다니며 시중을 드는 일. 또는 그 하인

"애고 어머니, 우리 열구자탕에 국수 말아 먹었으면." △: 값비싼 음식 ↔ ○: 값싼 음식
'신선로'를 달리 이르는 말

또 한 녀석이 나앉으며, / "애고 어머니, 우리 벙거짓골 먹었으면."
전골을 지지는 그릇. 여기서는 벙거짓골에 지진 음식을 뜻함

또 한 녀석이 내달으며, / "애고 어머니, 우리 개장국에 흰밥 조금 먹었으면."
개고기를 여러 가지 양념, 채소와 함께 고아 끓인 국

또 한 녀석이 나오며, / "애고 어머니, 대추 찰떡 먹었으면."

"애고 이 녀석들아, 호박 국도 못 얻어먹는데 보채지나 말려무나."
가난하여 값싼 호박 국도 못 먹으면서 값비싼 음식을 요구하는 아이들의 철없음이 부각됨

또 한 녀석이 나오며, / "애고 어머니, 올부터 불두덩이 가려우니 날 장가들여 주오."
남녀의 생식기 언저리에 있는 불룩한 부분

이렇게 보챈들 무엇 먹여 살려 낼꼬. 집 안에 먹을 것이 있든지 없든지「소반이 네 발로 하늘께
편집자적 논평 「」: 흥보가 처해 있는 가난한 상황을 과장적, 해학적으로 표현함

축수(祝手)하고, 솥이 목을 매어 달렸고, 조리가 턱걸이를 하고, 밥을 지어 먹으려면 책력(冊曆)을
두 손바닥을 마주 대고 빎 쌀을 이는 데 쓰는 도구 일 년 동안의 월일, 절기 등을 날의 순서에 따라 적은 책

보아 갑자일이면 한 때씩 먹고, 새앙쥐가 쌀알을 얻으려고 밤낮 보름을 다니다가 다리에 가래톳
60일에 한 끼씩 먹음. 삼순구식(三旬九食) 허벅다리에 생긴 멍울

이 서서 파종하고 앓는 소리,」동리 사람이 잠을 못 자니 어찌 아니 서러울쏜가.
종기를 터뜨리고 편집자적 논평 ▶ 흥보 내외에게 먹을 것을 달라고 보채는 자식들

"아가 아가 우지 마라. 아무리 젖 달란들 무엇 먹고 젖이 나며, 아무리 밥 달란들 어디서 밥이 나랴."

「」: 편집자적 논평

달래 올 제,「흥보 마음 인후(仁厚)하여 청산유수(靑山流水)와 곤륜옥설(崑崙玉雪)이라. 성덕(聖德)을
어질고 후덕하여 푸른 산의 맑은 물과 곤륜산의 옥 같은 눈처럼 마음이 매우 맑고 깨끗함 성인의 덕

본받고 악인을 저어하며 물욕에 탐이 없고 주색에 무심하니, 마음이 이러하매 부귀를 바랄쏘냐.」
염려하거나 두려워하며 술과 여자에 마음이 없으니 설의법

흥보 아내 하는 말이, /「"애고 여봅소, 부질없는 청렴 맙소. 안자(顔子) 단표(簞瓢) 주린 염치 삼십
주나라의 곡식을 거부하고 수양산에서 굶어 죽은 은나라의 충신들 공자의 제자 안회 단사표음 – 청빈하고 소박한 생활을 뜻함

조사(早死)하였고 백이숙제(伯夷叔齊) 주린 염치 청루(靑樓) 소녀 웃었으니, 부질없는 청렴 말고 저
젊은 나이에 일찍 죽음 기생들이 비웃었으니

자식들 굶겨 죽이겠으니, 아주버니네 집에 가서 쌀이 되나 벼가 되나 얻어 옵소."」
청렴하지만 경제적으로 무능한 흥보를 비판함 「」: 놀보에게 가서 먹을 것을 얻어 오라고 재촉함. 명분보다는 실리를 중시하는 흥보 아내의 현실적이고 적극적인 태도가 드러남

흥보가 하는 말이, / "나 싫소."

"우에 싫은고?" / "형님이 음식 끝을 보면 사촌을 몰라보고 똥 싸도록 치옵나니, 그 매를 뉘 아들놈이 맞는단 말이오."
놀보에게 매 맞는 것이 두려워 놀보에게 가기를 꺼림 – 놀보의 포악한 성격을 간접적으로 제시함

흥보 아내의 적극적, 현실적 태도

"애고 동냥은 못 준들 쪽박조차 깨칠손가. 맞으나 아니 맞으나 쏘아나 본다고 건너가 봅소."
동냥은 못할망정 때리기야 하겠느냐는 의미 ▶ 놀보에게 가서 음식을 얻어 올 것을 채근하는 흥보 처

결정적 장면

「 」: 가난하면서도 양반의 행색을 갖추려고 함 – 인물의 희화화

흥보 이 말을 듣고 형의 집에 건너갈 제, 치장을 볼작시면,「편자 없는
꾸민 모습 / 망건을 졸라매는 띠

헌 망건에 박 쪼가리 관자(貫子) 달고, 물렛줄로 당끈 달아 대고리 터지
망건에 달아 당줄을 꿰는 고리

게 동이고, 깃만 남은 중치막 동강 이은 헌 술띠를 흉복(胸腹)통에 눌러
벼슬하지 않은 선비가 입던 웃옷

띠고, 떨어진 헌 고의(袴衣)에 청올치로 대님 매고, 헌 짚신 감발하고 세
남자의 여름 홑바지 / 칡덩굴의 속껍질 / 발에 발감개를 하고

살부채 손에 쥐고, 서 홉들이 오망자루 꽁무니에 비슥 차고,」 바람맞은
거의 다 찢어져 살이 몇 개 남지 않은 부채 / 볼품없이 생긴 자그마한 자루

병인같이 잘 쏘는 사수같이 어슥비슥 건너 달고 형의 집에 들어가서
곡식을 수북이 쌓아 놓은 것

전후좌우 바라보니,「앞 노적, 뒤 노적, 멍에 노적 담불담불 쌓았으니,」
「 」: 놀보의 부유함을 드러내는 대목으로 흥보의 가난함과 대조를 이룸

흥보 마음 즐거우나 놀보 심사 무거하여 형제끼리 내외하여 구박이 태

심(太甚)하니, 흥보 하릴없이 뜰 아래서 문안하니, 놀보가 묻는 말이,
매우 심하니 / 어쩔 수 없이 / 안부를 여쭈니

"네가 뉜고?" / "내가 흥보요." / "흥보가 뉘 아들인가?"
일부러 아우를 모른 척함. 놀보의 몰염치한 태도가 드러남

「"애고 형님 이것이 웬 말이오? 비나이다, 형님 전에 비나이다. 세 끼

굶어 누운 자식 살려 낼 길 전혀 없으니, 쌀이 되나 벼가 되나 양단간
이렇게 되든지 저렇게 되든지 두 가지 가운데

에 주시면 품을 판들 못 갚으며 일을 한들 공할쏜가. 부디 옛일을 생
공짜로 얻어먹겠는가 / 형제간의 의리와 우애

각하여 사람을 살려 주오."」 ▶ 놀보를 찾아가 곡식을 빌려 달라고 애원하는 흥보
「 」: 동정(연민)에 호소하는 말하기

애걸하니 놀보 놈의 거동 보소. 성낸 눈을 부릅뜨고 볼을 올려 호령
편집자적 논평. 판소리 사설의 문체 / 화가 난 놀보의 외양을 묘사함

하되,

❶ "너도 염치없다. 내 말 들어 보아라. 천불생무록지인이요, 지불생
어떤 사람이든 먹고살 것은 타고남

무명지초라. 네 복을 누굴 주고 나를 이리 보채느냐. 쌀이 많이 있다
땅은 이름 없는 풀을 내지 않음

한들 너 주자고 노적 헐며, 벼가 많이 있단 한들 너 주자고 섬을 헐
곡식 등을 담기 위해 짚으로 엮어 만든 그릇

며, 돈이 많이 있다 한들 괴목 궤에 가득 든 것을 문을 열며, 가룻되
물건을 넣도록 나무로 네모나게 만든 그릇

나 주자 한들 복고 왕염 소독에 가득 넣은 것을 독을 열며, 의복이나
볏짚으로 덮은 왕소금을 담은 작은 독

주자 한들 집안이 고루 벗었거든 너를 어찌 주며, 찬밥이나 주자 한
두루 빠짐없이

들 새끼 낳은 거먹 암캐 부엌에 누웠거든 너 주자고 개를 굶기며, 지
재강에 물을 타서 모주를 짜내고 남은 찌꺼기

게미나 주자 한들 구중방 우리 안에 새끼 낳은 돝이 누웠으니 너 주
아홉 겹이라는 뜻으로, 여러 겹이나 층을 이름 / 돼지

자고 돝을 굶기며, 겻섬이나 주자 한들 큰 농우(農牛)가 네 필이니 너
겨를 담은 섬 / 농사일에 부리는 소 / 말이나 소를 세는 단위

주자고 소를 굶기랴. 염치없다, 흥보 놈아."

하고,「주먹을 불끈 쥐어 뒤꼭지를 꽉 잡으며, 몽둥이를 지끈 꺾어 손

결정적 장면

흥보가 먹을 것을 얻기 위해 놀보의 집에 찾아가지만 매를 맞고 빈손으로 쫓겨나는 장면이다. 비인간적인 놀보의 악행과 놀보의 악행을 덮어 주기 위해 거짓말하는 흥보의 어진 모습이 대조적으로 드러나는 부분이다.

문제로 핵심 파악

1 이 글에서는 운율감이 느껴지는 어투를 빈번하게 사용하는 등 (   ) 소설의 특성이 드러난다.

2 이 글에서는 흥보가 처한 비극적 상황을 해학적으로 표현하여 웃음을 유발하고 있다. (○, ×)

핵심 구절 풀이

❶ "너도 염치없다. ~ 염치없다, 흥보 놈아.": 먹을 것을 얻으러 온 흥보에게 놀보가 화를 내는 부분으로, 열거법을 사용함. 놀보의 물욕과 비인간적인 모습을 해학적으로 표현함. 놀보의 악행은 형제간의 우애를 중시하는 유교적 가치관이 붕괴되고 있음을 드러냄

답 1 판소리계 2 ○

「 」: 곡식을 빌려 달라는 동생을 무자비하게 때리는 놀보의 포악한 성품을 과장되게 표현함

절에서 예불할 때나 의식을 거행할 때 치는 북

잰 승이 매질하듯 원화상이 법고(法鼓) 치듯 아주 쾅쾅 두드리니,」 흥보 울며 이른 말이,

스승을 따르는 여러 승려 중에서 지위가 높은, 으뜸인 승려 / 언행이 몹시 흉악함

"애고 형님 이것이 웬일이오.「방약무인 도척이도 이에서 성현이요, 무거불측 관숙이도 이에서

주위에 아무도 없는 것처럼 거리낌 없이 함부로 행동함 / 중국 춘추 시대의 큰 도적. 몹시 악한 사람을 비유함 / 주나라 문왕의 셋째 아들, 무왕이 죽은 후 난을 일으킴

군자로다.」 우리 형제 어찌하여 이다지 극악한고."

「 」: 고사를 인용해 놀보의 극악무도한 행위를 비판함

탄식하고 돌아오니,

▶ 놀보에게 매를 맞고 빈손으로 쫓겨나는 흥보

흥보 아내 거동 보소. 흥보 오기를 기다리며 우는 아기 달래올 제 물레질하며,

서술자의 개입 – 장면 전환

"아가 아가 우지 마라. 어제저녁 김 동지 집 용정(舂精) 방아 찧어 주고 쌀 한 되 얻어다가 너희

곡식을 찧음 / 가난한 살림에도 자식들을 위함

들만 끓여 주고 우리 양주 어제저녁 이때까지 그저 있다."

놀보

"잉잉잉" / "너 아버지 저 건너 아주버니 집에 가서 돈이 되나 쌀이 되나 양단간에 얻어 오면,

흥보 아내의 소박한 소망이 드러남 – 뒤에 이러한 소망이 좌절되면서 상황의 비극성이 심화됨

밥을 짓고 국을 끓여 너도 먹고 나도 먹자. 우지 마라."

"잉잉잉" / 아무리 달래어도 악 치듯 보채는구나. 흥보 아내 하릴없어 흥보 오기 기다릴 제, 의

어쩔 수 없어

복 치장 볼작시면,「깃만 남은 저고리, 다 떨어진 누비바지 몽당치마 떨쳐입고, 목만 남은 헌 버선

누벼서 만든 바지 / 몹시 해지거나 하여 아주 짧아진 치마

에 뒤축 없는 짚신 신고,」 문밖에 썩 나서며 머리 위에 손을 얹고 기다릴 제,「칠년대한 가문 날에

「 」: 흥보 아내의 초라한 행색을 묘사하여 흥보네의 가난함을 간접적으로 제시함 / 칠 년 간 내리 계속되는 큰 가뭄

비 오기 기다리듯, 구년지수(九年之水) 장마 진 데 볕 나기 기다리듯, 제갈량 칠성단에 동남풍 기다

9년이나 계속되는 홍수 / 제갈량이 위나라 군사를 물리치기 위해 동남풍이 불기를 기원했다는 고사 인용

리듯, 강태공 위수상에 시절 기다리듯, 만 리 전장에 승전하기 기다리듯, 어린아이 경풍에 의원을

강태공이 때를 기다리며 위수가에서 낚시를 했다던 고사 인용 / 전쟁에서 이기기 / 어린아이가 갑자기 의식을 잃고 경련하는 병

기다리듯, 독수공방에 낭군 기다리듯, 춘향이 죽게 되어 이 도령 기다리듯, 과년한 노처녀 시집가

아내가 남편 없이 혼자 지내는 것 / 〈춘향전〉의 내용을 인용함 / 혼인할 시기가 지난

기 기다리듯, 삼십 넘은 노도령 장가가기 기다리듯, 장중에 들어가서 과거 하기 기다리듯, 세 끼

늙은 도령 / 과거 시험장

를 굶어 누운 자식 흥보 오기 기다린다.」

▶ 흥보가 돌아오기를 기다리는 흥보의 아내와 자식들

「 」: 흥보가 돈이나 쌀을 얻어 돌아오기를 간절히 바라는 흥보 가족의 모습 – 비유, 반복, 열거, 장면의 극대화

"애고애고 설운지고." / 흥보 울며 건너오니 흥보 아내 내달아 두 손목을 덥석 잡고,

"우지 마오. 어찌하여 울으시오. 형님 전에 말하다가 매를 맞고 건너옵나? 출문망 출문망 허위

문밖에 나가서 기다림

허위 오는 사람 몇몇이 날 속인고. 어찌하여 이제 옵나?"

지나가는 사람들을 흥보로 착각했다는 의미

흥보는 어진 사람이라 하는 말이, / "형님이 서울 가고 아니 계시기에 그저 왔습네."

직접 성격 제시 / 놀보의 악행을 덮어 주려는 흥보의 거짓말

"그러하면 저를 어찌하잔 말인고. 짚신이나 삼아 팔아 자식들을 살려 내옵소."

흥보 아내의 현실에 대한 적극적인 대응 방식이 드러남

"짚이 있습니까?" / "저 건너 장자(長者) 집에 가서 얻어 보옵소."

덕망이 뛰어난 어른이나 큰 부자를 점잖게 이르는 말

흥보 거동 보소. 장자 집에 가서,

「"장자님 계시오?" / "게 누군고?"

"흥보요." / "흥보 어찌 왔노?"

"장자님 편히 계시오니이까?" / "자네는 어찌나 지내노?"

장작, 채소 따위의 작은 묶음을 세는 단위

"지내노라니 오죽하오. 짚 한 뭇만 주시면 짚신을 삼아 팔아 자식들을 살리겠소."

연민(동정)에 호소하는 말하기

"그리하소. 불쌍하이."」 「 」: 양반 신분인 흥보가 상인 신분인 장자에게 존대어를 사용하고, 장자가 흥보에게 하대를 함 – 신분제의 질서가 붕괴되어 가는 당대 사회상이 반영됨

하고, 종을 불러 좋은 짚으로 서너 뭇 갖다가 주니, 흥보 짚을 가지고 건너와서 짚신을 삼아 한 죽에 서 돈 받고 팔아 양식을 팔아 밥을 지어 처자식과 먹은 후에, 이리 하여도 살 길 없어 흥보 아내 하는 말이, / "우리 품이나 팔아 봅세."

가난한 홍보에게 선뜻 짚을 내어 주는 장자의 행위에서 따뜻한 마음씨가 드러남 / 옷, 그릇 따위의 열 벌을 묶어 세는 단위 / 삯을 받고 하는 일 / 짚신을 삼아 파는 것으로는 궁극적인 생계 해결이 되지 않음

▶ 장자에게 짚을 얻어 생계를 유지하는 흥보

「 」: 흥보 내외가 온갖 품팔이를 하여도 살림이 나아지지 않는 비참한 상황이 드러남 – 열거를 통한 장면의 극대화

흥보 아내 품을 팔 제 「용정 방아 키질하기, 매주가에 술 거르기, 초상집에 제복 짓기, 제사 집에 그릇 닦기, 신사(神祀) 집에 떡 만들기, 언 손 불고 오줌 치기, 해빙하면 나물 뜯기, 춘모(春麰) 갈아 보리 놓기, 온갖으로 품을 팔고 흥보는 정이월에 가래질하기, 이삼월에 붙임 하기, 일등 전답 무논 갈기, 입하(立夏) 전에 면화 갈기, 이집 저집 이엉 엮기, 더운 날에 보리 치기, 비 오는 날 멍석 걷기, 원산 근산 시초(柴草) 베기, 무곡(貿穀) 주인 역인 지기, 각읍(各邑) 주인 삯길 가기, 술만 먹고 말짐 싣기, 오 푼 받고 마철(馬鐵) 박기, 두 푼 받고 똥 재치기, 한 푼 받고 비 매기, 식전에 마당 쓸기, 저녁에 아해 만들기,」 온가지로 다하여도 끼니가 간 데 없네.

곡식 따위를 까불러 쭉정이나 티끌을 골라내는 도구 / 술을 파는 가게 / 제향(제사의 높임말) 때에 입는 예복 / 내력이 좋지 아니한 귀신을 모시는 사당 / 얼음이 녹아 풀림 / 봄보리 / 여름이 시작되는 절기 / 정월과 이월 / 흙을 파헤치거나 퍼서 옮김 / 물을 쉽게 댈 수 있는 논 / 땔나무로 쓰는 풀 / 초가집의 지붕이나 담을 이기 위하여 짚이나 새 따위로 엮은 물건 / 멀리 있는 산, 가까이 있는 산 / 이익을 보려고 곡식을 몰아서 사들인 주인 대신 곡식을 운반하는 심부름을 함 / 말편자. 말굽에 대갈을 박아 붙인 쇠 / 생계를 위한 일과 직접적으로 관계없는 대목으로 웃음을 유발함

▶ 품팔이를 해도 끼니를 걱정해야 하는 흥보 내외

이때 본읍(本邑) 김 좌수가 흥보를 불러 하는 말이,

조선 시대에, 지방의 자치 기구인 향청(鄕廳)의 우두머리 / 조선 시대에, 관찰사가 직무를 보던 관아

"돈 삼십 냥을 줄 것이니 내 대신으로 감영에 가 매를 맞고 오라."

좌수가 감당해야 할 형벌을 흥보에게 넘겨씌움 – ① 서민층에 가해지던 권력층의 횡포를 상징함 ② 당시에 매품 파는 일이 성행했음을 알 수 있음

하니, 흥보 생각하되, 「'삼십 냥을 받아 열 냥어치 양식 팔고, 닷 냥어치 반찬 사고, 닷 냥어치 나무 사고 열 냥이 남거든 매 맞고 와서 몸조섭을 하리라'」 하고 감영으로 가려 할 제, 흥보 아내 하는 말이,

「 」: 매품을 팔아서까지 생계를 유지해야 하는 흥보의 비참한 생활상이 드러남 / 몸조리

"가지 마오. 부모 혈육을 가지고 매 삯이란 말이 우엔 말이오."

가장의 안위를 염려하는 흥보 아내의 모습이 드러남

하고, 아무리 만류하되 종시(終是) 듣지 아니하고 감영으로 내려가더니, 아니 되는 놈은 자빠져도 코가 깨진다고, 마침 나라에서 사(赦)가 내려 죄인을 방송하시니, 흥보 매품도 못 팔고 그저 온다.

끝내 / 운수가 나쁜 사람은 보통 사람에게는 생기지도 않는 뜻밖의 나쁜 일까지 생김 / 국가적인 경사가 있을 때 죄인을 용서하여 놓아주던 일 / 죄인을 감옥에서 나가도록 풀어 줌

▶ 매품을 팔지 못하고 그냥 돌아온 흥보

흥보 아내 내달아 하는 말이,

"매를 맞고 왔습나." / "아니 맞고 왔습네."

"애고 좋소. 부모유체로 매품이 무슨 일고."

부모가 남긴 몸이라는 뜻으로, 자식이 된 몸을 이르는 말

흥보 울며 하는 말이,

"애고애고 설운지고. 매품 팔아 여차여차하자 하였더니 이를 어찌하잔 말고."

매품팔이에 실패하고 서러워하는 흥보의 모습에서 극도의 가난으로 인한 한(恨)이 드러남

흥보 아내 하는 말이,

「"우지 마오, 제발 덕분 우지 마오. 봉제사(奉祭祀) 자손 되어 나서 금화금벌 뉘라 하며, 가모 되어 나서 낭군을 못 살리니 여자 행실 참혹하고, 유자 유녀(有子有女) 못 차리니 어미 도리 없는지라 이를 어찌할꼬. 애고 애고 설운지고. ❶ 피눈물이 반죽 되던 아황(娥皇)·여영(女英)의 설움이요,

부모의 제사를 받들어 모심 / 산에서 불을 피우는 것과 나무를 베는 것을 금함 / 한 집안의 주부 / 아내로서의 도리를 다하지 못한다는 자책 / 아들딸 / 어머니로서의 도리를 다하지 못한다는 자책 / 얼룩무늬가 있는 대나무

조작가 지어내던 우마시의 설움이요, ❷ 반야산(蟠耶山) 바위틈에 숙낭자의 설움을 적자 한들 어느 책에 다 적으며, 만경창파(萬頃蒼波) 구곡수(九曲水)를 말말이 두량(斗量)할 양이면 어느 말로 다 되며, 구만리장천(九萬里長天)을 자자이 재련들 어느 자로 다 잴꼬. 이런 설움 저런 설움 다 후리쳐 버려두고 이제 나만 죽고지고.」

부피의 단위. 한 말은 약 18리터 / 한없이 넓고 푸른 바다 / 아홉 번 굽이도는 물 / 되나 말로 곡식 따위를 셈 / 아득히 높고 먼 하늘 / 길이의 단위. 한 자는 약 30.3cm / 팽개쳐

「 」: 흥보 아내가 고사와 고소설의 내용을 인용하여 신세 한탄을 함. 열거법과 과장법이 사용됨

하며 두 주먹을 불끈 쥐어 가슴을 쾅쾅 두드리니, 흥보 역시 비감(悲感)하여 이른 말이,

행동 묘사를 통해 흥보 아내의 슬픔을 드러냄 / 슬픈 느낌이 듦

「"우지 마오. 안연(顏淵) 같은 성인도 안빈낙도(安貧樂道)하였고, 부암(傅巖)에 담 쌓던 부열(溥說)이도 무정(武丁)을 만나 재상이 되었고, 신야(莘野)에 밭 갈던 이윤도 은탕(殷湯)을 만나 귀하게 되었고, 한신 같은 영웅도 초년 곤궁하다가 한나라 원융(元戎)이 되었으니, 어찌 아니 거룩하뇨. 우리도 마음만 옳게 먹고 되는 때를 기다려 봅세."」

공자의 수제자 / 가난한 생활을 하면서도 편안한 마음으로 도를 즐겨 지킴 / 은나라의 고종(高宗) / 은나라의 재상으로 탕왕을 도와 걸왕을 멸망시킴 / 은나라의 탕왕 / 한(漢) 고조를 도와 큰 공을 세운 장수

「 」: 어려운 상황을 극복하고 출세한 영웅들의 고사를 인용하여 아내를 위로하는 흥보

▶ 흥보 아내의 신세 한탄과 이를 위로하는 흥보

뒷부분 줄거리 | 어느 날, 한 탁발승이 찾아와 흥보에게 좋은 집터를 알려 주고, 흥보는 그곳으로 이사를 한다. 그곳에서 흥보의 집 처마 밑에 집을 짓고 살던 제비 새끼가 떨어져 다리가 부러지는 일이 생기고, 흥보는 이 제비를 정성스럽게 치료해 준다. 그 제비가 이듬해 봄에 돌아와 물어다 준 박씨를 심어 가을에 박을 타니, 온갖 재물이 쏟아져 나와 흥보는 부자가 된다. 이 소식을 들은 놀보는 일부러 제비 다리를 부러뜨리고 이 제비가 물어다 준 박씨를 심어 박을 타지만 박 속에서 온갖 재앙이 쏟아져 나온다. 흥보는 놀보의 소식을 듣고 자신의 재산을 나누어 놀보를 살리자 놀보는 크게 뉘우치고 형제간에 우애 있게 살아간다.

핵심 구절 풀이

❶ **피눈물이 반죽 되던 아황(娥皇) · 여영(女英)의 설움이요**: 순임금이 죽자 그의 아내인 아황과 여영이 피눈물을 흘렸는데, 이것이 소상강으로 흘러들어가 강가에 있던 대나무에 얼룩무늬가 졌다고 함. 이를 '소상 반죽(瀟湘斑竹)'이라 부름

❷ **반야산(蟠耶山) 바위틈에 숙 낭자의 설움을 적자 한들**: 숙 낭자는 고전 소설 〈숙향전〉의 주인공 숙향임. 숙향이 다섯 살 되던 해에 전란이 일어나 피란하던 중, 부모가 숙향을 업고는 도저히 적들의 포위를 벗어날 수 없어 숙향에게 표주박에 밥 한 그릇을 담아 주고, 옥지환 한 짝을 주면서 반야산 바위틈에 남기고 떠난 일을 이야기함

필수 문제

01 〈보기〉는 이 글의 형성 과정을 정리한 것이다. 다음의 ㉠, ㉡에 들어갈 알맞은 말을 쓰시오.

〈 보기 〉

근원 설화	→	판소리	→	판소리계 소설	→	신소설
(㉠)		흥보가		(㉡)		연의 각

02 〈보기〉에서 알 수 있는 '흥보 아내'의 인물형을 간략하게 쓰시오.

〈 보기 〉

흥보 아내 하는 말이,
"애고 여봅소, 부질없는 청렴 맙소. 안자(顏子) 단표(簞瓢) 주린 염치 삼십 조사(早死)하였고, 백이숙제(白夷淑濟) 주린 염치 청루(靑樓) 소녀 웃었으니, 부질없는 청렴 말고 저 자식들 굶겨 죽이겠으니, 아주버니네 집에 가서 쌀이 되나 벼가 되나 얻어 옵소."
흥보가 하는 말이, / "나 싫소." / "우에 싫은고?"
"형님이 음식 끝을 보면 사촌을 몰라보고 똥 싸도록 치옵나니, 그 매를 뉘 아들놈이 맞는단 말이오."
"애고 동냥은 못 준들 쪽박조차 깨칠쏜가. 맞으나 아니 맞으나 쏘아나 본다고 건너가 봅소."

장면 2

앞부분 줄거리 | 경상도와 전라도의 경계 즈음에 심술 고약한 형 놀보와 착한 동생 흥보가 살고 있었다. 욕심 많고 심술궂은 형 놀보는 부모의 유산을 독차지하고 착하고 어진 동생 흥보를 내쫓는다. 흥보네는 가난한 데다 자식도 많아, 흥보 내외와 자식들은 허름한 집에서 끼니도 제대로 때우지 못하는 곤궁한 생활을 한다. 결국 가난을 견디다 못한 흥보는 남의 매를 대신 맞아 주고 삯을 받는 매품팔이를 하기로 마음먹는다.

흥보 마삯 돈 닷 냥 받아 차고, '얼씨구, 즐겁도다.' 제집으로 들어가며,

마삯: 말을 부린 데 대한 삯. 여기서는 흥보가 매품을 팔러 갈 때 드는 비용을 말함

"애기 어멈, 게 있는가. 문을 열고 이것 보시오. 대장부 한 걸음에 삼십 냥이 들어가네."

대장부 한 걸음에 삼십 냥이 들어가네: 오랜만에 돈을 가지고 집으로 간 흥보의 의기양양한 모습. 한껏 흥이 올라 있음

흥보 아내 이른 말이,

"그 돈은 웬 돈이며 삼십 냥은 웬 돈이오?"

흥보 이른 말이,

"천기누설(天機漏洩)이라, 말부터 앞세우면 일이 이뤄질 일 없으니, 그 돈으로 양식 팔아 배불리 질끈 먹고."

말부터 앞세우면 일이 이뤄질 일 없으니: 매품 파는 일이 순조롭지 않을 것임을 암시

흥보 아내 이른 말이,

"먹으니 좋소만 그 돈은 어디서 났소?"

흥보 이른 말이,

"본읍 좌수 대신으로 병영 가서 곤장 맞기로 삼십 냥에 결단하고 마삯 돈 닷 냥 받아 왔네."

① 흥보가 매우 가난한 처지임 ② 돈과 권력을 지닌 자는 죄에 대한 처벌까지도 돈으로 해결할 수 있었던 조선 후기의 사회상이 반영됨

▶ 매품을 팔기로 하고 마삯을 받아 온 흥보

흥보 아내 이 말 듣고 기가 막혀 이른 말이,

"그놈의 죄상(罪狀)도 모르고 병영으로 올라갔다가 저 모습 저 몰골에 곤장 열을 맞으면 곤장 아래 혼백 될 것이니 제발 덕분 가지 마오."

죄상: 범죄의 구체적인 사실

곤장: 죄인의 볼기를 치던 형구. 또는 그 형벌

저 모습 저 몰골에 ~ 가지 마오: 남편의 안위를 걱정함. 여러 날 굶은 몸이 매를 견뎌 낼 수 없을 것임을 들어 만류함

▶ 매품팔이를 만류하는 아내

흥보 이른 말이,

"볼기의 구실이 있나니."

"볼기의 구실이 있단 말이오?"

「"그렇지. 볼기 구실 들어 보소. 이내 몸이 정승 되어 평교자(平轎子)에 앉아 볼까, 육판서 하였으면 초헌(軺軒) 위에 앉아 볼까, 사복시(司僕寺) 관리 하였으면 임금 타는 말에 앉아 볼까, 팔도 감사(監司) 하여 선화당(宣化堂)에 앉아 볼까, 각 읍 수령 하여 좋은 가마에 앉아 볼까, 좌수 별감(別監) 하여 향사당(鄕社堂)에 앉아 볼까, 이방 호장 하여 작청(作廳) 좋은 자리에 앉아 볼까, 소리 명창 되어 크고 넓은 좋은 집 양반 앞에 앉아 볼까, 풍류 호걸 되어 기생집에 앉아 볼까, 서울 이름난 기생 되어 가마 안에 앉아 볼까, 많은 돈 벌어 부담마(負擔馬)에 앉아 볼까, 쓸데없는 이내 볼기 놀려 무엇 한단 말인가. 매품이나 팔아 먹세."」

볼기 구실 들어 보소: 판소리계 소설의 특징 – 판소리의 아니리와 같은 부분. 장황한 사설이 이어짐

평교자: 종1품 이상의 벼슬아치가 타던 가마

초헌: 종2품 이상의 벼슬아치가 타던 수레

사복시: 궁중의 말과 가마에 관한 일을 맡아보던 관청

선화당: 각 도의 관찰사가 사무를 보던 정당(正堂)

향사당: 지방의 수령을 보좌하던 자문 기관

작청: 군아(君衙)에서 구실아치가 일을 보던 곳

부담마: 물건을 담아서 운반하는 작은 농을 싣고, 사람도 함께 타도록 꾸민 말

▶ 매품팔이를 반대하는 아내를 설득하는 흥보

「 」: 볼기의 구실을 열거하며, 자신의 볼기짝이 쓸모없음을 들어 매품팔이가 최선임을 말함. 열거, 대구, 반복 등을 통해 흥미나 긴장감을 고조하는 '장면의 극대화'가 나타남

흥보 자식들이 벌 떼같이 나앉으며,

"아버지 말씀을 들으니 호사(豪奢)가 큼직하오. 그래 아버지 병영 가신다 하니, 나 오동철병(烏銅鐵甁) 하나 사다 주오."

호화롭게 사치함 / 검붉은 빛이 나는 구리로 만든 병

흥보 이른 말이,

"고의 벗은 놈이 어디다 차게야?"

남자의 여름 홑바지

"귀밑머리에 차도 찰 터이옵고 생갈비를 뚫고 차도 찰 터이오니 사 오기만 사 오오."

해학적 표현

또 한 놈 나앉으며,

"나는 남수주(藍水紬) 비단으로 만든 큰 창옷 한 벌 사다 주오."

두루마기와 같은데 소매가 좁은 웃옷

"고의 벗은 놈이 어디다 입게야?"

흥보 큰아들 나앉으며 제 동생들을 꾸짖는데 옳게 꾸짖는 게 아니라 하늘에 사무칠 듯 꾸짖어,

"에라 심하구나, 후레아들 놈들. 아버지 그렇잖소. 나는 담비 가죽 탕평채(蕩平菜)에 모초의(毛稍衣) 한 놈과, 한포단 허리띠 비단 주머니 당팔사(唐八絲) 끈 꿰어, 쇠거울 돌거울 넣어다 주오."

초나물에 녹말묵을 썰어 넣고 만든 음식. 내용상 음식인 탕평채는 잘못 끼어든 것임 / 모초(중국에서 나는 비단)로 만든 옷 / 한포(파초의 섬유로 짠, 날이 굵은 베)로 된 비단

흥보 이른 말이,

「"네 아무것도 안 찾을 듯이 하더니 단계를 높여 하는구나. 너희 놈들이 내 마른 볼기를 대송방(大松房)으로 아는 놈들이로구나."」

예전에 주로 서울에서 개성 사람이 주단, 포목 따위를 팔던 큰 가게

「 」: ① 생계를 위해 매품을 팔러 가는 흥보가 철없는 요구를 하는 자식들에게 탄식하는 부분 ② 매를 맞는 볼기가 양식을 얻기 위한 구실을 한다는 의미에서 해학성이 드러남

▶ 매품 팔러 가는 흥보에게 철없는 요구를 하는 자식들

흥보 이른 말이,

"애기 어멈 그리하시오. 쉬 다녀옴세."

흥보 병영 내려갈 제 탄식하고 내려간다.

「"도로는 끝없는데 병영 성중 어드메요. 조자룡이 강을 넘던 청총마(靑驄馬)나 있으며 이제 잠깐 가련마는, 몸이 고생스러우니 조그마한 내 다리로 오늘 가다 어디서 자며 내일 가다 어디서 잘꼬. 제갈공명 쓰던 축지법을 배웠으면 이제로 가련마는 몇 밤 자고 가잔 말가."」

성안 / 〈삼국지〉에 등장하는 장수의 이름 / 갈기와 꼬리가 파르스름한 백마 / 도술로 지맥(地脈)을 축소하여 먼 거리를 가깝게 하는 술법 / 병영까지 가는 길이 매우 고됨

「 」: 매품팔이를 위해 받은 마삯은 가족들을 위해 쓰고 병영까지 걸어가야 하는 흥보의 비참한 처지

여러 날 만에 병영을 당도하니 영문(營門)도 엄숙하다. 쳐다보니 대장이 지휘하는 깃발이요 내려다보니 순시하는 깃발이로다. 도군뢰(都軍牢)의 치레 보소. 「산짐승 털벙거지에 남일광단(藍日光緞)으로 안을 받쳐, 갓끈 고리와 밀화(蜜花) 귀를 땋은, 궁초(宮綃)로 만든 갓끈 잡아매고, 관디 협수(夾袖) 군복 띠를 배에 눌러 매고, 날랠 용(勇)이라는 글자 떡 붙이고,」 흥보 앞에 썩 나서며,

병영의 문 / 시선의 이동에 의해 병영의 엄숙한 모습을 표현함 / 조선 시대에, 군대에서 죄인을 다루던 병졸의 우두머리 / 모양 / 돌아다니며 사정을 보살핌. 또는 그런 사람 / 판소리 사설의 문체 / 남빛 바탕에 해나 햇살 무늬가 있는 옛 비단 / 밀랍 같은 누런빛이 나고 젖송이 같은 무늬가 있는 호박(琥珀) / 엷고 무늬가 둥근 비단의 하나 / 옛날 벼슬아치들의 공복과 군복

▶ 매품을 팔기 위해 병영에 도착한 흥보

"에라 이놈 게 앉거라."

거기

「 」: 도군뢰의 외양을 화려하고 위엄 있게 묘사하여 흥보가 심리적으로 위축되었음을 나타냄. 장면의 극대화가 나타난 부분으로, 유사한 문장 구조를 반복하여 운율감이 드러남

흥보 속마음에, '내가 분명 저승에 들어왔나 보다.'

흥보의 두려운 마음이 드러남

문간에 들어가니, 어떠한 사람들이 사오 인이 앉았거늘, 흥보 들어가며,

흥보처럼 매품을 팔러 온 사람들 – 당시 매품을 팔아야 할 정도로 궁핍한 사람들이 많았다는 사실을 알 수 있음

"인사하오."

"에 마오."

"거기 뉘라 하오?"

"나 말씀이오? 조선 제일 가난한 흥보를 모르시오."
과장된 표현을 사용하여 자신의 가난한 처지를 드러냄

한 놈 나서며,

「"장자(長者)가 무엇하러 와 계시오?"」 「 」: 흥보를 보고 장자라고 하는 다른 사람들의 말을 통해 당시 가난한 서민층이 많았음을 알 수 있음
큰 부자를 점잖게 이르는 말

흥보 가슴이 끔쩍하여,

"거기는 무엇하러 왔소?"

「"평안도 사방동 동팔풍촌서 사는 솔봉 애비 모르시오. 이십오 대 가난으로 매품 팔러 왔소."
오랜 세월 동안 대대로 가난하다는 의미. 과장된 표현

또 한 놈 나앉으며,

"경상도 문경 땅의 제일 가난으로 사십육 대 호적 없이 남의 곁방살이로 내려오는 김딱직이란 말 듣도 못하였소."」 「 」: 매품을 팔러 온 사람들이 자신의 가난함을 서로 과장하여 내세움. 당대에 가난으로 인해 비참한 생활을 하던 서민들이 많았음을 알 수 있음
호주(戶主)를 중심으로 하여 그 집에 속하는 사람의 본적지, 성명, 생년월일 따위의 신분에 관한 사항을 기록한 공문서
셋방살이. 남의 집 곁방을 빌려서 생활함. 또는 그런 일

한 놈 나앉으며,

"이번 매품은 먼저 온 순서대로 들어간다니 그리 하옵세."

"저분 언제 왔소?"

"나 온 지는 저 지난 장날 아침밥 먹기 전 동틀 때 왔소."

「한 놈 나앉으며,

"나는 온 지가 십여 일이라도 생나무 곤장 한 대 맞아 본 내 아들놈 없소."」
「 」: 매품을 팔아야 할 정도로 경제적인 궁핍을 겪는 사람들이 많았다는 사실을 알 수 있음

흥보 이른 말이,

"그리 말고 서로 가난 자랑하여 아무라도 제일 가난한 사람이 팔아 갑세."
가난 자랑 = 매품팔이를 자처하는 이들의 처지를 희화화함으로써 비극을 웃음으로 극복하려는 판소리의 해학적 특성이 드러남

그 말이 옳다 하고,

「"저분 가난 어떠하오?"

"내 가난 들어 보오. 집이라고 들어가면 사방 어디로도 들어갈 작은 곳이 없어 닫는 벼룩 쪼그려 앉을 데 없고 삼순구식(三旬九食) 먹어 본 내 아들 없소."
벼룩이 앉을 데가 없을 만큼 집이 작음
삼십 일 동안 아홉 끼니밖에 먹지 못한다는 뜻으로, 몹시 가난함을 이르는 말

한 놈 나앉으며,

"족히 먹고살 수는 있겠소. 저분 가난 어떠하오?"
앞의 가난은 가난도 아님

"내 가난 들어 보오. 내 가난 남과 달라 이 대째 내려오는 광주산(廣州産) 사발 하나 선반에 얹은 지가 팔 년이로되, 여러 날 내려오지 못하고 아침저녁으로 눈물만 뚝뚝 짓고, 부엌의 노랑 쥐가 밥알을 주우려고 다니다가 다리에 가래톳 서서 종기 터뜨리고 드러누운 지가 석 달 되었소. 좌
사기로 만든 국그릇이나 밥그릇
넓다리 윗부분의 림프샘이 부어 생긴 멍울

우 들으신바 내 신세 어떠하오?"

김딱직이 썩 나앉으며,

「 」: 가난 자랑 장면 – ① 가난의 정도가 점점 심화됨 ② 비극적 상황을 과장하여 해학적으로 표현함 ③ 가난이 사회 전체의 문제임을 드러내 당대의 사회상을 비판함

"거기는 참으로 장자라 할 수 있소. 내 가난 들어 보오. 조그마한 한 칸 초막 발 뻗을 길 전혀 없어, 우리 아내와 나와 둘이 안고 누워 있으면 내 상투는 울 밖으로 우뚝 나가고, 우리 아내 궁둥이는 담 밖으로 알궁둥이 보이니, 동네에서 숨바꼭질하는 아이들이 우리 아내 궁둥이 치는 소리 사월 팔일 관등(觀燈) 다는 소리 같고, 집에 연기 나지 않은 지가 삼 년째 되었소. 좌우 들으신바 내 신세는 어떠하오? 아무 목득의 아들놈도 못 팔아 갈 것이니."

상투: 예전에, 장가든 남자가 머리털을 끌어 올려 정수리 위에 틀어 감아 맨 것

울: 울타리

서민층에서 사용하는 비속한 언어 표현이 드러남

관등: 초파일이나 절의 주요 행사 때에 등대를 세우고 온갖 등을 달아 불을 밝히는 일

사월 팔일: 석가탄신일

자신 외에 어떤 사람도 매품을 팔지는 못할 것이라는 의미. '목득'은 '목두기'를 가리키는 말로 이름이 무엇인지 모르는 귀신을 뜻함

▶ 누가 더 가난한지를 다투는 사람들

이놈 아주 거기서 계정을 먹더니라. 흥보 숨숨 생각하니, 자기에게는 어느 시절에 차례가 돌아올 줄 몰라,

계정: 불평을 품고 떠드는 말과 행동

차례: 매품을 팔 차례

"동무님 내 매품이나 잘 팔아 가지고 가오. 나는 돌아가오."

자신보다 더 가난한 처지에 있는 사람들의 말을 듣고 매품 파는 것을 포기하는 흥보

하직하고 돌아오며, 탄식하고 집에 들어가니, 흥보 아내 거동 보소. 왈칵 뛰어 달려들어 흥보 소매 검쳐 잡고 듣기 싫을 정도로 섧게 울며,

모서리를 중심으로 두 면에 걸치도록 하여 접거나 휘어 붙여 잡고

흥보 아내 거동 보소: 판소리 사설의 문체

흥보가 살아 돌아온 것에 대한 반가움 – 과장

"하늘이 사람들을 세상에 나게 할 때 반드시 자기 할 일을 주었으니, 생기는 대로 먹고살지 남 대신으로 맞을까. 애고애고, 설움이야."

흥보 아내의 운명론적 인생관이 드러남

이렇듯 섧게 우니 흥보 이른 말이,

"애기 어멈 울지 마소. 애기 어멈 울지 마소. 「영문에 들어가니 세상의 가난한 놈은 거기 모두 모여 내 가난은 거기다 비교하니 장자라 일컬을 수 있어,」 매도 못 맞고 돌아왔네."

구절의 반복을 통해 운율감을 형성함

「 」: 흥보가 매품 팔기를 포기한 이유, 과장법의 사용

흥보 아내 이 말 듣고,

"얼씨구나 즐겁도다. 우리 낭군 병영 내려갔다 매 아니 맞고 돌아오니, 이런 영화 또 있을까."

매품 팔러 간 흥보를 걱정하던 아내가 흥보가 매를 맞지 않고 돌아왔다는 말에 기뻐함

▶ 매품을 팔지 못하고 돌아온 흥보를 반기는 흥보 아내

「"배고픔을 생각하여 음식 노래 불러 보자. 무슨 밥이 좋던 게요? 보리밥이 좋거던. 무슨 국이 좋던 게요? 비짓국이 좋거던. 음식을 맛있게 하여 먹으려면, 개장국에 늙은 호박을 따 넣고 승늉에는 고춧가루를 많이 치고 들기름을 많이 쳐, 사곰은 괴곰이 먹을 만하고, 이만큼 시장할 때는 들깨 깻묵 두어 둘레쯤 먹고 찬물 댓 사발쯤 먹었으

비짓국: 두부를 만들고 남은 찌꺼기인 비지를 넣고 끓인 국

개장국: 개고기를 여러 가지 양념, 채소와 함께 고아 끓인 국

상식에서 벗어난 말을 사용하여 웃음을 유발함

'곰'은 고기나 생선을 진한 국물이 나오도록 푹 삶은 국. '사곰' 중에서도 '괴곰'이 먹을 만하다는 뜻임

문제로 핵심 파악

1 흥보와 사람들의 모습을 통해 (　　　　)을/를 팔아야 할 정도로 극심한 빈곤에 시달리는 당대 서민들의 삶을 짐작해 볼 수 있다.

2 흥보의 아내는 매품을 팔지 못하고 돌아온 흥보를 원망하고 있다. (○, ×)

3 이 글에는 양반층의 전아한 언어와 서민층의 비속어가 뒤섞여 나타난다. (○, ×)

핵심 구절 풀이

❶ **"우정 가장(家長) ~ 어디다 하소연할꼬.":** 원통한 일을 당하고 죽은 중국 고사(故事) 속 인물들의 설움에 자신의 설움을 빗대어, 가난한 삶으로 인한 자신의 설움을 강조하여 표현함. 양반층이 쓰는 전아한 표현들을 사용하여, 양반층과 서민층의 모순된 문제가 공존하는 판소리계 소설로서의 특징을 찾아볼 수 있음

답 1 매품 2 × 3 ○

면 든든커던.」

「 」: 배고픈 상황에서 먹고 싶은 음식의 이름을 이야기하며 참음. 비극적인 상황을 웃음으로 승화하고 있음

이렇게 말을 할 제 흥보 아내 우는 말이,

배를 곯기고

❶ "우정 가장(家長) 애중(愛重) 자식 배 곯리고 못 입히는 내 설움 의논컨대, 피눈물이 반죽 되면 *아황 여영 설움이요, 홍곡가를 지어 내던 *왕소군의 설움이요, 장신 궁중 꽃이 피니 *반첩여의 설움이요, 옥으로 장식한 장막 속에서 죽으니 *우미인의 설움이요, 목을 잘라 절사하니 하씨 열녀 설움이요, 만경창파(萬頃蒼波) 너른 물을 말말이 다 되인들 끝없는 이내 설움 어디다 하소연할꼬."

사랑하고 소중하게 여김 / 한없이 넓고 넓은 바다

흥보 역시 슬퍼, 샘물같이 솟아나오는 눈물 가랑비같이 흩뿌리며 목이 막혀 기절하더니 다시 살아나서, 들릴 듯 말 듯한 말로 겨우 내어 기운 없이 가는 목소리를 처량하게 슬피 울며 만류하여 이른 말이,

흥보의 슬픔이 매우 큼을 과장하여 표현함 / 붙들고 못하게 말림

장래에 좋은 일이 생길 것이니 – 복선

「"마음만 옳게 먹고 의롭지 않은 일 아니 하면 장래 한때 볼 것이니 서러워 말고 살아나네."」

「 」: ① 흥보가 아내를 위로하며 가난이라는 비극적 상황을 극복하고자 하는 의지가 드러남 ② '권선징악'이라는 주제 의식이 드러남

부부 앉아 탄식할 제, 청산은 높이 솟아 있고 온갖 꽃이 화려하고 찬란하게 피어 있는 때 접동 두견 꾀꼬리는 때를 찾아 슬피 우니 뉘 아니 슬퍼하리. ▶ 가난을 슬퍼하는 흥보 아내와 이를 위로하는 흥보

편집자적 논평. 감정 이입

뒷부분 줄거리 | 가난하게 살아가던 흥보는, 어느 날 다리 다친 제비를 구해 준다. 이듬해 제비는 흥보에게 박씨 하나를 물어다 주고, 흥보는 그 박씨가 자라서 얻은 박에서 금은보화가 나와 큰 부자가 된다. 이에 심술이 난 놀보는 일부러 제비 다리를 부러뜨린 후 다리를 치료해 날려 보내어 박씨를 얻는다. 그러나 놀보가 탄 박 속에서는 괴인이니 귀신이니 하는 것이 나와서 놀보를 망하게 한다. 흥보가 이 소식을 듣고 놀보를 데려와 봉양하자, 놀보는 개과천선하여 형제가 사이좋게 지내게 된다.

❖ 아황 여영(娥皇女英): 중국 고대의 임금인 요임금의 두 딸로, 모두 순임금에게 시집갔는데, 순임금이 죽자 그를 못 잊어하며 강에 빠져 죽었다고 한다.
❖ 왕소군(王昭君): 중국 전한 원제(元帝)의 후궁. 기원전 33년 흉노와의 화친 정책으로 흉노의 호한야선우(呼韓邪單于)와 정략결혼을 하였으나 자살하였다. 후세에 많은 문학 작품에 애화(哀話)로 윤색되었다.
❖ 반첩여(班婕妤): 중국 한(漢)나라 성제(成帝)의 후궁으로, 재주와 글이 뛰어나 성제의 총애를 받다가 또 다른 후궁 조비연(趙飛燕)으로부터 임금을 저주한다는 무고(誣告)를 당해 옥에 갇혔다.
❖ 우미인(虞美人): 중국 진(秦)나라 말기 항우의 총희(寵姬). 절세의 미인으로 항우가 한(漢)나라 유방에게 해하에서 포위되었을 때 자살하였다.

필수 문제

01 이 글에서 매품을 팔러 온 사람들이 누가 더 가난한지를 다투는 장면을 통해 알 수 있는 당시의 사회적 상황을 쓰시오.

02 이 글에서 매품팔이를 자처하는 이들의 처지를 희화화하는 동시에 비극적 상황을 웃음으로 극복하려는 판소리의 해학적 특성이 가장 잘 드러난 말을 찾아 2어절로 쓰시오.

장면 3

앞부분 줄거리 | 경상도와 전라도의 접경에 욕심 많고 심술궂은 형 놀보와 착한 아우 흥보가 살았다. 놀보는 부모가 물려준 유산을 모두 차지하고는 흥보 일가를 내쫓는다. 한편 쫓겨난 흥보 내외는 아이들을 데리고 움집에서 굶주리며 힘겹게 살아간다. 견디다 못한 흥보는 놀보를 찾아가지만 곡식을 얻지 못하고 매만 맞고 돌아온다. 결국 흥보는 굶주린 가족을 위해 매품을 팔려 하지만 그것마저도 실패하고 집으로 돌아온다.

「"얼씨구나 좋을시고. 우리 가장(家長) 철골 중에 매 맞으러 병영(兵營) 갔다 매 아니 맞고 살아오니 어찌 아니 좋을쏜가. 얼씨구 절씨구야. 지화자자 좋을씨구."」

철골: 몸이 바싹 야위어 뼈만 남은 상태
병영: 조선 시대에, 각 지방의 병마를 지휘하던 지휘관인 병마절도사가 있던 곳
「 」: ① 남편의 건강과 안위를 염려하는 흥보 아내의 모습이 드러남 ② 매품을 팔아서라도 생계를 이어야 하는 서민층의 비참한 현실이 드러남 ③ 유사 구절의 반복으로 운율감을 형성함

흥보 아내 활개를 빨랫줄 늘이듯 떡 벌리고,

직유법과 과장법을 사용해 흥보 아내의 기쁨을 표현함

"얼싸 좋다. 신명이야. 신명이 일어날 때는 시금털털 보리 탁주 한두 사발 먹었으면 좋겠구나."

술이 깰 만하여 놓으니 묵은 설움 햇설움이 동무 삼아 나오는데,

묵은 설움 햇설움: 이미 있던 설움과 새로 생기는 설움
시금털털: 맛이나 냄새 따위가 조금 시면서도 떫은
흥보가 매품팔이에 실패하고 마셨던 술이 깨면서 가슴속에 있던 근심과 설움이 다시 생겨남

「"애고 여보, 마누라님. 하느님이 사람 낼 제 별(別)로 후박(厚薄) 없건마는 우리 부부 생겨날 제 무슨 죄가 지중(至重)하여 이다지 곤궁하냐. 내 집안 곤궁함은 장부(丈夫)의 허물이라, 뉘를 원망하잔 말가. 수다(數多)한 어린 자식 밥 달라 우는 소리, 자네 간장 오죽하리. 애고 애고 내 일이야."」

하느님이 사람 낼 제 별로 후박 없건마는: 사람은 누구나 다 공평하게 태어났다는 의미
별: 별도로, 따로
후박: 후하게 구는 일과 박하게 구는 일
지중하여: 더 할 수 없이 무거워
곤궁하냐: 가난하여 살림이 구차함
뉘를 원망하잔: 수원수구(誰怨誰咎)
수다한: 수효가 많은
간장: '애'나 '마음'을 비유적으로 이름
「 」: 집안의 가난을 해결하지 못하는 가장으로서의 자책감이 드러남
▶ 매품을 팔지 못하고 돌아온 흥보를 반기는 아내와 가난을 서러워하는 흥보

이렇듯이 설리 울 제, 천신이 감동하고 제불보살(諸佛菩薩)이 인도하사 도승(道僧) 하나 내려오[것다]. 중 하나 내려온다.「저 중의 거동 [보소]. 얼금얼금 거뭇거뭇한 중 돌 누비 장삼에 실띠 띠고 청올치 송낙 잡초 넣어 이리 총총 저리 총총 휘늘어 맺힌 송낙 수박 같은 대가리에 아주 흠쑥 눌러쓰고 주홍 용두 철주장을 눈 위에 번듯 들어 처럭처럭 흔들거리고 내려와서 웅장한 큰 소리로 인도하고 송주(誦呪)할 제, 울음소리 얼른 듣고 이리 주저 저리 주저 무수히 주저하다 문전(門前)에 달려들어,」

설리: 서럽게
천신이 감동하고 제불보살이 인도하사: 흥보 내외가 하늘의 도움으로 복을 받을 것을 암시함
제불보살: 여러 부처와 보살들
도승: 불도를 닦아 깨달은 승려
[ ]: 판소리 사설의 문체
청올치: 칡덩굴의 속껍질
누비 장삼: 두 겹의 천 사이에 솜을 넣고 줄이 죽죽 지게 박아 만든 승려의 웃옷
송낙: 송라를 우산 모양으로 엮어 만든 중의 모자
수박 같은 대가리: 비속어의 사용으로 웃음을 유발함
용두 철주장: 용의 머리처럼 생긴 철로 만든 지팡이
송주할 제: 주문을 외울 때
이리 주저 저리 주저 무수히 주저하다: 어구 반복을 통한 운율 형성
「 」: 중의 외양과 행동을 구체적으로 묘사함 – 창자에 의해 연행되던 판소리의 특징

"소승 문안 동냥이요. 이 댁은 어이하여 우나이까?"

흥보 울다 백발 노승 얼른 보고 공손히 대답하되,

자신보다 나이가 많은 노승에게 공손한 태도를 보이는 흥보의 예의바른 모습

「"조실부모 일찍 하고 다만 형세 빈곤하야 선영(先塋) 제사 전궐(全闕)하고 그로 설워 우나이다."」

조실부모: 어려서 부모를 여읨
선영: 조상의 무덤
전궐: 전부 빠짐
「 」: 조상의 제사를 못 지냄을 서러워함 → 흥보가 당대의 유교적 가치관을 충실히 따르고자 하는 인물임을 알 수 있음

저 중의 거동 [보소]. 공손히 여쭈되,

중: 우연히 등장해 흥보의 미래를 예언해 주는 초월적 존재 – 사건 전개에 결정적 역할을 함

「"적선지가(積善之家)에 필유여경(必有餘慶)이요, 적악지가(積惡之家)에 필유여악(必有餘惡)이라. 마음만 옳게 먹고 불의지사(不義之事) 아니하면 내장(來將)에 때를 볼 것이니 소승 뒤를 따르소서. 집터 하나 잡아 주오리다."」

적선지가에 필유여경이요, 적악지가에 필유여악이라: '선을 베푸는 집안에는 반드시 경사가 있고 악을 쌓는 집안에는 반드시 나쁜 일이 있을 것이다.'라는 뜻
불의지사: 의리, 도리, 정의 따위에 어긋나는 일
내장: 다가올 장래에
때를 볼 것이니: 좋은 일이 생긴다는 의미
「 」: 흥보 내외가 후일 복을 받게 됨을 암시 – 고전 소설의 일반적 주제 의식인 권선징악이 나타남

흥보가 반겨 듣고 도승 뒤를 따라가니 저 중의 거동 [보게.] 육환장(六環杖) 손에 들고 이리 지점(指點) 저리 지점 한 곳을 덜컥 짚고,

육환장: 승려가 짚는, 고리가 여섯 개 달린 지팡이
지점: 손가락으로 가리켜 보임

"여기 성조(成造)를 하면 탐랑수(貪狼數)가 둘렀으니 부귀영화 날 것이요, 문곡성(文曲星)이 상대

성조: 성주. 집을 지키는 신령 / 집을 지으면
탐랑수: 탐랑성. 북두칠성 또는 구성(九星) 가운데 첫째 별로 길조를 상징함
문곡성: 구성(九星) 가운데 넷째 별

오대(五代)에 걸쳐 진사(進士)가 나옴 오랜 세월 끊이지 않고 계속됨

(相對)하니 문장 재사(文章才士) 날 것이요, 삼대 급제 오대 진사 만세부절(萬歲不絶)하오리다."

마주 대하고 있으니 문장과 글 등 재주가 뛰어난 선비 삼대(三代)에 걸쳐 과거에 급제함 ▶ 도승이 나타나 흥보에게 좋은 집터를 알려 주고 사라짐

두어 걸음 인홀불견(因忽不見) 간데없거늘 흥보가 공중을 향하여 무수히 사례하고 약간 움막 뜯

도승이 순식간에 사라짐 – 도승이 신성하고 초월적인 존재임이 드러남. 고전 소설의 전기성(傳奇性)

어다가 그 터에 집을 짓고 글자로 붙여 새겨보니『겨울 동(冬) 자 갈 거(去) 자 봄 춘(春) 자 올 내(來)

「 」: 추운 겨울이 가고, 따뜻한 봄이 옴 – 흥보에게 좋은 일이 있을 것임을 계절의 변화를 통해 드러냄

자 삼월 삼짇날 좋을시고.』 행화문전(杏花門前) 도화계변(桃花溪邊) 심심동풍(深深東風) 꽃 화(花) 자요,

음력 삼월 초사흗날. 강남 갔던 제비가 돌아온다는 날 └ 살구꽃은 문 앞에 피어 있고, 시냇가엔 복숭아꽃이 피어 있으며, 깊은 산골짜기에서 봄바람이 불어오니

쌍쌍탐행(雙雙探行) 나비 접(蝶) 자 펄펄 날아 춤출 무(舞) 자 농춘화답(弄春和答) 좋을시고. 기는 것은

쌍쌍이 날아다니는 화간접무(花間蝶舞: 나비가 꽃 사이를 춤추며 날아다님) 봄의 정취에 겨워 서로 노래로 화답함

짐승 수(獸)자 나는 것은 새 조(鳥) 자라. 쌍거쌍래(雙去雙來) 제비 연(燕) 자 제비 한 쌍 들어온다. 백

쌍쌍이 오고 감

운(白雲)을 박차고 흑운(黑雲)을 무릅쓰고 펄펄 수루룩 떠들어 오니 흥보 보고 좋아라고,

제비가 흥보집으로 찾아오는 모습을 생동감 있게 묘사함

"얼씨구나, 저 제비야. 내 집 형세 빈곤하여 다른 것이 없었더니 네가 나를 찾아온다. 어찌 아니

제비가 찾아온 것을 기뻐하는 흥보의 모습에서 앞으로 좋은 일이 일어날 것을 짐작할 수 있음. 도승의 예언이 실현될 것을 암시함

기특하랴.

▶ 집으로 날아온 제비를 반가워하는 흥보

뒷부분 줄거리 | 어느 날, 처마 밑에 집을 짓고 살던 제비의 새끼가 떨어져 다리가 부러지자 흥보는 정성스럽게 치료해 준다. 겨울이 되어 강남으로 갔던 제비는 이듬해 봄에 돌아오며 흥부에게 박씨 하나를 물어다 주고, 그것을 심어 가을에 박을 타니 박 속에서 온갖 재물이 쏟아져 나와 흥보는 부자가 된다. 이 소식을 들은 놀보는 흥보를 찾아가 부자가 된 사연을 듣고 일부러 제비 다리를 부러뜨려 치료해 날려 보낸다. 놀보 역시 제비가 물어다 준 박씨를 심어 박을 타지만 박 속에서 온갖 재앙이 쏟아져 나와 알거지가 된다. 흥보는 놀보의 소식을 듣고 자신의 재산을 나누어 놀보를 살리자 놀보는 크게 뉘우치고 형제간에 우애 좋게 살아간다.

필수 문제

01 이 글에서 새로운 사건 발생의 계기가 되는 역할을 하는 인물을 찾아 쓰시오.

02 문득 나타난 도승이 흥보의 집터를 정해 주고 좋은 일이 있을 거라는 예언을 남긴 뒤 홀연히 사라지는 장면에서 두드러지게 나타나는 고전 소설의 특징을 쓰시오.

03 [서술형] 이 글의 '흥보 아내'와 〈보기〉의 '아내'가 남편을 대하는 태도상의 차이점을 서술하시오.

〈 보기 〉

매 맞는 일로 살아가는 자가, 하루에 이백 대의 매품을 팔고 비틀거리며 집으로 돌아가 인상을 찌푸리고,

"내가 오늘 죽을 뻔했어. 세 번은 도저히 못 하겠네."

아내는 돈이 아까워서,

"여보, 잠깐 고통을 참으면 여러 날 편히 배불릴 수 있잖수. 그럼 얼마나 좋우. 돈이 천행으로 굴러온 걸 당신은 왜 굳이 마다 허우?"

하고 술과 고기를 장만하여 대접하는 것이었다.

– 성대중, 〈매품팔이〉

장면 4

앞부분 줄거리 | 경상도와 전라도의 경계 즈음에 놀보와 흥보가 살고 있었다. 욕심 많고 심술궂은 형 놀보는 부모가 물려준 유산을 모두 차지하고 착한 동생 흥보 일가를 내쫓는다. 쫓겨난 흥보는 굶주린 끝에 식량을 얻으러 놀보를 찾아가지만 매만 맞고 쫓겨나고, 매품을 팔려 하지만 그것마저도 실패한다. 그러던 어느 날 한 도승이 찾아와 울고 있는 흥보 내외에게 좋은 집터를 알려 주고 사라지고 흥보는 도승이 알려 준 집터로 이사를 한다. 이듬해 봄, 제비 한 쌍이 찾아와 둥지를 틀고 사는데 이 제비 새끼가 떨어져 다리가 부러진다.

「 」: 흥보가 부러진 제비 다리를 치료하는 부분 – ① 작은 짐승 한 마리에게도 정성을 다하는 흥보의 착한 성품이 드러남 ② 후일 흥보가 제비에게 복을 누릴 수 있는 박씨를 받는 계기가 되는 사건

「조기 껍질 벗겨 부러진 다리 싸고 오색 당사실로 제비 다리 동일 적에, 옥 같은 달빛 아래 길쌈하는 방에서 직물을 옥여 실꾸리를 감듯, 어여쁜 소녀들은 소나무 잣나무 수양 높은 가지에 오월 단오 그넷줄 감듯, 회양 금성 오리나무 울울창창 칡 넌출 감듯, 아황 여영 뿌린 눈물 소상 반죽 물들인 격으로 아로롱아로롱 곱게 감아 제집에 얹었더니,」 십여 일 지낸 후에 부러진 두 다리가 완전히 굳어져 이러저리 넘놀면서 남남지성 하는 소리, 흥보 어진 마음 고맙다는 말씀인 듯, 별로 즐겨 넘노는 모양이 낱낱이 새롭더니,「구월 구일 늦은 가을날 용산의 푸른 국화는 산 그림자 따라 갔다 돌아오고 온 산이 붉고 푸르러 단풍 물든 숲은 봄철에 비길쏘냐.」 나뭇잎 떨어지는 쓸쓸한 하늘에 기러기 울고 갈제, 흥보 이른 말이,

당사실: 예전에, 중국에서 들여온 명주실
길쌈: 실을 내어 옷감을 짜는 모든 일을 통틀어 이르는 말
길쌈하는 방에서 직물을 옥여 실꾸리를 감듯: 여인들이 길쌈할 때 실을 감는 것처럼 아주 섬세하게 묶는다는 의미임
넌출: 길게 뻗어 나가 늘어진 식물의 줄기
아황 여영 뿌린 눈물 소상 반죽 물들인 격으로: 중국의 고사를 인용한 부분
아로롱아로롱: 여러 가지 빛깔의 작은 점이나 줄 따위가 고르고 조금 성기게 무늬를 이룬 모양
남남지성: 재잘거리는 소리
낱낱이: 하나하나 빠짐없이 모두
봄철에 비길쏘냐: 서술자 개입(편집자적 논평)
「 」: 늦가을의 풍경을 묘사
나뭇잎 떨어지는 쓸쓸한 하늘에 기러기 울고 갈제: 흥보가 제비와 이별할 것을 암시함

「"오늘은 네 곧 가면 내 집은 더욱 처량한 물색이라, 들보 위에 앉아 놀 제, 너의 거동 비겨 보면 우리 집의 기특한 물건이라. 들짐승과 산짐승이 많되 너같이 유순한 것 천지간에 또 있을까. 부디부디 잘 가거라. 내년 봄에 돌아오거든 부디 내 집 찾아오너라."」

물색: 어떤 일의 까닭이나 형편
들보: 칸과 칸 사이의 두 기둥을 건너지르는 나무
유순한: 성질이나 태도, 표정 따위가 부드럽고 순한
「 」: 평소 매우 아꼈던 제비와의 이별을 안타까워하는 흥보

날아가던 저 제비 소리, '주인집에서 강남으로 돌아가니 가을바람에 쓸쓸한 제비라. 지지귀 원망 마오. 내년 삼월 다시 옴세.' 흰 구름 간에 높이 떠서 아득히 멀어지면서 갑자기 보이지 않으니 간 곳이 전혀 없다.「저 제비 강남으로 들어가 흥보 은혜 갚으려고 강남 땅 제일 보배 박씨 하나 구할 제,」 「 」: 결초보은(結草報恩)

'주인집에서 ~ 다시 옴세.': 제비를 의인화하여 제비 역시 흥보와 이별을 안타까워하고 내년에 다시 보기를 기약하고 있음을 표현함
흥보 은혜: 부러진 다리를 고쳐 준 은혜

제비를 보낸 후에 흥보 이른 말이,

「"어여쁘다 우리 제비 다리 다쳐 죽을 것을 천명으로 살아나고 고국으로 들어가니 어찌 아니 기묘하리."」 「 」: 부러진 다리를 치료받고 무사히 고국으로 돌아간 제비에 대한 안도감 ▶ 흥보에게 부러진 다리를 치료받은 제비가 강남으로 돌아감

기묘하리: 생김새 따위가 이상하고 묘함

이렇듯 탄식할 제 겨울이 다 지나고 삼월 삼일 맞이하여 흥보가 혼잣말로,

겨울이 다 지나고 삼월 삼일 맞이하여: 시간의 흐름에 따라 사건이 전개됨 – 제비가 돌아오는 봄이 됨

"남의 제비 나오는데 우리 제비 어찌하여 이때까지 아니 온고."

"남의 제비 ~ 아니 온고.": 제비가 돌아오기를 바라는 흥보의 기대감, 걱정 등이 드러남

기다리고 앉았을 제 푸른 하늘 구름 사이 바라보니,

"우리 제비 들어온다."

흥보가 반가이 여겨 냅다 서며,

「"저기 오는 저 제비야 어디 갔다 이제 오냐. 천황 지황 인황 후의 유왈유소 핀 나무에 보금자리

천황 지황 인황: 중국 고대 전설에 나오는 세 명의 임금
유왈유소: '유소라 하는 사람이 있어'라는 뜻 — 유소씨는 고대 중국 전설상의 성인. 새가 보금자리를 만들어 사는 것을 보고 사람들에게 나무를 엮어 집을 지어 맹수와 벌레, 뱀의 위협을 피해 사는 법을 가르쳐 주었다고 함

지으러 네 갔더냐. 소호금천이 관직의 순서를 정하여 기록할 때 집 짓는 일에 참여하러 네 갔더냐. 웅씨가 알을 떨어뜨릴 제 알 낳으러 네 갔더냐. 아름다운 노래 부르는 앵무새 봄바람 불 때 말 배우러 네 갔더냐. 고국에서 학이 춤을 추니 같이 춤추러 네 갔더냐. 한 쌍 청조 함께 날아 요지 소식 알고 오느냐. 도연명이 스스로 일어나 새장을 여니 펄쩍 내친 백학 따라 오초팔경 보고 오느냐. 동정호 소상강에서 두 기러기 벗이 되어 홍요백빈만강변의 낙평사에서 노니다가 봄에 기러기 다시 나니 이별 서러워하며 돌아오느냐. 봄을 보내듯 제비도 보냈더니 너 보내고 청산에 가서 두견에게 제비 소식 묻고자 하나 소식조차 적막터니 이달 초 나무 심은 후에 네 날 찾아 돌아오니 어찌 아니 반가우리."」

소호금천: 중국 전설상의 임금 / 청조: 파랑새 / 요지: 중국 곤륜산의 신선이 살았다는 못 / 도연명: 중국 동진의 시인 / 오초팔경: 중국 오나라와 초나라의 뛰어나게 아름다운 여덟 군데의 경치 / 홍요백빈만강변의 낙평사: 중국 소상 팔경(瀟湘八景)의 하나인 평사낙안(平沙落雁)

「 」: 제비가 다시 돌아온 반가움을 여러 고사를 인용해 표현함

자세히 살펴보니 작년에 다리가 부러져 다리 동여 주던 제비 오색 당사 동인 흔적 역력하구나.

흥보가 부러진 다리를 고쳐 준 제비가 다시 찾아왔음을 알 수 있음

그 무엇을 입에 물고 남남지성 넘놀 적에, 「북쪽 바다에 산다고 하는 검은 용이 여의주를 물고 아름다운 빛깔의 구름 사이로 넘노는 듯, 봄바람에 앵무새가 나비를 물고 버들 사이에 넘노는 듯, 단산의 봉황이 죽실을 물고 오동 속에서 넘노는 듯, 이리 갸웃 저리 갸웃 무수히 넘노더니,」 입에 문 것 뚝 떨어져 흥보 앞에 구르거늘 흥보가 주워 들고 자세히 보다 무엇인지 몰라,

그 무엇: 제비가 흥보에게 은혜를 갚기 위해 강남에서 물어 온 박씨 / ◯: 제비를 비유함 △: 박씨를 비유함 / 죽실: 대나무 열매의 씨를 한방에서 이르는 말 / 「 」: 판소리 사설의 문체

▶ 강남으로 갔던 제비가 봄이 되어 박씨를 물고 날아옴

"애기 어멈 이리 와 보시오. 이것이 무엇인가?"

흥보 아내 이른 말이, / "그게 금이올세."

흥보 하는 말이,

> ※ 흥보와 흥보 아내의 대화에서 알 수 있는 당대의 사회상
> 흥보 아내가 제비가 물어다 준 것을 '금', '옥', '여지', '연실', '천도'와 같은 고귀하고 소중한 것이라고 추측하는 장면은 이러한 것들을 소유하고 싶은 당대 서민들의 소망을 반영하고 있으며, 흥보가 그러한 것들은 권력자나 실력자 등이 모두 가져가서 없다고 대답하는 대목에서는 당시의 탐욕적인 권력층들에 대한 서민층의 비판 의식이 드러난다.

"천자 진시황(秦始皇)이 천하의 금을 다 거두어 아방궁 넓은 뜰에 금인 열둘을 세웠으니 금이 어디 남았을꼬."

진시황이 천하를 통일한 후 반진(反秦) 세력을 예방하기 위하여 민간의 병기를 몰수하여 큰 종과 12개의 금인(金人)을 만들었다 함

"그러하면 옥이올세."

> 범증: 초나라 항우의 책사. 범증은 항우에게 여러 번 한나라 유방을 죽이라고 충고했지만 끝내 받아들여지지 않았고, 오히려 항우의 의심을 사자 울분을 못 이겨 떠나다가 병사함

"홍문연 큰 잔치에 범증의 비친 옥결 백설이 되어 있고 화변 곤산 옥석이 구분이라, 곤산에 불이 붙어 옥과 돌이 다 탔으니 옥이 어찌 남았을꼬."

옥결: 옥돌의 결이 깨끗하다는 데서 흔히 깨끗한 마음씨를 이르는 말 / 홍문연: 홍문연은 항우와 유방이 함께 연회를 했던 곳으로 '상대방을 죽이기 위해 벌이는 연회석'을 일컬음

"여지인가 보옵소."

여지: 중국 남부에서 나는 무환자나뭇과의 상록 교목 열매

"당명황 심은 여지 양 귀비 다 따 먹고 오갈 데 없는 상황이 되었으니 여지 어찌 남았을까."

당명황: 당나라 황제인 현종

"연실인가 보옵소."

연실: 연밥. 연꽃의 열매

"채련곡에 이르기를 계수나무 상앗대와 난초 노를 저어 긴 포구로 내려가 오나라 월나라 강남 미색들이 달 밝고 깊은 밤에 몰래 땄으니 연실이 남았을까."

상앗대: 배질을 할 때 쓰는 긴 막대 / 채련곡: 연밥을 따면서 부르던 노래. 여기서는 당나라 왕발(王勃)의 시를 의미함 / 포구: 배가 드나드는 개의 어귀 / 미색: 아름다운 여자

"천도인가 보옵소."

"옛글에 이르기를, '구중 깊은 궁궐 봄빛이 복숭아를 취하게 한다.' 고 했으니, 서왕모(西王母) 요

구중 깊은 궁궐: 구중궁궐(九重宮闕) / 서왕모: 중국 신화에 나오는 불사약을 가진 선녀

지연에 반도 드리려고 다 따고 남은 열매, 천도 중 그것이라, 아득히 멀리 있으니, 제비 어찌 물어 올까."

"금도 옥도 아닐진대 인간 세상 박씨 같사오나, 어느 박씨 저리 클까."

아니라면 / 제비가 물어 온 박씨가 평범한 것이 아님을 의미함 / 흥보의 은혜를 갚기 위해 가져옴 → 다른 사람에게 은혜를 입으면 그것을 갚아야 한다는 당대의 사고방식이 드러남

흥보 괴이하게 여겨 자세히 살펴보니, 한편에는 당 박씨라 새겼고 또 한편은 새겼으되 흥보의 보은포라 하였거늘,

정상적이지 않고 별나며 괴상하게

"이것 적실히 박씨로다. 기이하다, 저 제비야. 수안의 한 뱀도 구슬을 물어다가 살린 은혜 갚았으되 거룩하다 저 제비야, 은혜를 갚으려고 이 박씨를 물어 왔느냐. 아무튼 심어 보자."

틀림없이 확실하게

▶ 흥보 내외가 제비가 물어다 준 것이 박씨라는 것을 알게 됨

동편 처마 낮은 담 안에 날을 보아 좋은 흙에 거름 부어 처서 날 심었더니, 「사월 남풍 좋은 시절에 심은 대로 싹이 나서 잎이 피고 꽃이 피어 길고 긴 넌출순이 나 울창하게 벌여 가며 뻗은 끝에 박 세 통이 열려,」 「고마수영 전선같이, 한 병선의 모양같이, 구신 금산 법고같이, 큰 절 빈 누각 쇠북처럼 두렷이 열렸으니, 세상에 못 본 바라. 큰 것은 북 같고 중간 것은 그릇 같고 작은 것은 바가지 같으니,」 흥보 늘 이르기를,

「 」: '박'이 열리는 과정을 시간 순서에 따라 제시함 / 전투에 쓰는 배 / 전쟁에 필요한 장비를 갖춘 큰 배 / 절에서 예불할 때나 의식을 거행할 때에 치는 큰북 / 전남 완도에 있는 섬인 고마도의 수영(水營). '수영'은 조선 시대 수군절도사가 있던 군영을 뜻함

「 」: 커다란 박이 열린 모습을 직유법을 사용하여 묘사함 – 흥보에게 큰 행운이 있을 것을 암시함

결정적 장면

"칠팔월이 어서 오면 박속은 끓여 먹고 박짝은 팔아 씁세."

'바가지'의 방언 / 흥보의 소박한 소망

부부 의논 어지간하더니라.

▶ 제비가 물어다 준 박씨에서 큰 박 세 통이 열림

이때는 어느 땐고 중추가절 추석이라. 「남의 집 소년들은 부모에게 효행하고 조상에게 제사를 지낼 제, 소나 양 같은 좋은 제물 동부 서부 차려 놓고 분향으로 재배할 제,」 북망산 어른들은 효행으로 돌아올 제,

음력 팔월의 좋은 가을철 / 시간이 흘러 가을이 됨 – 흥보가 큰 복을 받을 시기가 되었음을 암시 / 「 」: 추석을 맞아 조상에게 제사를 지냄. 유교적 가치관이 지배했던 당대 사회상이 드러남 / 죽은 조상들이 자식들이 차린 차례 음식을 먹으러 온다는 의미임

「"우리 부모 죽은 고혼 오기는 오련마는 나무 없고 양식 없어 외로이 탄식할 정도면 넋인들 아니 올까. 애기 어멈 내 말 듣소. 저 박 한 통 따 내어서 박속이나 삶아 놓세. 혼령인들 모를쏜가."」

의지할 곳 없이 떠돌아다니는 외로운 넋 / 「 」: 제사상에 박속 삶은 것밖에 올릴 수 없는 흥보 부부의 궁핍한 생활상. 어려운 생활 속에서도 부모의 제사를 모시고자 하는 흥보의 유교적 가치관이 드러남

추팔월 찬 이슬에 박이 열매를 맺어 견고하기는 금석이요 색은 봄색이라, 드는 도끼 들어 메고 박 한 통 따 내어 마당에 내려놓고 흥보 부부 박을 탈 제, 흥보 아내 이른 말이,

굳고 단단하기는 쇠붙이와 돌 같고

❶ "이 박을 어서 타서 박속일랑 지져 내어 부모 고혼 위로하고, 남은

문제로 핵심 파악

1 제비가 흥보에게 물어다 준 것으로, 보은의 의미를 가지는 것을 찾아 쓰시오.

2 흥보가 탄 박 안에서 나온 (   )와/과 (   )은/는 제비가 흥보에게 갚은 은혜에 해당한다.

결정적 장면

흥보가 다리를 고쳐 주었던 제비가 물어다 준 박씨에서 열린 박을 타는 장면으로, 박속에서 온갖 재물이 나와 기뻐하는 흥보 부부의 모습이 드러나고 있다.

핵심 구절 풀이

❶ "이 박을 어서 ~ 채워 봅세.": 흥보 부부가 박으로 할 일을 계획하는 부분으로, 박을 타서 가장 먼저 부모님의 제사를 모시고자 하는 흥보 내외의 착한 성품이 드러남

속은 나누어 먹고 박짝일랑 팔아다가 양식 팔고 반찬 사, 굶어 누운 자식들과 연일 굶은 우리 부부 주린 배 채워 봅세."

부부 앉아 톱질할 제,

"어이여라 톱질이야, 「강구의 문동요 하니 여민동락 아니신가. 남훈전 탄오성은 잘 다스려져 화평한 세상에서 나는 소리라.」 김제 만경 너른 뜰에 강피 훑는 저 사람아, 하루 일 도와주소. 성지을 때 어이화도 부질없고, 수양산 깊은 골에 고사리 뜯으며 부르는 소리처럼 서로 어울려 맞아 주소."

거리에서 아이들의 노랫소리가 들리니 임금이 백성과 함께 태평성대를 즐기는 것이 아닌가 / 남훈전에서의 찬탄하고 즐기는 소리 / 아주 많은 이랑 / 순임금이 남훈전에서 오현금으로 남풍시를 연주하니 천하가 잘 다스려졌다는 고사에서 나온 말 / 「 」: 태평성대가 오기를 바라는 당대 민중들의 소망이 반영됨 / 피(볏과의 한해살이풀)의 하나

실근실근 타 놓으니 뜻밖에 박통 안에서 난데없는 궤 둘이 나오거늘, 흥보 깜짝 놀라,

물건을 넣도록 나무로 네모나게 만든 그릇 / 비현실성 – 고전 소설의 특징

「"복 없는 자는 계란에도 뼈가 있다고, 어떤 놈이 박속은 긁어 먹고 남의 세간 파한 귀신 상자를 돌아다니는가. 이것 다 버리고 천리만리 도망합세."」

계란유골(鷄卵有骨): 운수가 나쁜 사람은 모처럼 좋은 기회를 만나도 역시 일이 잘 안됨 / 남의 살림살이를 깨뜨린 / 「 」: 박속 대신 들어 있는 궤를 귀신 상자로 여기로 도망치려는 흥보의 행동에서 절망적인 상황을 해학적으로 표현하려는 의도가 드러남

흥보 아내 이른 말이, / "죄 없으면 관계없으니 자세히 살펴보오."

자세히 살펴보니 금색의 큰 글씨로 새겼으되 "흥보 개탁"이라 뚜렷이 새겼거늘, 한 궤를 열고 보니 한 궤에는 돈이 가득 또 한 궤에 쌀이 가득,

봉한 편지나 서류 따위를 뜯어보라는 뜻으로, 주로 손아랫사람에게 보내는 편지의 겉봉에 쓰는 말 / 비현실적 상황. '돈', '쌀'과 같은 물질적인 풍요를 소망했던 당대 서민들의 인식을 반영함

"애고 쌀 여기 들었다."

비어 내고 되어 보니 쌀이 서 말이요 돈이 삼십 냥, 그 돈으로 반찬 사고 그 쌀로 밥을 지어 배불리 질끈 먹고 궤를 다시 돌아보니, 도로 쌀이 가득하고 도로 돈이 가득하니,

분량을 헤아려 보니 / 비현실성

"허허 그 궤 미치것다."

돌아섰다 비어 내고 돌아섰다 비어 내고, 하루를 비어 내니 쌀이 삼천칠백 석, 돈이 삼만 칠천 냥. 하루 내에 얻은 세간 석숭이를 부러워하며, 도주공을 원할쏘냐. 흥보 부부 주리다가 양식 많이 얻은 김에 밥을 많이 하여 어찌들 먹었던지, 「흥보 아내 배는 배꼽을 만지려면 선반의 것 만지듯 하고, 흥보는 배꼽에 거울 놓고 망건 쓰기 좋게 불렀구나.」 주린 근심 곤궁타가 기쁜 마음 측량없이 까치걸음 조래춤을 덩치에 어울리지 않게 자주 추며, 또 한 통을 들여놓고 지름 방향으로 박을 탈 제,

중국 서진의 부자 / 중국 춘추 시대 월나라의 부자 / 배가 너무 나와 배 위에 거울을 놓으면 망건을 쓸 수 있을 만큼 거울이 잘 보임 / 배가 나와 배꼽을 만지려면 선반 위에 있는 물건을 만지듯이 팔을 뻗어야 함 / 「 」: 밥을 많이 먹어 배가 나온 흥보 내외의 모습을 과장하여 해학적으로 묘사함 / 두 발을 모아서 뛰는 종종걸음

「"천하장사 항 도령도 역발산 무슨 일인고 의수야행뿐이로다. 천하 부자 도주공도 도금해서는 내게 와 미칠쏘냐. 강 위에 떠 있는 배는 일천 석 실었도다."」

힘이 산을 뽑을 만큼 매우 셈 / 비단옷을 입고 밤길을 감. 아무리 잘해도 남들이 알아주지 않음을 의미함 / 「 」: 부자가 된 흥보의 기쁨을 비교와 과장을 통해 표현함

▶ 박속에서 나온 재물로 큰 부자가 된 흥보

중략 부분 줄거리 | 박 속에서 나온 많은 재물로 흥보가 부자가 되었다는 소식을 들은 놀보는 흥보를 찾아가 흥보가 부자가 된 사연을 듣고 집으로 돌아온다.

놀보 입이 생감 먹은 놈 입 벌리듯 하며 하직하고 제집에 돌아와 제비집을 무수히 만들어 사방

놀보가 떫은 생감을 먹고 입을 벌리듯 입을 크게 벌리며 기뻐함 / 흥보보다 많은 재물을 얻고자 하는 놀보의 욕심 많은 성격이 드러남

에 마련해 두고 제비 오기 기다릴 제,

「"수많은 백성들의 집집마다 있는 허다한 저 제비야, 그 집은 다 천화일에 이었으니 화기동량하면 제비, 참새는 모두 불에 타게 되니 어찌 아니 위태하리. 어서 와 새끼를 쳐라. 또한 떨어지면 내 솜씨로 고쳐 주마. 수고 들이지 말고 내가 지어 놓은 집에 새끼 쳐다오. 고집스런 저 제비야 어찌 그리 모르느냐."」

허다한: 수효가 많은 / 천화일: 화재가 난다고 하여 꺼리는 흉일 / 화기동량하면: 불기운이 기둥과 들보에 옮아 붙으면 / 「 」: 모든 제비가 자기 집으로만 오기를 바라는 놀보의 탐욕스러운 마음이 드러남

애꿎은 제비 한 쌍 놀보집 찾아들어, 흙을 물어 집을 짓고 첫배 새끼 치려 하고 알 다섯을 나았더니, 놀보가 지나치게 만져 보아 다 곯아 터진 중에, 하나가 조독이 오르지 않아 홀로 새끼 쳐 며칠 안에 날게 되니, 놀보 손수 제비 새끼 잡아 내어 두 발목을 질끈 분질러 손에 들고 이른 말이,

첫배: 맏배. 짐승이 새끼를 낳거나 까는 첫째 번 / 놀보가 지나치게 만져 보아: 놀보의 조급한 성미가 드러남 / 조독: 손톱에 긁힌 자리에 균이 들어가 생긴 염증 / 놀보 손수 제비 새끼 잡아 내어 두 발목을 질끈 분질러: 다치지도 않은 제비 다리를 일부러 부러뜨리는 놀보의 잔인한 면모가 드러남. 놀보가 벌을 받게 되는 원인

"불쌍하다 저 제비야, 나를 장자 되게 하라."

장자: 큰 부자

이렇듯 정답게 말하며「조기 껍질 내어놓고 물렛줄로 동일 적에, 소방상 대채 상부 줄 감듯, 사냥하는 포수 궁노루 동이듯, 해 질 무렵 초동목동 풀 나무 동이듯, 북통처럼 질끈 동여 제집에 얹었더니,」십여 일 지난 후에 제비 상한 다리 완전히 나아 날아다니며 넘놀면서, 놀보 깊은 원수 벼르면서 말하는 듯, 구월 구일 다다르니 고국 강남 제비 간다. 놀보 놈 거동 보소. 제비에게 정답게 말하되,

소방상 대채 상부 줄 감듯: 좁은 곳이나 험한 길에 쓰던 작은 상여에 줄 감듯 / 궁노루: 배의 향주머니에 사향이 들어 있는 사향노루 / 초동목동: 땔나무를 하는 아이와 가축에게 풀을 먹이는 아이 / 「 」: 제비 다리를 일부러 부러뜨려 놓고 그마저도 대충 치료함 – 놀부의 악한 심성이 드러남 / 놀보 깊은 원수 벼르면서 말하는 듯: 제비가 놀부에게 원한을 가짐 / 놀보 놈 거동 보소.: 판소리 사설의 문체

▶ 놀보가 일부러 제비 다리를 부러뜨리고 치료해 줌

"흰 구름 깊은 곳으로 네 부디 잘 날아가거라.「내년 삼월 오는 길에 보물 많이 물어다가 장자 되게 하고 별별 통 많거니와 일색 통을 잊지 마라.」후년 상봉 때 반가이 보자."

일색: 뛰어난 미인 / 상봉: 서로 만남 / 「 」: 놀보가 제비 다리를 일부러 부러뜨리고 치료해 준 궁극적 이유. 놀보의 탐욕스럽고 음탕한 성미가 드러남

신신부탁한 연후에 세월이 흘러 일 년이 지나가고 봄이 돌아오니, 놀보 제비 기다릴 제,

세월이 흘러 일 년이 지나가고 봄이 돌아오니: 시간의 흐름. 놀보가 벌을 받을 시기가 도래함

"묻노라 얼음 녹는 새해의 봄, 어느 날이 삼월인가. 오고 가는 강남 길에 삼춘은 한가지라. 푸른 하늘에 뜬 기러기 북쪽 하늘 향해 울고, 때 모르는 저 제비야 삼춘을 모르냐. 우리 제비 나의 은혜 아주 잊고 못 오는가."

이렇듯 발광할 제,

"이런 때는 제비 망이나 잘 보는 사람 있으면 수백 금을 아낄쏘냐."

자신이 다리를 치료해 준 제비가 돌아오기를 애타게 기다리는 놀보의 조급한 마음이 드러남

이리할 제 동네 머슴들이 의논하고, / "우리 놀보 속이자."

한 놈 내달으며 놀보에게 하는 말이, / "제비 오는 데 보아 드릴 것이니 어찌하려오?"

놀보 이른 말이, / "잘만 보게 되면 값으로 따질 수 없지야. 너도 멀리 보느냐?"

"그렇지요. 정신만 좋으면 서촉 보개산 울용애비 집 방 안의 숟가락질하는 것을 손등에 붙은 파리 보듯 하지요."

서촉: 중국 사천성 / 정신만 좋으면 ~ 하지요.: 머슴이 놀부를 속이기 위한 거짓말. 과장된 표현

놀보 놈 좌우를 돌아보며, / "얘 동네 놈들아, 저놈 말이 옳으냐."

"그렇지요."

『"그러하면 자세히 보아라. 우선 백 냥 내어놓았다."
머슴의 거짓말에 속아 돈을 내놓는 놀보의 어리석은 모습이 드러남

이놈이 어려서부터 서울 역관의 집에 가 자라난 놈이라. 한글로 된 지도를 보아 지도 하나는 잘 보는 놈이라. 강남서 제비 나오는 노정기였다. 이놈이 어려서부터 안질을 앓아 동네 사람을 분간 못 하는 놈이 보는 체하고 보더니라.』 「 」: 놀보를 조롱하며 풍자적 웃음을 유발함

역관: 통역을 맡아보는 관리
노정기: 여행할 길의 경로와 거리를 적은 기록
안질: 눈병
이놈이 어려서부터 ~ 보더니라: 앞을 보지 못하는 머슴이 먼 곳을 보는 체하며 놀보를 조롱함

『"촉나라 사십 리 초산도 이천 리 서촉을 다 지내고, 강동 오백 리 금릉 땅 들렀다. 소상 동정 고소대 악양루 지나 황학루 떴다. 등왕각 장사강을 건너 수미산 너머 태행산 돌아드니 남문관이 팔백 리며, 남병산 산양수 하구성 요동 칠백 리를 순식간에 날아온다. 익주 성주 예주 상림원 오산변 초수관 고성산이 이천 리라, 남해관 오백 리며 팽성관 일천삼백오십 리라, 황하수 삼천 리 수양산 들어온다. 곤륜산 구백사십 리를 장백산 태백산 만리산 남해관이 삼백칠십 리라, 함곡관 옥문관 철산관이 칠백 리라, 회음성 시주관이 일천삼백육십 리라, 만리장성 담을 넘어 연무관이 사천팔백오십 리요, 동관이 오천사백삼십 리요, 남경서 옥해관이 사십 리라, 비룡포 바라보고 남해관으로 심양이 구백사십 리 내봉성 삼백 리 우리나라 산천 바라보니 경개도 좋을시고. 의주를 바라보니 얼씨구 경개로다. 가을 달빛 비치는 압록강은 장성을 둘러 서쪽으로 돌아가고 의주를 왔소."』 「 」: 제비가 중국의 여러 곳을 거쳐 조선으로 날아오는 것처럼 말하여 놀보를 속임

금릉: 남경(南京)의 옛 이름
소상 동정: 소상강과 동정호
고소대: 중국 춘추 시대에, 오나라의 왕인 부차(夫差)가 고소산(姑蘇山) 위에 쌓은 대
요동: 중국 요하(遼河)의 동쪽 지방
수양산: 중국 산시 성의 서남쪽에 있는 산
경개: 경치
의주를 왔소: 제비가 우리나라에 왔다는 말로, 놀보에게 돈을 더 받아 내려고 함

"제비 날랜 것이로다. 자세히 보아라. 따로 삼백 냥 더 내어 왔다."
삼백 냥 더 내어 왔다: 놀보가 동네 머슴에게 속아 계속 돈을 내놓음

"흐린 안개 길 구름 밖에 오는 제비 앞서거니 뒤서거니 일행이 더욱 좋다. 어따 박씨 물었구나." / 놀보 깜짝 놀라,
어따 박씨 물었구나: 놀보가 가장 궁금해하는 것을 말함으로써 놀보에게서 계속 돈을 뜯어내려는 의도임

"박씨란 말이 웬 말이냐. 반갑다. 또 돈 백 냥 내어 왔다. 적다 말고 자세히 보아라."
조바심이 난 놀보가 돈을 더 내놓음

벌써 놀보 놈이 망하는구나.
편집자적 논평 – 놀보가 재산을 탕진하게 될 것을 암시함. 동네 머슴에게 속아 계속해서 돈을 내놓는 놀보의 어리석은 태도를 조롱함

『"청천강을 얼풋 건너 순안 숙천 바라보고, 평양 대동문에서 점심을 먹은 후 서울까지 오백구십오 리 정방산성 새남원 삼십 리 동선령 삼십 리 봉산관이 삼립 리 검주역 돌아드니, 평산 금천 청석골 구십오 리 송도는 왕씨의 도읍이라, 만월대 구경하고 장단 파주 고양을 돌아드니, 한양으로 들어와 연주문 구경하고, 얼씨구 떠나온다. 남대문 내달아 동작리 얼풋 건너 남태령 과천 삼십 리 군푸내 사근내 대황교 중미 오산 성황 직산 천안 광덕산 구룡목 곁가지에 앉았소."

청천강: 평안북도 서남부를 흐르는 강
평양 대동문에서 점심을 먹은 후: 제비를 의인화한 표현
송도: '개성'의 옛 이름
왕씨의 도읍: 고려를 세운 왕씨의 수도라
만월대: 개성시 송악산 남쪽 기슭에 있는 고려의 왕궁 터

"어찌 되었나 보아라. 돈 백 냥 더 주마."
놀보의 조바심이 더욱 고조됨. 계속해서 머슴에게 돈을 주는 모습을 통해 놀보의 어리석음과 탐욕성이 부각됨

"얼씨구 떠나온다. 김제 역마을 원터 광정 활원 모로원 공주산성 금강수 둘렀는데, 청양 증산 망월대 구경하고, 저 건너 김동지네 산소 등에 떴소."』 ▶ 사람들이 거짓으로 제비 오는 길을 봐 주고 놀보의 돈을 받아 냄
「 」: 우리나라의 지명을 장황하게 나열하며 제비의 이동 경로를 허위로 말하고 있음

김제: 전라북도 중서부에 있는 시
모로원: 충북 충주에 있는 지명

놀보 바라보니 제비 한 쌍 떠들어온다. 대체 이놈 재주는 대단한 놈이더니라. 저 제비 거동 보

편집자적 논평 – 제비가 날아온 때에 맞추어 말을 마친 머슴의 솜씨에 감탄함 판소리 사설의 문체

소. 박씨를 입에 물고 놀보 보고 노는 거동, 『성낸 백송고리 묵은 장끼를 주려는 듯, 독 오른 남산

사냥하는 데 쓰이는 맷과의 새 늙은 수꿩

표범 궁노루를 잡으려는 듯,』 무수히 조르다가 놀보 앞에 박씨를 툭 떨어뜨리니, 급히 들고 보니

「 」: 박씨를 물고 있는 제비의 모습을 묘사한 대목. '성낸', '독 오른'이란 표현을 통해 제비가 놀보에게 큰 원한을 가지고 있음을 짐작할 수 있음

박씨에 새겼으되 보수포라. 원수 수 자 분명하니, 놀보 스스로 뜻풀이하여,

제비가 놀보에게 보복을 하기 위해 가져온 것

"강남은 글 잘하는 사람이 없다. 저리 무식한 것들만 사는구나. 비단 수 자를 원수 수 자로 하였

한자의 뜻을 자신에게 유리한 쪽으로 해석함. 놀보의 어리석고 자기중심적인 성격이 드러남. 아전인수(我田引水)

구나. 아무튼 심어 보자."

▶ 기다리던 제비가 물어다 준 박씨를 심는 놀보

동편 처마 담 안에 날을 보아 깊이 파고 심었더니 박 싹이 나오는데, 큰 싸움배 닻줄만 하게 나

큰 박이 열린 모습을 비유와 과장을 통해 표현함. 놀보에게 큰 불행이 닥칠 것을 암시함

오더니 동네 집 칠팔 가구가 무너졌구나. 온 동네를 뒤덮더니 열두 통이 열렸구나.

이때 사오유월 지나가고 칠팔월이 되어, 오동잎은 울고 안방의 귀뚜라미는 제 이름대로 귀뚤귀

계절의 변화가 나타남(봄→가을)

뚤 소리를 낸다. 인간의 추석이요 만물은 황양이라. 시절은 구월이라 단풍이 들어 온 산에 붉고

누런 빛깔의 흙 배경 묘사

푸른색이 가득하여 단풍 물이 산천을 단장한다. 쓸쓸한 낙엽 소리 오고 가는 기러기요, 저문 날 위아래의 밭에서 들거두는 농부들아, 우리도 며칠 안에 일가친척과 벗들을 모두 다 청하여 좋은 술 좋은 안주 취하도록 먹은 후에, 잘 드는 도끼 들어 메고 박 꼭지를 모두 끊어 마당에 늘어놓고 긴 소리로 톱질할 제,

『"삯은 세 끼를 주되 점심과 돈 서 돈 오 푼 줄 것이니, 어서 바삐 박을 타소."』

일한 데 대한 품값으로 주는 돈이나 물건 「 」: 박 타기를 재촉하는 놀보의 모습에서 다급함과 기대감이 드러남

힘 있는 놈 삼십 명씩 돌아가며 톱질할 제, 놀보 내달으며,

뒷소리. 받는소리 – 여러 사람이 뒤에 부르는 소리 큰 부자

"설소리는 내가 할 테니 진소리는 자네들 맡소. 해가 저물기 전에 천하 대부 내 안 될까. 『이봐

앞소리. 메기는소리 – 한 사람이 앞서 부르는 소리 자신에게 닥칠 재앙을 알지 못하는 놀보의 어리석음이 드러남

세상 사람들아, 성인 훈계 듣지 말고 높은 명예 관리 직책 부귀 등이 하늘에 달렸다는 말은 다

걸왕과 주왕 – 폭군 호화로운 궁전 운명론적 사고에 대한 부정적 인식

쓸데없는 말이라. 걸주 경궁요대 포악으로 얻었으니, 선한 일은 하지 말고 악한 일을 힘써 하

폭정을 일삼는 당대 지배층에 대한 비판 선하게 살아 봐야 아무런 이익을 얻지 못하는 부조리한 현실 비판

소. 부모 동생 일가친척 잘 살아야 쓸데없고, 남이야 죽고 살고 나 잘살면 그만이라.』 요임금은

이기주의가 팽배한 당대 사회상 반영 「 」: 놀보의 악한 성품과 당대 부조리한 현실에 대한 비판 의식이 드러남

무슨 일로 오래 살고 부자 되고 아들 많음을 마다했으리. 초나라 단혈에서 솟아나는 금은보화

물욕이 많은 놀보의 성격이 드러남

이 박통에 다 나오시오. 어이여라 톱질이야."

▶ 놀보가 금은보화가 나오기를 기대하며 사람들에게 박을 타게 함

『실근실근 툭 타 놓으니 박통 안이 적막하고 깜깜한 가운데 백발노인이 썩 나오며,

악한 놀보를 응징하는 심판자

"추강이 적막어룡냉하니 인재서풍중선루라."

가을 강이 적막하여 물고기도 차고 사람은 서풍을 맞으며 중선루에 있구나

이렇듯 풍월 읊으며 일백오십 명이 떼를 지어 꾸역꾸역꾸역 나오며,』

「 」: 비현실적, 과장된 표현이 드러남

"이놈 놀보야, 네 안방이며 대청마루에서 일을 시작할 테니 기다려라."

일백오십 명이 한 번에 고함을 치니 놀보 귀가 캄캄하여 기막혀 이른 말이,

무덤 근처에 제청(祭廳)으로 쓰려고 지은 집

『"여보시오, 내 집이 재궁이 아니요 제각이 아니어든, 웬 양반이 떼를 지어 나오듯 한물지게 나

무덤이나 사당 옆에 제사를 지내기 위하여 지은 집 큰물(비가 많이 와서 강이나 개천에 갑자기 크게 불은 물)지게

오니 그 다 뉘라 하시오?"」 「 」: 자신의 집이 조상들의 제사를 모시는 집도 아닌데, 박 속에서 양반들이 떼를 지어 나오니 의아해함. 자신이 벌을 받게 될 것을 눈치채지 못하는 놀보의 어리석음을 풍자함

이 말이 끝나자마자 저 양반들 거동 봐라. 일시에 두 눈을 부릅뜨고 팔을 뽐으며,

"네 박 속의 하인 놈 게 있느냐."

뜻밖에 박통 속에서 주창 같은 날랜 종 십여 명이 펄쩍 뛰어 내달아, 놀보 놈의 상투를 선전(조선 시대에 비단을 팔던 가게) 시정 연줄 감듯 돛대 사공 닻줄 감듯 휘휘 둘러,(종들이 놀보의 상투를 단단히 잡아매는 모습을 비유적으로 표현함)

"잡아들였소."

일백오십 명 양반들이 한꺼번에 큰 호령하며,

「"우리는 전생(삼생(三生)의 하나로 이 세상에 태어나기 이전의 생애를 이름)과 이승 네 상전이라. 네 칠대 할아비가 집종(예전에, 집에서 부리던 종)으로서 기자(고조선 때에 있었다고 하는 전설상의 기자 조선의 시조(始祖))가 평양 도읍 정할 때 알 수 없는 곳으로 도망하여 상전을 배반한 죄 만 번 죽어도 아까울 것이 없다.(만사무석(萬死無惜))"

또 한 노인이 나앉으며,

"놀보야 네 할아비 둥굴쇠, 당태종 세민 황제 나라를 세우고 천자(천제(天帝)의 아들, 즉 하늘의 뜻을 받아 하늘을 대신하여 천하를 다스리는 사람이라는 뜻으로, 군주 국가의 최고 통치자를 이르는 말)로서 도읍 정하실 때, 황충지란(풀무치로 인한 피해)을 만나 천한 사람들이 정처 없이 떠돌아다닐 때, 빌어먹어 나온 놈이 상전을 배반하고 고공돈(머슴이 주인에게 바쳐야 할 돈)을 안 바치니 살기를 바라느냐."」 「 」: ① 박에서 나온 양반들이 근거 없는 말을 늘어놓으며 놀보의 돈을 빼앗고자 함 ② 서민층의 재물을 착취하는 당대 양반들의 부조리한 모습에 대한 비판 의식이 드러남

또 쑥대머리(머리털이 마구 흐트러져 어지럽게 된 머리)에다 융통성 없어 보이는 양반이 나앉으며,

「"이놈 놀보야, 네 증조할미가 내 종첩(종으로 부리다가 올려 앉혀서 된 첩)이라 네 조상이 되기로 내가 저 샌님을 만류하자고 나온 길이로다. 내사 설마 네게 해코지하랴. 너는 내 손자라 안세가 없을쏘냐. 각각 돈 바리(마소의 등에 잔뜩 실은 짐을 세는 단위)씩이나 들이라."」 「 」: 놀보의 먼 조상임을 내세워 놀보를 위해 주는 척하지만 실제로는 놀보의 돈을 빼앗고자 함

돈 백 냥씩 들이고 나니, 이때 쑥대머리 영감은 그저 갈까 하다가 썩 나앉으며 이른 말이,

"네가 해자(특별히 한 일 없이 공짜로 한턱 잘 얻어먹는 일) 많이 하였으니 내사 관계하랴마는 섭섭하니 이 주머니만 채워라."

싸라기(부스러진 쌀알) 한 되 들면 더 들 것 업을 성싶으니,

"그리하옵시다."

처사 흘깃 쳐다보고 한 되 넣어 보니 간데없고 두 되 넣어 간데없고 한 말 넣어 간데없고 한 섬 넣어도 간데없고 아무리 넣어도 간데없으니,(비현실성, 점층적 표현)

"여보, 이게 무슨 주머니요?"

"네 이 주머니에 얽힌 사연 들으라.(양반이 박 속에서 나온 궁극적 이유 – 놀보의 악행에 대한 징벌에 해당) 옥황상제 두통에 쓰는 팔풍낭(팔방(八方)의 바람이 나오는 주머니)이요, 마파람(남풍(南風)) 잡아 담는 능천주머니(안에 든 것은 전부 하늘로 올라간다는 주머니)다. 네 집 세간 모두 넣어라."

"여보 내내 만류한다더니, 어르고 눈을 빼기로 드니(위해 주는 척하다가 오히려 더 많은 피해를 입힌다는 의미) 낸들 어찌하자는 말이오. 그만하고 돌아가오."

"그리하라." / 강남 노인들은 갑자기 사라졌구나.

▶ 박 속에서 나온 양반들에게 많은 재물을 빼앗기는 놀보

뒷부분 줄거리 | 놀보가 타는 박마다 괴인이니 귀신이니 하는 것들이 나와서 놀부를 망하게 한다. 이 소식을 들은 흥보는 놀보를 데려와 봉양하고, 놀보는 개과천선하여 형제가 사이좋게 지내게 된다.

핵심 정리

- 갈래: 고전 소설(판소리계 소설, 국문 소설)
- 성격: 풍자적, 해학적, 교훈적
- 구성: '발단 – 전개 – 위기 – 절정 – 결말'의 5단 구성

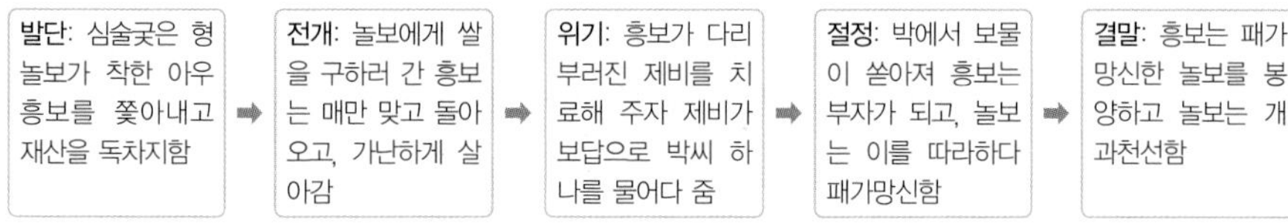

발단	전개	위기	절정	결말
발단: 심술궂은 형 놀보가 착한 아우 흥보를 쫓아내고 재산을 독차지함	**전개**: 놀보에게 쌀을 구하러 간 흥보는 매만 맞고 돌아오고, 가난하게 살아감	**위기**: 흥보가 다리 부러진 제비를 치료해 주자 제비가 보답으로 박씨 하나를 물어다 줌	**절정**: 박에서 보물이 쏟아져 흥보는 부자가 되고, 놀보는 이를 따라하다 패가망신함	**결말**: 흥보는 패가망신한 놀보를 봉양하고 놀보는 개과천선함

- 제재: 흥보의 선행과 놀보의 악행
- 주제: ① 형제간의 우애와 권선징악(勸善懲惡) ② 몰락한 양반과 신흥 부농, 빈농과 부농의 갈등
- 특징: ① 변화되어 가는 조선 후기의 사회상을 반영함 ② 과장된 표현, 익살, 해학적 묘사 등을 통해 골계미가 나타남
- 의의: 〈춘향전〉, 〈심청전〉과 더불어 3대 판소리계 소설로 손꼽힘
- 인물 분석
  - 흥보: 몰락한 양반이자 토지 없는 빈민. 가난하지만 선량하며 우애와 신의가 있으나 무능한 인물임
  - 흥보 아내: 흥보의 아내. 선량하지만 현실 인식이 빠르고 고난을 극복하려는 의지를 지님
  - 놀보: 흥보의 형이자 부유한 지주. 탐욕과 심술로 가득 찬 악인으로 갈등을 유발하는 인물임

한눈에 **보기**

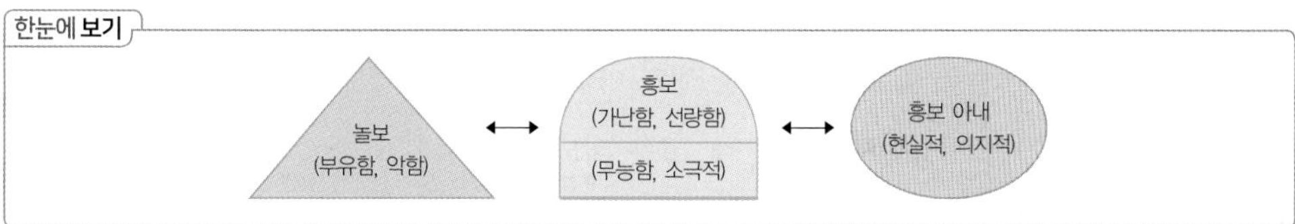

보충·심화 학습

- 동물 보은 설화

동물들이 인간의 은혜에 보답하는 내용을 다룬 설화로, 우리 민족에게 오랫동안 현실적 도덕이었던 '보은(報恩)'이라는 가치에 기반을 두고 인간과 동물의 현실적 유대에 근거하고 있다. 〈두꺼비의 보은〉, 〈치악산의 까치〉 등이 대표적인 보은 설화에 속한다.

필수 문제

01 이 글에서 흥보에게 은혜를 갚기 위해 박씨를 물어다 준 제비의 태도와 관련된 한자 성어를 쓰시오.

02 이 글에서 흥보와 놀보의 대조되는 두 모습을 통해 나타내고자 한 표면적 주제와 이면적 주제를 쓰시오.
- 표면적 주제:
- 이면적 주제:

128 춘향전(春香傳) | 작자 미상

교과서 EBS 모의 기출

출제 포인트

신분을 초월한 남녀 간의 사랑을 다룬 판소리계 소설이다. 판소리 사설의 특성, 인물의 성격, 주제 의식 등에 주목하여 살펴보자.

감상 길잡이

이 글은 판소리로 불리다가 소설로 정착된 판소리계 소설의 하나로, 100여 종이 넘는 이본(異本)이 있다. 이 글에서는 여인의 정절에 대한 강조, 부정한 관리에 대한 저항, 신분을 초월한 남녀 간의 사랑, 민중의 신분 상승 욕구 등의 다양한 주제를 이끌어 낼 수 있는데, 이것은 이 글의 독자층이 다양했다는 사실과도 관련된다. 즉, 민중들은 춘향의 저항과 이몽룡의 응징, 춘향의 신분 상승을 보면서 대리 만족을 얻을 수 있었고, 양반들은 춘향의 수절이 당시의 봉건 윤리에 부합되었기 때문에 이를 통해 만족을 얻을 수 있었던 것이다.

장면 1

앞부분 줄거리 | 조선 숙종(1661 ~ 1720) 초 전라도 남원에 사는 퇴기(退妓) 월매와 성 참판 사이에서 미모와 재주가 유달리 뛰어난 성춘향이 출생한다.

이때는 오월 단옷날이렷다. 일 년 중 가장 아름다운 시절이라. 이때 월매 딸 춘향이도 또한 시서음률(詩書音律)이 능통하니 천중절을 모를쏘냐. 추천을 하려고 향단이 앞세우고 내려올 제, 「난초같이 고운 머리 두 귀를 눌러 곱게 땋아 봉황 새긴 비녀를 단정히 매었구나. 비단 치마를 두른 허리는 힘없이 드리운 가는 버들같이 아름답다. 고운 태도 아장 걸어 흐늘 걸어 가만가만 나올 적에,」 장림(長林) 속으로 들어가니 〈녹음방초 우거져 금잔디 좌르르 깔린 곳에 황금 같은 꾀꼬리는 쌍쌍이 날아든다.〉 버드나무 높은 곳에서 그네 타려 할 때, 「좋은 비단 초록 장옷, 남색 명주 홑치마 훨훨 벗어 걸어 두고, 자주색 비단 꽃신을 썩썩 벗어 던져 두고, 흰 비단 새 속옷 턱밑에 훨씬 추켜올리고, 삼껍질 그넷줄을 섬섬옥수 넌지시 들어 두 손에 갈라 잡고, 흰 비단 버선 두 발길로 훌쩍 올라 발구른다. 세류(細柳) 같은 예쁜 몸을 단정히 놀리는데 뒷단장은 옥(玉)비녀에 은죽절이요 앞치레 볼 것 같으면 밀화장도(蜜花粧刀), 옥장도(玉粧刀)며, 비단 겹저고리, 제색 고름이 모양이 난다.」

- 단옷날: 평소 바깥출입이 어려웠던 여인들이 그네를 뛰러 나옴 – 춘향과 몽룡이 만나게 되는 계기
- 월매 딸 춘향: 기생의 딸로 천한 신분임
- 시서음률(詩書音律): 시와 글씨, 소리와 음악의 가락
- 천중절: 단오
- 추천: 그네뛰기
- 「 」: 춘향의 외양 묘사 ① – 다양한 비유를 활용하여 춘향의 아름다움을 드러냄
- 장림(長林): 길게 뻗쳐 있는 숲
- 녹음방초: 푸르게 우거진 나무와 풀
- 〈 〉: 음양의 조화를 이룬 아름다운 봄날 – 사랑이 이루어지기 좋은 때
- 장옷: 부녀자들이 나들이할 때 머리를 써서 온몸을 가리던 옷
- 섬섬옥수: 여인의 고운 손
- 은죽절: 은으로 대 마디 형상처럼 만든, 여자의 쪽에 꽂는 장식품
- 세류(細柳): 가지가 매우 가는 버드나무
- 앞치레: 몸의 앞부분을 꾸미는 치레
- 밀화장도(蜜花粧刀): 밀화로 꾸민, 주머니 속에 넣거나 옷고름에 늘 차고 다니는 칼집이 있는 작은 칼
- 「 」: 춘향의 외양 묘사 ②

"향단아 밀어라."

「한 번 굴러 힘을 주며 두 번 굴러 힘을 주니 발밑에 작은 티끌 바람 좇아 펄펄. 앞뒤 점점 멀어 가니 머리 위의 나뭇잎은 몸을 따라 흔들흔들. 오고 갈 제 살펴보니 녹음 속의 붉은 치맛자락 바람결에 내비치니, 높고 넓은 흰 구름 사이에 번갯불이 쏘는 듯 잠깐 사이에 앞뒤가 바뀌는구나. 앞으로 어른거리는 모습은 제비가 가볍게 날아 떨어지는 도화(桃花) 한 점 찾으려 좇는 듯, 뒤로 번듯하는 모습은 광풍에 놀란 나비 짝을 잃고 가다가 돌이키는 듯, 무산(巫山)의 선녀 구름 타고 양대(陽臺) 위에 내리는 듯」 나뭇잎도 물어 보고 꽃도 질끈 꺾어 머리에다 실근실근.

- 도화(桃花): 복숭아꽃
- 「 」: 춘향이 그네 뛰는 모습을 다양한 비유를 통해 묘사함
- 무산(巫山)의 선녀: 중국의 전설에서, 얼굴이 몹시 곱고 아름답다는 선녀
- 양대(陽臺): 중국에 있는 산봉우리 이름

"이 애, 향단아. 그네 바람이 독하기로 정신이 아찔하다. 그넷줄 붙들어라."

옥이 맞부딪쳐 맑게 울리는 소리

붙들려고 무수히 진퇴(進退)하며 한참 노닐 적에 시냇가 반석(盤石) 위에 옥비녀 떨어져 쟁쟁하고,

앞으로 나아가고 뒤로 물러나며 / 넓고 평평한 큰 돌 / 춘향의 모습에 대한 편집자적 논평

'비녀, 비녀' 하는 소리는 산호채를 들어 옥그릇을 깨뜨리는 듯. 그 형용은 세상 인물 아니로다.

떨어진 비녀를 찾는 춘향의 목소리 / 산호로 만든 비녀 / ▶ 단옷날 그네를 뛰는 춘향

제비는 봄 내내 날아드는구나. 이 도령 마음이 울적하고 정신이 어질하여 별 생각이 다 나것다.

작은 배 / 중국 춘추 시대 월나라의 미인 / 달밤

혼잣말로 소리하되, 『오호에 편주 타고 범소백을 좇았으니 서시(西施)도 올 리 없고, 해성 월야(月夜)

호주(湖州) 동편에 있는 호수 / 중국 월나라의 재상 범여(范蠡)를 말함 / 해하(垓下)에 있는 성

에 슬픈 노래로 초패왕을 이별하던 우미인(虞美人)도 올 리 없고, 단봉궐 하직하고 백룡퇴로 간 후

초패왕 항우의 총희(寵姬) / 천자(天子)의 대궐 / 지명. 왕소군이 시집간 곳

에 독류청총(獨留靑塚)하였으니 왕소군(王昭君)도 올 리 없고, 장신궁 깊이 닫고 백두음(白頭吟)을 읊

홀로 푸른 무덤에 머묾 / 전한 효원제의 후궁 / 한의 태후가 거처하던 궁전

었으니 반첩여(班婕妤)도 올 리 없고, 소양궁 아침 날에 시측하고 돌아오니 조비연(趙飛燕)도 올 리

한나라 성제 때의 후궁. 장신궁에 있는 동안 시부(詩賦)를 지어 애절한 심사를 풂 / 곁에 있으면서 웃어른을 모심 / 한나라 성제의 황후

없다. 낙포(洛浦)의 선녀인가 무산의 선녀인가.』 도련님 혼이 빠져 일신이 괴로우니 진실로 장가 안

복희씨의 딸인 복비 / 「 」: 중국 고사에 나오는 미인들과 견주어 춘향의 아름다움을 말함 / 편집자적 논평 – 몽룡이 춘향에게 반함

간 총각이로다.

"통인아." / "예."

수령(守令)의 잔심부름을 하던 구실아치. 여기서는 방자를 가리킴

"저 건너 화류(花柳) 중에 오락가락 희뜩희뜩 어른어른 하는 게 무엇인지 자세히 보아라."

꽃과 버드나무 / 그네 뛰는 춘향의 모습

통인이 살펴보고 여쭈오되,

"다른 무엇 아니오라 이 고을 기생 월매 딸 춘향이란 계집아이로소이다."

도련님이 엉겁결에 하는 말이, / "아주 좋다. 훌륭하다." / 통인이 아뢰되,

기생의 딸이라 쉽게 만날 수 있다고 생각함

『"제 어미는 기생이오나 춘향이는 도도하여 기생 구실 마다하고 온갖 꽃이며 풀이며 글자도 생각하고, 여자의 재질이며 문장을 겸비하여 예사 처자와 다름이 없나이다."』

「 」: 신분은 천하지만 춘향이 여염 처자의 재질을 갖추었음

도령이 허허 웃고 방자를 불러 분부하되, / "들은즉 기생의 딸이라니 급히 가 불러오라."

춘향이 천한 신분이므로 쉽게 만날 수 있으리라 생각함

방자 놈 여쭈오되,

"눈같이 흰 피부 꽃다운 얼굴이 이 일대에서 유명하여 관찰사, 첨사, 병부사, 군수, 현감, 엄지

설부화용(雪膚花容)

발가락이 두 뼘씩이나 되는 양반 오입쟁이들도 무수히 만나 보려 하였지만 실패했고, 장강의

외도하는 사람을 낮잡아 이르는 말 / 중국 춘추 시대 위장공의 부인

아름다움과 임사의 덕행이며, 이백과 두보의 문필이며, 이비의 정절을 품었으니 지금 세상에서

중국 문왕의 어머니와 처. 덕성 있는 여성을 뜻함 / 중국 순임금의 두 비인 아황과 여영

가장 아름다운 여자요, 여자 중의 군자오니 황공하온 말씀이나 불러오기 어렵나이다."

도련님이 크게 웃고,

결정적 장면

황금이 많이 나는 중국의 강

『"방자야 네가 물건에는 각기 그 주인이 있다는 것을 모르는도다. 형산에서 나는 백옥과 여수에

자신이 춘향의 짝(배필)이라고 생각함 / 백옥이 많이 나는 중국의 산

서 나는 황금이 각각 임자 있느니라. 잔말 말고 불러오라."』 ▶ 춘향에게 반한 몽룡이 방자에게 춘향을 불러오라 함

「 」: 자신감 넘치는 몽룡의 성격이 드러남

방자 분부 듣고 춘향 불러 건너갈 때 맵시 있는 방자 녀석, 서왕모가 요지연에 편지 전하던 파

중국 신화에 나오는 신녀 / 요지에서 벌이던 잔치. 요지는 주나라 목왕이 서왕모와 만났다는 선경(仙境)

랑새같이 이리저리 건너가서,

"여봐라, 이 애 춘향아." / 부르는 소리에 춘향이 깜짝 놀라,
춘향의 신분이 천민이므로 방자가 춘향에게 반말을 함

"무슨 소리를 그따위로 질러 사람의 정신을 놀래느냐."
춘향 역시 방자에게 반말을 함 → 두 사람의 신분이 비슷하고 안면이 있음

"이 애야, 말 마라. 일이 났다." / "일이라니 무슨 일?"

"사또 자제 도련님이 광한루에 오셨다가 너 노는 모양 보고 불러오란 명을 내렸다."
광한루: 전남 남원에 있는 누각. 공간적 배경

춘향이 화를 내어,

"네가 미친 자식이로다. 도련님이 어찌 나를 알아서 부른단 말이냐. 이 자식 네가 내 말을 종달새가 삼씨 까먹듯 빨리하였나 보다."
네가 미친 자식이로다: 비속어 사용 → 춘향의 당돌한 성격
종달새가 삼씨 까먹듯 빨리하였나 보다: 종달새가 삼씨를 까먹으면서 조잘거리듯 떠들어 댔나 보다

"아니다, 내가 네 말을 할 리도 없지만 네가 그르지 내가 그르냐. 너 그른 내력을 들어 보아라. 「계집아이 행실로 그네를 타려면 네 집 후원 담장 안에 줄을 매고 타는 게 도리에 당연함이라.」 「광한루 멀지 않고 또한 지금은 녹음과 향기로운 풀이 꽃보다 좋은 봄이라. 향기로운 풀은 푸르고, 앞 시냇가 버들은 초록색 휘장을 둘렀고, 뒤 시냇가 버들은 연두색 휘장을 둘러, 한 가지 늘어지고 또 한 가지 펑퍼져 흐늘흐늘 춤을 춘다.」 이 같은 광한루 경치 구경하는데, 그네를 매고 네가 뛰어 「외씨 같은 두 발길로 흰 구름 사이에서 노닐 적에 붉은 치맛자락이 펄펄, 흰 속옷 갈래 동남풍에 펄렁펄렁, 박속같은 네 살결이 흰 구름 사이에 희뜩희뜩한다.」 도련님이 이를 보시고 너를 부르시니 내가 무슨 말을 한단 말인가. 잔말 말고 건너가자."
「 」: 여성의 바깥출입이 제한되었던 당대 사회상 반영
휘장: 피륙을 여러 폭으로 이어서 빙 둘러치는 장막
펑퍼져: 둥그스름하고 펀펀하게 가로로 퍼져
「 」: 광한루의 초여름 풍경을 묘사함. 대구법, 의인법의 사용
외씨: '오이씨'의 준말
희뜩희뜩: 다른 빛깔 속에 흰 빛깔이 군데군데 뒤섞이어 있는 모양
박속같은: 곱고 하얀
「 」: 그네 타는 춘향의 모습이 단정하지 못했음을 지적함. 비유법, 음성 상징어의 사용

춘향이 대답하되,

❶ "네 말이 당연하나 오늘이 단옷날이라, 비단 나뿐이랴. 다른 집 처자들도 여기 와서 함께 그네를 탔을 뿐 아니라, 설혹 내 말을 했을지라도 내가 지금 기생이 아니니 예사 처녀를 함부로 부를 리도 없고 부른다 해도 갈 리도 없다. 당초에 네가 말을 잘못 들은 바라."
춘향이 몽룡의 부름을 거절하는 이유 ① – 단옷날은 많은 처녀들이 밖에 나와 그네를 탐
춘향이 몽룡의 부름을 거절하는 이유 ② – 기생도 아닌 예사 처녀를 함부로 보자 하는 것은 도리에 어긋남

▶ 춘향을 데리러 갔다가 거절당하는 방자

방자 별 수 없이 광한루로 돌아와 도련님께 여쭈오니 도련님 그 말 듣고, / "기특한 사람이로다. 말인즉 옳도다. 다시 가 말을 하되 이리이리 하여라."
춘향의 거절 이유가 이치에 맞다고 생각함 – 춘향에게 더 큰 호감을 가지게 되는 계기가 됨

결정적 장면

춘향에게 반한 몽룡의 부름을 거절하던 춘향이 다시 찾아온 방자를 따라 몽룡을 만나러 간 장면이다. 춘향의 현명하면서도 당당한 태도와 남녀의 자유로운 만남이 제한되었던 당대의 사회상이 드러나고 있다.

문제로 핵심 파악

1 (   )은/는 춘향과 몽룡이 만나는 계기가 되는 날이다.

2 방자는 춘향을 데려오라는 몽룡의 명을 단번에 따른다. (○, ×)

핵심 구절 풀이

❶ "네 말이 당연하나 ~ 잘못 들은 바라.": 춘향이 방자에게 몽룡의 부름을 거절하는 부분으로, 타당한 거절의 이유를 말하는 춘향의 현명하고 도도한 면모가 드러남

답 1 단옷날 2 ×

방자 그 전갈(傳喝)을 가지고 춘향에게 건너가니, 그사이에 제집으로 돌아갔다. 저의 집을 찾아가니 모녀간 마주 앉아 점심을 먹는구나. 방자 들어가니, / "너 왜 또 오느냐?"

사람을 시켜 말을 전하거나 안부를 물음. 또는 전하는 말이나 안부

"황송타. 도련님이 다시 전갈하시더라. 「내가 너를 기생으로 안 것이 아니다. 들으니 네가 글을 잘 한다기로 청하노라. 여염 처자 불러 보는 것이 민망한 일이지만 꺼리지 말고 잠깐 와 다녀가라」하시더라."

백성의 살림집이 많이 모여 있는 곳 / 몽룡이 춘향을 만나려는 표면적인 이유 / 남녀의 자유로운 만남이 제한되었던 당대 사회상이 반영됨

「 」: 기생의 딸인 춘향이 자신의 청을 쉽게 들을 것이라는 몽룡의 인식에 변화가 생겼음을 알 수 있음

춘향의 너그러운 마음에 연분(緣分)이 되려고 그런지 갑자기 갈 마음이 난다. 모친의 뜻을 몰라 한동안 말 않고 앉았더니, 춘향 어미 썩 나앉아 정신없이 말을 하되,

성격의 직접적 제시 / 몽룡과 춘향의 사랑이 이루어질 것을 암시함 / 몽룡의 태도로 인해 춘향의 인식도 변화함

「"꿈이라 하는 것이 모두 허사(虛事)는 아니로다. 간밤에 꿈을 꾸니 난데없이 연못에 잠긴 청룡 하나 보이기에 무슨 좋은 일이 있을까 하였더니 우연한 일 아니로다. 또한 들으니 사또 자제 도련님 이름이 몽룡이라 하니 '꿈 몽(夢) 자 용 룡(龍) 자' 신통하게 맞추었다. 그나저나 양반이 부르시는데 아니 갈 수 있겠느냐. 잠깐 다녀오라."」

헛일 / 고전 소설의 우연성이 드러남. 꿈의 내용을 자기 쪽으로 유리하게 해석하는 월매의 태도가 드러남 / 신분의 차이를 인식하고 있음

「 」: 꿈을 근거로 몽룡에게 다녀오라는 월매. 사또의 자제인 몽룡과 잘 되었으면 하는 신분 상승의 욕구가 은근히 드러남

▶ 춘향을 다시 데리러 간 방자와 몽룡과의 만남을 허락하는 월매

춘향이가 그제야 못 이기는 모습으로 겨우 일어나 광한루 건너갈 제, 「대명전(大明殿) 대들보의 명매기걸음으로, 양지(陽地) 마당의 씨암탉걸음으로, 흰모래 바다의 금자라 걸음으로, 달 같은 태도 꽃다운 용모로 천천히 건너간다. 월(越)나라 서시(西施)가 배우던 걸음걸이로 흐늘흐늘 건너온다.」 도련님 난간에 절반만 비켜서서 그윽이 바라보니 춘향이가 건너오는데 광한루 가까이 온지라. 도련님 좋아라고 자세히 살펴보니 요염(妖艶)하고 정숙(貞淑)하여 그 아름다움이 세상에 둘도 없는지라. 「얼굴이 빼어나니 청강(淸江)에 노는 학이 설월(雪月)에 비친 것 같고, 흰 치아 붉은 입술이 반쯤 열렸으니 별도 같고 옥도 같다. 연지(臙脂)를 품은 듯, 자주빛 치마 고운 태도는 석양에 비치는 안개 같고, 푸른 치마가 영롱하여 은하수 물결 같다.」 고운 걸음 단정히 옮겨 천연(天然)히 누각에 올라 부끄러이 서 있거늘, 통인(通引) 불러 말한다.

맵시 있게 아장거리며 걷는 걸음 / 아기작아기작 가만히 걷는 걸음 / 화용월태(花容月態) / 월나라에서 오왕에게 미인 서시를 바치기 위하여 3년 동안 걸음걸이 연습을 시켰다는 고사 인용

「 」: 몽룡을 만나러 가는 춘향의 걷는 모습을 비유를 통해 묘사함. 열거법

사람을 호릴 만큼 매우 아리따움 / 여자로서 행실이 곧고 마음씨가 맑고 고움 / 단순호치(丹脣皓齒: 붉은 입술과 하얀 치아라는 뜻으로, 아름다운 여자를 이르는 말) / 여자가 화장할 때에 입술이나 뺨에 찍는 붉은 빛깔의 염료

「 」: 춘향의 빼어난 자태를 비유를 통해 묘사함 / 생긴 그대로 조금도 꾸밈이 없이 / 방자를 가리킴

▶ 다시 찾아온 방자를 따라 몽룡을 만나러 간 춘향

"앉으라고 일러라."

춘향의 고운 태도 단정하다. 앉는 거동 자세히 살펴보니, 「갓 비가 내린 바다 흰 물결에 목욕재계(沐浴齋戒)하고 앉은 제비가 사람을 보고 놀라는 듯, 별로 꾸민 것도 없는 천연한 절대 가인(絶代佳人)이라. 아름다운 얼굴을 대하니 구름 사이 명월이요, 붉은 입술 반쯤 여니 강 가운데 핀 연꽃이로다. 신선을 내 몰라도 하늘나라 선녀가 죄를 입어 남원에 내렸으니, 달나라 궁궐의 선녀가 벗 하나를 잃었구나. 네 얼굴 네 태도는 세상 인물 아니로다.」

춘향의 아름다운 태도를 직유를 통해 드러냄 / 절세가인. 세상에 견줄 만한 사람이 없을 정도로 뛰어나게 아름다운 여인 / 대구법, 은유법 / 월궁항아(月宮姮娥: 전설에서, 달에 있는 궁에 산다는 선녀)

「 」: 춘향의 빼어난 자태에 반한 몽룡의 심리가 드러남

이때 춘향이 추파(秋波)를 잠깐 들어 이 도령을 살펴보니 천하의 호걸(豪傑)이요 세상의 기남자(奇男子)라. 「이마가 높았으니 젊은 나이에 공명(功名)을 얻을 것이요, 이마며 턱이며 코와 광대뼈가

미인의 맑고 아름다운 눈길 / 재주와 슬기가 남달리 뛰어난 남자 / 공을 세워서 자기의 이름을 널리 드러냄. 또는 그 이름

조화를 얻었으니 충신(忠臣)이 될 것이라.」 흠모하여 눈썹을 숙이고 무릎을 모아 단정히 앉을 뿐이

「 」: 외양 묘사를 통해 몽룡이 입신양명할 것을 암시함 / 기쁜 마음으로 공경하며 사모함

로다. 이 도령 하는 말이,

"옛 성현도 같은 성끼리는 혼인하지 않는다 했으니 네 성은 무엇이며 나이는 몇 살이뇨?"

동성(同姓) 간의 혼인을 금지했던 당대 사회상이 드러남

"성은 성(成)가옵고 나이는 십육 세로소이다."

이 도령 거동 보소.

판소리 사설의 문체

"허허 그 말 반갑도다. 네 연세 들어 보니 나와 동갑인 이팔이라. 「성씨를 들어 보니 하늘이 정한 인연일시 분명하다.」 「혼인하여 좋은 연분 만들어 평생 같이 즐겨 보자.」 너의 부모 모두 살아 계시냐?"

천생연분(天生緣分), 천정배필(天定配匹)

「 」: 몽룡은 자신의 성인 '이'와 춘향의 성인 '성'을 이성지합(二姓之合: 서로 다른 두 성이 합하였다는 뜻으로, 남녀의 혼인을 이르는 말)으로 해석함

「 」: ① 첫눈에 반한 춘향에게 혼인을 요구하는 몽룡의 조급하고 경솔한 태도가 드러남
② 부모의 결정이 아닌 자신의 의사에 따라 혼인을 하려는 자유연애 사상이 드러남

"편모슬하(偏母膝下)로소이다."

홀로 남은 어머니를 모시고 있는 처지

"형제는 몇이나 되느냐?"

"올해 육십 세를 맞은 나의 모친이 무남독녀(無男獨女)라. 나 하나요."

아들 없는 집안의 외동딸

"너도 귀한 딸이로다. 하늘이 정하신 연분으로 우리 둘이 만났으니 변치 않는 즐거움을 이뤄 보자."

금지옥엽(金枝玉葉) / 처음 만난 춘향에게 혼인 요구를 반복하는 몽룡의 모습에서 해학성이 드러남

춘향이 거동 보소. 「고운 눈썹 찡그리며 붉은 입술 반쯤 열고 가는 목소리 겨우 열어 고운 음성으로 여쭈오되,」

판소리 사설의 문체 / 「 」: 외양 묘사를 통해 춘향의 불편한 심리를 드러냄

「"충신은 두 임금을 섬기지 않고 열녀는 지아비를 바꾸지 않는다고 옛글에 일렀으니, 도련님은 귀공자요 소녀는 천한 계집이라. 한번 정을 맡긴 연후에 바로 버리시면 일편단심 이내 마음, 독수공방 홀로 누워 우는 한(恨)은 이내 신세 내 아니면 누구일꼬? 그런 분부 마옵소서."」

충신불사이군(忠臣不事二君), 열녀불경이부(烈女不更二夫) – 유교적 가치관

양반의 자제와 기생의 딸이라는 신분 차이를 인식함

「 」: 신분 차이를 들어 몽룡과의 혼인을 거부하는 춘향 – ① 신분제의 모순에 대한 당대 서민층의 비판 의식이 드러남
② 서민층의 여인을 가벼이 여겼던 양반층에 대한 풍자

이 도령이 하는 말이,

"네 말을 들어 보니 어찌 아니 기특하랴. 우리 둘이 인연 맺을 적에 금석 같은 맹세하리라. 네 집이 어드메냐?"

금석맹약(金石盟約: 쇠나 돌처럼 굳고 변함없는 약속), 금석뇌약(金石牢約)

춘향이 여쭈오되, / "방자 불러 물으소서."

이 도령 허허 웃고,

"내 너더러 묻는 일이 허황(虛荒)하다. 방자야!" / "예."

"춘향의 집을 네 일러라." / 방자 손을 넌지시 들어 가리키는데,

「"저기 저 건너 동산은 울울(鬱鬱)하고, 물고기 뛰노는 푸르고 푸른 연못 가운데 신비한 화초가 무성하고, 나무마다 앉은 새는 화려함을 자랑하고, 바위 위 굽은 솔에 맑은 바람이 건듯 부니 늙은 용이 서려 있는 듯, 있는 듯 없는 듯한 문 앞의 버들, 들쭉나무, 측백나무, 전나무며 그 가

나무가 빽빽하게 들어서 매우 무성하고

바람이 가볍게 슬쩍 부는 모양

운데 행자목(杏子木)은 음양(陰陽)을 좇아 마주 서고, 오동나무, 대추나무, 깊은 산중 물푸레나무,
은행나무의 목재
포도, 다래, 덩굴나무 넌출 휘휘친친 감겨 담장 밖에 우뚝 솟았는데, 소나무 정자(亭子)가 대나
길게 뻗어 나가 늘어진 식물의 줄기
무 숲 사이로 은은히 보이는 게 춘향의 집일러라.」 「 」: 춘향의 집 주변 풍경의 아름다움을 열거를 사용해 장황하게 묘사함

도련님 이른 말이,

"집이 정결하고 송죽(松竹)이 울창하니 여자의 정절(貞節)을 가히 알리로다."
방자에게 들은 춘향 집의 모습을 통해 춘향을 절개 있는 여인이라 여기는 몽룡 – 유교적 도덕관을 지님

춘향이 일어나며 부끄러이 여쭈오되,

"세상인심 고약하니 그만 놀고 가야겠소."
남녀 간의 사사로운 만남이 남의 시선을 의식해야 할 만큼 자유롭지 않은 당대 세태 반영

도련님 그 말을 듣고,

"기특하다. 그럴 듯한 일이로다. 오늘 밤 퇴령 후에 너의 집에 갈 것이니 괄시나 부디 마라."
지방 관아에서 구실아치와 사령들에게 물러가도록 허락하던 명령

춘향이 대답하되, / "나는 몰라요."

"네가 모르면 쓰겠느냐. 잘 가거라. 오늘 밤에 서로 만나자." ▶ 서로에게 호감을 느끼는 몽룡과 춘향

누각에서 내려 건너가니 춘향 어미 마중 나와,

"애고 내 딸 다녀오냐. 도련님이 무엇이라 하시더냐?"
몽룡과 주고받은 말을 궁금해한 – 춘향이 몽룡과 혼인해 신분 상승이 이루어지면 좋겠다는 월매의 기대감과 현실적 욕망이 반영됨

"무엇이라 하긴요. 조금 앉았다가 가겠다고 일어나니 저녁에 우리 집에 오시마 하옵디다."

"그래 어찌 대답하였느냐."

"모른다 하였지요." / "잘하였다."

이때 도련님이 춘향을 보낸 후에 잊을 수가 없어 공부방에 돌아와도 만사에 뜻이 없고 다만 생각이 춘향이라. 말소리 귀에 쟁쟁(錚錚), 고운 태도 눈에 삼삼하다. ▶ 집에 돌아와서도 춘향을 잊지 못하는 몽룡
기억에 남은 것이 눈앞에 아른거림 / 잊히지 않고 눈앞에 보이는 듯 또렷하다

뒷부분 줄거리 | 그날 밤 아버지 몰래 춘향의 집을 찾아간 몽룡은 월매 앞에서 춘향과의 백년가약을 맹세하고 허락을 받아 낸다. 하지만 몽룡의 아버지가 한양으로 올라가게 되어 몽룡과 춘향은 곧 이별한다. 새로 부임한 부사 변학도는 춘향에게 수청을 강요하고, 춘향은 이를 거절하여 옥에 갇힌다. 몽룡은 과거에 장원 급제하여 삼남의 암행어사로 내려와 부사의 생일날 어사출두를 하고 탐관오리를 숙청한다. 그리고 춘향과 함께 한양으로 올라가 행복한 일생을 보낸다.

필수 문제

01 이 글에서 춘향이 몽룡의 부름을 거절한 이유를 쓰시오.

02 〈보기〉는 이 글의 형성 과정을 정리한 것이다. (　　) 안에 들어갈 알맞은 말을 차례대로 쓰시오.

〈보기〉

구전 설화	→	판소리 사설	→	(　　　)	→	신소설
열녀 설화, 관탈 민녀 설화 등		(　　　)		춘향전		옥중화

장면 2

앞부분 줄거리 | 남원 사또의 아들인 이몽룡은 단옷날 광한루에서 그네를 타는 춘향을 보고 반하여 그날로 춘향의 집에 찾아가서 백년가약을 맺는다. 얼마 후 이몽룡의 부친이 한양으로 영전되자 이몽룡은 춘향을 데리고 상경하려고 하였으나, 장가들기 전에 첩을 먼저 들였다고 소문이 나면 출세에 방해가 된다는 모친의 꾸중을 듣고 어쩔 수 없이 부친을 따라 혼자 상경한다. 뜻하지 않은 이별을 하게 된 춘향은 이몽룡을 그리워하며 수심 속에서 세월을 보내고 있는데, 변 사또가 새로 부임하여 춘향을 대령하라 재촉하고 명을 받은 관노들이 춘향을 데리러 춘향의 집에 온다.

이때 춘향이는 사령이 오는지 군노가 오는지 모르고 주야로 도련님을 생각하여 우는데, 생각지 못할 우환을 당하려 하니 소리가 화평할 수 있겠는가. 한때나마 빈방살이 할 계집아이라 목소리에 청승이 끼어 자연히 슬픈 애원성이 되니 보고 듣는 사람의 심장인들 아니 상할 것인가.「임 그리워 서러운 마음 밥맛 없어 밥 못 먹고 불안한 잠자리에 잠 못 자고 도련님 생각으로 상처가 쌓여 피골이 상접하고 양기가 쇠진하여 진양조 울음이 되어 노래를 부른다.」

(사령: 조선 시대에, 각 관아에서 심부름하던 사람 / 군노: 군사에 관한 일을 맡아보던 관아에서 부리던 사내종 / 생각지 못할 우환을 당하려 하니 소리가 화평할 수 있겠는가: 앞으로 일어날 사건을 서술자가 미리 언급해 줌 / 빈방살이: 독수공방 / 목소리에 청승이: 서술자의 개입 / 청승: 궁상스럽고 처량하여 보기에 언짢은 태도나 행동 / 보고 듣는 사람의 심장인들 아니 상할 것인가: 서술자의 개입 / 그리워: 춘향의 정서 / 불안한 잠자리에 잠 못 자고: 몽룡 생각에 전전반측(輾轉反側)함 / 진양조: 판소리 장단 중에서 가장 느린 장단 / 「 」: 오매불망(寤寐不忘), 학수고대(鶴首苦待))

「"갈까 보다 갈까 보다, 임을 따라 갈까 보다. 천 리라도 갈까 보다. 만 리라도 갈까 보다.〈바람도 쉬어 넘고 수진이 날진이 해동청 보라매도 쉬어 넘는 높은 고개 동선령 고개라도 임이 와 날 찾으면 신발 벗어 손에 들고 아니 쉬고 달려가리.〉한양 계신 우리 낭군 나와 같이 그리워하는가, 무정하여 아주 잊고 나의 사랑 옮겨다가 다른 임을 사랑하는가?"」

(갈까 보다 갈까 보다, 임을 따라 갈까 보다: aaba 구조 – 운율감 형성, 임에 대한 그리움을 강조함 / 갈까 보다 ~ 갈까 보다: 동일 어구의 반복을 통한 운율감 형성 / 수진이 날진이 해동청 보라매: 모두 매의 종류. 유사한 대상의 나열 / 동선령: 지세가 험하며 높고 가파른 고개 / 〈 〉: 조선 후기 사설시조에서도 보이는 관습적인 표현. 몽룡을 그리워하는 춘향의 간절한 마음을 드러내기 위한 표현(과장법) / 「 」: 4·4조 4음보의 율격 – 판소리식 문체의 특징)

이렇게 한참을 서럽게 울 때 사령 등이 춘향의 슬픈 목소리를 들으니 목석이라도 어찌 감동을 받지 않겠는가? 봄눈 녹듯 온몸에 맥이 탁 풀렸다.

(목석이라도 어찌 감동을 받지 않겠는가?: 편집자적 논평(서술자의 개입) / 맥: 기운이나 힘)

▶ 이별 후 이몽룡을 그리워하는 춘향

"참으로 불쌍하다. 계집과 어울리기 좋아하는 자식들이 저런 계집을 추앙하지 않는다면 사람도 아니로다."

(불쌍하다: 춘향에 대한 주변 사람들의 대표적인 반응 / 추앙: 높이 받들어 우러러봄)

허나 사또의 명령이 지엄하니 어찌할 도리가 없었다. 재촉 사령이 나서면서, / "이리 오너라!" 밖에서 외치는 소리에 춘향은 깜짝 놀라 문틈으로 내다보니 사령·군노들이 나와 있었다.

(지엄: 매우 엄함 / 사또의 명령이 지엄하니 어찌할 도리가 없었다: 위에서 명령하면 아래에서는 복종하는 상하 관계가 분명한 사회상 반영)

"아차차, 잊었구나. 오늘이 그 삼일점고라더니 무슨 일이 났나 보다." / 문을 열어젖히며,

(삼일점고: 수령이 부임한 뒤 3일 되는 날에 관속을 점고하던 일)

「"허허 번수님네들, 어서 오세요. 이리 오시니 뜻밖이네요. 이번 신연 길에 병이나 나지 않았어요? 사또는 어떤 분이며 구관 댁에는 가 보셨는가요? 혹시 우리 도련님은 편지라도 한 장 아니 하던가요? 내가 전에 양반을 모시기로 이목이 번거롭고 도련님의 정체가 남달라서 모른 체하였지만 마음조차 없었겠어요? 들어가셔요, 들어가셔요."」

(번수: 숙직이나 당직으로 호위하는 군졸 / 신연: 고을의 장교와 이속(吏屬)들이 새로 부임하는 수령을 그 집에 가서 맞아 오던 일 / 구관 댁: 몽룡의 집 / 내가 전에 ~ 모른 체하였지만: 춘향이 몽룡과 있었을 때는 번수들과 거리를 두고 지냄 / 「 」: 번수들에게 환심을 사기 위해 이들을 반기는 춘향 – 몽룡이 떠나기 전과는 사정이 달라졌고 사령들의 도움을 받아야 하는 처지가 되어서)

김 번수, 이 번수, 여러 번수 손을 잡고 제 방에 앉힌 후에 향단이를 부른다.

(기생이 아니라고 하면서 기생과 비슷한 행동을 함)

"주안상을 올려라." / 취하도록 먹인 후에 궤짝을 열고 돈 닷 냥을 내어놓으며,

(돈 닷 냥을 내어놓으며: 평소에도 군졸들에게 돈을 종종 주었음을 짐작할 수 있음)

"여러 번수님네들, 가시다가 술이나 잡숫고 가옵소서. 뒷말 없게 해 주시고."

(혹시 모를 불상사를 대비하여 뇌물을 줌)

사령 등이 약주에 취해 하는 말이, / "돈이라니 당치 않다. 돈 바라고 여기 온 게 아니다."

(속마음과는 달리 돈을 거절하는 체함)

돈을 놓고 실랑이가 벌어졌다. / "들여놓아라."

돈의 액수가 맞는지 확인함 – 돈을 밝히는 타락한 하급 관리의 모습

"김 번수야, 네가 차라." / "안 된다. 그런데 잎 숫자는 다 맞느냐?"

▶ 춘향이 자신을 잡으러 온 번수들을 술과 돈으로 매수함

돈을 받아 차고는 흐늘흐늘 들어갈 때 행수 기생이 들이닥쳤다. 행수 기생이 나오며 손뼉을 땅땅 마주치며,

조선 시대에, 관아에 속한 기생의 우두머리 / 비언어적 표현을 사용하여 비난, 질책의 의도를 드러냄

「"여봐라, 춘향아. 내 말 들어 봐라. 너만 한 정절은 나도 있고 너만 한 수절은 나도 있다. 왜 너만 수절이 있고 왜 너만 정절이 있느냐? 정절부인 애기씨, 수절 부인 애기씨야, 조그마한 너 하나 때문에 육방이 소동하고 각 청 두목이 다 죽어난다. 어서 가자, 바삐 가자."

혼자에게만 정절이 있는 것이 아님을 들어 춘향을 설득함 / 정절을 지킨다는 이유로 사또의 부름에 오지 않는 춘향을 비아냥거림 / 타인에게 미치는 피해를 들어 협박함

춘향이 할 수 없이 수절하던 그 태도로 대문을 썩 나선다.

"형님, 형님, 행수 형님. 사람을 그렇게 무시하지 마세요. 거기는 대대로 행수고 나는 대대로 춘향인가. 사람이 한 번 죽으면 다 끝이요. 한 번 죽지 두 번 죽나요. 도련님 그리워 죽으나 새 사또에게 맞아 죽으나 죽기는 마찬가지니 어서 갑시다."」

자신의 정절을 비아냥거리는 행수의 태도에 불만을 드러냄 / 춘향이 죽기를 각오하고 변 사또에게 감

「 」: 행수 기생과 춘향의 상반된 입장 – 자신을 부리는 사람에게 수청을 들어야 함(행수 기생) ↔ 자신이 사랑하는 남자를 위해 절개를 지키려고 함(춘향)

행수에게 이끌려 춘향이 비틀비틀 동헌에 들어왔다.

▶ 춘향이 행수의 협박으로 변 사또에게 끌려옴

지방 관아에서 공적인 일을 처리하던 건물

"춘향이 대령하였소." / 변 사또는 가뭄에 비 만난 듯 입이 찢어져라 웃는 낯이다.

바라던 일이 마침내 이루어진 듯 / 기뻐서 입이 크게 벌어짐

"춘향이가 분명하다. 어서 대 위로 오르거라."

춘향이 올라가 무릎 꿇고 단정히 앉으니 사또가 흠씬 반하여,

"책방에 가서 회계 나리 오시라고 해라."

소문으로 듣던 춘향의 미색을 확인하고 자신의 뜻대로 일을 성사시켜 줄 조력자를 부름

회계 생원이 들어오니 사또 크게 웃으며 서둘러 한 마디 던진다.

춘향의 미모에 대한 만족감을 표시하고 상대방이 자신의 생각에 동조하기를 바람

"어이, 자네 보게. 저게 춘향일세."

"하! 그년 매우 예쁜데요. 자알 생겼소. 사또께서 서울 계실 때부터 춘향, 춘향 하시더니 구경한번 할 만합니다요."

변 사또는 서울에서부터 이미 춘향을 탐내고 있었음 / 회계 생원의 말을 빌려 춘향의 미모가 뛰어남을 드러냄

"자네가 중매하겠나?"

표면적으로는 회계 생원에게 의향을 묻는 질문이지만 이면적으로는 춘향이가 자신의 수청을 들도록 일을 마무리하라는 명령임

사또가 농담처럼 던지는 말에 잠시 어리둥절하던 회계 생원은 사또의 뜻을 알아차리고 느릿느릿 대답했다.

춘향의 수청을 받고자 함

"사또께서 애초에 매파를 보내 보시는 것이 옳은 일이었겠지요. 일이 좀 절차에 어긋나기는 하였으나, 이미 이렇게 불렀으니 이제는 혼례를 치를 수밖에 없겠습니다."

혼인을 중매하는 할멈 / 결혼식을 하겠다는 의미라기보다는 춘향이 사또의 수청을 드는 일을 공공연한 사실로 공표하겠다는 의미임

변 사또는 싱글벙글하며 춘향에게 분부를 내렸다.

회계 생원이 자신이 원하는 대로 일처리를 한 것에 대한 만족감이 드러남

"오늘부터 몸을 깨끗이 하고 수청을 거행하라."

명령을 통해 춘향이 수청을 드는 것을 이미 정해진 일로 못박음

「"사또 분부 고마우나 일부종사라, 이미 인연을 맺은 분이 있으니 못하겠사옵니다."」

한 남편만을 섬김 / 「 」: 사랑하는 사람이 있음을 들어 사또의 수청 명령을 거절하는 춘향 – 지조와 절개를 지키려는 모습, 유교적 가치관

사또 웃으며 말하기를,

『"아름답고 아름답도다. 계집이로다. 네가 진정 열녀로다. 네 정절 굳은 마음이 어찌 그리 고우냐. 당연한 말이로다. 그러나 이몽룡은 서울 양반의 아들로 이미 명문 귀족의 사위가 되었으니, 일시 사랑으로 잠깐 데리고 논 너 같은 계집을 잠시라도 생각하겠느냐? 네 어여쁜 정절이 너를 백발 할미로 혼자 늙게 하면 어찌 불쌍하지 않으랴. 네가 아무리 수절을 한들 누가 열녀 포상이라도 할 줄 아느냐? 그것을 버려 두고라도 네가 고을 관장에게 매이는 것이 옳으냐, 그 어린아이에게 매이는 것이 옳으냐? 네가 말을 좀 해 보거라."』

춘향의 마음을 돌리기 위한 칭찬 – 감언이설(甘言利說) / 춘향의 마음을 돌리려는 의도로 하는 거짓말 / 이몽룡을 위해 절개를 지킨다고 해도 이몽룡은 찾아오지 않을 것이므로 춘향에겐 아무런 도움될 일이 없음 / 고을 관장: 변 사또 / 그 어린아이: 이몽룡 / 「 」: 춘향의 마음을 돌리기 위한 변 사또의 회유

춘향이 여쭈되,

『"충신은 두 임금을 섬기지 않고, 열녀는 두 남편을 모시지 않는다고 했는데, 여러 차례의 분부가 이와 같으니 사는 것이 죽은 것만 못합니다. 뜻대로 하십시오."』

충신불사이군(忠臣不事二君) / 열녀불경이부(烈女不更二夫) / 이몽룡에 대한 정절을 지킬 것이니 자신을 죽이라는 의미 / 「 」: 춘향은 변 사또의 협박에도 절개를 굽히지 않음. 여인의 정절을 중시하는 유교적 가치관 반영

옆에서 듣고 있던 회계 생원이 사또를 거든다.

회계 생원: 기생에게는 충렬(忠烈)이 없다는 신분 차별 의식을 지닌 인물

"여봐라. 어, 그년 참 요망한 년이로구나. 하루살이 같은 인생, 좁은 세상에 한 번 왔다 가는 미모인데 네가 여러 번이나 사양할 게 뭐 있느냐? 사또께서 너를 추앙하여 하시는 말씀인데『너 같은 창기가 수절이 무엇이며 정절이 무엇이냐? 구관을 보내고 신관 사또를 맞이하면서 기생이 모시는 것은 법전에도 나와 있으니 쓸데없는 소리 마라. 너희같이 천한 기생들에게 '충렬(忠烈)' 두 글자가 왜 있겠느냐?"』/ 이때 춘향이 기가 막혀 천연스레 앉아 따지고 든다.

요망: 요사스럽고 망령됨 / 허망한 인간사를 들어 수청을 권유함 / 창기: 몸을 파는 천한 기생 / 「 」: 춘향의 신분을 기생으로 전제하고, 기생에게는 충렬(忠烈)이 없음을 들어 수청 들기를 강권함 / 기생에겐 충렬이 없다는 부당한 사고를 지닌 지배층에게 항변함 – 적극적인 춘향의 성격이 드러남

『"충효열에 위아래가 어디 있소? 자세히 들어 보시오. 기생 말 나왔으니 기생으로 말합시다. 충효열녀 없다고 하니 낱낱이 아뢰리다. 황해도 기생 농선이는 임을 기다리다 동선령에서 얼어 죽었고, 선천 기생은 아이였지만 갈 곳 몰라 헤매던 어린 도령 돌보느라 칠거지악에 들어 있고, 진주 기생 논개는 우리나라의 충렬이라 충렬문에 모셔 놓고 봄가을로 제사를 올리고 있고, 청주 기생 화월이는 삼층 누각에 올라 있고, 평양 기생 월선이도 충렬문에 들어 있고, 안동 기생 일지홍은 살아서 열녀문을 받은 후에 정경부인에 올랐으니 기생을 해치지 마옵소서."』

□: 기생 중에서 정절과 충절을 지킨 인물들 / 칠거지악: 시부모에게 불손함, 자식이 없음, 행실이 음탕함, 투기함, 몹쓸 병을 지님, 말이 지나치게 많음, 도둑질을 함 등 아내를 내칠 수 있는 7가지 허물 / 임진왜란 때 왜장을 끌어안고 남강에 몸을 던져 순국함 / 병든 지아비를 위해 제 살을 먹임 / 정경부인: 조선 시대에, 정일품·종일품 문무관의 아내에게 주던 봉작 / 「 」: 정절과 충절을 지킨 기생들을 열거하여 기생에게는 충렬이 없다는 신분 차별적 의식을 비판하고, 정절에 대한 자신의 신념을 정당화함

회계 생원에게 쏘아붙인 후 말이 난 김에 사또에게도 한마디 한다.

『"당초에 이 도령 만날 때 지닌 태산같이 굳은 마음, 소첩의 한마음 정절, 맹분 같은 용맹으로도 못 빼앗을 것이요, 소진과 장의 같은 말재주로도 첩의 마음 바꾸지 못할 것이요, 제갈공명 높은 재주는 동남풍을 빌었지만 일편단심 소녀의 마음은 굴복시키지 못하리다. 기산의 허유는 요임금의 천거도 거절했고, 서산의 백이·숙제는 주나라의 좁쌀도 먹지 않았으니, 만일 허유가 없었으면 은거는 누가하며, 만일 백이·숙제 없었으면 나라를 어지럽히고 임금을 죽이는 신하가 많으리라. 첩이 비록 천한 계집이지만 허유·백이를 모르리까? 〈사람의 첩이 되어 지아비를 배

소진과 장의: 중국 전국 시대의 달변가 / 맹분: 대단한 힘과 용기를 지녔던 제나라 사람 / 제갈공명: 촉한의 군사 전략가. 유비를 도와 오나라의 손권(孫權)과 연합하고, 조조의 대군을 동남풍을 이용해 대파함 / 기산의 허유: 요임금이 왕위를 물려주려고 하자 그 말을 들은 허유는 귀가 더럽혀졌다며 영천(潁川)에서 귀를 씻은 후 기산(箕山)으로 들어가서 은거함 / 백이·숙제: 주나라 무왕이 은나라 주왕을 멸하자 신하가 천자를 토벌한다고 반대하며 주나라의 곡식을 먹기를 거부하고 수양산에서 굶어 죽었음 / 설의법을 사용하여 자신에게도 이몽룡을 향한 충절이 있음을 강조

반하고 가정을 버리는 것은 벼슬하는 사또께서 나라를 버리고 임금을 배신하는 것과 같사오니
〈 〉: 가정 ≒ 국가 → 유추의 방법을 활용하여 사또의 말을 반박함

마음대로 하옵소서."〉」 「 」: 고사를 인용하여 자신의 지조와 절개를 강조하여 표현함. 신분과 무관한 자유 의지를 강조하며 변 사또의 수청을 드는 것을 거부함

사또는 화가 치밀었다.

「"네 이년, 들어라. 반역을 꾀하는 죄는 능지처참하게 되어 있고, 나라의 관리를 조롱하고 거역
대역죄를 범한 자에게 과하던 극형. 죄인을 죽인 뒤 시신의 머리, 몸, 팔, 다리를 토막 쳐서 각지에 돌려 보이는 형벌

하는 죄는 중형에 처하고 유배를 보내라고 법률에 정해져 있으니 죽어도 서러워 마라."」
「 」: 수청 드는 일을 거절하는 춘향에 대하여 국법을 명분으로 내세워 응징하려 함

춘향이 악을 쓰며, / "유부녀에게 함부로 하는 것은 죄가 아니고 무엇이오?"
강압적으로 수청을 요구하는 것

▶ 변 사또의 수청 요구와 춘향의 거절

사또가 기가 막혀 얼마나 분하던지 책상을 탕탕 두드리며 탕건이 벗겨지고, 상투 고가 탁 풀리고, 첫 마디에 목이 쉬었다. / "이년을 잡아 내려라."
자신의 뜻을 따르지 않고 항변하는 춘향에 대한 분노를 음성 상징어를 사용하여 생동감 있게 표현함

호령이 떨어지니 골방에 있던 통인이 달려들어 머리채를 잡고 끌어내렸다.
수령(守令)의 잔심부름을 하던 사람 / 춘향을 죄인 취급하여 함부로 대함

춘향이 잡은 것을 떨치며, / "놓아라."

중간 계단으로 내려가니 급창이 달려들어,
조선 시대에, 군아에 속하여 원의 명령을 간접으로 받아 큰 소리로 전달하는 일을 맡아보던 사내종

"요년, 요년, 어떤 자리라고 대답이 그러하냐? 그러고도 살기를 바라느냐?"
변 사또의 수청 요구를 거절한 춘향의 행동을 죽어 마땅한 죄라고 인식함

「동헌 뜨락으로 내려치니 호랑이 같은 군노 사령들이 벌 떼처럼 달려들어 김같이 검은 춘향의 머리채를 시정잡배들 연실 감듯 뱃사공이 닻줄 감듯 사월 초파일 등대 감듯 휘휘칭칭 감아쥐고 내동댕이쳐 엎어지니,」 불쌍하다 춘향의 신세, 백옥같이 고운 몸이 여섯 육(六)자 꼴로 엎어져 있구나.
「 」: 비유적인 표현과 음성 상징어를 사용하여 장면에 재미를 더하고 해학성을 줌
펀둥펀둥 놀면서 방탕한 생활을 하며 시중에 떠돌아다니는 점잖지 못한 무리
서술자의 개입

좌우로 나졸들이 들어서서 온갖 곤장을 집고 소리친다.
춘향을 형벌로 다스리려는 위압적인 상황 - 긴장감이 고조됨

"아뢰라, 형리 대령하라." / "예, 형리 대령이오."
죄인들에 대해 형을 집행하던 관리

▶ 수청을 거절하여 매를 맞게 된 춘향

사또가 얼마나 화가 났던지 벌벌 떨며 기가 막혀 "허푸 허푸"를 연발하며,
화가 난 변학도의 행동 묘사. 인물의 희화화

"여봐라, 더 물을 것도 없이 당장 형틀에 매고 정갱이를 부수고 물고장을 올려라."
정강이 / 죄인을 죽인 것을 보고하는 글

춘향을 형틀에 붙잡아 매고는 집장사령이 곤장을 한 아름 안아다가 좌르륵 형틀 옆에 쏟아 놓았다. 그 소리에 춘향은 벌써 반쯤 정신이 나갔다. 집장사령은 이놈도 잡고 능청능청, 저놈도 잡고 능청능청, 그중 등심 좋고 뻣뻣하고 잘 부러지는 놈을 골라잡고, 오른쪽 어깨를 벗어 매고 명령을 기다리고 섰다. 형리가 사또의 말을 받아 명령을 내렸다.
장형(杖刑)을 행하던 사령 / 춘향에게 인정을 두는 집장사령의 태도

"사또 분부 들었느냐? 그년 사정을 봐준다고 거짓으로 때렸다가는 당장 네 목을 거둘 것이니 각별히 매우 쳐라."

집장사령 여쭈되,

"사또 분부가 엄한데 무슨 사정을 두겠습니까? 이년, 다리를 꼼짝 마라. 만일 움직이다가는 뼈가 부러지리라." / 이렇게 호통을 치면서 들어서서 하나요 둘이요 외치는 소리에 맞추어 집장

사령은 작은 소리로 말을 흘렸다.
사또에게 들키지 않게 작은 소리로 춘향에게 고통이 덜하게 매 맞는 요령을 알려 줌

결정적 장면

"한두 개만 견디소. 어쩔 수가 없네. 요 다리는 요리 틀고 저 다리는 저리 트소."
춘향에게 고통을 줄일 수 있는 방법을 알려 줌. 측은지심(惻隱之心)

"매우 치라는데 뭘 하느냐?" / "예잇, 때리오."

곤장이 딱 소리를 내며 붙이니 반은 부러져 푸르르 날아 공중에서 제비를 돌며 떨어졌다. 춘향은 아픈 데를 참느라고 이를 뽀드득뽀드득 갈고 고개를 빙빙 돌리면서, / "애고, 이게 웬일이요."

곤장·태장 치는 데는 사령이 서서 하나 둘 세지마는 형장부터는 법이 정한 매질이라 형리와 통인이 닭싸하는 모양으로 마주 엎드려서 하나 치면 하나 긋고 둘 치면 둘 긋고, 무식하고 돈 없는 놈 술집 담벼락에 술값 긋듯이 그어 놓으니 '한 일(一)' 자가 되었구나. 춘향이 저절로 설움에 겨워 맞으면서 우는데,

○: 매의 숫자 '일'을 이용한 언어유희로, 춘향이 자신의 절개를 다짐함

「"일편단심 굳은 마음 일부종사 뜻이오니, 일 개 형벌 일 년을 치신들 일각이나 변하리까."」 「」: 4·4조의 율격 – 판소리식 문체의 특징
한 남편만 섬김 / 아주 짧은 시간

이때 남원의 남녀노소들이 소문을 듣고 모여들어 그 광경을 구경하고 있었다. 좌우의 한량들이 한결같이 입을 모았다.
놀고먹던 말단 양반 계층

❶ "모질구나, 참으로 모질어. 우리 고을 원님이 모질구나. 저런 형벌이 왜 있으며 저런 매질이 왜 있는가. 저 집장사령 놈 낯짝이나 잘 봐 두자. 관아 문밖으로 나오면 당장에 죽이리라."

보고 듣는 사람이야 누가 눈물을 흘리지 않으랴.
편집자적 논평

'딱' 소리를 내며 둘째 낱이 다리에 붙었다.
수를 셀 때 쓰는 단위

"불경이부 이 내 마음 이 매 맞고 영 죽어도 이 도령은 못 잊겠소."
정절을 굳게 지키어, 두 남편을 섬기지 아니함 ○: 매의 숫자 '이'를 이용한 언어유희로, 춘향의 몽룡에 대한 절개와 그리움을 표현함

셋째 낱이 딱 붙으니

"삼종지례 지중한 법 삼강오륜 알았으니 삼치형문 끝에 귀양을 갈지라도 삼청동 우리 낭군 이 도령은 못 잊겠소."
세 차례 매질하여 신문하던 일
예전에, 여자가 따라야 할 세 가지 도리를 이르던 말. 어려서는 아버지를, 결혼해서는 남편을, 남편이 죽은 후에는 자식을 좇음
이몽룡이 있는 곳 ○: 매의 숫자 '삼'을 이용한 언어유희로, 몽룡에 대한 절개와 그리움을 표현함

넷째 낱이 딱 붙으니 ○: 매의 숫자 '사'를 이용한 언어유희로, 변 사또의 폭정을 비판하고 몽룡에 대한 변함없는 사랑을 표현함

"사대부 사또님은 사민공사 살피지 않고 위력공사 힘을 쓰니 사방팔
온 백성들을 위한 공적인 일 / 관청의 일을 권위적인 힘으로 하는 것

결정적 장면

변 사또의 수청을 거절한 춘향이 곤장을 맞으며 '십장가'를 부르는 장면이다. 춘향의 절개가 드러나면서 판소리계 소설에서 보이는 언어유희가 두드러지는 부분이다.

문제로 핵심 파악

1 이 부분은 소설의 구성 단계 중 (   ) 부분에 해당한다.

2 춘향은 음의 유사성을 바탕으로 한 (   )을/를 사용하여 자신의 마음을 드러내고 있다.

핵심 구절 풀이

❶ "모질구나, 참으로 모질어. ~ 나오면 당장에 죽이리라.": 원님(변 사또)에게 직접 화풀이하지 못하고 아전들에게 대신 하겠다는 의미. 변 사또에 대한 비판이 개인적 차원이 아니라 민심의 차원임이 드러남

방 남원 백성 원망함을 모르시오. ㉮사지를 가른대도 사생동거 우리 낭군 사생간에 못 잊겠소."

죽으나 사나 늘 함께 있다는 뜻으로 다정한 부부 사이를 이르는 말 / 죽든지 살든지 간에

다섯째 낱이 딱 붙으니

○: 매의 숫자 '오'를 이용한 언어유희로, 몽룡에 대한 그리움과 자신의 무고함을 드러냄

"오륜의 도리 그치지 않고 부부유별 오행으로 맺은 연분 올올이 찢어낸들 오매불망 우리 낭군

오륜의 하나. 부부의 도리는 서로 침범하지 않음에 있음 / 한 가닥 한 가닥 / 자나 깨나 잊지 못함

온전히 생각나네. 오동추야 밝은 달은 임 계신 데 보련마는 오늘이나 편지 올까 내일이나 기별

오동잎 떨어지는 가을밤

올까. 죄 없는 이내 몸이 모질게 죽을 일 없으니 잘못 판결 마옵소서. 애고 애고 내 신세야."

여섯째 낱이 딱 붙으니 / "육육은 삼십육으로 낱낱이 고찰하여 육만 번 죽인대도 육천 마디 어

○: 매의 숫자 '육'을 이용한 언어유희로, 몽룡에 대한 변함없는 사랑을 드러냄

린 사랑 맺힌 마음 변할 수 전혀 없소."

일곱째 낱이 딱 붙으니

"칠거지악 범하였소? 칠거지악 아니거든 칠 개 형벌이 웬일이오. 칠 척 검 드는 칼로 토막토막

○: 매의 숫자 '칠'을 이용한 언어유희로, 자신의 억울함을 호소함 / 길이가 칠 척인 큰 칼

잘라 내어 어서 바삐 죽여 주오. '치라.' 하는 저 양반아, 칠 때마다 살피지 마소. 칠보같이 고운

얼굴, 아이고 나 죽겠네."

여덟째 낱이 딱 붙으니

변학도를 가리킴

"팔자 좋은 춘향 몸이 팔도 방백 수령 중에 제일 명관 만났구나. 팔도 방백 수령님네 백성 다스

춘향이 자신의 처지와 변 사또의 행태를 반어적으로 표현 / ○: 매의 숫자 '팔'을 이용한 언어유희로, 사또의 악행을 비판함

리러 내려왔지 모진 형벌 주러 왔소?"

아홉째 낱이 딱 붙으니

"구곡간장 굽이 썩어 이내 눈물 구년지수 되겠구나. 깊은 산 큰 소나무 베어 전함을 만들어 타

시름이 쌓인 마음속 / 오랫동안 계속되는 큰 홍수

고 한양성 급히 가서 구중궁궐 임금님 앞 구구한 사연을 아뢰고 구정 뜰에 물러 나와 삼청동을

겹겹이 문으로 막은 깊은 궁궐이라는 뜻으로, 임금이 있는 대궐 안을 이르는말 / 대궐

찾아가서 굽이굽이 반가이 만나 우리 사랑 맺힌 마음 잠깐 사이 풀련마는."

○: 매의 숫자 '구'를 이용한 언어유희로, 임금에게 자신의 억울함을 호소하여 이를 해결하고 싶은 소망을 드러냄

열째 낱을 딱 붙이니

"십생구사 할지라도 팔십 년 정한 뜻을 십만 번 죽인대도 가망 없고 할 수 없지. 십육 세 어린

≒ 구사일생. 위태로운 지경에서 겨우 벗어남 / ○: 매의 숫자 '십'을 이용한 언어유희로, 절개를 지키다 죽어 귀신이 될 자신의 처지에 대한 연민을 드러냄

춘향 매 맞고 죽어 원통하게 귀신 되니 가련하오."

열 대를 치고는 그만둘 줄 알았더니 열다섯째 낱을 딱 붙이니

○: 매의 숫자 '십오'를 이용한 언어유희로, 몽룡에 대한 그리움을 표현함

"십오야 밝은 달은 뜬구름에 묻혀 있고, 서울 계신 우리 낭군 삼청동에 묻혔으니, 달아 달아 보

음력 15일 밤

느냐? 임 계신 곳을 나는 어찌 못 보느냐?"

스무 대를 치고는 그만둘 줄 알았더니 스물다섯째 낱을 딱 붙이니

○: 매의 숫자 '이십오'를 이용한 언어유희로, 몽룡이 자신을 잊지 않기를 바라는 마음을 드러냄

"'이십오현 거문고를 달밤에 타니 원망을 이기지 못하고 날아왔구나.' 저 기러기야 너 가는 곳

당나라 시인 전기의 시 〈귀안(歸雁)〉에 나오는 시구. 거문고 소리가 처량하고 애절해 기러기들이 날아올 정도라는 의미

어디메냐? 가는 길에 한양성 찾아 들러 삼청동 우리 임께 내 말 부디 전해 다오. 나의 형상 자세

히 보고 부디부디 잊지 마라."

▶ 춘향이 '십장가'를 부르며 자신의 절개를 드러냄

하늘마다 어린 마음을 옥황상제께 아뢰고 싶다. 옥 같은 춘향의 몸에 솟는 것이 붉은 피요, 흐
서술자의 개입
르는 것이 눈물이라. 피눈물이 한데 흘러 무릉도원에서 복사 꽃잎 떨어져 흐르는 물과 같구나.
서술자의 개입. 수청을 거절한 춘향에게 가혹한 형벌이 가해지고 있음을 무릉도원의 절경에 비유하여 참혹함을 강조함

춘향은 매를 더할수록 점점 독이 올라 포악해져 하는 말이,
사납고 악함

"소녀를 이리 때리지 말고 차라리 능지처참해서 아주 박살 죽여 주면 죽은 후에 원조라는 새가
원통하게 죽은 사람의 귀신이 변하여 된 새
되어 적막강산 달 밝은 밤 우리 도련님 잠든 후에 꿈이나 깨우리."
죽어서라도 이몽룡과 함께 하겠다는 마음을 간접적으로 드러냄

「더 이상 말을 잇지 못하고 춘향이 기절하니 엎어졌던 형방 · 통인이 고개를 들어 눈물을 씻고,
「 」: 변 사또의 폭압에도 변함없이 정절을 지키고자 하는 춘향에게 측은지심(惻隱之心)을 느낌
매질하던 사령도 눈물을 씻고 돌아서서,」/ "사람의 자식으로는 못할 짓이로다."
사또의 명으로 어쩔 수 없이 곤장을 치고 있지만 정절을 지키려고 하는 사람에게 가혹한 형벌을 가하는 것은 잘못된 처사라는 생각을 드러냄

좌우의 구경하던 사람들과 일을 하던 관속들이 눈물을 씻고 돌아서며,

"춘향의 매 맞는 거동, 사람의 자식으로는 못 보겠다. 모질도다 모질도다, 춘향의 정절이 참으
aaba 구조로 운율감을 줌. 춘향의 정절을 칭송함
로 모질도다. 하늘이 내린 열녀로다."
춘향의 행위에 대한 긍정적 평가

남녀노소 없이 눈물을 흘리며 돌아설 때 동헌 마루의 사또인들 좋을 리가 있으랴. 허나 사또의
설의법을 사용하여 정절을 지키고자 하는 춘향의 의지에 폭압자인 변 사또마저 감동했음을 드러냄
위엄을 생각해서 한마디 더 했다.
체면

"네 이년, 관아 마당에서 발악하며 맞으니 좋을 게 뭐냐? 앞으로 또 고을 수령을 거역하겠느
온갖 짓을 다 하며 마구 악을 씀 / 수청을 요구하는 의미가 아니라 자신의 추락한 권위를 세우며 상황을 마무리 지으려는 의도의 발화임
냐?"

그때 반쯤 정신이 돌아온 춘향이 점점 더 포악해져 말대답을 한다.

「"여보시오, 사또. 들으시오. 계집이 원한을 품으면 오뉴월에도 서리가 친다 했소. 내가 죽어 귀
여자가 한번 마음이 틀어져 미워하거나 원한을 품으면 오뉴월에도 서릿발이 칠 만큼 매섭고 독하다는 말
신 되어 떠다니다가 임금님 앞에 내 원한을 아뢰면 사또인들 무사할까. 소원이니 죽여 주시오."」
몽룡에 대한 정절을 지키고자 하는 자신을 핍박하는 변 사또에게 죽어서라도 응징하겠다고 대듦 / 「 」: 불의에 굴하지 않고 자신의 정절을 지키고자 하는 적극적이고 저항적인 춘향의 모습

춘향이 지지 않고 대드니 사또는 기가 막힌다.
죄인에게 씌우던 형틀

"허허 그년, 뭔 말을 못할 년이로구나. 어서 큰 칼 씌워 하옥하라."
끝까지 항거하는 춘향의 저돌적인 언행에 기가 질림

▶ 수청을 거부하고 정절을 고집하다 매를 맞은 춘향

뒷부분 줄거리 | 부친을 따라 한양에 올라간 이몽룡은 과거에 급제하여 암행어사가 되어 내려오다가 변 사또의 학정과 옥에 갇힌 춘향의 소식을 듣게 된다. 이몽룡은 거지 차림으로 옥에 가서 춘향을 만나고 변 사또의 생일 잔칫날 어사출또하여 탐관오리를 응징한다. 암행어사로서의 공무를 수행한 이몽룡은 변함없는 사랑을 보여 준 춘향과 함께 한양으로 올라와 부귀영화를 누린다.

필수 문제

01 이 글에서 보이는 변 사또와 춘향의 갈등 양상의 주된 원인을 쓰시오.

02 [서술형] 이 글의 일부인 〈보기〉에 드러나는 고전 소설의 표현상의 특징과 그 효과를 서술하시오.

〈 보기 〉

이때 춘향이는 사령이 오는지 군노가 오는지 모르고 주야로 도련님을 생각하여 우는데, 생각지 못할 우환을 당하려 하니 소리가 화평할 수 있겠는가. 한때나마 빈방살이 할 계집아이라 목소리에 청승이 끼어 자연히 슬픈 애원성이 되니 보고 듣는 사람의 심장인들 아니 상할 것인가.

장면 3

앞부분 줄거리 | 전라도 남원에 사는 춘향은 퇴기 월매의 딸로 어려서부터 아름답기로 소문이 나서 지체 높은 양반들도 보기를 소망하지만 춘향은 모두의 청을 거절한다. 춘향이 열여섯이 되던 해, 단옷날 그네를 타다가 남원 부사의 자제인 이몽룡과 만나게 되고 서로 첫눈에 반해 백년가약을 맺지만, 이몽룡이 승진한 부친을 따라 한양으로 가면서 이별하게 된다. 홀로 남은 춘향은 새로 부임한 변 사또의 수청 요구를 거절하여 옥에 갇히고, 이몽룡은 암행어사가 되어 남원으로 내려오던 중 춘향의 소식을 듣고 월매 집을 찾아온다.

(판소리계 소설의 특징 – 운율감을 주기 위한 중복적인 표현) (겉치장이 완전히 벗겨졌는데)

일락서산(日落西山) 황혼시에 춘향 문전 당도하니, 『행랑은 무너지고 몸채는 꾀를 벗었는데 예 보던 벽오동은 수풀 속에 우뚝 서서 바람을 못 이기어 추레하게 서 있거늘, 단장 밑에 백두루미는 함부로 다니다가 개한테 물렸는지 깃도 빠지고 다리를 징금 끼룩 뚜루룩 울음 울고, 빗장 전(前) 누렁개는 기운 없이 졸다가 구면(舊面) 객을 몰라보고 꽝꽝 짖고 내달으니,』

(일락서산: 해가 서산으로 떨어짐. 시간적 배경 – 저녁 무렵 / 당도하니: 어떤 곳에 다다름 / 행랑: 대문간에 붙어 있는 방 / 몸채: 여러 채로 된 살림집에서 주가 되는 집채 / 추레하게: 겉모양이 깨끗하지 못하고 생기가 없게 / 단장: 낮은 담 / 구면 객: 예전부터 알고 있는 손님. 이몽룡을 가리킴)

(「 」: 퇴락한 춘향의 집의 모습과 주변 상황을 장황하게 묘사 – 고난에 처한 춘향의 상황을 간접적으로 드러냄)

"요 개야 짖지 마라. 주인 같은 손님이다. 너의 주인 어디 가고 네가 나와 반기느냐."

(주인 같은 손님: 사위를 뜻함 / 완연터니: 눈에 보이는 것처럼 아주 뚜렷하더니)

『중문을 바라보니 내 손으로 쓴 글자가 충성 충(忠) 자 완연터니 가운데 중(中) 자는 어디 가고 마음 심(心) 자만 남아 있고, 와룡장자 입춘서는 동남풍에 펄렁펄렁 이내 수심 도와 낸다.』 그렁저렁 들어가니 내정은 적막한데 춘향의 모 거동 보소. 미음솥에 불 넣으며,

(와룡장자: 도사리고 누워 있는 용처럼 힘 있는 글씨를 비유적으로 이르는 말 / 마음 심 자만 남아 있고: 춘향의 변함없는 정절을 돋보이게 하기 위한 설정 / 입춘서: 입춘에 벽이나 문 등에 붙이는 글 / 「 」: 서술자가 몽룡의 입장에서 서술하고 있음 / 춘향의 모 거동 보소: 서술자의 개입 – 관객을 앞에 두고 이야기하는 듯한 말투(판소리 사설투) / 미음솥: 미음을 끓이는 솥)

▶ 이몽룡이 퇴락한 춘향의 집에 도착함

"애고애고 내 일이야. 모질도다 모질도다. 이 서방이 모질도다. 위경 내 딸 아주 잊어 소식조차 돈절하네. 애고애고 설운지고. 향단아, 이리 와 불 넣어라."

(4 · 4조의 운문체 사용. aaba 구조 / 위경: 위태로운 처지 / 돈절: 편지나 소식 따위가 딱 끊어짐)

하고 나오더니 울안의 개울물에 흰 머리 감아 빗고 정화수 한 동이를 단하에 받쳐 놓고 복지하여 축송하되,

(울안의 개울물에 흰 머리 감아 빗고: 천지신명에게 기도를 올리기 전에 몸을 정결히 하고 준비를 함 / 정화수: 이른 새벽에 길은 우물물 / 단하: 제단 등 단의 아래 / 복지: 땅에 엎드림)

『"천지지신(天地之神) 일월성신(日月星辰)은 화위동심하옵소서. 다만 독녀 춘향이를 금쪽같이 길러 내어 외손봉사 바랬더니 무죄한 매를 맞고 옥중에 갇혔으니 살릴 길이 없삽내다. 천지지신은 감동하사 한양성 이몽룡을 청운에 높이 올려 내 딸 춘향 살려지이다!"』

(천지지신: 천지의 조화를 주재하는 온갖 신령 / 일월성신: 해와 달과 별을 통틀어 이르는 말 / 화위동심: 감화되어 마음을 움직임 / 외손봉사: 직계 비속이 없어 외손이 제사를 받듦 / 무죄한 매를 맞고 ~ 없삽내다: 춘향이 처한 상황을 월매의 대사를 통해 드러냄 / 청운: 높은 지위나 벼슬을 비유적으로 이르는 말)

(「 」: 월매가 춘향을 구하기 위해 이몽룡의 출세를 기원함)

빌기를 다한 후에, / "향단아, 담배 한 대 붙여 다구."

춘향의 모 받아 물고, / "후유!"

▶ 춘향과 이몽룡을 위해 기도하는 월매

한숨 눈물 흘릴 적에, 이때『어사가 춘향 모 정성 보고,

(이때: 장면 전환을 의미 = 차설, 각설)

"나의 벼슬한 게 조상님 음덕으로 알았더니 우리 장모 덕이로다!"』 / 하고,

(「 」: 몽룡이 지극정성으로 자신의 출세를 기원하는 월매의 모습을 보고 감동받음)

『"그 안에 뉘 있나?" / "뉘시오?"

"내로세!" / "내라니 뉘신가?"

어사 들어가며, / "이 서방일세!"

"이 서방이라니? 옳지! 이 풍헌 아들 이 서방인가?"

(앞 사람의 말 되받기 방식의 언어유희(해학성))

"허허, 장모 망령이로세! 나를 몰라, 나를 몰라?" / "자네가 누구여?"

(망령: 늙거나 정신이 흐려서 말이나 행동이 정상을 벗어남. 또는 그런 상태)

"사위는 백년지객(百年之客)이라 하였으니 어찌 나를 모르는가?"』

(백년지객: 한평생을 두고 늘 어려운 손님으로 맞이한다는 뜻으로, '사위'를 이르는 말)

(「 」: 신분상의 차이로 사위 격인 이몽룡이 장모 격인 월매에게 하대하고 있음)

춘향의 모 반겨하며,

기이한 모양의 산봉우리같이 솟아오르는 여름철 구름인 '하운기봉'을 잘못 말함

「"애고애고 이게 웬일인고! 어디 갔다 인제 와! 풍세대작터니 바람결에 풍겨 왔나? 봉운기봉터

바람이 사납게 붊

니 구름 속에 싸여 왔나? 춘향의 소식 듣고 살리려고 와 계신가? 어서어서 들어가세!"」

「 」: 춘향을 구할 수 있으리라는 기대감에 몽룡을 반갑게 맞이함 ▶ 이몽룡을 반기는 월매

손을 잡고 들어가서 촛불 앞에 앉혀 놓고 자세히 살펴보니, 걸인 중에는 상걸인이 되었구나. 춘

아주 비참할 정도로 형편없는 불쌍한 거지

향의 모 기가 막혀, / "이게 웬일이오?"

춘향이 살 수 있는 유일한 방법인 이몽룡의 출세가 실현 불가능한 일로 드러났기 때문 / 한 집안의 재산 / 재물 따위를 다 써서 없앰

「"양반이 그릇되매 형언할 수 없네. 그때 올라가서 벼슬길 끊어지고 가산을 탕진하여 부친께서

말로 표현할 수 없을 정도로 집안이 몰락함 → 조선 후기, 급격한 사회적 변화로 경제적으로 몰락한 양반층이 생겨났던 사회상 반영

는 학장질 가시고, 모친은 친가로 가시고 다 각기 갈리어서 나는 춘향에게 내려와서 돈 천이나

글방에서 학생들을 가르치는 훈장 또는 그런 일을 낮잡아 이름

얻어 갈까 하였더니, 와서 보니 양가(兩家) 이력 말 아닐세!"」 「 」: 월매에게 암행어사의 신분을 속이기 위한 거짓말 – 몽룡의 능청스러운 성격이 드러남

자신의 집이나 춘향 집의 형편

춘향의 모 이 말 듣고 기가 막혀,

몽룡이 벼슬길에 올라 춘향을 다시 만나러 오는 것

"무정한 이 사람아, 일차 이별 후로 소식이 없었으니 그런 인사가 있으며, 앞날 기약 바랐더니

이별 후 소식조차 없었던 몽룡에 대한 섭섭함을 말함 / 누구를 원망하며 누구를 탓하겠냐는 뜻으로, 남을 원망하거나 탓할 것이 없음

이리 잘되었소. 쏘아 놓은 화살이 되고 엎질러진 물이 되어 수원수구할까마는 내 딸 춘향 어쩔

반어법 / 한번 저지른 일을 다시 고치거나 중지할 수 없음을 비유적으로 이르는 말 / 기대감이 실망으로 변하여 몽룡을 원망함

텐가?"

홧김에 달려들어 코를 물어 뗄려 하니,

기대했던 일이 어그러진 것에 대한 화풀이를 몽룡의 코에 하려고 함(해학성)

"내 탓이지 코 탓인가?「장모가 나를 몰라보네. 하늘이 무심하다 해도 풍운조화와 뇌성뇌기는

바람이나 구름의 예측하기 어려운 변화 / 천둥 소리가 크게 울리는 모양

있나니."」 「 」: 사건 전개의 진행 방향을 암시 – 암행어사라는 신분에서 나온 큰소리

춘향의 모 기가 차서, / "양반이 그릇되매 간롱조차 들었구나!"

남을 농락하는 간사한 짓

어사 짐짓 춘향 모의 하는 거동을 보려 하고,

마음으로는 그렇지 않으나 일부러 그렇게

"시장하여 나 죽겠네. 나 밥 한 술 주소!"

월매를 시험하려는 의도 – 몽룡의 능청스러운 성격

춘향 모 밥 달라는 말을 듣고, / "밥 없네!" ▶ 이몽룡의 몰골에 실망하여 괄시하는 월매

월매가 거지꼴인 몽룡을 보고 춘향을 구할 수 없게 되었다는 생각에 화가 나서 냉대함

어찌 밥 없을까마는 홧김에 하는 말이었다. 이때 향단이 옥에 갔다 나오더니, 저의 아씨 야단

서술자의 개입 / 소리를 높여 마구 꾸짖는 일

소리에 가슴이 우둔우둔 정신이 울렁울렁, 정처 없이 들어가서 가만히 살펴보니 전의 서방님이

가슴이 자꾸 세차게 뛰는 모양 / 너무 놀라거나 두려워서 가슴이 자꾸 두근거리는 모양 / 이몽룡

와 계시는구나. 어찌 반갑던지 우루루 들어가서,

"향단이 문안이오! 대감님 문안이 어떠하옵시며 대부인 기후 안녕하옵시며, 서방님께서도 먼

남의 어머니를 높여 이르는 말(= 자당) / 몸과 마음의 형편이라는 뜻으로, 웃어른께 문안할 때 쓰는 말

길에 평안히 행차하시니까?"

"오냐, 고생이 어떠하냐?"

"소녀 몸은 무탈하옵니다.「아씨 아씨 큰아씨, 마오 마오 그리 마오. 멀고 먼 천 리 길에 뉘 보려

병이나 사고가 없음

고 오셨는데 이 괄시가 웬일이오! 애기씨가 알으시면 지레 야단이 날 것이니 너무 괄시 마옵소

업신여겨 하찮게 대함 / 춘향 / 어떤 일이 일어나기 전 또는 어떤 기회나 때가 무르익기 전에 미리

서!"」 「 」: 4·4조의 운문체. 향단의 충성스러운 성격이 드러남

부엌으로 들어가더니 먹던 밥에 풋고추 절이김치 양념 넣고, 단간장에 냉수 가득 떠서 모반에

찬밥 / 겉절이 / 여섯 모나 여덟 모로 된, 음식을 담아 나르는 나무 그릇

받쳐 드리면서,

「"더운 진지 할 동안에 시장하신데 우선 요기하옵소서."」 「 」: 사람을 외양과 상관없이 성심껏 대하는 향단의 진심어린 성격이 드러남

시장기를 겨우 면할 정도로 조금 먹음

어사또 반겨하며, / "밥아, 너 본 지 오래로구나!"

신분을 속이기 위해 오래 굶은 척을 함

여러 가지를 한데다가 붓더니 숟가락 댈 것도 없이 손으로 뒤져서 한편으로 몰아치더니 마파람에 게 눈 감추듯 하는구나.

신분을 속이기 위해 여러 날 밥을 굶은 거지와 같이 과장된 행동을 함

음식을 매우 빨리 먹어 버리는 모습을 비유적으로 이르는 말

이력이 났구나

춘향 모 하는 말이, / "얼씨구, 밥 빌어먹기는 공성이 났구나!" ▶ 변함없이 몽룡을 공대하며 반기는 향단

몽룡의 의도를 파악하지 못하고 겉으로 드러나는 행동에 대하여 노골적으로 빈정거림

이때 향단이는 저의 애기씨 신세를 생각하여 크게 울지는 못하고 눈물을 흘리며 우는 말이,

춘향

"어찌할거나, 어찌할거나! 도덕 높은 우리 애기씨를 어찌하여 살리시려오! 어쩔꺼나요, 어쩔꺼나요!" / 목놓아 우는 모습을 어사또 보시더니 기가 막혀,

춘향의 정절을 찬양하고 살아날 희망이 없어진 춘향의 처지를 안타까워함

"여봐라 향단아, 울지 마라 울지 마라. 너의 아기씨가 설마 살지 죽을소냐. 행실이 지극하면 사는 날이 있느니라." / 춘향 모 듣더니,

행복한 결말을 암시함(복선)

"애고, 양반이라고 오기는 있어서. 대체 자네가 왜 저 모양인가?"

대책도 없으면서 큰소리만 치는 듯한 몽룡의 말과 행동에 불만을 드러냄

향단이 하는 말이,

"우리 큰아씨 하는 말을 조금도 괘념치 마옵소서. 나이 많아서 노망한 중에 이 일을 당하니 홧김에 하는 말을 일분(一分)인들 노하리까? 더운 진지 잡수시오." ▶ 춘향을 걱정하는 향단과 이를 위로하는 이몽룡

월매 / 마음에 두고 걱정하거나 잊지 않음

사소한 부분. 또는 아주 적은 양

「어사또 밥상 받고 생각하니 분기탱천하여, 마음이 울적, 오장이 월렁월렁 저녁밥이 맛이 없어,」

분한 기운이 하늘을 찌를 듯 격렬하게 북받쳐 오름

「 」: 억울하게 옥에 갇힌 춘향의 처지에 분노함. 급하게 밥을 먹은 것은 자신의 신분을 속이기 위한 행동이었음이 드러남

"향단아, 상 물려라!" / 담뱃대 툭툭 털며,

"여보소 장모! 춘향이나 좀 보아야지?"

"그러지요. 서방님께서 춘향을 아니 보아서야 인정이라 하오리까?"

조선 시대에, 서울에서 통행금지를 해제하기 위하여 종각의 종을 서른세 번 치던 일

향단이 여짜오되, / "지금은 문을 닫았으니 파루 치거든 가사이다."

날이 밝거든

이때 마침 파루를 뎅뎅 치는구나. 향단이는 미음상 이고 등롱 들고, 어사또는 뒤를 따라 옥문간에 당도하니, 인적이 고요하고 쇄장이도 간 곳 없네.

사건 전개의 우연성 – 고전 소설의 특징 / 등의 하나

▶ 춘향을 만나러 가는 이몽룡과 월매

옥문지기 / 붉은 바탕에 검은 선을 두른 조복에 딸린 웃옷

「이때 춘향이 비몽사몽간에 서방님이 오셨는데 머리에는 금관이요, 몸에는 홍삼이라. 상사일념에 목을 안고 만단정회하는 차라,」 「 」: 꿈속에서 금의환향한 이몽룡과 회포를 풀고 있는 춘향

완전히 잠이 들지도 깨지도 않은 어렴풋한 순간 / 황금으로 만든 머리쓰개 / 서로 그리워하는 한결같은 마음

온갖 정과 회포

"춘향아." / 부른들 대답이나 있을쏘냐. 어사또 하는 말이,

이몽룡

"크게 한번 불러 보소."

"모르는 말씀이오. 예서 동헌이 마주치는데, 소리가 크게 나면 사또 염문할 것이니 잠깐 지체하옵소서."

여기 / 지방 관아의 중심 건물 / 사정이나 형편 따위를 몰래 물어봄

"무에 어때, 염문이 무엇인고? 내가 부를게 가만있소! 춘향아!"
사또보다 높은 암행어사인 몽룡이 당당한 태도를 보임

부르는 소리에 깜짝 놀래어 일어나며,

"허허, 이 목소리 잠결인가 꿈결인가? 그 목소리 괴이하다!"

어사또 기가 막혀,

"내가 왔다고 말을 하소."

"왔단 말을 하게 되면 기절담락할 것이니, 가만히 계옵소서." ▶ 옥중의 춘향을 부르는 월매와 몽룡
매우 놀라서 정신을 잃음 / 춘향이 몽룡을 매우 기다렸기 때문

춘향이 저의 모친 음성 듣고 깜짝 놀라서,

「"어머니, 어찌 오셨소? 몹쓸 딸자식을 생각하여 천방지방 다니다가 낙상하기 쉽소. 일후일랑은 오실라 마옵소서."」 「 」: 어머니를 걱정하는 춘향의 마음
너무 급하여 허둥지둥 함부로 날뜀 / 떨어지거나 넘어져서 다치기 / 이후로는

"날랑은 염려 말고 정신을 차리어라! 왔다!"

"오다니 뉘가 와요?"

"그저 왔다!"
과거에 급제하여 돌아오기를 기다리던 몽룡이 거지 몰골로 돌아왔음을 차마 말하기 어려워함

"갑갑하여 나 죽겠소. 일러 주오. 꿈 가운데 님을 만나 만단정회하였더니 혹시 서방님께서 기별 왔소? 언제 오신단 소식 왔소? 벼슬 띠고 내려온단 노문 왔소? 애고, 답답하여라!"
조선 시대에, 공무로 지방에 가는 벼슬아치의 도착 예정일을 미리 그곳 관아에 알리던 공문

"너의 서방인지 남방인지, 걸인 하나가 내려왔다!"
남편을 의미하는 '서방'과 서쪽을 의미하는 '서방'의 음의 유사성에 의한 언어유희

"허허, 이게 웬 말인가? 서방님이 오시다니 몽중에 보던 님을 생시에 보단 말가?"
꿈속 / 자지 아니하고 깨어 있을 때

문틈으로 손을 잡고 말 못 하고 기가 막혀,

"애고, 이게 누구시오? 아마도 꿈이로다! 상사불견 그리운 님을 이리 수이 만날손가? 이제 죽어 한이 없네! 어찌 그리 무정한가? 박명하다 나의 모녀, 서방님 이별 후에 자나 누우나 임 그리워 일구월심 한이더니, 이내 신세 이리 되어 매에 감겨 죽게 되니, 날 살리려 와 계시오?"
서로 그리워하면서도 보지 못함 / 팔자가 사납다 / 날이 오래고 달이 깊어 간다는 뜻으로, 세월이 흐를수록 더함을 이르는 말
▶ 몽룡을 반기는 춘향

한참 이리 반기다가 님의 형상 자세히 보니 어찌 아니 한심하랴.
거지꼴 - 춘향의 정절을 시험하는 기능을 함 / 편집자적 논평

"여보 서방님! 내 몸 하나 죽는 것은 설운 마음 없소마는 서방님 이 지경이 웬일이오?"
걸인이 된 몽룡을 염려함

"오냐 춘향아, 설워 마라! 인명이 재천인데 설만들 죽을소냐."
사람의 목숨은 하늘에 달려 있음

춘향이 저의 모친 불러,

"한양성 서방님을〈칠년대한 가문 날에 갈민대우 기다린들〉나와 같이 자진(自盡)턴가. 심은 나무 꺾어지고, 공든 탑이 무너졌네! 가련하다 이내 신세, 하릴없이 되었구나! 어머님, 나 죽은 후에라도 원이나 없게 하여 주옵소서.「나 입던 비단 장옷 봉장 안에 들었으니 그 옷 내어 팔아다가 한산 모시 바꾸어서 물색 곱게 도포 짓고, 백방사주 긴 치마를 되는대로 팔아다가 관, 망, 신발
몹시 가문 날에 목마른 백성이 비를 기다린다는 뜻으로, 아주 간절히 기다림을 이르는 말 / 〈 〉: 유사한 표현의 반복 / 칠 년 동안의 큰 가뭄 / 어쩔 수 없이 / 있는 정성을 다했던가 / 관용적 표현 - 모든 기대가 무너졌다는 뜻 / 옛날 여인들이 외출할 때 머리에서부터 내려 쓰던 옷 / 죽음을 당연한 것으로 받아들임 → 체념의 심리 / 봉황이 새겨진 옷장 / 충남 한산에서 나는 곱고 가는 모시 / 흰 누에고치의 실로 짠 명주 / 갓과 망건

사 드리고, 절병천, 은비녀, 밀화장도, 옥지환이 함 속에 들었으니, 그것도 팔아다가 한삼 고의 모양이 흉치 않게 하여 주오. 금명간 죽을 년이 세간 두어 무엇 할까. 용장, 봉장, 빼닫이를 되는대로 팔아다가 별찬 진지 대접하오! 나 죽은 후에라도 나 없다 말으시고 날 본 듯이 섬기소서.』「서방님, 내 말씀 들으시오! 내일이 본관 사또 생신이라. 취중에 주망 나면 나를 올려 칠 것이니 형문 맞은 다리 장독이 났으니 수족인들 놀릴손가. 만수운환 흐트러진 머리 이렁저렁 걷어 얹고 이리 비틀 저리 비틀 들어가서 매 맞아 죽거들랑, 삯군인 척 달려들어 둘러업고 우리 둘이 처음 만나 놀던 부용당의 적막하고 요적한 데 뉘어 놓고, 서방님 손수 염습하되 나의 혼백 위로하여 입은 옷 벗기지 말고 양지 끝에 묻었다가, 서방님 귀히 되어 청운에 오르거든 일시도 두지 말고 육진장포 다시 염하여 조촐한 상여 위에 덩그렇게 실은 후에〈북망산천 찾아갈 제, 앞남산 뒤 남산 다 버리고 한양으로 올려다가 선산발치에 묻어 주고 비문에 새기기를 '수절원사 춘향지묘' 라 여덟 자만 새겨 주오.〉망부석이 아니 될까. 서산에 지는 해는 내일 다시 오련마는 불쌍한 춘향이는 한 번 가면 어느 때 다시 올까! 신원이나 하여 주오. 애고 애고 내 신세야! 불쌍한 나의 모친 나를 잃고 가산을 탕진하면 하릴없이 걸인 되어 이 집 저 집 걸식타가 언덕 밑에 조속조속 졸면서 자진하여 죽게 되면, 지리산 갈가마귀 두 날개를 떡 벌리고 둥덩실 날아들어 까옥까옥 두 눈을 다 파먹은들 어느 자식 있어 '후여' 하고 날려 주리.』애고 애고!"

설이 울 제, 어사또,

"울지 마라. 하늘이 무너져도 솟아날 구멍이 있느니라. 네가 나를 어찌 알고 이렇듯이 설워하냐?"

작별하고 춘향 집에 돌아왔지.

▶ 거지꼴의 몽룡을 보고 유언을 남기는 춘향

- 절병천, 은비녀: 비녀의 모양과 재료를 이르는 말
- 밀화장도: 밀화(보석 이름)로 장식한 작은 칼
- 한삼 고의: 홑적삼과 홑바지
- 흉치 않게: 못나지 않게
- 별찬: 특별한 반찬
- 금명간: 오늘이나 내일 사이
- 용장, 봉장: 용과 봉황의 무늬를 새긴 옷장
- 빼닫이: 옷장의 한 종류
- 「 」: 자신의 의복과 패물, 세간 등을 팔아다가 몽룡의 의관과 식사를 해결해 달라고 부탁하는 춘향 – 몽룡에 대한 춘향의 사랑이 드러남
- 주망: 술주정이 매우 심함
- 형문: 죄인의 정강이를 때리던 형벌
- 장독: 장형으로 매를 심하게 맞아 생긴 상처의 독
- 만수운환: 가닥가닥이 흩어져 드리워진 쪽 찐 머리
- 매 맞아: 장형(杖刑)을 당하여
- 삯군: 삯꾼. 삯을 받고 임시로 일하는 일꾼
- 부용당: 남원에 있는 부용지의 별당. 사랑이 싹튼 곳
- 요적한: 적적하고 고요한
- 염습: 죽은 사람의 몸을 씻긴 뒤에 옷을 입히고 염포로 묶는 일
- 청운: 높은 벼슬
- 육진장포: 육진에서 나는 베
- 북망산천: 사람이 죽어 묻히는 곳
- 선산발치: 조상의 무덤이 있는 산기슭
- 〈 〉: 기생의 딸인 춘향은 이몽룡네 선산에 시신이 묻히거나 비를 세울 수 없는 신분임. 당시 신분 제도를 비판하려는 작가의 의도가 엿보임
- 수절원사 춘향지묘: 수절하다 억울하게 죽은 춘향의 묘
- 신원: 가슴에 맺힌 원한을 풀어 버림
- 조속조속: 기운 없이 꼬박꼬박 조는 모양
- 후여: 새를 쫓는 소리
- 「 」: 죽은 뒤 자신의 시신 수습을 몽룡에게 부탁하며 홀로 남겨질 어머니를 걱정하는 춘향
- 하늘이 무너져도 솟아날 구멍이 있느니라: 어사출또를 암시함
- 네가 나를 어찌 알고 이렇듯이 설워하냐?: 몽룡이 자신의 정체를 암시함
- 작별하고 춘향 집에 돌아왔지: 서술자가 상황을 직접 전달하는 말투 – 판소리계 소설의 특징

뒷부분 줄거리 | 다음 날 이몽룡은 변 사또의 생일 잔치 마당에 어사출또하여 탐관오리인 변학도를 처단하고 춘향과 함께 한양으로 간다. 임금은 이몽룡의 어사로서의 임무 수행과 춘향의 절개를 칭찬하고 춘향을 정렬부인으로 봉한다.

필수 문제

01 이 글에서 춘향이 이몽룡에 대한 변함없는 정절을 보여 주어 정렬부인으로 신분이 상승되는 계기가 되는 통과 제의적 공간을 찾아 쓰시오.

02 [서술형] 〈보기〉에서 드러나는 판소리계 소설의 특징을 서술하시오.

〈 보기 〉

"한양성 서방님을 칠년대한 가문 날에 갈민대우 기다린들 나와 같이 자진(自盡)턴가. 심은 나무 꺾어지고, 공든 탑이 무너졌네! 가련하다 이내 신세, 하릴없이 되었구나!"

장면 4

옥문에 당도하여,

『"애고애고, 아가, 아가! 가련한 네 신세를 어쩌잔 말이냐? 주야장천 바라더니 잘되었다, 잘되었다. 종로 상걸인 여기 하나 왔다. 나와 봐라."』

밤낮으로 쉬지 아니하고 연달아 / 반어법 / 아주 비참할 정도로 형편없는 불쌍한 거지 / 「 」: 옥에 갇힌 딸에 대한 걱정과 거지 몰골로 나타난 이몽룡에 대한 아쉬움과 원망의 심리를 간접적으로 드러냄

춘향이 깜짝 놀라,

"어머니요?"

"오냐."

"애고 어머니, 어찌 왔소?"

"오냐, 내 말 좀 들어 봐라."

어사또 갑갑하여,

"내 한번 불러 볼까."

"애고, 흉악한지고. 만일 그 말 듣게 되면 두 주검 나 무엇하게?"

몽룡의 몰골을 보고 춘향이 놀라서 죽음 → 딸의 죽음을 보고 월매가 죽음

"이 사람, 골나는 소리 말게."

비위에 거슬리거나 마음이 언짢아서 성이 나는

분과 슬픔을 얼버무려, / "춘향아!"

춘향이 고난을 겪는 상황과 처지에 대한 분노와 슬픔

부르니 춘향이 대번에 알아듣고,

몽룡을 오매불망하던 춘향이 몽룡의 목소리를 금방 알아차림

"서방님이오?" / "오냐."

"애고 이것이 웬일인가? 꿈속에 왔던 낭군 생시에 보기 뜻밖일세."

『반 울음 반웃음에 아무리 급히 나가려 하되 목에는 칼, 손에는 수쇄, 발에는 족쇄, 나갈 가망 전혀 없어 한 손으로 땅을 짚고 또 한 손으로 무릎을 짚고 찍부두두 일어나며,』

춘향이 대역 죄인이 아님에도 불구하고 가혹하게 탄압받고 있음을 보여 줌. 춘향의 고난을 강조함 / 「 」: 오매불망하던 몽룡이 와서 반가운 마음에 달려가고 싶지만 형틀에 묶여 그렇게 할 수 없는 처지를 드러냄

"애고 허리야, 애고 다리야."

겨우 빠듯이 일어나 옥 담을 어루만져 나오는데 손발의 쇠사슬 고랑 걸음 걷는 대로 저르렁저르렁, 그 뒤에 목칼 끄는 소리 떨그렁떨그렁. 옥문을 당도하여 바로 내다보려 하니 칼머리가 아찔하며 바로 볼 길 전혀 없어 칼판으로 받쳐 놓고 옥문에 비껴 앉아 옥 틈으로 내다보며,

음성 상징어를 사용하여 생동감, 현장감, 운율감을 줌 – 판소리계 소설의 특징

『"애고, 무정하기도 양반, 독하기도 양반. 한번 훌쩍 간 연후에 소식도 없고 편지도 없고 그다지 돈절턴가.』애고 이게 꿈결인가. 반갑고 반가워라. 향단아 불 밝혀라. 옛 얼굴 다시 보자."

「 」: 이별 후 소식을 전하지 않은 몽룡에 대한 춘향의 원망 – 반복법을 사용하여 운율감을 형성함 / 편지나 소식 따위가 딱 끊어짐

『어사또 나서거늘 비단 전 물건으로 감고 올 듯한데, 차린 법을 보니 다 떨어진 헌 베 도포, 열두 도막 이은 띠를 가슴에 눌러 질끈 매고, 철대만 남은 헌 갓에 버레줄로 총총 목 들어갈 틈 없이 잡아매고 가을 부채 흔들면서 등불 앞에 썩 나서며,』

갓모자의 밑 둘레 밖으로 둥글넓적하게 된 부분에 둘러댄 테 / 갓을 목에 걸치는 줄 / 철에 맞지 않아 쓸데없는 물건을 이르는 말 / 「 」: 당당하게 나섰지만 몰골은 거지나 다름없는 몰락한 양반의 모습임. 폐포파립(弊袍破笠)의 차림새

"내려와서 들은즉 나로 하여 옥중 고생한다 하니 나는 이 몰골로 너 보기 부끄럽다."

춘향이 몽룡에 대한 정절을 지키려고 변 사또의 수청을 거절하다 하옥된 일을 말함

춘향의 어진 마음 낭군 마음 편하게 하느라고, 제 속에 있는 분을 자취 없이 하느라고 변색하고
춘향에 대한 서술자의 직접적인 평가(서술자의 개입) 춘향이 자신의 억울한 심정을 겉으로 드러내지 않으려고 얼굴빛을 좋게 바꾸고
이른 말이,

「"그것이 웬 말인가, 부유함을 취하던가? 일간두옥에 살지라도 아들 낳고 딸을 낳아서 무릎 위
한 칸밖에 안 되는 작은 오막살이집 = 작은 집
에 올려놓고 둥기둥기 어르면서 조반석죽할지라도 그것이 더 정답지. 서방님 저 모양을 조금도
아침에는 밥을 먹고, 저녁에는 죽을 먹는다는 뜻으로, 몹시 가난한 살림을 이르는 말
흠을 마오. 자고로 성현군자 한때 고생 다 있으니 염려치 마소서."」
「 」: 춘향은 몽룡의 남루한 행색에 대한 실망감을 드러내는 대신 오히려 몽룡을 위로함

"거룩한 말이로다."

"그새 사오 년간 사또 문안 어떠시며 부인 문안 어떠시며 종들도 잘들 있나이까? 어찌 그리 돈
몽룡을 그리워하던 말
절턴가? 잠이 들어 못 오던가, 병이 들어 못 오던가?「나는 그때 시름 상사 앓던 말과 범 같은 관
이별 후 소식을 전하지 않은 이유를 질문 - 원망을 간접적으로 표현, 대구법을 사용하여 운율감을 형성함
장(官長) 만나 옥중 고생하는 말씀 어디다가 헤아리오리까?"」
「 」: 이별 후 몽룡에 대한 그리움과 변 사또로 인한 옥고로 힘겨운 삶을 살았음을 하소연함

"오냐, 손이나 좀 내밀어라. 만져 보자."

"문은 높고 틈은 좁은데 손목 짧아 더 내밀 길 전혀 없소."

어사또 이른 말이,

"네 손이 짧거든 내 손이 길거나, 내 손이 길거든 네 손이 짧거나. 두 손이 서로 짧으니 지척이
대구법을 사용하여 운율감을 줌
천 리로다."
가까이 있어도 손조차 잡을 수 없는 상황에 안타까워함

춘향 모 듣다가 그 사람 꼴만 업신여기나, 춘향은 하도 반가라고,
몽룡을 대하는 월매와 춘향의 태도 차이 - 춘향의 변함없는 사랑을 강조함

"서방님."

"왜야?"

"인제 죽어도 한이 없네.「전에는 혼자 앉아 북쪽 산만 바라보고 아무리 불러 보아도 서방님 음
성은 없고 공중에 왕래하는 까막까치 소리만 들리더니 오늘 다시 보니 이 아니 좋을쏜가."」
「 」: 춘향이 몽룡을 만나기 전과 후를 대조하여 몽룡의 처지와 상관없이 그저 반가움을 표현함

춘향이 저의 모친 불러 하는 말이,

결정적 장면

「"나 죽은 뒤에 서방님을 날 본 듯이 보내지 말고, 내 장 속에 있는 옥지환, 월귀단, 금봉채, 사랑
춘향은 자신의 죽음을 이미 정해진 일로 받아들임 옥가락지 봉황의 모양을 새겨 만든 금비녀
하던 면경, 체경 되는 대로 팔아서 우선 의복 한 벌 하여 주오. 하인 보기 부끄럽소."」
거울 「 」: 춘향의 유언 ① - 월매에게 몽룡의 의관을 부탁(몽룡에 대한 걱정과 배려)

"오냐. 걱정 마라."

"여보, 서방님, 내가 쉬이 죽겠으니 내 원대로 하여 주오."
춘향은 자신의 죽음을 예감하며 몽룡에게 자신의 유언을 따를 것을 요청함

"허허, 별말이로다. 저승 소식을 어찌 그리 자세히 아느냐?"
춘향이 죽지 않을 것임을 우회적으로 암시함

"다름 아니라 내일 본관 사또 생일이라.「근읍(近邑) 수령 다 모아 잔치 끝에 나를 올려 관가에 포

「 」: 춘향은 몽룡에 대한 절개를 지키려다가 관가에 행패를 부렸다는 명분으로 죽임을 당하게 되는 현실에 원통해하고 있음

악하였다고 죽일 차로 형장을 새로 차린다 하니 이 아니 원통하오?」

❶ 어사또 남의 말하듯 하여, / "그게 참 남의 일인가 싶지 않다."

「"여보 서방님, 내일 잔치 끝에 춘향을 올리라 명령이 나 나를 잡아 올리거든 남 보지 않게 따라와서 어디 몸을 숨겼다가, 잔약한(가냘프고 약한) 이내 몸에 한 번 형장 맞게 되면 하릴없이(달리 어떻게 할 도리가 없이) 죽을 테니 좌우 나졸 달려들어 나를 끌어 내치거든 향단에게 끌어 업혀 집으로 돌아와서 처음 만나 연분 맺던 부용당을(남원에 있는 부용지의 별당) 소쇄하고(비로 먼지를 쓸고 물을 뿌림) 나를 들어 눕힌 후에 약을 써 정성으로 구완하다가(아픈 사람을 간호함) 아주 영영 죽거들랑 사자 밥 초혼할(사람이 죽었을 때 저승사자를 위해 밥을 차리고 죽은 사람의 혼을 소리쳐 부르던 일) 제 서방님 육성으로 원 없이 불러 주고, 나의 신체 거둘 적에 아무 잡놈의 손대지 말고 서방님 손 망종(마지막으로) 대어 거두어 눕힌 후에 내 종 향단 머리 풀어 곡시키고,(향단이에게 주인을 대신하여 곡을 하던 곡비를 시키라는 의미) 비단 수의 다 버리고 서방님 입고 고생하던 헌 누더기로 이내 한 몸 둘러 감고 긴 베를 칭칭 감아 땁내라도 맡으면 죽은 혼이라도 원 없겠소.(죽어서도 몽룡과 함께하고 싶은 춘향의 마음을 드러냄) 상여를 쓰려거든 갖춘 상여 쓰려 말고 두 발 가마꾼 불러다가(여러 사람이 메는 화려한 상여를 쓰지 말고 두 사람이 메는 단출한 상여를 쓰라는 의미) 내어 실으려 할 제 서방님 혼자 어려울 것이니 향단이로 부축하여 나를 올려 실은 후에 내 행상(상여) 떠날 적에 집안에 울음소리 내지 마오. 나의 한 몸 환생하려고 삼혼 구백(죽은 사람의 혼백)이 모여 갈 제 울음소리 나게 되면 나의 혼백 훨훨 흩어지면 그 아니 원통한가.(환생하여 몽룡과 재회할 가능성이 없어지므로) 나의 신체 행상하여 서방님 댁 근처 묻히는 게 사리에 당연하고(시집간 여자는 출가외인으로 시댁의 선산에 묻히는 것이 당대의 인간된 도리이므로) 혼이라도 즐거우나, 『그리 근력 쓰지 말고 서방님 자주 왕래하시는 길가에 찾아가서 물난리나 아니 나고 볕 좋은 땅 극진한 곳에 나를 부디 묻어 주오.』(『 』: 자신의 상을 치르는데 몽룡이 고생하지 않도록 하려는 춘향의 배려심이 드러남) 사람의 일을 뉘 알리까. 서방님 그 문필(文筆)에 설마 그저 늙으리까.(자신이 죽은 이후라도 출세하게 되리라는 몽룡의 실력에 대한 믿음 – 설의법) 진사 급제를 하시든지 남행으로(과거를 거치지 아니하고 조상의 공덕에 의하여 맡은 벼슬) 가시든지 수령 되어 가시든지, 부디 노력을 아끼지 말고 나의 무덤 찾아와서 일산으로(햇볕을 가리기 위하여 세우는 큰 양산) 해 가리고 남 보지 않게 병풍 치고,(양반인 몽룡이 천한 자신의 무덤에 찾아오는 것이 출세에 장애가 될까 염려함) 『'춘향아 청초는 우거졌는데 고운 얼굴 어디 가고 백골만 남았느냐. 나도 관장 되었노라.'』(『 』: 자신이 죽은 이후에도 잊지 말아 주기를 당부함) 긴 대답 들려주어 벽제 소리(지위가 높은 사람이 행차할 때, 구종(驅從) 별배(別陪)가 '물렀거라.' 라고 외치며 잡인의 통행을 금하던 소리) 섞어 하면 죽어 가던 혼이라도 눈을 감고 꽃밭, 대밭 우거진 데 춤을 추며 따르리다. 애고애고, 내 일이야. 애고애고, 내 신세야! 어쩌잔 말인가.(사랑하는 몽룡을 두고 죽어야만 하는 처지에 대한 안타까움)"」

「 」: 춘향의 유언 ② – 몽룡에게 자신의 장례를 부탁함(자신의 욕심보다는 몽룡에 대한 배려를 바탕으로 함)

결정적 장면

거지꼴로 나타난 몽룡을 본 춘향이 자신의 죽음을 예감하고 월매와 몽룡에게 유언을 남기는 장면이다. 몽룡과 월매를 걱정하고 배려하는 춘향의 모습이 두드러지는 부분이다.

문제로 핵심 파악

1 춘향은 걸인 행색의 이몽룡을 보고 몽룡을 구박하고 있다. (○, ×)

2 춘향은 자신의 죽음을 운명으로 받아들이며 체념하고 있다. (○, ×)

핵심 구절 풀이

❶ 어사또 남의 말하듯 하여, "그게 참 남의 일인가 싶지 않다.": 어사또(이몽룡)가 신분을 속이며 의뭉을 떨고 있음. 몽룡의 신분을 알고 있는 독자에게 웃음을 유발함

답 1 × 2 ○

『춘향 모는 입을 비죽비죽, 향단은 코를 실룩실룩, 어사또는 아주 울며 두 손길 보비작보비작.』

「 」: 춘향의 유언에 대한 다양한 반응 – 음성 상징어를 사용하여 운율감, 생동감을 형성함

"어허, 주책없는 일이로고."

(자신이 춘향을 살려 줄 수 있을 것이므로) 너무 앞서가지 말라는 책망

『"서방님, 또 부탁할 말 있소. 나의 한 몸 죽은 후에 우리 모친이 없는 나를 생각하고 실성 발광(失性發狂) 미친 중에 이 집 저 집 왔다 갔다 남을 곧 대하면 원수 년의 딸의 자랑하다가 울음 울 제, 꽃 피고 좋은 때에 화류 구경 가노라고 나의 동갑 아이 기생 고운 단장 정히 하고 나갈 때에 쓸데없는 딸의 생각, 보기 싫고 듣기 싫어 빈방에 드러누워 굽이굽이 썩는 간장 술 한잔을 뉘 권하며, 누웠으니 잠이 없어 지팡막대 걷어 짚고 나의 무덤 찾아와서 기약 없는 배 속 울음 몇 마디 못 울어서 두 눈이 캄캄, 기절하여 두 발 뻗고 누웠으되 어느 자식 다시 있어 '가사이다.' 업어 가며 어느 일가 찾아와서 술을 주어 만류할까. 적막공산 무인지경 속절없이 죽게 되면 구렁 송장 될 것이니 이 아니 박절한가. 나 없다 마시고 그렁저렁 계시다가 노모 평생 마치거든 염습 안장하여 주면 뒷날 황천으로 다시 만나 풀을 맺어 갚으리다."』

늙은 어머니(월매)를 남겨 두고 먼저 죽은 딸

죽은 딸 춘향을 생각하는 월매를 위로해 주는 술

다시 살아 올 수 없는 딸에 대한 슬픔, 안타까움

춘향이 죽게 되면 사고무친(四顧無親)의 상황이 되는 어머니(월매)의 처지에 대한 안타까움

움쑥하게 파인 땅에 버려진 송장

저승 ┐ 인정이 없고 쌀쌀한가

죽은 사람을 씻긴 후 수의를 입히고 염포로 묶어 장사 지냄

결초보은(結草報恩)

「 」: 춘향의 유언 ③ – 몽룡에게 자신이 죽은 후에 월매를 부탁함(돌봐 줄 사람이 없을 월매의 앞날을 걱정함)

어사또 실컷 울고 듣더니 참 남의 일인가 싶지 않고,

"여보아라, 나는 그새 고생한 얘기나 하자고 왔더니 내가 빌어먹은 일은 조족지혈이로다. 정담 한마디 하마. 『하늘이 무너져도 솟아날 구멍이 있다고, 죽을 때 죽고 맞을 때 맞아 죽을지라도 부디부디 안심하여 있거라. 장부(丈夫) 세상에 나서 너 하나야 못 살릴까.』 나는 너를 마주하여 정담이 그밖에는 다시없다. 바람 차다. 들어가거라."

자신의 신분을 은폐하려는 의도

새 발의 피라는 뜻으로, 매우 적은 분량을 비유적으로 이르는 말

「 」: 암행어사라는 신분에서 나온 큰소리 – 사건의 반전을 암시(복선)

암행어사라는 신분을 밝힐 수 없음 – 사적인 감정보다는 공적인 것을 중시함(신중한 성격)

『춘향을 들여보내고 춘향 모 등불 들며, / "가십시다."

"혼자 돌아가소. 나는 답답하니 어디 시원한 데 가 누웠다 감세."

역졸들을 만나 암행어사 출두 대기 명령을 내리려는 의도

춘향 모를 보낸 후에 가만가만 저자 앞 천성 다리 올라앉아 동헌을 바라보고 이를 갈며 두 주먹을 불끈 쥐고, / "후유, 이놈!"

춘향에게 시련을 준 변 사또에 대한 분노

다시 일어나 광한루를 올라앉아 하인을 기다릴 제 남산 모퉁이에 초롱불이 번득이며 말 십여 필이 쭉 들어서더니 순식간에 문안을 드리거늘,

"다들 무사하냐? 내일 이 고을에 출두할 테니 부디 명심하라."』

「 」: 중간 과정을 생략하여 사건 전개에 속도감을 부여함

▶ 이몽룡이 암행어사의 신분을 감추고 옥에 갇힌 춘향과 재회함

깊은 산 맹호처럼 날 새기만을 기다릴 때 먼 마을에 닭 울음소리 나며 동방이 밝아 온다. 어사또 눈치로 엿볼 적에 본관의 거동 보소.

변 사또에 대한 분노로 가득 찬 몽룡을 사나운 호랑이에 비유함

판소리 사설투 – 독자의 관심을 유도함

"삼공형 불러라. 공방을 불러라."

호장, 이방, 수형리

각 지방 관아에 속하여 공예 · 건축 · 토목 공사 따위에 관한 일을 맡아보던 부서. 또는 아전

『훨씬 넓은 광한루에 자리를 넓게 펴고 다담을 조심시키며 팔십 명 기생과 갖은 광대, 갖은 풍악

손님을 대접하기 위하여 내놓은 차와 음식 따위

여기저기 경계하고 통인에게 인궤 들려 앞세우고 앞뒤로 늘어서서 광한루에 나갈 적에 소리 좋은
수령의 잔심부름을 하던 구실아치 관아에서 쓰는 도장을 넣어 두던 상자

피리, 젓대, 북, 장구를 꽝꽝 울리며 나가는데,』관장이 다 모였으니 좋기도 좋건마는 이 양반은 어
「 」: 변 사또의 화려하고 규모가 큰 생일잔치 준비 상황

찌 늙었던지 고개를 가누지 못하면서 하인들에게 무섭게만 보이려고 눈만 딱 부릅뜨고 한참 나갈
변 사또에 대한 몽룡의 반감을 바탕으로, 변 사또를 해학적으로 묘사함(인물의 희화화)

제 어디 어디 모였더냐. 운봉 영장, 오수 찰방, 구례 현감, 곡성 군수, 임실 안전이 다 각각 호기
전라도 남원 주변의 운봉, 오수, 구례, 곡성, 임실 지역의 관장들의 호칭

있게 들어온다마는 이웃 벼락에 똥을 싸 보리라. 당 위아래에 일차로 앉은 후에 일등 육각 '떵쿵
서술자의 개입. 변 사또에 대한 응징으로 잔치 마당에 참석한 다른 지역의 관장들도 혼비백산하게 될 것임을 암시

떵쿵 나니나.' 인물 일색 기생들은 비단 적삼 흩날리며 이화, 도화 봄날 격으로 자욱한 풍악 속에
중국으로 가는 사신들이 배를 타고 떠나는 광경을 묘사한 공연 예술

북, 장구, 해금, 피리, 태평소 둘로 이루어진 악기 편성

일품 북춤, 칼춤과 용의 알 배따라기 더욱 좋다.
궁중에서, 포구락(抛毬樂)을 할 때 던지던 나무로 만든 공. 여기서는 그 공을 구멍 안에 던져 넣으며 노는 공연 예술을 뜻함

어사또 거동 보소. 이리 우쭐 저리 우쭐.
판소리 사설투 독자들이 어사또의 행동을 상상하면서 읽게 함 – 생동감을 줌

"형방아, 아뢰어라. 멀리 있는 과객으로 오늘 잔치 만났으니 좋은 술 멋진 안주 많이많이 빌리
반어법을 사용하여 화려한 잔치 마당을 간접적으로 비판

시래라."

저 나졸 달려들어,

"이 양반, 물러나시오. 우리 사또 엄명하에 흘깃 한번 잡혀 들면 생똥 쌀 것이니 저리 달아나
변 사또에게 잘못 걸리면 고생하게 될 것이니 – 변 사또의 포악함을 드러냄

소."

명치뼈 밑을 꾹 찌르니 어사또 옆구리를 훔쳐 쥐고,
나졸도 몽룡에게 폭행을 가하며 횡포를 부림

"아이고, 저놈! 코에 술독 오른 놈이렷다."
나졸의 인상을 파악하여 응징하려는 의도

이윽고 구경꾼의 몸을 재치 있게 숨어 들어가서 누각 기둥 부여잡고 누대 위를 바라보며,

"여민동락이라니 혼자 즐겨 말고 나 같은 과객 술 한잔 먹여 주오."
'백성과 즐거움을 함께하다' 라는 뜻. 즉, 백성과 동고동락하는 통치자의 자세를 의미함

좌우 나졸 달려들어 목 잡거니 등 밀거니 갓철대가 부러지며 도포 소매 좌르륵.
어사또를 제지하려는 나졸들의 횡포 갓양태의 테두리에 둘러댄 테

"이놈들, 놓아라! 목을 빼어도 못 나가겠다."
화려하고 흥겨운 잔치 분위기를 망치려는 몽룡의 의도

운봉 영장 내려다보며,
몽룡을 잔치에 끌어들여 긴장을 유발하는 역할을 함

"가만두어라."

본관 사또 바라보며,

「"저 걸인 양반 말석에 앉히고 술 한잔 먹입시다."」
「 」: 초라한 행색에도 불구하고 몽룡을 같은 양반으로 대접해 주려는 운봉의 관대하고 사려 깊은 모습. 인색하고 탐욕스럽고 포악한 변 사또의 모습과 대조적임

상태나 언행 따위가 더럽고 지저분한

"그리하오마는 운봉은 어찌 구지레한 친구만 좋아하오?"
운봉의 청을 마지못해 허락하면서 핀잔을 줌

"그 양반 오르래라!"
외양상으로는 볼품없지만 몽룡을 양반으로 대하는 운봉

어사또 올라가 갓을 휘둘러 도거리 인사로,
따로따로 나누지 않고 한데 합쳐서 몰아치는 일

"좌우 법사께서 기후 일향들 하시오?"
한자를 사용하여, 평안한지의 여부를 격식을 차려 물음

"어디 사오?" / "예, 황해도 옹진 사오."
몽룡의 몰골은 초라하지만 신분상 같은 양반이므로 서로 대등한 상대 높임법을 사용함

다담 주물이 들어온다. 「화류 광진, 교자 판에 금사 화기, 유리 접시 틈틈이 놓았는데, 민강, 편강, 단 대추며 대 밀주, 소 밀주, 포도당, 옥춘단, 인삼, 당과, 왜편 한편 곁들이고, 인삼정과, 모과정과 곁들이고, 유자, 석류, 은행, 대추, 생률, 숙률, 봉상, 참배, 감자, 홍귤, 편약포 한데 곁들이고, 메밀 완자, 신선로며 번화하다 벙거짓골, 영계찜, 갈비찜에 승갱이를 곁들이고, 울산 전복, 봉오림에 매화 오림, 문어 오림, 실백자를 오려 있고, 산채, 야채, 갖은 어채 각색으로 괴어 있다. 색 좋은 갖은 편에 누리미를 곁들이고, 양곰 우미탕에 너부 할미 열구자탕, 온갖 술병 들였는데,」 한 잔 한 잔 또 한 잔으로 무궁무진 마시되 어사또는 떡 한 쪽을 아니 주니 어사또 하는 말,

다담: 손님을 대접하려고 내놓는 음식과 술 / 민강: 생강을 설탕물에 조려 만든 과자 / 편강: 얇게 저며서 설탕에 조려 말린 생강 / 옥춘단: 쌀가루로 만든 사탕의 하나 / 당과: 사탕과 과자를 아울러 이르는 말 / 생률: 익히거나 말리거나 하지 아니한 밤 / 숙률: 삶아 익힌 밤 / 참배: 먹을 수 있는 보통의 배 / 벙거짓골: 전골을 지지는 그릇 / 열구자탕: 입을 즐겁게 하는 탕이라는 뜻으로, '신선로'를 달리 이르는 말

「 」: 판소리계 소설의 특징 – 장면의 극대화로 운율감을 주고 흥을 돋움(변 사또의 사치스럽고 화려한 생일잔치 음식 ↔ 고달픈 당시 민중들의 삶)

"속담에 이르기를 입은 한가지요 쇠스랑은 세 가지라니 그 음식 맛 좀 봅시다."

입은 한가지요 쇠스랑은 세 가지라니: 발음의 유사성을 이용한 언어유희. '사람의 입은 서로 같다고 하니'의 의미

운봉이 알아듣고,

운봉이 알아듣고: 몽룡이 자신이 받은 상에 불만임을 알고 – 운봉은 눈치가 빠름(= 눈치가 참새 방앗간 찾기)

"본읍 관청빛 부르라. 너 이 양반께 한 상 차려 올려라."

관청빛: 조선 시대에, 수령의 음식물을 맡아보던 구실아치

저놈이 내달더니 「좋은 통영 판에 밟혀 다니다 몸살 난 떡 한 쪽 놓고, 닭갈비 한 쪽 껍질 벗겨 놓고, 북어 대가리 딱 한 토막 놓고, 대추 두 개, 밤 한 개, 곶감 반쪽, 탁주 한 잔 차려다 놓고」 먹으라 하니 어사또 받아 놓고 음식 트집을 내어,

좋은 통영 판에 밟혀 다니다 몸살 난 떡 한 쪽: 해학적 표현

「 」: 각읍 수령들의 상차림과 대조되는 상차림 – 어사인 몽룡이 푸대접을 당함

"여보, 사람은 일반인데 음식 차별을 이다지 한단 말이오?"

본관이 돌아보며,

"무던히 차렸구먼. 그만하면 먹지!"

무던히 차렸구먼: 거지에게 그 정도면 어지간하게 상을 차려 주었다는 의미. 몽룡을 무시함

어사또,

"그러면 상을 바꿉시다."

▶ 이몽룡이 신분을 속이고 변 사또의 생일잔치에 참석함

중략 부분 줄거리 | 이몽룡이 변 사또 생일잔치의 흥을 깨려고 여러 관장들에게 음식을 달라고 조르기도 하고 운봉에게 간청하여 기생을 불러 권주가를 부르게도 한다. 기생이 마지못해 권주가를 부르자 몽룡은 그것을 빌미로 기생을 괴롭히고 이를 본 행수 기생이 몽룡에게 권주가를 부르며 술을 권하고 몽룡은 노래를 듣고 '상작'이라고 칭찬하며 행수 기생의 치마 폭에 '행하(行下) 천금'이라 써 준다.

행하(行下): 놀이가 끝난 뒤에 기생이나 광대에게 주는 보수

이렇듯 진퇴할 제, 본관이 흥을 내어 운을 부르되 기름 고(膏) 자 높을 고(高) 자 두 자를 내니 어사또 하는 말이,

본관이 흥을 내어 운을 부르되 기름 고(膏) 자 높을 고(高) 자 두 자를 내니: 어사또가 지은 한시로 볼 때 변 사또가 고른 운자의 결과 → 자업자득(自業自得), 자승자박(自繩自縛)의 상황에 해당함

"나도 부형 덕에 책권이나 배웠으되 이런 잔치 만나 즐겁게 잘 먹었으니 차운 한 수 하리까?"

책권이나 배웠으되: 글을 좀 읽었으니 / 차운: 운자를 따서 시를 지음

본관이 웃으며,

"기운은 대근력이로고."

기운은 대근력이로고: 힘은 매우 세구나. → '말은 자신 있게 함'의 의미(반어법) – 거지 주제에 수령들의 잔치 마당에 한시를 짓겠다고 나서는 몽룡에 대한 비아냥거림

운봉이 이른 말이,

「"영감 말씀이 실례요. 문장 출어 곤궁이라니 남을 너무 업신여기지 마오."」

문장 출어 곤궁: 훌륭한 문장가는 가난하여 살림이 구차한 곳에서 나온다는 의미임

「 」: 외양으로 사람을 평하여 업신여기는 변 사또의 잘못을 지적 – 겉모습으로 사람을 판단하지 않는 운봉의 편견 없고 사려 깊은 면모가 드러남

지필묵(紙筆墨) 내어 놓으니 좌중이 다 못하여 글 두 귀를 지었으되,

좌중이 다 못하여 글 두 귀를 지었으되: 좌중의 무능함과 대조되는 몽룡의 뛰어난 능력

「촉루 낙시(燭淚落時)에 민루 낙(民淚落)이요,
「 」: 판소리계 소설의 특징 – 이중의 문체를 사용. 향유층인 양반층과 서민층 모두를 고려하여 한자어와 우리말 풀이를 함께 제시함

가성 고처(歌聲高處)에 원성 ㉠고(怨聲高)라.
㉠: 변 사또가 낸 압운자

금준 미주(金樽美酒)는 천인 혈(千人血)이요,

옥반 가효(玉盤佳肴)는 만성 ㉠고(萬姓膏)라.」

- 주제: 탐관오리의 가렴주구를 풍자함
- 기능: 주제를 형상화함, 새로운 사건 전개를 예고함, 극적 긴장감을 조성함, 현실 상황을 풍자함
- 표현상의 특징: ① 향유층인 양반층에 대한 배려로 칠언절구의 한시 형식을 사용함 ② 대조를 통해 관리들의 수탈로 백성들이 고통받고 있는 부조리한 현실을 비판함 ③ 대구법, 과장법, 비유법을 활용하여 주제를 강조함

〈그 글 뜻은 '촛불 눈물 떨어질 적에 백성의 눈물이 떨어지고, 노랫소리 높은 곳에 원망 소리 높도다. 금동이의 아름다운 술은 일천 사람의 피요, 옥쟁반의 아름다운 안주는 일만 백성의 기름이라.'〉 이렇듯이 지어 놓으니 그 아니 명작인가. 「운봉 영장 글 보고 속으로 읊으며 어사 보고 그 글 보고 동정을 살피더니 엄동설한(嚴冬雪寒) 만난 듯이 벌벌 떨며 하는 말이,

〈 〉: 서술자의 개입 – 한자를 모르는 민중(백성들)에 대한 배려. 탐관오리들의 호화로운 잔치는 백성들의 고통의 산물임을 부각함

이렇듯이 지어 놓으니 그 아니 명작인가: 서술자의 개입

엄동설한(嚴冬雪寒): 눈 내리는 깊은 겨울의 심한 추위

벌벌 떨며: 몽룡이 암행어사임을 눈치 챔

"하관은 오늘 학질 차례기로 가나이다."」
「 」: 몽룡의 글을 보고 어사임을 직감하고 위기 상황을 벗어나려는 운봉의 눈치 빠른 모습

하관: 아래 직위에 있는 벼슬아치가 상관에 대하여 자기를 낮추어 이르는 말로 운봉이 변 사또에게 자신을 낮추어 말함

구례 현감 눈치채고,
구례 현감: 운봉의 말과 행동을 보고 사태의 심각성을 눈치 챔

"하관은 기민 주러 가나이다."
기민: 굶주린 백성들에게 식량을 나눠 주는 일

그렁그렁 흩어질 제 어사또 일어서며 서리 중방 눈짓하니 예서 수군 제서 우꾼. 청패 역졸 거동 보아라. 달 같은 마패를 해같이 둘러메고 사문을 두드리며 소리를 높이 하여,

서리: 관아에 속하여 말단 행정 실무에 종사하던 구실아치

중방: 고을 원의 시중을 들던 사람

달 같은 마패를 해같이 둘러메고: 마패를 달과 해에 비유하여 탐관오리에게 고통받는 백성들의 삶과 옥에 갇힌 춘향이 광명을 찾을 것임을 암시

"암행어사 출두야!"
상황의 극적 반전, 독자에게 카타르시스를 줌

하는 소리 정신이 아득 백일이 땅땅, 산벼락이 나는 듯 부중이 우꾼우꾼. 모든 수령 귀가 먹고 눈이 캄캄, 깜짝 놀라 흩어질 제 천방지축 달아난다. 자빠지며 엎어지며 한 길 넘는 대뜰 아래 제바람에 떨어진다. 본관의 거동 보소, 상투 쥐고 오줌 누며 혀 빼물고 똥을 싸며,

정신이 아득 ~ 달아난다: 암행어사 출두로 혼비백산하는 사람들의 모습을 생동감 있게 묘사함 – 음성 상징어 사용

상투 쥐고 ~ 똥을 싸며: 어사출두로 인한 변 사또의 공포와 충격을 해학적으로 표현함(인물의 희화화)

"필경 이게 가짜 어사지? 문 들어온다, 바람 닫아라. 물 마른다 목 들여라."

필경 이게 가짜 어사지?: 눈앞에 펼쳐진 일을 믿고 싶지 않음

문 들어온다 ~ 목 들여라: 언어 도치를 통한 언어유희 → 변 사또의 공포와 당황스러움을 표현함

언어가 앞뒤 없을 적에 정신이나 있을쏘냐. 「아낙은 똥을 싸고 책방은 도망하고, 곡성의 거동 보소. 개구멍으로 달아날 제 왼쪽 눈이 찢어져서 뒤꼭지로 이사한다. 운봉은 말을 타려고 소를 거꾸로 타고 '이랴, 이랴.' 달아나니 좌우 나졸 미색들이 일시에 도망한다.」 구르느니 북장구요 깨지느니 거문고라. 좋은 잔치 박살 난다.

언어가 앞뒤 ~ 있을쏘냐: 편집자적 논평, 설의법 사용, 혼비백산(魂飛魄散)

「 」: 장면의 극대화, 상황의 전도에 의한 해학적인 표현, 잔치 마당에 모인 사람들이 당황하는 모습을 과장 · 열거하여 암행어사의 위력을 드러냄

구르느니 ~ 박살 난다: 암행어사 출두로 난장판이 된 변 사또의 생일잔치 마당을 묘사 – 대구법을 사용하여 운율감을 형성함

▶ 암행어사 출두로 변 사또를 응징함

뒷부분 줄거리 | 이몽룡은 어사또의 임무를 다한 후에 한양으로 올라가 임금님께 보고하고, 임금님의 성은으로 춘향의 신분이 상승하여 두 사람은 백년해로 한다.

필수 문제

01 [서술형] '어사출두'가 사건 전개에 미치는 영향과 당대 독자들에게 줄 수 있는 효과를 서술하시오.

02 어사또가 지은 한시를 통하여 드러내고자 하는 당시의 사회상을 쓰시오.

장면 5

수령

『가까운 읍의 수령들이 모여든다. 운봉 영장(營將), 구례, 곡성, 순창, 옥과, 진안, 장수 원님이 차

전라도 운봉 - 관할 지역의 이름을 사람 이름처럼 사용함

례로 모여든다. 왼쪽에 행수, 군관, 오른쪽에 청령(廳令), 사령(使令)이 있고 본관 사또는 주인이 되

군사를 지휘하는 우두머리 / 지방 관아의 하급 관리

어 한가운데 있어 하인 불러 분부하되,

손님 대접을 위하여 내놓은 다과 따위

"관청색(官廳色) 불러 다담(茶啖)을 올리라. 육고자(肉庫子) 불러 큰 소를 잡고, 예방(禮房) 불러 악

조선 시대에 수령의 음식물을 맡아보던 사령 / 육고에 속하여 관아에 육류를 바치던 관노 - 백정 / 제사, 잔치 등의 사무를 맡은 아전

공을 대령하고, 승발(承發) 불러 천막을 대령하라. 사령 불러 잡인(雜人)을 금하라."

지방 관아의 구실아치(아전) 밑에서 잡무에 종사하던 사람 / 관아에서 심부름하던 사람

이렇듯 요란할 제, 온갖 깃발이며 삼현육각 풍류 소리 공중에 떠 있고, 붉은 옷 붉은 치마 기생들

피리 둘, 대금, 해금, 장구, 북으로 편성된 관현악 / 편집자적 논평(춘향에 대한 걱정 + 호화 잔치에 대한 분노)

은 흰 손 비단 치마 높이 들어 춤을 추고, 지화자 둥덩실 하는 소리』에 어사또 마음이 심란하구나.

「 」: 장면의 극대화

▶ 화려한 생일잔치를 하는 본관 사또

"여봐라, 사령들아. 너의 사또에게 여쭈어라. 먼 데 있는 걸인이 좋은 잔치에 왔으니 술과 안주나 좀 얻어먹자고 여쭈어라."

저 사령의 거동 보소.

몸을 움직임. 또는 그런 짓이나 태도

"우리 사또님이 걸인을 금하였으니, 어느 양반인지는 모르오만 그런 말은 내지도 마오."

등을 밀쳐 내니 어찌 아니 명관(名官)인가. 운봉 영장이 그 거동을 보고 본관 사또에게 청하는 말이,

편집자적 논평 - 반어적 표현, 독자의 동의를 구함 / 어사또를 잔치에 끌어들임 → 긴장 유발의 역할

"저 걸인의 의관은 남루하나 양반의 후예인 듯하니, 말석에 앉히고 술잔이나 먹여 보냄이 어떠

초라하나 - 폐포파립(弊袍破笠) / 좌석의 차례에서 맨 끝자리

하뇨?"

본관 사또 하는 말이,

"운봉의 소견대로 하오마는……."

기분이 개운하지 못하겠다(걸인 행색을 한 몽룡을 잔치에 끼운 것이 못마땅함) - 편집자적 논평

'마는' 하는 끝말을 내뱉고는 입맛이 사납겠다. 어사 속으로,

도둑이나 죄인을 묶을 때에 쓰던, 붉고 굵은 줄

'오냐. 도적질은 내가 하마. 오라는 네가 받아라.'

일단 실컷 먹은 후에 변 사또를 단죄하겠다는 의미

운봉 영장이 분부하여,

"저 양반 듭시라고 하여라."

▶ 생일잔치에 끼어드는 어사또

결정적 장면

단정하게 앉음 / 대청 위

어사또 들어가 단좌(端坐)하여 좌우를 살펴보니, 당상(堂上)의 모든 수령 다담을 앞에 놓고 진양

우렁차고 씩씩하게 널리 퍼질 때 / 원통하고 분함 / 닥나무의 연한 가지로 만든 젓가락

조 양양(洋洋)할 제 어사또 상을 보니 어찌 아니 통분하랴. 모 떨어진 개상판에 닥채 저붐, 콩나물,

편집자적 논평. 형편없는 상차림에 화가 남 / 모서리 / 개다리소반

깍두기, 막걸리 한 사발 놓았구나.『상을 발길로 탁 차 던지며 운봉의 갈비를 직신,

잔치의 흥을 깨려는 의도 / 사람의 갈비뼈

"갈비 한 대 먹고 지고."』「 」: 동음이의어(갈비)를 이용한 언어유희

소갈비, 돼지갈비

"다라도 잡수시오."

하고 운봉이 하는 말이

재미가 없으니, 흥미가 적으니

「"이러한 잔치에 풍류로만 놀아서는 맛이 적사오니 차운(次韻) 한 수 씩 하여 보면 어떠하오?"」

운을 사용하여 시를 지음

「 」: 운봉의 차운 제안 – ① 어색해진 분위기를 전환하려는 의도 ② 몽룡을 쫓아낼 구실을 만들려는 의도

"그 말이 옳다."

하니 운봉이 운(韻)을 낼 제, 높을 고(高)자, 기름 고(膏)자 두 자를 내어 놓고 차례로 운을 달 제, 어사또 하는 말이

한시에서 운율을 맞추는 글자 / 운자

"걸인도 어려서 추구권(抽句卷)이나 읽었더니, 좋은 잔치 당하여서 주효를 포식하고 그저 가기 무렴(無廉)하니 차운 한 수 하사이다."

술과 안주 / 잘된 구절을 뽑아 적은 책 / 반어적 표현 / 염치가 없음

▶ 푸대접을 당한 어사또와 운봉의 시작(詩作) 제안

운봉이 반겨 듣고 필연(筆硯)을 내어 주니 좌중(座中)이 다 못하여 글 두 귀(句)를 지었으되,「민정(民情)을 생각하고 본관의 정체(政體)를 생각하여 지었것다.」

붓과 벼루 / 여러 사람이 모인 자리 / 백성들의 고통스런 마음 / 변 사또의 가혹한 정치 행태 / 다른 사람이 시 짓기를 끝내기 전에 – 좌중의 무능함(어사또의 비범함 부각) / 판소리 사설 문체

「 」: 편집자적 논평

❶ "금준미주(金樽美酒)는 천인혈(千人血)이요, 옥반가효(玉盤佳肴)는 만성고(萬姓膏)라. 촉루낙시(燭淚落時) 민루낙(民淚落)이요, 가성고처(歌聲高處) 원성고(怨聲高)라."

운자

「이 글 뜻은, "금동이의 아름다운 술은 일만 백성의 피요, 옥소반의 아름다운 안주는 일만 백성의 기름이라. 촛불 눈물 떨어질 때 백성 눈물 떨어지고, 노랫소리 높은 곳에 원망 소리 높았더라."」

① 적층 문학의 특징 ② '백성'을 강조하기 위한 표현 – 관객을 의식하는 판소리의 특징 / 옥으로 된 작은 밥상 / 촛농

「 」: 서술자의 개입. 한문을 모르는 민중들을 위한 배려

▶ 한시를 지어 탐관오리를 꾸짖는 어사또

이렇듯이 지었으되, 본관은 몰라보고 운봉이 이 글을 보며 내념(內念)에 / '아뿔싸, 일이 났다.'

변 사또의 어리석음 / 눈치와 상황 판단이 빠름 – 관련 속담: 눈치가 참새 방앗간 찾기다. / 마음속의 생각 / 몽룡이 암행어사임을 눈치챔–방백

이때, 어사또 하직하고 간 연후에 공형(公兄) 불러 분부하되,

각 고을의 호장(戶長), 이방(吏房), 수형리(首刑吏)의 세 관속

"야야, 일이 났다."

「공방(工房) 불러 포진(鋪陳) 단속, 병방(兵房) 불러 역마(驛馬) 단속, 관청색 불러 다담 단속, 옥 형리(刑吏) 불러 죄인 단속, 집사(執事) 불러 형구(刑具) 단속, 형방(刑房) 불러 문부(文簿) 단속, 사령 불러 합번(合番) 단속,」 한참 이리 요란할 제 물색없는 저 본관이

방석, 돗자리 등 / 공예, 건축 등의 일을 맡은 아전 / 군사, 교통 등의 일을 맡아보는 아전 / 형벌을 가하는 도구 / 옥을 담당하던 구실아치 / 형 집행을 맡은 관리 / 형전(刑典)에 관한 일을 맡은 아전 / 문서와 장부 / 벼슬아치들이 숙직하던 일

「 」: 어사출두에 대비한 아전 단속 → 열거와 대구에 의한 장면의 극대화 – 4·4조의 운문체, 서술 어미의 생략을 통해 다급한 분위기 강조

"여보, 운봉은 어디를 다니시오?"

"소피(所避)하고 들어오오."

극적 분위기의 긴장 이완 – 해학적 표현

본관이 분부하되,

"춘향을 급히 올리라."

결정적 장면

변 사또의 생일잔치에 걸인으로 위장하여 들어간 몽룡이 어사출또하여 변 사또를 봉고파직하고 춘향과 재회하는 장면이다. 갑작스러운 어사출또로 당황한 수령들과 본관의 모습에서 해학성이 두드러지며 몽룡의 시를 통해 탐관오리에 대한 비판이 드러나는 부분이다.

문제로 핵심 파악

1 어사또가 지은 시에서 비판하고자 하는 것은 무엇인지 쓰시오.

2 어사출또 부분은 장면의 극대화로, 수령들의 당황한 모습을 (   )하여 보여 주고 있다.

핵심 구절 풀이

❶ 금준미주(金樽美酒)는 천인혈(千人血)이요, ~ 가성고처(歌聲高處) 원성고(怨聲高)라.": 몽룡이 운봉의 제안을 받아 한시를 지어 보이는 부분으로, 탐관오리의 가렴주구를 풍자함

답 1 탐관오리의 가렴주구 2 희화화

고 주광(酒狂)이 난다.
술주정

▶ 상황을 눈치챈 운봉과 물색을 모르는 본관

이때에 어사또 군호(軍號)할 제, 『서리(胥吏) 보고 눈을 주니 서리, 중방(中房) 거동 보소. 역졸(驛卒) 불러 단속할 제 이리 가며 수군, 저리 가며 수군수군, 서리 역졸 거동 보소. 외올 망건(網巾), 공단(貢緞) 싸개 새 평립(平笠) 눌러 쓰고 석 자 감발 새 짚신에 한삼(汗衫), 고의(袴衣) 산뜻 입고 육모방치 녹피(鹿皮) 끈을 손목에 걸어 쥐고 예서 번뜻 제서 번뜻, 남원읍이 우군 우군, 청파 역졸(靑坡驛卒) 거동 보소.』 달 같은 마패(馬牌)를 햇빛같이 번듯 들어

극적 상황 전환 / 말단 행정 실무에 종사하는 구실아치 / 고을 원의 시중을 드는 사람 / 갓(笠) 모자에 씌운 직물 / 외 날로 뜬 망건(상투 튼 머리를 두르는 물건) / 두껍고 윤기 있는 비단 / 패랭이 – 홍길동 모자 / 남자의 여름 홑바지 / 여섯 모의 방망이 / 사슴 가죽 끈을 손목에 겲 – 방망이를 놓치지 않기 위함 / 푸른 패를 찬, 역의 심부름꾼

「 」: 어사출두 준비(장면의 극대화) – 4 · 4조의 운문체, 열거와 의성 · 의태어 사용을 통해 생동감과 긴장감 조성

마패를 달과 햇빛에 비유 – 고통받는 백성을 도탄에서 구해 주리라는 민중의 소망 반영, 춘향이 광명을 찾을 것을 암시

"암행어사 출도(出道)야!"
상황의 극적 반전 – 독자에게 카타르시스(정화 작용) 형성

외는 소리, 강산이 무너지고 천지가 뒤눕는 듯. 초목금수(草木禽獸)인들 아니 떨랴.
편집자적 논평 – 암행어사의 위세: 과장법, 직유법, 설의법, 상투적 비유

▶ 암행어사 출두를 외치는 어사또의 부하들

남문에서 / "출도야!"

북문에서 / "출도야!"

동문 서문 출도 소리 청천에 진동하고,
맑은 하늘 / 과장법

"공형 들라!"

외는 소리, 육방(六房)이 넋을 잃어,
외치는 / 이방, 호방, 예방, 병방, 형방, 공방

"공형이오."

등채로 휘닥딱
채찍 / 의성어 → 현장감, 생동감

"애고 중다."
죽는다

"공방, 공방!"

공방이 포진 들고 들어오며,

"안 하려던 공방을 하라더니 저 불속에 어찌 들랴?"
어사출두의 상황(은유법) / 공방의 책임 전가와 원망 → 독자의 웃음 유발

등채로 후닥딱

"애고, 박 터졌네."
머리 – 서민층의 비속어

좌수, 별감 넋을 잃고, 이방, 호방 실혼(失魂)하고, 삼색 나졸(三色羅卒) 분주하네.
정신을 잃음 / 죄인을 다루는 일이나 심부름을 하던 세 하인

▶ 어사출또로 넋을 잃은 아전들

모든 수령 도망할 제 거동 보소. 『인궤(印櫃) 잃고 과줄 들고, 병부(兵符) 잃고 송편 들고, 탕건(宕巾) 잃고 용수 쓰고, 갓 잃고 소반(小盤) 쓰고, 칼집 쥐고 오줌 누기. 부서지니 거문고요, 깨지느니 북, 장구라.』 본관이 똥을 싸고 멍석 구멍 새앙쥐 눈 뜨듯 하고 내아(內衙)로 들어가서

꿀과 기름을 섞은 밀가루 반죽을 판에 박아서 모양을 낸 후 기름에 지진 과자 / 술이나 장을 거르는 긴 통 / 도장을 넣어 두는 상자 / 군대를 동원하는 표지로 쓰던 둥글납작한 나무패 / 벼슬아치가 갓 아래 받쳐 쓰던 관의 하나

「 」: 장면의 극대화 – 열거법, 대구법, 과장법. 당황한 수령들의 모습을 해학적으로 표현함

공포에 질린 변 사또의 모습 희화화 – 해학적 / 관아의 안채

"어 추워라, 문 들어온다, 바람 닫아라. 물 마른다, 목 들여라."
언어 도치에 의한 언어유희. 당황한 변 사또의 심리를 해학적으로 표현함

관청색은 상을 잃고 문짝 이고 내달으니, 서리, 역졸 달려들어 후닥딱
해학적 표현

"애고, 나 죽네!"

▶ 어사출또로 당황한 수령들과 본관

이때 수의사또 분부하되,

어사또 – 수놓은 옷을 입음

거처를 옮김

「"이 골은 대감이 좌정하시던 골이라, 훤화(喧譁)를 금하고 객사(客舍)로 사처(徙處)하라."」

이몽룡의 부친 앉아서 정사를 봄 시끄럽게 지껄이며 떠듦 다른 곳에서 온 관원이 묵던 숙소

「 」: 부친에 대한 예의 – 유교적 효 사상

좌정(座定) 후에

「"본관은 봉고파직(封庫罷職)하라."」 「 」: 어사또의 임무 수행 ① – 변 사또(탐관오리)에 대한 징계(창고 봉쇄+직위 박탈)

관청의 창고를 봉쇄하고 원을 파직시킴

분부하니,

"본관은 봉고파직이오!"

사대문에 방 붙이고 옥 형리 불러 분부하되,

「"네 골 옥수(獄囚)를 다 올리라."」 「 」: 어사또의 임무 수행 ② – 백성들의 억울함 해소(+춘향과의 재회 시도)

수인. 죄수

호령하니 죄인을 올리거늘,「다 각각 문죄(問罪) 후에 무죄자 방송(放送)할새,」 「 」: 변 사또의 잘못된 정사를 바로잡음

죄를 판별함 죄인을 풀어 줌

"저 계집은 무엇인다?"

춘향

형리 여짜오되,

사랑의 성취를 위한 시련의 공간 – 통과 의례

"기생 월매 딸이온데, 관정(官庭)에 포악(暴惡)한 죄로 옥중에 있삽내다."

관가의 뜰에서 험악한 말을 함 – 관가에서 신문할 때 험한 말로 발악하는 것을 말함

"무슨 죈다?"

형리 아뢰되,

유사한 발음과 의미의 언어를 연결해 표현 – 언어유희

"본관 사또 수청(守廳)으로 불렀더니 수절(守節)이 정절(貞節)이라 수청 아니 들려 하고, 관전(官前)에 포악한 춘향이로소이다."

절의를 지킴 여자의 곧은 절개

▶ 본관을 문책하고 춘향과 재회한 어사또

어사또 분부하되,

「"너만 년이 수절한다고 관정 포악하였으니 살기를 바랄쏘냐? 죽어 마땅하되 내 수청도 거역할까?"」

너까짓 년–신분이 미천함

「 」: 춘향의 마음을 떠봄 → 춘향의 정절을 강조하려는 작가의 의도

춘향이 기가 막혀

"내려오는 관장(官長)마다 개개이 명관이로구나. 수의사또 들조시오.「층암절벽(層巖絕壁) 높은 바위 바람 분들 무너지며, 청송녹죽(青松綠竹) 푸른 남기 눈이 온들 변하리까?」그런 분부 마옵시고 어서 바삐 죽여 주오."

반어적 표현 – 냉소적 어조 어사또 춘향의 절개 ① 춘향의 시련 춘향의 절개 ② 나무 시련

「 」: 춘향의 정절 강조–은유, 대구, 설의, 4·4조의 운율감(음수율을 고려한 의미 중복 사용)

하며,

"향단아, 서방님 어디 계신가 보아라. 어젯밤에 옥 문간에 와 계실 제 천만당부하였더니 어디를 가셨는지, 나 죽는 줄 모르는가?"

죽은 후 시신을 거두어 달라는 부탁

▶ 어사또의 시험에 곧은 절개를 다짐하는 춘향

원망, 서운함

어사또 분부하되,

"얼굴 들어 나를 보라."

극적 반전 – 갈등 해소

하시니, 춘향이 고개 들어 대상(臺上)을 살펴보니 걸객(乞客)으로 왔던 낭군, 어사또로 뚜렷이 앉았

높은 대의 위

구나. 반 웃음 반 울음에
① 기쁨(사랑의 성취+신분 상승의 소망) ② 서러움(그동안의 고초)

"얼씨구나 좋을씨고. 어사 낭군 좋을씨고. 남원 읍내 추절(秋節) 들어 떨어지게 되었더니, 객사에 봄이 들어 이화 춘풍(李花春風) 날 살린다. 꿈이냐 생시냐, 꿈을 깰까 염려로다."

중의적 표현 – ① 가을(시련의 계절) ② 변 사또의 횡포
중의적 표현 – ① 오얏꽃에 부는 봄바람 ② 이몽룡 → 몽룡의 성이 이(李)인 것과 관련하여 음의 유사성을 이용함

「한참 이리 즐길 적에 춘향 모 들어와서 가없이 즐겨하는 말을 어찌 다 설화(說話)하랴. 춘향의 높은 절개 광채 있게 되었으니 어찌 아니 좋을쏜가?」 「」: 편집자적 논평, 사건의 요약적 진술

가없이: 끝없이 / 설화: 말로 풀어 설명함

▶ 기쁨의 재회를 하는 이몽룡과 춘향

「어사또 남원의 공무 다한 후에 춘향 모녀와 향단이를 서울로 데려갈새, 위의(威儀)가 찬란하니 세상 사람들이 누가 아니 칭찬하랴. 이때 춘향이 남원을 하직할새, 영귀(榮貴)하게 되었건만 고향을 이별하니 일희일비(一喜一悲)가 아니 되랴.」 「」: 편집자적 논평

위의: 위엄이 있고 엄숙한 모습 / 세상 사람들이 누가 아니 칭찬하랴: 춘향의 절개를 칭찬함 / 영귀: 지체가 높고 귀함 / 일희일비: 한편으로는 기뻐하고 한편으로는 슬퍼함(영귀 + 이별)

"놀고 자던 부용당(芙蓉堂)아, 너 부디 잘 있거라. 광한루(廣寒樓), 오작교(烏鵲橋)며 영주각(瀛州閣)도 잘 있거라. 「'봄풀은 해마다 푸르건만 떠난 객은 돌아오지 않는다'」고 이른 시(詩)는 나를 두고 이름이라. 다 각기 이별할 제 길이길이 무고하옵소서. 다시 보기 기약 없네."

부용당: 춘향 집의 별당 – 첫날밤의 공간 / 광한루, 오작교: 첫 만남의 장소
「」: 변함 없는 자연과 무상한 인간의 대비 → 이별의 슬픔 강조

▶ 남원을 떠나 서울로 가는 춘향

이때「어사또는 좌도와 우도의 읍들을 순찰하여 민정을 살핀 후에」서울로 올라가 임금께 절을 하니, 판서, 참판, 참의들이 입시(入侍)하시어 보고서를 살핀다. 임금께서 크게 칭찬하시며 즉시 이조 참의(吏曹參議) 대사성(大司成)을 봉하시고, 「춘향으로 정렬부인(貞烈夫人)을 봉하신다.」 은혜에 감사드리고 물러 나와 부모께 뵈오니, 성은(聖恩)을 못 잊어 하시더라.

좌도와 우도의 읍들을 순찰하여: 전라도의 좌우 고을을 돌아보고 / 민정: 백성들의 사정과 생활 형편 / 「」: 어사 본연의 임무 수행
입시: 대궐에 들어가 임금을 뵘 / 정렬부인: 정조와 지조를 굳게 지킨 부인에게 내리던 칭호
「」: 춘향의 신분 상승 – 인간 해방에 대한 민중의 소망 실현

「이때 이조 판서, 호조 판서, 좌의정, 우의정, 영의정 다 지내고, 퇴임한 후에 정렬부인으로 더불어 백년동락할새, 정렬부인에게 삼남이녀를 두었으니, 모두가 총명하여 그 부친보다 낫더라.」 「」: 세월의 흐름 → 후일담의 성격

일품 관직이 대대로 이어져 길이 전하더라.

▶ 행복한 일생을 보내는 이몽룡과 춘향

핵심 정리

- 갈래: 고전 소설(판소리계 소설, 애정 소설)
- 성격: 해학적, 서민적, 서사적, 풍자적, 비판적
- 구성: '발단 – 전개 – 위기 – 절정 – 결말' 의 5단 구성

발단		전개		위기		절정		결말
발단: 퇴기 월매의 딸 춘향이 남원 부사의 아들 몽룡과 사랑에 빠짐	➡	전개: 이 부사가 한양으로 영전하게 되어, 몽룡과 춘향이 이별함	➡	위기: 신관 사또 변학도의 수청을 거절한 춘향이 옥에 갇힘	➡	절정: 장원 급제하여 삼남의 암행어사로 내려온 몽룡이 탐관오리를 숙청함	➡	결말: 몽룡은 춘향과 함께 한양으로 올라가 백년해로함

- 제재: 춘향의 정절
- 주제: ① 신분을 초월한 지순한 사랑 ② 민중의 신분 상승에 대한 욕망
  ③ 유교적 정조 관념의 고취 ④ 탐관오리에 대한 민중의 저항과 위정자의 각성 촉구
- 특징: ① 풍자와 해학이 돋보임
  ② 판소리적 특징(4 · 4조의 율문, 문체의 양면성 등)이 드러남

- 의의: 자유연애와 평등사상을 고취함
- 인물 분석
  - 성춘향: 퇴기 월매의 딸. 이몽룡과 만나 백년가약하고 변학도의 횡포에도 끝까지 지조를 지키는 의지적 인물임
  - 이몽룡: 남원 부사의 아들. 양반 출신이면서도 계급을 초월한 사랑을 실천함
  - 변학도: 새로 부임한 남원 부사. 당대의 탐관오리를 대표하는 전형적인 악인임
  - 월매: 춘향의 어머니. 퇴기로, 성 참판과의 사이에서 춘향을 낳고 신분 상승을 추구함
  - 방자: 몽룡의 하인. 상전의 위세를 믿고 양반 행세를 하기도 하고 자기 마음에 들지 않으면 양반에게도 능청스럽게 구는 희극적인 인물임
  - 향단: 춘향의 하녀. 착하고 얌전한 여인으로, 전형적인 하녀형 인물임

한눈에 보기

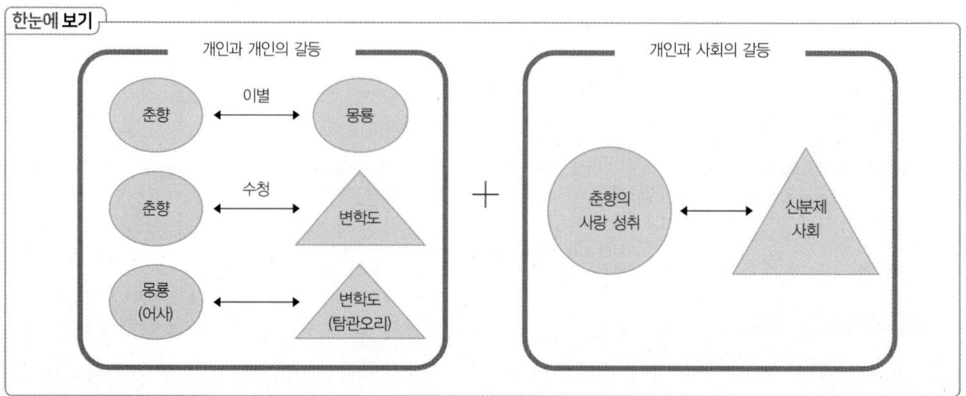

보충·심화 학습

- 〈춘향전〉의 근원 설화

이 글의 근원 설화로 제시되고 있는 것들은 대체로 관탈 민녀 설화(官奪民女說話), 신원 설화(伸冤說話), 염정 설화(艶情說話), 암행어사 설화(暗行御史說話) 등이다. 관탈 민녀 설화는 임금이나 관리가 서민의 아내를 강탈하는 내용의 설화로, 백제의 설화인 〈도미(都彌) 설화〉와 〈지리산녀(智異山女) 설화〉 등이 있다. 신원 설화는 조선 말기부터 전해 오는 것으로, 사랑을 약속한 남자를 위해 수절하다가 신관 사또에게 죽임을 당했다거나, 못생긴 여인이 양반 자제와의 사랑 끝에 서울로 간 임을 기다리다 한을 품고 죽었다는 것을 기반으로 한다. 이렇게 하여 죽은 혼을 위로하기 위해 굿을 열고 그 내용을 올렸다는 것이다. 〈남원 추녀 설화〉, 〈박색 고개 전설〉, 〈아랑 설화〉 등이 이러한 유형에 속한다. 염정 설화는 기생과 사또 아들 사이의 사랑을 다룬 것으로, 〈성세창(成世昌) 설화〉 등을 들 수 있다. 암행어사 설화는 상당히 많이 유포된 것으로 〈노진 설화〉, 〈박문수(朴文秀) 설화〉 등이 거론되고 있는데, 대체로 한 선비가 궁핍하여 지방 수령으로 있는 친지를 찾아갔다가 냉대를 받고 어떤 기생에게 도움을 받는 데서 시작된다. 그 후 그는 급제하여 암행어사로 그 고을에 내려가 냉대했던 지방 수령은 파직시키고 정을 주었던 기생을 데리고 온다는 줄거리이다.

필수 문제

01 이 글에 나타난 춘향과 변학도의 갈등에 초점을 맞추었을 때, 글의 주제를 쓰시오.

02 이 글에서 '우선 실컷 먹고 나서, 잘잘못은 나중에 가리겠다.'는 문맥적 의미의 말로, 앞으로 전개될 사건을 암시하는 기능을 하는 내용을 찾아 쓰시오.

03 [서술형] 이 글에서 어사또가 변학도의 생일잔치 때 지은 한시가 어떠한 기능을 하는지 서술하시오.

최척전(崔陟傳) | 조위한

교과서 EBS 모의 기출

출제 포인트

전란을 배경으로 최척 일가의 이산과 재회의 과정을 그린 전쟁 소설이다. 인물들이 겪는 역경을 통해, 임진왜란과 정유재란 등 많은 전쟁으로 인한 당시 민중 계층의 고통과 어려움을 살펴보자.

감상 길잡이

이 글은 1621년에 조위한이 지은 고전 소설로, 임진왜란, 정유재란, 병자호란이라는 역사적 사건을 배경으로 하여 한 가족의 이산과 재회를 그리고 있다. 우리나라는 물론 중국과 일본, 안남(베트남)까지 공간적 배경을 확장하고 있다는 점, 남성은 물론 여성도 역경을 극복하고 운명을 개척해 내는 인물로 그려져 있다는 점, 조선인과 중국인의 국적을 초월한 혼인이 그려져 있다는 점 등, 기존의 고전 소설과 달리 작가의 진취적 사상을 담고 있다는 점에서 그 가치를 더욱 높게 평가할 만하다.

장면 1

앞부분 줄거리 | 남원에 사는 최척은 정 진사의 집으로 공부하러 다녔다. 어느 날, 전쟁을 피해 그곳에 머물던 옥영이 창틈으로 최척을 엿보고 그에게 마음이 끌려 구애(求愛)의 시를 써서 보낸다.
옥영의 적극적인 성격 – 편지를 먼저 보냄

최척은 답서를 써 주었다.

『저는 낭자의 글에 마음을 사로잡히고 말았습니다. 이 기쁨을 어찌 다 헤아릴 수 있겠습니까. 아마도 제 삼생(三生)의 소원이 이루어질 징조가 아닌가 합니다.
전생(前生), 현생(現生), 내생(來生)

게다가 이렇게 편지 심부름을 해 주는 청조(青鳥)까지 있으니 더할 나위 없지요.
사자(심부름꾼)를 의미. 옥영의 시비인 춘생을 가리킴

저는 낭자의 글을 받고서 설렘과 야릇한 기분에 사로잡혀 있었습니다. 그러다가 낭자를 유혹해 보고 싶은 마음까지 품게 되었지요. 하지만 봉래산으로 가는 길은 멀고 신선이 산다는 곳의 약수(弱水)는 건너기 어렵기에 이리저리 고민하였습니다. 낭자, 저는 우리가 주고받는 이 편지가 월하노인(月下老人)이 던져 주는 연분의 끈이 되기를 간절히 원합니다. 낭자, 부디 지금의 마음을 바꾸지 마십시오. 글로 제 마음을 다 보여 드릴 수 없는 것이 안타깝고 또 안타깝습니다. 오늘 밤 달이 뜰 무렵 마음으로나마 만나도록 합시다.』
중국 전설에 나타나는 영산 / 신선이 살았다는 중국 서쪽의 전설 속의 강 / 옥영을 만나러 가고 싶었으나 쉽지 않아 그러지 못했음을 의미함 / 부부의 인연을 맺어 준다는 전설상의 늙은이 / 최척에 대한 옥영의 호감과 애정

▶ 최척이 옥영에게 답서를 보내 자신의 마음을 고백함

「 」: 최척이 옥영에게 보낸 답서의 내용

낭군의 편지를 받아든 옥영은 기뻐 어쩔 줄을 몰랐다. 얼굴이 화끈 달아오르고 가슴이 두근거려 가만히 서 있을 수가 없었으나 애써 마음을 가라앉히고 답장을 써서는 춘생에게 주며 전하라 하였다.
최척 / 기쁜 마음을 알 수 있음

『저는 왜란 중에 이리저리 떠돌다 남쪽 땅에 이르러 친척에게 몸을 의탁하고 있는 처지입니다. 부친께서는 일찍 돌아가셔서 어머니와 단둘이 살지만 저는 규방(閨房)에서 생장하였으므로 여자로서 갖추어야 할 행실을 제대로 익혔습니다.
작품의 시대적 배경을 드러내는 단어 / 최척의 스승 / 여인들이 거처하는 방

여기서 지내면서 몸은 비록 편안하다고는 하나 마음은 늘 얼어붙은 호수나 매한가지랍니다. 혼
옥영의 외로운 심정

기가 되었으나 지아비로 모셔야 할 분을 아직 만나지 못하고 있어 늘 불안한데 하루아침에 전쟁
혼인하기에 알맞은 나이
터로 변해 버린 세상에서 포악한 무리들에게 짓밟혀 붉은 구슬이 깨어지지나 않을까 노심초사(勞
전쟁으로 인한 당시 백성들의 고통을 짐작할 수 있는 구절 / 옥영 자신을 가리킴 / 몹시 마음을 쓰며 애를 태움
心焦思)하려니 여간 어려운 일이 아닙니다.

평생의 고통과 즐거움

처지가 이렇다 보니 노모께서 근심하시고 제 스스로도 한스러울 뿐입니다. 여자의 백년고락(百
당대 여성의 행복관이 드러남
年苦樂)은 실로 남자에게 달려 있는지라 저는 반듯한 남자가 아니라면 혼인하지 않겠다는 마음을
부모가 정해 주는 배필이 아닌, 자신이 스스로 정한 배필을 얻고자 하는 옥영의 주체적 의지가 드러남
지녀왔습니다. 그런데 낭군을 가까이에서 뵈니까 말씀이 온화하고 행동은 단아하며 얼굴은 진솔한 빛을 띠어 얼마나 기품 있어 보이는지 모른답니다. 저는 다른 이들의 존경을 받을 만한 사람을
자신의 운명을 스스로 개척해 나가려는 의지적이고 진취적인 여성상의 옥영
제 남편으로 맞고 싶습니다. 낭군님, 어제 제가 시를 던진 것은 음란한 짓을 하려고 그랬던 게 아
옥영이 먼저 시를 써서 보냄 – 적극성
니라 낭군님의 심중을 알아보려는 의도였습니다.

학문으로 입신한 선비

저는 비록 배움이 깊지도 못하고 용모가 빼어난 것도 아니지만 문사(文士) 집안의 자손이므로,
가게들이 죽 늘어서 있는 거리
저잣거리에서 노니는 무리들처럼 담벼락에 구멍을 뚫고 몰래 만나는 짓 따윈 하지 않을 것입니
옥영의 양반가 규수로서의 태도가 드러남
다. 반드시 부모님께 아뢴 다음 예를 갖추어 혼례를 치르게 된다면 거안지경(擧案之敬), 다시 말해
거안제미(擧案齊眉: 밥상을 눈썹과 가지런하도록 공손히 들어 남편 앞에 가지고 간다는 뜻. 즉 남편 공경)의 경지
부부의 도리를 다하여 지극한 마음으로 남편을 공경할 것입니다.

이미 사사로이 편지글을 주고받아 스스로를 중매하는 추한 짓을 하여 그윽한 정조를 잃었다고
남녀 간의 연애가 백안시되던 당대의 풍속 반영
볼 수도 있지만, 그로 인하여 간담상조(肝膽相照)하듯 서로의 마음을 비추어 보게 되었으니 앞으로
서로 속마음을 털어놓고 친하게 사귐
는 함부로 편지를 내는 일은 없을 것입니다. 그러니 반드시 매파를 통해 소통하여 우리가 밀회를
혼인을 중매하는 할멈
즐겼다는 비난을 받지 않게 해 주시기를 간절히 바랍니다.」 ▶ 옥영이 최척에게 편지를 보내 구혼해 주기를 청함

「 」: 옥영이 최척에게 보낸 편지의 내용 – '편지글'을 통한 간접적인 대화로 인물의 심리를 드러냄

뒷부분 줄거리 | 최척은 아버지에게 옥영과의 혼인을 부탁하지만 최척이 의병으로 참전하게 되어 혼인이 성사되지 못한다. 이후 옥영은 어머니의 반대를 무릅쓰고 최척과 혼인하여 아들 몽석을 낳지만, 정유재란으로 가족들이 모두 흩어지고, 최척은 상선을 타고 떠돌게 된다. 그러던 중 최척은 안남(安南)에서 아내 옥영을 다시 만나 둘째 몽선을 낳고, 몽선은 자라 명나라 장수의 딸 홍도와 결혼한다. 이듬해 명과 청 사이에 전쟁이 일어나자 최척은 명나라 군사로 출전하였다가 포로가 된다. 그는 포로수용소에서 맏아들 몽석을 만나 함께 수용소를 탈출하여 고국으로 돌아온다. 옥영 역시 몽선과 홍도를 데리고 고국으로 돌아와, 일가가 해후하여 행복한 삶을 누린다.

01 이 글에서 인물 간의 대화가 이루어지게 하는 매개체를 쓰시오.

02 [서술형] 최척에게 보낸 편지 내용을 통해 알 수 있는 옥영의 인물됨을 50자 내외로 서술하시오.

장면 2

앞부분 줄거리 | 남원에 사는 최척과 옥영은 서로 사랑하게 되어 혼인을 약속한다. 그러나 최척은 옥영과의 혼인날을 정해 놓고 왜적의 침입을 막기 위해 남원 지역 의병으로 참전하게 된다. 혼인 날짜가 지나도록 최척이 돌아오지 않자 옥영의 어머니는 부자의 아들인 양생을 사위로 맞으려 한다. 이에 옥영은 자살을 시도하고 결국 최척이 돌아올 때를 기다려, 두 사람은 마침내 혼인을 하게 된다. 이후 아들 몽석을 낳지만 정유재란으로 옥영은 왜병의 포로가 되고, 최척은 흩어진 가족을 찾아 헤맨다.

최척의 행적을 중심으로 사건이 진행됨 / 말을 타고 싸우는 병사 / □: 사건이 진행되는 공간적 배경

「그때 마침 명나라 장수가 기병(騎兵) 10여 인을 이끌고 남원성에서 나와 금석교 아래에서 말을 씻기고 있었다.」 최척은 의병으로 나가 있을 때 꽤 오랫동안 명나라 군대와 접촉한 경험이 있어 중국 말을 조금 할 줄 알았다. 최척은 명나라 장수에게 자기 일가가 모두 해를 입은 상황을 말하고 의탁할 곳 없게 된 자신의 신세를 하소연한 뒤 중국에 따라 들어가 은둔하고 싶다고 말했다. 명나라 장수는 그 말을 듣고 측은히 여겼으며, 또 최척의 뜻을 가련히 여겨 이렇게 말했다.

「 」: 최척이 여유문을 만나 명나라로 가는 계기가 되는 사건으로 우연성이 드러남 / 전라도 남원 / 임진왜란 때 의병으로 참전함 / 여유문과 의사소통이 가능한 상황을 설정하여 둘이 친해질 수 있는 계기를 제공함 / 어떤 것에 몸이나 마음을 의지하여 맡김 / 여유문 / 전란의 비극성이 드러남 / 혈혈단신(孑孑單身: 의지할 곳이 없는 외로운 홀몸)

「"나는 오총병의 천총 여유문(余有文)이라 하오. 집은 절강성 요흥(蟯興)에 있는데, 가난하지만 먹고살 만은 하다오. 인생은 마음을 알아주는 사람을 만나는 게 중요하나니, 먼 곳이건 가까운 곳이건 자기 마음 가는 대로 노닐고 머물 따름이지 하필 구석진 땅에 머물며 옹색하게 살 이유가 무어 있겠소?"」 / 이윽고 최척에게 말 한 필을 주어 자신의 진영으로 데리고 갔다.

중국 명나라 때 하위 무관직 / 중국 명나라 때 고위 무관직 / 최척을 도와주는 조력자 – 이민족 간 연대에 대한 가능성 제시 / 지음(知音: 마음이 서로 통하는 친한 벗을 비유적으로 이르는 말) / 남원성 / 형편이 넉넉하지 못하여 생활에 필요한 것이 없거나 부족함 / 「 」: 최척의 부탁을 승낙함 / 주의가 두루 미쳐 자세하고 빈틈이 없음 / 군대가 진을 치고 있는 곳

「최척은 용모가 빼어나고 생각이 주도면밀하며 말타기와 활쏘기를 잘하는 데다 문장에도 능했으므로,」 여유문은 이런 최척을 매우 아껴서 한 상에서 밥을 먹고 같은 이불을 덮고 잠을 잘 정도였다.

「 」: 재자가인(才子佳人: 재주 있는 남자와 아름다운 여자를 아울러 이름)형의 인물로 고전 소설에서 흔히 나타나는 주인공의 전형성을 띠고 있음 / 최척과 여유문의 사이가 매우 가까워졌음을 알 수 있음

얼마 뒤 총병의 군대가 명나라로 돌아가게 되었다. 여유문은 최척을 전사한 병사 한 사람 대신 명부(名簿)에 끼워 넣어 국경을 통과하게 한 뒤 요흥으로 데리고 가서 함께 살았다.

어떤 일에 관련된 사람의 이름, 주소, 직업 따위를 적어 놓은 장부 / 공간적 배경이 조선에서 중국으로 확장되고 있음

▶ 여유문을 따라 조선을 떠나 명나라로 가는 최척

최숙과 심 씨의 행적을 중심으로 사건이 진행됨

이에 앞서 최척 일가가 왜적에게 붙잡혀 섬진강에 이르렀을 때의 일이다. 왜적은 최척의 부친과 장모가 늙고 병들었다 여겨 감시를 소홀히 했다. 두 사람은 왜적의 감시가 태만한 틈을 타 갈대 숲에 몸을 숨겼다. 왜적이 떠난 뒤 마을을 돌아다니며 구걸을 하다 연곡사에 이르렀다. 그런데 연곡사 승려들의 방에서 아기 우는 소리가 들리는 것이 아닌가. 심 씨가 울며 최숙에게 말했다.

손주 몽석과의 재회를 위한 복선 / 최숙과 심 씨 / 유리걸식(流離乞食: 정처 없이 떠돌아다니며 빌어먹음) / 최숙과 심 씨가 손주 몽석을 만나게 되는 공간 / 최숙의 손자 몽석의 울음소리 – 최숙과 심 씨가 몽석과 재회하게 되는 계기

"어떤 아이 울음소리기에 우리 손주 소리와 똑같을까요?"

몽석

최숙이 급히 문을 열고 들여다보니 과연 몽석이었다. 최숙은 우는 아이를 품에 안고 한참 어루만졌다. 잠시 후 최숙이 승려들에게 물었다. / "이 아이를 어디서 데려왔소?"

고전 소설의 특징인 우연성이 잘 드러남

혜정(慧正)이라는 승려가 앞으로 나오며 이렇게 대답했다.

"제가 길가의 시체 더미 속에서 울음소리를 듣고 불쌍하여 거두었습니다. 혹 아기의 부모가 찾아오지 않을까 기다렸는데 지금 과연 그렇게 되었으니, 이 어찌 하늘의 도움이 아니겠습니까!"

① 전란의 참혹성이 드러남 ② 시체 더미 속에서 스님에게 발견된 아이가 몽석이라는 설정은 고전 소설의 우연성에 해당 / 후일 몽석이 부모와 재회하게 될 것임을 암시함 / 천우신조(天佑神助: 하늘이 돕고 신령이 도움. 또는 그런 일)

최숙은 손자를 찾은지라, 심 씨와 번갈아 업어 가며 집으로 돌아왔다. 그리고는 부리던 종들을 다시 불러 모아 집안 살림을 꾸려 나갔다.

▶ 왜적에게서 도망친 최숙과 심 씨가 재회한 손주 몽석을 데리고 집으로 돌아옴

옥영의 행적을 중심으로 사건이 진행됨

이때 옥영은 왜적 돈우(頓于)라는 자에게 붙잡혀 있었다. 돈우는 늙은 병사로, 살생을 하지 않는 불교 신자였다. 본래 장사꾼으로 항해에 능숙했으므로 왜장(倭將) 소서행장이 그를 선장으로 발탁하였다. / 돈우는 명민한 옥영이 마음에 들었다. 그래서 혹 달아날까 싶어 좋은 옷과 맛난 음식을 주어 그 마음을 안심시키려 했다. 옥영은 물에 빠져 자살할 생각으로 몇 번이나 배에서 빠져나왔지만 그때마다 들켜서 뜻을 이루지 못했다.

왜적인 돈우를 옥영의 조력자로 설정함 – 왜인을 악인으로 묘사한, 임진왜란을 다룬 다른 소설들과의 차이점

돈우가 옥영을 죽이지 않고 함께 장사를 다니게 된 이유 ①

고니시 유키나가. 임진왜란 때 조선을 침략한 선봉장

돈우가 옥영을 죽이지 않고 함께 장사를 다니게 된 이유 ②

가족을 잃은 슬픔 때문에

어느 날 밤 옥영의 꿈에 장륙불이 나타나 이렇게 말했다.

① 옥영이 절망에서 벗어나는 계기가 됨. 현몽(現夢) 모티프
② 행복한 결말을 맺을 것이라는 복선 역할
③ 당시 독자들에게 전란으로 겪은 고난도 하늘의 도움으로 극복할 수 있다는 믿음을 주는 설정

장륙불상. 높이가 일 장(丈) 육 척(尺)이 되는 불상

"나는 만복사의 부처다. 죽어서는 안 된다! 훗날 반드시 기쁜 일이 있을 것이다."

옥영이 가족과 재회하게 될 것임을 꿈을 통해 암시함

「옥영이 꿈에서 깨어 그 꿈을 가만히 생각해 보니 그런 일이 전혀 없으란 법도 없을 것 같았다. 이에 억지로 먹으며 목숨을 부지했다.」

「 」: 장륙불의 예언을 믿고 삶의 의지를 다지는 옥영의 태도가 드러남

상당히 어렵게 보존하거나 유지하며 나감

돈우의 집은 나고야에 있었다. 늙은 아내와 어린 딸만 있을 뿐 집안에 달리 남자가 없어, 옥영을 집에 살게 하되 아내와 딸이 있는 내실에는 출입하지 못하게 했다. 옥영은 돈우를 속여 이렇게 말했다.

돈우는 옥영이 남자인 줄 알고 있음

"저는 본래 체격이 왜소하고 병이 많은 약골이라서 조선에 있을 적에도 젊은 남자들이 하는 일은 하질 못했습니다. 바느질이나 밥 짓는 일만 할 수 있지 다른 일은 할 수 없습니다."

옥영이 남장을 하고 남자인 척하며 돈우를 속이고 있음

「돈우는 퍽 가련히 여겨 옥영에게 '사우(沙于)'라는 이름을 붙여 주고는, 배를 타고 장사하러 나갈 때마다 항해장(航海長) 일을 맡겨 중국의 복건성과 절강성 일대를 함께 돌아다녔다.」

「 」: 돈우는 옥영을 남자로 알고 아들과 같이 대함

▶ 돈우의 보살핌을 받으며 함께 장사를 다니는 옥영

최척의 행적을 중심으로 사건이 진행됨

이때 최척은 요흥에 머물며 여유문과 의형제를 맺었다. 여유문이 누이동생을 최척에게 시집보내고 싶어 하는 마음을 내보이자 최척은 완강히 거절하며 이렇게 말했다.

의로 맺은 형제

최척에 대한 여유문의 신임이 두터움

「"우리 일가족이 왜적의 침탈을 입어 지금껏 늙은 부친과 가녀린 아내가 살았는지 죽었는지조차 몰라 제사도 지내지 못하고 있습니다. 이런 처지에 혼인하여 나 혼자 편안히 잘 살 궁리를 할 수 있겠습니까?"」

옥영

옥영과 부부간의 도리를 지키고자 함

「 」: 헤어진 가족들의 안위를 걱정하고 아내 옥영에 대한 변함없는 사랑을 드러내며 여유문 누이동생과의 혼사를 거부함

여유문도 최척의 생각을 의롭게 여겨 더 이상 혼인을 권유하지 않았다.

▶ 여유문의 매부가 되기를 거절하는 최척

「그해 겨울, 여유문이 병으로 죽었다. 최척은 의탁할 곳이 없게 되자 양자강과 회수(淮水)를 떠돌며 명승지를 두루 돌아보았다. 용문을 보고 우혈도 구경하며 원수와 상수에까지 이르렀고, 배를 타고 동정호를 건너 악양루에 올랐으며 고소대에도 올랐다.

시간이 흐름

사고무친(四顧無親: 의지할 만한 사람이 아무도 없음)

경치가 좋기로 이름난 곳

산과 강가에서 노래를 부르기도 하고, 구름 사이에서 배회하기도 했다. 그러다 보니 훌쩍 속세를 버리고픈 마음이 들었다. 해섬 도사(海蟾道士) 왕용(王用)이란 사람이 청성산에 은거하며 신비로운 선약(仙藥)을 만들 뿐 아니라 신선이 되는 술법을 지녔다는 말을 듣고 촉 땅으로 들어가 그 술법을 배우리라 마음먹었다.」

신선이 되고자 하는 최척의 생각이 나타남

▶ 여유문의 죽음으로 방랑 생활을 하다가 도술을 배우기로 결심하는 최척

「 」: 유랑 생활을 하는 최척의 삶을 요약적으로 제시

이때 송우(宋佑)라는 사람이 있었는데, 「호가 학천(鶴川)이고 집은 항주(杭州) 용금문(湧金門) 안에 있었다. 경전과 역사에 해박했고, 공을 세워 명성 떨치는 일을 좋아하지 않았으며, 저술을 업으로 삼았다. 또 남에게 베풀기를 좋아하고 의기가 있었다.」 최척과는 서로 지기(知己)라고 인정하는 사이였는데, 최척이 촉 땅으로 가려고 한다는 말을 듣고는 술을 들고 찾아왔다.

최척의 중국인 조력자. 이민족이지만 따뜻한 인간애를 느낄 수 있는 인물
성현이 지은, 또는 성현의 말이나 행실을 적은 책
「 」: 송우의 성격을 직접적으로 제시
자기의 속마음을 알아주는 참된 친구
최척이 촉으로 가는 것을 만류하고, 함께 장삿배를 타자는 제안을 하기 위해

술을 마셔 얼근히 취하자 송우가 최척을 「친근하게 자(字)로 부르며」 말했다.

본이름 외에 부르는 이름 「 」: 송우와 최척이 친근한 사이임을 알 수 있음

「"백승! 〈이 세상을 살면서 누군들 불로장생하기를 바라지 않겠는가마는 고금 천하에 어디 그런 이치가 있단 말인가?〉 남은 생이 얼마나 된다고 불로장생의 약을 먹고 굶주림을 참으며 괴로움을 자초하면서 산도깨비의 이웃이 된단 말인가? 나와 함께 배 타고 오 · 월 땅을 오가면서 비단이나 차를 매매하며 남은 생을 즐기는 게 세상사에 통달한 사람의 할 일 아니겠나?"」

늙지 아니하고 오래 삶 / 예전과 지금 / 온 세상
〈 〉: 불로장생의 이치는 없음
중국의 오나라와 월나라
「 」: 송우가 최척에게 함께 장삿배를 탈 것을 제안함

「최척이 홀연 깨닫고 마침내 송우와 함께 길을 떠났다.」

속세를 떠나려던 생각을 버리고 「 」: 송우의 제안을 받아들임. 최척이 옥영과 재회하는 계기가 됨

▶ 송우의 제안으로 함께 장사를 떠나는 최척

결정적 장면

경자년(1600) 봄이었다. 최척은 송우를 따라 한마을의 장사꾼들과 함께 배를 타고 안남으로 장사하러 갔다. 이때 일본 배 10여 척도 같은 포구에 정박해 있었다.

시간적 배경
베트남의 중북구 근처를 가리킴
(배가 닻을 내리고) 머무름

열흘 넘게 머물러 4월 초이튿날이 되었다. 「하늘엔 구름 한 점 없고 물빛은 비단처럼 고왔다. 바람이 그쳐 물결이 잔잔했으며 사방이 고요해 그림자 하나 보이지 않았다. 뱃사람들은 깊은 잠에 빠져 있었고, 간간이 물새 울음소리가 들려올 뿐이었다.」 일본 배에서는 염불하는 소리가 들렸는데, 그 소리가 매우 구슬펐다.

둘째 되는 날
「 」: 배경의 사실적 묘사 – 쓸쓸하고 고즈넉한 분위기
① 인물(최척, 옥영)의 심리 반영 ② 옥영과 최척이 만나게 되는 계기(매개)

▶ 최척이 상선을 타고 안남의 항구에 정박함

최척은 홀로 선창(船窓)에 기대 자신의 신세를 생각하다가, 짐 꾸러미 안에서 퉁소를 꺼내 슬픈 곡조의 노래를 한 곡 불어 가슴속에 맺힌 슬픔과 원망을 풀어 보려 했다. 최척의 퉁소 소리에 바다와 하늘이 애처로운 빛을 띠고 구름과 안개도 수심에 잠긴 듯했다. 뱃사람들도 그 소리에 놀라 일어나 모두들 서글픈 표정을 지었다. 그때 문득 일본 배에서 염불하던 소리가 뚝 그쳤다. 잠시 후 조선말로 시를 읊는 소리가 들렸다.

배의 창문
잃어버린 가족에 대한 그리움, 슬픔
① 인물(최척, 옥영)의 심리 반영 ② 옥영과 최척이 만나게 되는 계기(매개)
자연물에 대한 감정 이입을 통해 최척의 슬픔과 아내에 대한 그리움을 제시함
예전에 옥영이 최척의 퉁소 소리를 듣고 지은 시
「 」: ① 예전에 옥영이 최척의 퉁소 소리를 듣고 지은 시
② 최척에 대한 옥영의 그리움과 사랑을 압축적으로 드러냄
③ 최척과 옥영이 만나게 되는 매개체 역할을 함

「왕자교 퉁소 불 제 달은 나지막하고 / 바닷빛 파란 하늘엔 이슬이 자욱하네.
푸른 난새 함께 타고 날아가리니 / 봉래산 안개 속에서도 길 잃지 않으리.」

가는 대로 만든 목관 악기
중국 전설에 나오는 상상의 새. 모양은 닭과 비슷하나 깃은 붉은빛에 다섯 가지 색채가 섞여 있으며, 소리는 오음(五音)과 같다고 함

시 읊는 소리가 그치더니 한숨 소리, 쯧쯧 혀 차는 소리가 들려왔다. 최척은 시 읊는 소리를 듣고는 깜짝 놀라 얼이 빠진 사람 같았다. 저도 모르는 새 퉁소를 땅에 떨어뜨리고 마치 죽은 사람처럼 멍하니 서 있었다. 송우가 말했다.

시 읊는 소리를 듣고 놀란 최척의 심리 표현

▶ 퉁소를 불던 최척이 왜선에서 들려오는 시 읊는 소리에 놀람

"왜 그래? 왜 그래?" / 거듭 물어도 대답이 없었다. 세 번째 물음에 이르러서야 비로소 최척은

뭔가 말을 하려 했지만 목이 막혀 말을 하지 못하고 눈물만 하염없이
최척의 충격과 놀라움을 드러냄 – 인물 심리의 간접 제시
흘렸다. 최척은 잠시 후 마음을 진정시킨 뒤 이렇게 말했다.

「"저건 내 아내가 지은 시일세. 우리 부부 말곤 아무도 알지 못하는 시야. 게다가 방금 시를 읊던 소리도 아내 목소리와 흡사해. 혹 아내가 저 배에 있는 게 아닐까? 그럴 리 없을 텐데 말야."」
옥영이 일본인 배 안에 있음을 암시
「 」: 최척이 시 읊는 소리에 놀란 이유

그러고는 자기 일가가 왜적에게 당했던 일의 전말을 자세히 말했다.
이 글의 시대 배경(정유재란)이 드러남
배 안에 있던 사람들이 모두 놀랍고 희한한 일로 여겼다.

그 자리에 두홍(杜洪)이란 사람이 있었는데, 젊고 용감한 자였다. ❶ 두홍은 최척의 말을 듣더니 의기 넘치는 표정이 되어 주먹으로 노를 치고 분연히 일어서며 이렇게 말했다.
인물의 성격 직접 제시
기세가 좋은 적극적인 마음
떨쳐 일어서는 기운이 세차고 꿋꿋하게

"내가 저 배로 가서 사정을 살펴보겠소!"

송우가 두홍을 말리며 말했다. / "야심한 시각에 소란을 일으켰다가는 큰 난리가 날지도 모르네. 내일 아침에 조용히 처리하는 게 좋겠어."
송우의 침착하고 신중한 성격(논리적인 상황 판단력을 지님)

사람들이 모두 그러는 게 좋겠다고 했다. 최척은 앉은 채로 아침이 오기만을 기다렸다. ▶ 최척이 사람들에게 자신의 사연을 이야기하고 다음 날 왜선을 찾아가기로 함
전전반측(輾轉反側)

이윽고 해가 떠올랐다. 최척은 즉시 해안으로 내려가 일본 배 앞으로 다가갔다. 그러고는 조선말로 물었다.

"간밤에 시를 읊던 사람은 분명히 조선 사람이었소. 나 역시 조선 사람인데, 한번 만나 볼 수 있다면 그 기쁨이 타국을 떠돌아다니다가 자기 나라 사람 비슷한 이를 보고 기뻐하는 데 견줄 수 있겠소?"

옥영은 어젯밤 배 안에서 최척의 퉁소 소리를 들었다. 조선 가락인데다 귀에 익은 곡조인지라, 혹시 자기 남편이 저쪽 배에 타고 있는 것이 아닐까 의심하여 시험 삼아 예전에 지었던 시를 읊어 본 것이었다.
옥영이 시를 읊은 이유. 이심전심(以心傳心), 염화미소(拈華微笑), 염화시중(拈華示衆)
「그러던 차에 밖에서 최척이 말하는 소리를 듣고는 허둥지둥 엎어질 듯이 배에서 뛰어 내려왔다.」 「 」: 최척과 옥영의 재회(고전 소설의 특징 – 우연성)

최척과 옥영은 마주 보고 소리치며 얼싸안고 모래밭을 뒹굴었다. 기가 막혀 입에서 말이 나오지 않았다. 눈물이 다하자 피눈물이 나왔으며 눈에 아무것도 보이지 않았다.
재회의 기쁨

결정적 장면

정유재란으로 헤어지게 된 최척과 옥영이 안남에서 재회하는 장면이다. 전란으로 인한 가족의 이산과 재회의 모습과 고전 소설의 우연성이 드러나는 부분이다.

문제로 핵심 파악

1 [기출] 최척과 옥영의 재회에 대한 이해로 가장 적절한 것은?
① 타국에서 만난 동포의 도움을 통해 우연히 이루어진다.
② 두 인물이 공유하고 있는 과거의 기억을 매개로 하여 이루어진다.
③ 두 인물이 평소에 주변 사람들에게 베푼 자비로 인해 이루어진다.
④ 주변 사람들의 오해로 인해 우여곡절을 겪다가 기적적으로 이루어진다.
⑤ 주변 인물들 중 대다수에게는 환영을 받지만 일부에게는 의구심을 유발한다.

핵심 구절 풀이

❶ **두홍은 최척의 ~ 사정을 살펴보겠소!"**: 인물의 성격을 간접적으로 제시하는 부분으로, 행동과 대화를 통해 두홍의 의기가 넘치나 성급한 성격을 알 수 있음

답 1 ②

두 나라의 뱃사람들이 이들 주위를 빙 둘러서서 구경하고 있었는데, 처음에는 두 사람이 친척이거나 친구인가 보다 여기고 있었다. 한참 뒤 이들이 부부 사이임을 알고는 모두들 놀라 감탄하고 서로 돌아보며 이런 말을 주고받았다.

헤어진 부부가 타국에서 다시 만나게 된 일

"참 기이하기도 하다! 하늘이 돕고 귀신이 도왔구나. 옛날에도 이런 일은 없었다."

전대미문(前代未聞) ▶ 극적으로 재회한 옥영과 최척

뒷부분 줄거리 | 최척과 옥영은 중국에 가서 살며 둘째 아들 몽선을 낳고, 몽선은 자라 명나라 장수의 딸 홍도와 결혼한다. 이듬해 명과 청 사이에 전쟁이 발발하자 최척은 명나라 군사로 출전하였다가 포로가 된다. 그는 포로수용소에서 맏아들 몽석을 만나 함께 수용소를 탈출하여 고국으로 돌아온다. 옥영 역시 몽선과 홍도를 데리고 고국으로 돌아와, 일가가 해후하여 행복한 삶을 누린다.

핵심 정리

- 갈래: 고전 소설(한문 소설, 전쟁 소설)
- 성격: 우연적, 사실적
- 구성: '발단 – 전개 – 위기 – 절정 – 결말'의 5단 구성, '만남 – 이별 – 재회'의 반복 구성

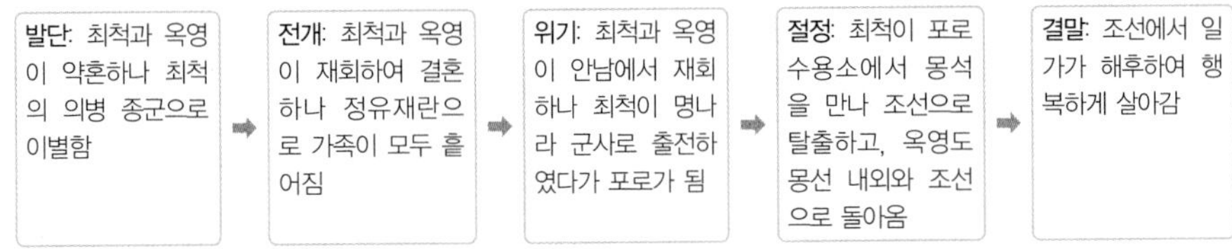

- 제재: 전란으로 인한 가족의 이산과 재회
- 주제: 이산가족의 고통과 가족애를 통한 재회
- 특징: ① 실제 일어났던 전쟁을 배경으로 하여 당시 백성들의 고통을 사실적으로 표현함
  ② 조선뿐 아니라 중국, 일본, 베트남 등으로 작품의 배경이 확장됨
- 의의: 사실주의적 표현으로 당시 우리나라 사회와 역사의 본질적 문제를 제기하고 있음
- 인물 분석
  - 최척: 쇠락한 양반집 아들. 전란과 이산의 고통 속에서도 포기하지 않고 사랑과 행복을 쟁취하는 의지적인 인물임
  - 이옥영: 전란을 피해 남원으로 오게 된 서울 양반가의 규수. 강인한 의지와 슬기로 전쟁으로 인한 역경을 극복하고 자신의 운명을 스스로 개척함

한눈에 **보기**

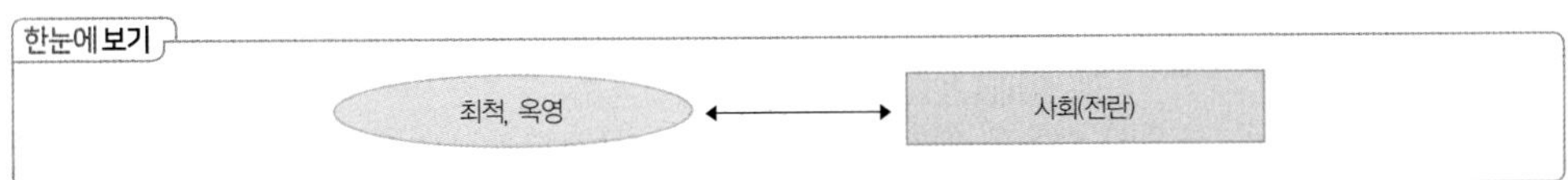

보충·심화 학습

- 〈최척전〉의 시대적 배경

이 글의 배경으로 나타나고 있는 임진왜란과 정유재란은 조선의 정치적 · 경제적 · 문화적인 모든 면에 큰 전환을 가져온 사건이었다. 백성들에게는 형언할 수 없는 고통과 슬픔, 시련을 안겨 주었고, 급기야는 국가의 기운마저 흔들리게 했던 것이다. 경제적인 혼란, 기아와 온갖 전염병으로 백성들은 방황해야만 했으며, 7년 동안 전쟁을 치르면서 발생한 이산가족의 수는 헤아릴 수도 없었다.

필수 문제

01 **이 글에서 최척과 옥영이 재회하는 계기가 되는 매개 세 가지를 찾아 쓰시오.**

02 [서술형] **이 글에서 최척 일가가 헤어졌다가 만나는 것을 통해 알 수 있는 당시의 시대적 상황을 서술하시오.**

130 구운몽(九雲夢) | 김만중

교과서 EBS 모의 기출

출제 포인트

사람들이 세속적으로 꿈꾸는 부귀공명은 모두 헛된 것이라는 인생무상의 주제 의식을 전달하고 있는 몽자류 소설의 원류이다. 환몽 구조 및 액자 구성의 특징을 파악하고 인물들의 가치관에 주목해 보자.

감상 길잡이

김만중이 유배지에서 모친을 위로하기 위해 지은 소설로, 우리나라 몽자류 소설의 효시가 되는 작품이다. 불제자인 성진이 꿈속에서 양소유로 태어나 인간 세상의 부귀영화를 모두 누리고 깨어난 뒤 그것의 허무함을 깨닫는 과정이 '현실–꿈–현실'의 환몽 구조로 제시된다. 이때 현실은 초월적인 천상계로, 꿈은 현실적인 인간계로 설정되어 있다. 이런 소설의 내용과 주제는 '아홉 사람의 구름과 같은 꿈'이라는 의미의 제목 '구운몽(九雲夢)'에서 여실히 드러난다. '구(九)'는 주요 등장인물인 성진과 팔선녀를, '운(雲)'은 '인생무상'이라는 주제 의식을, '몽(夢)'은 환몽 구조를 각각 의미한다.

[등장인물의 이름에 담긴 의미]
성진(性眞): '참된 본성'이라는 의미로, 부귀영화의 헛됨을 깨닫고 진정한 삶의 자세를 추구한다는 주제를 의미함 ↔
소유(小游): '잠시 놀다/여행하다'라는 의미로, 부귀공명을 누리는 꿈속의 상황이 영원히 지속되지 않을 것을 의미함

장면 1

앞부분 줄거리 | 중국 당나라 때 인도에서 온 육관 대사가 형산 연화봉에 절을 짓고 불법을 베푼다. 어느 날 육관 대사의 제자 성진이 늘 불법에 참여하는 동정호 용왕에게 스승을 대신해 인사를 드리러 가고, 성진이 동정호로 떠난 뒤에 위 부인의 시녀 여덟 명이 육관 대사에게 인사를 드리기 위해 연화 도량을 찾는다.

이때 성진이 동정호에 이르러 물결을 헤치고 수정궁(水晶宮)에 들어가니 용왕이 크게 기뻐하며 몸소 궁문 밖에 나아가 맞이하였다. 성진을 상좌에 앉히고 진찬을 갖추어 잔치를 열어 대접하여 용왕이 손수 잔을 들어 권하자 성진이 가로되,

(용왕: 위 부인, 팔선녀와 함께 도교(선교) 사상을 반영 / 상좌: 윗자리. 윗사람이 앉는 자리 / 진찬: 진귀하고 맛이 좋은 음식)

"술은 마음을 흐리게 하는 광약(狂藥)이라 불가에서는 크게 경계하는 것이니 감히 파계를 하지 못하겠나이다."

(광약: ① 사람을 미치게 하는 약 ② '술'을 달리 이르는 말 / 파계: 계(戒: 죄를 금하고 제약하는 것)를 받은 사람이 그 계율을 어기고 지키지 아니함)

용왕이 가로되,

[불교의 오계(五戒)]
① 살생하지 말라(不殺生), ② 도둑질하지 말라(不偸盜), ③ 음란한 행실을 하지 말라(不邪婬), ④ 거짓말하지 말라(不妄語), ⑤ 술 마시지 말라(不飮酒).

"부처가 다섯 가지 계율로 술을 경계하는 줄을 내 어찌 모르리오만, 궁중에서 쓰는 술은 인간의 광약과 달라서 자못 사람의 기운을 화창케 하고 마음을 방탕하게 아니하나이다."

(술을 마신 뒤 성진이 한 행동(속된 마음을 먹음)을 고려할 때, 성진에게 술을 먹이려고 한 말임을 알 수 있음)

성진이 용왕이 지성으로 권하니 차마 사양하지 못하고 잇따라 석 잔을 기울였다. 용왕께 하직하고 바람을 타고 연화봉을 향하여 돌아오다 산 아래에 이르러, 스스로 깨닫기를 술기운이 올라 낯이 달아오르니 마음속으로 생각하기를, / '만일 얼굴이 붉으면 사부께서 이상하게 생각하여 크게 꾸짖지 않으리오.' / 하고 즉시 냇물로 내려가 웃옷을 벗고 두 손으로 물을 움켜 취한 낯을 씻는데, 문득 기이한 향내가 코에 진동하여 향로(香爐) 기운도 아니요, 화초(花草) 향내도 아닌데 사람의 뼛속에 사무쳐 정신이 호탕하여 능히 표현할 수 없었다.

(바람을 타고 연화봉을 향하여 돌아오다: 비현실적 상황 / 만일 ~ 않으리오: 자신이 불가의 계율을 어겼음을 인식함 / 기이한 향내: 팔선녀의 향기 / 향로: 향을 피우는 자그마한 화로 / 사람의 뼛속에 사무쳐 정신이 호탕하여: 이성에 대한 본능적 느낌)

성진이 생각하기를, / '이 물의 상류에 무슨 꽃이 피었기에 이런 신기한 향이 물에서 나는가?'

다시 의복을 정제한 다음 물을 따라 올라가니, 이때에 팔선녀가 석교 위에 앉아서 서로 말하고

(정제: 격식에 맞게 차려입고 매무시를 바르게 함 / 석교: 돌다리)

※ 꿈속 팔선녀의 이름: 정경패, 이소화, 진채봉, 가춘운, 계섬월, 적경홍, 심요연, 백능파

남녀 간 정욕 상징 → 꿈속에서 각각 양소유의 처나 첩이 됨 → 모두 불도에 귀의

있었다. 성진과 팔선녀가 서로 만나니, 성진이 육환장을 놓고 공손히 재배하며 말하였다.

승려가 짚는, 고리가 여섯 개 달린 지팡이 ▶ 성진이 석교에서 팔선녀를 만남

"여보살이여, 빈승은 연화 도량 육관 대사의 제자로 스승의 명을 받들어 산 밑에 나갔다가 장차

도학(道學)이 깊지 못한 승려 / 부처나 보살이 도를 얻는 곳. 또는, 도를 얻으려고 수행하는 곳

돌아오는 길이옵니다. 좁은 석교 위에 보살님들이 앉아 있어, 남자와 여자가 같은 길에 함께 있

팔선녀 / 내외하는 풍습

을 수 없으니, 부디 잠시 발걸음을 옮겨 주시면 길을 빌리고자 합니다."

지나가고자 한다

「팔선녀가 답례하여 말하기를,

답인사

"우리는 위 부인의 시녀들이옵니다. 부인의 명을 받들어 육관 대사께 문안을 하고 돌아가는 길

팔선녀가 연화 도량을 찾은 이유

입니다. 첩들이 들으니 '길에서 남자는 왼쪽으로 가고 여자는 오른쪽으로 간다.' 하였으나 이

유교 경전 중 하나인 《예기》에 나오는 구절

다리가 매우 좁고 첩들이 이미 먼저 앉았으니 도인의 말씀이 마땅치 아니하니, 바라건대 다른

성진을 희롱하려는 핑계

길로 행하소서." / 성진이 답하기를,

"냇물이 깊고 다른 다리가 없으니 빈승으로 하여금 어느 길로 가라 하십니까?"」

「 」: 팔선녀와 성진의 능력으로 볼 때 결국 남녀 간의 희롱으로 볼 수밖에 없음

팔선녀가 가로되, / "옛날 달마 존자(達磨尊者)는 갈잎을 타고 바다를 건넜다고 하였사옵니다.

중국 선종의 시조 / 학문과 덕행이 뛰어난 부처의 제자를 높여 이르는 말

화상께서 육관 대사에게 도를 배웠다면 반드시 신통한 도술이 있을 것이니, 어찌 이런 조그마한

'승려'를 높여 이르는 말

냇물을 건너지 못하여 아녀자와 더불어 길을 다투시나이까." / 성진이 웃으며 대답하되,

"여러 낭자의 뜻을 보니 행인으로 하여금 길 값을 받고자 하려는 듯싶소. 그러나 가난한 중에게

성진

어이 금전이 있으리오. 마침 명주(明珠) 여덟 개가 있으니 이것으로 길 값을 치르겠나이다."

빛이 고운 아름다운 구슬

손을 들어 복사꽃 가지 하나를 꺾어 팔선녀 앞에 던지니, 그 여덟 봉오리 땅에 떨어져 여덟 개

성진의 신이한 능력(전기성)

의 명주로 화하였다. 팔선녀가 각각 주워 손에 쥐고 성진을 돌아보며 찬연히 한 번 웃고 몸을 솟

성진이 양소유로 환생한 뒤 팔선녀와 인연을 맺을 것임을 암시

구치더니 바람을 타고 공중으로 올라갔다. 성진이 석교 위에서 오랫동안 팔선녀가 가는 곳을 바

비현실적 상황(전기성) / 승려의 몸으로 이성에 대한 관심을 지님 → '음행하지 말라'는 계율을 어김

라보더니 구름 그림자가 사라지고 향기로운 바람이 가라앉았다. 바야흐로 성진이 석교를 떠나 스

시간의 흐름

승을 가서 뵈니, 스승이 늦게 온 이유를 묻기에 대답하기를,

육관 대사

"용왕이 심히 후하게 대접하고 떠나는 것을 만류하니 차마 떨치고 일어나지 못하였습니다."

사실대로 말하지 않음 → '거짓말하지 말라'는 계율을 어김 → 인간계로 환생하는 벌을 받음

대사가 더는 묻지 않고 말하기를,

"물러가 쉬어라" 하여, 성진이 자신의 선방(禪房)에 돌아오니 날이 이미 어두워졌다.

참선하는 방 ▶ 팔선녀와 희롱하다 돌아온 성진이 육관 대사에게 거짓말을 함

필수 문제

01 이 글의 제목 '구운몽(九雲夢)'에서 '구(九)'가 상징하는 대상을 찾아 쓰시오.

02 성진과 팔선녀가 다시 만날 것임을 암시하는 소재를 찾아 쓰시오.

03 [서술형] 성진이 스승 육관 대사에게 있었던 일을 모두 말하지 않은 까닭을 서술하시오.

장면 2

앞부분 줄거리 | 스승 육관 대사의 명으로 동정 용왕을 찾은 성진은 용궁에서 술을 마시고 연화 도량으로 돌아오다가, 남악 위 부인의 시녀들인 팔선녀를 만나 서로 희롱한다. 그러나 성진은 육관 대사에게 자신이 술을 마시고 여자와 희롱했다는 사실을 숨긴다.

성진이 여덟 선녀를 본 후에 정신이 자못 황홀하여 마음에 생각하되,

「'남아 세상에 나(태어나) 어려서 공맹(孔孟)의 글(공자와 맹자의 글. 《논어》와 《맹자》)을 읽고, 자라 요순(堯舜)(고대 중국의 요임금과 순임금) 같은 임금을 만나, 나면 장수 되고 들면 정승이 되어(출장입상(出將入相)), 비단옷을 입고 옥대를 띠고 옥궐(대궐)에 조회(임금에게 문안드리고 정사를 아룀)하고, 눈에 고운 빛을 보고 귀에 좋은 소리를 듣고 은택(恩澤)(은혜와 덕택)이 백성에게 미치고, 공명이 후세에 드리움(공을 세워 세상에 널리 이름을 드러냄. 유방백세(流芳百世))이 또한 대장부의 일이라. 우리 부처의 법문(法門)(부처의 교법)은 한 바리(승려의 밥그릇) 밥과 한 병 물과 두어 권 경문(經文)과 일백여덟 낱 염주뿐이라. 도덕이 비록 높고 아름다우나 적막하기 심하도다.'」 「 」: 성진의 내적 갈등

생각을 이리 하고 저리 하여 밤이 이미 깊었더니, 문득 눈앞에 팔선녀 섰거늘, 놀라 고쳐 보니(환상. 시나리오로 고치면, 오버랩(O.L.)이 이루어지는 부분) 이미 간 곳이 없더라.

성진이 마음에 뉘우쳐 생각하되,

'부처 공부에 유(類)(유독, 특별히)로 뜻을 바르게 함이 으뜸 행실이라. 내 출가한 지 십 년에 일찍이 반점(매우 작은 것을 비유) 어기고 구차한 마음을 먹지 아니하였더니 이제 이렇듯이 염려(생각)를 그릇하면 어찌 나의 전정(앞길. 여기서는 해탈의 경지)에 해롭지 아니하리오?'

향로에 전단(향나무)을 다시 피우고(입몽(入夢)에 해당하는 부분), 의연히 포단(부들로 둥글게 틀어 만든 방석)에 앉아 정신을 가다듬어 염주를 고르며 일천 부처를 염하더니, 홀연 창밖에 동자가 부르되,

"사형(나이와 학덕이 높은 사람. 불교에서 스승의 불법을 이어받은 선배를 일컬음)은 잠들었느뇨? 사부(육관 대사) 부르시나이다."

성진이 놀라 생각하되,

'깊은 밤에 나를 부르니 반드시 연고(까닭) 있도다.' ▶ 성진의 내적 갈등과 육관 대사의 호출

동자와 한가지로 방장(方丈)(고승(高僧)이 거처하는 곳)에 나아가니 대사가 모든 제자를 모으고 등촉(등불과 촛불)을 낮같이 켜고 소리하여 꾸짖되,

결정적 장면

"성진아, 네 죄를 아느냐?"

성진이 나려 꿇어 가로되,

"소자가 사부를 섬긴 지 십 년에 일찍 한 말도 불순히 한 적이 없으니, 진실로 어리고(어리석고) 아득하여 지은 죄를 아지 못하나이다."

대사가 이르되,

"중의 공부 세 가지 행실이 있으니 몸과 말씀과 뜻이라. 네 용궁에 가 술을 취하고(성진의 추방 이유 ①), 석교에서 여

자를 만나 언어를 수작하고 연꽃을 던져 희롱한 후에 돌아와, 「오히
성진의 추방 이유 ②
려 미색을 권련하여 세상 부귀를 흠모하고 불가의 적막함을 염히 여
간절히 생각하며 그리워함 / 염증을 내니
기니,」이는 세 가지 행실을 일시에 무너 버림이라."
「 」: 성진의 추방 이유 ③

성진이 고두하고 울며 가로되,
머리를 땅에 조아림

"스승님아, 성진이 진실로 죄 있거니와, 주계를 파하기는 주인이 괴로이 권하기에 마지못함이요, 선녀로 더불어 언어를 수작하기는 길을 빎을 말미암음이니, 각별 부정한 말을 한 바 없고, 선방에 돌아온 후에 일시에 마음을 잡지 못하나, 마침내 스스로 뉘우쳐 뜻을 바르게 하였으니, 제자가 죄 있거든 사부가 달초하실 뿐이지 어찌 차마 내치려 하시나이까? 사부 우러르기를 부모같이 하니 성진이 십이 세에 부모를 버리고 스승님을 좇아 머리를 깎으니, 이 곧 성진의 집이니, 나를 어디로 가라 하시나이까?"

주계: 술을 삼가라는 훈계 / 파하기: 약속 따위를 중간에서 어그러뜨리기 / 선방: 참선하는 방 / 달초: 회초리로 때려 꾸짖음 / 부모를 버리고 스승님을 좇아 머리를 깎으니: 출가(出家)하니

대사 이르되,

❶ "네 스스로 가고저 할새 가라 함이니 네 만일 있고저 하면 뉘 능히 가라 하리오? 또 네 이르되, '어디로 가리요?' 하니, 너의 가고저 하는 곳이 너의 갈 곳이라."

너의 가고저 하는 곳: 인간 세상

▶ 육관 대사의 질책과 성진의 변명

대사가 소리 질러 가로되,

"황건역사 어디 있느뇨?"
황건역사: 불교에서 신장의 하나로, 힘이 세다고 함

홀연 공중으로 신장이 내려와 청령하거늘, 대사 분부하되,
홀연 공중으로 신장이 내려와: 전기성(傳奇性)이 드러나는 부분 / 청령: 명령을 기다림

"네, 죄인을 영거하여 풍도에 가 교부하고 오라."
영거: 함께 데리고 감 / 풍도: 지옥 / 교부: 인계, 내어 줌

성진이 이 말을 듣고 눈물을 비같이 흘려 울고 머리를 무수히 두드려 가로되,

"사부는 성진의 말을 들으소서. 옛 아난존자 창녀에게 가 자리를 한가지로 살을 섞되 석가불이 존자를 죄 주지 아니하고 다만 설법하여 가르쳤으니 제자 비록 죄 있으나 아난존자에 비기면 중치 아닌 듯하니 어이 풍도에 가라 하시나뇨."

아난존자: 석가모니 십대 제자 가운데 한 사람. 십육 나한 중 하나로, 석가모니 열반 후에 경전 결집의 중심이 되었으며, 여인 출가의 길을 엶

대사 이르되,

"아난존자는 요술을 제어치 못하여 창녀를 더불어 친근하나 마음은

결정적 장면

불제자로 수련을 하던 성진이 벌을 받아 인간계로 환생하는 장면이다. '현실 – 꿈 – 현실'이라는 액자 소설의 형식이 드러나며 당시 사람들의 세속적인 욕망이 반영되어 있는 부분이다.

문제로 핵심 파악

1 이 글에 대한 설명으로 적절하지 않은 것은?

① 주로 대화를 통해 인물의 상황을 드러낸다.
② 사건 전개 과정에서 공간의 변화가 나타난다.
③ 전기적 요소로 인해 비현실적인 느낌을 준다.
④ 과거와 현재를 교차하여 갈등의 원인을 밝힌다.
⑤ 작품 바깥의 서술자가 인물의 내면을 서술한다.

핵심 구절 풀이

❶ "네 스스로 가고자 ~ 너의 갈 곳이라.": 육관 대사가 성진에게 하는 말로, 성진이 초월계에서 쫓겨나 인간계로 환생할 것임을 암시하는 동시에 진리를 스스로 깨닫는 것이 중요하다는 생각을 드러냄

인간 세상
어지럽지 아닌지라. 너는 진세의 부귀를 흠모하는 뜻을 내었으니 어이 한번 윤회의 괴롭기를
아난존자와 성진의 차이점 – 아난존자는 마음을 어지럽히지는 않았으나 성진은 마음을 어지럽힘 / 인간 세상에 태어나는 것
면하리오."

성진이 울고 갈 뜻이 없거늘 대사 위로하여 가로되,

"마음이 좋지 못하면 비록 산중에 있어도 도를 이루기 어렵고, 근본을 잊지 아니면 홍진에 가서
마음에 번뇌, 잡념, 인간 세상에 대한 욕망이 있다면 / 해탈, 열반의 경지 / 인간 세상
도 돌아올 길이 있으니, 네 만일 오고자 하면 내 손수 데려올 것이니 의심 말고 행할지어다."
육관 대사가 꿈속에 나타날 것을 암시

▶ 성진을 인간 세상으로 내치는 육관 대사

사자 성진을 인하여 한 집에 이르러 문밖에 섰으라 하고 안으로 들어가거늘 양구히 서서 들으
오랫동안
니 곁집 사람이 저희같이 말하여,
이웃

"양 처사 부처 오십에 처음으로 잉태하니 인간에 드문 일이러니 임신한 지 오래되어 아이 울음
부부 / 아직 성진이 태어나지 않았기 때문에
소리 없으니 염려롭다."

하거늘 성진이 저 이르는 말 같으니 차언을 들으니 심중에 분명히 양 처사의 자식이 되어 날 줄
다음 말
알고 홀연히 생각하되,

'내 이미 인세에 환도하게 하였으니 이에 와도 분명히 정신만 왔을 것이니 육신은 분명히 연화
인간 세상에 태어나게
봉에 소화하는도다. 내 나이 젊어 제자를 데리지 못하였으니 어느 사람이 나의 사리를 거두리
불에 태우는도다. 즉, 화장함 / 석가모니나 성자의 유골. 후세에는 화장한 후 나오는 구슬 모양의 것만을 이름
오.'

슬프고 괴로웠더니
이처럼 생각하여 마음이 자못 처창하였더니 사자 나와 손을 쳐 불러 가로되,

당나라를 높여 부르던 말 – 당시의 사대주의를 드러냄
"이 땅은 대당국 회남도 수주 땅이요, 이 집은 양 처사의 집이니 처사는 너의 부친이요, 처사의
꿈(인간 세상)의 공간적 배경
처 유 씨는 너의 모친이니 수이 들어가 길한 때를 잃지 말라."
태어나기 좋은 때

성진이 들어가 보니 처사 갈건야복으로 당상에 앉아 약화를 곁에 놓았으니 향내 코에 거사리고
갈건과 베옷이라는 뜻으로, 은사와 처사의 거칠고 소박한 옷
방 안에 은은히 여자의 신음하는 소리나더라.

▶ 인간 세상에 태어나게 되는 성진

뒷부분 줄거리 | 인간 세상에서 양 처사의 아들, 양소유로 태어난 성진은 이후 팔선녀를 부인과 첩으로 맞이하고 재상과 대장군이 되어 인생의 부귀영화를 모두 누리게 된다. 그 후 인생무상을 느끼게 된 성진 앞에 육관 대사가 나타나 꿈에서 깨어나게 한다. 이후 남녀 간의 애정과 부귀영화가 헛됨을 깨우친 성진과 팔선녀는 불도에 정진하여 해탈을 이루게 된다.

필수 문제

01 이 글에서 육관 대사가 성진을 인간 세계로 추방하는 원인 세 가지를 쓰시오.

02 이 글은 성진이 양소유로 환생하는 구조를 취하고 있다. 이와 관련되는 불교 사상을 4음절의 단어로 쓰시오.

장면 3

앞부분 줄거리 | 형산 연화 도량에서 설법을 하는 육관 대사의 제자 성진은 동정호 용왕에게 육관 대사를 대신해 인사를 드리러 갔다가 술을 마시고 돌아오던 중 위 부인의 시녀인 팔선녀를 만나 서로 희롱한다. 이 일이 빌미가 되어 인간 세상으로 추방된 성진은 회남 수주현 양 처사의 아들 양소유로 태어나 뛰어난 능력을 보이며 장원 급제하고, 나라에 큰 공을 세운다. 그 과정에서 팔선녀들과 차례로 만나 인연을 맺는다. 어느 날 토번이 당나라를 침공하자 대원수가 되어 전장에 나간 양소유는 꿈속에서 동정호 용왕의 딸 백능파(용녀)와 연을 맺고, 그녀와 강제로 혼인하려는 욕심을 지니고 있던 남해 태자와 싸운다.
꿈속의 꿈 상황(몽중몽)

밤이 아직 밝지 않았는데 갑자기 급한 천둥소리가 한 번 나더니 수정궁전이 마치 키 까부르듯 흔들렸다.
남해 태자의 군대가 쳐들어옴 / 키: 곡식 따위를 까불러 쭉정이나 티끌을 골라내는 도구

시녀가 급하게 아뢰었다.

"큰 화가 났습니다. 남해 태자가 무수한 군병을 이끌고 앞산에 진을 치고서는 양 원수와 자웅을 결판내고자 합니다."
양 원수: 양소유 / 자웅을 결판내고자: 승부를 가리고자

용녀가 상서를 깨우며 말하였다.
용녀: 백능파. 현실에서 성진과 수작하던 팔선녀 중 한 명

"제가 처음에 낭군을 만류한 것은 이 일을 걱정해서였습니다."
낭군: 양소유

상서가 크게 화를 내며 말하였다.
상서: 양소유

"미친 아이놈이 어찌 이다지도 무례하단 말인가."
남해 태자를 하잖게 여김

소매를 떨치고 일어나 말에 올라 물 밖으로 박차고 나가니 남해군이 이미 백룡담을 에워싸고 있었다. 상서가 삼군(三軍)을 지휘하여 태자와 대치하였다. 남해 진중에서 북소리 진동하더니 태자가 말을 박차고 나오며 큰 소리로 책망해 말하였다.
백룡담: 용녀가 남해 태자를 피해 거처하고 있던 곳 / 물 밖으로 박차고 나가니: 양소유와 용녀는 백룡담 물속 궁전에서 지내고 있었으므로 / 삼군: 예전에, 군 전체를 이르던 말

"양소유가 남의 혼사를 깨뜨리고 남의 처를 겁탈했으니, 맹세코 너와 하늘땅 사이에 함께 서지 않겠다."
남의 처: 용녀(진짜 남해 태자의 처가 아니라 태자 자신이 용녀와 결혼하려는 욕심을 지녔음)

상서가 또한 말을 달려 나가서 큰 소리로 웃으며 말하였다.

"동정호 따님이 나를 따른 것은 처음 날 때 이미 천조(天曹)에 기록되었던 바이니, 나는 다만 하늘의 명령에 순종할 뿐이다."
자신과 용녀(백능파)의 인연은 하늘이 정해 놓은 인연임

▶ 양소유에게 도발하는 남해 태자

태자가 매우 화가 나서 물의 족속들을 몰아 상서를 잡게 하니 잉어 제독이며 자라 참군(參軍)이 뛰어나와 달려왔다. 상서가 한 번 백옥 채찍을 드니 대당(大唐) 진중(陣中)에서 모든 노(弩) 활이 일제히 발사되어 깨어진 비늘이며 남겨진 껍데기가 온 땅에 마치 우박처럼 널렸다. 태자는 몸에 몇 군데나 상처를 입어 변신술을 못하고 마침내 당병(唐兵)에게 사로잡혔다. 상서가 징을 쳐 전투를 그치게 하고 태자를 묶어서 진으로 돌아오자, 문 지키는 군졸이 아뢰었다.
대당: '당나라'를 높여 이르는 말 / 노: 쇠로 된 발사 장치가 달린 활 / 한 번의 공격에 남해 태자의 군사들이 심한 피해를 입음 / 당병: 당나라 병사

"백룡담의 낭자가 몸소 군대 앞에 오셔서 원수께 칭하하고 장수와 병사들에게 먹을 것을 보내 위로한다 합니다."
백룡담의 낭자: 용녀 / 원수: 양소유 / 칭하하고: 칭송하고 축하함

상서가 매우 기뻐하며 들어오라 하였다. 용녀는 상서가 전투에 이긴 것을 치하하고 천 석의 술

과 만 마리 소로 삼군의 사졸을 배불리 먹이니 과연 사기가 더욱 용솟음쳤다. 양 원수가 용녀와
많은 음식을 과장되게 표현
함께 앉아 남해 태자를 끌어내니 그가 감히 올려다보지 못하였다.

상서가 꾸짖어 말하였다.

"내 천자의 명을 받들어 사방의 오랑캐를 정벌하니 모든 정령(精靈)들이 다 명령을 듣지 않음이
당나라 황제
없었다. 그런데 미친 어린아이가 하늘의 명령을 몰라보고 하늘의 군대에 항거했으니, 이것은
남해 태자 / 양소유와 용녀의 인연 / 양소유가 지휘하는 군대
스스로 죽을 데로 나간 것이다. 내 허리 아래의 보검은 예전 위징(魏徵) 승상이 경하(逕河)의 용을
자신이 당장이라도 남해 용왕의 자식인 태자를 죽일 수 있음을 과시
죽인 물건이다. 마땅히 너의 머리를 베어 삼군을 호령해야 할 것이나 너의 아비가 남해를 진정
천자의 군대에 덤빈 자를 죽임으로써 경계를 삼음
(鎭靜)시킨 큰 공덕이 있는 것을 생각하여 특별히 용서한다. 이후로는 천명에 순종하고 망령된
몹시 소란스럽고 어지러운 일을 가라앉힘
마음을 내지 말라."

▶ 사로잡은 남해 태자를 훈계하는 양소유

군중에서 금창약(金瘡藥)을 내어다가 태자의 상처에 발라 주고 놓아 보냈다. 태자가 머리를 싸안
칼·창·화살 따위로 생긴 상처에 바르는 약
고 마치 쥐가 숨듯 돌아갔다.『갑자기 보니 동남쪽에 상서로운 기운과 붉은 안개가 자욱이 끼면서
정(旌: 깃대 끝을 새의 깃으로 장식한 의장기)과 기(旗)를 아울러 이르는 말
정기(旌旗)와 절월(節鉞)이 공중에서 내려왔다.』「 」: 신이한 상황(전기성)
관찰사·대장(大將)·통제사 들이 지방에 부임할 때에 임금이 내어 주던 물건

사자(使者)가 아뢰었다.

"동정 용왕이, 양 원수께서 남해 태자를 물리치고 귀주(貴主)를 구하셨단 말을 듣고 친히 군전(軍
현실에서 성진에게 술을 먹였던 인물 / 동정호 / 용녀
前)에 와서 군리(軍吏)를 축하하나 지키는 땅이 있기에 경계를 넘을 수 없어서 응벽전(凝碧殿)에
군대의 사무를 보는 문관 – 문맥상 양소유의 군대에게 축하의 말을 전한 것을 의미
잔치를 벌여 놓고 삼가 원수를 청한다 합니다. 잠시 욕되이 임하시고 아울러 귀주(貴主)를 받들
귀찮고 힘들더라도 말을 들어 주시고
고 궁으로 돌아오셨으면 합니다."

상서가 말하였다.

"지금은 삼군을 이끌고 적국과 서로 대치하고 있고, 동정호는 여기에서 만 리 밖에 떨어져 있어
오랑캐(토번)
비록 가고 싶으나 어찌 갈 수 있겠는가."

사자가 말하였다.

"이미 용 여덟 마리를 맨 수레를 준비하였으니, 용궁이야 한나절이면 가셨다가 돌아올 수 있을
전기성
것입니다."

▶ 동정 용왕이 양소유를 치하하기 위해 초대함

중략 부분 줄거리 | 동정호의 용궁을 방문한 양소유는 용왕의 환대를 받는다.

결정적 장면

술이 아홉 차례 돈 후에 상서가 왕에게 하직하며 말하였다.

"군중(軍中)에 일이 많아 한가히 머물지 못하겠습니다."
개인적 심정보다 공적인 임무를 더 중요시함(유교적 가치관)

낭자를 돌아보고 뒷날의 기약을 간절히 부탁하자, 용왕이 상서를 궁전 문밖까지 전송하였다. 상서가 문득 보니 산 하나가 매우 뛰어난데 다섯 봉우리가 구름 속에 숨어 있기에 왕에게 물었다.

(용녀 / 부부의 연을 이어 가자는 약속 / 양소유를 극진하게 접대함)

"이 산의 이름은 무엇입니까? 제가 천하를 두루 다녔으나 오직 화산과 이 산만 보지 못하였습니다."

(화산: 중국의 오악(五岳) 가운데 하나)

용왕이 말하였다.

"원수는 이 산을 모를 것입니다. 이 산이 바로 남악 형산입니다."

(현실에서 육관 대사가 설법하던 곳(성진이 수련하던 곳))

상서가 말하였다.

('꿈속 꿈'의 공간이 꿈 이전의 현실 공간과 연결됨(남악 형산은 성진이 불도를 닦는 도량이 있는 장소로, 꿈속의 양소유와 현실의 성진을 연결시킴))

"어떻게 하면 남악을 구경할 수 있겠습니까?"

왕이 말하였다.

"해가 아직 저물지 않았으니 잠시 가서 구경하면 진영(陣營)에 돌아가실 수 있을 것입니다."

(진영: 군대가 진을 치고 있는 곳)

상서가 수레에 오르자 벌써 산 아래에 도착하였다. 상서가 지팡이를 붙잡고 돌길을 더듬어 올라가니, 천 가지 바위가 뛰어남을 다투고 만 개의 골짜기가 깊음을 견주는 듯하였지만, 모두 살펴볼 만한 겨를이 없었다.

(산이 매우 높고 깊으며 경치가 뛰어남)

상서가 한탄하여 말하였다.

"어느 날에 공을 이루고 은퇴하여 속세를 떠나 한가롭게 살 수 있을까?"

(세상에 공을 이룬 다음 자연 속에서 한가롭게 사는 삶을 소망함(유교+도교))

문득 바람결에 경쇠 소리가 내려와 멀지 않은 곳에 절이 있음을 알렸다. 찾아 올라갔더니 절 하나가 있는데 건물이 아주 장려(壯麗)하였다. 한 늙은 중이 강당에 앉아 막 설법하는 중이었는데, 눈썹이 훌륭하고 눈이 맑으며 모습이 맑고도 빼어나니 속세의 사람이 아니었다. 여러 중들을 이끌고 강당에서 내려와 상서를 맞이하면서 말하였다.

(경쇠: 절에서 예불할 때 흔드는 작은 종 / 절: 성진이 수도하는 연화 도량 / 장려: 웅장하고 화려함 / 늙은 중: 육관 대사 / 설법: 불교의 교의를 풀어 밝힘 / 외양 묘사로 육관 대사의 비범함을 암시)

"산야(山野)의 사람이라 귀와 눈이 없어 대원수께서 오시는 것도 알지 못하고 멀리 마중을 못 했으니 죄를 용서하시길 빕니다. ❶ 원수께서 이번은 돌아오실 때가 아니나 이왕 오셨으니, 청컨대 전(殿)에 올라 부처님께 참배하시지요."

(산야의 사람: 육관 대사 자신을 지칭 / 귀와 눈이 없어: 소식을 알지 못해 / 대원수: 양소유 / 언젠가는 양소유의 삶을 끝내고 성진의 삶으로 돌아올 것을 암시)

결정적 장면

꿈속에서 남악 형산을 방문한 양소유가 육관 대사를 만난 후 꿈에서 깨어나 토번을 물리치는 장면이다. 양소유가 꿈속에서 육관 대사를 만나는 사건은 '몽중몽' 상황으로, 꿈과 현실을 이어 주는 기능을 하며 이 작품만의 독특한 구조를 이룬다.

문제로 핵심 파악

1 [기출 변형] 이 글의 인물에 대한 설명으로 적절한 것은?

① 용왕은 상서가 남해 태자를 물리치는 데 도움을 주었다.
② 용녀는 상서가 남악 형산을 살펴볼 수 있도록 안내하였다.
③ 장수들도 상서와 함께 예불에 참여하여 승리를 기원하였다.
④ 상서는 백룡담 물의 상태를 확인하려고 먼저 마셔 보았다.
⑤ 늙은 중은 상서가 형산에 찾아올 것을 알고 대비하고 있었다.

핵심 구절 풀이

❶ **원수께서 이번은 ~ 부처님께 참배하시지요.**: 양소유가 성진의 삶으로 돌아올 것임을 암시하는 것으로 높은 벼슬에 올라 나라에 큰 공을 세우며 사는 양소유의 삶이 성진에게 깨달음을 주기 위한 육관 대사의 계획임을 알 수 있음

상서가 향을 사르고 참배한 후, 전에서 내려오는데 발을 헛디뎌 굴러 넘어져 깜짝 깨니 몸은 진영 가운데 있고 의자에 기대어 앉았는데 날은 이미 밝아 있었다. ▶ 꿈속 꿈에서 육관 대사를 만나고 깨어난 양소유

현실에서 성진이 늘 하는 일 / '꿈속의 꿈(몽중몽)' 에서 깨어남 / 용녀를 만나고 남악 형산을 구경한 것이 양소유의 꿈속에서의 일임

상서가 장수와 병사들을 모아 놓고 물었다.

"너희들 밤에 무슨 꿈 꾼 것이 있느냐?"

여러 사람이 말하였다.

"꿈에 원수를 모시고 귀신 병사들과 싸워 그 장수를 산 채로 잡았으니 이것은 분명 오랑캐를 멸망시킬 좋은 징조입니다."

남해 태자의 군대 / 남해 태자

상서가 매우 기뻐하면서 꿈 이야기를 해 주고 장수와 병사들을 이끌어 백룡담 위에 가서 살펴보니 고기비늘이 온 들판에 깔려 있고 피가 흘러 내를 이루고 있었다. 상서가 잔을 가지고 먼저 백룡담의 물을 떠서 마시고 병든 군사들도 마시게 하니 곧바로 병이 나았다. 이에 군사들이며 말들을 한번 배불리 먹여 주니 즐거워하는 소리가 마치 천둥소리 같았다. 적병이 이 소식을 듣고 매우 두려워 모두 항복할 마음이 들었다. 상서가 전쟁에 나간 후에 승전했다는 보고가 계속되었다.

남해 태자와 그 병사들의 흔적 → 꿈속 사건이 현실로 이어짐(전기성) / 솔선수범

▶ 오랑캐(토번)를 계속 물리치는 양소유

뒷부분 줄거리 | 토번과의 전쟁에서 이기고 개선한 양소유는 두 공주를 처로 삼고 여섯 낭자를 첩으로 삼아 행복하게 지낸다. 그러다 문득 인생무상을 느끼고 때마침 그의 앞에 나타난 육관 대사의 도움으로 꿈에서 깨어나 불도에 정진한다.

01 꿈을 꾸기 전의 성진과 꿈속의 양소유를 이어 주는 공간적 배경을 찾아 2어절로 쓰시오.

02 양소유(상서)가 꿈속에서 남해 태자와 싸운 일이 현실로 이어지고 있는 구절을 찾아 쓰시오.

장면 4

앞부분 줄거리 | 성진은 육관 대사의 심부름으로 동정 용왕에게 갔다가 술대접을 받고, 돌아오는 길에 위 부인의 시녀 팔선녀와 만나 서로 희롱한다. 이후 성진은 속세의 부귀영화를 원하다가, 육관 대사에 의해 팔선녀와 함께 인간 세상으로 추방된다. 양소유로 환생한 성진은 팔선녀를 부인과 첩으로 맞아들이고 온갖 부귀영화를 누린다.

승상이 한가한 곳에 나아간 지 또한 여러 해 지났더니, 「팔월 염간(念間)은 승상 생일이라 모든 자녀가 다 모여 십 일을 연하여 설연(設宴)하니 번화성만(繁華盛滿)함이 옛날에도 듣지 못할러라.」 잔치를 파하고 여러 자녀가 각각 흩어진 후 문득 구추(九秋) 가절(佳節)이 다다르니 국화 봉오리 누르고 수유 열매가 붉었으니 정히 등고(登高)할 때라. 취미궁 서녘에 높은 대(臺) 있으니 그 위에 오르면 팔백 리 진천을 손바닥 금 보듯이 하여 가린 것이 없으니 승상이 가장 사랑하는 땅이더라.

(스무 날의 전후 / 벼슬에서 물러나 온 취미궁 / 번화하고 가득 차 흥성흥성함 / 못하였다 – 문어체 / 계속하여 / 잔치를 벌임 / 「 」: 자손과 가문이 번창했다는 것. 승상의 세속의 부귀영화를 짐작케 함 / 마치고 / 틀림없이 / 계절적 배경: 음력 구월의 좋은 계절 – 양 승상의 세속의 삶이 끝나 감을 의미함 / 음력 구월 구일 산에 올라 단풍을 즐기며 시와 술을 나누는 세시 풍속 / 공간적 배경: 세 임금의 살던 곳을 보고, 인생의 덧없음을 생각함 → 인생무상 / 중국의 지명. 협서성 일대 / 자세하고 훤히 내려다볼 수 있듯이 하여 / ▶ 승상의 생일잔치와 등고하기에 좋은 취미궁 누대)

이날, 두 부인과 여섯 낭자를 데리고 대에 올라 머리에 국화를 꽂고 추경(秋景)을 희롱할새 입에 팔진(八珍)이 염어(厭飫)하고 귀에 관현(管絃)이 싫증 난지라. 다만 춘운으로 하여금 과합(果盒)을 붙들고 섬월로 옥호를 이끌며 국화주를 가득 부어 처첩이 차례로 헌수(獻壽)하더니, 이윽고 「비낀 날이 곤명지(昆明池)에 돌아지고 구름 그림자 진천에 떨어지니 눈을 들어 한번 보니 가을빛이 창망하더라.」 승상이 스스로 옥소를 잡아 두어 소리를 부니 오오열열(嗚嗚咽咽)하여 원(怨)하는 듯하고, 우는 듯하고 고할 듯하고 「형경(荊卿)이 역수(易水)를 건널 적 점리(漸離)를 이별하는 듯, 패왕(霸王)이 장중에서 우희(虞姬)를 돌아보는 듯하니,」 모든 미인이 처연하여 슬픈 빛이 많더라.

(영양 공주, 난양 공주 / 진채봉, 계섬월, 가춘운, 적경홍, 심요연, 백능파 / 가을의 경치를 보고 즐길 때 / 온갖 진귀한 음식과 듣기 좋은 음악 소리까지 싫은지라. → 세속의 부귀영화에 염증이 남을 암시(대구법) / 과일 바구니 / 옥으로 만든 술병 / 장수를 비는 뜻으로 술잔을 올림 / 비스듬히 비친 해 / 중국 산시성 장안(長安)에 있는 못 / 「 」: 해가 지는 모습과 가을빛의 아득함(묘사) – 쓸쓸한 양 승상의 심리와 조응 → 내적 심리 고조 / 승상의 슬픈 심리를 나타내는 소재 / 몹시 목메어 욺 / 형가의 벗 / 원망 / 초나라 항우 / 알릴 / 중국 전국 시대의 형가 / 「 」: 통소 소리의 곡조 분위기 – 여덟 부인과의 이별을 생각하는 승상의 심리 간접 표현 / 장막 안 / 항우의 부인 / 쓸쓸하여. 구슬퍼 / 구슬픈 통소 소리에 부인들도 슬퍼함)

양 부인이 옷깃을 여미고 물어 가로되,

"승상이 공을 이미 이루고 부귀 극(極)하여 만인이 부러워하고 천고에 듣지 못한 바라. 좋은 날을 당하여 풍경을 희롱하며 꽃다운 술은 잔에 가득하며 사랑하는 사람이 곁에 있으니, 이 또한 인생에 즐거운 일이거늘, 통소 소리 이러하니 오늘 통소는 옛날 통소가 아니로소이다."

(경건하게 자세를 바로하고 / 옛날 통소: 아름다운 소리 – 승상의 속세에 대한 즐거움이 나타남(유교적 세계관) / 오늘 통소: 구슬픈 소리 – 승상의 속세에 대한 염증과 회의감이 나타남(불교적 세계관) / 더할 수 없는 지경에 이르러 / 감상하며 / 양 승상의 내적 갈등을 드러내는 소재 / ▶ 해 질 무렵의 가을 경치와 승상의 슬픈 통소 소리)

승상이 옥소를 던지고 부인 낭자를 불러 난간을 의지하고 손을 들어 두루 가리키며 가로되,

"북으로 바라보니 평평한 들과 무너진 언덕에 석양이 시든 풀에 비친 곳은 진시황(秦始皇)의 아방궁(阿房宮)이요, 서로 바라보니 슬픈 바람이 찬 수풀에 불고 저문 구름이 빈 산에 덮은 데는 한 무제(漢武帝)의 무릉(茂陵)이요, 동으로 바라보니 분칠한 성이 청산을 둘렀고 붉은 박공(欂栱)이 반공에 숨었는데 명월은 오락가락하되 옥난간을 의지할 사람이 없으니 이는 현종 황제 태진비(太眞妃)로 더불어 노시던 화청궁(華淸宮)이라. 「이 세 임금은 천고 영웅이라 사해로 집을 삼고 억조로 신첩을 삼아 호화 부귀 백 년을 짧게 여기더니 이제 다 어디 있느뇨?」

(중국 진(秦)나라의 제1대 황제 / 진시황이 세운 규모가 크고 화려한 궁전 / 마루머리나 합각머리에 팔(八)자 모양으로 붙인 널 / 반공중, 그리 높지 않은 공중 / 양 귀비 / 온 천하를 지배하여 다스리고 / 세상 사람들을 신하와 백성으로 삼아 / 「 」: 지금은 모두 죽고 없음 → 인생무상 / ▶ 세 임금을 통해 느끼는 세속의 무상함)

소유는 본디 하남 땅 베옷 입은 선비라. 성천자 은혜를 입어 벼슬이 장상(將相)에 이르고, 여러 낭자가 서로 좇아 은정이 백 년이 하루 같으니, 만일 전생 숙연으로 모여 인연이 다하면 각각 돌아감은 천지에 떳떳한 일이라. 「우리 백 년 후 높은 대 무너지고 굽은 못이 이미 메이고 가

(벼슬 없이 지내던 가난한 선비 = 포의한사(布衣寒士), 포의지사(布衣之士). '베옷' → 대유법 / 장수와 재상 / 사랑을 베푸는 마음. 은혜로운 마음 / 세월이 빠르게 흘러갔으니 – 즐거운 삶 / 지난 세상에서 맺은 인연 → 윤회 사상 / 「 」: 세월이 많이 지나면 현재의 취미궁에서 생활하는 부귀영화가 덧없이 사라져 버릴 것이라는 표현 – 상전벽해(桑田碧海))

무하던 땅이 이미 변하여 거친 산과 시든 풀이 되었는데,」 초부와 목동이 오르내리며 탄식하여
초동급부(樵童汲婦) – 보통 사람들
가로되, '이것이 양 승상이 여러 낭자로 더불어 놀던 곳이라. 승상의 부귀 풍류와 여러 낭자의 옥용화태(玉容花態) 이제 어디 갔느뇨?' 하리니, 어이 인생이 덧없지 않으리오?
옥같이 아름다운 얼굴과 꽃같이 아름다운 태도
▶ 인생의 무상감을 느끼는 승상

내 생각하니 천하에 유도와 선도와 불도가 가장 높으니 이 이른바 삼교라. 유도는 생전 사업과 신후(身後) 유명할 뿐이요, 신선은 예부터 구하여 얻은 자가 드무니 진시황, 한 무제, 현종 황제를 볼 것이라. 내 치사(致仕)한 후로부터 밤에 잠만 들면 매양 포단 위에서 참선하여 뵈니 이 필연 불가로 더불어 인연이 있는지라. 내 장차 장자방(張子房)의 적송자(赤松子) 좇음을 효칙하여, 집을 버리고 스승을 구하여 남해를 건너 관음을 찾고 오대에 올라 문수(文殊)께 예를 하여, 불생불멸할 도를 얻어 진세 고락을 초월하려 하되,「여러 낭자로 더불어 반생을 좇았다가 일조에 이별하려 하니 슬픈 마음이 자연 곡조에 나타남이로소이다."」

구운몽의 사상적 배경 / 살아 있을 때의 일들과 죽어 이름을 남김 – 유도의 한계 / 부들(풀)로 만든 둥근 방석 / 벼슬을 사양하고 물러남 / 몽중몽(夢中夢) – ① 복선 역할(꿈에서 곧 깨어날 것임을 암시) ② 독자에게 성진을 환기하는 역할 / 한나라의 제후. 만년에 신선술을 익힘 / 고대의 신선의 이름 / 본받아 법으로 삼음 / 생겨나지도 않고 없어지지도 않고 항상 그대로 변함이 없음 / 관세음보살 / 중국의 4대 명산 중의 하나 / 문수보살 / 인간 세상의 괴로움과 즐거움
▶ 출가를 결심하는 승상
「 」: 퉁소 소리가 구슬프게 났던 이유

여러 낭자는 다 전생에 근본이 있는 사람이라. 또한 세속 인연이 지날 때니 이 말을 듣고 자연 감동하여 이르되,
전생에 선녀들이었음 / 인간 세상의 인연이 다해 갈 때

「"부귀 번화 중 이렇듯 청정한 마음을 내시니 장자방을 어이 족히 이르리오? 첩 등 자매 여덟 사람이 당당히 심규 중에서 분향 예불하여 상공 돌아오시기를 기다릴 것이니, 상공이 이번 행하시매 벅벅이 밝은 스승과 어진 벗을 만나 큰 도를 얻으리니 득도한 후에 부디 첩 등을 먼저 제도하소서."」
부녀자가 거처하는 처소 / 향을 피우며 부처에게 절함 – 승상의 뜻을 실천으로 옮김 / 틀림없이
「 」: 승상의 말을 대하는 팔 낭자의 태도 – 부창부수(夫唱婦隨), 여필종부(女必從夫), 바늘 가는 데 실 가는 격

승상이 대희 왈,

"우리 아홉 사람이 뜻이 같으니 쾌사(快事)라. 내 명일(明日)로 당당히 행할 것이니 금일은 여러 낭자로 더불어 진취하리라." / 하더라.
즐거운 일 / 내일 / 마음껏 취함

「여러 낭자 왈,

"첩 등이 각각이 일 배를 받들어 상공을 전송하리이다."」
▶ 팔 낭자의 축원과 전송
「 」: 제 낭자의 태도 – 양 승상의 제안을 흔쾌히 받아들임

잔을 씻어 다시 부으려 하더니, 홀연 석경(石逕)에 막대 던지는 소리 나거늘 괴이히 여겨 생각하되 '어떤 사람이 올라오는고?' 하더니,「한 호승이 눈썹이 길고 눈이 맑고 얼굴이 괴이하더라.」엄연히 좌상에 이르러 승상을 보고 예하여 왈,
갑자기 – 고전 소설의 우연성 / 지팡이 짚는 소리 / 인도나 서역의 승려 / 「 」: 외양 묘사를 통해 인물의 비범함을 나타냄 / 여럿이 모인 가운데

결정적 장면

"산야 사람이 대승상께 뵈나이다."

승상이 이인(異人)인 줄 알고 황망히 답례 왈, / "사부는 어디로부터 오신고?"
재주가 신통하고 비범한 사람 / 당황하여 급히
▶ 호승의 출현

호승이 웃어 왈, / "평생 고인(故人)을 몰라보시니 귀인이 잊음 헐타는 말이 옳도소이다."
신분이나 지체가 높게 된 사람은 과거를 잘 잊어버림 – 개구리 올챙이 적 생각 못 한다

승상이 자세히 보니 과연 낯이 익은 듯하거늘 홀연 깨쳐 능파 낭자를 돌아보며 왈,

"소유가 전일 토번(吐藩)을 정벌할 제 꿈에『동정 용궁에 가 잔치하고 돌아오는 길에 남악에 가 놀았는데, 한 화상이 법좌에 앉아서 경을 강론하더니』노부(老父)가 그 화상이냐?"

토번: 당 · 송 시대에 티베트를 이르던 말
「 」: 양 승상은 호승을 만난 것을 꿈으로 기억하고 있음
화상: 승려
▶ 호승의 지적에 꿈속의 일을 떠올리는 양 승상

호승이 박장대소(拍掌大笑)하고 가로되,

박장대소: 손뼉을 치며 크게 웃음

"옳다, 옳다. 비록 옳으나 몽중에 잠깐 만나 본 일은 생각하고 십 년을 동처하던 일을 알지 못하니 뉘 양 장원을 총명타 하더뇨?"

양 장원: 양 승상이 장원 급제를 하여 부르는 명칭
십 년을 동처하던 일: 현실 세계에서 성진이 육관 대사의 가르침을 받으며 함께 살았던 일

승상이 망연하여 가로되,

망연하여: 아무 생각없이 멍하여 – 여전히 육관 대사를 몰라봄

"소유가 십오륙 세 전은 부모 좌하를 떠나지 않았고 십육 세에 급제하여 연하여 직명이 있었으니, 동으로 연국에 봉사하고 서로 토번을 정벌한 밖은 일찍 경사를 떠나지 않았으니 언제 사부로 더불어 십 년을 상종하였으리오?"

좌하: 슬하
직명: 맡은 벼슬
봉사: 사신으로 간 일
경사: 서울
상종하였으리오: 서로 함께 지냈으리오. 서로 만날 일이 없다
▶ 선계의 자신을 떠올리지 못하는 양 승상

호승이 웃어 왈, / "상공이 오히려 춘몽을 깨지 못하였도소이다."

춘몽: 일장춘몽(一場春夢)

승상 왈, / "사부가 어찌하면 소유로 하여금 춘몽을 깨게 하리오?"

호승 왈, / "이는 어렵지 아니하니이다."

하고, 손 가운데 석장을 들어 석난간을 두어 번 두드리니『홀연 네 녁 산골로부터 구름이 일어나 대 위에 끼이어 지척을 분변치 못하니,』승상이 정신이 아득하여 마치 취몽 중에 있는 듯하더니 오래되어서야 소리 질러 가로되, / "사부가 어이 정도로 소유를 인도치 아니하고 환술로 서로 희롱하느뇨?"

석장: 중이 들고 다니는 지팡이
「 」: 고전 소설의 전기성(傳奇性)
정도: 옳은 길, 올바른 도리
환술: 남을 속이는 술법
▶ 도술로 양 승상의 춘몽을 깨게 하는 호승

❶ 말을 떨구지 못하여서 구름이 걷히니 호승이 간 곳이 없고 좌우를 돌아보니 여덟 낭자가 또한 간 곳이 없는지라. 정히 경황하여 하더니, 그런 높은 대와 많은 집이 일시에 없어지고 제 몸이 한 작은 암자 중의 한 포단(蒲團) 위에 앉았으되, 향로에 불이 이미 사라지고, 지는 달이 창에 이미 비치었더라.

구름이 걷히니: 꿈에서 현실로 돌아옴을 나타냄
암자, 포단, 향로: 성진의 신분을 드러내는 소재들
지는 달이 창에 이미 비치었더라: 새벽이 되었음 – 시간의 경과 → 양소유의 삶이 하룻밤의 꿈에 지나지 않음
▶ 현실로 돌아온 성진

스스로 제 몸을 보니 일백여덟 낱 염주가 손목에 걸렸고 머리를 만지니 갓 깎은 머리털이 가칠가칠하였으니, 완연히 소화상의 몸이요 다

일백여덟 낱 염주, 갓 깎은 머리털이 가칠가칠: 성진이 승려의 신분임을 깨닫게 됨
소화상: 어린 승려

결정적 장면

꿈속인 인간계에서 양소유의 삶을 살았던 성진이 본연의 불제자로 돌아간 뒤 부귀영화와 남녀 정욕의 무상함을 깨닫는 장면이다. 이 글의 주제 의식이 뚜렷하게 드러나는 부분이다.

문제로 핵심 파악

1 [기출] 이 글의 내용을 통해서 알 수 있는 사실이 아닌 것은?

① 양소유는 꿈속에서 호승을 만난 적이 있다.
② 육관 대사는 성진이 꿈을 꾸도록 도와주었다.
③ 양소유는 처음부터 호승이 육관 대사임을 알아보았다.
④ 성진은 인간 세계에 양소유로 태어나 세상의 부귀를 누렸다.
⑤ 꿈에서 깨어난 성진은 인세와 꿈이 같다는 것을 깨닫지 못하고 있다.

핵심 구절 풀이

❶ **말을 떨구지 ~ 이미 비치었더라.**: 양소유가 부귀영화를 누렸던 꿈에서 불제자 성진인 현실로 돌아오는 부분으로, 시간의 경과와 장면의 변화를 나타내고 있음

시 대승상의 위의 아니니, 정신이 황홀하여 오랜 후에 비로소 제 몸이 연화 도량 성진 행자인 줄 알고 생각하니, 처음에 스승에게 수책하여 풍도(酆都)로 가고「인세에 환도하여 양가의 아들 되어 장원 급제 한림학사 하고 출장입상(出將入相)하여 공명신퇴(功名身退)하고 두 공주와 여섯 낭자로 더불어 즐기던 것」이 다 하룻밤 꿈이라. 마음에,

위엄이 있고 엄숙한 태도나 차림새 / 세속적인 부귀영화의 모습 / 불도를 닦는 곳 / 꾸지람을 들어 / 지옥 / 환생, 윤회됨 / 문무를 다 갖추어 장상의 벼슬을 모두 지냄 / 공을 세워 이름을 날리고 벼슬에서 물러남 / 「 」: 세속적 욕망의 실현

「'이 필연 사부가 나의 염려를 그릇함을 알고 나로 하여금 이 꿈을 꾸어 인간 부귀와 남녀 정욕이 다 허사인 줄 알게 함이로다.'」

남녀의 정욕과 인세의 부귀영화를 욕망함 / 「 」: 성진이 마음속으로 생각하는 내용. 성진이 꾼 꿈의 의미인 인생무상이 잘 드러남 ▶ 소화상으로 돌아온 성진이 스승의 배려를 이해함

급히 세수하고 의관을 정제하며 방장에 나아가니 다른 제자들이 이미 다 모였더라. 대사가 소리하여 묻되,

절에서 주지가 거처하는 방

"성진아, 인간 부귀를 지내니 과연 어떠하더뇨?"

① 육관 대사가 성진의 꿈 내용을 알고 있음 ② 성진의 깨달음을 촉구

성진이 고두하며 눈물을 흘려 가로되,

① 지난날의 잘못을 인정하는 눈물 ② 사부의 자비에 감사하는 눈물 ③ 스스로 깨달았다고 생각하고 흘리는 눈물

"성진이 이미 깨달았나이다. 제자가 불초하여 염려를 그릇 먹어 죄를 지으니「마땅히 인세에 윤회할 것이거늘, 사부가 자비하사 하룻밤 꿈으로 제자의 마음을 깨닫게 하시니」사부의 은혜를 천만 겁이라도 갚기 어렵도소이다."

못나고 어리석어 / 생각을 잘못함 – 불가의 적막감에 회의하고 인세의 부귀영화를 탐함 / 「 」: 꿈과 현실에 대한 성진의 인식 / 인세에 윤회한 것 ≠ 하룻밤 꿈 → 현실과 꿈은 다름 → 아직 깨달음이 부족함 ▶ 잘못을 뉘우치고 스승께 감사하는 성진

대사가 가로되,

"네, 승흥(乘興)하여 갔다가 흥진(興盡)하여 돌아왔으니 내 무슨 간예(干預)함이 있으리오? 네 또 이르되 '인세에 윤회한 것을 꿈을 꾸었다' 하니 이는 인세와 꿈을 다르다 함이니 네 오히려 꿈을 채 깨지 못하였도다. '장주가 꿈에 나비 되었다가 나비 장주가 되니', 어느 것이 거짓 것이요 어느 것이 참된 것인 줄 분변치 못하나니, 어제 성진과 소유가 어느 것은 정말 꿈이요 어느 것은 꿈이 아니뇨?"

흥이 다하여 / 흥이 나서 / 윤회하지 않고 꿈으로 인간계를 경험함 / 관계하여 참견함 / □: 환몽 구조상의 '꿈' / △: 어리석음, 미욱함 / 피아를 구별할 수 없는 상황, 물아일체의 경지(호접지몽) / 하나이기 때문에 구별할 수 없는 것 / 어느 것이 깨달은 삶이라고 말할 수 있는가? – 설의법

성진이 가로되,

"제자가 아득하여 꿈과 참된 것을 알지 못하니 사부는 설법하사 제자를 위하여 자비하사 깨닫게 하소서."

깨달음의 경지 / 불교의 교리를 풀어 밝힘 ▶ 깨달음으로 이끌어 주기를 스승께 부탁하는 성진

대사가 가로되,

"이제 금강경(金剛經) 큰 법을 일러 너의 마음을 깨닫게 하려니와, 당당히 새로 오는 제자가 있을 것이니 잠깐 기다릴 것이라."

금강반야바라밀경 / 팔선녀

하더니, 문 지킨 도인이 들어와,

"어제 왔던 위 부인 좌하 선녀 여덟 사람이 또 와 사부께 뵈어지이다 하나이다."

문하 ▶ 설법에 앞서 팔선녀의 귀의를 예언하는 대사

대사가 / "들어오라."

하니, 팔선녀가 대사의 앞에 나아와 합장 고두하고 가로되,
공경하는 뜻으로 머리를 땅에 조아림

"제자 등이 비록 위 부인을 모셨으나 실로 배운 일이 없어 세속 정욕을 잊지 못하더니, 대사의 자비하심을 입어 하룻밤 꿈에 크게 깨달았으니 제자 등이 이미 위 부인께 하직하고 불문에 돌아왔으니 사부는 끝내 가르침을 바라나이다."
성진과 같은 꿈을 꾸어 인간 세상의 무상함을 깨달음 / 떠나는 인사를 드리고 / 불가(佛家), 절

대사 왈,

「"여선의 뜻이 비록 아름다우나 불법이 깊고 머니 큰 역량과 큰 발원이 아니면 능히 이르지 못하나니 선녀는 모름지기 스스로 헤아려 하라."」
팔선녀

▶ 팔선녀의 불문 귀의 의사

「 」: 불법이 깊고 멀다는 것을 강조함으로써, 불문 귀의의 굳은 결심을 촉구하고 의지를 확인함

팔선녀가 물러가 낯 위의 연지분을 씻어 버리고 각각 소매로서 금전도(金剪刀)를 내어 흑운 같은 머리를 깎고 들어와 사뢰되,
여인의 세속적인 아름다움을 드러내는 상징물 – 팔선녀의 세속적 가치 / 금 가위 / 여인의 세속적인 아름다움

"제자 등이 이미 얼굴을 변하였으니 맹세하여 사부의 교령을 태만치 아니하리이다."
가르침과 명령

대사가 가로되,

"선재, 선재라. 너희 여덟 사람이 능히 이렇듯 하니 진실로 드문 일이로다."
좋고 좋은 일이다

▶ 팔선녀의 불문 귀의를 허락하는 대사

드디어 법좌에 올라 경문을 강론하니「백호(白毫) 빛이 세계에 쏘이고 하늘 꽃이 비같이 내리더라. 설법함을 장차 마치매 네 구 진언을 송하여 가로되,」
불도를 설하는 자리 / 불경의 글 / 부처의 두 눈썹 사이에 있는 흰 터럭 – 빛을 발하여 무량세계를 비춘다고 함 / 부처의 깨달음을 나타내는 말 / 읊어

「 」: 신령스럽고 신비스러운 분위기 – 전기적(傳奇的)

일체유위법(一切有爲法)
현상계에 인연으로 일어나는 모든 사물과 행위는
여몽환포영(如夢幻泡影)
꿈과 헛것과 물거품과 그림자와 같으며
여로역여전(如露亦如電)
이슬과 번개와 같으니
응작여시관(應作如是觀)
마땅히 이와 같이 볼지니라

일시적이고 덧없는 것 → 불교의 '공(空) 사상'

이리 이르니 성진과 여덟 이고(尼姑)가 일시에 깨달아 불생불멸할 정과를 얻으니 대사가 성진의 계행이 높고 순숙함을 보고 이제 대중을 모으고 가로되,
여승, 비구니 / 생기지도, 죽어 없어지지도 않는 진여(眞如, 절대 진리)의 경지 / 계율을 잘 지켜 닦는 일 / 완전히 익숙함

"내 본디 전도함을 위하여 중국에 들어왔더니 이제 정법을 전할 곳이 있으니 나는 돌아가노라."
바른 교법을 전할 곳

성진을 후계자로 삼음 – 육관 대사 자신의 법통을 성진에게 물려줌

하고 염주와 바리와 정병(淨甁)과 석장과 금강경 한 권을 성진을 주고 서천(西天)으로 가니라.
중의 공양 그릇 / 대성(大聖: 큰 성인)이 손에 들고 세상을 정결하게 한다는 병 / 인도

▶ 대사의 설법과 법통의 전수

이후에 성진이 연화 도량 대중을 거느려 크게 교화를 베푸니, 신선과 용신과 사람과 귀신이 한가지로 존숭함을 육관 대사와 같이하고, 여덟 이고가 인하여 성진을 스승으로 섬겨 깊이 보살 대도를 얻어 아홉 사람이 한가지로 극락세계로 가니라.
가르쳐 착한 길로 인도함 / 용왕 / 존경하고 숭배함 / 불과(佛果: 불도를 닦아 이르는 부처의 지위)를 구하는 보살이 닦는 큰 도 / 연화장 세계(蓮華藏世界)라고도 함. 극락에 태어나는 자는 심신의 괴로움이 없고 즐거움만이 있다고 함

▶ 성진과 팔선녀의 득도

핵심 정리

- 갈래: 고전 소설(국문 소설, 양반 소설, 몽자류 소설)
- 성격: 전기적(傳奇的), 이상적, 불교적
- 구성: '발단 – 전개 – 위기 – 절정 – 결말' 의 5단 구성, 액자식 구성

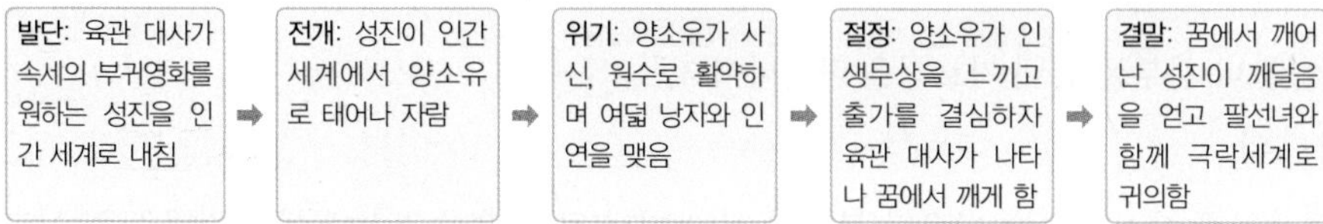

- 제재: 성진이 꿈을 통해 얻은 진정한 깨달음
- 주제: 인생무상의 자각을 통한 불교에의 귀의
- 특징: ① 꿈과 현실의 이중 구조를 취함
  ② 불교의 공(空) 사상, 윤회 사상을 바탕으로 함
- 의의: 몽자류(夢字類) 소설의 효시

한눈에 보기

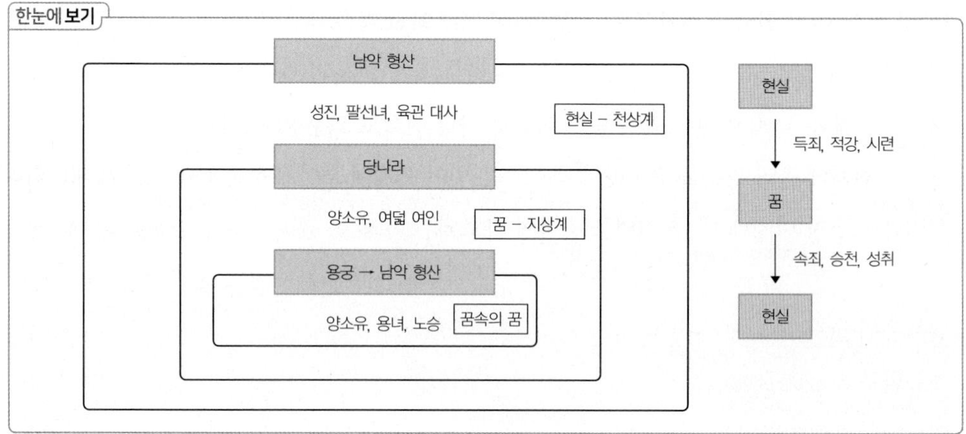

보충·심화 학습

- 〈구운몽〉의 종교적 구도(構圖)

이 글에서 성진, 팔선녀, 그리고 이들이 환생한 양소유와 팔 부인은 각각 불가(佛家), 선가(仙家), 유가(儒家)의 세계를 표상한다. 즉, 이 글에서는 성진과 팔선녀가 존재하는 불계(佛界)와 선계(仙界)를 연화봉(낙원)의 세계로, 양소유와 팔 부인이 존재하는 세계를 유가가 지배하는 속세로 나타내고 있다. 또한, 선가를 궁극적으로 불가에 포함시켜 불가 지향적인 성격을 지니도록 하고 있는 점도 주목할 만하다.

필수 문제

01 '손 가운데 석장을 들어 석난간을 두어 번 두드리니 홀연 네 녁 산골로부터 구름이 일어나 대 위에 끼이어 지척을 분변치 못하니,' 에서 두드러지게 나타나는 고전 소설의 특징을 쓰시오.

02 이 글에서 성진이 현실에 대한 깨달음을 얻는 공간을 쓰시오.

03 이 글에서 성진이 꿈에서 깨어 현실로 돌아왔음을 알려 주는 부분의 첫 3어절을 쓰시오.

131 삼사횡입황천기(三士橫入黃泉記) | 작자 미상

필수

출제 포인트

지부에 잘못 잡혀간 세 선비의 일화를 다룬 소설이다. 세 선비의 말과 행동을 통해 드러나는 당대 사람들의 내세관과 행복관에 대해 살펴보자.

감상 길잡이

조선 후기에 지어진 작자 미상의 한글 소설이다. 제목에서도 알 수 있듯이 세 선비가 지부에 잘못 잡혀갔다가 벌어지는 이야기를 다루고 있으며, 〈낙양삼사기(洛陽三士記)〉라고도 한다. 이 글은 불교 환생 설화(還生說話)를 한국적인 행복관과 결부시킨 전기(傳奇) 소설로, 당시 우리나라 사람들이 생각하고 있던 행복의 개념과 저승관을 정립하는 데 있어 좋은 본보기가 된다. 특히, 세 번째 선비가 말한 소원은 무병장수하면서 온갖 부귀를 다 누리고 싶어 하는 인간의 보편적 욕망을 간접적으로 드러내고 있다.

「옛날 낙양(洛陽)[중국의 옛 도읍지 – 공간적 배경] 동촌에 선비 있으되 기질이 호탕하여 흘러넘치고 풍채 또한 당당하고 너그러워 인색하지 않으며 문장은 이백 두보를 압두하고[상대편을 눌러 첫째 자리를 차지하고] 필법은 왕조(王趙)[중국의 명필]를 묘시(藐視)하는지라.[업신여기어 깔보는지라]」[「 」: 주인공에 대한 전형적, 유형적, 상투적 묘사] 한가지로 과공(科工)을 힘쓰니[과거 시험에 모든 노력을 기울이니] 마침 방춘호시절(方春好時節)[바야흐로 꽃이 피는 시절]을 당하여 술과 안주를 가지고 백악산에 올라 장안의 도시를 굽어보니「만학천봉[만 개의 골짜기와 천 개의 봉우리] 적적한데 계곡의 시냇물은 잔잔하고 십리 강산 버들잎은 광풍에 흩날리고 꾀꼬리는 구십춘광[봄의 석 달 동안]을 희롱하며 원앙새 비취금은 이리저리 왕래하며 각색 초목이 무성한데 푸른 소나무 낙낙하고[크기, 부피 따위가 조금 크거나 남음이 있고] 푸른 대나무 아름답고 산유자 황양목[회양목] 측백 층층 들메나무는 사변[주위]에 빽빽하게 늘어서 있고 이화 도화 두견화며 각색 꽃이 자욱한 곳에 만장폭포 맑은 물이 이 골 저 골 합류하여 굽이굽이 출렁 흘러가니 별건곤[별천지]이 여기로다.」[「 」: 열거법, 원근감, 상투적인 표현, 음성 상징어 등을 통한 경치 예찬]

▶ 세 선비와 배경 소개

삼인[세 선비]이 한가지로 경개[경치]를 완상하며[즐겨 구경하며] 흥취 도도하여 금준미주[금 술병 속의 빛깔과 맛이 좋은 술]와 옥반가효[옥쟁반 위의 맛이 좋은 안주]를 실컷 취하고 삼인이 다 곽란(癨亂)[음식이 체하여 토하고 설사하는 급성 위장병]하여 인사불성(人事不省)하였더니, 이때 지부(地府)[땅 속 밑, 저승] 염라대왕이 날마다 차사(差使)[사람들을 저승에 데려가는 일을 하는 사람]를 놓아 사람 1천씩 잡아가더니 시절이 태평하여 돌림감기 앓는 어린아이 하나도 없는지라. 사자들이 두루 돌아다니다가 백악산에 올라가매 삼인이 곽란하여 반생반사(半生半死)[거의 죽게 되어 죽을지 살지 모를 지경이 되었거늘]하였거늘, 세 놈[세 차사]이 의논하되, '우리들이 왕명을 받아 매일 사람 1천씩 잡아가더니 오늘은 지부(地府)에 들어갈 경과거리도[일이 되어 가는 과정을 보여 줄 만한 거리도] 없으니 저 세 놈이 죽진 않았으나 경과거리야 못하랴.' 하고 쇠채로 두드려 지부로 잡아들여가니[사후 세계가 존재함 – 작가의 내세관이 드러남] 염라왕 앞에서 최판관(催判官)[저승에 올 사람인가 아닌가를 판단하는 일을 하는 저승의 벼슬아치]이 초봉초(初捧招)[죄인을 문초하여 구두로 진술을 처음 받는 것]를 받는지라. 삼인이 애걸하여 가로되,

"우리들이 애매히 잡혀 왔사오니 덕분에 사화하여[서로 좋게 풀어] 주시면 억만 냥 명문(明文)을 하여 드리리이다."[억만 냥을 주겠다는 증서를 써 드리리다 – 뇌물이 횡행하던 당대의 사회상이 드러남]

최판관이 가로되, / "지부에는 환전(換錢)[증서를 돈으로 바꾸는 일]길도 없고 신편(信便)[믿을 만한 인편]도 없느니라."

하고 염왕 앞에 나아가니 염왕이 가로되,

"지부에는 사생공사(死生公事)[죽고 사는 것을 결정하는 공무]가 소중하니 세 놈의 호패를 떼고 거주 성명을 분명히 알아 그릅이 없게 하라."

어떤 해에 어떤 일이 있었는지 나타내는 조목 서로 견주어 살펴보라

하고 생사치부책을 내어 연조(年條)를 상고하라 하니, 최판관이 명을 받아 자세히 상고한즉 판결

사람이 언제 죽고 언제까지 사는지가 기록되어 있는 명부

이 틀려 10년 후에 잡아 올 사람을 지레 잡아왔는지라. 이에 최판관이 크게 놀라 이대로 염왕께 아뢰니 염왕이 놀라 가로되,

▶ 세 선비가 지부에 잘못 잡혀 옴

"세상에도 탐관오리 수재곡법(收財曲法)하는 것을 각별 살피나니 하물며 지부에서 공사(公事) 그

재물을 마구 거두어들이고 법을 왜곡하는 공적인 업무

릇하는 말이 그 어찌 되는 말이냐. 상제(上帝) 염문(廉問)이 지엄하신데 만일 이 일이 현탈(顯頉)하

즉시 옥황상제 사정이나 형편 따위를 몰래 물어봄 탄로 나면

면 선태후결(先笞後決)을 즉기시(卽其時)에 날 것이니 이 앞에 염려무궁하매 빨리 내어 보내라."

먼저 태형을 가하고 죄의 유무를 논하는 것

▶ 염왕이 세 선비를 돌려보내고자 함

하거늘 삼인이 이 말을 듣고 대희하여 염왕 앞에 나아가 아뢰되,

크게 기뻐하여

"인간에 조용히 있는 사람을 지악(至惡)한 차사를 보내어 잡아들여 올 제 열나흘 길이오니 이제

인간 세계에 ① 마음씨가 몹시 모진 ② 더할 수 없이 악한

돌아가라 하시니 왕환(往還)이 28일이라. 그 사이 7일장을 하였을지 9일장을 하였을지 석 달 관

왕복

을 그대로 둘 리는 만무하오매 벌써 장례를 치러 시신이 없을 것이니 혼백을 어디다가 붙이라 하시니이까."

사후에 영혼과 육체가 분리된다는 영 · 육 분리관이 나타나 있는 부분

하며, 발악이 비경(非輕)하거늘 염왕이 들으매 언즉시야라. 이에 달래어 가로되,

일이 가볍지 않고 중대하거늘 말인즉 옳은지라

"그러하면 아무 재상가의 네 가문과 같은 집에 점지하여 줄 것이니 도로 나가라."

죽은 사람이 다시 살아나는 환생 모티프가 나타남

삼인이 다시 아뢰되,

"좋이 있는 사람을 잡아다가 오거라 가거라 하니 응당 그 값이 있을지라. 소생 등의 원대로 점지하여 주소서."

염왕이 웃으며 가로되,

"너희 소원대로 아뢰라."

하니 삼인이 아뢰되,

"소원이 수다(數多)하오니 문자로 아뢰리이다."

수없이 많으니

하고, 일장 소지(所志)를 받들어 올리니, 하였으되,

▶ 세 선비가 소원대로 환생하고자 함

예전에 청원이 있을 때 관아에 내던 서면

중략 부분 줄거리 |「첫 번째 선비는 선비로서 갖추어야 할 자질을 구비하고 과거의 문과에 급제하여 위엄이 천하에 진동하는 인물이 되기를 소망한다. 두 번째 선비는 무과에 급제하여 병과에 힘쓰고 암행어사가 되어 백성들의 억울함을 풀어 주고 벼슬에서 물러났으면 한다고 소망한다. 이에 염왕은 두 사람의 소원을 들어준다. 세 번째 선비는 이름난 가문에서 태어나 효행과 예절을 익혀 실천하며, 명당에 초당을 지어 세상의 영욕들을 물리치고 강호지락(江湖之樂)을 즐기며 한가하게 살기를 원한다. 그리고 슬하에는 2남 1녀를 두고 내 · 외손이 번창하고 친척 간에 화목하게 지내는 동시에 몸에 병 없이 살다가 천수를 다하고 죽는 것이 소원이라는 글을 올린다.」

「 」: 세 선비의 소망을 통해 당시 우리나라 사람들의 행복관을 알 수 있음

염왕이 세 번째 소지를 보다 그만두며 대로하여 꾸짖어 가로되,

"이 욕심 많고 무거불측(無據不測)한 놈아, 네 들어라. 내가 천지개벽 이후로 만물보응(萬物報應)

근거도 없고 측량할 수도 없이 못된 모든 것의 착하고 악함이 그 원인과 결과에 따라 되갚음을 받음

윤회지과(輪廻之窠)와 생사화복(生死禍福) 길흉지권(吉凶之權)을 모두 다 가지고 억만창생의 수요장

다시 태어나 살게 될 곳 잘 되고 못 되는 모든 권리 수많은 백성 오래 삶과 일찍 죽음

단과 선악시비를 평균히 조석으로 살리는 터에 성현군자라도 하지 못할 일을 모두 다 달라 하니,
선과 악, 옳고 그름

그 노릇을 임의로 할 양이면 ㉠ 내 염라대왕은 떼어 놓고 스스로 하리라."

하더라. 염라대왕도 못할 일을 욕심내니 소원을 들어줄 수 없다는 뜻 – 세 번째 선비가 말한 소원이 이루어진다면 염라대왕마저도 염라대왕을 그만두고 그렇게 살고 싶다고 이야기한 것으로, 행복이라는 것을 성취하는 것이 얼마나 어려운가를 생각하게 하는 대목임 ▶ 세 번째 선비의 욕심에 염왕이 크게 꾸짖음

핵심 정리

- 갈래: 고전 소설[한글 소설, 단편 소설, 전기(傳奇) 소설]
- 성격: 전기적(傳奇的)
- 구성: '발단 – 전개 – 위기 – 절정 – 결말'의 5단 구성

발단		전개		위기		절정		결말
발단: 세 선비가 백악산 경개를 구경하다가 곽란으로 반생반사가 됨	➡	**전개**: 세 선비가 지부에 잘못 붙잡혀 오고, 염왕은 이들을 돌려보내고자 함	➡	**위기**: 세 선비가 자신들의 원대로 환생시켜 달라고 함	➡	**절정**: 염왕이 두 선비를 원대로 환생시켜 주고, 세 번째 선비의 글을 읽음	➡	**결말**: 온갖 복을 다 갖고 싶어 하는 세 번째 선비를 염왕이 크게 꾸짖음

- 제재: 저승에 끌려간 세 선비의 소원
- 주제: 행복한 삶을 살고자 했던 당대 우리나라 사람들의 내세관과 행복관
- 특징: 재생 설화 또는 환생 설화가 삽입되어 있음
- 의의: 당대 우리나라 사람들의 저승관(내세관)과 행복관이 나타남
- 인물 분석
  - 세 번째 선비: 낙양 동촌의 선비. 무병장수하면서 온갖 부귀영화를 다 누리고 싶어 하는, 인간의 보편적 욕망을 대변하는 인물임

한눈에 **보기**

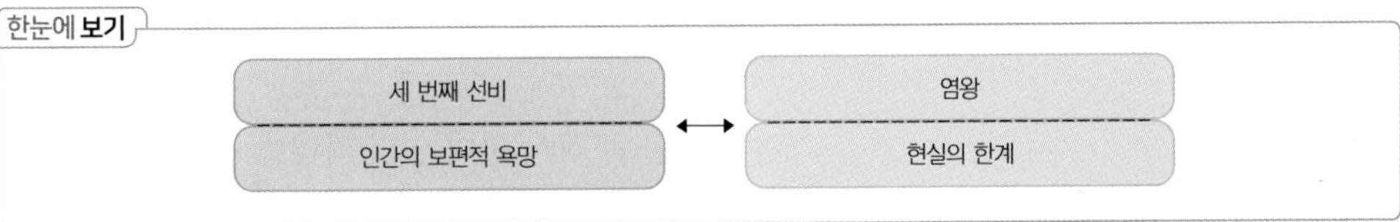

보충·심화 학습

- 〈삼사횡입황천기〉에 나타난 사회상

작가는 지부에 잡혀 온 세 선비의 행동을 통하여 실리를 좇아 기회주의적인 처신을 하는 인정과 세태를 꼬집고 있다. 지부에 잡혀간 세 선비는 살려 달라고 애걸하며 뇌물까지 바치려고 한다. 그러나 10년 후에 잡아 올 사람을 잘못 잡아 왔으니 속히 내보내라는 염왕의 말이 떨어지기가 무섭게 세 선비의 태도는 돌변한다. 이것은 강자에게 뇌물을 주고 아첨하며 비굴하게 굴다가도 그에게서 약점이 발견되면 이를 물고 늘어져 역습을 하는 인간 세태를 풍자한 것이라 할 수 있다. 또, 지부에서도 뇌물이 통할 것이라는 선비들의 발상은 뇌물이 횡행하던 당시 사회상을 반영한다. 그러나 작가는 최판관으로 하여금 이를 거절하게 하여 지부에서는 뇌물이 통하지 않고, 일이 공정하게 처리됨을 밝히고 있다. 이는 뇌물 때문에 일을 그릇되게 처리하는 사례가 허다하던 당시의 사회 현실을 꼬집은 것이라고 볼 수 있다.

필수 문제

01 이 글에서 드러나고 있는 '죽음'과 관련된 작가의 세계관을 모두 쓰시오.

02 ㉠에 담긴 염왕의 생각을 구체적으로 쓰시오.

132 오대검협전(五臺劍俠傳) | 김조순

필수

출제 포인트

조선 후기 전(傳) 양식의 흐름을 살피는 데 좋은 자료가 되는 작품이다. 이 글의 기법 및 구성상의 특징에 대해 알아보고, '청년'의 인생관을 바탕으로 주제 의식을 파악해 보자.

감상 길잡이

김조순(金祖淳)이 쓴 한문 소설이다. 김조순은 어린 시절에 사마천의 〈자객열전〉을 읽었고, 당나라 전기 소설 〈위십일랑(韋十一娘)〉, 〈홍선전(紅線傳)〉 등을 읽었다고 언급하였다. 그러므로 이 글은 앞 소설들과의 영향 관계를 짐작해 볼 수 있다. 제목의 '오대검협(五臺劍俠)'은 이 글의 주인공인 초암에 사는 청년을 가리키는 말로, 청년은 산수에 묻혀 사는 신선적인 성격과 협객(俠客)으로서의 성격을 아울러 지닌다.

앞부분 줄거리 | 조선 영조 때 풍수의 방술(신선의 술법)을 몹시 좋아하던 서생은 일찍이 오대산에 놀러 갔다가 길을 잃어 한 청년이 사는 초암(갈대나 짚, 풀 따위로 지붕을 엮은 암자)에 묵게 된다. 서생은 우연히 잠에서 깼다가 청년이 한 사내와 함께 비수를 들고 어딘가로 향하는 모습을 보게 된다. 서생이 일어나 서가의 책을 살펴보니 대부분이 검서(劍書)였다. 이후 얼마 되지 않아 청년과 사내가 초암으로 돌아온다.

서생은 가만히 엿보았다. 두 사람은 비수를 방바닥에 던지고 다시 옷을 갈아입었다. 그러더니 대단히 기쁜 기색으로(두 사람의 원수를 죽였기 때문에) 서로 손을 맞잡고 웃었다. 그러면서도 두 사람은 눈물을 흘리며 처량하게 마주보며 오랫동안 말이 없었다.

"난 가겠네."

드디어 손님으로 온 젊은이가 몸을 일으켰다.

손님이 바람처럼 가 버리자 주인은 그제야 행장(여행할 때 쓰는 물건과 차림)을 꾸려서 본디 있던 자리에 간직했다.

▶ 손님으로 왔던 사내가 돌아감

"일어나오! 괴이쩍게 여길 것도, 두려워할 것도 없소이다. 잠든 체하지 마시오!"

서생은 마지못해 일어나 앉았다. 겨우 입을 열어 자초지종(처음부터 끝까지의 과정)을 물으니 젊은이는 서슴없이 털어놓았다.

"그 사람은 관북(함경북도 일대)의 삼수갑산 경계에 사는 나의 벗이오. 당초에 나는 그와 또 한 사람의 벗과 더불어 한 스승에게 배웠지요(검술을 익혔지요). 그러나 그 다른 한 친구가 죄도 없이 남에게 피살되었소. 우리 두 사람은 늘 그 원수를 갚으려 했으나 10여 년이 넘도록 기회를 얻지 못하였지요. 그러다가 오늘에야 비로소 가서 원수를 죽인 것입니다."

▶ 청년이 서생에게 원수를 갚고 왔다는 이야기를 함

"그렇다면 그대 같은 재주로(빼어난 검술을 익히고도) 어찌 10여 년씩이나 기다렸단 말이오?"

"도술이나 방술(方術)은 하늘의 뜻을 이기지 못하오(운명론적 사고가 드러나는 부분). 따라서 신인(神人)(신과 같은 사람)이라고 할지라도 반드시 천명(天命)(하늘의 명령, 이치)을 빌어야 하는 법이지요. 천명이 아직 다하기 전이니, 난들 어찌 그에게 손을 댈 수 있겠소. 오늘 밤 그 시각이 바로 그가 큰 액운을 당하는(도술이나 방술도 하늘이 정한 이치에 의해 움직인다는 것을 보여 주는 부분) 때이기에 그를 죽일 수 있던 것이오. 그러나 이제까지 기다리노라 큰 고생이었소이다."

"그러면 죽이는 방법은 허리나 목을 자르는 것인가요?"

"아니오. 그런 것은 검술로서는 서투른 방법이지요.『능한 자가 사람을 죽일 때에는 반드시 바람처럼 화하기 마련이오. 그 사람의 몸에 있는 아홉 구멍으로 침입하여 척추로부터 발끝까지 내려가면서 가늘게 그 뼈를 쪼개고, 그 창자를 썰되 실처럼 난도질하는 것』입니다. 그리하여 외표는 터럭 하나 건드리지 않고 그대로 두면서 내부는 어육처럼 저미는 것입니다. 그런 뒤라야 직성이 풀리는 법이오."

「 」: 외상은 전혀 없이 몸속에 있는 뼈와 창자를 모두 없애는 고난도의 검법

외표: 사물의 표면

어육: 생선과 짐승의 고기

▶ 청년이 서생에게 검술에 대해 이야기함

"원수가 사는 곳은 어디입니까? 그 이름은 무엇이라 하오?"

"영남의 마루 곳에 사는 갑부로서 아무개지요."

서생은 그 갑부의 이름을 마음속에 새겨 두었다. 그리고 두 사람이 다녀온 길을 헤아려 보니 왕복으로 천 리도 넘었다.

"그런데 무슨 까닭으로 먼저는 웃고, 나중에는 눈물을 흘렸는지?"

"속 시원히 원수를 갚으니 기쁘지 않을 수 있겠소이까. 그러나 죽은 벗을 생각하니 눈물의 감회가 일어나지 않을 수가 없었지요."

서생은 비로소 긴장이 풀렸다. 움츠렸던 몸을 바로 하며 경의를 표했다.

"내 일찍이 세상에 격검(擊劍)의 방술이 있다고 들었으나 인연이 없어 구경을 하지 못하였소. 다행히 오늘 그대를 만났으니 진정 그것을 보여 주시어 내 필생의 갈망을 풀어 주시오."

격검: 적을 물리치거나 방어를 위해 장검을 법도 있게 씀

필생의: 한평생의

젊은이는 웃으며

"창졸간이고, 더구나 시원치 않은 기예라 손님을 기쁘게 하지 못할까 걱정이외다."

창졸간: 미처 어찌할 수 없이 매우 급작스러운 사이

시원치 않은 기예라 손님을 기쁘게 하지 못할까 걱정이외다: 청년의 겸손한 태도

하고는 잠시 무엇을 생각하는 듯하더니 몸을 일으켜 다시 내실로 들어갔다. 장롱 하나를 털어 내는데, 그 속에 가득한 것은 모두 닭 털이었다. 이윽고 젊은이는 검을 들고 휘두르기 시작했다.『수북이 쌓인 닭 털 주위를 돌아가며 마치 춤을 추는 듯하더니 얼마 되지 않아서 젊은이의 몸은 간 곳이 없고 한 줄기 흰 기운이 온 방 안을 에워쌌다. 닭 털이 펄펄 날면서 춤을 추는 듯 벽 위를 어지럽게 날았다. 푸른 등불은 펄럭거리며 바람을 따라 올라갔다가 내려갔다가 하면서 차가운 빛과 서늘하고 늠연한 기운이 몸속을 파고들었다.』서생은 모골이 송연해졌다. 정신을 잃은 채 몸을 떨면서 바로 앉지도 못했다.

늠연한: 위엄 있고 당당한

「 」: 청년의 검술이 달인의 경지임을 보여 주는 장면. 환상적인 분위기

모골이 송연해졌다: 긴장감으로 인해 두려움을 느낌

이윽고 쨍그렁! 하는 소리와 함께 검이 땅바닥으로 떨어졌다. 젊은이는 칼을 던지고 어느새 웃는 모습으로 서생 앞에 서 있었다.

"변변치 못한 기예는 끝났소. 손님께서는 잘 보셨는지?"

『서생은 눈을 휘둥그렇게 뜬 채 앉아 있었다. 아직도 제정신으로 돌아오지 못한 모양이었다. 입은 얼어붙어 벙어리가 되었다.』「 」: 청년이 보여 준 검술의 경지에 놀란 서생

이윽고, 정신이 들었다. 바닥을 내려다보니 수북한 닭 털이 몇 천 개인지 헤아릴 수가 없었다. 그런데 그 털이 모두 반 토막짜리였다.
환상적 · 전기적(傳奇的) 설정

서생은 앞으로 기어 나와 젊은이를 안았다.
청년의 검법에 감동함

"무얼 장난에 지나지 않는 것을 가지고."

젊은이는 이렇게 말하면서 모든 것을 거두어 제자리에 간직하였다. ▶ 서생의 요구에 청년이 검술을 보여 줌

두 사람은 자리에 누웠다. 서생은 잠이 올 리가 없었다. 자기의 풍수지리학은 젊은이의 검술에 비하면 어린애 장난 같은 것이 아닌가? 그는 자기의 전공을 모두 버리고 젊은이에게서 새로운 것을 배우고자 했다. 그러나 젊은이는 들어주지 않았다.
관련 속담: 남의 떡이 더 커 보이는 법이다. 남의 밥에 든 콩이 더 굵어 보인다
풍수지리(風水地理)
검술

얼굴이나 머리뼈의 겉으로 드러나 보이는 생김새

"사람이라고 해서 누구나 다 배울 수 있는 것이 아니외다. 또 손님의 골상을 보니 이런 것을 배우기도 어렵거니와, 배운다고 해서 역시 성취하지는 못할 것입니다."
검술은 아무나 익힐 수 있는 것이 아니라 타고난 몸과 재주가 있어야 함

이튿날, 젊은이는 일찍 조반을 해 올리고 나서 서생에게 나가는 길을 자세히 가르쳐 주었다. 작별에 앞서 그는 말했다.

"근신하여 어젯밤에 있었던 일을 세상에 누설하는 법이 없도록 하시오. 정말 누설하는 날이면 비록 천 리 밖에서라도 나는 곧 알게 될 테니까요."
비밀을 발설하는
비밀을 꼭 지켜야 하며 누설했을 때는 서생을 가만두지 않겠다는 뜻 ▶ 청년이 검술을 가르쳐 달라는 서생의 요구를 거절하고 비밀을 당부함

서생은 그러겠다고 약속을 하고 산을 내려왔다.

그러나 그는 곧바로 집으로 오지 않았다. 간밤에 있었던 일이 사실이었는지 탐문하지 않을 수 없었던 것이다.

젊은이가 말한 영남 지방의 한 고을에 이르니, 과연 이름난 갑부가 살았다 한다. 그는 수소문 끝에 그 마을로 찾아 들어갔다. 은밀히 탐지한 끝에 동네 사람들의 말을 들었다.

"그 사람은 아무 달 어느 밤에 병도 없이 갑자기 죽었지요. 그런데, 시신을 빈소에 옮기고 염(殮)을 해봤지만 그 시체가 어찌나 부드러운지, 흡사 겨를 넣은 주머니 같았다오. 평소에 뼈나 근육이 전혀 없었던 것 같아서 모두 괴이쩍게 여겼으나, 종내 그가 무슨 병으로 그렇게 죽었는지 아무도 모른답니다." ▶ 서생이 영남 부자의 죽음을 확인함

뒷부분 줄거리 | 서생은 이 사실을 남들에게 발설하지 않다가 결국 나이가 들어 죽게 되었을 때 그의 친척들에게 이야기하게 된다. 친척들에게 전해진 이 이야기를 작가가 듣고 이 글을 쓰게 된다.

핵심 정리

- 갈래: 고전 소설(한문 소설, 설화 소설)
- 성격: 도술적, 신비적, 환상적
- 구성: '발단 - 전개 - 위기 - 절정 - 결말' 의 5단 구성

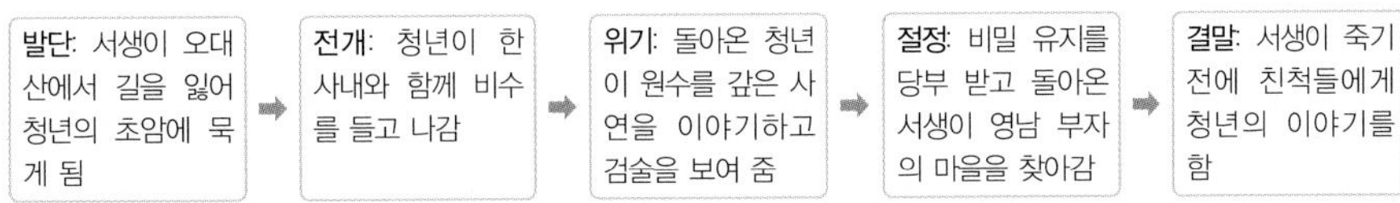

- 제재: 한 청년의 뛰어난 검술
- 주제: 신비한 검술과 천명(天命)에 따르는 삶
- 특징: 풍문으로 전해 들은 소재에 작가의 상상력을 가미하여 창작함
- 의의: 조선 후기 전(傳) 양식의 흐름을 살피는 데 좋은 자료가 됨
- 인물 분석
  - 서생: 풍수 방술을 좋아하는 선비. 청년의 신비로운 검법과 그의 사연을 전달하는 역할을 하게 됨
  - 청년: 신비한 검술을 익힌 협객. 검술과 도술 역시 하늘의 이치에 따르는 것이라는 운명론적 세계관을 지님

한눈에 **보기**

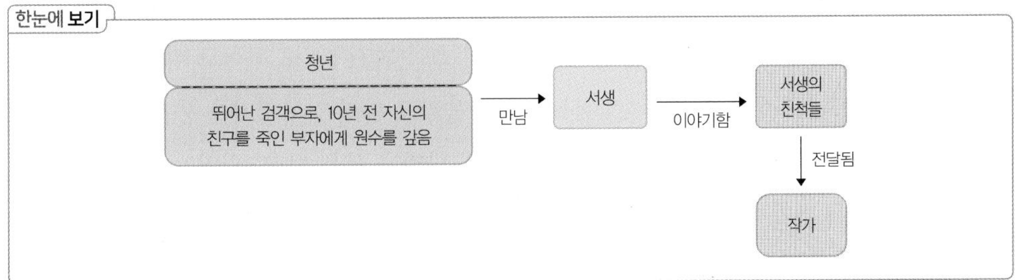

보충·심화 학습

- 〈오대검협전〉의 기법과 구성

이 글은 기법 면에서 사실성을 추구했던 전(傳) 양식의 발전된 모습을 보여 준다. 작품의 도입에서 전개까지는 작가가 직접 본 것처럼 기술하다가, 논평에 와서 작가는 서생을 알지도 못하고 직접 그에게 들은 것도 아니며 서생 또한 남에게 이야기하지 않고 늙어서야 비로소 친척에게 이야기하였다고 하고 있다. 이로 볼 때, 이 글은 풍문으로 전하여 들은 소재에 작가의 상상력을 가미하여 창작된 허구임을 알 수 있다.

필수 문제

01 이 글의 '젊은이'는 검술과 도술도 (　　　　)이/가 들어야 익히고 행할 수 있다는 (　　　　) 인생관을 가지고 있다.

02 [서술형] 이 글로 전(傳) 양식의 흐름을 파악하고자 할 때, 기법 면에서 어떠한 특징을 지니는지 서술하시오.

133

인재를 버리다

유재론(遺才論) | 허균

한문 문체의 하나. 자기의 의견을 서술하여 주장하는 글

필수

출제 포인트

신분에 따른 차별적인 인재 등용을 당연하게 여기는 위정자를 대상으로 조선의 인재 등용 제도의 모순점을 비판하고 개선을 촉구하고 있는 글이다. 글쓴이가 구체적으로 주장하는 바를 알아보고 그 기저에 깔린 사상을 파악해 보자.

감상 길잡이

'유재(遺才)'는 '인재를 버리다.'라는 뜻으로, 사회 제도의 모순과 정치적 부패상을 질타하고 정치와 사회의 개혁을 주창했던 허균의 개혁 사상이 잘 나타나 있는 글이다. 글쓴이는 중국의 사례와 대비해서 조선의 인재 등용 방식의 문제점을 강도 높게 비판하고 있다. 특히 인재 등용에 있어 출신을 차별하는 것이 가장 큰 문제라는 점을 지적하고, 인재 등용 방법을 개선할 것을 촉구하고 있다. 이러한 주장의 바탕에 깔린 '만민 평등사상'은 엄격한 신분 제도가 존재하던 당시로서는 매우 진취적인 사상으로, 이는 〈홍길동전〉의 배경 사상과도 연관된다.

나라를 다스리는 사람(위정자, 목민관)은 임금과 더불어 하늘이 준 직분을 행하는 것(소명)이니 재능(인재의 요건)이 없어서는 안 된다. 하늘이 인재를 내는 것은 본디 한 시대의 쓰임을 위해서이다. 그래서 ㉠하늘이 사람을 낼 때에 귀한 집 자식이라고 하여 (재능을) 풍부하게 주고 천한 집 자식이라 하여 (재능을) 인색하게 주지 않는다.(하늘의 순리. 글쓴이가 지닌 천부 인권 사상, 만민 평등사상이 드러남) 그래서 옛날의 어진 임금은 이런 것을 알고 인재를 더러 초야(草野)에서도 구하고 더러 항복한 오랑캐 장수 중에서도 뽑았으며, 더러 도둑 중에서도 끌어올리고 더러 창고지기를 등용키도 했다.(□: 출신과 상관없는 인재 등용의 예) 이들은 다 알맞은 자리에 등용되어(적재적소(適材適所)에 등용됨) 재능을 한껏 펼쳤다. 나라가 복을 받고, 치적(治績)(정치적 업적)이 날로 융성케 된 것은(출신과 상관없이 인재를 등용한 결과) 이 방법을 썼기 때문이다.

▶ 올바른 인재 등용 방법(기)

「중국같이 큰 나라도 인재를 빠뜨릴까(잃을까) 걱정하여 늘 그 일(올바르게 인재를 등용하는 방법)을 생각한다. 잠자리에서도 생각하고 밥 먹을 때에도 탄식(歎息)한다.」(「 」: 중국의 사례 제시 – 조선의 실정과 대조)

「어찌하여 숲 속과 연못가에서 살면서(초야에 묻혀 살면서(대유법)) 큰 보배를 품고도 팔지 못하는 자(○: 사회적, 현실적 제약으로 인해 벼슬에 나아가지 못한 인재)가 수두룩하고 영걸찬 인재(영특하고 기상이 뛰어난)가 하급 구실아치(각 관아의 벼슬아치 밑에서 일을 보던 사람) 속에 파묻혀서 끝내 그 포부를 펴지 못하는가?(능력 있는 사람이 보잘것없는 관직에 등용되는 현실) 정말 인재를 모두 얻기도 어렵거니와 모두 거두어 쓰기도 또한 어렵다.」(「 」: 뛰어난 인재들이 등용되지 못하는 현실에 대한 안타까움)

▶ 인재 등용의 어려움

우리나라는 땅덩이가 좁고 인재가 드물게 나서 예부터 걱정거리였다.「더구나 조선 시대에 들어와서는 인재 등용의 길이 더 좁아져서 대대로 명망 있는 집 자식이 아니면 좋은 벼슬자리를 얻지 못하고 바위 구멍과 띠풀 지붕 밑에 사는 선비(보잘것없는 집안의 선비)는 비록 뛰어난 재주가 있어도 억울하게도 등용되지 못한다. 과거(科擧)에 합격하지 않으면 높은 지위를 얻지 못하고 비록 덕이 훌륭해도 과거를 보지 않으면 재상(宰相)(2품 이상의 벼슬) 자리에 오르지 못한다.」(△: 인재 등용의 현실적 제약)(「 」: 조선의 인재 등용의 현실)

하늘은 재주를 고르게 주는데(하늘의 순리) 이것을 명문의 집과 과거로써 제한하니 인재가 늘 모자라 걱정하는 것은 당연하다.(인재 등용 제약의 결과) 동서고금에 첩이 낳은 아들(서자(庶子), 서얼(庶孼))의 재주를 쓰지 않는다는 말은 듣지 못했다.「우리나라만이 천한 어미를 가진 자손이나 두 번 시집간 자의 자손(어머니가 재가한 집안의 자손)을 벼슬길에 끼지 못하게 한다.」(「 」: 적서 차별 제도에 대한 비판)

▶ 조선의 인재 등용 현실과 문제점

조막만 하고 더욱이 양쪽 오랑캐 사이에 끼여 있는 이 나라에서 인재를 제대로 쓰지 못할까 두려워해도 더러 나랏일이 제대로 될지 점칠 수 없는데, 도리어 그 길을 스스로 막고서 "우리나라에는 인재가 없다."고 탄식한다. 이것은 남쪽 나라를 치러 가면서 수레를 북쪽으로 내달리는 것과 무엇이 다르겠느냐. 참으로 이웃 나라가 알까 두렵다.

조선의 지정학적 현실 / 인재 등용의 모순 비판 / 연목구어(緣木求魚), 자가당착(自家撞着), 이율배반(二律背反)

한낱 여인네가 원한을 품어도 하늘이 마음이 언짢아 오뉴월에 서리를 내리는데 하물며 원망을 품은 사내와 원한에 찬 홀어미가 나라의 반을 차지하니 화평한 기운을 불러오기는 어려우리라.

재가하지 못하고 수절해야 하는 여인들 / 서얼이라는 이유로 등용되지 못하는 이

▶ 조선의 인재 등용의 모순 비판(서)

옛날에 어진 인재는 보잘것없는 집안에서 많이 나왔었다. 그때에도 지금 우리나라와 같은 법을 썼다면, 범중엄(范仲淹)이 재상 때에 이룬 공업(功業)이 없었을 것이요, 진관(陳瓘)과 반양귀(潘良貴)는 곧은 신하라는 이름을 얻지 못하였을 것이며, 사마양저(司馬穰苴), 위청(衛靑)과 같은 장수와 왕부(王符)의 문장도 끝내 세상에서 쓰이지 못했을 것이다.

□: 출신과 상관없는 등용의 결과로 나온 중국의 인재들 / 차별적 인재 등용 제도 / 범중엄: 중국 북송 때의 정치가이자 학자. 어머니가 개가함 / 진관, 반양귀: 송나라의 충신들. 어머니가 천비(賤婢) 출신임 / 사마양저: 제나라의 병법가로 서자 출신임 / 위청: 한나라의 장수로 서자 출신임 / 왕부: 후한의 학자. 서자 출신임

▶ 훌륭한 인재 등용의 사례

하늘이 냈는데도 사람이 버리는 것은 하늘을 거스르는 것이다. 하늘을 거스르고도 하늘에 나라를 길이 유지하게 해 달라고 비는 것은 있을 수 없는 일이다. (그러나) 나라를 다스리는 자가 하늘의 순리를 받들어 행하면 나라의 명맥(命脈)을 훌륭히 계속시킬 수 있을 것이다.

신분에 관계없는 인재 등용의 당위성 / 차별 없는 인재 등용 / 명맥: 어떤 일이 이어져 가는 근본

▶ 인재 등용의 올바른 자세 촉구(결)

핵심 정리

- 갈래: 고전 수필[한문 수필, 논(論)]
- 성격: 비판적, 설득적
- 구성: '기 – 서 – 결'의 3단 구성

기: 올바른 인재 등용 방법 ➡ 서: 인재 등용의 현실과 모순 비판 ➡ 결: 올바른 인재 등용 촉구

- 제재: 인재 등용
- 주제: 조선의 인재 등용 현실을 비판하고 차별 없는 인재 등용을 촉구함
- 특징: ① 중국과 비교하여 조선의 인재 등용 제도의 모순점을 비판함
  ② 글쓴이의 정치적 입장과 사상이 글 전반에 반영됨

한눈에 **보기**

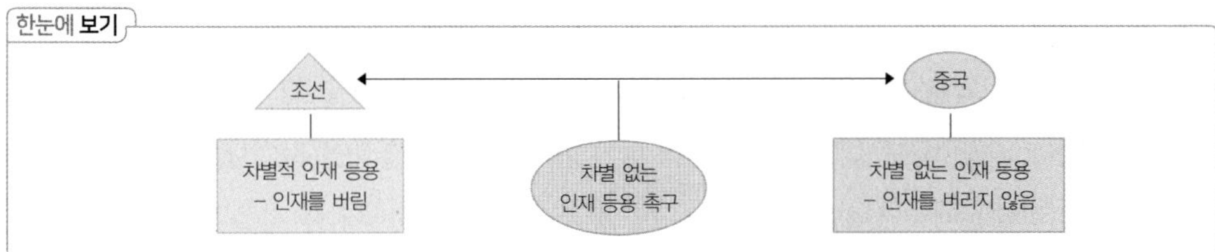

필수 문제

01 이 글에서 글쓴이가 거론하고 있는 조선의 인재 등용에 존재하는 현실적 제약 두 가지를 쓰시오.

02 ㉠을 통해 글쓴이가 드러내고 있는 사상 두 가지를 쓰시오.

134 통곡헌 기(慟哭軒記) | 허균

EBS

출제 포인트

허친이 자신의 집에 '통곡헌'이라는 이름을 붙인 이유와 '통곡'에 대한 글쓴이의 생각을 알아보고, 허친과 글쓴이가 인식하는 현실의 모습 및 그에 대한 태도를 파악해 보자.

감상 길잡이

이 글은 집에 '통곡헌'이라는 이름을 붙인 내력을 문답법의 구성을 통해 밝힘으로써, 당시의 시대적 상황에 대한 비판적 인식을 드러내고 있다. 글쓴이는 불운했던 시대 상황으로 인해 비극적 죽음을 맞은 가의, 묵적, 양주, 완적, 당구 등을 예로 들어 '통곡의 도'에 대해 말하며, 오늘날의 세태는 이들이 살았던 시대보다 더 불우함을 말하고 있다. 허균이 살았던 17세기는 남인과 서인 사이의 당파 싸움이 심했고, 허균 역시 탄핵과 재등용을 수차례 반복한 것으로 보아 허균이 이 글을 통해 자신이 속한 현실을 완곡하게 비판하고 있는 것으로 볼 수 있다.

내 조카 허친이 집을 짓고서는 통곡헌(慟哭軒)이란 이름의 편액(扁額)을 내다 걸었다. 그러자 모든 사람들이 크게 비웃으면서 말했다. / "세상에는 즐길 일들이 얼마나 많거늘 무엇 때문에 곡(哭)이란 이름을 내세워 집에 편액을 건단 말인가?『곡이란 상(喪)을 당한 자식이나 버림받은 여인이 하는 행위가 아니던가. 세상 사람들은 그런 곡소리를 몹시 듣기 싫어한다네.』남들은 기필코 꺼리는 것을 일부러 가져다가 집에 걸어 두는 이유가 대체 무엇인가?"

> 내: 허균 / 통곡헌: '통곡의 집'이라는 의미 / 편액: 종이, 비단 등에 글씨를 써서 방 안이나 문 위에 걸어 놓는 액자 / 모든 사람들이 크게 비웃으면서 말했다: '통곡헌'이라고 이름 붙인 것에 대한 조소(嘲笑) / 곡: 크게 소리 내며 욺. 또는 그런 울음 / 「 」: 통곡에 대한 사람들의 통념 / 기필코 꺼리는 것을 … 무엇인가?: 남들이 꺼리는 의미인 '통곡헌'이라고 이름 붙인 것에 대한 의아함이 담겨 있는 질문
>
> ▶ '통곡헌'이라고 편액을 붙인 이유를 허친에게 묻는 사람들(기)

그러자 허친이 이렇게 대꾸하였다. /『"저는 이 시대가 즐기는 것과 등지고, 세상이 좋아하는 것을 거부합니다. 이 시대가 환락을 즐기므로 저는 비애를 좋아하며, 이 세상이 우쭐대고 기분 내기를 좋아하므로 저는 울적하게 지내렵니다. 세상에서 좋아하는 부귀나 영예를 저는 더러운 물건인 양 버립니다. 오직 비천함과 가난, 곤궁과 궁핍이 존재하는 곳을 찾아가 살고 싶고, 하는 일마다 반드시 이 세상과 배치되고자 합니다. 곡을 하는 것은 세상에서 제일 미워하는 행위입니다. 이를 능가하는 일은 없습니다. 그래서 저는 곡이란 이름을 내세워 제 집의 이름으로 삼았습니다."』

> □: 세상 사람들이 추구하는 것 / △: 허친이 추구하는 것 / 부귀영화를 꺼리는 허친 / 「 」: 현실에 대한 비판 의식 – 통념과 반대되는 말로 가치관을 드러냄
>
> ▶ '통곡헌'이라고 이름 붙인 이유를 사람들에게 설명하는 허친(승)

그 사연을 듣고서 나는 조카를 비웃은 많은 사람들을 준엄하게 꾸짖었다.

"곡하는 것에도 도(道)가 있다. 인간의 일곱 가지 정(七情) 가운데 슬픔보다 감동을 일으키기 쉬운 것은 없다. 슬픔에 이르면 반드시 곡을 하기 마련인데, 그 슬픔을 자아내는 사연도 복잡다단하다. 그렇기 때문에 시사(時事)가 어떻게 해 볼 도리가 없이 진행되는 것을 가슴 아프게 생각하여 통곡한 가의(賈誼)가 있었고, 하얀 비단실이 본바탕을 잃고 다른 색깔로 변하는 것을 슬퍼하여 통곡한 묵적(墨翟)이 있었으며,『갈림길이 동쪽 · 서쪽으로 나 있는 것을 싫어하여 통곡한 양주(楊朱)가 있었다.』또 막다른 길에 봉착하게 되어 통곡한 완적(阮籍)이 있었으며,『좋은 시대와 좋은 운명을 만나지 못해 스스로 인간 세상 밖에 버려진 신세가 되어 통곡하는 행위로써 자신의 뜻을 드러내 보인 당구(唐衢)가 있었다.』

> 곡하는 것에도 도가 있다: 통곡의 도(道)에 대해 이야기를 하는 '나' / 일곱 가지 정: 기쁨(喜), 성냄(怒), 슬픔(哀), 즐거움(樂), 사랑(愛) 미움(惡), 욕심(欲) / 시사: 그 시기에 일어난 여러 가지 사회적 사건 / 가의: 중국 전한(前漢) 때의 학자. 각종 제도를 정비하다가 고관들의 시기로 좌천된 인물 / 하얀 비단실이 … 슬퍼하여: 사람의 근본이 같더라도 쉽게 변할 수 있으니 악한 풍습에 물들지 않도록 경계해야 함을 주장함 / 묵적: 중국 춘추 전국 시대 노나라의 학자. 사랑은 남은 물론 자신도 이롭게 한다는 '겸애교리(兼愛交利)'를 주장한 인물 / 완적: 죽림칠현의 한 사람인 완적은 말을 몰다가 막다른 길에 이르면 통곡을 하였다고 함 / 「 」: 중국 당나라 시대의 시인인 당구는 과거에 급제해 출사하지 못함을 슬퍼했으며, 비통한 내용의 시문을 보면 반드시 곡을 하였다고 함 / 「 」: 중국 전국 시대 학자인 양주는 갈림길 앞에서, 인생에도 갈림길이 있어 사람들이 선(善)과 악(惡)으로 나뉨을 슬퍼했다고 함

그분들은 모두가 깊은 생각이 있어서 통곡했을 뿐, 이별로 마음이 상하거나 남에게 굴욕을 느껴 가슴을 부여안은 채 통곡하는 아녀자를 좀스럽게 흉내 내지 않았다.

세상의 부정적 상황에 대한 안타까움 / 사사로운 감정으로 인해 운 것이 아님

그분들이 처한 시대와 비교할 때, 오늘날은 훨씬 더 말세에 가깝다. 국가의 일은 날이 갈수록 그릇되어 가고, 선비의 행실은 날이 갈수록 허위에 젖어 들며, 친구끼리 반목하여 제 이익만을 추구하는 배신행위는 길이 갈라져 분리됨보다 훨씬 심하다. 또 현명한 선비들이 곤액(困厄)을 당하는 상황이 막다른 길에 봉착한 처지보다 심하다. 그러므로 모두들 인간 세상 밖으로 숨어 버리려는 계획을 도모한다. 만약 저 여러 군자들이 이 시대를 직접 본다면 어떠한 생각을 품을지 모르겠다. 아무래도 통곡할 겨를도 없이, 모두들 팽함(彭咸)이나 굴원(屈原)이 그랬듯 바위를 가슴에 안고 물에 몸을 던지려 하지나 않을까?

시대 상황에 대한 부정적 인식 / 남인과 서인의 당파 싸움이 심했던 시기에 살았던 허균의 삶이 반영됨 / 몹시 딱하고 어려운 사정과 재앙이 겹친 불운 / 현실에 회의를 느끼고 자연으로 회피함 / 중국 전국 시대 초나라의 정치가·시인. 모함을 받아 자신의 뜻을 펴지 못하다가 강에 몸을 던져 스스로 목숨을 끊음 / 중국 은나라 때 충신. 임금이 자신의 충간을 듣지 않자 스스로 물에 빠져 죽음

허친이, 통곡한다는 이름의 편액을 내건 까닭이 여기에 있을 것이다. 그러니 너희들은 통곡이란 편액을 비웃지 않는게 좋을 것이다." ▶ 허친을 비웃던 사람들에게 충고하는 '나' (전)

내 말을 듣고, 비웃던 자들이 "잘 알았습니다."라며 물러났다. 오간 대화를 정리하여 글로 써서, 뭇사람들이 의아하게 생각하는 심정을 풀어 주고자 한다. ▶ 허친과 사람들의 대화를 정리하여 글로 쓴 '나' (결)

사람들이 인식과 태도의 변화를 보임 / 대화를 글로 정리한 이유

핵심 정리

- 갈래: 고전 수필[한문 수필, 기(記)]
- 성격: 비판적, 교훈적, 우의적
- 구성: '기 – 승 – 전 – 결'의 4단 구성

기: 사람들이 집에 '통곡헌'이란 이름을 붙인 이유를 물음	➡	승: 허친이 집에 '통곡헌'이라는 이름을 붙인 이유에 대해 설명함	➡	전: 허친을 비웃던 사람들에게 허균이 충고함	➡	결: 사람들과의 대화를 글로 정리한 이유를 밝힘

- 제재: 통곡헌
- 주제: 통곡헌의 내력과 시대에 대한 비판
- 특징: ① 문답법의 구성을 통해 집의 편액을 '통곡헌'이라고 이름 붙이게 된 내력을 밝힘
  ② '통곡'을 부정적으로 생각하는 통념에 대한 인식의 전환을 보여 줌

한눈에 **보기**

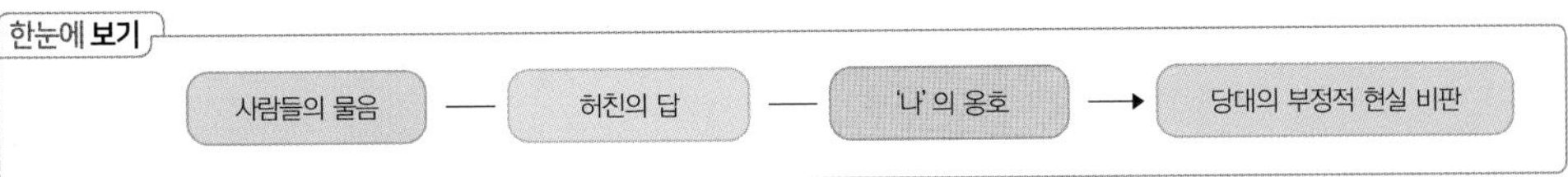

필수 문제

01 이 글에서 허친이 자신의 집에 통곡헌이라는 이름을 붙인 이유는 (   )적인 현실에 대한 비판 의식 때문이다.

02 글쓴이는 허친이 생각하는 통곡과 (   ), (   ), 양주, 완적, 당구의 통곡이 유사한 통곡이라고 생각하고 있다.

호민론(豪民論) | 허균

한문 문체의 하나. 자기의 의견을 서술하여 주장하는 글

필수

출제 포인트

백성을 세 가지로 구분하고, 그중 호민이 가장 위험한 존재임을 밝히며 이를 두려워하지 않는 위정자들의 태도 변화를 촉구하는 정치적 논설이다. 글쓴이의 정치관과 진보적 백성관에 주목하여 살펴보자.

감상 길잡이

이 글은 허균의 문집인 《성소부부고(惺所覆瓿藁)》에 실려 있는 글로, 백성을 세 가지로 구분한 후 그중 호민이 가장 위험한 존재임을 역사적인 사례와 함께 경고한 정치적 논설이다. 글쓴이는 이 글에서 나라를 다스리는 사람들이 백성을 두려워하지 않고 그들을 마음대로 부리거나 재물을 빼앗기만 한다면, 백성들은 불만을 품거나 원망하다가 결국에는 자신을 이끄는 호민을 만났을 때 행동으로 지배층에 항거하게 된다는 점을 역사적 사례를 통해 경고하면서, 호민이 생기지 않도록 통치할 것을 촉구하고 있다. 백성을 오직 교화의 대상으로만 인식하던 당시의 현실을 고려할 때, 이 글에서는 지배층이 아닌 백성의 관점에서 현실 정치를 인식하는 허균의 진보적인 백성관 · 정치관이 잘 드러나고 있으며, 이는 그의 소설인 〈홍길동전〉에서도 일관되게 나타나고 있다.

허균의 〈호민론〉

천하에 두려워할 대상은 오직 백성뿐이다. 백성은 홍수나 화재 또는 호랑이나 표범보다도 더 두려워해야 한다. 그런데도 윗자리에 있는 사람들은 백성들을 업신여기면서 가혹하게 부려 먹는데 어째서 그러한가? ▶ 백성을 업신여기는 위정자의 태도 비판(기)

(가렴주구(苛斂誅求), 가정맹어호(苛政猛於虎) / 문제 제기)

『이미 이루어진 것을 여럿이 함께 즐거워하고, 늘 보아 오던 것에 익숙하여 그냥 순순하게 법을 받들면서 윗사람에게 부림을 당하는 사람들은 항민(恒民)이다. 이러한 항민은 두려워할 것이 없다. 모질게 착취당하여 살가죽이 벗겨지고 뼈가 부서지면서도, 집안의 수입과 땅에서 산출되는 것을 다 바쳐서 한없는 요구에 이바지하느라, 혀를 차고 탄식하면서 윗사람을 미워하는 사람들은 원민(怨民)이다. 이러한 원민도 굳이 두려워할 필요는 없다. 자신의 자취를 푸줏간 속에 숨기고 몰래 딴 마음을 품고서, 세상을 흘겨보다가 혹시 그때에 어떤 큰일이라도 일어나면 자기의 소원을 실행해 보려는 사람들은 *호민(豪民)이다. 이 호민은 몹시 두려워해야 할 존재이다.』 호민이 나라의 허술한 틈을 엿보고 일의 형편을 이용할 만한 때를 노리다가 팔을 떨치며 밭두렁 위에서 한번 소리를 지르게 되면, 원민은 소리만 듣고도 모여들어 모의하지 않고서도 소리를 지르고, 항민도 또한 제 살 길을 찾느라 호미, 고무래, 창, 창자루를 가지고 쫓아가서 무도한 놈들을 죽이지 않을 수 없는 것이다. ▶ 현실 대응 방식에 따른 백성의 유형

(항민: 순종적이고 온순한 백성. 소극적 가담 세력 / 원민: 원한을 품은 백성. 적극적 가담 세력 / 푸줏간: 최하층민들의 작업장이자 지배층의 감시가 소홀한 곳 / 호민: 체제에 도전하는 백성. 반란의 핵심 주도 세력 / 「 」: 설명 방식 – 분류 / 모의하지: 어떤 일을 꾀하고 의논하지 / 무도한: 말이나 행동이 인간으로서 지켜야 할 도리에 어긋나 막된 / 무도한 놈들: 학정(虐政)을 저지른 위정자들을 가리킴)

진나라가 망한 것은 진승과 오광 때문이었고, 한나라가 어지러워진 것은 황건적 때문이었다. 당나라가 쇠퇴하자 왕선지와 황소가 그 틈을 타고 일어났는데, 마침내 백성과 나라를 망하게 한 뒤에야 그쳤다. 이러한 일들은 모두 백성들에게 모질게 굴면서 저만 잘 살려고 한 죄의 대가이며, 호민들이 그러한 틈을 잘 이용한 것이다. 하늘이 임금을 세운 것은 백성을 돌보게 하기 위해서였

(진승과 오광: 가난한 농민 출신으로 진나라의 학정에 반기를 들고 저항함 / 황건적: 후한 말엽에 '태평도'라는 종교를 세워 반란을 일으킨 무리 / 왕선지와 황소: 당나라 말기의 농민 반란군 / 이러한 일들: 백성의 반란 / 백성들에게 ~ 대가: 학정의 대가 – 지배층에 대한 글쓴이의 비판적 시각 / 하늘이 ~ 위해서였: 민본주의 사상 – 백성의 행복을 중시함)

*고무래: 논밭의 흙을 고르고 씨 뿌린 후에 밭의 흙을 덮으며, 곡식 따위를 그러모으거나 펴는 데 쓰이는 농기구

지 한 사람이 위에서 방자하게 눈을 부릅뜨고서 계곡같이 커다란 욕심을 부리라고 한 것은 아니었다. ❶ 진나라, 한나라 이후의 화란은 당연한 결과였지, 불행했던 것은 아니다.

재앙과 난리

▶ 지배층의 학정으로 인한 망국의 사례(승)

「조선은 중국과는 다르다. 땅이 비좁고 험하여 사람도 적고, 백성 또한 나약하고 게으르며 잘아서, 뛰어난 절개나 넓고 큰 기상이 없다. 그런 까닭에 평상시에 위대한 인물이나 뛰어난 재주를 가진 사람이 나와서 세상에 쓰이는 일도 없었지만, 난리를 당해도 또한 호민이나 사나운 병졸들이 반란을 일으켜 앞장서서 나라의 걱정거리가 되었던 적도 없었으니」 그 또한 다행이었다. 비록 그렇긴 하지만 지금의 시대는 고려 시대와는 같지 않다. 「고려 시대에는 백성들에게 조세를 부과함에 한계가 있었고, 산림(山林)과 천택(川澤)에서 나오는 이익도 백성들과 함께 했었다. 장사할 사람에게 그 길을 열어 주고, 물건을 만드는 기술자에게 혜택이 돌아가게 하였다. 또 수입을 잘 헤아려 지출을 하였기에 여분의 저축이 있어 갑작스럽게 커다란 병화나 상사(喪事)가 있어도 조세를 추가로 징수하지는 않았다.」 ❷ 그러고도 그 말기에 이르러서는 오히려 삼공할 정도였다.

호민의 기질 / 「 」: 조선 백성들에 대한 글쓴이의 평가 – 부정적 / 반어적 표현 / 「 」: 백성들을 배려하는 정책을 폈던 고려의 예 / 내와 못 / 전쟁 / 국상(國喪) / 흉년이 들면 사당에는 제사를 못 지내고, 서당에는 학생이 없으며, 뜰에는 개가 없다는 뜻

▶ 조선의 형편과 고려의 예(전)

우리 조정은 그렇지 아니하여 구구한 백성이면서도 신을 섬기고 윗사람을 받드는 범절을 중국과 대등하게 하고 있었는데, 「백성들이 내는 조세가 다섯 푼이라면 조정에 돌아오는 이익은 겨우 몇 푼이고 그 나머지는 간사한 자들에게 어지럽게 흩어져 버린다. 또 관청에서는 여분의 저축이 없어 일만 있으면 한 해에도 두 번씩이나 조세를 부과하는데, 지방의 수령들은 그것을 빙자하여 칼질하듯 가혹하게 거두어들이는 것 또한 끝이 없었다.」 그런 까닭에 백성들의 시름과 원망은 고려 말보다 더 심한 상태였다. 그런데도 윗사람들이 태평스레 두려워할 줄 모르고, 우리나라에는 호민이 없다고 생각한다. 불행하게도 견훤이나 궁예 같은 자가 나와서 몽둥이를 휘두른다면 근심하고 원망하던 백성들이 가서 따르지 않으리라고 어떻게 보증하겠는가? 기주 · 양주에서와 같은 천지를 뒤엎는 변란은 발을 구부리고 기다리고 있을 것이다. 백성을 다스리는 사람이 두려워해야 할 만한 형세를 명확하게 알아서 ❸ 시위와 바퀴를 고친다면, 오히려 제대로 된 정치를 할 수 있을 것이다.

나라의 처지에 비해 예식을 중시함 – 허례허식 비판 / 「 」: 조선 사회 조세 제도의 구조적 모순 비판 / 우리나라에 나타난 호민의 예 / 항민과 원민 / 진승과 오광, 왕선지와 황소가 난을 일으켰던 지명 / 세상을 어지럽게 하는 소란이나 사변

▶ 학정에 대한 고발과 위정자에 대한 당부(결)

❖ 호민(豪民): 살림이 넉넉하고 세력이 있는 백성

핵심 구절 풀이

❶ **진나라, 한나라 이후의 화란은 당연한 결과였지, 불행했던 것은 아니다.**: 진나라와 한나라 이후에 일어난 백성들의 반란은 위정자들의 학정이 초래한 당연한 결과라는 말로, 역성혁명을 인정하는 글쓴이의 진보적인 정치관이 드러나는 부분이다.

❷ **그러고도 그 말기에 이르러서는 오히려 삼공할 정도였다.**: 조선에 비해 백성들의 생활을 배려하는 정책을 폈으며, 조선보다 풍족하고 여유로웠던 고려도 말기에 이르러서는 나라와 백성의 살림이 피폐해졌다는 의미이다.

❸ **시위와 바퀴를 고친다면, 오히려 제대로 된 정치를 할 수 있을 것이다.**: 느슨한 활시위를 팽팽하게 당겨 놓고, 망가진 바퀴를 바로 고치듯 해이한 관리들의 기강과 잘못된 제도를 바로잡아야 제대로 된 정치를 할 수 있다는 말이다.

핵심 정리

- 갈래: 고전 수필〔한문 수필, 논(論)〕
- 성격: 비판적, 설득적
- 구성: '기 – 승 – 전 – 결'의 4단 구성

- 제재: 호민
- 주제: 백성들에 대한 위정자들의 인식과 태도 변화 촉구
- 특징: ① 고사를 활용하여 역사적 사실에서 교훈을 얻고자 하는 타산지석(他山之石)의 자세를 보임
  ② 현실의 문제점을 분석하고 그에 대한 해결 방안을 제시함
  ③ 글쓴이의 진보적인 백성관과 정치관이 드러남

한눈에 보기

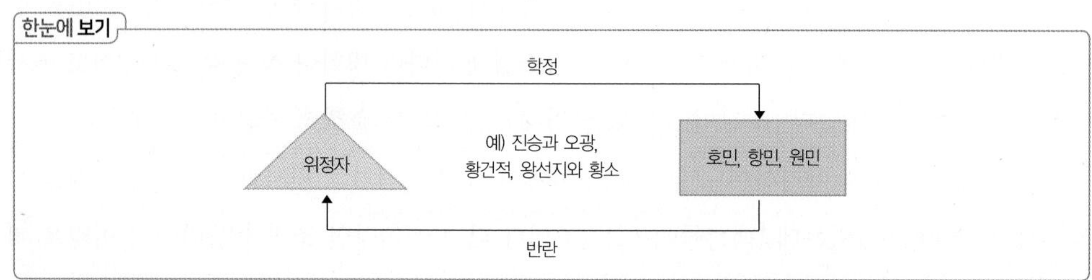

보충·심화 학습

- 진승과 오광의 난

진승과 오광은 중국 최초의 농민 반란군이다. 진(秦)나라의 가난한 농민이었던 이들은 만리장성을 수비하는 일에 동원되었다가 폭우를 만나 강물이 불어나는 바람에 강을 건너지 못해 도착 날짜를 지킬 수 없게 되었다. 당시 진나라에서는 부역에 동원된 백성이 제시간에 도착하지 못하면 이유와 관계없이 사형을 시키는 엄격한 법을 시행하고 있었다. 법에 따라 참형을 당할 처지가 되자 어차피 죽을 목숨이라고 생각한 진승은 "왕후와 장상의 씨가 어찌 따로 있는가."라고 외치며 오광과 함께 반란을 일으켰다. 이들의 반란은 진나라의 몰락에 결정적인 역할을 하였다.

필수 문제

01 이 글에서 글쓴이가 분류하고 있는 백성의 세 유형을 쓰시오.

02 이 글에서 글쓴이가 지닌 민본주의 사상이 드러나는 부분을 찾아 쓰시오.

계곡집(谿谷集) | 장유

'장유'의 호

필수

출제 포인트

공자와 동곽 선생의 대화를 통해 글쓴이 자신의 관점을 드러내고 있는 장유의 수필이다. 공자의 예술관을 파악하고, 이와 대립하는 동곽 선생의 예술관 및 그와 관련한 '무극자'의 의미에 대해 알아보자.

감상 길잡이

이 글은 장유의 시문집인《계곡집(谿谷集)》에 실린 수필로, 대립되는 예술관을 지닌 공자와 동곽 선생의 대화를 통해 모방을 예술 최고의 경지로 생각하는 공자의 예술관을 비판하고 있는 글이다. 동곽 선생은 모든 조화와 질서를 내포하고 있는 '무극자'야말로 진정한 장인이라 할 만하다고 역설하고 있는데, 이 글에서 무극자는 사람이 아닌 자연의 섭리, 또는 우주 만물의 오묘한 질서를 의미한다고 볼 수 있다. 글쓴이는 동곽 선생의 일방적 진술을 통해 글쓴이 자신이 지닌 관점을 강조하여 드러내고 있다.

초(楚)나라의 공자(公子)가 무척이나 조각을 좋아해서 명성이 조금이라도 있으면 후하게 대접을 하며 초치하였으므로 그 집에 와 살며 작품 활동에 전념하는 자가 수백 명이나 되었다. 어느 날 초나라에서 제일 가는 명장(名匠)이 찾아와 자기 자랑을 늘어놓으면서 말했다.

공자의 예술관: 사물을 있는 그대로 모방하는 것을 예술의 최고 경지로 생각함
초치: 불러서 안으로 들임
명장: 기술이 뛰어나 이름난 장인(匠人)

"내가 나무나 돌을 재료로 조각을 해 놓고 나면 실물과 구별을 할 수 없지."

실물과 구별을 할 수 없지: 실물과 똑같이 만들 수 있음 – 모방

공자가 좋아했을 것은 불문가지의 일. 소 잡고 용돈도 두둑이 주고 집도 그럴싸하게 마련해 줬더니, 아니나 다를까 3개월 만에 원숭이 한 놈을 만들어 내었는데, 정말 기막힌 솜씨라고 할 만한 것이었다. 어쩌나 보자 하고 숲 속에 갖다 놔뒀더니, 이게 웬일인가, 짝 잃은 숙녀 원숭이가 와서 보름이 지나도록 동거하면서 떠날 생각을 안 하는 게 아닌가. 이런 것이 신기(神技)라는 것이구나 하고 공자는 애지중지하며 보물로 여겼다.

불문가지: 묻지 아니하여도 알 수 있음
짝 잃은 ~ 아닌가: 원숭이가 속을 만큼 조각상이 실제와 비슷함
신기: 신적인 뛰어난 기술

▶ 모방을 예술의 최고의 경지로 생각하는 공자(기)

동곽 선생(東郭先生)이 제(齊)나라에서 오다가 잠깐 들렀더니, 공자가 쫓아 나오면서 자랑하기를,

동곽 선생의 예술관: 인공을 가하지 않은 자연 그대로의 모습을 예술의 최고 경지로 생각함

"공수반(公輸般)이나 묵적(墨翟)도 이런 기술은 없었을 겝니다."

공수반, 묵적: 옛 중국의 유명한 장인(匠人)들

하자, 동곽 선생이 박장대소하면서 말하기를,

"공자의 심미안이 쩨쩨하기 짝이 없군."

심미안: 아름다움을 살펴 찾는 안목
공자의 자존심을 건드리며 핀잔을 줌

하였다. 공자가 발끈하여 대들기를,

「"이 사람은 아무것도 아닌 재료를 가지고 진짜 원숭이까지도 감동시켰으니, 이는 전에 없던 일입니다. 그런데도 선생께서는 하찮게 여기시니, 도대체 이보다 나은 것이 있다는 말입니까? 어떻게 이다지도 큰소리를 치실 수 있습니까?"」

▶ 공자의 예술관을 비웃는 동곽 선생(승)

「 」: 자연의 질서, 조화의 경지를 깨닫지 못한 공자

하자, 동곽 선생이 지그시 눈을 감고 타이르듯이 말하기를,

"이는 그대가 견문이 넓지 못해서 그런 것일 뿐이지. 차원을 한번 넓혀 보게나. 혹시 무극자(無極子)의 솜씨에 대해서 들어 본 일이 있나? 이 세상에서 그 이상 가는 기예가 없는데도 지금까지

무극자: 세계의 물질적 근원으로서 한계가 없는 작은 입자. 17세기 조선 시대의 장유가 사용한 용어
공자의 단점을 지적함
공자의 호기심을 자극함

조선 후기

수필 · 평론

사람에게 칭송 받은 일도 없거니와 또 칭송하려 해도 표현할 말을 찾을 길이 없다네."

하였다. 갑자기 다소곳해지는 공자의 모습을 다정한 눈길로 쳐다보며 동곽 선생이 찬찬히 말하였다.

「"들어 보겠나? 무극자의 솜씨는 눈으로 본다고 보이는 것이 아니고 마음으로 생각한다고 알아지는 것이 아니라네. 그는 끌로 쪼지도 않고 채색으로 치장하지도 않지. 한마디로 형상(形象)을 초월해 있으면서도 그 속에 내재해 있다고나 할까? 이런 것을 무위자연(無爲自然)의 경지라고 한다네. 원기(元氣)를 운행시켜 ❖음양(陰陽)이라는 그릇을 만들고는 ❖오행(五行)의 질료(質料)에 사시(四時)와 풍우(風雨)의 조미료를 써서 갖가지 형상을 만들어 낸다네. 날개를 달아 창공을 날게 하고 팔다리를 붙여 대지를 질주하게 하는가 하면, 주렁주렁 과실이 열리게 하고 별별 희한한 삼라만상이 조화를 이루는데, 방(方), 원(圓), 장(長), 단(短), 백(白), 흑(黑), 현(玄), 황(黃) 등 고유한 속성을 그대로 발현시켜 천지 우주 간에 충만되게 하는 그 명 지휘자가 바로 무극자라네. 하지만 그는 뽐내 본 적이 없지. 누가 물어도 묵묵부답할 뿐, 전수생을 양성할 생각은 추호도 없지. 그저 혼자서 태허(太虛)의 뜨락을 뒷짐 지고 소일(消日)할 따름이라네."

동곽 선생이 진술을 시작함 / 인위적 요소 / 인위적인 요소를 가하지 않음 / 무극자의 특징 ① – 인공을 가하지 않은 자연 그대로의 모습을 드러냄 / 만물이 자라는 데 근본이 되는 정기 / 재료 / 사계절 / 비와 바람 / 모나고, 둥글고, 길고, 짧고, 희고, 검고, 누름(열거) / 우주에 있는 온갖 사물과 현상 / ① 자연의 섭리 ② 우주 만물의 창조주 ③ 우주 만물의 오묘한 질서 ④ 우주 만물의 조화 / 무극자의 특징 ② – 고유한 속성을 그대로 발현시켜 세상을 가득 채움 / 지식을 전하여 받을 사람 / ① '하늘'을 달리 이르는 말 ② 음양을 낳는 기(氣)의 본체를 달리 이르는 말

▶ 공자에게 무극자를 설명하는 동곽 선생(전)

놀란 나머지 눈이 휘둥그레지는 공자, 그래도 한 번 그런 분을 뵈었으면 여한이 없겠다고 졸라대는 공자를 안타깝게 바라보며 동곽 선생이 말하였다.

무극자의 진정한 의미를 깨닫지 못한 공자

"무극자는 항상 그대 가까이에 있네. 다만 그대가 찾지 않을 따름이지. 장자(莊子)가 말한 대로 외치(外馳)하지 말고 3개월 정도만 심재(心齋)의 상태로 지내 보게나. ❶ 허실생백(虛實生白)하듯 무극자의 존재가 현신(現身)할 것이네. 그대가 무극자와 일체가 되는 순간, 무극자는 자네의 절친한 친구요 하인으로서 그의 조화(造化)된 권능이 그대의 기예가 되고 만상이 모두 자네의 소유가 될 것일세. 이보다 위대한 천하의 대교(大巧)가 어디 있겠나. 이제 알아듣겠는가?"」

생각과 관심이 밖으로 뻗침 / 마음을 엄숙하고 가지런히 함 / 무극자와 만나기 위한 방법 – 먼저 마음을 비우고 내적인 충실을 기해야 함 / 모습을 드러낼 / 매우 교묘함, 또는 일 따위를 뛰어나게 잘함

「 」: 동곽 선생의 일방적 진술 – 글쓴이의 관점을 강조하기 위한 목적

꿀 먹은 벙어리마냥 공자는 망연자실한 채 답할 엄두를 내지 못하였다.

공자의 깨달음

▶ 공자의 깨달음(결)

❖ 음양(陰陽): 우주 만물의 서로 반대되는 두 가지 기운으로서 이원적 대립 관계를 나타내는 것. 달과 해, 겨울과 여름, 북과 남, 여자와 남자 등은 모두 음과 양으로 구분된다.

❖ 오행(五行): 우주 만물을 이루는 다섯 가지 원소. 금(金), 수(水), 목(木), 화(火), 토(土)를 이름

핵심 구절 풀이

❶ **허실생백(虛實生白)하듯 무극자의 존재가 현신(現身)할 것이네.**: 허실생백(虛實生白)은 방 안이 비면 온 방 안에 흰 햇빛이 가득해진다는 의미로, 마음을 비워야 오묘한 진리와 이치를 터득할 수 있다는 장자의 가르침이 담긴 말이다. 즉, 마음을 비워야만 무극자의 의미를 깨달을 수 있음을 의미한다.

핵심 정리

- 갈래: 고전 수필(한문 수필)
- 성격: 비판적, 교훈적
- 구성: '기 – 승 – 전 – 결'의 4단 구성, 문답식 구성

기: 모방을 최고의 예술 경지로 생각하는 공자	➡	승: 동곽 선생이 공자의 예술관을 비웃음	➡	전: 동곽 선생이 무극자에 대해 설명함	➡	결: 공자가 무극자의 의미를 깨달음

- 제재: 무극자(無極子)
- 주제: 자연의 섭리와 우주 만물의 질서에 대한 참된 깨달음
- 특징: ① 공자와 동곽 선생의 대화 형식으로 글을 전개함
  ② 동곽 선생의 일방적 진술을 통해 글쓴이의 관점을 드러냄

한눈에 보기

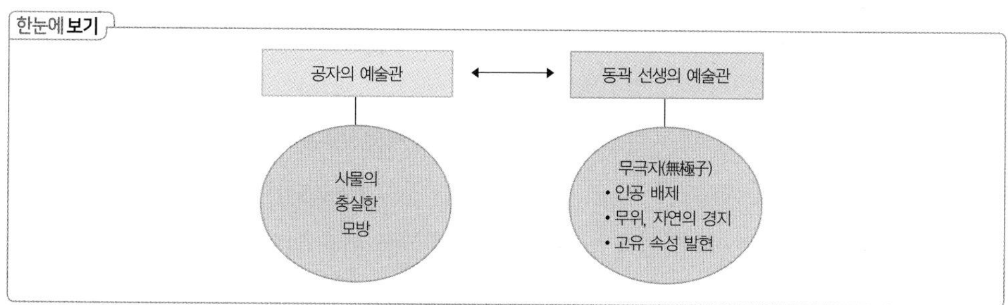

보충·심화 학습

- 장유와 《계곡집(谿谷集)》

장유(張維)는 조선 중기의 문신이자 한문학(漢文學) 4대가(大家)의 한 사람으로 꼽히는 학자로서, 계곡(谿谷)은 그의 호이며, 《계곡집》은 그의 시문집이다. 〈잡술(雜術)〉·〈잡기(雜記)〉·〈답인논문(答人論文)〉·〈인심도심설(人心道心說)〉·〈만필(漫筆)〉 등 다양한 내용을 갖추고 있는 《계곡집》은 짙은 서정성과 더불어 장유의 박학다식한 학문의 깊이를 드러낸다.

필수 문제

01 이 글에서 공자는 사물을 (   )하는 것을 예술의 최고 경지라고 생각하고 있다.

02 [서술형] 이 글에서 동곽 선생이 말하는 '무극자(無極子)'의 의미를 30자 이내로 서술하시오.

137 곡목설(曲木說) | 장유

굽은 나무에 관한 이야기

필수

출제 포인트

'장 씨'와 '나'의 대화에서 드러나는 사고의 단계적 발전 과정을 살펴보고, 이 글의 내용 전개 방식 및 주제 의식에 대해 파악해 보자.

감상 길잡이

'굽은 나무에 관한 이야기'라는 뜻의 〈곡목설〉은 '장 씨'와 '나'의 대화 형식을 통해 사고의 과정을 단계적으로 발전시켜 현실을 논리적으로 비판하고 있는 글이다. 유추의 방식을 사용하여 구체적 경험담을 인간 세계의 문제에 확대 적용하였다는 점, 자연과 인간의 문제를 본성 면에서 살피고 있다는 점에서 발상의 독특함과 사고의 깊이를 살펴볼 수 있다.

이웃에 장씨 성을 가진 자가 살았다.「그가 집을 짓기 위하여 나무를 베려고 산에 갔는데, 우거진 숲속의 나무들을 모두 둘러보았지만 꼬부라지고 뒤틀린 것이 대부분이었다. 그러다 산속에 있는 무덤가에서 한 그루의 나무를 발견하였는데, 정면에서 바라보나 좌우에서 바라보나 곧았다. 장 씨가 쓸 만한 재목이다 싶어 도끼를 들고 다가가 뒤쪽에서 바라보니, 형편없이 굽은 나무였다.」 이에 도끼를 버리고 탄식하였다.

(재목: 목조의 건축물 · 가구 따위를 만드는 데 쓰는 나무 / 형편없이 굽은 나무였다: 쓸 만한 재목이 아님 / 「 」: '장 씨'의 구체적 경험담)

▶ 굽은 나무를 재목으로 오해한 '장 씨'의 경험담(기)

「'아, 재목으로 쓸 나무는 보면 쉽게 드러나고, 판단하기도 쉬운 법이다. 그런데 이 나무를 내가 세 번이나 바라보고서도 재목감이 아니었다는 사실을 몰랐다. 그러니 겉으로 후덕해 보이고 인정 깊은 사람일지라도 어떻게 그 본심을 알 수 있겠는가?」 말을 들어 보면 그럴듯하고 ㉠얼굴을 보면 선량해 보이고 세세한 행동까지도 신중히 하므로 우선은 군자라고 말할 수 있다. 그러나 막상 큰일이나 중대한 일에 당하여서는 그의 본색이 드러나고 만다. 국가가 망하는 원인도 따지고 보면 이러한 사람으로부터 비롯되는 것이다.

(「 」: 굽은 나무에서 굽은 인간을 떠올림 – 자연물(나무)의 특성을 인간의 특성에 적용(유추) / 관련 한자 성어: 표리부동(表裏不同) / 구체적 경험을 인간에서 국가로 확장하여 일반화함)

그런데 대개 산속에 있는 나무의 생장 과정을 보건대, 짐승들에게 짓밟히거나 도끼 따위로 해를 받지 않은 채 오직 비와 이슬의 덕택에 날로 무성하게 자란다. 따라서, 마땅히 굽은 데 없이 곧아야 할 텐데 꼬부라지고 뒤틀려서 쓸모없는 재목이 되는 경우가 생기는 것이다. 하물며 이 세상에 몸을 담고 있는 사람의 경우야 더 말할 나위가 있겠는가?「물욕이 참된 성품을 혼탁하게 하고 이해가 판단력을 흐리게 하기 때문에 천성을 굽히고 당초에 먹은 마음에서 떠나고 마는 자가 많다.」때문에 속이는 자가 많고 정직한 자가 적은 것을 이상하게 여길 일은 아니다.'

(굽은 데 없이 곧아야: 나무의 본성 – 곧음 / 하물며 … 있겠는가?: 나무보다 바르지 못한 환경 속에 있는 사람은 그 본성이 더욱 쉽게 흐려짐 / 물욕: 인간의 본성을 흐리게 하는 요소 ① / 이해: 이익과 손해 – 인간의 본성을 흐리게 하는 요소 ② / 「 」: '장 씨'의 관점 – 인간의 본성 변화는 환경 탓임(물욕과 이해에 빠져 천성을 잃는 인간 세태 비판))

▶ 인간의 천성에 대한 '장 씨'의 깨달음(승)

장 씨가 이러한 생각을 내게 전하기에, 나는 이렇게 말해 주었다.

"그대는 정말 잘 보았습니다. 그러나 나 역시 해 줄 말이 있습니다. 《서경》〈홍범편〉에 오행(五行)을 논하면서, 나무를 곡(曲)과 직(直)으로 설명하였습니다. 그렇다면 나무가 굽은 것은 재목감은 안 될는지 몰라도 나무의 천성으로 보면 당연한 것입니다. 공자(孔子)는 '사람은 정직하게 살아야 하는데 그렇지 않게 살아가는 자는 요행히 죽음만 모면해 가는 것이다.'라고 하였습니다. 그렇

(오행: 우주 만물을 이루는 다섯 가지 원소. 금(金) · 수(水) · 화(火) · 목(木) · 토(土)를 이름 / 나무를 곡과 직으로 설명하였습니다: '나'가 생각하는 나무의 본성 – 굽음과 곧음)

다면 원칙적으로 정직하지 못한 자가 죽음을 모면하고 살아가는 것 자체가 잘못된 것입니다.
살아 있는 것만으로도 요행이라 해야 마땅할 굽은 사람 ▶ 나무와 인간의 천성에 대한 '나'의 대답(전)

그러나 내가 보건대, 이 세상에서 굽은 나무는 아무리 서투른 목수일지라도 가져다 쓰지 않는데, 정직하지 못한 사람은 잘 다스려지는 세상에서도 버림받지 않은 채 쓰이고 있습니다. 큰 집의 구조를 살펴보십시오. 마룻대나 기둥이나 서까래는 물론이고 구름 모양이나 물결처럼 장식할 경우에도 구부러진 재목이 있는 것을 볼 수 없습니다. 그런데 조정을 보십시오. 공경과 사대부들이 예복을 갖추어 입고 궁전에 드나드는데, 그중 정직한 도리를 간직하고 있는 자는 보지 못했을 것입니다. 이런 것들을 보면 굽은 나무는 항상 불행을 겪으나, 사람은 정직하지 않은 자가 항상 행운을 잡는다는 것을 알 수 있습니다. 옛말에 '곧기가 현(絃: 악기 줄)과 같은 자는 길거리에서 죽어 가고 굽기가 구(鉤: 갈고리)와 같은 자는 공후(公侯)에 봉해진다.' 고 하였습니다. 이 말 역시 정직하지 못한 사람이 굽은 나무보다 대우를 받는 현실을 입증해 주는 것입니다."

세상에 쓰임 / 재목으로 쓰이지 않음 / '나'가 인식하는 문제적 상황 – 인재 검증의 부실함 / 삼공과 구경, 즉 벼슬아치 / '나'가 생각하는 나무와 인간의 차이 – 모순되고 부조리한 인간 세태 / 정직한 사람 / 정직하지 못한 사람 / 귀족 계급인 공작과 후작 / 부조리한 인간 세태 비판

▶ 정직하지 못한 인간이 권력을 잡는 부조리한 세태 비판(결)

핵심 정리

- 갈래: 고전 수필[한문 수필, 설(說)] '설(說)'에 대해서는 p.107 '보충 · 심화 학습' 참조
- 성격: 현실 비판적, 비유적
- 구성: '기 – 승 – 전 – 결'의 4단 구성

기: 굽은 나무와 관련된 장 씨의 경험담	➡	승: 인간 천성에 관한 장 씨의 깨달음	➡	전: 나무와 인간에 관한 '나'의 관점	➡	결: 부조리한 세태에 대한 '나'의 비판

- 제재: 굽은 나무
- 주제: 올바르지 못한 사람이 중용(重用)되는 현실에 대한 비판
- 특징: ① 유추의 방식을 사용하여 글을 전개함
  ② 대화 형식을 통해 사고의 단계적 발전 과정을 보여 줌

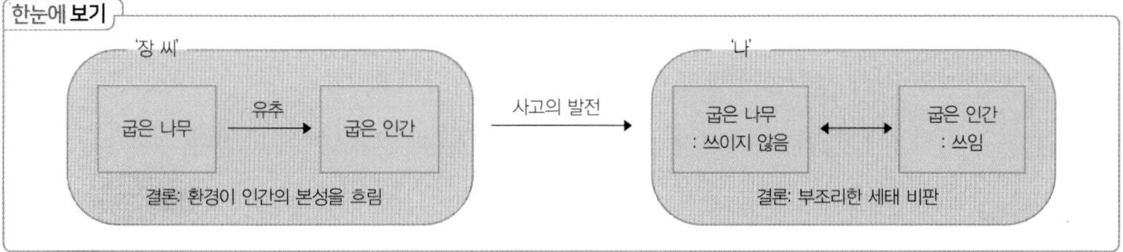

필수 문제

01 ㉠과 관련된 한자 성어를 쓰시오.

02 이 글에서 주로 사용되고 있는 내용 전개 방식을 쓰시오.

138 박계쇠 이야기 | 유몽인

필수

출제 포인트

시정 상인 박계쇠의 일화를 통해 글쓴이가 전달하려는 교훈에 대해 알아보고, 이 글에 나타난 당시 사회의 신분관과 가치관을 살펴보자.

감상 길잡이

이 글은 유몽인의 《어우야담(於于野談)》에 실려 있는 이야기이다. 이 글은 시정 상인인 박계쇠의 결혼과 파멸, 그리고 글쓴이의 평결로 구성되어 있는데, 부정한 이익을 취하거나 허위를 일삼는 자는 반드시 그 대가를 치른다는 교훈적인 내용을 담고 있다. 더불어 사대부가 첩의 딸과 박계쇠의 결혼, 곧 시정 상인과 사대부가의 결혼에 대한 글쓴이의 비판적 시각 등에서 당시 사회의 신분관과 적서 차별의 사회적 분위기를 엿볼 수 있다.

박계쇠는 시정(인가가 모인 곳) 상인의 아들이라. 감사(조선 시대에 둔, 각 도의 벼슬) 홍춘경에게 첩에게서 난 딸(서녀(庶女))이 있었는데, 마땅히 결혼시켜야 할 나이가 되었다. 어떤 사람이 계쇠를 거론하니, 춘경의 조카 승지(조선 시대에, 승정원에서 왕명의 출납을 맡아보던 정삼품의 당상관) 홍천민 가로대,

"사대부가 어찌 시정 사람과 더불어 혼인하리오."(당대 관습 반영 – 사회적 출신 성분에 따른 혼인, 상업 천시)

춘경이 가로대, / "천녀(賤女)(적서 차별의 시대상 반영)인데 뭐 나쁠 게 있나?"

하고 마침내 첩에게서 난 딸을 계쇠의 처로 삼아 주었다. ▶ 박계쇠가 홍 감사의 첩의 딸과 혼인함(기)

「계쇠는 가업이 매우 풍요하였는데도, 왜(일본)와 무역해서 이익을 취하고자 하여 동평관(東平館)(조선 시대에, 일본 사신이 와서 머무르던 숙소)에 묵고 있는 왜인을 찾아갔다.」(「 」: 박계쇠의 허욕 – 문제의 발단) 그러자 왜인이 야광주(夜光珠)(옛날 중국에 있었다는, 어두운 데서 빛나는 구슬) 한 개를 자랑하는데 그 크기가 달걀만 하였다. 밤중에 시험해 보니 밝은 것이 마치 등잔불 같아 방이 온통 환하였다. 그 값을 흥정하여 보니 수백만 금이나 하였다.「속으로 생각하되, '이 야광주의 값을 백 배로 늘리는 방법은 연경(북경의 옛 이름)에 가서 채단(綵緞)(온갖 비단)과 바꾸는 것이 제일 낫다.' 고 하여 뇌물을 써서 부경사(赴京使)(조선 시대에, 중국 명나라 · 청나라에 보내던 사신) 일원이 되었다.」(「 」: 부정한 방법을 써서 이익을 취하려 함) ▶ 야광주로 이익을 취하기 위해 부정한 방법을 씀

요동 회원관에 이르러 상자를 열고 보니 정채(精彩)롭던(휘황한 색채나 광채가 가득 차서 빛나는) 광채가 조금 이그러져 있었다. 옥하관에 이르러 밤을 타서 살펴보니 컴컴하여 아무 광채가 없는, 보잘것없는 하나의 둥근 돌일 뿐이었다. 그것을 연경의 저자 사람들에게 보이며, / "이것은 야광주요."

라고 말하니, 저자 사람들이 모두 크게 웃고 그의 얼굴에 침을 뱉으며 말하였다.

"이것은 구워서 만든 가짜 진주요."(박계쇠가 사기를 당함) ▶ 야광주가 가짜임이 드러남(승)

날이 오래 되니 광채가 없어져 연석(무른돌) 같은 옥보다도 못하여 필경에는(마침내는) 빈손으로 집에 돌아왔다. 이로부터 저자에 빚을 지게 된 것이 천금을 넘어 집을 팔아도 다 갚을 수 없었고, 전원(논과 밭)을 팔아도 갚을 수 없었으며, 서울과 지방에 있는 장획(藏獲)(종, 노비)을 팔아도 다 갚을 수가 없었다. 계책이 궁해지고 형세가 급박하게 되자 몰래「이부의 아전과 도모하여 이미 죽은 종실의 고신(신분 문서)과 녹패 문서(하인으로 하여금 태창에 가 녹봉을 타오도록 할 때 소지하게 하는 문서)를 발급받았고, 태창(太倉)(조선 시대에, 관원의 녹봉에 관한 사무를 보던 관아. 광흥창)의 아전과 모의하여 문서에 준해 3품의 종실의 녹을 태창에서 받기를 해마다 네 차례씩 하여 마치 조정의 벼슬아치인 듯 행세하였다.」(「 」: 허위와 사기로 위기를 모면함) / 이 같은 짓을 거의 십 년 동안 하여 빚

을 갚았는데, 후에 일이 발각되어 그에 연루되었던 옥에서 죽었다. 해당 관부에서 죽은 지 삼 일 후에 그의 시체를 옥에서 꺼내 보니, 쥐가 양쪽 눈을 모두 파먹어 구멍이 뚫려 있었다.

박계쇠의 비참한 종말

▶ 가짜 문서로 녹봉을 받아 살아가다 발각되어 죽음을 당함(전)

슬프다, 사람의 보화 중히 여기는 마음 때문에 처음에 실패하였고, 급히 구하고자 하는 꾀가 뒤를 이어 생겨났다. 하지만 죽음을 자초하는 계책이 생길 때에 억제치 못하여, 흉화(凶禍)에 걸려 쥐가 두 눈을 파먹기에 이르렀다. 이 일에 대해 박계쇠를 책망하는 것으로는 부족하다. 사대부가 시정의 자식을 가려 그 딸을 처로 삼게 해 집안에 누를 끼친 것이니, 당연한 결과 아니냐? 홍 승지의 말이 진실로 귀감이로다.

흉화: 흉악한 재화

사대부가 ~ 아니냐?: 사대부와 시정 사람의 혼인은 불가능하다는 생각을 강조함 – 당시의 신분관 반영

귀감: 거울로 삼아 본받을 만한 모범

▶ 글쓴이의 평가(결)

핵심 정리

- 갈래: 고전 수필〔야담(野談)〕
- 성격: 교훈적, 비판적
- 구성: '기 – 승 – 전 – 결'의 4단 구성

기: 박계쇠가 감사의 서녀와 혼인함	➡	승: 야광주를 팔아 이익을 취하려다 사기를 당해 가산을 탕진함	➡	전: 서류를 위조해 관의 녹봉을 받아 살아가다 발각됨	➡	결: 박계쇠의 비참한 죽음과 글쓴이의 평가

- 제재: 박계쇠의 삶
- 주제: 부정한 이익을 취하거나 허위를 일삼는 자에 대한 비판
- 특징: ① 당대의 시대상과 가치관을 반영함
  ② 흥미로운 이야기 속에 교훈을 담아 전달함

한눈에 **보기**

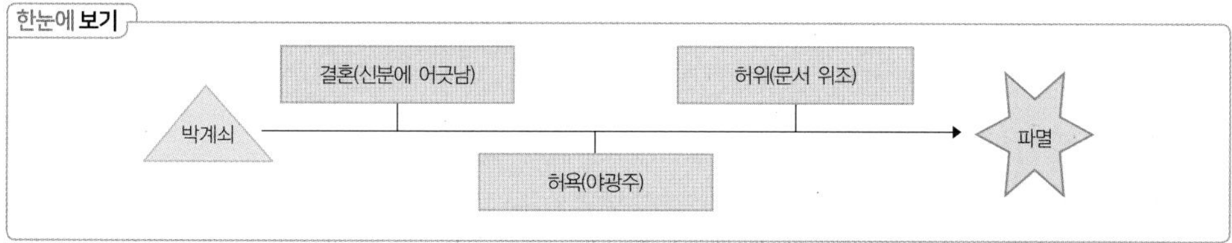

보충·심화 학습

- 《어우야담(於于野談)》의 문학사적 의의

《어우야담》은 조선 광해군 때의 문인인 유몽인이 한문으로 쓴 야담집으로, 후대에 이를 한글로 번역하였는데 그 연대와 역자는 확실하지 않다. 국문본은 번역문이면서도 창작적 가치를 잃지 않은 수필 문학이라는 점에서 국문학사적 가치가 높다. 《어우야담》은 풍부한 기지, 해학으로 조선 서민의 고통과 슬픔을 적나라하게 그리고, 당시 사회의 면모를 속속들이 보여 주어 우리 민족의 심리와 생활상까지 파악하게 한다.

필수 문제

01 글쓴이의 평가 중 당시의 신분관을 반영하는 문장을 찾아 처음과 끝 어절을 쓰시오.

02 [서술형] 글쓴이가 이 글을 통해 전하고자 한 교훈을 35자 내외로 서술하시오.

139 낙치설(落齒說) | 김창흡

이가 빠짐

교과서

출제 포인트

예순여섯 살이 되던 해에 앞니 하나가 빠진 일을 계기로, 글쓴이가 자신의 지난 삶을 반성하고 새로운 다짐을 한다는 내용의 고전 수필이다. 글쓴이가 깨달은 바에 주목하여 살펴보자.

감상 길잡이

이 글은 나이가 들어 이가 빠지게 된 일을 계기로 그동안 나이에 맞지 않게 무리한 생활을 하던 자신의 모습을 반성하고, 타고난 착한 성품을 기르며 나이가 드는 것을 자연스럽게 받아들이고 인생의 도를 찾겠다는 결심을 드러낸 고전 수필이다. 눈이 어두워진 것이 계기가 되어 성품을 기르는 데 전념하게 된 주자의 예화와 옛 선인들의 말을 근거로 들어 자신의 결심을 더욱 강조하여 나타내고 있다. 글의 끝 부분에는 글쓴이가 지은 노래를 덧붙여 글의 전개에 변화를 주고, 글쓴이가 깨달은 내용을 압축적으로 표현하여 주제를 강조하고 있다. 일상의 사소한 사건을 통해 삶의 본질적 문제에 대해 접근한 이 글은 글쓴이의 세밀한 관찰력과 자유로운 상상력이 돋보이는 작품이다.

숙종 44년 무술년(戊戌年)(1718년)은 내 나이 예순여섯이 되던 해이다. 갑자기 앞니 한 개가 빠져 버렸다.(글쓴이가 깨달음을 얻는 계기) 그러자 입술도 일그러지고, 말도 새고, 얼굴까지도 한쪽으로 삐뚤어진 것 같았다.(이가 빠진 이후 얼굴과 발음에 변화가 생김) 거울을 가져다가 얼굴을 비춰 보니 놀랍게도 딴 사람을 보는 것 같아 눈물이 나려 했다.(나이를 의식하지 않고 살아온 글쓴이에게 앞니가 빠져 얼굴이 일그러진 것은 큰 충격임) 그렇게 한참을 바라보다가 다시 곰곰이 생각해 보니, 사람은 짚자리에 떨어지고 나서부터(태어나서부터) 늙은이가 되는 동안에 참으로 많은 일들을 겪게 된다는 것을 알게 되었다.

▶ 노년에 들어 이가 갑자기 빠져 버린 것에 대한 비애

사람이 태어났다가 바로 죽는다면 이도 나 보지 못한 채 죽게 되고, 예닐곱 살에 죽으면 젖니도(유아기에 사용한 뒤 갈게 되어 있는 이) 갈지 못한 채 죽고 마는 것이다. 그러나 여덟 살을 지나 육칠십 살까지 살면 젖니가 빠지고 새 이가 난 뒤이고, 다시 팔구십 살이 되면 이가 또 새로 난다고 한다. 그런데 내가 살아온 나이를 따져 보니 아흔 살을 산다고 볼 때에 거의 4분의 3을 산 셈이다. 영구치(젖니가 빠진 뒤에 나는 이와 뒤어금니를 통틀어 이르는 말)가 난 뒤로 벌써 환갑(육십갑자의 '갑(甲)'으로 되돌아온다는 뜻으로 예순한 살을 이르는 말)이 되었으니, 이가 너무 일찍 빠졌다고 하여 한탄할 수만은 없을 것 같구나. 「더구나 금년은 크게 흉년이 들어서 굶어 죽는 사람이 그 수를 헤아릴 수 없을 지경이니, 그러한 정상(있는 그대로의 사정과 형편. 어떤 일이 벌어졌거나 사람이 처하여 있는 사정)을 생각해 보면 나처럼 이 빠진 귀신이 된 이가 몇 사람이나 있겠는가.」(「 」: 흉년으로 인해 요절한 사람에 비하면 본인의 처지가 낫다고 생각하며 스스로를 위로함) 나는 이러한 일들을 생각하며 스스로 마음을 넉넉하게 먹기로 했다. 그렇지 않고 슬퍼한들 무슨 소용이 있겠는가?

▶ 자신의 처지를 위로함

그렇다고 해도 아쉬움은 남는다.(이가 빠져서 신체적인 불편함이 생겼기 때문에) 사람이 체력을 유지하고 기르는 데는 음식만 한 것이 없고, 음식을 먹으려면 이가 가장 긴요하다.(꼭 필요하고 중요하다) 그런데 하루아침에 이가 빠져 버리고 나니 빠진 이 사이로 물이 새고 밥은 딱딱하여 잘 씹히지 않으며, 간간이 고기라도 씹으려면 마치 독약을 마시는 사람처럼 얼굴이 절로 찌푸려진다. 책상 앞에 앉아도, 빠진 이 때문에 어려움에 처한 나의 신세가 걱정된다.(앞으로 음식을 마음대로 먹지 못한다는 것에 대해 근심함) 그렇지 않아도 쇠약한 몸이 음식을 제대로 먹지도 못하고, 매미의 배에 거북의 창자 꼴이(선복구창(蟬腹龜腸): 매미는 이슬만 먹고 살고 거북은 오래 먹지 않고도 살 수 있다는 말로, 가난하여 굶주림을 뜻함) 될 것이니 참으로 딱한 노릇이다. 장차 그렇다고 어쩔 도리가 있겠는가? 그러니 먹고 마시는 일은 되어 가는 대로 내버려 둘 수밖에 없다.

▶ 이가 빠진 이후의 불편함을 걱정함

나는 어릴 때부터 책 읽기를 좋아했다. 그런데도 아직까지 입에 올리지 못한 책이 수두룩하다. 이제부터라도 아침저녁으로 시골 풍경을 바라보면서 책이나 흥얼거리는 것으로 말년을 보내려 했

세속과 떨어진 고요한 집에서 책을 읽고 산수를 완상하며 시간을 보내려 함(한적함과 자연을 추구하는 태도)

다. 그리하여「캄캄한 밤에 촛불로 길을 비추듯,」인간의 근본에서 벗어나지 않기를 바랐던 것이다.

본성이 욕심에 가려 버린 상태　학문 수양을 통해 본성을 보존하듯　「 」: 비유적 표현

이렇게 마음먹고 책을 펴서 읽기 시작했다. 그러자「이가 빠진 입술 사이로 흘러나오는 소리가

「 」: 앞니가 빠져서 발음이 새기 때문에 자신이 읽은 내용을 정확하게 이해하기 어려움

마치 깨진 종소리 같아서, 빠르고 느린 것이 마디가 분명하지 못하고, 맑고 탁한 소리가 조화를

팔음. 아악(雅樂)에 쓰이는 여덟 가지 악기의 소리

잃고, 칠음(七音)의 높낮이도 분간할 수 없으며 팔풍(八風)도 이해할 수 없었다.」처음에는 낭랑한 목

발성 위치에 따라 분류한 음. 아음, 설음, 순음, 치음, 후음, 반설음, 반치음이 있음

소리를 내 보려고 안간힘을 써 보았으나 끝내 소리가 말려 들어가고 말았다. 나는 이러한 내 모양이 슬퍼서 책 읽는 일을 그만두어 버렸다. 그러고 나니 마음은 더 게을러져 갔다. 결국 인간의 근

이가 빠져 책을 읽는 것이 불편해지자 책 읽기를 좋아하던 마음도 없어짐

본을 찾으려 했던, 최초의 마음을 그대로 유지할 수가 없다는 것을 알게 되었다. 이것이 이가 빠

앞니가 빠지는 바람에 학문을 통해 인간의 근본을 찾으려 했던 초심이 허사가 됨

체험 지고 난 뒤에 나의 마음을 가장 슬프게 하는 것이다.

▶ 이가 빠진 후 책 읽기가 불편해짐

성찰 그동안 살아온 삶을 곰곰이 생각해 본다.「내가 비록 늙었다고는 하나 몸이 가볍고 건강하다는

글쓴이가 지금껏 살아온 삶을 성찰하기 시작함

것을 자신했었다. 걸어서 산에 오르거나, 종일토록 먼 길을 말을 타고 달리거나, 때로는 천 리 길을 가도 다리가 아프다거나 등이 뻣뻣해지는 것을 느끼지 못하였다.」그래서 내 또래들과 비교해

「 」: 글쓴이가 평소 자신의 건강을 과신함　나이나 수준이 서로 비슷한 무리

볼 때에 나만 한 사람이 드물다고 생각하여 자못 기분이 좋았다. 이미 노쇠한 것도 잊고 오히려

평소 자신의 건강에 대해 만족감을 가지고 있었음

건장하다고 잘못 생각하고는, 어떤 일을 당해도 겁내지 않고 달려들어 처리했으며, 신바람이 나

자신이 늙은 것도 잊은 채 자신의 건장함을 자부함

면 아무리 먼 길이라도 달려갔다가 반드시 녹초가 되어서야 돌아오곤 했다.

자신이 가진 기력을 아끼지 않는 무리한 행동을 함

그리고 벌여 놓은 일이 너무 많아서 수습할 수 없게 되면 스스로 결심하기를 앞으로는 시골에 몸을 숨겨 다시는 문밖에 나가지 않겠다고 다짐하곤 했다. 그러나 이러한 일은 마치 버릇처럼 되

관련 속담: 제 버릇 개줄까(한번 젖어 버린 나쁜 버릇은 쉽게 고치기가 어려움)

어서, 저녁이면 후회하면서도 아침이면 다시 그 일을 되풀이하곤 했다. 이는 아마도 나이에 따라 분명히 체력의 한계가 있는데도 그것을 모르고 겁 없이 살아온 데 그 원인이 있을 것이다.

그런데 지금 얼굴이 일그러져 추한 모습으로 갑자기 사람들 앞에 나타나면 모두 놀라고 또 슬

늘 건강한 모습을 보여 주었던 사람이 갑자기 앞니가 빠진 모습으로 나타나면 모두들 안타까워하며 슬퍼할 것이니

퍼하지 않는 사람이 없을 것이니, 내가 아무리 늙었음을 잠깐이라도 잊으려 한다 해도 가능한 일이겠는가? 그러니 이제부터라도 나는 노인으로서의 분수를 지켜야겠다.

▶ 자신의 건강을 과신했던 것에 대한 반성

「옛날 선인들의 예법에, 사람이 예순 살이 되면 마을에서 지팡이를 짚고 다니고, 군대에 나가지 않으며, 또 학문을 하려고 덤비지 말아야 한다고 했다.」나는 일찍이 〈예기〉를 읽었으나 이와 같은

「 」: 〈예기(禮記)〉의 제5편 '왕제'에 나오는 말. 옛 선인들의 예법을 노인으로서의 분수를 지켜야겠다는 자신의 다짐의 근거로 삼음

예법에는 동의하지 않고, 계속해서 잘못을 저지르곤 했는데, 지금에 와서야 그동안 내가 한 행동

자신의 건강을 과신한 채, 노인으로서의 분수를 지키지 않고 무리하게 활동하였음　앞니가 빠져서야

이 잘못되었음을 크게 깨달았다. 앞으로는 조용한 가운데 휴식을 취하기로 마음먹었다. 결국 빠

노년은 삶의 단계상 무엇을 기획하고 왕성히 활동할 시기가 아니라 자신의 인생을 마무리하며 활동력을 줄여야 할 시기임을 인식함

진 치아가 나에게 경고해 준 바가 참으로 적지 않다 하겠다.

자신의 나이를 생각하지 않고 계속 무리하게 활동했다면 더 안 좋은 일을 겪게 될 수도 있음을 깨달음 → 나이에 걸맞게 살아야 함

『옛날 성리학의 대가인 주자(朱子)도 눈이 어두워진 것이 계기가 되어, 본심을 잃지 않고 타고난 착한 성품을 기르는 데 전념하게 되었으며, 그렇게 되자 더 일찍 눈이 어두워지지 않은 것을 한탄했다고 한다.』 그렇다면 나의 이가 빠진 것도 또한 너무 늦었다고 해야 하지 않을까.『얼굴이 일그러졌으니 조용히 들어앉아 있어야 하고, 말소리가 새니 침묵을 지키는 것이 좋고, 고기를 씹기 어려우니 부드러운 음식을 먹어야 하고, 글 읽는 소리가 낭랑하지 못하니 그냥 마음속으로 읽어야 할 것 같다.』

「 」: 성리학의 대가인 주자의 말을 인용하여 자신의 생각이 타당함을 뒷받침함 / 본심을 잃지 않고 타고난 착한 성품을 기르는: 존심양성(存心養性) / 나의 이가 빠진 것도 또한 너무 늦었다고 해야 하지 않을까: 주자와 자신의 경우를 비교하여 자신도 삶의 도를 빨리 찾지 못했음을 안타까워함 / 「 」: 글쓴이의 태도 변화가 나타남

『조용히 들어앉아 있으면 정신이 안정되고 말을 함부로 하지 않으면 허물이 적을 것이며 부드러운 음식만 먹으면 수복(壽福)을 온전히 누릴 것이다. 그리고 마음속으로 글을 읽으면 조용한 가운데 인생의 도를 터득할 수 있을 터이니, 그 손익을 따져본다면 그 이로움이 도리어 많지 않겠는가?』

「 」: 발상의 전환: 앓니가 빠진 것으로 인한 긍정적인 기대 효과를 언급함으로써 글쓴이의 인식이 긍정적으로 전환되었음을 표현(설의법) / 수복: 오래 살고 복을 누리는 일 / 손익: 손실과 이익

▶ 이가 빠진 것에 대해 긍정적으로 인식함

그러니 늙음을 잊고 함부로 행동하는 자는 경망스런 사람이고 늙음을 한탄하며 슬퍼하는 자는 비속한 사람이니, 경망스럽지도 않고 속되지도 않으려면 늙음을 편하게 받아들여야 한다. 늙음을 편하게 여긴다는 말은 여유를 가지고 쉬면서 마음 내키는 대로 자유롭게 사는 것이다. 이리하여 담담한 마음으로 세상을 조화롭게 살다가 아무 미련 없이 죽음을 맞이해야 한다. 그리고『눈으로 보는 감각의 세계에서 벗어나, 일찍 죽는 것과 오래 사는 것이 서로 다르지 않다는 생각을 가지게 된다면, 그것이 인생을 즐겁게 사는 길이며, 근심을 떨쳐 버리는 방법이 될 것이다.』그래서 아래와 같이 노래를 짓는다.

비속한: 격이 낮고 속된 / 경망스럽지도 않고 속되지도 않으려면 늙음을 편하게 받아들여야 한다: 글쓴이의 중심 생각이 드러남, 천리(天理)에 순응하는 삶 / 눈으로 보는 감각의 세계: 자신의 늙음을 부정하거나 슬퍼하는 것 / 「 」: 육신의 늙음에 대해 의식하지 말고 자기 나이에 맞게 분수대로 사는 것이 인생을 즐겁게 사는 방법임

▶ 늙음을 자연스럽게 받아들이는 것이 중요함을 밝힘

노래 삽입의 효과: ① 글의 전개에 변화를 줌(산문 → 운문) ② 자신의 체험과 성찰을 집약하여 보여 줌으로써 자신의 생각을 강조함

이(齒)여, 이여! / 그대 나이 얼마인가?
60년이 돌아오는 동안 / 온갖 음식 골고루 맛보았네.

이(齒)여: 이를 의인화함 / 60년이 돌아오는 동안: 이가 난 지 60년이 되어 오는 동안

공을 이루면 물러나야만 하고 / 보답이 극진하면 사양하는 법
나는 나의 빠진 이에서 / 세상의 조화를 깨달았노라.

공을 이루면 물러나야만 하고 / 보답이 극진하면 사양하는 법: 늙으면 물러나야 하는 것이 인생의 이치임을 밝히고 있음 – 노인으로서의 분수를 지켜야 함 / 빠진 이: 깨달음의 계기

『하늘에 빛나는 찬란한 별도 / 떨어지면 한낱 볼품없는 돌 같은 것이고,
여름내 무성한 나뭇잎도 / 서리 내리면 나뭇잎이 떨어진다네.』

찬란한 별: 온전한 앓니 / 볼품없는 돌: 빠진 앓니 / 무성한 나뭇잎: 온전한 앓니 / 나뭇잎이 떨어진다네: 떨어진 나뭇잎: 빠진 앓니 / 「 」: 자연의 이치에 빗대어 일정한 때가 되면 성한 것도 쇠하게 된다는 인생의 이치를 보여 주고 있음

이것은 절로 그리되는 일 / 답답해할 것도, 애처롭다고도 할 것 없다네.
나는 조용히 자취를 감춘 채 / 침묵 속에 내 마음을 지키려 하네.

『편안한 잠자리 하나면 / 온갖 인연이 부질없다네.

배를 채우는 데는 고기가 필요 없고

얼굴은 동안이 아니어도 괜찮네.」「 」: 앞니 하나가 빠져서 겪는 불편함과 괴로움을 긍정적으로 받아들이고 있음

오오, 정신이 깨어 있는 이여!

그대는 오직 이 이의 주인되는 사람이로세. ▶ 성찰과 깨달음의 내용을 시로 표현함

핵심 정리

- 갈래: 고전 수필〔설(說)〕
- 성격: 비유적, 성찰적, 체험적, 교훈적
- 구성: '체험 – 성찰'의 2단 구성

글쓴이의 체험: 예순여섯 살이 되던 해에 앞니 하나가 빠짐	➡	글쓴이의 성찰: 앞니가 빠짐을 늙음에 따른 자연스러운 현상으로 받아들임

- 제재: 예순여섯 살에 이 하나가 빠진 일
- 주제: 이가 빠진 것을 통해 깨달은 인생의 의미(늙음을 편하게 받아들여야 함)
- 특징: ① 체험을 바탕으로 인생에 대해 깨달은 바를 이야기함
  ② 옛 선인들의 예법과 권위 있는 사람의 일화를 인용하여 설득력을 높이고 있음
  ③ 글의 마지막 부분에 노래를 삽입하여 자신의 생각을 압축적으로 드러냄
- 의의: 일상적 체험을 확장시켜 늙음에 대해 통찰하고 독자에게 교훈을 줌

한눈에 **보기**

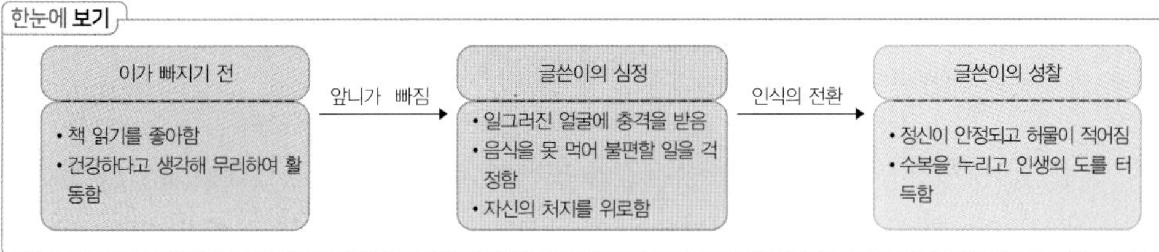

필수 문제

01 **이 글에 삽입된 노래에서 빠지기 전의 온전한 '이'를 비유적으로 나타내는 말 두 가지를 찾아 쓰시오.**

02 [서술형] **늙음에 대한 글쓴이의 태도가 〈보기〉 시조의 화자와 어떻게 다른지 간략하게 서술하시오.**

〈 보기 〉

春山(춘산)에 눈 노기는 바람 건듯 불고 간 듸 업다.
져근듯 비러다가 ᄆᆞ리 우희 불니고져.
귀 밋틔 무근 서리를 녹여 볼가 ᄒᆞ노라.

〈현대어 풀이〉
봄 동산에 쌓인 눈을 녹이는 바람이 잠깐 불고 어디론가 간 곳 없다.
(그 봄바람을) 잠시 빌려다가 머리 위로 불게 하고 싶구나.
귀 밑에 여러 해 묵은 서리(백발)를 (다시 검은 머리가 되게) 녹여 볼까 하노라. – 우탁의 시조

140 노마설(老馬說) | 홍우원

늙은 말에 관한 이야기

필수

출제 포인트

다 늙어서 쓸모없게 된 말을 내치려는 주인과 이에 항변하는 늙은 말의 대화로 이루어진 고전 수필이다. 주인의 주장과 늙은 말의 반박을 바탕으로, 글쓴이가 궁극적으로 비판하고자 하는 바를 파악해 보자.

감상 길잡이

이 글은 홍우원의 문집인 《남파집(南坡集)》 10권에 수록된 글로, 현재 늙어서 더 이상 쓸모없게 된 말을 내치려는 '주인'과, 과거에 행했던 자신의 공을 중심으로 억울하고 분한 마음을 호소하는 '늙은 말'의 대화 형식으로 이루어져 있다. 글쓴이는 주인과 늙은 말의 상상의 대화를 통해 자신에게 돌아올 이득만을 따져 늙은 말을 버리려 하는 주인의 이기적인 태도를 비판하고 있다.

"아, 늙은 말아!「이제 네가 나이는 먹을 대로 먹었고, 근력도 이제는 쇠할 대로 쇠하였다. 장차 너를 데리고 치달리게 하고 쏜살같이 몰아 보려 한들 네가 그렇게 할 수 없을 것이며, 너에게 도약을 시키고 뛰어넘게 하려 해도 네가 그렇게 할 수 없음」을 내가 안다.「내가 너를 수레에 매서 태행산(太行山)의 험한 길을 넘으려 한다면 너는 넘어지고 자빠져서 일어나지도 못할 것이고, 내가 너에게 무거운 짐을 실어서 망창(莽蒼)의 아득히 먼 길을 건너고자 한다면 너는 고꾸라져 짐에 깔려 죽고 말 것이다」늙은 말아, 너를 장차 무엇에 쓰겠는가.「푸줏간 백정에게 넘겨 주어 너의 고기와 뼈를 가르게 하자니 내가 차마 너에게 그렇게는 못하겠고,」「장차 시장에 내어다가 팔려 해도 사람들이 무엇을 보고 너를 사겠는가.」

늙은 말: 노마(老馬)
근력: 일을 능히 감당해 내는 힘
「 」: 늙은 말의 쓸모없음 ① – 늙고 쇠해 빠르게 달리거나 뛰지 못함
망창: (잡초가 무성히 우거진) 교외의 푸른 들판
「 」: 늙은 말의 쓸모없음 ② – 험한 길을 가지 못하고 무거운 짐도 나르지 못함
「 」: 늙은 말의 쓸모없음 ③ – 지난날의 정 때문에 고기를 취할 수도 없음
「 」: 늙은 말의 쓸모없음 ④ – 사고자 하는 이가 없어 팔 수 없음

아, 늙은 말아, 내가 이제 너에게 물린 재갈을 벗겨 주고 너를 얽어맨 굴레를 풀어서 네가 하고자 하는 대로 내버려 둘 테니 너는 가고픈 대로 가겠느냐? 그래, 떠나도록 해라. 나는 너에게 아무것도 취하여 쓸 것이 없다." 하였다.

재갈: 말을 부리기 위해 아가리에 가로 물리는 가느다란 막대
그래, 떠나도록 해라: ①~④를 통한 주인의 결론 – 말을 내치고자 함
나는 너에게 아무것도 취하여 쓸 것이 없다: 주인이 늙은 말을 버리려 하는 이유 – 현재 자신에게 돌아올 이득만을 따지는 주인의 이기적인 성격이 드러남. 감탄고토(甘呑苦吐), 토사구팽(兎死狗烹)
▶ 주인이 현재의 쓸모없음을 이유로 늙은 말을 내치고자 함(주장)

이때에 말은 마치 무슨 말을 알아듣기라도 하는 듯이 귀를 늘이고, 마치 무슨 하소연이라도 하려는 듯이 머리를 쳐들고는 한참을 주저주저 몸을 펴지 못하더니, 입으로는 말을 하지 못하는지라 가슴속에 쌓여 있는 심정을 억대(臆對)하여 이르기를, "진실로 주인의 말이 맞소이다. 그러나 주인께서도 역시 어질지 못한 분이십니다그려.「예전에 내 나이가 한창 젊었던 시절에는 하루에 백여 리는 치달렸으니 나의 걸음걸이가 굳세지 않은 것이 아니었으며, 한번 짊어지면 곡식 몇 섬은 실을 수 있었으니 나의 힘이 강하지 않은 것도 아니었소.」/ 주인께서 가난했던 형편에 대해서는 오직 내가 잘 알고 있으니,「온 집 안은 쑥대가 무성하여 처량하기 그지없고 텅 빈 살림살이는 쓸쓸하기까지 하였소. 쌀 단지는 바닥이 나서 됫박쌀의 저축도 없고, 고리짝에는 한 자짜리 비단 조각조차 없질 않았소. 파리하게 수척한 마누라는 굶주림에 허덕이다 바가지나 긁고, 딸린 여러 자식들은 너나없이 밥 달라 징징거리며, 아침저녁에도 죽으로 요기나 때우는 것이 고작이었고,

억대: 생각으로, 마음으로 대하여
주인께서도 역시 어질지 못한 분이십니다그려: 주인에 대한 원망
「 」: 늙은 말의 항변 ① – 젊었을 때에는 잘 달렸고, 많은 짐을 실어 날랐음
고리짝: 고리버들의 가지나 대나무 따위를 엮어 만든 상자. 옷상자로 사용함
파리하게 수척한: 몸이 마르고 낯빛이나 살색이 핏기가 전혀 없이
요기: 시장기를 겨우 면할 정도로 조금 먹음

그나마도 이집 저집 다니면서 동냥 쌀 빌어다가 끼니를 잇지 않았소.」「그 당시에 내가 실로 있는 힘을 다해 동분서주하기를 오직 주인의 명령대로 하였고, 남으로 가라면 남으로 가고 북으로 가자면 북으로 가기를 오직 주인께서 시키는 대로 하였소. 멀리는 기천 리 가깝게는 수십, 수백 리를 지고 나르며 달리고 치닫느라 하루도 편안한 날이 없었으니 나의 노고가 실로 컸다고 할 것이오. 주인집의 여러 식구들이 목숨을 온전히 부지해 온 것은 모두 나의 덕이며, 길가에 쓰러져 굶어 죽거나 곤궁하게 떠돌다가 도랑이나 골짜기에 처박혀 죽지 않은 것도 모두 나의 덕이 아니겠소.」〈중략〉

「 」: 과거 가난했던 주인의 형편에 대한 묘사

동분서주하기를: 사방으로 이리저리 몹시 바쁘게 돌아다니기를

기천: 천의 몇 배가 되는 수

「 」: 늙은 말의 항변 ② – 주인이 어렵던 시절 부지런히 일하여 주인의 식구들이 죽지 않고 살 수 있게 해 줌

그러나 지금 주인께서는 그렇지 않소.「나의 노고가 이와 같이 큰데도 나에게 먹여 주는 것은 전혀 변변치 못하였고 나의 공이 이와 같이 높은데도 나를 길러 주는 것은 푸대접뿐이었소.」짚 썬 한 방구리의 여물과 한 사발의 물로 나의 배를 채우지 않은 적이 없었으니 이것은 결코 헛말이 아니잖소. / 게다가「재갈과 굴레를 씌워서 속박하고 채찍으로 치고 때리는가 하면, 굶주리고 기갈(飢渴) 들게 하고 치달리고 달음박질시키느라 나를 쉬지 못하게 한 것」이 이제까지 여러 해가 되었소. 비록 내가 나이가 들지 않고 아직 어리다고 한들 나의 기력이 어찌하여 고달프지 않을 수 있겠으며, 나의 힘이 어떻게 쇠하지 않을 수 있겠소." ▶ 늙은 말이 과거 자신의 공과 주인의 야박함을 근거로 항변함(반박)

「 」: 늙은 말의 항변 ③ – 말의 노고에 비해 주인의 대접이 야박함

방구리: 물을 긷거나 술을 담는 데 쓰는 질그릇

기갈: 배고픔과 목마름

「 」: 늙은 말의 항변 ④ – 말을 학대함

①~④를 통한 늙은 말의 결론 – 나의 기력이 쇠하게 된 것은 다 주인의 잘못임

핵심 정리

- 갈래: 고전 수필(한문 수필, 설(說)) '설(說)'에 대해서는 p.107 '보충 · 심화 학습' 참조
- 성격: 교훈적, 풍자적, 비유적
- 구성: '주장 – 반박'의 2단 구성

주인의 주장: 현재 아무 쓸모가 없으므로 늙은 말을 내치고자 함	➡	늙은 말의 반박: 과거 자신이 쌓은 공과 주인의 야박함을 근거로 주인에게 항변함

- 제재: 늙은 말의 항변
- 주제: 쓸모가 없어졌다 하여 버리거나 소홀히 대하는 삶의 태도 비판
- 특징: ① '주인'과 '늙은 말'의 상상의 대화 형식으로 진행됨
  ② 우의적 수법을 주로 사용하는 일반적인 설(說)과 달리 직설적 어법이 사용됨

한눈에 **보기**

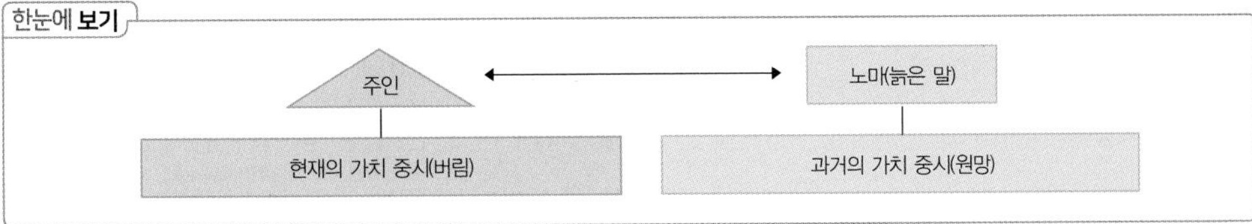

필수 문제

01 이 글에서 '주인'이 '늙은 말'을 내치려 하는 이유가 드러난 문장을 둘째 문단에서 찾아 쓰시오.

02 이 글을 통해 글쓴이가 궁극적으로 비판하고자 하는 인물 유형을 쓰시오.

141 논뢰유(論賂遺) | 이익

뇌물로 잃는 것에 대하여 논함

필수

출제 포인트

뇌물로 발생하는 병폐에 대해 논한 글이다. 글쓴이가 지적한 뇌물 발생의 원인과 문제점에 대해 알아보고 이를 근절하기 위해 제시한 구체적 방법을 파악해 보자.

감상 길잡이

이익(李瀷)의 《성호잡저(星湖雜著)》에 실려 있는 이 글은 제목에서 알 수 있듯 뇌물(賂)로 잃는(遺) 것, 즉 뇌물의 폐해를 논(論)한 글이다. 글쓴이는 백성과 나라가 피폐해지는 가장 큰 이유로 뇌물을 지목하면서 그 원인과 병폐를 구체적으로 서술하고, 뇌물을 주고받는 것을 막기 위한 구체적인 방법을 제시하고 있다. 이 글은 글쓴이의 주장과 그에 대한 근거와 해결책이 명료하게 드러나고 있을 뿐 아니라, 여전히 뇌물이 통용되고 있는 오늘날의 현실에도 많은 점을 시사하고 있다는 점에서 그 의의를 발견할 수 있다.

궁극적 원인

뇌물을 주는 것은 우리나라의 오랜 병증이다. 국가의 피폐(疲弊)와 백성의 빈곤이 이에 연유한다. 조정에서 금하지 않을뿐더러 가르치는 실정이다. 외국에서 사신이 오면 각 고을에 서간을 띄워 그 여비를 떠맡기는데 일정한 액수도 없다. 그러므로 음직(蔭職)과 무관(武官)으로 사령이 된 자는 앞을 다투어서 재물을 실어 나른다. 또, 나라에 크고 작은 잔치가 있으면 반드시 여러 가지 물품을 각 고을에 떠맡겨서 구해 들인다. 각 고을에서는 각 마을에 배당하여 구해 들이니 그 잔학함이 매우 심하다. 이와 같이 하면서 어찌 사람들의 뇌물 통래(通來)를 금하겠는가. 명절에는 반드시 ㉠각 고관(高官)에게 문안차 보내는 선물이 있다. 무식하고 벼슬을 탐내는 무리는 반드시 이런 기회를 틈타 승진되기를 바란다. 구관(舊官)이 이미 후하게 실어 보냈으므로 신관(新官)은 더욱 많이 실어 보낸다. 뇌물을 더 보내는 자는 유능한 수령이라고 하고 그렇지 못한 자는 중상을 당한다.

지치고 쇠약해짐 / 부패한 조선의 현실 / 뇌물 발생의 원인 ① / 과거를 거치지 아니하고 조상의 공덕에 의하여 맡은 벼슬 / △: 뇌물 발생에 주된 역할을 하는 이들 / 뇌물 발생의 원인 ② / →: 뇌물로 인해 백성에게 피해가 갈 수밖에 없는 구조 / 잔인하고 포학함 / 지위가 높은 관리 / 왕래 / 뇌물 발생의 원인 ③ / 새로 부임한 관리 / 문안차 보내는 선물의 궁극적 의도 / 먼저 재임하였던 관리 / 근거 없는 말로 남을 헐뜯어 명예나 지위를 손상시킴 / 뇌물에 의해 출세가 좌우되는 부조리한 세태

▶ 뇌물이 판치는 현실 상황(기)

뇌물을 보내는 물품은 원래 국비(國費)에서 계산한 것이 아닌데 어디서 구해 오는 것인가. 받는 자는 아무렇지도 않게 여기지만 백성은 점차 병들게 된다. 그러므로 조정에서도 예사로 알고 따라서 상하(上下)의 풍습이 되어 버렸다.「한 물건을 실어 오는 것이 관가의 입장에서는 사소하지만 덧붙여서 백성의 재물은 남김이 없게 된다.」이런 짓을 어찌 그만둘 수 없는가.

나라의 재정으로 부담하는 비용 / 설의법 / 뇌물의 가장 큰 폐해 – 백성의 생활을 피폐하게 함 / 「 」: 뇌물이 백성의 삶에 미치는 치명적인 영향 / 설의법

▶ 뇌물의 폐해(승)

법이란 마땅히 조정에서 지키기 시작하여야 한다.「연향(宴享)이나 사신의 접대 같은 일은 모름지기 국비 중에서 마련할 것이지 정당한 세금(稅金) 외에 더 걷는 일은 없어야 한다.」그리고「각 고을에서 고관에게 문안차 보내는 것은, 곧 옛날의 의장이라는 것이나 비록 말채찍이나 구두신과 같은 하찮은 물품이라 하더라도 모두 막는 것이 마땅하다.」

뇌물 수수 근절을 촉구함. 관련 속담: 윗물이 맑아야 아랫물이 맑다 / 국빈을 대접하는 잔치 / 「 」: 원인 ①과 ②에 대한 구체적 해결 방안 / 정부에서 묵인해 주는 뇌물 / 「 」: 원인 ③에 대한 해결 방안 – 원칙적 방안

▶ 뇌물 근절을 위한 원칙적 방안(전)

문안차 내는 물건은 그 품목과 수량을 정하도록 건의한 자가 있었다. 그러나 사사로 주고받는 것을 누가 살필 것인가. 또 숙폐(宿弊)를 갑자기 금할 수 없다. 그러므로 사헌부 감찰관에게 그 일을 맡기는 것이 마땅하다.「고을에서는 조정에 있는 신하에게 보내는 물품은 그 건수를 문서에 기

오래된 폐단 / 개인적으로 / 정사(政事)를 논의하고 풍속을 바로잡으며 관리의 비행을 조사하여 그 책임을 규탄하는 일을 맡아보던 관아

록하고 먼저 사헌부에 보내어 날인(捺印)하여 증명한 다음 받도록 한다. 그리고 지나치게 많으면
사헌부의 대사헌 이하 지평까지의 벼슬 / 도장을 찍어
대관(臺官)이 증거를 들어 논평한다.」이와 같이 하면 오직 일종의 비열한 자 외에는 감히 턱없이
「 」: 원인 ③에 대한 해결 방안 – 구체적 방법
주고받지 못한다. 이것도 또한 백성을 유익하게 하는 일단이다. ▶ 뇌물 근절을 위한 구체적 방안(결)

핵심 정리

- 갈래: 고전 수필〔한문 수필, 논(論)〕
- 성격: 비판적
- 구성: '기 – 승 – 전 – 결' 의 4단 구성

- 제재: 뇌물 수수(授受)의 실태
- 주제: 뇌물의 폐해 제시 및 근절 촉구
- 특징: 현실의 문제점을 제시하고 이를 해결하기 위한 구체적인 방법을 제시함

한눈에 **보기**

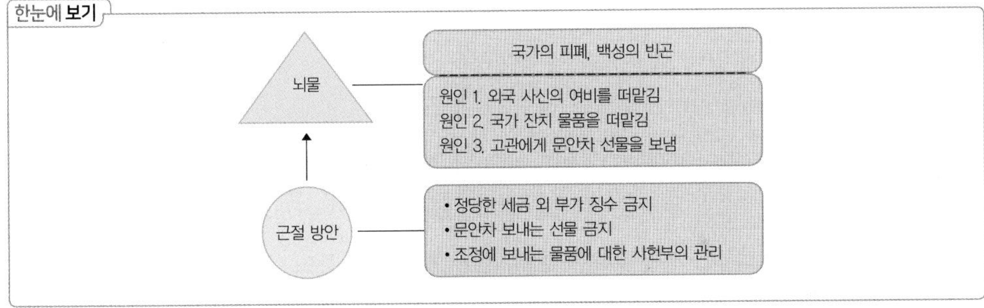

보충·심화 학습

- 이익의 실학사상

성호(星湖) 이익은 조선 후기의 학자로 당시의 사회 제도를 실증적으로 분석 · 비판하여 정책적 대안을 제시한 중농주의 실학자이다. 그는 주요 저서인《성호사설(星湖僿說)》과《곽우록(藿憂錄)》등을 통해 개인의 토지 점유를 제한하여 자영농의 몰락을 방지하려는 한전론(限田論)을 주장하였으며, 노비의 점진적 해방, 양반도 산업에 종사해야 한다는 사농합일(士農合一) 이론 등 개혁적인 정책을 주장하였다.

필수 문제

01 이 글에서 국가의 피폐와 백성 빈곤의 궁극적인 원인으로 제시한 것을 쓰시오.

02 ㉠을 해결하기 위해 글쓴이가 제시하고 있는 구체적 방법이 나타나 있는 부분을 찾아 그 첫 어절과 끝 어절을 쓰시오.

142 이름 없는 꽃 | 신경준

교과서

출제 포인트

조선 후기의 실학자 신경준이 고향 순창의 정원에서 이름 없는 꽃을 보며 느낀 깨달음을 쓴 고전 수필이다. 대상의 이름보다 본질이 더 중요하다는 글쓴이의 생각을 주목해 살펴보자.

감상 길잡이

이 글은 실학자 신경준이 전라북도 순창의 고향집에서 정원을 가꾸면서, 이름 없는 꽃을 보며 느낀 깨달음을 적은 수필이다. 글쓴이는 꽃의 아름다움은 꽃의 이름에 의해 얻어지는 것이 아니라 본질이나 특성 때문이므로, 굳이 이름을 알거나 지으려고 노력할 필요가 없다는 것을 깨닫는다. 그리고 나아가 이름은 다른 대상과 구별을 하기 위한 것이므로, 인위적으로 아름답게 만들려고 노력할 필요도 없다는 점을 밝히고 있다. 이러한 생각은 형식이나 명분에 얽매이지 말고, 본질적 특성을 중요하게 여겨야 한다는 글쓴이의 실학적 사고와 연관이 있다.

순원(淳園)의 꽃 중에는 이름이 없는 것이 많다. 대개 사물은 스스로 이름을 붙일 수 없고, 사람이 그 이름을 붙인다. 꽃이 아직 이름이 없다면 내가 이름을 붙이는 것이 좋을 수도 있지만 또 어찌 꼭 이름을 붙여야만 하겠는가?

(순원: 글쓴이의 고향인 전북 순창에 있는 정원 / 설의적 표현을 사용하여 사물에 꼭 이름을 붙여야 하는지에 대한 문제를 제기함)

▶ 꽃에 꼭 이름을 붙일 필요는 없다는 의견을 제시함

사람이 사물을 대함에 있어 그 이름만을 좋아하는 것은 아니다. 좋아하는 것은 이름 너머에 있다.「사람이 음식을 좋아하지만 어찌 음식의 이름 때문에 좋아하겠는가? 사람이 옷을 좋아하지만 어찌 옷의 이름 때문에 좋아하겠는가? 여기에 맛난 회와 구이가 있다면 그저 먹기만 하면 된다. 먹어 배가 부르면 그뿐, 무슨 생선의 살인지 모른다 하여 문제가 있겠는가? 여기 가벼운 가죽옷이 있다면 입기만 하면 된다. 입어 따뜻하면 그뿐, 무슨 짐승의 가죽인지 모른다 하여 문제가 있겠는가? 내가 좋아할 만한 꽃을 구하였다면 꽃의 이름을 알지 못한다 하여 무슨 문제가 있겠는가?」정말 좋아할 만한 것이 없다면 굳이 이름을 붙일 이유가 없고, 좋아할 만한 것이 있어 정말 그것을 구하였다면 또 꼭 이름을 붙일 필요는 없다.

(특정 사물을 좋아하는 것은 이름 때문이 아니라, 그 사물의 본질을 좋아하기 때문임 / 「 」: 굳이 이름을 붙이지 않더라도 대상을 좋아하는 것에 문제가 없다는 의견 – 다양한 근거 사례를 제시 / 이름을 아는 것이 중요한 것이 아니라 맛있게 먹는 것이 중요함 / 가죽옷은 짐승의 이름을 아는 것이 중요한 것이 아니라 따뜻하게 입는 것이 중요함 / 꽃의 이름을 모르더라도, 그 꽃을 좋아할 수 있음)

▶ 이름을 붙이지 않더라도 특정 사물을 좋아하는 것에 아무런 문제가 없음

이름은 구별하고자 하는 데서 나오는 것이다.「구별하고자 한다면 이름이 없을 수 없다. 형체를 가지고 본다면 '장(長)·단(短)·대(大)·소(小)'라는 말을 이름이 아니라 할 수 없으며, 색깔을 가지고 본다면 '청(靑)·황(黃)·적(赤)·백(白)'이라는 말도 이름이 아니라 할 수 없다. 땅을 가지고서 본다면 '동(東)·서(西)·남(南)·북(北)'이라는 말도 이름이 아니라 할 수 없다. 가까이 있으면 '여기'라 하는데 이 역시 이름이라 할 수 있고, 멀리 있으면 '저기'라고 하는데 그 또한 이름이라 할 수 있다. 이름이 없어서 '무명(無名)'이라 한다면 '무명' 역시 이름이다. 어찌 다시 이름을 지어다 붙여서 아름답게 치장하려고 하겠는가?」

(이름의 기능 – 서로를 구별하기 위한 것 / 「 」: 이름의 기능을 다른 것과 구별하기 위한 것이라 한다면 굳이 인위적으로 이름을 지어 부를 필요가 없음 / 아름답게 치장하기 위해 인위적으로 이름을 지어 부를 필요가 없음)

▶ 일부러 이름을 만들어 붙일 필요가 없음

예전 초나라에 어부가 있었는데 초나라 사람이 그를 사랑하여 사당을 짓고 대부 굴원(屈原)과 함께 배향하였다. 어부의 이름은 과연 무엇이었던가? 대부 굴원은 《초사(楚辭)》를 지어 스스로 제 이름을 찬양하여 정칙(正則)이니 영균(靈均)이니 하였으니, 이로써 대부 굴원의 이름이 정말 아름답게

(굴원: 중국 전국 시대의 정치가이자 시인 / 배향: 위패를 사당, 서원 등에 모심 / 초사: 초나라의 굴원이 읊었던 시가(詩歌)를 모아 놓은 책 / 정칙: 굴원의 다른 이름. 바른 규칙이나 법칙 / 영균: 굴원의 호)

되었다. 그러나 어부는 이름이 없고 단지 고기 잡는 사람이라 어부라고만 하였으니 이는 천한 명칭이다. 그런데도 대부 굴원의 이름과 나란하게 백대의 먼 후세까지 전해지게 되었으니, 이것이 어찌 그 이름 때문이겠는가?『이름은 정말 아름답게 붙이는 것이 좋겠지만 천하게 붙여도 무방하다. 있어도 되고 없어도 된다. 아름답게 해 주어도 되고 천하게 해 주어도 된다. 아름다워도 되고 천해도 된다면 꼭 아름답기를 생각할 필요가 있겠는가? 있어도 되고 없어도 된다면 없는 것도 정말 괜찮은 것이다.』

후세에 전해지는 것은 이름의 유무와 큰 관련이 없음

「 」: 이름은 아름답게 짓거나, 천하게 짓거나, 혹은 없더라도 큰 관계가 없다는 점을 반복하여 강조

▶ 굴원과 어부의 사례를 들어 굳이 이름이 필요하지 않다는 생각을 밝힘

어떤 이가 말하였다. / "꽃은 애초에 이름이 없었던 적이 없는데 당신이 유독 모른다고 하여 이름이 없다고 하면 되겠는가?"

글쓴이의 주장에 대한 반박

내가 말하였다. / "없어서 없는 것도 없는 것이요, 몰라서 없는 것 역시 없는 것이다. 어부가 또한 평소 이름이 없었던 것은 아니요, 어부가 초나라 사람이니 초나라 사람이라면 그 이름을 당연히 알고 있었을 것이다. 그런데도 초나라 사람들이 어부를 좋아함이 이름에 있지 않았기에 그 좋아할 만한 것만 전하고 그 이름은 전하지 않은 것이다. 이름을 정말 알고 있는데도 오히려 마음에 두지 않는데, 하물며 모르는 것에 꼭 이름을 붙이려고 할 필요가 있겠는가?"

상대의 반박에 재반박

초나라 사람들이 어부를 좋아한 것은 어부의 이름이 아니라, 어부의 실질적 특성 때문임

이름보다 사물의 실질적 특성이 중요하므로 억지로 이름을 붙일 필요가 없음

▶ 억지로 이름을 붙일 필요는 없다고 하며 다른 사람의 의견에 반박함

핵심 정리

- 갈래: 고전 수필〔설(說)〕
- 성격: 교훈적, 사색적
- 구성: '기 – 승 – 전 – 결'의 4단 구성

기: 이름을 붙이지 않더라도 그 대상을 좋아하는 데 아무 문제가 없음	➡	승: 이름은 다른 대상과 구별하기 위한 것이므로, 일부러 만들어 붙일 필요는 없음	➡	전: 굴원과 어부의 사례를 통해 굳이 이름이 필요하지 않다는 생각을 밝힘	➡	결: 이름보다 대상의 본질을 파악하는 것이 중요하므로 억지로 이름을 붙일 필요는 없음

- 제재: 이름 없는 꽃
- 주제: 이름보다 사물의 본질적 특성이 더 중요함
- 특징: ① 명분보다 실질을 중요하게 여기는 글쓴이의 실학자적 태도가 드러남
  ② 의문형 문장을 반복하여 말하고자 하는 바를 강조함
- 의의: 이름보다 대상의 실질적인 특성, 내용이 중요하다는 글쓴이의 철학적 성찰이 드러남

한눈에 보기

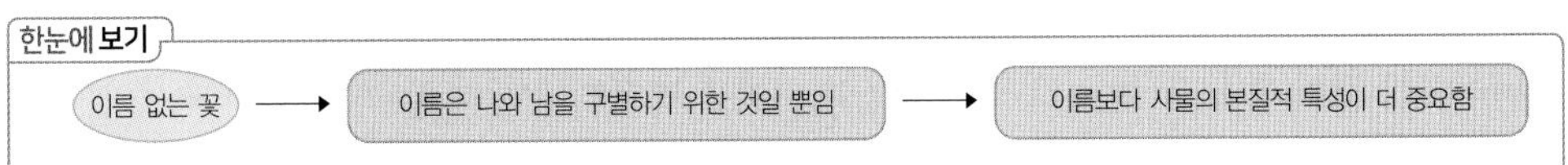

필수 문제

01 이 글의 글쓴이가 생각하는 이름의 기능은 무엇인지 쓰시오.

02 [서술형] 이 글의 글쓴이가 〈보기〉의 화자에게 해 줄 수 있는 적절한 말을 서술하시오.

〈 보기 〉

내가 그의 이름을 불러 주었을 때 / 그는 나에게로 와서 / 꽃이 되었다.

– 김춘수, 〈꽃〉

보망설(補網說) | 이건명

그물 손질

필수

출제 포인트

그물 손질을 잘하는 '정 군'과 그물을 망치는 종을 비교하여 어지러운 정치 현실을 비판한 고전 수필이다. 이 글의 내용 전개 방식 및 소재의 의미와 기능, 주제 의식에 주목하여 살펴보자.

감상 길잡이

〈보망설〉은 유추를 통해 그물 손질(補網)의 과정을 현실의 정치 상황에 대입하여 어지러운 정치 현실을 비판하고 있는 글이다. 글쓴이는 혼란스러운 정치 현실을 '해진 그물'에 비유하고, 혼란을 바로잡지 못하는 위정자를 그물을 망치는 '어리석은 종놈'에 비유하여 현실에 대한 부정적 인식을 드러내면서, '정 군'과 같이 항상 골똘히 연구하고 침착하게 맡은 일을 처리하며 부지런하고 성실한 태도로 노력을 기울일 줄 아는 바람직한 인물을 얻을 수 있기를 소망하고 있다.

정원홍(鄭元鴻)(부지런하고 성실한 인물) 군은 내가 귀양살이할 때 같이 지낸 사람이다. 그는 그물 손질(중심 화제)을 잘 하였다. 해진 그물을 잘 손질해서 날마다 고기를 잡았지만 언제나 성하여 새 그물 같았다. 그 덕에 나는 조석(아침과 저녁)으로 생선을 먹을 수가 있었고, 따라서 반찬 걱정은 하지 않아도 되었다.

정 군은 매일같이 그물을 손질하고 고기를 잡곤 하였지만 힘들어하지 않았다. 나는 그 일을 다른 노비들에게 대신 시켜 보았다. 하지만 제대로 해내는 자가 없었다. 그래서 나는 정 군에게

"그물 손질은 아무나 해낼 수 없는 특별한 방도가 있는 것이냐?"

라고 물어보았다.

▶ '정 군'에게 그물 손질하는 법을 물음

그러자 정 군은,

"미련한 노비(게으르고 무능력한 인물)는 해낼 수 없는 일입니다. 그물이란 본디 벼리(綱)(그물의 위쪽 코를 꿰어 놓은 줄. 잡아당겨 그물을 오므렸다 폈다 함)와 코(目)(그물이나 뜨개질한 물건의 눈마다의 매듭)가 있는데, 벼리는 코가 없으면 쓸모가 없고, 코는 벼리가 있어야만 펼쳐지는 것입니다.(벼리와 코의 관계 – 상호 보완적 관계) 벼리와 코가 잘 엮어지고 가닥가닥이 엉키지 않아야 사용할 수가 있습니다.

그물을 처음 만들 때에 맨 먼저 벼리를 준비하고 거기에다 코를 엮는데, 가닥가닥이 정연하여 헝클어지지 않도록 합니다.(그물을 만드는 방법) 그러나 모든 물건은 오래되면 망가지게 마련인 것이 세상의 이치입니다. 게나 고기들이 물어뜯고, 좀이나 쥐가 갉아서, 처음에는 그물코가 터지고 나중에는 벼리까지 끊어지게 됩니다. 그러한 그물로 고기를 잡을라치면 마치 깨진 동이에 물 붓기(관련 속담: 밑 빠진 독에 물 붓기)나 마찬가지가 됩니다. 그리고 여기저기 너덜너덜해져서 손질을 하기가 어렵게 되지요. 그렇게 되면 사람들은 통상 버릴 때가 되었다고들 합니다. 그러나 왜 손질할 수가 없겠습니까? 저는 그 해진 그물을 가지고 돌아와서 바닥에다 펼쳐 놓고 해진 부분을 자세히 살펴봅니다. 조바심 내거나 신경질 부리지 않고 끈기를 가지고 부지런히 수선을 합니다.(해진 그물을 손질할 때 필요한 자세 – 끈기와 성실) 「제일 먼저 벼리를 손질하고, 그다음 코를 손질합니다. 끊긴 벼리는 잇고, 터진 코는 깁는데, 며칠 안 돼서 새 그물같이 됩니다.」(「」: '정 군'이 그물을 손질하는 방법) 그렇게 되면 버리라고 말했던 사람들은 모두, 헌것을 고쳐서 새롭게 만든 것인 줄은 알지만,

골똘한 생각과 매우 부지런한 노력이 필요하였다는 것까지는 모릅니다.
그물 손질의 핵심 요소 – '정 군'과 '미련한 노비'의 차이

만일 버리라는 말을 듣고 손질하지 않았다면 이 그물은 이미 쓸모없이 버려졌을 것입니다. 아니면 설사 손질하고자 하더라도 미련한 종놈에게 맡긴다면, 벼리와 코의 순서가 뒤죽박죽 되게 됩니다. 그렇게 되면 손질하려다가 도리어 헝클어 놓게 되는 것이니, 이익을 보려다가 도리어 손해를 보는 경우가 될 것이 뻔합니다. 이후로는 「잘 사용하고 잘 간수해서, 해진 곳이 생기면 바로바로 손질하고, 어리석은 종놈이 헝클어 놓는 일이 없게 한다」면, 오래도록 성하게 사용할 수 있을 터이니 무슨 걱정할 일이 있겠습니까?"

교각살우(矯角殺牛). 빈대 잡으려다 초가삼간 다 태운다

「 」: 그물을 오래도록 사용할 수 있는 방법

하였다.

▶ '정 군'이 그물 손질 방법을 설명함

나는 그의 말을 자세히 다 들은 뒤에 한숨을 쉬고 탄식하면서 이르기를,

"자네의 그 말은 참으로 나라를 다스리는 이가 알아야 할 내용이다."

그물 손질과 정치를 비교함 – 유추

경험 하였다.

의견 「아! 벼리는 끊기고 코는 엉키어서 온갖 것이 해이 되어 해진 그물과도 같은 이 말세임에랴! 끊기고 엉킨 벼리와 코를 보고 모른 체 버려두고 어찌해 볼 수가 없다고 하지 않는 이가 몇이나 되며, 어리석은 종놈에게 맡겨 그르치게 하여 이익을 보려다가 도리어 손해를 당하지 않는 이가 몇이나 되던가?」

현실 상황을 해진 그물에 비유함 – 글쓴이의 부정적 현실 인식

혼란스러운 정치 현실

어리석은 위정자를 비유함

「 」: 현실에 대한 글쓴이의 비판적 시각

「아! 어떻게 하면, 정 군과 같이 골똘한 연구와 여유 있고 침착한 손질로, 조바심 내거나 신경질
①

부리지 않고, 선후를 잘 알아 처리하여 간단하게 정돈해 내는 그런 사람을 만날 수 있을까? 그리고 어떻게 하면 날마다 부지런히 일하면서도 힘들어하지 않고 언제나 완전함을 유지하여 망가지지 않도록 하는 그런 인물을 얻을 수가 있을까?」 ▶ 어지러운 현실에 대한 개탄과 바람직한 인간상에 대한 소망

「 」: ①~③의 덕목을 갖춘 인물, 즉 성실하고 꾸준하게 노력하는 인물에 대한 소망

핵심 정리

- 갈래: 고전 수필(한문 수필, 설(說)) ➔ '설(說)' 에 대해서는 p.107 '보충 · 심화 학습' 참조
- 성격: 교훈적, 비유적, 경험적
- 구성: '경험 – 깨달음' 의 2단 구성

경험: '정 군' 에게 그물 손질에 대해 묻자, '정 군' 이 그물 손질 방법에 대해 설명함 ➡ **깨달음**: 글쓴이의 부정적 현실 인식 및 바람직한 인재에 대한 소망

- 제재: 그물 손질
- 주제: 성실하고 꾸준하게 나라를 이끌어 갈 인물을 소망함
- 특징: 일상생활의 경험 속에서 유추를 통해 깨달음을 이끌어 냄

한눈에 **보기**

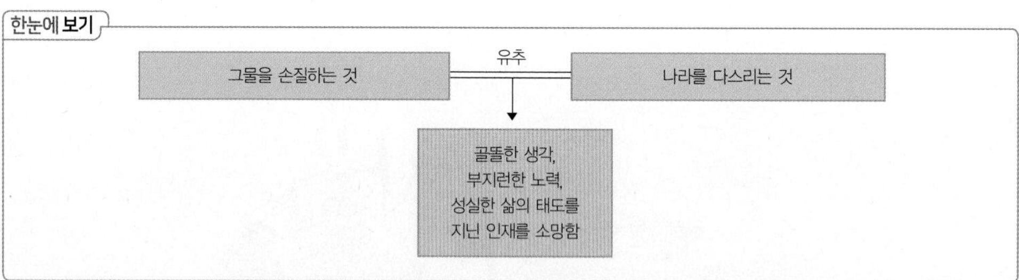

보충·심화 학습

- 〈보망설〉의 저자 이건명의 삶

이건명(李健命)은 조선 후기 숙종 대의 인물로 좌의정을 지냈다. 1721년 왕세제(이후의 영조) 책봉을 실현시키고 책봉 주청사(冊封奏請使)로 청나라에 다녀오는 동안 국내에서 신임사화(辛壬士禍)가 일어나 나로도(羅老島)에 유배되었다가 사사되었으나, 1724년 영조가 즉위하면서 신분이 복귀되었다. 시문(詩文)과 서예에 뛰어났으며, 〈보망설〉이 수록되어 있는 문집인 《한포재집(寒圃齋集)》을 남겼다.

필수 문제

01 이 글에서 〈보기〉에 제시된 '비익조' 의 암컷, 수컷과 유사한 관계를 맺고 있는 소재 두 개를 찾아 쓰시오.

〈 보기 〉

'비익조(比翼鳥)' 는 현종과 양귀비의 애절한 사랑을 노래한, 당나라 시인 백락천의 장한가에 등장하는 전설상의 새이다. 이 새는 태어날 때부터 암컷과 수컷의 눈과 날개가 하나씩이어서 짝을 짓지 아니하면 날지 못하며, 진정한 자신의 짝을 찾으면 한 몸이 되어 하늘을 날 수 있다. 그래서 '비익조' 는 남녀나 부부 사이의 두터운 정을 비유적으로 이르는 말로 쓰이기도 한다.

02 이 글에서 현실에 대한 글쓴이의 비판적 시각이 드러나는 문단의 첫 2어절을 쓰시오.

의산문답(醫山問答) | 홍대용

중국 동북 지방의 의무려산(醫巫閭山)에서 '실옹'과 '허자'가 나눈 문답

교과서

출제 포인트

실옹과 허자라는 두 인물이 사람과 만물의 가치에 대해 철학적 문답을 나눈 형식으로 구성된 고전 수필이다. 두 인물의 사상을 비교해 보고 허자에 대한 글쓴이의 태도를 바탕으로 이 글의 주제 의식을 파악해 보자.

감상 길잡이

이 글은 '허자(虛子)'가 중국에 다녀오는 길에 남만주의 의무려산(醫巫閭山)에 은둔하고 있는 '실옹(實翁)'을 만나 학문에 대해 대화하는 형식으로 구성되어 있다. 여기서 '허자'는 구태의연한 학문과 사상만을 고집하는 보수적 지식인층을 대표하는 인물로, 견문을 넓히기 이전의 글쓴이 자신을 상징하고, '실옹'은 기존 지식인들의 인식 틀을 뛰어넘는 파격적인 사상을 보이는 인물로서 중국에서 견문을 넓힌 이후의 글쓴이의 모습을 상징한다. 이 글은 '실옹'과 '허자'의 논박을 통해 인간의 자기중심적 사고를 비판하면서 상대주의적 관점에서 인간과 만물 간의 동등성을 강조하고 있다.

실옹(實翁)이 묻기를 "너의 말과 같다면 유자(儒者)의 학문(學問)의 줄거리가 모두 갖추어진 것인데, 네 또 무엇이 부족해서 나에게 묻느냐? 네가 나를 변설(辯舌)로써 몰아세울 작정이냐? 또는 학문으로 세(勢)를 겨룰 셈이냐? 아니면 나의 법도(法度)를 시험하려는 것이냐?" 하니, 허자(虛子)가 일어나 절하며 말하기를 "선생께서는 무슨 말씀을 그렇게 하십니까? 저는 자질구레한 것에 구애되어 큰 도(道)를 듣지 못하였기에 우물 안의 개구리가 하늘을 쳐다보듯이 망령되게 잘난 체하고, 여름 벌레가 얼음을 이야기하듯이 무식하였던 바, 이제 선생을 뵙고는 마음이 확 트이고 이목(耳目)이 밝아져 온 심정(心情)을 기울이고 정성(精誠)을 다하려는데 선생께서는 이 무슨 말씀이십니까?" 하였다.

(실옹: 중국에서 견문을 넓힌 글쓴이 자신을 비유 / 유자: 유학(儒學)을 공부하는 선비 / 변설: 말을 잘하는 재주 / 세: 세력 / 허자: 견문을 넓히기 전의 글쓴이 자신을 비유 / 우물 안의 개구리가 하늘을 쳐다보듯: 좌정관천(坐井觀天))

▶ 실옹에게 배움을 얻고자 하는 허자

실옹이 말하기를 "그렇다면 너는 과연 유자(儒者)로구나. 먼저 소학과 같은 기본적인 공부를 하고 난 다음에 성명(性命)의 이치를 배우는 것이 유학(幼學)의 차례이다. 이제 나는 너에게 대도(大道)를 말하기에 앞서 본원(本源)부터 일러 주리라. 인간(人間)이 만물(萬物)과 다른 것은 마음이요, 마음이 만물과 다른 것은 몸이다. 지금 내가 너에게 묻노니, 너의 몸이 만물과 다른 것이 무엇인지 말해 보라." 하였다.

(성명: 인성(人性)과 천명(天命). 생명을 일컫기도 함 / 유학: 고려 · 조선 시대에, 벼슬하지 아니한 유생(儒生) / 본원: 사물의 주장이 되는 근원 / 너의 몸이 만물과 다른 것이 무엇인지 말해 보라: 실옹의 질문 ① – 인간의 몸이 만물과 다른 점은 무엇인가?)

▶ 실옹의 질문 – 인간과 만물의 차이

허자가 대답하기를 『"그 바탕으로 말한다면 머리가 둥근 것은 하늘이고, 발이 네모진 것은 땅이고, 살갗과 두발(頭髮)은 산림(山林)이고, 생생한 피는 강과 바다입니다. 두 눈은 해와 달을, 호흡(呼吸)은 바람과 구름을 각각 상징하는 것입니다. 그러므로 인신(人身)을 소천지(小天地)라 합니다. 그 출생(出生)을 말한다면 부(父)와 모(母)의 혈(血)이 교감(交感)하여 태(胎)를 이루고 달이 차

(머리가 둥근 것은 하늘이고, 발이 네모진 것은 땅이고: 천원지방(天圓地方: 하늘은 둥글고 땅은 네모남)의 당대 우주관 반영 / 인신: 사람의 몸 / 소천지: 작은 세계(우주) / 부와 모의 혈이 교감하여 태를 이루고: 부모의 피가 만나 태아를 이룸)

홍대용이 만든 혼천의(渾天儀)

사람의 다섯 가지 성정(性情). 기쁨, 노여움, 욕심, 두려움, 근심

면 태어나는 것이온데, 나이가 듦에 따라 지혜가 늘고 칠규(七竅)가 모두 밝아지면 오성(五性)이 모두 갖추어지게 됩니다. 이것이 곧 사람의 몸이 만물과 다른 점이 아니겠습니까?」 하였다.

「 」: 허자의 답변 ① – 인간의 몸이 만물과 다르다는 관점(인간 중심적 사고)
사람의 얼굴에 있는 일곱 개의 구멍(귀, 눈, 코, 입)
소천지로서 오성을 갖추고 있는 점
▶ 허자의 답변 – 인간과 만물은 다름

실옹이 말하기를 「"아! 너의 말과 같다면 사람이 만물과 다른 점이란 거의 없지 않느냐. 무릇 털과 살갗으로 된 바탕과 정(精)과 혈(血)의 교감(交感)이란 초목(草木)과 사람이 같은 것이 아니겠느냐. 하물며 금수(禽獸)에 있어서야 무엇이 다르겠느냐? 내가 다시 너에게 묻노니, 생물(生物)의 종류에는 셋이 있은즉, 사람과 금수와 초목이 그것이 아니겠느냐. 초목은 거꾸로 나는(生) 까닭에 앎은 있어도 깨달음이 없다. 금수는 옆으로 살아가므로 깨달음은 있어도 슬기가 없다. 이 세 생물의 종류는 한없이 엉클어져 서로 망(亡)하게도 하고 흥(興)하게도 하는데, 거기에 귀천(貴賤)의 등차(等差)가 있겠느냐?」 하였다.

「 」: 실옹의 반박 ① – 인간의 몸이 만물과 같다는 관점(상대주의적 사고의 전제)
인간의 몸이 만물과 같은 이유
실옹의 질문 ② – 사람과 초목, 금수는 귀천에 등차가 있는가?
등급에 따라 생겨난 차이
▶ 실옹의 반박과 질문

허자가 말하기를 「"천지(天地)의 생물 중에는 오직 사람만이 귀(貴)하오며, 저 금수나 초목은 슬기도, 깨달음도, 예의(禮義)도, 의리(義理)도 없습니다. 사람은 금수보다 귀하고, 초목은 금수보다도 천한 것입니다."」 하니, 실옹이 고개를 쳐들고 웃으면서 말하기를 「"너는 진실로 사람이로다. ❶ 오륜(五倫)과 오사(五事)는 사람의 예의이고, 떼를 지어 다니며 서로 불러 먹이는 것은 금수의 예의이고, 떨기로 나서 무성하게 죽죽 뻗어 가는 것은 초목의 예의이다. ㉠ ❷ 사람으로서 만물을 보면 사람이 귀하고 만물이 천하지만, 만물로서 사람을 보면 만물이 귀하고 사람이 천할 것이다. 그러나 하늘에서 보면 사람이나 만물이나 다 마찬가지이니라. 대저 슬기가 없는 자는 그 까닭으로 남을 속일 수 없고, 깨달음이 없는 자는 그 까닭으로 하는 일도 없다. 그렇다면 만물이 사람보다 훨씬 더 귀한 것이 아니겠느냐. 또 봉황(鳳凰)은 천(千) 길의 하늘을 날고, 용(龍)은 하늘에서 날아다니고, 시초(蓍草)와 상초(翔草)는 신령과 통하고, 소나무와 측백나무는 재목(材木)으로 쓰이나니 이들을 인류(人類)와 비교하면 어느 것이 귀하고 어느 것이 천하겠느냐? 대저 대도(大道)를 해치는 것은 자만심보다 더 심한 것이 없나니라. 사람이 사람을 귀하게 여기고 만물을 천하게 여김은 바로 뽐내는 자만심의 근본이니라."」 하였다.

「 」: 허자의 답변 ② – 인간이 금수와 초목보다 귀함(인간 중심적 사고)
인간이 가장 귀한 이유이자 허자의 가치 판단 기준
유학에서, 사람이 지켜야 할 다섯 가지 도리. 부자유친, 군신유의, 부부유별, 장유유서, 붕우유신을 이름
'홍범구주(洪範九疇)'의 하나. 얼굴은 단정하게, 말은 바르게, 보는 것은 밝게, 듣는 것은 분명하게, 생각하는 것은 지혜롭게 해야 하는 것을 이름
만물(금수와 초목)을 의미
톱풀. 국화과의 여러해살이풀
금수의 귀함
초목의 귀함
인간 중심적 사고
허자가 지닌 마음
▶ 허자의 대답과 실옹의 반박
「 」: 실옹의 반박 ② – 인간이 금수와 초목보다 귀하지 않음(상대주의적 사고)

핵심 구절 풀이

❶ **오륜(五倫)과 오사(五事)는 ~ 초목의 예의이다.**: 예의의 유무를 근거로 인간의 귀함을 주장하는 허자의 말에 대한 실옹의 반박으로, 인간의 예의와 금수나 초목의 예의가 각기 다름을 예시를 통해 제시하고 있다.

❷ **사람으로서 만물을 ~ 천할 것이다.**: 각자의 입장과 기준에 따라 귀천이 달라짐을 의미한다. 즉, 귀하고 귀하지 않음에 절대적 기준이 존재하지 않는다는 실옹의 상대주의적 시각을 드러내고 있다.

핵심 정리

- 갈래: 고전 수필(한문 수필, 과학 사상서)
- 성격: 철학적, 사색적, 상대주의적
- 구성: 문답식 구성

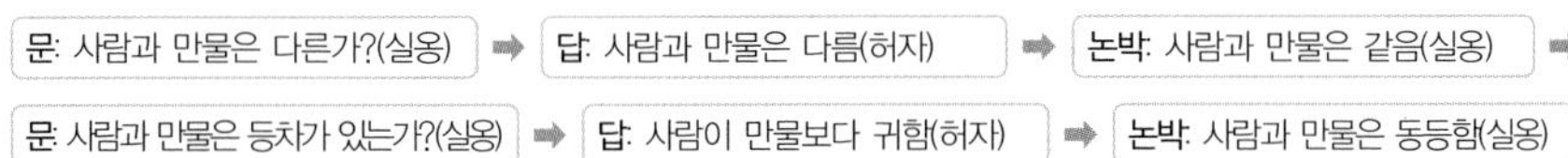

- 제재: 사물의 가치 판단
- 주제: 인간 중심적 사고에 대한 논박과 만물의 동등성 강조
- 특징: 글쓴이 자신을 '허자'와 '실옹'으로 설정하여 자신의 생각을 묻고 답하는 방식으로 표현함

한눈에 **보기**

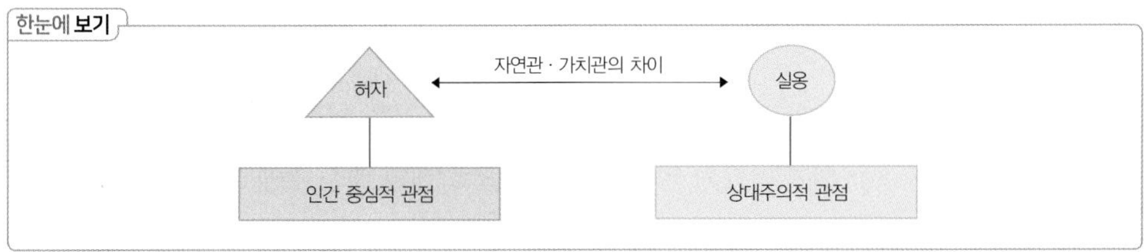

보충·심화 학습

- 〈의산문답(醫山問答)〉에 나타난 근대적 자연관과 가치관

〈의산문답〉에는 삶의 방식에 대한 상호 존중과 평화 공존의 새로운 가치관을 제시하려는 홍대용의 의식이 잘 드러나 있다. 특히 홍대용은 〈의산문답〉을 통해 지구 자전설, 우주 무한설 등을 체계화함으로써 기존의 전근대적 자연관에서 벗어나 객관적이고 과학적인 근대적 자연관을 확립하는 데 성공했다. 또한, 지구상의 모든 국가, 민족, 지역은 관점에 따라 세상의 중심이 될 수 있으며, 각각의 고유한 문화와 가치를 지니고 있다는 점에서 동등하다는 관점을 통해 민족적 자긍심의 고취와 현실주의적 외교 관계 구축의 바탕이 되는 혁신적인 논리를 제시하고 있다.

홍대용의 삶과 사상에 대해서는 p.630 '보충 · 심화 학습' 참조

필수 문제

01 ㉠에서 드러나는 사물에 대한 실옹의 시각을 쓰시오.

02 실옹이 허자의 인간 중심적 사고를 비판하며, 대도(大道)를 해친다고 한 인간의 심성을 찾아 쓰시오.

03 [서술형] 이 글은 허자와 실옹의 문답으로 구성되어 있다. 이러한 구성 형식이 주는 효과를 30자 내외로 서술하시오.

145 매헌에게 주는 글 | 홍대용

필수

출제 포인트

독서의 방법을 물어 온 매헌 조욱종에게 글쓴이가 보낸 편지글의 일부이다. 글쓴이가 제시한 독서의 구체적인 방법 및 초학자들이 지녀야 할 올바른 독서 자세에 대해 알아보자.

감상 길잡이

이 글은 홍대용의 문집인《담헌서(湛軒書)》에 실린 글로, 글쓴이에게 독서의 방법을 물어 온 매헌 조욱종이라는 청나라 청년에게 보낸 편지글의 일부이다. 글쓴이가 자신의 경험을 토대로 깨달은 독서법을 당위적 진술과 그에 대한 근거를 통해 제시하고 있다는 점에서 주관적 · 설득적 성격을 지닌 서간문이자 중수필로 볼 수 있다. 이 글에서 주장하고 있는 독서의 태도는 단순히 책을 읽는 행위에 국한된 것이 아니라 학문에 임하는 자세로 확장할 수 있다. 글쓴이는 전체적으로 차분한 어조를 통해 독서를 통해 학문을 하면서 인격을 수양해 나가는 선인들의 올바른 자세를 보여 주고 있다.

독서는 실로 기억하여 외워 읽는 것을 귀중하게 여기는 것은 아니지만, 초학자(初學者)로서는 이렇게 하지 않으면 더욱 의거할 데가 없어진다. 그러므로「매일 배운 것을 먼저 정확하게 외고 음독(音讀)에 착오가 없이 한 뒤에 비로소 서산(書算)을 세우고, 먼저 한 번 읽고 나서 다음에는 한 번 외고, 그 다음에는 한 번 보며, 한 번 보고 나서는 다시 읽어 모두 3, 40번 되풀이한 뒤에 그친다.」 매양 한 권이나 혹은 반 권을 다 배웠을 때에는 전에 배운 것도 아울러 또한 먼저 읽고, 그 다음에 외고, 그 다음에는 보되, 각각 서너덧 번 반복한 뒤에 그친다.

(초학자: 학문을 처음 시작한 사람 / 의거할: 의지하고 기댈 / 이렇게 하지 않으면: 독서를 외워 읽는 것부터 시작하지 않으면 / 서산: 책을 읽을 때 읽은 횟수를 세는 물건 / 한 번 읽고: 음독 / 한 번 외고: 암송 / 한 번 보며: 묵독(默讀) / 다시 읽어 모두 3, 40번 되풀이: 반복 / 「 」: 초학자의 올바른 독서 방법 / 전에 배운 것도 아울러 또한 먼저 읽고: 복습)

▶ 독서의 방법

「글을 읽을 때에는 소리로 읽어서는 안 된다. 소리가 높으면 기운이 떨어진다. 눈을 돌려서는 안 된다. 눈을 돌리면 마음이 달아난다. 몸을 흔들어서도 안 된다. 몸이 흔들리면 정신이 흩어진다.」

(「 」: '읽기(음독)'의 구체적인 방법)

▶ 음독의 방법

「글을 욀 때에는 틀려서는 안 되고, 중복되어도 안 되고, 너무 빨라도 안 된다. 너무 빠르면 조급하고 사나워서 음미함이 짧으며, 그렇다고 너무 느려도 안 된다. 너무 느리면 정신이 해이하고 방탕해져서 생각이 들뜬다.」

(틀려서는 안 되고, 중복되어도 안 되고: 정확하게 암송해야 함 / 조급하고 사나워서 음미함이 짧으며: 마음만 급해지고, 그 깊은 뜻을 음미할 여유가 없어지며 / 「 」: '외기(암송)'의 구체적인 방법)

▶ 암송의 방법

「책을 볼 때에는 마음속으로 그 문장을 외면서 그 뜻을 곰곰이 생각하여 찾되, 주석(註釋)을 참고하고 마음을 가라앉혀 궁구(窮究)해야 한다. 만일, 한갓 눈만 책에 붙이고 마음을 두지 않으면 또한 이득이 없다.」

(주석: 낱말이나 문장의 뜻을 쉽게 풀이한 글 / 궁구해야: 속속들이 깊이 연구해야 / 「 」: '보기(묵독)'의 구체적인 방법)

▶ 묵독의 방법

이상의 세 조목은 나누어 말하면 비록 다르나, 요컨대 마음을 한곳에 집중하여 체득해야 하는 점에서 동일하다. 모름지기 몸을 거두어 단정히 앉고, 눈은 똑바로 보고, 귀는 거두어들이며, 수족은 함부로 놀리지 말며, 정신을 모아 책에 집중해야 한다. 계속 이처럼 해 나가면 의미가 날로 새로워 자연히 무궁한 묘미가 쌓여 있음을 알게 된다.

(마음을 한곳에 집중하여 체득해야 하는 점: 음독, 암송, 묵독의 공통점 / 의미가 날로 새로워 자연히 무궁한 묘미가 쌓여 있음을: 새롭고 미묘한 의미가 담겨 있음을)

▶ 집중의 태도

처음 공부할 때에 회의(懷疑)를 품지 못하는 것은 사람들의 공통된 병통이다. 그러나 그 병의 근원을 따져 보면, 뜬생각에 따라 좇다가 뜻을 책에 전념하지 못하기 때문이다. 그러므로 뜬생각을

(회의를 품지 못하는 것: 공부하는 내용에 대한 의문을 품지 못하는 것 / 병통: 어떤 사물의 자체 안에 있는 해가 되는 점)

제거하지 않고 억지로 배제하려고 하면 이로 인해 도리어 한 가지 생각을 더 첨가시켜 마침내 정신적인 교란만을 더하게 된다. 어깨와 등을 꼿꼿이 세우고, 뜻을 높여 한 글자 한 구절에 마음과 입이 상응하게 되면, 뜬생각이 자신도 모르는 사이에 없어지게 된다.

마음이나 상황 따위를 뒤흔들어서 어지럽고 혼란하게 함 / 뜬생각을 좇아서는 안 된다는 생각 / 뜬생각을 없애는 방법 ①

▶ 뜬생각 제거의 필요성과 방법

뜬생각이란, 하루아침에 깨끗이 없어질 수는 없다. 오직 수시로 정신을 맑게 하는 방법을 잊어버리지 않는 것이 중요하다. 혹 심기가 불편하여 꽉 얽매여 없어지지 않으면, 묵묵히 앉아서 눈을 감고 마음을 배꼽 근처에 집중시킬 때 신명이 제자리로 돌아오고, 뜬생각은 사라지게 된다. 과연 이러한 방법을 잘 실행한다면, 얼마 안 가서 공부하는 것이 점점 익숙해지고 효험이 점차 늘어나 오직 학식만이 날로 진척될 뿐 아니라, 마음이 편안하고 기운이 화평하여 일을 함에 있어서 오로지 하나에만 힘쓰고 정밀하게 된다. 위로 이치에 통달하는 학문도 이에서 벗어나지 않는다.

뜬생각을 없애는 방법 ② / 잡된 생각이 없는 마음의 본체. 맑은 마음 / 뜬생각 제거의 효과 ① / 뜬생각 제거의 효과 ②

▶ 뜬생각을 제거하는 방법과 그 효과

의리(義理)는 무궁한 것이니, 함부로 스스로 만족하게 여겨서는 안 된다. 문자를 거칠게 통한 사람은 반드시 의문이 없게 마련인데, 이는 의문이 없는 것이 아니라 철저하게 궁구하지 못했기 때문이다. ㉠❶ 의문이 없는 데서 의문이 생기고, 맛이 없는 데서 맛이 생긴 뒤에라야 능히 글을 읽었다고 말할 수 있다.

옛글에서 글의 의미와 이치를 이르는 말 / 자만을 경계함 / 깊이 있게 독서하지 않은 사람 – 수박 겉 핥기. 주마간산(走馬看山) / 역설법, 대구법

▶ 자만에 대한 경계

독서를 할 때에는 결코 의문만 품으려고 해서는 안 된다. 다만 마음을 평온하게 갖고 뜻을 오롯이 하여 글을 읽어 가도록 한다. 그리하여 의문이 생기지 않음을 걱정하지 말고, 의문이 생기거든 되풀이하여 궁구하도록 한다. 이 경우 글에만 의거하지 말고 혹 일을 했던 경험으로 깨닫기도 하고 혹 노니는 중에 구하기도 하는 등, 무릇 다닐 때나 걸을 때나 앉을 때나 누울 때나 수시로 궁구할 일이다. 이렇게 하기를 그치지 않으면 통하지 못할 것이 별로 없다. 또 설사 통하지 못한 것이 있다 할지라도 이처럼 스스로 먼저 궁구한 후에 남에게 묻는다면 말을 듣자마자 깨달을 수 있다.

읽기 중 활동 – 의문에 대한 궁구 / 글의 표면적 의미에만 매달리지 말고 / 일상생활 속에서도 독서에서 만난 의문을 해결하기 위해 끊임없이 노력해야 함 / 독서 중 의문에 대한 끊임없는 궁구의 결과 ① – 무불통지(無不通知) / 독서 중 의문에 대한 끊임없는 궁구의 결과 ② – 가르침을 쉽게 이해할 수 있음

▶ 독서에서 궁구하는 태도의 중요성

독서를 할 때 목소리만 높여 허세를 부리거나, 어지럽게 글을 읽고, 억지로 자구를 뽑아내어, 입에서 나오는 대로 의문을 내뱉어서는 안 된다. 대답하는 말이 채 끝나지도 않았는데 지나치고 돌아보지 않으며, 한 번 묻고 한 번 대답하는 것으로 다시 생각을 하지 않는다면, 이는 이익을 구하는 데에 뜻이 없는 자이니 더불어 학문을 할 수 없다. 〈중략〉

잘못된 독서의 방법과 태도 / 문자와 어구를 아울러 이르는 말

▶ 독서의 올바른 태도와 방법

나는 일찍이 "내 생각으로 남의 뜻을 헤아려 본다.(以意逆志)"라고 한 맹자의 말을 글 읽는 비결로 삼았다. 옛사람의 글에는 올바른 도리나 일에 관한 것뿐만 아니라, 시에서 편을 짓는 방법이나 기승전결과 같이 글을 구성하는 방법 등 사소한 것들까지도 말해 두었다. 이제 내 생각으로 옛사람의 뜻을 헤아려, 서로 하나로 합해져 간격이 없고 주객이 합치되면 이는 옛사람의 정신과 식견이 내 마음에 사무쳐 이어지는 것이다. 이는 비유컨대 굿을 할 때 신이 내리면 무당은 자기가 모

이 의 역 지 / 옛사람과 '나'

르던 것을 환하게 알게 되지만 그것이 어디서 유래하는지 모르는 것과 같다. 이처럼 옛사람의 문장에 기대거나 옛사람의 묵은 자취를 좇지 않고 변화시켜 근본을 캔다면, 나 역시 옛사람처럼 되는 것이다. 이렇게 글을 읽은 뒤에라야 비로소 오묘한 이치를 얻을 수 있을 것이다.

옛사람의 글을 읽는 올바른 자세

▶ 옛사람의 글을 읽는 방법

핵심 구절 풀이

❶ **의문이 없는 데서 ~ 말할 수 있다.**: 아무 의문이 없을 것 같은 데서도 문제를 발견하고, 음미할 만한 것이 없는 듯한 데서도 깊이 음미할 거리를 찾을 수 있어야 진정 제대로 글을 읽은 것이라는 의미이다.

핵심 정리

- 갈래: 고전 수필(한문 수필, 중수필, 서간문)
- 성격: 교훈적, 설득적, 비판적, 주관적, 설명적
- 구성: '본론 – 결론'의 2단 구성

  본론: 효과적인 독서 방법 ➡ 결론: 독서의 중요성과 초학자에 대한 당부

- 제재: 독서의 방법과 태도
- 주제: 초학자들이 지녀야 할 올바른 독서 자세와 방법
- 특징: ① 차분한 어조로 독서의 방법과 학문하는 자세를 서술함
  ② 주지와 상술의 방법으로 전하고자 하는 바를 설득력 있게 전달함

한눈에 **보기**

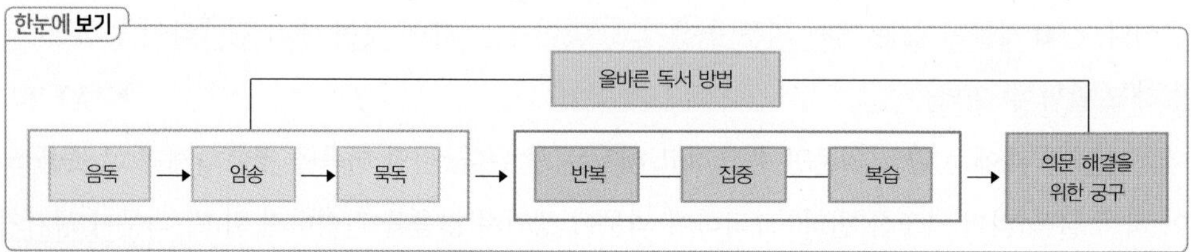

보충·심화 학습

- 홍대용의 삶과 사상

조선 후기의 실학자이자 과학 사상가인 홍대용은 북학파의 선구자이다. 그는 1765년에 숙부의 중국 방문길에 동행하여 중국 학자들, 독일인 선교사들과 교유하면서 천문 · 지리 · 역사 등에 관한 지식과 천주교, 서양 문물을 접하였다. 또한, 당대의 실학자인 박지원, 박제가 등과 교유하면서 정치 · 경제에 관한 학문을 연구하였다. 경제 정책의 개혁, 공거제(인재 추천 제도)를 통한 인재 등용, 신분에 관계없는 교육 실시 등 과감한 개혁을 주장하였으며, 과학과 사회 사상 면에서는 지구 자전설, 우주 무한론, 중국 중심의 세계관인 화이론(華夷論)과 인간 중심적 사고방식의 부정 등 상대주의의 입장을 취하였다.

필수 문제

01 이 글에 제시된 독서의 구체적인 방법 세 가지를 쓰시오.

02 [서술형] ㉠이 의미하는 바를 60자 이내로 서술하시오.

146 통곡할 만한 자리 | 박지원

교과서

출제 포인트

중국을 여행하던 글쓴이가 광활한 요동 벌판을 바라보며 느낀 감회를 드러낸 기행문으로, 글쓴이의 참신하고 창의적인 생각에 주목하여 살펴보자.

감상 길잡이

이 글은 《열하일기(熱河日記)》 중 〈도강록(渡江錄)〉에 실린 수필로, 중국을 여행하던 중 천하의 장관인 광활한 요동 벌판을 보고 느낀 감회를 독특하고 창의적인 사고를 통해 표현하고 있다. 글쓴이는 요동 벌판을 '한바탕 통곡하기 좋은 울음터'라고 말하면서 그 이유를 인간의 모든 감정은 극에 달하면 울음이 나오는 것이니, 복받쳐 나오는 감정이 이치에 맞아 터지는 울음은 웃음과 다를 바가 없다는 논리로 설명하고 있다. '웃음'과 '울음'에 대한 상식을 뛰어넘는 발상의 전환을 독특한 논리, 치밀한 분석, 참신하고 적절한 비유를 통해 전개한 작품이다.

칠월 초팔일 갑신(甲申)일, 맑다.
1780년 7월 8일

정사 박명원(朴明源)과 같은 가마를 타고 「삼류하(三流河)를 건너 냉정(冷井)에서 아침밥을 먹었다.」 십여 리 남짓 가서 한 줄기 산기슭을 돌아 나서니 태복(泰卜)이 국궁(鞠躬)을 하고 말 앞으로 달려나와 땅에 머리를 조아리고 큰 소리로,

박지원의 팔촌 형. 북경 사절단의 대표 / 「 」: 여정이 드러남 / 정 진사의 하인 / 윗사람이나 위패(位牌) 앞에서 존경하는 뜻으로 몸을 굽힘

중국 요동의 요양성 밖에 있는 탑 / 다른 사람에게 자신을 보임

㉠ "백탑(白塔)이 현신(現身)함을 아뢰오." / 한다. ▶ 태복으로부터 백탑이 나타날 것이라는 말을 들음

사물인 백탑이 행동의 주체가 됨 – 의인화, 주객전도. 태복의 들뜬 감정이 드러남

태복이란 자는 정 진사(進士)의 말을 맡은 하인이다. 산기슭이 아직도 가리어 백탑은 보이지 않았다. 말을 채찍질하여 수십 보를 채 못 가서 겨우 산기슭을 벗어나자 눈앞이 아찔해지며 눈에 헛것이 오르락내리락하여 현란했다. 「나는 오늘에서야 비로소 사람이란 본디 어디고 붙어 의지하는 데가 없이 다만 하늘을 이고 땅을 밟은 채 다니는 존재임을 알았다.」

요동 벌판을 본 순간의 느낌 – 광활함으로 인한 현기증 / 「 」: 자연의 광활함을 보고 인간이 작은 존재임을 깨달음

말을 멈추고 사방을 돌아보다가 나도 모르게 손을 이마에 대고 말했다.

"좋은 울음터로다. 한바탕 울어볼 만하구나!" ▶ 요동 벌판을 보고 좋은 울음터라 생각함(기)

요동 벌판을 바라본 감회. 글쓴이의 창의적 발상

대조

정 진사가,

글쓴이의 의도를 파악하지 못하는 일반적 · 상식적 사고

"이 천지간에 이런 넓은 안계(眼界)를 만나 홀연 울고 싶다니 그 무슨 말씀이오?"

눈으로 바라볼 수 있는 범위, 시야 / ▶ 정 진사의 물음 – '나'가 울고 싶어 하는 까닭

하기에 나는, / "참 그렇겠네. 그러나 아니거든! 천고의 영웅은 잘 울고 미인은 눈물이 많다지만 불과 두어 줄기 소리 없는 눈물이 그저 옷깃을 적셨을 뿐이요, 아직까지 그 울음소리가 쇠나 돌에서 짜 나온 듯하여 천지에 가득 찼다는 소리를 들어 보진 못했소이다. 사람들은 다만 안다는 것이 희로애락애오욕(喜怒哀樂愛惡欲) 칠정(七情) 중에서 '슬픈 감정(哀)'만이 울음을 자아내는 줄 알았지, 칠정이 모두 울음을 자아내는 줄은 모를 겝니다. 「기쁨(喜)이 극에 달하면 울게 되고, 노여움(怒)이 사무치면 울게 되고, 즐거움(樂)이 극에 달하면 울게 되고, 사랑(愛)이 사무치면 울게 되고, 미움(惡)이 극에 달하여도 울게 되고, 욕심(欲)이 사무치면 울게 되니,」 답답하고 울적한 감정을 확 풀

일반인들의 상식적 사고의 한계 / 상식을 뛰어넘는 글쓴이의 인식 / 「 」: 울음을 자아내는 다양한 감정들의 예

어 버리는 것으로 소리쳐 우는 것보다 더 빠른 방법은 없소이다. 울음이란 천지간에 있어서 뇌성
울음의 기능 – 감정 정화의 수단
벽력(雷聲霹靂)에 비할 수 있는 게요. 복받쳐 나오는 감정이 이치에 맞아 터지는 것이 웃음과 뭐 다
천둥소리와 벼락
르리요?

▶ '나'의 대답 – 칠정이 극에 달하면 울음이 됨

사람들의 보통 감정은 이러한 지극한 감정을 겪어 보지도 못한 채 교묘하게 칠정을 늘어놓고 '슬픈 감정(哀)'에다 울음을 짜 맞춘 것이오./이러므로 사람이 죽어 초상을 치를 때 이내 억지로라도
일반적 진술 → 구체적 진술(예시)
'아이고', '어이'라고 부르짖는 것이지요. 그러나 정말 칠정에서 우러나오는 지극하고 참다운 소리는 참고 억눌리어 천지 사이에 쌓이고 맺혀서 감히 터져 나올 수 없소이다.「저 한(漢)나라의 가의
한나라의 미앙궁. 여기서는 한나라 정권을 비유 / 직간을 하다가 귀양을 가게 된 문인
(賈誼)는 자기의 울음터를 얻지 못하고 참다못하여 필경은 선실(宣室)을 향하여 한번 큰 소리로 울부
마지막에 가서는
짖었으니, 어찌 사람들을 놀라게 하지 않을 수 있었으리요."」

▶ 사람들은 칠정에서 우러나오는 울음을 모름(승)

「 」: 가의는 자신의 울음터를 얻지 못하다가 상소문을 통해 한나라 정권을 향해 크게 울었음을 의미함

"그래, 지금 울 만한 자리가 저토록 넓으니 나도 당신을 따라 한바탕 통곡을 할 터인데 칠정 가
광활한 요동 벌판을 보고
운데 어느 '정'을 골라 울어야 하겠소?"

▶ 정 진사의 물음 – 통곡을 할 때 취해야 할 '정'(전)

"갓난아이에게 물어보게나. 아이가 처음 배 밖으로 나오며 느끼는 '정'이란 무엇이오? 처음에는 광명을 볼 것이요, 다음에는 부모 친척들이 눈앞에 가득히 차 있음을 보리니 기쁘고 즐겁지
기쁘고 즐거운 상황
않을 수 없을 것이오. 이 같은 기쁨과 즐거움은 늙을 때까지 두 번 다시 없을 일인데 슬프고 성
글쓴이가 생각하는 갓난아이의 '정' – 희(喜), 락(樂)
이 날 까닭이 있으랴? 그 '정'인즉 응당 즐겁고 웃을 정이련만 도리어 분하고 서러운 생각에 복
갓난아이가 우는 것에 대한 글쓴이의 생각
받쳐서 하염없이 울부짖는다.「혹 누가 말하기를 인생은 잘나나 못나나 죽기는 일반이요, 그 중
「 」: 아기가 태어날 때 우는 울음에 대한 사람들의 견해
간에 허물·환란·근심·걱정을 백방으로 겪을 터이니 갓난아이는 세상에 태어난 것을 후회하여 먼저 울어서 제 조문(弔問)을 제가 하는 것이라고 한다면 이것은 결코 갓난아이의 본정이 아
남의 죽음에 대하여 슬퍼하는 뜻을 드러내어 상주(喪主)를 위로함 / 본심
닐 겝니다.「아이가 어미 태 속에 자리 잡고 있을 때는 어둡고 갑갑하고 얽매이고 비좁게 지내다
폐쇄된 조선의 현실을 비유함
가 하루아침에 탁 트인 넓은 곳으로 빠져나오자 팔을 펴고 다리를 뻗어 정신이 시원하게 될 터
넓은 세상. 청나라의 넓은 땅과 새로운 문물을 비유함
이니, 어찌 한번 감정이 다하도록 참된 소리를 질러 보지 않을 수 있으랴! 그러므로 갓난아이의
호연지기(浩然之氣)의 기상이 드러남
울음소리에는 거짓이 없다는 것을 마땅히 본받아야 하리이다.」

▶ '나'의 대답 – 갓난아이가 세상에 나왔을 때 느끼는 기쁨과 즐거움으로 울어야 함

「 」: 갓난아이의 울음을 예로 들어 드넓은 요동 벌판에서 울지 않을 수 없음을 설명함 – 유추

비로봉(毘盧峰) 꼭대기에서 동해 바다를 굽어보는 곳에 한바탕 통곡할 '자리'를 잡을 것이요,
통곡할 만한 자리 ①
황해도 장연(長淵)의 금사(金沙) 바닷가에 가면 한바탕 통곡할 '자리'를 얻으리니, 오늘 요동 벌
통곡할 만한 자리 ② / 통곡할 만한 자리 ③
판에 이르러「이로부터 산해관(山海關) 일천이백 리까지의 어간은 사방에 도무지 한 점 산을 볼
만리장성의 동쪽 끝 관문 / 시간이나 공간의 일정한 사이
수 없고 하늘가와 땅끝이 풀로 붙인 듯, 실로 꿰맨 듯, 고금에 오고 간 비바람만이 이 속에서 창
「 」: 글쓴이가 바라본 넓은 요동 벌판의 모습 묘사. '호연지기(浩然之氣)'가 잘 드러남. 일망무제(一望無際)
망할 뿐이니,」이 역시 한번 통곡할 만한 '자리'가 아니겠소."
넓고 멀어 아득함

▶ 요동 벌판의 풍경을 묘사하고 통곡할 만한 자리임을 확인함(결)

한낮에는 매우 더웠다.「말을 달려 고려총(高麗叢), 아미장(阿彌庄)을 지나서 길을 나누어 갔다. 나
계절적 배경 – 7월

는 주부 조달동, 변 군, 박래원, 정 진사, 겸인(傔人) 이학령과 함께 옛 요동으로 들어갔다. 번화하
양반집에서 잡일을 맡아보거나 시중을 들던 사람
고 풍부하기는 봉성의 열 배쯤 되니 따로 요동 여행기를 써 놓았다. 서문을 나서서 백탑을 구경하
『 』: 여정과 견문이 드러남 – 고려총 → 아미장 → 옛 요동 → 서문 → 백탑
니 그 제조의 공교하고 화려하며 웅장함이 가히 요동 벌판과 맞먹을 만하다.』
솜씨나 꾀 따위가 재치가 있고 교묘함

▶ 요동 벌판을 떠나 중국 여행을 계속함

핵심 정리

- 갈래: 고전 수필(한문 수필, 기행문)
- 성격: 체험적, 논리적, 비유적, 교훈적, 사색적, 독창적
- 구성: '기 – 승 – 전 – 결'의 4단 구성, 문답식 구성

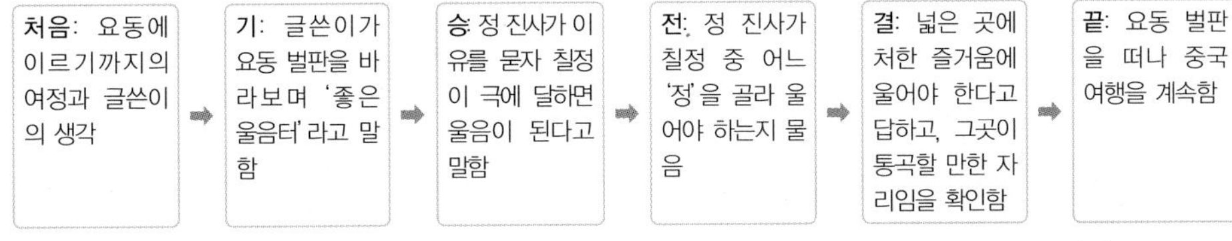

- 제재: 요동 벌판
- 주제: 광활한 요동 벌판을 보고 느끼는 감회
- 특징: ① 문답의 방식으로 내용을 전개함
  ② 발상의 전환과 분석, 적절한 비유가 공감을 불러일으킴
  ③ 풍경 묘사보다는 자신의 주장을 전개하는 데 초점을 맞춤

한눈에 보기

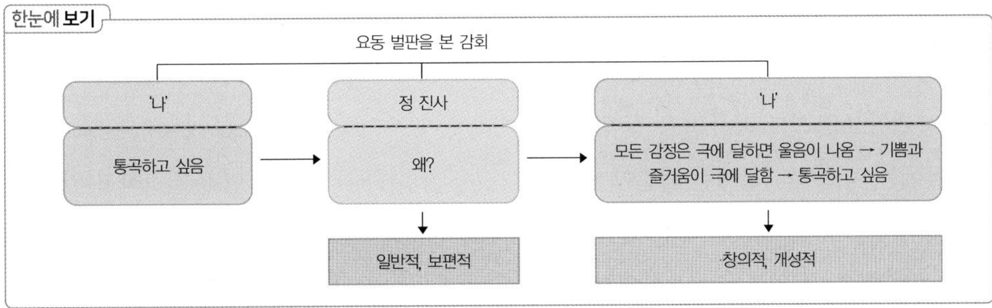

보충·심화 학습

- 조선 기행문의 백미, 《열하일기(熱河日記)》

연암 박지원의 중국 기행문집으로, 1780년(정조 4년) 박지원이 팔촌 형인 박명원을 따라 청나라 고종의 칠순 기념 연회에 가는 도중, 열하의 문인들, 북경의 명사들과 사귀면서 그곳 문물과 제도를 견문한 바를 각 분야별로 나누어 기록한 것이다. 중국의 역사 · 지리 · 풍속 · 토목 · 건축 · 정치 · 경제 · 문화 · 예술 등 광범위한 분야가 상세히 기록되어 있으며, 단순한 묘사에 그치지 않고 이용후생(利用厚生)의 관점에 입각해 서술하여 조선 기행문의 백미(白眉)로 꼽힌다. 〈통곡할 만한 자리〉가 수록된 〈도강록〉은 《열하일기》의 1권으로, 압록강에서 랴오양(遼陽)까지 15일 동안 여행한 기록을 담고 있으며, 중국인들의 이용후생적 건축에 대해 설명하고 있다.

필수 문제

01 칠정인 '희로애락애오욕(喜怒哀樂愛惡欲)' 중 글쓴이가 요동 벌판에서 통곡할 때 취하고자 하는 것을 쓰시오.

02 ㉠에 나타난 표현 기법을 쓰시오.

147 능양시집 서(菱洋詩集序) | 박지원

서: 한문 문체의 하나. 책의 앞에 붙이는 글

필수

출제 포인트

고정관념이나 선입견에 사로잡혀 사물의 본질을 파악하지 못하는 데서 오는 문제점을 비유를 통해 구체적으로 제시한 글이다. 이 글에 쓰인 소재의 의미에 대해 알아보고, 글쓴이의 궁극적 집필 의도를 파악해 보자.

감상 길잡이

이 글은 연암 박지원의 시문집인《연암집(燕巖集)》에 실려 있는 산문이다. 조선 후기는 근대의 징후가 드러나면서 기존의 가치관이나 인식 태도에 변화가 요구되던 시기였으므로, 연암은 이러한 변화의 시대에 대응하기 위한 새로운 사고의 필요성을 느꼈다. 〈능양시집 서〉는 그의 이러한 인식과 태도가 반영된 글로, 연암은 이 글에서 성리학이라는 종래의 이념에 사로잡혀 있는 이들에게 까마귀와 아름다운 여인의 예를 통해 고정관념에서 벗어나 열린 사고를 지향할 것을 역설(力說)하고 있다.

(고정관념, 선입견을 비유)

본 것이 적은 사람은 해오라기를 가지고 까마귀를 비웃고 물오리를 들어서 학의 자태를 위태롭게 여긴다. 그 사물 자체는 전혀 괴이하다 생각하지 않는데 자기 혼자 성을 내어 꾸짖으며 한 가지라도 제 소견과 다르면 천하 만물을 다 부정하려고 덤벼든다. 아아! 저 까마귀를 보자. 그 날개보다 더 검은 색깔도 없는 것이 사실이지만「햇빛이 언뜻 흐릿하게 비치면 옅은 황금빛이 돌고, 다시 햇빛이 빛나면 연한 녹색으로도 되며, 햇빛에 비추어 보면 자줏빛으로 솟구치기도 하고, 눈이 아물아물해지면서 비취색으로 변하기도 한다.」그렇다면 푸른 까마귀라고 불러도 옳으며 붉은 까마귀라고 불러도 역시 옳을 것이다.

(본 것이 적은 사람: 선입견에 얽매여 갇힌 사고를 하는 사람을 가리킴)
(한 가지라도 ~ 덤벼든다: 자신이 알고 있는 것을 기준으로 그 밖의 것을 무시하는 갇힌 사고 – 성리학에 매몰된 당시 사대부들에 대한 비판)
(까마귀: 선입견의 오류를 지적하기 위한 예시 ①)
(「 」: '검다' 라는 하나의 색에 가둘 수 없는 까마귀의 다양한 색)
(푸른 까마귀라고 ~ 옳을 것이다: '검다' 라는 일률적 규정의 한계 지적 → 선입견과 고정관념으로 인한 인식론적 오류)

▶ 까마귀를 예로 선입견과 고정관념의 오류 지적(기)

사물에는 애초부터 정해진 색깔이 없건만「그것을 보는 내가 색깔을 먼저 결정하고 있다. 어찌 눈으로 색을 결정하는 것뿐이랴. 심지어 보지도 않고 미리 마음속으로 결정해 버리기도 한다.」아아! ㉠까마귀를 검은 색깔에다 봉쇄시키는 것쯤이야 그래도 괜찮다. 이제는 천하의 모든 빛깔을 까마귀의 검은색 하나에 봉쇄시키려 한다. 까마귀가 과연 검은색으로 보이긴 하지만 소위 푸른빛, 붉은빛을 띤다는 것은 검은색 가운데서 푸르고 붉은빛이 난다는 사실을 의미함을 누가 알고 있으랴?「검은색을 어둡다고 보는 사람은 까마귀만 모를 뿐 아니라 검은색조차 알지 못하는 사람이다.」어째서 그러한가? 물은 검기 때문에 능히 비출 수 있고 옻칠은 까맣기 때문에 능히 비추어 볼 수 있다. 그런 까닭에 색깔이 있는 것치고 광채가 없는 것은 없고, 형체가 있는 것치고 맵시가 없는 것은 없다.

(사물에는 ~ 없건만: 사물에 대한 올바른 인식)
(「 」: 눈과 마음으로 먼저 정하는 선입견 비판)
(㉠: 까마귀를 검은색에 한정시켜 보는 태도로 세상의 모든 사물을 보려 함)
(까마귀의 검은색: 획일화된 선입견과 고정관념)
(검은색 가운데서 ~ 난다는: 검은색은 어둡기만 한 것이 아니라 다양한 색을 동시에 지닌 색임을 의미함)
(검은색 ↔ 어둡다: 다양한 빛깔이 담긴 검은색 ←→ 선입견과 고정관념 속의 검은색)
(「 」: '본 것이 적은 사람' – 선입견과 고정관념에 갇힌 자)
(그런 까닭에 ~ 없는 것은 없다: 사물은 다양한 특징과 성격을 지님)

▶ 선입견에 갇힌 자들의 태도 비판(승)

아름다운 여인을 관찰할 수 있다면 시(詩)를 알 수 있을 것이다.「여인의 고개 숙인 모습에서 그녀가 부끄러워하고 있음을 보고, 턱을 괸 모습에서 그녀가 원망하고 있음을 보고, 혼자 서 있는 모습에서 그녀가 그리워하고 있음을 보고, 눈썹을 찡그린 모습에서 그녀가 수심에 가득 차 있음을 보고, 난간 아래 서 있는 모습을 보고 그녀가 누구를 기다리고 있음을 알고, 파초 잎사귀 아래 서

(아름다운 여인: 선입견의 오류를 지적하기 위한 예시 ②)
(「 」: 아름다운 여인의 다양한 자태 – 상황에 따라 다르게 나타나는 여인의 아름다운 모습)

획일화된 선입견과 고정관념 비유

있는 모습을 보고 그녀가 누구를 바라보고 있음을 알아야 한다.」 만약 그녀가 재(齋)를 올리는 스님처럼 가만히 서 있지 않고 진흙 소상(塑像)처럼 우두커니 앉아 있지 않는다고 책망한다면 이는 양귀비(楊貴妃)에게 치통을 앓는다고 꾸짖고 전국 시대 미인 번희(樊姬)에게 쪽을 찌지 말라고 금하는 꼴이며, 미인의 맵시 있는 걸음걸이를 요망하다고 나무라고 춤추는 자태를 경망하다고 질책하는 격이다. 〈중략〉

언제나 한 모양을 고집하고 그 획일화된 틀 안에서 벗어날 때 성을 낸다면 / 찰흙으로 만든 형상 / 초나라 장왕의 첩. 조비연 자매 이야기를 듣다가 촛불을 돌아보면서 손으로 쪽을 찌려던 머리를 움켜쥔 채 눈물을 흘렸다고 함

▶ 아름다운 여인을 예로 선입견의 오류 지적(전)

글쓴이의 탄식 – 감정의 고조

아아, 슬프다! 세속의 무식한 사람은 까마귀를 비웃고 학을 위태롭게 여김이 또한 매우 심하겠지만 「조카 계지의 정원에 있는 까마귀는 자줏빛으로 변하기도 하고 혹 비취빛으로 변하기도 한다. 세속의 무식한 사람은 재를 올리는 스님이나 진흙 소상처럼 미인을 가만히 고정시키려 하겠지만, 미인의 춤사위와 걸음걸이는 하루가 다르게 경쾌하고 맵시 있게 되고 앓는 이와 쪽 진 머리는 다 나름대로 자태가 있는 법이다.」 세속의 무식한 사람들의 노여움이 하루하루 불어나리라는 것을 의심할 바 없구나! 세상에는 총명한 선비는 적고 무식한 사람들은 많으니 아무 말도 하지 말고 잠자코 있는 것이 옳으리라. ㉡그런데도 말을 그치지 않음은 무슨 까닭인가? 어허! 연암 노인이 연상각(烟湘閣)에서 쓰노라.

자기가 본 것만 옳다고 우기는 사람. 우물 안 개구리, 좌정관천(坐井觀天) / 「 」: 사물에 대한 올바른 인식 – 선입견이나 획일화된 닫힌 사고를 버리고 다양성을 인정하고 존중해야 함 / 대조: 사물을 올바르게 인식하는 이 ↔ 선입견에 사로잡힌 이들 / 글쓴이 박지원 / 선입견과 고정관념에 사로잡혀 사물의 본질을 파악하지 못하는 어리석은 이들을 깨우치기 위함 – 집필 의도

▶ 사물을 올바르게 인식하지 못하는 사람들에 대한 탄식(결)

핵심 정리

- 갈래: 고전 수필〔한문 수필, 서(序)〕
- 성격: 풍자적, 비유적, 비판적
- 구성: '기 – 승 – 전 – 결'의 4단 구성

기: 선입견으로 인한 오류의 예(까마귀) ➡ 승: 선입견으로 사물을 바라보는 태도 비판 ➡ 전: 선입견으로 인한 오류의 예(미인) ➡ 결: 그릇된 인식에 대한 안타까움

- 제재: 고정관념과 선입견
- 주제: 고정관념과 선입견 때문에 올바른 인식을 하지 못하는 인간들의 어리석음 비판
- 특징: 사물을 인식하는 데서 나타나는 문제점을 비유를 통해 구체적으로 제시함

한눈에 **보기**

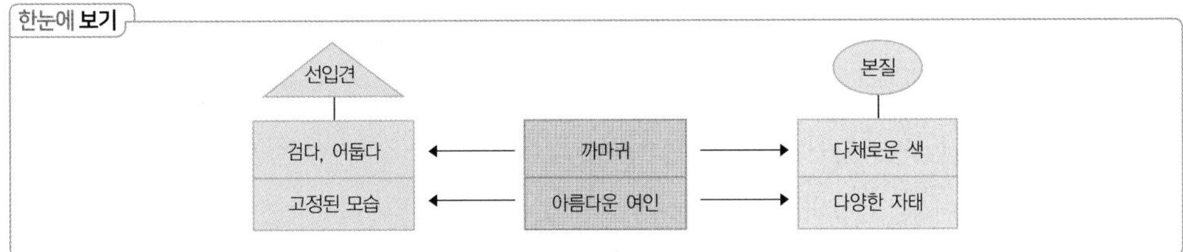

필수 문제

01 ㉠에 나타난 논리적 오류를 쓰시오.

02 [서술형] ㉡의 궁극적 이유를 40자 내외로 서술하시오.

148 일야구도하기(一夜九渡河記) | 박지원

교과서 EBS

출제 포인트

글쓴이가 중국 여행을 하던 도중에 거친 강을 아홉 번이나 건넌 경험을 바탕으로 깨달은 바를 기록한 글이다. 글쓴이가 제시한 바람직한 삶의 태도 및 인간상에 대해 알아보자.

감상 길잡이

이 글은 박지원의 중국 여행기인 《열하일기(熱河日記)》 중 〈산장잡기(山莊雜記)〉에 들어 있는 수필로, 제목인 〈일야구도하기(一夜九渡河記)〉는 '하룻밤에 아홉 번 강을 건넌 기록'이라는 의미이다. 제목을 통해 짐작할 수 있듯, 이 글은 거친 강을 아홉 번이나 건넜던 경험을 바탕으로 글쓴이가 깨달은 바를 전하고 있다. 글쓴이는 강을 건너며 느끼는 두려움은 감각과 외물(外物)에 현혹되기 때문이며, 마음을 다스림으로써 이를 극복할 수 있음을 깨닫는다. 그리고 이러한 깨달음을 확장하여 인생의 길을 걸을 때에도 외물에 현혹되는 것을 경계할 것을 강조하고 있다.

「하수(河水)[강물]는 두 산 틈에서 나와 돌과 부딪쳐 싸우며, 그 놀란 파도와 성난 물머리와 우는 여울과 노한 물결과 슬픈 곡조와 원망하는 소리가 굽이쳐 돌면서, 우는 듯, 소리치는 듯, 바쁘게 호령하는 듯, 항상 만리장성을 깨뜨릴 형세가 있어, 전차(戰車) 만승(萬乘)[일만 대의 전차]과 전기(戰騎) 만대(萬隊)[일만 부대의 전투 기병]나 전포(戰砲) 만가(萬架)[일만 수레의 대포]와 전고(戰鼓) 만좌(滿座)[가득 늘어앉은 전투용 북]로써는 그 무너뜨리고 내뿜는 소리를 족히 형용할 수 없을 것이다.」 모래펄 위 큰 돌은 한쪽에 우뚝 떨어져 섰고, 「강 언덕의 버드나무는 어둡고 컴컴하여 물 지킴과 하수 귀신[황하강 물귀신]이 다투어 나와서 사람을 놀리는 듯한데, 좌우의 교룡(蛟龍)[상상 속에 등장하는 동물의 하나. 뱀과 비슷한 모양을 함]과 이무기가 사람들을 물속으로 끌어들이려는 듯싶었다.」

「 」: 강물이 거칠게 흘러가는 모습과 요란한 물소리 묘사 – 의인, 과장, 열거, 직유를 활용한 청각적 · 시각적 · 역동적 묘사

「 」: 직유법과 과장법을 사용하여 물결이 몹시 사나움을 표현

▶ 거친 강의 모습과 요란한 물소리를 묘사함

혹은 말하기를, / "여기는 옛 전쟁터이므로 강물이 저같이 우는 거야."[사람들이 생각하는 물소리의 이유 – 일반적인 인식]

하지만 이는 그런 것이 아니니, 강물 소리는 듣기 여하에 달려 있을 뿐이다.[글쓴이의 생각 – 듣는 이의 마음에 따라 물소리는 다르게 들림]

「산중의 내 집 문 앞에는 큰 시내가 있어 매양 여름철이 되어 큰 비가 한번 지나가면, 시냇물이 갑자기 불어서 항상 거기(車騎)와 포고(砲鼓)의 소리를 듣게 되어[전차와 기마, 대포와 북소리처럼 물소리가 요란함] 드디어 귀에 젖어 버렸다.」 내가 일찍이 문을 닫고 누워서 소리 종류를 비교해 보니, 「깊은 소나무 숲이 퉁소 소리를 내는 듯한 것은 듣는 이가 청아한[속된 티가 없이 맑고 아름다운] 탓이요, 산이 찢어지고 언덕이 무너지는 듯한 것은 듣는 이가 분노한 탓이요, 뭇 개구리가 다투어 우는 듯한 것은 듣는 이가 교만한 탓이요, 대피리가 수없이 우는 듯한 것은 듣는 이가 노한 탓이요, 천둥과 우레가 급한 듯한 것은 듣는 이가 놀란 탓이요, 찻물이 끓는 듯이 문무(文武)가 겸한 듯한 것은 듣는 이가 취미로운[무엇에 마음이 끌리어 몹시 좋아하거나 흥미를 느끼는 데가 있는] 탓이요, 거문고가 궁우[동양의 5음(궁상각치우) 중 '궁'과 '우' 소리]에 맞는 것은 듣는 이가 슬픈 탓이요, 한지를 바른 창에 바람이 우는 듯한 것은 듣는 이가 의심나는 탓이니,」 이는 모두 바르게 듣지 못하고 특히 흉중[마음속]에 먹은 뜻을 가지고 귀에 들리는 대로 소리를 만든 것이다.

「 」: 글쓴이의 생각에 대한 근거 – 자신의 경험

「 」: 듣는 이의 마음에 따라 소리가 다르게 들리는 예

▶ 물소리는 마음 상태에 따라 다르게 들림(기)

나는 어제 밤중에 강(江) 하나를 아홉 번이나 건넜다.[제목 '일야구도하기(一夜九度河記)'의 근거] 강은 새외(塞外)[북방의 만리장성 바깥]로부터 나와서 장성(長城)을 뚫고 유하(楡河), 조하(潮河), 황하(黃河), 진천(鎭川) 등의 여러 줄기와 어울려 밀운성(密雲城)[열하성의 경조윤에 있는 지명] 밑을 지나

백하(白河)가 되었다. 내가 어제 두 번째 배로 백하를 건넜는데, 이것은 바로 이 강의 하류(下流)였다.
중국에서 발해만으로 흐르는 강 여정이 드러남

내가 아직 요동(遼東) 땅에 들어오지 못했을 무렵, 바야흐로 한여름이었다. 뜨거운 뙤약볕 밑을
계절적, 시간적 배경
가노라니, 홀연(忽然) 큰 강이 앞을 가로막아 붉은 물결이 산같이 일어나서 끝을 알 수 없었다. 아
갑자기 홍수로 갑자기 불어난 강의 모습을 시각적으로 묘사함
마 천 리 밖에서 폭우로 홍수가 났었기 때문일 것이다. 물을 건널 때는 사람들이 모두들 고개를
글쓴이의 추측 눈을 감고 말없이 마음속으로 빎
쳐들고 하늘을 우러러보고 있기에, 나는 그들이 모두 하늘을 향하여 묵도(默禱)를 올리고 있으려
글쓴이의 생각 – 하늘에 안전을 빌고 있다고 생각함
니 생각했었다. 그러나 오랜 뒤에야 비로소 알았지만, 그때 내 생각은 틀린 생각이었다. 물을 건
너는 사람들이 탕탕(蕩蕩)히 돌아 흐르는 물을 보면, 자기 몸은 물을 거슬러 올라가는 듯하고 눈은
물의 흐름이 거세게
강물과 함께 따라 내려가는 것 같아서 갑자기 현기(眩氣)가 일면서 물에 빠지기 쉽기 때문에, 그
어지럼증
사람들이 머리를 쳐들고 있는 것은 하늘에 기도하는 것이 아니라, 아예 물을 피하여 보지 않기 위
사람들이 하늘을 쳐다보며 강을 건넌 이유 – 물에 대한 공포 때문
함이었다. 사실, 어느 겨를에 그 잠깐 동안의 목숨을 위하여 기도할 수 있었으랴!
명재경각(命在頃刻) ▶ 사람들이 강을 건널 때 하늘을 보는 이유

그 위험(危險)이 이와 같은데도, 사람들은 모두 하나같이 말하기를,
물에 빠져 죽을 수도 있는데도

"요동 들은 평평하고 넓기 때문에 강물이 성난 소리로 울어 대지 않는다." / 고 한다.
현상의 본질을 제대로 파악하지 못함

하지만 이것은 물을 잘 알지 못하는 까닭에서 나온 오해인 것이다. 요하(遼河)는 일찍이 울지 않
랴오허 강. 중국 만주 지방의 남부 평야를 흐르는 강
은 적이 없었다. 단지 사람들이 밤에 건너지 않았을 뿐이다.『낮에는 눈으로 물을 볼 수 있으므로
『 』: 물소리가 들리지 않는 이유 – 낮에는 험한 강물에 눈이 팔려 물소리를 들을 겨를이 없기 때문
그 위험한 곳을 보고 있는 눈에만 온 정신이 팔려 오히려 눈이 있는 것을 걱정해야 할 판에, 무슨
소리가 귀에 들려 온다는 말인가?』 그런데『지금 나는 밤중에 물을 건너는지라, 눈으로는 위험한
『 』: 현재 '나'의 상황 – 물이 보이지 않으므로 물소리가 더욱 크고 두렵게 들림
것을 볼 수 없으니, 위험은 오로지 듣는 것에만 쏠리고 그 바람에 귀가 무서워하여 근심을 이기지
못하는 것이다.』 ▶ 낮과 밤에 물소리가 다르게 들리는 이유(승)

남의 잘못으로 말미암아 받게 되는 정신적인 괴로움이나 물질적인 손해
아, 나는 이제야 도(道)를 깨달았다. 마음이 어두운 자는 귀와 눈이 마음의 누(累)가 되지 않고,
강물을 통해 새로운 의미를 깨달음 이목(耳目)에 현혹되지 않는 자
귀와 눈만을 믿는 자는 보고 듣는 것이 더욱 섬세해져서 큰 병이 된다는 것이다. 지금 내 마부(馬
이목(耳目)에 현혹되는 자 본질이 아닌 현상에 얽매이게 된다는
夫)는 말한테 발을 밟혀서 뒤 수레에 실려 있으므로, 이젠 내 손수 고삐를 늦추어 강에 띄우고 무
릎을 구부리고 발을 모아 안장(鞍裝) 위에 앉았는데, 한 번 말에서 떨어지면 곧 물인 것이다. 거기
말에서 떨어지면 죽을 수 있는 위험한 상황 – 명재경각, 풍전등화
로 떨어지는 경우에는 물로 땅을 삼고, 물로 옷을 삼고, 물로 몸을 삼고, 물로 성정(性情)을 삼을
죽음에 대해 초연한 자세를 취함. 물아일체(物我一體)의 경지 – 글쓴이가 강을 태연히 건널 수 있었던 이유
것이리라. 이러한 마음의 판단이 한번 내려지자, 내 귓속에선 강물 소리가 마침내 그치고 말았다.
이목(耳目)에 현혹되지 않음
그리하여, 무려 아홉 번이나 강을 건넜는데도 두려움이 없고 태연(泰然)할 수 있어, 마치 방 안의 의
앉고 눕고 일어나고 머무르는
자 위에서 좌와(坐臥)하고 기거(起居)하는 것 같았다. ▶ 이목(耳目)에 현혹되지 않음으로써 두려움을 극복함(전)

우(禹)의 고사를 인용(설득력 강화)
옛적에 우(禹)가 강을 건너는데, 황룡(黃龍)이 배를 등으로 떠받쳐서 지극히 위험했다 한다. 그러
중국 고대 전설상의 임금. 하나라의 시조
나 생사(生死)의 판단이 일단 마음속에 정해지자,『용이거나 지렁이거나, 혹은 그것이 크거나 작거
마음을 다스림

조선 후기

나 간에 아무런 관계(關係)도 될 바가 없었다 한다.」 소리와 빛은 모두 외물(外物)이다. 이 외물은 항상 사람의 이목(耳目)에 누가 되어, 보고 듣는 바른 길을 잃어 버리도록 한다. 그것이 이와 같은데, 「하물며 사람이 세상을 살아갈 때, 그 험하고 위태로운 것이 강물보다 더 심하여 보고 듣는 것이 병통이 됨에 있어서랴.」

「 」: 마음을 다스림으로써 감각을 초월한 사물의 본질을 파악함

외물: 사물의 본질을 제대로 파악하지 못하게 하는 요인

보고 듣는 바른 길을 잃어 버리도록 한다: 본질을 제대로 파악하지 못하게 함

「 」: 강을 통한 깨달음이 인생으로 확장됨

▶ 외물에 현혹되는 일의 위태로움

나는 또 나의 산중으로 돌아가 앞 시냇물 소리를 다시 들으면서 이것을 경험해 볼 것이려니와, 「이로써 몸가짐에 재빠르고, 스스로 총명한 것을 자신하는 자를 경계하는 바이다.」

이것: 외물에 현혹되지 않고 감각을 초월하는 것

「 」: 글쓴이의 집필 의도 – 주제

▶ 외물에 현혹되지 않는 태도의 중요성과 세인에 대한 경계(결)

핵심 정리

- 갈래: 고전 수필〔한문 수필, 기행 수필, 기(記)〕
- 성격: 체험적, 사색적, 설득적, 교훈적, 분석적, 비유적
- 구성: '기 – 승 – 전 – 결' 의 4단 구성

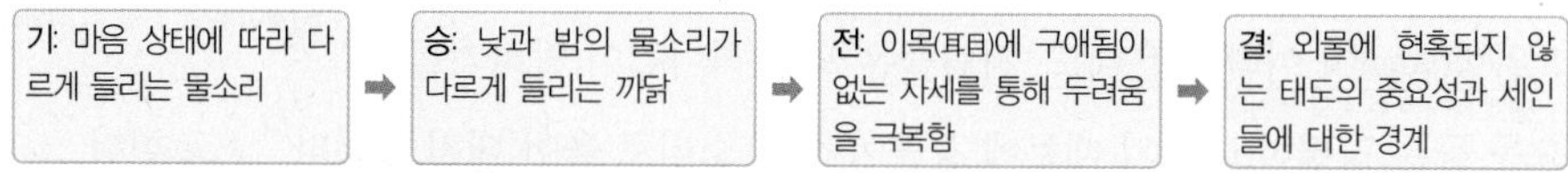

- 제재: 물소리, 하룻밤 동안 아홉 번 강을 건넌 경험
- 주제: ① 외물(감각)에 현혹되지 않는 삶의 자세
  ② 마음을 다스리는 일의 중요성
- 특징: ① 자신의 경험을 바탕으로 깨달은 삶의 이치를 제시함
  ② 치밀한 관찰력으로 사물의 본질을 꿰뚫어 봄
  ③ 적절한 예시와 고사를 통해 주장을 뒷받침하고 설득력을 강화함

한눈에 보기

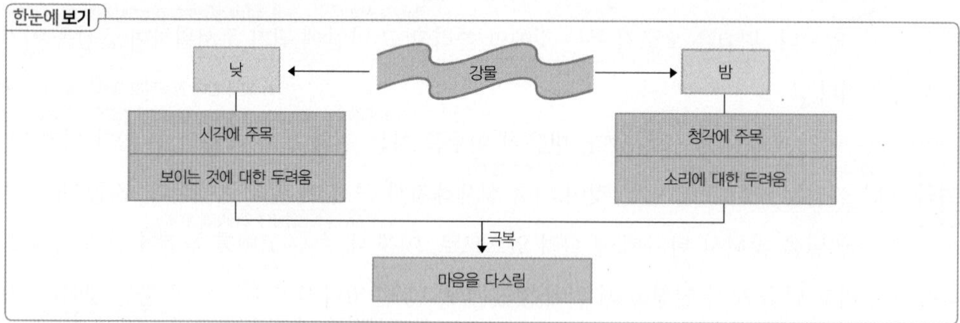

필수 문제

01 이 글에서 글쓴이가 상정하고 있는 독자를 찾아 쓰시오.

02 이 글에서 사람들이 하늘을 향해 고개를 쳐들고 강물을 건넌 이유를 쓰시오.

149 상기(象記) | 박지원

교과서

출제 포인트

코끼리를 본 경험을 바탕으로 세상을 다양한 시각에서 바라보아야 한다는 글쓴이의 생각을 드러낸 수필이다. 글쓴이의 경험과 깨달음의 내용이 무엇인지 살펴보고, 이를 바탕으로 교술 갈래의 특징이 무엇인지 파악해 보자.

감상 길잡이

이 글은 박지원의 《열하일기(熱河日記)》에 실려 있는 한문 수필 작품으로, 글쓴이가 코끼리를 본 경험을 바탕으로 세상을 고정된 시각으로 바라보는 태도에서 벗어나야 한다는 깨달음을 담고 있다. 사람들은 세상 만물이 모두 하늘의 의도가 반영된 것이라 생각한다. 하지만 글쓴이는 코끼리의 일부만 보고 코끼리에 대한 모든 것을 알 수가 없듯이, 세상 만물을 하나의 법칙으로 설명할 수 없다는 점을 주장하고 있다. 특히 글쓴이는 이러한 생각을 사람들과 묻고 답하는 방식을 통해 드러내고 있으며, 논리적인 근거를 들어 다른 사람들의 생각을 반박함으로써 자신의 주장에 대한 타당성을 높이고 있다.

괴상하고 신기하며 우스꽝스러울 정도로 기이하다 싶은 커다란 구경거리를 보려거든 무엇보다 도 북경 선무문 안 코끼리 우리인 상방(象房)을 보면 좋겠다. 내가 북경에서 본 코끼리 열여섯 마리는 모두 발이 쇠사슬로 묶여 있었기에 움직이는 모습까지는 보지 못하였었다. 「이번에 열하(熱河) 행궁 서쪽에서도 코끼리 두 마리를 보았는데, 온 몸뚱이를 꿈틀거리며 움직이는 것이 바람이 불고 비가 오는 듯 굉장하였다.」

(코끼리에 대한 글쓴이의 인상 / 선무문: 북경의 사대문 중의 하나. 자금성 남서쪽에 위치함 / 상방: 코끼리 우리 / 열하: 러허. '청더'의 옛 이름 / 행궁: 임금이 나들이 때에 머물던 별궁 / 「 」: 움직이는 코끼리의 모습을 열하 행궁 서쪽에서 처음 보고 경이로움을 느낌. 비유법)

▶ 열하 행궁 서쪽에서 움직이는 코끼리를 본 경이로움

내가 언젠가 새벽에 동해에 나갔던 적이 있다. 파도 위에 말이 서 있는 듯한 모습을 수없이 보았는데, 모두 집채같이 커서 그게 물고기인지 산짐승인지 알지 못했다. 해가 뜨기를 기다려 제대로 보려고 했는데 해가 막 수면 위로 솟아오르자 물결 위에 말처럼 섰던 것들은 바닷속으로 이미 숨어 버렸었다.

(코끼리를 본 것과 유사한 과거의 경험을 회상 / 물결 위에 말처럼 섰던 것들: 코끼리와 비슷한 물체)

▶ 과거에 동해에서 코끼리와 비슷한 물체를 목격했던 경험 회상

이번에 코끼리를 열 걸음 밖에서 보았는데 그때 동해에서의 일을 떠올리게 하였다. 「코끼리는 소의 몸뚱이에 당나귀 꼬리요, 낙타의 무릎에 호랑이 발굽이요, 털은 짧고 잿빛이었다. 어질어 보이는 외모에 슬픈 소리를 냈으며, 귀는 드리워진 구름 같았고, 눈은 초승달 같았다. 두 엄니는 크기가 두 아름쯤이요, 길이는 한 발 남짓이었다. 코는 엄니보다 길었는데, 구부리고 펴는 모습이 자벌레 같고 둥글게 마는 모습은 굼벵이 같았다. 코의 끝은 누에 꽁무니 같은데 물건을 족집게처럼 끼어 돌돌 말아 입에 집어넣었다.」

(동해에서 코끼리와 비슷한 물체를 본 경험과 코끼리를 가까이서 보고 있는 상황을 연결함 / 엄니: 크고 날카롭게 발달하여 있는 포유류의 이. 코끼리의 상아 / 아름: 두 팔을 벌려 껴안은 둘레의 길이 / 발: 길이를 잴 때, 두 팔을 펴서 벌린 길이 / 자벌레: 꼬리를 머리 쪽에 갖다 붙이고 몸을 앞으로 펴는 동작을 반복해 가며 기어가는 벌레 / 꽁무니: 사물의 맨 뒤나 맨 끝 / 「 」: 코끼리의 외양을 비유적 표현을 통해 묘사)

▶ 코끼리의 외양에 대한 상세한 묘사

「어떤 이는 코를 주둥이로 생각하여 코끼리 코가 있는 곳을 다시 찾아보기도 하는데, 코가 이렇게 생겼으리라고는 생각지 못해서이다. 어떤 이는 코끼리의 다리가 다섯이라고 하고, 어떤 이는 코끼리의 눈이 쥐 같다고도 하는데, 대부분 코끼리의 코와 엄니 사이에 정신을 빼앗겨서 그런 것이다.」 코끼리 전체 몸뚱이에서 가장 작은 것을 가지고 보면 이렇게 엉터리 비교가 나오게 된다. 대개 코끼리 눈은 매우 가늘어서 마치 간사한 사람이 아양을 떨며 눈부터 먼저 웃는 것처럼 보일 수 있으나, 코끼리의 어질어 보이는 성품은 바로 눈에서 드러난다.

(「 」: 코끼리의 모습을 잘못 파악하고 있는 사람들의 예 / 성급한 일반화의 오류 – 코끼리의 일부분을 보고 섣부르게 잘못 판단함 / 코끼리의 눈을 부정적으로 인식하는 사람들의 생각과 달리 글쓴이는 코끼리의 눈에서 어진 성품을 느끼고 있음)

▶ 코끼리의 외양에 대한 사람들의 오해

강희(康熙) 시대 남해자에 사나운 호랑이가 두 마리 있었는데, 오랫동안 길들이지 못했다. 황제
청나라 제4대 황제 북경 숭문문 남쪽에 있는 동산. 동물원
가 노하여 호랑이를 코끼리 우리에 몰아넣으라고 명하였다. 코끼리가 몹시 겁을 내며 코를 한번
코끼리 코의 위력
휘두르자 호랑이 두 마리가 서 있던 자리에서 쓰러져 죽었다고 한다. 코끼리가 호랑이를 죽이려
는 의도 없이 호랑이의 냄새가 싫어 코를 휘둘렀는데 잘못 부딪쳤던 것이다. ▶ 코끼리가 호랑이를 죽인 일화
코끼리가 호랑이를 죽인 것은 의도적인 행위가 아님

아하! 세상의 사물 중 작은 것, 겨우 털끝 같은 것이라도 하늘의 뜻에 부합하지 않는 것이 없다
사람들은 세상 만물이 하늘의 뜻에 의한 것이라 생각함
고들 한다. 그러나 하늘이 어떻게 사물 하나하나에 다 명령을 하였겠는가?「하늘이란 생긴 모양을
세상 만물이 하늘의 뜻에 의한 것이라고 생각하는 사람들의 의견에 반박함
중심으로 말하면 천(天)이요, 타고난 본성을 중심으로 말하면 건(乾)이요, 일을 주재하는 측면을 중
하느님 주역의 기본 괘 중에서 하늘을 상징하는 괘 어떤 일을 중심이 되어 맡아 처리하는
심으로 말하면 제(帝)요, 신묘한 작용을 중심으로 말하면 신(神)이라 하니 부르는 이름이 다양하다.」
「 」: 관점에 따라 하늘에 다른 이름을 붙이는 것을 통해 하늘의 섭리는 따로 없으며 획일적으로 설명할 수도 없음을 나타냄
좀 심하게 말하는 경우에는 하늘이 이(理)와 기(氣)를 화로와 풀무로 삼아 사물을 만들고 사물의 성
만물을 지배하는 이치, 만물을 구성하는 물질적인 성분 물건을 만들어 내는 도구
질을 부여하는 조물(造物)이라고도 하니, 이는 하늘을 솜씨 좋은 기술자로 보고서 망치질, 끌질,
우주의 만물을 만들고 다스리는 신 세상의 모든 것을 하늘이 만들었다는 의미
도끼질, 칼질에 조금도 쉴 사이가 없다고 하는 말이다. 따라서 《주역》에서는 "하늘이 초매(草昧)를
천지개벽의 처음. 곧, 거칠고 어두운 세상
만들었다."라고 하였다. ▶ 사람들은 세상 만물이 모두 하늘의 뜻에 의한 것이라 생각함

초매란 빛은 어두컴컴하고 형태는 뿌옇고 흐릿하여, 비유하자면 동이 틀 듯 말 듯한 때와 같아
초매의 개념 – 하늘이 만물을 처음 만들 때에는 거칠고 어두운 혼돈과 같은 상태였음
서 사람도 물건도 똑똑히 구별할 수 없는 상태를 가리킨다. 나는 알 수가 없다. 하늘이 어두컴컴
하게 뿌옇고 흐릿한 상황에서 과연 무엇을 만들어 냈다는 말인가?「국숫집에서 밀을 맷돌에 갈
세상 만물이 모두 하늘의 의도에 따른 것이라는 사람들의 생각에 반박을 함
때, 작고 크고 가늘고 굵은 가루가 뒤섞여 바닥에 흩어진다. 맷돌의 작용이란 도는 것뿐이다. 처
음부터 맷돌이 가늘고 굵은 가루를 만들겠다고 의도를 가졌겠는가?」
「 」: 맷돌을 통해 세상 만물은 하늘의 의도가 반영된 것이 아니라 우연히 만들어진 것임을 주장함

그런데도 말하기 좋아하는 사람은 "뿔이 있는 놈에게는 이빨을 주지 않았다."라고 하여 하늘이
세상 사람들은 뿔이 있는 존재가 이빨을 갖고 있지 않은 것은 하늘의 의도가 반영된 것이라 생각함
만물을 만들 때 결함을 갖도록 의도한 것처럼 생각한다. 이것은 잘못된 생각이다.
▶ 세상 만물이 모두 하늘의 뜻에 의한 것이라는 사람들의 생각에 대한 비판

감히 묻는다. "이빨을 준 자는 누구인가?"/ 사람들은 말할 것이다. "하늘이 주었다."
문답법을 통해 사람들의 생각을 반박하고, 자신의 주장에 대한 타당성을 입증하고 있음

다시 묻는다. "하늘이 이빨을 준 까닭은 무엇 때문인가?"

사람들은 답할 것이다. "하늘이 이빨로 물건을 씹게 한 것이다."
하늘의 의도가 반영된 것이라 생각함

또다시 묻겠다. "이빨로 물건을 씹게 함은 무엇 때문인가?"

사람들은 대답할 것이다.「"이는 하늘이 낸 이치이다. 날짐승과 산짐승은 손이 없으므로 반드시
하늘의 의도가 반영된 것임
부리와 주둥이를 땅에 닿도록 숙여 먹이를 구하는 것이다. 그러므로 학 다리가 이미 높고 보니 학
의 목이 길 수밖에 없었던 것인데 그래도 혹시 땅에 닿지 않을까 염려하여 또 부리가 길어진 것이
다. 만약 닭의 다리가 학의 다리를 본떠 길었다면 닭은 마당에서 굶어 죽었을 것이다."」
「 」: 세상 만물이 모두 하늘의 이치에 따른 것이라는 주장에 대한 다양한 사례

나는 크게 웃으며 말했다. "그대들이 말하는 이치는 소, 말, 닭, 개에게나 해당할 따름이다. 만
사람들이 말하는 이치는 일부의 경우에만 적용할 수 있다고 반박함
약 하늘이 이빨을 준 것이 반드시 구부려 먹이를 씹게 하기 위해서라고 가정해 보자.「지금 저 코

끼리는 쓸데없는 엄니가 곧추세워져 있어서 입을 땅에 대려고 하면 엄니가 먼저 땅에 부딪힐 것이니 물건을 씹는 데는 도리어 방해가 되지 않을까?"」

「 」: 코끼리의 사례를 들어 모든 사물에 동일한 이치를 적용할 수 없음을 밝힘 – 사람들의 주장에 대한 반박

어떤 사람은 말할 것이다. "코를 활용하면 된다."

'나'의 의견에 대한 사람들의 반박

나는 "엄니가 길어 코를 활용하는 것보다는 차라리 엄니를 없애고 코를 짧게 하는 것이 낫지 않을까?"라고 답하겠다. / 이에 말하던 자는 처음의 주장을 더 내세우지 못하고 자신이 배웠던 내용을 조금 누그러뜨릴 것이다. 이는 생각이 겨우 말, 소, 닭, 개에 미칠 뿐이요, 용, 봉황, 거북, 기린 같은 것에는 미치지 못하기 때문이다.

사람들의 반박에 대한 재반박

세상 만물은 하늘의 이치가 적용되지 않는 사례들이 많이 있음

▶ 세상 만물이 모두 하늘의 뜻에 의한 것이라는 사람들의 생각에 대한 비판

「코끼리가 호랑이를 만나면 코로 때려눕히니, 그 코야말로 천하무적이라 할 것이다. 그런데 코끼리가 쥐를 만나면 코를 댈 자리도 없어, 하늘을 쳐다본 채 서 있을 뿐이라 한다. 그렇다고 쥐가 호랑이보다 무섭다고 말하는 것은 앞서 말한 하늘이 낸 이치에 맞지 않는다.」

「 」: 고정된 시각으로 세상을 바라보는 것에 대해 비판적인 생각을 드러냄

코끼리는 눈에 보이는 데도 그 이치를 모르는 것이 이와 같다. 하물며 코끼리보다 만 배나 더 복잡한 천하의 사물은 어떠할까? 그러므로 성인이 《주역》을 지을 때 '코끼리 상(象)' 자를 취하여 저술한 것도 코끼리 같은 형상을 보고 세상 만물의 변화를 깊이 파고들어 연구하고자 했기 때문이다.

천하의 만물은 우리가 모르는 것이 더욱 많음

《주역》에서는 사상(四象)을 통해 우주 변화의 이치를 설명하는데, 여기서 '상(象)' 자가 '코끼리 상' 자임

다양한 관점에서 세상 만물의 변화를 탐구하기 위함

▶ 다양한 관점에서 세상을 바라보아야 한다는 생각을 밝힘

핵심 정리

- 갈래: 고전 수필〔기(記)〕
- 성격: 교훈적, 묘사적, 비유적
- 구성: '기 – 승 – 전 – 결'의 4단 구성

기: 열하에서 움직이는 코끼리를 처음 보고 충격과 경이로움을 느낌	➡	승: 코끼리의 외양을 구체적이고 상세하게 묘사함	➡	전: 모든 사물은 하늘의 이치에 따른 것이라는 생각에 반박함	➡	결: 다양한 관점에서 만물을 인식해야 하는 이유를 제시함

- 제재: 열하에서 코끼리를 본 경험
- 주제: 열린 시각으로 만물을 바라보는 것이 필요함
- 특징: ① 묻고 답하는 방식을 통해 자신의 주장에 대한 타당성을 입증함
  ② 비유와 묘사를 통해 대상을 개성적으로 표현함
- 의의: 교술 갈래인 '기(記)'의 특징을 잘 살펴볼 수 있음

한눈에 보기

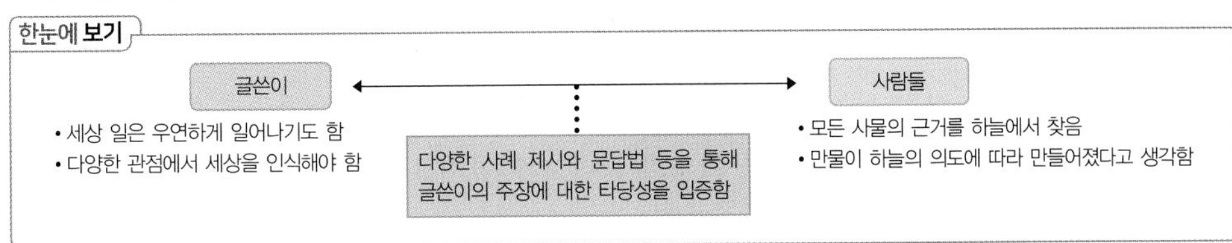

필수 문제

01 이 글은 글쓴이의 (　　　　　)을/를 바탕으로 만물을 바라보는 시각에 대한 (　　　　　)을/를 나타내는 작품이다.

02 [서술형] 이 글에서 글쓴이가 비판하고 있는 태도에 대해 서술하시오.

150 요술에 대하여 | 박지원

교과서

출제 포인트

청나라에서 보고 듣고 경험한 내용과 깨달음 등을 기록한 《열하일기》에 실려 있는 한문 수필이다. 요술을 보고 느낀 점을 대화를 통해 드러내고 있는데, 요술을 바라보는 글쓴이의 참신한 발상에 주목해 살펴보자.

감상 길잡이

이 글은 조선 후기의 실학자 박지원이 청나라를 다녀와서 보고 들은 것을 기록한 《열하일기》에 실려 있는 것으로, 〈환희기후지(幻戱記後識)〉라는 제목의 한문 수필이다. 박지원은 열하를 다녀오는 도정에 목격한 요술 스무 개의 장면을 〈환희기(幻戱記)〉에서 실감나게 묘사하였고, 〈환희기후지(幻戱記後識)〉에서는 그와 관련해 홍려시 소경(鴻臚寺少卿) 조광련(趙光連)과 나눈 대화를 서술해 현실에 대한 비판적 의식을 드러내고 있다. 요술쟁이가 관객을 속인 것으로 생각하는 일반적인 시각과 달리, 연암은 관객이 스스로 요술쟁이에게 속은 것이라는 새로운 인식을 드러내고 있으며, 환술을 변별해 내지 못하는 인간의 지각 능력의 한계와 객관적 판단이 흐려지는 폐단을 비판하며 정작 두려워해야 할 요술은 현실 세계에 있다는 깨달음을 밝히고 있다.

이날 홍려시 소경(鴻臚寺少卿) 조광련(趙光連)과 의자를 나란히 하고서 요술을 구경하였다. 내가 조광련에게 말하였다. / "눈이 능히 시비를 판단치 못하고 진위를 살피지 못할진대, 비록 눈이 없다고 해도 괜찮으리이다. 그러나 항상 요술하는 자에게 속게 되는 것은 이 눈이 일찍이 망령되지 않은 것은 아니나, 분명하게 본다는 것이 도리어 탈이 되는 것입니다그려." ▶ 조광련과 함께 요술을 구경함

(홍려시 소경: 손님을 접대하는 관청의 차관(次官) / 요술: 청나라에서 구경한 요술 스무 개 / 시비: 잘잘못, 옳음과 그름 / 진위: 참과 거짓 / 망령되지: 정신이 흐려서 말이나 행동이 정상을 벗어남 / 분명하게 본다는 것이 도리어 탈이 되는 것입니다그려: 인간의 인식에 대한 참신한 발상이 드러남)

조광련이 말했다. / "비록 요술을 잘하는 자가 있다 해도 맹인은 속이기가 어려울 터이니, 눈이란 과연 항상 믿을 만한 것일까요?"

(비록 ~ 터이니: 맹인은 눈의 영향을 받지 않기 때문에)

내가 말했다.

(대화적 구성을 통해 일화에 대한 글쓴이의 생각이 드러남)

"우리나라에 서화담(徐花潭) 선생이란 분이 있었지요. 밖에 나갔다가 길에서 울고 있는 자를 만났더랍니다. '너는 왜 우느냐?' 물으니 이렇게 대답했답니다. '저는 세 살에 눈이 멀어 지금에 사십 년이올시다. 「전일에 길을 갈 때는 발에다 보는 것을 맡기고, 물건을 잡을 때는 손에다 보는 것을 맡기고, 소리를 듣고서 누구인지를 분간할 때는 귀에다 보는 것을 맡기고, 냄새를 맡고서 무슨 물건인가를 살필 때는 코에다 보는 것을 맡겼습지요. 사람에게는 두 눈이 있으되, 저에게는 손과 발과 코와 귀가 눈 아님이 없었습니다.」 또한 어찌 다만 손과 발, 코와 귀뿐이겠습니까? 해가 뜨고 해가 지는 것은 낮에 피곤함으로 미루어 보았고, 물건의 모습과 빛깔은 밤에 꿈으로 보았지요. 장애가 될 것도 없고 의심과 혼란도 없었지요. 「이제 길을 가는 도중에 두 눈이 갑자기 밝아지고 백태가 끼었던 눈이 저절로 열리고 보니, 천지는 드넓고 산천은 뒤섞이어 만물이 눈을 가리고 온갖 의심이 마음을 막아서 손과 발, 코와 귀가 뒤죽박죽 착각을 일으켜 온통 예전의 일상을 잃게 되었습니다. 집이 어디인지 까마득히 잃어버려 스스로 돌아갈 길이 없는지라 그래서 울고 있습니다.」' 화담 선생이 말했습니다. '네가 네 지팡이에게 물어본다면 지팡이가 응당 절로 알지 않겠느냐.' 그가 말하기를, '제 눈이 이미 밝아졌으니 지팡이를 어디에다 쓰

(서화담: 조선 명종 때의 학자 서경덕 / 전일에: 예전에 / 「 」: 맹인이라 앞을 보지 못하더라도, 다른 신체 기관을 통해 모든 것을 판단할 수 있었음 / 해가 뜨고 ~ 미루어 보았고: 해가 뜨고 지는 것도 눈이 아니라 다른 방식을 통해 인식할 수 있었음 / 백태: 몸의 열 따위로 눈에 희끄무레한 막이 덮이는 병 / 「 」: 도리어 눈을 뜨고 나니, 의심이 늘어나고 착각을 일으키게 됨)

겠습니까?' 하니 선생이 말했습니다. '그렇다면 도로 눈을 감아라. 바로 거기에 네 집이 있으리라.' 이로써 논한다면, 눈이란 그 밝은 것을 자랑할 것이 못 됩니다. 오늘 요술을 보니, 요술쟁이가 능히 속인 것이 아니라 사실은 구경하는 사람이 스스로 속은 것일 뿐이라오."

문제 상황에 대한 역설적인 해결 방안 – 세상을 파악하는 데 혼란을 가져오는 감각을 배제해야 대상의 본질을 파악할 수 있음

요술쟁이가 사람들을 속인 것이 아니라, 사람들이 상황의 본질을 파악하지 못한 것임

▶ 서화담의 일화를 통해 세상을 보는 것의 새로운 인식을 제시함

조광련이 말했다. / "그렇습니다. 〈중략〉 요술의 술법은 비록 천변만화를 하더라도 족히 두려울 게 없습니다. 그러나 『천하에 가히 두려워할 만한 요술이 있으니, 그것은 아주 간사한 자가 충성스러운 체하는 것과 향원(鄕愿)이면서도 덕행이 있는 체하는 것일 겁니다.』

끝없이 변화함. 변화가 무궁함

현실 속의 상황이 더 요술 같음 → 당대 거짓 군자들의 위선을 비판

『 』: 현실 세계 속의 상황이 사람들을 더 미혹(迷惑)하게 하는 당시 현실에 대한 비판적 인식이 드러남

내가 말했다. / "호광(胡廣) 같은 정승은 중용(中庸)으로 요술을 하고, 풍도(馮道)와 같은 이는 오대(五代)에 걸쳐 정승을 살면서 명철(明哲)한 것으로 요술을 부렸으니, 웃음 속에 칼이 있는 것이 입속으로 칼을 삼키는 것보다 더 혹독하지 않을까요." / 그러고는 서로 크게 웃으면서 일어났다.

호광은 중용의 가치를 통해 여러 임금을 섬김 – 자신의 안위를 우선시했다는 점에서 비판받음

풍도는 다섯 왕조를 섬김 – 왕조가 바뀔 때마다 협조했다는 점에서 지조가 없는 정치가로 비판받음

스무 가지 요술 중에 입속으로 칼을 삼키는 요술이 있었음

▶ 요술보다 현실의 모습이 더 혹독한 상황임

핵심 정리

- 갈래: 고전 수필(기행문)
- 성격: 경험적, 교훈적
- 구성: '처음 – 중간 – 끝'의 3단 구성

처음: '나'와 조광련이 같이 열하에서 요술을 구경함 ➡ **중간**: 서화담의 일화를 통해 세상을 보는 것의 새로운 인식을 제시함 ➡ **끝**: 현실 세계가 요술보다 더 두려워할 만한 상황이라는 생각을 밝힘

- 제재: 열하에서의 요술 구경
- 주제: 요술과 같은 부조리한 현실에 대한 비판
- 특징: ① 문답 형식을 통해 글쓴이의 생각이 드러남 ② 구체적인 일화를 통해 주제 의식을 드러냄
- 의의: 진정으로 사물의 본질을 보는 것에 대한 글쓴이의 참신한 발상이 돋보임

한눈에 보기

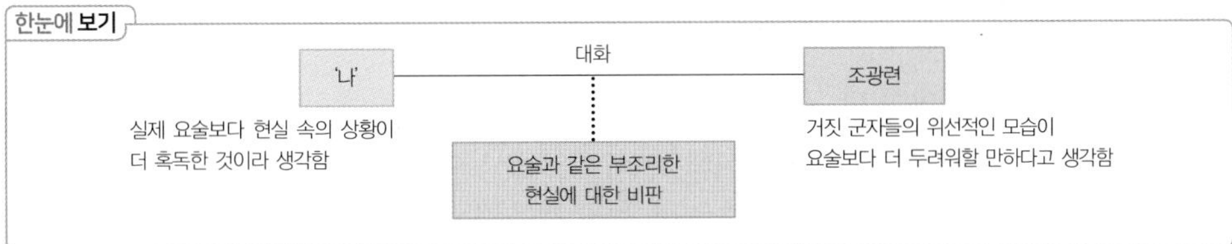

보충·심화 학습

- '호광'과 '풍도'

'호광'은 중국 동한 시대의 재상으로 혼란스럽던 중국의 동한 말기에 어느 편에도 치우치지 않는 중용의 도를 내세워 여러 임금을 섬기고 원로대신으로 예우를 받았다. 하지만 구차하게 남의 마음에 들도록 행동하여 제 몸을 보전하였다고 조롱을 받기도 하였다. '풍도'는 당나라가 멸망한 후 뛰어난 처세술로 다섯 왕조의 재상을 지낸 점에서 뛰어난 현실주의 정치가로 평가받기도 하고, 왕조가 바뀔 때마다 새 왕조를 옹호한 점에서 지조가 없는 정치가로 비난을 받기도 하였다.

필수 문제

01 이 글은 글쓴이와 (   )이/가 나누는 (   ) 형식을 통해 글쓴이가 말하고자 하는 바를 드러내고 있다.

02 [서술형] 이 글의 글쓴이가 조광련에게 말한 '분명하게 본다는 것이 도리어 탈이 되는 것'이 어떤 의미인지 서술하시오.

151

연암 박지원의 또 다른 호 / 스스로 쓴 서문

공작관 문고 자서(孔雀館文稿自序) | 박지원

자신이 쓴 글들을 모아 엮은 책

필수

출제 포인트

글을 쓸 때의 올바른 태도 및 비평의 중요성을 강조한 글이다. 글쓰기 태도에 대한 언급을 통해 글쓴이의 창작관을 살펴보고, 이 글의 서술 방식에 대해 알아보자.

감상 길잡이

이 글은 '이명'과 '코골이'의 비유를 통해 글을 쓸 때의 올바른 자세에 대해 말하고 있는 한문 수필이다. 자신에게 도취되어 남의 적절한 비판에 귀를 기울이지 않는 태도를 비판하면서, 독자의 적절한 비판의 중요성과 독자의 비판에 귀를 기울이는 태도의 중요성을 강조하고 있다.

글이란 뜻을 드러내면 족하다.
(글쓴이가 생각하는 글쓰기의 바른 태도 ①)

글을 지으려 붓을 들기만 하면 옛말에 어떤 좋은 말이 있는가를 생각한다든가 억지로 경전의 그럴 듯한 말을 뒤지면서 그 뜻을 빌려 와 근엄하게 꾸미고 매 글자마다 엄숙하게 보이도록 만드는 사람은, 「마치 화공(畵工)(= 작가)을 불러 초상화(= 글)를 그릴 때 용모를 싹 고치고서 화공 앞에 앉아 있는 자(= 글이 그 진실성을 잃음)와 같다. 눈을 뜨고 있되 눈동자는 움직이지 않으며 옷의 주름은 쫙 펴져 있어 평상시 모습과 너무도 다르니 아무리 뛰어난 화공인들 그 참모습을 그려 낼 수 있겠는가.」(「 」: 글쓰기를 그림 그리기에 비유 – 있는 그대로를 표현하는 것이 중요함) / 글을 짓는 일이라고 해서 뭐가 다르겠는가. 말이란 꼭 거창해야 하는 건 아니다.(거창한 것 = 옛말, 경전, 근엄한 뜻 등) 도(道)는 아주 미세한 데서 나누어진다. 도에 합당하다면 기와 조각이나 돌멩이(하찮게 보이는 것(↔거창한 것))인들 왜 버리겠는가. 이 때문에 도올(檮杌)(사납고 잔인한 맹수. 초나라에서 자기 나라 역사가를 부르던 명칭)이 비록 흉악한 짐승이지만 초나라에서는 그것을 자기 나라 역사책의 이름으로 삼았고(역사 기록을 통해 악을 경계하려는 의도), 무덤을 도굴하는 자는 흉악한 도적이지만 사마천(司馬遷)과 반고(班固)는 이들을 자신의 역사책(사마천의 〈사기〉, 반고의 〈한서〉)에서 언급했던 것이다.

▶ 글을 쓰는 올바른 태도

글을 짓는 건 진실해야 한다.(글쓴이가 생각하는 글쓰기의 바른 태도 ②) / 이렇게 본다면, 글을 잘 짓고 못 짓고는 자기한테 달렸고('이명'에 비유), 글을 칭찬하고 비판하고는 남의 소관이다('코골이'에 비유). 이는 꼭 이명(耳鳴)(몸 밖에 음원(音原)이 없는데도 잡음이 들리는 병적인 상태)이나 코골이와 같다.

「한 아이가 뜰에서 놀다가 갑자기 '왜앵' 하고 귀가 울자 '와!' 하고 좋아하면서 가만히 옆의 동무에게 이렇게 말했다.

"얘, 이 소리 좀 들어 봐. 내 귀에서 '왜앵' 하는 소리가 난다. 피리를 부는 것 같기도 하고, 생황(笙簧)(아악(雅樂)에 쓰는 관악기의 하나)을 부는 것 같기도 한데 소리가 동글동글한 게 꼭 별 같단다."

그 동무가 자기 귀를 갖다 대 보고는 아무 소리도 안 들린다고 하자, 아이는 답답해 그만 소리를 지르며 남이 알지 못하는 걸 안타까워했다.」(「 」: 글쓰기의 잘못된 태도 비유 ① – 자신의 작품을 남이 알아주지 않는 것을 서운해 함)

「언젠가 어떤 시골 사람과 한 방에 잤는데 그는 드르렁드르렁 몹시 코를 골았다. 그 소리는 토하는 것 같기도 하고 휘파람을 부는 것 같기도 했으며, 탄식하는 것 같기도 하고 보글보글 솥이 끓는 것 같기도 했으며, 빈 수레가 덜컹거리는 것 같기도 했다. 숨을 들이쉴 땐 톱질하는 소리 같고 숨을 내쉴 땐 돼지가 꿀꿀거리는 소리 같았다. 하지만 남이 흔들어 깨우자 발끈 성을 내며 이렇게 말했다. / "나는 그런 적 없소이다."」 「 」: 글쓰기의 잘못된 태도 비유 ② – 자신의 잘못된 부분에 대한 타인의 비평을 거부함

▶ 이명과 코골이의 비유로 살펴보는 잘못된 글쓰기 태도

쯧쯧! 제 혼자 아는 게 있을 경우 남이 그걸 모르는 걸 걱정하고,(독단과 아집에 사로잡혀 자신의 글을 남이 알아주지 않는다고 한탄함 – '이명'으로 비유된 글쓰기 태도의 문제점) 자기가 미처 깨닫지 못한 게 있을 경우 남이 먼저 깨닫는 걸 싫어한다.('코골이'로 비유된 글쓰기 태도의 문제점 – 다른 사람의 비평을 받아들이지 않으려는 태도) 어찌 코와 귀에만 이런 병통이 있겠는가! 문장의 경우는 이보다 더 심하다. 이명은 병이건만 남이 알아주지 못한다고 답답해하니 병이 아닌 경우(남에게 전달하고 싶은 생각을 담은 자기의 글)에는 말할 나위가 있겠는가! 코를 고는 건 병이 아니건만 남이 흔들어 깨우면 골을 내니 병인 경우(자신이 쓴 글의 문제점)에는 말할 나위가 있겠는가!

▶ 자신의 글에 대한 바른 판단과 비평의 중요성

그러므로 이 책을 읽는 사람이 그것을 하찮은 기와 조각이나 돌멩이처럼 여겨(하찮은 내용을 다루었다고 생각해서) 버리지 않는다면, 저 화공의 그림에서 흉악한 도적놈의 험상궂은 모습(있는 그대로를 표현한 글의 비유)을 보게 되듯이 진실함을 볼 수 있으리니, 설사 이명은 듣지 못하더라도 나의 코골이를 일깨워 준다면(글의 본뜻은 몰라주더라도 문제점을 지적해 준다면) 아마도 글쓴이의 뜻일 것이다.

▶ 비평에 대한 수용적 자세

핵심 정리

- **갈래**: 고전 수필(한문 수필)
- **성격**: 사색적, 비유적
- **구성**: '기 – 승 – 전 – 결'의 4단 구성

기: 글을 쓸 때는 진실한 태도를 지녀야 함	➡	승: 잘못된 글쓰기 태도를 '이명'과 '코골이'의 비유를 통해 비판함	➡	전: 자신의 글에 대해 바른 판단과 비평을 하는 것이 중요함	➡	결: 비평에 대해 수용적 자세를 가져야 함

- **제재**: 글의 창작과 비평
- **주제**: 글은 자신의 생각을 진실하게 표현하는 것임
- **특징**: ① 적절한 비유를 사용하여 잘못된 글쓰기 태도를 지적함
  ② 구체적인 사례를 듦으로써 독자의 이해를 돕고 자신의 주장을 강화함

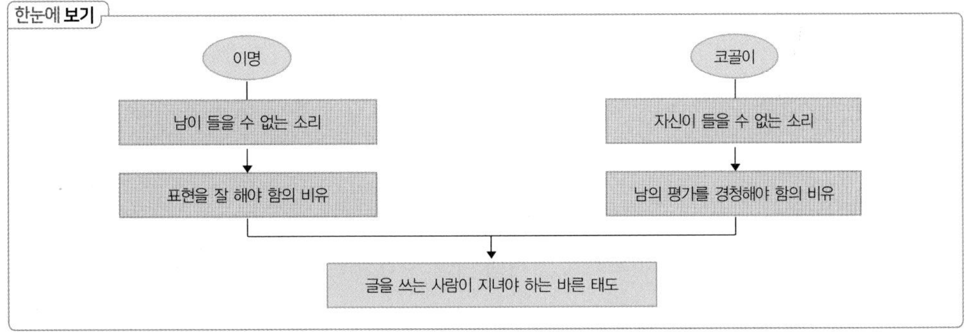

필수 문제

01 이 글에서 글쓴이는 글은 ( )을/를 드러내면 족하며, 글을 짓는 것은 ( )해야 한다고 생각하고 있다.

02 이 글에서 글쓴이는 독자가 올바른 ( )을/를 글쓴이에게 해 주기를 바라고 있다.

152 큰누님 박씨 묘지명 | 박지원

필수

출제 포인트

글쓴이가 큰누님의 죽음을 당하여 쓴 묘지명이다. 일반적인 묘지명과 이 글 사이의 형식상 · 내용상의 차이에 주목하여 살펴보자.

감상 길잡이

이 글은 누님의 죽음을 애도하며 박지원이 쓴 글이다. '묘지명(墓誌銘)' 은 죽은 사람의 이름이나 행적을 기록한 글로, 흔히 죽은 이의 이름과 행적을 산문으로 서술하는 '지(誌)' 와 죽은 이에 대한 칭송을 운문으로 붙이는 '명(銘)' 의 두 부분으로 이루어진다. 통상 묘지명은 죽은 사람의 이름, 행적, 가문, 공적 등을 찬양하는 목적으로 기술하며, 또한 글의 형식도 정해져 있어서 누구의 묘지명이건 이름만 다를 뿐 내용은 비슷비슷하였다. 이런 분위기 속에서 박지원의 이 작품은 대단한 파격이었다. 〈큰누님 박씨 묘지명〉은 상투적이지 않고 찬양의 성격도 없다. 글쓴이의 절절한 마음을 그대로 옮겨 놓았을 뿐이다. 또한 누님이 시집가던 날의 일화를 삽입하여 누님의 따뜻하고 인자한 성품을 드러낸다. 이러한 점이 이 작품이 보통의 묘지명과 확연히 다른 부분이다. 정형화된 틀에서 벗어나 자신의 진정성을 글로 담아냈다는 점에서 이 작품의 의의를 찾을 수 있다.

유인(孺人)[생전에 벼슬하지 못한 양반의 죽은 부인을 높여 부르는 말] 휘(諱) 모(某)[죽은 이의 이름을 가리킬 때 쓰는 말]는 반남(潘南) 박씨(朴氏)[죽은 이의 본관과 성씨]인데, 그 동생 지원(趾源) 중미(仲美)[박지원의 자(字)]가 다음과 같이 묘지명을 쓴다.

▶ 묘지명의 도입부

유인은 열여섯에 덕수(德水) 이씨 택모(宅模) 백규(伯揆)[죽은 누님의 남편 이택모(李宅模). 덕수(德水)는 본관, 백규(伯揆)는 이택모의 자(字)]에게 시집을 가 딸 하나와 아들 둘을 두었으며 신묘년(1771년) 9월 1일에 세상을 뜨니 나이 마흔셋이었다. 남편의 선산은[조상의 무덤이 있는 산] 아곡(鴉谷)[지금의 경기도 양평군 양동면]인 바 장차 그곳 경좌(庚坐) 방향의[묏자리나 집터 따위가 서남쪽을 등진 방향] 묏자리에 장사 지낼 참이었다.

▶ 누님의 시집간 이후의 삶과 죽음

백규는 어진 아내[박지원의 누님]를 잃은 데다가 가난하여 살아갈 도리가 없자 어린 자식들과 계집종 하나를 이끌고 솥과 그릇, 상자 따위를 챙겨서[이택모가 몹시 가난함을 알 수 있음] 배를 타고 산골짝으로 들어가려고 상여[사람의 시체를 실어서 묘지까지 나르는 도구]와 함께 출발하였다.

나는 새벽에 두뭇개[한양에 있던 작은 나루]의 배에서 그를 전송하다 통곡하다 돌아왔다.

▶ 누님의 죽음 후 남편과 자식들의 딱한 처지

아아! 누님이 시집가던 날[함께 살던 누님과 헤어지는 날] 새벽에 얼굴을 단장하시던 일[누님과 함께 행복했던 시절의 마지막 장면]이 마치 엊그제 같다. 나는 그때 막 여덟 살이었는데, 발랑 드러누워 발버둥을 치다가 새신랑의 말을 흉내 내 더듬거리며 점잖은 어투로 말을 하니, 누님은 그 말에 부끄러워하다 그만 빗을 내 이마에 떨어뜨렸다. 나는 골이 나 울면서 분에다 먹을 섞고 침을 발라 거울을 더럽혔다. 그러자 「누님은 옥으로 만든 자그만 오리 모양의 노리개와 금으로 만든 벌 모양의 노리개를 꺼내 나를 주면서 울음을 그치라고 하였다.」[「 」: 착하고 유순하며 동생을 많이 사랑했던 누님의 모습]

▶ 누님과 행복했던 시절을 회상함

지금으로부터 스물여덟 해 전의 일이다.[누님이 시집간 지 28년이 흘렀음]

▶ 현실로 돌아옴

강가에 말을 세우고 멀리 바라보니 붉은 명정(銘旌)[죽은 사람의 관직과 성씨 따위를 적은 기. 장사 지낼 때 상여 앞에서 들고 간 뒤에 널 위에 펴 묻음]이 펄럭이고 배 그림자는 아득히 흘러가는데, 강굽이에 이르자 그만 나무에 가려 다시는 보이지 않았다.[상여를 실은 배가 더 이상 보이지 않음] 「그때 문득 강 너머 멀리 보이는 산은 검푸른 빛이 마치 누님이 시집가는 날 쪽진 머리 같았고, 강물 빛은 당시의 거울 같았으며, 새벽달은 누님의 눈썹 같았다.」[「 」: 누님에 대한 간절한 그리움] 울면서 그 옛날 누님이 빗을 떨어뜨리던 걸 생각하니, 유독 어릴 적 일

이 생생히 떠오르는데 그때에는 또한 기쁨과 즐거움이 많았으며 세월도 느릿느릿 흘렀었다. 그
(그때에는: 누님이 '나'의 어리광을 받아주던 시절에는)
뒤 나이 들어 이별과 근심, 가난이 늘 떠나지 않아 꿈결처럼 훌쩍 시간이 지나갔거늘 형제와 함께
(꿈결처럼 훌쩍 시간이 지나갔거늘: 고통스럽고 힘든 시간)
지낸 날은 어찌 그리도 짧은지.
(어찌 그리도 짧은지: 아쉬움과 슬픔이 묻어남)

▶ 누님에 대한 그리움

「떠나는 이 정녕코 다시 오마 기약해도
(떠나는 이: 죽은 누님 / 정녕코 다시 오마 기약해도: 이별의 슬픔)
보내는 자 눈물로 옷깃을 적시거늘
(보내는 자: 남은 사람, 글쓴이)
이 외배 지금 가면 어느 때 돌아올꼬?
(외배: 외로운 배, 상여를 싣고 떠나는 배)
보내는 자 쓸쓸히 강가에서 돌아가네.」

「 」: 묘지명 가운데 후반부에 놓이는 운문인 '명' 부분임

▶ 누님의 죽음을 시로 애도함

핵심 정리

- 갈래: 고전 수필(한문 수필, 묘지명) '묘지명'의 형식과 내용에 대해서는 p.703 '보충 · 심화 학습' 참조
- 성격: 사색적, 체험적
- 구성: '기 – 승 – 전 – 결'의 4단 구성

- 제재: 큰누님의 죽음
- 주제: 죽은 큰누님에 대한 그리움
- 특징: ① 조선 시대 정형화된 묘지명의 일반적인 틀에서 벗어남
  ② 누님과의 일화를 중심으로 글을 서술함

한눈에 보기

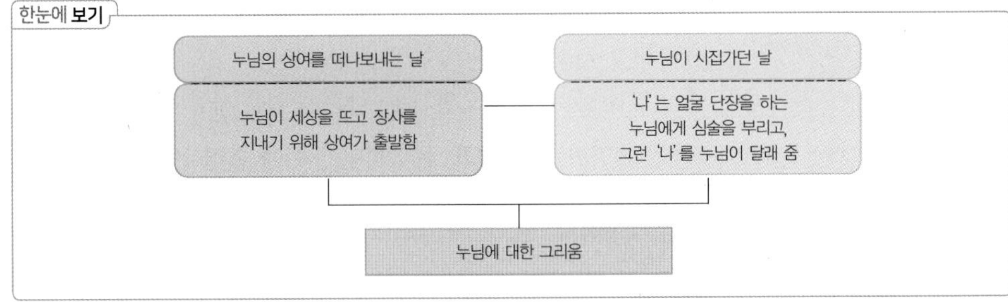

필수 문제

01 이 글의 끝 부분의 시에서 '떠나는 이'는 누님 박씨이고 '보내는 자'는 (　　　　)임을 알 수 있다.

02 이 글의 글쓴이가 누님과의 어릴 적 추억을 떠올리며 강 언덕에서 누님의 상여를 떠나보내는 장면 서술을 통해 나타내고자 한 주제 의식을 쓰시오.

매품팔이 | 성대중

죄를 지은 사람이 맞을 곤장을 대가를 받고 대신 맞아 주는 일

필수

출제 포인트

대가를 받고 남의 매를 대신 맞아 주는 매품팔이의 일화를 통해 글쓴이가 전달하고자 한 교훈에 대해 알아보고, 이 글에 드러난 당대의 사회상을 살펴보자.

감상 길잡이

이 글은 매품팔이와 관련된 두 편의 이야기가 연작 형태로 구성되어 있는 야담(野談)이다. 첫 번째 일화는 매품을 팔다 뇌물로 더 큰 돈을 바쳐야 했던 한 매품팔이의 이야기를 통해 인간의 어리석음을 비판한다. 이어지는 두 번째 일화는 아내의 지나친 욕심으로 인해 매품을 팔다 죽은 사람의 이야기로, 인간의 헛된 물욕과 과도한 욕심을 경계하고 있다.

안주(安州)의 한 백성이 볼기 맞는 매품을 팔아 살아갔다.(매품을 팔아야 생계를 유지할 수 있는 서민의 비극적 삶의 모습과 당시의 사회상을 드러냄) 외군(外郡)(다른 군, 타 지역) 아전이 병영(兵營)(병마절도사가 있던 영문)에서 곤장 7대를 맞게 되매 돈 5꿰미(노끈 같은 것으로 꿰어 놓은 정도의 분량)를 걸고 대신 매 맞을 사람을 구하였더니 그 매품팔이가 선뜻 나섰다. 집장(執杖) 사령(使令)(매를 때리는 형을 집행하는 관아의 심부름꾼)은 그자가 번번이 나타나는 것이 얄미워 곤장을 혹독하게 내리쳤다. 매품팔이는 곤장이 갑자기 사나워질 것을 생각지 못하였으므로 우선 참아 보았으나 두 번째 매가 떨어지매 도저히 견뎌 낼 재간이 없어서 얼른 다섯 손가락을 꼽아 보였다. 5꿰미의 돈을 뒤로 바치겠다는 뜻이었다.(뇌물이 성행한 당시의 사회상 반영) 집장 사령은 못 본 척하고 더욱 심하게 내리쳤다. 곤장 7대가 끝나기 전에 이러다가 자기가 죽게 될 것임을 깨달은 매품팔이는 재빨리 다섯 손가락을 다시 펴 보였다. 뒤로 먹이는 돈을 배로 올리겠다는 뜻이었다. 그때부터 매는 아주 헐하게(엄하지 않게) 떨어졌다. 매품팔이는 나와서 사람들을 보고 뽐내는 것이었다.

"내가 오늘에야 돈이 좋은 줄 알았네. 돈이 없었으면 오늘 나는 죽었을 사람이었지."(매품팔이의 변명)

「매품팔이는 ㉠돈 10꿰미로 죽음을 면한 줄만 알고, 돈 5꿰미가 화를 불러 온 것은 모르는구나.(하나만 알고 둘은 모른다. 소탐대실(小貪大失)) 어리석은 촌사람이로다.」

「 」: 서술자의 개입 – 뇌물을 주어 죽음을 면한 줄로만 알고 매품을 팔지 않았다면 뇌물을 쓰지 않아도 되었음을 모르는 어리석음 비판

▶ 받은 돈보다 더 큰 재물을 뇌물로 바친 매품팔이의 일화

이보다 더한 일이 있었다.

형조(刑曹)(조선 시대에 법률, 소송, 형옥, 노예에 관한 일을 맡아본 중앙 관청)의 곤장 백 대는 속전(贖錢)(죄를 면하고자 바치는 돈)이 7꿰미였고, 대신 매를 맞아 주는 사람이 받는 돈 역시 마찬가지였다. 대신 매 맞는 일로 살아가는 자가 있었는데, 어느 무더운 여름날, 백 대의 매품을 하루에 두 차례나 팔고 비틀비틀 자기 집을 찾아갔다.「그 여편네가 또 백 대 품을 선셈(어떤 일이 되기 전이나 기한 전에 치르는 셈)으로 받아 놓고 있다가 남편을 보자 기쁜 듯이 말했다.」(「 」: 남편보다 재물을 더 중시함) 사내는 상을 찌푸리고,

"내가 오늘 죽을 뻔했어. 세 번은 도저히 못 하겠네."

여편네는 돈이 아까워서,(아내의 지나친 욕심)

「"여보, 잠깐 고통을 참으면 여러 날 편히 배불릴 수 있잖수.(남편의 희생을 생각하지도 않는 태도 – 서민의 참담한 생활 속에 해학적 요소가 가미됨) 그럼 얼마나 좋우. 돈이 천행(하늘이 준 큰 행운)으로 굴러온 걸 당신은 왜 굳이 마다 허우?"」 「 」: 아내가 남편에게 매품팔이를 강권함

하고 술과 고기를 장만하여 대접하는 것이었다. 사내는 취해서 자기 볼기를 쓰다듬으며 허허 웃고,

"좋아요."

하고 나갔다. 가서 다시 곤장을 맞다가 그 자리에서 즉사하고 말았다.

그 후 여편네는 이웃의 미움을 사서 구걸도 못하고 길에 쓰러져 죽었다.

무모한 욕심이 화를 자초함 – 자업자득(自業自得) ▶ 아내의 지나친 욕심으로 죽게 된 매품팔이의 일화

슬프다. 위의 두 이야기는 족히 세상에 경계가 되리라. ▶ 글쓴이의 경계의 말

주제 의식 – 두 이야기를 통해 후세 사람의 경계를 삼고자 함. 타산지석(他山之石)

핵심 정리

- 갈래: 고전 수필(한문 수필, 야담(野談))
- 성격: 교훈적, 경세적(警世的), 풍자적
- 구성: 이야기 두 편의 연작 구성

일화 ①: 5꿰미의 돈을 벌려다가 10꿰미의 돈을 잃은 매품팔이	➡	글쓴이의 평가: 매품팔이의 어리석음 비판	⊕	일화 ②: 아내의 지나친 욕심으로 매품을 팔다 죽은 매품팔이	➡	글쓴이의 경계의 말: 인간의 무모하고 지나친 욕심 비판

- 제재: 매품팔이의 일화
- 주제: 인간의 어리석음과 헛된 욕심에 대한 경계
- 특징: 매품팔이의 일화를 통해 당시의 궁핍한 사회상과 형사(刑事) 행정 관리의 타락상을 드러냄

한눈에 **보기**

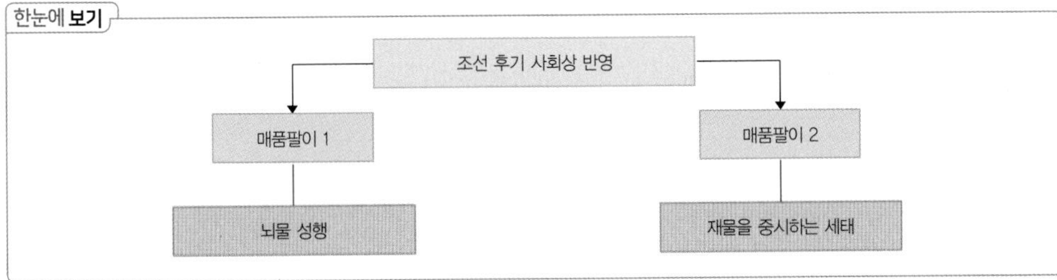

보충·심화 학습

- 〈매품팔이〉에 나타난 당대의 사회상

조선 후기 서얼 출신의 학자 성대중(成大中)의 《청성잡기(靑城雜記)》에 실려 있는 〈매품팔이〉에서는, 매품을 팔아서 살아가는 서민들의 삶을 통해 당시의 궁핍한 사회상과 형사(刑事) 행정 관리의 타락상을 엿볼 수 있다. 〈매품팔이〉처럼 항간에 떠도는 일화들을 통해 교훈을 전달하는 것은 조선 후기 야담의 공통적인 특징으로, 이를 통해 당대의 가르침과 사회상, 풍속 등을 살펴볼 수 있다.

필수 문제

01 ㉠의 상황과 어울리는 속담을 쓰시오.

02 이 글의 궁극적 집필 목적을 표현하기에 적절한 한자 성어를 쓰시오.

154 마르는 병 | 김석주

필수

출제 포인트

몸이 마르는 것을 걱정하는 선비와 지혜로운 의원과의 대화를 통해 바람직한 유교적 삶에 대한 깨달음을 전달하는 한문 수필이다. 글쓴이가 깨달은 내용과 표현상의 특징에 주목하여 살펴보자.

감상 길잡이

이 글은 《식암집》 권20에 나오는 글로 원제는 '의훈(醫訓)', 즉 의원이 준 교훈이다. 몸이 마르는 것을 근심하던 선비 김 씨가 지혜로운 의원과의 대화를 통해 도덕과 인의를 추구하는 삶의 중요성을 깨닫게 된다는 내용이다. 이 글에 등장하는 김 씨는 결국 글쓴이 자신인데, 유학 경전의 내용과 사대부들 사이에 잘 알려진 중국의 고사를 풍부하게 인용하는 등 중세 사회의 지배적 이념인 유교적 가치관이 당시 글쓰기의 주류를 형성했던 양반층에 널리 퍼져 있음을 보여 주고 있다.

몇 개월 동안 병을 앓고 난 김 씨는 몸이 퍽 수척해졌다. 집안 식구들에게 물으니 너무 심하게 말랐다 하고, 친구에게 물으니

(사건의 발단 – 김 씨가 마르는 병에 걸림) (수척해졌다: 몸이 몹시 야위고 마른 듯 해졌다)

"저런, 자네 왜 이렇게 말랐는가?"

하였으며, 머슴들에게 물어보아도 역시 마찬가지 대답이었다.

이에 김 씨는 걱정이 되어 얼굴에 수심이 가득했다. 의원에게 진찰을 받아 보려던 차에 의술이 신통하기로 온 나라에 유명한 의원이 이웃 마을에 산다기에 마침내 모셔 와 진찰을 받게 되었다. 「의원은 자리에 앉아 먼저 (안색을) 유심히 살펴보고 귀 기울여 들어 보더니 앞으로 다가와 맥을 짚어 보고」 물러나 앉으며 말하기를,

(신기할 정도로 묘한. 효험이 빠르고 훌륭한) (수심: 매우 근심함. 또는 그런 마음) (의술: 병이나 상처를 고치는 기술. 또는 의학에 관련되는 기술) (맥: 기운이나 힘) (의원: 의술뿐만 아니라 유교적 학식도 풍부한 인물) (「 」: 의원의 행위를 통해 당시 동양 의학에서 환자를 진찰하는 방식을 알 수 있음)

「"당신의 소리를 들어 보고 안색을 살펴본 바로는 병이 든 것은 아니고, 맥을 짚어보니 그전의 병도 이미 다 나았는데 대체 무슨 병을 고치려고 합니까?」

(안색: 얼굴빛. 얼굴에 나타나는 표정이나 빛깔) (다른 병을 앓고 있지 않음) (「 」: 김 씨의 몸에 아무런 병이 없다는 의원의 말을 통해 독자의 궁금증을 유발함)

하였다. 김 씨가

"몸이 마르는 것을 고치고 싶습니다."

(김 씨가 의원에게 진찰을 받으려는 이유)

▶ 몸이 수척해져 근심하던 김 씨가 의원의 진찰을 받음

하니, 의원은 어이없어하며 웃으면서 이렇게 말했다.

(실소(失笑: 어처구니가 없어서 저도 모르게 툭 터져 나오는 웃음))

"그건 제가 고칠 병이 아니군요.「살갗에 든 병은 찜질로 고치고 혈맥에 든 병은 침으로 고치고 위장에 든 병은 술로 고쳐서 고치지 못할 병은 없습니다.」그러나 당신의 병은 병이 아니라 마르는 것이니 제가 어떤 치료법을 쓸 수 있겠습니까? 살이 찌는 데 네 가지 조건이 있는데 당신은 한 가지도 없으니 어떻게 살찔 수 있겠습니까?

(혈맥: 동물의 몸에서 피가 도는 줄기) (「 」: 의원이 의술에 능통한 사람임을 알 수 있음) (몸이 마르는 것은 병이 아니니 치료를 통해 고칠 수 있는 일이 아님)

▶ 김 씨의 상태에 대한 의원의 진찰

「네 가지 조건이란 몸을 편하게 하는 것, 맛있고 좋은 음식을 먹는 것, 눈을 즐겁게 하는 것, 귀를 즐겁게 하는 것입니다.」「당신은 으리으리한 집에 살면서 화려하게 꾸민 침실에서 잠자고 멋들어진 거실에서 휴식을 취하는 사람 치고 마른 사람 보셨습니까? 날마다 갖가지 고기와 생선으로 진수성찬을 차려 먹는 사람 치고 마른 사람 보셨습니까? 주옥으로 단장한 아름다운 미녀

(몸에 살을 찌우는 네 가지 조건) (「 」: 일반적 진술(주지)) (으리으리한 집: 고대광실(高臺廣室: 매우 크고 좋은 집)) (진수성찬: 푸짐하게 잘 차린 맛있는 음식) (주옥: 구슬과 옥을 아울러 이르는 말)

를 수백 명씩 거느리고서 시중을 받는 사람 치고 마른 사람 보셨습니까? 좋은 노래, 아름다운 선율을 감상하며 즐기는 사람 치고 마른 사람 보셨습니까? 이 네 가지가 바로 살찔 수 있는 조건입니다. 그러므로 좋은 집에 살아 편안하여 살이 찌고, 좋은 음식이 맛이 좋아 살이 찌고, 아름다운 미녀에 기분이 좋아 살이 찌고, 아름다운 선율에 즐거워서 살이 찌니, 이 네 가지를 갖추고 있는 사람은 살찌려고 애쓰지 않아도 저절로 살이 찌는 것입니다.」참으로 그런 조건을 갖춘 자들은 살찌는 것이 당연하지만「지금 당신은 가난하고 또 지위도 낮아 집은 오막살이 초가집이며, 먹는 것은 배고픔이나 면하는 정도이며, 아름다운 미녀들은 본 적도 없고, 좋은 음악은 들은 적도 없을 것입니다.」살찔 수 있는 조건은 하나도 없는데 살찌려고 한다면 끝내는 살도 찌지 못하고 도리어 마음마저 마르게 될 것입니다."

살이 찌는 네 가지 조건을 갖춘 사람은 애써 노력하지 않아도 몸이 편하여 저절로 살이 찐다는 의미

「 」: 구체적 진술(상술)

오두막처럼 작고 초라한 집

「 」: 의원의 말을 통해 김 씨가 현재 물질적으로 넉넉하지 못한 상황에 처해 있음을 알 수 있음

본래 가지지 못한 것을 욕심내면 기존에 가진 것마저도 잃어버릴 수 있음을 경계함

▶ 의원이 말하는 살을 찌울 수 있는 네 가지 조건

김 씨가

"맞습니다. 진짜 저는 그러한 조건은 없으면서 몸이 마르는 것을 고치려 했습니다. 그런데 어떻게 하면 마음을 살찌울 수 있겠습니까?"

몸에 살을 찌울 수 있는 조건을 갖추고 있지 않으면서 살이 찌기만을 바란 자신의 태도를 반성함

의원으로부터 주제와 관련된 핵심 내용을 이끌어 내기 위한 김 씨의 질문

하니, 의원은

"이른바 마음을 살찌운다는 것은 좋은 집, 좋은 음식 가지고 되는 것도 아니고 좋은 음악, 아름다운 미녀 가지고 되는 것도 아닙니다.「도덕으로 채우고 인의(仁義)로 윤기를 내어 얼굴이 돋보이고 용모가 수려해지는 것」을 말하니, 이는「본래 가지고 있는 것을 온전하게 만들고, 본래부터 없었던 것은 부러워하지 않는 것이며,」자기의 마음을 살찌우고 몸이 마르는 것은 걱정하지 않는 것입니다.

어짊과 의로움

「 」: 의원이 생각하는 마음을 살찌우는 방법 – 도덕과 인의를 갖추기 위해 노력해야 함. 당대 유교적 가치관이 반영됨

빼어나게 아름다워지는

도덕, 인의와 같은 인간의 본성

부귀영화와 같이 인간이 타고난 본성 외에 추구하고자 하는 것

「 」: 〈맹자〉의 '진심장(盡心章)'에 나오는 구절을 인용해 자신의 생각을 효과적으로 전달함. 의원이 경전에 해박함을 알 수 있음

▶ 의원이 말하는 마음을 살찌울 수 있는 조건

「당신은 초(楚)나라 장사꾼의 이야기를 듣지 못하셨습니까? 초나라 장사꾼이 옥으로 유명한 형산(荊山)의 모든 옥을 모았는데, 그 가치는 여러 개의 성(城)으로도 바꿀 수 없을 만큼 값진 것이었습니다. 그런데 이 사람이 어느 날 제(齊)나라에 가서 금은보화가 시장에 진열되어 있는 것을 보고는 마음에 들어 옥과 바꾸어 가지고 돌아왔지요. 금은보화라는 것은 진실로 부를 누릴 수 있는 밑천은 되지만 부를 유지시켜 주는 형산의 옥보다는 못합니다. 옥을 이미 잃어버린 그 장사꾼은 마침내 금은보화마저 다 탕진하였지요. 그래서 사람들은 장사를 잘못했다고 말하면서 모두 초나라 장사꾼을 비웃었답니다.」

중국 춘추 시대에 양쯔강 중류 지역에 있던 나라

'형산백옥(荊山白玉: 중국 형산에서 나는 백옥이라는 뜻으로, 보물로 전해 오는 흰 옥돌을 이르는 말)'이란 말이 있을 정도로 옥이 유명함

장사꾼이 본래 가지고 있던 것. '마음(도덕, 인의)'과 의미가 통함

중국 춘추 시대에 산둥성 일대에 있던 나라

장사꾼에게 본래 없던 것. '몸을 살찌우는 것'과 유사함

재물 따위를 다 써서 없앰

본래 가진 소중한 것을 그보다 못한 것과 바꾸어 큰 손해를 보았기 때문

본래부터 없는 것에 집착하다 본래 가지고 있는 것마저 잃어버려 큰 손해를 본 상황

「 」: 초나라 장사꾼의 일화를 인용해 김 씨에게 몸을 살찌우려 하기보다는 마음을 살찌우기 위해 노력해야 한다는 교훈을 전함

지금 당신은 마음을 살찌우려 하지 않고 본래 없는 것을 구하고 있습니다만, 설령 그것을 얻는다손 치더라도 잘한 장사는 못 되거니와「얻지도 못하고 본래 가지고 있던 것을 먼저 잃어버리게 되면 초나라 장사꾼보다 더한 비웃음거리가 되지 않겠습니까?」그러므로 옛날 현인군자는

몸을 살찌우는 것

도덕과 인의

「 」: 몸(외면, 육체)을 살찌우지도 못하고, 원래 가지고 있던 마음마저 잃어버릴 수 있음을 경계함

어진 사람을 이르는 말

먼저 살찌워야 할 바와 고쳐야 할 바를 살폈습니다.「조건이 갖추어져야 살찔 수 있는 것으로 몸을 살찌우지 않고 마음을 살찌웠으며, 몸이 살찌지 않는 것을 병으로 여기지 않고 마음이 마르는 것을 병으로 여겼습니다. 나의 것이 이미 온전하고 남의 것을 부러워함이 없으니 어찌 나의 형옥(荊玉)을 금은보화와 바꾸겠습니까?"」

도덕, 인의와 같은 인간의 본성

형산의 옥

▶ 초나라 장사꾼의 이야기를 통해 마음을 살찌우는 것의 중요성을 말함

「 」: 도덕, 인의와 같은 정신을 기르면 부귀영화와 같은 물질적 요소는 부러워할 필요가 없다는 깨달음을 제시함

하였다. 김 씨가

"말씀 아주 잘 들었습니다. 옛날 분들이 했던 마음의 살찌움에 대해 듣고 싶군요. 역시 보통 사람과는 다르겠지요? 지금 제가 온전하게 하고 싶어도 아마 할 수 없겠지요?"

김 씨는 자신이 현인군자가 아니기 때문에 마음을 살찌우는 일이 쉽지 않다고 생각함

하니, 의원이

"옛날 분들이 했던 마음의 살찌움에 대해 듣고 싶으시다구요? 당신과 다를 것이 없습니다. 옛날 분들은 이미 온전하게 했고 당신은 앞으로 그렇게 할 것이니, 완전하고 완전하지 않은 것이 다를 뿐입니다. 옛날의 군자는 몸이 마르는 것을 병으로 여긴 적이 없기 때문에 역시 애써 온전해지기를 구하지 않았습니다만 마음은 저절로 온전했습니다. 공자(孔子)께서는 진(陣)나라와 채(蔡)나라에서 굶주리셨지만 성(聖)을 온전하게 하였으며, 안연(顔淵)은 형편없는 식생활도 마다하지 않았지만 현(賢)을 온전하게 하였으며, 백이숙제(伯夷叔齊)는 수양산에서 굶주렸지만 절(節)을 온전하게 하였으며, 굴원(屈原)은 강상(江湘)에서 수척하게 말랐지만 충(忠)을 온전하게 하였으니, 이분들은 오직 의(義)만을 좇아 비록 죽더라도 후회하지 않았습니다. 하물며 몸이 마르는 것 때문에 자신의 지조를 바꾸겠습니까?

도덕과 인의는 인간의 타고난 본성이므로 누구나 마음을 살찌울 수 있다는 의원의 생각

마음을 살찌우는 것을

노력하면 마음을 살찌울 수 있다는 의미

초나라에서 공자를 모셔 가려 하자 진나라와 채나라에서 공자와 그 일행을 포위하여 이들이 7일 동안 굶주린 일을 말함

찌워야 할 마음 ① – 고결하고 거룩함

공자가 가장 총애했던 제자 중 한 사람

찌워야 할 마음 ② – 어짊

지조와 절개를 지키기 위해 수양산에서 굶어 죽음

찌워야 할 마음 ③ – 절개

중국 초나라의 정치가이자 시인. 모함으로 유배되었으나 임금에 대한 충성을 지킴

찌워야 할 마음 ④ – 충성

찌워야 할 마음 ⑤ – 의로움

몸을 살찌우는 것보다 마음을 살찌우는 것이 중요함을 강조함

▶ 의원이 마음을 살찌운 옛날 군자들의 이야기를 소개함

또한 당신에게 부족한 것은 몸을 살찌우는 데 필요한 것들이고 마음을 살찌우는 데는 조금도 부족함이 없습니다. 옛날의 군자가 오막살이했던 것처럼 당신도 오막살이를 하고 있으니 당신의 거처가 옛날의 군자와 같습니다. 옛날의 군자는 식생활이 보잘것없었는데 당신도 식생활이 보잘것없으니 당신의 식생활이 옛날의 군자와 같습니다. 어지러운 여색(女色)이 당신의 눈을 홀리지 않으니 옛날 분들의 밝은 눈을 유지하고 있으며, 음탕한 노래가 당신의 귀를 어지럽히지 않으니 옛날 분들의 밝은 귀를 유지하고 있는 셈이지요. 자질이 이렇듯 훌륭하므로 당신이 온전해지고자 한다면 인(仁)이 바로 온전해질 것입니다. 그러므로 공자께서는 '내가 인을 추구하기만 한다면 인이 곧바로 이를 것이다.' 라고 하셨던 것이니 못할 것이 무어 있겠습니까?"

마음을 살찌울 수 있는 조건이 이미 갖춰져 있다는 의미

□: '인'을 이루는 데 방해가 되는 요소

여성의 아름다운 자태

《논어》, 〈술이 편〉의 구절을 인용해 '인'을 이루기 위한 실천의 중요성을 강조함

▶ 인을 이루기 위해 노력해야 함을 강조

하였다. 김 씨가 이에 일어나 두 번 절하고는

"처음에 제가 주위 사람들의 말을 들었을 때, 식구들은 다만 나를 근심해 주었고 친구는 다만 나를 가여워했으며 머슴들은 다만 놀라워했습니다. 그러나 결국 당신이 저를 깊이 아껴 주어 들

식구들, 친구, 하인들은 몸이 마르는 겉으로 보이는 모습만 걱정했음

려주신 말씀만은 못합니다.「애초에 제가 몸의 병을 고치려고 당신을 만났는데 이제 당신의 말씀으로 마음의 병을 고쳤습니다. 제가 비록 영민하지는 못하지만 가슴 깊이 새겨 두겠습니다.”」 하면서 감사를 드렸다.

「 」: 의원의 말을 통해 마음을 살찌우는 것의 중요성을 깨닫고 이를 실천하고자 하는 김 씨의 태도가 드러남
마음의 병: 마음이 마르지 않도록 노력해야 함을 모르고 몸이 마르는 것만 근심했던 것
영민하지는: 영특하고 민첩하지는

▶ 의원의 가르침에 감사하는 김 씨

핵심 정리

- 갈래: 한문 수필
- 성격: 교훈적, 예화적
- 구성: '처음 – 중간 – 끝'의 3단 구성

처음: 문제 상황의 발생		중간: 상황에 대한 해결 방안		끝: 글쓴이의 깨달음
– 몸이 수척해져 근심을 하던 김 씨가 의원의 진맥을 받음	➡	• 육체가 마르는 것보다 마음이 마르지 않는 것이 더 중요하다는 의원의 충고 • 마음을 살찌우기 위해 노력했던 옛 성현들의 이야기 소개	➡	– 마음을 살찌우는 것의 중요성에 대한 김 씨의 깨달음

- 제재: 마르는 병
- 주제: 도덕과 인의를 길러 마음을 살찌워야 함
- 특징: ① 김 씨와 의원의 문답 형식으로 깨달음을 이끌어 냄
  ② 다양한 고사와 경전의 구절을 활용하여 설득력을 높임
- 의의: 유학자가 갖추어야 될 근본적 덕목인 '도덕'과 '인의'의 중요성을, 인물 간 대화의 방식으로 제시함으로써 독자들이 이해하기 쉽도록 함

한눈에 보기

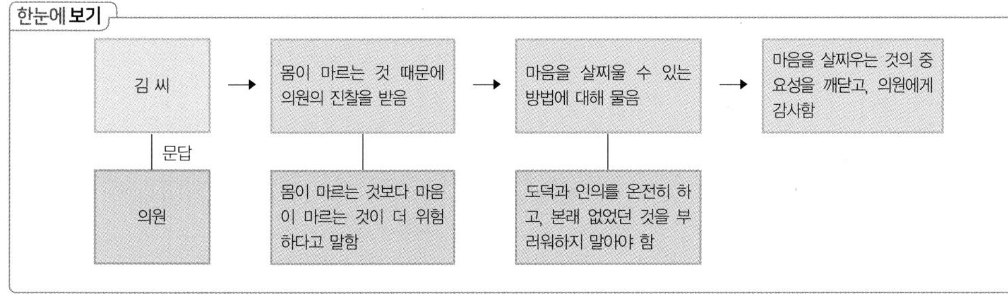

필수 문제

01 이 글에 반영된 당대의 지배적 가치관을 쓰시오.

02 이 글에서 〈보기〉의 밑줄 친 부분을 이루기 위한 수단으로 의원이 제시한 다섯 가지를 찾아 쓰시오.

〈 보기 〉

나는 우리나라의 청년남녀가 모두 과거의 조그맣고 좁다란 생각을 버리고 우리 민족의 큰 사명에 눈을 떠서 제 마음을 닦고 제 힘을 기르기로 낙을 삼기를 바란다.
– 김구, 〈나의 소원〉

03 초나라 장사꾼의 이야기에서 '몸을 살찌우는 것'을 의미하는 단어를 찾아 4음절로 쓰시오.

155 요로원야화기(要路院夜話記) | 박두세

충남 아산 요로원에서 하룻밤을 묵으며 겪은 일에 대한 기록

필수

출제 포인트

과거를 보기 위해 상경하였다가 낙방한 시골 양반 '나'가 귀향길에 서울 양반 '객'과 만나 주고받은 대화이다. 이 글의 비판 · 풍자의 대상 및 내용을 파악하고, 당시 사람들의 말투와 사고방식, 세태 등에 대해 살펴보자.

감상 길잡이

이 글은 글쓴이가 과거를 보러 상경하였다가 낙방하고 돌아가는 길에 충청도 아산(牙山) 요로원의 어느 주막에서 하룻밤을 묵으면서 경험한 일을 쓴 수필 형식의 짧은 산문이다. 글쓴이는 주막에서 허세를 부리며 '나'를 멸시하는 서울 양반을 만나 무식한 듯 행동하다가 상황을 역전시켜 상대방을 부끄럽게 만든다. 이러한 역전을 통하여 양반들이 지닌 허세와 실상이 드러남은 물론, 반전이 주는 쾌감을 통해 흥미를 높이는 점이 이 글이 지닌 묘미이다. 두 사람이 나누는 대화를 통해 양반층의 횡포와 교만성, 사회의 부패상을 파악할 수 있으며, 당시의 말투와 사고방식, 세태 묘사 부분은 언어와 사회사 연구 측면에서 간접적 자료로 활용될 만하다.

객이 가로되, [서울 양반: 시골 양반을 행색과 외모로만 평가하여 허세를 부리는 교만한 인물]

"그대 나이 몇이며, 장가를 들었는가?"

내 대(對)하되, [시골 양반: 자신을 업신여기는 서울 양반을 놀리기 위해 일부러 어리숙한 체하는 인물] [대(對)하되: 대답하되]

"나이는 스물아홉 살이요, 장가 못 들었나이다."

객 왈, / "그대 상등(上等) 양반이면 지금(至今) 장가를 못 들었느뇨?" [상등(上等) 양반: 높은 등급의 양반]

내 탄(嘆)하여 가로되, [탄(嘆)하여: 탄식하여]

"상등 양반인들 장가들기가 어려워 제 구(求)하는 데는 내 즐기지 아니하고 내 구하는 데는 제 즐겨 아니니, 좋은 바람이 불지 아니하여 지금 날과 같은 이를 만나지 못하였나이다." [제: 상대] [내: 나] [제 구하는 데는 ~ 제 즐겨 아니니: 상대가 좋다 하면 내가 탐탁지 않고, 내가 좋다 하면 상대가 싫다 하니] [좋은 바람이 불지 아니하여: 좋은 인연이 닿지 않아] [날과 같은 이: '나'와 같은 사람, 즉 마음에 드는 상대]

객 왈,

「"그대 몸이 단단하여 자라지 못한 듯하고 턱이 판판하여 수염(鬚髥)이 없으니 장래(將來) 장가들 길 없으리오."」 [「 」: 시골 양반을 외모로 평가하여 멸시함 – 서울 양반의 교만한 성격]

내 답 왈,

"행차는 웃지 마소서. 「옛말에 일렀으되 불효(不孝) 중(中) 무후(無後)가 크다 하니 삼십(三十)에 입장(入丈)을 못 하였으니 어찌 민망(憫忙)하지 아니하리이까?」" [행차: 웃어른이 길을 갈 때 이루는 대열. 여기서는 '객'을 이름] [무후(無後): 대를 이을 자손이 없는 것] [입장(入丈): 장가를 듦] [「 」: 대를 이을 자손이 없는 것을 불효로 여기는 당대의 사회상을 짐작할 수 있음]

객 왈, / "어찌 예 좌수(倪座首) 모 별감(牟別監) 집에 구혼(求婚)을 못 하였느뇨?" [좌수: 지방 향청의 우두머리] [별감: 좌수에 버금가는 직책] [구혼: 결혼을 청함]

내 답 왈, / "이 이른바 구혼하는 데 제 즐겨 아니 하는 데니이다."

▶ '나'가 혼인하지 못한 이유를 듣고 '객'이 '나'를 조롱함

객 왈,

"그대 얼굴이 단정(端正)하고 말씀이 민첩(敏捷)하니 헛되이 늙지 아니리니 예가(倪哥), 모가(牟哥)들이 허혼(許婚)을 아니하리오. 내 그대를 위(爲)하야 다른 데 아름다운 배필(配匹)을 구하리라." [예가, 모가: 일반인을 낮춰 부르는 말(아무개, 모씨)] [허혼: 결혼 허락] [내 그대를 위하야 ~ 구하리라: '객'이 허세를 부림]

「내 거짓 곧이듣는 체하고 기꺼하는 사색(辭色)으로 대 왈, [기꺼하는 사색으로: 기뻐하는 말투와 표정으로]

"그지없사이다. 아니 행차 문중(門中)에 아기씨 두어 계시니이까?"」 「 」: '객'의 입장을 난처하게 하기 위한 행동 – '객'에 대한 '나'의 조롱

이루 다 말할 수 없습니다 / '객'의 문중에서 배필을 구해 줄 것을 요구함

객이 부답(不答)하고 혼자 말하여 왈,

대답하지 않고

"어린것이 하릴없다. 희롱(戱弄)을 하다가 욕(辱)을 보도다." / 하고, 이에 가로되,

너를 / 내가 / '나'를 무시하는 '객'의 태도가 드러남 / '나'를 놀리려다 곤란에 처함

"내 문중에는 아기씨 없으니 다른 데 구하여 지휘(指揮)하리라."

중매를 하도록 지시하리라

내 짐짓 감사(感謝)하며 왈, / "덕분(德分)이 가이없어이다."

일부러 / 은혜가 끝이 없습니다

객이 이르되, / "그대 비록 가관(加冠)을 하였어도 입장을 못 하였으면 이는 노도령(老道令)이라."

성년식인 관례를 치르며 갓을 처음 쓰는 일 / 나이 든 총각 – '나'를 무시하는 표현

하고, 이후는 노도령이라고도 하고 그대라고도 하더라. ▶ '나'에게 '객'이 허세를 부리다 곤란에 처함

객이 말을 그친 때면, 이따금 혼자 글을 읊되 애강남(哀江南) 익주부자묘비(益州夫子廟碑)와 고부(古賦) 고시(古詩)를 읊거늘, 내 모르는 체하고 묻되,

중국 남북조 시대 시인인 유신의 부(賦) / 당나라 시인 왕발의 작품 / 한문 문체의 하나 / '객'을 놀리기 위해 일부러 모르는 척함

"행차의 하시는 글이 무슨 글이니잇가?"

답 왈, / "이는 풍월이니라."

흥취를 자아내는 시. 음풍농월(吟風弄月)

우 왈, / "그대 형상을 보니, 반드시 활을 쏘지 못할 것이니 능히 글을 하느냐?"

'나'의 왜소한 체격을 우습게 여김

나 답 왈,

「"문자는 배우되 못하고, 글은 잠간 배웠으되, 다만 열다섯 줄 중의 둘째 줄 같은 줄이 외오기 어렵더이다."」 「 」: '객'을 놀리기 위해 무식한 체함

한문 / 한글 / 잠깐

객 왈, / "이는 언문이라. 진서의 이 같은 글줄이 있으리오."

한글을 낮추어 일컫는 말 / 한문을 높이어 일컫는 말

내 답 왈,

「"우리 향곡에는 언문하는 이도 적으니 진서를 어이 바라리오. 진실로 진서를 하면 그 특기를 어이 측량하리오. 우리 향곡에는 한 사람이 천자 사략을 읽어서 원이 되어 치부로 유명하고, 또한 사람은 사략을 읽어 교생이 되어 과거에 출입하느니 공사 소지 쓰기를 나는 듯이 하기 선물이 구름 모이듯 하며 가계 기특하니, 이런 장한 일은 사람마다 못하려니와, 우리 금곡 중에도 김 호수는 언문을 잘 하여 결복을 마련하며, 고담을 박남하기로 호수를 하는데 십여 년의 가계 부유하고 성명이 혁혁하니 사나이 되어 비록 진서를 못 하나 언문이나 잘 하면 족히 일촌 중 횡행할너이다."」 「 」: 당시 세태를 묘사한 부분 – 글을 조금 아는 것으로 재물을 모으는 당시 양반들의 행태가 드러남(사회사 연구 측면에서 간접적 자료가 됨)

시골에는 / 천자문 / 간단하게 쓴 역사 / 대단치 않은 글공부를 빗댐 / 수령 / 재물을 모아 부자가 되는 것 / 조선 시대 향교나 서원에 다니던 생도 / 관의 공소장 / 집안 살림이 넉넉하니 / 옛날이야기 / 돈과 곡식을 맡아보던 관아. 금곡아문 / 마을에서 세금을 바치는 일을 맡아 하는 사람 / 논밭 / 책을 많이 읽음 / 공로나 업적 따위가 뚜렷하니 / 행세를 할 것입니다

객이 왈, / "그대 그러면 호수를 하고져 하느냐?"

내 답 왈,

"호수는 상인의 소임이니, 결복 마련에 쓰고자 하나이다."

평민의 일이니 – 당시의 신분관 반영

객이 차탄 왈,

탄식하고 한탄하며

「"사람이 어이 경향이 다르리오마는, 서울 사람은 진서를 못할 리 없고, 시골 사람은 언문도 못 하는도다. 글을 못하면 어이 사람이라 하리오."」

경향: 서울과 시골

「 」: 시골 사람을 무시하는 '객'의 태도

▶ 일부러 무식한 체하는 '나'를 '객'이 무시함

핵심 정리

- 갈래: 고전 수필〔야담(野談)〕
- 성격: 풍자적, 비판적, 해학적
- 구성: '기 – 승 – 전 – 결'의 4단 구성

기: 요로원의 주막에서 만난 '객'이 '나'의 초라한 행색을 보고 '나'를 무시함	➡	승: '나'는 일부러 무식한 체하고, 육담풍월을 나누던 중 '객'이 속은 것을 알고 부끄러워함	➡	전: '나'와 '객'이 밤새 시를 주고받으며 당대의 세태를 비판·풍자함	➡	결: 날이 새자 '나'와 '객'은 서로의 이름도 묻지 않고 헤어짐

- 제재: 시골 양반과 서울 양반의 대화
- 주제: 서울 양반의 허세와 교만성을 풍자함
- 특징: ① 글쓴이의 실제 체험을 대화와 문어체 표현을 통해 기록함
  ② 두 인물의 대화를 통해 양반들의 허위의식과 사회의 문제점 등을 통렬하게 비판함
- 의의: ① 세태 묘사가 뛰어나 당대의 사회사 연구의 자료로 활용됨
  ② 양반과 상민의 말이 잘 구별되어 당시 언어 사용의 실상이 드러남

한눈에 보기

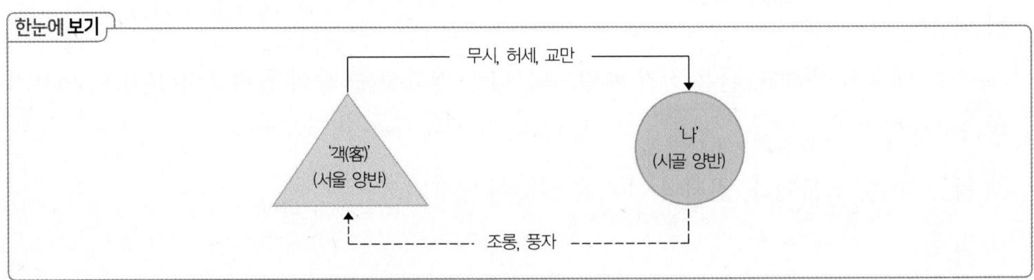

보충·심화 학습

- 야화(夜話)

밤에 하는 이야기라는 뜻을 지닌 '야화(夜話)'는 설화풍의 줄거리를 지닌 짤막한 산문으로, 여기서 '화(話)'는 주로 생활 주변에서 일어난 이야기를 기록한 글을 가리키는 말로 사용된다. 이러한 짤막한 이야기는 고려 때부터 패관 문학이라고 불리며 널리 수집되고 기록되어 왔는데, 이와 같은 전통을 통해 오랜 세월 동안 우리 민족이 짤막한 이야기를 통해 함축적 의미와 교훈을 전달하는 것을 즐겨 왔음을 알 수 있다.

필수 문제

01 이 글에서 '한글'과 '한문'을 가리키는 말을 각각 쓰시오.

㉠ 한글:　　　　　　　　㉡ 한문:

02 [서술형] 이 글에서 '나'가 '객'을 대하는 태도를 30자 내외로 서술하시오.

156 북산루(北山樓) | 의유당

필수

출제 포인트

북산루와 서문루를 찾아가 본 경관과, 돌아오는 길에 본 횃불놀이의 모습을 기록한 기행 수필이다. 참신한 어휘와 순우리말, 비유적 표현을 통해 자연의 경관을 섬세하게 묘사했다는 점에 주목하여 살펴보자.

감상 길잡이

이 글은 《의유당 관북 유람 일기(意幽堂關北遊覽日記)》에 실려 있는 글로, 글쓴이가 북산루와 서문루를 찾아가 보고 느낀 것을 기록한 기행 수필이다. 이 글에는 북산루와 서문루의 모습과 주변 경관, 북산루에서 돌아오는 길에 본 횃불놀이의 장관 등이 시각적 이미지와 적절한 비유를 통해 생생하고 섬세하게 묘사되어 있으며, 참신한 어휘와 순우리말을 사용하여 생동감을 여실하게 드러내고 있어 국문 여류 수필의 백미(白眉)로 손꼽힌다. 글쓴이는 이동하면서 눈앞에 펼쳐진 사물과 풍경을 차분하고 담담하게 묘사하고 있는데, 여기서 글쓴이의 여유롭고 관조적인 자세를 엿볼 수 있다. 기행문의 요소인 여정 · 견문 · 감상이 잘 드러난 수필이다.

북산루는 구천각(九天閣)이란 듸 가면 예사 퇴락한 누히라.「그 마루의 가서 마루 굼글 보니 사닥다리를 노하시니 다리로 게를 나려가니, 성을 짜왼 모양으로 갈나 구천각과 북루의 브쳐 길게 싸 북루의 가는 길흘 삼고 빠혀 누를 지어시니 북루를 바라보고 가기 눅십여 보는 하더라.」

[북산루는 ~ 누히라: 북산루의 위치와 특징 / 흔한 / 누각이라 / 구멍을 / 「 」: 북산루의 위치를 구천각의 마루에서부터 자세히 묘사함 / 놓았으니 / 거기를 / 쪼갠 / 갈라 / 붙여 / 빼어나게]

▶ 북산루의 모습과 위치

「북루 문이 역시 낙민루 문 같으되 마이 더 크더라. 반공의 솟은 듯하고 구룸 속의 비최는 듯하더라. 성둘기를 구천각으로브터 빼 그어 누를 지어시니 의사가 공교하더라.」

[「 」: 북루 문의 공교한 모습 / 매우 / 반(半)공중 / 솜씨가 재치 있고 교묘하더라 / 성의 담 / 시각을 통해 미감을 일으키는 형상, 모양, 색채 등의 결합. 의장(意匠)]

「그 문 속으로 드러가니 휘휘한 굴속 같은 집인듸, 사닥다리를 노하시니 다리 우흐로 올나가니 광한뎐 같은 큰 마루라.」 구간 대청이 활낭(闊朗)하고 단청 분벽이 황홀한듸, 압흐로 내미러보니 안계(眼界) 훤츨하여 탄탄한 벌이니, 멀니 바라보이는듸 치마(馳馬)하는 터히기 기생들을 시긴다 하되 머러 못 시기다.

[쓸쓸하고 적막한 / 「 」: 북산루의 마루에 올라간 장면 / 아홉 간 마루 / 크고 멋스럽고 / 단청을 한 벽 / 눈에 보이는 시선이 넓고 시원스러워 / 벌판이니 / 말을 길들이는 / 시킨다 / 멀어]

▶ 북루 문과 북산루 안의 모습

「동남편을 보니 무덤이 누누하여 별 버듯 하야시니 감창(感愴)하야 눈믈이 나 금억(禁抑)디 못하리러라. 서편으로 보니 낙민루 앞 성천강 물줄기 게가지 창일하고, 만세교 비슥이 뵈는 것이 더옥 신긔하야 황홀이 그림 속 갇더라.」

[별이 펼쳐지듯 / 여러 겹으로 펼쳐져 / 슬픈 느낌이 들어 / 억눌러 금하지 / 거기까지 넘치고 / 비슷하게 / 「 」: 북산루에서 바라본 동남편과 서편의 경관을 비유적, 시각적으로 묘사함 / 글쓴이의 감상이 드러난 부분]

▶ 북산루에서 바라본 경관

「풍류를 일시의 주(奏)하니 대모관 풍류라. 소래 길고 화하야 가히 드럼즉하더라. 모든 기생을 쌍지어 대무(大舞)하야 종일 놀고 날이 어두오니 도라올새, 풍류를 교전(橋前)의 길게 잡히고 청사초롱 수십 쌍을 고히 닙은 기생이 쌍쌍이 들고 서시며, 홰블을 관 하인이 수업시 들고 나니 가마 속 밝기 낮 같으니, 밧겻 광경이 호말을 헬디라. ❶ 블은 사(紗)희 프른 사흘 니어 초롱을 하야시니 그림재 어룽디니 그런 장관이 업더라.」

[연주하니 / 큰 고을의 풍류 / 서로 잘 어울려 / 들을 만하더라 / 가무를 하여 / 횃불 / 다리 앞에 / 「 」: 흥겨운 귀로(歸路)의 모습 – 귀갓길에 풍류를 연주하는 악공과 기생이 뒤따른다는 점에서 글쓴이가 상류 계층임이 드러남 / 바깥 / 털끝을 셀 정도로 밝음 / 붉은 비단에 / 이어 / 주관적 감정의 집약적 제시]

▶ 귀로에서 본 횃불놀이의 장관

군문 대장이 비록 야행의 사초롱을 현들 엇디 이대도록 장하리오. 군악은 귀를 이아이고 초롱빛은 도요하니 ❷ 마암의 규듕 쇼녀자를 아조 니치고, 허리의 다섯 인(印)이 달리고, 몸이 문무를

[밤길에 비단 초롱을 켠들 어찌 이 정도로 훌륭하겠는가 / 귓전에 쟁쟁하고 / 밝게 비치니 / 규중 여인임을 잊고 / 관원이 허리에 차던 도장]

겸전한 장상으로 훈업(勳業)이 고대(高大)하야 어듸 군공을 일우고 승전곡을 주하며 태평 궁궐을 향
겸비한 공적이 높고 커서
하는 듯, 좌우 화광과 군악이 내 호긔(豪氣)를 돕는 듯, 몸이 뉵마거듕(六馬車中)의 안자 대로의 달
불빛 뽐내는 기운 여섯 마리의 말이 끄는 호화로운 마차
리는 듯 용약환희(勇躍歡喜)하야 오다가, 『관문의 니르러 아내(衙內) 마루 아래 가마를 노코 장한 초
우쭐한 마음에 즐거워하며 관아 안
롱이 군성(群星)이 양긔(陽氣)를 마자 떠러딘 듯 업스니, 심신이 황홀하여 몸이 절로 대청의 올라 머
많은 별들이 태양을 맞아 떨어진 듯 없으니
리를 만져 보니 구룸 머리 꿔온 것이 고아잇고, 허리를 만디니 치마를 둘러시니 황연(晃然)이 이
구름 같은 머리카락 장식이 그대로 달려 있고 환히 깨닫는 모양
몸이 녀자믈 깨다라 방듕의 드러오니, 침선 방적하던 것이 좌우의 노혀시니, 박장하야 웃다.』 북뤼
바느질과 길쌈을 하던 「 」: 행렬이 끝나고 방 안에 들어와서 자신의 모습을 보고 실소함
블붓고 다시 지으니 더옥 광걸하고 단청이 새롭더라.
북산루가 불에 타고 광장하고 빼어나고

▶ 귀가 후의 감회

채순상 제공이 서문루(西門樓)를 새로 지어 호왈 무검루(舞劍樓)라 하고, 경티와 누각이 긔하다
영의정 채제공 이름하기를 경치
하니 한번 오르고져 하되 녀염총듕(閭閻叢中)이라 하기 못 갓더니, 신묘년 십월 망일의 월색이
대낮같이 환하고 민가가 빽빽하게 들어선 가운데 보름날
여주하고 상뢰(霜露) ㅣ 긔강하야 목엽이 진탈하니, 경티 쇼쇄하고 풍경이 가려하니 월색을 타 누의
서리와 이슬이 이미 내려 나뭇잎이 다 떨어지니 맑고 깨끗하고 아름답고 수려하니 누각
오르고져 원님긔 청하니 허락하시거늘, 독교를 타고 오르니 『누각이 표묘하야 하늘가의 빗긴 듯하
글쓴이의 남편 말 한 마리가 끄는 가마 아득하여
고, 팔작이 표연하야 가히 보암즉하 월색의 보니 희미한 누각이 반공의 소슨 듯 더옥 긔이하더라.
팔작지붕이 날아갈 듯하여 볼 만하여 하늘에 솟아 떠오른 듯
뉴듕의 드러가니 뉵 간(六間)은 되고 새로 단청을 하야시니 모모 구석구석이 초롱대를 세우고
누각 안에 모퉁이마다
쌍쌍이 초를 혀시니 화광이 조요(照耀)하야 낫 같으니, 눈을 드러 살피매 단청을 새로 하야시니
켰으니 밝게 비쳐서 빛나
채색 비단을 기동과 ❖반자를 짠 듯하더라.』 「 」: 서문루의 모습과 새로 한 단청 묘사
단청을 새로 한 모습을 채색 비단에 비유함

▶ 서문루의 모습 묘사

『서편 창호를 여니 누하의 저자 버리던 집이 서울의 예 지물가(紙物家)가 같고, 곳곳이 가가집이
창문 누각 아래 시장을 벌이던 집 한양성 외곽의 지물포 가게
겨러 잇는듸 시뎡들의 소래 고요하고, 모든 집을 칠칠이 겨러 가며 지어시니 놉흔 누상의서 즐비
늘어서 시정, 백성 길게 누각 위에서
한 녀염을 보니 천호 만가를 손으로 헬 듯하더라. 성루(城樓)를 구비 도라 보니 밀밀제제(密密濟濟)
민가 수많은 집들이 손으로 셀 수 있을 정도로 가까워 보인다는 의미 성의 누각
하기 경듕낙성(京中洛城)으로 다름이 업더라.』 「 」: 서문루 서편의 경관 묘사
집들이 빽빽하게 들어선 것이 한양과 다름이 없더라

▶ 서문루 서편의 경관

이런 웅장하고 거룩하기 경성 남문루라도 이에 더하디 아니할디라. 심심이 용약하야 음식을 만
한양의 남대문 누각 마음이 뛸듯이 기뻐서
히 하여다가 기생들을 슬컷 먹이고 즐기더니, 듕군(中軍)이 장한 이 월색을 띄여 ❖대완(大宛)을 타
각 군영의 대장 훌륭한 말
고 누하문을 나가는듸, 풍뉴를 치고 만세교로 나가니 훤화가갈(喧譁呵喝)이 또한 신긔롭더라. 시뎡
시끄럽게 떠들고 소리치는 모습
이 서로 손을 니어 잡담하여 무리지어 단니니 서울 같아여, 무뢰배의 기생의 집으로 단니며 호강
건달들이
을 하는 듯십으더라.

▶ 서문루 주변 풍경과 감회

이날 밤이 다하도록 놀고 오다.

▶ 밤늦게까지 놀다 귀가함

❖ 반자: 지붕 밑이나 위층 바닥 밑을 편평하게 하여 치장한 각 방의 천장
❖ 대완(大宛): 중국 한나라 때 중앙아시아에 있던 오아시스 국가. 말의 명산지로, 좋은 말을 외국으로 수출하여 이후 나라 이름 자체가 명마(名馬)의 대명사가 됨

핵심 구절 풀이

❶ **블은 사(紗)희 프른 사흘 ~ 그런 장관이 업더라.**: 붉은 비단에 푸른 비단을 이어 초롱을 만들어서 어둠 속을 밝게 비추니 초롱의 그림자가 어른거려서 그 광경이 장관이었다는 말로, 색채와 명암이 빚어내는 장관을 묘사하고 있다.

❷ **마암의 규듕 소녀자를 ~ 호기(豪氣)를 돕는 듯**: 귀가 행렬의 장관과 풍류에 취하여 스스로 아녀자의 신분임을 잊어버리고 자신을 공을 이루고 대궐로 돌아오는 장상에 비유하고 있다.

핵심 정리

- 갈래: 고전 수필(한글 수필, 기행 수필)
- 성격: 체험적, 묘사적
- 구성: 공간의 이동에 따른 구성

- 제재: 북산루와 서문루의 경관과 조망, 횃불놀이
- 주제: 북산루와 서문루의 장관과 감회
- 특징: ① 참신한 어휘와 순우리말을 사용하여 생동감 있게 표현함
  ② 시각적 이미지와 적절한 비유를 사용하여 자연의 경관을 섬세하게 묘사함
  ③ 자신의 느낌을 솔직하게 표현하여 자유분방한 의기가 돋보임

한눈에 **보기**

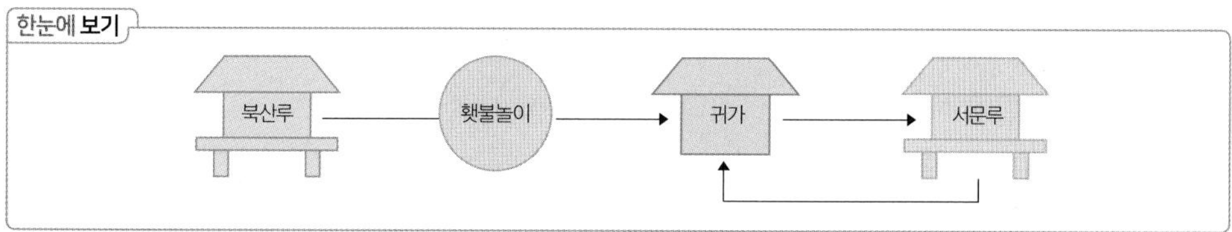

보충·심화 학습

- 국문 여류 수필의 백미, 《의유당 관북 유람 일기》

《의유당 관북 유람 일기》는 조선 후기인 영조 연간에 지어진 것으로, 《의유당일기》로도 불린다. 글쓴이 의유당이 함흥 판관으로 부임하게 된 남편 신대손과 동행하여 함흥 부근의 명승 고적을 둘러보고 나서 쓴 기행문과 전기, 번역문 등을 합한 문집인 이 책에는 〈낙민루(樂民樓)〉, 〈북산루(北山樓)〉, 〈동명일기(東溟日記)〉, 〈춘일소흥(春日消興)〉, 〈영명사 득월루 상량문(永明寺得月樓上樑文)〉 등이 실려 있다. 그중 〈동명일기〉는 동명의 해돋이와 달맞이가 유명하다는 말을 듣고 길을 떠나 왕래하는 사이에 보고 겪은 일들과 해돋이의 장관을 서술한 글로 〈의유당일기〉를 대표할 만한 작품이다.

필수 문제

01 이 글에서 가장 두드러지게 나타나는 이미지를 쓰시오.

02 이 글의 글쓴이가 상류 계층임을 짐작하게 하는 문단을 찾아 처음과 끝의 2어절씩을 쓰시오.

157 동명일기(東溟日記) | 의유당

'동해'의 다른 이름

교과서 EBS

출제 포인트

글쓴이가 남편과 동해의 일출을 구경하고 난 후의 감흥을 기록한 기행 수필이다. 이 글에 드러난 글쓴이의 심리 및 해돋이 과정을 묘사하는 데 쓰인 비유적 표현, 작품에 나타난 표현상의 특징 등에 주목하여 살펴보자.

감상 길잡이

이 글은 글쓴이가 동해의 일출을 보고 돌아와 느낀 바를 쓴 기행 수필로, 《의유당 관북 유람 일기(意幽堂關北遊覽日記)》에 수록되어 있다. 글쓴이는 이 글에서 치밀한 관찰력과 순수한 우리말을 사용하여 해돋이를 현장감 있게 표현하였으며, 특히 직유법을 사용하여 해가 떠오르기 전의 붉은 빛의 배경과 솟아오른 해의 모습을 묘사하고 있다. 해돋이 과정에 있는 해를 '회오리밤, 큰 쟁반, 수레바퀴' 등에 비유하여 동해 일출의 장관을 사실적으로 묘사한 부분에서 여성 특유의 섬세하고 예리한 관찰력이 돋보인다.

앞부분 줄거리 | 글쓴이는 판관으로 부임하는 남편을 따라 함흥으로 가게 되는데, 동명(동해)의 일출과 월출이 장관이라는 소문을 듣고 이를 구경하고 싶어 한다. 그러나 남편은 여자의 출입이 가벼워서는 안 된다는 이유로 허락하지 않는다. 글쓴이는 함흥에 온 지 2년 만에 남편과 함께 동명을 찾아가게 되는데, 날씨가 좋지 않아 일출을 보지 못하고 그냥 돌아오게 된다. 그로부터 1년 후, 글쓴이는 일출 구경을 위해 남편과 함께 다시 동명으로 떠난다.

행여 일출(日出)을 못 볼까 노심초사(勞心焦思)[몹시 마음을 쓰며 애를 태워]하여, 새도록 자지 못하고, 「가끔 영재[글쓴이의 시중을 드는 하인]를 불러

"사공(沙工)다려 물어라." / 하니,」 「 」: 노심초사하는 마음이 행동으로 드러남

"내일은 일출을 쾌히 보시리라[주체: 글쓴이] 한다[주체: 사공]."

하되, 마음에 미덥지 아니하여 초조하더니[글쓴이의 심리 직접 제시], 먼 데 닭이 울며 연(連)하여[계속하여 날이 새기를 재촉하니] 자초니, 기생(妓生)과 비복(婢僕)[계집종과 사내종]을 혼동(混動)하여[마구 흔들어] 어서 일어나라 하니[닭소리를 듣고 새벽이 가까워진 것으로 생각함], 밖에 급창(及唱)[관아에서 원의 명령을 간접으로 받아 큰 소리로 전달하던 사내종 – 남편의 신분을 짐작하게 함]이 와,

"관청 감관(官廳監官)[관청에서 음식을 맡던 사람]이 다 아직 너모 일찍 하니[일출을 보기에는 이른 시각임] 못 떠나시리라[주체: 글쓴이] 한다[주체: 감청 감관]."

하되 곧이 아니 듣고, 발발이[부산하게] 재촉하여, 떡국을 쑤었으되 아니 먹고[일출을 보고 싶은 초조한 심정이 드러남], 바삐 귀경대(龜景臺)[함흥 해변에 있는 누각]에 오르니 「달빛이 사면에 조요(照耀)하니[밝게 비치어 빛나니], 바다가 어젯밤보다 희기 더하고, 광풍(狂風)이 대작(大作)하여[크게 일어나] 사람의 뼈에 사무치고, 물결치는 소리 산악(山嶽)이 움직이며, 별빛이 말곳말곳하여[생기 있게 맑고 환하여] 동편에 차례로 있어 (날이) 새기는 멀었고, 자는 아이를 급히 깨워 왔기 추워 날뛰며 기생(妓生)과 비복(婢僕)이 다 이를 두드려 떠니,」 「 」: 밤바다의 고요한 모습과 추위를 참으며 일출을 기다리는 사람들의 모습을 사실적으로 묘사함 사군(使君)[원님. 글쓴이의 남편]이 소리 하여 혼동[분별없이] 왈,

"상(常) 없이 일찍 와 아이와 실내(室內)[부인(글쓴이)] 다 큰 병이 나게 하였다."[글쓴이가 급하게 사람들을 깨워 추위에 떨게 한 것을 남편이 꾸짖음]

하고 소리 하여 걱정하니, 내 마음이 불안하여 한 소리를 못 하고, 감히 추워하는 눈치를 못하고 죽은 듯이 앉았으되, 날이 샐 가망(可望)이 없으니 연하여 영재를 불러,

"동이 트느냐?"

물으니, 아직 멀기로 연하여 대답하고, 물 치는 소리 천지(天地) 진동(震動)하여 한풍(寒風)[찬바람] 끼치기[밀려들기] 더욱 심하고, 좌우 시인(侍人)[시중드는 사람]이 고개를 기울여 입을 가슴에 박고 추워하더니,

▶ 귀경대에 올라 추위에 떨며 동트기를 기다림

매우 이윽한 후[시간의 경과 – 동이 터 오는 과정 묘사], 동편의 성수(星宿)[모든 별자리의 별들]가 드물어지며, 월색(月色)이 차차 옅어지며, 홍색(紅色)이 분명

하니, 소리 하여 시원함을 부르고 가마 밖에 나서니, 좌우 비복과 기생들이 옹위(擁衛)하여 (일출) 보기를

주위를 둘러싸서

졸이더니, 이윽고「날이 밝으며 붉은 기운이 동편 길게 뻗쳤으니, 진홍 대단(眞紅大緞) 여러 필을 물

새벽녘 동이 틀 무렵의 상황을 비유적으로 표현

위에 펼친 듯, 만경창파가 일시에 붉어 하늘에 자옥하고, 노(怒)하는 물결 소리 더욱 장(壯)하며, 홍

넓은 바다 / 놀랍고 대단하더라 / 크고 성대하며

전(紅氈) 같은 물빛이 황홀하여 수색(水色)이 조요하니, 차마 끔찍하더라.」

붉은 빛깔의 모직물 / 「 」: 치밀한 관찰에 따른 사실적 묘사가 뛰어난 부분 – 비유와 시각적 이미지를 많이 사용함

붉은 빛이 더욱 붉어지니, 마주 선 사람의 낯과 옷이 다 붉더라. 물이 굽이져 올려 치니,「밤에 물 치는 굽이는 옥같이 희더니, 즉금(卽今) 물굽이는 붉기 홍옥(紅玉) 같아 하늘에 닿았으니, 장관(壯觀)을 이를 것이 없더라.」

지금 / 루비

밤 물결은 하얗게 보이더니 동이 틀 무렵 물결은 홍옥처럼 붉어

「 」: 직유법과 대조법을 사용하여 동이 트는 경치를 표현함

▶ 일출 무렵의 광경을 묘사함

붉은 기운이 퍼져 하늘과 물이 다 조요하되 해 아니 나니, 기생들이 손을 두드려 소리 하여 애달파 가로되,

해가 이미 다 뜬 것으로 잘못 알고 안타까워하는 기생들의 마음

"이제는 해 다 돋아 저 속에 들었으니, 저 붉은 기운이 다 푸르러 구름이 되리라."

마음이 쓸쓸하여 – 기생의 말을 들은 글쓴이의 심정

혼공하니, 낙막(落寞)하여 그저 돌아가려 하니, 사군과 숙씨(叔氏)께서,

모두 꺼리거나 두려워하니 / 시아주버님

◇: 일출이 끝나지 않았다고 주장한 인물

△: 일출이 끝났다고 주장한 인물

"그렇지 않아, 이제 (일출을) 보리라."

하시되, 이랑이, 차섬이 냉소(冷笑)하여 이르되,

기생들 / 비웃어

"소인(小人) 등이 이번뿐 아니고, 자주 보았사오니, 어찌 모르리이까. 마님, 큰 병환(病患) 나실 것이니, 어서 가압사이다."

글쓴이 / 가십시다

하거늘, 가마 속에 들어앉으니, 봉의 어미 악써 가로되,

주체: 글쓴이 – 체념 / 하인

"하인(下人)들이 다 하되, 이제 해 뜨려 하는데 어찌 가시리오? 기생 아이들은 철모르고 지레 이렇게 구는 것이외다."

말하는데 / 어떤 일이 일어나기 전 또는 어떤 기회나 때가 무르익기 전에

이랑이 박장(拍掌) 왈,

손뼉을 치며

"그것들은 바히 모르고 한 말이니 곧이듣지 말라." / 하거늘

전혀

"돌아가 사공(沙工)더러 물으라." / 하니,

"사공이 오늘 일출이 유명(有名)하리란다." / 하거늘, 내 도로 나서니, 차섬이, 보배는 내가 가마에 드는 상 보고 먼저 가고, 계집종 셋이 먼저 갔더라.

일출을 잘 보실 수 있다고 합니다 / 기대감 / 모습

▶ 일출 여부를 두고 논쟁을 벌임

홍색(紅色)이 거룩하여 붉은 기운이 하늘을 뛰놀더니, 이랑이 소리를 높이 하여 나를 불러,

아름답고 훌륭하여

"저기 물 밑을 보라."

기다리던 일출이 시작되는 것을 보고 좋아서 외침

□: '붉은 기운'을 비유

○: '해'를 비유

외치거늘, 급히 눈을 들어 보니,「물 밑 홍운(紅雲)을 헤치고 큰 실오라기 같은 줄이 붉기가 더욱 기이(奇異)하며, 기운이 진홍(眞紅) 같은 것이 차차 나와 손바닥 넓이 같은 것이 그믐밤에 보는 숯불 빛 같더라. 차차 나오더니, 그 위로 작은 회오리밤 같은 것이 붉기가 호박(琥珀) 구슬 같고, 맑고 통랑(通朗)하기는 호박도곤 더 곱더라.」

붉은 구름. 붉게 물든 바다를 빗댐

'그믐밤'과 '숯불 빛'의 색채 대비 → 선명한 시각적 이미지 형성

밤송이 속에 외톨로 들어앉아 있는 동그란 밤

속까지 비치어 환하기는 / 보다

「 」: 실오라기, 숯불 빛, 호박 구슬 등 여성의 생활과 관련된 어휘를 구사하여 일출이 시작된 순간을 묘사함

그 붉은 위로 훌훌 움직여 도는데, 처음 났던 붉은 기운이 백지(白紙) 반 장 넓이만치 반듯이 비

생동감, 사실감

치며, 밤 같던 기운이 해 되어 차차 커 가며, 큰 쟁반만 하여 불긋불긋 번듯번듯 뛰놀며, 적색(赤

'회오리밤, 큰 쟁반, 수레바퀴'의 원관념 / 의태어, 감각어를 사용한 사실적이고 생동감 있는 묘사

色)이 온 바다에 끼치며, 먼저 붉은 기운이 차차 가시며, 해 흔들며 뛰놀기 더욱 자주 하며, 항 같

퍼지며 / 항아리

고 독 같은 것이 좌우(左右)로 뛰놀며, 황홀(恍惚)히 번득여 양목(兩目)이 어즐하며,「붉은 기운이 명

두 눈 / 어지러우며

랑(明朗)하여 첫 홍색을 헤치고, 천중(天中)에 쟁반 같은 것이 수레바퀴 같아 물속으로 치밀어 받치

하늘 한가운데에

듯이 올라붙으며,」항, 독 같은 기운이 스러지고, 처음 붉어 겉을 비추던 것은 모여 소 혀처럼 드리

「 」: 수평선 위로 해가 막 떠오른 모습 묘사 / 없어지고

워 물속에 풍덩 빠지는 듯싶으더라.

일색(日色)이 조요하며 물결에 붉은 기운이 차차 가시며, 일광(日光)이 청랑(淸朗)하니, 만고천하

견줄, 비교할 / 맑고 명랑하니

(萬古天下)에 그런 장관은 대두(對頭)할 데 없을 듯하더라.

글쓴이의 주관적 감정 표현

▶ 일출의 장관을 묘사함

짐작에 처음 백지 반 장만치 붉은 기운은 그 속에서 해 장차 나려고 어리어 그리 붉고, 그 회오리밤 같은 것은 진짓 일색을 뽐아 내니 어린 기운이 차차 가시며, 독 같고 항 같은 것은 일색이

진실로 / 환상

모딜이 고운 고로, 보는 사람의 안력(眼力)이 황홀하여 도무지 헛기운인 듯싶은지라.

매우, 몹시 / 시력 / 도무지 믿을 수 없을 정도로 환상적임

▶ 일출의 장관을 직접 목격한 글쓴이의 감상

핵심 정리

- 갈래: 고전 수필(한글 수필, 기행 수필)
- 성격: 사실적, 묘사적, 비유적, 주관적
- 구성: 시간의 흐름에 따른 추보식 구성

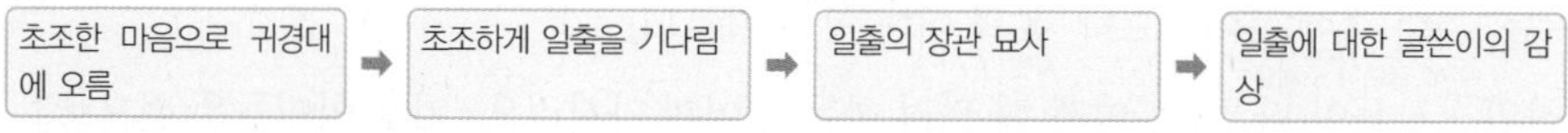

- 제재: 동해의 일출
- 주제: 귀경대에서 본 일출의 장관
- 특징: ① 순수 우리말과 색채어, 비유적 표현을 사용하여 일출의 장관을 묘사함
  ② 여성 특유의 섬세한 관찰과 사실적 묘사를 통해 현장감 있게 표현함
  ③ 글쓴이의 주관적 감정 표현이 드러남
- 의의: 〈조침문〉, 〈규중칠우쟁론기〉와 함께 여류 수필의 백미(白眉)로 손꼽힘

한눈에 보기

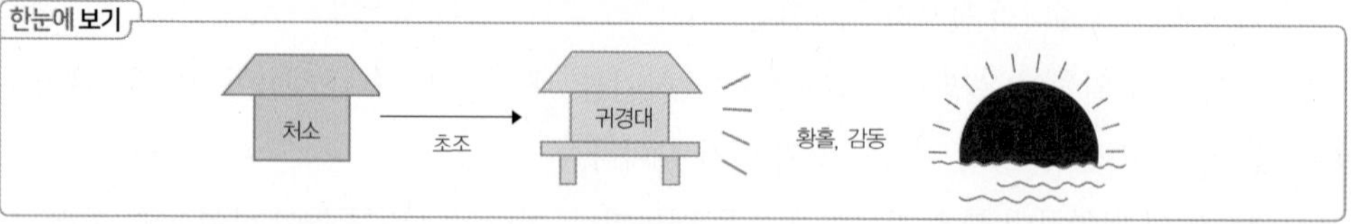

필수 문제

01 이 글에서 일출이 끝났다고 주장한 인물 둘의 이름을 쓰시오.

02 이 글에서 '해'와 '붉은 기운'을 비유한 표현을 순서대로 모두 찾아 쓰시오.

㉠ 해: ㉡ 붉은 기운:

158 수오재기(守吾齋記) | 정약용

정약용의 형, 정약현의 집 이름(당호)

교과서 EBS

출제 포인트

'수오(守吾)'의 의미를 바탕으로 글쓴이가 얻은 깨달음의 내용을 파악하고, 이 글의 내용 전개 방식을 살펴보자.

감상 길잡이

이 글의 제목인 〈수오재기(守吾齋記)〉에서 '수오재'는 글쓴이 정약용(丁若鏞)의 맏형인 정약현이 자신의 집에 붙인 당호(堂號)로, '나를 지키는 집'이라는 의미이다. 글쓴이는 처음에는 당호의 의미를 깨닫지 못하지만, 귀양을 온 후 성찰과 반성의 과정 속에서 그 의미를 깨닫게 된다. 이 글에서의 '나'는 현상적 자아와 본질적 자아로 구분되는데, 현상적 자아는 세상의 유혹에 쉽게 흔들리는 나약한 자신을 상징하며, 본질적 자아는 현상적 자아를 붙잡아 주는 기둥과도 같은 내면의 자아를 의미한다. 글쓴이는 '수오재'에 대한 의문 제기로 시작하여 독자의 공감을 유도하면서, 자문자답의 방식을 통해 잃기 쉬우나 잃어서는 안 될 본질적 자아를 지키는 것이 바로 '나를 지키는(守吾)' 것임을 깨달아 가는 과정을 보여 주고 있다.

'수오재(守吾齋)'라는 이름은 큰형님이 자신의 집에다 붙인 이름이다. 「나는 처음에 그 이름을 듣고 의아하게 여기며, '나와 굳게 맺어져 있어 서로 떨어질 수 없는 가운데 나(吾)보다 더 절실한 것은 없으니 굳이 지키지 않더라도 어디로 가겠는가. 이상한 이름이다.」 하였다.

(주석: '나를 지키는 집'이라는 뜻 / 당호(堂號) / 정약용의 맏형인 정약현 / 「 」: 대상에 대한 일상적, 현상적 차원의 생각 / '나'를 / '나'가 / 글쓴이의 의문 = 독자의 의문 → 독자와의 공감 유도 / ▶ '수오재'라는 당호를 이상하게 생각함(기))

내가 장기로 귀양 온 뒤에 혼자 지내면서 잘 생각해 보았는데, 하루는 갑자기 이 의문점에 대한 해답을 얻게 되었다. 나는 벌떡 일어나 이렇게 스스로 말하였다.

(주석: 경상북도 포항시 장기면 / 글쓴이의 처지 – 귀양살이 중임 / '수오재'에 대한 의문을 / 경험과 사색을 통해 깨달음을 얻음)

"천하 만물 가운데 지킬 것은 하나도 없지만, 오직 나만은 지켜야 한다. 「내 밭을 지고 달아날 자가 있는가. 밭은 지킬 필요가 없다. 내 집을 지고 달아날 자가 있는가. 집도 지킬 필요가 없다. 내 정원의 여러 가지 꽃나무와 과일 나무들을 뽑아갈 자가 있는가. 그 뿌리는 땅속에 깊이 박혔다. 내 책을 훔쳐 없앨 자가 있는가. 성현의 경전이 세상에 퍼져 물이나 불처럼 흔한데, 누가 능히 없앨 수가 있겠는가. 내 옷이나 양식을 훔쳐서 나를 궁색하게 하겠는가. 천하의 실이 모두 내가 입을 옷이며, 천하의 곡식이 모두 내가 먹을 양식이다. 도둑이 비록 훔쳐 간대야 한두 개에 지나지 않을 테니, 천하의 모든 옷과 곡식을 없앨 수 있으랴. 그러니 천하 만물은 모두 지킬 필요가 없다.」

(주석: ◯: 본질적 자아 △: 현상적 자아 / 글쓴이의 깨달음 / 문 → 답 / 성현: 성인(聖人)과 현인(賢人)을 아울러 이르는 말 / 결론 / 「 」: 자문자답의 열거를 통해 천하 만물은 지킬 필요가 없음을 드러냄)

그런데 오직 나라는 것만은 그 성품이 달아나기를 잘하여, 드나드는 데 일정한 법칙이 없다. 아주 친밀하게 붙어 있어서 서로 배반하지 못할 것 같다가도, 잠시 살피지 않으면 어디든지 못 가는 곳이 없다. 「〈이익으로 꾀면 떠나가고, 위험과 재화가 겁을 주어도 떠나간다. 마음을 울리는 아름다운 음악 소리만 들어도 떠나가며, 눈썹이 새까맣고 이가 하얀 미인의 요염한 모습만 보아도 떠나간다.〉 한 번 가면 돌아올 줄을 몰라서, 붙잡아 만류할 수가 없다. 그러니, ❶ 천하에 나보다 더 잃어버리기 쉬운 것은 없다. 어찌 실과 끈으로 매고 빗장과 자물쇠로 잠가서 나를 굳게

(주석: 사람의 마음은 쉽게 바뀌거나 유혹에 잘 넘어감 – 현혹되기 쉬움 / 현상적 자아와 본질적 자아가 일치하는 것 같다가도 / 본질적 자아가 / 〈 〉: 본질적 자아가 현상적 자아에게 매몰된 여러 사례 / 본질적 자아가 / 관련 한자 성어: 단순호치(丹脣皓齒) / 본질적 자아가 / 본질적 자아는 / 철저하게 마음을 수양하는 것을 비유적으로 표현함)

지켜야 하지 않으리오.」 ▶ '나'를 지켜야 하는 이유를 깨달음(승)

「 」: '나'를 굳게 지켜야 하는 이유 – 잃어버리기는 쉽지만 돌이키기는 어려움

나는 나를 잘못 간직했다가 잃어버렸던 자다.「어렸을 때에 과거(科擧)가 좋게 보여서, 십 년 동안이나 과거 공부에 빠져 들었다. 그러다가 결국 처지가 바뀌어 조정에 나아가 검은 사모관대에 비단 도포를 입고, 십이 년 동안이나 미친 듯이 대낮에 커다란 길을 뛰어다녔다. 그러다가 또 처지가 바뀌어 한강을 건너고 새재를 넘게 되었다. 친척과 선영을 버리고 곧바로 아득한 바닷가의 대나무 숲에 달려와서야 멈추게 되었다.」 이때에는 나도 땀이 흐르고 두려워 숨도 쉬지 못하면서, 나의 발뒤꿈치를 따라 이곳까지 함께 오게 되었다. 내가 나에게 물었다.

관직 생활에 대한 후회와 '나'를 더럽힌 것에 대한 자책 – 본질적 자아를 망각한 채 권력에 얽매여 있었음을 반성함 / 처지가 바뀌어: 과거에 급제함 / 검은 사모관대에 비단 도포를 입고: 벼슬길에 나섬(대유법) / 새재: 경상북도 문경시와 충청북도 괴산군 사이에 있는 고개. 조령(鳥嶺) / 커다란 길: 벼슬길 / 한강을 건너고 새재를 넘게 되었다: 도성을 벗어나 귀양길에 오르게 됨 / 선영: 조상의 무덤. 또는 조상의 무덤이 있는 곳 / 아득한 바닷가의 대나무 숲: 유배지 – ① '나'를 지키지 못한 결과 ② 현재 글쓴이의 처지를 암시적으로 표현 ③ 글쓴이가 처한 상황을 공간적으로 형상화 ④ 지나온 삶을 반성하게 되는 곳 / 「 」: 현상적 자아의 의지대로 살아온 삶 / 내가 나에게 물었다: 자문(自問)

「"너는 무엇 때문에 여기까지 왔느냐? 여우나 도깨비에게 홀려서 끌려 왔느냐? 아니면 해신(海神)이 불러서 왔느냐. 네 가정과 고향이 모두 초천에 있는데, 왜 그 본바닥으로 돌아가지 않느냐?"」

초천, 본바닥: 고향 / 「 」: 자신의 삶에 의문을 던짐

그러나 나는 끝내 멍하니 움직이지 않으며 돌아갈 줄을 몰랐다. 그 얼굴빛을 보니 마치 얽매인 곳에 있어서 돌아가고 싶어도 돌아가지 못하는 것 같았다. ❷ 그래서 결국 붙잡아 이곳에 함께 머물렀다. 이때 내 둘째 형님 좌랑공도 나를 잃고 나를 쫓아 남해 지방으로 왔는데, 역시 나를 붙잡아서 그곳에 함께 머물렀다.

얽매인 곳: 유배지 / 결국: 본질적 자아를 / 이곳: 유배지 / 좌랑: 조선 시대 육조의 정육품 벼슬 / 둘째 형님 좌랑공: 정약용의 둘째 형인 정약전 / 남해 지방: 정약전의 유배지(흑산도)

▶ 본질적 자아를 잃고 살아온 지난 삶에 대한 회고와 반성을 통해 깨달음을 얻음(전)

오직 나의 큰형님만이 나를 잃지 않고 편안히 단정하게 수오재에 앉아 계시니, 본디부터 지키는 것이 있어서 나를 잃지 않았기 때문이 아니겠는가. 이것이 바로 큰형님이 그 거실에 '수오재'라고 이름 붙인 까닭일 것이다. 큰형님은 언제나 말하시기를,

"아버님께서 내게 태현이라고 자(字)를 지어 주셔서, 나는 오로지 나의 태현을 지키려고 했다네. 그래서 내 집에다가 그렇게 이름을 붙인 거지."

태현: '아주 고요하다.'는 뜻 / 자(字): 사람의 본이름 외에 부르는 이름. 보통 장가든 뒤에 이름 대신 부름

라고 하지만, 이는 핑계 대는 말씀이다.

핑계 대는 말씀: 겸손한 말씀

맹자가 "무엇을 지키는 것이 큰가? 몸을 지키는 것이 가장 크다."라고 하였으니, 이 말씀이 진실하다. 내가 스스로 말한 내용을 써서 큰형님께 보이고, 수오재의 기(記)로 삼는다.

맹자의 말을 인용하여 근거로 삼음 – 설득력 강화 / 〈수오재기〉를 쓴 내력

▶ 〈수오재기〉를 쓰게 된 이유(결)

핵심 구절 풀이

❶ **천하에 나보다 ~ 하지 않으리오.**: 나약한 존재인 인간은 유혹이나 위험에 쉽게 흔들리므로 철저하게 마음을 수양하여 본질적 자아를 지켜야 한다는 의미이다.

❷ **그래서 결국 붙잡아 이곳에 함께 머물렀다.**: 귀양을 오고 나서야 비로소 잃었던 본질적 자아를 지킬 수 있었다는 의미이다.

핵심 정리

- 갈래: 고전 수필〔한문 수필, 기(記)〕
- 성격: 성찰적, 회고적, 교훈적
- 구성: '기 – 승 – 전 – 결' 의 4단 구성

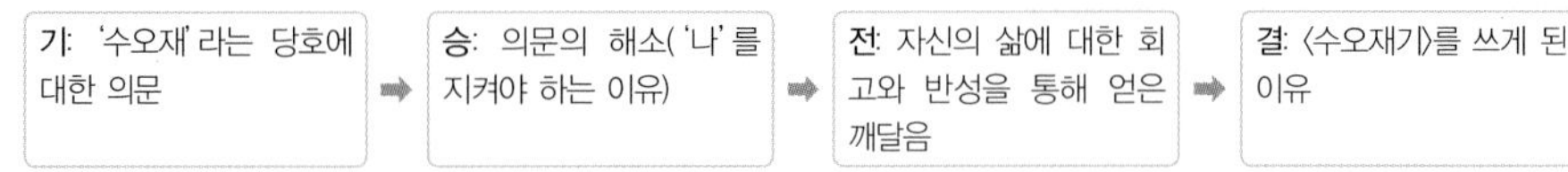

- 제재: 수오재
- 주제: 본질적 자아를 지키는 것의 중요성
- 특징: ① 경험과 사색, 자문자답을 통해 사물의 의미를 도출하고 삶을 성찰함
  ② 의문에서 출발하여 깨달음을 얻어 가는 과정을 통해 독자들의 공감을 유도함
  ③ 예시와 인용을 통해 글의 설득력을 높임

한눈에 보기

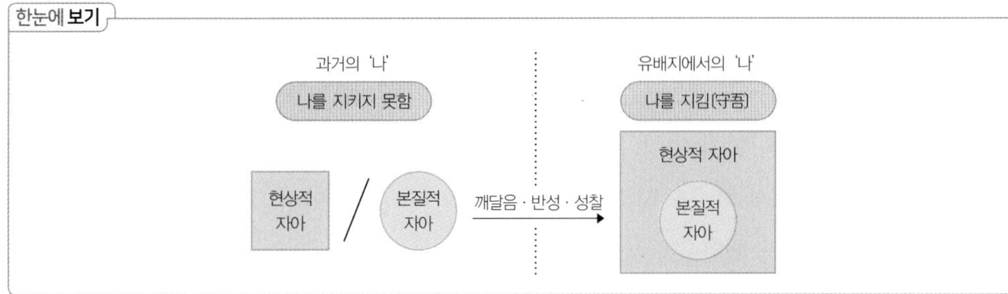

보충·심화 학습

- 《여유당전서(與猶堂全書)》

《여유당전서》는 다산(茶山) 정약용의 방대한 저술을 망라한 문집으로, '여유당' 은 다산의 당호이며 〈수오재기〉 또한 여기에 실려 전한다. 《여유당전서》는 《목민심서(牧民心書)》, 《경세유표(經世遺表)》, 《흠흠신서(欽欽新書)》 등 다산의 대표적 저술에서부터 시문에 이르기까지 다양한 분야에 대한 저술을 총망라하고 있다.

필수 문제

01 이 글에서 '수오(守吾)' 가 의미하는 바를 구체적으로 쓰시오.

02 이 글에서 글쓴이가 깨달음을 얻고 자신의 삶을 성찰하기 위해 사용하고 있는 내용 전개 방식을 쓰시오.

159 조승문(弔蠅文) | 정약용

파리를 조문하는 글

EBS 모의 기출

출제 포인트

파리를 굶주려 죽은 백성들의 화신(化身)으로 보고, 이들에 대한 안타까운 마음을 담은 글이다. 글쓴이가 이 글을 통해 나타내고자 한 주제 의식과 이 글의 표현상의 특징에 대해 파악해 보자.

감상 길잡이

〈조승문(弔蠅文)〉은 '파리를 조문하는 글'이라는 뜻의 제목이다. 글쓴이가 전라도에서 유배 생활을 하던 때인 1809년, 극심한 가뭄이 들어 많은 백성들이 굶어 죽어 시체가 산야에 즐비했는데, 그 이듬해인 경오년에 쉬파리가 극성을 부리자 이를 보고 굶어 죽은 백성의 넋을 위로하기 위하여 지은 글이다. 글쓴이는 들끓는 쉬파리를 굶주려 죽은 백성들이 다시 태어난 몸으로 보고 그들의 넋을 위로하면서, 백성을 굶주려 죽게 한 부조리한 세금 정책과 탐관오리들의 행태를 신랄하게 비판하고 있다.

순조 10년(1810년) 경오년 여름에 쉬파리가 말할 수 없이 들끓었다. 온 집안에 가득 차고, 바글바글 번식하여 산골이나 골(고을)이나 쉬파리로 득실거렸다. 높다란 누각에서도 일찍이 얼어 죽지 않더니, 술집과 떡집에 구름처럼 몰려들고 윙윙거리는 소리가 우레(천둥)와 같았다. 노인들은 탄식하며 괴변이 났다 하고, 소년들은 떨쳐 일어나 한바탕 때려잡을 궁리를 하였다.「어떤 사람은 파리 통발(덫)을 놓아서 거기에 걸려 죽게 하기도 하고, 어떤 사람은 파리약을 놓아서 그 약 기운에 어질어질할 때 모조리 없애 버리려고도 했다.」

「 」: 사람들이 득실거리는 쉬파리를 없애려고 함

▶ 득실거리는 쉬파리를 없애려는 사람들

이런 광경을 보고 나는 말했다.

"아! 이것은 결코 죽여서는 안 되는 것이다. 왜냐하면 이것들은 분명 굶주려 죽은 백성들이 다시 태어난 몸이기 때문이다. 얼마나 기구한 삶이었던가? 애처롭게도 지난해에 염병이 돌게 되었고 거기다가 또 가혹한 세금까지 뜯기고 보니(백성들이 죽어 간 이유),「굶어 죽은 시체가 길에 널려 즐비하였고, 내다 버린 시체는 언덕을 덮었다. 수의(염습할 때 송장에 입히는 옷)도 관도 없이 내다 버린 시체에 훈훈한 바람이 불어 더운 김이 올라오자, 그 살과 살갗이 썩어 문드러져 오래된 추깃물(시체에서 흐르는 물)과 새 추깃물이 서로 괴어 엉겼다. 그것이 변해 구더기가 되니 냇가의 모래알보다도 만 배는 더 되었다. 이 많은 구더기들이 날개를 가진 파리가 되어 인가로 날아든 것이다.」 아! 이 쉬파리가 어찌 우리와 같은 무리(백성)가 아니겠는가?

「 」: 파리가 득실거리게 된 이유 – 당시 백성들의 참혹한 현실 반영

「너희들의 삶(질병과 굶주림에 고통 받다 죽어 간 백성들의 삶)을 생각하면 눈물이 절로 난다. 그래서 밥도 짓고 안주도 장만하여 놓고 너희들을 널리 청하여 모이게 하니, 서로 기별해서 함께 먹도록 하여라."」

「 」: 굶주려 죽은 백성들에 대한 글쓴이의 연민

▶ 파리가 득실거리게 된 이유(서사)

그리고 다음과 같이 글(파리를 조문하는 글 → 조승문)을 지어 위로했다.

"파리(굶주려 죽어간 백성들)야, 날아와서 음식상에 모여라. 수북이 담은 쌀밥에 국도 간 맞춰 끓여 놓았고, 술도 잘 익어 향기롭고, 국수와 만두도 곁들였으니, 어서 와서 너희들의 마른 목구멍을 적시고 너희들의 주린 창자를 채우라.

파리야, 훌쩍훌쩍 울지만 말고, 너희 부모와 처자식 모두 데리고 와서, 이제 한번 실컷 포식

하여 굶주렸던 한을 풀도록 하여라.「너희가 옛집을 보니 쑥밭이 되어 추녀도 내려앉고 벽도 허

처마의 네 귀에 있는 큰 서까래

물어지고 문짝도 기울었는데 밤에는 박쥐가 날고 낮에는 여우가 운다. 너희가 갈던 옛 밭을 보

이유 – 많은 이들이 전염병과 학정으로 죽어 갔기 때문

니 땅이 부드럽건만 마을에는 사람이 없어 잡초만 우거진 채 일구지를 못했구나.」파리야, 날아

「 」: 당시의 피폐한 농촌 사회의 현실을 짐작케 함

와 이 기름진 고깃덩이에 앉아라. 살찐 소의 다리를 끓는 물에 삶아 내고, 초장에 파도 썰어 놓

백성들이 평소에 먹을 수 없었던 귀한 음식들

고 싱싱한 농어로 회도 쳐 놓았으니 너희들의 주린 배를 채우고 얼굴을 활짝 펴라. 그리고 또 도마에는 남은 고기가 있으니, 너희들의 무리에게도 먹여라. 〈중략〉

▶ 파리를 위로함

함께 죽어 간 가족, 이웃, 벗들

파리야, 날아서 고을로 돌아갈 생각은 하지 말아라.「굶주린 사람을 엄히 가려 내는데, 아전들

구휼할 대상을 골라 냄

이 붓대 잡고 앉아 그 얼굴을 살펴본다. 대나무처럼 빽빽이 늘어선 사람들 중에는 요행히 한 번 뽑힌다 해도 겨우 맹물처럼 멀건 죽 한 모금을 얻어 마시는 것이 고작이다.」그런데도 묵은 곡식

「 」: 백성을 구휼하는 정책의 유명무실함을 비판함

에서 생긴 쌀벌레는 고을 창고에서 위 아래로 어지러이 날아다닌다.「돼지처럼 살찐 것은 힘 있

곡식이 쌓여 있음에도 불구하고 굶주린 백성들을 돌보지 않는 현실을 암시함　　탐관오리들을 비유함

는 아전들인데, 서로 짜고 공이 있다고 보고하면 상을 주었으면 주었지 책임을 묻는 일이 없다.

자신들의 배만 불리는 부패한 관리들

보리만 익으면 그나마 구휼(救恤)하는 일을 끝내고 잔치를 베푼다. 종과 북을 치고 피리 불고 눈썹 고운 예쁜 기생들은 춤을 추며 돌아가고, 교태를 부리다가는 비단 부채로 얼굴을 가린다. 그

「 」: 관리들의 타락상

런 속에 비록 풍성한 음식이 남아돌아도 너희들은 쳐다볼 수도 없는 것이다.」〈중략〉

▶ 유명무실한 구휼 정책과 부패한 관리들의 실태

파리야, 날아와 다시 태어나지 말아라. 아무것도 모르는 지금 상태를 축하하라. 길이길이 모

극단적 현실 인식이 드러난 부분 – 인간으로 살아가는 현실 자체를 고통으로 여김

르는 채 그대로 지내거라.「사람은 죽어도, 내야 할 세금은 남아서 형제에게까지 미치게 되니,

부조리한 세금 정책 – 죽은 이의 체납 세금을 자손이나 형제에게 징수함. 백골징포(白骨徵布)

유월 되면 벌써 ㉠ 세금 독촉하는 아전이 문을 걷어차는데 그 소리가 사자의 울음소리 같아 산

관련 한자 성어: 가정맹어호(苛政猛於虎)

악을 뒤흔든다. 세금 낼 돈이 없다고 하면 가마솥도 빼앗아 가고 송아지도 끌고 가고 돼지도 끌고 간다. 그러고도 부족하여 불쌍한 백성을 관가로 끌고 들어가 곤장으로 볼기를 친다.」

「 」: 부조리한 세금 정책과 가혹한 징수

「그 매 맞고 돌아오면 힘이 빠지고 지쳐서 염병에 걸려 풀이 쓰러지듯, 고기가 물크러지듯 죽

「 」: 고통 받고 죽어 가는 백성들의 모습을 비유적으로 표현함

어 간다.」그렇지만 그 숱한 원한을 천지 사방에 호소할 데 없고, 백성이 모두 다 죽을 지경에 이르렀는데도 슬퍼할 수도 없다.「어진 이는 움츠려 있고 소인배들이 날뛰니, 봉황은 입을 다물고 까마귀가 울어대는 꼴이다.」

▶ 부조리하고 가혹한 세금 징수로 고통 받는 백성들(본사)

「 」: 당대 현실에 대한 비판적 시각을 비유적으로 드러냄

파리야, 날아가려거든 북쪽으로 날아가거라. 북쪽으로 천 리를 날아 임금 계신 대궐로 들어

한양

가서 너희들의 충정을 호소하고 너희들의 그 지극한 슬픔을 펼쳐 보여라. 포악한 행위를 아뢰

탐관오리와 가혹한 징세로 인한 고통　　가렴주구의 실태

지 않고는 시비를 가릴 수 없는 것. 해와 달이 밝게 비쳐 빛이 찬란할 것이다. 정치를 잘하여 인

옳고 그름　　임금의 위엄과 백성을 위한 선정(善政)으로 현실이 개선될 것이다　　어짊

(仁)을 베풀고, 천지신명들에게 아룀에 규(圭)를 쓰는 것이다. 천둥같이 울려 임금의 위엄을 떨치

천자가 제후를 봉하거나 신을 모실 때 쓰는 옥으로 만든 홀(笏)

게 하면 곡식도 잘 익어 백성들의 굶주림도 없어지리라.

글쓴이의 간절한 바람

파리야, 그때에 날아서 ㉡ 남쪽으로 돌아오너라."

▶ 임금의 선정(善政)으로 현실이 개선되기를 바람(결사)

① 글쓴이가 있는 곳(유배지)
② 백성들이 힘겹게 살아가는 삶의 터전

핵심 정리

- 갈래: 고전 수필(한문 수필)
- 성격: 우회적, 비판적
- 구성: '서사 – 본사 – 결사'의 3단 구성

서사		본사		결사
서사: 들끓는 쉬파리를 보고 죽어 간 백성들을 위로하기 위해 글을 쓰게 됨(계기)	➡	**본사**: 백성들을 위로하며 관리들의 타락상과 가렴주구를 비판함	➡	**결사**: 임금의 선정으로 부조리한 현실이 개선되기를 기원함

- 제재: 파리
- 주제: 백성들의 삶에 대한 애도와 관리들의 가렴주구(苛斂誅求) 비판
- 특징: ① '파리'를 통해 부패한 현실을 비판함
  ② 현실에 대한 글쓴이의 부정적 인식이 잘 드러남

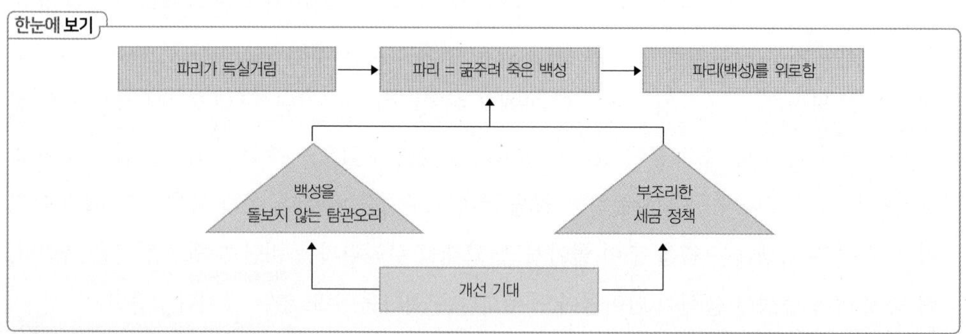

보충·심화 학습

- 정약용의 작품 세계

다산(茶山) 정약용은 유배지에 머무르며 자신이 경험한 조선의 농촌 사회가 지닌 모순을 사실적으로 묘사한 작품들을 많이 창작하였다. 다산은 조선 후기 사회의 본질적이고 핵심적인 문제점을 백성에 대한 지방 관리들의 가혹한 수탈로 보고, 자신의 글을 통해 그러한 현실을 비판하고자 했다. 특히 정약용의 한시인 〈탐진어가(耽津漁歌)〉, 〈탐진촌요(耽津村謠)〉, 〈고시(古詩) 8〉 등과 같은 작품들은 도탄에 빠진 백성들의 현실을 사실적으로 묘사함으로써 정치의 근본인 민본주의를 상기시키고 있다.

필수 문제

01 ㉠과 관련 있는 한자 성어를 쓰시오.

02 ㉡이 의미하는 것을 쓰시오.

160 조침문(弔針文) | 유씨 부인

(부러진) 바늘을 조문하는 글

교과서

출제 포인트

글쓴이가 아끼던 바늘을 부러뜨린 슬픔을 제문의 형식으로 표현한 이유에 대해 알아보고, 이 글에 쓰인 표현상의 특징에 주목하여 살펴보자.

감상 길잡이

이 글은 조선 순조 때 유씨 부인(兪氏夫人)이 지은 수필로, 죽은 사람을 추모하는 글인 제문(祭文) 형식을 취하고 있어 〈제침문(祭針文)〉이라고도 한다. 제목을 통해 알 수 있듯, 이 글은 부러진 바늘을 의인화하여 그 죽음을 슬퍼하는 내용을 담고 있다. 글쓴이는 바늘과 함께 했던 긴 세월을 회고하고, 바늘의 공로와 재질, 바늘이 부러진 날의 놀라움과 슬픔, 자책, 회한 등을 뛰어난 우리말 구사와 감각적 표현으로 드러내었다. 의유당의 〈의유당 관북 유람 일기〉, 작자 미상인 〈규중칠우쟁론기〉와 함께 여성 특유의 섬세한 감각과 정서가 두드러진 우리나라 여류 수필 문학의 백미(白眉)로 꼽힌다.

유세차(維歲次) 모년(某年) 모월(某月) 모일(某日)에, 미망인 모씨(某氏)는 두어 자 글로써 침자(針子)에게 고하노니, 인간 부녀(婦女)의 손 가운데 종요로운 것이 바늘이로대, 세상 사람이 귀히 아니 여기는 것은 도처에 흔한 바이로다. 이 ㉠바늘은 한낱 작은 물건이나, 이렇듯이 슬퍼함은 나의 정회(情懷)가 남과 다름이라. 오호(嗚呼) 통재(痛哉)라, 아깝고 불쌍하다. ㉡너를 얻어 손 가운데 지닌 지 우금(于今) 이십칠 년이라. 어이 인정이 그렇지 아니하리요. 슬프다. 눈물을 잠시 거두고 심신을 겨우 진정하여, 너의 ◈행장(行狀)과 나의 회포를 총총히 적어 영결(永訣)하노라.

- 유세차: 제문의 첫머리에 관용적으로 쓰이는 말. '이해의 차례는'이라는 의미
- 미망인: 남편이 죽고 홀로 삶 – 글쓴이의 처지를 단적으로 표현함
- 침자: 바늘을 의인화함
- 종요로운: 없어서는 안 될 정도로 매우 긴요한
- 세상 사람이 ~ 바이로다: 너무 일상적으로 사용되므로 귀한 줄 모름
- ㉠: 일반적 의미의 바늘
- 정회: 생각하는 마음. 정과 회포
- 오호 통재라: 아아 마음이 아프도다(한문투의 표현)
- 불쌍하다: 아깝고 불쌍하지
- 우금: 지금까지
- 행장: 부러진 바늘의 행적
- 회포: 부러진 바늘에 대한 추억과 슬픔
- 영결: 영원히 이별하노라

▶ 글을 쓰는 목적(서사)

연전(年前)에 우리 시삼촌께옵서 동지상사(冬至上使) ◈낙점(落點)을 무르와, 북경(北京)을 다녀오신 후에, 「바늘 여러 쌈을 주시거늘 친정과 원근 일가(一家)에게 보내고, 비복(婢僕)들도 쌈쌈이 나눠 주고,」 그중에 ㉢너를 택하여 손에 익히고 익히어 지금까지 해포되었더니, 슬프다. 연분(緣分)이 비상(非常)하여, 너희를 무수히 잃고 부러뜨렸으되, 오직 너 하나를 연구(年久)히 보전하니, 비록 무심한 물건이나 어찌 사랑스럽고 미혹하지 아니하리오. 아깝고 불쌍하며, 또한 섭섭하도다.

- 연전: 몇 해 전에
- 동지상사: 해마다 동짓달에 중국으로 보내던 사신 중 우두머리
- 무르와: 받아
- 원근 일가: 가깝고 먼 친척
- 쌈: 바늘을 묶어 세는 단위. 한 쌈은 바늘 24개
- 「 」: 잔정이 많고 다정한 글쓴이의 성격이 드러남
- 비복: 남녀 노비
- ㉢: 시삼촌으로부터 받은 바늘 중 하나. 조문의 대상
- 해포: 한 해가 조금 넘는 동안
- 연분이 비상하여: 인연이 평범하지 않아서
- 연구히: 오래도록
- 무심한: 마음이 없는(정을 나눌 수 없는)
- 미혹하지: 마음이 끌리지
- 리오: 네가 부러져

▶ 바늘을 얻게 된 내력과 바늘과의 인연

⬆ 규중 여인들의 필수품, 반짇고리

「나의 신세 박명(薄命)하여 슬하에 한 자녀 없고, 인명(人命)이 흉완(凶頑)하여 일찍 죽지 못하고, 가산이 빈궁하여 침선(針線)에 마음을 붙여, 널로 하여 시름을 잊고 생애(生涯)를 도움이 적지 아니하더니,」 오늘날 너를 영결하니, 오호 통재라, 이는 귀신(鬼神)이 시기하고 하늘이 미워하심이로다.

- 박명하여: 복이 없고 팔자가 사나워
- 인명이 흉완하여: 사람의 목숨이 흉악하고 모질어
- 가산이 빈궁하여: 집안이 가난하여
- 침선: 바느질
- 생애: 생계
- 생애를 도움이 적지 아니하더니: 바늘의 실제 효용
- 통재라: 불쌍하다

▶ 외로운 처지인 '나'와 바늘의 관계

「아깝다 바늘이여, 어여쁘다 바늘이여, 너는 미묘한 품질과 특별한 재치를 가졌으니, 물중(物中)의 명물이요, 철중(鐵中)의 쟁쟁(錚錚)이라. 민첩하고 날래기는 백대(百代)의 협객(俠客)이요, 굳세고

- 미묘한 품질과 특별한 재치: ①~④를 포괄하는 중심 내용
- 어여쁘다: 불쌍하다
- 쟁쟁: 으뜸
- ① 물건 중에 대단한 물건
- ② 철 중에서 가장 뛰어난 철. 군계일학(群鷄一鶴)
- ③ 백 년에 한 번 나오는 호탕한 무인(武人)
- 「 」: 글쓴이의 외로운 처지 직접 제시. 비복을 거느릴 만큼 여유 있는 상황과 모순됨 – 바늘을 잃은 슬픔을 강조하기 위한 과장된 표현

조선 후기

수필 · 평론

곧기는 만고의 충절이라. 추호 같은 부리는 말하는 듯하고 두렷한 귀는 소리를 듣는 듯한지라. 능
④ 만 년에 한 번 나오는 충성과 절개 / 뾰족한 부리와 둥그스름한 귀 – 바늘의 모양을 묘사
라(綾羅)와 비단에 난봉(鸞鳳)과 공작을 수놓을 제, 그 민첩하고 신기함은 귀신이 돕는 듯하니, 어찌
두꺼운 비단과 얇은 비단 / 난조와 봉황
인력(人力)의 미칠 바리요.』 「 」: 추모의 감정이 고조됨. 애절함 강조(운문체, 대구, 열거, 직유, 활유) ▶ 바늘의 미묘한 품질과 재주

오호 통재라, 자식이 귀하나 손에서 놓을 때도 있고 비복이 순하나 명(命)을 거스를 때 있나니,
대구법
너의 미묘한 재질이 나의 전후(前後)에 수응(酬應)함을 생각하면, 자식에게 지나고 비복에게 지나는
나의 요구에 잘 응해 줌 – 호흡이 잘 맞음 / 보다 낫고
지라. ❖천은(天銀)으로 집을 하고 오색(五色)으로 ❖파란을 놓아 겯고름에 채였으니, 부녀의 노리개
은으로 만든 장식품에 법랑으로 색을 올려 꾸밈 – 바늘에 대한 글쓴이의 정성 / 바늘의 2차적 용도
라. 밥 먹을 적 만져 보고 잠잘 적 만져 보아, 널로 더불어 벗이 되어, 여름 낮에 주렴(珠簾)이며,
구슬로 만든 발
겨울밤에 등잔을 상대하여, 누비며, 호며, 감치며, 박으며, 공그릴 때에 겹실을 꿰었으니 봉미(鳳
바느질의 다양한 기법들 – 열거법 / 봉황새의 꼬리
尾)를 두르는 듯, 땀땀이 떠 갈 적에, 수미(首尾)가 상응하고, 솔솔이 붙여 내매 조화가 무궁하다.
땀 – 바느질 단위 / 바느질과 실을 의미함
이생에 백년동거(百年同居)하렸더니, 오호(嗚呼) 애재(哀哉)라. ▶ '나'와 바늘의 각별한 인연(본사)
이 세상에서(이승) / 아아 슬프도다

바늘이여.『금년 시월 초십일 술시(戌時)에, 희미한 등잔 아래서 관대(冠帶) 깃을 달다가, 무심중간
오후 7시에서 9시까지(초경) / 벼슬아치의 관복 / 어떤 의도나 의식이 없이. 얼떨결에
(無心中間)에 자끈동 부러지니 깜짝 놀라와라. 아야 아야 바늘이여, 두 동강이 났구나.』정신이 아득
부러진 바늘에 대한 안타까움 – 감정의 과장 / 「 」: 바늘이 부러지게 된 정황
하고 혼백이 산란하여 마음을 빻아 내는 듯, 두골(頭骨)을 깨쳐 내는 듯 이슥도록 기색혼절(氣塞昏
흩어져 어지러워 / 머릿골 / 꽤 늦게까지 / 숨이 막혀 까무러쳤다가
絕)하였다가 겨우 정신을 차려, 만져 보고 이어 본들 속절없고 하릴없다. ❖편작(扁鵲)의 신술(神術)
어찌할 도리가 없다 / 신령스런 솜씨
로도 장생불사(長生不死) 못하였네. 동네 장인(匠人)에게 때이련들 어찌 능히 때일쏜가. 한 팔을 베어
영원히 살지 못하였네 – 죽음을 수용함 / 때우려 한들
낸 듯, 한 다리를 베어 낸 듯, 아깝다 바늘이여, 옷섶을 만져 보니, 꽂혔던 자리 없네.
바늘을 잃은 슬픔이 가장 절실하게 드러남

오호 통재라, 내 삼가지 못한 탓이로다.

무죄한 너를 마치니, ❶ 백인(伯仁)이 유아이사(由我而死)라, 누를 한(恨)하며 누를 원(怨)하리요. 능란
부러뜨리니 / 바늘을 의미 / 나로 인해 죽었구나 / 수원수구(誰怨誰咎)
한 성품과 공교(工巧)한 재질을 나의 힘으로 어찌 다시 바라리요. 절묘한 의형(儀形)은 눈 속에 삼
솜씨 따위가 재치 있고 교묘한 / 몸을 가지는 태도, 또는 차린 모습. 의용(儀容)
삼하고, ❷ 특별한 품재(稟才)는 심회가 삭막하다. 네 비록 물건이나 무심치 아니하면『후세에 다시
아른거리고 / 타고난 재주 / 마음속에 품은 생각
만나 평생(平生) 동거지정(同居之情)을 다시 이어 백년고락(百年苦樂)과 일시생사(一時生死)를 한가지
한평생을 함께 살아가는 정 / 한날 한시에 나고 죽음
로 하기를 바라노라.』오호 애재라, 바늘이여. ▶ 애도의 심정과 후세의 만남에 대한 기약(결사)
「 」: 부부 사이에 쓰는 한자 성어를 사용하여 남편과 사별한 한을 의탁하여 표현함. 불교의 윤회 사상

❖ 행장(行狀): 죽은 사람이 평생 살아온 일을 적은 글
❖ 낙점(落點): 조선 시대에, 관원을 뽑을 때 임금이 세 명의 후보자 가운데 마땅한 사람의 이름 위에 점을 찍어서 뽑던 일
❖ 천은(天銀): 품질이 가장 뛰어난 은
❖ 파란: 광물을 원료로 하여 만든 유약. 사기그릇의 겉에 올려 불에 구우면 밝은 윤기가 나고 쇠 그릇에 올려서 구우면 사기그릇의 잿물처럼 됨. 법랑
❖ 편작(扁鵲): 중국 전국 시대의 의사. 장상군(長桑君)으로부터 의술을 배워 환자의 오장을 투시하는 경지에까지 이르렀다고 전함

핵심 구절 풀이

❶ **백인(伯人)이 유아이사(由我而死)라**: '백인이 나로 인해 죽었구나.'라는 의미로, 중국 진나라의 '왕도'가 억울하게 감옥에 갇혔을 때 절친한 친구인 '백인'이 힘써 죽음을 면했지만, 그 사실을 몰랐던 왕도는 백인이 감옥에 갇혔을 때 구제하려고 애쓰지 않아 백인이 죽게 되었다. 후에 이 사실을 알게 된 왕도가 자책하면서 한 말로, 부인이 바늘을 부러뜨린 스스로를 자책하는 말이다.

❷ **특별한 품재(稟才)는 심회가 삭막하다.**: 바늘이 지닌 특별한 재주를 생각하니 마음이 더욱 안타깝고 쓸쓸해진다는 의미이다.

핵심 정리

- 갈래: 고전 수필(한글 수필, 여류 수필)
- 성격: 추모적, 고백적, 여성적
- 구성: '서사 – 본사 – 결사'의 3단 구성

서사: 조문을 쓰는 취지 ➡ **본사**: 바늘의 행장과 나의 회포 ➡ **결사**: 애도하는 마음과 후세에의 기약

- 제재: 바늘
- 주제: ① 부러뜨린 바늘에 대한 애도
  ② 죽은 남편에 대한 그리움과 한
- 특징: ① 바늘을 의인화하여 대화하듯이 표현함
  ② 제문의 형식을 취하여 바늘에 대한 추도의 정을 나타냄
  ③ 비유, 열거, 대구 등의 다양한 표현법을 사용하여 감각적으로 표현함
- 의의: 〈의유당 관북 유람 일기〉, 〈규중칠우쟁론기〉와 함께 조선 시대 3대 여류 수필로 꼽힘

한눈에 **보기**

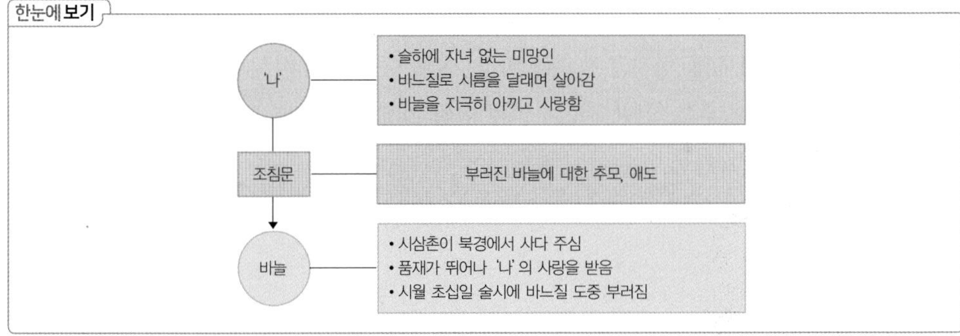

보충·심화 학습

- 제문(祭文)의 형식

제문(祭文)은 '서사–본사–결사'의 세 부분으로 이루어진다. '서사' 부분은 '유세차 모년 모월 모일에 모(글쓴이)는 모(추모 대상)에게 고하노니'라는 상투적인 문장으로 시작한다. '본사'는 죽은 사람의 생전 모습을 회상하면서 여러 가지 감정을 서술하며, '결사'는 대상을 잃은 지극한 슬픔의 정을 표현하면서 명복을 빌며 끝을 맺는다. 〈조침문〉은 전형적인 제문 형식을 따르고 있는 글이다.

필수 문제

01 ㉠, ㉡, ㉢ 중 가리키는 대상이 다른 하나를 쓰시오.

02 이 글이 제문(祭文) 형식을 취하고 있음을 드러내는 어휘를 찾아 쓰시오.

161 규중칠우쟁론기(閨中七友爭論記) | 작자 미상

규중의 일곱 벗이 다투어 싸운 기록

EBS

출제 포인트

바느질을 하는 데 사용하는 일곱 가지 사물인 규중 칠우(閨中七友) 각각의 별명과 그 근거에 대해 알아보고, 이들의 대화를 통해 글쓴이가 풍자하고자 한 인간들의 세태와 이 글의 주제 의식을 파악해 보자.

감상 길잡이

이 글은 규방의 부인이 바느질에 사용하는 자, 가위, 바늘, 실, 골무, 인두, 다리미 등 일곱 가지의 사물을 의인화하여 쓴 한글 수필이다. 일반적인 고전 수필과 달리 3인칭 관찰자 시점을 취하여 규중 칠우의 대화를 객관적 입장에서 보여 주는 점이 독특하다. 칠우의 공치사와 불평 속에는 인간의 이기적인 세태에 대한 풍자와, 직분에 따라 성실한 삶을 살아야 한다는 교훈이 담겨 있으며, 칠우가 자신의 주장을 당당하게 펼치는 모습을 통해서는 봉건 사회 속에서 변화해 가는 여성상 또한 발견할 수 있다.

이른바 규중 칠우(閨中七友)는 부인네 방 가온데 일곱 벗이니 글하는 선배는 필묵(筆墨)과 조희 벼루로 문방사우(文房四友)를 삼았나니 규중 여자인들 홀로 어찌 벗이 없으리오.

(규중: 부녀자들이 거처하는 안방 / 일곱 벗: 자, 가위, 바늘, 실, 골무, 인두, 다리미를 의인화한 표현 / 부인네 방 가온데 일곱 벗: '규중 칠우'에 대한 정의 / 선배: 선비 / 필묵과 조희 벼루: 붓, 먹, 종이, 벼루 – 문방사우)

□: 칠우 → 바느질 도구를 생김새와 쓰임새에 따라 이름을 붙여 의인화함

이러므로 침선(針線) 돕는 유를 각각 명호를 정하여 벗을 삼을새, 바늘로 세요 각시(細腰閣氏)라 하고, 침척을 척 부인(尺夫人)이라 하고, 가위로 교두 각시(交頭閣氏)라 하고 인도로 인화 부인(引火夫人)이라 하고, 달우리로 울 랑자(熨娘子)라 하고, 실로 청홍 흑백 각시(靑紅黑白閣氏)라 하며, 골모로 감토 할미라 하여, 칠우를 삼아 「규중 부인네 아침 소세를 마치매 칠위 일제히 모혀 종시 하기를 한가지로 의논하여 각각 소임을 일워 내는지라.」

(침선: 바느질 / 유: 무리 / 명호: 이름과 호 / 세요 각시: 허리가 가는 각시(생김새) / 침척: 바느질자 / 척: '尺(자 척)'과 동음어 / 교두 각시: 머리가 교차하는 각시(생김새) / 인도: 인두 / 인화 부인: 불이 옮아 붙은 부인(쓰임새) / 달우리: 다리미 / 울 랑자: '熨(다릴 울)'에서 따옴. '울'은 '울다'의 어간과 같으므로 다리미에서 수증기가 올라오는 모습도 연상됨(쓰임새) / 청홍 흑백 각시: 실의 다양한 색에서 따옴(생김새) / 골모: 골무 / 감토 할미: 감투를 쓴 할미(생김새) / 소세: 머리를 빗고 얼굴을 씻음 / 칠위: 칠우가 / 종시: 처음에서 끝까지 / 소임: 맡은 바 임무)

「 」: 부인이 아침 세수 후 집안일을 함

▶ 규중 칠우를 소개함(기)

일일(一日)은 칠위 모혀 침선의 공을 의논하더니 척 부인이 긴 허리를 자히며 이르되,

(일일은: 하루는 / 긴 허리: 자의 생김새에서 나온 표현 / 자히며: 재며, 자랑하며)

「"제우(諸友)는 들으라, 나는 세명지 굵은 명지 백저포(白紵布) 세승포(細升布)와, 청홍녹라(靑紅綠羅) 자라(紫羅) 홍단(紅緞)을 다 내여 펼쳐 놓고 남녀의(男女衣)를 마련할새, 장단 광협(長短廣狹)이며 수품 제도(手品制度)를 나 곧 아니면 어찌 일으리오. 이러므로 작의지공(作衣之功)이 내 으뜸되리라."」

(제우: 모든 친구들 / 세명지 굵은 명지: 명주의 종류 / 백저포: 흰 모시 / 세승포: 가는 베 / 청홍녹라: 비단의 종류 / 남녀의: 남자 옷과 여자 옷 / 마련할새: 마름질할 때 / 장단 광협: 길고 짧고 넓고 좁음 / 수품 제도: 솜씨와 격식 / 어찌 일으리오: 어찌 이루겠는가 / 작의지공: 옷을 만드는 공(칠우의 핵심 논쟁))

「 」: 척 부인이 침선의 공을 자랑함

교두 각시 양각(兩脚)을 빨리 놀려 내다라 이르되,

(양각: 두 다리(가위의 양쪽 날) / 양각을 빨리 놀려 내다라: 자신의 공을 자랑하려고 서둘러 걸어 나오는 가위의 우스꽝스러운 모습을 해학적, 풍자적으로 표현함)

「"척 부인아, 그대 아모리 마련을 잘 한들 버혀 내지 아니하면 모양 제되 되겠느냐. 내 공과 내 덕이니 네 공만 자랑 마라."」

(마련: 마름질 / 버혀: 베어)

「 」: 교두 각시가 침선의 공을 자랑함

세요 각시 가는 허리 구붓기며 날랜 부리 두루혀 이르되,

(구붓기며: 구부리며 / 두루혀: 돌려)

「"양우(兩友)의 말이 불가하다. 진주(眞珠) 열 그릇이나 꿴 후에 구슬이라 할 것이니, 재단(裁斷)에 능소능대(能小能大)하다 하나 나 곧 아니면 작의(作衣)를 어찌하리오. 세누비 미누비 저른 솔 긴 옷을 이루미 나의 날래고 빠름이 아니면 잘게 뜨며 굵게 박아 마음대로 하리오. 척 부인의 자혀 내고 교두 각시 버혀 내다 하나 내 아니면 공이 없으려든 두 벗이 무삼 공이라 자랑하나뇨."」

(양우: 척 부인(자)과 교두 각시(가위) / 불가하다: 옳지 않다 / 진주 열 그릇이나 꿴 후에 구슬이라 할 것이니: 구슬이 서 말이라도 꿰어야 보배. 속담을 인용하여 자신의 공을 내세움 / 재단: 마름질, 옷의 두 폭을 맞대고 꿰맨 줄 / 능소능대: 두루 능하다 / 작의: 옷 만드는 일 / 세누비 미누비 저른 솔: 잘게 누빈 누비(옷), 중간으로 누빈 누비(옷), 짧은 솔 / 이루미: 이루어 냄이 / 자혀: 재어 / 척 부인의 자혀 내고 ~ 없으려든: 척 부인과 교두 각시의 공을 폄하함 / 무삼: 무슨)

「 」: 세요 각시가 침선의 공을 자랑함

청홍 각시 얼골이 붉으락프르락 하야 노왈,

(얼골이 붉으락프르락: 붉은 실과 푸른 실이 섞여 있는 모습을 몹시 화를 내는 모습으로 표현함)

「"세요야, 네 공이 내 공이라. 자랑 마라. 네 아모리 착한 체하나 한 솔 반 솔인들 내 아니면 네 어찌 성공하리오."」 「」: 청홍 각시가 침선의 공을 자랑함

감투
감토 할미 웃고 이르되,

골무가 바늘에 많이 찔려 해지고 주름이 많음을 표현함(생김새) 규방의 아가씨
「"각시님네, 위연만 자랑 마소. 이 늙은이 수말 적기로 아가시네 손부리 아프지 아니하게 바느질
어지간히 바늘을 꽂을 때와 뺄 때. 즉, 적당한 시기
도와 드리나니 고어에 운(云), 닭의 입이 될지언정 소 뒤는 되지 말라 하였으니, 청홍 각시는 세
옛말에 이르기를 뛰어난 자의 꽁무니를 쫓느니, 보잘것없는 데의 우두머리가 되는 것이 나음
요의 뒤를 따라다니며 무삼 말 하시나뇨. 실로 얼골이 아까왜라. 나는 매양 세요의 귀에 질리었
실이 바늘을 쫓아다님을 비꼼 늘, 항상 찔리었으되
으되 낯가족이 두꺼워 견댈 만하고 아모 말도 아니 하노라."」
낯가죽. 골무의 가죽을 의인화 「」: 감토 할미가 침선의 공을 자랑함

인화 낭재 이르되,

「"그대네는 다토지 말라. 나도 잠간 공을 말하리라. 미누비 세누비 눌로 하여 저가락같이 고으
잠깐 누구로 말미암아 젓가락
며, 혼솔이 나 곧 아니면 어찌 풀로 붙인 듯이 고으리요. 침재(針才) 용속한 재 들락날락 바르지
홈질한 옷의 솔기 바느질 솜씨 평범하고 속되어 이렇다 할 특징이 없는 자
못한 것도 내의 손바닥을 한번 씻으면 잘못한 흔적이 감초여 세요의 공이 날로 하여 광채 나나
인두로 한 번 다리면 감추어져 나로
니라."」 「」: 인화 낭자가 침선의 공을 자랑함

울 낭재 크나큰 입을 버리고 너털웃음으로 이르되,
벌리고
「"인화야, 너와 나는 소임 같다. 연이나 인화는 침선뿐이라. 나는 천만 가지 의복에 아니 참예하
그러나 참여
는 곳이 없고, 가증한 여자들은 하로 할 일도 열흘이나 구기여 살이 주역주역한 것을 내의 광둔
괘씸하고 밉살스러운 하루 그대로 한곳에 뭉쳐 놓아 구깃구깃한 넓은 볼기
(廣臀)으로 한번 쓰치면 굵은 살 낱낱이 펴이며 제도와 모양이 고하지고 더욱 하절을 만나면 소
여름이 되면
임이 다사하야 일일도 한가하지 못한지라. 의복이 나 곧 아니면 어찌 고오며 더욱 세답하는 년
바빠서 빨래하는
들이 게으러 풀 먹여 널어 두고 잠만 자면 브듲쳐 말린 것을 나의 광둔 아니면 어찌 고으며, 세
게을러 부딪쳐
상 남녀 어찌 반반한 것을 입으리오. 이러므로 작의 공이 내 제일이 되나니라."」
구김이 없는 옷 짓는 「」: 울 낭자가 침선의 공을 자랑함 ▶ 규중 칠우의 공치사(승)

규중 부인이 이르되,
규중 부인의 개입으로 규중 칠우의 공치사가 끝남 – 내용 전환의 계기
"칠우의 공으로 의복을 다스리나 그 공이 사람의 쓰기에 있나니 어찌 칠우의 공이라 하리오."
말을 마치며 인간 중심의 논리 → 규중 칠우의 원망을 촉발함 ▶ 규중 부인의 핀잔
하고 언필에 칠우를 밀치고 베개를 돋오고 잠을 깊이 드니 척 부인이 탄식고 이르되,
매정한 것은 여자로다
「"매야할사 사람이오 공 모르는 것은 녀재로다. 의복 마를 제는 몬저 찾고 일워 내면 자기 공이
대구법
라 하고, 게으른 종 잠 깨오는 막대는 나 곧 아니면 못 칠 줄로 알고 내 허리 브러짐도 모르니
어찌 야속하고 노흡지 아니리오."」 「」: 척 부인이 불평함
노엽지

교두 각시 이어 가로대,

「"그대 말이 가하다. 옷 말라 버힐 때는 나 아니면 못 하련마는 드나니 아니 드나니 하고 내어 던
옳다 마름질하여 (가윗날이) 잘 드느니 안 드느니
지며 양각을 각각 잡아 흔들 제는 토심적고 노흡기 어찌 측량하리오. 세요 각시 잠간이나 쉬랴
불쾌하고

조선 후기

하고 다라나면 매양 내 탓만 너겨 내게 집탈하니 마치 내가 감촌 듯이 문고리에 거꾸로 달아 놓고 좌우로 고면하며 전후로 수험하야 얻어 내기 몇 번인 동 알리오. 그 공을 모르니 어찌 애원하지 아니리오.」 「」: 교두 각시가 불평함

(집탈하니: 남의 잘못을 집어내어 트집을 잡으니 / 고면하며: 돌이켜보며 / 수험하야: 수색하며 검색하여 / 동: 줄 / 애원하지: 슬프고 원망스럽지)

세요 각시 한숨 지고 이르되,

「"너는커니와 내 일즉 무삼 일 사람의 손에 보채이며 요악지성(妖惡之聲)을 듣는고. 각골통한(刻骨痛恨)하며, 더욱 나의 약한 허리 휘드르며 날랜 부리 두루혀 힘껏 침선을 돕는 줄은 모르고 마음 맞지 아니면 나의 허리를 브르질러 화로에 넣으니 어찌 통원하지 아니리요. 사람과는 극한 원수라. 갚을 길 없어 이따감 손톱 밑을 질러 피를 내어 설한(雪恨)하면 조곰 시원하나, 간흉한 감토 할미 밀어 만류하니 더욱 애닯고 못 견디리로다."」 「」: 세요 각시가 불평함

(너는커니와: 너는 그렇거니와 / 요악지성: 요사하고 간악한 말 – 바늘에 찔려 내는 비명과 원망의 소리를 의미함 / 각골통한: 뼈에 사무칠 만큼 원통하고 한스러움 / 두루혀: 돌려 / 브르질러: 부러뜨려 / 통원하지: 원통하지 / 설한하면: 한을 풀면 / 간흉한: 간악하고 흉한 / 감토 할미 밀어 만류하니: 인간을 바늘로 찔러 복수하고자 하는 것을 골무가 방해한다는 뜻)

인홰 눈물지어 이르되,

(인홰: 인화 부인이)

「"그대는 데아라 아야라 하는도다. 나는 무삼 죄로 포락지형(炮烙之刑)을 입어 붉은 불 가온데 낯을 지지며 굳은 것 깨치기는 날을 다 시키니 섧고 괴롭기 칙량하지 못할레라."」

(데아라 아야라: 아프다 어떻다 / 포락지형: 불에 달구어지는 형벌 / 굳은 것 깨치기는: 호두 같은 단단한 것을 깨뜨릴 때 인두를 사용하기도 함 / 칙량하지 못할레라: 헤아리지 못할 것이다)

「」: 인화 부인이 불평함

울 랑재 척연 왈,

(척연: 근심하고 두려워하며)

「"그대와 소임(所任)이 같고 욕되기 한가지라. 제 옷을 문지르고 멱을 잡아 들까부르며, 우겨 누르니 황천(黃泉)이 덮치는 듯 심신이 아득하야 내의 목이 따로 날 적이 몇 번이나 한 동 알리오."」 「」: 울 낭자가 불평함

(소임: 맡은 바 임무 → 다림질 / 욕되기 한가지라: 고생하기는 마찬가지라 / 멱을 잡아 들까부르며: 다리미 손잡이를 잡고 흔드는 모양 / 우겨 누르니: 힘을 주어 누르니 / 황천: 저승 / 따로 날 적이: 따로 떨어질 뻔한 적이)

인두를 달구거나 다리미에 담아 쓸 숯을 피우는 데 사용한 돌화로

▶ 규중 칠우의 원망(전)

칠우 이렇듯 담논하며 회포를 이르더니 자던 여재 믄득 깨쳐 칠우다려 왈,

(담논하며 회포를 이르더니: 이야기를 나누며 맺힌 마음을 푸니 / 자던 여재 믄득 깨쳐: 칠우의 불평이 끝나는 계기 / 다려: 에게)

"칠우는 내 허믈을 그대도록 하느냐."

(그대도록 하느냐: 그토록 말한단 말이냐(질책))

감토 할미 고두사왈(叩頭謝曰),

(고두사왈: 머리를 조아려 용서를 구함)

「"젊은 것들이 망녕도이 혬이 없는지라 족하지 못하리로다. 저희들이 재죄 있이나 공이 많음을 자랑하야 원언(怨言)을 지으니 마땅 결곤(決棍)하암 즉하되, 평일 깊은 정과 저희 조고만 공을 생각하야 용서하심이 옳을가 하나이다."」 「」: 감토 할미의 태도 평가
– 긍정적: 공동체 사회 속에서 처세술에 능함
– 부정적: 곤경을 벗어나고자 아첨함(간신배를 풍자함)

(혬: 헤아림, 생각 / 족하지: 만족하지 / 재죄 있이나: 재주가 있으나 / 원언: 부인을 원망하는 말 / 결곤: 곤장을 침)

여재 답왈,

(여재: 자신에게 아첨하는 자를 편애 → 사회 지배층을 풍자)

"할미 말을 좇아 물시(勿施)하리니, 내 손부리 성하미 할미 공이라. 꿰어 차고 다니며 은혜를 잊지 아니하리니 금낭(錦囊)을 지어 그 가온데 넣어 몸에 진혀 서로 떠나지 아니하리라."

(물시하리니: 그만둘 것이니(용서하리니) / 내 손부리 성하미 할미 공이라: 자신의 손을 보호해 주는 골무의 역할을 가장 높게 평가함 / 금낭: 비단 주머니 / 진혀: 지녀)

하니 할미는 고두배사(叩頭拜謝)하고 제붕(諸朋)은 참안(慚顔)하야 물러나니라.

(고두배사: 머리를 조아려 사례함 / 제붕: 여러 벗들 – 칠우 / 참안하야: 부끄러워)

▶ 규중 부인의 질책과 감토 할미의 사죄(결)

핵심 정리

- 갈래: 고전 수필(한글 수필), 내간체 수필
- 성격: 교훈적, 우화적, 논쟁적, 풍자적
- 구성: '기 – 승 – 전 – 결'의 4단 구성

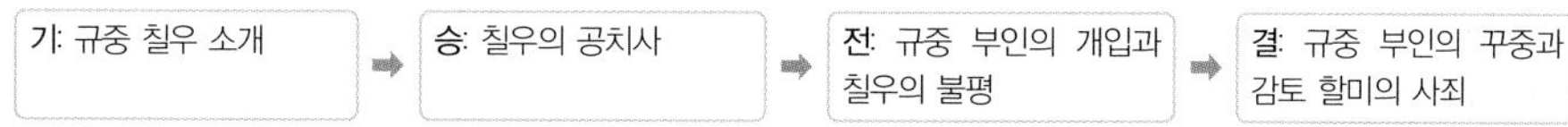

- 제재: 바느질 도구(자, 가위, 바늘, 실, 골무, 인두, 다리미)들의 공치사와 불평
- 주제: ① 공치사만 일삼는 이기적인 세태 풍자
  ② 역할과 직분에 따라 살아가는 성실함 강조
- 특징: ① 일상적이고 신변적인 사물을 의인화하여 세태를 풍자함
  ② 3인칭 시점의 객관적이고 관찰자적인 태도로 서술함
  ③ 봉건 사회 속에서 변화해 가는 여성 의식을 반영함
- 의의: 〈조침문〉과 함께 내간체 수필의 백미(白眉)로 손꼽힘

한눈에 보기

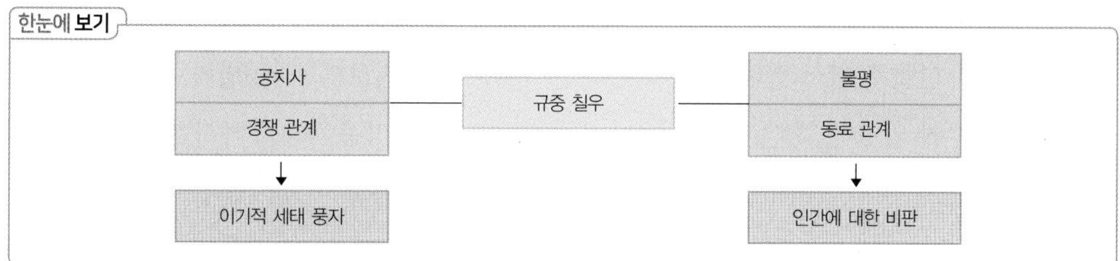

보충·심화 학습

- '칠우(七友)'의 이름과 그 근거

이름	사물	이름의 근거
척 부인	자	'尺(자 척)'과 동음(발음)
교두 각시	가위	가윗날(머리)이 교차하는 모습(생김새)
세요 각시	바늘	허리가 가는(세요) 모양(생김새)
청홍 흑백 각시	실	알록달록한 실의 색깔(생김새)
감토 할미	골무	감투와 비슷한 모양새와 주름(생김새)
인화 부인	인두	불에 달구어 사용함(쓰임새)
울 낭자	다리미	'熨(다릴 울)'에서 따옴. '울'은 '울다'의 어간과 같은데, 이를 통해 다리미에서 수증기가 올라오는 모습을 연상할 수 있음(쓰임새)

필수 문제

01 이 글의 '규중 칠우' 중 생김새에 따라 붙인 이름을 모두 찾아 쓰시오.

02 이 글의 글쓴이가 '규중 칠우'의 공치사를 통해 풍자하고자 한 인정세태의 내용을 간략하게 쓰시오.

162 김만중의 호

서포만필(西浦漫筆) | 김만중

일정한 형식이나 체계 없이 느끼거나 생각나는 대로 쓴 글. 대개 사물에 대한 풍자나 비판을 담고 있음

교과서

출제 포인트

송강 정철의 가사 작품을 예로 들어 국문 문학의 가치를 강조한 평론이다. 글쓴이가 송강 문학을 우수하게 평가하는 이유에 대해 알아보고, 이를 바탕으로 글쓴이의 문학관을 파악해 보자.

감상 길잡이

이 글은 글쓴이가 송강 정철의 가사 작품을 대상으로 삼아 국문 문학의 당위성을 강조한 평론이다. 글쓴이는 이 글을 통해 내용 전달에 치중하는 한문학만을 문학으로 인정하던 당시의 지배적인 견해에서 벗어나 우리 고유의 정서와 우리말의 가락을 담은 한글 문학의 가치를 높이 평가함으로써 자주적인 문화 의식을 드러내고 있다.

중국 초나라 시인 굴원이 참소를 당하여 조정에서 쫓겨난 후 그 심정을 읊은 시로, 초사(楚辭) 가운데 으뜸으로 꼽힘

송강(松江)의 〈관동별곡(關東別曲)〉, 〈전후 사미인가(前後思美人歌)〉는 우리나라의 이소(離騷)이나, 그것은 문자(文字)로써는 쓸 수가 없기 때문에 오직 악인(樂人)들이 구전(口傳)하여 서로 이어받아 전해지고 혹은 한글로 써서 전해질 뿐이다. 「어떤 사람이 칠언시로써 〈관동별곡〉을 번역하였지만, 아름답게 될 수가 없었다.」 혹은 택당(澤堂)이 소시(少時)에 지은 작품이라고 하지만 옳지 않다.

(정철의 호 / 사미인곡, 속미인곡 / 우리나라에서 가장 뛰어난 작품 – 송강의 작품이 지닌 가치 / 한문(한자) / 노래하는 사람 / 말로 전하여 / 조선 인조 때의 학자 이식. 한문 사대가의 한 사람 / 「 」: 한문으로는 국어로 된 원작의 맛이나 묘미가 살아나지 않기 때문 / 어릴 때. 젊었을 때)

▶ 송강 가사에 대한 평가(기)

구마라습(鳩摩羅什)이 말하기를, "천축인(天竺人)의 풍속은 가장 문채(文彩)를 숭상하여 그들의 찬불사(讚佛詞)는 극히 아름답다. 이제 이를 중국어로 번역하면 단지 그 뜻만 알 수 있지 그 말씨는 알 수 없다." 하였다. 이치가 정녕 그럴 것이다.

(인도의 고승. 중국에 포로로 잡혀 와 많은 불전을 한역(漢譯)함 / 인도인 / 문장의 멋 / 부처님의 공덕을 기리는 노래 / 다른 나라의 말로 번역되면 시가가 본래 지닌 아름다움은 사라지고 그 뜻만 전달됨)

▶ 번역 문학의 한계(승)

❶ 사람의 마음이 입으로 표현된 것이 말이요, 말의 가락이 있는 것이 시가문부(詩歌文賦)이다. 사방(四方)의 말이 비록 같지는 않더라도 진실로 말할 수 있는 사람이 각각 그 말에 따라 가락을 맞춘다면, 다 같이 천지를 감동시키고 귀신을 통할 수가 있는 것은 유독 중국만이 그런 것은 아니다. 「지금 우리나라의 시문(詩文)은 자기 말을 버려 두고 다른 나라 말을 배워서 표현한 것이니, 설사 아주 비슷하다 하더라도 이는 단지 앵무새가 사람의 말을 하는 것이다.」 「여염집 골목길에서 나무꾼이나 물 긷는 아낙네들이 '에야디야' 하며 서로 주고받는 노래가 비록 저속하다 하여도 그 진가(眞價)를 따진다면, 정녕 학사대부들의 이른바 시부(詩賦)라고 하는 것과 같은 입장에서 논할 수는 없다.」

(자국어 고유의 개성률 / 문학 / 글의 내용과 형식이 조화롭게 결합된다면 / 모든 민족의 말이 다 노래가 될 수 있다는 의미 – 주체적 언어관과 문학관이 드러남 / 「 」: 우리나라의 사대주의적 문학관을 비판함 / 한문(한자) / 진정한 문학이라고 할 수 없음 / 초동급부(樵童汲婦) / 「 」: 서민들이 우리말로 부르는 노래에는 진솔한 감정이 담겨 있다는 점에서 사대부들의 시부보다 가치 있음)

▶ 우리말로 문학을 해야 하는 이유(전)

하물며 ❷ 이 삼별곡(三別曲)은 천기(天機)의 자발(自發)함이 있고, 이속(夷俗)의 비리(鄙俚)함도 없으니, 자고로 좌해(左海)의 진문장(眞文章)은 이 세 편뿐이다. 그러나 세 편을 가지고 논한다면, 〈후미인곡〉이 가장 높고 〈관동별곡〉과 〈전미인곡〉은 그래도 한자어를 빌려서 수식을 했다.

(선천적으로 타고난 기지, 성질 / 오랑캐의 풍속 / 〈관동별곡〉, 〈사미인곡〉, 〈속미인곡〉 / 자연스럽게 흘러나옴 / 말이나 행동이 속되고 품위가 없음 / 우리나라 / 진정한 문학 작품 / 속미인곡 / 우리말이 많이 사용되었기 때문 / 사미인곡)

▶ 송강 가사를 높이 평가하는 이유(결)

핵심 구절 풀이

❶ 사람의 마음이 ~ 시가문부(詩歌文賦)이다.: 문학을 도(道)를 표현하는 수단으로 보던 당시의 일반적인 관점과 달리, 문학을 인간의 성정을 표현한 언어 예술로 보는 글쓴이의 인식이 드러나는 문장이다.

❷ 이 삼별곡(三別曲)은 ~ 세 편뿐이다.: 〈관동별곡〉, 〈사미인곡〉, 〈속미인곡〉은 인간의 천부적인 성정이 자연스럽게 나타나며, 저속하지 않으니 우리나라의 참된 문학 작품은 이 세 편뿐이라는 말로, 송강의 작품에 대한 글쓴이의 평가가 드러난 문장이다.

핵심 정리

- 갈래: 고전 수필(한문 수필, 중수필), 비평문(평론)
- 성격: 비판적, 단정적, 주관적, 비평적
- 구성: '기 – 승 – 전 – 결'의 4단 구성

- 제재: 송강 정철의 가사
- 주제: 송강 가사에 대한 평가와 국문 문학의 가치 역설
- 특징: ① 글쓴이의 국어 존중 사상과 문학적 자주 의식이 잘 반영됨
  ② 특정한 문학 작품을 대상으로 하여 글쓴이 자신의 의견을 개진함

한눈에 **보기**

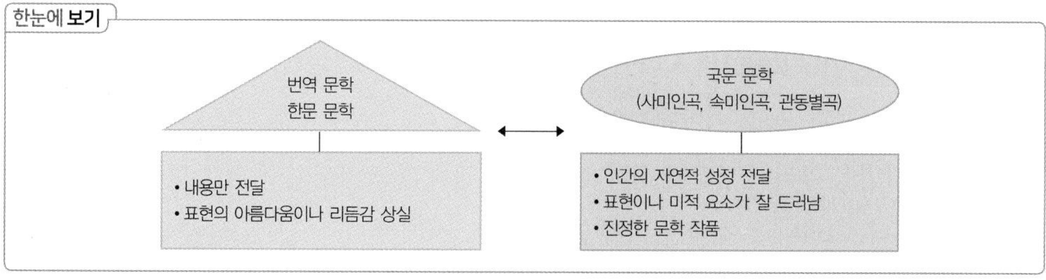

보충·심화 학습

- 김만중의 평론집, 《서포만필(西浦漫筆)》

《서포만필》은 조선 후기인 숙종 연간에 서포(西浦) 김만중(金萬重)이 지은 수필 · 시화 평론집이다. 우리나라 시에 대한 비평 · 해석 · 고증과 시인의 일화가 주요 내용을 이루고 있으며, 소설 · 산문과 관련된 평론도 함께 수록되어 있다. 이 책에서는 김만중의 사상적 편력과 박학한 지식이 드러나며, 불가(佛家) · 유가(儒家) · 도가(道家) · 산수(算數) · 율려(律呂) · 천문(天文) · 지리(地理) 등의 다양한 학문에 대한 견해가 드러나고 있다. 특히 불가에 대한 글쓴이의 긍정적 시각이 자주 나타나는 점이 특이하다. 문학관적 측면에서는 한 · 중 문체의 비교, 통속 소설관, 번역 문학관, 조선조 시가관 그리고 국어관의 확립을 통한 소위 '국민문학론' 등 김만중의 진보적이고 선각자적인 이론을 망라하고 있다.

서포 김만중

필수 문제

01 이 글에서 송강 정철의 작품이 지닌 가치를 단적으로 표현한 구절을 찾아 2어절로 쓰시오.

02 [서술형] 이 글의 글쓴이가 〈속미인곡〉을 가장 높이 평가한 이유를 30자 내외로 서술하시오.

163 소전(小傳) | 박제가

필수

출제 포인트

글쓴이 자신을 객관적 대상인 '그'로 설정하고, '그'의 모습과 삶에 대해 평가하고 있는 글이다. 글쓴이가 자신을 어떻게 평가하고 있는지 알아보고, 이 글의 집필 목적에 대해 파악해 보자.

감상 길잡이

이 글은 세속적 명리를 추구하지 않고 살아가는 글쓴이 자신의 모습과 삶에 대한 자부심을 '전(傳)'의 형식에 담아 표현한 글이다. 일반적으로 '전(傳)'은 어떤 사람의 독특한 행적을 기록하고, 여기에 교훈적인 내용이나 비판을 덧붙인 형식이다. 그러나 이 글은 자전적 전(傳)으로 글쓴이 자신을 '그'라고 지칭하며 객관적 대상으로 설정하고, '그'를 예찬하는 내용으로 이루어져 있다. 이러한 형식을 통해 청빈하고 고고한 삶을 살아가는 자신에 대한 자부심을 드러냄과 동시에, 뜻을 마음껏 펼칠 수 없는 처지에서 비롯된 안타까움을 내비치고 있다.

「 」: 〈대학〉의 수신제가치국평천하(修身齊家治國平天下)라는 말에서 '제가'라는 이름을 지음

조선이 개국한 지 384년(조선의 개국을 기준으로 시대를 헤아림), 압록강에서 동쪽으로 1천여 리 떨어진(압록강으로부터 사는 곳의 거리를 헤아림) 곳에 그가(글쓴이 자신, 박제가) 살고 있다. 그가 태어난 곳은 신라의 옛 땅이요, 그의 관향(貫鄕)(시조(始祖)가 난 곳)은 밀양이다.「〈대학(大學)〉(책 이름. 유교 경전인 사서(四書)의 하나)에서 뜻을 취하여 제가(齊家)(집안을 잘 다스려 바로잡음)라고 이름하였고,」「〈이소(離騷)〉(중국 초나라의 굴원이 지은 부(賦))의 노래에 뜻을 붙여 초정(楚亭)이라는 호를 지었다.」 ▶ 전의 대상 소개

「 」: 〈이소〉에 있는 노래 '초사(楚辭)'에 뜻을 붙여 '초정'이라는 호를 지음

그의 사람됨을 보자. 물소 이마에 칼날 같은 눈썹을 하고, 눈동자는 검고 귀는 하얗다(외양 묘사 – 강직한 성격 암시). 고독하고 고매한(인격이나 품성, 학식, 재질 따위가 높고 빼어난) 사람만을 골라서 남달리 친하게 사귀고, 권세 많고 부유한 사람은 멀리서 보기만 해도 사이가 멀어진다. 그러니 뜻에 맞는 이가 없이 늘 가난하게 산다. ▶ 청빈하고 고고한 삶을 추구함

어려서는 문장가의 글을 배우더니 장성해서는(자라서 어른이 되어서는) 국가를 경영하고 백성을 제도할(잡아 이끌) 학문을 좋아하였다. 수개월을 귀가하지 않고 노력하지만 지금 사람은 아무도 알아주지 않는다(학문에 힘썼으나 뜻을 펼칠 곳이 없음). ▶ 학문에 대한 열정을 알아주는 이가 없음

그는 이제 한참 고명한(식견이 높고 사물에 밝은) 자와 마음을 나누고, 세상에서 힘써야 할 것은 버리고 하지 않는다. 명리(名理)를 따져서 종합하고, 심오한 것에 침잠하여(마음을 가라앉혀서 깊이 생각하거나 몰입하여) 사유한다. 백 세대 이전 인물에게나 흉금(마음속 깊이 품은 생각)을 터놓고(당대 조선에서는 박제가를 알아주고 이해해 주는 사람이 없음), 만 리 밖 먼 땅에나 가서 활개치고 다닌다(이 글을 쓴 이후 실제로 청나라 연행에 오름). ▶ 세속의 이익을 추구하지 않는 삶

구름과 안개의 색다른 모습을 관찰하고 갖가지 새의 신기한 소리를 듣기도 한다(자연 현상의 이치를 알기 위해 연구함). 원대한(계획이나 희망 따위의 장래성과 규모가 큰) 산천(산과 내)과 일월성신(해와 달과 별을 통틀어 이르는 말), 미미한 초목(풀과 나무)과 벌레, 물고기, 서리, 이슬은 날마다 변화하지만 왜 그러한지 알지 못하는데 그 현상의 이치를 가슴속에서 또렷하게 터득하였다. 언어로 그 실상을 다 표현할 수 없고, 입으로 그 맛을 다 설명할 수가 없다. 혼자서 터득한 것임을 자부하지만 그 누구도 그 즐거움을 알지 못한다. ▶ 사람들이 알지 못하는 깨달음에 대한 자부심

「아아! 몸뚱이는 남을지라도 떠나가는(흘러가는) 것은 정신이고, 뼈는 썩을지라도 남는 것은 마음이다.」(「 」: 정신적이고 영원한 가치를 추구하는 이유. 몸뚱이, 뼈 ↔ 정신, 마음) 그의 말을 알아듣는 분은 생사와 성명(姓名)을 초월한(어떠한 한계나 표준을 뛰어넘은) 그를 발견하기 바라노라! ▶ 소전을 남기는 이유

그를 예찬하여 쓴다(시를 통해 자신의 소전을 지은 이유를 밝힘).

책을 지어 기록하고 초상화로 그려 놓아도 / 도도한 세월 앞에선 잊혀지는 법!

더욱이 자연스런 정화(精華)를 버리고 / 남과 같이 진부한 말로 추켜세운다면

깨끗하고 순수한 알짜 / 사상, 표현, 행동 따위가 낡아서 새롭지 못한

불후의 인물이 될 수 있으랴?

썩지 아니함이라는 뜻으로, 영원토록 변하거나 없어지지 아니함을 비유적으로 이르는 말

전(傳)이란 전해 주는 것. / 그의 조예와 인품을 온전히 드러내지는 못해도

이 글이 타지나 후대에 전해지기를 바라고 있음

완연히 그 사람이라서 천만 명의 사람과는 다르다는 것을 알게 한 다음이라야

눈에 보이는 것처럼 아주 뚜렷하게

천애(天涯)의 타지에서나 오랜 세월 흐른 뒤에 만나는 사람마다 분명히 그인 줄 알 것이다.

까마득하게 멀리 떨어져 있는 곳을 비유적으로 이르는 말

▶ 시로 자신을 예찬함

핵심 정리

- 갈래: 고전 수필(한문 수필)
- 성격: 개성적, 자전적
- 구성: '도입 – 전개 – 마무리'의 3단 구성, 전기적 구성

  도입: 전의 대상 소개 ➡ **전개**: 대상의 외양, 학문, 인품 서술 ➡ **마무리**: 시로 대상을 예찬

- 제재: 세속적 명리를 추구하지 않고 살아가는 자신의 모습
- 주제: 자신의 고고한 삶에 대한 자부심과 예찬
- 특징: ① 자신의 이야기를 '전(傳)'의 형식을 빌려 간략하게 쓴 소전(小傳)임
  ② 자신을 '그'라는 객관적 대상으로 설정하고, '그'에 대한 평가를 내리고 있음
- 의의: ① 시를 삽입하여 문학적 가치를 높임 ② 후대 문인들의 자서전 문학에 영향을 미침

한눈에 **보기**

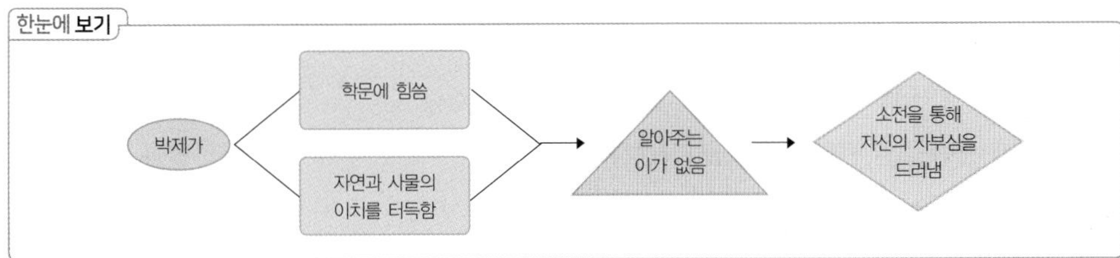

보충·심화 학습

- 박제가의 삶과 작품 세계

박제가는 18세기 후반기의 대표적인 조선 실학자이다. 양반 가문의 서자로 태어나 전통적인 양반 교육을 받기는 했으나 신분적인 제약으로 사회적인 차별 대우를 받았다. 이후 그는 연암 박지원을 스승으로 모시고, 이덕무 · 유득공 등의 북학파와 깊이 교유하며 조선의 개혁을 주장하였으나 받아들여지지 않았다. 〈소전(小傳)〉은 박제가가 27세(1776년) 때 쓴 글로, 학문에 힘썼지만 뜻을 펼칠 수 없는 현실에 대한 답답함과 조선 사회에 대한 안타까움이 엿보이는 글이다. 주요 저서로는 청(淸)의 문물을 접하고 쓴 〈북학의〉와 시문집인 〈정유집〉 등이 있다.

박제가의 초상화

필수 문제

01 이 글의 대상인 '그'의 성격을 짐작할 수 있는 내용 중 사람의 사귐에 대해 언급한 문장을 찾아 쓰시오.

02 이 글에서 글쓴이가 소전을 쓴 동기는 남과 다른 자신의 (　　　　)와/과 (　　　　)을/를 후대에 전하기 위해서이다.

164 시장과 우물 | 박제가

필수

출제 포인트

중국과 우리나라의 시장을 비교하여 소비의 필요성을 주장하고 있는 글로, 글쓴이의 현실 인식과 표현 방법에 주목하여 살펴보자.

감상 길잡이

이 글은 조선 후기의 실학자인 박제가가 조선 사회를 분석한 책인《북학의(北學議)》에 수록된 논설문이다. 중국과 우리나라의 경제 상황을 비교하여, 글쓴이가 비판하는 조선의 경제 현실을 유통 구조의 측면에서 구체적으로 분석 · 제시하였다. 제목에서 암시하듯이 '재물'과 '우물'의 유추 관계를 바탕으로 궁핍한 조선 현실의 원인을 분석하고 이를 타개할 방안으로 '소비'의 중요성을 강조하고 있다. 이 글은 여타의 논설문에서 두드러지게 드러나는 논증뿐만 아니라 비유적 표현도 사용함으로써 글쓴이의 주장을 알기 쉽게 제시했다는 점에서 주목할 만하다.

□: 손님을 끌기 위한 상인들의 경쟁적인 노력을 형상화한 소재 → 연경이 상업이 활성화된 도시임을 구체적으로 나타냄

연경(燕京)의 아홉 개 성문 안팎으로 뻗은 수십 리 거리에는 관청과 아주 작은 골목을 제외하고는「대체로 길을 끼고 양옆으로 모두 상점이 늘어서 있다. 시골도 마찬가지로 그렇게 점포가 늘어서서 마치 옷에 옷깃이 달린 것처럼 보인다.」상점마다 점포 이름과 파는 물건의 품목을 적은 간판이 가로세로로 걸려 있는데, 금빛 글자가 휘황찬란하게 빛난다. 큰길가에는 판잣집을 가설하여 붉게 칠하여 놓았고, 골목 입구나 문 앞에는 제각기 아름답게 조각한 돌이나 나무로 만든 기둥을 세워 놓았다. 점포 안에는 사람들이 늘 빽빽하게 들어차서 마치 연극을 관람하러 온 것 같다. 또 동악묘와 융복사 같은 곳에서는 특별한 날을 정해 시장을 여는데, 진기한 보물과 괴상한 물건들이 많아 없는 것이 없다.

- 연경: 청나라의 수도(오늘날의 북경)
- 「 」: 도시와 시골의 구별 없이 상업이 발달한 연경의 모습
- 옷에 옷깃이 달린 것처럼 보인다: 상점과 점포가 끊어지지 않고 길게 늘어선 모양을 빗댐
- 가설하여: 임시로 설치함
- 융복사: 중국의 사찰로 현재에는 청룡사로 불림
- 동악묘: 중국 산둥성에 있는 타이산의 산신을 모신 묘. 현재 북경의 조양문 밖에 남겨져 있는 것이 가장 유명함

▶ 상업이 발달한 중국의 경제적 상황

우리나라 사람들은 번화한 중국 시장을 처음 보고서는 "오로지 말단의 이익만을 숭상한다."라고 말한다. 이것은 하나만 알고 둘은 모르는 소리다. 대저 상인은 사농공상(士農工商) 사민(四民)의 하나이지만, 그 하나가 나머지 세 부류의 백성을 소통시키기 때문에 열에 셋의 비중을 차지하지 않으면 안 된다.

- 말단: 맨 끄트머리. 또는 조직에서 제일 아랫자리에 해당하는 부분
- "오로지 말단의 이익만을 숭상한다.": 중국의 상업 활성화에 대한 비판적 태도: 상업을 천시하는 조선의 사회적 풍토가 반영됨
- 하나만 알고 둘은 모르는 소리다: 관용 표현(속담)을 활용하여 조선의 상업 천시 풍토를 비판함
- 대저: 대체로 보아서
- 사농공상: 선비, 농부, 공장, 상인
- 그 하나가 ~ 안 된다: 상인 계층을 중시하는 글쓴이의 가치관 → 이념보다 실생활에서의 역할을 중시하는 실용주의적 사고(실학사상)의 반영

▶ 상업(상인 계층)의 중요성

「사람들은 쌀밥을 먹고 비단옷을 입고 있으면 그 나머지 물건은 모두 쓸모없는 줄 안다. 그러나 무용지물(無用之物)을 사용하여 유용한 물건을 유통하고 거래하지 않는다면, 이른바 유용하다는 물건은 거의 대부분이 한곳에 묶여서 유통되지 않거나 그것만이 홀로 돌아다니다가 쉽게 고갈될 것이다.」

- 사람들은 ~ 줄 안다: 일반적인 통념(실생활에 직접적인 연관이 없는 물건의 필요성에 대한 인식 부재)
- 무용지물: 쓸모없는 물건
- 고갈될: 없어질
- • 무용지물 = 주옥과 화폐 = 가벼운 물건 = 돈(교환 가치)
- • 쌀밥 = 비단옷 = 유용한 물건 = 무거운 물건 = 생필품(사용 가치)
- 「 」: 통념에 대한 반박(유통의 필요성 – 실생활에 유용한 제품이 고갈되는 것을 방지함)

▶ 통념에 대한 반박

따라서 옛날의 성인과 제왕께서는 이를 위하여 주옥(珠玉)과 화폐 등의 물건을 조성하여 가벼운 물건으로 무거운 물건을 교환할 수 있도록 하셨고, 무용한 물건으로 유용한 물건을 살 수 있도록 하셨다. 게다가 다시 배와 수레를 만드셔서 험준하고 외진 곳까지도 물건을 유통하게 하셨는데, 그렇게 하고도 천리만리 먼 곳에 혹시 물건이 이르지 못할까 봐 염려하셨다. 민생을 위하여 폭넓게 노력하신 그분들의 정성이 이런 정도였다.

- 주옥: 구슬과 옥을 아울러 이르는 말
- 배와 수레를 ~ 유통하게 하셨는데: 교통수단의 개발이 유통의 활성화를 위한 전제라는 인식이 제시됨
- 민생을 위하여 ~ 정도였다: 유통의 활성화를 도모했던 중국의 군주들에 대한 예찬적 태도

▶ 물자 유통의 중요성

지금 우리나라는 지방이 수천 리이므로 백성들이 적지 않고, 토산품이 구비되어 있다. 「그럼에도 산이나 물에서 생산되는 이로운 물건이 전부 세상에 나오지 않고, 경제를 윤택하게 하는 방법도 잘 모르며, 날마다 쓰는 것을 팽개친 채 그것에 대해 연구하지 않고 있다.」 그러면서 중국의 거마, 주택, 단청, 비단이 화려한 것을 보고서는 대뜸 "사치가 너무 심하다."라고 말해 버린다.

그 지방에서 특유하게 나는 물품 / 「 」: 국내 경제 상황에 대한 부정적인 인식 – 유통 구조의 미흡과 경제 연구에 대한 관심 부족 / 수레와 말 / 옛날식 집의 벽, 기둥 등에 그린 그림이나 무늬 / ▶ 우리나라의 경제적 상황의 문제점

그렇지만 중국이 사치로 망한다고 할 것 같으면, 우리나라는 반드시 검소함으로 인해 쇠퇴할 것이다. 왜 그러한가? 검소함이란 물건이 있음에도 불구하고 쓰지 않는 것이지, 자기에게 없는 물건을 스스로 끊어 버리는 것을 일컫지는 않는다. 「현재 우리나라에는 진주를 캐는 집이 없고 시장에는 산호 같은 물건의 값이 매겨져 있지 않다. 금이나 은을 가지고 점포에 들어가서는 떡과 엿을 사 먹을 수가 없다.」 이런 현실이 정말 우리의 검소한 풍속 때문이겠는가? 이것은 그 재물을 사용할 방법을 모르기 때문이다. 재물을 사용할 방법을 모르기에 재물을 만들어 낼 방법을 모르고, 재물을 만들어 낼 방법을 모르기에 백성들의 생활은 날이 갈수록 궁핍해 간다.

가정법과 대조법 → 우리나라의 지나친 검소함으로 인한 폐단을 예고함 / '검소함'에 대한 개념 정의 / 우리나라에서 오인하고 있는 '검소함'에 대한 잘못된 개념 / 「 」: 우리나라 경제 구조의 모순 – ① 재물이 제대로 유통되지 않음 ② 가격이 체계적으로 정해져 있지 않음 ③ 화폐의 교환 가치가 인정되지 않음 / 검소한 풍속으로 인한 것이 아님을 강조하기 위한 설의법 / 우리나라 경제 구조 모순의 근본적인 원인 / 「 」: 우물과 재물의 유추 관계 – 소비의 위축(절약)이 생산의 감소(경기 침체)를 유발함 → 백성이 곤궁해짐 / ▶ 우리나라 경제 구조 모순의 근본적인 원인

「재물은 비유하자면 우물이다. 우물에서 물을 퍼내면 물이 가득 차지만, 길어 내지 않으면 물이 말라 버린다.」 마찬가지로 화려한 비단옷을 입지 않으므로 나라에는 비단을 짜는 사람이 없고, 그로 인해 여인이 베를 짜는 모습을 볼 수 없게 되었다. 그릇이 찌그러져도 이를 개의치 않으며 기교를 부려 물건을 만들려고 하지 않아 나라에는 공장(工匠)과 목축과 도공이 없어져 기술이 전해지지 않는다. 더 나아가 농업도 황폐해져 농사짓는 방법이 형편없고, 상업을 박대하므로 상업 자체가 실종되었다. 사농공상 네 부류의 백성이 누구나 할 것 없이 다 가난하게 살기 때문에 서로를 구제할 길이 없다.

≒ 소비의 활성화 / ≒ 재물의 풍족(경기 활성화) / ≒ 절약(검소함) / ≒ 재물의 고갈(경기 침체) / 여성들의 베 짜는 기술이 발달하지 못하게 됨 / 아주 교묘한 기술이나 솜씨 / 수공업에 종사하던 장인 / 가축을 기르는 일 / → 소비 절제의 폐해 ① / → 소비 절제의 폐해 ② / 푸대접 / → 소비 절제의 폐해 ③ / → 소비 절제의 폐해 ④

나라 안의 보물도 이용하지 못해서 다른 나라에 흘러가는 형편이다. 그래서 남들은 날마다 더욱 부유해지는데 우리는 날마다 더욱 가난해진다. 그것이 자연스러운 추세이다.

해외로 재화가 유출되는 상황(국내 재화 유통이 원활하지 않은 결과) / 당연한 흐름이다 / ▶ 소비의 중요성과 소비 절제의 폐해

지금 종각이 있는 종로 네거리에는 연달아 있는 시장 점포의 거리가 1리가 채 안 된다. 중국에서 내가 지나갔던 시골 마을은 거의 몇 리에 걸쳐 점포로 뒤덮여 있었다. 그곳으로 운반되는 물건의 양이 우리나라 곳곳에서 유통되는 것보다 많았는데, 이는 「그곳 가게가 우리나라보다 더 부유해서 그러한 것이 아니라 재물이 유통되느냐 유통되지 못하느냐에 따른 결과인 것이다.」

조선의 번화가(종로 네거리) ↔ 중국의 농촌(시골 마을): 상업의 발달 유무 / 중국의 시골 마을 / 「 」: 국가의 빈부는 국가의 경제력과 무관하게 유통 구조의 차이에서 기인함 / ▶ 국가의 빈부를 결정하는 재물 유통의 중요성

핵심 정리

- 갈래: 논설문
- 성격: 비판적, 논리적, 비유적
- 구성: '처음 – 중간 – 끝'의 3단 구성

처음: 중국의 경제적 상황 – 상업의 발달 ➡ 중간 ①: 상업과 유통의 중요성에 대한 인식 ➡ 중간 ②: 우리나라의 경제적 상황 – 상업의 미발달로 인한 궁핍 ➡ 끝: 우리나라와 중국의 비교 – 유통 구조의 차이

- 제재: 소비를 통해 바라본 중국과 우리나라의 경제적 상황
- 주제: 우리나라의 유통 현실에 대한 비판과 소비의 중요성에 대한 옹호
- 특징: ① 중국과 우리나라의 상황을 대조하여 설명함
  ② 비유적 표현과 유추적 사고를 드러냄
  ③ 인과 관계에 따라 우리나라 경제 구조의 문제와 원인을 논리적으로 제시함
  ④ 당대의 통념(사농공상의 신분 질서, 상업 천시 풍토)에 대해 반박함
  ⑤ 역설적 발상이 돋보임(쓸수록 많아짐: 소비 → 생산 유도 → 기술 발전 → 재물의 풍족 → 경제의 활성화)
- 의의: ① 상업을 중시하는 중상주의 실학사상이 반영됨
  ② 중국과 조선의 당대 경제적 현실 및 시대 상황에 대한 이해를 도움
  ③ 당대의 유교적 금욕주의에서 벗어나 물질적 풍요에 대한 지향과 소비에 대한 긍정적인 인식이 제시됨
  ④ 중국의 선진적인 경제 구조에 대한 예찬적인 태도가 드러남

한눈에 **보기**

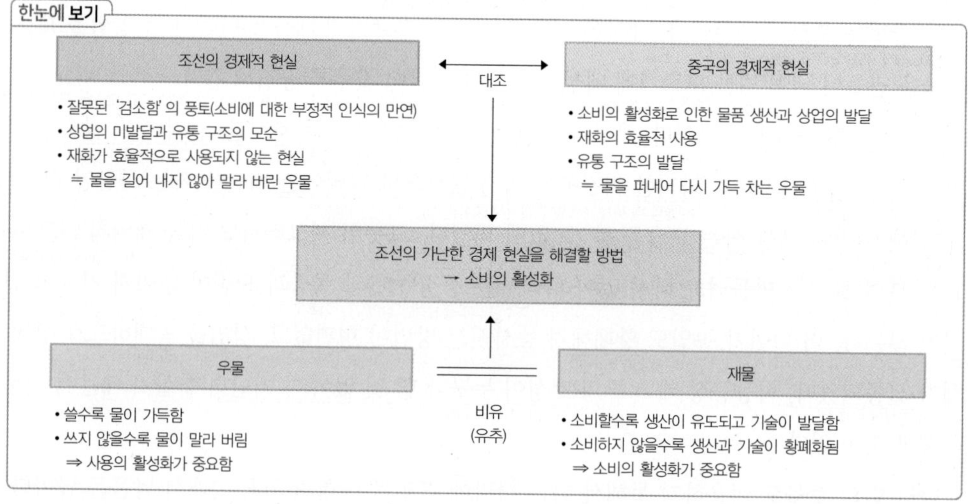

보충·심화 학습

- 박제가의 《북학의(北學議)》

이 책은 이용후생을 통한 부국론을 주장한 학자인 박제가가 청나라의 선진 기술 문명과 물질적 풍요 등을 배워야 한다고 주장하기 위해 쓴 책이다. 상공업의 발전을 도모하고 화폐 사용을 활성화해야 한다는 중상주의적 국가관이 반영된 책이다. 따라서 사농공상의 위계적 신분 질서에서 벗어나 상인 및 상업을 중시하는 가치관과 물질적 풍요 및 소비의 활성화에 대한 추구 등과 같이 당시 조선을 지배하던 유교적 금욕주의와 대비되는 주장을 제시한 점이 돋보인다.

필수 문제

01 '무용지물'과 '유용한 물건'에 대응하는 구체적인 소재(사례)를 각각 두 개씩 찾아 쓰시오.

02 이 글의 글쓴이가 우리나라가 가난한 근본적 원인으로 지적한 것은 무엇인지 간략하게 쓰시오.

03 이 글에 제시된 '우물'과 '재물'의 공통점이 무엇인지 쓰고, 이를 통해 글쓴이가 주장하고자 하는 바가 무엇인지 쓰시오.

추재기이(秋齋紀異) | 조수삼

추재 조수삼이 기이한 인물들의 행적을 기록한 글

필수

출제 포인트

이곳저곳을 옮겨 다니며 소설책을 읽어 주고 그것으로 생계를 꾸려 가는 직업 이야기꾼인 '전기수'에 대한 이야기이다. 이 글에 나타난 전기수의 내력 및 상행위 방식을 통해 당시 서민들의 소설 향유 방식에 대해 알아보자.

감상 길잡이

이 글은 조선 순조 때의 문인인 추재(秋齋) 조수삼(趙秀三)이 지은 《추재기이(秋齋紀異)》에 실려 있는 수필이다. 《추재기이》는 기이한 인물들의 행적을 이야기체로 기록한 글로, 여기에서는 조선 후기의 직업 이야기꾼인 전기수의 내력과 상행위에 대해 설명하고 있다. 이 글에는 전기수의 모습이 사실적으로 그려져 있어, 전기수의 능란한 강독술과 교묘한 상행위, 그에 매료되어 있는 청중의 모습, 당시 서민들의 소설에 대한 관심을 살펴볼 수 있다.

전기수(傳奇叟)[예전에 이야기책을 전문적으로 읽어 주던 사람. 신파극의 '변사'와 유사함]는 동대문 밖에 살았다. 언문 소설[한글 소설]을 잘 낭송(朗誦)했는데, 이를테면 〈숙향전(淑香傳)〉, 〈소대성전(蘇大成傳)〉[군담 소설], 〈심청전(沈淸傳)〉, 〈설인귀전(薛仁貴傳)〉[영웅 소설] 같은 것들이었다.「매달 초하루에는 제일교(第一橋)[첫 번째 다리] 아래, 초이틀에는 제이교(第二橋)[두 번째 다리] 아래, 그리고 초사흘에는 배오개[종로 4가에서 5가 사이에 있었던 지명]에, 초나흘에는 교동(校洞)[안국동 근처의 옛 지명] 입구에, 초닷새에는 대사동(大寺洞)[탑골 공원에서 안국동 쪽으로 들어가는 데 있었던 옛 지명] 입구에, 초엿새에는 종각(鐘閣) 앞에 앉아서 낭송했다. 이렇게 올라갔다가 다음 초이레부터는 도로 내려온다. 이처럼 내려갔다가 다시 올라가고, 또 올라갔다가는 다시 내려오고 하면서 한 달을 마친다.」 다음 달에도 또 그렇게 하였다.

「 」: 전기수의 활동 지역과 활동 방식

▶ 전기수의 활동 지역과 활동 방식

워낙 재미있게 읽은 까닭에 곁에서 구경하는 청중들이 빙 둘러싸고 있다.[전기수의 소설 구연 장면 묘사] 그는 읽다가 ㉠ 가장 긴요해서 매우 들을 만한 대목에 이르러서는 문득 읽기를 멈춘다.[청중의 호기심을 자극해 돈을 내게 하기 위해] 그 다음 대목을 듣고자 하면 돈을 던져야 한다. 이것이 돈 받는 방법[요전법(邀錢法)]이라고 한다.

▶ 전기수의 소설 구연 장면과 돈 버는 방법

핵심 정리

- 갈래: 고전 수필(한문 수필)
- 제재: 전기수(傳奇叟)
- 특징: 당대 백성들의 삶의 모습을 사실적으로 묘사함
- 성격: 묘사적
- 주제: 전기수의 활동 반경과 구연 방식
- 의의: 당시 유행하던 소설과 그 향유 방식이 드러남

한눈에 보기

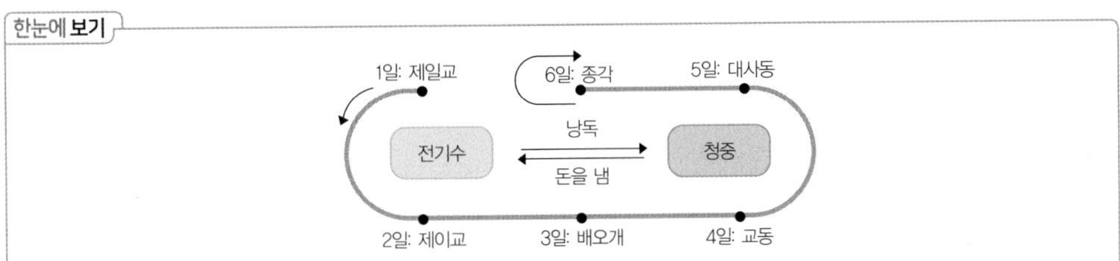

필수 문제

01 이 글에 주로 사용된 표현 방식을 쓰시오.

02 전기수가 ㉠과 같이 행동하는 이유를 쓰시오.

166 지식을 유통시킨 책 장수 | 조수삼

필수

출제 포인트

조선 시대 책 장수 조생의 신기한 면모와 그의 인생관에 대해 다룬 글이다. 당시의 새로운 인물상으로서의 조생의 모습 및 조생에 대한 글쓴이의 평가에 주목하여 살펴보자.

감상 길잡이

이 글은 책 장수 조생의 기이한 면모와 인생에 대한 달관적 태도를 '전(傳)'의 형식에 담아 표현한 글이다. 책 장수라는 직업은 조선 시대에는 천한 직업에 속했다. 그럼에도 불구하고 글쓴이가 이러한 직업을 가진 조생을 위해 전을 지은 이유는 자신의 직업에 대한 전문성과 철학을 가지고 있는 조생이야말로 본받을 만한 인물이라고 여겼기 때문이다. 이러한 생각은 글쓴이인 조수삼의 삶과도 관련이 있다. 조수삼은 중인 출신으로 어려서부터 문장에 뛰어났지만 신분적 제약으로 벼슬을 하지 못하다가 여든셋이 되어서야 겨우 벼슬을 얻었다. 조수삼이 조생을 위해 전기를 쓴 것은, 신분이란 굴레를 벗어나 자유롭게 사는 삶의 가치를 긍정하고 새로운 인물상의 정립을 희구했던 글쓴이의 가치관이 반영된 결과라고 볼 수 있다.

조생이 어떠한 사람인지 아무도 모른다.「다만 책 장수로 세상에 뛰어다닌 지 오래됐기에 귀하고 천하고 어질고 어리석은 사람을 막론하고 그를 보면 누구나 조생인 줄 알았다.」〈중략〉

(조생: 조 아무개. 조 씨 / 세상에 뛰어다닌 지 오래됐기에: 조생이 뛰어다니며 책을 파는 것에서 나온 표현임 / 「 」: 항간에 책 장수로 이름난 조생)

▶ 책 장수 조생

"괴롭게 다니며 책을 팔아서 무엇 하겠소?"/ 라고 하면, / "책을 팔아서 술을 마시지." / 하고, "책들이 다 당신 책이우? 책에 담긴 뜻은 이해나 하시오?" / 라고 하면 다음과 같이 말했다.

(책을 팔아서 술을 마시지.: 달관적 태도)

"내 비록 책은 없지만 예를 들면 아무개가 어떠어떠한 책들을 몇 해 동안 수장하고 있었는데 그 책의 몇 권은 내가 판 것이지. 난 글의 뜻은 모르지만 어떤 책은 누가 지었으며, 누가 주석을 내었고, 몇 질 몇 책인지는 훤하다오. 그러니 천하의 책은 다 내 것이지요. 천하에 책을 아는 사람도 나만 한 사람이 없을 것이야. 만약 천하에 책이 없어진다면 나는 책을 팔러 달리지 않을 것이라오. 또 천하의 사람들이 책을 사지 않는다면 나는 날마다 마시고 취할 것이오. 이는 하늘이 천하의 책으로써 나에게 명한 셈이니, 나는 내 인생을 천하의 책으로 마칠까 하오.

(아무개: 어떤 사람을 구체적인 이름 대신 이르는 인칭 대명사 / 수장: 거두어서 깊이 간직함 / 주석: 낱말이나 문장의 뜻을 쉽게 풀이함 / 질: 여러 권으로 된 책의 한 벌을 세는 단위 / 훤하다: 어떤 일이나 대상에 대하여 잘 알고 있다 / 나는 내 인생을 천하의 책으로 마칠까 하오.: 평생을 책 장수로 살겠다는 의지)

▶ 책 장수로서의 자부심

옛날 모씨의 할아버지와 아버지가 책을 사들이고 몸도 출세하고 이름을 날리더니 이제 그 자손이 책을 팔아먹고 집이 가난한 것을 보기까지 했지. 나는 지금까지 책으로 많은 사람을 경험하였소. 세상에는 슬기롭고 어리석고 어질고 불초한 사람이 서로 비슷한 사람끼리 무리지어 다니는 것을 그만두지 아니 하더라오. 내 어찌 다만 천하의 책을 아는 것에 그치겠소. 장차 천하의 인간사도 자연스럽게 통할 수 있을 것이라오."

(모씨: '아무개'라는 뜻 / 출세: 사회적으로 높은 지위에 오르거나 유명하게 됨 / 불초한: 못나고 어리석은)

▶ 책을 통해 인간사를 터득함

경원자는 말한다. / 내가 일고여덟 살 때에 제법 글을 엮을 줄 알았다. 돌아가신 아버님께서 어느 날 조생으로부터 〈팔가문(八家文)〉 한 질을 사서 어린 나에게 주시며 말씀하셨다.

(경원자: 글쓴이 조수삼의 호 / 글을 엮을 줄 알았다: 글을 지을 줄 알았다 / 〈팔가문(八家文)〉: 당송을 대표하여 고문으로 손꼽히는 8인의 문장. 여기서는 그들의 문장을 수록한 책을 뜻함)

"저 사람이 책 장수 조생이란다. 집에 가지고 있는 서책은 모두 조생에게서 사들인 것이다."

겉모양으로 보면 조생은 마흔 살처럼 보였는데, 그때가 벌써 40년 전 일이다. 그런데 조생은 아직도 늙지 않았으니 정말 보통 사람과 다른 것 같다.
여든 살처럼 보여야 하나 여전히 마흔 살처럼 보임 – 조생의 신기한 면모

나는 조생을 따랐으며 조생 역시 나를 매우 사랑해서 자주 나에게 들렀다. 「이제 두발(머리털)이 희끗희끗해졌고 손자 놈을 안은 것도 벌써 몇 년 된다. 그러나 조생은 장대한(허우대가 크고 튼튼한) 체구에 불그레한 뺨, 푸른 눈동자, 검은 수염이 옛날 그대로다. 신기한 일이다.」 내가 한번은 조생에게 왜 밥을 먹지 않느냐고 물었다. / "불결한 것이 싫어서……"(조생의 꼿꼿한 성격) / 그러고는 다시 나에게 말했다.

「 」: '나'는 늙었으나 조생은 그대로인 것을 대비시켜 조생이 범인(凡人)과 다른 점을 드러냄

「"사람들은 목숨을 늘리고 싶어 하나 약물로 되는 것이 아닐세. 효도하며 우애하는 것을 두텁게 하고 그것을 행하는 것이 양기를 돋우는 덕(德)이라네. 자네, 나를 위해서 세상 사람들이 나에게 귀찮게 묻지 않도록 좀 깨우쳐 주시게."」 / 아! 조생은 참으로 도(道)를 지니고 숨어서 세상을 내려다보는 사람이 아닐까. 그가 내게 들려준 말은 일찍이 노자(老子), 장자(莊子)로부터도 듣지 못했다.

「 」: 조생이 세상에 전하고 싶은 진리

▶ 조생에 대한 평가

핵심 정리

- 갈래: 고전 수필(한문 수필)
- 성격: 체험적, 사색적
- 구성: '도입 – 전개 – 마무리'의 3단 구성, 전기적 구성

도입: 책 장수 조생에 대한 소개 ➡ 전개: 조생의 신기한 면모와 그의 인생관이 드러난 일화 ➡ 마무리: 조생과 글쓴이의 인연 및 그에 대한 평가

- 제재: 조선 시대 책 장수 조생
- 주제: 책 장수 조생의 신기한 면모와 달관적 인생관
- 특징: ① 일화를 제시하여 인물의 이야기에 신비성을 더함 ② 시정의 평범한 인생을 문학의 차원으로 승화시킴
- 의의: 전에서 다룰 수 있는 새로운 인물상을 제시함

한눈에 보기

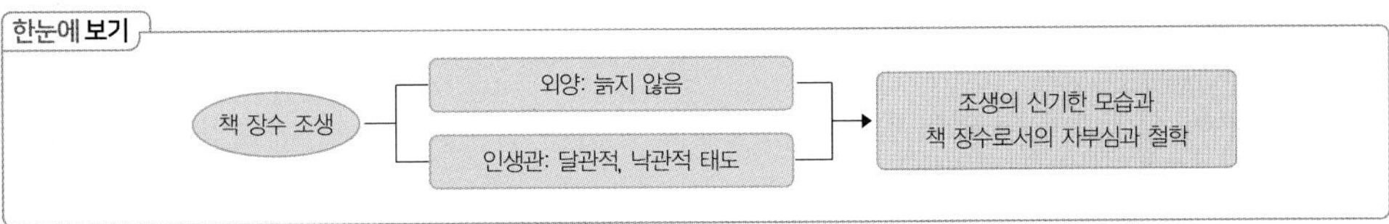

보충·심화 학습

- 조선 후기의 인물전의 다양성

조선 전기까지 전에서 다루는 인물은 역사적으로 존경받을 만한 가치가 있는 인물로 국한되어 있었다. 그러나 조선 후기에 들어와서는 당대 사회가 추구하던 규범에서 벗어난 시정의 평범한 사람들이나, 여항의 지식인, 화가, 하층의 여성에 이르기까지 전의 대상이 확대되었다. 이는 도덕적 엄숙주의가 무너지고 인물의 개성과 다양성을 추구하던 조선 후기 사회의 문화적 흐름과 관련이 있다.

필수 문제

01 이 글의 글쓴이는 자신의 직업을 통해 세상의 진리를 깨우친 (   )을/를 새로운 인물 유형으로 제시하고 있다.

02 이 글에서 글쓴이는 조생의 늙지 않는 모습을 제시하여 조생의 (   )을/를 언급하고 있다.

167 어부(魚賦) | 이옥

EBS 모의 기출

출제 포인트

국가의 상황을 물속 세계에 빗대어 세태를 비판하고 있는 고전 수필이다. 글쓴이가 궁극적으로 말하고자 하는 바와 그것을 효과적으로 드러내는 표현 방법을 살펴보자.

감상 길잡이

이 글은 인간 세계를 물고기 세계에 빗대어 비판하면서 현명한 군주가 마땅히 해야 할 일을 제시하고 있다. 물을 국가에, 용을 군주에, 큰 물고기를 조정의 높은 신하에, 작은 물고기를 백성에 각각 비유하여, 큰 물고기와 중간 크기의 물고기가 작은 물고기를 잡아먹듯이 벼슬아치와 아전 등이 백성을 괴롭히고 수탈하는 세태를 비판하는 동시에 군주가 이런 탐관오리들을 시급하게 척결해야 백성이 편안해질 수 있음을 주장하고 있다.

「물이 하나의 국가라면, 용은 그 나라의 군주이다.」 어족(魚族) 가운데 큰 것으로 고래, 곤어, 바다장어 같은 것은 그 군주의 내외 여러 신하이고, 그 다음으로 메기, 잉어, 다랑어, 자가사리 종류는 서리나 아전의 무리이다. 그밖에 크기가 한 자가 못 되는 것은 수국(水國)의 만백성들이다. 「그 상하에 서로 차서(次序)가 있고 대소(大小)에 서로 거느림이 있는 것은 또 어찌 사람과 다르겠는가?」

「 」: 현실 세계를 물의 세계에 빗댐 / 곤어: 상상 속의 큰 물고기 / 서리나 아전의 무리: 하급 관리들 / 차서: 차례 / 「 」: 물고기의 세계와 인간의 세계 모두 신분 질서가 있고 지위의 높고 낮음이 있음

▶ 인간 세계를 물고기의 세계에 빗댐

이 때문에 용이 그 나라를 경영함에 가물어 물이 마르면 반드시 비를 내려 이어 주고, 사람들이 물고기 씨를 말릴까 염려하여 겹겹이 물결을 일렁이어 덮어 주니, 그것이 물고기에게는 은혜가 아닌 것은 아니다.

가물어 ~ 덮어 주니: 용이 못 물고기에게 베푸는 은혜 – 군주가 백성을 세세하게 보살피며 보호함 / 은혜가 아닌 것은 아니다: 이중 부정을 통한 긍정+더 중요한 일이 있음

▶ 군주(용)가 내리는 구구한 은혜

그런데 물고기에게 자애로운 것은 한 마리 용이고, 물고기를 못살게 하는 것은 수많은 큰 물고기들이다. 고래들은 조류를 따라가며 들이마셔 작은 물고기를 자신의 시서(詩書)로 삼고, 교룡, 악어는 물결을 다투어 삼키고 씹어 먹어 작은 물고기를 거친 땅의 농사로 삼으며, 문절망둑, 쏘가리, 드렁허리, 가물치 족속은 사이를 노리고 틈을 잡아 덮쳐서 작은 물고기를 은과 옥으로 삼는다. 강자는 약자를 삼키고 지위가 높은 것은 아랫것을 사로잡는다. 진실로 그러한 행위를 싫증 내지 않는다면 물고기들은 반드시 남아나지 않을 것이다.

△: 부정적 대상 / 수많은 큰 물고기: 탐관오리 / 고래들: 가장 큰 물고기, 고위 관리 / 시서로 삼고: 사소한 즐거움의 대상으로 삼음 / 교룡: 상상 속에 등장하는 동물의 하나 / 교룡, 악어: 큰 물고기, 중간 관리 / 거친 땅의 농사로 삼으며: 자신의 이익을 위해 마음대로 부려 먹음 / 문절망둑 ~ 가물치: 중간 물고기, 하급 관리 / 족속: 같은 문중이나 계통에 속하는 겨레붙이 / 은과 옥으로 삼는다: 경제적으로 수탈함 / 강자는 ~ 사로잡는다: 약육강식의 세태 / 싫증 내지 않는다면: 그만두지 않는다면

▶ 강자가 약자를 수탈하는 현실 상황

슬프다! 작은 물고기가 없다면 용은 뉘와 더불어 군주 노릇을 하며, 저 큰 물고기들이 또한 어찌 으스댈 수 있겠는가? 그러므로 용의 도(道)란 그들에게 구구한 은혜를 베풀어 주는 것보다 먼저 그들을 해치는 족속들을 물리치는 것이다.

작은 물고기가 ~ 있겠는가: 백성이 나라의 근본임을 강조(민본주의) / 구구한 은혜: 가뭄에 비를 내려 주거나 물결을 일렁이어 보호해 주는 것 / 그들을 해치는 ~ 것이다: 탐관오리 척결이 가장 중요함

▶ 군주의 진정한 도리

아아, 사람들은 물고기에게만 큰 물고기가 있는 줄 알고 사람에게도 큰 물고기가 있는 줄을 알지 못한다. 그러니 물고기가 사람을 슬퍼하는 것이 사람이 물고기를 슬퍼하는 것보다 더 심한 것을 어찌 알겠는가?

사람에게도 ~ 알지 못한다: 백성을 괴롭히는 탐관오리의 존재를 제대로 인식하지 못함 / 물고기가 ~ 슬퍼하는 것: 인간 세계의 부조리함(약육강식의 세태)이 물고기 세계보다 더 심함

▶ 현실을 깨닫지 못하는 상황에 대한 한탄

핵심 정리

- 갈래: 고전 수필〔한문 수필, 부(賦)〕
- 성격: 교훈적, 우의적, 세태 비판적
- 구성: '기 – 서 – 결'의 3단 구성

기: 인간 세계를 물고기의 세계에 빗댐 ➡ 서: 강자가 약자를 수탈하는 상황과 군주의 올바른 도리 ➡ 결: 부조리한 현실을 깨닫지 못하는 상황에 대한 한탄

- 제재: 물고기 세계와 인간 세계의 공통점
- 주제: 탐관오리 비판과 군주의 올바른 도리
- 특징: ① 인간 세계를 물고기 세계에 빗대는 유추의 방식을 사용함
  ② 영탄적 표현으로 서술자의 정서를 직접 드러냄
  ③ 설의적 표현으로 내용을 강조함

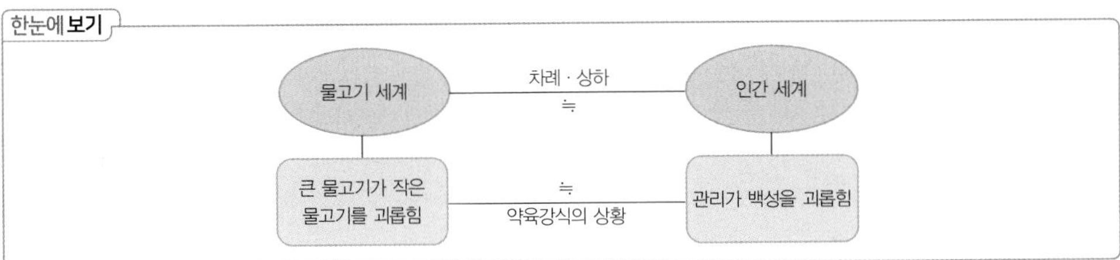

보충·심화 학습

- 〈어부〉에서 비유의 대상과 의도

물고기 세계	물	용	큰 물고기	중간 물고기	작은 물고기
인간 세계	국가	군주	고위 관리	하급 관리	백성

↓

관리가 백성을 괴롭히고 수탈하는 현실 비판

- 글쓴이의 궁극적인 주장

군주가 탐관오리의 횡포와 수탈로 인해 백성들이 힘든 삶을 살고 있는 상황을 인식하고, 구구한 은혜를 베풀어 주는 것보다 백성들을 괴롭히는 관리들부터 먼저 엄벌하여 척결해야 할 필요가 있음을 강조하고 있다.

- 제목인 '어부(魚賦)'의 의미

'어부(魚賦)'는 '물고기 잡는 사람'이라는 뜻이 아니라 '물고기에 대한 감상' 혹은 '물고기에 붙이는 글'이라는 의미이다. '부(賦)'는 한문 문체의 하나로, 작자의 생각이나 눈앞의 경치 같은 것을 있는 그대로 드러내 보이는 작법을 의미한다. 주로 운문의 형식을 취했는데 송대(宋代)에 이르러 산문화되었다.

필수 문제

01 **다음을 참고하여 이 글 전체에서 나타나는 대표적인 내용 전개 방식을 쓰시오.**

물고기의 세계 ≒ 인간의 세계

02 [서술형] **'용의 도(道)란 그들에게 구구한 은혜를 베풀어 주는 것보다 먼저 그들을 해치는 족속들을 물리치는 것이다.'에 담긴 구체적인 의미를 서술하시오.**

168 삼옹주에게 | 선조 / 혜경궁 홍씨의 내간 | 혜경궁 홍씨 / 어떤 부인이 이웃 부인에게 보낸 언간 | 어떤 부인

한글로 쓴 편지

가 필수 나 필수 다 필수

출제 포인트

국문으로 된 세 편의 편지글이다. 각 편지글의 내용 구성상, 문체상의 차이에 주목하여 감상해 보고 이러한 내간 문학이 갖는 문학사적 의의에 대해 알아보자.

감상 길잡이

가 이 글은 선조가 정유재란 후에 피난처에서 셋째 딸인 정숙 옹주에게 보낸 편지이다. 서간문의 일반적 내용 체제인 '안부 묻기 – 자신의 근황 알리기 – 잘 지내기를 당부하기'의 형식은 갖추었으나 극히 간결하고 압축적인 내용으로 이루어져 있다. 딸의 안부를 먼저 묻고 자신의 근황을 알린다는 점에서 아버지로서의 인간적인 면모와 부정(父情)을 엿볼 수 있으며, 나라를 염려하는 임금다운 풍모도 함께 드러나고 있다.

나 이 글은 혜경궁 홍씨가 당시 영의정이던 채제공에게 보낸 편지로, 정조가 사도 세자의 무덤을 수원으로 옮기던 시기에 쓰여진 글이다. 정조가 사도 세자의 묘를 옮기는 일을 염려하다가 병이 위중한 상태가 되었다는 것과, 정조가 대궐 밖으로 나가기 전에 빈소를 차리고 알려 달라는 내용을 극존칭의 어투와 전아한 문체로 담아내고 있다.

다 이 글은 제목 그대로 어떤 부인이 이웃 부인에게 쓴 편지로, 부녀자 간에 사소한 생활 감정을 표현하는 내간의 일반적 성격이 잘 드러나 있다. 크게 안부를 묻는 부분과, 책을 빌리려는 편지의 목적을 표현한 부분으로 나눌 수 있으며, 상대에게 공손한 겸양의 말투와 격식을 갖추고 있어 당대 여성들의 언간을 통한 의사소통 양상을 짐작하게 해 준다.

선조의 셋째 딸인 정숙 옹주

가 삼옹주(三翁主)

피란처 / 이 글의 핵심어 / 모르겠구나 / 어떻게들 지내느냐 / 한양 – 선조가 있는 곳

그리 간 후의 안부 몰라 ᄒᆞ노라. 엇디들 인는다. 셔울 각별ᄒᆞᆫ 긔별 업고, 「도적은 믈러가니 깃거ᄒᆞ노라.」 나도 무ᄉᆞ이 인노라. 다시곰 됴히 잇거라. – 정유(丁酉) 구월(九月) 이십일(二十日)

딸의 안위를 먼저 걱정하는 부정(父情)과 임금의 인간적 면모가 드러남 / 특별한 기별은 없고 / 왜적 / 기뻐하노라 / 「」: 나라를 걱정하는 임금의 면모 / 좋게 / 선조 30년(1597년)

현대어 풀이 그리로 간 후에 안부를 모르겠구나. 어떻게 지내느냐? 서울에 특별한 일은 없고, 도적이 물러가니 기쁠 뿐이구나. 나도 무사히 지낸다. 다시 연락할 때까지 무사히 지내거라.

몹시 고통스러운 가운데 / 근심 / 병으로 인하여 편하지 못하여

나

쥬샹(主上)이 지통(至痛) 즁 돌포 심녀(心慮)로 디내ᄋᆞᆸ시고 ᄌᆞ로 미령(靡寧)ᄒᆞ옵셔, 셩톄(聖體) 손샹(損傷)ᄒᆞ옵시기 니ᄅᆞ올 거시 업ᄉᆞ온ᄃᆡ, 출현궁(出玄宮) ᄒᆞ오시ᄂᆞᆫ 일 ᄒᆞ옵고 지통을 겸ᄒᆞ와 병이 이리 위즁ᄒᆞ올 분 아니오라, 「셩궁(聖宮) 위ᄒᆞ옵ᄂᆞᆫ 념녀가 근졀ᄒᆞ와 븟드옵고 못 가시게 ᄒᆞ오니, 이제 즉시 가려 ᄒᆞ옵시니,」 「지졍(至情)을 싱각ᄒᆞ셔 동가(動駕) 젼(前)의 셩빈(成殯)ᄒᆞ옵고 알외게 ᄒᆞ옵쇼셔.」

임금. 여기서는 정조(正祖) / 한 달 남짓 / 왕의 관을 옮겨 내는 일 / 자주 / 임금의 몸 / 손상하심이 말할 수 없는데 / 염려가 / 애통을 겸하여 / 성스러운 관. 여기서는 사도 세자의 관 / (글쓴이가) 붙들고 못 가시게 하니 / 「」: 정조의 지극한 효성 / 지극한 정 / 임금이 탄 수레가 궐 밖으로 나감 / 빈소를 만드시고 아뢰게 하십시오 / 주체 – 채제공(편지 수신인) / 「」: 임금의 건강을 염려하는 모성애

현대어 풀이 주상께서 몹시 애통한 가운데 한 달 남짓 근심으로 지내시고, 자주 편찮으시어 육체를 손상하심이 말할 수 없는데, 출현궁하는 일을 하시며 지극한 애통을 겸하여 병이 위중할 뿐 아니라, 성궁을 위하는 염려가 간절하여 붙들고 못 가시게 하니, 이제 즉시 가려 하시니, 지극한 정성을 생각하여 주상께서 궐 밖으로 나가기 전에 빈소를 만들고 아뢰게 하십시오.

그저

다

지쳑의 잇ᄉᆞ와도 ᄒᆞᆫ번 연신 못ᄒᆞᄋᆞᆸ고 쟝 일캇ᄌᆞᆸ고만 지ᄂᆡ여ᄉᆞ오며 「ᄉᆞ랑의 셔ᄂᆞᆫ 거긔 샤랑의 친ᄌᆞ(ᄒᆞ)오셔 졍의 돗타오시고 한 형졔나 다름 업ᄉᆞ오신고로,」 ᄌᆞ연 덕 셩식을 익이 듯ᄉᆞ와 지ᄂᆡ여ᄉᆞ오며 요ᄉᆞ이 일긔 ᄃᆡ단 부죠ᄒᆞ온ᄃᆡ 긔운 평안ᄒᆞ오시고 아기네도 잘 잇ᄉᆞᆸᄂᆞ니잇가.

가까운 곳에 / 소식 / 말만 하고 / 지냈사오며 / 사랑방. 남편을 가리킴 / 친하셔서 / 「」: 인연의 근거 / 소식 / 익히. 자주 / 날씨 / 고르지 못한데 / 다른 생각을 할 여유도 없이 한 가지 일에만 파묻혀 / ▶ 상대에게 안부를 물음

향념 간졀이오며 이곳즌 아희들 ᄒᆞ고 쟝 골몰이 지ᄂᆡ오며 요ᄉᆞ이ᄂᆞᆫ 젹이 틈 업ᄉᆞ오나 긴긴 밤

그리워하는 마음 / 우리 집은

《오륜행실도》를 말함

의 ᄎᆡᆨ이나 보고져 ᄒᆞ오ᄃᆡ ᄂᆡ훈이라 ᄒᆞᄂᆞᆫ ᄎᆡᆨ은 오륜ᄒᆡᆼ실의 잇ᄉᆞ오니 보와 더 신긔ᄒᆞᆫ 것 업ᄉᆞ오며

조선 시대에, 대비 한씨가 《소학》, 《열녀》, 《명심보감》 따위에서 역대 후비의 언행에 본보기가 될 만한 내용을 추려서 언해를 붙인 책

진ᄃᆡ방젼이라 ᄒᆞᄋᆞᆸᄂᆞᆫ ᄎᆡᆨ은 ᄃᆡ방 슈죄ᄒᆞ온 말이 너모 호번만 ᄒᆞᄋᆞᆸ고 별노 신긔ᄒᆞ온 ᄎᆡᆨ 어더 볼 슈

조선 시대의 소설. 불효자 진대방이 태수의 훈계를 듣고 깨우쳐 효도를 다하고, 출세를 하였다는 내용임 — '대방' 의 죄를 묻는 말이 너무 번잡만 하고

업ᄉᆞ오니 ᄃᆡᆨ의 무ᄉᆞᆫ ᄎᆡᆨ 잇ᄉᆞᆸ거든 빌이시ᄋᆞᆸ쇼셔 밋ᄉᆞᆸᄂᆞ이다. ▶ 자신의 근황과 책을 빌리려는 용건

편지의 목적 – 책을 빌리고자 함

일후 연ᄒᆞ와 연신도 ᄒᆞᄋᆞᆸ고 혹 무엇 빌이라 ᄒᆞ오시면 잇ᄂᆞᆫ 거슨 그리 ᄒᆞ오리이다 총총다못 그

이후에도 계속해서

치ᄋᆞᆸᄂᆞ이다. ▶ 끝맺는 말

언간의 관습적 맺음말. '이만 줄입니다' 의 뜻

현대어 풀이 가까운 곳에 있어도 한번 연락도 못하고 그저 말만 하고 지냈으며 (저희) 남편이 거기 남편과 친하셔서 정이 도탑고 한 형제나 다름이 없는 까닭에 자연히 댁의 소식은 자주 듣고 지내며 요즘 날씨가 대단히 고르지 못한데 기운은 평안하시며 아이들은 잘 있습니까? 그리운 마음 간절하며 저는 그냥 아이들에 묻혀 지내며 요즘은 조금도 틈이 없지만 밤에 책이나 보고자 하는데 《내훈》이라는 책은 《오륜행실도》에 있어 보면 더 신기한 것 없으며, 《진대방전》이라 하는 책은 대방이 죄를 묻는 말이 너무 번잡만 하고 딱히 신기한 책을 얻어 볼 수 없으니 댁에 무슨 책이 있으면 빌려 주시리라 믿습니다. 이후에도 계속해서 연락하시고 혹시 무엇이라도 빌리고자 하시는 게 있거든 있는 것은 빌려 드리겠습니다. 그만 그치겠습니다.

핵심 정리

가
- 갈래: 고전 수필(내간, 편지글)
- 성격: 친교적, 요약적
- 구성: '서두 – 본문 – 결미' 의 3단 구성

  안부를 물음 ➡ 근황을 알림 ➡ 잘 지내기를 당부함

- 제재: 정숙 옹주의 안부
- 주제: 자식의 안부를 묻는 임금의 부정(父情)
- 특징: ① 딸에 대한 아버지로서의 애정이 드러남 ② 전란이라는 급박한 상황 속에서 간결하게 마음을 전달함

나
- 갈래: 고전 수필(내간, 편지글)
- 성격: 설명적
- 구성: '본문 – 결미' 의 2단 구성

  정조의 근황 ➡ 성빈 후 알려 줄 것을 당부

- 제재: 정조의 근황에 대한 염려
- 주제: 성빈을 끝내고 알려 줄 것을 당부함
- 특징: ① 아들에 대한 어머니로서의 모성애가 드러남 ② 극존칭의 어투와 궁중 특유의 전아(典雅)한 문체가 나타남

다
- 갈래: 고전 수필(내간, 편지글)
- 성격: 일상적, 체험적
- 구성: '안부 – 용건 – 맺음말' 의 3단 구성

  상대의 안부를 물음 ➡ 자신의 근황과 책을 빌리려는 용건 ➡ 끝맺는 말

- 제재: 이웃 부인에게 책을 빌림
- 주제: 이웃 부인에 대한 안부와 책을 빌려 달라는 요청
- 의의: ① 바깥출입이 자유롭지 않았던 여성들의 생활 환경을 짐작할 수 있음
  ② 당시 여성들의 일반적인 통신 수단이었던 편지의 일상적이고 체험적인 표현을 엿볼 수 있음
  ③ 당시에 유행했던 책들에 대한 정보와 이러한 책들에 대한 일반인들의 진솔한 평가를 읽을 수 있음

필수 문제

01 **가의 핵심어를 찾아 쓰시오.**

02 [서술형] **가와 나의 문체상의 차이에 대해 30자 내외로 서술하시오.**

03 [서술형] **다에 드러나 있는 당대 여성들의 삶의 모습에 대해 서술하시오.**

169 한중록(閑中錄) | 혜경궁 홍씨

교과서

출제 포인트

사도 세자의 비참한 죽음과 자신의 기구한 일생을 회상하여 쓴 궁정 수필로, 상황을 대하는 글쓴이의 심정과 표현상 특징에 주목하여 살펴보자.

감상 길잡이

이 글은 사도 세자의 빈이었던 혜경궁 홍씨가 환갑을 맞아 집안에 남길 글을 써 달라는 장조카 홍수영의 요청으로 자신의 어린 시절부터 50년에 걸친 궁중 생활을 회고하여 쓴 수필이다. 극심한 당쟁 속에서 남편인 사도 세자를 잃고 어린 세손(정조)을 키우면서 노심초사하며 살아온 삶과 정조의 즉위 및 가문의 몰락 등 파란만장한 인생을 담담하게 그리고 있다. 특히 1762년(영조 38년) 윤5월 13일에서 21일 간에 이루어진, 영조가 사도 세자를 폐위하고 뒤주에 가두어 죽게 한 임오화변(壬午禍變)의 비극적인 전후 사정을 곁에서 지켜본 입장에서 생생하게 기록하며, 이 사건이 일어날 당시의 절망적인 심정을 기록하고 있다. 이외에도 유려하고 전아한 문체, 고상하고 우아한 어휘, 당대의 궁중 풍속 등이 잘 드러나 있어서 역사적 · 문학적으로 가치가 큰 수필 작품이다.

선희궁께서 13일 내게 편지하시되
(선희궁: 영조의 후궁. 사도 세자의 생모 / 13일: 1762년(영조 38년) 윤5월 13일)

"어젯밤 소문은 더욱 무서우니, 일이 이왕 이리된 바에는 내가 죽어 모르거나, 「살면 종사를 붙들어야 옳고, 세손을 구하는 일이 옳으니,」 내 살아 빈궁을 다시 볼 줄 모르겠노라."
(어젯밤 소문: 사도 세자가 광증이 나서 칼로 세손(훗날의 정조)을 죽이려고 했다는 소문 / 종사: 종묘와 사직이라는 뜻으로, '나라'를 이르는 말 / 「 」: 선희궁이 사도 세자의 대처분을 건의한 이유 / 빈궁: 왕세자의 아내. 혜경궁 홍씨)

라고만 하시니, 내 그 편지를 붙들고 눈물을 흘리니라. 하지만 「그날 큰 변이 날 줄 어이 알았으리오.」
(내: 혜경궁 홍씨 / 큰 변: 사도 세자가 폐위되고 뒤주에 갇힌 일 / 「 」: 〈한중록〉을 쓸 당시에 과거의 일을 회상하는 심정(회고록의 성격))

그날 아침에 영조께서 무슨 일로 자리에 좌정하려 하시며 경희궁에 있는 경현당 관광청(觀光廳)에 계시니, 선희궁께서 가서 울며 고하시되
(그날: 13일. 사도 세자의 폐위가 일어나던 날 / 좌정: 자리를 잡고 앉아 일을 봄 / 경희궁: 당시 영조가 거처하는 궁궐)

「"동궁의 병이 점점 깊어 바랄 것이 없으니, 소인이 차마 이 말씀을 드리는 것이 정리에 못 할 일이나, 옥체를 보호하고 세손을 건져 종사를 평안히 하는 일이 옳사오니, 대처분을 하소서."」
(병: 광증(미치광이 증세) / 바랄 것이 없으니: 좋아지기를 기대할 수 없으니 / 동궁: 사도 세자 / 소인: 선희궁은 영조의 정비(正妃)가 아니라 후궁이므로 스스로를 낮추어 '소인'으로 칭함 / 정리: 인정과 도리. 모자지정(母子之情) / 종사를 평안히 하는 일: 대처분을 건의한 궁극적 목적 / 대처분: 사건 전개 과정을 볼 때, 아들인 사도 세자를 폐위하고 죽이라는 의미로 볼 수 있음)

하시니라. 또
(「 」: 사도 세자를 그대로 두면 영조와 세손(훗날 정조)의 목숨이 위험할 수도 있다는 판단에 따라 대처분을 건의함. 자식에 대한 모정 < 사직 보전)

"설사 그리하신다 해도 부자의 정이 있고 병으로 그리된 것이니 병을 어찌 꾸짖으리이까. 처분은 하시나 은혜를 끼치시고 세손 모자를 평안하게 하소서."
(병을 어찌 꾸짖으리이까: 사도 세자의 잘못된 행동은 병으로 인한 것이니 모든 책임을 물을 수는 없음)

하시니, 내 차마 그 아내로 이 일을 옳다고는 못 하나 어쩔 수 없는 일이라. 그저 나도 경모궁을 따라 죽어 모르는 것이 옳되, 세손 때문에 차마 결단치 못하니라. 내 겪은 일이 기구하고 흉독함을 서러워할 뿐이라.
(그 아내로: 사도 세자의 아내로서 / 경모궁: 사도 세자 / 세손 때문에 차마 결단치 못하니라: 자살을 하고 싶었으나 자식(사도 세자의 아들) 때문에 차마 그러지 못함 / 흉독: 흉악하고 독함)

영조께서 선희궁의 말을 들으시고, 조금도 주저하며 지체하심이 없이 창덕궁 거둥령을 급히 내신지라. 선희궁께서는 모자의 인정을 어려이 끊고 대의를 잡아 말씀을 아뢰시고 바로 가슴을 치며 혼절하시니라. 그리고 당신 계신 양덕당에 오셔서 식음을 끊고 눈물 흘리며 누워 계시니, 만고에 이런 일이 어디 있으리오.
(거둥령: 임금이 나들이를 한다는 명령 / 창덕궁 거둥령을 급히 내신지라: 대처분을 하기 위해 직접 창덕궁으로 이동함 / 모자의 인정을 어려이 끊고: 자식에 대한 사랑보다 나라의 안정을 택함 / 대의: 종사를 평안히 하는 일 / 혼절하시니라: 정신적으로 몹시 힘들었음 / 당신: 선희궁 / 식음을 끊고 눈물 흘리며 누워 계시니: 자식을 죽이라고 직접 건의한 일로 인한 슬픔. 모정 / 이런 일: 어머니가 자식을 죽이라고 하는 일)

▶ 선희궁이 영조에게 사도 세자를 폐위하라고 건의함

말라리아

중략 부분 줄거리 | 그날 영조가 사도 세자를 부르자, 사도 세자는 혜경궁 홍씨에게 자신이 학질이 걸렸다는 핑계를 대겠다며 세손의 방한모를 가져오라고 한다. 혜경궁 홍씨는 그 모자는 작다며 사도 세자의 모자를 가져다 준다. 그러자 사도 세자는 자신의 마음을 모른다며 화를 내고 영조에게 간다.

영조가 귀여워하는 세손의 모자를 씀으로써 영조의 화를 조금이나마 누그러뜨리겠다는 의도

혜경궁 홍씨가 있는 곳

경모궁께서 나가신 후 즉시 영조의 엄노하신 음성이 들리니라. 휘령전이 덕성합과 멀지 않으니,

크게 성냄 / 영조와 사도 세자가 있는 곳

담 밑으로 사람을 보내니라. 경모궁께서는 벌써 곤룡포를 벗고 엎드려 계시더라 하니라. 대처분이

일이 어떻게 되어 가는지를 알기 위해 사람을 보내 살펴보게 함 / 폐위되었음을 상징

신 줄 알고, 천지 망극하고 가슴이 찢어지니라.

남편의 죽음을 무기력하게 바라보아야 하는 아내의 심정

거기 있어 부질없으니 세손 계신 데로 와서, 서로 붙들고 어찌할 줄을 모르더라. 오후 세 시 즈

덕성합

음에 내관이 들어와 밧소주방의 쌀 담는 뒤주를 내라 하신다 하니, 이 어찌 된 말인고. 황황하여

외소주방(外燒廚房: 대궐의 음식을 만들던 곳) / 주체: 영조 / 주체: 내관 / 갈팡질팡 어쩔 줄 모르게 급하여

궤를 내지는 못하고, 세손이 망극한 일이 벌어질 줄 알고 휘령전으로 들어가

아버지(사도 세자)의 죽음

"아비를 살려 주소서." / 하니, 영조께서 / "나가라."

명하시니라. 세손께서 나와서 휘령전에 딸린 왕자의 재실(齋室)에 앉아 계시니, 그 정경이야 고

매우 비극적인 상황

금 천지간에 다시 없더라. 세손을 내보낸 후 하늘이 무너지고 해와 달이 빛을 잃으니, 내 어찌 한

절망감

때나마 세상에 머물 마음이 있으리오.

스스로 목숨을 끊으려 함

칼을 들어 목숨을 끊으려 하나, 곁에 있는 사람이 앗음으로써 뜻을 이루지 못하고, 다시 죽고자 하되 한 토막 쇳조각이 없으니 하지 못하니라. 숭문당에서 휘령전으로 나가는 건복문 밑으로 가니, 아무것도 보이지 않고, 다만 영조께서 칼 두드리시는 소리와 경모궁께서

뒤주 속에 들어가기를 재촉하는 소리

"아버님, 아버님, 잘못하였으니, 이제는 하라 하시는 대로 하고, 글도 읽고 말씀도 들을 것이니,

살기 위해 애걸복걸(哀乞伏乞)함

이리 마소서." / 애원하시는 소리가 들리더라. 그 소리를 들으니 간장이 마디마디 끊어지고 눈앞

단장(斷腸: 몹시 슬퍼서 창자가 끊어지는 듯함)

이 막막하니, 가슴을 두드려 아무리 한들 어찌하리오.

당신 용력(勇力)과 장한 기운으로 뒤주에 들라 하신들 아무쪼록 아니 드시지, 어찌 마침내 들어

사도 세자 / 씩씩한 힘 / 안타까움

가시던고. 처음은 뛰어나가려 하시다가 이기지 못하여 그 지경이 되시니, 하늘이 어찌 이토록 하

뒤주 속에서 죽음

신고. 만고에 없는 설움뿐이라. 내 문 밑에서 울부짖되 경모궁께서는 응하심이 없더라.

건복문 / ▶ 영조가 사도 세자를 폐위하고 뒤주 속에 가둠

세자가 벌써 폐위되었으니 그 처자가 편안히 대궐에 있지 못할 것이요, 세손을 그냥 밖에 두었

사도 세자 / 혜경궁 홍씨와 아들(세손) / 아들의 안위 걱정

으니 어찌 될까 두렵고 조마조마하여, 그 문에 앉아 영조께 글을 올리니라.

"처분이 이러하시니 죄인의 처자가 편안히 대궐에 있기도 황송하옵고, 세손을 오래 밖에 두기는

사도 세자

귀중한 몸이 어찌 될지 두렵사오니, 이제 본집으로 나가게 하여 주소서."

궁을 나가 친정집으로 돌아가게 해 주기를 바람

그 끝에 / "천은(天恩)으로 세손을 보전하여 주시길 바라나이다."

세손에게는 어떤 해도 끼치지 않게 해 달라는 의미 / 혜경궁 홍씨의 큰오빠 홍낙인

하고 써 가까스로 내관을 찾아 드리라 하였더라. 오래지 아니하여 오빠가 들어오셔서

내시(조선 시대에, 내시부에 속하여 임금의 시중을 들거나 숙직 따위의 일을 맡아보던 남자) / 영조

"동궁을 폐위하여 서인으로 만드셨다 하니, 빈궁도 더 이상 대궐에 있지 못할 것이라. 위에서 본

아무 벼슬이나 신분적 특권을 갖지 못한 일반 사람. 서민 / 남편이 서인이 되었으므로 그 부인인 혜경궁 홍씨도 서인으로 강등됨

집으로 나가라 하시니 가마가 들어오면 나가시고, 세손은 남여(藍輿)를 들여오라 하였으니 그것을 타고 나가시리이다."
(남여: 의자와 비슷하고 뚜껑이 없는 작은 가마)

하시니, 서로 붙들고 망극 통곡하니라. 나는 업혀서 청휘문에서 저승전 앞문으로 가 거기서 가마를 타니, 윤 상궁이란 내인이 가마 안에 함께 타니라. 별감들이 가마를 메고, 허다한 상하 내인이 다 뒤를 따르며 통곡하니, 만고 천지간에 이런 경상(景狀)이 어디 있으리오. 나는 가마에 들 제 기운이 막혀 인사를 모르니, 윤 상궁이 주물러 겨우 명(命)은 붙었으나 오죽하리오.

(망극: 망극지통(罔極之痛): 한이 없는 슬픔)
(별감: 궁중의 각종 행사 및 차비(差備)에 참여하고 임금이나 세자가 행차할 때 호위하는 일을 맡아보던 하인)
(내인: 나인. 궁궐 안에서 왕과 왕비를 가까이 모시는, 품계를 받은 여인을 통틀어 이르던 말)
(경상: 광경)
(기운이 막혀 인사를 모르니: 충격으로 인해 의식 불명 상태가 됨)

▶ 사도 세자가 폐위된 뒤 혜경궁 홍씨가 본가로 돌아감

핵심 정리

- 갈래: 고전 수필(한글 수필, 궁정 수필, 회고록)
- 성격: 사실적, 회고적, 자전적
- 구성: 총 4편으로 되었으며, 각 편은 모두 추보식 구성

[제1편]		[제2편]		[제3편]		[제4편]
혜경궁 홍씨 자신의 어린 시절과 9세 때 세자빈으로 간택되어 입궁한 이후 50년 간의 궁궐 생활을 기록함	➡	혜경궁 홍씨의 친정 집안이 홍국영의 모함으로 당한 화의 억울함과 부당함을 소상하게 밝히고 사면을 호소함	➡	임오화변과 자신의 집안은 무관함을 주장하고, 아들 정조의 효행과 함께 정조가 친정 집안의 신원을 약속했음을 언급함	➡	사도 세자가 폐위당하고 뒤주에 갇혀 죽은 임오화변의 전말에 대해 소상하게 기록하며, 그것은 어쩔 수 없었던 비극으로 평가함

- 제재: 임오화변(사도 세자의 폐위와 죽음)
- 주제: 사도 세자의 참변을 중심으로 한 혜경궁 홍씨의 파란만장한 삶
- 특징: ① 섬세한 여성적 문체로 궁중의 고아(高雅)한 어휘와 풍속 등을 사실적으로 보여 줌
  ② 사건과 자신의 심정을 생생하게 묘사하고 인물의 말을 인용함
  ③ 글쓴이가 자신의 일생을 회고하여 기록한 자전적 성격을 지님
- 의의: ① 〈계축일기〉, 〈인현왕후전〉과 함께 3대 궁정 수필로 일컬어짐
  ② '임오화변'을 구체적으로 기록하여 문학적 가치와 함께 사료적 가치를 지님
  ③ 궁정 문학의 효시

한눈에 보기

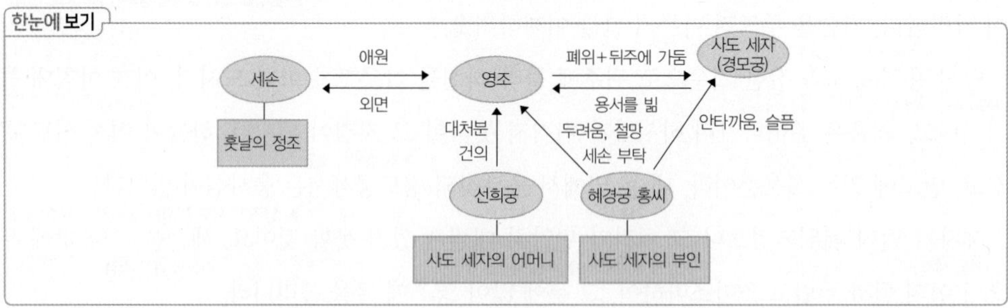

필수 문제

01 사도 세자가 폐위되었음을 상징적으로 드러내는 장면을 찾아 2어절로 쓰시오.

02 선희궁이 영조에게 아들인 사도 세자를 대처분하라고 건의한 궁극적인 이유를 쓰시오.

170 신산종수기(新山種樹記) | 심노숭

새로 생긴 묘. 신묘

필수

출제 포인트

사별한 아내에 대한 사랑과 추모의 마음을 진솔하게 표현한 글이다. 글쓴이가 산에 나무를 심게 된 내력 및 '파주 집'의 공간적 의미에 대해 알아보자.

감상 길잡이

이 글은 아내를 잃고 무덤가에 나무를 심게 된 까닭을 기(記)의 형식으로 쓴 글이다. 글쓴이는 아내를 잃은 슬픔을 아내의 무덤가와 산에 나무를 심음으로써 위로받고자 한다. 또한 죽은 아내와 함께 사후 세계에서 함께 하기를 바라며 아내에 대한 사랑을 표현하고 있다. 이 글은 아내에 대한 사랑을 적극적으로 표현하는 것이 흔하지 않았던 당시 조선 사회의 분위기 속에서, 아내를 잃은 슬픔과 추모의 정서를 애절하면서 진솔하게 표현한 작품이라고 할 수 있다.

내 남원(南園) 집은 예전에는 꽃과 나무가 많았는데 날로 황폐해졌다.「내 게으른 성격 때문에 가꾸지 않은 것이지만, 집이 낡아서 그 꽃과 나무까지 아울러 가꾸기 싫은 데 말미암은 것이기도 하다.」

(남원: 남산 아래의 마을 이름 / 황폐: 집, 토지, 삼림 따위가 거칠어져 못 쓰게 됨 / 「 」: 남원 집이 황폐해진 이유)

아내가 한번은 이렇게 말했다.

"다른 집들을 보면 남편이 꽃과 나무에 대한 벽(癖)이 심하여 어떤 이는 방에 들어와 비녀와 팔찌를 찾아 팔기까지 한다는데 당신은 이와 반대로 집이 낡았다고 꽃과 나무까지 팽개쳐 두고 계십니다. 집은 비록 낡았어도 꽃과 나무를 잘 가꾼다면 또한 집의 볼거리가 되지 않겠어요?"

(벽: 무엇을 치우치게 즐기는 성벽(性癖) / 비녀와 팔찌를 찾아 팔기까지 한다는데: 이유: 팔아서 꽃과 나무를 사려고 / 집은 비록 ~ 되지 않겠어요?: 아내가 평소에 집에 꽃과 나무를 가꾸고 싶어 했음을 알 수 있음)

라고 하였다. 나는,

"그 꽃과 나무를 가꾸려 한다면 집 또한 손볼 수 있을 것이오. 다만 나는 여기 오래 살 생각이 없으니 어찌 남의 볼거리를 위해 마음 쓸 필요가 있겠소?「늙기 전에 당신과 고향으로 돌아가 집을 짓고 꽃과 나무를 심어 그 열매를 따서 제사상에 올리거나 부모님께 바치고, 꽃은 구경하면서 당신과 머리가 다 세도록 서로 즐기려는 게 내 생각이라오."」

(나는 여기 오래 살 생각이 없으니: '나'가 꽃과 나무를 가꾸지 않은 이유 / 「 」: 아내와 고향에 가서 살기를 바람)

라고 말하니 아내가 희희낙락하였다.

(희희낙락: 매우 기뻐하고 즐거워함)

▶ 집에 꽃과 나무를 많이 심고 싶어 했던 아내

지난해 고향 파주(坡州)에 조그만 집을 새로 지었다. 아내가 기뻐하며 말하기를,

"이제 당신 뜻을 이룬 건가요?"

라고 하였다. 정원과 담장을 배열하고 창문의 위치를 잡는 것을 아내와 상의하여 하였다. 공정이 끝나기를 기다려 꽃과 나무를 심으려고 했는데, 일이 끝나기 전에 아내는 병들고 말았다.「나는 아내의 병이 조금 차도가 있으면 바로 파주로 와서 일을 도왔다.」일이 끝날 무렵 아내는 병이 위독해져 거의 죽게 되었다. 아내가 내게 말하기를,

(공정: 일이 진척되는 과정이나 정도 / 차도: 병이 조금씩 나아가는 정도 / 바로 파주로 와서 일을 도왔다: 고향 집을 가꾸는 일을 함 / 「 」: 아내의 병이 나았을 때 파주의 꽃과 나무를 함께 즐길 수 있기를 바라는 글쓴이의 마음)

"파주 집 곁에 저를 묻어 주세요."

(아내 역시 파주 집을 영원히 살 집으로 여기고 있음)

라고 하니 서로 얼굴을 마주하고 눈물을 흘렸다. 집이 파주로 이사 오던 날 아내는 관(棺)에 실린

(집이 파주로 ~ 관에 실린: 아내가 파주 집에서 살아 보지 못하고 죽음)

채 왔다.『아내의 무덤 자리를 정하였는데, 집에서 백 보도 되지 않는 곳이었다.』그곳에 기거하고 음식을 먹을 때 아내의 넋이 통하는 듯했다.

「 」: 집과 아주 가까운 곳에 아내의 무덤 자리를 정함

▶ 꽃과 나무로 꾸민 집에 살아 보지 못하고 죽은 아내

아내에 대한 애틋한 그리움과 사랑

우리 산에는 아름드리 나무가 많아 그 울창함을 서도(西道) 여러 산들이 바라보고 있다. 아내 무덤 자리는 조부의 묘 아래에 썼는데 나무를 더 심지 않아도 될 만했다. 그러나 장례를 치르고 무덤 주변의 나무를 쳐 덩굴이 뻗치고 그늘이 드리우는 것을 막고, 또 가시나무들을 베고 소나무 · 잣나무 · 삼나무 등만을 남기고 나니 조금 성기게 되었다. 이에 나무를 좀 더 심으려는 계획을 세우고 이듬해 한식 날 삼나무 치목 30그루를 심었다. 지금부터 내가 죽는 날까지 봄 · 가을로 나무 심기를 의식으로 삼을 것이다.

서도: 황해도와 평안도를 통틀어 이르는 말

치목: 어린나무

성기게: 물건의 사이가 뜨게

한식: 우리나라 명절의 하나. 동지에서 105일째 되는 날

아! 이것은 참으로 오래된 계획이었다. 남원을 버리고 파주로 가겠다던 그 계획을 이제야 이루었는데 아내와 하루도 함께 거하지 못하였으니 뒤에 죽는 것이 다만 슬픔만을 더한즉『사람이 구구히 삶을 도모하여 스스로 오랜 계획을 세우는 것이 또한 미혹된 짓이 아닌가!』

구구히: 잘고 많아서 일일이 언급하기가 구차스럽게

미혹된: 무엇에 홀려 정신이 차려지지 못하는

「 」: 아내와 더불어 오래도록 살 계획을 세운 일의 덧없음

돌아보면 나는 심기가 약해 홀홀히 스스로를 믿고 의지하지 못했으니 남은 생애를 생각해 보면 불과 삼십여 년이요, 한 번 죽고 나면 천백 년 무궁할 것이다. 이에 내가 택할 바를 알겠으니 그것은 남원 집이 아니라 파주 집일 것이다.『살아서는 파주의 집을 얻지 못했지만 죽어서는 영원히 서로 파주의 산을 얻을지니 즐거움이 그지없다.』이것이 내가 신산(新山)에 나무를 심고, 집에다 심어 본 것의 품등을 헤아려 하나같이 산에다 옮기는 까닭이니, 나의 뜻을 갚고 나의 슬픔을 부치는 것이요, 또 나의 자손, 후인들로 하여금 내 마음을 알게 하려는 것이니 훼상치 말지어다.

심기: 마음으로 느끼는 기분

홀홀히: 조심성이 없고 행동이 매우 가볍게

사후 세계는 영원할 것이라는 글쓴이의 내세관

파주 집: 아내에 대한 영원한 사랑

「 」: 아내에 대한 글쓴이의 애틋한 마음이 드러남

품등: 품질과 등급을 아울러 이르는 말

훼상치: 헐어 상하게 하지

▶ 아내를 향한 사랑을 아내의 묘와 산에 나무 심는 것으로 표현함

어떤 이가 말하기를,

『"그대는 장차 살 것은 도모하지 않고 사후의 계책만 세우고 있는가? 죽으면 아무것도 알 수 없으니 무슨 계획을 한단 말인가?"』

「 」: 글쓴이의 속뜻을 모르는 세상 사람들의 통념

라고 하였다. 나는 말한다.

"죽으면 아무것도 알지 못한다는 말은 내가 진정 참을 수 없는 말이다."

파주 집에 대한 기쁨을 아내와 함께할 수 없다는 세상 사람들의 말에 대한 부정

계축년(1793년) 4월 3일, 태등은 분암(墳菴)에서 쓰다.

▶ 죽은 뒤 아내와 무덤 속에서 꽃나무를 즐기려 함

'태등'은 심노숭의 자(字). 아내의 무덤 밑, 제사를 지내기 위해 지은 집에서 글을 쓰고 있음

핵심 정리

- 갈래: 고전 수필〔한문 수필, 기(記)〕
- 성격: 회상적, 체험적
- 구성: '기 – 승 – 전 – 결'의 4단 구성

기: 아내와 고향 파주에 집을 짓고, 꽃과 나무를 심어 늙도록 함께 하기로 함	➡	승: 파주에 집을 다 짓기 도 전에 아내가 병에 걸려 죽음	➡	전: 파주 집에서 백 보도 되지 않는 곳에 아내의 무덤을 삼고 그 주변에 나무를 심음	➡	결: 아내의 무덤과 무덤이 있는 산 주변에 나무를 심는 이유를 밝힘

- 제재: 아내의 무덤가에 나무 심기
- 주제: ① 죽은 아내에 대한 사랑
  ② 꽃나무를 가꾸는 내력 및 죽은 아내에 대한 그리움
- 특징: ① 아내에 대한 감정을 진솔하게 표현함
  ② 시간의 흐름에 따라 일의 경과를 서술함
  ③ 글이 쓰인 날짜가 분명하게 적혀 있어, 글이 지어진 때를 정확히 알 수 있음

한눈에 보기

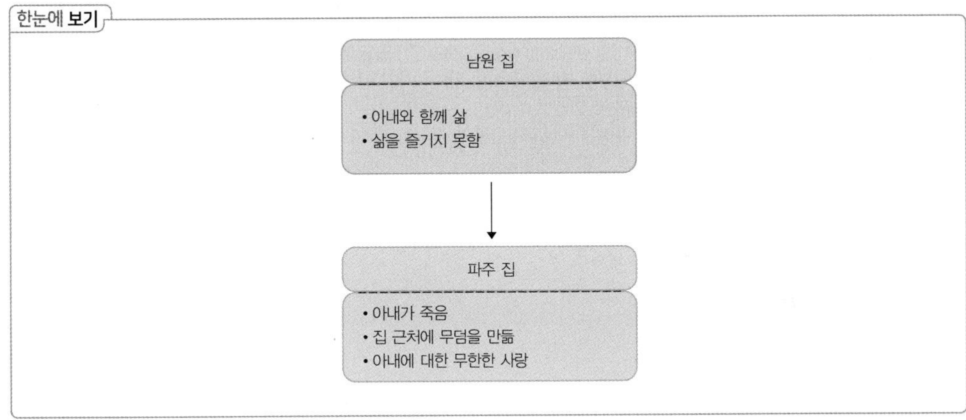

보충·심화 학습

- 기(記)

한문 문학 양식의 하나인 '기(記)'는 어떤 사건이나 경험에 대한 자초지종을 기록하는 형식의 글로, 사실에 충실하게 기록하는 것을 기본으로 하며, 그 과정 속에서 읽는 이에게 교훈을 전달하는 것을 목적으로 한다.

필수 문제

01 이 글에서 (　　　　　)은/는 아내와 생전의 삶을 공유한 공간이고, (　　　　　)은/는 아내의 죽음으로 아내의 부재를 경험하게 되는 공간이다.

02 이 글에서 아내에 대한 글쓴이의 애틋한 마음과 정을 가장 잘 확인할 수 있는 문장을 찾아 쓰시오.

03 이 글에서 글쓴이의 내세관이 가장 잘 드러난 문장을 찾아 쓰시오.

171 포화옥기(匏花屋記) | 이학규

박 넝쿨로 둘러싸인 집

필수

출제 포인트

서울에서 온 나그네가 들려준 일화 속 여관집 노비와 '나'의 삶의 태도를 비교해 보고, 이를 바탕으로 이 글의 주제 의식을 파악해 보자.

감상 길잡이

이 글의 제목 〈포화옥기(匏花屋記)〉의 '포'는 박이라는 뜻이고, '화'는 꽃이며, '옥'은 집이다. 따라서 〈포화옥기〉는 '박 넝쿨로 둘러싸인 집에 대한 기문(記文)'이라는 뜻이다. 이 글의 글쓴이는 신유박해에 연루되어 24년을 유배지에서 보내야만 했다. 글쓴이는 자신의 집에 불만을 가진 듯하지만, 실제로는 자신의 삶을 불행과 고통으로 여기고 있다. 이때 서울 나그네에게서 여관집의 노비에 관한 이야기를 듣는다. 노비의 이야기에서 글쓴이는 자신의 삶을 여관 중의 여관에 머무는 것으로 생각을 바꾸기만 하면 삶의 번뇌가 없어짐을 깨닫는다. 이러한 현실 인식은 현대시 작품인 천상병의 〈귀천(歸天)〉에서 삶을 '소풍'으로 인식하는 것과 일맥상통하기도 한다.

내가 사는 집은 높이가 한 길이 못 되고, 너비는 아홉 자가 못 된다. 「인사를 하려고 하면 갓이 천장에 닿고, 잠을 자려고 하면 무릎을 구부려야 한다.」 한여름에 햇볕이 내리쬐면 창문이 뜨겁게 달아오른다. 그래서 둘러친 담장 밑에 박을 10여 개 심었더니, 넝쿨이 자라 집을 가려 주었다. 그러자 「우거진 그늘 때문에 모기와 파리 떼들이 어두운 곳에서 서식하고, 뱀들이 서늘한 곳에 웅크리고 있었다.」 어두운 밤에 자주 일어나 등촉을 들고 마당을 살펴보았다. 가만히 있으면 가려움 때문에 긁느라 지치고, 이리저리 움직이면 쏘아 대는 것이 두렵다. 이를 걱정하고 신경 쓰느라 병이 생겼으니, 소갈증이 심해지고 가슴도 막힌 듯 답답했다. 찾아오는 손님에게 이러한 사정을 자세히 말하곤 했다.

(길이의 단위. 약 2.4미터 또는 3미터에 해당함 / 글쓴이는 현재 유배지의 집에 있음 / 길이의 단위. 약 30cm에 해당함 / 「 」: 집이 매우 낮고 좁음 / 더위를 막을 수 없음 / 이유: 햇볕을 막기 위해 / 포화옥(匏花屋)을 나타냄 / 「 」: 햇볕의 고통에서 벗어났으나 또 다른 고통이 찾아옴 / 등불과 촛불을 아울러 이르는 말 / 자신의 환경에 만족하지 못하여 고통스러워 함 / 갈증으로 물을 많이 마시고 음식을 많이 먹으나 몸은 여위고 오줌의 양이 많아지는 병)

▶ 사는 집에 대한 불만

서울에서 온 어떤 나그네가 내 말을 듣고 위로를 하였다. 그리고 자신이 예전에 몸소 겪었던 일을 말해 주었다.

('나'에게 깨달음을 주는 인물 / '나'에게 깨달음을 주는 일화)

▶ 서울 나그네의 위로

중략 부분 줄거리 | 전국을 돌아다니며 장사를 하는 나그네는, 무더운 여름철에 여관에 묵는 여행객들 사이에 신분에 따라 잠자리의 차별이 생기는 것과 낮은 계층의 사람들이 잠자리가 불편해 고생하는 것을 보았던 이야기를 한다.

그런데 여관집의 노비를 보면 이와 다릅지요. 「때가 잔뜩 낀 지저분한 얼굴을 하고 부지런히 소나 말처럼 분주히 오가며 일을 하지요. 지나다니는 사람들에게 빌붙어 아침저녁을 해결하니, 버려진 음식도 달게 먹는답니다. 그 사람은 취하여 배부르면 눕자마자 잠이 들지요. 우리네들이 예전에 견디지 못하는 것을 그 사람은 편안하게 여기니, 마치 쌀쌀한 날씨 속에 선선한 방에서 잠자듯 한답니다.」 그의 모습을 살펴보면 옷은 다 해지고 여기저기 꿰매었지만 살결은 튼실하고, 특별한 재앙을 겪지 않고 천수를 누리고 있지요. / 이것은 다른 이유 때문이 아니랍니다. 그 사람은 자기가 사는 곳을 여관으로 생각하며, 지금의 삶을 본래 정해진 운명이라고 여깁니다. 「온갖 걱정과

('나'와 대비되는 존재 / 불편해하는 여행객들 / 여관집의 노비 / 남의 호감이나 환심을 사기 위하여 곁에서 아첨하고 알랑거리며 / 마땅하여 기껍게 / 삶에 대한 인식 대비 / 「 」: 열악한 환경에 만족하며 불평하지 않고 사는 노비의 모습 / 여름이지만 / 시원한 느낌이 들 정도로 서늘한 / 타고난 수명 / '나'보다 나을 것이 없는 처지 / 뜻하지 아니하게 생긴 불행한 변고 / 이 세상 자체를 잠시 거쳐 가는 여관과 같이 여기며 / 주어진 삶에 만족하며 살아가는 삶의 자세)

근심으로 자기 마음을 상하게 하는 일도 없고, 끙끙거리며 탄식하느라 기운을 허하게 하는 일도
「 」: '나'의 모습 – 노비와 대비됨 원기가 부실하게
없지요.」그래서 재앙을 특별히 겪지 않고 천수를 누릴 사람이랍니다. ▶ 여관집 노비가 천수를 누리는 이유

부모나 조부모와 같은 웃어른을 받들어 모심
또 이런 말도 있습지요. 지금 이 세상은 살아 있는 사람을 봉양하고 죽은 사람을 장사 지내는
나그네의 인생관
여관 같은 곳입니다. 그리고 이 여관은 하룻밤이나 이틀을 묵고 가는 곳입니다. 지금 그대는 이러
이 세상에서 영원한 삶은 없음을 비유적으로 표현함
한 여관에 몸을 기탁해 사는 데다가, 다시 또 멀리 떠나와 궁벽한 골짜기에 몸을 숨기고 있습니
어떤 일을 부탁하여 맡겨 둠 유배지로 와 매우 후미지고 으슥한
다. 이것은 여관 중의 여관에 머물고 있는 셈이지요. ▶ 세상과 인생은 여관과 같음
원관념 = 글쓴이의 집 비유적 의미의 여관. 잠시 머물다 가는 곳

저 여관집의 노비는 일자무식한 사람입니다. 다만 그는 여관을 여관으로 여기면서, 음식도 잘
글자를 한 자도 모를 정도로 무식함 실제 여관
먹고 하루하루를 지내니, 추위와 더위도 그를 해치지 못하고 질병도 해를 입히지 못한답니다. 그
운명으로 받아들이니
런데 그대는 도를 지키고 운명에 순종하며, 소박하고 솔직한 태도로 행하는 분입니다. 그런데 여
글쓴이
관 중의 여관에서 지내면서도 여관을 여관으로 생각하지 않으십니다. 자기 스스로 화를 돋우고
잠시 거쳐 갈 곳으로 여기지
들볶아 원기를 손상시키니, 병이 생겨 거의 죽을 지경에 이르렀습니다.「그대가 배우기를 바라는
만물이 자라는 데 근본이 되는 정기 노비의 운명 순응적 삶의 태도에 대한 긍정적 평가
것은 옛날 성현의 말씀인데도, 오히려 여관집의 노비가 하는 것처럼도 하지 못하는구려.」
「 」: 성현의 도를 좇으면서도 여관집 노비의 깨달음에도 미치지 못하는 '나'를 질타함 ▶ 여관집 노비의 이야기를 듣고 깨달음

이에 그 말을 서술하여 벽에 적고 '포화옥기(匏花屋記)'라 하였다. ▶ 깨달음을 글로 남김
나그네의 말 박 넝쿨로 둘러싸인 집에 대한 기문(記文)

핵심 정리

- 갈래: 고전 수필〔한문 수필, 기(記)〕
- 성격: 성찰적, 교훈적
- 구성: '체험 – 깨달음'의 구성

체험: 집에 대해 불만을 가지고 있다가 나그네에게서 여관집의 노비 이야기를 듣게 됨	➡	깨달음: 유배지에서의 삶을 여관 중의 여관에 머무는 것으로 여길 때 삶의 번뇌가 없어짐을 깨달음

- 제재: 박 넝쿨로 둘러싸인 집
- 주제: 주어진 삶을 운명으로 받아들이며 살아야 한다는 것을 깨달음
- 특징: ① 체험과 깨달음의 구조로 되어 있음 ② 주어진 삶을 운명으로 여기는 현실 인식의 태도가 드러남

한눈에 **보기**

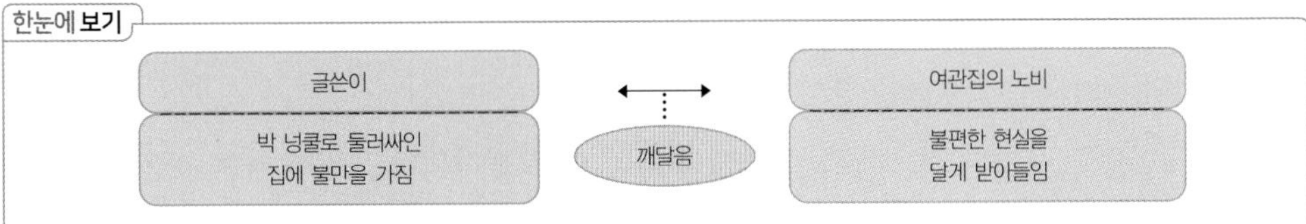

필수 문제

01 이 글에서 서울 나그네는 세상과 인생을 무엇에 비유하고 있는지 쓰시오.

02 이 글에서 '나'와 대비되는 삶의 태도를 지닌 인물은 누구인지 쓰시오.

172 해유록(海遊錄) | 신유한

필수

출제 포인트

글쓴이가 제술관 신분으로 통신사 일행을 따라 일본에 다녀올 때의 여정과 견문을 기록한 글이다. 이 글의 형식적 특성 및 글쓴이가 일본과 왜인에 대해 보이는 태도 등 견문에 주목하여 살펴보자.

감상 길잡이

이 글은 조선 숙종 때의 문장가 신유한이 1719년(숙종 45)에 제술관(製述官)이 되어 통신사 남태기와 홍치중을 따라 일본에 갔을 때 쓴 일기 형식의 기행문이다. 글쓴이는 일본의 생활 풍습이나 경제상, 문인들과 교유한 경험 등을 다양하게 서술하고 있다. 조선에서는 임진왜란 이후 총 12회에 걸쳐 통신사를 일본에 파견하였는데, 그간 조선 통신사들이 남긴 일본 기행문이 수십 종에 달한다. 그중에서도 신유한의 〈해유록〉은 문장이 유려하고 묘사가 꼼꼼하며, 내용이 풍부하여 문학적으로 가장 우수한 작품으로 꼽힌다.

이윽고 여러 왜인들이 배들을 가지고 왔는데 배를 화려하게 꾸며 아주 찬란하였다.『배에 층층 누각을 세웠는데, 나무로 기와와 형상을 조각하여 파랗게 칠하고 지붕 아래는 전체가 검은색인데 매끈매끈하고 밝아서 사람의 얼굴이 비칠 정도였다. 서까래, 난간, 지붕마루는 황금을 입혔다. 또 창문과 천장까지도 그렇게 하여 사람이 배 안에 앉았거나 누웠을 때 옷이 모두 금빛으로 빛났다.』

(왜인: '일본 사람'을 낮잡아 이르는 말 / 지붕마루: 지붕 가운데 부분에 있는 가장 높은 수평 마루 / 서까래: 마룻대에서 도리 또는 보에 걸쳐 지른 나무 / 모두 금빛으로 빛났다: 화려하고 찬란함 / 『 』: 찬란한 배의 모습을 묘사함)

그리고 자주색 비단으로 휘장을 만들어 사방에 둘러쳤는데 거기에 군데군데 커다란 붉은색 술을 달아 늘인 것이 네다섯 자씩 늘어져 봉황의 꼬리 같았다. 또 난간 위에는 생사같이 가늘고 무늬가 알씬거리는 붉은 발을 쳐서 그 빛깔이 강물에 한 자쯤 못 미치게 드리웠다. 배꼬리에는 오색이 아롱아롱한 한 발 남짓한 끈에 황금 방울 두 개를 달아 그 소리로 키가 노는 완급을 알게 하였다. 또 물에 잠기는 배의 중간 부분에도 금빛 나는 쇠를 씌워 금빛과 물결이 서로 그림자를 지어 얼씬거리고 있다. 〈중략〉

(휘장: 피륙을 여러 폭으로 이어서 빙 둘러치는 장막 / 자: 길이의 단위. 30.3cm / 생사: 삶아서 익히지 아니한 명주실 / 알씬거리는: 작은 것이 잇따라 눈앞에 잠깐씩 나타났다 없어지는 / 발: 두 팔을 양 옆으로 펴서 벌렸을 때 한 쪽 손끝에서 다른 쪽 손끝까지의 길이 / 키: 배의 방향을 조종하는 장치 / 완급: 느림과 빠름 / ▶ 왜인 배의 화려함)

『국서(國書)를 받들 배는 맨 앞에 있었으며 정사, 부사, 종사관 이하 당상 역관과 왜의 상급 통역과 군관 등 사신 일행에 참여한 사람들을 모두 아홉 척에 타게 하였다.』 배마다 모두 각각 표지가 있고 화려하고 사치한 모습은 그리 차이가 없었다.

(국서: 한 국가의 통치자의 이름으로 보내는 외교 문서 / 정사: 사신의 우두머리 / 종사관: 통신사를 수행하던 임시 벼슬 / 당상 역관: 통신사 통역을 맡은 관리 / 『 』: 사신단이 국가 간의 외교에 관한 일을 담당하기 위해 일본에 갔음을 알 수 있음)

정사 공이 대마도주에게 말을 전하기를,

(대마도주: 대마도의 영주)

"누선이 이렇듯 사치한 것으로 보아 관백이 타는 배로 생각되니 우리가 타는 것은 예가 아닌가 합니다." / 하였다. 대마도주는 놀라 사과하기를,

(누선: 다락이 있는 배 / 관백: 옛날 일본에서 왕을 내세워 실질적인 정권을 잡았던 막부(幕府)의 우두머리)

"이는 사신의 행차를 위하여 새로 만든 배입니다. 관백의 배가 아니오니 사양하실 것 없습니다."

(이는 사신의 행차를 위하여 새로 만든 배입니다: 우리나라 사신을 정성껏 대접하는 대마도주의 태도)

나중에 다른 왜인한테 물어보니 국서를 받든 배 이외에 사신 이하가 탄 모든 배들은 다 각 주의 태수가 타는 배와 같았다. 〈중략〉

(태수: 지방관 / ▶ 왜인의 배로 옮겨 탐)

언덕 위 산기슭은 굽틀굽틀 뻗어나가 높았다 낮았다 하는데 층집과 날개를 편 듯한 누대가 구름 속에 빛나며『수많은 인가의 담장과 벽들도 다 깨끗하다. 작은 땅이라도 그저 내버려 둔 데가

(층집: 여러 층으로 지은 집 / 누대: 누각과 대사와 같이 높은 건물)

없다. 낮고 습해서 사람이 살 수 없는 데면 푸른 잔디 언덕을 만들어 깨끗하게 해 놓아 어지러운 데라고는 없다.」 그중에서도 돌을 다듬어 쌓고 터를 닦아 집을 날아갈 듯이 지어 아득하게 강물을 굽어보게 하였고, 뜰과 우물가에는 노송과 가을 해당을 심고 기이하고 아름다운 화초들을 심어 깃발처럼, 양산처럼 별의별 형태를 만들었다. 비단 휘장을 치고 오색등을 달아 놓은 것들은 다 각 주 태수들의 별장이다. 그 아래 강기슭 수문에는 나무 울짱을 세우고 황금으로 장식한 배를 매어 두었는데 거기에는 사신이 탄 배 같은 것이 헤아릴 수 없이 많았다. 이는 부호와 귀족들이 노는 곳이다. 또 강을 끼고 떠 있는 어선들과 상선들이 꼬리를 물고 잇달아 있다. ▶ 배 위에서 바라본 왜국 마을 광경

「 」: 글쓴이가 바라본 일본 마을의 인상 – 깨끗함. 정리가 잘 됨

노송: 늙은 소나무 / 해당: 해당화 / 울짱: 울타리

남녀 구경꾼이 양쪽 언덕 위에 담을 이루고 서 있는데 다 비단과 무늬 놓은 화려한 옷을 입었다. 여자는 머리에 기름을 발라 윤기가 흐르는데 꽂 비녀와 대모(玳瑁) 빗을 꽂았으며 얼굴에는 분을 발랐다. 그리고 빨갛고 파란 그림을 그린 장삼을 입은 데다가 화려한 띠로 허리를 동여 허리가 가느다랗고 기름하게 차렸으니 마치 절간에서 볼 수 있는 불화를 보는 듯하였다. 사내아이들 가운데 고운 아이는 복색과 차림이 여자보다도 더 아름답고 여덟 살 넘으면 왼쪽 옷자락에 진기한 칼을 꽂지 않은 아이가 없으며 강보에 싸여 있는 어린것까지도 알쏭달쏭 아기자기하게 차려 무릎 위에 앉히기도 하고 등에 업기도 하였으니 그 번화한 광경이 오색이 무르녹은 꽃동산을 이루었다. ▶ 배 위에서 바라본 왜국 사람들의 모습

대모: 바다거북의 하나인 대모의 등껍질로 만든 빗 / 장삼: 승려의 웃옷, 길이가 길고, 품과 소매를 넓게 만든 옷 / 기름하게: 조금 긴 듯하게 / 불화: 불교의 내용을 그린 종교화 / 여덟 살 넘으면 왼쪽 옷자락에 진기한 칼을 꽂지 않은 아이가 없으며: 무(武)를 숭상하는 일본인들의 모습 / 강보: 포대기 / 알쏭달쏭: 여러 가지 색깔이나 모양이 뒤섞여 서로 분간하기 어려운 모양

핵심 정리

- 갈래: 고전 수필(기행 수필)
- 성격: 체험적, 묘사적, 사실적, 비유적
- 구성: 여정에 따른 추보식 구성

강어귀에서 섭진주 땅을 둘러봄 ➡ 다락배를 타고 대판까지 이동하며 왜국 마을과 사람들의 모습을 관찰함 ➡ 대판에 도착하여 진귀한 음식을 먹고 준마를 타고 숙소로 향함 ➡ 숙소로 향하는 길에서 화려한 옷을 입은 왜인들을 봄

- 제재: 일본 여행
- 주제: 일본 여행을 하면서 보고 듣고 느낀 점
- 특징: 관찰한 내용을 꼼꼼한 묘사를 바탕으로 상세하게 서술함

한눈에 보기

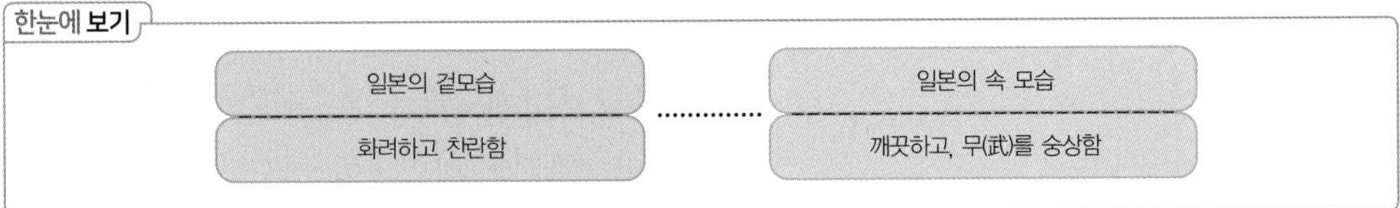

필수 문제

01 이 글에서 묘사된 내용을 볼 때 우리 (   )을/를 맞는 왜인들의 배가 매우 화려했음을 확인할 수 있다.

02 이 글은 조선 문인의 왜국 (   )(으)로 배 위에서 바라보는 왜국의 마을 모습과 왜국 사람들의 모습이 잘 표현되어 있다.

173 외삼촌이 손수 써 주신 책 | 이형부

필수

출제 포인트

글쓴이가 어린 시절 외삼촌에게 《효경》을 선물 받은 일화를 통해 얻은 깨달음을 전하고 있는 글이다. 외삼촌이 글쓴이에게 《효경》을 써 준 궁극적인 이유에 대해 알아보자.

감상 길잡이

이 글은 글쓴이가 외삼촌에게 선물 받은 《효경》을 우연히 발견하고 지난날을 회상하며 쓴 한문 수필이다. 글쓴이는 어린 시절에는 외삼촌이 선물한 《효경》을 글씨를 연습하고 기예를 익히는 책으로 여겼다. 그러나 어른이 되어 다시 생각해 보니 외삼촌이 손수 써 주신 《효경》이 삶의 길을 알려 주고자 했던 외삼촌의 사랑이었음을 깨닫는다. 책 한 권에 담긴 일화를 제시하고, 이로 인해 얻은 깨달음을 잔잔하게 전달하고 있는 작품이다.

어려서 나는 어머니를 따라 외할머니를 찾아뵌 적이 있었다. 그때 외삼촌은 열심히 서예를 연마하고 계셨는데, 특히 부모님께 효성을 다하셨다. 「외삼촌은 산자락을 사이에 두고 분가(分家)하여 살면서 아침저녁으로 외할머니를 보살피러 오셨다. 얼굴에는 기쁜 빛을 띠고 상냥한 말씨를 써서 외할머니가 웃고 즐기시기에 보탬이 될 만한 재미있는 세상일을 하나하나 이야기해 드렸다. 그러면 외삼촌의 말씀을 듣고 온 집안이 왁자하게 웃음보를 터뜨리곤 했었다.」

(연마: 학문이나 기술 따위를 힘써 배우고 닦음 / 서예: 글씨를 붓으로 쓰는 예술 / 분가: 가족의 한 구성원이 주로 결혼 따위로 살림을 차려 따로 나감 / 왁자하게: 정신이 어지러울 만큼 떠들썩하게 / 「 」: 몸소 효도를 실천함)

▶ 외삼촌의 효성

중략 부분 줄거리 | 외삼촌은 글쓴이에게 자상하게 대해 주었고, 글쓴이는 그런 외삼촌을 잘 따른다.

그 뒤 언젠가 외삼촌이 앞으로 오라고 나를 불러서 무릎을 꿇어앉으라고 하셨다. 그러고는 종잇조각을 꺼내어 줄 듯하다가 다시 넣으시면서 "이것은 공부를 하는 데 쓰는 도구란다. 이걸 얻으려면 절을 해야 하지 않겠느냐!"라고 하셨다. 내가 일어나서 절을 하자 그제야 웃으시면서 주셨는데 그것은 다름 아닌 서산(書算)이었다. 종이 표면을 뚫어서 혀 모양을 만들고 열쳤다 닫았다 하면서 글 읽는 횟수를 표시하는 물건으로 외삼촌이 직접 만드신 것이었다. 나는 정말 기뻐서 그날은 책을 아주 여러 번 읽었다.

(종잇조각: 서산 / 이걸 얻으려면 절을 해야 하지 않겠느냐!: 장난스럽게 받지 말고 경건하게 받아야 함을 강조 / 서산: 글을 읽은 횟수를 세는 데 쓰는 물건)

○ 서산

▶ 외삼촌에게 서산을 선물 받음

다음 날 아침 외삼촌이 내게 오셔서 "네가 몇 번이나 읽었는지 서산으로 세어 봤느냐?"라고 물으셨다. 나는 사실대로 아주 많이 읽었다고 대답하였는데, 외삼촌은 웃으시면서 "거짓으로 셈한 것은 아니고?" 하시며 놀리셨다. 부끄럽기도 하고 야속하기도 하여 나는 곧 울음보가 터져 나올 것 같았다. 그러자 외삼촌께서는 나를 달래서 마음을 풀어 주셨다.

(나는 사실대로 아주 많이 읽었다고 대답하였는데: 책을 많이 읽은 것에 대한 자부심. 외삼촌에게 칭찬받기를 기대함 / 야속: 무정한 행동이나 그런 행동을 한 사람이 섭섭하게 여겨져 언짢음)

▶ 책을 많이 읽으라는 외삼촌의 가르침

중략 부분 줄거리 | 글쓴이는 일 년 남짓 외가에 머물면서 외삼촌으로부터 문예를 익힌다.

(문예: 문학과 예술을 아울러 이르는 말)

내가 친가로 돌아올 때 외삼촌은 《효경(孝經)》이라는 책 한 부(部)를 손수 쓰셔서 내게 주셨다. 외할아버지의 글씨체를 본받아 글씨를 쓰셨는데, 글자가 자못 커서 분간하여 익히기가 수월하였다.

(효경: 공자가 제자인 증자(曾子)에게 전한 효도에 관한 논설 내용을 기록한 책으로 유교 경전의 하나 / 외할아버지의 글씨체를 본받아 글씨를 쓰셨는데: 외할아버지 김상숙(金相肅)은 저명한 서예가임 / 글자가 자못 커서 분간하여 익히기가 수월하였다: 조카를 위한 외삼촌의 배려)

나는 책을 받아서 보물인 양 간직하고「때때로 붓에 먹물을 묻혀 그 글씨를 흉내 내어 익혔다.」글자와 줄 사이에 먹물 자국으로 더럽혀진 것은 내가 어릴 때 남겨 놓은 흔적이다.

벼루에 먹을 갈아 만든 검은 물 「 」: 학문이 아닌 기예를 익힌 것

▶ 외삼촌에게 《효경》을 선물 받음

외삼촌은 친구들과 시 짓는 모임을 즐기기도 하셨는데, 그 자리에 내가 자주 따라가곤 했다. 언젠가 외삼촌은 술이 살짝 오르셨을 때 여러 편의 시를 지어 내게 보내 주셨다. 그것은 모범으로 삼아야 할 일과 경계 삼아야 할 일을 말씀하신 시였다. 나는 그 시를 선물 받은 《효경》과 함께 소중히 보관해 두었다.

옳지 않은 일이나 잘못된 일들을 하지 않도록 타일러서 주의하게 함

▶ 외삼촌이 지은 시를 선물 받음

아! 이제는 나도 머리카락이 듬성듬성해지는 나이가 되었다. 그런데 문예는 보잘것없고 학업은 이룬 것이 없으며, 외삼촌의 가르침도 다시는 받을 길이 없다. 화롯가나 등불 곁에서 어머니를 마주하고 앉아 외삼촌에 대해 말씀을 나눌 때면 언제나 그저 뺨에 눈물만 흘릴 뿐이다.

매우 드물고 성긴 모양 / 외삼촌이 이미 세상을 떠남 / 외삼촌에 대한 그리움

▶ 외삼촌에 대한 그리움

이번 가을에 처마 밑에서 햇볕을 받으며 책을 말렸다. 그러다가 외삼촌이 써 주신 《효경》을 발견하고는 가슴이 저미도록 아파 오며 지난 일들이 마치 어제의 일처럼 떠올랐다.「그래서 생각해 보니, 외삼촌은 몸소 효도를 실천하심으로써 자식들이나 조카들을 이끌려고 하셨다는 생각이 들었다. 일부러 《효경》을 내게 주셔서, 기예(技藝)를 학문보다 앞세워서는 안 되고, 학문을 행실보다 앞세워서는 안 되며, 어떤 행실도 효도보다 앞세워서는 안 된다는 뜻을 말씀하시고자 하셨던 거로구나!」

이 작품을 쓰게 된 직접적 동기 / 칼로 도려내듯이 쓰리고 아프게 / 예술로 승화될 정도로 갈고 닦은 기술이나 재주 / 실지로 드러나는 행동 / 외삼촌이 글쓴이에게 가르쳐 주고자 했던 것 / 「 」: 뒤늦게 외삼촌의 뜻을 깨달음

▶ 외삼촌의 가르침을 깨달음

뒷부분 줄거리 | 글쓴이는 외삼촌의 은혜에 감사하며 외삼촌이 이미 돌아가신 것을 슬퍼한다.

핵심 정리

- 갈래: 고전 수필(한문 수필)
- 성격: 교훈적, 회고적
- 구성: '체험 – 깨달음'의 2단 구성

체험: 외삼촌에게서 손수 쓴 《효경》을 선물 받았으나 외할아버지의 글씨체를 본받으려 애쓰는 데만 사용함	➡	깨달음: 세월이 흐른 후에야 어떤 행실도 효도보다 앞세워서는 안 됨을 알려 주려 했던 외삼촌의 사랑을 깨달음

- 제재: 외삼촌이 써 주신 《효경》
- 주제: 어떤 행실보다 효도를 앞세우라는 가르침
- 특징: 어린 시절의 일화를 통해 얻은 깨달음을 드러냄

한눈에 보기

필수 문제

01 이 글에서 외삼촌은 (　　　)이/가 지극한 인물로 어떤 행실도 (　　　)보다 앞세워서는 안 된다고 생각하는 인물이다.

02 이 글은 '과거 – 현재'로 변화하는 구성을 통해 대상에서 얻은 (　　　)을/를 잔잔하게 전달하고 있다.

174 유수묘지명(兪叟墓誌銘) | 이건창

필수

출제 포인트

글쓴이가 이웃에 살던 유 씨 노인의 죽음을 애도하기 위해 쓴 묘지명이다. 망자의 일생과 그에 대한 글쓴이의 평가에 주목하여 살펴보자.

감상 길잡이

이 글은 이웃에 살던 이름 없고 신분이 미천한 노인의 죽음을 애도하는 묘지명이다. 묘지명에는 죽은 이의 세계나 자호, 가족 사항 등이 포함되나 이 글에서는 죽은 이에 대한 정보라고는 성과 자, 그리고 평생 짚신을 삼았던 그의 행적이 전부이다. 글쓴이는 신을 삼는 일을 하면서도 남을 배려하고 기다릴 줄 아는 삶을 살았던 유 노인이야말로 성현의 도에 버금가는 사람이라며 그의 죽음에 의의를 부여하고 있다.

때는 모년(어떤 해) 8월 계미일, 신발을 삼는(짚신을 만드는) 유군업(兪君業) 노인이 질병으로 강화하도(江華下道) 윤여화(尹汝化)의 빈집에서 마지막 숨을 거두었다. 나이 70세였고 자식은 없었다. 그 다음 날 마을의 장로(長老)(나이가 많고 학문과 덕이 높은 사람)가 윤여화의 집에 모여 유 노인을 장례 지낼 일을 의논하였다. 윤여화가 나에게 와 그 사실을 말하기에 나는 갈아 먹지도 못하는(밭작물의 씨앗을 심어 가꾸지도 못하는) 쓸모없는 땅을 주어 그를 장례 지내게 하고 또 묘지(墓誌)(죽은 사람의 이름, 신분, 행적 따위를 기록한 글)도 지었는데 자(본 이름 외에 부르는 이름)는 있지마는 이름도 없고 계보(혈연관계나 학풍, 사조(思潮) 따위가 계승되어 온 연속성)도 없고 호적도 없는 것이 마음 아팠다. 그 죽음에 대해서는 상세하게 알고 있지마는, 그 출생에 대해서는 아는 것이 없다. ▶ 유 노인의 죽음

이 노인은 중년에 홀몸(배우자나 형제가 없는 사람)으로 떠돌아다니다가 윤여화의 집에서 객(客)(찾아온 사람)이 된 지 30년이 되었는데, 순박하고 말이 없는 데다가 다른 재주가 없어 날마다 신을 삼는 일만 하였다. 그러나 스스로 신을 팔지 않고 윤여화에게 주었는데, 윤여화가 신을 팔아 쌀을 장만하면 이를 보내어 밥을 짓게 하였으나, 그렇지 못할 때에는 여러 날이 지나도 밥을 짓지 못하기도 하였다.(윤여화가 쌀을 보내지 못할 때에는 몹시 가난하였음) 「마을 사람들이 아무것도 안 가지고 와서 신을 달라고 해도 노인은 바로 신을 내주었다. 혹 값을 치르지 않고 가져가 놓고 오래되어도 직접 가서 찾지 않았으므로」 때로는 한 해가 다 가도 한 걸음도 문밖을 나가지 않았다.(유 노인이 바깥출입을 하지 않았기 때문에) 내 집과 윤여화의 집이 서로 빤히 보일 정도로 가까웠지만 나는 끝내 늙은이의 얼굴을 알지 못하였다.

「 」: 유 노인은 가난한 삶을 살면서도 다른 사람을 배려하고 기다릴 줄 알았음

▶ 유 노인의 삶

「그런데 내가 일찍이 슬퍼한 것은, 옛날 성현(聖賢)(성인(聖人)과 현인(賢人)을 아울러 이르는 말)은 종신토록(평생토록) 한 가지 일도 세상에 행하지 못하였지마는 그들의 학업은 다 세상에 행하고 있다는 사실이다. 지금 이 유 씨 노인도 한 해가 다 가도록 한 걸음도 길에 나다니지 않았지마는 그가 한 일은 오로지 세상에 행해지고 있는 것이다.(세상 사람들이 유 노인이 만든 신을 신고 다니는 것을 가리킴)」 비록 그 도구의 규모는 다르다 해도 그렇게 부지런히 하고서도 자기에게 소용(쓸 곳)이 없기는 마찬가지니, 또한 슬픈 일이다.

「 」: 유 노인과 성현의 공통점

▶ 유 노인의 삶에 대한 서글픔

그러나 「성현이 스스로 세상에 도를 행할 수도 없었지마는, 세상 또한 끝내 그 도를 쓰지 않음으로써 도리어 비방(남을 비웃고 헐뜯어서 말함)을 초래하고 환액(患厄)(벼슬길에 재앙으로 입는 불운)에 걸리어, 두려워하고 편안하지 못하였다. 그런데 이 노인 같은 경우는 진실로 세상에 도를 행하는 데 뜻이 없었지마는, 마을 사람들이 그 신을 쓸 뿐만

아니라 그 값을 치러 주어, 노력으로써 먹을 수 있었고, 늙어 세상을 마치도록 다른 걱정은 없었다.」

「 」: 유 노인과 성현의 차이점

이 노인이 평범한 사람이었다면 아무런 유감이 없을 것이나, 이 노인이 평범한 사람이 아니라 한들 또한 무슨 유감이 있겠는가? 그 명(銘)은 다음과 같다.

묘지명에서 운문 형식으로 표현한 부분

五穀芃芃民所寶	오곡이 풍성한 것은 백성들이 보배로 여기나
	온갖 곡식을 통틀어 이르는 말
斂精食實委枯槁	알맹이는 거두어 먹고 짚은 버렸네.
惟叟得之以終老	유 씨 노인 이것으로 일생을 마쳤으니
生也爲履葬也藁	살아서는 신을 삼았고 장사 지낼 때에는 거적에 싸여 갔네.

짚을 두툼하게 엮거나, 새끼로 날을 하여 짚으로 쳐서 자리처럼 만든 물건

▶ 유 노인의 삶에 대한 애도

핵심 정리

- 갈래: 고전 수필(한문 수필, 묘지명)
- 성격: 회고적, 체험적
- 구성: '기 – 승 – 전 – 결'의 4단 구성

- 제재: 유 노인의 죽음
- 주제: 유 노인의 죽음에 대한 애도
- 특징: ① 조선 시대 정형화된 묘지명의 일반적인 틀에서 벗어남 ② 신분이 낮은 노인을 대상으로 삼음

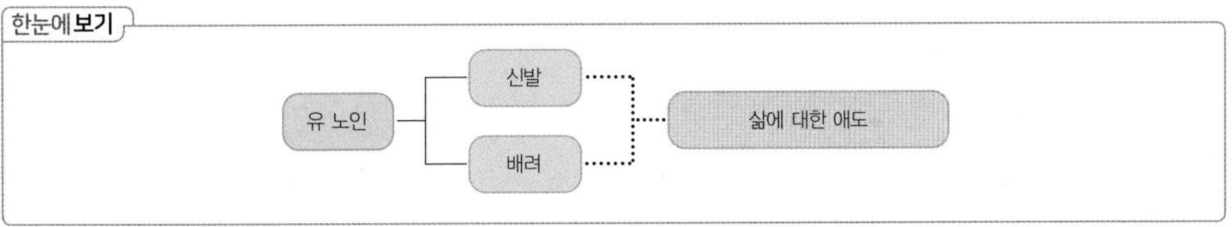

보충·심화 학습

- '묘지명'의 형식과 내용

'묘지명'은 한문학 문체를 말하는 것으로, 죽은 이의 훌륭한 덕과 공로를 후세에 영원히 전하는 글의 총칭이다. 보통 '묘지명'이라면 정방형(正方形)의 두 돌을 포개어 무덤 속에 묻는 것으로, 한편 돌에는 죽은 이의 성씨와 벼슬 · 고향 등을 기록하는데 이를 '지'라 하고, 다른 한편 돌에는 죽은 이를 칭송하는 글을 적는데 이를 '명'이라 한다. 따라서 '지'는 일반 사람의 전기(傳記)와 체가 비슷하고 '명'은 시로 된 것이 보통이다. 그러나 후세에는 '지'는 있고, '명'은 없는 것도 있었고, 반대로 '명'만 있고 '지'는 없는 것도 생겨났다. '명'도 그 문체를 보면 삼언(三言) · 사언(四言) · 칠언(七言) · 잡언(雜言) 및 산문의 여러 가지가 두루 사용되었으며, 운문이라 하더라도 압운법(押韻法)이 지은 이에 따라 갖가지였다. 또 '지'와 '명'의 작자가 각기 다른 경우도 있었다. '묘지명'의 기원에 대해서는 후한(後漢) 때에 두자하(杜子夏)가 글을 돌에 새겨 무덤가에 묻은 데서 비롯되었다는 설이 가장 믿을 만하다. 후세 사람들은 이를 본떠서 죽은 이의 세계(世系)와 명자(名字) · 벼슬 · 산 곳 · 낳은 해 · 죽은 해 및 그의 자손들에 대한 기록을 돌에 새겨 무덤가에 묻게 되었다.

필수 문제

01 이 글에서 땅을 주어 유 노인의 장례를 지내게 하는 글쓴이의 행동에서 따뜻한 (　　　)을/를 느낄 수 있다.

02 이 글에서 글쓴이가 생각하는 유 노인과 성현의 공통점은 (　　　)에게는 소용이 없으나 (　　　)에는 소용이 있는 것을 평생토록 하였다는 점이다.

175 난중일기(亂中日記) | 이순신

필수

출제 포인트

임진왜란 7년 동안의 상황을 비교적 간결하고 객관적으로 기록한 일기이다. 이 글의 서술상의 특징 및 기록 문학으로서의 사료적 가치에 주목하여 살펴보자.

감상 길잡이

이 글은 임진왜란 7년 동안의 상황을 아주 구체적으로 기록한 한문 일기로서, 임진왜란 전반의 전쟁 기록임과 동시에 충무공 이순신의 엄격하고도 지적인 진중 생활을 엿볼 수 있는 기록 문학이다. 일기의 내용은 유비무환(有備無患)의 진중 생활, 인간 이순신의 진솔한 모습과 생각, 부하를 사랑하고 백성을 아끼는 마음, 부하에 대한 사심 없는 상벌(賞罰)의 원칙, 국정에 대한 솔직한 간언, 군사 행동에 있어서의 비밀 엄수, 전투 상황의 정확한 기록, 가족 · 친지 · 부하 장졸 · 내외 요인들의 내왕 관계, 정치 · 군사에 관한 서신 교환 등이 사실적으로 기록되어 있다.

을미년(1595년) 7월

1일 잠깐 비가 내렸다. 나라 제삿날(인종의 제사를 뜻함)이라 공무를 보지 않고 홀로 누대에 기대고 있었다.「내일은 돌아가신 부친의 생신인데, 슬픔과 그리움을 가슴에 품고 생각하니, 나도 모르게 눈물이 떨어졌다.」(「」: 선친에 대한 그리움) 「나라의 정세를 생각하니, 위태롭기가 아침 이슬과 같다. 안으로는 정책을 결정할 동량(棟樑)(기둥과 들보를 아울러 이르는 말) 같은 인재가 없고, 밖으로는 나라를 바로잡을 주춧돌 같은 인물이 없으니, 종묘사직(왕실과 나라를 통틀어 이르는 말)이 마침내 어떻게 될 것인지 알지 못하겠다. 마음이 어지러워서 하루 내내 뒤척거렸다.」(「」: 나라의 정세 걱정) 〈중략〉 ▶ 선친에 대한 그리움과 우국지정

3일 맑음. 아침에 충청 수사에게로 가서 문병하니 많이 나았다고 한다. 늦게 경상 수사가 이곳에 와서 서로 이야기한 뒤에 활 열 순(활을 쏠 때에 각 사람이 화살을 다섯 대까지 쏘는 한 바퀴)을 쏘았다. 이경(밤 9시에서 11시 사이)에 탐후선(원문에는 탐선(探船). 즉 전장의 사정을 정탐하여 살피는 목적의 선박)이 들어왔는데, 어머니께서 평안하시긴 하나 밥맛이 쓰시다고 한다. 매우 걱정이다.(멀리서 어머니를 걱정하는 모습이 나타남) 〈중략〉 ▶ 충청 수사 문병과 경상 수사와의 환담 및 어머니에 대한 걱정

7일 흐리되 비는 오지 않았다. 경상 수사, 두 조방장(주장(主將)을 도와서 적의 침입을 방어하는 장수)과 충청 수사가 왔다. 방답 첨사(조선 시대에 절도사에 속한 진(鎭)에서 수군을 거느려 다스리던 군직), 사도 첨사 등에게 편을 갈라 활을 쏘게 했다. 경상 우병사(병마절도사)〔김응서(金應瑞)〕에게 유지(임금이 신하에게 내리던 글)가 왔는데, "나라의 재앙이 참혹하고 원수가 사직(社稷)(나라 또는 조정을 이르는 말)에 남아 있어서 귀신의 부끄러움과 사람의 원통함이 온 천지에 사무쳤건만, 아직도 요사한(요망하고 간사한) 기운을 재빨리 쓸어버리지 못하고 원수와 함께 한 하늘을 이는 분통함을 모두 절감하고 있다. 무릇 혈기 있는 자라면 누가 팔을 걷고 절치부심(몹시 분하여 이를 갈며 속을 썩임)하며 그놈의 그 살을 찢고 싶지 않겠는가!「그런데 경은 적과 마주하여 진을 치고 있는 장수로서 조정이 명령하지도 않았는데 함부로 적과 대면하여 감히 도리에 어긋난 말을 지껄이는가. 또 누차 사사로이 편지를 보내어 그들을 높여 아첨하는 모습을 보이고 수호(修好)(나라와 나라가 서로 사이좋게 지냄), 강화(싸우던 두 편이 싸움을 그치고 평화로운 상태가 됨)하자는 말을 하여, 명나라 조정에까지 들리게 해서 치욕을 끼치고 사이가 벌어지게 했음에도」(「」: 김응서의 잘못에 대한 질책 – 상부의 명령도 없이 자의적으로 적과 강화하자는 말을 함) 조금도 거리낌이 없도다.(잘못에 대한 뉘우침이 없음) 마땅히 군법으로 다스려도 아까울 것이 없거늘, 오히려 관대히 용서하고 돈독히(도탑고 성실하게) 타이르며 경고하고 책망하기를 분명히 하였다. 그런데도 미혹한(무엇에 홀려 정신을 차리지 못하는) 것을 고집하기를 더욱 심하게 하여서 스스로 죄의 구렁텅이에 빠져드니, 나는 몹시 해괴하게 여겨져 그 까닭을 알 수가 없다. 이에 비변사(조선 시대에, 군국의 사무를 맡아 보던 관아)의 낭청(郎廳)(조선 후기에, 실록청 · 도감 등의 임시 기구에서 실무를 맡아보던 당하관 벼슬) 김용(金涌)을 보내어

구두로 나의 뜻을 전하니, 경은 그 마음을 고치고 정신을 가다듬어 후회할 일을 남기지 말라."라는 것이었다. 이것을 보니, 놀랍고도 황송한 마음을 이루 다 말할 수 없었다. 김응서란 어떠한 사람이기에 스스로 회개하여 힘쓴다는 말을 들을 수가 없는가. 만약 쓸개 있는 자라면 반드시 자결이라도 할 것이다.

구두로: 말로
회개하여: 죄나 잘못을 뉘우치고 마음을 고쳐먹음
만약 쓸개 있는 자라면 반드시 자결이라도 할 것이다: 김응서에 대한 이순신의 분노가 드러남

▶ 경상 우병사에게 내려온 유지에 대한 소회

핵심 정리

- 갈래: 고전 수필(한문 수필, 일기문)
- 성격: 사실적, 고백적
- 구성: 일상을 기록하고 감상을 덧붙인 일기식 구성

1일: 선친을 그리워하고 나라의 안위를 걱정함	➡	3일: 충청 수사에게로 문병을 가고, 경상 수사와 환담을 나누고, 어머니의 건강을 걱정함	➡	7일: 경상 우병사 김응서에게 내려온 유지에 대한 소회

- 제재: 임진왜란 당시의 전투 상황과 진중 생활
- 주제: 전쟁을 겪으면서 느끼는 충무공의 인간적인 고뇌
- 특징: ① 무인(武人)의 일기이면서도 평범하고 일상적인 인간미가 나타남 ② 군대의 직위와 군사 용어가 많이 사용됨

한눈에 **보기**

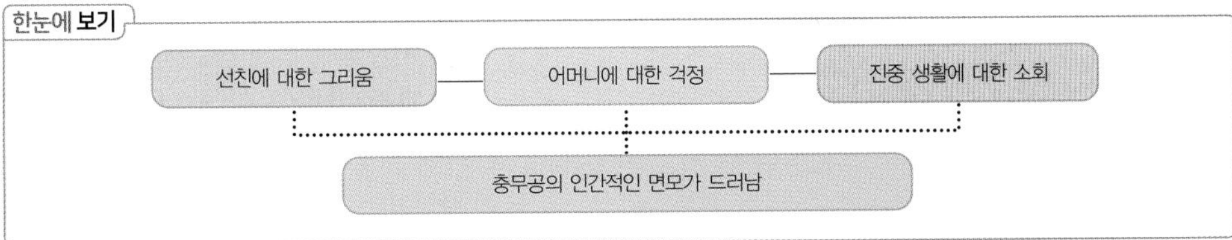

보충·심화 학습

- 〈난중일기〉의 전체 내용

임진년(1592.1.1~8.27)	임진왜란 발발 후 여러 차례 대승을 거두어 바다를 장악함
계사년(1593.2.1~9.14)	삼도 수군통제사에 임명되어 장기전에 대비함
갑오년(1594.1.1~11.28)	자주 아팠음. 전염병으로 죽은 군사와 백성들을 장사 지냄
을미년(1595.1.1~12.20)	휴전 상태였지만 군사 훈련과 전선 정비 등으로 바쁘게 생활함
병신년(1596.1.1~10.11)	어머님 걱정이 많이 나타남
정유년(1597.4.1~12.30)	임금의 명을 어겼다는 죄로 옥고를 치른 후, 다시 삼도 수군통제사가 됨
무술년(1598.1.1~11.17)	명군과 연합 함대를 결성, 노량 해전에 임함(11월 19일 전사)

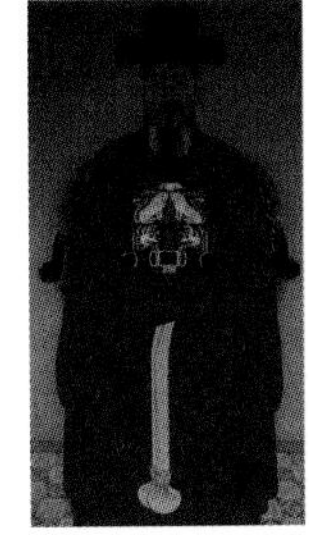
충무공 이순신

필수 문제

01 1일의 일기에서 글쓴이가 안타까워하는 것은 무엇인지 쓰시오.

02 이 글의 배경이 되는 전쟁은 무엇인지 쓰시오.

176 병자일기(丙子日記) | 남평 조씨

병자호란 시기의 생활을 담은 일기

필수

출제 포인트

병자호란 당시의 감회와 피란 생활 등을 구체적으로 기록한 일기이다. 이를 통해 당시의 사회상을 짐작해 보고, 이 글에서 기록 문학인 일기로서의 특성이 잘 드러난 부분을 살펴보자.

감상 길잡이

이 글은 조선 인조 때 문관 남이웅(南以雄)의 부인 남평 조씨가 약 4년에 걸쳐 병자호란 당시의 체험을 기록한 한글 일기로, 1636년(인조 14년)에 피란하는 과정에서 겪은 생활 속의 다양한 일을 꼼꼼하게 기록하고 있다. 사대부가의 여인답게 당시의 정치적 상황을 간간이 언급하면서 가족과 친척, 이웃 친지나 노비, 소작인과의 관계나 관행, 의식주에 관련된 생활 모습을 자세히 묘사하고 있어 당시의 생활사 연구 자료로서 큰 가치를 지닌다.

일기에서 날짜를 기록한 것(1637년 음력 1월 17일) / 몇 숟가락씩 나누어 먹고

십칠 아젹의 믈ᄀᆞ의 ᄂᆞ려 대ᄅᆞᆯ ᄀᆞ리오고 지어 간 ᄎᆞᆫ밥을 일힝이 술술이 ᄂᆞᆫ화 먹고, 튱이과 어산

아침 / 가까스로 / 일행의 어려운 처지를 나타내는 소재 / 충이와 어산(하인)

이 대ᄅᆞᆯ 븨고 연장이 업서 갓가ᄉᆞ로 이 간 길의예 문 ᄒᆞ나ᄒᆞᆯ 내여 명막의 집ᄀᆞ티 움ᄒᆞᆯ 무ᄃᆞ니『ᄉᆡᆼ대

대나무를 베고 / 급하게 피란 나오느라 미처 챙기지 못함 / 이 간(間) 길이의 / 제비 둥지같이 / 생댓잎

닙 ᄭᆞᆯ고 대닙흐로 니여 세 ᄃᆡᆨ 녀ᄒᆡᆼ치 열 네히 그 안해 드러 새아고 죵ᄃᆞᆯ은 대ᄅᆞᆯ 뷔여 막을 ᄒᆞ여 의

댓잎으로 지붕을 이어 / 부녀자 일행 / 대숲에 / 모아 / 밤을 새우고

지코 디내나 믈 업ᄉᆞᆫ 무인되라. 대수픠 가 눈을 그러 노겨 먹고』당진셔 튝이 듕히 알파 몯와 결이

「 」: 피란 생활의 어려움과 비참한 모습이 잘 드러난 부분 / 몹시 아파서

ᄒᆞ고 오장에 양식 디허 나ᄅᆞ다 바다믈의 아이 시서 밥을 ᄒᆞ나 모ᄃᆞᆫ 냥반ᄃᆞᆯ 피란ᄒᆞ니 거러의 믈을

아파서 몸조리하고 / 찧어 / 애벌(한 번만 대충) 씻어 / 거룻배

나가 기러 오ᄃᆡ 우리 ᄒᆡᆼᄎᆞᄂᆞᆫ 거러도 업고 그ᄅᆞᆺ도 업ᄉᆞ니 ᄒᆞᆫ 그ᄅᆞᆺ 믈도 어더 몯 머그나 듀야의 산셩

길어 / 그릇 / 남한산성 – 임금(나라)를 의미. 대유법

을 ᄇᆞ라 통곡ᄒᆞ고져 ᄆᆞᄋᆞᆷ의 ᄎᆞ마 나ᄅᆞᆯ 디내니 인ᄉᆡᆼ이 언매나 ᄒᆞᆫ고. 구들ᄉᆞᆫ 인명이니 아디 몯게라.

참아 / 날을 / 얼마나 되랴 / 굳은 것이 사람의 목숨이라 알지 못하겠도다

일사이 ᄒᆞᆫ ᄌᆞ식을 다 업시코 참혹ᄒᆞ여 셜워ᄒᆞ더니『이 ᄣᆡᄂᆞᆫ 다 니저 다만 산셩을 ᄉᆡᆼ각고. 망국듕의

한 사건에 모든 자식을 다 없애고 / 「 」: 자식을 잃은 슬픈 처지임에도 나라를 먼저 걱정하는 사대부가 여성의 교양이 나타남

나라 이리 되신 이ᄅᆞᆯ 부녀의 아ᄅᆞᆯ 일이 아니로ᄃᆡ 엇디 아니 통곡 통곡ᄒᆞ리요.』

나라의 운명과 안위를 걱정하는 글쓴이의 슬픔을 반복적으로 표현하여 강조함

▶ 비참한 피란 생활과 나라 걱정

현대어 풀이 1월 17일. 아침에 물가에 내려 대나무로 가리고 지어 간 찬밥을 일행이 몇 숟가락씩 나누어 먹었다. 충이와 어산이 연장도 없이 대나무를 베어 가까스로 이 간(二間) 길이의 집을 짓고 문 하나를 내어 제비 둥지처럼 조그만 움을 묻고 생댓잎으로 바닥을 깔고 댓잎으로 지붕을 이어 세 댁(宅)의 부녀자 열네 사람이 그 안에서 밤을 지내고 종들은 대나무를 베어 막을 하여 의지하고 지내나 물이 없는 무인도이다. 대나무 숲에 가서 눈을 모아 녹여 먹고 당진에서 축이가 몹시 아파 오지 못했는데 몸조리하고 오위장(五衛將: 조선 시대에 오위(五衛)의 군사를 거느렸던 장수)이 양식을 찧어 날라다가 바닷물에다 애벌 씻어서 밥을 해 먹었다. 피란 온 사람들이 모두 거룻배로 나가 물을 길어 오나 우리 행차는 거룻배도 없고 그릇도 없어 한 그릇의 물도 얻어 먹지 못하고, 주야로 산성(山城)을 바라보며 통곡하고 싶을 뿐이니 마음속으로 참으며 날을 보내니 살아 있을 날이 얼마나 되랴. 그래도 질긴 것이 사람의 목숨이니 알지 못할 일이다. 한 번 일에 모든 자식을 다 없애고 참혹하여 설워하더니 지금은 다 잊고 다만 산성을 생각하는가? 망국 중에 나라가 이렇게 된 일을 부녀자가 알 일이 아니지만 어찌 통곡하고 통곡하지 아니하겠는가.

1638년 음력 4월 28일 / 흐뭇하고 아쉽기

념팔 쳥 ᄭᅮᆷ의 샤직 모님 보오니 텬계 아히적 얼굴로 보니 ᄭᆡ여 ᄒᆞ믓겁고 낫브기 ᄀᆞ이업ᄉᆞ니『엇

날씨 맑음 / 사직동 어머님 / 천계. 죽은 아들의 이름 / 「 」: 혼자 남게 된 글쓴이의 신세 한탄

디 ᄒᆞᆫ ᄌᆞ식도 업시 ᄇᆡᆨ발을 비ᄉᆞ며 슬프고 셜워ᄒᆞ며 주거도 어마님을 뫼와 간ᄂᆞᆫ가 시브니 더옥 ᄀᆞ이

흰 머리카락을 빗으며 / 주체: 텬계 / 모시고 / 싶으니

업다.』『집 안희 열나믄 져븨 ᄌᆞ웅이 삿기 쳐 ᄂᆞᄂᆞᆫ 양을 보니 삿기도 ᄂᆞᆯ며 아ᄂᆞ며 ᄆᆞ내여 머기ᄂᆞᆫ 일을

죽은 자식을 떠올리게 하는 매개물 / 새끼도 / 먹이를 물어다 입에서 꺼내며

보니 인간 사ᄅᆞᆷ은 뎌 즘ᄉᆡᆼ을 불워ᄒᆞ거니 엇디 아니 슬프며 셜우리.』혜아ᄅᆞᆯ 버ᄃᆞᆯ 사마 쇼일ᄒᆞ니 이

저 / 「 」: 제비들의 다정한 모습을 보며 아들의 죽음을 더욱 슬퍼함 / 벗을

사ᄅᆞᆷᄃᆞᆯ 곳 아니면 엇디 ᄒᆞ리.『쳥풍 셰미 공 세 필을 ᄒᆞ여 와시니 도로 주기도 이 ᄣᆡ 이리 그려도 노

「 」: 집안일을 처리한 결과 – 공물(소작료) 낸다고 가져온 베를 다시 돌려줌. 종의 노고를 생각하는 인간적 면모가 드러남

쥬(奴主) 간이라 인심을 쓰노라 두고」 명오긔 공도 뿔 열너 말 가웃 진임 졈미 각 일 두 ᄒᆞ여 왓다. 오늘은 뎡싂 안일을 년ᄒᆞ여 브티기나 제 ᄒᆞ여 기음이 무기게 되니 이도 알곡셕이라 이틀을 모도텨 열세흘 ᄆᆡ여 준다. 이도 품으로 ᄆᆡ다.

노비와 주인 / 부치는 논이나 / 쌀 / 반(半) / 참깨 / 찹쌀 / 한 말 / 계속되는 집안일 때문에 / 자기 소유의 논까지 / 김(잡풀)을 묵히게 되니 / 모두 합쳐 / 품앗이로 맨 것이다

▶ 죽은 자식들에 대한 그리움과 집안일에 대한 염려

현대어 풀이 4월 28일. 맑았다. 꿈에 사직동 어머님을 뵈옵고 천계의 아이 적 얼굴을 보니, 깨어서 흐뭇하고 아쉽기 가없으니 어찌 자식 하나 없이 흰 머리를 빗으며 슬프고 서러워하며, (천계)는 죽어서도 어머님을 모시고 가 있는가 싶으니 더욱 마음 아프기 그지없다. 집 안에 제비 암수 여남은 마리가 새끼를 쳐서 나는 모양을 보니, 새끼도 날며 안으며 먹이를 물어다 먹이는 것을 보니, 사람으로서도 저 짐승을 부러워하게 되니 어찌 아니 슬프며 아니 서러우랴. 혜아를 벗을 삼아 소일하니 이 사람들이 아니면 어찌하리. 청풍의 세미가 공물 세 필을 하여 왔으나 도로 준 것은 그래도 주인과 종의 사이라서 인심을 쓰는 모양을 취한 것이다. 명옥이의 공물도 쌀 열네 말 반, 참깨와 찹쌀 각각 한 말을 하여 왔다. 오늘도 정수가 계속하여 집안일을 하느라고 부치는(남의 땅을 빌려 농사짓는) 논이나 제 논이나 김을 묵히게 되니 이것도 알곡식이라 이틀을 사람 열셋을 모아 매어 준다. 이것도 품앗이로 맨 것이다.

핵심 정리

- 갈래: 고전 수필(한글 수필, 여류 수필, 일기문)
- 성격: 사실적, 체험적
- 구성: 일상을 기록하고 감상을 덧붙인 일기식 구성

  17일: 피란지에서의 생활 – 망국의 현실에 대한 슬픔 ➡ 28일: 죽은 아들에 대한 그리움 – 집안일의 처리 결과

- 제재: 병자호란 때의 피란 생활 ➲ '병자호란'에 대해서는 p.713 '보충 · 심화 학습' 참조
- 주제: 17일 – 무인도에서의 고달픈 피란 생활과 나라에 대한 걱정
  28일 – 죽은 자식에 대한 그리움과 집안일의 처리 결과
- 특징: ① 자신의 감회와 생활 주변의 잡다한 일들을 솔직하고 자세하게 기록함
  ② 병자호란 당시의 사회상을 구체적으로 보여 줌
- 의의: 최초의 여류 실기 문학으로, 조선 후기의 국어와 생활사 연구의 귀중한 자료임

한눈에 **보기**

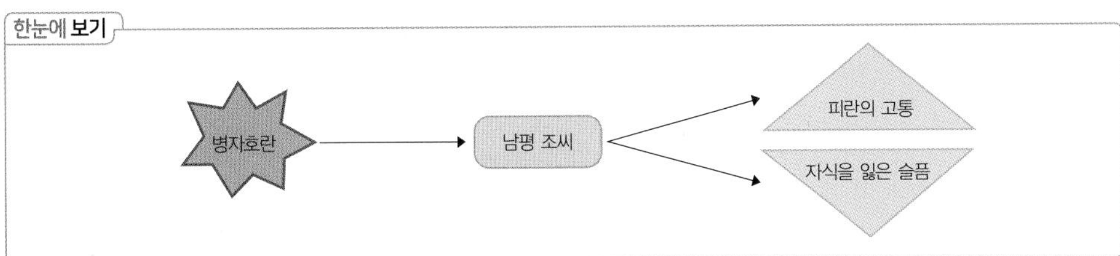

보충·심화 학습

- 〈병자일기〉와 〈산성일기〉

이 글은 개인적으로나 국가적으로 고통스럽고 어수선했던 병자호란 기간 동안 쓰여진 일기문이다. 〈산성일기〉 역시 병자호란 기간에 쓰여진 일기 형식의 글이지만, 〈병자일기〉가 무인도를 배경으로 피란 생활의 고초와 개인적 슬픔을 다루고 있는 반면, 〈산성일기〉는 남한산성을 배경으로 임금을 비롯한 조정의 일을 기록하고 있다.

〈병자일기〉

필수 문제

01 이 글에서 기록 문학인 일기의 특성이 가장 잘 나타난 부분을 찾아 쓰시오.

02 사대부가 여인인 글쓴이의 교양 있는 태도가 가장 잘 드러난 부분을 17일 일기에서 찾아, 처음과 끝의 2어절을 각각 쓰시오.

177

계축일기(癸丑日記) | 어느 궁녀

계축년(1613년, 광해군 5년)에 일어난 계축옥사에 대한 기록

필수

출제 포인트

어느 궁녀가 인목 대비 폐위 사건과 영창 대군의 비극적 죽음을 기록한 글이다. 각 인물 사이의 갈등 관계 및 그 양상을 파악하고, 이 글에 나타난 표현상의 특징에 주목하여 살펴보자.

감상 길잡이

이 글은 조선 후기에 광해군과 영창 대군을 중심으로 일어난 궁중의 암투와 당쟁을 기록한 궁중 수필이다. 계축옥사(癸丑獄事) 당시 궁중에서 일어난 사건들이 사실적으로 기록되어 있어 궁중의 생활상과 풍속을 엿볼 수 있으며, 순우리말과 중후하고 전아(典雅)한 궁중어로 서술되어 있어 역사 및 궁중 언어 연구에 소중한 자료가 되고 있다.

□: 인목 대비를 가리킴 ○: 영창 대군을 가리킴 △: 정명 공주를 가리킴

날은 느져 가고(저물어 가고), 어셔 내라 곰뷔님뷔(계속하여. 자꾸자꾸) 지촉ᄒᆞ고, ᄯᅩ 안흐로셔 ᄂᆡ인(내인(內人). '나인'의 원말. 궁녀)이 나와 지촉ᄒᆞ니, 하ᄂᆞᆯ을 ᄶᅵ칠(깨뜨릴) 힘이 잇다(있더라도) 엇디 긋째예 이긔리오.(편집자적 논평 - 글쓴이의 안타까움이 드러남) 져근더시(잠깐 동안) 느저 가니, 우리 시위인(윗사람을 호위하는 사람)을 각각 ᄭᅮ지ᄌᆞ며(꾸짖으며),

"너희 이리ᄒᆞ야 못ᄒᆞᆯ 거시니 우리 드러가 대군(大君)(선조의 적자인 영창 대군)을 아사(빼앗아) ᄃᆞ려 오리라. 너희 ᄒᆞ나히나 살가 보쟈.(너희 하나라도 살 수 있나 보자(위협, 협박))"

ᄒᆞ고 드리ᄃᆞᄅᆞ려(달려들려고) ᄒᆞᆫ대 어른 변 샹궁이 다시 드러가 엿ᄌᆞ오ᄃᆡ(여쭈오되),

「"안팟긔 장뎡(장정)을 보내엿고, 밧긔ᄂᆞᆫ 금부(의금부. 조선 시대에 죄인을 담당하던 관청) 하인이 쇠사슬을 들고 위립ᄒᆞ엿고(빙 둘러섰고), ᄂᆡ인 ᄃᆞ려가려 외녀긔(왼쪽에) ᄃᆡ령ᄒᆞ여시니, 우리 죽으믄 섧디 아니ᄒᆞᄃᆡ, 우히(영창 대군의 생모인 인목 대비) 밋ᄌᆞ오시리 업시(믿을 만한 곳 없이) 이 늙은 거ᄉᆞᆯ 미더 겨오시고(계시고), 쇼신도 우흘 밋ᄌᆞ와(믿어) 실 ᄀᆞᆺᄌᆞ오신 옥톄(옥체)ᄅᆞᆯ 힝혀 블힝ᄒᆞᆫ(불행한) 일을 보아도, 쇼인이 사라숩다가(살다가) 졍으로 ᄒᆞᄋᆞᆸ고져 ᄇᆞ라와(바라여) 죽디 아니코 사라숩더니, 대군 아기시ᄅᆞᆯ 뎌리 아니 내여 주오시니 이제야 죽을 곳을 아올소이다."」 「 」: 변 상궁이 영창 대군을 내어 달라고 인목 대비를 설득함

우히 니ᄅᆞ오시ᄃᆡ(이르시되)

"너희ᄂᆞᆫ ᄂᆡ인인(자식이 없는) 젼ᄎᆞ로(까닭으로) ᄌᆞ식의 졍을 모ᄅᆞᄂᆞᆫ도다. 졍의 ᄎᆞᆷ아 내여 주기ᄅᆞᆯ 못 ᄒᆞᆯ노라."(어머니로서 자식을 사랑하는 인목 대비의 마음이 나타남)

ᄒᆞ오시더라.

▶ 나인들이 영창 대군을 내주려 하지 않는 인목 대비를 설득함

일변으로(한편으로), 대군 뫼온(모신) ᄂᆡ인들이 대군 아기시ᄅᆞᆯ 달내ᄃᆡ,

"사나흘만 피졉(아픈 사람이 다른 곳으로 자리를 옮겨 요양하는 일) 낫다가 올 거시니, 보션 신고 웃옷 닙고 날 조차(나를 따라) 나가ᄋᆞᆸ사이다."(영창 대군을 안심시키기 위해 둘러대고 있는 나인)

ᄒᆞ니, 니ᄅᆞ시ᄃᆡ,

"죄인이라 ᄒᆞ고 죄인 나ᄃᆞᄂᆞᆫ 문으로 내여 가라 ᄒᆞ니, 죄인이 보션 신고 웃옷 닙어 ᄡᅳᆯᄃᆡ 업다(쓸데없다)."

ᄒᆞ셔ᄂᆞᆯ / "뉘셔 그리 니ᄅᆞᄋᆞᆸ더니잇가?(누가 그리 말했습니까)"

ᄃᆡ답ᄒᆞ시ᄃᆡ,

「"ᄂᆞᆷ이 닐너 알가(남이 일러 주어 알까). 내 다 아랏ᄂᆡ. 쇼셔문(小西門)은 죄인 나ᄃᆞᄂᆞᆫ 문이니, 나도 죄인이라 ᄒᆞ고 그 문 밧긔다 가두려 ᄒᆞᆫ다.(자신이 죽을 곳으로 끌려갈 것을 눈치챔)"」 / ᄒᆞ고, 「 」: 8살의 어린 나이에도 상황을 정확히 파악하고 있는 영창 대군의 영특함이 잘 나타난 구절

"나과 누으님(누님(정명 공주)까지)조차 가면 가려니와, 내 혼자ᄂᆞᆫ 못 갈노라."

ᄒᆞ시니, 우흔 더욱 뎐디 망극히 우오시더라. ▶ 영창 대군이 자신의 출궁을 예감하고 슬퍼함

지극히 슬피

어셔 내라 ᄌᆡ촉ᄒᆞ며, / "아니 내여 주거든 ᄂᆡ인을 다 잡아 내라."

뵬뵬 사ᄅᆞᆷ 브리더라. 대군 뫼온 김 샹궁을 겻ᄂᆡ인이 잡아 내여,

자꾸만 / 부리더라(시키더라) / 곁나인. 곁에서 부축하는 나인

"더옥 울고 아니 뫼셔 내니, 하옥(下獄)ᄒᆞ라 ᄒᆞ신다." / ᄒᆞ니,

옥에 가두라

"아모리 달내여 나가사이다 이대도록 ᄒᆞ되, 져리 우ᄅᆞ시고 죄인 나드ᄂᆞᆫ 쇼셔문으로 나가랴 ᄒᆞ시니, 아모리 아기시낸들 이러틋 ᄒᆞ거든 엇디 이리 핍박ᄒᆞ야 보채ᄂᆞᆫ고. 내 뫼셔 나갈 거시니 져근덧 믈너서라." / ᄒᆞ니라.

이다지 / 잠깐 동안

날은 느저 가고 하 민망ᄒᆞ여, 힐우다가 못 ᄒᆞ여 우흔 뎡 샹궁이 업숩고, 공쥬 아기시ᄂᆞᆫ 쥬 샹궁이 업숩고, 대군 아기시ᄂᆞᆫ 김 샹궁이 업ᄉᆞ와시니, 대군이 ᄒᆞ시되,

힐난하다가. 다투다가 / 영창 대군의 누이인 정명 공주

"웃뎐과 누으님과 몬져 셔시고, 나ᄂᆞᆫ 뒤히 셔다라." / ᄒᆞ셔ᄂᆞᆯ,

혼자만 궁궐에서 쫓겨날지도 모른다는 두려움에 떼를 쓰는 어린 영창 대군의 안쓰러운 모습이 잘 나타난 부분

"엇디 그리ᄒᆞ라 ᄒᆞ시ᄂᆞᆫ고." / ᄒᆞ니,

영창 대군의 영특함과 아이다운 순진함이 잘 드러난 부분 – 동정심과 측은심을 느끼게 함

"내 몬져 셔면 날만 내고 다 아니 나오실 거시니 나 보ᄂᆞᆫ ᄃᆡ셔 가ᄋᆞᆸᄉᆞ이다." / ᄒᆞ시더라.

생무명으로 만든 보자기 ▶ 나가지 않으려는 영창 대군과 나인들이 실랑이를 벌임

우흔 짓의ᄃᆡ예 짓보 덥숩고, 두 아기시ᄂᆞᆫ 남보 덥숩고, 각각 업ᄉᆞ와 ᄌᆞ비문의 다ᄃᆞ라더니, ᄂᆡ관이 십여 인이나 업ᄃᆡ여, / "어셔 내ᄋᆞᆸ쇼셔." / ᄇᆡ야더니, 우히 ᄂᆡ관ᄃᆞ려 니ᄅᆞ오시되,

짓의대. 생무명으로 만든 왕가의 깃옷 / 임금이 평상시에 거처하는 편전의 앞문 / 의금부의 관리들 / 녹봉 / 엎드려 / 재촉하더니

「"너희도 션왕 녹을 오래 먹고 사라시니, 현마 어이 참측ᄒᆞᆫ ᄆᆞᄋᆞᆷ이 업ᄉᆞ랴. ᄉᆞ십여 년을 졍위예 ᄌᆞ식을 못 보아 겨오시다가, 병오년의 처음으로 대군을 보오시고 깃브고 ᄉᆞ랑ᄒᆞ오시미 ᄀᆞ이 업ᄉᆞ오시나, 당시 강보의 ᄡᅵ인 거ᄉᆞᆯ ᄆᆞᄉᆞᆷ ᄠᅳᆺ을 두어 겨ᄋᆞᆸ시리. ᄒᆞᆫ갓 ᄌᆞ라ᄂᆞᆫ 일흠만 듯고져 ᄒᆞ오시다가 귀텬ᄒᆞ오시니, 내 기시예 ᄌᆡ궁을 조차 죽던들 오ᄂᆞᆯ날 이 셜운 일을 보랴. 이거시 내 죽디 아니코 사랏던 죄라. 어린 아희 동셔도 아디 못ᄒᆞᄂᆞᆫ거ᄉᆞᆯ ᄆᆞ자 잡아 내니, 됴뎡이나 ᄃᆡ간이나 션왕을 ᄉᆡᆼ각ᄒᆞ오면 이리 셟게 ᄒᆞ랴."」

선조. 영창 대군의 아버지 / 설마 / 슬프고 측은한 / 정실 부인. 왕후 / 포대기 / 계시었겠는가 / 선조가 영창 대군을 세자로 세울 뜻이 없었다는 말 / 잘 자란다는 소식만 듣고자 / 돌아가시니 / 그때에 / 임금의 시신을 모신 관 / 마저 / 조정 / 사헌부와 사간원 / 동서(東西)도 알지 못하는, 즉 세상 물정도 모르는 / 광해군의 부당한 처사에 항의하는 인목 대비

「 」: 인목 대비가 내관들에게 선왕을 생각해서 인정을 베풀어 줄 것을 호소함 – 아들을 죽을 곳으로 보내는 어머니의 통탄스런 마음과 어떻게든 자식을 구해 보려는 애처로운 노력

하오시고 하 이통ᄒᆞ오시니, ᄂᆡ관이 눈물을 ᄡᅳᄉᆞ며 입을 여러 말을 못ᄒᆞ고 ᄒᆞᆫ갓,

왕명을 따를 수밖에 없는 자신의 입장을 밝히고 있는 내관 / 씻으며

"어셔 내ᄋᆞᆸ쇼셔. 우리라 모ᄅᆞ리잇가마ᄂᆞᆫ 이럴 일이 아니라." / ᄒᆞ더라.

광해군이 있는 대전의 나인들 ▶ 인목 대비가 내관들에게 슬픔을 호소함

뎌 집 ᄂᆡ인 년갑이ᄂᆞᆫ 우 업ᄉᆞ온 ᄂᆡ인의 다리를 붓드럿고, 은덕이ᄂᆞᆫ 공쥬 업ᄉᆞ온 쥬 샹궁 다리를 붓드러 옴겨 드ᄃᆡ디 못ᄒᆞ게 ᄒᆞ고,「대군 업ᄉᆞ온 사ᄅᆞᆷ을 압ᄒᆞ로셔 ᄭᅳ어내고 뒤ᄒᆞ로셔 밀텨 문 밧긔 내고, 우리만 다 미러 드리고 ᄌᆞ비문ᄈᆞᆨ을 다ᄃᆞ니,」그 망극ᄒᆞ미 엇더ᄒᆞ리오. 대군 아기시만 문 밧긔 업혀 나셔셔, 업은 사ᄅᆞᆷ의 등의 머리ᄅᆞᆯ 부듸쳐 우ᄅᆞ시며,

인목 대비를 업은 나인의 다리를 붙들었고 / 옮겨 디디지 / 끌어내고 / 「 」: 어린 영창 대군만을 끌어내는 장면을 사실적으로 표현 / 서술자의 심리가 직접적으로 드러남 – 편집자적 논평 / 부딪쳐

"마마 보새." / ᄒᆞ다가 못ᄒᆞ여, / "누오님이나 보새."

영창 대군이 문밖으로 끌려 나간 다음 어머니, 누님과 헤어지면서 절망스럽게 외침

ᄒᆞ시고 하 애ᄅᆞᆯ 타 셜워ᄒᆞ오시니, 곡셩이 ᄂᆡ외예 뎐디 진동ᄒᆞ야 눈물이 ᄯᅡ희 ᄀᆞ독ᄒᆞ니, 사ᄅᆞᆷ들이 눈

곡하는 소리 / 땅에

눈물을 흘리느라
이 어두워 길흘 모로너라.
영창 대군의 모습을 보고 비통해하는 사람들 / 빙 둘러서서

아기시롤 문 밧긔 내여 호위ᄒᆞ야 환도 화살 ᄎᆞᆫ 군장이 위립ᄒᆞ야 가니, 그제야 울기롤 긋치고 머리롤 숙여 자ᄂᆞᆫ ᄃᆞ시 업혀 가시더라.
군복에 갖추어 차는 칼 / 군대의 장수
겁에 질려 조용히 따르는 영창 대군의 안타까운 모습

▶ 영창 대군이 궁 밖으로 업혀 나감

핵심 정리

- 갈래: 고전 수필(한글 수필, 궁중 수필, 일기체 수필)
- 성격: 서사적, 사실적, 체험적
- 구성: 시간의 흐름에 따른 추보식 구성

나인들이 인목 대비와 영창 대군을 설득함 ➡ 실랑이 끝에 대비와 대군, 공주를 업고 나섬 ➡ 대비가 내관들에게 슬픔을 호소함 ➡ 대군이 궁에서 쫓겨남

- 제재: 인목 대비 폐위 사건과 영창 대군의 죽음
- 주제: 궁중 권력 암투의 비극
- 문체: 산문체, 내간체, 서사적 일기체
- 특징: ① 서술자의 주관이나 논평을 가급적 배제하고 객관적으로 서술함
  ② 궁중의 풍속이나 인정 및 생활상을 사실적으로 묘사함
  ③ 순우리말과 중후하고 전아한 궁중어를 사용하여 격식과 미적인 효과를 부여함
  ④ 평이한 문장을 구사하고 대화나 사실적 서술법을 사용하여 현실감을 부여함
- 의의: ① 〈한중록〉, 〈인현왕후전〉과 더불어 3대 궁중 문학의 하나로 꼽힘
  ② 역사 및 궁중 언어 연구에 중요한 자료로 사용됨

한눈에 보기

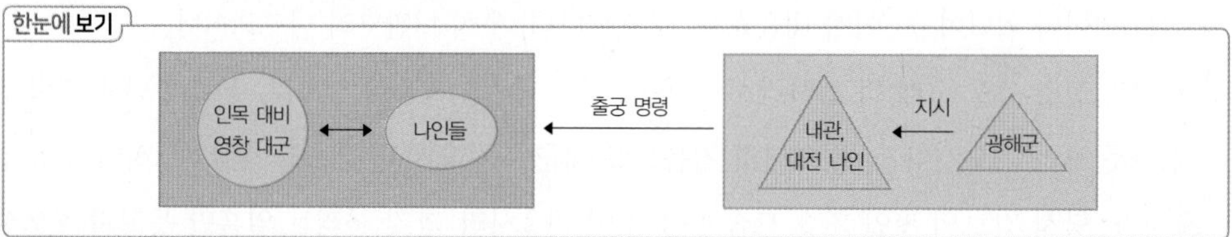

보충·심화 학습

- 영창 대군과 인목 대비
  - 영창 대군: 정실 소생의 아들이 없었던 선조가 만년에 얻은 유일한 적자이다. 선조는 영창 대군의 보호를 위해 중신 7명에게 유서까지 남겼으나, 선조 승하 직후 당쟁의 희생물로 광해군 5년(1613년)에 강화에 유배되어 이듬해 강화 부사 정항에 의해 살해되었다.
  - 인목 대비: 선조의 계비로 영창 대군 사건 이후 서궁에 유폐되었다가 인조 반정 후 대왕대비로 복위되었다.

필수 문제

01 이 글에서 다음 인물들을 가리키는 표현을 찾아 쓰시오.
① 영창 대군: (   )
② 정명 공주: (   )

02 이 글에서 서술자의 개입이 나타난 문장 둘을 찾아 쓰시오.

178 산성일기(山城日記) | 어느 궁녀

병자호란 때 남한산성에서 항전하던 당시 상황에 대한 기록

EBS

출제 포인트

남한산성에서의 처절한 항전 및 굴욕적 외교의 일면 등 암울한 역사의 이면(裏面)을 기록한 어느 궁녀의 일기이다. 일기체 형식으로서의 이 작품의 특징을 알아보고, 이 글에 등장하는 각 인물들의 태도를 평가해 보자.

감상 길잡이

이 글은 조선 인조 때 어느 궁녀가 쓴 일기체 수필로, 병자호란이 일어나자 인조를 모시고 남한산성으로 피난 가서 그곳에서 보고 들은 정황을 기록한 글이다. 간결하면서도 사실적인 문체로 굴욕적인 외교와 통분한 역사를 사실적으로 기록하여 사료(史料)로서도 가치가 높은 작품이다.

십팔일의 북문 대장(北門大將) 원두표ㅣ(元斗杓ㅣ) 젹군을 비로소 ᄌᆞ못 바다 나가 빠화 도젹 여ᄉᆞᆺ술 죽이니라. 셩듕 창고의 ᄡᆞᆯ과 피 잡곡 합ᄒᆞ야 겨요 일만 뉵쳔여 셕이 이시니, 군병 만인의 일삭(一朔) 냥식은 되더라. 소곰, 장, 됴희, 면화, 병장기 집물(什物)이 다 니셰(李曙ㅣ) 쟝만ᄒᆞ여 둔 거ᄉᆞᆯ ᄡᅳ니, 니셔의 ᄌᆡ조ᄅᆞᆯ 일ᄏᆞᆺ더라.

(십팔일: 1636년 음력 12월 18일 / 원두표ㅣ: 원두표(병자호란 때 어영대장을 지낸 사람)가 / ᄌᆞ못: 생각보다 매우 / 바다 나가: 밟아 나가 / 빠화: 싸워 / 여ᄉᆞᆺ술: 여섯을 / 셩듕 ~ 이시니: 성안의 어려운 식량 사정을 보여 줌 / 일삭: 한 달 / 소곰: 소금 / 됴희: 종이 / 집물: 집기 / 니셰: 이서(남한산성을 보수한 무신)가 / 니셔의 ᄌᆡ조: 이서의 유비무환(有備無患) 정신 / 일ᄏᆞᆺ더라: 칭송하더라)

▶ 원두표의 활약과 성안의 물자 현황

십구일의 남문 대장(南門大將) 구굉(具宏)이 발군ᄒᆞ야 빠화 도젹 이십 명을 쥭이다. 대풍(大風)ᄒᆞ고, 비 오려 ᄒᆞ더니 김쳥음(金淸陰)을 명ᄒᆞ샤 셩황신(城隍神)의 졔(祭)ᄒᆞ니, ᄇᆞ람이 긋치고 비 아니 오니라.

(발군ᄒᆞ야: 군사를 내어 / 대풍ᄒᆞ고: 큰 바람이 불고 / 김쳥음을 ~ 오니라: 토속적 샤머니즘에 의지함 – 성안의 절박한 상황 반영 / 김쳥음: 청음 김상헌(척화파의 한 사람))

▶ 구굉의 활약과 성황신에 대한 제사

이십일의 마쟝(馬將)이 통ᄉᆞ(通使) 뎡명슈(鄭命壽)ᄅᆞᆯ 보ᄂᆡ야 화친ᄒᆞ기ᄅᆞᆯ 언약ᄒᆞᆯ ᄉᆡ 셩문을 여디 아니ᄒᆞ고 셩 우희셔 말을 뎐ᄒᆞ게 ᄒᆞ다.

(마쟝: 청나라 장수 마부대 / 통ᄉᆞ 뎡명슈: 통역관 정명수 / 우희셔: 위에서 / 뎐ᄒᆞ게: 전하게)

▶ 적과의 화친 약속

이십일일의 어영별장(御營別將) 니긔튝(李起築)이 군을 거ᄂᆞ려 도젹 여라믄을 쥭이고, 동문 대장(東門大將) 신경진(申景禛)이 발군ᄒᆞ야 도젹을 쥭이다.

(어영별장: 조선 시대 군사 기구의 하나인 어영청의 정삼품 벼슬 / 니긔튝: 이기축 / 여라믄: 십여 명 / 발군ᄒᆞ야: 군사를 일으켜)

▶ 이기축과 신경진의 활약

이십이일의 ᄯᅩ 마부대(馬夫大)ㅣ 통ᄉᆞ(通事)ᄅᆞᆯ 보ᄂᆡ여 닐오ᄃᆡ, 이제ᄂᆞᆫ 동궁(東宮)을 쳥티 아니니, 만일 왕ᄌᆞ 대신을 보ᄂᆡ면 뎡ᄒᆞ야 화친ᄒᆞ쟈 ᄒᆞᄃᆡ, 샹이 오히려 허티 아니시다. 북문 어영군이 도젹 여라믄을 쥭이고, 신경진이 ᄯᅩ 셜흔아믄을 쥭이다. 샹이 ᄂᆡ졍(內廷)의셔 호군(犒軍)ᄒᆞ시다.

(닐오ᄃᆡ: 이르되 / 동궁: 왕세자(소현 세자) / 이제ᄂᆞᆫ ~ 아니니: 청나라가 왕세자를 인질로 잡아가겠다는 화친 조건을 완화함 / 왕ᄌᆞ 대신을 보ᄂᆡ면: 다른 왕자와 대신을 보내라는 새로운 제안 / 뎡ᄒᆞ야: 정하여 / 샹: 임금, 인조 / 허티: 허락하지 / 셜흔아믄: 삼십여 명 / ᄂᆡ졍의셔: 궁중 안에서 / 호군ᄒᆞ시다: 음식을 내어 군사를 위로하시다)

▶ 마부대의 화친 요청 거절

이십삼일의 동 · 셔 · 남문의 영문(營門)의셔 군ᄉᆡᄅᆞᆯ ᄂᆡ고, 샹이 북문의셔 빠홈을 독쵹ᄒᆞ시다.

(영문: 병영의 문 / 빠홈을 독쵹ᄒᆞ시다: 싸움을 독촉하시다)

▶ 동 · 서 · 남 · 문의 발군과 왕의 싸움 독촉

이십ᄉᆞ일의 대위(大雨ㅣ) ᄂᆞ리니, 셩쳡(城堞) 직흰 군ᄉᆡ 다 젹시고 어러쥭으니 만ᄒᆞ니, 샹이 세ᄌᆞ(世子)로 더브러 ᄠᅳᆯ 가온ᄃᆡ 셔셔 하ᄂᆞᆯ긔 비러 ᄀᆞᆯ오샤ᄃᆡ,

(대위 ~ 만ᄒᆞ니: 큰비가 내려 성벽을 지키던 군사가 젖어 여럿이 얼어 죽음. 설상가상(雪上加霜) → 당시의 어려운 전황을 생생하게 표현함)

「"금일 이에 니ᄅᆞ기ᄂᆞᆫ 우리 부ᄌᆡ 득죄ᄒᆞ미니, 일셩 군민(一城軍民)이 무ᄉᆞᆷ 죄리잇고. 텬되(天道ㅣ) 우리 부ᄌᆞ의게 화ᄅᆞᆯ ᄂᆞ리오시고, 원컨대 만민을 살오쇼셔."」

(금일: 오늘 / 우리 부ᄌᆡ: 인조와 세자 / 득죄ᄒᆞ미니: 잘못을 저질러 죄를 얻음이니 / 일셩 군민: 성안의 군사와 백성 / 텬되: 하늘이, 천지신명이 / 「 」: 왕의 애민(愛民) 정신이 나타난 부분)

군신들이 드ᄅᆞ시기ᄅᆞᆯ 쳥ᄒᆞᄃᆡ 허티 아니ᄒᆞ시더니, 미구(未久)의 비 긋치고, 일긔 ᄎᆞ지 아니ᄒᆞ니, 셩듕인(城中人)이 감읍(感泣)디 아니리 업더라.

(드ᄅᆞ시기ᄅᆞᆯ: 들어가시기를 / 허티: 허락하지 / 미구의: 오래지 않아 / 일긔: 날씨 / 셩듕인이 ~ 업더라: 성안에 있는 사람들이 감격하여 울지 않는 이 없더라)

▶ 군사들이 얼어 죽자 왕과 세자가 하늘에 기원함

이십오일의 극한(極寒)ᄒᆞ다. 묘당(廟堂)이 젹진의 ᄉᆞ신 보ᄂᆡ기ᄅᆞᆯ 쳥ᄒᆞ오니, 샹이 ᄀᆞᆯ오샤ᄃᆡ,

(극한ᄒᆞ다: 몹시 춥다 – 절망적인 상황 고조 / 묘당: 조정)

「 」: 청의 화친을 거절했던 임금이 도리어 청과 화친하려 하는 이유 –
① 조정의 의견이 화친하는 것으로 모아짐
② 추위와 배고픔으로 성안의 백성들이 고생하고 있기 때문

「"아국이 ᄆᆡ양 화친으로ᄡᅥ 져의게 쇽으니, 이졔 ᄯᅩ ᄉᆞ신을 보ᄂᆡ야 욕될 줄 아ᄃᆡ, 모든 의논이 이
조선 매번 적에게

러ᄒᆞ니 이 셰시(歲時)라, 술, 고기ᄅᆞᆯ 보ᄂᆡ고 은합(銀盒)의 실과ᄅᆞᆯ 담아 ᄡᅥ 후졍(厚情)을 뵌 후, 인ᄒᆞ
명절에 가까운 시기 연말에 선사하는 물건. 세찬 두터운 정

야 졉담(接談)ᄒᆞ야 긔식을 살피리라."」
만나서 이야기하여 기색

ᄒᆞ시다.

▶ 적진에 세찬을 보내 기색을 살피고자 함

이십뉵일의 니경직(李景稷), 김신국(金藎國)이 술, 고기, 은합을 가지고 젹진의 가니, 젹장이 ᄀᆞᆯ오ᄃᆡ,

「"군듕(軍中)의 날마다 쇼ᄅᆞᆯ 잡고 보믈이 뫼ᄀᆞᆺ티 ᄡᅡ혀시니, 이거ᄉᆞᆯ 므어시 ᄡᅳ리오. 네 나라 군신(君
쌓였으니 무엇에 쓰리오 산처럼

臣)이 돌 굼긔셔 굴먼 지 오라니, 가히 ᄉᆞᄉᆞ로 뼘즉 ᄒᆞ도다."」
돌 구멍에서. 즉, 산성 안에서 씀 직하도다

「 」: 인조가 화친의 뜻으로 보낸 세찬을 거절하는 적장의 태도 – 오만 방자하고 자신만만하며, 조선을 업신여기는 태도

ᄒᆞ고, 드ᄃᆡ여 밧디 아니ᄒᆞ고 도로 보ᄂᆡ니라.

▶ 적장이 세찬을 거절하며 조선을 업신여김

이십칠일의 날마다 셩듕의 구완ᄒᆞ라 오ᄂᆞᆫ 군ᄉᆞᄅᆞᆯ ᄇᆞ라ᄃᆡ 일인도 오ᄂᆞ니 업고, 강원 감ᄉᆞ 됴뎡회
구원하러 바라되 조정호가

(趙廷虎ㅣ) 본도군(本道軍)이 다 못지 못ᄒᆞ엿기로 ᄡᅥ 양근(楊根)의 퇴진ᄒᆞ여 후의 오ᄂᆞᆫ 군ᄉᆡᄅᆞᆯ 기ᄃᆞ리
모이지 양평으로

고, 몬져 영장(營將) 권졍길(權井吉)노 ᄒᆞ여곰 녕병(領兵)ᄒᆞ야 검단산셩(黔丹山城)의 니ᄅᆞ러 봉화(烽火)
권정길로 하여금 군사를 거느려 지금의 경기도 광주 동쪽에 있는 산성의 이름

ᄅᆞᆯ 드러 셔로 응ᄒᆞ다.

▶ 퇴진하고 지원병을 청함

이십팔일의 쳬찰ᄉᆞ(體察使) 김뉴(金瑬ㅣ) 친히 쟝ᄉᆞᄅᆞᆯ 거ᄂᆞ려 북셩의 가 독젼(督戰)ᄒᆞᆯ시, 도젹이 방
비상시 임시 직책 김류가 전투를 감독할 때

포(放砲) 소리ᄅᆞᆯ 듯고 거즛 믈너ᄂᆞ며 져근 군ᄉᆡ와 우마(牛馬)ᄅᆞᆯ 머므ᄅᆞ니, 이 유인ᄒᆞᄂᆞᆫ ᄭᅬ라. 김뉴 그
포 쏘는 소리 적은 군사와 소 · 말을 남겨 두고 물러나니

ᄅᆞᆯ 헤아리지 못ᄒᆞ고 군ᄉᆞᄅᆞᆯ 독촉ᄒᆞ야 ᄂᆞ려가 치라 ᄒᆞ니, 산셩(山城)의 잇ᄂᆞᆫ 군ᄉᆞ 그 ᄭᅬᄅᆞᆯ 알고 ᄂᆞ리
적의 유인에 넘어감 – 김류의 어리석음

지 아니ᄒᆞ니, 김뉴 병방 비쟝(兵房裨將) 뉴호ᄅᆞᆯ 환도(環刀)ᄅᆞᆯ 쥬어 아니 ᄂᆞ리ᄂᆞᆫ 니ᄂᆞᆫ 어즈러이 즛ᄧᅵᄅᆞ
지방의 군사와 관련된 사무를 관장하는 무관 벼슬 유호 예전에 군복에 갖추어 차던 군도 내려가지 않는 군사들을 어지럽게 찌르게 하니

니, 군ᄉᆞ ᄂᆞ려도 쥭고 아니 ᄂᆞ려도 쥭게시믜, 비로소 ᄂᆞ려가 젹진의 우마ᄅᆞᆯ 가지ᄃᆡ, 젹이 본 톄 아니
진퇴양난(進退兩難) 적들이 본 척도 아니하다가

타가, 군ᄉᆡ 다 ᄂᆞ리기ᄅᆞᆯ 기ᄃᆞ려 젹의 복병(伏兵)이 ᄉᆞ면의셔 ᄂᆡ닷고, 믈너갓던 젹병이 나아드러 잠
숨겨둔 군사 사면에서

시의 우리 군을 다 쥭이고 졉젼ᄒᆞᆯ 젹, 김뉴 화약을 앗겨 ᄒᆞᆫ긔 만히 쥬기ᄅᆞᆯ 아니ᄒᆞ고 달나기ᄅᆞᆯ 기ᄃᆞ
잠깐 동안 김류가 화약(火藥)을 아까워하여 한꺼번에 많이 주지를 않고 달라고 할 때까지 기다렸다가 주더니

려 주더니, 이 ᄡᅥ 급ᄒᆞ야 화약을 미쳐 쳥치 못ᄒᆞ고, 조춍(鳥銃)으로 서로 티ᄃᆞ가 못 이긔니, 뫼길이
청하지 서로 치다가 못 이기니

급ᄒᆞ야 오ᄅᆞ기 어려오니, 이에 다 쥭기에 니ᄅᆞ니라. 〈중략〉
산길의 경사가 급해

▶ 김류가 적의 꾀에 넘어가 패전함

이십구일의 무ᄉᆞᄒᆞ고, 삼십일의 대풍ᄒᆞ고 일긔 참연(慘然)ᄒᆞ더라. 이ᄂᆞᆯ 젹이 광ᄂᆞ로 삼밧개 헌능
무사하고 날씨가 참혹하게 나쁘더라 광나루, 삼밧개, 헌릉 세 길

삼노(三路)로 힝병(行兵)ᄒᆞ야 져무도록 힝ᄒᆞᆯ시, 「갈 ᄡᅢᄂᆞᆫ 대풍ᄒᆞ고 젹병이 슈ᄅᆞᆯ 모르ᄃᆡ 대셜(大雪)이 갓
행진하니

「 」: 눈이 온 날 수많은 적군이 세 길로 행군하는 모습 – 절망적인 상황

왓ᄂᆞᆫᄃᆡ 듕군이 들을 덥허 ᄒᆞᆫ 뎜 흰 빗치 업ᄉᆞ니」 그 슈의 만흐믈 가히 알지라. 젹은 그러ᄒᆞ고 「아국
적병들이 들을 덮어 흰 눈빛이 한 점도 보이지 않으니 많음을

(我國)은 ᄡᅡ홀 ᄯᅳᆺ이 업ᄉᆞ니 구완ᄂᆞᆫ 오지 아니ᄒᆞ고 달니 ᄒᆞᆯ 일이 업셔 힝궁 남녁희 작쇼(鵲巢)ᄅᆞᆯ 지어
싸울 구원병은 좋은 조짐 달리 행궁(行宮) 남쪽에 까치가 집을 지으니

시니 인인(人人)이 다 이ᄅᆞᆯ ᄇᆞ라고 길됴(吉兆)라 ᄒᆞ여 그만 밋더라.」
사람마다 바라보며

「 」: 미신적인 징조에만 기대고 있는 소극적 태도

▶ 수많은 적군이 행군해 오는 상황에서 까치의 집을 보며 길조로 여김

핵심 정리

- 갈래: 고전 수필(한글 수필, 일기체 수필, 궁중 수필)
- 성격: 사실적, 기록적, 객관적, 서사적, 체험적
- 구성: 시간의 흐름에 따른 추보식 구성

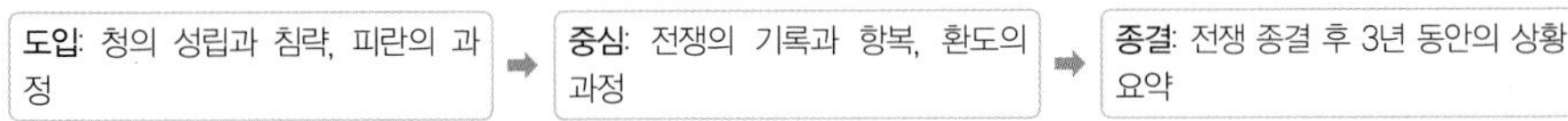

- 제재: 병자호란
- 주제: 병자호란의 치욕과 남한산성에서의 항쟁
- 특징: ① 간결하고 중후한 궁중어를 사용함
  ② 개인적 감정에 지배되지 않고 냉정하고 객관적으로 표현하여 사료적 가치가 높음
- 의의: ① 병자호란 당시의 역사적 사실을 기록한 유일한 한글 일기임
  ② 〈계축일기〉와 함께 국문학사상 쌍벽을 이루는 일기체 작품임

한눈에 **보기**

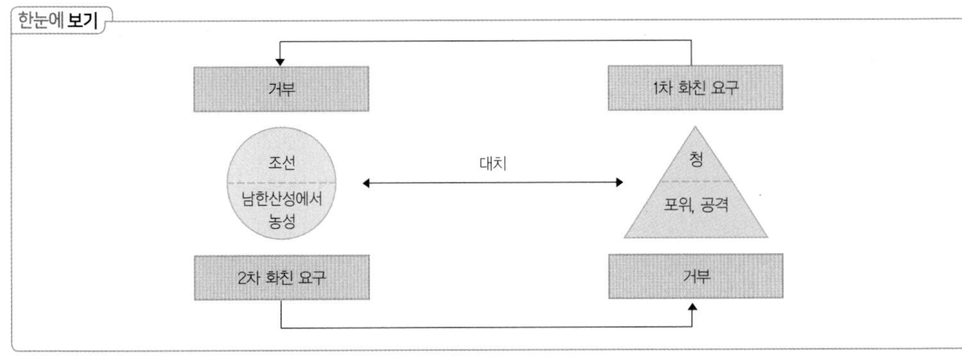

보충·심화 학습

- 병자호란(丙子胡亂)

이 글의 배경이 되는 병자호란은 인조 14년(1636년), 청 태종이 요구한 군신 관계를 조선이 거절하여 일어난 전쟁이다. 청 태종은 20만 대군을 보내 조선을 공격하였고, 조선은 이 전쟁에서 크게 패하였다. 결국 인조는 삼전도(서울 송파)에서 항복했고, 소현 세자와 봉림 대군이 청나라에 인질로 잡혀갔으며, 조선은 명나라를 받들어 오던 오랜 예를 끊고 청나라를 받들게 되었다.

필수 문제

01 이 글의 배경이 되는 역사적 사건을 쓰시오.

02 [서술형] 청의 화친을 거절했던 인조가 나중에 도리어 청에게 화친을 청한 이유를 서술하시오.

179 현풍 곽씨 언간(玄風郭氏諺簡) | 곽주

현풍의 곽씨가 쓴 한글 편지

필수

출제 포인트

사위가 장모에게 보내는 한글 편지로, 글쓴이가 편지를 쓴 용건과 이에 반영된 시대상에 주목하여 살펴보자.

감상 길잡이

이 글은 경북 현풍에서 '현풍 곽씨 12대 조모 진주 하씨'의 묘 이장을 하던 중에 발견된 한글 편지(언간)의 일부로, 홍의 장군 곽재우의 조카인 곽주가 아내 진주 하씨를 비롯한 가족들에게 보낸 편지로 구성되어 있다. 17세기의 조선 시대 양반 사대부 계층의 일상사를 조명할 수 있을 뿐만 아니라, 그 당시의 서간문의 형식 및 근대 국어의 특징 등에 대해 고찰할 수 있는 소중한 자료이다. 특히, 제시된 부분은 곽주가 장모에게 보내는 편지로 자식을 맡긴 송구스러움이 드러남과 동시에 한글 교육을 중시하는 당시 사대부의 사고방식을 보여 준다는 점에서 문학사적 의의가 높다고 할 수 있다.

『문안 알외ᄋᆞᆸ고 요ᄉᆞ이 긔후 엇더 ᄒᆞᄋᆞᆸ샨고. 긔별 모ᄅᆞᄋᆞ와 듀야 분별ᄒᆞᄋᆞᆸ노이다. ᄇᆞᆯ셰 안부 사ᄅᆞᆷ이나 보내ᄋᆞ올 거ᄉᆞᆯ 죵의 ᄌᆞ식의 ᄒᆞᄋᆞᆸᄂᆞᆫ 역신이 큰 역신인디 쟈근 역신인디 ᄌᆞ셰 모ᄅᆞᄋᆞ와 지금 몯 ᄇᆞ렷ᄉᆞᆸ다니 큰 거시 아닌가 식브ᄋᆞ올ᄉᆡ 이제야 사ᄅᆞᆷ ᄇᆞ리ᄋᆞᆸ노이다.』『ᄌᆞ식ᄃᆞ론 여러히 갓ᄉᆞ오니 우연히 요란히 너기ᄋᆞᆸ시거냐 ᄒᆞᄋᆞᆸ노이다. 수이 ᄃᆞ려 오ᄋᆞᆸ고뎌 ᄒᆞᄋᆞ오ᄃᆡ 그려도 당시ᄂᆞᆫ 의심이 깁디 아니 ᄒᆞᄋᆞ오매 이 ᄃᆞ리나 디나ᄋᆞᆸ거든 ᄃᆞ려 오려 ᄒᆞᄋᆞᆸ노이다. 아ᄋᆞ ᄌᆞ식 둘란 게 갓ᄉᆞᆸᄂᆞᆫ 제 언문 ᄀᆞᄅᆞ쳐 보내ᄋᆞᆸ쇼셔. 슈고롭ᄉᆞ오신 언문 ᄀᆞᄅᆞ치ᄋᆞᆸ쇼셔. 하ᄋᆞᆸ기 젓ᄉᆞ와 ᄒᆞᄋᆞᆸ다가 알외ᄋᆞᆸ노이다.』『나도 모 심기ᄋᆞᆸ고 타작 ᄒᆞᄋᆞ온 휘면 낫ᄌᆞ와 뵈ᄋᆞ오링이다. 그지 업ᄉᆞ와 이만 알외ᄋᆞᆸ노이다.

임ᄌᆞ 오월 열닷쇈날. 녀셔 곽주 ᄉᆞᆯ이.』

- 알외ᄋᆞᆸ고: 끊어 적기
- 긔후: 기체후(氣體候)의 준말
- 듀야: 밤낮
- 분별: 의미 이동(염려, 걱정 → 바른 생각, 판단)
- 사ᄅᆞᆷ이나: 끊어 적기(분철)
- 거ᄉᆞᆯ: 이어 적기(연철), 모음 조화가 문란해짐
- ᄒᆞᄋᆞᆸᄂᆞᆫ: 앓는
- 역신: 천연두
- 디: 구개음화(×)
- 쟈근: 이어 적기(연철)
- ᄌᆞ셰: 자세히
- 몯: 8종성법
- 거시: 이어 적기
- 식브ᄋᆞ올ᄉᆡ: 싶을세
- 「 」: 서두 – 자기 안부와 상대방의 안부 확인
- ᄌᆞ식ᄃᆞ론: 이어 적기
- 갓ᄉᆞ오니: 거듭 적기
- 우연히: 얼마나
- 수이: 의미 축소(쉽게, 빨리 → 쉽게)
- 오ᄋᆞᆸ고뎌: 모음 조화가 문란해짐
- 깁디: 구개음화(×)
- ᄃᆞ리나: 이어 적기
- 디나ᄋᆞᆸ거든: 구개음화(×)
- 아ᄋᆞ: 아우
- 둘란: 거듭 적기
- 게: 거기에
- 제: 때
- 언문: 한글
- 쇼셔: 기원의 종결 어미
- 슈고롭ᄉᆞ오신: 수고스럽겠지만
- 하ᄋᆞᆸ기: 명사형 어미 '-기'의 사용
- 젓ᄉᆞ와: 두려워, 송구하여
- 「 」: 본문 – 편지를 쓴 목적과 용건
- 심기ᄋᆞᆸ고: 심게 하고
- 낫ᄌᆞ와: 나아가
- 이다: 현대 국어 상대 높임 선어말 어미 '하십시오' 체에 대응
- 임ᄌᆞ: 임자(壬子)년
- 「 」: 결미 – 끝인사, 쓴 날짜, 서명
- ᄉᆞᆯ이: 사위

현대어 풀이 문안 아뢰옵고 요즘 기후 어떠하옵신고. 기별을 몰라서 밤낮 염려하옵니다. 벌써 안부를 여쭐 사람이나 보내려 했는데 종의 자식이 앓는 마마가 큰 마마인지 작은 마마인지 자세히 몰라서 지금까지 못 보내었더니 큰 마마가 아닌가 싶어서 이제야 사람을 부렸습니다. 자식들이 여럿 갔으니 얼마나 요란히 여기실까 하고 염려하옵니다. 빨리 데려오고자 하였으되 그래도 당시에는 의심이 깊지 아니하여 이달이나 지나거든 데려오려 하옵니다. 아우의 자식도 둘이 거기에 가 있을 때에 언문을 가르쳐 보내시옵소서. 수고로우시겠으나 언문을 가르치옵소서. (이 말씀을) 드리기 송구스러워 하다가 아뢰옵니다. 저도 (일꾼들을 시켜) 모를 심게 하고 타작한 후이면 (장모님 안전에) 나아가 뵙겠습니다. 그지없어서 이만 아뢰옵니다.

임자(壬子)년 오월 열닷샛날. 사위 곽주 아룀.

- 기후: 몸의 건강 상태
- 어떠하옵신고: 어떠하신지요
- 마마가: 질병의 한 종류
- 큰 마마: 천연두
- 작은 마마: 홍역, 수두
- 부렸습니다: 사람을 시켜 일을 하게 했습니다
- 자식들이 여럿 갔으니 얼마나 요란히 여기실까 하고 염려하옵니다: 많은 손자들을 장모에게 맡긴 글쓴이의 죄송스러움이 드러남
- 의심이 깊지 아니하여: 종의 자식이 앓는 질병의 중증도와 전염 여부
- 이달이나 지나거든 데려오려 하옵니다: 용건 ① – 자식 맡기는 기간에 관한 정보 전달
- 아우의 자식도 둘이 거기에 가 있을 때에 언문을 가르쳐 보내시옵소서. 수고로우시겠으나 언문을 가르치옵소서: 용건 ② – 자녀들에 대한 언문 교육에 대한 당부
- 안전: 존귀한 사람이 앉아 있는 자리의 앞
- 그지없어서: 이루 다 말할 수 없어서
- 임자(壬子)년: 1612년
- 열닷샛날: 15일

〈용건 ②에 반영된 시대상〉
① 양반집 아이들에 대한 언문 교육이 중시됨
② 아이들의 언문 교육을 부녀자들이 담당함
③ 사대부가의 여성들이 아이들을 가르칠 정도로 언문 사용에 능통함

〈참고〉
현대 일상에서는 흔히 '올림'이라고 쓰나 이는 실제로 봉투 겉에 쓰는 표현임. 봉투 속 편지에 쓰는 표현은 '사룀' 혹은 '아룀'임. '사룀'은 속살과 속내를 풀어서 말씀드릴 때, '아룀'은 모르시는 것을 알려 드리려고 말씀드릴 때 쓰는 표현임

핵심 정리

- 갈래: 고전 수필〔서간문(내간 = 언간, 한글로 쓴 편지글)〕
- 성격: 일상적, 친교적
- 구성: '인사말 – 용건 – 맺음말'의 3단 구성

서두(인사말): 자신의 안부 알림과 상대방의 안부 확인	➡	본문(용건): 자식을 맡기는 기간에 대한 정보 전달 및 언문 교육에 대한 당부	➡	결미(맺음말): 끝인사

- 제재: 언간(한글) 교육
- 주제: 장모에 대한 문안 인사 및 자식들의 한글 교육에 대한 당부
- 특징: ① 안부를 확인하는 편지의 형식적 목적과 한글 교육을 당부하는 실질적 용건으로 구성되었음
  ② 중세 국어의 특징(구개음화의 미적용, 8종성법, 이어 적기 등)과 근대 국어의 특징(성조의 소실, 방점의 미표시, 모음 조화의 문란, 명사형 어미 '-기'의 사용, 끊어 적기와 거듭 적기의 사용 등)이 공존함
- 의의: ① 한글 사용 계층이 부녀자 층으로까지 확대되었음을 알려 주는 근거 자료임
  → 한글 창제 당시에 경시되었던 한글의 위상이 자녀를 위한 필수 교육으로 변모할 정도로 높아졌음
  ② 17세기 근대 국어의 문법적 특징을 알려 줌으로써 국어의 변화 양상을 보여 주는 사료임
  ③ 편지가 일상의 기록인 만큼 공적인 정치사에서 드러나지 않았던 개인의 일상 생활을 보여 주는 자료임

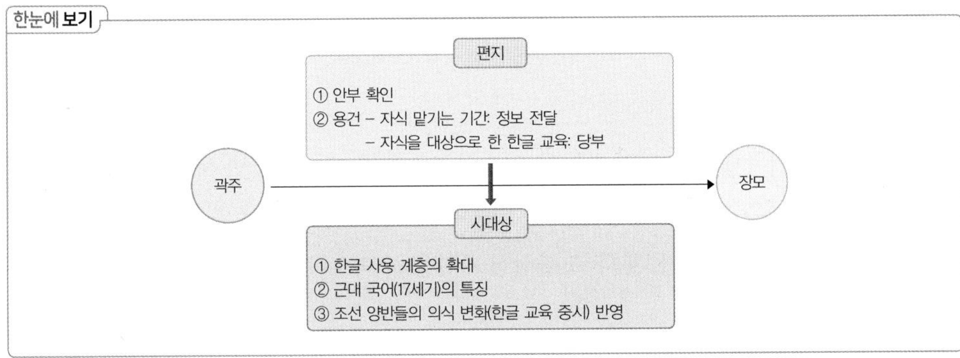

보충·심화 학습

- 언간(諺簡)

조선 시대에 부녀자들 사이에서 주고받은 한글 편지로, 내간(內簡) 혹은 언찰(諺札)이라고도 한다. 훈민정음이 창제된 이후에 궁중 여인들이 한문이 아닌 언문으로 편지를 쓰면서 점차 일반 서민 부녀자 계층으로까지 확대 사용되었다. 언간은 안부 확인 및 사연 전달 등의 역할을 했고, 발신인과 수신인 중에서 한 사람이 여성인 경우에 반드시 한글로 편지를 썼다. 한글 창제 당시에 지배 계층 사이에서 경시되었던 한글이 사대부 계층의 여성들과 서민층으로 점차 확대되다가 여성들과 편지를 주고받는 사대부 계층의 남성으로까지 널리 이용되는 양상을 보이는데, 이것을 입증해 주는 자료가 바로 언간(諺簡)이다.

필수 문제

01 이 글과 같은 형식이 어떠한 갈래에 해당하는지 쓰시오.

02 이 글의 발신자를 알려 주는 근거가 되는 단어를 찾고, 현대어로 해석하시오.

03 이 글에 나타난 글쓴이의 용건을 두 가지로 서술하시오.

04 한글의 사용 계층이 확대되었음을 암시하는 두 문장을 찾아 처음과 끝 어절을 각각 쓰시오.

180 심청가(沈淸歌) | 작자 미상

EBS

출제 포인트

유교의 효(孝) 사상과 불교의 인과응보 사상 등이 다양하게 나타나는 판소리 사설로, 이 작품에 반영된 사상과 민족의 문화적 가치, 주제 의식 등에 주목하여 살펴보자.

감상 길잡이

이 글은 판소리 다섯 마당 중 하나인 〈심청가〉의 판소리 사설로, 〈효녀 지은 설화〉, 〈인신 공희 설화〉, 〈거타지 설화〉 등의 다양한 근원 설화에 뿌리를 둔 작품이다. 하늘이 내린 효녀인 심청이 눈먼 아버지를 위해 희생하여 결국에는 아버지의 눈을 뜨게 하고, 자신 또한 황후가 된다는 이야기를 통해 유교적 가치관인 효(孝)를 강조함과 동시에 인과응보라는 불교적 가치관을 담아내고 있다. 또한, 심청이 옥황상제와 용왕의 도움을 받아 인간 세상으로 돌아온다는 점에서 도교 사상의 영향을 받았음을 확인할 수 있다.

장면 1

앞부분 줄거리 | 맹인인 심 봉사와 부인 곽 씨는 늦은 나이에 딸 청이를 낳지만, 곽 씨는 청이 태어난 지 이레 만에 죽게 된다. 심 봉사는 동냥젖을 먹이며 청이를 키우고, 청이는 효녀로 자라 구걸과 품팔이로 심 봉사를 봉양한다. 그러던 어느날 청이를 마중 나갔다가 외나무다리에서 발을 헛디뎌 물속에 빠진 심 봉사는, 자신을 건져 준 몽운사 화주승이 공양미 삼백 석을 바치면 눈을 뜰 수 있다고 하자 시주를 약속하게 되고, 이것을 알게 된 청이는 남경 상인들에게 공양미 삼백 석을 받고 몸을 팔아 인당수에 제물로 바쳐진다.

[아니리] (창을 하는 중간중간에 가락을 붙이지 않고 이야기하듯 엮어 나가는 사설)

밤이면 집에 돌아와 울고 낮이면 강두에 가서 울고 눈물로 세월을 보낼 제 그 마을 사는 묘한 여자가 하나 있으되 호가 뺑파것다. 심 봉사 딸 덕분에 전곡(錢穀) 간에 있단 말을 듣고 동리 사람들 모르게 자원 출가(自願出嫁)하여 심 봉사 그 불상헌 가산을 꼭 먹성질로 망하는디,

(밤이면 ~ 보낼 제: 심청이를 제물로 잃은 슬픔 / 강두: 강가의 나루 근처 / 전곡 간에: 돈이든 곡식이든 간에 / 자원 출가: 스스로 원하여 시집을 감 / 불상헌 가산: 심청이 자기 몸을 제물로 팔아 장만한 집안의 재산 / 먹성질: 음식을 가리지 않고 잘 먹는 성질)

▶ 뺑파가 심 봉사에게 자원 출가함

[자진모리] (매우 빠른 판소리 장단. 주로 역동적인 느낌을 주고자 할 때, 사건 전개를 빠르게 하고자 할 때, 길게 나열할 때 사용됨)

「밥 잘 먹고 술 잘 먹고 고기 잘 먹고 떡 잘 먹고 쌀 퍼 주고 고기 사 먹고 벼 퍼 주고 술 사 먹고 이웃집 밥부치기 동인 잡고 욕 잘 허고 초군(樵軍)들과 싸움허기 잠자며 이 갈기와 배 끓고 발 털고 한밤중 울음 울고 오고 가는 행인다려 담배 달라 실낭허기 술 잔뜩 먹고 정자 밑에 낮잠 자기 힐끗허면 핼끗허고 핼끗허면 힐끗허고 삐쭉허면 빼쭉허고 빼쭉허면 삐쭉허고 남의 혼인허랴 허고 단단히 믿었난디 해담(害談)을 잘 허기와 신부 신랑 잠자는디 가만가만 문 앞에 들어서며 불이야」 이놈의 행실이 이러허여도 심 봉사는 아무런 줄 모르고 뺑파한테 빠져서 나무칼로 귀를 외어 가도 모르게 되었것다.

(「」: 뺑파의 못된 행실을 해학적으로 표현함 – 장면의 극대화 / 밥부치기: 밥을 남의 집에서 대 먹는 것 / 동인: 동네 사람 / 초군: 나무꾼 / 다려: 에게 / 실낭허기: 실랑이하기 / 힐끗허면 ~ 삐쭉허고: 음성 상징어를 사용한 언어유희 – 뺑파가 시샘과 불평이 많음을 표현함 / 해담: 나쁜 말 / 외어: 베어 가도 / 아무런 줄 모르고: 뺑파의 못된 행실을 알지 못하고 / 나무칼로 귀를 외어 가도 모르게 되었것다: 어떤 일에 매우 열중하고 있는 상황을 이르는 속담)

▶ 뺑파에 대한 소개

[아니리]

심 봉사 하루난 돈궤를 만져 보니 엽전 한 푼이 없것다.

(돈궤: 돈이나 귀중품을 넣어 두는 궤)

"여 뺑파 돈궤에 엽전 한 푼이 없으니 이게 웬일이여."

「"아이고 그러니 외정(外丁)은 살림 속을 저렇게 몰라. 영감 드린다고 술 사 오고 고기 사 오고 떡

(외정: 바깥일을 맡아 보는 남자)

사 오고 하는 돈이 모도 그 돈 아니오.”」 「 」: 재물을 다 써 버리고도 엉뚱하게 둘러대고 있는 모습을 통해 뺑파가 비양심적인 인물임을 드러냄

"나 술 고기 떡 많이 잘 사 주더라. 여편네 먹은 것 쥐 먹는 것이라고 할 수 있나."
반어법 – 뺑파의 말이 거짓임을 드러냄 / 네가 먹는 것이 쥐가 먹는 것이냐 → 네가 많이 먹은 것이다

"영감아 지난 달부터 밥 구미는 뚝 떨어지고 신 것만 구미가 당기니 어째서 그런가 모르겄오."
아이를 가진 척하여 심 봉사의 관심을 돌리고자 함

「"파아하하 거 그러면 태기가 있을란가부네. 어쩌튼 하나만 낳아라. 그런디 신 것이 구미가 당기면 무엇을 먹는가."」
태기: 아이를 밴 기미
「 」: 뺑파의 말에 쉽게 속음 – 심 봉사의 어리숙함이 드러남

"아 살구 먹었지요."

"살구는 얼마나 먹었는고."

"아 씨 되어 보니 닷 말 서 되입니다."
약 20리터 / 뺑파의 거짓말 – 과장법

"거 신 것을 그리 많이 먹어. 그놈은 낳드라도 안 시건방질가 몰라. 이것 농담이오."
음의 유사성을 이용한 언어유희

▶ 뺑파가 먹성질로 가산을 탕진함

하로난 관가에서 부름이 있어 들어가니 황성서 맹인 잔치를 배설허였는디 만일 잔치 불참허면 이 골 수령이 봉고파직(封庫罷職)을 당할 것이니 어서 급히 올라가라 노비(路費)까지 내어 주것다. 그 노비 받어가지고 돌아와,
골: 고을 / 배설허였는디: 벌이어 베풀었는데 / 봉고파직: 어사나 감사가 못된 짓을 많이 한 고을의 원을 파면하고 관가의 창고를 봉하여 잠그던 일 / 노비: 여행 비용. 노자

"여보 뺑덕이네 황성서 맹인 잔치를 배설하였는디 잔치에 불참허면 이 골 수령이 봉고파직을 당한대여. 그러니 어서 급히 올라가세."

"아이고 여필종부(女必從夫)라고 영감 따러가지 누구 따러갈 사람 있소."
아내는 반드시 남편의 말을 따라야 한다는 말 / 이면에 담긴 의미: 기회를 보아 심 봉사를 버리고 도망가고자 함

"아닌 게 아니라 우리 뺑파가 열녀도 더 되고 백녀다 백녀. 자 그럼 어서 올라가세. 의복 챙겨 있는 것 자네는 맡아서 이고 가고 나는 괴나리 띳빵해서 질머지고 가세."
음의 유사성을 활용한 언어유희 / 띳빵: 지게를 지는 끈

막상 떠날라고 허니 ㉠도화동이 섭섭하든가 보드라.
편집자적 논평

▶ 뺑파와 심 봉사가 황성으로 떠남

[중모리]
조금 느린 장단으로, 사연을 담담히 서술하거나 서정적인 대목에서 주로 사용됨

도화동아 잘 있거라 무릉촌(武陵村)도 잘 있거라 내가 인제 떠나가면 어느 년 어느 때 오랴느냐. 어이 가리 어이 갈고 황성 천 리를 어이 갈고 ❶ 조자룡(趙子龍)의 월강(越江)허든 청총마(青驄馬)나 있거드면 이날 이시로 가련마는 앞 못 보는 이내 다리로 몇 날을 걸어서 황성(皇城)을 갈그나 어이 가리 너 황성 천 리를 어이 가리. 여보소 뺑덕이네 길소리를 좀 맞어 주소. 다리 아퍼 못 가겄네. 뺑덕어미가 길소리를 맞는디 어디서 메나리조를 들었는지 메나리조로 먹이것다. 어이 가리 너 어이 가리 황성 천 리를 어이 가리. 날개 돋힌 학이나 되면 수루루 펄펄 날어 이날 이시로 가련마는 앞 못 보는 봉사 가장 다리고 몇 날을 걸어서 황성을 갈거나. 이리 한참 올라가다 일모(日暮)가 되니 주막에 들어 잠자는디 그때으 뺑덕이네는 황 봉사와 등이 맞어 주인과 약속을 허고 밤중 도망을 허였는디 심 봉사는 아무런 줄 모르고 첫 새벽으 일어나서 뺑덕이네를 찾는구나.
월강: 강을 건넘 / 길소리: 길 갈 때 부르는 노래 / 메나리조: 농부가의 곡조 / 다리고: 데리고 / 일모: 날이 저물 무렵 / 가산을 탕진하고 다른 남자와 야반도주함 – 유교 윤리와 거리가 먼 뺑파의 현실적인 성격이 드러남

▶ 뺑파가 황 봉사와 도망함

[아니리]

"여보소 뺑덕이네 삼복성염(三伏盛炎)에 낮에는 더워서 갈 수 없고 새벽길을 사오십 리 처야 될 띠, 어서 일어나, 어서. 아 어디 갔어."

삼복 중의 무더위. 계절적 배경이 드러남 / 내쳐야 하는데(가야 하는데)

또 장관이지, / "그 방구석에서 멋허고 섰어. 허허 내가 보듬고 와야지."

빵파를 찾는 심 봉사의 모습에 대한 편집자적 논평 – 반어법

방 네 구석을 더듬어도 없제. / "여보 주인 우리 마누라 혹 안에 들어갔오."

"아니요 간밤에 어느 봉사와 밤길 친다고 발서 떠났오."

벌써

"아니 그러면 주인 녀석이 되어 가지고 인제 그 말히여."

"아 그 분과 내외간인지 알었지, 심 봉사님과 내외간인지 알았소."

부부 사이

"그는 그럴 것이오, 아이고 이년이 갔구나."

심 봉사의 상황: 믿는 도끼에 발등 찍힌 격

[진양조]

가장 느린 장단으로, 대체로 슬프거나 비장한 장면에 사용됨

허허 뺑덕이네가 갔네그려 예이 천하 의리 없고 사정없는 이년아 당초에 늬가 버릴 테면 있던 데서 마다허지 수백 리 타향에다 날 버리고 네가 무엇 잘 될소냐. 이년아. 귀신이라도 못 되리라 이년아.『오라 오라 현철한 곽 씨도 죽고 살고 출천대효(出天大孝) 내 딸 청이 생죽엄도 당했는디 네 까짓년을 생각허는 내가 미친 놈이로구나.』

어질고 사리에 밝은 / 하늘이 낸 큰 효자나 효녀 / 생죽음

「 」: 자신이 처한 상황에 대한 자책

▶ 뺑파가 도망한 사실을 알고 탄식하며 슬퍼하는 심 봉사

[아니리]

주인과 작별허고,

[중모리]

주막 밖을 나서드니 그래도 생각이 나서 그 자리 펏석 주저앉더니 뺑덕이네 뺑덕이네 예끼 천하에 무정한 년. 황성 천 리 먼먼 길을 어이 찾어 가잔 말이냐. 이때는 어느 땐고. 오뉴월 삼복성염(三伏盛炎)이라. 태양은 불빛 같고 더운 땀을 흘리면서 한 곳을 점점 나려갈 제,

뺑파에 대한 미련과 원망

'천 리'와 '먼먼 길'을 반복하여 '먼 길'이라는 의미를 강조함

▶ 심 봉사가 홀로 황성을 향해 떠남

뒷부분 줄거리 | 우여곡절 끝에 황성 맹인 잔치에 도착한 심 봉사는 황후가 된 청이를 만나 눈을 뜬다. 청이는 뺑파를 유인해 도망간 황 봉사를 용서해 주고, 심 봉사와 그들 부녀를 도와준 이들과 도화동 사람들 모두에게 큰 벼슬과 상을 내린다.

핵심 구절 풀이

❶ **조자룡(趙子龍)의 월강(越江)허든 ~ 어이 가리.**: 중국 삼국 시대 촉한의 명장 조자룡이 조조의 군사와 싸우다 적진을 뚫고 나갈 때, 그의 준마가 강을 단번에 뛰어넘어 위기를 넘겼다는 〈삼국지연의〉의 일화를 들어, 먼 길을 걸어가야 하는 자신의 처지를 부각하고 있다.

필수 문제

01 ㉠에서 드러나는 판소리 사설의 서술상 특징을 쓰시오.

02 [서술형] **'뺑파'가 맹인 잔치에 참석하기 위해 '심 봉사'를 따라 나선 표면적 이유와 이면적 이유를 서술하시오.**

• 표면적 이유:

• 이면적 이유:

장면 2

앞부분 줄거리 | 송나라 황주 도화동에 사는 맹인(盲人) 심 봉사는 어진 부인인 곽 씨와의 사이에 자식이 없어 고민하다가 온갖 치성을 드린 후에 선녀 태몽을 꾸고 심청을 낳는다. 그러나 곽 씨 부인은 심청을 낳은 지 7일 만에 불행히도 죽고 만다.

[중모리]

중모리장단. 조금 느린 장단으로, 사연을 담담히 서술하거나 서정적인 대목에서 주로 사용함

집이라고 돌아오니 부엌은 적막(寂寞)허고 방 안은 텡텡 비었는디「심 봉사 실성 발광(失性發狂) 미치는디 얼사 덜사 춤도 추고 허허 웃어도 보며 지팽 막대 흩어 짚고 이웃집을 찾어가서, 여보시오 부인님네 혹 우리 마누라 여기 왔소. 허허 내가 미쳤구나.」방으로 들어 통곡 자탄할 제 그때에 귀덕 어미 아해 안고 돌아와서 여보시오 봉사님 이 아해로 보더라도 그만 진정허시오. 거 귀덕 어민가. 이리 주소 어디 보세. 종종 와서 젖 좀 주소. 귀덕 어미는 건너가고 아이 안고 자탄헐 제 원촌(遠村)에 닭이 울고 찬바람은 스르르 어린 아해 놀래 깨어 젖 달라고 슬피 운다.「심 봉사 기가 막혀 우지 마라 내 자식아 너이 모친 먼 데 갔다. 낙양 동촌 이화정(洛陽東村梨花亭)에 숙 낭자(淑娘子)를 보러 갔다. 죽상지루(竹上之淚) 오신 혼백 이비(二妃) 부인을 보러 갔다.」가는 날은 안다마는 오는 날은 모르겄다. 너도 너의 모친이 죽은 줄을 알고 우느냐「배가 고파 우느냐 강목수생(剛木水生)이로구나. 내가 젖을 두고 안 주느냐 아무리 달래어도 어린 아해는 그저 우짖듯이 응아 응아 응아」 심 봉사 화가 일어나 안았던 아해를 방바닥에 미다치며 죽어라 썩 죽어라. 니 팔자가 얼마나 좋으면 초칠(初七) 안에 어미를 잡아먹어야. 너 죽으면 나도 죽고, 나 죽으면 네 못 살리라. 아해를 도로 안고 우지 마라 이 자식아 어서 어서 날이 새면 젖을 얻어 먹여 주마 우지 마라 내 새끼야.

- 실성 발광: 정신을 잃고 비정상적으로 행동함
- 지팽: 지팡이
- 「」: 아내를 잃은 심 봉사의 정신적 충격을 드러냄
- 자탄할: 자신의 일에 대해 탄식함
- 아해: 심청
- 이 아해로 보더라도 그만 진정허시오: 갓난아기를 생각해서라도 슬픔을 견디라는 위로의 말
- 어린 아해 놀래 깨어 젖 달라고 슬피 운다: 심 봉사 부녀가 처한 비극적 상황을 고조시킴
- 원촌: 멀리 떨어져 있는 마을
- 「」: 이미 죽은 사람인 '숙 낭자'와 '이비 부인'을 언급하며 아내가 죽었다는 사실을 드러냄
- 낙양 동촌 이화정에 숙 낭자: 고전 소설 〈숙향전〉의 등장인물인 숙향이 난리를 만나 낙양 동촌 이화정에서 자수를 놓으며 지낸 일을 말함
- 죽상지루: 대나무 위의 눈물
- 이비: 순임금의 두 왕비인 아황과 여영
- 강목수생: = 건목수생. 마른나무에서 물이 난다는 뜻으로, 아무것도 없는 사람에게 무리하게 무엇을 내라고 요구함을 이르는 말
- 「」: 배고픔에 지쳐 우는 갓난아이(심청) – 심 봉사가 젖동냥을 하게 되는 계기
- 미다치며: 메다치며. 어깨 너머로 둘러메어 힘껏 내리치며
- 초칠 안에 어미를 잡아먹어야: 심청이 태어난 지 7일 만에 곽 씨가 죽음
- 아해를 도로 안고 ~ 내 새끼야: 아내의 죽음 때문에 감정의 기복이 심한 심 봉사의 태도

▶ 아내의 죽음 때문에 비참한 상황에 처한 심 봉사와 심청

[아니리]

창을 하는 중간중간에 가락을 붙이지 않고 이야기하듯 엮어 나가는 사설

그날 밤을 새노라니 아해는 기진(氣盡)하고 어둔 눈은 더욱 침침하고 눈물로 날을 새었겄다.

[자진모리]

자진모리장단. 비교적 빠른 판소리 장단. 주로 급한 일이 벌어지거나 분주한 대목에 쓰이며 역동적인 느낌을 줌

우물가 두레박 소리 얼른 듣고 나설 제 한 품에 아해를 안고 한 품에 지팽이 흩어 짚고 더듬더듬 우물가 찾어가서,

여보시오 부인님네 초칠 안에 어미 잃고 기허(氣虛)하여 죽게 되니 이 애 젖 좀 먹여 주오.「우물가에 오신 부인 철석(鐵石)인들 아니 주며 도척인들 아니 주랴 젖을 많이 먹여 주며, 한 부인이 하는 말이, 여보시오 봉사님. 예. 이 집에도 아해가 있고 저 집에도 아해가 있으니 자조자조 다니시면 내 자식 못 먹인들 차마 그 애를 굶기리까.」심 봉사 좋아라고, 허허 감사하고 수복강녕 하옵소서. 이 집 저 집 다닐 적에 삼베 질삼 허노라고 히히하하 웃음소리 얼른 듣고 들어가, 여보시오 부인님네 인사는 아니오나 이 애 젖 좀 먹여 주오. 오뉴월 뙤약볕에 김매고 쉬는 부인 더듬더듬 찾아가서, 여보시오 부인님네 이 애 젖 좀 먹여 주오.「젖 있는 부인들은 젖을 많이 먹여 주고 젖 없

- 우물가: 부녀자들이 모여 있는 곳
- 더듬더듬: 앞을 보지 못하는 심 봉사의 곤란한 처지가 드러남
- 기허하여: 기력이 허약하여
- 여보시오 부인님네 ~ 먹여 주오: 젖동냥을 하는 심 봉사 – 연민(동정)에 호소하는 말하기
- 철석: 쇠와 돌을 함께 이르는 말로, 인정 없는 사람을 비유함
- 도척: 중국 춘추 시대의 큰 도적으로, 매우 악한 사람을 비유함
- 「」: 심 봉사의 아이에게 흔쾌히 젖동냥을 주는 부인들의 모습에서 상생의 정신이 드러남
- 수복강녕: 오래 살고 복을 누리며 건강하고 평안함
- 질삼: '길쌈'의 옛말. 실을 내어 옷감을 짜는 일
- 「」: 부인들이 각자의 상황에 맞게 심 봉사를 돕는 행위에서 상부상조의 정신이 드러남

난 부인들은 돈돈씩 채워 주고 돈 없난 부인들은 쌀 되씩 떠 주며, 암쌀이나 하여 주오.」심 봉사
한 냥의 십 분의 일 정도의 얼마 안 되는 돈 / 어린아이에게 젖 대신 먹일 수 있는 암죽을 쑤는 데 필요한 쌀
좋아라고, 허허 감사허오 만수무강하옵소서. 젖을 많이 먹여 안고 집으로 돌아올 제 어덕 밑에 쭈
'언덕'의 방언
구려 앉어 아히를 어른다. 허허 이 자식이 배가 빵빵허구나. ▶ 동네 부인들에게 젖동냥을 하며 심청을 키우는 심 봉사
빵빵하구나

[중중모리]
중중모리장단. 중모리보다 조금 빠르며, 춤추는 대목이나 활보하는 대목에 많이 쓰임

둥둥 내 딸이야 허허 둥둥 내 딸이야 이 덕이 뉘 덕이냐 동네 부인의 덕이라. 너도 어서 어서 자라나서 너의 모친의 본을 받어 현철허고 얌전하야 아비 귀염을 보여라.「둥둥 내 딸이야 백미 닷
어질고 사리에 밝고
섬에 뉘 하나, 열 소경 한 막대로구나 둥둥 내 딸 금을 준들 너를 사며 옥을 준들 너를 사랴 어덕
매우 귀하고 소중한 것을 이름 / 후일 공양미에 팔려 가는 심청의 처지와 대비됨
밑에 귀남이 아니냐」슬슬 기어라 둥둥 내 딸이야.
「 」: 심 봉사의 지극한 부성(父性)이 잘 드러남

둥둥 내 딸이야 어허 둥둥 내 딸, 어허 둥둥 내 딸, 어허 둥둥 내 딸, 댕기 끝에는 준주실 옷고름에는 밀화불수(蜜花佛手) 달 가운데는 옥토끼 쥐얌쥐얌 잘강잘강 엄마 아빠 도리도리 허허 둥둥 내
보석의 일종인 밀화로 부처 손같이 만든 패물
딸, 서울 가 서울 가 밤 하나 얻어다 두리박 속에 넣었더니 머리 깜한 새앙쥐가 들랑날랑 다 까먹고 다만 한 쪼각 남은 것을 한 쪽은 내가 먹고 한 쪽은 너를 주마, 어르르 아나 아가 둥둥 둥둥 어
아무리 먹을 게 없는 처지이지만 딸과 함께 나눔 – 딸에 대한 애정이 느껴짐
허, 둥둥 내 딸.

[아니리]
「 」: 심 봉사가 동냥하러 나가는 장면을 밝고 경쾌하게 표현함

「아해 안고 돌아와 포단 덮어 뉘어 놓고 동냥차로 나가는디 중고조로 나가것다.」
이불 / 경쾌하고 씩씩한 느낌을 주는 선율

[중모리]

삼배 전대 외동지어 왼 어깨 들어 매고 동냥차로 나간다. 여름에는 보리동냥 가을이면 나락 동
돈이나 물건을 넣어 허리에 매거나 어깨에 두르기 편하도록 삼베로 만든 자루 / 어린 딸을 키우기 위해 온갖 정성을 다 쏟는 심 봉사의 모습
냥 어린 아해 암죽차로 쌀 얻고 감을 사서 허유허유 돌아올 제 그때에「심청이난 하날이 도움이라 일취월장 자라날 제 육칠 세 되어 가니 모친의 기제사(忌祭祀)를 아니 잊고 헐 줄 알고 부친의 공경
나날이 다달이 자라거나 발전함 / 해마다 사람이 죽은 날에 지내는 제사 / 공손히 받들어 모시는 일
사를 의법이 허여 가니 무정 세월이 이 아니냐.」 ▶ 정성을 다해 심청을 키우는 심 봉사와 심청의 성장
법도에 맞게 / 「 」: 시간의 흐름. 심청이 효성 지극한 인물로 성장함

[아니리]

앞에
하로난 심청이 부친전 단정히 꿇어 앉어,
하루는 / 부친 앞에서 예를 갖추는 공손한 태도

「"아버지."

"오냐."

아침저녁으로 웃어른께 음식을 드림
"오날부터는 아무 데도 가시지 마옵시고 집에 앉어 계시오면 제가 나가 밥을 빌어 조석공양하
어린 나이에도 앞을 못 보는 아버지를 대신해서 동냥을 나가려는 심청의 지극한 효심이 드러남
오리다."

심 봉사 좋아라고,

아들이 없는 집안의 외동딸
"여봐라 청아. 내 아무리 곤궁헌들 무남독녀 너를 내보내어 밥을 빌단 말이 될 말이냐 오라 오
가난하여 살림이 구차함

라 그런 말은 말어라.」「 」: 부녀 사이에 서로를 위하는 따뜻한 가족애가 드러남

[중모리]

아버지 듣조시오「❶ 자로(子路)난 현인으로 백 리를 부미(負米)허고 ❷ 순우의(淳于意) 딸 제영(緹縈)이난 낙양옥(洛陽獄)에 갇힌 아부 몸을 팔아 속죄허고 말 못허는 가마귀도 공림(空林) 저문 날으 반포은(反哺恩)을 헐 줄 아니 하물며 사람이야 비금(飛禽)만 못 허리까.」다 큰 자식 집에 두고 아버지가 밥을 빌면, 남이 욕도 헐 것이요. 천방지축(天方地軸) 다니시다 행여 병이 날까 염려오니 그런 말씀은 마옵소서.

자로: 공자의 제자 / 현인: 어질고 현명한 사람 / 「 」: 고사 인용이 흔한 판소리 사설의 특성이 드러남 / 공림: 나뭇잎이 떨어져 공허한 숲 / 반포은: 반포지효(反哺之孝) / 비금: 날짐승 / 천방지축: 너무 급하여 허둥지둥 함부로 날뜀

[아니리]

"원 자식, 그런 말은 어데서 들었느냐 너의 어머니 배 속에서 죄다 배워 가지고 나왔구나. 네 효성이 그렇거든 한 두어 집만 다녀오너라."

▶ 아버지를 대신해 동냥을 가겠다는 심청

중략 부분 줄거리 | 어느 날 심청이를 마중하러 나간 심 봉사는 발을 헛디뎌 물에 빠지는데, 심 봉사를 구해 준 몽운사 화주승이 심 봉사에게 공양미 삼백 석을 부처님께 바치면 눈을 뜰 수 있다고 말한다. 심 봉사는 공양미 삼백 석을 바치겠노라고 약속한다. 심청이 이 말을 듣고 남경 상인들에게 자신의 몸을 팔고 그 대가로 받은 공양미 삼백 석을 몽운사에 시주한다. 심청은 인당수 제물로 바쳐지나 심청의 지극한 효심에 감동한 하늘의 도움으로 연꽃에 싸여 바다 위로 다시 띄워지고 이를 뱃사람들이 발견한다. 뱃사람들은 연꽃을 천자에게 바치고 연꽃에서 환생한 심청은 황후가 된다. 황후가 된 심청은 아버지를 찾기 위해 전국의 맹인들을 한자리에 불러 맹인 잔치를 베푼다.

[아니리]

이때 심 황후께서는 아무리 기다려도 부친이 오시지 않으니 슬피 탄식 우는 말이,

심 황후: 심청의 지극한 효심에 대한 하늘의 보답으로 황후가 됨 – 인과응보(因果應報)

[진양]

진양: 진양조장단. 판소리에 사용되는 가장 느린 장단으로, 대체로 슬프거나 비장한 장면에 사용됨

이 잔치를 배설(排設)키는 불상허신 우리 부친 상봉헐가 바랬드니 어찌 이리 못 오신고「당년 칠십 노환으로 병이 들어서 못 오신가. 부처님으 영검으로 완연히 눈을 뜨셔 맹인 중으 빠지셨나. 내가 영영 죽은 줄 아르시고 애통허시다 이 세상을 떠나셨나.」오시다 무슨 변을 당하셨는가 오날 잔치 망종인디 어이 이리 못 오신고.

배설: 연회나 의식에 쓰이는 물건을 차려 놓음 / 「 」: 유사한 구조의 문장을 나열하여 아버지를 애타게 기다리는 심청의 마음을 강조함 / 완연히: 흠이 없이 완전하게

▶ 맹인 잔치를 베풀어 심 봉사를 기다리는 심 황후

[아니리]

이렇듯 탄식허시다 심 황후 예부 상서(禮部尙書)를 또다시 불러,

예부 상서: 의례를 담당한 관아의 책임자

문제로 핵심 파악

1 젖동냥을 하는 심 봉사를 외면하지 않고 적극적으로 도와주는 부인들의 태도에서 (　　　　)의 정신을 느낄 수 있다.

2 심청은 아버지 심 봉사를 만나기 위해 (　　　　)을/를 벌인다.

핵심 구절 풀이

❶ **자로(子路)난 현인으로 백 리를 부미(負米)허고**: 자로(子路)는 공자의 제자로 십철(十哲) 중의 한 사람임. 정사(政事)에 뛰어났으며 공자를 제일 잘 섬겼다고 함. 이 자로가 어머니를 봉양하기 위해 백 리나 떨어진 곳에서 쌀을 구해 짊어지고 왔다는 내용임

❷ **순우의(淳于意) 딸 ~ 몸을 팔아 속죄허고**: 제영(緹縈)은 한나라 문제 때 태창령(太倉令) 순우의의 딸로, 그의 아버지 순우의가 국고금을 사사로이 써 버리고 낙양의 옥에 갇혀 죽게 되었을 때, 자신을 관비(官婢)로 팔아 속죄하였다고 함

『"오늘도 봉사 거주 성명을 명백히 기록하여 차차 호송하되, 만일 도화동 심 맹인이 계시거든 별궁 안으로 모셔 오라."』

주소

「 」: 아버지를 찾고자 하는 심청의 간절한 효성

예부 상서 분부 듣고, 봉사 점고(點考)를 차례로 하여 나려오는디 제일 말석에 앉은 봉사 앞으로 당도하여,

명부에 일일이 점을 찍어 가며 사람의 수효를 조사함 / 맨 끝자리

"여보시오, 당신 성명이 무엇이요."

"내 성명은 심학규요."

"옳다, 심 맹인, 여기 계신다."

하더니

"어서 별궁으로 들어가사이다."

"아니 어찌 이러시오."

"우에서 상을 내리실지, 벌을 내리실지 모르나 심 맹인을 모셔 오라 하셨으니 어서 들어가사이다."

황후가 된 심청

"내가 이리 될 줄 알았어. 아닌 게 아니라 내가 딸 팔아먹은 죄가 있는데, 이 잔치를 배설키는 나를 잡을 양으로 배설한 것이로구나. 내가 더 살아 무엇하리. 내 지팽이나 잡아 주시오. 들어갑시다."

자신으로 인해 딸이 죽었다는 죄책감이 드러남 / 자신에게 벌을 주기 위해 맹인 잔치를 벌였다고 오해함

별궁으로 들어가,

"심 맹인 대령하였소."

심 황후 부친(父親)을 살펴볼 제, 백수풍신(白首風身) 늙은 형용 슬픈 근심 가득한 게 부친 얼굴이 은은하나 심 봉사가 딸을 보낸 후 어찌 울었든지 눈갓이 희여지고 피골이 상접허고 산호 주렴(珊瑚珠簾)이 앞을 가려, 자세히 보이지 않으니,

머리가 센 늙은이의 점잖고 위엄 있는 풍채 / 산호로 만든 발

"그 봉사 거주를 묻고 처자가 있나 물어보아라."

심 봉사 처자 말을 듣더니마는 먼 눈에서 눈물이 뚝뚝뚝 떨어지며,

▶ 예부 상서가 심 봉사를 발견하여 별궁으로 데려감

[중모리]

"예, 소맹(小盲)이 아뢰리다. 예, 소맹 아뢰리다. 소맹이 사옵기는, 황주 도화동이 고토(故土)옵고, 성명은 심학규요. 『을축년 정월달에, 산후경으로 상처하고, 어미 잃은 딸자식을 강보에다 싸서 안고 이 집 저 집을 다니면서 동냥젖 얻어 먹여 겨우 겨우 길러 내어 십오 세가 되었는데, 효성이 출천하여 애비 눈을 띄인다고 남경 장사 선인들께 삼백 석에 몸이 팔려 인당수(印塘水) 제수(祭需)로 죽은 지가 우금 삼 년이요.』 눈도 뜨지를 못하옵고 자식만 죽었으니 자식 팔아먹은 놈

맹인이 자기를 낮추어 이르는 일인칭 대명사 / 아내의 죽음을 당하고 / 고향 땅 / 아이를 낳고 나서 조리를 제대로 못하여 생기는 여러 가지 병 / 포대기 / 하늘이 냄 / 지금에 이르기까지 / 뱃사람 / 제물

「 」: 이전 사건의 요약적 제시

을 살려 두어 쓸데 있소. 당장에 목숨을 끊어 주오."

▶ 심 봉사가 심청에게 그간의 사연을 이야기함

[자진모리]

「심 황후 이 말 듣고 기가 막혀 산호 주렴 걷어 버리고, 보선발로 우루우루 부친의 목을 안고,」

「 」: 드디어 아버지를 찾은 심청의 기쁘고 반가운 마음이 구체적 행동 묘사를 통해 간접적으로 제시됨

"아이고 아버지."

「심 봉사 깜짝 놀라,

"아니, 뉘가 날더러 아버지여. 나는 아들도 없고, 딸도 없소. 무남독녀 내 딸 청이 물에 빠져 죽은 지가 우금(于今) 수삼 년이 되었는데 누가 날다러 아버지여."」

「 」: 딸이 황후가 됐으리라고는 생각하지 못하고 깜짝 놀람

"아이고 아버지, 여태 눈을 못 뜨셨소. 인당수 깊은 물에 빠져 죽은 청이가 살아서 여기 왔소. 아버지는 눈을 뜨셔 저를 급히 보옵소서."

심 봉사가 이 말을 듣더니, 어쩔 줄을 모르는구나.

"에이 아니 청이라니 청이라니 이것이 웬일이냐. 내가 지금 죽어 수궁에 들어왔느냐. 내가 지금 꿈을 꾸느냐. 죽고 없는 내 딸 청이 이곳이 어데라고 살아오다니 웬 말이냐. 내 딸이면 어디 보자. 아이고, 내가 눈이 있어야 내 딸을 보지. 아이고 답답하여라. 어디 어디 어디 내 딸 좀 보자."

두 눈을 끔적 끔쩍 끔쩍하더니 부처님의 도술로 두 눈을 번쩍 떴구나.

극적 장면. 판소리의 비현실성이 드러남 → 작품의 주제 의식, 효의 가치 강조

▶ 심 봉사와 청이가 극적으로 상봉하고 심 봉사가 눈을 뜸

[아니리]

심 봉사 눈 뜬 훈김에 모도 따라서 눈을 뜨는데,

훈김: 권세 있는 사람의 세력이나 그 영향을 비유적으로 이르는 말

심청의 지극한 효심으로 모든 맹인들이 눈을 뜸. 작품의 주제 의식, 효의 가치 강조

[자진모리]

만좌(滿坐) 맹인이 눈을 뜬다. 「전라도 순창 담양(淳昌潭陽) 새갈모 떼는 소리라. 짝 짝 짝 하더니 모도 눈을 떠 버리는구나. 석 달 동안 큰 잔치에, 먼저 나와 참예하고 나려간 맹인들도 저희 집에서 눈을 뜨고, 미처 당도 못한 맹인 중로(中路)에서 눈을 뜨고 가다가 뜨고 오다가 뜨고 서서 뜨고 앉아 뜨고 실없이 뜨고 어이없이 뜨고 화내다 뜨고 울다 뜨고 웃다 뜨고 떠 보느라고 뜨고 시원히 뜨고 일하다 뜨고 눈을 비벼 보다 뜨고 지어비금주수(至於飛禽走獸)라도 눈먼 짐생까지도 모도 다 눈을 떠서 광명 천지(光明天地)가 되었구나.」

「 」: 열거와 과장을 통한 해학성 유발. 판소리의 특징인 장면의 극대화가 나타남. 행복한 결말

만좌: 여러 사람이 가득하게 늘어앉은 자리

새갈모: 베를 짜기 위해 칡덩굴을 가늘게 찢어 실처럼 만들어 놓은 것

참예: 참여

중로에서: 중도에. 가는 중에

지어비금주수: 날짐승과 길짐승에 이르기까지

지어비금주수라도 눈먼 짐생까지도 모도 다 눈을 떠서: 사람뿐 아니라 짐승까지도 눈을 뜸 - 차별하지 않는 상생의 정신

▶ 맹인 잔치에 참여한 모든 맹인이 눈을 뜸

뒷부분 줄거리 | 심 봉사는 딸을 만나고 눈을 뜬 기쁨에 덩실덩실 춤을 춘다. 그런데 맹인 잔치에 참석한 맹인 중에 뺑파를 유인해 도망간 황 봉사만이 눈을 뜨지 못한다. 청이는 황 봉사를 용서해 주고 눈을 뜨게 한다. 또한, 아버지 심 봉사와 그동안 두 부녀를 도와준 사람들과 도화동 사람들에게 큰 벼슬과 상을 내린다.

핵심 정리

- 갈래: 판소리 사설
- 성격: 교훈적, 비현실적, 해학적
- 구성: '발단 – 전개 – 위기 – 절정 – 결말'의 5단 구성

발단: 심청의 출생과 성장 과정 ➡ **전개**: 심청이 아버지를 봉양하고 아버지의 눈을 뜨게 하기 위해 몸을 팖 ➡ **위기**: 심청이 제물로 팔려 가 인당수에 몸을 던짐 ➡ **절정**: 심청이 다시 살아나 황후가 됨 ➡ **결말**: 부녀가 상봉하고 심 봉사가 눈을 뜸

- 제재: 심청의 효성
- 주제: 부모에 대한 지극한 효성과 권선징악, 인과응보
- 특징: ① 열거와 의태어, 언어유희 등을 통해 해학적으로 표현함
  ② 당시 서민들의 생활과 가치관이 드러남
  ③ 일상어와 한문투의 표현이 혼재되어 사용됨
  ④ 인물의 심리와 행동이 사실적으로 묘사됨
- 인물 분석
  - 심청: 하늘이 내린 효녀. 아버지를 위해 자신의 몸을 제물로 바치는 희생적 인물임
  - 심 봉사: 심청의 아버지. 체통과 도리를 지켜 나가다가 심청이 팔려 간 후 뺑파에게 빠져 가산을 탕진하는 어리숙한 인물임
  - 뺑파: 심 봉사의 후처. 탐욕스럽고 심술궂으며 신의 없는 인물임

한눈에 보기

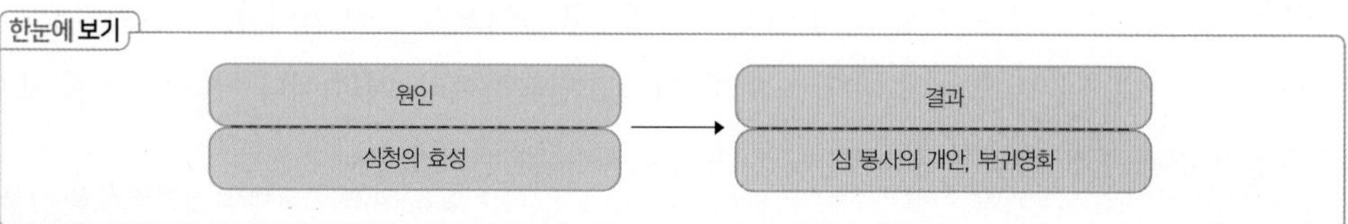

보충·심화 학습

- 〈심청가〉의 형성 과정

근원 설화	판소리 사설	고전 소설	신소설
효녀 지은 설화, 인신 공희 설화, 거타지 설화, 맹인 득안 설화, 연권녀 설화 등	심청가	심청전	강상련

필수 문제

01 이 글의 바탕에 깔려 있는 종교 사상 세 가지를 쓰시오.

02 이 글에서 〈보기〉의 밑줄 친 '굴'과 같은 역할을 하는 소재를 찾아 3음절로 쓰시오.

〈 보기 〉

이때, 곰 한 마리와 범 한 마리가 같은 굴에서 살았는데, 늘 환웅에게 사람되기를 빌었다. 때마침 환웅이 신령한 쑥과 마늘을 주면서, / "너희들이 굴속에서 이것을 먹고 백 일 동안 햇빛을 보지 않는다면, 곧 사람이 될 것이다."라고 했다.

곰과 범은 이것을 받아서 먹었다. 곰은 그것을 먹고 삼칠일(21일) 만에 여자의 몸이 되었으나, 범은 능히 참지 못하고 나가 버렸으므로 사람이 되지 못했다.

– 〈단군 신화〉

춘향가(春香歌) | 작자 미상

교과서

출제 포인트

춘향과 몽룡의 사랑 이야기로, 표면적으로는 유교적 정절을 내세우고 있지만 이면에는 인간 평등사상이 깔려 있는 판소리 사설이다. 이 글에서 보이는 다양한 주제와 판소리의 특징에 주목하여 살펴보자.

감상 길잡이

춘향과 몽룡의 사랑 이야기를 다룬 것으로, 판소리 다섯 마당 중 그 구조와 예술성이 가장 뛰어나다고 평가된다. 퇴기의 딸 '성춘향'의 수절을 통해 신분을 뛰어넘는 사랑과 지배층의 학정에 대한 반항을 그려 내어 당시 민중들의 사랑을 많이 받았다. 춘향의 신분 상승 의지와 지배층에 대한 저항 정신은 조선 후기 민중 의식의 성장을 반영하는 것으로 볼 수 있다.

앞부분 줄거리 | 조선 숙종 초 전라도 남원에 사는 퇴기(退妓) 월매와 성 참판 사이에서 태어난 춘향은 미모와 재주가 유달리 뛰어났다. 한편 새로 부임한 남원 부사의 아들 이몽룡은 단오를 맞아 방자를 데리고 광한루에 올라 경치를 구경한다.

[아니리]
창을 하는 중간에 가락을 붙이지 않고 이야기하듯 엮어 나가는 사설

「그때에 춘향이는 도련님을 만나려고 그 전일 초나흗날 밤에 몽사(夢事) 하나를 얻었것다.」
「 」: 춘향이 이몽룡과 인연을 맺게 될 것을 꿈을 통해 알려 줌 – 우연성
몽사: 꿈에 나타난 일
얻었것다: 판소리 사설의 전형적인 문체

[중모리장단]
조금 느린 장단으로, 사연을 담담히 서술하거나 서정적인 대목에서 주로 사용함

책상에 촛불을 돋우 켜고 열녀전(烈女傳)을 외워 가다, 홀연히 잠 오거늘 서안(書案)을 의지하고 잠간 조으더니, 「비몽사몽간에 춘향 몸이 공중으로 날리어 바람을 어거(馭車)허고 구름을 헤쳐 가다, 한곳을 당도허니 주궁패궐(珠宮貝闕)은 보던 바 처음이라. 그 위에 어떤 부인 이상헌 옷을 입고 춘향을 부르더니 무슨 쪽지 내어 주시며, 네가 이 글 뜻을 알겠느냐. 춘향이 황송하여 공손히 받아 페어 보니 하였으되, "인간지 오월 오 일은 천상지 칠월 칠석이라." 하였거늘,」 깜짝 놀라 깨달으니 황홀한 일몽(一夢)이라. 날 밝기를 기다리어 소세(梳洗)를 하노라니 저의 모친 나오더니, 오늘이 일 년 일차 한 번씩 돌아오는 단오 명절이니, 향단이를 앞세우고 조용한 곳 찾아가서 그네나 뛰고 놀다 오너라. 춘향이 반겨 듣고 조반을 마친 후에 향단이를 앞세우고 화림 중(花林中)으로 내려갈 제, 그때에 이 도령은 누각 위에 배회하다 문득 한곳을 바라보니, 어떠한 일 미인이 저와 같은 여아(女兒)를 앞세우고 나오는데 달도 같고 별도 같고 어여쁘고 태도 곱고 대장부 간장을 녹일 아이, 화림 중을 당도터니 「백척채승(百尺綵繩) 그넷줄을 휘늘어진 벽도(碧桃) 가지 휘휘칭칭 감어 매고, 섬섬옥수(纖纖玉手) 번듯 들어 양 그넷줄을 갈라 잡고 선뜻 올라 발 구를 제, 한 번 굴러 앞이 높고 두 번 굴러 뒤가 멀어 앞뒤 점점 높아 갈 제, 발밑에 나는 티끌 광풍(光風) 좇아 휘날리고 머리 위에 푸른 잎은 몸 따라 흔들, 푸른 속에 붉은 치마 바람결에 나부끼니 구만리 백운 간에 번갯불이 흐르는 듯 꽃도 툭 차 떨어치고 잎도 담북 물어 뵈니,」 「이 도령이 그 거동을 보고 어안이 벙벙 흉중(胸中)이 삭막(索寞) 사대삭신 육천 마디를 벌렁벌렁 떨며,」

홀연히: 뜻하지 아니하게 갑자기
서안: 예전에, 책을 얹던 책상
조으더니: 졸더니
비몽사몽간: 완전히 잠이 들지도 잠에서 깨어나지도 않은 어렴풋한 순간
어거: 수레를 메운 소나 말을 부리어 모는 일
주궁패궐: 진주나 조개 따위의 보물로 호화찬란하게 꾸민 대궐
어떤 부인: 초월적 존재
「 」: 천상계의 존재가 춘향의 짝을 점지함. 비현실적 내용
페어: 접히거나 개킨 것을 젖히어 벌려
칠월 칠석: 견우와 직녀가 만나는 날로 춘향이 사랑하는 사람(이몽룡)을 만날 것을 나타냄
일몽: 한 자리의 꿈
소세: 머리를 빗고 낯을 씻음
저의 모친: 월매
오늘이 일 년 일차 한 번씩 돌아오는 단오 명절: 시간적·계절적 배경
그네나: 춘향과 몽룡의 만남을 가능하게 만든 소재
조반: 아침밥
화림 중: 꽃나무로 이루어진 숲 가운데로
배회하다: 아무 목적도 없이 어떤 곳을 중심으로 어슬렁거리며 이리저리 돌아다님
달도 같고 별도 같고 어여쁘고 태도 곱고 대장부 간장을 녹일 아이: 비유적 표현을 통해 춘향의 아름다움을 드러냄
백척채승: 오색 비단실로 가늘게 꼰 긴 줄
벽도: 벽도나무(복사나무의 하나)
섬섬옥수: 가냘프고 고운 여자의 손을 이르는 말
한 번 굴러 앞이 높고 두 번 굴러 뒤가 멀어: 유사한 어구의 반복을 통해 리듬감을 조성
광풍: 미친 듯이 사납게 휘몰아치는 거센 바람
「 」: ① 춘향이 그네 뛰는 모습을 비유를 통해 묘사 ② 그네 뛰는 장면의 나열(장면의 극대화) – 판소리 사설의 특징
「 」: 그네 뛰는 춘향의 모습에 반한 몽룡의 모습을 과장을 통해 해학적으로 표현함 – 희극미
▶ 그네 뛰는 춘향에게 반한 이몽룡
사대삭신: 사대육신. 두 팔, 두 다리, 머리, 몸뚱이라는 뜻으로, 온몸을 속되게 이르는 말

[아니리]

「방자를 불러 말을 해야 할 터인데 떨려서 부를 수가 있나. 하인 보는데 떨 수는 없고 눈은 춘향에게 달아 두고 입술만 달삭거려 건성으로 부르것다.」/ "이 애, 방자야, 방자야."

「 」: 창자가 직접 몽룡의 심리를 서술함 – 판소리 사설의 특징

눈치 빠른 방자 놈이라 도련님이 춘향 보고 벌써 넋 나간 줄 알았지.

"예." / "저 건너 화림 중에 울긋불긋 오락가락하는 게 사람이냐 신선이냐."

그네 뛰는 춘향의 모습

"그런 것이 아니오라, 「이 고을 퇴기(退妓) 월매 딸 춘향이온디, 제 본심(本心) 도고(道高)하여 기생 구실 마다하고 대비(代婢) 넣고 물러나와, 백화춘엽(百花春葉)에 글귀나 생각하고 침선여공(針線女功)과 글하고 산(算)두기와 음률(音律)을 정통(精通)하와, 이 고을서 이르기를 천상(天上) 계화(桂花)라 하옵는디,」 오늘이 단옷날이라 그네 뛰러 나왔나 봅니다."

퇴기: 기생퇴물(지금은 기생이 아니지만 전에 기생 노릇을 하던 여자를 이르는 말) / 도고하여: 스스로 높은 체하여 교만하여 / 대비: 춘향을 대신해서 관가에서 일할 여자 종을 말함 / 백화춘엽: 온갖 꽃과 봄 잎. 봄날을 뜻함 / 침선여공: 바느질 등 여인의 할 일 / 산두기: 산 놓기. 셈하기 / 음률: 소리와 음악의 가락 / 정통: 어떤 사물에 대하여 깊고 자세히 통하여 앎 / 천상 계화: 하늘 위의 계수나무 꽃

「 」: 미천한 신분의 춘향이 뛰어난 재질을 갖추고 있음

도련님이 기생의 딸이란 말을 듣더니 불러 볼 일을 생각하니 어찌 옹글졌던지,

춘향이 기생의 딸이라 쉽게 만날 수 있으리라는 이몽룡의 생각이 드러남

"이 애. 기생의 딸이 저렇게 잘생겼단 말이냐. 한번 못 불러 볼까."

"안 되지라우." / "어찌 안 된단 말이냐."

「"춘향 모가 불호랑이 주어 아니 바꿀 늙은인디, 춘향을 내외(內外)시킨다고 문밖 출입을 못 허게 허고, 그 집 문전으로 머스마 하나 얼른거리지 못합니다."」

내외: 남의 남녀 사이에 서로 얼굴을 마주 대하지 않고 피함 / 머스마: '사내아이'의 방언

「 」: ① 춘향 모가 춘향을 기생의 딸이지만 여염집 여자처럼 키우려 함 ② 남녀 간의 만남이 자유롭지 못했던 당시의 사회상 반영

"이 애, 저는 이 고을 기생의 딸이요, 나는 이 고을 사또 자제로서 저 한번 못 불러 본단 말이냐. 잔말 말고 불러오너라."

신분의 차이를 이용해 춘향을 만나려는 이몽룡의 우월감과 자신감이 드러남

"도련님이 정 그러시면 춘향 모가 동헌(東軒)에 들어가 사또 전에 여쭈어 놓으면 도련님 일이 어찌될 것이오."

동헌: 지방 관아에서 고을 원(員)이나 감사(監司), 병사(兵使), 수사(水使) 및 그 밖의 수령(守令)들이 공사(公事)를 처리하던 중심 건물

도련님 엄부(嚴父) 시하(侍下)에 공부나 하시는 터라 겁이 왈칵 났지.

엄부: 엄격한 아버지 / 시하: 부모나 조부모를 모시고 있는 처지. 또는 그런 처지의 사람

"이 애, 그러면 어찌해야 되겠느냐."

춘향을 만날 수 없는 이몽룡의 안타까움과 난처함

"어찌히요, 안 될 일이니 잊어버리시오."

▶ 춘향을 만나려는 몽룡과 이를 만류하는 방자

한참 이리할 제, 그때에 춘향이는 추천(鞦韆)하다 땅에 톡 내려서며 도련님과 눈이 마주쳤것다. 춘향이 세안(細眼)으로 도련님을 잠간 보니 「넉넉한 의사(意思)가 외화(外華)에 나타나니 군자의 거동이요, 맑은 기운이 사람에게 쏘이치니 열사(烈士)의 기상이라.」 춘향이 깜짝 놀래,

추천: 그네뛰기 / 세안: 꼼꼼하고 자세한 눈 / 외화: 화려한 겉치레 / 열사: 나라를 위하여 절의를 굳게 지키며 충성을 다하여 싸운 사람

「 」: 외양 묘사를 통해 몽룡이 입신양명할 것을 암시함

"향단아, 저 건너 누각 우에 승 것이 누구냐."

승 것: '선 것'의 전라도 방언 – 현장감을 높임

"통인(通引) 서고 방자 승 것 봉게 이 고을 사또 자제 도련님인개비요."

통인: 수령(守令)의 잔심부름을 하던 구실아치

춘향이 놀래여, / "버얼써 나왔겄구나." / "버얼써부터 나왔어라우."

"그러면 퍽 보아 싸았겄다. 부끄러워 어쩔거나, 그만 들어가자."

그네 타는 모습을 몽룡의 일행에게 들킨 부끄러움 – 유교적 도덕관이 드러남

춘향이 도련님 때문에 추천 못 하고 들어가는데, 도련님은 일단 정신을 쏘아 춘향만 보고 있겄다.

▶ 이몽룡 일행을 발견하고 자리를 떠나는 춘향

[중모리장단]

「가벼야이 걷는 걸음걸음마다 꽃이 핀다. 홀연히 내를 건너 보이지 아니하니 경인(驚人) 신선(神仙)은 동천(洞天)으로 돌아들어 자취를 감추었고, 달은 서봉(西峯)을 지내여 밝은 빛을 걷우어 오니 도련님 어린 마음 진정할 길이 바이 없네.」

춘향의 걷는 모습을 미화하여 표현함 / 사람을 놀라게 하는 신선. 여기서는 춘향을 가리킴 / 산천으로 둘러싸인 경치 좋은 곳 / 배경 묘사를 통해 시간의 경과를 드러냄 / 「 」: 비유적 표현을 통해 춘향의 아름다운 모습을 형상화

[아니리]

"방자야." / "예."

"춘향 가고 없다."

춘향이 사라진 것에 대한 아쉬움

"가고 없응께 어찌란 말씀이오."

몽룡과 대조적인 태도를 보이는 방자의 말을 통해 해학성을 유발함

"춘향 집이나 좀 일러 다오." / 방자 놈이 도련님을 은연중 볶는데,

춘향의 집을 찾아가 춘향을 만나고 싶은 몽룡의 심리

"도련님 키가 소인 놈 키보다 적으신께 높은 디 올라서서 엄지발로 괴고 스시오."

양반인 몽룡을 하인인 방자가 은근히 놀리고 있음 – 해학성 유발

도련님이 춘향 집 볼 욕심으로 방자 시키는 대로 허겄다. 방자 놈이 도련님을 엄지발로 세워 놓고 춘향 집을 가리키는데,

[진양조장단]

가장 느린 장단으로, 대체로 슬프거나 비장한 장면에 사용됨

저 건너 저 건너, 저어기 저어기 저 건너, 아 이 자식아, 저 건너 어디란 말이냐, 아직 멀었소, 저 건너 봉황대(鳳凰臺) 밑에 양류교변(楊柳橋邊) 편벽(偏僻)헌 디라.「다리 건너 큰 대문이오. 그 앞에 연당(蓮塘) 있고 연당가에 버들 서고 들충 측백 전나무는 휘휘칭칭 얼크러지고 벽오동(碧梧桐) 성근 가지 단장(短墻) 밖으로 쑥 솟아 있고, 동편에는 죽림(竹林)이요, 서편에는 송정(松亭)인디, 죽림 송정 두 사이로 아슴푸라이 보이는 것이 그것이 춘향의 집이로소이다.」

지시어만 반복함으로써 몽룡이 조바심을 내게 함 / 비속어 사용 – 해학성 유발 / 버드나무가 있는 다리 근처 / 구석진 곳이라 / 연못 / 들충나무 / 측백나무 / 벽오동나무 / 가지 사이가 뜬 / 낮은 담 / 대나무 숲 / 정자나무의 구실을 하는 소나무 / 은은히. 겉으로 뚜렷하게 드러나지 아니하고 어슴푸레하며 흐릿하게 / 「 」: 춘향의 집 주변 풍경을 열거를 사용해 장황하게 묘사함. 장면(부분)의 극대화 – 판소리 사설의 특징

[아니리]

도련님이 춘향을 잘 보시더니 춘향의 집도 잘 보겄다.

"이 애, 하고 사는 것도 한다는 사대부 댁(士大夫宅) 같구나."

[자진모리장단]

매우 빠른 판소리 장단. 주로 역동적인 느낌을 주고자 할 때, 사건 전개를 빠르게 하고자 할 때, 어떤 일을 길게 나열할 때 사용됨

도련님 그때부터 구경에도 뜻이 없고 글짓기도 생각 없어 무엇을 잃은 듯이 섭섭히 돌아와, 동헌에 잠간 다녀 내아(內衙)에 뵈온 후에 책방(冊房)으로 돌아와 옷을 벗어 걸고 침금(寢衾)에 비껴 누우니, 몸은 광한루 앉은 듯 눈은 선연히 춘향을 대하는 듯 눈 감으면 곁에 있고 눈만 뜨면 간 곳 없네, 깊은 상사(相思) 회심병(懷心病) 어린 촌장(寸腸) 다 끊어져, 아이고 나 못살겠네.

춘향을 만나지 못한 아쉬움 / 지방 관아에 있던 안채 / 글 읽는 방 / 이부자리(이불과 요를 통틀어 이르는 말) / 실제로 보는 것같이 생생하게 / 상사병 / 마디마디의 창자 / 춘향을 만나지 못하는 몽룡의 절박한 심정을 해학적으로 드러냄

▶ 춘향을 보고 난 후 상사병에 걸리는 이몽룡

[아니리]

"방자야." / "예." / "편지 한 장 전해 다오."

"도련님 처분이 정 그러시면 편지 써 주어 보시오. 되고 안 되기는 도련님 연분(緣分)이옵고, 말 듣고 안 듣기는 춘향의 마음이옵고, 편지 전하고 안 전하기는 소인 놈의 생각이오니 편지 써 주어 보시오."

연분(緣分): 서로 관계를 맺게 되는 인연

편지 전하고 안 전하기는 소인 놈의 생각이오니: 상전인 몽룡을 은근히 놀리는 방자의 말하기 – 해학성 유발

도련님이 무릎을 단정히 꿇고 앉아 편지를 쓰것다.

도련님이 무릎을 단정히 꿇고 앉아 편지를 쓰것다: 춘향을 만나고 싶은 간절한 마음에서 나온 행동

▶ 춘향을 만나고 싶은 마음을 담은 편지를 쓰는 이몽룡

중략 부분 줄거리 | 이몽룡의 편지를 읽은 춘향은 만남을 약속하는 답장을 보낸다. 만날 날을 학수고대하던 이몽룡은 약속한 보름날 밤 방자를 데리고 월매의 눈을 피해 춘향의 방으로 들어간다.

결정적 장면

[아니리]

『춘향 방에 앉고 보니 가슴이 울렁울렁 두근두근 수인사(修人事)할 말이 콱 막혔지. 자칫하다 수빠질까, 까딱하다 퇴맞을까, 무한히 생각하고 하는 말이,』

수인사(修人事): 인사를 차림

퇴맞을까: 퇴박맞을까(마음에 들지 아니하여 거절당하거나 물리침을 받을까)

「 」: 춘향을 만난 몽룡의 설렘과 걱정이 교차되는 대목 – 인물의 심리를 극대화해 서술하는 판소리 사설의 특징이 드러남

『"네 답서(答書)에 글 지어 보낸 것과 오다가 칠월 편 읽는 소리를 들으니 아주 시전(詩傳) 집일러구나."』

답서(答書): 답장

칠월 편: 《시경》에 실려 있는 글

시전(詩傳): 《시경》의 내용을 알기 쉽게 풀이한 책

「 」: 몽룡이 춘향의 글 솜씨를 칭찬하여 호감을 얻으려 함

춘향이 대답허되,

"밤 길고 잠 없어 읽기는 읽어도 뜻은 모르고 읽어요."

말을 한 번 주고받어 놓니 그제야 말문이 열렸지.

『"네 성(姓)과 나이는 방자에게 들어 알았거니와, 나 있는 곳 한양(漢陽)이요 너 있는 곳 남원(南原)이라. 경향(京鄕)이 멀었으니 소문도 못 들을 데, 사또 벼슬길 하고 많은 부사(府使) 중에 남원 부사 오시기 공교한 일이요, 내 또한 출입 없다 광한루 구경 간 일 공교하고, 네 또한 규중처녀(閨中處女)가 화림 중에 추천하기 공교한 일이요. 동갑(同甲)으로 내시기도 천궁(天宮)의 조화(造化)시니, ❶ 우리의 백년가약(百年佳約)은 맺히고 맺히었지."』

경향(京鄕): 서울과 시골을 아울러 이르는 말

공교한: 생각지 않았거나 뜻하지 않았던 사실이나 사건과 우연히 마주치는 것이 매우 기이한

규중처녀(閨中處女): 집 안에 들어앉아 있는 처녀

천궁(天宮)의 조화(造化): 하늘의 이치라는 의미. 천생연분(天生緣分), 천정배필(天定配匹)

「 」: 여러 가지 근거를 나열하여 춘향과의 인연을 강조함

춘향이 여짜오되,

[중모리장단]

『도련님 듣조시오. 천(賤)한 집에 생긴 몸이 뜻이 어이 높사리까마는

문제로 핵심 파악

1 이 글은 (　　　)층의 비속어와 (　　　)층의 한문투가 함께 사용되어 언어의 양면성이 드러난다.

2 그네 뛰는 춘향의 아름다움에 반한 몽룡은 자신의 신분적 우월을 이용해 춘향을 만나려고 한다. (○, ×)

결정적 장면

몽룡이 애타게 보고 싶어 하던 춘향을 만나 혼인을 제안하고 춘향은 이를 거부하는 장면이다. 신중한 춘향과 달리 조급한 몽룡의 모습에서 웃음이 유발되며 신분제의 모순과 양반층에 대한 비판 의식이 드러나는 부분이다.

핵심 구절 풀이

❶ 우리의 백년가약(百年佳約)은 맺히고 맺히었지.: 첫눈에 반한 춘향에게 혼인을 요구하는 몽룡의 조급하고 경솔한 태도가 드러나는 한편, 부모의 결정이 아닌 자신의 의사에 따라 혼인을 하려는 자유연애 사상이 드러남

답 1 서민, 양반 2 ○

열녀불경이부절(烈女不更二夫節)을 본받고자 뜻이온데, 도련님 야유정(冶遊情)을 못 이기어 화답(和答)은 하였사오나, 도련님은 귀공자(貴公子)요 춘향 나는 천인(賤人)이라. 도련님 호협(豪俠)하여 춘절(春節) 나비 꽃 본 듯이 잠깐 보고 버리시면 청춘 백발(青春白髮) 두 목숨이 사생(死生)이 가려(可慮)오니 종당(從當) 신세(身勢)를 어쩌시려오.」

- 열녀불경이부절: 열녀는 두 남편을 섬기지 않음 – 유교적 가치관
- 야유정: 주색에 빠져 방탕하게 노는 정취
- 도련님은 귀공자요 춘향 나는 천인이라: 양반의 자제와 기생의 딸이라는 신분 차이를 인식함
- 호협하여: 호방하고 의협심이 있어
- 춘절: 봄철
- 사생이 가려오니: 걱정이 되어 마음이 편하지 못하니
- 종당: 일의 마지막
- 「 」: 신분 차이를 들어 몽룡과의 혼인을 거부하는 춘향 – ① 신분제의 모순에 대한 당대 서민층의 비판 의식이 드러남 ② 서민층의 여인을 가벼이 여겼던 양반층에 대한 풍자

[아니리]

도련님 들으시고,

「"네 말을 들으니 사세(事勢)가 그러하나, 그는 경박자(輕薄子)가 할 일이지 장부(丈夫) 행사(行事) 그럴 리야 있겠느냐. 네가 나를 정히 못 믿겠으면 불망기(不忘記)를 하여 주마."」

- 「 」: 장부로서 춘향에 대한 마음이 변하지 않을 것을 강조하며 춘향을 설득함
- 사세: 일이 되어 가는 형세
- 경박자: 언행이 신중하지 못하고 가벼운 사람
- 불망기: 뒷날에 잊지 않기 위하여 적어 놓은 글 또는 그런 문서

▶ 혼인을 제안하는 몽룡과 이를 거절하는 춘향

뒷부분 줄거리 | 몽룡은 춘향을 설득한 끝에 백년해로의 굳은 약속을 맺는다. 얼마 후 몽룡은 부친이 한양으로 가게 됨에 따라 춘향과 이별하고, 신임 사또로 부임한 변학도는 절세가인이라고 소문난 춘향에게 수청을 요구하지만 거절을 당한다. 춘향은 이 일로 모진 매를 맞고 옥에 갇히는 신세가 된다. 한편 한양으로 올라간 몽룡은 과거에 장원 급제하고, 암행어사를 제수받아 전라도에 내려온다. 변 사또의 생일잔치에 걸객으로 변장해 나타난 몽룡은 변 사또를 파직시키고 춘향을 구해 낸다. 이후 춘향은 정렬부인에 봉해진다.

핵심 정리

- 갈래: 판소리 사설
- 성격: 염정적, 해학적, 서사적, 풍자적
- 구성: '발단 – 전개 – 위기 – 절정 – 결말'의 5단 구성

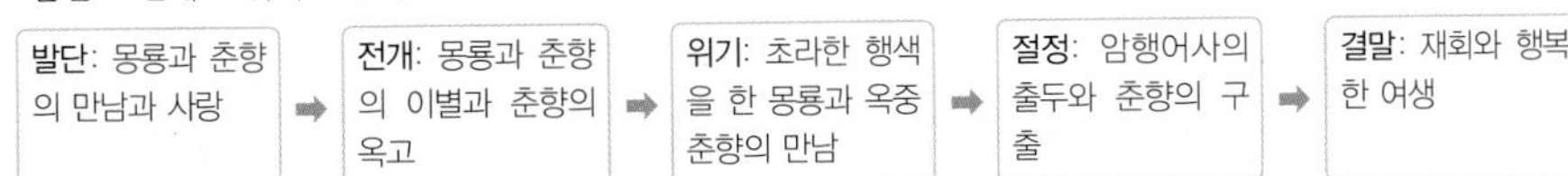

- 제재: 춘향과 몽룡의 사랑
- 주제: ① 계급 의식을 초월한 남녀 간의 사랑 ② 불의한 지배층에 대한 서민의 항거
- 특징: ① 다양한 근원 설화의 요소를 수용함 ② 자유연애 사상, 인간 평등사상, 사회 개혁 사상 등의 근대적 사상이 드러남

한눈에 보기

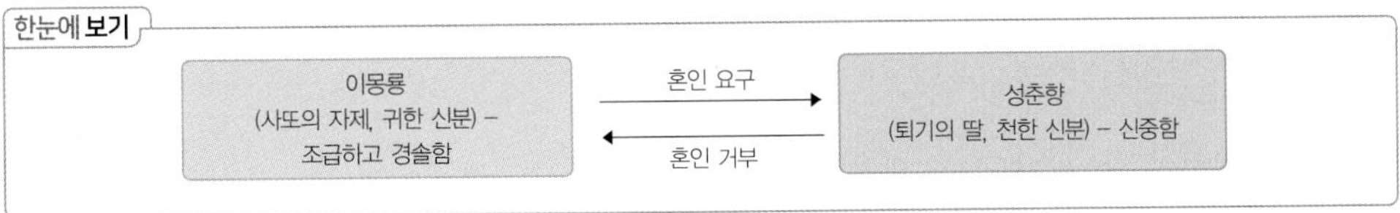

필수 문제

01 이 글에서 ( )은/는 춘향과 몽룡이 만나는 계기가 되는 날이다.

02 [서술형] 이 글에서 춘향이 몽룡의 혼인 요구를 거절한 이유를 서술하시오.

182 적벽가(赤壁歌) | 작자 미상

교과서 EBS 수능 기출 모의 기출

출제 포인트

《삼국지연의》 중 적벽 대전 이야기 속 군사들을 중심인물로 하여 만든 판소리 사설이다. '군사 설움' 대목에 나타난 군사들의 심리 및 민중 의식에 대해 살펴보고, 《삼국지연의》와의 인물 비교를 통해 이 글의 이중적 주제 의식을 파악해 보자.

감상 길잡이

이 글은 《삼국지연의》 중 적벽 대전 이야기를 판소리화한 것으로, 중국 문학을 수용하여 우리나라의 현실에 맞게 재창조한 작품이다. 일반적인 전쟁 서사와 달리 영웅(지배 계급)의 시각이 아니라 전쟁으로 고통 받던 군사들(피지배 계급)의 시각을 드러내며, 조조를 졸장부로 희화화하여 폭력적인 권력을 풍자하고 있다. 또한 원작에서는 찾아볼 수 없는 '군사 설움' 대목과 '군사 점고' 대목을 삽입하여 백성들의 고통과 전쟁의 참혹함을 형상화하고 있다.

장면 1

앞부분 줄거리 | 제갈공명은 오나라로 건너가 손권과 주유의 마음을 움직여 조조와 건곤일척의 싸움을 벌이도록 유도하는 데 성공한다. 적벽 대전을 앞둔 조조는 군사들을 정비하고 군사들은 제각기 설움을 하소연한다.

건곤일척: 주사위를 던져 승패를 건다는 뜻으로, 운명을 걸고 마지막으로 걸어보는 승부를 의미함

[아니리]

군사들이 승기(勝氣) 내어 주육(酒肉)을 장식하고,

승기: 뛰어난 기상. 또는 지지 않고 이기려는 기개 / 주육: 술과 고기

[중모리]

「노래 불러 춤추는 놈, 서럽게 곡하는 놈, 이야기로 히히 하하 웃는 놈, 투전(鬪錢)하다 다투는 놈, 반취(半醉) 중에 욕하는 놈, 잠에 지쳐 서서 자다 창끝에다가 턱 꿰인 놈,」 처처(處處) 많은 군병 중에 병노즉장위불행(兵勞則將爲不幸)이라. 장하(帳下)의 한 군사 전립(戰笠) 벗어 또르르르 말아 베고 누워 봇물 터진 듯이 울음을 운다. 아이고, 아이고, 아이고, 울음을 우니,

「 」: 열거법. 각양각색의 군사들의 모습 / 투전: 여러 가지 문양·문자가 표시된 패를 뽑아 승부를 겨루는 놀이 / 반취: 술에 반쯤 취해 / 잠에 지쳐 ~ 꿰인 놈: 과장법. 해학적 표현 / 처처: 곳곳에 / 장하: 장막 아래 / 전립: 무관이 쓰는 모자의 하나

병노즉장위불행: 이어지는 내용으로 보아 '병루즉장위불행(兵淚則將爲不幸)'으로 해석하는 것이 자연스러움. 병사가 눈물을 흘리면 장차 불행한 일이 생긴다는 뜻으로, 조조가 전쟁에서 패할 것을 암시함 – 서술자의 개입

[아니리]

한 군사 내달으며, / "아나, 이 애, 승상(丞相)은 지금 대군을 거나리고 천 리 전쟁을 나오시어 승부를 미결(未決)하야 천하 대사를 바라는데, 이놈 요망스럽게 왜 울음을 우느냐. 우지 말고 이리 오느라. 술이나 먹고 놀자."

승상: 조조 / 미결: 아직 결정하거나 해결하지 아니함

저 군사 연하여 왈, / "네 설움 제쳐 놓고 내 설움 들어 보아라.

연하여: 이어서 / 내 설움: 부모님에 대한 그리움

[진양조]

「고당상학발양친(高堂上鶴髮兩親) 배별(拜別)한 지가 몇 날이나 되며〈부혜(父兮)여 생아(生我)하시고 모혜(母兮)여 육아(育我)하시니 욕보지은덕(欲報之恩德)인데 호천망극(昊天罔極)이로구나.〉 화목하던 전대권당(全大眷黨), 규중의 홍안 처자(紅顔妻子) 천 리 전장 나를 보내고, 오늘이나 소식 올까 내일이나 기별이 올꺼나 기다리고 바라다가, 서산에 해는 기울어지니 출문망(出門望)이 몇 번이며, 바람 불고 비 죽죽 오는데 의려지망(倚閭之望)이 몇 번이나 되며, 서중(書中)의 홍안거래(鴻

고당: 부모님이 계신 집 / 학발양친: 학처럼 머리가 하얗게 센 늙으신 부모님 / 배별: 절하고 작별한다는 뜻으로, 존경하는 사람과의 작별을 높여 이르는 말 / 〈 〉: 《시경(詩經)》의 한 구절을 인용하여 부모님을 그리워하는 심정을 표현함 / 부혜여 ~ 육아하시니: 아버지 날 낳으시고 어머니 날 기르시니 / 욕보지은덕: 부모님의 은덕을 갚고자 하나 / 호천망극: 어버이의 은혜가 하늘과 같이 다함이 없음 / 전대권당: 일가친척 / 홍안 처자: 젊은 아내와 어린 자식 / 출문망: 문밖에 나와 바라봄 / 의려지망: 자녀나 배우자가 돌아오기를 초조하게 기다림 / 홍안거래: 오가는 기러기. 한나라의 정치가 소무(蘇武)가 기러기 발에 편지를 매어 보낸 고사에서 유래한 말

雁去來) 편지를 뉘 전하며, 상사곡(相思曲) 단장해(斷腸解)는 주야 수심에 맺혔구나. 조총(鳥銃), 환
육지에서 벌이는 전투 / 창자가 끊어질 듯한 그리움 / 전쟁에 쓰이는 무기
도(環刀) 둘러메고 육전, 수전을 섞어 헐 제 생사가 조석(朝夕)이로구나. 만일 객사를 하게 되면
물 위에서 벌이는 전투 / 삶과 죽음이 아침저녁으로 갈리는구나 – 전쟁 중이라 생사를 기약할 수 없음
게 뉘라서 엄토를 하며, 골폭사장(骨曝沙場)에 흩어져서 오연(烏鳶)의 밥이 된들, 뉘라 손뼉을 두
흙이나 덮어서 겨우 지내는 장사 / 모래밭에 뼈가 노출되어 있음 – 참혹하게 죽음 / 까마귀와 솔개
다리며 후여쳐 날려 줄 이 있드란 말이냐. 일일사친 십이시(一日思親十二時)로구나.」
「 」: 전쟁터에 나온 병사의 가족과 고향에 대한 그리움 / 하루에도 열두 번이나 부모 생각을 함

▶ 부모와 가족을 그리워하는 군사의 설움

[아니리]

이렇듯이 설리 우니 여러 군사 하는 말이, / "네 설움 충효지심이 기특허다." / 또 한 군사 나서며,

[중모리]

"여봐라, 군사들아, 이내 설움을 들어라. 너 내 이 설움을 들어 봐라. 나는 남의 오대 독신으로
자식에 대한 그리움
어려서 장가들어 근 오십이 장근(將近)토록 슬하에 일점 혈육이 없어 매월 부부 한탄헐 제, 어
가까이 되도록
따, 우리 집 마누라가 온갖 공을 다 들일제,「명산대찰 성황신당, 고묘총사, 석불 보살 미륵 노구
이름난 산과 큰 절 / 승려의 법의를 짓는 데 드는 비용을 내는 일
맞이 집짓기와 칠성 불공, 나한 불공, 백일산제, 신중맞이, 가사시주, 연등시주, 다리 권선 길닦
불교의 각 신들에 대한 불공 / 백일 동안 산신령에게 지내는 제사 / 부처 앞에 등불을 켜는 일
기며, 집에 들어 있는 날은 성조조왕, 당산천룡, 중천군웅 지신제를 지극 정성 드리니,」공든 탑
「 」: 자식을 얻기 위해 온갖 정성을 들인 일을 열거함 – 장면의 극대화
이 무너지며 심든 남기가 꺾어지랴. 그달부터 태기(胎氣)가 있어「석부정부좌(席不正不坐)하고 할
자식이 생김 / 음란한 소리는 듣지 않음 / 색이 조잡한 것은 보지 않음 / 반듯하지 않은 자리에는 앉지 않음
부정불식(割不正不食)하고 이불청음성(耳不聽淫聲), 목불시악색(目不視惡色),」십 삭(十朔)이 절절 찬
반듯하게 자른 음식이 아니면 먹지 않음 / 「 」: 태교하는 장면을 묘사함 / 열 달
연후에 하루는 해복 기미가 있던가 보더라. 아이고, 배야. 아이고, 허리야. 아이고, 다리야. 혼
해산. 아이를 낳음
미(昏迷) 중 탄생하니 딸이라도 반가울데 아들을 낳었구나. 열 손에다 떠받들어 땅에 누일 날 전
아이를 매우 귀하게 키움
혀 없어 삼칠일(三七日)이 지나고 오륙 삭이 넘어 발바닥에 살이 올라 터덕터덕 노는 모양, 방긋
아이가 태어난 지 스무하루가 되는 날
방긋 웃는 모양, 엄마 아빠 도리도리, 쥐암잘강 섬마둥둥, 내 아들 옷고름에 돈을 채여 감을사
아이를 어르는 말
껍질 벗겨 손에 주며 주야 사랑 애정한 게 자식밖에 또 있느냐. 뜻밖에 이 한 난리, '위국땅 백
뜻밖에 일어난 전쟁으로 아이를 두고 전쟁터에 나옴
성들아, 적벽으로 싸움 가자. 나오너라.' 외는 소리, 아니 올 수 없더구나. 사당 문 열어 놓고 통
곡재배 하즉한 후 간간한 어린 자식 유정한 가족 얼굴 안고 누워 등치며, 부디 이 자식을 잘 길
슬피 울며 두 번 절함 / 마음이 간질간질하게 재미있는
러 나의 후사(後嗣)를 전해 주오. 생이별 하직하고 전장에를 나왔으나 언제 내가 다시 돌아가 그
대를 잇는 자식
립던 자식을 품에 안고 '아가 응아' 업어 볼거나. 아이고, 내 일이야."

▶ 늦게 얻은 자식을 그리워하는 군사의 설움

[아니리]

이렇듯이 설리 우니 여러 군사 꾸짖어 왈, / "어라, 이놈 자식 두고 생각는 정 졸장부의 말이로
도량이 좁고 졸렬한 사내
다. 전장에 너 죽어도 후사는 전하겠으니 네 설움은 가소롭다." / 또 한 군사가 나서면서,
다른 군사들의 설움보다는 못함 – 부모를 그리워하는 마음에는 공감해 주던 군사들이 자식 생각에는 타박을 함

[중모리]

"이내 설움 들어 봐라. 나는 부모 일찍 조실(早失)하고 일가친척 바이(전혀) 없어 혈혈단신(孑孑單身) 이
아내에 대한 그리움 / 잉여적 표현 – 판소리 사설의 특징 / 의지할 곳이 없는 외로운 홀몸

내 몸이, 이성지합(二姓之合) 우리 아내 얼굴도 어여쁘고 행실도 조촐하야 종가대사(宗家大事) 탁신안정(托身安定) 떠날 뜻이 바이 없어 철 가는 줄 모를 적에, 불화병 외는 소리 '위국 땅 백성들아, 적벽으로 싸움 가자.' 웨는 소리 나를 끌어내니 아니 올 수 있든가. 군복 입고 전립 쓰고 창을 끌고 나올 적에, 우리 아내 내 거동을 보더니「버선발로 우루루루 달려들어 나를 안고 엎더지며, '날 죽이고 가오, 살려 두고는 못 가리다. 이팔홍안 젊은 년을 나 혼자만 떼어 놓고 전장을 가랴시오.'」 내 마음이 어찌 되겄느냐. 우리 마누라를 달래랼 제, '허허 마누라 우지 마오. 장부가 세상을 태어나서 전장출세(戰場出世)를 못하고 죽으면 장부 절개가 아니라고 하니 우지 말라면 우지 마오.' 달래어도 아니 듣고 화를 내도 아니 듣더구나. 잡았던 손길을 에후리쳐 떨치고 전장을 나왔으나, 일부지전장 불식이라.「살아가기 꾀를 낸들 동서남북으로 수직(守直)을 허니, 함정에 든 범이 되고 그물에 걸린 내가 고기로구나.」어느 때나 고국을 갈지, 무주공산 해골이 될지, 생사(生死)가 조석(朝夕)이라. 어서 수이 고향을 가서 그립던 마누라 손길을 부여잡고 만단정회(萬端情懷) 풀어 볼거나. 아이고, 아이고, 내 일이야."

- 이성지합: 다른 두 성이 합하였다는 말로, 남녀의 혼인을 이르는 말
- 탁신안정: 몸을 붙여 편안히 머무름
- 철: 계절
- 불화병 외는 소리: 서로 총포를 들이대며 싸우는 전투
- '위국 땅 백성들아, ~ 아니 올 수 있든가': 나라에서 병사를 모으며 참전을 독려하는 탓에 어쩔 수 없이 참전함
- 「 」: 남편이 전장에 나서는 것을 말리는 아내의 애절한 모습
- 내 마음이 어찌 되겄느냐: 슬픔, 안타까움
- 장부가 세상을 ~ 아니라고 하니: 당시 남성들의 가치관 반영 – 전쟁에 나가 공을 세우는 것이 장부의 절개임
- 일부지전장 불식이라: 날이 지나고 또 지나도 전쟁은 그치지 않는구나
- 수직: 지킴
- 함정에 든 범이 ~ 고기로구나: 전쟁터를 벗어날 수 없는 자신의 처지를 비유 – 대구, 은유
- 「 」: 사방에서 지키고 있어 도망도 갈 수 없는 처지임
- 무주공산: 임자가 없는 빈 산
- 만단정회: 온갖 정과 회포

▶ 고향의 아내를 그리워하는 군사의 설움

[아니리]

이렇듯이 설리 우니, 또 한 군사 나오난디, 그중에 키 작고 머리 크고 작도만 한 칼을 내두르며 만군중이 송신하게 말을 허겄다.

- 만군중이 송신하게: 많은 군중이 들을 만큼 크게

[중중모리]

"이놈 저놈, 말 듣거라. 너희 울 제 좀놈일따. 위국자(爲國者)는 불고가(不顧家)라 옛글에도 일러 있고, 남아하필연처자(男兒何必戀妻子)오. 막향향촌노각년(莫向鄕村老却年)하소. 우리 몸이 군사 되야 전장 나와 공명도 못 이루고 돌아가면 부끄럽지 아니허냐. 이내 심사 평생 한이 요하(腰下) 삼척(三尺) 드는 칼로 오한(吳漢) 양진(兩陣) 장수 머리를 번뜻 뎅기렁 베어 들고 창끝에 높이 달아 개가성(凱歌聲) 부르면서 승전고 쿵쿵 울리면서 본국으로 돌아갈 제, 부모 처자 친구 벗님 펄쩍 뛰여 나오며 '다녀온다, 다녀와, 전장 갔던 벗님이 살어를 오니 반갑네. 이리 오소. 이리 오라면 이리 와.' 울며 반겨헐 제, 원근당 기쁨을 보이면 그 아니 좋더란 말이냐. 우지 말라면 우지 마라."

- 좀놈: 좀스러운 사람
- 위국자는 불고가라: 나라를 위하는 사람은 집안을 돌아보지 않는다
- 남아하필연처자오: 남자가 하필 처자를 그리워하리오
- 막향향촌노각년하소: 시골에서 늙어 가는 사람은 되지 마시오
- 요하: 허리춤
- 삼척 드는 칼: 길이가 석 자 정도 되는 긴 칼
- 개가성: 개선가. 이기거나 큰 성과가 있을 때 내는 소리
- 승전고: 싸움에 이겼을 때 울리는 큰 북
- 원근당: 멀고 가까운 친척들

▶ 한 군사가 설움을 한탄하는 군사들을 꾸짖음

필수 문제

01 이 글에서는 전쟁에 동원된 민중의 (　　　　)와/과 이들을 전쟁으로 내몬 (　　　　)에 대한 비판 의식을 드러내고 있다.

02 [서술형] 전쟁을 소재로 한 다른 소설과 차별되는 이 글의 특징을 서술하시오.

장면 2

앞부분 줄거리 | 제갈공명이 천하에 둘도 없는 현인이라는 이야기를 들은 유비, 관우, 장비는 그를 설득해 데려온다. 이후 제갈공명은 오나라로 건너가 손권과 주유의 마음을 움직여 조조와의 전쟁을 유도하는 데 성공한다. 조조는 군사들을 정비하고 오나라 진영에서는 제갈공명이 바람이 불기를 기원하니 마침내 동남풍이 불어서 적벽 대전이 시작된다.

[자진모리]

적벽강이 뒤끓으니 불빛이 낮빛이로구나. 가련할손 백만 대병, 날도 뛰도 못하고 적벽에 몰살
오나라 황개의 화공으로 조조가 연결해 놓은 배들이 불타서 대낮처럼 밝음 / 짧고 작은 화살
할 제. 황개(黃蓋)의 제장 군졸 일시에 달려들어, 「여덟 '팔' 자 비껴 서서 편전을 따르르르르르르 깍
적벽 대전의 선봉에 선 오나라의 장수 / '八' 자 모양의 진을 침 / 활시위를 당기는 소리
지손을 떼떼르니, 번개 같은 빠른 살이 사모 뀌어 건너가고, 쇠도리채 휘휘 둘러, 어름파를, 신기
활시위를 당기는 손 / 불화살에 맞아 방패가 타는 소리 / 병사의 모자를 꿰어 / 쇠로 만든 도리깨 / 화살을 막는 기구
전의 픽 시그르르르르르르르르르, 방패 맞어 박살하고, 일등 명장 다 죽을 제, 칼 들고 엎지난 놈,
불을 지르게 하는 화살
활 들고 기난 놈과, 적벽강 위진 군사 화염 중에 다 죽는다. 숨맥히고, 기맥히고, 활도 맞고 창에
위나라 진영
찔려, 불에 타고, 물에 빠져, 일시으 다 죽을 제,」 한 군사 내달으며 저 죽을 줄 짐작허고, "내가 아
「 」: 의성어 사용을 통한 생생한 묘사. 흥미를 극대화하기 위해 상황을 과장하여 표현함
무 때나 이런 봉변 당하며는 먹고 죽을랴고 비상 사 넣었더니라." 내여 와삭와삭 먹고 죽고, 또 한
독약
군사는 돛대 끝에로 기염기염 올라서더니마는, "아이고, 하나님, 살려 주오. 나는 오대 독신이
요." 또 한 군사는 선미에 우뚝 서서 고향을 바라보며, "아이고, 어머니. 학발 양친과 규중 처자를
배의 뒤쪽 / 학의 머리처럼 머리털이 하얀, 늙으신 부모님
못 보요. 원놈의 적벽강 귀신이 되오그려. 어느 때나 뵈오리까?」 세설허며 물에 풍 빠져 죽고,
「 」: 《삼국지연의》에 없는 내용 – 〈적벽가〉의 독창적 삽화 / 쓸데없는 넋두리를 늘어놓으며
수하의 죽은 군사 모도 뒤둥그러져 적벽강이 뻑뻑. 일등 명장이 쓸데가 없고 날랜 장수가 무용이로
강물 / 조조의 부하 / 적벽강이 죽은 병사의 시체로 가득함 / 쓸모없구나
구나. 「조조는 숯빛이요, 정욱(程昱) 면상 불빛이라, 허저는 창만 들고 장요는 활만 들고, 죽을 뻔
외양을 통한 심리 간접 제시 – 당황함 / 조조(위나라)의 장수
도강(渡江)하야 겨우겨우 달아날 제,」 황개 쫓아가며 외는 말이, "붉은 강포(絳袍) 입은 놈이 조조니
강을 건너 / 「 」: 당황한 위나라 진영의 모습 / 임금이 신하들에게 하례를 받을 때 입는 옷
라!" 「조조의 혼 기겁하야 홍포 벗어 던져 버리고, 군사 전립 앗어 쓰고, "참 조조는 저기 간다!" 제
살아남기 위한 조조의 행동 – 비겁하고 꾀 많은 성격
이름을 제 부르며 꾀탈 양탈 도망헐 제,」 좌우편 한당, 장흠, 우번, 진무, 주태, 주유, 정보, 서성,
「 」: 인물의 희화화 – 해학성 / 오나라 진영의 장수들
정봉, 합병하여 쫓아가며 고성(高聲)이 진동허니, 「조조 겁 중에 말을 거꾸로 타고, "아이고, 이 말
이 퇴불여전하여 적벽으로만 뿌두둑 뿌두둑 들어가니, 주유, 노숙이 육전(陸戰) 축지법(縮地法)을
달아나기를 전과 같이 하지 않아 / 오나라의 책사 / 땅에서 하는 싸움
못 하는 줄 알았건마는, 상프듬 땅을 찍어 워이나 부다. 정욱아, 정욱아, 정욱아, 날 살려라, 날 살
살포시, 사뿐히 / 가까이 당기나 보다
려라.」 「 」: 쫓겨 가는 조조의 모습을 익살스럽고 경박하게 묘사하여 조롱함 – 해학성

결정적 장면

[중모리]

「창황 분주 도망헐 제, 새만 푸르르르르르르르르르 날아가도 복병(伏兵)인가 의심을 허고, 낙엽만
어떻게 할 겨를도 없이 매우 다급함 / 숨어 있는 군사
버석 떨어져도 한장(漢將)인가 의심을 헌다.」 「 」: 조조의 나약하고 소심한 성격
촉한의 장수

[아니리]

조조, 가끔 목을 움츠려, "정욱아, 귀에서 화살이 수루루루루루루 지내가고, 목 너머로 칼날이

조선 후기

번듯번듯 허는구나." 정욱이 여짜오되, "이제는 아무것도 없사오니 승상님 목을 늘어 사면을 살피소서.", "아, 인자 진정 조용허냐?", "예, 조용헙니다." ❶「조조 막 목을 늘이랴 헐 제, 의외의 메초리 한 마리가 조조 말굽 사이에서 푸루루루루루 날아가니, "아이고, 정욱아. 내 목 있나 보아라.」 정욱이 웃고 대답허되, "승상님 목이 없으시면 어찌 말씀을 허오리까?" 조조 무색허여, "그게 메초리더냐? 소금 발라 바싹 구면 한 잔 술안주감 좋으니라.", 「"이 급한 중 입맛은 꼭 아시요그려.」, "메초리한테 놀랬단 말, 불가사문어태인이로다." ▶ 적벽에서 패한 조조와 군사들이 도망함

「 」: 조조의 겁 많고 소심한 모습을 희화화함

메추리: 메추라기

정욱의 익살스러운 성격을 드러냄 – 방자형 인물

무색허여: 겸연쩍고 부끄러워

불가사문어태인: 타인에게 들은 것을 말하지 말라는 뜻

「 」: 조조를 조롱함

소심한 성격 – 자신의 약점이 다른 사람에게 알려지는 것을 꺼려함

중략 부분 줄거리 | 조조가 오림곡으로 도망하던 중 실없이 웃다가 조자룡, 장비 등의 군사를 만나 군사들을 더 잃는다. 그러던 중 군사 점고를 실시한다.

점고: 명부에 일일이 점을 찍어 가며 사람의 수를 조사함

[중모리]

허무적이가 울며 들어오네. 투구 벗어 손에 들고, 갑옷 벗어 들어 메고, 한 팔 늘이우고, 한 다리 절룩절룩, 통곡으로 우는 말이, 「"고향을 바라보니 구름만 담담허고, 가솔을 생각허니 슬픈 마음 측량 없소. 가고지고, 가고지고, 우리 고향을 가고지고."」

가솔: 식솔, 가족

「 」: 혈육에 대한 정과 고향에 대한 그리움, 본인의 의사와 상관없이 전쟁터에 끌려온 병사들의 애환이 드러남

[아니리]

애고 애고 통곡하니, 조조 보고, "너는 천총의 도리로 오연불배 괘씸하니 네 이놈 목 베어라." 허무적이 여짜오되,

천총: 조선 시대 무관 벼슬

오연불배: 오만하게 서서 절을 하지 않아

[중모리]

"승상님, 내 말을 들어 보오. 여보, 승상님, 듣조시오. 적벽강 급한 난리 화전(火箭)을 피하려다, 뜻밖의 살 한 개가 수르르르르 떠들어와, 팔 맞어 부러지고 다리조차 맞었으니, 전연 군례(軍禮) 할 수 있소? 「어서 목을 비여 주오. 혼비혼환 둥둥 떠서 그립던 부모와 애중한 처자권솔 얼굴이나 보고지고. 어서 급히 죽여 주오!"」

화전: 불화살

군례: 군대의 경례

혼비혼환: 죽은 사람의 혼을 불러 제사하는 데로 혼이 날아감

권솔: 한집에 거느리고 사는 식구

「 」: 지배층에 대한 반감의 표현

[아니리]

조조, 망발로 생각하고, "우지 마라, 우지 마라, 늬 부모가 즉 내 부모요, 내 부모가 즉 늬 부모라." 달래여 내보내고, "또 불러라.", "좌기병 골내종이!"

망발: 망령이나 실수로 하는 그릇된 말과 행동

골내종이: 뼛속에 종기가 나는 병인 골내종(骨內腫)에 걸린 사람이란 뜻. 다친 군사를 익살스럽게 빗댄 이름

결정적 장면

적벽 대전에서 제갈공명에게 패한 조조가 쫓겨 가는 장면으로, 우스꽝스러운 조조의 모습을 통해 해학성이 두드러지는 부분이다.

문제로 핵심 파악

1 이 글에서는 조조를 희화화하여 지배층에 대한 반감을 나타내고 있다. (○, ×)

2 정욱은 풍자와 조롱을 통해 상전인 조조를 비웃고 질책하는 (   ) 인물이다.

핵심 구절 풀이

❶ 조조 막 ~ 꼭 아시요그려.": 쫓겨 가던 조조가 메추리를 보고 놀란 후 술안주감을 떠올리는 모습을 통해 조조의 겁 많고 소심한 성격을 드러냄. 또한 상황에 맞지 않는 말을 하는 조조의 우스꽝스러움과 이를 조롱하는 정욱의 익살스러운 성격도 드러남

답 1 ○ 2 방자형

[중중모리]

골내종이가 들어온다. 골내종이 들어온다.『안판낙포 곱사등에 눈시울은 찢어지고, 입할차 비틀어져, 귀 하나 떨어지고, 왼팔이 쭉 늘어져, 다리 절고, 곰배팔 거침없이 휘저으며, 껑충껑충 모둠발로 뛰어 들어와, "예이!"』「 」: 골내종이의 외양 묘사

앞뒤 곱사등이 / 입까지. '할차'는 '조차, 까지'의 뜻으로 쓰이는 방언 / 꼬부라져 펴지 못하게 된 팔 / 한데 모은 발

[아니리]

조조 보고 대소하며, "야, 그놈 병신부자놈이로구나. 저놈 어디서 낮잠 자다가 생벼락 맞은 놈 아니냐?『저런 것들 군중에 두어야 후환거리라, 우리는 앞에 달아나면 저놈은 뒤에 쳐졌다가 우리 간 데만 꼭꼭 적병에게 일러 줄 테이니, 저것 없애부리자. 좋은 수 있다. 저놈을 잘 씻어 폭 삶아라. 한 그릇씩 아주 먹고 가지.』 골내종이 어이없어 조조를 물끄러미 눈이 찢어지게 한참 쳐다보더니마는, "승상님 눈 생긴 것이 꼭 인장식허게 되었소.", "저것 보기 싫다. 몰아내라.", "우기병 박덜렝이!"

크게 웃으며 / 골내종이에게 여러 가지 장애가 있음을 비하하는 표현 / 「 」: 조조의 비정하고 잔인한 성격 / 사람을 잡아 장국 끓여 먹게 / 조조의 잔인함에 대한 비아냥 / 머리가 덜렁덜렁 흔들리는 몸이란 뜻으로, 익살스럽게 표현한 이름

[중중모리]

박덜렝이가 들어온다. 박덜렝이가 들어온다. 부러진 창대를 거꾸로 짚고, 두 눈을 부릅뜨고 덜렁거리고 들어와, 조조 앞에 가 우뚝 서서, "예이!" 허고 달려든다.

[아니리]

조조 보고 질색허여, "아이고, 저거, 저저저 저저 장비 군사 아니냐?" 박덜렝이 하는 말이,『"아니 늬 아들놈이 장비 군사란 말이요, 조조 군사지.", "네 이놈, '조조'라니?", "아, 이녁 군사도 몰라본단 말씀이요?"』, "늬가 내 군사 같으면 왜 그리 성허냐?", "아, 성하거든 회 쳐 잡수시오.", "이애, 그게 웬말이냐?", ㉠"아까 병든 놈은 국 끓여 먹는다 했으니 성한 놈은 회 쳐 잡수셔야지요.", "너는 별로 성하기에 반가워 허는 말이로다.", "아, 군사놈들이 모도 미련해서 죽고 병신 되고 그러지요. 말이 낫으니 말이제, 한참 싸울 때 살짝 빠져 산꼭대기에 올라가 내려다보면, 싸움 굿인즉은 제일 좋습디다. 쟁 치면 앞장서서 들어와서 혹은 먹고.", "저놈 저 매우 실군사놈이로구나. 네 이놈, 창날은 어쩌고 창대만 지팽이 삼었느냐?", "아, 오다가 창날은 배고파서 밥 사 먹고, 술 사 먹고, 남은 돈으로는 바늘 한 쌈 샀지요.", "이 난통에 바늘은 어따 쓸라고 샀는고?", "어떤 염병 앓다 죽을 놈이 만날 이렇게 지는 전장통에만 있으리까?

듣는 이를 조금 낮추어 부르는 2인칭 대명사 / 「 」: 무례한 언행으로 박덜렝이가 조조를 무시함 / 멀쩡하냐 / 상관에 대한 빈정거림과 조롱 / 매우, 특별히 / 가족에 대한 그리움과, 고향으로 돌아가 가족과 함께 행복하게 살고 싶은 소망을 상징함

[늦은 중모리]

우리 집에 돌아가면, 그립던 마누라가 우루루루 달려들어, 우수(右手)로 손길 잡고 좌수(左手)로 목을 안어, '반가워라, 반가워라. 천 리 전장 갔던 낭군 살어 오니 반가워라.' 눈물로 반길 적에, 이

바늘을 정표 주고, 사시 의복 지여 얻어 입어 가며 알뜰살뜰 살어 볼라요." ▶ 조조가 군사 점고를 함

중략 부분 줄거리 | 군사 점고가 끝나고 조조는 자신의 신세를 한탄한다. 그러던 중 이런 곳에 복병을 두지 않았다고 제갈공명과 주유를 비웃는다. 그때 관우가 등장하고, 조조는 살려 달라고 애걸한다.
복병: 숨어 있는 군사

[아니리]

조조 깜짝 놀래 목을 딱 움치니, 관공이 빙긋이 웃으시며, 「"쪽박을 쓰고 벼락을 피할망정, 늬 옷깃으로 내 칼을 어이 받으랴.」, "아이고, 장군님. 초행노숙 허옵다가 초풍(招風)할까 조섭하오니, 관공은 가까이 서지 마옵소서.", "늬 날과 유정타 하면서 어찌 가까이 못 서게 허느냐?", "장군님은 유정하오나 청룡도는 무정지물이니, 고의(袴衣)를 베일까 염려로소이다."

관공: 관우 / 쪽박을 쓰고 벼락을 피할망정: 머리에 바가지를 쓰고, 큰 벼락을 피할 망정 – 피할 수 없는 일을 피하려 안간힘 쓰는 행동을 풍자하는 속담 / 「 」: 조조의 무의미한 행동을 비웃는 말 / 초행노숙: 산이나 들에서 자며 여행함 / 초풍: 몸이 벌벌 떨리는 풍병 / 조섭하오니: 몸을 돌보고 있사오니 / 유정타 하면서: 인정이나 동정심이 있다 하면서 / 청룡도: 관우의 칼 / 무정지물: 감정이 없는 물건 / 고의: 남자의 여름 홑바지

[중모리]

"영풍허신 관공님은 대의로서 살려 주옵소서. 천하득실은 재천이요. 조조 생사는 재장군이오니, 별반 통촉을 허옵소서. 「쓰신 투구, 입으신 갑옷, 청룡도와 타신 말은 소장이 드렸난듸, 그 칼로 이 몸 죽기는 그 아니 원통허오?」 제발 덕분의 살려 주옵소서." 관공이 또 호의로 답하시되, "내가 너를 잡은다고 군령 다짐허였으니, 너 놓고 나 죽기는 그 아니 절박허냐?" 조조 다시 복지(伏地)하여, 「"아이고, 장군님, 장군님, 장군님, 장군님, 장군님! 유현주와 공명 선생은 장군님을 믿삽기를 오른팔로 여기는듸, 초개 같은 이 몸 조조 아니 잡어 바치기로 의율시행을 허오리까? 옛날 *유공지사(庾公之斯), 자탁유자(子濯孺子), 두 사람을 생각허여 제발 덕분으 살려 주옵소서.」 수다장졸이 모두 다 꿇어엎져, "장군님 덕행으로 우리 승상 살려 주시면, 여산여해 깊은 은혜 천추만세를 허오리다." 수만 장졸들이 모두 다 꿇어엎져 앙천 통곡을 허는구나. ▶ 조조가 관우에게 살려 달라고 애원함

영풍: 영웅스런 모습이나 자세 / 천하득실은 재천이요. 조조 생사는 재장군이오니: 천하를 얻고 잃음은 하늘에 달렸고, 조조의 살고 죽음은 장군에게 달려 있사오니 / 별반 통촉을 허옵소서: 특별히 헤아려 살펴 주옵소서 / 타신 말: 적토마 / 「 」: 관우가 조조의 휘하에 있던 시절 조조가 관우에게 하사한 것이라는 뜻 – 옛정을 상기시켜 죽음을 모면하고자 함 / 절박허냐: 형편이 급하냐 / 복지: 땅에 엎드려 / 유현주: 유비 / 초개: 지푸라기 / 의율시행: 군율대로 시행하여 처형함 / 「 」: 조조의 희화화. 자존심도 버리고 살려 줄 것을 구걸하는 소인배적인 성격이 드러남 / 수다장졸이: 수많은 장수와 병졸들이 / 여산여해: 산과 바다 같은 / 천추만세: 천만 년의 긴 세월 동안 오래 살기를 축수하는 말 / 앙천: 하늘을 우러러봄

[아니리]

관공의 어진 마음 조조를 쾌히 놓아 주고, "중군은 하산허라." 회마(回馬)하여 돌아와, 공명께 복지 주왈, "용렬한 관모는 조조를 놓았사오니 의율시행하옵소서." 공명이 나려와 손을 잡고 회답허되, "조조는 죽일 사람이 아닌 고로 장군을 보냈으니 그 일을 뉘 알리요." 세인이 노래허되.

회마하여: 말을 돌려 / 복지 주왈: 엎드려 아뢰기를 / 용렬한: 변변치 못하고 졸렬한 / 세인: 세상 사람

[엇중모리]
엇중모리: 판소리의 뒤풀이에 흔히 쓰이는 장단

「제갈양은 *칠종칠금허고, 연인 장익덕은 *의석엄안허고, 관공은 화룡도 좁은 길으 조맹덕을 살렸단 말가. 천고의 늠름한 대장군은 한수정후(漢壽亭侯) 관공이라.」 더질더질. ▶ 관우에 대한 평가

장익덕: 장비 / 조맹덕: 조조 / 「 」: 창자가 개입해서 관우의 덕을 칭송함. 편집자적 논평 / 한수정후: 조조가 관우에게 내렸던 벼슬명 / 더질더질: 판소리의 맺음말. 그 뜻이나 어원은 알 수 없음

❖ 유공지사(庾公之斯), 자탁유자(子濯孺子): 정나라의 자탁유자가 위나라에 쳐들어갔다가 유공사에게 쫓기게 되었는데, 유공사는 자탁유자가 자신을 가르친 스승의 스승이므로 자탁유자를 스승으로 대접하여 그를 살려 주면서도, 임금의 명을 어길 수 없어 활촉을 뺀 화살 네 대를 마차에 쏘고 돌아갔다는 고사를 가리킴

❖ 칠종칠금(七縱七擒): 마음대로 잡았다 놓아 주었다 하는 것을 이르는 말로, 제갈양이 남쪽의 오랑캐 우두머리인 맹획을 일곱 번 잡았다가 놓아 주어 끝내 복종시킨 일을 말함
❖ 의석엄안(義釋嚴顔): 장비가 유장의 장수 엄안의 충의를 높이 사서 놓아 주었던 일을 말함

핵심 정리

- 갈래: 판소리 사설
- 성격: 희화적(戲畵的), 풍자적, 해학적
- 구성: '발단 – 전개 – 위기 – 절정 – 결말'의 5단 구성

발단		전개		위기		절정		결말
발단: 유비가 관우, 장비와 더불어 삼고초려하여 제갈공명을 데려옴	➡	**전개**: 조조가 백만 대군을 이끌고 남정 길에 오르고 군사들은 설움을 토로함	➡	**위기**: 제갈공명의 지략에 조조가 대패하고 장판교에서도 장비에게 패함	➡	**절정**: 제갈공명이 손권과 주유의 마음을 움직여 적벽 대전을 벌이고 크게 승리함	➡	**결말**: 조조는 화용도에서 관우에게 또다시 패하고 목숨만 겨우 부지하여 돌아감

- 제재: 《삼국지연의》 중 적벽 대전
- 주제: 적벽 대전 영웅들의 무용담과 전쟁으로 인한 하층민의 비애
- 특징: ① 《삼국지연의》의 적벽 대전을 바탕으로 함
  ② 민중의 입장에서 권력에 대한 비판적 태도를 드러냄
- 의의: ① 외래 문화를 주체적 · 창조적으로 수용함
  ② 판소리 특유의 평민적 시각을 구현함
- 인물 분석
  - 조조: 위나라의 승상. 영웅답지 않게 소심하고 비겁하며 꾀 많은 인물임
  - 관우: 촉한의 맹장. 신의 있고 너그러우며 용맹한 인물임
  - 정욱: 조조의 신하. 상전인 조조를 익살스럽게 조롱하는 방자형 인물임

한눈에 **보기**

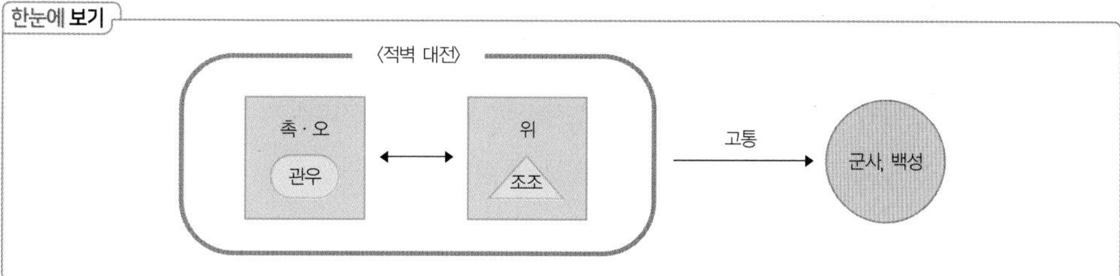

보충·심화 학습

- 〈적벽가〉와 《삼국지연의》의 인물 비교

〈적벽가〉에서는 《삼국지연의》에는 나오지 않는 인물을 등장시키거나, 기존의 인물의 성격을 변형하여 새로운 인물로 재탄생시키고 있다. 《삼국지연의》가 전쟁의 영웅들을 부각하는 데 초점이 맞추어져 있다면, 〈적벽가〉는 이름 없는 평범한 병사들의 관점에서 영웅을 희화화하는 데 초점을 두고 있다. 따라서 《삼국지연의》에서 지략이 뛰어난 영웅이었던 조조가 〈적벽가〉에서는 비겁하고 우스꽝스러운 인물로 표현되고 있다. 이는 일반 병사들을 주동적 인물로 등장시켜 서민들의 고통을 폭로하고 민중의 소망을 표출하기 위한 설정으로 볼 수 있다.

필수 문제

01 《삼국지연의》에서는 지략이 뛰어난 영웅이었던 조조가, 이 글에서는 (　　　　)하고 (　　　　)된 인물로 표현되고 있다.

02 ㉠에서 박덜렝이가 조조를 대하는 태도를 쓰시오.

183 흥보가(興甫歌) | 작자 미상

교과서 EBS

출제 포인트

조선 후기의 사회 현실과 서민들의 의식이 잘 반영되어 있는 판소리 사설이다. 이 글에 반영된 당대의 사회의 모습을 살펴보고 인물의 태도에 주목하여 주제 의식을 파악해 보자.

감상 길잡이

판소리 다섯 마당 중 하나인 〈흥보가〉는 〈박타령〉이라고도 불린다. 가난하지만 착한 '흥보'와 부유하지만 욕심 많고 심술궂은 '놀보'를 주인공으로 하여 흥보의 성공과 놀보의 몰락을 보여 줌으로써 권선징악과 형제간의 우애라는 교훈을 전하고 있다. 몰락하는 양반과 자본을 토대로 성장하는 서민층, 빈부의 격차 등 작품에 투영된 모습을 통해 당대의 변화하는 사회상을 엿볼 수 있는 작품이다.

장면 1

앞부분 줄거리 | 옛날에 흥보와 놀보 형제가 함께 살고 있었다. 흥보는 선량하나 형 놀보는 심술쟁이여서 온갖 못된 짓만 하고 부모의 유산을 독차지한다. 어느 날 놀보는 아우 흥보를 불러 집에서 당장 나가라고 한다.

결정적 장면

[중모리장단] → 진양조장단보다 조금 빠르고 중중모리장단보다 조금 느린 중간 빠르기 (진양조장단 → 중모리장단 → 중중모리장단 → 자진모리장단 → 휘모리장단)

흥보가 기가 막혀, 나가란 말을 듣더니만, 섰든 자리에 꿇어 엎드려서, "아이고 형님! 형님, 이게 웬 말이오? 이 엄동설한(눈 내리는 한겨울의 심한 추위)에 수다헌(수다한, 많은) 자식덜을 데리고, 어느 곳으로 가서 산단 말이오? 형님, 한번 통촉(윗사람이 아랫사람의 사정이나 형편 따위를 깊이 헤아려 살핌)을 하옵소서.", "이놈, 내가 너를 갈 곳까지 일러 주랴? 잔소리 말고 나가거라!" 몽둥이를 추켜 들고 추상같이(호령 따위가 위엄 있고 서슬이 푸르게) 어르는구나. 흥보가 깜짝 놀래 안으로 들어가며, "아이고, 여보, 마누라! 형님이 나가라 허니, 어느 영이라 어기오며, 어느 명령이라고 안 가겠소?(불합리한 상황에서도 놀보의 말에 순종하는 흥보) 자식들을 챙겨 보오. 큰자식아, 어디 갔나? 둘째 놈아, 이리 오느라." 이삿짐을 챙겨 지고, 놀보 앞에 가 꿇어 엎드려, "형님, 갑니다. 부대 안녕히 계옵시오.(쫓겨나는 상황에서도 놀보에게 공손히 작별 인사를 하며 예를 다함)", "잘 가거라." 흥보가 하릴없이(달리 어떻게 할 도리가 없이) 울며불며 나가면서, 신세 자탄(자신의 신세에 대해 탄식함) 울음 운다. 「"아이고, 아이고, 내 신세야. 부모님이 살았을 적에는 네 것 내 것이 다툼 없이 평생에 호의호식(좋은 옷을 입고 좋은 음식을 먹음), 먹고 입고 쓰고 남어 세상 간 줄을 몰랐더니, 흥보의 신세가 일조(하루아침)에 이리될 줄을 어느 뉘가 알겠느냐?」(「 」: 하루아침에 몰락 양반이 되어 버린 자신의 신세를 한탄함) 여보게, 마누라!", "예.", 「"어느 곳으로 갈까? 아서라, 산중으로 갈꺼나. 산중으로 가 살자헌들 백물(여러 가지 물건)이 귀하여 살 수 없구나, 포구(항구) 도방(도방처(사람들의 왕래가 많은 곳))으로 가자꾸나. 일 원산(함경남도), 이 강경(충청남도), 삼 포주(전북 부안군 줄포), 사 법성(전라남도) 도방으로 가 살자헌들 비린내 짓궂어(비린내에 속 뒤집혀) 살 수

결정적 장면

놀보에게 쫓겨난 흥보네 가족이 가난으로 고통받고, 배고픔에 흥보가 환자를 얻으러 가는 장면이다. 언어유희가 사용되었으며 상황에 맞지 않는 인물의 말을 통해 웃음이 유발되는 부분이다.

문제로 핵심 파악

1 상황에 맞지 않는 엉뚱한 말을 하는 흥보의 큰아들은 (   )된 대상으로 웃음을 유발한다.

2 곡식을 꾸러 가는 비참한 상황에서도 양반처럼 거드름을 피우는 흥보를 통해 몰락한 양반의 허세와 가식을 (   )하고 있다.

정답 1 희화화 2 풍자

없고, 충청도 가 살자헌들 양반들이 모도 억시어서 그곳에는 살 수가 없으니, 어느 곳으로 가서 산단 말이냐?」

억시어서: 억세어서

「 」: 흥보의 사면초가(四面楚歌), 고립무원(孤立無援)의 상황

▶ 놀보에게 쫓겨난 흥보네 가족

[아니리] → 판소리에서 창을 하는 중간중간에 가락을 붙이지 않고 이야기하듯 엮어 나가는 사설

이렇게 흥보가 울며불며 나가, 그렁저렁 이리 갔다 저리 갔다 허는디, 아, 살 디가 없이니까 거 동네 앞에 물방아실도 자기 안방이요, 이리저리 돌아댕기다가 성현동 복덕촌(福德村)을 당도(當到)하여 고생(苦生)이 자심(滋甚)헐 제 철 모르는 자식(子息)들은 음식(飮食) 노래로 조르난듸 떡 달라는 놈 밥 달라는 놈 엿을 사 달라는 놈 각심으로 조를 적에 흥보 큰아들이 나앉으며, "아이구 어머니.", "이 자식아, 너는 어찌 고동뽀살이 목 성음(聲音)이 나오느냐.", "어머니, 나는 낮이나 밤이나 불면증(不眠症)으로 잠 안오는 서름이 있소.", "그 서름이 무엇이냐. 말이나 좀 해라. 나는 배고픈 것이 제일 설드라.",「"어머니 아버지 공론하고 나 장가 좀 듸려 주시오. 내가 장가가 바빠서 그런 것이 아니라 어머니 아버지 손자가 늦어 갑니다."」 흥보 마누라 이 말을 듣더니 기(氣)가 막혀,

물방아실: 물방앗간 / 자심헐 제: 더욱 심할 때 / 각심으로: 각각 마음을 달리 하여 / 떡 달라는 놈 … 사 달라는 놈: 열거법. 가난한 상황을 구체화하여 보여 주는 자식들의 요구 / 고동뽀살이: 고동의 껍데기가 부스러질 때 나는 소리 / 서름: 설움 / 설드라: 서럽더라 / 공론하고: 함께 의논하여

「 」: 부모님 핑계를 대며 장가들고 싶은 자신의 마음을 드러냄 – 극도의 가난 속에서 상황에 어울리지 않는 대화로, 해학성을 유발함

[진양조] → 판소리 장단 중 가장 느린 장단으로 애절하고 무거운 느낌을 줌. 흥보 아내의 애끓는 심정을 드러내기에 적절함

「"엇다 이놈아, 야 이놈아 말 들어라. 내가 형세가 있고 보면 네 장가가 여태 있으며, 중한 가장(家長)을 굶주리게 하고 어린 자식들을 벗기겠느냐. 못 먹이고 못 입히는 어미 간장이 다 녹는다."」

형세가 있고 보면 네 장가가 여태 있으며: 형편이 되면 너를 여태 장가들이지 못했겠으며 / 중한: 귀중한

「 」: 가난하여 남편과 자식에게 아무것도 해 주지 못하는 흥보 처의 안타까움과 슬픔이 드러남

▶ 가난으로 고통받는 흥보 가족의 모습

[아니리]

흥보가 들어오며, "여보 마누라, 없이 사는 살림에 날마다 눈물만 짜니 무슨 재수가 있겠소. 나 오늘 읍내 좀 갔다 올라요.", "읍내는 무엇하러 가실라요.",「"환자(還子) 맡은 호방한테 환자 섬이나 얻어서 굶는 자식들 살려야 하지 않겠소.」", "내라도 안 줄테니 가지 마오.", "구사일생이지 누가 믿고 가나. 내 갓 좀 내오오.", "갓은 어디다 두었소.", "굴뚝 속에 두었지.", "어째서 굴뚝 속에다 두었소.",「"그런 것이 아니라 신묘년 조대비(趙大妃) 국상(國喪) 시에 백립(白笠) 갓양이 단단하다 해서 끄름에 끄슬려 쓰려고 굴뚝 속에다 두었지.」 내 도복(道服) 좀 내오오.", "도복은 어디다 두었소.",「"장 안에 들었지.", "아니 여보, ㉠우리 집에 무슨 장이 있단 말이오.", "허허 이 사람아 닭구장은 장이 아닌가.」 흥보가 치장을 채리고 질청(秩廳)을 들어가는듸,

호방: 조선 시대에, 지방 관아에 속하여 호구, 전곡 등에 관한 일을 맡아보던 구실아치 / 환자: 곡식을 창고에 저장하였다가 백성들에게 봄에 꾸어 주고 가을에 이자를 붙여 거두던 일 / 「 」: 가장으로서 책임감을 느끼는 흥보 / 내라도 안 줄테니 가지 마오: 환자도 빚이므로 가난한 흥보에게는 빌려주지 않을 것임 / 구사일생이지 누가 믿고 가나: 관련 속담: 밑져야 본전 / 백립: 흰 베로 만든 갓 / 갓양: 갓 모자의 밑둘레 밖으로, 둥글넓적하게 된 부분 / 끄름: 그을음 / 도복: 도포 / 닭구장: 닭장 / 질청: 군아(郡衙)에서 구실아치가 일을 보던 곳

「 」: 굴뚝 속 연기로 검어지게 해서 쓰겠다는 말 – 터무니없는 발상으로 웃음을 유발함. 해학적

「 」: 음의 유사성을 이용한 언어유희

▶ 흥보가 환자를 얻으러 가고자 함

[자진모리] → 휘모리장단보다 좀 느리고 중중모리장단보다 빠른 속도의 장단

흥보가 들어간다, 흥보가 들어간다.「흥보 치레를 볼작시면 철대 부러진 헌 파립(破笠) 버레줄 총총 매여 조사 갓끈 달아 쓰고 편자 떨어진 헌 망건(網巾) 밥풀 관자(貫子) 노당줄을 뒤통 나게 졸라 매고 떨어진 헌 도포(道袍) 실띠로 총총 이어 고픈 배 눌러 띠고 한 손에다가 곱돌 조대를 들고 또 한 손에다가는 떨어진 부채 들고 죽어도 양반이라고 여덟팔자걸음으로 어식비식 건너간다.」

흥보가 들어간다, 흥보가 들어간다: 반복을 통한 운율감 형성 / 버레줄: 물건이 버틸 수 있도록 이리저리 얽어매는 줄 / 파립: 해어지거나 찢어져서 못 쓰게 된 갓 / 조사 갓끈: 낚싯줄로 만든 갓끈 / 관자: 망건에 달아 당줄을 꿰는 작은 단추 모양의 고리 / 곱돌 조대: 광택이 나는 곱돌로 담배통을 만든 담뱃대 / 어식비식: 이리 쏠리고 저리 쏠리어 가지런하지 못한 모양

「 」: 흥보의 남루한 차림새(열거법) – 차림새와 맞지 않는 행동으로 웃음을 유발함

▶ 환자를 얻으러 가는 흥보

[아니리]

흥보가 들어가며 별안간 걱정이 하나 생겼지. 「"내가 아모리 궁핍할망정 그래도 반남 박씨(潘南朴氏) 양반인듸 호방을 보고 허게를 하나 존경(尊敬)을 할까. 아서라 말은 하되 끝은 짓지 말고 웃음으로 얼리는 수밖에 없다."」 질청으로 들어가니 호방이 문을 열고 나오다가, 「"박 생원 들어오시오?", "호방 뵌지 오래군.", "어찌 오셨소.", "양도(糧道)가 부족(不足)해서 환자 한 섬만 주시면 가을에 착실히 갚을 테니 호방 생각이 어떨는지. 하하하.」, "박 생원, 품 하나 팔아 보오.", "돈 생길 품이라면 팔고말고.", "다른 게 아니라 「우리 고을 좌수(座首)가 병영 영문(兵營營門)에 잡혔는디 좌수 대신 가서 곤장(棍杖) 열 대만 맞으면 한 대에 석 냥씩 서른 냥은 꼽아 논 돈이오.」 말 타고 가라고 해서 마삯까지 닷 냥 제시했으니 그 품 하나 팔아 보오.", "돈 생길 품이니 가고말고. 매품 팔러 가는 놈이 말 타고 갈 것 없고 내 발로 다녀올 테니 그 돈 닷 냥을 나를 내어 주지."

「」: 환자를 얻으러 가면서도 양반으로서의 체면을 생각하는 흥보 – 해학적

허게를 하나 존경(尊敬)을 할까: 말을 낮출까 존댓말을 쓸까

말은 하되 끝은 짓지 말고 웃음으로 얼리는: 자신의 체면을 차릴 묘책을 생각해 냄

양도(糧道)가 부족(不足)해서: 식량이 떨어짐. 한자를 사용함으로써 자신이 유식한 양반임을 강조

「」: 양반 신분의 흥보가 호방에게 말을 높임. 당시에 신분 질서가 붕괴되고 있으며 양반의 권위 역시 떨어졌음을 알 수 있음

품: 삯을 받고 하는 일

좌수(座首): 조선 시대에, 지방의 자치 기구인 향청의 우두머리

병영 영문(兵營營門): 병마절도사가 있던 관아

「」: 사회적으로 부패가 만연하고, 매품팔이를 할 만큼 민중의 생활이 어려움을 짐작할 수 있음

꼽아 논: 확실히 정해진

마삯: 교통비

▶ 곡식을 빌리러 갔다가 매품을 팔기로 한 흥보

[중모리] → 진양조장단보다 조금 빠르고 중중모리장단보다 조금 느린 중간 빠르기

저 아전(衙前) 거동 좀 보소. 궤 문을 철컥 열고 돈 닷 냥을 내어 주니 흥보가 받아 들고, "다녀오리다.", "평안히 다녀오오." 박흥보 좋아라고 질청 문밖 썩 나서서, 두 손을 번쩍 들고 "얼씨구나 좋구나 돈 봐라 돈 돈 봐라 돈돈 돈돈돈 돈을 봐라 돈. 「이 돈을 눈에 대고 보면 삼강오륜(三綱五倫)이 다 보이고 조금 이따 나는 돈을 손에다 쥐고 보면 삼강오륜이 끊어져도 보이는 건 돈밖에 또 있느냐.」 돈돈돈 도돈 돈." 떡국집으로 들어를 가서 떡국 한 푼어치를 사서 먹고 막걸릿집으로 들어를 가서 막걸리 두 푼어치를 사서 먹고 어깨를 느리우고 죽통을 빼뜨리고, "대장부 한 걸음에 엽전 서른닷 냥이 들어를 간다. 얼씨구나 돈 봐라." 저의 집으로 들어가며, 「"여보게 마누라, 집안 어른이 어딜 갔다가 집이라고서 들어오면 우루루루루 쫓아 나와서 영접하는 게 도리에 옳지. 계집 이 사람아 당돌(唐突)이 앉아서 좌이부동(坐而不動)이 웬일인가, 에라 이 사람 몹쓸 사람."」

아전(衙前): 호방

저 아전(衙前) 거동 좀 보소: 서술자(창자)가 청자에게 하는 말

철컥: 의성어

삼강오륜(三綱五倫): 유교 도덕의 기본 덕목

「」: 유교적 가치보다 물질적 가치가 우위에 있는 현실 풍자

돈돈돈 도돈 돈: 돈이 생겨 신나는 심정을 운율감을 살려 표현함

어깨를 느리우고 죽통을 빼뜨리고: 돈을 구해 배를 채운 뒤 호기로운 모습을 보이는 흥보

「」: 모처럼 돈을 구해 와 의기양양한 태도를 보임. 가장의 권위를 내세우며 가부장적 면모를 보임 → 해학적

우루루루루: 의태어

영접하는: 맞이하여 대접하는

좌이부동(坐而不動): 가만히 앉아서 움직이지 않음

▶ 돈이 생기자 배를 채우고 집으로 호기롭게 돌아가는 흥보

[중중모리] → 중모리장단보다 빠르고 자진모리장단보다 느린 빠르기

흥보 마누라 나온다 흥보 마누라 나온다. "아이고 여보 영감 영감 오신 줄 내 몰랐소. 어디 돈 어디 돈 돈 봅시다 돈 봐.", "놓아 두어라 이 사람아 이 돈 근본(根本)을 자네 아나. 「잘난 사람도 못난 돈 못난 사람도 잘난 돈 맹상군의 수레바퀴처럼 둥굴 둥굴게 생긴 돈 부귀공명이 붙은 돈, 이 놈의 돈아 아나 돈아 어디를 갔다가 이제 오느냐 얼씨구나 절씨구 돈돈돈 돈돈돈 돈 봐라."」

잘난 사람도 못난 돈 못난 사람도 잘난 돈: 돈이 중시되는 사회 풍조

맹상군: 중국 전국 시대 제나라의 재상. 이름은 전문(田文)으로, 발음의 유사성을 이용해 이를 전문(錢文), 즉 돈을 이르는 말로 사용함

「」: 오랜만에 돈을 얻은 흥보가 돈타령을 하며 돈에 얽힌 기쁨과 설움을 드러냄

[아니리]

"이 돈 가지고 쌀 팔고 고기 사서 육죽을 누구름하게 열한 통만 쑤소." 육죽을 쑤어서 아이도 한 통 어른도 한 통 각기 한 통씩 먹여 노니 모두 식곤증(食困症)이 나서 앉은 자리에서 고자백이 잠을 자는디 죽 말국이 코끝에서 소주(燒酒) 후주 내리듯 댕강댕강하겄다. 흥보 마누라가 이 틈을 타서

쌀 팔고: 쌀 사고

육죽: 고기를 넣어 쑨 죽

누구름하게: 먹기에 좋을 만큼 눅눅하고 묽게

식곤증(食困症): 음식을 먹은 후 나른하고 졸음이 오는 증상

고자백이 잠: '고자빼기 잠'의 방언. 나무를 베어낸 뒤에 남은 밑둥처럼 꼿꼿이 앉아서 자는 잠

말국: 국물

후주: 물을 타지 않은 진한 술을 떠내고 재강에 다시 물을 부어 떠낸 술

막내둥이를 하나 만들었지. "여보 영감, 이 돈이 무슨 돈이요, 돈 속이나 좀 압시다.", "이 돈은 다른 돈이 아닐세.『우리 고을 좌수가 병영 영문에 잡혔는듸 대신 가서 곤장 열 대만 맞으면 한 대에 석 냥씩 준다기에 대신 가기로 삯전으로 받아온 돈이제.』 흥보 마누라가 이 말을 듣더니 "아이고 여보 영감, 중한 가장 매품 팔아 먹고산다는 말은 고금천지(古今天地) 어디 가 보았소."

「 」: 돈의 출처 – 매품을 파는 대가
예전부터 지금까지의 온 세상
돈보다는 가장의 안위를 중요하게 여기는 흥보 아내
▶ 흥보가 돈의 출처를 아내에게 이야기함

[진양조]

"가지 마오 가지 마오 불쌍한 영감 가지를 마오. 천불생무연지인이요 지부장무명지초라. 하늘이 무너져도 솟아날 궁기가 있는 법이니 설마한들 죽사리까. 제발 덕분에 가지 마오. 병영 영문 곤장 한 대를 맞고 보면 종신 골병이 된답디다. 여보 영감 불쌍한 우리 영감 가지를 마오."

하늘은 녹 없는 자를 낳지 않고, 땅은 이름 없는 풀을 기르지 않음. 즉, 자연의 모든 만물에는 먹을 것과 이름이 있다는 말(대구법, 풍유법)
'구멍'의 방언
겉으로 드러나지 않고 속으로 깊이 든 병
평생
반복을 통해 남편을 말리고자 하는 흥보 아내의 간절한 마음을 드러냄
▶ 매품팔이를 만류하는 흥보 아내

[아니리]

흥보 자식들이 저의 어머니 울음소리를 듣고 물소리 들은 거우 모양으로 고개를 들고,『"아버지, 병영 가십니까.", "오냐 병영 간다.", "아버지, 병영 갔다 오실 때 나 풍안(風眼) 하나 사다 주시오.", "풍안은 무엇할래.", "뒷동산에 가서 나무할 때 쓰고 하면 먼지 한 점 안 들고 좋지요." 흥보 큰아들놈이 나앉으며, "아이구 아버지.", "이 자식아, 너는 왜 또 부르느냐.", "아버지, 병영 갔다 오실 때 나 각씨(閣氏) 하나 사다 주시오.", "각씨는 무엇할래.", "아버지 어머니 재산(財産) 없어 날 못 여워 주니 데리고 막걸리 장사할라요."』

'거위'의 방언
반가워함
바람과 티끌을 막으려고 쓰는 안경
아내
장가보내 주지 못하니
「 」: 매품 팔러 가는 아버지에게 철없이 이것저것 요구하는 자식들 – 비극적 상황을 해학적으로 전달함
▶ 철없는 요구를 하는 흥보 자식들

[중모리]

아침밥을 지어 먹고 병영 길을 내려간다. 허유허유 내려가며 신세(身世) 자탄(自歎) 울음을 운다.『"아이고 아이고 내 신세야 어떤 사람 팔자(八字) 좋아 부귀영화(富貴榮華)로 잘 사는디 이놈의 신세는 어이하여 이 지경(地境)이 웬 말이냐."』 병영 영문 당도하여 치어다보니 대장기(大將旗)요 나려 굽어보니 숙정패(肅靜牌)로구나. 심산맹호(深山猛虎) 위엄(威嚴) 같은 용자(勇字) 붙인 군노 사령(軍奴使令)들이 이리 가고 저리 간다. 그때에 박흥보는 숫한 사람이라 벌벌벌 떨면서 서 있구나.

허위허위. 힘겨워하는 모양
「 」: 운명론적 세계관이 드러남. 반복·대구를 통해 운율감이 느껴지는 판소리 사설의 문체
도성이나 영문에 세워 대장이 부하 장수들을 지휘하는 데 쓰던 깃발
깊은 산의 사나운 호랑이처럼 매우 사나운 위세, 또는 그런 위세를 가진 사람
군령으로 사형을 집행할 때에 다른 사람들이 떠들지 못하도록 '숙'자와 '정'자를 적어서 세워 놓던 나무패
군대에서 죄인을 다루던 병졸
순박하고 어수룩한
흥보의 겁 많고 소심한 성격이 드러남
▶ 흥보가 신세를 한탄하며 매품을 팔러 감

[아니리]

방울이 떨렁, 사령이 "예에이." 야단(惹端)났지. 흥보가 삼문(三門) 간에 들어서서 가만히 굽어보니 죄인(罪人)이 볼기를 맞거늘, 그 사람들도 돈 벌러 온 줄 알고, "저 사람들은 먼저 와서 돈 수백 냥(數百兩) 번다. 나도 볼기 까고 엎드려 볼까?"『엎드려 노니, 사령 한 쌍이 나오다가, "병영이 설치(設置)된 후로 볼기 전(廛) 보는 놈이 생겼구나."』 사령 중에 뜻밖에 흥보를 아는 사람이 있던가. "아니 박 생원 아니시오.", "알아맞혔구만그려.", "당신 곯았소.", "곯다니, 계란(鷄卵)이 곯지 사람이 곯아. 그래 어쨌단 말인가.",『"박 생원 대신이라고 와서 곤장 열 대 맞고 돈 설흔 냥 받아 가지고 벌써 떠나갔소." 흥보가 기가 막혀, "그놈이 어떻게 생겼든가.", "키가 구 척(九尺)이요 방울눈에

대궐이나 관청 앞에 세운 세 문. 정문, 동협문, 서협문이 한 문을 이룸
매품팔이를 하러 왔다고 생각함
「 」: 극심한 가난으로 매품 파는 흥보의 모습을 해학적으로 표현함 – 골계미
볼기를 맞는 가게. 즉 대신해서 볼기를 맞고 돈을 번다는 의미
언어유희
속이 물크러져 상함을 뜻하는 말로, 흥보가 매품을 팔 수 없게 되었음을 의미함

기운(氣運)이 좋습디다." 흥보가 이 말을 듣더니, "허허 전날 밤에 우리 마누라가 밤새도록 울더니 마는 옆집 꾀수란 놈이 발등거리를 하였구나."」 「 」: 가난한 사람들에게는 매품팔이 기회도 흔치 않았음 – 당시 백성들의 궁핍한 생활상을 짐작할 수 있음

발등거리: 남이 하려는 일을 앞질러서 하는 짓

▶ 흥보가 매품팔이에 실패함

[중모리]

「"번수네들 그러한가. 나는 가네. 지키기나 잘들 하소. 매품 팔러 왔는데도 손재(損財)가 붙어 이 지경이 웬일이냐. 우리 집을 돌아가면 밥 달라고 우는 자식은 떡 사 주마고 달래고, 떡 사 달라 우는 자식은 엿 사 주마고 달랬는데, 돈이 있어야 말을 허지."」

번수: 당직을 드는 사령 / 손재: 재물을 잃을 운수

「 」: 매품팔이 기회를 얻지 못하여 신세 한탄을 하는 흥보

그렁저렁 울며불며 돌아온다. 그때에 흥보 마누라는 영감이 떠난 그날부터「후원에 단(壇)을 세우고 정화수를 바치고, 병영 가신 우리 영감 매 한 대도 맞지 말고 무사히 돌아오시라고 밤낮 기도하면서,」/ "병영 가신 우리 영감 하마 오실 제 되었는데 어찌하여 못 오신가. 병영 영문 곤장을 맞고 허약한 체질 주린 몸에 병이 나서 못 오신가. 길에 오다 누웠는가."

「 」: 흥보를 걱정하는 아내의 진심이 잘 드러남 / 하마: 벌써

▶ 흥보의 신세 한탄과 흥보를 걱정하는 흥보 아내

[아니리]

문밖에를 가만히 내다보니 자기 영감이 분명하것다. 눈물 씻고 바라보니 흥보가 들어오거늘,

"여보 영감 매 맞았소? 매 맞았거든 어디 곤장 맞은 자리 상처나 좀 봅시다."

"놔 둬. 상처고 여편네 죽은 것이고, 요망스럽게 여편네가 밤새도록 울더니 돈 한 푼 못 벌고 매 한 대를 맞았으면 인사불성 쇠아들이다." / 흥보 마누라가 좋아라고,

상처고 여편네 죽은 것이고: 상처(傷處)와 상처(喪妻)의 같은 음을 이용한 언어유희 – 아내로 인해 매품을 팔지 못한 것에 대한 간접적인 분풀이 / 요망스럽게 여편네가 밤새도록 울더니: 아내에 대한 원망 / 인사불성 쇠아들: 예절을 차릴 줄 모르는 소의 새끼 / 흥보 마누라가 좋아라고: 돈보다는 남편의 건강을 염려함

[중중모리]

"얼씨구나 절씨구 얼씨구 절씨구 지화자 좋네. 얼씨구나 좋을시구. 영감이 엊그저께 병영 길을 떠나신 후 부디 매를 맞지 말고 무사히 돌아오시라고 하느님 전에 빌었더니 매 아니 맞고 돌아오시니 어찌 아니 즐거운가. 얼씨구나 절씨고. 옷을 헐벗어도 나는 좋고 굶어 죽어도 나는 좋네. 얼씨구나 절씨구."

흥보가 매를 맞지 않고 돌아온 것을 매우 기뻐하는 흥보 아내 / 옷을 헐벗어도 … 나는 좋네: 경제적 가치보다 가족을 우선시하는 흥보 아내

▶ 흥보가 매를 맞지 않고 돌아오자 안심하는 흥보 아내

뒷부분 줄거리 | 매품을 팔지 못한 흥보는 놀보 집으로 양식을 얻으러 갔지만 매만 맞고 쫓겨난다. 겨울이 지나 봄이 되자, 흥보 집에 제비가 집을 짓는데 그 제비 새끼 한 마리가 날기 연습을 하다 떨어져 다리를 다치자, 흥보가 이를 불쌍히 여겨 제비 새끼의 부러진 다리를 잘 치료해 준다. 이듬해 그 제비는 흥보에게 박씨 하나를 물어다 주고 그 박씨로 인해 흥보는 큰 부자가 된다. 이 소문을 들은 놀보는 일부러 제비 다리를 부러뜨리고 치료한 후 강남으로 날려 보낸다. 제비는 그 이듬해 놀보에게도 박씨를 가져다 주고, 놀보는 그 박씨를 심었으나 오히려 이로 인해 패가망신하게 된다. 이에 놀보는 잘못을 뉘우치고 흥보를 찾아가 형제간의 우애를 되찾는다.

필수 문제

01 ㉠에서 사용되고 있는 표현 기법을 쓰시오.

02 이 글에서 흥보가 돈을 벌기 위해 택한 수단이자, 당시의 사회상을 반영하고 있는 소재를 쓰시오.

장면 ②

앞부분 줄거리 | 자식들과 함께 형 놀보네 집에서 쫓겨난 흥보 내외는 갖은 품팔이를 해 보지만 가난에서 벗어나지 못한다. 어느 해 봄, 흥보네 집에 살던 제비 새끼가 땅에 떨어져 다리가 부러졌는데 흥보가 이를 고쳐 주자, 이듬해 제비가 박씨 하나를 물어다 준다. 흥보는 박씨를 심고, 가을이 되어 박이 익자 이 박을 타기로 한다.

[진양조]

"시르렁 실근, 톱질이야. 에여루, 톱질이로고나,「몹쓸 놈의 팔자로구나. 원수 놈의 가난이로구나. 어떤 사람 팔자 좋아 일대 영화 부귀헌디, 이놈의 팔자는 어이허여 박을 타서 먹고 사느냐? 에여루, 당거 주소.」이 박을 타거들랑 아무것도 나오지를 말고, 밥 한 통만 나오너라. 평생의 포한이로구나. 시르렁 시르렁, 당거 주소, 톱질이야. 으흐으으으 시르렁 실근, 당거 주소, 톱질이야. 여보소, 마누라! 톱 소리를 맞어 주소." "톱 소리를 내가 맞자 해도 배가 고파 못 맞겠소." "배가 정 고프거든 허리띠를 졸라매고, 에여루, 당거 주소. 시르르르르르르르 시르르르르르르 시르렁 시르러어어엉 실근 시르렁 실근 당거 주소, 톱질이야. 큰자식은 저리 가고, 작은 자식은 이리 오느라. 우리가 이 박을 어서 타서 박속일랑 끓여 먹고, 바가질랑 부잣집에 가 팔어다가 목숨 보명을 허여 볼끄나. 에여루, 톱질이로고나."

시르렁 실근: 톱질하는 소리
에여루: 조흥구 – 흥을 돋우는 역할
「 」: 흥보의 신세 타령 – 흥보의 운명론적 세계관
포한: 한을 품음. 여기서는 간절한 소망을 의미함
이 박을 타거들랑 ~ 나오너라: 당시 민중들의 궁핍한 생활상이 반영된 소박한 소원
톱 소리를 맞어 주소: 톱 소리를 받아 주오. – 소리를 메기면 받아 달라는 의미
시르르르르르르르 ~ 실근: 반복과 의성어의 사용으로 운율감을 형성함
보명: 목숨을 보전함

[아니리]

흥보 마누라가 톱을 턱 놓으며, "후유, 박이 원체 커서 단숨에 못 키겄소. 좀 쉬어 가지고 탑시다." "그럽시다." "그런디, 여보, 영감 우리가 일 년 농사지은 박을 추수 삼어 키면서도,「늘 신세타령만 허니 설움이 솟아서 못 타겄소. 이번에는 다른 노래를 하면서 박을 탑시다.」" "그 말이 옳소. 평지에 지어도 절은 절이요. 성복 술에도 권주가 헌다고, 우리가 모심을 제 상사소리, 밭 맬 적에 김매기 노래허듯, 내 이 박 내력을 가지고 사설을 지어 메길 테니 뒷소리만 맞으시오." "그럽시다."

단숨에: 한번에
「 」: 노래를 하며 가난으로 인한 설움을 잠시나마 잊고자 하는 흥보 아내
성복 술: 초상난 집에서 상주들이 처음 상복을 입고 지내는 제사에 올리는 술
권주가: 술을 권하는 노래
평지에 지어도 ~ 헌다고: 좋지 않은 상황에서도 즐겁게 일하고자 하는 마음을 비유적으로 표현함
상사소리: 진도 들노래 가운데, 논에 모를 심으면서 부르는 중모리장단의 노래
사설: 늘어놓은 말이나 이야기. 여기서는 노랫말을 의미함
뒷소리: 민요에서, 한 사람이 앞소리를 메기면 뒤따라 여럿이 함께 받아 부르는 소리

[중모리]

「"시르렁 실근, 톱질이야. 에에여루 당거 주소. 성인님네 풍류 지을 적, 금석사죽 포토혁목, 이 박이 아니면은 팔음 화성이 어이 될끄나? 어여루 톱질이야. 아성 안자 안빈낙도 이 박이 아니면은 일표음을 어찌허며, 소부의 둔세 고절 이 박이 아니면은 기산 괘표 어이 허리? 어여루 톱질이야. 군자의 말 없기는 무구포가 그 아니며, 남화경에 있는 박은 대이무용 아깝도다. 어여루, 당거 주소. 인간대사 혼인헐 제 표배로 행주허고, 강산의 시주객은 거포준이상촉이라. 우리도 이 박 타서 쌀도 일고, 물도 뜨고 가지가지 잘 써 보세,」어여루 톱질이야!"

금석사죽 포토혁목: 아악(雅樂)에 쓰이는 여덟 악기. 또는 그 소리
팔음 화성: 여덟 가지 악기의 조화로운 화음
아성 안자: 성인과 버금가는 공자의 제자인 안회
안빈낙도: 가난한 생활 속에서도 평안한 마음으로 도를 즐겨 지킴
일표음: 한 잔의 표주박 물
소부: 중국 요나라 때의 고매한 선비
둔세 고절: 속세를 피해 은둔해 사는 고고한 절개
기산 괘표: 기산에서 물을 마시기 위하여 표주박을 걸어 놓음
무구포: 아가리 없는 박이라는 뜻으로, '입을 다물고 말을 아니함'을 비유함
남화경: 장주가 지은 《장자》를 높여 이르는 말
대이무용: 크지만 쓸 곳이 없음
표배로 행주허고: 표주박으로 된 잔에 술을 부어 돌리고
시주객은 거포준이상촉: 시와 술을 즐기는 사람은 표주박을 술잔으로 삼아 서로 권함
「 」: 한문 어구와 고사를 인용해 박의 다양한 기능을 열거하고 이를 예찬함 – 잦은 한문 어구의 사용은 판소리가 서민과 양반층에게 두루 향유되었음을 드러냄

[자진모리]

"시르렁 실건, 당기어라. 시르렁 실건, 시르렁 실건, 실근 실근 실근 실근 식싹 식싹." 톱밥이 퍽 퍽, 박이 떡 벌어지는듸, 오색 채운이 자욱허며 향취가 진동허는구나. ▶ 흥보 내외가 노래를 하며 박을 탐

시르렁 실건 ~ 식싹: 톱질이 빨라지고 있음을 나타냄
채운: 여러 빛깔로 아롱진 고운 구름
톱밥이 퍽 퍽 ~ 진동허는구나: 박 속에서 상서로운 기운이 퍼져 나옴 – 비현실적인 내용

[아니리]

박을 타며 부인들 허는 말이 있것다. 흥보 마누라 박짝을 얼른 딱 엎으며, "이 박일랑 소가 밟아도 깨지지 말고, 말이 밟아도 깨지지 마라." 박짝을 딱 엎어 놨는디, 뜻밖에 박짝이 딸싹딸싹허더니, 청의 입은 동자 한 쌍이 박짝 속에서 썩 나오며, "이 댁이 박흥보 씨 댁이오니까?" 흥보가 깜짝 놀래, "내 원! 옛날 초나라 시절에 유자 속에서 노인이 바둑을 두고 있었단 말은 들었으나, 우리 조선 땅에서 박통 속에 동자 들었단 말은 아 처음 들었는디. 그런디 그 내 이름은 어찌 알며, 나라는 사람은 요사이 풀밭에 가 누웠어도 진드기 한 마리 붙을 데 없는 사람인디, 거, 무엇하러 찾아 왔나?" 저 동자 절하며 여짜오되, "예, 삼신산 열위 선관 모여 앉어 공론하시되, 흥보 씨 높은 덕화 금수에까지 미쳤으니, 그저 있을 수 없다 허시고, 몇 가지 약을 보냈사옵니다." 허더니, 소매 속에서 병에 넣은 약과 종이에 싼 약을 차례로 내놓으며,

이 박일랑 소가 밟아도 깨지지 말고, 말이 밟아도 깨지지 마라: 박을 탈 때 아낙들이 박이 튼튼하기를 기원하는 말
청의: 푸른 옷
내 원: 나 원
풀밭에 가 누웠어도 진드기 한 마리 붙을 데 없는 사람: 흥보 스스로 자신의 가난함을 비유적으로 표현함 – 자기 비하적 표현을 통해 해학성 유발
열위: '여러분'을 문어적으로 이르는 말. 제위(諸位)
선관: 신선 세계에서 벼슬살이를 하는 신선
덕화 금수에까지 미쳤으니: 덕으로 인한 감화가 짐승에게까지 미쳤으니
약: 박에서 나온 것 – 무병장수하고 싶은 민중의 소망이 반영됨

[중중모리]

「"백옥병에 넣은 것은 죽은 사람 혼을 불러 되돌아오는 환혼주요, 밀화병에 넣은 것은 장님이 먹으면은 눈이 밝아지는 개안주요, 호박병에 넣은 것은 벙어리가 먹으면은 말 잘허는 능언주요, 산호병에 넣은 것은 귀 먹은 이가 먹으면 귀가 열리는 벽이주요, 설화지로 묶은 것은 죽지 않는 불사약이요, 금화지로 묶은 것은 늙지 않는 불로초와 그 외에도 만병통치 수백 가지가 있사온디,」 약 이름, 쓰는 법을 그 옆에 썼사오니, 그리 알고 쓰옵소서. 선관님네 분부로서 가다가 용궁 동정호에 전할 편지 있삽기로 총총히 떠나오니, 부디 안녕히 계십시오." 사흘 굶은 저 흥보가 공연한 헛수인사(修人事)지만 "여, 저러한 선동네가 나 같은 사람 보랴 허고 머나먼 길 오셨다가, ㉠아무리 염반이나마 점심 요기나 허고 가야제. 원, 여, 섭섭해서 되겄다고, 여?" 동자 웃고 대답허되, "세상 사람 아니기로 시장허면 구전단과 목 마르면 감로수로 연화식을 못하오니 염려치 마옵소서." 배읍허고 물러서더니, 인홀불견 간곳없네.

밀화병: 밀랍 같은 누런빛이 나고 젖송이 같은 무늬가 있는 호박(琥珀)으로 만든 병
설화지: 흰 빛깔의 종이
「」: 무병장수에 대한 흥보(민중)의 소망 반영
동정호: 중국의 크고 아름다운 호수
선동: 신선의 시중을 드는 아이
공연한 헛수인사: 체면치레 인사말이지만
염반: 소금엣밥. 소금을 반찬으로 차린 밥이라는 뜻으로 반찬이 변변치 못한 밥을 이르는 말
아무리 염반이나마 점심 요기나 허고 가야제. 원, 여, 섭섭해서 되겄다고, 여?: 흥보의 소박한 인심이 드러남 – 관련 속담: 콩 한 쪽도 나눠 먹는다
구전단: 도교에서 쇠와 돌을 녹여서 아홉 번 불려 약처럼 만든 것. 이것을 먹으면 신선이 된다고 함
감로수: 신선들이 먹는 이슬
연화식: 불에 굽거나 익힌 음식
배읍허고: 공손히 절하고
인홀불견: 언뜻 보이다가 갑자기 없어짐

▶ 박에서 나온 동자가 선약(仙藥)을 주고 사라짐

[아니리]

동자 떠난 후에 흥보가 생각헌즉, 허술한 집구석에 선약을 혹시 도적맞을까 걱정이라. 한 꾀를 생각허여 조그만헌 오장치에 모두 넣어 꽉 동여서 움막 방 보고개에다 씨나락 오쟁이 모양으로 단단히 얹어 놓고, 엎어 놨던 박짝을 딱 뒤집어 보니, 양쪽 박짝에 가 궤 하나씩이 붙었으되, 「주홍칠 곱게 허고 용 거북 자물쇠를 단단히 채웠으며, 초록 당사 벌매듭에 열쇠 달아 옆에 걸었는디,」 둘 다 뚜껑 우에다 '박흥보 씨 개탁'이라 허였거늘, 흥보가 보더니 희떱게 장담을 한 번 허는디, "내가 암만 없이는 살아도 이름이사 널리 났제. 봉래산 선동들도 내 이름을 부르더니, 이 궤짝에

선약: 신선이 만든다고 하는 장생불사의 영약
오장치: 오쟁이. 짚으로 엮어 만든 작은 자루
움막 방 보고개: 선약을 숨긴 장소
씨나락 오쟁이: 씨나락을 보관하는 자루
벌매듭: 끈목을 벌 모양으로 매는 매듭
「」: 궤의 장식이 화려한 것으로 보아 귀중한 물건이 나올 것을 짐작할 수 있음
초록 당사: 초록색 명주실
희떱게: 말이나 행동이 분에 넘치며 버릇이 없게
개탁: 봉한 편지나 서류 따위를 뜯어 보라는 뜻. 주로 손아랫사람에게 보내는 편지의 겉봉에 쓰는 말
장담: 확신을 가지고 자신 있게 하는 말
봉래산: 중국 전설에 나타나는, 신선이 산다는 산

도 또 써 놨구나." 궤 두 짝을 열고 보니, 한 궤에는 쌀이 하나 수북히 들었는디, 궤 뚜껑 속에 가 이 쌀은 백 년을 두고 퍼내도 줄지 않는 '취지무궁지미' 라 써 있으며, 또 한 궤에는 돈이 하나 가뜩 들었는디, 뚜껑 속에 가 이 돈은 평생을 꺼내 써도 줄지 않는 '용지불갈지전' 이라 허였거늘, 흥보가 좋아라고 궤 두 짝을 떨어 붓기를 시작을 허는디,

(쌀이: 박 속에서 나온 것 – 배부르게 먹고 싶은 민중의 소망이 반영됨)
(취지무궁지미: 취하여도(먹어도) 다하지 않는 쌀)
(돈이: 박 속에서 나온 것 – 부유하게 살고 싶은 민중의 소망이 반영됨)
(용지불갈지전: 써도 마르지 않는 돈)

결정적 장면

[휘모리]

「흥보가 좋아라고, 흥보가 좋아라고, 궤 두 짝을 떨어 붓고 닫쳐 놨다 열고 보면, 도로 하나 그뜩허고, 돈과 쌀을 떨어 붓고 닫쳐 놨다 열고 보면, 도로 하나 그뜩, 툭툭 떨고 돌아섰다, 돌아보면 도로 하나 그뜩허고, 떨어 붓고 나면 도로 수북, 떨어 붓고 나면 도로 그뜩.」 "아이고, 좋아 죽겄다! 일년 삼백육십일을 그저 꾸역꾸역 나오너라!" ❶ 흥보가 좋아라고, 흥보가 좋아라고, 돈 궤짝을 떨어 붓고 돌아섰다 돌아보면, 도로 하나 그뜩허고, 쌀 궤짝을 떨어 붓고 돌아섰다 돌아보면, 도로 하나 수북, 툭툭 떨고 돌아섰다, 돌아보면 도로 하나 그뜩허고, 떨어 붓고 나면 도로 수북, 떨어 붓고 나면 도로 그뜩. ▶ 박 속에서 쌀과 돈이 쏟아져 나옴

(「 」: 반복을 통해 음악성과 흥겨운 분위기를 조성함)

[아니리]

어찌 떨어 부어 놨던지 돈이 수수만 냥이요, 쌀이 수수만 석이라. "자, 우리가 쌀 본 김에 밥 좀 해 먹고 궤짝을 떨어 붓든지, 박을 또 타든지 하자. 우리 권속이 몇이냐? 우리 내외, 자식놈들 스물아홉, 도통 서른하나로구나. 우리가 그렇게 굶주리다가 하나 앞에 밥 한 섬씩덜 먹어? 쌀 서른 한 섬만 밥을 지어라." 동네 가마솥 있는 집만 쫓아다니며, 꼬두밥 찌듯 쪄서 삯꾼을 사가지고, 밥을 져다 붓고, 져다 붓고 헌 것이, 거짓말 좀 보태면, 밥 더미가 남산 더미만 허든 것이었다. 흥보가 밥 먹으라고 명령을 내리는디, "네 이놈들, 체헐라. 조심히 먹으렷다! 자, 먹어라!" 해노니, '우' 허더니, 이놈들이 온데간데없제. "아이고, 이놈들 다 어디 갔느냐?" 자식들 찾느라고 야단이 났는디, 조금 있다가 보니 이놈들이 밥 속에서 퉁겨져 나오는디, 어찌허여 밥 속에서

(권속: 한 집안에 거느리고 사는 식구)
(섬: 한 말의 열 배. 약 180리터)
(우리가 그렇게 ~ 밥을 지어라: 흥보네 가족들이 굶주리고 살아왔음을 과장하여 표현함 – 해학적)
(꼬두밥: 고두밥. 아주 되게 지어 고들고들한 밥)
(거짓말 좀 ~ 것이었다: 편집자적 논평 – 과장)

결정적 장면

제비가 물어다 준 박 속 궤에서 쌀과 돈이 쏟아져 나오자 흥보 내외가 신나게 쌀과 돈을 붓는 장면이다. 반복을 통해 흥겨운 분위기가 조성되며 판소리 특유의 과장과 해학이 두드러지는 부분이다.

문제로 핵심 파악

1 흥보 내외가 탄 박 속에서 나온 물건 세 가지를 모두 찾아 쓰시오.

2 이 글에서는 흥보네 아이들이 밥을 먹는 장면을 (   )하여 해학적으로 표현하였다.

핵심 구절 풀이

❶ **흥보가 좋아라고, ~ 도로 그뜩:** 박 속에서 돈과 쌀이 나오자 이를 흥보가 계속 퍼내는 모습임. 이러한 반복적 행위는 가난에서 벗어나 모자람 없이 살고 싶은 흥보(민중)의 소망을 반영한 것으로 볼 수 있음

나오게 되었는고 허니, 「이놈들이 어떻게 밥에 환장이 되었던지, '밥 먹어라!' 소리에 '우' 밥 속에 가 총 철환 박히듯 콱 박혀가지고, 당창 벌거지 콧속 파먹듯 속에서 먹어 나오든 것이었다.」 흥보는 아해들과 같이 그렇게 조백 없이 먹을 수가 없어, 밥 보고 인사를 허는디, 노담부터 허든 것이었다. 「"밥님, 너 참 본 지 오래다. 네 소행을 생각허면 대면도 허기 싫지마는, 그래도 그럴 수가 없어 대면은 허거니와, 원, 사람을 그렇게 괄시헌단 말이냐? 에라, 이 손. 섭섭타. 섭섭해!"

철환: 엽총에 쓰는 잘게 만든 탄알 / 당창 벌거지 콧속 파먹듯: 지독한 병균이나 벌레가 숙주를 파먹듯 / 「 」: 과장된 장면 묘사 / 조백 없이: 배운 데 없이 / 노담: 성내는 말 / 대면: 얼굴을 마주 보고 대함 / 괄시: 업신여겨 하찮게 대함 / 손: 손아랫사람을 '사람' 보다는 낮추고 '자' 보다는 좀 대접하여 이르는 말

[자진모리]

"세상인심 간사허여 추세를 헌다 헌들, 너같이 심할쏘냐? 세돗집 부잣집만 기어코 찾어가서 먹다 먹다 못 다 먹으면, 돼지, 개를 주고, 떼거위, 학두루미와 심지어 오리 떼를 모두 다 멕이고도, 그래도 많이 남어서 쉬네 썩네 허지 않더냐? 나와 무슨 원수 되야 사흘 나흘 예사 굶어, 뱃가죽이 등에 붙고, 갈빗대가 따로 나서, 두 눈이 캄캄허고, 두 귀가 멍멍허여, 누웠다 일어나면 정신이 아찔아찔, 앉었다 일어서면 두 다리가 벌렁벌렁, 말라 죽게 되었으되 찾는 일 전혀 없고, 냄새도 안 맡게 하니 그럴 수가 있단 말이냐? 에라, 이 괘씸한 손, 그런 법이 없느니라!" 한참 이리 준책터니 도로 슬쩍 달래는디, "히, 그것 참. 내가 이리 했다 해서 노여워 안 올라느냐? 어여삐 헌 말이지, 미워 헌 말 아니로다. 친구가 조만 없어 정지후박에 매였으니, 하상견지만야오. 떨어져 살지 말자. 아이개개, 내 밥이야. 옥을 준들 널 바꾸며, 금을 준들 바꿀쏘냐? 아이개개, 내 밥이야. 제발 덕분에 다정히 살자!」 새 정이 붙게 허느라 이런 야단이 없었구나.

추세: 세력이 있는 사람을 붙좇아서 따름 / 손: 밥 / 준책: 엄하게 꾸짖음 / 친구가 조만 없어 정지후박에 매였으니, 하상견지만야오: 친구 사이에는 빠르고 늦음이 없고 정이 두텁고 얇음에만 차이가 있으니, 어찌 만남을 늦게 하겠는가 / 「 」: 밥을 의인화하여 평소에 제대로 먹지 못한 것에 대한 신세 한탄을 함 – 해학성 유발, 빈부 격차가 심한 사회상을 반영함

[아니리]

「이렇듯 한참 노담을 허더니마는 흥보가 밥을 한 번 먹는디, 흥보집에 숟가락은 본래 없거니와, 하도 좋아서 밥을 뭉쳐 공중에다 던져 놓고, 죽방울 받듯 입으로 밥을 받어 먹는디, 입으로 받어만 놓으면, 턱도 별로 놀리지 않고 어깨 주춤, 눈만 끔쩍, 목구멍으로 바로 넘어 닥치든 것이었다.」

흥보집에 숟가락은 본래 없거니와: 흥보가 얼마나 가난했는지를 알 수 있음 / 「 」: 흥보가 밥을 먹는 모습을 해학적으로 표현함

[휘모리]

「흥보가 좋아라고, 흥보가 좋아라고, 밥을 먹는다. 밥을 뭉쳐 공중에다 던져 놓고 받어 먹고, 밥을 뭉쳐 공중에다 던져 놓고 받어 먹고, 던져 놓고 받어 먹고, 던져 놓고 받어 먹고, 던져 놓고 받어 먹고……」

「 」: 반복을 통해 흥겨운 분위기를 조성함

▶ 흥보 가족이 궤짝에서 나온 쌀로 밥을 지어 먹음

뒷부분 줄거리 | 흥보가 부자가 되자, 놀보는 흥보에게 부자가 된 사연을 묻는다. 흥보의 이야기를 들은 놀보는 일부러 제비의 다리를 부러뜨린 후 치료해서 날려 보내고, 이듬해 제비는 박씨를 물어 온다. 놀보는 박씨를 심어 박을 타지만 놀보의 박에서는 온갖 재앙이 쏟아져 나와 놀보의 집을 망하게 한다. 놀보의 소식을 들은 흥보는 놀보에게 자신의 재물을 나누어 주고, 놀보는 개과천선하여 형제가 평생 화목하게 지낸다.

핵심 정리

- 갈래: 판소리 사설
- 성격: 풍자적, 해학적, 교훈적
- 구성: '발단 – 전개 – 위기 – 절정 – 결말'의 5단 구성

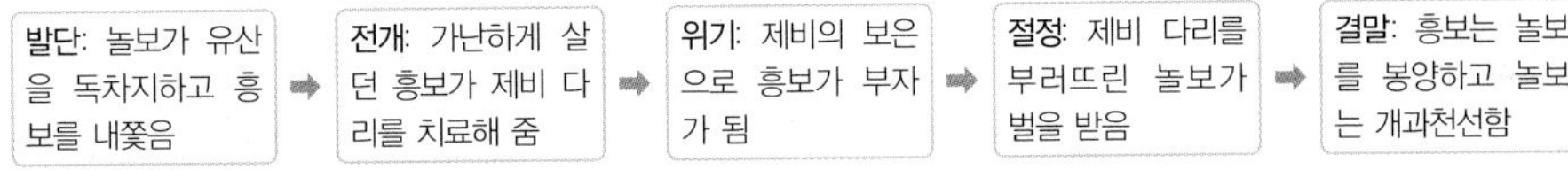

- 제재: 흥보의 선행과 놀보의 악행
- 주제: ① 형제간의 우애와 권선징악(勸善懲惡)
  ② 몰락한 양반과 신흥 부농, 빈농과 부농의 갈등
- 특징: ① 운문과 산문이 혼재되어 나타나며, 과장과 해학이 두드러짐
  ② 일상적 구어와 현재형 시제를 사용하여 현장감을 부여함
  ③ 양반이 쓰는 전아한 한문 투와 서민들의 비속한 표현이 함께 나타남
- 인물 분석
  - 흥보: 몰락한 양반이자 토지가 없는 빈민. 선량하고 정직하며 우애와 신의가 있으나 경제적으로 무능한 인물임
  - 흥보 처: 흥보의 아내. 선량하나 현실 인식이 빠르고, 고난을 이겨 내고자 하는 인물임
  - 놀보: 흥보의 형. 탐욕과 심술로 가득 찬 악인으로, 신흥 부농층을 상징함

한눈에 보기

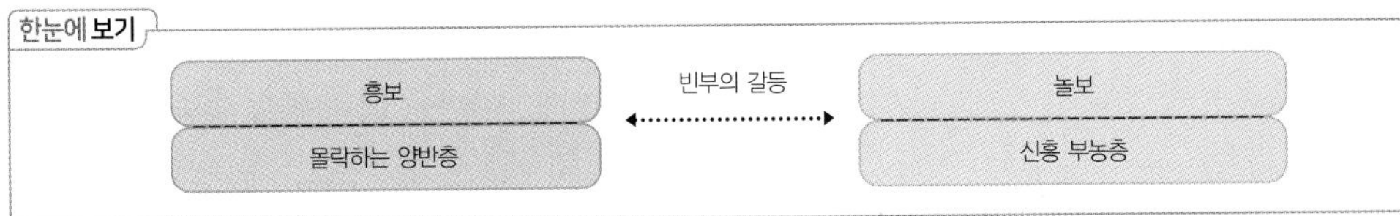

보충·심화 학습

- 〈흥보가〉의 형성 과정

근원 설화	판소리 사설	고전 소설	신소설
방이 설화, 박 타는 처녀 설화, 동물 보은 설화	흥보가	흥보전(흥부전)	연의 각

- 판소리의 구성 요소
  - 창: 창자가 운율을 부여하여 노래하는 부분
  - 아니리: 창을 하면서 사이사이에 극적인 줄거리를 엮어 나가는 사설
  - 발림: 창과 동시에 하는 동작
  - 추임새: '얼씨구', '좋다', '그렇고 말고', '어허'와 같이 고수 또는 청중이 내는 탄성으로 흥을 돋우는 소리
  - 너름새: '발림'과 같은 의미이나 가사, 소리, 몸짓이 일체가 되었을 때를 가리킴

필수 문제

01 [서술형] 이 글에 나타나는 다양한 한문투의 표현을 통해 알 수 있는 판소리의 특징을 향유층과 관련하여 서술하시오.

02 이 글의 인물을 당대 현실과 연관시켜 분석할 때, 흥보와 놀보가 상징하는 계층을 각각 쓰시오.

03 ㉠과 관련한 속담을 쓰시오.

184 수궁가 | 작자 미상

모의 기출

출제 포인트

동물들을 의인화하여 인간 사회의 세태를 비판 · 풍자하고 있는 작품이다. 당시의 시대상과 관련지어 인물의 유형을 파악하고, 토끼와 별주부, 용왕 사이에 나타난 갈등 구조를 살펴보자.

감상 길잡이

이 글은 신재효가 정리한 판소리 사설의 하나로, 〈퇴별가〉, 〈토별가〉라고도 한다. 이 글은 공간이 '용궁 → 육지 → 용궁 → 육지'로 바뀌는 대립과 반복의 구도를 보이고 있는데, 이에 따라 주제와 인물에 대한 관점에 차이가 나타난다. 육지에서는 토끼를 비판의 대상으로 삼아 허욕을 지닌 어리석은 존재로 그리고 있는 데 비해, 별주부를 충성심 높은 긍정적 대상으로 제시하고 있다. 그러나 수궁에서는 토끼를 특유의 기지로 위기를 극복하는 존재로, 용왕과 별주부를 이기적이고 무능한 지배 관료의 모습으로 그린다. 즉, 주인공인 토끼와 별주부를 양면성을 띤 인물로 그림으로써 다양한 주제를 전달하고 있다.

앞부분 줄거리 | 남해 용왕이 병이 들어 토끼의 간을 먹어야 낫는다는 처방을 받는다. 신하들이 모여 논의하다가 토끼를 잡기 위해 별주부를 육지로 보내고, 별주부는 토끼를 속여 용궁에 데려온다. 자신이 약으로 쓰이기 위해 잡혀 왔음을 알게 된 토끼는, 간을 육지에 두고 왔다고 하여 위기를 모면하고 별주부와 함께 다시 육지로 올라온다.

토끼를 속여 용궁에 데려간 것 / 무엇을 하고자 하는 생각

"네 이놈 자라야, 네 죄목(罪目)을 의논하면 살지무석(殺之無惜) 괘씸하다. 용왕의 의사(意思) 있기

언변, 말재간 / 죽여도 아깝지 아니할 정도로 죄가 무거움

날같이 총명하고, 나의 구변(口辯) 없기 용왕같이 미련터면, 아까운 이내 목숨 수중 원혼(水中冤魂)

용왕이 총명하여 토끼의 거짓말을 눈치채거나, 토끼가 용왕처럼 미련하여 말재간이 없었으면 – 대조, 대구 / 비늘을 가진 고기, 어류

되겠구나.「동래박의(東萊博議) 책을 보니 짐승의 미련하기 어이수이(魚耳獸耳) 같다 하되 인족(鱗族)

송나라 여조겸이 지은 《춘추좌씨전》에 대한 사평(史評) / 물고기나 길짐승 / 네 소행을 생각하면

의 미련하기 모족(毛族)보다 더하더라.」오장(五臟)에 붙은 간을 어찌 출납하겠느냐. 네 소위 헤아리

포유류, 짐승 / 「 」: 서민층인 토끼가 《동래박의》를 읽는 데서 개작자의 양반 지향적 의식이 나타남 / 빛깔이 없는 보통 소주

면 산중(山中)으로 잡아다가 우리 동무 다 모아서 잔치를 배설하고, 네놈을 푹 삶아서 백소주(白燒

근본이 되는 일 / 베풀고 / 항우의 장수로 유방을 괴롭힌 인물

酒) 안줏감 초장 찍어 먹을 테나, 본사(本事)를 생각하면 척견(跖犬)이 폐요(吠堯)하고 계포(季布)가

무슨 죄리 / 중국의 도적인 척이 기른 개는 성인인 요를 보고도 짖는다는 뜻으로, 자라의 충성심을 인정하는 말

하죄(何罪)리, 각위기주(各爲其主) 하였기로 십분 짐작하였으며 하물며 만경창해 네 등으로 왕래하니,

각자 그 주인을 위하였기로 / 끝없이 넓고 넓은 바다

사지동고(死地同苦)하였기에 목숨 살려 보내 주니, 그리 알고 돌아가되 좋은 약 보내기로 네 왕에

위험한 곳에서 함께 고생하였으므로

게 허락하니, 점잖은 내 도리에 어찌 식언을 하겠느냐. 나의 똥이 장히 좋아 청열(淸熱)을 한다 하

거짓말 / 매우 / 열을 내림

고 사람들이 주워다가 역아(疫兒)들을 먹이나니, 네 왕의 두 눈망울 열기가 과(過)하더라. 갖다가

병든 아이

먹였으면 병이 곧 나으리라."

▶ 토끼가 별주부에게 호령함

총알 – 토끼 똥의 모양 비유

㉠ 철환(鐵丸) 똥을 많이 누어 칡 잎에 단단히 싸 자라 등에 올려놓고 칡으로 감아 주니, 주부가

별주부(지배층)에 대한 조롱과 배려가 함께 나타남

짊어지고 수궁으로 간 연후에, 주광지수(走壙之獸)라니, 토끼 오죽 좋겠느냐, 깡장깡장 뛰어가며

구덩이 안에서 달리는 짐승

자기(藉氣)가 무섭구나. /「"항적(項籍)은 천하장사 팔천 병 거느리고 한태조(漢太祖)와 다투더니 오강

뽐내는 기색 / 대단하구나 / 항우 / 길이가 석 자 정도 되는 긴 칼 / 유방 / 항우가 자결하여 죽은 강

(烏江) 도로 못 건너고, 형가(荊軻)는 만고 협객 삼척검(三尺劍) 빼어 들고, 진시황(秦始皇)을 찌르려

진시황을 죽이려 했으나 실패한 자객 / 재주

다, 역수(易水) 도로 못 건넜다.」신통한 이내 재조(才操) 경각간(頃刻間) 구변으로 용왕을 돌라 놓고,

「 」: 토끼가 자신의 재주를 뽐내기 위해 실패한 영웅의 일화를 인용한 대목 / 매우 짧은 시간

이 물 도로 건넜구나. 반갑도다 반갑도다, 우리 고향 반갑도다. 의구청산녹수(依舊靑山綠水) 다 모

'aaba' 구조, 운율감 형성 / 산천이 옛 모습 그대로로임

두 전에 보던 데라, 푸른 봉(峰) 흰 구름은 나 앉아 조을던 데, 넌출 과실 나무 열매 나 주어 먹던 데라, 너구리 아재 평안하오. 오소리 형님 잘 있던가. 「벼슬 생각 부디 말고 이사 생각 부디 마소. 벼슬 하면 몸 위텁고, 타관(他官) 가면 천대 받네.」 몸 익은 청산풍월 낯익은 우리 동무 주야상종(晝夜相從) 즐겨 노세."

조을던: 졸던 / 넌출: 길게 뻗어 나가 늘어진 식물의 줄기 / 아재: 아저씨 / 「 」: 분수에 넘치는 행동을 하지 말라는 의미. 주제 의식이 드러남 / 위텁고: 위태롭고 / 타관: 타향 / 청산풍월: 자기가 살던 곳 / 주야상종: 밤낮으로 만남

▶ 별주부에게 똥을 싸 주고 무사 귀환을 기뻐하는 토끼

「이때에 주부는 수궁에 들어가서 용왕이 토분(兎糞) 먹고 병이 나아 충신 되고, 토끼는 신선 따라 월궁으로 올라가서 여태까지 도약(擣藥)하니, 자라와 토끼란 게 동시 미물(微物)로서, 장한 충성 많은 의사 사람하고 같은 고로, 타령(打令)을 만들어서 세상에 유전(遺傳)하니 사람이라 명색(名色)하고 토별(兎鼈)만 못하면 그 아니 무색한가, 부디부디 조심하오.」

토분: 토끼의 똥. 한방에서 해열제로 쓰임 / 월궁: 전설에서 달 속에 있다는 궁전 / 도약: 약을 찧으니 / 명색: 실속 없이 그럴듯하게 불리는 허울만 좋은 이름 / 유전: 물려받아 전하니 / 토별: 토끼와 자라(별주부) / 「 」: 작가의 개입으로 창작 의도를 드러냄

▶ 후일담과 창작 의도

핵심 정리

- 갈래: 판소리 사설
- 성격: 풍자적, 해학적, 우화적, 교훈적
- 구성: '발단 – 전개 – 위기 – 절정 – 결말' 의 5단 구성

발단: 용왕이 병이 들어 백방으로 약을 구함 ➡ **전개**: 별주부가 토끼를 잡아가기 위해 육지로 나옴 ➡ **위기**: 토끼를 유인하여 용왕 앞에 데려옴 ➡ **절정**: 토끼가 용왕을 속임 ➡ **결말**: 육지로 나온 토끼가 별주부에게 약을 주고 사라짐

- 제재: 용왕의 병과 토끼의 간
- 주제: ① 허욕에 대한 경계와 위기 극복의 지혜
  ② 무능한 집권층에 대한 비판과 풍자
- 특징: ① 우화적 의인화 기법을 사용하여 현실을 비판하고 풍자함
  ② 고사성어, 한문 어구와 같은 지배층의 언어와 서민층의 언어가 혼재되어 나타남
- 인물 분석
  - 토끼: 허영심과 공명심에 사로잡혀 위기를 자초하지만, 지혜와 용기로 위기를 극복하는 서민층을 상징함
  - 별주부: 남해 용왕의 신하. 우직한 충신으로, 명분에 사로잡힌 어리석은 관료층을 상징함
  - 용왕: 남해 용왕. 자신을 위해 백성의 희생을 강요하는 이기적인 지배 계급을 상징함

한눈에 **보기**

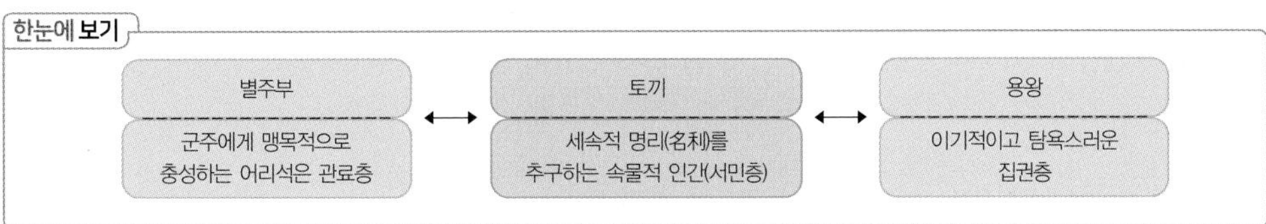

필수 문제

01 이 글에서 '토끼'는 ( )을/를 추구하는 속물적 인간, '별주부'는 우직한 ( ), '용왕'은 자신을 위해 백성의 희생을 요구하는 ( )을/를 상징한다.

02 이 글에서 ( )은/는 왕과 신하들이 사는 지배층의 세계를, ( )은/는 백성들이 사는 피지배층의 세계를 상징한다.

03 [서술형] ㉠의 행위에 담긴 의미를 35자 내외로 서술하시오.

185 꼭두각시놀음 | 작자 미상

EBS

출제 포인트

서민층을 중심으로 연행되던 민속 인형극으로, 조선 후기의 사회상과 민중의 언어, 정서 등이 잘 나타나 있다. 등장인물들이 풍자하는 대상과 그 내용을 파악해 보고, 이 글에 드러난 표현상의 특징을 살펴보자.

감상 길잡이

이 글은 우리나라 전통극 중 유일한 인형극으로, 서구의 연극과 달리 막과 막 사이의 줄거리가 서로 연관성이 없이 독자적인 내용을 가지는 것이 특징이다. 서민들 사이에서 연희되어 왔던 까닭에 비속하고 해학적인 표현이 많이 사용되고 있어 골계미를 엿볼 수 있으며, 가부장적 가족 제도라는 사회적 모순에 대해 신랄하게 풍자하고 있다.

〈제2막 뒷절〉

상좌 두 사람이 나와서 바위 위에 앉았는데 산 위에는 소무당녀들이(박 첨지의 질녀) 나물을 캐고 있다. 상좌들이 그것을 보고 반하여 두어 수작한 뒤에 합 사인(合四人)이 풍악 소리에 맞추어 신명이 나서 춤을 춘다. 그때 박 첨지가 미색 논다는 말을 듣고 나왔다가 상좌들이 소무당을 데리고 춤추는 것을 보고 대경실색하여 상좌를 꾸짖는다.

(상좌: 절에서 불도를 닦는 사람 / 질녀: 조카딸 / 수작한: 말을 서로 주고받음 / 소무당녀: 탈춤 등에서 양반, 취발이의 상대역으로 나와 어울리는 젊은 여자 / 반하여 두어 수작한: 아름다운 여자들이 논다 / 합 사인: 합해서 네 명 / 박 첨지가 미색 논다는 말을 듣고 나왔다가: 여색을 밝히는 박 첨지의 성격이 드러남 / 대경실색하여: 몹시 놀라 얼굴빛이 하얗게 질려)

▶ 상황 설명 – 소무당과 놀아나는 상좌와 박 첨지의 등장(기)

박 첨지: 「이 중놈아, 네가 분명히 중이면 산간에서 불도나 할 것이지 속가에 내려와 미색을 데리고 노류장화가 될 말이냐. 아마도 내가 생각하니 ㉠네가 중이라고 칭하였으나 미색 데리고 춘 춤을 보니 거리 노중만 못하다. 이놈 저리 가거라.」 (춤을 한참 추다가) 어으어으 여봐라 어떠냐 어떠만 싶으냐, (웃으며) 나도 늙은것이 잡것이로군. 늙은 나는 들어가네. (다시 소무당을 자세히 보니 자기의 질녀인 고로 기가 막혀서) 늙은 놈이 주책없이 질녀 있는 데서 춤을 추었고나. 그러나 이왕 같이 춤춘 바에 어쩔 수 없다. 이 괘씸한 중놈을 처치하여야 할 터인데 늙은 내가 기운이 있어야지. 아마도 생질 조카 홍 동지(洪同知)를 내보내야겠다.

(「 」: 여자와 놀아나는 파계승의 행위 비판 / 속가: 속세 / 노류장화: 길가의 버드나무 줄기와 담장 밑의 꽃. 창녀나 기생을 이르는 말 / ㉠: '노중(老衆)'과 '노중(路中: 길 가운데)'의 음의 유사성을 이용한 언어유희 / 어으어으 여봐라 어떠냐 어떠만: 춤을 추며 소무당을 유혹하는 박 첨지 / 나도 늙은것이 잡것이로군: 자신의 행위에 대한 부끄러움, 희화화 / 고로: 까닭에 / 이 괘씸한 중놈을 처치하여야 할 터인데: 자신의 조카딸을 탐내었으므로 / 생질: 누이의 아들. 조카 / 홍 동지(洪同知): 한자와 한글의 이중적 언어 사용)

(이때 상좌들이 소무당녀 때문에 싸움 반 춤 반으로 야단법석하니 박 첨지는 노염이 나서 딘둥이(홍 동지)를 부른다.)

(상좌들이 소무당녀 때문에 싸움 반 춤 반으로 야단법석하니: 불도를 닦는 데는 관심 없고 여색만 탐하는 상좌들. 관련 속담: 중이 염불엔 마음이 없고 잿밥에만 마음 둔다 / 노염: 노여움. 화가 날 만큼 섭섭하고 분한 감정 / 딘둥이: 발가벗은 힘꾼. 발가벗고 다니므로 맨살의 붉은 빛을 뜻하는 '홍(紅)'과 음이 같은 '홍(洪)'을 성으로 삼음)

여봐라 딘둥아 딘둥아. / (홍 동지 등장, 박 첨지 퇴장)

▶ 박 첨지가 상좌를 꾸짖고 홍 동지를 불러냄(승)

박 첨지: (안에서) 여봐라. 내가 밖에를 나가니 상좌 중놈이 내 딸을 데리고 춤을 추는데 늙은 나는 기운이 없어서 그대로 왔으니 네가 나가서 모두 주릿대를 앵겨라.

(딸: 조카딸 / 주릿대를 앵겨라: 주리를 틀어라 – 비속어의 사용. 연희 대상이 일반 서민 계층이었음을 드러냄)

「(상좌들이 각각 소무당 하나씩을 데리고 양편에 갈라섰고 홍 동지는 그 중간에서 왔다 갔다 한다.)

홍 동지: 어디요. / 박 첨지: 저편으로.

홍 동지: (그리 가며) 이리요? / 박 첨지: 그래.

(홍 동지는 급히 가며 보느라고 상좌 머리를 자기 머리와 부딪쳤다.)」

(「 」: 어리숙한 홍 동지의 행동 – 해학성)

▶ 박 첨지가 홍 동지에게 상좌들을 벌할 것을 지시함(전)

홍 동지: 여봐라 듣거라 보니「거리 노중이냐 보리 망중(芒種)이냐 7월 백중이냐, 네가 무슨 중이냐.」 염불엔 마음이 없고 잿밥에 마음이 있어 미색만 데리고 춤을 추는구나. 나도 한식 놀아 보자. (5인이 舞)

망종(亡種). 보리가 익어 수확하고 벼를 심을 무렵의 절기 / 음력 7월 보름. 승려들이 재를 올려 부처를 공양하는 날 / 「 」: 발음의 유사성을 이용한 언어유희 – 타락한 중들에 대한 비판 / 한번 / '춤출 무'

장단을 자주 쳐라. (장단이 빠르며 그에 따라 홍 동지는 춤을 빨리 추다가 머리로 상좌와 무당을 때려서 쫓아 보내고 저도 이어서 퇴장)

▶ 홍 동지가 상좌와 소무당을 쫓아냄(결)

핵심 정리

- 갈래: 인형극 대본
- 성격: 풍자적, 해학적, 비판적, 서민적
- 구성: [전체] 전 2마당 7거리(막)의 옴니버스식 구성 [본문] '기 – 승 – 전 – 결' 의 4단 구성

기: 상좌와 소무당의 수작과 박 첨지의 등장 ➡ 승: 박 첨지가 그들을 꾸짖고 홍 동지를 부름 ➡ 전: 홍 동지에게 상좌들을 벌하도록 함 ➡ 결: 홍 동지가 상좌들을 혼냄

- 제재: 중의 파계 행동
- 주제: 파계승에 대한 풍자와 비판
- 특징: ① 각 막이 독자적인 내용을 지님(옴니버스 형식)
  ② 사투리, 비속어, 언어유희 등 서민적 언어가 사용됨
- 인물 분석
  - 박 첨지: 주인공이자 해설자. 타락한 사회와 지배층을 풍자하는 인물이자 가부장적 태도를 보임으로써 풍자의 대상이 되기도 하는 인물임
  - 홍 동지: 박 첨지의 조카. 직설적이고 저항적으로 봉건적 지배층을 비판함과 동시에 스스로 희화화의 대상이 되는 인물임
  - 상좌들: 파계승. 불도를 등한시하고 여색을 탐하는 인물들로, 비판의 대상임

한눈에 보기

박 첨지, 홍 동지 —꾸짖음(비판과 풍자)→ 상좌들(타락한 파계승)

보충·심화 학습

- 〈꼭두각시놀음〉의 인물 명칭
  - 박 첨지: 백발노인의 인형. 인형이나 가면의 재료인 '박' 에서 나온 이름임
  - 홍 동지: 발가벗은 모습의 붉은색 인형. '붉을 홍(紅)' 과 음이 같은 '홍(洪)' 을 사용해 만든 이름임
  - 꼭두각시: 박 첨지의 으뜸 마누라 또는 우두머리 각시, 곧 본처라는 뜻의 희화적 명칭임

박 첨지

홍 동지

꼭두각시

필수 문제

01 ㉠에 나타나는 표현상의 특징을 쓰시오.

02 이 글에서 풍자하고 있는 대상을 쓰시오.

186 봉산(鳳山) 탈춤 | 작자 미상

교과서 EBS

장면 1

출제 포인트

전체 7과장의 독립적 구성으로 된 민속극으로, 말뚝이의 반복되는 재담 구조로 된 '양반춤' 과장이다. 해학과 풍자 등 이 글의 표현상의 특징에 주목하여 살펴보자.

감상 길잡이

황해도 봉산 지역에서 연희되던 민속극으로, 7개의 독립된 과장으로 이루어져 있다. 그중 제6과장은 '양반춤' 과장으로 말뚝이를 통해 양반의 저급한 문화를 폭로하고, 그 허례허식을 비판하고 있으며, 다른 한편으로는 양반의 부패와 횡포를 고발하고 있다. 특히 일정한 재담 구조가 반복되며 언어유희와 과장, 희화화 등 다양한 표현 방법으로 대상을 조롱하고 있어 풍자와 해학이 돋보이는 작품이다.

〈제6과장 양반춤〉

말뚝이: 양반 나가십니다. 양반! 덩덩 덩더러쿵……. (벙거지를 쓰고 채찍을 들었다. 굿거리장단에 맞추어 양반 삼 형제를 인도하여 등장)

(말뚝이: 비판적·저항적 인물 – 양반을 풍자하고 조롱함 → 〈춘향전〉의 '방자'형 인물 / 벙거지, 채찍: 하인 신분 / 굿거리장단에: 관객의 흥미 유발, 신명·흥취 조성 / 양반 삼 형제를 인도하여 등장: 말뚝이의 역할을 중심으로 극이 전개됨을 보여 줌)

양반 삼 형제: 〔말뚝이 뒤를 따라 굿거리장단에 맞추어 점잔을 피우나, 어색하게 춤을 추며 등장. 양반 삼 형제 맏이는 샌님〔生員〕, 둘째는 서방님〔書房〕, 끝은 도련님〔道令〕이다. 샌님과 서방님은 흰 창옷에 관을 썼다. 도련님은 남색 쾌자에 복건을 썼다. 「샌님과 서방님은 언청이이며(샌님은 언청이 두 줄, 서방님은 한 줄이다.)」 부채와 장죽을 가지고 있고, 도련님은 입이 삐뚤어졌고 부채만 가졌다. 도련님은 일절 대사는 없으며, 「형들과 동작을 같이하면서 형들의 면상을 부채로 때리며 방정맞게 군다.」

(양반 삼 형제: 조선 후기 무능력한 양반의 전형 – 풍자와 조롱의 대상 / 점잔을 피우나, 어색하게 춤을 추며 등장: 희화화 – 양반 계급의 위선과 허위의식 풍자 / 샌님: 생원님의 준말 – 생원은 평민이 양반을 이르는 말 / 관: 도복을 입을 때 머리에 쓰는 두건 / 창옷: 소창옷의 준말. 두루마기와 유사한 웃옷 / 쾌자: 등솔을 길게 빼고 소매가 없는 옷 / 언청이: 윗입술이 선천적으로 찢어진 사람. 또는 그렇게 찢어진 입술 / 「 」: 희화화 – 양반의 신체적 결함 풍자 / 부채와 장죽: 양반의 권위 상징 / 도련님은 입이 삐뚤어졌고: 희화화 – 양반의 신체적 결함 풍자 / 「 」: 희화화 – 양반의 정신적 결함 풍자)

▶ 말뚝이와 양반 삼 형제의 등장

결정적 장면

말뚝이: (가운데쯤에 나와서) 쉬이. (음악과 춤 멈춘다.) 양반 나오신다아! 「양반이라고 하니까 노론(老論), 소론(少論), 호조(戶曹), 병조(兵曹), 옥당(玉堂)을 다 지내고 삼정승(三政丞), 육판서(六判書)를 다 지낸 퇴로 재상(退老宰相)으로 계신 양반인 줄 아지 마시오. 개잘량이라는 '양' 자에 개다리소반이라는 '반' 자 쓰는 양반이 나오신단 말이오.」

(쉬이: 재담의 시작 – •춤과 재담의 경계 – 춤에서 대사로 전환 •극적 분위기 조성 – 관객의 시선 집중 •화자의 은밀한 폭로 예고 •악공과 관객을 대상으로 함 •새로운 사건의 시작을 알림 / 노론, 소론: 사색당파의 하나 – 문맥상 부적절(관직 이름이 아님) / 옥당: 홍문관의 별칭 / 삼정승: 영의정, 좌의정, 우의정 / 육판서: 육조(이·호·예·병·형·공조) 판서 / 퇴로 재상: 늙어서 벼슬에서 물러난 재상 / 「 」: 말뚝이의 조롱 – 음의 유사성을 이용한 언어유희 / '양반'의 의미를 '개잘량'과 '개다리소반'으로 풀이(발음의 유사성을 이용한 언어유희) – 양반 조롱·비하·풍자 → 해학성)

양반들: 야아, 이놈, 뭐야아!

말뚝이: 「아, 이 양반들, 어찌 듣는지 모르갔소. 노론, 소론, 호조, 병조, 옥당을 다 지내고 삼정승, 육판서 다 지내고 퇴로 재상으로 계신 이 생원네 삼 형제분이 나오신다고 그리하였소.」

(양반들: 중의적 표현 – '사대부 양반 / 보통 남자를 낮춰 부르는 말' → 의도적 조롱 / 「 」: 말뚝이의 태도 – 병 주고 약 준다, 등 치고 배 문지른다, 어르고 뺨친다, 면종복배(面從腹背), 표리부동(表裏不同))

양반들: (합창) 이 생원이라네. (굿거리장단으로 모두 춤을 춘다. 도령은 때때로 형들의 면상을 치며 논다. 끝까지 그런 행동을 한다.)

(이 생원이라네: 말뚝이의 조롱을 눈치채지 못함 – 양반의 어리석음 → 해학성 / 춤을 춘다: 재담의 끝)

▶ '양반'의 뜻풀이 재담

말뚝이: 쉬이. (반주 그친다.) 여보, 구경하시는 양반들, 말씀 좀 들어 보시오. 짤따란 곰방대로 잡숫지 말고 저 연죽전(煙竹廛)으로 가서 돈이 없으면 내게 기별이래도 해서 양칠간죽(洋漆竿竹), 자문죽(自紋竹)을 한 발가웃씩 되는 것을 사다가 육모깍지 희자죽(喜子竹), 오동수복(烏銅壽福) 연변죽을 이리저리 맞추어 가지고 ❶ 저 재령(載寧) 나무리 거이 낚시 걸듯 죽 걸어 놓고 잡수시오.

> 남자를 범상히 부르거나 홀대하여 부르는 말 → 관객을 불러 대화를 청함
> 무대와 객석의 구분이 없음 – 관객의 극 중 개입 가능, 공연 장소와 극 중 장소의 일치
> 관객의 신분 암시 – 평민 ↔ 양반(장죽)
> 연죽전: 담뱃대를 파는 가게
> 양칠간죽: 긴 담뱃대의 종류
> 자문죽: 아롱진 무늬가 있는 중국산 대나무. 흔히 담뱃대로 씀
> 육모깍지: '육무깍지'의 와전. 육각형 모양의 담뱃대
> 희자죽: 담뱃대를 만들 때 쓰는 대나무
> 오동수복: 백통으로 만든 그릇이나 담뱃대에 검붉은 구리로 '수(壽)'나 '복(福)' 자를 박은 것
> 나무리: 재령에 있는 평야 이름
> 거이: 게

양반들: 뭐야아!

말뚝이: 아, 이 양반들, 어찌 듣소. 양반 나오시는데 담배와 훤화(喧譁)를 금하라 그리 하였소.

> 이 양반들: 중의적 표현 – 의도적 조롱
> 훤화: 시끄럽게 떠드는 것

양반들: (합창) 훤화를 금하였다네. (굿거리장단으로 모두 춤을 춘다.)

> 양반의 어리석음 희화화 → 해학성 유발
> ▶ 담배와 훤화를 금하는 재담

말뚝이: 쉬이. (춤과 반주 그친다.) 여보, 악공들 말씀 들으시오. 「오음 육률(五音六律) 다 버리고 저 버드나무 홀뚜기 뽑아다 불고 바가지장단 좀 쳐 주오.」

> 악공: 악기를 다루는 사람
> 무대와 객석의 구분이 없음 – 악공의 극 중 개입 가능
> 오음 육률: 중국 음악의 다섯 가지 소리와 여섯 가지 율(律)
> 홀뚜기: 버들피리. 봄철에 버드나무 가지의 껍질이나 밀짚 토막 따위로 만든 피리
> 「 」: 전아(典雅)한 양반 문화와 비속한 평민 문화의 대비 → 양반에 대한 조롱

양반들: 야아, 이놈, 뭐야!

> 양반의 질책

말뚝이: 「아, 이 양반들, 어찌 듣소. 용두 해금(奚琴), 북, 장고, 피리, 젓대 한 가락도 뽑지 말고 건건드러지게 치라고 그리 하였소.」

> 용두 해금: 용머리가 새겨진 해금
> 젓대: 피리의 한 종류
> 뽑지: 빼놓지
> 건건드러지게: 멋있고 아름답고 부드럽게
> 「 」: 말뚝이의 변명

양반들: (합창) 건건드러지게 치라네. (굿거리장단으로 춤을 춘다.)

> 양반의 안심 – 양반의 어리석음을 희화화함 → 해학성
> 재담의 끝
> ▶ 장단을 소재로 한 재담

생 원: 쉬이. (춤과 장단 그친다.) 말뚝아.

말뚝이: 예에.

> ▶ '노(老) 생원님'과 음의 유사성을 이용한 언어유희 (노새: 수나귀와 암말의 잡종 – 생식 능력 떨어짐)

생 원: 이놈, 너도 양반을 모시지 않고 어디로 그리 다니느냐?

> 양반과 말뚝이의 신분 관계(주종 관계) 표현 – 말뚝이에게 제대로 대접을 못 받고 있음을 암시

말뚝이: 예에, 양반을 찾으려고 찬밥 국 말어 일조식(日早食)하고, 마구간에 들어가 노새 원님을 끌어다가 등에 솔질을 솰솰 하여 말뚝이님 내가 타고 서양(西洋) 영미(英美), 법덕(法德), 동양 삼국 무른 메주 밟듯 하고, 「동은 여울이요, 서는 구월이라, 동여울 서구월 남드리 북향산 방방곡곡(坊坊曲曲) 면면촌촌(面面村村)이, 바위 틈틈이, 모래 짬짬이, 참나무 결결이」 다 찾아다녀도 샌님 비뚝한 놈도 없습디다. 〈중략〉

> 일조식: 아침 일찍 식사함
> 법덕: 법국과 덕국. 프랑스와 독일의 옛말 – 적층의 근거(구한말에 삽입됨)
> 말뚝이님 내가 타고: 신분 관계의 역전 소망
> 무른 메주 밟듯: 거침없이 짓밟고 다니고
> 동여울 서구월 남드리 북향산: 황해도 봉산을 중심으로 한 동·서·남·북의 대표적 장소
> 양반다운 양반이 없음 – 비속어 '놈'과 비격식체 '없습디다'의 사용을 통한 양반 조롱
> 비뚝한: 비슷한
> ▶ 양반을 찾으러 다니는 일을 소재로 한 재담

생 원: 쉬이. (반주와 춤 멈춘다.) 이놈, 말뚝아! 이놈, 말뚝아! 아, 이놈, 말뚝아!

> 「 」: ① 4음보, 대구, 울림소리, 첩어의 사용을 통한 리듬감 형성 ② 열거와 과장에 의한 익살 ③ 점강법을 통한 강조

결정적 장면

말뚝이가 양반이라는 말의 뜻풀이, 담배, 장단, 양반 찾기 등의 재담을 통해 양반 삼형제를 조롱하는 장면이다. 말뚝이의 조롱과 양반들의 호통, 말뚝이의 변명으로 이어지는 재담의 구조가 반복되면서 해학성이 두드러지는 부분이다.

문제로 핵심 파악

1 이 글에서 천민 신분이지만 양반의 권위에 굴하지 않는 적극적 성격을 지닌 인물을 찾아 쓰시오.

2 이 글에서 재담의 시작을 알리는 것은 (　　　　)이고, 재담의 끝을 알리는 것은 (　　　　)이다.

핵심 구절 풀이

❶ **저 재령(載寧) ~ 걸어 놓고 잡수시오.**: 게를 낚을 때 낚싯대를 줄줄이 걸어 놓듯이 그렇게 담뱃대를 죽 걸어 놓고 담배를 많이 태우라는 의미로, 당시 서민들은 양반 앞에서 담배를 피우지 못했음을 고려할 때 양반에 대한 조롱을 담고 있음

말뚝이: 예에에. 「아 이 제미를 붙을 양반인지 허리 꺾어 절반인지 개다리소반인지, 꾸레미전에 백반인지 말뚝아 꼴뚝아 밭 가운데 쇠뚝아 오뉴월에 밀뚝아 잔대뚝에 메뚝아 부러진 다리 절뚝아 호도엿 장사 오는데 할애비 찾듯 왜 이리 찾소?」

양반에게 욕을 함 / 논밭을 갈 때 소가 풀을 뜯지 못하게 하려고 소 주둥이에 씌우는 물건 / 「 」: '~반'과 '~뚝'이라는 각운을 활용한 언어유희

생 원: 「네 이놈, 양반을 모시고 나왔으면 새처를 정하는 것이 아니고 어디로 이리 돌아다니느냐?」

사처. 손님이 길을 가다가 묵는 집 / 「 」: 양반의 위엄

말뚝이: (채찍을 가지고 원을 그으며 한 바퀴 돌면서) 예에, 「이마만큼 터를 잡고 참나무 울장을 드문드문 꽂고, 깃을 푸근푸근히 두고, 문을 하늘로 낸 새처를 잡아 놨습니다.」

탈춤의 공연상 특징 – 특별한 무대 장치가 없음 / 울타리에 박은 긴 말뚝 / 짚이나 마른 풀 / 「 」: 말뚝이가 준비한 '새처'의 의미 – 마구간(외양간) → 양반에 대한 조롱

생 원: 이놈, 뭐야!

양반의 질책

말뚝이: 아, 이 양반, 어찌 듣소. 「자좌오향(子坐午向)에 터를 잡고, 난간 팔자(八字)로 오련각(五聯閣)과 입구(口) 자로 집을 짓되, 호박 주초(琥珀柱礎)에 산호(珊瑚) 기둥에 비취 연목(翡翠椽木)에 금파(金波) 도리를 걸고 입구 자로 풀어 짓고, 쳐다보니 천판자(天板子)요, 내려다보니 장판방(壯版房)이라. 화문석(花紋席) 칫다 펴고 부벽서(付壁書)를 바라보니 동편에 붙은 것이 담박녕정(澹泊寧靜) 네 글자가 분명하고, 서편을 바라보니 백인당중유태화(百忍堂中有泰和)가 완연히 붙어 있고, 남편을 바라보니 인의예지(仁義禮智)가, 북편을 바라보니 효제충신(孝悌忠信)이 분명하니, 이는 가위 양반의 새처방이 될 만하고, 문방제구(文房諸具) 볼작시면 용장봉장(龍欌鳳欌), 궤(櫃), 두지, 자개함롱(函籠), 반닫이, 샛별 같은 놋요강, 놋대야 받쳐 요기 놓고, 양칠간죽, 자문죽을 이리저리 맞춰 놓고, 」「삼털 같은 칼담배를 저 평양 동푸루 선창에 돼지 똥물에다 축축 축여 놨습니다.」

대들보를 다섯 줄로 놓아 넓고 크게 지은 집 / 북쪽을 등지고, 남쪽을 향함. 정남향 / '八자' 모양의 난간 / 금빛 물결 / 호박(보석 종류)으로 만든 주춧돌 / 비취(보석 종류)로 만든 푸른 서까래 / 기둥과 기둥 위에 건너 얹어 놓은 나무 / 위를 막은 널빤지(천장) / 장판지를 바른 방 / 꽃무늬 돗자리 / 냅다, 세차게 빨리 / 벽에 붙이는 글씨 / 욕심이 없어 마음이 깨끗하고 고요함 / 백 번 참는 집안에 큰 평화가 있음 / 분명하게 / 어짊, 의로움, 예의, 지혜 / 효도, 우애, 충성, 신의 / 가히 일컬어, 말하자면 / 문방사우(지필묵연) – 문맥상 '세간'이 적절함 → 양반 조롱을 위한 의도적 오용 / 용이나 봉황을 그린 장 / 뒤주. 곡식을 넣는 세간 / 옷을 담는 농 / 앞의 위쪽 절반이 문짝으로 되어 있는 궤 / 「 」: 양반 거처와 세간의 전형적 형태 / 거칠게 썬 담배 / 지명 – '똥'을 연상시킴 / 적셔 / 「 」: 양반 조롱

생 원: 이놈, 뭐야!

양반의 질책

말뚝이: 「아, 이 양반, 어찌 듣소. 쇠털 같은 담배를 꿀물에다 축여 놨다 그리 하였소.」

소털처럼 가늘게 썬 고급 담배 / 「 」: 말뚝이의 변명

양반들: (합창) 꿀물에다 축여 놨다네. (굿거리장단에 맞춰 일제히 춤춘다. 한참 추다가 춤과 음악이 끝나고 새처방으로 들어간 양을 한다.)

양반의 안심 / 척, 시늉

양반들: (새처 안에 앉는다.) 〈중략〉

▶ 새처를 소재로 한 재담

생 원: 쉬이. (음악과 춤을 멈춘다.) 여보게, 동생. 우리가 본시 양반이라, 이런 데 가만히 있자니 갑갑도 하네. 「우리 시조(時調) 한 수씩 불러 보세.」

「 」: 유식함을 과시하려는 의도 / 양반의 문화. 시대적 배경이 조선 후기임을 증명 – '시조'의 명칭은 조선 후기 가객 이세춘의 '시절가조(時節歌調)'에서 유래함

서 방: 형님, 그거 좋은 말씀입니다.

양반들: (시조를 읊는다.) "……반 남아 늙었으니 다시 젊지는 못하리라……." 하하. (하고 웃는다. 양반 시조 다음에 말뚝이가 자청하여 소리를 한다.)

양반들의 시조 – 전형적인 '탄로가' / 서민의 문화 / 공통 주제 – 인생무상(人生無常)

말뚝이: "낙양성 십리허에, 높고 낮은 저 무덤에……."

▶ 양반 놀이 – 시조 읊기

평민 문화가 양반 문화보다 못할 것 없다는 말뚝이의 자부심이 드러남

생 원: 「다음은 글이나 한 수씩 지어 보세.」

「 」: 어려운 한시를 통해 양반의 권위 회복을 시도함 / 한시

서 방: 그럼 형님이 먼저 지어 보시오.

생 원: 그러면 동생이 운자(韻字)를 내게.

한시에서 각 구의 끝을 맞춘 글자

서 방: 네, 제가 한 번 내 드리겠습니다. '산' 자, '영' 잡니다.

생 원: 아, 그것 어렵다. 여보게, 동생. 되고 안 되고 내가 부를 터이니 들어 보게. [영시조(詠試稠)로]

한시를 읊는 어조로

울룩불룩

「"울룩줄룩 작대산(作大山)하니, 황주(黃州) 평산(平山)에 동선령(洞仙嶺)이라."」

「 」: 울룩줄룩 큰 산을 만드니, 황해도 황주의 평산에 있는 동선령이구나. – 단순한 지명의 나열 → 양반의 무식함 폭로

서 방: 하하. (형제, 같이 웃는다.) 거 형님, 잘 지었습니다.

생원과 서방의 비슷한 교양 수준 – 희극적

→ 그 밥에 그 나물, 오십보백보(五十步百步), 유유상종(類類相從)

생 원: 동생 한 귀 지어 보세.

서 방: 그럼 형님이 운자를 하나 내십시오.

생 원: '총' 자, '못' 잘세.

흔히 쓰이지 않는 괴벽한 글자

서 방: 아, 그 운자 벽자(僻字)로군. (한참 낑낑거리다가) 형님, 한마디 들어 보십시오. (영시조로)

'엄지총'의 잘못. 짚신이나 미투리의 맨 앞의 양편으로 굵게 박은 낱낱의 울

「 」: 민중의 생활어 나열 – 한시가 아닌 언문풍월 → 양반의 무지와 허세 폭로

「"짚세기 앞총은 헝겊총하니, 나막신 뒤축에 거멀못이라."」 〈중략〉

▶ 양반 놀이 – 무지한 한시 짓기

헝겊으로 만든 신의 앞부분

세간이나 나무 그릇의 금간 데나 떨어질 염려가 있는 모퉁이에 걸쳐 대는 못

생 원: 그러면 이번엔 파자(破字)나 하여 보자. 「주둥이는 하얗고 몸뚱이는 알락달락한 자가 무슨 자냐?」

한자의 자획을 나누거나 합하여 글자를 맞추는 수수께끼

글자

「 」: 양반들의 저급한 파자놀이(수수께끼) → 양반의 학식과 교양이 부족함 폭로

서 방: (한참 생각하다가) 네에, 거 운고옥편(韻考玉篇)에도 없는 자인데, 그것 참 어렵습니다. 그 피마자(蓖麻子)라고 하는 자가 아닙니까?

한자의 운자(韻字)를 분류하여 놓은 사전

아주까리 – 색깔과 모양에서 착안하여 끝 글자만 맞춘 수수께끼

생 원: 아, 거 동생 참 용할세.

기특하고 장하네

서 방: 형님, 내가 그럼 한 자 부르라우?

생 원: 부르게.

서 방: 논두렁에 살피 짚고 섰는 자가 무슨 잡니까?

'살포'의 방언. '살포'는 논에 물꼬를 트거나 막는 데 쓰는 농기구

끝 글자만 겨우 맞춘 수수께끼의 답

생 원: (한참 생각하다가) 아, 그것 참 어려운 잘세. 그것은 논임자가 아닌가?

새로운 인물의 등장 – 특별한 무대 장치가 없음 → 새처와는 다른 극 중 장소로 설정됨(관객과의 약속)

서 방: 하하, 그것 형님 잘 맞혔습니다. (이러는 동안에 취발이 살짝 들어와 한편 구석에 서 있다.)

▶ 양반 놀이 – 저급한 파자 놀이

생 원: 이놈, 말뚝아.

말뚝이: 예에.

「 」: 신흥 상인 계층(취발이)에 대한 양반의 혐오감 표현

뱀

생 원: 「나랏돈 노랑돈 칠 푼 잘라먹은 놈, 상통이 무르익은 대초 빛 같고, 울룩줄룩 배미 잔등 같은 놈을 잡아들여라.」

노란 빛깔의 엽전

횡령한

취발이 탈의 모양 – 얼굴이 붉고, 얼룩덜룩한 뱀의 모습

「 」: 신흥 상인 계층이 큰 세력을 지니고 있음을 나타냄

말뚝이: 「그놈이 심(힘)이 무량대각(無量大角)이요, 날램이 비호(飛虎) 같은데,」 「샌님의 전령(傳令)이나 있으면 잡아 올는지 거저는 잡아 올 수 없습니다.」

한정이 없음

날개 달린 호랑이처럼 빠름

양반의 권위를 상징함

전령 없이는

「 」: 양반의 권위가 유지되고 있음을 보여 줌

생 원: 오오, 그리 하여라. 옜다. 여기 전령 가지고 가거라. (종이에 무엇을 써서 준다.)

말뚝이: (종이를 받아 들고 취발이한테로 가서) 당신 잡히었소.

전령

취발이: 어데, 전령 보자.

신흥 상인 계층의 전형

말뚝이: (종이를 취발이에게 보인다.)

취발이: (종이를 보더니 말뚝이에게 끌려 양반의 앞에 온다.)
양반의 권위와 위력이 아직 건재함을 증명함

말뚝이: (취발이 엉덩이를 양반 코 앞에 내밀게 하며) 그놈 잡아들였소.
언어 외적 표현 – 행동을 통한 양반 조롱

생 원: 아, 이놈 말뚝아. 이게 무슨 냄새냐?

말뚝이: 「예, 이놈이 피신(避身)을 하여 다니기 때문에, 양치를 못 하여서 그렇게 냄새가 나는 모양이외다.
위험을 피하여 몸을 숨김 / 양치질

생 원: 그러면 이놈의 모가지를 뽑아서 밑구녕에다 갖다 박아라.」
항문 / 양반의 가혹한 횡포 – 비속어를 통한 해학적 표현 / 「 」: 말뚝이의 변명에 양반들이 속음 – 양반의 어리석음을 풍자하고 조롱함

말뚝이: 아, 샌님! 이놈의 목쟁이를 쑥 뽑아다 밑구녕에다 꽂는 재주가 있겠습니까?

생 원: (노하여 큰 소리로) 야, 이놈이 뭣이 어째?

말뚝이: 샌님, 말씀 들으시오. 시대가 금전이면 그만인데, 하필 이놈을 잡아다 죽이면 뭣 하오? 돈이나 몇백 냥 내라고 하야 우리끼리 노나 쓰도록 하면, 샌님도 좋고 나도 돈냥이나 벌어 쓰지 않겠소. 그러니 샌님은 못 본 체하고 가만히 계시면 내 다 잘 처리하고 갈 것이니, 그리 알고 계시오. (굿거리장단에 맞추어 일제히 어울려서 한바탕 춤추다가 전원 퇴장한다.)
당시의 시대상 반영 – 조선 후기 배금주의, 황금만능주의적 가치관 풍자 / 신흥 상인 계층의 현실적 힘 / 나누어 / 누이 좋고 매부 좋고 / 취발이를 살리려는 의도 – 양반의 타락과 부패상을 부각함 / 탈춤의 축제성 / 인물들의 퇴장 – 한 과장을 끝냄

▶ 양반 놀이 – 취발이 잡아들이기

핵심 정리

- 갈래: 민속극(탈춤의 대본), 가면극
- 성격: 풍자적, 해학적, 서민적
- 구성: [전체] 전 7과장의 옴니버스식 구성
  [본문]

인물의 등장: 벙거지에 채찍을 든 말뚝이와 비정상적인 모습을 한 양반 삼 형제의 등장	➡	말뚝이의 양반 조롱: '양반'의 뜻풀이, 담배, 장단, 양반 찾기, 새처 정하기 등의 재담을 통해 양반을 조롱하고 비하	➡	양반들의 허세 풍자: 양반들의 시조 짓기, 운자 놀이, 파자 놀이 등을 통해 그들의 무식함과 허세를 드러냄	➡	양반의 비리 풍자: 취발이를 잡아들여 돈을 뜯어내는 양반의 횡포	➡	인물의 퇴장: 모두가 어울려 춤을 추며 퇴장

- 제재: 말뚝이의 양반 조롱
- 주제: 양반의 허세에 대한 비판과 풍자
- 특징: ① 일정한 재담 구조가 반복됨 ② 각 과장이 독립적으로 구성됨
  ③ 무대와 객석이 엄격히 구분되지 않음 ④ 언어유희, 과장과 희화화로 대상을 풍자함
- 인물 분석
  - 말뚝이: 천민인 마부로 양반의 권위에 굴하지 않고 적극적으로 양반을 비판하는 저항적 인물. 〈춘향전〉의 '방자' 형 인물임
  - 양반 삼 형제: 무능한 양반의 전형으로, 어색하게 춤을 추거나 언청이에 입이 삐뚤어져 있는 등 외양과 행동에서 희화화됨
  - 취발이: 조선 후기의 신흥 상인 계층으로, 양반의 부패상을 보여 줌

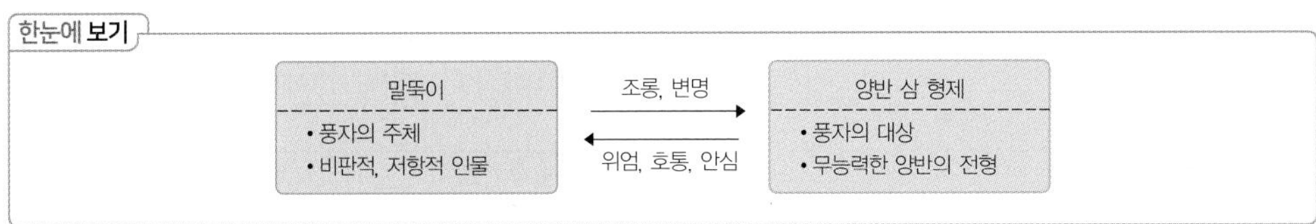

보충·심화 학습

〈봉산 탈춤〉의 재담 구조

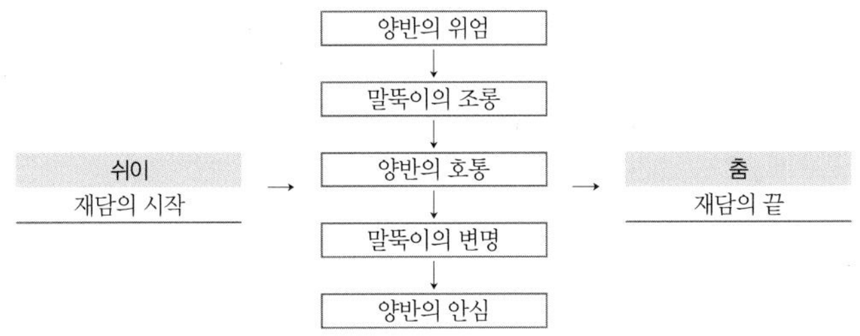

취발이의 모습을 통해 알 수 있는 당대 현실

조선은 사농공상(士農工商)의 엄격한 신분 질서가 유지되던 나라였다. 그러나 조선 후기에 이르러 상업과 공업을 중심으로 한 새로운 사회 분야가 성장함에 따라, 기존의 사회 질서에 의문을 제기하는 민중 의식이 싹트면서 피지배 계급의 욕구를 분출하는 놀이 문화가 탄생했다. 이것이 탈춤의 사회 · 문화적 생성 배경이다. 이 작품에 등장하는 '말뚝이'는 새롭게 성장하고 있는 민중 의식의 대변자이고, '취발이'는 사회 변화의 주요 동력이었던 신흥 상공인 계층을 대변하는 인물이다. 양반의 무능력함과 허위의식을 신랄하게 비판하고 조롱하는 '말뚝이'의 대사 속에서 관객은 기존의 관념과 질서를 전복하는 해방감을 느꼈고, 여기에 등장하는 양반들은 자신들의 무지와 무능력을 스스로 드러냄으로써 주된 관객층이었던 서민들의 비웃음을 자아냈던 것이다. 이들이 벌이는 탈춤 무대는 바로 기존의 권위와 억압에 저항하는 민중들의 해방터였다.

〈봉산 탈춤〉 전 과장의 내용

- 제1과장 사상좌춤: 탈춤 놀이의 시작 시간을 알리며 관객의 안녕과 복을 빎. 놀이판을 정화함
- 제2과장 팔목중춤: 여덟 사람의 목중이 승려의 신분을 파계하여 음주를 하며 풍류 소리에 맞춰 춤을 춤. 마지막 여덟째 목중이 나와 먼저 춤을 춘 목중들을 불러 내어 합동춤을 춤
- 제3과장 사당춤: 사당이 거사의 등에 업혀 등장하자 홀애비 거사가 사당을 뒤따르며 집적거림. 이때 거사들이 홀애비 거사를 내쫓고 모두 서서 서도소리를 부름
- 제4과장 노장춤: 소무가 교태스럽고 요염한 춤으로 불도에 정진하던 노장 스님을 파계시킴. 신장수와 원숭이가 등장하여 노장 스님의 행태를 비꼬며 조롱함. 취발이가 등장하여 노장 스님을 내쫓고 소무를 차지해 함께 춤을 춤
- 제5과장 사자춤: 여덟 목중과 노장 스님이 파계하고 속세의 즐거움에 전념하니 부처님이 사자를 보내어 벌을 내림. 모두 회개하여 잘못을 빌고 용서를 청하니 사자는 이들을 용서함
- 제6과장 양반춤: 무식하면서 유식한 양반의 흉내를 내는 양반이 등장하고, 양반 사회에서 벌어지는 온갖 비리와 몰락한 양반들의 생활상을 말뚝이가 등장하여 해학과 풍자로 고발함
- 제7과장 미얄춤: 난리통에 영감을 찾아 나선 미얄 할멈은 영감의 애첩인 용산 삼개덜머리집과의 삼각관계에 얽혀 죽음

필수 문제

01 이 글에서 말뚝이의 말 중 관객의 극 중 참여를 알 수 있으며, 무대와 객석의 구분이 없는 민속극의 특징이 가장 잘 드러난 문장을 찾아 쓰시오.

02 [서술형] 말뚝이의 마지막 말을 통해 알 수 있는 당시의 시대적 상황을 서술하시오.

장면 2

출제 포인트

전체 7과장의 독립적 구성으로 된 민속극으로, 여성에게 가해지는 사회의 횡포를 다룬 '미얄춤' 과장이다. 이 글의 풍자·비판의 대상에 주목하여 살펴보자.

감상 길잡이

이 글은 황해도 봉산 지방에서 전래되어 오는 탈춤의 대본이다. 전체 7과장 중 〈제7과장 미얄춤〉은 여성들에게 가해지는 남성과 사회의 횡포를 풍자하고 비판하는 과장이다. 익살스런 춤 동작과 대사, 과장된 표정의 탈이 서사적 요소와 결합되어 재미를 주며, 여성의 권익 신장이라는 사회적 문제를 생각해 보게 하는 작품이다.

〈제7과장 미얄춤〉

미얄: (한 손에 부채 들고 한 손에 방울을 들었으며, 굿거리장단에 춤을 추면서 등장하여 악공 앞에 와서 울고 있다.) 아이고, 아이고, 아이고!

(부채 들고 한 손에 방울을 들었으며: 무당의 신분임을 암시 / 굿거리장단: 무당이 굿을 할 때 치는, 느린 4박자의 장단)

악공: 웬 할맘입나?

(할맘: 할머니)

미얄: 「웬 할맘이라니, 떵꿍하기에 굿만 여기고 한 거리 놀고 갈려고 들어온 할맘일세.」

(떵꿍: 장구 소리의 의성어 / 굿만 여기고 ~ 할맘일세: 굿을 하는가 하여 한바탕 놀려고 찾아온 할멈일세 / 거리: 춤이나 굿의 한 장면 / 「 」: 악공이 굿놀이를 하는 곳에 할맘이 옴 – 특별한 무대 장치가 없음)

악공: 그러면 한 거리 놀고 갑세.

(악공: 미얄, 영감과 대화를 나누면서 사건을 자연스럽게 진행시키는 역할을 함)

미얄: 놀든지 말든지 허름한 영감을 잃고 영감을 찾아다니는 할맘이니 영감을 찾고야 놀갔습네.

(허름한 영감을 ~ 할맘: 미얄의 처지 – 가족을 찾아 떠도는 유랑민)

▶ 영감을 찾아 헤매는 무당 미얄이 등장함

악공: 할맘 본 고향은 어데와?

(어데와: 어디인가)

미얄: 본 고향은 전라도 제주 망막골일세.

(전라도 제주: 조선 시대에 제주는 전라도에 속함)

악공: 그러면 영감은 어찌 잃었습나?

미얄: 「우리 고향에 난리가 나서 목숨을 구하려고 서로 도망을 하였더니, 그 후로 아즉까지 종적을 알 수 없습네.」

(종적: 없어지거나 떠난 뒤에 남는 자취나 형상 / 「 」: 미얄과 영감이 헤어진 사연 – 전쟁으로 이산가족이 발생했던 당대 사회 현실 반영)

▶ 미얄이 영감과 헤어진 사연을 이야기함

악공: 그러면 영감의 모색(毛色)을 댑세. / 미얄: 우리 영감의 모색은 마모색일세.

(모색: 얼굴의 생김새나 차린 모습 / 댑세: 말하게 / 마모색: 말의 모습)

악공: 그러면 말새끼란 말인가? / 미얄: 아니, 소모색일세.

(소모색: 소의 모습)

악공: 그러면 소새끼란 말인가?

(해학적 언어유희)

미얄: 아니, 마모색도 소모색도 아니올세. 영감의 모색을 알아서 무엇해. 아모리 바로 댄들 무슨 소용 있습나?

악공: 모색을 자세히 대면 찾을 수 있을는지 모르지.

미얄: (소리 조로) 우리 영감의 모색을 대. 「난간 이마 주게턱 웅케(우먹)눈에 개발코, 상통은 (갓 바른) 과녁(판) 같고 수염은 다 모즈러진 귀얄 같고 상투는 다 갈아먹은 망 같고 키는 석 자 네 치 되는 영감이올세.」

(난간 이마: 정수리가 넓고 툭 불거져 나온 이마 / 주게턱: 주걱턱 / 웅케(우먹)눈: 우케(찧기 위해 말리는 벼)처럼 작은 눈 / 개발코: 들창코 / 상통: 얼굴 / 모즈러진: 끝이 닳아져 없어진 / 귀얄: 풀칠할 때 쓰는 솔 / 석 자 네 치: 약 130cm / 「 」: 영감의 모습 희화화 – 희극적 과장)

▶ 미얄이 영감의 모습을 악공에게 설명함

악공: 아, 옳지. 바루 등(고개) 너머 망 쪼러 갔습네.

미얄: 에잇, 그놈의 영감, 「고리쟁이(버들가지로 고리(궤)를 만드는 사람)가 죽어도 버들개지를 물고 죽는다더니 상게(아직도) 망을 쪼으러 다니나.」「 」: 영감의 직업(맷돌 만드는 사람)이 드러남

악공: 영감을 한번 불러 봅소.

미얄: 여기 없는 영감을 불러 본들 무엇합나?

악공: 아, 그래도 한번 불러 봐. /「미얄: 영가암.

악공: 거 너무 짧아 못쓰겄습네. / 미얄: 여엉가암!

악공: 너무 길어 못쓰겠습네.」「 」: 대구와 과장을 통해 해학성을 유발함

미얄: 그러면 어떻게 부르란 말입나.

악공: 아, 전라도 제주 망막골에 산다니, 시나위청(시나위 가락. 무속 음악의 하나)으로 불러 봅소. (악공이 미얄에게 노래를 요청함 – 극의 오락적 요소)

▶ 미얄과 악공의 재담

미얄: (시나위청으로) 절절 절시구 저절절절 절시구, 얼시구 절시구 지화자 절절 절시구(여음구 – 흥을 돋우기 위함), 우리 영감 어데 갔나, 기산 영수 별건곤(별천지)에 소부 · 허유(요순 시절 소부, 허유가 은거하던 곳)를 따라갔나, 채석강 명월야에 이적선(당나라 시인 이백) 따라갔나(채석강에서 달을 건지려다 죽은 이백의 고사 인용), 적벽강 추야월에 소동파 따라갔나(동파 소식이 적벽 아래에서 〈적벽부〉를 짓는 광경 인용), 우리 영감을 찾으려고「❶ 일원산(一元山)서 하로 자고, 이강경(二江景)서 이틀 자고, 삼부여(三扶餘)서 사흘 자고, 사법성(四法聖)서 나흘 자고,」(「 」: 숫자를 이용한 언어유희) ❷ 삼국(三國) 적 유현덕(劉玄德)(유비)이 제갈공명 찾으랴고 삼고초려(三顧草廬) 하던 정성, ❸ 만고성군(萬古聖君) 주문왕(周文王)(주나라 문왕)이 태공망(太公望)(강태공)을 찾으려고 위수양(渭水陽)(강태공이 낚시를 하며 은거하던 곳) 가던 정성, ❹ 초한(楚漢) 적 항적(項籍)(항우)이가 범아부(范亞夫)(항우의 책사 범증)를 찾으려고 나(기)고산(祁高山)(기고산. 민속극은 전승되는 과정에서 한자 등이 잘못 전승되기도 함) 가던 정성, 이 정성 저 정성 다 부려서 강산 천리(江山千里) 다 다녀도 우리 영감을 못 찾갔네. 우리 영감을 만나 보면 귀도 대고 코도 대고 입도 대고 눈도 대고 업어도 보고 안아도 보련마는, 우리 영감 어데를 가고 날 찾을 줄을 왜 모르는가. 아이고 아이고! (굿거리 춤을 추며 퇴장.)

▶ 미얄이 영감을 부르다 퇴장함

영감:「(이상한 관을 쓰고 회색빛 나는 장삼(중이 입는 웃옷)을 입고 한 손에 부채, 한 손엔 지팡이를 들고 있다.」(「 」: 스님의 모습과 유사함. 영감이 절에서 옷을 훔쳐 입었음) 굿거리장단에 춤을 추면서 등장한다.) 쉬이이(악공의 연주를 그치게 하고, 주의를 집중시키기 위한 소리), 정처 없이 왔더니 풍악 소리 낭자하니(왁자하고 시끄러우니) 참 좋긴 좋구나. 풍악 소리 듣고 보니 우리 할맘 생각이 간절하구나. 우리 할맘(미얄)이 본시 무당이라 풍

문제로 핵심 파악

1 미얄과 영감은 (   ) 때문에 이별하게 되었다.

2 극의 진행에 참여하여 미얄과 영감의 만남에 매개 역할을 하는 인물을 쓰시오.

3 이 글은 서민층의 비속한 언어와 양반층의 전아한 언어가 같이 사용되고 있다. (○, ×)

핵심 구절 풀이

❶ **일원산(一元山)서 하로 ~ 나흘 자고**: 함경도 원산에서 충청도 강경과 부여, 전라도 영광 법성포에 이르기까지 영감을 찾아 돌아다녔다는 뜻으로, 미얄이 전국을 헤매며 돌아다녔음을 의미함

❷ **삼국(三國) 적 ~ 하던 정성**: 위 · 촉 · 오 삼국이 대립할 때 촉한의 유비가 제갈공명을 책사로 들이기 위해 그의 초가에 세 번 찾아갔다는 고사를 가리킴

❸ **만고성군(萬古聖君) 주문왕(周文王)이 ~ 가던 정성**: 주나라 문왕이 은나라를 주나라로 바꾸는 역성혁명을 일으키기 위해 위수(渭水)에 은거하던 강태공을 찾아간 고사를 가리킴

❹ **초한(楚漢) 적 ~ 가던 정성**: 초나라와 한나라가 천하를 두고 다투던 시절, 초나라의 항우가 범증을 책사로 들이기 위해 범증이 은거하던 기고산에 찾아갔다는 고사를 가리킴. 그러나 실제로는 항우가 아닌 항우의 부하 계포가 범증을 찾아갔음. ❷~❹는 미얄이 영감을 찾기 위해 그만큼 큰 정성을 기울였다는 것을 나타내기 위해 인용한 고사임

답 1 다리 2 악공 3 ○

악 소리 반겨 듣고 혹 이리로 지나갔는지 몰라. 어디 한번 물어볼까? 여보시오.
미얄과 영감의 만남의 계기로 작용함

악공: 거 뉘시오?
악공이 영감과 대화하면서 극이 진행됨

영감: 그런 것이 아니오라 허름한 할맘을 잃고 찾아다니는데 혹시 이리로 갔는지 못 보았소?

악공: 할맘은 어찌 잃었습나?

영감: 우리 고향에 난리가 나서 목숨을 구하려고 이리저리 동서 사방으로 도망을 하였는데, 그 후로 통 소식이 없습네.

▶ 영감이 미얄과 헤어진 사연을 이야기함

「악공: 본 고향은 어디메와?

영감: 전라도 제주 망막골이올세.

악공: 그러면 할맘의 모색을 댑세.

영감: 우리 할맘의 모색은 하도 흉해서 댈 수가 없습네.

악공: 그래도 한번 대 봅세.

영감: 여기서 모색을 댄들 무엇하겠습나?

악공: 세상일이란 그런 것이 아니야. 모색을 대면 찾을 수 있을는지 모르지.」

「 」: 미얄과 악공이 나눈 대화와 유사한 구조 반복 – 구비 전승을 쉽게 하고, 극적 흥미를 유발하여 연극적 효과를 높이기 위함

영감: 그럼 바로 대지.「난간 이마에 주게턱, 웅케눈에 개발코(빈대코), 머리칼은 다 모즈러진 빗자루 같고, 상통은 깨진 (먹 푸른) 바가지 같고, 한 손엔 부채 들고 또 한 손엔 방울 들고 키는 석 자 세 치 되는 할맘이올세.」 「 」: 과장을 통한 희화화, 비속어의 사용

▶ 영감이 악공에게 미얄의 모습을 설명함

악공: 옳지 그 할맘이로군. 바로 등 너머 굿하러 갔습네.

영감: 에에, 고놈의 할맘 항상 굿하러만 다녀.
미얄의 신분이 무당이므로 직업적으로 하던 일의 습관이 이어짐을 의미

악공: 할맘을 한번 불러 봅소.

영감: 여기 없는 할맘을 불러 무엇합나?

악공: 그런 것이 아니야. 한번 불러 봅세.

영감: 무슨 영문인지 알 수 없으나 하라는 대로 해 보지.「할맘!

악공: 너무 짧아 못쓰겠습네!

영감: 하알마암!

악공: 그건 길어 못 쓰겠습네.」 「 」: 대구와 과장을 통해 해학성을 유발함

영감: 그러면 어떻게 부르란 말입나?

악공: 전라도 제주 망막골에 산다니 시나위청으로 한번 불러 봅소.
악공이 관객들의 즐거움을 위해 노래 부르기를 요구함

영감: (시나위청으로)「절절 절시구 저저리 절절 절시구, 얼시구 절시구 지화자 절시구, 우리 할맘
흥을 돋우기 위한 여음. 구절과 문장의 반복으로 운율감을 형성함

어디를 갔나, 채석강 명월야에 이적선을 따라갔나, 적벽강 추야월에 소동파 따라갔나, 우리 할맘 찾으려고 일원산(一元山) · 이강경(李江景) · 삼부여(三扶餘) · 사법성(四法聖), 강산 천리를 다 다녀도 우리 할맘 보고지고, 칠년대한(七年大旱) 가뭄 날에 빗발같이 보고지고, 구 년 홍수(九年洪水) 대홍수에 햇발같이 보고지고, 우리 할맘 만나 보면 눈도 대고 코도 대고 입도 대고, 연적 같은 젖을 쥐고 신짝 같은 혀를 물고 건드러지게 놀겠구만.」어델 가고 날 찾을 줄 모르는가? (굿거리 곡으로 춤을 추면서 한쪽으로 가면 미얄이 다음과 같이 부르며 등장한다.)

채석강의 밝은 달밤

'강산 천리'와 같은 의미, 언어유희

칠 년 동안 계속되는 큰 가뭄에 반갑게 내리는 비처럼 보고 싶다는 의미

구 년 동안 계속되는 큰 홍수에 비치는 햇살같이 보고 싶다는 의미

「 」: 고사의 인용, 언어유희의 사용으로 미얄에 대한 영감의 애절한 그리움을 나타냄. 미얄과 유사한 대사를 사용하여 극적 흥미를 유발함

장면 전환이 자유로운 탈춤의 특성이 드러남

▶ 노래를 부르며 미얄을 애타게 찾는 영감

미얄: 절절 절시구 얼시구 절시구 지화자 좋네. 절절 절시구 거 누가 날 찾나? 날 찾을 이가 없건마는 누가 날 찾나?「이태백(李太白)이 술을 먹자구 날 찾나? 상산사호(商山四皓) 네 노인이 바둑 두자고 날 찾나? 수양산(首陽山) 백이숙제(伯夷叔齊) 채미(採薇)하자고 날 찾나?」

유사한 구절과 문장의 반복으로 운율감이 드러남

중국 진시황 때에 난리를 피하여 산시 성 상산에 들어가서 숨은 네 사람

주나라 무왕이 은나라를 멸망시키자 수양산에 들어가 고사리를 캐어 먹다가 굶어 죽음

「 」: 고사 인용과 동일 어구의 반복으로 운율감이 드러남

영감: (굿거리장단에 춤을 추며 다음과 같이 부르며 미얄 쪽으로 간다.) 절절 절시구 얼시구 절시구 지화자 절시구. 할맘 찾을 이 누가 있나. 할맘 할맘 내야 내야.

느린 4박자 장단

미얄: 이게 누구야 우리 영감이 아닌가. 아모리 보아도 우리 영감이 분명하구나. 지성이면 감천이라더니 이제야 우리 영감을 찾았구나. (노랫조로) 반갑도다 좋을시구! (춤을 추면서 영감에게 매달린다.)

자신의 지극한 정성 덕분에 영감을 만났다는 의미

노래와 춤이 어우러지는 탈춤의 종합 예술적인 특성이 드러남

▶ 영감과 미얄의 재회

영감: 여보게 할맘, 우리가 오래간만에 천우신조로 이렇게 반갑게 만났으니 얼싸안고 춤이나 추어 봄세. (노랫조로) 반갑고나 얼러 보세.

하늘이 돕고 신령이 도움. 또는 그런 일

중략 부분 줄거리 | 재회한 미얄과 영감은 서로 지내온 사연을 이야기하는데 영감은 땜장이로 팔도를 다니면서 연명했고, 미얄은 아들과 함께 지냈다고 한다.

영감:「너 오래간만에 만났으니 아해들 말이나 물어보자. 처음 난 문열이 그놈은 어떻게 자랐나?

미얄: 아이고 그놈의 말 맙소. 후유! (한숨 쉰다.)

영감: 웬 한숨만 쉬나 어떻게 되었나? 어서 말합세.

미얄: 아, 영감 하 빈곤하기에 산으로 나무하러 갔다가 호랑이에게 물려 갔다오.

미얄이 영감과 이별한 후 자식까지 잃고 힘들게 살아왔음을 알 수 있음

영감: 무어야, 인제는 자식도 죽이고 아무것도 볼 것이 없으니 너하고 나하고는 영영 헤어지고 말자.

미얄이 더 이상 아이를 낳을 수 없다는 말로, 영감이 첩을 얻는 이유에 해당함

▶ 자식의 죽음 때문에 미얄과 헤어지기를 요구하는 영감

미얄: 여보 영감, 오래간만에 만나서 어찌 그런 말을 합나.

영감: 듣기 싫다. 자식도 없는데 너와 나와 살 재미가 조금도 없지 않냐.

미얄: 이놈의 영감! 헤어질랴면 헤어집세.」

영감이 헤어지자는 말에 적극적으로 대응하는 미얄의 태도

「 」: 아들의 죽은 책임을 미얄에게 전가시키며 헤어지자고 말하는 영감의 태도에서 가부장적 횡포가 드러남. 미얄과 영감 사이에 갈등이 발생하고 있음

영감: 헤어지는 판에야 더 볼 것이 무엇이 있나. 네년의 행적을 덮어 둘 것 조금도 없다. 여봅쇼

당대 서민층의 언어인 비속어의 사용

여러분, 내 말 좀 들으시오. (객석을 향해서) 이년의 소행 말씀 좀 들어 보시오. 이년이 영감 공
영감이 관객들에게 말을 건넴. 민속극의 개방성이 드러남 / 이미 해놓은 일이나 짓 / 반어적 표현
경을 어떻게 잘하는지「하로는 앞집 덜풍네 며느리가 나들이를 왔다고 떡을 가지고 왔는데 그 떡을 가지고 영감 앞에 와서 이것 하나 잡수시오 하면 내가 먹고 싶어도 저를 먹일 것인데 이년이 그 떡 그릇은 손에다 쥐고 하는 말이, 영감 앞집 덜풍이네 나들이 떡을 가져온 것을 먹겠습나 안 먹겠습나? 안 먹겠으면 그만두지 하고 저 혼자 먹으니 대답할 사이가 어디 있습나.」
「」: 관객들에게 미얄이 영감을 제대로 공경하지 않았음을 우스꽝스럽게 이야기함으로써 해학성을 유발. 영감의 가부장적 사고가 드러남

미얄: (한편에 서 있던 용산 삼개 덜머리집을 가리키며) 이놈의 영감, 저렇게 고운 년을 얻어 두었으
현재의 서울 마포 / 영감의 젊은 첩. 젊음, 풍요로움, 생산성을 상징함
니까 나를 미워라고 흉만 내지 이별하면 같이 이별하고 미워하면 같이 미워하지. 이년 너하고 나하고 무슨 원수가 있길래 저놈의 영감을 환장을 시켰나. 네년 죽이고 나 죽으면 그만이다.
처첩 간의 갈등이 발생함
(달려들어 덜머리집을 때린다.)

덜머리집: 아이고, 사람 살리유. (운다.)

영감: (미얄을 때리면서) 너 이년, 용산 삼개 덜머리집이 무슨 죄가 있다고 때리느냐. 야 이 더러운
첩을 두둔하고 처를 멸시하며 때리는 영감의 모습에서 가부장적 횡포가 드러남
년아, 구린내 난다. 썩 물러 가거라.

미얄: 너는 저런 년에게 빠져서 이같이 나를 괄세하니 이제는 나도 너 같은 놈하고 살기가 싫다.
집안 살림에 쓰는 온갖 물건 / 괄시. 업신여겨 하찮게 대함
너하고 나하고 같이 번 세간이니 세간이나 똑같이 노나 가지고 헤어지자. 어서 노나 내라.
공동 재산 분배를 주장하는 미얄의 모습에서 조선 후기 여성들의 변화된 의식이 드러남 / ▶ 이별의 조건으로 세간의 공평분배를 요구하는 미얄

영감:「그래라 노느자. 물이 충충 수답이며 사래 찬 밭은 나 가지고,〈제비 같은 여종이며 날매 같은
물을 쉽게 댈 수 있는 논 / ① 이랑의 길이 ② 묘지기나 마름이 수고의 대가로 부쳐 먹는 논밭 / 공중에서 나는 날쌘 매
남종〉일랑 새끼 껴서 나 가지고, 황소 암소 새끼 나 가지고 곡식 안 되는 노리마당 모래밭대기
〈 〉: 날렵한 여자종과 남자종 / 농사가 잘 되지 않는 땅
너 가지고 숫쥐, 암쥐, 새앙쥐까지 너 가지고, 네년의 새끼 너 다 가져라.」
「」: 생산성이 풍부한 것들은 영감이 가지고 비생산적인 것만을 미얄에게 분배하는 영감의 이기적 태도에서 남성의 가부장적인 횡포가 드러남

미얄: 아이고, 아이고 설움이야. 나무라도 짝이 있고 나는 새와 기는 짐승 모두 다 짝이 있건만 우리 부부 헤어지자니 이게 모두 웬 말이야. 헤어질라면 헤어지자. (춤을 추면서) 저어절절시구 지
한풀이의 성격이 강하게 드러남
화자 절시구,「물이 충충 수답이며 사래 찬 밭도 너 가지고 제비 같은 여종과 날매 같은 남종도 새끼 껴서 너 가지고, 황소 암소 새끼 껴서 너 가지고, 곡식 안 되는 노리마당 모래밭대기 나를 주고, 숫쥐, 암쥐, 생쥐까지 나를 주고 네년의 새끼 너 다 가지라니,」이 늙은 할멈 혼자 벌어
「」: 공정하지 못한 재산 분배를 나열하여 영감의 횡포를 강조함 – 대구와 열거를 통한 리듬감 형성
먹기도 어려운데 새끼까지 나를 주니 어찌하여 살란 말인가. (엉엉 운다.)

영감: 그럼 조금 더 갈라 주마.

미얄: 내가 처음 시집올 때 우리 부부 화합하여 수명장수(壽命長壽)하겠다고 백 집을 돌고 돌아 깨
목숨이 길어 오래 삶 / 과장법
진 그릇 모으고 모아 불리고 또 불려서 일만 정성 다 들이며 맨들어다 놓은 요강과 도끼하골랑
도끼하고
은 나를 줍쇼.

평안남도에 있는 읍
영감: 앗다. 이년 욕심 봐라.「박천(博川) 두지 돈 삼만 냥 별은(別銀) 내 다 가지고 용장 봉장 궤 두지
뒤주. '뒤주'를 한자를 빌려서 쓴 말 / '황금'을 달리 이르는 말 / 용과 봉황을 새긴 옷장

자개 함롱 반닫이 샛별 같은 놋요강 놋대야 받쳐 나 가지고, 죽장망혜 헌 짚세기 만경 청풍 삿부채 이빨 빠진 고리짝 굴뚝 덮은 헌 삿갓 모두 너 가지고, 도끼날은 내가 갖고 도낏자룰랑은 너 가져라!」

자개로 장식을 한 큰 함처럼 생긴 농 / 대지팡이와 짚신 / '짚신'의 잘못 / 갈대 따위를 쪼개어 결어 만든 부채 / 아주 넓은 지면이나 수면에서 불어오는 맑은 바람 / 「 」: 미얄의 재산 분배 요구에 좋지 못한 것들만 미얄에게 주려는 영감의 횡포가 드러남

미얄: 이놈의 영감 욕심 보게. 박천 두지 돈 삼만 냥 별은 네 가지고, 용장 봉장 궤 두지 자개 함롱 반닫이 샛별 같은 놋요강 놋대야 받쳐 너 다 가지고, 죽장망혜 헌 짚세기 만경 청풍 삿부채 이빨 빠진 고리짝 굴뚝 덮은 헌 삿갓, 도낏자루 나를 주고 도끼날은 너 가지니 날 없는 도낏자루 가진들 무엇하리.「동지 선달 설한풍에 얼어 죽는 수밖에 없구나. 영감, 이렇게 여러 새끼를 다리고 나 혼자 몸뚱이로 어찌 산단 말입나. 좀 더 줍소.」

앞의 위쪽 절반이 문짝으로 되어 아래로 젖혀 여닫게 된, 궤 모양의 가구 / 눈 위로, 또는 눈이 내릴 때에 휘몰아치는 차고 매서운 바람 / 「 」: 동정(연민)에 호소하는 말하기

▶ 부당하게 재산을 분배하는 영감

영감: 너 그것 가지고 나가면 똑 굶어 죽기 좋을라.

미얄: 이봅소 영감. 어찌 그런 야속한 말을 합나. 어서 더 갈라 줍소.

영감: 야 이년 욕심 봐라. 똑같이 갈라 줍쇼? 에잇 이년, 다 부수고 말갔다.

적반하장(賊反荷杖)식의 말하기. 영감의 극단적 횡포가 드러남

덜머리집: (이때에 덜머리집이 앙큼하게 소리친다.) 영감, 내 말을 들어 보시오. 영감이 날 만날 적에 무어라고 하였소. 영감이 말하기를 아즉 미혼이며 순진한 노총각이라고 하며 논밭 열닷 섬지기 절반을 준다고 하고 살아오지 않았소. 오늘 보니 본처 할멈을 두고 산다 안 산다 하며 살림을 노느니, 나 주려던 논밭 열닷 섬지기 절반 나누어 주고 부수든지 말든지 합소.

덜머리집을 첩으로 얻기 위해 영감이 거짓말을 하고 재산을 준다고 꾀었음을 알 수 있음 / 덜머리집이 영감의 첩이 된 이유가 재물 때문임을 알 수 있음

미얄: 너 이년 무어야? 논밭 열닷 섬지기 절반을 너에게 달라구? 어림도 없다. 나 줄 것도 없는데 네년에게 주어? 네년 줄 것 하나도 없다. 영감! 저년에겐 논밭 열닷 섬지기 절반씩이나 준다고 하였지? 어서 내게 똑같이 갈라 줍소.

덜머리집에 대한 미얄의 질투가 드러남

영감:「야 이년 욕심 봐라. 너 줄 것 하나도 없다.

미얄: 무어야 줄 것이 없다구? 저년에겐 줄 것이 있구 나 줄 것은 없다구? 아이구 분해라 너 죽고 나 죽자. (하며 영감에게 달려든다.)

덜머리집: 영감, 어서 갈라 줍소.

영감: 너 줄 것도 하나두 없다.

덜머리집: 아이구, 분하구 원통해라. 지금까지 속아 살았구나, 영감 죽고 나 죽자. (하며 영감에게 달려든다.)」

「 」: 미얄과 덜머리집에게 나누어 줄 재산이 없다는 영감으로 인해 갈등이 고조됨. 재물에 대한 영감의 탐욕이 드러남

영감: (살짝 빠져서 한편 구석에 가 서 있다. 미얄과 덜머리집은 영감이 살짝 빠져나간 것도 모르고 서로 영감인 줄 알고 때리다가 미얄이 뒤로 쓰러진다.)

미얄과 덜머리집의 싸움은 늙음(비생산성, 황폐함)과 젊음(생산성, 풍요로움)의 대결을 상징하며 이 대결에서 미얄이 패하는 것은 농경 사회에서 생산성을 중시하는 의식과 관련이 있음

덜머리집: (미얄이 죽는 것을 보고 급히 도망쳐 퇴장한다.)

▶ 덜머리집과 다투다가 죽는 미얄

뒷부분 줄거리 | 영감은 미얄을 살리기 위해 온갖 약을 다 써 보지만 미얄은 살아나지 않는다. 결국 남강 노인이 등장하여 미얄을 극락 세계로 보내기 위해 무당을 불러 굿을 한다.

핵심 정리

- 갈래: 민속극(탈춤의 대본)
- 성격: 풍자적, 해학적, 서민적, 비판적, 골계적
- 구성: [전체] 전 7과장의 옴니버스식 구성
  [본문] '발단 – 전개 – 위기 – 절정 – 결말'의 5단 구성

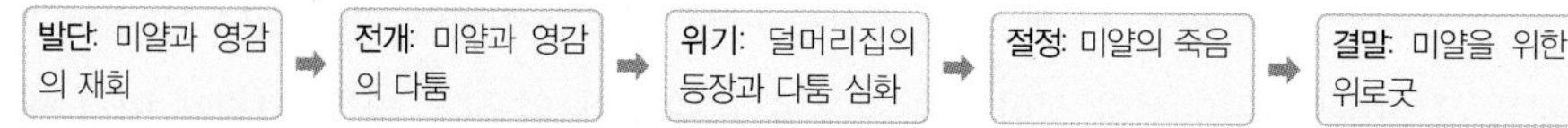

- 제재: 영감과 미얄, 덜머리집의 삼각관계와 미얄의 죽음
- 주제: ① 여성에 대한 가부장적 횡포 비판 ② 삶의 터전을 잃고 유랑하는 서민의 삶의 애환
- 특징: ① 언어유희, 과장과 희화화를 통해 부정적 대상을 풍자함
  ② 각 과장이 독립된 이야기로 이루어진 옴니버스식 구성임
  ③ 서민적 비속어와 한자어가 함께 나타나 이중적 언어 의식을 드러냄
- 인물 분석
  - 악공: 탈춤의 음악을 연주하는 사람. 극 중에 개입하여 사건을 진행시키고, 영감과 미얄의 재회를 매개함
  - 미얄: 무당. 사회와 남성의 횡포에 고통받던 당시 여성의 대변인임
  - 영감: 맷돌 수선장이. 땜장이. 부당하게 미얄에게 횡포를 가하는 가부장적 인물임
  - 덜머리집: 영감의 첩. 미얄과 영감의 갈등을 불러일으키는 인물임

한눈에 보기

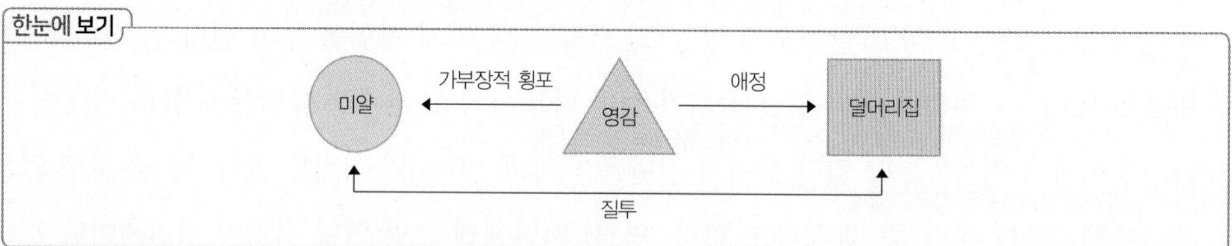

보충·심화 학습

- 〈봉산 탈춤 제7과장 미얄춤〉의 갈등 구조

① 인물과 인물의 갈등
- 미얄 ↔ 영감: 가부장적 사회에서의 남성과 여성 사이의 갈등
- 미얄 ↔ 덜머리집: 처첩 간의 갈등이자 늙음과 젊음 사이의 갈등[제의적(祭儀的) 성격]

② 인물과 사회의 갈등: 난리라는 사회적 시련과 미얄과 영감으로 대표되는 민중 사이의 갈등

필수 문제

01 이 글은 (　　　　　)와/과 과장을 통한 (　　　　　)(으)로 해학미를 드러낸다.

02 이 글에서 영감이 관객에게 말을 건네는 부분으로 탈춤의 개방성이 드러나는 문장 두 개를 찾아 쓰시오.

187 송파 산대놀이 | 작자 미상

필수

출제 포인트

서울 송파 지역에서 전승되던 가면극의 하나로, 당시 모순된 사회 현실에 대한 비판 의식이 잘 드러난 작품이다. 말뚝이의 역할을 중심으로, 이 작품의 주제 의식을 파악해 보자.

감상 길잡이

〈송파 산대놀이〉는 서울 송파 지역에서 전승되던 가면극의 하나로서, 산대도감(山臺都監: 산대놀이를 하는 사람들의 단체) 계통극 중부형의 한 분파이다. 〈송파 산대놀이〉는 모순된 체제를 옹호하는 유교와 불교를 모두 배척하고, 각성된 여성 의식과 새로운 가치관을 요구하는 민중 의식을 드러낸다. 제6과장에서 등장하는 '말뚝이'와 '쇠뚝이'는 조선 후기 서민의 전형적인 인물들로, 조선 후기 양반 지배층의 생활과 의식을 가까이에서 경험하여 그들의 약점을 훤히 알고 있었던 부류이다. 이들은 서민의 애환을 몸소 체험하고 그것을 대변하는 역할을 하면서, 양반들을 신랄하게 풍자하고 있다.

〈제6과장 샌님 – 제1경 의막 사령(依幕使令) 놀이〉

(의막 사령: 임시 거처를 준비하는 심부름꾼)

말뚝이가 굿거리장단에 맞춰 팔소매 있는 검정 등거리를 입고 채찍을 들고 앞장서서 뒷걸음으로 나오고, 그 뒤 정자관을 쓴 언챙이 샌님, 갓을 쓴 서방님, 복건을 쓴 도련님 순으로 양반 까치걸음으로 나온다. 마당을 한 바퀴 돌며 말뚝이가 "샌님! 샌님! 허허! 샌님!" 하고 굿거리에 맞춰 부르면서 돌다가 양반 셋이 잽이 반대편에 자리 잡고 서서 부채질하며 중앙으로 춤추며 나온다.

(등거리: 등만 걸쳐 입게 만든 홑옷 / 정자관: 선비들이 평상시에 쓰던 말총으로 만든 관 / 복건: 도복에 갖추어 머리에 쓰던 건 / 언챙이 샌님, ~ 나온다: 언청이와 까치걸음을 통해서 양반을 희화화하여 조롱의 대상으로 만듦 / 잽이: 재비. 국악에서, 악기를 연주하거나 노래를 부르거나 춤을 추는 기능자)

샌님: 말뚝아, 말뚝아, 야! 이놈 말뚝아 —! (말뚝이는 알아듣고도 들은 척도 안하다가 샌님 옆에 다가가서)

(말뚝이는 ~ 안하다가: 양반에 대한 반감과 무시가 드러남)

말뚝이: 에 — 잇, (장단이 멈춘다.) 말뚝이 대령이오! (채찍을 양손에 잡고 고개를 숙였다 쳐들며 대답한다.)

샌님: 야라야히, 듣거라! 날이 저물었으니 사처를 하나 정해라!

(사처: 손님이 길을 가다가 묵는 숙소)

말뚝이: 에 — 잇, 사처를 하나 정하랍신다.

(채찍을 어깨에 메고 빈정대는 투로 말하며 앞쪽으로 걸어 나오면서)

「제기럴 우리 집 샌님인지, 댄님인지, 졸님인지 하는 저런 녀석이 (힐끗 쳐다보며) 날 부르기를 말뚝아, 꼴뚝아, 메뚝아, 깍뚝아 하고, 오뉴월 장마통에 나막신 찾듯이 막 불러 제끼더니만, 겨우 사처를 하나 정하라구?」(채찍을 내려 흔들며) 하기야 장님이 개천 나무라 소용 있나? 내가 제 집에서 종노릇 해 먹고 사는 형편이니 사처를 하나 정하는 수밖에 없지. 내 그럼 사처를 하나 정하는데!

(샌님인지, 댄님인지, 졸님인지: 음의 유사성을 이용한 언어유희 / 「 」: 양반에 대한 반감과 조롱이 드러남 / 장님이 ~ 있나?: 종이라는 스스로의 처지에 대한 체념)

(불림으로) 나비야 나비야 청산 가자 호랑나비야 너도 가자, 얼싸 절싸, 얼싸 절싸!
춤에 필요한 장단을 악사에게 청하는 노래. 또는 그때 추는 춤
(채찍 중간을 잡고 앞으로 냈다 당겼다 하며 불림을 하고 몸을 좌우로 비껴 뛰며 말뚝이 춤을 추다가 샌님 앞으로 여닫이로 가서 팔 어깨 위로 넘기고 고갯짓을 하다가 양반 둘레를 한 바퀴 돌아 나와 반대편으로 가서 두 손을 입에 대고 의막 사령을 부른다.)
탈춤 춤사위의 하나. 양팔을 머리 위로 올렸다가 양옆으로 펴는 동작을 되풀이하며 전진함
▶ 샌님이 말뚝이에게 사처를 정할 것을 명함

말뚝이: 의막 사령! (장단이 멈춘다.) 의막 사령!
막사에서 심부름하는 사람으로, 쇠뚝이를 가리킴 / 짧은 장삼 / 고의춤. 고의나 바지의 허리를 접어 여민 사이

쇠뚝이: 어떤 제미럴 놈이 날 불러. (반장삼을 입고 괴춤을 넣으며 하품을 하며, 기지개 켜며 등장한다.)
욕설, 비속어의 사용 – 주요 향유층이 서민층이었음을 드러냄

중략 부분 줄거리 | 말뚝이가 쇠뚝이에게 안부를 물으며 서로 말장난을 한다.

쇠뚝이: 여보게 농담은 그만두고 대체 무슨 일로 날 찾아왔나?

말뚝이: 자네한테 청이 하나 있어 찾아왔네.
부탁

쇠뚝이: 무슨 청인가? 뭐 달라는 소리만 말라고. 다 들어줌세.

말뚝이: 여보게 이리 좀 와 보게. (쇠뚝이를 끌어 상전을 가리키며)「저 건너편의 저것들을 좀 보게. 저것들이 우리 집 상전일세. 저기 윗입술이 쭉 째진 게 우리 집 샌님이고(샌님이 못마땅하다는 듯이 부채를 몹시 흔든다.), 그 다음 물건이 서방님이고, 끝에서 깝쭉깝쭉 까부는 게 우리 집 도련님일세. (역시 도련님이 부채질한다.)」그런데 저것들이 송파 산대놀이 구경을 왔다가 날은 저물고 의지할 곳이 없어 사처를 하나 정하랍시는데 내가 이 근처에서 다정한 친구라야 자네밖에 더 있나?
양반들을 가리킴. 비하적 표현 / 예전에 종이 그 주인을 이르던 말 / 언청이 / 양반에 대한 비하 / 양반에 대한 조롱 / 「 」: 양반에 대한 무시와 조롱이 드러남 / 탈춤의 현장성 – 실제 탈춤이 벌어지는 장소를 극의 배경으로 함

쇠뚝이: 그야 그렇지!

말뚝이: 그러니 사처를 하나 정해 주게.
▶ 말뚝이가 쇠뚝이에게 사처를 정해 달라고 부탁함

쇠뚝이: 오랜만에 다정한 친구가 찾아와서 부탁하는데 안 들어 줄 수 있나? 그럼 내 사처를 하나 정해 봄세! (불림으로) 왼초 반초 반반초 (둘이 대무를 하다가 쇠뚝이가 퇴장을 하니 말뚝이 혼자 추다가 쇠뚝이가 등장하면)
마주 서서 춤을 춤

말뚝이: 쉬 — 이! 그래 사처를 정했는가?

쇠뚝이: 암, 정했지.

말뚝이: 어따 정했나?

쇠뚝이: 저 고개 너머 양지바른 곳에 자좌우향으로 좌청룡 우백호한 명당 자리가 있어 터를 널찍이 잡아 놓고…… 여보게, 잠깐만. (한쪽으로 데리고 가서 귀에 대고 소근거리며 말뚝 박는 시늉, 깃 넣는 시늉, 문 여는 시늉을 하니 말뚝이도 따라서 한다. 이때 ㉠도련님은 샌님, 서방님을 건들며
명당의 요건 – 쇠뚝이의 너스레 / 돼지우리를 양반의 사처로 정해 양반을 골탕 먹이려고 함

수염도 잡아당기고 장난을 치다가 부채로 얻어맞는다.)
양반의 모습을 경박하게 표현하여 희화화함

말뚝이: 아하하하 — 수고했네.

▶ 쇠뚝이가 사처를 정함

뒷부분 줄거리 | 말뚝이는 쇠뚝이가 정해 준 사처인 돼지우리로 양반을 인도하는데, 양반은 사처가 돼지우리인 것을 알고도 아무렇지 않게 말뚝이와 어울려 춤을 춘다.

핵심 정리

- 갈래: 민속극(탈춤의 대본)
- 성격: 민중적, 비판적, 오락적, 유희적
- 구성: [전체] 전 7과장의 옴니버스식 구성 [본문] '기 – 승 – 전 – 결' 의 4단 구성

기: 양반 삼 형제가 말뚝이에게 사처를 정할 것을 명령함	➡	승: 말뚝이가 쇠뚝이에게 사처를 부탁함	➡	전: 쇠뚝이가 돼지우리를 사처로 정함	➡	결: 양반과 말뚝이가 어울려 춤을 춤

- 제재: 서민과 양반의 관계
- 주제: 양반에 대한 서민들의 조롱과 풍자
- 특징: ① 지배층에 대한 조롱과 풍자가 나타남
  ② 당시 사회의 모순적인 면모를 적나라하게 반영함
- 인물 분석
  - 말뚝이: 양반들의 하인. 양반을 조롱하고 희화화하여 그들의 무능을 폭로하고 풍자하는 서민 의식의 대변자임
  - 쇠뚝이: 말뚝이의 친구이자 의막 사령. 말뚝이와 함께 양반들을 골탕 먹이는 인물임
  - 양반들: 무능하고 어리석은 양반들. 신분적 기득권을 유지하려 하는 인물들로, 조롱의 대상으로 희화화됨

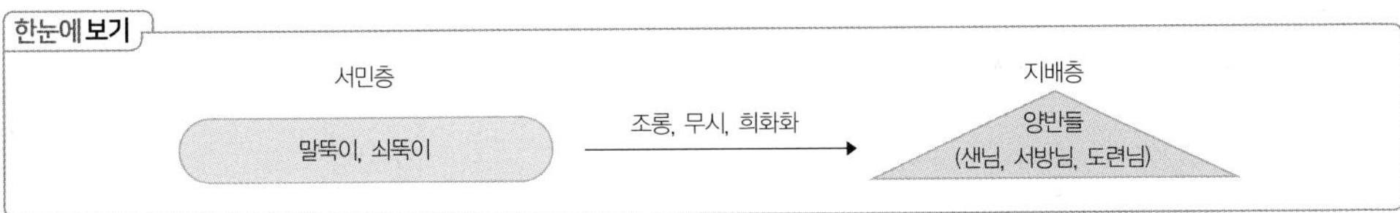

보충·심화 학습

- 〈송파 산대놀이〉의 전체 구성
  - 제1과장 상좌춤 마당
  - 제2과장 옴중 마당
  - 제3과장 연잎, 눈끔적이 마당
  - 제4과장 팔먹중 마당(제1경 북놀이, 제2경 곤장놀이, 제3경 침놀이)
  - 제5과장 노장 마당(제1경 파계승놀이, 제2경 신장수놀이, 제3경 취발이놀이)
  - 제6과장 샌님 마당(제1경 의막 사령 놀이, 제2경 샌님, 미얄할미놀이, 제3경 샌님, 포도부장놀이)
  - 제7과장 신할아비, 신할미 마당

필수 문제

01 이 글에서 (   )은/는 양반인 '샌님'을 골려 주며, (   )들의 불만을 표현하고, (   ) 간의 갈등을 풍자하고 있다.

02 [서술형] 양반의 행동을 ㉠과 같이 표현한 의도를 40자 이내로 서술하시오.

188 양주 별산대(楊州別山臺)놀이 | 작자 미상

교과서 EBS

장면 1

출제 포인트

소무를 둘러싼 취발이와 노장의 싸움을 통해 파계승을 풍자하고 있는 전통극으로, 인물과 사건의 상징성에 주목하여 살펴보자.

감상 길잡이

이 글은 서울 경기 지방에서 연희되던 산대도감(山臺都監: 산대놀이를 하는 사람들의 단체) 계통극의 하나로, 전체 8개 과장으로 이루어져 있다. 본문은 〈제6과장 제3경 취발이 놀이〉로, '취발이'가 등장하여 타락한 파계승을 풍자한다. 극 중에서 취발이는 '노장'에게서 '소무' 한 명을 빼앗는데, 이는 늙음과 젊음의 대결에서 젊음의 승리를 상징한다. 또한, 모의적인 성행위와 출산 장면에서는 자연의 풍요를 비는 제의적(祭儀的) 성격을 드러낸다.

〈제6과장 노장 – 제3경 취발이 놀이〉

취발이: (귀룽가지 꺾어 들고 장중에 등장하여 출입구에서 5, 6보 걸어와 선다.) 예이 네 — 밀헐 놈의 데를 나오니깐 괴상한 내가 난다. 상내가 코를 쿡쿡 찔르니 이게 웬 상내야. 워려, 이이익!

(장: 탈놀이에서, 현대극의 막이나 판소리의 마당에 해당하는 말 / 장중: 놀이가 벌어지고 있는 곳 / 네 — 밀헐 놈의 데: 욕설, 비속어 사용 – 탈춤의 특징. 주요 향유층이 서민층이었음을 드러냄 / 내: 냄새 / 상내: 암컷의 몸에서 나는 냄새)

노장: (취발이 앞으로 걸어 나와서 부채를 홱 편다.)

취발이: 「(놀라서 물러서면서) 네밀헐 것 술 서너 잔 먹어 얼굴이 지지버얼거니깐두루 상봉 독수리가 꾸미 자반인 줄 알구 훅훅 넘나들구 이거 까딱하다간 얼굴 잃어버리겠다. (사방을 기웃기웃하면서 독수리를 쫓는다. 노장 앞에 가서) 오려 — 이 — 익!」

(지지버얼거니깐두루: 벌거니까 / 꾸미 자반: 고기 자반 / 까딱하다간 얼굴 잃어버리겠다: 독수리에게 얼굴을 먹히겠다는 의미 / 「 」: 노장의 부채를 독수리로 오해함)

노장: (부채를 다시 홱 편다.)

취발이: 솔개미 겉으믄 벌써 달아났을 텐데 이게 무슨 괴상한 일은 착실히 났구나. (손을 이마에 대고 노장 근처에 가서 바라본다.)「허허허 얘 네밀붙을, 절간 중님이 인가에 내려와서 계집 하나도 아닌데 계집 둘씩 데불고 농창치구 이런 허무헌 세상 봐라. 이놈아 저거 네가 될 일이냐.」

(솔개미: 솔개. 수릿과의 새 / 중님: 중놈 / 데불고: 데리고 / 농창치구: 농탕. 남녀가 음탕한 소리와 난잡한 행동으로 놀아 대는 짓 / 「 」: 여색을 탐하는 파계승에 대한 풍자)

노장: (부채를 홱 펴서 소무를 가려 준다.)

(소무: 젊은 여자)

취발이: 아 이놈아 날보구 내우시켜.

(내우: 내외. 남녀 사이에 서로 얼굴을 마주 대하지 않고 피함)

노장: (소무의 손으로 자기 배를 문지르게 한다.)

취발이: 이놈아 거위배 앓느냐, 네밀할 놈의 배를 문지르게. 얘 네겐 그게 다 당찮다. 승속이 가이(可異)어든 중놈이 절간에서 천수천원 관자재보살(觀自在菩薩) 광대음마 대다라니나 부르고 있지, 인가에 내려와서 네가 계집 데리고 농탕치니 저거 될 일이냐. 저놈을 어떻걸까 네겐 당찮아. (노랫조로)

(거위배: 회충으로 인한 배앓이 / 당찮다: 마땅치 않다. 못마땅하다 / 승속이 가이(可異)어든: 중과 속인이 다르거늘 / 천수천원 관자재보살(觀自在菩薩) 광대음마 대다라니: 천수천안 관자재보살 광대원만 대다라니 – 천수경의 구절 / 어떻걸까: 어떡할까)

「나비야 청산 가자.
호랑나비 나(너)두 가자.

(나비: 좌측 소무를 가리킴 / 호랑나비: 우측 소무를 가리킴)

구시월 세(새)단풍에

된서리 맞아 낙엽져……

연한 묻둥데미를 붕부나무를 들어가거니와 네가 당하냐. 너하고 나하골랑은 만첩청산 깁숙헌 굴속에 들어가 둘이 눈깔이 부옝두룩 서로 치기나 하다가 한 세상 보내자.」

「 」: 취발이가 노장에게 소무들을 데리고 청산에 들어가 펴지게 놀아 보자고 제의함

노장: (싫다는 몸짓을 한다.)

▶ 취발이가 타락한 노장에게 시비를 겖

취발이: 아 그건 싫여 저런 안갑을 할 놈을 보게. 저놈 어떻걸까. 저놈을 금강산으로 놀리나 소상 번죽(瀟湘斑竹)으로 놀리나. (불림으로) 소상 번죽 열두 매디 후르쳐 잡고서…… (춤을 춘다.)

소상 반죽. 중국의 대나무 / 싸움을 하자는 의미 / 마디 / 춤에 필요한 장단을 악사에게 청하는 노래. 또는 그때 추는 춤

노장: (타령조에 맞추어 취발이와 맞춤을 춘다. 취발이 허리잡이 춤을 추는데 노장은 부채로 취발이를 후려친다.)

취발이: 아 얘 딴은 중놈이 억세기는 억세다. 그러니깐두루 계집 둘씩 데리고 놀지, 그렇잖음 제가 계집 하나도 어려운데 참 억세다. 이눔 내 너한테 한 번 맞기는 맞았다마는 참새가 죽어도 짹 한다구 한번 해 보자.

유사 속담: 지렁이도 밟으면 꿈틀한다

노장: (장삼을 벗어 뒤에다 찬다.)

중의 웃옷

취발이: 아이구 저놈 보게 날 잡아먹을려나. 나를 때리고 쫓더니 벗어. 에라 이눔 너두 벗으니 나도 벗어 보겄다. (창옷을 벗어 땅에다 놓고서) 이눔 마산(馬山)이 무너지나 평택(平澤)이 깨지나 어디 해 보자. 참새가 죽어도 짹 한다구 내 이놈 너한테 한 번 맞구 쫓겨갈 리가 있느냐. ㉠(관중을 향하여) 여보 여러분 구경허신 손님네 여기서 몸 조심허는 이는 피허우. 여기서 깨딱허믄 살인나오. (불림으로) 녹수청산(綠水青山) 깊은 골에 청황룡(青黃龍)이 꿈트러지구서…… (춤을 춘다.)

예전에, 중치막 밑에 입던 웃옷의 하나 / 경남 마산 / 경기 평택 / 탈춤의 개방성. 관객과의 소통과 관객의 극 중 개입 가능

노장: (취발이와 맞서 같이 깨끼리춤을 춘다.)

오른다리와 왼다리를 번갈아 가며 'ㄱ' 자로 들고 손동작을 하며 추는 춤

취발이: (노장 옆으로 가서 등을 탁 치니)

노장: (소무 가랑이 밑으로 쑥 들어간다.)

취발이에게 한 대 맞은 노장이 도망감

취발이: 옳다. 제밀헐 놈이 한 번 맞드니 아주 거거무신이로구나. 저거 둘 다 내 계집이 되고 말았다. 절수 절수…… (하며 춤을 추며 한쪽 팔을 어깨에다 메고 들어가니)

취발이의 승리

노장: (소무 가랑이 밑에서 고개를 쑥 내민다.)

취발이: (깜짝 놀라 돌아선다.) 이거 무슨 짓이요. 산중 짐승이 점잖은 짐승이 이 부정한 인간엘 뭘 하러 나왔단 말이요, 돌아가시지요. 쉬이 쉬이 쉬이.

노장을 가리킴. 언어유희 / 반어법 / 속세

노장: (소무 가랑이 사이로 들어갔다가 다시 고개를 내민다.)

취발이: 저게 저하고 나하고 노자네. 저런 안갑을 할 놈. 쉬이 쉬이 쉬이…… (들었던 나뭇가지로

놀자네

땅을 친다.)

노장: (드디어 소무 하나를 데리고 퇴장한다.)
노장이 싸움에 져 달아남

▶ 취발이가 노장과의 싸움에서 이김

뒷부분 줄거리 | 취발이는 노장에게서 소무 하나를 빼앗아 살림을 차린 뒤 아들을 낳고 글을 가르친다.

◐ 〈제3경 취발이놀이〉의 한 장면

핵심 정리

- 갈래: 민속극(탈춤의 대본)
- 성격: 풍자적, 해학적, 골계적
- 구성: [전체] 전 8과장의 옴니버스 구성 [본문] '기 – 승 – 전 – 결'의 4단 구성

기: 취발이가 소무와 놀아나는 노장에게 시비를 걺	➡	승: 취발이와 노장이 싸움	➡	전: 노장이 달아나고 취발이가 소무 하나를 차지함	➡	결: 취발이와 소무가 아이를 낳고 글을 가르침

- 제재: 소무를 둘러싼 취발이와 노장의 대립
- 주제: ① 파계승에 대한 조롱과 비판 ② 젊음과 늙음의 대립에서의 젊음의 승리
- 특징: ① 과장되고 익살스러운 표현, 노골적인 대사, 풍자와 해학으로 서민 의식을 표현함
  ② 다산과 풍요를 비는 제의적(祭儀的) 성격을 지님
- 인물 분석
  - 취발이: 노총각. 노장을 풍자하는 인물로, 젊음을 상징함
  - 노장: 파계승. 소무 둘을 데리고 음탕한 짓을 하는 풍자의 대상으로, 늙음을 상징함

한눈에 보기

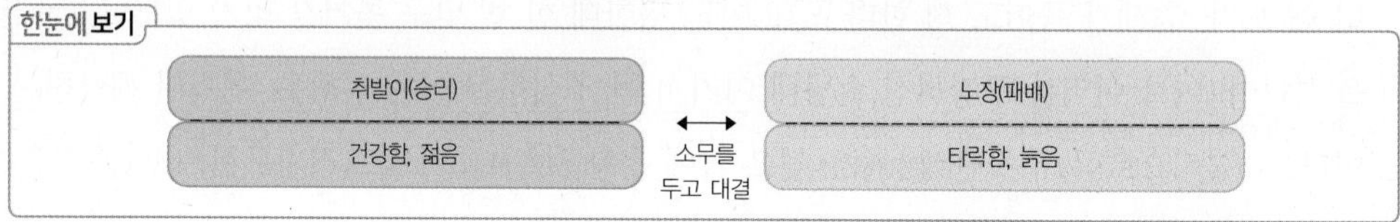

보충·심화 학습

- 〈양주 별산대놀이〉의 유래

산대놀이는 서울 · 경기 지역을 중심으로 우리나라 중부 지방에 전승되어 오는 탈놀음을 말한다. 서울의 애오개(지금의 아현동), 송파, 녹번, 사직골, 구파발 등지의 산대를 본산대(本山臺)라고 하며, 양주의 탈놀음을 별산대(別山臺)라 부른다. 원래 양주에서는 4월 초파일과 5월 단오 때에 한양 사직골의 '딱딱이패'를 불러 산대놀이를 하게 하였다. 하지만 그들이 지방 순례를 이유로 약속을 어기는 일이 잦아지자, 관아의 아전들이 중심이 되어 '딱딱이패'의 놀이를 본떠 가면과 의상을 제작하였다. 그리고 직접 공연을 해 본 결과, 반응이 좋아 그때부터 계속 이어져 온 것이 오늘날의 양주 별산대놀이인 것이다.

필수 문제

01 '취발이'와 '노장'의 싸움에서 '취발이'의 승리는 (　　　　)와/과 (　　　　)의 대결에서 (　　　　)의 승리를 상징한다.

02 ㉠에서 나타나는 탈춤의 특징을 쓰시오.

장면 2

출제 포인트

양반의 횡포와 무능을 폭로 · 풍자한 민속극으로, 조선 후기 변화된 사회상과 지배층에 대한 서민들의 비판 의식에 주목하여 살펴보자.

감상 길잡이

이 글은 산대도감(山臺都監: 산대놀이를 하는 사람들의 단체) 계통극의 하나로, 그 주제는 크게 파계승과 양반, 서민의 생활상을 보여 주는 놀이로 나뉜다. 본문은 〈제7과장 제1경 의막 사령 놀이〉로 말뚝이가 샌님을 데리고 나와 친구 쇠뚝이와 함께 양반의 횡포와 무능을 폭로 · 풍자하는 장면이다. 샌님에 대한 말뚝이와 쇠뚝이의 공격을 통해 조선 후기 변화된 사회상과 지배층에 대한 서민들의 비판 의식을 표현하고 있다.

임시 거처를 준비하는 사령(심부름꾼)

〈제7과장 샌님 춤 – 제1경 의막 사령 놀이〉

탈놀이에서, 현대극의 막이나 판소리의 마당에 해당하는 말

말뚝이가 샌님, 서방님, 도련님을 모시고 등장한다. 샌님은 붉은 탈을 쓰고 도포를 입었으며, 손에는 꽃무늬 부채를 들고 머리에는 검은 베로 만든 유건을 썼다. 서방님은 흰 탈을 쓰고 도포를 입었으며, 역시 꽃무늬 부채를 들고 머리에는 관을 썼다. 도령님은 흰 탈을 쓰고 어린아이들이 명절에 입는 전복을 입고 손에는 꽃무늬 부채를 들었다. 말뚝이는 패랭이를 쓰고 대나무로 만든 채찍을 들었다. 이때 취발이는 양반들이 임시로 거처할 곳을 준비하는 의막 사령인 쇠뚝이 역할을 한다.

말뚝이와 양반 일행이 과거를 보러 가던 중 양주 땅에서 해가 넘어가는 줄도 모르고 산대 탈놀이를 구경하다가, 객지에서 거처할 곳을 구하지 못하였다.

말뚝이: 너 여기서 만나 보기를 천만다행이다.

샌님을 모시는 하인. 쇠뚝이와 함께 양반의 허위를 조롱하는 인물

쇠뚝이: 그래, 요사이 옹색한 일이 있구나?

'생각이 막혀서 답답하고 옹졸한'의 뜻으로 문맥적으로는 '어려운, 곤란한'의 의미임

말뚝이:「내가 다름 아니라 우리 댁 샌님, 서방님, 도련님을 모시고〈과거를 보러 가는데 산대굿 구경을 하다가 해 가는 줄 모르고 있다가 의막을 못 정했다우.〉」

비판의 대상인 양반 계층 / 〈 〉: 극 중 장소와 공연 장소의 일치 – 탈춤의 특징(현장성) / 「 」: 처한 상황을 요약적으로 제시

거문고, 가야금, 향비파의 세 가지 현악기를 통틀어 이름

쇠뚝이: 염려 마라, 정해 주마.「(삼현을 청하여 까끼걸음으로 장내를 돌다가 의막을 정하여 놓고서 말뚝이의 얼굴을 탁 친다.」 삼현 중지.) 애! 의막을 정해 놓고 왔다. 혹시 그놈들이 담배질을 하더라도 아래윗간은 분명해야 하지 않겠느냐!

깨끼춤. 서울 지방의 대표적인 춤으로 날카롭고 깊이 있는 격식의 멋을 부리는 것이 특징임. 장면을 전환하고 이야기를 전개하는 역할을 함 / 「 」: 특별한 무대 장치가 없음을 드러냄 / 담배를 피울 때에도 엄격하게 신분을 따지는 양반들의 행태를 비꼼

말뚝이: 영락없지! / 쇠뚝이:「그래서 말뚝을 빵빵 돌려서 박고 띠를 두르고 문은 하늘로 냈다.

조금도 틀리지 아니하고 꼭 들어맞지 / 돼지우리를 의막으로 정함 – 양반들을 돼지로 취급하며 조롱함

말뚝이: 그것 고래당 같은 기와집이로구나. / 쇠뚝이: 영락없지.

능청스러운 맞장구 – 반어법

말뚝이: 그 집을 들어가자면 물구나무를 서야겠구나. / 쇠뚝이: 영락없지.

두 손을 땅에 붙이고 돼지처럼 기어서 들어가야 한다는 의미 – 양반을 돼지에 빗대 조롱함

말뚝이: 애! 너하고 나하고 사귄 것이 불찰이지. 우리 댁 샌님을 들어 모시자.」

조심해서 잘 살피지 아니한 탓으로 생긴 잘못 / 「 」: 당대 지배 계층인 양반을 돼지에 빗대어 조롱함 – 서민의 양반 계층에 대한 비판 의식을 드러냄

쇠뚝이: 내야 무슨 상관있느냐. 대관절 너는 그 댁에 무어냐?

말뚝이: 나는 그 댁에 청직(廳直)일세.

청지기. 양반집에서 잡일을 맡아보거나 시중을 들던 사람

쇠뚝이: 청직이면 팽양이 갓을 써?

조선 시대에 역졸, 보부상 같은 신분이 낮은 사람이 쓰던 패랭이

말뚝이: 「청직이가 아니라 겸노(兼奴)일세.」 「 」: '청직'이 곧 '겸노'이므로, 언어유희에 해당함
종은 아니나 가난하여 종이 해야 할 일까지 다 겸하여 하던 일. 또는 그런 사람

쇠뚝이: 옳겠다. 그러면 그 양반들이 어데 있느냐?

말뚝이: 저기들 있으니 들어 모시자. (타령조. 까끼걸음으로 샌님 일행을 돼지 몰아넣듯 채찍질을 하면서 "두두." 한다. 삼현 중지.) ▶ 쇠뚝이가 말뚝이를 대신하여 의막을 정하고 양반을 의막으로 모심
재담과 함께 음악과 춤이 결합된 종합 예술적 성격 / 양반에 대한 조롱으로 양반을 돼지로 취급하여 모는 시늉을 함 / 대화나 상황이 전환됨을 알림(춤과 행동 → 새로운 대화)

샌님: 말뚝아! / 말뚝이: 네 — 이!

샌님: 이 의막을 누가 정했느냐?
샌님은 쇠뚝이가 의막을 돼지우리로 정하여 조롱하려는 의도를 파악하지 못하고 의막에 만족해함 - 상황 판단력이 떨어짐

말뚝이: 아는 친구 쇠뚝이가 정해 주었소. (쇠뚝이 앞에 가서) 얘! 우리 댁 샌님이 이 의막을 누가 정했느냐 하기에 네가 정해 주었다고 했다. 그러하니 우리 댁 샌님을 한번 뵈어라.
샌님이 쇠뚝이가 의막을 정해 준 것에 대해 인사를 하기 위해 말뚝이를 시켜 쇠뚝이를 부름

쇠뚝이: 내가 그러한 양반을 왜 뵈느냐?

말뚝이: 너 그렇지 않다. 「이다음 우리 댁 샌님이 벼슬하면, 너 괜찮다! 혹시 청편지(請片紙) 한 장 쓰더라도 괜찮다.」
어떤 일을 하는 데에 권세 있는 사람에게 부탁하여 그 힘을 빌리는 청질로 하는 편지. 또는 남의 청질을 맡아서 대신 내는 편지
「 」: 조선 후기 양반들의 부정부패한 모습 → 권력을 남용하는 사회상을 반영함

쇠뚝이: 그러면 네 말대로 뵙고 오마. 쳐라! (양반 일행을 뵈러 간다. 까끼걸음으로 샌님 일행의 앞뒤를 보고서 말뚝이 앞에 와서 얼굴을 탁 친다. 삼현 중지.) ▶ 말뚝이의 말에 따라 쇠뚝이가 양반을 뵈러 감
악공에게 장단을 치라는 말

말뚝이: 뵙고 왔느냐?

쇠뚝이: 내가 샌님 일행을 뵈니 그게 무슨 양반의 자식들이냐, 한량의 자식들이지.
양반에 대한 조롱, 비판 - 조선 후기 양반의 권위가 약해져 신분 질서가 무너지고 있음을 드러냄

말뚝이: 그렇지 않다. 분명한 양반이시다.

쇠뚝이: 내가 뵈니 샌님이란 작자는 도포는 입었으나 전대(戰帶)띠를 매고 두부 보자기를 쓰고 화선(花扇)을 들었으니 그게 무슨 양반의 자식이냐? 바닥의 아들놈이지.
구식 군복에 띠던 남색 띠 / 꽃이 그려진 부채
샌님을 양반이 아니라고 말하는 근거(양반의 신분에 걸맞지 않은 차림을 함 → 억지로 의관을 차리기는 했지만 하층민의 복색을 섞어서 입음)
양반에 대한 조롱

말뚝이: 얘! 그렇지 않다. 「그 댁이 빈난(貧難)해서 세물전(貰物廛)에서 의복을 세를 내 얻어 입고 와서 구색이 맞지 않아 그러하다!」 ▶ 샌님을 보고 온 쇠뚝이가 양반을 조롱함
가난하여 살기가 어려워서 / 예전에, 일정한 삯을 받고 혼인이나 장사 때에 쓰는 물건을 빌려 주던 가게
「 」: 몰락한 양반의 구차한 모습 → 양반의 경제적 무능력 비판

중략 부분 줄거리 | 의막으로 찾아가서 양반들에게 인사한 쇠뚝이는 양반답지 않은 양반들의 모습에 반감을 드러내며 말뚝이와 짜고 양반들을 노골적으로 조롱한다.

샌님: 여봐라! 이놈.
양반이 쇠뚝이에게 비속어를 사용하여 고압적인 태도로 말을 건넴

쇠뚝이: 누가 나를 보고 이놈이라고 해? 나도 이름이 분명한데.
양반이 자신을 하대하는 것에 대해 직접적으로 대들며 반감을 드러냄

샌님: 그래, 네 이름이 있으면 무어란 말이냐?

쇠뚝이: 샌님이 부르시기에 적당하오.

샌님: 적당하면 뭐란 말이냐?

쇠뚝이: 아당 아 자(字), 번개 번 자요.
① 언어적 기지를 발휘하여 자신을 아번(아버지)이라고 부르도록 유도하여 양반을 조롱하려는 의도 - 음의 유사성을 이용한 언어유희
② 아첨을 능란하게 하는 인물이라는 비유적 의미

샌님: 그놈의 이름 괭괭하구나.

쇠뚝이: 한번 불러 봐요. / 샌님: 아 자 번 자야!
하인의 친구에게 아번(아버지)이라고 부르게 되어 이를 피하려고 애를 씀

쇠뚝이: 아 자 번 자가 세상에 어디 있소. 샌님도 글을 배우셨으니 붙여서 불러 보시오. 하늘 천(天) 따 지(地) 그러질 말고서 '천지현황(天地玄黃)' 하고 붙여서 불러 보시오.
샌님에게 아번(아버지)이라고 부르게 하려고 상황을 몰아감 – 양반에 대한 조롱
'아 자 번 자'로 하지 말고 '아번' 즉 '아버지'라고 부르라고 채근함

샌님: 아! 아! 아! 아!
쇠뚝이가 원하는 대로 부르는 것을 망설임

쇠뚝이: 샌님도 지랄하네. 누가 자리개미를 물었소? 어서 불러 봐요.
양반을 직설적으로 조롱하며 비판함 조선 시대에, 포도청에서 죄인의 목을 졸라 죽이던 일

샌님: (할 수 없이 불러 본다.) 아 — 번! / 말뚝이: 오! 잘 있었더냐?
쇠뚝이가 시킨 대로 말한 샌님을 말뚝이가 조롱함

▶ 쇠뚝이가 양반을 조롱함

샌님: 으흐흑. (쓴웃음) 남의 종 쇠뚝이는 허(許)하고 사(赦)하고 내 종 말뚝이를 잡아들여라!
쇠뚝이에게 당하여 분노함 지은 죄나 허물을 용서하고
어쩔 수 없이 쇠뚝이를 아버지라 부른 것에 대한 분노를 자신의 하인인 말뚝이에게 풀려고 함 – 주인으로서 허세를 부림

쇠뚝이: (신이 나서 말뚝이를 잡으러 간다. 말뚝이의 팽양이 갓을 빼앗는다.) 얘! 팽양이 갓을 벗어라. 너를 잡아들이랍신다. 어서 들어가자.

말뚝이: 너! 미쳤느냐?
자신은 잘못한 일이 없기에 양반의 처사가 믿을 수 없어서 나온 말

쇠뚝이: 이놈이 양반 댁 다닌다고 세도를 부리더니 잘 걸렸다. 들어가자! (말뚝이를 잡아 가지고 샌님 앞으로 간다.)
권세를 등에 업고 행패를 부리던 당대 현실을 비판함

쇠뚝이: 말뚝이를 대령했소.

샌님: 그놈을 엎어 놓고 대매에 물고(物故)를 올려라!
명령에 따라 죄인을 죽여라
종을 사사로이 처벌하는 양반의 횡포 – 양반의 권위가 유효함을 보여 줌

쇠뚝이: 네이! 지당한 분부요.

▶ 분노한 양반이 말뚝이를 징벌하려 함

쇠뚝이는 곤장을 들고 볼기를 치려고 하는데, 말뚝이는 두 손가락으로 돈 열 냥을 줄 터이니 가만히 때리라고 신호를 한다. 샌님이 이것을 보고서,

— 헐장의 대가

《샌님: 이놈들아! 너희들이 무슨 공론(公論)을 하느냐?
샌님은 말뚝이와 쇠뚝이의 대화 내용을 모름

쇠뚝이: 말뚝이가 샌님 앞에서 매를 맞으면 죽을까 봐 헐장(歇杖)해 달라고 하오.
양반과 말뚝이 사이에서 중재자 역할을 함 장형(杖刑)을 행할 때, 아프지 아니하도록 헐하게 매를 치던 일

샌님: 아니다.
열 냥으로는 헐장이 안 된다는 의미임

쇠뚝이: 이것 큰일 났네!「(샌님의 얼굴을 탁 치면서) 저놈이 가장집매(家藏什賣)해서라도 열 냥을 더 해서 스무 냥 주마 하오.」
양반에 대한 조롱 집에 있는 물건을 팔아서라도
「 」: 샌님을 돈으로 유혹하여 조롱함. 뇌물로 형벌을 감할 수 있었던 부패한 사회상이 드러남

샌님: 스무 냥?

쇠뚝이: 그건 구수하오.

샌님: (돈 스무 냥 준다는 말을 듣고) 얘, 이놈들아!「저기 끝에 계신 종갓집 도령님이 봉치 받어 놓은 지가 슥 삼 년 열아홉 해다. 댁이 간구(艱苟)하여 납채(納采)를 못 들였다.」그러하니 그 돈 열아홉 냥 구 돈 오 푼을 댁으로 봉사(奉仕)하고 그 나머지 오 푼은 술 한 동이를 사다가 물 한 동이를 타서 휘! 휘! 저어 가지고 너도 먹고 죽고 너도 먹고 죽어라.》
혼인 전에 신랑 집에서 신부 집으로 채단과 예장을 보내는 일. 또는 그 채단과 예장
「 」: 조선 후기 양반들의 경제적 몰락상 가난하고 구차함 신랑 집에서 신부 집에 혼인을 구함. 또는 그 의례
말뚝이에게 받은 돈 대부분을 본댁에 진상하라는 의미 – 양반이 권세를 이용하여 서민들의 재산을 빼앗는 탐욕스러운 모습을 폭로함
돈을 받고 용서를 하는 척하면서 실은 자신을 조롱한 쇠뚝이와 말뚝이에게 죽으라고 저주함 – 샌님의 악독함

《 》: 조선 후기 사회의 부패상 – 말뚝이를 혼내주려다가 뇌물을 받고 넘어가는 장면을 통해 양반들의 탐욕과 부정부패를 폭로함

쇠뚝이: 지당한 분부요.

샌님: 쳐라!

(악공에게 장단을 치라는 말)

양반 일행은 퇴장하고, 말뚝이와 쇠뚝이 양인(兩人)은 맞춤을 춘다.

(말뚝이가 양반에게 돈을 주고 곤장을 모면함 / 맞춤: 두 사람이 마주 보며 추는 춤으로 극 중에서의 갈등이 해소되었음을 보여 줌)

▶ 샌님이 뇌물을 받고 말뚝이를 풀어 줌

핵심 정리

- 갈래: 민속극(탈춤의 대본)
- 성격: 풍자적, 해학적, 골계적
- 구성: [전체] 전 8과장의 옴니버스 구성 [본문] '기 – 승 – 전 – 결' 의 4단 구성

기: 양반들의 명령에 말뚝이가 쇠뚝이에게 의막을 정해 달라고 함	➡	승: 쇠뚝이가 돼지우리를 의막으로 정하고 양반들이 의막에 만족함	➡	전: 쇠뚝이가 문안 인사를 올리다 말실수를 하여 잡혀감	➡	결: 말뚝이가 양반을 조롱하다 곤장을 맞게 되어 돈을 주고 모면함

- 제재: 의막 정하기
- 주제: 양반에 대한 조롱과 풍자
- 특징: ① 다른 민속극과 달리 일상 회화조의 대사가 주로 나타남
  ② 익살, 과장, 비속어와 욕설이 많이 사용됨
- 인물 분석
  - 샌님: 양반 삼형제의 맏이. 양반의 권위를 내세우려 하지만 말뚝이와 쇠뚝이에 의해 웃음거리가 되는 무능한 인물임
  - 말뚝이: 샌님의 하인. 양반의 위세 앞에 굴복하는 척하지만 양반을 희화화하고, 조롱 · 풍자하는 인물임
  - 쇠뚝이: 말뚝이의 친구. 양반의 거처를 돼지우리로 정하는 등 양반을 직접적으로 조롱 · 풍자하는 인물임

한눈에 **보기**

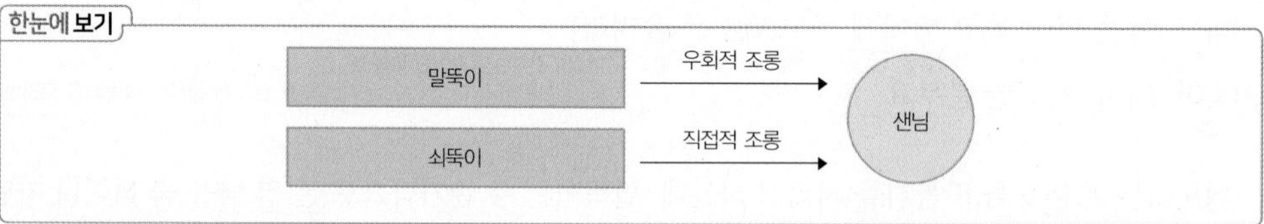

보충·심화 학습

- 〈양주 별산대놀이〉의 전체 구성
  - 길놀이: 놀이 시작 전의 풍악 행렬
  - 서막 고사: 놀이 시작 전 지내는 고사
  - 제1과장 상좌춤
  - 제2과장 옴중과 상좌
  - 제3과장 옴중과 목중
  - 제4과장 연잎과 눈끔적이
  - 제5과장 팔목중 놀이(제1경 염불 놀이, 제2경 침 놀이, 제3경 애사당 북놀이)
  - 제6과장 노장(제1경 파계승 놀이, 제2경 신장수 놀이, 제3경 취발이 놀이)
  - 제7과장 샌님(제1경 의막 사령 놀이, 제2경 포도부장 놀이)
  - 제8과장 신할아비와 미얄할미(종장 지노귀굿)

필수 문제

01 이 글에서 '쇠뚝이' 와 '말뚝이' 가 어떤 인물인지 쓰시오.

02 이 글에서 '쇠뚝이' 가 양반들을 처음 보고 그들에 대해 신랄하게 비판, 조롱한 표현 두 개를 찾아 쓰시오.

03 [서술형] '말뚝이' 가 뇌물로 형벌을 면하는 부분을 통해 알 수 있는 당시의 시대상을 서술하시오.

189 통영 오광대(統營五廣大) | 작자 미상

필수

출제 포인트

이 글의 주요 등장인물인 원양반과 말뚝이의 성격과 역할을 비교하여 알아보고 이 글의 주제 의식 및 풍자 내용, 또 그 구현 방식에 대해 파악해 보자.

감상 길잡이

'오광대'란 음력 정월 보름에 경상남도 일대에서 하는 가면극의 하나이다. '오광대'는 다섯 광대, 또는 다섯 마당으로 이루어진 놀이라는 뜻에서 지어진 이름이라고도 하고, 오행설에 바탕을 둔 것이라고도 한다. 제2과장은 하인 말뚝이가 나와서 일곱 명의 양반들의 근본을 폭로하며, 자기야말로 진짜 양반이라고 호통치는 대목이다. 다른 탈놀음에 비하여 양반에 대한 풍자와 조롱이 매우 심하게 표현되어 있으며, 양반을 희화화하기 위해 사용된 우스꽝스러운 표현은 관객들에게 웃음을 선사한다.

〈제2과장 풍자(諷刺)탈 마당〉

다른 가면극의 〈양반 마당〉에 해당함

풍악 소리 서서히 흐르며 막이 전개, 홍백(紅白)탈 등장. (왼편에서) 오른손에 접선(摺扇)을 펴 들고 풍악에 맞추어 무대 전면을 선회하면서 춤을 춘다. 장단 가락이 차차 높아짐에 따라 춤의 선율도 빨라진다.

홍백(紅白)탈: 반은 붉고 반은 흰 탈 / 접선(摺扇): 쥘부채. 접었다 폈다 하게 된 부채 / 풍악에 맞추어 무대 전면을 선회하면서 춤을 춘다: 춤을 통한 인물들의 등장

흑(黑)탈 등장. (오른편에서) / 양손에 아무것도 쥐지 않고 홍백탈과 상반되어 무대 주위로 돌며 선무(旋舞)하다 무대 중앙에 돌아와 마주 서서 가락에 맞춘다.

흑(黑)탈: 검은색 탈 / 선무(旋舞): 빙빙 돌며 추는 춤

삐투르미탈 등장. (왼편에서 이 광경을 바라보다가)

삐투르미탈: 면상이 삐뚤어진 추한 모습의 탈

얼굴이 비틀어지고 몸도 반신불수다. 무대 주위로 돌며 엎치락뒤치락 병신춤을 춘다.

반신불수: 몸의 한쪽이 마비되어 움직이지 못하는 질병

(홍백탈 · 흑탈, 무대 중앙에서 함께 흥에 취해진다.)

한 바퀴 돌고 무대 중앙으로 들어서며 (홍백탈과 흑탈은 좌우편 주위로 나누어 장단을 맞춘다.)「웃옷 자락을 헤치고 조그마한 거울을 내어 자신의 얼굴을 비추어 보며 이만하면 그렇게 미남은 아닐지라도 과히 못나지는 아니하였다는 자아 만족감을 표현하는 형태를 하며 장단 가락에 맞추어 병신춤을 춘다.」 「」: 관객들의 실소를 자아내는 행동

손님탈 등장. (오른편에서)

손님탈: 천연두신 탈. 박박 얽은 곰보 모습의 탈

죽지(竹枝)에다 강서신사명(江西神司命)이라고 쓴 기폭을 어깨에 메고 유유히 무대 주위를 선회한다. 홍백탈 · 흑탈 마주 서서 합무(合舞). 삐투르미 무대 중앙에서 독자적인 자세.

죽지(竹枝): 대의 가지 / 강서신사명(江西神司命)이라고 쓴 기폭: 천연두 수호신의 깃발

조리중 등장. (왼편에서) / 송락(僧冠) 쓰고 장삼을 두르고 목탁을 치며 요망스러운 행동으로 무대를 한 바퀴 속보로 선회하면서 장단에 대응되게 한 번씩 춤을 추고 또 속보로 선회한다.

조리중: 스님 탈. 삭발한 모습에 목탁과 바랑을 지님 / 송락(僧冠): 스님들이 쓰는 관 / 장삼: 중의 웃옷. 검은 베로 길이가 길고, 품과 소매를 넓게 만듦 / 속보로: 빠른 걸음으로

홍백탈 · 흑탈 · 손님탈(천연두)은 대략 동일한 자세로 풍악 장단 맞추고 삐투르미와 조리중은 각자 특이한 자세를 취하여 적응되게 맞춘다. / 둘째 양반 등장. (오른편에서)

「정자관(程子冠)을 쓰고 청사 도포(靑紗道袍)에 코밑과 턱 아래 수염을 약간 가렸다. 오른손엔 접선,
선비들이 평상시에 쓰던 말총으로 만든 관
왼손에 작지를 쥐고 점잖은 자세를 취하며」서서히 무대 중앙으로 옮긴다.
대궐 등의 잔치 때 쓰는 큰 부채 「 」: 양반임을 드러내는 옷차림과 물건, 행동거지

홍백탈 · 흑탈 · 손님탈 좌편으로 삐투르미는 우편에 나누어져 장단 가락에 호응하고 조리중은 여전히 빠른 걸음으로 무대 주위를 돌면서 적절한 자세. / 원양반 등장. (왼편에서)

면류관을 쓰고 청사 도포에 긴 수염을 가리고 큰 접선과 작지를 쥐고 교만할 만치 점잖은 외형을
왕이 쓰던 관. 여기서는 가장 지체 높은 양반임을 나타냄
갖추고 무대 주위를 서서히 선회하다가 무대 중앙으로 나선다. 그 외의 등장인물은 무대 주위로 밀려 나와 각자 적당한 위치에서 풍악에 맞춘다. 그대로 계속하다 양팔을 벌려 무용을 중지시킴과 동시에 모두 퇴장. 풍악 함께 그친다.

▶ 인물들이 춤을 추며 등장함

원양반: 이미 나온 김에 말뚝이나 한번 불러 봐야지. (수염을 쓰다듬으며 긴 목소리로) 이놈 말뚝아—.
댓개비로 엮어 만든 갓의 일종. 패랭이. 주로 역졸, 보부상 등의 낮은 신분의 사람들이 씀
왼편에서 험상궂은 안면에 평량립(平凉笠)을 쓰고 오른손에 말채찍을 들고 등장. 풍악 다시 흘러 가
말뚝이의 신분이 마부임을 드러냄
락에 맞추어 말뚝이가 무대 주위를 선회하면서 춤을 춘다. 우뚝 원양반 앞에 서면 동시에 풍악 중지.

말뚝이: 예 — 옳소, 화지근본(火之根本)은 수인씨(燧人氏)라어든 생원님께서 말뚝이를 부르시오니
불을 만든 사람 / 중국 고대 삼황제 중의 하나
말뚝이 문안이오.

두 손을 모아 읍(揖)을 공손히 함.
인사하는 예(禮)의 하나. 두 손을 맞잡아 얼굴 앞으로 들어 올리고 허리를 앞으로 공손히 구부렸다가 몸을 펴면서 손을 내림

원양반: (교만할 정도로 점잖은 체하며 재담 조로) 소년당상(少年堂上) 애기 도령님은 좌우로 벌려 서
젊은 당상관. 여기서는 소년 당상이 될 도령이라는 뜻
서 소 잡아 북(鼓)메고, 말 잡아 장구 메고, 개 잡아 소고 메고 안성맞춤 깽수 치고, 운봉(雲峰)내
소가죽으로 북을 만들고 말가죽으로 장구 만들고 개가죽으로 소고 만들고 / 안성에서 주문하여 만든 꽹과리 / 운봉에서 만들어진 징
기 징 치고, 술 거르고, 떡 치고, 홍문연(鴻門宴) 높은 잔치, 항장(項莊)이 칼춤 출 때 이내 몸은 흔
홍문 잔치 때 항우가 유방을 죽이기 위해 사촌 동생인 항장을 시켜서 칼춤을 추게 했음
글흔글하여 석탑(石塔)에 비겨 앉아 고금사(古今事)를 곰곰 생각할 때, 홍각대명을 우쭌우쭌 갈
흔들흔들하여 / 박자가 잘 짜인 농악 소리 / 옛날과 오늘의 일 / 당장에 유배를 갈
놈들이 양반의 칠룡 뒤에 응모갱갱 하는 소리 양반이 잠을 이루지 못하여 이미 금란차로 나온
철룡. 장독대에 모셔 놓고 제를 올리는 집안 신의 하나 / 시끄럽게 떠드는 것을 금하려고
김에 말뚝이나 한번 불러 보자.

이놈 말뚝아, 말뚝아— (원양반, 말뚝이 춤. 풍악 계속하다 그침.)

▶ 원양반이 말뚝이를 부름

말뚝이: (공손히 읍하고 일어서며) 예 — 이 —, 예 — 옳소. (재담 조로)

동정(洞庭)은 가을 가고 천봉만학(千峰萬壑)은 그림을 그려 있고, 양류 천만사(楊柳千萬絲), 각유
중국에 있는 호수 / 수많은 봉우리와 골짜기 / 버드나무 수많은 가지에 봄바람이 붊
춘풍(各有春風) 자랑하고 탐화봉접(探化蜂蝶)은 춘락(春樂)에 하늘하늘 별유천지(別有天地)오 비인간
꽃 탐하는 벌과 나비(여색을 좋아하며 노니는 사람) / 별천지가 따로 있어 인간 세상이 아니다
(非人間)이라. 어디서 말뚝이를 부르고 계시는지 말뚝이 문안이오. 문안 아홉 가지, 평안 아홉 가지, 이구(二九) 십팔(十八) 열여덟 가지 문안을 잘못 받으면 생원님의 혀가 쑥 빠질 것이오. (원양
양반을 조롱하려는 말뚝이의 의도가 드러남
반 · 말뚝이 춤이 시작되므로 풍악 당분간 계속하다가 그침.)

원양반: (재담 조로) 이때는 어느 때뇨. 놀기 좋은 춘삼월(春三月) 호시로다. 석양은 재를 넘고 강마(江馬) 슬피 울 제, 초당(草堂)에 노신 양반 고연코 노시기를 가장을 불러 훈장을 단속 모모친구 통기하여 일배주 담화차(一杯酒談話次)로 흥겨워 나려가서 「한 잔 먹고 두 잔 먹고 삼석 잔 거듭 먹고 일배일배 부일배(一杯一杯復一杯)라.」 주인은 누구누구 모였던고? 「영양 공주(英陽公主) 난양 공주(蘭陽公主) 진채봉(秦彩鳳) 계섬월(桂蟾月) 백릉파(白凌波) 심요연(沈裊烟) 가춘운(賈春雲) 적경홍(翟驚鴻) 모두 모였는데 월태화용(月態花容) 고운 태도 양반이 눈을 들어 씨익 쳐다보니 양반의 마음이 흔글흔글하여 춤이나 추고 놀아 보세.」 이놈 말뚝아 —. (풍악 요란하고 원양반, 말뚝이 각각 반대 방향에서 무대 주위를 돌면서 춤을 추다 중앙에서 정지)

봄 삼월의 좋은 때로다 / 공연히, 괜히 / 다잡아 보살핌 / 아무아무 친구에게 기별하여 술 한 잔 하며 이야기하려고 / 「 」: 특별한 의미 없이 말을 길게 늘임 – 구비 문학 특유의 장식적 어구 / 한 잔 한 잔 또 한 잔이로구나 / 김만중의 〈구운몽〉에 나오는 8낭자 / 달과 같은 자태와 꽃 같은 용모 / 「 」: 여색을 밝히며 체통과 권위를 상실한 양반들의 모습

▶ 말뚝이의 문안 인사와 양반들의 풍류 자랑

말뚝이: (재담 조로) 예 — 옳소.

날씨가 덥덥무려하니 「양반의 자손들이 연당(蓮塘)못에 줄냄생이 새끼 모이듯이, 손골목 개 새끼 모이듯이, 논두름에 무자수 새끼 모이듯이, 때때로 모아 서서 말뚝인지 개뚝인지 소뚝인지 하삼사월(夏三四月) 초팔월(初八月)에 장안 만호 등(長安萬戶燈) 달듯이 과거 장중(場中)에 제 의붓애비 부르듯이 그저 말뚝아 말뚝아.」 (풍악, 춤 계속하여 무대 중앙을 한 바퀴 돌다 중지하고 재담 계속) 「소인은 상놈이라 이놈 저놈 하거니와 소인의 근본(根本)을 들어 보소. 우리 사대조(四代祖) 오대조(五代祖) 육대조(六代祖) 이상은 물론하고 우리 할아버지께옵서는 이십에 등과(登科)하여 초직(初職) 한림학사(翰林學士)와 급제(及第)를 지낸 뒤에 고관대작을 지냈으니 그 근본이 어떠하며, 우리 아버지께옵서는 시년(時年)이 이십에 흑각궁(黑角弓) 반각궁(半角弓) 둘러메고, 출장입상(出將入相)하여 남병사(南兵使), 북병사(北兵使), 오영문도대장(五營門都大將)을 지냈으니 그 근본이 어떠하뇨? 차 소위 요지자(堯之子)도 불출(不出)이요 순지자(舜之子)도 불출(不出)이라. 내 집 사랑 하인만도 못한 놈들이 이놈 저놈 하는 소리 차마 듣지 못하겠네.」

연못 / 자라 / '골목길'의 방언 / 뱀과의 파충류 / 양반을 비하하려는 의도의 비유 / 언어유희 / 서울의 집집마다 달려 있는 연등제의 등 / 사람들이 많은 곳에서 남의 이름을 업신여기어 부름을 비유 / 「 」: 아무 곳에서나 시도 때도 없이 말뚝이를 부른다는 의미 / 과거 급제 / 첫 임무 / 임금의 조서를 짓는 일을 맡아 하던 정사품 벼슬 / 지위가 높고 훌륭한 벼슬 / 그때의 나이 / 무소의 뿔로 만든 활 / 문무를 다 갖추어 장상의 벼슬을 모두 지냄 / 병마절도사 / 조선 시대 다섯 군영의 대장 / 양반들을 가리킴 – 무시와 비하 / 요임금과 순임금의 아들은 무식하고 오만 방자해 왕위를 이어받지 못했음. 말뚝이도 근본은 양반이나, 못나서 마부 노릇을 함을 비유 / 「 」: 자신의 근본을 내세워 양반의 권위를 무시하고자 함 – 반대되는 상황 설정으로 현실에서 느끼는 피해 의식을 극복하려는 의도

원양반: (재담 조로) 이놈 말뚝아, 네 근본은 그러하거니와 내 근본을 들어 봐라. 내 집에는 비자가 일곱이요, 기생이 여덟이요, 능노군(能櫓軍)이 열다섯이요, 좌우청(左右廳) 양사(兩司)요, 부관사(副官司)요, 왜사(倭司)요, 하동문(下東門) 안 관유사(官有司) 들어 잡아 다 해 먹고, 그것은 고사하고 「둘째 양반은 서파(庶派)에서 나고, 셋째 양반은 수원 백씨(水原白氏)가 아버지요, 또 한편은 남양 홍씨(南陽洪氏)가 아버지요, 흑국(黑國) 놈이 아버지요, 다섯째 양반은 아버지가 풍기(風氣)가 심하여 사지(四肢)가 비틀어졌고, 여섯째 양반은 강남(江南) 손님이 아버지요, 일곱째 양반은 보살의 소출(所出)이라, 이것저것 다 버리고 나 하나이 양반이라.」 네 가문을 들어 보니 우리 가문을 똘똘 뭉쳐도 네 하나를 못 당하겠다. 그러나 이것저것 다 버려 두고 흥미대로 한번 놀아 보자.

사헌부와 사간원 / 여종 / 수군에서 노를 젓는 병사 / 포도청 / 조선 시대의 하위 관직 / 관청의 사무를 보는 직책 / 서출 가문 / 아버지가 여럿임 / 중풍 / 무당 / 팔다리 / 천연두신 / 무당의 자식이라 / 「 」: 조상들은 모두 천민이거나 변변찮은 출신이고 자신만이 진짜 양반이라는 뜻 – 양반들의 허위성 폭로

▶ 말뚝이와 원양반의 가문의 내력에 대한 재담

뒷부분 줄거리 | 말뚝이는 양반들에게 백성들을 사랑하고 농민을 도우라며 호령하고, 양반들은 말뚝이에게 목숨을 부지하게 해 주어 고맙다고 말하며 퇴장한다.

핵심 정리

- 갈래: 민속극(탈춤의 대본)
- 성격: 비판적, 풍자적, 해학적, 서민적
- 구성: [전체] 전 5과장의 옴니버스식 구성 [본문] 재담 구성

- 제재: 양반과 서민들의 삶
- 주제: 양반 사회의 비리와 모순에 대한 풍자와 폭로
- 특징: ① 전체 5과장으로, 각 과장은 완결된 구조를 지니며 오락적이고 연희적인 성격을 띰
  ② 양반을 신랄하게 풍자하고 서민의 삶을 해학적으로 표현함
- 인물 분석
  - 말뚝이: 원양반의 하인. 자신이 양반 집안 출신임을 내세우며 양반을 조롱하고 비하함
  - 원양반: 양반. 양반의 권위를 내세우려고 하지만 조롱과 희화화의 대상이 됨

한눈에 **보기**

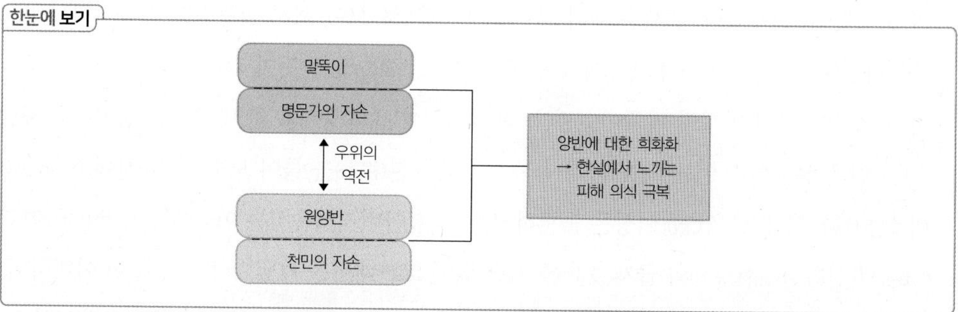

보충·심화 학습

- 〈통영 오광대〉의 전체 구성
  - 제1과장 문둥탈 마당: 양반 출신인 문둥이가 탈을 쓰고 절룩거리며 작은 북을 들고 춤을 추며 양반으로서 위세를 부림
  - 제2과장 풍자탈 마당: 일곱 양반이 등장하여 말뚝이에게 인사를 받으려 하자, 상놈인 말뚝이가 양반을 희롱함
  - 제3과장 영노탈 마당: 무엇이든 다 잡아먹는 괴물인 영노가 시골 양반을 따라다니며 잡아먹겠다고 겁을 줌
  - 제4과장 농창탈 마당: 영감과 할미, 제자각시 사이에 벌어지는 갈등을 보여 주고, 싸움 끝에 할미가 죽어 상여가 나감
  - 제5과장 포수탈 마당: 담비는 사자에게 잡아먹히고 사자는 포수의 총에 맞아 죽는 약육강식의 세태 표현

필수 문제

01 이 글은 (   )의 사회상을 배경으로 하여 양반의 (   )에 대한 비판을 드러내고 있다.

02 이 글에서 '말뚝이'의 신분을 드러내는 소재 두 가지를 찾아 쓰시오.

190 하회(河回) 별신굿 탈놀이 | 작자 미상

교과서

출제 포인트

양반 계층의 허위의식과 무지를 폭로하고 풍자한 민속극이다. 양반들에 대한 민중들의 비판 의식과 언어유희 등 표현상의 특징에 주목하여 살펴보자.

감상 길잡이

〈하회 별신굿 탈놀이〉는 전통 민속극 가운데 대표적인 농촌형 탈춤으로, 지배 계층인 양반과 선비의 허위성을 폭로하고 당시 불교의 타락상을 드러내면서 피지배 계층인 서민들의 삶의 애환을 풍자적으로 그리고 있다. 이 탈놀이는 하회 지방 별신굿의 제사 순서에 맞춰 진행되기 때문에 전체적인 구성이나 특별한 몇몇 과장에서 종교적인 의미를 함축하고 있기도 하다. 〈제5과장 양반 선비 세도 자랑〉은 양반과 선비의 재담을 통해 양반층의 허위의식과 위선을 폭로하고 있다.

〈제5과장 양반 선비 세도 자랑〉

세도: 정치상의 권세. 또는 그 권세를 마구 휘두르는 일

앞부분 줄거리 | 초랭이가 부산을 떨며 양반을 부르자 양반은 춤을 추며 등장하고, 이어 선비도 부네를 데리고 등장한다. 초랭이가 나온 김에 서로 인사나 하라고 하자 양반과 선비는 통성명을 한다. 이때 선비와 부네가 서로 다정스레 대하자 양반이 이를 못마땅해 한다. 초랭이는 양반 앞에서는 순종하는 척하지만, 뒤에서는 양반을 웃음거리로 만들며 조롱한다.

초랭이: 양반요, 양반요, 아 양반 어른요.
(초랭이: 양반의 하인 / 초랭이가 양반에게 중이 부네와 놀아난 이야기를 이르려고 수다스럽게 부름)

초랭이는 빠른 걸음으로 양반의 좌우를 왔다 갔다 하며 양반을 부르지만 양반은 뉘엇뉘엇 돌아다보기 때문에 도무지 초랭이를 볼 수가 없다.
(빠른 걸음으로 양반의 좌우를 왔다 갔다 하며: 행동을 통해 경망스러운 성격을 드러냄)

양반: 허허, 이놈이이 오늘따라 왜 이리 수답노.
(수답노: 수다인고)

초랭이: 세사앙 참, 빌꼬라지 다 볼시데이. 아까요, 「중놈이 부네하고 요래요래 춤추다가 중이 부녤 차고 저짜로 갔잖니껴.」
(세사앙: 세상 / 중놈: 백성들의 교화에는 관심이 없고 여색만을 밝히는 타락한 종교인 / 「 」: 제4과장 '파계승 마당'의 내용 언급 / 차고: 데리고 / 저짜로: 저쪽으로)

양반: 허허, 그 참 망측한 세상이로다.
(부정적인 반응 – 뒷부분에서 부네를 차지하기 위해 선비와 다투는 모습으로 보아 양반의 위선임이 드러남)

▶ 초랭이가 중과 부네가 놀아난 것을 양반에게 이름

초랭이는 자기 말만 하고 양반의 말은 안중에도 없는 듯 관중에게로 가 다른 짓을 한다. 부네는 이때 중을 유인하며 마당을 이끈다. 둘이 무대 중앙에서 마주 보게 되면 중은 부네와 함께 '노는 춤'을 춘다. 춤의 끝 부분에 초랭이가 등장하여 둘이 노는 것을 유심히 살피다 중이 부네와 어울려 춤을 춘다는 사실에 배꼽을 잡고 웃으며 데굴데굴 구른다. 초랭이에게 발각된 중은 부네를 등에 메고 부리나케 도망간다. 이때 부네가 신고 있던 꽃신이 벗겨져 버린다. 초랭이는 이들이 사라진 뒤에 정신을 차렸으나 두 사람의 행방은 알지 못한다.
(초랭이는 자기 말만 하고 양반의 말은 안중에도 없는 듯: 초랭이의 행동을 통해 조선 후기 양반들의 위상이 추락했음을 보여 줌 / 관중에게로 가 다른 짓을 한다: 관객을 극 중에 개입시킴(무대의 개방성) / '노는 춤': 중의 타락상을 단적으로 드러냄 / 초랭이가 등장하여 둘이 노는 것을 유심히 살피다: 중의 타락상에 대한 호기심 / 중이 부네와 어울려 춤을 춘다는 사실에 배꼽을 잡고 웃으며 데굴데굴 구른다: 중의 타락에 대한 비웃음 – 관객의 입장을 대변함 / 이때 부네가 신고 있던 꽃신이 벗겨져 버린다: 부네가 중과 놀다 간 흔적을 남김)

▶ 중과 부네가 노는 춤을 추다 초랭이에게 들켜 도망감

초랭이: 헤헤헤……. 우습데이, 우스워. 세상 이런 일이 다 있노. 어, 근데, 중놈하고 부네하고 어데로 갔노. 누가 중놈하고 부네하고 어데로 갔는지 본 사람 있니껴? (꽃신을 발견하고) 어, 요게
(누가 ~ 있니껴?: 관객을 극 중에 개입시킴)

머로? (초랭이는 그것이 꽃신인 줄 모르고 무엇인가 살피다 살짝 건드려 보다 놀라 뒤로 물러난다.
중이 부네와 놀다 간 흔적인 '꽃신'을 부각시키기 위한 행동
두 번 정도 물건을 살피는 행동을 한 후 그제서야 꽃신인 줄 알고 살며시 잡고) 아-, 중놈하고 부네하고 노다 빠자 넣고 간 꽃신이구나! 아이고 고와래이…….
놀다가 빠뜨리고

초랭이는 좋아서 꽃신을 꼭 껴안는 등 굉장히 아끼는 행동을 한다.
중과 부네의 원초적 행동을 일부 긍정하는 태도를 보임

초랭이: 보소, 이거 이뿌지요? 이거 주까요? 안 돼니더. (다른 이에게) 이거 니 주까? 안 돼, 헤헤
연희 중에 관객에게 말을 거는 부분 – 무대와 객석이 구분되지 않는 민속극의 특징
헤……. (독백) 에이고 중하고 부네하고 춤추고 노는 세상인데 나도 이메나 불러 춤이나 추고 놀아야 될따. (이메가 입장하는 곳을 가서) 야야, 이메야— 이메야—, 이메 이놈아야. 얼른 나오이라.
현실 사회의 모순을 지적함
새로운 인물의 등장을 관중에게 알림

이메: 왜 그노, 이놈아야.
선비의 하인, '바보탈'이라고도 함
풍물놀이에 쓰는 느린 4박자의 장단. 보통 행진곡과 춤의 장단에 씀

상쇠는 굿거리로 몰고, 이메는 무대 중앙으로 '비틀 춤'을 추며 등장하고 초랭이는 이메의 춤을 흉내 내는 등 마당을 재미있게 이끈다.
두레패나 농악대 따위에서, 꽹과리를 치면서 전체를 지휘하는 사람

「초랭이: 이메야, 이놈아야. 니는 와 맨날 비틀비틀 그노, 이놈아야.
이메의 행동적 특징

이메: 까부지 마라 이눔아야, 니는 와 촐랑촐랑 그노, 이놈아야. (촐랑거리는 흉내를 내다 넘어진다.) 아이쿠, 아이구 궁디야, 아구야.
초랭이의 성격을 드러내는 특징적인 행동
관중들의 웃음을 유발하는 장면. 극 중 이메의 면모가 드러남
'엉덩이'의 사투리

초랭이: 에이, 등신아. (머리를 쥐어박고 일으켜 준다.) 이메야, 아까 중놈하고 부네하고 요래요래 춤추다가 내가 나오끼네 중놈이 부네를 차고 저짜로 도망갔잖나.
대사와 함께 행동이 따름을 알 수 있는 말
나오니까

이메: 머라꼬, 아이구 우습데이……. (웃음)」
「 」: 방언과 비속어를 사용하여 생동감, 현장감을 줌. 초랭이와 이메를 통해 자유분방한 서민의 모습을 짐작할 수 있음
▶ 초랭이가 이메를 불러내 중과 부네 이야기를 해 줌

양반: 야야, 초랭아. 이놈 거기서 촐랑대지만 마고 저기 가서 부네나 찾아오너라.
점잔을 빼는 모습과는 달리 여색을 밝히는 양반의 위선적인 모습

이 말에 초랭이는 '야.' 하고 부네를 데리러 쫓아다니지만 어느새 부네는 양반 뒤에 와 있다. 선비는 몹시 언짢아한다.
양반과 선비 사이의 갈등을 야기하는 인물
속으로 부네를 탐내며 양반을 질투함

초랭이: 부네 여 왔잖나.
양반에게 반말을 함 – 부네가 자유로운 신분의 여성이며 중간자적 인물임을 암시

「부네는 양반의 귀에다 대고 '복' 한다.」 「 」: 관중에게 웃음을 유발함
부네가 자신이 왔음을 알리는 신호

양반: 아이쿠, 깜짝이야. 귀청 떨어질라. 오냐, 부네라!
▶ 중과 사라졌던 부네가 양반에게 옴

다시 초랭이는 관중들과 함께 부산을 떨고 선비는 연신 못마땅한 표정을 짓는다. 부네는 양반의 어깨를 주무르다 말고 양반의 머리에서 이를 잡는 시늉을 한다. 초랭이가 이를 보고
방정맞고 까불대는 성격의 초랭이. 관객의 극 중 참여가 가능함을 보여 줌
양반에게 수작을 걸면서 양반을 조롱함

초랭이: 헤헤, 양반도 이가 다 있니껴?
양반에 대한 조롱과 야유
표면적: 양반과 부네의 행동을 비난
이면적: 질투심 표출

양반과 선비가 모두 일어난다. 선비는 일어나면서 "에끼 고얀지고."라며 심경을 토로한다.

양반: 오냐, 부네라, 어흠, 국추 단풍에 지체후 만강하옵시며 보동댁이 감환이 들어 자동 양반 문안드리오.

남녀 간의 육체적 관계를 상징적으로 드러내는 표현. 양반의 권위를 내세우고자 어려운 한자를 사용함(양반의 허위의식)

부네: 보-옥.

양반의 수작을 허락한다는 의미

▶ 양반이 부네에게 수작을 겖

중략 부분 줄거리 | 양반과 부네가 음담패설을 주고받으며 수작을 한다.

선비는 못마땅한 표정을 지으며 안절부절못한다.

부네가 양반의 수작에 넘어갈까 봐 불안함

양반: 얘 부네야, 그래 우리 춤이나 한번 추고 놀아 보자.

양반과 선비가 부네를 두고 싸우게 되는 계기

[굿거리]

상쇠의 가락에 맞춰 양반, 선비, 부네, 초랭이가 어울려 '노는 춤'을 추며 마당은 곧 흥에 넘친다. 그러나 양반과 선비는 부네를 사이에 두고 서로 차지하려고 하여 춤은 두 사람이 부네와 같이 춤추려는 내용으로 이어져 간다. 부네는 요염한 춤을 추며 양반과 선비 사이를 왔다 갔다 하며 두 사람의 심경을 고조한다.「이것을 간파한 초랭이는 양반과 선비를 싸움 붙이려는 계략을 꾸민다. 우선 양반에게로 가 무언가를 얘기한다. 이에 양반은 초랭이가 시키는 대로 선비에게로 가 그를 데리고 그 무언가를 얘기하면 선비는 관중석에서 누군가를 찾기 시작한다. 이를 기회로 양반은 부네와 춤을 계속 추게 된다. 관중 속에서 열심히 무언가를 찾던 선비는 부네와 어울려 춤추는 양반을 보고는 '속았다.'라는 생각에 노발대발하여 양반을 부른다.」

체면은 생각지 않고 여색을 밝히며 부네를 두고 싸움을 벌임 – 양반과 선비의 위선적인 면모

부네는 양반과 선비의 위선적인 면모를 부각시키는 역할을 함

부네를 사이에 두고 양반과 선비의 갈등이 고조되고 있음을 눈치챈

부네를 독차지할 수 있는 방법

선비를 따돌리기 위한 의도적인 행동

선비의 질투심을 고조시킴

▶ 부네를 사이에 두고 양반과 선비가 다툼

「 」: 초랭이가 양반과 선비를 싸움 붙이며 조롱함

선비: 여보게 양반…….

이를 신호로 상쇠는 가락을 멈춘다.

장면이나 사건의 전환을 암시함

「선비: 여보게 양반, 자네가 감히 내 앞에서 이럴 수가 있는가?

거짓으로 자신을 따돌리고 부네와 어울려 논 것에 대한 질책

양반: 허허, 무엇이 어째? 그대는 내한테 이럴 수가 있단 말인가?」

「 」: 겉으로는 점잖은 척하지만 부네를 차지하기 위해 신경전을 벌임 – 위선적인 모습

선비: 아니, 그라마 그대는 진정 내한테 그럴 수가 있는가?

그러면

양반: 허허, 뭣이 어째? 그러면 자네 지체가 나만 하단 말인가?

사회에서 차지하고 있는 신분이나 지위

선비: 아니 그래, 그대 지체가 내보다 낫단 말인가?

양반: 암, 낫고말고.

선비: 그래, 낫긴 뭐가 나아.

「양반: 나는 사대부(士大夫)의 자손일세.

벼슬이나 문벌이 높은 집안의 사람

「 」: 양반과 선비의 지체 자랑. 언어유희를 통해 양반들의 허위의식과 무식함을 폭로함 – 권위를 내세우려고 정확한 사용과는 별개로 한자를 많이 사용함

선비: 아니 뭐라꼬, 사대부? 나는 팔대부(八大夫)의 자손일세.

언어유희 – 자신의 지체가 높음을 자랑하는 양반 계층의 허위의식에 대한 풍자

양반: 아니, 팔대부? 그래, 팔대부는 뭐로?

선비: 팔대부는 사대부의 갑절이지.

양반: 뭐가 어째, 어흠, 우리 할뱀은 문하시중(門下侍中)을 지내셨거든.
할아버지 조선 전기에 정사를 총괄하던 문하부의 으뜸 벼슬

선비: 아, 문하시중. 그까지 꺼…… 우리 할뱀은 바로 문상시대(門上侍大)인걸.
언어유희 – '문하시중'보다 높고 크다는 의미이나, 말이 되지 않음

양반: 아니 뭐, 문상시대? 그건 또 머로?

선비: 에헴, 문하(門下)보다는 문상(門上)이 높고 시중(侍中)보다는 시대(侍大)가 더 크다 이 말일세.
관직의 명칭도 정확히 모르는 선비의 허구성과 무식함을 풍자

양반: 허허, 그것참 빌 꼬라지 다 보겠네. 그래, 지체만 높으면 제일인가?」
별 꼴 – 선비에 대한 반감을 드러냄 말도 안 되는 선비의 말을 인정하는 양반의 어리석은 모습

선비: 에헴, 그라만 또 머가 있단 말인가?

「양반: 학식이 있어야지, 학식이. 나는 사서삼경(四書三經)을 다 읽었다네.
유학의 주요 경전. 〈논어〉, 〈맹자〉, 〈중용〉, 〈대학〉의 사서와 〈시경〉, 〈서경〉, 〈주역〉의 삼경을 말함

선비: 뭐 그까짓 사서삼경 가지고. 어흠, 나는 팔서육경(八書六經)을 다 읽었네.
언어유희 – 학식을 자랑하는 양반들의 무식함 폭로, 허위의식 풍자

양반: 아니, 뭐? 팔서육경? 도대체 팔서는 어디에 있으며 그래 대관절 육경은 또 뭔가?

▶ 양반과 선비의 지체와 학식 자랑

초랭이는 여태까지 두 사람의 얘기를 귀담아듣다가 잽싸게 끼어든다.

초랭이: 헤헤헤, 난도 아는 육경 그것도 모르니껴. 팔만대장경, 중의 바라경, 봉사의 앤경, 약국의 길경, 처녀의 월경, 머슴의 새경 말이시더…….
도라지 머슴이 주인에게서 한 해 동안 일한 대가로 받는 돈이나 물건 양반을 조롱하기 위한 언어유희 – 엉뚱한 내용을 열거하여 웃음을 자아냄

고수는 육경을 한 소절마다 장단을 쳐 준다. 초랭이는 '머슴의 새경'을 더욱 강조하여 자신의 새경에 못마땅함을 보인다.
강조의 효과를 줌 양반에 대한 자신의 불만을 간접적으로 드러냄

선비: 그래, 이것도 아는 육경을 양반이라카는 자네가 모른단 말인가?」
초랭이가 나열한 육경은 단순히 언어유희일 뿐인데 이를 그대로 믿음 – 무식함을 스스로 폭로함

「 」: 양반과 선비의 학식 자랑 – 언어유희를 통해 학식의 허구성을 드러냄

양반: 여보게 선비, 우리 싸워봤자 피장파장이꺼네 저짜 있는 부네나 불러 춤이나 추고 노시더.
서로 낫고 못함이 없음

선비: (잠시 생각하다가) 암, 좋지 좋아.

이어 양반과 선비가 동시에 '얘, 부네야.' 하고 부네를 부르면 상쇠는 자진모리 가락으로 마당을 이끈다. 이제는 양반, 선비가 부네를 두고 다툼하는 춤이 아니라 서로 어울리는 화합의 '노는 춤'을 춘다.
휘모리장단보다 좀 느리고 중중모리장단보다 빠른 속도로, 섬세하면서도 명랑하고 차분하면서 상쾌한 장단
극 중 갈등을 봉합하고 인물들이 서로 어우러지게 하는 기능

▶ 양반과 선비의 화해

핵심 정리

- 갈래: 민속극(탈춤의 대본)
- 성격: 비판적, 풍자적, 희화적, 해학적, 오락적, 유희적
- 구성: [전체] 4개의 의식 마당과 5개의 내용 마당(과장) [본문] 대화와 재담 구성

양반과 선비가 등장함 ➡ 양반과 선비가 부네, 지체, 학식을 두고 다툼 ➡ 양반과 선비가 할미를 괄시함 ➡ 우랑(소불알)을 차지하기 위한 다툼

- 제재: 서민과 양반의 생활
- 주제: 양반과 선비의 허위성 폭로
- 특징: 언어유희에 의한 표현이 많음
- 의의: 원초적이고 소박한 내용의 대표적인 농촌형 탈춤임
- 인물 분석
  - 양반 · 선비: 양반들. 가문과 학식을 자랑하나 음탕함과 무식을 드러내며 비판과 조롱의 대상이 됨
  - 초랭이 · 이메: 양반과 선비의 하인들. 양반을 조롱하고 허구성을 폭로하는 서민의 대변인임
  - 부네: 아름다운 여인. 자유로운 신분의 여성으로 양반과 선비 사이를 오가며 갈등의 원인이 됨

한눈에 **보기**

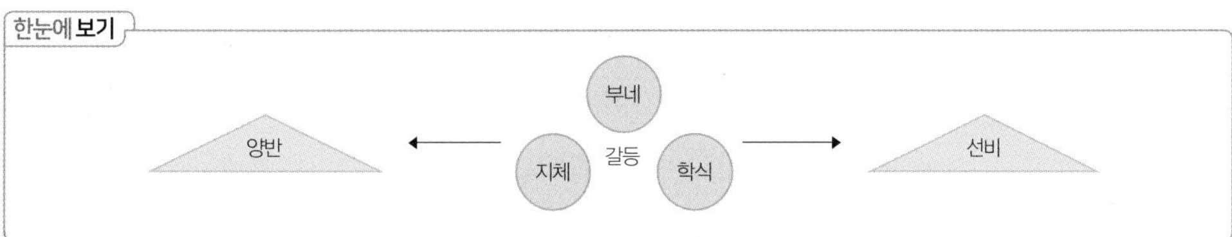

보충·심화 학습

- 〈하회 별신굿 탈놀이〉의 전체 구성
  - 강신(降神)
  - 무동 마당
  - 제1과장 주지 마당
  - 제2과장 백정 마당
  - 제3과장 할미 마당
  - 제4과장 파계승 마당
  - 제5과장 양반 선비 세도 마당
  - 혼례 마당
  - 신방 마당

양반탈 / 선비탈 / 부네탈 / 초랭이탈 / 이메탈

필수 문제

01 이 글에서 양반과 선비가 갈등을 겪게 되는 요소 세 가지를 찾아 쓰시오.

02 이 글에서 부네가 중과 놀아난 것에 대해 개탄하던 양반이 부네를 차지하기 위해 선비와 갈등을 겪는 모습을 통해 풍자하려는 바를 쓰시오.

03 [서술형] 양반과 선비가 지체와 학식을 자랑하는 장면에서 사용된 초랭이의 언어유희의 효과를 서술하시오.

191 수영 들놀음 | 작자 미상

필수

출제 포인트

'할미'와 '영감'의 갈등 관계 및 이들의 인물의 유형을 파악하고, 이 글이 민속극으로서 지니는 특징에 대해 알아보자.

감상 길잡이

들놀음은 경남 내륙에서 연행되던 오광대놀이가 수영, 동래 등에 전해진 것이다. 〈수영 들놀음〉은 부산의 수영 지역에서 전승된 것으로, 오광대놀이처럼 전문적인 연극인에 의해 전승되기보다는 마을 사람들에 의해 토착된 것이다. 〈수영 들놀음〉의 제3과장은 봉건 사회의 일부다처제에 따르는 가정불화를 주제로 하여 처첩의 삼각관계로 인한 가정 비극을 그리고 있다. 이 과장은 할미의 죽음으로 끝나는데, 이는 여성에게 가해지는 남성의 부당한 횡포를 고발하고자 한 것이다. 여기서 할미의 죽음은 표면적으로 민중의 좌절을 나타내지만, 신명 나는 춤과 해학적인 대사가 어우러짐으로써 고난을 넘어서고자 하는 민중의 의지가 담겨 있다고 할 수 있다.

〈제3과장 할미 · 영감〉

초라한 흰옷 차림에 죽장을 짚고 피로한 기색이 보이는 할미가 등장하여 털썩 주저앉는다. 할미는 면경 파편(面鏡破片)을 엎어 놓고 노끈으로 털을 밀며 화장한 연후에 일어난다.
깨어진 거울 조각

할미: (창 조로) 영감이여—. 영감이여—. (영감이 뒤따라 등장하는데 전에는 양반의 가면 중 아무것이나 썼다고 한다.) / 영감: (창 조로) 할머닌가, 할머닌가.「(서로 영감, 할미를 부르면서 장내를 빙빙 돌다가 영감을 자세히 들여다보고)」
영감을 찾는 할미
「 」: 가까운 거리에 있음에도 서로 찾고 있음 – 특별한 무대 장치가 없는 민속극의 특징

할미: (창 조로)「영감, 애얼레 망건(網巾), 쥐꼬리 당줄, 대모관자(玳瑁貫子), 호박풍잠(琥珀風簪), 통영 갓은 어데 두고 파립파관(破笠破冠)이 웬일이오.」
'외올망건'의 착오. 외올로 뜬 질이 좋은 망건 / 쥐꼬리처럼 생긴 당줄 / 대모로 만든 관자로, 대모란 바다거북의 하나 / 호박으로 만든 풍잠
「 」: 해학적, 서민적 표현 – 생동감, 현장감
찢어진 갓과 해진 옷 – 몰락한 양반의 모습을 드러냄

영감: (창 조로) 그것도 내 팔자라. 팔자소관을 어이하리. (영감이 퇴장해 버린다.)
타고난 운수로 말미암아 어쩔 수 없이 당하는 일

할미: (할미가 악사 앞에 와서 한참 춤을 추다가 악사에게) 여보시오, 우리 영감 못 보았소?

악사: 당신 영감이 어떻게 생겼소?

할미:「우리 영감이 훌륭하고 깨끗하고 이마가 툭 터지고 사모(紗帽) 꼴 나고 점잔하고 양반답고 말소리도 알곰살곰하오.」/ 악사: 방금 그런 영감 이리로 다녀갔소.
사(紗)로 짠 벼슬아치의 모자
「 」: 해학적, 서민적 표현 – 생동감, 현장감 / 악사도 극에 참여함 – 개방적, 열린 무대

할미: (창 조로) 영감이여—. 영감이여—. (부르며 퇴장한다.)

▶ 영감을 찾아다니는 할미

(영감과 소실인 제대각시가 등장하여 긴 장단에 맞춤을 추고 놀 때, 할미가 다시 등장하여 멀리서 그 모양을 자세히 살피다가 영감과 눈총이 마주치면 영감이 할미의 앞을 가린다. 이 틈을 타서 제대각시는 피신하듯 퇴장한다. 할미가 질투해서 시비를 건다.)
첩 / 제물포 댁 각시를 줄인 말인 듯함 / 영감이 자신의 첩인 제대각시를 숨기기 위해
축첩 제도를 당연시하는 가부장적인 남성의 모습

할미: 그년이 어떤 년이고? / 영감: 아무 년이면 어때……. (시비로 설왕설래 한참을 다투다가)
불교에서 모시는 삼존(三尊)을 모신 당. 삼존은 미타 삼존, 석가 삼존, 약사 삼존을 가리킴

영감: 그래 내가 집을 나올 때 삼존당(三尊堂)이며 돈 한 돈 팔 푼이며 자식 삼 형제를 다 살게 마련해 주고 혈혈단신(孑孑單身) 나온 나를 왜 추접게 이리고 쫓아다니는고.
생선 몇 마리 사 먹을 수 있는 적은 돈 / 의지할 곳 없이 외로운 홀몸

할미: (할미가 기가 막혀 손바닥을 치며) 으휴, 아이고 그래. 그 돈 한 돈 팔 푼은 이핀(당신) 떠날 적에 하도 섭섭해서 청이(어) 한 뭇 사서 당신 한 마리 내 아홉 마리 안 먹었능기요.
생선을 세는 단위로, 열 마리가 한 뭇임
적은 돈으로 생색내는 영감을 비판함(해학적)

영감: 너 아홉 마리, 나 한 마리를! 그래 자식 셋은 다 어쨌노?
어색한 상황을 모면하기 위해 화제를 전환하는 영감

할미: (후유, 탄식하며 가슴팍을 치고 눈물을 닦은 후에)「큰놈은 나무하러 가서 정자나무 밑에서 자다가 솔방구(솔방울)에 맞아 죽고, 둘째 놈은 앞 도랑에서 미꼬라지 잡다가 물에 빠져 죽고, 셋째 놈은 하도 좋아서 어르다가 놀라서 정기로 청(경)풍에 죽었소.」(할미는 엉엉 통곡한다. 통곡하는 할미를 영감이 화가 나서 발길로 차니, 할미가 실성하여 졸도한다.) ▶ 제대각시로 인한 영감과 할미의 갈등
「 」: 비극적 상황을 해학적으로 표현함
자식을 잃은 어미의 슬픔
모든 책임을 아내의 잘못으로 돌리고 폭력을 가하는 남성의 모습

뒷부분 줄거리 | 영감의 발길에 차여 실성했던 할미는 결국 죽고 만다.

핵심 정리

- 갈래: 민속극(탈춤의 대본)
- 성격: 해학적, 풍자적, 서민적, 비판적
- 구성: '기 – 승 – 전 – 결'의 4단 구성

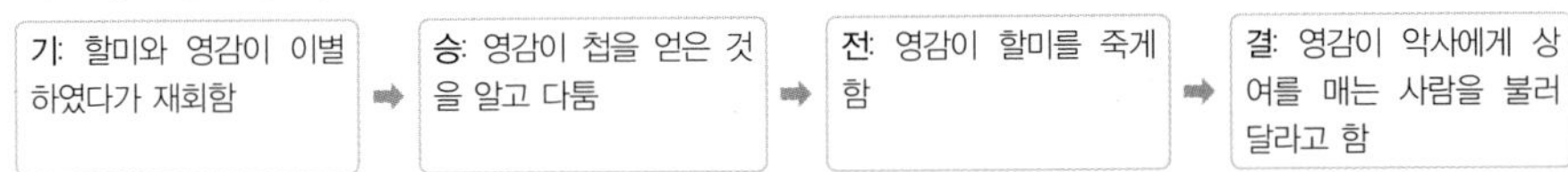

- 제재: 처첩 간의 갈등
- 주제: 처첩 간의 갈등과 여성에게 가해지는 가부장적 횡포 비판
- 특징: ① 공연 장소와 극중 장소가 일치함 ② 악사가 극에 참여함
- 인물 분석
  - 할미: 가부장적 사회의 횡포에 의해 죽음에 이르게 되는 인물임
  - 영감: 봉건 사회의 일부다처제를 당연시하는 인물로 가부장적 폭력을 상징함

한눈에 **보기**

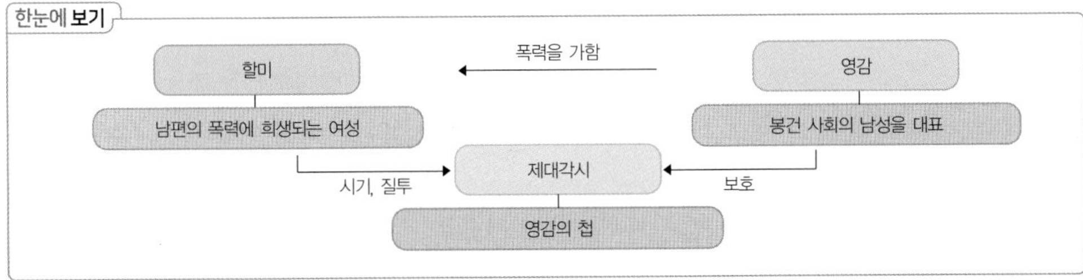

보충·심화 학습

- 〈수영 들놀음〉의 전체 구성
  - 제1과장 양반 과장
  - 제2과장 영노 과장
  - 제3과장 할미 · 영감 과장
  - 제4과장 사자무 과장

필수 문제

01 이 글에서 할미와 (　　　　)이/가 대화를 나누는 모습을 통해 민속극의 개방적 특성을 파악할 수 있다.

02 이 글에서 가까이 있는 영감과 할미가 서로 찾는 모습에서 특별한 (　　　　)이/가 없는 민속극의 특성을 파악할 수 있다.

192 고성 오광대(固城五廣大) | 작자 미상

EBS

출제 포인트

'말뚝이'가 '청보양반'을 대하는 태도를 바탕으로 이 글의 주제 의식을 파악하고, 이 글에 드러난 말하기 방식의 특징에 대해 알아보자.

감상 길잡이

〈고성 오광대〉는 경상남도 고성 지방에서 전해 내려오는 가면극이다. 전체가 5과장으로 되어 있으며, 양반과 파계승에 대한 풍자, 처첩의 문제 등을 다루고 있다. 그 가운데 제2과장은 당대 양반들의 모습과 행실을 비판하고 풍자하는 내용으로, '말뚝이'라는 서민의 대변자가 등장하여 양반들의 비도덕적인 모습을 신랄하게 비판하고 조롱한다. 〈고성 오광대〉는 한국을 대표하는 탈춤으로 대본, 춤, 탈, 의상과 반주 음악 등에 의해서 현존하는 영남형 탈춤 중 가장 그 원형에 가깝게 전승되고 있으며, 극보다는 춤이 월등히 앞서 있다는 평가를 받고 있다.

〈제2과장 오광대놀이〉

굿거리장단이 주악(奏樂)으로 나온다. 음악에 맞추어 덩실덩실 춤을 추면서 붉은 더거리 입은 초란이가 등장하면 따라서 유색 저고리와 치마를 입은 제밀지, 짧은 흰 치마저고리를 입어서 허리가 드러난 할미, 패랭이 쓰고 검은 더거리를 입고는 한쪽 가랑이를 걷어 올리고 한 손에 채찍을 든 말뚝이, 털이 있는 수피제관(獸皮製冠)을 쓰고 유복(儒服)을 입고 지팡이를 든 청보양반, 갓 쓰고 흰 두루마기를 입고 부채를 든 젓양반, 갓 쓰고 평상복을 입은 갓양반이 등장한다. 모두 적당한 곳에 서서 음악에 따라 덧배기춤을 춘다.

(주석: 주악 – 음악을 연주함. 또는 그 음악 / 굿거리장단 – 풍물놀이에 쓰는 4박자 장단. 여기서는 관객의 흥미를 유발하고 신명(흥취)을 돋우는 기능을 함 / 더거리 – 더그레. 조선 시대 관리들의 웃옷 / 제밀지 – 작은어미 / □: 말뚝이의 신분을 짐작케 함 / 패랭이 – 신분이 낮은 사람이 쓰던 갓 / 채찍 – 하인의 신분을 나타냄 / 수피제관 – 짐승의 가죽으로 만든 갓 / 유복 – 유생들이 입는 옷 / 청보양반 – 원양반. 양반 과장에서 부채, 지팡이, 손수건을 들고 나오는 양반 / 젓양반 – 곁다리 양반. 원양반(청보양반)에 대해 곁다리 양반이라는 의미 / 갓양반 – 갓을 쓰고 나오는 양반 / 모두 적당한 곳에 서서 음악에 따라 – 전통극의 특징 – 자유로움 / 덧배기춤 – 〈고성 오광대〉의 대표적인 춤. 경상도 지방의 가면극에서 굿거리장단에 맞추어 추는 흥겨운 춤이다. 양반이 추는 춤과 문둥이 · 말뚝이가 추는 춤으로 구분된다.)

▶ 인물들이 춤을 추며 등장함

청보양반: (지팡이를 휘두르면서) 쉬—.

(주석: 청보양반 – 주된 풍자의 대상 / 쉬— – 재담의 시작)

주악이 그친다. 따라서 할미와 제밀지는 퇴장하고 어릿광대인 젓양반, 갓양반, 초란이는 춤을 추다가 엉거주춤 일렬(一列)로 서고, 말뚝이는 청보양반을 마주 보고 선다.

청보양반: 소년(少年) 당상(堂上) 아해(兒孩) 도령 좌우로 늘어서서 말 잡아 장고(長鼓) 메고 소 잡아 북 메고, 안성(安城) 마치 캥수 치고 운봉(雲峰) 내기 징 치고, 술 거리고 떡 치고, 「홍문연(鴻門宴) 높은 잔치 항 장군이 칼춤 출 때」 마음이 한가(閑暇)하여 석상(石床)에 비기 앉아 고금사(古今事)를 곰곰 생각할 때, 어데서 응박 캥캥 하는 소리 양반이 잠을 이루지 못하여 나온 짐에 말뚝이나 한번 불러 보자. 이놈 말뚝아—. / 어릿광대 일동(젓양반, 갓양반, 초란이): (제각기) 말뚝아, 말뚝아.

(주석: 캥수 – 꽹과리 / 거리고 – 거르고 / 「 」: 홍문연 잔치 때, 항우가 유방을 죽일 속셈으로 항우의 사촌 동생인 항장을 시켜 칼춤을 추게 했으나 유방은 장양의 계교로 무사히 피함 / 양반이 잠을 이루지 못하여 나온 짐에 말뚝이나 한번 불러 보자 – 양반의 권위를 말뚝이를 시도 때도 없이 부르는 데 쓰고 있음)

청보양반: 쉬—. (말뚝아 부르면서 흥청거리는 어릿광대들의 면상을 탁탁 친다.)

어릿광대 일동: (제각기) 아야, 아야.

(주석: 양반의 권위와 위엄을 부려 보려는 청보양반이 희화화되어 조롱의 효과가 발생함)

굿거리장단이 나온다. 음악에 맞추어 덧배기춤을 모두 어울리어 한바탕 춘다.

▶ 청보양반이 말뚝이를 부름

청보양반: (지팡이를 두르면서) 쉬—. (음악, 춤 그친다.)

말뚝이: 동정(洞庭)은 광활(廣闊)하고, 천봉만학(千峰萬壑)은 그림을 그려 있고, 수상부용(水上芙蓉)은 지당(池塘)에 잔잔한데, 양류천만사(楊柳千萬絲) 번유춘광(繁柳春光) 자아내니 별유천지(別有天地)

(주석: 말뚝이 – 양반을 비판하고 조롱하는 인물 / 동정 – 중국에서 가장 큰 민물 호수 / 천봉만학 – 수많은 산봉우리와 산골짜기 / 수상부용 – 물 위에 떠 있는 연꽃 / 지당 – 연못 / 양류천만사 – 헤아릴 수 없을 만큼 많은 수양버들 가지 / 번유춘광 – 무성한 버들에 깃들인 봄빛)

비인간(非人間)이라, 「어데서 말뚝이를 부르든지 나는 몰라, 말뚝이 문안이오. 말뚝이 문안 받으
이태백의 〈산중답속인〉의 마지막 구절. 경치가 뛰어나게 아름다운 지경을 뜻함
면 양반 머리가 툭 터진다. (채찍으로 양반의 면상을 탁 친다.)」 「 」: 말뚝이의 조롱

청보양반: 벼룩이 뛴다. / 어릿광대 일동: (덩달아서 나서며) 벼룩이 툭, 벼룩이 툭.

청보양반: 「쉬—. 이놈 말뚝아, 잔말 말고 인사나 탱탱 꼬라 올려라.」 「 」: 양반의 질책
고해

말뚝이: (젓양반과 갓양반을 가리키며) 이 양반은 그 누구시오? 저 양반은 누구시오? 평양 감사 갔던 청보 생원(生員)님이올씨까? / 청보양반: 청보 생원님은 이 양반이 청보 생원님이다. 이놈 말뚝아, 저 밑에 선 저 도령님이 남 보기에는 빨아 놓은 김치 가닥 같고, 밑구멍에 빠진 촌충(寸蟲) 같아도 평양 감사 갔을 때에 놓은 도련님이니, 인사나 탱탱 꼬라 올려라. 〈중략〉
기생충
'도령'을 축 늘어진 배춧잎과 기생충에 비유함 – 양반의 권위 실추
낳은
▶ 말뚝이의 대답과 청보양반의 도령 소개

청보양반: 쉬이. (음악과 춤을 멈춘다.) 이때가 어느 때냐. 춘삼월 호시절이라. 석양은 재를 넘고 까마귀 슬피 울 제 한 곳을 점점 내려가 마하(馬下)에 내리서니 영양 공주, 난양 공주, 진채봉, 계섬월, 백능파, 심요연, 적경홍, 가춘운 모도 모도 모여 서서 나를 보고 반가하니 이내 마음 흥컬방컬 철 철. (굿거리장단에 맞추어 한바탕 춤을 어울려 춘다.)
김만중의 〈구운몽〉에 나오는 팔선녀

말뚝이: 쉬이. (말채로 어릿광대들 앞면을 빙 돌며 훑어 나가면서 장단과 춤을 멈춘다.) 날이 덥더부리 하니 양반의 자식들이 흔터(빈터)에 강아지 새끼 모이듯이, 연당못에 줄남생이 모인 듯이, 물길 밑에 송사리 새끼 모인 듯이, 모도 모도 모여 서서 말뚝인지 개뚝인지 과거 장중에 들어서서 제 의붓애비 부르듯이 말뚝아, 말뚝아 부르니 아니꼬아 못 듣겠네. (말채로 '못듣겠네.' 에 땅을 친다.) / 도령: (말뚝이가 땅을 치는 말채 소리와 동시에 놀라서 덥석 주저앉는다.)
말채찍
물가의 양지바른 쪽에 볕을 받으려고 죽 늘어앉은 남생이들
양반의 자식들을 '강아지', '남생이', '송사리'에 비유 → 양반을 비하하여 권위를 무너뜨리는 효과
언어유희
양반이 시도 때도 없이 아무 데서나 말뚝이를 부름
채찍 소리에도 놀라 주저앉는 허약한 모습

청보양반: 이놈, 의붓애비라니. (지팡이로 땅을 짚고 부채는 말뚝이를 지시하며)

어릿광대 일동: (따라서) 네가 의붓애비다. 네가 의붓애비다. (서로 손짓을 한다.)
▶ 여색을 탐하는 청보양반과 말뚝이의 조롱

말뚝이: 소인은 상놈이라 이놈 저놈 할지라도 소인의 근본을 들어보소! 「우리 칠대 팔대 구대조께서옵서는 남병사(南兵使) 북병사(北兵使)를 지내옵고, 사대 오대 육대조께서옵서는 평안 감사 마다하고 알성 급제 장원에 도승지 참판을 지냈으니 그 근본이 어떠하오!」 (칠대, 팔대 등 숫자를 헤아릴 때 손가락을 하나씩 꼽는다.)
현재 '말뚝이'의 신분: 말뚝이 < 청보양반
조선 시대 각각 함경도 북청, 경성에 머무르던 무관 벼슬인 병마절도사
「 」: 과거 '말뚝이'의 신분: 말뚝이 > 청보양반

청보양반: 이놈, 말뚝아. 네 근본 제쳐 놓고 내 집 근본 들어 봐라. 「기생이 여덟이요, 내자가 열둘이요, 능노군이 스물이요, 마호군이 서른이라. 그 근본이 어떠하노.」 (한 손으로 지팡이를 짚고 부채는 말뚝이를 지시하면서) / 말뚝이: 피, 양반 근본 좋다. (어깨 너머로 흉보듯이)
남 앞에서 자기의 아내를 이르는 말
노 젓는 병사
역마를 맡아 기르던 병사
「 」: 양반과 말뚝이의 우위가 역전됨 – 주된 향유층인 서민들의 피해 의식을 극복하고자 함
반어적 표현 – 조롱의 수단

어릿광대 일동: 네 근본이 네 근본이다. (서로서로 손짓을 하며) ▶ 말뚝이와 청보양반의 근본 소개

청보양반: 이놈, 말뚝아. 과거 길이 바빠 오니 과거 행장 차리어라.
양반의 위엄

말뚝이: 「예에. 마판(마구간)에 들어서서 서산나귀(보통 나귀보다 체구가 조금 큰 중국산(서산) 나귀) 몰아내어 가진 안장 찌울 적에 청홍사(靑紅絲)(청실과 홍실) 고흔 굴레(말이나 소를 부리기 위하여 고삐에 걸쳐 얽어매는 줄) 주먹상모 덥벅 달아 앞도 걸쳐 잡아 메고 뒤도 걸쳐 잡아 메고 노 생원님 끌어냈소.(노(老) 생원님 = 노새 원님(발음의 유사성을 이용한 언어유희)) (말채로 청보양반을 향해 땅을 치고 끌어내듯이)」(「 」: 말뚝이의 조롱) / 청보양반: 이놈, 노 생원이라니.(양반의 질책)

말뚝이: 청노새란 말씀이올시다.(말뚝이의 변명 – 면종복배(面從腹背), 표리부동(表裏不同))

청보양반: 내 잘못 들었네. 내 잘못 들은 죄로 네 귓구멍에 이내 작순이로 쿡쿡 쳐 박아라.(양반의 안심 – 비속어를 통한 해학적 표현) (굿거리 장단에 맞추어 '청노새, 청노새' 하며 말뚝이가 춤을 추면 모두 어울려 한바탕 춤을 추다가 덧뵈기 장단에 맞춰 춤을 추고 어울린다. 이때 비비 양반과 비비가 등장하고 비비에게 위협을 당하여 놀란 듯이 퇴장한다.)('비비 과장'으로의 전환을 보여 줌)

▶ 과거 행장을 소재로 한 재담

핵심 정리

- 갈래: 민속극(탈춤의 대본)
- 성격: 해학적, 풍자적, 민중적, 비판적
- 구성: '대화와 재담'의 구성

양반들이 말뚝이를 부름 ➡ 말뚝이의 문안 인사와 청보양반의 풍류 자랑 ➡ 말뚝이와 청보양반의 근본에 대한 재담 ➡ 양반들에 대한 말뚝이의 꾸짖음

- 제재: 양반과 서민들의 삶
- 주제: 양반 사회의 비리와 허위 풍자
- 특징: ① 전체 5과장으로 각 과장은 독립적인 구조를 지님
  ② 과장, 반어, 언어유희 등으로 양반을 풍자함
  ③ 양반의 언어와 서민의 언어가 혼재되어 사용됨
- 인물 분석
  - 말뚝이: 양반의 허세적 위엄 앞에 굴복하는 척하면서 양반을 조롱함
  - 청보양반: 권위를 내세우지만 말뚝이에 의해 웃음거리가 됨

한눈에 보기

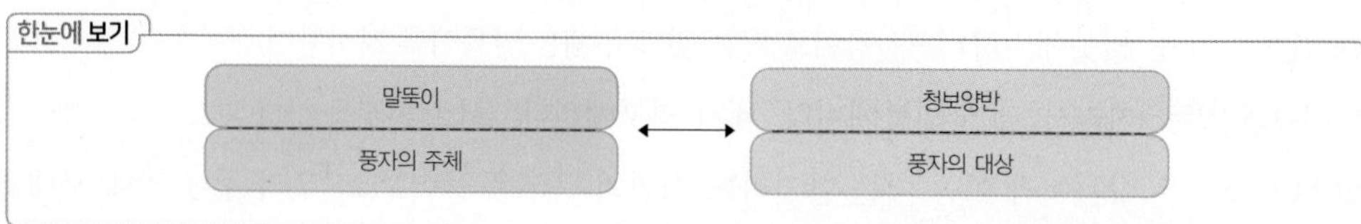

보충·심화 학습

- 〈고성 오광대〉의 전체 구성
  - 제1과장 문둥북춤 과장
  - 제2과장 오광대놀이 과장
  - 제3과장 비비 과장
  - 제4과장 승무 과장
  - 제5과장 제밀주 과장

필수 문제

01 이 글에서 (   )을/를 쓰고 (   )을/를 든 말뚝이의 차림새에서 그의 신분을 짐작할 수 있다.

02 이 글에서 (   )은/는 반어적 표현, 언어유희, 행동 등을 통해 양반들을 조롱하고 희화화하고 있다.

193 동래 야유(東萊野遊) | 작자 미상

야유: 들놀이, 들놀음

필수

출제 포인트

제4과장 할미 마당은 축첩 제도 및 가부장적 사회에서의 남성의 횡포에 대한 내용으로, 당대의 사회상과 관련 지어 '영감'과 '할미'의 인물 유형 및 이들의 갈등 원인을 파악해 보자.

감상 길잡이

〈동래 들놀음〉이라고도 불리는 이 민속극은 부산 동래 지역에서 전승되어 온 가면극으로, 신년맞이 행사의 일환으로 정월 대보름에 공연된다. 총 4개의 과장 중 양반을 풍자하고 비판하는 〈양반 마당〉과 서민 생활의 갈등을 그린 〈할미 마당〉이 작품의 중심을 이룬다. 처첩 간의 갈등과 생활의 곤궁함을 그리고 있는 〈할미 마당〉은 우리나라 탈춤의 공통된 내용 가운데 하나로, 가부장제하에서의 남성의 횡포를 보여 준다.

〈제4과장 할미 마당〉

악사들이 신명 나게 탈판을 돌면서 한바탕 흥을 돋우다가 한곳에 자리 잡으며 새로운 기분으로 굿거리장단을 울린다. 이때, 「누런색 동저고리(남자가 입는 저고리)에 고동색 치마를 입고 처네(조선 후기 부녀자들의 외출용 쓰개. 머리처네)를 쓴 할미가 지팡이를 짚고 쪽박과 짚신을 허리에 차고」(「」: 할미의 누추한 행색) 장단에 맞추어 춤추며 등장, 탈판을 돌다가 힘이 빠져 엉덩이춤을 춘다. 할미의 거동은 추하고 우스꽝스런 것으로 가끔 옆구리를 긁기도 하고 오줌을 누기도 하는데, 이럴 때도 율동은 정지치 않고 항상 장단과 일치한 움직임을 보인다. 할미가 탈판을 돌며 사방을 기웃거리다가 한곳에 이르러 이마에 손을 얹고 발버둥 치며 먼 곳을 살피면(영감을 찾는 할미의 모습) 장단은 멈춘다.

할미: 영감아. (두리번거리며 살핀다. 다시 장단에 맞추어 한동안 춤추다가 이마를 짚으며 발버둥 친다. 장단이 멈춘다.)

할미: 영감아. (다시 춤추다가 악사의 앞에 가서 지팡이를 옆으로 저으면 장단은 멈춘다.)

할미: 여기 영감 한 분 안 지나갑디까? / 악사: 모색(모습)이 어떻게 생겼노?

할미: 색골(색을 지나치게 좋아하는 사람을 속되게 이르는 말)로 생겼지요. 키가 크고 얼굴은 가름하며 코가 크지요.(영감탈의 모양)

악사: 그런 영감 조금 전에 이리로 지나가는 것 봤소.

할미: 아이고 그러면 바삐 가 봐야겠다. (웅박캥캥(탈춤의 장단 중 하나) 장단이 울리면, 할미가 생기 있는 춤으로 놀이판을 돌다가 한곳에 이르러 오줌을 눈다.(할미의 추한 행동))

▶ 영감을 찾기 위해 할미가 놀이판에 옴

영감: (허술한 평복에 백색 두루마기를 입고 갓을 썼다. 손에 부채를 들고 할미가 향하고 있는 반대쪽에서 등장하여 놀이판을 돈다. 같은 놀이판에서 돌아다니지만 서로 멀고, 딴 곳이어서 만날 수 없으니 서로 찾아다닌다.)

「영감: 할맘아, 할맘아. (몇 차례 부르다가 부채로 악사 쪽을 가리키면 장단이 멈춘다.)

영감: (구경꾼을 향하여) 여보소, 조금 전에 웬 할맘 하나 안 지나가던가?(탈춤의 개방성)

악사: 모색이 어떻게 생겼노? / **영감**: 얼굴은 포르쪽쪽하고 입은 크지요.
할미탈의 모양

악사: 그런 사람 조금 전에 이리로 지나갔소.」「 」: 할미와 악사가 나눈 대화와 유사한 구조 반복 – 구비 전승에 유리함

영감: (그쪽을 향하여) 할맘, 할맘. (할미와 영감은 서로 놀이판 가로 돌아다니면서 여러 번 가까이 스치며 지나가기도 하고, 엉덩이를 뒤로 맞대고 비벼대기도 하고, 얼굴을 서로 보고자 돌아다볼 때 서로가 반대 방향을 본다. 한참 만에 서로 마주 보고서야 반가워서 부둥켜안는다. 영감이 부채를 펴 들면 장단이 멈춘다.)

▶ 할미를 찾기 위해 영감이 놀이판에 옴

영감: 할맘아! / **할미**: 영감아! (웅박캥캥, 잦은 굿거리를 울린다.)

할미:「내가 영감을 찾을랴고 계림팔도를 다 돌아댕겼고 면면촌촌이 방방곡곡이 얼개빗 틈틈이 찾다가 오늘 이 놀이판에서 만났구료.」
우리나라 전체를 달리 이르는 말 / 얼레빗. 빗살이 굵고 성긴 큰 빗 / 공연 장소와 극 중 장소의 일치 – 탈춤의 현장성 / 「 」: 장면의 극대화. 점강법 (계림팔도 → 얼개빗 틈틈이)

▶ 영감과 할미가 재회함

영감: 할맘, 할맘 내 말을 들어 보게. 내가 할맘을 찾을랴고 인천 제물포까지 갔다가 거기서 작은 마누라 하나를 얻었네. (할미는 영감의 말뜻을 알아듣지 못하는데 영감은 장고 장단에 춤추며 제대각시를 데리러 간다. 할미도 덩달아 엉덩춤으로 따른다.)
축첩을 하던 당대 사회상 반영 / 춤을 통한 장면 전환

영감: (멀리 대고) 제대각시! 제대각시! (꽃고깔을 쓰고 노랑 저고리에 다홍치마, 목에 분홍 명주 수건을 두른 제대각시가 춤추며 등장하면 장단이 커진다. ㉠ 영감과 제대각시가 다정하게 춤추며 논다.) / **할미**: (할미가 지팡이로 땅을 친다. 이윽고 땅에 퍼질러 앉아 치마 밑 주머니에서 조그마한 거울을 꺼내 화장하는 형용을 하다가 다시 일어나면 멈춘다.)
할미의 누추한 모습과 대조적인 제대각시의 곱고 화려한 모습 / 춤을 통한 정서 표현 / 제대각시에 대한 질투심, 영감에게 잘 보이고 싶은 욕망 표현

할미: (구경꾼을 향해) 아이고, 여보소. 저 인물이 내보다 잘났나? 내가 더 잘났지!
관객의 극 중 개입 – 탈춤의 개방성

할미 · 영감 · 제대각시: (3인이 삼각관계를 춤으로 나타낸다.「제대각시에게 정분을 쏟는 영감에게 화가 난 할미는 결국 제대각시를 쫓아내려고 한다. 그러나 영감은 도리어 제대각시만을 귀여워한다.」이에 화가 난 할미가 지팡이로 제대각시를 쫓아내면 그 뒤를 따르려는 영감을 할미가 가로막는다. 할미가 영감을 놀이판 한가운데로 끌어내면, 장단을 멈추고 악사들도 잠시 퇴장한다.)
「 」: 처첩 간의 갈등을 춤으로 표현함 – 춤을 통한 갈등 표현

▶ 제대각시의 등장으로 할미와 영감이 갈등함

제대각시: (퇴장한다.) / **할미**: 그런데 영감! 삼백주 통영갓은 어디다 두고 파의파관이 웬 말고?
찢어진 옷과 헤어진 갓. 초라한 외양

영감: 그것도 내 복이로다. / **할미**: 명지 두루막은 어디다 두고 먹새 창옷이 웬 말고?
운명론적 태도 / 명주 두루마기 / 검은 물을 들인 소창옷

영감: 그것도 내 복이로다! 그런데 할맘 내 갈 적에 아들 삼 형제를 두고 갔는데 큰놈 내 솔방구는 어쨌노? / **할미**: 떨어져 죽었다.

영감: 뭐 떨어져 죽었다? 그래 둘째 놈 내 돌멩이는 어쨌노? / **할미**: 던져서 죽었다.

영감: 뭐 던져서 죽었다? 그래 셋째 놈 내 딱개비는 어쨌노? / **할미**: 민태서 죽었다.
'문지르다'의 방언

영감: 뭐 민태서 죽었다? 그래 자식 셋을 다 죽였다 말이지. 휴 —「(구경꾼을 향하여) 이 사람들아

다들 보소. 이년이 아이 셋 있는 것을 죽여 버리고 또 내 소실 하나 얻은 것까지 심술을 부리니 내가 어떻게 살겠나, 못살지 못살아.「에이 이년 죽어라 죽어. (할미를 발로 찬다.)
「 」: 관객의 극 중 개입. 탈춤의 특성 가부장제하에서의 남성의 횡포

할미: (두 손 모아 빌며) 영감아 내가 잘못했다. 그것 복이라고, 잘 봐주소.

영감: 아나 여깄다. 네 복 가지고 가거라. (발로 몹시 찬다.)

할미: 아이고 아이고. (넘어졌다 다시 일어나며) 영감아 영감…… (전신을 떨다가 넘어져 끝내 죽는다.)」 「 」: 남성의 횡포로 고통 받는 여성의 모습이 드러남

영감의 폭력에 할미가 죽음. 비극적 상황

▶ 자식들이 죽은 것을 알고 영감이 할미를 때려 죽게 함

뒷부분 줄거리 | 당황한 영감은 의원을 부르고 봉사의 독경을 해 보지만 어쩔 수 없어 무당을 불러 오구굿을 한다. 상도꾼들이 시체를 상여에 올려 상여가(喪輿歌)를 부르며 나간다.

오구굿: 죽은 사람의 넋을 위로하여 극락왕생 하기를 비는 굿

핵심 정리

- 갈래: 민속극(탈춤의 대본)
- 성격: 풍자적, 해학적, 오락적, 유희적
- 구성: [전체] 전 4과장의 옴니버스식 구성 [본문] 재담과 춤으로 구성

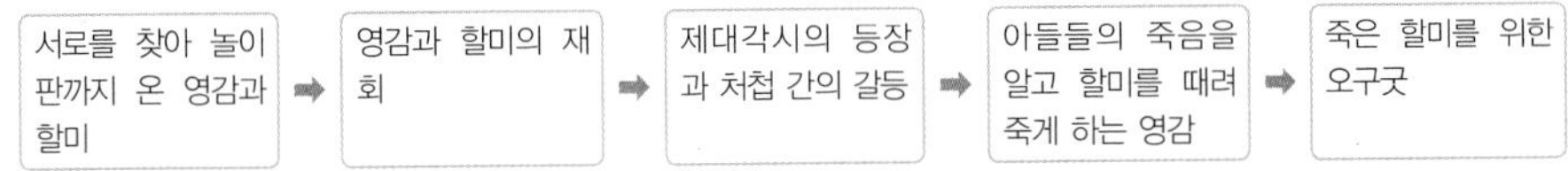

- 제재: 처첩 간의 갈등
- 주제: 축첩 제도와 여성에 대한 남성의 횡포 비판
- 특징: ① 마을 공동체에서 세시 민속놀이로 연희됨 ② 굿을 통해 제의적(祭儀的) · 무속적(巫俗的) 성격이 드러남
- 인물 분석
  - 할미: 유랑민. 축첩에 대한 불만으로 영감과 다투다 죽음을 맞는 당대 여성의 전형임
  - 영감: 유랑민. 가부장적 권위와 축첩에 대한 욕심을 가지고 있는 당대 남성의 전형임

한눈에 보기

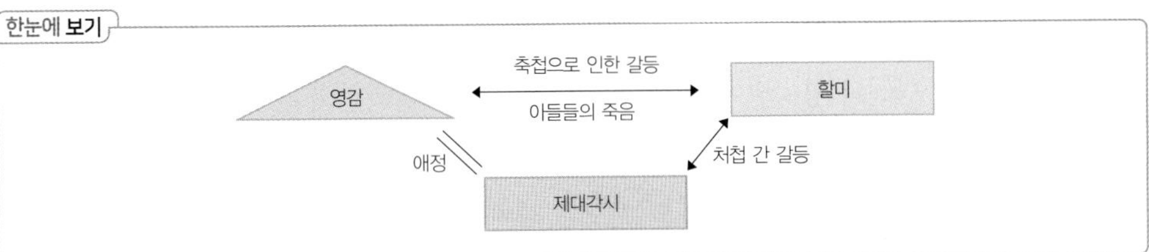

보충·심화 학습

- 〈동래 야유〉의 전체 구성
  - 제1과장 문둥이 마당
  - 제2과장 양반 마당
  - 제3과장 영노 마당
  - 제4과장 할미 마당

필수 문제

01 이 글에서 영감과 할미가 갈등하는 주된 원인은 (   ) 때문이다.

02 ㉠에서 나타나는 춤의 기능을 쓰시오.

194 구렁덩덩 서(徐)선비 | 작자 미상

교과서

출제 포인트

뱀 신랑과의 재결합을 위한 신부의 시련의 과정을 바탕으로, 설화의 변신 및 금기 모티프에 주목하여 살펴보자.

감상 길잡이

〈구렁덩덩 신 선비〉 또는 〈뱀 신랑 설화〉라고도 불리는 이 글은 변신담 중에서 가장 흔한 유형이라고 할 수 있는 동물 변신형 설화이다. 이 설화는 지역에 따라 다양한 변이형이 존재하며 이야기에 따라 할머니가 아닌 과부가 등장하기도 하고, 지하 세계의 내용이 생략되어 있기도 하다. 또는 언니들의 시기심 때문에 뱀 신랑이나 막내딸의 비극적인 죽음으로 끝나는 경우도 있다. 이 설화의 셋째 딸이 겪는 시련은 우리 문학의 바탕에 흐르는 여성의 수난을 반영한다.

앞부분 줄거리 | 아기 낳기가 소원이었던 늙은 내외가 구렁이를 낳게 된다. 구렁이는 이웃 부잣집의 셋째 딸에게 장가들고 싶어 한다.

할머니는 할 수 없어 부잿집에 가서 우리 집 구렝이가 셋째 따님한티 장개올란다고 합니다고 말했십니다. 부잿집 영감은 그거야 딸한티 물어봐야 한다고 하고서(가부장적인 태도보다 딸의 의사를 존중하는 태도를 보임) 셋째 딸을 불러다가 구렝이가 너한티 장개오겄다고 허는디 너는 구렝이한티 시집갈레 하고 물었십니다. 그렁께 셋째 딸은 아버님이 하라는 대로 하겠십니다고(전통적인 순종적 여인상, 외모를 보지 않고 내면을 중시함) 말했십니다. 그리서 이 딸을 구렝이한티 시집보내기로 했십니다.

▶ 구렁이의 청혼을 셋째 딸이 받아들임

혼인날이 되이께 구렁이는 저그 아부지 보고 기인 샌내키('새끼줄'의 충청도 방언)를 꼬와서 저그 집이서 부잿집으로 걸쳐 놓아 달라고 했십니다. 아버지가 그렇게 해 주니께 구렝이는 그 샌내키를 타고 부잿집으로 갔십니다. 구렝이는 그 집으로 가서는 구렝이 허물을 벗고(변신 모티프) 이렇다 하는 이뿌고 잘생긴 신랑이 됐십니다.

▶ 구렁이는 허물을 벗고 잘생긴 신랑으로 변함

행례(결혼의 예식)를 치르고 나서 신랑은 신부 보고 나는 먼 데 가서 공부를 해야겠이니 그리 알고 있이라 함서 구렝이 허물을 줌서 이것을 잘 간수하라고 했십니다. 그리고 이 허물이 없어지면 나는 영영 못 오게 되고, 그리고 당신과 영이별이 될 터니 부디 잘 간수하라고(금기 모티프) 말하고 먼 질('길'의 방언)을 떠나 버렸십니다.

▶ 구렁이는 허물을 잘 간수할 것을 부탁하고 집을 떠남

셋째 딸은 구렝이 허물을 받아 잘 간수하고 있었는디 하루는 어쩌다가 잘못해서 화로에다 떨어쳐서 그만 태우고 말었십니다(금기를 어김 – 이별의 원인이 됨). 이렇게 되고 보니 각씨는 이제는 서방님을 못 만나게 됐구나 허고 근심하다가(소극적 태도) 어디 있는지 그림재라도 보고 싶다고 집을 떠났십니다(적극적 태도).

▶ 실수로 허물을 태워 버린 각시는 구렁이 서방을 찾으러 길을 떠남

중략 부분 줄거리 | 셋째 딸은 새신랑을 찾기 위해 헤매다가 물속에 있는 어느 동네로 들어가게 된다.

그러다가 한 집에 가니께 그 집에는 높다란 다락이 있는디 그 다락 우에 구렁덩덩 새신랑이 앉어서 글공부를 허고 있었십니다. / 이 집에는 딸이 하나 있는디 구렁덩덩 새신랑을 사우 삼을라고 이렇게 공부를 시키고 있었십니다(새로운 갈등의 요소 – 남편과의 결합이 쉽지 않을 것임을 암시). / 각씨는 이 집으로 들어가서 하룻밤만 자고 가자고 했십니다. 그 집이서는 재울 방이 없어서 못 재우겄다 함서 내쫓일라고 했십니다. 각씨는 헛간도 좋고 마루 밑이고 좋으니 하룻밤만 재워 달라고 사정했십니다(남편과의 재결합에 대한 강한 의지를 보여 줌). 그 집이서는 그러라고 제우(겨우) 허락을 해서 각씨는 마루 밑이서 자게 됐십니다.

▶ 각시는 새신랑을 찾았지만 새신랑에게는 또 다른 혼처가 있었음

중략 부분 줄거리 | 새신랑은 이 집의 딸과 각시에게 내기를 시켜 이긴 사람과 결혼하겠다고 한다. 좁쌀 한 말 먼저 담기, 물 한 동 이고 오기 내기에서 모두 각시가 이긴다.

셋째 번 내기는 산 호랭이 눈썹을 먼저 뽑아 오기 내기였습니다.
다른 내기와는 달리, 각시의 목숨이 담보되는 내기

각씨는 앞산으로 갔다가 짚은 산골짝으로 들어갔십니다. 쬐그만 초가집이 있어서 들어가 봉께 할머니가 혼자 있었십니다. 각씨는 할머니한티 가서 자기는 이러이러한 사람인디 산 호랭이 눈썹을 뽑으러 왔는디 무신 도리가 없겄냐고 물었십니다. 할머니는 자기 아들이 호랭이니께 잘해서 하나 뽑아 주마고 말했십니다. 그러고는 할머니는 각씨를 벽장에다 숨겨 두었십니다.
각시에게 도움을 주는 조력자

조금 있잉께 호랭이가 왔십니다. 코를 킁킁거리면서 냄새를 맡더니 사람 내가 난다고 했십니다. 할머니는 사람 내가 나기는 무신 사람 내가 나? 니가 아까 먹은 고기 땜에 그러는 거지 함서 달랬십니다. / 그날 밤 호랭이가 자는 새에 할머니는 가만히 호랭이 눈썹을 하나 뽑았십니다. 그러고 이튿날 호랭이가 나간 새에 각씨한티 주었십니다. / 각씨는 이렇게 해서 내기 세 가지에 모다 이겨서 구렁덩덩 새신랑하고 다시 잘살게 되었답니다. ▶ 모든 시련을 극복하고 행복하게 삶
각시의 위기로 긴장감을 조성함
시련을 모두 극복하고 행복한 결말을 맞음

핵심 정리

- 갈래: 설화(민담, 변신담)
- 성격: 교훈적, 전기적(傳奇的)
- 구성: 시간의 흐름에 따른 추보식 구성

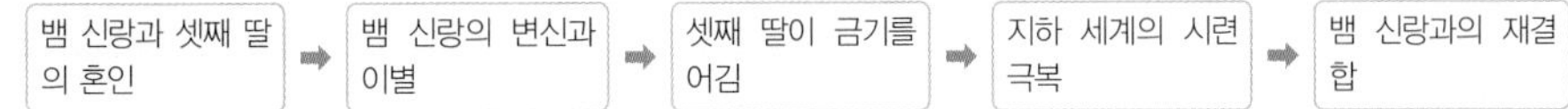

- 제재: 뱀 신랑
- 주제: 인간과 뱀 신랑의 신이한 결합
- 특징: ① 설화의 특징인 변신과 금기 모티프가 등장함 ② 우리 문학 전반에 흐르는 여성 수난을 반영함

한눈에 보기

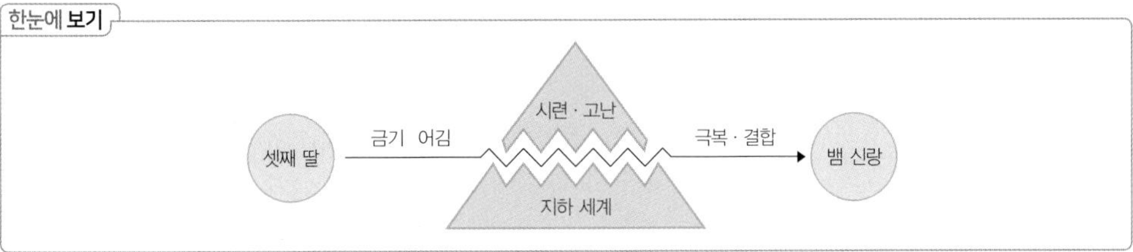

필수 문제

01 '뱀 신랑'이 허물을 벗는 부분은 설화의 한 특징인 ( ) 요소가 잘 드러나는 부분이다.

02 이 글에 드러나는 민담의 두 가지 모티프를 쓰시오.

195 이야기 주머니 | 작자 미상

교과서

출제 포인트

구어적 특질이 잘 드러나는 민담으로, 이야기 자체를 소재로 하고 있다는 점에 주목하여 이야기가 지닌 본질에 대해 파악해 보자.

감상 길잡이

이 글은 구연자가 직접 이야기한 것을 채록한 것으로, 전통적인 민담의 구연 방식을 취하고 있어 구어적 특질이 잘 드러난다. 이 이야기는 다른 민담들과는 달리 이야기 자체를 소재로 하고 있다는 점이 독특한데, 이야기를 주머니에 가두어 두다가 화를 입을 뻔한 도령의 이야기를 통해 이야기의 본질이 소통과 구전임을 암시하고 있다. 이 글에서처럼 이야기를 가두어 두기만 하면, 이야기가 가진 개방성과 진실성이 닫히고 고정되어 이야기의 생명력을 없애는 결과를 가져올 뿐이다. 이 글은 사람과 이야기 사이에 갈등을 설정하고 이야기를 의인화하여 형상화시키고 있다는 점에서 우리 민족의 이야기에 관한 인식 수준이나 이야기를 만들어 내는 솜씨가 어느 정도였는가를 가늠하게 하는 좋은 자료가 된다.

그전 옛날에 이제 대갓집이서 독선생을 앉히구 인제 공불 시켰어요. 「지금 잘사는 집이서 선생
한 집안의 아이를 가르치던 선생님 공부를
님 모셔 놓구 과외 공불 시키는 것과 한가지야.」 그전에 참 대갓집이서 독선생을 앉혀 놓구 아들
「」: 청자의 이해를 돕기 위해 현실 상황과 비교 설명함 – 서술자의 개입 반복적 표현. 즉흥적 구술의 특징. 생략 가능
공불 시키는데 이놈이 공불 않어. 허재며는 자기 아버지하구 그 이웃 노인네하구 앉아서 옛날 이
안해 (공부를) 하자고 하면
야기를 하는데, 이놈이 공불 하면서도 이 얘기하는 것을 다 적는 거야. 「적어선 하룻제녁에 한 마
하룻저녁
디 들으면 하날 적어서 요걸 종이에다 적어 가주곤 요놈에 걸 봉해 가주군 주머닐 하나 맨들어서
가지고는
거기다가 처넣구, 처넣구 한 게 삼 년 동안을 그래다 보니깐 주머니 세 개가 꽉 찼어요.」 그러니깐
「」: 이야기를 적어서 주머니에 모음 → 이야기를 가두어 소통을 단절시킴. 사건의 발단
자기 방 대들보에다 딱 달아 놨지. 요놈의 걸. 얘기 주머니를 보니깐 삼 년 동안을 저녁마다 한 개
이야기 주머니를
씩 집어 넣으니깐 얘기 주머니가 엄청나게 많이 들어간 거예요. 주머니가 세 개 찼으니깐.
이런 동네로 치면 ▶ 부잣집 도령이 이야기를 적어 주머니에 모아 둠(기)

사 년째 되던 해에 장가를 가게 됐어요. 이런 동네서 살 꺼 같음 저기 홍천쯤으로 장가를 가게
이해를 돕기 위해 현실과 연관시켜 물리적 거리를 설명함 – 구어적 성격(서술자의 개입)
됐어요. 이런 영을 하나 넘어가야 하는데 그전엔 왜 가마에다 이렇게 가야 되잖아요. 그런데 낼쯤
고개
출발하게 되면 오늘쯤 자기 아버지가, 이제 하인들이 있으니까, 하인더러 명령을 하는 거야.
출발하기 하루 전날

"너는 내일 누구누구 가말 모시구, 누구는 손님 접대를 해라."

이렇게 참 정해 줬단 말야. ▶ 도령이 장가를 가게 됨
동일 어구의 반복. 생략 가능 – 구연의 특징

그런데 그 가마 모시구 그 샌님 도령을 모시구 영 넘어갈 그 종이, 참 동짓달인데 허깨눈이 밤
쓸려고 음력 11월 진눈깨비
에 깜짝시레 이렇게 와서 눈을 씰러 그 도련님 방 문턱엘 이렇게 돌려 씰재니까, 그 방은 도련님
갑작스레 중얼중얼
은 없구 빈방인데, 얘깃소리가 중중중중 나더란 얘기예요. 그전 공부하던 방인데, '하 도련님이
청자의 흥미 유발
여긴 안 기시는데 여기서 무슨 얘깃소리가 이렇게 나는가?' 말여. 게서 귀를 이렇게 찌우 들으니
동작을 사용하는 부분 – 구연의 특성
깐, 아주 여러 사람이 떠드는 게,

❶ "이놈에 새끼가 우릴 주머닐 넣어 가두고 안 풀어 놓는다."

는 얘기야.

「"그래니깐 이 새끼가 낼 저 고개 넘어 장갤 간다니까 우리가 잡아야 된다."
이야기 귀신들이 도령에게 복수하고자 함

이거지.

"우리 여레 이걸 잡아야 되는데……."

그래니깐 이런 토론이 많이 나오겠지. 응 귀신찌리래두.
귀신끼리라도

"그럼 그걸 어떻게 잡아야 되느냐?"

그래니깐,

"내 말 들어라. 동지섣달에 이 고갯마루에다가 난데없는 돌배를 크다만 걸 하나를, 이렇게 잎이 피여 늘어지게 하고 돌배가 이렇게 매달리고 허먼, 그걸 먹을라고 애쓸 거다. 그러니깐 그놈의 걸 이렇게 떡 맨들어 놓으면 새신랑이 오다 그거만 처먹으면 죽을 테니깐 걸 해 놓자."」
커다란 / 그걸
「 」: 이야기 귀신들의 음모 – 자신들을 가둔(소통을 막은) 도령을 죽이고자 함(위기 설정)

아, 요걸 그 가매바리 모시구 갈 그 종놈이 들었단 애기야. '도련님은 내가 살려야겠다' 는 결심을 먹었거든.
가마와 짐 / 사건 해결의 주체(위기 해결의 장치)
▶ 하인이 이야기들의 음모를 알게 됨(승)

아 근데 아침에 신랑 아버지가,

「"아, 부득이한 무슨 일이 있으니깐 너는 낼 도련님을 모시구 거길 가라구 그랬더니, 오늘 집안 일을 봐야 되겠다."」「 」: 종이 도령과 함께 갈 수 없는 상황 – 새로운 위기 상황 발생, 독자의 흥미 유발

이러거던.

"안 되겠습니다. 내가 가야 되겠습니다."
도련님을 살리고자 하는 마음

이거야.

"이놈! 어느 명령이라 니가 불복을 하느냐?"
복종하지 않느냐

"내가 목이 짤라져두 가야 되겠습니다."

이거야. 아 그래니깐 그 새신랑짜리가 가만히 생각하니깐 이상허거든.

"아 무슨 얘기야?"

"아 내가 도련님 모셔야지 안 됩니다."
다른 사람이 가면

이거야. 그래니깐 또 그 새신랑두 그 종이 맘에 들었었구.

"아버님, 이번에 뭐 아버님 첨 마음먹었던대루 이 사람이 이렇게 가게 하죠."

"아냐, 이 사람이 집에서 손님 접댈 해야 돼."

「아 서루 의견 충돌이 되는 거야. 그래니깐 죽어두 간대네. 내 목이 짤라져두 간대는데 어떡하느냐 이기야. 아들이 부추기구. 그래서 그 사람이 모시구 간 거야.」
「 」: 위기 상황의 극복 ① – 하인과의 동행
▶ 함께 갈 수 없게 된 하인이 고집을 부려 도령과 동행함

아, 아니나 달러? 이놈이 고개를 동지섣달에 눈이 허연데 올라가는데, 아 고개 마루턱에 난데

없는 놈의 돌배 남기 올라와서 돌배가 이렇게 늘어졌는데, 아 황홀하게 폈거든. 돌배가 많이 열지두 않았어요. 두 개가 딱 열었는데.

나무

표정과 동작이 필요한 부분 – 구연의 특성

"하 저거 따다 달라."

이기야.

"고갤 올려오니깐 목이 마르는구나."

▶ 도령이 돌배를 따 오라고 함

『인제 따다 달라구 그래니깐 이놈이 가매바릴 내려놓구 따는 척하며 따선, 네미 돌팔매질을 해서 멀리 팽개쳐 버린 거야.』 요게 꼬부장했단 말야.

「 」: 위기 상황의 극복 ② – 돌배를 던져 버림

가마와 짐을

하인의 태도에 도령이 불만을 품음

'저 새낄 우리 아부지가 떼 놀라구 그럴 적에 떼 놓고 딴 놈을 데려왔어야 저 돌밸 내가 먹을 놈에 걸 잘못 생각했다.'

는 거지. 속에다 꼬부장하게…… '언젠가 너는 나한테 죽는다는 걸 각오해라.' 그럭허군 가 잔칠 지냈어요.

▶ 하인이 돌배를 던져 버리자 도령이 하인의 태도에 불만을 품음(전)

잔칠 지내 와 가주구는 삼 일이 지나간 담에 인제 그 종놈을 부른 거야. 돌밸 집어 던진 놈을 오라구 그래서 와 가지구,

"너 무슨 혐의가 져서 내가 꼭 먹겠다는 돌밸 네가 따서 집어 버렸느냐?"

꺼리고 미워하는 마음이 들어서

"예, 그 이유가 있습니다. 그날 부쩍 우겨서 도련님을 모시구 간 것두 이유가 있습니다."

"뭐냐?"

그 얘길 쫙 했어.

『"눈 씰러 이렇게 돌아가니깐 도련님 그 공부하던 방에서 서루 그 귀신들찌리 얘길 허는데 그날 가두구서 풀어 주질 않으니까 이걸 잡아야 되겠다구 그래면서 그 돌밸 만들어 놓구 그걸 먹음 죽게 이렇게 하자구. 그래서 내가 우정 그렇게 간 거라구."』

끼리

「 」: 지난 상황의 요약적 제시

일부러

이놈이 가만 생각해 보니깐 그 얘기 주머니가 생각이 나거든.

"아, 그래."

▶ 도령이 하인을 추궁하자 하인이 이유를 설명함

아, 그래선 참 자기 공부하던 방에 가 보니깐 대들보에다 얘기 주머니 세 개 이렇게 똘똘 말아선 이렇게 주머니 속에 가뜩가뜩 채워 논 게 매달려 있거든. 아 그래 이놈의 얘기 주머니를 갖다 가선 터쳐서 풀어 내보냈단 말이야. ❷ 그때 헤쳐 보냈는데 겨우 나는 그놈에걸 줏어듣다 보니깐 그저 한 반 주머니밖엔 못 가졌어요. 에 이걸루 끝납니다.

이야기의 본질인 소통을 실현함

▶ 도령이 주머니를 열어 이야기들을 풀어 줌(결)

핵심 구절 풀이

❶ "이놈에 새끼가 우릴 주머닐 넣어 가두고 안 풀어 놓는다.": 주머니 속에 갇힌 이야기 귀신들이 자신들을 가둔 도령을 원망하는 말로, 구전과 소통이라는 이야기의 본질을 왜곡하면 재앙이 생기리라는 것을 예고하고 있다.

❷ 그때 헤쳐 ~ 못 가졌어요.: 도령이 풀어 내보낸 이야기 중 구술자는 반 정도밖에 알지 못한다는 말로, 듣는 이들에게 웃음을 자아내는 표현이다.

핵심 정리

- 갈래: 설화(민담)
- 성격: 구술적, 교훈적, 서사적
- 구성: '기 – 승 – 전 – 결' 의 4단 구성

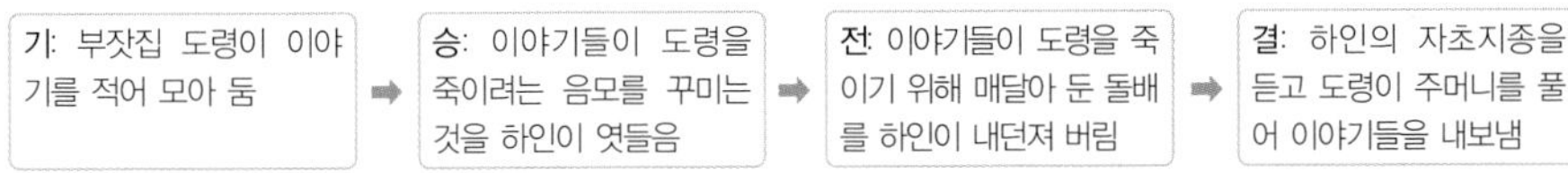

- 제재: 이야기 주머니
- 주제: 이야기가 지닌 소통의 본질
- 특징: ① 이야기 자체를 의인화하여 이야기의 소재로 삼음
  ② 직접 구연한 내용을 채록한 것으로, 구어적 특질이 잘 나타남

한눈에 **보기**

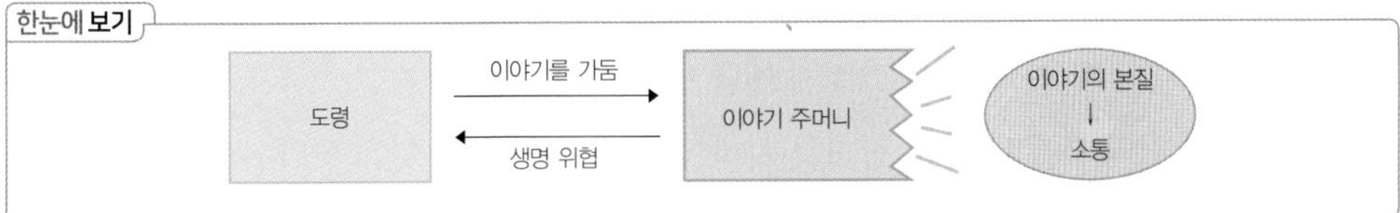

보충·심화 학습

- 〈이야기 주머니〉의 구어적 특징
- 구어적 종결 어미 활용: '–요', '–야', '–여' 등
- 즉흥적 표현의 사용: '그전엔, 참, 응, 아, 하, 에' 등
- 청자를 의식한 표현 사용: '가야 되잖아요', '이걸루 끝납니다' 등
- 청자의 이해를 돕기 위한 설명: '지금 잘사는 집이서~', '이런 동네서 살 꺼 같음 ~' 등
- 동작이 필요한 표현 사용: '귀를 이렇게 찌우 들으니깐', '돌배가 이렇게 늘어졌는데'
- 중복적 표현의 사용: '그 가마 모시구 그 샌님 도령을 모시구', '장가를 가게 됐어요. ~ 장가를 가게 됐어요.' 등

필수 문제

01 이 글은 '이야기'란 남에게 들은 것을 다른 사람에게 들려줌으로써 (　　　　)(으)로 이동하고, (　　　　)(으)로 전승되어야 한다는 메시지를 전하고 있다.

02 [서술형] 이 글에서 이야기 귀신들이 도령을 죽이려고 한 이유를 20자 내외로 서술하시오.

196 용소와 며느리바위 | 작자 미상

교과서

출제 포인트

악행을 저지른 시아버지와 금기를 어긴 며느리의 이야기가 전해지는 용소와 며느리바위에 얽힌 전설로, 구비 문학의 특성에 주목해 보자.

감상 길잡이

이 글은 용소와 며느리바위라는 구체적인 장소와 증거물이 있는 전설을 채록한 것으로, 말로 전해 내려오는 구비 문학의 특성이 잘 드러난다. 도승에 대한 장재 첨지의 악행으로 인해 장재 첨지의 집에는 재앙이 닥치게 되고, 선한 인물인 장재 첨지의 며느리는 도승으로부터 재앙을 피할 수 있는 방법을 전해 듣지만 금기를 어김으로써 화석이 된다. 이 전설은 세속적·물질적 욕망에 사로잡힌 인간형(장재 첨지)과 초월적 질서와 세속적 욕망 사이에서 갈등하는 인간형(장재 첨지의 며느리)을 보여 준다. 결국 장재 첨지의 집터는 큰 소(沼)가 되고, 며느리는 바위가 되어 구체적 지명과 증거로 남아 있다. 이 전설은 권선징악(勸善懲惡), 인과응보(因果應報)의 교훈을 나타내는데, 전승자는 현장감 있는 어투로 이야기를 구술하여 전설의 사실성과 신빙성을 강조한다.

용소는 장연읍에서 한 이십 리 되는 거리에 있는데, 장연읍에서 그 서도 민요로 유명한 몽금포 타령이 있는 데거든. 그 몽금포 가는 길 옆에 그 인지 바로 길 옆에 그 용소라는 것이 있는데 그 전설이 어떻게 됐냐 할 거 같으면, 그렇게 옛날 옛적 얘기지. 옛날에 그 지금 용소 있는 자리가 장재(長者) 첨지네 집터 자리라 그래. 장재 첨지네 집터 자린데, 거게서 그 영감이 수천 석 하는 부자루 아주 잘살구 거기다 좋은 집을 짓구서 있었는데, 그 영감이 아주 깍쟁이가 돼서, 뭐 다른 사람 도무지 뭐 도와두 주지 않구, 돈만 모으던 그런 유명한 영감이래서 거기 사람들이 말하자면, '돼지, 돼지' 하는 그런 영감이라네.

> 용소: 전설의 구체적 증거물 – 사실성, 신빙성
> 몽금포 타령: 용소라는 배경에 사실성 부여 → 익숙한 소재 사용
> 인지: 이제. 말 앞에 상투적으로 붙이는 군말
> 그 전설이 어떻게 됐냐 할 거 같으면: 독자의 관심 유도
> 그렇게: 아주
> 옛날 옛적: 구체적이지 않은 시간적 배경 – 설화 문학의 일반적 표현
> 수천 석 하는 부자: 호의호식(好衣好食)
> 루 아주 잘살구: 세속적, 본능적, 물질적 욕망의 표상
> 깍쟁이: 인색하고 이기적인 사람. 구두쇠. 수전노
> 돈만 모으던: 탐욕적
> 돼지, 돼지: 장재 첨지의 욕심을 비유적으로 표현

▶ 전설이 전해지는 용소와 인색한 부자인 장재 첨지

그래서 구걸하는 사람이 구걸을 와두 당최 주질 않구, 또 대개 중들이 인지 그 시주를 하러 와두 도무지 주지를 않구, 그런 아주 소문이 나쁘게 나 있는 영갬인데, 어느 여름철에 거기서 인지 그 용소 있는 데서 한 이십 리 가면 불타산이라는 산이 있는데, 그 불타산은 절이 많기 때문에 불타산이라는 그런 절이 있는데, 거게서 그 도승이, 그 영감이 아주 나쁘다는 소리를 듣구서, 우정 인지 그 집을 찾어가서 목탁을 치면서 시주를 해 달라고, 그러니까 이 영감이 뛰어나가면서,

"이놈, 「너이 중놈들이란 것은 불농불사하구, 댕기면서 얻어만 먹구」 그러는데 우리 집에서는 절대루 인지 쌀 한 톨이라도 줄 수가 없으니까 가라구."

> 구걸을 와두 당최 주질 않구: 인색함과 탐욕의 구체적 행위 ①
> 중들이 인지 그 시주를 하러 와두 도무지 주지를 않구: 인색함과 탐욕의 구체적 행위 ②
> 불타산: 불타(佛陀) = 부처, 즉 부처를 모시는 절이 많은 산
> 도승: 초월적이고 절대적인 존재 ↔ 장재 첨지
> 우정: '일부러'의 방언 – 도승의 시주 요구가 의도적임을 나타냄
> 불농불사: 불농불상(不農不商)이 와전된 것, 농사도 짓지 않고 장사도 하지 않고 놀고 지냄
> 「 」: 중을 무위도식(無爲徒食)하는 존재로 인식(중에 대한 부정적 인식)
> 절대루 인지 쌀 한 톨이라도 줄 수가 없으니까 가라구: 인물의 성격 간접 제시 – 장재 첨지의 인색함

▶ 도승의 시주 요청과 장재 첨지의 거절

「소리를 질러두 그대루 그 중이 이제 가지를 않구섬날 독경(讀經)을 하구 있으니까,」 이 영감이 성이 나서 지금은 대개 삽이라는 게 있지마는 옛날에는 저 그것을 뭐이라구 하나, 부삽이라구 하나, 그거 있는데 그걸루 두엄 더미에서 쇠똥을 퍼가주구서는,

"우리 집에 쌀은 줄 거 없으니까 이거나 가져가라."

하구서는 바랑에다가 쇠똥을 옇단 말야. 그래두 그 중은 조금두 낯색두 변하지 않구서, 거저 '나무아미타불' 만 부르다가 그 쇠똥을 걸머진 채 바깥으루 나오는데, 그 마당 옆에 우물이 있었는데

> 「 」: 심판자로서 마지막 기회를 장재 첨지에게 줌
> 독경: 불교 경문을 소리 내어 읽거나 외는 것
> 옛날에는 저 그것을 뭐이라구 하나, 부삽이라구 하나: 청자의 동의를 구하는 즉흥적인 구술의 특성이 드러남
> 우리 집에 쌀은 줄 거 없으니까 이거나 가져가라: 인물의 성격 간접 제시 – 장재 첨지의 인색함
> 쇠똥: 장자의 악행 상징. 징벌의 원인
> 그래두 그 중은 조금두 낯색두 변하지 않구서, 거저 '나무아미타불' 만 부르다가: 인물의 비범성, 징벌을 결심함 → 심판자 역할을 함

▶ 쌀 대신 쇠똥을 주는 장재 첨지

우물가에서 그 장재 첨지의 며느리가 인제 쌀을 씻구 있다가, 그 광경을 보구서, 그 중 보구서는
① 선한 인물형 ② 초월적 질서와 세속적 욕망 사이에서 갈등하는 인간적 모습의 인물형
얘기하는 말이,

"우리 아버지 천생이 고약해서 그런 일이 있으니까. 조금두 나쁘게 생각하지 말라구."
선악의 대비적 요소(쌀 ↔ 쇠똥)
그러면서 쌀, 씻든 쌀을 바가지에다 한 바가지 퍼섬낭, 그 바랑에다 여 줬단 말야. 그러니께 그
며느리의 선행 → 도승이 며느리에게 징벌을 피하는 방도를 알려 주게 되는 원인
중이 며느리 보고 하는 말이,
▶ 장재 첨지 대신 시주하는 며느리의 선행

"당신 집에 인제 조금 있다가 큰 재앙이 내릴 테니까, 당신 빨리 집으루 들어가서, 평소에 제일
재앙의 예고. 도승의 심판자적 예고 / 세속적 욕망의 공간
귀중하게 생각하는 것이 무어 있는지, 두세 가지만 가지구서 빨리 나와서는, 저 불타산을 향해
초월적 구원의 공간(불교적 세계). 신성과 정의의 상징적 장소
서 빨리 도망질하라구."
▶ 며느리의 선행에 대한 보답으로 재앙을 피할 방법을 알려 주는 도승

그랬단 말야. 그러니까 그 며느리가 급히 자기 집으루 들어가서, 방 안에 자기 아들을, 뉘어서
세속적 욕망(인간 세계에 대한 미련)의 대상 ① – 자손에 대한 미련
재우든, 아이를 들쳐 업구, 또 그 여자가 인지 명지를 짜던 그 명지 도토마리를 끊어서 이구 나오
세속적 욕망(인간 세계에 대한 미련)의 대상 ② – 물질세계에 대한 집착
다가, 그 또 자기네 집에서 개를, 귀엽게 기르던 개를 불러 가지구서 나와서는, 그 불타산을 향해
세속적 욕망(인간 세계에 대한 미련)의 대상 ③ – 사소한 것에 대한 인간의 욕망
서 달음박질루 가는데, 어린애를 업구 명주 도토마리를 이구, 개를 불러 가지구 그 불타산을 향해
구비 전승의 특징(반복적 표현으로 생략 가능). 증거물인 바위의 모양과 일치시키기 위한 설정
서 얼마쯤 가는데, 그때까지 아주 명랑하던 하늘이 갑자기 흐리면서 뇌성벽력을 하더니 말야.「근
비현실적, 전기적 특성
데 그 중이 먼저 무슨 주의를 시켰나면,
▶ 며느리의 피신
금기(禁忌) 모티프
"당신, 가다가서 뒤에서 아무런 소리가 나두 절대루 뒤를 돌아보면 안 된다."는 거를 부탁을 했
① 금기의 구체적 내용 – 어겼을 경우 징벌을 받음 ② 세속적 세계에 대한 단절을 시험함
는데,」이 여인이 가는데 갑자기 뇌성벽력을 하면서 그 벼락 치는 소리가 나니까, 깜짝 놀래서 뒤
「 」: 부분적 역순행적 구성(단조로움 극복, 흥미성 부여) / 며느리가 금기를 어긴 것에 대한 결과 → 전설의 비극적 결말(인과응보), 화석 모티프
를 돌아봤단 말야.「그러니까 그 자리에서 그만 화석이 됐어. 그 사람이 그만 화석이 되구 말았다
금기를 어김 – 세속적 세계에 대한 미련, 초월적 세계에 대한 믿음 부족(며느리의 한계)
는 게야.」개두 그렇게 화석이 돼서 그 자리에 서 있다고 하는데, 그 지금두 불타산 아래서 얼마 내
「 」: 비현실적, 전기적 특성 / 전설의 신빙성 강조
려오다가서 그 비슷하니 거기 사람들은 이것이 며느리가 화석 된 게라고 하는 바위가 있는데, 역
전설의 구체적 증거물 ①
시 사람 모양하고, 뭐 머리에 뭐 인 거 겉은 거 하구, 그 아래 개 모양 겉은, 그런 화석이 아직도
이야기의 사실성 강조
있단 말야.「한데 그때 그 이 벼락을 치면서 장재 첨지네 그 집이 전부 없어지면서 그만 거기에 몇
장재 첨지에 대한 징벌 → 권선징악, 인과응보
백 길이 되는지 모르는 이제 큰 소(沼)가 됐단 말야.」한데 그 소가 어느만침 넓으냐 하면, 여기 어
「 」: ① 악행에 대한 징벌의 결과물 ② 전기적 요소 / 전설의 구체적 증거물 ②
린이 놀이터보담두 더 넓은데, 이거 고만 두 배쯤 되는 품인데 그 소에서 물이 얼마나 많이 나오
단순 징벌이 아니라 정화(淨化)를 통한 재창조를 의미함
는지, 물 나오는 소리가 쿵쿵쿵쿵쿵쿵 하면서 그 곁에 가면 이제 지반이 울린단 말야. 이리 이리
너무 물이 많이 나와서 그 물을 가지구서 몇만 석 되는, 이제 말할 것 같으면 수천 정보에 그 평야
장재 첨지에 대한 징벌을 통해 도승은 다수 민중에게 공평하게 은혜를 베풂(부의 공평한 재분배) – 주제 의식 확장
에, 논에 물을 소에서 나오는 물 가지구서 대는데,「그 물은 아무리 비가 와두 느는 벱이 없구, 아무리 가물어두 주는 벱이 없는데, 사람들이 그게 얼마나 깊으나 볼라구 명시실을 갖나가, 돌을 넣어서는 재니까 명지실 몇을 넣어도 도무지 끝을 몰른다는, 그만침 깊은 소가 됐단 말야.」
「 」: ① 비현실적(과장법) ② 용소의 신비함
▶ 용소와 며느리바위의 유래와 신이성

핵심 정리

- 갈래: 설화(지명 전설, 유래담)
- 성격: 설화적, 비현실적, 교훈적, 서사적, 설명적, 인과적
- 구성: '처음 – 중간 – 끝'의 3단 구성, 액자식 구성

처음: 용소의 위치, 전설 내용의 개괄적 제시 ➡ **중간**: 도승의 바랑에 쇠똥을 넣는 장재 첨지의 악행과 금기를 어긴 며느리 ➡ **끝**: 용소와 며느리바위의 유래 및 부연 설명

- 제재: 용소와 며느리바위에 얽힌 전설
- 주제: 인색한 부자의 악행과 금기를 어긴 며느리에 대한 징벌 – 인과응보(因果應報)
- 특징: ① 발화의 현장감이 느껴지는 구어체를 사용함
  ② 구체적 지역과 증거물을 제시하여 진실성, 신빙성을 부여함
- 인물 분석
  - 장재 첨지: 세속적 · 물질적 욕망의 표상. 인색하고 이기적인 사람으로 결국 악행에 대한 징벌을 받음
  - 며느리: 선한 인물이지만 초월적 질서와 세속적 욕망 사이에서 갈등하다가 결국 금기를 어겨 바위가 됨
  - 도승: 초월적 · 절대적 존재로 장재 첨지의 악행에 대한 심판자 역할을 함

한눈에 **보기**

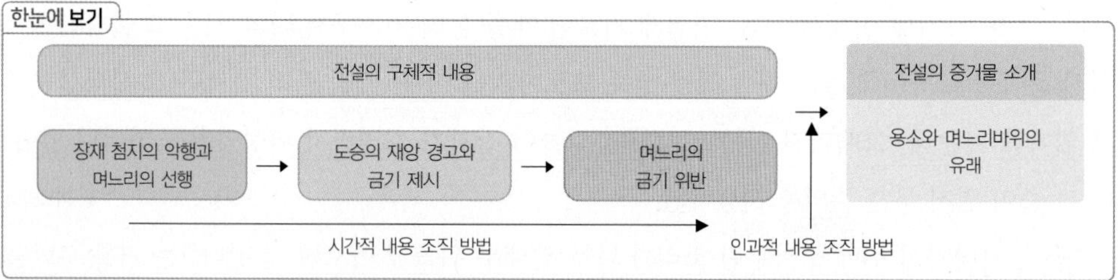

보충·심화 학습

- 금기(禁忌, taboo)

해서는 안 되는 일 또는 반드시 지켜야 하는 일로, 소돔과 고모라 이야기, '문을 지날 때 문지방을 밟지 마라.'와 같은 이야기를 예로 들 수 있다. 이 글에서는 며느리에게 절대 뒤돌아보지 말라는 도승의 말이 '금기'에 해당한다.

- 모티프(motif)

설화를 이루는 가장 작은 단위이다. 일반적으로 '여러 이야기에 공통되게 나타나는, 최소의 이야기 단위'라는 개념으로 쓰이며, '화소(話素)'라고도 불린다. 이 글에는 ① 학승 모티프(장재 첨지가 중에게 쇠똥을 줌), ② 금기 모티프(중이 며느리에게 '절대로 뒤돌아보지 말라.'고 말함), ③ 함몰 모티프(장재 첨지가 벌을 받아 집이 물속에 가라앉음), ④ 화석 모티프(며느리가 금기를 어겨 돌이 됨)가 나타난다.

필수 문제

01 이 글의 주제를 나타내는 한자 성어 두 개를 쓰시오.

02 [서술형] 이 글의 뒤에 이어질 내용을 〈조건〉에 맞게 서술하시오.

〈 조건 〉
- 물이 재생과 생성의 의미임을 고려할 것
- 용소의 물이 농경 사회를 사는 많은 이에게 혜택이 되게 할 것

아기장수 설화 | 작자 미상

필수

출제 포인트

지명 유래담의 성격을 가지고 있는 전설이다. 아기장수의 비극적 죽음에 담긴 당시 민중들의 인식에 대해 살펴보자.

감상 길잡이

'용마산' 이라는 구체적 증거물을 통해 지명 유래담으로서의 성격을 갖는 〈아기장수 설화〉는 우리나라 전역에 걸쳐 수집되며 변이 형태도 매우 다양하다. 그러나 '미천한 출생 → 비범한 능력 → 비극적 죽음' 이라는 기본 틀은 동일하다. 〈아기장수 설화〉에서 민중의 영웅이 죽음을 맞이할 수밖에 없는 것은 이 영웅은 제도권 밖의 영웅이며, 따라서 제도권 내에서는 역적일 수밖에 없는 한계를 안고 있기 때문이다. 더불어 민중 영웅의 비극적 죽음은 민중들의 패배 의식을 반영함과 동시에 기존 질서의 폭력성과 견고함을 상징한다 하겠다.

옛날 옛적에, 지금의 서울 동쪽 워커힐 옆에 금실(琴瑟)이 좋기로 소문난 착한 부부가 살고 있었다. 신분은 평민이었고 재산도 그리 많지 않은 평범한 가정이었다. 그런데, 딱 한 가지 근심이 있었는데 결혼한 지 10년이 지나도 아이가 없는 것이다. 아이를 낳기 위해 별의별 수단을 다 동원해 보았지만 효험이 없었다. 부부가 아이 낳기를 포기할 무렵, 태기를 느끼고 열 달 동안 금이야, 옥이야 하며 몸가짐을 바르게 하였다. 열 달이 지나 아이를 낳았는데 경사에 경사가 겹쳐 건강한 아들을 낳았고 마을 사람들도 함께 기뻐해 주었다. 너무 귀한 옥동자이기에 눈에 쏙 들어왔다.

구체적 위치 – 전설의 특징 / 부부간의 사랑 / 민중적 영웅의 전형 ① – 혈통이 고귀하지 않음 / 아이를 밴 기미 / 민중의 희망을 상징하는 인물

▶ 아기장수의 탄생(기)

부인이 첫국밥을 먹고 국물을 그 갓난아기 입에 축이고 부엌에 잠깐 나갔다 왔더니 이것이 어찌 된 일인가. 갓난아이가 온데간데없었다. 아기 부모는 화들짝 놀랐다.

"아기가 없어지다니, 세상에 이런, 귀신이 곡할 일이 있는가? 정말 환장할 노릇이군. 아기가 도대체 어디를 갔을까? 귀신이 곡할 노릇이네."

이렇게 혼자 두런두런하고 혹시나 하는 마음에 방구석을 둘러보니까「방 안에 있는 제법 높은 선반에 아기가 올라가 놀고 있었다.

"원 세상에, 갓난아기가 무슨 수로 저 높은 선반에 올라갔을까?"

하며 아기를 내려놓았다. 그리고 혹시 다친 곳은 없는지를 살펴보기 위해 아기 몸을 들어올렸다. 그때, 겨드랑이에서 이상한 것이 손에 잡혔다. 얼른 아기의 양손을 올려 보았더니 겨드랑이에 날개가 달려 있는 것이었다.」부인이 남편을 바라보며 말하였다.

날개 / 아기장수의 비범함 – 새로운 세계 지향의 가능성, 민중의 이상

「 」: 민중적 영웅의 전형 ② – 비범한 능력을 지님

"아기가 날아서 선반에 올라갔으니 이것을 어쩐다지요?"

그 남편도 놀랐다. 아기가 겨드랑이에 날개가 달려서 방 안을 훨훨 날아다닌다니 이 아이는 장차 장수가 될 것이다. 이제 커서 방 안이 아니라 세상을 날아다니면 금방 어디든 갈 수 있으니까 축지법(縮地法)을 쓰는 셈이라, 장수가 될 인물이 틀림이 없었다.

도술로 땅을 축소하여 먼 거리를 가깝게 하는 술법

여기까지 생각을 한 남편은 부인에게 조심스럽게 말하였다.

"아, 우리 집에 아기장수가 태어나다니…… 장차 큰일을 할 장수가 태어나다니……."

아내도 크게 걱정하면서 말하였다.

"우리 같은 가난한 백성 집에 이런 아기가 어찌 태어난다는 말인가요?"

남편이 이어서 말하였다.

『"그래서 걱정이오, 가문도 재산도 없는 집에서 영웅이 태어난다는 것은 곧 역적이요, 이는 우리 집이 망할 징조라는 것이요."

"역적이라면 집안의 화근덩어리뿐만 아니라 이 나라의 화근덩어리잖아요. 우리가 죽는 것은 어쩔 수 없다지만, 아무리 이름 없는 가문일지언정 삼족(三族)이 멸할 텐데 어쩌면 좋아요?"』

부계(父系), 모계(母系), 처계(妻系)를 통틀어 이르는 말

「 」: 비범한 아기가 역적이 될 것을 두려워함

▶ 아기장수의 비범한 능력에 대한 부모의 두려움과 걱정(승)

부부는 머리를 맞대고 밤새도록 의논에 의논을 거듭하였다. 결국 부부는 10년 만에 얻은 아이지만, 장차 역적이 될 겨드랑이에 날개 달린 아기장수를 죽이기로 하였다.

안신 보명(安身保命: 몸을 편안히 하고 목숨을 보전함)하려는 부부의 보수성에서 비롯된 결정 – 비극성

그래도 혹시나 하는 마음에 날개를 없애 보기로 하였다. 먼저 불에 달군 인두로 날개를 지졌다.

자식을 살려 보려는 부모의 안타까운 사랑

그러나 날개는 상처 하나 남지 않고 더욱 빛을 내었다. 하는 수 없이『부부는 나라의 안녕(安寧)을 위해 처음 마음먹은 대로 아기장수를 콩 닷 섬 팥 닷 섬으로 눌렀다. 아기장수는 반항도 하지 않고, 세상에 나온 지 하루 만에 그 무거운 곡식에 눌려서 죽고 말았다. 그것도 부모 손에 말이다.』

「 」: 기존 질서와의 갈등을 우려한 민중들의 패배 의식과 현실에 안주하려는 보수성 반영

민중적 영웅의 전형 ③ – 기존 질서에 저항하지 못하고 삶을 마감함

무슨 죄가 있다고……. 아이고, 불쌍하여라! 부모는 집 앞 산기슭에 아기장수와 곡식을 함께 묻고는 슬픔에 겨워 천지가 떠나가도록 엉엉 울었다.

서술자(구연자)의 개입 – 편집자적 논평

결말 부분의 복선

▶ 아기장수의 첫 번째 죽음

그 뒤, 며칠이 흘렀다. 그런데, 아기를 묻은 뒷산에서 이상한 소리가 들렸다.

"히히힝, 히히힝"

말 우는 소리였다. 처음에는 작은 소리더니 차츰차츰 큰 소리로 변하였다. 말은 산꼭대기에서 아기장수네 집을 향하여 온 산이 떠내려가도록 울었다. 슬픔이 밴 서글픈 울음이었다. 마을 사람들이 야단이었다. 무슨 일이냐고…….

한숨 어린 아기장수 부모의 이야기를 들은 마을 사람들은 모두 한탄을 하였다.

『"용마(龍馬)야, 너는 '장수 나자 용마 난다' 는 속담대로 우리 아기장수를 태우려고 왔느냐? 그런데 용마야, 좀 늦었구나. 진작 나와서 하늘이 우리에게 내려 준 아기장수를 태우고 어디론가 가지 그랬느냐?"』 「 」: 시운(時運)의 불일치 ① – 비극성 강조

아기장수의 비극적 죽음을 강조

그러면서 부모와 마을 사람들은 모두 울었다. 하지만 그렇게 슬피 운들 죽은 아기가 살아날 것인가? 용마는 한참 울다가 더 이상 울지 않았다. 가까이 있는 한강에 빠져 죽은 것이다.

아기장수의 부활에 함께 하기 위함

▶ 용마의 등장과 죽음(전)

이 소문을 듣고 얼마 후에 관군(官軍)이 들이닥쳤다.

기존 질서와 체제 상징

"아기장수가 태어났다면서? 그 역적은 지금 어디 있느냐?"
지배 계층의 횡포

부모는 하는 수 없이 아기장수를 묻은 곳에 관군을 데리고 갔다. 관군은 이내 아기장수의 무덤을 파헤쳤다.

"아!"

「무덤에 함께 묻었던 팥은 말이 되고 콩은 군사가 되고 아기장수는 용마를 타고 막 일어서려는 순간이었다. 그러나 햇빛을 보자 아기장수와 군사와 말은 이내 사그라들고 말았다. 안타까워라. 아기장수도 가고 용마도 간 곳, 마을 사람들은 그 산을 용마봉(龍馬峰), 또는 용마산(龍馬山)이라고 불렀다.」

시운의 불일치 ②
기존 질서(보수)에 의해 좌절된 변혁의 의지
서술자의 개입 – 편집자적 논평
전설의 증거물 – 사실성 부여
「 」: 현실 개혁을 원하는 민중의 소망이 좌절됨 – 반복된 좌절로 비극성 심화

▶ 아기장수의 두 번째 죽음과 지명의 유래(결)

핵심 정리

- 갈래: 설화(전설)
- 성격: 비극적, 전기적(傳奇的), 민중적
- 구성: '기 – 승 – 전 – 결'의 4단 구성

기: 아기장수의 탄생 ➡ 승: 비범한 아기에 대한 부모의 걱정 ➡ 전: 아기장수의 첫 번째 죽음과 용마의 출현 ➡ 결: 아기장수의 두 번째 죽음과 지명 유래

- 제재: 아기장수
- 주제: ① 아기장수의 비극적 죽음
  ② 민중의 개혁 의지의 좌절
- 특징: 구체적 지명의 유래를 설명하는 지명 유래담의 성격을 지님

한눈에 보기

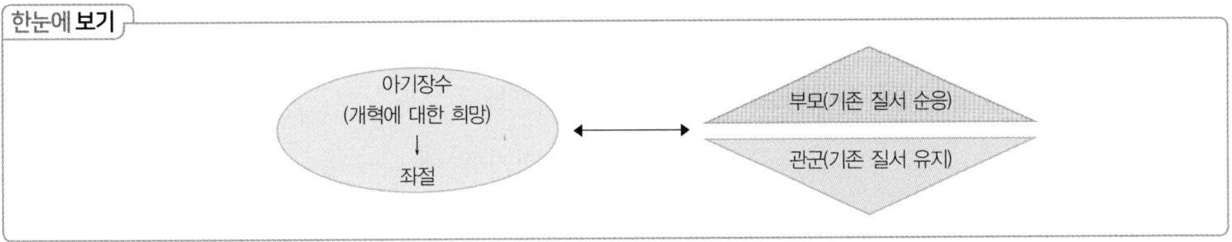

보충·심화 학습

- 〈아기장수 설화〉의 배경, '용마봉'

용마봉은 아차산에서 가장 높은 봉우리이며, 아차산과 함께 백두대간에서 갈려 나온 광주산맥의 끝을 이룬다. 아차산은 서울 광진구의 동북 경계를 이루는 산으로, 예로부터 중랑천 지역을 한눈에 조망할 수 있는 전략적 요충지였다. 고구려의 온달 장군이 전사한 곳으로도 알려져 있는 아차산에는 고구려가 전쟁에 대비해 만든 소규모 요새지인 보루 유적이 남아 있다.

용마봉

필수 문제

01 '아기장수'의 모습에서 나타나는 민중적 영웅의 특징을 쓰시오.

02 이 글에 나타나는 전설의 특징을 쓰시오.

198 나무꾼과 선녀 | 작자 미상

교과서

출제 포인트

전 세계적으로 유사한 이야기가 분포되어 있는 민담을 채록한 것으로, 이야기 속에 나타나는 금기 요소와 구비 전승되는 문학의 특징에 주목해 살펴보자.

감상 길잡이

〈금강산 선녀 설화〉라고도 하는 이 이야기는 비슷한 내용의 이야기를 세계 곳곳에서 찾아 볼 수 있는 민담으로, '동물의 보은으로 인한 선녀와의 결혼 – 남편의 금기 위반 – 남편의 추적과 아내와의 재회 – 남편의 지상으로의 귀환 – 남편의 또 다른 금기 위반 – 천상계로의 귀환 불능'이라는 전개 과정이 구어적 표현으로 제시되고 있다. 이 이야기는 비극적인 결말로 끝난다는 점에서 대개 행복한 결말을 맺는 일반적인 민담과 다르다. 이야기 속 '색시(선녀)'나 '천상계(하늘나라)'는 당시 민중들이 소망한 가치와 이상 세계를, 나무꾼이 금기를 어기는 것은 인간적인 한계를 상징하는 것으로 볼 수 있다. 하지만 구비 전승되는 과정에서 당대 사람들의 삶에 대한 생각과 가치, 세계관 등이 반영되면서 전개 과정과 결말이 각기 다른 여러 가지 이본이 존재한다.

예전에 한 삼십 먹은 총각님 하나가 산으로 나무를 하러 갔는디, 큰 소나무 밑에 가서 나무를 득득 긁는디 토끼란 놈이 펄쩍펄쩍 뛰어오더니,

(예전에: 민담의 전형적인 시작('옛날 옛적에') / 총각님: 집안이 미천하거나 능력이 부족한, 평범한 인물 ↔ 색시(고귀한 신분) / 산으로 나무를 하러 갔는디: 민중의 일상적인 생활 / 토끼: 판본에 따라 노루나 사슴으로 등장하기도 함 / □: 의성어, 의태어 등 음성 상징어를 적극적으로 사용하여 이야기를 생동감 있게 전달함. 구어적 특징)

「"총각님, 총각님, 나 좀 꼭 감춰 줘유. 포수들이 와유."」 (「 」: 등장인물의 말을 서술자가 직접 제시함 → 구연(口演) / 포수: 총으로 짐승을 잡는 사냥꾼)

그래 인저「나무 속에다 토끼를 쑥 처넣구서 인저 나무를 다시 득득 긁는디, 포수들이 오더니, (인저: '이제'의 방언)

"여기 토끼 못 봤수?"

"아이, 못 봤소."

"아이, 금방 여기로 왔는디."

"아, 저기로 가던데, 얼핏 본 게 토끼였던 게구먼. 난 몰르것소."」 (「 」: 토끼를 구해 주는 총각의 모습에서 생명을 존중하는 태도를 알 수 있음 / 능청스럽게 거짓말을 함)

그러니께 인저 참 그냥 가더래유. 그래 인저 참, 토끼가 펄쩍 나오더니, (인저 참: 문맥상 불필요한 군더더기 표현 – 구어적 특징)

「"총각님, 참 고맙습니다. 이 은혜를 어떻게 갚지유? 장가는 들었시유?"」 (「 」: 토끼가 나무꾼이 장가들 수 있도록 도와줌 – 동물 보은 모티프[화소(話素)])

"못 들었다."

"저 산에 가면은 큰 둠벙이 있는디 하늘에서 색시 세 명이 내려와서 몸을 씻고 갈 게유. 몸을 씻고 올러갈 적에 세 번째 올라가는 색시 허리띠를 뺏어유. 그러구서「그 허리띠는 아들 사 형제 낳기 전에는 절대 돌려주지 말어유."」 (둠벙: '웅덩이'의 방언 / 색시 세 명: 천상의 인물 – 민중들의 소망이 투영된 존재 / 아들 사 형제: 남아 선호 사상이 드러남 / 「 」: 금기 제시(금기 모티프))

그래 인저 가 봤더랴. 가라는 날 가니까 참 이쁜 색시 셋이 내려와서 목욕을 하구서 쓰윽 올러가는디 셋째 번 허리띠를 감췄더래유. 하늘에는 그 띠를 띠어야 올라간대유. 그 띠를 못 띠면 못 올라간다너먼 그류.「그래서 인저 그 허리띠를 갖다 감춰 놓고서 있는디, 자꾸 색시가 달라구. 그러니까 총각이 인저 나하고 살면 준다구.」 (그 띠를 못 띠면 못 올라간다너먼 그류: 앞 말과 동일한 의미의 말 중복(구어적 특징) / 「 」: 정당하지 못한 결혼 과정(약탈혼) – 남성 중심적 가치관 반영)

참, 그 색시가 이쁘기도 한 데다가 살림도 잘하구, 아들도 참 이쁘게 잘도 낳고 살았대유. 셋째 (이쁘기도 한 데다가 살림도 잘하구, 아들도 참 이쁘게 잘도 낳고 살았대유: 남성 중심의 가부장적 가치관 반영)

까지 낳도록 그 허리띠를 달라고 조르더래유.

지상계에서 결혼까지 했음에도 천상계(하늘)를 소망함. 지상계 < 천상계

▶ 나무꾼이 토끼의 보은으로 선녀와 결혼함

'인저 셋까지 낳았으니까 제가 어디로 가랴. 새끼들 두고서.'

신중하지 못한 성격(인간적 한계)

하고서 허리띠를 줬더래유.

금기의 위반 → 결혼 생활이 깨어짐

주고서 참, 나무를 하러 갔다 와서 보니까 아 글쎄, 한 놈을 안고, 둘은 양쪽 겨드랑에다 끼고,

세 아이를 모두 데리고 하늘로 감 → 모성애

그 허리띠를 띠구서 하늘루 올러가 버렸더래유. 그러니 뭐, 멍하니 그 토끼 만났던 골짜기에 슬슬 가니까 토끼란 놈이 촐싹촐싹 오더니,

"아, 총각님 내 말 안 듣더니 색시 놓쳤구나."

토끼가 상황을 모두 짐작함

"놓쳤다."

▶ 나무꾼의 금기 위반으로 선녀가 하늘로 올라감

"그러면 그 색시를 한번 찾아볼 테유?"

조력자의 역할

"찾아보겠느니라."

"그러면 그 둠벙에 가면은, 하늘에서 물을 달아 올리느라구 두레박으로 '어이쌰 어이쌰' 하면서

지상계와 천상계를 이어 주는 매개체 → 나무꾼은 선녀(색시)와 달리 힘들게 승천함

달아 올릴 테니 냅다 쏟아내 버리구 타구 올라가 봐유."

아, 거길 가니께 두레박으로 물을 참 달아 올리는데 훌렁 쏟아 내 버리고 그놈을 타고 올라가니께 거기 사람들이

천상계의 사람들

"아, 이게 웬 사람이냐? 웬 사람이 이렇게 하늘에 올라오느냐?"

천상계와 지상계를 구분함

"나 볼일이 있어서 올라왔다."

하고 핑계를 대고서 슬슬 돌아댕기니까 어떤 집에서 다듬이질을 해 쌓더래유.

천상계도 지상계와 비슷하게 살아감

다듬이질하는 집을 가서 기웃기웃하니까 그 집 애들이,

우연성(민담의 특징)

"아이구, 아버지 왔다."

큰애가 들어가며 아버지 왔다니까 색시가

"아버지가 여기가 어디라구 오느냐? 아무나 다 보면 느이 아버진 줄 아느냐?"

지상계의 사람은 천상계에 오지 못함(지상계에 대한 차별 의식)

"아이 여보, 나 왔다구."

토끼의 도움으로 두레박을 타고 하늘로 올라온 일

쫓아 나가며 아이 이에 웬일이냐구. 그래 사실 이야기를 했더래유.

나무꾼이 싫어서 하늘로 올라온 것이 아님을 알 수 있음

▶ 토끼의 도움으로 나무꾼이 하늘로 올라가 선녀와 재회함

『그러니께 처남이 참 즈이 매형을 죽일려고 우정 해서』 「 」: 이주민이 겪어야 하는 시련

총각(나무꾼) / '일부러'의 방언

"내일 식전엘랑은 우리 두 내외를 찾아보라구. 우리 두 내외가 숨을 테니 좀 찾아보라구."

아침밥을 먹기 전이란 뜻으로, 이른 아침을 이르는 말 / 천상계에서 살기 위한 첫 번째 시험. 일종의 통과의례

그래 인저 총각이 걱정이 돼서 밤새 끙끙 앓어, 앓으니까 색시가 하는 소리가.

전전긍긍(戰戰兢兢) / 조력자의 역할 ①

"내일 식전엘랑 해가 따뜻하게 비치는 한 모캥이를 가면은 누런 가이털 두 마리가 쭉 드러누웠을 테니 '어이 처남, 처남의 댁은 뭐가 모자라서 개가 됐나?' 그러라구요."

'골목'의 방언 / '개'의 방언

그래 인저 가 보니께 두 마리가 척척 드러누워 있었더래유. 그래 인저,

"우리 처남, 처남의 댁은 뭐가 모자라서 개가 됐나?"
아내가 시키는 대로 함

그러니께 처남이

"아, 참 용하다. 그러면 내일 식전에는 우리가 활을 쏠 테니까 그 화살을 찾아와야 합니다."
천상계에서 살기 위한 두 번째 시험

그래 총각이 또 밤새 끙끙 앓는 거여. 그것을 못 찾으면 죽는 판이여. 그러니께 인저, 밤새 앓았더래야. 앓으니께 색시가 하는 말이,
서술자의 개입에 의한 상황 설명 → 청자의 이해를 도움
조력자의 역할 ②

"이러저러한 데를 줄곧 가면은 어떤 집 색시가 죽네 사네 하고, 뭐, 사람이 들락날락할 테니까 그 집에 가서 색시 배를 죽죽 세 번 밀면 활촉이 세 개 쭈욱 박혔을 테니 그놈을 빼 가지고 오시오. 그놈을 가지고 오다가 끌러 보면 까치한테 빼앗길 테니 절대로 끌러 보지 말고 가지고 와야 허유."
화살촉(화살 끝에 박은 뾰족한 쇠)
금기 제시 - 위반 시 극복 가능

인저 갔더랴 게를, 말한 대로. 가니께 아주 뭐 색시가 금방 죽는다구 야단났더랴.
어순을 정확하게 지키지 않음(구어적 특징)

총각이 고쳐 주마구 들어가서 죽죽 세 번을 미니까 활촉이 쭈욱 빠지더랴. 고놈 세 개를 빼 갖고 오는데,

'아, 이게 어떻게 그렇게 재주가 좋게 박혔나?'
호기심 → 아내의 당부를 잊음

허구 끌러 보다가 빼앗겼더랴 까치한테. 그래 인저 그냥 왔지. 와서 까치한테 뺏겼다는 얘기까지 하니깐 처남이,
금기 위반 → 극복
활촉을 찾았다는 사실이 증명됨

"용하기는 용하다. 매형 인저 누나하고 살어유." ▶ 나무꾼이 선녀의 도움으로 처남의 시험을 통과함
천상계에서 살 수 있는 허락을 받음

그냥 인저 하늘에서 가족들이랑 살면서 총각이 항상 콧노래를 불러. 왜 그러냐구 하니께,
고향에 대한 그리움이 드러나는 행동

"고향 땅에를 내려가 보고 싶어. 어떻게들 하고 사나, 내려갔다 와서 죽어도 한이 없겠어."
개, 말, 나귀 따위의 피부가 헐어서 털이 빠지고, 이런 현상이 차차 온몸에 번지는 병에 걸린

그러니께 마누라가 비루먹은 말을 하나 주면서,
조력자의 역할 ③

"이놈을 타고서 땅엘 내려가요. 내려가서 호박나물을 먹으면 그 비루먹은 말이 죽어서 당신 못 올라와. 그러니까 호박나물을 절대 먹지 말아요."
지상계
복선(결말 암시)
금기 제시 - 위반 시 극복 불가능

그러더래유. ▶ 나무꾼이 지상을 그리워함

사건 전개가 불분명함 → 이본에서는 대개 어머니와 만나는 과정에서 금기를 위반하는 것으로 제시됨

그래서 땅을 내려가니께 아 호박나물이 정말 흔터래유. 그걸 어떻게 하다가 수저를 한 번 대서 한 숟갈 떠먹구서 깜짝 놀라 나가 보니께 아 참, 말이 픽 쓰러져 버렸거든. 결국 총각은 하늘에 영원히 못 올라가 보구 고향에서 그냥 세상 버리더래유. ▶ 나무꾼이 금기를 어겨 하늘로 돌아가지 못하게 됨
금기 위반
금기를 어겼음을 깨달음
비극적 결말(영원한 이별), 부주의한 태도에 대한 징벌

핵심 정리

- 갈래: 설화(민담)
- 성격: 교훈적, 전기적(傳奇的)
- 구성: 시간의 흐름에 따른 추보식 구성

[지상계] 토끼의 보은으로 나무꾼이 선녀와 결혼하나 금기를 어겨 선녀가 아이들과 하늘로 올라감 ➡ [천상계] 토끼의 도움으로 하늘나라에 간 나무꾼이 처남의 시험을 통과하고 선녀와 지냄 ➡ [지상계] 고향으로 돌아온 나무꾼이 또 금기를 어겨 영원히 하늘나라로 돌아가지 못하게 됨

- 제재: 나무꾼과 선녀의 만남과 이별
- 주제: ① 선녀와 나무꾼의 인연과 비극적 결말 ② 나무꾼에게 일어난 인과응보(因果應報)적 사건
- 특징: ① 민담에서 자주 나타나는 '동물 보은 모티프'와 '금기 모티프'가 나타남
  ② 지상계와 천상계의 이원적 세계관이 드러남

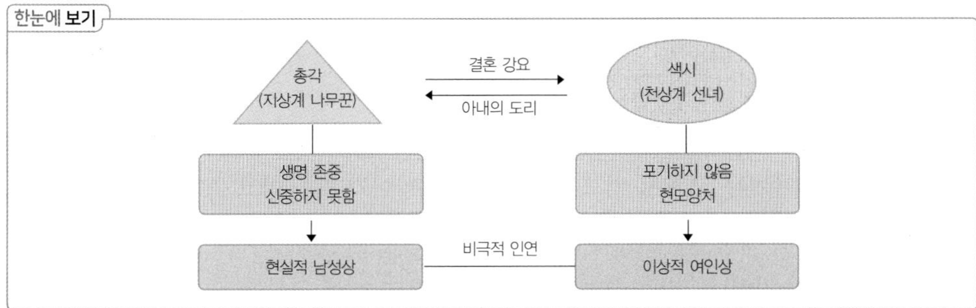

보충·심화 학습

- 〈나무꾼과 선녀〉에 드러나는 구어적 특징

구어적 종결 어미의 사용	-랴, -유, -류, -구, -랴 등
사투리의 사용	인저, 둠벙, 모캥이, 가이
음성 상징어의 적극적 사용	득득, 펄쩍펄쩍, 출싹출싹, 어이쌰 어이쌰, 슬슬, 끙끙, 죽죽 등
불필요한 군더더기 표현(군말)	참, 인저
엄격하게 지키지 않는 어순	'인저 갔더랴 게를, 말한 대로.', '끌러 보다가 빼앗겼더랴 까치한테.' 등

- '나무꾼과 선녀' 설화의 변이

'나무꾼과 선녀' 설화의 일반적인 줄거리는 선녀가 하늘로 되돌아가서 나무꾼이 혼자가 되는 이야기, 나무꾼도 하늘로 올라감으로써 선녀와 재결합하는 이야기, 나무꾼이 혼자 하늘에서 땅으로 내려와 다시는 돌아가지 못하게 되는 이야기 등 크게 세 토막으로 구성된다. 이 세 토막이 또 첫째 토막, 첫째+둘째 토막, 첫째+둘째+셋째 토막으로 각기 독립된 한 편의 이야기를 이루면서, 나무꾼과 선녀의 이별, 나무꾼과 선녀의 함께 되기, 혼자된 나무꾼이 닭 등으로 변신하여 하늘을 그리워하기 등 크게 세 가지의 변이된 이야기를 이루며 구전된다.

필수 문제

01 총각(나무꾼)이 색시(선녀)와의 인연을 유지하기 위해 토끼가 제시한 금기는 무엇인지 쓰시오.

02 총각(나무꾼)이 천상계에서 색시(선녀)와 살면서 콧노래를 부른 이유를 쓰시오.

199 지하국 대적 퇴치 설화 | 작자 미상

교과서 EBS

출제 포인트

주인공이 지하국의 도적을 퇴치하고 납치된 여인들을 구해 내 혼인한다는 내용의 설화이다. 주인공이 겪는 고난과 위기를 극복하는 과정에 주목해 감상해 보자.

감상 길잡이

주인공이 지하국의 도적에게 납치된 정승의 세 딸을 무사히 구출하지만 자신은 지하에 갇히는 위기를 맞았다가 조력자의 도움으로 지상으로 나와 배신자들을 처벌하고 세 딸과 혼인하여 행복하게 산다는 내용의 설화이다. 비교적 평범한 능력을 가진 주인공이 여러 어려움 앞에서도 좌절하거나 패배하지 않는 모습을 통해 인간에 대한 신뢰와 어떠한 고난이나 적대적인 요소와도 싸워 이길 수 있다는 당대 민중들의 낙관적인 세계관을 엿볼 수 있다. 또한 이러한 이야기의 유형은 민간에 널리 알려진 것 가운데 하나로 후대의 여러 고전 소설에도 차용되었고, 전 세계적으로도 널리 분포되어 있다.

옛날(전형적인 민담의 시작 방식) 어느 정승 집에 외아들(주인공)이 있었다. 그는 낮에는 자고 밤만 되면 살짝 일어나 어디론지 자취를 감추는 것이었다.(보통 사람들과 다른 생활 방식 제시 - 독자의 흥미 유발) 집안사람들은 한동안 그것을 몰랐다. 어느 날 밤에 정승이 아들이 보고 싶어 그의 방으로 들어갔다. 그러나 아들이 보이지 않아 이상하게 생각하여 마당에 나와 잠시 기다리고 있었다. 이윽고 몸에는 갑옷을 입고 창검을 잡은 사나이가 말을 타고 들어왔는데, 자세히 보니 그 젊은 무사는 자기 아들이었다.(아들의 정체 - 무사로서 지하국 도적과 대결할 능력을 갖춘 인물임을 암시)

정승이 "어찌 된 것이냐?"라고 물었더니, 아들은 「"오늘 밤에 이상한 일이 있었습니다. 커다란 독수리가(지하국의 도적으로 인간보다 우월한 능력의 소유자. 변신담의 성격이 드러남) 아름다운 여인 셋을 납치해서는(지하국 도적의 부정적 행동) 산중에 있는 바위 사이로 들어갔습니다. 그것을 퇴치하러 가지 않으면 안 됩니다."」(「 」: 비현실적인 내용. 사건 전개의 방향을 암시) 하고 대답했다. 다음 날 아침이 되자 다른 정승 집에서 "세 딸을 구하는 자에게는 막대한 돈과 세 딸을 줄 것이다."라는 방(방문(榜文): 어떤 일을 널리 알리기 위하여 사람들이 다니는 길거리나 많이 모이는 곳에 써 붙이는 글)을 붙였다. ▶ 지하국 도적이 정승의 세 딸을 납치함

젊은 무사는 그 정승 집으로 가서 몇 명의 사람과 3개월 10일 동안 먹을 양식(납치된 세 딸을 구하는 일이 단기간에 해결되지 않을 것임을 알 수 있음), 길고 튼튼한 밧줄과 방울 하나, 그리고 몇 사람이 탈 수 있는 바구니(밧줄, 방울, 바구니 - 세 딸을 구해 내기 위해 필요한 것들)를 얻은 후 출발했다. 어젯밤에 익혀 둔 길을 따라 바위 밑까지 와서 보니, 그곳에는 한 사람이 겨우 들어갈 수 있는 구멍(지상 세계(밝음)와 지하 세계(어둠)의 경계)이 있어서 밧줄에 바구니를 이어 "방울이 울리거든 바구니를 끌어 올려라." 하고 남은 사람에게 당부한 뒤 그는 그 바구니에 올라타고 내려가 밑에 닿았다.(주인공의 대범한 면모) 그 아래는 별세상(유난히 다른 세상)이었다. 잠시 걸어가니까 도적의 집인 듯한 큰 집이 보여 그는 우물 곁에 있는 나무 위로 올라가 동정을 살폈다.
▶ 무사가 사람들과 함께 정승의 세 딸을 구하러 떠남

이윽고 한 여인이 나와 물을 길어 가려고 하자 젊은 무사는 나뭇잎을 따서 물 항아리에 떨어뜨렸다.(자신의 정체를 알리려는 행위) 그러자 여인은 그 물을 버리고 다시 물을 채운 다음 이고 가려고 했지만 그는 또 나뭇잎을 떨어뜨렸다. 그제야 여인은 나무 위에 사람이 있음을 보고 "어떻게 하여 이런 곳까지 오게 되었습니까?"(일반 사람들이 출입할 수 없는 지하 세계에 들어온 것에 대한 놀라움) 하고 물었다.

그는 나무에서 내려와 자초지종(처음부터 끝까지의 과정. 여인들을 구출하러 온 사연)을 말했다. 그러나 「여인은 "도적은 대단히 강한 놈입니다. 그리고 열두 대문의 입구에는 개나 새 그밖에 무서운 동물이 각각 지키고 있으므로 안으로 들어가기가

쉽지 않을 것입니다. 제발 돌아가 주십시오."라고 말했다.」그렇지만 그는 그 말에 응하지 않았으므로

「 」: 집 안으로 들어가는 것이 쉽지 않다는 이유를 들어 무사를 만류함

「여인은 재차 "정 그렇다면 이렇게 해 주십시오. 최초의 대문을 들어갈 때 개에게 떡을 던져 주십시오.

「 」: 구출 대상자인 여인이 구출자인 주인공에게 도움을 줌. 조력자의 역할

개가 그것을 먹고 있는 동안 들어가면 됩니다. 다음 대문을 지키는 새에게는 콩을 던져 주십시오. 또

구술자의 말 인용. 구술자의 기억의 한계

다음 대문을 지키는 (이하 잊어버렸음.)"라며 이렇게 던져 줄 물건 열두 가지를 알려 주었다.」

구술자의 상상력 개입. 구비 전승 과정에서 구술자가 공동 창작자가 되는 민담의 특성이 드러남

그는 그대로 해서 무사히 집 안으로 들어갈 수 있었다. 그러자 여인은 또한 이렇게 말했다. "도

여인이 일러 준 대로

적은 지금 마침 사냥을 하러 가서 3개월 후에나 돌아올 것입니다. 「도적은 잠을 잘 때도 눈을 뜨고 있으므로 자고 있는지 아닌지 분별하기가 어려우니 조심하셔야 합니다. 그리고 이 큰 바위는 도적이 제기차기를 하는 돌입니다. 이것을 한번 들어 보십시오."라고 했다. 그는 그것을 움직일 수

「 」: 도적의 신이한 능력 제시. 비현실성

비인간(도적)보다 열등한 인간(주인공)의 모습이 드러남

도 없었다.」그러자 여인은 그를 샘으로 데려가 그 물을 마시게 했다. 젊은 무사가 한 달간 그 물을

여인이 조력자의 역할을 함

비현실성. 주인공의 능력이 향상됨

마시자 큰 바윗덩어리를 자유자재로 가지고 놀 정도가 되었다.

이렇게 해서 3개월이 지나 도적이 돌아올 때가 되었다. 어디에선가 퉁 하고 큰 소리가 났다.

시간의 경과

"저 소리는 100리 밖에 왔다는 신호입니다." 하고 여인은 말했다. 한참 있으니까 투퉁 하고 소리

약 40km 정도

가 들렸다. 세 번째 소리가 요란스럽게 들리자 도적이 들어왔지만 사냥의 피로가 겹쳐 이내 잠들기 시작했으므로 젊은 무사는 마루 밑에서 나와 방으로 들어갔다. 「무사는 죽을 힘을 다해 검을 가

무사가 도적을 죽일 수 있었던 이유. 우연성 – 민담의 특징

인간(주인공)보다 우월한 비인간(도적)의 모습이 드러남

지고 도적의 목을 내리쳤지만 도적은 "벼룩이 무는구나." 하고 목을 긁었다. 무사는 사력을 다하

목숨을 아끼지 않고 쓰는 힘

여 재차 목을 쳐서 도적을 죽인 뒤 많은 졸개를 물리치고 정승의 세 딸을 구해 구멍 밑까지 오게 되었다.」

「 」: 선(善)과 악(惡)의 대결에서 선(善)이 승리한다는 낙관적 세계관이 반영됨

▶ 여인의 도움으로 도적을 퇴치하고 딸들을 구출함

바구니에는 세 사람밖에 탈 수 없어서 무사는, 또 무슨 변이 생길지 모르니 내가 먼저 탈 수는

무사가 지하에 남게 되는 것을 암시하는 복선

없다고 생각하여 여인들을 먼저 태웠다. 그리고 줄에 매달려 있는 방울을 흔드니까 밧줄은 끌어올려졌다. 그렇지만 아무리 기다려도 다음 바구니는 내려오지 않았다. 위에 있는 사람들은 세 딸

무사에게 닥친 위기

을 구출한 것을 자기들의 공으로 하려고 한 것이다.

▶ 일행의 배신으로 지하국에 갇힌 무사

무사의 공을 가로채려는 이기적인 인간의 욕망

젊은 무사는 할 수 없이 도적의 넓은 나라를 여기저기 걷다가 한 사람의 노인을 만났다. "어찌

조력자의 역할을 함

하면 지상으로 갈 수 있을까요?" 하고 물으니까 노인은 "저 들에는 학이 있으니까 그것을 타면 갈

무사를 지하에서 지상으로 이끌어 줄 '선'의 표상

수 있을 거요. 그러나 도중에서 학의 기운이 다해 숨을 내쉴 때는 뭔가 먹을 것을 주어 원기를 다

무사가 지상으로 올라가는 과정이 순탄치 않을 것을 암시함

시 내게 해야지요."라고 가르쳐 주었다. 그는 가질 수 있는 데까지 동물의 고기를 준비하여 학을 찾으러 나섰다. 학을 만나 "제발 도와주십시오." 하고 간청하니까 학은 그를 태워 구멍의 밑까지

간절히 청함. 또는 그런 청

날랐다. 「도중에서 학이 침을 뱉으므로 그는 재빨리 고기 한 주먹을 학의 입에 넣어 주었다. 잠시 후에 또 침을 뱉으므로 또다시 고기를 넣어 주었다. 몇 차례 그렇게 하는 동안 준비해 간 고기가

「 」: 사건 전개에 긴장감을 부여하고 독자의 흥미를 유발함

떨어지자 젊은 무사는 할 수 없이 자기의 팔 한쪽을 베어 학의 입에 넣어 주었다. 그리고 겨우 그는 지상으로 나올 수 있었다.「배신한 사람들은 모두 처치하고 젊은 무사는 정승의 세 딸과 결혼하여 행복하게 지냈다고 한다.」

인신공희(人身供犧) 모티프

무사의 공을 가로채려 했던 이기적 욕망의 결과 – 경세적(警世的) 성격이 드러남

「 」: 권선징악(勸善懲惡), 행복한 결말

▶ 노인과 학의 도움으로 지상으로 올라와 세 딸과 혼인하는 무사

핵심 정리

- 갈래: 설화(민담)
- 성격: 전기적, 교훈적, 경세적
- 구성: '발단 – 전개 – 위기 – 절정 – 결말' 의 5단 구성

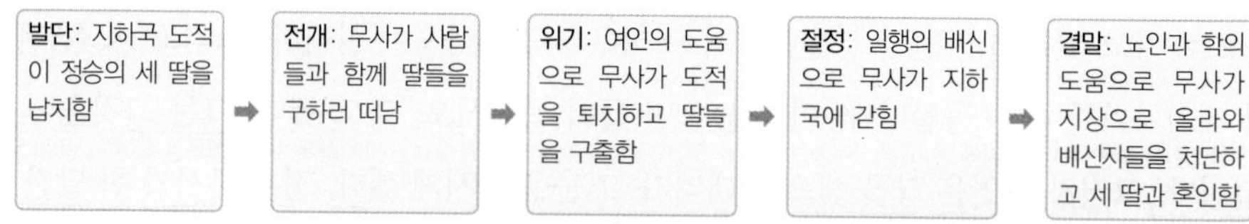

- 제재: 지하국 도적 퇴치
- 주제: 무사의 위기 극복과 노력에 의한 과업 성취
- 특징: ① 흥미 위주로 사건이 전개되며 구비 전승되는 민담의 특성이 잘 드러남
  ② 인간과 비인간의 대결에서 인간이 승리하는 인간 중심적 사고가 드러남

한눈에 **보기**

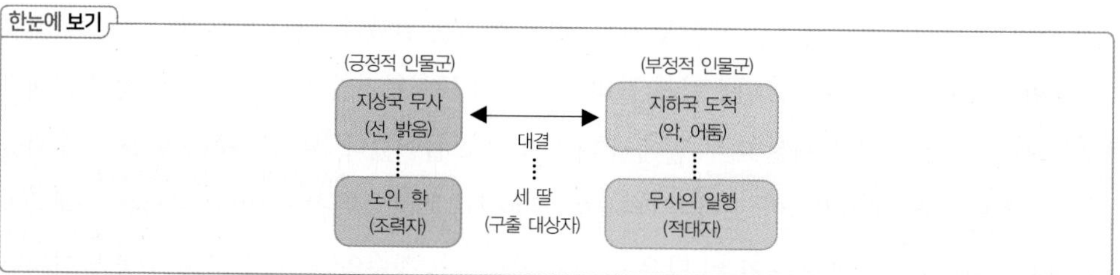

보충·심화 학습

- 〈지하국 대적 퇴치 설화〉에 나타난 민중 의식

〈지하국 대적 퇴치 설화〉는 비교적 평범한 인물(약자)인 주인공이 지하국에 사는 힘이 센 도적(강자)을 물리치고 행복을 성취한다는 서사 구조를 취하고 있다. 이러한 설정은 어떤 고난이나 시련에도 굴하지 않고 맞서 싸울 수 있는 의지만 있다면 이를 극복할 수 있다는 민중들의 낙관적인 세계관을 드러내고 있다고 볼 수 있다.

- 〈지하국 대적 퇴치 설화〉의 보편적 구조와 의의

〈지하국 대적 퇴치 설화〉의 유형은 우리나라뿐만 아니라 전 세계적으로 널리 분포되어 있는 이야기로 '고귀한 신분이거나 뛰어난 용모의 여인이 도적에게 납치됨 → 퇴치자는 영웅의 모습을 보이기도 하지만 대체로 평범한 인물임 → 도적을 퇴치할 수 있는 방법이나 능력은 납치된 여인의 기지에 의존하거나 초월적 존재의 도움을 받게 됨 → 도적을 퇴치하고 여인과 결혼' 의 구조를 취하는 것이 일반적이다. 또한 이와 같은 모티프는 후대에 〈김원전〉, 〈금령전〉, 〈홍길동전〉 등 다수의 고전 소설에서도 차용되고 있다.

필수 문제

01 이 글에서 무사의 조력자 역할을 하는 인물과 대상을 모두 찾아 쓰시오.

02 [서술형] 이 글에서 구어적 표현이 사용되는 본질적인 이유를 서술하시오.

200 달팽이 각시 | 작자 미상

필수

출제 포인트

민담에서 나타나는 다양한 모티프를 바탕으로, 농부와 달팽이 각시의 재회에 담긴 민중들의 꿈과 소망을 파악해 보자.

감상 길잡이

〈나중미부(螺中美婦) 설화〉, 〈우렁 각시〉라고도 불리는 이 이야기는 전국적으로 널리 전승되는 우리나라의 대표적인 민담 가운데 하나이다. 〈달팽이 각시〉에는 '변신, 금기, 관탈 민녀, 신분 상승' 등 민담에서 나타나는 다양한 모티프들과 〈심청전〉이나 〈옹고집전〉 등의 고전 소설의 모티프들이 혼재하며, 이 모티프들이 서로 얽혀 행복한 결혼과 신분 상승이라는 서민들의 꿈을 표현하고 있다. 〈달팽이 각시〉는 다양한 변이형(變異形)이 존재하는데, 남편이 색시가 잡혀 있는 관가에 가서 애원하다가 죽어서 새가 되고 색시 또한 따라 죽어 새가 되거나, 남편이 색시를 잃은 후 다른 여자와 결혼하는 등 그 결말이 비극적인 경우도 있다. 이는 당대의 민중 앞에 엄연히 존재했던 현실의 한계를 반영한 것이라고 할 수 있다.

어떤 사람이, 논에 물을 보러 가니까, 삽으로 논 수멍을 콱 찍으면서,
(어떤 사람이: 민담의 전형적인 인물 제시 방법 / 수멍: 논에 물을 대기 위해 뚫어 놓은 구멍)

"이 농사를 져다 누구하고 먹나?"

이러니까,

"나하고 먹지, 누구하고 먹어."
(달팽이의 말. 달팽이가 농부의 배필이 될 것을 암시)

그래, 이상해서 또 한 번 콱 찍으며,
(그래: 구연자의 말투. 군소리(췌언))

"이 농사를 져서 누구하고 먹나?"

이러니까,

"나하고 먹지, 누구하고 먹어."

그래, 거기 아무것도 없고 달팽이 한 마리만 주먹만 한 게 있어. 그걸 주워다가 물두멍에다 놓더니 어디 갔다 오면 밥을 해 놓고 밥을 해 놓고…….
(물두멍: 물을 길어 부어 놓는 큰 가마나 독)

▶ 농부가 달팽이를 주워 옴(기)

그래, 한 날은 (숨어서 모습을) 지키니까는 색시가 하나 나오더니 해를 이래 — 보더니 그만 밥을 해서 상을 차려 들어가려고 하는 놈을 꽉 붙드니까,
(색시: 동물 변신 모티프 – 〈김현감호〉, 〈단군 신화〉의 모티프와 유사 / 금기를 어김)

"아이, 사흘만 있으면 임자하고 백년해로(百年偕老)할 텐데, 그런 사흘을 못 참아서 이별 수(數)가 있다."고 하더라는 거여.
(사흘만 참으면 시련 없이 행복하게 살 수 있었음 – 금기 제시 / 수: 운수 / 이별이 찾아올 것을 예고함)

『그래, 인제 있는데, 참 얼마나 이쁜지 당최 나무도 못 하러 가고, 뭐 오금을 못 떼 놔. 나무를 하러 가도 (색시를) 곁에다 갖다 세워 놓고는 나무를 하고…….』
(오금을 못 떼 놔: 걸음을 옮기지 못 한다는 뜻. '오금'은 무릎의 구부러지는 오목한 안쪽 부분)
(『 』: 평범한 남자와 고귀한 여자의 결합 – 〈온달전〉 모티프와 유사)

그래, 하도 그러니까는, 하루는 (달팽이 각시가) 화상(畫像)을 그려 주며 가는 거여. (농부가) 나무에다, 화상 그려 준 걸 나무에다 걸고서는 나무를 좀 깎다 보니까 난데없는 회오리바람이 불면서, 아 그걸 훌떡 걷어 갔단 말여.
(화상: 달팽이 각시의 얼굴을 그린 그림 / 나무에다, 화상 그려 준 걸 나무에다: 반복적 표현 – 즉흥적 구술의 특징 / 회오리바람이 불면서: 복선 – 농부와 달팽이 각시가 이별하게 되는 사건의 계기)

▶ 농부와 달팽이 각시의 혼인(승)

그래 가지곤 어느 나라에 갖다 던졌는지, 그 나라 임금이 그 화상을 주워 가지고,

"아 요 사람, 어서 가 찾아 오라."고.

그래, 사 ― 방에 인제 광고를 했지. 그 화상 가지고 다니며 찾는데, 한 군데 가니까, 참, 집이 하나 외딴집이 있는데 조그맣게, 그래, 그 집에 새댁, 그 새댁이 똑 그 화상 같더래. ㉠그래, 그만 데리고 왔지 응. 그래, 데리고 왔는데, 생전에 온 그날부터 그러니까 웃는, 그 임금의 아낙이 돼도 웃는 법을 못 보거든.

관탈 민녀 모티프. 지배 계층의 횡포가 나타남 – 〈도미 설화〉와 유사

▶ 임금이 달팽이 각시를 빼앗아 감(전)

임금이,

"아이, 당신은 대체 사람도 내 사람이요, 만물이 다 내 거여. 그런데 무엇이 부족해서 생전에 웃는 걸 못 보겠느냐."고.

㉡"나를 거지 잔치를 한 서너너덧 달 해 주면 그렇게 거시기할 거라."고.

농부와의 재회를 실현하는 매개

〈심청전〉의 맹인 잔치 모티프와 유사

"아! 까짓 뭐, 거지 잔치 그까짓 거 뭐. 서너너덧 달 못 해 주겠느냐."고.

"일 년이라도 다 ― 해 줄 수 있다."고.

▶ 달팽이 각시가 임금에게 거지 잔치를 열어 달라고 함

그래, 인제 거지 잔치를 했는데, 아이, 한 날 거지가 지나가도 그 남자가 안 와. 한 날 인제 맨 끄트머리 들어오는데, 쥐털 벙거지에 새털 날개에, 그래 입고서는 들어오는데, 그렇게 쥐털 벙거지에 새털 날개를 했는데, 아주 옷이 그만 다 떨어져서, 그만 그러니까, 그만 새털이 됐지 뭐, 새털. 그러니 아, 그걸 보고 (여자가) 아주 박장대소(拍掌大笑)를 하고 웃었어.

벙거지: 병사들이 쓰던 모자. 검은 털로 두껍게 갓처럼 만들었음

박장대소: 손뼉을 치며 크게 웃음

임금으로 하여금 거지 행세를 유도하기 위해 하는 행동

이 임금이 앉았다가,

"야! 저, 저렇게 웃으니 내가 저걸 쓰고서는 한 번 더 할 거라."고.

"그걸 벗어 노라."고.

그래서 그걸 입고서는 춤을 추고 돌아가니까, 깡통을 차고, 그 사람매루(사람처럼) 깡통을 두드리고 돌아가니까, 그 여자, 한참 웃더니, 갑자기

"아, 저, 저놈 저기 잡아내라."고.
사건의 극적 반전

아 그래, 그래 그만 잡아내라니, 그만 잡아내라고 하니,「그만 쫓겨나고,(임금이) 내쫓아 버리고.(임금을)
〈옹고집전〉의 진짜, 가짜 모티프와 유사

아, 그 남자 그,(거지 행색의 농부. 달팽이 각시의 남편) 그만 용상(龍床)(임금이 정무를 볼 때 앉던 평상)에 그만 올라앉아 그만 임금님이 되고, 정작 임금님은 떨려 나가 버리고……」

▶ 농부와 달팽이 각시의 극적 재회와 신분 상승(결)

「 」: 아내의 도움으로 신분이 상승됨. 권선징악 – 서민들의 기대와 꿈을 반영함

핵심 정리

- 갈래: 설화(민담, 변신담)
- 성격: 오락적, 대중적, 전기적(傳奇的)
- 구성: '기 – 승 – 전 – 결'의 4단 구성

- 제재: 달팽이 각시
- 주제: ① 행복한 삶에 대한 서민들의 꿈과 희망 ② 지배층의 횡포를 극복하고 이룬 민중의 승리
- 특징: ① '변신 모티프', '관탈 민녀 모티프', 〈심청전〉의 '맹인 잔치 모티프', 〈옹고집전〉의 '진짜, 가짜 모티프' 등 다양한 화소(話素)가 나타남
  ② 행복한 삶을 살고자 하는 민중의 소망이 반영됨

한눈에 **보기**

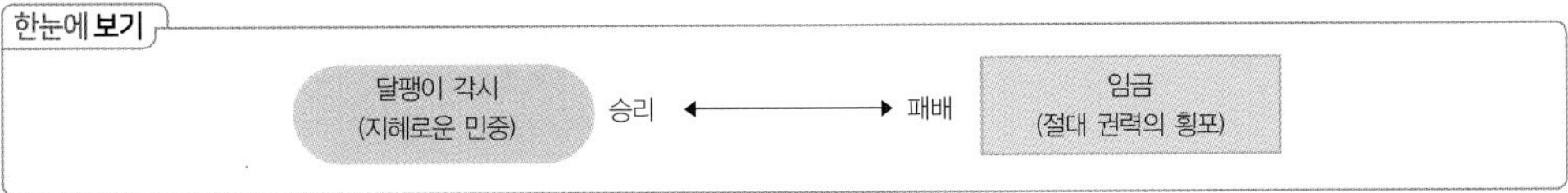

보충·심화 학습

- 구비 문학 구연자의 역할

구비 문학은 사람의 입에서 입으로 전달되어 온 문학이다. 따라서 문자로 정착된 기록 문학과 달리 기억에 의존하여 재연되므로, 쉽게 암기할 수 있도록 단일 화소로 이루어진 경우가 많다. 〈달팽이 각시〉는 여러 가지 화소들이 한데 얽혀 있는데, 이는 이야기의 재미를 위하여 〈달팽이 각시〉의 기본 줄거리에 다른 이야기를 덧보탰기 때문이다. 구비 문학은 이와 같이 이야기가 전승되는 동안 이야기의 변형과 확장이 이루어진다. 이러한 점에 비추어 볼 때, 구비 문학의 구연자는 단순한 전달자가 아니라 창조적인 역할을 수행하여 작품의 내용을 풍성하게 만드는 작가로 볼 수 있다.

필수 문제

01 ㉠과 ㉡에 나타나는 화소를 각각 쓰시오.

02 이 글에서 금기를 제시하고 있는 부분을 찾아 쓰시오.

201 어미 말과 새끼 말 | 작자 미상

교과서

출제 포인트

충남 보령에서 구비 전승되어 온 민담으로, 대국 천자가 부여한 과제를 어린 아들이 해결하는 내용이다. 이야기에 담겨 있는 당대인들의 의식과 민담에 나타난 구어적 표현의 특징에 주목해 살펴보자.

감상 길잡이

이 글은 구연자가 이야기한 것을 그대로 채록한 구비 설화로, 구어적 특질이 잘 드러난다. 대국 천자가 조선에 인재가 있는지 시험하기 위해 낸 과제를 원 정승의 어린 아들이 해결한다는 내용을 담고 있는데, 어린 아들은 새끼에게 좋은 먹이를 먹이고자 하는 어미 말의 모습에서 모성애를 간파하여 대국 천자가 낸 문제를 해결하고 있다. 전체적으로 전통적인 민담의 구연 방식과 사투리를 사용해 생동감과 현장감이 드러난다.

옛날 대국 천자가 조선에 인재가 있나 없나아, 이걸 알기 위해서 말을 두 마리를 보냈어. 말. 대국서 잉? 조선 잉금게루 보내먼서,

(예전에, 우리나라에서 중국을 이르던 말 / 전형적인 민담의 시작 방식 / 과제 부여자 / 시험의 의도를 갖고 있음 / 앞에서 한 말의 반복. 구연 상황에서 흔히 발생함)

"이 말이 어떤 눔이 새끼구 어떤 눔이 에밍가 이것을 골라내라아." 하구서…….

(시험의 내용. 대국의 횡포가 드러남)

똑같은 눔여. 똑같어 그게 둘 다. 그러구서 보냈어. 조선에 인자가 있나 읎나. 인자가 많었억거던? 조선에? 내력이루. 자아 그러니 워트겨 이걸?

(은자. 숨은 인재 / 고래로. 예로부터 내려오면서 / 사투리의 사용으로 현장감, 생동감이 느껴짐. 청자를 의식한 표현으로 구어적 표현의 특징임)

▶ 대국 천자가 조선의 인재 유무를 알기 위해 과제를 냄

원 정승이라는 사램이 있어. 그래 아침 조회 때 들어가닝깨,

(모든 벼슬아치가 함께 정전에 모여 임금에게 문안드리고 정사를 아뢰던 일)

"이 원 정승 이눔 갖다가 이걸 골러내쇼오." 말여. 보낸다능 게 원 정승에게다 보냈어. [청중: 에미냐 새끼냐?] 응. 인제 가서 골라내라능 기여.

(원 정승에게 과제 해결의 임무가 주어짐 / 구연자의 발화에 대한 청중의 반응을 그대로 채록함)

원 정승이 갖다 놓구서, 이거 어떤 눔이구 다 같은 눔인디 말여, 색두 똑같구 워떵 게 에민지 워떵 게…… 똑같어어? 그저어?

(어미 말과 새끼 말의 구분이 어렵다는 사실을 구연자의 발화를 통해 제시함)

"새끼가 워떵 겐지 에미가 워떵 겐지 그거 모른다." 그러닝깨, / "그려요?"

(생략이 가능한 유사한 내용의 반복 – 구연의 특징)

그러구 가마안히 생각해 보닝깨 도리가 있으야지? 그래 앓구 두러눴네? 머리 싸매구 두러눴느라니까, 즈이 아들이, 어린 아들이,/ "아버지 왜 그러십니까아?" 그러거든.

(원 정승의 상황 – 속수무책(束手無策) / 말의 판별이 어려운 상황에서 생긴 원 정승의 고민. 원 정승의 소극적 태도 / 과제 해결자)

▶ 과제 해결 임무를 맡은 원 정승의 고민

"야? 아무 날 조회에 가닝까아, 이 말을 두 마리를 주면서 골르라구 허니이, 이 일을 어트가야 옳은단 말이냐아?" / "아이구, 아버지. 걱정 말구 긴지 잡수시라구. 내가 골라 디리께."

(이전 사건의 요약적 제시 / 진지 / 아버지의 고민을 대신 해결하려는 아들의 효심이 드러남. 아들의 적극적 태도)

"니가 골러?" / "예에. 걱정 말구 긴지 잡수시요."

(아들이 사건을 해결할 수 있을지에 대한 의구심이 드러남)

그래, 아침을 먹었어. 먹구서 그 이튿날 갔는디,「이넘이 콩을 잔뜩, 쌂어 가지구설랑은 여물을 맨들어. 여물을. 여물을 대애구 맨들어 놓는단 말여. 여물을 맨들어 가지구서는 갖다 항곳이다가 떠억 놓거든. 준담 말여. 구유다가 여물을. 여물을 주닝깨, 잘 먹어어? 둘이 먹기를. 썩 잘 먹더니 주둥패기루 콩을 대애구 요롷게 제쳐 주거든? 옆있 눔을? 콩을 제쳐 줘. 저는 조놈만 먹구. [청중: 응 짚만 먹구?] 짚만 먹구 인저, 콩을 대애구 저쳐 준단 말여.」

(구연자의 말투. 군소리 – 구비 문학의 특징 / 시간의 경과 / 이놈. 원 정승의 어린 아들 / 삶아 / 자꾸 / 한곳 / 소나 말 따위의 가축들에게 먹이를 담아 주는 그릇 / 주둥이로 / 새끼 말에게 여물의 콩을 더 먹이고자 하는 어미 말의 모성이 드러남)

「 」: 원 정승의 아들이 천자의 시험을 해결하는 과정이 구연자의 발화를 통해 드러남

[청중: 그 새끼게루만?] 새끼 주는 쇡(셈)이지 그러닝깨. 대애구 요롷게,
동작을 사용하는 부분 – 구어적 표현의 특징

"아버지, 아버지. 이거 보시교. 이루 오시교."/ "왜냐?" / 나가 보닝깨,

"요게 새낍니다. 요건 에미구. 포를 허시교." / 포를 했어. / "음, 왜 그러냐?" 그러닝깨,
표

「"아 이거 보시교. 콩을 골라서 대애구 에미라 새끼 귀해서 새끼를 주지 않습니까? 새끼 귀헌 중 알구. 그래 콩 중 게 이게 새끼요오. 이건 에미구. 그렁께 그렇게 포를 해 각구설랑은 갖다 주시오."」

「 」: 어미 말의 모성애를 이용해 문제를 해결하는 아들의 총명함과 지혜가 드러남 ▶ 원 정승의 어린 아들이 과제를 해결함

아, 그 이튿날 아닝 것두 아니라 가주 가서 "이건 새끼구 이건 에미라구." 그러닝깨, 그러구서는 대국으로 떠억 포해서 보냈단 말여. 그러닝깨.

「"하하아, 한국에 연대까장 조선에 인자가 연대 익구나아."」 그러드랴. ▶ 천자가 조선에 인재가 있음을 인정함
여태까지 / 청자를 의식한 말투 – 구어적 표현의 특징

「 」: 인재를 인정하는 대국 천자의 말을 통해 대국에 대한 조선의 우월성을 과시하고 싶은 민중 심리가 반영됨

핵심 정리

- 갈래: 설화(민담)
- 성격: 구술적, 서사적
- 구성: '기 – 승 – 전 – 결'의 4단 구성

기		승		전		결
기: 대국 천자가 조선의 인재 유무를 시험하고자 함	➡	승: 과제 해결 임무를 맡은 원 정승이 과제를 해결하지 못해 고민함	➡	전: 원 정승의 어린 아들이 어미 말의 모성애를 이용해 과제를 해결함	➡	결: 천자가 조선에 인재가 있음을 인정함

- 제재: 대국 천자의 시험
- 주제: 대국 천자가 제시한 과제 해결 과정과 어미 말의 모성애
- 특징: ① '과제 부여 → 과제 해결'의 수수께끼적 구조가 나타남
  ② 직접 구연한 내용을 채록한 것으로, 구어적 특질이 잘 드러남

한눈에 **보기**

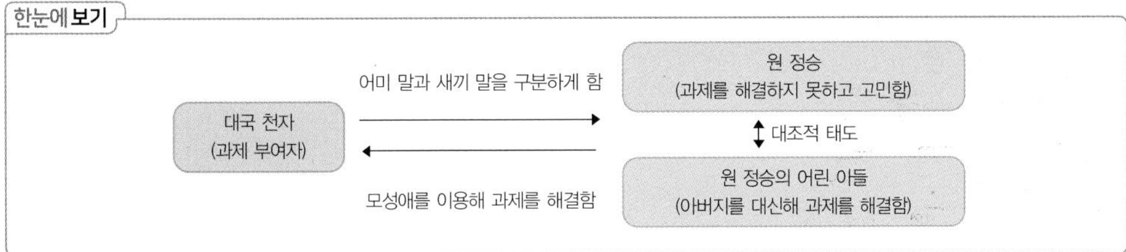

보충·심화 학습

- 〈어미 말과 새끼 말〉에 형상화된 민중 의식

이 글에서 대국 천자가 과제를 내어 조선의 인재 유무를 시험하고자 하는 것은 약자에 대한 강자의 횡포를 상징한다고 할 수 있다. 그리고 대국 천자의 과제를 어린아이가 해결한다는 내용은 중국에 대한 조선의 우월성과 국가가 처한 어려움을 해결할 수 있는 영웅의 출현을 바라는 당대 민중들의 심리를 드러내는 것이다.

필수 문제

01 이 글에서 어린 아들이 과제를 해결하는 데 결정적인 역할을 한 소재를 2어절로 쓰시오.

02 이 글에서 원 정승의 아들은 어미 말의 (　　　　)을/를 이용해 과제를 해결한다.

202 구복막동(舊僕莫同) | 작자 미상

옛날 종

필수

출제 포인트

'막동'과 '송생'의 이야기 속에 담긴 당대의 사회상과 민중들의 신분 상승 욕구에 주목하여 살펴보자.

감상 길잡이

《청구야담》 권6에 실려 있는 이 이야기는 당시 시정(市井)에서 널리 구전되던 것으로, 이와 유사한 이야기가 구비 설화로도 전승되고 있다. 이 야담의 주인공인 막동은 본래 종이었던 인물로, 도망하여 재산을 모은 다음 승지에 오르기까지 피나는 노력을 기울인다. 이러한 이야기에는 '막동'으로 대표되는 조선 후기 서민들의 신분 상승에 대한 욕망이 반영되어 있다. 또한 그의 주인인 송생도 옛 하인의 현 위치를 그대로 인정하고 막동의 청을 들어주고 있다는 점에서 명분보다 현실을 인정할 수밖에 없었던 당대의 사회 추세를 반영한 작품이라고 할 수 있다.

사족인 송씨 가문이 오랫동안 과환(科宦)이 끊어져 종가와 함께 지차 집들도 거의 몰락하고 말았다. 청상의 과부와 혈혈단신의 어린 아들이 쓸쓸히 살아갔다. 막동이란 젊은 종이 가간사를 주간하여 호주의 일을 하다시피 했다. 어느 날 이 막동이도 모야무지에 도망해 버려서 온 집안이 혀를 차고 한숨을 내쉬었지만 종적을 찾을 길이 묘연하였다. / 이러구러 3, 40년이 흘렀다.

(사족: 문벌이 좋은 집안 / 과환: 과거에 급제한 벼슬아치 / 종가: 맏이의 집. 큰집 / 지차: 맏이 이외의 자식들 / 청상의 과부: 젊어서 남편을 잃고 홀로된 여자 / 가간사: 집안일 / 호주: 한 집안의 일을 책임지고 맡은 사람 / 모야무지: 이슥한 밤에 하는 일이라서 보고 듣는 사람이 없거나 알 사람이 없음 / 종적: 없어지거나 떠난 뒤에 남는 자취나 형상)

▶ 송생의 집이 몰락하고 막동이가 도망을 감

중략 부분 줄거리 | 길을 떠난 송생은 한 고을에서 쉬었다 가기로 하고 마을에서 부자라고 하는 최 승지 댁을 찾아간다.

송생은 하인을 따라 들어갔다. 넓은 이마에 턱이 풍부하고 눈이 빛이 나는 노인이었다. 주인이 송생을 대하여 예를 표하는 거동이 아주 품위가 있었다. 촛불의 불똥을 튀기며 야심하도록 한담을 나누었다. 그러다가 주인은 좌우를 물리치고 문을 단단히 단속하더니「갑자기 갓을 벗고 송생의 앞에 꿇어 엎드려 절하고 울면서 청죄를 하는 것이었다.」송생은 어리둥절하여서 더듬더듬 물었다. / "영감께서, 이게 웬 해괴한 짓입니까?"

(넓은 이마에 ~ 있었다: 주인의 외양 묘사. 기품이 있음 / 한담: 심심하거나 한가할 때 나누는 이야기 / 좌우를 물리치고: 주위에 사람을 없게 하고 / 「 」: 예전 하인으로서 상전에 대한 예를 갖추고 있음 / 청죄: 저지른 죄에 대해 벌을 줄 것을 청함)

최 승지는 차근차근 이야기를 꺼내었다.

"소인은 댁의 옛 종놈 막동입니다. 상전의 두터운 은혜를 입고 모르게 도주를 하였으니 첫째 죄요, 마님이 홀로 가문을 지키시어 수족처럼 대하시는 터에 성의를 받들지 못하고 아주 저버리고 말았으니 둘째 죄요, 성을 모칭(冒稱)하고 세상을 속여 외람되게 벼슬을 누렸으니 셋째 죄요,

(수족: 형제나 자식처럼 친히 여기는 사람을 비유적으로 이르는 말 / 모칭: 이름을 거짓으로 꾸며 댐)

▶ 송생에게 청죄를 하는 막동

중략 부분 줄거리 | 최 승지는 송생에게 용서를 구하고, 송생은 이미 지나간 옛일은 덮고 이야기나 나누자고 한다.

「 」: 신분제 사회인 조선에서 종의 신분으로 성공할 수 있었던 이유를 묻고 있음

「"영감께서 소시에도 국량이 크셨지만, 실로 미천한 필부로서 어떻게 이같이 가문을 일으키셨소?"」

"참으로 경복난진(更僕難盡)이지요.「소인이 어려서 종노릇을 하면서 가만히 보니 상전댁에 가운이 비색하여 흥복할 가망이 없으니 일생토록 춥고 배고픈 나날을 보내게 되리라 생각이 들었지요. 그때 대략 계획한 바가 있어 창졸히 도망했던 것입니다.」딴에 뜻이 높고 담을 웅대하게 가져서 결단코 남의 종노릇하는 천한 신세로 늙지 않으리라 맹세하였지요.

(소시: 젊었을 때 / 국량: 일을 능히 처리하는 힘 / 필부: 신분이 낮고 보잘것없는 사내 / 경복난진: 주객 간에 이야기가 길어서 시중드는 종을 번갈아 들여도 끝이 안 남 / 비색하여: 운수가 꽉 막힘 / 창졸히: 미처 어찌할 사이 없이 매우 급작스럽게 / 「 」: 상황 판단이 빠른 막동의 성격)

▶ 그동안의 행적에 대해 송생에게 이야기하는 최 승지(막동)

중략 부분 줄거리 | 최 승지는 신분 상승을 위해 몇 번이고 이사를 하며 양반 행세를 한 것과 벼슬자리를 얻게 된 경위를 이야기한다.

자신의 분수를 생각하고 힘을 헤아려 볼 때에 어찌 스스로 만족하지 못하겠습니까마는 아직 상전의 은혜를 갚지 못하고 자나깨나 마음에 걸립니다. 매양(번번이) 한 번 찾아가 뵈올까 해도 탄로날 것이 두렵고, 어려운 형편을 좀 돕고 싶어도 길이 없어 한탄하던 터이지요. 이 때문에 항시 마음이 아프고 어찌할 바를 몰랐는데 이제 하늘이 기회를 주시어 서방님이 이곳에 왕림(남이 자기 있는 곳으로 찾아옴을 높여 이르는 말)하셨으니 소인은 언제 죽어도 눈을 감을 수 있게 되었습니다.

서방님을 몇 달 만류하고 하찮은 정성이나마 표하고자 합니다. 그런데 보통 길손(먼 길을 가는 나그네)으로서 갑자기 후대를 받게 되면 필시 주위의 의심을 삽니다. 그러니 황공하오나 「낮에는 연척(가까운 친인척) 간으로 행세하여 소인의 가문을 빛내 주시고 밤에는 노주(奴主)(종과 주인) 간으로 돌아가 명분을 바로 함이 어떠하올지」 너그러이 들어 주실는지요?" / 송생은 그러기로 응낙을 하였다.

「 」: 옛 주인에 대한 예를 갖추는 것 같지만 실은 자신이 부자가 되고 벼슬을 얻게 된 현실을 인정할 수밖에 없지 않겠느냐는 강한 압박임

▶ 송생에게 정성을 표하려는 최 승지

뒷부분 줄거리 | 최 승지의 재종질(육촌 형제의 아들)로 행세하며 달포(한 달이 조금 넘는 기간)를 지내던 송생이 돌아가려 하자 최 승지는 돈 만 냥을 내어 준다.

핵심 정리

- 갈래: 설화(야담)
- 성격: 세태적
- 구성: '발단 – 전개 – 위기 – 절정 – 결말'의 5단 구성

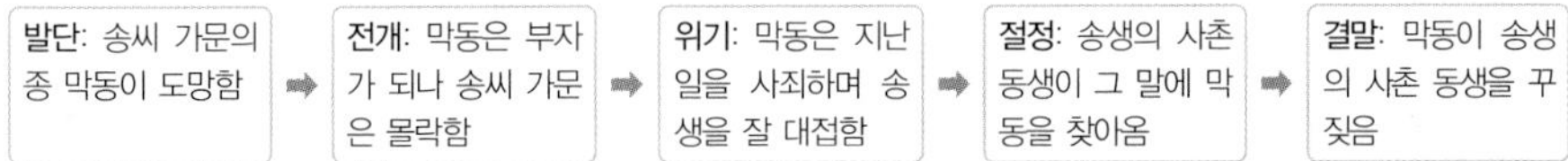

- 제재: 막동의 신분 상승
- 주제: 조선 후기 신분 상승을 꿈꾸는 서민들의 소망
- 특징: 조선 후기에 양반 계층이 몰락하고 신분 제도가 혼란하던 사회상이 반영됨

한눈에 보기

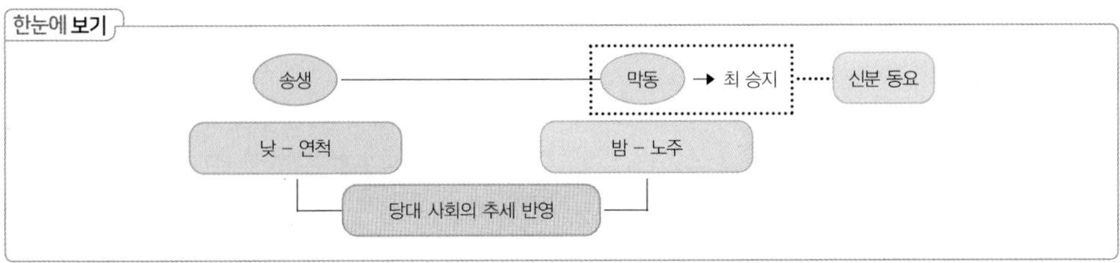

필수 문제

01 이 글에서 송생이 낮에는 (   ) 간으로 행세하고, 밤에는 (   ) 간으로 돌아가자는 제안을 수용하는 것은 당대의 사회적 추세를 보여 주는 것이다.

02 이 글에서 막동이가 승지가 되기까지의 생활을 단적으로 제시해 주는 한자 성어는 (   )이다.

203 접동새 설화 | 작자 미상

교과서

출제 포인트

접동새의 울음과 생태에 대한 내력을 알아보고, 이를 바탕으로 '까마귀'와 '접동새' 각각이 의미하는 바와 이 글의 바탕에 깔려 있는 정서 등을 살펴보자.

감상 길잡이

동물 유래담의 하나로 변신담에 속하는 이 글은, 고전 문학에서 널리 나타나는 못된 계모로 인한 가정 비극을 통해 접동새의 울음과 생태에 대한 내력을 설명하고 있다. 이 설화는 우리 문학의 중요한 모티프로 작용하여 계모형 소설들이 형성되는 데 큰 영향을 주었으며, 우리 문학의 비극적 정서를 환기하는 데 많은 역할을 담당한 것으로 보인다. 김소월의 〈접동새〉, 서정주의 〈귀촉도〉 등도 〈접동새 설화〉에서 모티프를 차용한 작품에 해당한다.

옛날 어느 부인이 아들 아홉과 딸 하나를 낳고 세상을 떠났다. 후처로 들어온 부인이 딸을 몹시 미워하여 늘 구박하였다.(설화, 고전 소설에 나타나는 계모의 전형 ① - 전처 소생을 구박함) 처녀가 장성하여(자라서 어른이 되어) 시집갈 때가 되었으므로 많은 혼수를 장만하였는데, 갑자기 죽어 버렸다. 아홉 오라비가 슬퍼하면서 동생의 혼수를 마당에서 태우는데 계모가 주변을 돌면서 아까워하며 다 태우지 못하게 말렸다.(계모의 전형 ② - 욕심 많음) 「화가 난 오라버니들이 계모를 불 속에 넣고 태우니 까마귀(계모의 화신 - 악(惡))가 되어 날아갔다. 처녀는 접동새(처녀의 화신 - 한(恨))가 되어 밤만 되면 오라버니들을 찾아와 울었다.(처녀의 한의 표현)」(「 」: 동물 유래담 · 변신담의 성격을 띰)

▶ 접동새와 까마귀에 얽힌 내력

접동새가 밤에만 다니는 이유는 까마귀가 접동새를 보기만 하면 죽이므로 무서워서 그렇다고 한다.

▶ 접동새의 생태에 얽힌 내력

핵심 정리

- 갈래: 설화(민담, 동물 유래담, 변신담)
- 성격: 비극적
- 구성: '기 - 승 - 전 - 결'의 4단 구성

기: 누이를 구박하는 계모 ➡ 승: 누이의 갑작스러운 죽음 ➡ 전: 오빠들의 응징과 계모와 누이의 변신 ➡ 결: 접동새의 생태에 얽힌 내력

- 제재: 접동새와 까마귀의 유래
- 주제: 누이의 한과 애절한 혈육의 정
- 특징: 조선 시대 계모형 소설 형성에 영향을 미침

한눈에 보기

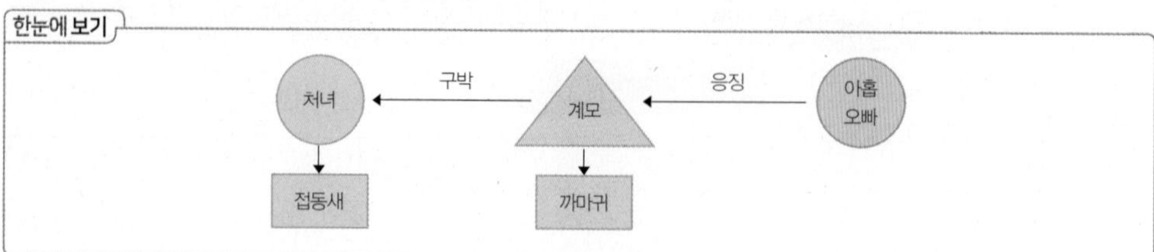

필수 문제

01 이 글에서 접동새의 생태에 대한 내력이 드러나는 문장을 찾아 첫 2어절을 쓰시오.

02 이 글의 바탕에 깔려 있는 정서를 쓰시오.

세경본풀이 | 작자 미상

필수

출제 포인트

여성 영웅 설화의 성격을 지닌 무가이다. 이 글이 구연되는 주요 목적 및 '자청비'가 상징하는 바를 파악해 보자.

감상 길잡이

〈세경본풀이〉는 제주도의 큰굿에서 연행되는 무가로, 무속 신화 중에서 농경신의 이름을 딴 유일한 농경 신화이다. 이를 볼 때 〈세경본풀이〉는 농경의 신의 내력을 풀어내는 노래라는 뜻으로 이해할 수 있다. 주인공인 자청비는 여성이지만 주체적인 모습으로 고난을 극복하여 마침내 농경의 신이 된다. 일반적인 영웅의 일대기 구조를 취하고 있지만, 그 영웅이 여성이라는 것과 행복한 결말 대신 신으로 좌정된다는 점이 특징이다. 자청비의 출생부터 문 도령과의 사랑, 시종인 정수남과의 갈등과 해결 등 여러 에피소드를 유기적으로 결합시켰다는 점에서 서사 무가 중에서도 탄탄한 서사성과 뛰어난 문학성을 인정받고 있는 작품이다.

앞부분 줄거리 | 늦도록 자식이 없던 한 부부가 불공을 드려 '자청비'라는 딸을 얻는다. 자청비는 빨래하러 갔다가 옥황 문왕성의 아들 문 도령을 만난다. 자청비는 문 도령과 함께 글공부를 하러 가기 위해 부모님을 설득한다.

부모님의 허락을 받고, 자기 방에 들어가서 여자 의복을 벗어 두고 남자 방에 들어가서 남자 의복으로 갈아입는다. 한 아름 가득 책을 안고 한 줌 가득 붓을 들고 부모님께 이별하여 먼 문밖에 나가 보니, 문 도령이 서 있으니, 자청비가 가까이 가서 문 도령에게,

(부모님의 허락을 받고: 자청비는 여자는 공부를 할 필요가 없다고 생각하는 부모님을 설득하여 문 도령과 동행하게 됨)

"통성명하겠습니다." / 문 도령이 말을 하되, / "나는 하늘 옥황 문왕성 문 도령이 됩니다."

(하늘 옥황 문왕성: 문 도령이 천상의 세계에 속한 인물임을 알 수 있음)

"나는 주년국 땅 자청 도령이 됩니다. 아래쪽 거무 선생에게 글공부하러 간다니 저도 같이 가면 어떻겠습니까?" / "어서 그건 그렇게 하십시오." / 형제 삼고 가는구나.

(자청 도령: 남장한 자청비)
(주년국: 주년국은 설화에 등장하는 제주의 옛 이름임 – 〈세경본풀이〉가 제주의 내력을 전하는 설화임을 짐작할 수 있음)

▶ 남장을 하고 문 도령을 따라나서는 자청비

문 도령과 자청 도령은 아래쪽 거무 선생에게 들어가 한 서당에서 글을 읽고 한솥의 밥을 먹고 한 이불 속에서 잠을 자면서 하루 이틀 지나는 것이 해가 두 해 지나간다. 문 도령 눈치에 자청비가 여자의 몸이라는 것을 알 듯해 가니, 하루는 자청비가 꾀를 내어 은대야에 물을 떠다 옆에 두고 은젓가락 놋젓가락을 걸쳐 놓고 잠을 자니, 문 도령이 그걸 보고 말을 하되,

(하루 이틀 지나는 것이 해가 두 해 지나간다.: 빠른 시간 전개)

"너는 어떤 일로 은대야에 물을 떠다 놓고 은젓가락 놋젓가락을 걸쳐 놓고 잠을 자느냐?"

「"그런 것이 아니라, 아버님이 글공부 올 때 하신 말씀이 '밤에 잠을 잘 때 은대야에다 물을 떠다 옆에 놓고 은젓가락 놋젓가락 걸쳐 두고 잠을 자되, 은젓가락 놋젓가락이 떨어지게 잠을 자면 글이 둔하다.' 라고 하더라."」

(글이 둔하다: 글 짓는 실력이 늘지 않는다)
「 」: 잠을 잘 때에도 틈틈이 은젓가락과 놋젓가락이 떨어지지 않게 살펴야 함 – 문 도령의 관심을 돌려 남장을 들키지 않기 위해서 지혜를 발휘하는 자청비

그 말 들은 문 도령은, / "그러면 나도 그렇게 해 보겠다."

「문 도령도 은대야에 물을 떠다 은젓가락 놋젓가락 걸쳐 놓고 옆에 놓아 잠을 자는데, 젓가락이 떨어질까 근심을 하는 것이 잠은 못 자고, 다음 날 아침 삼천 서당에 가면 글공부할 생각은 없고 앉아서 졸기만 해 간다.」「자청빈 떨어지든 말든 위아래로 옷을 다 벗어 두고, 동쪽으로 돌아누워

「 」: 자청비의 꾀에 속은 문 도령의 모습

깊은 잠을 자고, 서쪽으로 돌아누워 깊은 잠을 자고, 남쪽으로 돌아누워 깊은 잠을 자고, 북쪽으로 돌아누워 깊은 잠을 날이 밝을 때까지 자 놓으니,」 다음 날 아침 삼천 서당에 가 글을 읽어 가는 것이 삼천 선비 가운데 장원이 되고 급제가 되어 간다.

「 」: 자청비가 잠을 자는 모습을 운율감 있게 표현함 – 구비 문학의 특징

삼천 서당: 제주도에 있었던 조선 후기의 서당

삼천 선비 가운데 장원이 되고 급제가 되어 간다: 남성보다 우월한 자청비의 모습을 통해 여성 영웅적 면모를 보임

▶ 자신을 의심하는 문 도령을 속여 위기에서 벗어나는 자청비

중략 부분 줄거리 | 문 도령은 옥황의 명령으로 서수왕 아기와 혼인을 위해 집으로 돌아가게 된다. 자청비도 문 도령과 함께 집으로 돌아가기로 한다.

"문 도령아, 이리 와라. 우리 삼 년 글공부를 했는데 몸에 글 때인들 안 올랐을까. 목욕이나 하고 가자." / "어서 그건 그리하자."

목욕이나 하고 가자: 문 도령에게 자신이 여자임을 밝히기 위함

「자청비는 위 물통으로 들어가고 문 도령은 아래 물통으로 들어가, 자청비가 가만히 문 도령 거동을 보니, 문 도령이 위아래로 활딱 벗어 두고 물에 뛰어들어서 동쪽으로 나오면 서쪽으로 들고, 서쪽으로 나오면 동쪽으로 들어가며 참방참방 목욕을 하고 있으니,」 자청비는 윗도리만 벗어서 씻는 척 마는 척 물소리만 내다가, 버드나무 이파리를 끊어 글을 쓰되,

참방참방: 작은 물체가 물에 자꾸 부딪치거나 잠기는 소리. 또는 그 모양

「 」: 문 도령이 목욕하는 모습을 운율감 있게 표현함 – 구비 문학의 특징

"눈치 모른 문 도령아, 멍청한 문 도령아, 삼 년 동안 한 이불 속 잠을 자도 눈치 모른 문 도령아."

삼 년 동안 한 이불 속 잠을 자도 눈치 모른 문 도령아: 자신이 여성임을 알지 못하는 눈치 없는 문 도령에 대한 서운한 마음을 표현함

글 석 자 써서 아래 물통으로 띄워 두고, 윗옷을 입고 쉬지 않고 아버님에게 달려간다.

▶ 문 도령과 목욕을 하면서 자신의 정체를 밝히는 자청비

문 도령은 목욕하다가 버드나무 이파리를 보고 이상하다 하고 싹 펴 보니, 아닌 게 아니라 그렇게 쓰여 있지 않은가. 「바삐 옷을 입는 것이 윗도리는 어깨에 걸치고 아래 옷은 한 가랑이에 양다리를 집어넣고 물통 밖을 내달아 앞을 보니, 자청비 머리는 멀리 까마귀 앞날개처럼 메쪽메쪽하고 있어 양 주먹을 불끈 쥐고 뛰어간다.」 발은 콩구슬처럼 부풀어지고 머리로는 방울방울 굵은 땀이 흘러가는구나. / 자청비가 가만히 생각하니,

「 」: 뒤늦게 자청비가 여자임을 알고 허둥지둥하는 문 도령의 모습을 해학적으로 표현함

메쪽메쪽: 물체가 조금 나왔다 들어갔다 하는 모양

콩구슬: 콩알

'삼 년 한 서당에서 글 읽은 문 도령을 그냥 보낼 수 있으랴?' / 먼 올래에 자청비가 서서 보니, 문 도령이 엎어지며 자빠지며 오는 것을 보니 가엾어서 자청비가 마주 내려가 말을 하되,

'삼 년 한 서당에서 글 읽은 문 도령을 그냥 보낼 수 있으랴?': 문 도령을 자신의 집으로 들이려 마음먹은 자청비

올래: 제주 방언으로, 거리에서 집으로 들어가는 골목길을 의미함

"문 도령님아, 내가 여자의 몸으로 오늘까지 도련님 눈을 속였으나 우리 집 먼 올래에 서 있으면, 아버님 어머님께 글공부 갔다 온 인사를 드려 두고, 저의 방으로 같이 가서 아픈 다리나 쉬었다가 내일 가는 것이 어떻습니까?" / "어서 그것은 그렇게 하자."

저의 방으로 같이 가서 아픈 다리나 쉬었다가 내일 가는 것이 어떻습니까?: 문 도령과 사랑을 이루기 위해 적극적인 태도를 보이는 자청비

▶ 뒤따라 온 문 도령을 자신의 집으로 들이는 자청비

자청비 앞에 가 아버님 어머님께 인사를 드린다. 아버님이 말을 하되,

"삼 년 글공부에 몸이나 조심히 다녀왔느냐?"

"예, 몸 편안히 왔습니다마는 아버님 어머님께 드릴 말씀이 있습니다. 나하고 한 글청에서 삼 년 같이 글공부를 한 선비가 하나 저 올래에 서 있는데, 발은 콩구슬같이 부풀고 해는 서산에 져 갈 수가 없으니, 나하고 같이 있다가 내일 가도록 하는 것이 어떻겠습니까?"

"남자냐, 여자냐?" / "남자가 됩니다."

"남자거든 열다섯 십오 세 위로는 내 방으로 들여놓고 열다섯 십오 세 이하면 너의 방으로 들여놓아라." / "열다섯 십오 세 미만이 됩니다." / "그럼 네 방으로 들여놓아라."

(열다섯 십오 세: 자청비 부모가 생각하는 성인의 기준)

자청비는 그 말이 끝나자, 남자 의복을 벗어 두고 여자 의복으로 갈아입는다. 열두 폭에 대홍대단 홑단치마를 둘러 입고 먼 올래에 나아가 문 도령을 청하는데, 부모님 방을 지나가려 할 때 두 몸이 한 몸 되고 두 발자국이 한 발자국이 되어 자청비 방으로 데리고 들어가는 구나.

(홑단치마: 홑치마)

(두 몸이 한 몸 되고 ~ 들어가는 구나: 부모님 몰래 자청비의 방으로 들어가는 모습을 현장감 있게 묘사함)

▶ 자청비의 방에서 하룻밤을 보내는 자청비와 문 도령

뒷부분 줄거리 | 자청비와 문 도령은 혼인을 약속한다. 집안 하인 정수남에게 욕을 당할 위기에 빠진 자청비는 정수남을 죽이고 집에서 쫓겨난다. 남장을 하고 서천꽃밭에서 꽃감관의 사위가 되어 환생꽃으로 정수남을 살리지만 다시 쫓겨난다. 주모 할망의 수양딸이 된 자청비는 문 도령과 재회하지만 문 도령의 실수로 다시 쫓겨난다. 불에 달군 작두를 통과하는 시험을 거친 후 문 도령과 혼인한 자청비는 과거 서천꽃밭에서 맞이한 자신의 부인과 문 도령의 혼인을 주선한다. 이를 시샘한 동네 청년들로 인해 문 도령은 죽음을 맞지만 자청비가 다시 문 도령을 살린다. 이후 자청비는 중세경(농경의 신), 문 도령은 상세경(농경의 신), 정수남은 하세경(목축의 신)이 된다.

핵심 정리

- 갈래: 무가(서사 무가, 본풀이)
- 성격: 비현실적, 전기적
- 구성: '발단 – 전개 – 위기 – 절정 – 결말'의 5단 구성

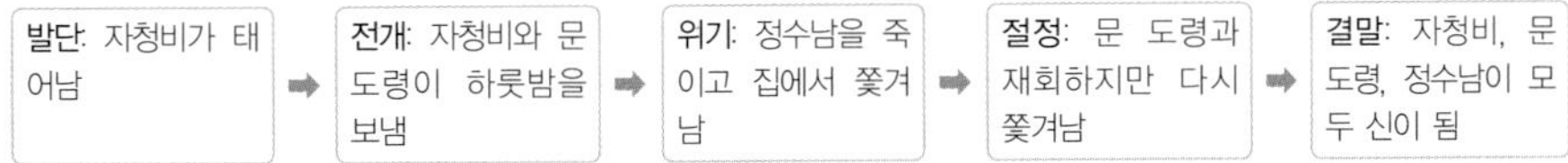

- 제재: 자청비의 일생
- 주제: 중세경, 상세경, 하세경의 내력
- 특징: ① '자청비'라는 여성 영웅의 일대기적 형식을 지님 ② 굿판에서 불리는 서사 무가이므로 구어체 형식을 띰
- 인물 분석
  - 자청비: 비범한 능력을 지닌 주체적인 여성. 후에 중세경(농경의 신)이 됨
  - 문 도령: 하늘 옥황의 아들. 후에 상세경(농경의 신)이 됨
  - 정수남: 자청비 집안의 하인. 후에 하세경(목축의 신)이 됨

한눈에 **보기**

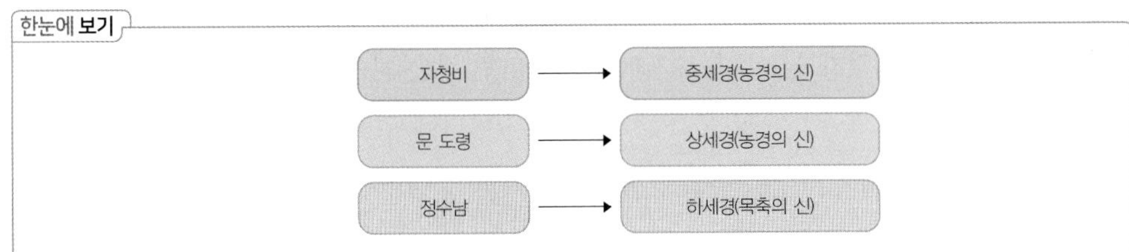

필수 문제

01 이 글은 농경의 신에게 감사하고 풍농과 소와 말의 번성을 비는 제주 지방의 (　　　　)이다.

02 이 글은 우리 민족의 농경 기원 신화로 볼 수 있는데 신화의 내용이 (　　　　)(으)로 일관되어 있는 것은 농경의 생산 및 번식과 관계있다고 할 수 있다.

205 천지왕본풀이 | 작자 미상

교과서

출제 포인트

별이 탄생하게 된 기원을 다룬 우주 기원 설화이다. 대별과 소별의 아버지 찾기에서 혈통과 능력을 확인하고 검증하는 과정과 이야기에 내재된 옛사람들의 소망에 주목하여 살펴보자.

감상 길잡이

이 글은 우주 기원으로부터 시작하여 각종 천체 및 만물이 생성되는 과정과 세상의 질서가 잡혀 가는 과정을 노래한 신화이다. 대별과 소별이 아버지인 천지왕을 찾아갔다가 자식임을 입증하라는 과제를 받고 활을 쏘아 두 개씩인 해와 달을 하나씩 없애고 저승과 이승을 나누어 다스리게 되는 이야기가 담겨 있다. 대별과 소별이 해결한 인간 세계의 문제를 통해 고대인들의 소망이나 관점을 엿볼 수 있고, 대별과 소별이 쏜 활을 맞은 해와 달이 부서져 수많은 별들이 만들어졌다는 내용에서 자연 현상이나 천체의 기원에 관한 옛사람들의 생각을 알 수 있다.

하늘과 땅의 결합(천부지모형)

앞부분 줄거리 | 천지왕이 총명 부인과 결연하기 위해 천지가 분리된 후 낮에는 태양이, 밤에는 달이 두 개씩 떠서 더위와 추위, 가뭄과 홍수가 심한 지상으로 내려온다. 천지왕은 총명 부인에게 징표로 박씨를 건네고 태어날 아이들의 이름을 지어 주고 하늘로 올라간다. 천지왕이 하늘로 올라간 후 태어난 대별과 소별은 자라서 주변 사람들에게 아버지가 없다고 놀림을 받자 어머니에게 아버지에 대해 묻고 박씨를 심어 그 덩굴을 타고 하늘로 올라가 아버지인 천지왕을 만난다.

"너희들은 어디서 온 누구냐?"

천지왕이 자신을 찾아온 대별과 소별에게 신원을 밝힐 것을 요구함

"우리는 인간 세상에서 왔습니다. 대별과 소별입니다."

천지왕이 태어날 아이들에게 지어 준 이름

"대왕님께서 우리 부친이 되신다고 들었습니다."

대별과 소별이 천지왕을 찾아온 이유를 밝힘 → 천지왕이 자신들의 아버지라는 사실이 맞는지 확인함

천지왕은 그 말을 들은 듯 만 듯 신하를 시켜 무쇠 활과 화살을 내오게 하였다. 화살은 모두 두 개였다. / "너희들이 내 자식이라면 증명해 보여라."

하늘나라를 다스리는 절대자 / 인간에게 고통을 주는 태양과 달을 없앨 수 있는 도구 / 실수하면 세상의 문제를 해결할 수 없음 / 천지왕이 대별과 소별에게 자신의 자식임을 입증하라는 과제를 부여함

▶ 천지왕으로부터 자식임을 입증하라는 과제를 받은 대별과 소별

활과 화살을 받아 든 형제는 말없이 물러 나와 다시 인간 세상으로 내려왔다. 그들은 서로 눈빛을 주고받고 나서 어딘가를 향해 걷기 시작했다. 그들이 향한 곳은 이 땅의 동쪽 끝, 동해 바다였다. 그들이 바닷가 언덕에 이르렀을 때 막 어둠이 걷히고 동이 터 오고 있었다.

인간 세상의 문제를 해결하는 것이 자신들의 임무이며 천지왕의 아들임을 증명하는 방법임을 알고 있음 / 이심전심(以心傳心) / 해가 뜨는 곳으로 한 개의 해를 없앨 수 있는 공간 / 사건 전개의 우연성

『검푸르던 바닷물이 점차 불그스름해지더니 수레바퀴 같은 붉은 태양이 솟아오르기 시작했다. 하늘과 바다가 피처럼 붉은빛으로 물들었다.』 그 해가 바다에서 떠올라 중천으로 갈 무렵 또 하나의 태양이 떠올랐다. 다시 바닷물이 붉게 물들며 뜨거운 기운이 엄습하기 시작했다. 그 두 번째 태양이 동쪽 하늘 위로 떠오르자 대별은 활시위에 화살을 재더니 눈을 부릅뜨고 태양을 겨누었다. 그의 활을 떠난 화살은 넓은 하늘을 너울너울 가로질러 태양의 한복판을 꿰뚫었다. 순간 태양은 수만 개 조각으로 산산이 부서져 흩뿌려졌다. 동쪽 하늘에 수많은 별들이 생겨나는 순간이었다.

『 』: 해가 뜨는 장면을 비유적인 표현과 색채어를 사용하여 묘사함 / 중천: 하늘의 한가운데 / [ ]: 인간에게 고통을 주는 대상 / 인간 세상의 삶을 힘겹게 하는 고통의 원인 / 현실의 고통을 해결해 줄 영웅적 인물 ① / 대별의 비범한 능력 → 더위나 가뭄을 조절하여 풍년이 들 수 있기를 바라는 옛날 사람들의 소망을 담고 있음 / 별 탄생 신화(신성성)

다음은 소별의 차례였다. 장소는 서해 바다. 소별이 날린 화살에 달 하나가 속절없이 부서져 흩어졌다. 서쪽 하늘에 수천 개의 별들이 생겨났다.

현실의 고통을 해결해 줄 영웅적 인물 ② / 소별의 비범한 능력 → 추위와 홍수로부터 농작물을 보호하고 싶은 옛날 사람들의 소망을 담고 있음 / 별 탄생 신화(신성성)

그렇게 해와 달이 하나씩 부서져 사라지자 세상은 사람들이 깃들어 살 만한 곳이 되었다.

자연의 질서가 잡힘

▶ 대별과 소별이 천지왕의 아들임을 입증하기 위해 세상의 문제를 해결함

핵심 정리

- 갈래: 설화(신화)
- 성격: 신성성, 상징성, 주술성
- 구성: '처음 – 가운데 – 끝'의 3단 구성

처음		가운데 1		가운데 2		끝
처음: 태초에 땅을 다스리는 포악한 수명장자를 징벌하기 위해 땅으로 내려온 천지왕이 총명 부인과 결연하고, 대별과 소별이 탄생함	➡	**가운데 1**: 성장한 대별과 소별이 아버지인 천지왕을 찾아가 세상의 문제를 해결하라는 과제를 받고 해결함	➡	**가운데 2**: 이승을 다스릴 사람을 결정하기 위해 대별과 소별이 꽃 피우기 시합을 하고 부정한 수단으로 내기에 이긴 소별이 승리함	➡	**끝**: 대별이 차지한 저승은 법도가 엄정한 것과 달리 소별이 다스리는 이승은 질서가 어지럽게 되지만 대별의 도움으로 인간 세상도 질서를 바로 세우게 됨

- 제재: 대별과 소별의 비범한 능력
- 주제: 세상의 질서를 바로잡은 대별과 소별의 비범한 능력
- 특징: ① 자연적, 비현실적인 인물이 등장하며 문제를 해결함
  ② 부친 탐색 화소 등 여러 신화소가 나타남
- 의의: 우리나라의 우주 기원 신화, 인류 기원 신화임
- 인물 분석
  - 천지왕: 하늘을 다스리는 절대자로 아들인 대별과 소별에게 세상을 구하는 과제를 부여하는 인물
  - 대별: 천지왕의 아들. 활과 화살로 한 개의 태양을 없애고 소별과의 꽃 피우기 시합에서 져 저승을 다스리는 인물
  - 소별: 천지왕의 아들. 활과 화살로 한 개의 달을 없애고 대별과의 꽃 피우기 시합에서 이겨 이승을 다스리는 인물

한눈에 보기

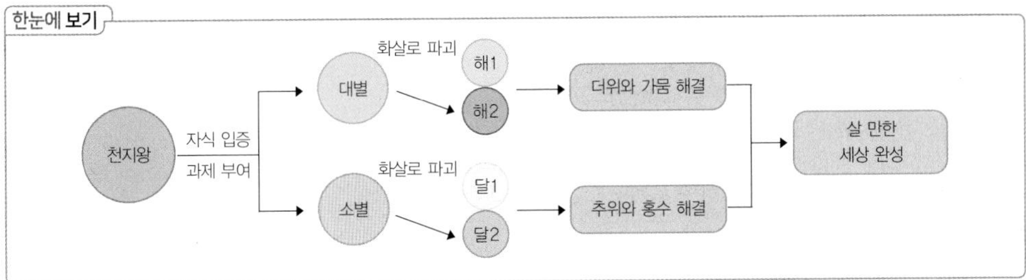

보충·심화 학습

- 〈천지왕본풀이〉에 드러난 신화소

〈천지왕본풀이〉는 '결합', '부친 탐색', '증여와 답례', '신직(신의 직무) 해석' 등의 신화소로 구성되어 있다. 천지왕은 총명 부인과 인연을 맺어 대별과 소별을 낳고(결합 화소), 천지왕이 떠난 후 태어난 대별과 소별은 천지왕을 찾아간다(부친 탐색 화소). 천지왕은 인간 세상의 문제를 해결한 대별, 소별에게 이승과 저승을 다스릴 권한을 주며, 형제는 이승법과 저승법을 만들어 낸다(증여와 답례 화소). 이에 따라 혼란한 이승법과 엄정한 저승법이 만들어졌다(신직 해석 화소).

필수 문제

01 천지왕이 부여한 과제를 해결하기 위해 대별과 소별은 두 개씩인 (   )와/과 (   )을/를 쏘아 하나씩 없앴다.

02 [서술형] 대별과 소별이 인간 세계의 문제를 해결하는 과정에 드러난 옛사람들의 소망을 서술하시오.

206 감은장애기 | 작자 미상

필수

출제 포인트

나쁜 전생의 인연을 제거하고 좋은 인연이 오기를 기원하는 굿인 〈삼공본풀이〉의 본풀이에 해당한다. 이 글의 배경 사상 및 다양한 설화적 모티프에 주목하여 살펴보자.

감상 길잡이

〈감은장애기〉는 제주도의 무가인 〈삼공본풀이〉에 실린 설화로, 주인공 '감은장애기'는 인간의 운명을 관장하는 여신이다. 설화의 내용은 크게 '감은장애기의 출생과 수난', '혼인과 부귀영화', '부모와의 재회와 부모의 개안'으로 나눌 수 있다. 내용 전체에서 '내 복에 산다' 형 민담과 〈심청전〉, 〈서동요〉 등의 배경 설화에서 볼 수 있는 다양한 설화적 모티프가 나타나며, 환생과 윤회설, 연기설을 배경 사상으로 삼고 있다는 점에서 불교적 색채가 강하게 드러난다고 볼 수 있다.

한림수좌(翰林首座)는 윗마을에 살고, 구에궁전 너설부인은 아랫마을에 살고 있었다. 그런데 어느 땐가 두 마을에 극심한 흉년이 들어 그들은 걸식을 하러 다니게 되고 그러다가 둘이는 서로 만나 급기야는 연분을 맺게 되었다. 부부가 된 후로 그들은 딸도 셋이나 낳게 되고 점점 부유해지기 시작했다. 그 딸들의 이름은 큰딸은 인장애기, 둘째 딸은 놋장애기, 막내딸은 감은장애기라 이름 짓고는 금지옥엽처럼 키웠다.

(한림수좌, 구에궁전 너설부인: 감은장애기의 부모. 이본에 따라 강이명성과 홍은서천으로도 나타남 / 걸식: 음식 등을 빌어먹음 / 부부가 된 후로 ~ 시작했다: 거지에서 부자가 됨. 후에 모든 부귀영화가 감은장애기에 의한 것임이 밝혀짐 / 인장애기, 놋장애기: 악한 마음의 소유자 / 감은장애기: 검은 나무 그릇에 음식을 담아 먹여 키운 아이라는 뜻. 제주도의 무속 신화 〈삼공본풀이〉에 등장하는 운명신)

▶ 두 거지가 결혼하여 세 딸을 낳고 부자가 됨(기)

「딸들이 자라서 웬만큼 나이가 차자, 한림수좌 부부는 딸들을 불러 놓고

"너희들은 누구 덕으로 사느냐?"

하고 물으며 딸들의 마음을 떠보았다.

"물론 부모님 덕으로 살지요."

첫째 딸과 둘째 딸이 대답하여 부부는 기특하다고 칭찬하고는 막내딸에게도 대답을 재촉했다.

"첫째는 천신(天神)의 덕이고, 둘째는 지신(地神)의 덕이고, 셋째는 부모님 덕입니다. 넷째는 저의 팔자 덕이고요."」 「 」: '내 복에 산다' 형 민담과 유사함

▶ 세 딸들과 한림수좌 부부의 문답

「이 말을 들은 한림수좌 부부는 배은망덕한 것이라고 호통을 치며, 검은 암소에 의복 행장을 싣고 하녀를 딸려 막내딸을 쫓아내었다.

(행장: 여행할 때 쓰는 물건과 차림)

감은장애기는 집에서 쫓겨났으나 차마 떠나기가 어려워 문밖에 서서 부모님의 거동을 살펴보았다. 한림수좌 부부는 막내딸이 가엾은 생각에 큰딸을 불러 명했다.

"문밖에 나가서 작은 애기가 어떻게 있는지, 정말로 떠나가고 있는지 보고 오너라."

큰딸애기는 나가서 감은장애기가 아직도 있는 것을 보자 동생을 속이며 말했다.

(동생: 감은장애기)

"어서 속히 도망가거라. 아버님이 너를 죽이려고 나오실 모양이야."

(큰딸의 거짓말)

감은장애기는 큰언니가 나쁜 마음을 먹고 자기를 속이는 것을 알고 도술을 부려 큰언니를 지네

(도술을 부려 큰언니를 지네: 징벌)

로 변하게 했다. 한림수좌는 아무리 기다려도 큰딸이 돌아오지를 않자 이번에는 둘째 딸을 시켜서 감은장애기가 정말로 떠났는지 알아보고 오라고 했다.

감은장애기가 도술로 언니들의 모습을 변하게 하는 신이한 능력을 보임. 전기적(傳奇的) 요소

둘째 딸이 또 나가서 감은장애기를 보고 역시 속이며 말했다.

「"부모님이 너를 죽이려고 나오시니 어서 속히 도망가거라."」

둘째 딸의 거짓말 「 」: 셰익스피어 4대 비극 중 〈리어왕〉과 유사한 구조를 보임 징벌

감은장애기는 둘째 언니도 자기를 속이고 있음을 알고 도술을 부려 말똥 버섯으로 변하게 했다.

「그러고는 가루 한 줌을 문 앞에 뿌리고 길을 떠났다. 그러자 한림수좌 부부는 눈이 멀게 되고 집도 일시에 망하게 되었다.」 「 」: 가난과 부를 마음대로 주관함. 전기성(傳奇性) ▶ 감은장애기가 쫓겨나고 집안이 몰락함(승)

자신을 쫓아낸 데 대한 징벌이자 훗날의 깨달음을 위한 조치

감은장애기는 정처 없이 길을 걷다가 마를 캐고 있는 총각을 발견하고는 하녀를 시켜 이 근처에 사람 사는 집이 있는지 물었다. 그러자 그 총각은 대답은 하지 않고 별 이상한 사람들을 본다며 욕설만 늘어놓았다. 감은장애기 일행은 다시 길을 가다가 또 다른 마 캐는 총각을 보고는 이 근처에 사람 사는 집이 있는지 물었다. 그러나 그 총각도 별 고약한 사람들을 다 보겠다며 욕을 하여 할 수 없이 그곳을 떠나 길을 재촉하였다. 감은장애기가 한참을 가다보니 마 캐는 총각이 또 있어서 사람 사는 집이 있는지 물으니 총각은 친절하게

큰아들 – 악(惡) / 큰아들의 불친절함 / 둘째 아들 – 악(惡) / 둘째 아들의 불친절함 / 막내아들 – 선(善)

"이 아래쪽으로 가시면 늙은 할머니가 사시는 초가집이 한 채 있어요."

막내아들의 친절함 – 감은장애기와 부부의 인연을 맺게 되는 계기

하고 대답해 주었다. 감은장애기 일행이 그곳을 찾아가자 초가집 한 채가 나왔다. 문을 두드리자 할머니 한 분이 문을 열어 주었다.

마 캐는 총각들의 어머니

"오늘 밤 하루 유숙하고 갈 수 있을까요?"

남의 집에서 묵음

"초가(草家)가 너무 좁고 사람이 많아 불편하기는 하겠지만 어서 들어오십시오."

할머니가 다정하게 맞아 주어서 감은장애기 일행은 그 초가에서 유숙하게 되었다.

▶ 마 캐는 총각과 만나 초가에 유숙함

저녁이 되자 마를 캐러 갔던 그 집의 아들 형제가 돌아와서 감은장애기를 보자,

악(惡)

「"먹을 것도 없고 집도 좁은데 왜 쓸데없이 손님을 맞이하셨습니까?"

하고 어머니에게 원망스러운 듯 말을 하더니, 마를 삶아서 가운데 토막은 자기네들이 먹고 윗부분은 어머니를 주고 뿌리는 감은장애기 일행에게 주는 것이었다.」 「 」: 손님을 홀대하고 이기적으로 행동하는 큰아들과 둘째 아들

형제의 이기적인 행동

'참 고약한 사람들이로구나.'

하고 감은장애기가 속으로 생각하고 있을 때 막내아들이 마를 캐러 갔다가 돌아왔다.

"어떤 손님이 들었습니까?"

"길 가다가 날이 저무는 바람에 아기씨 두 분이 유숙하러 왔구나."

감은장애기와 하녀

「"참 잘 하셨습니다."

막내아들은 이렇게 말한 후 마를 삶아서 가운데는 어머니를 드리고 윗부분은 감은장애기 일행에게 주고 뿌리는 자기가 먹었다.」 감은장애기는 막내아들의 마음씨가 고운 것을 칭찬하고는 손수 밥을 지어 주인 가족들에게 모두 대접했다. 밤이 이슥해지자 감은장애기는 주인집 막내아들을 부른 후 깨끗이 목욕시키고 의복을 내어 입히고는 부부의 인연을 맺어 같이 살게 되었다. 형들은

선(善)

「 」: 막내아들의 친절하고 이타적인 행동 – 훗날의 행복과 부귀영화의 계기, 인과응보

막내아들의 친절과 선량함에 대한 대가

⊙ 제주 전통 굿

"우리도 저런 각시를 얻어 같이 살아 보았으면……."

하고 막내 동생을 부러워하였다. 감은장애기를 아내로 맞은 후 「하루는 막내아들이 마를 캐러 나갔는데 들추는 돌마다 황금이 가득 쌓여 있어서 그것을 가지고 막내아들 부부는 거부가 되었다.」

「 」: 〈서동요〉의 배경 설화 내용과 유사

큰 부자

▶ 감은장애기와 막내아들이 결혼하여 부자가 됨(전)

「집안 살림이 부유해지자 감은장애기는 필경 걸식을 하면서 지내실 부모님을 만나고 싶은 생각이 간절하여 걸인 잔치를 열자고 남편에게 졸랐다. 남편은 쾌히 응낙하고는 석 달 동안을 연이어 걸인 잔치를 베풀었다. 그러던 중 하루는 맹인이 된 늙은 부부가 찾아왔는데 감은장애기가 보니 틀림없는 부모였다. 그래서 감은장애기는 그들을 한쪽으로 모셨다가 밤이 되자 사랑채로 청하여 앉히고는 부모님께

끝에 가서는, 결국

부모님과의 재회의 계기

"제가 바로 막내딸 감은장애기입니다."

라고 말하였다.

이 말을 들은 부모님은

"이게 무슨 말이냐? 어느 게 내 딸이냐?"

하며 깜짝 놀라다가 멀었던 두 눈이 번쩍 떠지고 말았다.」 그들은 정말 딸아기가 앞에 있음을 확인하고는 기쁨의 눈물을 흘렸다. 감은장애기는 부모님께 그간의 자초지종을 모두 말씀드리고 나서 덧붙여 말했다.

「 」: 〈심청전〉의 맹인 잔치 모티프와 유사

"인장애기, 놋장애기 두 언니는 마음이 나쁜 까닭으로 죄를 받아, 「큰언니는 지네로 환생하고, 둘째 언니는 말똥버섯으로 환생하였습니다. 저는 전생의 인연으로 복을 가지고 이 세상에 나왔습니다. 부모님께서 부자로 살게 된 것도 바로 제가 있기 때문이지요."」

인과응보

「 」: 배경 사상 – 불교의 윤회설

"전생의 인연이란 어떤 것이냐?"

「"인간 세상에서 장사를 하는 것도 전생의 인연이요, 목수의 일을 하는 것도, 농사를 지음도, 술

을 마심도, 담배를 피우는 것도, 노름하는 것도 다 전생의 인연이지요. 즉 ㉠인생살이의 모든 것이 다 타고난 인연대로 되는 것입니다."」 「 」: 배경 사상 – 불교의 연기설

이 말을 들은 부모님들은 감은장애기를 쫓아냈던 일을 후회하고는 이후로는 감은장애기 내외와 행복하게 살았다. 고전 문학 특유의 행복한 결말

▶ 부모와 재회하여 행복한 여생을 보냄(결)

핵심 정리

- 갈래: 무가(놀이굿의 대본)
- 성격: 무속적, 전기적(傳奇的), 교훈적, 불교적
- 구성: '기 – 승 – 전 – 결'의 4단 구성

- 제재: 감은장애기의 일생
- 주제: 감은장애기의 고난과 고난 끝에 이룬 행복
- 특징: ① 다양한 설화의 모티프가 나타남
  ② 인과응보와 윤회설, 연기설 등 불교적 색채가 강하게 드러남
  ③ 〈심청전〉 등의 고전 소설과 영향 관계에 있음
- 인물 분석
  - 감은장애기: 〈삼공본풀이〉의 운명신. 부모에게 버림받지만 신이한 능력과 의지로 삶을 개척함
  - 한림수좌, 너설부인: 감은장애기의 부모. 감은장애기를 쫓아내고 맹인이 되지만 감은장애기와 재회한 후 잘못을 뉘우침
  - 인장애기, 놋장애기: 감은장애기의 언니들. 감은장애기에 대한 질투로 거짓말을 했다가 벌을 받아 지네와 말똥버섯이 됨
  - 막내아들: 마 캐는 총각. 선량하고 친절한 마음씨 덕분에 감은장애기와 결혼하고 부귀영화를 누리게 됨
  - 형들: 마 캐는 총각들. 불친절하고 이기적인 사람들로, 감은장애기를 홀대함

한눈에 보기

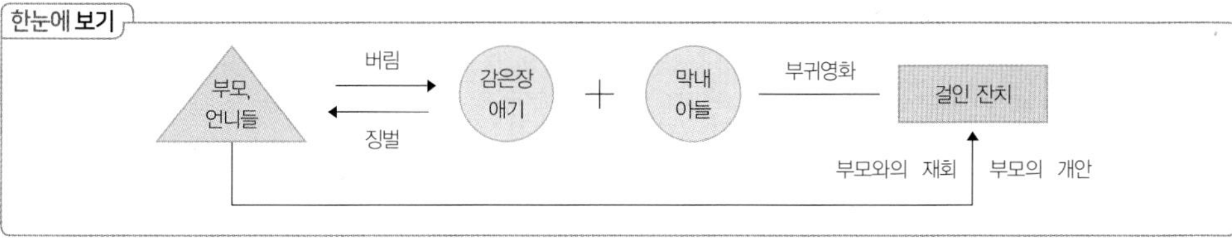

보충·심화 학습

- 제주도의 전통 굿, 〈삼공본풀이〉

'삼공'은 제주도 무당굿에서 심방(무당)이 노래하는 '전상차지신'을 뜻하는데, '전상'은 제주 방언으로 '전생 인연'을 의미한다. 즉, 전상을 차지하고 있는 신이 삼공이며 〈삼공본풀이〉는 나쁜 전상을 제거하고 좋은 전상이 오도록 기원하는 굿으로, 〈감은장애기〉는 〈삼공본풀이〉의 본풀이에 해당한다.

필수 문제

01 이 글의 결말 부분과 밀접한 관련이 있는 고전 소설을 쓰시오.

02 ㉠을 통해 알 수 있는 이 글의 배경 사상을 쓰시오.

207 바리공주 | 작자 미상

교과서 EBS

장면 1

출제 포인트

바리공주가 죽음을 관장하는 무조신(巫祖神)이 된 내력을 담은 서사 무가이다. 영웅의 일대기적 구성에 대응하여 내용을 파악하고 이 글에 반영된 전통적 가치관을 살펴보자.

감상 길잡이

이 글은 전국에 걸쳐 전승되는 서사 무가로서, 무조신(巫祖神)의 내력을 다루고 있다. '바리공주' 또는 '바리데기'는 '버려진 아이'를 의미하며, 이 글에서 바리공주는 부모의 병을 치료할 약을 얻기 위해 험난한 모험을 하는데, 이러한 내용은 설화, 고전 소설 등에서 자주 발견되는 구약(救藥) 여행 모티프를 드러낸다. 또한, 영웅의 일대기 구조로 이루어진 내용으로 볼 때, 〈바리공주〉는 건국 신화 등과 매우 밀접한 관계에 있으며, 그 전승 기간도 매우 길었을 것으로 추측된다. 이 작품에서는 부모를 위해 온갖 고난을 극복하고 약려수를 구해 오는 바리공주의 이야기를 통해 효(孝)를 강조함과 동시에, 죽은 바리공주의 부모가 부활하는 내용을 통해 영원히 살고자 하는 인간의 소망을 드러내고 있다.

앞부분 줄거리 | 오구 대왕이 결혼을 하려고 점을 친다. 점쟁이는 금년에 결혼을 하면 딸 일곱을 낳을 것이고, 내년에 결혼을 하면 아들 셋을 볼 것이라고 말한다. 왕은 점쟁이의 말을 따르지 않고 그 해에 아내를 얻어 딸 여섯을 얻는다. 연이어 딸을 낳자 왕은 아들을 얻기 위해 공을 들이고, 상서로운 꿈을 꾸지만 일곱째마저도 공주를 낳는다. 화가 난 왕은 일곱 번째 공주를 '바리데기'라는 이름을 쓴 옥함에 넣어 대양서촌에 버린다. 지나가던 석가여래가 버려진 바리공주를 구하여, 마침 그 곁을 지나던 늙은 할아버지와 할미에게 키우라고 명한다. 세월이 지나 바리공주가 15세가 되었을 때 오구 대왕 부부가 병에 걸린다. 신선 세계의 약수를 먹으면 병을 고칠 수 있다는 이야기를 듣지만, 왕의 여섯 딸 중 누구도 약수를 구해 오려 하지 않는다. 그때 부인이 꿈에 계시를 받고 산으로 가서 바리공주를 찾는다. 신령의 도움으로 무사히 지내고 있던 바리공주는 부모를 만나자마자 자청해서 약수를 구하러 길을 떠난다.

칠공주(第七公主) 불러내어, / "부모 소양 가려느냐?"

(칠공주: 일곱 번째 공주, 바리공주 / 소양: 봉양. 약수를 구해 오는 일을 의미함)

"국가에 은혜와 신세는 안 졌지만은 어마마마 배 안에 열 달 들어 있던 공으로 소녀 가오리다."

(바리공주의 효성. 신으로 거듭나기 전의 인간적 속성으로, 통과 제의를 거치게 되는 동기가 됨)

"거동시위로 하여 주랴 구수덩 싸덩을 주랴?" / "필마단기(匹馬單騎)로 가겠나이다."

(거동시위: 임금이 거동할 때 곁에서 모시고 호위하는 것 / 구수덩: 구슬덩. 오색 구슬로 꾸민 가마 / 싸덩: 비단으로 장식한 가마 / 필마단기: 혼자 한 필의 말을 타고)

「사승포(四升布) 고의 적삼 오승포(五升布) 두루마기 짓고 쌍상토 짜고 세 패래이 닷 죽 무쇠 주랑 짚으시고 은지게에 금줄 걸어 메이시고 양전 마마 수결(手決) 받아 바지끈에 매이시고,」

(사승포, 오승포: 무명 및 삼베의 종류 / 쌍상토: 쌍상투. 머리를 둘로 갈라 틀어 올린 상투 / 패래이: 패랭이 / 무쇠 주랑: 무쇠 지팡이 / 양전 마마: 임금과 왕비를 아울러 이르는 말 / 수결: 도장 대신 자신의 성명이나 직함 아래에 자필로 쓰던 글씨 / 「 」: 험난한 여정에 대비해 남장을 함 – 신의 양성성(兩性性) 상징)

「"여섯 형님이여 삼천 궁녀들아 대왕 양 마마님께서 한날 한시에 승하하실지라도 나 돌아올 때까지 기다려서 인산 거동(因山擧動) 내지 마라."」

(인산 거동: 임금이 죽어 상여가 나가는 것 / 「 」: 반드시 약수를 구해 오겠다는 다짐의 표현. 후일 대왕 부부의 죽음의 암시함)

양전 마마께 하직하고 여섯 형님께 하직하고 궐문 밖을 내달으니 갈 바를 알지 못할너라.

(하직하고: 먼 길을 떠날 때 웃어른께 작별을 고하는 것 / 여섯 형님: 여섯 공주. 바리공주의 언니들 / 갈 바를 알지 못할너라: 바리공주의 막막한 처지)

「우여 슬프다. 선후망의 아모 망재 칠공주 뒤를 좇으면은 서방 정토 극락세계 후세 발원(後世發願) 남자 되어 연화대(蓮花臺)로 가시는 날이로성이다.」

(선후망의 아모 망재: 먼저 죽은 사람이든 나중 죽은 사람이든 아무 망자(亡者)나 / 서방 정토: 서쪽으로 십만 억의 국토를 지나면 있는 아미타불의 세계 / 후세 발원: 후세를 위해 신불에게 빎 / 연화대: 연꽃 모양으로 만든 불상의 자리. 부처나 보살이 앉는 자리 / 「 」: 서술자의 개입 – 바리공주의 신이한 능력 강조)

▶ 바리공주가 약수를 구하러 떠남

「아기가 주랑을 한 번 휘둘너 짚으시니 한 천리(一千里)를 가나이다. 두 번을 휘둘너 짚으시니 두 천리(二千里)를 가나이다. 세 번을 휘둘너 짚으시니 세 천리(三千里)를 가나이다.」

(아기: 바리공주 / 「 」: 바리공주의 신이한 능력. 비현실성, 전기적(傳奇的) 요소)

이때가 어느 때냐 춘삼월(春三月) 호시절(好時節)이라. 이화 도화(梨花桃花) 만발하고 향화 방초(香花芳草) 흩날리고 누른 꾀꼬리(黃鳥)는 양류 간에 날아들고 앵무 공작(鸚鵡孔雀) 깃 다듬는다. 빼꾹

(춘삼월: 봄. 음력 삼월 / 호시절: 좋은 시절 / 이화 도화: 배꽃과 복숭아꽃 / 향화 방초: 향기로운 꽃과 풀 / 양류 간에: 버드나무 사이에 / 앵무 공작: 앵무새와 공작새)

새는 벗 부르며 서산에 해는 지고 월출동령(月出東嶺) 달이 솟네.
동쪽 산에 달이 뜸

석가의 뒤를 이어 현세를 보살피는 보살
앉아서 멀리 바라보니 어렁성 금바위에 반송(盤松)이 덮였는데 석가세존(釋迦世尊)님이 지장보살(地藏菩薩)님과 아미타불님과 설법(說法)을 하시는구나.
어둑어둑해지는 / 키가 작고 가지가 옆으로 퍼진 소나무 / 석가모니를 높여 부르는 말, 바리공주의 조력자 / 서방 정토에 있는 부처

세 번씩 세 번, 곧 아홉 번 절함
아기가 가까이 가서 삼배나삼배(三拜又三拜) 삼삼구배(三三九拜)를 드리니,
삼배 또 삼배. '삼배'는 불교에서 세 번 무릎을 꿇고 배례하는 것

"네가 사람이냐 귀신이냐? 날김생 길버러지도 못 들어오는 곳이어든 어찌하여 들어왔느냐?"
날짐승 / 기는 벌레

아기 하는 말이, / "국왕의 세자이옵더니 부모 소양 나왔다가 길을 잃었사오니 부처님 은덕(恩德)으로 길을 인도하옵소서."
남장을 하고 세자인 듯 행세함

석가세존님 하시는 말씀이, / "국왕에 칠공주가 있다는 말은 들었어도 세자 대군이 있다는 말은 금시초문이다. 너를 대양서촌(大洋西村)에 버렸을 때에 너의 잔명(殘命)을 구해 주었거든 그도 그러하려니와 평지 삼천 리를 왔지마는 험로(險路) 삼천 리를 어찌 가려느냐?"
남은 목숨 / 바리공주가 남장을 한 것을 앎 – 남자가 아니라는 이유로 버림받았던 바리공주를 구해 준 적이 있음 / 험난한 길

"가다가 죽사와도 가겠나이다." / "라화(羅花)를 줄 것이니 이것을 가지고 가다가 큰 바다가 있을 테니 이것을 흔들면은 대해(大海)가 육지가 되나니라."
바리공주의 강한 의지와 지극한 효심이 드러남 / 비단으로 만든 꽃, 제의적 도구

▶ 석가세존이 바리공주에게 도움을 줌

쇠로 된 아주 견고한 성
가시성(荊城) 철성(鐵城)이 하날에 다은 듯하니, 부처님 말씀을 생각하고 라화를 흔드니 팔 없는 귀신, 다리 없는 귀신, 눈 없는 귀신 억만귀졸(億萬鬼卒)이 앙마구리 끌 듯하는구나.
가시나무 울타리로 둘러친 성 / 하늘 / 악머구리, 요란스럽게 잘 우는 참개구리를 이름 / 헤아릴 수 없이 많은 자질구레한 온갖 귀신

불이 산을 이룬 지옥
『칼산지옥 불산 지옥문과 팔만 사천 제 지옥문을 열어, 십왕(十王) 갈 이 십왕으로, 지옥(地獄) 갈 이 지옥으로 보내일 때,』 「」: 지옥 – 시련 및 고난의 공간, 통과 제의의 공간
칼날이 산을 이룬 지옥 / 온갖 지옥문 / 저승에서 죽은 사람을 재판하는 열 명의 왕

『우여 슬프다. 선후망의 아모 망재 썩은 귀 썩은 입에 자세히 들었다가 제 보살님께 외오시면 바리공주 뒤를 따라 서방 정토 극락세계로 가시는 날이로성이다.』 「」: 서술자의 개입

아기가 한곳을 바라보니, 동에는 청유리(靑琉璃) 장문(墻門)이 서 있고 북에는 흑유리(黑琉璃) 장문이 서 있고, 한가운데는 정렬문(貞烈門)이 서 있는데 무상 신선이 서 계시다.
담의 문 / 여성의 행실이나 지조가 곧음을 표창하기 위해 세운 문 / 바리공주를 시험하는 존재

『키는 하날에 닿은 듯하고, 얼굴은 쟁반만 하고 눈은 등잔만 하고, 코는 줄병 매달린 것 같고, 손은 소댕(釜蓋)만 하고 발은 석자 세치라.』
약 1m / 질흙으로 만든 병 / 솥뚜껑

▶ 바리공주가 무상 신선을 만남

「」: 무상 신선의 외양 묘사 – 거대하고 기괴한 모습을 통해 위압적인 분위기를 조성하고 신적인 존재임을 드러냄

하도 무서웁고 끔찍하야 물러나 삼배를 드리니,

무상 신선 하는 말이, / "그대가 사람이뇨 귀신이뇨? 날김생 길버러지도 못 들어오는 곳에 어떻게 들어왔으며 어데서 왔느뇨?"

"나는 국왕마마의 세자로서 부모 봉양 왔나이다."

"부모 봉양 왔으면은 물값 가지고 왔소? 나뭇값 가지고 왔소?"

"총망 길에 잊었나이다."
바삐 오는 길

㉠「"물 삼 년 길어 주소. 불 삼 년 때어 주소, 나무 삼 년 베어 주소."
표면: 약려수를 얻기 위해 거쳐야 할 시험 / 이면: 여성의 가사 노동 상징 – 여성성을 통한 불완전한 남성성의 보완

석 삼 년 아홉 해를 살고 나니 무상 신선 하는 말이,

"그대가 앞으로 보면 여자의 몸이 되어 보이고 뒤로 보면 국왕의 몸이 되어 보이니, 그대하고 나하고 백년가약을 맺어 일곱 아들 산전바더 주고 가면 어떠하뇨?"
바리공주가 고난과 시련을 통해 여성성과 남성성을 모두 갖춤 / 일곱 아들 낳아 주고

"그도 부모 봉양할 수 있다면은 그리하성이다."」
바리공주의 지극한 효성
「 」: 9년의 노동과 일곱 아들 출산 → 희생을 통한 부모 구원. 당대 여성의 과중한 가사 노동과 출산의 고통 반영

천지(天地)로 장막(帳幕)을 삼고, 등칙으로 벼개 삼고, 잔디로 요를 삼고, 떼구름으로 차일(遮日)을 삼고, 샛별로 등촉(燈燭)을 삼어, 초경(初更)에 허락하고, 이경(二更)에 머무시고, 삼경(三更)에 사경 오경(四更五更)에 근연 맺고, 일곱 아들 산전바더 준 연후에 아기 하는 말씀이,
등칙: 등나무 / 벼개: 베개 / 차일: 햇볕을 가리기 위해 치는 포장 / 등촉: 등불과 촛불 / 초경: 저녁 7시에서 9시 사이 / 이경: 밤 9시에서 11시 사이 / 삼경: 밤 11시에서 새벽 1시 사이 / 사경 오경: 새벽 1시에서 3시 사이, 새벽 3시에서 5시 사이 / 근연 맺고: 인연을 맺고 / 일곱 아들 산전바더 준: 다산성(多産性)의 상징

"아무리 부부 정(情)도 중하거니와 부모 소양 늦어감네.「초경에 꿈을 꾸니 은바리가 깨어져 보입디다. 이경에 꿈을 꾸니 은수저가 부러져 보입디다.」양전 마마 한날한시에 승하하옵신 게 분명하오. 부모 봉양 늦어가오."
부모 소양 늦어감네: 바리공주의 효성 / 은바리: 은으로 만든 밥그릇
「 」: 은바리가 깨어진 것은 모친의 사망, 은수저가 부러진 것은 부친의 사망 암시 → 바리공주가 부모님을 항상 염려하고 있었음을 알 수 있음

"그대 깃든 물 약려수이니 금장군에 지고 가오. 그대 베던 나무는 살살이 뼈살이니 가지고 가오."
깃든: 길어 오던 / 약려수: 약이 되는 물 / 금장군: 금으로 만든 장군. '장군'은 물, 술, 간장 따위의 액체를 담는 그릇 / 살살이 뼈살이니: 살과 뼈를 되살릴 수 있는 것이니
▶ 무상 신선의 요구를 들어주고 약을 얻음

「"앞바다 물 구경하고 가오." / "물 구경도 경이 없소."
경이 없소: 흥이 없소. 경황이 없소

"뒷동산의 꽃구경하고 가오." / "꽃구경도 경이 없소."」
「 」: 바리공주를 붙잡고자 하는 무상 신선의 회유. '회유 – 거절'의 말하기 방식

"전에는 혼자 홀아비로 살아왔거니와 이제는 여덟 홀아비가 되어 어찌 살나오? 일곱 아기 데리고 가오." / "그도 부모 소양이면 그리하여이다."
여덟 홀아비: 무상 신선과 일곱 아들

큰 아기는 걸니시고 어린 아기 업으시고.
걸니시고: 걷게 하고

무상 신선 하시는 말씀이,

"그대 뒤를 좇으면은 어떠하오?"
무상 신선이 바리공주를 따르고자 함. 상황의 역전 – 여성성의 우월성을 나타냄

"여필종부(女必從夫)라 하였으니 그도 부모 소양이면 그리하여이다. 한 몸이 와서 아홉 몸이 돌아가오."
바리공주의 부덕(婦德)과 효(孝) / 아홉: '9'는 무속에서 완성을 의미하는 숫자임
▶ 무상 신선과 일곱 아들을 데리고 부모에게 돌아감

뒷부분 줄거리 | 바리공주가 돌아왔을 때 부모는 이미 죽었으나 바리공주는 죽은 부모에게 약수를 먹여 회생시킨다. 오구 대왕은 바리공주의 소원대로 바리공주를 무신(巫神)이 되게 하고, 일곱 아들은 저승의 왕이 되게 하며, 무상 신선은 산신(山神)이 되게 한다.

필수 문제

01 이 글의 등장인물 중 영웅 설화에 나타나는 조력자에 해당하는 인물을 쓰시오.

02 ㉠에 담긴 표면적 의미와 이면적 의미를 쓰시오.

- 표면적 의미:
- 이면적 의미:

장면 2

앞부분 줄거리 | 해동국의 대왕마마는 금년에 결혼하면 딸을 낳으리라는 점쟁이의 말을 따르지 않고 그 해에 아내를 얻어 여섯 공주를 얻는다. 일곱째마저 공주가 태어나자, 낙담한 왕은 일곱 번째 공주를 옥함에 넣어 바다에 버린다. 다행히 죽지 않은 바리공주를 늙은 부부가 키운다. 한편, 대왕마마 부부가 병에 걸리는데, 바리공주가 저승에서 가져온 불사약만이 대왕마마 부부의 병을 고칠 수 있다는 이야기를 듣는다. 대왕마마가 바리공주를 궁에 데려오고, 바리공주는 부모를 위해 남장을 하고 불사약을 구하러 간다. 가는 길에 부처의 도움으로 저승문을 통과한다.

영웅의 일대기적 구조 – '고귀한 혈통'
영웅의 일대기적 구조 – '기아(棄兒: 버려짐)'
바리공주의 조력자 ①
영웅의 일대기적 구조 – '조력자의 도움'
① 영웅의 일대기적 구조 – '고난과 시련' ② 바리공주의 지극한 효심 부각 ③ 구약(救藥) 여행 모티프
바리공주의 조력자 ②

한곳을 당도하니 약수(弱水) 삼천 리가 가로 있거날
신선이 살았다는 중국 서쪽의 전설 속의 강. 바리공주의 장애물
아기가 이리저리 바라보다가
바리공주
「문득 부처님 하신 말씀 깨닫고
바리공주의 조력자. 바리공주가 겪게 될 위기를 예견하여 해결 방도를 미리 알려 줌
금지팡이 던지시니 칠색 무지개가 서거날」 「 」: 영웅의 일대기적 구조 – '조력자의 도움'
바리공주의 위기 극복을 돕는 소재, 전기적 요소
그를 타고 한 곳을 당도하니

키는 장승 같고 얼굴은 쟁반 같고
눈은 등잔 같고 귀는 짚신 같고
코는 질병 같고 손은 소댕 같고
질흙으로 만든 병 / 솥뚜껑
발은 석 자 세 치 되는 이가
약 1m
장승같이 앉아 있거날

① 무장승의 과장된 외양 묘사: 괴이하고 거대함 → 위압적 분위기를 조성하고, 무장승이 신적 존재임을 부각함
② 대구법을 사용하여 리듬감을 형성함 – 구전 문학으로서의 특징

아기가 앞으로 다가서서 삼배를 올리시니
세 번 절함
무장승이 입을 열어 말하기를
그대가 사람이냐 짐승이냐
날짐승 길버러지도 못 들어오고
기어 다니는 벌레
해동청 찬 바람도 쉬어 넘고
매
육로 삼천 리 험로 삼천 리 약수 삼천 리에
험한 길
너는 어이 범하여 왔는고

무장승의 거처 = 세속적 존재가 들어가기 힘든 공간 → 바리공주의 비범함을 부각함

▶ 저승에서 무장승을 만나게 된 바리공주

아기가 여짜오되
소신은 국왕의 일곱째 왕자인데
남장(男裝)을 통해 왕자 행세를 함 – 여성이 사회 진출의 제약을 받는 봉건적 사회임을 짐작할 수 있음
무장승께 약류수를 얻어다가
신비한 약의 효험이 있는 물. 바리공주가 궁극적으로 획득해야 하는 소재
부모 봉양하자 왔나이다
그러하오면 나뭇값 불값 물값 가지고 왔나니까
약류수에 대한 대가
엉겁결에 못 가져왔나니다
「그러하오면 나뭇값에는 낫 없이 나무 삼 년 하여 주고

조선 후기

불값에는 불씨 없이 불 삼 년 때어 주고

물값에는 뒷동산 꽃밭에 물 삼 년 길어 주시오』 「 」: 약류수를 얻기 위해 바리공주가 겪어야 할 시련 ① – 통과 제의적 요소. 이면적으로는 당대 여성의 과중한 가사 노동을 상징함

그도 부모 봉양이라면 그리하겠소이다
바리공주의 지극한 효성이 드러남

낫 없이 나무 삼 년 하여 주고

불씨 없이 불 삼 년 때어 주고

뒷동산 꽃밭에 물 삼 년 길어 주고

석삼년 두고 봐도
9년 – 숫자 '9'는 무속 신앙에서 '완성'을 의미함

앞을 봐도 여자의 자태요 뒤를 봐도 여자의 자태로다

「그대와 나와 부부 인연 짝을 맺어

일곱 아들 낳아 주면 어떠하오리까」

「 」: 약류수를 얻기 위해 바리공주가 겪어야 할 시련 ②
– 당대 여성들의 다산(多産)으로 인한 고통스러운 삶의 반영
– 여성성을 통한 부모 구원 → 전통 사회의 남성 우월 의식에 대한 비판
– 당대의 남아 선호 사상(가부장적 세계관)의 반영

그도 부모 봉양이라면 그리하서이다
부모님을 구하기 위해 모든 시련을 감내함

천지(天地)로 장막 삼고 일월(日月)로 등촉 삼고
한데에서 별 또는 비바람을 피할 수 있도록 둘러치는 막 / 등불과 촛불

산수(山水)로 병풍 삼고 샛별로 등촉 삼고

금잔디로 이불 삼고 썩은 나무 등촉으로 원앙금침 잣베개 삼고
원앙 무늬를 수놓은 이불과 베개 / 베개 양옆을 색색의 헝겊으로 묶어 잣 모양이 되게 만든 베개

① 동침하는 공간을 웅대한 규모로 묘사하여 신성성을 부각함
② 대구법 사용 – 구전 문학으로서의 특징

초경에 머물고 이경에 끈이 맺어 말씀으로 인연 맺어
저녁 7시에서 9시 사이 / 밤 9시에서 11시 사이

삼사오경에 동침하여
밤 11시에서 새벽 5시 사이

석삼년 아홉 해에 아들 일곱 낳은 후에
다산성(多産性)을 상징함

▶ 무장승이 바리공주에게 가사 노동과 출산을 요구함

아기가 하루는 천기를 바라보니

나라에 조물이 시기하야 자미성이 떨어져 뵈드니다
북두칠성의 동북쪽에 있는 15개의 별 가운데 하나. 중국 천자의 운명과 관련된 별임

간밤에 몽사를 얻으시니
꿈에 나타난 일

대왕마마 금관자가 부러져 뵈드니다
금으로 만들어 망건에 달아 당줄을 꿰는 작은 단추 모양의 고리

중전마마 은관자가 부러져 뵈드니다

양전 양 마마가 한날한시에 승하하실 몽사이오니
임금과 왕비를 아울러 이르는 말

① 별의 소멸과 흉몽(금관자와 은관자의 부러짐): 부모가 사망할 징조를 암시함
② 부모의 운명에 대한 징조를 읽어 낼 만큼 부모에 대한 바리공주의 염려(효심)가 큼을 나타냄

바삐 가려 하나이다 약류수를 주서이다
부모를 회생시키기 위한 바리공주의 의지

무장승이 하는 말이

◯: 대왕 부부의 부활(회생)을 가능하게 하는 매개체

그러하오시면 그대가 긷던 물은 약류수요
약이 되는 물

그대가 베던 풀은 개안초요
먹으면 시력을 되찾게 해 준다는 약초

뒷동산 나무는 숨 살이 살 살이 뼈 살이
숨과 살과 뼈를 되살릴 수 있는 나무

삼색 도화는 베리용이오니
별이용(瞥耳茸). 귀를 트이게 해 주는 약

가지고 가라 하시오니

아기가 무쇠 항아리에 약류수를 잔뜩 담어 짊어지고 일어서니

철천지 대효라
하늘에 사무칠 정도의 지극한 효심 – ① 바리공주의 효심에 대한 예찬적 태도
② 효를 중시하는 당대의 유교 이념의 반영

올 때는 무쇠 항아리드니
가치 있는 것을 채우지 못한 항아리를 말함

가실 때는 금항아리 되었구나 ▶ 무장승의 요구를 들어주고 약류수를 얻은 바리공주
가치 있는 것(약류수)을 채워서 귀중해진 항아리를 빗댄 표현

아기가 하직을 고하니

무장승이 하는 말씀이

예전에 홀로 살았거니와

여필종부라 하였으니 사위 자식도 반자식이요
아내는 반드시 남편을 따라야 함

이제는 일곱 아들 여덟 홀아비

홀로 살 수 없사오니 공주 뒤를 따르리다

무장승이 바리공주를 따르고자 함
– 상황이 역전됨. 부부 관계에서의 주도적 위치가 무장승에서 바리공주로 이동함
– 여성성의 우월성을 나타냄

그도 부모 효행이라면 그리하서이다
바리공주의 효심과 부녀자로서의 덕행 부각

❶ 올 때는 홀몸이 가실 때는 아홉 몸이 되었구나

올 때는 임의대로 왔거니와 갈 때는 임의대로 가겠느냐
일정한 기준이나 원칙없이 하고 싶은 대로

뒷동산 달구경 꽃구경 하고 가오 앞바다 물 구경 하고 가오
바리공주와 더 있고 싶은 마음을 대변함. 회유의 말하기 방식

물 구경도 흥이 없소 꽃구경도 흥이 없소
부모에 대한 걱정으로 무장승의 제안을 거절함

그도 부모 봉양이라면 그리하서이다
▶ 바리공주가 무장승과 일곱 아들을 데리고 부모에게 돌아가기로 함

중략 부분 줄거리 | 바리공주는 저승에서 이승으로 이동하는 중에, 배에 탄 죽은 영혼들이 저승으로 향하는 모습에 관심을 갖는다. 이승으로 돌아온 바리공주의 귀에, 바리공주를 원망하는 목동들의 말과 곡소리가 들린다.
└ 훗날 바리공주가 죽은 영혼을 관리하는 무신(巫神)이 되는 결말과 관련됨

아기가 깜짝 놀라 하는 말이

초산에 목동들아 한마디만 더 해 보렴

나무하던 목동들이
바리공주에게 대왕 부부의 죽음을 알리는 존재

눈먼 체 벙어리인 체 귀머거리인 체

천귀 잠잠 만귀 잠잠 하시더라
듣고도 못 들은 체하는 모양

무장승이 하는 말이

「이승이나 저승이나 뇌물 없이 말하느냐 뇌물 주어야 말한다니
「 」: 뇌물을 주고받는 부정부패가 만연한 당대의 사회상을 간접적으로 풍자함

문제로 핵심 파악

1 대왕 부부의 죽음을 암시하는 사건 두 개를 찾아 쓰시오.

2 '바리공주'는 (　　　　)을/를 얻기 위해 무장승 곁에 머물며 석삼년 간 가사 노동을 하고, 아들 일곱을 낳아 주었다.

핵심 구절 풀이

❶ 올 때는 ~ 임의대로 가겠느냐: 서술자가 개입한 부분으로, 여성성의 우월성(가족의 완성)을 보여 준 바리공주에 대한 감탄(예찬)과 동시에 바리공주의 이승행이 수월하지 않으리라는 앞으로의 사건 전개를 암시함

은전 금전 명도 수건 일곱 자 일곱 치 후이 뇌물 주니」
무당이 자신의 수호신으로 삼고 위하는 거울인 명도를 연결하는 끈

목동들이 하는 말이

땅속에 살었소 굴속에 살었소

배 안에 든 아기는 몰라도 배 밖에 난 아기는 알건만
비교법, 과장법. 임금의 죽음을 알지 못하는 이가 전혀 없음을 강조함

나라의 임금님은 석삼년 아홉 해 만에 승하하셨나이다
임금이나 존귀한 사람이 세상을 떠남을 높여 이르던 말

어느 나라 백성이기에 나라 국상을 모르느냐

▶ 이승으로 와서 부모의 죽음을 알게 된 바리공주

아기가 무장승은 돌 밑에 숨겨 놓고 일곱 아들 풀 속에 숨겨 놓고
부모에게 승낙받지 못한 혼인이기 때문

비녀 뽑아 땅에 꽂고 댕기 풀어 나무에 걸고 머리 풀어 발상하고
상례에서, 죽은 사람의 혼을 부르고 나서 상제가 머리를 풀고 슬피 울어 초상난 것을 알림

받침목 높이 괴고 관 뚜껑 밀어 놓고 지게를 손수 끌어

속매 일곱 매 겉매 일곱 매 소대렴 대대렴 좌수 우수로 푼 후에
시신의 속을 맨 헝겊 시신의 겉을 맨 헝겊 왼손과 오른손

소렴: 운명한 다음 날에 시신에 수의를 갈아입히고 이불로 싼 것
대렴: 소렴한 다음 날에 시신을 베로 감싸서 매듭을 지은 것

얼굴 가리개 손 싸개 젖혀 놓고「베리용은 귀에 넣고 개안초는 눈에 넣고

숨 살이 숨에 대고 살 살이 살에 넣고 뼈 살이 뼈에 넣고

약류수는 입에 흘려 넣으시니」 「」: 지옥에서 얻어 온 신비한 약들을 부모의 몸에 넣음

양전 양 마마가 일시에 일어나 앉으시며
죽은 부모가 회생함. 전기성, 비현실성

잠결이냐 꿈결이냐 왜 이리 소란하냐

여기는 무슨 일로 왔느냐 너희 복색은 어이 달라졌느냐

만조백관 시녀 상궁 아뢰옵는 말씀이야
조정(朝廷)의 모든 벼슬아치

국왕의 칠 공주가 무장승의 약수 삼천 리 구해 와서 동락태평하셨나니다
태평함을 같이 즐김

▶ 바리공주가 약류수로 죽은 부모를 살림

뒷부분 줄거리 | 바리공주는 부모의 승낙을 받지 않고 무장승과 혼인하여 일곱 아들을 낳은 것에 대해서 용서를 구한다. 대왕마마 부부는 그것이 자신들의 죄라며 결혼을 인정하고 무장승을 반긴다. 그 후, 대왕마마는 바리공주의 소망대로 바리공주를 죽은 영혼을 천도하는 무신(巫神)이 되게 하고, 주변 인물들도 이와 관련된 신이 된다.

부모가 정해 준 배필과 혼인해야 하는 봉건적인 시대상을 알 수 있음

죽음을 주관하는 무조신(巫祖神)의 유래를 밝힌 본풀이의 근거. 영웅의 일대기적 구조 – '위기를 극복하고 승리함'

핵심 정리

- 갈래: 무가[서사 무가, 무조(巫祖) 신화]
- 성격: 신화적, 교훈적, 무속적, 서사적
- 구성: 5단의 영웅 설화적 구성

고귀한 출생: 오구 대왕의 일곱째 공주로 태어남	➡	기아(棄兒): 아버지에 의해 버려짐	➡	시련: 약물을 구하기 위해 저승에 감	➡	시련 극복: 약을 구해 부모를 살림	➡	성취: 무조신이 됨

- 제재: 바리공주의 일생
- 주제: ① 부모에 대한 바리공주의 효심과 고난 극복을 통한 성취
  ② 죽음을 이겨 내고 영원을 얻고자 하는 인간의 소망
- 특징: ① 한국 서사 문학의 한 특질인 영웅의 일대기 구조를 취함
  ② 죽음을 주관하는 무조신(巫祖神)의 유래를 밝힌 본풀이(서사 무가)임
  ③ 여성의 수난과 극복 모티프와 구약(救藥) 여행 모티프 및 기아(棄兒), 재생(再生), 효행(孝行) 설화가 혼합됨
  ④ 당대의 여성의 수난담, 삶과 죽음에 대한 한국인의 의식, 효에 대한 관념 등이 반영됨
  ⑤ 구비 전승된 서사 무가로서 구어적 문체로 표현됨
- 인물 분석
  - 바리공주: 오구 대왕의 일곱째 딸. 자신을 버린 어버이의 병을 낫게 하기 위해 저승으로 건너가 약수를 구해 오고 무신(巫神)이 됨
  - 오구 대왕, 왕비: 바리공주의 부모. 죽을 병에 걸렸다가 자신들이 버린 딸인 바리공주의 도움으로 회생함
  - 석가세존(부처님): 석가모니. 바리공주가 어려움을 극복할 수 있도록 도움을 주는 조력자
  - 무상 신선(무장승): 약류수를 관리하는 신선. 바리공주를 시험하는 존재로, 바리공주에게 9년의 노동과 일곱 아들을 요구함

보충·심화 학습

- 〈바리공주〉의 명칭과 구연

〈바리공주〉 무가는 〈오구풀이(전라도)〉, 〈바리공주(서울)〉, 〈칠공주(함경도)〉 등으로도 불린다. 〈바리공주〉는 주로 죽은 사람의 영혼을 위로하고 저승으로 인도하기 위해 베풀어지는 '지노귀굿(중부 지방)', '오구굿(영남 지방)', '씻김굿(호남 지방)', '망묵이굿(관북 지방)' 등의 무속 의식에서 구연되며, 전국 각지에서 수십 편이 채록되어 있다. 각 편은 지역에 따라 많은 차이를 보이며 구연자에 따라 세부적인 내용이 달라지기도 하지만, 주요 서사 구조는 비슷하다.

- 〈바리공주〉의 서사 구조와 영웅 서사 구조의 비교

영웅 서사 구조	〈바리공주〉의 서사 구조
고귀한 혈통	공주로 태어남(왕실 혈통)
비정상적 출생	부모가 신령님께 치성을 드려서 태어남
어려서 위기에 처함	딸이라는 이유로 버림받음 → 남아 선호 사상으로 인한 여성의 수난
조력자의 도움	늙은 부부 / 석가세존(부처)을 만나 보호를 받으며 자람
비범한 능력	지팡이를 한 번 휘두르면 천 리를 갈 수 있음
자라서 다시 위기에 부딪힘	약려수를 구하기 위해 이승과 저승을 오가며 고생을 함
위기를 극복하고 승리함	약려수로 부모를 회생시키고, 죽은 영혼을 관리하는 무신(巫神)이 됨

필수 문제

01 **'바리공주'의 희생을 통해 부각하려는 전통적 가치관을 1음절로 쓰시오.**

02 [서술형] **'무장승'이 '바리공주'에게 요구하는 것을 두 가지로 요약하여 쓰고, 그것의 상징적 의미를 당시의 시대상과 관련지어 서술하시오.**

필수 문제
정답

필수 문제 정답

상고 시대

❖ 설화 ❖

01 단군 신화 p.17

01 곰과 범이 인간이 되기 위해서는 백 일 동안 굴속에서 햇빛을 보지 않고 쑥과 마늘을 먹어야 한다.
02 ① '곰'은 곰을 숭배하는 부족을 의미하고 '범'은 호랑이를 숭배하는 부족을 의미한다.
② 부족 간의 투쟁에서 곰을 숭배하는 부족이 승리한 것을 의미한다.

02 주몽 신화 p.20

01 ⓐ 천제 ⓑ 해모수 ⓒ 유화 ⓓ 주몽
02 활을 잘 쏘고, 준마를 알아보는 능력

03 가락국 신화 p.23

01 '거북'은 신령스러운 존재이자 기원의 대상이며, '거북의 머리'는 우두머리(임금) 혹은 생명을 상징한다.
02 위협의 말하기 방식에는 위협을 통해 왕의 강림이라는 소망을 성취하고자 하는 강한 의지가 반영되어 있으며, 이를 통해 〈구지가〉가 주술적 성격의 노래임을 알 수 있다.

04 박혁거세 신화 p.25

01 나정(우물), 흰 말(백마)
02 입술이 마치 닭의 주둥이와 같았는데, 월성(月城) 뒷냇물에 데리고 가서 목욕을 시켰더니 그 주둥이가 뽑혀져서 떨어졌다.
03 둘 다 난생 설화이나 이 글은 하늘이 알의 위치를 알려 준 설화인데 반해, 〈주몽 신화〉는 사람이 알을 낳은 설화이다.

05 구토 설화 p.27

01 〈구토 설화〉 → 〈수궁가〉 → 〈토끼전(별주부전)〉 → 〈토의 간〉
02 ① 우직하고 충성스러운 인간
② 경망스러우나 꾀가 있는 인간
03 일반적으로 설화가 '기-승-전-결'의 4단 구성을 보이는 반면, 이 글은 소설의 구조와 유사한 '발단-전개-위기-절정-결말'의 5단 구성으로 되어 있다.

06 견우와 직녀 p.31

01 늙은 소, 까치들
02 하늘나라의 직녀와 지상의 견우가 부부가 되어 산다는 것은 천계의 법을 어기는 것이므로 견우와 직녀의 사랑을 방해하였으나, 그들의 끈질기고 깊은 애정에 감동하여 일 년에 한 번 만나는 것을 허락하였다.

07 사복불언 p.33

01 주제를 집약하여 제시하는 기능
02 ① 그런데 민간에서는 황당한 얘기를 덧붙였으니 가소로운 일이다.
② 후세 사람들의 허황되고 과장된 우상 숭배에 대한 비판을 의미한다.

08 도미의 처 p.35

01 관탈 민녀형 설화
02 정절, 지조, 사랑 등

09 연오랑 세오녀 p.37

01 제8대(第八代) 아달라왕(阿達羅王) 즉위 4년 정유(丁酉), 영일현(迎日縣) 또는 도기야(都祈野)
02 해와 달을 귀하게 여겼으며 신앙심마저 갖고 있었음을 알 수 있다.

10 망부석 설화 p.39

01 돌, 〈치술령곡(鵄述嶺曲)〉
02 이 글과 〈보기〉 모두 '망부석 화소'가 발견된다.

11 온달전 p.42

01 죽고 사는 것이 이미 결정되었으니
02 미천한 신분의 남자를 만나 결연하고, 상대를 입신출세할 수 있도록 도와주고 있다.
03 주체적으로 행동하나 자신이 전면에 나서는 것이 아니라 남편의 입신출세를 돕는 데 그치고 있다는 점에서 가부장적 사고의 한계를 벗어나지 못하고 있다.

12 김현감호 p.45

01 자결
02 살신성인(殺身成仁)

03 '흥륜사'와 '호원사' 등 구체적인 전설의 증거물이 등장하고 있기 때문이다.

13 지귀 설화 p.48

01 불귀신
02 금팔찌

14 진성 여대왕 거타지 p.51

01 인신 공희 설화, 괴물 퇴치 설화
02 ⓐ: 거타지, ⓑ: 중

15 화왕계 p.53

01 가전체 문학
02 '장미'는 간신을, '백두옹'은 충신을 상징한다.
03 임금은 간사하고 아첨하는 자를 가까이하지 말고, 정직한 자를 가까이해야 한다.

16 경문 대왕의 귀 p.56

01 겸손, 검소, 자제(위세를 부리지 않는 사람)
02 왕의 신변을 보호해 주는 친위 세력
03 미래를 내다보는 지혜

17 구복 여행 p.59

01 가난, 옥황상제(절대자)
02 복이란 혼자 가질 수 있는 것이 아니라 남을 생각하는 마음을 통해 얻어지는 것이다.

18 조신의 꿈 p.62

01 세달사, 정토사
02 물로 깨끗이, 짓고서 수행했다.
03 당신은 내가 있어서 근심만 쌓이고 나는 당신 때문에 근심거리만 많아지니, 곰곰이 생각해 보면 옛날의 기쁨이 바로 근심의 시작이었던 것입니다.

❖ 수필 ❖

19 왕오천축국전 p.65

01 천축
02 부처, 불법, 승려
03 승려로서 불교 성지를 순례하게 된 것에 대한 종교적인 감동과 느낌을 표현하고자 한 것이다.

20 격황소서 p.69

01 회유, 협박
02 반란을 멈추고 항복하라.

고려 시대

❖ 가전 ❖

21 국순전 p.73

01 사신(史臣)은 이렇게 말하였다.
02 임금과 신하의 관계
03 정사를 돌보지 않는 임금과 아첨만 하는 신하를 비판하면서 술로 인한 폐해를 드러내고자 하였다.

22 공방전 p.76

01 밖은 둥글고 안은 모나며, 때에 따라 그에 맞게 변하기를 잘하여
02 남의 신하가

23 죽부인전 p.79

01 창랑씨, 소, 간, 당, 익모의 딸
02 절부(節婦)

24 저생전 p.82

01 화제, 후주, 사마온공 – 양제, 왕안석
02 옳고 그름을 정직하게 말할 수 있는 선비(직간하는 모습)

25 정시자전 p.85

01 씩씩함, 용맹스러움, 믿음과 의리(가 있는 것), 지혜(가 있는 것), 변론을 잘 하는 것, 어진 것, 예의(가 있는 것), 바름이요 밝은 것
02 겸허의 덕을 갖춘 지도층
03 시자는 귀한 사람을 모시는 사람을 뜻하고, 글쓴이는 승려이므로 '정시자'는 인간을 도와 극락왕생을 돕는 승려를 상징한다.

26 국선생전 p.89

01 청주종사(靑州從事), 평원독우(平原督郵)

02 성은 유독 ~ 공이 성대하도다. / 그러나 임금의 ~ 없다 하겠다.

27 청강사자현부전 p.92

01 사신은 이렇게 평한다.

02 밝은 눈에도 보이지 않는 것이 있고, 지혜도 미치지 못하는 곳이 있기 때문입니다.

❖ 수필 ❖

28 이상한 관상쟁이 p.95

01 일반적인 관상쟁이와는 다른 방법으로 관상을 보기 때문에

02 역설법

03 ① 사기꾼
② 기이한 관상쟁이

04 거북 무늬에 무소뿔, 벌의 눈에 승냥이 소리

29 방선부 p.97

01 ㉠: 매미
㉡: 거미, 버마재비, 쉬파리, 나비

02 탐욕스러운 존재들을 항상 경계해야 한다.

30 경설 p.99

01 나그네의 질문, 거사의 대답

02 거울은 인물의 내면을 비춰 주는 도구로, 바람직한 삶의 자세와 처세 방법을 간접적으로 일깨워 주는 기능을 한다.

31 슬견설 p.101

01 크기

02 변증법

03 편견(선입견)

04 '손님'은 사물의 외형의 크기에 따라 생명의 경중을 판단하지만, '나'는 사물의 외형의 크기와 상관없이 모든 생명이 소중하다고 생각한다.

32 이옥설 p.103

01 유추

02 소 잃고 외양간 고친다.

03 작은 잘못이라도 미리 알고 고쳐 나가는 자세가 중요하다.

33 주뢰설 p.105

01 A: 벼슬길에 나아가는 데 도움을 줄 수 있는 사람(돌보아 주는 사람)
B: 뇌물

02 나는 겸연쩍은

03 유추

34 괴토실설 p.107

01 무덤

02 자연의 섭리나 생태계의 질서를 거스르는 것으로, 인간의 이기적 심성의 산물이라고 볼 수 있다.

35 접과기 p.109

01 개과천선

02 처음에는 망탄 환괴하다고 생각했으나 나중에는 진실이라는 것을 믿게 되었다.

36 차마설 p.111

01 여위고 둔하여 걸음이 느린 말, 발이 높고 귀가 날카로운 준마

02 그러나 사람이 가지고 있는 것이 어느 것이나 빌리지 아니한 것이 없다.

03 인용

04 무소유에 대한 자각

37 정지상의 고민 p.113

01 시각적 심상

02 주초(珠草), 옥천(玉川)

38 청학동 p.115

01 속된 세상과 등지고 싶은 마음 때문에

02 삼산(三山), 선원(仙源)

03 어떻게, 것인가

39 보한집 p.116

01 탁구(琢句), 연의(鍊意), 탁자(琢字), 연대(鍊對)

02 문학의 형식적인 것만을 중시하는 태도를 비판하고 있다.

조선 전기

❖ 금오신화 ❖

40 만복사저포기 p.122

01 저포 놀이에서 이겨 좋은 배필을 얻고 싶어서
02 배꽃나무, 비취새, 원앙새
03 하루빨리 배필을 얻어서 기쁨을 즐기도록 해 주십시오.

41 이생규장전

장면 ① p.126

01 순응, 적극적
02 이생의 아버지의 반대
03 표면적 의미: 이생이 최 씨를 만나는 데 방해가 되는 물리적 경계(장애물)를 의미한다.
이면적 의미: 이생과 최 씨의 가문의 차이로 넘기 어려운 사회적 장벽을 의미한다.

장면 ② p.131

01 홍건적의 난
02 사랑에 대해 적극적이고 능동적인 태도를 보인다.

42 용궁부연록 p.133

01 꿈, 환몽 구조
02 진주, 비단

43 남염부주지 p.137

01 백성을 폭력으로 다스려서는 안 되며, 민심을 중요하게 생각해야 한다.
02 현실 비판적인 내용이므로 작가가 현실에서 입게 될 문제를 완화하고자 현실의 세계가 아닌 꿈속 염라국이라는 비현실적인 세계를 배경으로 이야기를 전개하였다.

44 취유부벽정기 p.140

01 맥수지탄(麥秀之嘆)
02 회오리바람
03 사랑 앞에서는 세상의 부귀도 덧없다는 것을 의미한다.

❖ 기타 ❖

45 하생기우전 p.143

01 금척
02 가렴주구를 일삼는 관리들의 반성을 유도하고 덕치를 강조한다.

46 설공찬전 p.145

01 자신이 공침의 몸에 못 들어오게 하려면 왼새끼를 꼬아 집 문 밖으로 두르라고 거짓말을 함
02 주인공의 영혼이 남의 몸을 빌려 지상에 나온다는 점

47 원생몽유록 p.148

01 단종의 폐위(계유정난)
02 탁상공론만 하며 실천력이 없는 선비들(사육신 중 문신 다섯 명)

❖ 수필 · 평론 ❖

48 만물을 사랑하는 길 p.151

01 인간은 사랑하되 어질게 대하지 않고, 자연물은 어질게 대하되 사랑하지는 않는다.
02 순임금은 백성의 생명 유지를 위해 살생을 했기 때문에 긍정적으로 생각하나, 공숙단은 단지 개인의 쾌락을 위해 남획을 했기 때문에 비판적인 태도를 취한다.
03 민본주의 사상, 인본주의 사상

49 주옹설 p.153

01 물, 땅
02 안분지족, 물심일여, 유유자적, 안빈낙도

50 도자설 p.156

01 ① 보장 속에서 빠져나오기 위해 손톱으로 긁어 쥐 소리를 냄
② 추적을 따돌리기 위해 물속에 돌을 던짐
02 너도 또한 이와 근사하니 도적이 보장에 갇히고 사뭇 쫓기는 것과 같은 환란을 꺼리지 말고, 마음에 자득이 있을 것을 생각해야 한다.
03 대대로 벼슬하여 국록을 누리던 후손들

51 승목설 ---------- p.159

01 벼슬 생활
02 원숭이도 나무에서 떨어질 때가 있다. / 헤엄 잘 치는 사람이 물에 빠져 죽는다.

52 박연의 피리 ---------- p.161

01 청출어람(靑出於藍)
02 계유정난(세조의 정권 침탈)

53 한 삼태기의 흙 ---------- p.164

01 아홉 길 높은 산
02 유추
03 학문을 중도에 포기하는 선비

54 의로운 거위 이야기 ---------- p.166

01 충성스럽고 의로우며 신의를 지키는 동물이다.
02 글쓴이는 하찮은 미물인 거위를 의로운 동물이라고 하며 동물에게라도 배울 점이 있으면 배워야 한다는 열린 태도를 갖고 있다.

55 도산십이곡 발 ---------- p.168

01 글의 내용이 귀족들의 방탕한 삶을 과시하고 있어 노래를 부르는 사람이나 듣는 사람 모두에게 도움이 되지 않는다.
02 형식적으로는 우리말을 이용하여 창작하였으므로 노래로 부르기 쉽고, 내용적으로는 추구해야 할 가치를 노래하고 있어 마음을 수양하는 데 도움이 된다.

56 남 시보에 답함 ---------- p.170

01 이(理)는 존재한다.
02 이(理)는 일상생활 속 어디에나 있는 것입니다.

57 격몽요결 ---------- p.172

01 ① 학도들에게 학문의 방향을 일러 주기 위해서
② 글쓴이 스스로 경계하고 반성하기 위해서
02 뜻을 세움

58 촉견폐일설 ---------- p.174

01 비, 해
02 간신

59 육우당기 ---------- p.176

01 염량세태(炎涼世態)
02 ㉠: 세상의 교우 관계
㉡: 육우(六友)

60 나무 접붙이기 ---------- p.178

01 유추, 인용
02 악한 생각을 잘라 버리고 착한 생각을 접붙이듯 하여 착한 성품이 생겨나도록 해야 한다. 또한 나이가 들어도 욕심을 갖고 부지런하고 활기차게 움직여야 한다.

61 이응태 묘 출토 언간 ---------- p.180

01 편지
02 꿈

❖ 설화 ❖

62 태평한화골계전 ---------- p.182

01 골계미
02 가렴주구(苛斂誅求)
03 추상적 대상의 구체화
04 "닭을 빌려 타고 돌아가지."

조선 후기

❖ 애정 소설 ❖

63 매화전 ---------- p.185

01 매화를 천인의 자식이라고 모함함
02 천인

64 숙영낭자전

장면 1 ---------- p.188

01 과거 시험
02 청조

장면 2 p.191

01 숙영의 죽음과 재생은 옥황상제에게 지은 죄를 용서받는 절차이며, 비극적 사랑을 축복 받는 사랑으로 승화하는 계기이다.

02 판소리계 소설의 두드러진 특징인 해학과 풍자가 나타나지 않으며, 중국 고사의 남용이나 작가의 개입, 특정 장면의 확장적 묘사 또한 찾아보기 어렵다.

65 남윤전 p.194

01 옥경선의 낮은 신분 때문에 자유 결혼을 하지 못하는 현실

02 온갖 물품은 풍성하나 풍속이 고이하고 예법이 없어 친족을 분간하지 못하는 나라로 인식하고 있다.

03 ① 부모님과 이별하는 것이 아쉬워서(효 사상)
② 옥경선의 낮은 신분 때문에 결혼하지 못하는 것이 참담하여(자유연애 사상)

66 영영전 p.197

01 편지 한 통

02 〈운영전〉은 남녀 주인공이 모두 죽는 비극적 결말 방식을 취한 반면, 이 글은 두 주인공의 사랑이 이루어지는 행복한 결말을 보여 준다. 또한, 이 글은 추보식 구성을 취하지만, 〈운영전〉은 액자식 구성을 취한다.

67 숙향전 p.199

01 삽사리

02 주인공이 성장 후 맞게 되는 위기를 자신의 능력과 투쟁을 통하여 극복하지 않고, 초월적 힘에 의지해서 해결하고 있기 때문이다.

68 운영전

장면 1 p.206

01 대군(안평 대군)

02 시(詩)

장면 2 p.209

01 수성궁의 현재 모습에 대해 김 진사는 무상감을, 운영은 슬픔을 드러내고 있다.

02 인물들의 심리를 보다 생생하게 드러내어 독자의 공감을 쉽게 이끌어 낼 수 있다.

69 윤지경전 p.213

01 우연성, 전기적

02 조선 중종 때 일어난 기묘사화를 배경으로 함으로써, 단순한 애정 문제를 다루는 차원을 넘어 당대 사회의 정치 행태를 비판하고 있다.

70 주생전 p.217

01 ① 등장인물의 성격과 슬프고도 애절한 정서를 드러냄
② 사건(인물들의 비극적인 사랑)을 전개하는 기능을 함

02 신분제의 동요에 의해 양반이 서민으로 전락했으며, 반대로 낮은 신분의 사람들에게 신분 상승의 기회가 생겨났다.

71 백학선전

장면 1 p.220

01 적강 소설

02 은하를 자신의 아내로 맞이하겠다.

장면 2 p.223

01 애정 소설

02 유백로에게 백학선은 조은하에 대한 정표로, 조은하를 아내로 맞이하겠다는 의미를 나타낸다. 그리고 조은하에게 백학선은 유백로에 대한 절개를 의미하며 두 사람이 재회할 때 증표로서의 기능을 한다.

72 옥단춘전 p.226

01 ① 권선징악(勸善懲惡)의 주제를 가짐
② '이혈룡'과 '이몽룡', '옥단춘'과 '성춘향'의 이름과 신분 관계가 유사함
③ 암행어사 모티프가 등장함
④ 판소리 어투인 율문체가 나타남

02 주인공의 일대기적 구성으로부터 벗어나 있으며, 초월적 존재의 개입이 거의 나타나지 않는다.

73 심생전 p.231

01 유서

02 의지를 가지고 노력하면 원하는 목표를 이룰 수 있다.

74 채봉감별곡

장면 1 ---------- p.233

01 수건
02 대화, 묘사

장면 2 ---------- p.236

01 추향
02 빈부의 차이 때문에

장면 3 ---------- p.239

01 허허, 아무리 남의 첩이 되더라도 호강하고 몸 편하면 됐지.
02 ① 벼슬(과천 현감)자리에 대한 욕심 때문에
② 채봉이 부귀영화를 누릴 것이라는 생각에서

장면 4 ---------- p.242

01 주체적, 근대적
02 효(孝)와 애정

❖ 영웅 소설 ❖

75 김원전 ---------- p.245

01 무기를 빼앗아 아귀를 무력화하기 위해
02 지하국 대적 퇴치 설화

76 소대성전 ---------- p.251

01 이 승상
02 빌어먹는 걸인으로 보고 딸 채봉과 어울리지 않는다고 생각해 혼인을 반대하며 자객을 시켜 대성을 죽이려고 했다.

77 장풍운전

장면 1 ---------- p.254

01 진주투심, 헌 옷
02 호 씨의 학대가 심해져 장풍운이 집을 떠나고 소저(경패)와 이별하게 되는 계기가 된다.

장면 2 ---------- p.256

01 난향의 음성이 운향과 비슷하였으므로
02 유 씨가 이 부인을 모함한 처처 간의 갈등이다.

장면 3 ---------- p.259

01 금산사 부처의 꿈속 계시
02 유 씨의 모함으로 이 부인이 처형될 상황에 처해 있다는 사실

78 신유복전 ---------- p.261

01 전기성이나 우연성이 거의 드러나지 않으며, 현실적인 영웅(신유복)이 등장함
02 봄날의 아름다운 경치(자연)와 자식이 없는 신영과 최씨 부인의 쓸쓸한 상황을 대비하여 신영과 부인의 슬픔을 더욱 고조시키고 있다.

79 사각전 ---------- p.264

01 사각의 비범성
02 도사

80 임경업전

장면 1 ---------- p.266

01 병자호란
02 이 글에서 임경업은 미천한 처지에서 뛰어난 능력을 지니고 태어났으나, 현실적 한계에 부딪쳐 끝내 죽고 마는 좌절을 겪는다. 즉, 일반적인 영웅소설의 주인공과 달리 민중적 영웅으로 그려지고 있다.

장면 2 ---------- p.271

01 병자호란, 역사 군담
02 임경업의 충절에 감탄했기 때문에
03 임경업이 잡혀가자 남녀노소 모두 울며 슬퍼함

81 유충렬전

장면 1 ---------- p.276

01 군담
02 부채(홍선)

장면 2 ---------- p.281

01 병자호란
02 귀족적 영웅
03 극복과 승리

82 임진록

장면 1 ········ p.284

01 임진왜란

02 국가적 위기를 해결하지 못한 지배층에 대한 불신과 비판 정신을 드러내면서, 평민 계층의 자각을 나타내고 있다.

장면 2 ········ p.289

01 여러 인물들의 일화를 나열하는 방식

02 현실에서의 패배를 허구에서는 승리로 그림으로써 패전의 수모를 정신적으로 보상 받고 민족의 사기를 진작하는 데 기여하였다.

83 장국진전 ········ p.292

01 천문 지리에 능통했던 계양이 천기(天氣)를 보고 장국진의 위기를 알게 됨

02 여성의 사회 활동이 제한받던 당시의 사회상과 당대 여성의 사회 진출 욕구를 동시에 드러낸다.

84 전우치전 ········ p.295

01 권세에 눈먼 조정을 벌하고, 백성을 구휼하기 위해서

02 허구화, 대리 만족

85 조웅전 ········ p.300

01 이두병

02 월정 도사에게 글과 술법을 배우고, 노인에게 조웅검을 받고, 광산 도사에게 술법을 배우고 용총을 얻은 것이 조력자의 도움에 해당한다.

86 최고운전 ········ p.303

01 기이한 출생과 시련, 조력자의 도움, 비범한 능력, 위기와 시련

02 흰색 부적

87 해동 명장 김유신 실기 ········ p.306

01 ① 주인공이 자신의 용맹을 드러내는 계기가 됨
② 김유신이 아버지가 위기에 처한 사실을 알게 되어 아버지를 구원하러 떠나는 계기가 됨

02 산음현: 능을 모시고 무예를 익힘(조상 숭배와 무예 연마) → 낭비성: 고구려군을 물리치고 아버지를 구함(영웅적 능력 발휘) → 서울: 군사를 해산하고 고향으로 돌아감(지극한 효심을 드러내고 겸손의 미덕을 실천)

88 장생전 ········ p.309

01 이상향 건설에 대한 소망

02 슬프다, 아니랴!

89 홍길동전

장면 1 ········ p.313

01 문관으로 출세하지 못한다면

02 우리나라 최초의 한글 소설이자, 적서 차별의 신분 제도를 비판한 사회 소설이다.

장면 2 ········ p.315

01 길동의 병조 판서 제수

02 이상향을 찾아 조선을 떠나기로 함

장면 3 ········ p.319

01 맹춘을 대장인 것처럼 꾸며 율도 왕을 속여 유인하는 작전

02 해외 진출 및 이상국 건설 사상

03 전기성

90 옥루몽 ········ p.321

01 영웅, 군담

02 오매불망(寤寐不忘)

91 육미당기 ········ p.327

01 자죽순

02 붉은 기러기

❖ 여걸 소설 ❖

92 금방울전

장면 1 ········ p.330

01 ① 해룡의 방 위에만 눈이 없고 방이 따뜻함
② 바람이 불어 눈을 쓸어 버림

02 구밀복검(口蜜腹劍), 표리부동(表裏不同)

장면 2 ---- p.333

01 꿈

02 금방울은 해룡을 위기에서 구해 주어 남성보다 우월하고 주도적인 위치를 차지하는 면모를 보인다. 그러나 금방울은 독자적 여성 영웅이 아닌, 남성 영웅인 해룡을 돕는 보조적 영웅으로만 활약한다는 점에서 한계가 있다.

93 박씨전

장면 1 ---- p.339

01 가정적 측면에서는 남편 이시백과의 갈등을 해결하고 박 씨가 가족의 일원으로 인정받는 통과 의례에 해당한다. 사회적 측면에서는 박 씨가 공적 영역에서 능력을 발휘하는 계기가 된다.

02 여성 영웅의 활약을 통해, 병자호란에 패배한 당대의 주축 세력인 남성들의 무능함과 남성 중심의 세계관을 비판하기 위해서이다.

03 실존 인물을 등장시켜 내용 전개에 사실성을 부여하고, 그가 박 씨에게 무릎을 꿇는 모습을 통해 독자들이 병자호란의 패배에 대한 심리적 보상을 얻게 하기 위해서이다.

장면 2 ---- p.345

01 운명론적 태도(천명사상)

02 용골대가 박 씨 앞에 무릎을 꿇고 목숨을 애걸함

03 병자호란의 패배로 상처받은 우리 민중에게 정신적 위안을 주기 위해서이다.

94 홍계월전

장면 1 ---- p.351

01 장부가 되어 계집에게 괄시를 당할 수 있겠나이까?

02 능력 있는 여성과, 여성을 차별하는 봉건적인 이념과의 갈등

장면 2 ---- p.354

01 가부장적 의식을 가진 보국은 아내인 계월의 명령에 따라야 한다는 사실 때문에 불만을 가지고 있다.

02 여성 영웅이 남성보다 우위에 서서 남성을 오히려 구원하는 모습을 통해 여성 영웅이 비범한 능력을 지녔음을 보여 주고 있다.

장면 3 ---- p.361

01 금령(금방울)은 남성 주인공이 공을 세우는 데 보조적인 역할을 하는 여성인 반면, 홍계월은 남성 주인공을 압도하며 공을 세우는 여성 영웅의 모습이다.

02 남성 우월주의(가부장적 사회)

95 이대봉전 ---- p.364

01
- 공통점: 여성 영웅이 등장하며, 전기성이 드러남
- 차이점
  ① 〈박씨전〉은 병자호란이라는 실제 사건을 바탕으로 하나, 이 글의 배경은 허구적임
  ② 〈박씨전〉은 남주인공이 평범한 인물로 그려지나, 이 글의 남주인공은 영웅으로 등장함

02 만남, 헤어짐(이별)

❖ 풍자 • 도덕 소설 ❖

96 마장전 ---- p.367

01 온 천하 사람들이 좇아가는 것은 오로지 세(勢)요, 서로 다투어 얻으려 하는 것은 명(名)과 이(利)야.

02 독자들에게 주제를 일방적으로 강요하지 않고 작가가 개입하지 않는 것처럼 보이게 하여 주장에 객관성을 부여한다.

97 양반전 ---- p.371

01 이 글에서 부자는 가난한 양반의 신분을 사려고 한다. 양반 신분을 사고팔 수 있다는 것은, 조선 후기 사회 자체가 경제력에 의한 신분 획득이 가능한 사회로 접어들었음을 의미한다.

02 작가가 비판하고자 한 양반의 모습은 두 가지이다. 첫 번째는 무위도식(無爲徒食)하며 공허한 관념과 겉치레에 얽매인 비생산적 계층이라는 점이고, 두 번째는 개인적 이익만을 취하며 부당한 특권을 남용하는 집단이라는 점이다.

03 도둑놈

98 광문자전 ---- p.375

01 재자가인(才子佳人)

02 신분이나 지위보다는 성품이 훌륭한 인간

99 민옹전 p.379

01 언중유골(言中有骨)
02 풍자적 방법을 통해 시정 세태를 꼬집어 비판하고 있다.

100 김신선전 p.381

01 신선의 방기(方技)를 입어 우울증을 치료하기 위해
02 실학사상

101 열녀 함양 박씨전 p.385

01 두 가지 사건을 나란히 제시하여 주제를 우회적으로 드러냄
02 동전

102 허생전

장면 1 p.390

01 빈 섬
02 당시 도둑들이 많았다는 것을 알 수 있으며, 이는 위정자들이 백성들을 위한 정치를 펴지 않거나 그러한 능력이 없었기 때문에 백성들이 안정된 생활을 할 수 없었음을 보여 주는 것이다.

장면 2 p.396

01 • 공적인 측면: 빈민 구제, 이용후생을 위해서는 재물이 필요하다는 것을 인식하고 그 긍정적 가치를 인정하고 있다.
• 사적인 측면: 이윤을 추구하는 일(재물의 축적)을 정신적 풍요로움에 도움이 되지 않는 부정적인 것으로 보고 있다.
02 허생은 실리를 추구하는 반면, 이완 대장은 명분에 사로잡혀 허생이 제시한 계책을 받아들이지 못하고 있기 때문이다.
03 • 제1책: 인재의 올바른 등용
• 제2책: 친명배청의 허구성 폭로 및 훈척 권귀의 기득권 척결
• 제3책: 청나라와의 전략적 교류

103 호질 p.401

01 ① 아첨을 잘 함
② 인륜 도덕을 세워 권장하지만 악행을 중지시키지 못함
③ 끊임없는 탐욕과 이기심을 지님
④ 전쟁을 일으켜 서로를 죽임
⑤ 온갖 기구를 만들어 재앙을 끼침
⑥ 글을 지어 남을 해침
02 범을 의인화하는 우의적 수법을 통해 위선적인 양반 계급을 비판하고 있다.

104 예덕선생전 p.406

01 선귤자가 엄 행수를 벗으로 사귀는 것이 부끄러워서
02 말 타면 경마 잡히고 싶다.
03 엄 행수는 높은 덕을 가졌으면서도 스스로를 숨기며, 자신의 분수를 알고 사치를 멀리하는 소박한 삶을 살고 있다. 또, 그는 생산적인 노동에 종사하는 실용적인 태도를 지니면서도 최소한의 예의를 지킬 줄 안다.
04 특정 인물의 행동에 주목하여, 그의 일화나 관련 사례를 제시하거나 다른 인물들과 대비하고 있다. 또, 문헌의 글을 인용하여 자신의 주장에 타당성을 높이고 있다.

105 유광억전 p.409

01 소인
02 이익을 위해 모든 것을 사고파는 사회 현실, 과거 제도의 폐단

106 성진사전 p.411

01 그야말로 험악한 일이고녀.
02 희롱은 서슴지 않고 돈 일천오백 냥을 주었다.

107 김학공전 p.413

01 노비 해방에 대한 시대적 흐름과 민중 의식
02 ㉠: 없음
㉡: 국가적 차원
㉢: 학공의 집념과 계획으로 이룸

108 배비장전

장면 1 p.416

01 지배층의 권위를 무시하고 조롱함
02 배 비장의 비웃음은 뒤에 그의 호색적 행각과 대비되어, 지배 계층의 이중성과 아울러 그들의 위선과 허위를 드러내는 계기가 된다.

장면 2 ---------- p.420

01 업궤를 불태우는 것, 자르는 것, 불침으로 찌르는 것, 물에 던지는 것

02 자신이 속고 있는 것을 모르면서 어수룩하게 행동하는 주인공의 모습이 독자의 웃음을 자아낸다.

109 옹고집전

장면 1 ---------- p.423

01 구박, 불도

02 편집자적 논평, 판소리 사설

장면 2 ---------- p.427

01 인과응보(因果應報), 효(孝)

02 학승 설화, 진가쟁주 설화

110 유우춘전 ---------- p.431

01 진정한 가치를 알아보지 못하는 현실

02 한 인물의 행적과 가치관을 서술자와 인물의 대화를 통해 집중적으로 부각하고 있다.

111 은애전 ---------- p.434

01 실기, 송사

02 우연성, 전기성

112 이춘풍전 ---------- p.439

01 이춘풍. 위선과 허세로 가득 찬 가부장적 인물

02 처음에는 춘풍이 춘풍 처보다 우위에 있지만 춘풍 처가 남복을 한 후에는 관계가 역전되어 춘풍 처가 춘풍보다 우위에 있게 된다.

113 적성의전 ---------- p.443

01 형제간의 우애, 부모에 대한 효

02 기러기

❖ 가정 소설 ❖

114 사씨남정기

장면 1 ---------- p.448

01 ① 덕보다 색을 내세움
② 사 급사의 덕을 거론하지 않고 유 소사의 부귀를 자랑함

02 부인은 평소 딸을 기특히 여기고 사랑하는지라 어찌 그 뜻을 어길 리가 있겠는가?

03 어리더라도 집안의 남자가 손님을 맞이해야 했다.

장면 2 ---------- p.450

01 여자가 거문고를 타는 것은 집안의 규범을 어지럽게 하는 행동이라고 여겼기 때문이다.

02 숙종이 인현 왕후를 폐출하고 장 희빈을 중전으로 책봉한 사건

장면 3 ---------- p.454

01 부부와 처첩의 사이는 진정 어려운 관계라 아니할 수 있겠는가?

02 당시는 본처의 아들인 적자가 가문을 잇는 시대였으므로, 사 씨가 낳은 인아가 가문을 이어받을 것이고 그러면 첩인 자신의 입지가 흔들릴 것이라는 불안감 때문에 음모를 꾸미게 된 것이다.

장면 4 ---------- p.459

01 숙종이 장 희빈의 악덕함을 깨닫고 인현 왕후를 복위시키기를 바라는 의도

02 사 씨를 통해 유교적 가치관에 순종하는 여성상을 그림으로써 양반 부녀자가 갖추어야 할 품성과 역할을 가르치려 하고 있다.

115 창선감의록

장면 1 ---------- p.465

01 화춘, 화진

02 자신의 아들인 화춘의 장자로서의 권한을 확고히 하기 위해서 화진과 빙선을 학대하고 있다.

장면 2 ---------- p.468

01 아, 이제부터 효자의 고난이 이루 말할 수 없겠구나!

02 심 씨와 화춘이 화진과 화진의 부인들에게 횡포를 부릴 수 있는 계기가 된다.

장면 3 ---------- p.471

01 충효 사상

02 당시 사대부들은 가부장적 질서를 중요하게 여겼다.

116 화산중봉기 p.476

01 송사 소설, 영웅 소설
02 앞니에 있는 참깨만 한 푸른 점

117 장화 홍련전 p.479

01 비유적이고 과장된 묘사를 통해 인물(허 씨)의 부정적인 면모를 강조함
02 큰 쥐

118 콩쥐 팥쥐전 p.481

01 그 흉악한, 수 있으리오?
02 신데렐라 설화

119 어룡전 p.487

01 계모형 가정 소설
02 어룡이 북흉노 병란에서 공을 세워 입신양명하였기 때문에 헤어진 가족들이 재회할 수 있었다.

❖ 우화 소설 ❖

120 까치전 p.490

01 그른 일도 옳게 하고 옳은 일도 그르게 하더니
02 인간의 송사 문제를 동물에 빗대어 표현함

121 두껍전 p.493

01 ⓐ: 여우
ⓑ: 두꺼비
02 여우가 먼저 말을 하게 한 후, 이를 되받아치며 여우보다 더 넓고 깊은 지식을 드러내고 있다.

122 장끼전 p.497

01 남성 중심의 (여성 억압적) 기존 윤리, 개가 금지 제도
02 성급한 일반화의 오류

123 서동지전 p.502

01 오소리, 너구리
02 임금 앞에서도 바른 말을 할 수 있는 신하가 나타나기를 기대함

124 황새결송 p.505

01 ㉠: 황새
㉡: 따오기
㉢: 꾀꼬리, 뻐꾹새
02 액자식, 훈계(비판)

❖ 판소리계 소설 ❖

125 심청전

장면 1 p.508

01 심청이 연꽃을 타고 환생하여 황후가 됨
02 〈보기〉의 '물'은 죽음의 이미지를 지니나, 이 글의 '인당수'는 '죽음'인 동시에 '재생'의 이미지를 지닌다.

장면 2 p.511

01 인과응보(因果應報)
02 심청이 아버지의 눈을 뜨게 하기 위해 인당수(인단소)에 몸을 던짐

126 토끼전 p.515

01 허영심
02 ① 헛된 욕심을 부려서는 안 된다.
② 위험에 처해도 정신만 차리면 살 수 있다.
03 이 글이 문자로 정착되기 이전의 형태인 판소리가 평민뿐 아니라 양반에게도 향유되던 장르이기 때문이다.

127 흥보전

장면 1 p.521

01 ㉠: 방이 설화, 박 타는 처녀 설화 등
㉡: 흥보전
02 흥보 아내는 명분보다는 실리를 중요하게 생각하며, 흥보보다 현실적이고 적극적인 태도를 지닌 인물이다.

장면 2 p.526

01 매품을 팔아야 할 만큼 가난한 서민들이 많았다.
02 가난 자랑

장면 3 p.528

01 중(도승)
02 전기성

03 이 글의 흥보 아내는 남편의 건강과 안위를 진심으로 걱정하고 있으며, 매품 파는 일을 만류하고 있다. 그러나 〈보기〉의 아내는 남편의 희생은 생각지 않고 오로지 돈을 벌기 위해 매품팔이를 권유하고 있다.

장면 [4] p.537

01 결초보은(結草報恩)
02 • 표면적 주제: 형제간의 우애와 권선징악
• 이면적 주제: 조선 후기의 빈부 갈등

128 춘향전

장면 [1] p.543

01 단옷날에는 다른 처자들도 밖에 나와 그네를 많이 타므로 흉이 되지 않으며, 기생이 아닌 예사 처녀를 함부로 부르는 것은 도리에 어긋나기 때문에
02 춘향가, 고전 소설(판소리계 소설)

장면 [2] p.550

01 변 사또의 수청 요구와 춘향의 거절
02 서술자의 개입(편집자적 논평)을 통해 인물이 처한 상황과 심리를 서술자가 직접 설명해 주고 있다.

장면 [3] p.555

01 옥
02 4 · 4조 4음보의 율격이 쓰였으며, 유사한 표현을 반복하는 중복적인 표현과 관용적인 표현이 사용되었다.

장면 [4] p.562

01 상황의 극적 반전을 통해 갈등을 해소한다. 또한 탐관오리들에게 고통받던 당대의 독자들에게 카타르시스를 준다.
02 탐관오리의 가렴주구로 백성들이 고통을 받고 있었다.

장면 [5] p.568

01 탐관오리의 횡포에 대한 민중의 저항
02 오냐. 도적질은 내가 하마. 오라는 네가 받아라.
03 탐관오리의 가렴주구를 풍자함으로써 극적인 위기감을 조성하고 새로운 사건 전개를 예고하는 역할을 한다.

❖ 전쟁 소설 • 기타 ❖

129 최척전

장면 [1] p.570

01 편지
02 자신의 의지에 따라 배우자를 선택하고자 하는 모습에서 자신의 운명을 스스로 개척해 나가는 진취적인 여성상을 보여 준다.

장면 [2] p.575

01 염불하는 소리, 퉁소 소리, 시 읊는 소리
02 당시는 임진왜란과 정유재란 등 많은 전쟁이 일어나 조선의 백성들은 가족과 헤어져 그 생사조차 알 수 없는 경우가 많았다.

130 구운몽

장면 [1] p.577

01 성진과 팔선녀
02 명주 여덟 개
03 술을 마시고 여자와 희롱하는 등 불제자로서의 계율을 어겼기 때문이다.

장면 [2] p.580

01 ① 용왕의 술대접을 받아 술에 취함
② 팔선녀를 만나 희롱함
③ 세상의 부귀영화를 흠모하고 불가의 적막함에 염증을 냄
02 윤회 사상

장면 [3] p.584

01 남악 형산
02 고기비늘이 온 들판에 깔려 있고 피가 흘러 내를 이루고 있었다.

장면 [4] p.590

01 전기성
02 꿈
03 말을 떨구지 못하여서

131 삼사횡입황천기 p.593

01 ① 사후에도 다음 생이 있다는 내세관

② 사후에 영혼과 육체가 분리된다는 영 · 육 분리관

02 세 번째 선비가 말한 소원은 어느 누구도 이루기 어려울 정도로 과하다.

132 오대검협전 ---------- p.597

01 천명(天命), 운명 결정론적

02 일반적으로는 전(傳)의 양식의 논평 부분에서는 인물에 대한 평을 하는데, 이 글의 결말 부분에서는 모든 것을 풍문으로 전해 들었다고 기술하고 있다. 이는 이 글이 풍문으로 전해 들은 소재에 작가의 상상력을 가미한 것임을 보여 준다.

❖ 수필 • 평론 ❖

133 유재론 ---------- p.599

01 명문의 집(명망 있는 집) 자손 출신이어야 함, 과거에 합격해야 함

02 천부 인권 사상, 만민 평등사상

134 통곡헌 기 ---------- p.601

01 부정

02 가의, 묵적

135 호민론 ---------- p.604

01 항민, 원민, 호민

02 하늘이 임금을 세운 것은 백성을 돌보게 하기 위해서였지

136 계곡집 ---------- p.607

01 모방

02 무극자는 우주 만물을 만들고 조화시키는 자연의 섭리를 의미한다.

137 곡목설 ---------- p.609

01 표리부동(表裏不同)

02 유추

138 박계쇠 이야기 ---------- p.611

01 사대부가, 아니냐?

02 부정하게 살아가는 자는 반드시 그 대가를 치르게 되므로 정직하고 바르게 살아야 한다.

139 낙치설 ---------- p.615

01 (찬란한) 별, (무성한) 나뭇잎

02 〈보기〉의 화자는 늙음을 한탄하며 늙음을 거부하는 태도를 보이고 있으나, 이 글의 글쓴이는 늙음을 자연스러운 것으로 보고 마음 편히 받아들이고 있다.

140 노마설 ---------- p.617

01 나는 너에게 아무것도 취하여 쓸 것이 없다.

02 자신의 필요에 따라 쉽게 취하고 쉽게 버리는 인물

141 논뢰유 ---------- p.619

01 뇌물

02 고을에서는, 논평한다.

142 이름 없는 꽃 ---------- p.621

01 다른 대상과 구분하는 것

02 대상의 이름보다 대상의 본질이나 실질적인 특성을 파악하는 것이 중요합니다.

143 보망설 ---------- p.624

01 벼리, 코

02 아! 벼리는

144 의산문답 ---------- p.627

01 상대주의적 시각

02 자만심

03 독백적 진술로 일관한 글보다 글쓴이의 생각을 쉽게 전달할 수 있다.

145 매헌에게 주는 글 ---------- p.630

01 읽기(음독), 외우기(암송), 보기(묵독)

02 의문이 없어 보이는 데서 의문을 발견하고, 음미할 것이 없어 보이는 부분까지 음미할 수 있어야 제대로 글을 읽은 것이라는 뜻을 담고 있다.

146 통곡할 만한 자리 ---------- p.633

01 희(喜), 락(樂)

02 의인법과 주객전도의 표현

147 능양시집 서 ---------- p.635

01 성급한 일반화의 오류

02 고정관념과 선입견으로 인해 사물의 본질을 헤아리지 못하는 어리석은 이들을 깨우치기 위함이다.

148 일야구도하기 ---------- p.638

01 몸가짐에 재빠르고, 스스로 총명한 것을 자신하는 자

02 물에 대한 두려움 때문에 물을 보지 않기 위해서

149 상기 ---------- p.641

01 경험, 깨달음

02 고정된 시각으로 세상을 바라보는 태도를 비판하고 있다.

150 요술에 대하여 ---------- p.643

01 조광련, 대화

02 인간이 믿는 자신의 감각이 오히려 세상을 정확히 인식하는 데 방해가 되기도 한다.

151 공작관 문고 자서 ---------- p.645

01 뜻, 진실

02 비평

152 큰누님 박씨 묘지명 ---------- p.647

01 글쓴이 자신

02 죽은 큰누님에 대한 그리움

153 매품팔이 ---------- p.649

01 하나만 알고 둘은 모른다.

02 타산지석(他山之石)

154 마르는 병 ---------- p.653

01 유교적 가치관

02 성, 현, 절, 충, 의

03 금은보화

155 요로원야화기 ---------- p.656

01 ㉠: 글, 언문
㉡: 문자, 진서

02 겉으로는 자신을 낮추면서 '객'의 허세를 우회적으로 조롱하고 있다.

156 북산루 ---------- p.659

01 시각적 이미지

02 풍류를 일시의, 장관이 업더라.

157 동명일기 ---------- p.662

01 이랑, 차섬

02 ㉠: 회오리밤 → 큰 쟁반 → 수레바퀴
㉡: 큰 실오라기 → 손바닥 넓이 → 숯불 빛 → 호박 구슬 → 백지 반 장 넓이 → 항, 독 → 소 혀

158 수오재기 ---------- p.665

01 본질적 자아인 '나'를 지킨다.

02 자문자답(自問自答)의 방식

159 조승문 ---------- p.668

01 가정맹어호(苛政猛於虎)

02 글쓴이가 있는 곳(유배지)이자 백성들이 힘겹게 살아가는 곳

160 조침문 ---------- p.671

01 ㉢

02 유세차(維歲次)

161 규중칠우쟁론기 ---------- p.675

01 교두 각시(가위), 세요 각시(바늘), 청홍 흑백 각시(실), 감토 할미(골무)

02 자기의 공만을 내세우며, 이기적이고 남을 깎아내리기 좋아함

162 서포만필 ---------- p.677

01 우리나라의 이소

02 〈속미인곡〉이 다른 두 작품보다 우리말을 많이 사용했기 때문이다.

163 소전 ---------- p.679

01 고독하고 고매한 사람만을 골라서 남달리 친하게 사귀고, 권세 많고 부유한 사람은 멀리서 보기만 해도 사이가 멀어진다.

02 조예, 인품

164 시장과 우물 ---------- p.682

01 무용지물: 주옥, 화폐 / 유용한 물건: 쌀밥, 비단옷

02 지나치게 검소함을 중요시하는 풍속으로 인해 소비를 제대로 하지 않는 것이 근본적 원인이다.

03 '우물'과 '재물'은 사용할수록 번성하고 사용하지 않으면 줄어든다는 공통점이 있으며, 글쓴이는 이를 통해 소비의 필요성을 주장하고 있다.

165 추재기이 ---------- p.683

01 묘사

02 청중의 궁금증을 유발하여 돈을 내게 하기 위해

166 지식을 유통시킨 책 장수 ---------- p.685

01 조생

02 신기한 면모

167 어부 ---------- p.687

01 유추

02 군주의 도리는 무엇보다 먼저 백성을 괴롭히는 관리들을 척결하는 것이다.

168 삼옹주에게 / 혜경궁 홍씨의 내간 / 어떤 부인이 이웃 부인에게 보낸 언간 ---------- p.689

01 안부

02 (가)에는 간결하고 압축적인 표현이 사용되었고, (나)에는 만연체가 사용되었다.

03 남편의 인간관계가 아내에게 영향을 미쳤으며, 바깥출입이 자유롭지 못했다.

169 한중록 ---------- p.692

01 곤룡포를 벗고

02 종사를 평안히 하기 위해서

170 신산종수기 ---------- p.695

01 남원 집, 파주 집

02 살아서는 파주의 집을 얻지 못했지만 죽어서는 영원히 서로 파주의 산을 얻을지니 즐거움이 그지없다.

03 한 번 죽고 나면 천백 년 무궁할 것이다.

171 포화옥기 ---------- p.697

01 여관

02 여관집의 노비

172 해유록 ---------- p.699

01 사신

02 견문록

173 외삼촌이 손수 써 주신 책 ---------- p.701

01 효성, 효도

02 깨달음

174 유수묘지명 ---------- p.703

01 인간미

02 자신, 세상

175 난중일기 ---------- p.705

01 정책을 결정하고 나라를 바로잡을 인재가 없음을 안타까워함

02 임진왜란

176 병자일기 ---------- p.707

01 십칠, 념팔 청(날짜와 날씨를 기록함)

02 이 빠ᄂᆞᆫ,통곡 통곡ᄒᆞ리요.

177 계축일기 ---------- p.710

01 ① 대군, 아기시
② 누으님, 공쥬, 누오님

02 하늘을 ᄭᅦ칠 힘이 잇다 엇디 긋ᄶᅢ예 이긔리오. / 그 망극ᄒᆞ미 엇더ᄒᆞ리오.

178 산성일기 ---------- p.713

01 병자호란

02 조정의 의견이 화친하는 것으로 모아졌고, 추위와 배고픔으로 성안의 백성들이 고생하였기 때문이다.

179 현풍 곽씨 언간 ------ p.715

01 서간문(편지글)
02 술이, 사위
03 ① 자식들을 맡기는 기간에 대한 정보 전달
② 자식들의 언문(한글) 교육에 대한 당부
04 ① 아ᄋᆞ, 보내ᄋᆞᆸ쇼셔.
② 슈고롭ᄉᆞ오신, ᄀᆞᄅᆞ치ᄋᆞᆸ쇼셔.

❖ 판소리 ❖

180 심청가

장면 1 ------ p.718

01 편집자적 논평
02 • 표면적 이유: 여필종부(女必從夫), 즉 아내는 남편을 따라야 한다는 유교적 가치관에 따른 것이다.
• 이면적 이유: 기회를 보아 심 봉사 곁을 떠나기 위해서이다.

장면 2 ------ p.724

01 유교 사상, 불교 사상, 도교 사상
02 인당수

181 춘향가 ------ p.729

01 단옷날
02 두 사람의 신분 차이와 몽룡이 자신을 버릴 수도 있다는 생각 때문에 거절하고 있다.

182 적벽가

장면 1 ------ p.732

01 설움(아픔), 지배층
02 영웅이 아닌 병사(백성)들의 입장에서 서술하고 있다.

장면 2 ------ p.737

01 비겁, 희화화
02 비아냥과 조롱

183 흥보가

장면 1 ------ p.742

01 음의 유사성을 이용한 언어유희
02 매품팔이

장면 2 ------ p.747

01 판소리가 서민 계층뿐 아니라 양반 계층에게까지 두루 향유되었음을 보여 준다.
02 • 흥보: 몰락 양반
• 놀보: 신흥 부농층
03 콩 한 쪽도 나눠 먹는다.

184 수궁가 ------ p.749

01 세속적 명리, 충신, 지배 계층
02 용궁, 육지
03 자신의 똥을 약으로 쓰게 함으로써 별주부를 배려함과 동시에 지배층을 조롱하고 있다.

❖ 민속극 • 인형극 ❖

185 꼭두각시놀음 ------ p.751

01 음의 유사성을 이용한 언어유희
02 파계승

186 봉산 탈춤

장면 1 ------ p.757

01 여보, 구경하시는 양반들, 말씀 좀 들어 보시오.
02 돈으로 모든 것을 해결할 수 있다는 금전만능 주의(황금만능주의), 배금주의가 팽배해 있고, 양반층의 부정부패가 만연함을 알 수 있다.

장면 2 ------ p.764

01 언어유희, 희화화
02 ① 여봅쇼 여러분, 내 말 좀 들으시오.
② 이년의 소행 말씀 좀 들어 보시오.

187 송파 산대놀이 ------ p.767

01 말뚝이, 서민(민중), 계층(계급)
02 경박하고 주책없는 행동을 보여 줌으로써 양반을 희화화하여 무시하고 조롱하기 위해서이다.

188 양주 별산대놀이

장면 [1] ---------- p.770

01 젊음, 늙음, 젊음

02 관객과의 소통 및 관객의 극 중 개입 가능(탈춤의 개방성)

장면 [2] ---------- p.774

01 양반을 조롱하고 풍자하는 인물로, 양반에 대한 서민들의 비판 의식을 대변하는 인물이다.

02 한량의 자식들, 바닥의 아들놈

03 양반들이 권세를 이용하여 서민들의 재산을 빼앗는 모습에서 양반들의 탐욕스러움을 알 수 있으며, 돈으로 형벌을 면하는 모습에서 조선 후기의 부패상을 알 수 있다.

189 통영 오광대 ---------- p.778

01 조선 후기, 허위성

02 평량립(平凉笠), 말채찍

190 하회 별신굿 탈놀이 ---------- p.783

01 부네, 지체, 학식

02 겉으로는 고상한 척하지만 여색을 밝히는 양반의 위선과 허위의식

03 양반과 선비의 무식함을 조롱하고, 지배 계층에 대한 자신의 불만을 간접적으로 표현하는 효과를 지닌다.

191 수영 들놀음 ---------- p.785

01 악사

02 무대 장치

192 고성 오광대 ---------- p.788

01 패랭이, 채찍

02 말뚝이

193 동래 야유 ---------- p.791

01 제대각시(축첩 문제)

02 인물의 정서를 표현함

❖ 설화 ❖

194 구렁덩덩 서 선비 ---------- p.793

01 전기적

02 변신 모티프, 금기 모티프

195 이야기 주머니 ---------- p.797

01 공간적, 시간적

02 도령이 이야기의 본질인 소통을 단절시켰기 때문이다.

196 용소와 며느리바위 ---------- p.800

01 권선징악(勸善懲惡), 인과응보(因果應報)

02 모든 마을 사람들이 용소의 물을 농사를 짓는 데 사용하였다.

197 아기장수 설화 ---------- p.803

01 미천한 출생, 비범한 능력, 비극적 죽음

02 배경의 구체적 위치와 지명이 제시됨

198 나무꾼과 선녀 ---------- p.807

01 아들 사 형제를 낳기 전에는 색시에게 허리띠를 돌려주지 말아야 한다.

02 고향 땅에 대한 그리움 때문에

199 지하국 대적 퇴치 설화 ---------- p.810

01 여인, 노인, 학

02 구연자가 이야기하는 것을 그대로 옮겨 적었기 때문이다.

200 달팽이 각시 ---------- p.813

01 ㉠: 관탈 민녀 모티프
㉡: 〈심청전〉의 맹인 잔치 모티프

03 사흘만 있으면 임자하고 백년해로(百年偕老)할 텐데

201 어미 말과 새끼 말 ---------- p.815

01 여물의 콩

02 모성애

202 구복막동 ---------- p.817

01 연척, 노주

02 경복난진(更僕難盡)

203 접동새 설화 ---- p.818

01 접동새가 밤에만

02 한(恨), 슬픔

❖ 무가 ❖

204 세경본풀이 ---- p.821

01 서사 무가

02 사랑

205 천지왕본풀이 ---- p.823

01 태양, 달

02 더위와 가뭄, 추위와 홍수로부터 농작물을 보호하고 풍년이 들기를 소망하였다.

206 감은장애기 ---- p.827

01 〈심청전〉

02 불교의 연기설(緣起說)

207 바리공주

장면 1 ---- p.830

01 석가세존

02
- 표면적 의미: 약려수를 얻기 위해 바리공주가 거쳐야 하는 시험(시련)
- 이면적 의미: 당대 여성이 겪어야 했던 가사 노동 상징

장면 2 ---- p.835

01 효(孝)

02 가사 노동과 출산. 당대 남성 중심 사회에서 여성들에게 가해지는 과중한 가사 노동의 중압감과 다산(多産)의 고통을 상징한다.